Collins
GERMAN
DICTIONARY
& GRAMMAR

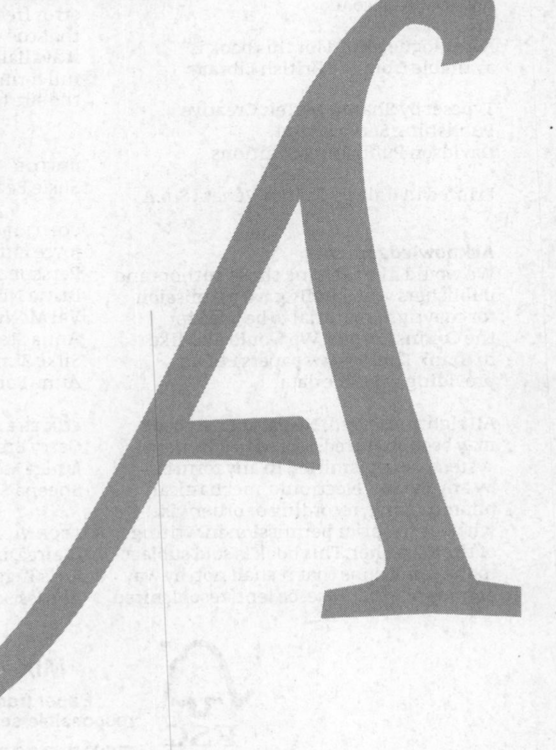

HarperCollins Publishers
Westerhill Road
Bishopbriggs
Glasgow
G64 2QT

Eighth Edition 2018

10 9 8 7 6 5 4 3 2 1

ISBN 978-0-00-824137-7

www.collinsdictionary.com
www.collins.co.uk

A catalogue record for this book is available from the British Library

Typeset by Sharon McTeir Creative Publishing Services and Davidson Publishing Solutions

Printed in Italy by Grafica Veneta S.p.A.

Acknowledgements
We would like to thank those authors and publishers who kindly gave permission for copyright material to be used in the Collins Corpus. We would also like to thank Times Newspapers Ltd for providing valuable data.

EDITOR
Susie Beattie

CONTRIBUTORS
Joyce Littlejohn
Persephone Lock
Britta Nord
Val McNulty
Anna Stevenson
Silke Zimmerman
Anne Benson

FOR THE PUBLISHER
Gerry Breslin
Janice McNeillie
Sheena Shanks

TECHNICAL SUPPORT
Claire Dimeo
Ross Taggart
Agnieszka Urbanowicz

MIX
Paper from responsible sources
FSC™ C007454

This book is produced from independently certified FSC™ paper to ensure responsible forest management.

For more information visit: www.harpercollins.co.uk/green

Einleitung

Sie möchten Englisch lernen oder vielleicht bereits vorhandene Kenntnisse vertiefen. Sie möchten sich auf Englisch ausdrücken, englische Texte lesen oder übersetzen, oder Sie möchten sich ganz einfach mit Englisch sprechenden Menschen unterhalten können. Ganz gleich ob Sie Englisch an der Schule oder an der Universität lernen, in einer Behörde oder in einem Unternehmen tätig sind: Sie haben sich den richtigen Begleiter für Ihre Arbeit ausgesucht! Dieses Buch ist der ideale Helfer, wenn Sie sich in englischer Sprache ausdrücken und verständlich machen wollen, ob Sie nun sprechen oder schreiben. Unser Wörterbuch ist ganz bewusst praktisch und modern, es räumt vor allem der Alltagssprache und der Sprache, wie sie Ihnen in Zeitungen und Nachrichten, im Geschäftsleben, im Büro und im Urlaub begegnet, großen Raum ein. Wie in allen unseren Wörterbüchern haben wir das Hauptgewicht auf zeitgenössische Sprache und idiomatische Redewendungen gelegt.

Wie man dieses Buch benutzt

Im Folgenden geben wir einige Erklärungen dazu, wie die Einträge Ihres Wörterbuchs aufgebaut sind. Unser Ziel: Wir wollen Ihnen so viel Information wie möglich bieten, ohne dabei an Klarheit und Verständlichkeit einzubüßen.

Die Wörterbucheinträge

Ein typischer Eintrag in Ihres Wörterbuchs besteht aus folgenden Elementen:

Lautschrift

Wie die meisten modernen Wörterbücher geben wir die Aussprache mit Zeichen an, die zum „internationalen phonetischen Alphabet" gehören. Weiter unten (auf den Seiten xiii und xiv) finden Sie eine vollständige Liste der Zeichen, die in diesem System benutzt werden. Die Aussprache englischer Wörter geben wir auf der englisch-deutschen Seite unmittelbar hinter dem jeweiligen Wort in eckigen Klammern an. Die deutsche Aussprache erscheint im deutsch- englischen Teil ebenfalls auf diese Weise unmittelbar hinter den Worteinträgen. Allerdings wird sie nicht immer angegeben, zum Beispiel bei zusammengesetzten Wörtern wie Liebesbrief, deren Bestandteile schon an anderer Stelle im Wörterbuch zu finden sind.

Grammatik-Information

Alle Wörter gehören zu einer der folgenden grammatischen Klassen: Substantiv, Verb, Adjektiv, Pronomen, Artikel, Konjunktion, Präposition, Interjektion, Abkürzung. Substantive können im Deutschen männlich, weiblich oder sächlich sein. Verben können transitiv, intransitiv, reflexiv oder auch unpersönlich sein. Die Wortart folgt auf die Lautschrift und ist in KAPITÄLCHEN angegeben. Wo bei Übersetzungen eine Geschlechtsangabe erforderlich ist, wird diese in *Kursivschrift* angefügt.

Oft gehören Wörter zu zwei oder mehr grammatischen Klassen. So kann das deutsche Wort **gut** ein Adjektiv („good") oder auch ein Adverb („well") sein, und das englische Wort **spell** ist sowohl ein Substantiv („Zauber") als auch ein Verb („schreiben, buchstabieren"). Das Verb **reden** ist manchmal transitiv, d. h. es hat ein Objekt („sie redet Unsinn"), manchmal intransitiv, d.h. es wird ohne Objekt gebraucht („er redet ständig vom Wetter"). Zur besseren Übersichtlichkeit sind verschiedene Wortarten durch das Symbol ▸ abgegrenzt; alle Beispielsätze werden dann unter den entsprechenden grammatischen Kategorien aufgeführt.

Bedeutungsunterschiede

Die meisten Wörter haben mehr als eine Bedeutung. So kann z.B. **Rad** einen Teil eines Autos oder Fahrrads bezeichnen, aber auch ein Wort für das Fahrrad selbst sein.

Inhalt

Contents

Andere Wörter haben je nach Kontext verschiedene Übersetzungen; so bedeutet das Verb **to recede** abhängig vom Subjekt des Satzes entweder „zurückgehen" oder „verschwinden". Damit Sie in jedem Zusammenhang die richtige Übersetzung finden, haben wir die Einträge nach Bedeutungen eingeteilt: jede Kategorie wird durch einen "Verwendungshinweis" bestimmt, der *kursiv* gedruckt ist und in Klammern steht. Die beiden Beispiele von oben sehen dann so aus:

Rad NT wheel; (*Fahrrad*) bike
recede VI (*tide*) zurückgehen; (*lights etc*) verschwinden

Andere Wörter haben in verschiedenen Sachzusammenhängen unterschiedliche Bedeutungen. Das Wort **Rezept** z. B. bezeichnet eine Koch- oder Backanleitung, bezieht sich in medizinischen Zusammenhängen jedoch auf ärztlich verordnete Medikamente. Wir zeigen Ihnen, welche Übersetzung Sie auswählen sollten, indem wir, auch hier *kursiv* in Klammern, das jeweilige Sachgebiet mit großem Anfangsbuchstaben angeben, in diesem Fall *Koch* als Abkürzung für *Kochen* und *Med* als Abkürzung für *Medizin*:

Rezept NT (*Koch*) recipe; (*Med*) prescription

Sie finden eine Liste aller in diesem Wörterbuch benutzten Abkürzungen für solche Sachgebiete auf den Seiten ix–xi.

Übersetzungen

Die meisten deutschen Wörter können mit einem einzigen englischen Wort übersetzt werden und umgekehrt. Aber manchmal gibt es eine solche genaue Entsprechung nicht. In diesen Fällen haben wir eine ungefähre Entsprechung angegeben, gekennzeichnet durch ≈. Dies ist z. B. der Fall bei **Gymnasium** mit den englischen bzw. amerikanischen Äquivalenten „grammar school" „und high school", die aufgrund der unterschiedlichen Ausbildungssysteme lediglich ungefähre Entsprechungen sind.

Gymnasium NT ≈ grammar school (BRIT), high school (US)

Manchmal kann man nicht einmal ein ungefähres Äquivalent finden. Oft ist das der Fall beim Essen, insbesondere bei lokalen Spezialitäten wie dieser schottischen Speise:

haggis (SCOT) N *Gericht aus gehackten Schafsinnereien und Haferschrot, im Schafsmagen gekocht*

Hier wird statt einer Übersetzung (die es einfach gar nicht gibt) eine Erklärung gegeben, die durch *Kursivschrift* als solche kenntlich gemacht ist.

Im Deutschen wissen Sie , in welcher Situation Sie den Ausdruck **ich bin pleite** verwenden würden, wann Sie **ich bin knapp bei Kasse** sagen und wann **ich bin in Geldschwierigkeiten**. Wenn Sie jedoch Englisch verstehen oder selbst sprechen wollen, ist es wichtig zu wissen, welcher Ausdruck etwa höflich ist und welcher nicht. Um Ihnen hierbei zu helfen, haben wir für umgangssprachliche Ausdrücke die Kennzeichnung (*umg*) bzw. (*inf*) verwendet und (*!*) für anstößige. Wörter, die als besonders anstößig oder vulgär gelten, werden dabei mit (*umg!*) bzw. (*inf!*) versehen; in allen Fällen wird damit der Benutzer darauf hingewiesen, dass diese Wörter und Ausdrücke mit großer Vorsicht zu verwenden sind. Angaben wie (*umg*) oder (*inf*) werden bei Übersetzungen in der Regel nicht wiederholt, wenn das Sprachniveau der Zielsprache dem der Ausgangssprache entspricht.

Häufig verwendete Wörter

Die fettgedruckten Sternchen ★, die vor Wörtern wie **ability** oder **abholen** stehen, sollen das Kernvokabular hervorheben. Mit diesem Symbol können Sie leicht die Wörter finden, die Sie kennen sollten.

Schlüsselwörter
Einträge wie etwa **be** und **do** und ihre deutschen Entsprechungen **sein** und **machen**, werden als Grundelemente der Sprache besonders ausführlich behandelt. Diese Schlüsselwörter werden auf einem grau schattierten und schwarz umrissenen Feld hervorgehoben. Die zusätzliche Hilfe soll Ihnen eine korrekte Verwendung dieser komplexen Wörter gewährleisten.

Landeskundliche Informationen
In Artikeln, die sich auf einem grau schattierten Feld mit abgerundeten Ecken abheben, werden spezifische Aspekte deutsch- und englischsprachiger Länder und ihrer Kulturen behandelt. Die Themen umfassen Politik, Ausbildung, Medien und Feiertage.

Sprachliche Anmerkungen
Um die in den Artikeln enthaltenen Informationen zu ergänzen, wurden Anmerkungen zur englischen Sprache hinzugefügt. Sie sollen helfen, herkömmliche Fehler, die deutschsprachige Benutzer in Englisch machen, zu vermeiden und Unterschiede zwischen den beiden Sprachen zu erläutern.

Introduction

You may be starting to learn German, or you may wish to extend your knowledge of the language. Perhaps you want to read and study German books, newspapers and magazines, or perhaps simply have a conversation with German speakers. Whatever the reason, whether you're a student, a tourist or want to use German for business, this is the ideal book to help you understand and communicate. This modern, user-friendly dictionary gives priority to everyday vocabulary and the language of current affairs, business and tourism. As in all Collins dictionaries, the emphasis is firmly placed on contemporary language and expressions.

How to use this dictionary

You will find below an outline of the way in which information is presented in your dictionary. Our aim is to give you the maximum amount of information whilst still providing a text which is clear and user-friendly.

Entries

A typical entry in your dictionary will be made up of the following elements:

Phonetic transcription

Phonetics appear in square brackets immediately after the headword. They are shown using the International Phonetic Alphabet (IPA), and a complete list of the symbols used in this system can be found on pages xiii and xiv.

Grammatical information

All words belong to one of the following parts of speech: noun, verb, adjective, adverb, pronoun, article, conjunction, preposition, exclamation, abbreviation. Nouns can be singular or plural and, in German, masculine, feminine or neuter. Verbs can be transitive, intransitive, reflexive or impersonal. Parts of speech appear in SMALL CAPS immediately after the phonetic spelling of the headword. The gender of the translation appears in italics immediately following the key element of the translation.

Often a word can have more than one part of speech. Just as the English word **next** can be an adjective or an adverb, the German word **gut** can be an adjective ("good") or an adverb ("well"). In the same way the verb **to walk** is sometimes transitive, i.e. it takes an object ("to walk the dog") and sometimes intransitive, i.e. it doesn't take an object ("to walk to school"). To help you find the meaning you are looking for quickly and for clarity of presentation, the different part of speech categories are separated by a solid black triangle ▸.

Meaning divisions

Most words have more than one meaning. Take, for example, **punch** which can be, amongst other things, a blow with the fist or an object used for making holes. Other words are translated differently depending on the context in which they are used. The intransitive verb **to recede**, for example, can be translated by "zurückgehen" or "verschwinden" depending on *what* is receding. To help you select the most appropriate translation in every context, entries are divided according to meaning. Each different meaning is introduced by an "indicator" in *italics* and in brackets. Thus, the examples given above will be shown as follows:

> **punch** N (*blow*) Schlag *m*; (*tool*) Locher *m*
> **recede** VI (*tide*) zurückgehen; (*lights etc*) verschwinden

Likewise, some words can have a different meaning when used to talk about a specific subject area or field. For example, **bishop**, which in a religious context means a high-ranking clergyman, is also the name of a chess piece. To show English speakers which translation to use, we have added "subject field labels" in italics with initial capitals and in brackets, in this case (*Rel*) and (*Chess*):

> **bishop** N (*Rel*) Bischof *m*; (*Chess*) Läufer *m*

Field labels are often shortened to save space. You will find a complete list of abbreviations used in the dictionary on pages ix to xi.

Translations

Most English words have a direct translation in German and vice versa, as shown in the examples given above. Sometimes, however, no exact equivalent exists in the target language. In such cases we have given an approximate equivalent, indicated by the sign ≈. Such is the case of **high school**, the German equivalent of which is "Oberschule *f*". This is not an exact translation since the systems of the two countries in question are quite different:

> **high school** N ≈ Oberschule *f*

On occasion it is impossible to find even an approximate equivalent. This may be the case, for example, with the names of culinary specialities like this German cake:

> **Streuselkuchen** M *cake with crumble topping*

Here the translation (which doesn't exist) is replaced by an explanation. For increased clarity the explanation, or "gloss", is shown in *italics*.

Register

In English you instinctively know when to say **I'm broke** or **I'm a bit short of cash** and when to say **I don't have any money**. When you are trying to understand someone who is speaking German, however, or when you yourself try to speak German, it is especially important to know what is polite and what is less so. To help you with this, we have added the register labels (*umg*) and (*inf*) to colloquial expressions, and (!) to those which are offensive. Any which are particularly vulgar or offensive are labelled as (*umg!*) or (*inf!*). In both cases, the exclamation mark is warning you to use them with extreme care. Please note that the register labels (*umg*) and (*inf*) are not always repeated in the target language when the register of the translation matches that of the word or phrase being translated.

Frequent words

The bold star symbol ★ that appears in front of words such as **ability** and **abholen** has been introduced to highlight core vocabulary. This symbol will help you quickly identify the key words you need to know.

Keywords

Words such as **be** and **do** or their German equivalents **sein** and **machen**, have been given special treatment because they form the basic elements of the language. These entries are presented on a grey shaded background with the keyword itself at the top, inside an outlined box. This extra help will ensure that you are able to use these complex words with confidence.

Cultural information

Entries which appear inside a grey shaded box with rounded edges explain aspects of culture in German- and English-speaking countries. Subject areas covered include politics, education, media and national festivals.

Language notes

Notes on the German language have been added to supplement the information given in the entries themselves. These usage notes help to avoid common errors in German made by English speakers, and to explain in more detail the difference between the two languages.

Abkürzungen		Abbreviations
Abkürzung	ABK, ABBR	abbreviation
Adjektiv	ADJ	adjective
Verwaltung	*Admin*	administration
Adverb	ADV	adverb
Landwirtschaft	*Agr*	agriculture
Akkusativ	*akk, acc*	accusative
Anatomie	*Anat*	anatomy
Architektur	*Archit*	architecture
Artikel	ART	article
Kunst	*Art*	
Astrologie	*Astrol*	astrology
Astronomie	*Astron*	astronomy
attributiv	*attrib*	attributive
Kraftfahrzeuge	*Aut*	automobiles
Hilfsverb	AUX	auxiliary
Luftfahrt	*Aviat*	aviation
Bergbau	*Bergb*	mining
besonders	*bes*	especially
Biologie	*Biol*	biology
Botanik	*Bot*	botany
britisch	BRIT	British
Kartenspiel	*Cards*	
Chemie	*Chem*	chemistry
Film	*Cine*	cinema
Handel	*Comm*	commerce
Komparativ	*comp*	comparative
Computer	*Comput*	computers
Konjunktion	CONJ	conjunction
Bauwesen	*Constr*	building
zusammengesetztes Wort	*cpd*	compound
Kochen und Backen	*Culin*	cooking
Dativ	*dat*	dative
bestimmt	DEF	definite
diminutiv	*dimin*	diminutive
dekliniert	*dekl*	declined
kirchlich	*Eccl*	ecclesiastical
Volkswirtschaft	*Econ*	economics
Eisenbahn	*Eisenb*	railways
Elektrizität	*Elek, Elec*	electricity
besonders	*esp*	especially
und so weiter	*etc*	et cetera
etwas	*etw*	something
Euphemismus	*euph*	euphemism
Ausruf	EXCL	exclamation
Femininum	F, *f*	feminine
übertragen	*fig*	figurative
Film	*Film*	cinema
Finanzen	*Fin*	finance
formell	*form*	formal
'phrasal verb', bei dem Partikel und Verb nicht getrennt werden können	FUS	fused: phrasal verb where the particle cannot be separated from the verb
gehoben	*geh*	elevated

Genitiv	*gen*	genitive
Geografie	*Geog*	geography
Geologie	*Geol*	geology
Geometrie	*Geom*	geometry
Grammatik	*Gram*	grammar
Geschichte	*Hist*	history
scherzhaft	*hum*	humorous
Imperfekt	*imperf*	imperfect
unpersönlich	IMPERS	impersonal
unbestimmt	INDEF	indefinite
umgangssprachlich (! anstößig)	*inf (!)*	informal (! particularly offensive)
untrennbares Verb	INSEP	inseparable
Interjektion	INTERJ	interjection
Interrogativ	*interrog*	interrogative
unveränderlich	*inv*	invariable
unregelmäßig	*irreg*	irregular
jemand	*jd*	somebody
jemandem	*jdm*	(to) somebody
jemanden	*jdn*	somebody
jemandes	*jds*	somebody's
Rechtswesen	*Jur*	law
Kartenspiel	*Karten*	cards
Kochen und Backen	*Koch*	cooking
Komparativ	*komp*	comparative
Konjunktion	KONJ	conjunction
Rechtswesen	*Law*	law
Sprachwissenschaft	*Ling*	linguistics
wörtlich	*lit*	literal
literarisch	*liter*	literary
Literatur	*Liter*	literature
Maskulinum	M, *m*	masculine
Mathematik	*Math*	mathematics
Medizin	*Med*	medicine
Meteorologie	*Met*	meteorology
Militärwesen	*Mil*	military
Bergbau	*Min*	mining
Musik	*Mus*	music
Substantiv	N	noun
nautisch	*Naut*	nautical
Nominativ	*nom*	nominative
norddeutsch	NORDD	North Germany
Neutrum	NT, *nt*	neuter
Zahlwort	NUM	numeral
Objekt	*obj*	object
oder	*od*	or
veraltet	*old*	
sich	*o.s.*	oneself
österreichisch	ÖSTERR	Austria
Parlament	*Parl*	parliament
pejorativ	*pej*	pejorative
Person/persönlich	*pers*	person/personal
Pharmazie	*Pharm*	pharmacy
Fotografie	*Phot*	photography
Physik	*Phys*	physics
Physiologie	*Physiol*	physiology
Plural	*pl*	plural

Politik	*Pol*	politics
possessiv	*poss*	possessive
Partizip Perfekt	PP	past participle
Präfix	PRÄF, PREF	prefix
Präposition	PRÄP, PREP	preposition
Präsens	PRÄS, PRES	present
Pronomen	PRON	pronoun
Psychologie	*Psych*	psychology
Imperfekt	PT	past tense
Radio	*Radio*	radio
Eisenbahn	*Rail*	railways
Religion	*Rel*	religion
Relativ-	*rel*	relative
Rundfunk	*Rundf*	broadcasting
jemand (-en, -em)	*sb*	somebody
Schulwesen	*Sch*	school
Naturwissenschaft	*Sci*	science
Schulwesen	*Scol*	school
schottisch	SCOT	Scottish
Singular	*sing*	singular
Skisport	*Ski*	skiing
etwas	*sth*	something
Süddeutschland	SÜDD	South German
Suffix	*suff*	suffix
Superlativ	*superl*	superlative
Technik	*Tech*	technology
Telekommunikation	*Tel*	telecommunications
Theater	*Theat*	theatre
Fernsehen	*TV*	television
Typografie	*Typ*	typography
umgangssprachlich (! anstößig)	*umg(!)*	colloquial (! particularly offensive)
Universität	*Univ*	university
unpersönlich	UNPERS	impersonal
unregelmäßig	*unreg*	irregular
untrennbar	UNTR	inseparable
unveränderlich	*unver*	invariable
(nord)amerikanisch	US	(North)American
gewöhnlich	*usu*	usually
und so weiter	*usw*	et cetera
Verb	VB	verb
intransitives Verb	VI	intransitive verb
reflexives Verb	VR	reflexive verb
transitives Verb	VT	transitive verb
Wirtschaft	*Wirts*	economy
Zoologie	*Zool*	zoology
zusammengesetztes Wort	*zW*	compound
ungefähre Entsprechung	≈	cultural equivalent
eingetragene Marke	®	registered trademark

German noun endings

After many noun entries on the German–English side of the dictionary, you will find two pieces of grammatical information, separated by commas, to help you with the declension of the noun, e.g. **-**, **-n** or **-(e)s**, **-e**. The first item shows you the genitive singular form, and the second gives the plural form. The hyphen stands for the word itself and the other letters are endings. Sometimes an umlaut is shown over the hyphen, which means an umlaut must be placed on the vowel of the word, e.g.:

DICTIONARY ENTRY	GENITIVE SINGULAR	PLURAL
Mann M **-(e)s, -̈er**	**Mannes** *or* **Manns**	**Männer**
Jacht F **-, -en**	**Jacht**	**Jachten**

This information is not given when the noun has one of the regular German noun endings below, and you should refer to this table in such cases. Similarly, genitive and plural endings are not generally shown when the German entry is a compound consisting of two or more words which are to be found elsewhere in the dictionary, since the compound form takes the endings of the LAST word of which it is formed, e.g.:

for **Nebenstraße** see **Straße**
for **Schneeball** see **Ball**

Regular German noun endings

NOM	GEN	PL
-ant *m*	-anten	-anten
-anz *f*	-anz	-anzen
-ar *m*	-ar(e)s	-are
-chen *nt*	-chens	-chen
-ei *f*	-ei	-eien
-elle *f*	-elle	-ellen
-ent *m*	-enten	-enten
-enz *f*	-enz	-enzen
-ette *f*	-ette	-etten
-eur *m*	-eurs	-eure
-euse *f*	-euse	-eusen
-heit *f*	-heit	-heiten
-ie *f*	-ie	-ien
-ik *f*	-ik	-iken
-in *f*	-in	-innen
-ine *f*	-ine	-inen
-ion *f*	-ion	-ionen
-ist *m*	-isten	-isten
-ium *nt*	-iums	-ien
-ius *m*	-ius	-iusse
-ive *f*	-ive	-iven
-keit *f*	-keit	-keiten
-lein *nt*	-leins	-lein
-ling *m*	-lings	-linge
-ment *nt*	-ments	-mente
-mus *m*	-mus	-men
-schaft *f*	-schaft	-schaften
-tät *f*	-tät	-täten
-tor *m*	-tors	-toren
-ung *f*	-ung	-ungen
-ur *f*	-ur	-uren

Lautschrift

Phonetic symbols

N.B. Alle Vokallaute sind nur ungefähre Entsprechungen.

NB: All vowels sounds are approximate only.

Vokale		Vowels
matt	[a]	
Fahne	[aː]	
Vater	[ər]	
	[ɑː]	calm, part
	[æ]	sat
Rendezvous	[ã]	set tent
Chance	[aː]	
	[ɑ̃ː]	clientele
Etage	[e]	
Seele, Mehl	[eː]	
Wäsche, Bett	[ɛ]	egg
zählen	[ɛː]	
Teint	[ɛ̃ː]	
mache	[ə]	above
	[əː]	burn, earn
Kiste	[ɪ]	pit, awfully
Vitamin	[i]	
Ziel	[iː]	peat
Oase	[o]	
oben	[oː]	
Champignon	[õ]	
Salon	[õː]	above
Most	[ɔ]	cot
	[ɔː]	born, jaw
ökonomisch	[ø]	
blöd	[øː]	
Göttin	[œ]	
	[ʌ]	hut
zuletzt	[u]	put
Mut	[uː]	pool
Mutter	[ʊ]	
Physik	[y]	
Kübel	[yː]	
Sünde	[ʏ]	

Diphthonge | Diphthongs

Diphthonge		Diphthongs
St*y*ling	[ai]	
w*ei*t	[aɪ]	b*uy*, d*ie*, m*y*
umb*au*en	[au]	h*ou*se, n*ow*
H*au*s	[aʊ]	
	[eɪ]	p*ay*, m*a*te
	[ɛə]	p*air*, m*a*re
	[əu]	n*o*, b*oa*t
	[ɪə]	m*ere*, sh*ear*
H*eu*, H*äu*ser	[ɔʏ]	
	[ɔɪ]	b*oy*, c*oi*n
	[uə]	t*our*, p*oor*

Konsonanten | Consonants

Konsonanten		Consonants
*B*all	[b]	*b*all
mi*ch*	[ç]	
	[tʃ]	*ch*ild
*f*ern	[f]	*f*ield
*g*ern	[g]	*g*ood
*H*and	[h]	*h*and
*j*a	[j]	*y*et, mill*i*on
	[dʒ]	*j*ust
*K*ind	[k]	*k*ind, *c*atch
*l*inks, Pu*l*t	[l]	*l*eft, *l*itt*l*e
*m*att	[m]	*m*at
*N*est	[n]	*n*est
la*ng*	[ŋ]	lo*ng*
*P*aar	[p]	*p*ut
*r*ennen	[r]	*r*un
fa*s*t, fa*ss*en	[s]	*s*it
*Ch*ef, *S*tein, *Sch*lag	[ʃ]	*sh*all
*T*afel	[t]	*t*ab
	[θ]	*th*ing
	[ð]	*th*is
*w*er	[v]	*v*ery
	[w]	*w*et
Lo*ch*	[x]	lo*ch*
fi*x*	[ks]	bo*x*
*s*ingen	[z]	pod*s*, *z*ip
*Z*ahn	[ts]	
*g*enieren	[ʒ]	mea*s*ure

Andere Zeichen | Other signs

Andere Zeichen		Other signs
Knacklaut	[ǀ]	glottal stop
Hauptton	[ˈ]	main stress
Längezeichen	[ː]	long vowel

Irregular German verbs

INFINITIV	PRÄSENS 2., 3. SINGULAR	PRÄTERITUM	PARTIZIP PERFEKT
abwägen	wägst ab, wägt ab	wog ab	abgewogen
ausbedingen	bedingst aus, bedingt aus	bedang *od* bedingte aus	ausbedungen
backen	bäckst, bäckt	backte *od* buk	gebacken
befehlen	befiehlst, befiehlt	befahl	befohlen
beginnen	beginnst, beginnt	begann	begonnen
beißen	beißt, beißt	biss	gebissen
bergen	birgst, birgt	barg	geborgen
bersten[1]	birst, birst	barst	geborsten
betrügen	betrügst, betrügt	betrog	betrogen
bewegen	bewegst, bewegt	bewog	bewogen
biegen	biegst, biegt	bog	gebogen
bieten	bietest, bietet	bot	geboten
binden	bindest, bindet	band	gebunden
bitten	bittest, bittet	bat	gebeten
blasen	bläst, bläst	blies	geblasen
bleiben[1]	bleibst, bleibt	blieb	geblieben
braten	brätst, brät	briet	gebraten
brechen[2]	brichst, bricht	brach	gebrochen
brennen	brennst, brennt	brannte	gebrannt
bringen	bringst, bringt	brachte	gebracht
denken	denkst, denkt	dachte	gedacht
dreschen	drischst, drischt	drosch	gedroschen
dringen[2]	dringst, dringt	drang	gedrungen
dürfen	darfst, darf	durfte	gedurft
empfangen	empfängst, empfängt	empfing	empfangen
empfehlen	empfiehlst, empfiehlt	empfahl	empfohlen
empfinden	empfindest, empfindet	empfand	empfunden
erbleichen[1]	erbleichst, erbleicht	erbleichte	erblichen
erlöschen[1]	erlischst, erlischt	erlosch	erloschen
erschrecken[1]	erschrickst, erschrickt	erschrak	erschrocken
erwägen	erwägst, erwägt	erwog	erwogen
essen	isst, isst	aß	gegessen
fahren[2]	fährst, fährt	fuhr	gefahren
fallen[1]	fällst, fällt	fiel	gefallen
fangen	fängst, fängt	fing	gefangen
fechten	fichtst, ficht	focht	gefochten
finden	findest, findet	fand	gefunden
flechten	flichtst, flicht	flocht	geflochten
fliegen[2]	fliegst, fliegt	flog	geflogen
fliehen[1]	fliehst, flieht	floh	geflohen
fließen[1]	fließt, fließt	floss	geflossen
fressen	frisst, frisst	fraß	gefressen
frieren	frierst, friert	fror	gefroren
gären[2]	gärst, gärt	gärte *od* gor	gegoren
gebären	gebierst, gebiert	gebar	geboren
geben	gibst, gibt	gab	gegeben
gedeihen[1]	gedeihst, gedeiht	gedieh	gediehen

INFINITIV	PRÄSENS 2., 3. SINGULAR	PRÄTERITUM	PARTIZIP PERFEKT
gehen[1]	gehst, geht	ging	gegangen
gelingen[1]	–, gelingt	gelang	gelungen
gelten	giltst, gilt	galt	gegolten
genesen[1]	genest, genest	genas	genesen
genießen	genießt, genießt	genoss	genossen
geraten[1]	gerätst, gerät	geriet	geraten
geschehen[1]	–, geschieht	geschah	geschehen
gewinnen	gewinnst, gewinnt	gewann	gewonnen
gießen	gießt, gießt	goss	gegossen
gleichen	gleichst, gleicht	glich	geglichen
gleiten[1]	gleitest, gleitet	glitt	geglitten
glimmen	glimmst, glimmt	glomm	geglommen
graben	gräbst, gräbt	grub	gegraben
greifen	greifst, greift	griff	gegriffen
haben	hast, hat	hatte	gehabt
halten	hältst, hält	hielt	gehalten
hängen	hängst, hängt	hing	gehangen
hauen	haust, haut	haute	gehauen
heben	hebst, hebt	hob	gehoben
heißen	heißt, heißt	hieß	geheißen
helfen	hilfst, hilft	half	geholfen
kennen	kennst, kennt	kannte	gekannt
klimmen[1]	klimmst, klimmt	klomm	geklommen
klingen	klingst, klingt	klang	geklungen
kneifen	kneifst, kneift	kniff	gekniffen
kommen[1]	kommst, kommt	kam	gekommen
können	kannst, kann	konnte	gekonnt
kriechen[1]	kriechst, kriecht	kroch	gekrochen
laden	lädst, lädt	lud	geladen
lassen	lässt, lässt	ließ	gelassen
laufen[1]	läufst, läuft	lief	gelaufen
leiden	leidest, leidet	litt	gelitten
leihen	leihst, leiht	lieh	geliehen
lesen	liest, liest	las	gelesen
liegen	liegst, liegt	lag	gelegen
lügen	lügst, lügt	log	gelogen
mahlen	mahlst, mahlt	mahlte	gemahlen
meiden	meidest, meidet	mied	gemieden
melken	melkst, melkt	melkte *od* molk	gemolken
messen	misst, misst	maß	gemessen
misslingen[1]	–, misslingt	misslang	misslungen
mögen	magst, mag	mochte	gemocht
müssen	musst, muss	musste	gemusst
nehmen	nimmst, nimmt	nahm	genommen
nennen	nennst, nennt	nannte	genannt
pfeifen	pfeifst, pfeift	pfiff	gepfiffen
preisen	preist, preist	pries	gepriesen
quellen[1]	quillst, quillt	quoll	gequollen
raten	rätst, rät	riet	geraten
reiben	reibst, reibt	rieb	gerieben

INFINITIV	PRÄSENS 2., 3. SINGULAR	PRÄTERITUM	PARTIZIP PERFEKT
reißen[2]	reißt, reißt	riss	gerissen
reiten[1]	reitest, reitet	ritt	geritten
rennen[1]	rennst, rennt	rannte	gerannt
riechen	riechst, riecht	roch	gerochen
ringen	ringst, ringt	rang	gerungen
rinnen[1]	rinnst, rinnt	rann	geronnen
rufen	rufst, ruft	rief	gerufen
salzen	salzt, salzt	salzte	gesalzen
saufen	säufst, säuft	soff	gesoffen
saugen	saugst, saugt	sog *od* saugte	gesogen *od* gesaugt
schaffen	schaffst, schafft	schuf	geschaffen
schallen	schallst, schallt	scholl	geschollen
scheiden[2]	scheidest, scheidet	schied	geschieden
scheinen	scheinst, scheint	schien	geschienen
scheißen	scheißt, scheißt	schiss	geschissen
schelten	schiltst, schilt	schalt	gescholten
scheren	scherst, schert	schor	geschoren
schieben	schiebst, schiebt	schob	geschoben
schießen	schießt, schießt	schoss	geschossen
schinden	schindest, schindet	schindete	geschunden
schlafen	schläfst, schläft	schlief	geschlafen
schlagen	schlägst, schlägt	schlug	geschlagen
schleichen[1]	schleichst, schleicht	schlich	geschlichen
schleifen	schleifst, schleift	schliff	geschliffen
schließen	schließt, schließt	schloss	geschlossen
schlingen	schlingst, schlingt	schlang	geschlungen
schmeißen	schmeißt, schmeißt	schmiss	geschmissen
schmelzen[2]	schmilzt, schmilzt	schmolz	geschmolzen
schneiden	schneidest, schneidet	schnitt	geschnitten
schreiben	schreibst, schreibt	schrieb	geschrieben
schreien	schreist, schreit	schrie	geschrien
schreiten	schreitest, schreitet	schritt	geschritten
schweigen	schweigst, schweigt	schwieg	geschwiegen
schwellen[1]	schwillst, schwillt	schwoll	geschwollen
schwimmen[2]	schwimmst, schwimmt	schwamm	geschwommen
schwinden[1]	schwindest, schwindet	schwand	geschwunden
schwingen	schwingst, schwingt	schwang	geschwungen
schwören	schwörst, schwört	schwor	geschworen
sehen	siehst, sieht	sah	gesehen
sein[1]	bist, ist	war	gewesen
senden	sendest, sendet	sandte *od* sendete	gesandt *od* gesendet
singen	singst, singt	sang	gesungen
sinken[1]	sinkst, sinkt	sank	gesunken
sinnen	sinnst, sinnt	sann	gesonnen
sitzen	sitzt, sitzt	saß	gesessen
sollen	sollst, soll	sollte	gesollt
speien	speist, speit	spie	gespien
spinnen	spinnst, spinnt	spann	gesponnen
sprechen	sprichst, spricht	sprach	gesprochen

INFINITIV	PRÄSENS 2., 3. SINGULAR	PRÄTERITUM	PARTIZIP PERFEKT
sprießen[1]	sprießt, sprießt	spross	gesprossen
springen[2]	springst, springt	sprang	gesprungen
stechen	stichst, sticht	stach	gestochen
stecken	steckst, steckt	steckte *od* stak	gesteckt
stehen	stehst, steht	stand	gestanden
stehlen	stiehlst, stiehlt	stahl	gestohlen
steigen[1]	steigst, steigt	stieg	gestiegen
sterben[1]	stirbst, stirbt	starb	gestorben
stinken	stinkst, stinkt	stank	gestunken
stoßen	stößt, stößt	stieß	gestoßen
streichen	streichst, streicht	strich	gestrichen
streiten	streitest, streitet	stritt	gestritten
tragen	trägst, trägt	trug	getragen
treffen	triffst, trifft	traf	getroffen
treiben[2]	treibst, treibt	trieb	getrieben
treten[2]	trittst, tritt	trat	getreten
trinken	trinkst, trinkt	trank	getrunken
trügen	trügst, trügt	trog	getrogen
tun	tust, tut	tat	getan
verderben	verdirbst, verdirbt	verdarb	verdorben
verdrießen	verdrießt, verdrießt	verdross	verdrossen
vergessen	vergisst, vergisst	vergaß	vergessen
verlieren	verlierst, verliert	verlor	verloren
verschleißen	verschleißt, verschleißt	verschliss	verschlissen
verschwinden	verschwindest, verschwindet	verschwand	verschwunden
verzeihen	verzeihst, verzeiht	verzieh	verziehen
wachsen[1]	wächst, wächst	wuchs	gewachsen
wägen	wägst, wägt	wog	gewogen
waschen	wäschst, wäscht	wusch	gewaschen
weben	webst, webt	webte *od* wob	gewoben
weichen[1]	weichst, weicht	wich	gewichen
weisen	weist, weist	wies	gewiesen
wenden	wendest, wendet	wandte *od* wendete	gewandt *od* gewendet
werben	wirbst, wirbt	warb	geworben
werden[1]	wirst, wird	wurde	geworden
werfen	wirfst, wirft	warf	geworfen
wiegen	wiegst, wiegt	wog	gewogen
winden	windest, windet	wand	gewunden
wissen	weißt, weiß	wusste	gewusst
wollen	willst, will	wollte	gewollt
wringen	wringst, wringt	wrang	gewrungen
zeihen	zeihst, zeiht	zieh	geziehen
ziehen[2]	ziehst, zieht	zog	gezogen
zwingen	zwingst, zwingt	zwang	gezwungen

NOTES

[1] Auxiliary = «**sein**»

[2] Auxiliary = «**sein**» where the verb does not use a direct object; otherwise, auxiliary = «**haben**»

A¹, a [a:] NT A, a; **A wie Anton** ≈ A for Andrew, ≈ A for Able (*US*); **das A und O** the be-all and end-all; (*eines Wissensgebietes*) the basics *pl*; **wer A sagt, muss auch B sagen** (*Sprichwort*) in for a penny, in for a pound (*Sprichwort*)

A² ABK (= *Autobahn*) ≈ M (BRIT)

à [a:] PRÄP (*bes Comm*) at

a. ABK = **am**

AA NT ABK (= *Auswärtiges Amt*) F.O. (BRIT)

Aachen ['a:xən] (**-s**) NT Aachen

Aal [a:l] (**-(e)s, -e**) M eel

aalen ['a:lən] (*umg*) VR: **sich in der Sonne ~** to bask in the sun

a. a. O. ABK (= *am angegebenen od angeführten Ort*) loc. cit.

Aas [a:s] (**-es, -e** *od* **Äser**) NT carrion; **Aasgeier** M vulture

ab [ap]

PRÄP *+dat* from; **ab Werk** (*Comm*) ex works; **Kinder ab 12 Jahren** children from the age of 12; **ab morgen** from tomorrow; **ab sofort** as of now

▸ ADV **1** off; **links ab** to the left; **der Knopf ist ab** the button has come off; **ab nach Hause!** off home with you!; **ab durch die Mitte!** (*umg*) beat it!

2 (*zeitlich*): **von da ab** from then on; **von heute ab** from today, as of today

3 (*auf Fahrplänen*): **München ab 12.20** leaving Munich 12.20

4: **ab und zu** *od* **an** now and then *od* again

ab|ändern ['ap|ɛndərn] VT: **~** (**in** *+akk*) to alter (to); (*Gesetzentwurf*) to amend (to); (*Strafe, Urteil*) to revise (to)

Abänderung F alteration; (*von Gesetzentwurf*) amendment; (*von Strafe, Urteil*) revision

Abänderungsantrag M (*Parl*) proposed amendment

ab|arbeiten ['ap|arbaɪtən] VR to slave away

Abart ['ap|a:rt] F (*Biol*) variety

abartig ADJ abnormal

Abb. ABK (= *Abbildung*) illus.

Abbau ['apbaʊ] (**-(e)s**) M *+gen* dismantling; (*Verminderung*) reduction (in); (*Verfall*) decline (in); (*Min*) mining; (*über Tage*) quarrying; (*Chem*) decomposition

abbaubar ADJ: **biologisch ~** biodegradable

ab|bauen VT to dismantle; (*verringern*) to reduce; (*Min*) to mine; (*über Tage*) to quarry; (*Chem*) to break down; **Arbeitsplätze ~** to make job cuts

Abbaurechte PL mineral rights *pl*

ab|beißen ['apbaɪsən] *unreg* VT to bite off

ab|bekommen ['apbəkɔmən] *unreg* VT: **etwas ~** to get some (of it); (*beschädigt werden*) to get damaged; (*verletzt werden*) to get hurt

ab|berufen ['apbəru:fən] *unreg* VT to recall

Abberufung F recall

ab|bestellen ['apbəʃtɛlən] VT to cancel

ab|bezahlen ['apbətsa:lən] VT to pay off

★**ab|biegen** ['apbi:gən] *unreg* VI to turn off; (*Straße*) to bend ▸ VT to bend; (*verhindern*) to ward off

Abbiegespur F turning lane

Abbild ['apbɪlt] NT portrayal; (*einer Person*) image, likeness; **ab|bilden** ['apbɪldən] VT to portray; **Abbildung** F illustration; (*Schaubild*) diagram

ab|binden ['apbɪndən] *unreg* VT (*Med*: *Arm, Bein etc*) to ligature

Abbitte ['apbɪtə] F: **~ leisten** *od* **tun (bei)** to make one's apologies (to)

ab|blasen ['apbla:zən] *unreg* VT to blow off; (*fig*: *umg*) to call off

ab|blättern ['apblɛtərn] VI (*Putz, Farbe*) to flake (off)

ab|blenden ['apblɛndən] VT (*Aut*) to dip (BRIT), to dim (*US*) ▸ VI to dip (BRIT) *od* dim (*US*) one's headlights

Abblendlicht ['apblɛntlɪçt] NT dipped (BRIT) *od* dimmed (*US*) headlights *pl*

ab|blitzen ['apblɪtsən] (*umg*) VI: **jdn ~ lassen** to send sb packing

ab|brechen ['apbrɛçən] *unreg* VT to break off; (*Gebäude*) to pull down; (*Zelt*) to take down; (*aufhören*) to stop; (*Comput*) to abort ▸ VI to break off; (*aufhören*) to stop; **sich** *dat* **einen ~** (*umg*: *sich sehr anstrengen*) to bust a gut

ab|bremsen ['apbrɛmzən] VI to brake, to slow down

ab|brennen ['apbrɛnən] *unreg* VT to burn off; (*Feuerwerk*) to let off ▸ VI (*Hilfsverb sein*) to burn down; **abgebrannt sein** (*umg*) to be broke

ab|bringen ['apbrɪŋən] *unreg* VT: **jdn von etw ~** to dissuade sb from sth; **jdn vom Weg ~** to divert sb; **ich bringe den Verschluss nicht ab** (*umg*) I can't get the top off

ab|bröckeln ['apbrœkəln] VI to crumble off *od* away; (*Börse: Preise*) to ease

Abbruch ['apbrʊx] M (*von Verhandlungen etc*) breaking off; (*von Haus*) demolition; (*Comput*) abort; **jdm/etw ~ tun** to harm sb/sth; **Abbrucharbeiten** PL demolition work *sing*; **abbruchreif** ADJ only fit for demolition

ab|brühen ['apbry:ən] VT to scald

ab|buchen ['apbu:xən] VT to debit; (*durch Dauerauftrag*): **~ (von)** to pay by standing order (from)

ab|bürsten ['apbʏrstən] VT to brush off

ab|büßen ['apby:sən] VT (*Strafe*) to serve

ABC-Waffen PL ABK (= *atomare, biologische und chemische Waffen*) ABC weapons

ab|dampfen ['apdampfən] VI (*fig: umg: losgehen/-fahren*) to hit the road

ab|danken ['apdaŋkən] VI to resign; (*König*) to abdicate

Abdankung F resignation; (*von König*) abdication

ab|decken ['apdɛkən] VT to uncover; (*Tisch*) to clear; (*Loch*) to cover

ab|dichten ['apdɪçtən] VT to seal; (*Naut*) to caulk

ab|drängen ['apdrɛŋən] VT to push off

ab|drehen ['apdre:ən] VT (*Gas*) to turn off; (*Licht*) to switch off; (*Film*) to shoot ▶ VI (*Schiff*) to change course; **jdm den Hals ~** to wring sb's neck

ab|driften ['apdrɪftən] VI to drift (away)

ab|drosseln ['apdrɔsəln] VT to throttle; (*Aut*) to stall; (*Produktion*) to cut back

Abdruck ['apdrʊk] M (*Nachdrucken*) reprinting; (*Gedrucktes*) reprint; (*Gipsabdruck, Wachsabdruck*) impression; (*Fingerabdruck*) print; **ab|drucken** VT to print

ab|drücken ['apdrʏkən] VT to make an impression of; (*Waffe*) to fire; (*umg: Person*) to hug, to squeeze ▶ VR to leave imprints; (*abstoßen*) to push o.s. away; **jdm die Luft ~** to squeeze all the breath out of sb

ab|düsen ['apdy:sən] (*umg*) VI to dash *od* whizz off

ab|ebben ['ap|ɛbən] VI to ebb away

★**Abend** ['a:bənt] (**-s, -e**) M evening; **gegen ~** towards (the) evening; **den ganzen ~ (über)** the whole evening; **zu ~ essen** to have dinner *od* supper; **heute ~** this evening; **Abendanzug** M dinner jacket (BRIT), tuxedo (US); ★**Abendbrot** NT supper; ★**Abendessen** NT supper; **abendfüllend** ADJ taking up the whole evening; **Abendgymnasium** NT night school; **Abendkasse** F (*Theat*) box office; **Abendkleid** NT evening gown; **Abendkurs** M evening classes *pl*; **Abendland** NT West; **abendlich** ADJ evening; **Abendmahl** NT Holy Communion; **Abendrot** NT sunset

★**abends** ADV in the evening

Abend- ZW: **Abendvorstellung** F evening performance; **Abendzeitung** F evening paper

★**Abenteuer** ['a:bəntɔʏər] (**-s, -**) NT adventure; (*Liebesabenteuer*) affair; **abenteuerlich** ADJ adventurous; **Abenteuerspielplatz** M adventure playground; **Abenteuerurlaub** M adventure holiday

Abenteurer (**-s, -**) M adventurer; **Abenteurerin** F adventuress

★**aber** ['a:bər] KONJ but; (*jedoch*) however ▶ ADV: **oder ~** or else; **bist du ~ braun!** aren't you brown!; **das ist ~ schön** that's really nice; **nun ist ~ Schluss!** now that's enough!

Aber NT but

Aberglaube ['a:bərglaubə] M superstition

abergläubisch ['a:bərglɔʏbɪʃ] ADJ superstitious

ab|erkennen ['ap|ɛrkɛnən] *unreg* VT: **jdm etw ~** to deprive sb of sth, to take sth (away) from sb

Aberkennung F deprivation

abermalig ADJ repeated

abermals ADV once again

Abertausend, abertausend ['a:bərtauznt] NUM: **Tausend und Abertausend** thousands upon thousands

Abf. ABK (= *Abfahrt*) dep.

★**ab|fahren** ['apfa:rən] *unreg* VI to leave, to depart ▶ VT to take *od* cart away; (*Film*) to start; (*Film, TV: Kamera*) to roll; (*Strecke*) to drive; (*Reifen*) to wear; (*Fahrkarte*) to use; **der Zug ist abgefahren** (*lit*) the train has left; (*fig*) we've/you've *etc* missed the boat; **der Zug fährt um 8.00 von Bremen ab** the train leaves Bremen at 8 o'clock; **jdn ~ lassen** (*umg: abweisen*) to tell sb to get lost; **auf jdn ~** (*umg*) to really go for sb

★**Abfahrt** ['apfa:rt] F departure; (*Autobahnabfahrt*) exit; (*Ski*) descent; (*Piste*) run; **Vorsicht bei der ~ des Zuges!** stand clear, the train is about to leave!

Abfahrts- ZW: **Abfahrtslauf** M (*Ski*) downhill (event); **Abfahrtstag** M day of departure; **Abfahrtszeit** F departure time

★**Abfall** ['apfal] M waste; (*von Speisen etc*) rubbish (BRIT), garbage (US); (*Neigung*) slope; (*Verschlechterung*) decline; ★**Abfalleimer** M rubbish bin (BRIT), garbage can (US)

ab|fallen *unreg* VI (*lit, fig*) to fall *od* drop off; (*Pol, vom Glauben*) to break away; (*sich neigen*) to fall *od* drop away; **wie viel fällt bei dem Geschäft für mich ab?** (*umg*) how much do I get out of the deal?

abfällig ['apfɛlɪç] ADJ disparaging, deprecatory

Abfallprodukt NT (*lit, fig*) waste product

ab|fangen ['apfaŋən] *unreg* VT to intercept; (*Person*) to catch; (*unter Kontrolle bringen*) to check; (*Aufprall*) to absorb; (*Kunden*) to lure away

Abfangjäger M (*Mil*) interceptor

ab|färben ['apfɛrbən] VI (*lit*) to lose its colour; (*Wäsche*) to run; (*fig*) to rub off

ab|fassen ['apfasən] VT to write, to draft

ab|feiern ['apfaɪərn] (*umg*) VT: **Überstunden ~** to take time off in lieu of overtime pay

ab|fertigen ['apfɛrtɪgən] VT to prepare for dispatch, to process; (*an Grenze*) to clear; (*Kund-*

schaft) to attend to; **jdn kurz ~** to give sb short shrift

Abfertigung F preparing for dispatch, processing; (*an Grenze*) clearance; (*Bedienung: von Kunden*) service; (: *von Antragstellern*): **~ von** dealing with

ab|feuern [ˈapfɔyərn] VT to fire

ab|finden [ˈapfɪndən] *unreg* VT to pay off ▶ VR to come to terms; **sich mit jdm ~/nicht ~** to put up with/not to get on with sb; **er konnte sich nie damit ~, dass …** he could never accept the fact that …

Abfindung F (*von Gläubigern*) payment; (*Geld*) sum in settlement

ab|flachen [ˈapflaxən] VT to level (off), to flatten (out) ▶ VI (*fig: sinken*) to decline

ab|flauen [ˈapflauən] VI (*Wind, Erregung*) to die away, to subside; (*Nachfrage, Geschäft*) to fall *od* drop off

★**ab|fliegen** [ˈapfli:gən] *unreg* VI to take off ▶ VT (*Gebiet*) to fly over

ab|fließen [ˈapfli:sən] *unreg* VI to drain away; **ins Ausland ~** (*Geld*) to flow out of the country

★**Abflug** [ˈapflu:k] M departure; (*Start*) take-off; **Abflughalle** F departure lounge; **Abflugterminal** [ˈapflu:ktœrmɪnəl] (**-s, -s**) M departure terminal; **Abflugzeit** F departure time

Abfluss [ˈapflʊs] M draining away; (*Öffnung*) outlet; **Abflussrohr** NT drainpipe; (*von sanitären Anlagen*) waste pipe

ab|fragen [ˈapfra:gən] VT to test; (*Comput*) to call up; **jdn etw ~** to question sb on sth

ab|frieren [ˈapfri:rən] *unreg* VI: **ihm sind die Füße abgefroren** his feet got frostbitten, he got frostbite in his feet

ab|frühstücken [ˈapfry:ʃtʏkən] (*umg*) VT (*jdn*) to fob off, to snub; (*Sache*) to get through with

Abfuhr [ˈapfu:r] (**-, -en**) F removal; (*fig*) snub, rebuff; **sich** *dat* **eine ~ holen** to meet with a rebuff

ab|führen [ˈapfy:rən] VT to lead away; (*Gelder, Steuern*) to pay ▶ VI (*Med*) to have a laxative effect

Abführmittel NT laxative, purgative

Abfüllanlage F bottling plant

ab|füllen [ˈapfʏlən] VT to draw off; (*in Flaschen*) to bottle

Abgabe [ˈapga:bə] F handing in; (*von Ball*) pass; (*Steuer*) tax; (*einer Erklärung*) giving

abgabenfrei ADJ tax-free

abgabenpflichtig ADJ liable to tax

Abgabetermin M closing date; (*für Dissertation etc*) submission date

Abgang [ˈapgaŋ] M (*von Schule*) leaving; (*Theat*) exit; (*Med: Ausscheiden*) passing; (: *Fehlgeburt*) miscarriage; (*Abfahrt*) departure; (*der Post, von Waren*) dispatch

Abgangszeugnis NT leaving certificate

★**Abgas** [ˈapga:s] NT waste gas; (*Aut*) exhaust ▪ **Abgase** PL exhaust fumes *pl*; **Abgasgrenzwert** M exhaust emission standard; **Abgassonderuntersuchung** F exhaust emission test

ABGB NT ABK (ÖSTERR: = *Allgemeines Bürgerliches Gesetzbuch*) *Civil Code in Austria*

ab|geben [ˈapge:bən] *unreg* VT (*Gegenstand*) to hand *od* give in; (*Ball*) to pass; (*Wärme*) to give off; (*Amt*) to hand over; (*Schuss*) to fire; (*Erklärung, Urteil*) to give; (*darstellen*) to make ▶ VR: **sich mit jdm/etw ~** to associate with sb/bother with sth; **„Kinderwagen abzugeben"** "pram for sale"; **jdm etw ~** (*überlassen*) to let sb have sth

abgebrannt [ˈapgəbrant] (*umg*) ADJ broke

abgebrüht [ˈapgəbry:t] (*umg*) ADJ (*skrupellos*) hard-boiled, hardened

abgedroschen [ˈapgədrɔʃən] ADJ trite; (*Witz*) corny

abgefahren [ˈapgəfa:rən] PP *von* **abfahren**

abgefeimt [ˈapgəfaɪmt] ADJ cunning

abgegeben [ˈapgəge:bən] PP *von* **abgeben**

abgegriffen [ˈapgəgrɪfən] ADJ (*Buch*) well-thumbed; (*Redensart*) trite

abgehackt [ˈapgəhakt] ADJ clipped

abgehalftert [ˈapgəhalftərt] ADJ (*fig: umg*) run-down, dead beat

abgehangen [ˈapgəhaŋən] PP *von* **abhängen** ▶ ADJ: **(gut) ~** (*Fleisch*) well-hung

abgehärtet [ˈapgəhɛrtət] ADJ tough, hardy; (*fig*) hardened

ab|gehen [ˈapge:ən] *unreg* VI to go away, to leave; (*Theat*) to exit; (*Post*) to go; (*Med*) to be passed; (*sterben*) to die; (*Knopf etc*) to come off; (*abgezogen werden*) to be taken off; (*Straße*) to branch off; (*abweichen*): **von einer Forderung ~** to give up a demand ▶ VT (*Strecke*) to go *od* walk along; (*Mil: Gelände*) to patrol; **von seiner Meinung ~** to change one's opinion; **davon gehen 5% ab** 5% is taken off that; **etw geht jdm ab** (*fehlt*) sb lacks sth

abgekämpft [ˈapgəkɛmpft] ADJ exhausted

abgekartet [ˈapgəkartət] ADJ: **ein abgekartetes Spiel** a rigged job

abgeklärt [ˈapgəklɛ:rt] ADJ serene, tranquil

abgelegen [ˈapgəle:gən] ADJ remote

ab|gelten [ˈapgɛltən] *unreg* VT (*Ansprüche*) to satisfy

★**abgemacht** [ˈapgəmaxt] ADJ fixed; **~!** done!

abgemagert [ˈapgəma:gərt] ADJ (*sehr dünn*) thin; (*ausgemergelt*) emaciated

abgeneigt [ˈapgənaɪkt] ADJ averse; **ich wäre nicht ~, das zu tun** I wouldn't mind doing that

abgenutzt [ˈapgənʊtst] ADJ worn, shabby; (*Reifen*) worn; (*fig: Klischees*) well-worn

Abgeordnete(r) [ˈapgə|ɔrdnətə(r)] F(M) elected representative; (*von Parlament*) member of parliament

Abgesandte(r) [ˈapgəzantə(r)] F(M) delegate; (*Pol*) envoy

abgeschieden [ˈapgəʃi:dən] ADV (*einsam*): **~ leben/wohnen** to live in seclusion

abgeschlagen [ˈapgəʃla:gən] ADJ (*besiegt*) defeated; (*erschöpft*) exhausted, worn-out

abgeschlossen [ˈapgəʃlɔsən] PP *von* **abschließen** ▶ ADJ *attrib* (*Wohnung*) self-contained
abgeschmackt [ˈapgəʃmakt] ADJ tasteless; **Abgeschmacktheit** F lack of taste; (*Bemerkung*) tasteless remark
abgesehen [ˈapgəze:ən] ADJ: **es auf jdn/etw ~ haben** to be after sb/sth; **~ von ...** apart from ...
abgespannt [ˈapgəʃpant] ADJ tired out
abgestanden [ˈapgəʃtandən] ADJ stale; (*Bier*) flat
abgestorben [ˈapgəʃtɔrbən] ADJ numb; (*Biol, Med*) dead
abgestumpft [ˈapgəʃtʊmpft] ADJ (*gefühllos: Person*) insensitive; (*Gefühle, Gewissen*) dulled
abgetakelt [ˈapgəta:kəlt] ADJ (*fig*) decrepit, past it
abgetan [ˈapgəta:n] ADJ: **damit ist die Sache ~** that settles the matter
abgetragen [ˈapgətra:gən] ADJ worn
ab|gewinnen [ˈapgəvɪnən] *unreg* VT: **jdm Geld ~** to win money from sb; **einer Sache etw/Geschmack ~** to get sth/pleasure from sth
abgewogen [ˈapgəvo:gən] ADJ (*Urteil, Worte*) balanced
ab|gewöhnen [ˈapgəvø:nən] VT: **jdm/sich etw ~** to cure sb of sth/give sth up
ab|gießen [ˈapgi:sən] *unreg* VT (*Flüssigkeit*) to pour off
Abglanz [ˈapglants] M (*auch fig*) reflection
ab|gleiten [ˈapglaɪtən] *unreg* VI to slip, to slide
Abgott [ˈapgɔt] M idol
abgöttisch [ˈapgœtɪʃ] ADJ: **~ lieben** to idolize
ab|grasen [ˈapgra:zən] VT (*Feld*) to graze; (*umg: Thema*) to do to death
ab|grenzen [ˈapgrɛntsən] VT (*lit, fig*) to mark off; (*Gelände*) to fence off ▶ VR: **sich ~ (gegen)** to dis(as)sociate o.s. (from)
Abgrund [ˈapgrʊnt] M (*lit, fig*) abyss
abgründig [ˈapgrʏndɪç] ADJ unfathomable; (*Lächeln*) cryptic
abgrundtief ADJ (*Hass, Verachtung*) profound
ab|gucken [ˈapgʊkən] VT, VI to copy
Abguss [ˈapgʊs] M (*Kunst, Metallurgie: Vorgang*) casting; (*: Form*) cast
ab|haben [ˈapha:bən] (*umg*) *unreg* VT (*abbekommen*): **willst du ein Stück ~?** do you want a bit?
ab|hacken [ˈaphakən] VT to chop off
ab|haken [ˈapha:kən] VT to tick off (BRIT), to check off (US)
ab|halten [ˈaphaltən] *unreg* VT (*Versammlung*) to hold; **jdn von etw ~** (*fernhalten*) to keep sb away from sth; (*hindern*) to keep sb from sth
ab|handeln [ˈaphandəln] VT (*Thema*) to deal with; **jdm die Waren/10 Euro ~** to do a deal with sb for the goods/beat sb down 10 euros
abhanden|kommen [apˈhandən-] VI to get lost
Abhandlung [ˈaphandlʊŋ] F treatise, discourse
Abhang [ˈaphaŋ] M slope
ab|hängen [ˈaphɛŋən] *unreg* VT (*Bild*) to take down; (*Anhänger*) to uncouple; (*Verfolger*) to shake off ▶ VI (*Fleisch*) to hang; **von jdm/etw ~** to depend on sb/sth; **das hängt ganz davon ab** it all depends; **er hat abgehängt** (*Tel: umg*) he hung up (on me *etc*)
★**abhängig** [ˈaphɛŋɪç] ADJ: **~ (von)** dependent (on); **Abhängigkeit** F: **~ (von)** dependence (on)
ab|härten [ˈaphɛrtən] VT to toughen up ▶ VR to toughen (o.s.) up; **sich gegen etw ~** to harden o.s. to sth
ab|hauen [ˈaphaʊən] *unreg* VT to cut off; (*Baum*) to cut down ▶ VI (*umg*) to clear off *od* out; **hau ab!** beat it!
ab|heben [ˈaphe:bən] *unreg* VT to lift (up); (*Karten*) to cut; (*Masche*) to slip; (*Geld*) to withdraw, to take out ▶ VI (*Flugzeug*) to take off; (*Rakete*) to lift off; (*Karten*) to cut ▶ VR: **sich ~ von** to stand out from, to contrast with
ab|heften [ˈaphɛftən] VT (*Rechnungen etc*) to file away; (*Nähen*) to tack, to baste
ab|helfen [ˈaphɛlfən] *unreg* VI *+dat* to remedy
ab|hetzen [ˈaphɛtsən] VR to wear *od* tire o.s. out
Abhilfe [ˈaphɪlfə] F remedy; **~ schaffen** to put things right
★**ab|holen** [ˈapho:lən] VT (*Gegenstand*) to fetch, to collect; (*Person*) to call for; (*am Bahnhof etc*) to pick up, to meet
Abholmarkt M cash and carry
ab|holzen [ˈaphɔltsən] VT (*Wald*) to clear, to deforest
ab|horchen [ˈaphɔrçən] VT (*Med*) to listen to, to sound
ab|hören [ˈaphø:rən] VT (*Vokabeln*) to test; (*Telefongespräch*) to tap; (*Tonband etc*) to listen to; **abgehört werden** (*umg*) to be bugged
Abhörgerät NT bug
ab|hungern [ˈaphʊŋərn] VR: **sich** *dat* **10 Kilo ~** to lose 10 kilos by going on a starvation diet
Abi [ˈabi] (**-s, -s**) NT (*Sch: umg*) = **Abitur**
★**Abitur** [abiˈtu:r] (**-s, -e**) NT *German school-leaving examination*, ≈ A-levels *pl* (BRIT); **(das) ~ machen** to take one's school-leaving exam *od* A-levels

> The **Abitur** is the German school-leaving examination which is taken at the age of 18 or 19 by pupils at a *Gymnasium*. It is taken in four subjects and is necessary for entry to university.

Abiturient(in) [abituriˈɛnt(ɪn)] M(F) candidate for school-leaving certificate
ab|kämmen [ˈapkɛmən] VT (*Gegend*) to comb, to scour
ab|kanzeln [ˈapkantsəln] (*umg*) VT: **jdn ~** to give sb a dressing-down
ab|kapseln [ˈapkapsəln] VR to shut *od* cut o.s. off
ab|karten [ˈapkartən] (*umg*) VT: **die Sache war von vornherein abgekartet** the whole thing was a put-up job

ab|kaufen [ˈapkaʊfən] VT: **jdm etw ~** to buy sth from sb; **das kauf ich dir nicht ab!** (*umg*) I don't believe you

ab|kehren [ˈapkeːrən] VT (*Blick*) to avert, to turn away ▸ VR to turn away

ab|klappern [ˈapklapərn] (*umg*) VT (*Kunden*) to call on; (*Läden, Straße*): **~ (nach)** to scour (for), to comb (for)

ab|klären [ˈapklɛːrən] VT (*klarstellen*) to clear up, to clarify ▸ VR (*sich setzen*) to clarify

Abklatsch [ˈapklatʃ] (**-es, -e**) M (*fig*) (poor) copy

ab|klemmen [ˈapklɛmən] VT (*Leitung*) to clamp

ab|klingen [ˈapklɪŋən] *unreg* VI to die away; (*Rundf*) to fade out

ab|knallen [ˈapknalən] (*umg*) VT to shoot down

ab|knöpfen [ˈapknœpfən] VT to unbutton; **jdm etw ~** (*umg*) to get sth off sb

ab|kochen [ˈapkɔxən] VT to boil; (*keimfrei machen*) to sterilize (by boiling)

ab|kommandieren [ˈapkɔmandiːrən] VT (*Mil: zu Einheit*) to post; (*zu bestimmtem Dienst*): **~ zu** to detail for

ab|kommen [ˈapkɔmən] *unreg* VI to get away; **(vom Thema) ~** to get off the subject, to digress; **von der Straße/einem Plan ~** to leave the road/give up a plan

Abkommen (**-s, -**) NT agreement

abkömmlich [ˈapkœmlɪç] ADJ available, free

Abkömmling M (*Nachkomme*) descendant; (*fig*) adherent

ab|können [ˈapkœnən] (*umg*) *unreg* VT (*mögen*): **das kann ich nicht ab** I can't stand it

ab|koppeln [ˈapkɔpəln] VT (*Anhänger*) to unhitch

ab|kratzen [ˈapkratsən] VT to scrape off ▸ VI (*umg*) to kick the bucket

ab|kriegen [ˈapkriːgən] (*umg*) VT = **abbekommen**

ab|kühlen [ˈapkyːlən] VT to cool down ▸ VR (*Mensch*) to cool down *od* off; (*Wetter*) to get cool; (*Zuneigung*) to cool

Abkunft [ˈapkʊnft] (**-**) F origin, birth

ab|kürzen [ˈapkʏrtsən] VT to shorten; (*Wort*) to abbreviate; **den Weg ~** to take a shortcut

Abkürzung F abbreviation; (*Weg*) shortcut

ab|laden [ˈaplaːdən] *unreg* VI to unload ▸ VT to unload; (*fig: umg*): **seinen Ärger (bei jdm) ~** to vent one's anger (on sb)

Ablage [ˈaplaːgə] F place to keep/put sth; (*Aktenordnung*) filing; (*für Akten*) tray

ab|lagern [ˈaplaːgərn] VT to deposit ▸ VR to be deposited ▸ VI to mature

Ablagerung F (*abgelagerter Stoff*) deposit

ab|lassen [ˈaplasən] *unreg* VT (*Wasser, Dampf*) to let out *od* off; (*vom Preis*) to knock off ▸ VI: **von etw ~** to give sth up, to abandon sth

Ablauf M (*Abfluss*) drain; (*von Ereignissen*) course; (*einer Frist, Zeit*) expiry (BRIT), expiration (US); **nach ~ des Jahres/dieser Zeit** at the end of the year/this time

Ablaufdatum NT (ÖSTERR) expiry date; (*von Lebensmitteln*) use-by *od* best-before date

ab|laufen [ˈaplaʊfən] *unreg* VI (*abfließen*) to drain away; (*Ereignisse*) to happen; (*Frist, Zeit, Pass*) to expire ▸ VT (*Sohlen*) to wear (down *od* out); **~ lassen** (*abspulen, abspielen: Platte, Tonband*) to play; (*Film*) to run; **sich *dat* die Beine *od* Hacken nach etw ~** (*umg*) to walk one's legs off looking for sth; **jdm den Rang ~** to steal a march on sb

a

Ableben [ˈapleːbən] NT (*form*) demise (*form*)

ab|legen [ˈapleːgən] VT to put *od* lay down; (*Kleider*) to take off; (*Gewohnheit*) to get rid of; (*Prüfung*) to take, to sit (BRIT); (*Zeugnis*) to give; (*Schriftwechsel*) to file (away); (*nicht mehr tragen: Kleidung*) to discard, to cast off; (*Schwur, Eid*) to swear ▸ VI (*Schiff*) to cast off

Ableger (**-s, -**) M layer; (*fig*) branch, offshoot

★**ab|lehnen** [ˈapleːnən] VT to reject; (*missbilligen*) to disapprove of; (*Einladung*) to decline, to refuse ▸ VI to decline, to refuse

Ablehnung F rejection; (*von Einladung*) refusal; **auf ~ stoßen** to meet with disapproval

ab|leisten [ˈaplaɪstən] VT (*form: Zeit*) to serve

ab|leiten [ˈaplaɪtən] VT (*Wasser*) to divert; (*deduzieren*) to deduce; (*Wort*) to derive

Ableitung F diversion; (*Deduzierung*) deduction; (*von Wort*) derivation; (*Wort*) derivative

ab|lenken [ˈaplɛŋkən] VT to turn away, to deflect; (*zerstreuen*) to distract ▸ VI to change the subject; **das lenkt ab** (*zerstreut*) it takes your mind off things; (*stört*) it's distracting

Ablenkung F deflection; (*Zerstreuung*) distraction

Ablenkungsmanöver NT diversionary tactic; (*um vom Thema abzulenken*) red herring

ab|lesen [ˈapleːzən] *unreg* VT to read; **jdm jeden Wunsch von den Augen ~** to anticipate sb's every wish

ab|leugnen [ˈaplɔʏgnən] VT to deny

ab|lichten [ˈaplɪçtən] VT to photocopy; (*fotografieren*) to photograph

ab|liefern [ˈapliːfərn] VT to deliver; **etw bei jdm/einer Dienststelle ~** to hand sth over to sb/in at an office

Ablieferung F delivery

ab|liegen [ˈapliːgən] *unreg* VI to be some distance away; (*fig*) to be far removed

ab|listen [ˈaplɪstən] VT: **jdm etw ~** to trick *od* con sb out of sth

ab|lösen [ˈapløːzən] VT (*abtrennen*) to take off, to remove; (*in Amt*) to take over from; (*Fin: Schuld, Hypothek*) to pay off, to redeem; (*Methode, System*) to supersede ▸ VR (*auch:* **einander ablösen**) to take turns; (*Fahrer, Kollegen, Wachen*) to relieve each other

Ablösung F removal; (*von Fahrer, Wache*) relieving

ab|luchsen [ˈaplʊksən] (*umg*) VT: **jdm etw ~** to get *od* wangle sth out of sb

Abluft F (*Tech*) used air

ABM PL ABK (= *Arbeitsbeschaffungsmaßnahmen*) *job-creation scheme*

ab|machen [ˈapmaxən] VT to take off; (*vereinbaren*) to agree; **etw mit sich allein ~** to sort sth out for o.s.

Abmachung F agreement

ab|magern [ˈapma:gərn] VI to get thinner, to become emaciated

Abmagerungskur F diet; **eine ~ machen** to go on a diet

Abmarsch [ˈapmarʃ] M departure; **abmarschbereit** ADJ ready to start

ab|marschieren [ˈapmarʃi:rən] VI to march off

ab|melden [ˈapmɛldən] VT (*Auto*) to take off the road; (*Telefon*) to have disconnected; (*Comput*) to log off ▶ VR to give notice of one's departure; (*im Hotel*) to check out; **ein Kind von einer Schule ~** to take a child away from a school; **er/sie ist bei mir abgemeldet** (*umg*) I don't want anything to do with him/her; **jdn bei der Polizei ~** to register sb's departure with the police

ab|messen [ˈapmɛsən] *unreg* VT to measure

Abmessung F measurement; (*Ausmaß*) dimension

ab|montieren [ˈapmɔnti:rən] VT to take off; (*Maschine*) to dismantle

ABM-Stelle F *temporary post created as part of a job creation scheme*

ab|mühen [ˈapmy:ən] VR to wear o.s. out

ab|nabeln [ˈapna:bəln] VT: **jdn ~** (*auch fig*) to cut sb's umbilical cord

ab|nagen [ˈapna:gən] VT to gnaw off; (*Knochen*) to gnaw

Abnäher [ˈapnɛ:ər] (**-s, -**) M dart

Abnahme [ˈapna:mə] F *+gen* removal; (*Comm*) buying; (*Verringerung*) decrease (in)

★**ab|nehmen** [ˈapne:mən] *unreg* VT to take off, to remove; (*Führerschein*) to take away; (*Prüfung*) to hold; (*Maschen*) to decrease; (*Hörer*) to lift, to pick up; (*begutachten: Gebäude, Auto*) to inspect ▶ VI to decrease; (*schlanker werden*) to lose weight; (*Tel*) to pick up the phone; **jdm etw ~** (*Geld*) to get sth out of sb; (*kaufen, auch umg: glauben*) to buy sth from sb; **kann ich dir etwas ~?** (*tragen*) can I take something for you?; **jdm Arbeit ~** to take work off sb's shoulders; **jdm ein Versprechen ~** to make sb promise sth

Abnehmer (**-s, -**) M purchaser, customer; **viele/wenige ~ finden** (*Comm*) to sell well/badly

Abneigung [ˈapnaɪgʊŋ] F aversion, dislike

ab|nicken [ˈapnɪkən] (*umg*) VT: **etw ~** to nod sth through

abnorm [apˈnɔrm] ADJ abnormal

ab|nötigen [ˈapnø:tɪgən] VT: **jdm etw/Respekt ~** to force sth from sb/gain sb's respect

ab|nutzen [ˈapnʊtsən] VT to wear out

Abnutzung F wear (and tear)

Abo [ˈabo] (**-s, -s**) (*umg*) NT = **Abonnement**

Abonnement [abɔn(ə)ˈmã:] (**-s, -s** *od* **-e**) NT subscription; (*Theaterabonnement*) season ticket

Abonnent(in) [abɔˈnɛnt(ɪn)] M(F) subscriber

abonnieren [abɔˈni:rən] VT to subscribe to

ab|ordnen [ˈap|ɔrdnən] VT to delegate

Abordnung F delegation

Abort [aˈbɔrt] (**-(e)s, -e**) M (*veraltet*) lavatory

ab|packen [ˈappakən] VT to pack

ab|passen [ˈappasən] VT (*Person, Gelegenheit*) to wait for; (*warten auf*) to catch; (*jdm auflauern*) to waylay; **etw gut ~** to time sth well

ab|pausen [ˈappaʊzən] VT to make a tracing of

ab|pfeifen [ˈappfaɪfən] *unreg* VT, VI (*Sport*): **(das Spiel) ~** to blow the whistle (for the end of the game)

Abpfiff [ˈappfɪf] M final whistle

ab|plagen [ˈappla:gən] VR to struggle (away)

Abprall [ˈappral] M rebound; (*von Kugel*) ricochet

ab|prallen [ˈappralən] VI to bounce off; (*Kugel*) to ricochet; **an jdm ~** (*fig*) to make no impression on sb

ab|putzen [ˈappʊtsən] VT to clean; (*Nase etc*) to wipe

ab|quälen [ˈapkvɛ:lən] VR to struggle (away)

ab|rackern [ˈaprakərn] (*umg*) VR to slave away

ab|raten [ˈapra:tən] *unreg* VI: **jdm von etw ~** to advise sb against sth, to warn sb against sth

★**ab|räumen** [ˈaprɔʏmən] VT to clear up *od* away; (*Tisch*) to clear ▶ VI to clear up *od* away

ab|reagieren [ˈapreagi:rən] VT: **seinen Zorn (an jdm/etw) ~** to work one's anger off (on sb/sth) ▶ VR to calm down; **seinen Ärger an anderen ~** to take it out on others

ab|rechnen [ˈaprɛçnən] VT to deduct, to take off ▶ VI (*lit*) to settle up; (*fig*) to get even; **darf ich ~?** would you like your bill (BRIT) *od* check (US) now?

Abrechnung F settlement; (*Rechnung*) bill; (*Aufstellung*) statement; (*Bilanz*) balancing; (*fig: Rache*) revenge; **in ~ stellen** (*form: Abzug*) to deduct; **~ über** *+akk* bill/statement for

Abrechnungszeitraum M accounting period

Abrede [ˈapre:də] F: **etw in ~ stellen** to deny *od* dispute sth

ab|regen [ˈapre:gən] (*umg*) VR to calm *od* cool down

ab|reiben [ˈapraɪbən] *unreg* VT to rub off; (*säubern*) to wipe; **jdn mit einem Handtuch ~** to towel sb down

Abreibung (*umg*) F (*Prügel*) hiding, thrashing

★**Abreise** [ˈapraɪzə] F departure

★**ab|reisen** VI to leave, to set off

ab|reißen [ˈapraɪsən] *unreg* VT (*Haus*) to tear down; (*Blatt*) to tear off ▶ VI: **den Kontakt nicht ~ lassen** to stay in touch

ab|richten [ˈaprɪçtən] VT to train

ab|riegeln [ˈapri:gəln] VT (*Tür*) to bolt; (*Straße, Gebiet*) to seal off

ab|ringen [ˈaprɪŋən] *unreg* VT: **sich** *dat* **ein Lächeln ~** to force a smile

Abriss [ˈaprɪs] (**-es, -e**) M (*Übersicht*) outline; (*Abbruch*) demolition

ab|rollen [ˈaprɔlən] VT (*abwickeln*) to unwind ▸ VI (*vonstattengehen*: *Programm*) to run; (: *Veranstaltung*) to go off; (: *Ereignisse*) to unfold

Abruf [ˈapruːf] M: **auf ~** on call

ab|rufen *unreg* VT (*Mensch*) to call away; (*Comm*: *Ware*) to request delivery of; (*Comput*) to recall, to retrieve

ab|runden [ˈaprʊndən] VT to round off

abrupt [abˈrʊpt] ADJ abrupt

ab|rüsten [ˈaprʏstən] VI to disarm

Abrüstung F disarmament

ab|rutschen [ˈaprʊtʃən] VI to slip; (*Aviat*) to sideslip

Abs. ABK = **Absender**; (= *Absatz*) par., para

ab|sacken [ˈapzakən] VI (*sinken*) to sink; (*Boden, Gebäude*) to subside

Absage [ˈapzaːɡə] (**-, -n**) F refusal; (*auf Einladung*) negative reply

ab|sagen VT to cancel, to call off; (*Einladung*) to turn down ▸ VI to cry off; (*ablehnen*) to decline; **jdm ~** to tell sb that one can't come

ab|sägen [ˈapzɛːɡən] VT to saw off

ab|sahnen [ˈapzaːnən] VT (*lit*) to skim; **das Beste für sich ~** (*fig*) to take the cream

Absatz [ˈapzats] M (*Comm*) sales *pl*; (*Jur*) section; (*Bodensatz*) deposit; (*neuer Abschnitt*) paragraph; (*Treppenabsatz*) landing; (*Schuhabsatz*) heel; **Absatzflaute** F slump in the market; **Absatzförderung** F sales promotion; **Absatzgebiet** NT (*Comm*) market; **Absatzplus** NT increase in sales; **Absatzprognose** F sales forecast; **Absatzschwierigkeiten** PL sales problems *pl*; **Absatzziffern** PL sales figures *pl*

ab|saufen [ˈapzaʊfən] *unreg* (*umg*) VI (*ertrinken*) to drown; (: *Motor*) to flood; (: *Schiff etc*) to go down

ab|saugen [ˈapzaʊɡən] VT (*Flüssigkeit*) to suck out *od* off; (*Teppich, Sofa*) to hoover®, to vacuum

ab|schaben [ˈapʃaːbən] VT to scrape off; (*Möhren*) to scrape

ab|schaffen [ˈapʃafən] VT to abolish, to do away with

Abschaffung F abolition

ab|schalten [ˈapʃaltən] VT, VI (*lit, umg*) to switch off

ab|schattieren [ˈapʃatiːrən] VT to shade

ab|schätzen [ˈapʃɛtsən] VT to estimate; (*Lage*) to assess; (*Person*) to size up

abschätzig [ˈapʃɛtsɪç] ADJ disparaging, derogatory

Abschaum [ˈapʃaʊm] (**-(e)s**) M scum

Abscheu [ˈapʃɔʏ] (**-(e)s**) M loathing, repugnance; **abscheuerregend** ADJ repulsive, loathsome; **abscheulich** ADJ abominable

★**ab|schicken** [ˈapʃɪkən] VT to send off

ab|schieben [ˈapʃiːbən] *unreg* VT to push away; (*Person*) to pack off; (*ausweisen*: *Ausländer*) to deport; (*fig*: *Verantwortung, Schuld*): **~** (**auf** *+akk*) to shift (onto)

Abschied [ˈapʃiːt] (**-(e)s, -e**) M parting; (*von Armee*) discharge; **(von jdm) ~ nehmen** to say goodbye (to sb), to take one's leave (of sb); **seinen ~ nehmen** (*Mil*) to apply for discharge; **zum ~** on parting

Abschiedsbrief M farewell letter

Abschiedsfeier F farewell party

ab|schießen [ˈapʃiːsən] *unreg* VT (*Flugzeug*) to shoot down; (*Geschoss*) to fire; (*umg*: *Minister*) to get rid of

ab|schirmen [ˈapʃɪrmən] VT to screen; (*schützen*) to protect ▸ VR (*sich isolieren*): **sich ~ (gegen)** to cut o.s. off (from)

ab|schlaffen [ˈapʃlafən] (*umg*) VI to flag

ab|schlagen [ˈapʃlaːɡən] *unreg* VT (*abhacken, Comm*) to knock off; (*ablehnen*) to refuse; (*Mil*) to repel

abschlägig [ˈapʃlɛːɡɪç] ADJ negative; **jdn/etw ~ bescheiden** (*form*) to turn sb/sth down

Abschlagszahlung F interim payment

ab|schleifen [ˈapʃlaɪfən] *unreg* VT to grind down; (*Holzboden*) to sand (down) ▸ VR to wear off

★**Abschleppdienst** M (*Aut*) breakdown service (BRIT), towing company (US)

★**ab|schleppen** [ˈapʃlɛpən] VT to (take in) tow

Abschleppseil NT towrope

★**ab|schließen** [ˈapʃliːsən] *unreg* VT (*Tür*) to lock; (*beenden*) to conclude, to finish; (*Vertrag, Handel*) to conclude; (*Versicherung*) to take out; (*Wette*) to place ▸ VR (*sich isolieren*) to cut o.s. off; **mit abgeschlossenem Studium** with a degree; **mit der Vergangenheit ~** to break with the past

abschließend ADJ concluding ▸ ADV in conclusion, finally

Abschluss [ˈapʃlʊs] M (*Beendigung*) close, conclusion; (*Comm*: *Bilanz*) balancing; (*von Vertrag, Handel*) conclusion; **zum ~** in conclusion; **Abschlussfeier** F (*Sch*) school-leavers' ceremony; **Abschlussprüfer** M accountant; ★**Abschlussprüfung** F (*Sch*) final examination; (*Univ*) finals *pl*; **Abschlussrechnung** F final account; **Abschlusszeugnis** NT (*Sch*) leaving certificate, diploma (US)

ab|schmecken [ˈapʃmɛkən] VT (*kosten*) to taste; (*würzen*) to season

ab|schmieren [ˈapʃmiːrən] VT (*Aut*) to grease, to lubricate

ab|schminken [ˈapʃmɪŋkən] VR to remove one's make-up ▸ VT (*umg*): **sich** *dat* **etw ~** to get sth out of one's mind

ab|schmirgeln [ˈapʃmɪrɡəln] VT to sand down

ab|schnallen [ˈapʃnalən] VR to unfasten one's seat belt ▸ VI (*umg*: *nicht mehr folgen können*) to give up; (: *fassungslos sein*) to be staggered

ab|schneiden [ˈapʃnaɪdən] *unreg* VT to cut off ▸ VI to do, to come off; **bei etw gut/schlecht ~** (*umg*) to come off well/badly in sth

Abschnitt [ˈapʃnɪt] M section; (*Mil*) sector; (*Kontrollabschnitt*) counterfoil (BRIT), stub (US); (*Math*) segment; (*Zeitabschnitt*) period

ab|schnüren [ˈapʃnyːrən] VT to constrict

ab|schöpfen [ˈapʃœpfən] VT to skim off

ab|schrauben [ˈapʃraʊbən] VT to unscrew

ab|schrecken [ˈapʃrɛkən] VT to deter, to put off; (*mit kaltem Wasser*) to plunge into cold water

abschreckend ADJ deterrent; **abschreckendes Beispiel** warning; **eine abschreckende Wirkung haben, ~ wirken** to act as a deterrent

★**ab|schreiben** [ˈapʃraɪbən] *unreg* VT to copy; (*verloren geben*) to write off; (*Comm*) to deduct; **er ist bei mir abgeschrieben** I'm finished with him

Abschreibung F (*Comm*) deduction; (*Wertverminderung*) depreciation

Abschrift [ˈapʃrɪft] F copy

ab|schuften [ˈapʃʊftən] (*umg*) VR to slog one's guts out (*umg*)

ab|schürfen [ˈapʃʏrfən] VT to graze

Abschuss [ˈapʃʊs] M (*eines Geschützes*) firing; (*Herunterschießen*) shooting down; (*Tötung*) shooting

abschüssig [ˈapʃʏsɪç] ADJ steep

Abschussliste F: **er steht auf der ~** (*umg*) his days are numbered

Abschussrampe F launch(ing) pad

ab|schütteln [ˈapʃʏtəln] VT to shake off

ab|schütten [ˈapʃʏtən] VT (*Flüssigkeit etc*) to pour off

ab|schwächen [ˈapʃvɛçən] VT to lessen; (*Behauptung, Kritik*) to tone down ▸ VR to lessen

ab|schweifen [ˈapʃvaɪfən] VI to wander; (*Redner*) to digress

Abschweifung F digression

ab|schwellen [ˈapʃvɛlən] *unreg* VI (*Geschwulst*) to go down; (*Lärm*) to die down

ab|schwenken [ˈapʃvɛŋkən] VI to turn away

ab|schwören [ˈapʃvøːrən] *unreg* VI *+dat* to renounce

absehbar [ˈapzeːbaːr] ADJ foreseeable; **in absehbarer Zeit** in the foreseeable future; **das Ende ist ~** the end is in sight

ab|sehen *unreg* VT (*Ende, Folgen*) to foresee ▸ VI: **von etw ~** to refrain from sth; (*nicht berücksichtigen*) to leave sth out of consideration; **jdm etw ~** (*erlernen*) to copy sth from sb

ab|seilen [ˈapzaɪlən] VT to lower down on a rope ▸ VR (*Bergsteiger*) to abseil (down)

abseits ADV out of the way ▸ PRÄP *+gen* away from

Abseits [ˈapzaɪts] NT (*Sport*) offside; **im ~ stehen** to be offside; **im ~ leben** (*fig*) to live in the shadows; **Abseitsfalle** F (*Sport*) offside trap

ab|senden [ˈapzɛndən] *unreg* VT to send off, to dispatch

★**Absender** M sender

Absendung F dispatch

absetzbar [ˈapzɛtsbaːr] ADJ (*Beamter*) dismissible; (*Waren*) saleable; (*von Steuer*) deductible

ab|setzen [ˈapzɛtsən] VT (*niederstellen*) to put down; (*aussteigen lassen*) to drop (off); (*abnehmen, auch Theaterstück*) to take off; (*Comm: verkaufen*) to sell; (*Fin: abziehen*) to deduct; (*entlassen*) to dismiss; (*König*) to depose; (*streichen*) to drop; (*Fußballspiel, Termin*) to cancel; (*hervorheben*) to pick out ▸ VI: **er trank das Glas aus, ohne abzusetzen** he emptied his glass in one ▸ VR (*sich entfernen*) to clear off; (*sich ablagern*) to be deposited; **das kann man ~** that is tax-deductible

Absetzung F (*Fin: Abzug*) deduction; (*Entlassung*) dismissal; (*von König*) deposing; (*Streichung*) dropping

ab|sichern [ˈapzɪçərn] VT to make safe; (*schützen*) to safeguard ▸ VR to protect o.s.

Absicht [ˈapzɪçt] F intention; **mit ~** on purpose; **absichtlich** ADJ intentional, deliberate

absichtslos ADJ unintentional

ab|sinken [ˈapzɪŋkən] *unreg* VI to sink; (*Temperatur, Geschwindigkeit*) to decrease

ab|sitzen [ˈapzɪtsən] *unreg* VI to dismount ▸ VT (*Strafe*) to serve

absolut [apzoˈluːt] ADJ absolute

Absolutheitsanspruch M claim to absolute right

Absolutismus [apzoluːˈtɪsmʊs] M absolutism

Absolvent(in) M(F): **die Absolventen eines Lehrgangs** the students who have completed a course

absolvieren [apzɔlˈviːrən] VT (*Sch*) to complete

absonderlich [apˈzɔndərlɪç] ADJ odd, strange

ab|sondern VT to separate; (*ausscheiden*) to give off, to secrete ▸ VR to cut o.s. off

Absonderung F separation; (*Med*) secretion

absorbieren [apzɔrˈbiːrən] VT (*lit, fig*) to absorb

ab|spalten [ˈapʃpaltən] VT to split off

Abspannung [ˈapʃpanʊŋ] F (*Ermüdung*) exhaustion

ab|sparen [ˈapʃpaːrən] VT: **sich** *dat* **etw ~** to scrimp and save for sth

ab|specken [ˈapʃpɛkən] (*umg*) VT to shed ▸ VI to lose weight

ab|speichern [ˈapʃpaɪçərn] VT (*Comput*) to save

ab|speisen [ˈapʃpaɪzən] VT (*fig*) to fob off

abspenstig [ˈapʃpɛnstɪç] ADJ: **(jdm) ~ machen** to lure away (from sb)

ab|sperren [ˈapʃpɛrən] VT to block *od* close off; (*Tür*) to lock

Absperrung F (*Vorgang*) blocking *od* closing off; (*Sperre*) barricade

ab|spielen [ˈapʃpiːlən] VT (*CD etc*) to play; (*Sport: Ball*) to pass ▸ VR to happen; **vom Blatt ~** (*Mus*) to sight-read

ab|splittern [ˈapʃplɪtərn] VT, VI to chip off

Absprache [ˈapʃpraːxə] F arrangement; **ohne vorherige ~** without prior consultation

ab|sprechen [ˈapʃprɛçən] *unreg* VT (*vereinbaren*) to arrange ▸ VR: **die beiden hatten sich vorher abgesprochen** they had agreed on what to do/say *etc* in advance; **jdm etw ~** to deny sb sth; (*in Abrede stellen: Begabung*) to dispute sb's sth

ab|springen [ˈapʃprɪŋən] *unreg* VI to jump down/off; (*Farbe, Lack*) to flake off; (*Aviat*) to bale out; (*sich distanzieren*) to back out

Absprung [ˈapʃprʊŋ] M jump; **den ~ schaffen** (*fig*) to make the break (*umg*)

ab|spulen [ˈapʃpuːlən] VT (*Kabel, Garn*) to unwind

★**ab|spülen** [ˈapʃpyːlən] VT to rinse; **Geschirr ~** to wash up (BRIT), to do the dishes

ab|stammen [ˈapʃtamən] VI to be descended; (*Wort*) to be derived

Abstammung F descent; (*von Wort*) derivation; **französischer ~** of French extraction *od* descent

Abstand [ˈapʃtant] M distance; (*zeitlich*) interval; **davon ~ nehmen, etw zu tun** to refrain from doing sth; **~ halten** (*Aut*) to keep one's distance; **~ von etw gewinnen** (*fig*) to distance o.s. from sth; **mit großem ~ führen** to lead by a wide margin; **mit ~ der Beste** by far the best

Abstandssumme F compensation

ab|statten [ˈapʃtatən] VT (*form: Dank*) to give; (*: Besuch*) to pay

ab|stauben [ˈapʃtaʊbən] VT, VI to dust; (*umg: mitgehen lassen*) to help oneself to, to pinch; **(den Ball) ~** (*Sport*) to tuck the ball away

Abstauber(in) [ˈapʃtaʊbər(ɪn)] **(-s, -)** (*umg*) M(F) (*Person*) somebody on the make

ab|stechen [ˈapʃtɛçən] *unreg* VT to cut; (*Tier*) to cut the throat of ▸ VI: **~ gegen** *od* **von** to contrast with

Abstecher (-s, -) M detour

ab|stecken [ˈapʃtɛkən] VT (*Fläche*) to mark out; (*Saum*) to pin

ab|stehen [ˈapʃteːən] *unreg* VI (*Ohren, Haare*) to stick out; (*entfernt sein*) to stand away

Absteige [ˈapʃtaɪgə] F cheap hotel

ab|steigen *unreg* VI (*vom Rad etc*) to get off, to dismount; **in einem Gasthof ~** to put up at an inn; **(in die Zweite Liga) ~** to be relegated (to the second division); **auf dem absteigenden Ast sein** (*umg*) to be going downhill, to be on the decline

ab|stellen [ˈapʃtɛlən] VT (*niederstellen*) to put down; (*entfernt stellen*) to pull out; (*hinstellen: Auto*) to park; (*ausschalten*) to turn *od* switch off; (*Missstand, Unsitte*) to stop; (*abkommandieren*) to order off; (*ausrichten*): **~ auf** *+akk* to gear to; **das lässt sich nicht/lässt sich ~** nothing/something can be done about that

Abstellgleis NT siding; **jdn aufs ~ schieben** (*fig*) to cast sb aside

★**Abstellraum** M storeroom

ab|stempeln [ˈapʃtɛmpəln] VT to stamp; (*fig*): **~ zu** *od* **als** to brand as

ab|sterben [ˈapʃtɛrbən] *unreg* VI to die; (*Körperteil*) to go numb

Abstieg [ˈapʃtiːk] **(-(e)s, -e)** M descent; (*Sport*) relegation; (*fig*) decline

Abstiegskampf M (*Sport*) relegation battle

ab|stimmen [ˈapʃtɪmən] VI to vote ▸ VT: **~ (auf** *+akk***)** (*Instrument*) to tune (to); (*Interessen*) to match (with); (*Termine, Ziele*) to fit in (with) ▸ VR to agree

Abstimmung F vote; (*geheime Abstimmung*) ballot

abstinent [apstiˈnɛnt] ADJ (*von Alkohol*) teetotal

Abstinenz [apstiˈnɛnts] F teetotalism

Abstinenzler(in) (-s, -) M(F) teetotaller

ab|stoßen [ˈapʃtoːsən] *unreg* VT to push off *od* away; (*anekeln*) to repel; (*Comm: Ware, Aktien*) to sell off

abstoßend ADJ repulsive

ab|stottern [ˈapʃtɔtərn] (*umg*) VT to pay off in instalments

abstrahieren [apstraˈhiːrən] VT, VI to abstract

abstrakt [apˈstrakt] ADJ abstract ▸ ADV abstractly, in the abstract

Abstraktion [apstraktsiˈoːn] F abstraction

Abstraktum [apˈstraktʊm] **(-s, Abstrakta)** NT abstract concept; (*Gram*) abstract noun

ab|strampeln [ˈapʃtrampəln] VR (*fig: umg*) to sweat (away)

ab|streifen [ˈapʃtraɪfən] VT (*abtreten: Schuhe, Füße*) to wipe; (*abziehen: Schmuck*) to take off, to slip off

ab|streiten [ˈapʃtraɪtən] *unreg* VT to deny

Abstrich [ˈapʃtrɪç] M (*Abzug*) cut; (*Med*) smear; **Abstriche machen** to lower one's sights

ab|stufen [ˈapʃtuːfən] VT (*Hang*) to terrace; (*Farben*) to shade; (*Gehälter*) to grade

ab|stumpfen [ˈapʃtʊmpfən] VT (*lit, fig*) to dull, to blunt ▸ VI to become dulled

Absturz [ˈapʃtʊrts] M fall; (*Aviat*) crash

ab|stürzen [ˈapʃtʏrtsən] VI to fall; (*Aviat*) to crash

ab|suchen [ˈapzuːxən] VT to scour, to search

absurd [apˈzʊrt] ADJ absurd

Abszess [apsˈtsɛs] **(-es, -sse)** M abscess

Abt [apt] **(-(e)s, Äbte)** M abbot

Abt. ABK (= *Abteilung*) dept.

ab|tasten [ˈaptastən] VT to feel, to probe; (*Elek*) to scan; (*bei Durchsuchung*): **~ (auf** *+akk***)** to frisk (for)

ab|tauen [ˈaptaʊən] VT, VI to thaw; (*Kühlschrank*) to defrost

Abtei [apˈtaɪ] **(-, -en)** F abbey

★**Abteil** [apˈtaɪl] **(-(e)s, -e)** NT compartment

ab|teilen [ˈaptaɪlən] VT to divide up; (*abtrennen*) to divide off

★**Abteilung** F (*in Firma, Kaufhaus*) department; (*Mil*) unit; (*in Krankenhaus, Jur*) section

Abteilungsleiter(in) M(F) head of department; (*in Kaufhaus*) department manager(ess)

ab|telefonieren [ˈaptelefoniːrən] (*umg*) VI to telephone to say one can't make it

Äbtissin [ɛpˈtɪsɪn] F abbess

ab|tönen [ˈaptøːnən] VT (*Phot*) to tone down

ab|töten [ˈaptøtən] VT (*lit, fig*) to destroy, to kill (off); (*Nerv*) to deaden

ab|tragen [ˈaptraːgən] *unreg* VT (*Hügel, Erde*) to level down; (*Essen*) to clear away; (*Kleider*) to wear out; (*Schulden*) to pay off

abträglich [ˈaptrɛːklɪç] ADJ *+dat* harmful (to)

Abtragung F (*Geol*) erosion

Abtransport (-(e)s, -e) M transportation; (*aus Katastrophengebiet*) evacuation

ab|transportieren [ˈaptranspɔrtiːrən] VT to transport; (*aus Katastrophengebiet*) to evacuate

ab|treiben [ˈaptraɪbən] *unreg* VT (*Boot, Flugzeug*) to drive off course; (*Kind*) to abort ▸ VI to be driven off course; (*Frau*) to have an abortion

Abtreibung F abortion

Abtreibungsparagraf M abortion law

Abtreibungsversuch M attempted abortion

ab|trennen [ˈaptrɛnən] VT (*lostrennen*) to detach; (*entfernen*) to take off; (*abteilen*) to separate off

ab|treten [ˈaptre:tən] *unreg* VT to wear out; (*überlassen*) to hand over, to cede; (*Rechte, Ansprüche*) to transfer ▸ VI to go off; (*zurücktreten*) to step down; **sich** *dat* **die Füße ~** to wipe one's feet; **~!** (*Mil*) dismiss!

Abtritt [ˈaptrɪt] M (*Rücktritt*) resignation

★**ab|trocknen** [ˈaptrɔknən] VT to dry ▸ VI to do the drying-up

ab|tropfen [ˈaptrɔpfən] VI: **etw ~ lassen** to let sth drain

abtrünnig [ˈaptrʏnɪç] ADJ renegade

ab|tun [ˈaptu:n] *unreg* VT to take off; (*fig*) to dismiss; **etw kurz ~** to brush sth aside

ab|urteilen [ˈap|ʊrtaɪlən] VT to condemn

ab|verlangen [ˈapfɛrlaŋən] VT: **jdm etw ~** to demand sth from sb

ab|wägen [ˈapvɛ:gən] *unreg* VT to weigh up

ab|wählen [ˈapvɛ:lən] VT to vote out (of office); (*Sch: Fach*) to give up

ab|wälzen [ˈapvɛltsən] VT: **~ (auf** *+akk***)** (*Schuld, Verantwortung*) to shift (onto); (*Arbeit*) to unload (onto); (*Kosten*) to pass on (to)

ab|wandeln [ˈapvandəln] VT to adapt

ab|wandern [ˈapvandərn] VI to move away

Abwärme [ˈapvɛrmə] F waste heat

ab|warten [ˈapvartən] VT to wait for ▸ VI to wait; **das Gewitter ~** to wait till the storm is over; **~ und Tee trinken** (*umg*) to wait and see; **eine abwartende Haltung einnehmen** to play a waiting game

abwärts [ˈapvɛrts] ADV down; **mit ihm/dem Land geht es ~** he/the country is going downhill

Abwasch [ˈapvaʃ] **(-(e)s)** M washing-up; **du kannst das auch machen, das ist (dann) ein ~** (*umg*) you could do that as well and kill two birds with one stone

★**ab|waschen** *unreg* VT (*Schmutz*) to wash off; (*Geschirr*) to wash (up)

Abwasser [ˈapvasər] (**-s, -wässer**) NT sewage; **Abwasseraufbereitung** F sewage treatment; **Abwasserkanal** M sewer

ab|wechseln [ˈapvɛksəln] VI, VR to alternate; (*Personen*) to take turns

abwechselnd ADJ alternate

Abwechslung F change; (*Zerstreuung*) diversion; **für ~ sorgen** to provide entertainment

abwechslungsreich ADJ varied

Abweg [ˈapve:k] M: **auf Abwege geraten/führen** to go/lead astray

abwegig [ˈapve:gɪç] ADJ wrong; (*Verdacht*) groundless

Abwehr [ˈapve:r] (-) F defence; (*Schutz*) protection; (*Abwehrdienst*) counter-intelligence (service); **auf ~ stoßen** to be repulsed; **ab|wehren** VT to ward off; (*Ball*) to stop; **abwehrende Geste** dismissive gesture; **Abwehrreaktion** F (*Psych*) defence (BRIT) *od* defense (US) reaction; **Abwehrstoff** M antibody

ab|weichen [ˈapvaɪçən] *unreg* VI to deviate; (*Meinung*) to differ; **vom rechten Weg ~** (*fig*) to wander off the straight and narrow

abweichend ADJ deviant; (*Meinungen*) differing

Abweichler (-s, -) M (*Pol*) maverick

Abweichung F (*zeitlich, zahlenmäßig*) allowance; **zulässige ~** (*Tech*) tolerance

ab|weisen [ˈapvaɪzən] *unreg* VT to turn away; (*Antrag*) to turn down; **er lässt sich nicht ~** he won't take no for an answer

abweisend ADJ (*Haltung*) cold

ab|wenden [ˈapvɛndən] *unreg* VT to avert ▸ VR to turn away

ab|werben [ˈapvɛrbən] *unreg* VT: **(jdm) ~** to woo away (from sb)

ab|werfen [ˈapvɛrfən] *unreg* VT to throw off; (*Profit*) to yield; (*aus Flugzeug*) to drop; (*Spielkarte*) to discard

ab|werten [ˈapvɛrtən] VT (*Fin*) to devalue

abwertend ADJ pejorative

Abwertung F devaluation

abwesend [ˈapve:zənt] ADJ absent; (*zerstreut*) far away

Abwesenheit [ˈapve:zənhaɪt] F absence; **durch ~ glänzen** (*ironisch*) to be conspicuous by one's absence

ab|wickeln [ˈapvɪkəln] VT to unwind; (*Geschäft*) to transact, to conclude; (*fig: erledigen*) to deal with

Abwicklungskosten [ˈapvɪkluŋskɔstən] PL transaction costs *pl*

ab|wiegen [ˈapvi:gən] *unreg* VT to weigh out

ab|wimmeln [ˈapvɪməln] (*umg*) VT (*Person*) to get rid of; (*Auftrag*) to get out of

ab|winken [ˈapvɪŋkən] VI to wave it/him *etc* aside; (*fig: ablehnen*) to say no

ab|wirtschaften [ˈapvɪrtʃaftən] VI to go downhill

ab|wischen [ˈapvɪʃən] VT to wipe off *od* away; (*putzen*) to wipe

ab|wracken [ˈapvrakən] VT (*Schiff*) to break (up); **ein abgewrackter Mensch** a wreck (of a person)

Abwurf [ˈapvʊrf] M throwing off; (*von Bomben etc*) dropping; (*von Reiter, Sport*) throw

ab|würgen [ˈapvʏrgən] (*umg*) VT to scotch; (*Motor*) to stall; **etw von vornherein ~** to nip sth in the bud

ab|zahlen [ˈaptsa:lən] VT to pay off

ab|zählen [ˈaptsɛ:lən] VT to count (up); **abgezähltes Fahrgeld** exact fare

Abzählreim [ˈaptsɛ:lraɪm] M counting rhyme (*e.g. eeny meeny miney mo*)

Abzahlung F repayment; **auf ~ kaufen** to buy on hire purchase (BRIT) *od* the installment plan (*US*)

ab|zapfen [ˈaptsapfən] VT to draw off; **jdm Blut ~** to take blood from sb

ab|zäunen [ˈaptsɔynən] VT to fence off

Abzeichen [ˈaptsaɪçən] NT badge; (*Orden*) decoration

ab|zeichnen [ˈaptsaɪçnən] VT to draw, to copy; (*unterschreiben*) to initial ▶ VR to stand out; (*fig: bevorstehen*) to loom

Abziehbild NT transfer

ab|ziehen [ˈaptsi:ən] *unreg* VT to take off; (*Tier*) to skin; (*Bett*) to strip; (*Truppen*) to withdraw; (*subtrahieren*) to take away, to subtract; (*kopieren*) to run off; (*Schlüssel*) to take out, to remove ▶ VI to go away; (*Truppen*) to withdraw; (*abdrücken*) to pull the trigger, to fire

ab|zielen [ˈaptsi:lən] VI: **~ auf** *+akk* to be aimed at

Abzocke [ˈaptsɔkə] (*umg*) F rip-off

Abzug [ˈaptsu:k] M departure; (*von Truppen*) withdrawal; (*Kopie*) copy; (*Subtraktion*) subtraction; (*Betrag*) deduction; (*Rabatt*) discount; (*Rauchabzug*) flue; (*von Waffen*) trigger; (*Korrekturfahne*) proof; (*Phot*) print; **jdm freien ~ gewähren** to grant sb safe passage

abzüglich [ˈaptsy:klɪç] PRÄP *+gen* less

ab|zweigen [ˈaptsvaɪgən] VI to branch off ▶ VT to set aside

Abzweigung F junction

Accessoires [aksɛsoˈa:rs] PL accessories *pl*

ach [ax] INTERJ oh; **~ so!** I see!; **mit A~ und Krach** by the skin of one's teeth; **~ was** *od* **wo, das ist doch nicht so schlimm!** come on now, it's not that bad!

Achillesferse [aˈxɪlɛsfɛrzə] F Achilles heel

Achse [ˈaksə] (**-, -n**) F axis; (*Aut*) axle; **auf ~ sein** (*umg*) to be on the move

Achsel [ˈaksəl] (**-, -n**) F shoulder; **Achselhöhle** F armpit; **Achselzucken** NT shrug (of one's shoulders)

Achsenbruch M (*Aut*) broken axle

Achsenkreuz NT coordinate system

★**acht** [axt] NUM eight; **~ Tage** a week

Acht[1] [axt] (**-, -en**) F eight; (*beim Eislaufen etc*) figure (of) eight

Acht[2] (**-**) F attention; **hab ~** (*Mil*) attention!; **~ geben** = **achtgeben**; **sich in ~ nehmen (vor** *+dat***)** to be careful (of), to watch out (for); **etw außer ~ lassen** to disregard sth

achtbar ADJ worthy

achte(r, s) ADJ eighth

Achteck NT octagon

Achtel NT eighth; **Achtelnote** F quaver, eighth note (*US*)

achten VT to respect ▶ VI: **~ (auf** *+akk***)** to pay attention (to); **darauf ~, dass ...** to be careful that ...

ächten [ˈɛçtən] VT to outlaw, to ban

Achterbahn F roller coaster

Achterdeck NT (*Naut*) afterdeck

achtfach ADJ eightfold

acht|geben *unreg* VI: **~ (auf** *+akk***)** to take care (of); (*aufmerksam sein*) to pay attention (to)

achthundert NUM eight hundred

achtlos ADJ careless; **viele gehen ~ daran vorbei** many people just pass by without noticing

achtmal ADV eight times

achtsam ADJ attentive

Achtstundentag M eight-hour day

★**Achtung** [ˈaxtʊŋ] F attention; (*Ehrfurcht*) respect ▶ INTERJ look out!; (*Mil*) attention!; **alle ~!** good for you/him *etc*!; **~, fertig, los!** ready, steady, go!; **„~ Hochspannung!"** "danger, high voltage"; **„~ Lebensgefahr/Stufe!"** "danger/mind the step!"

Achtungserfolg M reasonable success

★**achtzehn** NUM eighteen

★**achtzig** NUM eighty; **Achtziger(in)** (**-s, -**) M(F) octogenarian

ächzen [ˈɛçtsən] VI: **~ (vor** *+dat***)** to groan (with)

Acker [ˈakər] (**-s, Äcker**) M field; **Ackerbau** M agriculture; **~ und Viehzucht** farming

ackern VI to plough; (*umg*) to slog away

a conto [a ˈkɔnto] ADV (*Comm*) on account

a. d. ABK (*bei Ortsnamen*) = **an der**

a. D. ABK = **außer Dienst**

A. D. ABK (= *Anno Domini*) A.D.

ad absurdum [at apˈzʊrdʊm] ADV: **~ führen** (*Argument etc*) to reduce to absurdity

ADAC (**-**) M ABK (= *Allgemeiner Deutscher Automobil-Club*) *German motoring organization*, ≈ AA (BRIT), ≈ AAA (*US*)

ad acta [at ˈakta] ADV: **etw ~ legen** (*fig*) to consider sth finished; (*Frage, Problem*) to consider sth closed

Adam [ˈa:dam] M: **bei ~ und Eva anfangen** (*umg*) to start right from scratch *od* from square one

Adapter [aˈdaptər] (**-s, -**) M adapter

adaptieren [adapˈti:rən] VT to adapt

adäquat [adɛˈkva:t] ADJ (*Belohnung, Übersetzung*) adequate; (*Stellung, Verhalten*) suitable

addieren [aˈdi:rən] VT to add (up)

Addis Abeba [ˈadɪsˈa:beba] (**-s**) NT Addis Ababa

Addition [aditsiˈo:n] F addition

ade INTERJ bye!

Adel [ˈa:dəl] (**-s**) M nobility; **~ verpflichtet** noblesse oblige

adelig ADJ noble

Adelsstand M nobility

Ader [ˈa:dər] (**-, -n**) F vein; (*fig: Veranlagung*) bent

Adhäsionsverschluss [athɛziˈo:nsfɛrʃlʊs] M adhesive seal

ADHS (**-**) NT ABK (= *Aufmerksamkeitsdefizit/Hyperaktivitätsstörung*) ADHD (= *attention deficit hyperactivity disorder*)

Adjektiv [ˈatjɛkti:f] (**-s, -e**) NT adjective

Adler [ˈa:dlər] (**-s, -**) M eagle
adlig ADJ = **adelig**
Admiral [atmiˈra:l] (**-s, -e**) M admiral
Admiralität F admiralty
adoptieren [adɔpˈti:rən] VT to adopt
Adoption [adɔptsiˈo:n] F adoption
Adoptiveltern PL adoptive parents *pl*
Adoptivkind NT adopted child
Adr. ABK (= *Adresse*) add.
Adrenalin [adrenaˈli:n] (**-s**) NT adrenalin
Adressant [adrɛˈsant] M sender
Adressat [adrɛˈsa:t] (**-en, -en**) M addressee
Adressbuch NT directory; (*privat*) address book
★**Adresse** [aˈdrɛsə] (**-, -n**) F (*auch Comput*) address; **an der falschen ~ sein** (*umg*) to have gone/come to the wrong person; **absolute ~** absolute address; **relative ~** relative address
adressieren [adrɛˈsi:rən] VT: **~ (an** *+akk***)** to address (to)
Adria [ˈa:dria] (**-**) F Adriatic Sea
Adriatisches Meer [adriˈa:tɪʃəs me:r] NT (*form*) Adriatic Sea
ADSL NT ABK (= *Asymmetric Digital Subscriber Line*) ADSL
Advent [atˈvɛnt] (**-(e)s, -e**) M Advent; **der erste/zweite ~** the first/second Sunday in Advent
Advents- ZW: ★**Adventskalender** M Advent calendar; ★**Adventskranz** M Advent wreath
Adverb [atˈvɛrp] NT adverb
adverbial [atvɛrbiˈa:l] ADJ adverbial
aero- [aero] IN ZW aero-
Aerobic [aeˈro:bik] (**-s**) NT aerobics *sing*
AfD F ABK (= *Alternative für Deutschland*) *German right-wing to far-right nationalist political party*
Affäre [aˈfɛ:rə] (**-, -n**) F affair; **sich aus der ~ ziehen** (*umg*) to get (o.s.) out of it
★**Affe** [ˈafə] (**-n, -n**) M monkey; (*umg: Kerl*) berk (BRIT)
Affekt (**-(e)s, -e**) M: **im ~ handeln** to act in the heat of the moment
affektiert [afɛkˈti:rt] ADJ affected
Affen- ZW: **affenartig** ADJ like a monkey; **mit affenartiger Geschwindigkeit** (*umg*) like a flash; **affengeil** (*umg*) ADJ magic, fantastic; **Affenhitze** (*umg*) F incredible heat; **Affenliebe** F: **~ (zu)** blind adoration (of); **Affenschande** (*umg*) F crying shame; **Affentempo** (*umg*) NT: **in** *od* **mit einem ~** at breakneck speed; **Affentheater** (*umg*) NT: **ein ~ aufführen** to make a fuss
affig [ˈafɪç] ADJ affected
Afghane [afˈga:nə] (**-n, -n**) M Afghan
Afghanin [afˈga:nɪn] F Afghan
afghanisch ADJ Afghan
Afghanistan [afˈga:nɪsta:n] (**-s**) NT Afghanistan
★**Afrika** [ˈa:frika] (**-s**) NT Africa
Afrikaans [afriˈka:ns] (**-**) NT Afrikaans
★**Afrikaner(in)** [afriˈka:nər(ɪn)] (**-s, -**) M(F) African
afrikanisch ADJ African
afroamerikanisch [ˈa:fro|ameriˈka:nɪʃ] ADJ African-American
After [ˈaftər] (**-s, -**) M anus
AG (**-**) F ABK (= *Aktiengesellschaft*) ≈ plc (BRIT), ≈ corp., inc. (*US*)
Ägäis [ɛˈgɛ:ɪs] (**-**) F Aegean (Sea)
Ägäisches Meer NT Aegean Sea
Agent(in) [aˈgɛnt(ɪn)] M(F) agent
Agententätigkeit F espionage
Agentur [agɛnˈtu:r] F agency; **Agenturbericht** M, **Agenturmeldung** F (news) agency report
Aggregat [agreˈga:t] (**-(e)s, -e**) NT aggregate; (*Tech*) unit; **Aggregatzustand** M (*Phys*) state
Aggression [agrɛsiˈo:n] F aggression
aggressiv [agrɛˈsi:f] ADJ aggressive
Aggressivität [agrɛsiviˈtɛ:t] F aggressiveness
Aggressor [aˈgrɛso:r] (**-s, -en**) M aggressor
Agitation [agitatsiˈo:n] F agitation
Agrarpolitik F agricultural policy
Agrarstaat M agrarian state
AGV F ABK (= *Arbeitsgemeinschaft der Verbraucherverbände*) *consumer groups' association*; (= *Arbeitsgeberverband*) *employers' association*
Ägypten [ɛˈgʏptən] (**-s**) NT Egypt
Ägypter(in) (**-s, -**) M(F) Egyptian
ägyptisch ADJ Egyptian
aha [aˈha:] INTERJ aha!
Aha-Erlebnis NT sudden insight
ahd. ABK (= *althochdeutsch*) OHG
Ahn [a:n] (**-en, -en**) M forebear
ahnden [ˈa:ndən] VT (*geh: Freveltat, Verbrechen*) to avenge; (*Übertretung, Verstoß*) to punish
ähneln [ˈɛ:nəln] VI *+dat* to be like, to resemble ▶ VR to be alike *od* similar
ahnen [ˈa:nən] VT to suspect; (*Tod, Gefahr*) to have a presentiment of; **nichts Böses ~** to be unsuspecting; **du ahnst es nicht!** you have no idea!; **davon habe ich nichts geahnt** I didn't have the slightest inkling of it
Ahnenforschung F genealogy
★**ähnlich** [ˈɛ:nlɪç] ADJ *+dat* similar (to); **das sieht ihm (ganz) ~!** (*umg*) that's just like him!, that's him all over!; **Ähnlichkeit** F similarity
★**Ahnung** [ˈa:nʊŋ] F idea, suspicion; (*Vorgefühl*) presentiment; **keine ~!** no idea
ahnungslos ADJ unsuspecting
Ahorn [ˈa:hɔrn] (**-s, -e**) M maple
Ähre [ˈɛ:rə] (**-, -n**) F ear
AHS F ABK (ÖSTERR: = *allgemeinbildende höhere Schule*) ≈ secondary school
★**Aids** [e:dz] (**-**) NT Aids; **aidskrank** ADJ suffering from Aids; **Aidstest** M Aids test
Airbag [ˈɛ:bɛ:g] (**-s, -s**) M (*Aut*) airbag
Akademie [akadeˈmi:] F academy
Akademiker(in) [akaˈde:mikər(ɪn)] (**-s, -**) M(F) university graduate

akademisch ADJ academic
Akazie [a'ka:tsiə] (-, -n) F acacia
Akk. ABK = **Akkusativ**
akklimatisieren [aklimati'zi:rən] VR to become acclimatized
Akkord [a'kɔrt] (-(e)s, -e) M (*Mus*) chord; **im ~ arbeiten** to do piecework; **Akkordarbeit** F piecework
Akkordeon [a'kɔrdeɔn] (-s, -s) NT accordion
Akkordlohn M piece wages *pl*, piece rate
Akkreditiv [akredi'ti:f] (-s, -e) NT (*Comm*) letter of credit
Akku ['aku] (-s, -s) (*umg*) M (*Akkumulator*) battery
akkurat [aku'ra:t] ADJ precise; (*sorgfältig*) meticulous
Akkusativ ['akuzati:f] (-s, -e) M accusative (case); **Akkusativobjekt** NT accusative *od* direct object
Akne ['aknə] (-, -n) F acne
Akribie [akri'bi:] F (*geh*) meticulousness
Akrobat(in) [akro'ba:t(ɪn)] (-en, -en) M(F) acrobat
Akt [akt] (-(e)s, -e) M act; (*Kunst*) nude
Akte ['aktə] (-, -n) F file; **etw zu den Akten legen** (*lit, fig*) to file sth away
Akten- ZW: **Aktendeckel** M folder; **Aktenkoffer** M attaché case; **aktenkundig** ADJ on record; **Aktennotiz** F memo(randum); **Aktenordner** M file; **Aktenschrank** M filing cabinet; ★ **Aktentasche** F briefcase; **Aktenzeichen** NT reference
Aktie ['aktsiə] (-, -n) F share; **wie stehen die Aktien?** (*hum: umg*) how are things?
Aktien- ZW: **Aktienbank** F joint-stock bank; **Aktienemission** F share issue; **Aktiengesellschaft** F public limited company (BRIT), corporation (*US*); **Aktienindex** M share index; **Aktienkapital** NT share capital; **Aktienkurs** M share price
Aktion [aktsi'o:n] F campaign; (*Polizeiaktion, Suchaktion*) action
Aktionär(in) [aktsio'nɛ:r(ɪn)] (-s, -e) M(F) shareholder
Aktionismus [aktsio'nɪsmʊs] M (*Pol*) actionism
Aktionsradius [aktsi'o:nzra:diʊs] (-, -ien) M (*Aviat, Naut*) range; (*fig: Wirkungsbereich*) scope
aktiv [ak'ti:f] ADJ active; (*Mil*) regular
Aktiv (-s) NT (*Gram*) active (voice)
Aktiva [ak'ti:va] PL assets *pl*
aktivieren [akti'vi:rən] VT to activate; (*fig: Arbeit, Kampagne*) to step up; (*Mitarbeiter*) to get moving
Aktivität [aktivi'tɛ:t] F activity
Aktivposten M (*lit, fig*) asset
Aktivsaldo M (*Comm*) credit balance
Aktivurlaub M activity holiday
aktualisieren [aktuali'zi:rən] VT (*Comput*) to update
Aktualität [aktuali'tɛ:t] F topicality; (*einer Mode*) up-to-dateness
★ **aktuell** [aktu'ɛl] ADJ topical; (*Mode*) up-to-date; **eine aktuelle Sendung** (*Rundf, TV*) a current affairs programme

> The German word **aktuell** does not mean *actual* in English.

Akupunktur [akupuŋk'tu:ər] F acupuncture
Akustik [a'kʊstɪk] F acoustics *pl*
akustisch [a'kʊstɪʃ] ADJ acoustic; **ich habe dich rein ~ nicht verstanden** I simply didn't catch what you said (properly)
akut [a'ku:t] ADJ acute; (*Frage*) pressing, urgent
AKW NT ABK = **Atomkraftwerk**
Akzent [ak'tsɛnt] (-(e)s, -e) M accent; (*Betonung*) stress; **Akzente setzen** (*fig*) to bring out *od* emphasize the main points; **Akzentverschiebung** F (*fig*) shift of emphasis
Akzept (-(e)s, -e) NT (*Comm: Wechsel*) acceptance
akzeptabel [aktsɛp'ta:bl] ADJ acceptable
akzeptieren [aktsɛp'ti:rən] VT to accept
AL F ABK (= *Alternative Liste*) *siehe* **alternativ**
Alarm [a'larm] (-(e)s, -e) M alarm; (*Zustand*) alert; **~ schlagen** to give *od* raise the alarm; **Alarmanlage** F alarm system; **alarmbereit** ADJ standing by; **Alarmbereitschaft** F stand-by
alarmieren [alar'mi:rən] VT to alarm; **die Polizei ~** to call the police
Alaska [a'laska] (-s) NT Alaska
Albaner(in) [al'ba:nər(ɪn)] (-s, -) M(F) Albanian
Albanien [al'ba:niən] (-s) NT Albania
albanisch ADJ Albanian
albern ['albərn] ADJ silly
Albtraum ['alptraʊm] M nightmare
★ **Album** ['albʊm] (-s, **Alben**) NT album
Alcopops ['alkopɔps] PL alcopops *pl*
Aleuten [ale'u:tən] PL Aleutian Islands *pl*
ALG, Alg NT ABK = **Arbeitslosengeld**
Alge ['algə] (-, -n) F alga
Algebra ['algebra] (-) F algebra
Algerien [al'ge:riən] (-s) NT Algeria
Algerier(in) (-s, -) M(F) Algerian
algerisch [al'ge:rɪʃ] ADJ Algerian
Algier ['alʒi:ər] (-s) NT Algiers
ALGOL ['algɔl] (-(s)) NT (*Comput*) ALGOL
Algorithmus [algo'rɪtmʊs] M (*Comput*) algorithm
alias ['a:lias] ADV alias
Alibi ['a:libi] (-s, -s) NT alibi
Alimente [ali'mɛntə] PL alimony *sing*
★ **Alkohol** ['alkohɔl] (-s, -e) M alcohol; **unter ~ stehen** to be under the influence (of alcohol); **alkoholarm** ADJ low alcohol; **Alkoholexzess** M binge drinking; ★ **alkoholfrei** ADJ non-alcoholic; **alkoholfreies Getränk** soft drink; **Alkoholgehalt** M proof
Alkoholika [alko'ho:lika] PL alcoholic drinks *pl*, liquor (*US*)
Alkoholiker(in) [alko'ho:likər(ɪn)] (-s, -) M(F) alcoholic
★ **alkoholisch** ADJ alcoholic

a

Alkoholtest M Breathalyser®

Alkoholverbot NT ban on alcohol

All [al] (**-s**) NT universe; (*Raumfahrt*) space; (*außerhalb unseres Sternsystems*) outer space

allabendlich ADJ every evening

allbekannt ADJ universally known

alle(r, s)

ADJ **1** (*sämtliche*) all; **wir alle** all of us; **alle Kinder waren da** all the children were there; **alle Kinder mögen ...** all children like ...; **alle beide** both of us/them; **sie kamen alle** they all came; **alles Gute** all the best; **alles in allem** all in all; **vor allem** above all; **das ist alles andere als ...** that's anything but ...; **es hat alles keinen Sinn mehr** nothing makes sense any more; **was habt ihr alles gemacht?** what did you get up to?
2 (*mit Zeit- oder Maßangaben*) every; **alle vier Jahre** every four years; **alle fünf Meter** every five metres
▸ PRON everything; **alles was er sagt** everything he says, all that he says; **trotz allem** in spite of everything
▸ ADV (*zu Ende, aufgebraucht*) finished; **die Milch ist alle** the milk's all gone, there's no milk left; **etw alle machen** to finish sth up

Auf **everyone/everybody** folgt ein Verb in der 3. Person Singular, aber das zugehörige Possessivpronomen steht in der 3. Person Plural:

Habt ihr alle euer Buch dabei? **Has everybody brought their book?**

Jeder will seinen Platz behalten. **Everyone wants to keep their seat**.

alledem ['aləde:m] PRON: **bei/trotz** *etc* **~** with/in spite of *etc* all that; **zu ~** moreover

★**Allee** [a'le:] (**-, -n**) F avenue

★**allein** [a'laɪn] ADJ, ADV alone; (*ohne Hilfe*) on one's own, by oneself ▸ KONJ (*geh*) but, only; **von ~** by oneself/itself; **nicht ~** (*nicht nur*) not only; **~ schon der Gedanke** the very *od* mere thought ..., the thought alone ...; **alleinerziehend** ADJ single-parent; ★ **Alleinerziehende(r)** F(M), **Alleinerzieher(in)** M(F) single parent; **Alleingang** M: **im ~** on one's own; **Alleinherrscher(in)** M(F) autocrat; **Alleinhersteller(in)** M(F) sole manufacturer

alleinig [a'laɪnɪç] ADJ sole

allein- ZW: **Alleinsein** NT being on one's own; (*Einsamkeit*) loneliness; ★ **alleinstehend** ADJ single; **Alleinunterhalter(in)** M(F) solo entertainer; **Alleinvertretung** F (*Comm*) sole agency; **Alleinvertretungsvertrag** M (*Comm*) exclusive agency agreement

allemal ['alə'ma:l] ADV (*jedes Mal*) always; (*ohne Weiteres*) with no bother; *siehe auch* **Mal**

allenfalls ['alən'fals] ADV at all events; (*höchstens*) at most

allerbeste(r, s) ['alər'bɛstə(r, s)] ADJ very best

allerdings ['alər'dɪŋs] ADV (*zwar*) admittedly; (*gewiss*) certainly

★**Allergie** [alɛr'gi:] F allergy

★**allergisch** [a'lɛrgɪʃ] ADJ allergic; **auf etw** *akk* **~ reagieren** to be allergic to sth

allerhand (*umg*) ADJ *unver* all sorts of; **das ist doch ~!** that's a bit much!; **~!** (*lobend*) good show!

Allerheiligen NT All Saints' Day

Allerheiligen (All Saints' Day) is a public holiday in Germany and in Austria. It is a day in honour of all the saints. *Allerseelen* (All Souls' Day) is celebrated on November 2nd in the Roman Catholic Church. It is customary to visit cemeteries and place lighted candles on the graves of deceased relatives and friends.

aller- ZW: **allerhöchste(r, s)** ADJ very highest; **es wird ~ Zeit, dass ...** it's really high time that ...; **allerhöchstens** ADV at the very most; **allerlei** ADJ *unver* all sorts of; **allerletzte(r, s)** ADJ very last; **der/das ist das A~** (*umg*) he's/it's the absolute end!; **allerneuste(r, s)** ADJ very latest

Allerseelen (**-s**) NT All Souls' Day; *siehe auch* **Allerheiligen**

allerseits ADV on all sides; **prost ~!** cheers everyone!

Allerwelts- IN ZW (*Durchschnitts-*) common; (*nichtssagend*) commonplace

allerwenigste(r, s) ADJ very least; **die allerwenigsten Menschen wissen das** very few people know that

Allerwerteste(r) M (*hum*) posterior (*hum*)

★**alles** PRON everything; *siehe auch* **alle**

allesamt ADV all (of them/us *etc*)

Alleskleber (**-s, -**) M all-purpose adhesive

Allgäu ['algɔʏ] NT *part of the alpine region of Bavaria*

allgegenwärtig ADJ omnipresent, ubiquitous

★**allgemein** ['algəmaɪn] ADJ general ▸ ADV: **es ist ~ üblich** it's the general rule; **~ verständlich** generally intelligible; **im Allgemeinen** in general; **im allgemeinen Interesse** in the common interest; **auf allgemeinen Wunsch** by popular request; **Allgemeinbildung** F general *od* all-round education; **allgemeingültig** ADJ generally accepted; **Allgemeinheit** F (*Menschen*) general public ■ **Allgemeinheiten** PL (*Redensarten*) general remarks *pl*; **Allgemeinwissen** NT general knowledge

Allheilmittel [al'haɪlmɪtəl] NT cure-all, panacea (*bes fig*)

Alliierte(r) [ali'i:rtə(r)] F(M) ally

all- ZW: **alljährlich** ADJ annual; **allmächtig** ADJ all-powerful, omnipotent; **allmählich** ADJ gradual ▸ ADV gradually; **es wird ~ Zeit** (*umg*) it's about time; **Allradantrieb** M all-wheel drive; **allseitig** ADJ (*allgemein*) general; (*ausnahmslos*) universal; ★ **Alltag** M everyday life; **alltäglich** ADJ daily; (*gewöhnlich*) commonplace; **alltags** ADV on weekdays; **Alltagskultur** F everyday culture

Allüren [a'ly:rən] PL odd behaviour (BRIT) *od* behavior (*US*) *sing*; (*eines Stars etc*) airs and graces *pl*

all- zW: **allwissend** ADJ omniscient; **Allzeithoch** NT all-time high; **Allzeittief** NT all-time low; **allzu** ADV all too; **~ gern** (*mögen*) only too much; (*bereitwillig*) only too willingly; **~ oft** all too often; **~ viel** too much

Allzweck- ['altsvɛk-] IN zW all-purpose; **Allzweckreiniger** (**-s, -**) M multi-purpose cleaner

Alm [alm] (**-, -en**) F alpine pasture

Almosen ['almo:zən] (**-s, -**) NT alms *pl*

Alpen ['alpən] PL Alps *pl*; **Alpenblume** F alpine flower; **Alpenveilchen** NT cyclamen; **Alpenvorland** NT foothills *pl* of the Alps

Alphabet [alfa'be:t] (**-(e)s, -e**) NT alphabet

alphabetisch ADJ alphabetical

alphanumerisch [alfanu'me:rɪʃ] ADJ (*Comput*) alphanumeric

Alptraum ['alptraʊm] M = **Albtraum**

als [als]

KONJ **1** (*zeitlich*) when; **damals als ...** (in the days) when ...; **gerade als ...** just as ...; (*gleichzeitig*) as

2 (*in der Eigenschaft*) an; **als Antwort** as an answer; **als Kind** as a child

3 (*bei Vergleichen*) than; **ich kam später als er** I came later than he (did) *od* later than him; **lieber ... als ...** rather ... than ...; **alles andere als** anything but; **nichts als Ärger** nothing but trouble; **so viel/so weit als möglich** (*bei Vergleichen*) as much/far as possible

4: **als ob/wenn** as if

alsbaldig [als'baldɪç] KONJ: **„zum alsbaldigen Verbrauch bestimmt"** "for immediate use only"

also ['alzo:] KONJ so; (*folglich*) therefore; **~ wie ich schon sagte** well (then), as I said before; **ich komme ~ morgen** so I'll come tomorrow; **~ gut** *od* **schön!** okay then; **~, so was!** well really!; **na ~!** there you are then!

The German word **also** does not mean *also* in English.

alt ADJ old; **ich bin nicht mehr der Alte** I am not the man I was; **alles beim Alten lassen** to leave everything as it was; **ich werde heute nicht ~ (werden)** (*umg*) I won't last long today/tonight *etc*; **~ aussehen** (*fig: umg*) to be in a pickle

Alt [alt] (**-s, -e**) M (*Mus*) alto

Altar [al'ta:r] (**-(e)s, -äre**) M altar

alt- zW: **Altbau** M old building; **Altbauwohnung** F flat (BRIT) *od* apartment (*US*) in an old building; **altbekannt** ADJ well-known; **altbewährt** ADJ (*Methode etc*) well-tried; (*Tradition etc*) long-standing; **Altbier** NT *top-fermented German dark beer*; **alteingesessen** ADJ old-established; **Alteisen** NT scrap iron

Altenheim NT old people's home

Altenteil ['altəntaɪl] NT: **sich aufs ~ setzen** *od* **zurückziehen** (*fig*) to retire from public life

★**Alter** ['altər] (**-s, -**) NT age; (*hohes*) old age; **er ist in deinem ~** he's your age; **im ~ von** at the age of

älter ['ɛltər] ADJ (*comp*) older; (*Bruder, Schwester*) elder; (*nicht mehr jung*) elderly

altern ['altərn] VI to grow old, to age

alternativ ADJ alternative; **~ leben** to live an alternative way of life

Alternativ- [altɛrna'ti:f] IN zW alternative

Alternative [altɛrna'ti:və] F alternative

Alternativ- zW: **Alternativmedizin** F alternative medicine; **Alternativszene** F alternative scene; **Alternativtechnologie** F alternative technology

alters ['altərs] ADV (*geh*): **von** *od* **seit ~ (her)** from time immemorial

Alters- zW: **Altersarmut** F old-age poverty; **altersbedingt** ADJ related to a particular age; (*durch hohes Alter*) caused by old age; **Altersgrenze** F age limit; **flexible ~** flexible retirement age; **Altersheim** NT old people's home; **Altersrente** F old age pension; **Altersruhegeld** NT retirement benefit; **altersschwach** ADJ (*Mensch*) old and infirm; (*Auto, Möbel*) decrepit; **Altersversorgung** F provision for old age

Altertum ['altərtu:m] NT antiquity

altertümlich ADJ (*aus dem Altertum*) ancient; (*veraltet*) antiquated

alt- zW: **altgedient** ADJ long-serving; **Altglas** NT used glass (*for recycling*), scrap glass; **Altglascontainer** M bottle bank; **althergebracht** ADJ traditional; **Altherrenmannschaft** F (*Sport*) *team of players over thirty*; **altklug** ADJ precocious; **Altlasten** PL legacy *sing* of dangerous waste; **Altmaterial** NT scrap; **Altmetall** NT scrap metal; ★ **altmodisch** ADJ old-fashioned; ★ **Altpapier** NT waste paper; ★ **Altstadt** F old town

Altstimme F alto

Altwarenhändler M second-hand dealer

Altweibersommer M Indian summer

Alu ['a:lu] (*umg*) ABK = **Aluminium**

Alufolie ['a:lufo:liə] F tinfoil

Aluminium [alu'mi:niʊm] (**-s**) NT aluminium (BRIT), aluminum (*US*); **Aluminiumfolie** F tinfoil

Alzheimerkrankheit ['altshaɪmər'kraŋkhaɪt] F Alzheimer's disease

★**am** [am] = **an dem**; **am Sterben** on the point of dying; **am 15. März** on March 15th; **am letzten Sonntag** last Sunday; **am Morgen/Abend** in the morning/evening; **am besten/schönsten** best/most beautiful

Amalgam [amal'ga:m] (**-s, -e**) NT amalgam

Amateur(in) [ama'tø:r(ɪn)] M(F) amateur

Amazonas [ama'tso:nas] (-) M Amazon (river)

Ambiente [ambi'ɛntə] (-) NT ambience

Ambition [ambitsi'o:n] F: **Ambitionen auf etw** *akk* **haben** to have ambitions of getting sth

Amboss ['ambɔs] (**-es, -e**) M anvil

ambulant [ambuˈlant] ADJ outpatient
Ambulanz F (*Krankenwagen*) ambulance; (*in der Klinik*) outpatients' department
Ameise [ˈa:maɪzə] (-, **-n**) F ant
Ameisenhaufen M anthill
amen [ˈa:mən] INTERJ amen
★**Amerika** [aˈme:rika] (**-s**) NT America
★**Amerikaner(in)** [ameriˈka:nər(ɪn)] (**-s, -**) M(F) American; (*Gebäck*) *flat iced cake*
★**amerikanisch** ADJ American
Ami [ˈami] (**-s, -s**) (*umg*) M Yank; (*Soldat*) GI
Amme [ˈamə] (**-, -n**) F (*veraltet*) foster mother; (*Nährmutter*) wet nurse
Ammenmärchen [ˈamənmɛ:rçən] NT fairy tale *od* story
Amok [ˈa:mɔk] M: **~ laufen** to run amok *od* amuck
Amortisation [amɔrtizatsiˈo:n] F amortization
amortisieren [amɔrtiˈzi:rən] VR to pay for itself
★**Ampel** [ˈampəl] (**-, -n**) F traffic lights *pl*
amphibisch [amˈfi:bɪʃ] ADJ amphibious
Ampulle [amˈpʊlə] (**-, -n**) F (*Behälter*) ampoule
amputieren [ampuˈti:rən] VT to amputate
Amsel [ˈamzəl] (**-, -n**) F blackbird
Amsterdam [amstərˈdam] (**-s**) NT Amsterdam
Amt [amt] (**-(e)s, Ämter**) NT office; (*Posten*) post; (*Pflicht*) duty; (*Tel*) exchange; **zum zuständigen ~ gehen** to go to the relevant authority; **von Amts wegen** (*auf behördliche Anordnung hin*) officially
amtieren [amˈti:rən] VI to hold office; (*fungieren*): **als ... ~** to act as ...
amtierend ADJ incumbent
amtlich ADJ official; **amtliches Kennzeichen** registration (number), license number (*US*)
Amtmann (**-(e)s**, *pl* **-männer** *od* **-leute**) M (*Verwaltung*) senior civil servant
Amtmännin F (*Verwaltung*) senior civil servant
Amts- ZW: **Amtsarzt** M medical officer; **amtsärztlich** ADJ: **~ untersucht werden** to have an official medical examination; **Amtsdeutsch, Amtsdeutsche** NT officialese; **Amtseid** M: **den ~ ablegen** to be sworn in, to take the oath of office; **Amtsgeheimnis** NT (*geheime Sache*) official secret; (*Schweigepflicht*) official secrecy; **Amtsgericht** NT county (BRIT) *od* district (*US*) court; **Amtsmissbrauch** M abuse of one's position; **Amtsperiode** F term of office; **Amtsperson** F official; **Amtsrichter** M district judge; **Amtsschimmel** M (*hum*) officialdom; **Amtssprache** F official language; **Amtsstunden** PL office hours *pl*; **Amtsträger** M office bearer; **Amtswechsel** M change of office; (*in Behörde*) rotation (in office); **Amtsweg** M: **auf dem ~** through official channels; **Amtszeit** F period of office
★**amüsant** [amyˈzant] ADJ amusing
Amüsement [amyzəˈmã:] NT amusement
★**amüsieren** [amyˈzi:rən] VT to amuse ▶ VR to enjoy o.s.; **sich über etw** *akk* **~** to find sth funny; (*unfreundlich*) to make fun of sth

an [an]

PRÄP +*dat* **1** (*räumlich: wo?*) at; (*auf, bei*) on; (*nahe bei*) near; **an diesem Ort** at this place; **an der Wand** on the wall; **zu nahe an etw** too near to sth; **unten am Fluss** down by the river; **Köln liegt am Rhein** Cologne is on the Rhine; **an der gleichen Stelle** at *od* on the same spot; **jdn an der Hand nehmen** to take sb by the hand; **sie wohnen Tür an Tür** they live next door to one another; **es an der Leber** *etc* **haben** (*umg*) to have liver *etc* trouble
2 (*zeitlich: wann?*) on; **an diesem Tag** on this day; **an Ostern** at Easter
3: **arm an Fett** low in fat; **jung an Jahren sein** to be young in years; **an der ganzen Sache ist nichts** there is nothing in it; **an etw sterben** to die of sth; **an (und für) sich** actually
▶ PRÄP +*akk* **1** (*räumlich: wohin?*) to; **er ging ans Fenster** he went (over) to the window; **etw an die Wand hängen/schreiben** to hang/write sth on the wall; **an die Arbeit gehen** to get down to work
2 (*woran?*): **an etw denken** to think of sth
3 (*gerichtet an*) to; **ein Gruß/eine Frage an dich** greetings/a question to you
▶ ADV **1** (*ungefähr*) about; **an die Hundert** about a hundred; **an die 10 Euro** around 10 euros
2 (*auf Fahrplänen*): **Frankfurt an 18.30** arriving Frankfurt 18.30
3 (*ab*): **von dort/heute an** from there/today onwards
4 (*angeschaltet, angezogen*) on; **an sein** (*umg*) to be on; **das Licht ist an** the light is on; **ohne etwas an** with nothing on; *siehe auch* **am**

anal [aˈna:l] ADJ anal
analog [anaˈlo:k] ADJ analogous; (*Comput*) analog
Analogie [analoˈgi:] F analogy
Analogrechner [anaˈlo:krɛçnər] M analog computer
Analphabet(in) [an|alfaˈbe:t(ɪn)] (**-en, -en**) M(F) illiterate person
Analyse [anaˈly:zə] (**-, -n**) F analysis
analysieren [analyˈzi:rən] VT to analyse (BRIT), to analyze (*US*)
Anämie [anɛˈmi:] (**-, -n**) F anaemia (BRIT), anemia (*US*)
★**Ananas** [ˈananas] (**-, -** *od* **-se**) F pineapple
Anarchie [anarˈçi:] F anarchy
anarchisch [aˈnarçɪʃ] ADJ anarchic
Anarchist(in) [anarˈçɪst(ɪn)] (**-en, -en**) M(F) anarchist
Anästhesist(in) [anɛsteˈzɪst(ɪn)] (**-en, -en**) M(F) anaesthetist (BRIT), anesthesiologist (*US*)
Anatomie [anatoˈmi:] F anatomy
an|baggern [ˈanbagərn] VT (*umg*) to chat up (BRIT), to come on to (*US*)

an|bahnen ['anba:nən] VR to open up; (*sich andeuten*) to be in the offing; (*Unangenehmes*) to be looming ▸ VT to initiate

Anbahnung F initiation

an|bändeln ['anbɛndəln] (*umg*) VI to flirt

Anbau ['anbaʊ] M (*Agr*) cultivation; (*Gebäude*) extension

an|bauen VT (*Agr*) to cultivate; (*Gebäudeteil*) to build on

Anbaugebiet NT: **ein gutes ~ für etw** a good area for growing sth

Anbaumöbel PL unit furniture *sing*

an|behalten ['anbəhaltən] *unreg* VT to keep on

anbei [an'baɪ] ADV enclosed (*form*); **~ schicken wir Ihnen ...** please find enclosed ...

an|beißen ['anbaɪsən] *unreg* VT to bite into ▸ VI (*lit*) to bite; (*fig*) to swallow the bait; **zum A~ aussehen** (*umg*) to look good enough to eat

an|belangen ['anbəlaŋən] VT to concern; **was mich anbelangt** as far as I am concerned

an|beraumen ['anbəraʊmən] VT (*form*) to fix, to arrange

an|beten ['anbe:tən] VT to worship

Anbetracht ['anbətraxt] M: **in ~** *+gen* in view of

Anbetung F worship

an|biedern ['anbi:dərn] (*pej*) VR: **sich ~ (bei)** to curry favour (with)

an|bieten ['anbi:tən] *unreg* VT to offer ▸ VR to volunteer; **das bietet sich als Lösung an** that would provide a solution

an|binden ['anbɪndən] *unreg* VT to tie up; (*verbinden*) to connect

Anblick ['anblɪk] M sight

an|blicken VT to look at

an|braten ['anbra:tən] *unreg* VT (*Fleisch*) to brown

an|brechen ['anbrɛçən] *unreg* VT to start; (*Vorräte*) to break into ▸ VI to start; (*Tag*) to break; (*Nacht*) to fall

an|brennen ['anbrɛnən] *unreg* VI to catch fire; (*Koch*) to burn

an|bringen ['anbrɪŋən] *unreg* VT to bring; (*Ware*) to sell; (*festmachen*) to fasten; (*Telefon etc*) to install

Anbruch ['anbrʊx] M beginning; **~ des Tages** dawn; **~ der Nacht** nightfall

an|brüllen ['anbrʏlən] VT to roar at

Andacht ['andaxt] **(-, -en)** F devotion; (*Versenkung*) rapt interest; (*Gottesdienst*) prayers *pl*; (*Ehrfurcht*) reverence

andächtig ['andɛçtɪç] ADJ devout

an|dauern ['andaʊərn] VI to last, to go on

andauernd ADJ continual

Anden ['andən] PL: **die ~** the Andes *pl*

Andenken ['andɛŋkən] **(-s, -)** NT memory; (*Reiseandenken*) souvenir; (*Erinnerungsstück*): **ein ~ (an** *+akk***)** a memento (of), a keepsake (from)

andere(r, s) ADJ other; (*verschieden*) different; **am anderen Tage** the next day; **ein anderes Mal** another time; **kein anderer** nobody else; **alles ~ als zufrieden** anything but pleased, far from pleased; **von etwas anderem sprechen** to talk about something else; **es blieb mir nichts anderes übrig als selbst hinzugehen** I had no alternative but to go myself; **unter anderem** among other things; **von einem Tag zum anderen** overnight; **sie hat einen anderen** she has someone else

andererseits ADV on the other hand

andermal ADV: **ein ~** some other time

★**ändern** ['ɛndərn] VT to alter, to change ▸ VR to change

andernfalls ADV otherwise

andernorts ['andərn'ɔrts] ADV elsewhere

★**anders** ADV: **~ (als)** differently (from); **wer ~?** who else?; **niemand ~** no-one else; **wie nicht ~ zu erwarten** as was to be expected; **wie könnte es ~ sein?** how could it be otherwise?; **ich kann nicht ~** (*kann es nicht lassen*) I can't help it; (*muss leider*) I have no choice; **~ ausgedrückt** to put it another way; **jemand/irgendwo ~** somebody/somewhere else; **~ aussehen/klingen** to look/sound different; **~ lautend** = **anderslautend**

andersartig ADJ different

Andersdenkende(r) F(M) dissident, dissenter

anderseits ['andər'zaɪts] ADV = **andererseits**

anders- ZW: **andersfarbig** ADJ of a different colour; **andersgläubig** ADJ of a different faith; **andersherum** ADV the other way round; **anderslautend** ADJ: **anderslautende Berichte** reports to the contrary; **anderswo** ADV elsewhere; **anderswoher** ADV from elsewhere; **anderswohin** ADV elsewhere

★**anderthalb** ['andərt'halp] ADJ one and a half

Änderung ['ɛndərʊŋ] F alteration, change

Änderungsantrag M (*Parl*) amendment

anderweitig ['andər'vaɪtɪç] ADJ other ▸ ADV otherwise; (*anderswo*) elsewhere

an|deuten ['andɔʏtən] VT to indicate; (*Wink geben*) to hint at

Andeutung F indication; (*Wink*) hint

andeutungsweise ADV (*als Anspielung, Anzeichen*) by way of a hint; (*als flüchtiger Hinweis*) in passing

an|dichten ['andɪçtən] VT: **jdm etw ~** (*umg*: *Fähigkeiten*) to credit sb with sth

Andorra [an'dɔra] **(-s)** NT Andorra

Andorraner(in) [andɔ'ra:nər(ɪn)] M(F) Andorran

Andrang ['andraŋ] M crush; **es herrschte großer ~** there was a huge crowd

an|drehen ['andre:ən] VT to turn *od* switch on; **jdm etw ~** (*umg*) to unload sth onto sb

an|drohen ['andro:ən] VT: **jdm etw ~** to threaten sb with sth

Androhung F: **unter ~ von Gewalt** with the threat of violence

an|ecken ['an|ɛkən] (*umg*) VI: **(bei jdm/allen) ~** to rub (sb/everyone) up the wrong way

an|eignen [ˈan|aɪgnən] VT: **sich** *dat* **etw ~** to acquire sth; (*widerrechtlich*) to appropriate sth; (*sich mit etw vertraut machen*) to learn sth

aneinander [an|aɪˈnandər] ADV at/on/to *etc* one another *od* each other; **sich ~ gewöhnen** to get used to each other; **aneinander|fügen** VT to put together; **aneinander|geraten** VI to clash; **aneinander|legen** VT to put together

an|ekeln [ˈan|e:kəln] VT to disgust

Anemone [aneˈmo:nə] (**-, -n**) F anemone

anerkannt [ˈan|ɛrkant] ADJ recognized, acknowledged

an|erkennen [ˈan|ɛrkɛnən] *unreg* VT to recognize, to acknowledge; (*würdigen*) to appreciate; **das muss man ~** (*zugeben*) you can't argue with that; (*würdigen*) one has to appreciate that

anerkennend ADJ appreciative

anerkennenswert ADJ praiseworthy

Anerkennung F recognition, acknowledgement; (*Würdigung*) appreciation

anerzogen [ˈan|ɛrtso:gən] ADJ acquired

an|fachen [ˈanfaxən] VT (*lit*) to fan into flame; (*fig*) to kindle

an|fahren [ˈanfa:rən] *unreg* VT to deliver; (*fahren gegen*) to hit; (*Hafen*) to put into; (*umg*) to bawl at ▶ VI to drive up; (*losfahren*) to drive off

Anfahrt [ˈanfa:rt] F (*Anfahrtsweg, Anfahrtszeit*) journey; (*Zufahrt*) approach

Anfall [ˈanfal] M (*Med*) attack; **in einem ~ von** (*fig*) in a fit of

an|fallen *unreg* VT to attack ▶ VI (*Arbeit*) to come up; (*Produkt, Nebenprodukte*) to be obtained; (*Zinsen*) to accrue; (*sich anhäufen*) to accumulate; **die anfallenden Kosten/Reparaturen** the costs/repairs incurred

anfällig [ˈanfɛlɪç] ADJ delicate; **~ für etw** prone to sth

★**Anfang** [ˈanfaŋ] (**-(e)s, -fänge**) M beginning, start; **von ~ an** right from the beginning; **zu ~** at the beginning; **~ fünfzig** in one's early fifties; **~ Mai/1994** at the beginning of May/1994

★**an|fangen** [ˈanfaŋən] *unreg* VT to begin, to start; (*machen*) to do ▶ VI to begin, to start; **damit kann ich nichts ~** (*nützt mir nichts*) that's no good to me; (*verstehe ich nicht*) it doesn't mean a thing to me; **mit dir ist heute (aber) gar nichts anzufangen!** you're no fun at all today!; **bei einer Firma ~** to start working for a firm

★**Anfänger(in)** [ˈanfɛŋər(ɪn)] (**-s, -**) M(F) beginner

anfänglich [ˈanfɛŋlɪç] ADJ initial

anfangs ADV at first; **wie ich schon ~ erwähnte** as I mentioned at the beginning; **Anfangsbuchstabe** M initial *od* first letter; **Anfangsgehalt** NT starting salary; **Anfangsstadium** NT initial stages *pl*

★**an|fassen** [ˈanfasən] VT to handle; (*berühren*) to touch ▶ VI to lend a hand ▶ VR to feel

anfechtbar [ˈanfɛçtba:r] ADJ contestable

an|fechten [ˈanfɛçtən] *unreg* VT to dispute; (*Meinung, Aussage*) to challenge; (*Urteil*) to appeal against; (*beunruhigen*) to trouble

an|feinden [ˈanfaɪndən] VT to treat with hostility

an|fertigen [ˈanfɛrtɪgən] VT to make

an|feuchten [ˈanfɔʏçtən] VT to moisten

an|feuern [ˈanfɔʏərn] VT (*fig*) to spur on

an|flehen [ˈanfle:ən] VT to implore

an|fliegen [ˈanfli:gən] *unreg* VT to fly to ▶ VI to fly up

Anflug [ˈanflu:k] M (*Aviat*) approach; (*Spur*) trace

an|fordern [ˈanfɔrdərn] VT to demand; (*Comm*) to requisition

Anforderung F *+gen* demand (for); (*Comm*) requisition

Anfrage [ˈanfra:gə] F inquiry; (*Parl*) question

an|fragen [ˈanfra:gən] VI to inquire

an|freunden [ˈanfrɔʏndən] VR to make friends; **sich mit etw ~** (*fig*) to get to like sth

an|fügen [ˈanfy:gən] VT to add; (*beifügen*) to enclose

an|fühlen [ˈanfy:lən] VT, VR to feel; **es fühlt sich gut an** it feels good

an|führen [ˈanfy:rən] VT to lead; (*zitieren*) to quote; (*umg*: *betrügen*) to lead up the garden path

Anführer(in) (**-s, -**) M(F) leader

Anführung F leadership; (*Zitat*) quotation

Anführungszeichen PL quotation marks *pl*, inverted commas *pl* (BRIT)

Angabe [ˈanga:bə] F statement; (*Tech*) specification; (*umg*: *Prahlerei*) boasting; (*Sport*) service ▩ **Angaben** PL (*Auskunft*) particulars *pl*; **ohne ~ von Gründen** without giving any reasons; **Angaben zur Person** (*form*) personal details *od* particulars

an|geben [ˈange:bən] *unreg* VT to give; (*anzeigen*) to inform on; (*bestimmen*) to set ▶ VI (*umg*) to boast; (*Sport*) to serve

★**Angeber(in)** (**-s, -**) (*umg*) M(F) show-off

Angeberei [ange:bəˈraɪ] (*umg*) F showing off

angeblich [ˈange:plɪç] ADJ alleged

angeboren [ˈangəbo:rən] ADJ *+dat* inborn, innate (in); (*Med, fig*): **~ (bei)** congenital (to)

★**Angebot** [ˈangəbo:t] NT offer; (*Comm*): **~ (an** *+dat***)** supply (of); **im ~** (*umg*) on special offer; **~ und Nachfrage** supply and demand

angeboten [ˈangəbo:tən] PP *von* **anbieten**

Angebotspreis M offer price

angebracht [ˈangəbraxt] ADJ appropriate

angebrannt [ˈangəbrant] ADV: **das Fleisch schmeckt ~** the meat tastes burnt; **es riecht hier so ~** there's a smell of burning here

angebrochen [ˈangəbrɔxən] ADJ (*Packung, Flasche*) open(ed); **was machen wir mit dem angebrochenen Abend?** (*umg*) what shall we do with the rest of the evening?

angebunden [ˈangəbʊndən] ADJ: **kurz ~ sein** (*umg*) to be abrupt *od* curt

angefangen PP *von* **anfangen**

angegeben PP *von* **angeben**

angegossen [ˈangəgɔsən] ADJ: **wie ~ sitzen** to fit like a glove

angegriffen [ˈangəgrɪfən] ADJ: **er wirkt ~** he looks as if he's under a lot of strain

angehalten [ˈangəhaltən] PP *von* **anhalten** ▶ ADJ: **~ sein, etw zu tun** to be required *od* obliged to do sth

angehaucht [ˈangəhaʊxt] ADJ: **links/rechts ~ sein** to have left-/right-wing tendencies *od* leanings

angeheiratet [ˈangəhaɪratət] ADJ related by marriage

angeheitert [ˈangəhaɪtərt] ADJ tipsy

an|gehen [ˈange:ən] *unreg* VT to concern; (*angreifen*) to attack; (*bitten*): **jdn ~ (um)** to approach sb (for) ▶ VI (*Feuer*) to light; (*umg: beginnen*) to begin; **das geht ihn gar nichts an** that's none of his business; **gegen jdn ~** (*entgegentreten*) to fight sb; **gegen etw ~** (*entgegentreten*) to fight sth; (*Missstände, Zustände*) to take measures against sth

angehend ADJ prospective; (*Musiker, Künstler*) budding

an|gehören [ˈangəhø:rən] VI *+dat* to belong to

Angehörige(r) F(M) relative

Angeklagte(r) [ˈangəkla:ktə(r)] F(M) accused, defendant

angeknackst [ˈangəknakst] (*umg*) ADJ (*Mensch*) uptight; (: *Selbstbewusstsein*) weakened

angekommen [ˈangəkɔmən] PP *von* **ankommen**

Angel [ˈaŋəl] (**-, -n**) F fishing rod; (*Türangel*) hinge; **die Welt aus den Angeln heben** (*fig*) to turn the world upside down

Angelegenheit [ˈangəle:gənhaɪt] F affair, matter

angelernt [ˈangəlɛrnt] ADJ (*Arbeiter*) semi-skilled

Angelhaken M fish hook

★**angeln** [ˈaŋəln] VT to catch ▶ VI to fish; **Angeln** (**-s**) NT angling, fishing

Angelpunkt M crucial *od* central point; (*Frage*) key *od* central issue

Angelrute F fishing rod

Angelsachse [ˈaŋəlzaksə] (**-n, -n**) M Anglo-Saxon

Angelsächsin [ˈaŋəlzɛksɪn] F Anglo-Saxon

angelsächsisch [ˈaŋəlzɛksɪʃ] ADJ Anglo-Saxon

Angelschein M fishing permit

angemessen [ˈangəmɛsən] ADJ appropriate, suitable; **eine der Leistung angemessene Bezahlung** payment commensurate with the input

★**angenehm** [ˈangəne:m] ADJ pleasant; **~!** (*bei Vorstellung*) pleased to meet you; **das Angenehme mit dem Nützlichen verbinden** to combine business with pleasure

angenommen [ˈangənɔmən] PP *von* **annehmen** ▶ ADJ assumed; (*Kind*) adopted; **~, wir ...** assuming we ...

angepasst [ˈangəpast] ADJ conformist

angerufen [ˈangəru:fən] PP *von* **anrufen**

angesäuselt [ˈangəzɔʏzəlt] ADJ tipsy, merry

angeschlagen [ˈangəʃla:gən] (*umg*) ADJ (*Mensch, Aussehen, Nerven*) shattered; (: *Gesundheit*) poor

angeschlossen [ˈangəʃlɔsən] ADJ *+dat* affiliated (to *od* with), associated (with)

angeschmiert [ˈangəʃmi:rt] (*umg*) ADJ in trouble; **der/die Angeschmierte sein** to have been had

angeschrieben [ˈangəʃri:bən] (*umg*) ADJ: **bei jdm gut/schlecht ~ sein** to be in sb's good/bad books

angesehen [ˈangəze:ən] PP *von* **ansehen** ▶ ADJ respected

Angesicht [ˈangəzɪçt] NT (*geh*) face

angesichts [ˈangəzɪçts] PRÄP *+gen* in view of, considering

angespannt [ˈangəʃpant] ADJ (*Aufmerksamkeit*) close; (*Nerven, Lage*) tense, strained; (*Comm: Markt*) tight, overstretched; (*Arbeit*) hard

Angest. ABK = **Angestellte**

angestammt [ˈangəʃtamt] ADJ (*überkommen*) traditional; (*ererbt: Rechte*) hereditary; (: *Besitz*) inherited

★**Angestellte(r)** [ˈangəʃtɛltə(r)] F(M) employee; (*Büroangestellte*) white-collar worker

angestrengt [ˈangəʃtrɛŋt] ADV as hard as one can

angetan [ˈangəta:n] ADJ: **von jdm/etw ~ sein** to be taken with sb/sth; **es jdm ~ haben** to appeal to sb

angetrunken [ˈangətrʊŋkən] ADJ inebriated

angewiesen [ˈangəvi:zən] ADJ: **auf jdn/etw ~ sein** to be dependent on sb/sth; **auf sich selbst ~ sein** to be left to one's own devices

an|gewöhnen [ˈangəvø:nən] VT: **jdm/sich etw ~** to accustom sb/become accustomed to sth

Angewohnheit [ˈangəvo:nhaɪt] F habit

angewurzelt [ˈangəvʊrtsəlt] ADJ: **wie ~ dastehen** to be rooted to the spot

an|giften [ˈangɪftən] (*pej, umg*) VT to snap at

Angina [aŋˈgi:na] (**-, Anginen**) F tonsillitis; **Angina Pectoris** (**-**) F angina

an|gleichen [ˈanglaɪçən] *unreg* VT, VR to adjust

Angler(in) [ˈaŋlər] (**-s, -**) M(F) angler

an|gliedern [ˈangli:dərn] VT: **~ (an** *+akk***)** (*Verein, Partei*) to affiliate (to *od* with); (*Land*) to annex (to)

Anglist(in) [aŋˈglɪst(ɪn)] (**-en, -en**) M(F) English specialist; (*Student*) English student; (*Professor etc*) English lecturer/professor

Angola [aŋˈgo:la] (**-s**) NT Angola

angolanisch [aŋgoˈla:nɪʃ] ADJ Angolan

★**an|greifen** [ˈangraɪfən] *unreg* VT to attack; (*anfassen*) to touch; (*Arbeit*) to tackle; (*beschädigen*) to damage

Angreifer(in) (**-s, -**) M(F) attacker

an|grenzen [ˈangrɛntsən] VI: **an etw** *akk* **~** to border on sth, to adjoin sth

Angriff [ˈangrɪf] M attack; **etw in ~ nehmen** to make a start on sth
Angriffsfläche F: **jdm/etw eine ~ bieten** (*lit, fig*) to provide sb/sth with a target
angriffslustig ADJ aggressive
angst ADJ: **jdm ist ~** sb is afraid *od* scared; ★ **Angst** [aŋst] (**-, Ängste**) F fear; **~ haben (vor** *+dat***)** to be afraid *od* scared (of); **~ um jdn/etw haben** to be worried about sb/sth; **jdm ~ einflößen** *od* **einjagen** to frighten sb; **jdm ~ machen** to scare sb; **nur keine ~!** don't be scared; **angstfrei** ADJ free of fear; **Angsthase** (*umg*) M chicken, scaredy-cat
ängstigen [ˈɛŋstɪgən] VT to frighten ▶ VR: **sich ~ (vor** *+dat od* **um)** to worry (o.s.) (about)
★ **ängstlich** ADJ nervous; (*besorgt*) worried; (*schüchtern*) timid; **Ängstlichkeit** F nervousness
Angstschweiß M: **mir brach der ~ aus** I broke out in a cold sweat
an|gurten [ˈangʊrtən] VT, VR = **anschnallen**
Anh. ABK (= *Anhang*) app.
★ **an|haben** [ˈanha:bən] *unreg* VT to have on; **er kann mir nichts ~** he can't hurt me
an|haften [ˈanhaftən] VI (*lit*): **~ (an** *+dat***)** to stick (to); (*fig*): **~** *+dat* to stick to, to stay with
★ **an|halten** [ˈanhaltən] *unreg* VT to stop ▶ VI to stop; (*andauern*) to persist; (*werben*): **um die Hand eines Mädchens ~** to ask for a girl's hand in marriage; **(jdm) etw ~** to hold sth up (against sb); **jdn zur Arbeit/Höflichkeit ~** to get sb to work/teach sb to be polite
anhaltend ADJ persistent
Anhalter(in) (**-s, -**) M(F) hitch-hiker; **per ~ fahren** to hitch-hike
Anhaltspunkt M clue
anhand [anˈhant] PRÄP *+gen* with; **~ eines Beispiels** by means of an example
Anhang [ˈanhaŋ] M appendix; (*Leute*) family; (*Anhängerschaft*) supporters *pl*; (*Comput*) attachment
an|hängen [ˈanhɛŋən] *unreg* VT to hang up; (*Wagen*) to couple up; (*Zusatz*) to add (on); (*Comput*) to append; **sich an jdn ~** to attach o.s. to sb; **eine Datei an eine E-Mail ~** (*Comput*) to attach a file to an email; **jdm etw ~** (*umg: nachsagen, anlasten*) to blame sb for sth, to blame sth on sb; (*: Verdacht, Schuld*) to pin sth on sb
Anhänger (**-s, -**) M supporter; (*Aut*) trailer; (*am Koffer*) tag; (*Schmuck*) pendant; **Anhängerschaft** F supporters *pl*
Anhängeschloss NT padlock
anhängig ADJ (*Jur*) sub judice; **etw ~ machen** to start legal proceedings over sth
anhänglich ADJ devoted; **Anhänglichkeit** F devotion
Anhängsel (**-s, -**) NT appendage
an|hauen [ˈanhaʊən] (*umg*) VT (*ansprechen*): **jdn ~ (um)** to accost sb (for)
an|häufen [ˈanhɔʏfən] VT to accumulate, to amass ▶ VR to accrue
Anhäufung [ˈanhɔʏfʊŋ] F accumulation
an|heben [ˈanhe:bən] *unreg* VT to lift up; (*Preise*) to raise
anheimelnd [ˈanhaɪməlnt] ADJ comfortable, cosy
anheim|stellen [anˈhaɪmʃtɛlən] VT: **jdm etw ~** to leave sth up to sb
an|heizen [ˈanhaɪtsən] VT (*Ofen*) to light; (*fig: umg: Wirtschaft*) to stimulate; (*verschlimmern: Krise*) to aggravate
an|heuern [ˈanhɔʏərn] VT, VI (*Naut, fig*) to sign on *od* up
Anhieb [ˈanhi:b] M: **auf ~** straight off, first go; **es klappte auf ~** it was an immediate success
an|himmeln [ˈanhɪməln] (*umg*) VT to idolize, to worship
Anhöhe [ˈanhø:ə] F hill
an|hören [ˈanhø:rən] VT to listen to; (*anmerken*) to hear ▶ VR to sound; **das hört sich gut an** that sounds good
Anhörung F hearing
Animierdame [aniˈmi:rda:mə] F nightclub/bar hostess
animieren [aniˈmi:rən] VT to encourage, to urge on
Anis [aˈni:s] (**-es, -e**) M aniseed
Ank. ABK (= *Ankunft*) arr.
an|kämpfen [ˈankɛmpfən] VI: **gegen etw ~** to fight (against) sth; (*gegen Wind, Strömung*) to battle against sth
Ankara [ˈaŋkara] (**-s**) NT Ankara
Ankauf [ˈankaʊf] M: **~ und Verkauf von ...** we buy and sell ...; **an|kaufen** VT to purchase, to buy
Anker [ˈaŋkər] (**-s, -**) M anchor; **vor ~ gehen** to drop anchor
ankern VT, VI to anchor
Ankerplatz M anchorage
Anklage [ˈankla:gə] F accusation; (*Jur*) charge; **gegen jdn ~ erheben** (*Jur*) to bring *od* prefer charges against sb; **Anklagebank** F dock
an|klagen [ˈankla:gən] VT to accuse; **jdn (eines Verbrechens) ~** (*Jur*) to charge sb (with a crime)
Anklagepunkt M charge
Ankläger(in) [ˈanklɛ:gər(ɪn)] (**-s, -**) M(F) accuser
Anklageschrift F indictment
an|klammern [ˈanklamərn] VT to clip, to staple ▶ VR: **sich an etw** *akk od dat* **~** to cling to sth
Anklang [ˈanklaŋ] M: **bei jdm ~ finden** to meet with sb's approval
an|kleben [ˈankle:bən] VT: **„Plakate ~ verboten!"** "stick no bills"
Ankleidekabine F changing cubicle
an|kleiden [ˈanklaɪdən] VT, VR to dress
an|klicken [ˈanklɪkən] VT (*Comput*) to click on
an|klingen [ˈanklɪŋən] VI (*angeschnitten werden*) to be touched (up)on; (*erinnern*): **~ an** *+akk* to be reminiscent of
an|klopfen [ˈanklɔpfən] VI to knock

an|knipsen ['anknɪpsən] VT to switch on; (*Schalter*) to flick

an|knüpfen ['anknʏpfən] VT to fasten *od* tie on; (*Beziehungen*) to establish; (*Gespräch*) to start up ▶ VI (*anschließen*): **~ an** *+akk* to refer to

Anknüpfungspunkt M link

an|kommen ['ankɔmən] *unreg* VI to arrive; (*näher kommen*) to approach; (*Anklang finden*): **bei jdm (gut) ~** to go down well with sb ▶ VI UNPERS: **es kommt darauf an** it depends; (*wichtig sein*) that is what matters; **er ließ es auf einen Streit/einen Versuch ~** he was prepared to argue about it/to give it a try; **es kommt auf ihn an** it depends on him; **es darauf ~ lassen** to let things take their course; **gegen jdn/etw ~** to cope with sb/sth; **damit kommst du bei ihm nicht an!** you won't get anywhere with him like that

an|kreiden ['ankraɪdən] VT (*fig*): **jdm etw (dick** *od* **übel) ~** to hold sth against sb

an|kreuzen ['ankrɔʏtsən] VT to mark with a cross

an|kündigen ['ankʏndɪgən] VT to announce

Ankündigung F announcement

Ankunft ['ankʊnft] (**-, -künfte**) F arrival

Ankunftszeit F time of arrival

an|kurbeln ['ankʊrbəln] VT (*Aut*) to crank; (*fig*) to boost

Anl. ABK (= *Anlage*) enc(l).

an|lachen ['anlaxən] VT to smile at; **sich** *dat* **jdn ~** (*umg*) to pick sb up

Anlage ['anla:gə] F disposition; (*Begabung*) talent; (*Park*) gardens *pl*; (*Beilage*) enclosure; (*Tech*) plant; (*Einrichtung*: *Mil*, *Elek*) installation(s *pl*); (*Sportanlage etc*) facilities *pl*; (*umg*: *Stereoanlage*) (stereo) system; (*Fin*) investment; (*Entwurf*) layout; **als ~** *od* **in der ~ erhalten Sie ...** please find enclosed ...; **Anlageberater(in)** M(F) investment consultant; **Anlagekapital** NT fixed capital

Anlagenabschreibung F capital allowance

Anlagengeschäft NT investment deal; (*Branche*) investment banking

Anlagevermögen NT capital assets *pl*, fixed assets *pl*

an|langen ['anlaŋən] VI (*ankommen*) to arrive

Anlass ['anlas] (**-es, -lässe**) M: **~ (zu)** cause (for); (*Ereignis*) occasion; **aus ~** *+gen* on the occasion of; **~ zu etw geben** to give rise to sth; **beim geringsten/bei jedem ~** for the slightest reason/at every opportunity; **etw zum ~ nehmen** to take the opportunity of sth

an|lassen *unreg* VT to leave on; (*Motor*) to start ▶ VR (*umg*) to start off

Anlasser (**-s, -**) M (*Aut*) starter

anlässlich ['anlɛslɪç] PRÄP *+gen* on the occasion of

an|lasten ['anlastən] VT: **jdm etw ~** to blame sb for sth

Anlauf ['anlaʊf] M run-up; (*fig*: *Versuch*) attempt, try

an|laufen *unreg* VI to begin; (*Film*) to be showing; (*Sport*) to run up; (*Fenster*) to mist up; (*Metall*) to tarnish ▶ VT to call at; **rot ~** to turn *od* go red; **gegen etw ~** to run into *od* up against sth; **angelaufen kommen** to come running up

Anlauf- ZW: **Anlaufstelle** F place to go (with one's problems); **Anlaufzeit** F (*fig*) time to get going *od* started

an|läuten ['anlɔʏtən] VI to ring

an|legen ['anle:gən] VT to put; (*anziehen*) to put on; (*gestalten*) to lay out; (*Kartei, Akte*) to start; (*Comput*: *Datei*) to create; (*Geld*) to invest ▶ VI to dock; (*Naut*) to berth; **etw an etw** *akk* **~** to put sth against *od* on sth; **ein Gewehr ~ (auf** *+akk*) to aim a weapon (at); **es auf etw** *akk* **~** to be out for sth/to do sth; **strengere Maßstäbe ~ (bei)** to lay down *od* impose stricter standards (in); **sich mit jdm ~** (*umg*) to quarrel with sb

Anlegeplatz M berth

Anleger(in) (**-s, -**) M(F) (*Fin*) investor

Anlegestelle F mooring

an|lehnen ['anle:nən] VT to lean; (*Tür*) to leave ajar; **(sich) an etw** *akk* **~** to lean on *od* against sth

Anlehnung F (*Imitation*): **in ~ an jdn/etw** following sb/sth

Anlehnungsbedürfnis NT need of loving care

an|leiern ['anlaɪərn] (*umg*) VT to get going

Anleihe ['anlaɪə] (**-, -n**) F (*Fin*) loan; (*Wertpapier*) bond

an|leiten ['anlaɪtən] VT to instruct

Anleitung F instructions *pl*

an|lernen ['anlɛrnən] VT to teach, to instruct

an|lesen ['anle:zən] *unreg* VT (*aneignen*): **sich** *dat* **etw ~** to learn sth by reading

an|liegen *unreg* VI (*Kleidung*) to cling

Anliegen ['anli:gən] (**-s, -**) NT matter; (*Wunsch*) wish

anliegend ADJ adjacent; (*beigefügt*) enclosed

Anlieger (**-s, -**) M resident; **~ frei** no thoroughfare – residents only

an|locken ['anlɔkən] VT to attract; (*Tiere*) to lure

an|lügen ['anly:gən] *unreg* VT to lie to

Anm. ABK (= *Anmerkung*) n.

★**an|machen** ['anmaxən] VT to attach; (*einschalten*) to switch on; (*Salat*) to dress; **jdn ~** (*umg*) to turn sb on; (*umg*: *ansprechen*) to chat sb up (BRIT), to come on to sb (US); (*umg*: *beschimpfen*) to have a go at sb

an|malen ['anma:lən] VT to paint ▶ VR (*pej*: *schminken*) to paint one's face *od* o.s.

Anmarsch ['anmarʃ] M: **im ~ sein** to be advancing; (*hum*) to be on the way; **im ~ sein auf** *+akk* to be advancing on

an|maßen ['anma:sən] VT: **sich** *dat* **etw ~** to lay claim to sth

anmaßend ADJ arrogant

Anmaßung F presumption

Anmeldeformular ['anmɛldəfɔrmʊla:r] NT registration form

★**an|melden** VT to announce; (*geltend machen: Recht, Ansprüche, zu Steuerzwecken*) to declare; (*Comput*) to log on ▶ VR (*sich ankündigen*) to make an appointment; (*polizeilich, für Kurs etc*) to register; **ein Gespräch nach Deutschland ~** (*Tel*) to book a call to Germany

Anmeldeschluss M deadline for applications, registration deadline

★**Anmeldung** F registration; (*Antrag*) application; **nur nach vorheriger ~** by appointment only

an|merken [ˈanmɛrkən] VT to observe; (*anstreichen*) to mark; **jdm seine Verlegenheit** *etc* **~** to notice sb's embarrassment *etc*; **sich** *dat* **nichts ~ lassen** not to give anything away

Anmerkung F note

Anmut [ˈanmu:t] (**-**) F grace

an|muten VT (*geh*): **jdn ~** to appear *od* seem to sb

anmutig ADJ charming

an|nähen [ˈannɛ:ən] VT to sew on

an|nähern [ˈannɛ:ərn] VR to get closer

annähernd ADJ approximate, rough ▶ ADV approximately; **nicht ~ so viel** not nearly as much

Annäherung F approach

Annäherungsversuch M advances *pl*

Annahme [ˈanna:mə] (**-, -n**) F acceptance; (*Vermutung*) assumption; **Annahmestelle** F counter; (*für Reparaturen*) reception; **Annahmeverweigerung** F refusal

annehmbar [ˈanne:mba:r] ADJ acceptable

★**an|nehmen** *unreg* VT to accept; (*Namen*) to take; (*Kind*) to adopt; (*vermuten*) to suppose, to assume ▶ VR *+gen* to take care (of); **jdn an Kindes statt ~** to adopt sb; **angenommen, das ist so** assuming that is so

Annehmlichkeit F comfort

annektieren [anɛkˈti:rən] VT to annex

anno [ˈano] ADJ: **von ~ dazumal** (*umg*) from the year dot

Annonce [aˈnõ:sə] (**-, -n**) F advertisement

annoncieren [anõˈsi:rən] VT, VI to advertise

annullieren [anʊˈli:rən] VT to annul

Anode [aˈno:də] (**-, -n**) F anode

an|öden [ˈan|ø:dən] (*umg*) VT to bore stiff

anomal [anoˈma:l] ADJ (*regelwidrig*) unusual, abnormal; (*nicht normal*) strange, odd

anonym [anoˈny:m] ADJ anonymous

Anorak [ˈanorak] (**-s, -s**) M anorak

an|ordnen [ˈan|ɔrdnən] VT to arrange; (*befehlen*) to order

Anordnung F arrangement; (*Befehl*) order; **Anordnungen treffen** to give orders

anorganisch [ˈan|ɔrga:nɪʃ] ADJ (*Chem*) inorganic

an|packen [ˈanpakən] VT to grasp; (*fig*) to tackle; **mit ~** to lend a hand

an|passen [ˈanpasən] VT (*Kleidung*) to fit; (*fig*) to adapt ▶ VR to adapt

Anpassung F fitting; (*fig*) adaptation

Anpassungsdruck M pressure to conform (*to society*)

anpassungsfähig ADJ adaptable

an|peilen [ˈanpaɪlən] VT (*mit Radar, Funk etc*) to take a bearing on; **etw ~** (*fig: umg*) to have one's sights on sth

Anpfiff [ˈanpfɪf] M (*Sport*) (starting) whistle; (*Spielbeginn: Fußball etc*) kick-off; (*umg: Tadel*) roasting

an|pöbeln [ˈanpø:bəln] VT to abuse; (*umg*) to pester

Anprall [ˈanpral] M: **~ gegen** *od* **an** *+akk* impact on *od* against

an|prangern [ˈanpraŋərn] VT to denounce

an|preisen [ˈanpraɪzən] *unreg* VT to extol; **sich ~ (als)** to sell o.s. (as); **etw ~** to extol (the virtues of) sth; **seine Waren ~** to cry one's wares

Anprobe [ˈanpro:bə] F trying on

★**an|probieren** [ˈanprobi:rən] VT to try on

an|pumpen [ˈanpʊmpən] (*umg*) VT to borrow from

an|quatschen [ˈankvatʃən] (*umg*) VT to speak to; (*Mädchen*) to try to pick up

Anrainer(in) [ˈanraɪnər] (**-s, -**) M(F) neighbour (Brit), neighbor (*US*)

an|ranzen [ˈanrantsən] (*umg*) VT: **jdn ~** to tick sb off

an|raten [ˈanra:tən] *unreg* VT to recommend; **auf A~ des Arztes** *etc* on the doctor's *etc* advice *od* recommendation

an|rechnen [ˈanrɛçnən] VT to charge; (*fig*) to count; **jdm etw hoch ~** to think highly of sb for sth

Anrecht [ˈanrɛçt] NT: **~ auf** *+akk* right (to); **ein ~ auf etw haben** to be entitled to sth, to have a right to sth

Anrede [ˈanre:də] F form of address

an|reden VT to address

an|regen [ˈanre:gən] VT to stimulate; **angeregte Unterhaltung** lively discussion

anregend ADJ stimulating

Anregung F stimulation; (*Vorschlag*) suggestion

an|reichern [ˈanraɪçərn] VT to enrich

Anreise [ˈanraɪzə] F journey there/here

an|reisen VI to arrive

an|reißen [ˈanraɪsən] *unreg* VT (*kurz zur Sprache bringen*) to touch on

Anreiz [ˈanraɪts] M incentive

an|rempeln [ˈanrɛmpəln] VT (*anstoßen*) to bump into; (*absichtlich*) to jostle

an|rennen [ˈanrɛnən] *unreg* VI: **gegen etw ~** (*gegen Wind etc*) to run against sth; (*Mil*) to storm sth

Anrichte [ˈanrɪçtə] (**-, -n**) F sideboard

an|richten VT to serve up; **Unheil ~** to make mischief; **da hast du aber etwas angerichtet!** (*umg: verursacht*) you've started something there all right!; (*: angestellt*) you've really made a mess there!

anrüchig [ˈanrʏçɪç] ADJ dubious

an|rücken [ˈanrʏkən] VI to approach; (*Mil*) to advance

★**Anruf** [ˈanruːf] M call; ★**Anrufbeantworter** M (telephone) answering machine, answerphone

★**an|rufen** *unreg* VT to call out to; (*bitten*) to call on; (*Tel*) to ring up, to phone, to call

an|rühren [ˈanryːrən] VT to touch; (*mischen*) to mix

ans [ans] = **an das**

Ansage [ˈanzaːgə] F announcement

an|sagen VT to announce ▶ VR to say one will come; **angesagt sein** to be recommended; (*modisch sein*) to be the in thing

Ansager(in) **(-s, -)** M(F) announcer

an|sammeln [ˈanzaməln] VT to collect ▶ VR to accumulate; (*fig: Wut, Druck*) to build up

Ansammlung F collection; (*Leute*) crowd

ansässig [ˈanzɛsɪç] ADJ resident

Ansatz [ˈanzats] M start; (*Haaransatz*) hairline; (*Halsansatz*) base; (*Verlängerungsstück*) extension; (*Veranschlagung*) estimate; **die ersten Ansätze zu etw** the beginnings of sth; **Ansatzpunkt** M starting point; **Ansatzstück** NT (*Tech*) attachment

an|schaffen [ˈanʃafən] VT to buy, to purchase ▶ VI: **~ gehen** (*umg: durch Prostitution*) to be on the game; **sich** *dat* **Kinder ~** (*umg*) to have children

Anschaffung F purchase

an|schalten [ˈanʃaltən] VT to switch on

★**an|schauen** [ˈanʃaʊən] VT to look at

anschaulich ADJ illustrative

Anschauung F (*Meinung*) view; **aus eigener ~** from one's own experience

Anschauungsmaterial NT illustrative material

Anschein [ˈanʃaɪn] M appearance; **allem ~ nach** to all appearances; **den ~ haben** to seem, to appear

anscheinend ADV apparently

an|schieben [ˈanʃiːbən] *unreg* VT (*Fahrzeug*) to push

Anschiss [ˈanʃɪs] (*umg*) M: **einen ~ bekommen** to get a telling-off *od* ticking-off (*bes* BRIT)

Anschlag [ˈanʃlaːk] M notice; (*Attentat*) attack; (*Comm*) estimate; (*auf Klavier*) touch; (*auf Schreibmaschine*) keystroke; **einem ~ zum Opfer fallen** to be assassinated; **ein Gewehr im ~ haben** (*Mil*) to have a rifle at the ready; **Anschlagbrett** NT notice board (BRIT), bulletin board (US)

an|schlagen [ˈanʃlaːgən] *unreg* VT to put up; (*beschädigen*) to chip; (*Akkord*) to strike; (*Kosten*) to estimate ▶ VI to hit; (*wirken*) to have an effect; (*Glocke*) to ring; (*Hund*) to bark; **einen anderen Ton ~** (*fig*) to change one's tune; **an etw** *akk* **~** to hit against sth

anschlagfrei ADJ: **anschlagfreier Drucker** non-impact printer

Anschlagzettel M notice

an|schleppen [ˈanʃlɛpən] (*umg*) VT (*unerwünscht mitbringen*) to bring along

an|schließen [ˈanʃliːsən] *unreg* VT to connect up; (*Sender*) to link up; (*in Steckdose*) to plug in; (*fig: hinzufügen*) to add ▶ VI: **an etw** *akk* **~** (*zeitlich*) to follow sth ▶ VR: **sich jdm/etw ~** to join sb/sth; (*beipflichten*) to agree with sb/sth; **sich an etw** *akk* **~** (*angrenzen*) to adjoin sth

anschließend ADJ adjacent; (*zeitlich*) subsequent ▶ ADV afterwards; **~ an** *+akk* following

★**Anschluss** [ˈanʃlʊs] M (*Elek, Eisenb, Tel*) connection; (*weiterer Apparat*) extension; (*von Wasser etc*) supply; (*Comput*) port; **im ~ an** *+akk* following; **~ finden** to make friends; **~ bekommen** to get through; **kein ~ unter dieser Nummer** number unobtainable; **den ~ verpassen** (*Eisenb etc*) to miss one's connection; (*fig*) to miss the boat; **Anschlussflug** M connecting flight

an|schmiegen [ˈanʃmiːgən] VR: **sich an jdn/etw ~** (*Kind, Hund*) to snuggle *od* nestle up to *od* against sb/sth

anschmiegsam [ˈanʃmiːkzaːm] ADJ affectionate

an|schmieren [ˈanʃmiːrən] VT to smear; (*umg*) to take in

★**an|schnallen** [ˈanʃnalən] VT to buckle on ▶ VR to fasten one's seat belt

Anschnallpflicht F *compulsory wearing of a seat belt*; **für Kinder besteht ~** children must wear seat belts

an|schnauzen [ˈanʃnaʊtsən] (*umg*) VT to yell at

an|schneiden [ˈanʃnaɪdən] *unreg* VT to cut into; (*Thema*) to introduce

Anschnitt [ˈanʃnɪt] M first slice

an|schreiben [ˈanʃraɪbən] *unreg* VT to write (up); (*Comm*) to charge up; (*benachrichtigen*) to write to; **bei jdm gut/schlecht angeschrieben sein** to be well/badly thought of by sb, to be in sb's good/bad books

an|schreien [ˈanʃraɪən] *unreg* VT to shout at

★**Anschrift** [ˈanʃrɪft] F address

Anschriftenliste F mailing list

Anschub M (*bei Firmengründung*) start-up (funds *pl*)

Anschuldigung [ˈanʃʊldɪgʊŋ] F accusation

an|schwärzen [ˈanʃvɛrtsən] VT (*fig: umg*): **jdn ~ (bei)** to blacken sb's name (with)

an|schwellen [ˈanʃvɛlən] *unreg* VI to swell (up)

an|schwemmen [ˈanʃvɛmən] VT to wash ashore

an|schwindeln [ˈanʃvɪndəln] (*umg*) VT to lie to

★**an|sehen** [ˈanzeːən] *unreg* VT to look at; **jdm etw ~** to see sth (from sb's face); **jdn/etw als etw ~** to look on sb/sth as sth; **~ für** to consider; **(sich** *dat***) etw ~** to (have a) look at sth; (*Fernsehsendung*) to watch sth; (*Film, Stück, Sportveranstaltung*) to see sth; **etw (mit) ~** to watch sth, to see sth happening

Ansehen **(-s)** NT respect; (*Ruf*) reputation; **ohne ~ der Person** (*Jur*) without respect of person

ansehnlich [ˈanzeːnlɪç] ADJ fine-looking; (*beträchtlich*) considerable

an|seilen [ˈanzaɪlən] VT: **jdn/sich ~** to rope sb/o.s. up

an sein [ˈanzaɪn] *siehe* **an**
an|setzen [ˈanzɛtsən] VT (*festlegen*) to fix; (*entwickeln*) to develop; (*Fett*) to put on; (*Blätter*) to grow; (*zubereiten*) to prepare ▸ VI (*anfangen*) to start, to begin; (*Entwicklung*) to set in; (*dick werden*) to put on weight ▸ VR (*Rost etc*) to start to develop; **~ an** *+akk* (*anfügen*) to fit on to; (*anlegen, an Mund etc*) to put to; **zu etw ~** to prepare to do sth; **jdn/etw auf jdn/etw ~** to set sb/sth on sb/sth
Ansicht [ˈanzɪçt] F (*Anblick*) sight; (*Meinung*) view, opinion; **zur ~** on approval; **meiner ~ nach** in my opinion
★**Ansichtskarte** F picture postcard
Ansichtssache F matter of opinion
an|siedeln [ˈanziːdəln] VT to settle; (*Tierart*) to introduce ▸ VR to settle; (*Industrie etc*) to get established
ansonsten [anˈzɔnstən] ADV otherwise
an|spannen [ˈanʃpanən] VT to harness; (*Muskel*) to strain
Anspannung F strain
Anspiel [ˈanʃpiːl] NT (*Sport*) start of play
an|spielen VT (*Sport*) to play the ball *etc* to ▸ VI: **auf etw** *akk* **~** to refer *od* allude to sth
Anspielung F: **~ (auf** *+akk***)** reference (to), allusion (to)
Ansporn [ˈanʃpɔrn] (**-(e)s**) M incentive
Ansprache [ˈanʃpraːxə] F (*Rede*) address
an|sprechen [ˈanʃprɛçən] *unreg* VT to speak to; (*bitten, gefallen*) to appeal to; (*Eindruck machen auf*) to make an impression on ▸ VI: **~ auf** *+akk* (*Patient*) to respond (to); (*Messgerät*) to react (to); **jdn auf etw** *akk* **(hin) ~** to ask sb about sth
ansprechend ADJ attractive
Ansprechpartner M contact
an|springen [ˈanʃprɪŋən] *unreg* VI (*Aut*) to start ▸ VT (*anfallen*) to jump; (*Raubtier*) to pounce (up) on; (*Hund: hochspringen*) to jump up at
Anspruch [ˈanʃprʊx] (**-s, -sprüche**) M (*Recht*): **~ (auf** *+akk***)** claim (to); **den Ansprüchen gerecht werden** to meet the requirements; **hohe Ansprüche stellen/haben** to demand/expect a lot; **jdn/etw in ~ nehmen** to occupy sb/take up sth
anspruchslos ADJ undemanding
anspruchsvoll ADJ demanding; (*Comm*) upmarket
an|spucken [ˈanʃpʊkən] VT to spit at
an|stacheln [ˈanʃtaxəln] VT to spur on
Anstalt [ˈanʃtalt] (**-, -en**) F institution; **Anstalten machen, etw zu tun** to prepare to do sth
Anstand [ˈanʃtant] M decency; (*Manieren*) (good) manners *pl*
anständig [ˈanʃtɛndɪç] ADJ decent; (*umg*) proper; (*groß*) considerable; **Anständigkeit** F propriety, decency
anstandshalber [ˈanʃtantshalbər] ADV out of politeness
anstandslos ADV without any ado
an|starren [ˈanʃtarən] VT to stare at
anstatt [anˈʃtat] PRÄP *+gen* instead of ▸ KONJ: **~ etw zu tun** instead of doing sth
an|stauen [ˈanʃtaʊən] VR to accumulate; (*Blut in Adern etc*) to congest; (*fig: Gefühle*) to build up
an|stechen [ˈanʃtɛçən] *unreg* VT to prick; (*Fass*) to tap
an|stecken [ˈanʃtɛkən] VT to pin on; (*Ring*) to put *od* slip on; (*Med*) to infect; (*Pfeife*) to light; (*Haus*) to set fire to ▸ VR: **ich habe mich bei ihm angesteckt** I caught it from him ▸ VI (*fig*) to be infectious
ansteckend ADJ infectious
Ansteckung F infection
Ansteckungsgefahr F danger of infection
an|stehen [ˈanʃteːən] *unreg* VI to queue (up) (BRIT), to line up (*US*); (*Verhandlungspunkt*) to be on the agenda
an|steigen [ˈanʃtaɪgən] *unreg* VI to rise; (*Straße*) to climb
anstelle, an Stelle [anˈʃtɛlə] PRÄP *+gen* in place of
★**an|stellen** [ˈanʃtɛlən] VT (*einschalten*) to turn on; (*Arbeit geben*) to employ; (*umg: Unfug treiben*) to get up to; (*: machen*) to do ▸ VR to queue (up) (BRIT), to line up (*US*); (*umg*) to act; (*: sich zieren*) to make a fuss, to act up; **was hast du wieder angestellt?** what have you been up to now?
Anstellung F employment; (*Posten*) post, position; **~ auf Lebenszeit** tenure
an|steuern [ˈanʃtɔʏərn] VT to make *od* steer *od* head for
Anstich [ˈanʃtɪç] M (*von Fass*) tapping, broaching
Anstieg [ˈanʃtiːk] (**-(e)s, -e**) M climb; (*fig: von Preisen etc*) increase
an|stiften [ˈanʃtɪftən] VT (*Unglück*) to cause; **jdn zu etw ~** to put sb up to sth
Anstifter (**-s, -**) M instigator
Anstiftung F (*von Tat*) instigation; (*von Mensch*): **~ (zu)** incitement (to)
an|stimmen [ˈanʃtɪmən] VT (*Lied*) to strike up (with); (*Geschrei*) to set up ▸ VI to strike up
Anstoß [ˈanʃtoːs] M impetus; (*Ärgernis*) offence (BRIT), offense (*US*); (*Sport*) kick-off; **der erste ~** the initiative; **ein Stein des Anstoßes** (*umstrittene Sache*) a bone of contention; **~ nehmen an** *+dat* to take offence at
an|stoßen *unreg* VT to push; (*mit Fuß*) to kick ▸ VI to knock, to bump; (*mit der Zunge*) to lisp; (*mit Gläsern*) to drink a toast; **an etw** *akk* **~** (*angrenzen*) to adjoin sth; **~ auf** *+akk* to drink (a toast) to
anstößig [ˈanʃtøːsɪç] ADJ offensive, indecent; **Anstößigkeit** F indecency, offensiveness
an|strahlen [ˈanʃtraːlən] VT to floodlight; (*strahlend ansehen*) to beam at
an|streben [ˈanʃtreːbən] VT to strive for
an|streichen [ˈanʃtraɪçən] *unreg* VT to paint; **(jdm) etw als Fehler ~** to mark sth wrong
Anstreicher(in) (**-s, -**) M(F) painter
an|strengen [ˈanʃtrɛŋən] VT to strain; (*strapazieren: jdn*) to tire out; (*: Patienten*) to fatigue; (*Jur*) to bring ▸ VR to make an effort; **eine Klage**

~ (gegen) (*Jur*) to initiate *od* institute proceedings (against)

★**anstrengend** ADJ tiring

Anstrengung F effort

Anstrich ['anʃtrɪç] M coat of paint

Ansturm ['anʃtʊrm] M rush; (*Mil*) attack

an|suchen ['anzu:xən] VI: **um etw ~** to apply for sth

Ansuchen ['anzu:xən] (**-s, -**) NT request

Antagonismus [antago'nɪsmʊs] M antagonism

an|tanzen ['antantsən] (*umg*) VI to turn *od* show up

Antarktis [ant'|arktɪs] (-) F Antarctic

antarktisch ADJ Antarctic

an|tasten ['antastən] VT to touch; (*Recht*) to infringe upon; (*Ehre*) to question

Anteil ['antaɪl] (**-s, -e**) M share; (*Mitgefühl*) sympathy; **~ nehmen an** *+dat* to share in; (*sich interessieren*) to take an interest in; **~ an etw** *dat* **haben** (*beitragen*) to contribute to sth; (*teilnehmen*) to take part in sth

anteilig ADJ proportionate, proportional

anteilmäßig ADJ pro rata

Anteilnahme (-) F sympathy

Antenne [an'tɛnə] (**-, -n**) F aerial; (*Zool*) antenna; **eine/keine ~ für etw haben** (*fig: umg*) to have a/no feeling for sth

Anthrazit [antra'tsi:t] (**-s, -e**) M anthracite

Anthropologie [antropolo'gi:] (-) F anthropology

Anti- ['anti] IN ZW anti; **Antialkoholiker** M teetotaller; **antiautoritär** ADJ anti-authoritarian; **Antibabypille** F (contraceptive) pill; **Antibiotikum** (**-s, -ka**) NT antibiotic; **Antiheld** M antihero

antik [an'ti:k] ADJ antique

Antike (**-, -n**) F (*Zeitalter*) ancient world; (*Kunstgegenstand*) antique

Antikörper M antibody

Antillen [an'tɪlən] PL Antilles *pl*

Antilope [anti'lo:pə] (**-, -n**) F antelope

Antipathie [antipa'ti:] F antipathy

an|tippen ['antɪpən] VT to tap; (*Pedal, Bremse*) to touch; (*fig: Thema*) to touch on

Antiquariat [antikvari'a:t] (**-(e)s, -e**) NT secondhand bookshop; **modernes ~** remainder bookshop/department

antiquiert [anti'kvi:rt] (*pej*) ADJ antiquated

Antiquitäten [antikvi'tɛ:tən] PL antiques *pl*; **Antiquitätenhandel** M antique business; **Antiquitätenhändler(in)** M(F) antique dealer

Antisemitismus [antizemi'tɪsmʊs] M antisemitism

antiseptisch [anti'zɛptɪʃ] ADJ antiseptic

Antiviren- IN ZW (*Comput*) antivirus; **Antivirensoftware** F antivirus software

Antlitz ['antlɪts] (**-es, -e**) NT (*liter*) countenance (*liter*), face

an|törnen ['antœrnən] (*umg*) VT (*Drogen, Musik*) to turn on ▸ VI: **… törnt an** … turns you on

Antrag ['antra:k] (**-(e)s, -träge**) M proposal; (*Parl*) motion; (*Gesuch*) application; **einen ~ auf etw** *akk* **stellen** to make an application for sth; (*Jur etc*) to file a petition/claim for sth

Antragsformular NT application form

Antragsgegner(in) M(F) (*Jur*) respondent

Antragsteller(in) (**-s, -**) M(F) claimant; (*für Kredit etc*) applicant

an|treffen ['antrɛfən] *unreg* VT to meet

an|treiben ['antraɪbən] *unreg* VT to drive on; (*Motor*) to drive; (*anschwemmen*) to wash up ▸ VI to be washed up; **jdn zur Eile/Arbeit ~** to urge sb to hurry up/to work

Antreiber (**-s, -**) (*pej*) M slave-driver (*pej*)

an|treten ['antre:tən] *unreg* VT (*Amt*) to take up; (*Erbschaft*) to come into; (*Beweis*) to offer; (*Reise*) to start, to begin ▸ VI (*Mil*) to fall in; (*Sport*) to line up; (*zum Dienst*) to report; **gegen jdn ~** to play/fight against sb

Antrieb ['antri:p] M (*lit, fig*) drive; **aus eigenem ~** of one's own accord

Antriebskraft F (*Tech*) power

an|trinken ['antrɪŋkən] *unreg* VT (*Flasche, Glas*) to start to drink from; **sich** *dat* **Mut/einen Rausch ~** to give o.s. Dutch courage/get drunk; **angetrunken sein** to be tipsy

Antritt ['antrɪt] M beginning, commencement; (*eines Amts*) taking up

an|tun ['antu:n] *unreg* VT: **jdm etw ~** to do sth to sb; **sich** *dat* **etwas ~** (*Selbstmord begehen*) to kill oneself; **sich** *dat* **Zwang ~** to force o.s.

an|turnen ['antœrnən] (*umg*) VT = **antörnen**

Antwerpen [ant'vɛrpən] (**-s**) NT Antwerp

★**Antwort** ['antvɔrt] (**-, -en**) F answer, reply; **um ~ wird gebeten** RSVP

★**antworten** VI to answer, to reply

an|vertrauen ['anfɛrtraʊən] VT: **jdm etw ~** to entrust sb with sth; **sich jdm ~** to confide in sb

an|visieren ['anvizi:rən] VT (*fig*) to set one's sights on

an|wachsen ['anvaksən] *unreg* VI to grow; (*Pflanze*) to take root

Anwalt ['anvalt] (**-(e)s, -wälte**) M lawyer; (*fig: Fürsprecher*) advocate; (*: der Armen etc*) champion

Anwältin ['anvɛltɪn] F *siehe* **Anwalt**

Anwalts- ZW: **Anwaltshonorar** NT retainer, retaining fee; **Anwaltskammer** F *professional association of lawyers*, ≈ Law Society (BRIT); **Anwaltskosten** PL legal expenses *pl*

Anwandlung ['anvandlʊŋ] F caprice; **eine ~ von etw** a fit of sth

an|wärmen ['anvɛrmən] VT to warm up

Anwärter(in) ['anvɛrtər(ɪn)] M(F) candidate

an|weisen ['anvaɪzən] *unreg* VT to instruct; (*zuteilen*) to assign

Anweisung F instruction; (*Comm*) remittance; (*Postanweisung, Zahlungsanweisung*) money order

anwendbar ['anvɛntba:r] ADJ practicable, applicable

an|wenden ['anvɛndən] *unreg* VT to use, to employ; (*Gesetz, Regel*) to apply

Anwender(in) (**-s**, **-**) M(F) user; **Anwenderprogramm** NT (*Comput*) application program; **Anwendersoftware** F application package

★**Anwendung** F use; (*auch Comput*) application, app

an|werfen ['anvɛrfən] *unreg* VT (*Tech*) to start up

anwesend ['anve:zənt] ADJ present; **die Anwesenden** those present

Anwesenheit F presence

Anwesenheitsliste F attendance register

an|widern ['anvi:dərn] VT to disgust

Anwohner(in) ['anvo:nər(ɪn)] (**-s**, **-**) M(F) resident

Anwuchs ['anvu:ks] M growth

Anzahl ['antsa:l] F: **~ (an** *+dat***)** number (of)

an|zahlen VT: **100 Euro ~** to pay 100 euros as a deposit

Anzahlung F deposit, payment on account

an|zapfen ['antsapfən] VT to tap

Anzeichen ['antsaɪçən] NT sign, indication; **alle ~ deuten darauf hin, dass ...** all the signs are that ...

★**Anzeige** ['antsaɪgə] (**-**, **-n**) F (*Zeitungsanzeige*) announcement; (*Werbung*) advertisement; (*Comput*) display; (*bei Polizei*) report; **gegen jdn ~ erstatten** to report sb (to the police)

an|zeigen VT (*zu erkennen geben*) to show; (*bekannt geben*) to announce; (*bei Polizei*) to report

Anzeigenteil M advertisements *pl*

anzeigepflichtig ADJ notifiable

Anzeiger M indicator

an|zetteln ['antsɛtəln] (*umg*) VT to instigate

★**an|ziehen** ['antsi:ən] *unreg* VT to attract; (*Kleidung*) to put on; (*Mensch*) to dress; (*Schraube, Seil*) to pull tight; (*Knie*) to draw up; (*Feuchtigkeit*) to absorb ▸ VR to get dressed

anziehend ADJ attractive

Anziehung F (*Reiz*) attraction

Anziehungskraft F power of attraction; (*Phys*) force of gravitation

★**Anzug** ['antsu:k] M suit; **im ~ sein** to be approaching

anzüglich ['antsy:klɪç] ADJ personal; (*anstößig*) offensive; **Anzüglichkeit** F offensiveness; (*Bemerkung*) personal remark

★**an|zünden** ['antsʏndən] VT to light

Anzünder M lighter

an|zweifeln ['antsvaɪfəln] VT to doubt

AOK (**-**) F ABK (= *Allgemeine Ortskrankenkasse*) *siehe auch* **Ortskrankenkasse**

APA F ABK (= *Austria Presse-Agentur*) *Austrian news agency*

apart [a'part] ADJ distinctive

Apartheid [a'pa:rthaɪt] F apartheid

Apartment [a'partmənt] (**-s**, **-s**) NT flat (BRIT), apartment (*bes US*)

Apathie [apa'ti:] F apathy

apathisch [a'pa:tɪʃ] ADJ apathetic

Apenninen [apɛ'ni:nən] PL Apennines *pl*

Aperitif [aperi'ti:f] (**-s**, **-s** *od* **-e**) M aperitif

★**Apfel** ['apfəl] (**-s**, **Äpfel**) M apple; **in den sauren ~ beißen** (*fig: umg*) to swallow the bitter pill; **etw für einen ~ und ein Ei kaufen** (*umg*) to buy sth dirt cheap *od* for a song; **Apfelmus** NT apple purée; (*als Beilage*) apple sauce; ★**Apfelsaft** M apple juice

★**Apfelsine** [apfəl'zi:nə] (**-**, **-n**) F orange

Apfeltasche F apple turnover

Apfelwein M cider

apl. ABK = **außerplanmäßig**

APO, Apo ['a:po] (**-**) F ABK (= *außerparlamentarische Opposition*) *extraparliamentary opposition*

apolitisch ['apoli:tɪʃ] ADJ non-political, apolitical

Apostel [a'pɔstəl] (**-s**, **-**) M apostle

Apostroph [apo'stro:f] (**-s**, **-e**) M apostrophe

★**Apotheke** [apo'te:kə] (**-**, **-n**) F pharmacy, chemist's (shop) (BRIT)

> The **Apotheke** is a pharmacy where drugs and other medication only available on prescription are sold. It also sells toiletries. The pharmacist is qualified to give advice on medication and treatment.

★**Apotheker(in)** (**-s**, **-**) M(F) pharmacist, (dispensing) chemist (BRIT)

App [ap] (**-s**) F app

Appalachen [apa'laxən] PL Appalachian Mountains *pl*

★**Apparat** [apa'ra:t] (**-(e)s**, **-e**) M piece of apparatus; (*Fotoapparat*) camera; (*Telefon*) telephone; (*Rundf, TV*) set; (*Verwaltungsapparat, Parteiapparat*) machinery, apparatus; **am ~** on the phone; (*als Antwort*) speaking; **am ~ bleiben** to hold the line

Apparatur [apara'tu:r] F apparatus

★**Appartement** [apart(ə)'mã:] (**-s**, **-s**) NT flat (BRIT), apartment (*bes US*)

Appell [a'pɛl] (**-s**, **-e**) M (*Mil*) muster, parade; (*fig*) appeal; **zum ~ antreten** to line up for roll call

appellieren [apɛ'li:rən] VI: **~ (an** *+akk***)** to appeal (to)

★**Appetit** [ape'ti:t] (**-(e)s**, **-e**) M appetite; **guten ~!** enjoy your meal; **appetitlich** ADJ appetizing; **Appetitlosigkeit** F lack of appetite

Applaus [ap'laʊs] (**-es**, **-e**) M applause

Appretur [apre'tu:r] F finish; (*Wasserundurchlässigkeit*) waterproofing

approbiert [apro'bi:rt] ADJ (*Arzt*) registered, certified

Apr. ABK (= *April*) Apr.

★**Aprikose** [apri'ko:zə] (**-**, **-n**) F apricot

★**April** [a'prɪl] (**-(s)**, **-e**) (*pl selten*) M April; **jdn in den ~ schicken** to make an April fool of sb; *siehe auch* **September**; **Aprilwetter** NT April showers *pl*

apropos [apro'po:] ADV by the way, that reminds me

Aquaplaning [akva'pla:nɪŋ] (**-(s)**) NT aquaplaning

Aquarell [akva'rɛl] (**-s, -e**) NT watercolour (BRIT), watercolor (US)

Aquarium [a'kva:riʊm] NT aquarium

Äquator [ɛ'kva:tɔr] (**-s**) M equator

Äquivalent [ɛkviva'lɛnt] (**-(e)s, -e**) NT equivalent

Ar [a:r] (**-s, -e**) NT OD M (*Maß*) are (*100 m²*)

Ära ['ɛ:ra] (**-, Ären**) F era

Araber(in) ['a:rabər(ɪn)] (**-s, -**) M(F) Arab

Arabien [a'ra:biən] (**-s**) NT Arabia

arabisch ADJ Arab; (*Arabien betreffend*) Arabian; (*Sprache*): **auf A~** in Arabic; **Arabischer Golf** Arabian Gulf; **Arabisches Meer** Arabian Sea; **Arabische Wüste** Arabian Desert

★**Arbeit** ['arbaɪt] (**-, -en**) F work; (*Stelle*) job; (*Erzeugnis*) piece of work; (*wissenschaftliche*) dissertation; (*Klassenarbeit*) test; **Tag der ~** Labour (BRIT) *od* Labor (US) Day; **sich an die ~ machen, an die ~ gehen** to get down to work, to start working; **jdm ~ machen** (*Mühe*) to put sb to trouble; **das war eine ~!** that was a hard job!

★**arbeiten** VI to work ▶ VT to make ▶ VR: **sich nach oben/an die Spitze ~** (*fig*) to work one's way up/to the top

★**Arbeiter(in)** (**-s, -**) M(F) worker; (*ungelernt*) labourer (BRIT), laborer (US)

Arbeiter- zW: **Arbeiterfamilie** F working-class family; **Arbeiterkammer** F (ÖSTERR) Chambers of Labour; **Arbeiterkind** NT child from a working-class family; **Arbeitermitbestimmung** F employee participation; **Arbeiterschaft** F workers *pl*, labour (BRIT) *od* labor (US) force; **Arbeiterselbstkontrolle** F workers' control; **Arbeiter-und-Bauern-Staat** M (*DDR*) workers' and peasants' state; **Arbeiterwohlfahrt** F workers' welfare association

Arbeit- zW: ★**Arbeitgeber** (**-s, -**) M employer; ★**Arbeitnehmer** (**-s, -**) M employee

Arbeits- IN zW labour (BRIT), labor (US)

Arbeitsagentur F job agency

arbeitsam ADJ industrious

Arbeits- zW: ★**Arbeitsamt** NT employment exchange, Job Centre (BRIT); **Arbeitsaufwand** M expenditure of energy; (*Industrie*) use of labour (BRIT) *od* labor (US); **Arbeitsbedingungen** PL working conditions *pl*; **Arbeitsbeschaffung** F (*Arbeitsplatzbeschaffung*) job creation; **Arbeitserlaubnis** F work permit; **arbeitsfähig** ADJ fit for work, able-bodied; **Arbeitsgang** M operation; **Arbeitsgemeinschaft** F study group; **Arbeitsgericht** NT industrial tribunal; **arbeitsintensiv** ADJ labour-intensive (BRIT), labor-intensive (US); **Arbeitskonflikt** M industrial dispute; **Arbeitskraft** F worker; **Arbeitskräfte** PL workers *pl*, labour (BRIT), labor (US); ★**arbeitslos** ADJ unemployed, out-of-work; ★**Arbeitslose(r)** F(M) unemployed person; **die Arbeitslosen** *pl* the unemployed *pl*; **Arbeitslosengeld** NT unemployment benefit; **Arbeitslosenhilfe** F unemployment benefit; **Arbeitslosenunterstützung** F unemployment benefit; **Arbeitslosenversicherung** F *compulsory insurance against unemployment*; ★**Arbeitslosigkeit** F unemployment; **Arbeitsmarkt** M job market; **Arbeitsmoral** F attitude to work; (*in Betrieb*) work climate; **Arbeitsniederlegung** F walkout; **Arbeitsplatte** F (*Küche*) work-top, work surface; ★**Arbeitsplatz** M place of work; (*Stelle*) job; **Arbeitsplatzrechner** M (*Comput*) work station; **Arbeitsplatzverlust** M job loss; **Arbeitsrecht** NT industrial law; **arbeitsscheu** ADJ workshy; **Arbeitsschutz** M *maintenance of health and safety standards at work*; **Arbeitsspeicher** M (*Comput*) main memory; **Arbeitstag** M work(ing) day; **Arbeitsteilung** F division of labour (BRIT) *od* labor (US); **Arbeitstier** NT (*fig: umg*) glutton for work, workaholic; **arbeitsunfähig** ADJ unfit for work; **Arbeitsunfall** M industrial accident; **Arbeitsverhältnis** NT employee-employer relationship; **Arbeitsvermittler(in)** M(F): **(privater) ~** employment officer, job placement officer; **Arbeitsvermittlung** F (*Amt*) employment exchange; (*privat*) employment agency; **Arbeitsvertrag** M contract of employment; **Arbeitszeit** F working hours *pl*; **Arbeitszeitkonto** NT record of hours worked; **Arbeitszeitmodell** NT model of working hours; **Arbeitszeitregelung** F regulation of working hours; **Arbeitszeitverkürzung** F reduction in working hours; ★**Arbeitszimmer** NT study

Archäologe [arçɛo'lo:gə] (**-n, -n**) M arch(a)eologist

Archäologin [arçɛo'lo:gɪn] F arch(a)eologist

Arche ['arçə] (**-, -n**) F: **die ~ Noah** Noah's Ark

Architekt(in) [arçi'tɛkt(ɪn)] (**-en, -en**) M(F) architect

architektonisch [arçitɛk'to:nɪʃ] ADJ architectural

Architektur [arçitɛk'tu:r] F architecture

Archiv [ar'çi:f] (**-s, -e**) NT archive

ARD F ABK (= *Arbeitsgemeinschaft der öffentlich-rechtlichen Rundfunkanstalten der Bundesrepublik Deutschland*) *German broadcasting corporation*

> The **ARD** (*Arbeitsgemeinschaft der öffentlich-rechtlichen Rundfunkanstalten der Bundesrepublik Deutschland*) is the name of the German broadcasting corporation founded as a result of several mergers after 1945. It is financed by licence fees and advertising and broadcasts the nationwide *Das Erste* (the First) channel, as well as other regional programmes. News and educational programmes make up about a third of its broadcasting.

Arena [a're:na] (**-, Arenen**) F (*lit, fig*) arena; (*Zirkusarena, Stierkampfarena*) ring

arg [ark] ADJ bad, awful ▶ ADV awfully, very; **es zu ~ treiben** to go too far

Argentinien [argɛn'ti:niən] (**-s**) NT Argentina, the Argentine

Argentinier(in) (**-s, -**) M(F) Argentine, Argentinian (BRIT), Argentinean (US)

argentinisch [argɛnˈti:nɪʃ] ADJ Argentine, Argentinian (BRIT), Argentinean (US)

Ärger [ˈɛrgər] (**-s**) M (*Wut*) anger; (*Unannehmlichkeit*) trouble; **jdm ~ machen** *od* **bereiten** to cause sb a lot of trouble *od* bother; ★ **ärgerlich** ADJ (*zornig*) angry; (*lästig*) annoying, aggravating

★ **ärgern** VT to annoy ▶ VR to get annoyed

Ärgernis (**-ses, -se**) NT annoyance; (*Anstoß*) offence (BRIT), offense (US), outrage; **öffentliches ~ erregen** to be a public nuisance

arg- ZW: **arglistig** ADJ cunning, insidious; **arglistige Täuschung** fraud; **arglos** ADJ guileless, innocent; **Arglosigkeit** F guilelessness, innocence

Argument [arguˈmɛnt] NT argument

argumentieren [argumɛnˈti:rən] VI to argue

Argusauge [ˈargʊs|aʊgə] NT (*geh*): **mit Argusaugen** eagle-eyed

Argwohn M suspicion

argwöhnisch ADJ suspicious

Arie [ˈa:riə] F aria

Aristokrat(in) [arɪstoˈkra:t(ɪn)] (**-en, -en**) M(F) aristocrat

Aristokratie [arɪstokra:ˈti:] F aristocracy

aristokratisch ADJ aristocratic

arithmetisch [arɪtˈme:tɪʃ] ADJ arithmetical; **arithmetisches Mittel** arithmetic mean

Arkaden [arˈka:dən] PL (*Bogengang*) arcade *sing*

Arktis [ˈarktɪs] (-) F Arctic

arktisch ADJ Arctic

★ **arm** [arm] ADJ poor; **~ dran sein** (*umg*) to have a hard time of it

★ **Arm** (**-(e)s, -e**) M arm; (*Flussarm*) branch; **jdn auf den ~ nehmen** (*fig: umg*) to pull sb's leg; **jdm unter die Arme greifen** (*fig*) to help sb out; **einen langen/den längeren ~ haben** (*fig*) to have a lot of/more pull (*umg*) *od* influence

Armatur [armaˈtu:r] F (*Elek*) armature

Armaturenbrett NT instrument panel; (*Aut*) dashboard

★ **Armband** NT bracelet; ★ **Armbanduhr** F (wrist) watch

Arme(r) F(M) poor man/woman; **die Armen** poor people

Armee [arˈme:] (**-, -n**) F army; **Armeekorps** NT army corps

Ärmel [ˈɛrməl] (**-s, -**) M sleeve; **etw aus dem ~ schütteln** (*fig*) to produce sth just like that

Ärmelkanal M (English) Channel

Armenien [arˈme:niən] (**-s**) NT Armenia

Armenier(in) [arˈme:niər(ɪn)] (**-s, -**) M(F) Armenian

armenisch [arˈme:nɪʃ] ADJ Armenian

Armenrecht NT (*Jur*) legal aid

Armer M *siehe* **Arme**

Armlehne F armrest

Armleuchter (*pej, umg*) M (*Dummkopf*) twit (BRIT), fool

ärmlich [ˈɛrmlɪç] ADJ poor; **aus ärmlichen Verhältnissen** from a poor family

armselig ADJ wretched, miserable; (*mitleiderregend*) pathetic, pitiful

Armut [ˈarmu:t] (-) F poverty

Armutsgrenze F poverty line

Armutsrisiko NT poverty risk

Armutszeugnis NT (*fig*): **jdm/sich ein ~ ausstellen** to show sb's/one's shortcomings

Aroma [aˈro:ma] (**-s, Aromen**) NT aroma; **Aromatherapie** F aromatherapy

aromatisch [aroˈma:tɪʃ] ADJ aromatic

arrangieren [arã:ˈʒi:rən] VT to arrange ▶ VR to come to an arrangement

Arrest [aˈrɛst] (**-(e)s, -e**) M detention

arretieren [areˈti:rən] VT (*Tech*) to lock (in place)

arrogant [aroˈgant] ADJ arrogant

Arroganz F arrogance

Arsch [arʃ] (**-es, Ärsche**) (*!*) M arse (BRIT), ass (US); **leck mich am ~!** (*lass mich in Ruhe*) get stuffed! (*!*), fuck off! (*umg!*); **am ~ der Welt** (*umg*) in the back of beyond; **Arschkriecher** (*!*) M arse licker (*!*), crawler; **Arschloch** (*!*) NT (*Mensch*) arsehole (BRIT *!*), asshole (US *!*)

Arsen [arˈze:n] (**-s**) NT arsenic

★ **Art** [a:rt] (**-, -en**) F (*Weise*) way; (*Sorte*) kind, sort; (*Biol*) species; **eine ~ (von) Frucht** a kind of fruit; **Häuser aller ~** houses of all kinds; **einzig in seiner ~ sein** to be the only one of its kind, to be unique; **auf diese ~ und Weise** in this way; **das ist doch keine ~!** that's no way to behave!; **es ist nicht seine ~, das zu tun** it's not like him to do that; **ich mache das auf meine ~** I do that my (own) way; **Schnitzel nach ~ des Hauses** chef's special escalope

arten VI: **nach jdm ~** to take after sb; **der Mensch ist so geartet, dass ...** human nature is such that ...

Artenschutz M protection of endangered species

Arterie [arˈte:riə] F artery

Arterienverkalkung F arteriosclerosis

Artgenosse [ˈa:rtgənɔsə] M animal/plant of the same species; (*Mensch*) person of the same type

Arthritis [arˈtri:tɪs] (**-, -ritiden**) F arthritis

artig [ˈa:rtɪç] ADJ good, well-behaved

★ **Artikel** [arˈti:kəl] (**-s, -**) M article

Artillerie [artɪləˈri:] F artillery

Artischocke [artiˈʃɔkə] (**-, -n**) F artichoke

Artist(in) [arˈtɪst(ɪn)] (**-en, -en**) M(F) (circus) performer

Artistik [arˈtɪstɪk] (-) F artistry; (*Zirkus-/Varietékunst*) circus/variety performing

Arznei [a:rtsˈnaɪ] F medicine; **Arzneimittel** NT medicine, medicament

★ **Arzt** [a:rtst] (**-es, Ärzte**) M doctor; **praktischer ~** general practitioner, GP

Ärztekammer F ≈ General Medical Council (BRIT), State Medical Board of Registration (US)

Arzthelfer(in) M(F) doctor's assistant
★**Ärztin** ['ɛ:rtstɪn] F doctor; *siehe auch* **Arzt**
ärztlich ['ɛ:rtstlɪç] ADJ medical
Arztpraxis F doctor's practice; (*Räume*) doctor's surgery (BRIT) *od* office (*US*)
As [as] (**-ses, -se**) NT (*Mus*) A flat; *siehe auch* **Ass**
Asbest [as'bɛst] (**-(e)s, -e**) M asbestos
Asche ['aʃə] (**-, -n**) F ash
Aschen- zW: **Aschenbahn** F cinder track; ★**Aschenbecher** M ashtray; **Aschenbrödel, Aschenputtel** NT (*Liter, fig*) Cinderella
Aschermittwoch M Ash Wednesday
Aserbaidschan [azɛrbaɪ'dʒa:n] (**-s**) NT Azerbaijan
aserbaidschanisch ADJ Azerbaijani
Asiat(in) [azi'a:t(ɪn)] (**-en, -en**) M(F) Asian
asiatisch ADJ Asian, Asiatic
★**Asien** ['a:ziən] (**-s**) NT Asia
asozial ['azotsia:l] ADJ antisocial; (*Familie*) asocial
Asoziale(r) (*pej*) F(M) *dekl wie adj* antisocial person ▪ **Asoziale** PL antisocial elements
Aspekt [as'pɛkt] (**-(e)s, -e**) M aspect
Asphalt [as'falt] (**-(e)s, -e**) M asphalt
asphaltieren [asfal'ti:rən] VT to asphalt
Asphaltstraße F asphalt road
Ass [as] (**-es, -e**) NT ace
aß [a:s] VB *siehe* **essen**
Ass. ABK = **Assessor**
Assekurant(in) [aseku'rant(ɪn)] (**-en, -en**) M(F) underwriter
Assemblersprache [ə'sɛmblərʃpra:xə] F (*Comput*) assembly language
Assessor(in) [a'sɛsɔr, -'so:rɪn] (**-s, -en**) M(F) *graduate civil servant who has completed his/her traineeship*
★**Assistent(in)** [asɪs'tɛnt(ɪn)] (**-en, -en**) M(F) assistant
Assistenzarzt [asɪs'tɛntsa:rtst] M junior doctor (BRIT), intern (*US*)
Assistenzärztin [-'ɛ:rtstɪn] F junior doctor (BRIT), intern (*US*)
Assoziation [asotsiatsi'o:n] F association
assoziieren [asotsi'i:rən] VT (*geh*) to associate
Ast [ast] (**-(e)s, Äste**) M branch; **sich** *dat* **einen ~ lachen** (*umg*) to double up (with laughter)
AStA ['asta] (**-(s), -(s)**) M ABK (= *Allgemeiner Studentenausschuss*) *students' association*
Aster ['astər] (**-, -n**) F aster
ästhetisch [ɛs'te:tɪʃ] ADJ aesthetic (BRIT), esthetic (*US*)
Asthma ['astma] (**-s**) NT asthma
Asthmatiker(in) [ast'ma:tikər(ɪn)] (**-s, -**) M(F) asthmatic
astrein ['astraɪn] ADJ (*fig: umg: moralisch einwandfrei*) straight, on the level; (*: echt*) genuine; (*prima*) fantastic
Astrologe [astro'lo:gə] (**-n, -n**) M astrologer
Astrologie [astrolo'gi:] F astrology
Astrologin F astrologer
Astronaut(in) [astro'naʊt(ɪn)] (**-en, -en**) M(F) astronaut
Astronautik F astronautics
Astronom(in) [astro'no:m(ɪn)] (**-en, -en**) M(F) astronomer
Astronomie [astrono'mi:] F astronomy
ASW F ABK (= *außersinnliche Wahrnehmung*) ESP
Asyl [a'zy:l] (**-s, -e**) NT asylum; (*Heim*) home; (*Obdachlosenasyl*) shelter
Asylant(in) [azy'lant(ɪn)] (**-en, -en**) M(F) asylum seeker
Asylrecht NT (*Pol*) right of (political) asylum
A.T. ABK (= *Altes Testament*) O.T.
Atelier [atəli'e:] (**-s, -s**) NT studio
★**Atem** ['a:təm] (**-s**) M breath; **den ~ anhalten** to hold one's breath; **außer ~** out of breath; **jdn in ~ halten** to keep sb in suspense *od* on tenterhooks; **das verschlug mir den ~** it took my breath away; **einen langen/den längeren ~ haben** to have a lot of staying power; **atemberaubend** ADJ breathtaking; **Atembeschwerden** PL breathing difficulties *pl*; ★**atemlos** ADJ breathless; **Atempause** F breather; **Atemwege** PL (*Anat*) respiratory tract; **Atemzug** M breath
Atheismus [ate'ɪsmʊs] M atheism
Atheist(in) M(F) atheist; **atheistisch** ADJ atheistic
Athen [a'te:n] (**-s**) NT Athens
Athener(in) (**-s, -**) M(F) Athenian
Äther ['ɛ:tər] (**-s, -**) M ether
Äthiopien [ɛti'o:piən] (**-s**) NT Ethiopia
Äthiopier(in) (**-s, -**) M(F) Ethiopian
äthiopisch ADJ Ethiopian
Athlet(in) [at'le:t(ɪn)] (**-en, -en**) M(F) athlete
Athletik F athletics *sing*
Atlanten PL *von* **Atlas**
★**Atlantik** [at'lantɪk] (**-s**) M Atlantic
atlantisch ADJ Atlantic; **der Atlantische Ozean** the Atlantic Ocean
Atlas ['atlas] (**-** *od* **-ses, -se** *od* **Atlanten**) M atlas; **Atlasgebirge** NT Atlas Mountains *pl*
★**atmen** ['a:tmən] VT, VI to breathe
Atmosphäre [atmo'sfɛ:rə] (**-, -n**) F atmosphere
atmosphärisch ADJ atmospheric
Atmung ['a:tmʊŋ] F respiration
Ätna ['ɛ:tna] (**-(s)**) M Etna
Atom [a'to:m] (**-s, -e**) NT atom
atomar [ato'ma:r] ADJ atomic, nuclear; (*Drohung*) nuclear
Atom- zW: **Atombombe** F atom bomb; **Atomenergie** F nuclear *od* atomic energy; **Atomgegner** M: **~ sein** to be antinuclear; **Atomkern** M atomic nucleus; **Atomkraft** F nuclear power; **Atomkraftwerk** NT nuclear power station; **Atomkrieg** M nuclear *od* atomic war; **Atomlobby** F nuclear lobby; **Atommacht** F nuclear *od* atomic power; **Atommeiler** M nuclear reactor; **Atommüll** M nuclear waste; **Atomphysik**

F nuclear physics *sing*; **Atompilz** M mushroom cloud; **Atomsperrvertrag** M (*Pol*) nuclear non-proliferation treaty; **Atomsprengkopf** M nuclear *od* atomic warhead; **Atomstrom** M *electricity generated by nuclear power*; **Atomtest** M nuclear test; **Atomtestgelände** NT nuclear testing range; **Atomwaffen** PL nuclear *od* atomic weapons *pl*; **atomwaffenfrei** ADJ (*Zone*) nuclear-free; **Atomwirtschaft** F nuclear industry; **Atomzeitalter** NT atomic age

Attachment [a'tɛtʃmɛnt] NT (*Comput*) attachment

Attacke [a'takə] (**-, -n**) F (*Angriff*) attack

Attentat [atɛn'ta:t] (**-(e)s, -e**) NT: **~ (auf** *+akk***)** (attempted) assassination (of)

Attentäter(in) [atɛn'tɛ:tər(ɪn)] (**-s, -**) M(F) (would-be) assassin

Attest [a'tɛst] (**-(e)s, -e**) NT certificate

Attraktion [atraktsi'o:n] F attraction

★**attraktiv** [atrak'ti:f] ADJ attractive

Attrappe [a'trapə] (**-, -n**) F dummy; **bei ihr ist alles ~** everything about her is false

Attribut [atri'bu:t] (**-(e)s, -e**) NT (*Gram*) attribute

At-Zeichen ['attsaɪçən] NT (*Comput*) at symbol

ätzen ['ɛtsən] VI to be caustic

ätzend ADJ (*lit*: *Säure*) corrosive; (*Geruch*) pungent; (*fig*: *umg*: *furchtbar*) dreadful, horrible; (: *toll*) magic

Aubergine [obɛr'ʒi:nə] (**-, -n**) F aubergine, eggplant (*US*)

auch [aʊx]

ADV **1** (*ebenfalls*) also, too, as well; **das ist auch schön** that's nice too *od* as well; **er kommt — ich auch** he's coming — so am I, me too; **auch nicht** not ... either; **ich auch nicht** nor I, me neither; **oder auch** or; **auch das noch!** not that as well!; **nicht nur ..., sondern auch ...** not only ... but also ...

2 (*selbst, sogar*) even; **auch wenn das Wetter schlecht ist** even if the weather is bad; **ohne auch nur zu fragen** without even asking

3 (*wirklich*) really; **du siehst müde aus — bin ich auch** you look tired — (so) I am; **so sieht es auch aus** (and) that's what it looks like

4 (*auch immer*): **wer auch** whoever; **was auch** whatever; **wozu auch?** (*emphatisch*) whatever for?; **wie dem auch sei** be that as it may; **wie sehr er sich auch bemühte** however much he tried

Auch kann mit **also**, **too** oder **as well** übersetzt werden. **Too** wird in meisten Fällen in kurzen Antworten hinter einem einzigen Pronomen verwendet.

„Ich bin müde." „Ich auch." **"I'm tired." "Me too."**

As well steht immer am Ende des Satzes: *Sie haben ein neues Kätzchen und wir auch.* **They have a new kitten and we have one as well**.

Audienz [aʊdi'ɛnts] (**-, -en**) F (*bei Papst, König etc*) audience

Audimax [aʊdi'maks] NT (*Univ etc*: *umg*) main lecture hall

audiovisuell [aʊdiovizu'ɛl] ADJ audiovisual

Auditorium [aʊdi'to:riʊm] NT (*Hörsaal*) lecture hall; (*geh*: *Zuhörerschaft*) audience

auf [aʊf]

PRÄP *+dat* (*wo?*) on; **auf dem Tisch** on the table; **auf der Reise** on the way; **auf der Post/dem Fest** at the post office/party; **auf der Straße** on the road; **auf dem Land/der ganzen Welt** in the country/the whole world; **was hat es damit auf sich?** what does it mean?

▶ PRÄP *+akk* **1** (*wohin?*) on(to); **auf den Tisch** on(to) the table; **auf die Post gehen** to go to the post office; **auf das Land** into the country; **etw auf einen Zettel schreiben** to write sth on a piece of paper; **auf eine Tasse Kaffee/eine Zigarette(nlänge)** for a cup of coffee/a smoke; **die Nacht (von Montag) auf Dienstag** Monday night; **auf einen Polizisten kommen 1.000 Bürger** there is one policeman to every 1,000 citizens

2: **auf Deutsch** in German; **auf Lebenszeit** for my/his lifetime; **bis auf ihn** except for him; **auf einmal** at once; **auf seinen Vorschlag (hin)** at his suggestion

▶ ADV **1** (*offen*) open; **auf sein** to be open; **das Fenster ist auf** the window is open

2 (*hinauf*) up; **auf und ab** up and down; **auf und davon** up and away; **auf!** (*los!*) come on!; **von klein auf** from childhood onwards

3 (*aufgestanden*) up; **auf sein** (*Person*) to be up; **ist er schon auf?** is he up yet?

▶ KONJ: **auf dass** (so) that

auf|arbeiten ['aʊf|arbaɪtən] VT (*erledigen*: *Korrespondenz etc*) to catch up with

auf|atmen ['aʊf|a:tmən] VI to heave a sigh of relief

auf|bahren ['aʊfba:rən] VT to lay out

Aufbau ['aʊfbaʊ] M (*Bauen*) building, construction; (*Struktur*) structure; (*aufgebautes Teil*) superstructure

★**auf|bauen** ['aʊfbaʊən] VT to erect, to build (up); (*gestalten*) to construct; (*gründen*): **~ (auf** *+dat***)** to found (on), to base (on) ▶ VR: **sich vor jdm ~** to draw o.s. up to one's full height in front of sb; **sich eine Existenz ~** to make a life for oneself

auf|bäumen ['aʊfbɔʏmən] VR to rear; (*fig*) to revolt, to rebel

auf|bauschen ['aʊfbaʊʃən] VT to puff out; (*fig*) to exaggerate

auf|begehren ['aʊfbəge:rən] VI (*geh*) to rebel

auf|behalten ['aʊfbəhaltən] *unreg* VT to keep on

auf|bekommen ['aʊfbəkɔmən] *unreg* (*umg*) VT (*öffnen*) to get open; (*Hausaufgaben*) to be given

auf|bereiten ['aʊfbəraɪtən] VT to process; (*Trinkwasser*) to purify; (*Text etc*) to work up

Aufbereitungsanlage F processing plant
auf|bessern [ˈaʊfbɛsərn] VT (*Gehalt*) to increase
auf|bewahren [ˈaʊfbəvaːrən] VT to keep; (*Gepäck*) to put in the left-luggage office
Aufbewahrung F (safe)keeping; (*Gepäckaufbewahrung*) left-luggage office (BRIT), baggage check (US); **jdm etw zur ~ geben** to give sb sth for safekeeping
Aufbewahrungsort M storage place
auf|bieten [ˈaʊfbiːtən] *unreg* VT (*Kraft*) to summon (up); (*Armee, Polizei*) to mobilize
Aufbietung F: **unter ~ aller Kräfte ...** summoning (up) all his/her *etc* strength ...
auf|binden [ˈaʊfbɪndən] *unreg* VT: **lass dir doch so etwas nicht ~** (*fig*) don't fall for that
auf|blähen [ˈaʊfblɛːən] VR to blow out; (*Segel*) to billow out; (*Med*) to become swollen; (*fig: pej*) to puff o.s. up
auf|blasen [ˈaʊfblaːzən] *unreg* VT to blow up, to inflate ▶ VR (*umg*) to become big-headed
auf|bleiben [ˈaʊfblaɪbən] *unreg* VI (*Laden*) to remain open; (*Person*) to stay up
auf|blenden [ˈaʊfblɛndən] VT (*Scheinwerfer*) to turn on full beam
auf|blicken [ˈaʊfblɪkən] VI to look up; **~ zu** (*lit*) to look up at; (*fig*) to look up to
auf|blühen [ˈaʊfblyːən] VI to blossom; (*fig*) to blossom, to flourish
aufblühend ADJ (*Comm*) booming
auf|bocken [ˈaʊfbɔkən] VT (*Auto*) to jack up
auf|brauchen [ˈaʊfbraʊxən] VT to use up
auf|brausen [ˈaʊfbraʊzən] VI (*fig*) to flare up
aufbrausend ADJ hot-tempered
auf|brechen [ˈaʊfbrɛçən] *unreg* VT to break open, to prise (BRIT) *od* pry (US) open ▶ VI to burst open; (*gehen*) to start, to set off
auf|bringen [ˈaʊfbrɪŋən] *unreg* VT (*öffnen*) to open; (*in Mode*) to bring into fashion; (*beschaffen*) to procure; (*Fin*) to raise; (*ärgern*) to irritate; **Verständnis für etw ~** to be able to understand sth
Aufbruch [ˈaʊfbrʊx] M departure
auf|brühen [ˈaʊfbryːən] VT (*Tee*) to make
auf|brummen [ˈaʊfbrʊmən] (*umg*) VT: **jdm die Kosten ~** to land sb with the costs
auf|bürden [ˈaʊfbʏrdən] VT: **jdm etw ~** to burden sb with sth
auf|decken [ˈaʊfdɛkən] VT to uncover; (*Spielkarten*) to show
auf|drängen [ˈaʊfdrɛŋən] VT: **jdm etw ~** to force sth on sb ▶ VR: **sich jdm ~** to intrude on sb
auf|drehen [ˈaʊfdreːən] VT (*Wasserhahn etc*) to turn on; (*Ventil*) to open; (*Schraubverschluss*) to unscrew; (*Radio etc*) to turn up; (*Haar*) to put in rollers
aufdringlich [ˈaʊfdrɪŋlɪç] ADJ pushy; (*Benehmen*) obtrusive; (*Parfüm*) powerful
aufeinander [aʊf|aɪˈnandər] ADV on top of one another; (*schießen*) at each other; (*warten*) for one another; (*vertrauen*) each other; **Aufeinanderfolge** F succession, series; **aufeinander|folgen** VI to follow one another; **aufeinanderfolgend** ADJ consecutive; **aufeinander|legen** VT to lay on top of one another; **aufeinander|prallen** VI (*Autos etc*) to collide; (*Truppen, Meinungen*) to clash
★**Aufenthalt** [ˈaʊf|ɛnthalt] M stay; (*Verzögerung*) delay; (*Eisenb: Halten*) stop; (*Ort*) haunt
Aufenthalts- ZW: **Aufenthaltserlaubnis** F, **Aufenthaltsgenehmigung** F residence permit; **Aufenthaltsraum** M day room; (*in Betrieb*) recreation room
auf|erlegen [ˈaʊf|ɛrleːgən] VT: **(jdm) ~** to impose (upon sb)
auf|erstehen [ˈaʊf|ɛrʃteːən] *unreg* VI UNTR to rise from the dead
Auferstehung F resurrection
auf|essen [ˈaʊf|ɛsən] *unreg* VT to eat up
auf|fahren [ˈaʊffaːrən] *unreg* VI (*herankommen*) to draw up; (*hochfahren*) to jump up; (*wütend werden*) to flare up; (*in den Himmel*) to ascend ▶ VT (*Kanonen, Geschütz*) to bring up; **~ auf** *+akk* (*Auto*) to run *od* crash into
auffahrend ADJ hot-tempered
Auffahrt F (*Hausauffahrt*) drive; (*Autobahnauffahrt*) slip road (BRIT), entrance ramp (US)
Auffahrunfall M pile-up
auf|fallen [ˈaʊffalən] *unreg* VI to be noticeable; **angenehm/unangenehm ~** to make a good/bad impression; **jdm ~** (*bemerkt werden*) to strike sb; **das fällt gar nicht auf** nobody will notice
auffallend ADJ striking
auffällig [ˈaʊffɛlɪç] ADJ conspicuous, striking
auf|fangen [ˈaʊffaŋən] *unreg* VT to catch; (*Funkspruch*) to intercept; (*Preise*) to peg; (*abfangen: Aufprall etc*) to cushion, to absorb
Auffanglager NT reception camp
auf|fassen [ˈaʊffasən] VT to understand, to comprehend; (*auslegen*) to see, to view
Auffassung F (*Meinung*) opinion; (*Auslegung*) view, conception; (*auch:* **Auffassungsgabe**) grasp
auffindbar [ˈaʊffɪntbaːr] ADJ to be found
auf|flammen [ˈaʊfflamən] VI (*lit, fig: Feuer, Unruhen etc*) to flare up
auf|fliegen [ˈaʊffliːgən] *unreg* VI to fly up; (*umg: Rauschgiftring etc*) to be busted
auf|fordern [ˈaʊffɔrdərn] VT to challenge; (*befehlen*) to call upon, to order; (*bitten*) to ask
Aufforderung F (*Befehl*) order; (*Einladung*) invitation
auf|forsten [ˈaʊffɔrstən] VT (*Gebiet*) to reafforest; (*Wald*) to restock
auf|frischen [ˈaʊffrɪʃən] VT to freshen up; (*Kenntnisse*) to brush up; (*Erinnerungen*) to reawaken ▶ VI (*Wind*) to freshen
★**auf|führen** [ˈaʊffyːrən] VT (*Theat*) to perform; (*in einem Verzeichnis*) to list, to specify ▶ VR (*sich benehmen*) to behave; **einzeln ~** to itemize
★**Aufführung** F (*Theat*) performance; (*Liste*) specification

auf|füllen [ˈaʊffʏlən] VT to fill up; (*Vorräte*) to replenish; (*Öl*) to top up

★**Aufgabe** [ˈaʊfga:bə] (**-, -n**) F task; (*Sch*) exercise; (*Hausaufgabe*) homework; (*Verzicht*) giving up; (*von Gepäck*) registration; (*von Post*) posting; (*von Inserat*) insertion; **sich** *dat* **etw zur ~ machen** to make sth one's job *od* business

auf|gabeln [ˈaʊfga:bəln] VT (*fig: umg: jdn*) to pick up; (*: Sache*) to get hold of

Aufgabenbereich M area of responsibility

Aufgang [ˈaʊfgaŋ] M ascent; (*Sonnenaufgang*) rise; (*Treppe*) staircase

★**auf|geben** [ˈaʊfge:bən] *unreg* VT (*verzichten auf*) to give up; (*Paket*) to send, to post; (*Gepäck*) to register; (*Bestellung*) to give; (*Inserat*) to insert; (*Rätsel, Problem*) to set ▶ VI to give up

aufgeblasen [ˈaʊfgəbla:zən] ADJ (*fig*) puffed up, self-important

Aufgebot [ˈaʊfgəbo:t] NT supply; (*von Kräften*) utilization; (*Eheaufgebot*) banns *pl*

aufgedonnert [ˈaʊfgədɔnərt] (*pej, umg*) ADJ tarted up

aufgedreht [ˈaʊfgədre:t] (*umg*) ADJ excited

aufgedunsen [ˈaʊfgedʊnzən] ADJ swollen, puffed up

aufgegeben [ˈaʊfgəge:bən] PP *von* **aufgeben**

auf|gehen [ˈaʊfge:ən] *unreg* VI (*Sonne, Teig*) to rise; (*sich öffnen*) to open; (*Theat: Vorhang*) to go up; (*Knopf, Knoten etc*) to come undone; (*klar werden*) to become clear; (*Math*) to come out exactly; **~ (in** *+dat***)** (*sich widmen*) to be absorbed (in); **in Rauch/Flammen ~** to go up in smoke/ flames

auf|geilen [ˈaʊfgaɪlən] (*umg*) VT to turn on ▶ VR to be turned on

aufgeklärt [ˈaʊfgəklɛ:rt] ADJ enlightened; (*sexuell*) knowing the facts of life

aufgekratzt [ˈaʊfgəkratst] (*umg*) ADJ in high spirits, full of beans

aufgelaufen [ˈaʊfgəlaʊfən] ADJ: **aufgelaufene Zinsen** *pl* accrued interest *sing*

Aufgeld NT premium

aufgelegt [ˈaʊfgəle:kt] ADJ: **gut/schlecht ~ sein** to be in a good/bad mood; **zu etw ~ sein** to be in the mood for sth

aufgenommen [ˈaʊfgənɔmən] PP *von* **aufnehmen**

aufgeregt [ˈaʊfgəre:kt] ADJ excited

aufgeschlossen [ˈaʊfgəʃlɔsən] ADJ open, open-minded

aufgeschmissen [ˈaʊfgəʃmɪsən] (*umg*) ADJ in a fix, stuck

aufgeschrieben [ˈaʊfgəʃri:bən] PP *von* **aufschreiben**

aufgestanden [ˈaʊfgəʃtandən] PP *von* **aufstehen**

aufgetakelt [ˈaʊfgəta:kəlt] ADJ (*fig: umg*) dressed up to the nines

aufgeweckt [ˈaʊfgəvɛkt] ADJ bright, intelligent

auf|gießen [ˈaʊfgi:sən] *unreg* VT (*Wasser*) to pour over; (*Tee*) to infuse

auf|gliedern [ˈaʊfgli:dərn] VR: **sich ~ (in** *+akk***)** to (sub)divide (into), to break down (into)

auf|greifen [ˈaʊfgraɪfən] *unreg* VT (*Thema*) to take up; (*Verdächtige*) to pick up, to seize

aufgrund, auf Grund [aʊfˈgrʊnt] PRÄP *+gen*: **~ von** on the basis of; (*wegen*) because of

Aufgussbeutel [ˈaʊfgʊsbɔʏtəl] M sachet (containing coffee/herbs *etc*) for brewing; (*Teebeutel*) tea bag

auf|haben [ˈaʊfha:bən] *unreg* VT (*Hut etc*) to have on; (*Arbeit*) to have to do

auf|halsen [ˈaʊfhalzən] (*umg*) VT: **jdm etw ~** to saddle *od* lumber sb with sth

★**auf|halten** [ˈaʊfhaltən] *unreg* VT (*Person*) to detain; (*Entwicklung*) to check; (*Tür, Hand*) to hold open; (*Augen*) to keep open ▶ VR (*wohnen*) to live; (*bleiben*) to stay; **jdn (bei etw) ~** (*abhalten, stören*) to hold *od* keep sb back (from sth); **sich über etw/jdn ~** to go on about sth/sb; **sich mit etw ~** to waste time over sth; **sich bei etw ~** (*sich befassen*) to dwell on sth

auf|hängen [ˈaʊfhɛŋən] *unreg* VT (*Wäsche*) to hang up; (*Menschen*) to hang ▶ VR to hang o.s.

> Die Vergangenheitsform und das Partizip Perfekt von **to hang** sind vom Sinn abhängig: sie sind nur regelmäßig, wenn es sich um Mord oder Selbstmord handelt, und unregelmäßig in allen anderen Fällen.
>
> *Er hat sich letzte Woche aufgehängt*. **He hanged himself last week**.
>
> *Du hast das Bild falsch rum aufgehängt*. **You've hung that picture the wrong way round**.

Aufhänger (**-s, -**) M (*am Mantel*) hook; (*fig*) peg

Aufhängung F (*Tech*) suspension

auf|heben [ˈaʊfhe:bən] *unreg* VT (*hochheben*) to raise, to lift; (*Sitzung*) to wind up; (*Urteil*) to annul; (*Gesetz*) to repeal, to abolish; (*aufbewahren*) to keep; (*ausgleichen*) to offset, to make up for ▶ VR to cancel itself out; **viel A~(s) machen (von)** to make a fuss (about); **bei jdm gut aufgehoben sein** to be well looked after at sb's

auf|heitern [ˈaʊfhaɪtərn] VT, VR (*Himmel, Miene*) to brighten; (*Mensch*) to cheer up

Aufheiterungen PL (*Met*) bright periods *pl*

auf|heizen [ˈaʊfhaɪtsən] VT: **die Stimmung ~** to stir up feelings

auf|helfen [ˈaʊfhɛlfən] *unreg* VI (*lit: beim Aufstehen*): **jdm ~** to help sb up

auf|hellen [ˈaʊfhɛlən] VT, VR to clear up; (*Farbe, Haare*) to lighten

auf|hetzen [ˈaʊfhɛtsən] VT to stir up

auf|heulen [ˈaʊfhɔʏlən] VI to howl; (*Sirene*) to (start to) wail; (*Motor*) to (give a) roar

auf|holen [ˈaʊfho:lən] VT (*Zeit*) to make up ▶ VI to catch up

auf|horchen [ˈaʊfhɔrçən] VI to prick up one's ears

★**auf|hören** [ˈaʊfhøːrən] VI to stop; **~, etw zu tun** to stop doing sth
auf|kaufen [ˈaʊfkaʊfən] VT to buy up
auf|klappen [ˈaʊfklapən] VT to open; (*Verdeck*) to fold back
auf|klären [ˈaʊfklɛːrən] VT (*Geheimnis etc*) to clear up; (*Person*) to enlighten; (*sexuell*) to tell the facts of life to; (*Mil*) to reconnoitre ▸ VR to clear up
Aufklärung F (*von Geheimnis*) clearing up; (*Unterrichtung, Zeitalter*) enlightenment; (*sexuell*) sex education; (*Mil, Aviat*) reconnaissance
Aufklärungsarbeit F educational work
auf|kleben [ˈaʊfkleːbən] VT to stick on
★**Aufkleber (-s, -)** M sticker
auf|knöpfen [ˈaʊfknœpfən] VT to unbutton
auf|kochen [ˈaʊfkɔxən] VT to bring to the boil
auf|kommen [ˈaʊfkɔmən] *unreg* VI (*Wind*) to come up; (*Zweifel, Gefühl*) to arise; (*Mode*) to start; **für jdn/etw ~** to be liable *od* responsible for sb/sth; **für den Schaden ~** to pay for the damage; **endlich kam Stimmung auf** at last things livened up
auf|kreuzen [ˈaʊfkrɔʏtsən] (*umg*) VI (*erscheinen*) to turn *od* show up
auf|kündigen [ˈaʊfkʏndɪgən] VT (*Vertrag etc*) to terminate
auf|laden [ˈaʊflaːdən] *unreg* VT to load; (*Handy etc*) to charge; (*Handykarte etc*) to top up ▸ VR (*Batterie etc*) to be charged; (*neu aufladen*) to be recharged; **jdm/sich etw ~** (*fig*) to saddle sb/o.s. with sth
Auflage [ˈaʊflaːgə] F edition; (*Zeitung*) circulation; (*Bedingung*) condition; **jdm etw zur ~ machen** to make sth a condition for sb
Auflagehöhe, Auflagenhöhe F (*von Buch*) number of copies published; (*von Zeitung*) circulation
auf|lassen [ˈaʊflasən] *unreg* (*umg*) VT (*Hut, Brille*) to keep on; (*Tür*) to leave open; **die Kinder länger ~** to let the children stay up (longer)
auf|lauern [ˈaʊflaʊərn] VI: **jdm ~** to lie in wait for sb
Auflauf [ˈaʊflaʊf] M (*Koch*) pudding; (*Menschenauflauf*) crowd
auf|laufen *unreg* VI (*auf Grund laufen: Schiff*) to run aground; **jdn ~ lassen** (*umg*) to drop sb in it
Auflaufform F (*Koch*) ovenproof dish
auf|leben [ˈaʊfleːbən] VI to revive
★**auf|legen** [ˈaʊfleːgən] VT to put on; (*Hörer*) to put down; (*Typ*) to print ▸ VI (*Tel*) to hang up
auf|lehnen [ˈaʊfleːnən] VT to lean on ▸ VR to rebel
Auflehnung F rebellion
auf|lesen [ˈaʊfleːzən] *unreg* VT to pick up
auf|leuchten [ˈaʊflɔʏçtən] VI to light up
auf|liegen [ˈaʊfliːgən] *unreg* VI to lie on; (*Comm*) to be available
auf|listen [ˈaʊflɪstən] VT (*auch Comput*) to list
auf|lockern [ˈaʊflɔkərn] VT to loosen; (*fig: Eintönigkeit etc*) to liven up; (*entspannen, zwangloser machen*) to make relaxed; (*Atmosphäre*) to make more relaxed, to ease
auf|lösen [ˈaʊfløːzən] VT to dissolve; (*Missverständnis*) to sort out; (*Konto*) to close; (*Firma*) to wind up; (*Haushalt*) to break up; **in Tränen aufgelöst sein** to be in tears
Auflösung F dissolving; (*von Rätsel*) solution; (*von Bildschirm*) resolution
★**auf|machen** [ˈaʊfmaxən] VT to open; (*Kleidung*) to undo; (*zurechtmachen*) to do up ▸ VR to set out
Aufmacher M (*Presse*) lead
Aufmachung F (*Kleidung*) outfit, get-up; (*Gestaltung*) format
aufmerksam [ˈaʊfmɛrkzaːm] ADJ attentive; **auf etw** *akk* **~ werden** to become aware of sth; **jdn auf etw** *akk* **~ machen** to point sth out to sb; **(das ist) sehr ~ von Ihnen** (*zuvorkommend*) (that's) most kind of you; **Aufmerksamkeit** F attention, attentiveness; (*Geschenk*) token (gift)
auf|möbeln [ˈaʊfmøːbəln] (*umg*) VT (*Gegenstand*) to do up; (*beleben*) to buck up, to pep up
auf|mucken [ˈaʊfmʊkən] (*umg*) VI: **~ gegen** to protest at *od* against
auf|muntern [ˈaʊfmʊntərn] VT (*ermutigen*) to encourage; (*erheitern*) to cheer up
aufmüpfig [ˈaʊfmʏpfɪç] (*umg*) ADJ rebellious
★**Aufnahme** [ˈaʊfnaːmə] **(-, -n)** F reception; (*Beginn*) beginning; (*in Verein etc*) admission; (*in Liste etc*) inclusion; (*Notieren*) taking down; (*Phot*) shot; (*auf Tonband etc*) recording; **Aufnahmeantrag** M application for membership *od* admission; **aufnahmefähig** ADJ receptive; **Aufnahmeleiter** M (*Film*) production manager; (*Rundf, TV*) producer; **Aufnahmeprüfung** F entrance test; **Aufnahmestopp** M (*für Flüchtlinge etc*) freeze on immigration
★**auf|nehmen** [ˈaʊfneːmən] *unreg* VT to receive; (*hochheben*) to pick up; (*beginnen*) to take up; (*in Verein etc*) to admit; (*in Liste etc*) to include; (*fassen*) to hold; (*begreifen*) to take in, to grasp; (*beim Stricken: Maschen*) to increase, to make; (*notieren*) to take down; (*fotografieren*) to photograph; (*auf Tonband, Platte*) to record; (*Fin: leihen*) to take out; **es mit jdm ~ können** to be able to compete with sb
auf|nötigen [ˈaʊfnøːtɪgən] VT: **jdm etw ~** to force sth on sb
auf|oktroyieren [ˈaʊf|ɔktroajiːrən] VT: **jdm etw ~** (*geh*) to impose *od* force sth on sb
auf|opfern [ˈaʊf|ɔpfərn] VT to sacrifice ▸ VR to sacrifice o.s.
aufopfernd ADJ selfless
★**auf|passen** [ˈaʊfpasən] VI (*aufmerksam sein*) to pay attention; (*vorsichtig sein*) to take care; **auf jdn/etw ~** to look after *od* watch sb/sth; **aufgepasst!** look out!
Aufpasser(in) (**-s, -**) (*pej*) M(F) (*Aufseher, Spitzel*) spy, watchdog; (*Beobachter*) supervisor; (*Wächter*) guard
auf|pflanzen [ˈaʊfpflantsən] VR: **sich vor jdm ~** to plant o.s. in front of sb
auf|platzen [ˈaʊfplatsən] VI to burst open

auf|plustern [ˈaʊfplu:stərn] VR (*Vogel*) to ruffle (up) its feathers; (*Mensch*) to puff o.s. up
auf|prägen [ˈaʊfprɛ:gən] VT: **jdm/etw seinen Stempel ~** (*fig*) to leave one's mark on sb/sth
Aufprall [ˈaʊfpral] (**-(e)s, -e**) M impact
auf|prallen VI: **auf etw** *akk* **~** to hit sth, to crash into sth
Aufpreis [ˈaʊfpraɪs] M extra charge
auf|pumpen [ˈaʊfpʊmpən] VT to pump up
auf|putschen [ˈaʊfpʊtʃən] VT (*aufhetzen*) to inflame; (*erregen*) to stimulate
Aufputschmittel NT stimulant
auf|raffen [ˈaʊfrafən] VR to rouse o.s.
★**auf|räumen** [ˈaʊfrɔymən] VT, VI (*Dinge*) to clear away; (*Zimmer*) to tidy up
Aufräumungsarbeiten PL clearing-up operations *pl*
aufrecht [ˈaʊfrɛçt] ADJ (*lit, fig*) upright
aufrecht|erhalten *unreg* VT to maintain
auf|regen [ˈaʊfre:gən] VT to excite; (*ärgerlich machen*) to irritate, to annoy; (*nervös machen*) to make nervous; (*beunruhigen*) to disturb ▸ VR to get excited
aufregend ADJ exciting
Aufregung F excitement
auf|reiben [ˈaʊfraɪbən] *unreg* VT (*Haut*) to rub raw; (*erschöpfen*) to exhaust; (*Mil: völlig vernichten*) to wipe out, to annihilate
aufreibend ADJ strenuous
auf|reihen [ˈaʊfraɪən] VT (*in Linie*) to line up; (*Perlen*) to string
auf|reißen [ˈaʊfraɪsən] *unreg* VT (*Umschlag*) to tear open; (*Augen*) to open wide; (*Tür*) to throw open; (*Straße*) to take up; (*umg: Mädchen*) to pick up
Aufreißer (**-s, -**) M (*Person*) smooth operator
auf|reizen [ˈaʊfraɪtsən] VT to incite, to stir up
aufreizend ADJ exciting, stimulating
auf|richten [ˈaʊfrɪçtən] VT to put up, to erect; (*moralisch*) to console ▸ VR to rise; (*moralisch*): **sich ~ (an** *+dat***)** to take heart (from); **sich im Bett ~** to sit up in bed
aufrichtig [ˈaʊfrɪçtɪç] ADJ sincere; (*ehrlich*) honest; **Aufrichtigkeit** F sincerity
auf|rollen [ˈaʊfrɔlən] VT (*zusammenrollen*) to roll up; (*Kabel*) to coil *od* wind up; *siehe auch* **wiederaufrollen**
auf|rücken [ˈaʊfrʏkən] VI to move up; (*beruflich*) to be promoted
Aufruf [ˈaʊfru:f] M summons; (*zur Hilfe*) call; (*des Namens*) calling out
auf|rufen *unreg* VT (*Namen*) to call out; (*auffordern*): **jdn ~ (zu)** to call upon sb (for); **einen Schüler ~** to ask a pupil (to answer) a question
Aufruhr [ˈaʊfru:r] (**-(e)s, -e**) M uprising, revolt; **in ~ sein** to be in uproar
Aufrührer(in) (**-s, -**) M(F) rabble-rouser
aufrührerisch [ˈaʊfry:rərɪʃ] ADJ rebellious
auf|runden [ˈaʊfrʊndən] VT (*Summe*) to round up
auf|rüsten [ˈaʊfrʏstən] VT, VI to arm
Aufrüstung F rearmament
auf|rütteln [ˈaʊfrʏtəln] VT (*lit, fig*) to shake up
aufs [aʊfs] = **auf das**
auf|sagen [ˈaʊfza:gən] VT (*Gedicht*) to recite; (*geh: Freundschaft*) to put an end to
auf|sammeln [ˈaʊfzaməln] VT to gather up
aufsässig [ˈaʊfzɛsɪç] ADJ rebellious
★**Aufsatz** [ˈaʊfzats] M (*Geschriebenes*) essay, composition; (*auf Schrank etc*) top
auf|saugen [ˈaʊfzaʊgən] *unreg* VT to soak up
auf|schauen [ˈaʊfʃaʊən] VI to look up
auf|scheuchen [ˈaʊfʃɔyçən] VT to scare, to startle
auf|schichten [ˈaʊfʃɪçtən] VT to stack, to pile up
auf|schieben [ˈaʊfʃi:bən] *unreg* VT to push open; (*verzögern*) to put off, to postpone
Aufschlag [ˈaʊfʃla:k] M (*Ärmelaufschlag*) cuff; (*Jackenaufschlag*) lapel; (*Hosenaufschlag*) turn-up (BRIT), cuff (US); (*Aufprall*) impact; (*Preisaufschlag*) surcharge; (*Tennis*) service
★**auf|schlagen** [ˈaʊfʃla:gən] *unreg* VT (*öffnen*) to open; (*verwunden*) to cut; (*hochschlagen*) to turn up; (*aufbauen: Zelt, Lager*) to pitch, to erect; (*Wohnsitz*) to take up ▸ VI (*aufprallen*) to hit; (*teurer werden*) to go up; (*Tennis*) to serve; **schlagt Seite 111 auf** open your books at page 111
★**auf|schließen** [ˈaʊfʃli:sən] *unreg* VT to open up, to unlock ▸ VI (*aufrücken*) to close up
Aufschluss [ˈaʊfʃlʊs] M information
auf|schlüsseln [ˈaʊfʃlʏsəln] VT: **~ (nach)** to break down (into); (*klassifizieren*) to classify (according to)
aufschlussreich ADJ informative, illuminating
auf|schnappen [ˈaʊfʃnapən] VT (*umg*) to pick up ▸ VI to fly open
auf|schneiden [ˈaʊfʃnaɪdən] *unreg* VT to cut open; (*Brot*) to cut up; (*Med: Geschwür*) to lance ▸ VI (*umg*) to brag
Aufschneider (**-s, -**) M boaster, braggart
★**Aufschnitt** [ˈaʊfʃnɪt] M (slices of) cold meat
auf|schnüren [ˈaʊfʃny:rən] VT to unlace; (*Paket*) to untie
auf|schrauben [ˈaʊfʃraʊbən] VT (*festschrauben*) to screw on; (*lösen*) to unscrew
auf|schrecken [ˈaʊfʃrɛkən] VT to startle ▸ VI (*unreg*) to start up
Aufschrei [ˈaʊfʃraɪ] M cry
★**auf|schreiben** [ˈaʊfʃraɪbən] *unreg* VT to write down
auf|schreien *unreg* VI to cry out
Aufschrift [ˈaʊfʃrɪft] F (*Inschrift*) inscription; (*Etikett*) label
Aufschub [ˈaʊfʃu:p] (**-(e)s, -schübe**) M delay, postponement; **jdm ~ gewähren** to grant sb an extension
auf|schürfen [ˈaʊfʃʏrfən] VT: **sich** *dat* **die Haut/das Knie ~** to graze *od* scrape o.s./one's knee

auf|schütten [ˈaʊfʃʏtən] VT (*Flüssigkeit*) to pour on; (*Kohle*) to put on (the fire); (*Damm, Deich*) to throw up; **Kaffee ~** to make coffee

auf|schwatzen [ˈaʊfʃvatsən] (*umg*) VT: **jdm etw ~** to talk sb into (getting/having *etc*) sth

Aufschwung [ˈaʊfʃvʊŋ] M (*Elan*) boost; (*wirtschaftlich*) upturn, boom; (*Sport: an Gerät*) mount

auf|sehen [ˈaʊfze:ən] *unreg* VI to look up; **~ zu** (*lit*) to look up at; (*fig*) to look up to; **Aufsehen** (**-s**) NT sensation, stir; **großes ~ erregen** to cause a sensation; **aufsehenerregend** ADJ sensational

Aufseher(in) (**-s**, **-**) M(F) guard; (*im Betrieb*) supervisor; (*Museumsaufseher*) attendant; (*Parkaufseher*) keeper

auf sein [ˈaʊfzaɪn] *siehe* **auf**

aufseiten, auf Seiten [aʊfˈzaɪtn] PRÄP *+gen*: **~ von** on the part of

auf|setzen [ˈaʊfzɛtsən] VT to put on; (*Flugzeug*) to put down; (*Dokument*) to draw up ▶ VR to sit upright ▶ VI (*Flugzeug*) to touch down

★**Aufsicht** [ˈaʊfzɪçt] F supervision; **die ~ haben** to be in charge; **bei einer Prüfung ~ führen** to invigilate (BRIT) *od* supervise an exam

Aufsichtsrat M board (of directors)

auf|sitzen [ˈaʊfzɪtsən] *unreg* VI (*aufgerichtet sitzen*) to sit up; (*aufs Pferd, Motorrad*) to mount, to get on; (*Schiff*) to run aground; **jdn ~ lassen** (*umg*) to stand sb up; **jdm ~** (*umg*) to be taken in by sb

auf|spalten [ˈaʊfʃpaltən] VT to split

auf|spannen [ˈaʊfʃpanən] VT (*Netz, Sprungtuch*) to stretch *od* spread out; (*Schirm*) to put up, to open

auf|sparen [ˈaʊfʃpa:rən] VT to save (up)

auf|sperren [ˈaʊfʃpɛrən] VT to unlock; (*Mund*) to open wide; **die Ohren ~** (*umg*) to prick up one's ears

auf|spielen [ˈaʊfʃpi:lən] VR to show off; **sich als etw ~** to try to come on as sth

auf|spießen [ˈaʊfʃpi:sən] VT to spear

auf|springen [ˈaʊfʃprɪŋən] *unreg* VI (*hochspringen*) to jump up; (*sich öffnen*) to spring open; (*Hände, Lippen*) to become chapped; **~ auf** *+akk* to jump onto

auf|spüren [ˈaʊfʃpy:rən] VT to track down, to trace

auf|stacheln [ˈaʊfʃtaxəln] VT to incite

auf|stampfen [ˈaʊfʃtampfən] VI: **mit dem Fuß ~** to stamp one's foot

Aufstand [ˈaʊfʃtant] M insurrection, rebellion

aufständisch [ˈaʊfʃtɛndɪʃ] ADJ rebellious, mutinous

auf|stauen [ˈaʊfʃtaʊən] VR to collect; (*fig: Ärger*) to be bottled up

auf|stechen [ˈaʊfʃtɛçən] *unreg* VT to prick open, to puncture

auf|stecken [ˈaʊfʃtɛkən] VT to stick on; (*mit Nadeln*) to pin up; (*umg*) to give up

★**auf|stehen** [ˈaʊfʃte:ən] *unreg* VI to get up; (*Tür*) to be open; **da musst du früher** *od* **eher ~!** (*fig: umg*) you'll have to do better than that!

> Wenn man morgens aufsteht, sagt man **to get up**. Wenn man vom Sitzen aufsteht, sagt man **to stand up**.

auf|steigen [ˈaʊfʃtaɪgən] *unreg* VI (*hochsteigen*) to climb; (*Rauch*) to rise; **~ auf** *+akk* to get onto; **in jdm ~** (*Hass, Verdacht, Erinnerung etc*) to well up in sb

Aufsteiger (**-s**, **-**) M (*Sport*) promoted team; **(sozialer) ~** social climber

auf|stellen [ˈaʊfʃtɛlən] VT (*aufrecht stellen*) to put up; (*Maschine*) to install; (*aufreihen*) to line up; (*Kandidaten*) to nominate; (*Forderung, Behauptung*) to put forward; (*formulieren: Programm etc*) to draw up; (*leisten: Rekord*) to set up

Aufstellung F (*Sport*) line-up; (*Liste*) list

Aufstieg [ˈaʊfʃti:k] (**-(e)s**, **-e**) M (*auf Berg*) ascent; (*Fortschritt*) rise; (*beruflich, Sport*) promotion

Aufstiegschance F prospect of promotion

auf|stöbern [ˈaʊfʃtø:bərn] VT (*Wild*) to start, to flush; (*umg: entdecken*) to run to earth

auf|stocken [ˈaʊfʃtɔkən] VT (*Vorräte*) to build up

auf|stoßen [ˈaʊfʃto:sən] *unreg* VT to push open ▶ VI to belch

aufstrebend [ˈaʊfʃtre:bənd] ADJ ambitious; (*Land*) striving for progress

Aufstrich [ˈaʊfʃtrɪç] M spread

auf|stülpen [ˈaʊfʃtʏlpən] VT (*Ärmel*) to turn up; (*Hut*) to put on

auf|stützen [ˈaʊfʃtʏtsən] VT (*Körperteil*) to prop, to lean; (*Person*) to prop up ▶ VR: **sich ~ auf** *+akk* to lean on

auf|suchen [ˈaʊfzu:xən] VT (*besuchen*) to visit; (*konsultieren*) to consult

auf|takeln [ˈaʊfta:kəln] VT (*Naut*) to rig (out) ▶ VR (*pej, umg*) to deck o.s. out

Auftakt [ˈaʊftakt] M (*Mus*) upbeat; (*fig*) prelude

auf|tanken [ˈaʊftaŋkən] VI to get petrol (BRIT) *od* gas (US) ▶ VT to refuel

auf|tauchen [ˈaʊftaʊxən] VI to appear; (*gefunden werden, kommen*) to turn up; (*aus Wasser etc*) to emerge; (*U-Boot*) to surface; (*Zweifel*) to arise

auf|tauen [ˈaʊftaʊən] VT to thaw ▶ VI to thaw; (*fig*) to relax

auf|teilen [ˈaʊftaɪlən] VT to divide up; (*Raum*) to partition

Aufteilung F division; (*von Raum*) partition

auf|tischen [ˈaʊftɪʃən] VT to serve (up); (*fig*) to tell

Auftr. ABK = **Auftrag**

Auftrag [ˈaʊftra:k] (**-(e)s**, **-träge**) M order; (*Anweisung*) commission; (*Aufgabe*) mission; **etw in ~ geben (bei)** to order/commission sth (from); **im ~ von** on behalf of; **im ~** *od* **i. A. J. Burnett** pp J. Burnett

auf|tragen [ˈaʊftra:gən] *unreg* VT (*Essen*) to serve; (*Farbe*) to put on; (*Kleidung*) to wear out ▶ VI (*dick machen*): **die Jacke trägt auf** the jacket makes one look fat; **jdm etw ~** to tell sb sth; **dick ~** (*umg*) to exaggerate

Auftraggeber(in) (**-s**, **-**) M(F) client; (*Comm*) customer
Auftragsbestätigung F confirmation of order
auf|treiben [ˈauftraibən] *unreg* (*umg*) VT (*beschaffen*) to raise
auf|trennen [ˈauftrɛnən] VT to undo
auf|treten [ˈauftre:tən] *unreg* VT to kick open ▶ VI to appear; (*mit Füßen*) to tread; (*sich verhalten*) to behave; (*fig: eintreten*) to occur; (*Schwierigkeiten etc*) to arise; **als Vermittler** *etc* **~** to act as intermediary *etc*; **geschlossen ~** to put up a united front
Auftreten (**-s**) NT (*Vorkommen*) appearance; (*Benehmen*) behaviour (BRIT), behavior (*US*)
Auftrieb [ˈauftri:p] M (*Phys*) buoyancy, lift; (*fig*) impetus
Auftritt [ˈauftrɪt] M (*von Schauspieler*) entrance; (*lit, fig: Szene*) scene
auf|trumpfen [ˈauftrumpfən] VI to show how good one is; (*mit Bemerkung*) to crow
auf|tun [ˈauftu:n] *unreg* VT to open ▶ VR to open up
auf|türmen [ˈauftʏrmən] VR (*Gebirge etc*) to tower up; (*Schwierigkeiten*) to pile *od* mount up
★**auf|wachen** [ˈaufvaxən] VI to wake up
auf|wachsen [ˈaufvaksən] *unreg* VI to grow up
Aufwand [ˈaufvant] (**-(e)s**) M expenditure; (*Kosten*) expense; (*Luxus*) show; **bitte, keinen ~!** please don't go out of your way
aufwändig [ˈaufvɛndɪç] ADJ, ADV costly
Aufwandsentschädigung F expense allowance
auf|wärmen [ˈaufvɛrmən] VT to warm up; (*alte Geschichten*) to rake up
auf|warten [ˈaufvartən] VI (*zu bieten haben*): **mit etw ~** to offer sth
aufwärts [ˈaufvɛrts] ADV upwards; **es geht ~** things are looking up; **Aufwärtsentwicklung** F upward trend
auf|wecken [ˈaufvɛkən] VT to wake(n) up
auf|weichen [ˈaufvaiçən] VT to soften; (*Brot*) to soak
auf|weisen [ˈaufvaizən] *unreg* VT to show
auf|wenden [ˈaufvɛndən] *unreg* VT to expend; (*Geld*) to spend; (*Sorgfalt*) to devote
aufwendig [ˈaufvɛndɪç] ADJ, ADV costly
auf|werfen [ˈaufvɛrfən] *unreg* VT (*Fenster etc*) to throw open; (*Probleme*) to throw up, to raise ▶ VR: **sich zu etw ~** to make o.s. out to be sth
auf|werten [ˈaufvɛrtən] VT (*Fin*) to revalue; (*fig*) to raise in value
Aufwertung F revaluation
auf|wickeln [ˈaufvɪkəln] VT (*aufrollen*) to roll up; (*umg: Haar*) to put in curlers; (*lösen*) to untie
auf|wiegeln [ˈaufvi:gəln] VT to stir up, to incite
auf|wiegen [ˈaufvi:gən] *unreg* VT to make up for
Aufwind [ˈaufvɪnt] M up-current; **neuen ~ bekommen** (*fig*) to get new impetus
auf|wirbeln [ˈaufvɪrbəln] VT to whirl up; **Staub ~** (*fig*) to create a stir
auf|wischen [ˈaufvɪʃən] VT to wipe up
auf|wühlen [ˈaufvy:lən] VT (*lit: Erde, Meer*) to churn (up); (*Gefühle*) to stir
auf|zählen [ˈauftsɛ:lən] VT to count out
auf|zeichnen [ˈauftsaiçnən] VT to sketch; (*schriftlich*) to jot down; (*auf Band*) to record
Aufzeichnung F (*schriftlich*) note; (*Tonbandaufzeichnung, Filmaufzeichnung*) recording
auf|zeigen [ˈauftsaigən] VT to show, to demonstrate
auf|ziehen [ˈauftsi:ən] *unreg* VT (*hochziehen*) to raise, to draw up; (*öffnen*) to pull open; (*: Reißverschluss*) to undo; (*Gardinen*) to draw (back); (*Uhr*) to wind; (*großziehen: Kinder*) to raise, to bring up; (*: Tiere*) to rear; (*umg: necken*) to tease; (*: veranstalten*) to set up; (*: Fest*) to arrange ▶ VI (*Gewitter, Wolken*) to gather
Aufzucht [ˈauftsuxt] F (*das Großziehen*) rearing, raising
★**Aufzug** [ˈauftsu:k] M (*Fahrstuhl*) lift (BRIT), elevator (*US*); (*Aufmarsch*) procession, parade; (*Kleidung*) get-up; (*Theat*) act
auf|zwingen [ˈauftsvɪŋən] *unreg* VT: **jdm etw ~** to force sth upon sb
Aug. ABK (= *August*) Aug.
Augapfel [ˈauk|apfəl] M eyeball; (*fig*) apple of one's eye
★**Auge** [ˈaugə] (**-s**, **-n**) NT eye; (*Fettauge*) globule of fat; **unter vier Augen** in private; **vor aller Augen** in front of everybody, for all to see; **jdn/etw mit anderen Augen (an)sehen** to see sb/sth in a different light; **ich habe kein ~ zugetan** I didn't sleep a wink; **ein ~/beide Augen zudrücken** (*umg*) to turn a blind eye; **jdn/etw aus den Augen verlieren** to lose sight of sb/sth; (*fig*) to lose touch with sb/sth; **etw ins ~ fassen** to contemplate sth; **das kann leicht ins ~ gehen** (*fig: umg*) it might easily go wrong
Augenarzt M eye specialist, ophthalmologist
Augenärztin F eye specialist, ophthalmologist
★**Augenblick** M moment; **im ~** at the moment; **im ersten ~** for a moment; **augenblicklich** ADJ (*sofort*) instantaneous; (*gegenwärtig*) present
Augen- ZW: **Augenbraue** F eyebrow; **Augenbrauenstift** M eyebrow pencil; **Augenhöhe** F: **in ~** at eye level; **Augenmerk** NT (*Aufmerksamkeit*) attention; **Augenoptiker(in)** M(F) optician; **Augenschein** M: **jdn/etw in ~ nehmen** to have a close look at sb/sth; **augenscheinlich** ADJ obvious; **Augentropfen** PL eyedrops *pl*; **Augenweide** F sight for sore eyes; **Augenwischerei** F (*fig*) eye-wash; **Augenzeuge** M eye witness; **Augenzeugin** F eye witness
★**August** [auˈgust] (**-(e)s** *od* **-**, **-e**) (*pl selten*) M August; *siehe auch* **September**
Auktion [auktsiˈo:n] F auction
Auktionator [auktsioˈna:tɔr] M auctioneer
★**Aula** [ˈaula] (**-**, **Aulen** *od* **-s**) F assembly hall

aus [aʊs]

PRÄP +*dat* **1** (*räumlich*) out of
2 (*von ... her*) from; **er ist aus Berlin** he's from Berlin; **aus dem Fenster** out of the window
3 (*gemacht/hergestellt aus*) made of; **ein Herz aus Stein** a heart of stone
4 (*auf Ursache deutend*) out of; **aus Mitleid** out of sympathy; **aus Erfahrung** from experience; **aus Spaß** for fun
5: **aus ihr wird nie etwas** she'll never get anywhere
▸ ADV **1** (*zu Ende*) finished, over; **aus sein** to be over; **es ist aus mit ihm** he is finished, he has had it; **aus und vorbei** over and done with
2 (*ausgeschaltet, ausgezogen*) off; **aus sein** to be out; **Licht aus!** lights out!
3 (*in Verbindung mit von*): **von Rom aus** from Rome; **vom Fenster aus** out of the window; **von sich aus** (*selbstständig*) of one's own accord; **von mir aus** as far as I'm concerned
4: **aus und ein gehen** to come and go; (*bei jdm*) to visit frequently; **weder aus noch ein wissen** to be at one's wits' end; **auf etw** *akk* **aus sein** to be after sth

Aus [aʊs] (-) NT (*Sport*) outfield; **ins ~ gehen** to go out

aus|arbeiten [ˈaʊs|arbaɪtən] VT to work out

aus|arten [ˈaʊs|artən] VI to degenerate; (*Kind*) to become overexcited

aus|atmen [ˈaʊs|a:tmən] VI to breathe out

aus|baden [ˈaʊsba:dən] (*umg*) VT: **etw ~ müssen** to carry the can for sth

Ausbau [ˈaʊsbaʊ] M extension, expansion; (*Entfernung*) removal

aus|bauen VT to extend, to expand; (*herausnehmen*) to take out, to remove

ausbaufähig ADJ (*fig*) worth developing

aus|bedingen [ˈaʊsbədɪŋən] *unreg* VT: **sich** *dat* **etw ~** to insist on sth

aus|beißen [ˈaʊsbaɪsən] *unreg* VR: **sich** *dat* **an etw** *dat* **die Zähne ~** (*fig*) to have a tough time of it with sth

aus|bessern [ˈaʊsbɛsərn] VT to mend, to repair

Ausbesserungsarbeiten PL repair work *sing*

aus|beulen [ˈaʊsbɔʏlən] VT to beat out

Ausbeute [ˈaʊsbɔʏtə] F yield; (*Gewinn*) profit, gain; (*Fische*) catch

aus|beuten VT to exploit; (*Min*) to work

aus|bezahlen [ˈaʊsbətsa:lən] VT (*Geld*) to pay out

aus|bilden [ˈaʊsbɪldən] VT to educate; (*Lehrling, Soldat*) to instruct, to train; (*Fähigkeiten*) to develop; (*Geschmack*) to cultivate

Ausbilder(in) (**-s, -**) M(F) instructor, instructress

★**Ausbildung** F education; (*von Lehrling, Soldat*) training, instruction; (*von Fähigkeiten*) development; **er ist noch in der ~** he hasn't finished his education; (*Lehrling*) he's still a trainee

Ausbildungs- ZW: **Ausbildungsförderung** F (provision of) grants for students and trainees; (*Stipendium*) grant; ★**Ausbildungsplatz** M (*Stelle*) training vacancy

aus|bitten [ˈaʊsbɪtən] *unreg* VT: **sich** *dat* **etw ~** (*geh: erbitten*) to ask for sth; (*verlangen*) to insist on sth

aus|blasen [ˈaʊsbla:zən] *unreg* VT to blow out; (*Ei*) to blow

aus|bleiben [ˈaʊsblaɪbən] *unreg* VI (*Personen*) to stay away, to not come; (*Ereignisse*) to fail to happen, to not happen; **es konnte nicht ~, dass ...** it was inevitable that ...

aus|blenden [ˈaʊsblɛndən] VT, VI (*TV etc*) to fade out

Ausblick [ˈaʊsblɪk] M (*lit, fig*) prospect, outlook, view

aus|bomben [ˈaʊsbɔmbən] VT to bomb out

aus|booten [ˈaʊsbo:tən] (*umg*) VT (*jdn*) to kick *od* boot out

aus|brechen [ˈaʊsbrɛçən] *unreg* VI to break out ▸ VT to break off; **in Tränen/Gelächter ~** to burst into tears/out laughing

Ausbrecher(in) (**-s, -**) (*umg*) M(F) (*Gefangener*) escaped prisoner, escapee

aus|breiten [ˈaʊsbraɪtən] VT to spread (out); (*Arme*) to stretch out ▸ VR to spread; **sich über ein Thema ~** to expand *od* enlarge on a topic

aus|brennen [ˈaʊsbrɛnən] *unreg* VT to scorch; (*Wunde*) to cauterize ▸ VI to burn out

aus|bringen [ˈaʊsbrɪŋən] *unreg* VT (*ein Hoch*) to propose

Ausbruch [ˈaʊsbrʊx] M outbreak; (*von Vulkan*) eruption; (*Gefühlsausbruch*) outburst; (*von Gefangenen*) escape

aus|brüten [ˈaʊsbry:tən] VT (*lit, fig*) to hatch

Ausbuchtung [ˈaʊsbʊxtʊŋ] F bulge; (*Küste*) cove

aus|bügeln [ˈaʊsby:gəln] VT to iron out; (*umg: Fehler, Verlust*) to make good

aus|buhen [ˈaʊsbu:ən] VT to boo

Ausbund [ˈaʊsbʊnt] M: **ein ~ an** *od* **von Tugend/Sparsamkeit** a paragon of virtue/a model of thrift

aus|bürgern [ˈaʊsbʏrgərn] VT to expatriate

aus|bürsten [ˈaʊsbʏrstən] VT to brush out

Ausdauer [ˈaʊsdaʊər] F stamina; (*Beharrlichkeit*) perseverance

ausdauernd ADJ persevering

aus|dehnen [ˈaʊsde:nən] VT, VR (*räumlich*) to expand; (*zeitlich, auch Gummi*) to stretch; (*Nebel, fig: Macht*) to extend

aus|denken [ˈaʊsdɛŋkən] *unreg* VT (*zu Ende denken*) to think through; **sich** *dat* **etw ~** to think sth up; **das ist nicht auszudenken** (*unvorstellbar*) it's inconceivable

aus|diskutieren [ˈaʊsdɪskuti:rən] VT to talk out

aus|drehen [ˈaʊsdre:ən] VT to turn *od* switch off

★**Ausdruck** [ˈaʊsdrʊk] (**-s, -drücke**) M expression, phrase; (*Kundgabe, Gesichtsausdruck*) expression; (*Fachausdruck*) term; (*Comput*) hard copy; **mit dem ~ des Bedauerns** (*form*) expressing regret

aus|drucken VT (*Text*) to print out

★**aus|drücken** [ˈaʊsdrʏkən] VT (*auch vr: formulieren, zeigen*) to express; (*Zigarette*) to put out; (*Zitrone*) to squeeze

ausdrücklich ADJ express, explicit ▸ ADV expressly

Ausdrucks- ZW: **Ausdrucksfähigkeit** F expressiveness; (*Gewandtheit*) articulateness; **ausdruckslos** ADJ expressionless, blank; **ausdrucksvoll** ADJ expressive; **Ausdrucksweise** F mode of expression

Ausdünstung [ˈaʊsdʏnstʊŋ] F (*Dampf*) vapour (BRIT), vapor (US); (*Geruch*) smell

auseinander [aʊs|aɪˈnandər] ADV (*getrennt*) apart; **weit ~** far apart

auseinander- ZW: **auseinander|bringen** *unreg* VT to separate; **auseinander|fallen** *unreg* VI to fall apart; **auseinander|gehen** *unreg* VI (*Menschen*) to separate; (*Meinungen*) to differ; (*Gegenstand*) to fall apart; (*umg: dick werden*) to put on weight; **auseinander|halten** *unreg* VT to tell apart; **auseinander|klaffen** VI to gape open; (*fig: Meinungen*) to be far apart, to diverge (wildly); **auseinander|laufen** *unreg* VI (*Menge*) to disperse; (*umg: sich trennen*) to break up; **auseinander|leben** VR to drift apart; **auseinander|nehmen** *unreg* VT to take to pieces, to dismantle; **auseinander|schreiben** *unreg* VT to write as separate words; **auseinander|setzen** *unreg* VT to set forth, to explain ▸ VR (*sich verständigen*) to come to terms, to settle; (*sich befassen*) to concern o.s.; **sich mit jdm ~** to talk with sb; (*sich streiten*) to argue with sb; **Auseinandersetzung** F argument

auserkoren [ˈaʊs|ɛrko:rən] ADJ (*liter*) chosen, selected

auserlesen [ˈaʊs|ɛrle:zən] ADJ select, choice

aus|ersehen [ˈaʊs|ɛrze:ən] *unreg* VT (*geh*): **dazu ~ sein, etw zu tun** to be chosen to do sth

ausfahrbar ADJ extendable; (*Antenne, Fahrgestell*) retractable

aus|fahren [ˈaʊsfa:rən] *unreg* VI to drive out; (*Naut*) to put out (to sea) ▸ VT to take out; (*Aut*) to drive flat out; (*ausliefern: Waren*) to deliver; **ausgefahrene Wege** rutted roads

★**Ausfahrt** F (*des Zuges etc*) leaving, departure; (*Autobahnausfahrt, Garagenausfahrt*) exit, way out; (*Spazierfahrt*) drive, excursion

Ausfall [ˈaʊsfal] M loss; (*Nichtstattfinden*) cancellation; (*das Versagen: Tech, Med*) failure; (*von Motor*) breakdown; (*Produktionsstörung*) stoppage; (*Mil*) sortie; (*Fechten*) lunge; (*radioaktiv*) fallout

★**aus|fallen** [ˈaʊsfalən] *unreg* VI (*Zähne, Haare*) to fall *od* come out; (*nicht stattfinden*) to be cancelled; (*wegbleiben*) to be omitted; (*Person*) to drop out; (*Lohn*) to be stopped; (*nicht funktionieren*) to break down; (*Resultat haben*) to turn out; **wie ist das Spiel ausgefallen?** what was the result of the game?; **die Schule fällt morgen aus** there's no school tomorrow

ausfallend ADJ impertinent

Ausfallstraße F arterial road

Ausfallzeit F (*Maschine*) downtime

aus|fegen [ˈaʊsfe:gən] VT to sweep out

aus|feilen [ˈaʊsfaɪlən] VT to file out; (*Stil*) to polish up

aus|fertigen [ˈaʊsfɛrtɪgən] VT (*form*) to draw up; (*Rechnung*) to make out; **doppelt ~** to duplicate

Ausfertigung F (*form*) drawing up; (*von Rechnung*) making out; (*Exemplar*) copy; **in doppelter/dreifacher ~** in duplicate/triplicate

ausfindig [ˈaʊsfɪndɪç] ADJ: **~ machen** to discover

aus|fliegen [ˈaʊsfli:gən] *unreg* VI to fly away ▸ VT to fly out; **sie sind ausgeflogen** (*umg*) they're out

aus|fließen [ˈaʊsfli:sən] *unreg* VI: **~ (aus)** (*herausfließen*) to flow out (of); (*auslaufen: Öl etc*) to leak (out of); (*Eiter etc*) to be discharged (from)

aus|flippen [ˈaʊsflɪpən] (*umg*) VI to freak out

Ausflucht [ˈaʊsflʊxt] (-, **-flüchte**) F excuse

★**Ausflug** [ˈaʊsflu:k] M excursion, outing

Ausflügler(in) [ˈaʊsfly:klər(ɪn)] (**-s, -**) M(F) tripper (BRIT), excursionist (US)

Ausfluss [ˈaʊsflʊs] M outlet; (*Med*) discharge

aus|fragen [ˈaʊsfra:gən] VT to interrogate, to question

aus|fransen [ˈaʊsfranzən] VI to fray

aus|fressen [ˈaʊsfrɛsən] *unreg* (*umg*) VT (*anstellen*) to be up to

Ausfuhr [ˈaʊsfu:r] (-, **-en**) F export, exportation; (*Ware*) export ▸ IN ZW export

ausführbar [ˈaʊsfy:rba:r] ADJ feasible; (*Comm*) exportable

aus|führen [ˈaʊsfy:rən] VT (*verwirklichen*) to carry out; (*Person*) to take out; (*Hund*) to take for a walk; (*Comm*) to export; (*erklären*) to give details of; **die ausführende Gewalt** (*Pol*) the executive

Ausfuhrgenehmigung F export licence

ausführlich ADJ detailed ▸ ADV in detail; **Ausführlichkeit** F detail

Ausführung F execution, performance; (*von Waren*) design; (*von Thema*) exposition; (*Durchführung*) completion; (*Herstellungsart*) version; (*Erklärung*) explanation

Ausfuhrzoll M export duty

★**aus|füllen** [ˈaʊsfʏlən] VT to fill up; (*Fragebogen etc*) to fill in; (*Beruf*) to be fulfilling for; **jdn (ganz) ~** (*Zeit in Anspruch nehmen*) to take (all) sb's time

Ausg. ABK (= *Ausgabe*) ed.

Ausgabe [ˈaʊsga:bə] F (*Geld*) expenditure, outlay; (*Aushändigung*) giving out; (*Schalter*) counter; (*Ausführung*) version; (*Buch*) edition; (*Nummer*) issue

★**Ausgang** [ˈaʊsgaŋ] M way out, exit; (*Ende*) end; (*Ausgangpunkt*) starting point; (*Ergebnis*) result; (*Ausgehtag*) free time, time off; **ein Unfall mit tödlichem ~** a fatal accident; **kein ~** no exit

Ausgangs- ZW: **Ausgangsbasis** F starting point; **Ausgangspunkt** M starting point; **Ausgangssperre** F curfew

★**aus|geben** [ˈaʊsge:bən] *unreg* VT (*Geld*) to spend; (*austeilen*) to issue, to distribute; (*Comput*) to output ▸ VR: **sich für etw/jdn ~** to pass o.s. off as sth/sb; **ich gebe heute Abend einen aus** (*umg*) it's my treat this evening

ausgebeult [ˈaʊsgəbɔʏlt] ADJ (*Kleidung*) baggy; (*Hut*) battered

ausgebucht [ˈaʊsgəbu:xt] ADJ fully booked

Ausgeburt [ˈaʊsgəbu:rt] (*pej*) F (*der Fantasie etc*) monstrous product *od* invention

ausgedehnt [ˈaʊsgəde:nt] ADJ (*breit, groß, fig: weitreichend*) extensive; (*Spaziergang*) long; (*zeitlich*) lengthy

ausgedient [ˈaʊsgədi:nt] ADJ (*Soldat*) discharged; (*verbraucht*) no longer in use; **~ haben** to have come to the end of its useful life

ausgefallen [ˈaʊsgəfalən] ADJ (*ungewöhnlich*) exceptional

ausgefuchst [ˈaʊsgəfʊkst] (*umg*) ADJ clever; (*listig*) crafty

ausgegangen [ˈaʊsgəgaŋən] PP *von* **ausgehen**

★**ausgeglichen** [ˈaʊsgəglɪçən] ADJ (well-)balanced; **Ausgeglichenheit** F balance; (*von Mensch*) even-temperedness

Ausgehanzug M good suit

★**aus|gehen** [ˈaʊsge:ən] *unreg* VI (*auch Feuer, Ofen, Licht*) to go out; (*zu Ende gehen*) to come to an end; (*Benzin*) to run out; (*Haare, Zähne*) to fall *od* come out; (*Strom*) to go off; (*Resultat haben*) to turn out; (*spazieren gehen*) to go (out) for a walk; (*abgeschickt werden: Post*) to be sent off; **mir ging das Benzin aus** I ran out of petrol (BRIT) *od* gas (*US*); **auf etw** *akk* **~** to aim at sth; **von etw ~** (*wegführen*) to lead away from sth; (*herrühren*) to come from sth; (*zugrunde legen*) to proceed from sth; **wir können davon ~, dass …** we can proceed from the assumption that …, we can take as our starting point that …; **leer ~** to get nothing; **schlecht ~** to turn out badly

ausgehungert [ˈaʊsgəhʊŋərt] ADJ starved; (*abgezehrt: Mensch etc*) emaciated

Ausgehverbot NT curfew

ausgeklügelt [ˈaʊsgəkly:gəlt] ADJ ingenious

ausgekocht [ˈaʊsgəkɔxt] (*pej, umg*) ADJ (*durchtrieben*) cunning; (*fig*) out-and-out

ausgelassen [ˈaʊsgəlasən] ADJ boisterous, high-spirited, exuberant; **Ausgelassenheit** F boisterousness, high spirits *pl*, exuberance

ausgelastet [ˈaʊsgəlastət] ADJ fully occupied

ausgeleiert [ˈaʊsgəlaɪərt] ADJ worn; (*Gummiband*) stretched

ausgelernt [ˈaʊsgəlɛrnt] ADJ trained, qualified

ausgemacht [ˈaʊsgəmaxt] ADJ settled; (*umg: Dummkopf etc*) out-and-out, downright; **es gilt als ~, dass …** it is settled that …; **es war eine ausgemachte Sache, dass …** it was a foregone conclusion that …

ausgemergelt [ˈaʊsgəmɛrgəlt] ADJ (*Gesicht*) emaciated, gaunt

★**ausgenommen** [ˈaʊsgənɔmən] KONJ except; **Anwesende sind ~** present company excepted

ausgepowert [ˈaʊsgəpaʊərt] ADJ: **~ sein** (*umg*) to be tired, to be exhausted

ausgeprägt [ˈaʊsgəprɛ:kt] ADJ prominent; (*Eigenschaft*) distinct

ausgerechnet [ˈaʊsgərɛçnət] ADV just, precisely; **~ du** you of all people; **~ heute** today of all days

ausgeschlossen [ˈaʊsgəʃlɔsən] PP *von* **ausschließen** ▸ ADJ (*unmöglich*) impossible, out of the question; **es ist nicht ~, dass …** it cannot be ruled out that …

ausgeschnitten [ˈaʊsgəʃnɪtən] ADJ (*Kleid*) low-necked

ausgesehen [ˈaʊsgəze:ən] PP *von* **aussehen**

ausgesprochen [ˈaʊsgəʃprɔxən] ADJ (*Faulheit, Lüge etc*) out-and-out; (*unverkennbar*) marked ▸ ADV decidedly; **~ gut** really good

ausgestorben [ˈaʊsgəʃtɔrbən] ADJ (*Tierart*) extinct; (*fig*) deserted

ausgewogen [ˈaʊsgəvo:gən] ADJ balanced; (*Maß*) equal

★**ausgezeichnet** [ˈaʊsgətsaɪçnət] ADJ excellent

ausgiebig [ˈaʊsgi:bɪç] ADJ (*Gebrauch*) full, good; (*Essen*) generous, lavish; **~ schlafen** to have a good sleep

aus|gießen [ˈaʊsgi:sən] *unreg* VT (*aus einem Behälter*) to pour out; (*Behälter*) to empty; (*weggießen*) to pour away

Ausgleich [ˈaʊsglaɪç] **(-(e)s, -e)** M balance; (*von Fehler, Mangel*) compensation; (*Sport*): **den ~ erzielen** to equalize; **zum ~** *+gen* in order to offset sth; **das ist ein guter ~** (*entspannend*) that's very relaxing

aus|gleichen [ˈaʊsglaɪçən] *unreg* VT to balance (out); (*Konflikte*) to reconcile; (*Höhe*) to even up ▸ VI (*Sport*) to equalize; **ausgleichende Gerechtigkeit** poetic justice

Ausgleichssport M keep-fit activity

Ausgleichstor NT equalizer

aus|graben [ˈaʊsgra:bən] *unreg* VT to dig up; (*Leichen*) to exhume; (*fig*) to unearth

Ausgrabung F excavation

aus|grenzen [ˈaʊsgrɛntsən] VT to shut out, to separate

Ausgrenzung F shut-out, separation

Ausguck [ˈaʊsgʊk] M look-out

Ausguss [ˈaʊsgʊs] M (*Spüle*) sink; (*Abfluss*) outlet; (*Tülle*) spout

aus|haben [ˈaʊsha:bən] *unreg* (*umg*) VT (*Kleidung*) to have taken off; (*Buch*) to have finished

aus|halten [ˈaʊshaltən] *unreg* VT to bear, to stand; (*umg: Geliebte*) to keep ▸ VI to hold out; **das ist nicht zum A~** that is unbearable; **sich von jdm ~ lassen** to be kept by sb

aus|handeln [ˈaʊshandəln] VT to negotiate

aus|händigen [ˈaʊshɛndɪgən] VT: **jdm etw ~** to hand sth over to sb

Aushang [ˈaʊshaŋ] M notice

aus|hängen [ˈaʊshɛŋən] *unreg* VT (*Meldung*) to put up; (*Fenster*) to take off its hinges ▶ VI to be displayed ▶ VR to hang out

Aushängeschild NT (shop) sign; (*fig*): **als ~ für etw dienen** to promote sth

aus|harren [ˈaʊsharən] VI to hold out

aushäusig [ˈaʊshɔʏzɪç] ADJ gallivanting around, on the tiles

aus|heben [ˈaʊshe:bən] *unreg* VT (*Erde*) to lift out; (*Grube*) to hollow out; (*Tür*) to take off its hinges; (*Diebesnest*) to clear out; (*Mil*) to enlist

aus|hecken [ˈaʊshɛkən] (*umg*) VT to concoct, to think up

aus|helfen [ˈaʊshɛlfən] *unreg* VI: **jdm ~** to help sb out

Aushilfe [ˈaʊshɪlfə] F help, assistance; (*Person*) (temporary) worker

Aushilfs- zW: **Aushilfskraft** F temporary worker; **Aushilfslehrer(in)** M(F) supply teacher; **aushilfsweise** ADV temporarily, as a stopgap

aus|höhlen [ˈaʊshø:lən] VT to hollow out; (*fig: untergraben*) to undermine

aus|holen [ˈaʊsho:lən] VI to swing one's arm back; (*zur Ohrfeige*) to raise one's hand; (*beim Gehen*) to take long strides; **zum Gegenschlag ~** (*lit, fig*) to prepare for a counter-attack

aus|horchen [ˈaʊshɔrçən] VT to sound out, to pump

aus|hungern [ˈaʊshʊŋərn] VT to starve out

★**aus|kennen** [ˈaʊskɛnən] *unreg* VR to know a lot; (*an einem Ort*) to know one's way about; (*in Fragen etc*) to be knowledgeable; **man kennt sich bei ihm nie aus** you never know where you are with him

aus|kippen [ˈaʊskɪpən] VT to empty

aus|klammern [ˈaʊsklamərn] VT (*Thema*) to exclude, to leave out

Ausklang [ˈaʊsklaŋ] M (*geh*) end

ausklappbar [ˈaʊsklapba:r] ADJ: **dieser Tisch ist ~** this table can be opened out

aus|kleiden [ˈaʊsklaɪdən] VR (*geh*) to undress ▶ VT (*Wand*) to line

aus|klingen [ˈaʊsklɪŋən] *unreg* VI to end; (*Ton, Lied*) to die away; (*Fest*) to come to an end

aus|klinken [ˈaʊsklɪŋkən] VT (*Bomben*) to release ▶ VI (*umg*) to flip one's lid

aus|klopfen [ˈaʊsklɔpfən] VT (*Teppich*) to beat; (*Pfeife*) to knock out

aus|kochen [ˈaʊskɔxən] VT to boil; (*Med*) to sterilize

★**aus|kommen** [ˈaʊskɔmən] *unreg* VI: **mit jdm ~** to get on with sb; **mit etw ~** to get by with sth; **Auskommen (-s)** NT: **sein ~ haben** to get by; **mit ihr ist kein ~** she's impossible to get on with

aus|kosten [ˈaʊskɔstən] VT to enjoy to the full

aus|kramen [ˈaʊskra:mən] (*umg*) VT to dig out, to unearth; (*fig: alte Geschichten etc*) to bring up

aus|kratzen [ˈaʊskratsən] VT (*auch Med*) to scrape out

aus|kugeln [ˈaʊsku:gəln] VR: **sich** *dat* **den Arm ~** to dislocate one's arm

aus|kundschaften [ˈaʊskʊntʃaftən] VT to spy out; (*Gebiet*) to reconnoitre (BRIT), to reconnoiter (*US*)

★**Auskunft** [ˈaʊskʊnft] (-, **-künfte**) F information; (*nähere*) details *pl*, particulars *pl*; (*Stelle*) information office; (*Tel*) inquiries; **jdm ~ erteilen** to give sb information

aus|kuppeln [ˈaʊskʊpəln] VI to disengage the clutch

aus|kurieren [ˈaʊskuri:rən] (*umg*) VT to cure

aus|lachen [ˈaʊslaxən] VT to laugh at, to mock

aus|laden [ˈaʊsla:dən] *unreg* VT to unload; (*umg: Gäste*) to cancel an invitation to ▶ VI (*Äste*) to spread

ausladend ADJ (*Gebärden, Bewegung*) sweeping

Auslage [ˈaʊsla:gə] F shop window (display)

Auslagen PL outlay *sing*, expenditure *sing*

★**Ausland** [ˈaʊslant] NT foreign countries *pl*; **im ~** abroad; **ins ~** abroad

★**Ausländer(in)** [ˈaʊslɛndər(ɪn)] (**-s, -**) M(F) foreigner; **ausländerfeindlich** ADJ hostile to foreigners, xenophobic; **Ausländerfeindlichkeit** F hostility to foreigners, xenophobia

ausländisch ADJ foreign

Auslands- zW: **Auslandsaufenthalt** M stay abroad; **Auslandsgespräch** NT international call; **Auslandskorrespondent(in)** M(F) foreign correspondent; **Auslandsreise** F trip abroad; **Auslandsschutzbrief** M international travel cover; **Auslandsvertretung** F agency abroad; (*von Firma*) foreign branch

aus|lassen [ˈaʊslasən] *unreg* VT to leave out; (*Wort etc*) to omit; (*Fett*) to melt; (*Kleidungsstück*) to let out ▶ VR: **sich über etw** *akk* **~** to speak one's mind about sth; **seine Wut** *etc* **an jdm ~** to vent one's rage *etc* on sb

Auslassung F omission

Auslassungszeichen NT apostrophe

aus|lasten [ˈaʊslastən] VT (*Fahrzeug*) to make full use of; (*Maschine*) to use to capacity; (*jdn*) to occupy fully

Auslauf [ˈaʊslaʊf] M (*für Tiere*) run; (*Ausfluss*) outflow, outlet

aus|laufen *unreg* VI to run out; (*Behälter*) to leak; (*Naut*) to put out (to sea); (*langsam aufhören*) to run down

Ausläufer [ˈaʊslɔʏfər] M (*von Gebirge*) spur; (*Pflanze*) runner; (*Met: von Hoch*) ridge; (*: von Tief*) trough

aus|leeren [ˈaʊsle:rən] VT to empty

aus|legen [ˈaʊsle:gən] VT (*Waren*) to lay out; (*Köder*) to put down; (*Geld*) to lend; (*bedecken*) to cover; (*Text etc*) to interpret

Ausleger (-s, -) M (*von Kran etc*) jib, boom

Auslegung F interpretation

Ausleihe [ˈaʊslaɪə] (**-, -n**) F issuing; (*Stelle*) issue desk

★**aus|leihen** [ˈaʊslaɪən] *unreg* VT (*verleihen*) to lend; **sich** *dat* **etw ~** to borrow sth

aus|lernen [ˈaʊslɛrnən] VI (*Lehrling*) to finish one's apprenticeship; **man lernt nie aus** (*Sprichwort*) you live and learn

Auslese [ˈaʊsleːzə] (-, -n) F selection; (*Elite*) elite; (*Wein*) choice wine

aus|lesen [ˈaʊsleːzən] *unreg* VT to select; (*umg: zu Ende lesen*) to finish

aus|liefern [ˈaʊsliːfərn] VT to hand over; (*Comm*) to deliver ▸ VR: **sich jdm ~** to give o.s. up to sb; **~ (an** *+akk***)** to deliver (up) (to), to hand over (to); (*an anderen Staat*) to extradite (to); **jdm/etw ausgeliefert sein** to be at the mercy of sb/sth

Auslieferungsabkommen NT extradition treaty

aus|liegen [ˈaʊsliːgən] *unreg* VI (*zur Ansicht*) to be displayed; (*Zeitschriften etc*) to be available (to the public); (*Liste*) to be up

aus|loggen [ˈaʊslɔgən] VI, VR (*Comput*) to log out *od* off

aus|löschen [ˈaʊslœʃən] VT to extinguish; (*fig*) to wipe out, to obliterate

aus|losen [ˈaʊsloːzən] VT to draw lots for

aus|lösen [ˈaʊsløːzən] VT (*Explosion, Schuss*) to set off; (*hervorrufen*) to cause, to produce; (*Gefangene*) to ransom; (*Pfand*) to redeem

Auslöser (-s, -) M trigger; (*Phot*) release; (*Anlass*) cause

aus|loten [ˈaʊsloːtən] VT (*Naut: Tiefe*) to sound; (*fig geh*) to plumb

★**aus|machen** [ˈaʊsmaxən] VT (*Licht, Radio*) to turn off; (*Feuer*) to put out; (*entdecken*) to make out; (*vereinbaren*) to agree; (*beilegen*) to settle; (*Anteil darstellen, betragen*) to represent; (*bedeuten*) to matter; **das macht ihm nichts aus** it doesn't matter to him; **macht es Ihnen etwas aus, wenn ...?** would you mind if ...?

aus|malen [ˈaʊsmaːlən] VT to paint; (*fig*) to describe; **sich** *dat* **etw ~** to imagine sth

Ausmaß [ˈaʊsmaːs] NT dimension; (*fig*) scale

aus|merzen [ˈaʊsmɛrtsən] VT to eliminate

aus|messen [ˈaʊsmɛsən] *unreg* VT to measure

aus|misten [ˈaʊsmɪstən] VT (*Stall*) to muck out; (*fig: umg: Schrank etc*) to tidy out; (*: Zimmer*) to clean out

aus|mustern [ˈaʊsmʊstərn] VT (*Maschine, Fahrzeug etc*) to take out of service; (*Mil: entlassen*) to invalid out

Ausnahme [ˈaʊsnaːmə] (-, -n) F exception; **eine ~ machen** to make an exception; **Ausnahmeerscheinung** F exception, one-off example; **Ausnahmefall** M exceptional case; **Ausnahmezustand** M state of emergency

ausnahmslos ADV without exception

ausnahmsweise ADV by way of exception, for once

aus|nehmen [ˈaʊsneːmən] *unreg* VT to take out, to remove; (*Tier*) to gut; (*Nest*) to rob; (*umg: Geld abnehmen*) to clean out; (*ausschließen*) to make an exception of ▸ VR to look, to appear

ausnehmend ADJ exceptional

aus|nüchtern [ˈaʊsnʏçtərn] VT, VI to sober up

Ausnüchterungszelle F drying-out cell

aus|nutzen [ˈaʊsnʊtsən] VT (*Zeit, Gelegenheit*) to use, to turn to good account; (*Einfluss*) to use; (*Mensch, Gutmütigkeit*) to exploit

★**aus|packen** [ˈaʊspakən] VT to unpack ▸ VI (*umg: alles sagen*) to talk

aus|pfeifen [ˈaʊspfaɪfən] *unreg* VT to hiss/boo at

aus|plaudern [ˈaʊsplaʊdərn] VT (*Geheimnis*) to blab

aus|posaunen [ˈaʊspozaʊnən] (*umg*) VT to tell the world about

aus|prägen [ˈaʊsprɛːgən] VR (*Begabung, Charaktereigenschaft*) to reveal *od* show itself

aus|pressen [ˈaʊsprɛsən] VT (*Saft, Schwamm etc*) to squeeze out; (*Zitrone etc*) to squeeze

aus|probieren [ˈaʊsprobiːrən] VT to try (out)

Auspuff [ˈaʊspʊf] (-(e)s, -e) M (*Tech*) exhaust; **Auspuffrohr** NT exhaust (pipe); **Auspufftopf** M (*Aut*) silencer (BRIT), muffler (US)

aus|quartieren [ˈaʊskvartiːrən] VT to move out

aus|quetschen [ˈaʊskvɛtʃən] VT (*Zitrone etc*) to squeeze; (*umg: ausfragen*) to grill; (*: aus Neugier*) to pump

aus|radieren [ˈaʊsradiːrən] VT to erase, to rub out

aus|rangieren [ˈaʊsrãʒiːrən] (*umg*) VT to chuck out; (*Maschine, Auto*) to scrap

aus|rauben [ˈaʊsraʊbən] VT to rob

aus|räumen [ˈaʊsrɔʏmən] VT (*Dinge*) to clear away; (*Schrank, Zimmer*) to empty; (*Bedenken*) to put aside

aus|rechnen [ˈaʊsrɛçnən] VT to calculate, to reckon

Ausrechnung F calculation, reckoning

Ausrede [ˈaʊsreːdə] F excuse

aus|reden [ˈaʊsreːdən] VI to have one's say ▸ VT: **jdm etw ~** to talk sb out of sth; **er hat mich nicht mal ~ lassen** he didn't even let me finish (speaking)

aus|reichen [ˈaʊsraɪçən] VI to suffice, to be enough

★**ausreichend** ADJ sufficient, adequate; (*Sch*) adequate

Ausreise [ˈaʊsraɪzə] F departure; **bei der ~** when leaving the country; **Ausreiseerlaubnis** F exit visa

aus|reisen [ˈaʊsraɪzən] VI to leave the country

aus|reißen [ˈaʊsraɪsən] *unreg* VT to tear *od* pull out ▸ VI (*Riss bekommen*) to tear; (*umg*) to make off, to scram; **er hat sich** *dat* **kein Bein ausgerissen** (*umg*) he didn't exactly overstrain himself

aus|renken [ˈaʊsrɛŋkən] VT to dislocate

★**aus|richten** [ˈaʊsrɪçtən] VT (*Botschaft*) to deliver; (*Gruß*) to pass on; (*Hochzeit etc*) to arrange; (*in gerade Linie bringen*) to get in a straight line; (*angleichen*) to bring into line; (*Typ etc*) to justify; **etwas/nichts bei jdm ~** to get somewhere/nowhere with sb; **jdm etw ~** to take a message for sb; **ich werde es ihm ~** I'll tell him

aus|rotten [ˈausrɔtən] VT to stamp out, to exterminate

aus|rücken [ˈausrʏkən] VI (*Mil*) to move off; (*Feuerwehr, Polizei*) to be called out; (*umg: weglaufen*) to run away

Ausruf [ˈausru:f] M (*Schrei*) cry, exclamation; (*Verkünden*) proclamation

★**aus|rufen** *unreg* VT to cry out, to exclaim; **jdn ~ (lassen)** (*über Lautsprecher etc*) to page sb

Ausrufezeichen NT exclamation mark

★**aus|ruhen** [ˈausru:ən] VT, VI, VR to rest

aus|rüsten [ˈausrʏstən] VT to equip, to fit out

Ausrüstung F equipment

aus|rutschen [ˈausrutʃən] VI to slip

Ausrutscher (**-s, -**) (*umg*) M (*lit, fig*) slip

Aussage [ˈausza:gə] (**-, -n**) F (*Jur*) statement; **der Angeklagte/Zeuge verweigerte die ~** the accused/witness refused to give evidence

aussagekräftig ADJ expressive, full of expression

aus|sagen [ˈausza:gən] VT to say, to state ▸ VI (*Jur*) to give evidence

Aussatz [ˈauszats] (**-es**) M (*Med*) leprosy

aus|saugen [ˈauszaugən] VT (*Saft etc*) to suck out; (*Wunde*) to suck the poison out of; (*fig: ausbeuten*) to drain dry

★**aus|schalten** [ˈausʃaltən] VT to switch off; (*fig*) to eliminate

Ausschank [ˈausʃaŋk] (**-(e)s, -schänke**) M dispensing, giving out; (*Comm*) selling; (*Theke*) bar

Ausschankerlaubnis F licence (BRIT), license (*US*)

Ausschau [ˈausʃau] F: **~ halten (nach)** to look out (for), to watch (for)

aus|schauen VI: **~ (nach)** to look out (for), to be on the look-out (for)

aus|scheiden [ˈausʃaidən] *unreg* VT (*aussondern*) to take out; (*Med*) to excrete ▸ VI: **~ (aus)** to leave; (*aus einem Amt*) to retire (from); (*Sport*) to be eliminated (from), to be knocked out (of); **er scheidet für den Posten aus** he can't be considered for the job

Ausscheidung F (*Aussondern*) removal; (*Med*) excretion; (*Sport*) elimination

aus|schenken [ˈausʃeŋkən] VT to pour out; (*am Ausschank*) to serve

aus|scheren [ˈausʃe:rən] VI (*Fahrzeug*) to leave the line *od* convoy; (*zum Überholen*) to pull out

aus|schildern [ˈausʃildərn] VT to signpost

aus|schimpfen [ˈausʃimpfən] VT to scold, to tell off

aus|schlachten [ˈausʃlaxtən] VT (*Auto*) to cannibalize; (*fig*) to make a meal of

aus|schlafen [ˈausʃla:fən] *unreg* VI, VR to have a lie-in ▸ VT to sleep off; **ich bin nicht ausgeschlafen** I didn't have *od* get enough sleep

Ausschlag [ˈausʃla:k] M (*Med*) rash; (*Pendelausschlag*) swing; (*von Nadel*) deflection; **den ~ geben** (*fig*) to tip the balance

aus|schlagen [ˈausʃla:gən] *unreg* VT to knock out; (*auskleiden*) to deck out; (*verweigern*) to decline ▸ VI (*Pferd*) to kick out; (*Bot*) to sprout; (*Zeiger*) to be deflected

ausschlaggebend ADJ decisive

aus|schließen [ˈausʃli:sən] *unreg* VT to shut *od* lock out; (*Sport*) to disqualify; (*Fehler, Möglichkeit etc*) to rule out; (*fig*) to exclude; **ich will mich nicht ~** myself not excepted

ausschließlich ADJ exclusive ▸ ADV exclusively ▸ PRÄP *+gen* excluding, exclusive of

aus|schlüpfen [ˈausʃlʏpfən] VI to slip out; (*aus Ei, Puppe*) to hatch out

Ausschluss [ˈausʃlus] M exclusion; **unter ~ der Öffentlichkeit stattfinden** to be closed to the public; (*Jur*) to be held in camera

aus|schmücken [ˈausʃmʏkən] VT to decorate; (*fig*) to embellish

aus|schneiden [ˈausʃnaidən] *unreg* VT to cut out; (*Büsche*) to trim

Ausschnitt [ˈausʃnit] M (*Teil*) section; (*von Kleid*) neckline; (*Zeitungsausschnitt*) cutting (BRIT), clipping (*US*); (*aus Film etc*) excerpt

aus|schöpfen [ˈausʃœpfən] VT to ladle out; (*fig*) to exhaust; **Wasser** *etc* **aus etw ~** to ladle water *etc* out of sth

aus|schreiben [ˈausʃraibən] *unreg* VT (*ganz schreiben*) to write out (in full); (*Scheck, Rechnung etc*) to write (out); (*Stelle, Wettbewerb etc*) to announce, to advertise

Ausschreibung F (*Bekanntmachung: von Wahlen*) calling; (*: von Stelle*) advertising

Ausschreitung [ˈausʃraituŋ] F (*geh*) excess ▪ **Ausschreitungen** PL riots *pl*

Ausschuss [ˈausʃus] M committee, board; (*Abfall*) waste, scraps *pl*; (*Comm: auch:* **Ausschussware**) reject

aus|schütten [ˈausʃʏtən] VT to pour out; (*Eimer*) to empty; (*Geld*) to pay ▸ VR to shake (with laughter)

Ausschüttung F (*Fin*) distribution

aus|schwärmen [ˈausʃvɛrmən] VI (*Bienen, Menschen*) to swarm out; (*Mil*) to fan out

ausschweifend [ˈausʃvaifənt] ADJ (*Leben*) dissipated, debauched; (*Fantasie*) extravagant

Ausschweifung F excess

aus|schweigen [ˈausʃvaigən] *unreg* VR to keep silent

aus|schwitzen [ˈausʃvitsən] VT to sweat out

★**aus|sehen** [ˈausze:ən] *unreg* VI to look; **gut ~** to look good/well; **wie siehts aus?** (*umg: wie stehts?*) how's things?; **das sieht nach nichts aus** that doesn't look anything special; **es sieht nach Regen aus** it looks like rain; **es sieht schlecht aus** things look bad; **Aussehen** (**-s**) NT appearance

aus sein [ˈaussain] *siehe* **aus**

★**außen** [ˈausən] ADV outside; (*nach außen*) outwards; **~ ist es rot** it's red (on the) outside

Außen- ZW: **Außenantenne** F outside aerial; **Außenarbeiten** PL work *sing* on the exterior; **Außenaufnahme** F outdoor shot; **Außenbezirk** M outlying district; **Außenbordmotor** M outboard motor

aus|senden ['aʊszɛndən] *unreg* VT to send out, to emit

Außen- zW: **Außendienst** M outside *od* field service; (*von Diplomat*) foreign service; **Außenhandel** M foreign trade; **Außenminister(in)** M(F) foreign minister; **Außenministerium** NT foreign office; **Außenpolitik** F foreign policy; **Außenseite** F outside; **Außenseiter(in)** (**-s, -**) M(F) outsider; **Außenspiegel** M (*Aut*) outside mirror; **Außenstände** PL (*bes Comm*) outstanding debts *pl*, arrears *pl*; **Außenstehende(r)** F(M) outsider; **Außenstelle** F branch; **Außenwelt** F outside world

★**außer** ['aʊsər] PRÄP *+dat* (*räumlich*) out of; (*abgesehen von*) except ▸ KONJ (*ausgenommen*) except; **~ Gefahr sein** to be out of danger; **~ Zweifel** beyond any doubt; **~ Betrieb** out of order; **~ sich** *dat* **sein/geraten** to be beside o.s.; **~ Dienst** retired; **~ Landes** abroad; **~ wenn** unless; **~ dass** except; **außeramtlich** ADJ unofficial, private

★**außerdem** KONJ besides, in addition ▸ ADV anyway

außerdienstlich ADJ private

äußere(r, s) ['ɔʏsərə(r, s)] ADJ outer, external; **Äußere(s)** NT exterior; (*fig: Aussehen*) outward appearance

außer- zW: **außerehelich** ADJ extramarital; **außergewöhnlich** ADJ unusual; ★**außerhalb** PRÄP *+gen* outside ▸ ADV outside; **außerirdisch** ADJ extraterrestrial; **Außerkraftsetzung** F repeal

äußerlich ADJ external; **rein ~ betrachtet** on the face of it; **Äußerlichkeit** F (*fig*) triviality; (*Oberflächlichkeit*) superficiality; (*Formalität*) formality

äußern VT to utter, to express; (*zeigen*) to show ▸ VR to give one's opinion; (*sich zeigen*) to show itself

außer- zW: **außerordentlich** ADJ extraordinary; **außerplanmäßig** ADJ unscheduled; **außersinnlich** ADJ: **außersinnliche Wahrnehmung** extrasensory perception

★**äußerst** ['ɔʏsərst] ADV extremely, most

außerstande, außer Stande [aʊsər'ʃtandə] ADV (*nicht in der Lage*) not in a position; (*nicht fähig*) unable

äußerste(r, s) ADJ utmost; (*räumlich*) farthest; (*Termin*) last possible; (*Preis*) highest; **mein äußerstes Angebot** my final offer

Äußerste(s) NT: **bis zum Äußersten gehen** to go to extremes

äußerstenfalls ADV if the worst comes to the worst

Äußerung F (*Bemerkung*) remark, comment; (*Behauptung*) statement; (*Zeichen*) expression

aus|setzen ['aʊszɛtsən] VT (*Kind, Tier*) to abandon; (*Boote*) to lower; (*Belohnung*) to offer; (*Urteil, Verfahren*) to postpone ▸ VI (*aufhören*) to stop; (*Pause machen*) to have a break; **jdn/sich einer Sache** *dat* **~** to lay sb/o.s. open to sth; **jdm/etw ausgesetzt sein** to be exposed to sb/sth; **was haben Sie daran auszusetzen?** what's your objection to it?; **an jdm/etw etwas ~** to find fault with sb/sth

★**Aussicht** ['aʊszɪçt] F view; (*in Zukunft*) prospect; **in ~ sein** to be in view; **etw in ~ haben** to have sth in view; **jdm etw in ~ stellen** to promise sb sth

Aussichts- zW: **aussichtslos** ADJ hopeless; **Aussichtspunkt** M viewpoint; **aussichtsreich** ADJ promising; **Aussichtsturm** M observation tower

Aussiedler(in) ['aʊszi:dlər(ɪn)] (**-s, -**) M(F) (*Auswanderer*) emigrant

aus|söhnen ['aʊszø:nən] VT to reconcile ▸ VR (*einander*) to become reconciled; **sich mit jdm/etw ~** to reconcile o.s. with sb/to sth

Aussöhnung F reconciliation

aus|sondern ['aʊszɔndərn] VT to separate off, to select

aus|sorgen ['aʊszɔrgən] VI: **ausgesorgt haben** to have no more money worries

aus|sortieren ['aʊszɔrti:rən] VT to sort out

aus|spannen ['aʊsʃpanən] VI (*erholen*) to relax ▸ VT to spread *od* stretch out; (*Pferd*) to unharness; **er hat ihm die Freundin ausgespannt** (*umg*) he's nicked his girlfriend

aus|sparen ['aʊsʃpa:rən] VT to leave open

aus|sperren ['aʊsʃpɛrən] VT to lock out

Aussperrung F (*Industrie*) lock-out

aus|spielen ['aʊsʃpi:lən] VT (*Karte*) to lead; (*Geldprämie*) to offer as a prize ▸ VI (*Karten*) to lead; **ausgespielt haben** to be finished; **jdn gegen jdn ~** to play sb off against sb

Ausspielung F (*im Lotto*) draw

aus|spionieren ['aʊsʃpioni:rən] VT (*Pläne etc*) to spy out; (*Person*) to spy on

★**Aussprache** ['aʊsʃpra:xə] F pronunciation; (*Unterredung*) (frank) discussion

★**aus|sprechen** ['aʊsʃprɛçən] *unreg* VT to pronounce; (*zu Ende sprechen*) to speak; (*äußern*) to say, to express ▸ VR (*sich äußern*): **sich ~ (über** *+akk***)** to speak (about); (*sich anvertrauen*) to unburden o.s. (about *od* on); (*diskutieren*) to discuss ▸ VI (*zu Ende sprechen*) to finish speaking; **der Regierung das Vertrauen ~** to pass a vote of confidence in the government

Ausspruch ['aʊsʃprʊx] M remark; (*geflügeltes Wort*) saying

aus|spucken ['aʊsʃpʊkən] VT to spit out ▸ VI to spit

aus|spülen ['aʊsʃpy:lən] VT to wash out; (*Mund*) to rinse

aus|staffieren ['aʊsʃtafi:rən] VT to equip, to kit out; (*Zimmer*) to furnish

Ausstand ['aʊsʃtant] M strike; **in den ~ treten** to go on strike; **seinen ~ geben** to hold a leaving party

aus|statten ['aʊsʃtatən] VT (*Zimmer etc*) to furnish; **jdn mit etw ~** to equip sb *od* kit sb out with sth

Ausstattung F (*Ausstatten*) provision; (*Kleidung*) outfit; (*Aussteuer*) dowry; (*Aufmachung*) make-up; (*Einrichtung*) furnishing

aus|stechen [ˈaʊsʃtɛçən] *unreg* VT (*Torf, Kekse*) to cut out; (*Augen*) to gouge out; (*übertreffen*) to outshine

aus|stehen [ˈaʊsʃteːən] *unreg* VT to stand, to endure ▸ VI (*noch nicht da sein*) to be outstanding; **ich kann ihn nicht ~** I can't stand him

★**aus|steigen** [ˈaʊsʃtaɪɡən] *unreg* VI to get out, to alight; **alles ~!** (*von Schaffner*) all change!; **aus der Gesellschaft ~** to drop out (of society)

Aussteiger(in) (*umg*) M(F) dropout

aus|stellen [ˈaʊsʃtɛlən] VT to exhibit, to display; (*umg: ausschalten*) to switch off; (*Rechnung etc*) to make out; (*Pass, Zeugnis*) to issue

Aussteller(in) M(F) (*auf Messe*) exhibitor; (*von Scheck*) drawer

★**Ausstellung** F exhibition; (*Fin*) drawing up; (*einer Rechnung*) making out; (*eines Passes etc*) issuing

Ausstellungsdatum NT date of issue

Ausstellungsstück NT (*in Ausstellung*) exhibit; (*in Schaufenster etc*) display item

aus|sterben [ˈaʊsʃtɛrbən] *unreg* VI to die out; **Aussterben** NT extinction

Aussteuer [ˈaʊsʃtɔʏər] F dowry

aus|steuern [ˈaʊsʃtɔʏərn] VT (*Verstärker*) to adjust

★**Ausstieg** [ˈaʊsʃtiːk] **(-(e)s, -e)** M (*Ausgang*) exit; **~ aus der Atomenergie** abandonment of nuclear energy

aus|stopfen [ˈaʊsʃtɔpfən] VT to stuff

aus|stoßen [ˈaʊsʃtoːsən] *unreg* VT (*Luft, Rauch*) to give off, to emit; (*aus Verein etc*) to expel, to exclude; (*herstellen: Teile, Stückzahl*) to turn out, to produce

aus|strahlen [ˈaʊsʃtraːlən] VT, VI to radiate; (*Rundf*) to broadcast

Ausstrahlung F radiation; (*Rundf, TV*) broadcast; (*fig*) charisma

aus|strecken [ˈaʊsʃtrɛkən] VT, VR to stretch out

aus|streichen [ˈaʊsʃtraɪçən] *unreg* VT to cross out; (*glätten*) to smooth out

aus|streuen [ˈaʊsʃtrɔʏən] VT to scatter; (*fig: Gerücht*) to spread

aus|strömen [ˈaʊsʃtrøːmən] VI (*Gas*) to pour out, to escape ▸ VT to give off; (*fig*) to radiate

aus|suchen [ˈaʊszuːxən] VT to select, to pick out

★**Austausch** [ˈaʊstaʊʃ] M exchange; **austauschbar** ADJ exchangeable

★**aus|tauschen** VT to exchange, to swop

Austauschmotor M replacement engine; (*gebraucht*) factory-reconditioned engine

Austauschstudent(in) M(F) exchange student

aus|teilen [ˈaʊstaɪlən] VT to distribute, to give out

Auster [ˈaʊstər] **(-, -n)** F oyster

aus|toben [ˈaʊstoːbən] VR (*Kind*) to run wild; (*Erwachsene*) to let off steam; (*sich müde machen*) to tire o.s. out

★**aus|tragen** [ˈaʊstraːɡən] *unreg* VT (*Post*) to deliver; (*Streit etc*) to decide; (*Wettkämpfe*) to hold; **ein Kind ~** (*nicht abtreiben*) to have a child

Austräger [ˈaʊstrɛːɡər] M delivery boy; (*Zeitungsausträger*) newspaper boy

Austragungsort M (*Sport*) venue

★**Australien** [aʊsˈtraːliən] **(-s)** NT Australia

Australier(in) **(-s, -)** M(F) Australian

australisch ADJ Australian

aus|treiben [ˈaʊstraɪbən] *unreg* VT to drive out, to expel; (*Teufel etc*) to exorcize; **jdm etw ~** to cure sb of sth; (*bes durch Schläge*) to knock sth out of sb

aus|treten [ˈaʊstreːtən] *unreg* VI (*zur Toilette*) to be excused ▸ VT (*Feuer*) to tread out, to trample; (*Schuhe*) to wear out; (*Treppe*) to wear down; **aus etw ~** to leave sth

aus|tricksen [ˈaʊstrɪksən] (*umg*) VT (*Sport, fig*) to trick

aus|trinken [ˈaʊstrɪŋkən] *unreg* VT (*Glas*) to drain; (*Getränk*) to drink up ▸ VI to finish one's drink, to drink up

Austritt [ˈaʊstrɪt] M emission; (*aus Verein, Partei etc*) retirement, withdrawal

aus|trocknen [ˈaʊstrɔknən] VT, VI to dry up

aus|tüfteln [ˈaʊstʏftəln] (*umg*) VT to work out; (*ersinnen*) to think up

aus|üben [ˈaʊs|yːbən] VT (*Beruf*) to practise (BRIT), to practice (*US*), to carry out; (*innehaben: Amt*) to hold; (*Funktion*) to perform; (*Einfluss*) to exert; **einen Reiz auf jdn ~** to hold an attraction for sb; **eine Wirkung auf jdn ~** to have an effect on sb

Ausübung F practice, exercise; **in ~ seines Dienstes/seiner Pflicht** (*form*) in the execution of his duty

aus|ufern [ˈaʊs|uːfərn] VI (*fig*) to get out of hand; (*Konflikt etc*): **~ (zu)** to escalate (into)

★**Ausverkauf** [ˈaʊsfɛrkaʊf] M sale; (*fig: Verrat*) sell-out

aus|verkaufen VT to sell out; (*Geschäft*) to sell up

★**ausverkauft** ADJ (*Karten, Artikel*) sold out; (*Theat: Haus*) full

aus|wachsen [ˈaʊsvaksən] *unreg* VI: **das ist (ja) zum A~** (*umg*) it's enough to drive you mad

★**Auswahl** [ˈaʊsvaːl] F: **eine ~ (an** +*dat*) a selection (of), a choice (of)

aus|wählen [ˈaʊsvɛːlən] VT to select, to choose

Auswahlmöglichkeit F choice

Auswanderer [ˈaʊsvandərər] **(-s, -)** M emigrant

Auswanderin [ˈaʊsvandərɪn] F emigrant

aus|wandern VI to emigrate

Auswanderung F emigration

auswärtig [ˈaʊsvɛrtɪç] ADJ (*nicht am/vom Ort*) out-of-town; (*ausländisch*) foreign; **das Aus-**

wärtige Amt the Foreign Office (BRIT), the State Department (*US*)

auswärts [ˈaʊsvɛrts] ADV outside; (*nach außen*) outwards; **~ essen** to eat out; **~ spielen** to play away; **Auswärtsspiel** NT away game

aus|waschen [ˈaʊsvaʃən] *unreg* VT to wash out; (*spülen*) to rinse (out)

aus|wechseln [ˈaʊsvɛksəln] VT to replace; (*Sport*) to substitute

Ausweg [ˈaʊsveːk] M way out; **der letzte ~** the last resort; **ausweglos** ADJ hopeless

aus|weichen [ˈaʊsvaɪçən] *unreg* VI: **jdm/etw ~** (*lit*) to move aside *od* make way for sb/sth; (*fig*) to sidestep sb/sth; **jdm/einer Begegnung ~** to avoid sb/a meeting

ausweichend ADJ evasive

Ausweichmanöver NT evasive action

aus|weinen [ˈaʊsvaɪnən] VR to have a (good) cry

★**Ausweis** [ˈaʊsvaɪs] (**-es, -e**) M identity card; (*Pass*) passport; (*Mitgliedsausweis, Bibliotheksausweis etc*) card; **~, bitte** your papers, please

aus|weisen [ˈausvaɪzən] *unreg* VT to expel, to banish ▶ VR to prove one's identity

Ausweis- ZW: **Ausweiskarte** F identity papers *pl*; **Ausweiskontrolle** F identity check; **Ausweispapiere** PL identity papers *pl*

Ausweisung F expulsion

aus|weiten [ˈaʊsvaɪtən] VT to stretch

auswendig [ˈaʊsvɛndɪç] ADV by heart; **~ lernen** to learn by heart

aus|werfen [ˈaʊsvɛrfən] *unreg* VT (*Anker, Netz*) to cast

aus|werten [ˈaʊsvɛrtən] VT to evaluate

Auswertung F evaluation, analysis; (*Nutzung*) utilization

aus|wickeln [ˈaʊsvɪkəln] VT (*Paket, Bonbon etc*) to unwrap

aus|wirken [ˈaʊsvɪrkən] VR to have an effect

Auswirkung F effect

aus|wischen [ˈaʊsvɪʃən] VT to wipe out; **jdm eins ~** (*umg*) to put one over on sb

Auswuchs [ˈaʊsvuːks] M (out)growth; (*fig*) product; (*Missstand, Übersteigerung*) excess

aus|wuchten [ˈaʊsvʊxtən] VT (*Aut*) to balance

aus|zacken [ˈaʊstsakən] VT (*Stoff etc*) to pink

aus|zahlen [ˈaʊstsaːlən] VT (*Lohn, Summe*) to pay out; (*Arbeiter*) to pay off; (*Miterben*) to buy out ▶ VR (*sich lohnen*) to pay

aus|zählen [ˈaʊstsɛːlən] VT (*Stimmen*) to count; (*Boxen*) to count out

aus|zeichnen [ˈaʊstsaɪçnən] VT to honour (BRIT), to honor (*US*); (*Mil*) to decorate; (*Comm*) to price ▶ VR to distinguish o.s.; **der Wagen zeichnet sich durch ... aus** one of the car's main features is ...

Auszeichnung F distinction; (*Comm*) pricing; (*Ehrung*) awarding of decoration; (*Ehre*) honour (BRIT), honor (*US*); (*Orden*) decoration; **mit ~** with distinction

★**aus|ziehen** [ˈaʊstsiːən] *unreg* VT (*Kleidung*) to take off; (*Haare, Zähne, Tisch etc*) to pull out ▶ VR to undress ▶ VI (*aufbrechen*) to leave; (*aus Wohnung*) to move out

Auszubildende(r) [ˈaʊstsʊbɪldəndə(r)] F(M) trainee; (*als Handwerker*) apprentice

Auszug [ˈaʊstsuːk] M (*aus Wohnung*) removal; (*aus Buch etc*) extract; (*Kontoauszug*) statement; (*Ausmarsch*) departure

autark [aʊˈtark] ADJ self-sufficient (*auch fig*); (*Comm*) autarkical

★**Auto** [ˈaʊto] (**-s, -s**) NT (motor-)car, automobile (*US*); **mit dem ~ fahren** to go by car; **~ fahren** to drive

Autoatlas M road atlas

★**Autobahn** F motorway (BRIT), expressway (*US*)

> **Autobahn** is the German term for a motorway. There is a widespread network of motorways throughout Germany. There is no overall speed limit but a limit of 130 km per hour is recommended and there are lower mandatory limits on certain stretches of road. Although for many years no tolls were payable on German motorways, in 2005 a toll was imposed on trucks and in 2017 the German government approved plans to start charging all motorway users from 2019 onwards.

Autobahn- ZW: **Autobahnauffahrt** F motorway access road (BRIT), on-ramp (*US*); **Autobahnausfahrt** F motorway exit (BRIT), off-ramp (*US*); **Autobahndreieck** NT motorway (BRIT) *od* expressway (*US*) junction; ★ **Autobahnkreuz** NT motorway (BRIT) *od* expressway (*US*) intersection; **Autobahnzubringer** M motorway feeder *od* access road

Autobiografie [aʊtobiograˈfiː] F autobiography

Auto- ZW: **Autobombe** F car bomb; ★ **Autobus** M bus; (*Reisebus*) coach (BRIT), bus (*US*); **Autofähre** F car ferry; **Autofahrer(in)** M(F) motorist, driver; **Autofahrt** F drive; **Autofriedhof** (*umg*) M car dump

autogen [aʊtoˈgeːn] ADJ autogenous; **autogenes Training** (*Psych*) relaxation through self-hypnosis

Autogramm [aʊtoˈgram] NT autograph

★**Automat** (**-en, -en**) M machine

Automatik [aʊtoˈmaːtɪk] F automatic mechanism (*auch fig*); (*Gesamtanlage*) automatic system; (*Aut*) automatic transmission

automatisch ADJ automatic

Automatisierung [aʊtomatiˈziːrʊŋ] F automation

Automechaniker(in) M(F) car mechanic

Automobilausstellung [aʊtomoˈbiːlaʊsʃtɛlʊŋ] F motor show

autonom [aʊtoˈnoːm] ADJ autonomous

Autopsie [aʊtɔˈpsiː] F post-mortem, autopsy

★**Autor** [ˈaʊtɔr] (**-s, -en**) M author

Auto- ZW: **Autoradio** NT car radio; **Autoreifen** M car tyre (BRIT) *od* tire (*US*); **Autoreisezug** M motorail train; **Autorennen** NT motor race; (*Sportart*) motor racing

★**Autorin** [aʊˈtoːrɪn] F author

autoritär [aʊtoriˈtɛːr] ADJ authoritarian

Autorität [aʊtoriˈtɛːt] F authority

Auto- ZW: **Autoschalter** M drive-in bank (counter); **Autoschlüssel** M car key; **Autotelefon** NT car phone; **Autounfall** M car *od* motor accident; **Autoverleih** M, **Autovermietung** F car hire (BRIT) *od* rental (*US*)

AvD (-) M ABK (= *Automobilclub von Deutschland*) *German motoring organization*, ≈ AA (BRIT), ≈ AAA (*US*)

Axt [akst] (-, **Äxte**) F axe (BRIT), ax (*US*)

AZ, Az. ABK (= *Aktenzeichen*) ref.

Azoren [aˈtsoːrən] PL (*Geog*) Azores *pl*

Azteke [atsˈteːkə] (**-n, -n**) M Aztec

Azubi [aˈtsuːbi] (**-s, -s**) (*umg*) F(M) ABK = **Auszubildende**

Bb

B¹, b [beː] NT (*letter*) B, b; **B wie Bertha** ≈ B for Benjamin, ≈ B for Baker (*US*); **B-Dur/b-Moll** (the key of) B flat major/minor

B² [beː] F ABK = **Bundesstraße**

★**Baby** [ˈbeːbi] (**-s, -s**) NT baby; **Babyausstattung** F layette; **Babyklappe** F *anonymous drop-off point for unwanted babies*; **Babynahrung** F baby food; **Babyraum** M (*Flughafen etc*) nursing room; ★**babysitten** VI to babysit; ★**Babysitter** (**-s, -**) M baby-sitter; **Babyspeck** (*umg*) M puppy fat

Bach [bax] (**-(e)s, Bäche**) M stream, brook

Backblech NT baking tray

Backbord (**-(e)s, -e**) NT (*Naut*) port

Backe (**-, -n**) F cheek

★**backen** [ˈbakən] *unreg* VT, VI to bake; **frisch/knusprig gebackenes Brot** fresh/crusty bread

Backenbart M sideboards *pl*

Backenzahn M molar

★**Bäcker(in)** [ˈbɛkər(ɪn)] (**-s, -**) M(F) baker

★**Bäckerei** [bɛkəˈraɪ] F bakery; (*Bäckerladen*) baker's (shop)

Bäckerjunge M (*Lehrling*) baker's apprentice

Back- ZW: **Backfisch** M fried fish; (*veraltet*) teenager; **Backform** F baking tin (*BRIT*) *od* pan (*US*); **Backhähnchen** NT fried chicken in breadcrumbs; **Backobst** NT dried fruit; ★**Backofen** M oven; **Backpflaume** F prune; **Backpulver** NT baking powder; **Backstein** M brick

bäckt [bɛkt] VB *siehe* **backen**

Backwaren PL bread, cakes and pastries *pl*

★**Bad** [baːt] (**-(e)s, Bäder**) NT bath; (*Schwimmen*) swim; (*Ort*) spa; **ein ~ nehmen** to have *od* take a bath

Bade- ZW: **Badeanstalt** F swimming pool; ★**Badeanzug** M bathing suit; ★**Badehose** F bathing *od* swimming trunks *pl*; **Badekappe** F bathing cap; **Bademantel** M bath(ing) robe; **Bademeister(in)** M(F) swimming pool attendant

★**baden** [ˈbaːdən] VI to bathe, to have a bath ▶ VT to bath; **~ gehen** (*fig: umg*) to come a cropper

Baden-Württemberg [ˈbaːdənˈvʏrtəmbɛrk] NT Baden-Württemberg

Bade- ZW: ★**Badeort** M spa; **Badesachen** PL swimming things *pl*; ★**Badetuch** NT bath towel; ★**Badewanne** F bath(tub); ★**Badezimmer** NT bathroom

baff [baf] ADJ: **~ sein** (*umg*) to be flabbergasted

BAföG, Bafög [baːføk] NT ABK (= *Bundesausbildungsförderungsgesetz*) Federal Training Assistance Act

> **Bafög** is the system which awards grants for living expenses to students at universities and certain training colleges. The amount awarded is based on parental income. Part of the grant must be paid back a few years after the student graduates.

BAG (-) NT ABK (= *Bundesarbeitsgericht*) *German industrial tribunal*

Bagatelle [bagaˈtɛlə] (**-, -n**) F trifle

Bagdad [ˈbakdat] (**-s**) NT Baghdad

Bagger [ˈbagər] (**-s, -**) M excavator; (*Naut*) dredger

baggern VT, VI to excavate; (*Naut*) to dredge

Baggersee M (flooded) gravel pit

Bahamas [baˈhaːmas] PL: **die ~** the Bahamas *pl*

★**Bahn** [baːn] (**-, -en**) F railway (*BRIT*), railroad (*US*); (*Weg*) road, way; (*Spur*) lane; (*Rennbahn*) track; (*Astron*) orbit; (*Stoffbahn*) length; **mit der ~** by train *od* rail/tram; **frei ~** (*Comm*) carriage free to station of destination; **jdm/etw die ~ ebnen** (*fig*) to clear the way for sb/sth; **von der rechten ~ abkommen** to stray from the straight and narrow; **jdn aus der ~ werfen** (*fig*) to shatter sb; **Bahnbeamte(r)** M, **Bahnbeamtin** F railway (*BRIT*) *od* railroad (*US*) official; **bahnbrechend** ADJ pioneering; **Bahnbrecher(in)** M(F) pioneer

BahnCard® (**-, -s**) F rail card (*allowing 50% or 25% reduction on tickets*); **Bahndamm** M railway embankment

bahnen VT: **sich einen Weg ~** to clear a way

Bahnfahrt F railway (*BRIT*) *od* railroad (*US*) journey

★**Bahnhof** M station; **auf dem ~** at the station; **ich verstehe nur ~** (*hum: umg*) it's all Greek to me

★**Bahnhofshalle** F station concourse

Bahnhofsmission F *charitable organization for helping rail travellers*

> The **Bahnhofsmission** is a charitable organization set up by and run jointly by various churches. They have an office at railway stations in most big cities to which people in need of advice and help can go.

Bahnhofswirtschaft F station restaurant

Bahn- zW: **bahnlagernd** ADJ (*Comm*) to be collected from the station; **Bahnlinie** F (railway (BRIT) *od* railroad (US)) line; **Bahnschranke** F level (BRIT) *od* grade (US) crossing barrier; ★**Bahnsteig** M platform; **Bahnsteigkarte** F platform ticket; **Bahnstrecke** F railway (BRIT) *od* railroad (US) line; ★**Bahnübergang** M level (BRIT) *od* grade (US) crossing; **beschrankter ~** crossing with gates; **unbeschrankter ~** unguarded crossing; **Bahnwärter(in)** M(F) signalman, signalwoman

Bahrain [baˈraɪn] (**-s**) NT Bahrain

Bahre [ˈbaːrə] (**-, -n**) F stretcher

Baiser [bɛˈzeː] (**-s, -s**) NT meringue

Baisse [ˈbɛːsə] (**-, -n**) F (*Börse*) fall; (*plötzlich*) slump

Bajonett [bajoˈnɛt] (**-(e)s, -e**) NT bayonet

Bakelit® [bakeˈliːt] (**-s**) NT Bakelite®

Bakterien [bakˈteːriən] PL bacteria *pl*

Balance [baˈlãːsə] (**-, -n**) F balance, equilibrium

balancieren VT, VI to balance

★**bald** [balt] ADV (*zeitlich*) soon; (*beinahe*) almost; **~ ... ~ ...** now ... now ...; **~ darauf** soon afterwards; **bis ~!** see you soon

> The German word **bald** does not mean *bald* in English

baldig [ˈbaldɪç] ADJ early, speedy

baldmöglichst ADV as soon as possible

Baldrian [ˈbaldriaːn] (**-s, -e**) M valerian

Balearen [baleˈaːrən] PL: **die ~** the Balearics *pl*

Balg [balk] (**-(e)s, Bälger**) (*pej, umg*) M OD NT (*Kind*) brat

balgen [ˈbalgən] VR: **sich ~ (um)** to scrap (over)

Balkan [ˈbalkaːn] M: **der ~** the Balkans *pl*

Balken [ˈbalkən] (**-s, -**) M beam; (*Tragbalken*) girder; (*Stützbalken*) prop

★**Balkon** [balˈkõː] (**-s, -s** *od* **-e**) M balcony; (*Theat*) (dress) circle

★**Ball** [bal] (**-(e)s, Bälle**) M ball; (*Tanz*) dance, ball

Ballade [baˈlaːdə] (**-, -n**) F ballad

Ballast [ˈbalast] (**-(e)s, -e**) M ballast; (*fig*) weight, burden; **Ballaststoffe** PL (*Med*) roughage *sing*

ballen VT (*formen*) to make into a ball; (*Faust*) to clench ▸ VR to build up; (*Menschen*) to gather

Ballen [ˈbalən] (**-s, -**) M bale; (*Anat*) ball

ballern [ˈbalərn] (*umg*) VI to shoot, to fire

Ballett [baˈlɛt] (**-(e)s, -e**) NT ballet; **Balletttänzer(in)** M(F) ballet dancer

Ballistik [baˈlɪstɪk] F ballistics *sing*

Balljunge M ball boy

Ballkleid NT evening dress

Ballon [baˈlõː] (**-s, -s** *od* **-e**) M balloon

Ballspiel NT ball game

Ballung [ˈbalʊŋ] F concentration; (*von Energie*) build-up

Ballungs- zW: **Ballungsgebiet** NT, **Ballungsraum** M conurbation; **Ballungszentrum** NT centre (BRIT) *od* center (US: *of population, industry etc*)

Balsam [ˈbalzaːm] (**-s, -e**) M balsam; (*fig*) balm

Balsamessig M balsamic vinegar

Balte [ˈbaltə] (**-n, -n**) M Balt; **er ist ~** he comes from the Baltic

Baltikum [ˈbaltikʊm] (**-s**) NT: **das ~** the Baltic States *pl*

Baltin [ˈbaltɪn] F *siehe* **Balte**

baltisch ADJ Baltic *attrib*

Balz [balts] (**-, -en**) F (*Paarungsspiel*) courtship display; (*Paarungszeit*) mating season

Bambus [ˈbambʊs] (**-ses, -se**) M bamboo; **Bambusrohr** NT bamboo cane

Bambussprossen PL bamboo shoots *pl*

Bammel [ˈbaməl] (**-s**) (*umg*) M: **(einen) ~ vor jdm/etw haben** to be scared of sb/sth

banal [baˈnaːl] ADJ banal

Banalität [banaliˈtɛːt] F banality

★**Banane** [baˈnaːnə] (**-, -n**) F banana

Bananenschale F banana skin

Bananenstecker M jack plug

Banause [baˈnaʊzə] (**-n, -n**) M philistine

★**band** *etc* [bant] VB *siehe* **binden**

★**Band**[1] [bant] (**-(e)s, Bände**) M (*Buchband*) volume; **das spricht Bände** that speaks volumes

Band[2] (**-(e)s, Bänder**) NT (*Stoffband*) ribbon, tape; (*Fließband*) production line; (*Fassband*) hoop; (*Zielband, Tonband*) tape; (*Anat*) ligament; **etw auf ~ aufnehmen** to tape sth; **am laufenden ~** (*umg*) non-stop

Band[3] (**-(e)s, -e**) NT (*Freundschaftsband etc*) bond

Band[4] [bɛnt] (**-, -s**) F band, group

Bandage [banˈdaːʒə] (**-, -n**) F bandage

bandagieren VT to bandage

Bandbreite F (*von Meinungen etc*) range

Bande [ˈbandə] (**-, -n**) F band; (*Straßenbande*) gang

bändigen [ˈbɛndɪgən] VT (*Tier*) to tame; (*Trieb, Leidenschaft*) to control, to restrain

Bandit [banˈdiːt] (**-en, -en**) M bandit

Band- zW: **Bandmaß** NT tape measure; **Bandnudeln** PL tagliatelle *pl*; **Bandsäge** F band saw; **Bandscheibe** F (*Anat*) disc; **Bandscheibenschaden** M slipped disc; **Bandwurm** M tapeworm

bange [ˈbaŋə] ADJ scared; (*besorgt*) anxious; **jdm wird es ~** sb is becoming scared; **jdm B~ machen** to scare sb; **Bangemacher** M scaremonger

bangen VI: **um jdn/etw ~** to be anxious *od* worried about sb/sth

Bangkok [ˈbaŋkɔk] (**-s**) NT Bangkok

Bangladesch [baŋglaˈdɛʃ] (**-s**) NT Bangladesh

Banjo [ˈbanjo, ˈbɛndʒo] (**-s, -s**) NT banjo

★**Bank**[1] [baŋk] (**-, Bänke**) F (*Sitzbank*) bench; (*Sandbank etc*) (sand)bank, (sand)bar; **etw auf die lange ~ schieben** (*umg*) to put sth off

Bank² (-, **-en**) F (*Geldbank*) bank; **bei der ~** at the bank; **Geld auf der ~ haben** to have money in the bank; **Bankanweisung** F banker's order; **Bankautomat** M cash dispenser; **Bankbeamte(r)** M, **Bankbeamtin** F bank clerk; **Bankeinlage** F (bank) deposit

Bankett [baŋ'kɛt] (**-(e)s, -e**) NT (*Essen*) banquet; (*Straßenrand*) verge (BRIT), shoulder (US)

Bank- zW: **Bankfach** NT (*Schließfach*) safe-deposit box; **Bankgebühr** F bank charge; **Bankgeheimnis** NT confidentiality in banking

Bankier [baŋki'e:] (**-s, -s**) M banker

Bank- zW: **Bankkarte** F bank card; **Bankkonto** NT bank account; **Bankleitzahl** F bank code number; ★ **Banknote** F banknote; **Bankraub** M bank robbery

bankrott [baŋ'krɔt] ADJ bankrupt; **Bankrott** M bankruptcy; **~ machen** to go bankrupt; **den ~ anmelden** *od* **erklären** to declare o.s. bankrupt; **Bankrotterklärung** F (*lit*) declaration of bankruptcy; (*fig: umg*) declaration of failure

Bank- zW: **Banküberfall** M bank raid; **Bankverbindung** F (*Kontonummer etc*) banking *od* account details *pl*

Bann [ban] (**-(e)s, -e**) M (*Hist*) ban; (*Kirchenbann*) excommunication; (*fig: Zauber*) spell; **bannen** VT (*Geister*) to exorcize; (*Gefahr*) to avert; (*bezaubern*) to enchant; (*Hist*) to banish

Banner ['bænər] (**-s, -**) NT banner, flag

bar ADJ *+gen* (*unbedeckt*) bare; (*frei von*) lacking (in); (*offenkundig*) utter, sheer; **bares Geld** cash; **etw (in) ~ bezahlen** to pay sth (in) cash; **etw für bare Münze nehmen** (*fig*) to take sth at face value; **~ aller Hoffnung** (*liter*) devoid of hope, completely without hope

★ **Bar** [ba:r] (**-, -s**) F bar

Bär [bɛ:r] (**-en, -en**) M bear; **jdm einen Bären aufbinden** (*umg*) to have sb on

Baracke [ba'rakə] (**-, -n**) F hut

barbarisch [bar'ba:rɪʃ] ADJ barbaric, barbarous

Barbestand M money in hand

Bardame F barmaid

Bärenhunger (*umg*) M: **einen ~ haben** to be famished

bärenstark (*umg*) ADJ strapping, strong as an ox; (*fig*) terrific

barfuß ADJ barefoot

barg *etc* [bark] VB *siehe* **bergen**

★ **Bargeld** NT cash, ready money

bargeldlos ADJ non-cash; **bargeldloser Zahlungsverkehr** non-cash *od* credit transactions *pl*

barhäuptig ADJ bareheaded

Barhocker M bar stool

Bariton ['ba:ritɔn] M baritone

Barkauf M cash purchase

Barkeeper ['ba:rki:pər] (**-s, -**) M barman, bartender

Barkredit M cash loan

Barmann (**-(e)s**, *pl* **-männer**) M barman

barmherzig [barm'hɛrtsɪç] ADJ merciful, compassionate; **Barmherzigkeit** F mercy, compassion

Barock [ba'rɔk] (**-s** *od* **-**) NT OD M baroque

Barometer [baro'me:tər] (**-s, -**) NT barometer; **das ~ steht auf Sturm** (*fig*) there's a storm brewing

Baron [ba'ro:n] (**-s, -e**) M baron

Baronesse [baro'nɛsə] (**-, -n**) F baroness

Baronin F baroness

Barren ['barən] (**-s, -**) M parallel bars *pl*; (*Goldbarren*) ingot

Barriere [bari'ɛ:rə] (**-, -n**) F barrier

Barrikade [bari'ka:də] (**-, -n**) F barricade

barsch [barʃ] ADJ brusque, gruff; **jdn ~ anfahren** to snap at sb

Barsch [barʃ] (**-(e)s, -e**) M perch

Barschaft F ready money

Barscheck M open *od* uncrossed cheque (BRIT), open check (US)

barst *etc* [barst] VB *siehe* **bersten**

★ **Bart** [ba:rt] (**-(e)s, Bärte**) M beard; (*Schlüsselbart*) bit

bärtig ['bɛ:rtɪç] ADJ bearded

Barvermögen NT liquid assets *pl*

Barzahlung F cash payment

Basar [ba'za:r] (**-s, -e**) M bazaar

Base ['ba:zə] (**-, -n**) F (*Chem*) base; (*Cousine*) cousin

Baseballmütze ['be:sbo:lmʏtsə] F baseball cap

★ **Basel** ['ba:zəl] (**-s**) NT Basle

Basen PL *von* **Base**; **Basis**

basieren [ba'zi:rən] VT to base ▶ VI to be based

Basilikum [ba'zi:likʊm] (**-s**) NT basil

Basis ['ba:zɪs] (**-**, *pl* **Basen**) F basis; (*Archit, Mil, Math*) base; **~ und Überbau** (*Pol, Soziologie*) foundation and superstructure; **die ~** (*umg*) the grass roots

basisch ['ba:zɪʃ] ADJ (*Chem*) alkaline

Basisgruppe F action group

Baske ['baskə] (**-n, -n**) M Basque

Baskenland NT Basque region

Baskenmütze F beret

Basketball ['ba:skətbal] M basketball

Baskin F Basque

Bass [bas] (**-es, Bässe**) M bass

Bassin [ba'sɛ̃:] (**-s, -s**) NT pool

Bassist(in) [ba'sɪst(ɪn)] M(F) bass player

Bassschlüssel M bass clef

Bassstimme F bass voice

Bast [bast] (**-(e)s, -e**) M raffia

basta ['basta] INTERJ: **(und damit) ~!** (and) that's that!

★ **basteln** ['bastəln] VT to make ▶ VI to do handicrafts; **an etw** *dat* **~** (*an etw herumbasteln*) to tinker with sth

Bastler(in) [ˈbastlər] **(-s, -)** M(F) do-it-yourselfer; (*handwerklich*) handicrafts enthusiast

bat *etc* [ba:t] VB *siehe* **bitten**

Bataillon [batalˈjo:n] **(-s, -e)** NT battalion

Batist [baˈtɪst] **(-(e)s, -e)** M batiste

★**Batterie** [batəˈri:] F battery

Bau [baʊ] **(-(e)s)** M (*Bauen*) building, construction; (*Aufbau*) structure; (*Körperbau*) frame; (*Baustelle*) building site; (*pl Baue*: *Tierbau*) hole, burrow; (: *Min*) working(s); (*pl Bauten*: *Gebäude*) building; **sich im ~ befinden** to be under construction; **Bauarbeiten** PL building *od* construction work *sing*; (*Straßenbau*) roadworks *pl* (BRIT), roadwork *sing* (*US*); ★**Bauarbeiter(in)** M(F) building worker

★**Bauch** [baʊx] **(-(e)s, Bäuche)** M belly; (*Anat*) stomach, abdomen; **sich** *dat* **(vor Lachen) den ~ halten** (*umg*) to split one's sides (laughing); **mit etw auf den ~ fallen** (*umg*) to come a cropper with sth; **Bauchansatz** M beginning of a paunch; **Bauchfell** NT peritoneum

Bauchgefühl NT: **ein ~ haben** to have a gut reaction

bauchig ADJ bulging

Bauch- ZW: **Bauchlandung** F: **eine ~ machen** (*fig*) to experience a failure, to flop; **Bauchmuskel** M abdominal muscle; **Bauchnabel** M navel, belly-button (*umg*); **Bauchredner(in)** M(F) ventriloquist; **Bauchschmerzen** PL stomachache *sing*; **Bauchspeicheldrüse** F pancreas; **Bauchtanz** M belly dancing; (*einzelner Tanz*) belly dance; **Bauchweh** NT stomachache

Baudrate [baʊtˈra:tə] F (*Comput*) baud rate

★**bauen** [ˈbaʊən] VT to build; (*Tech*) to construct; (*umg*: *verursachen*: *Unfall*) to cause ▶ VI to build; **auf jdn/etw ~** to depend *od* count upon sb/sth; **da hast du Mist gebaut** (*umg*) you really messed that up

★**Bauer**[1] [ˈbaʊər] **(-n** *od* **-s, -n)** M farmer; (*Schach*) pawn

Bauer[2] **(-s, -)** NT OD M (*Vogelbauer*) cage

Bäuerchen [ˈbɔʏərçən] NT (*Kindersprache*) burp

★**Bäuerin** [ˈbɔʏərɪn] F farmer; (*Frau des Bauern*) farmer's wife

bäuerlich ADJ rustic

Bauern- ZW: **Bauernbrot** NT black bread; **Bauernfängerei** F deception, confidence trick(s); **Bauernfrühstück** NT bacon and potato omelette (BRIT) *od* omelet (*US*); ★**Bauernhaus** NT farmhouse; ★**Bauernhof** M farm; **Bauernschaft** F farming community; **Bauernschläue** F native cunning, craftiness, shrewdness; **baufällig** ADJ dilapidated; **Baufälligkeit** F dilapidation

Bau- ZW: **Baufirma** F construction firm; **Bauführer** M site foreman; **Baugelände** NT building site; **Baugenehmigung** F building permit; **Baugerüst** NT scaffolding; **Bauherr** M client (*of construction firm*); **Bauingenieur** M civil engineer

Bauj. ABK = **Baujahr**

Bau- ZW: **Baujahr** NT year of construction; (*von Auto*) year of manufacture; **Baukasten** M box of bricks; **Bauklötzchen** NT (building) block; **Baukosten** PL construction costs *pl*; **Bauland** NT building land; **Bauleute** PL building workers *pl*; **baulich** ADJ structural; **Baulöwe** M building speculator; **Baulücke** F undeveloped building plot

★**Baum** [baʊm] **(-(e)s,** *pl* **Bäume)** M tree; **heute könnte ich Bäume ausreißen** I feel full of energy today

Baumarkt M DIY superstore

baumeln [ˈbaʊməln] VI to dangle

bäumen [ˈbɔʏmən] VR to rear (up)

Baum- ZW: **Baumgrenze** F tree line; **Baumschule** F nursery; **Baumstamm** M tree trunk; **Baumstumpf** M tree stump; ★**Baumwolle** F cotton

Bau- ZW: **Bauplan** M architect's plan; **Bauplatz** M building site; **Bausachverständige(r)** F(M) quantity surveyor; **Bausatz** M construction kit

Bausch [baʊʃ] **(-(e)s,** *pl* **Bäusche)** M (*Wattebausch*) ball, wad; **in ~ und Bogen** (*fig*) lock, stock, and barrel

bauschen VT, VI, VR to puff out

bauschig ADJ baggy, wide

bausparen VI UNTR to save with a building society (BRIT) *od* a building and loan association (*US*)

Bau- ZW: **Bausparkasse** F building society (BRIT), building and loan association (*US*); **Bausparvertrag** M savings contract with a building society (BRIT) *od* building and loan association (*US*); **Baustein** M building stone, freestone; (*Spielzeug*) brick; (*fig*) element; ★**Baustelle** F building site; (*bei Straßenbau*) roadworks *pl* (BRIT), roadwork (*US*); **Baustil** M architectural style; **bautechnisch** ADJ in accordance with building *od* construction methods; **Bauteil** NT prefabricated part (of building); **Bauten** PL *von* **Bau**; **Bauunternehmer(in)** M(F) contractor, builder; **Bauweise** F (method of) construction; **Bauwerk** NT building; **Bauzaun** M hoarding

b. a. W. ABK (= *bis auf Weiteres*) until further notice

Bayer(in) [ˈbaɪər(ɪn)] **(-n, -n)** M(F) Bavarian

bayerisch, bayrisch ADJ Bavarian

★**Bayern** NT Bavaria

Bazillus [baˈtsɪlʊs] **(-,** *pl* **Bazillen)** M bacillus

BB ABK = **Brandenburg**

Bd. ABK (= *Band*) vol.

Bde. ABK (= *Bände*) vols.

BE ABK = **Berlin**

beabsichtigen [bəˈ|apzɪçtɪgən] VT to intend

beachten [bəˈ|axtən] VT to take note of; (*Vorschrift*) to obey; (*Vorfahrt*) to observe

beachtenswert ADJ noteworthy

beachtlich ADJ considerable

Beachtung F notice, attention, observation; **jdm keine ~ schenken** to take no notice of sb

Beachvolleyball NT beach volleyball

★**Beamte(r)** [bə'|amtə(r)] (**-n, -n**) M official; (*Staatsbeamte*) civil servant; (*Bankbeamte etc*) employee

Beamtenlaufbahn F: **die ~ einschlagen** to enter the civil service

Beamtenverhältnis NT: **im ~ stehen** to be a civil servant

beamtet ADJ (*form*) appointed on a permanent basis (*by the state*)

★**Beamtin** F *siehe* **Beamte**

beängstigend [bə'|ɛŋstɪgənt] ADJ alarming

beanspruchen [bə'|anʃpruxən] VT to claim; (*Zeit, Platz*) to take up, to occupy; **jdn ~** to take up sb's time; **etw stark ~** to put sth under a lot of stress

beanstanden [bə'|anʃtandən] VT to complain about, to object to; (*Rechnung*) to query

Beanstandung F complaint

beantragen [bə'|antra:gən] VT to apply for, to ask for

★**beantworten** [bə'|antvɔrtən] VT to answer

Beantwortung F reply

★**bearbeiten** [bə'|arbaɪtən] VT to work; (*Material*) to process; (*Thema*) to deal with; (*Land*) to cultivate; (*Chem*) to treat; (*Buch*) to revise; (*umg: beeinflussen wollen*) to work on

Bearbeitung F processing; (*von Land*) cultivation; (*Chem*) treatment; (*von Buch*) revision; **die ~ meines Antrags hat lange gedauert** it took a long time to deal with my claim

Bearbeitungsgebühr F handling charge

beatmen [bə'|a:tmən] VT: **jdn künstlich ~** to give sb artificial respiration

Beatmung [bə'|a:tmʊŋ] F respiration

beaufsichtigen [bə'|aʊfzɪçtɪgən] VT to supervise

Beaufsichtigung F supervision

beauftragen [bə'|aʊftra:gən] VT to instruct; **jdn mit etw ~** to entrust sb with sth

Beauftragte(r) F(M) representative

bebauen [bə'baʊən] VT to build on; (*Agr*) to cultivate

beben ['be:bən] VI to tremble, to shake; **Beben** (**-s -**) NT earthquake

bebildern [bə'bɪldərn] VT to illustrate

★**Becher** ['bɛçər] (**-s, -**) M mug; (*ohne Henkel*) tumbler; (*für Joghurt*) pot

bechern ['bɛçərn] (*umg*) VI (*trinken*) to have a few (drinks)

Becken ['bɛkən] (**-s, -**) NT basin; (*Mus*) cymbal; (*Anat*) pelvis

bedacht ADJ thoughtful, careful; **auf etw** *akk* **~ sein** to be concerned about sth

Bedacht [bə'daxt] M: **mit ~** (*vorsichtig*) prudently, carefully; (*absichtlich*) deliberately

bedächtig [bə'dɛçtɪç] ADJ (*umsichtig*) thoughtful, reflective; (*langsam*) slow, deliberate

★**bedanken** [bə'daŋkən] VR: **sich (bei jdm) ~** to say thank you (to sb); **ich bedanke mich herzlich** thank you very much

Bedarf [bə'darf] (**-(e)s**) M need; (*Bedarfsmenge*) requirements *pl*; (*Comm*) demand; **alles für den häuslichen ~** all household requirements; **je nach ~** according to demand; **bei ~** if necessary; **~ an etw** *dat* **haben** to be in need of sth

Bedarfs- ZW: **Bedarfsartikel** M requisite; **Bedarfsdeckung** F satisfaction of sb's needs; **Bedarfsfall** M case of need; **Bedarfshaltestelle** F request stop

bedauerlich [bə'daʊərlɪç] ADJ regrettable

★**bedauern** [bə'daʊərn] VT to be sorry for; (*bemitleiden*) to pity; **wir ~ Ihnen mitteilen zu müssen ...** we regret to have to inform you ...; **Bedauern** (**-s**) NT regret

bedauernswert ADJ (*Zustände*) regrettable; (*Mensch*) pitiable, unfortunate

bedecken [bə'dɛkən] VT to cover

bedeckt ADJ covered; (*Himmel*) overcast

bedenken [bə'dɛŋkən] *unreg* VT to think over, to consider; **ich gebe zu ~, dass ...** (*geh*) I would ask you to consider that ...; **Bedenken** (**-s, -**) NT (*Überlegen*) consideration; (*Zweifel*) doubt; (*Skrupel*) scruples *pl*; **mir kommen ~** I am having second thoughts

bedenklich ADJ doubtful; (*bedrohlich*) dangerous, risky

Bedenkzeit F time to consider; **zwei Tage ~** two days to think about it

★**bedeuten** [bə'dɔytən] VT to mean; (*wichtig sein*) to be of importance; **das bedeutet nichts Gutes** that means trouble

bedeutend ADJ important; (*beträchtlich*) considerable

bedeutsam ADJ significant; (*vielsagend*) meaningful

Bedeutung F meaning; (*Wichtigkeit*) importance

bedeutungslos ADJ insignificant, unimportant

bedeutungsvoll ADJ momentous, significant

★**bedienen** [bə'di:nən] VT to serve; (*Maschine*) to work, to operate ▸ VR (*beim Essen*) to help o.s.; (*gebrauchen*): **sich jds/einer Sache ~** to make use of sb/sth; **werden Sie schon bedient?** are you being served?; **damit sind Sie sehr gut bedient** that should serve you very well; **ich bin bedient!** (*umg*) I've had enough

★**Bedienung** F service; (*Kellner etc*) waiter/waitress; (*Zuschlag*) service (charge); (*von Maschinen*) operation

Bedienungsanleitung F operating instructions *pl*

Bedienungsfehler M operating error; **einen ~ machen** (*Comput*) to do something wrong

bedingen [bə'dɪŋən] VT (*voraussetzen*) to demand, to involve; (*verursachen*) to cause, to occasion

bedingt ADJ limited; (*Straferlass*) conditional; (*Reflex*) conditioned; **(nur) ~ gelten** to be (only) partially valid; **~ geeignet** suitable up to a point

★**Bedingung** F condition; (*Voraussetzung*) stipulation; **mit** *od* **unter der ~, dass ...** on condition that ...; **zu günstigen Bedingungen** (*Comm*) on favourable (BRIT) *od* favorable (*US*) terms

Bedingungsform F (*Gram*) conditional

bedingungslos ADJ unconditional

bedrängen [bəˈdrɛŋən] VT to pester, to harass

Bedrängnis [bəˈdrɛŋnɪs] F (*seelisch*) distress, torment

Bedrängung F trouble

bedrohen [bəˈdro:ən] VT to threaten

bedrohlich ADJ ominous, threatening

Bedrohung F threat, menace

bedrucken [bəˈdrʊkən] VT to print on

bedrücken [bədrʏkən] VT to oppress, to trouble

bedürfen [bəˈdʏrfən] *unreg* VI *+gen* (*geh*) to need, to require; **ohne dass es eines Hinweises bedurft hätte, ...** without having to be asked ...

Bedürfnis [bəˈdʏrfnɪs] (**-ses, -se**) NT need; **das ~ nach etw haben** to need sth; **Bedürfnisanstalt** F (*form*) public convenience (BRIT), comfort station (*US*); **bedürfnislos** ADJ frugal, modest

bedürftig ADJ in need, poor, needy

★**Bedürftige(r)** F(M) person in need; **die Bedürftigen** people in need

★**Beefsteak** [ˈbi:fste:k] (**-s, -s**) NT steak; **deutsches ~** hamburger

beehren [bəˈ|e:rən] VT (*geh*) to honour (BRIT), to honor (*US*); **wir ~ uns ...** we have pleasure in ...

★**beeilen** [bəˈ|aɪlən] VR to hurry

beeindrucken [bəˈ|aɪndrʊkən] VT to impress, to make an impression on

beeinflussen [bəˈ|aɪnflʊsən] VT to influence

Beeinflussung F influence

beeinträchtigen [bəˈ|aɪntrɛçtɪgən] VT to affect adversely; (*Sehvermögen*) to impair; (*Freiheit*) to infringe upon

★**beenden** [bəˈ|ɛndən], **beendigen** [bəˈ|ɛndɪgən] VT to end, to finish, to terminate

Beendung, Beendigung F end(ing), finish(ing)

beengen [bəˈ|ɛŋən] VT to cramp; (*fig*) to hamper, to inhibit; **beengende Kleidung** restricting clothing

beengt ADJ cramped; (*fig*) stifled

beerben [bəˈ|ɛrbən] VT to inherit from

beerdigen [bəˈ|e:rdɪgən] VT to bury

Beerdigung F funeral, burial

Beerdigungsunternehmer M undertaker

Beere [ˈbe:rə] (**-, -n**) F berry; (*Traubenbeere*) grape

Beerenauslese F *wine made from specially selected grapes*

Beet [be:t] (**-(e)s, -e**) NT (*Blumenbeet*) bed

befähigen [bəˈfɛ:ɪgən] VT to enable

befähigt ADJ (*begabt*) talented; (*fähig*): **~ (für)** capable (of)

Befähigung F capability; (*Begabung*) talent, aptitude; **die ~ zum Richteramt** the qualifications to become a judge

befahl *etc* [bəˈfa:l] VB *siehe* **befehlen**

befahrbar [bəˈfa:rba:r] ADJ passable; (*Naut*) navigable; **nicht ~ sein** (*Straße, Weg*) to be closed (to traffic); (*wegen Schnee etc*) to be impassable

befahren [bəˈfa:rən] *unreg* VT (*Straße*) to use; (*Pass*) to drive over; (*Naut*) to navigate ▶ ADJ: **stark/wenig ~** busy/quiet

befallen [bəˈfalən] *unreg* VT to come over

befangen [bəˈfaŋən] ADJ (*schüchtern*) shy, self-conscious; (*voreingenommen*) bias(s)ed; **Befangenheit** F shyness; (*Voreingenommenheit*) bias

befassen [bəˈfasən] VR to concern o.s.

★**Befehl** [bəˈfe:l] (**-(e)s, -e**) M command, order; (*Comput*) command; **auf ~ handeln** to act under orders; **zu ~, Herr Hauptmann!** (*Mil*) yes, sir; **den ~ haben** *od* **führen (über** *+akk***)** to be in command (of)

befehlen *unreg* VT to order ▶ VI to give orders; **jdm etw ~** to order sb to do sth; **du hast mir gar nichts zu ~** I won't take orders from you

befehligen VT to be in command of

Befehls- ZW: **Befehlsempfänger** M subordinate; **Befehlsform** F (*Gram*) imperative; **Befehlshaber(in)** (**-s, -**) M(F) commanding officer; **Befehlsnotstand** M (*Jur*) obligation to obey orders; **Befehlsverweigerung** F insubordination

befestigen [bəˈfɛstɪgən] VT to fasten; (*stärken*) to strengthen; (*Mil*) to fortify; **~ an** *+dat* to fasten to

Befestigung F fastening; (*Stärkung*) strengthening; (*Mil*) fortification

Befestigungsanlage F fortification

befeuchten [bəˈfɔʏçtən] VT to damp(en), to moisten

★**befinden** [bəˈfɪndən] *unreg* VR to be; (*sich fühlen*) to feel ▶ VT: **jdn/etw für** *od* **als etw ~** to deem sb/sth to be sth ▶ VI: **~ (über** *+akk***)** to decide (on), to adjudicate (on)

Befinden (**-s**) NT health, condition; (*Meinung*) view, opinion

beflecken [bəˈflɛkən] VT (*lit*) to stain; (*fig geh: Ruf, Ehre*) to besmirch

befliegen [bəˈfli:gən] *unreg* VT (*Strecke*) to fly

beflügeln [bəˈfly:gəln] VT (*geh*) to inspire

befohlen [bəˈfo:lən] PP *von* **befehlen**

befolgen [bəˈfɔlgən] VT to comply with, to follow

befördern [bəˈfœrdərn] VT (*senden*) to transport, to send; (*beruflich*) to promote; **etw mit der Post/per Bahn ~** to send sth by post/by rail

Beförderung F transport; (*beruflich*) promotion

Beförderungskosten PL transport costs *pl*

befragen [bəˈfra:gən] VT to question; (*um Stellungnahme bitten*): **~ (über** *+akk***)** to consult (about)

Befragung F poll

befreien [bəˈfraɪən] VT to set free; (*erlassen*) to exempt

Befreier(in) (**-s, -**) M(F) liberator

befreit ADJ (*erleichtert*) relieved

Befreiung F liberation, release; (*Erlassen*) exemption

Befreiungs- ZW: **Befreiungsbewegung** F liberation movement; **Befreiungskampf** M struggle for liberation; **Befreiungsversuch** M escape attempt

befremden [bəˈfrɛmdən] VT to surprise; (*unangenehm*) to disturb; **Befremden** (**-s**) NT surprise, astonishment

befreunden [bəˈfrɔyndən] VR to make friends; (*mit Idee etc*) to acquaint o.s.

befreundet ADJ friendly; **wir sind schon lange (miteinander) ~** we have been friends for a long time

befriedigen [bəˈfriːdɪgən] VT to satisfy

★**befriedigend** ADJ satisfactory

Befriedigung F satisfaction, gratification

befristet [bəˈfrɪstət] ADJ limited; (*Arbeitsverhältnis, Anstellung*) temporary

befruchten [bəˈfrʊxtən] VT to fertilize; (*fig*) to stimulate

Befruchtung F: **künstliche ~** artificial insemination

Befugnis [bəˈfuːknɪs] (**-, -se**) F authorization, powers *pl*

befugt ADJ authorized, entitled

befühlen [bəˈfyːlən] VT to feel, to touch

Befund [bəˈfʊnt] (**-(e)s, -e**) M findings *pl*; (*Med*) diagnosis; **ohne ~** (*Med*) (results) negative

befürchten [bəˈfʏrçtən] VT to fear

Befürchtung F fear, apprehension

befürworten [bəˈfyːrvɔrtən] VT to support, to speak in favour (BRIT) *od* favor (US) of

Befürworter(in) (**-s, -**) M(F) supporter, advocate

Befürwortung F support(ing), favouring (BRIT), favoring (US)

begabt [bəˈgaːpt] ADJ gifted

Begabung [bəˈgaːbʊŋ] F talent, gift

begann *etc* [bəˈgan] VB *siehe* **beginnen**

begatten [bəˈgatən] VR to mate ▶ VT to mate *od* pair (with)

begeben [bəˈgeːbən] *unreg* VR (*gehen*) to proceed; (*geschehen*) to occur; **sich ~ nach** *od* **zu** to proceed to(wards); **sich in ärztliche Behandlung ~** to undergo medical treatment; **sich in Gefahr ~** to expose o.s. to danger; **Begebenheit** F occurrence

★**begegnen** [bəˈgeːgnən] VI: **jdm ~** to meet sb; (*behandeln*) to treat; **Blicke ~ sich** eyes meet

Begegnung F meeting; (*Sport*) match

begehen [bəˈgeːən] *unreg* VT (*Straftat*) to commit; (*Weg etc*) to use, to negotiate; (*geh: feiern*) to celebrate

begehren [bəˈgeːrən] VT to desire

begehrenswert ADJ desirable

begehrt ADJ in demand; (*Junggeselle*) eligible

begeistern [bəˈgaɪstərn] VT to fill with enthusiasm; (*inspirieren*) to inspire ▶ VR: **sich für etw ~** to get enthusiastic about sth; **er ist für nichts zu ~** he's not interested in doing anything

★**begeistert** ADJ enthusiastic

Begeisterung F enthusiasm

Begierde [bəˈgiːrdə] (**-, -n**) F desire, passion

begierig [bəˈgiːrɪç] ADJ eager, keen; (*voll Verlangen*) hungry, greedy

★**begießen** [bəˈgiːsən] *unreg* VT to water; (*mit Fett: Braten etc*) to baste; (*mit Alkohol*) to drink to

★**Beginn** [bəˈgɪn] (**-(e)s**) M beginning; **zu ~** at the beginning

★**beginnen** *unreg* VT, VI to start, to begin

beglaubigen [bəˈglaʊbɪgən] VT to countersign; (*Abschrift*) to authenticate; (*Echtheit, Übersetzung*) to certify

Beglaubigung F certification

Beglaubigungsschreiben NT credentials *pl*

begleichen [bəˈglaɪçən] *unreg* VT to settle, to pay; **mit Ihnen habe ich noch eine Rechnung zu ~** (*fig*) I've a score to settle with you

★**begleiten** [bəˈglaɪtən] VT to accompany; (*Mil*) to escort

Begleiter(in) (**-s, -**) M(F) companion; (*zum Schutz*) escort; (*Mus*) accompanist

Begleit- ZW: **Begleiterscheinung** F side effect; **Begleitmusik** F accompaniment; **Begleitpapiere** PL (*Comm*) accompanying documents *pl*; **Begleitperson** F plus-one; **sie war ihre ~ auf der Party** she was her plus-one for the party; **Begleitschiff** NT escort vessel; **Begleitschreiben** NT covering letter; **Begleitumstände** PL attendant circumstances

Begleitung F company; (*Mil*) escort; (*Mus*) accompaniment

beglücken [bəˈglʏkən] VT to make happy, to delight

beglückwünschen [bəˈglʏkvʏnʃən] VT: **~ (zu)** to congratulate (on)

begnadet [bəˈgnaːdət] ADJ gifted

begnadigen [bəˈgnaːdɪgən] VT to pardon

Begnadigung F pardon

begnügen [bəˈgnyːgən] VR: **sich ~ mit** to be satisfied with, to content o.s. with

Begonie [bəˈgoːniə] F begonia

begonnen [bəˈgɔnən] PP *von* **beginnen**

begossen [bəˈgɔsən] PP *von* **begießen** ▶ ADJ: **er stand da wie ein begossener Pudel** (*umg*) he looked so sheepish

begraben [bəˈgraːbən] *unreg* VT to bury; (*aufgeben: Hoffnung*) to abandon; (*beenden: Streit etc*) to end; **dort möchte ich nicht ~ sein** (*umg*) I wouldn't like to be stuck in that hole

Begräbnis [bəˈgrɛːpnɪs] (**-ses, -se**) NT burial, funeral

begradigen [bəˈgraːdɪgən] VT to straighten (out)

begreifen [bəˈgraɪfən] *unreg* VT to understand, to comprehend

begreiflich [bəˈgraɪflɪç] ADJ understandable; **ich kann mich ihm nicht ~ machen** I can't make myself clear to him

begrenzen [bəˈgrɛntsən] VT (*beschränken*): **~ (auf** *+akk***)** to restrict (to), to limit (to)

Begrenztheit [bəˈgrɛntsthaɪt] F limitation, restriction; (*fig*) narrowness

Begrenzung F boundary; (*fig*) restriction

Begriff [bəˈgrɪf] (**-(e)s, -e**) M concept, idea; **im ~ sein, etw zu tun** to be about to do sth; **sein Name ist mir ein/kein ~** his name means something/doesn't mean anything to me; **du machst dir keinen ~ (davon)** you've no idea; **für meine Begriffe** in my opinion; **schwer von ~** (*umg*) slow on the uptake

Begriffsbestimmung F definition

begriffsstutzig ADJ slow-witted, dense

begrub *etc* [bəˈgruːp] VB *siehe* **begraben**

begründen [bəˈgrʏndən] VT (*Gründe geben*) to justify; **etw näher ~** to give specific reasons for sth

Begründer(in) (**-s, -**) M(F) founder

begründet ADJ well-founded, justified; **sachlich ~** founded on fact

Begründung F justification, reason

begrünen [bəˈgryːnən] VT to plant with greenery

★**begrüßen** [bəˈgryːsən] VT to greet, to welcome

begrüßenswert ADJ welcome

Begrüßung F greeting, welcome

begünstigen [bəˈgʏnstɪgən] VT (*Person*) to favour (BRIT), to favor (US); (*Sache*) to further, to promote

Begünstigte(r) F(M) beneficiary

begutachten [bəˈguːt|axtən] VT to assess; (*umg: ansehen*) to have a look at

begütert [bəˈgyːtərt] ADJ wealthy, well-to-do

begütigend ADJ (*Worte etc*) soothing; **~ auf jdn einreden** to calm sb down

behaart [bəˈhaːrt] ADJ hairy

behäbig [bəˈhɛːbɪç] ADJ (*dick*) portly, stout; (*geruhsam*) comfortable

behaftet [bəˈhaftət] ADJ: **mit etw ~ sein** to be afflicted by sth

behagen [bəˈhaːgən] VI: **das behagt ihm nicht** he does not like it; **Behagen** (**-s**) NT comfort, ease; **mit ~ essen** to eat with relish

behaglich [bəˈhaːklɪç] ADJ comfortable, cosy; **Behaglichkeit** F comfort, cosiness

behält [bəˈhɛlt] VB *siehe* **behalten**

behalten [bəˈhaltən] *unreg* VT to keep, to retain; (*im Gedächtnis*) to remember; **~ Sie (doch) Platz!** please don't get up!

Behälter [bəˈhɛltər] (**-s, -**) M container, receptacle

behämmert [bəˈhɛmərt] (*umg*) ADJ screwy, crazy

★**behandeln** [bəˈhandəln] VT to treat; (*Thema*) to deal with; (*Maschine*) to handle; **der behandelnde Arzt** the doctor in attendance

Behändigkeit [bəˈhɛndɪçkaɪt] F agility, quickness

★**Behandlung** F treatment; (*von Maschine*) handling

behängen [bəˈhɛŋən] VT to decorate

beharren [bəˈharən] VI: **auf etw** *dat* **~** to stick *od* keep to sth

beharrlich [bəˈharlɪç] ADJ (*ausdauernd*) steadfast, unwavering; (*hartnäckig*) tenacious, dogged; **Beharrlichkeit** F steadfastness; (*Hartnäckigkeit*) tenacity

behaupten [bəˈhauptən] VT to claim, to assert, to maintain; (*sein Recht*) to defend ▸ VR to assert o.s.; **von jdm ~, dass …** to say (of sb) that …; **sich auf dem Markt ~** to establish itself on the market

Behauptung F claim, assertion

Behausung [bəˈhaʊzʊŋ] F dwelling, abode; (*armselig*) hovel

beheben [bəˈheːbən] *unreg* VT (*beseitigen*) to remove; (*Missstände*) to remedy; (*Schaden*) to repair; (*Störung*) to clear

beheimatet [bəˈhaɪmaːtət] ADJ: **~ (in** *+dat***)** domiciled (at/in); (*Tier, Pflanze*) native (to)

beheizen [bəˈhaɪtsən] VT to heat

Behelf [bəˈhɛlf] (**-(e)s, -e**) M expedient, makeshift; **behelfen** *unreg* VR: **sich mit etw ~** to make do with sth

behelfsmäßig ADJ improvised, makeshift; (*vorübergehend*) temporary

behelligen [bəˈhɛlɪgən] VT to trouble, to bother

Behendigkeit [bəˈhɛndɪçkaɪt] F *siehe* **Behändigkeit**

beherbergen [bəˈhɛrbɛrgən] VT (*lit, fig*) to house

beherrschen [bəˈhɛrʃən] VT (*Volk*) to rule, to govern; (*Situation*) to control; (*Sprache, Gefühle*) to master ▸ VR to control o.s.

beherrscht ADJ controlled; **Beherrschtheit** F self-control

Beherrschung F rule; (*von Situation*) control; (*von Sprache, Gefühl*) mastery; **die ~ verlieren** to lose one's temper

beherzigen [bəˈhɛrtsɪgən] VT to take to heart

beherzt ADJ spirited, brave

behielt *etc* [bəˈhiːlt] VB *siehe* **behalten**

★**behilflich** [bəˈhɪlflɪç] ADJ helpful; **jdm ~ sein (bei)** to help sb (with)

behindern [bəˈhɪndərn] VT to hinder, to impede

Behinderte(r) F(M) person with a disability

behindertengerecht ADJ suitable for people with a disability

Behinderung F hindrance; (*Körperbehinderung*) disability

Behörde [bəˈhøːrdə] (**-, -n**) F authorities *pl*; (*Amtsgebäude*) office(s *pl*)

behördlich [bəˈhøːrtlɪç] ADJ official

behüten [bəˈhyːtən] VT to guard; **jdn vor etw** *dat* **~** to preserve sb from sth

behütet ADJ (*Jugend etc*) sheltered

behutsam [bəˈhuːtzaːm] ADJ cautious, careful; **man muss es ihr ~ beibringen** it will have to be broken to her gently; **Behutsamkeit** F caution, carefulness

bei [baɪ]

PRÄP *+dat* **1** (*nahe bei*) near; (*zum Aufenthalt*) at, with; (*unter, zwischen*) among; **bei München** near Munich; **bei uns** at our place; **beim Friseur** at the hairdresser's; **bei seinen Eltern wohnen** to live with one's parents; **bei einer Firma arbeiten** to work for a firm; **etw bei sich haben** to have sth on one; **jdn bei sich haben** to have sb with one; **bei Goethe** in Goethe; **beim Militär** in the army
2 (*zeitlich*) at, on; (*während*) during; (*Zustand, Umstand*) in; **bei Nacht** at night; **bei Nebel** in fog; **bei Regen** if it rains; **bei solcher Hitze** in such heat; **bei meiner Ankunft** on my arrival; **bei der Arbeit** when I'm *etc* working; **beim Fahren** while driving; **bei offenem Fenster schlafen** to sleep with the window open; **bei Feuer Scheibe einschlagen** in case of fire break glass; **bei seinem Talent** with his talent

bei|behalten [ˈbaɪbəhaltən] *unreg* VT to keep, to retain
Beibehaltung F keeping, retaining
Beiblatt [ˈbaɪblat] NT supplement
bei|bringen [ˈbaɪbrɪŋən] *unreg* VT (*Beweis, Zeugen*) to bring forward; (*Gründe*) to adduce; **jdm etw ~** (*zufügen*) to inflict sth on sb; (*zu verstehen geben*) to make sb understand sth; (*lehren*) to teach sb sth
Beichte [ˈbaɪçtə] F confession
beichten VT to confess ▸ VI to go to confession
Beichtgeheimnis NT secret of the confessional
Beichtstuhl M confessional
★**beide** [ˈbaɪdə] PRON, ADJ both; **meine beiden Brüder** my two brothers, both my brothers; **die ersten beiden** the first two; **wir ~** we two; **einer von beiden** one of the two; **alle(s) ~(s)** both (of them); **~ Mal** both times
beider- ZW: **beiderlei** ADJ *unver* of both; **beiderseitig** ADJ mutual, reciprocal; **beiderseits** ADV mutually ▸ PRÄP *+gen* on both sides of
beidhändig [ˈbaɪthɛndɪç] ADJ ambidextrous
bei|drehen [ˈbaɪdreːən] VI to heave to
beidseitig [ˈbaɪtzaɪtɪç] ADJ (*auf beiden Seiten*) on both sides
beieinander [baɪ|aɪˈnandər] ADV together; **gut ~ sein** (*umg: gesundheitlich*) to be in good shape; (*: geistig*) to be all there
Beifahrer(in) [ˈbaɪfaːrər(ɪn)] **(-s, -)** M(F) passenger; **Beifahrerairbag** M (*Aut*) passenger airbag; **Beifahrersitz** M passenger seat
Beifall [ˈbaɪfal] **(-(e)s)** M applause; (*Zustimmung*) approval; **~ heischend** fishing for applause/approval
beifällig [ˈbaɪfɛlɪç] ADJ approving; (*Kommentar*) favourable (BRIT), favorable (US)
Beifilm [ˈbaɪfɪlm] M supporting film
bei|fügen [ˈbaɪfyːgən] VT to enclose
Beigabe [ˈbaɪgaːbə] F addition
beige [ˈbeːʒ] ADJ beige
bei|geben [ˈbaɪgeːbən] *unreg* VT (*zufügen*) to add; (*mitgeben*) to give ▸ VI: **klein ~** (*nachgeben*) to climb down
Beigeschmack [ˈbaɪgeʃmak] M aftertaste
Beihilfe [ˈbaɪhɪlfə] F aid, assistance; (*Studienbeihilfe*) grant; (*Jur*) aiding and abetting; **wegen ~ zum Mord** (*Jur*) because of being an accessory to the murder
bei|kommen [ˈbaɪkɔmən] *unreg* VI *+dat* to get at; (*einem Problem*) to deal with
Beil [baɪl] **(-(e)s, -e)** NT axe (BRIT), ax (US), hatchet
Beilage [ˈbaɪlaːgə] F (*Buchbeilage etc*) supplement; (*Koch*) accompanying vegetables; (*getrennt serviert*) side dish
beiläufig [ˈbaɪlɔyfɪç] ADJ casual, incidental ▸ ADV casually, by the way
★**bei|legen** [ˈbaɪleːgən] VT (*hinzufügen*) to enclose, to add; (*beimessen*) to attribute, to ascribe; (*Streit*) to settle
beileibe [baɪˈlaɪbə] ADV: **~ nicht** by no means
Beileid [ˈbaɪlaɪt] NT condolence, sympathy; **herzliches ~** deepest sympathy
beiliegend [ˈbaɪliːgənt] ADJ (*Comm*) enclosed
beim [baɪm] = **bei dem**
bei|messen [ˈbaɪmɛsən] *unreg* VT to attribute, to ascribe
★**Bein** [baɪn] **(-(e)s, -e)** NT leg; **jdm ein ~ stellen** (*lit, fig*) to trip sb up; **wir sollten uns auf die Beine machen** (*umg*) we ought to be making tracks; **jdm Beine machen** (*umg: antreiben*) to make sb get a move on; **die Beine in die Hand nehmen** (*umg*) to take to one's heels; **sich** *dat* **die Beine in den Bauch stehen** (*umg*) to stand about until one is fit to drop; **etw auf die Beine stellen** (*fig*) to get sth off the ground
beinah [baɪˈnaː], **beinahe** [baɪˈnaːə] ADV almost, nearly
Beinbruch M fracture of the leg; **das ist kein ~** (*fig: umg*) it could be worse
beinhalten [bəˈ|ɪnhaltən] VT to contain
bei|pflichten [ˈbaɪpflɪçtən] VI: **jdm/etw ~** to agree with sb/sth
Beiprogramm [ˈbaɪprogram] NT supporting programme (BRIT) *od* program (US)
Beirat [ˈbaɪraːt] M advisory council; (*Elternbeirat*) parents' council
beirren [bəˈ|ɪrən] VT to confuse, to muddle; **sich nicht ~ lassen** not to let o.s. be confused
Beirut [baɪˈruːt] **(-s)** NT Beirut
beisammen [baɪˈzamən] ADV together; **beisammen|haben** *unreg* VT: **er hat (sie) nicht alle beisammen** (*umg*) he's not all there; **Beisammensein (-s)** NT get-together
Beischlaf [ˈbaɪʃlaːf] M (*Jur*) sexual intercourse
Beisein [ˈbaɪzaɪn] **(-s)** NT presence

beiseite [baɪˈzaɪtə] ADV to one side, aside; (*stehen*) on one side, aside; **Spaß ~!** joking apart!; **beiseite|legen** VT (*sparen*) to put by; **beiseite|schaffen** VT to get rid of

bei|setzen [ˈbaɪzɛtsən] VT to bury

Beisetzung F funeral

Beisitzer(in) [ˈbaɪzɪtsər(ɪn)] (**-s, -**) M(F) (*Jur*) assessor; (*bei Prüfung*) observer

★**Beispiel** [ˈbaɪʃpiːl] (**-(e)s, -e**) NT example; **mit gutem ~ vorangehen** to set a good example; **sich** *dat* **an jdm ein ~ nehmen** to take sb as an example; **zum ~** for example; **beispielhaft** ADJ exemplary; **beispiellos** ADJ unprecedented

beispielsweise ADV for instance, for example

bei|springen [ˈbaɪʃprɪŋən] *unreg* VI *+dat* to come to the aid of

★**beißen** [ˈbaɪsən] *unreg* VT, VI to bite; (*stechen: Rauch, Säure*) to burn ▸ VR (*Farben*) to clash

beißend ADJ biting, caustic; (*Geruch*) pungent, sharp; (*fig*) sarcastic

Beißzange [ˈbaɪstsaŋə] F pliers *pl*

Beistand [ˈbaɪʃtant] (**-(e)s, Beistände**) M support, help; (*Jur*) adviser; **jdm ~ leisten** to give sb assistance/one's support

bei|stehen [ˈbaɪʃteːən] *unreg* VI: **jdm ~** to stand by sb

Beistelltisch [ˈbaɪʃtɛltɪʃ] M occasional table

bei|steuern [ˈbaɪʃtɔʏərn] VT to contribute

bei|stimmen [ˈbaɪʃtɪmən] VI *+dat* to agree with

Beistrich [ˈbaɪʃtrɪç] M comma

Beitrag [ˈbaɪtraːk] (**-(e)s, Beiträge**) M contribution; (*Zahlung*) fee, subscription; (*Versicherungsbeitrag*) premium; **einen ~ zu etw leisten** to make a contribution to sth

bei|tragen [ˈbaɪtraːgən] *unreg* VT, VI: **~ (zu)** to contribute (to); (*mithelfen*) to help (with)

Beitrags- zW: **beitragsfinanziert** ADJ financed by fees/contributions; **beitragsfrei** ADJ non-contributory; **beitragspflichtig** ADJ contributory; **~ sein** (*Mensch*) to have to pay contributions; **Beitragszahler(in)** M(F) contributor

bei|treten [ˈbaɪtreːtən] *unreg* VI *+dat* to join

Beitritt [ˈbaɪtrɪt] M joining

Beitrittserklärung F declaration of membership

Beitrittsland NT (*zu EU etc*) acceding country

Beiwagen [ˈbaɪvaːgən] M (*Motorradbeiwagen*) sidecar; (*Straßenbahnbeiwagen*) extra carriage

bei|wohnen [ˈbaɪvoːnən] VI (*geh*): **einer Sache** *dat* **~** to attend *od* be present at sth

Beiwort [ˈbaɪvɔrt] NT adjective

Beize [ˈbaɪtsə] (**-, -n**) F (*Holzbeize*) stain; (*Koch*) marinade

beizeiten [baɪˈtsaɪtən] ADV in time

bejahen [bəˈjaːən] VT (*Frage*) to say yes to, to answer in the affirmative; (*gutheißen*) to agree with

bejahrt [bəˈjaːrt] ADJ elderly, advanced in years

bejammern [bəˈjamərn] VT to lament, to bewail

bejammernswert ADJ lamentable

bekakeln [bəˈkaːkəln] (*umg*) VT to discuss

bekam *etc* [bəˈkam] VB *siehe* **bekommen**

bekämpfen [bəˈkɛmpfən] VT (*Gegner*) to fight; (*Seuche*) to combat ▸ VR to fight

Bekämpfung F: **~** *+gen* fight (against), struggle (against)

★**bekannt** [bəˈkant] ADJ (well-)known; (*nicht fremd*) familiar; **~ geben** to announce publicly; **mit jdm ~ sein** to know sb; **~ machen** to announce; **jdn mit jdm ~ machen** to introduce sb to sb; **sich mit etw ~ machen** to familiarize o.s. with sth; **das ist mir ~** I know that; **es/sie kommt mir ~ vor** it/she seems familiar; **durch etw ~ werden** to become famous because of sth

★**Bekannte(r)** F(M) friend; (*entfernter*) acquaintance

Bekanntenkreis M circle of friends

bekanntermaßen ADV as is known

bekannt- zW: **Bekanntgabe** F announcement; **Bekanntheitsgrad** M degree of fame; **bekanntlich** ADV as is well known, as you know; **Bekanntmachung** F publication; (*Anschlag etc*) announcement; **Bekanntschaft** F acquaintance

bekehren [bəˈkeːrən] VT to convert ▸ VR to be *od* become converted

Bekehrung F conversion

bekennen [bəˈkɛnən] *unreg* VT to confess; (*Glauben*) to profess ▸ VR: **sich zu jdm/etw ~** to declare one's support for sb/sth; **Farbe ~** (*umg*) to show where one stands

Bekenntnis [bəˈkɛntnɪs] (**-ses, -se**) NT admission, confession; (*Religion*) confession, denomination; **ein ~ zur Demokratie ablegen** to declare one's belief in democracy; **Bekenntnisschule** F denominational school

★**beklagen** [bəˈklaːgən] VT to deplore, to lament ▸ VR to complain

beklagenswert ADJ lamentable, pathetic; (*Mensch*) pitiful; (*Zustand*) deplorable; (*Unfall*) terrible

beklatschen [bəˈklatʃən] VT to applaud, to clap

bekleben [bəˈkleːbən] VT: **etw mit Bildern ~** to stick pictures onto sth

bekleckern [bəˈklɛkərn] (*umg*) VT to stain

bekleiden [bəˈklaɪdən] VT to clothe; (*Amt*) to occupy, to fill

Bekleidung F clothing; (*form: eines Amtes*) tenure

Bekleidungsindustrie F clothing industry, rag trade (*umg*)

beklemmen [bəˈklɛmən] VT to oppress

Beklemmung F oppressiveness; (*Gefühl der Angst*) feeling of apprehension

beklommen [bəˈklɔmən] ADJ anxious, uneasy; **Beklommenheit** F anxiety, uneasiness

bekloppt [bəˈklɔpt] (*umg*) ADJ (*Mensch*) crazy; (*: Sache*) lousy

beknackt [bəˈknakt] (*umg*) ADJ = **bekloppt**

beknien [bəˈkniːən] (*umg*) VT (*jdn*) to beg

★**bekommen** [bəˈkɔmən] *unreg* VT to get, to receive; (*Kind*) to have; (*Zug*) to catch, to get ▶ VI: **jdm ~** to agree with sb; **es mit jdm zu tun ~** to get into trouble with sb; **wohl bekomms!** your health!

The German word **bekommen** does not mean *to become* in English.

bekömmlich [bəˈkœmlıç] ADJ easily digestible
beköstigen [bəˈkœstıgən] VT to cater for
bekräftigen [bəˈkrɛftıgən] VT to confirm, to corroborate
Bekräftigung F corroboration
bekreuzigen [bəˈkrɔytsıgən] VR to cross o.s.
bekritteln [bəˈkrıtəln] VT to criticize, to pick holes in
bekümmern [bəˈkʏmərn] VT to worry, to trouble
bekunden [bəˈkʊndən] VT (*sagen*) to state; (*zeigen*) to show
belächeln [bəˈlɛçəln] VT to laugh at
beladen [bəˈla:dən] *unreg* VT to load
Belag [bəˈla:k] (**-(e)s, Beläge**) M covering, coating; (*Brotbelag*) spread; (*auf Pizza, Brot*) topping; (*auf Tortenboden, zwischen Brotscheiben*) filling; (*Zahnbelag*) tartar; (*auf Zunge*) fur; (*Bremsbelag*) lining
belagern [bəˈla:gərn] VT to besiege
Belagerung F siege
Belagerungszustand M state of siege
belämmert [bəlɛmərt] (*umg*) ADJ sheepish
Belang [bəˈlaŋ] (**-(e)s**) M importance
Belange PL interests *pl*, concerns *pl*
belangen VT (*Jur*) to take to court
belanglos ADJ trivial, unimportant
Belanglosigkeit F triviality
belassen [bəˈlasən] *unreg* VT (*in Zustand, Glauben*) to leave; (*in Stellung*) to retain; **es dabei ~** to leave it at that
Belastbarkeit [bəˈlastba:rkait] F (*von Brücke, Aufzug*) load-bearing capacity; (*von Menschen, Nerven*) ability to take stress
belasten [bəˈlastən] VT (*lit*) to burden; (*fig: bedrücken*) to trouble, to worry; (*Comm: Konto*) to debit; (*Jur*) to incriminate ▶ VR to weigh o.s. down; (*Jur*) to incriminate o.s.; **etw (mit einer Hypothek) ~** to mortgage sth
belastend ADJ (*Jur*) incriminating
belästigen [bəˈlɛstıgən] VT to annoy, to pester; (*sexuell*) to harass
Belästigung F annoyance, pestering; (*körperlich*) molesting; **sexuelle ~** sexual harassment
Belastung [bəˈlastʊŋ] F (*lit*) load; (*fig: Sorge etc*) weight; (*Comm*) charge, debit(ing); (*mit Hypothek*): **~** *+gen* mortgage (on); (*Jur*) incriminating evidence
Belastungs- ZW: **Belastungsmaterial** NT (*Jur*) incriminating evidence; **Belastungsprobe** F capacity test; (*fig*) test; **Belastungszeuge** M witness for the prosecution

belaubt [bəˈlaʊpt] ADJ: **dicht ~ sein** to have thick foliage
belaufen [bəˈlaʊfən] *unreg* VR: **sich ~ auf** *+akk* to amount to
belauschen [bəˈlaʊʃən] VT to eavesdrop on
beleben [bəˈle:bən] VT (*anregen*) to liven up; (*Konjunktur, jds Hoffnungen*) to stimulate
belebt [bəˈle:pt] ADJ (*Straße*) crowded
Beleg [bəˈle:k] (**-(e)s, -e**) M (*Comm*) receipt; (*Beweis*) documentary evidence, proof; (*Beispiel*) example
belegen [bəˈle:gən] VT to cover; (*Kuchen, Brot*) to spread; (*Platz*) to reserve, to book; (*Kurs, Vorlesung*) to register for; (*beweisen*) to verify, to prove
Belegschaft F personnel, staff
★**belegt** ADJ (*Zunge*) furred; (*Stimme*) hoarse; (*Zimmer*) occupied; **belegte Brote** open sandwiches
belehren [bəˈle:rən] VT to instruct, to teach; **jdn eines Besseren ~** to teach sb better; **er ist nicht zu ~** he won't be told
Belehrung F instruction
beleibt [bəˈlaıpt] ADJ stout, corpulent
beleidigen [bəˈlaıdıgən] VT to insult; (*kränken*) to offend
beleidigt ADJ insulted; (*gekränkt*) offended; **die beleidigte Leberwurst spielen** (*umg*) to be in a huff
Beleidigung F insult; (*Jur*) slander; (*: schriftlich*) libel
beleihen [bəˈlaıən] *unreg* VT (*Comm*) to lend money on
belemmert [bəˈlɛmərt] (*umg*) ADJ *siehe* **belämmert**
belesen [bəˈle:zən] ADJ well-read
beleuchten [bəˈlɔyçtən] VT to light, to illuminate; (*fig*) to throw light on
Beleuchter(in) (**-s, -**) M(F) lighting technician
Beleuchtung F lighting, illumination
beleumdet [bəˈlɔymdət] ADJ: **gut/schlecht ~ sein** to have a good/bad reputation
beleumundet [bəˈlɔymʊndət] ADJ = **beleumdet**
★**Belgien** [ˈbɛlgiən] (**-s**) NT Belgium
★**Belgier(in)** (**-s, -**) M(F) Belgian
★**belgisch** ADJ Belgian
Belgrad [ˈbɛlgra:t] (**-s**) NT Belgrade
belichten [bəˈlıçtən] VT to expose
Belichtung F exposure
Belichtungsmesser M exposure meter
belieben VI UNPERS (*geh*): **wie es Ihnen beliebt** as you wish
Belieben [bəˈli:bən] NT: **(ganz) nach ~** (just) as you wish
beliebig [bəˈli:bıç] ADJ any you like, as you like; **~ viel** as much as you like; **in beliebiger Reihenfolge** in any order whatever; **ein beliebiges Thema** any subject you like *od* want

★**beliebt** [bəˈliːpt] ADJ popular; **sich bei jdm ~ machen** to make o.s. popular with sb; **Beliebtheit** F popularity

beliefern [bəˈliːfərn] VT to supply

Belize [bɛˈliːz] (**-s**) NT Belize

bellen [ˈbɛlən] VI to bark

Belletristik [bɛleˈtrɪstɪk] F fiction and poetry

belohnen [bəˈloːnən] VT to reward

Belohnung F reward

Belüftung [bəˈlʏftʊŋ] F ventilation

belügen [bəˈlyːgən] *unreg* VT to lie to, to deceive

belustigen [bəˈlʊstɪgən] VT to amuse

Belustigung F amusement

bemächtigen [bəˈmɛçtɪgən] VR: **sich einer Sache** *gen* **~** to take possession of sth, to seize sth

bemalen [bəˈmaːlən] VT to paint ▶ VR (*pej: schminken*) to put on one's war paint (*umg*)

bemängeln [bəˈmɛŋəln] VT to criticize

bemannen [bəˈmanən] VT to man

Bemannung F manning; (*Naut, Aviat etc*) crew

bemänteln [bəˈmɛntəln] VT to cloak, to hide

bemerkbar ADJ perceptible, noticeable; **sich ~ machen** (*Person*) to make *od* get o.s. noticed; (*Unruhe*) to become noticeable

★**bemerken** [bəˈmɛrkən] VT (*wahrnehmen*) to notice, to observe; (*sagen*) to say, to mention; **nebenbei bemerkt** by the way

bemerkenswert ADJ remarkable, noteworthy

Bemerkung F remark, comment; (*schriftlich*) comment, note

bemitleiden [bəˈmɪtlaɪdən] VT to pity

bemittelt [bəˈmɪtəlt] ADJ well-to-do, well-off

bemühen [bəˈmyːən] VR to make an effort; **sich um eine Stelle ~** to try to get a job

bemüht ADJ: **(darum) ~ sein, etw zu tun** to endeavour (BRIT) *od* endeavor (US) *od* be at pains to do sth

Bemühung F trouble, pains *pl*, effort

bemüßigt [bəˈmyːsɪçt] ADJ: **sich ~ fühlen/sehen** (*geh*) to feel called upon

bemuttern [bəˈmʊtərn] VT to mother

benachbart [bəˈnaxbaːrt] ADJ neighbouring (BRIT), neighboring (US)

benachrichtigen [bəˈnaːxrɪçtɪgən] VT to inform

Benachrichtigung F notification

benachteiligen [bəˈnaːxtaɪlɪgən] VT to (put at a) disadvantage, to victimize

★**benehmen** [bəˈneːmən] *unreg* VR to behave; **Benehmen** (**-s**) NT behaviour (BRIT), behavior (US); **kein ~ haben** not to know how to behave

beneiden [bəˈnaɪdən] VT to envy; **jdn um etw ~** to envy sb sth

beneidenswert ADJ enviable

Beneluxländer [ˈbeːnelʊkslɛndər] PL Benelux (countries *pl*)

Beneluxstaaten PL Benelux (countries *pl*)

benennen [bəˈnɛnən] *unreg* VT to name

Bengel [ˈbɛŋəl] (**-s, -**) M (little) rascal *od* rogue

Benimm [bəˈnɪm] (**-s**) (*umg*) M manners *pl*

Benin [beˈniːn] (**-s**) NT Benin

benommen [bəˈnɔmən] ADJ dazed

benoten [bəˈnoːtən] VT to mark

benötigen [bəˈnøːtɪgən] VT to need

★**benutzen** [bəˈnʊtsən] VT to use

benützen [bəˈnʏtsən] VT to use

Benutzer(in) (**-s, -**) M(F) user; **benutzerdefiniert** ADJ (*Comput*) user-defined; **benutzerfreundlich** ADJ user-friendly; **Benutzerkonto** NT (*Comput*) user account; **Benutzername** M (*Comput*) username; **Benutzeroberfläche** F (*Comput*) user/system interface; **Benutzerunterstützung** F (*bes Comput*) help desk

Benutzung F utilization, use; **jdm etw zur ~ überlassen** to put sth at sb's disposal

★**Benzin** [bɛntˈsiːn] (**-s, -e**) NT (*Aut*) petrol (BRIT), gas(oline) (US); **Benzineinspritzanlage** F (*Aut*) fuel injection system; **Benzinkanister** M petrol (BRIT) *od* gas (US) can; **Benzintank** M petrol (BRIT) *od* gas (US) tank; **Benzinuhr** F petrol (BRIT) *od* gas (US) gauge

★**beobachten** [bəˈ|oːbaxtən] VT to observe

Beobachter(in) (**-s, -**) M(F) observer; (*eines Unfalls*) witness; (*Presse, TV*) correspondent

Beobachtung F observation

beordern [bəˈ|ɔrdərn] VT: **jdn zu sich ~** to send for sb

bepacken [bəˈpakən] VT to load, to pack

bepflanzen [bəˈpflantsən] VT to plant

bequatschen [bəˈkvatʃən] (*umg*) VT (*überreden*) to persuade; **etw ~** to talk sth over

★**bequem** [bəˈkveːm] ADJ comfortable; (*Ausrede*) convenient; (*Person*) lazy, indolent; **machen Sie es sich ~** make yourself at home

bequemen [bəˈkveːmən] VR: **sich ~, etw zu tun** to condescend to do sth

Bequemlichkeit F convenience, comfort; (*Faulheit*) laziness, indolence

Ber. ABK = **Bericht**; **Beruf**

berät [bəˈrɛːt] VB *siehe* **beraten**

beraten [bəˈraːtən] *unreg* VT to advise; (*besprechen*) to discuss, to debate ▶ VR to consult; **gut/schlecht ~ sein** to be well/ill advised; **sich ~ lassen** to get advice

beratend ADJ consultative; **jdm ~ zur Seite stehen** to act in an advisory capacity to sb

Berater(in) (**-s, -**) M(F) adviser; **Beratervertrag** M consultancy contract

beratschlagen [bəˈraːtʃlaːgən] VI to deliberate, to confer ▶ VT to deliberate on, to confer about

Beratung F advice; (*Besprechung*) consultation

Beratungsstelle F advice centre (BRIT) *od* center (US)

berauben [bəˈraʊbən] VT to rob

berauschen [bəˈraʊʃən] VT (*lit, fig*) to intoxicate

berauschend ADJ: **das war nicht sehr ~** (*ironisch*) that wasn't very exciting

berechenbar [bəˈrɛçənbaːr] ADJ calculable; (*Verhalten*) predictable

berechnen [bəˈrɛçnən] VT to calculate; (*Comm: anrechnen*) to charge

berechnend ADJ (*Mensch*) calculating, scheming

Berechnung F calculation; (*Comm*) charge

berechtigen [bəˈrɛçtɪgən] VT to entitle; (*bevollmächtigen*) to authorize; (*fig*) to justify

berechtigt [bəˈrɛçtɪçt] ADJ justifiable, justified

Berechtigung F authorization; (*fig*) justification

bereden [bəˈreːdən] VT (*besprechen*) to discuss; (*überreden*) to persuade ▸ VR to discuss

beredt [bəˈreːt] ADJ eloquent

Bereich [bəˈraɪç] **(-(e)s, -e)** M (*Bezirk*) area; (*Ressort, Gebiet*) sphere; **im ~ des Möglichen liegen** to be within the bounds of possibility

bereichern [bəˈraɪçərn] VT to enrich ▸ VR to get rich; **sich auf Kosten anderer ~** to feather one's nest at the expense of other people

Bereifung [bəˈraɪfʊŋ] F (set of) tyres (BRIT) *od* tires (US) *pl*; (*Vorgang*) fitting with tyres (BRIT) *od* tires (US)

bereinigen [bəˈraɪnɪgən] VT to settle

bereisen [bəˈraɪzən] VT to travel through; (*Comm: Gebiet*) to travel, to cover

bereit [bəˈraɪt] ADJ ready, prepared; **zu etw ~ sein** to be ready for sth; **sich ~ erklären** to declare o.s. willing; **(sich) ~ machen** to prepare, to get ready

★**bereiten** VT to prepare, to make ready; (*Kummer, Freude*) to cause; **einer Sache** *dat* **ein Ende ~** to put an end to sth

bereit- ZW: **bereit|halten** *unreg* VT to keep in readiness; **bereit|legen** VT to lay out; **bereit|machen** VT, VR *siehe* **bereit**

bereits ADV already

bereit- ZW: **Bereitschaft** F readiness; (*Polizei*) alert; **in ~ sein** to be on the alert *od* on stand-by; **Bereitschaftsarzt** M doctor on call; (*im Krankenhaus*) duty doctor; **Bereitschaftsdienst** M emergency service; **bereit|stehen** *unreg* VI (*Person*) to be prepared; (*Ding*) to be ready; **bereit|stellen** VT (*Kisten, Pakete etc*) to get ready; (*Geld etc*) to make available; (*Truppen, Maschinen*) to put at the ready

Bereitung F preparation

bereitwillig ADJ willing, ready; **Bereitwilligkeit** F willingness, readiness

bereuen [bəˈrɔʏən] VT to regret

★**Berg** [bɛrk] **(-(e)s, -e)** M mountain; (*kleiner*) hill; **mit etw hinterm ~ halten** (*fig*) to keep quiet about sth; **über alle Berge sein** to be miles away; **da stehen einem ja die Haare zu Berge** it's enough to make your hair stand on end; **bergab** ADV downhill; **bergan** ADV uphill; **Bergarbeiter** M miner; **bergauf** ADV uphill; **Bergbahn** F mountain railway (BRIT) *od* railroad (US); **Bergbau** M mining

bergen [ˈbɛrgən] *unreg* VT (*retten*) to rescue; (*Ladung*) to salvage; (*enthalten*) to contain

Bergführer(in) M(F) mountain guide

Berggipfel M mountain top, peak, summit

bergig [ˈbɛrgɪç] ADJ mountainous, hilly

Berg- ZW: **Bergkamm** M crest, ridge; **Bergkette** F mountain range; **Bergkristall** M rock crystal; **Bergmann** **(-(e)s,** *pl* **Bergleute)** M miner; **Bergnot** F: **in ~ sein/geraten** to be in/get into difficulties while climbing; **Bergpredigt** F (*Rel*) Sermon on the Mount; **Bergrettungsdienst** M mountain rescue service; **Bergrutsch** M landslide; **Bergschuh** M walking boot; **Bergsteigen** NT mountaineering; **Bergsteiger(in)** M(F) mountaineer, climber; **Berg-und-Tal-Bahn** F big dipper, roller-coaster

Bergung [ˈbɛrgʊŋ] F (*von Menschen*) rescue; (*von Material*) recovery; (*Naut*) salvage

Bergwacht F mountain rescue service

Bergwerk NT mine

Bericht [bəˈrɪçt] **(-(e)s, -e)** M report, account; **berichten** VT, VI to report; **Berichterstatter(in)** M(F) reporter, (newspaper) correspondent; **Berichterstattung** F reporting

berichtigen [bəˈrɪçtɪgən] VT to correct

Berichtigung F correction

berieseln [bəˈriːzəln] VT to spray with water

Berieselung F watering; **die dauernde ~ mit Musik ...** (*fig*) the constant stream of music ...

Berieselungsanlage F sprinkler (system)

Beringmeer [ˈbeːrɪŋmeːr] NT Bering Sea

beritten [bəˈrɪtən] ADJ mounted

Berlin [bɛrˈliːn] **(-s)** NT Berlin

Berliner[1] ADJ *attrib* Berlin

Berliner[2] **(-s, -)** M (*Person*) Berliner; (*Koch*) jam doughnut

Berlinerin F Berliner

berlinerisch (*umg*) ADJ (*Dialekt*) Berlin *attrib*

Bermudadreieck [bɛrˈmuːdadraɪ|ɛk] NT Bermuda triangle

Bermudainseln [bɛrˈmuːda|ɪnzəln] PL Bermuda *pl*

Bern [bɛrn] **(-s)** NT Berne

Bernhardiner [bɛrnharˈdiːnər] **(-s, -)** M Saint Bernard (dog)

Bernstein [ˈbɛrnʃtaɪn] M amber

bersten [ˈbɛrstən] *unreg* VI to burst, to split

berüchtigt [bəˈrʏçtɪçt] ADJ notorious, infamous

berücksichtigen [bəˈrʏkzɪçtɪgən] VT to consider, to bear in mind

Berücksichtigung F consideration; **in** *od* **unter ~ der Tatsache, dass ...** in view of the fact that ...

★**Beruf** [bəˈruːf] **(-(e)s, -e)** M occupation, profession; (*Gewerbe*) trade; **was sind Sie von ~?** what is your occupation *etc*?, what do you do for a living?; **seinen ~ verfehlt haben** to have missed one's vocation

berufen *unreg* VT (*in Amt*): **jdn in etw** *akk* **~** to appoint sb to sth ▸ VR: **sich auf jdn/etw ~** to refer *od* appeal to sb/sth ▸ ADJ competent, quali-

b

fied; (*ausersehen*): **zu etw ~ sein** to have a vocation for sth

★**beruflich** ADJ professional; **er ist ~ viel unterwegs** he is away a lot on business

Berufs- zW: **Berufsakademie** F college of advanced vocational studies; **Berufsausbildung** F vocational *od* professional training; **berufsbedingt** ADJ occupational; ★**Berufsberater(in)** M(F) careers adviser; **Berufsberatung** F vocational guidance; **Berufsbezeichnung** F job description; **Berufseinsteiger(in)** M(F) first-time employee; **Berufserfahrung** F (professional) experience; **Berufsfeuerwehr** F fire service; **Berufsgeheimnis** NT professional secret; **Berufskrankheit** F occupational disease; **Berufskriminalität** F professional crime; **Berufsleben** NT professional life; **im ~ stehen** to be working *od* in employment; **berufsmäßig** ADJ professional; **Berufsperspektive** F job *od* career prospects *pl*; **Berufspraktikum** NT work experience (BRIT), internship; **Berufsrisiko** NT occupational hazard; ★**Berufsschule** F vocational *od* trade school; **Berufssoldat** M professional soldier, regular; **Berufssportler(in)** M(F) professional (sportsman), professional (sportswoman); ★**berufstätig** ADJ employed; **berufsunfähig** ADJ unable to work (at one's profession); **Berufsunfall** M occupational accident; **Berufsverbot** NT: **jdm ~ erteilen** to ban sb from his/her profession; (*einem Arzt, Anwalt*) to strike sb off; **Berufsverkehr** M commuter traffic; **Berufswahl** F choice of a job

Berufung F vocation, calling; (*Ernennung*) appointment; (*Jur*) appeal; **~ einlegen** to appeal; **unter ~ auf etw** *akk* (*form*) with reference to sth

Berufungsgericht NT appeal court, court of appeal

beruhen [bəˈruːən] VI: **auf etw** *dat* **~** to be based on sth; **etw auf sich ~ lassen** to leave sth at that; **das beruht auf Gegenseitigkeit** the feeling is mutual

beruhigen [bəˈruːɪgən] VT to calm, to pacify, to soothe ▶ VR (*Mensch*) to calm (o.s.) down; (*Situation*) to calm down

beruhigend ADJ (*Gefühl, Wissen*) reassuring; (*Worte*) comforting; (*Mittel*) tranquillizing

Beruhigung F reassurance; (*der Nerven*) calming; **zu jds ~** to reassure sb

Beruhigungsmittel NT sedative

Beruhigungspille F tranquillizer

★**berühmt** [bəˈryːmt] ADJ famous; **das war nicht ~** (*umg*) it was nothing to write home about; **berühmt-berüchtigt** ADJ infamous, notorious; **Berühmtheit** F (*Ruf*) fame; (*Mensch*) celebrity

★**berühren** [bəˈryːrən] VT to touch; (*gefühlsmäßig bewegen*) to affect; (*flüchtig erwähnen*) to mention, to touch on ▶ VR to meet, to touch; **von etw peinlich berührt sein** to be embarrassed by sth

Berührung F contact

Berührungsbildschirm M (*Tech*) touch screen

berührungsempfindlich ADJ touch-sensitive

Berührungspunkt M point of contact

bes. ABK (= *besonders*) esp

besagen [bəˈzaːgən] VT to mean

besagt ADJ (*form*: *Tag etc*) in question

besaiten [bəˈzaɪtən] VT: **neu ~** (*Instrument*) to restring

besänftigen [bəˈzɛnftɪgən] VT to soothe, to calm

besänftigend ADJ soothing

Besänftigung F soothing, calming

besaß *etc* [bəˈzaːs] VB *siehe* **besitzen**

besät [bəˈzɛːt] ADJ covered; (*mit Blättern etc*) strewn

Besatz [bəˈzats] (**-es, Besätze**) M trimming, edging

Besatzung F garrison; (*Naut, Aviat*) crew

Besatzungsmacht F occupying power

Besatzungszone F occupied zone

besaufen [bəˈzaʊfən] *unreg* (*umg*) VR to get drunk *od* stoned

★**beschädigen** [bəˈʃɛːdɪgən] VT to damage

Beschädigung F damage; (*Stelle*) damaged spot

beschaffen [bəˈʃafən] VT to get, to acquire ▶ ADJ constituted; **so ~ sein wie ...** to be the same as ...; **Beschaffenheit** F constitution, nature; **je nach ~ der Lage** according to the situation

Beschaffung F acquisition

beschäftigen [bəˈʃɛftɪgən] VT to occupy; (*beruflich*) to employ; (*innerlich*): **jdn ~** to be on sb's mind ▶ VR to occupy *od* concern o.s.

★**beschäftigt** ADJ busy, occupied; (*angestellt*): **(bei einer Firma) ~** employed (by a firm)

Beschäftigung F (*Beruf*) employment; (*Tätigkeit*) occupation; (*geistige Beschäftigung*) preoccupation; **einer ~ nachgehen** (*form*) to be employed

Beschäftigungsgesellschaft F *regional job creation scheme in areas with high unemployment*

Beschäftigungsprogramm NT employment scheme

Beschäftigungstherapie F occupational therapy

beschämen [bəˈʃɛːmən] VT to put to shame

beschämend ADJ shameful; (*Hilfsbereitschaft*) shaming

beschämt ADJ ashamed

beschatten [bəˈʃatən] VT to shade; (*Verdächtige*) to shadow

beschaulich [bəˈʃaʊlɪç] ADJ contemplative; (*Leben, Abend*) quiet, tranquil

★**Bescheid** [bəˈʃaɪt] (**-(e)s, -e**) M information; (*Weisung*) directions *pl*; **~ wissen (über** *+akk***)** to be well-informed (about); **ich weiß ~** I know; **jdm ~ geben** *od* **sagen** to let sb know; **jdm ordentlich ~ sagen** (*umg*) to tell sb where to go

bescheiden [bəˈʃaɪdən] *unreg* VR to content o.s. ▸ VT: **etw abschlägig ~** (*form*) to turn sth down ▸ ADJ modest; **Bescheidenheit** F modesty

bescheinen [bəˈʃaɪnən] *unreg* VT to shine on

bescheinigen [bəˈʃaɪnɪgən] VT to certify; (*bestätigen*) to acknowledge; **hiermit wird bescheinigt, dass …** this is to certify that …

Bescheinigung F certificate; (*Quittung*) receipt

bescheißen [bəˈʃaɪsən] *unreg* (*!*) VT to cheat

beschenken [bəˈʃɛŋkən] VT to give presents to

bescheren [bəˈʃeːrən] VT: **jdm etw ~** to give sb sth as a present; **jdn ~** to give presents to sb

Bescherung F giving of presents; (*umg*) mess; **da haben wir die ~!** (*umg*) what did I tell you!

bescheuert [bəˈʃɔʏərt] (*umg*) ADJ stupid

beschichten [bəˈʃɪçtən] VT (*Tech*) to coat, to cover

beschießen [bəˈʃiːsən] *unreg* VT to shoot *od* fire at

beschildern [bəˈʃɪldərn] VT to signpost

beschimpfen [bəˈʃɪmpfən] VT to abuse

Beschimpfung F abuse, insult

beschirmen [bəˈʃɪrmən] VT (*geh: beschützen*) to shield

beschiss *etc* VB *siehe* **bescheißen**

Beschiss [bəˈʃɪs] (**-es**) (*umg*) M: **das ist ~** that is a cheat

beschissen PP *von* **bescheißen** ▸ ADJ (*!*) bloody awful, lousy

Beschlag [bəˈʃlaːk] (**-(e)s, Beschläge**) M (*Metallband*) fitting; (*auf Fenster*) condensation; (*auf Metall*) tarnish; (*Politur*) finish; (*Hufeisen*) horseshoe; **jdn/etw in ~ nehmen** *od* **mit ~ belegen** to monopolize sb/sth

beschlagen [bəˈʃlaːgən] *unreg* VT to cover; (*Pferd*) to shoe; (*Fenster, Metall*) to cover ▸ VI, VR (*Fenster etc*) to mist over; **~ sein (in** *od* **auf** *+dat***)** to be well versed (in)

beschlagnahmen VT to seize, to confiscate

Beschlagnahmung F confiscation

beschleunigen [bəˈʃlɔʏnɪgən] VT to accelerate, to speed up ▸ VI (*Aut*) to accelerate

Beschleunigung F acceleration

beschließen [bəˈʃliːsən] *unreg* VT to decide on; (*beenden*) to end, to close

beschlossen [bəˈʃlɔsən] PP *von* **beschließen** ▸ ADJ (*entschieden*) decided, agreed; **das ist beschlossene Sache** that's been settled

Beschluss [bəˈʃlʊs] (**-es, Beschlüsse**) M decision, conclusion; (*Ende*) close, end; **einen ~ fassen** to pass a resolution

beschlussfähig ADJ: **~ sein** to have a quorum

Beschlusslage F policy position

beschmieren [bəˈʃmiːrən] VT (*Wand*) to bedaub

beschmutzen [bəˈʃmʊtsən] VT to dirty, to soil

beschneiden [bəˈʃnaɪdən] *unreg* VT to cut; (*stutzen*) to trim; (*: Strauch*) to prune; (*Rel*) to circumcise

beschnuppern [bəˈʃnʊpərn] VR (*Hunde*) to sniff each other; (*fig: umg*) to size each other up

beschönigen [bəˈʃøːnɪgən] VT to gloss over; **beschönigender Ausdruck** euphemism

beschränken [bəˈʃrɛŋkən] VT to limit, to restrict (**auf** *+akk* to) ▸ VR: **sich ~ auf** *+akk* to limit *od* restrict o.s. to

beschrankt [bəˈʃraŋkt] ADJ (*Bahnübergang*) with barrier

beschränkt [bəˈʃrɛŋkt] ADJ confined, narrow; (*Mensch*) limited, narrow-minded; (*pej: geistig*) dim; **Gesellschaft mit beschränkter Haftung** limited company (BRIT), corporation (*US*); **Beschränktheit** F narrowness

Beschränkung F limitation

★**beschreiben** [bəˈʃraɪbən] *unreg* VT to describe; (*Papier*) to write on

★**Beschreibung** F description

beschrieb *etc* [bəˈʃriːp] VB *siehe* **beschreiben**

beschrieben [bəˈʃriːbən] PP *von* **beschreiben**

beschriften [bəˈʃrɪftən] VT to mark, to label

Beschriftung F lettering

beschuldigen [bəˈʃʊldɪgən] VT to accuse

Beschuldigung F accusation

beschummeln [bəˈʃʊməln] (*umg*) VT, VI to cheat

Beschuss [bəˈʃʊs] M: **jdn/etw unter ~ nehmen** (*Mil*) to (start to) bombard *od* shell sb/sth; (*fig*) to attack sb/sth; **unter ~ geraten** (*lit, fig*) to come into the firing line

beschützen [bəˈʃʏtsən] VT: **~ (vor** *+dat***)** to protect (from)

Beschützer(in) (**-s, -**) M(F) protector

Beschützung F protection

beschwatzen [bəˈʃvatsən] (*umg*) VT (*überreden*) to talk over

Beschwerde [bəˈʃveːrdə] (**-, -n**) F complaint; (*Mühe*) hardship; (*Industrie*) grievance ▪ **Beschwerden** PL (*Leiden*) trouble; **~ einlegen** (*form*) to lodge a complaint; **beschwerdefrei** ADJ fit and healthy; **Beschwerdefrist** F (*Jur*) *period of time during which an appeal may be lodged*

★**beschweren** [bəˈʃveːrən] VT to weight down; (*fig*) to burden ▸ VR to complain

beschwerlich ADJ tiring, exhausting

beschwichtigen [bəˈʃvɪçtɪgən] VT to soothe, to pacify

Beschwichtigung F soothing, calming

beschwindeln [bəˈʃvɪndəln] VT (*betrügen*) to cheat; (*belügen*) to fib to

beschwingt [bəˈʃvɪŋt] ADJ cheery, in high spirits

beschwipst [bəˈʃvɪpst] ADJ tipsy

beschwören [bəˈʃvøːrən] *unreg* VT (*Aussage*) to swear to; (*anflehen*) to implore; (*Geister*) to conjure up

beseelen [bəˈzeːlən] VT to inspire

besehen [bəˈzeːən] *unreg* VT to look at; **genau ~** to examine closely

beseitigen [bəˈzaɪtɪgən] VT to remove

Beseitigung F removal

Besen [ˈbe:zən] **(-s, -)** M broom; (*pej, umg*: *Frau*) old bag; **ich fresse einen ~, wenn das stimmt** (*umg*) if that's right, I'll eat my hat; **Besenstiel** M broomstick

besessen [bəˈzɛsən] ADJ possessed; (*von einer Idee etc*): **~ (von)** obsessed (with)

besetzen [bəˈzɛtsən] VT (*Haus, Land*) to occupy; (*Platz*) to take, to fill; (*Posten*) to fill; (*Rolle*) to cast; (*mit Edelsteinen*) to set

★**besetzt** ADJ full; (*Tel*) engaged, busy; (*Platz*) taken; (*WC*) engaged; **Besetztzeichen** NT engaged tone (BRIT), busy signal (*US*)

Besetzung F occupation; (*von Stelle*) filling; (*von Rolle*) casting; (*die Schauspieler*) cast; **zweite ~** (*Theat*) understudy

★**besichtigen** [bəˈzɪçtɪgən] VT to visit, to look at

★**Besichtigung** F visit

besiedeln VT: **dicht/dünn besiedelt** densely/thinly populated

Besiedelung [bəˈzi:dəlʊŋ], **Besiedelung** [bəˈzi:dlʊŋ] F population

besiegeln [bəˈzi:gəln] VT to seal

besiegen [bəˈzi:gən] VT to defeat, to overcome

Besiegte(r) [bəˈzi:ktə(r)] F(M) loser

besinnen [bəˈzɪnən] *unreg* VR (*nachdenken*) to think, to reflect; (*erinnern*) to remember; **sich anders ~** to change one's mind

besinnlich ADJ contemplative

Besinnung F consciousness; **bei/ohne ~ sein** to be conscious/unconscious; **zur ~ kommen** to recover consciousness; (*fig*) to come to one's senses

besinnungslos ADJ unconscious; (*fig*) blind

Besitz [bəˈzɪts] **(-es)** M possession; (*Eigentum*) property; **Besitzanspruch** M claim of ownership; (*Jur*) title; **besitzanzeigend** ADJ (*Gram*) possessive

besitzen *unreg* VT to possess, to own; (*Eigenschaft*) to have

★**Besitzer(in)** **(-s, -)** M(F) owner, proprietor

Besitz- zW: **Besitzergreifung** F seizure; **Besitznahme** F seizure; **Besitztum** NT (*Grundbesitz*) estate(s *pl*), property; **Besitzurkunde** F title deeds *pl*

besoffen [bəˈzɔfən] (*umg*) ADJ sozzled

besohlen [bəˈzo:lən] VT to sole

Besoldung [bəˈzɔldʊŋ] F salary, pay

besondere(r, s) [bəˈzɔndərə(r, s)] ADJ special; (*eigen*) particular; (*gesondert*) separate; (*eigentümlich*) peculiar; **nichts Besonderes** nothing special

Besonderheit F peculiarity

★**besonders** ADV especially, particularly; (*getrennt*) separately; **das Essen/der Film war nicht ~** the food/film was nothing special *od* out of the ordinary; **wie gehts dir? — nicht ~** how are you? — not too hot

besonnen [bəˈzɔnən] ADJ sensible, level-headed; **Besonnenheit** F level-headedness

★**besorgen** [bəˈzɔrgən] VT (*beschaffen*) to acquire; (*kaufen*) to purchase; (*erledigen*: *Geschäfte*) to deal with; (*sich kümmern um*) to take care of; **es jdm ~** (*umg*) to sort sb out

Besorgnis **(-, -se)** F anxiety, concern; **besorgniserregend** ADJ alarming, worrying

besorgt [bəˈzɔrkt] ADJ anxious, worried; **Besorgtheit** F anxiety, worry

Besorgung F acquisition; (*Kauf*) purchase; (*Einkauf*): **Besorgungen machen** to do some shopping

bespannen [bəˈʃpanən] VT (*mit Saiten, Fäden*) to string

bespielbar ADJ (*Rasen etc*) playable

bespielen [bəˈʃpi:lən] VT (*Tonband, Kassette*) to make a recording on

bespitzeln [bəˈʃpɪtsəln] VT to spy on

★**besprechen** [bəˈʃprɛçən] *unreg* VT to discuss; (*Tonband etc*) to record, to speak onto; (*Buch*) to review ▶ VR to discuss, to consult

Besprechung F meeting, discussion; (*von Buch*) review

bespringen [bəˈʃprɪŋən] *unreg* VT (*Tier*) to mount, to cover

bespritzen [bəˈʃprɪtsən] VT to spray; (*beschmutzen*) to spatter

★**besser** [ˈbɛsər] ADJ better; **nur ein besserer ...** just a glorified ...; **bessere Leute** a better class of people; **es geht ihm ~** he feels better; **~ gesagt** or rather; *siehe auch* **besserstehen**

★**bessern** VT to make better, to improve ▶ VR to improve; (*Mensch*) to reform

besser|stehen *unreg* VR (*umg*) to be better off

★**Besserung** F improvement; **auf dem Weg(e) der ~ sein** to be getting better, to be improving; **gute ~!** get well soon!

Besserwisser(in) **(-s, -)** M(F) know-all (BRIT), know-it-all (*US*)

bestand *etc* VB *siehe* **bestehen**

Bestand [bəˈʃtant] **(-(e)s, Bestände)** M (*Fortbestehen*) duration, continuance; (*Kassenbestand*) amount, balance; (*Vorrat*) stock; **eiserner ~** iron rations *pl*; **~ haben, von ~ sein** to last long, to endure

bestanden PP *von* **bestehen** ▶ ADJ: **nach bestandener Prüfung** after passing the exam

beständig [bəˈʃtɛndɪç] ADJ (*ausdauernd*) constant (*auch fig*); (*Wetter*) settled; (*Stoffe*) resistant; (*Klagen etc*) continual

Bestandsaufnahme F stocktaking

Bestandsüberwachung F stock control, inventory control

Bestandteil M part, component; (*Zutat*) ingredient; **sich in seine Bestandteile auflösen** to fall to pieces

bestärken [bəˈʃtɛrkən] VT: **jdn in etw** *dat* **~** to strengthen *od* confirm sb in sth

★**bestätigen** [bəˈʃtɛ:tɪgən] VT to confirm; (*anerkennen*) to acknowledge; **jdn (im Amt) ~** to confirm sb's appointment

Bestätigung F confirmation; (*Anerkennung*) acknowledgement

bestatten [bəˈʃtatən] VT to bury

Bestatter(in) (**-s, -**) M(F) undertaker
Bestattung F funeral
Bestattungsinstitut NT undertaker's (BRIT), mortician's (*US*)
bestäuben [bəˈʃtɔʏbən] VT to powder, to dust; (*Pflanze*) to pollinate
beste(r, s) [ˈbɛstə(r, s)] ADJ best; **sie singt am besten** she sings best; **so ist es am besten** it's best that way; **am besten gehst du gleich** you'd better go at once; **jdn zum Besten haben** to pull sb's leg; **einen Witz** *etc* **zum Besten geben** to tell a joke *etc*; **aufs B~** in the best possible way; **zu jds Besten** for the benefit of sb; **es steht nicht zum Besten** it does not look too promising
bestechen [bəˈʃtɛçən] *unreg* VT to bribe ▸ VI (*Eindruck machen*): **(durch etw) ~** to be impressive (because of sth)
bestechend ADJ (*Schönheit, Eindruck*) captivating; (*Angebot*) tempting
bestechlich ADJ corruptible; **Bestechlichkeit** F corruptibility
Bestechung F bribery, corruption
Bestechungsgelder PL bribe *sing*
Bestechungsversuch M attempted bribery
Besteck [bəˈʃtɛk] (**-(e)s, -e**) NT knife, fork and spoon, cutlery; (*Med*) set of instruments; **Besteckkasten** M cutlery canteen
bestehen [bəˈʃteːən] *unreg* VI to exist; (*andauern*) to last ▸ VT (*Probe, Prüfung*) to pass; (*Kampf*) to win; **~ bleiben** to last, to endure; (*Frage, Hoffnung*) to remain; **die Schwierigkeit/das Problem besteht darin, dass …** the difficulty/problem lies in the fact that …, the difficulty/problem is that …; **~ auf** *+dat* to insist on; **~ aus** to consist of; ★ **Bestehen** NT: **seit ~ der Firma** ever since the firm came into existence *od* has existed
bestehlen [bəˈʃteːlən] *unreg* VT to rob
besteigen [bəˈʃtaɪgən] *unreg* VT to climb, to ascend; (*Pferd*) to mount; (*Thron*) to ascend
Bestellbuch NT order book
bestellen [bəˈʃtɛlən] VT to order; (*kommen lassen*) to arrange to see; (*nominieren*) to name; (*Acker*) to cultivate; (*Grüße, Auftrag*) to pass on; **wie bestellt und nicht abgeholt** (*hum: umg*) like orphan Annie; **er hat nicht viel/nichts zu ~** he doesn't have much/any say here; **ich bin für 10 Uhr bestellt** I have an appointment for *od* at 10 o'clock; **es ist schlecht um ihn bestellt** (*fig*) he is in a bad way
Bestell- zW: **Bestellformular** NT purchase order; **Bestellnummer** F order number; **Bestellschein** M order coupon
Bestellung F (*Comm*) order; (*Bestellen*) ordering; (*Ernennung*) nomination, appointment
bestenfalls [ˈbɛstənˈfals] ADV at best
bestens [ˈbɛstəns] ADV very well
besteuern [bəˈʃtɔʏərn] VT to tax
bestialisch [bɛstiˈaːlɪʃ] (*umg*) ADJ awful, beastly
besticken [bəˈʃtɪkən] VT to embroider
Bestie [ˈbɛstiə] F (*lit, fig*) beast
bestimmen [bəˈʃtɪmən] VT (*Regeln*) to lay down; (*Tag, Ort*) to fix; (*prägen*) to characterize; (*ausersehen*) to mean; (*ernennen*) to appoint; (*definieren*) to define; (*veranlassen*) to induce ▸ VI: **du hast hier nicht zu ~** you don't make the decisions here; **er kann über sein Geld allein ~** it is up to him what he does with his money
bestimmend ADJ (*Faktor, Einfluss*) determining, decisive
★ **bestimmt** ADJ (*entschlossen*) firm; (*gewiss*) certain, definite; (*Artikel*) definite ▸ ADV (*gewiss*) definitely, for sure; **suchen Sie etwas Bestimmtes?** are you looking for anything in particular?; **Bestimmtheit** F certainty; **in** *od* **mit aller ~** quite categorically
Bestimmung F (*Verordnung*) regulation; (*Festsetzen*) determining; (*Verwendungszweck*) purpose; (*Schicksal*) fate; (*Definition*) definition
Bestimmungs- zW: **Bestimmungsbahnhof** M (*Eisenb*) destination; **bestimmungsgemäß** ADJ as agreed; **Bestimmungshafen** M (port of) destination; **Bestimmungsort** M destination
Bestleistung F best performance
bestmöglich ADJ best possible
Best.-Nr. ABK = **Bestellnummer**
★ **bestrafen** [bəˈʃtraːfən] VT to punish
Bestrafung F punishment
bestrahlen [bəˈʃtraːlən] VT to shine on; (*Med*) to treat with X-rays
Bestrahlung F (*Med*) X-ray treatment, radiotherapy
Bestreben [bəˈʃtreːbən] (**-s**) NT endeavour (BRIT), endeavor (*US*), effort
bestrebt [bəˈʃtreːpt] ADJ: **~ sein, etw zu tun** to endeavour (BRIT) *od* endeavor (*US*) to do sth
Bestrebung [bəˈʃtreːbʊŋ] F = **Bestreben**
bestreichen [bəˈʃtraɪçən] *unreg* VT (*Brot*) to spread
bestreiken [bəˈʃtraɪkən] VT (*Industrie*) to black; **die Fabrik wird zur Zeit bestreikt** there's a strike on in the factory at the moment
bestreiten [bəˈʃtraɪtən] *unreg* VT (*abstreiten*) to dispute; (*finanzieren*) to pay for, to finance; **er hat das ganze Gespräch allein bestritten** he did all the talking
bestreuen [bəˈʃtrɔʏən] VT to sprinkle, to dust; (*Straße*) to (spread with) grit
Bestseller [ˈbɛstsɛlər] (**-s, -**) M best-seller
bestürmen [bəˈʃtʏrmən] VT (*mit Fragen, Bitten etc*) to overwhelm, to swamp
bestürzen [bəˈʃtʏrtsən] VT to dismay
bestürzt ADJ dismayed
Bestürzung F consternation
Bestzeit F (*bes Sport*) best time
★ **Besuch** [bəˈzuːx] (**-(e)s, -e**) M visit; (*Person*) visitor; **einen ~ bei jdm machen** to pay sb a visit *od* call; **~ haben** to have visitors; **bei jdm auf** *od* **zu ~ sein** to be visiting sb
★ **besuchen** VT to visit; (*Sch etc*) to attend; **gut besucht** well-attended
Besucher(in) (**-s, -**) M(F) visitor, guest

Besuchserlaubnis F permission to visit
Besuchszeit F visiting hours *pl*
besudeln [bəˈzu:dəln] VT (*Wände*) to smear; (*fig: Namen, Ehre*) to sully
betagt [bəˈta:kt] ADJ aged
betasten [bəˈtastən] VT to touch, to feel
betätigen [bəˈtɛ:tɪgən] VT (*bedienen*) to work, to operate ▶ VR to involve o.s.; **sich politisch ~** to be involved in politics; **sich als etw ~** to work as sth
Betätigung F activity; (*beruflich*) occupation; (*Tech*) operation
betäuben [bəˈtɔʏbən] VT to stun; (*fig: Gewissen*) to still; (*Med*) to anaesthetize (BRIT), to anesthetize (*US*); **ein betäubender Duft** an overpowering smell
Betäubung F (*Narkose*): **örtliche ~** local anaesthetic (BRIT) *od* anesthetic (*US*)
Betäubungsmittel NT anaesthetic (BRIT), anesthetic (*US*)
Bete [ˈbe:tə] (-, -n) F: **Rote ~** beetroot (BRIT), beet (*US*)
beteiligen [bəˈtaɪlɪgən] VR: **sich (an etw** *dat***) ~** to take part (in sth), to participate (in sth); (*an Geschäft: finanziell*) to have a share (in sth) ▶ VT: **jdn (an etw** *dat***) ~** to give sb a share *od* interest (in sth); **sich an den Unkosten ~** to contribute to the expenses
Beteiligung F participation; (*Anteil*) share, interest; (*Besucherzahl*) attendance
Beteiligungsgesellschaft F associated company
beten [ˈbe:tən] VI to pray ▶ VT (*Rosenkranz*) to say
beteuern [bəˈtɔʏərn] VT to assert; (*Unschuld*) to protest; **jdm etw ~** to assure sb of sth
Beteuerung F assertion; (*von Unschuld*) protestation; (*Versicherung*) assurance
Beton [beˈtõ:] (**-s, -s**) M concrete
betonen [bəˈto:nən] VT to stress
betonieren [betoˈni:rən] VT to concrete
Betonmischmaschine F concrete mixer
betont [bəˈto:nt] ADJ (*Höflichkeit*) emphatic, deliberate; (*Kühle, Sachlichkeit*) pointed
Betonung F stress, emphasis

> In manchen Fällen werden Verb und Substantiv gleich geschrieben und unterscheiden sich nur durch die Betonung:
>
> **a CONtract** *ein Vertrag* – **to conTRACT** *sich zusammenziehen*
>
> **a PERmit** *eine Genehmigung* – **to perMIT** *erlauben*

betören [bəˈtø:rən] VT to beguile
betr. ABK (= *betreffend, betreffs*) re
Betr. ABK = **Betreff**
Betracht [bəˈtraxt] M: **in ~ kommen** to be concerned *od* relevant; **nicht in ~ kommen** to be out of the question; **etw in ~ ziehen** to consider sth; **außer ~ bleiben** not to be considered
betrachten VT to look at; (*fig*) to consider, to look at
Betrachter(in) (**-s, -**) M(F) onlooker
beträchtlich [bəˈtrɛçtlɪç] ADJ considerable ▶ ADV considerably
Betrachtung F (*Ansehen*) examination; (*Erwägung*) consideration; **über etw** *akk* **Betrachtungen anstellen** to reflect on *od* contemplate sth
betraf *etc* [bəˈtra:f] VB *siehe* **betreffen**
Betrag [bəˈtra:k] (**-(e)s, Beträge**) M amount, sum; **~ erhalten** (*Comm*) sum received
betragen [bəˈtra:gən] *unreg* VT to amount to ▶ VR to behave
★**Betragen** (**-s**) NT behaviour (BRIT), behavior (*US*); (*bes in Zeugnis*) conduct
beträgt [bəˈtrɛ:kt] VB *siehe* **betragen**
betrat *etc* [bəˈtra:t] VB *siehe* **betreten**
betrauen [bəˈtraʊən] VT: **jdn mit etw ~** to entrust sb with sth
betrauern [bəˈtraʊərn] VT to mourn
beträufeln [bəˈtrɔʏfəln] VT: **den Fisch mit Zitrone ~** to sprinkle lemon juice on the fish
Betreff M: **Betreff: Ihr Schreiben vom ...** re *od* reference your letter of ...
betreffen [bəˈtrɛfən] *unreg* VT to concern, to affect; **was mich betrifft** as for me
betreffend ADJ relevant, in question
betreffs [bəˈtrɛfs] PRÄP *+gen* concerning, regarding
betreiben [bəˈtraɪbən] *unreg* VT (*ausüben*) to practise (BRIT), to practice (*US*); (*Politik*) to follow; (*Studien*) to pursue; (*vorantreiben*) to push ahead; (*Tech: antreiben*) to drive; **auf jds B~** *akk* **hin** (*form*) at sb's instigation
Betreiberfirma [bəˈtraɪbərfɪrma] F operating company
★**betreten** [bəˈtre:tən] *unreg* VT to enter; (*Bühne etc*) to step onto ▶ ADJ embarrassed; **„B~ verboten"** "keep off/out"
betreuen [bəˈtrɔʏən] VT to look after
Betreuer(in) (**-s, -**) M(F) carer; (*Kinderbetreuer*) child-minder
Betreuung F: **er wurde mit der ~ der Gruppe beauftragt** he was put in charge of the group
★**betrieb** *etc* [bəˈtri:p] VB *siehe* **betreiben**
★**Betrieb** (**-(e)s, -e**) M (*Firma*) firm, concern; (*Anlage*) plant; (*Tätigkeit*) operation; (*Treiben*) bustle; (*Verkehr*) traffic; **außer ~ sein** to be out of order; **in ~ sein** to be in operation; **eine Maschine in/außer ~ setzen** to start a machine up/stop a machine; **eine Maschine/Fabrik in ~ nehmen** to put a machine/factory into operation; **in den Geschäften herrscht großer ~** the shops are very busy; **er hält den ganzen ~ auf** (*umg*) he's holding everything up
betrieben [bəˈtri:bən] PP *von* **betreiben**
betrieblich ADJ company *attrib* ▶ ADV (*regeln*) within the company
Betriebs- ZW: **Betriebsanleitung** F operating instructions *pl*; **Betriebsausflug** M firm's outing; **Betriebsausgaben** PL revenue expend-

iture *sing*; **betriebsbereit** ADJ operational; **betriebseigen** ADJ company *attrib*; **Betriebsergebnis** NT trading *od* operating result; **Betriebserlaubnis** F operating permission/licence (BRIT) *od* license (US); **betriebsfähig** ADJ in working order; **Betriebsferien** PL company holidays *pl* (BRIT) *od* vacation *sing* (US); **Betriebsführung** F management; **Betriebsgeheimnis** NT trade secret; **Betriebskapital** NT capital employed; **Betriebsklima** NT (working) atmosphere; **Betriebskosten** PL running costs; **Betriebsleitung** F management; **Betriebsrat** M workers' council; **Betriebsrente** F company pension; **betriebssicher** ADJ safe, reliable; **Betriebsstoff** M fuel; **Betriebsstörung** F breakdown; **Betriebssystem** NT (*Comput*) operating system; **Betriebsunfall** M industrial accident; **Betriebswirt** M management expert; **Betriebswirtschaft** F business management

betrifft [bəˈtrɪft] VB *siehe* **betreffen**

betrinken [bəˈtrɪŋkən] *unreg* VR to get drunk

betritt [bəˈtrɪt] VB *siehe* **betreten**

betroffen [bəˈtrɔfən] PP *von* **betreffen** ▶ ADJ (*bestürzt*) amazed, perplexed; **von etw ~ werden** *od* **sein** to be affected by sth

betrüben [bəˈtry:bən] VT to grieve

betrübt [bəˈtry:pt] ADJ sorrowful, grieved

betrug *etc* [bəˈtru:k] VB *siehe* **betragen**

Betrug (**-(e)s**) M deception; (*Jur*) fraud

betrügen [bəˈtry:gən] *unreg* VT to cheat; (*Jur*) to defraud; (*Ehepartner*) to be unfaithful to ▶ VR to deceive o.s.

Betrüger(in) (**-s, -**) M(F) cheat, deceiver

betrügerisch ADJ deceitful; (*Jur*) fraudulent; **in betrügerischer Absicht** with intent to defraud

betrunken [bəˈtrʊŋkən] ADJ drunk

Betrunkene(r) F(M) drunk

Bett [bɛt] (**-(e)s, -en**) NT bed; **im ~** in bed; **ins** *od* **zu ~ gehen** to go to bed; **Bettbezug** M duvet cover; ⋆ **Bettdecke** F blanket; (*Daunenbettdecke*) quilt; (*Überwurf*) bedspread

bettelarm [ˈbɛtəl|arm] ADJ very poor, destitute

Bettelei [bɛtəˈlaɪ] F begging

Bettelmönch M mendicant *od* begging monk

betteln VI to beg

betten VT to make a bed for

Bett- ZW: **Betthupferl** (SÜDD) NT bedtime sweet; **bettlägerig** ADJ bedridden; **Bettlaken** NT sheet; **Bettlektüre** F bedtime reading

Bettler(in) [ˈbɛtlər(ɪn)] (**-s, -**) M(F) beggar

Bett- ZW: **Bettnässer** (**-s, -**) M bedwetter; **Bettschwere** (*umg*) F: **die nötige ~ haben/bekommen** to be/get tired enough to sleep; ⋆ **Betttuch** NT sheet; **Bettvorleger** M bedside rug; ⋆ **Bettwäsche** F, **Bettzeug** NT bedclothes *pl*, bedding

betucht [bəˈtu:xt] (*umg*) ADJ well-to-do

betulich [bəˈtu:lɪç] ADJ (*übertrieben besorgt*) fussing *attrib*; (*Redeweise*) twee

betupfen [bəˈtʊpfən] VT to dab; (*Med*) to swab

Beugehaft [ˈbɔʏgəhaft] F (*Jur*) coercive detention

beugen [ˈbɔʏgən] VT to bend; (*Gram*) to inflect ▶ VR +*dat* (*sich fügen*) to bow (to)

Beule [ˈbɔʏlə] (**-, -n**) F bump

beunruhigen [bəˈ|ʊnru:ɪgən] VT to disturb, to alarm ▶ VR to become worried

Beunruhigung F worry, alarm

beurkunden [bəˈ|u:rkʊndən] VT to attest, to verify

beurlauben [bəˈ|u:rlaʊbən] VT to give leave *od* holiday to (BRIT), to grant vacation to (US); **beurlaubt sein** to have leave of absence; (*suspendiert sein*) to have been relieved of one's duties

beurteilen [bəˈ|ʊrtaɪlən] VT to judge; (*Buch etc*) to review

Beurteilung F judgement; (*von Buch etc*) review; (*Note*) mark

Beute [ˈbɔʏtə] (**-**) F booty, loot; (*von Raubtieren etc*) prey

Beutel (**-s, -**) M bag; (*Geldbeutel*) purse; (*Tabaksbeutel*) pouch

bevölkern [bəˈfœlkərn] VT to populate

Bevölkerung F population

Bevölkerungs- ZW: **Bevölkerungsexplosion** F population explosion; **Bevölkerungsschicht** F social stratum; **Bevölkerungsstatistik** F vital statistics *pl*

bevollmächtigen [bəˈfɔlmɛçtɪgən] VT to authorize

Bevollmächtigte(r) F(M) authorized agent

Bevollmächtigung F authorization

⋆ **bevor** [bəˈfo:r] KONJ before; **bevormunden** VT UNTR to dominate; **bevor|stehen** *unreg* VI (*Schwierigkeiten*) to lie ahead; (*Gefahr*) to be imminent; **(jdm) ~** to be in store (for sb); **bevorstehend** ADJ imminent, approaching; ⋆ **bevorzugen** VT UNTR to prefer; **bevorzugt** ADV: **etw ~ abfertigen** *etc* to give sth priority; **Bevorzugung** F preference

bewachen [bəˈvaxən] VT to watch, to guard

bewachsen [bəˈvaksən] ADJ overgrown

Bewachung F (*Bewachen*) guarding; (*Leute*) guard, watch

bewaffnen [bəˈvafnən] VT to arm

Bewaffnung F (*Vorgang*) arming; (*Ausrüstung*) armament, arms *pl*

bewahren [bəˈva:rən] VT to keep; **jdn vor jdm/etw ~** to save sb from sb/sth; **(Gott) bewahre!** (*umg*) heaven *od* God forbid!

bewähren [bəˈvɛ:rən] VR to prove o.s.; (*Maschine*) to prove its worth

bewahrheiten [bəˈva:rhaɪtən] VR to come true

bewährt ADJ reliable

Bewährung F (*Jur*) probation; **ein Jahr Gefängnis mit ~** a suspended sentence of one year with probation

Bewährungs- ZW: **Bewährungsfrist** F (period of) probation; **Bewährungshelfer(in)** M(F) probation officer; **Bewährungsprobe** F: **etw einer ~** *dat* **unterziehen** to put sth to the test

bewaldet [bə'valdət] ADJ wooded

bewältigen [bə'vɛltɪgən] VT to overcome; (*Arbeit*) to finish; (*Portion*) to manage; (*Schwierigkeiten*) to cope with

bewandert [bə'vandərt] ADJ expert, knowledgeable

Bewandtnis [bə'vantnɪs] F: **damit hat es folgende ~** the fact of the matter is this

bewarb *etc* [bə'varp] VB *siehe* **bewerben**

bewässern [bə'vɛsərn] VT to irrigate

Bewässerung F irrigation

★**bewegen** [bə've:gən] VT, VR to move; **der Preis bewegt sich um die 50 Euro** the price is about 50 euros; **jdn zu etw ~** to induce sb to do sth

Beweggrund M motive

beweglich ADJ movable, mobile; (*flink*) quick

bewegt [bə've:kt] ADJ (*Leben*) eventful; (*Meer*) rough; (*ergriffen*) touched

Bewegung F movement, motion; (*innere*) emotion; (*körperlich*) exercise; **sich** *dat* **~ machen** to take exercise

Bewegungs- zW: **Bewegungsfreiheit** F freedom of movement; (*fig*) freedom of action; **bewegungslos** ADJ motionless; **Bewegungsmelder (-s, -)** M sensor (*which reacts to movement*)

Beweis [bə'vaɪs] **(-es, -e)** M proof; (*Zeichen*) sign; **Beweisaufnahme** F (*Jur*) taking *od* hearing of evidence; **beweisbar** ADJ provable

beweisen *unreg* VT to prove; (*zeigen*) to show; **was zu ~ war** QED

Beweis- zW: **Beweisführung** F reasoning; (*Jur*) presentation of one's case; **Beweiskraft** F weight, conclusiveness; **beweiskräftig** ADJ convincing, conclusive; **Beweislast** F (*Jur*) onus, burden of proof; **Beweismittel** NT evidence; **Beweisnot** F (*Jur*) lack of evidence; **Beweisstück** NT exhibit

bewenden [bə'vɛndən] VI: **etw dabei ~ lassen** to leave sth at that

★**bewerben** [bə'vɛrbən] *unreg* VR: **sich ~ (um)** to apply (for)

Bewerber(in) (-s, -) M(F) applicant

★**Bewerbung** F application

Bewerbungsfrist F application deadline

Bewerbungsmappe F, **Bewerbungsunterlagen** PL application documents *pl*

bewerkstelligen [bə'vɛrkʃtɛlɪgən] VT to manage, to accomplish

bewerten [bə've:rtən] VT to assess

bewies *etc* [bə'vi:s] VB *siehe* **beweisen**

bewiesen [bə'vi:zən] PP *von* **beweisen**

bewilligen [bə'vɪlɪgən] VT to grant, to allow

Bewilligung F granting

bewirbt [bə'vɪrpt] VB *siehe* **bewerben**

bewirken [bə'vɪrkən] VT to cause, to bring about

bewirten [bə'vɪrtən] VT to entertain

bewirtschaften [bə'vɪrtʃaftən] VT to manage

Bewirtung F hospitality; **die ~ so vieler Gäste** catering for so many guests

bewog *etc* [bə'vo:k] VB *siehe* **bewegen**

bewogen [bə'vo:gən] PP *von* **bewegen**

bewohnbar ADJ inhabitable

bewohnen [bə'vo:nən] VT to inhabit, to live in

Bewohner(in) (-s, -) M(F) inhabitant; (*von Haus*) resident

★**bewölkt** [bə'vœlkt] ADJ cloudy, overcast

★**Bewölkung** F clouds *pl*

Bewölkungsauflockerung F break-up of the cloud

beworben [bə'vɔrbən] PP *von* **bewerben**

Bewunderer(in) (-s, -) M(F) admirer

bewundern [bə'vʊndərn] VT to admire

bewundernswert ADJ admirable, wonderful

Bewunderung F admiration

bewusst [bə'vʊst] ADJ conscious; (*absichtlich*) deliberate; **jdm etw ~ machen** to make sb conscious of sth; **sich** *dat* **etw ~ machen** to realize sth; **sich** *dat* **einer Sache** *gen* **~ sein** to be aware of sth; **bewusstlos** ADJ unconscious; **Bewusstlosigkeit** F unconsciousness; **bis zur ~** (*umg*) ad nauseam; **Bewusstsein** NT consciousness; **bei ~** conscious; **im ~, dass ...** in the knowledge that ...

Bewusstseins- zW: **Bewusstseinsbildung** F (*Pol*) shaping of political ideas; **bewusstseinserweiternd** ADJ: **bewusstseinserweiternde Drogen** mind-expanding drugs; **Bewusstseinserweiterung** F consciousness raising

bez. ABK (= *bezüglich*) re.

Bez. ABK = **Bezirk**

★**bezahlen** [bə'tsa:lən] VT to pay (for); **es macht sich bezahlt** it will pay

Bezahlfernsehen NT pay TV

Bezahlschranke F (*Comput*) paywall

Bezahlung F payment; **ohne/gegen** *od* **für ~** without/for payment

bezaubern [bə'tsaʊbərn] VT to enchant, to charm

bezeichnen [bə'tsaɪçnən] VT (*kennzeichnen*) to mark; (*nennen*) to call; (*beschreiben*) to describe; (*zeigen*) to show, to indicate

bezeichnend ADJ: **~ (für)** characteristic (of), typical (of)

Bezeichnung F (*Zeichen*) mark, sign; (*Beschreibung*) description; (*Ausdruck*) expression, term

bezeugen [bə'tsɔʏgən] VT to testify to

bezichtigen [bə'tsɪçtɪgən] VT +*gen* to accuse (of)

Bezichtigung F accusation

beziehen [bə'tsi:ən] *unreg* VT (*mit Überzug*) to cover; (*Haus, Position*) to move into; (*Standpunkt*) to take up; (*erhalten*) to receive; (*Zeitung*) to subscribe to, to take ▶ VR (*Himmel*) to cloud over; **die Betten frisch ~** to change the beds; **etw auf jdn/etw ~** to relate sth to sb/sth; **sich ~ auf** +*akk* to refer to

★**Beziehung** F (*Verbindung*) connection; (*Zusammenhang*) relation; (*Verhältnis*) relationship; (*Hinsicht*) respect; **diplomatische Beziehungen** diplomatic relations; **seine Beziehungen spielen lassen** to pull strings; **in jeder ~** in every respect; **Beziehungen haben** (*vorteilhaft*) to have connections *od* contacts

Beziehungskiste (*umg*) F relationship

beziehungsweise ADV or; (*genauer gesagt*) that is, or rather; (*im anderen Fall*) and ... respectively

beziffern [bəˈtsɪfərn] VT (*angeben*): **~ auf** *+akk od* **mit** to estimate at

★**Bezirk** [bəˈtsɪrk] (**-(e)s, -e**) M district

bezirzen [bəˈtsɪrtsən] (*umg*) VT to bewitch

bezogen [bəˈtso:gən] PP *von* **beziehen**

Bezogene(r) [bəˈtso:gənə(r)] F(M) (*von Scheck etc*) drawee

Bezug [bəˈtsu:k] (**-(e)s, Bezüge**) M (*Hülle*) covering; (*Comm*) ordering; (*Gehalt*) income, salary; (*Beziehung*): **~ (zu)** relationship (to); **in ~ auf** *+akk* with reference to; **mit** *od* **unter ~ auf** *+akk* regarding; (*form*) with reference to; **~ nehmen auf** *+akk* to refer to

bezüglich [bəˈtsy:klɪç] PRÄP *+gen* concerning, referring to ▶ ADJ concerning; (*Gram*) relative

Bezugnahme F: **~ (auf** *+akk***)** reference (to)

Bezugs- zW: **Bezugsperson** F: **die wichtigste ~ des Kleinkindes** the person to whom the small child relates most closely; **Bezugspreis** M retail price; **Bezugsquelle** F source of supply

bezuschussen [bəˈtsu:ʃʊsən] VT to subsidize

bezwecken [bəˈtsvɛkən] VT to aim at

bezweifeln [bəˈtsvaɪfəln] VT to doubt

bezwingen [bəˈtsvɪŋən] *unreg* VT to conquer; (*Feind*) to defeat, to overcome

bezwungen [bəˈtsvʊŋən] PP *von* **bezwingen**

Bf. ABK = **Bahnhof**; **Brief**

BfV (-) NT ABK (= *Bundesamt für Verfassungsschutz*) *Federal Office for Protection of the Constitution*

BG (-) F ABK (= *Berufsgenossenschaft*) *social insurance against occupational illnesses and accidents*

BGB (-) NT ABK (= *Bürgerliches Gesetzbuch*) *siehe* **bürgerlich**

BGH (-) M ABK (= *Bundesgerichtshof*) *Federal Supreme Court*

★**BH** (**-s, -(s)**) M ABK (= *Büstenhalter*) bra

Bhf. ABK = **Bahnhof**

BI F ABK = **Bürgerinitiative**

Biathlon [ˈbi:atlɔn] (**-s, -s**) M OD NT biathlon

bibbern [ˈbɪbərn] (*umg*) VI (*vor Kälte*) to shiver

Bibel [ˈbi:bəl] (**-, -n**) F Bible

bibelfest ADJ well versed in the Bible

Biber [ˈbi:bər] (**-s, -**) M beaver

Biberbettuch NT flannelette sheet

Bibliografie [bibliograˈfi:] F bibliography

★**Bibliothek** [biblioˈte:k] (**-, -en**) F (*auch Comput*) library

Bibliothekar(in) [bibliote'ka:r(ɪn)] (**-s, -e**) M(F) librarian

biblisch [ˈbi:blɪʃ] ADJ biblical

bieder [ˈbi:dər] ADJ upright, worthy; (*pej*) conventional; (*Kleid etc*) plain

Biedermann (**-(e)s**, *pl* **-männer**) (*pej*) M (*geh*) petty bourgeois

biegbar [ˈbi:kba:r] ADJ flexible

Biege [ˈbi:gə] F: **die ~ machen** (*umg*) to buzz off, to split

biegen [ˈbi:gən] *unreg* VT, VR to bend ▶ VI to turn; **sich vor Lachen ~** (*fig*) to double up with laughter; **auf B~ oder Brechen** (*umg*) by hook or by crook

biegsam [ˈbi:kza:m] ADJ supple

Biegung F bend, curve

★**Biene** [ˈbi:nə] (**-, -n**) F bee; (*veraltet: umg: Mädchen*) bird (BRIT), chick (*bes US*)

Bienen- zW: **Bienenhonig** M honey; **Bienenkorb** M beehive; **Bienenstich** M (*Koch*) *sugar-and-almond coated cake filled with custard or cream*; **Bienenstock** M beehive; **Bienenwachs** NT beeswax

★**Bier** [bi:r] (**-(e)s, -e**) NT beer; **zwei ~, bitte!** two beers, please; **Bierbauch** (*umg*) M beer belly; **Bierbrauer** M brewer; **Bierdeckel** M beer mat; **Bierfilz** M beer mat; **Biergarten** M beer garden; **Bierkrug** M beer mug; **Bierschinken** M ham sausage; **Bierseidel** NT beer mug; **Bierwurst** F ham sausage; **Bierzelt** NT beer tent

Biest [bi:st] (**-(e)s, -er**) (*pej, umg*) NT (*Mensch*) (little) wretch; (*Frau*) bitch (*umg!*); (*Tier*) creature

biestig ADJ beastly

★**bieten** [ˈbi:tən] *unreg* VT to offer; (*bei Versteigerung*) to bid ▶ VR (*Gelegenheit*): **sich jdm ~** to present itself to sb; **sich** *dat* **etw ~ lassen** to put up with sth

Bigamie [bigaˈmi:] F bigamy

Bikini [biˈki:ni] (**-s, -s**) M bikini

Bilanz [biˈlants] F balance; (*fig*) outcome; **eine ~ aufstellen** to draw up a balance sheet; **~ ziehen (aus)** to take stock (of); **Bilanzprüfer(in)** M(F) auditor

bilateral [ˈbi:latera:l] ADJ bilateral; **bilateraler Handel** bilateral trade; **bilaterales Abkommen** bilateral agreement

★**Bild** [bɪlt] (**-(e)s, -er**) NT (*lit, fig*) picture; (*Foto*) photo; (*Spiegelbild*) reflection; (*fig: Vorstellung*) image, picture; **ein ~ machen** to take a photo *od* picture; **im Bilde sein (über** *+akk***)** to be in the picture (about); **Bildauflösung** F (*TV, Comput*) resolution; **Bildband** M illustrated book; **Bildbericht** M pictorial report; **Bildbeschreibung** F (*Sch*) description of a picture; **Bilddatei** F picture file

bilden [ˈbɪldən] VT to form; (*erziehen*) to educate; (*ausmachen*) to constitute ▶ VR to arise; (*durch Lesen etc*) to improve one's mind; (*erziehen*) to educate o.s.

bildend ADJ: **die bildende Kunst** art

Bilderbuch NT picture book

Bilderrahmen M picture frame

Bild- zW: **Bildfläche** F screen; (*fig*) scene; **von der ~ verschwinden** (*fig: umg*) to disappear (from the scene); **bildhaft** ADJ (*Sprache*) vivid; **Bildhauer** M sculptor; **bildhübsch** ADJ lovely, pretty as a picture; **bildlich** ADJ figurative; **sich** *dat* **etw ~ vorstellen** to picture sth in one's mind's eye

Bildnis [ˈbɪltnɪs] NT (*liter*) portrait

Bild- zW: **Bildplatte** F videodisc; **Bildröhre** F (*TV*) cathode ray tube; ★**Bildschirm** M (*TV, Comput*) screen; **Bildschirmgerät** NT (*Comput*) visual display unit, VDU; **Bildschirmschoner** (**-s, -**) M (*Comput*) screen saver; **bildschön** ADJ lovely; **Bildtelefon** NT videophone

★**Bildung** [ˈbɪldʊŋ] F formation; (*Wissen, Benehmen*) education

Bildungs- zW: **Bildungsgang** M school (and university/college) career; **Bildungsgut** NT cultural heritage; **Bildungslücke** F gap in one's education; **Bildungspolitik** F educational policy; **Bildungsroman** M (*Liter*) Bildungsroman, *novel relating hero's intellectual/spiritual development*; **Bildungsurlaub** M educational holiday; **Bildungsweg** M: **auf dem zweiten ~** through night school/the Open University *etc*; **Bildungswesen** NT education system

Bildweite F (*Phot*) distance

Bildzuschrift F reply enclosing photograph

Billard [ˈbɪljart] (**-s, -e**) NT billiards *sing*; **Billardball** M billiard ball; **Billardkugel** F billiard ball

★**billig** [ˈbɪlɪç] ADJ cheap; (*gerecht*) fair, reasonable; **billige Handelsflagge** flag of convenience; **billiges Geld** cheap/easy money

billigen [ˈbɪlɪgən] VT to approve of; **etw stillschweigend ~** to condone sth

billigerweise ADV (*veraltet*) in all fairness, reasonably

Billig- zW: **Billigflieger** M budget *od* low-cost airline; **Billigflug** M cheap flight; **Billigladen** M discount store; **Billigpreis** M low price; **Billigprodukt** NT low-price product

Billigung F approval

Billion [bɪliˈo:n] F billion (BRIT), trillion (US)

bimmeln [ˈbɪməln] VI to tinkle

Bimsstein [ˈbɪmsʃtaɪn] M pumice stone

bin [bɪn] VB *siehe* **sein**

binär [biˈnɛ:r] ADJ binary; **Binärzahl** F binary number

Binde [ˈbɪndə] (**-, -n**) F bandage; (*Armbinde*) band; (*Med*) sanitary towel (BRIT) *od* napkin (*US*); **sich** *dat* **einen hinter die ~ gießen** *od* **kippen** (*umg*) to put a few drinks away

Binde- zW: **Bindeglied** NT connecting link; **Bindehautentzündung** F conjunctivitis; **Bindemittel** NT binder

binden *unreg* VT to bind, to tie ▶ VR (*sich verpflichten*): **sich ~ (an** *+akk***)** to commit o.s. (to)

bindend ADJ binding; (*Zusage*) definite; **~ für** binding on

Bindestrich M hyphen

Bindewort NT conjunction

Bindfaden M string; **es regnet Bindfäden** (*umg*) it's sheeting down

Bindung F bond, tie; (*Ski*) binding

binnen [ˈbɪnən] PRÄP (*+dat od gen*) within; **Binnenhafen** M inland harbour (BRIT) *od* harbor (*US*); **Binnenhandel** M internal trade; **Binnenmarkt** M home market; **Europäischer ~** single European market; **Binnennachfrage** F domestic demand

Binse [ˈbɪnzə] (**-, -n**) F rush, reed; **in die Binsen gehen** (*fig: umg*) to be a wash-out

Binsenwahrheit F truism

bio [bio] (*umg*) ADJ organic; **sie isst nur ~** she only eats organic food

Bio- [bio-] IN zW bio-, organic

Biodiesel [ˈbiodi:zəl] (**-s, -**) M biodiesel

Biografie [biograˈfi:] F biography

Biokraftstoff [ˈbiokraftʃtɔf] M biofuel

Bioladen [ˈbiola:dən] M health food shop (BRIT) *od* store (*US*)

Biologe [bioˈlo:gə] (**-n, -n**) M biologist

★**Biologie** [bioloˈgi:] F biology

Biologin F biologist

biologisch [bioˈlo:gɪʃ] ADJ biological; (*Anbau*) organic; **biologische Vielfalt** biodiversity; **biologische Uhr** biological clock

Biomüll M organic waste

Bio- [bio-] zW: **Biosphäre** F biosphere; **Biotechnik** F biotechnology; **Bioterrorismus** M bioterrorism; **Biotreibstoff** M biofuel

bipolar ADJ bipolar

birgt [bɪrkt] VB *siehe* **bergen**

Birke [ˈbɪrkə] (**-, -n**) F birch

Birma [ˈbɪrma] (**-s**) NT Burma

Birnbaum M pear tree

★**Birne** [ˈbɪrnə] (**-, -n**) F pear; (*Elek*) (light) bulb

birst [bɪrst] VB *siehe* **bersten**

bis [bɪs]

PRÄP *+akk*, ADV **1** (*zeitlich*) till, until

2 (*bis spätestens*) by; **Sie haben bis Dienstag Zeit** you have until *od* till Tuesday; **bis zum Wochenende** up to *od* until the weekend; (*spätestens*) by the weekend; **bis Dienstag muss es fertig sein** it must be ready by Tuesday; **bis wann ist das fertig?** when will that be finished?; **bis auf Weiteres** until further notice; **bis in die Nacht** into the night; **bis bald!/gleich!** see you later/soon

3 (*räumlich*) (up) to; **ich fahre bis Köln** I'm going as far as Cologne; **bis an unser Grundstück** (right *od* up) to our plot; **bis hierher** this far; **bis zur Straße kommen** to get as far as the road

4 (*bei Zahlen, Angaben*) up to; **bis zu** up to; **Gefängnis bis zu 8 Jahren** a maximum of 8 years' imprisonment

5: **bis auf etw** *akk* (*außer*) except sth; (*einschließlich*) including sth

▶ KONJ **1** (*mit Zahlen*) to; **10 bis 20** 10 to 20

2 (*zeitlich*) till, until; **bis es dunkel wird** till *od* until it gets dark; **von … bis …** from … to …

Wenn etwas *spätestens* geschehen soll, verwendet man **by**: **I have to be ready by 9**. *Ich muss bis 9 Uhr fertig sein*.

Spricht man von einer Zeitspanne, verwendet man **until**: **I have until 9**. *Ich habe bis 9 Uhr Zeit*.

Bisamratte [ˈbi:zamratə] F muskrat (beaver)
Bischof [ˈbɪʃɔf] (**-s, Bischöfe**) M bishop
bischöflich [ˈbɪʃø:flɪç] ADJ episcopal
bisexuell [bizɛksuˈɛl] ADJ bisexual
bisher [bɪsˈhe:r] ADV till now, hitherto
bisherig [bɪsˈhe:rɪç] ADJ till now
Biskaya [bɪsˈka:ya] F: **Golf von ~** Bay of Biscay
Biskuit [bɪsˈkvi:t] (**-(e)s, -s** *od* **-e**) M OD NT biscuit; **Biskuitgebäck** NT sponge cake(s); **Biskuitteig** M sponge mixture
bislang [bɪsˈlaŋ] ADV hitherto
biss *etc* [bɪs] VB *siehe* **beißen**
Biss (**-es, -e**) M bite
bisschen [ˈbɪsçən] ADJ: **ein ~** a bit of ▸ ADV: **ein ~** a bit; **kein ~** not at all; **ein ~ Salz/Liebe** a bit of salt/love; **ich habe kein ~ Hunger** I'm not a bit hungry
Bissen [ˈbɪsən] (**-s, -**) M bite, morsel; **sich** *dat* **jeden ~ vom** *od* **am Munde absparen** to watch every penny one spends
bissig [ˈbɪsɪç] ADJ (*Hund*) snappy; (*gefährlich*) vicious; (*Bemerkung*) cutting, biting; **„Vorsicht, bissiger Hund"** "beware of the dog"
bist [bɪst] VB *siehe* **sein**
Bistum [ˈbɪstu:m] NT bishopric
bisweilen [bɪsˈvaɪlən] ADV at times, occasionally
Bit [bɪt] (**-(s), -(s)**) NT (*Comput*) bit
Bittbrief M petition
bitte INTERJ please; (*als Antwort auf Dank*) you're welcome; **wie ~?** (I beg your) pardon?; **~ schön!** it was a pleasure; **~ schön?** (*in Geschäft*) can I help you?; **na ~!** there you are!
Bitte [ˈbɪtə] (**-, -n**) F request; **auf seine ~ hin** at his request
bitten *unreg* VT to ask ▸ VI (*einladen*): **ich lasse ~** would you ask him/her *etc* to come in now?; **~ um** to ask for; **aber ich bitte dich!** not at all; **ich bitte darum** (*form*) if you wouldn't mind; **ich muss doch (sehr) ~!** well I must say!
bittend ADJ pleading, imploring
bitter [ˈbɪtər] ADJ bitter; (*Schokolade*) plain; **etw ~ nötig haben** to be in dire need of sth; **bitterböse** ADJ very angry; **bitterernst** ADJ: **damit ist es mir ~** I am deadly serious *od* in deadly earnest; **Bitterkeit** F bitterness; **bitterlich** ADJ bitter ▸ ADV bitterly
Bittsteller(in) (**-s, -**) M(F) petitioner
Biwak [ˈbi:vak] (**-s, -s** *od* **-e**) NT bivouac
Bj. ABK = **Baujahr**
Blabla [bla:ˈbla:] (**-s**) (*umg*) NT waffle
blähen [ˈblɛ:ən] VT, VR to swell, to blow out ▸ VI (*Speisen*) to cause flatulence *od* wind
Blähungen PL (*Med*) wind *sing*
blamabel [blaˈma:bəl] ADJ disgraceful
Blamage [blaˈma:ʒə] (**-, -n**) F disgrace
blamieren [blaˈmi:rən] VR to make a fool of o.s., to disgrace o.s. ▸ VT to let down, to disgrace
blank [blaŋk] ADJ bright; (*unbedeckt*) bare; (*sauber*) clean, polished; (*umg: ohne Geld*) broke; (*offensichtlich*) blatant
blanko [ˈblaŋko] ADV blank; **Blankoscheck** M blank cheque (BRIT) *od* check (*US*); **Blankovollmacht** F carte blanche
Bläschen [ˈblɛ:sçən] NT bubble; (*Med*) small blister
Blase [ˈbla:zə] (**-, -n**) F bubble; (*Med*) blister; (*Anat*) bladder
Blasebalg M bellows *pl*
blasen [ˈblla:zən] *unreg* VT, VI to blow; **zum Aufbruch ~** (*fig*) to say it's time to go
Blasenentzündung F cystitis
Bläser(in) [ˈblɛ:zər(ɪn)] (**-s, -**) M(F) (*Mus*) wind player; **die ~** the wind (section)
blasiert [blaˈzi:rt] (*pej*) ADJ (*geh*) blasé
Blas- zW: **Blasinstrument** NT wind instrument; ★ **Blaskapelle** F brass band; **Blasmusik** F brass band music
★ **blass** [blas] ADJ pale; (*Ausdruck*) weak, insipid; (*fig: Ahnung, Vorstellung*) faint, vague; **~ vor Neid werden** to go green with envy
Blässe [ˈblɛsə] (**-**) F paleness, pallor
★ **Blatt** [blat] (**-(e)s, Blätter**) NT leaf; (*von Papier*) sheet; (*Zeitung*) newspaper; (*Karten*) hand; **vom ~ singen/spielen** to sight-read; **kein ~ vor den Mund nehmen** not to mince one's words
blättern [ˈblɛtərn] VI: **in etw** *dat* **~** to leaf through sth
Blätterteig M flaky *od* puff pastry
Blattlaus F greenfly, aphid
★ **blau** [blaʊ] ADJ blue; (*umg*) drunk, stoned; (*Koch*) boiled; (*Auge*) black; **blauer Fleck** bruise; **mit einem blauen Auge davonkommen** (*fig*) to get off lightly; **blauer Brief** (*Sch*) *letter telling parents a child may have to repeat a year*; **er wird sein blaues Wunder erleben** (*umg*) he won't know what's hit him; **blauäugig** ADJ blue-eyed; **Blaubeere** F bilberry
Blaue NT: **Fahrt ins ~** mystery tour; **das ~ vom Himmel (herunter) lügen** (*umg*) to tell a pack of lies
blau- zW: **Blauhelm** (*umg*) M UN Soldier; **Blaukraut** NT red cabbage; **Blaulicht** NT flashing blue light; **blau|machen** (*umg*) VI to skive off work; **Blaupause** F blueprint; **Blausäure** F prussic acid; **Blaustrumpf** M (*fig*) bluestocking
Blech [blɛç] (**-(e)s, -e**) NT tin, sheet metal; (*Backblech*) baking tray; **~ reden** (*umg*) to talk rubbish *od* nonsense; **Blechbläser** PL the brass (section); **Blechbüchse** F tin, can; **Blechdose** F tin, can
blechen (*umg*) VT, VI to pay
Blechschaden M (*Aut*) damage to bodywork
Blechtrommel F tin drum

blecken [ˈblɛkən] VT: **die Zähne ~** to bare *od* show one's teeth

Blei [blaɪ] (**-(e)s, -e**) NT lead

Bleibe (**-, -n**) F roof over one's head

★**bleiben** *unreg* VI to stay, to remain; **bitte, ~ Sie doch sitzen** please don't get up; **wo bleibst du so lange?** (*umg*) what's keeping you?; **das bleibt unter uns** (*fig*) that's (just) between ourselves; **~ lassen** (*aufgeben*) to give up; **etw ~ lassen** (*unterlassen*) to give sth a miss

bleich [blaɪç] ADJ faded, pale; **bleichen** VT to bleach; **Bleichgesicht** (*umg*) NT (*blasser Mensch*) pasty-face

bleiern ADJ leaden

Blei- ZW: ★**bleifrei** ADJ (*Benzin*) unleaded; **Bleigießen** NT *New Year's Eve fortune-telling using lead shapes*; **bleihaltig** ADJ (*Benzin*) leaded; **~ sein** to contain lead; ★**Bleistift** M pencil; **Bleistiftabsatz** M stiletto heel (BRIT), spike heel (*US*); **Bleistiftspitzer** M pencil sharpener; **Bleivergiftung** F lead poisoning

Blende [ˈblɛndə] (**-, -n**) F (*Phot*) aperture; (*: Einstellungsposition*) f-stop

blenden VT to blind, to dazzle; (*fig*) to hoodwink

blendend (*umg*) ADJ grand; **~ aussehen** to look smashing

Blender (**-s, -**) M con-man

blendfrei [ˈblɛntfraɪ] ADJ (*Glas*) non-reflective

★**Blick** [blɪk] (**-(e)s, -e**) M (*kurz*) glance, glimpse; (*Anschauen*) look, gaze; (*Aussicht*) view; **Liebe auf den ersten ~** love at first sight; **den ~ senken** to look down; **den bösen ~ haben** to have the evil eye; **einen (guten) ~ für etw haben** to have an eye for sth; **mit einem ~** at a glance

★**blicken** VI to look; **das lässt tief ~** that's very revealing; **sich ~ lassen** to put in an appearance

Blick- ZW: **Blickfang** M eye-catcher; **Blickfeld** NT range of vision (*auch fig*); **Blickkontakt** M visual contact; **Blickpunkt** M: **im ~ der Öffentlichkeit stehen** to be in the public eye

blieb *etc* [bli:p] VB *siehe* **bleiben**

blies *etc* [bli:s] VB *siehe* **blasen**

★**blind** [blɪnt] ADJ blind; (*Glas etc*) dull; (*Alarm*) false; **blinder Passagier** stowaway

Blinddarm M appendix; **Blinddarmentzündung** F appendicitis

Blindekuh [ˈblɪndəku:] F: **~ spielen** to play blind man's buff

Blindenhund M guide dog

Blindenschrift F braille

Blind- ZW: **Blindgänger** M (*Mil, fig*) dud; **Blindheit** F blindness; **mit ~ geschlagen sein** (*fig*) to be blind; **blindlings** ADV blindly; **Blindschleiche** F slow worm; **blind|schreiben** *unreg* VI to touch-type

blinken [ˈblɪŋkən] VI to twinkle, to sparkle; (*Licht*) to flash, to signal; (*Aut*) to indicate ▸ VT to flash, to signal

Blinker (**-s, -**) M (*Aut*) indicator

Blinklicht NT (*Aut*) indicator

blinzeln [ˈblɪntsəln] VI to blink, to wink

★**Blitz** [blɪts] (**-es, -e**) M (flash of) lightning; (*Phot*) flash; **wie ein ~ aus heiterem Himmel** (*fig*) like a bolt from the blue; **Blitzableiter** M lightning conductor; (*fig*) vent *od* safety valve for feelings; ★**blitzen** VI (*aufleuchten*) to glint, to shine; **es blitzt** (*Met*) there's a flash of lightning; **Blitzgerät** NT (*Phot*) flash(gun); **Blitzlicht** NT flashlight; **blitzsauber** ADJ spick and span; **blitzschnell** ADJ, ADV as quick as a flash; **Blitzwürfel** M (*Phot*) flashcube

★**Block** [blɔk] (**-(e)s, Blöcke**) M (*lit, fig*) block; (*von Papier*) pad; (*Pol: Staatenblock*) bloc; (*Fraktion*) faction

Blockade [blɔˈka:də] (**-, -n**) F blockade

Block- ZW: **Blockbuchstabe** M block letter *od* capital; ★**Blockflöte** F recorder; **blockfrei** ADJ (*Pol*) non-aligned; **Blockhaus** NT log cabin; **Blockhütte** F log cabin

blockieren [blɔˈki:rən] VT to block ▸ VI (*Räder*) to jam

Block- ZW: **Blockschokolade** F cooking chocolate; **Blockschrift** F block letters *pl*; **Blockstunde** F double period

★**blöd** [blø:t] ADJ silly, stupid

blödeln [ˈblø:dəln] (*umg*) VI to fool around

Blödheit F stupidity

Blödian [ˈblø:dian] (**-(e)s, -e**) (*umg*) M idiot

blöd- ZW: **Blödmann** (**-(e)s,** *pl* **-männer**) (*umg*) M idiot; ★**Blödsinn** M nonsense; **blödsinnig** ADJ silly, idiotic

Blog (**-s, -s**) M OD NT (*Comput*) blog; **bloggen** VI to blog; **Blogging** NT blogging

Blogosphäre [ˈblɔgosfɛ:rə] (**-, -n**) F blogosphere

blöken [ˈblø:kən] VI (*Schaf*) to bleat

★**blond** [blɔnt] ADJ blond; (*Frau*) blonde

Blondine [blɔnˈdi:nə] F blonde

bloß [blo:s]

ADJ **1** (*unbedeckt*) bare; (*nackt*) naked; **mit der bloßen Hand** with one's bare hand; **mit bloßem Auge** with the naked eye

2 (*alleinig: nur*) mere; **der bloße Gedanke** the very thought; **bloßer Neid** sheer envy

▸ ADV only, merely; **lass das bloß!** just don't do that!; **wie ist das bloß passiert?** how on earth did that happen?

Blöße [ˈblø:sə] (**-, -n**) F bareness; (*Nacktheit*) nakedness; (*fig*) weakness; **sich** *dat* **eine ~ geben** (*fig*) to lay o.s. open to attack

bloß|legen VT to expose

bloß|stellen VT to show up

blühen [ˈbly:ən] VI (*lit*) to bloom, to be in bloom; (*fig*) to flourish; (*umg: bevorstehen*): **(jdm) ~** to be in store (for sb)

blühend ADJ: **wie das blühende Leben aussehen** to look the very picture of health

★**Blume** [ˈblu:mə] (**-, -n**) F flower; (*von Wein*) bouquet; **jdm etw durch die ~ sagen** to say sth in a roundabout way to sb

Blumen- zW: ★ **Blumenbeet** NT flower bed; **Blumengeschäft** NT flower shop, florist's; **Blumenkasten** M window box; ★ **Blumenkohl** M cauliflower; **Blumenstrauß** M bouquet, bunch of flowers; **Blumentopf** M flowerpot; **Blumenzwiebel** F bulb

Bluse [ˈbluːzə] **(-, -n)** F blouse

Blut [bluːt] **(-(e)s)** NT (*lit, fig*) blood; **(nur) ruhig ~** keep your shirt on (*umg*); **jdn/sich bis aufs ~ bekämpfen** to fight sb/fight bitterly; **~ stillend** styptic; **blutarm** ADJ anaemic (BRIT), anemic (*US*); (*fig*) penniless; **Blutbahn** F bloodstream; **Blutbank** F blood bank; **blutbefleckt** ADJ bloodstained; **Blutbild** NT blood count; **Blutbuche** F copper beech; ★ **Blutdruck** M blood pressure

Blüte [ˈblyːtə] **(-, -n)** F blossom; (*fig*) prime

Blutegel [ˈbluːt|eːgəl] M leech

bluten VI to bleed

Blütenstaub M pollen

Bluter **(-s, -)** M (*Med*) haemophiliac (BRIT), hemophiliac (*US*)

Bluterguss M haemorrhage (BRIT), hemorrhage (*US*); (*auf Haut*) bruise

Blütezeit F flowering period; (*fig*) prime

Blutgerinnsel NT blood clot

Blutgruppe F blood group

blutig ADJ bloody; (*umg*: *Anfänger*) absolute; (: *Ernst*) deadly

Blut- zW: **blutjung** ADJ very young; **Blutkonserve** F unit *od* pint of stored blood; **Blutkörperchen** NT blood corpuscle; ★ **Blutprobe** F blood sample; **blutrünstig** ADJ bloodthirsty; **Blutschande** F incest; **Blutsenkung** F (*Med*): **eine ~ machen** to test the sedimentation rate of the blood; **Blutspender** M blood donor; **blutstillend** ADJ styptic; **Blutsturz** M haemorrhage (BRIT), hemorrhage (*US*)

blutsverwandt ADJ related by blood

Bluttransfusion F, **Blutübertragung** F blood transfusion

Blutung F bleeding, haemorrhage (BRIT), hemorrhage (*US*)

Blut- zW: **blutunterlaufen** ADJ suffused with blood; (*Augen*) bloodshot; **Blutvergießen** NT bloodshed; **Blutvergiftung** F blood poisoning; **Blutwurst** F black pudding; **Blutzuckerspiegel** M blood sugar level

BLZ ABK = **Bankleitzahl**

BMX-Rad NT BMX

BND **(-s, -)** M ABK = **Bundesnachrichtendienst**

Bö **(-, -en)** F squall

Boccia [ˈbɔtʃa] NT OD F bowls *sing*

Bock [bɔk] **(-(e)s, Böcke)** M buck, ram; (*Gestell*) trestle, support; (*Sport*) buck; **alter ~** (*umg*) old goat; **den ~ zum Gärtner machen** (*fig*) to choose the worst possible person for the job; **einen ~ schießen** (*fig*: *umg*) to (make a) boob; **~ haben, etw zu tun** (*umg*: *Lust*) to fancy doing sth

Bockbier NT bock (beer) (*type of strong beer*)

bocken [ˈbɔkən] (*umg*) VI (*Auto, Mensch*) to play up

Bocksbeutel M *wide, rounded (dumpy) bottle containing Franconian wine*

Bockshorn NT: **sich von jdm ins ~ jagen lassen** to let sb upset one

Bocksprung M leapfrog; (*Sport*) vault

★ **Bockwurst** F bockwurst (*large frankfurter*)

★ **Boden** [ˈboːdən] **(-s, Böden)** M ground; (*Fußboden*) floor; (*Meeresboden, Fassboden*) bottom; (*Speicher*) attic; **den ~ unter den Füßen verlieren** (*lit*) to lose one's footing; (*fig*: *in Diskussion*) to get out of one's depth; **ich hätte (vor Scham) im ~ versinken können** (*fig*) I was so ashamed, I wished the ground would swallow me up; **am ~ zerstört sein** (*umg*) to be shattered; **etw aus dem ~ stampfen** (*fig*) to conjure sth up out of nothing; (*Häuser*) to build overnight; **auf dem ~ der Tatsachen bleiben** (*fig*: *Grundlage*) to stick to the facts; **zu ~ fallen** to fall to the ground; **festen ~ unter den Füßen haben** to be on firm ground, to be on terra firma; **Bodenkontrolle** F (*Raumfahrt*) ground control; **bodenlos** ADJ bottomless; (*umg*) incredible; **Bodenpersonal** NT (*Aviat*) ground personnel *pl*, ground staff; **Bodensatz** M dregs *pl*, sediment; **Bodenschätze** PL mineral wealth *sing*

★ **Bodensee** [ˈboːdənzeː] M: **der ~** Lake Constance

Bodenturnen NT floor exercises *pl*

Böe [ˈbøːə] **(-, -n)** F squall

bog *etc* [boːk] VB *siehe* **biegen**

Bogen [ˈboːgən] **(-s, -)** M (*Biegung*) curve; (*Archit*) arch; (*Waffe, Mus*) bow; (*Papier*) sheet; **den ~ heraushaben** (*umg*) to have got the hang of it; **einen großen ~ um jdn/etw machen** (*meiden*) to give sb/sth a wide berth; **jdn in hohem ~ hinauswerfen** (*umg*) to fling sb out; **Bogengang** M arcade; **Bogenschütze** M archer; **Bogenschützin** F archer

Bohle [ˈboːlə] **(-, -n)** F plank

Böhme [ˈbøːmə] **(-n, -n)** M Bohemian

Böhmen **(-s)** NT Bohemia

Böhmin F Bohemian woman

böhmisch [ˈbøːmɪʃ] ADJ Bohemian; **das sind für mich böhmische Dörfer** (*umg*) that's all Greek to me

★ **Bohne** [ˈboːnə] **(-, -n)** F bean; **blaue ~** (*umg*) bullet; **nicht die ~** not one little bit

Bohnen- zW: **Bohnenkaffee** M real coffee; **Bohnensprosse** F bean sprout; **Bohnenstange** F (*fig*: *umg*) beanpole; **Bohnenstroh** NT: **dumm wie ~** (*umg*) (as) thick as two (short) planks

bohnern VT to wax, to polish

Bohnerwachs NT floor polish

bohren [ˈboːrən] VT to bore; (*Loch*) to drill ▶ VI to drill; (*fig*: *drängen*) to keep on; (*peinigen*: *Schmerz, Zweifel etc*) to gnaw; **nach Öl/Wasser ~** drill for oil/water; **in der Nase ~** to pick one's nose

Bohrer **(-s, -)** M drill

Bohr- zW: **Bohrinsel** F oil rig; **Bohrmaschine** F drill; **Bohrturm** M derrick

Boiler [ˈbɔʏlər] (**-s, -**) M water heater
Boje [ˈbo:jə] (**-, -n**) F buoy
Bolivianer(in) [boliviˈa:nər(ɪn)] (**-s, -**) M(F) Bolivian
Bolivien [boˈli:viən] NT Bolivia
bolivisch [boˈli:vɪʃ] ADJ Bolivian
Bollwerk [ˈbɔlvɛrk] NT (*lit, fig*) bulwark
Bolschewismus [bɔlʃeˈvɪsmʊs] (-) M Bolshevism
Bolzen [ˈbɔltsən] (**-s, -**) M bolt
bombardieren [bɔmbarˈdi:rən] VT to bombard; (*aus der Luft*) to bomb
Bombe [ˈbɔmbə] (**-, -n**) F bomb; **wie eine ~ einschlagen** to come as a (real) bombshell
Bomben- zW: **Bombenalarm** M bomb scare; **Bombenangriff** M bombing raid; **Bombenanschlag** M bomb attack; **Bombenerfolg** (*umg*) M huge success; **Bombengeschäft** (*umg*) NT: **ein ~ machen** to do a roaring trade; **bombensicher** (*umg*) ADJ dead certain
bombig (*umg*) ADJ great, super
Bon [bɔŋ] (**-s, -s**) M voucher; (*Kassenzettel*) receipt
★**Bonbon** [bõˈbõ:] (**-s, -s**) NT sweet (BRIT), candy (US)
Bonus [ˈbo:nʊs] (**-** *od* **-ses, -se** *od* **Boni**) M bonus
Bonusmeile F bonus mile
Bonuszahlung F bonus payment
Bonze [ˈbɔntsə] (**-n, -n**) M big shot (*umg*)
Bonzenviertel (*umg*) NT posh quarter (*of town*)
★**Boot** [bo:t] (**-(e)s, -e**) NT boat
★**Bord** [bɔrt] (**-(e)s, -e**) M (*Aviat, Naut*) board ▸ NT (*Brett*) shelf; **an ~** on board; **an ~ gehen** (*Schiff*) to go on board; (*Flugzeug*) to board; **über ~ gehen** to go overboard; (*fig*) to go by the board
Bordell [bɔrˈdɛl] (**-s, -e**) NT brothel
Bordfunkanlage F radio
Bordstein M kerb(stone) (BRIT), curb(stone) (US)
borgen [ˈbɔrgən] VT to borrow; **jdm etw ~** to lend sb sth; **sich** *dat* **etw ~** to borrow sth
Borneo [ˈbɔrneo] (**-s**) NT Borneo
borniert [bɔrˈni:rt] ADJ narrow-minded
Börse [ˈbœ:rzə] (**-, -n**) F stock exchange; (*Geldbörse*) purse
Börsengang M (*Fin*) flotation; **seit dem ~ dieser Firma** since this company was floated
Börsen- zW: **Börsenmakler(in)** M(F) stockbroker; **börsennotiert** ADJ: **börsennotierte Firma** listed company; **Börsennotierung** F quotation (on the stock exchange)
Borste [ˈbɔrstə] (**-, -n**) F bristle
Borte [ˈbɔrtə] (**-, -n**) F edging; (*Band*) trimming
bös [bø:s] ADJ = **böse**; **bösartig** ADJ malicious; (*Med*) malignant
Böschung [ˈbœʃʊŋ] F slope; (*Uferböschung etc*) embankment
★**böse** [ˈbø:zə] ADJ bad, evil; (*zornig*) angry; **das war nicht ~ gemeint** I/he *etc* didn't mean it nastily; **bist du mir ~?** are you angry with me?
Bösewicht (*umg*) M baddy
boshaft [ˈbo:shaft] ADJ malicious, spiteful
Bosheit F malice, spite
Bosnien [ˈbɔsniən] (**-s**) NT Bosnia
Bosnien-Herzegowina [ˈbɔsniənhɛrtsəˈgo:vi:na] (**-s**) NT Bosnia-Herzegovina
Bosnier(in) (**-s, -**) M(F) Bosnian
bosnisch ADJ Bosnian
Boss [bɔs] (**-es, -e**) (*umg*) M boss
böswillig [ˈbø:svɪlɪç] ADJ malicious
bot *etc* [bo:t] VB *siehe* **bieten**
Botanik [boˈta:nɪk] F botany
botanisch [boˈta:nɪʃ] ADJ botanical; **botanischer Garten** botanical gardens *pl*
Bote [ˈbo:tə] (**-n, -n**) M messenger
Botengang M errand
Botenjunge M errand boy
Botin [ˈbo:tɪn] F messenger
Botschaft F message, news; (*Pol*) embassy; **die Frohe ~** the Gospel; **Botschafter(in)** (**-s, -**) M(F) ambassador
Botswana [bɔˈtsva:na] (**-s**) NT Botswana
Bottich [ˈbɔtɪç] (**-(e)s, -e**) M vat, tub
Bouillon [bʊˈljõ:] (**-, -s**) F consommé
Boulevard- [buləˈva:r] zW: **Boulevardblatt** (*umg*) NT tabloid; **Boulevardpresse** F tabloid press; **Boulevardstück** NT light play/comedy
Boutique [buˈti:k] (**-, -n**) F boutique
Bowle [ˈbo:lə] (**-, -n**) F punch
Bowlingbahn [ˈbo:lɪŋba:n] F bowling alley
Box [bɔks] F (*Behälter*) box; (*Lautsprecherbox*) speaker
boxen VI to box
Boxer(in) (**-s, -**) M(F) boxer
Boxhandschuh M boxing glove
Boxkampf M boxing match
Boykott [bɔʏˈkɔt] (**-(e)s, -s**) M boycott
boykottieren [bɔʏkɔˈti:rən] VT to boycott
BR ABK (= *Bayerischer Rundfunk*) *German radio station*
brach *etc* [bra:x] VB *siehe* **brechen**
brachial [braxiˈa:l] ADJ: **mit brachialer Gewalt** by brute force
brach|liegen [ˈbra:xli:gən] *unreg* VI (*lit, fig*) to lie fallow
brachte *etc* [ˈbraxtə] VB *siehe* **bringen**
Branche [ˈbrã:ʃə] (**-, -n**) F line of business
Branchenführer(in) M(F) market leader
Branchenverzeichnis NT trade directory
★**Brand** [brant] (**-(e)s, Brände**) M fire; (*Med*) gangrene
Brandanschlag M arson attack
branden [ˈbrandən] VI to surge; (*Meer*) to break
Brandenburg [ˈbrandənbʊrk] (**-s**) NT Brandenburg
Brandherd M source of the fire
brandmarken VT to brand; (*fig*) to stigmatize
brandneu (*umg*) ADJ brand-new

Brand- ZW: **Brandsalbe** F ointment for burns; **Brandsatz** M incendiary device; **Brandstifter** M arsonist, fire-raiser; **Brandstiftung** F arson

Brandung F surf

Brandwunde F burn

brannte *etc* [ˈbrantə] VB *siehe* **brennen**

Branntwein [ˈbrantvaɪn] M brandy; **Branntweinsteuer** F tax on spirits

Brasilianer(in) [braziliˈa:nər(ɪn)] (**-s**, **-**) M(F) Brazilian

brasilianisch ADJ Brazilian

Brasilien [braˈzi:liən] NT Brazil

brät [brɛt] VB *siehe* **braten**

Bratapfel M baked apple

braten [ˈbra:tən] *unreg* VT to roast; (*in Pfanne*) to fry; ★ **Braten** (**-s**, **-**) M roast, joint; **den ~ riechen** (*umg*) to smell a rat, to suss something

Brat- ZW: ★ **Brathähnchen** NT roast chicken; **Brathendl** NT (SÜDD, ÖSTERR) roast chicken; **Brathuhn** NT roast chicken; ★ **Bratkartoffeln** PL fried/roast potatoes *pl*; **Bratpfanne** F frying pan; **Bratrost** M grill

Bratsche [ˈbra:tʃə] (**-**, **-n**) F viola

Bratspieß M spit

Bratwurst F grilled sausage

Brauch [braʊx] (**-(e)s**, *pl* **Bräuche**) M custom

brauchbar ADJ usable, serviceable; (*Person*) capable

brauchen VT (*bedürfen*) to need; (*müssen*) to have to; (*verwenden*) to use; **wie lange braucht man, um ...?** how long does it take to ...?; **das braucht seine Zeit** it takes time; **du brauchst es nur zu sagen** you only need to say

Brauchtum NT customs *pl*, traditions *pl*

Braue [ˈbraʊə] (**-**, **-n**) F brow

brauen [ˈbraʊən] VT to brew

Brauerei [braʊəˈraɪ] F brewery

braun [braʊn] ADJ brown; (*von Sonne*) tanned; **~ gebrannt** tanned; (*pej*) Nazi

Bräune [ˈbrɔʏnə] (**-**, **-n**) F brownness; (*Sonnenbräune*) tan

bräunen VT to make brown; (*Sonne*) to tan

Braunkohle F brown coal

Braunschweig [ˈbraʊnʃvaɪk] (**-s**) NT Brunswick

Brause [ˈbraʊzə] (**-**, **-n**) F shower; (*von Gießkanne*) rose; (*Getränk*) lemonade

brausen VI to roar; (*auch vr*: *duschen*) to take a shower

Brausepulver NT lemonade powder

Brausetablette F lemonade tablet

Braut [braʊt] (**-**, *pl* **Bräute**) F bride; (*Verlobte*) fiancée

Bräutigam [ˈbrɔʏtɪgam] (**-s**, **-e**) M bridegroom; (*Verlobter*) fiancé

Braut- ZW: **Brautjungfer** F bridesmaid; **Brautkleid** NT wedding dress; **Brautpaar** NT bride and bridegroom, bridal pair

★ **brav** [bra:f] ADJ (*artig*) good; (*ehrenhaft*) worthy, honest; (*bieder*: *Frisur, Kleid*) plain; **sei schön ~!** be a good boy/girl

bravo [bra:vo] INTERJ well done

★ **BRD** (**-**) F ABK (= *Bundesrepublik Deutschland*) FRG; **die alte ~** former West Germany

> **BRD** (*Bundesrepublik Deutschland*) is the official name for the Federal Republic of Germany, and was the name given to the former West Germany as opposed to East Germany (the *DDR*). It comprises 16 *Länder* (see *Land*); the 11 that were part of the former West Germany were joined by the 5 new *Länder* of the former East Germany when the two countries reunited on 3 October 1990.

Brechbohne F French bean

Brecheisen NT crowbar

★ **brechen** [ˈbrɛçən] *unreg* VT, VI to break; (*Licht*) to refract; (*speien*) to vomit; **die Ehe ~** to commit adultery; **mir bricht das Herz** it breaks my heart; **brechend voll sein** to be full to bursting

Brechmittel NT: **er/das ist das reinste ~** (*umg*) he/it makes me feel ill

Brechreiz M nausea

Brechung F (*des Lichts*) refraction

Brei [braɪ] (**-(e)s**, **-e**) M (*Masse*) pulp; (*Koch*) gruel; (*Haferbrei*) porridge (BRIT), oatmeal (US); (*für Kinder, Kranke*) mash; **um den heißen ~ herumreden** (*umg*) to beat about the bush

★ **breit** [braɪt] ADJ broad; (*bei Maßangabe*) wide; **die breite Masse** the masses *pl* ▶ ADV: **ein ~ gefächertes Angebot** a wide range; **Breitband** NT (*Comput*) broadband; **Breitbandanschluss** M (*Comput*) broadband connection; **breitbeinig** ADJ with one's legs apart

Breite (**-**, **-n**) F breadth; (*bei Maßangabe*) width; (*Geog*) latitude

breiten VT: **etw über etw** *akk* **~** to spread sth over sth

Breitengrad M degree of latitude

Breitensport M popular sport

breit- ZW: **breit|machen** *unreg* (*umg*) VR to spread o.s. out; **breit|schlagen** *unreg* (*umg*) VT: **sich ~ lassen** to let o.s. be talked round; **breitschulterig, breitschultrig** ADJ broad-shouldered; **breit|treten** *unreg* (*umg*) VT to go on about; **Breitwandfilm** M wide-screen film

Bremen [ˈbre:mən] (**-s**) NT Bremen

Bremsbelag M brake lining

★ **Bremse** [ˈbrɛmzə] (**-**, **-n**) F brake; (*Zool*) horsefly

★ **bremsen** VI to brake, to apply the brakes ▶ VT (*Auto*) to brake; (*fig*) to slow down ▶ VR: **ich kann mich ~** (*umg*) not likely!

Brems- ZW: **Bremsflüssigkeit** F brake fluid; **Bremslicht** NT brake light; **Bremspedal** NT brake pedal; **Bremsschuh** M brake shoe; **Bremsspur** F tyre (BRIT) *od* tire (US) marks *pl*; **Bremsweg** M braking distance

brennbar ADJ inflammable; **leicht ~** highly inflammable

Brennelement NT fuel element

★**brennen** [ˈbrɛnən] *unreg* VI to burn, to be on fire; (*Licht, Kerze etc*) to burn ▶ VT (*Holz etc*) to burn; (*Ziegel, Ton*) to fire; (*Kaffee*) to roast; (*Branntwein*) to distil; **es brennt!** fire!; **wo brennts denn?** (*fig: umg*) what's the panic?; **darauf ~, etw zu tun** to be dying to do sth

Brenn- zW: **Brennmaterial** NT fuel; **Brennnessel** F nettle; **Brennofen** M kiln; **Brennpunkt** M (*Math, Optik*) focus; **Brennspiritus** M methylated spirits *pl*; **Brennstab** M fuel rod; **Brennstoff** M liquid fuel

brenzlig [ˈbrɛntslɪç] ADJ smelling of burning, burnt; (*fig*) precarious

Bresche [ˈbrɛʃə] (-, **-n**) F: **in die ~ springen** (*fig*) to step into the breach

Bretagne [breˈtanjə] F: **die ~** Brittany

Bretone [breˈto:nə] (**-n, -n**) M Breton

Bretonin [breˈto:nɪn] F Breton

Brett [brɛt] (**-(e)s, -er**) NT board, plank; (*Bord*) shelf; (*Spielbrett*) board ■ **Bretter** PL (*Ski*) skis *pl*; (*Theat*) boards *pl*; **Schwarzes ~** notice board; **er hat ein ~ vor dem Kopf** (*umg*) he's really thick

brettern (*umg*) VI to speed

Bretterzaun M wooden fence

Brettspiel NT board game

Brezel [ˈbre:tsəl] (-, **-n**) F pretzel

bricht [brɪçt] VB *siehe* **brechen**

★**Brief** [bri:f] (**-(e)s, -e**) M letter; **Briefbeschwerer** (**-s, -**) M paperweight; **Briefdrucksache** F circular; ★**Brieffreund(in)** M(F) pen friend, pen-pal; ★**Briefkasten** M letter box; (*Comput*) mailbox; **Briefkopf** M letterhead; **brieflich** ADJ, ADV by letter; ★**Briefmarke** F postage stamp; **Brieföffner** M letter opener; **Briefpapier** NT notepaper; **Briefqualität** F (*Comput*) letter quality; ★**Brieftasche** F wallet; **Brieftaube** F carrier pigeon; ★**Briefträger(in)** M(F) postman, postwoman; ★**Briefumschlag** M envelope; **Briefwahl** F postal vote; **Briefwechsel** M correspondence

briet *etc* [bri:t] VB *siehe* **braten**

Brigade [briˈga:də] (-, **-n**) F (*Mil*) brigade; (*DDR*) (work) team *od* group

Brikett [briˈkɛt] (**-s, -s**) NT briquette

brillant [brɪlˈjant] ADJ (*fig*) sparkling, brilliant; **Brillant** (**-en, -en**) M brilliant, diamond

★**Brille** [ˈbrɪlə] (-, **-n**) F spectacles *pl*; (*Schutzbrille*) goggles *pl*; (*Toilettenbrille*) (toilet) seat

Brillenschlange F (*Zool*) cobra; (*hum*) four-eyes

Brillenträger(in) M(F): **er ist ~** he wears glasses

★**bringen** [ˈbrɪŋən] *unreg* VT to bring; (*mitnehmen, begleiten*) to take; (*einbringen: Profit*) to bring in; (*veröffentlichen*) to publish; (*Theat, Film*) to show; (*Rundf, TV*) to broadcast; (*in einen Zustand versetzen*) to get; (*umg: tun können*) to manage; **jdn dazu ~, etw zu tun** to make sb do sth; **jdn zum Lachen/Weinen ~** to make sb laugh/cry; **es weit ~** to do very well, to get far; **jdn nach Hause ~** to take sb home; **jdn um etw ~** to make sb lose sth; **jdn auf eine Idee ~** to give sb an idea

> **To bring** wird nur verwendet, wenn das *gebrachte* Objekt auf den Sprecher zukommt: **Could you bring me a cup of tea, please?** *Könnten Sie mir bitte eine Tasse Tee bringen?*
>
> In den anderen Fällen gebraucht man **to take**: **I'll take you to the airport**. *Ich bringe dich zum Flughafen*.

brisant [briˈzant] ADJ (*fig*) controversial

Brisanz [briˈzants] F (*fig*) controversial nature

Brise [ˈbri:zə] (-, **-n**) F breeze

★**Brite** [ˈbri:tə] (**-n, -n**) M Briton, Britisher (*US*); **die Briten** the British

★**Britin** F Briton, Britisher (*US*)

★**britisch** [ˈbri:tɪʃ] ADJ British; **die Britischen Inseln** the British Isles

bröckelig [ˈbrœkəlɪç] ADJ crumbly

Brocken [ˈbrɔkən] (**-s, -**) M piece, bit; (*Felsbrocken*) lump of rock; **ein paar ~ Spanisch** a smattering of Spanish; **ein harter ~** (*umg*) a tough nut to crack

brodeln [ˈbro:dəln] VI to bubble

Brokat [broˈka:t] (**-(e)s, -e**) M brocade

Brokkoli [ˈbrɔkoli] PL broccoli

Brombeere [ˈbrɔmbe:rə] F blackberry, bramble (BRIT)

bronchial [brɔnçiˈa:l] ADJ bronchial

Bronchien [ˈbrɔnçiən] PL bronchial tubes *pl*

Bronchitis [brɔnˈçi:tɪs] (-, **-tiden**) F bronchitis

Bronze [ˈbrõ:sə] (-, **-n**) F bronze

Brosame [ˈbro:za:mə] (-, **-n**) F crumb

Brosche [ˈbrɔʃə] (-, **-n**) F brooch

★**Broschüre** [brɔˈʃy:rə] (-, **-n**) F pamphlet

★**Brot** [bro:t] (**-(e)s, -e**) NT bread; (*Brotlaib*) loaf; **das ist ein hartes ~** (*fig*) that's a hard way to earn one's living

★**Brötchen** [ˈbrø:tçən] NT roll; **kleine ~ backen** (*fig*) to set one's sights lower; **Brötchengeber** M (*hum*) employer, provider (*hum*)

brotlos [ˈbro:tlo:s] ADJ (*Person*) unemployed; (*Arbeit etc*) unprofitable

Brotzeit (SÜDD) F (*Pause*) ≈ tea break

browsen [ˈbrauzən] VI (*Comput*) to browse

Browser [ˈbrauzər] (**-s, -**) M (*Comput*) browser

Bruch [brʊx] (**-(e)s, Brüche**) M breakage; (*zerbrochene Stelle*) break; (*fig*) split, breach; (*Med: Eingeweidebruch*) rupture, hernia; (*Beinbruch etc*) fracture; (*Math*) fraction; **zu ~ gehen** to get broken; **sich einen ~ heben** to rupture o.s.; **in die Brüche gehen** (*fig: Beziehung, Ehe*) to break up; **Bruchbude** (*umg*) F shack

brüchig [ˈbrʏçɪç] ADJ brittle, fragile

Bruch- zW: **Bruchlandung** F crash landing; **Bruchschaden** M breakage; **Bruchstelle** F break; (*von Knochen*) fracture; **Bruchstrich** M (*Math*) line; **Bruchstück** NT fragment; **Bruchteil** M fraction

★**Brücke** [ˈbrʏkə] (-, **-n**) F bridge; (*Teppich*) rug; (*Turnen*) crab

Bruder [ˈbru:dər] (**-s, Brüder**) M brother; **unter Brüdern** (*umg*) between friends

brüderlich ADJ brotherly; **Brüderlichkeit** F fraternity

Brudermord M fratricide

Brüderschaft F brotherhood, fellowship; **~ trinken** to agree to use the familiar "du" (*over a drink*)

Brühe [ˈbry:ə] (**-, -n**) F broth, stock; (*pej*) muck

brühwarm [ˈbry:ˈvarm] (*umg*) ADJ: **er hat das sofort ~ weitererzählt** he promptly spread it around

Brühwürfel M stock cube (BRIT), bouillon cube (US)

brüllen [ˈbrʏlən] VI to bellow, to roar

Brummbär M grumbler

brummeln [ˈbrʊməln] VT, VI to mumble

brummen VI (*Bär, Mensch etc*) to growl; (*Insekt, Radio*) to buzz; (*Motor*) to roar; (*murren*) to grumble ▶ VT to growl; **jdm brummt der Kopf** sb's head is buzzing

Brummer [ˈbrʊmər] (**-s, -**) (*umg*) M (*Lastwagen*) juggernaut

brummig (*umg*) ADJ grumpy

Brummschädel (*umg*) M thick head

brünett [brʏˈnɛt] ADJ brunette, brown-haired

Brunnen [ˈbrʊnən] (**-s, -**) M fountain; (*tief*) well; (*natürlich*) spring; **Brunnenkresse** F watercress

Brunst [brʊnst] F (*von männlichen Tieren*) rut; (*von weiblichen Tieren*) heat; **Brunstzeit** F rutting season

brüsk [brʏsk] ADJ abrupt, brusque

brüskieren [brʏsˈki:rən] VT to snub

Brüssel [ˈbrʏsəl] (**-s**) NT Brussels

Brust [brʊst] (**-, Brüste**) F breast; (*Männerbrust*) chest; **einem Kind die ~ geben** to breast-feed (BRIT) *od* nurse (US) a baby

brüsten [ˈbrʏstən] VR to boast

Brust- ZW: **Brustfellentzündung** F pleurisy; **Brustkasten** M chest; **Brustkorb** M (*Anat*) thorax; **Brustschwimmen** NT breast-stroke; **Brustton** M: **im ~ der Überzeugung** in a tone of utter conviction

Brüstung [ˈbrʏstʊŋ] F parapet

Brustwarze F nipple

Brut [bru:t] (**-, -en**) F brood; (*Brüten*) hatching

brutal [bruˈta:l] ADJ brutal; ★**Brutalität** F brutality

Brutapparat M incubator

brüten [ˈbry:tən] VI (*auch fig*) to brood; **brütende Hitze** oppressive *od* stifling heat

Brüter (**-s, -**) M (*Tech*): **Schneller ~** fast-breeder (reactor)

Brutkasten M incubator

Brutstätte F *+gen* (*lit, fig*) breeding ground (for)

brutto [ˈbrʊto] ADV gross; **Bruttoeinkommen** NT gross salary; **Bruttogehalt** NT gross salary; **Bruttogewicht** NT gross weight; **Bruttogewinn** M gross profit; **Bruttoinlandsprodukt** NT gross domestic product; **Bruttolohn** M gross wages *pl*; **Bruttosozialprodukt** NT gross national product

brutzeln [ˈbrʊtsəln] (*umg*) VI to sizzle away ▶ VT to fry (up)

BRZ F ABK (= *Bruttoraumzahl*) GT

Bub [bu:p] (**-en, -en**) M boy, lad

Bube [ˈbu:bə] (**-n, -n**) M (*Schurke*) rogue; (*Karten*) jack

Bubikopf M bobbed hair

★**Buch** [bu:x] (**-(e)s, Bücher**) NT book; (*Comm*) account book; **er redet wie ein ~** (*umg*) he never stops talking; **ein ~ mit sieben Siegeln** (*fig*) a closed book; **über etw** *akk* **~ führen** to keep a record of sth; **zu ~(e) schlagen** to make a significant difference, to tip the balance; **Buchbinder(in)** M(F) bookbinder; **Buchdrucker(in)** M(F) printer

Buche [ˈbu:xə] (**-, -n**) F beech tree

★**buchen** VT to book; (*Betrag*) to enter; **etw als Erfolg ~** to put sth down as a success

Bücherbord [ˈby:çər-] NT bookshelf

Bücherbrett NT bookshelf

★**Bücherei** [by:çəˈraɪ] F library

★**Bücherregal** NT bookshelves *pl*, bookcase

Bücherschrank M bookcase

Bücherwurm (*umg*) M bookworm

Buchfink [ˈbu:xfɪŋk] M chaffinch

Buch- ZW: **Buchführung** F book-keeping, accounting; ★**Buchhalter(in)** (**-s, -**) M(F) accountant; **Buchhandel** M book trade; **im ~ erhältlich** available in bookshops; **Buchhändler(in)** M(F) bookseller; ★**Buchhandlung** F bookshop; **Buchprüfung** F audit; **Buchrücken** M spine

★**Büchse** [ˈbʏksə] (**-, -n**) F tin, can; (*Holzbüchse*) box; (*Gewehr*) rifle

Büchsenfleisch NT tinned meat

Büchsenöffner M tin *od* can opener

★**Buchstabe** (**-ns, -n**) M letter (of the alphabet)

★**buchstabieren** [bu:xʃtaˈbi:rən] VT to spell

buchstäblich [ˈbu:xʃtɛ:plɪç] ADJ literal

Buchstütze F book end

Bucht [ˈbʊxt] (**-, -en**) F bay

Buchung [ˈbu:xʊŋ] F booking; (*Comm*) entry

Buchweizen M buckwheat

Buchwert M book value

Buckel [ˈbʊkəl] (**-s, -**) M hump; **er kann mir den ~ runterrutschen** (*umg*) he can (go and) take a running jump

buckeln (*pej*) VI to bow and scrape

bücken [ˈbʏkən] VR to bend; **sich nach etw ~** to bend down *od* stoop to pick sth up

Bückling [ˈbʏklɪŋ] M (*Fisch*) kipper; (*Verbeugung*) bow

Budapest [ˈbu:dapɛst] (**-s**) NT Budapest

buddeln [ˈbʊdəln] (*umg*) VI to dig

Buddhismus [bʊˈdɪsmʊs] (**-**) M Buddhism

★**Bude** [ˈbu:də] (**-, -n**) F booth, stall; (*umg*) digs *pl* (BRIT) *od* place (US); **jdm die ~ einrennen** (*umg*) to pester sb; **Leben in die ~ bringen** to liven up the place

Budget [bʏˈdʒeː] (**-s, -s**) NT budget
★**Büfett** [bʏˈfɛt] (**-s, -s**) NT (*Anrichte*) sideboard; (*Geschirrschrank*) dresser; **kaltes ~** cold buffet
Büffel [ˈbʏfəl] (**-s, -**) M buffalo
büffeln [ˈbʏfəln] (*umg*) VI to swot, to cram ▶ VT (*Lernstoff*) to swot up
Bug [buːk] (**-(e)s, -e**) M (*Naut*) bow; (*Aviat*) nose
Bügel [ˈbyːgəl] (**-s, -**) M (*Kleiderbügel*) hanger; (*Steigbügel*) stirrup; (*Brillenbügel*) arm; **Bügelbrett** NT ironing board; **Bügeleisen** NT iron; **Bügelfalte** F crease; **bügelfrei** ADJ non-iron; (*Hemd*) drip-dry
★**bügeln** VT, VI to iron
Buhmann [ˈbuːman] (*umg*) M bogeyman
★**Bühne** [ˈbyːnə] (**-, -n**) F stage
Bühnenbild NT set, scenery
Buhruf [ˈbuːruːf] M boo
buk *etc* [buːk] VB (*veraltet*) *siehe* **backen**
Bukarest [ˈbuːkarɛst] (**-s**) NT Bucharest
Bulette [buˈlɛtə] F meatball
Bulgare [bʊlˈgaːrə] (**-n, -n**) M Bulgarian
Bulgarien (**-s**) NT Bulgaria
Bulgarin F Bulgarian
bulgarisch ADJ Bulgarian; (*Sprache*): **auf B~** in Bulgarian
Bulimie [bʊliˈmiː] F (*Med*) bulimia
Bull- zW: **Bullauge** NT (*Naut*) porthole; **Bulldogge** F bulldog; **Bulldozer** [ˈbʊldoːzər] (**-s, -**) M bulldozer
Bulle (**-n, -n**) M bull ▪ **die Bullen** PL (*pej, umg*) the fuzz *sing*, the cops
Bullenhitze (*umg*) F sweltering heat
★**Bummel** [ˈbʊməl] (**-s, -**) M stroll; (*Schaufensterbummel*) window-shopping (expedition)
Bummelant [bʊməˈlant] M slowcoach
Bummelei [bʊməˈlaɪ] F wandering; (*Trödelei*) dawdling; (*Faulenzen*) skiving
★**bummeln** VI to wander, to stroll; (*trödeln*) to dawdle; (*faulenzen*) to skive (BRIT), to loaf around
Bummelstreik M go-slow (BRIT), slowdown (*US*)
Bummelzug M slow train
Bummler(in) [ˈbʊmlər(ɪn)] (**-s, -**) M(F) (*langsamer Mensch*) dawdler (BRIT), slowpoke (*US*); (*Faulenzer*) idler, loafer
bumsen [ˈbʊmzən] VI (*schlagen*) to thump; (*prallen, stoßen*) to bump, to bang; (*umg: koitieren*) to bonk, to have it off (BRIT)
Bund[1] [bʊnt] (**-(e)s, Bünde**) M (*Freundschaftsbund etc*) bond; (*Organisation*) union; (*Pol*) confederacy; (*Hosenbund, Rockbund*) waistband; **den ~ fürs Leben schließen** to take the marriage vows
Bund[2] [bʊnt] (**-(e)s, -e**) NT bunch; (*Strohbund*) bundle
Bündchen [ˈbʏntçən] NT ribbing; (*Ärmelbündchen*) cuff
Bündel [ˈbʏndəl] (**-s, -**) NT bundle, bale
bündeln VT to bundle

Bundes- [ˈbʊndəs] IN zW Federal; **Bundesagentur** F: **~ für Arbeit** ≈ Department of Employment; **Bundesbahn** F: **die Deutsche ~** German Federal Railways *pl*; **Bundesbank** F Federal Bank, Bundesbank; **Bundesbürger** M German citizen; (*vor 1990*) West German citizen
Bundesfreiwilligendienst M *see note*

Since compulsory military service was abolished in 2011, the **Bundesfreiwilligendienst** (national voluntary service) has largely replaced the former *Zivildienst* (community service for those opting out of military service) and the *Freiwilliges Soziales Jahr* and *Freiwilliges Ökologisches Jahr* (voluntary social year and voluntary ecological year). Volunteers must sign up for a period of 6–12 months and are then given the opportunity to work in a non-profit organisation. They receive a small payment for their work.

Bundes- zW: **Bundesgebiet** NT Federal territory; **Bundesgerichtshof** M Federal Supreme Court; **Bundeshauptstadt** F Federal capital; **Bundeshaushalt** M (*Pol*) National Budget
★**Bundeskanzler(in)** M(F) Federal Chancellor

The **Bundeskanzler**, head of the German government, is elected for 4 years and determines government guidelines. He/She is formally proposed by the *Bundespräsident* but needs a majority in parliament to be elected to office. He/She may be re-elected an unlimited number of times.

Bundes- zW: **Bundesland** NT state, Land; **Bundesliga** F (*Sport*) national league; **Bundesministerium** NT Federal Ministry; **Bundesnachrichtendienst** M Federal Intelligence Service; **Bundespolizei** M Federal Police; **Bundespost** F (*früher*): **die (Deutsche) ~** the (German) Federal Post (Office)
Bundespräsident(in) M(F) President

The **Bundespräsident** is the head of state of the Federal Republic of Germany who is elected every 5 years by the members of the *Bundestag* and by delegates of the *Landtage* (regional parliaments). His/Her role is that of a figurehead who represents Germany at home and abroad. He/She can only be elected twice.

Bundesrat M (*in Deutschland*) Upper House (of the German Parliament); (*in der Schweiz*) Council of Ministers

The **Bundesrat** is the Upper House of the German Parliament whose 68 members are not elected but are delegated by the parliaments of the individual *Länder*. Its most important function is the approval of federal laws which concern jurisdiction of the *Länder*. It can raise objections to all other laws but can be outvoted by the *Bundestag*.

Bundes- zW: **Bundesrechnungshof** M Federal Audit Office; **Bundesregierung** F Federal Government; ★ **Bundesrepublik** F Federal Republic; **~ Deutschland** Federal Republic of Germany; **Bundesstaat** M Federal state; ★**Bundesstraße** F Federal Highway, main road

Bundestag M Lower House (of the German Parliament)

The **Bundestag** is the Lower House of the German Parliament, elected by the people. There are 631 members, half of them elected directly from the first vote (*Erststimme*), and half from the regional list of parliamentary candidates resulting from the second vote (*Zweitstimme*), and giving proportional representation to the parties. The *Bundestag* exercises parliamentary control over the government.

Bundes- ZW: **Bundestagsabgeordnete(r)** F(M) member of the German Parliament; **Bundestagswahl** F (Federal) parliamentary elections *pl*; **Bundesverfassungsgericht** NT Federal Constitutional Court

Bundeswehr F German Armed Forces *pl*

The **Bundeswehr** is the name for the German armed forces. In peacetime the Defence Minister is the head of the Bundeswehr, but in wartime, the *Bundeskanzler* takes over. The *Bundeswehr* comes under the jurisdiction of NATO.

Bundfaltenhose F pleated trousers *pl*

Bundhose F knee breeches *pl*

bündig [ˈbʏndɪç] ADJ (*kurz*) concise

Bündnis [ˈbʏntnɪs] (**-ses, -se**) NT alliance

Bunker [ˈbʊŋkər] (**-s, -**) M bunker; (*Luftschutzbunker*) air-raid shelter

bunt [bʊnt] ADJ coloured (BRIT), colored (US); (*gemischt*) mixed; **jdm wird es zu ~** it's getting too much for sb; **Buntstift** M coloured (BRIT) *od* colored (US) pencil, crayon

Bürde [ˈbʏrdə] (**-, -n**) F (*lit, fig*) burden

Burg [bʊrk] (**-, -en**) F castle, fort

Bürge [ˈbʏrgə] (**-n, -n**) M guarantor

bürgen VI to vouch; **für jdn ~** (*fig*) to vouch for sb; (*Fin*) to stand surety for sb

Bürger(in) (**-s, -**) M(F) citizen; **bürgerfreundlich** ADJ citizen-friendly; **Bürgerinitiative** F citizen's initiative; **Bürgerkrieg** M civil war; ★**bürgerlich** ADJ (*Rechte*) civil; (*Klasse*) middle-class; (*pej*) bourgeois; **bürgerliches Gesetzbuch** Civil Code; **Bürgermeister(in)** M(F) mayor; **Bürgerrecht** NT civil rights *pl*; **Bürgerrechtler(in)** M(F) civil rights campaigner; **Bürgerschaft** F population, citizens *pl*; **Bürgerschaftswahl** F metropolitan council election; **Bürgerschreck** M bogey of the middle classes; ★**Bürgersteig** M pavement (BRIT), sidewalk (US); **Bürgertum** NT citizens *pl*; **Bürgerversicherung** F citizens' insurance; **Bürgerwehr** F vigilantes *pl*

Burgfriede, Burgfrieden M (*fig*) truce

Bürgin F guarantor

Bürgschaft F surety; **~ leisten** to give security

Burgund [bʊrˈgʊnt] (**-(s)**) NT Burgundy

Burgunder (**-s, -**) M (*Wein*) burgundy

★**Büro** [byˈro:] (**-s, -s**) NT office; **Büroangestellte(r)** F(M) office worker; **Büroklammer** F paper clip; **Bürokraft** F (office) clerk

Bürokrat [byroˈkra:t] (**-en, -en**) M bureaucrat

Bürokratie [byrokraˈti:] F bureaucracy

bürokratisch ADJ bureaucratic

Bürokratismus M red tape

Büroschluss M office closing time

Büroturm M office tower

Bursch [ˈbʊrʃ(ə)] (**-en, -en**) M = **Bursche**

Bursche (**-n, -n**) M lad, fellow; (*Diener*) servant

Burschenschaft F student fraternity

burschikos [bʊrʃiˈko:s] ADJ (*jungenhaft*) (tom)boyish; (*unbekümmert*) casual

★**Bürste** [ˈbʏrstə] (**-, -n**) F brush

★**bürsten** VT to brush

★**Bus** [bʊs] (**-ses, -se**) M bus

★**Busbahnhof** M bus station

Busch [bʊʃ] (**-(e)s, Büsche**) M bush, shrub; **bei jdm auf den ~ klopfen** (*umg*) to sound sb out

Büschel [ˈbʏʃəl] (**-s, -**) NT tuft

buschig ADJ bushy

Busen [ˈbu:zən] (**-s, -**) M bosom; (*Meerbusen*) inlet, bay; **Busenfreund(in)** M(F) bosom friend

★**Busfahrer(in)** M, F bus driver

★**Bushaltestelle** F bus stop

★**Buslinie** F bus route

Bussard [ˈbʊsart] (**-s, -e**) M buzzard

Buße [ˈbu:sə] (**-, -n**) F atonement, penance; (*Geld*) fine

büßen [ˈby:sən] VI to do penance, to atone ▶ VT to atone for

Bußgeld NT fine

Buß- und Bettag M day of prayer and repentance

Büste [ˈbʏstə] (**-, -n**) F bust

★**Büstenhalter** M bra

Butan [buˈta:n] (**-s**) NT butane

Büttenrede [ˈbʏtənre:də] F carnival speech

★**Butter** [ˈbʊtər] (**-**) F butter; **alles (ist) in ~** (*umg*) everything is fine *od* hunky-dory; **Butterberg** (*umg*) M butter mountain; **Butterblume** F buttercup; ★**Butterbrot** NT (piece of) bread and butter; **Butterbrotpapier** NT greaseproof paper; **Buttercremetorte** F gateau with buttercream filling; **Butterdose** F butter dish; **Butterkeks** M ≈ Rich Tea® biscuit; **Buttermilch** F buttermilk; **butterweich** ADJ soft as butter; (*fig: umg*) soft

Butzen [ˈbʊtsən] (**-s, -**) M core

BVG NT ABK (= *Betriebsverfassungsgesetz*) ≈ Industrial Relations Act; = **Bundesverfassungsgericht**

BW ABK = **Baden-Württemberg**

b. w. ABK (= *bitte wenden*) pto

BY ABK = **Bayern**

Byte [baɪt] (**-s, -s**) NT (*Comput*) byte

Bz. ABK = **Bezirk**

bzgl. ABK (= *bezüglich*) re.

bzw. ABK = **beziehungsweise**

b

Cc

C¹, c [tseː] NT C, c; **C wie Cäsar** ≈ C for Charlie
C² ABK (= *Celsius*) C
ca. ABK (= *circa*) approx.
Cabriolet [kabrioˈleː] (**-s, -s**) NT (*Aut*) convertible
★**Café** [kaˈfeː] (**-s, -s**) NT café
Cafeteria [kafeteˈriːa] (**-, -s**) F cafeteria
cal ABK (= *Kalorie*) cal
Calais [kaˈlɛː] (**-'**) NT: **die Straße von ~** the Straits of Dover
Callcenter [ˈkɔːlsɛntər] NT call centre (BRIT), call center (US)
Camcorder [ˈkamkɔrdər] (**-s, -**) M camcorder
campen [ˈkɛmpən] VI to camp
Camper(in) (**-s, -**) M(F) camper
Camping [ˈkɛmpɪŋ] (**-s**) NT camping; **Campingbus** M camper; ★**Campingplatz** M camp(ing) site
Caravan [ˈkaravan] (**-s, -s**) M caravan
Cargo [ˈkargo] (**-s, -s**) M (*Comm*) cargo
Cäsium [ˈtsɛːziʊm] NT caesium (BRIT), cesium (US)
ccm ABK (= *Kubikzentimeter*) cm³
★**CD** [tseːˈdeː] F ABK (= *Compact Disc*) CD; **CD-Brenner** M CD burner; ★**CD-ROM** (**-, -s**) F CD-ROM; ★**CD-Spieler** M CD player
CDU [tseːdeːˈ|uː] (**-**) F ABK (= *Christlich Demokratische Union (Deutschlands)*) Christian Democratic Union

> The **CDU** (*Christlich Demokratische Union*) is a Christian and conservative political party founded in 1945. It operates in all the *Länder* apart from Bavaria where its sister party the *CSU* is active. In the *Bundestag* the two parties form a coalition. It is the second largest party in Germany after the *SPD*, the Social Democratic Party. There have been five chancellors from the *CDU*, including Konrad Adenauer (1949–1963), Helmut Kohl (1982–1998) and Angela Merkel (2005–).

Celli PL *von* **Cello**
Cellist(in) [tʃɛˈlɪst(ɪn)] M(F) cellist
Cello [ˈtʃɛlo] (**-s, -s** *od* **Celli**) NT cello
Celsius [ˈtsɛlziʊs] M Celsius
★**Cent** [(t)sɛnt] (**-(s), -(s)**) M cent
ces [tsɛs] (**-, -**) NT (*Mus*) C flat
Ces [tsɛs] (**-, -**) NT (*Mus*) C flat
Ceylon [ˈtsaɪlɔn] (**-s**) NT Ceylon
Chamäleon [kaˈmɛːleɔn] (**-s, -s**) NT chameleon
Champagner [ʃamˈpanjər] (**-s, -**) M champagne
★**Champignon** [ˈʃampɪnjõ] (**-s, -s**) M button mushroom
★**Chance** [ˈʃãːs(ə)] (**-, -n**) F chance, opportunity
chancengleich ADJ with equal opportunities
Chancengleichheit F equality of opportunity
Chaos [ˈkaːɔs] (**-**) NT chaos
Chaot(in) [kaˈoːt(ɪn)] (**-en, -en**) M(F) (*Pol: pej*) anarchist ; (*umg*) disorganized person, scatterbrain
chaotisch [kaˈoːtɪʃ] ADJ chaotic
★**Charakter** [kaˈraktər] (**-s, -e**) M character
charakterfest ADJ of firm character
charakterisieren [karakteriˈziːrən] VT to characterize
Charakteristik [karakteˈrɪstɪk] F characterization
charakteristisch [karakteˈrɪstɪʃ] ADJ: **~ (für)** characteristic (of), typical (of)
Charakter- ZW: **charakterlos** ADJ unprincipled; **Charakterlosigkeit** F lack of principle; **Charakterschwäche** F weakness of character; **Charakterstärke** F strength of character; **Charakterzug** M characteristic, trait
charmant [ʃarˈmant] ADJ charming
Charme [ʃarm] (**-s**) M charm
Charta [ˈkarta] (**-, -s**) F charter
Charterflug [ˈtʃartərfluːk] M charter flight
Chartermaschine [ˈtʃartərmaʃiːnə] F charter plane
chartern [ˈtʃartərn] VT to charter
Chassis [ʃaˈsiː] (**-, -**) NT chassis
Chat [tʃɛt] (**-s, -s**) M (*Comput*) chat; **Chatroom** [ˈtʃɛtruːm] M (*Comput*) chatroom
chatten [ˈtʃɛtən] VI (*Comput*) to chat
Chauffeur [ʃɔˈføːr] M chauffeur
Chaussee [ʃoˈseː] (**-, -n**) F (*veraltet*) high road
Chauvi [ˈʃovi] (**-s, -s**) (*umg*) M male chauvinist
Chauvinismus [ʃoviˈnɪsmʊs] M chauvinism
Chauvinist [ʃoviˈnɪst] M chauvinist
checken [ˈtʃɛkən] VT (*überprüfen*) to check; (*umg: verstehen*) to get

Chef(in) [ʃɛf(ɪn)] (**-s, -s**) M(F) head; (*umg*) boss

> Im Englischen bleibt der **chef** in der Küche. Ein Vorgesetzter ist der **boss**.

Chef- ZW: **Chefarzt** M senior consultant; **Chefärztin** F senior consultant; **Chefetage** F executive floor; **Chefredakteur(in)** M(F) editor-in-chief; **Chefsekretär(in)** M(F) personal assistant/secretary; **Chefvisite** F (*Med*) consultant's round

Chemie [çeˈmiː] (-) F chemistry; **Chemiefaser** F man-made fibre (*BRIT*) *od* fiber (*US*)

Chemikalie [çemiˈkaːliə] F chemical

Chemiker(in) [ˈçeːmikər(ɪn)] (**-s, -**) M(F) (industrial) chemist

chemisch [ˈçeːmɪʃ] ADJ chemical; **chemische Reinigung** dry cleaning

Chemotherapie [çemoteraˈpiː] F chemotherapy

chic [ʃɪk] ADJ *unver* stylish, chic

Chicorée [ʃikoˈreː] (**-s**) M OD F chicory

Chiffre [ˈʃɪfrə] (**-, -n**) F (*Geheimzeichen*) cipher; (*in Zeitung*) box number

Chiffriermaschine [ʃɪˈfriːrmaʃiːnə] F cipher machine

Chile [ˈtʃiːle] (**-s**) NT Chile

Chilene [tʃiˈleːnə] (**-n, -n**) M Chilean

Chilenin [tʃiˈleːnɪn] F Chilean

chilenisch ADJ Chilean

Chili [ˈtʃiːlɪ] (**-s, -s**) M chilli

China [ˈçiːna] (**-s**) NT China

Chinakohl M Chinese leaves *pl*

Chinese [çiˈneːzə] (**-n, -n**) M Chinaman, Chinese

Chinesin F Chinese woman

chinesisch ADJ Chinese; (*Sprache*): **auf C~** in Chinese

Chinin [çiˈniːn] (**-s**) NT quinine

Chipkarte [ˈtʃɪpkartə] F smart card

Chips [tʃɪps] PL crisps *pl* (*BRIT*), chips *pl* (*US*)

Chirurg(in) [çiˈrʊrg(ɪn)] (**-en, -en**) M(F) surgeon

Chirurgie [çirʊrˈgiː] F surgery

chirurgisch ADJ surgical; **ein chirurgischer Eingriff** surgery

Chlor [kloːr] (**-s**) NT chlorine

Chloroform [kloroˈfɔrm] (**-s**) NT chloroform

chloroformieren [klorofɔrˈmiːrən] VT to chloroform

Chlorophyll [kloroˈfʏl] (**-s**) NT chlorophyll

Cholera [ˈkoːlera] (-) F cholera

Choleriker(in) [koˈleːrikər(ɪn)] (**-s, -**) M(F) hot-tempered person

cholerisch [koˈleːrɪʃ] ADJ choleric

Cholesterin [kolɛsteˈriːn] (**-s**) NT cholesterol; **Cholesterinspiegel** [kolɛsteˈriːnʃpiːgəl] M cholesterol level

Chor [koːr] (**-(e)s, Chöre**) M choir; (*Musikstück, Theat*) chorus

Choral [koˈraːl] (**-s, -äle**) M chorale

Choreograf(in) [koreoˈgraːf(ɪn)] (**-en, -en**) M(F) choreographer

Choreografie [koreograˈfiː] F choreography

Chorgestühl NT choir stalls *pl*

Chorknabe M choirboy

Chose [ˈʃoːzə] (**-, -n**) (*umg*) F (*Angelegenheit*) thing

Chr. ABK = **Christus**; **Chronik**

Christ [krɪst] (**-en, -en**) M Christian; **Christbaum** M Christmas tree

Christenheit F Christendom

Christentum (**-s**) NT Christianity

Christin F Christian

Christkind NT ≈ Father Christmas; (*Jesus*) baby Jesus

christlich ADJ Christian; **Christlicher Verein Junger Männer** Young Men's Christian Association

Christus (**Christi**) M Christ; **Christi Himmelfahrt** Ascension Day

Chrom [kroːm] (**-s**) NT chrome; (*Chem*) chromium

Chromosom [kromoˈzoːm] (**-s, -en**) NT (*Biol*) chromosome

Chronik [ˈkroːnɪk] F chronicle

chronisch ADJ chronic

Chronologie [kronoloˈgiː] F chronology

chronologisch ADJ chronological

Chrysantheme [kryzanˈteːmə] (**-, -n**) F chrysanthemum

CIA [ˈsiːaɪˈeɪ] (-) F OD M ABK (= *Central Intelligence Agency*) CIA

circa [ˈtsɪrka] ADV (round) about

cis [tsɪs] (-, -) NT (*Mus*) C sharp

Cis [tsɪs] (-, -) NT (*Mus*) C sharp

City [ˈsɪti] (**-, -s**) F city centre (*BRIT*); **in der ~** in the city centre (*BRIT*), downtown (*US*); **die ~ von Berlin** the (city) centre of Berlin (*BRIT*), downtown Berlin (*US*)

clean [kliːn] ADJ (*Drogen: umg*) off drugs

clever [ˈklɛvər] ADJ clever; (*gerissen*) crafty

Clique [ˈklɪkə] (**-, -n**) F set, crowd

Clou [kluː] (**-s, -s**) M (*von Geschichte*) (whole) point; (*von Show*) highlight, high spot

Cloud Computing [klaʊtkəmˈpjuːtɪŋ] NT Cloud Computing

Clown [klaʊn] (**-s, -s**) M clown

Club [klʊp] (**-s, -s**) M club

cm ABK (= *Zentimeter*) cm.

CO2-neutral [tseː|oˈtsvaɪnɔʏtraːl] ADJ carbon neutral

COBOL [ˈkoːbɔl] NT COBOL

Cockpit [ˈkɔkpɪt] (**-s, -s**) NT cockpit

Cocktail [ˈkɔkteːl] (**-s, -s**) M cocktail

Code [koːt] (**-s, -s**) M code

★**Cola** [ˈkoːla] (**-(s), -s**) NT OD F Coke®

Collier [kɔliˈeː] (**-s, -s**) NT necklet, necklace

Comicheft [ˈkɔmɪkhɛft] NT comic

★**Computer** [kɔmˈpjuːtər] (**-s**, **-**) M computer; **computergesteuert** ADJ computer-controlled; **computergestützt** ADJ computer-based; **computergestütztes Design** computer-aided design; **Computergrafik** F computer graphics *pl*; **Computerkriminalität** F computer crime; **Computerspiel** NT computer game; **Computerspieler(in)** M(F) (*Comput*) gamer; **Computertechnik** F computer technology; **Computervirus** M computer virus

Conférencier [kõferãsiˈeː] (**-s**, **-s**) M compère

Container [kɔnˈteːnər] (**-s**, **-**) M container; **Containerschiff** NT container ship

Contergankind [kɔntɛrˈgankɪnt] (*umg*) NT thalidomide child

Cookie [ˈkʊki] (**-s**, **-s**) NT (*Comput*) cookie

★**cool** [kuːl] (*umg*) ADJ (*gefasst*) cool

Cord [kɔrt] (**-(e)s**, **-e** *od* **-s**) M corduroy

Cornichon [kɔrniˈʃõː] (**-s**, **-s**) NT gherkin

Couch [kaʊtʃ] (**-**, **-es** *od* **-en**) F couch; **Couchgarnitur** F three-piece suite

Couleur [kuˈløːr] (**-s**, **-s**) F (*geh*) kind, sort

Coupé [kuˈpeː] (**-s**, **-s**) NT (*Aut*) coupé, sports version

Coupon [kuˈpõː, kuˈpɔŋ] (**-s**, **-s**) M coupon, voucher; (*Stoffcoupon*) length of cloth

Courage [kuˈraːʒə] (**-**) F courage

★**Cousin** [kuˈzɛ̃ː] (**-s**, **-s**) M cousin

★**Cousine** [kuˈziːnə] (**-**, **-n**) F cousin

Crack [krɛk] (**-**) NT (*Droge*) crack

★**Creme** [krɛːm] (**-**, **-s**) F (*lit, fig*) cream; (*Schuhcreme*) polish; (*Koch*) mousse; **cremefarben** ADJ cream(-coloured (BRIT) *od* -colored (*US*))

cremig [ˈkreːmɪç] ADJ creamy

Crux [krʊks] (**-**) F = **Krux**

CSU [tseːǀɛsˈǀuː] (**-**) F ABK (= *Christlich-Soziale Union (in Bayern)*) Christian Social Union

> The **CSU** (*Christlich-Soziale Union*) is a party founded in 1945 in Bavaria. Like its sister party the *CDU* it is a Christian, right-wing party.

CT-Scanner [tseːˈteːskenər] M CT scanner

Curriculum [kʊˈriːkulʊm] (**-s**, **-cula**) NT (*geh*) curriculum

Curry [ˈkari] (**-s**) M OD NT curry powder; (*indisches Gericht*) curry; **Currypulver** NT curry powder; ★ **Currywurst** F curried sausage

Cursor [ˈkøːrsər] (**-s**) M (*Comput*) cursor; **Cursortaste** F cursor key

Cutter(in) [ˈkatər(ɪn)] (**-s**, **-**) M(F) (*Film*) editor

CVJM [tseːfaʊjɔtˈǀɛm] (**-**) M ABK (= *Christlicher Verein Junger Menschen*) YMCA

Cyberangriff [ˈsaɪbərangrɪf] M cyberattack

Cybermobbing [ˈsaɪbərmɔbɪŋ] (**-s**, **-**) NT cyberbullying

Dd

D, d [de:] NT D, d; **D wie Dora** ≈ D for David, ≈ D for Dog (*US*)

da [da:]

ADV **1** (*örtlich*) there; (*hier*) here; **da draußen** out there; **da sein** to be there; **ein Arzt, der immer für seine Patienten da ist** a doctor who always has time for his patients; **da bin ich** here I am; **da hast du dein Geld** (there you are,) there's your money; **da, wo** where; **ist noch Milch da?** is there any milk left?
2 (*zeitlich*) then; (*folglich*) so; **es war niemand im Zimmer, da habe ich …** there was nobody in the room, so I …
3: da haben wir Glück gehabt we were lucky there; **was gibts denn da zu lachen?** what's so funny about that?; **da kann man nichts machen** nothing can be done about it
▸ KONJ (*weil*) as, since

d. Ä. ABK (= *der Ältere*) Sen., sen.

DAAD (-) M ABK (= *Deutscher Akademischer Austauschdienst*) *German Academic Exchange Service*

da|behalten *unreg* VT to keep

dabei [da'baɪ] ADV (*räumlich*) close to it; (*noch dazu*) besides; (*zusammen mit*) with them/it *etc*; (*zeitlich*) during this; (*obwohl, doch*) but, however; **~ sein** (*anwesend*) to be present; (*beteiligt*) to be involved; **ich bin ~!** count me in!; **was ist schon ~?** what of it?; **es ist doch nichts ~, wenn …** it doesn't matter if …; **bleiben wir ~** let's leave it at that; **es soll nicht ~ bleiben** this isn't the end of it; **es bleibt ~** that's settled; **das Dumme/Schwierige ~** the stupid/difficult part of it; **er war gerade ~ zu gehen** he was just leaving; **hast du ~ etwas gelernt?** did you learn anything from it?; **~ darf man nicht vergessen, dass …** it shouldn't be forgotten that …; **die ~ entstehenden Kosten** the expenses arising from this; **es kommt doch nichts ~ heraus** nothing will come of it; **ich finde gar nichts ~** I don't see any harm in it; **dabei|stehen** *unreg* VI to stand around

Dach [dax] (**-(e)s, Dächer**) NT roof; **unter ~ und Fach sein** (*abgeschlossen*) to be in the bag (*umg*); (*Vertrag, Geschäft*) to be signed and sealed; (*in Sicherheit*) to be safe; **jdm eins aufs ~ geben** (*umg: ausschimpfen*) to give sb a (good) talking to; ★ **Dachboden** M attic, loft; **Dachdecker(in)** (**-s, -**) M(F) slater, tiler; **Dachfenster** NT skylight; (*ausgestellt*) dormer window; **Dachfirst** M ridge of the roof; **Dachgepäckträger** M (*Aut*) roof rack; **Dachgeschoss** NT attic storey (*BRIT*) *od* story (*US*); (*oberster Stock*) top floor *od* storey (*BRIT*) *od* story (*US*); **Dachluke** F skylight; **Dachpappe** F roofing felt; **Dachrinne** F gutter

Dachs [daks] (**-es, -e**) M badger

Dachschaden (*umg*) M: **einen ~ haben** to have a screw loose

dachte *etc* ['daxtə] VB *siehe* **denken**

Dach- zW: **Dachterrasse** F roof terrace; **Dachverband** M umbrella organization; **Dachziegel** M roof tile

Dackel ['dakəl] (**-s, -**) M dachshund

dadurch [da'dʊrç] ADV (*räumlich*) through it; (*durch diesen Umstand*) thereby, in that way; (*deshalb*) because of that, for that reason ▸ KONJ: **~, dass** because

dafür [da'fy:r] ADV for it; (*anstatt*) instead; (*zum Ausgleich*): **in Latein ist er schlecht, ~ kann er gut Fußball spielen** he's bad at Latin but he makes up for it at football; **er ist bekannt ~** he is well-known for that; **was bekomme ich ~?** what will I get for it?; **~ ist er immer zu haben** he never says no to that; **~ bin ich ja hier** that's what I'm here for; **er kann nichts ~ (, dass …)** he can't help it (that …); **Dafürhalten** (**-s**) NT (*geh*): **nach meinem ~** in my opinion

★ **dagegen** [da'ge:gən] ADV against it; (*im Vergleich damit*) in comparison with it; (*bei Tausch*) for it ▸ KONJ however; **haben Sie etwas ~, wenn ich rauche?** do you mind if I smoke?; **ich habe nichts ~** I don't mind; **ich war ~** I was against it; **ich hätte nichts ~ (einzuwenden)** that's okay by me; **~ kann man nichts tun** one can't do anything about it; **dagegen|halten** *unreg* VT (*vergleichen*) to compare with it; (*entgegnen*) to put forward as an objection

★ **daheim** [da'haɪm] ADV at home; **bei uns ~** back home; ★ **Daheim** (**-s**) NT home

★ **daher** [da'he:r] ADV (*räumlich*) from there; (*Ursache*) from that ▸ KONJ (*deshalb*) that's why; **das kommt ~, dass …** that is because …; **~ kommt er auch** that's where he comes from too; **~ die Schwierigkeiten** that's what is causing the difficulties; **dahergelaufen** ADJ: **jeder dahergelaufene Kerl** any Tom, Dick or Harry; **daher|reden** VI to talk away ▸ VT to say without thinking

★ **dahin** [da'hɪn] ADV (*räumlich*) there; (*zeitlich*) then; (*vergangen*) gone; **bis ~** (*zeitlich*) till then;

(*örtlich*) up to there; **ist es noch weit bis ~?** is there still far to go?; **~ gehend** on this matter; **das tendiert ~** it is tending towards that; **er bringt es noch ~, dass ich ...** he'll make me ...; **dahingegen** KONJ on the other hand; **dahin|gehen** *unreg* VI (*Zeit*) to pass; **dahingestellt** ADV: **~ bleiben** to remain to be seen; **etw ~ sein lassen** to leave sth open *od* undecided; **dahin|schleppen** VR (*lit: sich fortbewegen*) to drag o.s. along; (*fig: Verhandlungen, Zeit*) to drag on; **dahin|schmelzen** VI to be enthralled

dahinten [daˈhɪntən] ADV over there

dahinter [daˈhɪntər] ADV behind it; **sich ~ klemmen** *od* **knien** (*umg*) to put one's back into it

dahinterkommen VI to find out

dahin|vegetieren [daˈhɪnvegeˈtiːrən] VI to vegetate

Dahlie [ˈdaːliə] (**-, -n**) F dahlia

Dakar [ˈdakar] (**-s**) NT Dakar

DAK-Gesundheit (**-**) F (= *Deutsche Angestellten-Krankenkasse Gesundheit*) *health insurance company for employees*

da|lassen [ˈdaːlasən] *unreg* VT to leave (behind)

dalli [ˈdali] (*umg*) ADV: **~, ~!** on (BRIT) *od* at (US) the double!

damalig [ˈdaːmaːlɪç] ADJ of that time, then

★**damals** [ˈdaːmaːls] ADV at that time, then

Damaskus [daˈmaskʊs] NT Damascus

Damast [daˈmast] (**-(e)s, -e**) M damask

★**Dame** [ˈdaːmə] (**-, -n**) F lady; (*Schach, Karten*) queen; (*Spiel*) draughts (BRIT), checkers (US)

Damen- ZW: **Damenbesuch** M lady visitor *od* visitors; **Damenbinde** F sanitary towel (BRIT) *od* napkin (US); **damenhaft** ADJ ladylike; **Damensattel** M: **im ~ reiten** to ride side-saddle; **Damenwahl** F ladies' excuse-me

Damespiel NT draughts (BRIT), checkers (US)

★**damit** [daˈmɪt] ADV with it; (*begründend*) by that ▶ KONJ in order that *od* to; **was meint er ~?** what does he mean by that?; **was soll ich ~?** what am I meant to do with that?; **muss er denn immer wieder ~ ankommen?** must he keep on about it?; **was ist ~?** what about it?; **genug ~!** that's enough!; **~ basta!** and that's that!; **~ eilt es nicht** there's no hurry

dämlich [ˈdɛːmlɪç] (*umg*) ADJ silly, stupid

Damm [dam] (**-(e)s, Dämme**) M dyke (BRIT), dike (US); (*Staudamm*) dam; (*Hafendamm*) mole; (*Bahndamm, Straßendamm*) embankment

dämmen [ˈdɛmən] VT (*Wasser*) to dam up; (*Schmerzen*) to keep back

dämmerig ADJ dim, faint

Dämmerlicht NT twilight; (*abends*) dusk; (*Halbdunkel*) half-light

dämmern [ˈdɛmərn] VI (*Tag*) to dawn; (*Abend*) to fall; **es dämmerte ihm, dass ...** (*umg*) it dawned on him that ...

Dämmerung F twilight; (*Morgendämmerung*) dawn; (*Abenddämmerung*) dusk

Dämmerzustand M (*Halbschlaf*) dozy state; (*Bewusstseinstrübung*) semi-conscious state

Dämmung F insulation

Dämon [ˈdɛːmɔn] (**-s, -en**) M demon

dämonisch [dɛˈmoːnɪʃ] ADJ demonic

Dampf [dampf] (**-(e)s, Dämpfe**) M steam; (*Dunst*) vapour (BRIT), vapor (US); **jdm ~ machen** (*umg*) to make sb get a move on; **~ ablassen** (*lit, fig*) to let off steam; **dampfen** VT to vape ▶ VI to vape; (*Zug*) to puff

dämpfen [ˈdɛmpfən] VT (*Koch*) to steam; (*bügeln*) to iron with a damp cloth; (*mit Dampfbügeleisen*) to steam iron; (*fig*) to dampen, to subdue

★**Dampfer** [ˈdampfər] (**-s, -**) M steamer; **auf dem falschen ~ sein** (*fig*) to have got the wrong idea

★**Dämpfer** (**-s, -**) M (*Mus: bei Klavier*) damper; (*bei Geige, Trompete*) mute; **er hat einen ~ bekommen** (*fig*) it dampened his spirits

Dampf- ZW: **Dampfkochtopf** M pressure cooker; **Dampfmaschine** F steam engine; **Dampfschiff** NT steamship; **Dampfwalze** F steamroller

Damwild [ˈdamvɪlt] NT fallow deer

★**danach** [daˈnaːx] ADV after that; (*zeitlich*) afterwards; (*gemäß*) accordingly; (*laut diesem*) according to which *od* that; **mir war nicht ~ (zumute)** I didn't feel like it; **er griff schnell ~** he grabbed at it; **~ kann man nicht gehen** you can't go by that; **er sieht ~ aus** he looks it

★**Däne** [ˈdɛːnə] (**-n, -n**) M Dane, Danish man/boy

daneben [daˈneːbən] ADV beside it; (*im Vergleich*) in comparison; **~ sein** (*umg: verwirrt sein*) to be completely confused; **daneben|benehmen** *unreg* VR to misbehave; **daneben|gehen** *unreg* VI to miss; (*Plan*) to fail; **daneben|greifen** *unreg* VI to miss; (*fig: mit Schätzung etc*) to be wide of the mark

★**Dänemark** [ˈdɛːnəmark] (**-s**) NT Denmark

★**Dänin** [ˈdɛːnɪn] F Dane, Danish woman *od* girl

dänisch ADJ Danish; (*Sprache*): **auf D~** in Danish

★**dank** PRÄP (*+dat od gen*) thanks to

★**Dank** [daŋk] (**-(e)s**) M thanks *pl*; **vielen** *od* **schönen ~** many thanks; **jdm ~ sagen** to thank sb; **mit (bestem) ~ zurück!** many thanks for the loan

★**dankbar** ADJ grateful; (*Aufgabe*) rewarding; (*haltbar*) hard-wearing; **Dankbarkeit** F gratitude

★**danke** INTERJ thank you, thanks; **~ schön (***od* **sehr)** thank you very much

★**danken** VI *+dat* to thank; **nichts zu ~!** don't mention it; **dankend erhalten/ablehnen** to receive/decline with thanks

dankenswert ADJ (*Arbeit*) worthwhile; (*Aufgabe*) rewarding; (*Bemühung*) kind

Dank- ZW: **Dankgottesdienst** M service of thanksgiving; **dank|sagen** VI to express one's thanks; **Dankschreiben** NT letter of thanks

★**dann** [dan] ADV then; **~ und wann** now and then; **~ eben nicht** well, in that case (there's no more to be said); **erst ~, wenn ...** only when ...; **~ erst recht nicht!** in that case no way (*umg*)

dannen [ˈdanən] ADV: **von ~** (*liter: weg*) away

daran [daˈran] ADV on it; (*stoßen*) against it; **es liegt ~, dass ...** the cause of it is that ...; **gut/schlecht ~ sein** to be well/badly off; **das Beste/Dümmste ~** the best/stupidest thing about it; **ich war nahe ~, zu ...** I was on the point of ...; **im Anschluss ~** (*zeitlich: danach anschließend*) following that *od* this; **wir können nichts ~ machen** we can't do anything about it; **es ist nichts ~** (*ist nicht fundiert*) there's nothing in it; (*ist nichts Besonderes*) it's nothing special; **er ist ~ gestorben** he died from *od* of it; **daran|gehen** *unreg* VI to start; **daran|machen** (*umg*) VR: **sich ~, etw zu tun** to set about doing sth; **daran|setzen** VT to stake; **er hat alles darangesetzt, von Glasgow wegzukommen** he has done his utmost to get away from Glasgow

darauf [daˈraʊf] ADV (*räumlich*) on it; (*zielgerichtet*) towards it; (*danach*) afterwards; **~ folgend** following; **es kommt ganz ~ an, ob ...** it depends whether ...; **seine Behauptungen stützen sich ~, dass ...** his claims are based on the supposition that ...; **wie kommst du ~?** what makes you think that?; **die Tage ~** the days following *od* thereafter; **am Tag ~** the next day; **darauffolgend** ADJ (*Tag, Jahr*) next, following; **daraufhin** ADV (*im Hinblick darauf*) in this respect; (*aus diesem Grund*) as a result; **wir müssen es ~ prüfen, ob ...** we must test it to see whether ...; **darauf|legen** VT to lay *od* put on top

daraus [daˈraʊs] ADV from it; **was ist ~ geworden?** what became of it?; **~ geht hervor, dass ...** this means that ...

dar|bieten [ˈda:rbi:tən] VT (*vortragen: Lehrstoff*) to present ▶ VR to present itself

Darbietung F performance

Dardanellen [dardaˈnɛlən] PL Dardanelles *pl*

Daressalam [darɛsaˈla:m] NT Dar-es-Salaam

darf [darf] VB *siehe* **dürfen**

darin [daˈrɪn] ADV in (there), in it; **der Unterschied liegt ~, dass ...** the difference is that ...

dar|legen [ˈda:rle:gən] VT to explain, to expound, to set forth

Darlegung [ˈda:rle:gʊŋ] F explanation

Darlehen, Darlehn (**-s, -**) NT loan

Darm [darm] (**-(e)s, Därme**) M intestine; (*Wurstdarm*) skin; **Darmausgang** M anus; **Darmgrippe** F gastric influenza; **Darmsaite** F gut string

dar|stellen [ˈda:rʃtɛlən] VT (*abbilden, bedeuten*) to represent; (*Theat*) to act; (*beschreiben*) to describe ▶ VR to appear to be

Darsteller(in) (**-s, -**) M(F) actor, actress

darstellerisch ADJ: **eine darstellerische Höchstleistung** a magnificent piece of acting

Darstellung F portrayal, depiction

darüber [daˈry:bər] ADV (*räumlich*) over/above it; (*fahren*) over it; (*mehr*) more; (*währenddessen*) meanwhile; (*sprechen, streiten*) about it; **~ hinweg sein** (*fig*) to have got over it; **~ hinaus** over and above that; **~ geht nichts** there's nothing like it; **seine Gedanken ~** his thoughts about *od* on it; **~ liegen** (*fig*) to be higher

darum [daˈrʊm] ADV (*räumlich*) round it ▶ KONJ that's why; **~ herum** round about (it); **er bittet ~** he is pleading for it; **es geht ~, dass ...** the thing is that ...; **~ geht es mir/geht es mir nicht** that's my point/that's not the point for me; **er würde viel ~ geben, wenn ...** he would give a lot to ...; *siehe auch* **drum**

darunter [daˈrʊntər] ADV (*räumlich*) under it; (*dazwischen*) among them; (*weniger*) less; **ein Stockwerk ~** one floor below (it); **was verstehen Sie ~?** what do you understand by that?; **~ kann ich mir nichts vorstellen** that doesn't mean anything to me; **~ fallen** to be included; **~ mischen** (*Mehl*) to mix in; **sich ~ mischen** to mingle; **~ setzen** (*Unterschrift*) to put to it; **darunterfallen** VI to be included

★**das** [das] PRON that ▶ DEF ART the; **~ heißt** that is; **~ und ~** such and such; *siehe auch* **der**

Dasein [ˈda:zaɪn] (**-s**) NT (*Leben*) life; (*Anwesenheit*) presence; (*Bestehen*) existence

da sein *unreg* VI *siehe* **da**

Daseinsberechtigung F right to exist

Daseinskampf M struggle for survival

dasjenige [ˈdasje:nɪgə] PRON *siehe* **derjenige**

★**dass** [das] KONJ that

dasselbe [dasˈzɛlbə] NT PRON the same

da|stehen [ˈda:ʃte:ən] *unreg* VI to stand there; (*fig*): **gut/schlecht ~** to be in a good/bad position; **allein ~** to be on one's own

Dat. ABK = **Dativ**

Datei [daˈtaɪ] F (*Comput*) file; **Dateimanager** M file manager; **Dateiname** M file name; **Dateiverwaltung** F file management

Daten [ˈda:tən] PL (*Comput*) data; (*Angaben*) data *pl*, particulars; *siehe auch* **Datum**; **Datenabgleich** M data comparison; **Datenaustausch** M (*Comput*) file sharing; **Datenautobahn** F information (super)highway; **Datenbank** F database; **Datendiebstahl** M (*Wirts, Comput*) data theft; **Datenerfassung** F data capture; **Datenleitung** F data line; **Datenmissbrauch** M misuse of data; **Datenmüll** M (*aus dem Internet*) internet buildup; (*auf Festplatte*) hard disk clutter; **Datennetz** NT data network; **Datensatz** M record; **Datenschutz** M data protection; **Datensichtgerät** NT visual display unit, VDU; **Datenträger** M data carrier; **Datenübertragung** F data transmission; **Datenverarbeitung** F data processing; **Datenverarbeitungsanlage** F data processing equipment, DP equipment

datieren [daˈti:rən] VT to date

Dativ [ˈda:ti:f] (**-s, -e**) M dative; **Dativobjekt** NT (*Gram*) indirect object

dato [ˈda:to] ADV: **bis ~** (*Comm, umg*) to date

Dattel [ˈdatəl] (**-, -n**) F date

★**Datum** [ˈda:tʊm] (**-s, Daten**) NT date; **das heutige ~** today's date

Im Vereinigten Königreich sowie in Australien und Neuseeland wird das Datum *Tag-Monat-Jahr* geschrieben, in den USA dagegen *Monat-Tag-Jahr*. In Kanada kann es auf beide Arten geschrieben werden, oder auch *Jahr-Monat-Tag*.

Datumsgrenze F (*Geog*) (international) date line

Dauer [ˈdaʊər] (-, **-n**) F duration; (*gewisse Zeitspanne*) length; (*Bestand, Fortbestehen*) permanence; **es war nur von kurzer ~** it didn't last long; **auf die ~** in the long run; (*auf längere Zeit*) indefinitely; **Dauerauftrag** M standing order; **dauerhaft** ADJ lasting, durable; **Dauerhaftigkeit** F durability; **Dauerkarte** F season ticket; **Dauerlauf** M long-distance run

★**dauern** VI to last; **es hat sehr lang gedauert, bis er ...** it took him a long time to ...; **wie lange dauert es denn noch?** how much longer will it be?

Ist die Dauer festgesetzt, wie z. B. bei einem Film oder einem Theaterstück, wird es mit **to last** übersetzt: **It lasts 3 hours**.

Kann die Dauer schwanken, wird **to take** verwendet: **It takes me about 2 hours to drive to my parents'**.

dauernd ADJ constant ▸ ADV always, constantly; **er lachte ~** he kept laughing

Dauer- ZW: **Dauerobst** NT fruit suitable for storing; **Dauerredner(in)** (*pej*) M(F) long-winded speaker; **Dauerregen** M continuous rain; **Dauerschlaf** M prolonged sleep; **Dauerstellung** F permanent position; **Dauerwelle** F perm, permanent wave; **Dauerwurst** F German salami; **Dauerzustand** M permanent condition

★**Daumen** [ˈdaʊmən] (**-s, -**) M thumb; **jdm die ~ drücken** *od* **halten** to keep one's fingers crossed for sb; **über den ~ peilen** to guess roughly; **Daumenlutscher** M thumb-sucker

Daune [ˈdaʊnə] (-, **-n**) F down

Daunendecke F down duvet

davon [daˈfɔn] ADV of it; (*räumlich*) away; (*weg von*) away from it; (*Grund*) because of it; (*mit Passiv*) by it; **das kommt ~!** that's what you get; **~ abgesehen** apart from that; **wenn wir einmal ~ absehen, dass ...** if for once we overlook the fact that ...; **~ sprechen/wissen** to talk/know of *od* about it; **was habe ich ~?** what's the point?; **~ betroffen werden** to be affected by it; **davon|gehen** *unreg* VI to leave, to go away; **davon|kommen** *unreg* VI to escape; **davon|lassen** *unreg* VT: **die Finger ~** (*umg*) to keep one's hands *od* fingers off (it); **davon|laufen** *unreg* VI to run away; **davon|machen** VR to make off; **davon|tragen** *unreg* VT to carry off; (*Verletzung*) to receive

davor [daˈfoːr] ADV (*räumlich*) in front of it; (*zeitlich*) before (that); **~ warnen** to warn about it

dazu [daˈtsuː] ADV (*legen, stellen*) by it; (*essen*) with it; **und ~ noch** and in addition; **ein Beispiel/seine Gedanken ~** one example for/his thoughts on this; **wie komme ich denn ~?** why should I?; **... aber ich bin nicht ~ gekommen** ... but I didn't get around to it; **das Recht ~** the right to do it; **~ bereit sein, etw zu tun** to be prepared to do sth; **~ fähig sein** to be capable of it; **sich ~ äußern** to say something on it; **dazu|gehören** VI to belong to it; **das gehört dazu** (*versteht sich von selbst*) it's all part of it; **es gehört schon einiges dazu, das zu tun** it takes a lot to do that; **dazugehörig** ADJ appropriate; **dazu|kommen** *unreg* VI (*Ereignisse*) to happen too; (*an einen Ort*) to come along; **kommt noch etwas dazu?** will there be anything else?; **dazu|lernen** VT: **schon wieder was dazugelernt!** you learn something (new) every day!; **dazumal** [ˈdaːtsumaːl] ADV in those days; **dazu|tun** *unreg* VT to add; **er hat es ohne dein D~ geschafft** he managed it without your doing *etc* anything

dazwischen [daˈtsvɪʃən] ADV in between; (*zusammen mit*) among them; **der Unterschied ~** the difference between them; **dazwischen|fahren** *unreg* VI (*eingreifen*) to intervene; **dazwischen|funken** (*umg*) VI (*eingreifen*) to put one's oar in; **dazwischen|kommen** *unreg* VI (*hineingeraten*) to get caught in it; **es ist etwas dazwischengekommen** something (has) cropped up; **dazwischen|reden** VI (*unterbrechen*) to interrupt; (*sich einmischen*) to interfere; **dazwischen|treten** *unreg* VI to intervene

DB F ABK (= *Deutsche Bahn*) *German railways*

★**DDR** (-) F ABK (*Hist*: = *Deutsche Demokratische Republik*) GDR

The **DDR** (*Deutsche Demokratische Republik*) was the name by which the former Communist German Democratic Republic was known. It was founded in 1949 from the Soviet-occupied zone. After the building of the Berlin Wall in 1961 it was virtually sealed off from the West until mass demonstrations and demands for reform forced the opening of the borders in 1989 (known as 'the fall of the Berlin Wall'). It then merged in 1990 with the BRD.

DDT® NT ABK DDT

Dealer(in) [ˈdiːlər(ɪn)] (**-s, -**) (*umg*) M(F) pusher

Debatte [deˈbatə] (-, **-n**) F debate; **das steht hier nicht zur ~** that's not the issue

debattieren [debaˈtiːrən] VT to debate

Debet [ˈdeːbɛt] (**-s, -s**) NT (*Fin*) debits *pl*

Debüt [deˈbyː] (**-s, -s**) NT debut

dechiffrieren [deʃɪˈfriːrən] VT to decode; (*Text*) to decipher

Deck [dɛk] (**-(e)s, -s** *od* **-e**) NT deck; **an ~ gehen** to go on deck

Deckbett NT feather quilt

Deckblatt NT (*Schutzblatt*) cover

★**Decke** (-, **-n**) F cover; (*Bettdecke*) blanket; (*Tischdecke*) tablecloth; (*Zimmerdecke*) ceiling; **unter einer ~ stecken** to be hand in glove; **an die ~ gehen** to hit the roof; **mir fällt die ~ auf den Kopf** (*fig*) I feel really claustrophobic

Deckel (**-s**, **-**) M lid; **du kriegst gleich eins auf den ~** (*umg*) you're going to catch it
Deckelung F capping
decken VT to cover; (*Tisch*) to lay, to set ▸ VR: **sich ~** (*Interessen*) to coincide; (*Aussagen*) to correspond; **mein Bedarf ist gedeckt** I have all I need; (*fig*) I've had enough; **sich an einen gedeckten Tisch setzen** (*fig*) to be handed everything on a plate
Deckmantel M: **unter dem ~ von** under the guise of
Deckname M assumed name
Deckung F (*das Schützen*) covering; (*Schutz*) cover; (*Sport*) defence (BRIT), defense (US); (*Übereinstimmen*) agreement; **zur ~ seiner Schulden** to meet his debts
deckungsgleich ADJ congruent
Decoder [de'ko:dər] M (*TV*) decoder
de facto [de: 'fakto] ADV de facto
defekt ADJ faulty
Defekt [de'fɛkt] (**-(e)s**, **-e**) M fault, defect
defensiv [defɛn'si:f] ADJ defensive
Defensive F: **jdn in die ~ drängen** to force sb onto the defensive
definieren [defi'ni:rən] VT to define
Definition [definitsi'o:n] F definition
definitiv [defini'ti:f] ADJ definite
Defizit ['de:fitsɪt] (**-s**, **-e**) NT deficit
defizitär [defitsi'tɛ:r] ADJ: **eine defizitäre Haushaltspolitik führen** to follow an economic policy which can only lead to deficit
Deflation [deflatsi'o:n] F (*Wirts*) deflation
deflationär [deflatsio'nɛ:r] ADJ deflationary
deftig ['dɛftɪç] ADJ (*Preise*) steep; (*Witz*) coarse; **ein deftiges Essen** a good solid meal
Degen ['de:gən] (**-s**, **-**) M sword
degenerieren [degene'ri:rən] VI to degenerate
degradieren [degra'di:rən] VT to degrade
dehnbar ['de:nba:r] ADJ elastic; (*fig: Begriff*) loose; **Dehnbarkeit** F elasticity; (*von Begriff*) looseness
dehnen VT, VR to stretch
Dehnung F stretching
Deich [daɪç] (**-(e)s**, **-e**) M dyke (BRIT), dike (US)
Deichsel ['daɪksəl] (**-**, **-n**) F shaft
deichseln VT (*fig: umg*) to wangle
dein [daɪn] PRON your; (*adjektivisch*): **herzliche Grüße, Deine Elke** with best wishes, yours *od* (*herzlicher*) love, Elke
deine(r, s) POSS PRON yours
deiner GEN *von* **du** ▸ PRON of you
deinerseits ADV on your part
deinesgleichen PRON people like you
deinetwegen ['daɪnət've:gən] ADV (*für dich*) for your sake; (*wegen dir*) on your account
deinetwillen ['daɪnət'vɪlən] ADV: **um ~** = **deinetwegen**
deinige PRON: **der/die/das D~** yours
deinstallieren [de|ɪnsta'li:rən] VT (*Programm*) to uninstall
dekadent [deka'dɛnt] ADJ decadent
Dekadenz F decadence
Dekan [de'ka:n] (**-s**, **-e**) M dean
deklassieren [dekla'si:rən] VT (*Soziologie: herabsetzen*) to downgrade; (*Sport: übertreffen*) to outclass
Deklination [deklinatsi'o:n] F declension
deklinieren [dekli'ni:rən] VT to decline
Dekolleté, Dekolletee [dekɔl'te:] (**-s**, **-s**) NT low neckline
dekomprimieren [dekɔmpri'mi:rən] VT (*Comput*) to decompress
Dekor [de'ko:r] (**-s**, **-s** *od* **-e**) M OD NT decoration
Dekorateur(in) [dekora'tø:r(ɪn)] M(F) window dresser
Dekoration [dekoratsi'o:n] F decoration; (*in Laden*) window dressing
dekorativ [dekora'ti:f] ADJ decorative
dekorieren [deko'ri:rən] VT to decorate; (*Schaufenster*) to dress
Dekostoff ['de:koʃtɔf] M (*Textil*) furnishing fabric
Dekret [de'kre:t] (**-(e)s**, **-e**) NT decree
Delegation [delegatsi'o:n] F delegation
delegieren [dele'gi:rən] VT: **~ (an** *+akk***)** to delegate (to)
Delegierte(r) F(M) delegate
Delfin [dɛl'fi:n] (**-s**, **-e**) M dolphin
Delfinschwimmen NT butterfly (stroke)
Delhi ['de:lɪ] (**-s**) NT Delhi
delikat [deli'ka:t] ADJ (*zart, heikel*) delicate; (*köstlich*) delicious
Delikatesse [delika'tɛsə] (**-**, **-n**) F delicacy
Delikatessengeschäft NT delicatessen (shop)
Delikt [de'lɪkt] (**-(e)s**, **-e**) NT (*Jur*) offence (BRIT), offense (US)
Delinquent [delɪŋ'kvɛnt] M (*geh*) offender
Delirium [de'li:riʊm] NT: **im ~ sein** to be delirious; (*umg: betrunken*) to be paralytic
Delle ['dɛlə] (**-**, **-n**) (*umg*) F dent
Delphin [dɛl'fi:n] (**-s**, **-e**) M = **Delfin**
Delta ['dɛlta] (**-s**, **-s**) NT delta
dem [de(:)m] ART *dat von* **der**; **das**; **wie ~ auch sei** be that as it may
Demagoge [dema'go:gə] (**-n**, **-n**) M demagogue
Demarkationslinie [demarkatsi'o:nzli:niə] F demarcation line
Dementi [de'mɛnti] (**-s**, **-s**) NT denial
dementieren [demɛn'ti:rən] VT to deny
dem- ZW: **dementsprechend** ADJ appropriate ▸ ADV correspondingly; (*demnach*) accordingly; **demgemäß** ADV accordingly; **demnach** ADV accordingly; **demnächst** ADV shortly
Demo ['de:mo] (**-s**, **-s**) (*umg*) F demo
Demografie [demogra'fi:] F demography

Demokrat(in) [demo'kra:t(ɪn)] (**-en, -en**) M(F) democrat

Demokratie [demokra'ti:] F democracy; **Demokratieverständnis** NT understanding of (the meaning of) democracy

demokratisch ADJ democratic

demokratisieren [demokrati'zi:rən] VT to democratize

demolieren [demo'li:rən] VT to demolish

Demonstrant(in) [demɔn'strant(ɪn)] M(F) demonstrator

Demonstration [demɔnstratsi'o:n] F demonstration

demonstrativ [demɔnstra'ti:f] ADJ demonstrative; (*Protest*) pointed

demonstrieren [demɔn'stri:rən] VT, VI to demonstrate

Demontage [demɔn'ta:ʒə] (**-, -n**) F (*lit, fig*) dismantling

demontieren [demɔn'ti:rən] VT (*lit, fig*) to dismantle; (*Räder*) to take off

demoralisieren [demorali'zi:rən] VT to demoralize

Demoskopie [demosko'pi:] F public opinion research

demselben DAT *von* **derselbe; dasselbe**

Demut ['de:mu:t] (**-**) F humility

demütig ['de:my:tɪç] ADJ humble

demütigen ['de:my:tɪgən] VT to humiliate

Demütigung F humiliation

demzufolge ['de:mtsu'fɔlgə] ADV accordingly

den [de(:)n] ART *akk von* **der**

denen ['de:nən] PRON *dat pl von* **der; die; das**

Denglisch (**-**) NT Denglisch

Denk- zW: **Denkanstoß** M: **jdm Denkanstöße geben** to give sb food for thought; **Denkart** F mentality; **denkbar** ADJ conceivable ▶ ADV: **~ einfach** extremely simple

★**denken** ['dɛŋkən] *unreg* VI to think ▶ VT: **für jdn/etw gedacht sein** to be intended *od* meant for sb/sth ▶ VR (*vorstellen*): **das kann ich mir ~** I can imagine; (*beabsichtigen*): **sich** *dat* **etw bei etw ~** to mean sth by sth; **wo ~ Sie hin!** what an idea!; **ich denke schon** I think so; **an jdn/etw ~** to think of sb/sth; **daran ist gar nicht zu ~** that's (quite) out of the question; **ich denke nicht daran, das zu tun** there's no way I'm going to do that (*umg*)

★**Denken** (**-s**) NT thinking

Denker(in) (**-s, -**) M(F) thinker; **das Volk der Dichter und ~** the nation of poets and philosophers

Denk- zW: **Denkfähigkeit** F intelligence; **denkfaul** ADJ mentally lazy; **Denkfehler** M logical error; **Denkhorizont** M mental horizon

★**Denkmal** (**-s, Denkmäler**) NT monument; **Denkmalschutz** M: **etw unter ~ stellen** to classify sth as a historical monument

Denk- zW: **Denkpause** F: **eine ~ einlegen** to have a break to think things over; **Denkschrift** F memorandum; **Denkvermögen** NT intellectual capacity; **denkwürdig** ADJ memorable; **Denkzettel** M: **jdm einen ~ verpassen** to teach sb a lesson

★**denn** [dɛn] KONJ for; (*konzessiv*): **es sei ~, (dass)** unless ▶ ADV then; (*nach Komparativ*) than

dennoch ['dɛnnɔx] KONJ nevertheless ▶ ADV: **und ~, ...** and yet ...

denselben AKK *von* **derselbe** ▶ DAT *von* **dieselben**

Denunziant(in) [denʊntsi'ant(ɪn)] M(F) informer

denunzieren [denʊn'tsi:rən] VT to inform against

Deo [de:o] (**-s, -s**), **Deodorant** (**-s, -s**) NT deodorant; **Deoroller** M roll-on deodorant; **Deospray** NT OD M deodorant spray

Depesche [de'pɛʃə] (**-, -n**) F dispatch

deplatziert [depla'tsi:rt] ADJ out of place

Deponent(in) [depo'nɛnt(ɪn)] M(F) depositor

Deponie F dump, disposal site

deponieren [depo'ni:rən] VT (*Comm*) to deposit

deportieren [depɔr'ti:rən] VT to deport

Depot [de'po:] (**-s, -s**) NT warehouse; (*Busdepot, Eisenb*) depot; (*Bankdepot*) strongroom (BRIT), safe (US)

Depp [dɛp] (**-en, -en**) M (*Dialekt: pej*) twit

Depression [deprɛsi'o:n] F depression

depressiv ADJ depressive; (*Fin*) depressed

deprimieren [depri'mi:rən] VT to depress

★**deprimiert** [depri'mi:rt] ADJ depressed

der [de(:)r]

(*f* **die**, *nt* **das**, *pl* **die**, *gen* **des, der, des**, *pl* **der**, *dat* **dem, der, dem**, *pl* **den**, *akk* **den, die, das**, *pl* **die**)
DEF ART the; **der Rhein** the Rhine; **der Klaus** (*umg*) Klaus; **die Frau** (*im Allgemeinen*) women; **der Tod/das Leben** death/life; **der Fuß des Berges** the foot of the hill; **gib es der Frau** give it to the woman; **er hat sich** *dat* **die Hand verletzt** he has hurt his hand

▶ REL PRON **1** (*bei Menschen*) who, that

2 (*bei Tieren, Sachen*) which, that; **der Mann, den ich gesehen habe** the man who *od* whom *od* that I saw

▶ DEMON PRON he/she/it; (*jener, dieser*) that; (*pl*) those; **der/die war es** it was him/her; **der mit der Brille** the one with the glasses; **ich will den (da)** I want that one

derart ['de:r'a:rt] ADV (*Art und Weise*) in such a way; (*Ausmaß: vor adj*) so; (*: vor vb*) so much

derartig ADJ such, this sort of

derb [dɛrp] ADJ sturdy; (*Kost*) solid; (*grob*) coarse; **Derbheit** F sturdiness; (*von Kost*) solidity; (*Grobheit*) coarseness

deren ['de:rən] REL PRON (*gen sing von* **die**) whose; (*von Sachen*) of which; (*gen pl von* **der, die, das**) whose, of whom

derentwillen ['de:rənt'vɪlən] ADV: **um ~** (*rel*) for whose sake; (*von Sachen*) for the sake of which

dergestalt ADV (*geh*): **~, dass ...** in such a way that ...

der- zW: **dergleichen** PRON such; (*substantivisch*): **er tat nichts ~** he did nothing of the kind; **und ~ (mehr)** and suchlike; **derjenige** PRON he/she/it; (*rel*) the one (who); (*von Sachen*) that (which); **dermaßen** ADV to such an extent, so; **derselbe** M PRON the same; **derweil, derweilen** ADV in the meantime; **derzeit** ADV (*jetzt*) at present, at the moment; **derzeitig** ADJ present, current; (*damalig*) then

des [dɛs] ART GEN *von* **der**

Des [dɛs] (-) NT (*Mus*: *auch*: **des**) D flat

Deserteur [dezɛr'tø:r] M deserter

desertieren [dezɛr'ti:rən] VI to desert

desgl. ABK = **desgleichen**

desgleichen ['dɛs'glaiçən] PRON the same

deshalb ['dɛs'halp] ADV, KONJ therefore, that's why

Design [di'zaın] (**-s, -s**) NT design

designiert [dezi'gni:rt] ADJ *attrib*: **der designierte Vorsitzende/Nachfolger** the chairman designate/prospective successor

Desinfektion [dezınfɛktsi'o:n] F disinfection

Desinfektionsmittel NT disinfectant

desinfizieren [dezınfi'tsi:rən] VT to disinfect

Desinteresse [dɛs|ıntə'rɛsə] (**-s**) NT: **~ (an** +*dat*) lack of interest (in)

desinteressiert [dɛs|ıntərɛ'si:rt] ADJ uninterested

Desktop (**-, -(s)**) M (*Comput*) desktop

desselben GEN *von* **derselbe**; **dasselbe**

dessen ['dɛsən] PRON *gen von* **der**; **das**; **~ ungeachtet** nevertheless, regardless

Dessert [dɛ'sɛ:r] (**-s, -s**) NT dessert

Dessin [dɛ'sɛ̃:] (**-s, -s**) NT (*Textil*) pattern, design

Destillation [dɛstılatsi'o:n] F distillation

destillieren [dɛstı'li:rən] VT to distil

desto ['dɛsto] ADV all *od* so much the; **~ besser** all the better

destruktiv [destruk'ti:f] ADJ destructive

deswegen ['dɛs've:gən] KONJ therefore, hence

Detail [de'taı] (**-s, -s**) NT detail

detaillieren [deta'ji:rən] VT to specify, to give details of

Detektiv(in) [detɛk'ti:f(ın)] (**-s, -e**) M(F) detective; **Detektivroman** M detective novel

Detektor [de'tɛktɔr] M (*Tech*) detector

Detonation [detonatsi'o:n] F explosion, blast

Deut M: **(um) keinen ~** not one iota *od* jot

deuten ['dɔYtən] VT to interpret; (*Zukunft*) to read ▸ VI: **~ (auf** +*akk*) to point (to *od* at)

deutlich ADJ clear; (*Unterschied*) distinct; **jdm etw ~ zu verstehen geben** to make sth perfectly clear *od* plain to sb; **Deutlichkeit** F clarity; (*von Unterschied*) distinctness

deutsch [dɔYtʃ] ADJ German; **deutsche Schrift** Gothic script; **auf D~** in German; **auf gut D~ (gesagt)** (*fig*: *umg*) ≈ in plain English; **Deutsche Demokratische Republik** (*Hist*) German Democratic Republic

★**Deutsche(r)** F(M): **er ist Deutscher** he is (a) German

★**Deutschland** NT Germany; **Deutschlandlied** NT *German national anthem*; **Deutschlandpolitik** F home *od* domestic policy; (*von fremdem Staat*) policy towards Germany

deutschsprachig ADJ (*Bevölkerung, Gebiete*) German-speaking; (*Zeitung, Ausgabe*) German-language; (*Literatur*) German

deutschstämmig ADJ of German origin

Deutung F interpretation

Devise [de'vi:zə] (**-, -n**) F motto, device ■ **Devisen** PL (*Fin*) foreign currency *od* exchange

Devisenausgleich M foreign exchange offset

Devisenkontrolle F exchange control

Dez. ABK (= *Dezember*) Dec.

★**Dezember** [de'tsɛmbər] (**-(s), -**) M December; *siehe auch* **September**

dezent [de'tsɛnt] ADJ discreet

Dezentralisation [detsɛntralizatsi'o:n] F decentralization

Dezernat [detsɛr'na:t] (**-(e)s, -e**) NT (*Verwaltung*) department

Dezibel [detsi'bɛl] (**-s, -**) NT decibel

dezidiert [detsi'di:rt] ADJ firm, determined

dezimal [detsi'ma:l] ADJ decimal; **Dezimalbruch** M decimal (fraction); **Dezimalsystem** NT decimal system

dezimieren [detsi'mi:rən] VT (*fig*) to decimate ▸ VR to be decimated

DFB M ABK (= *Deutscher Fußball-Bund*) *German Football Association*

DFG F ABK (= *Deutsche Forschungsgemeinschaft*) *German Research Council*

DGB M ABK (= *Deutscher Gewerkschaftsbund*) ≈ TUC

dgl. ABK = **dergleichen**

★**d. h.** ABK (= *das heißt*) i.e.

Di. ABK = **Dienstag**

Dia ['di:a] (**-s, -s**) NT slide

Diabetes [dia'be:tɛs] (**-, -**) M (*Med*) diabetes

Diabetiker(in) [dia'be:tikər(ın)] (**-s, -**) M(F) diabetic

Diagnose [dia'gno:zə] (**-, -n**) F diagnosis

diagnostizieren [diagnɔsti'tsi:rən] VT, VI (*Med, fig*) to diagnose

diagonal [diago'na:l] ADJ diagonal

Diagonale (**-, -n**) F diagonal

Diagramm [dia'gram] NT diagram

Diakonie [diako'ni:] F (*Rel*) social welfare work

Dialekt [dia'lɛkt] (**-(e)s, -e**) M dialect; **Dialektausdruck** M dialect expression *od* word; **dialektfrei** ADJ without an accent

dialektisch ADJ dialectal; (*Logik*) dialectical

Dialog [dia'lo:k] (**-(e)s, -e**) M dialogue

Diamant [dia'mant] M diamond

Diapositiv [diapozi'ti:f] (**-s, -e**) NT (*Phot*) slide, transparency

Diaprojektor M slide projector

★**Diät** [di'ɛ:t] (-) F diet ▩ **Diäten** PL (*Pol*) allowance *sing*; **~ essen** to eat according to a diet; **(nach einer) ~ leben** to be on a special diet

Diavortrag M slide show

dich [dɪç] AKK *von* **du** ▶ PRON you ▶ REFL PRON yourself

★**dicht** [dɪçt] ADJ dense; (*Nebel*) thick; (*Gewebe*) close; (*undurchlässig*) (water)tight; (*fig*) concise; (*umg: zu*) shut, closed ▶ ADV: **~ an/bei** close to; **er ist nicht ganz ~** (*umg*) he's crackers; **~ machen** to make watertight/airtight; **~ hintereinander** right behind one another; **~ bevölkert** densely *od* heavily populated; *siehe auch* **dichtmachen**

Dichte (-, **-n**) F density; (*von Nebel*) thickness; (*von Gewebe*) closeness; (*Undurchlässigkeit*) (water) tightness; (*fig*) conciseness

dichten VT (*dicht machen*) to make watertight; (*versiegeln*) to seal; (*Naut*) to caulk; (*Liter*) to compose, to write ▶ VI (*Liter*) to compose, to write

Dichter(in) (**-s, -**) M(F) poet; (*Autor*) writer; **dichterisch** ADJ poetical; **dichterische Freiheit** poetic licence (BRIT) *od* license (US)

dicht|halten *unreg* (*umg*) VI to keep one's mouth shut

dicht|machen (*umg*) VT (*Geschäft*) to wind up ▶ VI (*Person*) to close one's mind; *siehe auch* **dicht**

Dichtung F (*Tech*) washer; (*Aut*) gasket; (*Gedichte*) poetry; (*Prosa*) (piece of) writing; **~ und Wahrheit** (*fig*) fact and fantasy

★**dick** [dɪk] ADJ thick; (*fett*) fat; **durch ~ und dünn** through thick and thin; **Dickdarm** M (*Anat*) colon

Dicke (-, **-n**) F thickness; (*von Mensch*) fatness

dickfellig ADJ thick-skinned

dickflüssig ADJ viscous

Dickicht ['dɪkɪçt] (**-s, -e**) NT thicket

dick- ZW: **Dickkopf** M mule; **Dickmilch** F soured milk; **Dickschädel** M = **Dickkopf**

die [di:] DEF ART the; *siehe auch* **der**

★**Dieb(in)** [di:p, 'di:bɪn] (**-(e)s, -e**) M(F) thief; **haltet den ~!** stop thief!; **diebisch** ADJ thieving; (*umg*) immense; ★**Diebstahl** M theft; **diebstahlsicher** ADJ theft-proof

diejenige ['di:je:nɪgə] PRON *siehe* **derjenige**

★**Diele** ['di:lə] (-, **-n**) F (*Brett*) board; (*Flur*) hall, lobby; (*Eisdiele*) ice-cream parlour (BRIT) *od* parlor (US)

★**dienen** ['di:nən] VI: **(jdm) ~** to serve (sb); **womit kann ich Ihnen ~?** what can I do for you?; (*in Geschäft*) can I help you?

Diener (**-s, -**) M servant; (*umg: Verbeugung*) bow

Dienerin F (maid)servant

dienern VI (*fig*): **~ (vor** *+dat***)** to bow and scrape (to)

Dienerschaft F servants *pl*

dienlich ADJ useful, helpful

★**Dienst** [di:nst] (**-(e)s, -e**) M service; (*Arbeit, Arbeitszeit*) work; **~ am Kunden** customer service; **jdm zu Diensten stehen** to be at sb's disposal; **außer ~** retired; **~ haben** to be on duty; **~ habend** = **diensthabend**; **~ tuend** = **diensttuend**; **der öffentliche ~** the civil service

★**Dienstag** M Tuesday; **am ~** on Tuesday; **~ in acht Tagen** *od* **in einer Woche** a week on Tuesday, Tuesday week; **~ vor einer Woche** *od* **acht Tagen** a week (ago) last Tuesday

dienstags ADV on Tuesdays

Dienst- ZW: **Dienstalter** NT length of service; **dienstbeflissen** ADJ zealous; **Dienstbote** M servant; **Dienstboteneingang** M tradesmen's *od* service entrance; **diensteifrig** ADJ zealous; **dienstfrei** ADJ off duty; **Dienstgebrauch** M (*Mil, Verwaltung*): **nur für den ~** for official use only; **Dienstgeheimnis** NT professional secret; **Dienstgespräch** NT business call; **Dienstgrad** M rank; **diensthabend** ADJ (*Arzt, Offizier*) on duty; **Dienstleistung** F service; **Dienstleistungsbereich** M service sector *od* industry; **Dienstleistungsbetrieb** M service industry business; **Dienstleistungsgewerbe** NT service industries *pl*; **Dienstleistungssektor** M service sector *od* industry; **dienstlich** ADJ official; (*Angelegenheiten*) business *attrib*; **Dienstmädchen** NT domestic servant; **Dienstplan** M duty rota; **Dienstreise** F business trip; **Dienststelle** F office; **diensttuend** ADJ on duty; **Dienstvorschrift** F service regulations *pl*; **Dienstwagen** M (*von Beamten*) official car; **Dienstweg** M official channels *pl*; **Dienstzeit** F office hours *pl*; (*Mil*) period of service

diesbezüglich ADJ (*Frage*) on this matter

diese(r, s) PRON this (one) ▶ ADJ this; **~ Nacht** tonight

★**Diesel** ['di:zəl] (**-s**) M (*Kraftstoff*) diesel fuel

dieselbe [di:'zɛlbə] F PRON the same

dieselben [di:'zɛlbən] PL PRON the same

Dieselöl NT diesel oil

diesig ADJ (*Wetter*) misty, hazy

dies- ZW: **diesjährig** ADJ this year's; ★**diesmal** ADV this time; **diesseits** PRÄP *+gen* on this side; **Diesseits** (-) NT this life

Dietrich ['di:trɪç] (**-s, -e**) M picklock

Diffamierungskampagne [dɪfa'mi:rʊŋskampanjə] F smear campaign

differential *etc* [dɪferɛntsi'a:l] ADJ = **differenzial** *usw*

Differenz [dɪfe'rɛnts] F difference; **Differenzbetrag** M difference, balance

differenzial [dɪferɛntsi'a:l] ADJ differential; **Differenzialgetriebe** NT differential gear; **Differenzialrechnung** F differential calculus

differenzieren [dɪferɛn'tsi:rən] VT to make distinctions in ▶ VI: **~ (bei)** to make distinctions (in)

differenziert ADJ complex

diffus [dɪ'fu:s] ADJ (*Gedanken etc*) confused

★**digital** ADJ digital

Digitalanzeige F digital display

Digital- [digi'ta:l-] ZW: **Digitalfernsehen** NT digital TV; **Digitalkamera** F digital camera; **Digitalrechner** M digital computer; **Digitaluhr** F digital watch

Diktafon, Diktaphon [dɪkta'fo:n] NT dictaphone®
Diktat [dɪk'ta:t] **(-(e)s, -e)** NT dictation; (*fig: Gebot*) dictate; (*Pol*) diktat, dictate
Diktator [dɪk'ta:tɔr] M dictator; **diktatorisch** [-a'to:rɪʃ] ADJ dictatorial
Diktatur [dɪkta'tu:r] F dictatorship
diktieren [dɪk'ti:rən] VT to dictate
Diktion [dɪktsi'o:n] F style
Dilemma [di'lɛma] **(-s, -s** *od* **-ta)** NT dilemma
Dilettant [dilɛ'tant] M dilettante, amateur; **dilettantisch** ADJ dilettante
Dimension [dimɛnzi'o:n] F dimension
DIN F ABK (= *Deutsches Institut für Normung*) *German Institute for Standardization*; **~ A4** A4
Ding [dɪŋ] **(-(e)s, -e)** NT thing; (*Objekt*) object; **das ist ein ~ der Unmöglichkeit** that is totally impossible; **guter Dinge sein** to be in good spirits; **so wie die Dinge liegen, nach Lage der Dinge** as things are; **es müsste nicht mit rechten Dingen zugehen, wenn ...** it would be more than a little strange if ...; **ein krummes ~ drehen** to commit a crime; **dingfest** ADJ: **jdn ~ machen** to arrest sb; **dinglich** ADJ real, concrete
Dings (-) (*umg*) NT thingummyjig (BRIT)
Dingsbums ['dɪŋsbʊms] (-) (*umg*) NT thingummybob (BRIT)
Dingsda (-) (*umg*) NT thingummyjig (BRIT)
Dinosaurier [dino'zaʊriər] M dinosaur
Diözese [diø'tse:zə] **(-, -n)** F diocese
Diphtherie [dɪfte'ri:] F diphtheria
Dipl.-Ing. ABK = **Diplom-Ingenieur**
Diplom [di'plo:m] **(-(e)s, -e)** NT diploma; (*Hochschulabschluss*) degree; **Diplomarbeit** F dissertation
Diplomat(in) [diplo'ma:t] **(-en, -en)** M(F) diplomat
Diplomatie [diploma'ti:] F diplomacy
diplomatisch [diplo'ma:tɪʃ] ADJ diplomatic
Diplom-Ingenieur(in) M(F) qualified engineer
dir [di:r] DAT *von* **du** ▶ PRON (to) you
direkt [di'rɛkt] ADJ direct; **~ fragen** to ask outright *od* straight out
Direktflug M direct flight
Direktion [dirɛktsi'o:n] F management; (*Büro*) manager's office
Direktmandat NT (*Pol*) direct mandate
Direktor(in) M(F) director; (*von Hochschule*) principal; (*von Schule*) principal, head (teacher) (BRIT)
Direktorium [dirɛk'to:riʊm] NT board of directors
Direktübertragung F live broadcast
Direktverkauf M direct selling
Dirigent(in) [diri'gɛnt(ɪn)] M(F) conductor
dirigieren [diri'gi:rən] VT to direct; (*Mus*) to conduct
Dirne ['dɪrnə] **(-, -n)** F prostitute
dis [dɪs] (-, -) NT (*Mus*) D sharp
Dis [dɪs] (-, -) NT (*Mus*) D sharp
★**Disco** ['dɪsko] **(-, -s)** F disco
Disharmonie [dɪsharmo'ni:] F (*lit, fig*) discord
★**Diskette** [dɪs'kɛtə] F disk, diskette
Diskettenlaufwerk NT disk drive
Disko ['dɪsko] **(-, -s)** F disco
Diskont [dɪs'kɔnt] **(-s, -e)** M discount; **Diskontsatz** M rate of discount
★**Diskothek** [dɪsko'te:k] **(-, -en)** F disco(theque)
diskreditieren [dɪskredi'ti:rən] VT (*geh*) to discredit
Diskrepanz [dɪskre'pants] F discrepancy
diskret [dɪs'kre:t] ADJ discreet
Diskretion [dɪskretsi'o:n] F discretion; **strengste ~ wahren** to preserve the strictest confidence
diskriminieren [dɪskrimi'ni:rən] VT to discriminate against
Diskriminierung F: **~ (von)** discrimination (against)
★**Diskussion** [dɪskʊsi'o:n] F discussion; **zur ~ stehen** to be under discussion
Diskussionsbeitrag M contribution to the discussion
Diskuswerfen ['dɪskʊsvɛrfən] NT throwing the discus
diskutabel [dɪsku'ta:bəl] ADJ debatable
diskutieren [dɪsku'ti:rən] VT, VI to discuss; **darüber lässt sich ~** that sounds like something we could talk about
disponieren [dɪspo'ni:rən] VI (*geh: planen*) to make arrangements
Disposition [dɪspozitsi'o:n] F (*geh: Verfügung*): **jdm zur** *od* **zu jds ~ stehen** to be at sb's disposal
disqualifizieren [dɪskvalifi'tsi:rən] VT to disqualify
dissen ['dɪsən] (*umg*) VT to slag off (BRIT), to diss (*bes US*)
Dissertation [dɪsɛrtatsi'o:n] F dissertation; (*Doktorarbeit*) doctoral thesis
Dissident(in) [dɪsi'dɛnt(ɪn)] M(F) dissident
Distanz [dɪs'tants] F distance; (*fig: Abstand, Entfernung*) detachment; (*Zurückhaltung*) reserve
distanzieren [dɪstan'tsi:rən] VR: **sich von jdm/etw ~** to dissociate o.s. from sb/sth
distanziert ADJ (*Verhalten*) distant
Distel ['dɪstəl] **(-, -n)** F thistle
Disziplin [dɪstsi'pli:n] **(-, -en)** F discipline
Disziplinarverfahren [dɪstsipli'narfɛrfa:rən] NT disciplinary proceedings *pl*
dito ['di:to] ADV (*hum, Comm*) ditto
Diva ['di:va] **(-, -s)** F star; (*Film*) screen goddess
divers [di'vɛrs] ADJ various
Diverses PL sundries *pl*; **„~"** "miscellaneous"
Dividende [divi'dɛndə] **(-, -n)** F dividend
dividieren [divi'di:rən] VT: **~ (durch)** to divide (by)
d. J. ABK (= *der Jüngere*) jun.

Djakarta [dʒaˈkarta] NT Jakarta
DJH NT ABK (= *Deutsches Jugendherbergswerk*) *German Youth Hostel Association*
DKP F ABK (= *Deutsche Kommunistische Partei*) *German Communist Party*
DLV M ABK (= *Deutscher Leichtathletik-Verband*) *German track and field association*
DM F ABK (*Hist*: = *Deutsche Mark*) DM
d. M. ABK (= *dieses Monats*) inst.
D-Mark [ˈde:mark] (-, -) (*Hist*) F Deutschmark
DNS F ABK (= *Desoxyribo(se)nukleinsäure*) DNA
Do. ABK = **Donnerstag**

doch [dɔx]

ADV **1** (*dennoch*) after all; (*sowieso*) anyway; **er kam doch noch** he came after all; **du weißt es ja doch besser** you know more about it (than I do) anyway; **es war doch ganz interessant** it was actually quite interesting; **und doch, …** and yet …
2 (*als bejahende Antwort*) yes I do/it does *etc*; **das ist nicht wahr — doch!** that's not true — yes it is!
3 (*auffordernd*): **komm doch** do come; **lass ihn doch** just leave him; **nicht doch!** oh no!
4: **sie ist doch noch so jung** but she's still so young; **Sie wissen doch, wie das ist** you know how it is(, don't you?); **wenn doch** if only
▸ KONJ **1** (*aber*) but
2 (*trotzdem*) all the same; **und doch hat er es getan** but still he did it

Docht [dɔxt] (**-(e)s, -e**) M wick
Dock [dɔk] (**-s, -s** *od* **-e**) NT dock; **Dockgebühren** PL dock dues *pl*
Dogge [ˈdɔgə] (**-, -n**) F bulldog; **Deutsche ~** Great Dane
Dogma [ˈdɔgma] (**-s, -men**) NT dogma
dogmatisch [dɔˈgma:tɪʃ] ADJ dogmatic
Dohle [ˈdo:lə] (**-, -n**) F jackdaw
★**Doktor** [ˈdɔktɔr] (**-s, -en**) M doctor; **den ~ machen** (*umg*) to do a doctorate *od* Ph.D.
Doktorand(in) [dɔktoˈrant (-dɪn)] (**-en, -en**) M(F) Ph.D. student
Doktor- zW: **Doktorarbeit** F doctoral thesis; **Doktortitel** M doctorate; **Doktorvater** M supervisor
doktrinär [dɔktriˈnɛ:r] ADJ doctrinal; (*stur*) doctrinaire
Dokument [dokuˈmɛnt] NT document
Dokumentar- zW: **Dokumentarbericht** M documentary; ★**Dokumentarfilm** M documentary (film); **dokumentarisch** ADJ documentary; **Dokumentarspiel** NT docudrama
Dokumentationszentrum NT documentation centre (BRIT) *od* center (US)
dokumentieren [dokumɛnˈti:rən] VT to document; (*fig*: *zu erkennen geben*) to reveal, to show
Dolch [dɔlç] (**-(e)s, -e**) M dagger; **Dolchstoß** M (*bes fig*) stab

dolmetschen [ˈdɔlmɛtʃən] VT, VI to interpret
Dolmetscher(in) (**-s, -**) M(F) interpreter
Dolomiten [doloˈmi:tən] PL (*Geog*): **die ~** the Dolomites *pl*
★**Dom** [do:m] (**-(e)s, -e**) M cathedral
Domäne [doˈmɛ:nə] (**-, -n**) F (*fig*) domain, province
dominieren [domiˈni:rən] VT to dominate ▸ VI to predominate
Dominikanische Republik [dominiˈka:nɪʃərepuˈbli:k] F Dominican Republic
Dompfaff [ˈdo:mpfaf] (**-en, -en**) M bullfinch
Dompteur [dɔmpˈtø:r] M (*Zirkus*) trainer
Dompteuse [dɔmpˈtø:zə] F (*Zirkus*) trainer
★**Donau** [ˈdo:naʊ] F: **die ~** the Danube
Döner [ˈdø:nər] (**-s, -**), **Döner Kebab** (**-(s), -s**) M doner kebab
Dongle M (*Comput*) dongle
★**Donner** [ˈdɔnər] (**-s, -**) M thunder; **wie vom ~ gerührt** (*fig*) thunderstruck
★**donnern** VI UNPERS to thunder ▸ VT (*umg*) to slam, to crash
Donnerschlag M thunderclap
★**Donnerstag** M Thursday; *siehe auch* **Dienstag**
★**donnerstags** ADV (on) Thursdays
Donnerwetter NT thunderstorm; (*fig*) dressing-down ▸ INTERJ good heavens!; (*anerkennend*) my word!
★**doof** [do:f] (*umg*) ADJ daft, stupid
dopen [ˈdo:pən] VT to dope
Doping [ˈdo:pɪŋ] (**-s**) NT doping; **Dopingkontrolle** F (*Sport*) dope check
Doppel [ˈdɔpəl] (**-s, -**) NT duplicate; (*Sport*) doubles; **Doppelband** M (*von doppeltem Umfang*) double-sized volume; (*zwei Bände*) two volumes *pl*; ★**Doppelbett** NT double bed; **doppelbödig** ADJ (*fig*) ambiguous; **doppeldeutig** ADJ ambiguous; **Doppelfenster** NT double glazing; **Doppelgänger(in)** (**-s, -**) M(F) double; **doppelklicken** VI to double-click; **Doppelkorn** M *type of schnapps*; **Doppelpunkt** M colon; **doppelseitig** ADJ double-sided; (*Lungenentzündung*) double; **doppelseitige Anzeige** double-page advertisement; **doppelsinnig** ADJ ambiguous; **Doppelstecker** M two-way adaptor; ★**Doppelstunde** F (*Sch*) double period
doppelt ADJ double; (*Comm*: *Buchführung*) double-entry; (*Staatsbürgerschaft*) dual ▸ ADV: **die Karte habe ich ~** I have two of these cards; **~ gemoppelt** (*umg*) saying the same thing twice over; **in doppelter Ausführung** in duplicate
Doppel- zW: **Doppelverdiener** PL two-income family; ★**Doppelzimmer** NT double room
★**Dorf** [dɔrf] (**-(e)s, Dörfer**) NT village; **Dorfbewohner(in)** M(F) villager
dörflich [ˈdœrflɪç] ADJ village *attrib*
Dorn[1] [dɔrn] (**-(e)s, -en**) M (*Bot*) thorn; **das ist mir ein ~ im Auge** (*fig*) it's a thorn in my flesh
Dorn[2] [dɔrn] (**-(e)s, -e**) M (*Schnallendorn*) tongue, pin

dornig ADJ thorny
Dornröschen NT Sleeping Beauty
dörren [ˈdœrən] VT to dry
Dörrobst [ˈdœro:pst] NT dried fruit
⋆**dort** [dɔrt] ADV there; **~ drüben** over there; **dorther** ADV from there; ⋆**dorthin** ADV (to) there
dortig ADJ of that place, there
DOSB (-) M ABK (= *Deutscher Olympischer Sportbund*) German Olympic Sports Confederation
⋆**Dose** [ˈdo:zə] (-, -n) F box; (*Blechdose*) tin, can; **in Dosen** (*Konserven*) canned, tinned (BRIT)
Dosen PL *von* **Dose**; **Dosis**
dösen [ˈdø:zən] (*umg*) VI to doze
Dosen- ZW: **Dosenbier** NT canned beer; ⋆**Dosenöffner** M tin (BRIT) *od* can opener; **Dosenpfand** NT deposit on drink cans; (*allgemein: Einwegpfand*) deposit on drink cans and disposable bottles
dosieren [doˈzi:rən] VT (*lit, fig*) to measure out
Dosis [ˈdo:zɪs] (-, **Dosen**) F dose
Dotierung [doˈti:rʊŋ] F endowment; (*von Posten*) remuneration
Dotter [ˈdɔtər] (-s, -) M egg yolk
Double [ˈdu:bəl] (-s, -s) NT (*Film etc*) stand-in
Download [ˈdaunlo:d] M (*Comput*) download
downloaden [ˈdaunlo:dən] VTI (*Comput*) to download
Downsyndrom [ˈdaun-] NT *no pl* (*Med*) Down's Syndrome
Doz. ABK = **Dozent**
Dozent(in) [doˈtsɛnt(ɪn)] (-en, -en) M(F): **~ (für)** lecturer (in), professor (of) (US)
dpa (-) F ABK (= *Deutsche Presse-Agentur*) German Press Agency
Dr. ABK = **Doktor**
Drache [ˈdraxə] (-n, -n) M (*Tier*) dragon
Drachen (-s, -) M kite; **einen ~ steigen lassen** to fly a kite; **drachenfliegen** VI to hang-glide; **Drachenfliegen** NT (*Sport*) hang-gliding
Dragee, Dragée [draˈʒe:] (-s, -s) NT (*Pharm*) dragee, sugar-coated pill
Draht [dra:t] (-(e)s, **Drähte**) M wire; **auf ~ sein** to be on the ball; **Drahtesel** M (*hum*) trusty bicycle; **Drahtgitter** NT wire grating; **drahtlos** ADJ wireless; **Drahtseil** NT cable; **Nerven wie Drahtseile** (*umg*) nerves of steel; **Drahtseilbahn** F cable railway; **Drahtzange** F pliers *pl*; **Drahtzieher(in)** M(F) (*fig*) wire-puller
drall [dral] ADJ strapping; (*Frau*) buxom
Drall M (*fig: Hang*) tendency; **einen ~ nach links haben** (*Aut*) to pull to the left
Drama [ˈdra:ma] (-s, **Dramen**) NT drama
Dramatiker(in) [draˈma:tikər(ɪn)] (-s, -) M(F) dramatist
dramatisch [draˈma:tɪʃ] ADJ dramatic
Dramaturg(in) [dramaˈtʊrk (-gɪn)] (-en, -en) M(F) artistic director; (*TV*) drama producer
dran [dran] (*umg*) ADV (*an der Reihe*): **jetzt bist du ~** it's your turn now; **früh/spät ~ sein** to be early/late; **ich weiß nicht, wie ich (bei ihm) ~ bin** I don't know where I stand (with him); *siehe auch* **daran**; **dran|bleiben** *unreg* (*umg*) VI to stay close; (*am Apparat*) to hang on
drang *etc* [draŋ] VB *siehe* **dringen**
Drang (-(e)s, **Dränge**) M (*Trieb*) urge, yearning; (*Druck*) pressure; **~ nach** urge *od* yearning for
drängeln [ˈdrɛŋəln] VT, VI to push, to jostle
drängen [ˈdrɛŋən] VT (*schieben*) to push, to press; (*antreiben*) to urge ▶ VI (*eilig sein*) to be urgent; (*Zeit*) to press; **auf etw** *akk* **~** to press for sth
drangsalieren [draŋzaˈli:rən] VT to pester, to plague
dran|halten (*umg*) VR to get a move on
dran|kommen (*umg*) *unreg* VI (*an die Reihe kommen*) to have one's turn; (*Sch: beim Melden*) to be called; (*Frage, Aufgabe etc*) to come up
dran|nehmen (*umg*) *unreg* VT (*Schüler*) to ask
drastisch [ˈdrastɪʃ] ADJ drastic
drauf [drauf] (*umg*) ADV: **~ und dran sein, etw zu tun** to be on the point of doing sth; **gut/schlecht ~ sein** to be in a good/bad mood; *siehe auch* **darauf**; **Draufgänger(in)** (-s, -) M(F) daredevil; **drauf|gehen** *unreg* VI (*verbraucht werden*) to be used up; (*kaputtgehen*) to be smashed up; **drauf|haben** (*umg*) VT *unreg*: **etw ~** (*können*) to be able to do sth just like that; (*Kenntnisse*) to be well up on sth; **drauf|zahlen** VI (*fig: Einbußen erleiden*) to pay the price
⋆**draußen** [ˈdraʊsən] ADV outside, out-of-doors
Drechsler(in) [ˈdrɛkslər(ɪn)] (-s, -) M(F) (wood) turner
Dreck [drɛk] (-(e)s) M mud, dirt; **~ am Stecken haben** (*fig*) to have a skeleton in the cupboard; **das geht ihn einen ~ an** (*umg*) that's none of his business
⋆**dreckig** ADJ dirty, filthy; **es geht mir ~** (*umg*) I'm in a bad way
Dreckskerl (*!*) M dirty swine (*!*)
Dreh [dre:] M: **den ~ raushaben** *od* **weghaben** (*umg*) to have got the hang of it
Dreh- ZW: **Drehachse** F axis of rotation; **Dreharbeiten** PL (*Film*) shooting *sing*; **Drehbank** F lathe; **drehbar** ADJ revolving; **Drehbuch** NT (*Film*) script
⋆**drehen** VT to turn, to rotate; (*Zigaretten*) to roll; (*Film*) to shoot ▶ VI to turn, to rotate ▶ VR to turn; (*handeln von*): **sich um etw ~** to be about sth; **ein Ding ~** (*umg*) to play a prank
Dreher(in) (-s, -) M(F) lathe operator
Dreh- ZW: **Drehorgel** F barrel organ; **Drehort** M (*Film*) location; **Drehscheibe** F (*Eisenb*) turntable; **Drehtür** F revolving door
Drehung F (*Rotation*) rotation; (*Umdrehung, Wendung*) turn
Dreh- ZW: **Drehwurm** (*umg*) M: **einen ~ haben/bekommen** to be/become dizzy; **Drehzahl** F rate of revolution; **Drehzahlmesser** M rev(olution) counter
⋆**drei** [draɪ] NUM three; **~ viertel** three quarters; **aller guten Dinge sind ~!** (*Sprichwort*) all good

things come in threes!; (*nach zwei missglückten Versuchen*) third time lucky!; **Dreieck** NT triangle; ★ **dreieckig** ADJ triangular; **Dreiecksverhältnis** NT eternal triangle; **dreieinhalb** NUM three and a half; **Dreieinigkeit** [-ˈ|aɪnɪçkaɪt] F Trinity

dreierlei ADJ *unver* of three kinds

drei- ZW: **dreifach** ADJ triple, treble ▸ ADV three times; **die dreifache Menge** three times the amount; **Dreifaltigkeit** F trinity; **Dreifuß** M tripod; (*Schemel*) three-legged stool; **Dreigangschaltung** F three-speed gear; **dreihundert** NUM three hundred; **Dreikäsehoch** (*umg*) M tiny tot; **Dreikönigsfest** NT Epiphany; ★ **dreimal** ADV three times, thrice; **dreimalig** ADJ three times

drein|blicken [ˈdraɪnblɪkən] VI: **traurig** *etc* **~** to look sad *etc*

drein|reden [ˈdraɪnreːdən] VI: **jdm ~** (*dazwischenreden*) to interrupt sb; (*sich einmischen*) to interfere with sb

Dreirad NT tricycle

Dreisprung M triple jump

★ **dreißig** [ˈdraɪsɪç] NUM thirty

dreist [draɪst] ADJ bold, audacious

Dreistigkeit F boldness, audacity

drei- ZW: **Dreiviertelstunde** F three-quarters of an hour; **Dreivierteltakt** M: **im ~** in three-four time; ★ **dreizehn** NUM thirteen; **jetzt schlägts ~!** (*umg*) that's a bit much

dreschen [ˈdrɛʃən] *unreg* VT to thresh; **Skat ~** (*umg*) to play skat

Dresden [ˈdreːsdən] **(-s)** NT Dresden

dressieren [drɛˈsiːrən] VT to train

Dressur [drɛˈsuːr] F training; (*für Dressurreiten*) dressage

Dr. h. c. ABK (= *Doktor honoris causa*) honorary doctor

driften [ˈdrɪftən] VI (*Naut, fig*) to drift

Drillbohrer M light drill

drillen [ˈdrɪlən] VT (*bohren*) to drill, to bore; (*Mil*) to drill; (*fig*) to train; **auf etw** *akk* **gedrillt sein** (*fig: umg*) to be practised (BRIT) *od* practiced (US) at doing sth

Drilling M triplet

drin [drɪn] (*umg*) ADV: **bis jetzt ist noch alles ~** everything is still quite open; *siehe auch* **darin**

dringen [ˈdrɪŋən] *unreg* VI (*Wasser, Licht, Kälte*): **~ (durch/in** *+akk***)** to penetrate (through/into); **auf etw** *akk* **~** to insist on sth; **in jdn ~** (*geh*) to entreat sb

★ **dringend** [ˈdrɪŋənt] ADJ urgent; **~ empfehlen** to recommend strongly

dringlich [ˈdriŋlıç] ADJ = **dringend**

Dringlichkeit F urgency

Dringlichkeitsstufe F priority; **~ 1** top priority

★ **drinnen** [ˈdrɪnən] ADV inside, indoors

drin|stecken [ˈdrɪnʃtɛkən] (*umg*) VI: **da steckt eine Menge Arbeit drin** a lot of work has gone into it

drischt [drɪʃt] VB *siehe* **dreschen**

dritt ADV: **wir kommen zu ~** three of us are coming together

★ **dritte(r, s)** ADJ third; **die D~ Welt** Third World; **3. Juni** 3(rd) June; (*gesprochen*) the third of June; **am 3. Juni** on 3(rd) June, on June 3(rd); (*gesprochen*) on the third of June; **München, den 3. Juni** Munich, June 3(rd); **im Beisein Dritter** in the presence of a third party

★ **Drittel** **(-s, -)** NT third

drittens ADV thirdly

drittklassig ADJ third-rate, third-class

Dr. jur. ABK (= *Doktor der Rechtswissenschaften*) ≈ LL.D.

DRK **(-)** NT ABK (= *Deutsches Rotes Kreuz*) ≈ R.C.

Dr. med. ABK (= *Doktor der Medizin*) ≈ M.D.

droben [ˈdroːbən] ADV above, up there

★ **Droge** [ˈdroːgə] **(-, -n)** F drug

★ **dröge** [ˈdrøgə] (NORDD) ADJ boring

Drogen- ZW: ★ **drogenabhängig** ADJ addicted to drugs; **Drogenentzug** **(-(e)s)** M detox (*umg*), detoxification; (*from drugs*) withdrawal; **Drogenhändler(in)** M(F) peddler, pusher; **drogensüchtig** ADJ addicted to drugs

★ **Drogerie** [drogəˈriː] F chemist's shop (BRIT), drugstore (US)

> A **Drogerie** is a type of supermarket selling cleaning products, cosmetics, perfumes and toiletries, as well as medication not requiring a prescription. There are several chains of *Drogerie* throughout Germany and Austria.

Drogeriemarkt M discount chemist's (BRIT) *od* drugstore (US)

★ **Drogist(in)** [droˈgɪst(ɪn)] M(F) pharmacist, chemist (BRIT)

Drohbrief M threatening letter

drohen [ˈdroːən] VI: **(jdm) ~** to threaten (sb)

Drohgebärde F (*lit, fig*) threatening gesture

Drohne [ˈdroːnə] **(-, -n)** F drone

dröhnen [ˈdrøːnən] VI (*Motor*) to roar; (*Stimme, Musik*) to ring, to resound

Drohung [ˈdroːʊŋ] F threat

drollig [ˈdrɔlɪç] ADJ droll

Drops [drɔps] **(-, -)** M OD NT fruit drop

drosch *etc* [drɔʃ] VB *siehe* **dreschen**

Droschke [ˈdrɔʃkə] **(-, -n)** F cab

Droschkenkutscher M cabman

Drossel [ˈdrɔsəl] **(-, -n)** F thrush

drosseln [ˈdrɔsəln] VT (*Motor etc*) to throttle; (*Heizung*) to turn down; (*Strom, Tempo, Produktion etc*) to cut down

Dr. phil. ABK (= *Doktor der Geisteswissenschaften*) ≈ Ph.D.

Dr. theol. ABK (= *Doktor der Theologie*) ≈ D.D.

★ **drüben** [ˈdryːbən] ADV over there, on the other side

drüber [ˈdryːbər] (*umg*) ADV = **darüber**

Druck [drʊk] **(-(e)s, -e)** M (*Zwang, Phys*) pressure; (*Typ: Vorgang*) printing; (: *Produkt*) print;

(*fig*: *Belastung*) burden, weight; **~ hinter etw** *akk* **machen** to put some pressure on sth; **Druckbuchstabe** M block letter; **in Druckbuchstaben schreiben** to print

Drückeberger ['drʏkəbɛrgər] (**-s, -**) M shirker, dodger

★**drucken** ['drʊkən] VT, VI (*Typ, Comput*) to print

★**drücken** ['drʏkən] VT (*Knopf, Hand*) to press; (*fig*: *Preise*) to keep down; (: *belasten*) to oppress, to weigh down ▶ VI to press; (*zu eng sein*) to pinch ▶ VR: **sich vor etw** *dat* **~** to get out of (doing) sth; **jdm etw in die Hand ~** to press sth into sb's hand

drückend ADJ oppressive; (*Last, Steuern*) heavy; (*Armut*) grinding; (*Wetter, Hitze*) oppressive, close

★**Drucker** (**-s, -**) M printer

★**Drücker** (**-s, -**) M button; (*Türdrücker*) handle; (*Gewehrdrücker*) trigger; **am ~ sein** *od* **sitzen** (*fig*: *umg*) to be the key person; **auf den letzten ~** (*fig*: *umg*) at the last minute

Druckerei [drʊkə'raɪ] F printing works, press

Druckerschwärze F printer's ink

Druck- ZW: **Druckfahne** F galley(-proof); **Druckfehler** M misprint; **Druckknopf** M press stud (BRIT), snap fastener; **Druckkopf** M printhead; **Druckluft** F compressed air; **Druckmittel** NT leverage; **druckreif** ADJ ready for printing, passed for press; (*fig*) polished; **Drucksache** F printed matter; **Druckschrift** F block letters *pl*; (*gedrucktes Werk*) pamphlet; **Drucktaste** F push button; **Druckwelle** F shock wave

drum [drʊm] (*umg*) ADV around; **mit allem D~ und Dran** with all the bits and pieces *pl*; (*Mahlzeit*) with all the trimmings *pl*

Drumherum NT trappings *pl*

drunten ['drʊntən] ADV below, down there

Drüse ['dry:zə] (**-, -n**) F gland

Dschungel ['dʒʊŋəl] (**-s, -**) M jungle

DSD NT ABK (= *Duales System Deutschland*) *German waste collection and recycling service*

dt. ABK = **deutsch**

DTP (-) NT ABK (= *Desktop-Publishing*) DTP

Dtzd. ABK (= *Dutzend*) doz.

du [du:] PRON you; **mit jdm per du sein** to be on familiar terms with sb; **Du** NT: **jdm das Du anbieten** to suggest that sb uses "du", to suggest that sb uses the familiar form of address

Duale Ausbildung F *see note*

> **Duale Ausbildung** (dual apprenticeship) refers to a type of training that combines academic study with practical work and in which the apprentice gets to benefit both from learning the theory of the subject at a technical college and from on-the-job training. This is very popular in Germany where it is a highly regarded training system.

Dübel ['dy:bəl] (**-s, -**) M plug; (*Holzdübel*) dowel

dübeln ['dy:bəln] VT, VI to plug

Dublin ['dablɪn] NT Dublin

ducken ['dʊkən] VT (*Kopf*) to duck; (*fig*) to take down a peg or two ▶ VR to duck

Duckmäuser ['dʊkmɔʏzər] (**-s, -**) M yes-man

Dudelsack ['du:dəlzak] M bagpipes *pl*

Duell [du'ɛl] (**-s, -e**) NT duel

Duett [du'ɛt] (**-(e)s, -e**) NT duet

★**Duft** [dʊft] (**-(e)s, Düfte**) M scent, odour (BRIT), odor (US); ★**duften** VI to be fragrant; **es duftet nach ...** it smells of ...

duftig ADJ (*Stoff, Kleid*) delicate, diaphanous; (*Muster*) fine

Duftnote F (*von Parfüm*) scent

dulden ['dʊldən] VT to suffer; (*zulassen*) to tolerate ▶ VI to suffer

duldsam ADJ tolerant

★**dumm** [dʊm] ADJ stupid; **das wird mir zu ~** that's just too much; **der Dumme sein** to be the loser; **der dumme August** (*umg*) the clown; **du willst mich wohl für ~ verkaufen** you must think I'm stupid; **sich ~ und dämlich reden** (*umg*) to talk till one is blue in the face; **so etwas Dummes** how stupid; (*ärgerlich*) what a nuisance; **dummdreist** ADJ impudent

dummerweise ADV stupidly

Dummheit F stupidity; (*Tat*) blunder, stupid mistake

Dummkopf M blockhead

dumpf [dʊmpf] ADJ (*Ton*) hollow, dull; (*Luft*) close; (*Erinnerung, Schmerz*) vague; **Dumpfheit** F hollowness, dullness; (*von Luft*) closeness; (*von Erinnerung*) vagueness

dumpfig ADJ musty

Dumpingpreis ['dampɪŋpraɪs] M give-away price

Düne ['dy:nə] (**-, -n**) F dune

Dung [dʊŋ] (**-(e)s**) M manure

düngen ['dʏŋən] VT to fertilize

Dünger (**-s, -**) M fertilizer; (*Dung*) manure

★**dunkel** ['dʊŋkəl] ADJ dark; (*Stimme*) deep; (*Ahnung*) vague; (*rätselhaft*) obscure; (*verdächtig*) dubious, shady; **im Dunkeln tappen** (*fig*) to grope in the dark

★**Dünkel** ['dʏŋkəl] (**-s**) M self-conceit; **dünkelhaft** ADJ conceited

Dunkelheit F darkness; (*fig*) obscurity; **bei Einbruch der ~** at nightfall

Dunkelkammer F (*Phot*) dark room

dunkeln VI UNPERS to grow dark

Dunkelziffer F estimated number of unnotified cases

★**dünn** [dʏn] ADJ thin ▶ ADV: **~ gesät** scarce; **Dünndarm** M small intestine; **dünnflüssig** ADJ watery, thin; **Dünnheit** F thinness; **Dünnschiss** (*umg*) M the runs

Dunst [dʊnst] (**-es, Dünste**) M vapour (BRIT), vapor (US); (*Wetter*) haze; **Dunstabzugshaube** F extractor hood

dünsten ['dʏnstən] VT to steam

Dunstglocke F haze; (*Smog*) pall of smog

dunstig ['dʊnstɪç] ADJ vaporous; (*Wetter*) hazy, misty

düpieren [dy'pi:rən] VT to dupe
Duplikat [dupli'ka:t] (**-(e)s, -e**) NT duplicate
Dur [du:r] (**-, -**) NT (*Mus*) major

durch [dʊrç]

PRÄP *+akk* **1** (*hindurch*) through; **durch den Urwald** through the jungle; **durch die ganze Welt reisen** to travel all over the world
2 (*mittels*) through, by (means of); (*aufgrund*) due to, owing to; **Tod durch Herzschlag/den Strang** death from a heart attack/by hanging; **durch die Post** by post; **durch seine Bemühungen** through his efforts
▶ ADJ **1** (*hindurch*) through; **die ganze Nacht durch** all through the night; **den Sommer durch** during the summer; **8 Uhr durch** past 8 o'clock; **durch und durch** completely; **das geht mir durch und durch** that goes right through me
2 (*Koch*: *umg*: *durchgebraten*) done; **(gut) durch** well-done

durch|arbeiten VT, VI to work through ▶ VR: **sich durch etw ~** to work one's way through sth
durch|atmen VI to breathe deeply
durchaus [dʊrç'aʊs] ADV completely; (*unbedingt*) definitely; **~ nicht** (*in verneinten Sätzen*: *als Verstärkung*) by no means; (: *als Antwort*) not at all; **das lässt sich ~ machen** that sounds feasible; **ich bin ~ Ihrer Meinung** I quite *od* absolutely agree with you
durch|beißen *unreg* VT to bite through ▶ VR (*fig*) to battle on
durch|blättern VT to leaf through
Durchblick ['dʊrçblɪk] M view; (*fig*) comprehension; **den ~ haben** (*fig*: *umg*) to know what's what
durch|blicken VI to look through; (*umg*: *verstehen*): **(bei etw) ~** to understand (sth); **etw ~ lassen** (*fig*) to hint at sth
Durchblutung [dʊrç'blu:tʊŋ] F circulation (of blood)
durchbohren VT UNTR to bore through, to pierce
durch|boxen ['dʊrçbɔksən] VR (*fig*: *umg*): **sich (durch etw) ~** to fight one's way through (sth)
durch|brechen[1] ['dʊrçbrɛçən] *unreg* VT, VI to break
durchbrechen[2] [dʊrç'brɛçən] *unreg* VT UNTR (*Schranken*) to break through
durch|brennen *unreg* VI (*Draht, Sicherung*) to burn through; (*umg*) to run away
durch|bringen *unreg* VT to get through; (*Geld*) to squander ▶ VR to make a living
Durchbruch ['dʊrçbrʊx] M (*Öffnung*) opening; (*Mil*) breach; (*von Gefühlen etc*) eruption; (*der Zähne*) cutting; (*fig*) breakthrough; **zum ~ kommen** to break through
durchdacht [dʊrç'daxt] ADJ well thought-out
durchdenken *unreg* VT UNTR to think out

durch- ZW: **durch|diskutieren** VT to talk over, to discuss; **durch|drängen** VR to force one's way through; **durch|drehen** VT (*Fleisch*) to mince ▶ VI (*umg*) to crack up
durch|dringen[1] ['dʊrçdrɪŋən] *unreg* VI to penetrate, to get through
durchdringen[2] [dʊrç'drɪŋən] *unreg* VT UNTR to penetrate
durchdringend ADJ piercing; (*Kälte, Wind*) biting; (*Geruch*) pungent
durch|drücken ['dʊrçdrʏkən] VT (*durch Presse*) to press through; (*Creme, Teig*) to pipe; (*fig*: *Gesetz, Reformen etc*) to push through; (*seinen Willen*) to get; (*Knie, Kreuz etc*) to straighten
durcheinander [dʊrç|aɪ'nandər] ADV in a mess, in confusion; (*verwirrt*) confused; **Durcheinander** (**-s**) NT (*Verwirrung*) confusion; (*Unordnung*) mess; **durcheinander|bringen** VT to mess up; (*verwirren*) to confuse; **durcheinander|reden** VI to talk at the same time; **durcheinander|trinken** VI to mix one's drinks; **durcheinander|werfen** VT to muddle up
durch- ZW: **durch|fahren** *unreg* VI: **er ist bei Rot durchgefahren** he jumped the lights ▶ VT: **die Nacht ~** to travel through the night; ⋆ **Durchfahrt** F transit; (*Verkehr*) thoroughfare; **~ bitte freihalten!** please keep access free; **~ verboten!** no through road; ⋆ **Durchfall** M (*Med*) diarrhoea (BRIT), diarrhea (US); ⋆ **durch|fallen** *unreg* VI to fall through; (*in Prüfung*) to fail; **durch|finden** *unreg* VR to find one's way through; **durch|fliegen** *unreg* (*umg*) VI (*in Prüfung*): **(durch etw** *od* **in etw** *dat***) ~** to fail (sth); **Durchflug** M: **Passagiere auf dem ~** transit passengers
durchforschen VT UNTR to explore
durchforsten [dʊrç'fɔrstən] VT UNTR (*fig*: *Akten etc*) to go through
durch|fragen VR to find one's way by asking
durch|fressen *unreg* VR to eat one's way through
durchführbar ADJ feasible, practicable
durch|führen ['dʊrçfy:rən] VT to carry out; (*Gesetz*) to implement; (*Kursus*) to run
Durchführung F execution, performance
⋆ **Durchgang** ['dʊrçgaŋ] M passage(way); (*bei Produktion, Versuch*) run; (*Sport*) round; (*bei Wahl*) ballot; **~ verboten** no thoroughfare
durchgängig ['dʊrçgɛŋɪç] ADJ universal, general
Durchgangs- ZW: **Durchgangshandel** M transit trade; **Durchgangslager** NT transit camp; **Durchgangsstadium** NT transitory stage; **Durchgangsverkehr** M through traffic
durch|geben ['dʊrçge:bən] *unreg* VT (*Rundf, TV*: *Hinweis, Wetter*) to give; (*Lottozahlen*) to announce
durchgefroren ['dʊrçgəfro:rən] ADJ (*See*) completely frozen; (*Mensch*) frozen stiff
durch|gehen ['dʊrçge:ən] *unreg* VT (*behandeln*) to go over *od* through ▶ VI to go through; (*ausreißen*: *Pferd*) to break loose; (*Mensch*) to run away; **mein Temperament ging mit mir durch** my

temper got the better of me; **jdm etw ~ lassen** to let sb get away with sth

durchgehend ADJ (*Zug*) through; (*Öffnungszeiten*) continuous

durchgeschwitzt [ˈdʊrçgəʃvɪtst] ADJ soaked in sweat

durch- zW: **durch|greifen** *unreg* VI to take strong action; **durch|halten** *unreg* VI to last out ▶ VT to keep up; **Durchhaltevermögen** NT staying power; **durch|hängen** *unreg* VI (*lit, fig*) to sag; **durch|hecheln** (*umg*) VT to gossip about; **durch|kommen** *unreg* VI to get through; (*überleben*) to pull through

durchkreuzen VT UNTR to thwart, to frustrate

durch|lassen *unreg* VT (*Person*) to let through; (*Wasser*) to let in

durchlässig ADJ leaky

Durchlaucht [ˈdʊrçlaʊxt] (**-, -en**) F: **(Euer) ~** Your Highness

Durchlauf [ˈdʊrçlaʊf] M (*Comput*) run

durchlaufen *unreg* VT UNTR (*Schule, Phase*) to go through

Durchlauferhitzer (**-s, -**) M continuous-flow water heater

Durchlaufzeit F (*Comput*) length of the run

durch- zW: **durchleben** VT UNTR (*Zeit*) to live *od* go through; (*Jugend, Gefühl*) to experience; **durch|lesen** *unreg* VT to read through; **durchleuchten** VT UNTR to X-ray; **durchlöchern** VT UNTR to perforate; (*mit Löchern*) to punch holes in; (*mit Kugeln*) to riddle; **durch|machen** VT to go through; **die Nacht ~** to make a night of it

Durchmarsch M march through

Durchmesser (**-s, -**) M diameter

durchnässen VT UNTR to soak (through)

durch- zW: **durch|nehmen** *unreg* VT to go over; **durch|nummerieren** VT to number consecutively; **durch|organisieren** VT to organize down to the last detail; **durch|pausen** VT to trace; **durch|peitschen** VT (*lit*) to whip soundly; (*fig: Gesetzentwurf, Reform*) to force through

durchqueren [dʊrçˈkveːrən] VT UNTR to cross

durch- zW: **durch|rechnen** VT to calculate; **durch|regnen** VI UNPERS: **es regnet durchs Dach durch** the rain is coming through the roof; **Durchreiche** (**-, -n**) F (serving) hatch, pass-through (*US*); **Durchreise** F transit; **auf der ~** passing through; (*Güter*) in transit; **Durchreisevisum** NT transit visa; **durch|ringen** *unreg* VR to make up one's mind finally; **durch|rosten** VI to rust through; **durch|rutschen** VI: **(durch etw) ~** (*lit*) to slip through (sth); (*bei Prüfung*) to scrape through (sth)

durchs [dʊrçs] = **durch das**

Durchsage [ˈdʊrçzaːgə] F intercom *od* radio announcement

Durchsatz [ˈdʊrçzats] M (*Produktion, Comput*) throughput

durch|schauen¹ [ˈdʊrçʃaʊən] VT, VI (*lit*) to look *od* see through

durchschauen² [dʊrçˈʃaʊən] VT UNTR (*Person, Lüge*) to see through

durch|scheinen [ˈdʊrçʃaɪnən] *unreg* VI to shine through

durchscheinend ADJ translucent

durch|schlafen [ˈdʊrçʃlaːfən] *unreg* VI to sleep through

Durchschlag [ˈdʊrçʃlaːk] M (*Doppel*) carbon copy; (*Sieb*) strainer

durch|schlagen *unreg* VT (*entzweischlagen*) to split (in two); (*sieben*) to sieve ▶ VI (*zum Vorschein kommen*) to emerge, to come out ▶ VR to get by

durchschlagend ADJ resounding; **(eine) durchschlagende Wirkung haben** to be totally effective

Durchschlagpapier NT flimsy; (*Kohlepapier*) carbon paper

Durchschlagskraft F (*von Geschoss*) penetration; (*fig: von Argument*) decisiveness

durch- zW: **durch|schlängeln** VR (*durch etw: Mensch*) to thread one's way through; **durch|schlüpfen** VI to slip through; **durch|schneiden** *unreg* VT to cut through

Durchschnitt [ˈdʊrçʃnɪt] M (*Mittelwert*) average; **über/unter dem ~** above/below average; **im ~** on average; **durchschnittlich** ADJ average ▶ ADV on average; **~ begabt/groß** *etc* of average ability/height *etc*

Durchschnitts- zW: **Durchschnittsgeschwindigkeit** F average speed; **Durchschnittsmensch** M average man, man in the street; **Durchschnittswert** M average

durch- zW: **Durchschrift** F copy; **Durchschuss** M (*Loch*) bullet hole; **durchschwimmen** *unreg* VT UNTR to swim across; **durch|segeln** (*umg*) VI (*nicht bestehen*): **durch** *od* **bei etw ~** to fail *od* flunk (*umg*) (sth); **durch|sehen** *unreg* VT to look through

durch|setzen¹ [ˈdʊrçzɛtsən] VT to enforce ▶ VR (*Erfolg haben*) to succeed; (*sich behaupten*) to get one's way; **seinen Kopf ~** to get one's own way

durchsetzen² [dʊrçˈzɛtsən] VT UNTR to mix

Durchsicht [ˈdʊrçzɪçt] F looking through, checking

durchsichtig ADJ transparent; **Durchsichtigkeit** F transparency

durch- zW: **durch|sickern** VI to seep through; (*fig*) to leak out; **durch|sieben** VT to sieve; **durch|sitzen** *unreg* VT (*Sessel etc*) to wear out (the seat of); **durch|spielen** VT to go *od* run through; **durch|sprechen** *unreg* VT to talk over; **durch|stehen** *unreg* VT to live through; **Durchstehvermögen** NT endurance, staying power; **durch|stellen** VT (*Tel*) to put through; **durchstöbern** [-ˈʃtøːbərn] VT UNTR to ransack, to search through; **durch|stoßen** *unreg* VT, VI to break through (*auch Mil*); **durch|streichen** *unreg* VT to cross out; **durch|stylen** VT to ponce up (*umg*); **durchsuchen** VT UNTR to search; **Durchsuchung** F search; **Durchsuchungsbefehl** M search warrant; **durch|trainieren** VT (*Sportler, Körper*): **gut durchtrainiert** in superb condition; **durchtränken** VT UNTR to soak;

durch|treten *unreg* VT (*Pedal*) to step on; (*Starter*) to kick; **durchtrieben** ADJ cunning, wily; **durchwachsen** ADJ (*lit: Speck*) streaky; (*fig: mittelmäßig*) so-so

Durchwahl [ˈdʊrçva:l] F (*Tel*) direct dialling; (*bei Firma*) extension

durch- zW: **durchweg** ADV throughout, completely; **durch|wursteln** (*umg*) VR to muddle through; **durch|zählen** VT to count ▶ VI to count *od* number off; **durchzechen** VT UNTR: **eine durchzechte Nacht** a night of drinking; **durch|ziehen** *unreg* VT (*Faden*) to draw through ▶ VI to pass through; **eine Sache ~** to finish off sth; **durchzucken** VT UNTR to shoot *od* flash through; **Durchzug** M (*Luft*) draught (BRIT), draft (US); (*von Truppen, Vögeln*) passage; **durch|zwängen** VT, VR to squeeze *od* force through

dürfen [ˈdʏrfən]

unreg VI **1** (*Erlaubnis haben*) to be allowed to; **ich darf das** I'm allowed to (do that); **darf ich?** may I?; **darf ich ins Kino?** can *od* may I go to the cinema?; **es darf geraucht werden** you may smoke

2 (*in Verneinungen*): **er darf das nicht** he's not allowed to (do that); **das darf nicht geschehen** that must not happen; **da darf sie sich nicht wundern** that shouldn't surprise her; **das darf doch nicht wahr sein!** that can't be true!

3 (*in Höflichkeitsformeln*): **darf ich Sie bitten, das zu tun?** may *od* could I ask you to do that?; **wir freuen uns, Ihnen mitteilen zu dürfen** we are pleased to be able to tell you; **was darf es sein?** what can I get for you?

4 (*können*): **das dürfen Sie mir glauben** you can believe me

5 (*Möglichkeit*): **das dürfte genug sein** that should be enough; **es dürfte Ihnen bekannt sein, dass ...** as you will probably know ...

durfte *etc* [ˈdʊrftə] VB *siehe* **dürfen**

dürftig [ˈdʏrftɪç] ADJ (*ärmlich*) needy, poor; (*unzulänglich*) inadequate

dürr [dʏr] ADJ dried-up; (*Land*) arid; (*mager*) skinny

Dürre (-, -n) F aridity; (*Zeit*) drought

★**Durst** [dʊrst] (-(e)s) M thirst; **~ haben** to be thirsty; **einen über den ~ getrunken haben** (*umg*) to have had one too many

★**durstig** ADJ thirsty

Durststrecke F hard times *pl*

★**Dusche** [ˈdʊʃə] (-, -n) F shower; **das war eine kalte ~** (*fig*) that really brought him/her *etc* down with a bump

★**duschen** VI, VR to have a shower

Duschgel NT shower gel

Duschgelegenheit F shower facilities *pl*

Düse [ˈdy:zə] (-, -n) F nozzle; (*Flugzeugdüse*) jet

Dusel [ˈdu:zəl] (*umg*) M: **da hat er (einen) ~ gehabt** he was lucky

Düsen- zW: **Düsenantrieb** M jet propulsion; **Düsenflugzeug** NT jet (plane); **Düsenjäger** M jet fighter

Dussel [ˈdʊsəl] (-s, -) (*umg*) M twit, berk

Düsseldorf [ˈdʏsəldɔrf] NT Dusseldorf

dusselig [ˈdʊsəlɪç], **dusslig** [ˈdʊslɪç] (*umg*) ADJ stupid

düster [ˈdy:stər] ADJ dark; (*Gedanken, Zukunft*) gloomy; **Düsterkeit** F darkness, gloom; (*von Gedanken*) gloominess

★**Dutzend** [ˈdʊtsənt] (-s, -e) NT dozen; **~(e) Mal** a dozen times; **Dutzendware** (*pej*) F (cheap) mass-produced item; **dutzendweise** ADV by the dozen

★**duzen** [ˈdu:tsən] VT *to address with the familiar "du" form* ▶ VR *to address each other with the familiar "du" form; see note*

duzen/siezen VT *see note*

There are two different forms of address in German: *du* and *Sie*. **Duzen** means to address someone as *du* and **siezen** to address someone as *Sie*. *Du* is used to address children, family and close friends, while *Sie* is used to address adults, usually in official situations or when they don't know each other well. People often end up calling each other *du*, usually on the suggestion of the older person.

Duzfreund M good friend

DVD (-, -s) F ABK (= *Digital Versatile Disc*) DVD

Dynamik [dyˈna:mɪk] F (*Phys*) dynamics; (*fig: Schwung*) momentum; (*von Mensch*) dynamism

dynamisch [dyˈna:mɪʃ] ADJ (*lit, fig*) dynamic; (*rentendynamisch*) index-linked

Dynamit [dynaˈmi:t] (-s) NT dynamite

Dynamo [dyˈna:mo] (-s, -s) M dynamo

★**D-Zug** [ˈde:tsu:k] M through train; **ein alter Mann ist doch kein ~** (*umg*) I am going as fast as I can

Ee

E¹, e [e:] NT E, e; **E wie Emil** ≈ E for Edward, ≈ E for Easy (*US*)

E² [e:] ABK = **Europastraße**

Ebbe [ˈɛbə] (-, -n) F low tide; **~ und Flut** ebb and flow

eben [ˈe:bən] ADJ level; (*glatt*) smooth ▶ ADV just; (*bestätigend*) exactly; **das ist ~ so** that's just the way it is; **mein Bleistift war doch ~ noch da** my pencil was there (just) a minute ago; **~ deswegen** just because of that

Ebenbild NT: **das genaue ~ seines Vaters** the spitting image of his father

ebenbürtig ADJ: **jdm ~ sein** to be sb's peer

Ebene (-, -n) F plain; (*Math, Phys*) plane; (*fig*) level

eben- ZW: **ebenerdig** ADJ at ground level; **ebenfalls** ADV likewise; **Ebenheit** F levelness; (*Glätte*) smoothness; **Ebenholz** NT ebony; ★ **ebenso** ADV just as; **~ gut** just as well; **~ oft** just as often; **~ viel** just as much; **~ weit** just as far; **~ wenig** just as little

Eber [ˈe:bər] (-s, -) M boar

Eberesche F mountain ash, rowan

ebnen [ˈe:bnən] VT to level; **jdm den Weg ~** (*fig*) to smooth the way for sb

E-Book [ˈi:bʊk] (-s, -s) NT e-book

E-Book-Reader [ˈi:bʊkˈri:dər] M e-reader

EC NT ABK (= *Eurocityzug*) *European express train*

Echo [ˈɛço] (-s, -s) NT echo; **(bei jdm) ein lebhaftes ~ finden** (*fig*) to meet with a lively response (from sb)

Echolot [ˈɛçolo:t] NT (*Naut*) echo-sounder, sonar

Echse [ˈɛksə] (-, -n) F (*Zool*) lizard

echt [ɛçt] ADJ genuine; (*typisch*) typical; **ich hab ~ keine Zeit** (*umg*) I really don't have any time; **Echtheit** F genuineness

Eckball [ˈɛkbal] M corner (kick)

Ecke [ˈɛkə] (-, -n) F corner; (*Math*) angle; **gleich um die ~** just around the corner; **an allen Ecken und Enden sparen** (*umg*) to pinch and scrape; **jdn um die ~ bringen** (*umg*) to bump sb off; **mit jdm um ein paar Ecken herum verwandt sein** (*umg*) to be distantly related to sb, to be sb's second cousin twice removed (*hum*)

eckig ADJ angular

Eckzahn M eye tooth

Eckzins M (*Fin*) minimum lending rate

Ecstasy [ˈɛkstəsɪ] NT (*Droge*) ecstasy

Ecuador [ekuaˈdo:r] (-s) NT Ecuador

edel [ˈe:dəl] ADJ noble; **Edelganove** M gentleman criminal; **Edelgas** NT rare gas; **Edelmetall** NT rare metal; **Edelstein** M precious stone

Edinburg, Edinburgh [ˈe:dɪnbʊrk] NT Edinburgh

EDV (-) F ABK (= *elektronische Datenverarbeitung*) EDP

EEG (-) NT ABK (= *Elektroenzephalogramm*) EEG

Efeu [ˈe:fɔʏ] (-s) M ivy

Effeff [ɛfˈ|ɛf] (-) (*umg*) NT: **etw aus dem ~ können** to be able to do sth standing on one's head

Effekt [ɛˈfɛkt] (-(e)s, -e) M effect

Effekten [ɛˈfɛktən] PL stocks *pl*; **Effektenbörse** F Stock Exchange

Effekthascherei [ɛfɛkthaʃəˈraɪ] F sensationalism

effektiv [ɛfɛkˈti:f] ADJ effective, actual

Effet [ɛˈfe:] (-s) M spin

EG (-) F ABK (*Hist*: = *Europäische Gemeinschaft*) EC

★ **egal** [eˈga:l] ADJ all the same; **das ist mir ganz ~** it's all the same to me

egalitär [egaliˈtɛ:r] ADJ (*geh*) egalitarian

Egge [ˈɛgə] (-, -n) F (*Agr*) harrow

Egoismus [egoˈɪsmʊs] M selfishness, egoism

Egoist(in) M(F) egoist; **egoistisch** ADJ selfish, egoistic

egozentrisch [egoˈtsɛntrɪʃ] ADJ egocentric, self-centred (*BRIT*), self-centered (*US*)

eh [e:] ADV: **seit eh und je** for ages, since the year dot (*umg*); **ich komme eh nicht dazu** I won't get around to it anyway

e. h. ABK = **ehrenhalber**

★ **ehe** KONJ before

★ **Ehe** [ˈe:ə] (-, -n) F marriage; **die ~ eingehen** (*form*) to enter into matrimony; **sie leben in wilder ~** (*veraltet*) they are living in sin; **Ehebrecher** (-s, -) M adulterer; **Ehebrecherin** F adulteress; **Ehebruch** M adultery; ★ **Ehefrau** F wife; **Eheleute** PL married couple *pl*; **ehelich** ADJ matrimonial; (*Kind*) legitimate

★ **ehemalig** ADJ former

ehemals ADV formerly

Ehe- ZW: ★ **Ehemann** M married man; (*Partner*) husband; ★ **Ehepaar** NT married couple; **Ehepartner** M husband; **Ehepartnerin** F wife

eher [ˈeːər] ADV (*früher*) sooner; (*lieber*) rather, sooner; (*mehr*) more; **nicht ~ als** not before; **umso ~, als** the more so because

Ehe- zW: **Ehering** M wedding ring; **Ehescheidung** F divorce; **Eheschließung** F marriage; **Ehestand** M: **in den ~ treten** (*form*) to enter into matrimony

eheste(r, s) [ˈeːəstə(r, s)] ADJ (*früheste*) first, earliest; **am ehesten** (*am liebsten*) soonest; (*meist*) most; (*am wahrscheinlichsten*) most probably

Ehevermittlung F (*Büro*) marriage bureau

Eheversprechen NT (*Jur*) promise to marry

ehrbar [ˈeːrbaːr] ADJ honourable (BRIT), honorable (US), respectable

Ehre (-, -n) F honour (BRIT), honor (US); **etw in Ehren halten** to treasure *od* cherish sth

ehren VT to honour (BRIT), to honor (US)

Ehren- zW: **ehrenamtlich** ADJ honorary; **Ehrenbürgerrecht** NT: **die Stadt verlieh ihr das ~** she was given the freedom of the city; **Ehrengast** M guest of honour (BRIT) *od* honor (US); **ehrenhaft** ADJ honourable (BRIT), honorable (US); **ehrenhalber** ADV: **er wurde ~ zum Vorsitzenden auf Lebenszeit ernannt** he was made honorary president for life; **Ehrenmann** M man of honour (BRIT) *od* honor (US); **Ehrenmitglied** NT honorary member; **Ehrenplatz** M place of honour (BRIT) *od* honor (US); **Ehrenrechte** PL civic rights *pl*; **ehrenrührig** ADJ defamatory; **Ehrenrunde** F lap of honour (BRIT) *od* honor (US); **Ehrensache** F point of honour (BRIT) *od* honor (US); **~!** (*umg*) you can count on me; **Ehrentag** M (*Geburtstag*) birthday; (*großer Tag*) big day; **ehrenvoll** ADJ honourable (BRIT), honorable (US); **Ehrenwort** NT word of honour (BRIT) *od* honor (US); **ich gebe dir mein ~** I give you my word

Ehr- zW: **ehrerbietig** ADJ respectful; **Ehrfurcht** F awe, deep respect; **~ gebietend** awesome; (*Stimme*) authoritative; **Ehrgefühl** NT sense of honour (BRIT) *od* honor (US); **Ehrgeiz** M ambition; **ehrgeizig** ADJ ambitious; ★ **ehrlich** ADJ honest; **~ verdientes Geld** hard-earned money; **~ gesagt ...** quite frankly *od* honestly ...; **Ehrlichkeit** F honesty; **ehrlos** ADJ dishonourable (BRIT), dishonorable (US)

Ehrung F honour(ing) (BRIT), honor(ing) (US)

ehrwürdig ADJ venerable

★ **ei** INTERJ well, well; (*beschwichtigend*) now, now

★ **Ei** [aɪ] (-(e)s, -er) NT egg ▪ **Eier** PL (*umg!*: *Hoden*) balls *pl* (*umg!*); **jdn wie ein rohes Ei behandeln** (*fig*) to handle sb with kid gloves; **wie aus dem Ei gepellt aussehen** (*umg*) to look spruce

Eibe [ˈaɪbə] (-, -n) F (*Bot*) yew

Eichamt [ˈaɪç|amt] NT (BRIT) ≈ National Measurement and Regulation Office

Eiche [ˈaɪçə] (-, -n) F oak (tree)

Eichel [ˈaɪçəl] (-, -n) F acorn; (*Karten*) club; (*Anat*) glans

eichen [ˈaɪçən] VT to calibrate

Eichhörnchen NT squirrel

Eichmaß NT standard

Eichung F standardization

Eid [ˈaɪt] (-(e)s, -e) M oath; **eine Erklärung an Eides statt abgeben** (*Jur*) to make a solemn declaration

Eidechse [ˈaɪdɛksə] (-, -n) F lizard

eidesstattlich [ˈiːbʊkˈriːdər] ADJ: **eidesstattliche Erklärung** affidavit

Eid- zW: **Eidgenosse** M Swiss; **Eidgenossenschaft** F: **Schweizerische ~** Swiss Confederation; **eidlich** ADJ (sworn) upon oath

Eidotter NT egg yolk

Eier- zW: **Eierbecher** M egg cup; **Eierkuchen** M pancake; (*Omelett*) omelette (BRIT), omelet (US); **Eierlikör** M advocaat

eiern [ˈaɪərn] (*umg*) VI to wobble

Eier- zW: **Eierschale** F eggshell; **Eierstock** M ovary; **Eieruhr** F egg timer

Eifel [ˈaɪfəl] (-) F Eifel (Mountains)

Eifer [ˈaɪfər] (-s) M zeal, enthusiasm; **mit großem ~ bei der Sache sein** to put one's heart into it; **im ~ des Gefechts** (*fig*) in the heat of the moment; **Eifersucht** F jealousy; ★ **eifersüchtig** ADJ: **~ (auf** *+akk***)** jealous (of)

eifrig [ˈaɪfrɪç] ADJ zealous, enthusiastic

Eigelb [ˈaɪgɛlp] (-(e)s, -e *od* -) NT egg yolk

★ **eigen** [ˈaɪgən] ADJ own; (*eigenartig*) peculiar; (*ordentlich*) particular; (*übergenau*) fussy; **ich möchte kurz in eigener Sache sprechen** I would like to say something on my own account; **mit dem ihm eigenen Lächeln** with that smile peculiar to him; **sich** *dat* **etw zu ~ machen** to make sth one's own; **Eigenart** F (*Besonderheit*) peculiarity; (*Eigenschaft*) characteristic; **eigenartig** ADJ peculiar; **Eigenbau** M: **er fährt ein Fahrrad Marke ~** (*hum*: *umg*) he rides a home-made bike; **Eigenbedarf** M one's own requirements *pl*; **Eigenbrötler(in)** (-s, -) M(F) loner, lone wolf; (*komischer Kauz*) oddball (*umg*); **Eigengewicht** NT dead weight; **eigenhändig** ADJ with one's own hand; **Eigenheim** NT owner-occupied house; **Eigenheit** F peculiarity; **Eigeninitiative** F initiative of one's own; **Eigenkapital** NT personal capital; (*von Firma*) company capital; **Eigenlob** NT self-praise; **eigenmächtig** ADJ high-handed; (*eigenverantwortlich*) taken/done *etc* on one's own authority; (*unbefugt*) unauthorized; **Eigenname** M proper name; **Eigennutz** M self-interest

eigens ADV expressly, on purpose

eigen- zW: ★ **Eigenschaft** F quality; (*Chem, Phys*) property; (*Merkmal*) characteristic; **Eigenschaftswort** NT adjective; **Eigensinn** M obstinacy; **eigensinnig** ADJ obstinate; **eigenständig** ADJ independent; **Eigenständigkeit** F independence

★ **eigentlich** ADJ actual, real ▸ ADV actually, really; **was willst du ~ hier?** what do you want here anyway?

eigen- zW: **Eigentor** NT own goal; **Eigentum** NT property; **Eigentümer(in)** (-s, -) M(F) owner, proprietor; **eigentümlich** ADJ peculiar; **Eigentümlichkeit** F peculiarity

Eigentumsdelikt NT (*Jur*: *Diebstahl*) theft

Eigentumswohnung F freehold flat

Eigenvorsorge F private provision (*for retirement etc*)
eigenwillig ADJ with a mind of one's own
eignen ['aɪgnən] VR to be suited
Eignung F suitability
Eignungsprüfung F aptitude test
Eignungstest (-(e)s, -s *od* -e) M aptitude test
Eilbote M courier; **per** *od* **durch Eilboten** express
Eilbrief M express letter
Eile (-) F haste; **es hat keine ~** there's no hurry
Eileiter ['aɪlaɪtər] M (*Anat*) Fallopian tube
eilen VI (*Mensch*) to hurry; (*dringend sein*) to be urgent
eilends ADV hastily
Eilgut NT express goods *pl*, fast freight (*US*)
eilig ADJ hasty, hurried; (*dringlich*) urgent; **es ~ haben** to be in a hurry
Eil- ZW: **Eiltempo** NT: **etw im ~ machen** to do sth in a rush; **Eilzustellung** F special delivery
Eimer ['aɪmər] (-s, -) M bucket, pail; **im ~ sein** (*umg*) to be up the spout
ein(e) ['aɪn(ə)] NUM one ▶ INDEF ART a, an ▶ ADV: **nicht ~ noch aus wissen** not to know what to do; **E~/Aus** (*an Geräten*) on/off; **er ist ihr E~ und Alles** he means everything to her; **er geht bei uns ~ und aus** he is always round at our place
einander [aɪ'nandər] PRON one another, each other
ein|arbeiten ['aɪn|arbaɪtən] VR: **sich (in etw** *akk***) ~** to familiarize o.s. (with sth)
Einarbeitungszeit F training period
einarmig ['aɪn|armɪç] ADJ one-armed
ein|äschern ['aɪn|ɛʃərn] VT (*Leichnam*) to cremate; (*Stadt etc*) to reduce to ashes
ein|atmen ['aɪn|a:tmən] VT, VI to inhale, to breathe in
einäugig ['aɪn|ɔʏgɪç] ADJ one-eyed
Einbahnstraße ['aɪnba:nʃtrasə] F one-way street
Einband ['aɪnbant] M binding, cover
einbändig ['aɪnbɛndɪç] ADJ one-volume
ein|bauen ['aɪnbaʊən] VT to build in; (*Motor*) to install, to fit
Einbau- ZW: **Einbauküche** F (fully-)fitted kitchen; **Einbaumöbel** PL built-in furniture *sing*; **Einbauschrank** M fitted cupboard
einbegriffen ['aɪnbəgrɪfən] ADJ included, inclusive
ein|behalten ['aɪnbəhaltən] *unreg* VT to keep back
ein|berufen *unreg* VT to convene; (*Mil*) to call up (BRIT), to draft (*US*)
Einberufung F convocation; (*Mil*) call-up (BRIT), draft (*US*)
Einberufungsbefehl M, **Einberufungsbescheid** M (*Mil*) call-up (BRIT) *od* draft (*US*) papers *pl*
ein|betten ['aɪnbɛtən] VT to embed
Einbettzimmer NT single room
ein|beziehen ['aɪnbətsi:ən] *unreg* VT to include
ein|biegen ['aɪnbi:gən] *unreg* VI to turn
ein|bilden ['aɪnbɪldən] VR: **sich** *dat* **etw ~** to imagine sth; **sich** *dat* **viel auf etw** *akk* **~** (*stolz sein*) to be conceited about sth
Einbildung F imagination; (*Dünkel*) conceit
Einbildungskraft F imagination
ein|binden ['aɪnbɪndən] *unreg* VT to bind (up)
ein|bläuen ['aɪnblɔʏən] (*umg*) VT: **jdm etw ~** to hammer sth into sb
ein|blenden ['aɪnblɛndən] VT to fade in
Einblick ['aɪnblɪk] M insight; **~ in die Akten nehmen** to examine the files; **jdm ~ in etw** *akk* **gewähren** to allow sb to look at sth
★**ein|brechen** ['aɪnbrɛçən] *unreg* VI (*einstürzen*) to fall in; (*Einbruch verüben*) to break in; **bei einbrechender Dunkelheit** at nightfall
★**Einbrecher(in)** (-s, -) M(F) burglar
ein|bringen ['aɪnbrɪŋən] *unreg* VT to bring in; (*Geld, Vorteil*) to yield; (*mitbringen*) to contribute; **das bringt nichts ein** (*fig*) it's not worth it
ein|brocken ['aɪnbrɔkən] (*umg*) VT: **jdm/sich etwas ~** to land sb/o.s. in it
Einbruch ['aɪnbrʊx] M (*Hauseinbruch*) break-in, burglary; (*des Winters*) onset; (*Einsturz, Fin*) collapse; (*Mil: in Front*) breakthrough; **bei ~ der Nacht** at nightfall
einbruchssicher ADJ burglar-proof
Einbuchtung ['aɪnbʊxtʊŋ] F indentation; (*Bucht*) inlet, bay
ein|bürgern ['aɪnbʏrgərn] VT to naturalize ▶ VR to become adopted; **das hat sich so eingebürgert** that's become a custom
Einbürgerung F naturalization
Einbuße ['aɪnbu:sə] F loss, forfeiture
ein|büßen ['aɪnby:sən] VT to lose, to forfeit
ein|checken ['aɪntʃɛkən] VT, VI to check in
ein|cremen ['aɪnkre:mən] VT to put cream on
ein|dämmen ['aɪndɛmən] VT (*Fluss*) to dam; (*fig*) to check, to contain
ein|decken ['aɪndɛkən] VR: **sich ~ (mit)** to lay in stocks (of) ▶ VT (*umg: überhäufen*): **mit Arbeit eingedeckt sein** to be inundated with work
eindeutig ['aɪndɔʏtɪç] ADJ unequivocal
ein|deutschen ['aɪndɔʏtʃən] VT (*Fremdwort*) to Germanize
ein|dösen ['aɪndø:zən] (*umg*) VI to doze off
ein|dringen ['aɪndrɪŋən] *unreg* VI: **~ (in +akk)** to force one's way in(to); (*in Haus*) to break in(to); (*in Land*) to invade; (*Gas, Wasser*) to penetrate; **auf jdn ~** (*mit Bitten*) to pester sb
eindringlich ADJ forcible, urgent; **ich habe ihn ~ gebeten ...** I urged him ...
Eindringling M intruder
★**Eindruck** ['aɪndrʊk] M impression
ein|drücken ['aɪndrʏkən] VT to press in
eindrucksfähig ADJ impressionable
eindrucksvoll ADJ impressive
★**eine(r, s)** PRON one; (*jemand*) someone; **wie kann einer nur so dumm sein!** how could any-

body be so stupid!; **es kam eines zum anderen** it was (just) one thing after another; **sich** *dat* **einen genehmigen** (*umg*) to have a quick one

ein|ebnen [ˈaɪn|eːbnən] VT (*lit*) to level (off); (*fig*) to level out

Einehe [ˈaɪn|eːə] F monogamy

eineiig [ˈaɪn|aɪɪç] ADJ (*Zwillinge*) identical

eineinhalb [ˈaɪn|aɪnˈhalp] NUM one and a half

ein|engen [ˈaɪn|ɛŋən] VT to confine, to restrict

Einer [ˈaɪnər] (-) M (*Math*) unit; (*Ruderboot*) single scull

einerlei [ˈaɪnərˈlaɪ] ADJ (*gleichartig*) the same kind of; **es ist mir ~** it is all the same to me; **Einerlei (-s)** NT monotony

einerseits [ˈaɪnərzaɪts] ADV on the one hand

★**einfach** [ˈaɪnfax] ADJ simple; (*nicht mehrfach*) single ▶ ADV simply; **Einfachheit** F simplicity

ein|fädeln [ˈaɪnfɛːdəln] VT (*Nadel*) to thread; (*fig*) to contrive

ein|fahren [ˈaɪnfaːrən] *unreg* VT to bring in; (*Barriere*) to knock down; (*Auto*) to run in ▶ VI to drive in; (*Zug*) to pull in; (*Min*) to go down

★**Einfahrt** F (*Vorgang*) driving in; (*von Zug*) pulling in; (*Min*) descent; (*Ort*) entrance; (*von Autobahn*) slip road (BRIT), entrance ramp (US)

Einfall [ˈaɪnfal] M (*Idee*) idea, notion; (*Lichteinfall*) incidence; (*Mil*) raid

ein|fallen *unreg* VI (*einstürzen*) to fall in, to collapse; (*Licht*) to fall; (*Mil*) to raid; (*einstimmen*): **~ (in** *+akk***)** to join in (with); **etw fällt jdm ein** sth occurs to sb; **das fällt mir gar nicht ein!** I wouldn't dream of it; **sich** *dat* **etwas ~ lassen** to have a good idea; **dabei fällt mir mein Onkel ein, der …** that reminds me of my uncle who …; **es fällt mir jetzt nicht ein** I can't think of it *od* it won't come to me at the moment; **was fällt Ihnen ein!** what do you think you're doing?

einfallslos ADJ unimaginative

einfallsreich ADJ imaginative

einfältig [ˈaɪnfɛltɪç] ADJ simple(-minded)

Einfaltspinsel [ˈaɪnfaltspɪnzəl] (*umg*) M simpleton

★**Einfamilienhaus** [aɪnfaˈmiːliənhaʊs] NT detached house

ein|fangen [ˈaɪnfaŋən] *unreg* VT to catch

einfarbig [ˈaɪnfarbɪç] ADJ all one colour (BRIT) *od* color (US); (*Stoff etc*) self-coloured (BRIT), self-colored (US)

ein|fassen [ˈaɪnfasən] VT (*Edelstein*) to set; (*Beet, Stoff*) to edge

Einfassung F setting; (*von Beet, Stoff*) border

ein|fetten [ˈaɪnfɛtən] VT to grease

ein|finden [ˈaɪnfɪndən] *unreg* VR to come, to turn up

ein|fliegen [ˈaɪnfliːgən] *unreg* VT to fly in

ein|fließen [ˈaɪnfliːsən] *unreg* VI to flow in

ein|flößen [ˈaɪnfløːsən] VT: **jdm etw ~** (*lit*) to give sb sth; (*fig*) to instil sth into sb

Einfluss [ˈaɪnflʊs] M influence; **~ nehmen** to bring an influence to bear; **Einflussbereich** M sphere of influence; **einflussreich** ADJ influential

ein|flüstern [ˈaɪnflʏstərn] VT: **jdm etw ~** to whisper sth to sb; (*fig*) to insinuate sth to sb

einförmig [ˈaɪnfœrmɪç] ADJ uniform; (*eintönig*) monotonous; **Einförmigkeit** F uniformity; (*Eintönigkeit*) monotony

ein|frieren [ˈaɪnfriːrən] *unreg* VI to freeze (in) ▶ VT to freeze; (*Pol: Beziehungen*) to suspend

ein|fügen [ˈaɪnfyːgən] VT to fit in; (*zusätzlich*) to add; (*Comput*) to insert

ein|fühlen [ˈaɪnfyːlən] VR: **sich in jdn ~** to empathize with sb

einfühlsam [ˈaɪnfyːlzaːm] ADJ sensitive

Einfühlungsvermögen NT empathy; **mit großem ~** with a great deal of sensitivity

Einfuhr [ˈaɪnfuːr] (-) F import; **Einfuhrartikel** M imported article

ein|führen [ˈaɪnfyːrən] VT to bring in; (*Mensch, Sitten*) to introduce; (*Ware*) to import; **jdn in sein Amt ~** to install sb (in office)

Einfuhr- ZW: **Einfuhrgenehmigung** F import permit; **Einfuhrkontingent** NT import quota; **Einfuhrsperre** F ban on imports; **Einfuhrstopp** M ban on imports

Einführung F introduction

Einführungspreis M introductory price

Einfuhrzoll M import duty

ein|füllen [ˈaɪnfʏlən] VT to pour in

Eingabe [ˈaɪngaːbə] F petition; (*Dateneingabe*) input; **~/Ausgabe** (*Comput*) input/output

★**Eingang** [ˈaɪngaŋ] M entrance; (*Comm: Ankunft*) arrival; (*Sendung*) post; **wir bestätigen den ~ Ihres Schreibens vom …** we acknowledge receipt of your letter of the …

eingängig [ˈaɪngɛŋɪç] ADJ catchy

eingangs ADV at the outset ▶ PRÄP *+gen* at the outset of

Eingangs- ZW: **Eingangsbestätigung** F acknowledgement of receipt; **Eingangshalle** F entrance hall; **Eingangsstempel** M (*Comm*) receipt stamp

ein|geben [ˈaɪngeːbən] *unreg* VT (*Arznei*) to give; (*Daten etc*) to enter; (*Gedanken*) to inspire

eingebettet [ˈaɪngəbɛtət] ADJ: **in** *od* **zwischen Hügeln ~** nestling among the hills

eingebildet [ˈaɪngəbɪldət] ADJ imaginary; (*eitel*) conceited; **eingebildeter Kranker** hypochondriac

Eingeborene(r) [ˈaɪngəboːrənə(r)] F(M) native

Eingebung F inspiration

eingedenk [ˈaɪngədɛŋk] PRÄP *+gen* bearing in mind

eingefahren [ˈaɪngəfaːrən] ADJ (*Verhaltensweise*) well-worn

eingefallen [ˈaɪngəfalən] ADJ (*Gesicht*) gaunt

eingefleischt [ˈaɪngəflaɪʃt] ADJ inveterate; **eingefleischter Junggeselle** confirmed bachelor

eingefroren [ˈaɪngəfroːrən] ADJ frozen

ein|gehen [ˈaɪngeːən] *unreg* VI (*Aufnahme finden*) to come in; (*Sendung, Geld*) to be received; (*Tier,*

Pflanze) to die; (*Firma*) to fold; (*schrumpfen*) to shrink ▶ VT (*abmachen*) to enter into; (*Wette*) to make; **auf etw** *akk* **~** to go into sth; **auf jdn ~** to respond to sb; **jdm ~** (*verständlich sein*) to be comprehensible to sb; **auf einen Vorschlag/Plan ~** (*zustimmen*) to go along with a suggestion/plan; **bei dieser Hitze/Kälte geht man ja ein!** (*umg*) this heat/cold is just too much!

eingehend ADJ in-depth, thorough

eingekeilt ['aɪngəkaɪlt] ADJ hemmed in; (*fig*) trapped

eingekesselt ['aɪngəkɛsəlt] ADJ: **~ sein** to be encircled *od* surrounded

Eingemachte(s) ['aɪngəma:xtə(s)] NT preserves *pl*

ein|gemeinden ['aɪngəmaɪndən] VT to incorporate

eingenommen ['aɪngənɔmən] ADJ: **~ (von)** fond (of), partial (to); **~ (gegen)** prejudiced (against)

eingeschnappt ['aɪngəʃnapt] (*umg*) ADJ cross; **~ sein** to be in a huff

eingeschrieben ['aɪngəʃri:bən] ADJ registered

eingeschworen ['aɪngəʃvo:rən] ADJ confirmed; (*Gemeinschaft*) close

eingesessen ['aɪngəzɛsən] ADJ old-established

eingespannt ['aɪngəʃpant] ADJ busy

eingespielt ['aɪngəʃpi:lt] ADJ: **aufeinander ~ sein** to be in tune with each other

Eingeständnis ['aɪngəʃtɛntnɪs] NT admission, confession

ein|gestehen ['aɪngəʃte:ən] *unreg* VT to confess

eingestellt ['aɪngəʃtɛlt] ADJ: **ich bin im Moment nicht auf Besuch ~** I'm not prepared for visitors

eingetragen ['aɪngətra:gən] ADJ (*Comm*) registered; **eingetragener Gesellschaftssitz** registered office; **eingetragenes Warenzeichen** registered trademark

Eingeweide ['aɪngəvaɪdə] (**-s, -**) NT innards *pl*, intestines *pl*

Eingeweihte(r) ['aɪngəvaɪtə(r)] F(M) initiate

ein|gewöhnen ['aɪngəvø:nən] VR: **sich ~ (in** *+dat***)** to settle down (in)

eingezahlt ['aɪngətsa:lt] ADJ: **eingezahltes Kapital** paid-up capital

ein|gießen ['aɪngi:sən] *unreg* VT to pour (out)

eingleisig ['aɪnglaɪzɪç] ADJ single-track; **er denkt sehr ~** (*fig*) he's completely single-minded

ein|gliedern ['aɪngli:dərn] VT: **~ (in** *+akk***)** to integrate (into) ▶ VR: **sich ~ (in** *+akk***)** to integrate o.s. (into)

ein|graben ['aɪngra:bən] *unreg* VT to dig in ▶ VR to dig o.s. in; **dieses Erlebnis hat sich seinem Gedächtnis eingegraben** this experience has engraved itself on his memory

ein|greifen ['aɪngraɪfən] *unreg* VI to intervene, to interfere; (*Zahnrad*) to mesh

Eingreiftruppe F (*Mil*) strike force

ein|grenzen ['aɪngrɛntsən] VT to enclose; (*fig: Problem*) to delimit

Eingriff ['aɪngrɪf] M intervention, interference; (*Operation*) operation

ein|haken ['aɪnha:kən] VT to hook in ▶ VR: **sich bei jdm ~** to link arms with sb ▶ VI (*umg: sich einmischen*) to intervene, to butt in

Einhalt ['aɪnhalt] M: **~ gebieten** *+dat* to put a stop to

ein|halten *unreg* VT (*Regel*) to keep ▶ VI to stop

ein|hämmern ['aɪnhɛmərn] VT: **jdm etw ~** (*fig*) to hammer sth into sb

ein|handeln ['aɪnhandəln] VT: **etw gegen** *od* **für etw ~** to trade sth for sth

einhändig ['aɪnhɛndɪç] ADJ one-handed

ein|händigen ['aɪnhɛndɪgən] VT to hand in

ein|hängen ['aɪnhɛŋən] VT to hang; (*Telefon: auch vi*) to hang up; **sich bei jdm ~** to link arms with sb

einheimisch ['aɪnhaɪmɪʃ] ADJ native

Einheimische(r) F(M) local

ein|heimsen (*umg*) VT to bring home

ein|heiraten ['aɪnhaɪra:tən] VI: **in einen Betrieb ~** to marry into a business

Einheit ['aɪnhaɪt] F unity; (*Maß, Mil*) unit; **eine geschlossene ~ bilden** to form an integrated whole; **einheitlich** ADJ uniform

Einheits- zW: **Einheitsfront** F (*Pol*) united front; **Einheitsliste** F (*Pol*) single *od* unified list of candidates; **Einheitspreis** M uniform price

ein|heizen ['aɪnhaɪtsən] VI: **jdm (tüchtig) ~** (*umg: die Meinung sagen*) to make things hot for sb

einhellig ['aɪnhɛlɪç] ADJ unanimous ▶ ADV unanimously

ein|holen ['aɪnho:lən] VT (*Tau*) to haul in; (*Fahne, Segel*) to lower; (*Vorsprung aufholen*) to catch up with; (*Verspätung*) to make up; (*Rat, Erlaubnis*) to ask ▶ VI (*einkaufen*) to buy, to shop

Einhorn ['aɪnhɔrn] NT unicorn

ein|hüllen ['aɪnhʏlən] VT to wrap up

einhundert ['aɪn'hʊndərt] NUM one hundred

einig ['aɪnɪç] ADJ (*vereint*) united; **sich** *dat* **~ sein** to be in agreement; **~ werden** to agree

★**einige(r, s)** ADJ, PRON some ▶ PL some; (*mehrere*) several; **mit Ausnahme einiger weniger** with a few exceptions; **vor einigen Tagen** the other day, a few days ago; **dazu ist noch einiges zu sagen** there are still one or two things to say about that; **~ Mal** a few times

einigen VT to unite ▶ VR: **sich (auf etw** *akk***) ~** to agree (on sth)

einigermaßen ADV somewhat; (*leidlich*) reasonably

einiges PRON *siehe* **einige**

einig|gehen *unreg* VI to agree

Einigkeit F unity; (*Übereinstimmung*) agreement

Einigung F agreement; (*Vereinigung*) unification

ein|impfen ['aɪn|ɪmpfən] VT: **jdm etw ~** to inoculate sb with sth; (*fig*) to impress sth upon sb

ein|jagen [ˈaɪnja:gən] VT: **jdm Furcht/einen Schrecken ~** to give sb a fright
einjährig [ˈaɪnjɛ:rɪç] ADJ of *od* for one year; (*Alter*) one-year-old; (*Pflanze*) annual
ein|kalkulieren [ˈaɪnkalkuli:rən] VT to take into account, to allow for
ein|kassieren [ˈaɪnkasi:rən] VT (*Geld, Schulden*) to collect
★**Einkauf** [ˈaɪnkaʊf] M purchase; (*Comm: Abteilung*) purchasing (department)
★**ein|kaufen** VT to buy ▸ VI to shop; **~ gehen** to go shopping
Einkäufer(in) [ˈaɪnkɔʏfər(ɪn)] M(F) (*Comm*) buyer
Einkaufs- ZW: ★**Einkaufsbummel** M: **einen ~ machen** to go on a shopping spree; **Einkaufskorb** M shopping basket; **Einkaufsleiter(in)** M(F) (*Comm*) chief buyer; **Einkaufsnetz** NT string bag; **Einkaufspreis** M cost price, wholesale price; **Einkaufstasche** F, **Einkaufstüte** F shopping bag; ★**Einkaufswagen** M trolley (BRIT), cart (US); ★**Einkaufszentrum** NT shopping centre (BRIT) *od* mall (US)
ein|kehren [ˈaɪnke:rən] VI (*geh: Ruhe, Frühling*) to come; **in einem Gasthof ~** to (make a) stop at an inn
ein|kerben [ˈaɪnkɛrbən] VT to notch
ein|klagen [ˈaɪnkla:gən] VT (*Schulden*) to sue for (the recovery of)
ein|klammern [ˈaɪnklamərn] VT to put in brackets, to bracket
Einklang [ˈaɪnklaŋ] M harmony
ein|kleiden [ˈaɪnklaɪdən] VT to clothe; (*fig*) to express
ein|klemmen [ˈaɪnklɛmən] VT to jam
ein|knicken [ˈaɪnknɪkən] VT to bend in; (*Papier*) to fold ▸ VI (*Knie*) to give way
ein|kochen [ˈaɪnkɔxən] VT to boil down; (*Obst*) to preserve, to bottle
Einkommen [ˈaɪnkɔmən] (**-s, -**) NT income
einkommensschwach ADJ low-income *attrib*
einkommensstark ADJ high-income *attrib*
Einkommensteuer, Einkommenssteuer F income tax; **Einkommensteuererklärung, Einkommenssteuererklärung** F income tax return
Einkommensverhältnisse PL (level of) income *sing*
ein|kreisen [ˈaɪnkraɪzən] VT to encircle
ein|kriegen [ˈaɪnkri:gən] (*umg*) VR: **sie konnte sich gar nicht mehr darüber ~, dass ...** she couldn't get over the fact that ...
Einkünfte [ˈaɪnkʏnftə] PL income *sing*, revenue *sing*
★**ein|laden** [ˈaɪnla:dən] *unreg* VT (*Person*) to invite; (*Gegenstände*) to load; **jdn ins Kino ~** to take sb to the cinema
★**Einladung** F invitation
Einlage [ˈaɪnla:gə] F (*Programmeinlage*) interlude; (*Spareinlage*) deposit; (*Fin: Kapitaleinlage*) investment; (*Schuheinlage*) insole; (*Fußstütze*) support; (*Zahneinlage*) temporary filling; (*Koch*) noodles, vegetables etc (in clear soup)
ein|lagern [ˈaɪnla:gərn] VT to store
Einlass [ˈaɪnlas] (**-es, Einlässe**) M admission; **jdm ~ gewähren** to admit sb
ein|lassen *unreg* VT to let in; (*einsetzen*) to set in ▸ VR: **sich mit jdm/auf etw** *akk* **~** to get involved with sb/sth; **sich auf einen Kompromiss ~** to agree to a compromise; **ich lasse mich auf keine Diskussion ein** I'm not having any discussion about it
Einlauf [ˈaɪnlaʊf] M arrival; (*von Pferden*) finish; (*Med*) enema
ein|laufen *unreg* VI to arrive, to come in; (*Sport*) to finish; (*Wasser*) to run in; (*Stoff*) to shrink ▸ VT (*Schuhe*) to break in ▸ VR (*Sport*) to warm up; (*Motor, Maschine*) to run in; **jdm das Haus ~** to invade sb's house; **in den Hafen ~** to enter the harbour
ein|läuten [ˈaɪnlɔʏtən] VT (*neues Jahr*) to ring in; (*Sport: Runde*) to sound the bell for
ein|leben [ˈaɪnle:bən] VR to settle down
Einlegearbeit F inlay
ein|legen [ˈaɪnle:gən] VT (*einfügen: Blatt, Sohle*) to insert; (*Koch*) to pickle; (*in Holz etc*) to inlay; (*Geld*) to deposit; (*Pause*) to have; (*Protest*) to make; (*Veto*) to use; (*Berufung*) to lodge; **ein gutes Wort bei jdm ~** to put in a good word with sb
Einlegesohle F insole
ein|leiten [ˈaɪnlaɪtən] VT to introduce, to start; (*Geburt*) to induce
Einleitung F introduction; (*von Geburt*) induction
ein|lenken [ˈaɪnlɛŋkən] VI (*fig*) to yield, to give way
ein|lesen [ˈaɪnle:zən] *unreg* VR: **sich in ein Gebiet ~** to get into a subject ▸ VT: **etw in etw** *+akk* **~** (*Daten*) to feed sth into sth
ein|leuchten [ˈaɪnlɔʏçtən] VI: **(jdm) ~** to be clear *od* evident (to sb)
einleuchtend ADJ clear
ein|liefern [ˈaɪnli:fərn] VT: **~ (in** *+akk***)** to take (into); **jdn ins Krankenhaus ~** to admit sb to hospital
Einlieferungsschein M certificate of posting
ein|lochen [ˈaɪnlɔxən] (*umg*) VT (*einsperren*) to lock up
ein|loggen [ˈaɪnlɔgən] VI (*Comput*) to log on *od* in
★**ein|lösen** [ˈaɪnlø:zən] VT (*Scheck*) to cash; (*Schuldschein, Pfand*) to redeem; (*Versprechen*) to keep
ein|machen [ˈaɪnmaxən] VT to preserve
Einmachglas NT bottling jar
★**einmal** [ˈaɪnma:l] ADV once; (*erstens*) first of all, firstly; (*später*) one day; **nehmen wir ~ an** just let's suppose; **noch ~** once more; **nicht ~** not even; **auf ~** all at once; **es war ~** once upon a time there was/were; **~ ist keinmal** (*Sprichwort*) once doesn't count; **waren Sie schon ~ in Rom?** have you ever been to Rome?

Einmaleins NT multiplication tables *pl*; (*fig*) ABC, basics *pl*

einmalig ADJ unique; (*einmal geschehend*) single; (*prima*) fantastic

Einmalzahlung F one-off payment

Einmannbetrieb M one-man business

Einmannbus M one-man-operated bus

Einmarsch [ˈaɪnmarʃ] M entry; (*Mil*) invasion

ein|marschieren VI to march in

ein|mengen [ˈaɪnmɛŋən] VR: **sich (in etw** *+akk*) **~** to interfere (with sth)

ein|mieten [ˈaɪnmi:tən] VR: **sich bei jdm ~** to take lodgings with sb

ein|mischen [ˈaɪnmɪʃən] VR: **sich (in etw** *+akk*) **~** to interfere (with sth)

ein|motten [ˈaɪnmɔtən] VT (*Kleider etc*) to put in mothballs

ein|münden [ˈaɪnmʏndən] VI: **~ in** *+akk* (*subj: Fluss*) to flow *od* run into, to join; (*Straße: in Platz*) to run into; (*: in andere Straße*) to run into, to join

einmütig [ˈaɪnmy:tɪç] ADJ unanimous

ein|nähen [ˈaɪnnɛ:ən] VT (*enger machen*) to take in

Einnahme [ˈaɪnna:mə] (-, -n) F (*Geld*) takings *pl*, revenue; (*von Medizin*) taking; (*Mil*) capture, taking; **Einnahmen und Ausgaben** income and expenditure; **Einnahmeausfall** F (*Wirts*) drop in takings *od* revenue; (*von Staat*) revenue shortfall; **Einnahmequelle** F source of income

ein|nehmen [ˈaɪnne:mən] *unreg* VT to take; (*Stellung, Raum*) to take up; **~ für/gegen** to persuade in favour of/against

einnehmend ADJ charming

ein|nicken [ˈaɪnnɪkən] VI to nod off

ein|nisten [ˈaɪnnɪstən] VR to nest; (*fig*) to settle o.s.

Einöde [ˈaɪn|ø:də] (-, -n) F desert, wilderness

ein|ordnen [ˈaɪn|ɔrdnən] VT to arrange, to fit in ▶ VR to adapt; (*Aut*) to get in(to) lane

★**ein|packen** [ˈaɪnpakən] VT to pack (up)

ein|parken [ˈaɪnparkən] VT, VI to park

ein|pauken [ˈaɪnpaukən] (*umg*) VT: **jdm etw ~** to drum sth into sb

ein|pendeln [ˈaɪnpɛndəln] VR to even out

ein|pennen [ˈaɪnpɛnən] (*umg*) VI to drop off

ein|pferchen [ˈaɪnpfɛrçən] VT to pen in; (*fig*) to coop up

ein|pflanzen [ˈaɪnpflantsən] VT to plant; (*Med*) to implant

ein|planen [ˈaɪnpla:nən] VT to plan for

ein|prägen [ˈaɪnprɛ:gən] VT to impress, to imprint; (*beibringen*): **jdm etw ~** to impress sth on sb; **sich** *dat* **etw ~** to memorize sth

einprägsam [ˈaɪnprɛ:kza:m] ADJ easy to remember; (*Melodie*) catchy

ein|programmieren [ˈaɪnprogrami:rən] VT (*Comput*) to feed in

ein|prügeln [ˈaɪnpry:gəln] (*umg*) VT: **jdm etw ~** to din sth into sb

ein|quartieren [ˈaɪnkvarti:rən] VT (*Mil*) to billet; **Gäste bei Freunden ~** to put visitors up with friends

ein|rahmen [ˈaɪnra:mən] VT to frame

ein|rasten [ˈaɪnrastən] VI to engage

ein|räumen [ˈaɪnrɔymən] VT (*ordnend*) to put away; (*überlassen: Platz*) to give up; (*zugestehen*) to admit, to concede

ein|rechnen [ˈaɪnrɛçnən] VT to include; (*berücksichtigen*) to take into account

ein|reden [ˈaɪnre:dən] VT: **jdm/sich etw ~** to talk sb/o.s. into believing sth ▶ VI: **auf jdn ~** to keep on and on at sb

Einreibemittel NT liniment

ein|reiben [ˈaɪnraɪbən] *unreg* VT to rub in

★**ein|reichen** [ˈaɪnraɪçən] VT to hand in; (*Antrag*) to submit

ein|reihen [ˈaɪnraɪən] VT (*einordnen, einfügen*) to put in; (*klassifizieren*) to classify ▶ VR (*Auto*) to get in lane; **etw in etw** *akk* **~** to put sth into sth

Einreise [ˈaɪnraɪzə] F entry; **Einreisebestimmungen** PL entry regulations *pl*; **Einreiseerlaubnis** F entry permit; **Einreisegenehmigung** F entry permit

ein|reisen [ˈaɪnraɪzən] VI: **in ein Land ~** to enter a country

Einreiseverbot NT refusal of entry

Einreisevisum NT entry visa

ein|reißen [ˈaɪnraɪsən] *unreg* VT (*Papier*) to tear; (*Gebäude*) to pull down ▶ VI to tear; (*Gewohnheit werden*) to catch on

ein|renken [ˈaɪnrɛŋkən] VT (*Gelenk, Knie*) to put back in place; (*fig: umg*) to sort out ▶ VR (*fig: umg*) to sort itself out

ein|richten [ˈaɪnrɪçtən] VT (*Haus*) to furnish; (*schaffen*) to establish, to set up; (*arrangieren*) to arrange; (*möglich machen*) to manage ▶ VR (*in Haus*) to furnish one's house; **sich ~ (auf** *+akk*) (*sich vorbereiten*) to prepare o.s. (for); (*sich anpassen*) to adapt (to)

Einrichtung F (*Wohnungseinrichtung*) furnishings *pl*; (*öffentliche Anstalt*) organization; (*Dienste*) service; (*Laboreinrichtung etc*) equipment; (*Gewohnheit*): **zur ständigen ~ werden** to become an institution

Einrichtungsgegenstand M item of furniture

ein|rosten [ˈaɪnrɔstən] VI to get rusty

ein|rücken [ˈaɪnrʏkən] VI (*Mil: Soldat*) to join up; (*: in Land*) to move in ▶ VT (*Anzeige*) to insert; (*Zeile, Text*) to indent

★**eins** NUM one; **es ist mir alles ~** it's all one to me; **~ zu ~** (*Sport*) one all; **~ a** (*umg*) first-rate; ★**Eins** [aɪns] (-, -en) F one

ein|salzen [ˈaɪnzaltsən] VT to salt

★**einsam** [ˈaɪnza:m] ADJ lonely, solitary; **einsame Klasse/Spitze** (*umg: hervorragend*) absolutely fantastic; **Einsamkeit** F loneliness, solitude

ein|sammeln [ˈaɪnzaməln] VT to collect

Einsatz [ˈaɪnzats] M (*Teil*) insert; (*an Kleid*) insertion; (*Tischeinsatz*) leaf; (*Verwendung*) use, employment; (*Spieleinsatz*) stake; (*Risiko*) risk;

e

(*Mil*) operation; (*Mus*) entry; **im ~** in action; **etw unter ~ seines Lebens tun** to risk one's life to do sth; **Einsatzbefehl** M order to go into action; **einsatzbereit** ADJ ready for action; **Einsatzkommando** NT (*Mil*) task force

★**ein|schalten** [ˈaɪnʃaltən] VT (*Elek*) to switch on; (*einfügen*) to insert; (*Pause*) to make; (*Aut*: *Gang*) to engage; (*Anwalt*) to bring in ▶ VR (*dazwischentreten*) to intervene

Einschaltquote F (*TV*) viewing figures *pl*

ein|schärfen [ˈaɪnʃɛrfən] VT: **jdm etw ~** to impress sth on sb

ein|schätzen [ˈaɪnʃɛtsən] VT to estimate, to assess ▶ VR to rate o.s.

ein|schenken [ˈaɪnʃɛŋkən] VT to pour out

ein|scheren [ˈaɪnʃeːrən] VI to get back (into lane)

ein|schicken [ˈaɪnʃɪkən] VT to send in

ein|schieben [ˈaɪnʃiːbən] *unreg* VT to push in; (*zusätzlich*) to insert; **eine Pause ~** to have a break

ein|schiffen [ˈaɪnʃɪfən] VT to ship ▶ VR to embark, to go on board

einschl. ABK (= *einschließlich*) inc.

★**ein|schlafen** [ˈaɪnʃlaːfən] *unreg* VI to fall asleep, to go to sleep; (*fig*: *Freundschaft*) to peter out

ein|schläfern [ˈaɪnʃlɛːfərn] VT (*schläfrig machen*) to make sleepy; (*Gewissen*) to soothe; (*narkotisieren*) to give a soporific to; (*töten*: *Tier*) to put to sleep

einschläfernd ADJ (*Med*) soporific; (*langweilig*) boring; (*Stimme*) lulling

Einschlag [ˈaɪnʃlaːk] M impact; (*Aut*) lock; (*fig*: *Beimischung*) touch, hint

ein|schlagen [ˈaɪnʃlaːgən] *unreg* VT to knock in; (*Fenster*) to smash, to break; (*Zähne, Schädel*) to smash in; (*Steuer*) to turn; (*kürzer machen*) to take up; (*Ware*) to pack, to wrap up; (*Weg, Richtung*) to take ▶ VI to hit; (*Blitz*) to strike; (*sich einigen*) to agree; (*Anklang finden*) to work, to succeed; **es muss irgendwo eingeschlagen haben** something must have been struck by lightning; **gut ~** (*umg*) to go down well, to be a big hit; **auf jdn ~** to hit sb

einschlägig [ˈaɪnʃlɛːgɪç] ADJ relevant; **er ist ~ vorbestraft** (*Jur*) he has a previous conviction for a similar offence

ein|schleichen [ˈaɪnʃlaɪçən] *unreg* VR (*in Haus, fig*: *Fehler*) to creep in, to steal in; (*in Vertrauen*) to worm one's way in

ein|schleppen [ˈaɪnʃlɛpən] VT (*fig*: *Krankheit etc*) to bring in

ein|schleusen [ˈaɪnʃlɔʏzən] VT: **~ (in** *+akk***)** to smuggle in(to)

ein|schließen [ˈaɪnʃliːsən] *unreg* VT (*Person*) to lock in; (*Häftling*) to lock up; (*Gegenstand*) to lock away; (*Bergleute*) to cut off; (*umgeben*) to surround; (*Mil*) to encircle; (*fig*) to include, to comprise ▶ VR to lock o.s. in

★**einschließlich** ADV inclusive ▶ PRÄP *+gen* inclusive of, including

ein|schmeicheln [ˈaɪnʃmaɪçəln] VR: **sich (bei jdm) ~** to ingratiate o.s. (with sb)

ein|schmuggeln [ˈaɪnʃmʊgəln] VT: **~ (in** *+akk***)** to smuggle in(to)

ein|schnappen [ˈaɪnʃnapən] VI (*Tür*) to click to; (*fig*) to be touchy; **eingeschnappt sein** to be in a huff

einschneidend [ˈaɪnʃnaɪdənt] ADJ incisive

ein|schneien [ˈaɪnʃnaɪən] VI: **eingeschneit sein** to be snowed in

Einschnitt [ˈaɪnʃnɪt] M (*Med*) incision; (*im Tal, Gebirge*) cleft; (*im Leben*) decisive point

ein|schnüren [ˈaɪnʃnyːrən] VT (*einengen*) to cut into; **dieser Kragen schnürt mir den Hals ein** this collar is strangling me

ein|schränken [ˈaɪnʃrɛŋkən] VT to limit, to restrict; (*Kosten*) to cut down, to reduce ▶ VR to cut down (on expenditure); **einschränkend möchte ich sagen, dass ...** I'd like to qualify that by saying ...

einschränkend ADJ restrictive ▶ ADV: **~ möchte ich sagen, dass ...** I'd like to qualify that by saying ...

Einschränkung F restriction, limitation; (*von Kosten*) reduction; (*von Behauptung*) qualification

Einschreibbrief, Einschreibebrief M registered (BRIT) *od* certified (US) letter

★**ein|schreiben** [ˈaɪnʃraɪbən] *unreg* VT to write in; (*Post*) to send by registered (BRIT) *od* certified (US) mail ▶ VR to register; (*Univ*) to enrol; ★ **Einschreiben** NT registered (BRIT) *od* certified (US) letter

ein|schreiten [ˈaɪnʃraɪtən] *unreg* VI to step in, to intervene; **~ gegen** to take action against

Einschub [ˈaɪnʃuːp] **(-(e)s, Einschübe)** M insertion

ein|schüchtern [ˈaɪnʃʏçtərn] VT to intimidate

Einschüchterung [ˈaɪnʃʏçtərʊŋ] F intimidation

ein|schulen [ˈaɪnʃuːlən] VT: **eingeschult werden** (*Kind*) to start school

ein|schweißen [ˈaɪnʃvaɪsən] VT (*in Plastik*) to shrink-wrap; (*Tech*): **etw in etw** *akk* **~** to weld sth into sth

ein|schwenken [ˈaɪnʃvɛŋkən] VI: **~ (in** *+akk***)** to turn *od* swing in(to)

ein|sehen [ˈaɪnzeːən] *unreg* VT (*prüfen*) to inspect; (*Fehler etc*) to recognize; (*verstehen*) to see; **das sehe ich nicht ein** I don't see why; **Einsehen (-s)** NT understanding; **ein ~ haben** to show understanding

ein|seifen [ˈaɪnzaɪfən] VT to soap, to lather; (*fig*: *umg*) to take in, to con

einseitig [ˈaɪnzaɪtɪç] ADJ one-sided; (*Pol*) unilateral; (*Ernährung*) unbalanced; (*Diskette*) single-sided; **Einseitigkeit** F one-sidedness

ein|senden [ˈaɪnzɛndən] *unreg* VT to send in

Einsender(in) (-s, -) M(F) sender, contributor

Einsendeschluss M closing date (for entries)

Einsendung F sending in

ein|setzen [ˈaɪnzɛtsən] VT to put (in); (*in Amt*) to appoint, to install; (*Geld*) to stake; (*verwenden*) to use; (*Mil*) to employ ▶ VI (*beginnen*) to set in; (*Mus*) to enter, to come in ▶ VR to work hard; **sich für jdn/etw ~** to support sb/sth; **ich werde mich dafür ~, dass ...** I will do what I can to see that ...

Einsicht [ˈaɪnzɪçt] F insight; (*in Akten*) look, inspection; **zu der ~ kommen, dass ...** to come to the conclusion that ...

einsichtig ADJ (*Mensch*) judicious; **jdm etw ~ machen** to make sb understand *od* see sth

Einsichtnahme (-, -n) F (*form*) perusal; **„zur ~"** "for attention"

einsichtslos ADJ unreasonable

einsichtsvoll ADJ understanding

Einsiedler(in) [ˈaɪnziːdlər] (-s, -) M(F) hermit

einsilbig [ˈaɪnzɪlbɪç] ADJ (*lit, fig*) monosyllabic; **Einsilbigkeit** F (*fig*) taciturnity

ein|sinken [ˈaɪnzɪŋkən] *unreg* VI to sink in

Einsitzer [ˈaɪnzɪtsər] (-s, -) M single-seater

ein|spannen [ˈaɪnʃpanən] VT (*Werkstück, Papier*) to put (in), to insert; (*Pferde*) to harness; (*umg: Person*) to rope in; **jdn für seine Zwecke ~** to use sb for one's own ends

ein|sparen [ˈaɪnʃpaːrən] VT to save, to economize on; (*Kosten*) to cut down on; (*Posten*) to eliminate

Einsparung F saving

ein|speichern [ˈaɪnʃpaɪçərn] VT: **etw (in etw +akk) ~** (*Comput*) to feed sth in(to sth)

ein|sperren [ˈaɪnʃpɛrən] VT to lock up

ein|spielen [ˈaɪnʃpiːlən] VR (*Sport*) to warm up ▶ VT (*Film: Geld*) to bring in; (*Instrument*) to play in; **sich aufeinander ~** to become attuned to each other; **gut eingespielt** running smoothly

einsprachig [ˈaɪnʃpraːxɪç] ADJ monolingual

ein|springen [ˈaɪnʃprɪŋən] *unreg* VI (*aushelfen*) to stand in; (*mit Geld*) to help out

ein|spritzen [ˈaɪnʃprɪtsən] VT to inject

Einspritzmotor M (*Aut*) injection engine

Einspruch [ˈaɪnʃprʊx] M protest, objection; **~ einlegen** (*Jur*) to file an objection

Einspruchsfrist F (*Jur*) period for filing an objection

Einspruchsrecht NT veto

einspurig [ˈaɪnʃpuːrɪç] ADJ single-lane; (*Eisenb*) single-track

einst [aɪnst] ADV once; (*zukünftig*) one *od* some day

Einstand [ˈaɪnʃtant] M (*Tennis*) deuce; (*Antritt*) entrance (to office); **er hat gestern seinen ~ gegeben** yesterday he celebrated starting his new job

ein|stechen [ˈaɪnʃtɛçən] *unreg* VT to pierce

ein|stecken [ˈaɪnʃtɛkən] VT to stick in, to insert; (*Brief*) to post, to mail (*US*); (*Elek: Stecker*) to plug in; (*Geld*) to pocket; (*mitnehmen*) to take; (*überlegen sein*) to put in the shade; (*hinnehmen*) to swallow

ein|stehen [ˈaɪnʃteːən] *unreg* VI: **für jdn ~** to vouch for sb; **für etw ~** to guarantee sth, to vouch for sth; (*Ersatz leisten*) to make good sth

★**ein|steigen** [ˈaɪnʃtaɪgən] *unreg* VI to get in *od* on; (*in Schiff*) to go on board; (*sich beteiligen*) to come in; (*hineinklettern*) to climb in; **~!** (*Eisenb etc*) all aboard!

Einsteiger(in) (-s, -) (*umg*) M(F) beginner

einstellbar ADJ adjustable

★**ein|stellen** [ˈaɪnʃtɛlən] VT (*in Firma*) to employ, to take on; (*aufhören*) to stop; (*Geräte*) to adjust; (*Kamera etc*) to focus; (*Sender, Radio*) to tune in to; (*unterstellen*) to put ▶ VI to take on staff/workers ▶ VR (*anfangen*) to set in; (*kommen*) to arrive; **Zahlungen ~** to suspend payment; **etw auf etw** *akk* **~** to adjust sth to sth; (*Kamera etc*) to focus sth on sth; **sich auf jdn/etw ~** to adapt to sb/prepare o.s. for sth

einstellig ADJ (*Zahl*) single-digit

Einstellplatz M (*auf Hof*) carport; (*in Großgarage*) (covered) parking space

Einstellung F (*Aufhören*) suspension, cessation; (*von Gerät*) adjustment, setting; (*von Kamera etc*) focusing; (*von Arbeiter etc*) appointment; (*Haltung*) attitude

Einstellungsgespräch NT interview

Einstellungsstopp M halt in recruitment

★**Einstieg** [ˈaɪnʃtiːk] (-(e)s, -e) M entry; (*fig*) approach; (*von Bus, Bahn*) door; **kein ~** exit only

einstig [ˈaɪnstɪç] ADJ former

ein|stimmen [ˈaɪnʃtɪmən] VI to join in ▶ VT (*Mus*) to tune; (*in Stimmung bringen*) to put in the mood

einstimmig ADJ unanimous; (*Mus*) for one voice; **Einstimmigkeit** F unanimity

einstmalig ADJ former

einstmals ADV once, formerly

einstöckig [ˈaɪnʃtœkɪç] ADJ two-storeyed (BRIT), two-storied (US)

ein|stöpseln [ˈaɪnʃtœpsəln] VT: **etw (in etw +akk) ~** (*Elek*) to plug sth in(to sth)

ein|studieren [ˈaɪnʃtudiːrən] VT to study, to rehearse

ein|stufen [ˈaɪnʃtuːfən] VT to classify

Einstufung F: **nach seiner ~ in eine höhere Gehaltsklasse** after he was put on a higher salary grade

einstündig [ˈaɪnʃtʏndɪç] ADJ one-hour *attrib*

ein|stürmen [ˈaɪnʃtʏrmən] VI: **auf jdn ~** to rush at sb; (*Eindrücke*) to overwhelm sb

Einsturz [ˈaɪnʃtʊrts] M collapse

ein|stürzen [ˈaɪnʃtʏrtsən] VI to fall in, to collapse; **auf jdn ~** (*fig*) to overwhelm sb

Einsturzgefahr F danger of collapse

einstweilen ADV meanwhile; (*vorläufig*) temporarily, for the time being

einstweilig ADJ temporary; **einstweilige Verfügung** (*Jur*) temporary *od* interim injunction

eintägig [ˈaɪntɛːgɪç] ADJ one-day

Eintagsfliege [ˈaɪntaːksfliːgə] F (*Zool*) mayfly; (*fig*) nine-day wonder

e

ein|tauchen [ˈaɪntaʊxən] VT to immerse, to dip in ▸ VI to dive

ein|tauschen [ˈaɪntaʊʃən] VT to exchange

eintausend [ˈaɪnˈtaʊzənt] NUM one thousand

ein|teilen [ˈaɪntaɪlən] VT (*in Teile*) to divide (up); (*Menschen*) to assign

einteilig ADJ one-piece

eintönig [ˈaɪntøːnɪç] ADJ monotonous; **Eintönigkeit** F monotony

★**Eintopf** [ˈaɪntɔpf] M stew

Eintopfgericht NT stew

Eintracht [ˈaɪntraxt] (-) F concord, harmony

einträchtig [ˈaɪntrɛçtɪç] ADJ harmonious

Eintrag [ˈaɪntraːk] (**-(e)s, Einträge**) M entry; **amtlicher ~** entry in the register

ein|tragen [ˈaɪntraːgən] *unreg* VT (*in Buch*) to enter; (*Profit*) to yield ▸ VR to put one's name down; **jdm etw ~** to bring sb sth

einträglich [ˈaɪntrɛːklɪç] ADJ profitable

Eintragung F: **~ (in** *+akk***)** entry (in)

ein|treffen [ˈaɪntrɛfən] *unreg* VI to happen; (*ankommen*) to arrive; (*fig: wahr werden*) to come true

ein|treiben [ˈaɪntraɪbən] *unreg* VT (*Geldbeträge*) to collect

★**ein|treten** [ˈaɪntreːtən] *unreg* VI (*hineingehen*) to enter; (*sich ereignen*) to occur ▸ VT (*Tür*) to kick open; **in etw** *akk* **~** to enter sth; (*in Klub, Partei*) to join sth; **für jdn/etw ~** to stand up for sb/sth

ein|trichtern [ˈaɪntrɪçtərn] (*umg*) VT: **jdm etw ~** to drum sth into sb

★**Eintritt** [ˈaɪntrɪt] M (*Betreten*) entrance; (*in Klub etc*) joining; **~ frei** admission free; **„~ verboten"** "no admittance"; **bei ~ der Dunkelheit** at nightfall

Eintritts- ZW: ★**Eintrittsgeld** NT admission charge; ★**Eintrittskarte** F (admission) ticket; **Eintrittspreis** M admission charge

ein|trocknen [ˈaɪntrɔknən] VI to dry up

ein|trudeln [ˈaɪntruːdəln] (*umg*) VI to drift in

ein|tunken [ˈaɪntʊŋkən] VT (*Brot*): **etw in etw** *akk* **~** to dunk sth in sth

ein|üben [ˈaɪn|yːbən] VT to practise (BRIT), to practice (US), to drill

ein|verleiben [ˈaɪnfɛrlaɪbən] VT to incorporate; (*Gebiet*) to annex; **sich** *dat* **etw ~** (*fig: geistig*) to assimilate sth

Einvernehmen [ˈaɪnfɛrneːmən] (**-s, -**) NT agreement, understanding

★**einverstanden** [ˈaɪnfɛrʃtandən] INTERJ agreed ▸ ADJ: **~ sein** to agree, to be agreed; **sich mit etw ~ erklären** to give one's agreement to sth

Einverständnis [ˈaɪnfɛrʃtɛntnɪs] (**-ses**) NT understanding; (*gleiche Meinung*) agreement; **im ~ mit jdm handeln** to act with sb's consent

Einwand [ˈaɪnvant] (**-(e)s, Einwände**) M objection; **einen ~ erheben** to raise an objection

Einwanderer [ˈaɪnvandərər] M immigrant

Einwanderin F immigrant

ein|wandern VI to immigrate

Einwanderung F immigration

einwandfrei ADJ perfect; **etw ~ beweisen** to prove sth beyond doubt

einwärts [ˈaɪnvɛrts] ADV inwards

Einwegflasche [ˈaɪnveːgflaʃə] F non-returnable bottle

Einwegpfand NT deposit on non-returnables

Einwegspritze F disposable (hypodermic) syringe

ein|weichen [ˈaɪnvaɪçən] VT to soak

ein|weihen [ˈaɪnvaɪən] VT (*Kirche*) to consecrate; (*Brücke*) to open; (*Gebäude*) to inaugurate; (*Person*): **in etw** *akk* **~** to initiate in sth; **er ist eingeweiht** (*fig*) he knows all about it

Einweihung F consecration; (*von Brücke*) opening; (*von Gebäude*) inauguration; (*von Person*) initiation

ein|weisen [ˈaɪnvaɪzən] *unreg* VT (*in Amt*) to install; (*in Arbeit*) to introduce; (*in Anstalt*) to send; (*in Krankenhaus*): **~ (in** *+akk***)** to admit (to)

Einweisung F installation; (*in Arbeit*) introduction; (*in Anstalt*) sending

ein|wenden [ˈaɪnvɛndən] *unreg* VT: **etwas ~ gegen** to object to, to oppose

★**ein|werfen** [ˈaɪnvɛrfən] *unreg* VT to throw in; (*Brief*) to post; (*Geld*) to put in, to insert; (*Fenster*) to smash; (*äußern*) to interpose

ein|wickeln [ˈaɪnvɪkəln] VT to wrap up; (*fig: umg*) to outsmart

ein|willigen [ˈaɪnvɪlɪgən] VI: **(in etw** *akk***) ~** to consent (to sth), to agree (to sth)

Einwilligung F consent

ein|wirken [ˈaɪnvɪrkən] VI: **auf jdn/etw ~** to influence sb/sth

Einwirkung F influence

★**Einwohner(in)** [ˈaɪnvoːnər(ɪn)] (**-s, -**) M(F) inhabitant; **Einwohnermeldeamt** NT registration office; **sich beim ~ (an)melden** ≈ to register with the police; **Einwohnerschaft** F population, inhabitants *pl*

★**Einwurf** [ˈaɪnvʊrf] M (*Öffnung*) slot; (*Einwand*) objection; (*Sport*) throw-in

Einzahl [ˈaɪntsaːl] F singular

ein|zahlen VT to pay in

Einzahlung F payment; (*auf Sparkonto*) deposit

ein|zäunen [ˈaɪntsɔʏnən] VT to fence in

ein|zeichnen [ˈaɪntsaɪçnən] VT to draw in

Einzel [ˈaɪntsəl] (**-s, -**) NT (*Tennis*) singles *pl*

Einzel- ZW: **Einzelaufstellung** F (*Comm*) itemized list; ★**Einzelbett** NT single bed; **Einzelblattzuführung** F sheet feed; **Einzelfall** M single instance, individual case; **Einzelgänger(in)** M(F) loner; **Einzelhaft** F solitary confinement; **Einzelhandel** M retail trade; **im ~ erhältlich** available retail; **Einzelhandelsgeschäft** NT retail outlet; **Einzelhandelspreis** M retail price; **Einzelhändler** M retailer; **Einzelheit** F particular, detail; ★**Einzelkind** NT only child

Einzeller [ˈaɪntsɛlər] (**-s, -**) M (*Biol*) single-celled organism

★**einzeln** ADJ single; (*von Paar*) odd ▶ ADV singly; **~ angeben** to specify; **Einzelne** some (people), a few (people); **der/die Einzelne** the individual; **das Einzelne** the particular; **ins Einzelne gehen** to go into detail(s); **etw im Einzelnen besprechen** to discuss sth in detail; **~ aufführen** to list separately *od* individually; **bitte ~ eintreten** please come in one (person) at a time

Einzelteil NT individual part; (*Ersatzteil*) spare part; **etw in seine Einzelteile zerlegen** to take sth to pieces, to dismantle sth

★**Einzelzimmer** NT single room

ein|ziehen ['aɪntsi:ən] *unreg* VT to draw in, to take in; (*Kopf*) to duck; (*Fühler, Antenne, Fahrgestell*) to retract; (*Steuern, Erkundigungen*) to collect; (*Mil*) to call up, to draft (*US*); (*aus dem Verkehr ziehen*) to withdraw; (*konfiszieren*) to confiscate ▶ VI to move in; (*Friede, Ruhe*) to come; (*Flüssigkeit*): **~ (in** *+akk***)** to soak in(to)

★**einzig** ['aɪntsɪç] ADJ only; (*ohnegleichen*) unique ▶ ADV: **~ und allein** solely; **das Einzige** the only thing; **der/die Einzige** the only one; **kein einziges Mal** not once, not one single time; **kein Einziger** nobody, not a single person; **einzigartig** ADJ unique

Einzug ['aɪntsu:k] M entry, moving in

Einzugsauftrag M (*Fin*) direct debit

Einzugsbereich M catchment area

Einzugsverfahren NT (*Fin*) direct debit

★**Eis** [aɪs] (**-es, -**) NT ice; (*Speiseeis*) ice cream; **~ am Stiel** ice lolly (BRIT), popsicle® (*US*); **Eisbahn** F ice *od* skating rink; **Eisbär** M polar bear; **Eisbecher** M sundae; **Eisbein** NT pork knuckle; **Eisberg** M iceberg; **Eisbergsalat** M iceberg lettuce; **Eisbeutel** M ice pack; **Eiscafé** NT ice-cream parlour (BRIT) *od* parlor (*US*)

Eischnee ['aɪʃne:] M (*Koch*) beaten white of egg

Eisdecke F sheet of ice

Eisdiele F ice-cream parlour (BRIT) *od* parlor (*US*)

★**Eisen** ['aɪzən] (**-s, -**) NT iron; **zum alten ~ gehören** (*fig*) to be on the scrap heap

★**Eisenbahn** F railway, railroad (*US*); **es ist (aller)höchste ~** (*umg*) it's high time; **Eisenbahner** (**-s, -**) M railwayman, railway employee, railroader (*US*); **Eisenbahnnetz** NT rail network; **Eisenbahnschaffner(in)** M(F) railway guard, (railroad) conductor (*US*); **Eisenbahnüberführung** F footbridge; **Eisenbahnübergang** M level crossing, grade crossing (*US*); **Eisenbahnwagen** M railway *od* railroad (*US*) carriage; **Eisenbahnwaggon, Eisenbahnwagon** M (*Güterwagen*) goods wagon

Eisen- zW: **Eisenerz** NT iron ore; **eisenhaltig** ADJ containing iron; **Eisenmangel** M iron deficiency; **Eisenwarenhandlung** F ironmonger's (BRIT), hardware store (*US*)

eisern ['aɪzərn] ADJ iron; (*Gesundheit*) robust; (*Energie*) unrelenting; (*Reserve*) emergency; **der Eiserne Vorhang** the Iron Curtain; **in etw** *dat* **~ sein** to be adamant about sth; **er ist ~ bei seinem Entschluss geblieben** he stuck firmly to his decision

Eis- zW: **Eisfach** NT freezer compartment, icebox; **eisfrei** ADJ clear of ice; **eisgekühlt** ADJ chilled; **Eishockey** NT ice hockey

eisig ['aɪzɪç] ADJ icy

Eis- zW: **Eiskaffee** M iced coffee; **eiskalt** ADJ icy cold; **Eiskunstlauf** M figure skating; **Eislaufen** NT ice-skating; **Eisläufer(in)** M(F) ice-skater; **Eismeer** NT: **Nördliches/Südliches ~** Arctic/ Antarctic Ocean; **Eispickel** M ice-axe (BRIT), ice-ax (*US*)

Eisprung ['aɪʃprʊŋ] M ovulation

Eis- zW: **Eisschießen** NT ≈ curling; **Eisscholle** F ice floe; **Eisschrank** M fridge, icebox (*US*); **Eisstadion** NT ice *od* skating rink; **Eiswürfel** M ice cube; **Eiszapfen** M icicle; **Eiszeit** F Ice Age

eitel ['aɪtəl] ADJ vain; **Eitelkeit** F vanity

Eiter ['aɪtər] (**-s**) M pus

eiterig ADJ suppurating

eitern VI to suppurate

Ei- zW: **Eiweiß** (**-es, -e**) NT white of an egg; (*Chem*) protein; **Eiweißgehalt** M protein content; **Eizelle** F ovum

EKD F ABK (= *Evangelische Kirche in Deutschland*) *German Protestant Church*

Ekel[1] ['e:kəl] (**-s**) M nausea, disgust; **vor jdm/ etw einen ~ haben** to loathe sb/sth

Ekel[2] ['e:kəl] (**-s, -**) (*umg*) NT (*Mensch*) nauseating person

ekelerregend ADJ nauseating, disgusting

ekelhaft ADJ, **ekelig** ADJ nauseating, disgusting

ekeln VT to disgust ▶ VR: **sich vor etw** *dat* **~** to be disgusted at sth; **es ekelt ihn** he is disgusted

EKG (**-**) NT ABK (= *Elektrokardiogramm*) ECG

Eklat [e'kla:] (**-s**) M (*geh: Aufsehen*) sensation

eklig ADJ nauseating, disgusting

Ekstase [ɛk'sta:zə] (**-, -n**) F ecstasy; **jdn in ~ versetzen** to send sb into ecstasies

Ekzem [ɛk'tse:m] (**-s, -e**) NT (*Med*) eczema

Elan [e'lã:] (**-s**) M élan

elastisch [e'lastɪʃ] ADJ elastic

Elastizität [elastitsi'tɛ:t] F elasticity

Elbe ['ɛlbə] F (*Fluss*) Elbe

Elch [ɛlç] (**-(e)s, -e**) M elk

Elchtest M elk test, moose test

★**Elefant** [ele'fant] M elephant; **wie ein ~ im Porzellanladen** (*umg*) like a bull in a china shop

elegant [ele'gant] ADJ elegant

Eleganz [ele'gants] F elegance

Elektrifizierung [elɛktrifi'tsi:rʊŋ] F electrification

★**Elektriker(in)** [e'lɛktrikər(ɪn)] (**-s, -**) M(F) electrician

★**elektrisch** [e'lɛktrɪʃ] ADJ electric

elektrisieren [elɛktri'zi:rən] VT (*lit, fig*) to electrify; (*Mensch*) to give an electric shock to ▶ VR to get an electric shock

★**Elektrizität** [elɛktritsi'tɛ:t] F electricity

Elektrizitätswerk NT electric power station
Elektroartikel [eˈlɛktro|artɪkəl] M electrical appliance
Elektroauto NT electric car
Elektrode [elɛkˈtro:də] (**-, -n**) F electrode
Elektro- ZW: ★ **Elektrogerät** NT electrical appliance; ★ **Elektroherd** M electric cooker; **Elektrokardiogramm** NT (*Med*) electrocardiogram
Elektrolyse [elektroˈly:zə] (**-, -n**) F electrolysis
Elektromotor M electric motor
Elektron [eˈlɛktrɔn] (**-s, -en**) NT electron
Elektronengehirn, Elektronenhirn NT electronic brain
Elektronenrechner M computer
Elektronik [elɛkˈtro:nɪk] F electronics *sing*; (*Teile*) electronics *pl*
elektronisch ADJ electronic; **elektronische Post** electronic mail
Elektro- ZW: **Elektrorasierer** (**-s, -**) M electric razor; **Elektroschock** M (*Med*) electric shock, electroshock; **Elektrotechniker** M electrician; (*Ingenieur*) electrical engineer
Element [eleˈmɛnt] (**-s, -e**) NT element; (*Elek*) cell, battery
elementar [elemɛnˈta:r] ADJ elementary; (*naturhaft*) elemental; **Elementarteilchen** NT (*Phys*) elementary particle
elend ADJ miserable; **mir ist ganz ~** I feel really awful; **Elend** [ˈe:lɛnt] (**-(e)s**) NT misery; **da kann man das heulende ~ kriegen** (*umg*) it's enough to make you scream
elendiglich [ˈe:lɛndɪklɪç] ADV miserably; **~ zugrunde gehen** to come to a wretched end
Elendsviertel NT slum
elf [ɛlf] NUM eleven; **Elf** (**-, en**) F (*Sport*) eleven
Elfe (**-, -n**) F elf
Elfenbein NT ivory; **Elfenbeinküste** F Ivory Coast
Elfmeter M (*Sport*) penalty (kick)
Elfmeterschießen NT (*Sport*) penalty shootout
eliminieren [elimiˈni:rən] VT to eliminate
elitär [eliˈtɛ:r] ADJ elitist ▸ ADV in an elitist fashion
Elite [eˈli:tə] (**-, -n**) F elite
Elixier [elɪˈksi:r] (**-s, -e**) NT elixir
Ellbogen M = **Ellenbogen**
Elle [ˈɛlə] (**-, -n**) F ell; (*Maß*) ≈ yard
Ellenbogen M elbow; **die ~ gebrauchen** (*umg*) to be pushy; **Ellenbogenfreiheit** F (*fig*) elbow room; **Ellenbogengesellschaft** F dog-eat-dog society
Ellipse [ɛˈlɪpsə] (**-, -n**) F ellipse
E-Lok [ˈe:lɔk] (**-**) F ABK (= *elektrische Lokomotive*) electric locomotive *od* engine
Elsass [ˈɛlzas] NT: **das ~** Alsace
Elsässer [ˈɛlzɛsər] ADJ Alsatian
Elsässer(in) (**-s, -**) M(F) Alsatian, inhabitant of Alsace
elsässisch ADJ Alsatian
Elster [ˈɛlstər] (**-, -n**) F magpie
elterlich ADJ parental
★ **Eltern** [ˈɛltərn] PL parents *pl*; **nicht von schlechten ~ sein** (*umg*) to be quite something; **Elternabend** M (*Sch*) parents' evening; **Elterngeld** NT ≈ child benefit; **Elternhaus** NT home; **elternlos** ADJ orphaned; **Elternschaft** F parenthood; **Elternsprechtag** M open day (for parents); ★ **Elternteil** M parent
Email [eˈma:j] (**-s, -s**) NT enamel
E-Mail [ˈi:me:l] (**-, -s**) F Email, email; **E-Mail-Adresse** F Email address
e-mailen [ˈi:me:lən] VT to email
emaillieren [emaˈji:rən] VT to enamel
Emanze (**-, -n**) (*pej*) F women's libber (*umg*)
Emanzipation [emantsipatsiˈo:n] F emancipation
emanzipieren [emantsiˈpi:rən] VT to emancipate
Embargo [ɛmˈbargo] (**-s, -s**) NT embargo
Embryo [ˈɛmbryo] (**-s, -s** *od* **-nen**) M embryo
Embryonenforschung F embryo research
Emigrant(in) [emiˈgrant(ɪn)] M(F) emigrant
Emigration [emigratsiˈo:n] F emigration
emigrieren [emiˈgri:rən] VI to emigrate
Emissionen [emɪsiˈo:nən] PL emissions *pl*
emissionsarm [emɪsiˈo:nsarm] ADJ low in emissions
Emissionsgutschrift F carbon credit
Emissionshandel M emissions trading
Emissionskurs M (*Aktien*) issued price
emotional [emotsioˈna:l] ADJ emotional; (*Ausdrucksweise*) emotive
emotionsgeladen [emotsiˈo:nsgəla:dən] ADJ emotionally-charged
Empf. ABK = **Empfänger**
empfahl *etc* [ɛmˈpfa:l] VB *siehe* **empfehlen**
empfand *etc* [ɛmˈpfant] VB *siehe* **empfinden**
★ **Empfang** [ɛmˈpfaŋ] (**-(e)s, Empfänge**) M reception; (*Erhalten*) receipt; **in ~ nehmen** to receive; **(zahlbar) nach** *od* **bei ~** *+gen* (payable) on receipt (of)
★ **empfangen** *unreg* VT to receive ▸ VI (*schwanger werden*) to conceive
Empfänger(in) [ɛmˈpfɛŋər(ɪn)] (**-s, -**) M(F) receiver; (*Comm*) addressee, consignee; **~ unbekannt** (*auf Briefen*) not known at this address
empfänglich ADJ receptive, susceptible
Empfängnis (**-, -se**) F conception; **empfängnisverhütend** ADJ: **empfängnisverhütende Mittel** contraceptives *pl*; **Empfängnisverhütung** F contraception
Empfangs- ZW: **Empfangsbestätigung** F (acknowledgement of) receipt; **Empfangschef** M (*von Hotel*) head porter; **Empfangsdame** F receptionist; **Empfangsschein** M receipt; **Empfangsstörung** F (*Rundf, TV*) interference; **Empfangszimmer** NT reception room

★**empfehlen** [ɛmˈpfeːlən] *unreg* VT to recommend ▸ VR to take one's leave

empfehlenswert ADJ recommendable

Empfehlung F recommendation; **auf ~ von** on the recommendation of

Empfehlungsschreiben NT letter of recommendation

empfiehlt [ɛmˈpfiːlt] VB *siehe* **empfehlen**

empfinden [ɛmˈpfɪndən] *unreg* VT to feel; **etw als Beleidigung ~** to find sth insulting; **Empfinden (-s)** NT: **meinem ~ nach** to my mind

★**empfindlich** ADJ sensitive; (*Stelle*) sore; (*reizbar*) touchy; **deine Kritik hat ihn ~ getroffen** your criticism cut him to the quick; **Empfindlichkeit** F sensitiveness; (*Reizbarkeit*) touchiness

empfindsam ADJ sentimental; (*Mensch*) sensitive

Empfindung F feeling, sentiment

empfindungslos ADJ unfeeling, insensitive

empfing *etc* [ɛmˈpfɪŋ] VB *siehe* **empfangen**

empfohlen [ɛmˈpfoːlən] PP *von* **empfehlen** ▸ ADJ: **empfohlener Einzelhandelspreis** recommended retail price

empfunden [ɛmˈpfʊndən] PP *von* **empfinden**

empor [ɛmˈpoːr] ADV up, upwards

empor|arbeiten VR (*geh*) to work one's way up

Empore [ɛmˈpoːrə] **(-, -n)** F (*Archit*) gallery

empören [ɛmˈpøːrən] VT to make indignant; (*schockieren*) to shock ▸ VR to become indignant

empörend ADJ outrageous

empor|kommen *unreg* VI to rise; (*vorankommen*) to succeed

Emporkömmling M upstart, parvenu

empört ADJ: **~ (über** *+akk***)** indignant (at), outraged (at)

Empörung F indignation

emsig [ˈɛmzɪç] ADJ diligent, busy

End- [ˈɛnt] IN ZW final; **Endauswertung** F final analysis; **Endbahnhof** M terminus; **Endbetrag** M final amount

★**Ende** [ˈɛndə] **(-s, -n)** NT end; **am ~** at the end; (*schließlich*) in the end; **am ~ sein** to be at the end of one's tether; **~ Dezember** at the end of December; **zu ~ sein** to be finished; **zu ~ gehen** to come to an end; **zu ~ führen** to finish (off); **letzten Endes** in the end, at the end of the day; **ein böses ~ nehmen** to come to a bad end; **ich bin mit meiner Weisheit am ~** I'm at my wits' end; **er wohnt am ~ der Welt** (*umg*) he lives at the back of beyond

Endeffekt M: **im ~** (*umg*) when it comes down to it

★**enden** VI to end

Endergebnis NT final result

endgültig ADJ final, definite

Endivie [ɛnˈdiːviə] F endive

End- ZW: **Endkunde** M end customer *od* consumer; **Endlager** NT permanent waste disposal site; **Endlagerung** F permanent disposal; ★**endlich** ADJ final; (*Math*) finite ▸ ADV finally; **~!** at last!; **hör ~ damit auf!** will you stop that!; **endlos** ADJ endless; **Endlospapier** NT continuous paper; **Endprodukt** NT end *od* final product; ★**Endspiel** NT final(s); **Endspurt** M (*Sport*) final spurt; ★**Endstation** F terminus

Endung F ending

Endverbraucher M consumer, end-user

★**Energie** [enɛrˈgiː] F energy; **Energieaufwand** M energy expenditure; **Energiebedarf** M energy requirement; **Energieeinsparung** F energy saving; **Energiegetränk** NT energy drink; **Energiegewinnung** F generation of energy; **energielos** ADJ lacking in energy, weak; **Energiequelle** F source of energy; **Energieverbrauch** M energy consumption; **Energieversorgung** F supply of energy

Energiewende F *see note*

> **Energiewende** is the term for the German government's policy of gradually giving up fossil fuels and nuclear power, with the aim of having 35% renewable energies by 2020. It also involves energy savings, particularly of electricity, which is expected to be 80% renewable by 2050.

Energiewirtschaft F energy industry

energisch [eˈnɛrgɪʃ] ADJ energetic; **~ durchgreifen** to take vigorous *od* firm action

★**eng** [ɛŋ] ADJ narrow; (*Kleidung*) tight; (*fig: Horizont*) narrow, limited; (*Freundschaft, Verhältnis*) close; **~ an etw** *dat* close to sth; **in die engere Wahl kommen** to be short-listed (BRIT)

Engadin [ˈɛŋgadiːn] **(-s)** NT: **das ~** the Engadine

Engagement [ãgaʒəˈmãː] **(-s, -s)** NT engagement; (*Verpflichtung*) commitment

engagieren [ãgaˈʒiːrən] VT to engage ▸ VR to commit o.s.; **ein engagierter Schriftsteller** a committed writer

Enge [ˈɛŋə] **(-, -n)** F (*lit, fig*) narrowness; (*Landenge*) defile; (*Meerenge*) straits *pl*; **jdn in die ~ treiben** to drive sb into a corner

Engel [ˈɛŋəl] **(-s, -)** M angel; **engelhaft** ADJ angelic; **Engelmacher(in)** **(-s, -)** (*umg*) M(F) backstreet abortionist

Engelsgeduld F: **sie hat eine ~** she has the patience of a saint

Engelszungen PL: **(wie) mit ~ reden** to use all one's own powers of persuasion

engherzig ADJ petty

engl. ABK = **englisch**

★**England** [ˈɛŋlant] NT England

★**Engländer** [ˈɛŋlɛndər] **(-s, -)** M Englishman; (*Junge*) English boy ■ **die Engländer** PL the English, the Britishers (*US*)

★**Engländerin** F Englishwoman; (*Mädchen*) English girl

★**englisch** [ˈɛŋlɪʃ] ADJ English; (*Sprache*): **auf E~** in English

> In einem Restaurant hat es keinen Sinn, ein *englisches* (also noch blutiges) Steak zu verlangen. Man wird Sie nur verstehen, wenn Sie es **rare** bestellen.

engmaschig [ˈɛŋmaʃɪç] ADJ close-meshed

Engpass M defile, pass; (*fig*: *Verkehr*) bottleneck

en gros [ãˈgro] ADV wholesale

engstirnig [ˈɛŋʃtɪrnɪç] ADJ narrow-minded

★**Enkel** [ˈɛŋkəl] (**-s, -**) M grandson; ★**Enkelin** F granddaughter; ★**Enkelkind** NT grandchild

en masse [ãˈmas] ADV en masse

★**enorm** [eˈnɔrm] ADJ enormous; (*umg*: *herrlich, kolossal*) tremendous

en passant [ãpaˈsã] ADV en passant, in passing

Ensemble [ãˈsãbəl] (**-s, -s**) NT ensemble

entarten [ɛntˈ|a:rten] VI to degenerate

entbehren [ɛntˈbe:rən] VT to do without, to dispense with

entbehrlich ADJ superfluous

Entbehrung F privation; **Entbehrungen auf sich** *akk* **nehmen** to make sacrifices

entbinden [ɛntˈbɪndən] *unreg* VT *+gen* to release (from); (*Med*) to deliver ▸ VI (*Med*) to give birth

Entbindung F release; (*Med*) delivery, birth

Entbindungsheim NT maternity hospital

Entbindungsstation F maternity ward

entblößen [ɛntˈblø:sən] VT to denude, to uncover; (*berauben*): **einer Sache** *gen* **entblößt** deprived of sth

entbrennen [ɛntˈbrɛnən] *unreg* VI (*liter*: *Kampf, Streit*) to flare up; (: *Liebe*) to be aroused

entdecken [ɛntˈdɛkən] VT to discover; **jdm etw ~** to disclose sth to sb

Entdecker(in) (**-s, -**) M(F) discoverer

Entdeckung F discovery

Ente [ˈɛntə] (**-, -n**) F duck; (*fig*) canard, false report; (*Aut*) Citroën 2CV, deux-chevaux

entehren [ɛntˈ|e:rən] VT to dishonour (BRIT), to dishonor (*US*), to disgrace

enteignen [ɛntˈ|aɪgnən] VT to expropriate; (*Besitzer*) to dispossess

enteisen [ɛntˈ|aɪzən] VT to de-ice; (*Kühlschrank*) to defrost

enterben [ɛntˈ|ɛrbən] VT to disinherit

Enterhaken [ˈɛntərha:kən] M grappling iron *od* hook

entfachen [ɛntˈfaxən] VT to kindle

entfallen [ɛntˈfalən] *unreg* VI to drop, to fall; (*wegfallen*) to be dropped; **jdm ~** (*vergessen*) to slip sb's memory; **auf jdn ~** to be allotted to sb

entfalten [ɛntˈfaltən] VT to unfold; (*Talente*) to develop ▸ VR to open; (*Mensch*) to develop one's potential

Entfaltung F unfolding; (*von Talenten*) development

entfernen [ɛntˈfɛrnən] VT to remove; (*hinauswerfen*) to expel ▸ VR to go away, to retire, to withdraw

★**entfernt** ADJ distant ▸ ADV: **nicht im Entferntesten!** not in the slightest!; **weit davon ~ sein, etw zu tun** to be far from doing sth

Entfernung F distance; (*Wegschaffen*) removal; **unerlaubte ~ von der Truppe** absence without leave

Entfernungsmesser M (*Phot*) rangefinder

entfesseln [ɛntˈfɛsəln] VT (*fig*) to arouse

entfetten [ɛntˈfɛtən] VT to take the fat from

entflammen [ɛntˈflamən] VT (*fig*) to (a)rouse ▸ VI to burst into flames; (*fig*: *Streit*) to flare up; (: *Leidenschaft*) to be (a)roused *od* inflamed

entfremden [ɛntˈfrɛmdən] VT to estrange, to alienate

Entfremdung F estrangement, alienation

entfreunden [ɛntˈfrɔʏndən] VT (*Internet*) to unfriend

entfrosten [ɛntˈfrɔstən] VT to defrost

Entfroster (**-s, -**) M (*Aut*) defroster

entführen [ɛntˈfy:rən] VT to abduct, to kidnap; (*Flugzeug*) to hijack

Entführer(in) (**-s, -**) M(F) kidnapper (BRIT), kidnaper (*US*); (*Flugzeugentführer*) hijacker

Entführung F abduction, kidnapping (BRIT), kidnaping (*US*); (*von Flugzeug*) hijacking

entgegen [ɛntˈge:gən] PRÄP *+dat* contrary to, against ▸ ADV towards; **entgegen|bringen** *unreg* VT to bring; (*fig*): **jdm etw ~** to show sb sth; **entgegen|gehen** *unreg* VI *+dat* to go to meet, to go towards; **Schwierigkeiten ~** to be heading for difficulties; **entgegengesetzt** ADJ opposite; (*widersprechend*) opposed; **entgegen|halten** *unreg* VT (*fig*): **einer Sache** *dat* **~, dass ...** to object to sth that ...; **entgegen|kommen** *unreg* VI *+dat* to come towards, to approach; (*fig*): **jdm ~** to accommodate sb; **das kommt unseren Plänen sehr entgegen** that fits in very well with our plans; **Entgegenkommen** NT obligingness; **entgegenkommend** ADJ obliging; **entgegen|laufen** *unreg* VI *+dat* to run towards *od* to meet; (*fig*) to run counter to; **Entgegennahme** F (*form*: *Empfang*) receipt; (*Annahme*) acceptance; **entgegen|nehmen** *unreg* VT to receive, to accept; **entgegen|sehen** *unreg* VI *+dat* to await; **entgegen|setzen** VT to oppose; **dem habe ich entgegenzusetzen, dass ...** against that I'd like to say that ...; **jdm/etw Widerstand ~** to put up resistance to sb/sth; **entgegen|stehen** *unreg* VI: **dem steht nichts entgegen** there's no objection to that; **entgegen|treten** *unreg* VI *+dat* (*lit*) to step up to; (*fig*) to oppose, to counter; **entgegen|wirken** VI *+dat* to counteract

entgegnen [ɛntˈge:gnən] VT to reply, to retort

Entgegnung F reply, retort

entgehen [ɛntˈge:ən] *unreg* VI (*fig*): **jdm ~** to escape sb's notice; **sich** *dat* **etw ~ lassen** to miss sth

entgeistert [ɛntˈgaɪstərt] ADJ thunderstruck

Entgelt [ɛntˈgɛlt] (**-(e)s, -e**) NT remuneration

entgelten *unreg* VT: **jdm etw ~** to repay sb for sth

entgiften [ɛntˈgɪftən] VI to detox (*umg*), to detoxify

Entgiftung F detox (*umg*), detoxification

entgleisen [ɛntˈglaɪzən] VI (*Eisenb*) to be derailed; (*fig*: *Person*) to misbehave; **~ lassen** to derail

Entgleisung F derailment; (*fig*) faux pas, gaffe

entgleiten [ɛntˈglaitən] *unreg* VI: **jdm ~** to slip from sb's hand
entgräten [ɛntˈgrɛːtən] VT to fillet, to bone
Enthaarungsmittel [ɛntˈhaːrʊŋsmɪtəl] NT depilatory
enthält [ɛntˈhɛlt] VB *siehe* **enthalten**
enthalten [ɛntˈhaltən] *unreg* VT to contain ▶ VR *+gen* to abstain from, to refrain from; **sich (der Stimme) ~** to abstain
enthaltsam [ɛntˈhaltzaːm] ADJ abstinent, abstemious; **Enthaltsamkeit** F abstinence
enthärten [ɛntˈhɛrtən] VT (*Wasser*) to soften; (*Metall*) to anneal
enthaupten [ɛntˈhauptən] VT to decapitate; (*als Hinrichtung*) to behead
enthäuten [ɛntˈhɔʏtən] VT to skin
entheben [ɛntˈheːbən] *unreg* VT: **jdn einer Sache** *gen* **~** to relieve sb of sth
enthemmen [ɛntˈhɛmən] VT: **jdn ~** to free sb from his/her inhibitions
enthielt *etc* [ɛntˈhiːlt] VB *siehe* **enthalten**
enthüllen [ɛntˈhʏlən] VT to reveal, to unveil
Enthüllung F revelation; (*von Skandal*) exposure
Enthusiasmus [ɛntuziˈasmʊs] M enthusiasm
entjungfern [ɛntˈjʊŋfərn] VT to deflower
entkalken [ɛntˈkalkən] VT to decalcify
entkernen [ɛntˈkɛrnən] VT (*Kernobst*) to core; (*Steinobst*) to stone
entkleiden [ɛntˈklaidən] VT, VR (*geh*) to undress
★**entkommen** [ɛntˈkɔmən] *unreg* VI to get away, to escape; **jdm/etw** *od* **aus etw ~** to get away *od* escape from sb/sth
entkorken [ɛntˈkɔrkən] VT to uncork
entkräften [ɛntˈkrɛftən] VT to weaken, to exhaust; (*Argument*) to refute
entkrampfen [ɛntˈkrampfən] VT (*fig*) to relax, to ease
entladen [ɛntˈlaːdən] *unreg* VT to unload; (*Elek*) to discharge ▶ VR (*Gewehr, Elek*) to discharge; (*Ärger etc*) to vent itself
★**entlang** [ɛntˈlaŋ] PRÄP (*+akk od dat*) along ▶ ADV along; **~ dem Fluss, den Fluss ~** along the river; **hier ~** this way; **entlang|gehen** *unreg* VI to walk along
entlarven [ɛntˈlarfən] VT to unmask, to expose
entlassen [ɛntˈlasən] *unreg* VT to discharge; (*Arbeiter*) to dismiss; (*nach Stellenabbau*) to make redundant
entlässt [ɛntˈlɛst] VB *siehe* **entlassen**
Entlassung F discharge; (*von Arbeiter*) dismissal; **es gab 20 Entlassungen** there were 20 redundancies
Entlassungswelle F wave of redundancies *od* job losses
Entlassungszeugnis NT (*Sch*) school-leaving certificate
entlasten [ɛntˈlastən] VT to relieve; (*Arbeit abnehmen*) to take some of the load off; (*Angeklagte*) to exonerate; (*Konto*) to clear
Entlastung F relief; (*Comm*) crediting
Entlastungszeuge M defence (BRIT) *od* defense (*US*) witness
Entlastungszug M relief train
entledigen [ɛntˈleːdɪgən] VR: **sich jds/einer Sache ~** to rid o.s. of sb/sth
entleeren [ɛntˈleːrən] VT to empty; (*Darm*) to evacuate
entlegen [ɛntˈleːgən] ADJ remote
entließ *etc* [ɛntˈliːs] VB *siehe* **entlassen**
entlocken [ɛntˈlɔkən] VT: **jdm etw ~** to elicit sth from sb
entlohnen [ɛntˈloːnən] VT to pay; (*fig*) to reward
entlüften [ɛntˈlʏftən] VT to ventilate
entmachten [ɛntˈmaxtən] VT to deprive of power
entmenscht [ɛntˈmɛnʃt] ADJ inhuman, bestial
entmilitarisiert [ɛntmilitariˈziːrt] ADJ demilitarized
entmündigen [ɛntˈmʏndɪgən] VT to certify; (*Jur*) to (legally) incapacitate, to declare incapable of managing one's own affairs
entmutigen [ɛntˈmuːtɪgən] VT to discourage
Entnahme [ɛntˈnaːmə] (**-, -n**) F removal, withdrawal
Entnazifizierung [ɛntnatsifiˈtsiːrʊŋ] F denazification
entnehmen [ɛntˈneːmən] *unreg* VT *+dat* to take out of, to take from; (*folgern*) to infer from; **wie ich Ihren Worten entnehme, …** I gather from what you say that …
entpuppen [ɛntˈpʊpən] VR (*fig*) to reveal o.s., to turn out; **sich als etw ~** to turn out to be sth
entradikalisieren [ɛntradikaliˈziːrən] VT to deradicalize
entrahmen [ɛntˈraːmən] VT to skim
entreißen [ɛntˈraisən] *unreg* VT: **jdm etw ~** to snatch sth (away) from sb
entrichten [ɛntˈrɪçtən] VT (*form*) to pay
entrosten [ɛntˈrɔstən] VT to derust
entrüsten [ɛntˈrʏstən] VT to incense, to outrage ▶ VR to be filled with indignation
entrüstet ADJ indignant, outraged
Entrüstung F indignation
Entsafter [ɛntˈzaftər] (**-s, -**) M juice extractor
entsagen [ɛntˈzaːgən] VI *+dat* to renounce
entschädigen [ɛntˈʃɛːdɪgən] VT to compensate
Entschädigung F compensation
entschärfen [ɛntˈʃɛrfən] VT to defuse; (*Kritik*) to tone down
Entscheid [ɛntˈʃait] (**-(e)s, -e**) M (*form*) decision
★**entscheiden** *unreg* VT, VI, VR to decide; **darüber habe ich nicht zu ~** that is not for me to decide; **sich für jdn/etw ~** to decide in favour of sb/sth
entscheidend ADJ decisive; (*Stimme*) casting; **das Entscheidende** the decisive *od* deciding factor
Entscheidung F decision; **wie ist die ~ ausgefallen?** which way did the decision go?
Entscheidungs- ZW: **Entscheidungsbefugnis** F decision-making powers *pl*; **entscheidungs-**

fähig ADJ capable of deciding; **Entscheidungsspiel** NT play-off; **Entscheidungsträger(in)** M(F) decision-maker

entschied *etc* [ɛnt'ʃiːt] VB *siehe* **entscheiden**

entschieden [ɛnt'ʃiːdən] PP *von* **entscheiden** ▶ ADJ decided; (*entschlossen*) resolute; **das geht ~ zu weit** that's definitely going too far

Entschiedenheit F firmness, determination

entschlacken [ɛnt'ʃlakən] VT (*Med: Körper*) to purify

entschließen [ɛnt'ʃliːsən] *unreg* VR to decide; **sich zu nichts ~ können** to be unable to make up one's mind; **kurz entschlossen** straight away

Entschließungsantrag M (*Pol*) resolution proposal

entschloss *etc* [ɛnt'ʃlɔs] VB *siehe* **entschließen**

entschlossen [ɛnt'ʃlɔsən] PP *von* **entschließen** ▶ ADJ determined, resolute; **Entschlossenheit** F determination

entschlüpfen [ɛnt'ʃlʏpfən] VI to escape, to slip away; (*fig: Wort etc*) to slip out

Entschluss [ɛnt'ʃlʊs] M decision; **aus eigenem ~ handeln** to act on one's own initiative; **es ist mein fester ~** it is my firm intention

entschlüsseln [ɛnt'ʃlʏsəln] VT to decipher; to decode

entschlussfreudig ADJ decisive

Entschlusskraft F determination, decisiveness

entschuldbar [ɛnt'ʃʊltbaːr] ADJ excusable

★**entschuldigen** [ɛnt'ʃʊldɪgən] VT to excuse ▶ VR to apologize ▶ VI: **~ Sie (bitte)!** excuse me; (*Verzeihung*) sorry; **jdn bei jdm ~** to make sb's excuses *od* apologies to sb; **sich ~ lassen** to send one's apologies

entschuldigend ADJ apologetic

★**Entschuldigung** F apology; (*Grund*) excuse; **jdn um ~ bitten** to apologize to sb; **~!** excuse me; (*Verzeihung*) sorry

entschwefeln [ɛnt'ʃveːfəln] VT to desulphurize

Entschwefelungsanlage F desulphurization plant

entschwinden [ɛnt'ʃvɪndən] *unreg* VI to disappear

entsetzen [ɛnt'zɛtsən] VT to horrify ▶ VR to be horrified *od* appalled; **Entsetzen (-s)** NT horror, dismay

★**entsetzlich** ADJ dreadful, appalling

entsetzt ADJ horrified

entsichern [ɛnt'zɪçərn] VT to release the safety catch of

entsinnen [ɛnt'zɪnən] *unreg* VR *+gen* to remember

entsorgen [ɛnt'zɔrgən] VT: **eine Stadt ~** to dispose of a town's refuse and sewage

Entsorgung F waste disposal; (*von Chemikalien*) disposal

★**entspannen** [ɛnt'ʃpanən] VT, VR (*Körper*) to relax; (*Pol: Lage*) to ease

Entspannung F relaxation, rest; (*Pol*) détente

Entspannungspolitik F policy of détente

Entspannungsübungen PL relaxation exercises *pl*

entspr. ABK = **entsprechend**

entsprach *etc* [ɛnt'ʃpraːx] VB *siehe* **entsprechen**

entsprechen [ɛnt'ʃprɛçən] *unreg* VI *+dat* to correspond to; (*Anforderungen, Wünschen*) to meet, to comply with

entsprechend ADJ appropriate ▶ ADV accordingly ▶ PRÄP *+dat*: **er wird seiner Leistung ~ bezahlt** he is paid according to output

entspricht [ɛnt'ʃprɪçt] VB *siehe* **entsprechen**

entspringen [ɛnt'ʃprɪŋən] *unreg* VI *+dat* to spring (from)

entsprochen [ɛnt'ʃprɔxən] PP *von* **entsprechen**

entstaatlichen [ɛnt'ʃtaːtlɪçən] VT to denationalize

entstammen [ɛnt'ʃtamən] VI *+dat* to stem *od* come from

entstand *etc* [ɛnt'ʃtant] VB *siehe* **entstehen**

entstanden [ɛnt'ʃtandən] PP *von* **entstehen**

entstehen [ɛnt'ʃteːən] *unreg* VI: **~ (aus** *od* **durch)** to arise (from), to result (from); **wir wollen nicht den Eindruck ~ lassen, …** we don't want to give rise to the impression that …; **für entstehenden** *od* **entstandenen Schaden** for damages incurred

Entstehung F genesis, origin

entstellen [ɛnt'ʃtɛlən] VT to disfigure; (*Wahrheit*) to distort

Entstellung F disfigurement; (*von Wahrheit*) distortion

entstören [ɛnt'ʃtøːrən] VT (*Rundf*) to eliminate interference from; (*Aut*) to suppress

★**enttäuschen** [ɛnt'tɔʏʃən] VT to disappoint

★**Enttäuschung** F disappointment

entwachsen [ɛnt'vaksən] *unreg* VI *+dat* to outgrow, to grow out of; (*geh: herauswachsen aus*) to spring from

entwaffnen [ɛnt'vafnən] VT (*lit, fig*) to disarm

entwaffnend ADJ disarming

Entwarnung [ɛnt'varnʊŋ] F all clear (signal)

entwässern [ɛnt'vɛsərn] VT to drain

Entwässerung F drainage

★**entweder** [ɛnt'veːdər] KONJ either; **~ … oder …** either … or …

entweichen [ɛnt'vaɪçən] *unreg* VI to escape

entweihen [ɛnt'vaɪən] *unreg* VT to desecrate

entwenden [ɛnt'vɛndən] *unreg* VT to purloin, to steal

entwerfen [ɛnt'vɛrfən] *unreg* VT (*Zeichnung*) to sketch; (*Modell*) to design; (*Vortrag, Gesetz etc*) to draft

★**entwerten** [ɛnt'veːrtən] VT to devalue; (*stempeln*) to cancel

★**Entwerter (-s, -)** M (ticket-)cancelling (BRIT) *od* canceling (US) machine

entwickeln [ɛntˈvɪkəln] VT (*auch Phot*) to develop ; (*Mut, Energie*) to show, to display ▶ VR to develop
Entwickler(in) (**-s, -**) M(F) developer
Entwicklung [ɛntˈvɪklʊŋ] F development; (*Phot*) developing; **in der ~** at the development stage; (*Jugendliche etc*) still developing
Entwicklungs- ZW: **Entwicklungsabschnitt** M stage of development; **Entwicklungshelfer(in)** M(F) VSO worker (BRIT), Peace Corps worker (US); **Entwicklungshilfe** F aid for developing countries; **Entwicklungsjahre** PL adolescence *sing*; **Entwicklungsland** NT developing country; **Entwicklungszeit** F period of development; (*Phot*) developing time
entwirren [ɛntˈvɪrən] VT to disentangle
entwischen [ɛntˈvɪʃən] VI to escape
entwöhnen [ɛntˈvøːnən] VT to wean; (*Süchtige*): **(einer Sache** *dat od* **von etw) ~** to cure (of sth)
Entwöhnung F weaning; (*von Sucht*) cure, curing
entwürdigend [ɛntˈvʏrdɪgənt] ADJ degrading
Entwurf [ɛntˈvʊrf] M outline, design; (*Vertragsentwurf, Konzept*) draft
entwurzeln [ɛntˈvʊrtsəln] VT to uproot
entziehen [ɛntˈtsiːən] *unreg* VT *+dat* to withdraw (from), to take away (from); (*Flüssigkeit*) to draw (from), to extract (from) ▶ VR *+dat* to escape (from); (*jds Kenntnis*) to be outside *od* beyond; (*der Pflicht*) to shirk (from); **sich jds Blicken ~** to be hidden from sight
Entziehung F withdrawal
Entziehungsanstalt F drug addiction/alcoholism treatment centre (BRIT) *od* center (US)
Entziehungskur F treatment for drug addiction/alcoholism
entziffern [ɛntˈtsɪfərn] VT to decipher; (*Funkspruch*) to decode
entzücken [ɛntˈtsʏkən] VT to delight; **Entzücken (-s)** NT delight
entzückend ADJ delightful, charming
Entzug [ɛntˈtsuːk] **(-(e)s)** M (*einer Lizenz etc, Med*) withdrawal
Entzugserscheinung F withdrawal symptom
entzündbar ADJ: **leicht ~** highly inflammable; (*fig*) easily roused
entzünden [ɛntˈtsʏndən] VT to light, to set light to; (*fig, Med*) to inflame; (*Streit*) to spark off ▶ VR (*lit, fig*) to catch fire; (*Streit*) to start; (*Med*) to become inflamed
Entzündung F (*Med*) inflammation
entzwei [ɛntˈtsvaɪ] ADV in two; (*kaputt*) broken; **entzwei|brechen** *unreg* VT, VI to break in two
entzweien VT to set at odds ▶ VR to fall out
entzwei|gehen *unreg* VI to break (in two)
Enzian [ˈɛntsiaːn] (**-s, -e**) M gentian
Enzyklika [ɛnˈtsyːklika] (**-, -liken**) F (*Rel*) encyclical
Enzyklopädie [ɛntsyklopɛˈdiː] F encyclop(a)edia
Enzym [ɛnˈtsyːm] (**-s, -e**) NT enzyme
Epen PL *von* **Epos**
Epidemie [epideˈmiː] F epidemic
Epilepsie [epileˈpsiː] F epilepsy
episch [ˈeːpɪʃ] ADJ epic
Episode [epiˈzoːdə] (**-, -n**) F episode
Epoche [eˈpɔxə] (**-, -n**) F epoch; **epochemachend** ADJ epoch-making
Epos [ˈeːpɔs] (**-, Epen**) NT epic (poem)
Equipe [eˈkɪp] (**-, -n**) F team
er [eːr] PRON he; (*Sache*) it
erachten [ɛrˈ|axtən] VT (*geh*): **~ für** *od* **als** to consider (to be); **meines Erachtens** in my opinion
erarbeiten [ɛrˈ|arbaɪtən] VT to work for, to acquire; (*Theorie*) to work out
Erbanlage [ˈɛrp|anlaːgə] F hereditary factor(s *pl*)
erbarmen [ɛrˈbarmən] VR *+gen* to have pity *od* mercy (on) ▶ VT: **er sieht zum E~ aus** he's a pitiful sight; **Herr, erbarme dich (unser)!** Lord, have mercy (upon us)!; **Erbarmen (-s)** NT pity
erbärmlich [ɛrˈbɛrmlɪç] ADJ wretched, pitiful; **Erbärmlichkeit** F wretchedness
Erbarmungs- ZW: **erbarmungslos** ADJ pitiless, merciless; **erbarmungsvoll** ADJ compassionate; **erbarmungswürdig** ADJ pitiable, wretched
erbauen [ɛrˈbaʊən] VT to build, to erect; (*fig*) to edify; **er ist von meinem Plan nicht besonders erbaut** (*umg*) he isn't particularly enthusiastic about my plan
Erbauer(in) (**-s, -**) M(F) builder
erbaulich ADJ edifying
Erbauung F construction; (*fig*) edification
erbberechtigt ADJ entitled to inherit
erbbiologisch ADJ: **erbbiologisches Gutachten** (*Jur*) blood test (*to establish paternity*)
Erbe[1] [ˈɛrbə] (**-n, -n**) M heir; **jdn zum** *od* **als Erben einsetzen** to make sb one's/sb's heir
Erbe[2] [ˈɛrbə] (**-s**) NT inheritance; (*fig*) heritage
erben VT to inherit; (*umg: geschenkt bekommen*) to get, to be given
erbeuten [ɛrˈbɔytən] VT to carry off; (*Mil*) to capture
Erb- ZW: **Erbfaktor** M gene; **Erbfehler** M hereditary defect; **Erbfeind** M traditional *od* arch enemy; **Erbfolge** F (line of) succession
Erbin F heiress
erbitten [ɛrˈbɪtən] *unreg* VT to ask for, request
erbittern [ɛrˈbɪtərn] VT to embitter; (*erzürnen*) to incense
erbittert [ɛrˈbɪtərt] ADJ (*Kampf*) fierce, bitter
erblassen [ɛrˈblasən] VI to (turn) pale
Erblasser(in) [ˈɛrblasər(ɪn)] (**-s, -**) M(F) (*Jur*) *person who leaves an inheritance*
erbleichen [ɛrˈblaɪçən] *unreg* VI to (turn) pale
erblich [ˈɛrplɪç] ADJ hereditary; **er/sie ist ~ (vor)belastet** it runs in the family
erblichen PP *von* **erbleichen**

erblicken [ɛrˈblɪkən] VT to see; (*erspähen*) to catch sight of

erblinden [ɛrˈblɪndən] VI to go blind

Erbmasse [ˈɛrpmasə] F estate; (*Biol*) genotype

erbosen [ɛrˈbo:zən] VT (*geh*) to anger ▸ VR to grow angry

★**erbrechen** [ɛrˈbrɛçən] *unreg* VT, VR to vomit

Erbrecht NT hereditary right; (*Gesetze*) law of inheritance

Erbschaft F inheritance, legacy

Erbschaftssteuer F estate *od* death duties *pl*

Erbschleicher(in) [ˈɛrpʃlaɪçər(ɪn)] (**-s, -**) M(F) legacy-hunter

★**Erbse** [ˈɛrpsə] (**-, -n**) F pea

Erb- zW: **Erbstück** NT heirloom; **Erbsünde** F (*Rel*) original sin; **Erbteil** NT inherited trait; (*Jur*) (portion of) inheritance

Erd- zW: **Erdachse** F earth's axis; **Erdapfel** (ÖSTERR) M potato; **Erdatmosphäre** F earth's atmosphere; **Erdbahn** F orbit of the earth; **Erdbeben** NT earthquake; ★**Erdbeere** F strawberry; **Erdboden** M ground; **etw dem ~ gleichmachen** to level sth, to raze sth to the ground

★**Erde** (**-, -n**) F earth; **zu ebener ~** at ground level; **auf der ganzen ~** all over the world; **du wirst mich noch unter die ~ bringen** (*umg*) you'll be the death of me yet

erden VT (*Elek*) to earth

erdenkbar [ɛrˈdɛŋkba:r] ADJ conceivable; **sich** *dat* **alle erdenkbare Mühe geben** to take the greatest (possible) pains

erdenklich [ɛrˈdɛŋklɪç] ADJ = **erdenkbar**

Erdg. ABK = **Erdgeschoss**

Erd- zW: **Erdgas** NT natural gas; ★**Erdgeschoss** NT ground floor (BRIT), first floor (*US*); ★**Erdkunde** F geography; **Erdnuss** F peanut; **Erdoberfläche** F surface of the earth; **Erdöl** NT (mineral) oil; **Erdölfeld** NT oilfield; **Erdölindustrie** F oil industry; **Erdreich** NT soil, earth

erdreisten [ɛrˈdraɪstən] VR to dare, to have the audacity (*to do sth*)

erdrosseln [ɛrˈdrɔsəln] VT to strangle, to throttle

erdrücken [ɛrˈdrʏkən] VT to crush; **erdrückende Übermacht/erdrückendes Beweismaterial** overwhelming superiority/evidence

Erd- zW: **Erdrutsch** M landslide; **Erdstoß** M (seismic) shock; **Erdteil** M continent

erdulden [ɛrˈdʊldən] VT to endure, to suffer

E-Reader [ˈi:ˈri:dər] M e-reader

ereifern [ɛrˈ|aɪfərn] VR to get excited

ereignen [ɛrˈ|aɪgnən] VR to happen

Ereignis [ɛrˈ|aɪgnɪs] (**-ses, -se**) NT event; **ereignislos** ADJ uneventful; **ereignisreich** ADJ eventful

Eremit [ereˈmi:t] (**-en, -en**) M hermit

★**erfahren** [ɛrˈfa:rən] *unreg* VT to learn, to find out; (*erleben*) to experience ▸ ADJ experienced

★**Erfahrung** F experience; **Erfahrungen sammeln** to gain experience; **etw in ~ bringen** to learn *od* find out sth

Erfahrungsaustausch M exchange of experiences

erfahrungsgemäß ADV according to experience

erfand *etc* [ɛrˈfant] VB *siehe* **erfinden**

erfassen [ɛrˈfasən] VT to seize; (*fig: einbeziehen*) to include, to register; (*verstehen*) to grasp

erfinden [ɛrˈfɪndən] *unreg* VT to invent; **frei erfunden** completely fictitious

Erfinder(in) (**-s, -**) M(F) inventor; **erfinderisch** ADJ inventive

Erfindung F invention

Erfindungsgabe F inventiveness

★**Erfolg** [ɛrˈfɔlk] (**-(e)s, -e**) M success; (*Folge*) result; **~ versprechend** promising; **viel ~!** good luck!

erfolgen [ɛrˈfɔlgən] VI to follow; (*sich ergeben*) to result; (*stattfinden*) to take place; (*Zahlung*) to be effected; **nach erfolgter Zahlung** when payment has been made

Erfolg- zW: **erfolglos** ADJ unsuccessful; **Erfolglosigkeit** F lack of success; ★**erfolgreich** ADJ successful

Erfolgserlebnis NT feeling of success, sense of achievement

erfolgversprechend ADJ *siehe* **Erfolg**

erforderlich ADJ requisite, necessary

erfordern [ɛrˈfɔrdərn] VT to require, to demand

Erfordernis (**-ses, -se**) NT requirement, prerequisite

erforschen [ɛrˈfɔrʃən] VT (*Land*) to explore; (*Problem*) to investigate; (*Gewissen*) to search

Erforscher(in) (**-s, -**) M(F) explorer; (*Ermittler*) investigator

Erforschung F exploration; (*von Problem*) investigation; (*von Gewissen*) searching

erfragen [ɛrˈfra:gən] VT to inquire, to ascertain

erfreuen [ɛrˈfrɔʏən] VR: **sich ~ an** *+dat* to enjoy ▸ VT to delight; **sich einer Sache** *gen* **~** (*geh*) to enjoy sth; **sehr erfreut!** (*form: bei Vorstellung*) pleased to meet you!

erfreulich [ɛrˈfrɔʏlɪç] ADJ pleasing, gratifying

erfreulicherweise ADV happily, luckily

erfrieren [ɛrˈfri:rən] *unreg* VI to freeze (to death); (*Glieder*) to get frostbitten; (*Pflanzen*) to be killed by frost

erfrischen [ɛrˈfrɪʃən] VT to refresh

Erfrischung F refreshment

Erfrischungsraum M snack bar, cafeteria

erfüllen [ɛrˈfʏlən] VT (*Raum etc*) to fill; (*fig: Bitte etc*) to fulfil (BRIT), to fulfill (*US*) ▸ VR to come true; **ein erfülltes Leben** a full life

Erfüllung F: **in ~ gehen** to be fulfilled

erfunden [ɛrˈfʊndən] PP *von* **erfinden**

ergab *etc* [ɛrˈga:p] VB *siehe* **ergeben**

ergänzen [ɛrˈgɛntsən] VT to supplement, to complete ▸ VR to complement one another

Ergänzung F completion; (*Zusatz*) supplement

ergattern [ɛrˈgatərn] (*umg*) VT to get hold of, to hunt up

ergaunern [ɛrˈgaʊnərn] (*umg*) VT: **sich** *dat* **etw ~** to get hold of sth by underhand methods

ergeben [ɛrˈgeːbən] *unreg* VT (*Betrag*) to come to; (*zum Ergebnis haben*) to result in ▶ VR to surrender; (*folgen*) to result ▶ ADJ devoted; (*demütig*) humble; **sich einer Sache** *dat* **~** (*sich hingeben*) to give o.s. up to sth, to yield to sth; **es ergab sich, dass unsere Befürchtungen ...** it turned out that our fears ...; **dem Trunk ~** addicted to drink

Ergebenheit F devotion; (*Demut*) humility

Ergebnis [ɛrˈgeːpnɪs] (**-ses, -se**) NT result; **zu einem ~ kommen** to come to *od* reach a conclusion; **ergebnislos** ADJ without result, fruitless; **~ bleiben** *od* **verlaufen** to come to nothing

ergehen [ɛrˈgeːən] *unreg* VI (*form*) to be issued, to go out ▶ VI UNPERS: **es ergeht ihm gut/schlecht** he's faring *od* getting on well/badly ▶ VR: **sich in etw** *dat* **~** to indulge in sth; **etw über sich** *akk* **~ lassen** to put up with sth; **sich (in langen Reden) über ein Thema ~** (*fig*) to hold forth at length on sth

ergiebig [ɛrˈgiːbɪç] ADJ productive

ergo [ˈɛrgo] KONJ therefore, ergo (*liter, hum*)

Ergonomie [ɛrgonoˈmiː] F ergonomics *pl*

ergötzen [ɛrˈgœtsən] VT to amuse, to delight

ergrauen [ɛrˈgraʊən] VI to turn *od* go grey (BRIT) *od* gray (*US*)

ergreifen [ɛrˈgraɪfən] *unreg* VT (*lit, fig*) to seize; (*Beruf*) to take up; (*Maßnahmen*) to resort to; (*rühren*) to move; **er ergriff das Wort** he began to speak

ergreifend ADJ moving, affecting

ergriff *etc* [ɛrˈgrɪf] VB *siehe* **ergreifen**

ergriffen PP *von* **ergreifen** ▶ ADJ deeply moved

Ergriffenheit F emotion

ergründen [ɛrˈgryndən] VT (*Sinn etc*) to fathom; (*Ursache, Motive*) to discover

Erguss [ɛrˈgʊs] (**-es, Ergüsse**) M discharge; (*fig*) outpouring, effusion

erhaben [ɛrˈhaːbən] ADJ (*lit*) raised, embossed; (*fig*) exalted, lofty; **über etw** *akk* **~ sein** to be above sth

Erhalt M: **bei** *od* **nach ~** on receipt

erhält [ɛrˈhɛlt] VB *siehe* **erhalten**

erhalten [ɛrˈhaltən] *unreg* VT to receive; (*bewahren*) to preserve, to maintain; **das Wort ~** to receive permission to speak; **jdn am Leben ~** to keep sb alive; **gut ~** in good condition

erhältlich [ɛrˈhɛltlɪç] ADJ obtainable, available

Erhaltung F maintenance, preservation

erhängen [ɛrˈhɛŋən] VT, VR to hang

erhärten [ɛrˈhɛrtən] VT to harden; (*These*) to substantiate, to corroborate

erhaschen [ɛrˈhaʃən] VT to catch

erheben [ɛrˈheːbən] *unreg* VT to raise; (*Protest, Forderungen*) to make; (*Fakten*) to ascertain ▶ VR to rise (up); **sich über etw** *akk* **~** to rise above sth

erheblich [ɛrˈheːplɪç] ADJ considerable

erheitern [ɛrˈhaɪtərn] VT to amuse, to cheer (up)

Erheiterung F exhilaration; **zur allgemeinen ~** to everybody's amusement

erhellen [ɛrˈhɛlən] VT (*lit, fig*) to illuminate; (*Geheimnis*) to shed light on ▶ VR (*Fenster*) to light up; (*Himmel, Miene*) to brighten (up); (*Gesicht*) to brighten up

erhielt *etc* [ɛrˈhiːlt] VB *siehe* **erhalten**

erhitzen [ɛrˈhɪtsən] VT to heat ▶ VR to heat up; (*fig*) to become heated *od* aroused

erhoffen [ɛrˈhɔfən] VT to hope for; **was erhoffst du dir davon?** what do you hope to gain from it?

erhöhen [ɛrˈhøːən] VT to raise; (*verstärken*) to increase; **erhöhte Temperatur haben** to have a temperature

Erhöhung F (*Gehalt*) increment

★**erholen** [ɛrˈhoːlən] VR to recover; (*entspannen*) to have a rest; (*fig: Preise, Aktien*) to rally, to pick up

erholsam ADJ restful

Erholung F recovery; (*Entspannung*) relaxation, rest

erholungsbedürftig ADJ in need of a rest, run-down

Erholungsgebiet NT holiday (BRIT) *od* vacation (*US*) area

Erholungsheim NT convalescent home

erhören [ɛrˈhøːrən] VT (*Gebet etc*) to hear; (*Bitte etc*) to yield to

Erika [ˈeːrika] (**-, Eriken**) F heather

★**erinnern** [ɛrˈ|ɪnərn] VT: **~ (an** *+akk***)** to remind (of) ▶ VR: **sich (an etw** *akk***) ~** to remember (sth)

> Um jemanden an etwas zu erinnern, verwendet man **to remind** (zwangsläufig gefolgt von der Präposition **of**). Wenn man sich erinnert, verwendet man **to remember**.

★**Erinnerung** F memory; (*Andenken*) souvenir; (*Mahnung*) reminder ■ **Erinnerungen** PL (*Lebenserinnerung*) reminiscences *pl*; (*Liter*) memoirs *pl*; **jdn/etw in guter ~ behalten** to have pleasant memories of sb/sth

Erinnerungsschreiben NT (*Comm*) reminder

Erinnerungstafel F commemorative plaque

Eritrea [eriˈtreːa] (**-s**) NT Eritrea

erkalten [ɛrˈkaltən] VI to go cold, to cool (down)

erkälten [ɛrˈkɛltən] VR to catch cold; **sich** *dat* **die Blase ~** to catch a chill in one's bladder

★**erkältet** ADJ with a cold; **~ sein** to have a cold

★**Erkältung** F cold

erkämpfen [ɛrˈkɛmpfən] VT to win, to secure

erkannt [ɛrˈkant] PP *von* **erkennen**

erkannte *etc* VB *siehe* **erkennen**

erkennbar ADJ recognizable

★**erkennen** [ɛrˈkɛnən] *unreg* VT to recognize; (*sehen, verstehen*) to see; **jdm zu ~ geben, dass ...** to give sb to understand that ...

erkenntlich ADJ: **sich ~ zeigen** to show one's appreciation; **Erkenntlichkeit** F gratitude; (*Geschenk*) token of one's gratitude

Erkenntnis (-, -se) F knowledge; (*das Erkennen*) recognition; (*Einsicht*) insight; **zur ~ kommen** to realize

Erkennung F recognition

Erkennungsdienst M police records department

Erkennungsmarke F identity disc

Erker [ˈɛrkər] (-s, -) M bay; **Erkerfenster** NT bay window

erklärbar ADJ explicable

★**erklären** [ɛrˈklɛːrən] VT to explain; (*Rücktritt*) to announce; (*Politiker, Pressesprecher etc*) to say; **ich kann mir nicht ~, warum ...** I can't understand why ...

erklärlich ADJ explicable; (*verständlich*) understandable

erklärt ADJ *attrib* (*Gegner etc*) professed, avowed; (*Favorit, Liebling*) acknowledged

Erklärung F explanation; (*Aussage*) declaration

erklecklich [ɛrˈklɛklɪç] ADJ considerable

erklimmen [ɛrˈklɪmən] *unreg* VT to climb to

erklingen [ɛrˈklɪŋən] *unreg* VI to resound, to ring out

erklomm *etc* [ɛrˈklɔm] VB *siehe* **erklimmen**

erklommen PP *von* **erklimmen**

erkranken [ɛrˈkraŋkən] VI: **~ (an** *+dat***)** to be taken ill (with); (*Organ, Pflanze, Tier*) to become diseased (with)

Erkrankung F illness

erkunden [ɛrˈkʊndən] VT to find out, to ascertain; (*bes Mil*) to reconnoitre (BRIT), to reconnoiter (US)

★**erkundigen** [ɛrˈkʊndɪɡən] VR: **sich ~ (nach)** to inquire (about); **ich werde mich ~** I'll find out

Erkundigung F inquiry; **Erkundigungen einholen** to make inquiries

Erkundung F (*Mil*) reconnaissance, scouting

erlahmen [ɛrˈlaːmən] VI to tire; (*nachlassen*) to flag, to wane

erlangen [ɛrˈlaŋən] VT to attain, to achieve

Erlass [ɛrˈlas] (-es, -e) M decree; (*Aufhebung*) remission

erlassen *unreg* VT (*Verfügung*) to issue; (*Gesetz*) to enact; (*Strafe*) to remit; **jdm etw ~** to release sb from sth

★**erlauben** [ɛrˈlaubən] VT to allow, to permit ▶ VR: **sich** *dat* **etw ~** (*Zigarette, Pause*) to permit o.s. sth; (*Bemerkung, Verschlag*) to venture sth; (*sich leisten*) to afford sth; **jdm etw ~** to allow *od* permit sb (to do) sth; **~ Sie?** may I?; **~ Sie mal!** do you mind!; **was ~ Sie sich (eigentlich)!** how dare you!

★**Erlaubnis** [ɛrˈlaupnɪs] (-, -se) F permission

erläutern [ɛrˈlɔʏtərn] VT to explain

Erläuterung F explanation; **zur ~** in explanation

Erle [ˈɛrlə] (-, -n) F alder

erleben [ɛrˈleːbən] VT to experience; (*Zeit*) to live through; (*miterleben*) to witness; (*noch miterleben*) to live to see; **so wütend habe ich ihn noch nie erlebt** I've never seen *od* known him so furious

Erlebnis [ɛrˈleːpnɪs] (-ses, -se) NT experience

erledigen [ɛrˈleːdɪɡən] VT to take care of, to deal with; (*Antrag etc*) to process; (*umg: erschöpfen*) to wear out; (*ruinieren*) to finish; (*umbringen*) to do in ▶ VR: **das hat sich erledigt** that's all settled; **das ist erledigt** that's taken care of, that's been done; **ich habe noch einiges in der Stadt zu ~** I've still got a few things to do in town

erledigt (*umg*) ADJ (*erschöpft*) shattered, done in; (*ruiniert*) finished, ruined

erlegen [ɛrˈleːɡən] VT to kill

erleichtern [ɛrˈlaɪçtərn] VT to make easier; (*fig: Last*) to lighten; (*lindern, beruhigen*) to relieve

erleichtert ADJ relieved; **~ aufatmen** to breathe a sigh of relief

Erleichterung F facilitation; (*von Last*) lightening; (*Linderung*) relief

erleiden [ɛrˈlaɪdən] *unreg* VT to suffer, to endure

erlernbar ADJ learnable

erlernen [ɛrˈlɛrnən] VT to learn, to acquire

erlesen [ɛrˈleːzən] ADJ select, choice

erleuchten [ɛrˈlɔʏçtən] VT to illuminate; (*fig*) to inspire

Erleuchtung F (*Einfall*) inspiration

erliegen [ɛrˈliːɡən] *unreg* VI *+dat* (*lit, fig*) to succumb to; (*einem Irrtum*) to be the victim of; **zum E~ kommen** to come to a standstill

erlischt [ɛrˈlɪʃt] VB *siehe* **erlöschen**

erlogen [ɛrˈloːɡən] ADJ untrue, made-up

Erlös [ɛrˈløːs] (-es, -e) M proceeds *pl*

erlosch *etc* [ɛrˈlɔʃ] VB *siehe* **erlöschen**

erlöschen [ɛrˈlœʃən] *unreg* VI (*Feuer*) to go out; (*Interesse*) to cease, to die; (*Vertrag, Recht*) to expire; **ein erloschener Vulkan** an extinct volcano

erlösen [ɛrˈløːzən] VT to redeem, to save

Erlöser (-s, -) M (*Rel*) Redeemer; (*Befreier*) saviour (BRIT), savior (US)

Erlösung F release; (*Rel*) redemption

ermächtigen [ɛrˈmɛçtɪɡən] VT to authorize, to empower

Ermächtigung F authorization

ermahnen [ɛrˈmaːnən] VT to admonish, to exhort

Ermahnung F admonition, exhortation

Ermangelung [ɛrˈmaŋəlʊŋ], **Ermanglung** [ɛrˈmaŋlʊŋ] F: **in Ermang(e)lung** *+gen* because of the lack of

ermäßigen [ɛrˈmɛsɪɡən] VT to reduce

★**Ermäßigung** F reduction

ermessen [ɛrˈmɛsən] *unreg* VT to estimate, to gauge; **Ermessen (-s)** NT estimation; **in jds ~** *dat* **liegen** to lie within sb's discretion; **nach meinem ~** in my judgement

Ermessensfrage F matter of discretion
ermitteln [ɛr'mɪtəln] VT to determine; (*Täter*) to trace ▶ VI: **gegen jdn ~** to investigate sb
Ermittlung [ɛr'mɪtlʊŋ] F determination; (*Polizeiermittlung*) investigation; **Ermittlungen anstellen (über** *+akk***)** to make inquiries (about)
Ermittlungsverfahren NT (*Jur*) preliminary proceedings *pl*
ermöglichen [ɛr'mø:klɪçən] VT *+dat* to make possible (for)
ermorden [ɛr'mɔrdən] VT to murder
Ermordung F murder
ermüden [ɛr'my:dən] VT to tire; (*Tech*) to fatigue ▶ VI to tire
★**ermüdend** ADJ tiring; (*fig*) wearisome
Ermüdung F fatigue
Ermüdungserscheinung F sign of fatigue
ermuntern [ɛr'mʊntərn] VT to rouse; (*ermutigen*) to encourage; (*beleben*) to liven up; (*aufmuntern*) to cheer up
ermutigen [ɛr'mu:tɪgən] VT to encourage
ernähren [ɛr'nɛ:rən] VT to feed, to nourish; (*Familie*) to support ▶ VR to support o.s., to earn a living; **sich ~ von** to live on
Ernährer(in) (**-s, -**) M(F) breadwinner
Ernährung F nourishment; (*Med*) nutrition; (*Unterhalt*) maintenance
ernennen [ɛr'nɛnən] *unreg* VT to appoint
Ernennung F appointment
erneuern [ɛr'nɔyərn] VT to renew; (*restaurieren*) to restore; (*renovieren*) to renovate
Erneuerung F renewal; (*Restaurierung*) restoration; (*Renovierung*) renovation
erneut ADJ renewed, fresh ▶ ADV once more
erniedrigen [ɛr'ni:drɪgən] VT to humiliate, to degrade
★**ernst** ADJ serious ▶ ADV: **es steht ~ um ihn** things don't look too good for him; **~ gemeint** meant in earnest, serious; **Ernst** [ɛrnst] (**-es**) M seriousness; **das ist mein ~** I'm quite serious; **im ~** in earnest; **~ machen mit etw** to put sth into practice; **Ernstfall** M emergency; **ernsthaft** ADJ serious; **Ernsthaftigkeit** F seriousness; **ernstlich** ADJ serious
Ernte ['ɛrntə] (**-, -n**) F harvest; **Erntedankfest** NT harvest festival (BRIT), Thanksgiving (Day) (US)
ernten VT to harvest; (*Lob etc*) to earn
ernüchtern [ɛr'nʏçtərn] VT to sober up; (*fig*) to bring down to earth
Ernüchterung F sobering up; (*fig*) disillusionment
Eroberer [ɛr'|obərər] (**-s, -**) M conqueror
erobern VT to conquer
Eroberung F conquest
eröffnen [ɛr'|œfnən] VT to open ▶ VR to present itself; **jdm etw ~** (*geh*) to disclose sth to sb
Eröffnung F opening
Eröffnungsansprache F inaugural *od* opening address
Eröffnungsfeier F opening ceremony
erogen [ɛro'ge:n] ADJ erogenous
erörtern [ɛr'|œrtərn] VT to discuss (in detail)
Erörterung F discussion
Erotik [e'ro:tɪk] F eroticism
erotisch ADJ erotic
Erpel ['ɛrpəl] (**-, -**) M drake
erpicht [ɛr'pɪçt] ADJ: **~ (auf** *+akk***)** keen (on)
erpressen [ɛr'prɛsən] VT (*Geld etc*) to extort; (*jdn*) to blackmail
Erpresser(in) (**-s, -**) M(F) blackmailer
Erpressung F blackmail; (*von Geld*) extortion
erproben [ɛr'pro:bən] VT to test; **erprobt** tried and tested
erraten [ɛr'ra:tən] *unreg* VT to guess
errechnen [ɛr'rɛçnən] VT to calculate, to work out
erregbar [ɛr're:kba:r] ADJ excitable; (*reizbar*) irritable; **Erregbarkeit** F excitability; (*Reizbarkeit*) irritability
erregen [ɛr're:gən] VT to excite; (*sexuell*) to arouse; (*ärgern*) to infuriate; (*hervorrufen*) to arouse, to provoke ▶ VR to get excited *od* worked up
Erreger (**-s, -**) M causative agent
Erregtheit F excitement; (*Beunruhigung*) agitation
Erregung F excitement; (*sexuell*) arousal
erreichbar ADJ accessible, within reach
★**erreichen** [ɛr'raɪçən] VT to reach; (*Zweck*) to achieve; (*Zug*) to catch; **wann kann ich Sie morgen ~?** when can I get in touch with you tomorrow?; **vom Bahnhof leicht zu ~** within easy reach of the station
errichten [ɛr'rɪçtən] VT to erect, to put up; (*gründen*) to establish, to set up
erringen [ɛr'rɪŋən] *unreg* VT to gain, to win
erröten [ɛr'rø:tən] VI to blush, to flush
Errungenschaft [ɛr'rʊŋənʃaft] F achievement; (*umg: Anschaffung*) acquisition
Ersatz [ɛr'zats] (**-es**) M substitute; (*von Mitarbeiter etc*) replacement; (*Schadenersatz*) compensation; (*Mil*) reinforcements *pl*; **als ~ für jdn einspringen** to stand in for sb; **Ersatzbefriedigung** F vicarious satisfaction; **Ersatzdienst** M (*Mil*) alternative service; **Ersatzkasse** F private health insurance; **Ersatzmann** M replacement; (*Sport*) substitute; **Ersatzmutter** F substitute mother; **ersatzpflichtig** ADJ liable to pay compensation; **Ersatzreifen** M (*Aut*) spare tyre (BRIT) *od* tire (US); ★ **Ersatzteil** NT spare (part); **ersatzweise** ADV as an alternative
ersaufen [ɛr'zaʊfən] *unreg* (*umg*) VI to drown
ersäufen [ɛr'zɔyfən] VT to drown
erschaffen [ɛr'ʃafən] *unreg* VT to create
★**erscheinen** [ɛr'ʃaɪnən] *unreg* VI to appear
Erscheinung F appearance; (*Geist*) apparition; (*Gegebenheit*) phenomenon; (*Gestalt*) figure; **in**

~ treten (*Merkmale*) to appear; (*Gefühle*) to show themselves

Erscheinungsform F manifestation

Erscheinungsjahr NT (*von Buch*) year of publication

erschien *etc* [ɛrˈʃi:n] VB *siehe* **erscheinen**

erschienen PP *von* **erscheinen**

erschießen [ɛrˈʃi:sən] *unreg* VT to shoot (dead)

erschlaffen [ɛrˈʃlafən] VI to go limp; (*Mensch*) to become exhausted

erschlagen [ɛrˈʃla:gən] *unreg* VT to strike dead ▶ ADJ (*umg: todmüde*) worn out, dead beat (*umg*)

erschleichen [ɛrˈʃlaɪçən] *unreg* VT to obtain by stealth *od* dubious methods

erschließen [ɛrˈʃli:sən] *unreg* VT (*Gebiet, Absatzmarkt*) to develop, to open up; (*Bodenschätze*) to tap

erschlossen [ɛrˈʃlɔsən] ADJ (*Gebiet*) developed

erschöpfen [ɛrˈʃœpfən] VT to exhaust

erschöpfend ADJ exhaustive, thorough

★**erschöpft** ADJ exhausted

Erschöpfung F exhaustion

erschossen [ɛrˈʃɔsən] (*umg*) ADJ: **(völlig) ~ sein** to be whacked, to be dead (beat)

erschrak *etc* [ɛrˈʃra:k] VB *siehe* **erschrecken²**

★**erschrecken¹** [ɛrˈʃrɛkən] VT to startle, to frighten

erschrecken² [ɛrˈʃrɛkən] *unreg* VI to be frightened *od* startled

erschreckend ADJ alarming, frightening

erschrickt [ɛrˈʃrɪkt] VB *siehe* **erschrecken²**

★**erschrocken** [ɛrˈʃrɔkən] PP *von* **erschrecken²** ▶ ADJ frightened, startled

erschüttern [ɛrˈʃʏtərn] VT to shake; (*ergreifen*) to move deeply; **ihn kann nichts ~** he always keeps his cool (*umg*)

erschütternd ADJ shattering

Erschütterung F (*des Bodens*) tremor; (*tiefe Ergriffenheit*) shock

erschweren [ɛrˈʃve:rən] VT to complicate; **erschwerende Umstände** (*Jur*) aggravating circumstances; **es kommt noch erschwerend hinzu, dass …** to compound matters …

erschwindeln [ɛrˈʃvɪndəln] VT to obtain by fraud

erschwinglich ADJ affordable

ersehen [ɛrˈze:ən] *unreg* VT: **aus etw ~, dass …** to gather from sth that …

ersehnt [ɛrˈze:nt] ADJ longed-for

ersetzbar ADJ replaceable

ersetzen [ɛrˈzɛtsən] VT to replace; **jdm Unkosten** *etc* **~** to pay sb's expenses *etc*

ersichtlich [ɛrˈzɪçtlɪç] ADJ evident, obvious

ersparen [ɛrˈʃpa:rən] VT (*Ärger etc*) to spare; (*Geld*) to save; **ihr blieb auch nichts erspart** she was spared nothing

Ersparnis (-, -se) F saving

ersprießlich [ɛrˈʃpri:slɪç] ADJ profitable, useful; (*angenehm*) pleasant

erst [e:rst]

ADV **1** first; **mach erst (ein)mal die Arbeit fertig** finish your work first; **wenn du das erst (ein)mal hinter dir hast** once you've got that behind you

2 (*nicht früher als, nur*) only; (*nicht bis*) not till; **erst gestern** only yesterday; **erst morgen** not until tomorrow; **erst als** only when, not until; **wir fahren erst später** we're not going until later; **er ist (gerade) erst angekommen** he's only just arrived

3: **wäre er doch erst zurück!** if only he were back!; **da fange ich erst gar nicht an** I simply won't bother to begin; **jetzt erst recht!** that just makes me all the more determined; **da gings erst richtig los** then things really got going

erstarren [ɛrˈʃtarən] VI to stiffen; (*vor Furcht*) to grow rigid; (*Materie*) to solidify

erstatten [ɛrˈʃtatən] VT (*Unkosten*) to refund; **Anzeige gegen jdn ~** to report sb; **Bericht ~** to make a report

Erstattung F (*von Unkosten*) reimbursement

Erstaufführung [ˈe:rst|aʊffy:rʊŋ] F first performance

erstaunen [ɛrˈʃtaʊnən] VT to astonish ▶ VI to be astonished; **Erstaunen** (-s) NT astonishment

erstaunlich ADJ astonishing

Erstausgabe F first edition

erstbeste(r, s) ADJ first that comes along

★**erste(r, s)** ADJ first; **als Erstes** first of all; **in erster Linie** first and foremost; **fürs E~** for the time being; **E~ Hilfe** first aid; **das ~ Mal** the first time

erstechen [ɛrˈʃtɛçən] *unreg* VT to stab (to death)

erstehen [ɛrˈʃte:ən] *unreg* VT to buy ▶ VI to (a)rise

ersteigen [ɛrˈʃtaɪgən] *unreg* VT to climb, to ascend

ersteigern [ɛrˈʃtaɪgərn] VT to buy at an auction

erstellen [ɛrˈʃtɛlən] VT to erect, to build

★**erstens** ADV firstly, in the first place

erstere(r, s) PRON (the) former; **der/die/das E~** the former

ersticken [ɛrˈʃtɪkən] VT (*lit, fig*) to stifle; (*Mensch*) to suffocate; (*Flammen*) to smother ▶ VI (*Mensch*) to suffocate; (*Feuer*) to be smothered; **mit erstickter Stimme** in a choked voice; **in Arbeit ~** to be snowed under with work

Erstickung F suffocation

erst- ZW: **erstklassig** ADJ first-class; **Erstkommunion** F first communion; **erstmalig** ADJ first; **erstmals** ADV for the first time; **erstrangig** ADJ first-rate

erstrebenswert [ɛrˈʃtre:bənsve:rt] ADJ desirable, worthwhile

erstrecken [ɛrˈʃtrɛkən] VR to extend, to stretch

Erststimme F first vote

> The **Erststimme** and **Zweitstimme** (first and second vote) system is used to elect MPs to the *Bundestag*. Each elector is given two votes. The first is to choose a candidate in his/her constituency; the candidate with the most votes is elected MP. The second is to choose a party. All the second votes in each *Land* are counted and a proportionate number of MPs from each party is sent to the *Bundestag*.

Ersttagsbrief M first-day cover
Ersttagsstempel M first-day (date) stamp
erstunken [ɛrˈʃtʊŋkən] ADJ: **das ist ~ und erlogen** (*umg*) that's a pack of lies
Erstwähler (**-s, -**) M first-time voter
ersuchen [ɛrˈzuːxən] VT to request
ertappen [ɛrˈtapən] VT to catch, to detect
erteilen [ɛrˈtaɪlən] VT to give
ertönen [ɛrˈtøːnən] VI to sound, to ring out
Ertrag [ɛrˈtraːk] (**-(e)s, Erträge**) M yield; (*Gewinn*) proceeds *pl*
ertragen *unreg* VT to bear, to stand
erträglich [ɛrˈtrɛːklɪç] ADJ tolerable, bearable
ertragreich ADJ (*Geschäft*) profitable, lucrative
ertrank *etc* [ɛrˈtraŋk] VB *siehe* **ertrinken**
ertränken [ɛrˈtrɛŋkən] VT to drown
erträumen [ɛrˈtrɔʏmən] VT: **sich** *dat* **etw ~** to dream of sth, to imagine sth
ertrinken [ɛrˈtrɪŋkən] *unreg* VI to drown; **Ertrinken** (**-s**) NT drowning
ertrunken [ɛrˈtrʊŋkən] PP *von* **ertrinken**
erübrigen [ɛrˈ|yːbrɪgən] VT to spare ▸ VR to be unnecessary
erwachen [ɛrˈvaxən] VI to awake; **ein böses E~** (*fig*) a rude awakening
★**erwachsen** [ɛrˈvaksən] ADJ grown-up ▸ VI *unreg*: **daraus erwuchsen ihm Unannehmlichkeiten** that caused him some trouble
★**Erwachsene(r)** F(M) adult
Erwachsenenbildung F adult education
erwägen [ɛrˈvɛːgən] *unreg* VT to consider
Erwägung F consideration; **etw in ~ ziehen** to take sth into consideration
erwähnen [ɛrˈvɛːnən] VT to mention
erwähnenswert ADJ worth mentioning
Erwähnung F mention
erwarb *etc* [ɛrˈvarp] VB *siehe* **erwerben**
erwärmen [ɛrˈvɛrmən] VT to warm, to heat ▸ VR to get warm, to warm up; **sich ~ für** to warm to
★**erwarten** [ɛrˈvartən] VT to expect; (*warten auf*) to wait for; **etw kaum ~ können** to hardly be able to wait for sth
Erwartung F expectation; **in ~ Ihrer baldigen Antwort** (*form*) in anticipation of your early reply
erwartungsgemäß ADV as expected
erwartungsvoll ADJ expectant
erwecken [ɛrˈvɛkən] VT to rouse, to awake; **den Anschein ~** to give the impression; **etw zu neuem Leben ~** to resurrect sth
erwehren [ɛrˈveːrən] VR *+gen* (*geh*) to fend off, to ward off; (*des Lachens etc*) to refrain from
erweichen [ɛrˈvaɪçən] VT to soften; **sich nicht ~ lassen** to be unmoved
erweisen [ɛrˈvaɪzən] *unreg* VT to prove ▸ VR: **sich ~ als** to prove to be; **jdm einen Gefallen/Dienst ~** to do sb a favour/service; **sich jdm gegenüber dankbar ~** to show one's gratitude to sb
erweitern [ɛrˈvaɪtərn] VT, VR to widen, to enlarge; (*Geschäft*) to expand; (*Med*) to dilate; (*fig: Kenntnisse*) to broaden; (*Macht*) to extend
Erweiterung F expansion
Erwerb [ɛrˈvɛrp] (**-(e)s, -e**) M acquisition; (*Beruf*) trade
erwerben [ɛrˈvɛrbən] *unreg* VT to acquire; **er hat sich** *dat* **große Verdienste um die Firma erworben** he has done great service for the firm
Erwerbs- ZW: **erwerbsfähig** ADJ (*form*) capable of gainful employment; **Erwerbsgesellschaft** F acquisitive society; **erwerbslos** ADJ unemployed; **Erwerbsquelle** F source of income; **erwerbstätig** ADJ (gainfully) employed; **erwerbsunfähig** ADJ unable to work
erwidern [ɛrˈviːdərn] VT to reply; (*vergelten*) to return
Erwiderung F: **in ~ Ihres Schreibens vom ...** (*form*) in reply to your letter of the ...
erwiesen [ɛrˈviːzən] ADJ proven
erwirbt [ɛrˈvɪrpt] VB *siehe* **erwerben**
erwirtschaften [ɛrˈvɪrtʃaftən] VT (*Gewinn etc*) to make by good management
erwischen [ɛrˈvɪʃən] (*umg*) VT to catch, to get; **ihn hats erwischt!** (*umg: verliebt*) he's got it bad; (*: krank*) he's got it; **kalt ~** (*umg*) to catch off-balance
erworben [ɛrˈvɔrbən] PP *von* **erwerben**
erwünscht [ɛrˈvʏnʃt] ADJ desired
erwürgen [ɛrˈvʏrgən] VT to strangle
Erz [eːrts] (**-es, -e**) NT ore
★**erzählen** [ɛrˈtsɛːlən] VT, VI to tell; **dem werd ich was ~!** (*umg*) I'll have something to say to him; **erzählende Dichtung** narrative fiction
Erzähler(in) (**-s, -**) M(F) narrator
★**Erzählung** F story, tale
Erzbischof M archbishop
Erzengel M archangel
erzeugen [ɛrˈtsɔʏgən] VT to produce; (*Strom*) to generate
Erzeuger (**-s, -**) M producer; **Erzeugerpreis** M manufacturer's price
Erzeugnis (**-ses, -se**) NT product, produce
Erzeugung F production; (*von Strom*) generation
Erzfeind M arch enemy
erziehbar ADJ: **ein Heim für schwer erziehbare Kinder** a home for difficult children

e

erziehen [ɛr'tsi:ən] *unreg* VT to bring up; (*bilden*) to educate, to train
Erzieher(in) (**-s, -**) M(F) educator; (*in Kindergarten*) nursery school teacher
Erziehung F bringing up; (*Bildung*) education
Erziehungs- zW: **Erziehungsberechtigte(r)** F(M) parent, legal guardian; **Erziehungsgeld** NT payment for new parents; **Erziehungsheim** NT community home; **Erziehungsurlaub** M leave for a new parent
erzielen [ɛr'tsi:lən] VT to achieve, to obtain; (*Tor*) to score
erzkonservativ ['ɛrtskɔnzɛrva'ti:f] ADJ ultra-conservative
erzog *etc* [ɛr'tso:k] VB *siehe* **erziehen**
erzogen [ɛr'tso:gən] PP *von* **erziehen**
erzürnen [ɛr'tsʏrnən] VT (*geh*) to anger, to incense
erzwingen [ɛr'tsvɪŋən] *unreg* VT to force, to obtain by force
es [ɛs] *nom, akk* PRON it; (*Baby, Tier*) he/she
Es [ɛs] (-) NT (*Mus: Dur*) E flat
Esche ['ɛʃə] (**-, -n**) F ash
Esel ['e:zəl] (**-s, -**) M donkey, ass; **ich ~!** (*umg*) silly me!
Eselsbrücke F (*Gedächtnishilfe*) mnemonic, aide-mémoire
Eselsohr NT dog-ear
Eskalation [ɛskalatsi'o:n] F escalation
eskalieren [ɛska'li:rən] VT, VI to escalate
Eskimo ['ɛskimo] (**-s, -s**) M (*oft: pej*) Eskimo
Eskorte [ɛs'kɔrtə] (**-, -n**) F (*Mil*) escort
eskortieren [ɛskɔr'ti:rən] VT (*geh*) to escort
Espenlaub ['ɛspənlaʊp] NT: **zittern wie ~** to shake like a leaf
essbar ['ɛsba:r] ADJ eatable, edible
★**Essecke** F dining area
★**essen** ['ɛsən] *unreg* VT, VI to eat; **~ gehen** (*auswärts*) to eat out; **~ Sie gern Äpfel?** do you like apples?; ★**Essen** (**-s, -**) NT (*Mahlzeit*) meal; (*Nahrung*) food; **~ auf Rädern** meals on wheels
Essens- zW: **Essensausgabe** F serving of meals; (*Stelle*) serving counter; **Essensmarke** F meal voucher; **Essenszeit** F mealtime
Essgeschirr NT dinner service
★**Essig** ['ɛsɪç] (**-s, -e**) M vinegar; **damit ist es ~** (*umg*) it's all off; **Essiggurke** F gherkin
Esskastanie F sweet chestnut
Essl. ABK (= *Esslöffel*) tbsp.
Ess- zW: **Esslöffel** M tablespoon; **Esstisch** M dining table; **Esswaren** PL foodstuffs *pl*; ★**Esszimmer** NT dining room
Establishment [ɪs'tæblɪʃmənt] (**-s, -s**) NT establishment
Este ['e:stə] (**-n, -n**) M, **Estin** F Estonian
Estland ['e:stlant] NT Estonia
estnisch ['e:stnɪʃ] ADJ Estonian
Estragon ['ɛstragɔn] (**-s**) M tarragon
Estrich ['ɛstrɪç] (**-s, -e**) M stone/clay *etc* floor

etablieren [eta'bli:rən] VR to establish o.s.; (*Comm*) to set up
★**Etage** [e'ta:ʒə] (**-, -n**) F floor, storey (BRIT), story (*US*)
Etagenbett NT bunk bed
Etagenwohnung F flat (BRIT), apartment (*US*)
Etappe [e'tapə] (**-, -n**) F stage
etappenweise ADV step by step, stage by stage
Etat [e'ta:] (**-s, -s**) M budget; **Etatjahr** NT financial year; **Etatposten** M budget item
etc ABK (= *et cetera*) etc.
etepetete [e:təpe'te:tə] (*umg*) ADJ fussy
Ethik ['e:tɪk] F ethics *sing*
ethisch ['e:tɪʃ] ADJ ethical
ethnisch ['ɛtnɪʃ] ADJ ethnic; **ethnische Säuberung** ethnic cleansing
Etikett [eti'kɛt] (**-(e)s, -e**) NT (*lit, fig*) label
Etikette F etiquette, manners *pl*
Etikettenschwindel M (*Pol*): **es ist reinster ~, wenn ...** it is just playing *od* juggling with names if ...
etikettieren [etikɛ'ti:rən] VT to label
etliche(r, s) ['ɛtlɪçə(r, s)] ADJ quite a lot of ▶ PRON *pl* some, quite a few; **etliches** quite a lot
Etüde [e'ty:də] (**-, -n**) F (*Mus*) étude
Etui [ɛt'vi:] (**-s, -s**) NT case
★**etwa** ['ɛtva] ADV (*ungefähr*) about; (*vielleicht*) perhaps; (*beispielsweise*) for instance; (*entrüstet, erstaunt*): **hast du ~ schon wieder kein Geld dabei?** don't tell me you haven't got any money again! ▶ ADV (*zur Bestätigung*): **Sie kommen doch, oder ~ nicht?** you are coming, aren't you?; **nicht ~** by no means; **willst du ~ schon gehen?** (surely) you don't want to go already?
etwaig ['ɛtvaɪç] ADJ possible
★**etwas** PRON something; (*fragend, verneinend*) anything; (*ein wenig*) a little ▶ ADV a little; **er kann ~** he's good; ★**Etwas** NT: **das gewisse ~** that certain something
Etymologie [etymolo'gi:] F etymology
★**EU** [e:'|u:] (-) F ABK (= *Europäische Union*) EU
EU-Befürworter(in) M(F) Europhile
euch [ɔʏç] PRON (*akk von ihr*) you; (*dat von ihr*) (to/for) you ▶ REFL PRON yourselves
★**euer** ['ɔʏər] PRON *gen von* **ihr** ▶ ADJ your
EU-Erweiterung F enlargement of the EU
EU-Gegner(in) M(F) Europhobe
EU-Kommissar(in) M(F) EU commissioner
EU-Kommission F EU commission
EU-kritisch ADJ Eurosceptic
Eule ['ɔʏlə] (**-, -n**) F owl
EU-Osterweiterung F eastward expansion of the EU
Euphemismus [ɔʏfe'mɪsmʊs] M euphemism
Eurasien [ɔʏ'ra:ziən] NT Eurasia
Euratom [ɔʏra'to:m] F ABK (= *Europäische Atomgemeinschaft*) Euratom
eure(r, s) ['ɔʏrə(r, s)] PRON yours

eurerseits ADV on your part
euresgleichen PRON people like you
euretwegen [ˈɔʏrətˈveːgən] ADV (*für euch*) for your sakes; (*wegen euch*) on your account
euretwillen [ˈɔʏrətˈvɪlən] ADV: **um ~** = **euretwegen**
eurige PRON: **der/die/das E~** (*geh*) yours
Euro [ˈɔʏro] (**-, -s**) M (*Fin*) euro
Eurocent M euro cent
Eurokrat [ɔʏroˈkraːt] (**-en, -en**) M eurocrat
Europa [ɔʏˈroːpa] (**-s**) NT Europe
Europäer(in) [ɔʏroˈpɛːər(ɪn)] (**-s, -**) M(F) European
europäisch ADJ European; **das Europäische Parlament** the European Parliament; **Europäische Union** European Union; (*Hist*): **Europäische (Wirtschafts)gemeinschaft** European (Economic) Community, Common Market
Europa- ZW: **Europameister** M European champion; **Europaparlament** NT European Parliament; **Europarat** M Council of Europe; **Europastraße** F Euroroute
Euroschein, Euro-Schein M euro note; **wie sieht der Zweihunderteuroschein aus?** what does the two hundred euro note look like?
Euter [ˈɔʏtər] (**-s, -**) NT udder
Euthanasie [ɔʏtanaˈziː] F euthanasia
EU-Verfassung F EU constitution
ev. ABK = **evangelisch**
E. V., e. V. ABK (= *eingetragener Verein*) registered association
evakuieren [evakuˈiːrən] VT to evacuate
evangelisch [evaŋˈgeːlɪʃ] ADJ Protestant
Evangelium [evaŋˈgeːliʊm] NT Gospel
Evaskostüm NT: **im ~** in her birthday suit
eventuell [evɛntuˈɛl] ADJ possible ▶ ADV possibly, perhaps
Evolution [evolutsiˈoːn] F evolution
Evolutionstheorie F theory of evolution
evtl. ABK = **eventuell**
ewig [ˈeːvɪç] ADJ eternal ▶ ADV: **auf ~** forever; **ich habe Sie ~ lange nicht gesehen** (*umg*) I haven't seen you for ages; **Ewigkeit** F eternity; **bis in alle ~** forever
EWWU (**-**) F ABK (= *Europäische Wirtschaft- und Währungsunion*) EMU
ex [ɛks] (*umg*) ADV: **etw ex trinken** to drink sth down in one
Ex [ɛks] MF ex
exakt [ɛˈksakt] ADJ exact
exaltiert [ɛksalˈtiːrt] ADJ exaggerated, effusive
Examen [ɛˈksaːmən] (**-s, -** *od* **Examina**) NT examination
Examensarbeit F dissertation
Exekutionskommando [ɛksekutsiˈoːnskɔmando] NT firing squad
Exekutive [ɛksekuˈtiːvə] F executive
Exempel [ɛˈksɛmpəl] (**-s, -**) NT example; **die Probe aufs ~ machen** to put it to the test
Exemplar [ɛksɛmˈplaːr] (**-s, -e**) NT specimen; (*Buchexemplar*) copy; **exemplarisch** ADJ exemplary
exerzieren [ɛksɛrˈtsiːrən] VI to drill
Exhibitionist [ɛkshibitsioˈnɪst] M exhibitionist
Exil [ɛˈksiːl] (**-s, -e**) NT exile
existentiell [ɛksɪstɛntsiˈɛl] ADJ = **existenziell**
Existenz [ɛksɪsˈtɛnts] F existence; (*Unterhalt*) livelihood, living; (*pej*: *Mensch*) character; **Existenzberechtigung** F right to exist; **Existenzgrundlage** F basis of one's livelihood
existenziell [ɛksɪstɛntsiˈɛl] ADJ: **von existenzieller Bedeutung** of vital significance
Existenzkampf M struggle for existence
Existenzminimum (**-s, -ma**) NT subsistence level
existieren [ɛksɪsˈtiːrən] VI to exist
exkl. ABK = **exklusive**
exklusiv [ɛkskluˈziːf] ADJ exclusive; **Exklusivbericht** M (*Presse*) exclusive report
exklusive [ɛkskluˈziːvə] PRÄP *+gen* exclusive of, not including ▶ ADV exclusive of, excluding
Exkursion [ɛkskʊrziˈoːn] F (study) trip
Exmatrikulation [ɛksmatrikulatsiˈoːn] F (*Univ*): **bei seiner ~** when he left university
exorzieren [ɛksɔrˈtsiːrən] VT to exorcize
exotisch [ɛˈksoːtɪʃ] ADJ exotic
expandieren [ɛkspanˈdiːrən] VI (*Wirts*) to expand
Expansion [ɛkspanziˈoːn] F expansion
expansiv [ɛkspanˈziːf] ADJ expansionist; (*Wirtschaftszweige*) expanding
Expedition [ɛkspeditsiˈoːn] F expedition; (*Comm*) forwarding department
Experiment [ɛksperiˈmɛnt] NT experiment
experimentell [ɛksperimɛnˈtɛl] ADJ experimental
experimentieren [ɛksperimɛnˈtiːrən] VI to experiment
Experte [ɛksˈpɛrtə] (**-n, -n**) M expert, specialist; **Expertenkommission** F think tank; **Expertenmeinung** F expert opinion
Expertin [ɛksˈpɛrtɪn] F expert, specialist
explodieren [ɛksploˈdiːrən] VI to explode
Explosion [ɛksploziˈoːn] F explosion
explosiv [ɛksploˈziːf] ADJ explosive
Exponent [ɛkspoˈnɛnt] M exponent
exponieren [ɛkspoˈniːrən] VT: **an exponierter Stelle stehen** to be in an exposed position
Export [ɛksˈpɔrt] (**-(e)s, -e**) M export
Exportartikel M export
Exporteur [ɛkspɔrˈtøːr] M exporter
Exporthandel M export trade
Exporthaus NT export house
exportieren [ɛkspɔrˈtiːrən] VT to export
Exportkaufmann M exporter
Exportland NT exporting country
Exportvertreter M export agent

Exportwirtschaft F export business *od* sector
Expressgut [ɛksˈprɛsgut] NT express goods *pl* *od* freight
Expressionismus [ɛksprɛsioˈnɪsmʊs] M expressionism
Expresszug M express (train)
★**extra** [ˈɛkstra] ADJ *unver* (*umg: gesondert*) separate; (*besondere*) extra ▸ ADV (*gesondert*) separately; (*speziell*) specially; (*absichtlich*) on purpose; (*vor Adjektiven, zusätzlich*) extra; **Extra** (**-s, -s**) NT extra; **Extraausgabe** F special edition; **Extrablatt** NT special edition
Extrakt [ɛksˈtrakt] (**-(e)s, -e**) M extract
Extratour F (*fig: umg*): **sich** *dat* **Extratouren leisten** to do one's own thing
extravagant [ɛkstravaˈgant] ADJ extravagant; (*Kleidung*) flamboyant
Extrawurst (*umg*) F (*Sonderwunsch*): **er will immer eine ~ (gebraten haben)** he always wants something different
extrem ADJ extreme; **Extrem** [ɛksˈtreːm] (**-s, -e**) NT extreme; **Extremfall** M extreme (case)
Extremist(in) M(F) extremist
Extremistenerlass [ɛkstreˈmɪstən|ɛrlas] M *law(s) governing extremism*
extremistisch [ɛkstreˈmɪstɪʃ] ADJ (*Pol*) extremist
Extremitäten [ɛkstremiˈtɛːtən] PL extremities *pl*
extrovertiert [ɛkstrovɛrˈtiːrt] ADJ extrovert
Exzellenz [ɛkstsɛˈlɛnts] F excellency
exzentrisch [ɛksˈtsɛntrɪʃ] ADJ eccentric
Exzess [ɛksˈtsɛs] (**-es, -e**) M excess
E-Zigarette F e-cigarette

Ff

F, f[1] [ɛf] (**-, -**) NT F, f; **F wie Friedrich** ≈ F for Frederick, ≈ F for Fox (*US*); **nach Schema F** (*umg*) in the usual old way

f[2] ABK (= *feminin*) fem.

Fa. ABK (= *Firma*) co.

Fabel [ˈfa:bəl] (**-, -n**) F fable; **fabelhaft** ADJ fabulous, marvellous (BRIT), marvelous (*US*)

Fabrik [faˈbri:k] F factory; **Fabrikanlage** F plant; (*Gelände*) factory premises *pl*

Fabrikant(in) [fabri:ˈkant(ɪn)] M(F) (*Hersteller*) manufacturer; (*Besitzer*) industrialist

Fabrikarbeiter(in) M(F) factory worker

Fabrikat [fabri:ˈka:t] (**-(e)s, -e**) NT product; (*Marke*) make

Fabrikation [fabri:katsiˈo:n] F manufacture, production

Fabrikbesitzer(in) M(F) factory owner

Fabrikgelände NT factory site

fabrizieren [fabriˈtsi:rən] VT (*geistiges Produkt*) to produce; (*Geschichte*) to concoct, to fabricate

Facebook® [ˈfeɪsbʊk] NT Facebook®

Fach [fax] (**-(e)s, Fächer**) NT compartment; (*in Schrank, Regal etc*) shelf; (*Sachgebiet*) subject; **ein Mann/eine Frau vom ~** an expert; **Facharbeiter(in)** M(F) skilled worker; **Facharzt** M (medical) specialist; **Fachärztin** F (medical) specialist; **Fachausdruck** M technical term; **Fachbereich** M (special) field; (*Univ*) school, faculty; **Fachbuch** NT reference book

Fächer [ˈfɛçər] (**-s, -**) M fan

Fach- zW: **Fachfrau** F expert; **Fachgebiet** NT (special) field; **Fachgeschäft** NT specialist shop (BRIT) *od* store (*US*); **Fachhändler** M stockist; ⋆ **Fachhochschule** F college; **Fachidiot** (*umg*) M narrow-minded specialist; **Fachkraft** F qualified employee; **Fachkräftemangel** M lack of skilled *od* qualified personnel; **Fachkreise** PL: **in Fachkreisen** among experts; **fachkundig** ADJ expert, specialist; **Fachlehrer(in)** M(F) specialist subject teacher; **fachlich** ADJ technical; (*beruflich*) professional; **Fachmann** (**-(e)s**, *pl* **Fachleute**) M expert; **fachmännisch** ADJ professional; **Fachrichtung** F subject area; ⋆ **Fachschule** F technical college; **fachsimpeln** VI to talk shop; **fachspezifisch** ADJ technical; **Fachverband** M trade association; **Fachwelt** F profession; **Fachwerk** NT timber frame; **Fachwerkhaus** NT half-timbered house

Fackel [ˈfakəl] (**-, -n**) F torch

fackeln (*umg*) VI to dither

Fackelzug M torchlight procession

fad, fade ADJ insipid; (*langweilig*) dull; (*Essen*) tasteless

Faden [ˈfa:dən] (**-s, Fäden**) M thread; **der rote ~** (*fig*) the central theme; **alle Fäden laufen hier zusammen** this is the nerve centre (BRIT) *od* center (*US*) of the whole thing; **Fadennudeln** PL vermicelli *sing*; **fadenscheinig** ADJ (*lit, fig*) threadbare

Fagott [faˈgɔt] (**-(e)s, -e**) NT bassoon

fähig [ˈfɛ:ɪç] ADJ: **~ (zu** *od* **+***gen***)** able (to); (*imstande*) capable (of); **zu allem ~ sein** to be capable of anything; **Fähigkeit** F ability

Fähnchen [ˈfɛ:nçən] NT pennon, streamer

fahnden [ˈfa:ndən] VI: **~ nach** to search for

Fahndung F search

Fahndungsliste F list of wanted criminals, wanted list

Fahne [ˈfa:nə] (**-, -n**) F flag; **mit fliegenden Fahnen zu jdm/etw überlaufen** to go over to sb/sth; **eine ~ haben** (*umg*) to smell of drink

Fahnenflucht F desertion

⋆ **Fahrausweis** M (*form*) ticket

Fahrbahn F carriageway (BRIT), roadway

fahrbar ADJ: **fahrbarer Untersatz** (*hum*) wheels *pl*

⋆ **Fähre** [ˈfɛ:rə] (**-, -n**) F ferry

⋆ **fahren** [ˈfa:rən] *unreg* VT to drive; (*Rad*) to ride; (*befördern*) to drive, to take; (*Rennen*) to drive in ▶ VI (*sich bewegen*) to go; (*Schiff*) to sail; (*abfahren*) to leave; **mit dem Auto/Zug ~** to go *od* travel by car/train; **mit dem Aufzug ~** to take the lift, to ride the elevator (*US*); **links/rechts ~** to drive on the left/right; **gegen einen Baum ~** to drive *od* go into a tree; **die U-Bahn fährt alle fünf Minuten** the underground goes *od* runs every five minutes; **mit der Hand ~ über** +*akk* to pass one's hand over; **(bei etw) gut/schlecht ~** (*zurechtkommen*) to do well/badly (with sth); **was ist (denn) in dich gefahren?** what's got (BRIT) *od* gotten (*US*) into you?; **einen ~ lassen** (*umg*) to fart (*!*)

fahrend ADJ: **fahrendes Volk** travelling people

⋆ **Fahrer(in)** [ˈfa:rər(ɪn)] (**-s, -**) M(F) driver; **Fahrerflucht** F hit-and-run driving

Fahr- zW: ⋆ **Fahrgast** M passenger; ⋆ **Fahrgeld** NT fare; **Fahrgelegenheit** F transport; **Fahrgestell** NT chassis; (*Aviat*) undercarriage

fahrig [ˈfaːrɪç] ADJ nervous; (*unkonzentriert*) distracted

Fahr- ZW: ★**Fahrkarte** F ticket; **Fahrkartenausgabe** F ticket office; **Fahrkartenautomat** M ticket machine; ★**Fahrkartenschalter** M ticket office

fahrlässig ADJ negligent; **fahrlässige Tötung** manslaughter; **Fahrlässigkeit** F negligence

Fahr- ZW: **Fahrlehrer(in)** M(F) driving instructor; ★**Fahrplan** M timetable; **fahrplanmäßig** ADJ (*Eisenb*) scheduled; **Fahrpraxis** F driving experience; ★**Fahrpreis** M fare; **Fahrprüfung** F driving test; ★**Fahrrad** NT bicycle; **Fahrradweg** M cycle path; **Fahrrinne** F (*Naut*) shipping channel, fairway; ★**Fahrschein** M ticket; **Fahrscheinautomat** M ticket machine; ★**Fahrschule** F driving school; **Fahrschüler(in)** M(F) learner (driver); **Fahrspur** F lane; **Fahrstreifen** M lane; ★**Fahrstuhl** M lift (BRIT), elevator (*US*); **Fahrstunde** F driving lesson

★**Fahrt** [faːrt] (-, **-en**) F journey; (*kurz*) trip; (*Aut*) drive; (*Geschwindigkeit*) speed; **gute ~!** safe journey!; **volle ~ voraus!** (*Naut*) full speed ahead!

★**fährt** [fɛːrt] VB *siehe* **fahren**

fahrtauglich [ˈfaːrtaʊklɪç] ADJ fit to drive

Fährte [ˈfɛːrtə] (-, **-n**) F track, trail; **jdn auf eine falsche ~ locken** (*fig*) to put sb off the scent

Fahrtenschreiber M tachograph

Fahrtkosten PL travelling expenses *pl*

Fahrtrichtung F course, direction

Fahr- ZW: **fahrtüchtig** [ˈfaːrtʏçtɪç] ADJ fit to drive; (*Fahrzeug*) roadworthy; **Fahrverhalten** NT (*von Fahrer*) behaviour (BRIT) *od* behavior (*US*) behind the wheel; (*von Wagen*) road performance; ★**Fahrzeug** NT vehicle; **Fahrzeughalter(in)** (**-s, -**) M(F) owner of a vehicle; **Fahrzeugpapiere** PL vehicle documents *pl*

Faible [ˈfɛːbl] (**-s, -s**) NT (*geh*) liking; (*Schwäche*) weakness; (*Vorliebe*) penchant

fair [fɛːr] ADJ fair

Fäkalien [fɛˈkaːliən] PL faeces *pl*

Faksimile [fakˈziːmile] (**-s, -s**) NT facsimile

faktisch [ˈfaktɪʃ] ADJ actual

Faktor M factor

Faktum (**-s, -ten**) NT fact

fakturieren [faktuˈriːrən] VT (*Comm*) to invoice

Fakultät [fakʊlˈtɛːt] F faculty

Falke [ˈfalkə] (**-n, -n**) M falcon

Falklandinseln [ˈfalklantˈɪnzəln] PL Falkland Islands, Falklands

★**Fall** [fal] (**-(e)s, Fälle**) M (*Sturz*) fall; (*Sachverhalt, Jur, Gram*) case; **auf jeden ~, auf alle Fälle** in any case; (*bestimmt*) definitely; **gesetzt den ~** assuming (that); **jds ~ sein** (*umg*) to be sb's cup of tea; **klarer ~!** (*umg*) sure thing!, you bet!; **das mache ich auf keinen ~** there's no way I'm going to do that

Falle (**-, -n**) F trap; (*umg: Bett*) bed; **jdm eine ~ stellen** to set a trap for sb

★**fallen** *unreg* VI to fall; (*im Krieg*) to fall, to be killed; **etw ~ lassen** to drop sth; (*Bemerkung*) to make sth; (*Plan*) to abandon sth, to drop sth

fällen [ˈfɛlən] VT (*Baum*) to fell; (*Urteil*) to pass

fällig [ˈfɛlɪç] ADJ due; (*Wechsel*) mature(d); **längst ~** long overdue; **Fälligkeit** F (*Comm*) maturity

Fallobst NT fallen fruit, windfall

★**falls** ADV in case, if

Fall- ZW: **Fallschirm** M parachute; **Fallschirmjäger** M paratrooper; **Fallschirmspringer(in)** M(F) parachutist; **Fallschirmtruppe** F paratroops *pl*; **Fallstrick** M (*fig*) trap, snare; **Fallstudie** F case study

fällt [fɛlt] VB *siehe* **fallen**

Falltür F trap door

fallweise ADJ from case to case

★**falsch** [falʃ] ADJ false; (*unrichtig*) wrong ▶ ADV: **etw ~ verstehen** to misunderstand sth, to get sth wrong; **ein falsches Spiel (mit jdm) treiben** to play (sb) false; *siehe auch* **falschliegen**

fälschen [ˈfɛlʃən] VT to forge

Fälscher(in) (**-s, -**) M(F) forger

Falschfahrer(in) M(F) *person driving the wrong way on the motorway*

Falschgeld NT counterfeit money

Falschheit F falsity, falseness; (*Unrichtigkeit*) wrongness

fälschlich ADJ false

fälschlicherweise ADV mistakenly

falsch|liegen *unreg* VI to be wrong; **~ bei/mit** to be wrong about/in

Falschmeldung F (*Presse*) false report

Fälschung F forgery

fälschungssicher ADJ forgery-proof

Faltblatt NT leaflet; (*in Zeitschrift etc*) insert

Fältchen [ˈfɛltçən] NT crease, wrinkle

Falte [ˈfaltə] (**-, -n**) F (*Knick*) fold, crease; (*Hautfalte*) wrinkle; (*Rockfalte*) pleat

falten VT to fold; (*Stirn*) to wrinkle

faltenlos ADJ without folds; (*Haut*) without wrinkles

Faltenrock M pleated skirt

Falter [ˈfaltər] (**-s, -**) M (*Tagfalter*) butterfly; (*Nachtfalter*) moth

faltig [ˈfaltɪç] ADJ (*Haut*) wrinkled; (*Rock usw*) creased

falzen [ˈfaltsən] VT (*Papierbogen*) to fold

Fam. ABK = **Familie**

familiär [familiˈɛːr] ADJ familiar

★**Familie** [faˈmiːliə] F family; **~ Otto Francke** (*als Anschrift*) Mr & Mrs Otto Francke and family; **zur ~ gehören** to be one of the family

Familien- ZW: **Familienanschluss** M: **Unterkunft mit ~** *accommodation where one is treated as one of the family*; **Familienkreis** M family circle; **Familienmitglied** NT member of the family; ★**Familienname** M surname; **Familienpackung** F family(-size) pack; **Familienplanung** F family planning; ★**Familienstand** M marital status; **Familienunternehmen** NT family business; **Familienvater** M head of the family;

Familienverhältnisse PL family circumstances *pl*

Fan [fɛn] M fan

Fanatiker(in) [fa'na:tikər(ɪn)] (**-s**, **-**) M(F) fanatic

fanatisch ADJ fanatical

Fanatismus [fana'tɪsmʊs] M fanaticism

fand *etc* [fant] VB *siehe* **finden**

Fang [faŋ] (**-(e)s, Fänge**) M catch; (*Jagen*) hunting; (*Kralle*) talon, claw

fangen *unreg* VT to catch ▶ VR to get caught; (*Flugzeug*) to level out; (*Mensch: nicht fallen*) to steady o.s.; (*fig*) to compose o.s.; (*in Leistung*) to get back on form

Fangfrage F catch *od* trick question

Fanggründe PL fishing grounds *pl*

fängt [fɛŋkt] VB *siehe* **fangen**

Fanmeile F fan zone

Fantasie [fanta'zi:] F imagination; **in seiner ~** in his mind; **Fantasiegebilde** NT (*Einbildung*) figment of the imagination; **fantasielos** ADJ unimaginative

fantasieren [fanta'zi:ren] VI to fantasize; (*Med*) to be delirious

fantasievoll ADJ imaginative

Fantast [fan'tast] (**-en, -en**) M dreamer

fantastisch ADJ fantastic

Farb- ZW: **Farbabzug** M coloured (BRIT) *od* colored (US) print; **Farbaufnahme** F colour (BRIT) *od* color (US) photograph; **Farbband** NT typewriter ribbon; **Farbdrucker** M colour printer

Farbe ['fa:rbə] (**-, -n**) F colour (BRIT), color (US); (*zum Malen etc*) paint; (*Stofffarbe*) dye; (*Karten*) suit

farbecht ['farp|ɛçt] ADJ colourfast (BRIT), colorfast (US)

färben ['fɛrbən] VT to colour (BRIT), to color (US); (*Stoff, Haar*) to dye

farben- ZW: **farbenblind** ADJ colour-blind (BRIT), color-blind (US); **farbenfroh** ADJ colourful (BRIT), colorful (US); **farbenprächtig** ADJ colourful (BRIT), colorful (US)

Farbfernsehen NT colour (BRIT) *od* color (US) television

Farbfilm M colour (BRIT) *od* color (US) film

Farbfoto NT colour (BRIT) *od* color (US) photo

farbig ADJ coloured (BRIT), colored (US)

Farbige(r) (*!*) F(M) coloured (BRIT) *od* colored (US) person

Farb- ZW: **Farbkasten** M paintbox; **farblos** ADJ colourless (BRIT), colorless (US); ★ **Farbstift** M coloured (BRIT) *od* colored (US) pencil; **Farbstoff** M dye; (*Lebensmittelfarbstoff*) (artificial) colouring (BRIT) *od* coloring (US); **Farbton** M hue, tone

Färbung ['fɛrbʊŋ] F colouring (BRIT), coloring (US); (*Tendenz*) bias

Farn [farn] (**-(e)s, -e**) M fern; (*Adlerfarn*) bracken

Farnkraut [farn] NT = **Farn**

Färöer [fɛ'rø:ər] PL Faeroe Islands *pl*

Fasan [fa'za:n] (**-(e)s, -e(n)**) M pheasant

★ **Fasching** ['faʃɪŋ] (**-s, -e** *od* **-s**) M carnival

Faschismus [fa'ʃɪsmʊs] M fascism

Faschist(in) M(F) fascist

faschistisch [fa'ʃɪstɪʃ] ADJ fascist

faseln ['fa:zəln] VI to talk nonsense, to drivel

Faser ['fa:zər] (**-, -n**) F fibre

Fass [fas] (**-es, Fässer**) NT vat, barrel; (*für Öl*) drum; **Bier vom ~** draught beer; **ein ~ ohne Boden** (*fig*) a bottomless pit

Fassade [fa'sa:də] F (*lit, fig*) façade

fassbar ADJ comprehensible

Fassbier NT draught beer

fassen ['fasən] VT (*ergreifen*) to grasp, to take; (*inhaltlich*) to hold; (*Entschluss etc*) to take; (*verstehen*) to understand; (*Ring etc*) to set; (*formulieren*) to formulate, to phrase ▶ VR to calm down; **nicht zu ~** unbelievable; *siehe auch* **kurzfassen**

fasslich ['faslɪç] ADJ comprehensible

Fasson [fa'sõ:] (**-, -s**) F style; (*Art und Weise*) way; **aus der ~ geraten** (*lit*) to lose its shape

Fassung ['fasʊŋ] F (*Umrahmung*) mounting; (*Lampenfassung*) socket; (*Wortlaut*) version; (*Beherrschung*) composure; **jdn aus der ~ bringen** to upset sb; **völlig außer ~ geraten** to lose all self-control

fassungslos ADJ speechless

Fassungsvermögen NT capacity; (*Verständnis*) comprehension

★ **fast** [fast] ADV almost, nearly; **~ nie** hardly ever

> The German word **fast** does not mean *fast* in English.

fasten ['fastən] VI to fast; **Fasten** (**-s**) NT fasting; ★ **Fastenzeit** F Lent

Fastnacht F Shrovetide carnival

faszinieren [fastsi'ni:rən] VT to fascinate

fatal [fa'ta:l] ADJ fatal; (*peinlich*) embarrassing

fauchen ['faʊxən] VT, VI to hiss

★ **faul** [faʊl] ADJ rotten; (*Person*) lazy; (*Ausreden*) lame; **daran ist etwas ~** there's something fishy about it

faulen VI to rot

★ **faulenzen** ['faulɛntsən] VI to idle

Faulenzer(in) (**-s, -**) M(F) idler, loafer

Faulheit F laziness

faulig ADJ putrid

Fäulnis ['fɔylnɪs] (**-**) F decay, putrefaction

Faulpelz (*umg*) M lazybones *sing*

Faust ['faʊst] (**-, Fäuste**) F fist; **das passt wie die ~ aufs Auge** (*passt nicht*) it's all wrong; **auf eigene ~** (*fig*) on one's own initiative

Fäustchen ['fɔystçən] NT: **sich** *dat* **ins ~ lachen** to laugh up one's sleeve

faustdick (*umg*) ADJ: **er hat es ~ hinter den Ohren** he's a crafty one

Fausthandschuh M mitten

Faustregel F rule of thumb

Favorit(in) [favo'ri:t(ɪn)] (**-en, -en**) M(F) favourite (BRIT), favorite (US)

Fax [faks] **(-, -e)** NT fax; ★ **faxen** VT to fax

★ **Faxen** [ˈfaksən] PL: **~ machen** to fool around

Fazit [ˈfaːtsɪt] **(-s, -s** *od* **-e)** NT: **wenn wir aus diesen vier Jahren das ~ ziehen** if we take stock of these four years

★ **FCKW (-s, -s)** M ABK (= *Fluorchlorkohlenwasserstoff*) CFC

FdH (*umg*) ABK (= *Friss die Hälfte*) eat less

FDP, F.D.P. F ABK (= *Freie Demokratische Partei*) Free Democratic Party

The **FDP** (*Freie Demokratische Partei*) was founded in 1948 and is Germany's centre party. It is a liberal party which has formed governing coalitions with both the *SPD* and the *CDU/CSU* at times, both in the *Länder* and in the *Bundestag*.

Feb. ABK (= *Februar*) Feb.

★ **Februar** [ˈfeːbruaːr] **(-(s), -e)** (*pl selten*) M February; *siehe auch* **September**

fechten [ˈfɛçtən] *unreg* VI to fence

Feder [ˈfeːdər] **(-, -n)** F feather; (*Schreibfeder*) pen nib; (*Tech*) spring; **in den Federn liegen** (*umg*) to be/stay in bed; **Federball** M shuttlecock; **Federballspiel** NT badminton; **Federbett** NT continental quilt; **federführend** ADJ (*Behörde*): **~ (für)** in overall charge (of); **Federhalter** M pen; **federleicht** ADJ light as a feather; **Federlesen** NT: **nicht viel Federlesens mit jdm/etw machen** to make short work of sb/sth

federn VI (*nachgeben*) to be springy; (*sich bewegen*) to bounce ▶ VT to spring

Federung F suspension

Federvieh NT poultry

Federweiße(r) M new wine

Federzeichnung F pen-and-ink drawing

Fee [feː] **(-, -n)** F fairy

feenhaft [ˈfeːənhaft] ADJ (*liter*) fairylike

Fegefeuer [ˈfeːgəfɔʏər] NT purgatory

fegen [ˈfeːgən] VT to sweep

fehl [feːl] ADJ: **~ am Platz** *od* **Ort** out of place

Fehlanzeige (*umg*) F dead loss

★ **fehlen** VI to be wanting *od* missing; (*abwesend sein*) to be absent ▶ VI UNPERS: **es fehlte nicht viel und ich hätte ihn verprügelt** I almost hit him; **etw fehlt jdm** sb lacks sth; **du fehlst mir** I miss you; **was fehlt ihm?** what's wrong with him?; **der/das hat mir gerade noch gefehlt!** (*ironisch*) he/that was all I needed; **weit gefehlt!** (*fig*) you're way out! (*umg*); (*ganz im Gegenteil*) far from it!; **mir ~ die Worte** words fail me; **wo fehlt es?** what's the trouble?, what's up? (*umg*)

Fehlentscheidung F wrong decision

Fehlentwicklung F mistake

★ **Fehler (-s, -)** M mistake, error; (*Mangel, Schwäche*) fault; **ihr ist ein ~ unterlaufen** she's made a mistake; **Fehlerbeseitigung** F (*Comput*) debugging; **fehlerfrei** ADJ without any mistakes; (*ohne Mängel*) faultless; **fehlerhaft** ADJ incorrect; (*mangelhaft*) faulty; **fehlerlos** ADJ = **fehlerfrei**; **Fehlermeldung** F (*Comput*) error message; **Fehlersuchprogramm** NT (*Comput*) debugger

fehl- ZW: **Fehlgeburt** F miscarriage; **fehl|gehen** *unreg* VI to go astray; **Fehlgriff** M blunder; **Fehlkonstruktion** F: **eine ~ sein** to be badly designed; **Fehlleistung** F: **freudsche ~** Freudian slip; **Fehlschlag** M failure; **fehl|schlagen** *unreg* VI to fail; **Fehlschluss** M wrong conclusion; **Fehlstart** M (*Sport*) false start; **Fehltritt** M false move; (*fig*) blunder, slip; (: *Affäre*) indiscretion; **Fehlurteil** NT miscarriage of justice; **Fehlzündung** F (*Aut*) misfire, backfire

★ **Feier** [ˈfaɪər] **(-, -n)** F celebration; ★ **Feierabend** M *end of the working day*; **~ haben** to finish work; **nach ~** after work; **jetzt ist ~!** that's enough!

feierlich ADJ solemn; **das ist ja nicht mehr ~** (*umg*) that's beyond a joke; **Feierlichkeit** F solemnity ■ **Feierlichkeiten** PL festivities *pl*

★ **feiern** VT, VI to celebrate

★ **Feiertag** M holiday

feig, feige ADJ cowardly

Feige [ˈfaɪgə] **(-, -n)** F fig

Feigheit F cowardice

★ **Feigling** M coward

Feile [ˈfaɪlə] **(-, -n)** F file

feilen VT, VI to file

feilschen [ˈfaɪlʃən] VI to haggle

★ **fein** [faɪn] ADJ fine; (*vornehm*) refined; (*Gehör etc*) keen; **~!** great!; **er ist ~ raus** (*umg*) he's sitting pretty; **sich ~ machen** to get all dressed up

Feind(in) [faɪnt, ˈfaɪndɪn] **(-(e)s, -e)** M(F) enemy; **Feindbild** NT concept of an/the enemy; **feindlich** ADJ hostile; **Feindschaft** F enmity; **feindselig** ADJ hostile; **Feindseligkeit** F hostility

Fein- ZW: **feinfühlend** ADJ sensitive; **feinfühlig** ADJ sensitive; **Feingefühl** NT delicacy, tact; **Feinheit** F fineness; (*Vornehmheit*) refinement; (*von Gehör*) keenness; **Feinkost (-)** F delicacies *pl*; **Feinkostgeschäft** NT delicatessen (shop), deli; **Feinschmecker(in) (-s, -)** M(F) gourmet; **Feinstaub** M particulate matter; **Feinwaschmittel** NT mild(-action) detergent

feist [faɪst] ADJ fat

feixen [ˈfaɪksən] (*umg*) VI to smirk

★ **Feld** [fɛlt] **(-(e)s, -er)** NT field; (*Schach*) square; (*Sport*) pitch; **Argumente ins ~ führen** to bring arguments to bear; **das ~ räumen** (*fig*) to bow out; **Feldarbeit** F (*Agr*) work in the fields; (*Geog etc*) fieldwork; **Feldblume** F wild flower; **Feldherr** M commander; **Feldjäger** PL (*Mil*) the military police; **Feldlazarett** NT (*Mil*) field hospital; **Feldsalat** M lamb's lettuce; **Feldstecher** M (pair of) binoculars *pl od* field glasses *pl*

Feld-Wald-und-Wiesen- (*umg*) IN ZW common-or-garden

Feld- ZW: **Feldwebel (-s, -)** M sergeant; **Feldweg** M path; **Feldzug** M (*lit, fig*) campaign

Felge [ˈfɛlgə] **(-, -n)** F (wheel) rim

Felgenbremse F caliper brake

Fell [fɛl] **(-(e)s, -e)** NT fur; (*von Schaf*) fleece; (*von toten Tieren*) skin; **ein dickes ~ haben** to be thick-skinned, to have a thick skin; **ihm sind**

die Felle weggeschwommen (*fig*) all his hopes were dashed

Fels [fɛls] (**-en, -en**) M, **Felsen** [ˈfɛlzən] (**-s, -**) M rock; (*Klippe*) cliff; **felsenfest** ADJ firm

felsig ADJ rocky

Felsspalte F crevice

Felsvorsprung M ledge

feminin [femiˈniːn] ADJ feminine; (*pej*) effeminate

Feministin [femiˈnɪstɪn] F feminist

Fenchel [ˈfɛnçəl] (**-s**) M fennel

Fenster [ˈfɛnstər] (**-s, -**) NT window; **weg vom ~** (*umg*) out of the game, finished; **Fensterbrett** NT windowsill; ⋆ **Fensterladen** M shutter; **Fensterleder** NT chamois, shammy (leather); **Fensterplatz** M window seat; **Fensterputzer(in)** (**-s, -**) M(F) window cleaner; **Fensterscheibe** F windowpane; **Fenstersims** M windowsill

Ferien [ˈfeːriən] PL holidays *pl*, vacation (*US*); **die großen ~** the summer holidays (BRIT), the long vacation (*US Univ*); **~ haben** to be on holiday; **Ferienhaus** NT holiday home; **Ferienkurs** M holiday course; **Ferienlager** NT holiday camp (BRIT), vacation camp (*US*); (*für Kinder im Sommer*) summer camp; **Ferienreise** F holiday; **Ferienwohnung** F holiday flat (BRIT), vacation apartment (*US*); **Ferienzeit** F holiday period

Ferkel [ˈfɛrkəl] (**-s, -**) NT piglet

fern [fɛrn] ADJ, ADV far-off, distant; **~ von hier** a long way (away) from here; *siehe auch* **fernhalten**; **fernliegen**; **Fernamt** NT (*Tel*) exchange; **Fernbedienung** F remote control; **fern|bleiben** *unreg* VI: **~ (von** *od* *+dat*) to stay away (from)

Ferne (**-, -n**) F distance

ferner ADJ, ADV further; (*weiterhin*) in future; **unter „~ liefen" rangieren** (*umg*) to be an also-ran

fern- ZW: **Fernfahrer(in)** M(F) long-distance lorry (BRIT) *od* truck driver; **Fernflug** M long-distance flight; **Ferngespräch** NT long-distance call (BRIT), toll call (*US*); **ferngesteuert** ADJ remote-controlled; (*Rakete*) guided; **Fernglas** NT binoculars *pl*; **fern|halten** *unreg* VT to keep away; **Fernkopie** F fax; **Fernkopierer** M fax machine; **Fernkurs, Fernkursus** M correspondence course; **Fernlenkung** F remote control; **Fernlicht** NT (*Aut*): **mit ~ fahren** to drive on full beam; **fern|liegen** *unreg* VI: **jdm ~** to be far from sb's mind

Fernmelde- IN ZW telecommunications; (*Mil*) signals

fern- ZW: **Fernost** M: **aus/in ~** from/in the Far East; **fernöstlich** ADJ Far Eastern *attrib*; **Fernrohr** NT telescope; **Fernschreiben** NT telex; **Fernschreiber** M teleprinter; **fernschriftlich** ADJ by telex

Fernsehapparat M television (set)

Fernsehduell NT TV duel *od* debate

fern|sehen [ˈfɛrnzeːən] *unreg* VI to watch television; ⋆ **Fernsehen** (**-s**) NT television; **im ~** on television

Fernseher (**-s, -**) M television (set)

Fernseh- ZW: **Fernsehgebühr** F television licence (BRIT) *od* license (*US*) fee; **Fernsehgerät** NT television set; **Fernsehprogramm** NT (*Kanal*) channel, station (*US*); (*Sendung*) programme (BRIT), program (*US*); (*Fernsehzeitschrift*) (television) programme (BRIT) *od* program (*US*) guide; ⋆ **Fernsehsendung** F television programme (BRIT) *od* program (*US*); **Fernsehüberwachungsanlage** F closed-circuit television; **Fernsehzuschauer(in)** M(F) (television) viewer

Fern- ZW: **Fernsprecher** M telephone; **Fernsprechzelle** F telephone box (BRIT) *od* booth (*US*); **Fernsteuerung** F remote control; **Fernstraße** F major road; **Fernstudium** NT multimedia course, ≈ Open University course (BRIT)

> **Fernstudium** is a distance-learning degree course where students do not go to university but receive their tuition online. There is no personal contact between student and lecturer. The first *Fernstudium* was set up in 1974. The system gives students the flexibility to combine studying with a career or with raising a family.

Fernverkehr M long-distance traffic

Fernweh NT wanderlust

Ferse [ˈfɛrzə] (**-, -n**) F heel

Fersengeld NT: **~ geben** to take to one's heels

⋆ **fertig** [ˈfɛrtɪç] ADJ (*bereit*) ready; (*beendet*) finished; (*gebrauchsfertig*) ready-made; **~ ausgebildet** fully qualified; **mit jdm/etw ~ werden** to cope with sb/sth; **mit den Nerven ~ sein** to be at the end of one's tether; **~ bringen** *od* **machen** (*beenden*) to finish; **sich ~ machen** to get ready; **~ essen/lesen** to finish eating/reading

> Man verwendet **ready**, um zu sagen, dass man bereit ist, und **finished**, wenn man etwas beendet hat.

Fertigbau M prefab(ricated house)

fertig|bringen *unreg* VT (*fähig sein*) to manage, to be capable of; (*beenden*) to finish

fertigen [ˈfɛrtɪgən] VT to manufacture

Fertig- ZW: **Fertiggericht** NT ready-to-serve meal; **Fertighaus** NT prefab(ricated house); **Fertigkeit** F skill; **fertig|machen** (*umg*) VT (*Person*) to finish; (*körperlich*) to exhaust; (*moralisch*) to get down; *siehe auch* **fertig**; **fertig|stellen** VT to complete

Fertigung F production

Fertigungs- IN ZW production; **Fertigungsstraße** F production line

Fertigware F finished product

fertig|werden *unreg* VI *siehe* **fertig**

fesch [fɛʃ] (*umg*) ADJ (*modisch*) smart; (*hübsch*) attractive

Fessel [ˈfɛsəl] (**-, -n**) F fetter

fesseln VT to bind; (*mit Fesseln*) to fetter; (*fig*) to grip; **ans Bett gefesselt** (*fig*) confined to bed

fesselnd ADJ gripping

★**fest** ADJ firm; (*Nahrung*) solid; (*Gehalt*) regular; (*Gewebe, Schuhe*) strong, sturdy; (*Freund(in)*) steady ▶ ADV (*schlafen*) soundly; **~ angestellt** employed on a permanent basis; **~ entschlossen sein** to be absolutely determined; **~ umrissen** clearcut; **feste Kosten** (*Comm*) fixed costs *pl*

★**Fest** [fɛst] (**-(e)s, -e**) NT (*Feier*) celebration; (*Party*) party; **man soll die Feste feiern wie sie fallen** (*Sprichwort*) make hay while the sun shines

Festanstellung F permanent job; (*Programm, Politik*) permanent employment

Festbeleuchtung F illumination

fest|binden *unreg* VT to tie, to fasten

fest|bleiben *unreg* VI to stand firm

Festessen NT banquet

fest|fahren *unreg* VR to get stuck

Festgeldkonto NT time-deposit account

★**fest|halten** *unreg* VT to seize, to hold fast; (*Ereignis*) to record ▶ VR: **sich ~ (an** *+dat***)** to hold on (to)

festigen VT to strengthen

Festigkeit F strength

fest- zW: **fest|klammern** VR: **sich ~ (an** *+dat***)** to cling on (to); **fest|klemmen** VT to wedge fast; **Festkomma** NT (*Comput*) fixed point; **Festland** NT mainland; **fest|legen** VT to fix ▶ VR to commit o.s.; **jdn auf etw** *akk* **~** (*festnageln*) to tie sb (down) to sth; (*verpflichten*) to commit sb to sth

festlich ADJ festive

fest- zW: **fest|liegen** *unreg* VI (*Fin: Geld*) to be tied up; **fest|machen** VT to fasten; (*Termin etc*) to fix; **fest|nageln** VT: **jdn ~ (auf** *+akk***)** (*fig: umg*) to pin sb down (to); **Festnahme** (**-, -n**) F capture; **fest|nehmen** *unreg* VT to capture, to arrest; **Festnetz** NT (*Tel*) landline; **Festnetztelefon** NT fixed-line phone; **Festplatte** F (*Comput*) hard disk; **Festpreis** M (*Comm*) fixed price

Festrede F speech, address

fest|schnallen VT to strap down ▶ VR to fasten one's seat belt

fest|setzen VT to fix, to settle

Festspiel NT festival

fest- zW: **fest|stehen** *unreg* VI to be certain; **feststellbar** ADJ (*herauszufinden*) ascertainable; **fest|stellen** VT to establish; (*sagen*) to remark; (*Tech*) to lock (fast); **Feststellung** F: **die ~ machen, dass …** to realize that …; (*bemerken*) to remark *od* observe that …

★**Festtag** M holiday

Festung F fortress

festverzinslich ADJ fixed-interest *attrib*

Festwertspeicher M (*Comput*) read-only memory

Festzelt NT marquee

Fete [ˈfeːtə] (**-, -n**) F party

★**fett** ADJ fat; (*Essen etc*) greasy; **~ gedruckt** bold-type

★**Fett** [fɛt] (**-(e)s, -e**) NT fat, grease; **fettarm** ADJ low fat; **fetten** VT to grease; **Fettfleck** M grease spot *od* stain; **fettfrei** ADJ fat-free; **Fettgehalt** M fat content; ★**fettig** ADJ greasy, fatty; ★**fettleibig** ADJ obese; **Fettnäpfchen** NT: **ins ~ treten** to put one's foot in it; **Fettpolster** NT (*hum: umg*): **~ haben** to be well-padded

Fetzen [ˈfɛtsən] (**-s, -**) M scrap; **…, dass die ~ fliegen** (*umg*) … like mad

★**feucht** [fɔʏçt] ADJ damp; (*Luft*) humid; (*umg: hum*) boozy; **feuchtfröhlich** ADJ (*umg: hum*) boozy

Feuchtigkeit F dampness; (*von Luft*) humidity

Feuchtigkeitscreme F moisturizer

Feuchttuch NT wipe

feudal [fɔyˈdaːl] ADJ (*Pol, Hist*) feudal; (*umg*) plush

★**Feuer** [ˈfɔʏər] (**-s, -**) NT fire; (*fig: Schwung*) spirit; **für jdn durchs ~ gehen** to go through fire and water for sb; **~ und Flamme (für etw) sein** (*umg*) to be dead keen (on sth); **~ für etw/jdn fangen** (*fig*) to develop a great interest in sth/sb; **haben Sie ~?** have you got a light?; **Feueralarm** M fire alarm; **Feuereifer** M zeal; **feuerfest** ADJ fireproof; **Feuergefahr** F danger of fire; **bei ~** in the event of fire; **feuergefährlich** ADJ inflammable; **Feuerleiter** F fire escape ladder; ★**Feuerlöscher** (**-s, -**) M fire extinguisher; **Feuermelder** (**-s, -**) M fire alarm

feuern VT, VI (*lit, fig*) to fire

Feuer- zW: **feuerpolizeilich** ADJ (*Bestimmungen*) laid down by the fire authorities; **Feuerprobe** F acid test; **feuerrot** ADJ fiery red

Feuersbrunst F (*geh*) conflagration

Feuer- zW: **Feuerschlucker(in)** M(F) fire-eater; **Feuerschutz** M (*Vorbeugung*) fire prevention; (*Mil: Deckung*) covering fire; **feuersicher** ADJ fireproof; **Feuerstein** M flint; **Feuerstelle** F fireplace; **Feuertreppe** F fire escape; **Feuerversicherung** F fire insurance; **Feuerwaffe** F firearm; ★**Feuerwehr** F fire brigade; **Feuerwehrauto** NT fire engine; ★**Feuerwehrfrau** F firefighter; ★**Feuerwehrmann** M firefighter; ★**Feuerwerk** NT fireworks *pl*; **Feuerwerkskörper** M firework; **Feuerzangenbowle** F *red wine punch containing rum which has been flamed off*; ★**Feuerzeug** NT (cigarette) lighter

Feuilleton [fœjəˈtõː] (**-s, -s**) NT (*Presse*) feature section; (*Artikel*) feature (article)

feurig [ˈfɔʏrɪç] ADJ fiery

Fiche [fiːʃ] (**-s, -s**) M OD NT (micro)fiche

ficht [fɪçt] VB *siehe* **fechten**

Fichte [ˈfɪçtə] (**-, -n**) F spruce

ficken [ˈfɪkən] (*!*) VT, VI to fuck (*!*)

fickerig [ˈfɪkərɪç], **fickrig** [ˈfɪkrɪç] (*umg*) ADJ fidgety

fidel [fiˈdeːl] (*umg*) ADJ jolly

Fidschi-Inseln, Fidschiinseln [ˈfɪdʒi|ɪnzəln] PL Fiji Islands

★**Fieber** [ˈfiːbər] (**-s, -**) NT fever, temperature; (*Krankheit*) fever; **~ haben** to have a temperature; **fieberhaft** ADJ feverish; **Fiebermesser** M thermometer; **Fieberthermometer** NT thermometer

fiel *etc* [fiːl] VB *siehe* **fallen**

fies [fi:s] (*umg*) ADJ nasty
Figur [fi'gu:r] (-, **-en**) F figure; (*Schachfigur*) chessman, chess piece; **eine gute/schlechte/traurige ~ abgeben** to cut a good/poor/sorry figure
fiktiv [fik'ti:f] ADJ fictitious
Filet [fi'le:] (**-s, -s**) NT (*Koch*) fillet; (*Rinderfilet*) fillet steak; (*zum Braten*) piece of sirloin *od* tenderloin (*US*)
Filiale [fili'a:lə] (**-, -n**) F (*Comm*) branch
Filipino [fili'pi:no] (**-s, -s**) M Filipino
Film [fɪlm] (**-(e)s, -e**) M film, movie (*bes US*); **da ist bei mir der ~ gerissen** (*umg*) I had a mental blackout
Filmaufnahme F shooting
Filmemacher(in) M(F) film-maker
filmen VT, VI to film
Film- ZW: **Filmfestspiele** PL film festival *sing*; **Filmkamera** F cine-camera; **Filmriss** (*umg*) M mental blackout; **Filmschauspieler(in)** M(F) film *od* movie (*bes US*) actor, film *od* movie actress; **Filmverleih** M film distributors *pl*; **Filmvorführgerät** NT cine-projector
Filter ['fɪltər] (**-s, -**) M filter; **Filterkaffee** M filter *od* drip (*US*) coffee; **Filtermundstück** NT filter tip
filtern VT to filter
Filterpapier NT filter paper
Filterzigarette F tipped cigarette
Filz [fɪlts] (**-es, -e**) M felt
filzen VT (*umg*) to frisk ▶ VI (*Wolle*) to mat
Filzstift M felt-tip (pen)
Fimmel ['fɪməl] (**-s, -**) (*umg*) M: **du hast wohl einen ~!** you're crazy!
Finale [fi'na:lə] (**-s, -(s)**) NT finale; (*Sport*) final(s *pl*)
Finanz [fi'nants] F finance ▪ **Finanzen** PL finances *pl*; **das übersteigt meine Finanzen** that's beyond my means; **Finanzamt** NT ≈ Inland Revenue Office (BRIT), ≈ Internal Revenue Office (*US*); **Finanzbeamte(r)** M, **Finanzbeamtin** F revenue officer; **Finanzdienstleister(in)** M(F) (*Bank etc*) financial services provider
finanziell [finantsi'ɛl] ADJ financial ▶ ADV financially
finanzieren [finan'tsi:rən] VT to finance, to fund
Finanzierung F financing, funding
Finanz- ZW: **Finanzminister(in)** M(F) ≈ Chancellor of the Exchequer (BRIT), Minister of Finance; **finanzschwach** ADJ financially weak; **Finanzwesen** NT financial system; **Finanzwirtschaft** F public finances *pl*
finden ['fɪndən] *unreg* VT to find; (*meinen*) to think ▶ VR to be (found); (*sich fassen*) to compose o.s. ▶ VI: **ich finde schon allein hinaus** I can see myself out; **ich finde es gut/schlecht** I like/don't like it; **ich finde nichts dabei, wenn ...** I don't see what's wrong if ...; **das wird sich ~** things will work out
Finder(in) (**-s, -**) M(F) finder; **Finderlohn** M reward (for the finder)
findig ADJ resourceful
fing *etc* [fɪŋ] VB *siehe* **fangen**
★**Finger** ['fɪŋər] (**-s, -**) M finger; **mit Fingern auf jdn zeigen** (*fig*) to look askance at sb; **das kann sich jeder an den (fünf) Fingern abzählen** (*umg*) it sticks out a mile; **sich** *dat* **etw aus den Fingern saugen** to conjure sth up; **lange ~ machen** (*umg*) to be light-fingered; **Fingerabdruck** M fingerprint; **Fingerhandschuh** M glove; **Fingerhut** M thimble; (*Bot*) foxglove; **Fingernagel** M fingernail; **Fingerring** M ring; **Fingerspitze** F fingertip; **Fingerspitzengefühl** NT sensitivity; **Fingerzeig** (**-(e)s, -e**) M hint, pointer
fingieren [fɪŋ'gi:rən] VT to feign
fingiert ADJ made-up, fictitious
Fink ['fɪŋk] (**-en, -en**) M finch
★**Finne** ['fɪnə] (**-n, -n**) M Finn
★**Finnin** ['fɪnɪn] F Finn
★**finnisch** ADJ Finnish; (*Sprache*): **auf F~** in Finnish
★**Finnland** NT Finland
finster ['fɪnstər] ADJ dark, gloomy; (*verdächtig*) dubious; (*verdrossen*) grim; (*Gedanke*) dark; **jdn ~ ansehen** to give sb a black look; **Finsternis** (-) F darkness, gloom
Finte ['fɪntə] (**-, -n**) F feint, trick
Firlefanz ['fɪrləfants] (*umg*) M (*Kram*) frippery; (*Albernheit*): **mach keinen ~** don't clown around
firm [fɪrm] ADJ well-up
★**Firma** (**-, -men**) F firm; **die ~ dankt** (*hum*) much obliged (to you)
Firmen- ZW: **Firmeninhaber** M proprietor (*of firm*); **Firmenregister** NT register of companies; **Firmenschild** NT (shop) sign; **Firmenübernahme** F takeover; **Firmenwagen** M company car; **Firmenzeichen** NT trademark
Firmung F (*Rel*) confirmation
Firnis ['fɪrnɪs] (**-ses, -se**) M varnish
Fis [fɪs] (-, -) NT (*Mus*) F sharp
★**Fisch** [fɪʃ] (**-(e)s, -e**) M fish ▪ **Fische** PL (*Astrol*) Pisces *sing*; **das sind kleine Fische** (*fig: umg*) that's child's play; **Fischbestand** M fish population; (*kommerziell*) fish stocks *pl*
★**fischen** VT, VI to fish
Fischer (**-s, -**) M fisherman
Fischerei [fɪʃə'raɪ] F fishing, fishery
Fisch- ZW: **Fischfang** M fishing; **Fischgeschäft** NT fishmonger's (shop); **Fischgräte** F fishbone; **Fischgründe** PL fishing grounds *pl*, fisheries *pl*; **Fischstäbchen** NT fish finger (BRIT), fish stick (*US*); **Fischzucht** F fish-farming; **Fischzug** M catch of fish
Fisimatenten [fizima'tɛntən] (*umg*) PL (*Ausflüchte*) excuses *pl*; (*Umstände*) fuss *sing*
Fiskus ['fɪskʊs] M (*fig: Staatskasse*) Treasury
★**fit** [fɪt] ADJ fit
Fitness ['fɪtnəs] NT fitness
Fitnesscenter (**-s, -**) NT fitness centre

Fitnesstrainer(in) M(F) fitness trainer, personal trainer

Fittich [ˈfɪtɪç] **(-(e)s, -e)** M (*liter*): **jdn unter seine Fittiche nehmen** (*hum*) to take sb under one's wing

fix [fɪks] ADJ (*flink*) quick; (*Person*) alert, smart; **fixe Idee** obsession, idée fixe; **~ und fertig** finished; (*erschöpft*) done in; **jdn ~ und fertig machen** (*nervös machen*) to drive sb mad

fixen (*umg*) VI (*Drogen spritzen*) to fix

Fixer(in) [ˈfɪksər(ɪn)] (*umg*) M(F) junkie (*umg*); **Fixerstube** (*umg*) F junkies' centre (*umg*)

fixieren [fɪˈksi:rən] VT to fix; (*anstarren*) to stare at; **er ist zu stark auf seine Mutter fixiert** (*Psych*) he has a mother fixation

Fixkosten PL (*Comm*) fixed costs *pl*

FKK ABK = **Freikörperkultur**

★**flach** [flax] ADJ flat; (*Gefäß*) shallow; **auf dem flachen Land** in the middle of the country; **Flachbildschirm** M flat screen

Fläche [ˈflɛçə] **(-, -n)** F area; (*Oberfläche*) surface

Flächeninhalt M surface area

Flach- zW: **flach|fallen** *unreg* (*umg*) VI to fall through; **Flachheit** F flatness; (*von Gefäß*) shallowness; **Flachland** NT lowland; **flach|liegen** *unreg* (*umg*) VI to be laid up; **Flachmann (-(e)s,** *pl* **-männer)** (*umg*) M hip flask

flachsen [ˈflaksən] (*umg*) VI to kid around

flackern [ˈflakərn] VI to flare, to flicker

Fladen [ˈfla:dən] **(-s, -)** M (*Koch*) round flat dough-cake; (*umg: Kuhfladen*) cowpat

Flagge [ˈflagə] **(-, -n)** F flag; **~ zeigen** (*fig*) to nail one's colours to the mast

flaggen VI to fly flags *od* a flag

flagrant [flaˈgrant] ADJ flagrant; **in flagranti** red-handed

Flak [flak] **(-s, -)** F (= *Flug(zeug)abwehrkanone*) anti-aircraft gun; (*Einheit*) anti-aircraft unit

flambieren [flamˈbi:rən] VT (*Koch*) to flambé

Flame [ˈfla:mə] **(-n, -n)** M Fleming

Flämin [ˈflɛ:mɪn] F Fleming

flämisch [ˈflɛ:mɪʃ] ADJ Flemish

★**Flamme** [ˈflamə] **(-, -n)** F flame; **in Flammen stehen/aufgehen** to be in/go up in flames

Flandern [ˈflandərn] NT Flanders *sing*

Flanell [flaˈnɛl] **(-s, -e)** M flannel

Flanke [ˈflaŋkə] **(-, -n)** F flank; (*Sport: Seite*) wing

★**Flasche** [ˈflaʃə] **(-, -n)** F bottle; (*umg: Versager*) wash-out; **zur ~ greifen** (*fig*) to hit the bottle

Flaschen- zW: **Flaschenbier** NT bottled beer; **Flaschenöffner** M bottle opener; **Flaschenpfand** NT deposit; **Flaschenwein** M bottled wine; **Flaschenzug** M pulley

Flatrate [ˈflɛtrɛ:t] F (*Tel*) flat rate

flatterhaft ADJ flighty, fickle

flattern [ˈflatərn] VI to flutter

flau [flaʊ] ADJ (*Brise, Comm*) slack; **jdm ist ~ (im Magen)** sb feels queasy

Flaum [flaʊm] **(-(e)s)** M (*Feder*) down

flauschig [ˈflaʊʃɪç] ADJ fluffy

Flausen [ˈflaʊzən] PL silly ideas *pl*; (*Ausflüchte*) weak excuses *pl*

Flaute [ˈflaʊtə] **(-, -n)** F calm; (*Comm*) recession

Flechte [ˈflɛçtə] **(-, -n)** F (*Med*) dry scab; (*Bot*) lichen

flechten *unreg* VT to plait; (*Kranz*) to twine

Fleck [flɛk] **(-(e)s, -e)** M (*Schmutzfleck*) stain; (*Farbfleck*) patch; (*Stelle*) spot; **nicht vom ~ kommen** (*lit, fig*) not to get any further; **sich nicht vom ~ rühren** not to budge; **vom ~ weg** straight away

Fleckchen NT: **ein schönes ~ (Erde)** a lovely little spot

Flecken (-s) M = **Fleck**; **fleckenlos** ADJ spotless; **Fleckenmittel** NT stain remover; **Fleckenwasser** NT stain remover

fleckig ADJ marked; (*schmutzig*) stained

Fledermaus [ˈfle:dərmaʊs] F bat

Flegel [ˈfle:gəl] **(-s, -)** M flail; (*Person*) lout; **flegelhaft** ADJ loutish, unmannerly; **Flegeljahre** PL adolescence *sing*

flegeln VR to loll, to sprawl

flehen [ˈfle:ən] VI (*geh*) to implore

flehentlich ADJ imploring

★**Fleisch** [ˈflaɪʃ] **(-(e)s)** NT flesh; (*Essen*) meat; **sich** *dat od akk* **ins eigene ~ schneiden** to cut off one's nose to spite one's face (*Sprichwort*); **es ist mir in ~ und Blut übergegangen** it has become second nature to me; **Fleischbrühe** F meat stock

★**Fleischer(in) (-s, -)** M(F) butcher

★**Fleischerei** [flaɪʃəˈraɪ] F butcher's (shop)

fleischig ADJ fleshy

Fleisch- zW: **Fleischkäse** M meat loaf; **fleischlich** ADJ carnal; **Fleischpastete** F meat pie; **Fleischsalat** M diced meat salad with mayonnaise; **Fleischtomate** F beef tomato; **Fleischvergiftung** F food poisoning (*from meat*); **Fleischwolf** M mincer; **Fleischwunde** F flesh wound; **Fleischwurst** F pork sausage

Fleiß [ˈflaɪs] **(-es)** M diligence, industry; **ohne ~ kein Preis** (*Sprichwort*) success never comes easily

★**fleißig** ADJ diligent, industrious; **~ studieren/arbeiten** to study/work hard

flektieren [flɛkˈti:rən] VT to inflect

flennen [ˈflɛnən] (*umg*) VI to cry, to blubber

fletschen [ˈflɛtʃən] VT (*Zähne*) to show

Fleurop® [ˈflɔyrɔp] F ≈ Interflora®

flexibel [flɛˈksi:bəl] ADJ flexible

flexibilisieren VT to adapt, to make more flexible; **die Arbeitszeit ~** to introduce flexible working hours

Flexibilität [flɛksibiliˈtɛ:t] F flexibility

flicht [flɪçt] VB *siehe* **flechten**

flicken VT to mend

Flicken [ˈflɪkən] **(-s, -)** M patch

Flickschusterei [ˈflɪkʃu:stəraɪ] F: **das ist ~** that's a patch-up job

Flieder [ˈfli:dər] **(-s, -)** M lilac

Fliege [ˈfliːɡə] (-, -**n**) F fly; (*Schlips*) bow tie; **zwei Fliegen mit einer Klappe schlagen** (*Sprichwort*) to kill two birds with one stone; **ihn stört die ~ an der Wand** every little thing irritates him

fliegen *unreg* VT, VI to fly; **auf jdn/etw ~** (*umg*) to be mad about sb/sth; **aus der Kurve ~** to skid off the bend; **aus der Firma ~** (*umg*) to get the sack

fliegend ADJ *attrib* flying; **fliegende Hitze** hot flushes *pl*

Fliegengewicht NT (*Sport, fig*) flyweight

Fliegenklatsche [ˈfliːɡənklatʃə] F fly-swat

Fliegenpilz M fly agaric

Flieger (-**s**, -) M flier, airman; **Fliegeralarm** M air-raid warning

fliehen [ˈfliːən] *unreg* VI to flee

Fliehkraft [ˈfliːkraft] F centrifugal force

Fliese [ˈfliːzə] (-, -**n**) F tile

Fließband [ˈfliːsbant] NT assembly *od* production line; **am ~ arbeiten** to work on the assembly *od* production line; **Fließbandarbeit** F production-line work; **Fließbandproduktion** F assembly-line production

fließen *unreg* VI to flow

fließend ADJ flowing; (*Rede, Deutsch*) fluent; (*Übergang*) smooth; **fließendes Wasser** running water

Fließ- ZW: **Fließheck** NT fastback; **Fließkomma** NT (*Comput*) ≈ floating point; **Fließpapier** NT blotting paper (BRIT), fleece paper (US)

Flimmerkasten (*umg*) M (*Fernsehen*) box

Flimmerkiste (*umg*) F (*Fernsehen*) box

flimmern [ˈflɪmərn] VI to glimmer; **es flimmert mir vor den Augen** my head's swimming

flink [flɪŋk] ADJ nimble, lively; **mit etw ~ bei der Hand sein** to be quick (off the mark) with sth; **Flinkheit** F nimbleness, liveliness

Flinte [ˈflɪntə] (-, -**n**) F shotgun; **die ~ ins Korn werfen** to throw in the sponge

Flirt [flœrt] (-**s**, -**s**) M flirtation; **einen ~ (mit jdm) haben** flirt (with sb)

flirten VI to flirt

Flittchen [ˈflɪtçən] (*pej, umg*) NT floozy (*old, pej*)

Flitter [ˈflɪtər] (-**s**, -) M (*Flitterschmuck*) sequins *pl*

Flitterwochen PL honeymoon *sing*

flitzen [ˈflɪtsən] VI to flit

Flitzer (-**s**, -) (*umg*) M (*Auto*) sporty car

floaten [ˈfloːtən] VT, VI (*Fin*) to float

flocht *etc* [flɔxt] VB *siehe* **flechten**

Flocke [ˈflɔkə] (-, -**n**) F flake

flockig ADJ flaky

flog *etc* [floːk] VB *siehe* **fliegen**

floh *etc* VB *siehe* **fliehen**

Floh [floː] (-**(e)s**, **Flöhe**) M flea; **jdm einen ~ ins Ohr setzen** (*umg*) to put an idea into sb's head

Flohmarkt M flea market

Flora [ˈfloːra] (-, -**ren**) F flora

Florenz [floˈrɛnts] NT Florence

florieren [floˈriːrən] VI to flourish

Florist(in) M(F) florist

Floskel [ˈflɔskəl] (-, -**n**) F set phrase; **floskelhaft** ADJ cliché-ridden, stereotyped

floss *etc* [flɔs] VB *siehe* **fließen**

Floß [floːs] (-**es**, **Flöße**) NT raft

Flosse [ˈflɔsə] (-, -**n**) F fin; (*Taucherflosse*) flipper; (*umg: Hand*) paw

★**Flöte** [ˈfløːtə] (-, -**n**) F flute; (*Blockflöte*) recorder

flöten gehen [ˈfløːtəngeːən] (*umg*) VI *unreg* to go for a burton

Flötist(in) [fløˈtɪst(ɪn)] M(F) flautist, flutist (*bes US*)

flott [flɔt] ADJ lively; (*elegant*) smart; (*Naut*) afloat

Flotte (-, -**n**) F fleet

Flottenstützpunkt M naval base

flott|machen VT (*Schiff*) to float off; (*Auto, Fahrrad etc*) to put back on the road

Flöz [fløːts] (-**es**, -**e**) NT layer, seam

Fluch [fluːx] (-**(e)s**, **Flüche**) M curse; **fluchen** VI to curse, to swear

Flucht [flʊxt] (-, -**en**) F flight; (*Fensterflucht*) row; (*Reihe*) range; (*Zimmerflucht*) suite; (*geglückt*) flight, escape; **jdn/etw in die ~ schlagen** to put sb/sth to flight

fluchtartig ADJ hasty

flüchten [ˈflʏçtən] VI to flee ▶ VR to take refuge

Fluchthilfe F: **~ leisten** to aid an escape

flüchtig ADJ fugitive; (*Chem*) volatile; (*oberflächlich*) cursory; (*eilig*) fleeting; **flüchtiger Speicher** (*Comput*) volatile memory; **jdn ~ kennen** to have met sb briefly; **Flüchtigkeit** F transitoriness; (*Chem*) volatility; (*Oberflächlichkeit*) cursoriness; **Flüchtigkeitsfehler** M careless slip

Flüchtling M refugee

Flüchtlingslager NT refugee camp

Flucht- ZW: **Fluchtversuch** M escape attempt; **Fluchtweg** M escape route

★**Flug** [fluːk] (-**(e)s**, **Flüge**) M flight; **im ~** airborne, in flight; **wie im ~(e)** (*fig*) in a flash; **Flugabwehr** F anti-aircraft defence; **Flugbahn** F flight path; (*Kreisbahn*) orbit; **Flugbegleiter(in)** M(F) (*Aviat*) flight attendant; **Flugblatt** NT pamphlet

Flügel [ˈflyːɡəl] (-**s**, -) M wing; (*Mus*) grand piano; **Flügeltür** F double door

flugfähig ADJ able to fly; (*Flugzeug: in Ordnung*) airworthy

★**Fluggast** M airline passenger

flügge [ˈflʏɡə] ADJ (fully-)fledged; **~ werden** (*lit*) to be able to fly; (*fig*) to leave the nest

Flug- ZW: **Fluggeschwindigkeit** F flying *od* air speed; **Fluggesellschaft** F airline (company); ★**Flughafen** M airport; **Flughöhe** F altitude (of flight); **Flugkarte** F airline ticket; **Fluglotse** M air traffic *od* flight controller; **Flugmodus** M airplane mode, flight mode; **Flugplan** M flight schedule; ★**Flugplatz** M airport; (*klein*) airfield; **Flugreise** F flight

flugs [flʊks] ADV speedily

Flug- zW: **Flugsand** M drifting sand; ★**Flugschein** M (*von Pilot*) pilot's licence (BRIT) *od* license (*US*); **Flugschreiber** M flight recorder; **Flugschrift** F pamphlet; **Flugsteig** M gate; **Flugstrecke** F air route; ★**Flugticket** NT plane ticket; **Flugverkehr** M air traffic; **Flugwesen** NT aviation

★**Flugzeug** (**-(e)s, -e**) NT plane, aeroplane (BRIT), airplane (*US*); **Flugzeugentführung** F hijacking of a plane; **Flugzeughalle** F hangar; **Flugzeugträger** M aircraft carrier

fluktuieren [flʊktu'iːrən] VI to fluctuate

Flunder ['flʊndər] (**-, -n**) F flounder

flunkern ['flʊŋkərn] VI to fib, to tell stories

Fluor ['fluːɔr] (**-s**) NT fluorine

★**Flur**[1] [fluːr] (**-(e)s, -e**) M hall; (*Treppenflur*) staircase

Flur[2] [fluːr] (**-, -en**) F (*geh*) open fields *pl*; **allein auf weiter ~ stehen** (*fig*) to be out on a limb

★**Fluss** [flʊs] (**-es, Flüsse**) M river; (*Fließen*) flow; **im ~ sein** (*fig*) to be in a state of flux; **etw in ~** *akk* **bringen** to get sth moving; **flussab, flussabwärts** ADV downstream; **flussauf, flussaufwärts** ADV upstream; **Flussdiagramm** NT flow chart

flüssig ['flʏsɪç] ADJ liquid; (*Stil*) flowing; **flüssiges Vermögen** (*Comm*) liquid assets *pl*; **Flüssigkeit** F liquid; (*Zustand*) liquidity; **flüssig|machen** VT (*Geld*) to make available

Flussmündung F estuary

Flusspferd NT hippopotamus

★**flüstern** ['flʏstərn] VT, VI to whisper

Flüsterpropaganda F whispering campaign

★**Flut** [fluːt] (**-, -en**) F (*lit, fig*) flood; (*Gezeiten*) high tide; **fluten** VI to flood; **Flutlicht** NT floodlight

flutschen ['flʊtʃən] (*umg*) VI (*rutschen*) to slide; (*funktionieren*) to go well

Flutwelle F tidal wave

fl. W. ABK (= *fließendes Wasser*) running water

focht *etc* [fɔxt] VB *siehe* **fechten**

föderativ [fødera'tiːf] ADJ federal

Fohlen ['foːlən] (**-s, -**) NT foal

★**Föhn** [føːn] (**-(e)s, -e**) M foehn, *warm dry alpine wind*; (*Haartrockner*) hairdryer

föhnen VT to blow-dry

Föhre ['føːrə] (**-, -n**) F Scots pine

★**Folge** ['fɔlgə] (**-, -n**) F series, sequence; (*Fortsetzung*) instalment (BRIT), installment (*US*); (TV, *Rundf*) episode; (*Auswirkung*) result; **in rascher ~** in quick succession; **etw zur ~ haben** to result in sth; **Folgen haben** to have consequences; **einer Sache** *dat* **~ leisten** to comply with sth; **Folgeerscheinung** F result, consequence

★**folgen** VI +*dat* to follow ▸ VI (*gehorchen*) to obey; **jdm ~ können** (*fig*) to follow *od* understand sb; **daraus folgt, dass ...** it follows from this that ...

★**folgend** ADJ following; **im Folgenden** in the following; (*schriftlich*) below

folgendermaßen ['fɔlgəndər'maːsən] ADV as follows, in the following way

folgenreich ADJ momentous

folgenschwer ADJ momentous

folgerichtig ADJ logical

folgern VT: **~ (aus)** to conclude (from)

Folgerung F conclusion

folgewidrig ADJ illogical

folglich ['fɔlklɪç] ADV consequently

folgsam ['fɔlkzaːm] ADJ obedient

Folie ['foːliə] (**-, -n**) F foil

Folienschweißgerät NT shrink-wrap machine

Folklore ['fɔlkloːər] (**-**) F folklore

Folter ['fɔltər] (**-, -n**) F torture; (*Gerät*) rack; **jdn auf die ~ spannen** (*fig*) to keep sb on tenterhooks

foltern VT to torture

Fön® [føːn] (**-(e)s, -e**) M hairdryer

Fonds [fõː] (**-, -**) M (*lit, fig*) fund; (*Fin: Schuldverschreibung*) government bond; **Fondsmanager(in)** M(F) fund manager

fönen VT *siehe* **föhnen**

Fono-, fono- IN zW = **Phono-, phono-**

Fontäne [fɔn'tɛːnə] (**-, -n**) F fountain

foppen ['fɔpən] VT to tease

forcieren [fɔr'siːrən] VT to push; (*Tempo*) to force; (*Konsum, Produktion*) to push *od* force up

Förderband ['fœrdərbant] NT conveyor belt

Förderer (**-s, -**) M patron

Fördergebiet NT development area

Förderin F patroness

Förderkorb M pit cage

Förderleistung F (*Min*) output

förderlich ADJ beneficial

fordern ['fɔrdərn] VT to demand; (*fig: kosten: Opfer*) to claim; (: *herausfordern*) to challenge

fördern ['fœrdərn] VT to promote; (*unterstützen*) to help; (*Kohle*) to extract; (*finanziell: Projekt*) to sponsor; (*jds Talent, Neigung*) to encourage, to foster

Förderplattform F production platform

Förderstufe F (*Sch*) *first stage of secondary school where abilities are judged*

Förderturm M (*Min*) winding tower; (*auf Bohrstelle*) derrick

Forderung ['fɔrdərʊŋ] F demand

Förderung ['fœrdərʊŋ] F promotion; (*Unterstützung*) help; (*von Kohle*) extraction

★**Forelle** [fo'rɛlə] F trout

★**Form** [fɔrm] (**-, -en**) F shape; (*Gestaltung*) form; (*Gussform*) mould; (*Backform*) baking tin; **in ~ von** in the shape of; **in ~ sein** to be in good form *od* shape; **die ~ wahren** to observe the proprieties; **in aller ~** formally

formal [fɔr'maːl] ADJ formal; (*Besitzer, Grund*) technical

formalisieren [fɔrmali'ziːrən] VT to formalize

Formalität [fɔrmali'tɛ:t] F formality; **alle Formalitäten erledigen** to go through all the formalities

Format [fɔr'ma:t] (**-(e)s, -e**) NT format; (*fig*) quality

formatieren [fɔrma'ti:rən] VT (*Text, Diskette*) to format

Formation [fɔrmatsi'o:n] F formation

formbar ADJ malleable

Formblatt NT form

Formel (-, **-n**) F formula; (*von Eid etc*) wording; (*Floskel*) set phrase; **formelhaft** ADJ (*Sprache, Stil*) stereotyped

formell [fɔr'mɛl] ADJ formal

formen VT to form, to shape

Formfehler M faux pas, gaffe; (*Jur*) irregularity

Formfleisch NT pressed meat

formieren [fɔr'mi:rən] VT to form ▸ VR to form up

förmlich ['fœrmlɪç] ADJ formal; (*umg*) real; **Förmlichkeit** F formality

formlos ADJ shapeless; (*Benehmen etc*) informal; (*Antrag*) unaccompanied by a form *od* any forms

Formsache F formality

Formular [fɔrmu'la:r] (**-s, -e**) NT form

formulieren [fɔrmu'li:rən] VT to formulate

Formulierung F wording

formvollendet ADJ perfect; (*Vase etc*) perfectly formed

forsch [fɔrʃ] ADJ energetic, vigorous

forschen [fɔrʃən] VI to search; (*wissenschaftlich*) to (do) research; **~ nach** to search for

forschend ADJ searching

Forscher(in) (**-s, -**) M(F) research scientist; (*Naturforscher*) explorer

Forschung ['fɔrʃʊŋ] F research; **~ und Lehre** research and teaching; **~ und Entwicklung** research and development

Forschungsreise F scientific expedition

Forst [fɔrst] (**-(e)s, -e**) M forest; **Forstarbeiter(in)** M(F) forestry worker

Förster(in) ['fœrstər(ɪn)] (**-s, -**) M(F) forester; (*für Wild*) gamekeeper

Forstwesen NT forestry

Forstwirtschaft F forestry

fort [fɔrt] ADV away; (*verschwunden*) gone; (*vorwärts*) on; **und so ~** and so on; **in einem ~** incessantly; **fort|bestehen** *unreg* VI to continue to exist; **fort|bewegen** VT, VR to move away; **fort|bilden** VR to continue one's education; **Fortbildung** F further education; **fort|bleiben** *unreg* VI to stay away; **fort|bringen** *unreg* VT to take away; **Fortdauer** F continuance; **fortdauernd** ADJ continuing; (*in der Vergangenheit*) continued ▸ ADV constantly, continuously; **fort|fahren** *unreg* VI to depart; (*fortsetzen*) to go on, to continue; **fort|führen** VT to continue, to carry on; **Fortgang** M (*Verlauf*) progress; (*Weggang*): **~ (aus)** departure (from); **fort|gehen** *unreg* VI to go away; **fortgeschritten** ADJ advanced; **fort|kommen** *unreg* VI to get on; (*wegkommen*) to get away; **fort|können** *unreg* VI to be able to get away; **fort|lassen** VT (*auslassen*) to leave out, to omit; (*weggehen lassen*): **jdn ~** to let sb go; **fortlaufend** ADJ: **~ nummeriert** consecutively numbered; **fort|müssen** *unreg* VI to have to go; **fort|pflanzen** VR to reproduce; **Fortpflanzung** F reproduction

FORTRAN ['fɔrtran] NT FORTRAN

Forts. ABK = **Fortsetzung**

fort|schaffen VT to remove

fort|schreiten *unreg* VI to advance

★**Fortschritt** ['fɔrtʃrɪt] M advance; **Fortschritte machen** to make progress; **dem ~ dienen** to further progress; **fortschrittlich** ADJ progressive

fortschrittsgläubig ADJ believing in progress

fort- ZW: **fort|setzen** VT to continue; **Fortsetzung** F continuation; (*folgender Teil*) instalment (BRIT), installment (US); **~ folgt** to be continued; **Fortsetzungsroman** M serialized novel; **fortwährend** ADJ incessant, continual; **fort|wirken** VI to continue to have an effect; **fort|ziehen** *unreg* VT to pull away ▸ VI to move on; (*umziehen*) to move away

★**Foto** ['fo:to] (**-s, -s**) NT photo(graph); **ein ~ machen** to take a photo(graph); **Fotoalbum** NT photograph album; ★**Fotoapparat** M camera; **Fotobuch** NT photo book; ★**Fotograf(in)** (**-en, -en**) M(F) photographer; ★**Fotografie** F photography; (*Bild*) photograph; ★**fotografieren** VT to photograph ▸ VI to take photographs; **Fotohandy** NT camera phone; **Fotokopie** F photocopy; **fotokopieren** VT to photocopy; **Fotokopierer** M photocopier; **Fotokopiergerät** NT photocopier

Foul [faʊl] (**-s, -s**) NT foul

Foyer [foa'je:] (**-s, -s**) NT foyer; (*in Hotel*) lobby, foyer

FPÖ (-) F ABK (= *Freiheitliche Partei Österreichs*) Austrian Freedom Party

Fr. ABK (= *Frau*) Mrs, Ms

Fracht [fraxt] (-, **-en**) F freight; (*Naut*) cargo; (*Preis*) carriage; **~ zahlt Empfänger** (*Comm*) carriage forward; **Frachtbrief** M consignment note, waybill

Frachter (**-s, -**) M freighter

Fracht- ZW: **frachtfrei** ADJ (*Comm*) carriage paid *od* free; **Frachtgut** NT freight; **Frachtkosten** PL (*Comm*) freight charges *pl*

Frack [frak] (**-(e)s, Fräcke**) M tails *pl*, tail coat

Fracking ['frɛkɪŋ] NT fracking

★**Frage** ['fra:gə] (-, **-n**) F question; **jdm eine ~ stellen** to ask sb a question, to put a question to sb; **das ist gar keine ~, das steht außer ~** there's no question about it; *siehe auch* **infrage**; **Fragebogen** M questionnaire

★**fragen** VT, VI to ask ▸ VR to wonder; **nach Arbeit/Post ~** to ask whether there is/was any work/mail; **da fragst du mich zu viel** (*umg*) I really couldn't say; **nach** *od* **wegen** (*umg*) **jdm ~** to ask for sb; (*nach jds Befinden*) to ask after sb;

f

ohne lange zu ~ without asking a lot of questions

Fragerei [fra:gəˈraɪ] F questions *pl*

Fragestunde F (*Parl*) question time

Fragezeichen NT question mark

fraglich ADJ questionable, doubtful; (*betreffend*) in question

fraglos ADV unquestionably

Fragment [fraˈgmɛnt] NT fragment

fragmentarisch [fragmɛnˈta:rɪʃ] ADJ fragmentary

fragwürdig [ˈfra:kvʏrdɪç] ADJ questionable, dubious

Fraktion [fraktsiˈo:n] F parliamentary party

Fraktionsvorsitzende(r) F(M) (*Pol*) party whip

Fraktionszwang M requirement to obey the party whip

Franchisekette [ˈfrɛnʃaɪskɛtə] F franchise chain

frank [fraŋk] ADJ frank, candid

★**Franken**[1] [ˈfraŋkən] NT Franconia

Franken[2] [ˈfraŋkən] (-, -) M: **(Schweizer) ~** (Swiss) Franc

Frankfurt [ˈfraŋkfʊrt] (**-s**) NT Frankfurt

Frankfurter(in) M(F) native of Frankfurt ▶ ADJ Frankfurt; **Frankfurter Würstchen** PL frankfurters

frankieren [fraŋˈki:rən] VT to stamp, to frank

Frankiermaschine F franking machine

fränkisch [ˈfraŋkɪʃ] ADJ Franconian

franko ADV carriage paid; (*Post*) post-paid

★**Frankreich** [ˈfraŋkraɪç] (**-s**) NT France

Franse [ˈfranzə] (-, **-n**) F fringe

fransen VI to fray

franz. ABK = **französisch**

Franzbranntwein M alcoholic liniment

★**Franzose** [franˈtso:zə] (**-n, -n**) M Frenchman; (*Junge*) French boy

★**Französin** [franˈtsø:zɪn] F Frenchwoman; (*Mädchen*) French girl

★**französisch** ADJ French; (*Sprache*): **auf F~** in French; **französisches Bett** double bed

Fräse [ˈfrɛ:zə] (-, **-n**) F (*Werkzeug*) milling cutter; (*für Holz*) moulding cutter

fraß *etc* [fra:s] VB *siehe* **fressen**

Fraß (**-es, -e**) (*pej, umg*) M (*Essen*) muck

Fratze [ˈfratsə] (-, **-n**) F grimace; **eine ~ schneiden** to pull *od* make a face

★**Frau** [fraʊ] (-, **-en**) F woman; (*Ehefrau*) wife; (*Anrede*) Mrs, Ms; **~ Doktor** Doctor

> Auch wenn der englische Titel **Miss** nicht missbilligt wird, ist es doch im Zweifelsfall angebracht, **Ms** [mɪz] zu verwenden. Es richtet sich sowohl an verheiratete wie auch an unverheiratete Frauen.

Frauen- zW: **Frauenarzt** M gynaecologist (BRIT), gynecologist (US); **Frauenbewegung** F feminist movement; **frauenfeindlich** ADJ anti-women, misogynous; **Frauenhaus** NT women's refuge; **Frauenquote** F recommended proportion of women (employed); **Frauenrechtlerin** F feminist; **Frauenzentrum** NT women's advice centre; **Frauenzimmer** (*pej*) NT female, broad (*US*)

★**Fräulein** [ˈfrɔʏlaɪn] NT (*pej: Hist*) young lady; (*Anrede*) Miss; (*Verkäuferin*) assistant (BRIT), sales clerk (*US*); (*Kellnerin*) waitress

fraulich [ˈfraʊlɪç] ADJ womanly

★**frech** [frɛç] ADJ cheeky, impudent; **~ wie Oskar sein** (*umg*) to be a little monkey; **Frechdachs** M cheeky monkey; **Frechheit** F cheek, impudence; **sich** *dat* **(einige) Frechheiten erlauben** to be a bit cheeky (*bes* BRIT) *od* fresh (*bes US*)

Freeganer(in) [friˈga:nər(ɪn)] M(F) freegan

Fregatte [freˈgatə] (-, **-n**) F frigate

★**frei** [fraɪ] ADJ free; (*Stelle*) vacant; (*Mitarbeiter*) freelance; (*Geld*) available; (*unbekleidet*) bare; **aus freien Stücken** *od* **freiem Willen** of one's own free will; **~ nach ...** based on ...; **für etw freie Fahrt geben** (*fig*) to give sth the go-ahead; **der Film ist ~ ab 16 (Jahren)** the film may be seen by people of 16 years (of age) and over; **unter freiem Himmel** in the open (air); **morgen/Mittwoch ist ~** tomorrow/Wednesday is a holiday; **„Zimmer ~"** "vacancies"; **auf freier Strecke** (*Eisenb*) between stations; (*Aut*) on the road; **freier Wettbewerb** fair/open competition; **~ Haus** (*Comm*) carriage paid; **~ Schiff** (*Comm*) free on board; **freie Marktwirtschaft** free market economy; **von etw ~ sein** to be free of sth; **im Freien** in the open air; **~ halten** (*Ausfahrt etc*) to keep free; **~ sprechen** to talk without notes; ★**Freibad** NT open-air swimming pool; **frei|bekommen** *unreg* VT: **jdn/einen Tag ~** to get sb freed/get a day off; **freiberuflich** ADJ self-employed; **Freibetrag** M tax allowance

Freier (-s, -) M (*old*) suitor; (*euph: einer Prostituierten*) customer

Frei- zW: **Freiexemplar** NT free copy; **frei|geben** *unreg* VT: **etw zum Verkauf ~** to allow sth to be sold on the open market; **freigebig** ADJ generous; **Freigebigkeit** F generosity; **Freihafen** M free port; ★**frei|halten** *unreg* VT (*bezahlen*) to pay for; *siehe auch* **frei**; **Freihandel** M free trade; **Freihandelszone** F free trade area; **freihändig** ADV (*fahren*) with no hands

Freiheit F freedom; **sich** *dat* **die ~ nehmen, etw zu tun** to take the liberty of doing sth; **freiheitlich** ADJ liberal; (*Verfassung*) based on the principle of liberty; (*Demokratie*) free

Freiheits- zW: **Freiheitsberaubung** F (*Jur*) wrongful deprivation of personal liberty; **Freiheitsdrang** M urge/desire for freedom; **Freiheitskampf** M fight for freedom; **Freiheitskämpfer(in)** M(F) freedom fighter; **Freiheitsrechte** PL civil liberties *pl*; **Freiheitsstrafe** F prison sentence

frei- zW: **freiheraus** ADV frankly; **Freikarte** F free ticket; **frei|kaufen** VT: **jdn/sich ~** to buy sb's/one's freedom; **frei|kommen** *unreg* VI to get free; **Freikörperkultur** F nudism; **frei|lassen** *unreg* VT to (set) free; **Freilauf** M freewheeling

freilaufend ADJ (*Hühner*) free-range; **frei|legen** VT to expose; **freilich** ADV certainly, admittedly; **ja ~!** yes of course; **Freilichtbühne** F open-air theatre; **frei|machen** VT (*Post*) to frank ▶ VR to arrange to be free; **sich ~** (*beim Arzt*) to take one's clothes off, to strip; **Tage ~** to take days off; **Freimaurer(in)** M(F) Mason, Freemason

reiminuten PL (*Tel*) free minutes

reimütig [ˈfraɪmy:tɪç] ADJ frank, honest

rei- ZW: **frei|nehmen** VT: **sich** *dat* **einen Tag ~** to take a day off; **Freiraum** M: **~ (zu)** (*fig*) freedom (for); **freischaffend** ADJ *attrib* freelance; **Freischaltcode** M (*Tel*) connecting *od* enabling code; **Freischärler (-s, -)** M guerrilla; **frei|schwimmen** VR (*fig*) to learn to stand on one's own two feet; **frei|setzen** VT (*Energien*) to release; **freisinnig** ADJ liberal; **Freisprechanlage** F hands-free (headset); (*im Auto*) hands-free (car kit); **frei|sprechen** *unreg* VT: **~ (von)** to acquit (of); **Freispruch** M acquittal; **frei|stehen** *unreg* VI: **es steht dir frei, das zu tun** you are free to do so; **das steht Ihnen völlig frei** that is completely up to you; **frei|stellen** VT: **jdm etw ~** to leave sth (up) to sb; **Freistoß** M free kick; **Freistunde** F free hour; (*Sch*) free period

reitag M Friday; *siehe auch* **Dienstag**

reitags ADV on Fridays

rei- ZW: **Freitod** M suicide; **Freiübungen** PL (physical) exercises *pl*; **Freiumschlag** M reply-paid envelope; **Freiwild** NT (*fig*) fair game; ⋆ **freiwillig** ADJ voluntary; **Freiwillige(r)** F(M) volunteer; **Freizeichen** NT (*Tel*) ringing tone; ⋆ **Freizeit** F spare *od* free time; **Freizeitgestaltung** F organization of one's leisure time; **Freizeitpark** M leisure park; **freizügig** ADJ liberal, broad-minded; (*mit Geld*) generous

remd [frɛmt] ADJ (*unvertraut*) strange; (*ausländisch*) foreign; (*nicht eigen*) someone else's; **etw ist jdm ~** sth is foreign to sb; **ich bin hier ~** I'm a stranger here; **sich ~ fühlen** to feel like a stranger; **fremdartig** ADJ strange; **Fremde (-)** F (*liter*): **die ~** foreign parts *pl*

remde(r) F(M) stranger; (*Ausländer*) foreigner

remden- ZW: **Fremdenführer(in)** M(F) (tourist) guide; (*Buch*) guide (book); **Fremdenlegion** F foreign legion; **Fremdenverkehr** M tourism; **Fremdenverkehrsamt** NT tourist information office; ⋆ **Fremdenzimmer** NT guest room; **fremd|gehen** *unreg* (*umg*) VI to be unfaithful

remd- ZW: **Fremdkapital** NT loan capital; **Fremdkörper** M foreign body; **fremdländisch** ADJ foreign; **Fremdling** M stranger; ⋆ **Fremdsprache** F foreign language; **Fremdsprachenkorrespondent(in)** M(F) bilingual secretary; **fremdsprachig** ADJ *attrib* foreign-language; **Fremdwort** NT foreign word

renetisch [freˈne:tɪʃ] ADJ frenetic

requenz [freˈkvɛnts] F (*Rundf*) frequency

resse (-, -n) (!) F (*Mund*) gob; (*Gesicht*) mug

ressen [ˈfrɛsən] *unreg* VT, VI to eat ▶ VR: **sich satt ~** to gorge o.s.; **einen Narren an jdm/etw gefressen haben** to dote on sb/sth

reude [ˈfrɔʏdə] **(-, -n)** F joy, delight; **~ an etw** *dat* **haben** to get *od* derive pleasure from sth; **jdm eine ~ machen** *od* **bereiten** to make sb happy

Freudenhaus NT (*veraltet*) house of ill repute

Freudentanz M: **einen ~ aufführen** to dance with joy

freudestrahlend ADJ beaming with delight

freudig ADJ joyful, happy

freudlos ADJ joyless

⋆**freuen** [ˈfrɔʏən] VT UNPERS to make happy *od* pleased ▶ VR to be glad *od* happy; **sich auf etw** *akk* **~** to look forward to sth; **sich über etw** *akk* **~** to be pleased about sth; **sich zu früh ~** to get one's hopes up too soon

> Bitte beachten Sie, dass das Verb hinter dem Ausdruck **to look forward to** oder **looking forward to** in den meisten schriftlichen oder mündlichen Kontexten in der ing-Form verwendet wird: *Ich freue mich, euch bald zu sehen.* **I'm looking forward to seeing you soon**.

⋆**Freund** [ˈfrɔʏnt] **(-(e)s, -e)** M friend; (*Liebhaber*) boyfriend; **ich bin kein ~ von so etwas** I'm not one for that sort of thing; ⋆ **Freundin** F friend; (*Liebhaberin*) girlfriend; ⋆ **freundlich** ADJ kind, friendly; **bitte recht ~!** smile please!; **würden Sie bitte so ~ sein und das tun?** would you be so kind as to do that?; **freundlicherweise** ADV kindly; **Freundlichkeit** F friendliness, kindness; **Freundschaft** F friendship; **freundschaftlich** ADJ friendly

Frevel [ˈfre:fəl] **(-s, -)** M: **~ (an** *+dat***)** crime *od* offence (against); **frevelhaft** ADJ wicked

Frieden [ˈfri:dən] **(-s, -)** M peace; **im ~** in peacetime; **~ schließen** to make one's peace; (*Pol*) to make peace; **um des lieben Friedens willen** (*umg*) for the sake of peace and quiet; **ich traue dem ~ nicht** (*umg*) something (fishy) is going on

Friedens- ZW: **Friedensbewegung** F peace movement; **Friedensrichter** M justice of the peace; **Friedensschluss** M peace agreement; **Friedenstruppe** F peace-keeping force; **Friedensverhandlungen** PL peace negotiations *pl*; **Friedensvertrag** M peace treaty; **Friedenszeit** F peacetime

fried- ZW: **friedfertig** ADJ peaceable; **Friedhof** M cemetery; **friedlich** ADJ peaceful; **etw auf friedlichem Wege lösen** to solve sth by peaceful means

⋆**frieren** [ˈfri:rən] *unreg* VI to freeze ▶ VT UNPERS to freeze ▶ VI UNPERS: **heute Nacht hat es gefroren** it was below freezing last night; **ich friere, es friert mich** I am freezing, I'm cold; **wie ein Schneider ~** (*umg*) to be *od* get frozen to the marrow

Fries [fri:s] **(-es, -e)** M (*Archit*) frieze

Friese [ˈfri:zə] **(-n, -n)** M Fri(e)sian

Friesin [ˈfri:zɪn] F Fri(e)sian

frigid, frigide ADJ (*old, pej*) frigid (*offensive*)

⋆**Frikadelle** [frikaˈdɛlə] F meatball

⋆**frisch** [frɪʃ] ADJ fresh; (*lebhaft*) lively; **~ gestrichen!** wet paint!; **sich ~ machen** to freshen

(o.s.) up; **jdn auf frischer Tat ertappen** to catch sb red-handed *od* in the act
Frische (-) F freshness; (*Lebhaftigkeit*) liveliness; **in alter ~** (*umg*) as always
Frischhaltebeutel M airtight bag
Frischhaltefolie F clingfilm
Frischkäse M cream cheese
frischweg ADV (*munter*) straight out
★**Friseur** [fri'zø:r] M hairdresser
★**Friseuse** [fri'zø:zə] F hairdresser
frisieren [fri'zi:rən] VT (*Haar*) to do; (*fig: Abrechnung*) to fiddle, to doctor ▸ VR to do one's hair; **jdn ~, jdm das Haar ~** to do sb's hair
Frisiersalon M hairdressing salon
Frisiertisch M dressing table
Frisör [fri'zø:r] (**-s, -e**) M = **Friseur**
frisst [frɪst] VB *siehe* **fressen**
Frist [frɪst] (-, **-en**) F period; (*Termin*) deadline; **eine ~ einhalten/verstreichen lassen** to meet a deadline/let a deadline pass; (*bei Rechnung*) to pay/not to pay within the period stipulated; **jdm eine ~ von vier Tagen geben** to give sb four days' grace
fristen VT (*Dasein*) to lead; (*kümmerlich*) to eke out
Fristenlösung F abortion law (*permitting abortion in the first three months*)
fristgerecht ADJ within the period stipulated
fristlos ADJ (*Entlassung*) instant
Frisur [fri'zu:r] F hairdo, hairstyle
Fritteuse [fri'tø:zə] (-, **-n**) F chip pan (BRIT), deep fat fryer
frittieren [fri'ti:rən] VT to deep fry
frivol [fri'vo:l] ADJ frivolous
Frl. ABK (*pej: Hist:* = *Fräulein*) Miss
★**froh** [fro:] ADJ happy, cheerful; **ich bin ~, dass ...** I'm glad that ...
★**fröhlich** ['frø:lɪç] ADJ merry, happy; **Fröhlichkeit** F merriment, gaiety
frohlocken VI (*geh*) to rejoice; (*pej*) to gloat
Frohsinn M cheerfulness
fromm [frɔm] ADJ pious, good; (*Wunsch*) idle
Frömmelei [frœmə'laɪ] F false piety
Frömmigkeit ['frœmɪçkait] F piety
frönen ['frø:nən] VI *+dat* to indulge in
Fronleichnam [fro:n'laɪçna:m] (**-(e)s**) M Corpus Christi
Front [frɔnt] (-, **-en**) F front; **klare Fronten schaffen** (*fig*) to clarify the position
frontal [frɔn'ta:l] ADJ frontal; **Frontalangriff** M frontal attack
fror *etc* [fro:r] VB *siehe* **frieren**
Frosch [frɔʃ] (**-(e)s, Frösche**) M frog; (*Feuerwerk*) squib; **sei kein ~!** (*umg*) be a sport!; **Froschmann** M frogman; **Froschperspektive** F: **etw aus der ~ sehen** to get a worm's-eye view of sth; **Froschschenkel** M frog's leg
★**Frost** [frɔst] (**-(e)s, Fröste**) M frost; **frostbeständig** ADJ frost-resistant; **Frostbeule** F chilblain
frösteln ['frœstəln] VI to shiver
frostig ADJ frosty
Frostschutzmittel NT anti-freeze
Frottee, Frotté [frɔ'te:] (**-(s), -s**) NT OD M towelling
frottieren [frɔ'ti:rən] VT to rub, to towel
Frottierhandtuch NT towel
Frottiertuch NT towel
frotzeln ['frɔtsəln] (*umg*) VT, VI to tease
★**Frucht** [frʊxt] (-, **Früchte**) F (*lit, fig*) fruit; (*Getreide*) corn; (*Embryo*) foetus; **fruchtbar** ADJ fruitful, fertile; **Fruchtbarkeit** F fertility; **Fruchtbecher** M fruit sundae
Früchtchen ['frʏçtçən] (*umg*) NT (*Tunichtgut*) good-for-nothing
Fruchteis NT fruit-flavoured ice-cream
fruchten VI to be of use
fruchtlos ADJ fruitless
★**Fruchtsaft** M fruit juice
★**früh** [fry:] ADJ, ADV early; **heute ~** this morning; **von ~ auf** from an early age; **Frühaufsteher(in)** (**-s, -**) M(F) early riser; **Frühdienst** M: **~ haben** to be on early shift
Frühe (-) F early morning; **in aller ~** at the crack of dawn
★**früher** ADJ earlier; (*ehemalig*) former ▸ ADV formerly; **~ war das anders** that used to be different; **~ oder später** sooner or later
frühestens ADV at the earliest
Frühgeburt F premature birth; (*Kind*) premature baby
Frühjahr NT spring
Frühjahrsmüdigkeit F springtime lethargy
Frühjahrsputz M spring-cleaning
★**Frühling** M spring; **im ~** in spring
Frühlingsrolle F spring roll
früh- ZW: **frühreif** ADJ precocious; **Frührentner(in)** M(F) *person who has retired early*; **Frühschicht** F early shift; **Frühschoppen** M morning/lunchtime drink; **Frühsport** M early morning exercise; ★**Frühstück** NT breakfast; ★**frühstücken** VI to (have) breakfast; **Frühwarnsystem** NT early warning system; **frühzeitig** ADJ early; (*vorzeitig*) premature
Frust (**-(e)s**) (*umg*) M frustration
frustrieren [frʊs'tri:rən] VT to frustrate
frz. ABK = **französisch**
FSV ABK (= *Fußball-Sportverein*) F.C.
FU (-) F ABK (= *Freie Universität Berlin*) *Berlin University*
Fuchs [fʊks] (**-es, Füchse**) M fox
fuchsen (*umg*) VT to rile, to annoy ▸ VR to be annoyed
Füchsin ['fʏksɪn] F vixen
fuchsteufelswild ADJ hopping mad
Fuchtel ['fʊxtl] (-, **-n**) F (*fig: umg*): **unter jds ~** under sb's control *od* thumb
fuchteln ['fʊxtəln] VI to gesticulate wildly
Fuge ['fu:gə] (-, **-n**) F joint; (*Mus*) fugue

fügen ['fy:gən] VT to place, to join ▶ VR UNPERS to happen ▶ VR: **sich ~ (in** *+akk***)** to be obedient (to); *(anpassen)* to adapt o.s. (to)

fügsam ['fy:kza:m] ADJ obedient

fühlbar ADJ perceptible, noticeable

fühlen ['fy:lən] VT, VI, VR to feel

Fühler (**-s, -**) M feeler

Fühlung F: **mit jdm in ~ bleiben/stehen** to stay/be in contact *od* touch with sb

fuhr *etc* [fu:r] VB *siehe* **fahren**

Fuhre (**-, -n**) F *(Ladung)* load

führen ['fy:rən] VT to lead; *(Geschäft)* to run; *(Name)* to bear; *(Buch)* to keep; *(im Angebot haben)* to stock ▶ VI to lead ▶ VR to behave; **was führt Sie zu mir?** *(form)* what brings you to me?; **Geld/seine Papiere bei sich ~** *(form)* to carry money/one's papers on one's person; **das führt zu nichts** that will come to nothing

Führer(in) ['fy:rər(ɪn)] (**-s, -**) M(F) leader; *(Fremdenführer)* guide; **Führerhaus** NT cab; ★**Führerschein** M driving licence (BRIT), driver's license (US); **den ~ machen** *(Aut)* to learn to drive; *(die Prüfung ablegen)* to take one's (driving) test; **Führerscheinentzug** M disqualification from driving

Fuhrmann ['fu:rman] (**-(e)s,** *pl* **-leute**) M carter

Führung ['fy:rʊŋ] F leadership; *(eines Unternehmens)* management; *(Mil)* command; *(Benehmen)* conduct; *(Museumsführung)* conducted tour

Führungs- ZW: **Führungskraft** F executive; **Führungsstab** M *(Mil)* command; *(Comm)* top management; **Führungsstil** M management style; **Führungszeugnis** NT certificate of good conduct

Fuhrunternehmen NT haulage business

Fuhrwerk NT cart

Fülle ['fʏlə] (**-**) F wealth, abundance

füllen VT to fill; *(Koch)* to stuff ▶ VR to fill (up)

Füllen (**-s, -**) NT foal

Füller (**-s, -**) M fountain pen

Füllfederhalter M fountain pen

Füllgewicht NT *(Comm)* weight at time of packing; *(auf Dosen)* net weight

füllig ['fʏlɪç] ADJ *(Mensch)* corpulent, portly; *(Figur)* ample

Füllung F filling; *(Holzfüllung)* panel

fummeln ['fʊməln] *(umg)* VI to fumble

Fund [fʊnt] (**-(e)s, -e**) M find

Fundament [fʊnda'mɛnt] NT foundation

fundamental ADJ fundamental

Fundamentalismus M fundamentalism

Fundbüro NT lost property office, lost and found (US)

Fundgrube F *(fig)* treasure trove

fundieren [fʊn'di:rən] VT to back up

fundiert ADJ sound

fündig ['fʏndɪç] ADJ *(Min)* rich; **~ werden** to make a strike; *(fig)* to strike it lucky

Fundsachen PL lost property *sing*

★**fünf** [fʏnf] NUM five; **seine ~ Sinne beisammen haben** to have all one's wits about one; **~(e) gerade sein lassen** *(umg)* to turn a blind eye; **fünfhundert** NUM five hundred; **fünfjährig** ADJ *(Frist, Plan)* five-year; *(Kind)* five-year-old; **Fünfkampf** M pentathlon

Fünfprozentklausel F *(Parl) clause debarring parties with less than 5% of the vote from Parliament*

> The **Fünfprozentklausel** (5% clause) is an electoral clause stipulating that only parties that obtain 5% or more in the second vote (*Zweitstimme*) can be represented in the German Parliament. It prevents the political instability that can be caused by the presence of a large number of small parties, and which proved fatal to democracy in the time of the Weimar Republic (1919–1933).

Fünftagewoche F five-day week

fünfte(r, s) ADJ fifth

Fünftel (**-s, -**) NT fifth

★**fünfzehn** NUM fifteen

★**fünfzig** NUM fifty

fungieren [fʊŋ'gi:rən] VI to function; *(Person)* to act

Funk [fʊŋk] (**-s**) M radio, wireless (BRIT *old*); **Funkausstellung** F radio and television exhibition

Funke (**-ns, -n**) M *(lit, fig)* spark

funkeln VI to sparkle

funkelnagelneu *(umg)* ADJ brand-new

funken VT to radio

Funken (**-s, -**) M = **Funke**

Funker (**-s, -**) M radio operator

Funk- ZW: **Funkgerät** NT radio set; **Funkhaus** NT broadcasting centre; **Funkkolleg** NT educational radio broadcasts *pl*; **Funkrufempfänger** M *(Tel)* pager, paging device; **Funkspot** M advertisement on the radio; **Funksprechgerät** NT radio telephone; **Funkspruch** M radio signal; **Funkstation** F radio station; **Funkstille** F *(fig)* ominous silence; **Funkstreife** F police radio patrol; **Funktaxi** NT radio taxi; **Funktelefon** NT cell phone; **Funktelefonnetz** NT radio telephone network

Funktion [fʊŋktsi'o:n] F function; **in ~ treten/sein** to come into/be in operation

Funktionär(in) [fʊŋktsio'nɛ:r(ɪn)] (**-s, -e**) M(F) functionary, official

★**funktionieren** [fʊŋktsio'ni:rən] VI to work, to function

Funktions- ZW: **Funktionsbekleidung** F *siehe* **Funktionskleidung**; **funktionsfähig** ADJ working; **Funktionskleidung** F technical (outdoor) clothing; **Funktionstaste** F *(Comput)* function key; **funktionstüchtig** ADJ in working order

Funzel [funtsəl] (**-, -n**) *(umg)* F dim lamp

★**für** [fy:r] PRÄP *+akk* for; **was ~ ein ...?** what kind *od* sort of ...?; **fürs Erste** for the moment; **was Sie da sagen, hat etwas ~ sich** there's something in what you're saying; **Tag ~ Tag** day after day; **Schritt ~ Schritt** step by step; **das F~ und Wider** the pros and cons *pl*

Fürbitte F intercession

Furche [ˈfʊrçə] (**-, -n**) F furrow

furchen VT to furrow

★**Furcht** [fʊrçt] (**-**) F fear; ★**furchtbar** ADJ terrible, awful

fürchten [ˈfʏrçtən] VT to be afraid of, to fear ▶ VR: **sich ~ (vor** *+dat***)** to be afraid (of)

fürchterlich ADJ awful

furchtlos ADJ fearless

furchtsam ADJ timorous

füreinander [fyːr|aɪˈnandər] ADV for each other

Furie [ˈfuːriə] (**-, -n**) F (*Mythologie*) fury; (*fig*) hell-cat

Furnier [fʊrˈniːr] (**-s, -e**) NT veneer

Furore [fuˈroːrə] NT OD F: **~ machen** (*umg*) to cause a sensation

fürs [fyːrs] = **für das**

Fürsorge [ˈfyːrzɔrgə] F care; (*Sozialfürsorge*) welfare; **von der ~ leben** to live on social security (BRIT) *od* welfare (*US*); **Fürsorgeamt** NT welfare office

Fürsorger(in) (**-s, -**) M(F) welfare worker

Fürsorgeunterstützung F social security (BRIT), welfare benefit (*US*)

fürsorglich ADJ caring

Fürsprache F recommendation; (*um Gnade*) intercession

Fürsprecher(in) M(F) advocate

Fürst [fʏrst] (**-en, -en**) M prince

Fürstentum NT principality

Fürstin F princess

fürstlich ADJ princely

Furt [fʊrt] (**-, -en**) F ford

Furunkel [fuˈrʊŋkəl] (**-s, -**) NT OD M boil

Fürwort [ˈfyːrvɔrt] NT pronoun

furzen [ˈfʊrtsən] (*!*) VI to fart (*!*)

Fusion [fuziˈoːn] F amalgamation; (*von Unternehmen*) merger; (*von Atomkernen, Zellen*) fusion

fusionieren [fuzioˈniːrən] VT to amalgamate

★**Fuß** [fuːs] (**-es, Füße**) M foot; (*von Glas, Säule etc*) base; (*von Möbel*) leg; **zu ~** on foot; **zu ~ gehen** tc walk; **bei ~!** heel!; **jdm etw vor die Füße werfen** (*lit*) to throw sth at sb; (*fig*) to tell sb t keep sth; **(festen) ~ fassen** (*lit, fig*) to gain a foothold; (*sich niederlassen*) to settle down; **mi jdm auf gutem ~ stehen** to be on good terms with sb; **auf großem ~ leben** to live the high life

★**Fußball** M football; **Fußballmannschaft** F foot-ball (BRIT) *od* soccer team; **Fußballplatz** M foot-ball (BRIT) *od* soccer pitch; **Fußballspiel** NT foot-ball (BRIT) *od* soccer match; **Fußballspieler(in** M(F) footballer (BRIT), soccer player (*US*) **Fußballtoto** M OD NT football pools *pl*

★**Fußboden** M floor; **Fußbodenheizung** underfloor heating

Fußbremse F (*Aut*) foot brake

fusselig [ˈfʊsəlɪç] ADJ: **sich** *dat* **den Mun ~ reden** (*umg*) to talk till one is blue in the face

fusseln [ˈfʊsəln] VI (*Stoff, Kleid etc*) to go bobbl (*umg*)

fußen VI: **~ auf** *+dat* to rest on, to be based on

Fuß- ZW: **Fußende** NT foot; ★**Fußgänger(in)** (**-s -**) M(F) pedestrian; **Fußgängerüberführung** pedestrian bridge; **Fußgängerüberweg** M pedestrian crossing (BRIT), crosswalk (*US*) ★**Fußgängerzone** F pedestrian precinct **Fußleiste** F skirting board (BRIT), baseboar (*US*); **Fußnagel** M toenail; **Fußnote** F footnote **Fußpfleger(in)** M(F) chiropodist; **Fußpilz** M (*Med*) athlete's foot; **Fußspur** F footprint **Fußstapfen** (**-s, -**) M: **in jds ~ treten** (*fig*) t follow in sb's footsteps; **Fußtritt** M kick; (*Spur*) footstep; **Fußvolk** NT (*fig*): **das ~** the rank an file; **Fußweg** M footpath

futsch [fʊtʃ] (*umg*) ADJ (*weg*) gone, vanished

Futter [ˈfʊtər] (**-s, -**) NT fodder, feed; (*Stoff*) lining

Futteral [fʊtəˈraːl] (**-s, -e**) NT case

★**futtern** [ˈfʊtərn] VI (*hum: umg*) to stuff o.s. ▶ V to scoff

★**füttern** [ˈfʏtərn] VT to feed; (*Kleidung*) to line **„F~ verboten"** "do not feed the animals"

Futur [fuˈtuːr] (**-s, -e**) NT future

Gg

G¹, g [geː] NT G, g; **G wie Gustav** ≈ G for George
G² ABK (= *Gramm*) g
G-7 F ABK (*Pol: = Group of Seven*) G7
G-20 F ABK (*Pol: = Group of Twenty*) G20
G9 (-) NT (*Sch*) *school system lasting 13 years and leading to the Abitur school-leaving exams*
gab *etc* [gaːp] VB *siehe* **geben**
Gabe [ˈgaːbə] (-, **-n**) F gift
Gabel [ˈgaːbəl] (-, **-n**) F fork; (*Tel*) rest, cradle; **Gabelfrühstück** NT mid-morning light lunch; **gabeln** VR to fork; **Gabelstapler** (**-s**, -) M fork-lift truck; **Gabelung** F fork
Gabentisch [ˈgaːbəntɪʃ] M *table for Christmas or birthday presents*
Gabun [gaˈbuːn] NT Gabon
gackern [ˈgakərn] VI to cackle
Gag [gɛk] (**-s**, **-s**) M (*Filmgag*) gag; (*Werbegag*) gimmick
Gage [ˈgaːʒə] (-, **-n**) F fee
gähnen [ˈgɛːnən] VI to yawn; **gähnende Leere** total emptiness
Gala [ˈgala] (-) F formal dress
galant [gaˈlant] ADJ gallant, courteous
Galavorstellung F (*Theat*) gala performance
Galerie [galəˈriː] F gallery
Galgen [ˈgalgən] (**-s**, -) M gallows *pl*; **Galgenfrist** F respite; **Galgenhumor** M macabre humour (BRIT) *od* humor (*US*); **Galgenstrick** (*umg*) M, **Galgenvogel** (*umg*) M gallows bird
Galionsfigur [galiˈoːnsfiguːr] F figurehead
gälisch [ˈgɛːlɪʃ] ADJ Gaelic; (*Sprache*): **auf G~** in Gaelic
Galle [ˈgalə] (-, **-n**) F gall; (*Organ*) gall bladder; **jdm kommt die ~ hoch** sb's blood begins to boil
Galopp [gaˈlɔp] (**-s**, **-s** *od* **-e**) M gallop; **im ~** (*lit*) at a gallop; (*fig*) at top speed
galoppieren [galɔˈpiːrən] VI to gallop
galt *etc* [galt] VB *siehe* **gelten**
galvanisieren [galvaniˈziːrən] VT to galvanize
Gamasche [gaˈmaʃə] (-, **-n**) F gaiter; (*kurz*) spat
Gameboy® [ˈgeːmbɔʏ] M (*Comput*) games console
Gamer(in) [ˈgeːmər(ɪn)] (**-s**, -) M(F) (*Comput*) gamer
Gameshow [ˈgeːmʃoː] F game show
Gammastrahlen [ˈgamaʃtraːlən] PL gamma rays *pl*
gammelig [ˈgaməlɪç], **gammlig** [ˈgamlɪç] (*umg*) ADJ (*Kleidung*) tatty
gammeln [ˈgaməln] (*umg*) VI to loaf about
Gammler(in) [ˈgamlər(ɪn)] (**-s**, -) M(F) dropout
Gämse [ˈgɛmzə] (-, **-n**) F chamois
★**gang** ADJ: **~ und gäbe** usual, normal
★**Gang¹** [gaŋ] (**-(e)s**, **Gänge**) M walk; (*Botengang*) errand; (*Gangart*) gait; (*Abschnitt eines Vorgangs*) operation; (*Essensgang, Ablauf*) course; (*Flur etc*) corridor; (*Durchgang*) passage; (*Aut, Tech*) gear; (*in Kirche, Theat, Aviat*) aisle; **den ersten ~ einlegen** to engage first (gear); **einen ~ machen/tun** to go on an errand/for a walk; **den ~ nach Canossa antreten** (*fig*) to eat humble pie; **seinen gewohnten ~ gehen** (*fig*) to run its usual course; **in ~ bringen** to start up; (*fig*) to get off the ground; **in ~ sein** to be in operation; (*fig*) to be under way
Gang² [gɛŋ] (-, **-s**) F gang
Gangart F way of walking, walk, gait; (*von Pferd*) gait; **eine härtere ~ einschlagen** (*fig*) to apply harder tactics
gangbar ADJ passable; (*Methode*) practicable
Gängelband [ˈgɛŋəlbant] NT: **jdn am ~ halten** (*fig*) to spoon-feed sb
gängeln VT to spoon-feed; **jdn ~** to treat sb like a child
gängig [ˈgɛŋɪç] ADJ common, current; (*Ware*) in demand, selling well
Gangschaltung F gears *pl*
Gangway [ˈgæŋweɪ] F (*Naut*) gangway; (*Aviat*) steps *pl*
Ganove [gaˈnoːvə] (**-n**, **-n**) (*umg*) M crook
Gans [gans] (-, **Gänse**) F goose
Gänse- ZW: **Gänseblümchen** NT daisy; **Gänsebraten** M roast goose; **Gänsefüßchen** (*umg*) PL inverted commas *pl* (BRIT), quotes *pl*; **Gänsehaut** F goose pimples *pl*; **Gänsemarsch** M: **im ~** in single file
Gänserich (**-s**, **-e**) M gander
★**ganz** [gants] ADJ whole; (*vollständig*) complete ▶ ADV quite; (*völlig*) completely; (*sehr*) really; (*genau*) exactly; **~ Europa** all Europe; **im (Großen und) Ganzen genommen** on the whole, all in all; **etw wieder ~ machen** to mend sth; **sein ganzes Geld** all his money; **~ gewiss!** absolutely!; **ein ~ klein wenig** just a

tiny bit; **das mag ich ~ besonders gern(e)** I'm particularly fond of that; **sie ist ~ die Mutter** she's just *od* exactly like her mother; **~ und gar nicht** not at all

Ganze(s) NT: **es geht ums ~** everything's at stake; **aufs ~ gehen** to go for the lot

Ganzheitsmethode [ˈgantshaɪtsmeto:də] F (*Sch*) look-and-say method

gänzlich [ˈgɛntslɪç] ADJ complete, entire ▶ ADV completely, entirely

ganztägig [ˈgantstɛ:gɪç] ADJ all-day *attrib*

★**ganztags** ADV (*arbeiten*) full time; ★**Ganztagsschule** F all-day school; ★**Ganztagsstelle** F full-time job

gar [ga:r] ADJ cooked, done ▶ ADV quite; **~ nicht/nichts/keiner** not/nothing/nobody at all; **~ nicht schlecht** not bad at all; **~ kein Grund** no reason whatsoever *od* at all; **er wäre ~ zu gern noch länger geblieben** he would really have liked to stay longer

★**Garage** [gaˈra:ʒə] (**-, -n**) F garage

Garantie [garanˈti:] F guarantee; **das fällt noch unter die ~** that's covered by the guarantee

garantieren VT to guarantee

garantiert ADV guaranteed; (*umg*) I bet

Garantieschein M guarantee

Garaus [ˈga:raus] (*umg*) M: **jdm den ~ machen** to do sb in

Garbe [ˈgarbə] (**-, -n**) F sheaf; (*Mil*) burst of fire

Garde [ˈgardə] (**-, -n**) F guard(s); **die alte ~** the old guard

★**Garderobe** [gardəˈro:bə] (**-, -n**) F wardrobe; (*Abgabe*) cloakroom (BRIT), checkroom (*US*); (*Kleiderablage*) hall stand; (*Theat: Umkleideraum*) dressing room

Garderobenfrau F cloakroom attendant

Garderobenständer M hall stand

★**Gardine** [garˈdi:nə] (**-, -n**) F curtain

Gardinenpredigt (*umg*) F: **jdm eine ~ halten** to give sb a talking-to

Gardinenstange F curtain rail; (*zum Ziehen*) curtain rod

garen [ˈga:rən] VT, VI (*Koch*) to cook

gären [ˈgɛ:rən] *unreg* VI to ferment

Garn [garn] (**-(e)s, -e**) NT thread; (*Häkelgarn, fig*) yarn

Garnele [garˈne:lə] (**-, -n**) F shrimp, prawn

garnieren [garˈni:rən] VT to decorate; (*Speisen*) to garnish

Garnison [garniˈzo:n] (**-, -en**) F garrison

Garnitur [garniˈtu:r] F (*Satz*) set; (*Unterwäsche*) set of (matching) underwear; **erste ~** (*fig*) top rank; **zweite ~** second rate

garstig [ˈgarstɪç] ADJ nasty, horrid

★**Garten** [ˈgartən] (**-s, Gärten**) M garden; **Gartenarbeit** F gardening; **Gartenbau** M horticulture; **Gartenfest** NT garden party; **Gartengerät** NT gardening tool; **Gartenhaus** NT summerhouse; **Gartenkresse** F cress; **Gartenlaube** F (*Gartenhäuschen*) summerhouse; **Gartenlokal** NT beer garden; **Gartenschere** F pruning shears *pl*; **Gartentür** F garden gate; **Gartenzaun** M garden fence; **Gartenzwerg** M garden gnome; (*pej, umg*) squirt

Gärtner(in) [ˈgɛrtnər(ɪn)] (**-s, -**) M(F) gardener

Gärtnerei [gɛrtnəˈraɪ] F nursery; (*Gemüsegärtnerei*) market garden (BRIT), truck farm (*US*)

gärtnern VI to garden

Gärung [ˈgɛ:rʊŋ] F fermentation

★**Gas** [ga:s] (**-es, -e**) NT gas; **~ geben** (*Aut*) to accelerate, to step on the gas

Gascogne [gasˈkɔnjə] F Gascony

Gas- zW: **Gasflasche** F bottle of gas, gas canister; **gasförmig** ADJ gaseous; **Gashahn** M gas tap; **Gasheizung** F gas heating; **Gasherd** M gas cooker; **Gaskocher** M gas cooker; **Gasleitung** F gas pipeline; **Gasmaske** F gas mask; **Gaspedal** NT accelerator, gas pedal (*US*); **Gaspistole** F gas pistol

★**Gasse** [ˈgasə] (**-, -n**) F lane, alley

Gassenhauer (**-s, -**) (*veraltet: umg*) M popular melody

Gassenjunge M street urchin

★**Gast** [gast] (**-es, Gäste**) M guest; **bei jdm zu ~ sein** to be sb's guest(s); **Gastarbeiter(in)** M(F) (*old*) foreign worker

Gäste- zW: **Gästebett** NT spare bed; **Gästebuch** NT visitors' book; **Gästezimmer** NT guest room

Gast- zW: **gastfreundlich** ADJ hospitable; **Gastfreundlichkeit** F hospitality; ★**Gastfreundschaft** F hospitality; ★**Gastgeber(in)** (**-s, -**) M(F) host(ess); ★**Gasthaus** NT hotel, inn; ★**Gasthof** M hotel, inn; **Gasthörer(in)** M(F) (*Univ*) observer, auditor (*US*)

gastieren [gasˈti:rən] VI (*Theat*) to (appear as a) guest

Gast- zW: **Gastland** NT host country; **gastlich** ADJ hospitable; **Gastlichkeit** F hospitality; **Gastrolle** F (*Theat*) guest role; **eine ~ spielen** to make a guest appearance

Gastronomie [gastronoˈmi:] F (*form: Gaststättengewerbe*) catering trade

gastronomisch [gastroˈno:mɪʃ] ADJ gastronomic(al)

Gast- zW: **Gastspiel** NT (*Sport*) away game; **ein ~ geben** (*Theat*) to give a guest performance; (*fig*) to put in a brief appearance; ★**Gaststätte** F restaurant; (*Trinklokal*) pub; **Gastwirt** M innkeeper; **Gastwirtschaft** F hotel, inn; **Gastzimmer** NT guest room

Gas- zW: **Gasvergiftung** F gas poisoning; **Gasversorgung** F (*System*) gas supply; **Gaswerk** NT gasworks *sing od pl*; **Gaszähler** M gas meter

Gatte [ˈgatə] (**-n, -n**) M (*form*) husband, spouse; **die Gatten** husband and wife

Gatter [ˈgatər] (**-s, -**) NT grating; (*Tür*) gate

Gattin F (*form*) wife, spouse

Gattung [ˈgatʊŋ] F (*Biol*) genus; (*Sorte*) kind

GAU [gaʊ] M ABK (= *größter anzunehmender Unfall*) MCA, maximum credible accident

Gaudi [ˈgaʊdi] (SÜDD, ÖSTERR *umg*) NT OD F fun

Gaukler(in) [ˈgaʊklər(ɪn)] **(-s, -)** M(F) *(liter)* travelling entertainer; *(Zauberkünstler)* conjurer, magician

Gaul [gaʊl] **(-(e)s, Gäule)** *(pej)* M nag

Gaumen [ˈgaʊmən] **(-s, -)** M palate

Gauner [ˈgaʊnər] **(-s, -)** M rogue

Gaunerei [gaʊnəˈraɪ] F swindle

Gaunersprache F underworld jargon

Gaze [ˈga:zə] **(-, -n)** F gauze

Geäst [gə|ˈɛst] NT branches *pl*

geb. ABK = **geboren**

Gebäck [gəˈbɛk] **(-(e)s, -e)** NT *(Kekse)* biscuits *pl* (BRIT), cookies *pl* (US); *(Teilchen)* pastries *pl*

gebacken [gəˈbakən] PP *von* **backen**

Gebälk [gəˈbɛlk] **(-(e)s)** NT timberwork

gebannt [gəˈbant] ADJ spellbound

gebar *etc* [gəˈba:r] VB *siehe* **gebären**

Gebärde [gəˈbɛ:rdə] **(-, -n)** F gesture

gebärden VR to behave

Gebaren [gəˈba:rən] **(-s)** NT behaviour (BRIT), behavior (US); *(Geschäftsgebaren)* conduct

gebären [gəˈbɛ:rən] *unreg* VT to give birth to

Gebärmutter F uterus, womb

Gebäude [gəˈbɔʏdə] **(-s, -)** NT building; **Gebäudeautomation** F building automation; **Gebäudekomplex** M (building) complex; **Gebäudereinigung** F *(das Reinigen)* commercial cleaning; *(Firma)* cleaning contractors *pl*

Gebein [gəˈbaɪn] **(-(e)s, -e)** NT bones *pl*

Gebell [gəˈbɛl] **(-(e)s)** NT barking

geben [ˈge:bən] *unreg* VT, VI to give; *(Karten)* to deal ▶ VT UNPERS: **es gibt** there is/are; *(zukünftig)* there will be ▶ VR *(sich verhalten)* to behave, to act; *(aufhören)* to abate; **jdm etw ~** to give sb sth *od* sth to sb; **in die Post ~** to post; **das gibt keinen Sinn** that doesn't make sense; **er gibt Englisch** he teaches English; **viel/nicht viel auf etw** *akk* **~** to set great store/not much store by sth; **etw von sich ~** *(Laute etc)* to utter; **ein Wort gab das andere** one angry word led to another; **ein gutes Beispiel ~** to set a good example; **~ Sie mir bitte Herrn Braun** *(Tel)* can I speak to Mr Braun please?; **ein Auto in Reparatur ~** to have a car repaired; **was gibts?** what's the matter?, what's up?; **was gibts zum Mittagessen?** what's for lunch?; **das gibts doch nicht!** that's impossible!; **sich geschlagen ~** to admit defeat; **das wird sich schon ~** that'll soon sort itself out

Geberkonferenz [ge:bər-] F *(Pol)* donor conference

Gebet [gəˈbe:t] **(-(e)s, -e)** NT prayer; **jdn ins ~ nehmen** *(fig)* to take sb to task

gebeten [gəˈbe:tən] PP *von* **bitten**

gebeugt [gəˈbɔʏkt] ADJ *(Haltung)* stooped; *(Kopf)* bowed; *(Schultern)* sloping

gebiert [gəˈbi:rt] VB *siehe* **gebären**

Gebiet [gəˈbi:t] **(-(e)s, -e)** NT area; *(Hoheitsgebiet)* territory; *(fig)* field

gebieten *unreg* VT to command, to demand

Gebieter **(-s, -)** M master; *(Herrscher)* ruler; **Gebieterin** F mistress; **gebieterisch** ADJ imperious

Gebietshoheit F territorial sovereignty

Gebilde [gəˈbɪldə] **(-s, -)** NT object, structure

gebildet ADJ cultured, educated

Gebimmel [gəˈbɪməl] **(-s)** NT (continual) ringing

★**Gebirge** [gəˈbɪrgə] **(-s, -)** NT mountains *pl*

gebirgig ADJ mountainous

Gebirgs- ZW: **Gebirgsbahn** F *railway crossing a mountain range*; **Gebirgskette** F, **Gebirgszug** M mountain range

Gebiss [gəˈbɪs] **(-es, -e)** NT teeth *pl*; *(künstlich)* dentures *pl*

gebissen PP *von* **beißen**

Gebläse [gəˈblɛ:zə] **(-s, -)** NT fan, blower

geblasen [gəˈbla:zən] PP *von* **blasen**

geblichen [gəˈblɪçən] PP *von* **bleichen**

geblieben [gəˈbli:bən] PP *von* **bleiben**

geblümt [gəˈbly:mt] ADJ flowered; *(Stil)* flowery

Geblüt [gəˈbly:t] **(-(e)s)** NT blood, race

gebogen [gəˈbo:gən] PP *von* **biegen**

★**geboren** [gəˈbo:rən] PP *von* **gebären** ▶ ADJ born; **wo sind Sie ~?** where were you born?; **Andrea Jordan, geborene Christian** Andrea Jordan, née Christian

> Im Englischen wird der Perfekt verwendet: **I/she was born**.

geborgen [gəˈbɔrgən] PP *von* **bergen** ▶ ADJ secure, safe

geborsten [gəˈbɔrstən] PP *von* **bersten**

gebot *etc* [gəˈbo:t] VB *siehe* **gebieten**

Gebot **(-(e)s, -e)** NT *(Gesetz)* law; *(Rel)* commandment; *(bei Auktion)* bid; **das ~ der Stunde** the needs of the moment

geboten [gəˈbo:tən] PP *von* **bieten**; **gebieten** ▶ ADJ *(geh: ratsam)* advisable; (: *notwendig*) necessary; (: *dringend geboten*) imperative

Gebr. ABK (= *Gebrüder*) Bros., bros.

gebracht [gəˈbraxt] PP *von* **bringen**

gebrannt [gəˈbrant] PP *von* **brennen** ▶ ADJ: **ein gebranntes Kind scheut das Feuer** *(Sprichwort)* once bitten twice shy *(Sprichwort)*

gebraten [gəˈbra:tən] PP *von* **braten**

Gebräu [gəˈbrɔʏ] **(-(e)s, -e)** NT brew, concoction

Gebrauch [gəˈbraʊx] **(-(e)s, Gebräuche)** M use; *(Sitte)* custom; **zum äußerlichen/innerlichen ~** for external use/to be taken internally

★**gebrauchen** VT to use; **er/das ist zu nichts zu ~** he's/that's (of) no use to anybody

gebräuchlich [gəˈbrɔʏçlɪç] ADJ usual, customary

Gebrauchs- ZW: ★ **Gebrauchsanweisung** F directions *pl* for use; **Gebrauchsartikel** M article of everyday use; **gebrauchsfertig** ADJ ready for use; **Gebrauchsgegenstand** M commodity

gebraucht [gəˈbraʊxt] ADJ used, second-hand; **Gebrauchtwagen** M second-hand *od* used car

gebrechlich [gəˈbrɛçlɪç] ADJ frail; **Gebrechlichkeit** F frailty

★**gebrochen** [gəˈbrɔxən] PP *von* **brechen**

Gebrüder [gəˈbry:dər] PL brothers *pl*

Gebrüll [gəˈbrʏl] (**-(e)s**) NT (*von Mensch*) yelling; (*von Löwe*) roar

gebückt [gəˈbʏkt] ADJ: **eine gebückte Haltung** a stoop

★**Gebühr** [gəˈby:r] (**-, -en**) F charge; (*Postgebühr*) postage *no pl*; (*Maut*) toll; (*Honorar*) fee; **zu ermäßigter ~** at a reduced rate; **~ (be)zahlt Empfänger** postage to be paid by addressee; **nach ~** suitably; **über ~** excessively

gebühren VI (*geh*): **jdm ~** to be sb's due *od* due to sb ▸ VR to be fitting

gebührend ADJ (*verdient*) due; (*angemessen*) suitable

Gebühren- zW: **Gebühreneinheit** F (*Tel*) tariff unit; **Gebührenerlass** M remission of fees; **Gebührenermäßigung** F reduction of fees; **gebührenfrei** ADJ free of charge; **Gebührenmanager** M tariff meter; ★**gebührenpflichtig** ADJ subject to charges; **gebührenpflichtige Verwarnung** (*Jur*) fine; **gebührenpflichtige Straße** toll road

gebunden [gəˈbʊndən] PP *von* **binden** ▸ ADJ: **vertraglich ~ sein** to be bound by contract

★**Geburt** [gəˈbu:rt] (**-, -en**) F birth; **das war eine schwere ~!** (*fig: umg*) that took some doing

Geburten- zW: **Geburtenkontrolle** F birth control; **Geburtenregelung** F birth control; **Geburtenrückgang** M drop in the birth rate; **geburtenschwach** ADJ (*Jahrgang*) with a low birth rate; **Geburtenziffer** F birth rate

gebürtig [gəˈbʏrtɪç] ADJ born in, native of; **gebürtige Schweizerin** native of Switzerland, Swiss-born woman

Geburts- zW: **Geburtsanzeige** F birth notice; ★**Geburtsdatum** NT date of birth; **Geburtsfehler** M congenital defect; **Geburtshelfer** M (*Arzt*) obstetrician; **Geburtshelferin** F (*Ärztin*) obstetrician; (*Hebamme*) midwife; **Geburtshilfe** F (*als Fach*) obstetrics *sing*; (*von Hebamme*) midwifery; **Geburtsjahr** NT year of birth; ★**Geburtsort** M birthplace; ★**Geburtstag** M birthday; **herzlichen Glückwunsch zum ~!** happy birthday!, many happy returns (of the day)!

> Im Englischen *hat* man nicht Geburtstag, es *ist jemandes* Geburtstag: *Er hat morgen Geburtstag*. **His birthday is tomorrow**.

Geburtsurkunde F birth certificate

Gebüsch [gəˈbʏʃ] (**-(e)s, -e**) NT bushes *pl*

gedacht [gəˈdaxt] PP *von* **denken**; **gedenken**

gedachte *etc* VB *siehe* **gedenken**

Gedächtnis [gəˈdɛçtnɪs] (**-ses, -se**) NT memory; **wenn mich mein ~ nicht trügt** if my memory serves me right; **Gedächtnisfeier** F commemoration; **Gedächtnishilfe** F memory aid, mnemonic; **Gedächtnisschwund** M loss of memory; **Gedächtnisverlust** M amnesia

gedämpft [gəˈdɛmpft] ADJ (*Geräusch*) muffled; (*Farben, Instrument, Stimmung*) muted; (*Licht, Freude*) subdued

Gedanke [gəˈdaŋkə] (**-ns, -n**) M thought; (*Idee, Plan, Einfall*) idea; (*Konzept*) concept; **sich über etw** *akk* **Gedanken machen** to think about sth; **jdn auf andere Gedanken bringen** to make sb think about other things; **etw ganz in Gedanken** *dat* **tun** to do sth without thinking; **auf einen Gedanken kommen** to have *od* get an idea

Gedanken- zW: **Gedankenaustausch** M exchange of ideas; **Gedankenfreiheit** F freedom of thought; **gedankenlos** ADJ thoughtless; **Gedankenlosigkeit** F thoughtlessness; **Gedankensprung** M mental leap; **Gedankenstrich** M dash; **Gedankenübertragung** F thought transference, telepathy; **gedankenverloren** ADJ lost in thought; **gedankenvoll** ADJ thoughtful

Gedärme [gəˈdɛrmə] PL intestines *pl*

Gedeck [gəˈdɛk] (**-(e)s, -e**) NT cover(ing); (*Menü*) set meal; **ein ~ auflegen** to lay a place

gedeckt ADJ (*Farbe*) muted

Gedeih M: **auf ~ und Verderb** for better or for worse

gedeihen [gəˈdaɪən] *unreg* VI to thrive, to prosper; **die Sache ist so weit gediehen, dass …** the matter has reached the point *od* stage where …

gedenken [gəˈdɛŋkən] *unreg* VI *+gen* (*geh: denken an*) to remember; (*beabsichtigen*) to intend; **Gedenken** NT: **zum ~ an jdn** in memory *od* remembrance of sb

Gedenk- zW: **Gedenkfeier** F commemoration; **Gedenkminute** F minute's silence; **Gedenkstätte** F memorial; **Gedenktag** M remembrance day

Gedicht [gəˈdɪçt] (**-(e)s, -e**) NT poem

gediegen [gəˈdi:gən] ADJ (good) quality; (*Mensch*) reliable; (*rechtschaffen*) honest; **Gediegenheit** F quality; (*von Mensch*) reliability; (*Rechtschaffenheit*) honesty

gedieh *etc* [gəˈdi:] VB *siehe* **gedeihen**

gediehen PP *von* **gedeihen**

gedr. ABK = **gedruckt**

Gedränge [gəˈdrɛŋə] (**-s**) NT crush, crowd; **ins ~ kommen** (*fig*) to get into difficulties

gedrängt ADJ compressed; **~ voll** packed

gedroschen [gəˈdrɔʃən] PP *von* **dreschen**

gedruckt [gəˈdrʊkt] ADJ printed; **lügen wie ~** (*umg*) to lie left, right and centre

gedrungen [gəˈdrʊŋən] PP *von* **dringen** ▸ ADJ thickset, stocky

Geduld [gəˈdʊlt] (**-**) F patience; **mir reißt die ~, ich verliere die ~** my patience is wearing thin, I'm losing my patience

gedulden [gəˈdʊldən] VR to be patient

★**geduldig** ADJ patient

Geduldsprobe F trial of (one's) patience

gedungen [gəˈdʊŋən] (*pej*) ADJ (*geh: Mörder*) hired

gedunsen [gə'dʊnzən] ADJ bloated
gedurft [gə'dʊrft] PP *von* **dürfen**
geehrt [gə'|e:rt] ADJ: **Sehr geehrte Damen und Herren!** Ladies and Gentlemen!; **Sehr geehrter Herr Young** Dear Mr Young
geeignet [gə'|aɪgnət] ADJ suitable; **im geeigneten Augenblick** at the right moment
Gefahr [gə'fa:r] (-, **-en**) F danger; **~ laufen, etw zu tun** to run the risk of doing sth; **auf eigene ~** at one's own risk; **außer ~** (*nicht gefährdet*) not in danger; (*nicht mehr gefährdet*) out of danger; (*Patienten*) off the danger list
gefährden [gə'fɛ:rdən] VT to endanger
gefahren [gə'fa:rən] PP *von* **fahren**
Gefahren- zW: **Gefahrenquelle** F source of danger; **Gefahrenschwelle** F threshold of danger; **Gefahrenstelle** F danger spot; **Gefahrenzulage** F danger money
gefährlich [gə'fɛ:rlɪç] ADJ dangerous
Gefährte [gə'fɛ:rtə] (**-n, -n**) M companion
Gefährtin [gə'fɛ:rtɪn] F companion
Gefälle [gə'fɛlə] (**-s, -**) NT (*von Land, Straße*) slope; (*Neigungsgrad*) gradient; **starkes ~!** steep hill
gefallen PP *von* **fallen; gefallen** ▶ VI (*unreg*): **jdm ~** to please sb; **er/es gefällt mir** I like him/it; **das gefällt mir an ihm** that's one thing I like about him; **sich** *dat* **etw ~ lassen** to put up with sth
Gefallen[1] [gə'falən] (**-s, -**) M favour; **jdm einen ~ tun** to do sb a favour; **jdm etw zu ~ tun** to do sth to please sb
Gefallen[2] [gə'falən] (**-s**) NT pleasure; **an etw** *dat* **~ finden** to derive pleasure from sth; **an jdm ~ finden** to take to sb
Gefallene(r) M soldier killed in action
gefällig [gə'fɛlɪç] ADJ (*hilfsbereit*) obliging; (*erfreulich*) pleasant; **sonst noch etwas ~?** (*veraltet, ironisch*) will there be anything else?; **Gefälligkeit** F favour (BRIT), favor (US); (*Hilfsbereitschaft*) helpfulness; **etw aus ~ tun** to do sth as a favour (BRIT) *od* favor (US)
gefälligst (*umg*) ADV kindly; **sei ~ still!** will you kindly keep your mouth shut!
gefällt [gə'fɛlt] VB *siehe* **gefallen**
gefangen [gə'faŋən] PP *von* **fangen** ▶ ADJ captured; (*fig*) captivated; **~ halten** to keep prisoner; **~ nehmen** to capture
Gefangene(r) F(M) prisoner, captive
Gefangenenlager NT prisoner-of-war camp
Gefangen- zW: **Gefangennahme** (-, **-n**) F capture; **Gefangenschaft** F captivity
Gefängnis [gə'fɛŋnɪs] (**-ses, -se**) NT prison; **zwei Jahre ~ bekommen** to get two years' imprisonment; **Gefängnisstrafe** F prison sentence; **Gefängniswärter** M prison warder (BRIT) *od* guard
gefärbt [gə'fɛrpt] ADJ (*fig: Bericht*) biased; (*Lebensmittel*) coloured (BRIT), colored (US)
Gefasel [gə'fa:zəl] (**-s**) NT twaddle, drivel
Gefäß [gə'fɛ:s] (**-es, -e**) NT vessel (*auch Anat*), container
gefasst [gə'fast] ADJ composed, calm; **auf etw** *akk* **~ sein** to be prepared *od* ready for sth; **er kann sich auf etwas ~ machen** (*umg*) I'll give him something to think about
Gefecht [gə'fɛçt] (**-(e)s, -e**) NT fight; (*Mil*) engagement; **jdn/etw außer ~ setzen** (*lit, fig*) to put sb/sth out of action
gefedert [gə'fe:dərt] ADJ (*Matratze*) sprung
gefeiert [gə'faɪərt] ADJ celebrated
gefeit [gə'faɪt] ADJ: **gegen etw ~ sein** to be immune to sth
gefestigt [gə'fɛstɪçt] ADJ (*Charakter*) steadfast
Gefieder [gə'fi:dər] (**-s, -**) NT plumage, feathers *pl*
gefiedert ADJ feathered
gefiel *etc* [gə'fi:l] VB *siehe* **gefallen**
Geflecht [gə'flɛçt] (**-(e)s, -e**) NT (*lit, fig*) network
gefleckt [gə'flɛkt] ADJ spotted; (*Blume, Vogel*) speckled
Geflimmer [gə'flɪmər] (**-s**) NT shimmering; (*Film, TV*) flicker(ing)
geflissentlich [gə'flɪsəntlɪç] ADJ intentional ▶ ADV intentionally
geflochten [gə'flɔxtən] PP *von* **flechten**
geflogen [gə'flo:gən] PP *von* **fliegen**
geflohen [gə'flo:ən] PP *von* **fliehen**
geflossen [gə'flɔsən] PP *von* **fließen**
★**Geflügel** [gə'fly:gəl] (**-s**) NT poultry
Geflügelpest F poultry plague
geflügelt ADJ: **geflügelte Worte** familiar quotations
Geflüster [gə'flʏstər] (**-s**) NT whispering
gefochten [gə'fɔxtən] PP *von* **fechten**
Gefolge [gə'fɔlgə] (**-s, -**) NT retinue
Gefolgschaft [gə'fɔlkʃaft] F following
Gefolgsmann (**-(e)s,** *pl* **-leute**) M follower
gefragt [ge'fra:kt] ADJ in demand
gefräßig [gə'frɛ:sɪç] ADJ voracious
Gefreite(r) [gə'fraɪtə(r)] M (*Mil*) lance corporal (BRIT), private first class (US); (*Naut*) able seaman (BRIT), seaman apprentice (US); (*Aviat*) aircraftman (BRIT), airman first class (US)
gefressen [gə'frɛsən] PP *von* **fressen** ▶ ADJ: **den hab(e) ich ~** (*umg*) I'm sick of him
gefrieren [gə'fri:rən] *unreg* VI to freeze
Gefrier- zW: **Gefrierfach** NT freezer compartment; **Gefrierfleisch** NT frozen meat; **gefriergetrocknet** ADJ freeze-dried; **Gefrierpunkt** M freezing point; **Gefrierschrank** M (upright) freezer; **Gefrierschutzmittel** NT antifreeze; **Gefriertruhe** F deep-freeze
gefror *etc* [gə'fro:r] VB *siehe* **gefrieren**
gefroren PP *von* **frieren; gefrieren**
Gefüge [gə'fy:gə] (**-s, -**) NT structure
gefügig ADJ submissive; (*gehorsam*) obedient
★**Gefühl** [gə'fy:l] (**-(e)s, -e**) NT feeling; **etw im ~ haben** to have a feel for sth; **gefühllos** ADJ unfeeling; (*Glieder*) numb
Gefühls- zW: **gefühlsbetont** ADJ emotional; **Gefühlsduselei** [-du:zə'laɪ] (*pej*) F mawkish-

g

ness; **Gefühlsleben** NT emotional life; **gefühlsmäßig** ADJ instinctive; **Gefühlsmensch** M emotional person

gefühlvoll ADJ (*empfindsam*) sensitive; (*ausdrucksvoll*) expressive; (*liebevoll*) loving

gefüllt [gəˈfʏlt] ADJ (*Koch*) stuffed; (*Pralinen*) with soft centres

★**gefunden** [gəˈfʊndən] PP *von* **finden** ▶ ADJ: **das war ein gefundenes Fressen für ihn** that was handing it to him on a plate

gegangen [gəˈgaŋən] PP *von* **gehen**

gegeben [gəˈgeːbən] PP *von* **geben** ▶ ADJ given; **zu gegebener Zeit** in due course

gegebenenfalls [gəˈgeːbənənfals] ADV if need be

gegen [ˈgeːgən]

PRÄP *+akk* **1** against; **nichts gegen jdn haben** to have nothing against sb; **X gegen Y** (*Sport, Jur*) X versus Y; **ein Mittel gegen Schnupfen** something for colds
2 (*in Richtung auf*) towards; **gegen Osten** to(wards) the east; **gegen Abend** towards evening; **gegen einen Baum fahren** to drive into a tree
3 (*ungefähr*) round about; **gegen 3 Uhr** around 3 o'clock
4 (*gegenüber*) towards; **gerecht gegen alle** fair to all
5 (*im Austausch für*) for; **gegen bar** for cash; **gegen Quittung** against a receipt
6 (*verglichen mit*) compared with

Gegen- zW: **Gegenangriff** M counter-attack; **Gegenbesuch** M return visit; **Gegenbeweis** M counter-evidence

★**Gegend** [ˈgeːgənt] (**-, -en**) F area, district

Gegen- zW: **Gegendarstellung** F (*Presse*) reply; **gegeneinander** ADV against one another; **Gegenfahrbahn** F opposite carriageway; **gegen|finanzieren** VT to counterfinance; **Gegenfinanzierung** F *financing of state expenditure by means of cuts, tax increases etc*; **Gegenfrage** F counterquestion; **Gegengewicht** NT counterbalance; **Gegengift** NT antidote; **Gegenkandidat** M rival candidate; **gegenläufig** ADJ contrary; **Gegenleistung** F service in return; **Gegenlichtaufnahme** F back lit photograph; **Gegenliebe** F requited love; (*fig: Zustimmung*) approval; **Gegenmaßnahme** F countermeasure; **Gegenmittel** NT: **~ (gegen)** (*Med*) antidote (to); **Gegenprobe** F cross-check

Gegensatz (**-es, Gegensätze**) M contrast; **im ~ zu** in contrast to; **Gegensätze überbrücken** to overcome differences

gegensätzlich ADJ contrary, opposite; (*widersprüchlich*) contradictory

Gegen- zW: **Gegenschlag** M counter-attack; **Gegenseite** F opposite side; (*Rückseite*) reverse; **gegenseitig** ADJ mutual, reciprocal ▶ ADV: **sich ~ helfen** to help each other; **in gegenseitigem Einverständnis** by mutual agreement; **Gegenseitigkeit** F reciprocity; **Gegenspieler** M opponent; **Gegensprechanlage** F (two-way) intercom; ★**Gegenstand** M object; **gegenständlich** ADJ objective, concrete; (*Kunst*) representational; **gegenstandslos** ADJ (*überflüssig*) irrelevant; (*grundlos*) groundless; **Gegenstimme** F vote against; **Gegenstoß** M counterblow; **Gegenstück** NT counterpart; ★**Gegenteil** NT opposite; **im ~** on the contrary; **das ~ bewirken** to have the opposite effect; (*Mensch*) to achieve the exact opposite; **ganz im ~** quite the reverse; **ins ~ umschlagen** to swing to the other extreme; **gegenteilig** ADJ opposite, contrary; **ich habe nichts Gegenteiliges gehört** I've heard nothing to the contrary

★**gegenüber** [geːgənˈ|yːbər] PRÄP *+dat* opposite; (*zu*) to(wards); (*in Bezug auf*) with regard to; (*im Vergleich zu*) in comparison with; (*angesichts*) in the face of ▶ ADV opposite; **mir ~ hat er das nicht geäußert** he didn't say that to me; ★**Gegenüber** (**-s, -**) NT person opposite; (*bei Kampf*) opponent; (*bei Diskussion*) opposite number; **gegenüber|liegen** *unreg* VR to face each other; **gegenüber|stehen** *unreg* VI *+dat* to face; (*Problem*) to be faced with ▶ VR to be opposed (to each other); **gegenüber|stellen** VT to confront; (*fig*) to contrast; **Gegenüberstellung** F confrontation; (*fig*) contrast; (*: Vergleich*) comparison; **gegenüber|treten** *unreg* VI *+dat* to face

Gegen- zW: **Gegenveranstaltung** F countermeeting; **Gegenverkehr** M oncoming traffic; **Gegenvorschlag** M counterproposal

Gegenwart [ˈgeːgənvart] F present; **in ~ von** in the presence of

gegenwärtig ADJ present ▶ ADV at present; **das ist mir nicht mehr ~** that has slipped my mind

gegenwartsbezogen ADJ (*Roman etc*) relevant to present times

Gegen- zW: **Gegenwert** M equivalent; **Gegenwind** M headwind; **Gegenwirkung** F reaction; **gegen|zeichnen** VT to countersign; **Gegenzug** M countermove; (*Eisenb*) corresponding train in the other direction

gegessen [gəˈgɛsən] PP *von* **essen**

geglichen [gəˈglɪçən] PP *von* **gleichen**

gegliedert [gəˈgliːdərt] ADJ jointed; (*fig*) structured

geglitten [gəˈglɪtən] PP *von* **gleiten**

geglommen [gəˈglɔmən] PP *von* **glimmen**

geglückt [gəˈglʏkt] ADJ (*Feier*) successful; (*Überraschung*) real

Gegner(in) [ˈgeːgnər(ɪn)] (**-s, -**) M(F) opponent; **gegnerisch** ADJ opposing; **Gegnerschaft** F opposition

gegolten [gəˈgɔltən] PP *von* **gelten**

gegoren [gəˈgoːrən] PP *von* **gären**

gegossen [gəˈgɔsən] PP *von* **gießen**

gegr. ABK (= *gegründet*) estab.

gegraben [gəˈgraːbən] PP *von* **graben**

gegriffen [gəˈgrɪfən] PP *von* **greifen**

Gehabe [gəˈhaːbə] (**-s**) (*umg*) NT affected behaviour (BRIT) *od* behavior (US)

gehabt [gəˈhaːpt] PP *von* **haben**

Gehackte(s) [geˈhaktə(s)] NT mince(d meat) (BRIT), ground meat (US)

Gehalt¹ [gəˈhalt] **(-(e)s, -e)** M content

Gehalt² [gəˈhalt] **(-(e)s, Gehälter)** NT salary

gehalten [gəˈhaltən] PP *von* **halten** ▶ ADJ: **~ sein, etw zu tun** (*form*) to be required to do sth

Gehalts- zW: **Gehaltsabrechnung** F salary statement; **Gehaltsempfänger** M salary earner; **Gehaltserhöhung** F salary increase; **Gehaltsklasse** F salary bracket; **Gehaltskonto** NT current account (BRIT), checking account (US); **Gehaltszulage** F salary increment

gehaltvoll [gəˈhaltfɔl] ADJ (*Speise, Buch*) substantial

gehandicapt, gehandikapt [gəˈhɛndikɛpt] ADJ handicapped (*pej*); disabled

gehangen [gəˈhaŋən] PP *von* **hängen**

geharnischt [gəˈharnɪʃt] ADJ (*fig*) forceful, sharp

gehässig [gəˈhɛsɪç] ADJ spiteful, nasty; **Gehässigkeit** F spite(fulness)

gehäuft [gəˈhɔʏft] ADJ (*Löffel*) heaped

Gehäuse [gəˈhɔʏzə] **(-s, -)** NT case; (*Radiogehäuse, Uhrgehäuse*) casing; (*von Apfel etc*) core

gehbehindert [ˈge:behɪndərt] ADJ disabled

Gehege [gəˈhe:gə] **(-s, -)** NT enclosure, preserve; **jdm ins ~ kommen** (*fig*) to poach on sb's preserve

geheim [gəˈhaɪm] ADJ secret; (*Dokumente*) classified; **streng ~** top secret; **~ halten** to keep secret; **Geheimdienst** M secret service, intelligence service; **Geheimfach** NT secret compartment

Geheimnis (-ses, -se) NT secret; (*rätselhaftes Geheimnis*) mystery; **Geheimniskrämer(in)** M(F) mystery-monger; **geheimnisvoll** ADJ mysterious

Geheim- zW: **Geheimnummer** F (*Tel*) secret number; (*von Kreditkarte*) PIN number; **Geheimpolizei** F secret police; **Geheimrat** M privy councillor; **Geheimratsecken** PL: **er hat ~** he is going bald at the temples; **Geheimschrift** F code, secret writing; **Geheimtipp** M (personal) tip

Geheiß [gəˈhaɪs] **(-es)** NT (*geh*) command; **auf jds ~** *akk* at sb's bidding

geheißen [gəˈhaɪsən] PP *von* **heißen**

gehemmt [gəˈhɛmt] ADJ inhibited

gehen [ˈge:ən] *unreg* VI (*auch Auto, Uhr*) to go; (*zu Fuß gehen*) to walk; (*funktionieren*) to work; (*Teig*) to rise ▶ VT to go; (*zu Fuß*) to walk ▶ VI UNPERS: **wie geht es dir?** how are you *od* things?; **~ nach** (*Fenster*) to face; **in sich** *akk* **~** to think things over; **nach etw ~** (*urteilen*) to go by sth; **sich ~ lassen** to lose one's self-control; (*nachlässig sein*) to let o.s. go; **wie viele Leute ~ in deinen Wagen?** how many people can you get in your car?; **nichts geht über** *+akk* ... there's nothing to beat ..., there's nothing better than ...; **schwimmen/schlafen ~** to go swimming/to bed; **in die Tausende ~** to run into (the) thousands; **wie geht es dir?** how are you *od* things?; **mir/ihm geht es gut** I'm/he's (doing) fine; **geht das?** is that possible?; **gehts noch?** can you manage?; **es geht** not too bad, O.K.; **das geht nicht** that's not on; **es geht um etw** it concerns sth, it's about sth; **lass es dir gut ~** look after yourself, take care of yourself; **so geht das, das geht so** that/this is how it's done; **darum geht es (mir) nicht** that's not the point; (*spielt keine Rolle*) that's not important to me; **morgen geht es nicht** tomorrow's no good; **wenn es nach mir ginge ...** if it were *od* was up to me ...

gehetzt [gəˈhɛtst] ADJ harassed

geheuer [gəˈhɔʏər] ADJ: **nicht ~** eerie; (*fragwürdig*) dubious

Geheul [gəˈhɔʏl] **(-(e)s)** NT howling

Gehilfe [gəˈhɪlfə] **(-n, -n)** M assistant

Gehilfin [gəˈhɪlfɪn] F assistant

Gehirn [gəˈhɪrn] **(-(e)s, -e)** NT brain; **Gehirnerschütterung** F concussion; **Gehirnschlag** M stroke; **Gehirnwäsche** F brainwashing

gehoben [gəˈho:bən] PP *von* **heben** ▶ ADJ: **gehobener Dienst** *professional and executive levels of the civil service*

geholfen [gəˈhɔlfən] PP *von* **helfen**

Gehör [gəˈhø:r] **(-(e)s)** NT hearing; **musikalisches ~** ear; **absolutes ~** perfect pitch; **~ finden** to gain a hearing; **jdm ~ schenken** to give sb a hearing

gehorchen [gəˈhɔrçən] VI *+dat* to obey

★ **gehören** [gəˈhø:rən] VI to belong ▶ VR UNPERS to be right *od* proper; **das gehört sich nicht** it's not done; **wem gehört das Buch?** whose book is this?; **das gehört nicht zur Sache** that's irrelevant; **dazu gehört (schon) einiges** *od* **etwas** that takes some doing (*umg*); **er gehört ins Bett** he should be in bed

gehörig ADJ proper; **~ zu** *od +dat* (*geh*) belonging to

gehörlos ADJ (*form*) deaf

gehorsam [gəˈho:rza:m] ADJ obedient; **Gehorsam (-s)** M obedience

Gehörsinn M sense of hearing

Gehsteig [ˈge:ʃtaɪk] M, **Gehweg** [ˈge:vɛk] M pavement (BRIT), sidewalk (US)

Geier [ˈgaɪər] **(-s, -)** M vulture; **weiß der ~!** (*umg*) God knows

geifern [ˈgaɪfərn] VI to slaver; (*fig*) to be bursting with venom

★ **Geige** [ˈgaɪgə] **(-, -n)** F violin; **die erste/zweite ~ spielen** (*lit*) to play first/second violin; (*fig*) to call the tune/play second fiddle

Geiger(in) **(-s, -)** M(F) violinist

Geigerzähler M geiger counter

geil [gaɪl] ADJ randy (BRIT), horny (US); (*pej: lüstern*) lecherous; (*umg: gut*) fantastic

Geisel [ˈgaɪzəl] **(-, -n)** F hostage; **Geiselnahme (-)** F taking of hostages

Geißel [ˈgaɪsəl] **(-, -n)** F scourge, whip

geißeln VT to scourge

Geist [gaɪst] **(-(e)s, -er)** M spirit; (*Gespenst*) ghost; (*Verstand*) mind; **von allen guten Geistern verlassen sein** (*umg*) to have taken leave of one's senses; **hier scheiden sich die Geister** this is the parting of the ways; **den** *od* **seinen ~ aufgeben** to give up the ghost

Geister- ZW: **Geisterfahrer(in)** (*umg*) M(F) ghost-driver (*US*), *person driving in the wrong direction*; **geisterhaft** ADJ ghostly; **Geisterhand** F: **wie von ~** as if by magic

Geistes- ZW: **geistesabwesend** ADJ absent-minded; **Geistesakrobat** M mental acrobat; **Geistesblitz** M brain wave; **Geistesgegenwart** F presence of mind; **geistesgegenwärtig** ADJ quick-witted; **geistesgestört** ADJ mentally disturbed; (*stärker*) (mentally) deranged; **Geisteshaltung** F mental attitude; **geisteskrank** ADJ mentally ill; **Geisteskranke(r)** F(M) mentally ill person; **Geisteskrankheit** F mental illness; **Geistesstörung** F mental disturbance; **Geistesverfassung** F frame of mind; **Geisteswissenschaften** PL arts (subjects) *pl*; **Geisteszustand** M state of mind; **jdn auf seinen ~ untersuchen** to give sb a psychiatric examination

geistig ADJ intellectual; (*Psych*) mental; (*Getränke*) alcoholic; **~ behindert** mentally disabled; **geistig-seelisch** mental and spiritual

geistlich ADJ spiritual; (*religiös*) religious; **Geistliche(r)** M clergyman; **Geistlichkeit** F clergy

geist- ZW: **geistlos** ADJ uninspired, dull; **geistreich** ADJ intelligent; (*witzig*) witty; **geisttötend** ADJ soul-destroying; **geistvoll** ADJ intellectual; (*weise*) wise

Geiz [gaɪts] **(-es)** M miserliness, meanness; **geizen** VI to be miserly; **Geizhals** M miser

★**geizig** ADJ miserly, mean

Geizkragen M miser

gekannt [gəˈkant] PP *von* **kennen**

Gekicher [gəˈkɪçər] **(-s)** NT giggling

Geklapper [gəˈklapər] **(-s)** NT rattling

Geklimper [gəˈklɪmpər] **(-s)** (*umg*) NT (*Klaviergeklimper*) tinkling; (*: stümperhaft*) plonking; (*von Geld*) jingling

geklungen [gəˈklʊŋən] PP *von* **klingen**

geknickt [gəˈknɪkt] ADJ (*fig*) dejected

gekniffen [gəˈknɪfən] PP *von* **kneifen**

gekommen [gəˈkɔmən] PP *von* **kommen**

gekonnt [gəˈkɔnt] PP *von* **können** ▶ ADJ skilful (BRIT), skillful (*US*)

Gekritzel [gəˈkrɪtsəl] **(-s)** NT scrawl, scribble

gekrochen [gəˈkrɔxən] PP *von* **kriechen**

gekünstelt [geˈkʏnstəlt] ADJ artificial; (*Sprache, Benehmen*) affected

Gel [ge:l] **(-s, -e)** NT gel

Gelaber [gəˈla:bər], **Gelabere** [gəˈla:bərə] **(-s)** (*umg*) NT prattle

Gelächter [gəˈlɛçtər] **(-s, -)** NT laughter; **in ~ ausbrechen** to burst out laughing

gelackmeiert [gəˈlakmaɪərt] (*umg*) ADJ conned

geladen [geˈla:dən] PP *von* **laden** ▶ ADJ loaded; (*Elek*) live; (*fig*) furious

Gelage [gəˈla:gə] **(-s, -)** NT feast, banquet

gelagert [gəˈla:gərt] ADJ: **in anders/ähnlich gelagerten Fällen** in different/similar cases

gelähmt [gəˈlɛ:mt] ADJ paralysed

Gelände [gəˈlɛndə] **(-s, -)** NT land, terrain; (*von Fabrik, Sportgelände*) grounds *pl*; (*Baugelände*) site; **Geländefahrzeug** NT cross-country vehicle; **geländegängig** ADJ able to go cross-country; **Geländelauf** M cross-country race

Geländer [gəˈlɛndər] **(-s, -)** NT railing; (*Treppengeländer*) banister(s)

Geländewagen M off-road vehicle, four-by-four

gelang *etc* VB *siehe* **gelingen**

gelangen [gəˈlaŋən] VI: **~ an** *+akk od* **zu** to reach; (*erwerben*) to attain; **in jds Besitz** *akk* **~** to come into sb's possession; **in die richtigen/falschen Hände ~** to fall into the right/wrong hands

★**gelangweilt** ADJ bored

gelassen [gəˈlasən] PP *von* **lassen** ▶ ADJ calm; (*gefasst*) composed; **Gelassenheit** F calmness; (*Fassung*) composure

Gelatine [ʒelaˈti:nə] F gelatine

gelaufen [gəˈlaʊfən] PP *von* **laufen**

geläufig [gəˈlɔʏfɪç] ADJ (*üblich*) common; **das ist mir nicht ~** I'm not familiar with that; **Geläufigkeit** F commonness; (*Vertrautheit*) familiarity

★**gelaunt** [gəˈlaʊnt] ADJ: **schlecht/gut ~** in a bad/good mood; **wie ist er ~?** what sort of mood is he in?

Geläut [gəˈlɔʏt] **(-(e)s)** NT ringing; (*Läutwerk*) chime

Geläute (-s) NT ringing

★**gelb** [gɛlp] ADJ yellow; (*Ampellicht*) amber (BRIT), yellow (*US*); **Gelbe Seiten** Yellow Pages; **gelblich** ADJ yellowish

Gelbsucht F jaundice

★**Geld** [gɛlt] **(-(e)s, -er)** NT money; **etw zu ~ machen** to sell sth off; **er hat ~ wie Heu** (*umg*) he's stinking rich; **am ~ hängen** *od* **kleben** to be tight with money; **staatliche/öffentliche Gelder** state/public funds *pl od* money; **Geldadel** M: **der ~** the moneyed aristocracy; (*hum: die Reichen*) the rich; **Geldanlage** F investment; **Geldautomat** M cash dispenser; **Geldautomatenkarte** F cash card; ★**Geldbeutel** M purse; **Geldbörse** F purse; **Geldbuße** F fine; **Geldeinwurf** M slot; **Geldgeber(in) (-s, -)** M(F) financial backer; **geldgierig** ADJ avaricious; **Geldinstitut** NT financial institution; **Geldmittel** PL capital *sing*, means *pl*; **Geldquelle** F source of income; **Geldschein** M banknote; **Geldschrank** M safe, strongbox; ★**Geldstrafe** F fine; **Geldstück** NT coin; **Geldverlegenheit** F: **in ~ sein/kommen** to be/run short of money; **Geldverleiher(in)** M(F) moneylender; **Geldwäsche** F money-laundering; ★**Geldwechsel** M exchange (of money); **„~"** "bureau de change"; **Geldwert** M cash value; (*Fin: Kaufkraft*) currency value

geleckt [gəˈlɛkt] ADJ: **wie ~ aussehen** to be neat and tidy

Gelee [ʒeˈle:] **(-s, -s)** NT OD M jelly

gelegen [gəˈleːgən] PP *von* **liegen** ▶ ADJ situated; (*passend*) convenient, opportune; **etw kommt jdm ~** sth is convenient for sb; **mir ist viel/nichts daran ~** (*wichtig*) it matters a great deal/doesn't matter to me

Gelegenheit [gəˈleːgənhaɪt] F opportunity; (*Anlass*) occasion; **bei ~** some time (or other); **bei jeder ~** at every opportunity

Gelegenheits- ZW: **Gelegenheitsarbeit** F casual work; **Gelegenheitsarbeiter(in)** M(F) casual worker; **Gelegenheitskauf** M bargain

gelegentlich [gəˈleːgəntlɪç] ADJ occasional ▶ ADV occasionally; (*bei Gelegenheit*) some time (or other) ▶ PRÄP *+gen* on the occasion of

gelehrig [gəˈleːrɪç] ADJ quick to learn

gelehrt ADJ learned; **Gelehrte(r)** F(M) scholar; **Gelehrtheit** F scholarliness

Geleise [gəˈlaɪzə] (**-s, -**) NT = **Gleis**

Geleit [gəˈlaɪt] (**-(e)s, -e**) NT escort; **freies** *od* **sicheres ~** safe conduct; **geleiten** VT to escort; **Geleitschutz** M escort

Gelenk [gəˈlɛŋk] (**-(e)s, -e**) NT joint

gelenkig ADJ supple

gelernt [gəˈlɛrnt] ADJ skilled

gelesen [gəˈleːzən] PP *von* **lesen**

Geliebte F sweetheart; (*Liebhaberin*) mistress

Geliebte(r) M sweetheart; (*Liebhaber*) lover

geliefert [gəˈliːfərt] ADJ: **ich bin ~** (*umg*) I've had it

geliehen [gəˈliːən] PP *von* **leihen**

gelind [gəˈlɪnt] ADJ = **gelinde**

gelinde [gəˈlɪndə] ADJ (*geh*) mild; **~ gesagt** to put it mildly

gelingen [gəˈlɪŋən] *unreg* VI to succeed; **die Arbeit gelingt mir nicht** I'm not doing very well with this work; **es ist mir gelungen, etw zu tun** I succeeded in doing sth; ⋆ **Gelingen** NT (*geh: Glück*) success; (: *erfolgreiches Ergebnis*) successful outcome

gelitten [gəˈlɪtən] PP *von* **leiden**

gellen [ˈgɛlən] VI to shrill

gellend ADJ shrill, piercing

geloben [gəˈloːbən] VT, VI to vow, to swear; **das Gelobte Land** (*Rel*) the Promised Land

gelogen [gəˈloːgən] PP *von* **lügen**

gelten [ˈgɛltən] *unreg* VT (*wert sein*) to be worth ▶ VI (*gültig sein*) to be valid; (*erlaubt sein*) to be allowed ▶ VB UNPERS (*geh*): **es gilt, etw zu tun** it is necessary to do sth; **was gilt die Wette?** do you want a bet?; **das gilt nicht!** that doesn't count!; (*nicht erlaubt*) that's not allowed; **etw gilt bei jdm viel/wenig** sb values sth highly/doesn't value sth very highly; **jdm viel/wenig ~** to mean a lot/not mean much to sb; **jdm ~** (*gemünzt sein auf*) to be meant for *od* aimed at sb; **etw ~ lassen** to accept sth; **für diesmal lasse ichs ~** I'll let it go this time; **als** *od* **für etw ~** to be considered to be sth; **jdm** *od* **für jdn ~** (*betreffen*) to apply to sb

geltend ADJ (*Preise*) current; (*Gesetz*) in force; (*Meinung*) prevailing; **etw ~ machen** to assert sth; **sich ~ machen** to make itself/o.s. felt; **einen Einwand ~ machen** to raise an objection

Geltung [ˈgɛltʊŋ] F: **~ haben** to have validity; **sich/etw** *dat* **~ verschaffen** to establish o.s./sth; **etw zur ~ bringen** to show sth to its best advantage; **zur ~ kommen** to be seen/heard *etc* to its best advantage

Geltungsbedürfnis NT desire for admiration

geltungssüchtig ADJ craving admiration

Gelübde [gəˈlʏpdə] (**-s, -**) NT vow

gelungen [gəˈlʊŋən] PP *von* **gelingen** ▶ ADJ successful

Gem. ABK = **Gemeinde**

gemächlich [gəˈmɛːçlɪç] ADJ leisurely

gemacht [gəˈmaːxt] ADJ (*gewollt, gekünstelt*) false, contrived; **ein gemachter Mann sein** to be made

Gemahl [gəˈmaːl] (**-(e)s, -e**) M (*geh, form*) spouse, husband

gemahlen [gəˈmaːlən] PP *von* **mahlen**

Gemahlin F (*geh, form*) spouse, wife

Gemälde [gəˈmɛːldə] (**-s, -**) NT picture, painting

gemasert [gəˈmaːzərt] ADJ (*Holz*) grained

gemäß [gəˈmɛːs] PRÄP *+dat* in accordance with ▶ ADJ *+dat* appropriate to

gemäßigt ADJ moderate; (*Klima*) temperate

Gemauschel [gəˈmaʊʃəl] (**-s**) (*umg*) NT scheming

Gemecker [gəˈmɛkər] (**-s**) NT (*von Ziegen*) bleating; (*umg: Nörgelei*) moaning

⋆ **gemein** [gəˈmaɪn] ADJ common; (*niederträchtig*) mean; **etw ~ haben (mit)** to have sth in common (with)

Gemeinde [gəˈmaɪndə] (**-, -n**) F district; (*Bewohner*) community; (*Pfarrgemeinde*) parish; (*Kirchengemeinde*) congregation; **Gemeindeabgaben** PL rates and local taxes *pl*; **Gemeindebau** M (ÖSTERR) subsidized housing; (*Gebäude*) subsidized house; **Gemeindeordnung** F by(e)-laws *pl*, ordinances *pl* (*US*); **Gemeinderat** M district council; (*Mitglied*) district councillor; **Gemeindeschwester** F district nurse (BRIT); **Gemeindesteuer** F local rates *pl*; **Gemeindeverwaltung** F local administration; **Gemeindevorstand** M local council; **Gemeindewahl** F local election

Gemein- ZW: **Gemeineigentum** NT common property; **gemeingefährlich** ADJ dangerous to the public; **Gemeingut** NT public property; **Gemeinheit** F (*Niedertracht*) meanness; **das war eine ~** that was a mean thing to do/to say; **gemeinhin** ADV generally; **Gemeinkosten** PL overheads *pl*; **Gemeinnutz** M public good; **gemeinnützig** ADJ of benefit to the public; (*wohltätig*) charitable; **Gemeinplatz** M commonplace, platitude; **gemeinsam** ADJ joint, common (*auch Math*) ▶ ADV together; **gemeinsame Sache mit jdm machen** to be in cahoots with sb; **der Gemeinsame Markt** the Common Market; **gemeinsames Konto** joint account; **etw ~ haben** to have sth in common; **Gemeinsamkeit** F common ground; **Gemeinschaft** F

g

community; **in ~ mit** jointly *od* together with; **eheliche ~** (*Jur*) matrimony; **~ Unabhängiger Staaten** Commonwealth of Independent States; **gemeinschaftlich** ADJ = **gemeinsam**; **Gemeinschaftsantenne** F party aerial (BRIT) *od* antenna (*US*); **Gemeinschaftsarbeit** F teamwork; **Gemeinschaftsbesitz** M collective ownership; **Gemeinschaftserziehung** F coeducation; **Gemeinschaftskunde** F social studies *pl*; **Gemeinschaftsraum** M common room; **Gemeinschaftswährung** F common *od* single currency; (*innerhalb der EU*) single European currency; **Gemeinsinn** M public spirit; **gemeinverständlich** ADJ generally comprehensible; **Gemeinwesen** NT community; **Gemeinwohl** NT common good

Gemenge [gəˈmɛŋə] (**-s, -**) NT mixture; (*Handgemenge*) scuffle

gemessen [gəˈmɛsən] PP *von* **messen** ▸ ADJ measured

Gemetzel [gəˈmɛtsəl] (**-s, -**) NT slaughter, carnage

gemieden [gəˈmi:dən] PP *von* **meiden**

Gemisch [gəˈmɪʃ] (**-es, -e**) NT mixture

★**gemischt** ADJ mixed

gemocht [gəˈmɔxt] PP *von* **mögen**

gemolken [gəˈmɔlkən] PP *von* **melken**

Gemse [ˈgɛmzə] (**-, -n**) F *siehe* **Gämse**

Gemunkel [gəˈmʊŋkəl] (**-s**) NT gossip

Gemurmel [gəˈmʊrməl] (**-s**) NT murmur(ing)

★**Gemüse** [gəˈmy:zə] (**-s, -**) NT vegetables *pl*; **Gemüsegarten** M vegetable garden; **Gemüsehändler(in)** M(F) greengrocer (BRIT), vegetable dealer (*US*); **Gemüseplatte** F (*Koch*): **eine ~** assorted vegetables

gemusst [gəˈmʊst] PP *von* **müssen**

gemustert [gəˈmʊstərt] ADJ patterned

Gemüt [gəˈmy:t] (**-(e)s, -er**) NT disposition, nature; (*fig: Mensch*) person; **sich** *dat* **etw zu Gemüte führen** (*umg*) to indulge in sth; **die Gemüter erregen** to arouse strong feelings; **wir müssen warten, bis sich die Gemüter beruhigt haben** we must wait until feelings have cooled down

★**gemütlich** ADJ comfortable, cosy; (*Person*) good-natured; **wir verbrachten einen gemütlichen Abend** we spent a very pleasant evening;**Gemütlichkeit** F comfortableness, cosiness; (*von Person*) amiability

Gemüts- ZW: **Gemütsbewegung** F emotion; **gemütskrank** ADJ emotionally disturbed; **Gemütsmensch** M sentimental person; **Gemütsruhe** F composure; **in aller ~** (*umg*) (as) cool as a cucumber; (*gemächlich*) at a leisurely pace; **Gemütszustand** M state of mind

gemütvoll ADJ warm, tender

Gen [ge:n] (**-s, -e**) NT gene

gen. ABK (= *genannt*) named, called

Gen. ABK = **Genossenschaft**; (= *Genitiv*) gen.

genannt [gəˈnant] PP *von* **nennen**

genas *etc* [gəˈna:s] VB *siehe* **genesen**

★**genau** [gəˈnaʊ] ADJ exact, precise ▸ ADV exactly, precisely ▪ **Genaueres** PL further details *pl*; **etw ~ nehmen** to take sth seriously; **~ genommen** strictly speaking; **etw ~ wissen** to know sth for certain; **~ auf die Minute, auf die Minute ~** exactly on time

Genauigkeit F exactness, accuracy

★**genauso** [gəˈnaʊzo:] ADV exactly the same (way); **~ gut/viel/viele Leute** just as well/much/many people (wie as)

genehm [gəˈne:m] ADJ agreeable, acceptable

genehmigen VT to approve, to authorize; **sich** *dat* **etw ~** to indulge in sth

Genehmigung F approval, authorization

geneigt [gəˈnaɪkt] ADJ (*geh*) well-disposed, willing; **~ sein, etw zu tun** to be inclined to do sth

Genera [ˈgɛnera] PL *von* **Genus**

General [geneˈra:l] (**-s, -e** *od* **Generäle**) M general; **Generaldirektor(in)** M(F) chairperson (BRIT), president (*US*); **Generalkonsulat** NT consulate general; **Generalprobe** F dress rehearsal; **Generalsekretär(in)** M(F) secretary-general; **Generalstabskarte** F ordnance survey map; **Generalstreik** M general strike; **generalüberholen** VT to overhaul thoroughly; **Generalvertretung** F sole agency

Generation [generatsiˈo:n] F generation

Generationskonflikt M generation gap

Generator [geneˈra:tɔr] M generator, dynamo

generell [genəˈrɛl] ADJ general

genesen [geˈne:zən] *unreg* VI (*geh*) to convalesce, to recover

Genesende(r) F(M) convalescent

Genesung F recovery, convalescence

Genetik [geˈne:tɪk] F genetics

genetisch [geˈne:tɪʃ] ADJ genetic

★**Genf** [ˈgɛnf] (**-s**) NT Geneva

Genfer ADJ *attrib*: **der ~ See** Lake Geneva; **die ~ Konvention** the Geneva Convention

genial [geniˈa:l] ADJ brilliant

Genialität [genialiˈtɛ:t] F brilliance, genius

Genick [gəˈnɪk] (**-(e)s, -e**) NT (back of the) neck; **jdm/etw das ~ brechen** (*fig*) to finish sb/sth; **Genickstarre** F stiff neck

Genie [ʒeˈni:] (**-s, -s**) NT genius

genieren [ʒeˈni:rən] VR to be embarrassed ▸ VT to bother; **geniert es Sie, wenn ...?** do you mind if ...?

genießbar ADJ edible; (*trinkbar*) drinkable

genießen [gəˈni:sən] *unreg* VT to enjoy; (*essen*) to eat; (*trinken*) to drink; **er ist heute nicht zu ~** (*umg*) he is unbearable today

Genießer(in) (**-s, -**) M(F) connoisseur; (*des Lebens*) pleasure-lover; **genießerisch** ADJ appreciative ▸ ADV with relish

Genitalien [geniˈta:liən] PL genitals *pl*

Genitiv [ˈge:niti:f] M genitive

Genmais M GM maize

genmanipuliert ADJ genetically modified

Genom [ˈge:no:m] (**-s, -e**) NT genome

Genomik [ge'no:mɪk] F genomics
genommen [gə'nɔmən] PP *von* **nehmen**
genoss *etc* [gə'nɔs] VB *siehe* **genießen**
Genosse [gə'nɔsə] (**-n, -n**) M comrade (*bes Pol*), companion
genossen PP *von* **genießen**
Genossenschaft F cooperative (association)
Genossin [gə'nɔsɪn] F comrade (*bes Pol*), companion
genötigt [gə'nø:tɪçt] ADJ: **sich ~ sehen, etw zu tun** to feel obliged to do sth
Genre [ʒã:rə] (**-s, -s**) NT genre
Gent [gɛnt] (**-s**) NT Ghent
Gentechnik F, **Gentechnologie** F genetic engineering
Gentherapie F gene therapy
Genua ['ge:nua] (**-s**) NT Genoa
genug [gə'nu:k] ADV enough; **jetzt ist(s) aber ~!** that's enough!
Genüge [gə'ny:gə] F: **jdm/etw ~ tun** *od* **leisten** to satisfy sb/sth; **etw zur ~ kennen** to know sth well enough; (*abwertender*) to know sth only too well
genügen VI to be enough; (*den Anforderungen etc*) to satisfy; **jdm ~** to be enough for sb
genügend ADJ enough, sufficient; (*befriedigend*) satisfactory
genügsam [gə'ny:kza:m] ADJ modest, easily satisfied; **Genügsamkeit** F moderation
Genugtuung [gə'nu:ktu:ʊŋ] F satisfaction
Genus ['ge:nʊs] (**-, Genera**) NT (*Gram*) gender
Genuss [gə'nʊs] (**-es, Genüsse**) M pleasure; (*Zusichnehmen*) consumption; **etw mit ~ essen** to eat sth with relish; **in den ~ von etw kommen** to receive the benefit of sth
genüsslich [gə'nʏslɪç] ADV with relish
Genussmittel PL (semi-)luxury items *pl*
geöffnet [gə'œfnət] ADJ open
Geograf [geo'gra:f] (**-en, -en**) M geographer
Geografie [geogra'fi:] F geography
Geografin F geographer
geografisch ADJ geographical
Geologe [geo'lo:gə] (**-n, -n**) M geologist
Geologie [geolo:'gi:] F geology
Geologin F geologist
Geometrie [geome'tri:] F geometry
geordnet [gə'ɔrdnət] ADJ: **in geordneten Verhältnissen leben** to live a well-ordered life
Georgien [ge'ɔrgiən] (**-s**) NT Georgia
Gepäck [gə'pɛk] (**-(e)s**) NT luggage (BRIT), baggage; **mit leichtem ~ reisen** to travel light; **Gepäckabfertigung** F luggage (BRIT) *od* baggage desk/office; **Gepäckablage** F luggage (BRIT) *od* baggage rack; ★**Gepäckannahme** F (*Bahnhof*) luggage (BRIT) *od* baggage office; (*Flughafen*) luggage (BRIT) *od* baggage check-in; **Gepäckaufbewahrung** F left-luggage office (BRIT), baggage check (US); ★**Gepäckausgabe** F (*Bahnhof*) luggage (BRIT) *od* baggage office; (*Flughafen*) baggage reclaim; **Gepäckkontrolle** F luggage (BRIT) *od* baggage check; **Gepäcknetz** NT luggage (BRIT) *od* baggage rack; **Gepäckschein** M luggage (BRIT) *od* baggage ticket; **Gepäckstück** NT piece of luggage (BRIT) *od* baggage; **Gepäckträger** M porter; (*Fahrrad*) carrier; **Gepäckwagen** M luggage van (BRIT), baggage car (US)
Gepard ['ge:part] (**-(e)s, -e**) M cheetah
gepfeffert [gə'pfɛfərt] (*umg*) ADJ (*Preise*) steep; (*Fragen, Prüfung*) tough; (*Kritik*) biting
gepfiffen [gə'pfɪfən] PP *von* **pfeifen**
gepflegt [gə'pfle:kt] ADJ well-groomed; (*Park etc*) well looked after; (*Atmosphäre*) sophisticated; (*Ausdrucksweise, Sprache*) cultured
Gepflogenheit [gə'pflo:gənhaɪt] F (*geh*) custom
Geplapper [gə'plapər] (**-s**) NT chatter
Geplauder [gə'plaʊdər] (**-s**) NT chat(ting)
Gepolter [gə'pɔltər] (**-s**) NT din
gepr. ABK (= *geprüft*) tested
gepriesen [gə'pri:zən] PP *von* **preisen**
gequält [gə'kvɛ:lt] ADJ (*Lächeln*) forced; (*Miene, Ausdruck*) pained; (*Gesang, Stimme*) strained
Gequatsche [gə'kvatʃə] (**-s**) (*pej, umg*) NT gabbing; (*Blödsinn*) twaddle
gequollen [gə'kvɔlən] PP *von* **quellen**

gerade [gə'ra:də]

ADJ straight; (*aufrecht*) upright; **eine gerade Zahl** an even number
▶ ADV **1** (*genau*) just, exactly; (: *speziell*) especially; **gerade deshalb** that's just *od* exactly why; **das ist es ja gerade!** that's just it; **gerade du** you especially; **warum gerade ich?** why me (of all people)?; **jetzt gerade nicht!** not now!; **gerade neben** right next to; **nicht gerade schön** not exactly beautiful; **gerade biegen** to straighten out; **gerade stehen** (*aufrecht*) to stand up straight
2 (*eben, soeben*) just; **er wollte gerade aufstehen** he was just about to get up; **da wir gerade von Geld sprechen ...** talking of money ...; **gerade erst** only just; **gerade noch** (only) just

★**Gerade** [gə'ra:də] (**-n, -n**) F straight line
gerade- ZW: ★**geradeaus** ADV straight ahead; **gerade|biegen** *unreg* VT (*fig*) to straighten out; **geradeheraus** ADV straight out, bluntly
gerädert [gə'rɛ:dərt] ADJ: **wie ~ sein, sich wie ~ fühlen** to be *od* feel (absolutely) whacked (*umg*)
geradeso ADV just so; **~ dumm** *etc* just as stupid *etc*; **~ wie** just as
gerade|stehen *unreg* VI: **für jdn/etw ~** (*fig*) to answer *od* be answerable for sb/sth
geradezu ADV (*beinahe*) virtually, almost
geradlinig ADJ straight
gerammelt [gə'raməlt] ADV: **~ voll** (*umg*) (jam-)packed
Geranie [gɛ'ra:niə] F geranium
gerannt [gə'rant] PP *von* **rennen**
★**gerät** [gə'rɛ:t] VB *siehe* **geraten**

★**Gerät** [gəˈrɛːt] (**-(e)s**, **-e**) NT device; (*Apparat*) gadget; (*elektrisches Gerät*) appliance; (*Werkzeug*) tool; (*Sport*) apparatus; (*Zubehör*) equipment *no pl*

geraten [gəˈraːtən] *unreg* PP *von* **raten**; **geraten** ▸ VI (*gedeihen*) to thrive; (*gelingen*): **(jdm) ~** to turn out well (for sb); (*zufällig gelangen*): **~ in** *+akk* to get into; **gut/schlecht ~** to turn out well/ badly; **an jdn ~** to come across sb; **an den Richtigen/Falschen ~** to come to the right/wrong person; **in Angst ~** to get frightened; **nach jdm ~** to take after sb

Geräteturnen NT apparatus gymnastics

Geratewohl [gəraːtəˈvoːl] NT: **aufs ~** on the off chance; (*bei Wahl*) at random

geraum [gəˈraʊm] ADJ: **seit geraumer Zeit** for some considerable time

★**geräumig** [gəˈrɔʏmɪç] ADJ roomy

★**Geräusch** [gəˈrɔʏʃ] (**-(e)s**, **-e**) NT sound; (*unangenehm*) noise; **geräuscharm** ADJ quiet; **Geräuschkulisse** F background noise; (*Film, Rundf, TV*) sound effects *pl*; **geräuschlos** ADJ silent; **Geräuschpegel** M sound level; **geräuschvoll** ADJ noisy

gerben [ˈgɛrbən] VT to tan

Gerber(in) (**-s**, **-**) M(F) tanner

Gerberei [gɛrbəˈraɪ] F tannery

★**gerecht** [gəˈrɛçt] ADJ just, fair; **jdm/etw ~ werden** to do justice to sb/sth; **gerechtfertigt** ADJ justified

Gerechtigkeit F justice, fairness

Gerechtigkeits- ZW: **Gerechtigkeitsfanatiker(in)** M(F) justice fanatic; **Gerechtigkeitsgefühl** NT sense of justice; **Gerechtigkeitssinn** M sense of justice

Gerede [gəˈreːdə] (**-s**) NT talk; (*Klatsch*) gossip

geregelt [gəˈreːgəlt] ADJ (*Arbeit, Mahlzeiten*) regular; (*Leben*) well-ordered

gereizt [gəˈraɪtst] ADJ irritable; **Gereiztheit** F irritation

★**Gericht** [gəˈrɪçt] (**-(e)s**, **-e**) NT court; (*Essen*) dish; **jdn/einen Fall vor ~ bringen** to take sb/a case to court; **mit jdm ins ~ gehen** (*fig*) to judge sb harshly; **über jdn zu ~ sitzen** to sit in judgement on sb; **das Jüngste ~** the Last Judgement; **gerichtlich** ADJ judicial, legal ▸ ADV judicially, legally; **ein gerichtliches Nachspiel haben** to finish up in court; **~ gegen jdn vorgehen** to take legal proceedings against sb

Gerichts- ZW: **Gerichtsakten** PL court records *pl*; **Gerichtsbarkeit** F jurisdiction; **Gerichtshof** M court (of law); **Gerichtskosten** PL (legal) costs *pl*; **gerichtsmedizinisch** ADJ forensic medical *attrib*; **Gerichtssaal** M courtroom; **Gerichtsstand** M court of jurisdiction; **Gerichtsverfahren** NT legal proceedings *pl*; **Gerichtsverhandlung** F court proceedings *pl*; **Gerichtsvollzieher** M bailiff

gerieben [gəˈriːbən] PP *von* **reiben** ▸ ADJ grated; (*umg: schlau*) smart, wily

geriet *etc* [gəˈriːt] VB *siehe* **geraten**

gering [gəˈrɪŋ] ADJ slight, small; (*niedrig*) low; (*Zeit*) short ▸ ADV: **~ achten** to think little of; **geringfügig** ADJ slight, trivial; **~ Beschäftigte** ≈ part-time workers *pl*; **geringschätzig** ADJ disparaging; **Geringschätzung** F disdain

geringste(r, s) ADJ slightest, least; **nicht im Geringsten** not in the least *od* slightest

Geringverdiener(in) M(F) low-income earner

gerinnen [gəˈrɪnən] *unreg* VI to congeal; (*Blut*) to clot; (*Milch*) to curdle

Gerinnsel [gəˈrɪnzəl] (**-s**, **-**) NT clot

Gerippe [gəˈrɪpə] (**-s**, **-**) NT skeleton

gerissen [gəˈrɪsən] PP *von* **reißen** ▸ ADJ wily, smart

geritten [gəˈrɪtən] PP *von* **reiten**

geritzt [gəˈrɪtst] (*umg*) ADJ: **die Sache ist ~** everything's fixed up *od* settled

Germanist(in) [gɛrmaˈnɪst(ɪn)] M(F) Germanist, German specialist; (*Student*) German student

Germanistik F German (studies *pl*)

★**gern** [gɛrn] ADV willingly, gladly; **(aber) ~!** of course!; **~ mögen** to like; **etw ~ tun** to like doing sth; **~ geschehen!** you're welcome!, not at all!; **ein ~ gesehener Gast** a welcome visitor; **ich hätte** *od* **möchte ~ ...** I would like ...; *siehe auch* **gernhaben**

gerne [ˈgɛrnə] ADV = **gern**; **Gernegroß** (**-**, **-e**) M show-off; **gern|haben** *unreg* VT to like; **du kannst mich mal ~!** (*umg*) (you can) go to hell!

gerochen [gəˈrɔxən] PP *von* **riechen**

Geröll [gəˈrœl] (**-(e)s**, **-e**) NT scree

geronnen [gəˈrɔnən] PP *von* **rinnen**; **gerinnen**

Gerste [ˈgɛrstə] (**-**, **-n**) F barley

Gerstenkorn NT (*im Auge*) stye

Gerte [ˈgɛrtə] (**-**, **-n**) F switch, rod

gertenschlank ADJ willowy

★**Geruch** [gəˈrʊx] (**-(e)s**, **Gerüche**) M smell, odour (BRIT), odor (*US*); **geruchlos** ADJ odourless (BRIT), odorless (*US*)

Geruchssinn M sense of smell

Gerücht [gəˈrʏçt] (**-(e)s**, **-e**) NT rumour (BRIT), rumor (*US*)

geruchtilgend ADJ deodorant

gerufen [gəˈruːfən] PP *von* **rufen**

geruhen [gəˈruːən] VI to deign

geruhsam [gəˈruːzaːm] ADJ peaceful; (*Spaziergang etc*) leisurely

Gerümpel [gəˈrʏmpəl] (**-s**) NT junk

gerungen [gəˈrʊŋən] PP *von* **ringen**

Gerüst [gəˈrʏst] (**-(e)s**, **-e**) NT (*Baugerüst*) scaffold(ing); (*fig*) framework

Ges. ABK (= *Gesellschaft*) Co., co.

★**gesalzen** [gəˈzaltsən] PP *von* **salzen** ▸ ADJ (*fig: umg: Preis, Rechnung*) steep, stiff

gesamt [gəˈzamt] ADJ whole, entire; (*Kosten*) total; (*Werke*) complete; **im Gesamten** all in all; **Gesamtauflage** F gross circulation; **Gesamtausgabe** F complete edition; **Gesamtbetrag** M total (amount); **gesamtdeutsch** ADJ all-German; **Gesamteindruck** M general impression; **Gesamtheit** F totality, whole

Gesamthochschule F polytechnic (BRIT)

A **Gesamthochschule** is an institution combining several different kinds of higher education organizations e.g. a university, teacher training college and institute of applied science. Students can study for various degrees within the same subject area and it is easier to change course than it is in an individual institution.

Gesamt- zW: **Gesamtmasse** F (*Comm*) total assets *pl*; **Gesamtnachfrage** F (*Comm*) composite demand; **Gesamtschaden** M total damage

Gesamtschule F ≈ comprehensive school

The **Gesamtschule** is a comprehensive school teaching pupils from 10 to 18 years of age and who have different abilities and educational goals. Traditionally pupils would go to one of three different schools, the *Gymnasium*, *Realschule* or *Hauptschule*, depending on their capabilities. The *Gesamtschule* seeks to avoid the elitist element prevalent in many *Gymnasien* and to give each student the type of education tailored to their needs.

Gesamtwertung F (*Sport*) overall placings *pl*

gesandt PP *von* **senden²**

Gesandte(r) [gəˈzantə(r)] F(M) envoy

Gesandtschaft [gəˈzantʃaft] F legation

Gesang [gəˈzaŋ] (**-(e)s**, **Gesänge**) M song; (*Singen*) singing; **Gesangbuch** NT (*Rel*) hymn book

Gesäß [gəˈzɛːs] (**-es**, **-e**) NT seat, bottom

gesättigt [gəˈzɛtɪçt] ADJ (*Chem*) saturated

gesch. ABK (= *geschieden*) div.

Geschädigte(r) [gəˈʃɛːdɪçtə(r)] F(M) victim

geschaffen [gəˈʃafən] PP *von* **schaffen²**

Geschäft [gəˈʃɛft] (**-(e)s**, **-e**) NT business; (*Laden*) shop; (*Geschäftsabschluss*) deal; **mit jdm ins ~ kommen** to do business with sb; **dabei hat er ein ~ gemacht** he made a profit by it; **im ~** at work; (*im Laden*) in the shop; **sein ~ verrichten** to do one's business (*euph*)

Geschäftemacher M wheeler-dealer

geschäftig ADJ active, busy; (*pej*) officious

geschäftlich ADJ commercial ▸ ADV on business; **~ unterwegs** away on business

Geschäfts- zW: **Geschäftsabschluss** M business deal *od* transaction; **Geschäftsaufgabe** F closure of a/the business; **Geschäftsauflösung** F closure of a/the business; **Geschäftsbedingungen** PL terms of business; **Geschäftsbereich** M (*Parl*) responsibilities *pl*; **Minister ohne ~** minister without portfolio; **Geschäftsbericht** M financial report; **Geschäftsbeziehungen** PL business relations; **Geschäftscomputer** M business computer; **Geschäftsessen** NT business lunch; **Geschäftsfrau** F businesswoman; **Geschäftsführer(in)** M(F) manager; (*von Klub*) secretary; **Geschäftsgeheimnis** NT trade secret; **Geschäftsinhaber(in)** M(F) owner; **Geschäftsjahr** NT financial year; **Geschäftslage** F business conditions *pl*; **Geschäftsleitung** F management; ★ **Geschäftsmann** (**-(e)s**, *pl* **-leute**) M businessman; **geschäftsmäßig** ADJ businesslike; **Geschäftsordnung** F standing orders *pl*; **eine Frage zur ~** a question on a point of order; **Geschäftspartner(in)** M(F) partner; **Geschäftsreise** F business trip; **Geschäftsschluss** M closing time; **Geschäftssinn** M business sense; **Geschäftsstelle** F office(s *pl*), place of business; **geschäftstüchtig** ADJ business-minded; **Geschäftsviertel** NT shopping centre (BRIT) *od* center (*US*); (*Banken etc*) business quarter, commercial district; **Geschäftswagen** M company car; **Geschäftswesen** NT business; **Geschäftszeit** F business hours *pl*; **Geschäftszweig** M branch (of a business)

geschah *etc* [gəˈʃaː] VB *siehe* **geschehen**

★**geschehen** [gəˈʃeːən] *unreg* VI to happen; **das geschieht ihm (ganz) recht** it serves him (jolly well (*umg*)) right; **was soll mit ihm/damit ~?** what is to be done with him/it?; **es war um ihn ~** that was the end of him

gescheit [gəˈʃaɪt] ADJ clever; (*vernünftig*) sensible

★**Geschenk** [gəˈʃɛŋk] (**-(e)s**, **-e**) NT present, gift; **Geschenkartikel** M gift; **Geschenkgutschein** M gift voucher; **Geschenkpackung** F gift pack; **Geschenkpapier** NT gift-wrapping paper, giftwrap; **Geschenksendung** F gift parcel

★**Geschichte** [gəˈʃɪçtə] (**-**, **-n**) F story; (*Sache*) affair; (*Historie*) history

Geschichtenerzähler M storyteller

geschichtlich ADJ historical; (*bedeutungsvoll*) historic

Geschichtsfälschung F falsification of history

Geschichtsschreiber M historian

Geschick [gəˈʃɪk] (**-(e)s**, **-e**) NT skill; (*geh: Schicksal*) fate

Geschicklichkeit F skill, dexterity

Geschicklichkeitsspiel NT game of skill

geschickt ADJ skilful (BRIT), skillful (*US*); (*taktisch*) clever; (*beweglich*) agile

★**geschieden** [gəˈʃiːdən] PP *von* **scheiden** ▸ ADJ divorced

geschieht [gəˈʃiːt] VB *siehe* **geschehen**

geschienen [gəˈʃiːnən] PP *von* **scheinen**

★**Geschirr** [gəˈʃɪr] (**-(e)s**, **-e**) NT crockery; (*Küchengeschirr*) pots and pans *pl*; (*Pferdegeschirr*) harness; ★ **Geschirrspülmaschine** F dishwasher; **Geschirrspülmittel** NT washing-up liquid (BRIT), dishwashing liquid (*US*); **Geschirrtuch** NT tea towel (BRIT), dishtowel (*US*)

geschissen [gəˈʃɪsən] PP *von* **scheißen**

geschlafen [gəˈʃlaːfən] PP *von* **schlafen**

geschlagen [gəˈʃlaːgən] PP *von* **schlagen**

geschlaucht [gəˈʃlaʊxt] ADV: **~ sein** (*umg*) to be exhausted *od* knackered

★**Geschlecht** [gəˈʃlɛçt] (**-(e)s, -er**) NT sex; (*Gram*) gender; (*Gattung*) race; (*Abstammung*) lineage; **geschlechtlich** ADJ sexual

Geschlechts- zW: **Geschlechtskrankheit** F sexually-transmitted disease; **geschlechtsreif** ADJ sexually mature; **geschlechtsspezifisch** ADJ (*Soziologie*) sex-specific; **Geschlechtsteil** NT OD M genitals *pl*; **Geschlechtsverkehr** M sexual intercourse; **Geschlechtswort** NT (*Gram*) article

geschlichen [gəˈʃlɪçən] PP *von* **schleichen**

geschliffen [gəˈʃlɪfən] PP *von* **schleifen²**

★**geschlossen** [gəˈʃlɔsən] PP *von* **schließen** ▶ ADJ closed ▶ ADV: **~ hinter jdm stehen** to stand solidly behind sb; **geschlossene Ortschaft** built-up area; **geschlossene Gesellschaft** (*Fest*) private party

geschlungen [gəˈʃlʊŋən] PP *von* **schlingen**

★**Geschmack** [gəˈʃmak] (**-(e)s, Geschmäcke**) M taste; **nach jds ~** to sb's taste; **~ an etw** *dat* **finden** to (come to) like sth; **je nach ~** to one's own taste; **er hat einen guten ~** (*fig*) he has good taste; **geschmacklos** ADJ tasteless; (*fig*) in bad taste

Geschmacks- zW: **Geschmackssache** F matter of taste; **Geschmackssinn** M sense of taste; **Geschmacksverirrung** F: **unter ~ leiden** (*ironisch*) to have no taste

geschmackvoll ADJ tasteful

Geschmeide [gəˈʃmaɪdə] (**-s, -**) NT jewellery (BRIT), jewelry (US)

geschmeidig ADJ supple; (*formbar*) malleable

Geschmeiß [gəˈʃmaɪs] NT vermin *pl*

Geschmiere [gəˈʃmiːrə] (**-s**) NT scrawl; (*Bild*) daub

geschmissen [gəˈʃmɪsən] PP *von* **schmeißen**

geschmolzen [gəˈʃmɔltsən] PP *von* **schmelzen**

Geschnetzelte(s) [gəˈʃnɛtsəltə(s)] NT (*Koch*) *meat cut into strips and stewed to produce a thick sauce*

geschnitten [gəˈʃnɪtən] PP *von* **schneiden**

geschoben [gəˈʃoːbən] PP *von* **schieben**

geschollen [gəˈʃɔlən] PP *von* **schallen**

gescholten [gəˈʃɔltən] PP *von* **schelten**

Geschöpf [gəˈʃœpf] (**-(e)s, -e**) NT creature

geschoren [gəˈʃoːrən] PP *von* **scheren**

Geschoss [gəˈʃɔs] (**-es, -e**) NT, (ÖSTERR) **Geschoß** [gəˈʃoːs] (**-es, -e**) NT (*Mil*) projectile; (*Rakete*) missile; (*Stockwerk*) floor

geschossen [gəˈʃɔsən] PP *von* **schießen**

geschraubt [gəˈʃraʊpt] ADJ stilted, artificial

Geschrei [gəˈʃraɪ] (**-s**) NT cries *pl*, shouting; (*fig*: *Aufheben*) noise, fuss

geschrieben [gəˈʃriːbən] PP *von* **schreiben**

geschrien [gəˈʃriːn] PP *von* **schreien**

geschritten [gəˈʃrɪtən] PP *von* **schreiten**

geschunden [gəˈʃʊndən] PP *von* **schinden**

Geschütz [gəˈʃʏts] (**-es, -e**) NT gun, piece of artillery; **ein schweres ~ auffahren** (*fig*) to bring out the big guns; **Geschützfeuer** NT artillery fire, gunfire

geschützt ADJ protected; (*Winkel, Ecke*) sheltered

Geschw. ABK = **Geschwister**

Geschwader [gəˈʃvaːdər] (**-s, -**) NT (*Naut*) squadron; (*Aviat*) group

Geschwafel [gəˈʃvaːfəl] (**-s**) NT silly talk

Geschwätz [gəˈʃvɛts] (**-es**) NT chatter; (*Klatsch*) gossip

★**geschwätzig** ADJ talkative; **Geschwätzigkeit** F talkativeness

geschweige [gəˈʃvaɪgə] ADV: **~ (denn)** let alone, not to mention

geschwiegen [gəˈʃviːgən] PP *von* **schweigen**

geschwind [gəˈʃvɪnt] ADJ quick, swift

★**Geschwindigkeit** [gəˈʃvɪndɪçkaɪt] F speed, velocity

Geschwindigkeits- zW: **Geschwindigkeitsbegrenzung** F, **Geschwindigkeitsbeschränkung** F speed limit; **Geschwindigkeitsmesser** M (*Aut*) speedometer; **Geschwindigkeitsüberschreitung** F speeding

★**Geschwister** [gəˈʃvɪstər] PL brothers and sisters *pl*, siblings *pl*

geschwollen [gəˈʃvɔlən] PP *von* **schwellen** ▶ ADJ pompous

geschwommen [gəˈʃvɔmən] PP *von* **schwimmen**

geschworen [gəˈʃvoːrən] PP *von* **schwören**

Geschworene(r) F(M) juror ▪ **die Geschworenen** PL the jury

Geschwulst [gəˈʃvʊlst] (**-, Geschwülste**) F growth, tumour

geschwunden [gəˈʃvʊndən] PP *von* **schwinden**

geschwungen [gəˈʃvʊŋən] PP *von* **schwingen** ▶ ADJ curved

Geschwür [gəˈʃvyːr] (**-(e)s, -e**) NT ulcer; (*Furunkel*) boil

gesehen [gəˈzeːən] PP *von* **sehen**

Geselle [gəˈzɛlə] (**-n, -n**) M fellow; (*Handwerksgeselle*) journeyman

gesellen VR: **sich zu jdm ~** to join sb

Gesellenbrief M articles *pl*

Gesellenprüfung F examination to become a journeyman

gesellig ADJ sociable; **geselliges Beisammensein** get-together; **Geselligkeit** F sociability

Gesellschaft F society; (*Begleitung, Comm*) company; (*Abendgesellschaft etc*) party; (*pej*) crowd (*umg*); (*Kreis von Menschen*) group of people; **in schlechte ~ geraten** to get into bad company; **geschlossene ~** private party; **jdm ~ leisten** to keep sb company

Gesellschafter(in) (**-s, -**) M(F) shareholder; (*Partner*) partner

gesellschaftlich ADJ social

Gesellschafts- zW: **Gesellschaftsanzug** M evening dress; **gesellschaftsfähig** ADJ socially acceptable; **Gesellschaftsordnung** F social structure; **Gesellschaftsreise** F group tour; **Gesellschaftsschicht** F social stratum; **Gesellschaftssystem** NT social system

gesessen [gəˈzɛsən] PP *von* **sitzen**

Gesetz [gəˈzɛts] (**-es, -e**) NT law; (*Parl*) act; (*Satzung, Regel*) rule; **vor dem ~** in (the eyes of the) law; **nach dem ~** under the law; **das oberste ~ (der Wirtschaft** *etc***)** the golden rule (of industry *etc*); **Gesetzblatt** NT law gazette; **Gesetzbuch** NT statute book; **Gesetzentwurf** M bill

Gesetzeshüter M (*ironisch*) guardian of the law

Gesetzesvorlage F bill

Gesetz- zW: **gesetzgebend** ADJ legislative; **Gesetzgeber** (**-s, -**) M legislator; **Gesetzgebung** F legislation; **gesetzlich** ADJ legal, lawful; **Gesetzlichkeit** F legality, lawfulness; **gesetzlos** ADJ lawless; **gesetzmäßig** ADJ lawful

gesetzt ADJ (*Mensch*) sedate ▶ KONJ: **~ den Fall ...** assuming (that) ...

gesetzwidrig ADJ illegal; (*unrechtmäßig*) unlawful

ges. gesch. ABK (= *gesetzlich geschützt*) reg.

Gesicht [gəˈzɪçt] (**-(e)s, -er**) NT face; **das Zweite ~** second sight; **das ist mir nie zu ~ gekommen** I've never laid eyes on that; **jdn zu ~ bekommen** to clap eyes on sb; **jdm etw ins ~ sagen** to tell sb sth to his face; **sein wahres ~ zeigen** to show (o.s. in) one's true colours; **jdm wie aus dem ~ geschnitten sein** to be the spitting image of sb

Gesichts- zW: **Gesichtsausdruck** M (facial) expression; **Gesichtscreme** F face cream; **Gesichtsfarbe** F complexion; **Gesichtspackung** F face pack; **Gesichtspunkt** M point of view; **Gesichtswasser** NT face lotion; **Gesichtszüge** PL features *pl*

Gesindel [gəˈzɪndəl] (**-s**) NT rabble

gesinnt [gəˈzɪnt] ADJ disposed, minded

Gesinnung [gəˈzɪnʊŋ] F disposition; (*Ansicht*) views *pl*

Gesinnungs- zW: **Gesinnungsgenosse** M like-minded person; **Gesinnungslosigkeit** F lack of conviction; **Gesinnungsschnüffelei** (*pej*) F: **~ betreiben** to pry into people's political convictions; **Gesinnungswandel** M change of opinion

gesittet [gəˈzɪtət] ADJ well-mannered

gesoffen [gəˈzɔfən] PP *von* **saufen**

gesogen [gəˈzo:gən] PP *von* **saugen**

gesollt [gəˈzɔlt] PP *von* **sollen**

gesondert [gəˈzɔndərt] ADJ separate

gesonnen [gəˈzɔnən] PP *von* **sinnen**

gespalten [gəˈʃpaltən] ADJ (*Bewusstsein*) split; (*Lippe*) cleft

Gespann [gəˈʃpan] (**-(e)s, -e**) NT team; (*umg*) couple

gespannt ADJ tense, strained; (*neugierig*) curious; (*begierig*) eager; **ich bin ~, ob** I wonder if *od* whether; **auf etw/jdn ~ sein** to look forward to sth/to meeting sb; **ich bin ~ wie ein Flitzebogen** (*hum: umg*) I'm on tenterhooks

Gespenst [gəˈʃpɛnst] (**-(e)s, -er**) NT ghost; (*fig: Gefahr*) spectre (BRIT), specter (US); **Gespenster sehen** (*fig: umg*) to imagine things

gespensterhaft, gespenstisch ADJ ghostly

gespielt [gəˈʃpi:lt] ADJ feigned

gespien [gəʃpi:n] PP *von* **speien**

gesponnen [gəʃpɔnən] PP *von* **spinnen**

Gespött [gəˈʃpœt] (**-(e)s**) NT mockery; **zum ~ werden** to become a laughing stock

★**Gespräch** [gəˈʃprɛ:ç] (**-(e)s, -e**) NT conversation; (*Diskussion*) discussion; (*Anruf*) call; **zum ~ werden** to become a topic of conversation; **ein ~ unter vier Augen** a confidential *od* private talk; **mit jdm ins ~ kommen** to get into conversation with sb; (*fig*) to establish a dialogue with sb

gesprächig ADJ talkative; **Gesprächigkeit** F talkativeness

Gesprächs- zW: **Gesprächseinheit** F (*Tel*) unit; **Gesprächsgegenstand** M topic; **Gesprächspartner(in)** M(F): **mein ~ bei den Verhandlungen** my opposite number at the talks; **Gesprächsstoff** M topics *pl*; **Gesprächsthema** NT subject *od* topic (of conversation)

gesprochen [gəˈʃprɔxən] PP *von* **sprechen**

gesprossen [gəˈʃprɔsən] PP *von* **sprießen**

gesprungen [gəˈʃprʊŋən] PP *von* **springen**

Gespür [gəˈʃpy:r] (**-s**) NT feeling

gest. ABK (= *gestorben*) dec.

Gestalt [gəˈʃtalt] (**-, -en**) F form, shape; (*Person*) figure; (*Liter, pej: Mensch*) character; **in ~ von** in the form of; **~ annehmen** to take shape

gestalten VT (*formen*) to shape, to form; (*organisieren*) to arrange, to organize ▶ VR: **sich ~ (zu)** to turn out (to be); **etw interessanter** *etc* **~** to make sth more interesting *etc*

Gestaltung F formation; (*Organisation*) organization

gestanden [gəʃtandən] PP *von* **stehen**; **gestehen**

geständig [gəˈʃtɛndɪç] ADJ: **~ sein** to have confessed

Geständnis [gəˈʃtɛntnɪs] (**-ses, -se**) NT confession

Gestank [gəˈʃtaŋk] (**-(e)s**) M stench

★**gestatten** [gəˈʃtatən] VT to permit, to allow; **~ Sie?** may I?; **sich** *dat* **~, etw zu tun** to take the liberty of doing sth

Geste [ˈgɛstə, ˈge:stə] (**-, -n**) F gesture

Gesteck [gəˈʃtɛk] (**-(e)s, -e**) NT flower arrangement

gestehen [gəˈʃte:ən] *unreg* VT to confess; **offen gestanden** quite frankly

Gestein [gəˈʃtaɪn] (**-(e)s, -e**) NT rock

Gestell [gəˈʃtɛl] (**-(e)s, -e**) NT stand; (*Regal*) shelf; (*Bettgestell, Brillengestell*) frame

gestellt ADJ (*unecht*) posed

★**gestern** [ˈgɛstərn] ADV yesterday; **~ Abend/Morgen** yesterday evening/morning; **er ist nicht von ~** (*umg*) he wasn't born yesterday

gestiefelt [gəˈʃti:fəlt] ADJ: **der Gestiefelte Kater** Puss-in-Boots

gestiegen [gəˈʃti:gən] PP *von* **steigen**

Gestik [ˈgɛstik, ˈge:stik] (**-**) F gestures *pl*

gestikulieren [gɛstiku'li:rən] VI to gesticulate
Gestirn [gə'ʃtɪrn] (**-(e)s, -e**) NT star
gestoben [gə'ʃto:bən] PP *von* **stieben**
Gestöber [gə'ʃtø:bər] (**-s, -**) NT flurry; (*länger*) blizzard
gestochen [gə'ʃtɔxən] PP *von* **stechen** ▶ ADJ (*Handschrift*) clear, neat
gestohlen [gə'ʃto:lən] PP *von* **stehlen** ▶ ADJ: **der/das kann mir ~ bleiben** (*umg*) he/it can go hang
★**gestorben** [gə'ʃtɔrbən] PP *von* **sterben**
gestört [gə'ʃtø:rt] ADJ disturbed; (*Rundfunkempfang*) poor, with a lot of interference
gestoßen [gə'ʃto:sən] PP *von* **stoßen**
Gestotter [gə'ʃtɔtər] (**-s**) NT stuttering, stammering
Gesträuch [gə'ʃtrɔʏç] (**-(e)s, -e**) NT shrubbery, bushes *pl*
★**gestreift** [gə'ʃtraɪft] ADJ striped
gestrichen [gə'ʃtrɪçən] PP *von* **streichen** ▶ ADJ: **~ voll** (*genau voll*) level; (*sehr voll*) full to the brim; **ein gestrichener Teelöffel voll** a level teaspoon(ful)
gestrig ['gɛstrɪç] ADJ yesterday's
gestritten [gə'ʃtrɪtən] PP *von* **streiten**
Gestrüpp [gə'ʃtrʏp] (**-(e)s, -e**) NT undergrowth
gestunken [gə'ʃtʊŋkən] PP *von* **stinken**
Gestüt [gə'ʃty:t] (**-(e)s, -e**) NT stud farm
Gesuch [gə'zu:x] (**-(e)s, -e**) NT petition; (*Antrag*) application
gesucht ADJ (*begehrt*) sought after
★**gesund** [gə'zʊnt] ADJ healthy; **wieder ~ werden** to get better; **~ und munter** hale and hearty; ★**Gesundheit** F health; (*Sportlichkeit, fig*) healthiness; **~!** bless you!; **bei guter ~** in good health; **gesundheitlich** ADJ health *attrib*, physical ▶ ADV physically; **wie geht es Ihnen ~?** how's your health?
Gesundheits- ZW: **Gesundheitsamt** NT public health department; **Gesundheitsapostel** M (*ironisch*) health freak (*umg*); **Gesundheitsfarm** F health farm; **Gesundheitsfürsorge** F health care; **Gesundheitsreform** F health service reforms *pl*; **Gesundheitsrisiko** NT health hazard; **gesundheitsschädlich** ADJ unhealthy; **Gesundheitssystem** NT health (care) system; **Gesundheitswesen** NT health service; **Gesundheitszeugnis** NT health certificate; **Gesundheitszustand** M state of health
gesundschreiben VT *unreg*: **jdn ~** to certify sb (as) fit
gesungen [gə'zʊŋən] PP *von* **singen**
gesunken [gə'zʊŋkən] PP *von* **sinken**
getan [gə'ta:n] PP *von* **tun** ▶ ADJ: **nach getaner Arbeit** when the day's work is done
Getier [gə'ti:ər] (**-(e)s, -e**) NT (*Tiere, bes Insekten*) creatures *pl*; (*einzelnes*) creature
Getöse [gə'tø:zə] (**-s**) NT din, racket
getragen [gə'tra:gən] PP *von* **tragen**
★**Getränk** [gə'trɛŋk] (**-(e)s, -e**) NT drink
Getränkeautomat M drinks machine *od* dispenser
★**Getränkekarte** F (*in Café*) list of beverages; (*in Restaurant*) wine list
getrauen [gə'traʊən] VR to dare
Getreide [gə'traɪdə] (**-s, -**) NT cereal, grain; **Getreidespeicher** M granary
★**getrennt** [gə'trɛnt] ADJ separate; **~ leben** to be separated, to live apart; **~ zahlen** to pay separately
getreten [gə'tre:tən] PP *von* **treten**
getreu [gə'trɔʏ] ADJ faithful
Getriebe [gə'tri:bə] (**-s, -**) NT (*Leute*) bustle; (*Aut*) gearbox
getrieben PP *von* **treiben**
Getriebeöl NT transmission oil
getroffen [gə'trɔfən] PP *von* **treffen**
getrogen [gə'tro:gən] PP *von* **trügen**
getrost [gə'tro:st] ADV confidently; **~ sterben** to die in peace; **du kannst dich ~ auf ihn verlassen** you need have no fears about relying on him
getrunken [gə'trʊŋkən] PP *von* **trinken**
Getto ['gɛto] (**-s, -s**) NT ghetto
Gettoblaster ['gɛtobla:stər] (**-s, -s**) M ghettoblaster
Getue [gə'tu:ə] (**-s**) NT fuss
Getümmel [gə'tʏməl] (**-s**) NT turmoil
geübt [gə'y:pt] ADJ experienced
GEW (-) F ABK (= *Gewerkschaft Erziehung und Wissenschaft*) *union of employees in education and science*
Gew. ABK = **Gewerkschaft**
Gewächs [gə'vɛks] (**-es, -e**) NT growth; (*Pflanze*) plant
gewachsen [gə'vaksən] PP *von* **wachsen²** ▶ ADJ: **jdm/etw ~ sein** to be sb's equal/equal to sth
Gewächshaus NT greenhouse
gewagt [gə'va:kt] ADJ daring, risky
gewählt [gə'vɛ:lt] ADJ (*Sprache*) refined, elegant
gewahr [gə'va:r] ADJ: **eine** *od* **einer Sache** *gen* **~ werden** to become aware of sth
Gewähr [gə'vɛ:r] (-) F guarantee; **keine ~ übernehmen für** to accept no responsibility for; **die Angabe erfolgt ohne ~** this information is supplied without liability
gewähren VT to grant; (*geben*) to provide; **jdn ~ lassen** not to stop sb
gewährleisten VT to guarantee
Gewährleistungspflicht F warranty obligation
Gewahrsam [gə'va:rza:m] (**-s, -e**) M safekeeping; (*Polizeigewahrsam*) custody
Gewährsmann M informant, source
Gewährung F granting
★**Gewalt** [gə'valt] (**-, -en**) F power; (*große Kraft*) force; (*Gewalttaten*) violence; **mit aller ~** with all one's might; **die ausübende/gesetzgebende/richterliche ~** the executive/legislature/judiciary; **elterliche ~** parental authority; **höhere ~** acts/an act of God; **~ in der Bezie-**

hung domestic violence; **Gewaltanwendung** F use of force

Gewaltenteilung F separation of powers

Gewaltherrschaft F tyranny

gewaltig ADJ tremendous; (*Irrtum*) huge; **sich ~ irren** to be very much mistaken

Gewalt- ZW: **gewaltlos** ADJ non-violent ▸ ADV without force/violence; **Gewaltmarsch** M forced march; **Gewaltmonopol** NT monopoly on the use of force; **gewaltsam** ADJ forcible; ⋆ **gewalttätig** ADJ violent; **Gewaltverbrechen** NT crime of violence; **Gewaltverzicht** M non-aggression

Gewand [gəˈvant] (**-(e)s, Gewänder**) NT garment

gewandt [gəˈvant] PP *von* **wenden** ▸ ADJ deft, skilful (BRIT), skillful (US); (*erfahren*) experienced; **Gewandtheit** F dexterity, skill

gewann *etc* [gəˈvan] VB *siehe* **gewinnen**

gewaschen [gəˈvaʃən] PP *von* **waschen**

Gewässer [gəˈvɛsər] (**-s, -**) NT waters *pl*

Gewebe [gəˈveːbə] (**-s, -**) NT (*Stoff*) fabric; (*Biol*) tissue

Gewehr [gəˈveːr] (**-(e)s, -e**) NT (*Flinte*) rifle; (*Schrotbüchse*) shotgun; **Gewehrlauf** M rifle barrel; (*von Schrotbüchse*) barrel of a shotgun

Geweih [gəˈvaɪ] (**-(e)s, -e**) NT antlers *pl*

Gewerbe [gəˈvɛrbə] (**-s, -**) NT trade, occupation; **Handel und ~** trade and industry; **fahrendes ~** mobile trade; *siehe auch* **gewerbetreibend**; **Gewerbeaufsichtsamt** NT ≈ factory inspectorate; **Gewerbegebiet** NT industrial estate (BRIT) *od* park (US); **Gewerbepark** M trading estate, business park; **Gewerbeschein** M trading licence; **Gewerbeschule** F technical school

gewerbetreibend ADJ carrying on a trade

gewerblich ADJ industrial

gewerbsmäßig ADJ professional

Gewerbszweig M line of trade

Gewerkschaft [gəˈvɛrkʃaft] F trade *od* labor (*US*) union

Gewerkschafter(in), **Gewerkschaftler(in)** M(F) trade *od* labor (*US*) unionist

gewerkschaftlich ADJ: **wir haben uns ~ organisiert** we organized ourselves into a union

Gewerkschaftsbund M federation of trade *od* labor (*US*) unions, ≈ Trades Union Congress (BRIT), ≈ Federation of Labor (*US*)

gewesen [gəˈveːzən] PP *von* **sein**

gewichen [gəˈvɪçən] PP *von* **weichen**

Gewicht [gəˈvɪçt] (**-(e)s, -e**) NT weight; (*fig*) importance

gewichten VT to evaluate

Gewichtheben (**-s**) NT (*Sport*) weight-lifting

gewichtig ADJ weighty

Gewichtsklasse F (*Sport*) weight (category)

gewieft [gəˈviːft] (*umg*) ADJ shrewd, cunning

gewiesen [gəˈviːzən] PP *von* **weisen**

gewillt [gəˈvɪlt] ADJ willing, prepared

Gewimmel [gəˈvɪməl] (**-s**) NT swarm; (*Menge*) crush

Gewinde [gəˈvɪndə] (**-s, -**) NT (*Kranz*) wreath; (*von Schraube*) thread

Gewinn [gəˈvɪn] (**-(e)s, -e**) M profit; (*bei Spiel*) winnings *pl*; **~ bringend** profitable; **etw mit ~ verkaufen** to sell sth at a profit; **aus etw ~ schlagen** (*umg*) to make a profit out of sth; **Gewinnanteil** M (*Comm*) dividend; **Gewinnausschüttung** F prize draw; **Gewinnbeteiligung** F profit-sharing; **gewinnbringend** ADJ profitable; **Gewinnchancen** PL (*beim Wetten*) odds *pl*; **Gewinneinbruch** M slump in profits

⋆ **gewinnen** *unreg* VT to win; (*erwerben*) to gain; (*Kohle, Öl*) to extract ▸ VI to win; (*profitieren*) to gain; **jdn (für etw) ~** to win sb over (to sth); **an etw** *dat* **~** to gain in sth

gewinnend ADJ winning, attractive

Gewinner(in) (**-s, -**) M(F) winner

Gewinn- ZW: **Gewinnmitnahme** F profit-taking; **Gewinnnummer** F winning number; **Gewinnspanne** F profit margin; **Gewinnsucht** F love of gain; **Gewinn- und Verlustrechnung** F profit and loss account

Gewinnung F (*von Kohle etc*) mining; (*von Zucker etc*) extraction

Gewinnwarnung F (*Comm*) profit warning

Gewirr [gəˈvɪr] (**-(e)s, -e**) NT tangle; (*von Straßen*) maze

gewiss [gəˈvɪs] ADJ certain ▸ ADV certainly; **in gewissem Maße** to a certain extent

Gewissen [gəˈvɪsən] (**-s, -**) NT conscience; **ein gutes/schlechtes ~ haben** to have a clear/bad conscience; **jdm ins ~ reden** to have a serious talk with sb; **gewissenhaft** ADJ conscientious; **Gewissenhaftigkeit** F conscientiousness; **gewissenlos** ADJ unscrupulous

Gewissens- ZW: **Gewissensbisse** PL pangs of conscience *pl*, qualms *pl*; **Gewissensfrage** F matter of conscience; **Gewissensfreiheit** F freedom of conscience; **Gewissenskonflikt** M moral conflict

gewissermaßen [gəvɪsərˈmaːsən] ADV more or less, in a way

Gewissheit F certainty; **sich** *dat* **~ verschaffen** to find out for certain

gewisslich ADV surely

⋆ **Gewitter** [gəˈvɪtər] (**-s, -**) NT thunderstorm

gewittern VI UNPERS: **es gewittert** there's a thunderstorm

gewitterschwül ADJ sultry and thundery

Gewitterwolke F thundercloud; (*fig: umg*) storm cloud

gewitzt [gəˈvɪtst] ADJ shrewd, cunning

gewoben [gəˈvoːbən] PP *von* **weben**

gewogen [gəˈvoːgən] PP *von* **wiegen²** ▸ ADJ *+dat* well-disposed (towards)

gewöhnen [gəˈvøːnən] VT: **jdn an etw** *akk* **~** to accustom sb to sth; (*erziehen zu*) to teach sb sth ▸ VR: **sich an etw** *akk* **~** to get used *od* accustomed to sth

Gewohnheit [gəˈvoːnhaɪt] F habit; (*Brauch*) custom; **aus ~** from habit; **zur ~ werden** to become a habit; **sich** *dat* **etw zur ~ machen** to make a habit of sth

Gewohnheits- IN zW habitual; **Gewohnheitsmensch** M creature of habit; **Gewohnheitsrecht** NT common law; **Gewohnheitstier** (*umg*) NT creature of habit

★**gewöhnlich** [gəˈvøːnlɪç] ADJ usual; (*durchschnittlich*) ordinary; (*pej*) common ▶ ADV usually, normally; **wie ~** as usual

gewohnt [gəˈvoːnt] ADJ usual; **etw ~ sein** to be used to sth

Gewöhnung F: **~ (an** *+akk***)** getting accustomed (to); (*das Angewöhnen*) training (in)

gewollt [gəˈvɔlt] PP *von* **wollen²** ▶ ADJ forced, artificial

gewonnen [gəˈvɔnən] PP *von* **gewinnen**

geworben [gəˈvɔrbən] PP *von* **werben**

geworden [gəˈvɔrdən] PP *von* **werden**

geworfen [gəˈvɔrfən] PP *von* **werfen**

gewrungen [gəˈvrʊŋən] PP *von* **wringen**

Gewühl [gəˈvyːl] **(-(e)s)** NT throng

gewunden [gəˈvʊndən] PP *von* **winden²**

gewunken [gəˈvʊŋkən] PP *von* **winken**

Gewürz [gəˈvʏrts] **(-es, -e)** NT spice; (*Pfeffer, Salz*) seasoning; **Gewürzgurke** F pickled gherkin; **Gewürznelke** F clove

gewusst [gəˈvʊst] PP *von* **wissen**

gez. ABK (= *gezeichnet*) signed

gezackt [gəˈtsakt] ADJ (*Fels*) jagged; (*Blatt*) serrated

gezähnt [gəˈtsɛːnt] ADJ serrated, toothed

gezeichnet [gəˈtsaɪçnət] ADJ marked

Gezeiten [gəˈtsaɪtən] PL tides *pl*

Gezeter [gəˈtseːtər] **(-s)** NT nagging

gezielt [gəˈtsiːlt] ADJ (*Frage, Maßnahme*) specific; (*Hilfe*) well-directed; (*Kritik*) pointed

geziemen [gəˈtsiːmən] VR UNPERS to be fitting

geziemend ADJ proper

geziert [gəˈtsiːrt] ADJ affected; **Geziertheit** F affectation

gezogen [gəˈtsoːgən] PP *von* **ziehen**

Gezwitscher [gəˈtsvɪtʃər] **(-s)** NT twitter(ing), chirping

gezwungen [gəˈtsvʊŋən] PP *von* **zwingen** ▶ ADJ forced; (*Atmosphäre*) strained

gezwungenermaßen ADV of necessity; **etw ~ tun** to be forced to do sth, to do sth of necessity

GG ABK = **Grundgesetz**

ggf. ABK = **gegebenenfalls**

Ghetto [ˈgɛto] **(-s, -s)** NT = **Getto**

Gibraltar [giˈbraltar] **(-s)** NT Gibraltar

gibst [giːpst] VB *siehe* **geben**

★**gibt** VB *siehe* **geben**

Gicht [gɪçt] **(-)** F gout; **gichtisch** ADJ gouty

Giebel [ˈgiːbəl] **(-s, -)** M gable; **Giebeldach** NT gable(d) roof; **Giebelfenster** NT gable window

Gier [giːr] **(-)** F greed

gierig ADJ greedy

Gießbach M torrent

★**gießen** [ˈgiːsən] *unreg* VT to pour; (*Blumen*) to water; (*Metall*) to cast; (*Wachs*) to mould ▶ VI UNPERS: **es gießt in Strömen** it's pouring down

Gießerei [giːsəˈraɪ] F foundry

Gießkanne F watering can

Gift [gɪft] **(-(e)s, -e)** NT poison; **das ist ~ für ihn** (*umg*) that is very bad for him; **darauf kannst du ~ nehmen** (*umg*) you can bet your life on it

The German word **Gift** does not mean *gift* in English.

giftgrün ADJ bilious green

giftig ADJ poisonous; (*fig: boshaft*) venomous

Giftler(in) [ˈgɪftlər] M(F) (ÖSTERR *umg*) junkie

Gift- zW: **Giftmüll** M toxic waste; **Giftpilz** M poisonous toadstool; **Giftstoff** M toxic substance; **Giftwolke** F poisonous cloud; **Giftzahn** M fang; **Giftzwerg** (*umg*) M spiteful little devil

Gigabyte [ˈgɪgabaɪt] NT (*Comput*) gigabyte

Gilde [ˈgɪldə] **(-, -n)** F guild

gilt [gɪlt] VB *siehe* **gelten**

ging *etc* [gɪŋ] VB *siehe* **gehen**

Ginseng [ˈgɪnzɛŋ] **(-s, -s)** M ginseng

Ginster [ˈgɪnstər] **(-s, -)** M broom

★**Gipfel** [ˈgɪpfəl] **(-s, -)** M summit, peak; (*fig*) height; **das ist der ~!** (*umg*) that's the limit!; **Gipfelkonferenz** F (*Pol*) summit conference

gipfeln VI to culminate

Gipfeltreffen NT summit (meeting)

Gips [gɪps] **(-es, -e)** M plaster; (*Med*) plaster (of Paris); **Gipsabdruck** M plaster cast; **Gipsbein** (*umg*) NT leg in plaster; **gipsen** VT to plaster; **Gipsfigur** F plaster figure; **Gipsverband** M plaster (cast)

Giraffe [giˈrafə] **(-, -n)** F giraffe

Girlande [gɪrˈlandə] **(-, -n)** F garland

Giro [ˈʒiːro] **(-s, -s)** NT giro; **Girokonto** NT current account (BRIT), checking account (US)

girren [ˈgɪrən] VI to coo

Gis [gɪs] **(-, -)** NT (*Mus*) G sharp

Gischt [gɪʃt] **(-(e)s, -e)** M OD F spray, foam

★**Gitarre** [giˈtarə] **(-, -n)** F guitar

Gitter [ˈgɪtər] **(-s, -)** NT grating, bars *pl*; (*für Pflanzen*) trellis; (*Zaun*) railing(s); **Gitterbett** NT cot (BRIT), crib (US); **Gitterfenster** NT barred window; **Gitterzaun** M railing(s)

Glacéhandschuh, Glaceehandschuh [glaˈseːhantʃuː] M kid glove

Gladiole [gladiˈoːlə] **(-, -n)** F gladiolus

Glanz [glants] **(-es)** M shine, lustre (BRIT), luster (US); (*fig*) splendour (BRIT), splendor (US); **Glanzabzug** M (*Phot*) glossy *od* gloss print

glänzen [ˈglɛntsən] VI to shine (*auch fig*), to gleam

glänzend ADJ shining; (*fig*) brilliant; **wir haben uns ~ amüsiert** we had a marvellous *od* great time

Glanz- ZW: **Glanzlack** M gloss (paint); **Glanzleistung** F brilliant achievement; **glanzlos** ADJ dull; **Glanzstück** NT pièce de résistance; **Glanzzeit** F heyday

Glas [gla:s] (**-es, Gläser**) NT glass; (*Brillenglas*) lens *sing*; **zwei ~ Wein** two glasses of wine; **Glasbläser** M glass blower; **Glaser** (**-s, -**) M glazier; **Glasfaser** F fibreglass (BRIT), fiberglass (*US*); **Glasfaserkabel** NT optical fibre (BRIT) *od* fiber (*US*) cable

Glasgow ['gla:sgoʊ] NT Glasgow

glasieren [gla'zi:rən] VT to glaze

glasig ADJ glassy; (*Zwiebeln*) transparent

glasklar ADJ crystal clear

Glasscheibe F pane

Glassplitter M splinter of glass

Glasur [gla'zu:r] F glaze; (*Koch*) icing, frosting (*bes US*)

glatt [glat] ADJ smooth; (*rutschig*) slippery; (*Absage*) flat; (*Lüge*) downright; (*Haar*) straight; (*Med: Bruch*) clean; (*pej: allzu gewandt*) smooth, slick ▸ ADV: **~ rasiert** (*Mann, Kinn*) clean-shaven; **~ streichen** to smooth out; *siehe auch* **glattgehen**

Glätte ['glɛtə] (**-, -n**) F smoothness; (*Schlüpfrigkeit*) slipperiness

Glatteis NT (black) ice; **„Vorsicht ~!"** "danger, black ice!"; **jdn aufs ~ führen** (*fig*) to take sb for a ride

Glätteisen NT hair straighteners *pl*

glätten VT to smooth out

glatt|gehen *unreg* VI to go smoothly

Glatze ['glatsə] (**-, -n**) F bald head; **eine ~ bekommen** to go bald

glatzköpfig ADJ bald

Glaube ['glaʊbə] (**-ns, -n**) M: **~ (an** *+akk*) faith (in); (*Überzeugung*) belief (in); **den Glauben an jdn/etw verlieren** to lose faith in sb/sth

glauben VT, VI to believe; (*meinen*) to think; **jdm ~** to believe sb; **~ an** *+akk* to believe in; **jdm (etw) aufs Wort ~** to take sb's word (for sth); **wers glaubt, wird selig** (*ironisch*) a likely story

Glaubens- ZW: **Glaubensbekenntnis** NT creed; **Glaubensfreiheit** F religious freedom; **Glaubensgemeinschaft** F religious sect; (*christliche*) denomination

glaubhaft ['glaʊbhaft] ADJ credible; **jdm etw ~ machen** to satisfy sb of sth

Glaubhaftigkeit F credibility

gläubig ['glɔʏbɪç] ADJ (*Rel*) devout; (*vertrauensvoll*) trustful; **Gläubige(r)** F(M) believer ▪ **die Gläubigen** PL the faithful

Gläubiger(in) (**-s, -**) M(F) creditor

glaubwürdig ['glaʊbvʏrdɪç] ADJ credible; (*Mensch*) trustworthy; **Glaubwürdigkeit** F credibility; (*von Mensch*) trustworthiness

gleich [glaɪç] ADJ equal; (*identisch*) (the) same, identical ▸ ADV equally; (*sofort*) straight away; (*bald*) in a minute; (*räumlich*): **~ hinter dem Haus** just behind the house; (*zeitlich*): **~ am Anfang** at the very beginning; **es ist mir ~** it's all the same to me; **zu gleichen Teilen** in equal parts; **das gleiche, aber nicht dasselbe Auto** a similar car, but not the same one; **ganz ~ wer/was** *etc* no matter who/what *etc*; **2 mal 2 ~ 4** 2 times 2 is *od* equals 4; **bis ~!** see you soon!; **wie war doch ~ Ihr Name?** what was your name again?; **es ist ~ drei Uhr** it's very nearly three o'clock; **~ gesinnt** like-minded; **~ lautend** identical; **sie sind ~ groß** they are the same size; **~ nach/an** right after/at; **gleichaltrig** ADJ of the same age; **gleichartig** ADJ similar; **gleichbedeutend** ADJ synonymous; **gleichberechtigt** ADJ with equal rights; **Gleichberechtigung** F equal rights *pl*; **gleichbleibend** ADJ constant; **bei gleichbleibendem Gehalt** when one's salary stays the same

gleichen *unreg* VI: **jdm/etw ~** to be like sb/sth ▸ VR to be alike

gleichermaßen ADV equally

gleich- ZW: ⋆ **gleichfalls** ADV likewise; **danke ~!** the same to you; **Gleichförmigkeit** F uniformity; ⋆ **gleichgeschlechtlich** ADJ homosexual, same-sex *attrib*; **gleichgestellt** ADJ: **rechtlich ~** equal in law; **Gleichgewicht** NT equilibrium, balance; **jdm aus dem ~ bringen** to throw sb off balance; **gleichgültig** ADJ indifferent; (*unbedeutend*) unimportant; **Gleichgültigkeit** F indifference; **Gleichheit** F equality; (*Identität*) identity; (*Industrie*) parity; **Gleichheitsprinzip** NT principle of equality; **Gleichheitszeichen** NT (*Math*) equals sign; **gleich|kommen** *unreg* VI *+dat* to be equal to; **gleichlautend** ADJ identical; **Gleichmacherei** F egalitarianism, levelling down (*pej*); **gleichmäßig** ADJ even, equal; **Gleichmut** M equanimity

Gleichnis (**-ses, -se**) NT parable

gleich- ZW: **gleichrangig** ADJ (*Probleme etc*) equally important; **~ (mit)** (*Beamte etc*) equal in rank (to), at the same level (as); **gleichsam** ADV as it were; **gleich|schalten** (*pej*) VT to bring into line; **Gleichschritt** M: **im ~, marsch!** forward march!; **gleich|sehen** *unreg* VI: **jdm ~** to be *od* look like sb; **gleich|stellen** VT (*rechtlich etc*) to treat as equal; **Gleichstrom** M (*Elek*) direct current; **gleich|tun** *unreg* VI: **es jdm ~** to match sb

Gleichung F equation

gleich- ZW: **gleichviel** ADV no matter; **gleichwertig** ADJ of the same value; (*Leistung, Qualität*) equal; (*Gegner*) evenly matched; **gleichwohl** ADV (*geh*) nevertheless; **gleichzeitig** ADJ simultaneous ▸ ADV simultaneously, at the same time

⋆ **Gleis** [glaɪs] (**-es, -e**) NT track, rails *pl*; (*am Bahnhof*) platform (BRIT), track (*US*)

gleißend ['glaɪsənt] ADJ glistening, gleaming

gleiten *unreg* VI to glide; (*rutschen*) to slide

gleitend ['glaɪtənt] ADJ: **gleitende Arbeitszeit** flexible working hours *pl*, flex(i)time

Gleit- ZW: **Gleitflug** M glide; **Gleitklausel** F (*Comm*) escalator clause; **Gleitkomma** NT floating point; **Gleitzeit** F flex(i)time

Gletscher [ˈglɛtʃər] (**-s, -**) M glacier; **Gletscherspalte** F crevasse

glich *etc* [glɪç] VB *siehe* **gleichen**

Glied [gli:t] (**-(e)s, -er**) NT member; (*Arm, Bein*) limb; (*Penis*) penis; (*von Kette*) link; (*Mil*) rank(s); **der Schreck steckt ihr noch in den Gliedern** she is still shaking with the shock

gliedern VT to organize, to structure

Gliederreißen NT rheumatic pains *pl*

Gliederschmerz M rheumatic pains *pl*

Gliederung F structure, organization

Gliedmaßen PL limbs *pl*

glimmen [ˈglɪmən] *unreg* VI to glow

Glimmer (**-s, -**) M (*Mineral*) mica

Glimmstängel (*umg*) M fag (BRIT), butt (US)

glimpflich [ˈglɪmpflɪç] ADJ mild, lenient ▸ ADV (*bestrafen*) mildly; **~ davonkommen** to get off lightly

glitschig [ˈglɪtʃɪç] (*umg*) ADJ slippery, slippy

glitt *etc* [glɪt] VB *siehe* **gleiten**

glitzern [ˈglɪtsərn] VI to glitter; (*Stern*) to twinkle

global [gloˈba:l] ADJ (*weltweit*) global, worldwide; (*ungefähr, pauschal*) general

Globalisierung [globalɪˈzi:rʊŋ] F globalization

Globalisierungsfalle F globalization trap

Globus [ˈglo:bʊs] (**-** *od* **-ses, Globen** *od* **-se**) M globe

Glöckchen [ˈglœkçən] NT (little) bell

Glocke [ˈglɔkə] (**-, -n**) F bell; **etw an die große ~ hängen** (*fig*) to shout sth from the rooftops

Glocken- zW: **Glockengeläut** NT peal of bells; **Glockenschlag** M stroke (of the bell); (*von Uhr*) chime; **Glockenspiel** NT chime(s); (*Mus*) glockenspiel; **Glockenturm** M belfry, bell-tower

glomm *etc* [glɔm] VB *siehe* **glimmen**

Glorie [ˈglo:riə] F glory; (*von Heiligen*) halo

glorreich [ˈglo:rraɪç] ADJ glorious

Glossar [glɔˈsa:r] (**-s, -e**) NT glossary

Glosse [ˈglɔsə] (**-, -n**) F comment

Glotze (**-, -n**) (*umg*) F gogglebox (BRIT), TV set

glotzen [ˈglɔtsən] (*umg*) VI to stare

★**Glück** [glʏk] (**-(e)s**) NT luck, fortune; (*Freude*) happiness; **~ haben** to be lucky; **viel ~** good luck; **zum ~** fortunately; **ein ~!** how lucky!, what a stroke of luck!; **auf gut ~** (*aufs Geratewohl*) on the off-chance; (*unvorbereitet*) trusting to luck; (*wahllos*) at random; **sie weiß noch nichts von ihrem ~** (*ironisch*) she doesn't know anything about it yet; **er kann von ~ sagen, dass ...** he can count himself lucky that ...; **Glückauf** NT: **„~"** (*Bergleute*) (cry of) "good luck"

Glucke (**-, -n**) F (*Bruthenne*) broody hen; (*mit Jungen*) mother hen

glücken VI to succeed; **es glückte ihm, es zu bekommen** he succeeded in getting it

gluckern [ˈglʊkərn] VI to glug

★**glücklich** ADJ fortunate; (*froh*) happy ▸ ADV happily; (*umg: endlich, zu guter Letzt*) finally, eventually

glücklicherweise ADV fortunately

glücklos ADJ luckless

Glücksbringer (**-s, -**) M lucky charm

glückselig [glʏkˈze:lɪç] ADJ blissful

Glücks- zW: **Glücksfall** M stroke of luck; **Glückskind** NT lucky person; **Glückspilz** M lucky beggar (*umg*); **Glückssache** F matter of luck; **Glücksspiel** NT game of chance; **Glücksstern** M lucky star; **Glückssträhne** F lucky streak

glückstrahlend ADJ radiant (with happiness)

Glückszahl F lucky number

★**Glückwunsch** M: **~ (zu)** congratulations *pl* (on), best wishes *pl* (on)

Glühbirne F light bulb

glühen [ˈgly:ən] VI to glow

glühend ADJ glowing; (*heiß glühend: Metall*) red-hot; (*Hitze*) blazing; (*fig: leidenschaftlich*) ardent; (*: Hass*) burning; (*Wangen*) flushed, burning

Glüh- zW: **Glühfaden** M (*Elek*) filament; **Glühwein** M mulled wine; **Glühwürmchen** NT glow-worm

Glut [glu:t] (**-, -en**) F (*Röte*) glow; (*Feuersglut*) fire; (*Hitze*) heat; (*fig*) ardour (BRIT), ardor (US)

GmbH (**-, -s**) F ABK (= *Gesellschaft mit beschränkter Haftung*) ≈ Ltd. (BRIT), plc (BRIT), Inc. (US)

Gnade [ˈgna:də] (**-, -n**) F (*Gunst*) favour (BRIT), favor (US); (*Erbarmen*) mercy; (*Milde*) clemency; **~ vor Recht ergehen lassen** to temper justice with mercy

gnaden VI: **(dann) gnade dir Gott!** (then) God help you *od* heaven have mercy on you!

Gnaden- zW: **Gnadenbrot** NT: **jdm/einem Tier das ~ geben** to keep sb/an animal in his/her/its old age; **Gnadenfrist** F reprieve; **Gnadengesuch** NT petition for clemency; **gnadenlos** ADJ merciless; **Gnadenstoß** M coup de grâce

gnädig [ˈgnɛ:dɪç] ADJ gracious; (*voll Erbarmen*) merciful; **gnädige Frau** (*form*) madam, ma'am

Gockel [ˈgɔkəl] (**-s, -**) M (*bes SÜDD*) cock

★**Gold** [gɔlt] (**-(e)s**) NT gold; **nicht mit ~ zu bezahlen** *od* **aufzuwiegen sein** to be worth one's weight in gold; ★**golden** ADJ golden; **goldene Worte** words of wisdom; **der Tanz ums Goldene Kalb** (*fig*) the worship of Mammon; ★**Goldfisch** M goldfish; **Goldgrube** F gold mine; **Goldhamster** M (golden) hamster

goldig [ˈgɔldɪç] ADJ (*fig: umg*) sweet, cute

Gold- zW: **Goldmedaille** F gold medal; **Goldregen** M laburnum; (*fig*) riches *pl*; **goldrichtig** (*umg*) ADJ dead right; **Goldschnitt** M gilt edging; **Goldstandard** M gold standard; **Goldstück** NT piece of gold; (*fig: umg*) treasure; **Goldwaage** F: **jedes Wort auf die ~ legen** (*fig*) to weigh one's words; **Goldwährung** F gold standard

Golf[1] [gɔlf] (**-(e)s, -e**) M gulf; **der (Persische) ~** the Gulf

Golf[2] [gɔlf] (**-s**) NT golf; **Golfplatz** M golf course; **Golfschläger** M golf club; **Golfspieler** M golfer

Golfstaaten PL: **die ~** the Gulf States *pl*
Golfstrom M (*Geog*) Gulf Stream
Gondel [ˈgɔndəl] (**-, -n**) F gondola; (*von Seilbahn*) cable car
gondeln (*umg*) VI: **durch die Welt ~** to go globe-trotting
Gong [gɔŋ] (**-s, -s**) M gong; (*bei Boxkampf etc*) bell
gönnen [ˈgœnən] VT: **jdm etw ~** not to begrudge sb sth; **sich** *dat* **etw ~** to allow o.s. sth
Gönner (**-s, -**) M patron; **gönnerhaft** ADJ patronizing; **Gönnerin** F patroness; **Gönnermiene** F patronizing air
googeln [ˈgu:gəln] VT to google
Google® [ˈgu:gəl] NT Google®
gor *etc* [go:r] VB *siehe* **gären**
Gorilla [goˈrɪla] (**-s, -s**) M gorilla; (*umg: Leibwächter*) heavy
goss *etc* [gɔs] VB *siehe* **gießen**
Gosse [ˈgɔsə] (**-, -n**) F gutter
Gote [ˈgo:tə] (**-n, -n**) M Goth
Gotik [ˈgo:tɪk] F (*Kunst*) Gothic (style); (*Epoche*) Gothic period
Gotin [ˈgo:tɪn] F Goth
Gott [gɔt] (**-es, Götter**) M god; (*als Name*) God; **um Gottes Willen!** for heaven's sake!; **~ sei Dank!** thank God!; **grüß ~!** (*bes* SÜDD, ÖSTERR) hello, good morning/afternoon/evening; **den lieben ~ einen guten Mann sein lassen** (*umg*) to take things as they come; **ein Bild für die Götter** (*hum: umg*) a sight for sore eyes; **das wissen die Götter** (*umg*) God (only) knows; **über ~ und die Welt reden** (*fig*) to talk about everything under the sun; **wie ~ in Frankreich leben** (*umg*) to be in clover
Götterspeise F (*Koch*) jelly (BRIT), jello (*US*)
Gottes- ZW: **Gottesdienst** M service; **gottesfürchtig** ADJ god-fearing; **Gotteshaus** NT place of worship; **Gotteskrieger(in)** M(F) religious terrorist; **Gotteslästerung** F blasphemy
Gottheit F deity
Göttin [ˈgœtɪn] F goddess
göttlich ADJ divine
Gott- ZW: **gottlob** INTERJ thank heavens!; **gottlos** ADJ godless; **gottverdammt** ADJ goddamn(ed); **gottverlassen** ADJ godforsaken; **Gottvertrauen** NT trust in God
Götze [ˈgœtsə] (**-n, -n**) M idol
Grab [gra:p] (**-(e)s, Gräber**) NT grave
grabbeln [ˈgrabəln] (NORDD *umg*) VT to rummage
graben *unreg* VT to dig
Graben [ˈgra:bən] (**-s, Gräben**) M ditch; (*Mil*) trench
Grabesstille F (*liter*) deathly hush
Grab- ZW: **Grabmal** NT monument; (*Grabstein*) gravestone; **Grabrede** F funeral oration; **Grabstein** M gravestone
gräbt VB *siehe* **graben**
Gracht [graxt] (**-, -en**) F canal
★**Grad** [gra:t] (**-(e)s, -e**) M degree; **im höchsten ~(e)** extremely; **Verbrennungen ersten Grades** (*Med*) first-degree burns; **bis zu einem gewissen ~** up to a certain extent; **Gradeinteilung** F graduation; **gradlinig** ADJ straight; **gradweise** ADV gradually
Graf [gra:f] (**-en, -en**) M count, earl (BRIT)
Grafik [ˈgra:fɪk] (**-, -en**) F (*Illustration*) diagram; (*Comput, Tech*) graphics; (*Kunst*) graphic arts *pl*
Grafiker(in) [ˈgra:fɪkər(ɪn)] (**-s, -**) M(F) graphic artist; (*Illustrator*) illustrator
Grafikkarte F (*Comput*) graphics card
Grafikprogramm NT (*Comput*) graphics software
Gräfin [ˈgrɛ:fɪn] F countess
grafisch [ˈgra:fɪʃ] ADJ graphic; **grafische Darstellung** graph
Grafschaft F county
Grahambrot [ˈgra:hambro:t] NT type of wholemeal (BRIT) *od* whole-wheat (*US*) bread
Gralshüter [ˈgra:lzhy:tər] (**-s, -**) M (*fig*) guardian
Gram [gra:m] (**-(e)s**) M (*geh*) grief, sorrow
grämen [ˈgrɛ:mən] VR to grieve; **sich zu Tode ~** to die of grief *od* sorrow
★**Gramm** [gram] (**-s, -e**) NT gram(me)
Grammatik [graˈmatɪk] F grammar
grammatisch ADJ grammatical
Grammofon, Grammophon [gramoˈfo:n] (**-s, -e**) NT gramophone
Granat [graˈna:t] (**-(e)s, -e**) M (*Stein*) garnet; **Granatapfel** M pomegranate
Granate (**-, -n**) F (*Mil*) shell; (*Handgranate*) grenade
grandios [granˈdio:s] ADJ magnificent, superb
Granit [graˈni:t] (**-s, -e**) M granite; **auf ~ beißen (bei ...)** to bang one's head against a brick wall (with ...)
grantig [ˈgrantɪç] (*umg*) ADJ grumpy
Graphik [ˈgra:fɪk] = **Grafik**
grapschen [ˈgrapʃən] (*umg*) VT, VI to grab; **(sich** *dat***) etw ~** to grab sth
★**Gras** [gra:s] (**-es, Gräser**) NT grass; (*auch umg: Marihuana*) grass; **über etw** *akk* **~ wachsen lassen** (*fig*) to let the dust settle on sth; **grasen** VI to graze; **Grashalm** M blade of grass
grasig ADJ grassy
Grasnarbe F turf
grassieren [graˈsi:rən] VI to be rampant, to rage
grässlich [ˈgrɛslɪç] ADJ horrible
Grat [gra:t] (**-(e)s, -e**) M ridge
Gräte [ˈgrɛ:tə] (**-, -n**) F fish-bone
Gratifikation [gratifikatsiˈo:n] F bonus
★**gratis** [ˈgra:tɪs] ADJ, ADV free (of charge); **Gratisprobe** F free sample
Grätsche [ˈgrɛ:tʃə] (**-, -n**) F (*Sport*) straddle
Gratulant(in) [gratuˈlant(ɪn)] M(F) well-wisher

Gratulation [gratulatsi'o:n] F congratulation(s)

★**gratulieren** [gratu'li:rən] VI: **jdm (zu etw) ~** to congratulate sb (on sth); **(ich) gratuliere!** congratulations!

Gratwanderung F (*fig*) tightrope walk

★**grau** [grau] ADJ grey (BRIT), gray (US); **der graue Alltag** drab reality; **~ meliert** grey-flecked (BRIT), gray-flecked (US); ★**Graubrot** NT = **Mischbrot**

Gräuel ['grɔyəl] (**-s**, **-**) M horror; (*Gräueltat*) atrocity; **etw ist jdm ein ~** sb loathes sth; **Gräuelpropaganda** F atrocity propaganda; **Gräueltat** F atrocity

grauen VI (*Tag*) to dawn ▶ VI UNPERS: **es graut jdm vor etw** sb dreads sth, sb is afraid of sth ▶ VR: **sich ~ vor** to dread

Grauen (**-s**) NT horror

grauenhaft, grauenvoll ADJ horrible

grauhaarig ADJ grey-haired (BRIT), gray-haired (US)

gräulich ['grɔylıç] ADJ horrible

Graupelregen ['graupəlre:gən] M sleet

Graupelschauer M sleet

Graupen ['graupən] PL pearl barley *sing*

grausam ['grauza:m] ADJ cruel; **Grausamkeit** F cruelty

grausen VB = **grauen**

Grausen ['grauzən] (**-s**) NT horror; **da kann man das kalte ~ kriegen** (*umg*) it's enough to give you the creeps

Grauzone F (*fig*) grey (BRIT) *od* gray (US) area

gravieren [gra'vi:rən] VT to engrave

gravierend ADJ grave

Grazie ['gra:tsiə] F grace

graziös [gratsi'ø:s] ADJ graceful

Greencard, Green Card ['gri:nka:əd] (**-**, **-s**) F green card

greifbar ADJ tangible, concrete; **in greifbarer Nähe** within reach

greifen ['graıfən] *unreg* VT (*nehmen*) to grasp; (*grapschen*) to seize, to grab ▶ VI (*nicht rutschen, einrasten*) to grip; **nach etw ~** to reach for sth; **um sich ~** (*fig*) to spread; **zu etw ~** (*fig*) to turn to sth; **diese Zahl ist zu niedrig gegriffen** (*fig*) this figure is too low; **aus dem Leben gegriffen** taken from life

Greifer (**-s**, **-**) M (*Tech*) grab

Greifvogel M bird of prey

Greis [grais] (**-es**, **-e**) M old man

Greisenalter NT old age

greisenhaft ADJ very old

Greisin ['graızın] F old woman

grell [grɛl] ADJ harsh

Gremium ['gre:miʊm] NT body; (*Ausschuss*) committee

Grenadier [grena'di:ər] (**-s**, **-e**) M (*Mil: Infanterist*) infantryman

Grenzbeamte(r) M, **Grenzbeamtin** F frontier official

★**Grenze** (**-**, **-n**) F border; (*zwischen Grundstücken, fig*) boundary; (*Staatsgrenze*) frontier; (*Schranke*) limit; **über die ~ gehen/fahren** to cross the border; **hart an der ~ des Erlaubten** bordering on the limits of what is permitted

grenzen VI: **~ an** *+akk* to border on

grenzenlos ADJ boundless

Grenz- ZW: **Grenzfall** M borderline case; **Grenzgänger(in)** M(F) (*Arbeiter*) international commuter (*across a local border*); **Grenzgebiet** NT (*lit, fig*) border area; **Grenzkosten** PL marginal cost *sing*; **Grenzlinie** F boundary; **Grenzübergang** M frontier crossing; **Grenzwert** M limit; **Grenzzwischenfall** M border incident

Gretchenfrage ['gre:tçənfra:gə] F (*fig*) crunch question, sixty-four-thousand-dollar question (*umg*)

Greuel *etc* ['grɔyəl] *siehe* **Gräuel**

greulich ['grɔylıç] *siehe* **gräulich**

★**Grieche** ['gri:çə] (**-n**, **-n**) M Greek

★**Griechenland** NT Greece

★**Griechin** ['gri:çın] F Greek

★**griechisch** ADJ Greek; (*Sprache*): **auf G~** in Greek

griesgrämig ['gri:sgrɛ:mıç] ADJ grumpy

Grieß [gri:s] (**-es**, **-e**) M (*Koch*) semolina; **Grießbrei** M cooked semolina

griff *etc* VB *siehe* **greifen**

Griff [grıf] (**-(e)s**, **-e**) M grip; (*Vorrichtung*) handle; (*das Greifen*): **der ~ nach etw** reaching for sth; **jdn/etw in den ~ bekommen** (*fig*) to gain control of sb/sth; **etw in den ~ bekommen** (*geistig*) to get a grasp of sth

griffbereit ADJ handy

Griffel ['grıfəl] (**-s**, **-**) M slate pencil; (*Bot*) style

griffig ['grıfıç] ADJ (*Fahrbahn etc*) that has a good grip; (*fig: Ausdruck*) useful, handy

★**Grill** [grıl] (**-s**, **-s**) M grill; (*Aut*) grille

Grille ['grılə] (**-**, **-n**) F cricket; (*fig*) whim

★**grillen** VT to grill

Grimasse [gri'masə] (**-**, **-n**) F grimace; **Grimassen schneiden** to make faces

grimmig ADJ furious; (*heftig*) fierce, severe

grinsen ['grınzən] VI to grin; (*höhnisch*) to smirk

★**Grippe** ['grıpə] (**-**, **-n**) F influenza, flu

Grips [grıps] (**-es**, **-e**) (*umg*) M sense

grob [gro:p] ADJ coarse, gross; (*Fehler, Verstoß*) gross; (*brutal, derb*) rough; (*unhöflich*) ill-mannered; **~ geschätzt** at a rough estimate; **Grobheit** F coarseness; (*Beschimpfung*) coarse expression

Grobian ['gro:bia:n] (**-s**, **-e**) M ruffian

grobknochig ADJ large-boned

groggy ['grɔgı] ADJ (*Boxen*) groggy; (*umg: erschöpft*) bushed

grölen ['grø:lən] (*pej*) VT, VI to bawl

Groll [grɔl] (**-(e)s**) M resentment; **grollen** VI (*Donner*) to rumble; **~ (mit** *od* **+dat)** to bear ill will (towards)

Grönland ['grø:nlant] (**-s**) NT Greenland

Grönländer(in) (**-s**, **-**) M(F) Greenlander

Groschen ['grɔʃən] (**-s**, **-**) (*Hist: umg*) M 10-pfennig piece; (*Hist: ÖSTERR*) groschen; (*fig*) penny, cent (US); **Groschenroman** (*pej*) M cheap *od* dime (US) novel

groß [gro:s] ADJ big, large; (*hoch*) tall; (*Freude, Werk*) great ▸ ADV greatly; **im Großen und Ganzen** on the whole; **wie ~ bist du?** how tall are you?; **die Großen** (*Erwachsene*) the grown-ups; **mit etw ~ geworden sein** to have grown up with sth; **die Großen Seen** the Great Lakes *pl*; **großen Hunger haben** to be very hungry; **große Mode sein** to be all the fashion; **~ angelegt** large-scale, on a large scale; **~ und breit** (*fig: umg*) at great *od* enormous length; *siehe auch* **großschreiben**; **Großabnehmer** M (*Comm*) bulk buyer; **Großalarm** M red alert; ⋆ **großartig** ADJ great, splendid; **Großaufnahme** F (*Film*) close-up; ⋆ **Großbritannien** (**-s**) NT (Great) Britain

> England sowie Wales und Schottland sind Teile Großbritanniens. Das Vereinigte Königreich besteht aus Großbritannien und Nordirland. Achtung: alle Briten sind nicht Engländer!

Großbuchstabe M capital (letter)

Größe [ˈgrø:sə] (**-, -n**) F size; (*Länge*) height; (*fig*) greatness; **eine unbekannte ~** (*lit, fig*) an unknown quantity

Groß- zW: **Großeinkauf** M bulk purchase; **Großeinsatz** M: **~ der Polizei** *etc* large-scale operation by the police *etc*; ⋆ **Großeltern** PL grandparents *pl*

Größenordnung F scale; (*Größe*) magnitude; (*Math*) order (of magnitude)

großenteils ADV for the most part

Größen- zW: **Größenunterschied** M difference in size; **Größenwahn** M, **Größenwahnsinn** M megalomania, delusions *pl* of grandeur

Groß- zW: **Großformat** NT large size; **Großhandel** M wholesale trade; **Großhandelspreisindex** M wholesale-price index; **Großhändler(in)** M(F) wholesaler; **großherzig** ADJ generous; **Großhirn** NT cerebrum; **Großindustrielle(r)** F(M) major industrialist; **großkotzig** (*umg*) ADJ show-offish, bragging; **Großkundgebung** F mass rally; **Großmacht** F great power; **Großmarkt** M hypermarket; **Großmaul** M braggart; **Großmut** (-) F magnanimity; **großmütig** ADJ magnanimous; ⋆ **Großmutter** F grandmother; **Großraum** M: **der ~ München** the Munich area *od* conurbation, Greater Munich; **Großraumbüro** NT open-plan office; **Großrechner** M mainframe; **Großreinemachen** NT thorough cleaning, ≈ spring cleaning; **groß|schreiben** *unreg* VT: **ein Wort ~** to write a word with a capital; **großgeschrieben werden** (*umg*) to be stressed; **Großschreibung** F capitalization

> Neben den Eigennamen werden im Englischen auch die Tage (**Monday**, **Friday**), Monate (**March**, **September**), Sprachen (**German**, **Portuguese**) sowie Sammelbegriffe für Völker (**the French**, **the Maori**) und Adjektive der Staatsangehörigkeit (**the South African rugby team**) groß geschrieben.

großspurig ADJ pompous

Großstadt F city

größte(r, s) [grø:stə(r, s)] ADJ *superl von* **groß**

größtenteils ADV for the most part

Groß- zW: **Großtuer(in)** (**-s, -**) M(F) boaster; **groß|tun** *unreg* VI to boast; ⋆ **Großvater** M grandfather; **Großverbraucher** M (*Comm*) heavy user; **Großverdiener(in)** M(F) big earner; **Großwild** NT big game; **groß|ziehen** *unreg* VT to raise; ⋆ **großzügig** ADJ generous; (*Planung*) on a large scale

grotesk [groˈtɛsk] ADJ grotesque

Grotte [ˈgrɔtə] (**-, -n**) F grotto

grub *etc* [gru:p] VB *siehe* **graben**

Grübchen [ˈgry:pçən] NT dimple

Grube [ˈgru:bə] (**-, -n**) F pit; (*Bergwerk*) mine

grübeln [ˈgry:bəln] VI to brood

Grubenarbeiter M miner

Grubengas NT firedamp

Grübler [ˈgry:blər] (**-s, -**) M brooder; **grüblerisch** ADJ brooding, pensive

Gruft [gruft] (**-, Grüfte**) F tomb, vault

⋆ **grün** [gry:n] ADJ green; (*ökologisch*) green; (*Pol*): **die Grünen** the Greens; **grüner Salat** lettuce; **grüne Bohnen** French beans; **grüne Minna** (*umg*) Black Maria (BRIT), paddy wagon (US); **grüne Welle** phased traffic lights; **grüne Versicherungskarte** (*Aut*) green card; **sich ~ und blau** *od* **gelb ärgern** (*umg*) to be furious; **auf keinen grünen Zweig kommen** (*fig: umg*) to get nowhere; **jdm grünes Licht geben** to give sb the green light; ⋆ **Grünanlage** F park

⋆ **Grund** [grʊnt] (**-(e)s, Gründe**) M ground; (*von See, Gefäß*) bottom; (*fig*) reason; **von ~ auf** entirely, completely; **aus gesundheitlichen** *etc* **Gründen** for health *etc* reasons; **im Grunde genommen** basically; **ich habe ~ zu der Annahme, dass ...** I have reason to believe that ...; **einer Sache** *dat* **auf den ~ gehen** (*fig*) to get to the bottom of sth; **in ~ und Boden** (*fig*) utterly, thoroughly; *siehe auch* **aufgrund**; **zugrunde**; **Grundausbildung** F basic training; **Grundbedeutung** F basic meaning; **Grundbedingung** F fundamental condition; **Grundbegriff** M basic concept; **Grundbesitz** M land(ed property), real estate; **Grundbuch** NT land register; **grundehrlich** ADJ thoroughly honest

gründen [grʏndən] VT to found ▸ VR: **sich ~ auf** +*akk* to be based on; **~ auf** +*akk* to base on

Gründer(in) (**-s, -**) M(F) founder

Grund- zW: **grundfalsch** ADJ utterly wrong; **Grundgebühr** F basic charge; **Grundgedanke** M basic idea; **Grundgesetz** NT constitution

Grundierung [grʊnˈdi:rʊŋ] F (*Farbe*) primer

Grund- zW: **Grundkapital** NT nominal capital; **Grundkurs** M basic course; **Grundlage** F foundation; **jeder ~** *gen* **entbehren** to be completely unfounded; **grundlegend** ADJ fundamental

gründlich ADJ thorough; **jdm ~ die Meinung sagen** to give sb a piece of one's mind

Grund- zW: **grundlos** ADJ (*fig*) groundless; **Grundmauer** F foundation wall; **Grundnahrungsmittel** NT basic food(stuff)

Gründonnerstag M Maundy Thursday

Grund- zW: **Grundordnung** F: **die freiheitlich-demokratische ~** (*Pol*) *the German constitution based on democratic liberty*; **Grundrechenart** F basic arithmetical operation; **Grundrecht** NT basic *od* constitutional right; **Grundregel** F basic *od* ground rule; **Grundriss** M plan; (*fig*) outline; **Grundsatz** M principle; **grundsätzlich** ADJ fundamental; (*Frage*) of principle ▶ ADV fundamentally; (*prinzipiell*) on principle; **das ist ~ verboten** it is absolutely forbidden; **Grundsatzurteil** NT *judgement that establishes a principle*

★**Grundschule** F primary (BRIT) *od* elementary school

The **Grundschule** is a primary school which children attend for 4 years (6 years in Berlin). At the age of 10, students leave the *Grundschule* and, depending on their abilities and the wishes of their parents, they will go on to one of the three main types of secondary school: the *Hauptschule*, the *Realschule* or the *Gymnasium*.

Grund- zW: **Grundsicherung** F (*Wirts*) guaranteed minimum income; **Grundstein** M foundation stone; **Grundsteuer** F rates *pl*; **Grundstück** NT plot (of land); (*Anwesen*) estate; **Grundstücksmakler(in)** M(F) estate agent (BRIT), realtor (*US*); **Grundstufe** F first stage; (*Sch*) ≈ junior (BRIT) *od* grade (*US*) school

Gründung F foundation

Gründungsurkunde F (*Comm*) certificate of incorporation

Gründungsversammlung F (*Aktiengesellschaft*) statutory meeting

Grund- zW: **grundverschieden** ADJ utterly different; **Grundwasser** NT ground water; **Grundwasserspiegel** M water table, ground-water level; **Grundzug** M characteristic; **etw in seinen Grundzügen darstellen** to outline (the essentials of) sth

Grüne (**-n**) NT: **im Grünen** in the open air; **ins ~ fahren** to go to the country

Grüne(r) F(M) (*Pol*) Ecologist, Green ■ **die Grünen** PL (*als Partei*) the Greens; *see note*

Die Grünen is the name given to the Green or ecological party in Germany which was founded in 1980. Since 1993 they have been allied with *Bündnis 90*, the party founded in the former East Germany during the political period leading up to unification.

Grüner Punkt *see note*

The **Grüner Punkt** is a green spot symbol used on packaging to indicate that the packaging should not be thrown into the normal household refuse but kept separate for recycling. In Germany, recycling is financed by licences bought by manufacturers, the cost of which is often passed on to the consumer.

Grün- zW: **Grünkohl** M kale; **Grünschnabel** M greenhorn; **Grünspan** M verdigris; **Grünstreifen** M central reservation

grunzen [ˈgrʊntsən] VI to grunt

★**Gruppe** [ˈgrʊpə] (**-, -n**) F group

Gruppen- zW: **Gruppenarbeit** F teamwork; **Gruppendynamik** F group dynamics *pl*; **Gruppentherapie** F group therapy; **gruppenweise** ADV in groups

gruppieren [grʊˈpiːrən] VT, VR to group

★**Gruselfilm** M horror film

gruselig ADJ creepy

gruseln [ˈgruːzəln] VI UNPERS: **es gruselt jdm vor etw** sth gives sb the creeps ▶ VR to have the creeps

★**Gruß** [gruːs] (**-es, Grüße**) M greeting; (*Mil*) salute; **viele Grüße** best wishes; **Grüße an** *+akk* regards to; **einen (schönen) ~ an Ihre Frau!** (*geh*) my regards to your wife; **mit freundlichen Grüßen** (*als Briefformel*) Yours sincerely

★**grüßen** [ˈgryːsən] VT to greet; (*Mil*) to salute; **jdn von jdm ~** to give sb sb's regards; **jdn ~ lassen** to send sb one's regards

Grütze [ˈgrʏtsə] (**-, -n**) F (*Brei*) gruel; **rote ~** (type of) red fruit jelly

Guatemala [guateˈmaːla] (**-s**) NT Guatemala

Guayana [guaˈjaːna] (**-s**) NT Guyana

★**gucken** [ˈgʊkən] VI to look

Guckloch NT peephole

Guinea [giˈneːa] (**-s**) NT Guinea

★**Gulasch** [ˈguːlaʃ] (**-(e)s, -e**) NT goulash; **Gulaschkanone** F (*Mil: umg*) field kitchen

★**gültig** [ˈgʏltɪç] ADJ valid; **~ werden** to become valid; (*Gesetz, Vertrag*) to come into effect; (*Münze*) to become legal tender; **Gültigkeit** F validity; **Gültigkeitsdauer** F period of validity

★**Gummi** [ˈgʊmi] (**-s, -s**) NT OD M rubber; (*Gummiharze*) gum; (*umg: Kondom*) rubber, Durex®; (*Gummiband*) rubber *od* elastic band; (*Hosengummi*) elastic; **Gummiband** NT rubber *od* elastic band; **Gummibärchen** NT jelly baby; **Gummigeschoss** NT rubber bullet; **Gummiknüppel** M rubber truncheon; **Gummiparagraf** M ambiguous *od* meaningless law *od* statute; **Gummistiefel** M rubber boot, wellington (boot) (BRIT); **Gummistrumpf** M elastic stocking; **Gummizelle** F padded cell

Gunst [gʊnst] (**-**) F favour (BRIT), favor (*US*); *siehe auch* **zugunsten**

★**günstig** [ˈgʏnstɪç] ADJ favourable (BRIT), favorable (*US*); (*Angebot, Preis etc*) reasonable, good; **bei günstiger Witterung** weather permitting; **im günstigsten Fall(e)** with luck

Gurgel [ˈgʊrgəl] (**-, -n**) F throat

gurgeln VI to gurgle; (*im Rachen*) to gargle

★**Gurke** [ˈgʊrkə] (**-, -n**) F cucumber; **saure ~** pickled cucumber, gherkin

Gurt [gʊrt] (**-(e)s, -e**) M belt

★**Gürtel** [ˈgʏrtəl] (**-s, -**) M belt; (*Geog*) zone; **Gürtelreifen** M radial tyre; **Gürtelrose** F shingles *sing od pl*

GUS F ABK (= *Gemeinschaft Unabhängiger Staaten*) CIS

Guss [gʊs] (**-es, Güsse**) M casting; (*Regenguss*) downpour; (*Koch*) glazing; **Gusseisen** NT cast iron

gut

ADJ good; **das ist gut gegen** *od* **für** (*umg*) **Husten** it's good for coughs; **sei so gut (und) gib mir das** would you mind giving me that; **dafür ist er sich zu gut** he wouldn't stoop to that sort of thing; **das ist ja alles gut und schön, aber ...** that's all very well but ...; **du bist gut!** (*umg*) you're a fine one!; **alles Gute** all the best; **also gut** all right then

▶ ADV well; **gut gehen** to work, to come off; **es geht jdm gut** sb's doing fine; **das ist noch einmal gut gegangen** it turned out all right; **gut gehend** thriving; **gut gelaunt** cheerful, in a good mood; **gut gemeint** well meant; **du hast es gut!** you've got it made!; **gut situiert** well-off; **gut unterrichtet** well-informed; **gut, aber ...** OK, but ...; **(na) gut, ich komme** all right, I'll come; **gut drei Stunden** a good three hours; **das kann gut sein** that may well be; **gut und gern** easily; **lass es gut sein** that'll do; *siehe auch* **guttun**

Gut [gu:t] (**-(e)s, Güter**) NT (*Besitz*) possession; (*Landgut*) estate ■ **Güter** PL (*Waren*) goods *pl*

Gut- ZW: **Gutachten** (**-s, -**) NT report; **Gutachter(in)** (**-s, -**) M(F) expert; **Gutachterkommission** F quango; **gutartig** ADJ good-natured; (*Med*) benign; **gutbürgerlich** ADJ (*Küche*) (good) plain; **Gutdünken** NT: **nach ~** at one's discretion

Güte ['gy:tə] (-) F goodness, kindness; (*Qualität*) quality; **ach du liebe** *od* **meine ~!** (*umg*) goodness me!; **Güteklasse** F (*Comm*) grade; **Güteklasseneinteilung** F (*Comm*) grading

Güter PL goods *pl*

Güter- ZW: **Güterabfertigung** F (*Eisenb*) goods office; **Güterbahnhof** M goods station; **Gütertrennung** F (*Jur*) separation of property; **Güterverkehr** M freight traffic; **Güterwagen** M goods waggon (BRIT), freight car (US); **Güterzug** M goods train (BRIT), freight train (US)

Gütesiegel NT (*Comm*) stamp of quality

gut- ZW: **gutgläubig** ADJ trusting; **gut|haben** *unreg* VT: **30 Euro (bei jdm) ~** to be in credit (with sb) to the tune of 30 euros; **Guthaben** (**-s**) NT credit; **gut|heißen** *unreg* VT to approve (of); **gutherzig** ADJ kind(-hearted)

gütig ['gy:tɪç] ADJ kind

gütlich ['gy:tlɪç] ADJ amicable

gut- ZW: **gut|machen** VT (*in Ordnung bringen*: *Fehler*) to put right, to correct; (*Schaden*) to make good; **Gutmensch** (*umg, pej*) M do-gooder; **gutmütig** ADJ good-natured; **Gutmütigkeit** F good nature

Gutsbesitzer(in) M(F) landowner

Gut- ZW: **Gutschein** M voucher; **gut|schreiben** *unreg* VT to credit; **Gutschrift** F credit

Gutsherr M squire

Gutshof M estate

gut|tun *unreg* VI: **jdm ~** to do sb good

Gutverdienende(r) F(M) high-income earner

gutwillig ADJ willing

GV-Lebensmittel [ge:'faʊle:bənsmɪtəl] PL (= *gentechnisch veränderte Lebensmittel*) GM foods

GVO M ABK (*Agr*: = *gentechnisch veränderter Organismus*) GMO

GV-Pflanze [ge:'faʊpflantsə] F (= *gentechnisch veränderte Pflanze*) GM crop

Gymnasiallehrer(in) [gʏmnazi'a:lle:rər(ɪn)] M(F) ≈ grammar school teacher (BRIT), high school teacher (US)

★**Gymnasium** [gʏm'na:zium] NT ≈ grammar school (BRIT), high school (US)

The **Gymnasium** is a selective secondary school. After eight or nine years of study at a *Gymnasium*, students sit the *Abitur* which, if they pass, allows them to go on to higher education.

The German word **Gymnasium** does not mean *gym* in English.

★**Gymnastik** [gʏm'nastɪk] F exercises *pl*, keepfit; **~ machen** to do keep-fit (exercises)/gymnastics

Gynäkologe [gynɛko'lo:gə] (**-n, -n**) M, **Gynäkologin** F gynaecologist (BRIT), gynecologist (US)

g

H, h [haː] NT H, h; **H wie Heinrich** ≈ H for Harry, ≈ H for How (*US*); (*Mus*) B

ha ABK = **Hektar**

Haag [haːk] **(-s)** M: **Den ~** The Hague

★**Haar** [haːr] **(-(e)s, -e)** NT hair; **um ein ~** nearly; **Haare auf den Zähnen haben** to be a tough customer; **sich die Haare raufen** (*umg*) to tear one's hair; **sich** *dat* **in die Haare kriegen** (*umg*) to quarrel; **das ist an den Haaren herbeigezogen** that's rather far-fetched; **Haaransatz** M hairline; **Haarbürste** F hairbrush

haaren VI, VR to lose hair

Haaresbreite F: **um ~** by a hair's-breadth

Haarfestiger (-s, -) M setting lotion

haargenau ADV precisely

Haarglätter M hair straighteners *pl*

haarig ADJ hairy; (*fig*) nasty

Haar- ZW: **Haarklammer** F, **Haarklemme** F hair grip (*BRIT*), barrette (*US*); **haarklein** ADV in minute detail; **haarlos** ADJ hairless; **Haarnadel** F hairpin; **haarscharf** ADV (*beobachten*) very sharply; (*verfehlen*) by a hair's breadth; **Haarschnitt** M haircut; **Haarschopf** M head of hair; **Haarsieb** NT fine sieve; **Haarspalterei** F hairsplitting; **Haarspange** F hair slide; **haarsträubend** ADJ hair-raising; **Haarteil** NT hairpiece; **Haartrockner (-s, -)** M hairdryer; **Haarwaschmittel** NT shampoo

Hab [haːp] NT: **~ und Gut** possessions *pl*, belongings *pl*, worldly goods *pl*

Habe [ˈhaːbə] (-) F property

★**haben** [ˈhaːbən] *unreg* VT, HILFSVERB to have ▶ VR UNPERS: **und damit hat es sich** (*umg*) and that's that; **Hunger/Angst ~** to be hungry/afraid; **da hast du 10 Euro** there's 10 euros; **die habens (ja)** (*umg*) they can afford it; **Ferien ~** to be on holiday; **es am Herzen ~** (*umg*) to have heart trouble; **sie ist noch zu ~** (*umg: nicht verheiratet*) she's still single; **für etw zu ~ sein** to be keen on sth; **sie werden schon merken, was sie an ihm ~** they'll see how valuable he is; **haste was, biste was** (*Sprichwort*) money brings status; **wie gehabt!** some things don't change; **das hast du jetzt davon** now see what's happened; **woher hast du das?** where did you get that from?; **was hast du denn?** what's the matter (with you)?; **ich habe zu tun** I'm busy

★**Haben** (-s, -) NT (*Comm*) credit

Habenseite F (*Comm*) credit side

Habgier F avarice

habgierig ADJ avaricious

habhaft ADJ: **jds/einer Sache ~ werden** (*geh*) to get hold of sb/sth

Habicht [ˈhaːbɪçt] **(-(e)s, -e)** M hawk

Habilitation [habilitatsiˈoːn] F (*Lehrberechtigung*) postdoctoral lecturing qualification

Habseligkeiten [ˈhaːpzeːlɪçkaɪtən] PL belongings *pl*

Habsucht [ˈhaːpzʊxt] F greed

Hachse [ˈhaksə] **(-, -n)** F (*Koch*) knuckle

Hackbraten M meat loaf

Hackbrett NT chopping board; (*Mus*) dulcimer

Hacke [ˈhakə] **(-, -n)** F hoe; (*Ferse*) heel

hacken VT to hack, to chop; (*Erde*) to hoe

Hacker(in) [ˈhakər(ɪn)] **(-s, -)** M(F) (*Comput*) hacker

Hackfleisch NT mince, minced meat, ground meat (*US*)

Hackordnung F (*lit, fig*) pecking order

Häcksel [ˈhɛksəl] **(-s)** M OD NT chopped straw, chaff

hadern [ˈhaːdərn] VI (*geh*): **~ mit** to quarrel with; (*unzufrieden sein*) to be at odds with

★**Hafen** [ˈhaːfən] **(-s, Häfen)** M harbour, harbor (*US*), port; (*fig*) haven; **Hafenanlagen** PL docks *pl*; **Hafenarbeiter** M docker; **Hafendamm** M jetty, mole; **Hafengebühren** PL harbo(u)r dues *pl*; ★ **Hafenstadt** F port

Hafer [ˈhaːfər] **(-s, -)** M oats *pl*; **ihn sticht der ~** (*umg*) he is feeling his oats; **Haferbrei** M porridge (*BRIT*), oatmeal (*US*); **Haferflocken** PL rolled oats *pl* (*BRIT*), oatmeal (*US*); **Haferschleim** M gruel

Haff [haf] **(-s, -s** *od* **-e)** NT lagoon

Haft [haft] (-) F custody; **Haftanstalt** F detention centre (*BRIT*) *od* center (*US*); **haftbar** ADJ liable, responsible; **Haftbefehl** M warrant (for arrest); **einen ~ gegen jdn ausstellen** to issue a warrant for sb's arrest

haften VI to stick, to cling; **~ für** to be liable *od* responsible for; **für Garderobe kann nicht gehaftet werden** all articles are left at owner's risk; **~ bleiben (an** *+dat***)** to stick (to)

Häftling [ˈhɛftlɪŋ] M prisoner

Haft- ZW: **Haftnotiz** F Post-it®; **Haftpflicht** F liability; **Haftpflichtversicherung** F third party insurance; **Haftrichter** M magistrate

Haftschalen PL contact lenses *pl*
Haftung F liability
Hagebutte [ˈhaːɡəbʊtə] (**-, -n**) F rose hip
Hagedorn M hawthorn
Hagel [ˈhaːɡəl] (**-s**) M hail; **Hagelkorn** NT hailstone; (*Med*) eye cyst
hageln VI UNPERS to hail
Hagelschauer M (short) hailstorm
hager [ˈhaːɡər] ADJ gaunt
Häher [ˈhɛːər] (**-s, -**) M jay
Hahn [haːn] (**-(e)s, Hähne**) M cock; (*Wasserhahn*) tap, faucet (*US*); (*Abzug*) trigger; **~ im Korb sein** (*umg*) to be cock of the walk; **danach kräht kein ~ mehr** (*umg*) no one cares two hoots about that any more
Hähnchen [ˈhɛːnçən] NT cockerel; (*Koch*) chicken
Hai [ˈhaɪ] (**-(e)s, -e**), **Haifisch** [ˈhaɪfɪʃ] M shark
Haiti [haˈiːti] (**-s**) NT Haiti
Häkchen [ˈhɛːkçən] NT small hook
Häkelarbeit F crochet work
häkeln [ˈhɛːkəln] VT to crochet
Häkelnadel F crochet hook
Haken [ˈhaːkən] (**-s, -**) M hook; (*fig*) catch; **einen ~ schlagen** to dart sideways; **Hakenkreuz** NT swastika; **Hakennase** F hooked nose
halb [halp] ADJ half ▸ ADV (*beinahe*) almost; **~ eins** half past twelve; **~ offen** half-open; **ein halbes Dutzend** half a dozen; **nichts Halbes und nichts Ganzes** neither one thing nor the other; **(noch) ein halbes Kind sein** to be scarcely more than a child; **das ist ~ so schlimm** it's not as bad as all that; **mit jdm halbe-halbe machen** (*umg*) to go halves with sb
halb- zW: **Halbblut** NT (*Tier*) crossbreed; **Halbbruder** M half-brother; **Halbdunkel** NT semi-darkness
halber [ˈhalbər] PRÄP +*gen* (*wegen*) on account of; (*für*) for the sake of
Halb- zW: **halbfett** ADJ medium fat; ★ **Halbfettmilch** F semi-skimmed milk; **Halbfinale** NT semi-final; **Halbheit** F half-measure; **halbherzig** ADJ half-hearted
halbieren [halˈbiːrən] VT to halve
Halb- zW: **Halbinsel** F peninsula; **Halbjahr** NT half-year; **halbjährlich** ADJ half-yearly; **Halbkreis** M semicircle; **Halbkugel** F hemisphere; **halblang** ADJ: **nun mach mal ~!** (*umg*) now wait a minute!; **halblaut** ADV in an undertone; **Halbleiter** M (*Phys*) semiconductor; **halbmast** ADV at half-mast; **Halbmond** M half-moon; (*fig*) crescent; ★ **Halbpension** F half-board (BRIT), European plan (*US*); **Halbschuh** M shoe; **Halbschwester** F half-sister; **halbseiden** ADJ (*lit*) fifty per cent silk; (*fig: Dame*) fast; (*: homosexuell*) gay; **halbseitig** ADJ (*Anzeige*) half-page; **~ gelähmt** paralyzed on one side; **Halbstarke(r)** F(M) hooligan, rowdy; ★ **halbtags** ADV: **~ arbeiten** to work part-time; ★ **Halbtagsarbeit** F part-time work; **Halbtagskraft** F part-time worker; **Halbton** M half-tone; (*Mus*) semitone; **halbtrocken** ADJ medium-dry; **Halbwaise** F *child/person who has lost one parent*; **halbwegs** ADV (*leidlich*) reasonably; **~ besser** more or less better; **Halbwelt** F demimonde; **Halbwertzeit** F half-life; **Halbwüchsige(r)** F(M) adolescent; **Halbzeit** F (*Sport*) half; (*Pause*) half-time
Halde [ˈhaldə] F tip; (*Schlackenhalde*) slag heap
half *etc* [half] VB *siehe* **helfen**
★ **Hälfte** [ˈhɛlftə] (**-, -n**) F half; **um die ~ steigen** to increase by half
Halfter[1] [ˈhalftər] (**-s, -**) M OD NT (*für Tiere*) halter
Halfter[2] [ˈhalftər] (**-, -n** *od* **-s, -**) NT OD F (*Pistolenhalfter*) holster
Hall [hal] (**-(e)s, -e**) M sound
★ **Halle** [ˈhalə] (**-, -n**) F hall; (*Aviat*) hangar
hallen VI to echo, to resound
Hallen- IN zW indoor; ★ **Hallenbad** NT indoor swimming pool
hallo [haˈloː] INTERJ hello
Halluzination [halutsinatsiˈoːn] F hallucination
Halm [ˈhalm] (**-(e)s, -e**) M blade, stalk
★ **Hals** [hals] (**-es, Hälse**) M neck; (*Kehle*) throat; **sich** *dat* **nach jdm/etw den ~ verrenken** (*umg*) to crane one's neck to see sb/sth; **jdm um den ~ fallen** to fling one's arms around sb's neck; **aus vollem ~(e)** at the top of one's voice; **~ über Kopf** in a rush; **jdn auf dem** *od* **am ~ haben** (*umg*) to be lumbered *od* saddled with sb; **das hängt mir zum ~ raus** (*umg*) I'm sick and tired of it; **sie hat es in den falschen ~ bekommen** (*falsch verstehen*) she took it wrongly; **Halsabschneider** (*pej, umg*) M shark; **Halsband** NT (*Hundehalsband*) collar; **halsbrecherisch** ADJ (*Tempo*) breakneck; (*Fahrt*) hair-raising; ★ **Halskette** F necklace; **Halskrause** F ruff; **Hals-Nasen-Ohren-Arzt** M, **Hals-Nasen-Ohren-Ärztin** F ear, nose and throat specialist; **Halsschlagader** F carotid artery; ★ **Halsschmerzen** PL sore throat *sing*; **halsstarrig** ADJ stubborn, obstinate; **Halstuch** NT scarf; **Hals- und Beinbruch** INTERJ good luck; (*Theat*) break a leg; **Halsweh** NT sore throat; **Halswirbel** M cervical vertebra
Halt [halt] (**-(e)s, -e**) M stop; (*fester Halt*) hold; (*innerer Halt*) stability; **~!** stop!, halt!; **~ machen** to stop
hält [hɛlt] VB *siehe* **halten**
Halt- zW: **haltbar** ADJ durable; (*Lebensmittel*) non-perishable; (*Mil, fig*) tenable; **~ bis 6.11.** use by 6 Nov.; **Haltbarkeit** F durability; (*Mil, fig*) tenability; (*von Lebensmitteln*) shelf life; **Haltbarkeitsdatum** NT best-before date
★ **halten** [ˈhaltən] *unreg* VT to keep; (*festhalten*) to hold ▸ VI to hold; (*frisch bleiben*) to keep; (*stoppen*) to stop ▸ VR (*frisch bleiben*) to keep; (*sich behaupten*) to hold out; **den Mund ~** (*umg*) to keep one's mouth shut; **~ für** to regard as; **~ von** to think of; **das kannst du ~ wie du willst** that's completely up to you; **der Film hält nicht, was er verspricht** the film doesn't live up to expectations; **davon halt(e) ich nichts** I don't think much of it; **zu jdm ~** to stand *od* stick by sb; **an**

h

sich *akk* **~** to restrain o.s.; **auf sich** *akk* **~** (*auf Äußeres achten*) to take a pride in o.s.; **er hat sich gut gehalten** (*umg*) he's well-preserved; **sich an ein Versprechen ~** to keep a promise; **sich rechts/links ~** to keep to the right/left

Halter [ˈhaltər] (**-s, -**) M (*Halterung*) holder

★**Haltestelle** F stop

Halteverbot NT: **absolutes ~** no stopping; **eingeschränktes ~** no waiting; **hier ist ~** you cannot stop here

haltlos ADJ unstable

Haltlosigkeit F instability

halt|machen VI to stop

Haltung F posture; (*fig*) attitude; (*Selbstbeherrschung*) composure; **~ bewahren** to keep one's composure

Halunke [haˈlʊŋkə] (**-n, -n**) M rascal

Hamburg [ˈhambʊrk] (**-s**) NT Hamburg

Hamburger (**-s, -**) M (*Koch*) burger, hamburger

Hamburger(in) (**-s, -**) M(F) native of Hamburg

Hameln [ˈhaːməln] NT Hamelin

hämisch [ˈhɛːmɪʃ] ADJ malicious

Hammel [ˈhaməl] (**-s, -**) M wether; **Hammelfleisch** NT mutton; **Hammelkeule** F leg of mutton

Hammelsprung M (*Parl*) division

Hammer [ˈhamər] (**-s, Hämmer**) M hammer; **das ist ein ~!** (*umg: unerhört*) that's absurd!

hämmern [ˈhɛmərn] VT, VI to hammer

Hammondorgel [ˈhæmənd|ɔrgəl] F electric organ

Hämorrhoiden [hɛmɔroˈiːdən], **Hämorriden** [hɛmɔˈriːdən] PL piles *pl*, haemorrhoids *pl* (BRIT), hemorrhoids *pl* (*US*)

Hampelmann [ˈhampəlman] M (*lit, fig*) puppet

Hamster [ˈhamstər] (**-s, -**) M hamster

Hamsterei [hamstəˈraɪ] F hoarding

Hamsterer (**-s, -**) M hoarder

hamstern VI to hoard

★**Hand** [hant] (**-, Hände**) F hand; **etw zur ~ haben** to have sth to hand; (*Ausrede, Erklärung*) to have sth ready; **jdm zur ~ gehen** to lend sb a helping hand; **jdm die ~ geben** to shake hands with sb; **jdn bei der ~ nehmen** to take sb by the hand; **zu Händen von jdm** for the attention of sb; **in festen Händen sein** to be spoken for; **die ~ für jdn ins Feuer legen** to vouch for sb; **hinter vorgehaltener ~** on the quiet; **~ aufs Herz** cross your heart; **jdn auf Händen tragen** to cherish sb; **bei etw die** *od* **seine ~ im Spiel haben** to have a hand in sth; **eine ~ wäscht die andere** (*Sprichwort*) if you scratch my back I'll scratch yours; **das hat weder ~ noch Fuß** that doesn't make sense; **das liegt auf der ~** (*umg*) that's obvious; **unter der ~** secretly; (*verkaufen*) privately; *siehe auch* **anhand**; **Handarbeit** F manual work; (*Nadelarbeit*) needlework; **Handarbeiter(in)** M(F) manual worker; ★**Handball** M handball; **Handbesen** M brush; **Handbetrieb** M: **mit ~** hand-operated; **Handbewegung** F gesture; **Handbibliothek** F (*in Bibliothek*) reference section; (*auf Schreibtisch*) reference books *pl*; **Handbremse** F handbrake; **Handbuch** NT handbook, manual

Händedruck M handshake

Händeklatschen NT clapping, applause

Handel[1] [ˈhandəl] (**-s**) M trade; (*Geschäft*) transaction; **im ~ sein** to be on the market; **(mit jdm) ~ treiben** to trade (with sb); **etw in den ~ bringen/aus dem ~ ziehen** to put sth on/take sth off the market

Handel[2] (**-s, Händel**) M quarrel

handeln [ˈhandəln] VI to trade; (*tätig werden*) to act ▸ VR UNPERS: **sich ~ um** to be a question of, to be about; **~ von** to be about; **ich lasse mit mir ~** I'm open to persuasion; (*in Bezug auf Preis*) I'm open to offers

Handeln (**-s**) NT action

handelnd ADJ: **die handelnden Personen in einem Drama** the characters in a drama

Handels- ZW: **Handelsbank** F merchant bank (BRIT), commercial bank; **Handelsbilanz** F balance of trade; **aktive/passive ~** balance of trade surplus/deficit; **Handelsdelegation** F trade mission; **handelseinig** ADJ: **mit jdm ~ werden** to conclude a deal with sb; **Handelsgesellschaft** F commercial company; **Handelskammer** F chamber of commerce; **Handelsklasse** F grade; **Handelsmarine** F merchant navy; **Handelsmarke** F trade name; **Handelsname** M trade name; **Handelsrecht** NT commercial law; **Handelsregister** NT register of companies; **Handelsreisende(r)** F(M) = **Handlungsreisende**; **Handelssanktionen** PL trade sanctions *pl*; **Handelsschule** F business school; **Handelsspanne** F gross margin, mark-up; **Handelssperre** F trade embargo; **handelsüblich** ADJ customary; **Handelsvertreter(in)** M(F) sales representative; **Handelsvertretung** F trade mission; **Handelsware** F commodity

händeringend [ˈhɛndərɪŋənd] ADV wringing one's hands; (*fig*) imploringly

Hand- ZW: **Handfeger** (**-s, -**) M brush; **Handfertigkeit** F dexterity; **handfest** ADJ hefty; **Handfläche** F palm *od* flat (of one's hand); **handgearbeitet** ADJ handmade; **Handgelenk** NT wrist; **aus dem ~** (*umg: ohne Mühe*) effortlessly; (*: improvisiert*) off the cuff; **Handgemenge** NT scuffle; **Handgepäck** NT hand baggage *od* luggage; **handgeschrieben** ADJ handwritten; **Handgranate** F hand grenade; **handgreiflich** ADJ palpable; **~ werden** to become violent; **Handgriff** M flick of the wrist; **Handhabe** F: **ich habe gegen ihn keine ~** (*fig*) I have no hold on him; **handhaben** *unreg* VT UNTR to handle; **Handkarren** M handcart; **Handkäse** M *strong-smelling, round German cheese*; **Handkuss** M kiss on the hand; **Handlanger** (**-s, -**) M odd-job man, handyman; (*fig: Untergeordneter*) dogsbody

★**Händler(in)** [ˈhɛndlər(ɪn)] (**-s, -**) M(F) trader, dealer

handlich [ˈhantlɪç] ADJ handy

★**Handlung** [ˈhandlʊŋ] F action; (*Tat*) act; (*in Buch*) plot; (*Geschäft*) shop

Handlungs- zW: **Handlungsablauf** M plot; **Handlungsbevollmächtigte(r)** F(M) authorized agent; **handlungsfähig** ADJ (*Regierung*) able to act; (*Jur*) empowered to act; **Handlungsfreiheit** F freedom of action; **handlungsorientiert** ADJ action-orientated; **Handlungsreisende(r)** F(M) commercial traveller (BRIT), traveling salesman (US); **Handlungsvollmacht** F proxy; **Handlungsweise** F manner of dealing

Hand- zW: **Handpflege** F manicure; **Handschelle** F handcuff; **Handschlag** M handshake; **keinen ~ tun** not to do a stroke (of work); **Handschrift** F handwriting; (*Text*) manuscript; **handschriftlich** ADJ handwritten ▶ ADV (*korrigieren, einfügen*) by hand; ★**Handschuh** M glove; **Handschuhfach** NT (*Aut*) glove compartment; ★**Handtasche** F handbag (BRIT), pocket book (US), purse (US); ★**Handtuch** NT towel; **Handumdrehen** NT: **im ~** (*fig*) in the twinkling of an eye

Handwerk NT trade; (*Kunsthandwerk*) craft; **jdm das ~ legen** (*fig*) to put a stop to sb's game

Handwerker(in) (**-s, -**) M(F) workman; (*Kunsthandwerker*) craftsman, artisan

Handwerkskammer F trade corporation

Handwerkszeug NT tools *pl*

Handwörterbuch NT concise dictionary

★**Handy** ['hɛndi] (**-s, -s**) NT (*Tel*) mobile (phone) (BRIT), cellphone (US)

> The German word **Handy** does not mean *handy* in English.

handysüchtig ADJ addicted to use of one's mobile phone, nomophobic

Handzeichen NT signal; (*Geste*) sign; (*bei Abstimmung*) show of hands

Handzettel M leaflet, handbill

Hanf [hanf] (**-(e)s**) M hemp

Hang [haŋ] (**-(e)s, Hänge**) M inclination; (*Abhang*) slope

Hänge- ['hɛŋə] IN zW hanging; **Hängebrücke** F suspension bridge; **Hängematte** F hammock

★**hängen** *unreg* VI to hang ▶ VT: **~ (an** *+akk***)** to hang (on(to)); **an jdm ~** (*fig*) to be attached to sb; **~ bleiben** to be caught; (*fig*) to remain, to stick; **~ bleiben an** *+dat* to catch *od* get caught on; **es bleibt ja doch alles an mir ~** (*fig: umg*) in the end it's all down to me anyhow; **~ lassen** (*vergessen*) to leave behind; **sich ~ lassen** to let o.s. go; **den Kopf ~ lassen** (*fig*) to be downcast; **die ganze Sache hängt an ihm** it all depends on him; **sich ~ an** *+akk* to hang on to, to cling to

★**Hängen** ['hɛŋən] NT: **mit ~ und Würgen** (*umg*) by the skin of one's teeth

hängend ADJ: **mit hängender Zunge kam er angelaufen** (*fig*) he came running up panting

Hängeschloss NT padlock

Hanglage F: **in ~** situated on a slope

Hannover [ha'no:fər] (**-s**) NT Hanover

Hannoveraner(in) [hanovə'ra:nər(ɪn)] (**-s, -**) M(F) Hanoverian

hänseln ['hɛnzəln] VT to tease

Hansestadt ['hanzəʃtat] F Hanseatic *od* Hanse town

Hanswurst [hans'vʊrst] (**-(e)s, -e** *od* **-würste**) M clown

Hantel ['hantəl] (**-, -n**) F (*Sport*) dumb-bell

hantieren [han'ti:rən] VI to work, to be busy; **mit etw ~** to handle sth

hapern ['ha:pərn] VI UNPERS: **es hapert an etw** *dat* there is a lack of sth

Happen ['hapən] (**-s, -**) M mouthful

happig ['hapɪç] (*umg*) ADJ steep

Hardware ['ha:dwɛə] (**-, -s**) F hardware

Harfe ['harfə] (**-, -n**) F harp

Harke ['harkə] (**-, -n**) F rake

harken VT, VI to rake

harmlos ['harmlo:s] ADJ harmless

Harmlosigkeit F harmlessness

Harmonie [harmo'ni:] F harmony

harmonieren VI to harmonize

Harmonika [har'mo:nika] (**-, -s**) F (*Ziehharmonika*) concertina

harmonisch [har'mo:nɪʃ] ADJ harmonious

Harmonium [har'mo:niʊm] (**-s, -nien** *od* **-s**) NT harmonium

Harn ['harn] (**-(e)s, -e**) M urine; **Harnblase** F bladder

Harnisch ['harnɪʃ] (**-(e)s, -e**) M armour, armor (US); **jdn in ~ bringen** to infuriate sb; **in ~ geraten** to become angry

Harpune [har'pu:nə] (**-, -n**) F harpoon

harren ['harən] VI: **~ auf** *+akk* to wait for

Harsch [harʃ] (**-(e)s**) M frozen snow

harschig ADJ (*Schnee*) frozen

★**hart** [hart] ADJ hard; (*fig*) harsh ▶ ADV: **das ist ~ an der Grenze** that's almost going too far; **harte Währung** hard currency; **~ bleiben** to stand firm; **~ gekocht** hard-boiled; **~ gesotten** (*Ei*) hard-boiled; **es geht ~ auf ~** it's a tough fight

Härte ['hɛrtə] (**-, -n**) F hardness; (*fig*) harshness; **soziale Härten** social hardships; **Härtefall** M case of hardship; (*umg: Mensch*) hardship case; **Härteklausel** F hardship clause

härten VT, VR to harden

hart- zW: **Hartfaserplatte** F hardboard, fiberboard (US); **hartgesotten** ADJ (*Kerl*) tough, hard-boiled; **hartherzig** ADJ hard-hearted; ★**hartnäckig** ADJ stubborn; **Hartnäckigkeit** F stubbornness

Hartz IV F *see note*

> **Hartz IV** is one of the 'Hartz reforms' of the labour market that came into force between 2003 and 2005 in the time of Gerhard Schröder's government. The *Hartz IV* reform merged unemployment benefit and social security benefit into one single welfare package for all long-term unemployed.

Harz[1] [ha:rts] (**-es, -e**) NT resin

Harz[2] (**-es**) M (*Geog*) Harz Mountains *pl*

Haschee [ha'ʃe:] (**-s, -s**) NT hash

haschen ['haʃən] VT to catch, to snatch ▶ VI (*umg*) to smoke hash

Haschisch ['haʃɪʃ] (-) NT hashish

Hase ['ha:zə] (**-n, -n**) M hare; **falscher ~** (*Koch*) meat loaf; **wissen, wie der ~ läuft** (*fig: umg*) to know which way the wind blows; **mein Name ist ~(, ich weiß von nichts)** I don't know anything about anything

Haselnuss ['ha:zəlnʊs] F hazelnut

Hasenfuß M coward

Hasenscharte F harelip

Hashtag ['ge:no:m] (**-s, -s**) M (*auf Twitter*) hashtag

Haspel (-, **-n**) F reel, bobbin; (*Winde*) winch

Hass [has] (**-es**) M hate, hatred; **einen ~ (auf jdn) haben** (*umg: Wut*) to be really mad (with sb)

★**hassen** ['hasən] VT to hate; **etw ~ wie die Pest** (*umg*) to detest sth

hassenswert ADJ hateful

★**hässlich** ['hɛslɪç] ADJ ugly; (*gemein*) nasty; **Hässlichkeit** F ugliness; (*Gemeinheit*) nastiness

Hassliebe F love-hate relationship

hast VB *siehe* **haben**

Hast [hast] (-) F haste

hasten VI, VR to rush

hastig ADJ hasty

hat [hat] VB *siehe* **haben**

hätscheln ['hɛtʃəln] VT to pamper; (*zärtlich*) to cuddle

hatte *etc* ['hatə] VB *siehe* **haben**

hätte *etc* ['hɛtə] VB *siehe* **haben**

Haube ['haʊbə] (**-, -n**) F hood; (*Mütze*) cap; (*Aut*) bonnet (BRIT), hood (*US*); **unter der ~ sein/ unter die ~ kommen** (*hum*) to be/get married

Hauch [haʊx] (**-(e)s, -e**) M breath; (*Lufthauch*) breeze; (*fig*) trace; **hauchdünn** ADJ extremely thin; (*Scheiben*) wafer-thin; (*fig: Mehrheit*) extremely narrow; **hauchen** VI to breathe; **hauchfein** ADJ very fine

Haue ['haʊə] (**-, -n**) F hoe; (*Pickel*) pick; (*umg*) hiding

hauen *unreg* VT to hew, to cut; (*umg*) to thrash

Hauer ['hauər] (**-s, -**) M (*Min*) face-worker

Häufchen ['hɔʏfçən] NT: **ein ~ Unglück** *od* **Elend** a picture of misery

Haufen ['haʊfən] (**-s, -**) M heap; (*Leute*) crowd; **ein ~ (Bücher)** (*umg*) loads *od* a lot (of books); **auf einem ~** in one heap; **etw über den ~ werfen** (*umg: verwerfen*) to chuck sth out; **jdn über den ~ rennen** *od* **fahren** *etc* (*umg*) to knock sb down

häufen ['hɔʏfən] VT to pile up ▶ VR to accumulate

haufenweise ADV in heaps; (*scharenweise*) in droves; **etw ~ haben** to have piles of sth

★**häufig** ['hɔʏfɪç] ADJ frequent ▶ ADV frequently; **Häufigkeit** F frequency

Haupt [haʊpt] (**-(e)s, Häupter**) NT head; (*Oberhaupt*) chief ▶ IN ZW main; **Hauptakteur(in)** M(F) (*lit, fig*) leading light; (*pej*) main figure; **Hauptaktionär(in)** M(F) major shareholder; ★**Hauptbahnhof** M central station; **hauptberuflich** ADV as one's main occupation; **Hauptbuch** NT (*Comm*) ledger; **Hauptdarsteller(in)** M(F) leading actor, leading actress; **Haupteingang** M main entrance; **Hauptfach** NT (*Sch, Univ*) main subject, major (*US*); **etw im ~ studieren** to study sth as one's main subject, to major in sth (*US*); **Hauptfilm** M main film; ★**Hauptgericht** NT main course; **Hauptgeschäftsstelle** F head office; **Hauptgeschäftszeit** F peak (shopping) period; **Hauptgewinn** M first prize; **einer der Hauptgewinne** one of the main prizes; **Hauptleitung** F mains *pl*

Häuptling ['hɔʏptlɪŋ] M chief(tain)

Haupt- ZW: **Hauptmahlzeit** F main meal; **Hauptmann** (**-(e)s,** *pl* **-leute**) M (*Mil*) captain; **Hauptnahrungsmittel** NT staple food; **Hauptperson** F (*im Roman usw*) main character; (*fig*) central figure; **Hauptpostamt** NT main post office; **Hauptquartier** NT headquarters *pl*; **Hauptrolle** F leading part; **Hauptsache** F main thing; **in der ~** in the main, mainly; **hauptsächlich** ADJ chief ▶ ADV chiefly; **Hauptsaison** F peak *od* high season; **Hauptsatz** M main clause; **Hauptschlagader** F aorta; **Hauptschlüssel** M master key

★**Hauptschule** F ≈ secondary modern (school) (BRIT), junior high (school) (*US*)

> The **Hauptschule** is a non-selective school which pupils attend after the *Grundschule*. They complete five years of study and most go on to do some training in a practical subject or trade.

Haupt- ZW: **Hauptsendezeit** F (*TV*) prime time; ★**Hauptstadt** F capital; ★**Hauptstraße** F main street; **Hauptverkehrsstraße** F (*in Stadt*) main street; (*Durchgangsstraße*) main thoroughfare; (*zwischen Städten*) main highway, trunk road (BRIT); ★**Hauptverkehrszeit** F rush hour; **Hauptversammlung** F general meeting; **Hauptwohnsitz** M main place of residence; **Hauptwort** NT noun

hau ruck ['hau 'rʊk] INTERJ heave-ho

★**Haus** [haʊs] (**-es, Häuser**) NT house; **nach Hause** home; **zu Hause** at home; **fühl dich wie zu Hause!** make yourself at home!; **ein Freund des Hauses** a friend of the family; **~ halten** (*sparen*) to economize; **wir liefern frei ~** (*Comm*) we offer free delivery; **das erste ~ am Platze** (*Hotel*) the best hotel in town; **Hausangestellte** F domestic servant; **Hausarbeit** F housework; (*Sch*) homework; **Hausarrest** M (*im Internat*) detention; (*Jur*) house arrest; **Hausarzt** M, **Hausärztin** F family doctor; **Hausaufgabe** F (*Sch*) homework; **Hausbesetzung** F squat; **Hausbesitzer(in)** M(F) house-owner; **Hausbesuch** M home visit; (*von Arzt*) house call

Häuschen ['hɔʏsçən] NT: **ganz aus dem ~ sein** (*fig: umg*) to be out of one's mind (with excitement/fear *etc*)

Haus- zW: **Hausdurchsuchung** F police raid; **Hausdurchsuchungsbefehl** M search warrant; **Hauseigentümer(in)** M(F) house-owner

hausen [ˈhaʊzən] VI to live (in poverty); (*pej*) to wreak havoc

Häuser- zW: **Häuserblock** M block (of houses); **Häusermakler(in)** M(F) estate agent (BRIT), real estate agent (US); **Häuserreihe** F, **Häuserzeile** F row of houses; (*aneinandergebaut*) terrace (BRIT)

Haus- zW: **Hausflur** M hall; ★ **Hausfrau** F housewife; **Hausfreund** M family friend; (*umg*) lover; **Hausfriedensbruch** M (*Jur*) trespass (*in sb's house*); **Hausgebrauch** M: **für den ~** (*Gerät*) for domestic *od* household use; **hausgemacht** ADJ home-made; **Hausgemeinschaft** F household (community); ★ **Haushalt** M household; (*Pol*) budget; **haus|halten** *unreg* VI (*old*) to keep house; (*sparen*) to economize; **Haushälterin** F housekeeper

Haushalts- zW: **Haushaltsauflösung** F dissolution of the household; **Haushaltsbuch** NT housekeeping book; **Haushaltsdebatte** F (*Parl*) budget debate; **Haushaltsgeld** NT housekeeping (money); **Haushaltsgerät** NT domestic appliance; **Haushaltshilfe** F domestic *od* home help; **Haushaltsjahr** NT (*Pol, Wirts*) financial *od* fiscal year; **Haushaltsperiode** F budget period; **Haushaltsplan** M budget

Haus- zW: **Haushaltung** F housekeeping; **Hausherr** M host; (*Vermieter*) landlord; **haushoch** ADV: **~ verlieren** to lose by a mile

hausieren [haʊˈziːrən] VI to peddle

Hausierer (**-s, -**) M pedlar (BRIT), peddler (US)

hausintern [ˈhaus|ɪntɛrn] ADJ internal company *attrib*

häuslich [ˈhɔʏslɪç] ADJ domestic; **sich irgendwo ~ einrichten** *od* **niederlassen** to settle in somewhere; **Häuslichkeit** F domesticity

Hausmacherart [ˈhausmaxər|aːrt] F: **Wurst** *etc* **nach ~** home-made-style sausage *etc*

Haus- zW: **Hausmann** (**-(e)s**, *pl* **-männer**) M (*den Haushalt versorgender Mann*) househusband; **Hausmarke** F (*eigene Marke*) own brand; (*bevorzugte Marke*) favourite (BRIT) *od* favorite (US) brand; ★ **Hausmeister(in)** M(F) caretaker, janitor; **Hausmittel** NT household remedy; ★ **Hausnummer** F house number; **Hausordnung** F house rules *pl*; **Hausputz** M house cleaning; **Hausratversicherung** F (household) contents insurance; **Hausschlüssel** M front-door key; **Hausschuh** M slipper; **Hausschwamm** M dry rot

Hausse [ˈhoːsə] (**-, -n**) F (*Wirts*) boom; (*Börse*) bull market; **~ an** *+dat* boom in

Haus- zW: **Haussegen** M: **bei ihnen hängt der ~ schief** (*hum*) they're a bit short on domestic bliss; **Hausstand** M: **einen ~ gründen** to set up house *od* home; **Haussuchung** F = **Hausdurchsuchung**; **Haussuchungsbefehl** M = **Hausdurchsuchungsbefehl**; ★ **Haustier** NT domestic animal; ★ **Haustür** F front door; **Hausverbot** NT: **jdm ~ erteilen** to ban sb from the house; **Hausverwalter** M property manager; **Hausverwaltung** F property management; **Hauswirt** M landlord; ★ **Hauswirtschaft** F domestic science; **Haus-zu-haus-Verkauf** M door-to-door selling

Haut [haʊt] (**-, Häute**) F skin; (*Tierhaut*) hide; **mit ~ und Haar(en)** (*umg*) completely; **aus der ~ fahren** (*umg*) to go through the roof; **Hautarzt** M, **Hautärztin** F skin specialist, dermatologist; **Hautcreme** F skin cream

häuten [ˈhɔʏtən] VT to skin ▶ VR to shed one's skin

hauteng ADJ skintight

Hautfarbe F complexion

Hautkrebs M (*Med*) skin cancer

Havanna [haˈvana] (**-s**) NT Havana

Havarie [havaˈriː] F (*Naut*) damage; **bei einer ~** in the event of damage

Havel [ˈhaːfəl] (**-**) F (*Fluss*) Havel

Haxe [ˈhaksə] (**-, -n**) F = **Hachse**

HB ABK = **Hansestadt Bremen**

Hbf. ABK = **Hauptbahnhof**

H-Bombe [ˈhaːbɔmbə] F ABK H-bomb

HDTV ABK (= *high definition television*) HDTV

HE ABK = **Hessen**

Hebamme [ˈheːp|amə] F midwife

Hebel [ˈheːbəl] (**-s, -**) M lever; **alle ~ in Bewegung setzen** (*umg*) to move heaven and earth; **am längeren ~ sitzen** (*umg*) to have the whip hand

★ **heben** [ˈheːbən] *unreg* VT to raise, to lift; (*steigern*) to increase; **einen ~ gehen** (*umg*) to go for a drink

Hebräer(in) [heˈbrɛːər(ɪn)] (**-s, -**) M(F) Hebrew

hebräisch [heˈbrɛːɪʃ] ADJ Hebrew

Hebriden [heˈbriːdən] PL: **die ~** the Hebrides *pl*

hecheln [ˈhɛçəln] VI (*Hund*) to pant

Hecht [hɛçt] (**-(e)s, -e**) M pike; **Hechtsprung** M (*beim Schwimmen*) racing dive; (*beim Turnen*) forward dive; (*Fussball: umg*) dive

Heck [hɛk] (**-(e)s, -e**) NT stern; (*von Auto*) rear

Hecke [ˈhɛkə] (**-, -n**) F hedge

Heckenrose F dog rose

Heckenschütze M sniper

Heck- zW: **Heckfenster** NT (*Aut*) rear window; **Heckklappe** F tailgate; **Heckmotor** M rear engine; **Heckscheibe** F rear window

heda [ˈheːda] INTERJ hey there

Heer [heːr] (**-(e)s, -e**) NT army

Hefe [ˈheːfə] (**-, -n**) F yeast

★ **Heft** [ˈhɛft] (**-(e)s, -e**) NT exercise book; (*Zeitschrift*) number; (*von Messer*) haft; **jdm das ~ aus der Hand nehmen** (*fig*) to seize control *od* power from sb

Heftchen NT (*Fahrkartenheftchen*) book of tickets; (*Briefmarkenheftchen*) book of stamps

heften VT: **~ (an** *+akk***)** to fasten (to); (*nähen*) to tack (on (to)); (*mit Heftmaschine*) to staple *od* fasten (to) ▶ VR: **sich an jds Fersen** *od* **Sohlen ~** (*fig*) to dog sb's heels

Hefter (**-s, -**) M folder

heftig ADJ fierce, violent; **Heftigkeit** F fierceness, violence

Heft- ZW: **Heftklammer** F staple; **Heftmaschine** F stapling machine; ⋆ **Heftpflaster** NT sticking plaster; **Heftzwecke** F drawing pin (BRIT), thumb tack (US)

hegen [ˈheːgən] VT to nurse; (*fig*) to harbour (BRIT), to harbor (US), to foster

Hehl [heːl] M OD NT: **kein(en) ~ aus etw machen** to make no secret of sth

Hehler(in) (**-s, -**) M(F) receiver (of stolen goods), fence

Heide[1] [ˈhaɪdə] (**-, -n**) F heath, moor; (*Heidekraut*) heather

Heide[2] [ˈhaɪdə] (**-n, -n**) M heathen, pagan

Heidekraut NT heather

Heidelbeere F bilberry

Heiden- ZW: **Heidenangst** (*umg*) F: **eine ~ vor etw/jdm haben** to be scared stiff of sth/sb; **Heidenarbeit** (*umg*) F real slog; **heidenmäßig** (*umg*) ADJ terrific; **Heidentum** NT paganism

Heidin F heathen, pagan

heidnisch [ˈhaɪdnɪʃ] ADJ heathen, pagan

heikel [ˈhaɪkəl] ADJ awkward, thorny; (*wählerisch*) fussy

heil ADJ in one piece, intact; **mit heiler Haut davonkommen** to escape unscathed; **die heile Welt** an ideal world (*without problems etc*)

Heil [haɪl] (**-(e)s**) NT well-being; (*Seelenheil*) salvation ▸ INTERJ hail; **Ski/Petri ~!** good skiing/ fishing!

Heiland (**-(e)s, -e**) M saviour (BRIT), savior (US)

Heil- ZW: **Heilanstalt** F nursing home; (*für Sucht- oder Geisteskranke*) home; **Heilbad** NT (*Bad*) medicinal bath; (*Ort*) spa; **heilbar** ADJ curable

Heilbutt [ˈhaɪlbʊt] (**-s, -e**) M halibut

heilen VT to cure ▸ VI to heal; **als geheilt entlassen werden** to be discharged with a clean bill of health

heilfroh ADJ very relieved

Heilgymnastin F physiotherapist

heilig [ˈhaɪlɪç] ADJ holy; **jdm ~ sein** (*lit, fig*) to be sacred to sb; **die Heilige Schrift** the Holy Scriptures *pl*; **es ist mein heiliger Ernst** I am deadly serious; *siehe auch* **heiligsprechen**; ⋆ **Heiligabend** M Christmas Eve

Heilige(r) F(M) saint

heiligen VT to sanctify, to hallow; **der Zweck heiligt die Mittel** the end justifies the means

Heiligenschein M halo

Heiligkeit F holiness

heilig|sprechen *unreg* VT to canonize

Heiligtum NT shrine; (*Gegenstand*) relic

Heilkunde F medicine

heillos ADJ unholy; (*Schreck*) terrible

Heil- ZW: **Heilmittel** NT remedy; **Heilpraktiker(in)** (**-s, -**) M(F) non-medical practitioner; **heilsam** ADJ (*fig*) salutary

Heilsarmee F Salvation Army

Heilung F cure

⋆ **heim** [haɪm] ADV home

Heim (**-(e)s, -e**) NT home; (*Wohnheim*) hostel

Heimarbeit F (*Industrie*) homework, outwork

⋆ **Heimat** [ˈhaɪmaːt] (**-, -en**) F home (town/country *etc*); **Heimatfilm** M *sentimental film in idealized regional setting*; **Heimatkunde** F (*Sch*) local history; **Heimatland** NT homeland; **heimatlich** ADJ native, home *attrib*; (*Gefühle*) nostalgic; ⋆ **heimatlos** ADJ homeless; **Heimatmuseum** NT local history museum; **Heimatort** M home town *od* area; **Heimatvertriebene(r)** F(M) displaced person

heim|begleiten VT to accompany home

Heimchen NT: **~ (am Herd)** (*pej*: *Frau*) housewife

Heimcomputer M home computer

heimelig [ˈhaɪməlɪç] ADJ homely

Heim- ZW: **heim|fahren** *unreg* VI to drive *od* go home; ⋆ **Heimfahrt** F journey home; **Heimgang** M return home; (*Tod*) decease; **heim|gehen** *unreg* VI to go home; (*sterben*) to pass away; **heimisch** ADJ (*gebürtig*) native; **sich ~ fühlen** to feel at home; **Heimkehr** F homecoming; **heim|kehren** VI to return home; **Heimkind** NT *child brought up in a home*; **heim|kommen** *unreg* VI to come home; **Heimleiter(in)** M(F) warden of a home/hostel

heimlich ADJ secret ▸ ADV: **~, still und leise** (*umg*) quietly, on the quiet; **Heimlichkeit** F secrecy; **Heimlichtuerei** F secrecy

Heim- ZW: **Heimreise** F journey home; **Heimspiel** NT home game; **heim|suchen** VT to afflict; (*Geist*) to haunt; **heimtückisch** ADJ malicious; **heimwärts** ADV homewards; ⋆ **Heimweg** M way home; ⋆ **Heimweh** NT homesickness; **~ haben** to be homesick; **Heimwerker(in)** M(F) DIY enthusiast; **heim|zahlen** VT: **jdm etw ~** to pay back sb for sth

Heini [ˈhaɪni] (**-s, -s**) M: **blöder ~** (*umg*) silly idiot

Heirat [ˈhaɪraːt] (**-, -en**) F marriage; ⋆ **heiraten** VT, VI to marry

Heirats- ZW: **Heiratsantrag** M proposal (of marriage); **Heiratsanzeige** F (*Annonce*) advertisement for a marriage partner; **Heiratsschwindler** M *person who makes a marriage proposal under false pretences*; **Heiratsurkunde** F marriage certificate

heiser [ˈhaɪzər] ADJ hoarse; **Heiserkeit** F hoarseness

⋆ **heiß** [haɪs] ADJ, ADV hot; (*Thema*) hotly disputed; (*Diskussion, Kampf*) heated, fierce; (*Begierde, Liebe, Wunsch*) burning; **mir ist ~** I'm hot; **es wird nichts so ~ gegessen, wie es gekocht wird** (*Sprichwort*) things are never as bad as they seem; **heißer Draht** hot line; **heißes Eisen** (*fig*: *umg*) hot potato; **heißes Geld** hot money; **~ ersehnt** longed for; **~ umstritten** hotly debated; **jdn/etw ~ und innig lieben** to love sb/ sth madly; **heißblütig** ADJ hot-blooded

⋆ **heißen** [ˈhaɪsən] *unreg* VI to be called; (*bedeuten*) to mean ▸ VT to command; (*nennen*) to name ▸ VI UNPERS: **es heißt hier ...** it says here ...; **es heißt, dass ...** they say that ...; **wie ~ Sie?**

what's your name?; **... und wie sie alle ~** ... and the rest of them; **das will schon etwas ~** that's quite something; **jdn willkommen ~** to bid sb welcome; **das heißt** that is; (*mit anderen Worten*) that is to say

Heiß- ZW: **Heißhunger** M ravenous hunger; **heiß|laufen** *unreg* VI, VR to overheat; **Heißluft** F hot air; **Heißwasserbereiter** M water heater

★**heiter** [ˈhaɪtər] ADJ cheerful; (*Wetter*) bright; **aus heiterem Himmel** (*fig*) out of the blue; **Heiterkeit** F cheerfulness; (*Belustigung*) amusement

heizbar ADJ heated; (*Raum*) with heating; **leicht ~** easily heated

Heizdecke F electric blanket

★**heizen** VT to heat

Heizer (-s, -) M stoker

Heiz- ZW: **Heizgerät** NT heater; **Heizkissen** M (*Med*) heated pad; **Heizkörper** M radiator; **Heizöl** NT fuel oil; **Heizpilz** M patio heater; **Heizsonne** F electric fire

★**Heizung** F heating

Heizungsanlage F heating system

Hektar [hɛkˈtaːr] (**-s, -e**) NT OD M hectare

Hektik [ˈhɛktɪk] F hectic rush; (*von Leben etc*) hectic pace

hektisch [ˈhɛktɪʃ] ADJ hectic

Hektoliter [hɛktoˈliːtər] M OD NT hectolitre (BRIT), hectoliter (US)

Held [hɛlt] (**-en, -en**) M hero; **heldenhaft** [ˈhɛldənhaft] ADJ heroic; **Heldin** F heroine

★**helfen** [ˈhɛlfən] *unreg* VI to help; (*nützen*) to be of use ▶ VB UNPERS: **es hilft nichts, du musst ...** it's no use, you'll have to ...; **jdm (bei etw) ~** to help sb (with sth); **sich *dat* zu ~ wissen** to be resourceful; **er weiß sich *dat* nicht mehr zu ~** he's at his wits' end

Helfer(in) (-s, -) M(F) helper, assistant

Helfershelfer M accomplice

Helgoland [ˈhelgolant] (-s) NT Heligoland

★**hell** [hɛl] ADJ clear; (*Licht, Himmel*) bright; (*Farbe*) light; **helles Bier** ≈ lager; **von etw ~ begeistert sein** to be very enthusiastic about sth; **es wird ~** it's getting light; **hellblau** ADJ light blue; **hellblond** ADJ ash-blond

Helle (-) F clearness; (*von Licht, Himmel*) brightness

Heller (**-s, -**) M (*Hist*) farthing; **auf ~ und Pfennig** (down) to the last penny

hellhörig ADJ keen of hearing; (*Wand*) poorly soundproofed

hellicht [ˈhɛllɪçt] ADJ *siehe* **helllicht**

Helligkeit F clearness; (*von Licht, Himmel*) brightness; (*von Farbe*) lightness

helllicht [ˈhɛllɪçt] ADJ: **am helllichten Tage** in broad daylight

hell- ZW: **Hellraumprojektor** M (SCHWEIZ) overhead projector; **hellsehen** VI: **~ können** to be clairvoyant; **Hellseher(in)** M(F) clairvoyant; **hellwach** ADJ wide-awake

Helm [ˈhɛlm] (**-(e)s, -e**) M helmet

Helsinki [ˈhɛlzɪŋki] (**-s**) NT Helsinki

★**Hemd** [hɛmt] (**-(e)s, -en**) NT shirt; (*Unterhemd*) vest; **Hemdbluse** F blouse

Hemdenknopf M shirt button

hemdsärmelig ADJ shirt-sleeved; (*fig: umg: salopp*) pally; (*Ausdrucksweise*) casual

Hemisphäre [hemiˈsfɛːrə] F hemisphere

hemmen [ˈhɛmən] VT to check, to hold up; **gehemmt sein** to be inhibited

Hemmschuh M (*fig*) impediment

Hemmung F check; (*Psych*) inhibition; (*Bedenken*) scruple

hemmungslos ADJ unrestrained, without restraint

Hengst [hɛŋst] (**-es, -e**) M stallion

Henkel [ˈhɛŋkəl] (**-s, -**) M handle; **Henkelkrug** M jug; **Henkelmann** (*umg*) M (*Gefäß*) canteen

henken [ˈhɛŋkən] VT to hang

Henker (**-s, -**) M hangman

Henne [ˈhɛnə] (**-, -n**) F hen

Hepatitis [hepaˈtiːtɪs] (**-, Hepatitiden**) F hepatitis

her [heːr]

ADV **1** (*Richtung*): **komm her zu mir** come here (to me); **von England her** from England; **von weit her** from a long way away; **her damit!** hand it over!; **wo bist du her?** where do you come from?; **wo hat er das her?** where did he get that from?; **hinter jdm/etw her sein** to be after sb/sth

2 (*Blickpunkt*): **von der Form her** as far as the form is concerned

3 (*zeitlich*): **das ist 5 Jahre her** that was 5 years ago; **ich kenne ihn von früher her** I know him from before

herab [hɛˈrap] ADV down, downward(s); **herab|hängen** *unreg* VI to hang down; **herab|lassen** *unreg* VT to let down ▶ VR to condescend; **herablassend** ADJ condescending; **Herablassung** F condescension; **herab|sehen** *unreg* VI: **~ (auf +*akk*)** to look down (on); **herab|setzen** VT to lower, to reduce; (*fig*) to belittle, to disparage; **zu stark herabgesetzten Preisen** at greatly reduced prices; **Herabsetzung** F reduction; (*fig*) disparagement; **herab|stufen** VT to downgrade; **herab|stürzen** VI to fall off; (*Felsbrocken*) to fall down; **von etw ~** to fall off sth; **herab|würdigen** VT to belittle, to disparage

heran [hɛˈran] ADV: **näher ~!** come closer!; **~ zu mir!** come up to me!; **heran|bilden** VT to train; **heran|bringen** *unreg* VT: **~ (an +*akk*)** to bring up (to); **heran|fahren** *unreg* VI: **~ (an +*akk*)** to drive up (to); **heran|gehen** *unreg* VI: **an etw *akk* ~** (*an Problem, Aufgabe*) to tackle sth; **heran|kommen** *unreg* VI: **(an jdn/etw) ~** to approach (sb/sth), to come near ((to) sb/sth); **er lässt alle Probleme an sich ~** he always adopts a wait-and-see attitude; **heran|machen** VR: **sich an jdn ~** to make up to sb; (*umg*) to approach sb; **heran|wachsen** *unreg* VI to grow up; **Heranwachsende(r)** F(M) adolescent; **heran|winken** VT to beckon over;

(*Taxi*) to hail; **heran|ziehen** *unreg* VT to pull nearer; (*aufziehen*) to raise; (*ausbilden*) to train; (*zu Hilfe holen*) to call in; (*Literatur*) to consult; **etw zum Vergleich ~** to use sth by way of comparison; **jdn zu etw ~** to call upon sb to help in sth

herauf [hɛ'raʊf] ADV up, upward(s), up here; **herauf|beschwören** *unreg* VT to conjure up, to evoke; **herauf|bringen** *unreg* VT to bring up; **herauf|setzen** VT to increase; **herauf|ziehen** *unreg* VT to draw *od* pull up ▶ VI to approach; (*Sturm*) to gather

heraus [hɛ'raʊs] ADV out; **nach vorn ~ wohnen** to live at the front (of the house); **aus dem Gröbsten ~ sein** to be over the worst; **~ mit der Sprache!** out with it!; **heraus|arbeiten** VT to work out; **heraus|bekommen** *unreg* VT to get out; (*fig*) to find *od* figure out; (*Wechselgeld*) to get back; **heraus|bringen** *unreg* VT to bring out; (*Geheimnis*) to elicit; **jdn/etw ganz groß ~** (*umg*) to give sb/sth a big build-up; **aus ihm war kein Wort herauszubringen** they couldn't get a single word out of him; **heraus|finden** *unreg* VT to find out; **heraus|fordern** VT to challenge; (*provozieren*) to provoke; **Herausforderung** F challenge; (*Provokation*) provocation; **heraus|geben** *unreg* VT to give up, to surrender; (*Geld*) to give back; (*Buch*) to edit; (*veröffentlichen*) to publish ▶ VI (*Wechselgeld geben*): **können Sie (mir) ~?** can you give me change?; **Herausgeber(in)** (**-s, -**) M(F) editor; (*Verleger*) publisher; **heraus|gehen** *unreg* VI: **aus sich ~** to come out of one's shell; **heraus|halten** *unreg* VR: **sich aus etw ~** to keep out of sth; **heraus|hängen** *unreg* VT, VI to hang out; **heraus|holen** VT: **~ (aus)** to get out (of); **heraus|hören** VT (*wahrnehmen*) to hear; (*fühlen*): **~ (aus)** to detect (in); **heraus|kehren** VT (*fig*): **den Vorgesetzten ~** to act the boss; **heraus|kommen** *unreg* VI to come out; **dabei kommt nichts heraus** nothing will come of it; **er kam aus dem Staunen nicht heraus** he couldn't get over his astonishment; **es kommt auf dasselbe heraus** it comes (down) to the same thing; **heraus|nehmen** *unreg* VT to take out; **sich *dat* Freiheiten ~** to take liberties; **Sie nehmen sich zu viel heraus** you're going too far; **heraus|putzen** VT: **sich ~** to get dressed up; **heraus|reden** VR to talk one's way out of it (*umg*); **heraus|reißen** *unreg* VT to tear out; (*Zahn, Baum*) to pull out; **heraus|rücken** VT (*Geld*) to fork out, to hand over; **mit etw ~** (*fig*) to come out with sth; **heraus|rutschen** VI to slip out; **heraus|schlagen** *unreg* VT to knock out; (*fig*) to obtain; **heraus|stellen** VR: **sich ~ (als)** to turn out (to be); **das muss sich erst ~** that remains to be seen; **heraus|strecken** VT to stick out; **heraus|suchen** VT: **sich *dat* jdn/etw ~** to pick out sb/sth; **heraus|treten** *unreg* VI: **~ (aus)** to come out (of); **heraus|wachsen** *unreg* VI: **~ aus** to grow out of; **heraus|winden** *unreg* VR (*fig*): **sich aus etw ~** to wriggle out of sth; **heraus|wollen** VI: **nicht mit etw ~** (*umg: sagen wollen*) to not want to come out with sth; **heraus|ziehen** *unreg* VT to pull out, to extract

herb [hɛrp] ADJ (slightly) bitter, acid; (*Wein*) dry; (*fig: schmerzlich*) bitter; (*: streng*) stern, austere

★**herbei** [hɛr'baɪ] ADV (over) here; **herbei|führen** VT to bring about; **herbei|schaffen** VT to procure; **herbei|sehnen** VT to long for

her|bemühen ['he:rbəmy:ən] VR to take the trouble to come

Herberge ['hɛrbɛrgə] (**-, -n**) F (*Jugendherberge etc*) hostel

★**Herbergseltern** PL (youth hostel) wardens *pl*

Herbergsmutter F warden

Herbergsvater M warden

her|bitten *unreg* VT to ask to come (here)

her|bringen *unreg* VT to bring here

★**Herbst** [hɛrpst] (**-(e)s, -e**) M autumn, fall (*US*); **im ~** in autumn, in the fall (*US*); **herbstlich** ADJ autumnal

★**Herd** [he:rt] (**-(e)s, -e**) M cooker; (*fig, Med*) focus, centre (BRIT), center (*US*)

Herde ['he:rdə] (**-, -n**) F herd; (*Schafherde*) flock

Herdentrieb M (*lit, fig: pej*) herd instinct

Herdplatte F (*von Elektroherd*) hotplate

★**herein** [hɛ'raɪn] ADV in (here), here; **~!** come in!; **herein|bitten** *unreg* VT to ask in; **herein|brechen** *unreg* VI to set in; **herein|bringen** *unreg* VT to bring in; **herein|dürfen** *unreg* VI to have permission to enter; **Hereinfall** M letdown; **herein|fallen** *unreg* VI to be caught, to be taken in; **~ auf** *+akk* to fall for; ★ **herein|kommen** *unreg* VI to come in; **herein|lassen** *unreg* VT to admit; **herein|legen** VT: **jdn ~** to take sb in; **herein|platzen** VI to burst in; **herein|schneien** (*umg*) VI to drop in; **herein|spazieren** VI: **hereinspaziert!** come right in!

her- ZW: **Herfahrt** F journey here; **her|fallen** *unreg* VI: **~ über** *+akk* to fall upon; **Hergang** M course of events, circumstances *pl*; **her|geben** *unreg* VT to give, to hand (over); **sich zu etw ~** to lend one's name to sth; **das Thema gibt viel/nichts her** there's a lot/nothing to this topic; **hergebracht** ADJ: **in hergebrachter Weise** in the traditional way; **her|gehen** *unreg* VI: **hinter jdm ~** to follow sb; **es geht hoch her** there are a lot of goings-on; **her|haben** *unreg* (*umg*) VT: **wo hat er das her?** where did he get that from?; **her|halten** *unreg* VT to hold out; **~ müssen** (*umg*) to have to suffer; **her|hören** VI to listen; **hör mal her!** listen here!

Hering ['he:rɪŋ] (**-s, -e**) M herring; (*Zeltpflock*) (tent) peg

her|kommen *unreg* VI to come; **komm mal her!** come here!

herkömmlich ADJ traditional

Herkunft (**-, -künfte**) F origin

Herkunftsland NT (*Comm*) country of origin

her- ZW: **her|laufen** *unreg* VI: **~ hinter** *+dat* to run after; **her|leiten** VR to derive; **her|machen** VR: **sich ~ über** *+akk* to set about *od* upon ▶ VT (*umg*): **viel ~** to look impressive

Hermelin [hɛrmə'li:n] (**-s, -e**) M OD NT ermine

hermetisch [hɛr'me:tɪʃ] ADJ hermetic; **~ abgeriegelt** completely sealed off

her- zW: **hernach** ADV afterwards; **her|nehmen** *unreg* VT: **wo soll ich das ~?** where am I supposed to get that from?; **hernieder** ADV down

Heroin [hero'i:n] (**-s**) NT heroin; **heroinsüchtig** ADJ addicted to heroin; **Heroinsüchtige(r)** F(M) heroin addict

heroisch [he'ro:ɪʃ] ADJ heroic

Herold ['he:rɔlt] (**-(e)s, -e**) M herald

Herpes ['hɛrpɛs] (-) M (*Med*) herpes

Herr [hɛr] (**-(e)n, -en**) M master; (*Mann*) gentleman; (*adliger, Rel*) Lord; (*vor Namen*) Mr; **mein ~!** sir!; **meine Herren!** gentlemen!; **Lieber ~ A, Sehr geehrter ~ A** (*in Brief*) Dear Mr A; **„Herren"** (*Toilette*) "gentlemen" (*BRIT*), "men's room" (*US*); **die Herren der Schöpfung** (*hum: Männer*) the gentlemen

Herrchen (*umg*) NT (*von Hund*) master

Herren- zW: **Herrenbekanntschaft** F gentleman friend; **Herrenbekleidung** F menswear; **Herrenbesuch** M gentleman visitor *od* visitors; **Herrendoppel** NT men's doubles; **Herreneinzel** NT men's singles; **Herrenhaus** NT mansion; **herrenlos** ADJ ownerless; **Herrenmagazin** NT men's magazine

Herrgott M: **~ noch mal!** (*umg*) damn it all!

Herrgottsfrühe F: **in aller ~** (*umg*) at the crack of dawn

her|richten ['he:rrɪçtən] VT to prepare

Herrin F mistress

herrisch ADJ domineering

herrje [hɛr'je:] INTERJ goodness gracious!

herrjemine [hɛr'je:mine] INTERJ goodness gracious!

herrlich ADJ marvellous (*BRIT*), marvelous (*US*), splendid; **Herrlichkeit** F splendour (*BRIT*), splendor (*US*), magnificence

Herrschaft F power, rule; (*Herr und Herrin*) master and mistress; **meine Herrschaften!** ladies and gentlemen!

herrschen ['hɛrʃən] VI to rule; (*bestehen*) to prevail, to be; **hier ~ ja Zustände!** things are in a pretty state round here!

Herrscher(in) (**-s, -**) M(F) ruler

Herrschsucht F domineeringness

her- zW: **her|rühren** VI to arise, to originate; **her|sagen** VT to recite; **her|sehen** *unreg* VI: **hinter jdm/etw ~** to follow sb/sth with one's eyes

her sein *siehe* **her**

her- zW: **her|stammen** VI to descend *od* come from; **her|stellen** VT to make, to manufacture; (*zustande bringen*) to establish; **Hersteller(in)** (**-s, -**) M(F) manufacturer; **Herstellung** F manufacture; **Herstellungskosten** PL manufacturing costs *pl*; **her|tragen** *unreg* VT: **etw hinter jdm ~** to carry sth behind sb

herüber [hɛ'ry:bər] ADV over (here), across

herum [hɛ'rʊm] ADV about, (a)round; **um etw ~** around sth; **herum|ärgern** VR: **sich ~ (mit)** to get annoyed (with); **herum|blättern** VI: **~ in** *+dat* to browse *od* flick through; **herum|doktern** (*umg*) VI to fiddle *od* tinker about; **herum|drehen** VT: **jdm das Wort im Mund ~** to twist sb's words; **herum|drücken** VR (*vermeiden*): **sich um etw ~** to dodge sth; **herum|fahren** *unreg* VI to travel around; (*mit Auto*) to drive around; (*sich rasch umdrehen*) to spin (a)round; **herum|führen** VT to show around; **herum|gammeln** (*umg*) VI to bum around; **herum|gehen** *unreg* VI (*herumspazieren*) to walk about; **um etw ~** to walk *od* go round sth; **etw ~ lassen** to circulate sth; **herum|hacken** VI (*fig: umg*): **auf jdm ~** to pick on sb; **herum|irren** VI to wander about; **herum|kommen** *unreg* (*umg*) VI: **um etw ~** to get out of sth; **er ist viel herumgekommen** he has been around a lot; **herum|kriegen** VT to bring *od* talk round; **herum|lungern** VI to lounge about; (*umg*) to hang around; **herum|quälen** VR: **sich mit Rheuma ~** to be plagued by rheumatism; **herum|reißen** *unreg* VT to swing around (hard); **herum|schlagen** *unreg* VR: **sich mit etw ~** (*umg*) to tussle with sth; **herum|schleppen** VT: **etw mit sich ~** (*Sorge, Problem*) to be troubled by sth; (*Krankheit*) to have sth; **herum|sprechen** *unreg* VR to get around, to be spread; **herum|stochern** (*umg*) VI: **im Essen ~** to pick at one's food; **herum|treiben** *unreg* VI, VR to drift about; **Herumtreiber(in)** (**-s, -**) (*pej*) M(F) tramp; **herum|ziehen** *unreg* VI, VR to wander about

herunter [hɛ'rʊntər] ADV downward(s), down (there); **mit den Nerven/der Gesundheit ~ sein** (*umg*) to be at the end of one's tether/be run-down; **herunter|brechen** *unreg* VT (*Zahlen, Kalkulation*) to break down; **herunter|fahren** *unreg* VTI (*Comput, Tech*) to shut down; **heruntergekommen** ADJ run-down; **herunter|handeln** VT (*Preis*) to beat down; **herunter|hängen** *unreg* VI to hang down; **herunter|holen** VT to bring down; **herunter|kommen** *unreg* VI to come down; (*fig*) to come down in the world; **herunterladbar** ADJ (*Comput*) downloadable; **herunter|laden** *unreg* VT (*Comput*) to download; **herunter|leiern** (*umg*) VT to reel off; **herunter|machen** VT to take down; (*schlechtmachen*) to run down, to knock; **herunter|putzen** (*umg*) VT: **jdn ~** to tear sb off a strip; **herunter|spielen** VT to play down; **herunter|wirtschaften** (*umg*) VT to bring to the brink of ruin

hervor [hɛr'fo:r] ADV out, forth; **hervor|brechen** *unreg* VI to burst forth, to break out; **hervor|bringen** *unreg* VT to produce; (*Wort*) to utter; **hervor|gehen** *unreg* VI to emerge, to result; **daraus geht hervor, dass …** from this it follows that …; **hervor|heben** *unreg* VT to stress; (*als Kontrast*) to set off; ★ **hervorragend** ADJ excellent; (*lit*) projecting; **hervor|rufen** *unreg* VT to cause, to give rise to; **hervor|stechen** *unreg* VI (*lit, fig*) to stand out; **hervor|stoßen** *unreg* VT (*Worte*) to gasp (out); **hervor|treten** *unreg* VI to come out; **hervor|tun** *unreg* VR to distinguish o.s.; (*umg: sich wichtigtun*) to show off; **sich mit etw ~** to show off sth

★**Herz** [hɛrts] (**-ens, -en**) NT heart; (*Karten: Farbe*) hearts *pl*; **mit ganzem Herzen** wholeheartedly; **etw auf dem Herzen haben** to have sth on one's mind; **sich** *dat* **etw zu Herzen nehmen** to take sth to heart; **du sprichst mir aus dem**

Herzen that's just what I feel; **es liegt mir am Herzen** I am very concerned about it; **seinem Herzen Luft machen** to give vent to one's feelings; **sein ~ an jdn/etw hängen** to commit o.s. heart and soul to sb/sth; **ein ~ und eine Seele sein** to be the best of friends; **jdn/etw auf ~ und Nieren prüfen** to examine sb/sth very thoroughly; **Herzanfall** M heart attack; **Herzbeschwerden** PL heart trouble *sing*

herzen VT to caress, to embrace

Herzenslust F: **nach ~** to one's heart's content

Herz- ZW: **herzergreifend** ADJ heart-rending; **herzerweichend** ADJ heartrending; **Herzfehler** M heart defect; **herzhaft** ADJ hearty

her|ziehen [ˈheːrtsiːən] VI: **über jdn/etw ~** (*umg*) to pull sb/sth to pieces (*fig*)

Herz- ZW: **Herzinfarkt** M heart attack; **Herzklappe** F (heart) valve; **Herzklopfen** NT palpitations *pl*; **herzkrank** ADJ suffering from a heart condition

★**herzlich** ADJ cordial ▶ ADV (*sehr*): **~ gern!** with the greatest of pleasure!; **herzlichen Glückwunsch** congratulations *pl*; **herzliche Grüße** best wishes; **Herzlichkeit** F cordiality

herzlos ADJ heartless; **Herzlosigkeit** F heartlessness

Herzog [ˈhɛrtsoːk] **(-(e)s, Herzöge)** M duke; **Herzogin** F duchess; **herzoglich** ADJ ducal; **Herzogtum** NT duchy

Herz- ZW: **Herzschlag** M heartbeat; (*Med*) heart attack; **Herzschrittmacher** M pacemaker; **herzzerreißend** ADJ heartrending

Hesse [ˈhɛsə] **(-n, -n)** M Hessian

Hessen [ˈhɛsən] **(-s)** NT Hesse

Hessin F Hessian

hessisch ADJ Hessian

heterogen [heteroˈgeːn] ADJ heterogeneous

heterosexuell [heterozɛksuˈɛl] ADJ heterosexual

Hetze [ˈhɛtsə] F (*Eile*) rush

hetzen VT to hunt; (*verfolgen*) to chase ▶ VI (*eilen*) to rush; **jdn/etw auf jdn/etw ~** to set sb/sth on sb/sth; **~ gegen** to stir up feeling against; **~ zu** to agitate for

Hetzerei [hɛtsəˈraɪ] F agitation; (*Eile*) rush

Hetzkampagne [ˈhɛtskampanjə] F smear campaign

Heu [hɔʏ] **(-(e)s)** NT hay; **Heuboden** M hayloft

Heuchelei [hɔʏçəˈlaɪ] F hypocrisy

heucheln [ˈhɔʏçəln] VT to pretend, to feign ▶ VI to be hypocritical

Heuchler(in) [hɔʏçlər(ɪn)] **(-s, -)** M(F) hypocrite; **heuchlerisch** ADJ hypocritical

heuer ADV this year

Heuer [ˈhɔʏər] (-, **-n**) F (*Naut*) pay

heuern [ˈhɔʏərn] VT to sign on, to hire

Heugabel F pitchfork

Heuhaufen M haystack

heulen [ˈhɔʏlən] VI to howl; (*weinen*) to cry; **das heulende Elend bekommen** to get the blues

heurig [ˈhɔʏrɪç] ADJ this year's

★**Heuschnupfen** M hay fever

Heuschrecke F grasshopper; (*in heißen Ländern*) locust

★**heute** [ˈhɔʏtə] ADV today; **~ Abend/früh** this evening/morning; **~ Morgen** this morning; **~ in einer Woche** a week today, today week; **von ~ auf morgen** (*fig: plötzlich*) overnight, from one day to the next; **das H~** today

heutig [ˈhɔʏtɪç] ADJ today's; **unser heutiges Schreiben** (*Comm*) our letter of today('s date)

★**heutzutage** [ˈhɔʏttsutaːgə] ADV nowadays

Hexe [ˈhɛksə] **(-, -n)** F witch

hexen VI to practise witchcraft; **ich kann doch nicht ~** I can't work miracles

Hexen- ZW: **Hexenhäuschen** NT gingerbread house; **Hexenkessel** M (*lit, fig*) cauldron; **Hexenmeister** M wizard; **Hexenschuss** M lumbago

Hexerei [hɛksəˈraɪ] F witchcraft

HG F ABK = **Handelsgesellschaft**

hg. ABK (= *herausgegeben*) ed.

Hg. ABK (= *Herausgeber*) ed.

HGB **(-)** NT ABK (= *Handelsgesetzbuch*) *statutes of commercial law*

HH ABK = **Hansestadt Hamburg**

hieb *etc* [hiːp] VB (*veraltet*) *siehe* **hauen**

Hieb **(-(e)s, -e)** M blow; (*Wunde*) cut, gash; (*Stichelei*) cutting remark; **Hiebe bekommen** to get a thrashing

hieb- und stichfest ADJ (*fig*) watertight

hielt *etc* [hiːlt] VB *siehe* **halten**

★**hier** [hiːr] ADV here; **~ spricht Dr. Müller** (*Tel*) this is Dr Müller (speaking); **er ist von ~** he's a local (man); *siehe auch* **hierbehalten**; **hierbleiben**; **hierlassen**

Hierarchie [hierarˈçiː] F hierarchy

hier- ZW: **hierauf** ADV thereupon; (*danach*) after that; **hieraus** ADV: **~ folgt, dass ...** from this it follows that ...; **hier|behalten** *unreg* VT to keep here; **hierbei** ADV (*bei dieser Gelegenheit*) on this occasion; **hier|bleiben** *unreg* VI to stay here; **hierdurch** ADV by this means; (*örtlich*) through here; ★**hierher** ADV this way, here; **~ gehören** to belong here; (*fig: relevant sein*) to be relevant; **hier|lassen** *unreg* VT to leave here; **hiermit** ADV hereby; **~ erkläre ich ...** (*form*) I hereby declare ...; **hiernach** ADV hereafter; **hiervon** ADV about this, hereof; **~ abgesehen** apart from this; **hierzu** ADV (*dafür*) for this; (*dazu*) with this; (*außerdem*) in addition to this, moreover; (*zu diesem Punkt*) about this; **hierzulande, hier zu Lande** ADV in this country

hiesig [ˈhiːzɪç] ADJ of this place, local

hieß *etc* [hiːs] VB *siehe* **heißen**

Hi-Fi-Anlage [ˈhaɪfianlaːgə] F hi-fi set *od* system

Hightechindustrie [ˈhaɪtɛkɪndʊsˈtriː] F high tech *od* hi-tech industry

★**Hilfe** [ˈhɪlfə] **(-, -n)** F help; (*für Notleidende*) aid; **Erste ~** first aid; **jdm ~ leisten** to help sb; **~!** help!; **Hilfeleistung** F: **unterlassene ~** (*Jur*)

denial of assistance; **Hilfestellung** F (*Sport, fig*) support

Hilf- zW: **hilflos** ADJ helpless; **Hilflosigkeit** F helplessness; **hilfreich** ADJ helpful

Hilfs- zW: **Hilfsaktion** F relief action, relief measures *pl*; **Hilfsarbeiter(in)** M(F) labourer (BRIT), laborer (US); **hilfsbedürftig** ADJ needy; ★ **hilfsbereit** ADJ ready to help; **Hilfskraft** F assistant, helper; **Hilfsmittel** NT aid; **Hilfsschule** F school for backward children; **Hilfszeitwort** NT auxiliary verb

hilft [hılft] VB *siehe* **helfen**

Himalaja [hi'ma:laja] **(-s)** M: **der ~** the Himalayas *pl*

Himbeere ['hımbe:rə] **(-, -n)** F raspberry

Himmel ['hıməl] **(-s, -)** M sky; (*Rel*) heaven; **um Himmels willen** (*umg*) for Heaven's sake; **zwischen ~ und Erde** in midair; **himmelangst** ADJ: **es ist mir ~** I'm scared to death; **Himmelbett** NT four-poster bed; **himmelblau** ADJ sky-blue

Himmelfahrt F Ascension

Himmelfahrtskommando NT (*Mil: umg*) suicide squad; (*Unternehmen*) suicide mission

Himmelreich NT (*Rel*) Kingdom of Heaven

himmelschreiend ADJ outrageous

Himmelsrichtung F direction; **die vier Himmelsrichtungen** the four points of the compass

himmelweit ADJ: **ein himmelweiter Unterschied** a world of difference

himmlisch ['hımlıʃ] ADJ heavenly

hin [hın]

ADV **1** (*Richtung*): **hin und zurück** there and back; **einmal London hin und zurück** a return to London (BRIT), a round-trip ticket to London (US); **hin und her** to and fro; **etw hin und her überlegen** to turn sth over and over in one's mind; **bis zur Mauer hin** up to the wall; **wo ist er hin?** where has he gone?; **nichts wie hin!** (*umg*) let's go then!; **nach außen hin** (*fig*) outwardly; **Geld hin, Geld her** money or no money

2 (*auf ... hin*): **auf meine Bitte hin** at my request; **auf seinen Rat hin** on the basis of his advice; **auf meinen Brief hin** on the strength of my letter

3: **hin sein** (*umg: kaputt sein*) to have had it; (*Ruhe*) to be gone; **mein Glück ist hin** my happiness has gone; **hin und wieder** (every) now and again

hinab [hı'nap] ADV down; **hinab|gehen** *unreg* VI to go down; **hinab|sehen** *unreg* VI to look down

hin|arbeiten ['hınarbaıtən] VI: **auf etw** *akk* **~** (*auf Ziel*) to work towards sth

hinauf [hı'naʊf] ADV up; **hinauf|arbeiten** VR to work one's way up; **hinauf|steigen** *unreg* VI to climb

hinaus [hı'naʊs] ADV out; **hinten/vorn ~** at the back/front; **darüber ~** over and above this; **auf Jahre ~** for years to come; **hinaus|befördern** VT to kick *od* throw out; **hinaus|fliegen** *unreg* (*umg*) VI to be kicked out; **hinaus|führen** VI: **über etw** *akk* **~** (*lit, fig*) to go beyond sth; ★ **hinaus|gehen** *unreg* VI to go out; **~ über** *+akk* to exceed; **hinaus|laufen** *unreg* VI to run out; **~ auf** *+akk* to come to, to amount to; **hinaus|schieben** *unreg* VT to put off, to postpone; **hinaus|schießen** *unreg* VI: **über das Ziel ~** (*fig*) to overshoot the mark; **hinaus|wachsen** *unreg* VI: **er wuchs über sich selbst hinaus** he surpassed himself; **hinaus|werfen** *unreg* VT to throw out; **hinaus|wollen** VI to want to go out; **hoch ~** to aim high; **~ auf** *+akk* to drive at, to get at; **hinaus|ziehen** *unreg* VT to draw out ▶ VR to be protracted; **hinaus|zögern** VT to delay, to put off ▶ VR to be delayed, to be put off

hin|bekommen *unreg* (*umg*) VT: **das hast du gut ~** you've made a good job of it

hin|blättern (*umg*) VT (*Geld*) to fork out

Hinblick ['hınblık] M: **in** *od* **im ~ auf** *+akk* in view of

hinderlich ['hındərlıç] ADJ awkward; **jds Karriere** *dat* **~ sein** to be a hindrance to sb's career

hindern VT to hinder, to hamper; **jdn an etw** *dat* **~** to prevent sb from doing sth

Hindernis **(-ses, -se)** NT obstacle; **Hindernislauf** M, **Hindernisrennen** NT steeplechase

Hinderungsgrund M obstacle

hin|deuten ['hındɔʏtən] VI: **~ auf** *+akk* to point to

Hinduismus [hındu'ısmʊs] M Hinduism

hindurch [hın'dʊrç] ADV through; (*quer durch*) across; (*zeitlich*) over

hin|dürfen [hın'dʏrfən] *unreg* VI: **~ (zu)** to be allowed to go (to)

★ **hinein** [hı'naın] ADV in; **bis tief in die Nacht ~** well into the night; **hinein|fallen** *unreg* VI to fall in; **~ in** *+akk* to fall into; **hinein|finden** *unreg* VR (*fig: sich vertraut machen*) to find one's feet; (*sich abfinden*) to come to terms with it; ★ **hinein|gehen** *unreg* VI to go in; **~ in** *+akk* to go into, to enter; **hinein|geraten** *unreg* VI: **~ in** *+akk* to get into; **hinein|knien** VR (*fig: umg*): **sich in etw** *akk* **~** to get into sth; **hineinlesen** *unreg* VT: **etw in etw** *akk* **~** to read sth into sth; **hinein|passen** VI to fit in; **~ in** *+akk* to fit into; **hinein|prügeln** VT: **etw in jdn ~** to cudgel sth into sb; **hinein|reden** VI: **jdm ~** to interfere in sb's affairs; **hinein|stecken** VT: **Geld/Arbeit in etw** *akk* **~** to put money/some work into sth; **hinein|steigern** VR to get worked up; **hinein|versetzen** VR: **sich in jdn ~** to put o.s. in sb's position; **hinein|ziehen** *unreg* VT: **~ (in** *+akk***)** to pull in (to); **jdn in etw ~** (*in Konflikt, Gespräch*) to draw sb into sth

hin- zW: **hin|fahren** *unreg* VI to go; (*mit Auto*) to drive ▶ VT to take; (*mit Auto*) to drive; **Hinfahrt** F journey there; ★ **hin|fallen** *unreg* VI to fall down; **hinfällig** ADJ frail, decrepit; (*Regel etc*) unnecessary; **hin|fliegen** *unreg* VI to fly there; (*umg: hinfallen*) to fall over; **Hinflug** M outward flight

hing *etc* [hıŋ] VB *siehe* **hängen**

hin- zW: **Hingabe** F devotion; **mit ~ tanzen/singen** *etc* (*fig*) to dance/sing *etc* with abandon; **hin|geben** *unreg* VR *+dat* to give o.s. up to, to

h

devote o.s. to; **hingebungsvoll** [ˈhɪngeːbʊŋsfɔl] ADV (*begeistert*) with abandon; (*lauschen*) raptly

hingegen [hɪnˈgeːgən] KONJ however

hin- zW: **hin|gehen** *unreg* VI to go; (*Zeit*) to pass; **gehst du auch hin?** are you going too?; **hingerissen** ADJ: **~ sein** to be enraptured; **hin- und hergerissen sein** (*fig*) to be torn; **ich bin ganz hin- und hergerissen** (*ironisch*) that's absolutely great; **Hingucker** (**-s, -**) M headturner; **hin|halten** *unreg* VT to hold out; (*warten lassen*) to put off, to stall; **Hinhaltetaktik** F stalling *od* delaying tactics *pl*

hin|hauen [ˈhɪnhaʊən] *unreg* (*umg*) VI (*klappen*) to work; (*ausreichen*) to do

hin|hören [ˈhɪnhøːrən] VI to listen

hinken [ˈhɪŋkən] VI to limp; (*Vergleich*) to be unconvincing

hin- zW: **hin|knien** VR to kneel down; **hin|kommen** *unreg* (*umg*) VI (*auskommen*) to manage; (: *ausreichen, stimmen*) to be right; **hinlänglich** ADJ adequate ▶ ADV adequately; ★ **hin|legen** VT to put down ▶ VR to lie down; **sich der Länge nach ~** (*umg*) to fall flat; **hin|nehmen** *unreg* VT (*fig*) to put up with, to take; **hin|reichen** VI to be adequate ▶ VT: **jdm etw ~** to hand sb sth; **hinreichend** ADJ adequate; (*genug*) sufficient; **Hinreise** F journey out; **hin|reißen** *unreg* VT to carry away, to enrapture; **sich ~ lassen, etw zu tun** to get carried away and do sth; **hinreißend** ADJ (*Landschaft, Anblick*) enchanting; (*Schönheit, Mensch*) captivating; **hin|richten** VT to execute; **Hinrichtung** F execution; **hin|sehen** *unreg* VI: **bei genauerem H~** on closer inspection

hin sein [ˈhɪnzaɪn] *siehe* **hin**

hin- zW: ★ **hin|setzen** VR to sit down; **Hinsicht** F: **in mancher** *od* **gewisser ~** in some respects *od* ways; **hinsichtlich** PRÄP *+gen* with regard to; **hin|sollen** (*umg*) VI: **wo soll ich/das Buch hin?** where do I/does the book go?; **Hinspiel** NT (*Sport*) first leg; **hin|stellen** VT to put (down) ▶ VR to place o.s.

hintan|stellen [hɪntˈ|anʃtɛlən] VT (*fig*) to ignore

★ **hinten** [ˈhɪntən] ADV behind; (*rückwärtig*) at the back; **~ und vorn** (*fig*: *betrügen*) left, right and centre; **das reicht ~ und vorn nicht** that's nowhere near enough; **hintendran** (*umg*) ADV at the back; **hintenherum** ADV round the back; (*fig*) secretly

★ **hinter** [ˈhɪntər] PRÄP (*+dat od akk*) behind; (: *nach*) after; **~ jdm her sein** to be after sb; **~ die Wahrheit kommen** to get to the truth; **sich ~ jdn stellen** (*fig*) to support sb; **etw ~ sich** *dat* **haben** (*zurückgelegt haben*) to have got through sth; **sie hat viel ~ sich** she has been through a lot; **Hinterachse** F rear axle; **Hinterbänkler(in)** (**-s, -**) M(F) (*Pol*: *auch pej*) backbencher; **Hinterbein** NT hind leg; **sich auf die Hinterbeine stellen** to get tough; **Hinterbliebene(r)** F(M) surviving relative; **hinterdrein** ADV afterwards

hintere(r, s) ADJ rear, back

hinter- zW: **hintereinander** ADV one after the other; **zwei Tage ~** two days running; **Hintereingang** M rear entrance; **hinterfotzig** (*umg*) ADJ underhanded; **hinterfragen** VT UNTR to analyse; **Hintergedanke** M ulterior motive; **hintergehen** *unreg* VT UNTR to deceive; **Hintergrund** M background; **hintergrundbeleuchtet** ADJ backlit; **hintergründig** ADJ cryptic, enigmatic; **Hintergrundprogramm** NT (*Comput*) background program; **Hinterhalt** M ambush; **etw im ~ haben** to have sth in reserve; **hinterhältig** ADJ underhand, sneaky; **hinterher** ADV afterwards, after; **er ist ~, dass ...** (*fig*) he sees to it that ...; **Hinterhof** M back yard; **Hinterkopf** M back of one's head; **Hinterland** NT hinterland; **hinterlassen** *unreg* VT UNTR to leave; **Hinterlassenschaft** F (testator's) estate; **hinterlegen** VT UNTR to deposit; **Hinterlegungsstelle** F depository; **Hinterlist** F cunning, trickery; (*Handlung*) trick, dodge; **hinterlistig** ADJ cunning, crafty; **Hintermann** (**-(e)s**, *pl* **-männer**) M person behind; **die Hintermänner des Skandals** the men behind the scandal

Hintern [ˈhɪntərn] (**-s, -**) (*umg*) M bottom, backside; **jdm den ~ versohlen** to smack sb's bottom

hinter- zW: **Hinterrad** NT back wheel; **Hinterradantrieb** M (*Aut*) rear-wheel drive; **hinterrücks** ADV from behind; **Hinterteil** NT behind; **Hintertreffen** NT: **ins ~ kommen** to lose ground; **hintertreiben** *unreg* VT UNTR to prevent, to frustrate; **Hintertreppe** F back stairs *pl*; **Hintertür** F back door; (*fig*: *Ausweg*) escape, loophole; **Hinterwäldler** (**-s, -**) (*umg*) M backwoodsman, hillbilly (*bes US*); **hinterziehen** *unreg* VT UNTR (*Steuern*) to evade (paying)

hin|tun [ˈhɪntuːn] *unreg* (*umg*) VT: **ich weiß nicht, wo ich ihn ~ soll** (*fig*) I can't (quite) place him

hinüber [hɪˈnyːbər] ADV across, over; **hinüber|gehen** *unreg* VI to go over *od* across

★ **hinunter** [hɪˈnʊntər] ADV down; **hinunter|bringen** *unreg* VT to take down; **hinunter|schlucken** VT (*lit, fig*) to swallow; **hinunter|spülen** VT to flush away; (*Essen, Tablette*) to wash down; (*fig*: *Ärger*) to soothe; **hinunter|steigen** *unreg* VI to descend

Hinweg [ˈhɪnveːk] M journey out

hinweg- [hɪnˈvɛk] zW: **hinweg|gehen** *unreg* VI: **über etw** *akk* **~** (*fig*) to pass over sth; **hinweg|helfen** *unreg* VI: **jdm über etw** *akk* **~** to help sb to get over sth; **hinweg|kommen** *unreg* VI (*fig*): **über etw** *akk* **~** to get over sth; **hinweg|sehen** *unreg* VI: **darüber ~, dass ...** to overlook the fact that ...; **hinweg|setzen** VR: **sich ~ über** *+akk* to disregard

Hinweis [ˈhɪnvaɪs] (**-es, -e**) M (*Andeutung*) hint; (*Anweisung*) instruction; (*Verweis*) reference; **sachdienliche Hinweise** relevant information

hin|weisen *unreg* VI: **~ auf** *+akk* to point to; (*verweisen*) to refer to; **darauf ~, dass ...** to point out that ...; (*anzeigen*) to indicate that ...

Hinweisschild NT sign

Hinweistafel F sign

hin|werfen *unreg* VT to throw down; **eine hingeworfene Bemerkung** a casual remark

hin|wirken VI: **auf etw** *akk* **~** to work towards sth

Hinz [hɪnts] M: **~ und Kunz** (*umg*) every Tom, Dick and Harry
hin|ziehen *unreg* VR (*fig*) to drag on
hin|zielen VI: **~ auf** *+akk* to aim at
hinzu [hɪnˈtsuː] ADV in addition; ⋆**hinzu|fügen** VT to add; **Hinzufügung** F: **unter ~ von etw** (*form*) by adding sth; **hinzu|kommen** *unreg* VI: **es kommt noch hinzu, dass ...** there is also the fact that ...; **hinzu|ziehen** *unreg* VT to consult
Hiobsbotschaft [ˈhiːɔpsboːtʃaft] F bad news
Hirn [hɪrn] (**-(e)s, -e**) NT brain(s); **Hirngespinst** (**-(e)s, -e**) NT fantasy; **Hirnhautentzündung** F (*Med*) meningitis; **hirntot** ADJ braindead; **hirnverbrannt** ADJ (*umg*) harebrained
Hirsch [hɪrʃ] (**-(e)s, -e**) M stag
Hirse [ˈhɪrzə] (**-, -n**) F millet
Hirt [ˈhɪrt] (**-en, -en**), **Hirte** (**-n, -n**) M herdsman; (*Schafhirt, fig*) shepherd
Hirtin F herdswoman; (*Schafhirtin*) shepherdess
hissen [ˈhɪsən] VT to hoist
Historiker(in) [hɪsˈtoːrikər(ɪn)] (**-s, -**) M(F) historian
⋆**historisch** [hɪsˈtoːrɪʃ] ADJ historical
Hit [hɪt] (**-s, -s**) (*umg*) M (*Mus, fig, Internet*) hit; ⋆**Hitparade** F hit parade
⋆**Hitze** [ˈhɪtsə] (**-**) F heat; **hitzebeständig** ADJ heat-resistant; ⋆**Hitzefrei** (**-**) NT: **~ haben** *to have time off school/work because of excessive heat*; **Hitzewelle** F heat wave
hitzig ADJ hot-tempered; (*Debatte*) heated
Hitz- ZW: **Hitzkopf** M hothead; **hitzköpfig** ADJ fiery, hot-headed; **Hitzschlag** M heatstroke
HIV-negativ ADJ HIV-negative
HIV-positiv ADJ HIV-positive
hl. ABK = **heilig**
H-Milch [ˈhaːmɪlç] F long-life milk, UHT milk
HNO-Arzt M ENT specialist
hob *etc* [hoːp] VB *siehe* **heben**
Hobby [ˈhɔbi] (**-s, -s**) NT hobby
Hobel [ˈhoːbəl] (**-s, -**) M plane; **Hobelbank** F carpenter's bench
hobeln VT, VI to plane
Hobelspäne PL wood shavings *pl*
⋆**hoch** [hoːx] (*attrib* **hohe(r, s)**) ADJ high ▸ ADV: **~ achten** to respect; **~ begabt** = **hochbegabt**; **~ dotiert** highly paid; **~ entwickelt** (*Kultur, Land*) highly developed; (*Geräte, Methoden*) sophisticated; **wenn es ~ kommt** (*umg*) at (the) most, at the outside; **das ist mir zu ~** (*umg*) that's above my head; **ein hohes Tier** (*umg*) a big fish; **es ging ~ her** (*umg*) we/they *etc* had a whale of a time; **~ und heilig versprechen** to promise faithfully; **4 ~ 5** 4 to the power of 5; *siehe auch* **hochempfindlich**; **hochgestellt**
Hoch (**-s, -s**) NT (*Ruf*) cheer; (*Met, fig*) high
hoch- ZW: **Hochachtung** F respect, esteem; **mit vorzüglicher ~** (*form: Briefschluss*) yours faithfully; ⋆**hochachtungsvoll** ADV yours faithfully; **hochaktuell** ADJ highly topical; **Hochamt** NT high mass; **hoch|arbeiten** VR to work one's way up; **hochbegabt** ADJ extremely gifted; **hochbetagt** ADJ very old, aged; **Hochbetrieb** M intense activity; (*Comm*) peak time; **~ haben** to be at one's *od* its busiest; **hoch|bringen** *unreg* VT to bring up; **Hochburg** F stronghold; **Hochdeutsch** NT High German; ⋆**Hochdruck** M high pressure; **Hochebene** F plateau; **hochempfindlich** ADJ highly sensitive; (*Film*) high-speed; **hocherfreut** ADJ highly delighted; **hoch|fahren** *unreg* VI (*erschreckt*) to jump; (*Comput, Tech*) to start up; **hochfliegend** ADJ ambitious; (*fig*) high-flown; **Hochform** F top form; **Hochgebirge** NT high mountains *pl*; **Hochgefühl** NT elation; **hoch|gehen** *unreg* (*umg*) VI (*explodieren*) to blow up; (*Bombe*) to go off; **Hochgenuss** M great *od* special treat; (*großes Vergnügen*) great pleasure; **hochgeschlossen** ADJ (*Kleid etc*) high-necked; **Hochgeschwindigkeitszug** M high-speed train; **hochgestellt** ADJ (*fig: Persönlichkeit*) high-ranking; **Hochglanz** M high polish; (*Phot*) gloss; **hochgradig** ADJ intense, extreme; **hoch|halten** *unreg* VT to hold up; (*fig*) to uphold, to cherish; ⋆**Hochhaus** NT multi-storey building; **hoch|heben** *unreg* VT to lift (up); **hochkant** ADV: **jdn ~ hinauswerfen** (*fig: umg*) to chuck sb out on his/her ear; **hoch|kommen** *unreg* VI (*nach oben*) to come up; (*fig: gesund werden*) to get back on one's feet; (*beruflich, gesellschaftlich*) to come up in the world; **Hochkonjunktur** F boom; **hoch|krempeln** VT to roll up; **hoch|laden** *unreg* VT (*Comput*) to upload; **Hochland** NT highlands *pl*; **hoch|leben** VI: **jdn ~ lassen** to give sb three cheers; **Hochleistungssport** M competitive sport; **hochmodern** ADJ very modern, ultra-modern; **Hochmut** M pride; **hochmütig** ADJ proud, haughty; **hochnäsig** ADJ stuck-up, snooty; **hoch|nehmen** *unreg* VT to pick up; **jdn ~** (*umg: verspotten*) to pull sb's leg; **Hochofen** M blast furnace; **Hochrechnung** F projected result; **Hochsaison** F high season; **Hochschätzung** F high esteem
Hochschulabschluss M degree
Hochschulbildung F higher education
⋆**Hochschule** F college; (*Universität*) university
Hochschulreife F: **er hat (die) ~** ≈ he's got his A-levels (BRIT), he's graduated from high school (US)
hoch- ZW: **hochschwanger** ADJ heavily pregnant, well advanced in pregnancy; **Hochseefischerei** F deep-sea fishing; **Hochsitz** M (*Jagd*) (raised) hide; **Hochsommer** M middle of summer; **Hochspannung** F high tension; (*Elek*) high voltage; **hoch|spielen** VT (*fig*) to blow up; **Hochsprache** F standard language; **hoch|springen** *unreg* VI to jump up; **Hochsprung** M high jump
⋆**höchst** [høːçst] ADV highly, extremely
Hochstapler(in) [ˈhoːxstaːplər(ɪn)] (**-s, -**) M(F) swindler
höchste(r, s) ADJ highest; (*äußerste*) extreme; **die ~ Instanz** (*Jur*) the supreme court of appeal
höchstens ADV at the most
Höchstform F (*Sport*) top form
Höchstgeschwindigkeit F maximum speed

Höchstgrenze F upper limit

Hochstimmung F high spirits *pl*

Höchst- zW: **Höchstleistung** F best performance; (*bei Produktion*) maximum output; **höchstpersönlich** ADV personally, in person; **Höchstpreis** M maximum price; **Höchststand** M peak; **höchstwahrscheinlich** ADV most probably

Hoch- zW: **Hochtechnologie** F high technology; **hochtechnologisch** ADJ high-tech; **Hochtemperaturreaktor** M high-temperature reactor; **Hochtour** F: **auf Hochtouren laufen** *od* **arbeiten** to be working flat out; **hochtrabend** ADJ pompous; **Hoch- und Tiefbau** M structural and civil engineering; **Hochverrat** M high treason; **Hochwasser** NT high water; (*Überschwemmung*) floods *pl*; **hochwertig** ADJ high-class, first-rate; **Hochwürden** M Reverend; **Hochzahl** F (*Math*) exponent

★**Hochzeit** [ˈhɔxtsaɪt] (-, -en) F wedding; **man kann nicht auf zwei Hochzeiten tanzen** (*Sprichwort*) you can't have your cake and eat it

Hochzeitsreise F honeymoon

Hochzeitstag M wedding day; (*Jahrestag*) wedding anniversary

hoch|ziehen *unreg* VT (*Rollladen, Hose*) to pull up; (*Brauen*) to raise

Hocke [ˈhɔkə] (-, -n) F squatting position; (*beim Turnen*) squat vault; (*beim Skilaufen*) crouch

hocken [ˈhɔkən] VI, VR to squat, to crouch

★**Hocker** (-s, -) M stool

★**Höcker** [ˈhœkər] (-s, -) M hump

Hockey [ˈhɔki] (-s) NT hockey

Hoden [ˈhoːdən] (-s, -) M testicle

Hodensack M scrotum

★**Hof** [hoːf] (-(e)s, Höfe) M (*Hinterhof*) yard; (*Bauernhof*) farm; (*Königshof*) court; **einem Mädchen den ~ machen** (*veraltet*) to court a girl

★**hoffen** [ˈhɔfən] VI: **~ (auf** *+akk*) to hope (for)

★**hoffentlich** ADV I hope, hopefully

★**Hoffnung** [ˈhɔfnʊŋ] F hope; **jdm Hoffnungen machen** to raise sb's hopes; **sich** *dat* **Hoffnungen machen** to have hopes; **sich** *dat* **keine Hoffnungen machen** not to hold out any hope(s)

Hoffnungs- zW: **hoffnungslos** ADJ hopeless; **Hoffnungslosigkeit** F hopelessness; **Hoffnungsschimmer** M glimmer of hope; ★**hoffnungsvoll** ADJ hopeful

★**höflich** [ˈhøːflɪç] ADJ courteous, polite; **Höflichkeit** F courtesy, politeness

hohe(r, s) [ˈhoːə(r, s)] ADJ *siehe* **hoch**

Höhe [ˈhøːə] (-, -n) F height; (*Anhöhe*) hill; **nicht auf der ~ sein** (*fig: umg*) to feel below par; **ein Scheck in ~ von ...** a cheque (BRIT) *od* check (US) for the amount of ...; **das ist doch die ~** (*fig: umg*) that's the limit; **er geht immer gleich in die ~** (*umg*) he always flares up; **auf der ~ der Zeit sein** to be up-to-date

Hoheit [ˈhoːhaɪt] F (*Pol*) sovereignty; (*Titel*) Highness

Hoheits- zW: **Hoheitsgebiet** NT sovereign territory; **Hoheitsgewalt** F (national) jurisdiction; **Hoheitsgewässer** NT territorial waters *pl*; **Hoheitszeichen** NT national emblem

Höhen- zW: **Höhenangabe** F altitude reading; (*auf Karte*) height marking; **Höhenflug** M: **geistiger ~** intellectual flight; **Höhenlage** F altitude; **Höhenluft** F mountain air; **Höhenmesser** M altimeter; **Höhensonne** F sun lamp; **Höhenunterschied** M difference in altitude; **Höhenzug** M mountain chain

Höhepunkt M climax; (*des Lebens*) high point

★**höher** ADJ, ADV higher

hohl [hoːl] ADJ hollow; (*umg: dumm*) hollow (-headed)

Höhle [ˈhøːlə] (-, -n) F cave; (*Loch*) hole; (*Mundhöhle*) cavity; (*fig, Zool*) den

Hohl- zW: **Hohlheit** F hollowness; **Hohlkreuz** NT (*Med*) hollow back; **Hohlmaß** NT measure of volume; **Hohlraum** M hollow space; (*Gebäude*) cavity; **Hohlsaum** M hemstitch; **Hohlspiegel** M concave mirror

Hohn [hoːn] (-(e)s) M scorn; **das ist der reinste ~** it's sheer mockery

höhnen [ˈhøːnən] VT to taunt, to scoff at

höhnisch ADJ scornful, taunting

Hokuspokus [hoːkʊsˈpoːkʊs] (-) M (*Zauberformel*) hey presto; (*fig: Täuschung*) hocus-pocus

hold [hɔlt] ADJ (*veraltet*) charming, sweet

★**holen** [ˈhoːlən] VT to get, to fetch; (*Atem*) to take; **jdn/etw ~ lassen** to send for sb/sth; **sich** *dat* **eine Erkältung ~** to catch a cold

★**Holland** [ˈhɔlant] (-s) NT Holland

★**Holländer** [ˈhɔlɛndər] (-s, -) M Dutchman

★**Holländerin** F Dutchwoman, Dutch girl

★**holländisch** ADJ Dutch; (*Sprache*): **auf H~** in Dutch

Hölle [ˈhœlə] (-, -n) F hell; **ich werde ihm die ~ heißmachen** (*umg*) I'll give him hell

Höllenangst F: **eine ~ haben** to be scared to death

Höllenlärm M infernal noise (*umg*)

höllisch [ˈhœlɪʃ] ADJ hellish, infernal

Hologramm [holoˈgram] (-s, -e) NT hologram

holperig [ˈhɔlpərɪç] ADJ rough, bumpy

holpern [ˈhɔlpərn] VI to jolt

Holunder [hoˈlʊndər] (-s, -) M elder

★**Holz** [hɔlts] (-es, Hölzer) NT wood; **aus ~** made of wood, wooden; **aus einem anderen/demselben ~ geschnitzt sein** (*fig*) to be cast in a different/the same mould; **gut ~!** (*Kegeln*) have a good game!; **Holzbläser(in)** M(F) woodwind player

hölzern [ˈhœltsərn] ADJ (*lit, fig*) wooden

Holz- zW: **Holzfäller (-s, -)** M lumberjack, woodcutter; **Holzfaserplatte** F (wood) fibreboard (BRIT) *od* fiberboard (US); **holzfrei** ADJ (*Papier*) wood-free

holzig ADJ woody

Holz- zW: **Holzklotz** M wooden block; **Holzkohle** F charcoal; **Holzkopf** M (*fig: umg*) blockhead, numbskull; **Holzscheit** NT log; **Holzschuh** M clog; **Holzweg** M (*fig*) wrong track; **Holzwolle** F fine wood shavings *pl*; **Holzwurm** M woodworm

Homecomputer [ˈhoʊmkɔmˈpju:tər] (**-s, -**) M home computer

Homepage [ˈhoʊmˈpeɪdʒ] NT (*Comput*) home page

Homo-Ehe [ˈho:mo|e:ə] (*umg*) F gay marriage

homogen [homoˈge:n] ADJ homogenous

Homöopath [homøoˈpa:t] (**-en, -en**) M homeopath

Homöopathie [homøopaˈti:] F homeopathy, homeopathic medicine

homosexuell [homozɛksuˈɛl] ADJ homosexual

Honduras [hɔnˈdu:ras] (**-**) NT Honduras

Hongkong [hɔŋˈkɔŋ] (**-s**) NT Hong Kong

Honig [ˈho:nɪç] (**-s, -e**) M honey; **Honiglecken** NT (*fig*): **das ist kein ~** it's no picnic; **Honigmelone** F honeydew melon; **Honigwabe** F honeycomb

Honorar [honoˈra:r] (**-s, -e**) NT fee

Honoratioren [honoratsiˈo:rən] PL dignitaries

honorieren [honoˈri:rən] VT to remunerate; (*Scheck*) to honour (BRIT), to honor (*US*)

Hopfen [ˈhɔpfən] (**-s, -**) M hops *pl*; **bei ihm ist ~ und Malz verloren** (*umg*) he's a dead loss

hoppla [ˈhɔpla] INTERJ whoops

hopsen [ˈhɔpsən] VI to hop

hörbar ADJ audible

Hörbuch NT audio book

horch [hɔrç] INTERJ listen

horchen VI to listen; (*pej*) to eavesdrop

Horcher (**-s, -**) M listener; (*pej*) eavesdropper

Horde [ˈhɔrdə] (**-, -n**) F horde

hören [ˈhø:rən] VT, VI to hear; **auf jdn/etw ~** to listen to sb/sth; **ich lasse von mir ~** I'll be in touch; **etwas/nichts von sich ~ lassen** to get/not to get in touch; ★ **Hören** NT: **es verging ihm ~ und Sehen** (*umg*) he didn't know whether he was coming or going

Hörensagen NT: **vom ~** from hearsay

Hörer(in) (**-s, -**) M(F) (*Rundf*) listener; (*Univ*) student

Hörer (**-s, -**) M (*Telefonhörer*) receiver

Hörfunk M radio

Hörgerät NT hearing aid

hörig [ˈhø:rɪç] ADJ: **sie ist ihm (sexuell) ~** he has (sexual) power over her

Horizont [horiˈtsɔnt] (**-(e)s, -e**) M horizon; **das geht über meinen ~** (*fig*) that is beyond me

horizontal [horitsɔˈta:l] ADJ horizontal

Hormon [hɔrˈmo:n] (**-s, -e**) NT hormone

Hörmuschel F (*Tel*) earpiece

Horn [hɔrn] (**-(e)s, Hörner**) NT horn; **ins gleiche** *od* **in jds ~ blasen** to chime in; **sich** *dat* **die Hörner abstoßen** (*umg*) to sow one's wild oats; **Hornbrille** F horn-rimmed spectacles *pl*

Hörnchen [ˈhœrnçən] NT (*Gebäck*) croissant

Hornhaut F hard skin; (*des Auges*) cornea

Hornisse [hɔrˈnɪsə] (**-, -n**) F hornet

Hornochs, Hornochse M (*fig*: *umg*) blockhead, idiot

Horoskop [horoˈsko:p] (**-s, -e**) NT horoscope

Hör- ZW: **Hörrohr** NT ear trumpet; (*Med*) stethoscope; **Hörsaal** M lecture room; **Hörspiel** NT radio play

Hort [hɔrt] (**-(e)s, -e**) M hoard; (*Sch*) nursery school; **horten** VT to hoard

Hörweite F: **in/außer ~** within/out of hearing *od* earshot

★ **Hose** [ˈho:ze] (**-, -n**) F trousers *pl*, pants *pl* (*US*); **in die ~ gehen** (*umg*) to be a complete flop

> The German word **Hose** does not mean *hose* in English.

Hosen- ZW: ★ **Hosenanzug** M trouser suit, pantsuit (*US*); **Hosenboden** M: **sich auf den ~ setzen** (*umg*) to get stuck in; **Hosenrock** M culottes *pl*; **Hosentasche** F trouser pocket; **Hosenträger** PL braces *pl* (BRIT), suspenders *pl* (*US*)

Hostie [ˈhɔstiə] F (*Rel*) host

★ **Hotel** [hoˈtɛl] (**-s, -s**) NT hotel; **Hotelfach** NT hotel management; **Hotel garni** NT bed and breakfast hotel

Hotelier [hotɛliˈe:] (**-s, -s**) M hotelier

Hotelkette F hotel chain

Hotelzimmer NT hotel room

Hotspot [ˈhɔtspɔt] M (wireless) hotspot

Hr. ABK (= *Herr*) Mr

hrsg. ABK (= *herausgegeben*) ed.

Hrsg. ABK (= *Herausgeber*) ed.

HTML ABK (= *Hyper Text Markup Language*) HTML

Hub [hu:p] (**-(e)s, Hübe**) M lift; (*Tech*) stroke

hüben [ˈhy:bən] ADV on this side, over here; **~ und drüben** on both sides

Hubraum M (*Aut*) cubic capacity

★ **hübsch** [hypʃ] ADJ pretty, nice; **immer ~ langsam!** (*umg*) nice and easy

★ **Hubschrauber** (**-s, -**) M helicopter

Hucke [ˈhʊkə] (**-, -n**) F: **jdm die ~ vollhauen** (*umg*) to give sb a good hiding

huckepack [ˈhʊkəpak] ADV piggy-back, pick-a-back

hudeln [ˈhu:dəln] VI to be sloppy

Huf [ˈhu:f] (**-(e)s, -e**) M hoof; **Hufeisen** NT horseshoe; **Hufnagel** M horseshoe nail

Hüfte [ˈhyftə] (**-, -n**) F hip

Hüftgürtel M girdle

Hüfthalter M girdle

Hüfthose F hip huggers *pl*

Huftier NT hoofed animal, ungulate

★ **Hügel** [ˈhy:gəl] (**-s, -**) M hill

hügelig, hüglig ADJ hilly

★ **Huhn** [hu:n] (**-(e)s, Hühner**) NT hen; (*Koch*) chicken; **da lachen ja die Hühner** (*umg*) it's enough to make a cat laugh; **er sah aus wie ein gerupftes ~** (*umg*) he looked as if he'd been dragged through a hedge backwards

Hühnchen [ˈhyːnçən] NT young chicken; **mit jdm ein ~ zu rupfen haben** (*umg*) to have a bone to pick with sb

Hühner- zW: **Hühnerauge** NT corn; **Hühnerbrühe** F chicken broth; **Hühnerklein** NT (*Koch*) chicken trimmings *pl*

Huld [hʊlt] (-) F favour (*BRIT*), favor (*US*)

huldigen [ˈhʊldɪɡən] VI: **jdm ~** to pay homage to sb

Huldigung F homage

Hülle [ˈhʏlə] (-, -n) F cover(ing); (*Zellophanhülle*) wrapping; **in ~ und Fülle** galore; **die Hüllen fallen lassen** (*fig*) to strip off

hüllen VT: **~ (in** *+akk***)** to cover (with); (*in Zellophan*) to wrap (in)

Hülse [ˈhʏlzə] (-, -n) F husk, shell

Hülsenfrucht F pulse

human [huˈmaːn] ADJ humane

humanistisch [humaˈnɪstɪʃ] ADJ: **humanistisches Gymnasium** *secondary school with bias on Latin and Greek*

humanitär [humaniˈtɛːr] ADJ humanitarian

Humanität F humanity

Humanmedizin F (human) medicine

Hummel [ˈhʊməl] (-, -n) F bumblebee

Hummer [ˈhʊmər] (-s, -) M lobster

★**Humor** [huˈmoːr] (-s, -e) M humour (*BRIT*), humor (*US*); **~ haben** to have a sense of humo(u)r; **Humorist(in)** M(F) humorist; **humoristisch** ADJ humorous; **humorlos** ADJ humourless; ★ **humorvoll** ADJ humorous

humpeln [ˈhʊmpəln] VI to hobble

Humpen [ˈhʊmpən] (-s, -) M tankard

Humus [ˈhuːmʊs] (-) M humus

★**Hund** [hʊnt] (-(e)s, -e) M dog; **auf den ~ kommen, vor die Hunde gehen** (*fig: umg*) to go to the dogs; **Hunde, die bellen, beißen nicht** (*Sprichwort*) empty vessels make most noise (*Sprichwort*); **er ist bekannt wie ein bunter ~** (*umg*) everybody knows him

Hunde- zW: **hundeelend** (*umg*) ADJ: **mir ist ~** I feel lousy; **Hundehütte** F (dog) kennel; **Hundekuchen** M dog biscuit; **Hundemarke** F dog licence disc, dog tag (*US*); **hundemüde** (*umg*) ADJ dog-tired

hundert [ˈhʊndərt] NUM hundred; **Hundert** (-s, -e) NT hundred; **Hunderte von Menschen** hundreds of people

Hunderter (-s, -) M hundred; (*umg: Geldschein*) hundred (euro/pound/dollar *etc* note)

hundert- zW: **Hundertjahrfeier** F centenary; **Hundertmeterlauf** M (*Sport*): **der/ein ~** the/a hundred metres (*BRIT*) *od* meters (*US*) *sing*; **hundertprozentig** ADJ, ADV one hundred per cent

hundertste(r, s) ADJ hundredth; **von Hundertsten ins Tausendste kommen** (*fig*) to get carried away

Hundesteuer F dog licence (*BRIT*) *od* license (*US*) fee

Hundewetter (*umg*) NT filthy weather

Hündin [ˈhʏndɪn] F bitch

Hüne [ˈhyːnə] (-n, -n) M: **ein ~ von Mensch** a giant of a man

Hünengrab NT megalithic tomb

★**Hunger** [ˈhʊŋər] (-s) M hunger; **~ haben** to be hungry; **ich sterbe vor ~** (*umg*) I'm starving; **Hungerlohn** M starvation wages *pl*

hungern VI to starve

Hungersnot F famine

Hungerstreik M hunger strike

Hungertuch NT: **am ~ nagen** (*fig*) to be starving

★**hungrig** [ˈhʊŋrɪç] ADJ hungry

Hunsrück [ˈhʊnsrʏk] M Hunsruck (Mountains *pl*)

Hupe [ˈhuːpə] (-, -n) F horn

hupen VI to hoot, to sound one's horn

Hüpfburg F bouncy castle®

hupfen [ˈhuːpfən] VI to hop, to jump; **das ist gehupft wie gesprungen** (*umg*) it's six of one and half a dozen of the other

hüpfen [ˈhʏpfən] VI to hop, to jump

Hupkonzert (*umg*) NT hooting (of car horns)

Hürde [ˈhʏrdə] (-, -n) F hurdle; (*für Schafe*) pen

Hürdenlauf M hurdling

Hure [ˈhuːrə] (-, -n) (*umg!*) F whore (*umg!*)

Hurensohn (*pej, !*) M bastard (*!*), son of a bitch (*!*)

hurra [hʊˈraː] INTERJ hooray, hurrah

hurtig [ˈhʊrtɪç] ADJ brisk, quick ▶ ADV briskly, quickly

huschen [ˈhʊʃən] VI to flit, to scurry

★**husten** VI to cough; **auf etw** *akk* **~** (*umg*) not to give a damn for sth

★**Husten** [ˈhuːstən] (-s) M cough; **Hustenanfall** M coughing fit; **Hustenbonbon** M OD NT cough drop; **Hustensaft** M cough mixture

★**Hut¹** [huːt] (-(e)s, Hüte) M hat; **unter einen ~ bringen** (*umg*) to reconcile; (*Termine etc*) to fit in

Hut² [huːt] (-) F care; **auf der ~ sein** to be on one's guard

hüten [ˈhyːtən] VT to guard ▶ VR to watch out; **das Bett/Haus ~** to stay in bed/indoors; **sich ~ zu** to take care not to; **sich ~ vor** *+dat* to beware of; **ich werde mich ~!** not likely!

Hutschnur F: **das geht mir über die ~** (*umg*) that's going too far

★**Hütte** [ˈhʏtə] (-, -n) F hut; (*Holzhütte, Blockhütte*) cabin; (*Eisenhütte*) forge; (*umg: Wohnung*) pad; (*Tech: Hüttenwerk*) iron and steel works

Hüttenindustrie F iron and steel industry

Hüttenkäse M cottage cheese

Hüttenwerk NT iron and steel works

hutzelig [ˈhʊtsəlɪç] ADJ shrivelled

Hyäne [hyˈɛːnə] (-, -n) F hyena

Hyazinthe [hyaˈtsɪntə] (-, -n) F hyacinth

Hybridauto [hyˈbriːt|auto] NT hybrid car

Hydrant [hyˈdrant] M hydrant

hydraulisch [hyˈdraulɪʃ] ADJ hydraulic

Hydrierung [hyˈdriːrʊŋ] F hydrogenation

Hygiene [hygi'e:nə] (-) F hygiene
hygienisch [hygi'e:nɪʃ] ADJ hygienic
Hymne ['hʏmnə] (-, -n) F hymn, anthem
hyper- ['hypɛr] IN ZW hyper-; **Hyperlink** ['haɪpərlɪŋk] (-s, -s) M hyperlink
Hypnose [hʏp'no:zə] (-, -n) F hypnosis
hypnotisch ADJ hypnotic
Hypnotiseur(in) [hʏpnoti'zø:r(ɪn)] M(F) hypnotist
hypnotisieren [hʏpnoti|zi:rən] VT to hypnotize
Hypotenuse [hypote'nu:zə] (-, -n) F hypotenuse
Hypothek [hypo'te:k] (-, -en) F mortgage; **eine ~ aufnehmen** to raise a mortgage; **etw mit einer ~ belasten** to mortgage sth
Hypothese [hypo'te:zə] (-, -n) F hypothesis
hypothetisch [hypo'te:tɪʃ] ADJ hypothetical
Hysterie [hyste'ri:] F hysteria
hysterisch [hʏs'te:riʃ] ADJ hysterical; **einen hysterischen Anfall bekommen** (*fig*) to have hysterics

h

I, i [iː] NT I, i; **I wie Ida** ≈ I for Isaac, ≈ I for Item (*US*); **das Tüpfelchen auf dem i** (*fig*) the final touch

i. ABK = **in; im**

i. A. ABK (= *im Auftrag*) p.p.

iberisch [iˈbeːrɪʃ] ADJ Iberian; **die Iberische Halbinsel** the Iberian Peninsula

IC (-) M ABK = **Intercityzug**

★**ICE** M ABK (= *Intercityexpresszug*) *German high-speed train*

ich [ɪç] PRON I; **~ bins!** it's me!; **Ich (-(s), -(s))** NT self; (*Psych*) ego; **Ichform** F first person; **Ichroman** M novel in the first person

ideal [ideˈaːl] ADJ ideal; **Idealfall** M: **im ~** ideally

Idealismus [ideaˈlɪsmʊs] M idealism

Idealist(in) M(F) idealist

idealistisch ADJ idealistic

Idealvorstellung F ideal

★**Idee** [iˈdeː] (-, -n) F idea; (*ein wenig*) shade, trifle; **jdn auf die ~ bringen, etw zu tun** to give sb the idea of doing sth

ideell [ideˈɛl] ADJ ideal

identifizieren [idɛntifiˈtsiːrən] VT to identify

identisch [iˈdɛntɪʃ] ADJ identical

Identität [idɛntiˈtɛːt] F identity

Identitätsdiebstahl [idɛntiˈtɛːtsdiːpʃtaːl] M identity theft

Ideologe [ideoˈloːgə] (-n, -n) M ideologist

Ideologie [ideoloˈgiː] F ideology

Ideologin [ideoˈloːgɪn] F ideologist

ideologisch [ideoˈloːgɪʃ] ADJ ideological

idiomatisch [idioˈmaːtɪʃ] ADJ idiomatic

Idiot [idiˈoːt] (-en, -en) M idiot

Idiotenhügel M (*hum: umg*) beginners' *od* nursery slope

idiotensicher (*umg*) ADJ foolproof

Idiotin F idiot

idiotisch ADJ idiotic

Idol [iˈdoːl] (-s, -e) NT idol

idyllisch [iˈdʏlɪʃ] ADJ idyllic

IG ABK (= *Industriegewerkschaft*) *industrial trade union*

IGB (-) M ABK (= *Internationaler Gewerkschaftsbund*) International Trades Union Congress

Igel [ˈiːgəl] (-s, -) M hedgehog

igitt [iˈgɪt], **igittigitt** [iˈgɪtiˈgɪt] INTERJ ugh!

Iglu [ˈiːglu] (-s, -s) M OD NT igloo

Ignorant [ɪgnoˈrant] (-en, -en) M ignoramus

ignorieren [ɪgnoˈriːrən] VT to ignore

IHK F ABK = **Industrie- und Handelskammer**

ihm [iːm] PRON *dat von* **er**; **es** (to) him, (to) it; **es ist ~ nicht gut** he doesn't feel well

ihn [iːn] PRON *akk von* **er** him; (*bei Tieren, Dingen*) it

ihnen [ˈiːnən] PRON *dat pl von* **sie** (to) them; (*nach Präpositionen*) them

Ihnen PRON *dat von* **Sie** (to) you; (*nach Präpositionen*) you

ihr [iːr]

PRON **1** (*nom pl*) you; **ihr seid es** it's you
2 (*dat von sie*) (to) her; (: *bei Tieren, Dingen*) (to) it; **gib es ihr** give it to her; **er steht neben ihr** he is standing beside her
▶ POSS PRON **1** (*sing*) her; (: *bei Tieren, Dingen*) its; **ihr Mann** her husband
2 (*pl*) their; **die Bäume und ihre Blätter** the trees and their leaves

★**Ihr** POSS PRON your

ihre(r, s) POSS PRON hers; (*eines Tieres*) its; (*von mehreren*) theirs; **sie taten das I~** (*geh*) they did their bit

Ihre(r, s) POSS PRON yours; **tun Sie das ~** (*geh*) you do your bit

ihrer [ˈiːrər] PRON *gen von* **sie** of her; (*pl*) of them

Ihrer PRON *gen von* **Sie** of you

ihrerseits ADV for her/their part

Ihrerseits ADV for your part

ihresgleichen PRON people like her/them; (*von Dingen*) others like it; **eine Frechheit, die ~ sucht!** an incredible cheek!

ihretwegen ADV (*für sie*) for her/its/their sake; (*wegen ihr, ihnen*) on her/its/their account; **sie sagte, ~ könnten wir gehen** she said that, as far as she was concerned, we could go

ihretwillen ADV: **um ~** for her/its/their sake

ihrige [ˈiːrɪgə] PRON: **der/die/das ~** *od* **I~** hers; (*von Sache*) its; (*pl*) theirs

i. J. ABK (= *im Jahre*) in (the year)

Ikone [iˈkoːnə] (-, -n) F icon

IKRK NT ABK (= *Internationales Komitee vom Roten Kreuz*) ICRC

illegal [ˈɪlegaːl] ADJ illegal

illegitim [ˈɪlegitiːm] ADJ illegitimate

Illusion [ɪluzi'o:n] F illusion; **sich** *dat* **Illusionen machen** to delude o.s.
illusorisch [ɪlu'zo:rɪʃ] ADJ illusory
Illustration [ɪlʊstratsi'o:n] F illustration
illustrieren [ɪlʊs'tri:rən] VT to illustrate
Illustrierte (**-n, -n**) F picture magazine
Iltis ['ɪltɪs] (**-ses, -se**) M polecat
im [ɪm] PRÄP = **in dem**; **im Bett** in bed; **im Fernsehen** on TV; **im Radio** on the radio; **etw im Liegen/Stehen tun** do sth lying down/standing up
IM (**-s**) NT ABK (= *instant messaging*) IM
Image ['ɪmɪtʃ] (**-(s), -s**) NT image; **Imagekampagne** F image-building campaign; **Imagepflege** (*umg*) F image-building; **Imageschaden** F damage to one's image
imaginär [imagi'nɛ:r] ADJ imaginary
Imam [i'ma:m] (**-s, -e**) M imam
Imbiss ['ɪmbɪs] (**-es, -e**) M snack; **Imbisshalle** F snack bar; ★ **Imbissstand** M, **Imbissstube** F snack bar
Imissionswert [imisi'o:nsve:rt] M pollution count
imitieren [imi'ti:rən] VT to imitate
Imker(in) ['ɪmkər(ɪn)] (**-s, -**) M(F) beekeeper
immanent [ɪma'nɛnt] ADJ inherent, intrinsic
Immatrikulation [ɪmatrikulatsi'o:n] F (*Univ*) registration
immatrikulieren [ɪmatriku'li:rən] VI, VR to register
immer ['ɪmər] ADV always; **~ wieder** again and again; **etw ~ wieder tun** to keep on doing sth; **~ noch** still; **~ noch nicht** still not; **für ~** forever; **~ wenn ich ...** every time I ...; **~ schöner** more and more beautiful; **~ trauriger** sadder and sadder; **was/wer (auch) ~** whatever/whoever; **immerhin** ADV all the same; **immerzu** ADV all the time
Immigrant(in) [ɪmi'grant(ɪn)] M(F) immigrant
Immobilien [ɪmo'bi:liən] PL real property (BRIT), real estate (US); (*in Zeitungsannoncen*) property *sing*
Immobilienhändler(in), **Immobilienmakler(in)** M(F) estate agent (BRIT), realtor (US)
immun [ɪ'mu:n] ADJ immune
immunisieren [ɪmuni'zi:rən] VT to immunize
Immunität [ɪmu:ni'tɛ:t] F immunity
Immunschwäche F immunodeficiency
Immunsystem NT immune system
imperativ ['ɪmperati:f] ADJ: **imperatives Mandat** imperative mandate
Imperativ (**-s, -e**) M imperative
Imperfekt ['ɪmpɛrfɛkt] (**-s, -e**) NT imperfect (tense)
Imperialismus [ɪmperia'lɪsmʊs] M imperialism
Imperialist(in) [ɪmperia'lɪst(ɪn)] M(F) imperialist; **imperialistisch** ADJ imperialistic
impfen ['ɪmpfən] VT to vaccinate
Impf- ZW: **Impfpass** M vaccination card; **Impfschutz** M protection given by vaccination; **Impfstoff** M vaccine; **Impfung** F vaccination; **Impfzwang** M compulsory vaccination
implizieren [ɪmpli'tsi:rən] VT to imply
imponieren [ɪmpo'ni:rən] VI +*dat* to impress
Import [ɪm'pɔrt] (**-(e)s, -e**) M import
Importeur [ɪmpɔr'tø:r] (**-s, -e**) M importer
importieren [ɪmpɔr'ti:rən] VT to import
imposant [ɪmpo'zant] ADJ imposing
impotent ['ɪmpotɛnt] ADJ impotent
Impotenz ['ɪmpotɛnts] F impotence
imprägnieren [ɪmprɛ'gni:rən] VT to (water) proof
Impressionismus [ɪmprɛsio'nɪsmʊs] M impressionism
Impressum [ɪm'prɛsʊm] (**-s, -ssen**) NT imprint
Improvisation [ɪmprovizatsi'o:n] F improvisation
improvisieren [ɪmprovi'zi:rən] VT, VI to improvise
Impuls [ɪm'pʊls] (**-es, -e**) M impulse; **etw aus einem ~ heraus tun** to do sth on impulse
impulsiv [ɪmpʊl'zi:f] ADJ impulsive
imstande, im Stande [ɪm'ʃtandə] ADJ: **~ sein** to be in a position; (*fähig*) to be able; **er ist zu allem ~** he's capable of anything

in [ɪn]

PRÄP +*akk* **1** (*räumlich: wohin*) in, into; **in die Stadt** into town; **in die Schule gehen** to go to school; **in die Hunderte gehen** to run into (the) hundreds
2 (*zeitlich*): **bis ins 20. Jahrhundert** into *od* up to the 20th century
▶ PRÄP +*dat* **1** (*räumlich: wo*) in; **in der Stadt** in town; **in der Schule sein** to be at school; **es in sich haben** (*umg: Text*) to be tough; (*: Drink*) to have quite a kick
2 (*zeitlich: wann*): **in diesem Jahr** this year; (*in jenem Jahr*) in that year; **heute in zwei Wochen** two weeks today

inaktiv ['ɪn|akti:f] ADJ inactive; (*Mitglied*) non-active
Inangriffnahme [ɪn'|angrɪfna:mə] (**-, -n**) F (*form*) commencement
Inanspruchnahme [ɪn'|anʃprʊxna:mə] (**-, -n**) F: **~ (+*gen*)** demands *pl* (on); **im Falle einer ~ der Arbeitslosenunterstützung** (*form*) where unemployment benefit has been sought
inbegr. ABK (= *inbegriffen*) enc.
Inbegriff ['ɪnbəgrɪf] M embodiment, personification
inbegriffen ADV included
Inbetriebnahme [ɪnbə'tri:pna:mə] (**-, -n**) F (*form*) commissioning; (*von Gebäude, U-Bahn etc*) inauguration
inbrünstig ['ɪnbrʏnstɪç] ADJ ardent
indem [ɪn'de:m] KONJ while; **~ man etw macht** (*dadurch*) by doing sth

Inder(in) [ˈɪndər(ɪn)] (**-s, -**) M(F) Indian
indes [ɪnˈdɛs], **indessen** [ɪnˈdɛsən] ADV meanwhile ▸ KONJ while
Index [ˈɪndɛks] (**-(es), -e** *od* **Indizes**) M: **auf dem ~ stehen** (*fig*) to be banned; **Indexzahl** F index number
Indianer(in) [ɪndiˈaːnər(ɪn)] (**-s, -**) M(F) American Indian, Native American
indianisch ADJ American Indian, Native American
★**Indien** [ˈɪndiən] (**-s**) NT India
indigniert [ɪndɪˈgniːrt] ADJ indignant
Indikation [ɪndikatsiˈoːn] F: **medizinische/soziale ~** medical/social grounds *pl* for the termination of pregnancy
Indikativ [ˈɪndikatiːf] (**-s, -e**) M indicative
indirekt [ˈɪndirɛkt] ADJ indirect; **indirekte Steuer** indirect tax
indisch [ˈɪndɪʃ] ADJ Indian; **Indischer Ozean** Indian Ocean
indiskret [ˈɪndɪskreːt] ADJ indiscreet
Indiskretion [ɪndɪskretsiˈoːn] F indiscretion
indiskutabel [ˈɪndɪskutaːbəl] ADJ out of the question
indisponiert [ˈɪndɪsponiːrt] ADJ (*geh*) indisposed
Individualist [ɪndividuaˈlɪst] M individualist
Individualität [ɪndividualiˈtɛt] F individuality
Individualtourismus M individual tourism
individuell [ɪndividuˈɛl] ADJ individual; **etw ~ gestalten** to give sth a personal note; **etw ~ anpassen** to customize sth
Individuum [ɪndiˈviːduʊm] (**-s, -duen**) NT individual
Indiz [ɪnˈdiːts] (**-es, -ien**) NT (*Jur*) clue; **~ (für)** sign (of)
Indizes [ˈɪnditseːz] PL *von* **Index**
Indizienbeweis M circumstantial evidence
indizieren [ɪndiˈtsiːrən] VT, VI (*Comput*) to index
Indochina [ˈɪndoˈçiːna] (**-s**) NT Indochina
indogermanisch [ˈɪndogɛrˈmaːnɪʃ] ADJ Indo-Germanic, Indo-European
indoktrinieren [ɪndɔktriˈniːrən] VT to indoctrinate
Indonesien [ɪndoˈneːziən] (**-s**) NT Indonesia
Indonesier(in) (**-s, -**) M(F) Indonesian
indonesisch [ɪndoˈneːzɪʃ] ADJ Indonesian
Indossament [ɪndɔsaˈmɛnt] NT (*Comm*) endorsement
Indossant(in) [ɪndɔˈsant(ɪn)] M(F) endorser
Indossat [ɪndɔˈsaːt] (**-en, -en**) M endorsee
indossieren VT to endorse
industrialisieren [ɪndʊstrialiˈziːrən] VT to industrialize
Industrialisierung F industrialization
★**Industrie** [ɪndʊsˈtriː] F industry; **in der ~ arbeiten** to be in industry; ★**Industriegebiet** NT industrial area; **Industriegelände** NT industrial *od* trading estate; **Industriekaufmann** M industrial manager
industriell [ɪndʊstriˈɛl] ADJ industrial; **industrielle Revolution** industrial revolution
Industrielle(r) F(M) industrialist
Industrie- ZW: **Industriestaat** M industrial nation; **Industrie- und Handelskammer** F chamber of industry and commerce; **Industriezone** F (*bes* ÖSTERR, SCHWEIZ) industrial zone; **Industriezweig** M branch of industry
ineinander [ɪn|aɪˈnandər] ADV in(to) one another *od* each other; **~ übergehen** to merge (into each other)
ineinander|greifen *unreg* VI (*lit*) to interlock; (*Zahnräder*) to mesh; (*fig*: *Ereignisse etc*) to overlap
Infanterie [ɪnfantəˈriː] F infantry
Infarkt [ɪnˈfarkt] (**-(e)s, -e**) M coronary (thrombosis)
Infektion [ɪnfɛktsiˈoːn] F infection
Infektionsherd M focus of infection
Infektionskrankheit F infectious disease
Infinitiv [ˈɪnfinitiːf] (**-s, -e**) M infinitive
infizieren [ɪnfiˈtsiːrən] VT to infect ▸ VR: **sich (bei jdm) ~** to be infected (by sb)
in flagranti [ɪn flaˈgranti] ADV in the act, red-handed
Inflation [ɪnflatsiˈoːn] F inflation
inflationär [ɪnflatsioˈnɛːr] ADJ inflationary
inflationsbereinigt ADJ inflation-adjusted
Inflationsrate F rate of inflation
inflatorisch [ɪnflaˈtoːrɪʃ] ADJ inflationary
Info [ˈɪnfo] (**-s, -s**) (*umg*) NT (information) leaflet
Infobrief [ˈɪnfo-] M info letter
infolge [ɪnˈfɔlgə] PRÄP +*gen* as a result of, owing to; **infolgedessen** ADV consequently
★**Informatik** [ɪnfɔrˈmaːtɪk] F information studies *pl*
★**Informatiker(in)** (**-s, -**) M(F) computer scientist
★**Information** [ɪnfɔrmatsiˈoːn] F information *no pl* ▪ **Informationen** PL (*Comput*) data; **zu Ihrer ~** for your information

> **Information** ist ein unzählbares Substantiv: es hat keinen Plural und man kann keinen unbestimmten Artikel davor stellen. Wenn man von einer Information spricht, sagt man: **a piece of information** oder **some information**.
>
> *Ich habe eine Information für dich*. **I have a piece of information for you**.
>
> *Du brauchst ein paar Informationen, bevor du reist*. **You need some information before you travel**.

Informationsabruf M (*Comput*) information retrieval
Informationsgesellschaft F information society

Informationstechnik F information technology
informativ [ɪnfɔrma'ti:f] ADJ informative
informieren [ɪnfɔr'mi:rən] VT: **~ (über** *+akk***)** to inform (about) ▸ VR: **sich ~ (über** *+akk***)** to find out (about)
Infotelefon NT information line
infrage, in Frage [ɪn'fra:gə] ADV: **etw ~ stellen** to question sth; **~ kommend** possible; (*Bewerber*) worth considering; **nicht ~ kommen** to be out of the question
Infrastruktur ['ɪnfraʃtrʊktu:r] F infrastructure
Infusion [ɪnfuzi'o:n] F infusion
Ing. ABK = **Ingenieur**
Ingenieur(in) [ɪnʒeni'ø:r(ɪn)] M(F) engineer; **Ingenieurschule** F school of engineering
Ingwer ['ɪŋvər] (**-s**) M ginger
Inh. ABK (= *Inhaber(in)*) prop.; (= *Inhalt*) cont.
Inhaber(in) ['ɪnha:bər(ɪn)] (**-s, -**) M(F) owner; (*Comm*) proprietor; (*Hausinhaber*) occupier; (*Lizenzinhaber*) licensee, holder; (*Fin*) bearer
inhaftieren [ɪnhaf'ti:rən] VT to take into custody
inhalieren [ɪnha'li:rən] VT, VI to inhale
Inhalt ['ɪnhalt] (**-(e)s, -e**) M contents *pl*; (*eines Buchs etc*) content; (*Math: Flächen*) area; (*: Rauminhalt*) volume; **inhaltlich** ADJ as regards content
Inhalts- ZW: **Inhaltsangabe** F summary; **Inhaltslos** ADJ empty; **Inhaltsreich** ADJ full; **Inhaltsverzeichnis** NT table of contents; (*Comput*) directory
inhuman ['ɪnhuma:n] ADJ inhuman
initialisieren [initsia:li'zi:rən] VT (*Comput*) to initialize
Initialisierung F (*Comput*) initialization
Initiative [initsia'ti:və] F initiative; **die ~ ergreifen** to take the initiative
Initiator(in) [initsi'a:tɔr, -'to:rɪn] M(F) (*geh*) initiator
Injektion [ɪnjɛktsi'o:n] F injection
injizieren [ɪnji'tsi:rən] VT to inject; **jdm etw ~** to inject sb with sth
Inka ['ɪŋka] (**-(s), -s**) F(M) Inca
Inkaufnahme [ɪn'kaufna:mə] F (*form*): **unter ~ finanzieller Verluste** accepting the inevitable financial losses
inkl. ABK (= *inklusive*) inc.
Inklusionsklasse [ɪnklu'zio:nsklasə] (-) F (*Sch*) inclusive classroom
inklusive [ɪnklu'zi:və] PRÄP *+gen* inclusive of ▸ ADV inclusive
Inklusivpreis M all-in rate
inkognito [ɪn'kɔgnito] ADV incognito
inkonsequent ['ɪnkɔnzekvɛnt] ADJ inconsistent
inkorrekt ['ɪnkɔrɛkt] ADJ incorrect
Inkrafttreten [ɪn'krafttre:tən] (**-s**) NT coming into force
Inkubationszeit [ɪnkubatsi'o:nstsaɪt] F (*Med*) incubation period
★**Inland** ['ɪnlant] (**-(e)s**) NT (*Geog*) inland; (*Pol, Comm*) home (country); **im ~ und Ausland** at home and abroad
Inlandflug M domestic flight
Inlandsporto NT inland postage
inmitten [ɪn'mɪtən] PRÄP *+gen* in the middle of; **~ von** amongst
inne|haben ['ɪnəha:bən] *unreg* VT to hold
inne|halten ['ɪnəhaltən] *unreg* VI to pause, to stop
★**innen** ['ɪnən] ADV inside; **nach ~** inwards; **von ~** from the inside; **Innenarchitekt(in)** M(F) interior designer; **Innenaufnahme** F indoor photograph; **Innenbahn** F (*Sport*) inside lane; **Innendienst** M: **im ~ sein** to work in the office; **Inneneinrichtung** F (interior) furnishings *pl*; **Innenleben** NT (*seelisch*) emotional life; (*umg: körperlich*) insides *pl*; **Innenminister(in)** M(F) minister of the interior, Home Secretary (BRIT); **Innenpolitik** F domestic policy; **innenpolitisch** ADJ relating to domestic policy, domestic; **Innenspiegel** M rear-view mirror; ★**Innenstadt** F town *od* city centre (BRIT) *od* center (US)
innerbetrieblich ADJ in-house; **etw ~ regeln** to settle sth within the company
innerdeutsch ADJ: **innerdeutsche(r) Handel** domestic trade in Germany
innere(r, s) ADJ inner; (*im Körper, inländisch*) internal
Innere(s) NT inside; (*Mitte*) centre (BRIT), center (US); (*fig*) heart
Innereien [ɪnə'raɪən] PL innards *pl*
inner- ZW: ★**innerhalb** PRÄP *+gen*, ADV within; (*räumlich*) inside; **innerlich** ADJ internal; (*geistig*) inward; **Innerlichkeit** F (*Liter*) inwardness; **innerparteilich** ADJ: **innerparteiliche Demokratie** democracy (with)in the party structure
innerste(r, s) ADJ innermost
Innerste(s) NT heart; **bis ins ~ getroffen** hurt to the quick
inne|wohnen ['ɪnəvo:nən] VI *+dat* (*geh*) to be inherent in
innig ['ɪnɪç] ADJ profound; (*Freundschaft*) intimate; **mein innigster Wunsch** my dearest wish
Innovation [ɪnovatsi'o:n] F innovation
Innovationsschub [ɪnovatsi'o:nsʃu:p] F surge of innovations
innovativ [ɪnova'ti:f] ADJ innovative
Innung ['ɪnʊŋ] F (trade) guild; **du blamierst die ganze ~** (*hum: umg*) you are letting the whole side down
inoffiziell ['ɪn|ofitsiɛl] ADJ unofficial
ins [ɪns] = **in das**
Insasse ['ɪnzasə] (**-n, -n**) M, **Insassin** F (*einer Anstalt*) inmate; (*Aut*) passenger
★**insbesondere** [ɪnsbə'zɔndərə] ADV (e)specially
Inschrift ['ɪnʃrɪft] F inscription
★**Insekt** [ɪn'zɛkt] (**-(e)s, -en**) NT insect

i

Insektenvertilgungsmittel NT insecticide
★**Insel** [ˈɪnzəl] (-, -n) F island
Inserat [ɪnzeˈraːt] (-(e)s, -e) NT advertisement
Inserent [ɪnzeˈrɛnt] M advertiser
inserieren [ɪnzeˈriːrən] VT, VI to advertise
insgeheim [ɪnsgəˈhaɪm] ADV secretly
★**insgesamt** [ɪnsgəˈzamt] ADV altogether, all in all
Insiderhandel [ˈɪnsaɪdər-] M insider dealing *od* trading
Insidertipp [ˈɪnsaɪdər-] M insider tip
insofern [ɪnzoˈfɛrn] ADV in this respect ▶ KONJ if; (*deshalb*) (and) so; **~ als** in so far as
insolvent [ˈɪnzɔlvɛnt] ADJ bankrupt, insolvent
Insolvenz [ˈɪnzɔlvɛnts] F (*Comm*) insolvency; **Insolvenzantrag** M application for insolvency proceedings; **Insolvenzverfahren** NT insolvency proceedings *pl*; **Insolvenzverwalter(in)** M(F) official receiver
insoweit ADV, KONJ = **insofern**
in spe [ɪnˈʃpeː] (*umg*) ADJ: **unser Schwiegersohn ~** our son-in-law to be, our future son-in-law
Inspektion [ɪnspɛktsiˈoːn] F inspection; (*Aut*) service
Inspektor(in) [ɪnˈspɛktɔr, -ˈtoːrɪn] (-s, -en) M(F) inspector
Inspiration [ɪnspiratsiˈoːn] F inspiration
inspirieren [ɪnspiˈriːrən] VT to inspire; **sich von etw ~ lassen** to get one's inspiration from sth
inspizieren [ɪnspiˈtsiːrən] VT to inspect
Installateur(in) [ɪnstalaˈtøːr(ɪn)] M(F) plumber; (*Elektroinstallateur*) electrician
installieren [ɪnstaˈliːrən] VT to install (*auch fig, Comput*)
Instandhaltung [ɪnˈʃtanthaltʊŋ] F maintenance
inständig [ˈɪnʃtɛndɪç] ADJ urgent; **~ bitten** to beg
Instandsetzung F overhaul; (*eines Gebäudes*) restoration
Instant Messaging [ˈɪnstəntˈmɛsɪdʒɪŋ] (-) NT instant messaging
Instanz [ɪnˈstants] F authority; (*Jur*) court; **Verhandlung in erster/zweiter ~** first/second court case
Instanzenweg M official channels *pl*
Instinkt [ɪnˈstɪŋkt] (-(e)s, -e) M instinct
instinktiv [ɪnstɪŋkˈtiːf] ADJ instinctive
Institut [ɪnstiˈtuːt] (-(e)s, -e) NT institute
Institution [ɪnstitutsiˈoːn] F institution
★**Instrument** [ɪnstruˈmɛnt] NT instrument

> Um zu sagen, dass man ein Instrument spielt, gebraucht man den bestimmten Artikel:
>
> *Ich möchte lernen, Saxophon zu spielen*. **I want to learn to play the saxophone**.
>
> *Sie spielt sehr gut Gitarre*. **She plays the guitar very well**.

Insulin [ɪnzuˈliːn] (-s) NT insulin
inszenieren [ɪnstseˈniːrən] VT to direct; (*fig*) to stage-manage
Inszenierung F production
intakt [ɪnˈtakt] ADJ intact
Integralrechnung [ɪnteˈgraːlrɛçnʊŋ] F integral calculus
Integration [ɪntegratsiˈoːn] F integration
integrieren [ɪnteˈgriːrən] VT to integrate; **integrierte Gesamtschule** comprehensive school (BRIT)
Integrität [ɪntegriˈtɛːt] F integrity
Intellekt [ɪntɛˈlɛkt] (-(e)s) M intellect
intellektuell [ɪntɛlɛktuˈɛl] ADJ intellectual
Intellektuelle(r) F(M) intellectual
★**intelligent** [ɪntɛliˈgɛnt] ADJ intelligent
Intelligenz [ɪntɛliˈgɛnts] F intelligence; (*Leute*) intelligentsia *pl*; **Intelligenzquotient** M IQ, intelligence quotient
Intendant(in) [ɪntɛnˈdant(ɪn)] M(F) director
Intensität [ɪntɛnziˈtɛːt] F intensity
intensiv [ɪntɛnˈziːf] ADJ intensive
intensivieren [ɪntɛnziˈviːrən] VT to intensify
Intensivkurs M crash course
Intensivstation F intensive care unit
interaktiv ADJ (*Comput*) interactive
★**Intercityzug** [ɪntərˈsɪtitsuːk] M inter-city train
★**interessant** [ɪnterɛˈsant] ADJ interesting; **sich ~ machen** to attract attention
interessanterweise ADV interestingly enough
★**Interesse** [ɪnteˈrɛsə] (-s, -n) NT interest; **~ haben an** *+dat* to be interested in
Interessengebiet NT field of interest
Interessengegensatz M clash of interests
Interessent(in) [ɪnterɛˈsɛnt(ɪn)] M(F) interested party; **es haben sich mehrere Interessenten gemeldet** several people have shown interest
Interessenvertretung F representation of interests; (*Personen*) group representing (one's) interests
★**interessieren** [ɪnterɛˈsiːrən] VT: **jdn (für etw** *od* **an etw** *dat***) ~** to interest sb (in sth) ▶ VR: **sich ~ für** to be interested in
interessiert ADJ: **politisch ~** interested in politics
Interkontinentalrakete [ɪntərkɔntinɛnˈtaːlrakeːtə] F intercontinental missile
interkulturell ADJ intercultural
intern [ɪnˈtɛrn] ADJ internal
★**Internat** [ɪntɛrˈnaːt] (-(e)s, -e) NT boarding school
international [ɪntɛrnatsioˈnaːl] ADJ international
Internatsschüler(in) M(F) boarder
★**Internet** [ˈɪntɛrnɛt] (-s) NT internet; **im ~** on the internet; **im ~ surfen** to surf the net; **ins ~ stellen** to post on the internet; **Internetanbieter** M internet provider; **Internetangriff** M cyber

attack; **Internetanschluss** M internet connection; **Internetauktion** F internet auction; **internetbasiert** ADJ internet-based; **internetbasierte Anwendung** internet-based application; **Internetcafé** NT internet café; **Internethandel** M e-commerce; **Internethändler(in)** M(F) online trader *od* dealer; **Internethandy** NT mobile phone with internet access, smartphone; **Internetportal** NT web *od* internet portal; **Internetseite** F web page; **Internetsicherheit** F cybersecurity; **Internetzugang** M internet access

internieren [ɪntɛrˈniːrən] VT to intern

Internierungslager NT internment camp

Internist(in) M(F) internist

Interpol [ˈɪntərpoːl] (-) F ABK (= *Internationale Polizei*) Interpol

Interpret [ɪntərˈpreːt] (**-en, -en**) M: **Lieder verschiedener Interpreten** songs by various singers

Interpretation [ɪntərpretatsiˈoːn] F interpretation

interpretieren [ɪntɛrpreˈtiːrən] VT to interpret

Interpretin F *siehe* **Interpret**

Interpunktion [ɪntɛrpʊŋktsiˈoːn] F punctuation

Intervall [ɪnterˈval] (**-s, -e**) NT interval

intervenieren [ɪntɛrveˈniːrən] VI to intervene

Interview [ɪntərˈvjuː] (**-s, -s**) NT interview; **interviewen** [-ˈvjuːən] VT to interview

intim [ɪnˈtiːm] ADJ intimate; **Intimbereich** M (*Anat*) genital area

Intimität [ɪntimiˈtɛːt] F intimacy

Intimsphäre F: **jds ~ verletzen** to invade sb's privacy

intolerant [ˈɪntolerant] ADJ intolerant

intransitiv [ˈɪntranzitiːf] ADJ (*Gram*) intransitive

Intrige [ɪnˈtriːgə] (**-, -n**) F intrigue, plot

intrinsisch [ɪnˈtrɪnzɪʃ] ADJ: **intrinsischer Wert** intrinsic value

introvertiert [ɪntrovɛrˈtiːrt] ADJ: **~ sein** to be an introvert

intuitiv [ɪntuiˈtiːf] ADJ intuitive

intus [ˈɪntʊs] ADJ: **etw ~ haben** (*umg*: *Wissen*) to have got sth into one's head; (*Essen, Trinken*) to have got sth down one (*umg*)

Invalide [ɪnvaˈliːdə] (**-n, -n**) M person with a disability, invalid (*pej*)

Invalidenrente F disability pension

Invalidin [ɪnvaˈliːdɪn] F person with a disability, invalid (*pej*)

Invasion [ɪnvaziˈoːn] F invasion

Inventar [ɪnvɛnˈtaːr] (**-s, -e**) NT inventory; (*Comm*) assets and liabilities *pl*

Inventur [ɪnvɛnˈtuːr] F stocktaking; **~ machen** to stocktake

investieren [ɪnvɛsˈtiːrən] VT to invest

investiert ADJ: **investiertes Kapital** capital employed

Investition [ɪnvɛstitsiˈoːn] F investment

Investitionszulage F investment grant

Investmentgesellschaft [ɪnˈvɛstməntgəzɛlʃaft] F unit trust

inwiefern [ɪnviˈfɛrn] ADV how far, to what extent

inwieweit [ɪnviˈvaɪt] ADV how far, to what extent

Inzest [ɪnˈtsɛst] (**-(e)s, -e**) M incest *no pl*

★**inzwischen** [ɪnˈtsvɪʃən] ADV meanwhile

IOK NT ABK (= *Internationales Olympisches Komitee*) IOC

Ion [iˈoːn] (**-s, -en**) NT ion

ionisch [iˈoːnɪʃ] ADJ Ionian; **Ionisches Meer** Ionian Sea

IP ABK (*Comput*: = *Internet Protocol*) IP

iPad®, **I-Pad** [ˈaɪpæt] NT iPad®

iPhone® [ˈaifoːn], **I-Phone** NT iPhone®

IQ M ABK (= *Intelligenzquotient*) IQ

i. R. ABK (= *im Ruhestand*) retd

IRA F ABK (= *Irisch-Republikanische Armee*) IRA

Irak [iˈraːk] (**-s**) M: **(der) ~** Iraq

Iraker(in) (**-s, -**) M(F) Iraqi

irakisch ADJ Iraqi

Iran [iˈraːn] (**-s**) M: **(der) ~** Iran

Iraner(in) (**-s, -**) M(F) Iranian

iranisch ADJ Iranian

irdisch [ˈɪrdɪʃ] ADJ earthly; **den Weg alles Irdischen gehen** to go the way of all flesh

★**Ire** [ˈiːrə] (**-n, -n**) M Irishman; (*Junge*) Irish boy; **die Iren** the Irish

★**irgend** [ˈɪrgənt] ADV at all; **wenn ~ möglich** if at all possible; **wann/was/wer ~** whenever/whatever/whoever; ★**irgendein(e, s)** ADJ some, any; **haben Sie (sonst) noch irgendeinen Wunsch?** is there anything else you would like?; **irgendeine(r, s)** PRON (*Person*) somebody; (*Ding*) something; (*fragend, verneinend*) anybody/anything; **ich will nicht bloß irgendein(e)s** I don't want any old one; **irgendeinmal** ADV sometime or other; (*fragend*) ever; **irgendetwas** PRON something; (*fragend, verneinend*) anything; **irgendjemand** PRON somebody; (*fragend, verneinend*) anybody; ★**irgendwann** ADV sometime; **irgendwas** (*umg*) PRON something (or other); (*fragend, verneinend*) anything; **irgendwer** (*umg*) PRON somebody; (*fragend, verneinend*) anybody; ★**irgendwie** ADV somehow; ★**irgendwo** ADV somewhere (BRIT), someplace (US); (*fragend, verneinend, bedingend*) anywhere (BRIT), any place (US); **irgendwohin** ADV somewhere (BRIT), someplace (US); (*fragend, verneinend, bedingend*) anywhere (BRIT), any place (US)

★**Irin** [ˈiːrɪn] F Irishwoman; (*Mädchen*) Irish girl

Iris [ˈiːrɪs] (**-, -**) F iris

★**irisch** ADJ Irish; **Irische See** Irish Sea

★**Irland** [ˈɪrlant] (**-s**) NT Ireland; (*Republik Irland*) Eire

Irländer [ˈɪrlɛndər(ɪn)] (**-s, -**) M = **Ire**; **Irländerin** F = **Irin**

Ironie [iroˈniː] F irony

ironisch [iˈroːnɪʃ] ADJ ironic(al)

irre [ˈɪrə] ADJ crazy, mad; **~ gut** (*umg*) way out (*umg*); **Irre(r)** F(M) lunatic; **irreführen** VT to mislead; **Irreführung** F fraud

irrelevant [ˈɪrelevant] ADJ: **~ (für)** irrelevant (for *od* to)

irremachen VT to confuse

irren VI to be mistaken; (*umherirren*) to wander, to stray ▸ VR to be mistaken; **jeder kann sich mal ~** anyone can make a mistake; **Irrenanstalt** F (*veraltet*) lunatic asylum; **Irrenhaus** NT: **hier geht es zu wie im ~** (*umg*) this place is an absolute madhouse

Irrfahrt [ˈɪrfa:rt] F wandering

irrig [ˈɪrɪç] ADJ incorrect, wrong

irritieren [ɪriˈti:rən] VT (*verwirren*) to confuse, to muddle; (*ärgern*) to irritate

Irr- ZW: **Irrlicht** NT will-o'-the-wisp; **Irrsinn** M madness; **so ein ~, das zu tun!** what a crazy thing to do!; **irrsinnig** ADJ mad, crazy; (*umg*) terrific; **~ komisch** incredibly funny; **Irrtum (-s, -tümer)** M mistake, error; **im ~ sein** to be wrong *od* mistaken; **~!** wrong!; **irrtümlich** ADJ mistaken

ISBN F ABK (= *Internationale Standardbuchnummer*) ISBN

Ischias [ˈɪʃias] (-) M OD NT sciatica

ISDN-Anlage [i:|ɛsde:ˈ|ɛn-] M (*Tel*) ISDN connection

Islam [ˈɪslam] **(-s)** M Islam

islamisch [ɪsˈla:mɪʃ] ADJ Islamic

Island [ˈi:slant] **(-s)** NT Iceland

Isländer(in) [ˈi:slɛndər(ɪn)] **(-s, -)** M(F) Icelander

isländisch ADJ Icelandic; (*Sprache*): **auf I~** in Icelandic

Isolation [izolatsiˈo:n] F isolation; (*Elek*) insulation; (*von Häftlingen*) solitary confinement

Isolator [izoˈla:tɔr] M insulator

Isolierband NT insulating tape

isolieren [ɪzoˈli:rən] VT to isolate; (*Elek*) to insulate

Isolierstation F (*Med*) isolation ward

Isolierung F isolation; (*Elek*) insulation

Israel [ˈɪsrae:l] **(-s)** NT Israel

Israeli[1] [ɪsraˈe:li] **(-(s), -s)** M Israeli

Israeli[2] [ɪsraˈe:li] (-, **-(s)**) F Israeli

israelisch ADJ Israeli

isst [ɪst] VB *siehe* **essen**

ist [ɪst] VB *siehe* **sein**

Istanbul [ˈɪstambu:l] **(-s)** NT Istanbul

Istbestand M (*Geld*) cash in hand; (*Waren*) actual stock

★**Italien** [iˈta:liən] **(-s)** NT Italy

★**Italiener(in)** [italiˈe:nər(ɪn)] **(-s, -)** M(F) Italian

★**italienisch** ADJ Italian; (*Sprache*): **auf I~** in Italian; **die italienische Schweiz** Italian-speaking Switzerland

i. V. ABK (= *in Vertretung*) on behalf of; (= *in Vollmacht*) by proxy

IWF M ABK (= *Internationaler Währungsfonds*) IMF

J j

J, j [jɔt] NT J, j; **J wie Julius** ≈ J for Jack, ≈ J for Jig (*US*)

ja [ja:]

ADV **1** yes; **haben Sie das gesehen? — ja** did you see it? — yes(, I did); **ich glaube ja** (yes) I think so; **zu allem Ja und Amen sagen** (*umg*) to accept everything without question
2 (*fragend*) really; **ich habe gekündigt — ja?** I've quit — have you?; **du kommst, ja?** you're coming, aren't you?
3: **sei ja vorsichtig** do be careful; **Sie wissen ja, dass ...** as you know, ...; **tu das ja nicht!** don't do that!; **sie ist ja erst fünf** (after all) she's only five; **Sie wissen ja, wie das so ist** you know how it is; **ich habe es ja gewusst** I just knew it; **ja, also ...** well you see ...

Jacht [jaxt] (-, -en) F yacht

Jacke [ˈjakə] (-, -n) F jacket; (*Wolljacke*) cardigan

Jacketkrone [ˈdʒɛkɪtkro:nə] F (*Zahnkrone*) jacket crown

Jackett [ʒaˈkɛt] (-s, -s *od* -e) NT jacket

Jagd [ja:kt] (-, -en) F hunt; (*Jagen*) hunting; **Jagdbeute** F kill; **Jagdflugzeug** NT fighter; **Jagdgewehr** NT sporting gun; **Jagdhund** M hunting dog; **Jagdschein** M hunting licence (BRIT) *od* license (*US*); **Jagdwurst** F smoked sausage

jagen [ˈja:gən] VI to hunt; (*eilen*) to race ▸ VT to hunt; (*wegjagen*) to drive (off); (*verfolgen*) to chase; **mit diesem Essen kannst du mich ~** (*umg*) I wouldn't touch that food with a barge pole (BRIT) *od* ten-foot pole (*US*)

Jäger [ˈjɛ:gər] (-s, -) M hunter; **Jägerin** F huntress, huntswoman; **Jägerlatein** (*umg*) NT hunters' tales *pl*; **Jägerschnitzel** NT (*Koch*) *cutlet served with mushroom sauce*

jäh [jɛ:] ADJ abrupt, sudden; (*steil*) steep, precipitous; **jählings** ADV abruptly

Jahr [ja:r] (-(e)s, -e) NT year; **im ~(e) 1066** in (the year) 1066; **die Sechzigerjahre** *od* **sechziger Jahre** the sixties *pl*; **mit dreißig Jahren** at the age of thirty; **in den besten Jahren sein** to be in the prime of (one's) life; **nach ~ und Tag** after (many) years; **zwischen den Jahren** (*umg*) between Christmas and New Year; **jahraus** ADV: **~, jahrein** year in, year out; **Jahrbuch** NT annual, year book

jahrelang ADV for years

Jahres- zW: **Jahresabonnement** NT annual subscription; **Jahresabschluss** M end of the year; (*Comm*) annual statement of account; **Jahresbeitrag** M annual subscription; **Jahresbericht** M annual report; **Jahreshauptversammlung** F (*Comm*) annual general meeting, AGM; **Jahreskarte** F annual season ticket; **Jahrestag** M anniversary; **Jahresumsatz** M (*Comm*) yearly turnover; **Jahreswechsel** M turn of the year; **Jahreszahl** F date, year; ⋆**Jahreszeit** F season

Jahr- zW: **Jahrgang** M age group; (*von Wein*) vintage; **er ist ~ 1950** he was born in 1950; ⋆**Jahrhundert** NT century; **Jahrhundertfeier** F centenary; **Jahrhundertwende** F turn of the century

⋆**jährlich** [ˈjɛ:rlɪç] ADJ, ADV yearly; **zweimal ~** twice a year

Jahr- zW: ⋆**Jahrmarkt** M fair; ⋆**Jahrtausend** NT millennium; **Jahrzehnt** NT decade

Jähzorn [ˈjɛ:tsɔrn] M hot temper

jähzornig ADJ hot-tempered

Jalousie [ʒaluˈzi:] F venetian blind

Jamaika [jaˈmaɪka] (-s) NT Jamaica

Jammer [ˈjamər] (-s) M misery; **es ist ein ~, dass ...** it is a crying shame that ...

jämmerlich [ˈjɛmərlɪç] ADJ wretched, pathetic; **Jämmerlichkeit** F wretchedness

jammern VI to wail ▸ VT UNPERS: **es jammert mich** it makes me feel sorry

jammerschade ADJ: **es ist ~** it is a crying shame

Jan. ABK (= *Januar*) Jan.

⋆**Januar** [ˈjanua:r] (-s, -e) (*pl selten*) M January; *siehe auch* **September**

⋆**Japan** [ˈja:pan] (-s) NT Japan

Japaner(in) [jaˈpa:nər(ɪn)] (-s, -) M(F) Japanese

japanisch ADJ Japanese; (*Sprache*): **auf J~** in Japanese

Jargon [ʒarˈgõ:] (-s, -s) M jargon

Jasager [ˈja:za:gər] (-s, -) (*pej*) M yes man

Jastimme F vote in favour (BRIT) *od* favor (*US*) (of)

jäten [ˈjɛ:tən] VT, VI to weed

Jauche [ˈjaʊxə] F liquid manure; **Jauchegrube** F cesspool, cesspit

jauchzen [ˈjaʊxtsən] VI to rejoice, to shout (with joy)

Jauchzer (**-s, -**) M shout of joy
jaulen [ˈjaulən] VI to howl
Jause [ˈjauzə] (ÖSTERR) F snack
★**jawohl** ADV yes (of course)
Jawort NT consent; **jdm das ~ geben** to consent to marry sb; (*bei Trauung*) to say "I do"
Jazz [dʒæz] (-) M jazz; **Jazzkeller** M jazz club

je [je:]

ADV **1** (*jemals*) ever; **hast du so was je gesehen?** did you ever see anything like it?
2 (*jeweils*) every, each; **sie zahlten je 15 Euro** they paid 15 euros each
▸ KONJ **1**: **je nach** depending on; **je nachdem** it depends; **je nachdem, ob ...** depending on whether ...
2: **je eher, desto** *od* **umso besser** the sooner the better; **je länger, je lieber** the longer the better

★**Jeans** [dʒi:nz] PL jeans *pl*; **Jeansanzug** M denim suit
jede(r, s) [ˈje:də(r, s)] ADJ (*einzeln*) each; (*von zweien*) either; (*jede von allen*) every ▸ INDEF PRON (*einzeln*) each (one); (*jede(r) von allen*) everyone, everybody; **ohne ~ Anstrengung** without any effort; **jeder Zweite** every other (one); **jedes Mal** every time, each time
jedenfalls ADV in any case
jedermann PRON everyone; **das ist nicht jedermanns Sache** it's not everyone's cup of tea
jederzeit ADV at any time
jedoch [jeˈdɔx] ADV however
jeher [ˈje:he:r] ADV: **von ~** all along
jein [jaɪn] ADV (*hum*) yes no
jemals [ˈje:ma:ls] ADV ever
★**jemand** [ˈje:mant] INDEF PRON someone, somebody; (*bei Fragen, bedingenden Sätzen, Negation*) anyone, anybody

Auf **someone/somebody** oder **anyone/anybody** folgt ein Verb in der 3. Person Singular, aber das zugehörige Possessivpronomen steht in der 3. Person Plural:

Jemand hat seine Brieftasche vergessen. **Someone forgot their wallet.**

Parkt irgendjemand in der Nähe? **Has anybody parked their car nearby?**

Jemen [ˈje:mən] (**-s**) M Yemen
Jemenit(in) [jemeˈni:t(ɪn)] (**-en, -en**) M(F) Yemeni
jemenitisch ADJ Yemeni
Jenaer Glas® [ˈje:naərgla:s] NT heatproof glass, ≈ Pyrex®
jene(r, s) [ˈje:nə(r, s)] ADJ that; (*pl*) those ▸ PRON that one; (*pl*) those; (*der Vorherige, die Vorherigen*) the former
jenseits [ˈje:nzaɪts] ADV on the other side ▸ PRÄP +*gen* on the other side of, beyond; **Jenseits** NT: **das ~** the hereafter, the beyond; **jdn ins ~ befördern** (*umg*) to send sb to kingdom come
Jesus [ˈje:zʊs] (**Jesu**) M Jesus; **~ Christus** Jesus Christ
jetten [ˈdʒɛtən] (*umg*) VI to jet (*umg*)
jetzig [ˈjɛtsɪç] ADJ present
★**jetzt** [jɛtst] ADV now; **~ gleich** right now; **bis ~** so far, up to now; **von ~ an** from now on
jeweilig ADJ respective; **die jeweilige Regierung** the government of the day
jeweils ADV: **~ zwei zusammen** two at a time; **zu ~ 10 Euro** at 10 euros each; **~ das Erste** the first each time; **~ am Monatsletzten** on the last day of each month
Jg. ABK = **Jahrgang**
Jh. ABK (= *Jahrhundert*) cent.
jiddisch [ˈjɪdɪʃ] ADJ Yiddish
★**Job** [dʒɔp] (**-s, -s**) (*umg*) M job
jobben [ˈdʒɔbən] (*umg*) VI to work, to have a job
Jobcenter [ˈdʒɔpsɛntər] NT job centre (BRIT) *od* center (US)
Jobmaschine F (*umg*) job-creation machine
Joch [jɔx] (**-(e)s, -e**) NT yoke
Jochbein NT cheekbone
Jockey, Jockei [ˈdʒɔke] (**-s, -s**) M jockey
Jod [jo:t] (**-(e)s**) NT iodine
jodeln [ˈjo:dəln] VI to yodel
★**joggen** [ˈdʒɔgən] VI to jog
★**Jogging** [ˈdʒɔgɪŋ] (**-s**) NT jogging; **Jogginganzug** M jogging suit, tracksuit
★**Joghurt, Jogurt** [ˈjo:gʊrt] (**-s, -s**) M OD NT yog(h)urt
Johannisbeere [joˈhanɪsbe:rə] F: **Rote ~** redcurrant; **Schwarze ~** blackcurrant
johlen [ˈjo:lən] VI to yell
Joint [dʒɔɪnt] (**-s, -s**) (*umg*) M joint
Joint Venture [ˈdʒɔyntvɛntʃə] (**-, -s**) NT joint venture
Jolle [ˈjɔlə] (**-, -n**) F dinghy
Jongleur(in) [ʒõˈglø:r(ɪn)] (**-s, -e**) M(F) juggler
jonglieren [ʒõˈgli:rən] VI to juggle
Joppe [ˈjɔpə] (**-, -n**) F jacket
Jordanien [jɔrˈda:niən] (**-s**) NT Jordan
Jordanier(in) (**-s, -**) M(F) Jordanian
jordanisch ADJ Jordanian
Journalismus [ʒʊrnaˈlɪsmʊs] M journalism
★**Journalist(in)** [ʒʊrnaˈlɪst(ɪn)] M(F) journalist; **journalistisch** ADJ journalistic
Jubel [ˈju:bəl] (**-s**) M rejoicing; **~, Trubel, Heiterkeit** laughter and merriment; **Jubeljahr** NT: **alle Jubeljahre (einmal)** (*umg*) once in a blue moon
jubeln VI to rejoice
Jubilar(in) [jubiˈla:r(ɪn)] (**-s, -e**) M(F) *person celebrating an anniversary*
Jubiläum [jubiˈlɛ:ʊm] (**-s, Jubiläen**) NT jubilee; (*Jahrestag*) anniversary
jucken [ˈjʊkən] VI to itch ▸ VT: **es juckt mich am Arm** my arm is itching; **das juckt mich** that's

itchy; **das juckt mich doch nicht** (*umg*) I don't care

Juckpulver NT itching powder

Juckreiz M itch

Judaslohn ['ju:daslo:n] M (*liter*) blood money

Jude ['ju:də] (**-n, -n**) M Jew, Jewish man

Juden- zW: **Judenstern** M star of David; **Judentum** (**-s**) NT (*die Juden*) Jewry; **Judenverfolgung** F persecution of the Jews

Jüdin ['jy:dɪn] F Jew, Jewish woman

jüdisch ADJ Jewish

Judo ['ju:do] (**-(s)**) NT judo

Jugend ['ju:gənt] (-) F youth; **Jugendamt** NT youth welfare department; **jugendfrei** ADJ suitable for young people; (*Film*) U(-certificate), G (*US*); ★**Jugendherberge** F youth hostel; **Jugendhilfe** F youth welfare scheme; **Jugendkriminalität** F juvenile crime; **jugendlich** ADJ youthful; ★**Jugendliche(r)** F(M) teenager, young person; **Jugendliebe** F (*Geliebte(r)*) love of one's youth; **Jugendrichter(in)** M(F) juvenile court judge; **Jugendschutz** M protection of children and young people; **Jugendstil** M (*Kunst*) Art Nouveau; **Jugendstrafanstalt** F youth custody centre (*BRIT*); **Jugendsünde** F youthful misdeed; ★**Jugendzentrum** NT youth centre (*BRIT*) *od* center (*US*)

Jugoslawe [jugo'sla:və] (**-n, -n**) M (*Hist*) Yugoslav

Jugoslawien [jugo'sla:viən] (**-s**) NT (*Hist*) Yugoslavia

Jugoslawin [jugo'sla:vɪn] F (*Hist*) Yugoslav

jugoslawisch ADJ (*Hist*) Yugoslav(ian)

Juli ['ju:li] (**-(s), -s**) (*pl selten*) M July; *siehe auch* **September**

jun. ABK (= *junior*) jun.

jung [jʊŋ] ADJ young

Junge (**-n, -n**) M boy, lad ▶ NT young animal; (*pl*) young *pl*

jünger ADJ younger

Jünger ['jʏŋər] (**-s, -**) M disciple

Jungfer (**-, -n**) F: **alte ~** old maid

Jungfernfahrt F maiden voyage

Jung- zW: **Jungfrau** F virgin; (*Astrol*) Virgo; **Junggeselle** M bachelor; **Junggesellin** F bachelor girl; (*älter*) single woman

Jüngling ['jʏŋlɪŋ] M youth

Jungsozialist(in) M(F) (*Pol*) Young Socialist

jüngst [jʏŋst] ADV lately, recently

jüngste(r, s) ADJ youngest; (*neueste*) latest; **das J~ Gericht** the Last Judgement; **der J~ Tag** Doomsday, the Day of Judgement

Jungwähler(in) M(F) young voter

★**Juni** ['ju:ni] (**-(s), -s**) (*pl selten*) M June; *siehe auch* **September**

Junior ['ju:niɔr] (**-s, -en**) M junior

Junta ['xʊnta] (**-, -ten**) F (*Pol*) junta

jur. ABK = **juristisch**

Jura ['ju:ra] NO ART (*Univ*) law

Jurist(in) [ju'rɪst(ɪn)] M(F) jurist, lawyer; (*Student*) law student; **juristisch** ADJ legal

Jurte ['jʊrtə] F yurt

Juso ['ju:zo] (**-s, -s**) M ABK = **Jungsozialist**

just [jʊst] ADV just

Justiz [jʊs'ti:ts] (-) F justice; **Justizbeamte(r)** M, **Justizbeamtin** F judicial officer; **Justizirrtum** M miscarriage of justice; **Justizminister(in)** M(F) minister of justice; **Justizmord** M judicial murder

Juwel [ju've:l] (**-s, -en**) M OD NT jewel

★**Juwelier(in)** [juve'li:r(ɪn)] (**-s, -e**) M(F) jeweller (*BRIT*), jeweler (*US*); **Juweliergeschäft** NT jeweller's (*BRIT*) *od* jeweler's (*US*) (shop)

Jux [jʊks] (**-es, -e**) M joke, lark; **etw aus ~ tun/sagen** (*umg*) to do/say sth in fun

jwd [jɔtve:'de:] ADV (*hum*) in the back of beyond

J

K, k [ka:] NT K, k; **K wie Kaufmann** ≈ K for King

Kabarett [kabaˈrɛt] (**-s, -e** *od* **-s**) NT cabaret; **Kabarettist(in)** [kabarɛˈtɪst(ɪn)] M(F) cabaret artiste

Kabel [ˈka:bəl] (**-s, -**) NT (*Elek*) wire; (*stark*) cable; **Kabelanschluss** M: **~ haben** to have cable television; **Kabelfernsehen** NT cable television

Kabeljau [ˈka:bəljaʊ] (**-s, -e** *od* **-s**) M cod

kabellos ADJ wireless

kabeln VT, VI to cable

Kabelsalat (*umg*) M tangle of cable

★**Kabine** [kaˈbi:nə] F cabin; (*Zelle*) cubicle

Kabinett [kabiˈnɛt] (**-s, -e**) NT (*Pol*) cabinet; (*kleines Zimmer*) small room ▶ M *high-quality German white wine*

Kabriolett [kabrioˈlɛt] (**-s, -s**) NT (*Aut*) convertible

Kachel [ˈkaxəl] (**-, -n**) F tile

kacheln VT to tile

Kachelofen M tiled stove

Kacke [ˈkakə] (**-, -n**) (*!*) F crap (*!*)

Kadaver [kaˈda:vər] (**-s, -**) M carcass

Kader [ˈka:dər] (**-s, -**) M (*Mil, Pol*) cadre; (*Sport*) squad; (*DDR, Schweiz: Fachleute*) group of specialists; **Kaderschmiede** F (*Pol: umg*) *institution for the training of cadre personnel*

Kadett [kaˈdɛt] (**-en, -en**) M cadet

Käfer [ˈkɛ:fər] (**-s, -**) M beetle

Kaff [kaf] (**-s, -s**) (*umg*) NT dump, hole

★**Kaffee** [ˈkafe] (**-s, -s**) M coffee; **zwei ~, bitte!** two coffees, please; **das ist kalter ~** (*umg*) that's old hat; ★**Kaffeekanne** F coffeepot; **Kaffeekapsel** F coffee pod, coffee capsule; **Kaffeeklatsch** M, **Kaffeekränzchen** (*old*) NT *chat over coffee and cakes*, coffee klatsch (*US*); **Kaffeelöffel** M coffee spoon; **Kaffeemaschine** F coffee maker; **Kaffeemühle** F coffee grinder; **Kaffeepause** F coffee break; **Kaffeesatz** M coffee grounds *pl*; **Kaffeetante** F (*hum*) coffee addict; (*in Café*) old biddy; **Kaffeetasse** F coffee cup; **Kaffeewärmer** M cosy (*for coffeepot*)

★**Käfig** [ˈkɛ:fɪç] (**-s, -e**) M cage

kahl [ka:l] ADJ (*Mensch, Kopf*) bald; (*Baum, Wand*) bare; **~ fressen** to strip bare; **~ geschoren** shaven, shorn; **Kahlheit** F baldness; **kahlköpfig** ADJ bald-headed; **Kahlschlag** M (*in Wald*) clearing

Kahn [ka:n] (**-(e)s, Kähne**) M boat, barge

Kai [kaɪ] (**-s, -e** *od* **-s**) M quay

Kairo [ˈkaɪro] (**-s**) NT Cairo

Kaiser [ˈkaɪzər] (**-s, -**) M emperor; **Kaiserin** F empress; **kaiserlich** ADJ imperial; **Kaiserreich** NT empire; **Kaiserschmarren** [ˈkaizərʃmarən] M (*Koch*) *sugared, cut-up pancake with raisins*; **Kaiserschnitt** M (*Med*) Caesarean (BRIT) *od* Cesarean (*US*) (section)

Kajak [ˈka:jak] (**-s, -s**) M OD NT kayak; **Kajakfahren** NT kayaking

Kajüte [kaˈjy:tə] (**-, -n**) F cabin

★**Kakao** [kaˈka:o] (**-s, -s**) M cocoa; **jdn durch den ~ ziehen** (*umg: veralbern*) to make fun of sb; (*: boshaft reden*) to run sb down

Kakerlake [ka:kərˈla:kə] (**-, -n**) F cockroach

Kaktee [kakˈte:ə] (**-, -n**) F cactus

Kaktus [ˈkaktʊs] (**-, -se**) M cactus

Kalabrien [kaˈla:briən] (**-s**) NT Calabria

Kalauer [ˈka:laʊər] (**-s, -**) M corny joke; (*Wortspiel*) corny pun

Kalb [kalp] (**-(e)s, Kälber**) NT calf; **kalben** [ˈkalbən] VI to calve; ★**Kalbfleisch** NT veal

Kalbsleder NT calf(skin)

★**Kalender** [kaˈlɛndər] (**-s, -**) M calendar; (*Taschenkalender*) diary

Kali [ˈka:li] (**-s, -s**) NT potash

Kaliber [kaˈli:bər] (**-s, -**) NT (*lit, fig*) calibre (BRIT), caliber (*US*)

Kalifornien [kaliˈfɔrniən] (**-s**) NT California

Kalk [kalk] (**-(e)s, -e**) M lime; (*Biol*) calcium; **Kalkstein** M limestone

Kalkül [kalˈky:l] (**-s, -e**) M OD NT (*geh*) calculation

Kalkulation [kalkulatsiˈo:n] F calculation

Kalkulator [kalkuˈla:tɔr] M cost accountant

kalkulieren [kalkuˈli:rən] VT to calculate

kalkuliert ADJ: **kalkuliertes Risiko** calculated risk

Kalkutta [kalˈkʊta] (**-s**) NT Calcutta

Kalorie [kaloˈri:] (**-, -n**) F calorie

kalorienarm ADJ low-calorie

★**kalt** [kalt] ADJ cold; **mir ist (es) ~** I am cold; **kalte Platte** cold meat; **der Kalte Krieg** the Cold War; **etw ~ stellen** to chill, to put sth to chill; **die Wohnung kostet ~ 500 Euro** the flat costs 500 euros without heating; **~ bleiben** to be unmoved; **~ lächelnd** (*ironisch*) cool as you please; **kaltblütig** ADJ cold-blooded; (*ruhig*) cool; **Kaltblütigkeit** F cold-bloodedness; (*Ruhe*) coolness

Kälte ['kɛltə] (-) F coldness; (*Wetter*) cold; **Kälteeinbruch** M cold spell; **Kältegrad** M degree of frost *od* below zero; **Kältewelle** F cold spell

kalt- zW: **kaltherzig** ADJ cold-hearted; **kalt|machen** (*umg*) VT to do in; **Kaltmiete** F rent exclusive of heating; **Kaltschale** F (*Koch*) *cold sweet soup*; **kaltschnäuzig** ADJ cold, unfeeling; **kalt|stellen** VT (*fig*) to leave out in the cold

Kalzium ['kaltsiʊm] (**-s**) NT calcium

kam *etc* [ka:m] VB *siehe* **kommen**

Kambodscha [kam'bɔdʒa] NT Cambodia

Kamel [ka'me:l] (**-(e)s, -e**) NT camel

Kamera ['kamera] (**-, -s**) F camera

Kamerad(in) [kamə'ra:t, -'ra:dɪn] (**-en, -en**) M(F) comrade, friend; **Kameradschaft** F comradeship; **kameradschaftlich** ADJ comradely

Kamera- zW: **Kamerafrau** F camerawoman; **Kameraführung** F camera work; **Kamerahandy** NT camera phone; **Kameramann** (**-(e)s**, *pl* **-männer**) M cameraman; **Kameratelefon** NT camera phone

Kamerun ['kaməru:n] (**-s**) NT Cameroon

Kamille [ka'mɪlə] (**-, -n**) F camomile

Kamillentee M camomile tea

Kamin [ka'mi:n] (**-s, -e**) M (*außen*) chimney; (*innen*) fireside; (*Feuerstelle*) fireplace; **Kaminfeger** (**-s, -**) M chimney sweep; **Kaminkehrer** (**-s, -**) M chimney sweep

Kamm [kam] (**-(e)s, Kämme**) M comb; (*Bergkamm*) ridge; (*Hahnenkamm*) crest; **alle/alles über einen ~ scheren** (*fig*) to lump everyone/everything together

kämmen ['kɛmən] VT to comb

Kammer ['kamər] (**-, -n**) F chamber; (*Zimmer*) small bedroom; **Kammerdiener** M valet; **Kammerjäger** M (*Schädlingsbekämpfer*) pest controller; **Kammermusik** F chamber music; **Kammerzofe** F chambermaid

Kammstück NT (*Koch*) shoulder

Kampagne [kam'panjə] (**-, -n**) F campaign

Kampf [kampf] (**-(e)s, Kämpfe**) M fight, battle; (*Wettbewerb*) contest; (*fig: Anstrengung*) struggle; **jdm/etw den ~ ansagen** (*fig*) to declare war on sb/sth; **kampfbereit** ADJ ready for action

kämpfen ['kɛmpfən] VI to fight; **ich habe lange mit mir ~ müssen, ehe ...** I had a long battle with myself before ...

Kampfer ['kampfər] (**-s**) M camphor

Kämpfer(in) (**-s, -**) M(F) fighter, combatant

Kampf- zW: **Kampfflugzeug** NT fighter (aircraft); **Kampfgeist** M fighting spirit; **Kampfhandlung** F action; **Kampfkunst** F martial arts *pl*; **kampflos** ADJ without a fight; **kampflustig** ADJ pugnacious; **Kampfplatz** M battlefield; (*Sport*) arena, stadium; **Kampfrichter(in)** M(F) (*Sport*) referee; **Kampfsport** M martial art

Kampuchea [kampʊ'tʃe:a] (**-s**) NT Kampuchea

Kanada ['kanada] (**-s**) NT Canada

Kanadier(in) [ka'na:diər(ɪn)] (**-s, -**) M(F) Canadian

kanadisch [ka'na:dɪʃ] ADJ Canadian

★**Kanal** [ka'na:l] (**-s, Kanäle**) M (*Fluss*) canal; (*Rinne*) channel; (*für Abfluss*) drain; **der ~** (*auch:* **der Ärmelkanal**) the (English) Channel

Kanalinseln PL Channel Islands *pl*

Kanalisation [kanalizatsi'o:n] F sewage system

kanalisieren [kanali'zi:rən] VT to provide with a sewage system; (*fig: Energie etc*) to channel

★**Kanaltunnel** M Channel Tunnel

★**Kanarienvogel** [ka'na:riənfo:gəl] M canary

Kanarische Inseln [ka'na:rɪʃə'ɪnzəln] PL Canary Islands *pl*, Canaries *pl*

Kandare [kan'da:rə] (**-, -n**) F: **jdn an die ~ nehmen** (*fig*) to take sb in hand

Kandidat(in) [kandi'da:t(ɪn)] (**-en, -en**) M(F) candidate; **jdn als Kandidaten aufstellen** to nominate sb

Kandidatur [kandida'tu:r] F candidature, candidacy

kandidieren [kandi'di:rən] VI (*Pol*) to stand, to run

kandiert [kan'di:rt] ADJ (*Frucht*) candied

Kandis ['kandɪs] (-), **Kandiszucker** ['kandɪstsʊkər] M rock candy

Känguru ['kɛŋguru] (**-s, -s**) NT kangaroo

★**Kaninchen** [ka'ni:nçən] NT rabbit

Kanister [ka'nɪstər] (**-s, -**) M can, canister

kann [kan] VB *siehe* **können**

★**Kännchen** ['kɛnçən] NT pot; (*für Milch*) jug

★**Kanne** ['kanə] (**-, -n**) F (*Krug*) jug; (*Kaffeekanne*) pot; (*Milchkanne*) churn; (*Gießkanne*) watering can

Kannibale [kani'ba:lə] (**-n, -n**) M cannibal

kannte *etc* ['kantə] VB *siehe* **kennen**

Kanon ['ka:nɔn] (**-s, -s**) M canon

Kanone [ka'no:nə] (**-, -n**) F gun; (*Hist*) cannon; (*fig: Mensch*) ace; **das ist unter aller ~** (*umg*) that defies description

Kanonenfutter (*umg*) NT cannon fodder

Kant. ABK = **Kanton**

Kantate [kan'ta:tə] (**-, -n**) F cantata

Kante ['kantə] (**-, -n**) F edge; **Geld auf die hohe ~ legen** (*umg*) to put money by

kantig ['kantɪç] ADJ (*Holz*) edged; (*Gesicht*) angular

★**Kantine** [kan'ti:nə] F canteen

Kanton [kan'to:n] (**-s, -e**) M canton

Kantor ['kantɔr] M choirmaster

★**Kanu** ['ka:nu] (**-s, -s**) NT canoe

Kanzel ['kantsəl] (**-, -n**) F pulpit; (*Aviat*) cockpit

Kanzlei [kants'laɪ] F chancery; (*Büro*) chambers *pl*

Kanzler(in) ['kantslər] (**-s, -**) M(F) chancellor

Kanzlerkandidatur F candidacy for the chancellorship

Kap [kap] (**-s, -s**) NT cape; **das ~ der guten Hoffnung** the Cape of Good Hope
Kapazität [kapatsiˈtɛːt] F capacity; (*Fachmann*) authority
Kapelle [kaˈpɛlə] F (*Gebäude*) chapel; (*Mus*) band
Kapellmeister(in) M(F) director of music; (*Mil, von Tanzkapelle etc*) bandmaster, bandleader
Kaper [ˈkaːpər] (**-, -n**) F caper
kapern VT to capture
★**kapieren** [kaˈpiːrən] (*umg*) VT, VI to understand
Kapital [kapiˈtaːl] (**-s, -e** *od* **-ien**) NT capital; **aus etw ~ schlagen** (*pej: lit, fig*) to make capital out of sth; **Kapitalanlage** F investment; **Kapitalaufwand** M capital expenditure; **Kapitalertrag** M capital gains *pl*; **Kapitalertragssteuer** F capital gains tax; **Kapitalflucht** F flight of capital; **Kapitalgesellschaft** F (*Comm*) joint-stock company; **Kapitalgüter** PL capital goods *pl*; **kapitalintensiv** ADJ capital-intensive
Kapitalismus [kapitaˈlɪsmʊs] M capitalism
Kapitalist(in) [kapitaˈlɪst(ɪn)] M(F) capitalist
kapitalistisch ADJ capitalist
Kapital- zW: **kapitalkräftig** ADJ wealthy; **Kapitalmarkt** M money market; **kapitalschwach** ADJ financially weak; **kapitalstark** ADJ financially strong; **Kapitalverbrechen** NT serious crime; (*mit Todesstrafe*) capital crime
Kapitän [kapiˈtɛːn] (**-s, -e**) M captain
Kapitel [kaˈpɪtəl] (**-s, -**) NT chapter; **ein trauriges ~** (*Angelegenheit*) a sad story
Kapitulation [kapitulatsiˈoːn] F capitulation
kapitulieren [kapituˈliːrən] VI to capitulate
Kaplan [kaˈplaːn] (**-s, Kapläne**) M chaplain
Kappe [ˈkapə] (**-, -n**) F cap; (*Kapuze*) hood; **das nehme ich auf meine ~** (*fig: umg*) I'll take the responsibility for that
kappen VT to cut
Kapsel [ˈkapsəl] (**-, -n**) F capsule
Kapstadt [ˈkapʃtat] NT Cape Town
★**kaputt** [kaˈpʊt] (*umg*) ADJ smashed, broken; (*Person*) exhausted, knackered; **etw ~ machen/schlagen** to break/smash sth; **der Fernseher ist ~** the TV's not working; **ein kaputter Typ** a bum; *siehe auch* **kaputtmachen**; **kaputt|gehen** *unreg* VI to break; (*Schuhe*) to fall apart; (*Firma*) to go bust; (*Stoff*) to wear out; (*sterben*) to cop it (*umg*); **kaputt|lachen** VR to laugh o.s. silly; ★**kaputt|machen** VT to break; (*Mensch*) to exhaust, to wear out; **kaputt|schlagen** *unreg* VT to smash
Kapuze [kaˈpuːtsə] (**-, -n**) F hood
Karabiner [karaˈbiːnər] (**-s, -**) M (*Gewehr*) carbine
Karacho [kaˈraxo] (**-s**) NT: **mit ~** (*umg*) hell for leather
Karaffe [kaˈrafə] (**-, -n**) F carafe; (*geschliffen*) decanter
Karambolage [karamboˈlaːʒə] (**-, -n**) F (*Zusammenstoß*) crash
Karamell [karaˈmɛl] (**-s**) M caramel; **Karamellbonbon** M OD NT toffee

Karat [kaˈraːt] (**-(e)s, -e**) NT carat
Karate (**-s**) NT karate
Karawane [karaˈvaːnə] (**-, -n**) F caravan
Kardinal [kardiˈnaːl] (**-s, Kardinäle**) M cardinal; **Kardinalfehler** M cardinal error; **Kardinalzahl** F cardinal number
Karenzzeit [kaˈrɛntstsaɪt] F waiting period
★**Karfreitag** [kaːrˈfraɪtaːk] M Good Friday
karg [kark] ADJ scanty, poor; (*Mahlzeit*) meagre (BRIT), meager (US); **etw ~ bemessen** to be mean with sth; **Kargheit** F poverty, scantiness; (*von Mahlzeit*) meagreness (BRIT), meagerness (US)
kärglich [ˈkɛrklɪç] ADJ poor, scanty
Kargo [ˈkargo] (**-s, -s**) M (*Comm*) cargo
Karibik [kaˈriːbɪk] (**-**) F: **die ~** the Caribbean
karibisch ADJ Caribbean; **das Karibische Meer** the Caribbean Sea
★**kariert** [kaˈriːrt] ADJ (*Stoff*) checked (BRIT) checkered (US); (*Papier*) squared; **~ reden** (*umg*) to talk rubbish *od* nonsense
Karies [ˈkaːriɛs] (**-**) F caries
Karikatur [karikaˈtuːr] F caricature; **Karikaturist(in)** [karikatuːˈrɪst(ɪn)] M(F) cartoonist
karikieren [kariˈkiːrən] VT to caricature
karitativ [karitaˈtiːf] ADJ charitable
★**Karneval** [ˈkarnəval] (**-s, -e** *od* **-s**) M carnival

> **Karneval** is still a very popular tradition in many parts of Germany. People get together to sing, dance, eat, drink and generally make merry before Lent begins. *Rosenmontag*, the day before Shrove Tuesday, is the most important day of *Karneval* in the Rhineland. Most schools and businesses close on *Rosenmontag* to allow people to enjoy the parades and take part in the celebrations. In South Germany *Karneval* is called *Fasching*.

Karnickel [karˈnɪkəl] (**-s, -**) (*umg*) NT rabbit
Kärnten [ˈkɛrntən] (**-s**) NT Carinthia
Karo [ˈkaːro] (**-s, -s**) NT square; (*Karten*) diamonds; **Karoass** NT ace of diamonds
Karosse [kaˈrɔsə] (**-, -n**) F coach, carriage
Karosserie [karɔsəˈriː] F (*Aut*) body(work)
★**Karotte** [kaˈrɔtə] (**-, -n**) F carrot
Karpaten [karˈpaːtən] PL Carpathians *pl*
Karpfen [ˈkarpfən] (**-s, -**) M carp
Karre [ˈkarə] (**-, -n**) F = **Karren**
Karree [kaːˈreː] (**-s, -s**) NT: **einmal ums ~ gehen** (*umg*) to walk around the block
karren [ˈkarən] VT to cart, to transport; **Karren** (**-s, -**) M cart, barrow; **den ~ aus dem Dreck ziehen** (*umg*) to get things sorted out
Karriere [kariˈɛːrə] (**-, -n**) F career; **~ machen** to get on, to get to the top; **Karrieremacher(in)** M(F) careerist
Karsamstag [kaːrˈzamstaːk] M Easter Saturday
Karst [karst] (**-s, -e**) M (*Geog, Geol*) karst, *barren landscape*

Karte [ˈkartə] (-, **-n**) F card; (*Landkarte*) map; (*Speisekarte*) menu; (*Eintrittskarte, Fahrkarte*) ticket; **Karten spielen** to play cards; **mit offenen Karten spielen** (*fig*) to put one's cards on the table; **alles auf eine ~ setzen** to put all one's eggs in one basket

Kartei [karˈtaɪ] F card index; **Karteikarte** F index card; **Karteileiche** (*umg*) F sleeping *od* non-active member; **Karteischrank** M filing cabinet

Kartell [karˈtɛl] (**-s, -e**) NT cartel; **Kartellamt** NT monopolies commission; **Kartellgesetzgebung** F anti-trust legislation

Karten- zW: **Kartenhaus** NT (*lit, fig*) house of cards; **Kartenlegen** NT fortune-telling (*using cards*); **Kartenprüfnummer** F card security code, card verification number; **Kartenspiel** NT card game; (*Karten*) pack (BRIT) *od* deck (US) of cards; **Kartentelefon** NT cardphone; **Kartenvorverkauf** M advance sale of tickets

Kartoffel [karˈtɔfəl] (-, **-n**) F potato; ⋆ **Kartoffelbrei** M mashed potatoes *pl*; **Kartoffelchips** PL potato crisps *pl* (BRIT), potato chips *pl* (US); **Kartoffelpuffer** M potato cake (*made from grated potatoes*); **Kartoffelpüree** NT mashed potatoes *pl*; ⋆ **Kartoffelsalat** M potato salad

Karton [karˈtõː] (**-s, -s**) M cardboard; (*Schachtel*) cardboard box

kartoniert [kartoˈniːrt] ADJ hardback

Karussell [karʊˈsɛl] (**-s, -s**) NT roundabout (BRIT), merry-go-round

Karwoche [ˈkaːrvɔxə] F Holy Week

Karzinom [kartsiˈnoːm] (**-s, -e**) NT (*Med*) carcinoma

Kasachstan [kazaxsˈtaːn] (**-s**) NT (*Geog*) Kazakhstan

Kaschemme [kaˈʃɛmə] (-, **-n**) F dive

kaschieren [kaˈʃiːrən] VT to conceal, to cover up

Kaschmir [ˈkaʃmiːr] (**-s**) NT (*Stoff*) Kashmir

Käse [ˈkɛːzə] (**-s, -**) M cheese; (*umg*: *Unsinn*) rubbish, twaddle; **Käseblatt** (*umg*) NT (local) rag; **Käseglocke** F cheese cover; **Käsekuchen** M cheesecake

Kaserne [kaˈzɛrnə] (-, **-n**) F barracks *pl*

Kasernenhof M parade ground

käsig [ˈkɛːzɪç] ADJ (*fig*: *umg*: *Gesicht, Haut*) pasty, pale; (*vor Schreck*) white; (*lit*) cheesy

Kasino [kaˈziːno] (**-s, -s**) NT club; (*Mil*) officers' mess; (*Spielkasino*) casino

Kaskoversicherung [ˈkaskofɛrzɪçərʊŋ] F (*Aut*: *Teilkaskoversicherung*) ≈ third party, fire and theft insurance; (: *Vollkaskoversicherung*) fully comprehensive insurance

Kasper [ˈkaspər] (**-s, -**) M Punch; (*fig*) clown

Kasperletheater [ˈkaspərləteaːtər], **Kasperltheater** [ˈkaspərlteaːtər] NT Punch and Judy (show)

Kaspisches Meer [ˈkaspɪʃəsˈmeːr] NT Caspian Sea

Kasse [ˈkasə] (-, **-n**) F (*Geldkasten*) cashbox; (*in Geschäft*) till, cash register; (*Kinokasse, Theaterkasse etc*) box office; (*Krankenkasse*) health insurance; (*Sparkasse*) savings bank; **die ~ führen** to be in charge of the money; **jdn zur ~ bitten** to ask sb to pay up; **~ machen** to count the money; **getrennte ~ führen** to pay separately; **an der ~** (*in Geschäft*) at the (cash) desk; **gut bei ~ sein** to be in the money

Kasseler [ˈkasələr] (**-s, -**) NT *lightly smoked pork loin*

Kassen- zW: **Kassenarzt** M, **Kassenärztin** F ≈ National Health doctor (BRIT), ≈ panel doctor (US); **Kassenbestand** M cash balance; **Kassenbon** M receipt; **Kassenführer(in)** M(F) (*Comm*) cashier; **Kassenpatient(in)** M(F) ≈ National Health patient (BRIT); **Kassenprüfung** F audit; **Kassenschlager** (*umg*) M (*Theat etc*) box-office hit; (*Ware*) big seller; **Kassensturz** M: **~ machen** to check one's money; **Kassenwart** M (*von Klub etc*) treasurer; ⋆ **Kassenzettel** M sales slip

Kasserolle [kasəˈrɔlə] (-, **-n**) F casserole

⋆ **Kassette** [kaˈsɛtə] F small box; (*Tonband, Phot*) cassette; (*Comput*) cartridge, cassette; (*Bücherkassette*) case

Kassettenrekorder (**-s, -**) M cassette recorder

Kassiber [kaˈsiːbər] (**-s, -**) M (*in Gefängnis*) secret message

kassieren [kaˈsiːrən] VT (*Gelder etc*) to collect; (*umg*: *wegnehmen*) to take (away) ▸ VI: **darf ich ~?** would you like to pay now?

⋆ **Kassierer(in)** [kaˈsiːrər(ɪn)] (**-s, -**) M(F) cashier; (*von Klub*) treasurer

Kastanie [kasˈtaːniə] F chestnut

Kastanienbaum M chestnut tree

Kästchen [ˈkɛstçən] NT small box, casket

Kaste [ˈkastə] (-, **-n**) F caste

Kasten [ˈkastən] (**-s, Kästen**) M box (*auch Sport*), case; (*Truhe*) chest; **er hat was auf dem ~** (*umg*) he's brainy; **Kastenform** F (*Koch*) (square) baking tin (BRIT) *od* pan (US); **Kastenwagen** M van

kastrieren [kasˈtriːrən] VT to castrate

Kat [kat] (-, **-s**) M ABK (*Aut*) = **Katalysator**

katalanisch [kataˈlaːnɪʃ] ADJ Catalan; (*Sprache*): **auf K~** in Catalan

Katalog [kataˈloːk] (**-(e)s, -e**) M catalogue (BRIT), catalog (US)

katalogisieren [katalogiˈziːrən] VT to catalogue (BRIT), to catalog (US)

Katalysator [katalyˈzaːtɔr] M (*lit, fig*) catalyst; (*Aut*) catalytic converter; **Katalysator-Auto** vehicle fitted with a catalytic converter

Katapult [kataˈpʊlt] (**-(e)s, -e**) M OD NT catapult

katapultieren [katapʊlˈtiːrən] VT to catapult ▸ VR to catapult o.s.; (*Pilot*) to eject

Katar [ˈkaːtar] NT Qatar

Katarrh, Katarr [kaˈtar] (**-s, -e**) M catarrh

Katasteramt [kaˈtastəramt] NT land registry

katastrophal [katastroˈfaːl] ADJ catastrophic

Katastrophe [kataˈstroːfə] (-, **-n**) F catastrophe, disaster

Katastrophen- zW: **Katastrophenalarm** M emergency alert; **Katastrophengebiet** NT disaster area; **Katastrophenmedizin** F medical treatment in disasters; **Katastrophenmeldung** F news of a/the catastrophe; **Katastrophenschutz** M disaster control

Katechismus [katɛˈçɪsmʊs] M catechism

Kategorie [kategoˈriː] F category

kategorisch [kateˈgoːrɪʃ] ADJ categorical

kategorisieren [kategoriˈziːrən] VT to categorize

Kater [ˈkaːtər] (**-s, -**) M tomcat; (*umg*) hangover; **Katerfrühstück** NT *breakfast (of pickled herring etc) to cure a hangover*

kath. ABK = **katholisch**

Katheder [kaˈteːdər] (**-s, -**) NT (*Sch*) teacher's desk; (*Univ*) lectern

★**Kathedrale** [kateˈdraːlə] (**-, -n**) F cathedral

Katheter [kaˈteːtər] (**-s, -**) M (*Med*) catheter

Kathode [kaˈtoːdə] (**-, -n**) F cathode

Katholik(in) [katoˈliːk(ɪn)] (**-en, -en**) M(F) Catholic

katholisch [kaˈtoːlɪʃ] ADJ Catholic

Katholizismus [katoliˈtsɪsmʊs] M Catholicism

Katode [kaˈtoːdə] (**-, -n**) F = **Kathode**

katzbuckeln [ˈkatsbʊkəln] (*pej, umg*) VI to bow and scrape

Kätzchen [ˈkɛtsçən] NT kitten

★**Katze** [ˈkatsə] (**-, -n**) F cat; **die ~ im Sack kaufen** to buy a pig in a poke; **für die Katz** (*umg*) in vain, for nothing

Katzen- zW: **Katzenauge** NT cat's-eye (BRIT); (*am Fahrrad*) rear light; **Katzenjammer** (*umg*) M hangover; **Katzenmusik** F (*fig*) caterwauling; **Katzensprung** (*umg*) M stone's throw, short distance; **Katzentür** F cat flap; **Katzenwäsche** F a lick and a promise

Kauderwelsch [ˈkaudərvɛlʃ] (**-(s)**) NT jargon; (*umg*) double Dutch (BRIT)

kauen [ˈkauən] VT, VI to chew

kauern [ˈkauərn] VI to crouch

Kauf [kauf] (**-(e)s, Käufe**) M purchase, buy; (*Kaufen*) buying; **ein guter ~** a bargain; **etw in ~ nehmen** to put up with sth

★**kaufen** VT to buy; **dafür kann ich mir nichts ~** (*ironisch*) what use is that to me!

Käufer(in) [ˈkɔʏfər(ɪn)] (**-s, -**) M(F) buyer

Käuferverhalten NT buying habits *pl*

Kauf- zW: ★**Kauffrau** F businesswoman; (*Einzelhandelskauffrau*) shopkeeper; **kauffreudig** ADJ consumerist; ★**Kaufhaus** NT department store; **Kaufkraft** F purchasing power; **Kaufladen** M shop, store

käuflich [ˈkɔʏflɪç] ADJ purchasable, for sale; (*pej*) venal ▸ ADV: **~ erwerben** to purchase

Kauf- zW: **Kauflust** F desire to buy things; (*Börse*) buying; **kauflustig** ADJ interested in buying; ★**Kaufmann** (**-(e)s**, *pl* **-leute**) M businessman; (*Einzelhandelskaufmann*) shopkeeper; **kaufmännisch** ADJ commercial; **kaufmännischer Angestellter** clerk; **Kaufpreis** M purchase price; **kaufsüchtig** ADJ: **~ sein** to be a shopaholic (*umg*); **Kaufvertrag** M bill of sale; **Kaufwillige(r)** F(M) potential buyer; **Kaufzurückhaltung** F consumer reticence; **Kaufzwang** M: **kein/ohne ~** no/without obligation

★**Kaugummi** [ˈkaugʊmi] M chewing gum

Kaukasus [ˈkaukazʊs] M: **der ~** the Caucasus

Kaulquappe [ˈkaulkvapə] (**-, -n**) F tadpole

★**kaum** [kaum] ADV hardly, scarcely; **wohl ~, ich glaube ~** I hardly think so

Kausalzusammenhang [kauˈzaːltsuzamənhaŋ] M causal connection

Kaution [kautsiˈoːn] F deposit; (*Jur*) bail

Kautschuk [ˈkautʃʊk] (**-s, -e**) M India rubber

Kauz [kauts] (**-es, Käuze**) M owl; (*fig*) queer fellow

Kavalier [kavaˈliːr] (**-s, -e**) M gentleman

Kavaliersdelikt NT peccadillo

Kavallerie [kavaləˈriː] F cavalry

Kavallerist [kavaləˈrɪst] M cavalryman

Kaviar [ˈkaːviar] M caviar

KB NT ABK (= *Kilobyte*) KB, kbyte

Kcal ABK (= *Kilokalorie*) kcal

keck [kɛk] ADJ daring, bold; **Keckheit** F daring, boldness

Kegel [ˈkeːgəl] (**-s, -**) M skittle; (*Math*) cone; ★**Kegelbahn** F skittle alley, bowling alley; **kegelförmig** ADJ conical

★**kegeln** VI to play skittles

Kehle [ˈkeːlə] (**-, -n**) F throat; **er hat das in die falsche ~ bekommen** (*lit*) it went down the wrong way; (*fig*) he took it the wrong way; **aus voller ~** at the top of one's voice

Kehl- zW: **Kehlkopf** M larynx; **Kehlkopfkrebs** M cancer of the throat; **Kehllaut** M guttural

Kehre [ˈkeːrə] (**-, -n**) F turn(ing), bend

kehren VT, VI (*wenden*) to turn; (*mit Besen*) to sweep; **sich an etw** *dat* **nicht ~** not to heed sth; **in sich** *akk* **gekehrt** (*versunken*) pensive; (*verschlossen*) introspective, introverted

Kehricht (**-s**) M sweepings *pl*

Kehr- zW: **Kehrmaschine** F sweeper; **Kehrreim** M refrain; **Kehrseite** F reverse, other side; (*ungünstig*) wrong *od* bad side; **die ~ der Medaille** the other side of the coin

kehrt|machen [keːrt-] VI to turn about, to about-turn

Kehrtwendung F about-turn

keifen [ˈkaɪfən] VI to scold, to nag

Keil [kaɪl] (**-(e)s, -e**) M wedge; (*Mil*) arrowhead; **keilen** VT to wedge ▸ VR to fight

Keilerei [kaɪləˈraɪ] (*umg*) F punch-up

Keilriemen M (*Aut*) fan belt

Keim [kaɪm] (**-(e)s, -e**) M bud; (*Med, fig*) germ; **etw im ~ ersticken** to nip sth in the bud

keimen VI to germinate

Keim- zW: **keimfrei** ADJ sterile; **keimtötend** ADJ antiseptic, germicidal; **Keimzelle** F (*fig*) nucleus

ein [kaın], **keine** [ˈkaınə] PRON none ▸ ADJ no, not any; **keine schlechte Idee** not a bad idea; **keine Stunde/drei Monate** (*nicht einmal*) less than an hour/three months

eine(r, s) INDEF PRON no one, nobody; (*von Gegenstand*) none; **keiner von ihnen** none of them

einerlei [ˈkeınərˈlaı] ADJ *attrib* no ... whatever

einesfalls ADV on no account

eineswegs ADV by no means

einmal ADV not once

eks [ke:ks] (**-es, -e**) M OD NT biscuit (BRIT), cookie (US)

elch [kɛlç] (**-(e)s, -e**) M cup, goblet, chalice

elle [ˈkɛlə] (**-, -n**) F ladle; (*Maurerkelle*) trowel

eller [ˈkɛlər] (**-s, -**) M cellar; (*Geschoss*) basement; **Kellerassel** (**-, -n**) F woodlouse

ellerei [kɛləˈraı] F wine cellars *pl*; (*Firma*) wine producer

ellergeschoss NT basement

ellerwohnung F basement flat (BRIT) *od* apartment (US)

ellner(in) [ˈkɛlnər(ın)] (**-s, -**) M(F) waiter, waitress

ellnern (*umg*) VI to work as a waiter/waitress (BRIT), to wait on tables (US)

elte [ˈkɛltə] (**-n, -n**) M Celt

elter (**-, -n**) F winepress; (*Obstkelter*) press

eltern [ˈkɛltərn] VT to press

eltin [ˈkɛltın] F (female) Celt

eltisch ADJ Celtic

enia [ˈke:nia] (**-s**) NT Kenya

ennen [ˈkɛnən] *unreg* VT to know; **~ Sie sich schon?** do you know each other (already)?; **kennst du mich noch?** do you remember me?

ennen|lernen VT to get to know ▸ VR to get to know each other; (*zum ersten Mal*) to meet

enner(in) (**-s, -**) M(F): **~ (von** *od* **+*gen*)** connoisseur (of); (*Experte*) expert (on)

ennkarte F identity card

enntlich ADJ distinguishable, discernible; **etw ~ machen** to mark sth

enntnis (**-, -se**) F knowledge *no pl*; **etw zur ~ nehmen** to note sth; **von etw ~ nehmen** to take notice of sth; **jdn in ~ setzen** to inform sb; **über Kenntnisse von etw verfügen** to be knowledgeable about sth

enn- ZW: **Kennwort** NT (*Chiffre*) code name; (*Losungswort*) password, code word; **Kennzeichen** NT mark, characteristic; **(amtliches/polizeiliches) ~** (*Aut*) number plate (BRIT), license plate (US); **kennzeichnen** VT UNTR to characterize; **kennzeichnenderweise** ADV characteristically; **Kennziffer** F (code) number; (*Comm*) reference number

entern [ˈkɛntərn] VI to capsize

eramik [keˈra:mık] (**-, -en**) F ceramics *pl*, pottery; (*Gegenstand*) piece of ceramic work *od* pottery

erbe [ˈkɛrbə] (**-, -n**) F notch, groove

erbel (**-s, -**) M chervil

kerben VT to notch

Kerbholz NT: **etw auf dem ~ haben** to have done sth wrong

Kerker [ˈkɛrkər] (**-s, -**) M prison

Kerl [kɛrl] (**-s, -e**) (*umg*) M chap, bloke (BRIT), guy; **du gemeiner ~!** you swine!

Kern [kɛrn] (**-(e)s, -e**) M (*Obstkern*) pip, stone; (*Nusskern*) kernel; (*Atomkern*) nucleus; (*fig*) heart, core; **Kernenergie** F nuclear energy; **Kernfach** NT (*Sch*) core subject; **Kernfamilie** F nuclear family; **Kernforschung** F nuclear research; **Kernfrage** F central issue; **Kernfusion** F nuclear fusion; **Kerngehäuse** NT core; **kerngesund** ADJ thoroughly healthy, fit as a fiddle

kernig ADJ robust; (*Ausspruch*) pithy

Kern- ZW: **Kernkompetenz** F core competence; **Kernkraft** F nuclear power; **Kernkraftwerk** NT nuclear power station; **Kernland** F heartland; **kernlos** ADJ seedless, pipless; **Kernphysik** F nuclear physics *sing*; **Kernreaktion** F nuclear reaction; **Kernreaktor** M nuclear reactor; **Kernschmelze** F meltdown; **Kernseife** F washing soap; **Kernspaltung** F nuclear fission; **Kernstück** NT (*fig*) main item; (*von Theorie etc*) central part, core; **Kernwaffen** PL nuclear weapons *pl*; **kernwaffenfrei** ADJ nuclear-free; **Kernzeit** F core time

Kerze [ˈkɛrtsə] (**-, -n**) F candle; (*Zündkerze*) plug; **kerzengerade** ADJ straight as a die

Kerzen- ZW: **Kerzenhalter** M candlestick; **Kerzenständer** M candleholder

kess [kɛs] ADJ saucy

Kessel [ˈkɛsəl] (**-s, -**) M kettle; (*von Lokomotive etc*) boiler; (*Mulde*) basin; (*Geog*) depression; (*Mil*) encirclement; **Kesselstein** M scale, fur (BRIT); **Kesseltreiben** NT (*fig*) witch-hunt

Ketchup [ˈkɛtʃʊp], **Ketschup** (**-(s), -s**) M OD NT ketchup

★**Kette** [ˈkɛtə] (**-, -n**) F chain; (*Halskette*) necklace; **jdn an die ~ legen** (*fig*) to tie sb down

ketten VT to chain

Ketten- ZW: **Kettenfahrzeug** NT tracked vehicle; **Kettenhund** M watchdog; **Kettenkarussell** NT merry-go-round (*with gondolas on chains*); **Kettenladen** M chain store; **Kettenrauchen** NT chain smoking; **Kettenreaktion** F chain reaction

Ketzer(in) [ˈkɛtsər(ın)] (**-s, -**) M(F) heretic; **Ketzerei** [kɛtsəˈraı] F heresy; **ketzerisch** ADJ heretical

keuchen [ˈkɔʏçən] VI to pant, to gasp

Keuchhusten M whooping cough

Keule [ˈkɔʏlə] (**-, -n**) F club; (*Koch*) leg

Keulung [ˈkɔʏlʊŋ] F cull, culling

keusch [kɔʏʃ] ADJ chaste; **Keuschheit** F chastity

kfm. ABK = **kaufmännisch**

Kfm. ABK = **Kaufmann**

Kfz (**-(s), -(s)**) F ABK = **Kraftfahrzeug**

kg ABK (= *Kilogramm*) kg

KG (**-, -s**) F ABK = **Kommanditgesellschaft**

K

kHz ABK (= *Kilohertz*) kHz
Kibbuz [kɪˈbu:ts] (-, **Kibbuzim** *od* **-e**) M kibbutz
Kichererbse [ˈkɪçər|ɛrpsə] F chick pea
kichern [ˈkɪçərn] VI to giggle
kicken [ˈkɪkən] VT, VI (*Fußball*) to kick
kidnappen [ˈkɪtnɛpən] VT to kidnap
Kidnapper(in) (**-s, -**) M(F) kidnapper
Kiebitz [ˈki:bɪts] (**-es, -e**) M peewit
Kiefer[1] [ˈki:fər] (**-s, -**) M jaw
Kiefer[2] [ˈki:fər] (**-, -n**) F pine
Kiefernholz NT pine(wood)
Kiefernzapfen M pine cone
Kieferorthopäde M orthodontist
Kieker [ˈki:kər] (**-s, -**) M: **jdn auf dem ~ haben** (*umg*) to have it in for sb
Kiel [ki:l] (**-(e)s, -e**) M (*Federkiel*) quill; (*Naut*) keel; **Kielwasser** NT wake
Kieme [ˈki:mə] (**-, -n**) F gill
Kies [ki:s] (**-es, -e**) M gravel; (*umg*: *Geld*) money, dough
Kiesel [ˈki:zəl] (**-s, -**) M pebble; **Kieselstein** M pebble
Kiesgrube F gravel pit
Kiesweg M gravel path
Kiew [ˈki:ɛf] (**-s**) NT Kiev
kiffen [ˈkɪfən] (*umg*) VT to smoke pot *od* grass
Kilimandscharo [kilimanˈdʒa:ro] (**-s**) M Kilimanjaro
Killer [ˈkɪlər] (**-s, -**) (*umg*) M killer, murderer; (*gedungener*) hit man; **Killerin** (*umg*) F killer, female murderer
★**Kilo** [ˈki:lo] (**-s, -(s)**) NT kilo; **Kilobyte** NT (*Comput*) kilobyte; ★**Kilogramm** NT kilogram
★**Kilometer** [kiloˈme:tər] M kilometre (BRIT), kilometer (US); **Kilometerfresser** (*umg*) M long-haul driver; **Kilometergeld** NT ≈ mileage (allowance); **Kilometerstand** M ≈ mileage; **Kilometerstein** M ≈ milestone; **Kilometerzähler** M ≈ mileometer
Kilowatt [kiloˈvat] NT kilowatt
Kimme [ˈkɪmə] (**-, -n**) F notch; (*Gewehr*) back sight
★**Kind** [kɪnt] (**-(e)s, -er**) NT child; **sich freuen wie ein ~** to be as pleased as Punch; **sie bekommt ein ~** she's having a baby; **mit ~ und Kegel** (*hum*: *umg*) with the whole family; **von ~ auf** from childhood
Kinderarzt M, **Kinderärztin** F paediatrician (BRIT), pediatrician (US)
Kinderbetreuung F childcare
Kinderbett NT cot (BRIT), crib (US)
Kinderei [kɪndəˈraɪ] F childishness
Kindererziehung F bringing up of children; (*durch Schule*) education of children
kinderfeindlich ADJ anti-children; (*Architektur, Planung*) not catering for children
Kinderfreibetrag M child allowance
★**Kindergarten** M nursery school

A **Kindergarten** is a nursery school for children aged between 3 and 6. The children do not receive formal schooling but instead do play-based activities such as singing, drawing and playing games. Most Kindergartens are funded by the town or the church, not by the state. Parents pay a monthly contribution towards the cost.

Kinder- ZW: **Kindergärtner(in)** M(F) nursery school teacher; **Kindergeld** NT child benefi (BRIT); **Kinderheim** NT children's home **Kinderkrankheit** F childhood illness; ★**Kinderkrippe** F crèche (BRIT), daycare center (US) **Kinderladen** M (alternative) playgroup; **Kinderlähmung** F polio(myelitis); **kinderleich** ADJ childishly easy; **kinderlieb** ADJ fond of children; **Kinderlied** NT nursery rhyme; **kinderlos** ADJ childless; ★**Kindermädchen** NT nurse maid; **Kinderpfleger(in)** M(F) child minder **kinderreich** ADJ with a lot of children; **Kinderschuh** M: **es steckt noch in den Kinderschuhen** (*fig*) it's still in its infancy; **kindersiche** ADJ childproof; **Kindersicherung** F childproo safety catch; (*an Flasche*) childproof cap **Kinderspiel** NT child's play; **ein ~ sein** to be doddle; **Kinderstube** F: **eine gute ~ haben** to b well-mannered; **Kindertagesstätte** day-nursery; **Kinderteller** M children's dish **Kinderwagen** M pram (BRIT), baby carriag (US); **Kinderzimmer** NT child's/children' room; (*für Kleinkinder*) nursery
Kindes- ZW: **Kindesalter** NT infancy; **Kindesbeine** PL: **von Kindesbeinen an** from earl childhood; **Kindesmisshandlung** F chil abuse
Kind- ZW: **kindgemäß** ADJ suitable for a child o children; **Kindheit** F childhood; **kindisch** AD childish
Kindle® [ˈkɪndl] M Kindle®
kindlich ADJ childlike
kindsköpfig ADJ childish
Kinkerlitzchen [ˈkɪŋkərlɪtsçən] (*umg*) P knick-knacks *pl*
Kinn [kɪn] (**-(e)s, -e**) NT chin; **Kinnhaken** M (*Boxen*) uppercut; **Kinnlade** F jaw
★**Kino** [ˈki:no] (**-s, -s**) NT cinema (BRIT), movie (US); **Kinobesucher(in)** M(F), **Kinogänger(in** M(F) cinema-goer (BRIT), movie-goer (US **Kinoprogramm** NT film programme (BRIT movie program (US)
★**Kiosk** [kiˈɔsk] (**-(e)s, -e**) M kiosk
Kippe [ˈkɪpə] (**-, -n**) F (*umg*) cigarette end; **au der ~ stehen** (*fig*) to be touch and go
kippen VI to topple over, to overturn; (*Schüler*) t fail; (*Kandidat*) to reject ▶ VT to tilt
Kipper [ˈkɪpər] (**-s, -**) M (*Aut*) tipper, dump(e truck
Kippschalter M rocker switch
★**Kirche** [ˈkɪrçə] (**-, -n**) F church
Kirchen- ZW: **Kirchenchor** M church choi **Kirchendiener** M churchwarden; **Kirchenfes** NT church festival; **Kirchenlied** NT hymn

Kirchenschiff NT (*Längsschiff*) nave; (*Querschiff*) transept; **Kirchensteuer** F church tax; **Kirchentag** M church congress

Kirch- ZW: **Kirchgänger(in)** (**-s, -**) M(F) churchgoer; **Kirchhof** M churchyard; **kirchlich** ADJ ecclesiastical; **Kirchturm** M church tower, steeple; **Kirchweih** F fair, kermis (*US*)

Kirgistan [ˈkɪrgista:n] (**-s**) NT (*Geog*) Kirghizia

Kirmes [ˈkɪrmɛs] (**-, -sen**) F (*Dialekt*) fair, kermis (*US*)

Kirschbaum [ˈkɪrʃbaʊm] M cherry tree; (*Holz*) cherry (wood)

Kirsche [ˈkɪrʃə] (**-, -n**) F cherry; **mit ihm ist nicht gut Kirschen essen** (*fig*) it's best not to tangle with him

Kirschtomate F cherry tomato

Kirschtorte F: **Schwarzwälder ~** Black Forest Gateau

Kirschwasser NT kirsch

Kissen [ˈkɪsən] (**-s, -**) NT cushion; (*Kopfkissen*) pillow; **Kissenbezug** M pillow case

Kiste [ˈkɪstə] (**-, -n**) F box; (*Truhe*) chest; (*umg: Bett*) sack; (*: Fernsehen*) box (BRIT), tube (*US*)

Kita [ˈkɪta] F ABK = **Kindertagesstätte**

A **Kita**, or *Kindertagesstätte*, is a daycare nursery for children under the age of 3. Since 2013, all children have been legally entitled to a nursery place and parents may also receive a financial subsidy towards childcare costs, so that they can both continue to work if they wish to.

Kitsch [kɪtʃ] (**-(e)s**) M trash

kitschig ADJ trashy

Kitt [kɪt] (**-(e)s, -e**) M putty

Kittchen (*umg*) NT clink

Kittel (**-s, -**) M overall; (*von Arzt, Laborant etc*) (white) coat

kitten VT to putty; (*fig*) to patch up

Kitz [kɪts] (**-es, -e**) NT kid; (*Rehkitz*) fawn

kitzelig [ˈkɪtsəlɪç] ADJ (*lit, fig*) ticklish

kitzeln VT, VI to tickle

Kiwi [ˈki:vi] (**-, -s**) F (*Frucht*) kiwi fruit

KKW (**-, -s**) NT ABK = **Kernkraftwerk**

Kl. ABK (= *Klasse*) cl.

Klacks [klaks] (**-es, -e**) (*umg*) M (*von Kartoffelbrei, Sahne*) dollop; (*von Senf, Farbe etc*) blob

Kladde [ˈkladə] (**-, -n**) F rough book; (*Block*) scribbling pad

klaffen [ˈklafən] VI to gape

kläffen [ˈklɛfən] VI to yelp

Klage [ˈkla:gə] (**-, -n**) F complaint; (*Jur*) action; **eine ~ gegen jdn einreichen** *od* **erheben** to institute proceedings against sb; **Klagelied** NT: **ein ~ über jdn/etw anstimmen** (*fig*) to complain about sb/sth; **Klagemauer** F: **die ~** the Wailing Wall

klagen VI (*wehklagen*) to lament, to wail; (*sich beschweren*) to complain; (*Jur*) to take legal action; **jdm sein Leid/seine Not ~** to pour out one's sorrow/distress to sb

Kläger(in) [ˈklɛ:gər(ɪn)] (**-s, -**) M(F) (*Jur: im Zivilrecht*) plaintiff; (*: im Strafrecht*) prosecuting party; (*: in Scheidung*) petitioner

Klageschrift F (*Jur*) charge; (*bei Scheidung*) petition

kläglich [ˈklɛ:klɪç] ADJ wretched

Klamauk [klaˈmaʊk] (**-s**) (*umg*) M (*Alberei*) tomfoolery; (*im Theater*) slapstick

klamm ADJ (*Finger*) numb; (*feucht*) damp

Klamm [klam] (**-, -en**) F ravine

Klammer [ˈklamər] (**-, -n**) F clamp; (*in Text*) bracket; (*Büroklammer*) clip; (*Wäscheklammer*) peg (BRIT), pin (*US*); (*Zahnklammer*) brace; **~ auf/zu** open/close brackets; **Klammeraffe** M (*umg*) at-sign, @

klammern VR: **sich ~ an** +*akk* to cling to

klammheimlich [klamˈhaɪmlɪç] (*umg*) ADJ secret ▶ ADV on the quiet

Klamotte [klaˈmɔtə] (**-, -n**) F (*pej: Film etc*) rubbishy old film *etc* ■ **Klamotten** PL (*umg: Kleider*) clothes *pl*; (*: Zeug*) stuff

Klampfe [ˈklampfə] (**-, -n**) (*umg*) F guitar

klang *etc* [klaŋ] VB *siehe* **klingen**

Klang (**-(e)s, Klänge**) M sound

klangvoll ADJ sonorous

Klappbett NT folding bed

Klappe [ˈklapə] (**-, -n**) F valve; (*an Oboe etc*) key; (*Film*) clapperboard; (*Ofenklappe*) damper; (*umg: Mund*) trap; **die ~ halten** to shut one's trap

★**klappen** VI (*Geräusch*) to click; (*Sitz etc*) to tip ▶ VT to tip ▶ VI UNPERS to work; **hat es mit den Karten/dem Job geklappt?** did you get the tickets/job O.K.?

Klappentext M blurb

Klapper [ˈklapər] (**-, -n**) F rattle

klapperig ADJ run-down, worn-out

klappern VI to clatter, to rattle

Klapperschlange F rattlesnake

Klapperstorch M stork; **er glaubt noch an den ~** he still thinks babies are found under the gooseberry bush

Klapp- ZW: **Klappmesser** NT jackknife; **Klapprad** NT collapsible *od* folding bicycle; **Klappstuhl** M folding chair; **Klapptisch** M folding table

Klaps [klaps] (**-es, -e**) M slap; **einen ~ haben** (*umg*) to have a screw loose; **klapsen** VT to slap

★**klar** [kla:r] ADJ clear; (*Naut*) ready to sail; (*Mil*) ready for action; **bei klarem Verstand sein** to be in full possession of one's faculties; **sich** *dat* **im Klaren sein über** +*akk* to be clear about; **ins Klare kommen** to get clear; **~ sehen** to see clearly; **sich** *dat* **über etw** *akk* **~ werden** to get sth clear in one's mind; **alles ~?** everything okay?

Kläranlage F sewage plant; (*von Fabrik*) purification plant

Klare(r) (*umg*) M schnapps

klären [ˈklɛ:rən] VT (*Flüssigkeit*) to purify; (*Probleme*) to clarify ▶ VR to clear (itself) up

Klarheit F clarity; **sich** *dat* **~ über etw** *akk* **verschaffen** to get sth straight
Klarinette [klari'nɛtə] F clarinet
klar- zW: **klar|kommen** *unreg (umg)* VI: **mit jdm/etw ~** to be able to cope with sb/sth; **klar|legen** VT to clear up, to explain; **klar|machen** VT *(Schiff)* to get ready for sea; **jdm etw ~** to make sth clear to sb; **Klarsichtfolie** F transparent film; **klar|stellen** VT to clarify; **Klartext** M: **im ~** in clear; *(fig: umg)* ≈ in plain English
Klärung ['klɛ:rʊŋ] F purification; *(von Problem)* clarification
Klärungsbedarf M need for clarification
★**klasse** *(umg)* ADJ smashing
Klasse ['klasə] (-, -**n**) F class; *(Sch)* class, form; *(auch:* **Steuerklasse***)* bracket; *(Güterklasse)* grade
Klassen- zW: ★**Klassenarbeit** F test; **Klassenbewusstsein** NT class-consciousness; **Klassenbuch** NT *(Sch)* (class) register; **Klassengesellschaft** F class society; ★**Klassenkamerad(in)** M(F) classmate; **Klassenkampf** M class conflict; **Klassenlehrer(in)** M(F) class teacher; **klassenlos** ADJ classless; ★**Klassensprecher(in)** M(F) class spokesperson; **Klassenziel** NT: **das ~ nicht erreichen** *(Sch)* not to reach the required standard (for the year); *(fig)* not to make the grade; ★**Klassenzimmer** NT classroom
klassifizieren [klasifi'tsi:rən] VT to classify
Klassifizierung F classification
Klassik ['klasɪk] F *(Zeit)* classical period; *(Stil)* classicism; **Klassiker** (-**s**, -) M classic
★**klassisch** ADJ *(lit, fig)* classical
Klassizismus [klasi'tsɪsmʊs] M classicism
Klatsch [klatʃ] (-**(e)s**, -**e**) M smack, crack; *(Gerede)* gossip; **Klatschbase** F gossip(monger)
klatschen VI *(tratschen)* to gossip; *(Beifall spenden)* to applaud, to clap ▸ VT: **(jdm) Beifall ~** to applaud *od* clap (sb)
Klatsch- zW: **klatschnass** ADJ soaking wet; **Klatschspalte** F gossip column; **Klatschtante** *(pej, umg)* F gossip(monger)
klauben ['klaʊbən] VT to pick
Klaue ['klaʊə] (-, -**n**) F claw; *(umg: Schrift)* scrawl
klauen VT to claw; *(umg)* to pinch
Klause ['klaʊzə] (-, -**n**) F cell; *(von Mönch)* hermitage
Klausel ['klaʊzəl] (-, -**n**) F clause; *(Vorbehalt)* proviso
Klausur [klaʊ'zu:r] F seclusion; **Klausurarbeit** F examination paper
Klaviatur [klavia'tu:r] F keyboard
★**Klavier** [kla'vi:r] (-**s**, -**e**) NT piano; **Klavierauszug** M piano score
Klebeband NT adhesive tape
Klebemittel NT glue
kleben ['kle:bən] VT, VI: **~ (an** *+akk***)** to stick (to); **jdm eine ~** *(umg)* to belt sb one
Klebezettel M gummed label
klebrig ADJ sticky
Klebstoff M glue
Klebstreifen M adhesive tape
kleckern ['klɛkərn] VI to slobber
Klecks [klɛks] (-**es**, -**e**) M blot, stain; **klecksen** VI to blot; *(pej)* to daub
Klee [kle:] (-**s**) M clover; **jdn/etw über den grünen ~ loben** *(fig)* to praise sb/sth to the skies; **Kleeblatt** NT cloverleaf; *(fig)* trio
★**Kleid** [klaɪt] (-**(e)s**, -**er**) NT garment; *(Frauenkleid)* dress ▪ **Kleider** PL clothes *pl*
kleiden ['klaɪdən] VT to clothe, to dress ▸ VR to dress; **jdn ~** to suit sb
Kleider- zW: **Kleiderbügel** M coat hanger; **Kleiderbürste** F clothes brush; ★**Kleiderschrank** M wardrobe; **Kleiderständer** M coat-stand
kleidsam ADJ becoming
★**Kleidung** F clothing
Kleidungsstück NT garment
Kleie ['klaɪə] (-, -**n**) F bran
★**klein** [klaɪn] ADJ little, small; **haben Sie es nicht kleiner?** haven't you got anything smaller?; **ein kleines Bier, ein Kleines** *(umg)* ≈ half a pint, ≈ a half; **von ~ an** *od* **auf** *(von Kindheit an)* from childhood; *(von Anfang an)* from the very beginning; **das kleinere Übel** the lesser evil; **sein Vater war (ein) kleiner Beamter** his father was a minor civil servant; **~ anfangen** to start off in a small way; **~ geschrieben werden** *(umg)* to count for (very) little; **~ hacken** to chop up; **~ schneiden** to chop up; **Kleinanzeige** F small ad (BRIT), want ad *(US)* ▪ **Kleinanzeigen** PL classified advertising *sing*; **Kleinarbeit** F: **in zäher/mühseliger ~** with rigorous/painstaking attention to detail; **Kleinasien** NT Asia Minor; **Kleinbürgertum** NT petite bourgeoisie; **Kleinbus** M minibus
Kleine(r) F(M) little one
klein- zW: **Kleinfamilie** F small family, nuclear family *(Soziologie)*; **Kleinformat** NT small size; **im ~** small-scale; **Kleingedruckte(s)** NT small print; ★**Kleingeld** NT small change; **das nötige ~ haben** *(fig)* to have the wherewithal *(umg)*; **kleingläubig** ADJ of little faith; **klein|hacken** VT to chop up; **Kleinholz** NT firewood; **~ aus jdm machen** to make mincemeat of sb
Kleinigkeit F trifle; **wegen** *od* **bei jeder ~** for the slightest reason; **eine ~ essen** to have a bite to eat
klein- zW: **kleinkariert** ADJ: **~ denken** to think small; **Kleinkind** NT infant; **Kleinkram** M details *pl*; **Kleinkredit** M personal loan; **klein|kriegen** *(umg)* VT *(gefügig machen)* to bring into line; *(unterkriegen)* to get down; *(körperlich)* to tire out; **kleinlaut** ADJ dejected, quiet; **kleinlich** ADJ petty, paltry; **Kleinlichkeit** F pettiness, paltriness; **kleinmütig** ADJ fainthearted
Kleinod ['klaɪno:t] (-**s**, -**odien**) NT gem; *(fig)* treasure
klein- zW: **Kleinrechner** M minicomputer **klein|schneiden** *unreg* VT to chop up; **klein|schreiben** *unreg* VT: **ein Wort ~** to write a word with a small initial letter; **Kleinschrei-**

bung F use of small initial letters; **Kleinstadt** F small town; **kleinstädtisch** ADJ provincial

kleinstmöglich ADJ smallest possible

Kleinwagen M small car

Kleister [ˈklaɪstər] (**-s, -**) M paste

kleistern VT to paste

Klemme [ˈklɛmə] (**-, -n**) F clip; (*Med*) clamp; (*fig*) jam; **in der ~ sitzen** *od* **sein** (*fig: umg*) to be in a fix

klemmen VT (*festhalten*) to jam; (*quetschen*) to pinch, to nip ▸ VR to catch o.s.; (*sich hineinzwängen*) to squeeze o.s. ▸ VI (*Tür*) to stick, to jam; **sich hinter jdn/etw ~** to get on to sb/get down to sth

Klempner(in) [ˈklɛmpnər(ɪn)] (**-s, -**) M(F) plumber

Kleptomanie [klɛptomaˈniː] F kleptomania

Kleriker [ˈkleːrikər] (**-s, -**) M cleric

Klerus [ˈkleːrʊs] (**-**) M clergy

Klette [ˈklɛtə] (**-, -n**) F burr; **sich wie eine ~ an jdn hängen** to cling to sb like a limpet

Kletterer [ˈklɛtərər] (**-s, -**) M climber

Klettergerüst NT climbing frame

Kletterin F climber

klettern VI to climb

Kletterpflanze F creeper

Kletterseil NT climbing rope

Klettverschluss M Velcro® fastener

klicken [ˈklɪkən] VI to click

Klient(in) [kliˈɛnt(ɪn)] M(F) client

Klima [ˈkliːma] (**-s, -s** *od* **-te**) NT climate; **Klimaanlage** F air conditioning; **Klimakompensation** (**-, -en**) F carbon offset

Klimaschutz M climate protection; **Klimaschutzabkommen** NT agreement on climate change

klimatisieren [kliːmatiˈziːrən] VT to air-condition

klimatisiert ADJ air-conditioned

Klimawandel M climate change

Klimawechsel M change of air

Klimbim [klɪmˈbɪm] (**-s**) (*umg*) M odds and ends *pl*

klimpern [ˈklɪmpərn] VI to tinkle; (*auf Gitarre*) to strum

Klinge [ˈklɪŋə] (**-, -n**) F blade, sword; **jdn über die ~ springen lassen** (*fig: umg*) to allow sb to run into trouble

Klingel [ˈklɪŋəl] (**-, -n**) F bell; **Klingelbeutel** M collection bag; **Klingelknopf** M bell push

klingeln VI to ring; **es hat geklingelt** (*an Tür*) somebody just rang the doorbell, the doorbell just rang

Klingelton M ringtone

klingen [ˈklɪŋən] *unreg* VI to sound; (*Gläser*) to clink

Klinik [ˈkliːnɪk] F clinic

klinisch [ˈkliːnɪʃ] ADJ clinical

Klinke [ˈklɪŋkə] (**-, -n**) F handle

Klinker [ˈklɪŋkər] (**-s, -**) M clinker

Klippe [ˈklɪpə] (**-, -n**) F cliff; (*im Meer*) reef; (*fig*) hurdle

klippenreich ADJ rocky

klipp und klar [ˈklɪp|ʊntklaːr] ADJ clear and concise

Klips [klɪps] (**-es, -e**) M clip; (*Ohrklips*) earring

klirren [ˈklɪrən] VI to clank, to jangle; (*Gläser*) to clink; **klirrende Kälte** biting cold

Klischee [klɪˈʃeː] (**-s, -s**) NT (*Druckplatte*) plate, block; (*fig*) cliché; **Klischeevorstellung** F stereotyped idea

Klitoris [ˈkliːtorɪs] (**-, -**) F clitoris

★**Klo** [kloː] (**-s, -s**) (*umg*) NT loo (BRIT), john (*US*)

Kloake [kloˈaːkə] (**-, -n**) F sewer

klobig [ˈkloːbɪç] ADJ clumsy

Klon [kloːn] (**-s, -e**) M clone

Klonschaf NT cloned sheep

Klopapier (*umg*) NT toilet paper

★**klopfen** [ˈklɔpfən] VI to knock; (*Herz*) to thump ▸ VT to beat; **es klopft** somebody's knocking; **jdm auf die Finger ~** (*lit, fig*) to give sb a rap on the knuckles; **jdm auf die Schulter ~** to tap sb on the shoulder

Klopfer (**-s, -**) M (*Teppichklopfer*) beater; (*Türklopfer*) knocker

Klöppel [ˈklœpəl] (**-s, -**) M (*von Glocke*) clapper

klöppeln VI to make lace

Klops [klɔps] (**-es, -e**) M meatball

Klosett [kloˈzɛt] (**-s, -e** *od* **-s**) NT lavatory, toilet; **Klosettbrille** F toilet seat; **Klosettpapier** NT toilet paper

Kloß [kloːs] (**-es, Klöße**) M (*Erdkloß*) clod; (*im Hals*) lump; (*Koch*) dumpling

Kloster [ˈkloːstər] (**-s, Klöster**) NT (*Männerkloster*) monastery; (*Frauenkloster*) convent; **ins ~ gehen** to become a monk/nun

klösterlich [ˈkløːstərlɪç] ADJ monastic; (*von Frauenkloster*) convent

Klotz [klɔts] (**-es, Klötze**) M log; (*Hackklotz*) block; **jdm ein ~ am Bein sein** (*fig*) to be a millstone round sb's neck

★**Klub** [klʊp] (**-s, -s**) M club; **Klubjacke** F blazer; **Klubsessel** M easy chair

Kluft [klʊft] (**-, Klüfte**) F cleft, gap; (*Geog*) chasm; (*Uniform*) uniform; (*umg: Kleidung*) gear

★**klug** [kluːk] ADJ clever, intelligent; **ich werde daraus nicht ~** I can't make head or tail of it; **Klugheit** F cleverness, intelligence; **Klugscheißer(in)** (*umg*) M(F) smart-ass

Klümpchen [ˈklʏmpçən] NT clot, blob

klumpen [ˈklʊmpən] VI to go lumpy, to clot

Klumpen (**-s, -**) M (*Koch*) lump; (*Erdklumpen*) clod; (*Blutklumpen*) clot; (*Goldklumpen*) nugget

Klumpfuß [ˈklʊmpfuːs] M club foot

Klüngel [ˈklʏŋəl] (**-s, -**) (*umg*) M (*Clique*) clique

Klunker [ˈklʊŋkər] (**-s, -**) (*umg*) M (*Schmuck*) rock(s *pl*)

km ABK (= *Kilometer*) km

km/h ABK (= *Kilometer pro Stunde*) km/h

K

knabbern [ˈknabərn] VT, VI to nibble; **an etw** *dat* **~** (*fig: umg*) to puzzle over sth

Knabe [ˈkna:bə] (-**n**, -**n**) M boy

knabenhaft ADJ boyish

Knäckebrot [ˈknɛkəbro:t] NT crispbread

knacken [ˈknakən] VI (*lit, fig*) to crack ▶ VT (*umg: Auto*) to break into

knackfrisch (*umg*) ADJ oven-fresh, crispy-fresh

knackig ADJ crisp

Knacks [knaks] (-**es**, -**e**) M: **einen ~ weghaben** (*umg*) to be uptight about sth

Knackwurst F *type of frankfurter*

Knall [knal] (-**(e)s**, -**e**) M bang; (*Peitschenknall*) crack; **~ auf Fall** (*umg*) just like that; **einen ~ haben** (*umg*) to be crazy *od* crackers; **Knallbonbon** NT cracker; **Knalleffekt** M surprise effect, spectacular effect; **knallen** VI to bang; (*Peitsche*) to crack ▶ VT: **jdm eine ~** (*umg*) to clout sb; **Knallfrosch** M jumping jack; **knallhart** (*umg*) ADJ really hard; (*Worte*) hard-hitting; (*Film*) brutal; (*Porno*) hard-core; **Knallkopf** (*umg*) M dickhead (*!*); **knallrot** ADJ bright red

knapp [knap] ADJ tight; (*Geld*) scarce; (*kurz*) short; (*Mehrheit, Sieg*) narrow; (*Sprache*) concise; **~ zwei Stunden** just under two hours; **meine Zeit ist ~ bemessen** I am short of time; **mit knapper Not** only just; *siehe auch* **knapphalten**

Knappe (-**n**, -**n**) M (*Edelmann*) young knight

knapp|halten *unreg* VT: **jdn (mit etw) ~** to keep sb short (of sth)

Knappheit F tightness; (*von Geld*) scarcity; (*von Sprache*) conciseness

Knarre [ˈknarə] (-, -**n**) (*umg*) F (*Gewehr*) shooter

knarren VI to creak

Knast [knast] (-**(e)s**) (*umg*) M clink, can (*US*)

Knatsch [kna:tʃ] (-**es**) (*umg*) M trouble

knattern [ˈknatərn] VI to rattle; (*Maschinengewehr*) to chatter

Knäuel [ˈknɔyəl] (-**s**, -) M OD NT (*Wollknäuel*) ball; (*Menschenknäuel*) knot

Knauf [knaʊf] (-**(e)s**, **Knäufe**) M knob; (*Schwertknauf*) pommel

Knauser [ˈknaʊzər] (-**s**, -) M miser

knauserig ADJ miserly

knausern VI to be mean

knautschen [ˈknaʊtʃən] VT, VI to crumple

Knebel [ˈkne:bəl] (-**s**, -) M gag

knebeln VT to gag; (*Naut*) to fasten

Knecht [knɛçt] (-**(e)s**, -**e**) M servant; (*auf Bauernhof*) farm labourer (*BRIT*) *od* laborer (*US*)

knechten VT to enslave

Knechtschaft F servitude

kneifen [ˈknaɪfən] *unreg* VT to pinch ▶ VI to pinch; (*sich drücken*) to back out; **vor etw** *dat* **~** to dodge sth

Kneifzange F pliers *pl*; (*kleine*) pincers *pl*

★**Kneipe** [ˈknaɪpə] (-, -**n**) (*umg*) F pub (*BRIT*), bar, saloon (*US*)

Kneippkur [ˈknaɪpku:r] F Kneipp cure, *type of hydropathic treatment combined with diet, rest etc*

Knete [ˈkne:tə] (*umg*) F (*Geld*) dough

kneten VT to knead; (*Wachs*) to mould (*BRIT*), to mold (*US*)

Knetgummi M OD NT Plasticine®

Knetmasse F Plasticine®

Knick [knɪk] (-**(e)s**, -**e**) M (*Sprung*) crack; (*Kurve*) bend; (*Falte*) fold

knicken VT, VI (*springen*) to crack; (*brechen*) to break; (*Papier*) to fold; **„nicht ~!"** "do not bend"; **geknickt sein** to be downcast

Knicks [knɪks] (-**es**, -**e**) M curts(e)y; **knicksen** VI to curts(e)y

★**Knie** [kni:] (-**s**, -) NT knee; **in die ~ gehen** to kneel; (*fig*) to be brought to one's knees; **Kniebeuge** (-, -**n**) F knee bend; **Kniefall** M genuflection; **Kniegelenk** NT knee joint; **Kniekehle** F back of the knee

knien VI to kneel ▶ VR: **sich in die Arbeit ~** (*fig*) to get down to (one's) work

Kniescheibe F kneecap

Kniestrumpf M knee-length sock

kniff *etc* [knɪf] VB *siehe* **kneifen**

Kniff (-**(e)s**, -**e**) M (*Zwicken*) pinch; (*Falte*) fold; (*fig*) trick, knack

kniffelig [ˈknɪfəlɪç] ADJ tricky

knipsen [ˈknɪpsən] VT (*Fahrkarte*) to punch; (*Phot*) to take a snap of, to snap ▶ VI (*Phot*) to take snaps/a snap

Knirps [knɪrps] (-**es**, -**e**) M little chap; **er hat einen neuen ~**® **gekauft** he has bought a new Knirps® (*folding umbrella*)

knirschen [ˈknɪrʃən] VI to crunch; **mit den Zähnen ~** to grind one's teeth

knistern [ˈknɪstərn] VI to crackle; (*Papier, Seide*) to rustle

Knitterfalte F crease

knitterfrei ADJ non-crease

knittern [ˈknɪtərn] VI to crease

knobeln [ˈkno:bəln] VI (*würfeln*) to play dice; (*um eine Entscheidung*) to toss for it

Knoblauch [ˈkno:plaʊx] (-**(e)s**) M garlic; **Knoblauchbrot** NT garlic bread; **Knoblauchzehe** F clove of garlic

Knöchel [ˈknœçəl] (-**s**, -) M knuckle; (*Fußknöchel*) ankle

Knochen [ˈknɔxən] (-**s**, -) M bone; **Knochenarbeit** (*umg*) F hard work; **Knochenbau** M bone structure; **Knochenbruch** M fracture; **Knochengerüst** NT skeleton; **Knochenmark** NT bone marrow

knöchern [ˈknœçərn] ADJ bone

knochig [ˈknɔxɪç] ADJ bony

★**Knödel** [ˈknø:dəl] (-**s**, -) M dumpling

Knolle [ˈknɔlə] (-, -**n**) F bulb

★**Knopf** [knɔpf] (-**(e)s**, **Knöpfe**) M button; **Knopfdruck** M: **auf ~** at the touch of a button

knöpfen [ˈknœpfən] VT to button

Knopfloch NT buttonhole

Knorpel [ˈknɔrpəl] (-**s**, -) M cartilage, gristle

knorpelig ADJ gristly

knorrig [ˈknɔrɪç] ADJ gnarled, knotted
Knospe [ˈknɔspə] (-, -n) F bud
knospen VI to bud
knoten [ˈkno:tən] VT to knot; **Knoten** (-s, -) M knot; (*Haar*) bun; (*Bot*) node; (*Med*) lump
Knotenpunkt M junction
knuffen [ˈknʊfən] (*umg*) VT to cuff
Knüller [ˈknʏlər] (-s, -) (*umg*) M hit; (*Reportage*) scoop
knüpfen [ˈknʏpfən] VT to tie; (*Teppich*) to knot; (*Freundschaft*) to form
Knüppel [ˈknʏpəl] (-s, -) M cudgel; (*Polizeiknüppel*) baton, truncheon; (*Aviat*) (joy)stick; **jdm ~ zwischen die Beine werfen** (*fig*) to put a spoke in sb's wheel; **knüppeldick** (*umg*) ADJ very thick; (*fig*) thick and fast; **Knüppelschaltung** F (*Aut*) floor-mounted gear change
knurren [ˈknʊrən] VI (*Hund*) to snarl, to growl; (*Magen*) to rumble; (*Mensch*) to mutter
knusprig [ˈknʊsprɪç] ADJ crisp; (*Keks*) crunchy
knutschen [ˈknu:tʃən] (*umg*) VT to snog with ▸ VI, VR to snog
k. o. ADJ (*Sport*) knocked out; (*fig: umg*) whacked
Koalition [koalitsiˈo:n] F coalition
Koalitionsabsprache F coalition agreement
koalitionsfähig F in a position to form a coalition
Kobalt [ˈko:balt] (-s) NT cobalt
Kobold [ˈko:bɔlt] (-(e)s, -e) M imp
Kobra [ˈko:bra] (-, -s) F cobra
Koch [kɔx] (-(e)s, Köche) M cook; **Kochbuch** NT cookery book, cookbook; **kochecht** ADJ (*Farbe*) fast
kochen VI to cook; (*Wasser*) to boil ▸ VT (*Essen*) to cook; (*Kaffee, Tee*) to make; **er kochte vor Wut** (*umg*) he was seething; **etw auf kleiner Flamme ~** to simmer sth over a low heat
Kocher (-s, -) M stove, cooker
Köcher [ˈkœçər] (-s, -) M quiver
Kochgelegenheit F cooking facilities *pl*
Köchin [ˈkœçɪn] F cook
Koch- ZW: **Kochkunst** F cooking; **Kochlöffel** M kitchen spoon; **Kochnische** F kitchenette; **Kochplatte** F hotplate; **Kochrezept** NT recipe; **Kochsalz** NT cooking salt; **Kochtopf** M saucepan, pot; **Kochwäsche** F washing that can be boiled
Kode [ko:t] (-s, -s) M code
Köder [ˈkø:dər] (-s, -) M bait, lure
ködern VT to lure, to entice
Koexistenz [koɛksɪsˈtɛnts] F coexistence
Koffein [kɔfeˈi:n] (-s) NT caffeine; **koffeinfrei** ADJ decaffeinated
Koffer [ˈkɔfər] (-s, -) M suitcase; (*Schrankkoffer*) trunk; **die ~ packen** (*lit, fig*) to pack one's bags; **Kofferkuli** M (luggage) trolley (BRIT), cart (US); **Kofferradio** NT portable radio; ★**Kofferraum** M (*Aut*) boot (BRIT), trunk (US)
Kognak [ˈkɔnjak] (-s, -s) M brandy, cognac
kognitiv [kɔgniˈti:f] ADJ cognitive

★**Kohl** [ko:l] (-(e)s, -e) M cabbage
Kohldampf (*umg*) M: **~ haben** to be famished
Kohle [ˈko:lə] (-, -n) F coal; (*Holzkohle*) charcoal; (*Chem*) carbon; (*umg*: *Geld*): **die Kohlen stimmen** the money's right; **Kohlehydrat** (-(e)s, -e) NT carbohydrate, (*umg*) carb; **Kohlekraftwerk** NT coal-fired power station
kohlen [ˈko:lən] (*umg*) VI to tell white lies
Kohlen- ZW: **Kohlenbergwerk** NT coal mine, pit, colliery (BRIT); **Kohlendioxid** (-(e)s, -e) NT carbon dioxide; **Kohlengrube** F coal mine, pit; **Kohlenhändler** M coal merchant, coalman; **Kohlenhydrat** (-(e)s, -e) NT = **Kohlehydrat**; **Kohlensäure** F carbon dioxide; **ein Getränk ohne ~** a non-fizzy *od* still drink; **Kohlenstoff** M carbon
Kohlepapier NT carbon paper
Köhler [ˈkø:lər] (-s, -) M charcoal burner
Kohlestift M charcoal pencil
Kohlezeichnung F charcoal drawing
Kohl- ZW: **kohlpechrabenschwarz, kohlrabenschwarz** ADJ (*Haar*) jet-black; (*Nacht*) pitch-black; **Kohlrübe** F turnip; **kohlschwarz** ADJ coal-black
Koitus [ˈko:itʊs] (-, - *od* -se) M coitus
Koje [ˈko:jə] (-, -n) F cabin; (*Bett*) bunk
Kokain [kokaˈi:n] (-s) NT cocaine
kokett [koˈkɛt] ADJ coquettish, flirtatious
kokettieren [kokɛˈti:rən] VI to flirt
Kokosnuss [ˈko:kɔsnʊs] F coconut
Koks [ko:ks] (-es, -e) M coke
Kolben [ˈkɔlbən] (-s, -) M (*Gewehrkolben*) butt; (*Keule*) club; (*Chem*) flask; (*Tech*) piston; (*Maiskolben*) cob
Kolchose [kɔlˈço:zə] (-, -n) F collective farm
Kolik [ˈko:lɪk] F colic, gripe
Kollaborateur(in) [kɔlaboraˈtø:r(ɪn)] M(F) (*Pol*) collaborator
Kollaps [kɔˈlaps] (-es, -e) M collapse
Kolleg [kɔlˈe:k] (-s, -s *od* -ien) NT lecture course
★**Kollege** [kɔˈle:gə] (-n, -n) M colleague
kollegial [kɔlegiˈa:l] ADJ cooperative
★**Kollegin** [kɔˈle:gɪn] F colleague
Kollegium NT board; (*Sch*) staff
Kollekte [kɔˈlɛktə] (-, -n) F (*Rel*) collection
Kollektion [kɔlɛktsiˈo:n] F collection; (*Sortiment*) range
kollektiv [kɔlɛkˈti:f] ADJ collective
Koller [ˈkɔlər] (-s, -) (*umg*) M (*Anfall*) funny mood; (*Wutanfall*) rage; (*Tropenkoller, Gefängniskoller*) madness
kollidieren [kɔliˈdi:rən] VI to collide; (*zeitlich*) to clash
Kollier [kɔliˈe:] (-s, -s) NT = **Collier**
Kollision [kɔliziˈo:n] F collision; (*zeitlich*) clash
Kollisionskurs M: **auf ~ gehen** (*fig*) to be heading for trouble
★**Köln** [kœln] (-s) NT Cologne
Kölnischwasser NT eau de Cologne

k

kolonial [koloni'a:l] ADJ colonial; **Kolonialmacht** F colonial power; **Kolonialwarenhändler** M grocer

Kolonie [kolo'ni:] F colony

kolonisieren [koloni'zi:rən] VT to colonize

Kolonist(in) [kolo'nɪst(ɪn)] M(F) colonist

Kolonne [ko'lɔnə] (**-, -n**) F column; (*von Fahrzeugen*) convoy

Koloss [ko'lɔs] (**-es, -e**) M colossus

kolossal [kolɔ'sa:l] ADJ colossal

Kolumbianer(in) [kolumbi'a:nər(ɪn)] M(F) Columbian

kolumbianisch ADJ Columbian

Kolumbien [ko'lumbiən] (**-s**) NT Columbia

Koma ['ko:ma] (**-s, -s** *od* **-ta**) NT (*Med*) coma

Kombi ['kɔmbi] (**-s, -s**) M (*Aut*) estate (car) (BRIT), station wagon (US)

Kombination [kɔmbinatsi'o:n] F combination; (*Vermutung*) conjecture; (*Hemdhose*) combinations *pl*; (*Aviat*) flying suit

Kombinationsschloss NT combination lock

kombinieren [kɔmbi'ni:rən] VT to combine ▸ VI to deduce, to work out; (*vermuten*) to guess

Kombiwagen M (*Aut*) estate (car) (BRIT), station wagon (US)

Kombizange F (pair of) pliers

Komet [ko'me:t] (**-en, -en**) M comet

kometenhaft ADJ (*fig: Aufstieg*) meteoric

★**Komfort** [kɔm'fo:r] (**-s**) M luxury; (*von Möbel etc*) comfort; (*von Wohnung*) amenities *pl*; (*von Auto*) luxury features *pl*; (*von Gerät*) extras *pl*

komfortabel [kɔmfɔr'ta:bəl] ADJ comfortable

Komfortzone F comfort zone

Komik ['ko:mɪk] F humour (BRIT), humor (US), comedy; **Komiker(in)** (**-s, -**) M(F) comedian

★**komisch** ['ko:mɪʃ] ADJ funny; **mir ist so ~** (*umg*) I feel funny *od* strange *od* odd; **komischerweise** ['ko:mɪʃər'vaɪzə] ADV funnily enough

Komitee [komi'te:] (**-s, -s**) NT committee

Komm. ABK (= *Kommission*) comm.

Komma ['kɔma] (**-s, -s** *od* **-ta**) NT comma; (*Math*) decimal point; **fünf ~ drei** five point three

Kommandant(in) [kɔman'dant(ɪn)] M(F) commander, commanding officer

Kommandeur(in) [kɔman'dø:r(ɪn)] M(F) commanding officer

kommandieren [kɔman'di:rən] VT to command ▸ VI to command; (*Befehle geben*) to give orders

Kommanditgesellschaft [kɔman'di:tgəzɛlʃaft] F limited partnership

Kommando [kɔ'mando] (**-s, -s**) NT command, order; (*Truppe*) detachment, squad; **auf ~** to order; **Kommandobrücke** F (*Naut*) bridge; **Kommandowirtschaft** F command economy

★**kommen** ['kɔmən] *unreg* VI to come; (*näher kommen*) to approach; (*passieren*) to happen; (*gelangen, geraten*) to get; (*Blumen, Zähne, Tränen etc*) to appear; (*in die Schule, ins Gefängnis etc*) to go ▸ VI UNPERS: **es kam eins zum anderen** one thing led to another; **~ lassen** to send for; **in Bewegung ~** to start moving; **jdn besuchen ~** to come and visit sb; **das kommt davon!** see what happens?; **du kommst mir gerade recht** (*ironisch*) you're just what I need; **das kommt in den Schrank** that goes in the cupboard; **an etw** *akk* **~** (*berühren*) to touch sth; (*sich verschaffen*) to get hold of sth; **auf etw** *akk* **~** (*sich erinnern*) to think of sth; (*sprechen über*) to get onto sth; **was kommt diese Woche im Kino?** what's on at the cinema this week?; **das kommt auf die Rechnung** that goes onto the bill; **hinter etw** *akk* **~** (*herausfinden*) to find sth out; **zu sich ~** to come round *od* to; **zu etw ~** (*bekommen*) to acquire sth; (*Zeit dazu finden*) to get round to sth; **um etw ~** to lose sth; **nichts auf jdn/etw ~ lassen** to have nothing said against sb/sth; **jdm frech ~** to get cheeky with sb; **auf jeden vierten kommt ein Platz** there's one place to every fourth person; **mit einem Anliegen ~** to have a request (to make); **wer kommt zuerst?** who's first?; **wer zuerst kommt, mahlt zuerst** (*Sprichwort*) first come first served; **unter ein Auto ~** to be run over by a car; **das kommt zusammen auf 20 Euro** that comes to 20 euros altogether; **und so kam es, dass ...** and that is how it happened that ...; **daher kommt es, dass ...** that's why ...

★**Kommen** (**-s**) NT coming

kommend ADJ (*Jahr, Woche, Generation*) coming; (*Ereignisse, Mode*) future; (*Trend*) upcoming; **(am) kommenden Montag** next Monday

Kommentar [kɔmɛn'ta:r] M commentary; **kein ~** no comment; **kommentarlos** ADJ without comment

Kommentator [kɔmɛn'ta:tɔr] M (*TV*) commentator

kommentieren [kɔmɛn'ti:rən] VT to comment on; **kommentierte Ausgabe** annotated edition

kommerziell [kɔmɛrtsi'ɛl] ADJ commercial

Kommilitone [kɔmili'to:nə] (**-n, -n**) M, **Kommilitonin** F fellow student

Kommiss [kɔ'mɪs] (**-es**) M (life in the) army

Kommissar(in) [kɔmɪ'sa:r(ɪn)] M(F) police inspector

Kommissbrot NT army bread

Kommission [kɔmɪsi'o:n] F (*Comm*) commission; (*Ausschuss*) committee; **in ~ geben** to give (to a dealer) for sale on commission

★**Kommode** [kɔ'mo:də] (**-, -n**) F (chest of) drawers

kommunal [kɔmu'na:l] ADJ local; (*von Stadt*) municipal; **Kommunalabgaben** PL local rates and taxes *pl*; **Kommunalpolitik** F local government politics; **Kommunalverwaltung** F local government; **Kommunalwahlen** PL local (government) elections *pl*

Kommune [kɔ'mu:nə] (**-, -n**) F commune

Kommunikation [kɔmunɪkatsi'o:n] F communication

Kommunikator(in) [kɔmuni'ka:tɔr, -'to:rɪn] M(F) communicator

Kommunikee [kɔmyni'ke:] **(-s, -s)** NT = **Kommuniqué**
Kommunion [kɔmuni'o:n] F communion
Kommuniqué [kɔmyni'ke:] **(-s, -s)** NT communiqué
Kommunismus [kɔmu'nɪsmʊs] M communism
Kommunist(in) [kɔmu'nɪst(ɪn)] M(F) communist; **kommunistisch** ADJ communist
kommunizieren [kɔmuni'tsi:rən] VI to communicate; *(Eccl)* to receive communion
Komödiant [komødi'ant] M comedian; **Komödiantin** F comedienne
Komödie [ko'mø:diə] F comedy; **~ spielen** *(fig)* to put on an act
Kompagnon [kɔmpan'jõ:] **(-s, -s)** M *(Comm)* partner
kompakt [kɔm'pakt] ADJ compact
Kompaktanlage F *(Rundf)* audio system
Kompanie [kɔmpa'ni:] F company
Komparativ ['kɔmparati:f] **(-s, -e)** M comparative
Kompass ['kɔmpas] **(-es, -e)** M compass
kompatibel [kɔmpa'ti:bəl] ADJ *(auch Comput)* compatible
Kompatibilität [kɔmpatibili'tɛ:t] F *(auch Comput)* compatibility
kompensieren [kɔmpɛn'zi:rən] VT to compensate for, to offset
kompetent [kɔmpe'tɛnt] ADJ competent
Kompetenz F competence, authority; **Kompetenzstreitigkeiten** PL dispute over respective areas of responsibility; **Kompetenzverteilung** F distribution of powers; **Kompetenzzentrum** F competence centre (BRIT) *od* center (US)
komplett [kɔm'plɛt] ADJ complete
komplex [kɔm'plɛks] ADJ complex; **Komplex (-es, -e)** M complex
Komplikation [kɔmplikatsi'o:n] F complication
Kompliment [kɔmpli'mɛnt] NT compliment
Komplize [kɔm'pli:tsə] **(-n, -n)** M accomplice
komplizieren [kɔmpli'tsi:rən] VT to complicate
kompliziert ADJ complicated; *(Med: Bruch)* compound
Komplizin [kɔm'pli:tsɪn] F accomplice
Komplott [kɔm'plɔt] **(-(e)s, -e)** NT plot
komponieren [kɔmpo'ni:rən] VT to compose
Komponist(in) [kɔmpo'nɪst(ɪn)] M(F) composer
Komposition [kɔmpozitsi'o:n] F composition
Kompost [kɔm'pɔst] **(-(e)s, -e)** M compost; **Komposthaufen** M compost heap
Kompott [kɔm'pɔt] **(-(e)s, -e)** NT stewed fruit
Kompresse [kɔm'prɛsə] **(-, -n)** F compress
Kompressor [kɔm'prɛsɔr] M compressor
Kompromiss [kɔmpro'mɪs] **(-es, -e)** M compromise; **einen ~ schließen** to compromise; **kompromissbereit** ADJ willing to compromise; **Kompromisslösung** F compromise solution
kompromittieren [kɔmpromɪ'ti:rən] VT to compromise
Kondensation [kɔndɛnzatsi'o:n] F condensation
Kondensator [kɔndɛn'za:tɔr] M condenser
kondensieren [kɔndɛn'zi:rən] VT to condense
Kondensmilch F condensed milk
Kondensstreifen M vapour (BRIT) *od* vapor (US) trail
Kondition [kɔnditsi'o:n] F condition, shape; *(Durchhaltevermögen)* stamina
Konditionalsatz [kɔnditsio'na:lzats] M conditional clause
Konditionstraining NT fitness training
★**Konditor** [kɔn'di:tɔr] M pastry-cook
★**Konditorei** [kɔndito'raɪ] F cake shop; *(mit Café)* café
★**Konditorin** [kɔndi:'to:rɪn] F pastry-cook
kondolieren [kɔndo'li:rən] VI: **jdm ~** to condole with sb, to offer sb one's condolences
Kondom [kɔn'do:m] **(-s, -e)** M OD NT condom
Konfektion [kɔnfɛktsi'o:n] F (production of) ready-to-wear *od* off-the-peg clothing
Konfektionsgröße F clothes size
Konfektionskleidung F ready-to-wear *od* off-the-peg clothing
Konferenz [kɔnfe'rɛnts] F conference; *(Besprechung)* meeting; **Konferenzschaltung** F *(Tel)* conference circuit; *(Rundf, TV)* television *od* radio link-up
konferieren [kɔnfe'ri:rən] VI to confer; *(Sitzung abhelten)* to have a meeting
Konfession [kɔnfɛsi'o:n] F religion; *(christlich)* denomination; **konfessionell** [-'nɛl] ADJ denominational
Konfessions- ZW: **konfessionsgebunden** ADJ denominational; **konfessionslos** ADJ non-denominational; **Konfessionsschule** F denominational school
Konfetti [kɔn'fɛti] **(-(s))** NT confetti
Konfiguration [kɔnfiguratsi'o:n] F *(Comput)* configuration
Konfirmand(in) [kɔnfɪr'mant, -'mandɪn] M(F) candidate for confirmation
Konfirmation [kɔnfɪrmatsi'o:n] F *(Eccl)* confirmation
konfirmieren [kɔnfɪr'mi:rən] VT to confirm
konfiszieren [kɔnfɪs'tsi:rən] VT to confiscate
Konfitüre [kɔnfi'ty:rə] **(-, -n)** F jam
Konflikt [kɔn'flɪkt] **(-(e)s, -e)** M conflict; **Konfliktherd** M *(Pol)* centre (BRIT) *od* center (US) of conflict; **Konfliktstoff** M cause of conflict
konform [kɔn'fɔrm] ADJ concurring; **~ gehen** to be in agreement
Konformismus [kɔnfɔr'mɪsmʊs] M conformism
Konfrontation [kɔnfrɔntatsi'o:n] F confrontation

K

konfrontieren [kɔnfrɔn'ti:rən] VT to confront
konfus [kɔn'fu:s] ADJ confused
Kongo ['kɔŋgo] (**-(s)**) M Congo
Kongress [kɔn'grɛs] (**-es, -e**) M congress
Kongruenz [kɔngru'ɛnts] F agreement, congruence
★**König** ['kø:nɪç] (**-(e)s, -e**) M king
★**Königin** ['kø:nɪgɪn] F queen
königlich ADJ royal ▸ ADV: **sich ~ amüsieren** (*umg*) to have the time of one's life
Königreich NT kingdom
Königtum ['kø:nɪçtu:m] (**-(e)s, -tümer**) NT kingship; (*Reich*) kingdom
konisch ['ko:nɪʃ] ADJ conical
Konj. ABK (= *Konjunktiv*) conj.
Konjugation [kɔnjugatsi'o:n] F conjugation
konjugieren [kɔnju'gi:rən] VT to conjugate
Konjunktion [kɔnjʊŋktsi'o:n] F conjunction
Konjunktiv ['kɔnjʊŋkti:f] (**-s, -e**) M subjunctive
Konjunktur [kɔnjʊŋk'tu:r] F economic situation; (*Hochkonjunktur*) boom; **steigende/fallende ~** upward/downward economic trend; **Konjunkturbarometer** NT economic indicators *pl*; **Konjunktureinbruch** NT economic slump; **Konjunkturklima** NT economic climate; **Konjunkturloch** NT temporary economic dip; **Konjunkturpolitik** F *policies aimed at preventing economic fluctuations*
konkav [kɔn'ka:f] ADJ concave
konkret [kɔn'kre:t] ADJ concrete
Konkurrent(in) [kɔnkʊ'rɛnt(ɪn)] M(F) competitor
Konkurrenz [kɔnkʊ'rɛnts] F competition; **jdm ~ machen** (*Comm, fig*) to compete with sb; **konkurrenzfähig** ADJ competitive; **Konkurrenzkampf** M competition; (*umg*) rat race
konkurrieren [kɔnkʊ'ri:rən] VI to compete
Konkurs [kɔn'kʊrs] (**-es, -e**) M bankruptcy; **in ~ gehen** to go into receivership; **~ machen** (*umg*) to go bankrupt; **Konkursverfahren** NT bankruptcy proceedings *pl*; **Konkursverwalter** M receiver; (*von Gläubigern bevollmächtigt*) trustee

können ['kœnən]

(*pt* **konnte**, *pp* **gekonnt**, *als Hilfsverb* **können**) VT, VI **1** to be able to; **ich kann es machen** I can do it, I am able to do it; **ich kann es nicht machen** I can't do it, I'm not able to do it; **ich kann nicht …** I can't …, I cannot …; **was können Sie?** what can you do?; **ich kann nicht mehr** I can't go on; **ich kann nichts dafür** I can't help it; **du kannst mich (mal)!** (*umg*) get lost!
2 (*wissen, beherrschen*) to know; **können Sie Deutsch?** can you speak German?; **er kann gut Englisch** he speaks English well; **sie kann keine Mathematik** she can't do mathematics
3 (*dürfen*) to be allowed to; **kann ich gehen?** can I go?; **könnte ich …?** could I …?; **kann ich mit?** (*umg*) can I come with you?
4 (*möglich sein*): **Sie könnten recht haben** you may be right; **das kann sein** that's possible; **kann sein** maybe

Können (**-s**) NT ability
Könner (**-s, -**) M expert
Konnossement [kɔnɔsə'mɛnt] NT (*Export*) bill of lading
konnte *etc* ['kɔntə] VB *siehe* **können**
konsequent [kɔnze'kvɛnt] ADJ consistent; **ein Ziel ~ verfolgen** to pursue an objective single-mindedly
Konsequenz [kɔnze'kvɛnts] F consistency; (*Folgerung*) conclusion; **die Konsequenzen tragen** to take the consequences; **(aus etw) die Konsequenzen ziehen** to take the appropriate steps
konservativ [kɔnzɛrva'ti:f] ADJ conservative
Konservatorium [kɔnzɛrva'to:riʊm] NT academy of music, conservatory
Konserve [kɔn'zɛrvə] (**-, -n**) F tinned (BRIT) *od* canned food
Konservenbüchse F, **Konservendose** F tin (BRIT), can
konservieren [kɔnzɛr'vi:rən] VT to preserve
Konservierung F preservation
Konservierungsmittel NT, **Konservierungsstoff** M preservative
Konsole [kɔnzo:lə] F games console
konsolidiert [kɔnzoli'di:rt] ADJ consolidated
Konsolidierung F consolidation
Konsonant [kɔnzo'nant] M consonant
Konsortium [kɔn'zɔrtsiʊm] NT consortium syndicate
konspirativ [kɔnspira'ti:f] ADJ: **konspirative Wohnung** conspirators' hideaway
konstant [kɔn'stant] ADJ constant
Konstellation [kɔnstɛlatsi'o:n] F constellation; (*fig*) line-up; (*von Faktoren etc*) combination
Konstitution [kɔnstitutsi'o:n] F constitution
konstitutionell [kɔnstitutsio'nɛl] ADJ constitutional
konstruieren [kɔnstru'i:rən] VT to construct
Konstrukteur(in) [kɔnstrʊk'tø:r(ɪn)] M(F) designer
Konstruktion [kɔnstrʊktsi'on] F construction
Konstruktionsfehler M (*im Entwurf*) design fault; (*im Aufbau*) structural defect
konstruktiv [kɔnstrʊk'ti:f] ADJ constructive
Konsul(in) ['kɔnzʊl(ɪn)] (**-s, -n**) M(F) consul
Konsulat [kɔnzʊ'la:t] (**-(e)s, -e**) NT consulate
konsultieren [kɔnzʊl'ti:rən] VT to consult
Konsum[1] [kɔn'zu:m] (**-s**) M consumption
Konsum[2] ['kɔnzu:m] (**-s, -s**) M (*Genossenschaft*) cooperative society; (*Laden*) cooperative store, co-op (*umg*)
Konsumartikel M consumer article
Konsument(in) [kɔnzu'mɛnt(ɪn)] M(F) consumer

Konsumfreudig F consumption-oriented, consumerist

Konsumgesellschaft F consumer society

konsumieren [kɔnzu'mi:rən] VT to consume

Konsumtempel M temple of consumerism

Konsumterror M pressures *pl* of a materialistic society

Konsumzwang M compulsion to buy

Kontakt [kɔn'takt] (**-(e)s, -e**) M contact; **mit jdm ~ aufnehmen** to get in touch with sb; **Kontaktanzeige** F lonely hearts ad; **kontaktarm** ADJ unsociable; **kontaktfreudig** ADJ sociable

kontaktieren [kɔntak'ti:rən] VT to contact

Kontakt- zW: **Kontaktlinsen** PL contact lenses *pl*; **Kontaktmann** (**-(e)s**, *pl* **-männer**) M (*Agent*) contact; **Kontaktsperre** F ban on visits and letters (*to a prisoner*)

Konterfei ['kɔntərfaɪ] (**-s, -s**) NT likeness, portrait

kontern ['kɔntərn] VT, VI to counter

Konterrevolution ['kɔntərrevolutsio:n] F counter-revolution

Kontinent [kɔnti'nɛnt] M continent

Kontingent [kɔntɪŋ'gɛnt] (**-(e)s, -e**) NT quota; (*Truppenkontingent*) contingent

kontinuierlich [kɔntinu'i:rlɪç] ADJ continuous

Kontinuität [kɔntinui'tɛ:t] F continuity

Konto ['kɔnto] (**-s, Konten**) NT account; **das geht auf mein ~** (*umg: ich bin schuldig*) I am to blame for this; (*ich zahle*) this is on me (*umg*); **Kontoauszug** M statement (of account); **Kontoinhaber(in)** M(F) account holder; **Kontonummer** F account number

Kontor [kɔn'to:r] (**-s, -e**) NT office

Kontorist(in) [kɔnto'rɪst(ɪn)] M(F) clerk, office worker

Kontostand M bank balance

kontra ['kɔntra] PRÄP +*akk* against; (*Jur*) versus

Kontra (**-s, -s**) NT (*Karten*) double; **jdm ~ geben** (*fig*) to contradict sb

Kontrabass M double bass

Kontrahent [-'hɛnt] M contracting party; (*Gegner*) opponent

Kontrapunkt M counterpoint

Kontrast [kɔn'trast] (**-(e)s, -e**) M contrast

Kontrollabschnitt M (*Comm*) counterfoil, stub

Kontrollampe [kɔn'trɔllampə] F *siehe* **Kontrolllampe**

Kontrolle [kɔn'trɔlə] (**-, -n**) F control, supervision; (*Passkontrolle*) passport control

Kontrolleur(in) [kɔntrɔ'lø:r(ɪn)] M(F) inspector

kontrollieren [kɔntrɔ'li:rən] VT to control, to supervise; (*nachprüfen*) to check

Kontrolllampe [kɔn'trɔllampə] F pilot lamp; (*Aut: für Ölstand etc*) warning light

Kontrollturm M control tower

Kontroverse [kɔntro'vɛrzə] (**-, -n**) F controversy

Kontur [kɔn'tu:r] F contour

Konvention [kɔnvɛntsi'o:n] F convention

Konventionalstrafe [kɔnvɛntsio'na:lʃtra:fə] F penalty *od* fine (*for breach of contract*)

konventionell [kɔnvɛntsio'nɛl] ADJ conventional

Konversation [kɔnvɛrzatsi'o:n] F conversation

Konversationslexikon NT encyclopaedia

konvex [kɔn'vɛks] ADJ convex

Konvoi ['kɔnvɔi] (**-s, -s**) M convoy

Konzentrat [kɔntsɛn'tra:t] (**-s, -e**) NT concentrate

Konzentration [kɔntsɛntratsi'o:n] F concentration

Konzentrationsfähigkeit F power of concentration

Konzentrationslager NT concentration camp

konzentrieren [kɔntsɛn'tri:rən] VT, VR to concentrate

konzentriert ADJ concentrated ▶ ADV (*zuhören, arbeiten*) intently

Konzept [kɔn'tsɛpt] (**-(e)s, -e**) NT rough draft; (*Plan, Programm*) plan; (*Begriff, Vorstellung*) concept; **jdn aus dem ~ bringen** to confuse sb; **Konzeptpapier** NT rough paper

Konzern [kɔn'tsɛrn] (**-s, -e**) M combine

★**Konzert** [kɔn'tsɛrt] (**-(e)s, -e**) NT concert; (*Stück*) concerto; **Konzertsaal** M concert hall

Konzession [kɔntsɛsi'o:n] F licence (BRIT), license (*US*); (*Zugeständnis*) concession; **die ~ entziehen** +*dat* (*Comm*) to disenfranchise

Konzessionär [kɔntsɛsio'nɛ:r] (**-s, -e**) M concessionaire

konzessionieren [kɔntsɛsio'ni:rən] VT to license

Konzil [kɔn'tsi:l] (**-s, -e** *od* **-ien**) NT council

konzipieren [kɔntsi'pi:rən] VT to conceive; (*entwerfen*) to design

kooperativ [ko|opera'ti:f] ADJ cooperative

kooperieren [ko|ope'ri:rən] VI to cooperate

koordinieren [ko|ɔrdi'ni:rən] VT to coordinate

Kopenhagen [ko:pən'ha:gən] (**-s**) NT Copenhagen

★**Kopf** [kɔpf] (**-(e)s, Köpfe**) M head; **~ hoch!** chin up!; **~ an ~** shoulder to shoulder; (*Sport*) neck and neck; **pro ~** per person *od* head; **~ oder Zahl?** heads or tails?; **jdm den ~ waschen** (*fig: umg*) to give sb a piece of one's mind; **jdm über den ~ wachsen** (*lit*) to outgrow sb; (*fig: Sorgen etc*) to be more than sb can cope with; **jdn vor den ~ stoßen** to antagonize sb; **sich** *dat* **an den ~ fassen** (*fig*) to be speechless; **sich** *dat* **über etw** *akk* **den ~ zerbrechen** to rack one's brains over sth; **sich** *dat* **etw durch den ~ gehen lassen** to think about sth; **sich** *dat* **etw aus dem ~ schlagen** to put sth out of one's mind; **... und wenn du dich auf den ~ stellst!** (*umg*) ... no matter what you say/do!; **er ist nicht auf den ~ gefallen** he's no fool; **Kopf-**

bahnhof M terminus station; **Kopfbedeckung** F headgear

Köpfchen [ˈkœpfçən] NT: **~ haben** to be brainy

köpfen [ˈkœpfən] VT to behead; (*Baum*) to lop; (*Ei*) to take the top off; (*Ball*) to head

Kopf- ZW: **Kopfende** NT head; **Kopfhaut** F scalp; **Kopfhörer** M headphone; ★**Kopfkissen** NT pillow; **kopflastig** ADJ (*fig*) completely rational; **kopflos** ADJ panic-stricken; **Kopflosigkeit** F panic; **kopfrechnen** VI to do mental arithmetic; ★**Kopfsalat** M lettuce; **kopfscheu** ADJ: **jdn ~ machen** to intimidate sb; **Kopfschmerzen** PL headache *sing*; **Kopfsprung** M header, dive; **Kopfstand** M headstand; **Kopfsteinpflaster** NT: **eine Straße mit ~** a cobbled street; **Kopfstütze** F headrest; (*im Auto*) head restraint; **Kopftuch** NT headscarf; **kopfüber** ADV head-first; **Kopfweh** NT headache; **Kopfzerbrechen** NT: **jdm ~ machen** to give sb a lot of headaches

Kopie [koˈpiː] F copy

★**kopieren** [koˈpiːrən] VT to copy

Kopierer (**-s, -**) M (photo)copier

Kopilot(in) [ˈkoːpiloːt(ɪn)] M(F) co-pilot

Koppel[1] [ˈkɔpəl] (**-, -n**) F (*Weide*) enclosure

Koppel[2] [ˈkɔpəl] (**-s, -**) NT (*Gürtel*) belt

koppeln VT to couple

Koppelung F coupling

Koppelungsmanöver NT docking manoeuvre (BRIT) *od* maneuver (US)

Koralle [koˈralə] (**-, -n**) F coral

Korallenkette F coral necklace

Korallenriff NT coral reef

Koran [koˈraːn] (**-s**) M (*Rel*) Koran

★**Korb** [kɔrp] (**-(e)s, Körbe**) M basket; **jdm einen ~ geben** (*fig*) to turn sb down; **Korbball** M basketball

Körbchen [ˈkœrpçən] NT (*von Büstenhalter*) cup

Korbstuhl M wicker chair

Kord [kɔrt] (**-(e)s, -e** *od* **-s**) M = **Cord**

Kordel [ˈkɔrdəl] (**-, -n**) F cord, string

Korea [koˈreːa] (**-s**) NT Korea

Koreaner(in) (**-s, -**) M(F) Korean

Korfu [ˈkɔrfu] (**-s**) NT Corfu

Korinthe [koˈrɪntə] (**-, -n**) F currant

Korinthenkacker [koˈrɪntənkakər] (**-s, -**) (*umg*) M fusspot, hair-splitter

Kork [kɔrk] (**-(e)s, -e**) M cork

Korken (**-s, -**) M stopper, cork; **Korkenzieher** (**-s, -**) M corkscrew

Korn[1] [kɔrn] (**-(e)s, Körner**) NT corn, grain

Korn[2] [kɔrn] (**-(e)s, -e**) NT (*Gewehr*) sight; **etw aufs ~ nehmen** (*fig: umg*) to hit out at sth

Korn[3] [kɔrn] (**-, -s**) M (*Kornbranntwein*) corn schnapps

Kornblume F cornflower

Körnchen [ˈkœrnçən] NT grain, granule

körnig [ˈkœrnɪç] ADJ granular, grainy

Kornkammer F granary

Körnung [ˈkœrnʊŋ] F (*Tech*) grain size; (*Phot*) granularity

Körper [ˈkœrper] (**-s, -**) M body; **Körperbau** M build; **körperbehindert** ADJ disabled; **Körpergeruch** M body odour (BRIT) *od* odor (US); **Körpergewicht** NT weight; **Körpergröße** F height; **Körperhaltung** F carriage, deportment; **körperlich** ADJ physical; **körperliche Arbeit** manual work; **Körperpflege** F personal hygiene; **Körperschaft** F corporation; **~ des öffentlichen Rechts** public corporation *od* body; **Körperschaftssteuer** F corporation tax; **Körpersprache** F body language; **Körperteil** M part of the body; **Körperverletzung** F (*Jur*): **schwere ~** grievous bodily harm

Korps [koːr] (**-, -**) NT (*Mil*) corps; (*Univ*) students' club

korpulent [kɔrpuˈlɛnt] ADJ corpulent

korrekt [kɔˈrɛkt] ADJ correct; **Korrektheit** F correctness

Korrektor(in) [kɔˈrɛktɔr, -ˈtoːrɪn] (**-s, -**) M(F) proofreader

Korrektur [kɔrɛkˈtuːr] F (*eines Textes*) proofreading; (*Text*) proof; (*Sch*) marking, correction; **(bei etw) ~ lesen** to proofread (sth); **Korrekturfahne** F (*Typ*) proof

Korrespondent(in) [kɔrɛspɔnˈdɛnt(ɪn)] M(F) correspondent

Korrespondenz [kɔrɛspɔnˈdɛnts] F correspondence; **Korrespondenzqualität** F (*Drucker*) letter quality

korrespondieren [kɔrɛspɔnˈdiːrən] VI to correspond

Korridor [ˈkɔridoːr] (**-s, -e**) M corridor

★**korrigieren** [kɔriˈgiːrən] VT to correct; (*Meinung, Einstellung*) to change

Korrosion [kɔroziˈoːn] F corrosion

Korrosionsschutz M corrosion protection

korrumpieren [kɔrʊmˈpiːrən] VT (*auch Comput*) to corrupt

korrupt [kɔˈrʊpt] ADJ corrupt

Korruption [kɔrʊptsiˈoːn] F corruption

Korsett [kɔrˈzɛt] (**-(e)s, -e**) NT corset

Korsika [ˈkɔrzika] (**-s**) NT Corsica

Koseform [ˈkoːzəfɔrm] F pet form

kosen [ˈkoːzən] VT to caress ▶ VI to bill and coo

Kosename M pet name

Kosewort NT term of endearment

Kosmetik [kɔsˈmeːtɪk] F cosmetics *pl*

Kosmetikerin F beautician

Kosmetikkoffer M vanity case

kosmetisch ADJ cosmetic; (*Chirurgie*) plastic

kosmisch [ˈkɔsmɪʃ] ADJ cosmic

Kosmonaut(in) [kɔsmoˈnaʊt(ɪn)] (**-en, -en**) M(F) cosmonaut

Kosmopolit(in) [kɔsmopoˈliːt(ɪn)] (**-en, -en**) M(F) cosmopolitan; **kosmopolitisch** [-poˈliːtɪʃ] ADJ cosmopolitan

Kosmos [ˈkɔsmɔs] (**-**) M cosmos

Kost [kɔst] (**-**) F (*Nahrung*) food; (*Verpflegung*) board; **~ und Logis** board and lodging

kostbar ADJ precious; (*teuer*) costly, expensive; **Kostbarkeit** F preciousness; (*Kostspieligkeit*) costliness, expensiveness; (*Wertstück*) treasure

kosten VT to cost; (*versuchen*) to taste ▸ VI to taste; **koste es, was es wolle** whatever the cost

Kosten PL cost(s); (*Ausgaben*) expenses *pl*; **auf ~ von** at the expense of; **auf seine ~ kommen** (*fig*) to get one's money's worth

Kosten- zW: **Kostenanschlag** M estimate; **kostendeckend** ADJ cost-effective; **Kostenerstattung** F reimbursement of expenses; **Kostenkontrolle** F cost control; ★ **kostenlos** ADJ free (of charge); **Kosten-Nutzen-Analyse** F cost-benefit analysis; **kostenpflichtig** ADJ: **ein Auto ~ abschleppen** to tow away a car at the owner's expense; **Kostenstelle** F (*Comm*) cost centre (BRIT) *od* center (*US*); **Kostenvoranschlag** M (costs) estimate

Kostgeld NT board

köstlich [ˈkœstlɪç] ADJ precious; (*Essen*) delicious; (*Einfall*) delightful; **sich ~ amüsieren** to have a marvellous time

Kostprobe F taste; (*fig*) sample

kostspielig ADJ expensive

Kostüm [kɔsˈtyːm] (**-s, -e**) NT costume; (*Damenkostüm*) suit; **Kostümfest** NT fancy-dress party

kostümieren [kɔstyˈmiːrən] VT, VR to dress up

Kostümprobe F (*Theat*) dress rehearsal

Kostümverleih M costume agency

Kot [koːt] (**-(e)s**) M excrement

Kotelett [kotəˈlɛt] (**-(e)s, -e** *od* **-s**) NT cutlet, chop

Koteletten PL sideboards *pl* (BRIT), sideburns *pl* (*US*)

Köter [ˈkøːtər] (**-s, -**) M cur

Kotflügel M (*Aut*) wing

kotzen [ˈkɔtsən] (*!*) VI to puke (*!*), to throw up; **das ist zum K~** it makes you sick

KP (**-, -s**) F ABK (= *Kommunistische Partei*) C.P.

KPÖ (**-**) F ABK (= *Kommunistische Partei Österreichs*) Austrian Communist Party

Kr. ABK = **Kreis**

Krabbe [ˈkrabə] (**-, -n**) F shrimp

krabbeln VI to crawl

Krach [krax] (**-(e)s, -s** *od* **-e**) M crash; (*andauernd*) noise; (*umg: Streit*) quarrel, argument; **~ schlagen** to make a fuss; **krachen** VI to crash; (*beim Brechen*) to crack ▸ VR (*umg*) to argue, to quarrel

krächzen [ˈkrɛçtsən] VI to croak

Kräcker [ˈkrɛkər] (**-s, -**) M (*Koch*) cracker

kraft [kraft] PRÄP +*gen* by virtue of

Kraft (**-, Kräfte**) F strength; (*von Stimme, fig*) power, force; (*Arbeitskraft*) worker; **mit vereinten Kräften werden wir ...** if we combine our efforts we will ...; **nach (besten) Kräften** to the best of one's abilities; **außer ~ sein** (*Jur: Geltung*) to be no longer in force; **in ~ treten** to come into effect

Kraft- zW: **Kraftaufwand** M effort; **Kraftausdruck** M swearword; **Kraftbrühe** F beef tea

Kräfteverhältnis [ˈkrɛftəfɛrhɛltnɪs] NT (*Pol*) balance of power; (*von Mannschaften etc*) relative strength

Kraftfahrer(in) M(F) motor driver

Kraftfahrzeug NT motor vehicle; **Kraftfahrzeugbrief** M (*Aut*) logbook (BRIT), motor-vehicle registration certificate (*US*); **Kraftfahrzeugschein** M (*Aut*) car licence (BRIT) *od* license (*US*); **Kraftfahrzeugsteuer** F ≈ road tax

★ **kräftig** [ˈkrɛftɪç] ADJ strong; (*Suppe, Essen*) nourishing; **kräftigen** [ˈkrɛftɪgən] VT to strengthen

Kraft- zW: **kraftlos** ADJ weak; (*machtlos*) powerless; (*Jur*) invalid; **Kraftmeierei** (*umg*) F *showing off of physical strength*; **Kraftprobe** F trial of strength; **Kraftrad** NT motorcycle; **Kraftstoff** M fuel; **Krafttraining** NT weight training; **kraftvoll** ADJ vigorous; **Kraftwagen** M motor vehicle; **Kraftwerk** NT power station; **Kraftwerker** M power station worker

Kragen [ˈkraːgən] (**-s, -**) M collar; **da ist mir der ~ geplatzt** (*umg*) I blew my top; **es geht ihm an den ~** (*umg*) he's in for it; **Kragenweite** F collar size; **das ist nicht meine ~** (*fig: umg*) that's not my cup of tea

Krähe [ˈkrɛːə] (**-, -n**) F crow

krähen VI to crow

krakeelen [kraˈkeːlən] (*umg*) VI to make a din

krakelig [ˈkraːkəlɪç] (*umg*) ADJ (*Schrift*) scrawly, spidery

Kralle [ˈkralə] (**-, -n**) F claw; (*Vogelkralle*) talon

krallen VT to clutch; (*krampfhaft*) to claw

Kram [kraːm] (**-(e)s**) M stuff, rubbish; **den ~ hinschmeißen** (*umg*) to chuck the whole thing; **kramen** VI to rummage; **Kramladen** (*pej*) M small shop

Krampf [krampf] (**-(e)s, Krämpfe**) M cramp; (*zuckend*) spasm; (*Unsinn*) rubbish; **Krampfader** F varicose vein; **krampfhaft** ADJ convulsive; (*fig: Versuche*) desperate

Kran [kraːn] (**-(e)s, Kräne**) M crane; (*Wasserkran*) tap (BRIT), faucet (*US*)

Kranich [ˈkraːnɪç] (**-s, -e**) M (*Zool*) crane

★ **krank** [kraŋk] ADJ ill, sick; **das macht mich ~!** (*umg*) it gets on my nerves!, it drives me round the bend!; **sich ~ stellen** to pretend to be ill, to malinger

Kranke(r) F(M) sick person, invalid; (*Patient*) patient

kränkeln [ˈkrɛŋkəln] VI to be in bad health

kranken [ˈkraŋkən] VI: **an etw** *dat* **~** (*fig*) to suffer from sth

kränken [ˈkrɛŋkən] VT to hurt

Kranken- zW: **Krankenbericht** M medical report; **Krankenbesuch** M visit to a sick person; **Krankengeld** NT sick pay; **Krankengeschichte** F medical history; **Krankengymnastik** F physiotherapy; ★ **Krankenhaus** NT hospital; ★ **Krankenkasse** F health insurance; ★ **Krankenpfleger** M orderly; (*mit Schwesternausbildung*) male nurse; **Krankenpflegerin** F nurse; ★ **Krankenschein** M medical insurance certificate; ★ **Krankenschwester** F nurse; **Kranken-**

versicherung F health insurance; ★ **Kranken-wagen** M ambulance

krank|feiern *(umg)* VI to be off sick; *(vortäuschend)* to skive (BRIT)

krankhaft ADJ diseased; *(Angst etc)* morbid; **sein Geiz ist schon ~** his meanness is almost pathological

★**Krankheit** F illness; *(chronisch)* disease; **nach langer schwerer ~** after a long serious illness

Krankheitserreger M disease-causing agent

kränklich [ˈkrɛŋklɪç] ADJ sickly

krank|melden VR to let one's boss *etc* know that one is ill; *(telefonisch)* to phone in sick; *(bes Mil)* to report sick

krank|schreiben *unreg* VT to give sb a medical certificate; *(bes Mil)* to put sb on the sick list

Kränkung [ˈkrɛŋkʊŋ] F insult, offence (BRIT), offense (US)

Kranz [krants] (**-es, Kränze**) M wreath, garland

Kränzchen [ˈkrɛntsçən] NT small wreath; *(fig: Kaffeekränzchen)* coffee circle

Krapfen [ˈkrapfən] (**-s, -**) M fritter; *(Berliner)* doughnut (BRIT), donut (US)

krass [kras] ADJ crass; *(Unterschied)* extreme

Krater [ˈkraːtər] (**-s, -**) M crater

Kratzbürste [ˈkratsbʏrstə] F *(fig)* crosspatch

Krätze [ˈkrɛtsə] F *(Med)* scabies *sing*

kratzen [ˈkratsən] VT, VI to scratch; *(abkratzen)*: **etw von etw ~** to scrape sth off sth

Kratzer (**-s, -**) M scratch; *(Werkzeug)* scraper

Kraul [kraʊl] (**-s**) NT *(auch:* **Kraulschwimmen***)* crawl; **kraulen** VI *(schwimmen)* to do the crawl ▸ VT *(streicheln)* to tickle

kraus [kraʊs] ADJ crinkly; *(Haar)* frizzy; *(Stirn)* wrinkled

Krause [ˈkraʊzə] (**-, -n**) F frill, ruffle

kräuseln [ˈkrɔʏzəln] VT *(Haar)* to make frizzy; *(Stoff)* to gather; *(Stirn)* to wrinkle ▸ VR *(Haar)* to go frizzy; *(Stirn)* to wrinkle; *(Wasser)* to ripple

Kraut [kraʊt] (**-(e)s, Kräuter**) NT plant; *(Gewürz)* herb; *(Gemüse)* cabbage; **dagegen ist kein ~ gewachsen** *(fig)* there's nothing anyone can do about that; **ins ~ schießen** *(lit)* to run to seed; *(fig)* to get out of control; **wie ~ und Rüben** *(umg)* extremely untidy

Kräuterbutter F herb butter

Kräutertee [ˈkrɔytərteː] M herb tea

Krautsalat M coleslaw

Krawall [kraˈval] (**-s, -e**) M row, uproar

★**Krawatte** [kraˈvatə] (**-, -n**) F tie

kreativ [kreaˈtiːf] ADJ creative

Kreativität [kreativiˈtɛːt] F creativity

Kreatur [kreaˈtuːr] F creature

★**Krebs** [kreːps] (**-es, -e**) M crab; *(Med)* cancer; *(Astrol)* Cancer; **krebserregend** ADJ carcinogenic; **krebskrank** ADJ suffering from cancer; **~ sein** to have cancer; **Krebskranke(r)** F(M) cancer victim; *(Patient)* cancer patient; **krebsrot** ADJ red as a lobster

Kredit [kreˈdiːt] (**-(e)s, -e**) M credit; *(Darlehen)* loan; *(fig)* standing; **Kreditdrosselung** F credit squeeze; **kreditfähig** ADJ creditworthy; **Kreditgrenze** F credit limit; **Kredithai** *(umg)* M loan-shark; ★ **Kreditkarte** F credit card; **Kreditkonto** NT credit account; **Kreditpolitik** F lending policy; **kreditwürdig** ADJ creditworthy; **Kreditwürdigkeit** F creditworthiness, credit status

★**Kreide** [ˈkraɪdə] (**-, -n**) F chalk; **bei jdm (tief) in der ~ stehen** to be (deep) in debt to sb; **kreidebleich** ADJ as white as a sheet

★**Kreis** [kraɪs] (**-es, -e**) M circle; *(Stadtkreis etc)* district; **im ~ gehen** *(lit, fig)* to go round in circles; **(weite) Kreise ziehen** *(fig)* to have (wide) repercussions; **weite Kreise der Bevölkerung** wide sections of the population; **eine Feier im kleinen Kreise** a celebration for a few close friends and relatives

kreischen [ˈkraɪʃən] VI to shriek, to screech

Kreisel [ˈkraɪzəl] (**-s, -**) M top; *(Verkehrskreisel)* roundabout (BRIT), traffic circle (US)

kreisen [ˈkraɪzən] VI to spin; *(fig: Gedanken, Gespräch)*: **~ um** to revolve around

Kreis- ZW: **kreisförmig** ADJ circular; **Kreislauf** M *(Med)* circulation; *(fig: der Natur etc)* cycle; **Kreislaufkollaps** M circulatory collapse; **Kreislaufstörungen** PL circulation trouble *sing*; **Kreissäge** F circular saw

Kreißsaal [ˈkraɪszaːl] M delivery room

Kreisstadt F ≈ county town

★**Kreisverkehr** M roundabout (BRIT), traffic circle (US)

Krematorium [kremaˈtoːriʊm] NT crematorium

Kreml [ˈkreːml] (**-s**) M: **der ~** the Kremlin

Krempe [ˈkrɛmpə] (**-, -n**) F brim

Krempel (**-s**) *(umg)* M rubbish

krepieren [kreˈpiːrən] *(umg)* VI *(sterben)* to die, to kick the bucket

Krepp [krɛp] (**-s, -s** *od* **-e**) M crêpe

Krepppapier NT crêpe paper

Kreppsohle F crêpe sole

Kresse [ˈkrɛsə] (**-, -n**) F cress

Kreta [ˈkreːta] (**-s**) NT Crete

Kreter(in) [kreːtər(ɪn)] (**-s, -**) M(F) Cretan

kretisch ADJ Cretan

kreuz [krɔyts] ADJ: **~ und quer** all over

Kreuz (**-es, -e**) NT cross; *(Anat)* small of the back; *(Karten)* clubs; *(Mus)* sharp; *(Autobahnkreuz)* intersection; **zu Kreuze kriechen** *(fig)* to eat humble pie, to eat crow (US); **jdn aufs ~ legen** to throw sb on his back; *(fig: umg)* to take sb for a ride

kreuzen VT to cross ▸ VR to cross; *(Meinungen etc)* to clash ▸ VI *(Naut)* to cruise; **die Arme ~** to fold one's arms

Kreuzer (**-s, -**) M *(Schiff)* cruiser

Kreuz- ZW: **Kreuzfahrt** F cruise; **Kreuzfeuer** NT *(fig)*: **im ~ stehen** to be caught in the crossfire; **Kreuzgang** M cloisters *pl*

kreuzigen [ˈkrɔytsɪgən] VT to crucify
Kreuzigung F crucifixion
Kreuzotter F adder
Kreuzschmerzen PL backache *sing*
Kreuzung F (*Verkehrskreuzung*) crossing, junction; (*Züchtung*) cross
Kreuz- ZW: **kreuzunglücklich** ADJ absolutely miserable; **Kreuzverhör** NT cross-examination; **ins ~ nehmen** to cross-examine; **Kreuzweg** M crossroads; (*Rel*) Way of the Cross; **Kreuzworträtsel** NT crossword puzzle; **Kreuzzeichen** NT sign of the cross; **Kreuzzug** M crusade
kribbelig [ˈkrɪbəlɪç], **kribblig** [ˈkrɪblɪç] (*umg*) ADJ fidgety; (*kribbelnd*) tingly
kribbeln [ˈkrɪbəln] VI (*jucken*) to itch; (*prickeln*) to tingle
kriechen [ˈkriːçən] *unreg* VI to crawl, to creep; (*pej*) to grovel, to crawl
Kriecher (**-s, -**) M crawler
kriecherisch ADJ grovelling (BRIT), groveling (US)
Kriechspur F crawler lane (BRIT)
Kriechtier NT reptile
Krieg [kriːk] (**-(e)s, -e**) M war; **~ führen (mit** *od* **gegen)** to wage war (on)
kriegen [ˈkriːgən] (*umg*) VT to get; (*erwischen*) to catch
Krieger (**-s, -**) M warrior; **Kriegerdenkmal** NT war memorial; **kriegerisch** ADJ warlike
Kriegführung F warfare
Kriegs- ZW: **Kriegsbeil** NT: **das ~ begraben** (*fig*) to bury the hatchet; **Kriegsbemalung** F war paint; **Kriegsdienstverweigerer** M conscientious objector; **Kriegserklärung** F declaration of war; **Kriegsfuß** M: **mit jdm/etw auf ~ stehen** to be at loggerheads with sb/not to get on with sth; **Kriegsgefangene(r)** F(M) prisoner of war; **Kriegsgefangenschaft** F captivity; **Kriegsgericht** NT court-martial; **Kriegsrat** M council of war; **Kriegsrecht** NT (*Mil*) martial law; **Kriegsschauplatz** M theatre (BRIT) *od* theater (US) of war; **Kriegsschiff** NT warship; **Kriegsschuld** F war guilt; **Kriegsverbrecher** M war criminal; **Kriegsversehrte(r)** F(M) person disabled in the war; **Kriegszustand** M state of war
Krim [krɪm] F: **die ~** the Crimea
Krimi [ˈkriːmi] (**-s, -s**) (*umg*) M thriller
kriminal [krimiˈnaːl] ADJ criminal; **Kriminalbeamte(r)** M, **Kriminalbeamtin** F detective; ★**Kriminalfilm** M crime thriller *od* movie (*bes* US)
Kriminalität [kriminaliˈtɛːt] F criminality
Kriminalpolizei F ≈ Criminal Investigation Department (BRIT), ≈ Federal Bureau of Investigation (US)
Kriminalroman M detective story
kriminell [kriːmiˈnɛl] ADJ criminal
Kriminelle(r) F(M) criminal
Krimskrams [ˈkrɪmskrams] (**-es**) (*umg*) M odds and ends *pl*
Kringel [ˈkrɪŋəl] (**-s, -**) M (*der Schrift*) squiggle; (*Koch*) ring
kringelig ADJ: **sich ~ lachen** (*umg*) to kill o.s. laughing
Kripo [ˈkriːpo] (**-, -s**) F ABK (= *Kriminalpolizei*) ≈ CID (BRIT), ≈ FBI (US)
Krippe [ˈkrɪpə] (**-, -n**) F manger, crib; (*Kinderkrippe*) crèche
Krippenspiel NT nativity play
Krippentod M cot death
Krise [ˈkriːzə] (**-, -n**) F crisis
kriseln VI: **es kriselt** there's a crisis looming, there is trouble brewing
Krisen- ZW: **krisenfest** ADJ stable; **Krisenherd** M flash point, trouble spot; **Krisenstab** M action *od* crisis committee
Kristall[1] [krɪsˈtal] (**-s, -e**) M crystal
Kristall[2] (**-s**) NT (*Glas*) crystal; **Kristallzucker** M refined sugar crystals *pl*
Kriterium [kriˈteːriʊm] NT criterion
Kritik [kriˈtiːk] F criticism; (*Zeitungskritik*) review, write-up; **an jdm/etw ~ üben** to criticize sb/sth; **unter aller ~ sein** (*umg*) to be beneath contempt
Kritiker(in) [ˈkriːtikər(ɪn)] (**-s, -**) M(F) critic
kritiklos ADJ uncritical
kritisch [ˈkriːtɪʃ] ADJ critical
★**kritisieren** [kritiˈziːrən] VT, VI to criticize
kritteln [ˈkrɪtəln] VI to find fault, to carp
kritzeln [ˈkrɪtsəln] VT, VI to scribble, to scrawl
Kroate [kroˈaːtə] (**-n, -n**) M Croat
Kroatien [kroˈaːtsiən] (**-s**) NT Croatia
Kroatin F Croat
kroatisch ADJ Croatian; (*Sprache*): **auf K~** in Croatian
kroch *etc* [krɔx] VB *siehe* **kriechen**
Krokodil [krokoˈdiːl] (**-s, -e**) NT crocodile
Krokodilstränen PL crocodile tears *pl*
Krokus [ˈkroːkʊs] (**-, -** *od* **-se**) M crocus
Krone [ˈkroːnə] (**-, -n**) F crown; (*Baumkrone*) top; **einen in der ~ haben** (*umg*) to be tipsy
krönen [ˈkrøːnən] VT to crown
Kron- ZW: **Kronkorken** M bottle top; **Kronleuchter** M chandelier; **Kronprinz** M crown prince
Krönung [ˈkrøːnʊŋ] F coronation
Kronzeuge M (*Jur*) person who turns Queen's/King's (BRIT) *od* State's (US) evidence; (*Hauptzeuge*) principal witness
Kropf [krɔpf] (**-(e)s, Kröpfe**) M (*Med*) goitre (BRIT), goiter (US); (*von Vogel*) crop
Krösus [ˈkrøːzʊs] (**-ses, -se**) M: **ich bin doch kein ~** (*umg*) I'm not made of money
Kröte [ˈkrøːtə] (**-, -n**) F toad ■ **Kröten** PL (*umg: Geld*) pennies *pl*
Krs. ABK = **Kreis**
Krücke [ˈkrʏkə] (**-, -n**) F crutch
★**Krug** [kruːk] (**-(e)s, Krüge**) M jug; (*Bierkrug*) mug
Krümel [ˈkryːməl] (**-s, -**) M crumb

K

krümeln VT, VI to crumble

krumm [krʊm] ADJ (*lit, fig*) crooked; (*kurvig*) curved; **keinen Finger ~ machen** (*umg*) not to lift a finger; **ein krummes Ding drehen** (*umg*) to do something crooked; **krummbeinig** ADJ bandy-legged

krümmen [ˈkrʏmːən] VT to bend ▶ VR to bend, to curve

krumm|lachen (*umg*) VR to laugh o.s. silly; **sich krumm- und schieflachen** to fall about laughing

krumm|nehmen *unreg* (*umg*) VT: **jdm etw ~** (*umg*) to take sth amiss

Krümmung F bend, curve

Krüppel [ˈkrʏpəl] (**-s, -**) M (*bes pej*) cripple (*offensive*)

Kruste [ˈkrʊstə] (**-, -n**) F crust

Krux [krʊks] (**-**) F (*Schwierigkeit*) trouble, problem

Kruzifix [krutsiˈfɪks] (**-es, -e**) NT crucifix

Kt. ABK = **Kanton**

Kto. ABK (= *Konto*) a/c

Kuba [ˈkuːba] (**-s**) NT Cuba

Kubaner(in) [kuˈbaːnər(ɪn)] (**-s, -**) M(F) Cuban

kubanisch [kuˈbaːnɪʃ] ADJ Cuban

Kübel [ˈkyːbəl] (**-s, -**) M tub; (*Eimer*) pail

Kubik- [kuˈbiːk] IN ZW cubic; **Kubikmeter** M cubic metre (BRIT) *od* meter (US)

★**Küche** [ˈkʏçə] (**-, -n**) F kitchen; (*Kochen*) cooking, cuisine

> Das Wort **kitchen** gilt nur für den Raum, wo das Essen zubereitet wird. Für die Gastronomie verwendet man **food**, **cooking** oder das französische Wort **cuisine**: *Ich habe eine Vorliebe für die irische Küche*. **I have a preference for Irish food**.

★**Kuchen** [ˈkuːxən] (**-s, -**) M cake; **Kuchenblech** NT baking tray; **Kuchenform** F baking tin (BRIT) *od* pan (US); **Kuchengabel** F pastry fork

Küchen- ZW: **Küchengerät** NT kitchen utensil; (*elektrisch*) kitchen appliance; **Küchenherd** M cooker, stove; **Küchenmaschine** F food processor; **Küchenmesser** NT kitchen knife; **Küchenpapier** NT kitchen roll; **Küchenschabe** F cockroach; **Küchenschrank** M kitchen cabinet

Kuchenteig M cake mixture

Kuckuck [ˈkʊkʊk] (**-s, -e**) M cuckoo; (*umg: Siegel des Gerichtsvollziehers*) bailiff's seal (*for distraint of goods*); **das weiß der ~** heaven (only) knows

★**Kuckucksuhr** F cuckoo clock

Kuddelmuddel [ˈkʊdəlmʊdəl] (**-s**) (*umg*) M OD NT mess

Kufe [ˈkuːfə] (**-, -n**) F (*Fasskufe*) vat; (*Schlittenkufe*) runner; (*Aviat*) skid

Kugel [ˈkuːgəl] (**-, -n**) F ball; (*Math*) sphere; (*Mil*) bullet; (*Erdkugel*) globe; (*Sport*) shot; **eine ruhige ~ schieben** (*umg*) to have a cushy number; **kugelförmig** ADJ spherical; **Kugelkopf** M (*Schreibmaschine*) golf ball; **Kugelkopfschreibmaschine** F golf-ball typewriter; **Kugellager** NT ball bearing

kugeln VT to roll; (*Sport*) to bowl ▶ VR (*vor Lachen*) to double up

Kugel- ZW: **kugelrund** ADJ (*Gegenstand*) round; (*umg: Person*) tubby; ★**Kugelschreiber** M ballpoint (pen), Biro®; **kugelsicher** ADJ bulletproof; **Kugelstoßen** (**-s**) NT shot put

★**Kuh** [kuː] (**-, Kühe**) F cow; **Kuhdorf** (*pej, umg*) NT one-horse town; **Kuhhandel** (*pej, umg*) M horse-trading; **Kuhhaut** F: **das geht auf keine ~** (*fig: umg*) that's absolutely incredible

★**kühl** [kyːl] ADJ (*lit, fig*) cool; **Kühlanlage** F refrigeration plant

Kühle (**-**) F coolness

kühlen VT to cool

Kühler (**-s, -**) M (*Aut*) radiator; **Kühlerhaube** F (*Aut*) bonnet (BRIT), hood (US)

Kühl- ZW: **Kühlflüssigkeit** F coolant; **Kühlhaus** NT cold-storage depot; **Kühlraum** M cold-storage chamber; ★**Kühlschrank** M refrigerator; **Kühltasche** F cool bag; **Kühltruhe** F freezer

Kühlung F cooling

Kühlwagen M (*Lastwagen, Eisenb*) refrigerator van

Kühlwasser NT coolant

kühn [kyːn] ADJ bold, daring; **Kühnheit** F boldness

Kuhstall M cow-shed

k. u. k. ABK (= *kaiserlich und königlich*) imperial and royal

Küken [ˈkyːkən] (**-s, -**) NT chicken; (*umg: Nesthäkchen*) baby of the family

kulant [kuˈlant] ADJ obliging

Kulanz [kuˈlants] F accommodating attitude, generousness

★**Kuli** [ˈkuːli] (**-s, -s**) M coolie; (*umg: Kugelschreiber*) Biro®

kulinarisch [kuliˈnaːrɪʃ] ADJ culinary

Kulisse [kuˈlɪsə] (**-, -n**) F scene

Kulissenschieber(in) M(F) stagehand

Kulleraugen [ˈkʊləraʊgən] (*umg*) PL wide eyes *pl*

kullern [ˈkʊlərn] VI to roll

Kult [kʊlt] (**-(e)s, -e**) M worship, cult; **mit etw ~ treiben** to make a cult out of sth

kultivieren [kʊltiˈviːrən] VT to cultivate

kultiviert ADJ cultivated, refined

Kultstätte F place of worship

Kultstatus M: **~ haben/genießen** to have/enjoy cult status

Kultur [kʊlˈtuːr] F culture; (*Lebensform*) civilization; (*des Bodens*) cultivation; **Kulturbanause** (*umg*) M philistine, low-brow; **Kulturbetrieb** M culture industry; **Kulturbeutel** M toilet bag (BRIT), washbag

kulturell [kʊltuˈrɛl] ADJ cultural

Kulturfilm M documentary film

Kulturhauptstadt F: **Europäische ~** European City of Culture

Kulturteil M (*von Zeitung*) arts section

Kultusminister(in) ['kʊltʊsminɪstər(ɪn)] M(F) minister of education and the arts

Kümmel ['kʏməl] (**-s, -**) M caraway seed; (*Branntwein*) kümmel

Kummer ['kʊmər] (**-s**) M grief, sorrow

kümmerlich ['kʏmərlɪç] ADJ miserable, wretched

kümmern VR: **sich um jdn ~** to look after sb ▶ VT to concern; **sich um etw ~** to see to sth; **das kümmert mich nicht** that doesn't worry me

Kumpan(in) [kʊm'pa:n(ɪn)] (**-s, -e**) M(F) mate; (*pej*) accomplice

Kumpel ['kʊmpəl] (**-s, -**) (*umg*) M mate

kündbar ['kʏntba:r] ADJ redeemable, recallable; (*Vertrag*) terminable

Kunde[1] ['kʊndə] (**-n, -n**) M customer

Kunde[2] ['kʊndə] (**-, -n**) F (*Botschaft*) news

Kunden- zW: **Kundenberatung** F customer advisory service; **Kundendienst** M after-sales service; **Kundenfang** (*pej*) M: **auf ~ sein** to be touting for customers; **Kundenfänger** M tout (*umg*); **Kundenkonto** NT charge account; **Kundenkreis** M customers *pl*, clientele; **kundenorientiert** M customer-oriented; **Kundenservice** F customer service; **Kundenwerbung** F publicity (*aimed at attracting custom or customers*)

Kund- zW: **Kundgabe** F announcement; **kund|geben** *unreg* VT to announce; **Kundgebung** F announcement; (*Versammlung*) rally

kundig ['kʊndɪç] ADJ expert, experienced

kündigen ['kʏndɪgən] VI to give in one's notice ▶ VT to cancel; **jdm ~** to give sb his notice; **zum 1. April ~** to give one's notice for April 1st; (*Mieter*) to give notice for April 1st; (*bei Mitgliedschaft*) to cancel one's membership as of April 1st; **(jdm) die Stellung ~** to give (sb) notice; **sie hat ihm die Freundschaft gekündigt** she has broken off their friendship

Kündigung F notice

Kündigungsfrist F period of notice

Kündigungsschutz M protection against wrongful dismissal

Kundin F customer

Kundschaft F customers *pl*, clientele

Kundschafter(in) (**-s, -**) M(F) spy; (*Mil*) scout

künftig ['kʏnftɪç] ADJ future ▶ ADV in future

Kunst [kʊnst] (**-, Künste**) F (*auch Sch*) art; (*Können*) skill; **das ist doch keine ~** it's easy; **mit seiner ~ am Ende sein** to be at one's wits' end; **das ist eine brotlose ~** there's no money in that; **Kunstakademie** F academy of art; **Kunstdruck** M art print; **Kunstdünger** M artificial manure; **Kunsterziehung** F (*Sch*) art; **Kunstfaser** F synthetic fibre (BRIT) *od* fiber (*US*); **Kunstfehler** M professional error; (*weniger ernst*) slip; **Kunstfertigkeit** F skilfulness (BRIT), skillfulness (*US*); **Kunstflieger** M stunt flyer; **kunstgerecht** ADJ skilful (BRIT), skillful (*US*); **Kunstgeschichte** F history of art; **Kunstgewerbe** NT arts and crafts *pl*; **Kunstgriff** M trick, knack; **Kunsthändler(in)** M(F) art dealer; **Kunstharz** NT artificial resin; **Kunstleder** NT artificial leather

Künstler(in) ['kʏnstlər(ɪn)] (**-s, -**) M(F) artist; **künstlerisch** ADJ artistic; **Künstlername** M pseudonym; (*von Schauspieler*) stage name; **Künstlerpech** (*umg*) NT hard luck

★**künstlich** ['kʏnstlɪç] ADJ artificial; **künstliche Intelligenz** (*Comput*) artificial intelligence; **sich ~ aufregen** (*umg*) to get all worked up about nothing

Kunst- zW: **Kunstsammler(in)** M(F) art collector; **Kunstseide** F artificial silk; ★**Kunststoff** M synthetic material; **Kunststopfen** (**-s**) NT invisible mending; **Kunststück** NT trick; **das ist kein ~** (*fig*) there's nothing to it; **Kunstturnen** NT gymnastics *sing*; **kunstvoll** ADJ artistic; **Kunstwerk** NT work of art

kunterbunt ['kʊntərbʊnt] ADJ higgledy-piggledy

Kupee [ku'pe:] (**-s, -s**) NT = **Coupé**

★**Kupfer** ['kʊpfər] (**-s, -**) NT copper; **Kupfergeld** NT coppers *pl*

kupfern ADJ copper ▶ VT (*fig: umg*) to plagiarize, to copy, to imitate

Kupferstich M copperplate engraving

Kupon [ku'põ:] (**-s, -s**) M = **Coupon**

Kuppe ['kʊpə] (**-, -n**) F (*Bergkuppe*) top; (*Fingerkuppe*) tip

Kuppel (**-, -n**) F cupola, dome

Kuppelei [kʊpə'laɪ] F (*Jur*) procuring

kuppeln VI (*Jur*) to procure; (*Aut*) to operate *od* use the clutch ▶ VT to join

Kuppler ['kʊplər] (**-s, -**) M procurer; **Kupplerin** F procuress

Kupplung F (*auch Tech*) coupling; (*Aut etc*) clutch; **die ~ (durch)treten** to disengage the clutch

★**Kur** [ku:r] (**-, -en**) F (course of) treatment; (*im Kurort*) (health) cure; (*Schlankheitskur*) diet; **eine ~ machen** to take a cure (in a health resort)

★**Kür** [ky:r] (**-, -en**) F (*Sport*) free exercises *pl*

Kuratorium [kura'to:riʊm] NT (*Vereinigung*) committee

Kurbel ['kʊrbəl] (**-, -n**) F crank, winder; (*Aut*) starting handle; **Kurbelwelle** F crankshaft

Kürbis ['kʏrbɪs] (**-ses, -se**) M pumpkin; (*exotisch*) gourd

Kurde ['kʊrdə] (**-n, -n**) M, **Kurdin** F Kurd

Kurfürst ['ku:rfʏrst] M Elector, electoral prince

Kurgast M visitor (to a health resort)

Kurier [ku'ri:r] (**-s, -e**) M courier, messenger

kurieren [ku'ri:rən] VT to cure

kurios [kuri'o:s] ADJ curious, odd

Kuriosität [kuriozi'tɛ:t] F curiosity

Kur- zW: **Kurkonzert** NT concert (*at a health resort*); **Kurort** M health resort; **Kurpfuscher** M quack

★**Kurs** [kʊrs] (**-es, -e**) M course; (*Fin*) rate; **hoch im ~ stehen** (*fig*) to be highly thought of; **einen ~ besuchen** *od* **mitmachen** to attend a class; **harter/weicher ~** (*Pol*) hard/soft line;

K

Kursänderung F (*lit, fig*) change of course; **Kursbuch** NT timetable

Kürschner(in) [ˈkʏrʃnər(ɪn)] (**-s, -**) M(F) furrier

kursieren [kʊrˈziːrən] VI to circulate

kursiv [kʊrˈziːf] ADV in italics

Kursnotierung F quotation

Kursus [ˈkʊrzʊs] (**-, Kurse**) M course

Kurswagen M (*Eisenb*) through carriage

Kurswert M (*Fin*) market value

Kurtaxe F spa tax (*paid by visitors*)

★**Kurve** [ˈkʊrvə] (**-, -n**) F curve; (*Straßenkurve*) bend; (*statistisch, Fieberkurve etc*) graph; **die ~ nicht kriegen** (*umg*) not to get around to it

kurvenreich ADJ: **„kurvenreiche Strecke"** "bends"

kurvig ADJ (*Straße*) bendy

★**kurz** [kʊrts] ADJ short ▶ ADV: **~ und bündig** concisely; **zu ~ kommen** to come off badly; **den Kürzeren ziehen** to get the worst of it; **~ und gut** in short; **über ~ oder lang** sooner or later; **eine Sache ~ abtun** to dismiss sth out of hand; **~ gefasst** concise; **darf ich mal ~ stören?** could I just interrupt for a moment?; *siehe auch* **kurzfassen**; **kurzhalten**; **kurztreten**

Kurzarbeit F short-time work

> **Kurzarbeit** is the term used to describe a shorter working week where employees' hours are reduced as a preferable alternative to redundancy. It has to be approved by the *Arbeitsamt*, the job centre, which pays some compensation to the worker for loss of pay.

kurzärmelig, kurzärmlig ADJ short-sleeved

kurzatmig ADJ (*fig*) feeble, lame; (*Med*) short-winded

Kürze [ˈkʏrtsə] (**-, -n**) F shortness, brevity

kürzen VT to cut short; (*in der Länge*) to shorten; (*Gehalt*) to reduce

kurzerhand [ˈkʊrtsərˈhant] ADV without further ado; (*entlassen*) on the spot

kurz- ZW: **kurz|fassen** VR to be brief; **Kurzfassung** F shortened version; **kurzfristig** ADJ short-term; **kurzfristige Verbindlichkeiten** current liabilities *pl*; **Kurzgeschichte** F short story; **kurz|halten** *unreg* VT to keep short; **kurzlebig** ADJ short-lived

★**kürzlich** [ˈkʏrtslɪç] ADV lately, recently

Kurz- ZW: **Kurzmeldung** F news flash; **Kurzparker** M short-stay parker; **Kurzschluss** M (*Elek*) short circuit; **Kurzschlusshandlung** F (*fig*) rash action; **Kurzschrift** F shorthand; **kurzsichtig** ADJ short-sighted; **Kurzstrecken-** IN ZW short-range; **Kurzstreckenläufer(in)** M(F) sprinter; **kurz|treten** *unreg* VI (*fig: umg*) to go easy; **kurzum** ADV in a word

Kürzung F cutback

Kurz- ZW: **Kurzurlaub** M short holiday (BRIT), short vacation (*US*); **Kurzwaren** PL haberdashery (BRIT), notions *pl* (*US*); **Kurzwelle** F short wave

kuschelig ADJ cuddly

kuscheln [ˈkʊʃəln] VR to snuggle up

kuschen [ˈkʊʃən] VI, VR (*Hund etc*) to get down; (*fig*) to knuckle under

★**Kusine** [kuˈziːnə] F cousin

★**Kuss** [kʊs] (**-es, Küsse**) M kiss

★**küssen** [ˈkʏsən] VT, VR to kiss

★**Küste** [ˈkʏstə] (**-, -n**) F coast, shore

Küsten- ZW: **Küstengewässer** PL coastal waters *pl*; **Küstenschiff** NT coaster; **Küstenwache** F coastguard (station)

Küster(in) [ˈkʏstər(ɪn)] (**-s, -**) M(F) sexton, verger

Kutsche [ˈkʊtʃə] (**-, -n**) F coach, carriage

Kutscher (**-s, -**) M coachman

kutschieren [kʊˈtʃiːrən] VI: **durch die Gegend ~** (*umg*) to drive around

Kutte [ˈkʊtə] (**-, -n**) F cowl

Kuvert [kuˈvɛrt] (**-s, -e** *od* **-s**) NT envelope; (*Gedeck*) cover

Kuwait [kuˈvaɪt] (**-s**) NT Kuwait

KV ABK = **Krankenversicherung**; (*Mus*) = **Köchelverzeichnis**

kW ABK (= *Kilowatt*) kW

KW ABK (= *Kurzwelle*) SW

Kybernetik [kybɛrˈneːtɪk] F cybernetics *sing*

kybernetisch [kybɛrˈneːtɪʃ] ADJ cybernetic

KZ (**-s, -s**) NT ABK = **Konzentrationslager**

L

L, l¹ [ɛl] NT L, l; **L wie Ludwig** ≈ L for Lucy, ≈ L for Love (*US*)

l² ABK (= *Liter*) l

laben [ˈla:bən] VT to refresh ▶ VR to refresh o.s.; (*fig*): **sich an etw** *dat* **~** to relish sth

labern [ˈla:bərn] (*umg*) VI to prattle (on) ▶ VT to talk

labil [laˈbi:l] ADJ (*physisch: Gesundheit*) delicate; (: *Kreislauf*) poor; (*psychisch*) unstable

Labor [laˈbo:r] (**-s, -e** *od* **-s**) NT laboratory, lab

Laborant(in) [laboˈrant(ɪn)] M(F) lab(oratory) assistant

Laboratorium [laboraˈto:riʊm] NT lab(oratory)

Labyrinth [labyˈrɪnt] (**-s, -e**) NT labyrinth

Lache [ˈlaxə] (**-, -n**) F (*Wasser*) pool, puddle; (*umg: Gelächter*) laugh

lächeln [ˈlɛçəln] VI to smile; ★ **Lächeln** (**-s**) NT smile

lachen [ˈlaxən] VI to laugh; **mir ist nicht zum L~ (zumute)** I'm in no laughing mood; **dass ich nicht lache!** (*umg*) don't make me laugh!; **das wäre doch gelacht** it would be ridiculous; ★ **Lachen** NT: **dir wird das ~ schon noch vergehen!** you'll soon be laughing on the other side of your face

Lacher (**-s, -**) M: **die ~ auf seiner Seite haben** to have the last laugh

lächerlich [ˈlɛçərlɪç] ADJ ridiculous; **Lächerlichkeit** F absurdity

Lach- ZW: **Lachgas** NT laughing gas; **lachhaft** ADJ laughable; **Lachkrampf** M: **einen ~ bekommen** to go into fits of laughter

Lachs [laks] (**-es, -e**) M salmon

Lachsalve [ˈlaxzalvə] F burst *od* roar of laughter

Lachsschinken M *smoked, rolled fillet of ham*

Lack [lak] (**-(e)s, -e**) M lacquer, varnish; (*von Auto*) paint

lackieren [laˈki:rən] VT to varnish; (*Auto*) to spray

Lackierer [laˈki:rər] (**-s, -**) M varnisher

Lackleder NT patent leather

Lackmus [ˈlakmʊs] (**-**) M OD NT litmus

Lade [ˈla:də] (**-, -n**) F box, chest

Lade- IN ZW; **Ladebaum** M derrick; **Ladefähigkeit** F load capacity; **Ladefläche** F load area; **Ladegerät** NT (battery) charger; **Ladegewicht** NT tonnage; **Ladehemmung** F: **das Gewehr hat ~** the gun is jammed

laden [ˈla:dən] *unreg* VT (*Lasten, Comput*) to load; (*Handy etc*) to charge; (*Jur*) to summon; (*einladen*) to invite; **eine schwere Schuld auf sich** *akk* **~** to place o.s. under a heavy burden of guilt

★ **Laden** [ˈla:dən] (**-s, Läden**) M shop; (*Fensterladen*) shutter; (*umg: Betrieb*) outfit; **der ~ läuft** (*umg*) business is good

Laden- ZW: **Ladenaufsicht** F shopwalker (BRIT), floorwalker (*US*); **Ladenbesitzer(in)** M(F) shopkeeper; **Ladendieb(in)** M(F) shoplifter; **Ladendiebstahl** M shoplifting; **Ladenhüter** (**-s, -**) M unsaleable item; **Ladenöffnungszeit** F shop opening hours *pl*; **Ladenpreis** M retail price; **Ladenschluss** M, **Ladenschlusszeit** F closing time; **Ladentisch** M counter

Laderampe F loading ramp

Laderaum M (*Naut*) hold

lädieren [lɛˈdi:rən] VT to damage

lädt [lɛ:t] VB *siehe* **laden**

Ladung [ˈla:dʊŋ] F (*Last*) load; (*Naut, Aviat*) cargo; (*Beladen*) loading; (*Jur*) summons; (*Einladung*) invitation; (*Sprengladung*) charge

lag *etc* [la:k] VB *siehe* **liegen**

★ **Lage** [ˈla:gə] (**-, -n**) F position, situation; (*Schicht*) layer; **in der ~ sein** to be in a position; **eine gute/ruhige ~ haben** to be in a good/peaceful location; **Herr der ~ sein** to be in control of the situation; **Lagebericht** M report; (*Mil*) situation report; **Lagebeurteilung** F situation assessment

lagenweise ADV in layers

Lager [ˈla:gər] (**-s, -**) NT camp; (*Comm*) warehouse; (*Schlaflager*) bed; (*von Tier*) lair; (*Tech*) bearing; **etw auf ~ haben** to have sth in stock; **Lagerarbeiter(in)** M(F) storehand; **Lagerbestand** M stocks *pl*; **Lagerfeuer** NT camp fire; **Lagergeld** NT storage (charges *pl*); **Lagerhaus** NT warehouse, store

Lagerist(in) [la:gəˈrɪst(ɪn)] M(F) storeman, storewoman

lagern [ˈla:gərn] VI (*Dinge*) to be stored; (*Menschen*) to camp; (*auch vr: rasten*) to lie down ▶ VT to store; (*betten*) to lay down; (*Maschine*) to bed

Lager- ZW: **Lagerraum** M storeroom; (*in Geschäft*) stockroom; **Lagerschuppen** M store shed; **Lagerstätte** F resting place

Lagerung F storage
Lagune [la'gu:nə] (-, -n) F lagoon
lahm [la:m] ADJ lame; (*umg*: *langsam, langweilig*) dreary, dull; (*Geschäftsgang*) slow, sluggish; **eine lahme Ente sein** (*umg*) to have no zip; *siehe auch* **lähmen**; **lahmarschig** ['la:m|arʃıç] (*umg*) ADJ bloody *od* damn (!) slow
lahmen VI to be lame, to limp
lähmen ['lɛ:mən], **lahmlegen** VT to paralyse (BRIT), to paralyze (US)
Lähmung F paralysis
Lahn [la:n] (-) F (*Fluss*) Lahn
Laib [laıp] (-s, -e) M loaf
Laich [laıç] (-(e)s, -e) M spawn; **laichen** VI to spawn
Laie ['laıə] (-n, -n) M layman; (*fig, Theat*) amateur
laienhaft ADJ amateurish
Lakai [la'kaı] (-en, -en) M lackey
Laken ['la:kən] (-s, -) NT sheet
Lakritze [la'krıtsə] (-, -n) F liquorice
lala ['la'la] (*umg*) ADV: **so ~** so-so, not too bad
lallen ['lalən] VT, VI to slur; (*Baby*) to babble
Lama ['la:ma] (-s, -s) NT llama
Lamelle [la'mɛlə] F lamella; (*Elek*) lamina; (*Tech*) plate
lamentieren [lamɛn'ti:rən] VI to lament
Lametta [la'mɛta] (-s) NT tinsel
Lamm [lam] (-(e)s, Lämmer) NT lamb; **Lammfell** NT lambskin; **lammfromm** ADJ like a lamb; **Lammwolle** F lambswool
★**Lampe** ['lampə] (-, -n) F lamp
Lampenfieber NT stage fright
Lampenschirm M lampshade
Lampion [lampi'õ:] (-s, -s) M Chinese lantern
★**Land** [lant] (-(e)s, Länder) NT land; (*Nation, nicht Stadt*) country; (*Bundesland*) state; **auf dem ~(e)** in the country; **an ~ gehen** to go ashore; **endlich sehe ich ~** (*fig*) at last I can see the light at the end of the tunnel; **einen Auftrag an ~ ziehen** (*umg*) to land an order; **aus aller Herren Länder** from all over the world; *siehe auch* **hierzulande**

> The Federal Republic of Germany is divided into 16 **Länder**, namely Baden-Württemberg, Bayern, Berlin, Brandenburg, Bremen, Hamburg, Hessen, Mecklenburg-Vorpommern, Niedersachsen, Nordrhein-Westfalen, Rheinland-Pfalz, Saarland, Sachsen, Sachsen-Anhalt, Schleswig-Holstein and Thüringen. Each *Land* has its own parliament and constitution.

Landarbeiter(in) M(F) farm *od* agricultural worker
Landbesitz M landed property
Landbesitzer(in) M(F) landowner
Landebahn F runway
Landeerlaubnis F permission to land
landeinwärts [lant'|aınvɛrts] ADV inland
★**landen** ['landən] VT, VI to land; **mit deinen Komplimenten kannst du bei mir nicht ~** your compliments won't get you anywhere with me
Ländereien [lɛndə'raıən] PL estates *pl*
Länderspiel NT international (match)
Landes- ZW: **Landesfarben** PL national colours *pl* (BRIT) *od* colors *pl* (US); **Landesgrenze** F (national) frontier; (*von Bundesland*) state boundary; **Landesinnere(s)** NT inland region; **Landeskind** NT *native of a German state*; **Landeskunde** F regional studies *pl*; **Landestracht** F national costume; **landesüblich** ADJ customary; **Landesverrat** M high treason; **Landesverweisung** F banishment; **Landeswährung** F national currency; **landesweit** ADJ countrywide
Landeverbot NT refusal of permission to land
Land- ZW: **Landflucht** F emigration to the cities; **Landgut** NT estate; **Landhaus** NT country house; ★**Landkarte** F map; ★**Landkreis** M administrative region; **landläufig** ADJ customary
ländlich ['lɛntlıç] ADJ rural
Land- ZW: **Landrat** M *head of administration of a Landkreis*; ★**Landschaft** F countryside; (*Kunst*) landscape; **die politische ~** the political scene; **landschaftlich** ADJ scenic; (*Besonderheiten*) regional
Landsmann (-(e)s, *pl* -leute) M compatriot, fellow countryman
Landsmännin F compatriot, fellow countrywoman
Land- ZW: ★**Landstraße** F country road; **Landstreicher** (-s, -) M tramp; **Landstrich** M region; **Landtag** M (*Pol*) regional parliament
Landung ['landʊŋ] F landing
Landungs- ZW: **Landungsboot** NT landing craft; **Landungsbrücke** F jetty, pier; **Landungsstelle** F landing place
Landurlaub M shore leave
Landvermesser M surveyor
landw. ABK (= *landwirtschaftlich*) agricultural
Land- ZW: **Landwirt(in)** M(F) farmer; **Landwirtschaft** F agriculture; **~ betreiben** to farm; **landwirtschaftlich** ADJ agricultural; **Landzunge** F spit
★**lang** [laŋ] ADJ long; (*umg*: *Mensch*) tall ▶ ADV: **~ anhaltender Beifall** prolonged applause; **~ ersehnt** longed-for; **hier wird mir die Zeit nicht ~** I won't get bored here; **er machte ein langes Gesicht** his face fell; **den ganzen Tag ~** all day long; **die Straße ~** along the street; **~ und breit** at great length; **langatmig** ADJ long-winded
★**lange** ADV for a long time; (*dauern, brauchen*) a long time; **ich bleibe nicht ~** I won't stay long; **~ nicht so ...** not nearly as ...; **wenn der das schafft, kannst du das schon ~** if he can do it, you can do it easily
★**Länge** ['lɛŋə] (-, -n) F length; (*Geog*) longitude; **etw der ~ nach falten** to fold sth lengthways; **etw in die ~ ziehen** to drag sth out (*umg*); **der ~ nach hinfallen** to fall flat (on one's face)

langen [ˈlaŋən] VI (*ausreichen*) to do, to suffice; (*fassen*): **~ nach** to reach for; **es langt mir** I've had enough; **jdm eine ~** (*umg*) to give sb a clip on the ear

Längengrad M longitude

Längenmaß NT linear measure

Langeweile F boredom

lang- ZW: **langfristig** ADJ long-term ▶ ADV in the long term; (*planen*) for the long term; **langfristige Verbindlichkeiten** long-term liabilities *pl*; **langjährig** ADJ (*Freundschaft, Gewohnheit*) long-standing; (*Erfahrung, Verhandlungen*) many years of; (*Mitarbeiter*) of many years' standing; **Langlauf** M (*Ski*) cross-country skiing; **langlebig** ADJ long-lived; **langlebige Gebrauchsgüter** consumer durables *pl*

länglich ADJ longish

Langmut F forbearance, patience

langmütig ADJ forbearing

längs [lɛŋs] PRÄP (*+gen od dat*) along ▶ ADV lengthways

langsam ADJ slow; **immer schön ~!** (*umg*) easy does it!; **ich muss jetzt ~ gehen** I must be getting on my way; **~ (aber sicher) reicht es mir** I've just about had enough; **Langsamkeit** F slowness

Langschläfer M late riser

Langspielplatte F long-playing record

längsseit, längsseits ADV alongside ▶ PRÄP *+gen* alongside

längst [lɛŋst] ADV: **das ist ~ fertig** that was finished a long time ago, that has been finished for a long time

längste(r, s) ADJ longest

Langstrecken- IN ZW long-distance; **Langstreckenflug** M long-haul flight; **Langstreckenflugzeug** NT long-range aircraft

Languste [laŋˈgʊstə] (-, -n) F crayfish, crawfish (*US*)

lang- ZW: ⋆**langweilen** VT UNTR to bore ▶ VR UNTR to be *od* get bored; **Langweiler(in)** (-s, -) M(F) bore; ⋆**langweilig** ADJ boring, tedious; **Langwelle** F long wave; **langwierig** ADJ lengthy, long-drawn-out

Lanze [ˈlantsə] (-, -n) F lance

Lanzette [lanˈtsɛtə] F lancet

Laos [ˈlaːɔs] (-) NT Laos

Laote [laˈoːtə] (-n, -n) M, **Laotin** F Laotian

laotisch [laˈoːtɪʃ] ADJ Laotian

lapidar [lapiˈdaːr] ADJ terse, pithy

Lappalie [laˈpaːliə] F trifle

Lappe [ˈlapə] (-n, -n) M Lapp, Laplander

Lappen (-s, -) M cloth, rag; (*Anat*) lobe; **jdm durch die ~ gehen** (*umg*) to slip through sb's fingers

läppern [ˈlɛpərn] (*umg*) VR UNPERS: **es läppert sich zusammen** it (all) mounts up

Lappin [ˈlapɪn] F Lapp, Laplander

läppisch [ˈlɛpɪʃ] ADJ silly; (*Summe*) ridiculous

Lappland [ˈlaplant] (-s) NT Lapland

Lappländer(in) [ˈlaplɛndər(ɪn)] (-s, -) M(F) Lapp, Laplander

lappländisch ADJ Lapp

Lapsus [ˈlapsʊs] (-, -) M slip

Laptop [ˈlɛptɔp] (-s, -s) M laptop

Lärche [ˈlɛrçə] (-, -n) F larch

⋆**Lärm** [lɛrm] (-(e)s) M noise; **Lärmbelästigung** F noise nuisance; **Lärmemission** F noise emission; (*stärker*) noise pollution; **lärmen** VI to be noisy, to make a noise

Larve [ˈlarfə] (-, -n) F mask; (*Biol*) larva

las *etc* [laːs] VB *siehe* **lesen**

Lasagne [laˈzanjə] PL lasagne *sing*

lasch [laʃ] ADJ slack; (*Geschmack*) tasteless

Lasche [ˈlaʃə] (-, -n) F flap; (*Schuhlasche*) tongue; (*Eisenb*) fishplate

Laser [ˈleːzər] (-s, -) M laser; **Laserdrucker** M laser printer

lassen [ˈlasən]

(*pt* **ließ**, *pp* **gelassen** *od als Hilfsverb* **lassen**) VT

1 (*unterlassen*) to stop; (: *momentan*) to leave; **lass das (sein)!** don't (do it)!; (*hör auf*) stop it!; **lass mich!** leave me alone!; **lassen wir das!** let's leave it; **er kann das Trinken nicht lassen** he can't stop drinking; **tu, was du nicht lassen kannst!** if you must, you must!

2 (*zurücklassen*) to leave; **etw lassen, wie es ist** to leave sth (just) as it is

3 (*erlauben*) to let, to allow; **lass ihn doch** let him; **jdn ins Haus lassen** to let sb into the house; **das muss man ihr lassen** (*zugestehen*) you've got to grant her that

▶ VI: **lass mal, ich mache das schon** leave it, I'll do it

▶ HILFSVERB **1** (*veranlassen*): **etw machen lassen** to have *od* get sth done; **jdn etw machen lassen** to get sb to do sth; (*durch Befehl usw*) to make sb do sth; **er ließ mich warten** he kept me waiting; **mein Vater wollte mich studieren lassen** my father wanted me to study; **sich** *dat* **etw schicken lassen** to have sth sent (to one)

2 (*zulassen*): **jdn etw wissen lassen** to let sb know sth; **das Licht brennen lassen** to leave the light on; **einen Bart wachsen lassen** to grow a beard; **lass es dir gut gehen!** take care of yourself!

3: **lass uns gehen** let's go

▶ VR: **das lässt sich machen** that can be done; **es lässt sich schwer sagen** it's difficult to say

lässig [ˈlɛsɪç] ADJ casual; **Lässigkeit** F casualness

lässlich [ˈlɛslɪç] ADJ pardonable, venial

lässt [lɛst] VB *siehe* **lassen**

Last [last] (-, -en) F load; (*Traglast*) burden; (*Naut, Aviat*) cargo; (*meist pl*: *Gebühr*) charge; **jdm zur ~ fallen** to be a burden to sb; **Lastauto** NT lorry (BRIT), truck

lasten VI: **~ auf** *+dat* to weigh on

Lastenaufzug M hoist, goods lift (BRIT) *od* elevator (*US*)

Lastenausgleichsgesetz NT *law on financial compensation for losses suffered in WWII*

Laster [ˈlastər] (**-s, -**) NT vice ▸ M (*umg*) lorry (BRIT), truck

Lästerer [ˈlɛstərər] (**-s, -**) M mocker; (*Gotteslästerer*) blasphemer

lasterhaft ADJ immoral

lästerlich ADJ scandalous

lästern [ˈlɛstərn] VT, VI (*Gott*) to blaspheme; (*schlecht sprechen*) to mock; **über jdn/etw ~** to make nasty remarks about sb/sth

Lästerung F jibe; (*Gotteslästerung*) blasphemy

lästig [ˈlɛstɪç] ADJ troublesome, tiresome; **(jdm) ~ werden** to become a nuisance (to sb); (*zum Ärgernis werden*) to get annoying (to sb)

Last- zW: **Lastkahn** M barge; **Lastkraftwagen** M heavy goods vehicle; **Lastschrift** F debiting; (*Eintrag*) debit item; **Lasttier** NT beast of burden; **Lastträger** M porter; ⋆**Lastwagen** M lorry (BRIT), truck; **Lastzug** M truck and trailer

⋆**Latein** [laˈtaɪn] (**-s**) NT Latin; **mit seinem ~ am Ende sein** (*fig*) to be stumped (*umg*); **Lateinamerika** NT Latin America; **lateinamerikanisch** ADJ Latin-American; **lateinisch** ADJ Latin

latent [laˈtɛnt] ADJ latent

Laterne [laˈtɛrnə] (**-, -n**) F lantern; (*Straßenlaterne*) lamp, light

Laternenpfahl M lamppost

Latinum [laˈtiːnʊm] (**-s**) NT: **kleines/großes ~** ≈ Latin O-/A-level exams (BRIT)

Latrine [laˈtriːnə] F latrine

Latsche [ˈlatʃə] (**-, -n**) F dwarf pine

latschen (*umg*) VI (*gehen*) to wander, to go; (*lässig*) to slouch

Latschen [ˈlaːtʃən] (*umg*) M (*Hausschuh*) slipper; (*pej: Schuh*) worn-out shoe

Latte [ˈlatə] (**-, -n**) F lath; (*quer*) crossbar; (*Sport*) goalpost

Lattenzaun M lattice fence

Latz [lats] (**-es, Lätze**) M bib; (*Hosenlatz*) front flap

Lätzchen [ˈlɛtsçən] NT bib

Latzhose F dungarees *pl*

lau [laʊ] ADJ (*Nacht*) balmy; (*Wasser*) lukewarm; (*fig: Haltung*) half-hearted

Laub [laʊp] (**-(e)s**) NT foliage; **Laubbaum** M deciduous tree

Laube [ˈlaʊbə] (**-, -n**) F arbour (BRIT), arbor (US); (*Gartenhäuschen*) summerhouse

Laub- zW: **Laubfrosch** M tree frog; **Laubsäge** F fretsaw; **Laubwald** M deciduous forest

Lauch [laʊx] (**-(e)s, -e**) M leek

Lauer [ˈlaʊər] F: **auf der ~ sein** *od* **liegen** to lie in wait

lauern VI to lie in wait; (*Gefahr*) to lurk

⋆**Lauf** [laʊf] (**-(e)s, Läufe**) M run; (*Wettlauf*) race; (*Entwicklung, Astron*) course; (*Gewehrlauf*) barrel; **im Laufe des Gesprächs** during the conversation; **sie ließ ihren Gefühlen freien ~** she gave way to her feelings; **einer Sache** *dat* **ihren ~ lassen** to let sth take its course; **Laufbahn** F career; **eine ~ einschlagen** to embark on a career; **Laufbursche** M errand boy

⋆**laufen** [ˈlaʊfən] *unreg* VI to run; (*umg: gehen*) to walk; (*Uhr*) to go; (*funktionieren*) to work; (*Elektrogerät: eingeschaltet sein*) to be on; (*gezeigt werden: Film, Stück*) to be on; (*Bewerbung, Antrag*) to be under consideration ▸ VT to run; **es lief mir eiskalt über den Rücken** a chill ran up my spine; **ihm läuft die Nase** he's got a runny nose; **~ lassen** (*Person*) to let go; **die Dinge ~ lassen** to let things slide; **die Sache ist gelaufen** (*umg*) it's in the bag; **das Auto läuft auf meinen Namen** the car is in my name; **Ski/Schlittschuh/Rollschuh** *etc* **~** to ski/skate/rollerskate *etc*

laufend ADJ running; (*Monat, Ausgaben*) current; **auf dem Laufenden sein/halten** to be/keep up to date; **am laufenden Band** (*fig*) continuously; **laufende Nummer** serial number; (*von Konto*) number; **laufende Kosten** running costs *pl*

⋆**Läufer** [ˈlɔʏfər] (**-s, -**) M (*Teppich*) rug; (*Sport*) runner; (*Fußball*) half-back; (*Schach*) bishop

Lauferei [laʊfəˈraɪ] (*umg*) F running about

Läuferin F (*Sport*) runner

Lauf- zW: **lauffähig** ADJ (*Comput*): **das Programm ist unter Windows ~** the program can be run under Windows; **Lauffeuer** NT: **sich wie ein ~ verbreiten** to spread like wildfire; **Laufkundschaft** F passing trade; **Laufmasche** F run, ladder (BRIT); **Laufpass** M: **jdm den ~ geben** (*umg*) to give sb his/her marching orders; **Laufschritt** M: **im ~** at a run; **Laufstall** M playpen; **Laufsteg** M catwalk

läuft [lɔʏft] VB *siehe* **laufen**

Lauf- zW: **Laufwerk** NT running gear; (*Comput*) drive; **Laufzeit** F (*von Wechsel, Vertrag*) period of validity; (*von Maschine*) life; **Laufzettel** M circular

Lauge [ˈlaʊgə] (**-, -n**) F soapy water; (*Chem*) alkaline solution

Laune [ˈlaʊnə] (**-, -n**) F mood, humour (BRIT), humor (US); (*Einfall*) caprice; (*schlechte Laune*) temper

launenhaft ADJ capricious, changeable

⋆**launisch** ADJ moody

Laus [laʊs] (**-, Läuse**) F louse; **ihm ist (wohl) eine ~ über die Leber gelaufen** (*umg*) something's biting him; **Lausbub** M rascal, imp

Lauschangriff M: **~ (gegen)** bugging operation (on)

lauschen [ˈlaʊʃən] VI to listen; (*heimlich*) to eavesdrop

Lauscher(in) (**-s, -**) M(F) eavesdropper

lauschig [ˈlaʊʃɪç] ADJ snug

Lausejunge (*umg*) M little devil; (*wohlwollend*) rascal

lausen [ˈlaʊzən] VT to delouse

lausig [ˈlaʊzɪç] (*umg*) ADJ lousy; (*Kälte*) perishing ▸ ADV awfully

⋆**laut** [laʊt] ADJ loud ▸ ADV loudly; (*lesen*) aloud ▸ PRÄP (*+gen od dat*) according to

⋆**Laut** (**-(e)s, -e**) M sound

Laute ['laʊtə] **(-, -n)** F lute
lauten ['laʊtən] VI to say; (*Urteil*) to be
läuten ['lɔʏtən] VT, VI to ring, to sound; **er hat davon (etwas) ~ hören** (*umg*) he has heard something about it
lauter ['laʊtər] ADJ (*Wasser*) clear, pure; (*Wahrheit, Charakter*) honest ▶ ADJ *unver* (*Freude, Dummheit etc*) sheer ▶ ADV (*nur*) nothing but, only; **Lauterkeit** F purity; (*von Charakter*) honesty, integrity
läutern ['lɔʏtərn] VT to purify
Läuterung F purification; **lauthals** ADV at the top of one's voice; **lautlos** ADJ noiseless, silent
laut- zW: **lautmalend** ADJ onomatopoeic; **Lautschrift** F phonetics *pl*; **Lautsprecher** M loudspeaker; **Lautsprecheranlage** F: **öffentliche ~** public-address *od* PA system; **Lautsprecherwagen** M loudspeaker van; **lautstark** ADJ vociferous; **Lautstärke** F (*Rundf*) volume
lauwarm ['laʊvarm] ADJ (*lit, fig*) lukewarm
Lava ['la:va] (-, **Laven**) F lava
Lavendel [la'vɛndəl] **(-s, -)** M lavender
Lawine [la'vi:nə] F avalanche
Lawinengefahr F danger of avalanches
lax [laks] ADJ lax
Layout, Lay-out ['le:|aʊt] **(-s, -s)** NT layout
Lazarett [latsa'rɛt] **(-(e)s, -e)** NT (*Mil*) hospital, infirmary
Ldkrs. ABK = **Landkreis**
leasen ['li:zən] VT to lease
Leasing ['li:zɪŋ] **(-s, -s)** NT (*Comm*) leasing
Lebehoch NT three cheers *pl*
Lebemann **(-(e)s,** *pl* **-männer)** M man about town
leben VT, VI to live
Leben ['le:bən] **(-s, -)** NT life; **am ~ sein/bleiben** to be/stay alive; **ums ~ kommen** to die; **etw ins ~ rufen** to bring sth into being; **seines Lebens nicht mehr sicher sein** to fear for one's life; **etw für sein ~ gern tun** to love doing sth
lebend ADJ living; **lebendes Inventar** livestock
lebendig [le'bɛndɪç] ADJ living, alive; (*lebhaft*) lively; **Lebendigkeit** F liveliness
Lebens- zW: **Lebensabend** M old age; **Lebensalter** NT age; **Lebensanschauung** F philosophy of life; **Lebensart** F way of life; **lebensbejahend** ADJ positive; **Lebensdauer** F life (span); (*von Maschine*) life; **Lebenserfahrung** F experience of life; **Lebenserwartung** F life expectancy; **lebensfähig** ADJ able to live; **lebensfroh** ADJ full of the joys of life; ★ **Lebensgefahr** F: **~!** danger!; **in ~** critically *od* dangerously ill; **lebensgefährlich** ADJ dangerous; (*Krankheit, Verletzung*) critical; **Lebensgefährte** M, **Lebensgefährtin** F partner; **Lebensgröße** F: **in ~** life-size(d); **Lebenshaltungskosten** PL cost of living *sing*; **Lebensinhalt** M purpose in life; **Lebensjahr** NT year of life; **Lebenskünstler** M master in the art of living; **Lebenslage** F situation in life; **lebenslänglich** ADJ (*Strafe*) for life; **~ bekommen** to get life; ★ **Lebenslauf** M curriculum vitae (BRIT), CV (BRIT), resumé (*US*); **lebenslustig** ADJ cheerful, lively; ★ **Lebensmittel** PL food *sing*; ★ **Lebensmittelgeschäft** NT grocer's; **Lebensmittelvergiftung** F food poisoning; **lebensmüde** ADJ tired of life; **Lebenspartnerschaft** F long-term relationship; **eingetragene ~** registered *od* civil (BRIT) partnership; **Lebensqualität** F quality of life; **Lebensraum** M (*Pol*) Lebensraum; (*Biol*) biosphere; **Lebensretter** M lifesaver; **Lebensstandard** M standard of living; **Lebensstellung** F permanent post; **Lebensstil** M life style; **Lebensunterhalt** M livelihood; **Lebensversicherung** F life insurance; **Lebenswandel** M way of life; **Lebensweise** F way of life, habits *pl*; **Lebensweisheit** F maxim; (*Lebenserfahrung*) wisdom; **lebenswichtig** ADJ vital; **Lebenszeichen** NT sign of life; **Lebenszeit** F lifetime; **Beamter auf ~** permanent civil servant
★ **Leber** ['le:bər] **(-, -n)** F liver; **frei** *od* **frisch von der ~ weg reden** (*umg*) to speak out frankly; **Leberfleck** M mole; **Leberkäse** M ≈ meat loaf; **Leberpastete** F liver pâté; **Lebertran** M cod-liver oil; ★ **Leberwurst** F liver sausage
Lebewesen NT creature
Lebewohl NT farewell, goodbye
leb- zW: ★ **lebhaft** ADJ lively, vivacious; **Lebhaftigkeit** F liveliness, vivacity; **Lebkuchen** M gingerbread; **leblos** ADJ lifeless; **Lebtag** M (*fig*): **das werde ich mein ~ nicht vergessen** I'll never forget that as long as I live; **Lebzeiten** PL: **zu jds ~** (*Leben*) in sb's lifetime
lechzen ['lɛçtsən] VI: **nach etw ~** to long for sth
leck [lɛk] ADJ leaky, leaking; **Leck** **(-(e)s, -e)** NT leak
lecken[1] VI (*Loch haben*) to leak
lecken[2] VT, VI (*schlecken*) to lick
★ **lecker** ['lɛkər] ADJ delicious, tasty; **Leckerbissen** M dainty morsel; **Leckermaul** NT: **ein ~ sein** to enjoy one's food
led. ABK = **ledig**
★ **Leder** ['le:dər] **(-s, -)** NT leather; (*umg: Fußball*) ball; **Lederhose** F leather trousers *pl*; (*von Tracht*) leather shorts *pl*
ledern ADJ leather
Lederwaren PL leather goods *pl*
★ **ledig** ['le:dɪç] ADJ single; **einer Sache** *gen* **~ sein** to be free of sth; **lediglich** ADV merely, solely
★ **leer** [le:r] ADJ empty; (*Blick*) vacant; **~ gefegt** (*Straße*) deserted; **~ stehend** empty
Leere (-) F emptiness; **(eine) gähnende ~** a gaping void
leeren VT to empty ▶ VR to (become) empty
Leer- zW: **Leergewicht** NT unladen weight; **Leergut** NT empties *pl*; **Leerlauf** M (*Aut*) neutral; **Leertaste** F (*Schreibmaschine*) space-bar
Leerung F emptying; (*Post*) collection
legal [le'ga:l] ADJ legal, lawful
legalisieren [legali'zi:rən] VT to legalize
Legalität [legali'tɛ:t] F legality; **(etwas) außerhalb der ~** (*euph*) (slightly) outside the law
Legasthenie [legaste'ni:] F dyslexia

Legastheniker(in) [legas'te:nikər(ɪn)] **(-s, -)** M(F) dyslexic
Legebatterie F laying battery
★**legen** ['le:gən] VT to lay, to put, to place; (*Ei*) to lay ▶ VR to lie down; (*fig*) to subside; **sich ins Bett ~** to go to bed
Legende [le'gɛndə] **(-, -n)** F legend
leger [le'ʒɛ:r] ADJ casual
legieren [le'gi:rən] VT to alloy
Legierung F alloy
Legislative [legɪsla'ti:və] F legislature
Legislaturperiode [legɪsla'tu:rperio:də] F parliamentary (BRIT) *od* congressional (US) term
legitim [legi'ti:m] ADJ legitimate
Legitimation [legiti:matsi'o:n] F legitimation
legitimieren [legiti:'mi:rən] VT to legitimate ▶ VR to prove one's identity
Legitimität [legitimi'tɛ:t] F legitimacy
Lehm [le:m] **(-(e)s, -e)** M loam
lehmig ADJ loamy
Lehne ['le:nə] **(-, -n)** F arm; (*Rückenlehne*) back
lehnen VT, VR to lean
★**Lehnstuhl** M armchair
Lehr- ZW: **Lehramt** NT teaching profession; **Lehrbefähigung** F teaching qualification; **Lehrbrief** M indentures *pl*; **Lehrbuch** NT textbook
★**Lehre** ['le:rə] **(-, -n)** F teaching, doctrine; (*beruflich*) apprenticeship; (*moralisch*) lesson; (*Tech*) gauge; **bei jdm in die ~ gehen** to serve one's apprenticeship with sb
★**lehren** VT to teach
★**Lehrer(in)** **(-s, -)** M(F) teacher; **Lehrerausbildung** F teacher training; **Lehrerkollegium** NT teaching staff; ★**Lehrerzimmer** NT staff room
Lehr- ZW: **Lehrgang** M course; **Lehrgeld** NT: **~ für etw zahlen müssen** (*fig*) to pay dearly for sth; **Lehrjahre** PL apprenticeship *sing*; **Lehrkraft** F (*form*) teacher; ★**Lehrling** M trainee; (*in Handwerksberuf*) apprentice; **Lehrmittel** NT teaching aid; **Lehrplan** M syllabus; **Lehrprobe** F demonstration lesson, crit (*umg*); **lehrreich** ADJ instructive; **Lehrsatz** M proposition; ★**Lehrstelle** F apprenticeship; **Lehrstuhl** M chair; **Lehrzeit** F apprenticeship
Leib [laɪp] **(-(e)s, -er)** M body; **halt ihn mir vom ~!** keep him away from me!; **etw am eigenen ~(e) spüren** to experience sth for o.s.
leiben ['laɪbən] VI: **wie er leibt und lebt** to a T (*umg*)
Leibes- ZW: **Leibeserziehung** F physical education; **Leibeskräfte** PL: **aus Leibeskräften schreien** *etc* to shout *etc* with all one's might; **Leibesübung** F physical exercise; **Leibesvisitation** F body search
Leib- ZW: **Leibgericht** NT favourite (BRIT) *od* favorite (US) meal; **leibhaftig** ADJ personified; (*Teufel*) incarnate; **leiblich** ADJ bodily; (*Vater etc*) natural; **Leibrente** F life annuity; **Leibwache** F bodyguard

Leiche ['laɪçə] **(-, -n)** F corpse; **er geht über Leichen** (*umg*) he'd stick at nothing
Leichen- ZW: **Leichenbeschauer** **(-s, -)** M doctor conducting a post-mortem; **Leichenhalle** F mortuary; **Leichenhemd** NT shroud; **Leichenträger** M bearer; **Leichenwagen** M hearse
Leichnam ['laɪçna:m] **(-(e)s, -e)** M corpse
★**leicht** [laɪçt] ADJ light; (*einfach*) easy ▶ ADV: **~ zerbrechlich** very fragile; **es sich** *dat* **~ machen** to make things easy for o.s.; (*nicht gewissenhaft sein*) to take the easy way out; **~ verletzt** slightly injured; **nichts leichter als das!** nothing (could be) simpler!; *siehe auch* **leichtfallen**; **leichtnehmen**; ★**Leichtathletik** F athletics *sing*; **leicht|fallen** *unreg* VI: **jdm ~** to be easy for sb; **leichtfertig** ADJ thoughtless; **leichtgläubig** ADJ gullible, credulous; **Leichtgläubigkeit** F gullibility, credulity; **leichthin** ADV lightly
Leichtigkeit F easiness; **mit ~** with ease
leicht- ZW: **leichtlebig** ADJ easy-going; **Leichtmatrose** M ordinary seaman; **Leichtmetall** NT light alloy; **leicht|nehmen** *unreg* VT to take lightly; **Leichtsinn** M carelessness; **sträflicher ~** criminal negligence; **leichtsinnig** ADJ careless
★**leid** ADJ: **etw ~ haben** *od* **sein** to be tired of sth; *siehe auch* **leidtun**
Leid [laɪt] **(-(e)s)** NT grief, sorrow; **jdm sein ~ klagen** to tell sb one's troubles
★**leiden** ['laɪdən] *unreg* VT to suffer; (*erlauben*) to permit; **jdn/etw nicht ~ können** not to be able to stand sb/sth ▶ VI to suffer; ★**Leiden** **(-s, -)** NT suffering; (*Krankheit*) complaint
Leidenschaft F passion; **leidenschaftlich** ADJ passionate
Leidens- ZW: **Leidensgenosse** M, **Leidensgenossin** F fellow sufferer; **Leidensgeschichte** F: **die ~ (Christi)** (*Rel*) Christ's Passion
★**leider** ['laɪdər] ADV unfortunately; **ja, ~** yes, I'm afraid so; **~ nicht** I'm afraid not
leidig ['laɪdɪç] ADJ miserable, tiresome
leidlich [laɪtlɪç] ADJ tolerable ▶ ADV tolerably
Leidtragende(r) F(M) bereaved; (*Benachteiligter*) one who suffers
leid|tun *unreg* VI: **es tut mir/ihm leid** I am/he is sorry; **er/das tut mir leid** I am sorry for him/about it; **sie kann einem ~** you can't help feeling sorry for her
Leidwesen NT: **zu jds ~** to sb's dismay
Leier ['laɪər] **(-, -n)** F lyre; (*fig*) old story
Leierkasten M barrel organ
leiern VT (*Kurbel*) to turn; (*umg: Gedicht*) to rattle off ▶ VI (*drehen*): **~ an** *+dat* to crank
Leih- ZW: **Leiharbeit** F subcontracted labour; **Leiharbeiter(in)** M(F) subcontracted worker; **Leihbibliothek** F, **Leihbücherei** F lending library
★**leihen** ['laɪən] *unreg* VT to lend; **sich** *dat* **etw ~** to borrow sth
Leih- ZW: **Leihgabe** F loan; **Leihgebühr** F hire charge; **Leihhaus** NT pawnshop; **Leihmutter** F

surrogate mother; **Leihmutterschaft** F surrogacy, surrogate motherhood; **Leihschein** M pawn ticket; (*in der Bibliothek*) borrowing slip; **Leihunternehmen** NT hire service; (*Arbeitsmarkt*) temp service; **Leihwagen** M hired car (BRIT), rental car (US); **leihweise** ADV on loan

Leim [laɪm] (**-(e)s**, **-e**) M glue; **jdm auf den ~ gehen** to be taken in by sb; **leimen** VT to glue

Leine [ˈlaɪnə] (**-**, **-n**) F cord; (*für Wäsche*) line; (*Hundeleine*) leash, lead; **~ ziehen** (*umg*) to clear out

leinen ADJ linen

Leinen (**-s**, **-**) NT linen; (*grob, segeltuchartig*) canvas; (*als Bucheinband*) cloth

Lein- ZW: **Leinsamen** M linseed; **Leintuch** NT linen cloth; (*Bettuch*) sheet; **Leinwand** F (*Kunst*) canvas; (*Film*) screen

leise [ˈlaɪzə] ADJ quiet; (*sanft*) soft, gentle; **mit leiser Stimme** in a low voice; **nicht die leiseste Ahnung haben** not to have the slightest (idea)

Leisetreter (*pej, umg*) M pussyfoot(er)

Leiste [ˈlaɪstə] (**-**, **-n**) F ledge; (*Zierleiste*) strip; (*Anat*) groin

leisten [ˈlaɪstən] VT (*Arbeit*) to do; (*Gesellschaft*) to keep; (*Ersatz*) to supply; (*vollbringen*) to achieve; **sich** *dat* **etw ~** to allow o.s. sth; (*sich gönnen*) to treat o.s. to sth; **sich** *dat* **etw ~ können** to be able to afford sth

Leistenbruch M (*Med*) hernia, rupture

Leistung F performance; (*gute*) achievement; (*eines Motors*) power; (*von Krankenkasse etc*) benefit; (*Zahlung*) payment

Leistungs- ZW: **Leistungsabfall** M (*in Bezug auf Qualität*) drop in performance; (*in Bezug auf Quantität*) drop in productivity; **Leistungsbeurteilung** F performance appraisal; **Leistungsdruck** M pressure; **leistungsfähig** ADJ efficient; **Leistungsfähigkeit** F efficiency; **Leistungsgesellschaft** F meritocracy; **Leistungskurs** M (*Sch*) set; **Leistungskürzung** F reduction of benefit; **leistungsorientiert** ADJ performance-orientated; **Leistungsprinzip** NT achievement principle; **Leistungssport** M competitive sport; **leistungsstark** ADJ highly efficient *od* productive; **Leistungszulage** F productivity bonus

Leitartikel M leader

Leitbild NT model

leiten [ˈlaɪtən] VT to lead; (*Firma*) to manage; (*in eine Richtung*) to direct; (*Elek*) to conduct; **sich von jdm/etw ~ lassen** (*lit, fig*) to (let o.s.) be guided by sb/sth

leitend ADJ leading; (*Gedanke, Idee*) dominant; (*Stellung, Position*) managerial; (*Ingenieur, Beamter*) in charge; (*Phys*) conductive; **leitender Angestellter** executive

Leiter[1] [ˈlaɪtər] (**-s**, **-**) M leader, head; (*Elek*) conductor

Leiter[2] [ˈlaɪtər] (**-**, **-n**) F ladder

Leiterin F leader, head

Leiterplatte F (*Comput*) circuit board

Leit- ZW: **Leitfaden** M guide; **Leitfähigkeit** F conductivity; **Leitgedanke** M central idea; **Leitmotiv** NT leitmotiv; **Leitplanke** F crash barrier; **Leitspruch** M motto

Leitung F (*Führung*) direction; (*Film, Theat etc*) production; (*von Firma*) management; (*Wasserleitung*) pipe; (*Kabel*) cable; (*Tel*) line; **eine lange ~ haben** to be slow on the uptake; **da ist jemand in der ~** (*umg*) there's somebody else on the line

Leitungs- ZW: **Leitungsdraht** M wire; **Leitungsmast** M telegraph pole; **Leitungsrohr** NT pipe; **Leitungswasser** NT tap water

Leitwerk NT (*Aviat*) tail unit

Leitzins M (*Fin*) base rate

Lektion [lɛktsiˈoːn] F lesson; **jdm eine ~ erteilen** (*fig*) to teach sb a lesson

Lektor(in) [ˈlɛktɔr, lɛkˈtoːrɪn] M(F) (*Univ*) lector; (*Verlag*) editor

★**Lektüre** [lɛkˈtyːrə] (**-**, **-n**) F (*Lesen*) reading; (*Lesestoff*) reading matter

Lende [ˈlɛndə] (**-**, **-n**) F loin

Lendenbraten M roast sirloin

Lendenstück NT fillet

lenkbar [ˈlɛŋkbaːr] ADJ (*Fahrzeug*) steerable; (*Kind*) manageable

lenken VT to steer; (*Kind*) to guide; (*Gespräch*) to lead; **~ auf** *+akk* (*Blick, Aufmerksamkeit*) to direct at; (*Verdacht*) to throw on(to); (*auf sich*) to draw onto

Lenker M (*von Fahrrad, Motorrad*) handlebars *pl*

Lenkrad NT steering wheel

Lenkstange F handlebars *pl*

Lenkung F steering; (*Führung*) direction

Lenz [lɛnts] (**-es**, **-e**) M (*liter*) spring; **sich** *dat* **einen (faulen) ~ machen** (*umg*) to laze about, to swing the lead

Leopard [leoˈpart] (**-en**, **-en**) M leopard

Lepra [ˈleːpra] (**-**) F leprosy; **Leprakranke(r)** F(M) leper

Lerche [ˈlɛrçə] (**-**, **-n**) F lark

lernbegierig ADJ eager to learn

lernbehindert ADJ with learning difficulties

★**lernen** VT, VI to learn; **er lernt bei der Firma Braun** he's training at Braun's

Lernhilfe F educational aid

Lernplattform F VLE (= *virtual learning environment*)

lesbar [ˈleːsbaːr] ADJ legible

Lesbierin [ˈlɛsbiərɪn] F lesbian

lesbisch [ˈlɛsbɪʃ] ADJ lesbian

Lese [ˈleːzə] (**-**, **-n**) F (*Weinlese*) harvest

Lesebuch NT reading book, reader

★**lesen** *unreg* VT to read; (*ernten*) to gather, to pick ▸ VI to read; **~/schreiben** (*Comput*) to read/write

Leser(in) (**-s**, **-**) M(F) reader

Leseratte [ˈleːzəratə] (*umg*) F bookworm

Leser- ZW: **Leserbrief** M reader's letter; **„Leserbriefe"** "letters to the editor"; **Leserkreis** M readership; **leserlich** ADJ legible

Lese- zW: **Lesesaal** M reading room; **Lesestoff** M reading material; **Lesezeichen** NT bookmark; **Lesezirkel** M magazine club

Lesotho [leˈzo:to] (**-s**) NT Lesotho

Lesung [ˈle:zʊŋ] F (*Parl*) reading; (*Eccl*) lesson

lethargisch [leˈtargɪʃ] ADJ (*Med, fig*) lethargic

Lette [ˈlɛtə] (**-n, -n**) M, **Lettin** F Latvian

lettisch ADJ Latvian

Lettland [ˈlɛtlant] (**-s**) NT Latvia

Letzt F: **zu guter ~** finally, in the end

★**letzte(r, s)** [ˈlɛtstə(r, s)] ADJ last; (*neueste*) latest; **der L~ Wille** the last will and testament; **bis zum Letzten** to the utmost; **zum letzten Mal** for the last time; **in letzter Zeit** recently

★**Letzte(s)** NT: **das ist ja das ~!** (*umg*) that really is the limit!

★**letztens** ADV lately

letztere(r, s) ADJ the latter

letztlich ADV in the end

Leuchte [ˈlɔʏçtə] (**-, -n**) F lamp, light; (*umg: Mensch*) genius

leuchten VI to shine, to gleam

Leuchter (**-s, -**) M candlestick

Leucht- zW: **Leuchtfarbe** F fluorescent colour (BRIT) *od* color (*US*); **Leuchtfeuer** NT beacon; **Leuchtkäfer** M glow-worm; **Leuchtkugel** F flare; **Leuchtpistole** F flare pistol; **Leuchtrakete** F flare; **Leuchtreklame** F neon sign; **Leuchtröhre** F strip light; **Leuchtturm** M lighthouse; **Leuchtzifferblatt** NT luminous dial

leugnen [ˈlɔʏgnən] VT, VI to deny

Leugnung F denial

Leukämie [lɔʏkɛˈmi:] F leukaemia (BRIT), leukemia (*US*)

Leukoplast® [lɔʏkoˈplast] (**-(e)s, -e**) NT Elastoplast®

Leumund [ˈlɔʏmʊnt] (**-(e)s, -e**) M reputation

Leumundszeugnis NT character reference

★**Leute** [ˈlɔʏtə] PL people *pl*; **kleine ~** (*fig*) ordinary people; **etw unter die ~ bringen** (*umg: Gerücht etc*) to spread sth around

Leutnant [ˈlɔʏtnant] (**-s, -s** *od* **-e**) M lieutenant

leutselig [ˈlɔʏtze:lɪç] ADJ affable; **Leutseligkeit** F affability

Leviten [leˈvi:tən] PL: **jdm die ~ lesen** (*umg*) to haul sb over the coals

lexikalisch [lɛksiˈka:lɪʃ] ADJ lexical

Lexikografie [lɛksikograˈfi:] F lexicography

Lexikon [ˈlɛksikɔn] (**-s, Lexiken** *od* **Lexika**) NT encyclopaedia (BRIT), encyclopedia (*US*); (*Wörterbuch*) dictionary

lfd. ABK = **laufend**

Libanese [libaˈne:zə] (**-n, -n**) M, **Libanesin** F Lebanese

libanesisch ADJ Lebanese

Libanon [ˈli:banɔn] (**-s**) M: **der ~** the Lebanon

Libelle [liˈbɛlə] (**-, -n**) F dragonfly; (*Tech*) spirit level

liberal [libeˈra:l] ADJ liberal

Liberale(r) F(M) (*Pol*) Liberal

Liberalisierung [liberaliˈzi:rʊŋ] F liberalization

Liberalismus [liberaˈlɪsmʊs] M liberalism

Liberia [liˈbe:ria] (**-s**) NT Liberia

Liberianer(in) [liberiˈa:nər(ɪn)] (**-s, -**) M(F) Liberian

liberianisch ADJ Liberian

Libero [ˈli:bero] (**-s, -s**) M (*Fussball*) sweeper

Libyen [ˈli:byən] (**-s**) NT Libya

Libyer(in) (**-s, -**) M(F) Libyan

libysch ADJ Libyan

★**licht** ADJ light, bright

★**Licht** [lɪçt] (**-(e)s, -er**) NT light; **~ machen** (*anschalten*) to turn on a light; (*anzünden*) to light a candle *etc*; **mir geht ein ~ auf** it's dawned on me; **jdn hinters ~ führen** (*fig*) to lead sb up the garden path

Licht- zW: **Lichtbild** NT photograph; (*Dia*) slide; **Lichtblick** M cheering prospect; **lichtempfindlich** ADJ sensitive to light

lichten [ˈlɪçtən] VT to clear; (*Anker*) to weigh ▸ VR (*Nebel*) to clear; (*Haar*) to thin

lichterloh [ˈlɪçtərˈlo:] ADV: **~ brennen** to blaze

Licht- zW: **Lichtgeschwindigkeit** F speed of light; **Lichtgriffel** M (*Comput*) light pen; **Lichthupe** F: **die ~ betätigen** to flash one's lights; **Lichtjahr** NT light year; **Lichtmaschine** F dynamo; **Lichtmess** (-) F Candlemas; **Lichtpause** F photocopy; (*bei Blaupausverfahren*) blueprint; **Lichtschalter** M light switch; **lichtscheu** ADJ averse to light; (*fig: Gesindel*) shady; **Lichtschutzfaktor** M sun protection factor, SPF

Lichtung F clearing, glade

Lichtverschmutzung F light pollution

Lid [li:t] (**-(e)s, -er**) NT eyelid; **Lidschatten** M eyeshadow

★**lieb** [li:p] ADJ dear; **(viele) liebe Grüße, Deine Silvia** love, Silvia; **Liebe Anna, lieber Klaus! ...** Dear Anna and Klaus, ...; **am liebsten lese ich Kriminalromane** best of all I like detective novels; **den lieben langen Tag** (*umg*) all the livelong day; **sich bei jdm ~ Kind machen** (*pej*) to suck up to sb (*umg*); **~ gewinnen** to get fond of; **~ haben** to love; (*weniger stark*) to be (very) fond of

liebäugeln [ˈli:p|ɔʏgəln] VI UNTR: **mit dem Gedanken ~, etw zu tun** to toy with the idea of doing sth

★**Liebe** [ˈli:bə] (**-, -n**) F love; **liebebedürftig** ADJ: **~ sein** to need love

Liebelei F flirtation

★**lieben** [ˈli:bən] VT to love; (*weniger stark*) to like; **etw liebend gern tun** to love to do sth

liebens- zW: **liebenswert** ADJ loveable; **liebenswürdig** ADJ kind; **liebenswürdigerweise** ADV kindly; **Liebenswürdigkeit** F kindness

★**lieber** [ˈli:bər] ADV rather, preferably; **ich gehe ~ nicht** I'd rather not go; **ich trinke ~ Wein als Bier** I prefer wine to beer; **bleib ~ im Bett** you'd better stay in bed

Liebes- ZW: **Liebesbrief** M love letter; **Liebesdienst** M good turn; **Liebeskummer** M: **~ haben** to be lovesick; **Liebespaar** NT courting couple, lovers *pl*; ★ **Liebesroman** M romantic novel; **Liebesschloss** NT love lock

liebevoll ADJ loving

lieb- ZW: **Liebhaber(in)** (**-s, -**) M(F) lover; (*Sammler*) collector; **Liebhaberei** F hobby; **liebkosen** VT UNTR to caress; **lieblich** ADJ lovely, charming; (*Duft, Wein*) sweet

Liebling M darling

Lieblings- IN ZW favourite (BRIT), favorite (US)

lieblos ADJ unloving

Liebschaft F love affair

liebste(r, s) ADJ favourite

Liechtenstein [ˈlɪçtənʃtaɪn] (**-s**) NT Liechtenstein

Lied [liːt] (**-(e)s, -er**) NT song; (*Eccl*) hymn; **davon kann ich ein ~ singen** (*fig*) I could tell you a thing or two about that (*umg*)

Liederbuch NT songbook; (*Rel*) hymn book

liederlich [ˈliːdərlɪç] ADJ slovenly; (*Lebenswandel*) loose, immoral; **Liederlichkeit** F slovenliness; (*von Lebenswandel*) immorality

lief *etc* [liːf] VB *siehe* **laufen**

Lieferant [liːfəˈrant] M supplier

Lieferanteneingang M tradesmen's entrance; (*von Warenhaus etc*) goods entrance

lieferbar ADJ (*vorrätig*) available

Lieferbedingungen PL terms of delivery

Lieferfrist F delivery period

liefern [ˈliːfərn] VT to deliver; (*versorgen mit*) to supply; (*Beweis*) to produce

Lieferschein M delivery note

Liefertermin M delivery date

Lieferung F delivery; (*Versorgung*) supply

Lieferwagen M (delivery) van, panel truck (*US*)

Lieferzeit F delivery period; **~ 6 Monate** delivery six months

Liege [ˈliːɡə] (**-, -n**) F bed; (*Campingliege*) camp bed (BRIT), cot (*US*); **Liegegeld** NT (*Hafen, Flughafen*) demurrage

liegen [ˈliːɡən] *unreg* VI to lie; (*sich befinden*) to be (situated); **mir liegt nichts/viel daran** it doesn't matter to me/it matters a lot to me; **es liegt bei Ihnen, ob …** it rests with you whether …; **Sprachen ~ mir nicht** languages are not my line; **woran liegt es?** what's the cause?; **so, wie die Dinge jetzt ~** as things stand at the moment; **an mir soll es nicht ~, wenn die Sache schiefgeht** it won't be my fault if things go wrong; **~ bleiben** (*Person*) to stay in bed; (*nicht aufstehen*) to stay lying down; (*Ding*) to be left (behind); (*nicht ausgeführt werden*) to be left (undone); **~ lassen** (*vergessen*) to leave behind; **Liegenschaft** F real estate

Liege- ZW: **Liegeplatz** M (*auf Schiff, in Zug etc*) berth; (*Ankerplatz*) moorings *pl*; **Liegesitz** M (*Aut*) reclining seat; **Liegestuhl** M deck chair; **Liegestütz** M (*Sport*) press-up (BRIT), push-up (*US*); **Liegewagen** M (*Eisenb*) couchette car; **Liegewiese** F lawn (*for sunbathing*)

lieh *etc* [liː] VB *siehe* **leihen**

ließ *etc* [liːs] VB *siehe* **lassen**

liest [liːst] VB *siehe* **lesen**

★ **Lift** [lɪft] (**-(e)s, -e** *od* **-s**) M lift

★ **Liga** [ˈliːɡa] (**-, Ligen**) F (*Sport*) league

light [laɪt] ADJ (*Cola*) diet; (*fettarm*) low-fat; (*kalorienarm*) low-calorie; (*Zigaretten*) mild

liieren [liˈiːrən] VT: **liiert sein** (*Firmen etc*) to be working together; (*ein Verhältnis haben*) to have a relationship

Likör [liˈkøːr] (**-s, -e**) M liqueur

★ **lila** [ˈliːla] ADJ *unver* purple; ★ **Lila** (**-s, -s**) NT (*Farbe*) purple

Lilie [ˈliːliə] F lily

Liliputaner(in) [lilipuˈtaːnər(ɪn)] (**-s, -**) M(F) (*pej: Mensch*) midget (*pej*)

Limit [ˈlɪmɪt] (**-s, -s** *od* **-e**) NT limit; (*Fin*) ceiling

★ **Limonade** [limoˈnaːdə] (**-, -n**) F lemonade

Limousine [limuˈziːnə] (**-, -n**) F saloon (car) (BRIT), sedan (*US*); (*umg*) limo

lind [lɪnt] ADJ gentle, mild

Linde [ˈlɪndə] (**-, -n**) F lime tree, linden

lindern [ˈlɪndərn] VT to alleviate, to soothe

Linderung F alleviation

lindgrün ADJ lime green

★ **Lineal** [lineˈaːl] (**-s, -e**) NT ruler

linear [lineˈaːr] ADJ linear

Linguist(in) [lɪŋɡuˈɪst(ɪn)] M(F) linguist

Linguistik F linguistics *sing*

★ **Linie** [ˈliːniə] F line; **in erster ~** first and foremost; **auf die ~ achten** to watch one's figure; **fahren Sie mit der ~ 2** take the number 2 (bus *etc*)

Linien- ZW: **Linienblatt** NT ruled sheet; **Linienbus** M service bus; **Linienflug** M scheduled flight; **Linienrichter(in)** M(F) (*Sport*) linesman, lineswoman; **linientreu** ADJ loyal to the (party) line

linieren [liˈniːrən], **liniieren** [liniˈiːrən] VT to line

Link [lɪŋk] (**-s, -s**) M (*Comput*) link

linke(r, s) ADJ left; **~ Masche** purl

Linke [ˈlɪŋkə] (**-, -n**) F left side; (*linke Hand*) left hand; (*Pol*) left

Linke(r) F(M) (*Pol*) left-winger, leftie (*pej*)

linkisch ADJ awkward, gauche

★ **links** ADV (on the) left, to the left; **~ von mir** on *od* to my left; **~ von der Mitte** left of centre; **jdn ~ liegen lassen** (*fig: umg*) to ignore sb; **das mache ich mit ~** (*umg*) I can do that with my eyes shut; **Linksabbieger** M motorist/vehicle turning left; **Linksaußen** (**-s, -**) M (*Sport*) outside left; **Linkshänder(in)** (**-s, -**) M(F) left-handed person; **Linkskurve** F left-hand bend; **linkslastig** ADJ: **~ sein** to list *od* lean to the left; **linksradikal** ADJ (*Pol*) radically left-wing; **Linksrutsch** M (*Pol*) swing to the left; **Linkssteuerung** F (*Aut*) left-hand drive; **Linksverkehr** M driving on the left

Linse [ˈlɪnzə] (**-, -n**) F lentil; (*optisch*) lens

linsen *(umg)* VI to peek
★**Lippe** ['lɪpə] (-, **-n**) F lip
Lippenbekenntnis NT lip service
★**Lippenstift** M lipstick
liquid [lik'vi:t], **liquide** [lik'vi:də] ADJ *(Firma)* solvent
Liquidation [likvidatsi'o:n] F liquidation
Liquidationswert M break-up value
Liquidator [likvi'da:tɔr] M liquidator
liquidieren [likvi'di:rən] VT to liquidate
Liquidität [likvidi'tɛ:t] F liquidity
lispeln ['lɪspəln] VI to lisp
Lissabon ['lɪsabɔn] NT Lisbon
List [lɪst] (-, **-en**) F cunning; *(Plan)* trick, ruse; **mit ~ und Tücke** *(umg)* with a lot of coaxing
★**Liste** ['lɪstə] (-, **-n**) F list
Listenplatz M *(Pol)* place on the party list
Listenpreis M list price
listig ADJ cunning, sly
Litanei [lita'naɪ] F litany
Litauen ['li:taʊən] (**-s**) NT Lithuania
Litauer(in) (**-s**, -) M(F) Lithuanian
litauisch ADJ Lithuanian
★**Liter** ['li:tər] (**-s**, -) M OD NT litre (BRIT), liter (US)
literarisch [lɪte'ra:rɪʃ] ADJ literary
★**Literatur** [lɪtera'tu:r] F literature; **Literaturpreis** M award *od* prize for literature; **Literaturwissenschaft** F literary studies *pl*
literweise ['li:tərvaɪzə] ADV *(lit)* by the litre (BRIT) *od* liter (US); *(fig)* by the gallon
Litfaßsäule ['lɪtfaszɔʏlə] F advertising (BRIT) *od* advertizing (US) pillar
Lithografie [litogra'fi:] F lithography
Litschi ['lɪtʃɪ] (-, **-s**) F lychee, litchi
litt *etc* [lɪt] VB *siehe* **leiden**
Liturgie [litur'gi:] F liturgy
liturgisch [li'tʊrgɪʃ] ADJ liturgical
Litze ['lɪtsə] (-, **-n**) F braid; *(Elek)* flex
live [laɪf] ADJ, ADV *(Rundf, TV)* live
Livree [li'vre:] (-, **-n**) F livery
Lizenz [li'tsɛnts] F licence (BRIT), license (US); **Lizenzausgabe** F licensed edition; **Lizenzgebühr** F licence fee; *(im Verlagswesen)* royalty
★**Lkw, LKW** (**-(s)**, **-(s)**) M ABK = **Lastkraftwagen**
Lkw-Maut, LKW-Maut F toll for trucks
l. M. ABK (= *laufenden Monats*) inst.
Lob [lo:p] (**-(e)s**) NT praise
Lobby ['lɔbi] (-, **-s**) F lobby
★**loben** ['lo:bən] VT to praise; **das lob ich mir** that's what I like (to see/hear *etc*)
lobenswert ADJ praiseworthy
löblich ['lø:plɪç] ADJ praiseworthy, laudable
Loblied NT: **ein ~ auf jdn/etw singen** to sing sb's/sth's praises
Lobrede F eulogy
★**Loch** [lɔx] (**-(e)s**, **Löcher**) NT hole; **lochen** VT to punch holes in; **Locher** (**-s**, **-**) M punch
löcherig ['lœçərɪç] ADJ full of holes
löchern *(umg)* VT: **jdn ~** to pester sb with questions
Loch- ZW: **Lochkarte** F punch card; **Lochstreifen** M punch tape; **Lochzange** F punch
Locke ['lɔkə] (-, **-n**) F lock, curl
locken VT to entice; *(Haare)* to curl
lockend ADJ tempting
Lockenwickler (**-s**, -) M curler
locker ['lɔkər] ADJ loose; *(Kuchen, Schaum)* light; *(Haltung)* relaxed; *(Person)* easy-going; **locker|lassen** *unreg* VI: **nicht ~** not to let up
lockern VT to loosen ▶ VR *(Atmosphäre)* to get more relaxed
Lockerungsübung F loosening-up exercise; *(zum Warmwerden)* limbering-up exercise
★**lockig** ['lɔkɪç] ADJ curly
Lockmittel NT lure
Lockruf M call
Lockung F enticement
Lockvogel M decoy, bait; **Lockvogelangebot** NT *(Comm)* loss leader
Lodenmantel ['lo:dənmantəl] M thick woollen coat
lodern ['lo:dərn] VI to blaze
★**Löffel** ['lœfəl] (**-s**, -) M spoon
löffeln VT to spoon
löffelweise ADV by the spoonful
log *etc* [lo:k] VB *siehe* **lügen**
Logarithmentafel [loga'rɪtməntaːfəl] F log(arithm) tables *pl*
Logarithmus [loga'rɪtmʊs] M logarithm
Loge ['lo:ʒə] (-, **-n**) F *(Theat)* box; *(Freimaurerloge)* (masonic) lodge; *(Pförtnerloge)* office
logieren [lo'ʒi:rən] VI to lodge, to stay
Logik ['lo:gɪk] F logic
Logis [lo'ʒi:] (-, -) NT: **Kost und ~** board and lodging
logisch ['lo:gɪʃ] ADJ logical; *(umg: selbstverständlich)*: **gehst du auch hin? — ~** are you going too? — of course
logo ['logo] *(umg)* INTERJ obvious!
Logopäde [logo'pɛ:də] (**-n**, **-n**) M speech therapist
Logopädin [logo'pɛ:dɪn] F speech therapist
★**Lohn** [lo:n] (**-(e)s**, **Löhne**) M reward; *(Arbeitslohn)* pay, wages *pl*; **Lohnabrechnung** F wages slip; **Lohnausfall** M loss of earnings; **Lohnbüro** NT wages office; **Lohndiktat** NT wage dictate; **Lohndumping** NT wage dumping; **Lohnempfänger(in)** M(F) wage earner
★**lohnen** ['lo:nən] VT *(liter)*: **jdm etw ~** to reward sb for sth ▶ VR UNPERS to be worth it
lohnend ADJ worthwhile
Lohn- ZW: **Lohnerhöhung** F wage increase, pay rise; **Lohnforderung** F wage claim; **Lohnfortzahlung** F continued payment of wages; **Lohnfortzahlungsgesetz** NT *law on continued payment of wages*; **Lohngefälle** NT wage differential; **Lohnkosten** PL labour (BRIT) *od* labor (US) costs; **Lohnpolitik** F wages policy; **Lohnrunde** F pay

round; **Lohnsteuer** F income tax; **Lohnsteuerjahresausgleich** M income tax return; **Lohnsteuerkarte** F (income) tax card; **Lohnstopp** M pay freeze; **Lohnstreifen** M pay slip; **Lohntüte** F pay packet

Lok [lɔk] (-, **-s**) F ABK (= *Lokomotive*) loco (*umg*)

lokal [lo'ka:l] ADJ local

Lokal (**-(e)s, -e**) NT pub(lic house) (BRIT), bar

Lokalblatt (*umg*) NT local paper

lokalisieren [loka:li'zi:rən] VT to localize

Lokalisierung F localization

Lokalität [lokali'tɛ:t] F locality; (*Raum*) premises *pl*

Lokal- zW: **Lokalpresse** F local press; **Lokalteil** M (*Zeitung*) local section; **Lokaltermin** M (*Jur*) visit to the scene of the crime

Lokomotive [lokomo'ti:və] (**-, -n**) F locomotive

Lokomotivführer M engine driver (BRIT), engineer (*US*)

lol ABK (*Internet, Tel*) lol, laugh out loud

Lombardei [lɔmbar'daɪ] F Lombardy

London ['lɔndɔn] (**-s**) NT London

Londoner ADJ *attrib* London

Londoner(in) (**-s, -**) M(F) Londoner

Lorbeer ['lɔrbe:r] (**-s, -en**) M (*lit, fig*) laurel; **Lorbeerblatt** NT (*Koch*) bay leaf

Lore ['lo:rə] (**-, -n**) F (*Min*) truck

los ADJ loose ▶ ADV: **~!** go on!; **etw ~ sein** to be rid of sth; **was ist ~?** what's the matter?; **dort ist nichts/viel ~** there's nothing/a lot going on there; **ich bin mein ganzes Geld ~** (*umg*) I'm cleaned out; **irgendwas ist mit ihm ~** there's something wrong with him; **wir wollen früh ~** we want to be off early; **nichts wie ~!** let's get going

Los [lo:s] (**-es, -e**) NT (*Schicksal*) lot, fate; (*in Lotterie*) lottery ticket; **das große ~ ziehen** (*lit, fig*) to hit the jackpot; **etw durch das ~ entscheiden** to decide sth by drawing lots

los|binden *unreg* VT to untie

los|brechen *unreg* VI (*Sturm, Gewitter*) to break

Löschblatt ['lœʃblat] NT sheet of blotting paper

löschen ['lœʃən] VT (*Feuer, Licht*) to put out, to extinguish; (*Durst*) to quench; (*Comm*) to cancel; (*Tonband*) to erase; (*Fracht*) to unload; (*Comput*) to delete; (*Tinte*) to blot ▶ VI (*Feuerwehr*) to put out a fire; (*Papier*) to blot

Lösch- zW: **Löschfahrzeug** NT fire engine; **Löschgerät** NT fire extinguisher; **Löschpapier** NT blotting paper; **Löschtaste** F (*Comput*) delete key

Löschung F extinguishing; (*Comm*) cancellation; (*Fracht*) unloading

lose ['lo:zə] ADJ loose

Lösegeld NT ransom

losen ['lo:zən] VI to draw lots

lösen ['lø:zən] VT to loosen; (*Handbremse*) to release; (*Husten, Krampf*) to ease; (*Rätsel etc*) to solve; (*Verlobung*) to call off; (*Chem*) to dissolve; (*Partnerschaft*) to break up; (*Fahrkarte*) to buy ▶ VR (*aufgehen*) to come loose; (*Schuss*) to go off; (*Zucker etc*) to dissolve; (*Problem, Schwierigkeit*) to (re)solve itself

los- zW: **los|fahren** *unreg* VI to leave; **los|gehen** *unreg* VI to set out; (*anfangen*) to start; (*Bombe*) to go off; **jetzt gehts los!** here we go!; **nach hinten ~** (*umg*) to backfire; **auf jdn ~** to go for sb; **los|kaufen** VT (*Gefangene, Geiseln*) to pay ransom for; **los|kommen** *unreg* VI (*sich befreien*) to free o.s.; **von etw ~** to get away from sth; **los|lassen** *unreg* VT (*Seil etc*) to let go of; **der Gedanke lässt mich nicht mehr los** the thought haunts me; **los|laufen** *unreg* VI to run off; **los|legen** (*umg*) VI: **nun leg mal los und erzähl(e) ...** now come on and tell me/us ...

löslich ['lø:slɪç] ADJ soluble; **Löslichkeit** F solubility

los|lösen VT to free ▶ VR: **sich (von etw) ~** to detach o.s. (from sth)

los|machen VT to loosen; (*Boot*) to unmoor ▶ VR to get free

Losnummer F ticket number

los- zW: **los|sagen** VR: **sich von jdm/etw ~** to renounce sb/sth; **los|schießen** *unreg* VI: **schieß los!** (*fig: umg*) fire away!; **los|schrauben** VT to unscrew; **los|sprechen** *unreg* VT to absolve; **los|stürzen** VI: **auf jdn/etw ~** to pounce on sb/sth

Losung ['lo:zʊŋ] F watchword, slogan

Lösung ['lø:zʊŋ] F (*Lockermachen*) loosening; (*eines Rätsels, Chem*) solution

Lösungsmittel NT solvent

los|werden *unreg* VT to get rid of

los|ziehen *unreg* VI (*sich aufmachen*) to set out; **gegen jdn ~** (*fig*) to run sb down

Lot [lo:t] (**-(e)s, -e**) NT plumb line; (*Math*) perpendicular; **im ~** vertical; (*fig*) on an even keel; **die Sache ist wieder im ~** things have been straightened out; **loten** VT to plumb, to sound

löten ['lø:tən] VT to solder

Lothringen ['lo:trɪŋən] (**-s**) NT Lorraine

Lötkolben M soldering iron

Lotse ['lo:tsə] (**-n, -n**) M pilot; (*Aviat*) air traffic controller

lotsen VT to pilot; (*umg*) to lure

Lotterie [lɔtə'ri:] F lottery

Lotterleben ['lɔtərle:bən] (*umg*) NT dissolute life

Lotto ['lɔto] (**-s, -s**) NT ≈ National Lottery

Lottozahlen PL winning Lotto numbers *pl*

★**Löwe** ['lø:və] (**-n, -n**) M lion; (*Astrol*) Leo

Löwen- zW: **Löwenanteil** M lion's share; **Löwenmaul** NT, **Löwenmäulchen** NT antirrhinum, snapdragon; **Löwenzahn** M dandelion

Löwin ['lø:vɪn] F lioness

loyal [loa'ja:l] ADJ loyal

Loyalität [loajali'tɛ:t] F loyalty

LP (**-, -s**) F ABK (= *Langspielplatte*) LP

LSD (**-(s)**) NT ABK (= *Lysergsäurediäthylamid*) LSD

lt. ABK = **laut**

Luchs [lʊks] (**-es, -e**) M lynx

Lücke [ˈlʏkə] (-, **-n**) F gap; (*Gesetzeslücke*) loophole; (*in Versorgung*) break

Lücken- zW: **Lückenbüßer** (**-s, -**) M stopgap; **lückenhaft** ADJ full of gaps; (*Versorgung*) deficient; **lückenlos** ADJ complete

lud *etc* [lu:t] VB *siehe* **laden**

Luder [ˈlu:dər] (**-s, -**) (*pej*) NT (*Frau*) hussy (*old, umg*); (*bedauernswert*) poor wretch

★**Luft** [lʊft] (-, **Lüfte**) F air; (*Atem*) breath; **die ~ anhalten** (*lit*) to hold one's breath; **seinem Herzen ~ machen** to get everything off one's chest; **in der ~ liegen** to be in the air; **dicke ~** (*umg*) a bad atmosphere; **(frische) ~ schnappen** (*umg*) to get some fresh air; **in die ~ fliegen** (*umg*) to explode; **diese Behauptung ist aus der ~ gegriffen** this statement is (a) pure invention; **die ~ ist rein** (*umg*) the coast is clear; **jdn an die (frische) ~ setzen** (*umg*) to show sb the door; **er ist ~ für mich** I'm not speaking to him; **jdn wie ~ behandeln** to ignore sb; **Luftangriff** M air raid; **Luftaufnahme** F aerial photo; **Luftballon** M balloon; **Luftblase** F air bubble; **Luftbrücke** F airlift; **luftdicht** ADJ airtight; ★**Luftdruck** M atmospheric pressure; **luftdurchlässig** ADJ pervious to air

lüften [ˈlʏftən] VT to air; (*Hut*) to lift, to raise; (*Geheimnis*) to reveal ▶ VI to let some air in

Luft- zW: **Luftfahrt** F aviation; **Luftfeuchtigkeit** F humidity; **Luftfracht** F air cargo; **luftgekühlt** ADJ air-cooled; **Luftgewehr** NT air rifle

luftig ADJ (*Ort*) breezy; (*Raum*) airy; (*Kleider*) summery

Luft- zW: ★**Luftkissenboot** NT, **Luftkissenfahrzeug** NT hovercraft; **Luftkrieg** M war in the air, aerial warfare; **Luftkurort** M health resort; **luftleer** ADJ: **luftleerer Raum** vacuum; **Luftlinie** F: **in der ~** as the crow flies; **Luftloch** NT air hole; (*Aviat*) air pocket; **Luftmatratze** F Lilo® (BRIT), air mattress; **Luftpirat** M hijacker; ★**Luftpost** F airmail; **Luftpumpe** F (*für Fahrrad*) (bicycle) pump; **Luftraum** M air space; **Luftröhre** F (*Anat*) windpipe; **Luftschlange** F streamer; **Luftschloss** NT (*fig*) castle in the air; **Luftschutz** M anti-aircraft defence (BRIT) *od* defense (*US*); **Luftschutzbunker** M, **Luftschutzkeller** M air-raid shelter; **Luftsprung** M (*fig*): **einen ~ machen** to jump for joy

Lüftung [ˈlʏftʊŋ] F ventilation

Luft- zW: **Luftveränderung** F change of air; **Luftverkehr** M air traffic; **Luftverschmutzung** F air pollution; **Luftwaffe** F air force; **Luftweg** M: **etw auf dem ~ befördern** to transport sth by air; **Luftzufuhr** F air supply; **Luftzug** M draught (BRIT), draft (*US*)

★**Lüge** [ˈly:gə] (-, **-n**) F lie; **jdn/etw Lügen strafen** to give the lie to sb/sth

★**lügen** [ˈly:gən] *unreg* VI to lie; **wie gedruckt ~** (*umg*) to lie like mad

Lügendetektor [ˈly:gəndetɛktɔr] M lie detector

Lügner(in) (**-s, -**) M(F) liar

Luke [ˈlu:kə] (-, **-n**) F hatch; (*Dachluke*) skylight

lukrativ [lukraˈti:f] ADJ lucrative

Lümmel [ˈlʏməl] (**-s, -**) M lout

lümmeln VR to lounge (about)

Lump [lʊmp] (**-en, -en**) M scamp, rascal

lumpen [ˈlʊmpən] VT: **sich nicht ~ lassen** not to be mean

Lumpen (**-s, -**) M rag

Lumpensammler M rag and bone man

lumpig [ˈlʊmpɪç] ADJ shabby; **lumpige 10 Euro** (*umg*) 10 measly euros

Lüneburger Heide [ˈly:nəbʊrgər ˈhaidə] F Lüneburg Heath

Lunge [ˈlʊŋə] (-, **-n**) F lung

Lungen- zW: **Lungenentzündung** F pneumonia; **lungenkrank** ADJ suffering from a lung disease; **Lungenkrankheit** F lung disease

lungern [ˈlʊŋərn] VI to hang about

Lunte [ˈlʊntə] (-, **-n**) F fuse; **~ riechen** to smell a rat

Lupe [ˈlu:pə] (-, **-n**) F magnifying glass; **unter die ~ nehmen** (*fig*) to scrutinize

lupenrein ADJ (*lit: Edelstein*) flawless

Lupine [luˈpi:nə] F lupin

Lurch [lʊrç] (**-(e)s, -e**) M amphibian

★**Lust** [lʊst] (-, **Lüste**) F joy, delight; (*Neigung*) desire; (*sexuell*) lust (*pej*); **~ haben zu** *od* **auf etw** *akk***/etw zu tun** to feel like sth/doing sth; **hast du ~?** how about it?; **er hat die ~ daran verloren** he has lost all interest in it; **je nach ~ und Laune** just depending on how I *od* you *etc* feel; **lustbetont** ADJ pleasure-orientated

lüstern [ˈlʏstərn] ADJ lustful, lecherous

Lustgefühl NT pleasurable feeling

Lustgewinn M pleasure

★**lustig** [ˈlʊstɪç] ADJ (*komisch*) amusing, funny; (*fröhlich*) cheerful; **sich über jdn/etw ~ machen** to make fun of sb/sth

Lüstling M lecher

Lust- zW: **lustlos** ADJ unenthusiastic; **Lustmord** M sex(ual) murder; **Lustprinzip** NT (*Psych*) pleasure principle; **Lustspiel** NT comedy; **lustwandeln** VI to stroll about

luth. ABK = **lutherisch**

Lutheraner(in) [lʊtəˈra:nər(ɪn)] M(F) Lutheran

lutherisch [ˈlʊtərɪʃ] ADJ Lutheran

lutschen [ˈlʊtʃən] VT, VI to suck; **am Daumen ~** to suck one's thumb

Lutscher (**-s, -**) M lollipop

★**Luxemburg** [ˈlʊksəmbʊrk] (**-s**) NT Luxembourg

Luxemburger(in) [ˈlʊksəmburgər(ɪn)] (**-s, -**) M(F) citizen of Luxembourg, Luxembourger

luxemburgisch ADJ Luxembourgian

luxuriös [lʊksuriˈø:s] ADJ luxurious

★**Luxus** [ˈlʊksʊs] (-) M luxury; **Luxusartikel** PL luxury goods *pl*; **Luxusausführung** F de luxe model; **Luxusdampfer** M luxury cruise ship; **Luxushotel** NT luxury hotel; **Luxussteuer** F tax on luxuries

LW ABK (= *Langwelle*) LW

Lycra [ˈlyːkra] (**-(s)**, *no pl*) NT Lycra®
Lymphe [ˈlʏmfə] (**-**, **-n**) F lymph
Lymphknoten M lymph(atic) gland
lynchen [ˈlʏnçən] VT to lynch
Lynchjustiz F lynch law
Lyrik [ˈlyːrɪk] F lyric poetry; **Lyriker(in)** (**-s**, **-**) M(F) lyric poet
lyrisch [ˈlyːrɪʃ] ADJ lyrical

Mm

M, m¹ [ɛm] NT M, m; **M wie Martha** ≈ M for Mary, ≈ M for Mike (*US*)

m² ABK (= *Meter*) m; (= *männlich*) m.

M. ABK = **Monat**

MA. ABK = **Mittelalter**

Maat [maːt] (**-s, -e** *od* **-en**) M (*Naut*) (ship's) mate

Machart F make

machbar ADJ feasible

Machbarkeitsstudie F feasibility study

Mache [ˈmaxə] (-) (*umg*) F show, sham; **jdn in der ~ haben** to be having a go at sb

machen [ˈmaxən]

VT **1** to do; **was machst du da?** what are you doing there?; **das ist nicht zu machen** that can't be done; **was machen Sie (beruflich)?** what do you do for a living?; **mach, dass du hier verschwindest!** (you just) get out of here!; **mit mir kann mans ja machen!** (*umg*) the things I put up with!; **das lässt er nicht mit sich machen** he won't stand for that; **eine Prüfung machen** to take an exam

2 (*herstellen*) to make; **das Radio leiser machen** to turn the radio down; **aus Holz gemacht** made of wood; **das Essen machen** to prepare the meal; **Schluss machen** to finish (off)

3 (*verursachen: bewirken*) to make; **jdm Angst machen** to make sb afraid; **das macht die Kälte** it's the cold that does that

4 (*ausmachen*) to matter; **das macht nichts** that doesn't matter; **die Kälte macht mir nichts** I don't mind the cold

5 (*kosten, ergeben*) to be; **3 und 5 macht 8** 3 and 5 is *od* are 8; **was** *od* **wie viel macht das?** how much does that come to?

6: **was macht die Arbeit?** how's the work going?; **was macht dein Bruder?** how is your brother doing?; **das Auto machen lassen** to have the car done; **machs gut!** take care!; (*viel Glück*) good luck!

▸ VI: **mach schnell!** hurry up!; **mach schon!** come on!; **jetzt macht sie auf große Dame** (*umg*) she's playing the lady now; **lass mich mal machen** (*umg*) let me do it; (*ich bringe das in Ordnung*) I'll deal with it; **groß/klein machen** (*umg: Notdurft*) to do a big/little job; **sich** *dat* **in die Hose machen** to wet o.s.; **ins Bett machen** to wet one's bed; **das macht müde** it makes you tired; **in etw** *dat* **machen** to be *od* deal in sth

▸ VR to come along (nicely); **sich an etw** *akk* **machen** to set about sth; **sich verständlich machen** to make o.s. understood; **sich** *dat* **viel aus jdm/etw machen** to like sb/sth; **mach dir nichts daraus** don't let it bother you; **sich auf den Weg machen** to get going; **sich an etw** *akk* **machen** to set about sth

Machenschaften PL wheelings and dealings *pl*

Macher(in) (**-s, -**) (*umg*) M(F) man/woman of action

macho (*umg*) ADJ macho

Macho [ˈmatʃo] (**-s, -s**) (*umg*) M macho type

Macht [maxt] (**-, Mächte**) F power; **mit aller ~** with all one's might; **an der ~ sein** to be in power; **alles in unserer ~ Stehende** everything in our power; **Machtergreifung** F seizure of power; **Machthaber** (**-s, -**) M ruler

mächtig [ˈmɛçtɪç] ADJ powerful, mighty; (*umg: ungeheuer*) enormous

Macht- zW: **machtlos** ADJ powerless; **Machtprobe** F trial of strength; **Machtstellung** F position of power; **Machtwort** NT: **ein ~ sprechen** to lay down the law

Machwerk NT work; (*schlechte Arbeit*) botched job

Macke [ˈmakə] (**-, -n**) (*umg*) F (*Tick, Knall*) quirk; (*Fehler*) fault

Macker (**-s, -**) (*umg*) M fellow, guy

MAD (-) M ABK (= *Militärischer Abschirmdienst*) ≈ MI5 (BRIT), ≈ CIA (*US*)

Madagaskar [madaˈgaskar] (**-s**) NT Madagascar

★**Mädchen** [ˈmɛːtçən] NT girl; **ein ~ für alles** (*umg*) a dogsbody; (*im Büro etc*) a girl Friday; **mädchenhaft** ADJ girlish; ★**Mädchenname** M maiden name

Made [ˈmaːdə] (**-, -n**) F maggot

Madeira¹ [maˈdeːra] (**-s**) NT (*Geog*) Madeira

Madeira² (**-s, -s**) M (*Wein*) Madeira

Mädel [ˈmɛːdl] (**-s, -(s)**) NT (*Dialekt*) lass, girl

madig [ˈmaːdɪç] ADJ maggoty; **madig|machen** VT: **jdm etw ~** to spoil sth for sb

Madrid [maˈdrɪt] (**-s**) NT Madrid

mag [maːk] VB *siehe* **mögen**

Mag. ABK = **Magister**
Magazin [maga'tsi:n] (**-s**, **-e**) NT (*Zeitschrift, am Gewehr*) magazine; (*Lager*) storeroom; (*Bibliotheksmagazin*) stockroom
Magd [ma:kt] (**-, Mägde**) F maid(servant)
Magen ['ma:gən] (**-s**, **-** *od* **Mägen**) M stomach; **jdm auf den ~ schlagen** (*umg*) to upset sb's stomach; (*fig*) to upset sb; **sich** *dat* **den ~ verderben** to upset one's stomach
Magenband ['ma:gənbant] (**-(e)s, -bänder**) NT gastric band; **Magenbeschwerden** PL stomach trouble *sing*; **Magenbitter** M bitters *pl*; **Magengeschwür** NT stomach ulcer; ★ **Magenschmerzen** PL stomach-ache *sing*; ★ **Magenverstimmung** F stomach upset
mager ['ma:gər] ADJ lean; (*dünn*) thin; (*Käse, Joghurt*) low-fat; **Magerkeit** F leanness; (*Dünnheit*) thinness; **Magermilch** F skimmed milk; **Magerquark** M low-fat soft cheese; **Magersucht** F (*Med*) anorexia; **magersüchtig** ADJ anorexic
Magie [ma'gi:] F magic
Magier ['ma:giər] (**-s, -**) M magician
magisch ['ma:gɪʃ] ADJ magical
Magister [ma'gɪstər] (**-s, -**) M (*Univ*) M.A., Master of Arts
Magistrat [magɪs'tra:t] (**-(e)s, -e**) M municipal authorities *pl*
Magnat [ma'gna:t] (**-en, -en**) M magnate
Magnet [ma'gne:t] (**-s** *od* **-en, -en**) M magnet; **Magnetbahn** F magnetic railway; **Magnetband** NT (*Comput*) magnetic tape; **magnetisch** ADJ magnetic
magnetisieren [magneti'zi:rən] VT to magnetize
Magnetnadel F magnetic needle
Magnettafel F magnetic board
Mahagoni [maha'go:ni] (**-s**) NT mahogany
Mähdrescher (**-s, -**) M combine (harvester)
mähen ['mɛ:ən] VT, VI to mow
Mahl [ma:l] (**-(e)s, -e**) NT meal
mahlen ['ma:lən] *unreg* VT to grind
Mahlstein M grindstone
Mahlzeit F meal ▶ INTERJ enjoy your meal!
Mahnbrief M reminder
Mähne ['mɛ:nə] (**-, -n**) F mane
mahnen ['ma:nən] VT to remind; (*warnend*) to warn; (*wegen Schuld*) to demand payment from; **jdn zur Eile/Geduld** *etc* **~** (*auffordern*) to urge sb to hurry/be patient *etc*
Mahn- ZW: **Mahngebühr** F reminder fee; **Mahnmal** NT memorial; **Mahnschreiben** NT reminder
Mahnung F admonition, warning; (*Mahnbrief*) reminder
Mähre ['mɛ:rə] (**-, -n**) F mare
Mähren ['mɛ:rən] (**-s**) NT Moravia
Mai [maɪ] (**-(e)s, -e**) (*pl selten*) M May; *siehe auch* **September**; **Maibaum** M maypole; **Maibowle** F white wine punch (*flavoured with woodruff*); **Maiglöckchen** NT lily of the valley; **Maikäfer** M cockchafer
Mail [me:l] (**-, -s**) F (*Comput*) email
Mailand ['maɪlant] (**-s**) NT Milan
mailen ['me:lən] VI, VT to email
Main [maɪn] (**-(e)s**) M (*Fluss*) Main
Mais [maɪs] (**-es, -e**) M maize, corn (*US*); **Maiskolben** M corncob
Majestät [majɛs'tɛ:t] F majesty
majestätisch ADJ majestic
Majestätsbeleidigung F lese-majesty
Majonäse [majɔ'nɛ:zə] (**-, -n**) F mayonnaise
Major [ma'jo:r] (**-s, -e**) M (*Mil*) major; (*Aviat*) squadron leader
Majoran [majo'ra:n, 'majora:n] (**-s, -e**) M marjoram
makaber [ma'ka:bər] ADJ macabre
Makedonien [make'do:niən] (**-s**) NT Macedonia
makedonisch ADJ Macedonian
Makel ['ma:kəl] (**-s, -**) M blemish; (*moralisch*) stain; **ohne ~** flawless; **makellos** ADJ immaculate, spotless
mäkeln ['mɛ:kəln] VI to find fault
Make-up [me:k'|ap] (**-s, -s**) NT make-up; (*flüssig*) foundation
Makkaroni [maka'ro:ni] PL macaroni *sing*
Makler ['ma:klər(ɪn)] (**-s, -**) M broker; (*Grundstücksmakler*) estate agent (BRIT), realtor (*US*); **Maklergebühr** F broker's commission, brokerage; **Maklerin** F *siehe* **Makler**
Makrele [ma'kre:lə] (**-, -n**) F mackerel
Makro- ['makro] IN ZW macro-
Makrone [ma'kro:nə] (**-, -n**) F macaroon
Makroökonomie F macroeconomics *sing*
★ **mal** ADV times
★ **Mal** [ma:l] (**-(e)s, -e**) NT (*Markierung*) mark; (*Zeitpunkt*) time; **ein für alle ~** once and for all; **mit einem ~(e)** all of a sudden; **das erste ~** the first time; **jedes ~** every time, each time; **zum letzten ~** for the last time; **ein paar ~** a few times
-mal SUFF -times
Malaie [ma'laɪə] (**-n, -n**) M, **Malaiin** F Malay
malaiisch ADJ Malayan
Malawi [ma'la:vi] (**-s**) NT Malawi
Malaysia [ma'laɪzia] (**-s**) NT Malaysia
Malaysier(in) (**-s, -**) M(F) Malaysian
malaysisch ADJ Malaysian
Malediven [male'di:vən] PL: **die ~** the Maldive Islands
★ **malen** ['ma:lən] VT, VI to paint
Maler(in) (**-s, -**) M(F) painter
Malerei [ma:lə'raɪ] F painting
★ **malerisch** ADJ picturesque
Malkasten M paintbox
Mallorca [ma'jɔrka, ma'lɔrka] (**-s**) NT Majorca
Mallorquiner(in) [majɔr'ki:nər(ɪn), malɔr'ki:nər(ɪn)] (**-s, -**) M(F) Majorcan
mallorquinisch ADJ Majorcan

m

mal|nehmen *unreg* VT, VI to multiply
Malta [ˈmalta] (**-s**) NT Malta
Malteser(in) [malˈteːzər(ɪn)] (**-s, -**) M(F) Maltese
Malteser-Hilfsdienst M ≈ St. John's Ambulance Brigade (BRIT)
maltesisch ADJ Maltese
malträtieren [maltrɛˈtiːrən] VT to ill-treat, to maltreat
Malware [ˈmælwɛːər] F (*Comput*) malware
Malz [malts] (**-es**) NT malt; **Malzbonbon** M OD NT cough drop; **Malzkaffee** M *coffee substitute made from malt barley*
Mama [ˈmamaː] (-, **-s**) (*umg*) F mum(my) (BRIT), mom(my) (US)
Mami [ˈmami] (**-, -s**) F = **Mama**
Mammografie [mamɔgraˈfiː] F (*Med*) mammography
Mammut [ˈmamʊt] (**-s, -e** *od* **-s**) NT mammoth ▸ IN ZW mammoth, giant; **Mammutanlagen** PL (*Industrie*) mammoth plants
mampfen [ˈmampfən] (*umg*) VT, VI to munch, to chomp
★**man** [man] PRON one, you, people *pl*; **~ hat mir gesagt ...** I was told ...; **wie schreibt ~ das?** how do you spell that?
managen [ˈmɛnɪdʒən] VT to manage; **ich manage das schon!** (*umg*) I'll fix it somehow!
★**Manager(in)** (**-s, -**) M(F) manager
manch [manç] PRON: **~ ein(e) ...** many a ...; **~ eine(r)** many a person
manche(r, s) ADJ many a; (*pl*) a number of ▸ PRON some
mancherlei [mançərˈlaɪ] ADJ *unver* various ▸ PRON a variety of things
★**manchmal** ADV sometimes
Mandant(in) [manˈdant(ɪn)] M(F) (*Jur*) client
Mandarine [mandaˈriːnə] F mandarin, tangerine
Mandat [manˈdaːt] (**-(e)s, -e**) NT mandate; **sein ~ niederlegen** (*Parl*) to resign one's seat
Mandel [ˈmandəl] (**-, -n**) F almond; (*Anat*) tonsil; **Mandelentzündung** F tonsillitis
Mandschurei [mandʒuˈraɪ] (-) F: **die ~** Manchuria
Manege [maˈnɛːʒə] (**-, -n**) F ring, arena
Mangel[1] [ˈmaŋəl] (**-, -n**) F mangle; **durch die ~ drehen** (*fig: umg*) to put through it; (*Prüfling etc*) to put through the mill
Mangel[2] [ˈmaŋəl] (**-s, Mängel**) M lack; (*Knappheit*) shortage; (*Fehler*) defect, fault; **~ an** *+dat* shortage of
Mängelbericht [ˈmɛŋəlbərɪçt] M list of faults
Mangelerscheinung F deficiency symptom
★**mangelhaft** ADJ poor; (*fehlerhaft*) defective, faulty; (*Schulnote*) unsatisfactory
mangeln VI UNPERS: **es mangelt jdm an etw** *dat* sb lacks sth ▸ VT (*Wäsche*) to mangle
mangels PRÄP *+gen* for lack of
Mangelware F scarce commodity

Manie [maˈniː] F mania
Manier [maˈniːr] (-) F manner; (*Stil*) style; (*pej*) mannerism
Manieren PL manners *pl*; (*pej*) mannerisms *pl*
manieriert [maniˈriːrt] ADJ mannered, affected
manierlich ADJ well-mannered
Manifest [maniˈfɛst] (**-es, -e**) NT manifesto
Maniküre [maniˈkyːrə] (**-, -n**) F manicure
maniküren VT to manicure
Manipulation [manipulatsiˈoːn] F manipulation; (*Trick*) manoeuvre (BRIT), maneuver (US)
manipulieren [manipuˈliːrən] VT to manipulate
Manko [ˈmaŋko] (**-s, -s**) NT deficiency; (*Comm*) deficit
★**Mann** [man] (**-(e)s, Männer**) M man; (*Ehemann*) husband; (*Naut*) hand; **pro ~** per head; **mit ~ und Maus untergehen** to go down with all hands; (*Passagierschiff*) to go down with no survivors; **seinen ~ stehen** to hold one's own; **etw an den ~ bringen** (*umg*) to get rid of sth; **einen kleinen ~ im Ohr haben** (*hum: umg*) to be crazy
Männchen [ˈmɛnçən] NT little man; (*Tier*) male; **~ machen** (*Hund*) to (sit up and) beg
Mannequin [manəˈkɛ̃ː] (**-s, -s**) NT fashion model
Männersache [ˈmɛnərzaxə] F (*Angelegenheit*) man's business; (*Arbeit*) man's job
mannigfaltig [ˈmanɪçfaltɪç] ADJ various, varied; **Mannigfaltigkeit** F variety
★**männlich** [ˈmɛnlɪç] ADJ (*Biol*) male; (*fig, Gram*) masculine
Mannsbild NT (*veraltet: pej*) fellow
★**Mannschaft** F (*Sport, fig*) team; (*Naut, Aviat*) crew; (*Mil*) other ranks *pl*
Mannschaftsgeist M team spirit
Mannsleute (*umg*) PL menfolk *pl*
Mannweib (*pej*) NT mannish woman
Manometer [manoˈmeːtər] NT (*Tech*) pressure gauge; **~!** (*umg*) wow!
Manöver [maˈnøːvər] (**-s, -**) NT manoeuvre (BRIT), maneuver (US)
manövrieren [manøˈvriːrən] VT, VI to manoeuvre (BRIT), to maneuver (US)
Mansarde [manˈzardə] (**-, -n**) F attic
Manschette [manˈʃɛtə] F cuff; (*Papiermanschette*) paper frill; (*Tech*) sleeve
Manschettenknopf M cufflink
★**Mantel** [ˈmantəl] (**-s, Mäntel**) M coat; (*Tech*) casing, jacket; **Manteltarif** M general terms of employment; **Manteltarifvertrag** M general agreement on conditions of employment
Manuskript [manuˈskrɪpt] (**-(e)s, -e**) NT manuscript
★**Mappe** [ˈmapə] (**-, -n**) F briefcase; (*Aktenmappe*) folder

The German word **Mappe** does not mean *map* in English.

Marathonlauf [ˈmaːratɔnlaʊf] M marathon

Märchen [ˈmɛːrçən] NT fairy tale; **märchenhaft** ADJ fabulous; **Märchenprinz** M prince charming

Marder [ˈmardər] (**-s, -**) M marten

★**Margarine** [margaˈriːnə] F margarine

Marge [ˈmarʒə] (**-, -n**) F (*Comm*) margin

Maria [maˈriːa] (**-**) F Mary

Marienbild NT picture of the Virgin Mary

Marienkäfer M ladybird

Marihuana [marihuˈaːna] (**-s**) NT marijuana

Marinade [mariˈnaːdə] (**-, -n**) F (*Koch*) marinade; (*Soße*) mayonnaise-based sauce

Marine [maˈriːnə] F navy; **marineblau** ADJ navy-blue

marinieren [mariˈniːrən] VT to marinate

Marionette [marioˈnɛtə] F puppet

Mark[1] [mark] (**-, -**) F (*Hist: Geld*) mark

Mark[2] [mark] (**-(e)s**) NT (*Knochenmark*) marrow; **jdn bis ins ~ treffen** (*fig*) to cut sb to the quick; **jdm durch ~ und Bein gehen** to go right through sb

markant [marˈkant] ADJ striking

Marke [ˈmarkə] (**-, -n**) F mark; (*Warensorte*) brand; (*Fabrikat*) make; (*Rabattmarke, Briefmarke*) stamp; (*Essen(s)marke*) luncheon voucher; (*aus Metall etc*) token, disc

Marken- zW: **Markenartikel** M proprietary article; **markenbewusst** ADJ brand conscious; **Markenbutter** F best quality butter; **Markenkleidung** F designer clothes; **Markenzeichen** NT trademark

Marketing [ˈmarkətɪŋ] (**-s**) NT marketing

markieren [marˈkiːrən] VT to mark; (*umg*) to act ▸ VI (*umg*) to act it

Markierung F marking

markig [ˈmarkɪç] ADJ (*fig*) pithy

Markise [marˈkiːzə] (**-, -n**) F awning

Markstück NT (*Hist*) one-mark piece

★**Markt** [markt] (**-(e)s, Märkte**) M market; **auf den ~ bringen** to launch; **Marktanalyse** F market analysis; **Marktanteil** M market share; **marktfähig** ADJ marketable; **Marktforschung** F market research; **marktgängig** ADJ marketable; **marktgerecht** ADJ geared to market requirements; **Markthalle** F covered market; **Marktlücke** F gap in the market; **Marktmacht** F market power; ★**Marktplatz** M market place; **Marktpotenzial, Marktpotential** NT market potential; **Marktpreis** M market price; **Marktwert** M market value; **Marktwirtschaft** F market economy; **marktwirtschaftlich** ADJ free enterprise

Marmelade [marməˈlaːdə] (**-, -n**) F jam

Marmor [ˈmarmɔr] (**-s, -e**) M marble

marmorieren [marmoˈriːrən] VT to marble

Marmorkuchen M marble cake

marmorn ADJ marble

Marokkaner(in) [marɔˈkaːnər(ɪn)] (**-s, -**) M(F) Moroccan

marokkanisch ADJ Moroccan

Marokko [maˈrɔko] (**-s**) NT Morocco

Marone [maˈroːnə] (**-, -n**) F chestnut

Marotte [maˈrɔtə] (**-, -n**) F fad, quirk

Marsch[1] [marʃ] (**-, -en**) F marsh

Marsch[2] (**-(e)s, Märsche**) M march; **jdm den ~ blasen** (*umg*) to give sb a rocket; **marsch** *interj* march; **marsch ins Bett!** off to bed with you!

Marschbefehl M marching orders *pl*

marschbereit ADJ ready to move

marschieren [marˈʃiːrən] VI to march

Marschverpflegung F rations *pl*; (*Mil*) field rations *pl*

Marseille [marˈsɛːj] (**-s**) NT Marseilles

Marsmensch [ˈmarsmɛnʃ] M Martian

Marter [ˈmartər] (**-, -n**) F torment

martern VT to torture

Martinshorn [ˈmartiːnshɔrn] NT siren (*of police etc*)

Märtyrer(in) [ˈmɛrtyrər(ɪn)] (**-s, -**) M(F) martyr

Martyrium [marˈtyːriʊm] NT (*fig*) ordeal

Marxismus [marˈksɪsmʊs] M Marxism

★**März** [mɛrts] (**-(es), -e**) (*pl selten*) M March; *siehe auch* **September**

Marzipan [martsiˈpaːn] (**-s, -e**) NT marzipan

Masche [ˈmaʃə] (**-, -n**) F mesh; (*Strickmasche*) stitch; **das ist die neueste ~** that's the latest dodge; **durch die Maschen schlüpfen** to slip through the net

Maschendraht M wire mesh

maschenfest ADJ runproof

★**Maschine** [maˈʃiːnə] F machine; (*Motor*) engine; **~ schreiben** to type

maschinell [maʃiˈnɛl] ADJ machine(-), mechanical

Maschinen- zW: **Maschinenausfallzeit** F machine downtime; **Maschinenbau** M mechanical engineering; **Maschinenbauer** M mechanical engineer; **Maschinenführer(in)** M(F) machinist; **maschinengeschrieben** ADJ typewritten; **Maschinengewehr** NT machine gun; **maschinenlesbar** ADJ (*Comput*) machine-readable; **Maschinenpistole** F submachine gun; **Maschinenraum** M plant room; (*Naut*) engine room; **Maschinensaal** M machine shop; **Maschinenschaden** M mechanical fault; **Maschinenschlosser** M fitter; **Maschinenschrift** F typescript; **Maschinensprache** F (*Comput*) machine language

Maschinerie [maʃinəˈriː] F (*fig*) machinery

Maschinist(in) [maʃiˈnɪst(ɪn)] M(F) engineer

Maser [ˈmaːzər] (**-, -n**) F grain

Masern PL (*Med*) measles *sing*

Maserung F grain(ing)

Maske [ˈmaskə] (**-, -n**) F mask

Maskenball M fancy-dress ball

Maskenbildner(in) M(F) make-up artist

Maskerade [maskəˈraːdə] F masquerade

maskieren [masˈkiːrən] VT to mask; (*verkleiden*) to dress up ▸ VR to disguise o.s.; (*verkleiden*) to dress up

Maskottchen [masˈkɔtçən] NT (lucky) mascot

m

Maskulinum [masku'li:nʊm] (**-s, Maskulina**) NT (*Gram*) masculine noun
Masochist [mazɔ'xɪst] (**-en, -en**) M masochist
maß *etc* VB *siehe* **messen**
Maß[1] [ma:s] (**-es, -e**) NT measure; (*Mäßigung*) moderation; (*Grad*) degree, extent; **über alle Maßen** (*liter*) extremely, beyond measure; **~ halten** = **maßhalten**; **mit zweierlei ~ messen** (*fig*) to operate a double standard; **sich** *dat* **etw nach ~ anfertigen lassen** to have sth made to measure *od* order (*US*); **in besonderem Maße** especially; **das ~ ist voll** (*fig*) that's enough (of that)
Maß[2] (**-, -(e)**) F litre (BRIT) *od* liter (*US*) of beer
Massage [ma'sa:ʒə] (**-, -n**) F massage
Massaker [ma'sa:kər] (**-s, -**) NT massacre
Maßanzug M made-to-measure suit
Maßarbeit F (*fig*) neat piece of work
Masse ['masə] (**-, -n**) F mass; **eine ganze ~** (*umg*) a great deal
Maßeinheit F unit of measurement
Massen- zW: **Massenartikel** M mass-produced article; **Massenblatt** NT tabloid; **Massendaten** PL (*Comput*) mass data; **Massengrab** NT mass grave; **massenhaft** ADJ masses of; **Massenmedien** PL mass media *pl*; **Massenproduktion** F mass production; **Massenveranstaltung** F mass meeting; **Massenvernichtungswaffen** PL weapons of mass destruction; **Massenware** F mass-produced article; **massenweise** ADV in huge numbers
Masseur [ma'sø:r] M masseur
Masseurin [ma'sø:rɪn] F masseuse
Maß- zW: **maßgebend** ADJ authoritative; **maßgebende Kreise** influential circles; **maßgeblich** ADJ definitive; **maßgeschneidert** ADJ (*Anzug*) made-to-measure, made-to-order (*US*), custom *attrib* (*US*); **maß|halten** *unreg* VI to exercise moderation
massieren [ma'si:rən] VT to massage; (*Mil*) to mass
★**massig** ['masɪç] ADJ massive; (*umg*) a massive amount of
★**mäßig** ['mɛ:sɪç] ADJ moderate; **mäßigen** ['mɛ:sɪgən] VT to restrain, to moderate; **sein Tempo ~** to slacken one's pace; **Mäßigkeit** F moderation
massiv [ma'si:f] ADJ solid; (*fig*) massive; **~ werden** (*umg*) to turn nasty; **Massiv** (**-s, -e**) NT massif
Maß- zW: **Maßkrug** M tankard; **maßlos** ADJ (*Verschwendung, Essen, Trinken*) excessive, immoderate; (*Enttäuschung, Ärger etc*) extreme ▶ ADV excessively, extremely; **Maßnahme** (**-, -n**) F measure, step; **maßregeln** VT UNTR to reprimand
Maßstab M rule, measure; (*fig*) standard; (*Geog*) scale; **als ~ dienen** to serve as a model
maßstabgetreu, maßstabsgetreu ADJ (true) to scale
maßvoll ADJ moderate
Mast [mast] (**-(e)s, -e(n)**) M mast; (*Elek*) pylon
Mastdarm M rectum
mästen ['mɛstən] VT to fatten
masturbieren [mastʊr'bi:rən] VI to masturbate
Material [materi'a:l] (**-s, -ien**) NT material; (*Arbeitsmaterial*) materials *pl*; **Materialfehler** M material defect
Materialismus [materia'lismus] M materialism
Materialist(in) M(F) materialist; **materialistisch** ADJ materialistic
Materialkosten PL cost *sing* of materials
Materialprüfung F material(s) control
Materie [ma'te:riə] F matter, substance
materiell [materi'ɛl] ADJ material
★**Mathe** ['matə] (-) F (*Sch*: *umg*) maths (BRIT), math (*US*)
★**Mathematik** [matema'ti:k] F mathematics *sing*
Mathematiker(in) [mate'ma:tɪkər(ɪn)] (**-s, -**) M(F) mathematician
mathematisch [mate'ma:tɪʃ] ADJ mathematical
Matjeshering ['matjəshe:rɪŋ] (*umg*) M salted young herring
Matratze [ma'tratsə] (**-, -n**) F mattress
Matrixdrucker ['ma:trɪks-] M dot-matrix printer
Matrixzeichen NT matrix character
Matrize [ma'tri:tsə] (**-, -n**) F matrix; (*zum Abziehen*) stencil
★**Matrose** [ma'tro:zə] (**-n, -n**) M sailor
Matsch [matʃ] (**-(e)s**) M mud; (*Schneematsch*) slush
matschig ADJ muddy; (*Schnee*) slushy
matt [mat] ADJ weak; (*glanzlos*) dull; (*Phot*) matt; (*Schach*) mate; **jdn ~ setzen** (*lit*) to checkmate sb; *siehe auch* **mattsetzen**; **Matt** (**-s, -s**) NT (*Schach*) checkmate
Matte ['matə] (**-, -n**) F mat; **auf der ~ stehen** (*am Arbeitsplatz etc*) to be in
Mattigkeit F weakness; (*Glanzlosigkeit*) dullness
Mattscheibe F (TV) screen; **~ haben** (*umg*) to be not quite with it
matt|setzen VT (*fig*) to checkmate
Matura [ma'tu:ra] (-) (ÖSTERR, SCHWEIZ) F *Austrian and Swiss school-leaving examination*, ≈ A-levels (BRIT), ≈ High School Diploma (*US*)
Mätzchen ['mɛtsçən] (*umg*) NT antics *pl*; **~ machen** to fool around
mau [maʊ] (*umg*) ADJ poor, bad
★**Mauer** ['maʊər] (**-, -n**) F wall; **Mauerblümchen** (*umg*) NT (*fig*) wallflower
mauern VI to build, to lay bricks ▶ VT to build
Mauer- zW: **Mauerschwalbe** F swift; **Mauersegler** M swift; **Mauerwerk** NT brickwork; (*Stein*) masonry
Maul [maʊl] (**-(e)s, Mäuler**) NT mouth; **ein loses** *od* **lockeres ~ haben** (*umg*: *frech sein*) to be

an impudent so-and-so; (: *indiskret sein*) to be a blabbermouth; **halts ~!** (*umg*) shut your face! (*!*); **darüber werden sich die Leute das ~ zerreißen** (*umg*) that will start people's tongues wagging; **dem Volk** *od* **den Leuten aufs ~ schauen** (*umg*) to listen to what ordinary people say; **maulen** (*umg*) VI to grumble; **Maulesel** M mule; **Maulkorb** M muzzle; **Maulsperre** F lockjaw; **Maultier** NT mule; **Maul- und Klauenseuche** F (*Tiere*) foot-and-mouth disease

Maulwurf M mole

Maulwurfshaufen M molehill

Maurer(in) ['maʊrər(ɪn)] **(-s, -)** M(F) bricklayer; **pünktlich wie die ~** (*hum*) super-punctual

Mauretanien [maʊrə'ta:niən] **(-s)** NT Mauritania

Maus [maʊs] **(-, Mäuse)** F (*auch Comput*) mouse ▪ **Mäuse** PL (*umg: Geld*) bread *sing*, dough *sing*

mauscheln ['maʊʃəln] (*umg*) VT, VI (*manipulieren*) to fiddle

mäuschenstill ['mɔʏsçən'ʃtɪl] ADJ very quiet

Mausefalle F mousetrap

mausen VT (*umg*) to pinch ▸ VI to catch mice

mausern VR to moult (BRIT), to molt (US)

mausetot ADJ stone dead

mausgesteuert ADJ (*Comput*) mouse-driven

Mausklick [maʊsklɪk] NT (*Comput*) (mouse) click

Maustaste F mouse key *od* button

Maut [maʊt] **(-, -en)** F toll; **Mautsystem** NT toll system

max. ABK (= *maximal*) max.

maximal [maksi'ma:l] ADJ maximum

Maxime [ma'ksi:mə] **(-, -n)** F maxim

maximieren [maksi'mi:rən] VT to maximize

Maximierung F (*Wirts*) maximization

Maximum ['maksimʊm] **(-s, Maxima)** NT maximum

Mayonnaise [majɔ'nɛ:zə] **(-, -n)** F mayonnaise

Mazedonien [matse'do:niən] **(-s)** NT Macedonia

Mäzen [mɛ'tse:n] **(-s, -e)** M (*gen*) patron, sponsor

MdB NT ABK (= *Mitglied des Bundestages*) *member of the Bundestag*, ≈ MP

MdL NT ABK (= *Mitglied des Landtages*) *member of the Landtag*

m. E. ABK (= *meines Erachtens*) in my opinion

Mechanik [me'ça:nɪk] F mechanics *sing*; (*Getriebe*) mechanics *pl*; ⋆ **Mechaniker(in) (-s, -)** M(F) mechanic, engineer

mechanisch ADJ mechanical

Mechanisierung F mechanization

Mechanismus [meça'nɪsmʊs] M mechanism

meckern ['mɛkərn] VI to bleat; (*umg*) to moan

Mecklenburg ['me:klənbʊrk] **(-s)** NT Mecklenburg

Mecklenburg-Vorpommern (-s) NT (state of) Mecklenburg-Vorpommern

Medaille [me'daljə] **(-, -n)** F medal

Medaillon [medal'jõ:] **(-s, -s)** NT (*Schmuck*) locket

Medien ['me:diən] PL media *pl*; **Medienbericht** M (*meist pl*) media report; **Medienberichten zufolge** according to reports in the media; **Medienforschung** F media research; **Mediengesellschaft** F media society; **Medienmogul** M media mogul; **medienübergreifend** ADJ cross-media *attrib*; **Medienvielfalt** F mixture of media

⋆**Medikament** [medika'mɛnt] NT medicine

Meditation [meditatsi'o:n] F meditation

meditieren [medi'ti:rən] VI to meditate

Medium ['me:diʊm] NT medium

⋆**Medizin** [medi'tsi:n] **(-, -en)** F medicine

Mediziner(in) (-s, -) M(F) doctor; (*Univ*) medic (*umg*)

medizinisch ADJ medical; **medizinisch-technische Assistentin** medical assistant

⋆**Meer** [me:r] **(-(e)s, -e)** NT sea; **am ~(e)** by the sea; **ans ~ fahren** to go to the sea(side); **Meerbusen** M bay, gulf; **Meerenge** F straits *pl*

Meeres- ZW: **Meeresfrüchte** PL seafood; **Meeresklima** NT maritime climate; **Meeresspiegel** M sea level

Meer- ZW: **Meerjungfrau** F mermaid; **Meerrettich** M horseradish; ⋆ **Meerschweinchen** NT guinea pig; **Meerwasser** NT sea water

Mega-, mega- [mɛga-] IN ZW mega-; **Megabyte** [mega'baɪt] NT megabyte; **Megafon, Megaphon** [mega'fo:n] **(-s, -e)** NT megaphone; **Megawatt** [mɛga'vat] NT megawatt

⋆**Mehl** [m'e:l] **(-(e)s, -e)** NT flour

mehlig ADJ floury

Mehlschwitze F (*Koch*) roux

⋆**mehr** [me:r] ADV more; **nie ~** never again, nevermore (*liter*); **es war niemand ~ da** there was no one left; **nicht ~ lange** not much longer; **Mehraufwand** M additional expenditure; **Mehrbelastung** F excess load; (*fig*) additional burden; **mehrdeutig** ADJ ambiguous

⋆**mehrere** INDEF PRON several; (*verschiedene*) various; **mehreres** several things

mehrfach ADJ multiple; (*wiederholt*) repeated

⋆**Mehrfamilienhaus** NT block of flats (BRIT), apartment block (SCHWEIZ)

Mehrgenerationenhaus NT *state-run centre that provides support and activities for people of different generations*

Mehrheit F majority

Mehrheitsprinzip NT principle of majority rule

Mehrheitswahlrecht NT first-past-the-post voting system

mehr- ZW: **mehrjährig** ADJ *attrib* of several years; **Mehrkosten** PL additional costs *pl*; **mehrmalig** ADJ repeated; **mehrmals** ADV repeatedly; **Mehrparteiensystem** NT multi-party system; **Mehrplatzsystem** NT (*Comput*) multi-user system; **Mehrprogrammbetrieb** M (*Comput*) multiprogramming; **mehrsprachig** ADJ multilingual; **mehrstimmig** ADJ for several

m

voices; **~ singen** to harmonize; **Mehrwegflasche** F returnable bottle; **Mehrwertsteuer** F value added tax, VAT; **Mehrzahl** F majority; (*Gram*) plural

Mehrzweck- IN ZW multipurpose

meiden [ˈmaɪdən] *unreg* VT to avoid

Meile [ˈmaɪlə] (-, -n) F mile; **das riecht man drei Meilen gegen den Wind** (*umg*) you can smell that a mile off

Meilenstein M milestone

meilenweit ADJ for miles

★**mein** [maɪn] PRON my

meine(r, s) POSS PRON mine

Meineid [ˈmaɪn|aɪt] M perjury

★**meinen** [ˈmaɪnən] VT to think; (*sagen*) to say; (*sagen wollen*) to mean ▶ VI to think; **wie Sie ~!** as you wish; **damit bin ich gemeint** that refers to me; **das will ich ~** I should think so

meiner GEN *von* **ich** ▶ PRON of me

meinerseits ADV for my part

meinesgleichen [ˈmaɪnəsˈglaɪçən] PRON people like me

meinetwegen [ˈmaɪnətˈveːgən] ADV (*für mich*) for my sake; (*wegen mir*) on my account; (*von mir aus*) as far as I'm concerned; (*ich habe nichts dagegen*) I don't care *od* mind

meinetwillen [ˈmaɪnətˈvɪlən] ADV: **um ~** = **meinetwegen**

meinige PRON: **der/die/das ~** *od* **M~** mine

meins [maɪns] PRON mine

★**Meinung** [ˈmaɪnʊŋ] F opinion; **meiner ~ nach** in my opinion; **einer ~ sein** to think the same; **jdm die ~ sagen** to give sb a piece of one's mind

Meinungs- ZW: **Meinungsaustausch** M exchange of views; **Meinungsbildungsprozess** F opinion-forming process; **Meinungsforscher(in)** M(F) pollster; **Meinungsforschungsinstitut** NT opinion research institute; **Meinungsfreiheit** F freedom of speech; **Meinungsumfrage** F opinion poll; **Meinungsverschiedenheit** F difference of opinion

Meise [ˈmaɪzə] (-, -n) F tit(mouse); **eine ~ haben** (*umg*) to be crackers

Meißel [ˈmaɪsəl] (-s, -) M chisel

meißeln VT to chisel

meist [maɪst] ADJ most ▶ ADV mostly; **Meistbegünstigungsklausel** F (*Comm*) most-favoured-nation clause; **meistbietend** ADJ: **~ versteigern** to sell to the highest bidder

★**meiste(r, s)** PRON (*adjektivisch*) most; **die meisten Leute** most people; **die ~ Zeit** most of the time; **das ~ davon** most of it; **die meisten von ihnen** most of them; (*substantivisch*) most of them; **am meisten** (the) most

★**meistens** ADV mostly

Meister [ˈmaɪstər] (-s, -) M master; (*Sport*) champion; **seinen ~ machen** to take one's master craftsman's diploma; **es ist noch kein ~ vom Himmel gefallen** (*Sprichwort*) no one is born an expert; **Meisterbrief** M master craftsman's diploma; **meisterhaft** ADJ masterly

Meisterin F (*auf einem Gebiet*) master, expert; (*Sport*) (woman) champion

meistern VT to master; **sein Leben ~** to come to grips with one's life

Meister- ZW: ★**Meisterschaft** F mastery; (*Sport*) championship; **Meisterstück** NT masterpiece; **Meisterwerk** NT masterpiece

meistgekauft ADJ *attrib* best-selling

Mekka [ˈmɛka] (-s, -s) NT (*Geog, fig*) Mecca

Melancholie [melaŋkoˈliː] F melancholy

melancholisch [melaŋˈkoːlɪʃ] ADJ melancholy

Meldebehörde F registration authorities *pl*

Meldefrist F registration period

★**melden** [ˈmɛldn] VT to report; (*registrieren*) to register ▶ VR to report; (*registrieren lassen*) to register; (*Sch*) to put one's hand up; (*freiwillig*) to volunteer; (*auf etw, am Telefon*) to answer; **nichts zu ~ haben** (*umg*) to have no say; **wen darf ich ~?** who shall I say (is here)?; **sich auf eine Anzeige ~** to answer an advertisement; **es meldet sich niemand** there's no answer; **sich zu Wort ~** to ask to speak

Meldepflicht F obligation to register with the police

Meldestelle F registration office

Meldung [ˈmɛldʊŋ] F announcement; (*Bericht*) report; (*Comput*) message

meliert [meˈliːrt] ADJ mottled, speckled

melken [ˈmɛlkən] *unreg* VT to milk

Melodie [meloˈdiː] F melody, tune

melodisch [meˈloːdɪʃ] ADJ melodious, tuneful

melodramatisch [melodraˈmaːtɪʃ] ADJ (*auch fig*) melodramatic

Melone [meˈloːnə] (-, -n) F melon; (*Hut*) bowler (hat)

Membran [mɛmˈbraːn] (-, -en) F (*Tech*) diaphragm; (*Anat*) membrane

Memme [ˈmɛmə] (-, -n) (*umg*) F cissy, yellowbelly

Memoiren [memoˈaːrən] PL memoirs *pl*

★**Menge** [ˈmɛŋə] (-, -n) F quantity; (*Menschenmenge*) crowd; (*große Anzahl*) lot (of); **jede ~** (*umg*) masses *pl*, loads *pl*

mengen VT to mix ▶ VR: **sich ~ in** +*akk* to meddle with

Mengen- ZW: **Mengeneinkauf** M bulk buying; **Mengenlehre** F (*Math*) set theory; **Mengenrabatt** M bulk discount

Menorca [meˈnɔrka] (-s) NT Menorca

Mensa [ˈmɛnza] (-, -s *od* **Mensen**) F (*Univ*) refectory (BRIT), commons (*US*)

★**Mensch** [mɛnʃ] (-en, -en) M human being, man; (*Person*) person; **kein ~** nobody; **ich bin auch nur ein ~!** I'm only human; **~ ärgere dich nicht** *nt* (*Spiel*) ludo

Menschen- ZW: **Menschenalter** NT generation; **Menschenfeind** M misanthrope; **menschenfreundlich** ADJ philanthropical; **Menschengedenken** NT: **der kälteste Winter seit ~** the coldest winter in living memory; **Menschenhandel** M slave trade; (*Jur*) trafficking in human beings; **Menschenkenner** M judge of human nature; **Menschenkenntnis** F knowledge of human nature; **menschenleer** ADJ deserted; **Menschenliebe** F philanthropy; **Menschenmasse** F crowd (of people); **Menschenmenge** F crowd (of people); **menschenmöglich** ADJ humanly possible; **Menschenrechte** PL human rights *pl*; **menschenscheu** ADJ shy; **Menschenschlag** (*umg*) M kind of people; **Menschenseele** F: **keine ~** (*fig*) not a soul

Menschenskind INTERJ good heavens!

Menschen- zW: **menschenunwürdig** ADJ degrading; **Menschenverachtung** F contempt for human beings *od* of mankind; **Menschenverstand** M: **gesunder ~** common sense; **Menschenwürde** F human dignity; **menschenwürdig** ADJ (*Behandlung*) humane; (*Unterkunft*) fit for human habitation

Mensch- zW: **Menschheit** F humanity, mankind; **menschlich** ADJ human; (*human*) humane; **Menschlichkeit** F humanity

Menstruation [mɛnstruatsiˈoːn] F menstruation

Mentalität [mɛntaliˈtɛːt] F mentality

Menü [meˈnyː] (**-s, -s**) NT (*auch Comput*) menu; **Menüführung** F (*Comput*) menu assistance; **menügesteuert** ADJ (*Comput*) menu-driven; **Menüleiste** F (*Comput*) menu bar

Merkblatt NT instruction sheet *od* leaflet

merken [ˈmɛrkən] VT to notice; **sich** *dat* **etw ~** to remember sth; **sich** *dat* **eine Autonummer ~** to make a (mental) note of a licence (BRIT) *od* license (*US*) number

merklich ADJ noticeable

Merkmal NT sign, characteristic

merkwürdig ADJ odd

meschugge [meˈʃʊgə] (*umg*) ADJ nuts, meshuga (*US*)

Mess- zW: **Messband** NT tape measure; **messbar** ADJ measurable; **Messbecher** M measuring cup

Messbuch NT missal

Messdiener M (*Rel*) server, acolyte (*form*)

Messe [ˈmɛsə] (**-, -n**) F fair; (*Eccl*) mass; (*Mil*) mess; **auf der ~** at the fair; **Messegelände** NT exhibition centre (BRIT) *od* center (*US*)

messen *unreg* VT to measure ▶ VR to compete

Messer (**-s, -**) NT knife; **auf des Messers Schneide stehen** (*fig*) to hang in the balance; **jdm ins offene ~ laufen** (*fig*) to walk into a trap; **messerscharf** ADJ (*fig*): **~ schließen** to conclude with incredible logic (*ironisch*); **Messerspitze** F knife point; (*in Rezept*) pinch; **Messerstecherei** F knife fight

Messestadt F (town with an) exhibition centre (BRIT) *od* center (*US*)

Messestand M exhibition stand

Messgerät NT measuring device, gauge

Messgewand NT chasuble

Messing [ˈmɛsɪŋ] (**-s**) NT brass

Messstab M (*Aut*: *Ölmessstab etc*) dipstick

Messung F (*das Messen*) measuring; (*von Blutdruck*) taking; (*Messergebnis*) measurement

Messwert M measurement; (*Ableseergebnis*) reading

★**Metall** [meˈtal] (**-s, -e**) NT metal; **die ~ verarbeitende Industrie** the metal-processing industry; **metallen** ADJ metallic; **metallisch** ADJ metallic

Metallurgie [metalʊrˈgiː] F metallurgy

Metapher [meˈtafər] (**-, -n**) F metaphor

metaphorisch [metaˈfoːrɪʃ] ADJ metaphorical

Metaphysik [metafyˈziːk] F metaphysics *sing*

Metastase [metaˈstaːzə] (**-, -n**) F (*Med*) secondary growth

Meteor [meteˈoːr] (**-s, -e**) M meteor

Meteorologe [meteoroˈloːgə] (**-n, -n**), **Meteorologin** [meteoroˈloːgɪn] M meteorologist

★**Meter** [ˈmeːtər] (**-s, -**) M OD NT metre (BRIT), meter (*US*); **in 500 ~ Höhe** at a height of 500 metres; **Metermaß** NT tape measure; **Meterware** F (*Textil*) piece goods

Methode [meˈtoːdə] (**-, -n**) F method

Methodik [meˈtoːdɪk] F methodology

methodisch [meˈtoːdɪʃ] ADJ methodical

Metier [metiˈeː] (**-s, -s**) NT (*hum*) job, profession

metrisch [ˈmeːtrɪʃ] ADJ metric, metrical

Metropole [metroˈpoːlə] (**-, -n**) F metropolis

Mettwurst [ˈmɛtvʊrst] F (smoked) sausage

★**Metzger(in)** [ˈmɛtsgər(ɪn)] (**-s, -**) M(F) butcher

★**Metzgerei** [mɛtsgəˈraɪ] F butcher's (shop)

Meuchelmord [ˈmɔʏçəlmɔrt] M assassination

Meute [ˈmɔʏtə] (**-, -n**) F pack

Meuterei [mɔʏtəˈraɪ] F mutiny

meutern VI to mutiny

Mexikaner(in) [mɛksiˈkaːnər(ɪn)] (**-s, -**) M(F) Mexican

mexikanisch ADJ Mexican

Mexiko [ˈmɛksiko] (**-s**) NT Mexico

MEZ ABK (= *mitteleuropäische Zeit*) C.E.T.

MfG ABK (= *mit freundlichen Grüßen*) (with) best wishes

MFG ABK = **Mitfahrgelegenheit**

mg ABK (= *Milligramm*) mg

MG (**-(s), -(s)**) NT ABK = **Maschinengewehr**

mhd. ABK (= *mittelhochdeutsch*) MHG

MHz ABK (= *Megahertz*) MHz

Mi. ABK = **Mittwoch**

miauen [miˈaʊən] VI to miaow

mich [mɪç] AKK *von* **ich** ▶ PRON me; (*reflexiv*) myself

mickerig [ˈmɪkərɪç], **mickrig** [ˈmɪkrɪç] (*umg*) ADJ pathetic; (*altes Männchen*) puny

mied *etc* [miːt] VB *siehe* **meiden**

Miederwaren [ˈmiːdərvaːrən] PL corsetry *sing*

Mief [miːf] (**-s**) (*umg*) M fug; (*muffig*) stale air; (*Gestank*) stink, pong (BRIT)

miefig (*umg*) ADJ smelly, pongy (BRIT)

m

Miene [ˈmiːnə] (-, **-n**) F look, expression; **gute ~ zum bösen Spiel machen** to grin and bear it

Mienenspiel NT facial expressions *pl*

★**mies** [miːs] (*umg*) ADJ lousy

Miese [ˈmiːzə] (*umg*) PL: **in den Miesen sein** to be in the red

Miesmacher(in) (*umg*) M(F) killjoy

Mietauto NT hired car (BRIT), rental car (US)

★**Miete** [ˈmiːtə] (-, **-n**) F rent; **zur ~ wohnen** to live in rented accommodation *od* accommodations (US)

★**mieten** VT to rent; (*Auto*) to hire (BRIT), to rent

Mieter(in) (**-s, -**) M(F) tenant; **Mieterschutz** M rent control

Mietshaus NT tenement, block of flats (BRIT) *od* apartments (US)

Miet- ZW: **Mietverhältnis** NT tenancy; **Mietvertrag** M tenancy agreement; ★ **Mietwagen** M = **Mietauto**; **Mietwucher** M the charging of exorbitant rent(s)

Mieze [ˈmiːtsə] (-, **-n**) (*umg*) F (*Katze*) pussy; (*Mädchen*) chick, bird (BRIT)

Migräne [miˈgrɛːnə] (-, **-n**) F migraine

migrieren [miˈgriːrən] VI to migrate

Mikado [miˈkaːdo] (**-s**) NT (*Spiel*) pick-a-stick

Mikro- [ˈmiːkro] IN ZW micro-

Mikrobe [miˈkroːbə] (-, **-n**) F microbe

Mikro- ZW: **Mikroblog** NT microblog; **Mikrochip** M microchip; **Mikrocomputer** M microcomputer; **Mikrofiche** M OD NT microfiche; **Mikrofilm** M microfilm

Mikrofon [mikroˈfoːn] (**-s, e**) NT microphone

Mikroökonomie F microeconomics *pl*

Mikrophon [mikroˈfoːn] (**-s, -e**) NT microphone

Mikroprozessor (**-s, -oren**) M microprocessor

Mikroskop [mikroˈskoːp] (**-s, -e**) NT microscope; **mikroskopisch** ADJ microscopic

★**Mikrowelle** [ˈmiːkrovɛlə] F microwave

Mikrowellenherd M microwave (oven)

Milbe [ˈmɪlbə] (-, **-n**) F mite

★**Milch** [mɪlç] (-) F milk; (*Fischmilch*) milt, roe; **Milchdrüse** F mammary gland; **Milchglas** NT frosted glass

milchig ADJ milky

Milch- ZW: **Milchkaffee** M white coffee; **Milchmixgetränk** NT milk shake; **Milchpulver** NT powdered milk; **Milchreis** M rice pudding; **Milchstraße** F Milky Way; **Milchtüte** F milk carton; **Milchzahn** M milk tooth

★**mild** [mɪlt] ADJ mild; (*Richter*) lenient; (*freundlich*) kind, charitable

Milde [ˈmɪldə] (-, **-n**) F mildness; (*von Richter*) leniency

mildern VT to mitigate, to soften; (*Schmerz*) to alleviate; **mildernde Umstände** extenuating circumstances

Milieu [miliˈøː] (**-s, -s**) NT background, environment; **milieugeschädigt** ADJ maladjusted

militant [miliˈtant] ADJ militant

Militär [miliˈtɛːr] (**-s**) NT military, army; **Militärdienst** M military service; **Militäreinsatz** M use of troops; (*Kampfhandlung*) military action; **Militärgericht** NT military court; **militärisch** ADJ military

Militarismus [militaˈrɪsmʊs] M militarism

militaristisch ADJ militaristic

Militärpflicht F (compulsory) military service

Mill. ABK (= *Million(en)*) m

Milli- IN ZW milli-

Milliardär(in) [mɪliarˈdɛːr(ɪn)] (**-s, -e**) M(F) multimillionaire

Milliarde [mɪliˈardə] (-, **-n**) F billion; **Milliardengrab** NT (*fig*) money burner, white elephant

Millimeter M millimetre (BRIT), millimeter (US); **Millimeterpapier** NT graph paper

Million [mɪliˈoːn] (-, **-en**) F million

Millionär(in) [mɪlioˈnɛːr(ɪn)] (**-s, -e**) M(F) millionaire

millionenschwer (*umg*) ADJ worth a few million

Milz [mɪlts] (-, **-en**) F spleen

Mimik [ˈmiːmɪk] F facial expression(s)

Mimose [miˈmoːzə] (-, **-n**) F mimosa; (*fig*) sensitive person

minder [ˈmɪndər] ADJ inferior ▶ ADV less; **minderbegabt** ADJ less able; **minderbemittelt** ADJ: **geistig ~** (*ironisch*) intellectually challenged

Minderheit F minority

Minderheitsbeteiligung F (*Aktien*) minority interest

Minderheitsregierung F minority government

minderjährig [ˈmɪndərjɛːrɪç] ADJ minor; **Minderjährige(r)** F(M) minor; **Minderjährigkeit** F minority

mindern VT, VR to decrease, to diminish

minderqualifiziert ADJ less qualified; **Minderqualifizierte(r)** F(M) less qualified person

Minderung F decrease

minder- ZW: **minderwertig** ADJ inferior; **Minderwertigkeitsgefühl** NT inferiority complex; **Minderwertigkeitskomplex** M inferiority complex

Mindestalter NT minimum age

Mindestbetrag M minimum amount

mindeste(r, s) ADJ least

★**mindestens** [ˈmɪndəstns] ADV at least

Mindest- ZW: **Mindesthaltbarkeitsdatum** NT best-before date, sell-by date (BRIT); **Mindestlohn** M minimum wage; **Mindestmaß** NT minimum; **Mindeststand** M (*Comm*) minimum stock; **Mindeststudiendauer** NT (ÖSTERR) minimum length of study; **Mindestumtausch** M minimum obligatory exchange

Mine [ˈmiːnə] (-, **-n**) F mine; (*Bleistiftmine*) lead (*Kugelschreibermine*) refill

Minenfeld NT minefield

Minensuchboot NT minesweeper

Mineral [mine'ra:l] (**-s**, **-e** *od* **-ien**) NT mineral; **mineralisch** ADJ mineral; **Mineralölsteuer** F tax on oil and petrol (BRIT) *od* gasoline (US); ★ **Mineralwasser** NT mineral water

Miniatur [minia'tu:r] F miniature

Minigolf ['mınigɔlf] NT miniature golf

minimal [mini'ma:l] ADJ minimal

Minimum ['mi:nimʊm] (**-s**, **Minima**) NT minimum

Minirock ['mınirɔk] M miniskirt

Minister(in) [mi'nıstər(ın)] (**-s**, **-**) M(F) (*Pol*) minister

ministeriell [minısteri'ɛl] ADJ ministerial

Ministerium [minıs'te:riʊm] NT ministry

Ministerpräsident(in) M(F) prime minister

Minna ['mına] F: **jdn zur ~ machen** (*umg*) to give sb a piece of one's mind

minus ['mi:nʊs] ADV minus; ★ **Minus** (**-**, **-**) NT deficit; **Minuspol** M negative pole; **Minuszeichen** NT minus sign

Minute [mi'nu:tə] (**-**, **-n**) F minute; **auf die ~ (genau** *od* **pünktlich)** (right) on the dot

Minutenzeiger M minute hand

Mio. ABK (= *Million(en)*) m

mir [mi:r] DAT *von* **ich** ▶ PRON (to) me; **ein Freund von ~** a friend of mine; **von ~ aus!** I don't mind; **wie du ~, so ich dir** (*Sprichwort*) tit for tat (*umg*); (*als Drohung*) I'll get my own back; **~ nichts, dir nichts** just like that

Mirabelle [mira'bɛlə] F mirabelle, *small yellow plum*

Misch- zW: **Mischbatterie** F mixer tap; **Mischbrot** NT *bread made from more than one kind of flour*; **Mischehe** F mixed marriage

mischen ['mıʃn] VT to mix; (*Comput: Datei, Text*) to merge; (*Karten*) to shuffle ▶ VI (*Karten*) to shuffle

Misch- zW: **Mischfinanzierung** M (*Wirts*) mixed financing; **Mischkonzern** M conglomerate; **Mischling** (*umg!*) M half-caste (*umg!*); **Mischmasch** (*umg*) M hotchpotch; (*Essen*) concoction; **Mischpult** NT (*Rundf, TV*) mixing panel

Mischung F mixture

Mischwald M mixed (deciduous and coniferous) woodland

miserabel [mizə'ra:bəl] (*umg*) ADJ lousy; (*Gesundheit*) wretched; (*Benehmen*) dreadful

Misere [mi'ze:rə] (**-**, **-n**) F (*von Leuten, Wirtschaft etc*) plight; (*von Hunger, Krieg etc*) misery, miseries *pl*

Miss- zW: **missachten** VT UNTR to disregard; **Missachtung** F disregard; **Missbehagen** NT uneasiness; (*Missfallen*) discontent; **Missbildung** F deformity; **missbilligen** VT UNTR to disapprove of; **Missbilligung** F disapproval; **Missbrauch** M abuse; (*falscher Gebrauch*) misuse; **missbrauchen** VT UNTR to abuse; (*falsch gebrauchen*) to misuse; (*vergewaltigen*) to assault; **jdn zu** *od* **für etw ~** to use sb for *od* to do sth; **missdeuten** VT UNTR to misinterpret

missen ['mısn] VT to do without; (*Erfahrung*) to miss

Misserfolg M failure

Missernte F crop failure

Missetat ['mısəta:t] F misdeed

Missetäter M criminal; (*umg*) scoundrel

Miss- zW: **missfallen** *unreg* VI UNTR: **jdm ~** to displease sb; **Missfallen** (**-s**) NT displeasure; **Missgeburt** F freak; (*fig*) failure; **Missgeschick** NT misfortune; **missglücken** VI UNTR to fail; **jdm missglückt etw** sb does not succeed with sth; **missgönnen** VT UNTR: **jdm etw ~** to (be)grudge sb sth; **Missgriff** M mistake; **Missgunst** F envy; **missgünstig** ADJ envious; **misshandeln** VT UNTR to ill-treat; **Misshandlung** F ill-treatment; **Misshelligkeit** F: **Misshelligkeiten haben** to be at variance

Mission [mısi'o:n] F mission

Missionar(in) [mısio'na:r(ın)] M(F) missionary

Missklang M discord

Misskredit M discredit

misslang *etc* [mıs'laŋ] VB *siehe* **misslingen**

missliebig ADJ unpopular

misslingen [mıs'lıŋən] *unreg* VI UNTR to fail; **Misslingen** (**-s**) NT failure

misslungen [mıs'lʊŋən] PP *von* **misslingen**

Miss- zW: **Missmut** M bad temper; **missmutig** ADJ cross; **missraten** *unreg* VI UNTR to turn out badly ▶ ADJ ill-bred; **Missstand** M deplorable state of affairs; **Missstimmung** F discord; (*Missmut*) ill feeling

misst VB *siehe* **messen**

Miss- zW: **misstrauen** VI UNTR to mistrust; **Misstrauen** (**-s**) NT: **~ (gegenüber)** distrust (of), suspicion (of); **Misstrauensantrag** M (*Pol*) motion of no confidence; **Misstrauensvotum** NT (*Pol*) vote of no confidence; **misstrauisch** ADJ distrustful, suspicious; **Missverhältnis** NT disproportion; **missverständlich** ADJ unclear; ★ **Missverständnis** NT misunderstanding; **missverstehen** *unreg* VT UNTR to misunderstand

Misswahl ['mısva:l] F beauty contest

Misswirtschaft F mismanagement

Mist [mıst] (**-(e)s**) M dung; (*umg*) rubbish; **~!** (*umg*) blast!; **das ist nicht auf seinem ~ gewachsen** (*umg*) he didn't think that up himself

---

The German word **Mist** does not mean *mist* in English.

Mistel (**-**, **-n**) F mistletoe

Mist- zW: **Mistgabel** F pitchfork (*used for shifting manure*); **Misthaufen** M dungheap; **Miststück** (*!*) NT, **Mistvieh** (*!*) NT (*Mann*) bastard (*!*); (*Frau*) bitch (*!*)

★ **mit** [mıt] PRÄP +*dat* with; (*mittels*) by ▶ ADV along, too; **~ der Bahn** by train; **~ dem nächsten Flugzeug/Bus kommen** to come on the next plane/bus; **~ Bleistift schreiben** to write in pencil; **~ Verlust** at a loss; **er ist ~ der Beste in der Gruppe** he is among the best in the group; **wie wärs ~ einem Bier?** (*umg*) how about a beer?;

~ 10 Jahren at the age of 10; **wollen Sie ~?** do you want to come along?

Mitarbeit [ˈmɪt|arbaɪt] F cooperation; **mit|arbeiten** VI: **~ (an** *+dat***)** to cooperate (on), to collaborate (on)

Mitarbeiter(in) M(F) *(an Projekt)* collaborator; *(Kollege)* colleague; *(Angestellter)* member of staff ▸ PL staff; **Mitarbeiterstab** M staff

mit- ZW: **mit|bekommen** *unreg* VT to get *od* be given; *(umg: hören)* to hear; *(verstehen)* to get; **mit|bestimmen** VI: **(bei etw) ~** to have a say (in sth) ▸ VT to have an influence on; **Mitbestimmung** F participation in decision-making; *(Pol)* determination; **Mitbewohner(in)** M(F) *(in Wohnung)* flatmate (BRIT), roommate (US); ⋆ **mit|bringen** *unreg* VT to bring along; **Mitbringsel** [ˈmɪtbrɪŋzəl] **(-s, -)** NT *(Geschenk)* small present; *(Andenken)* souvenir; **Mitbürger(in)** M(F) fellow citizen; **mit|denken** *unreg* VI to follow; **du hast ja mitgedacht!** good thinking!; **mit|dürfen** *unreg* VI: **wir durften nicht mit** we weren't allowed to go along; **Miteigentümer** M joint owner

miteinander [mɪtaɪˈnandər] ADV together, with one another

mit|erleben VT to see, to witness

Mitesser [ˈmɪt|ɛsər] **(-s, -)** M blackhead

mit- ZW: ⋆ **mit|fahren** *unreg* VI: **(mit jdm) ~** to go (with sb); *(auf Reise auch)* to go *od* travel (with sb); **Mitfahrerzentrale** F agency for arranging lifts; **Mitfahrgelegenheit** F lift; **mit|fühlen** VI: **mit jdm/etw ~** to sympathize with sb/sth; **mitfühlend** ADJ sympathetic; **mit|führen** VT *(Papiere, Ware etc)* to carry (with one); *(Fluss)* to carry along; **mit|geben** *unreg* VT to give; **Mitgefühl** NT sympathy; **mit|gehen** *unreg* VI to go *od* come along; **etw ~ lassen** *(umg)* to pinch sth; **mitgenommen** ADJ done in, in a bad way; **Mitgift** F dowry

⋆ **Mitglied** [ˈmɪtgliːt] NT member

Mitgliedsbeitrag M membership fee, subscription

Mitgliedschaft F membership

mit- ZW: **mit|haben** *unreg* VT: **etw ~** to have sth (with one); **mit|halten** *unreg* VI to keep up; **mit|helfen** VI *unreg* to help, to lend a hand; **bei etw ~** to help with sth; **mithilfe** PRÄP *+gen* with the help of; **Mithilfe** F help, assistance; **mit|hören** VT to listen in to; ⋆ **mit|kommen** *unreg* VI to come along; *(verstehen)* to keep up, to follow; **Mitläufer** M hanger-on; *(Pol)* fellow traveller

⋆ **Mitleid** [ˈmɪtlaɪt] NT sympathy; *(Erbarmen)* compassion

Mitleidenschaft F: **in ~ ziehen** to affect

mitleidig ADJ sympathetic

mitleidslos ADJ pitiless, merciless; ⋆ **mit|machen** VT to join in, to take part in; *(umg: einverstanden sein)*: **da macht mein Chef nicht mit** my boss won't go along with that

mit- ZW: **Mitmensch** M fellow man; **mit|mischen** *(umg)* VI *(sich beteiligen)*: **~ (in** *+dat od* **bei)** to be involved (in); *(sich einmischen)* to interfere (in); ⋆ **mit|nehmen** *unreg* VT to take along *od* away; *(anstrengen)* to wear out, to exhaust; **mitgenommen aussehen** to look the worse for wear; **mit|reden** VI *(Meinung äußern)*: **(bei etw) ~** to join in (sth); *(mitbestimmen)* to have a say (in sth) ▸ VT: **Sie haben hier nichts mitzureden** this is none of your concern; **mit|reißen** VT *unreg* to sweep away; *(fig: begeistern)* to carry away; **mitreißend** ADJ *(Rhythmus)* infectious; *(Reden)* rousing; *(Film, Fußballspiel)* thrilling, exciting

mitsamt [mɪtˈzamt] PRÄP *+dat* together with

mit|schneiden VT *unreg* to record

Mitschnitt [ˈmɪtʃnɪt] **(-(e)s, -e)** M recording

mit|schreiben *unreg* VT to write *od* take down ▸ VI to take notes

Mitschuld F complicity

mitschuldig ADJ: **~ (an** *+dat***)** implicated (in); *(an Unfall)* partly responsible (for)

Mitschuldige(r) F(M) accomplice

mit- ZW: **Mitschüler(in)** M(F) schoolmate; ⋆ **mit|spielen** VI to join in, to take part; *(in Mannschaft)* to play; **er hat ihr übel** *od* **hart mitgespielt** *(Schaden zufügen)* he has treated her badly; **Mitspieler(in)** M(F) partner; **Mitspracherecht** NT voice, say

⋆ **Mittag** [ˈmɪtaːk] **(-(e)s, -e)** M midday, noon, lunchtime; **morgen ~** tomorrow at lunchtime *od* noon; **~ machen** to take one's lunch hour; **(zu) ~ essen** to have lunch; ⋆ **Mittagessen** NT lunch, dinner

⋆ **mittags** ADV at lunchtime *od* noon

Mittags- ZW: ⋆ **Mittagspause** F lunch break; **Mittagsruhe** F period of quiet (after lunch); *(in Geschäft)* midday closing; **Mittagsschlaf** M early afternoon nap, siesta; **Mittagszeit** F: **während** *od* **in der ~** at lunchtime

Mittäter(in) [ˈmɪttɛːtər(ɪn)] M(F) accomplice

⋆ **Mitte** [ˈmɪtə] **(-, -n)** F middle; **sie ist ~ zwanzig** she's in her mid-twenties; **aus unserer ~** from our midst

⋆ **mit|teilen** [ˈmɪttaɪlən] VT: **jdm etw ~** to inform sb of sth, to communicate sth to sb ▸ VR: **sich (jdm) ~** to communicate (with sb)

mitteilsam ADJ communicative

Mitteilung F communication; **jdm (eine) ~ von etw machen** *(form)* to inform sb of sth; *(bekannt geben)* to announce sth to sb

Mitteilungsbedürfnis NT need to talk to other people

Mittel [ˈmɪtəl] **(-s, -)** NT means; *(Methode)* method; *(Math)* average; *(Med)* medicine; **kein ~ unversucht lassen** to try everything; **als letztes ~** as a last resort; **ein ~ zum Zweck** a means to an end; **Mittelalter** NT Middle Ages *pl*; **mittelalterlich** ADJ medieval; **Mittelamerika** NT Central America (and the Caribbean); **mittelamerikanisch** ADJ Central American; **mittelbar** ADJ indirect; **Mittelding** NT *(Mischung)* cross; ⋆ **Mitteleuropa** NT Central Europe; **Mitteleuropäer(in)** M(F) Central European; **mitteleuropäisch** ADJ Central European; **Mittelfeld** NT midfield; **Mittelfinger** M middle finger; **mittelfristig** ADJ *(Finanzplanung, Kredite)* medium-term; **Mittelgebirge** NT low mountain range; ★ **mittelgroß** ADJ medium-sized; **mittellos** ADJ without means; **Mittelmaß** NT: **das (gesunde) ~** the happy medium; **mittelmäßig** ADJ mediocre, middling; **Mittelmäßigkeit** F mediocrity; ★ **Mittelmeer** NT Mediterranean (Sea); **mittelprächtig** ADJ not bad; **Mittelpunkt** M centre (BRIT), center (US); **im ~ stehen** to be centre-stage

mittels PRÄP +*gen* by means of

Mittelschicht F middle class

Mittelsmann (-(e)s, *pl* **Mittelsmänner** *od* **Mittelsleute**) M intermediary

Mittel- ZW: **Mittelstand** M middle class; **Mittelstreckenrakete** F medium-range missile; **Mittelstreifen** M central reservation (BRIT), median strip (US); **Mittelstufe** F (*Sch*) middle school (BRIT), junior high (US); **Mittelstürmer(in)** M(F) centre forward; **Mittelweg** M middle course; **Mittelwelle** F (*Rundf*) medium wave; **Mittelwert** M average value, mean

mitten [ˈmɪtən] ADV in the middle; **~ auf der Straße/in der Nacht** in the middle of the street/night; **mittendrin** ADV (right) in the middle of it; **mittendurch** ADV (right) through the middle

Mitternacht [ˈmɪtərnaxt] F midnight

mittlere(r, s) [ˈmɪtlərə(r, s)] ADJ middle; (*durchschnittlich*) medium, average; **der M~ Osten** the Middle East; **mittleres Management** middle management; **~ Reife** , **mittlerer Bildungsabschluss**

The **mittlerer Bildungsabschluss** is a school-leaving certificate awarded after ten years of schooling which entitles the pupil to move on to a *Gymnasium* or other secondary school and to study for the *Abitur*.

mittlerweile [ˈmɪtlərˈvailə] ADV meanwhile

Mittwoch [ˈmɪtvɔx] (**-(e)s, -e**) M Wednesday; *siehe auch* **Dienstag**

mittwochs ADV on Wednesdays

mitunter [mɪtˈ|ʊntər] ADV occasionally, sometimes

mit- ZW: **mitverantwortlich** ADJ also responsible; **mit|verdienen** VI to (go out to) work as well; **Mitverfasser(in)** M(F) co-author; **Mitverschulden** NT contributory negligence; **mit|wirken** VI: **(bei etw) ~** to contribute (to sth); (*Theat*) to take part (in sth); **Mitwirkende(r)** F(M): **die Mitwirkenden** (*Theat*) the cast; **Mitwirkung** F contribution; (*Theat*) participation; **unter ~ von** with the help of; **Mitwisser** (**-s, -**) M: **~ (einer Sache** *gen***) sein** to be in the know (about sth); **jdn zum ~ machen** to tell sb (all) about it

Mixer [ˈmɪksər] (**-s, -**) M (*Barmixer*) cocktail waiter; (*Küchenmixer*) blender; (*Rührmaschine, Rundf, TV*) mixer

ml ABK (= *Milliliter*) ml

mm ABK (= *Millimeter*) mm

MMS® M (= *Multimedia Messaging Service*) MMS

Mnemonik [mneˈmoːnɪk] F mnemonic

Mo. ABK = **Montag**

mobben [ˈmɔbən] VT to bully (at work)

Mobbing [ˈmɔbɪŋ] (**-s**) NT workplace bullying

Das englische Wort für Mobbing ist **bullying**. Das Verb **to mob** bedeutet *umlagern, umringen*.

★ **Möbel** [ˈmøːbəl] (**-s, -**) NT (piece of) furniture; **Möbelpacker** M removal man (BRIT), (furniture) mover (US); **Möbelwagen** M furniture *od* removal van (BRIT), moving van (US)

mobil [moˈbiːl] ADJ mobile; (*Internet, Tel*): **mobile Internetnutzung** mobile internet use; **mobiles Internet** mobile web; (*Mil*) mobilized

Mobilfunk M cellular telephone service; **Mobilfunkmast** (**-(e)s, -e(n)**) M (*Tel*) mobile phone mast (BRIT), cell tower (US); **Mobilfunknetz** NT cellular network

Mobiliar [mobiliˈaːr] (**-s, -e**) NT movable assets *pl*

mobilisieren [mobiliˈziːrən] VT (*Mil*) to mobilize

Mobilmachung F mobilization

★ **Mobiltelefon** NT (*Tel*) mobile phone

möbl. ABK = **möbliert**

möblieren [møˈbliːrən] VT to furnish; **möbliert wohnen** to live in furnished accommodation

★ **mochte** *etc* [ˈmɔxtə] VB *siehe* **mögen**

Möchtegern- [ˈmœçtəgɛrn] IN ZW (*ironisch*) would-be

Modalität [modaliˈtɛːt] F (*von Plan, Vertrag etc*) arrangement

★ **Mode** [ˈmoːdə] (**-, -n**) F fashion; **Modefarbe** F in colour (BRIT) *od* color (US); **Modeheft** NT fashion magazine; **Modejournal** NT fashion magazine

Modell [moˈdɛl] (**-s, -e**) NT model; **Modelleisenbahn** F model railway; (*als Spielzeug*) train set; **Modellfall** M textbook case

modellieren [modɛˈliːrən] VT to model

Modellversuch M (*bes Sch*) pilot scheme

Modem [ˈmoːdɛm] (**-s, -s**) NT (*Comput*) modem

Modenschau F fashion show

Modepapst M high priest of fashion

Moder [ˈmoːdər] (**-s**) M mustiness; (*Schimmel*) mildew

moderat [modeˈraːt] ADJ moderate

Moderator(in) [modeˈraːtɔr, -aˈtoːrɪn] M(F) presenter

moderieren [modeˈriːrən] VT, VI (*Rundf, TV*) to present

★ **modern** [moˈdɛrn] ADJ modern; (*modisch*) fashionable

modernisieren [modɛrniˈziːrən] VT to modernize

Mode- ZW: **Modeschmuck** M fashion jewellery (BRIT) *od* jewelry (US); **Modeschöpfer(in)** M(F) fashion designer; **Modewort** NT fashionable word

modifizieren [modifiˈtsiːrən] VT to modify

m

★**modisch** [ˈmo:dɪʃ] ADJ fashionable
Modul [ˈmo:dʊl] (**-s, -n**) NT (*Comput*) module
Modus [ˈmo:dʊs] (**-, Modi**) M way; (*Gram*) mood; (*Comput*) mode
Mofa [ˈmo:fa] (**-s, -s**) NT (= *Motorfahrrad*) small moped
Mogadischu [mogaˈdɪʃu] (**-s**) NT Mogadishu
mogeln [ˈmo:gəln] (*umg*) VI to cheat

mögen [ˈmø:gən]

(*pt* **mochte**, *pp* **gemocht**, *als Hilfsverb* **mögen**) VT, VI to like; **magst du/mögen Sie ihn?** do you like him?; **ich möchte …** I would like …, I'd like …; **er möchte in die Stadt** he'd like to go into town; **ich möchte nicht, dass du …** I wouldn't like you to …; **ich mag nicht mehr** I've had enough; (*bin am Ende*) I can't take any more; **man möchte meinen, dass …** you would think that …
▸ HILFSVERB to like to; (*wollen*) to want; **möchtest du etwas essen?** would you like something to eat?; **sie mag nicht bleiben** she doesn't want to stay; **das mag wohl sein** that may very well be; **was mag das heißen?** what might that mean?; **Sie möchten zu Hause anrufen** could you please call home?

★**möglich** [ˈmø:klɪç] ADJ possible; **er tat sein Möglichstes** he did his utmost
möglicherweise ADV possibly
★**Möglichkeit** F possibility; **nach ~** if possible
möglichst ADV as … as possible; **er tat sein Möglichstes** he did his utmost
Mohammedaner(in) [mohameˈda:nər(ɪn)] (**-s, -**) M(F) (*Hist: umg!*) Mohammedan, Muslim
Mohikaner [mohiˈka:nər] (**-s, -**) M: **der letzte ~** (*hum: umg*) the very last one
Mohn [mo:n] (**-(e)s, -e**) M (*Mohnblume*) poppy; (*Mohnsamen*) poppy seed
Möhre [ˈmø:rə] (**-, -n**) F carrot
Mohrenkopf [ˈmo:rənkɔpf] M *chocolate-covered marshmallow*
Mohrrübe F carrot
mokieren [moˈki:rən] VR: **sich über etw** *akk* **~** to make fun of sth
Mokka [ˈmɔka] (**-s**) M mocha, *strong coffee*
Moldau [ˈmɔldaʊ] F: **die ~** the Vltava
Moldawien [mɔlˈda:viən] (**-s**) NT Moldavia
moldawisch ADJ Moldavian
Mole [ˈmo:lə] (**-, -n**) F (*Naut*) mole
Molekül [moleˈky:l] (**-s, -e**) NT molecule
molk *etc* [mɔlk] VB *siehe* **melken**
Molkerei [mɔlkəˈraɪ] F dairy; **Molkereibutter** F blended butter
Moll [mɔl] (**-, -**) NT (*Mus*) minor (key)
mollig ADJ cosy; (*dicklich*) plump
Molotowcocktail [ˈmo:lotɔfkɔkte:l] M Molotov cocktail
★**Moment** [moˈmɛnt] (**-(e)s, -e**) M moment ▸ NT factor, element; **im ~** at the moment; **~ mal!** just a minute!; **im ersten ~** for a moment

momentan [momɛnˈta:n] ADJ momentary ▸ ADV at the moment
Monaco [moˈnako, ˈmo:nako] (**-s**) NT Monaco
Monarch [moˈnarç] (**-en, -en**) M monarch
Monarchie [monarˈçi:] F monarchy
Monarchin F monarch
★**Monat** [ˈmo:nat] (**-(e)s, -e**) M month; **sie ist im sechsten ~ (schwanger)** she's five months pregnant; **was verdient er im ~?** how much does he earn a month?
monatelang ADV for months
★**monatlich** ADJ monthly
Monats- ZW: **Monatsblutung** F menstrual period; **Monatskarte** F monthly ticket; **Monatsrate** F monthly instalment (BRIT) *od* installment (US)
Mönch [mœnç] (**-(e)s, -e**) M monk
★**Mond** [mo:nt] (**-(e)s, -e**) M moon; **auf** *od* **hinter dem ~ leben** (*umg*) to be behind the times; **Mondfähre** F lunar (excursion) module; **Mondfinsternis** F eclipse of the moon; **mondhell** ADJ moonlit; **Mondlandung** F moon landing; **Mondschein** M moonlight; **Mondsonde** F moon probe
Monegasse [moneˈgasə] (**-n, -n**) M Monegasque
Monegassin [moneˈgasɪn] F Monegasque
monegassisch ADJ Monegasque
monetarisieren [monetarɪˈzi:rən] VT to monetize
Monetarisierung [monetarɪˈzi:rʊŋ] F monetization
Monetarismus [monetaˈrɪsmʊs] M (*Wirts*) monetarism
Monetarist M monetarist
Moneten [moˈne:tən] (*umg*) PL (*Geld*) bread *sing*, dough *sing*
Mongole [mɔŋˈgo:lə] (**-n, -n**) M Mongolian, Mongol
Mongolei [mɔŋgoˈlaɪ] F: **die ~** Mongolia
Mongolin F Mongolian, Mongol
mongolisch [mɔŋˈgo:lɪʃ] ADJ Mongolian
mongoloid [mɔŋgoloˈi:t] ADJ (*Med*) mongoloid
monieren [moˈni:rən] VT to complain about ▸ VI to complain
Monitor [ˈmo:nitɔr] M (*Bildschirm*) monitor
Mono- [mono] IN ZW mono
monogam [monoˈga:m] ADJ monogamous
Monogamie [monogaˈmi:] F monogamy
Monolog [monoˈlo:k] (**-s, -e**) M monologue
Monopol [monoˈpo:l] (**-s, -e**) NT monopoly
monopolisieren [monopoliˈzi:rən] VT to monopolize
Monopolstellung F monopoly
monoton [monoˈto:n] ADJ monotonous
Monotonie [monotoˈni:] F monotony
Monstrum [ˈmɔnstrʊm] (**-s, Monstren**) NT (*lit, fig*) monster; **ein ~ von einem/einer …** a hulking great …
Monsun [mɔnˈzu:n] (**-s, -e**) M monsoon

Montag [ˈmoːntaːk] **(-(e)s, -e)** M Monday; *siehe auch* **Dienstag**

Montage [mɔnˈtaːʒə] **(-, -n)** F *(Phot etc)* montage; *(Tech)* assembly; *(Einbauen)* fitting

montags ADV on Mondays

Montanindustrie [mɔnˈtaːnɪndʊstriː] F coal and steel industry

Montblanc [mõˈblãː] M Mont Blanc

Monte Carlo [ˈmɔntə ˈkarlo] **(-s)** NT Monte Carlo

Montenegro [mɔnteˈneːgro] **(-s)** NT Montenegro

Monteur(in) [mɔnˈtøːr(ɪn)] M(F) fitter

montieren [mɔnˈtiːrən] VT to assemble, to set up

Montur [mɔnˈtuːr] *(umg)* F *(Spezialkleidung)* gear, rig-out

Monument [monuˈmɛnt] NT monument

monumental [monumɛnˈtaːl] ADJ monumental

Moor [moːr] **(-(e)s, -e)** NT moor; **Moorbad** NT mud bath

Moos [moːs] **(-es, -e)** NT moss

Moped [ˈmoːpɛt] **(-s, -s)** NT moped

Mops [mɔps] **(-es, Möpse)** M *(Hund)* pug

Moral [moˈraːl] **(-, -en)** F morality; *(einer Geschichte)* moral; *(Disziplin: von Volk, Soldaten)* morale; **Moralapostel** M upholder of moral standards; **moralisch** ADJ moral; **einen** *od* **den Moralischen haben** *(umg)* to have (a fit of) the blues

Moräne [moˈrɛːnə] **(-, -n)** F moraine

Morast [moˈrast] **(-(e)s, -e)** M morass, mire

morastig ADJ boggy

Mord [mɔrt] **(-(e)s, -e)** M murder; **dann gibt es ~ und Totschlag** *(umg)* there'll be hell to pay; **Mordanschlag** M murder attempt

Mörder [ˈmœrdər] **(-s, -)** M murderer

Mörderin F murderess

mörderisch ADJ *(fig: schrecklich)* dreadful, terrible; *(Preise)* exorbitant; *(Konkurrenzkampf)* cutthroat ▸ ADV *(umg: entsetzlich)* dreadfully, terribly

Mordkommission F murder squad

Mords- ZW: **Mordsding** *(umg)* NT whopper; **Mordsglück** *(umg)* NT amazing luck; **Mordskerl** *(umg)* M *(verwegen)* hell of a guy; **mordsmäßig** *(umg)* ADJ terrific, enormous; **Mordsschreck** *(umg)* M terrible fright

Mord- ZW: **Mordverdacht** M suspicion of murder; **Mordversuch** M murder attempt; **Mordwaffe** F murder weapon

morgen [ˈmɔrgən] ADV tomorrow; **bis ~!** see you tomorrow!; **~ in acht Tagen** a week (from) tomorrow; **~ um diese Zeit** this time tomorrow; **~ früh** tomorrow morning; ⋆**Morgen (-s, -)** M morning; *(Maß)* ≈ acre; **am ~** in the morning; **guten ~!** good morning!

Morgen- ZW: **Morgengrauen** NT dawn, daybreak; **Morgenmantel** M dressing gown; **Morgenrock** M dressing gown; **Morgenrot** NT, **Morgenröte** F dawn

⋆**morgens** ADV in the morning; **von ~ bis abends** from morning to night

Morgenstunde F: **Morgenstund(e) hat Gold im Mund(e)** *(Sprichwort)* the early bird catches the worm *(Sprichwort)*

morgig [ˈmɔrgɪç] ADJ tomorrow's; **der morgige Tag** tomorrow

Morphium [ˈmɔrfiʊm] NT morphine

morsch [mɔrʃ] ADJ rotten

Morsealphabet [ˈmɔrzə|alfabeːt] NT Morse code

morsen VI to send a message by Morse code

Mörser [ˈmœrzər] **(-s, -)** M mortar *(auch Mil)*

Mörtel [ˈmœrtəl] **(-s, -)** M mortar

Mosaik [mozaˈiːk] **(-s, -en** *od* **-e)** NT mosaic

Mosambik [mosamˈbiːk] **(-s)** NT Mozambique

Moschee [mɔˈʃeː] **(-, -n)** F mosque

⋆**Mosel**[1] [ˈmoːzəl] F *(Geog)* Moselle

Mosel[2] **(-s, -)** M *(auch:* **Moselwein***)* Moselle (wine)

mosern [ˈmoːzərn] *(umg)* VI to gripe, to bellyache

Moskau [ˈmɔskaʊ] **(-s)** NT Moscow

Moskauer ADJ Moscow *attrib*

Moskauer(in) **(-s, -)** M(F) Muscovite

Moskito [mɔsˈkiːto] **(-s, -s)** M mosquito

Moslem(in) [ˈmɔslɛm(ɪn)] **(-s, -s)** M(F) Muslim

moslemisch [mɔsˈleːmɪʃ] ADJ Muslim

Most [mɔst] **(-(e)s, -e)** M (unfermented) fruit juice; *(Apfelwein)* cider

Motel [moˈtɛl] **(-s, -s)** NT motel

Motiv [moˈtiːf] **(-s, -e)** NT motive; *(Mus)* theme

Motivation [motivatsiˈoːn] F motivation

motivieren [motiˈviːrən] VT to motivate

Motivierung F motivation

⋆**Motor** [ˈmoːtɔr] **(-s, -en)** M engine; *(bes Elek)* motor

Motorboot NT motorboat

Motorenöl NT engine oil

Motorhaube F *(Aut)* bonnet (BRIT), hood *(US)*

motorisch ADJ *(Physiologie)* motor *attrib*

motorisieren [motoriˈziːrən] VT to motorize

Motor- ZW: ⋆**Motorrad** NT motorcycle; **Motorradfahrer(in)** M(F) motorcyclist; **Motorroller** M motor scooter; **Motorschaden** M engine trouble *od* failure; **Motorsport** M motor sport

Motte [ˈmɔtə] **(-, -n)** F moth

Motten- ZW: **mottenfest** ADJ mothproof; **Mottenkiste** F: **etw aus der ~ hervorholen** *(fig)* to dig sth out; **Mottenkugel** F mothball

Motto [ˈmɔto] **(-s, -s)** NT motto

motzen [ˈmɔtsən] *(umg)* VI to grouse, to beef

Mountainbike [ˈmaʊntɪnbaik] NT mountain bike

Möwe [ˈmøːvə] **(-, -n)** F seagull

MP (-) F ABK = **Maschinenpistole**

MP3 ABK *(Comput)* MP3

MP3-Spieler M (*Comput*) MP3 player

Mrd. ABK = **Milliarde**

MRT F ABK (= *Magnetresonanztomographie*) MRI (= *magnetic resonance imaging*)

MS ABK (= *Motorschiff*) motor vessel, MV; (= *multiple Sklerose*) MS

MTA (-, -s) F ABK (= *medizinisch-technischer Assistent; medizinisch-technische Assistentin*) medical assistant

mtl. ABK = **monatlich**

Mucke [ˈmʊkə] (-, -n) F (*meist pl*) caprice; (*von Ding*) snag, bug; **seine Mucken haben** to be temperamental

Mücke [ˈmʏkə] (-, -n) F midge, gnat; **aus einer ~ einen Elefanten machen** (*umg*) to make a mountain out of a molehill

Muckefuck [ˈmʊkəfʊk] (-s) (*umg*) M coffee substitute

mucken [ˈmʊkn] VI: **ohne zu ~** without a murmur

Mückenstich M midge *od* gnat bite

Mucks [mʊks] (-es, e) M: **keinen ~ sagen** not to make a sound; (*nicht widersprechen*) not to say a word

mucksen (*umg*) VR to budge; (*Laut geben*) to open one's mouth

mucksmäuschenstill [ˈmʊksˈmɔʏsçənʃtɪl] (*umg*) ADJ (as) quiet as a mouse

★**müde** [ˈmy:də] ADJ tired; **nicht ~ werden, etw zu tun** never to tire of doing something

Müdigkeit [ˈmy:dɪçkaɪt] F tiredness; **nur keine ~ vorschützen!** (*umg*) don't (you) tell me you're tired!

Muff [mʊf] (-(e)s, -e) M (*Handwärmer*) muff

Muffel (-s, -) (*umg*) M killjoy, sourpuss

muffig [ˈmʊfɪç] ADJ (*Luft*) musty

Mühe [ˈmy:ə] (-, -n) F trouble, pains *pl*; **mit Müh(e) und Not** with great difficulty; **sich** *dat* **~ geben** to go to a lot of trouble

mühelos ADJ effortless, easy

muhen [ˈmu:ən] VI to low, to moo

mühevoll ADJ laborious, arduous

Mühle [ˈmy:lə] (-, -n) F mill; (*Kaffeemühle*) grinder; (*Mühlespiel*) nine men's morris

Mühlrad NT millwheel

Mühlstein M millstone

Mühsal (-, -e) F tribulation

mühsam ADJ arduous, troublesome ▸ ADV with difficulty

mühselig ADJ arduous, laborious

Mulatte [muˈlatə] (-, -n) (*!*) M mulatto (*pej*)

Mulattin (*!*) F mulatto (*pej*)

Mulde [ˈmʊldə] (-, -n) F hollow, depression

★**Mull** [mʊl] (-(e)s, -e) M thin muslin

★**Müll** [mʏl] (-(e)s) M refuse, rubbish, garbage (*US*); **Müllabfuhr** F refuse *od* garbage (*US*) collection; (*Leute*) dustmen *pl* (*Brit*), garbage collectors *pl* (*US*); **Müllabladeplatz** M rubbish dump; **Müllbeutel** M bin liner (*Brit*), trashcan liner (*US*)

Mullbinde F gauze bandage

Müll- zW: **Müllcontainer** M waste container; **Mülldeponie** F waste disposal site, rubbish (*Brit*) *od* garbage (*US*) dump; **Mülleimer** M rubbish bin (*Brit*), garbage can (*US*)

Müller (-s, -) M miller

Müll- zW: **Müllhalde** F, **Müllhaufen** M rubbish *od* garbage (*US*) heap; **Müllmann** (-(e)s, *pl* **Müllmänner**) (*umg*) M dustman (*Brit*), garbage collector (*US*); **Müllsack** M rubbish *od* garbage (*US*) bag; **Müllschlucker** M waste (*Brit*) *od* garbage (*US*) disposal unit; ★**Mülltonne** F dustbin (*Brit*), trashcan (*US*); **Mülltrennung** F *sorting and collecting household waste according to type of material*; **Müllverbrennung** F rubbish *od* garbage (*US*) incineration; **Müllverbrennungsanlage** F incinerator, incinerating plant; **Müllwagen** M dustcart (*Brit*), garbage truck (*US*)

mulmig [ˈmʊlmɪç] ADJ rotten; (*umg*) uncomfortable; **jdm ist ~** sb feels funny

Multi [ˈmʊlti] (-s, -s) (*umg*) M multinational (organization)

multi- IN ZW multi; **multikulturell** ADJ multicultural; **multilateral** ADJ: **multilateraler Handel** multilateral trade; **multinational** ADJ multinational; **multinationaler Konzern** multinational organization

multiple Sklerose [mʊlˈti:plə skleˈro:zə] F multiple sclerosis

multiplizieren [mʊltipliˈtsi:rən] VT to multiply

Mumie [ˈmu:miə] F (*Leiche*) mummy

Mumm [mʊm] (-s) (*umg*) M gumption, nerve

Mumps [mʊmps] (-) M OD F mumps *sing*

★**München** [ˈmʏnçən] NT Munich

Münchener, Münchner(in) (-s, -) M(F) person from Munich

★**Mund** [mʊnt] (-(e)s, **Münder**) M mouth; **den ~ aufmachen** (*fig: seine Meinung sagen*) to speak up; **sie ist nicht auf den ~ gefallen** (*umg*) she's never at a loss for words; **halt den ~!** shut up; **Mundart** F dialect

Mündel [ˈmʏndəl] (-s, -) NT (*Jur*) ward

münden [ˈmʏndən] VI: **in etw** *akk* **~** to flow into sth

Mund- zW: **mundfaul** ADJ uncommunicative; **mundgerecht** ADJ bite-sized; **Mundgeruch** M bad breath; **Mundharmonika** F mouth organ

mündig [ˈmʏndɪç] ADJ of age; **Mündigkeit** F majority

★**mündlich** [ˈmʏntlɪç] ADJ oral; **mündliche Prüfung** oral (exam); **mündliche Verhandlung** (*Jur*) hearing; **alles Weitere ~!** let's talk about it more when I see you

Mund- zW: **Mundraub** M (*Jur*) theft of food for personal consumption; **Mundstück** NT mouthpiece; (*von Zigarette*) tip; **mundtot** ADJ: **jdn ~ machen** to muzzle sb

Mündung [ˈmʏndʊŋ] F estuary; (*von Fluss, Rohr etc*) mouth; (*Gewehrmündung*) muzzle

Mund- zW: **Mundwasser** NT mouthwash; **Mundwerk** NT: **ein großes ~ haben** to have a

big mouth; **Mundwinkel** M corner of the mouth; **Mund-zu-mund-Beatmung** F mouth-to-mouth resuscitation
Munition [munitsi'o:n] F ammunition
Munitionslager NT ammunition dump
munkeln ['mʊŋkəln] VI to whisper, to mutter; **man munkelt, dass ...** there's a rumour (BRIT) *od* rumor (US) that ...
Münster ['mʏnstər] (**-s, -**) NT minster
munter ['mʊntər] ADJ lively; (*wach*) awake; (*aufgestanden*) up and about; **Munterkeit** F liveliness
Münzanstalt F mint
Münzautomat M slot machine
Münze ['mʏntsə] (**-, -n**) F coin
münzen VT to coin, to mint; **auf jdn gemünzt sein** to be aimed at sb
Münzfernsprecher ['mʏntsfɛrnʃprɛçər] M callbox (BRIT), pay phone (US)
Münzwechsler M change machine
mürb ['mʏrb], **mürbe** ['mʏrbə] ADJ (*Gestein*) crumbly; (*Holz*) rotten; (*Gebäck*) crisp; **jdn ~(e) machen** to wear sb down
Mürbeteig, Mürbteig M shortcrust pastry
Murmel ['mʊrməl] (**-, -n**) F marble
murmeln VT, VI to murmur, to mutter
Murmeltier ['mʊrməlti:r] NT marmot; **schlafen wie ein ~** to sleep like a log
murren ['mʊrən] VI to grumble, to grouse
mürrisch ['mʏrɪʃ] ADJ sullen
Mus [mu:s] (**-es, -e**) NT purée
Muschel ['mʊʃəl] (**-, -n**) F mussel; (*Muschelschale*) shell; (*Telefonmuschel*) receiver
Muse ['mu:zə] (**-, -n**) F muse
Museum [mu'ze:ʊm] (**-s, Museen**) NT museum
museumsreif ADJ: **~ sein** to be almost a museum piece
Musik [mu'zi:k] F music; (*Kapelle*) band
musikalisch [muzi:'ka:lɪʃ] ADJ musical
Musikbox F jukebox
Musiker(in) ['mu:zikər(ɪn)] (**-s, -**) M(F) musician
Musik- ZW: **Musikhochschule** F music school; **Musikinstrument** NT musical instrument; **Musikkapelle** F band; **Musikstück** NT piece of music; **Musikstunde** F music lesson
musisch ['mu:zɪʃ] ADJ artistic
musizieren [muzi'tsi:rən] VI to make music
Muskat [mʊs'ka:t] (**-(e)s, -e**) M nutmeg
Muskel ['mʊskəl] (**-s, -n**) M muscle; **Muskeldystrophie** F muscular dystrophy; **Muskelkater** M: **einen ~ haben** to be stiff; **Muskelpaket** (*umg*) NT muscleman; **Muskelzerrung** F pulled muscle
Muskulatur [mʊskula'tu:r] F muscular system
muskulös [mʊsku'lø:s] ADJ muscular
Müsli ['my:sli] (**-s, -**) NT muesli
Muslim ['mʊslɪm] (**-s, -s**) M, **Muslimin** [mʊs'li:mɪn] F Muslim

muss VB *siehe* **müssen**
Muss [mʊs] (**-**) NT necessity, must
Muße ['mu:sə] (**-**) F leisure

müssen ['mʏsən]

(*pt* **musste**, *pp* **gemusst**, *als Hilfsverb* **müssen**) VI **1** (*Zwang*) must (*nur im Präsens*), to have to; **ich muss es tun** I must do it, I have to do it; **ich musste es tun** I had to do it; **er muss es nicht tun** he doesn't have to do it; **muss ich?** must I?, do I have to?; **wann müsst ihr zur Schule?** when do you have to go to school?; **der Brief muss heute noch zur Post** the letter must be posted (BRIT) *od* mailed (US) today; **er hat gehen müssen** he (has) had to go; **muss das sein?** is that really necessary?; **wenn es (unbedingt) sein muss** if it's absolutely necessary; **ich muss mal** (*umg*) I need to go to the loo (BRIT) *od* bathroom (US)
2 (*sollen*): **das musst du nicht tun!** you oughtn't to *od* shouldn't do that; **das müsstest du eigentlich wissen** you ought to *od* you should know that; **Sie hätten ihn fragen müssen** you should have asked him
3: **es muss geregnet haben** it must have rained; **es muss nicht wahr sein** it needn't be true

Mussheirat (*umg*) F shotgun wedding
müßig ['my:sɪç] ADJ idle; **Müßiggang** M idleness
musst [mʊst] VB *siehe* **müssen**
musste *etc* ['mʊstə] VB *siehe* **müssen**
Muster ['mʊstər] (**-s, -**) NT model; (*Dessin*) pattern; (*Probe*) sample; **~ ohne Wert** free sample; **Musterbeispiel** NT classic example; **mustergültig** ADJ exemplary; **musterhaft** ADJ exemplary
mustern VT (*betrachten, Mil*) to examine; (*Truppen*) to inspect
Musterprozess M test case
Musterschüler(in) M(F) model pupil
Musterung F (*von Stoff*) pattern; (*Mil*) inspection
Mut [mu:t] M courage; **nur ~!** cheer up!; **jdm ~ machen** to encourage sb; **~ fassen** to pluck up courage
mutig ADJ courageous
mutlos ADJ discouraged, despondent
mutmaßen VT UNTR to conjecture ▸ VI UNTR to conjecture
mutmaßlich ['mu:tma:slɪç] ADJ presumed ▸ ADV probably
Mutprobe F test of courage
★**Mutter**[1] ['mʊtər] (**-, Mütter**) F mother
Mutter[2] ['mʊtər] (**-, -n**) F (*Schraubenmutter*) nut
Mutter- ZW: **Mutterfreuden** PL the joys *pl* of motherhood; **Muttergesellschaft** F (*Comm*) parent company; **Mutterkuchen** M (*Anat*) placenta; **Mutterland** NT mother country; **Mutterleib** M womb

mütterlich [ˈmʏtərlɪç] ADJ motherly
mütterlicherseits ADV on the mother's side
Mutter- ZW: **Mutterliebe** F motherly love; **Muttermal** NT birthmark; **Muttermilch** F mother's milk
Mutterschaft F motherhood
Mutterschaftsgeld NT maternity benefit
Mutterschaftsurlaub M maternity leave
Mutter- ZW: **Mutterschutz** M maternity regulations *pl*; **mutterseelenallein** ADJ all alone; **Muttersprache** F native language; **Muttertag** M Mother's Day
★**Mutti** (-, **-s**) (*umg*) F mum(my) (BRIT), mom(my) (US)
mutwillig [ˈmuːtvɪlɪç] ADJ deliberate
★**Mütze** [ˈmʏtsə] (-, **-n**) F cap
MV F ABK (= *Mitgliederversammlung*) general meeting ▸ ABK = **Mecklenburg-Vorpommern**
MW ABK (= *Mittelwelle*) MW
MwSt, Mw.-St. ABK (= *Mehrwertsteuer*) VAT
mysteriös [mʏsteriˈøːs] ADJ mysterious
Mystik [ˈmʏstɪk] F mysticism
Mystiker(in) (**-s**, -) M(F) mystic
mystisch [ˈmʏstɪʃ] ADJ mystical; (*rätselhaft*) mysterious
Mythologie [mytoloˈgiː] F mythology
Mythos [ˈmyːtɔs] (-, **Mythen**) M myth

Nn

N¹, n [ɛn] NT N, n; **N wie Nordpol** ≈ N for Nellie, ≈ N for Nan (*US*)

N² [ɛn] ABK (= *Norden*) N

na [na] INTERJ well; **na gut** (*umg*) all right, OK; **na also!** (well,) there you are (then)!; **na so was!** well, I never!; **na und?** so what?

Nabel [ˈna:bəl] **(-s, -)** M navel; **der ~ der Welt** (*fig*) the hub of the universe; **Nabelschnur** F umbilical cord

nach [na:x]
PRÄP +*dat* **1** (*örtlich*) to; **nach Berlin** to Berlin; **nach links/rechts** (to the) left/right; **nach oben/hinten** up/back; **er ist schon nach London abgefahren** he has already left for London **2** (*zeitlich*) after; **einer nach dem anderen** one after the other; **nach Ihnen!** after you!; **zehn (Minuten) nach drei** ten (minutes) past *od* after (*US*) three **3** (*gemäß*) according to; **nach dem Gesetz** according to the law; **die Uhr nach dem Radio stellen** to put a clock right by the radio; **ihrer Sprache nach (zu urteilen)** judging by her language; **dem Namen nach** judging by his/her name; **nach allem, was ich weiß** as far as I know ▶ ADV: **ihm nach!** after him!; **nach und nach** gradually, little by little; **nach wie vor** still

nach\|äffen [ˈna:x\|ɛfən] VT to ape

nach\|ahmen [ˈna:x\|a:mən] VT to imitate

nachahmenswert ADJ exemplary

Nachahmung F imitation; **etw zur ~ empfehlen** to recommend sth as an example

Nachbar(in) [ˈnaxba:r(ɪn)] **(-s, -n)** M(F) neighbour (*BRIT*), neighbor (*US*); **Nachbarhaus** NT: **im ~** next door; **nachbarlich** ADJ neighbourly (*BRIT*), neighborly (*US*); **Nachbarschaft** F neighbourhood (*BRIT*), neighborhood (*US*); **Nachbarstaat** M neighbouring (*BRIT*) *od* neighboring (*US*) state

nach- ZW: **Nachbehandlung** F (*Med*) follow-up treatment; **nach\|bestellen** VT to order again; **Nachbestellung** F (*Comm*) repeat order; **nach\|beten** (*pej, umg*) VT to repeat parrot-fashion; **nach\|bezahlen** VT to pay; (*später*) to pay later; **nach\|bilden** VT to copy; **Nachbildung** F imitation, copy; **nach\|blicken** VI to look *od* gaze after; **nach\|datieren** VT to postdate

★**nachdem** [na:xˈde:m] KONJ after; (*weil*) since; **je ~ (ob)** it depends (whether)

nach- ZW: ★ **nach\|denken** *unreg* VI: **über etw** *akk* **~** to think about sth; **darüber darf man gar nicht ~** it doesn't bear thinking about; ★ **Nachdenken** NT reflection, meditation; **nachdenklich** ADJ thoughtful, pensive; **~ gestimmt sein** to be in a thoughtful mood

Nachdruck [ˈna:xdrʊk] M emphasis; (*Typ*) reprint, reproduction; **besonderen ~ darauf legen, dass …** to stress *od* emphasize particularly that …

nachdrücklich [ˈna:xdrʏklɪç] ADJ emphatic; **~ auf etw** *dat* **bestehen** to insist firmly (up)on sth

nach\|eifern [ˈna:x\|aɪfərn] VI: **jdm ~** to emulate sb

nacheinander [na:x\|aɪˈnandər] ADV one after the other; **kurz ~** shortly after each other; **drei Tage ~** three days running, three days on the trot (*umg*)

nach\|empfinden [ˈna:x\|ɛmpfɪndən] *unreg* VT: **jdm etw ~** to feel sth with sb

nach\|erzählen [ˈna:x\|ɛrtsɛ:lən] VT to retell

Nacherzählung F reproduction (of a story)

Nachf. ABK = **Nachfolger**

Nachfahr [ˈna:xfa:r] **(-en, -en)** M descendant

Nachfolge [ˈna:xfɔlgə] F succession; **die/jds ~ antreten** to succeed/succeed sb

nach\|folgen VI (*lit*): **jdm/etw ~** to follow sb/sth

nachfolgend ADJ following

Nachfolger(in) **(-s, -)** M(F) successor

nach\|forschen VT, VI to investigate

Nachforschung F investigation; **Nachforschungen anstellen** to make enquiries

Nachfrage [ˈna:xfra:gə] F inquiry; (*Comm*) demand; **es besteht eine rege ~** (*Comm*) there is a great demand; **danke der ~** (*form*) thank you for your concern; (*umg*) nice of you to ask; **nachfragemäßig** ADJ according to demand

nach\|fragen VI to inquire

nach- ZW: **nach\|fühlen** VT = **nachempfinden**; **nach\|füllen** VT to refill; **nach\|geben** *unreg* VI to give way, to yield

Nachgebühr F surcharge; (*Post*) excess postage

Nachgeburt F afterbirth

★**nach|gehen** [ˈna:xge:ən] *unreg* VI *+dat* to follow; (*erforschen*) to inquire (into); (*Uhr*) to be slow; **einer geregelten Arbeit ~** to have a steady job

Nachgeschmack [ˈna:xgəʃmak] M aftertaste

nachgiebig [ˈna:xgi:bɪç] ADJ soft, accommodating; **Nachgiebigkeit** F softness

nach|grübeln [ˈna:xgry:bəln] VI: **über etw** *akk* **~** to think about sth; (*sich Gedanken machen*) to ponder on sth

nach|gucken [ˈna:xgʊkən] VT, VI = **nachsehen**

nach|haken [ˈna:xha:kən] (*umg*) VI to dig deeper

Nachhall [ˈna:xhal] M resonance

nach|hallen VI to resound

nachhaltig [ˈna:xhaltɪç] ADJ lasting; (*Widerstand*) persistent

nach|hängen [ˈna:xhɛŋən] *unreg* VI: **seinen Erinnerungen ~** to lose o.s. in one's memories

nachhause [na:xˈhaʊzə] ADV home

Nachhauseweg M way home

nach|helfen [ˈna:xhɛlfən] *unreg* VI: **jdm ~** to help *od* assist sb; **er hat dem Glück ein bisschen nachgeholfen** he engineered himself a little luck

★**nachher** [na:xˈhe:r] ADV afterwards; **bis ~** see you later!

Nachhilfe [ˈna:xhɪlfə] F (*auch:* **Nachhilfeunterricht**) extra (private) tuition

Nachhinein [ˈna:xhɪnaɪn] ADV: **im ~** afterwards; (*rückblickend*) in retrospect

Nachholbedarf M: **einen ~ an etw** *dat* **haben** to have a lot of sth to catch up on

★**nach|holen** [ˈna:xho:lən] VT to catch up with; (*Versäumtes*) to make up for

Nachkomme [ˈna:xkɔmə] (**-n, -n**) M descendant

nach|kommen *unreg* VI to follow; (*einer Verpflichtung*) to fulfil; **Sie können Ihr Gepäck ~ lassen** you can have your luggage sent on (after)

Nachkommenschaft F descendants *pl*

Nachkriegs- [ˈna:xkri:ks] IN ZW postwar; **Nachkriegszeit** F postwar period

Nach- ZW: **Nachlass (-es, -lässe)** M (*Comm*) discount, rebate; (*Erbe*) estate; **nach|lassen** *unreg* VT (*Strafe*) to remit; (*Summe*) to take off; (*Schulden*) to cancel ▸ VI to decrease, to ease off; (*Sturm*) to die down; (*schlechter werden*) to deteriorate; **er hat nachgelassen** he has got worse; **nachlässig** ADJ negligent, careless; **Nachlässigkeit** F negligence, carelessness; **Nachlasssteuer** F death duty; **Nachlassverwalter** M executor

nach|laufen [ˈna:xlaʊfən] *unreg* VI: **jdm ~** to run after *od* chase sb

nach|liefern [ˈna:xli:fərn] VT (*später liefern*) to deliver at a later date; (*zuzüglich liefern*) to make a further delivery of

nach|lösen [ˈna:xlø:zən] VI to pay on the train/when one gets off; (*zur Weiterfahrt*) to pay the extra

nachm. ABK (= *nachmittags*) p.m.

nach|machen [ˈna:xmaxən] VT to imitate, to copy; (*fälschen*) to counterfeit; **jdm etw ~** to copy sth from sb; **das soll erst mal einer ~!** I'd like to see anyone else do that!

Nachmieter(in) [ˈna:xmi:tər(ɪn)] M(F): **wir müssen einen ~ finden** we have to find someone to take over the flat *etc*

★**Nachmittag** [ˈna:xmɪta:k] M afternoon; **am ~** in the afternoon; **gestern/heute ~** yesterday/this afternoon

★**nachmittags** ADV in the afternoon

Nachmittagsvorstellung F matinée (performance)

Nachn. ABK = **Nachnahme**

Nachnahme [ˈna:xna:mə] (**-, -n**) F cash on delivery (BRIT), collect on delivery (*US*); **per ~** C.O.D.

★**Nachname** M surname

Nachporto NT excess postage

nachprüfbar [ˈna:xpry:fba:r] ADJ verifiable

nach|prüfen [ˈna:xpry:fən] VT to check, to verify

nach|rechnen [ˈna:xrɛçnən] VT to check

Nachrede [ˈna:xre:də] F: **üble ~** (*Jur*) defamation of character

nach|reichen [ˈna:xraɪçən] VT to hand in later

★**Nachricht** [ˈna:xrɪçt] (**-, -en**) F (piece of) news *sing*; (*Mitteilung*) message

Nachrichten PL news *sing*; **Nachrichtenagentur** F news agency; **Nachrichtendienst** M (*Mil*) intelligence service; **Nachrichtensatellit** M (tele)communications satellite; **Nachrichtensperre** F news blackout; **Nachrichtensprecher(in)** M(F) newsreader; **Nachrichtentechnik** F telecommunications *sing*

nach|rücken [ˈna:xrʏkən] VI to move up

Nachruf [ˈna:xru:f] M obituary (notice)

nach|rüsten [ˈna:xrʏstən] VT (*Kraftwerk etc*) to modernize; (*Auto etc*) to refit; (*Waffen*) to keep up to date ▸ VI (*Mil*) to deploy new arms

nach|sagen [ˈna:xza:gən] VT to repeat; **jdm etw ~** to say sth of sb; **das lasse ich mir nicht ~!** I'm not having that said of me!

Nachsaison [ˈna:xzɛzõ:] F off season

nach|schenken [ˈna:xʃɛŋkən] VT, VI: **darf ich Ihnen noch (etwas) ~?** may I top up your glass?

nach|schicken [ˈna:xʃɪkən] VT to forward

nach|schlagen [ˈna:xʃla:gən] *unreg* VT to look up ▸ VI: **jdm ~** to take after sb

Nachschlagewerk NT reference book

Nachschlüssel M master key

nach|schmeißen [ˈna:xʃmaɪsən] *unreg* (*umg*) VT: **das ist ja nachgeschmissen!** it's a real bargain!

Nachschrift [ˈna:xʃrɪft] F postscript

Nachschub [ˈna:xʃu:p] M supplies *pl*; (*Truppen*) reinforcements *pl*

★**nach|sehen** [ˈna:xze:ən] *unreg* VT (*prüfen*) to check ▸ VI (*erforschen*) to look and see; **jdm etw ~** to forgive sb sth; **jdm ~** to gaze after sb

Nachsehen NT: **das ~ haben** to be left empty-handed

nach|senden [ˈna:xzɛndən] *unreg* VT to send on, to forward

Nachsicht [ˈna:xzɪçt] (-) F indulgence, leniency

nachsichtig ADJ indulgent, lenient

Nachsilbe [ˈna:xzɪlbə] F suffix

nach|sitzen [ˈna:xzɪtsən] *unreg* VI (*Sch*) to be kept in

Nachsorge [ˈna:xzɔrgə] F (*Med*) aftercare

Nachspann [ˈna:xʃpan] M credits *pl*

Nachspeise [ˈna:xʃpaɪzə] F dessert, sweet (BRIT)

Nachspiel [ˈna:xʃpi:l] NT epilogue; (*fig*) sequel

nach|spionieren [ˈna:xʃpioni:rən] (*umg*) VI: **jdm ~** to spy on sb

nach|sprechen [ˈna:xʃprɛçən] *unreg* VT: **(jdm) ~** to repeat (after sb)

nächst [nɛ:çst] PRÄP *+dat* (*räumlich*) next to; (*außer*) apart from; **nächstbeste(r, s)** ADJ: **der ~ Zug/Job** the first train/job that comes along

nächste(r, s) ADJ next; (*nächstgelegen*) nearest; **aus nächster Nähe** from close by; (*betrachten*) at close quarters; **Ende nächsten Monats** at the end of next month; **am nächsten Tag** (the) next day; **bei nächster Gelegenheit** at the earliest opportunity; **in nächster Zeit** some time soon; **der ~ Angehörige** the next of kin

Nächste(r, s) F(M) neighbour (BRIT), neighbor (*US*)

nach|stehen [ˈna:xʃte:ən] *unreg* VI: **jdm in nichts ~** to be sb's equal in every way

nachstehend ADJ *attrib* following

nach|stellen [ˈna:xʃtɛlən] VI: **jdm ~** to follow sb; (*aufdringlich umwerben*) to pester sb

Nächstenliebe F love for one's fellow men

nächstens ADV shortly, soon

nächstliegend ADJ (*lit*) nearest; (*fig*) obvious

nächstmöglich ADJ next possible

nach|suchen [ˈna:xzu:xən] VI: **um etw ~** to ask *od* apply for sth

Nacht [naxt] (**-, Nächte**) F night; **gute ~!** good night!; **heute ~** tonight; **in der ~** at night; **in der ~ auf Dienstag** during Monday night; **in der ~ vom 12. zum 13. April** during the night of April 12th to 13th; **über ~** (*auch fig*) overnight; **bei ~ und Nebel** (*umg*) at dead of night; **sich** *dat* **die ~ um die Ohren schlagen** (*umg*) to stay up all night; (*mit Feiern, arbeiten*) to make a night of it

Nachtdienst M night duty

Nachteil [ˈna:xtaɪl] M disadvantage; **im ~ sein** to be at a disadvantage

nachteilig ADJ disadvantageous

Nachtfalter M moth

Nachthemd NT (*Damennachthemd*) nightdress (BRIT), nightgown; (*Herrennachthemd*) nightshirt

Nachtigall [ˈnaxtɪgal] (**-, -en**) F nightingale

Nachtisch [ˈna:xtɪʃ] M dessert, sweet (BRIT)

★**Nachtklub** M night club

Nachtleben NT night life

nächtlich [ˈnɛçtlɪç] ADJ nightly

Nacht- ZW: **Nachtlokal** NT night club; **Nachtmensch** [ˈnaxtmɛnʃ] M night person; **Nachtportier** M night porter

nach- ZW: **Nachtrag** [ˈna:xtra:k] (**-(e)s, -träge**) M supplement; **nach|tragen** *unreg* VT (*zufügen*) to add; **jdm etw ~** to carry sth after sb; (*fig*) to hold sth against sb; **nachtragend** ADJ resentful; **nachträglich** ADJ later, subsequent; (*zusätzlich*) additional ▶ ADV later, subsequently; (*zusätzlich*) additionally; **nach|trauern** VI: **jdm/etw ~** to mourn the loss of sb/sth

★**Nachtruhe** [ˈnaxtru:ə] F sleep

★**nachts** [naxts] ADV by night

Nachtschicht F night shift

Nachtschwester F night nurse

nachtsüber ADV during the night

Nacht- ZW: **Nachttarif** M off-peak tariff; **Nachttisch** M bedside table; **Nachttopf** M chamber pot; **Nachtwache** F night watch; (*im Krankenhaus*) night duty; **Nachtwächter** M night watchman; **Nachtzug** M night train

Nach- ZW: **Nachuntersuchung** F checkup; **nach|vollziehen** *unreg* VT to understand, to comprehend; **nach|wachsen** *unreg* VI to grow again; **Nachwahl** F ≈ by-election (*bes* BRIT); **Nachwehen** PL afterpains *pl*; (*fig*) aftereffects *pl*; **nach|weinen** VI *+dat* to mourn ▶ VT: **dieser Sache** *dat* **weine ich keine Träne nach** I won't shed any tears over that

Nachweis [ˈna:xvaɪs] (**-es, -e**) M proof; **den ~ für etw erbringen** *od* **liefern** to furnish proof of sth; **nachweisbar** ADJ provable, demonstrable; **nach|weisen** [ˈna:xvaɪzən] *unreg* VT to prove; **jdm etw ~** to point sth out to sb; **nachweislich** ADJ evident, demonstrable

nach- ZW: **Nachwelt** F: **die ~** posterity; **nach|winken** VI: **jdm ~** to wave after sb; **nach|wirken** VI to have aftereffects; **Nachwirkung** F aftereffect; **Nachwort** NT appendix; **Nachwuchs** M offspring; (*beruflich etc*) new recruits *pl*; **nach|zahlen** VT, VI to pay extra; **nach|zählen** VT to count again; **Nachzahlung** F additional payment; (*zurückdatiert*) back pay

nach|ziehen [ˈna:xtsi:ən] *unreg* VT (*Linie*) to go over; (*Lippen*) to paint; (*Augenbrauen*) to pencil in; (*hinterherziehen*): **etw ~** to drag sth behind one

Nachzügler [ˈna:xtsy:klər] (**-s, -**) M straggler

Nacken [ˈnakən] (**-s, -**) M nape of the neck; **jdm im ~ sitzen** (*umg*) to breathe down sb's neck

nackt [nakt] ADJ naked; (*Tatsachen*) plain, bare; **Nacktheit** F nakedness; **Nacktkultur** F nudism

Nadel [ˈna:dəl] (**-, -n**) F needle; (*Stecknadel*) pin; **Nadelbaum** M conifer; **Nadelkissen** NT pincushion; **Nadelöhr** NT eye of a needle; **Nadelwald** M coniferous forest

Nagel [ˈna:gəl] (**-s, Nägel**) M nail; **sich** *dat* **etw unter den ~ reißen** (*umg*) to pinch sth; **etw an den ~ hängen** (*fig*) to chuck sth in (*umg*); **Nägel mit Köpfen machen** (*umg*) to do the job prop-

n

erly; **Nagelbürste** F nailbrush; **Nagelfeile** F nailfile; **Nagelhaut** F cuticle; **Nagellack** M nail varnish (BRIT) *od* polish; **Nagellackentferner** (**-s, -**) M nail polish remover

nageln VT, VI to nail

nagelneu ADJ brand-new

Nagelschere F nail scissors *pl*

nagen [ˈnaːgən] VT, VI to gnaw

Nagetier [ˈnaːgətiːr] NT rodent

nah [naː] ADJ = **nahe**

Nahaufnahme F close-up

★**nahe** [ˈnaːə] ADJ (*räumlich*) near(by); (*Verwandte*) near, close; (*Freunde*) close; (*zeitlich*) near, close ▸ ADV: **von nah und fern** from near and far ▸ PRÄP *+dat* near (to), close to; **von Nahem** at close quarters; **der N~ Osten** the Middle East; **jdm ~ kommen** to get close to sb; **~ liegend** obvious; **~ stehend** close; **jdm zu ~ treten** (*fig*) to offend sb; **mit jdm ~ verwandt sein** to be closely related to sb; **die nähere Umgebung** the immediate area; *siehe auch* **naheliegen**; **nahestehen** *usw*

★**Nahe** F (*Fluss*) Nahe

★**Nähe** [ˈnɛːə] (-) F nearness, proximity; (*Umgebung*) vicinity; **in der ~** close by; **aus der ~** from close to

nahebei ADV nearby

nahe|bringen *unreg* VT (*fig*): **jdm etw ~** to bring sth home to sb

nahe|gehen *unreg* VI (*fig*): **jdm ~** to grieve sb

nahe|legen VT (*fig*): **jdm etw ~** to suggest sth to sb

nahe|liegen *unreg* VI (*fig*) to be obvious; **der Verdacht liegt nahe, dass ...** it seems reasonable to suspect that ...

★**nahen** VI, VR to approach, to draw near

★**nähen** [ˈnɛːən] VT, VI to sew

näher [ˈnɛːər] ADJ nearer; (*Erklärung, Erkundigung*) more detailed ▸ ADV nearer; (*genauer*) in greater detail; **~ kommen** to get closer; **ich kenne ihn nicht ~** I don't know him well

Nähere(s) NT details *pl*, particulars *pl*

Näherei [nɛːəˈraɪ] F sewing, needlework

Naherholungsgebiet NT recreational area (*close to a centre of population*)

Näherin F seamstress

nähern VR to approach

Näherungswert M approximate value

nahe|stehen *unreg* VI (*fig*): **jdm ~** to be close to sb; **einer Sache ~** to sympathize with sth

nahezu ADV nearly

Nähgarn NT thread

Nahkampf M hand-to-hand fighting

Nähkasten M workbox, sewing basket

nahm *etc* [naːm] VB *siehe* **nehmen**

Nähmaschine F sewing machine

Nähnadel F (sewing) needle

Nahost [naːˈɔst] M: **aus ~** from the Middle East

Nährboden M (*lit*) fertile soil; (*fig*) breeding ground

nähren [ˈnɛːrən] VT to feed ▸ VR (*Person*) to feed o.s.; (*Tier*) to feed; **er sieht gut genährt aus** he looks well fed

Nährgehalt [ˈnɛːrgəhalt] M nutritional value

nahrhaft [ˈnaːrhaft] ADJ (*Essen*) nourishing

Nährstoffe PL nutrients *pl*

★**Nahrung** [ˈnaːrʊŋ] F food; (*fig*) sustenance

Nahrungs- ZW: **Nahrungsaufnahme** F: **die ~ verweigern** to refuse food; **Nahrungskette** F food chain; **Nahrungsmittel** NT food(stuff); **Nahrungsmittelindustrie** F food industry; **Nahrungssuche** F search for food

Nährwert M nutritional value

Naht [naːt] (-, **Nähte**) F seam; (*Med*) suture; (*Tech*) join; **aus allen Nähten platzen** (*umg*) to be bursting at the seams; **nahtlos** ADJ seamless; **~ ineinander übergehen** to follow without a gap

Nahverkehr M local traffic

★**Nahverkehrszug** M local train

Nähzeug NT sewing kit, sewing things *pl*

Nahziel NT immediate objective

naiv [naˈiːf] ADJ naïve

Naivität [naiviˈtɛːt] F naïveté, naïvety

★**Name** [ˈnaːmə] (**-ns, -n**) M name; **im Namen von** on behalf of; **dem Namen nach müsste sie Deutsche sein** judging by her name she must be German; **die Dinge beim Namen nennen** (*fig*) to call a spade a spade; **ich kenne das Stück nur dem Namen nach** I've heard of the play but that's all

namens ADV by the name of

Namensänderung F change of name

Namenstag M name day, saint's day

> In Roman Catholic areas of Germany the **Namenstag** is often a more important celebration than a birthday. It is the day dedicated to the saint after whom a person is called, and on that day the person receives presents and celebrates with family and friends.

namentlich [ˈnaːməntlɪç] ADJ by name ▸ ADV particularly, especially

namhaft [ˈnaːmhaft] ADJ (*berühmt*) famed, renowned; (*beträchtlich*) considerable; **~ machen** to name, to identify

Namibia [naˈmiːbia] (**-s**) NT Namibia

nämlich [ˈnɛːmlɪç] ADV that is to say, namely; (*denn*) since; **der/die/das Nämliche** the same

nannte *etc* [ˈnantə] VB *siehe* **nennen**

Nanotechnologie [ˈnaːnotɛçnologiː] F nanotechnology

nanu [naˈnuː] INTERJ well I never!

Napalm [ˈnaːpalm] (**-s**) NT napalm

Napf [napf] (**-(e)s, Näpfe**) M bowl, dish; **Napfkuchen** M ≈ ring-shaped pound cake

Narbe [ˈnarbə] (**-, -n**) F scar

narbig [ˈnarbɪç] ADJ scarred

Narkose [narˈkoːzə] (**-, -n**) F anaesthetic (BRIT), anesthetic (US)

Narr [nar] (**-en, -en**) M fool; **jdn zum Narren halten** to make a fool of sb; **narren** VT to fool
Narrenfreiheit F: **sie hat bei ihm ~** he gives her (a) free rein
narrensicher ADJ foolproof
Narrheit F foolishness
Närrin ['nɛrɪn] F fool
närrisch ADJ foolish, crazy; **die närrischen Tage** *Fasching and the period leading up to it*
Narzisse [nar'tsɪsə] (**-, -n**) F narcissus
narzisstisch [nar'tsɪstɪʃ] ADJ narcissistic
NASA ['na:za] (-) F ABK (= *National Aeronautics and Space Administration*) NASA
naschen ['naʃən] VT to nibble; (*heimlich*) to eat secretly ▸ VI to nibble sweet things; **~ von** *od* **an** *+dat* to nibble at
naschhaft ADJ sweet-toothed
Nase ['na:zə] (**-, -n**) F nose; **sich** *dat* **die ~ putzen** to wipe one's nose; (*sich schnäuzen*) to blow one's nose; **jdm auf der ~ herumtanzen** (*umg*) to play sb up; **jdm etw vor der ~ wegschnappen** (*umg*) to just beat sb to sth; **die ~ voll haben** (*umg*) to have had enough; **jdm etw auf die ~ binden** (*umg*) to tell sb all about sth; **(immer) der ~ nachgehen** (*umg*) to follow one's nose; **jdn an der ~ herumführen** (*als Täuschung*) to lead sb by the nose; (*als Scherz*) to pull sb's leg
Nasen- zW: **Nasenbluten** (**-s**) NT nosebleed; **Nasenloch** NT nostril; **Nasenrücken** M bridge of the nose; **Nasentropfen** PL nose drops *pl*
naseweis ADJ cheeky; (*neugierig*) nosey
Nashorn ['na:shɔrn] NT rhinoceros
nass [nas] ADJ wet
Nassauer ['nasaʊər] (**-s, -**) (*umg*) M scrounger
Nässe ['nɛsə] (-) F wetness
nässen VT to wet
nasskalt ADJ wet and cold
Nassrasur F wet shave
Nation [natsi'o:n] F nation
national [natsio'na:l] ADJ national; **Nationalelf** F international (football) team; **Nationalfeiertag** M national holiday; **Nationalhymne** F national anthem
nationalisieren [natsiona:li'zi:rən] VT to nationalize
Nationalisierung F nationalization
Nationalismus [natsiona:'lɪsmʊs] M nationalism
nationalistisch [natsiona:'lɪstɪʃ] ADJ nationalistic
Nationalität [natsionali'tɛ:t] F nationality
National- zW: **Nationalmannschaft** F national team; **Nationalsozialismus** M National Socialism; **Nationalsozialist** M National Socialist; **Nationalspieler(in)** M(F) international (player)
NATO, Nato ['na:to] (-) F ABK: **die ~** NATO
Natrium ['na:triʊm] (**-s**) NT sodium
Natron ['na:trɔn] (**-s**) NT soda
Natter ['natər] (**-, -n**) F adder

★**Natur** [na'tu:r] F nature; (*körperlich*) constitution; (*freies Land*) countryside; **das geht gegen meine ~** it goes against the grain
Naturalien [natu'ra:liən] PL natural produce *sing*; **in ~** in kind
Naturalismus [natu:ra'lɪsmʊs] M naturalism
Naturell [natu'rɛl] (**-s, -e**) NT temperament, disposition
Natur- zW: **Naturerscheinung** F natural phenomenon *od* event; **naturfarben** ADJ natural-coloured (BRIT) *od* -colored (*US*); **Naturforscher** M natural scientist; **Naturfreak** (**-s, -s**) (*umg*) M back-to-nature freak; **naturgemäß** ADJ natural; **Naturgeschichte** F natural history; **Naturgesetz** NT law of nature; **naturgetreu** ADJ true to life; **Naturheilverfahren** NT natural cure; **Naturkatastrophe** F natural disaster; **Naturkostladen** M health food shop; **Naturkunde** F natural history; **Naturlehrpfad** M nature trail
★**natürlich** [na'ty:rlɪç] ADJ natural ▸ ADV naturally; (*selbstverständlich*) of course; **eines natürlichen Todes sterben** to die of natural causes
natürlicherweise [na'ty:rlɪçər'vaɪzə] ADV naturally, of course
Natürlichkeit F naturalness
Natur- zW: **Naturprodukt** NT natural product; **naturrein** ADJ natural, pure; **Naturschutz** M: **unter ~ stehen** to be legally protected; **Naturschutzgebiet** NT nature reserve (BRIT), national park (*US*); **Naturtalent** NT natural prodigy; **naturverbunden** ADJ nature-loving; **Naturwissenschaft** F natural science; **Naturwissenschaftler(in)** M(F) scientist; **Naturzustand** M natural state
Nautik ['naʊtɪk] F nautical science, navigation
nautisch ['naʊtɪʃ] ADJ nautical
Navelorange ['na:vəlorã:ʒə] F navel orange
Navi ['navi] (**-s, -s**) M (= *Navigationsgerät, Navigationssystem*) GPS, sat nav (BRIT)
Navigation [navigatsi'o:n] F navigation
Navigations- zW: **Navigationsfehler** M navigational error; **Navigationsinstrumente** PL navigation instruments *pl*; **Navigationssystem** NT (*Aut*) navigation system
Nazi ['na:tsi] (**-s, -s**) M Nazi
NB ABK (= *nota bene*) NB
n. Br. ABK (= *nördlicher Breite*) northern latitude
NC M ABK (= *Numerus Clausus*) *siehe* **Numerus**
Nchf. ABK = **Nachfolger**
n. Chr. ABK (= *nach Christus*) A.D.
NDR (-) M ABK (= *Norddeutscher Rundfunk*) North German Radio
Neapel [ne'a:pəl] (**-s**) NT Naples
Neapolitaner(in) [neapoli'ta:nər(ɪn)] (**-s, -**) M(F) Neapolitan
neapolitanisch [neapoli'ta:nɪʃ] ADJ Neapolitan
★**Nebel** ['ne:bəl] (**-s, -**) M fog, mist
nebelig ADJ foggy, misty

Nebel- zW: **Nebelleuchte** F (*Aut*) rear fog-light; **Nebelscheinwerfer** M fog-lamp; **Nebelschlussleuchte** F (*Aut*) rear fog-light

★**neben** [ˈne:bən] PRÄP *+akk* next to ▶ PRÄP *+dat* next to; (*außer*) apart from, besides; **nebenan** [ne:bən|ˈan] ADV next door; **Nebenanschluss** M (*Tel*) extension; **Nebenausgaben** PL incidental expenses *pl*; **nebenbei** [ne:bənˈbaɪ] ADV at the same time; (*außerdem*) additionally; (*beiläufig*) incidentally; **~ bemerkt** *od* **gesagt** by the way, incidentally; **Nebenberuf** M second occupation; **er ist im ~ ...** he has a second job as a ...; **Nebenbeschäftigung** F sideline; (*Zweitberuf*) extra job; **Nebenbuhler(in)** (**-s, -**) M(F) rival; **nebeneinander** [ne:bənaɪˈnandər] ADV side by side; **nebeneinander|legen** VT to put next to each other; **Nebeneingang** M side entrance; **Nebeneinkünfte** PL, **Nebeneinnahmen** PL supplementary income *sing*; **Nebenerscheinung** F side effect; **Nebenfach** NT subsidiary subject; **Nebenfluss** M tributary; **Nebengeräusch** NT (*Rundf*) atmospherics *pl*, interference; **Nebenhandlung** F (*Liter*) subplot; **nebenher** [ne:bənˈhe:r] ADV (*zusätzlich*) besides; (*gleichzeitig*) at the same time; (*daneben*) alongside; **nebenher|fahren** *unreg* VI to drive alongside; **Nebenjob** M (*umg*) second job; **Nebenkläger(in)** M(F) (*Jur*) joint plaintiff; **Nebenkosten** PL extra charges *pl*, extras *pl*; **Nebenmann** M: **Ihr ~** the person next to you; **Nebenprodukt** NT by-product; **Nebenrolle** F minor part; **Nebensache** F trifle, side issue; **nebensächlich** ADJ minor, peripheral; **Nebensaison** F low season; **Nebensatz** M (*Gram*) subordinate clause; **nebenstehend** ADJ: **nebenstehende Abbildung** illustration opposite; **Nebenstraße** F side street; **Nebenstrecke** F (*Eisenb*) branch *od* local line; **Nebenverdienst** M secondary income; **Nebenzimmer** NT adjoining room

★**neblig** [ˈne:blɪç] ADJ = **nebelig**

nebst [ne:pst] PRÄP *+dat* together with

Necessaire [nesɛˈsɛ:r] (**-s, -s**) NT (*Nähnecessaire*) needlework box; (*Nagelnecessaire*) manicure case

Neckar [ˈnɛkar] (**-s**) M (*Fluss*) Neckar

necken [ˈnɛkən] VT to tease

Neckerei [nɛkəˈraɪ] F teasing

neckisch ADJ coy; (*Einfall, Lied*) amusing

★**nee** [ne:] (*umg*) ADV no, nope

★**Neffe** [ˈnɛfə] (**-n, -n**) M nephew

negativ [ˈne:gati:f] ADJ negative; **Negativ** (**-s, -e**) NT (*Phot*) negative

Neger [ˈne:gər] (**-s, -**) M (!) Negro (*offensive*); **Negerin** F (!) Negress (*offensive*)

negieren [neˈgi:rən] VT (*bestreiten*) to deny; (*verneinen*) to negate

★**nehmen** [ˈne:mən] *unreg* VT, VI to take; **etw zu sich ~** to take sth, to partake of sth (*liter*); **jdm etw ~** to take sth (away) from sb; **sich ernst ~** to take o.s. seriously; **~ Sie sich doch bitte** help yourself; **man nehme ...** (*Koch*) take ...; **wie mans nimmt** depending on your point of view; **die Mauer nimmt einem die ganze Sicht** the wall blocks the whole view; **er ließ es sich** *dat* **nicht ~, es persönlich zu tun** he insisted on doing it himself

Nehrung [ˈne:rʊŋ] F (*Geog*) spit (of land)

Neid [naɪt] (**-(e)s**) M envy

Neider(in) [ˈnaɪdər(ɪn)] (**-s, -**) M(F) envier

Neidhammel (*umg*) M envious person

★**neidisch** ADJ envious, jealous

Neige (**-, -n**) F (*geh: Ende*): **die Vorräte gehen zur ~** the provisions are fast becoming exhausted

neigen [ˈnaɪgən] VT to incline, to lean; (*Kopf*) to bow ▶ VI: **zu etw ~** to tend towards sth

Neigung F (*des Geländes*) slope; (*Tendenz*) tendency, inclination; (*Vorliebe*) liking; (*Zuneigung*) affection

Neigungswinkel M angle of inclination

★**nein** [naɪn] ADV no

Nektarine [nɛktaˈri:nə] F nectarine

Nelke [ˈnɛlkə] (**-, -n**) F carnation, pink; (*Gewürznelke*) clove

★**nennen** [ˈnɛnən] *unreg* VT to name; (*mit Namen*) to call; **das nenne ich Mut!** that's what I call courage!

nennenswert ADJ worth mentioning

Nenner (**-s, -**) M denominator; **etw auf einen ~ bringen** (*lit, fig*) to reduce sth to a common denominator

Nennung F naming

Nennwert M nominal value; (*Comm*) par

neokonservativ ADJ neo-conservative, neocon (*umg*)

neoliberal ADJ neo-liberal, neo-lib (*umg*)

Neon [ˈne:ɔn] (**-s**) NT neon

Neonazi [neoˈna:tsi] M Neonazi

Neon- zW: **Neonlicht** NT neon light; **Neonreklame** F neon sign; **Neonröhre** F neon tube

Nepal [ˈne:pal] (**-s**) NT Nepal

Nepp [nɛp] (**-s**) (*umg*) M: **der reinste ~** daylight robbery, a rip-off

Nerv [nɛrf] (**-s, -en**) M nerve; **die Nerven sind mit ihm durchgegangen** he lost control, he snapped (*umg*); **jdm auf die Nerven gehen** to get on sb's nerves

nerven (*umg*) VT: **jdn ~** to get on sb's nerves

Nerven- zW: **nervenaufreibend** ADJ nerve-racking; **Nervenbündel** NT bundle of nerves; **Nervengas** NT (*Mil*) nerve gas; **Nervenheilanstalt** F psychiatric hospital; **Nervenklinik** F psychiatric clinic; **nervenkrank** ADJ mentally ill; **Nervensäge** (*umg*) F pain (in the neck); **Nervenschwäche** F neurasthenia; **Nervensystem** NT nervous system; **Nervenzusammenbruch** M nervous breakdown

nervig [ˈnɛrvɪç] (*umg*) ADJ exasperating, annoying

★**nervös** [nɛrˈvø:s] ADJ nervous

Nervosität [nɛrvoziˈtɛ:t] F nervousness

nervtötend ADJ nerve-racking; (*Arbeit*) soul-destroying

Nerz [nɛrts] (**-es, -e**) M mink

Nessel [ˈnɛsəl] (-, **-n**) F nettle; **sich in die Nesseln setzen** (*fig: umg*) to put o.s. in a spot

Nessessär [nesɛˈsɛːr] (**-s, -s**) NT = **Necessaire**

Nest [nɛst] (**-(e)s, -er**) NT nest; (*umg: Ort*) dump; (*fig: Bett*) bed; (*: Schlupfwinkel*) hide-out, lair; **da hat er sich ins warme ~ gesetzt** (*umg*) he's got it made; **Nestbeschmutzung** (*pej*) F running-down (*umg*) *od* denigration (of one's family/ country)

nesteln VI: **an etw** *+dat* **~** to fumble *od* fiddle about with sth

Nesthäkchen [ˈnɛsthɛːkçən] NT baby of the family

Netiquette [netɪˈkɛtə] (-) F (*Internet*) Netiquette

nett [nɛt] ADJ nice; **sei so ~ und räum auf!** would you mind clearing up?

netterweise [ˈnɛtərˈvaɪzə] ADV kindly

netto [ˈnɛto] ADV net; **Nettoeinkommen** NT net income; **Nettogewicht** NT net weight; **Nettogewinn** M net profit; **Nettogewinnspanne** F net margin; **Nettolohn** M take-home pay; **Nettozahler** M (*Land etc*) net contributor

Netz [nɛts] (**-es, -e**) NT net; (*Gepäcknetz*) rack; (*Einkaufsnetz*) string bag; (*Spinnennetz*) web; (*System, Comput*) network; (*Stromnetz*) mains *sing od pl*; **das soziale ~** the social security network; **jdm ins ~ gehen** (*fig*) to fall into sb's trap; **Netzanbieter** M (*Comput*) internet provider; **Netzanschluss** M mains connection; **Netzbetreiber** M (*Comput*) internet provider; **Netzcomputer** M network computer; **Netzhaut** F retina; **Netzkarte** F season ticket; **Netzplantechnik** F network analysis; **Netzspannung** F mains voltage; **netzunabhängig** ADJ off-grid; **Netzwerk** NT (*Comput*) network; **Netzwerken** NT (social) networking; **Netzzugang** M (*Comput*) network access

neu [nɔʏ] ADJ new; (*Sprache, Geschichte*) modern; **der/die Neue** the new person, the newcomer; **seit Neuestem** (since) recently; **~ schreiben** to rewrite, to write again; **auf ein Neues!** (*Aufmunterung*) let's try again; **was gibts Neues?** (*umg*) what's the latest?; **von Neuem** (*von vorn*) from the beginning; (*wieder*) again; **sich ~ einkleiden** to buy o.s. a new set of clothes; **~ eröffnet** newly-opened; (*wieder geöffnet*) reopened; **Neuankömmling** M newcomer; **Neuanschaffung** F new purchase *od* acquisition; **neuartig** ADJ new kind of; **Neuauflage** F new edition; **Neuausgabe** F new edition; **Neubau** M new building; **Neubauwohnung** F newly-built flat; **Neubearbeitung** F revised edition; (*das Neubearbeiten*) revision, reworking; **Neudruck** M reprint; **Neuemission** F (*Aktien*) new issue

neuerdings ADV (*kürzlich*) (since) recently; (*von Neuem*) again

Neuerscheinung F (*Buch*) new publication; (*CD*) new release

Neuerung F innovation, new departure

Neufassung F revised version

Neufundland [nɔʏˈfʊntlant] NT Newfoundland; **Neufundländer(in)** (**-s, -**) M(F) Newfoundlander; **neufundländisch** ADJ Newfoundland *attrib*

neugeboren ADJ newborn; **sich wie ~ fühlen** to feel (like) a new man/woman

Neugier F curiosity

Neugierde (-) F: **aus ~** out of curiosity

★**neugierig** ADJ curious

Neuguinea [nɔʏgiˈneːa] (**-s**) NT New Guinea

Neuheit F novelty; (*neuartige Ware*) new thing

Neuigkeit F news *sing*

neu- ZW: ★**Neujahr** NT New Year; ★**Neujahrstag** M New Year's Day; **Neuland** NT virgin land; (*fig*) new ground; ★**neulich** ADV recently, the other day; **Neuling** M novice; **neumodisch** ADJ fashionable; (*pej*) newfangled; **Neumond** M new moon

★**neun** [nɔʏn] NUM nine; ★**Neun** (**-, -en**) F nine; **ach du grüne Neune!** (*umg*) well I'm blowed!

neunmalklug ADJ (*ironisch*) smart-aleck *attrib*

★**neunzehn** NUM nineteen

★**neunzig** NUM ninety

Neuregelung, Neureglung F adjustment

neureich ADJ nouveau riche; **Neureiche(r)** F(M) nouveau riche

Neurologe [nɔʏroˈloːgə] M, **Neurologin** F neurologist

Neurologie [nɔʏroloˈgiː] F neurology

neurologisch [nɔʏroˈloːgɪʃ] ADJ neurological

Neurose [nɔʏˈroːzə] (-, **-n**) F neurosis

Neurotiker(in) [nɔʏˈroːtikər(ɪn)] (**-s, -**) M(F) neurotic

neurotisch ADJ neurotic

Neu- ZW: **Neuschnee** M fresh snow; **Neuseeland** [nɔʏˈzeːlant] NT New Zealand; **Neuseeländer(in)** M(F) New Zealander; **neuseeländisch** ADJ New Zealand *attrib*; **neusprachlich** ADJ: **neusprachliches Gymnasium** grammar school (*BRIT*) *od* high school (*bes US*) stressing modern languages

neutral [nɔʏˈtraːl] ADJ neutral

neutralisieren [nɔʏtraliˈziːrən] VT to neutralize

Neutralität [nɔʏtraliˈtɛːt] F neutrality

Neutron [ˈnɔʏtrɔn] (**-s, -en**) NT neutron

Neutrum [ˈnɔʏtrʊm] (**-s, Neutra** *od* **Neutren**) NT neuter

Neu- ZW: **Neuwert** M purchase price; **neuwertig** ADJ as new; **Neuzeit** F modern age; **neuzeitlich** ADJ modern, recent

N. H. ABK (= *Normalhöhenpunkt*) normal peak (level)

nhd. ABK (= *neuhochdeutsch*) NHG

NHN ABK (= *Normalhöhennull*) m.s.l.

NI ABK = **Niedersachsen**

Nicaragua [nikaˈraːgua] (**-s**) NT Nicaragua; **Nicaraguaner(in)** [nikaraguˈaːnər(ɪn)] (**-s, -**) M(F) Nicaraguan; **nicaraguanisch** [nikaraguˈaːnɪʃ] ADJ Nicaraguan

nicht [nɪçt]

ADV **1** (*Verneinung*) not; **er ist es nicht** it's not him, it isn't him; **nicht rostend** stainless; **er**

raucht nicht (*gerade*) he isn't smoking; (*gewöhnlich*) he doesn't smoke; **ich kann das nicht — ich auch nicht** I can't do it — neither *od* nor can I; **es regnet nicht mehr** it's not raining any more; **nicht mehr als** no more than
2 (*Bitte, Verbot*): **nicht!** don't!, no!; **nicht berühren!** do not touch!; **nicht doch!** don't!
3 (*rhetorisch*): **du bist müde, nicht (wahr)?** you're tired, aren't you?; **das ist schön, nicht (wahr)?** it's nice, isn't it?
4: **was du nicht sagst!** the things you say!
▶ PRÄF non-

Nicht- ZW: **Nichtachtung** F disregard; **Nichtanerkennung** F repudiation; **Nichtangriffspakt** M non-aggression pact

★**Nichte** ['nɪçtə] (**-, -n**) F niece

Nicht- ZW: **Nichteinhaltung** F *+gen* non-compliance (with); **Nichteinmischung** F (*Pol*) nonintervention; **Nichtgefallen** NT: **bei ~ (zurück)** if not satisfied (return)

nichtig ['nɪçtɪç] ADJ (*ungültig*) null, void; (*wertlos*) futile; **Nichtigkeit** F nullity, invalidity; (*Sinnlosigkeit*) futility

★**Nichtraucher** M nonsmoker; **ich bin ~** I don't smoke

★**nichts** [nɪçts] PRON nothing; **~ ahnend** unsuspecting; **~ sagend** meaningless; **~ als** nothing but; **~ da!** (*ausgeschlossen*) nothing doing (*umg*); **~ wie raus/hin** *etc* (*umg*) let's get out/over there *etc* (on the double); **für ~ und wieder ~** for nothing at all; **ich habe ~ gesagt** I didn't say anything; ★ **Nichts** (**-s**) NT nothingness; (*pej*: *Person*) nonentity

Nichtschwimmer (**-s, -**) M nonswimmer

nichts- ZW: **nichtsdestotrotz** (*umg*) ADV notwithstanding (*form*), nonetheless; **nichtsdestoweniger** ADV nevertheless; **Nichtsnutz** (**-es, -e**) M good-for-nothing; **nichtsnutzig** ADJ worthless, useless; **nichtssagend** ADJ meaningless; **Nichtstun** (**-s**) NT idleness

Nichtzutreffende(s) NT: **Nichtzutreffendes (bitte) streichen** (please) delete as applicable

Nick ['nɪk] (**-s**) M username

Nickel ['nɪkəl] (**-s**) NT nickel; **Nickelbrille** F metal-rimmed glasses *pl*

nicken ['nɪkən] VI to nod

Nickerchen ['nɪkərçən] NT nap; **ein ~ machen** (*umg*) to have forty winks

Nicki ['nɪki] (**-s, -s**) M velours pullover

Nickname (**-ns, -n**) M username

★**nie** [ni:] ADV never; **~ wieder** *od* **mehr** never again; **~ und nimmer** never ever; **fast ~** hardly ever

nieder ['ni:dər] ADJ low; (*gering*) inferior ▶ ADV down; **niederdeutsch** ADJ (*Ling*) Low-German; **Niedergang** M decline; **niedergedrückt** ADJ depressed; **nieder|gehen** *unreg* VI to descend; (*Aviat*) to come down; (*Regen*) to fall; (*Boxer*) to go down; **niedergeschlagen** ADJ depressed, dejected; **Niedergeschlagenheit** F depression, dejection; **Niederkunft** F (*veraltet*) delivery, giving birth; **Niederlage** F defeat

★**Niederlande** ['ni:dərlandə] PL: **die ~** the Netherlands *pl*

Niederländer(in) ['ni:dərlɛndər(ɪn)] (**-s, -**) M(F) Dutchman, Dutchwoman

★**niederländisch** ADJ Dutch, Netherlands *attrib*

nieder- ZW: **nieder|lassen** *unreg* VR (*sich setzen*) to sit down; (*an Ort*) to settle (down); (*Arzt, Rechtsanwalt*) to set up in practice; **Niederlassung** F settlement; (*Comm*) branch; **nieder|legen** VT to lay down; (*Arbeit*) to stop; (*Amt*) to resign; **nieder|machen** VT to mow down; **Niederösterreich** NT Lower Austria; **Niederrhein** M Lower Rhine; **niederrheinisch** ADJ Lower Rhine *attrib*; **Niedersachsen** NT Lower Saxony; ★ **Niederschlag** M (*Chem*) precipitate; (*Bodensatz*) sediment; (*Met*) precipitation (*geh*), rainfall; (*Boxen*) knockdown; **radioaktiver ~** (radioactive) fallout; **nieder|schlagen** *unreg* VT (*Gegner*) to beat down; (*Gegenstand*) to knock down; (*Augen*) to lower; (*Jur*: *Prozess*) to dismiss; (*Aufstand*) to put down ▶ VR (*Chem*) to precipitate; **sich in etw** *dat* **~** (*Erfahrungen etc*) to find expression in sth; **niederschlagsfrei** ['ni:dərʃla:ksfraɪ] ADJ dry, without precipitation (*form*); **niederschmetternd** ADJ (*Nachricht, Ergebnis*) shattering; **nieder|schreiben** *unreg* VT to write down; **Niederschrift** F transcription; **niedertourig** ADJ (*Motor*) low-revving; **niederträchtig** ADJ base, mean; **Niederträchtigkeit** F despicable *od* malicious behaviour

Niederung F (*Geog*) depression

nieder|walzen ['ni:dərvaltsən] VT: **jdn/etw ~** (*umg*) to mow sb/sth down

nieder|werfen ['ni:dərvɛrfən] *unreg* VT to throw down; (*fig*) to overcome; (*Aufstand*) to suppress

niedlich ['ni:tlɪç] ADJ sweet, nice, cute

★**niedrig** ['ni:drɪç] ADJ low; (*Stand*) lowly, humble; (*Gesinnung*) mean

Niedriglohnsektor M low-wage sector

niemals ['ni:ma:ls] ADV never

★**niemand** ['ni:mant] PRON nobody, no-one; **ich habe niemanden gesehen** I haven't seen anyone

Niemandsland ['ni:mantslant] NT no-man's-land

Niere ['ni:rə] (**-, -n**) F kidney; **künstliche ~** kidney machine

Nierenentzündung F kidney infection

nieseln ['ni:zəln] VI to drizzle

Nieselregen M drizzle

niesen ['ni:zən] VI to sneeze

Niespulver NT sneezing powder

Niet [ni:t] (**-(e)s, -e**) M (*Tech*) rivet

Niete ['ni:tə] (**-, -n**) F (*Tech*) rivet; (*Los*) blank; (*Reinfall*) flop; (*Mensch*) failure

nieten VT to rivet

Nietenhose F (pair of) studded jeans *pl*

niet- und nagelfest (*umg*) ADJ nailed down

Niger[1] ['ni:gər] (**-s**) NT (*Staat*) Niger

Niger[2] ['ni:gər] (**-s**) M (*Fluss*) Niger

igeria [ni'ge:ria] **(-s)** NT Nigeria; **Nigerianer(in)** [nigeri'a:nər(ɪn)] M(F) Nigerian; **nigerianisch** [nige:ri'a:nɪʃ] ADJ Nigerian
ihilismus [nihi'lɪsmʊs] M nihilism
ihilist [nihi'lɪst] M nihilist; **nihilistisch** ADJ nihilistic
ikolaus ['ni:kolaʊs] **(-, -e** *od hum* **-läuse)** M ≈ Santa Claus, ≈ Father Christmas
ikosia [niko'zi:a] **(-s)** NT Nicosia
ikotin [niko'ti:n] **(-s)** NT nicotine; **nikotinarm** ADJ low-nicotine
il [ni:l] **(-s)** M Nile; **Nilpferd** NT hippopotamus
imbus ['nɪmbʊs] **(-, -se)** M (*Heiligenschein*) halo; (*fig*) aura
immersatt ['nɪmərzat] ADJ insatiable; **Nimmersatt (-(e)s, -e)** M glutton
immerwiedersehen (*umg*) NT: **auf ~!** I never want to see you again
immt [nɪmt] VB *siehe* **nehmen**
ippen ['nɪpən] VT, VI to sip
ippes ['nɪpəs] PL knick-knacks *pl*, bric-a-brac *sing*
ippsachen ['nɪpzaxən] PL knick-knacks *pl*
irgends ['nɪrgənts] ADV nowhere; **überall und ~** here, there and everywhere
irgendwo ['nɪrgəntvo] ADV = **nirgends**
irgendwohin ADV nowhere
ische ['ni:ʃə] **(-, -n)** F niche
isten ['nɪstən] VI to nest
itrat [ni'tra:t] **(-(e)s, -e)** NT nitrate
iveau [ni'vo:] **(-s, -s)** NT level; **diese Schule hat ein hohes ~** this school has high standards; **unter meinem ~** beneath me
ivellierung [nivɛ'li:rʊŋ] F (*Ausgleichung*) levelling out
ix [nɪks] (*umg*) PRON = **nichts**
ixe ['nɪksə] **(-, -n)** F water nymph
izza ['nɪtsa] **(-s)** NT Nice
. J. ABK (= *nächsten Jahres*) next year
. M. ABK (= *nächsten Monats*) next month
O ABK (= *Nordost*) NE
o. ABK (= *netto*) net
obel ['no:bəl] ADJ (*großzügig*) generous; (*elegant*) posh (*umg*)
obelpreis [no'bɛlpraɪs] M Nobel prize; **Nobelpreisträger(in)** M(F) Nobel prize winner

noch [nɔx]

ADV **1** (*weiterhin*) still; **noch nicht** not yet; **noch nie** never (yet); **noch immer** *od* **immer noch** still; **bleiben Sie doch noch** stay a bit longer; **ich gehe kaum noch aus** I hardly go out any more
2 (*in Zukunft*) still, yet; (*: irgendwann einmal*) one day; **das kann noch passieren** that might still happen; **er wird noch kommen** he'll come (yet); **das wirst du noch bereuen** you'll come to regret it (one day)
3 (*nicht später als*): **noch vor einer Woche** only a week ago; **noch am selben Tag** the very same day; **noch im 19. Jahrhundert** as late as the 19th century; **noch heute** today
4 (*zusätzlich*): **wer war noch da?** who else was there?; **noch (ein)mal** once more, again; **noch dreimal** three more times; **noch einer** another one; **und es regnete auch noch** and on top of that it was raining
5 (*bei Vergleichen*): **noch größer** even bigger; **das ist noch besser** that's better still; **und wenn es noch so schwer ist** however hard it is
6: **Geld noch und noch** heaps (and heaps) of money; **sie hat noch und noch versucht, ...** she tried again and again to ...
▶ KONJ: **weder A noch B** neither A nor B

nochmal, nochmals ADV once more, again
nochmalig ADJ repeated
Nockenwelle ['nɔkənvɛlə] F camshaft
NOK NT ABK (= *Nationales Olympisches Komitee*) National Olympic Committee
Nom. ABK = **Nominativ**
Nominalwert [nomi'na:lve:rt] M (*Fin*) nominal *od* par value
Nominativ ['no:minati:f] **(-s, -e)** M nominative
nominell [nomi'nɛl] ADJ nominal
nominieren [nomi'ni:rən] VT to nominate
Nonne ['nɔnə] **(-, -n)** F nun
Nonnenkloster NT convent
Nonplusultra [nɔnplʊs'|ʊltra] **(-s)** NT ultimate
Non-Profit-Unternehmen, Nonprofitunternehmen [nɔn'prɔfit-] NT non-profit company
Nord [nɔrt] **(-s)** M north; **Nordafrika** ['nɔrt'|a:frika] NT North Africa; ★**Nordamerika** NT North America; **nordamerikanisch** ['nɔrt|ameri'ka:nɪʃ] ADJ North American
nordd. ABK = **norddeutsch**
norddeutsch ADJ North German
Norddeutschland NT North(ern) Germany
★**Norden** ['nɔrdən] M north
Nord- ZW: **Nordengland** NT the North of England; **Nordeuropa** NT Northern Europe; **Nordirland** NT Northern Ireland, Ulster; **nordisch** ADJ northern; (*Völker, Sprache*) Nordic; **nordische Kombination** (*Ski*) nordic combination; **Nordkap** NT North Cape; **Nordkorea** ['nɔrtko're:a] NT North Korea
★**nördlich** ['nœrtlɪç] ADJ northerly, northern ▶ PRÄP +*gen* (to the) north of; **der nördliche Polarkreis** the Arctic Circle; **Nördliches Eismeer** Arctic Ocean; **~ von** north of
Nord- ZW: **Nordlicht** NT northern lights *pl*, aurora borealis; **Nord-Ostsee-Kanal** M Kiel Canal; **Nordpol** M North Pole; **Nordpolargebiet** NT Arctic (Zone)
Nordrhein-Westfalen ['nɔrtraɪnvɛst'fa:lən] **(-s)** NT North Rhine-Westphalia
★**Nordsee** F North Sea
nordwärts ADV northwards
Nörgelei [nœrgə'laɪ] F grumbling
nörgeln VI to grumble

n

Nörgler(in) (**-s, -**) M(F) grumbler

Norm [nɔrm] (**-, -en**) F norm; (*Leistungssoll*) quota; (*Größenvorschrift*) standard (specification)

★**normal** [nɔrˈmaːl] ADJ normal; **bist du noch ~?** (*umg*) have you gone mad?; ★**Normalbenzin** NT regular (petrol (BRIT) *od* gas (US))

★**normalerweise** ADV normally

Normalfall M: **im ~** normally

Normalgewicht NT normal weight; (*genormt*) standard weight

normalisieren [nɔrmaliˈziːrən] VT to normalize ▶ VR to return to normal

Normalzeit F (*Geog*) standard time

Normandie [nɔrmanˈdiː] F Normandy

normen VT to standardize

★**Norwegen** [ˈnɔrveːgən] (**-s**) NT Norway

★**Norweger(in)** (**-s, -**) M(F) Norwegian

★**norwegisch** ADJ Norwegian

Nostalgie [nɔstalˈgiː] F nostalgia

Not [noːt] (**-, Nöte**) F need; (*Armut*) poverty; (*Mangel*) want; (*Mühe*) trouble; (*Zwang*) necessity; **~ leidend** needy; **zur ~** if necessary; (*gerade noch*) just about; **wenn ~ am Mann ist** if you/they *etc* are short (*umg*); (*im Notfall*) in an emergency; **er hat seine liebe ~ mit ihr/damit** he really has problems with her/it; **in seiner ~** in his hour of need

Notar(in) [noˈtaːr(ɪn)] (**-s, -e**) M(F) notary; **notariell** ADJ notarial; **~ beglaubigt** attested by a notary

Not- zW: **Notarzt** M, **Notärztin** F emergency doctor; **Notaufnahme** F A&E, casualty (BRIT), emergency room (US); ★**Notausgang** M emergency exit, fire exit; **Notbehelf** M stopgap; ★**Notbremse** F emergency brake; ★**Notdienst** M: **~ haben** (*Apotheke*) to be open 24 hours; (*Arzt*) to be on call; **notdürftig** ADJ scanty; (*behelfsmäßig*) makeshift; **sich ~ verständigen können** to be able to communicate to some extent

★**Note** [ˈnoːtə] (**-, -n**) F note; (*Sch*) mark (BRIT), grade (US) ▪ **Noten** PL (*Mus*) music *sing*; **eine persönliche ~** a personal touch

Noten- zW: **Notenbank** F issuing bank; **Notenblatt** NT sheet of music; **Notenschlüssel** M clef; **Notenständer** M music stand

Not- zW: ★**Notfall** M (case of) emergency; **notfalls** ADV if need be; **notgedrungen** ADV necessary, unavoidable; **etw ~ machen** to be forced to do sth; **Notgroschen** [ˈnoːtgrɔʃən] M nest egg

notieren [noˈtiːrən] VT to note; (*Comm*) to quote

Notierung F (*Comm*) quotation

★**nötig** [ˈnøːtɪç] ADJ necessary ▶ ADV (*dringend*): **etw ~ brauchen** to need sth urgently; **etw ~ haben** to need sth; **das habe ich nicht ~!** I can do without that!

nötigen VT to compel, to force; **nötigenfalls** ADV if necessary

Nötigung F compulsion, coercion (JUR)

Notiz [noˈtiːts] (**-, -en**) F note; (*Zeitungsnotiz*) item; **~ nehmen** to take notice; **Notizblock** M notepad; **Notizbuch** NT notebook; **Notizzettel** M piece of paper

Not- zW: **Notlage** F crisis, emergency; **notlanden** VI to make a forced *od* emergency landing; **Notlandung** F forced *od* emergency landing; **Notlösung** F temporary solution; **Notlüge** F white lie

notorisch [noˈtoːrɪʃ] ADJ notorious

Not- zW: ★**Notruf** M emergency call; **Notrufsäule** F emergency telephone; **notschlachten** VT (*Tiere*) to destroy; **Notstand** M state of emergency; **Notstandsgebiet** NT (*wirtschaftlich*) depressed area; (*bei Katastrophen*) disaster area; **Notstandsgesetz** NT emergency law; **Notunterkunft** F emergency accommodation; **Notverband** M emergency dressing; **Notwehr** (**-**) F self-defence; ★**notwendig** ADJ necessary; **Notwendigkeit** F necessity; **Notzucht** F rape

Nov. ABK (= *November*) Nov.

Novelle [noˈvɛlə] (**-, -n**) F novella; (*Jur*) amendment

★**November** [noˈvɛmbər] (**-(s), -**) M November *siehe auch* **September**

Novum [ˈnoːvʊm] (**-s, Nova**) NT novelty

NPD (**-**) F ABK (= *Nationaldemokratische Partei Deutschlands*) National Democratic Party

Nr. ABK (= *Nummer*) no.

NRW ABK = **Nordrhein-Westfalen**

NRZ F ABK (= *Nettoraumzahl*) NT

NS ABK = **Nachschrift**; **Nationalsozialismus**

NS- IN ZW Nazi

N. T. ABK (= *Neues Testament*) N.T.

Nu [nuː] M: **im Nu** in an instant

Nuance [nyˈãːsə] (**-, -n**) F nuance; (*Kleinigkeit*) shade

nüchtern [ˈnʏçtərn] ADJ sober; (*Magen*) empty; (*Urteil*) prudent; **Nüchternheit** F sobriety

★**Nudel** [ˈnuːdəl] (**-, -n**) F noodle; (*umg: Mensch: dick*) dumpling; (*: komisch*) character ▪ **Nudeln** PL pasta *sing*; **Nudelholz** NT rolling pin

Nugat [ˈnuːgat] (**-s, -s**) M OD NT nougat

nuklear [nukleˈaːr] ADJ *attrib* nuclear

★**null** [nʊl] NUM zero; **~ Fehler** no mistakes; **~ Uhr** midnight; **in ~ Komma nichts** (*umg*) in less than no time; **die Stunde ~** the new starting point; **gleich ~ sein** to be absolutely nil; **~ und nichtig** null and void; ★**Null** (**-, -en**) F nought, zero; (*pej: Mensch*) dead loss; **nullachtfünfzehn** (*umg*) ADJ run-of-the-mill; **Nulldiät** F starvation diet; **Nullerjahre** PL 2000s, noughties (BRIT); **Nulllösung** F (*Pol*) zero option; **Nullpunkt** M zero; **auf dem ~** at zero; **Nulltarif** M (*für Verkehrsmittel*) free travel; **zum ~** free of charge

numerieren [numeˈriːrən] VT *siehe* **nummerieren**

numerisch [nuˈmeːrɪʃ] ADJ numerical; **numerisches Tastenfeld** (*Comput*) numeric pad

Numerus [ˈnuːmerʊs] (**-, Numeri**) M (*Gram*) number; **~ clausus** (*Univ*) restricted entry

Nummer [ˈnʊmər] (-, **-n**) F number; **auf ~ sicher gehen** (*umg*) to play (it) safe

nummerieren [numeˈriːrən] VT to number

Nummern- ZW: **Nummernkonto** NT numbered bank account; **Nummernscheibe** F telephone dial; **Nummernschild** NT (*Aut*) number *od* license (*US*) plate

nun [nuːn] ADV now ▶ INTERJ well; **es ist ~ mal so** that's the way it is

nur [nuːr] ADV just, only; **nicht ~ ..., sondern auch ...** not only ... but also ...; **alle, ~ ich nicht** everyone but me; **ich hab das ~ so gesagt** I was just talking

Nürnberg [ˈnʏrnbɛrk] (**-s**) NT Nuremberg

nuscheln [ˈnʊʃəln] (*umg*) VT, VI to mutter, to mumble

Nuss [nʊs] (-, **Nüsse**) F nut; **eine doofe ~** (*umg*) a stupid twit; **eine harte ~** a hard nut (to crack); **Nussbaum** M walnut tree; **Nussknacker** M nutcracker

Nüster [ˈnyːstər] (-, **-n**) F nostril

Nutte [ˈnʊtə] (-, **-n**) F tart (*BRIT*), hooker (*US*)

nutz [nʊts] ADJ = **nütze**; **nutzbar** ADJ: **~ machen** to utilize; **Nutzbarmachung** F utilization; **nutzbringend** ADJ profitable; **etw ~ anwenden** to use sth to good effect, to put sth to good use

nütze [ˈnʏtsə] ADJ: **zu nichts ~ sein** to be useless

★**nutzen** VI to be of use ▶ VT: **(zu etw) ~** to use (for sth); **was nutzt es?** what's the use?, what use is it?; ★**Nutzen** (**-s**) M usefulness; (*Gewinn*) profit; **von ~** useful

★**nützen** VT, VI = **nutzen**

Nutz- ZW: **Nutzfahrzeug** NT *farm od military vehicle etc*; (*Comm*) commercial vehicle; **Nutzfläche** F us(e)able floor space; (*Agr*) productive land; **Nutzlast** F maximum load, payload

nützlich [ˈnʏtslɪç] ADJ useful; **Nützlichkeit** F usefulness

Nutz- ZW: ★**nutzlos** ADJ useless; (*unnötig*) needless; **Nutzlosigkeit** F uselessness; **Nutznießer(in)** M(F) beneficiary

Nutzung F (*Gebrauch*) use; (*das Ausnutzen*) exploitation

NW ABK (= *Nordwest*) NW

Nylon [ˈnaɪlɔn] (**-s**) NT nylon

Nymphe [ˈnʏmfə] (-, **-n**) F nymph

n

O¹, o [o:] NT O, o; **O wie Otto** ≈ O for Olive, ≈ O for Oboe (*US*)

O² [o:] ABK (= *Osten*) E

o. Ä. ABK (= *oder Ähnliche(s)*) or similar

Oase [o'a:zə] (-, **-n**) F oasis

★**ob** [ɔp] KONJ if, whether; **ob das wohl wahr ist?** can that be true?; **ob ich (nicht) lieber gehe?** maybe I'd better go; **(so) tun als ob** (*umg*) to pretend; **und ob!** you bet!

★**OB** (**-s, -s**) M ABK = **Oberbürgermeister**

Obacht ['o:baxt] F: **~ geben** to pay attention

Obdach ['ɔpdax] (**-(e)s**) NT shelter, lodging; ★**obdachlos** ADJ homeless; **Obdachlose(r)** F(M) homeless person; **Obdachlosenasyl** NT hostel *od* shelter for the homeless; **Obdachlosenheim** NT = **Obdachlosenasyl**

Obduktion [ɔpdʊktsi'o:n] F postmortem

obduzieren [ɔpdu'tsi:rən] VT to do a postmortem on

O-Beine ['o:baɪnə] PL bow *od* bandy legs *pl*

★**oben** ['o:bən] ADV above; (*in Haus*) upstairs; (*am oberen Ende*) at the top; **~ erwähnt, ~ genannt** above-mentioned; **nach ~** up; **von ~** down; **siehe ~** see above; **ganz ~** right at the top; **~ ohne** topless; **die Abbildung ~ links** *od* **links ~** the illustration in the top left-hand corner; **jdn von ~ herab behandeln** to treat sb condescendingly; **jdn von ~ bis unten ansehen** to look sb up and down; **Befehl von ~** orders from above; **die da ~** (*umg: die Vorgesetzten*) the powers that be; **obenan** ADV at the top; **obenauf** ADV up above, on the top ▶ ADJ (*munter*) in form; **obendrein** ADV into the bargain; **obenhin** ADV cursorily, superficially

Ober ['o:bər] (**-s, -**) M waiter

Ober- ZW: **Oberarm** M upper arm; **Oberarzt** M, **Oberärztin** F senior physician; **Oberaufsicht** F supervision; **Oberbayern** NT Upper Bavaria; **Oberbefehl** M supreme command; **Oberbefehlshaber(in)** M(F) commander-in-chief; **Oberbegriff** M generic term; **Oberbekleidung** F outer clothing; **Oberbett** NT quilt; **Oberbürgermeister(in)** M(F) lord mayor; **Oberdeck** NT upper *od* top deck

obere(r, s) ADJ upper; **die Oberen** the bosses; (*Eccl*) the superiors; **die oberen Zehntausend** (*umg*) high society

Ober- ZW: **Oberfläche** F surface; **oberflächlich** ADJ superficial; **bei oberflächlicher Betrachtung** at a quick glance; **jdn (nur) ~ kennen** to know sb (only) slightly; ★**Obergeschoss** NT upper storey *od* story (*US*); **im zweiten ~** on the second floor (BRIT), on the third floor (*US*); **oberhalb** ADV above ▶ PRÄP *+gen* above; **Oberhand** F (*fig*): **die ~ gewinnen (über** *+akk***)** to get the upper hand (over); **Oberhaupt** NT head, chief; **Oberhaus** NT (*in Großbritannien*) upper house, House of Lords; **Oberhemd** NT shirt; **Oberherrschaft** F supremacy, sovereignty

Oberin F matron; (*Eccl*) Mother Superior

Ober- ZW: **oberirdisch** ADJ above ground; (*Leitung*) overhead; **Oberitalien** NT Northern Italy; **Oberkellner(in)** M(F) head waiter, head waitress; **Oberkiefer** M upper jaw; **Oberkommando** NT supreme command; **Oberkörper** M upper part of body; **Oberlauf** M: **am ~ des Rheins** in the upper reaches of the Rhine; **Oberleitung** F (*Elek*) overhead cable; **Oberlicht** NT skylight; **Oberlippe** F upper lip; **Oberösterreich** NT Upper Austria; **Oberprima** F (*früher*) *final year of German secondary school*; **Oberschenkel** M thigh; **Oberschicht** F upper classes *pl*; **Oberschule** F grammar school (BRIT), high school (*US*); **Oberschwester** F (*Med*) matron; **Oberseite** F top (side); **Obersekunda** F (*früher*) *seventh year of German secondary school*

Oberst ['o:bərst] (**-en** *od* **-s, -en** *od* **-e**) M colonel

oberste(r, s) ADJ very top, topmost

Ober- ZW: **Oberstübchen** (*umg*) NT: **er ist nicht ganz richtig im ~** he's not quite right up top; ★**Oberstufe** F upper school; **Oberteil** NT top; **Obertertia** F (*früher*) *fifth year of German secondary school*; **Oberwasser** NT: **~ haben/bekommen** to be/get on top (of things)

★**obgleich** [ɔp'glaɪç] KONJ although

Obhut ['ɔphu:t] (-) F care, protection; **in jds ~** *dat* **sein** to be in sb's care

obig ['o:bɪç] ADJ above

Objekt [ɔp'jɛkt] (**-(e)s, -e**) NT object

objektiv [ɔpjɛk'ti:f] ADJ objective

Objektiv (**-s, -e**) NT lens

Objektivität [ɔpjɛktivi'tɛ:t] F objectivity

Oblate [o'bla:tə] (-, **-n**) F (*Gebäck*) wafer; (*Eccl*) host

obligatorisch [obliga'to:rɪʃ] ADJ compulsory, obligatory

Oboe [o'bo:ə] (-, **-n**) F oboe

Obrigkeit [ˈoːbrɪçkaɪt] F (*Behörden*) authorities *pl*, administration; (*Regierung*) government

Obrigkeitsdenken NT acceptance of authority

obschon [ɔpˈʃoːn] KONJ although

Observatorium [ɔpzɛrvaˈtoːriʊm] NT observatory

obskur [ɔpsˈkuːr] ADJ obscure; (*verdächtig*) dubious

Obst [oːpst] **(-(e)s)** NT fruit; **Obstbau** M fruit-growing; **Obstbaum** M fruit tree; **Obstgarten** M orchard; **Obsthändler(in)** M(F) fruiterer (BRIT), fruit merchant; **Obstkuchen** M fruit tart; **Obstsaft** M fruit juice; **Obstsalat** M fruit salad

obszön [ɔpsˈtsøːn] ADJ obscene

Obszönität [ɔpstøniˈtɛːt] F obscenity

Obus [ˈoːbʊs] **(-ses, -se)** (*umg*) M trolleybus

obwohl [ɔpˈvoːl] KONJ although

Ochse [ˈɔksə] **(-n, -n)** M ox; (*umg: Dummkopf*) twit; **er stand da wie der ~ vorm Berg** (*umg*) he stood there utterly bewildered

ochsen (*umg*) VT, VI to cram, to swot (BRIT)

Ochsenschwanzsuppe F oxtail soup

Ochsenzunge F ox tongue

Ocker [ˈɔkər] **(-s, -)** M OD NT ochre (BRIT), ocher (US)

öd [øːt] ADJ = **öde**

öde [ˈøːdə] ADJ (*Land*) waste, barren; (*fig*) dull; **~ und leer** dreary and desolate

Öde **(-, -n)** F desert, waste(land); (*fig*) tedium

oder [ˈoːdər] KONJ or; **entweder ... ~** either ... or; **du kommst doch, ~?** you're coming, aren't you?

> Im britischen Englisch wird das rhetorische *oder* in einem positiven Satz mit einer Verneinung, in einem negativen Satz mit einer Bejahung des passenden Hilfverbs übersetzt:
>
> *Sie spielt sehr gut, oder?* **She plays really well, doesn't she?**
>
> *Du bist doch nicht müde, oder?* **You aren't tired, are you?**
>
> *Er wird kommen, oder?* **He'll come, won't he?**
>
> Die Amerikaner hängen eher ein *right?* an.

Ofen [ˈoːfən] **(-s, Öfen)** M oven; (*Heizofen*) fire, heater; (*Kohleofen*) stove; (*Hochofen*) furnace; (*Herd*) cooker, stove; **jetzt ist der ~ aus** (*umg*) that does it!; **Ofenrohr** NT stovepipe

offen [ˈɔfən] ADJ open; (*aufrichtig*) frank; (*Stelle*) vacant; (*Bein*) ulcerated; (*Haare*) loose; **offener Wein** wine by the carafe *od* glass; **auf offener Strecke** (*Straße*) on the open road; (*Eisenb*) between stations; **Tag der offenen Tür** open day (BRIT), open house (US); **offene Handelsgesellschaft** (*Comm*) general *od* ordinary (US) partnership; **~ bleiben** (*Fenster*) to stay open; **~ halten** to keep open; **~ lassen** to leave open; **~ stehen** to be open; **seine Meinung ~ sagen** to speak one's mind; **ein offenes Wort mit jdm reden** to have a frank talk with sb; **~ gesagt** to be honest; *siehe auch* **offenbleiben**; **offenstehen**

offenbar ADJ obvious; (*vermutlich*) apparently

offenbaren [ɔfənˈbaːrən] VT to reveal, to manifest

Offenbarung F (*Rel*) revelation

Offenbarungseid M (*Jur*) oath of disclosure

Offen- ZW: **offen|bleiben** *unreg* VI (*fig: Frage, Entscheidung*) to remain open; *siehe auch* **offen**; **Offenheit** F candour (BRIT), candor (US), frankness; **offenherzig** ADJ candid, frank; (*hum: Kleid*) revealing; **Offenherzigkeit** F frankness; **offenkundig** ADJ well-known; (*klar*) evident; **offensichtlich** ADJ evident, obvious

offensiv [ɔfɛnˈziːf] ADJ offensive

Offensive **(-, -n)** F offensive

offen|stehen *unreg* VI (*fig: Rechnung*) to be unpaid; **es steht Ihnen offen, es zu tun** you are at liberty to do it; **die (ganze) Welt steht ihm offen** he has the (whole) world at his feet; *siehe auch* **offen**

★**öffentlich** [ˈœfəntlɪç] ADJ public; **die öffentliche Hand** (central/local) government; **Anstalt des öffentlichen Rechts** public institution; **Ausgaben der öffentlichen Hand** public spending *sing*

Öffentlichkeit F (*Leute*) public; (*einer Versammlung etc*) public nature; **in aller ~** in public; **an die ~ dringen** to reach the public ear; **unter Ausschluss der ~** in secret; (*Jur*) in camera

Öffentlichkeitsarbeit F public relations work

öffentlich-rechtlich ADJ *attrib* (under) public law

offerieren [ɔfeˈriːrən] VT to offer

Offerte [ɔˈfɛrtə] **(-, -n)** F offer

offiziell [ɔfitsiˈɛl] ADJ official

Offizier [ɔfiˈtsiːr] **(-s, -e)** M officer

Offizierskasino NT officers' mess

★**öffnen** [ˈœfnən] VT, VR to open; **jdm die Tür ~** to open the door for sb

★**Öffner** [ˈœfnər] **(-s, -)** M opener

Öffnung [ˈœfnʊŋ] F opening

Öffnungsklausel F (*Jur*) escape clause; (*fig: Schlupfloch*) loophole

★**Öffnungszeiten** PL opening times *pl*

Offsetdruck [ˈɔfsɛtdrʊk] M offset (printing)

★**oft** [ɔft] ADV often

öfter [ˈœftər] ADV more often *od* frequently; **des Öfteren** quite frequently; **~ mal was Neues** (*umg*) variety is the spice of life (*Sprichwort*)

öfters ADV often, frequently

oftmals ADV often, frequently

o. G. ABK (= *ohne Gewähr*) without liability

OHG F ABK (= *offene Handelsgesellschaft*) *siehe* **offen**

★**ohne** [ˈoːnə] PRÄP +*akk*, KONJ without; **das ist nicht ~** (*umg*) it's not bad; **~ Weiteres** without a second thought; (*sofort*) immediately; **das kann man nicht ~ Weiteres voraussetzen** you can't just assume that automatically; **ohne-**

O

dies ADV anyway; **ohneeinander** [o:nə|aɪ'nandər] ADV without each other; **ohnegleichen** ADJ unsurpassed, without equal; **ohnehin** ADV anyway, in any case; **es ist ~ schon spät** it's late enough already

Ohnmacht ['o:nmaxt] F faint; (*fig*) impotence; **in ~ fallen** to faint

ohnmächtig ['o:nmɛçtɪç] ADJ in a faint, unconscious; (*fig*) weak, impotent; **sie ist ~** she has fainted; **ohnmächtige Wut, ohnmächtiger Zorn** helpless rage; **einer Sache** *dat* **~ gegenüberstehen** to be helpless in the face of sth

★**Ohr** [o:r] **(-(e)s, -en)** NT ear; (*Gehör*) hearing; **sich aufs ~ legen** *od* **hauen** (*umg*) to kip down; **jdm die Ohren lang ziehen** (*umg*) to tweak sb's ear(s); **jdm in den Ohren liegen** to keep on at sb; **jdn übers ~ hauen** (*umg*) to pull a fast one on sb; **auf dem ~ bin ich taub** (*fig*) nothing doing (*umg*); **schreib es dir hinter die Ohren** (*umg*) will you (finally) get that into your (thick) head!; **bis über die** *od* **beide Ohren verliebt sein** to be head over heels in love; **viel um die Ohren haben** (*umg*) to have a lot on (one's plate); **halt die Ohren steif!** keep a stiff upper lip!

★**Öhr** [ø:r] **(-(e)s, -e)** NT eye

Ohren- zW: **Ohrenarzt** M, **Ohrenärztin** F ear specialist; **ohrenbetäubend** ADJ deafening; **Ohrensausen** NT (*Med*) buzzing in one's ears; **Ohrenschmalz** NT earwax; **Ohrenschmerzen** PL earache *sing*; **Ohrenschützer** M earmuff

Ohr- zW: **Ohrfeige** F slap on the face; (*als Strafe*) box on the ears; **ohrfeigen** VT UNTR: **jdn ~** to slap sb's face; (*als Strafe*) to box sb's ears; **ich könnte mich selbst ~, dass ich das gemacht habe** I could kick myself for doing that; **Ohrläppchen** NT ear lobe; **Ohrringe** PL earrings *pl*; **Ohrwurm** M earwig; (*Mus*) catchy tune

o. J. ABK (= *ohne Jahr*) no year given

okkupieren [ɔku'pi:rən] VT to occupy

Öko- ['øko-] IN ZW eco-, ecological; **Ökofonds** M eco-fund, green fund; **Ökoladen** M wholefood shop

Ökologie [økolo'gi:] F ecology

ökologisch [øko'lo:gɪʃ] ADJ ecological, environmental

Ökonometrie [økonome'tri:] F econometrics *pl*

Ökonomie [økono'mi:] F economy; (*als Wissenschaft*) economics *sing*

ökonomisch [øko'no:mɪʃ] ADJ economical

Ökopax [øko'paks] **(-en, -e)** (*umg*) M environmentalist

Ökosteuer F green tax

Ökostrom ['ø:koʃtro:m] M green electricity

Ökosystem ['ø:kozʏste:m] NT ecosystem

Okt. ABK (= *Oktober*) Oct.

Oktan [ɔk'ta:n] **(-s, -e)** NT octane; **Oktanzahl** F octane rating

Oktave [ɔk'ta:və] **(-, -n)** F octave

★**Oktober** [ɔk'to:bər] **(-(s), -)** M October; *siehe auch* **September**

★**Oktoberfest** *see note*

The annual October beer festival, the **Oktoberfest**, takes place in Munich in a huge field where beer tents, roller coasters and many other amusements are set up. People sit at long wooden tables, drink beer from enormous litre beer mugs, eat pretzels and listen to brass bands. It is a great attraction for tourists and locals alike.

ökumenisch [øku'me:nɪʃ] ADJ ecumenical

★**Öl** [ø:l] **(-(e)s, -e)** NT oil; **auf Öl stoßen** to strike oil

Öl- zW: **Ölbaum** M olive tree; **ölen** VT to oil; (*Tech*) to lubricate; **wie ein geölter Blitz** (*umg*) like greased lightning; **Ölfarbe** F oil paint; **Ölfeld** NT oilfield; **Ölfilm** M film of oil; **Ölgemälde** NT oil painting; **Ölheizung** F oil-fired central heating

ölig ADJ oily

Oligopol [oligo'po:l] **(-s, -e)** NT oligopoly

oliv [o'li:f] ADJ olive-green

Olive [o'li:və] **(-, -n)** F olive

Olivenöl NT olive oil

Öljacke F oilskin jacket

oll [ɔl] (*umg*) ADJ old; **das sind olle Kamellen** that's old hat

Öl- zW: **Ölmessstab** M dipstick; **Ölpest** F oil pollution; **Ölplattform** F oil rig; **Ölsardine** F sardine; **Ölscheich** M oil sheik; **Ölstand** M oil level; **Ölstandanzeiger** M (*Aut*) oil level indicator; **Öltanker** M oil tanker; **Ölteppich** M oil slick

Ölung F oiling; (*Eccl*) anointment; **die Letzte ~** Extreme Unction

Ölwanne F (*Aut*) sump (BRIT), oil pan (*US*)

Ölwechsel M oil change

Olymp [o'lʏmp] **(-s)** M (*Berg*) Mount Olympus

Olympiade [olʏmpi'a:də] **(-, -n)** F Olympic Games® *pl*

Olympiasieger(in) [o'lʏmpiazi:gər(ɪn)] M(F) Olympic® champion

olympisch [o'lʏmpɪʃ] ADJ Olympic®

Ölzeug NT oilskins *pl*

★**Oma** ['o:ma] **(-, -s)** (*umg*) F granny

Oman [o'ma:n] **(-s)** NT Oman

★**Omelett** [ɔm(ə)'lɛt] **(-(e)s, -s)** NT omelette (BRIT), omelet (*US*)

Omelette [ɔm(ə)'lɛt] F = **Omelett**

Omen ['o:mɛn] **(-s, -** *od* **Omina)** NT omen

Omnibus ['ɔmnibʊs] M (omni)bus

Onanie [ona'ni:] F masturbation

onanieren VI to masturbate

ondulieren [ɔndu'li:rən] VT, VI to crimp

★**Onkel** ['ɔŋkəl] **(-s, -)** M uncle

online ['ɔnlaɪn] ADJ (*Comput*) on-line

Onlineauktion F on-line auction

Onlinedienst M (*Comput*) on-line service

OP M ABK = **Operationssaal**
Opa ['o:pa] (**-s, -s**) (*umg*) M grandpa
Opal [o'pa:l] (**-s, -e**) M opal
Oper ['o:pər] (**-, -n**) F opera; (*Opernhaus*) opera house
Operation [operatsi'o:n] F operation
Operationssaal M operating theatre (BRIT) *od* theater (*US*)
operativ [opəra'ti:f] ADV (*Med*): **eine Geschwulst ~ entfernen** to remove a growth by surgery
Operette [ope'rɛtə] F operetta
operieren [ope'ri:rən] VT, VI to operate; **sich ~ lassen** to have an operation
Opern- zW: **Opernglas** NT opera glasses *pl*; **Opernhaus** NT opera house; **Opernsänger(in)** M(F) opera singer
Opfer ['ɔpfər] (**-s, -**) NT sacrifice; (*Mensch*) victim; **Opferbereitschaft** F readiness to make sacrifices
opfern VT to sacrifice
Opferstock M (*Eccl*) offertory box
Opferung F sacrifice; (*Eccl*) offertory
Opium ['o:piʊm] (**-s**) NT opium
opponieren [ɔpo'ni:rən] VI: **gegen jdn/etw ~** to oppose sb/sth
opportun [ɔpɔr'tu:n] ADJ opportune; **Opportunismus** [-'nɪsmʊs] M opportunism; **Opportunist(in)** [-'nɪst(ɪn)] M(F) opportunist
Opposition [ɔpozitsi'o:n] F opposition
oppositionell [ɔpozitsio:'nɛl] ADJ opposing
Oppositionsführer(in) M(F) leader of the opposition
optieren [ɔp'ti:rən] VI (*Pol: form*): **~ für** to opt for
Optik ['ɔptɪk] F optics *sing*
Optiker(in) (**-s, -**) M(F) optician
optimal [ɔpti'ma:l] ADJ optimal, optimum
Optimismus [ɔpti'mɪsmʊs] M optimism
Optimist(in) [ɔpti'mɪst(ɪn)] M(F) optimist; ★ **optimistisch** ADJ optimistic
optisch ['ɔptɪʃ] ADJ optical; **optische Täuschung** optical illusion
Orakel [o'ra:kəl] (**-s, -**) NT oracle
orange ADJ orange
Orange [o'rã:ʒə] (**-, -n**) F orange
Orangeade [orã'ʒa:də] (**-, -n**) F orangeade
Orangeat [orã'ʒa:t] (**-s, -e**) NT candied peel
Orangen- zW: **Orangenmarmelade** F marmalade; ★ **Orangensaft** M orange juice; **Orangenschale** F orange peel
Oratorium [ora'to:riʊm] NT (*Mus*) oratorio
Orchester [ɔr'kɛstər] (**-s, -**) NT orchestra
Orchidee [ɔrçi'de:ə] (**-, -n**) F orchid
Orden ['ɔrdən] (**-s, -**) M (*Eccl*) order; (*Mil*) decoration
Ordensgemeinschaft F religious order
Ordensschwester F nun
ordentlich ['ɔrdəntlɪç] ADJ (*anständig*) decent, respectable; (*geordnet*) tidy, neat; (*umg: annehmbar*) not bad; (*: tüchtig*) real, proper; (*Leistung*) reasonable; **ordentliches Mitglied** full member; **ordentlicher Professor** (full) professor; **eine ordentliche Tracht Prügel** a proper hiding; **~ arbeiten** to be a thorough and precise worker; **Ordentlichkeit** F respectability; (*von Zimmer etc*) tidiness
Order ['ɔrdər] (**-, -s** *od* **-n**) F (*Comm: Auftrag*) order
ordern VT (*Comm*) to order
Ordinalzahl [ɔrdi'na:ltsa:l] F ordinal number
ordinär [ɔrdi'nɛ:r] ADJ common, vulgar
Ordinarius [ɔrdi'na:riʊs] (**-, Ordinarien**) M (*Univ*): **~ (für)** professor (of)
ordnen ['ɔrdnən] VT to order, to put in order
★ **Ordner** (**-s, -**) M steward; (*Comm*) file
★ **Ordnung** F order; (*Ordnen*) ordering; (*Geordnetsein*) tidiness; **geht in ~** (*umg*) that's all right *od* OK (*umg*); **~ schaffen, für ~ sorgen** to put things in order, to tidy things up; **jdn zur ~ rufen** to call sb to order; **bei ihm muss alles seine ~ haben** (*räumlich*) he has to have everything in its proper place; (*zeitlich*) he has to do everything according to a fixed schedule; **das Kind braucht seine ~** the child needs a routine
Ordnungs- zW: **Ordnungsamt** NT ≈ town clerk's office; **ordnungsgemäß** ADJ proper, according to the rules; **ordnungshalber** ADV as a matter of form; **Ordnungsliebe** F tidiness, orderliness; **Ordnungsstrafe** F fine; **ordnungswidrig** ADJ contrary to the rules, irregular; **Ordnungswidrigkeit** F infringement (*of law or rule*); **Ordnungszahl** F ordinal number
ORF (**-**) M ABK = **Österreichischer Rundfunk**
Organ [ɔr'ga:n] (**-s, -e**) NT organ; (*Stimme*) voice
Organisation [ɔrganizatsi'o:n] F organization
Organisationstalent NT organizing ability; (*Person*) good organizer
Organisator [ɔrgani'za:tɔr] M organizer
organisch [ɔr'ga:nɪʃ] ADJ organic; (*Erkrankung, Leiden*) physical
★ **organisieren** [ɔrgani'zi:rən] VT to organize, to arrange; (*umg: beschaffen*) to acquire ▶ VR to organize
Organismus [ɔrga'nɪsmʊs] M organism
Organist [ɔrga'nɪst] M organist
Organspender M donor (of an organ)
Organspenderausweis M donor card
Organspenderin F donor (of an organ)
Organverpflanzung F transplantation (of an organ)
Orgasmus [ɔr'gasmʊs] M orgasm
Orgel ['ɔrgəl] (**-, -n**) F organ; **Orgelpfeife** F organ pipe; **wie die Orgelpfeifen stehen** to stand in order of height
Orgie ['ɔrgiə] F orgy
Orient ['o:riɛnt] (**-s**) M Orient, east; **der Vordere ~** the Near East
Orientale [o:riɛn'ta:lə] (**-n, -n**) M Oriental
Orientalin [o:riɛn'ta:lɪn] F Oriental
orientalisch ADJ oriental

O

orientieren [oːriɛnˈtiːrən] VT (*örtlich*) to locate; (*fig*) to inform ▶ VR to find one's way *od* bearings; (*fig*) to inform o.s.

Orientierung [oːriɛnˈtiːrʊŋ] F orientation; (*fig*) information; **die ~ verlieren** to lose one's bearings

Orientierungssinn M sense of direction

Orientierungsstufe *see note*

> The **Orientierungsstufe** is the name given to the first two years spent in a *Realschule* or *Gymnasium*, during which pupils are assessed as to their suitability for the school. At the end of the two years pupils may be transferred to a school more suited to their ability.

original [origiˈnaːl] ADJ original; **~ Meißener Porzellan** genuine Meissen porcelain; **Original (-s, -e)** NT original; (*Mensch*) character; **Originalausgabe** F first edition; **Originalfassung** F original version

Originalität [originaliˈtɛːt] F originality

Originalübertragung F live broadcast

originell [origiˈnɛl] ADJ original; (*komisch*) witty

Orkan [ɔrˈkaːn] **(-(e)s, -e)** M hurricane; **orkanartig** ADJ (*Wind*) gale-force; (*Beifall*) thunderous

Orkneyinseln [ˈɔːknɪ|ɪnzəln] PL Orkney Islands *pl*, Orkneys *pl*

Ornament [ɔrnaˈmɛnt] NT decoration, ornament

ornamental [ɔrnamɛnˈtaːl] ADJ decorative, ornamental

Ornithologe [ɔrnitoˈloːgə] **(-n, -n)** M ornithologist

Ornithologin [ɔrnitoˈloːgɪn] F ornithologist

★**Ort**[1] [ɔrt] **(-(e)s, -e)** M place; **an ~ und Stelle** on the spot; **am ~** in the place; **am angegebenen ~** in the place quoted, loc. cit.; **~ der Handlung** (*Theat*) scene of the action; **das ist höheren ~(e)s entschieden worden** (*hum: form*) the decision came from above

Ort[2] [ɔrt] **(-(e)s, Örter)** M: **vor ~** at the (coal) face; (*auch fig*) on the spot

Örtchen [ˈœrtçən] (*umg*) NT loo (BRIT), john (US)

orten VT to locate

orthodox [ɔrtoˈdɔks] ADJ orthodox

Orthografie [ɔrtograˈfiː] F spelling, orthography

orthografisch [ɔrtoˈgraːfɪʃ] ADJ orthographic

Orthopäde [ɔrtoˈpɛːdə] **(-n, -n)** M orthopaedic (BRIT) *od* orthopedic (US) specialist, orthopaedist (BRIT), orthopedist (US)

Orthopädie [ɔrtopɛˈdiː] F orthopaedics *sing* (BRIT), orthopedics *sing* (US)

Orthopädin F orthopaedic (BRIT) *od* orthopedic (US) specialist, orthopaedist (BRIT), orthopedist (US)

orthopädisch ADJ orthopaedic (BRIT), orthopedic (US)

örtlich [ˈœrtlɪç] ADJ local; **jdn ~ betäuben** to give sb a local anaesthetic (BRIT) *od* anesthetic (US); **Örtlichkeit** F locality; **sich mit den Örtlichkeiten vertraut machen** to get to know the place

Ortsangabe F (name of the) town; **ohne ~** (*Buch*) no place of publication indicated

ortsansässig ADJ local

Ortschaft F village, small town; **geschlossene ~** built-up area

Orts- zW: **ortsfremd** ADJ nonlocal; **Ortsfremde(r)** F(M) stranger; **Ortsgespräch** NT local (phone) call; **Ortsgruppe** F local branch *od* group; **Ortskenntnis** F: **(gute) Ortskenntnisse haben** to know one's way around (well); **Ortskrankenkasse** F: **Allgemeine ~** *compulsory medical insurance scheme*; **ortskundig** ADJ familiar with the place; **~ sein** to know one's way around; **Ortsname** M place name; **Ortsnetz** NT (*Tel*) local telephone exchange area; **Ortsnetzkennzahl** F (*Tel*) dialling (BRIT) *od* area (US) code; **Ortsschild** NT place name sign; **Ortssinn** M sense of direction; **Ortstarif** M local rate; **Ortsvorschriften** PL by(e)-laws *pl*; **Ortszeit** F local time; **Ortszuschlag** M (local) weighting allowance

Ortung F locating

öS. ABK (*Hist*) = **österreichischer Schilling**

Öse [ˈøːzə] **(-, -n)** F loop; (*an Kleidung*) eye

Oslo [ˈɔslo] **(-s)** NT Oslo

Ossi [ˈɔsi] **(-s, -s)** (*pej, umg*) M East German

> **Ossi** is a colloquial and rather derogatory word used to describe a German from the former *DDR*.

öst. ABK (= *österreichisch*) Aust.

Ost- zW: **Ostafrika** NT East Africa; **ostdeutsch** ADJ East German; **Ostdeutsche(r)** F(M) East German; **Ostdeutschland** NT (*Pol: früher*) East Germany; (*Geog*) Eastern Germany

★**Osten (-s)** M east; **der Ferne ~** the Far East; **der Nahe ~** the Middle East, the Near East

ostentativ [ɔstɛntaˈtiːf] ADJ pointed, ostentatious

Oster- zW: **Osterei** NT Easter egg; **Osterfest** NT Easter; **Osterglocke** F daffodil; **Osterhase** M Easter bunny; **Osterinsel** F Easter Island; **Ostermarsch** M Easter demonstration; **Ostermontag** M Easter Monday

★**Ostern** [ˈoːstərn] **(-s, -)** NT Easter; **frohe** *od* **fröhliche ~!** Happy Easter!; **zu ~** at Easter

★**Österreich** [ˈøːstəraɪç] **(-s)** NT Austria

★**Österreicher(in) (-s, -)** M(F) Austrian

★**österreichisch** ADJ Austrian

Ostersonntag M Easter Day *od* Sunday

Osteuropa NT East(ern) Europe

osteuropäisch ADJ East European

★**östlich** [ˈœstlɪç] ADJ eastern, easterly

Östrogen [œstroˈgeːn] **(-s, -e)** NT oestrogen (BRIT), estrogen (US)

Ost- zW: ★**Ostsee** F Baltic Sea; **ostwärts** ADV eastwards; **Ostwind** M east wind

oszillieren [ɔstsɪˈliːrən] VI to oscillate

Otter¹ [ˈɔtər] (**-s, -**) M otter

Otter² [ˈɔtər] (**-, -n**) F (*Schlange*) adder

outen [ˈaʊtən] VT to out

outsourcen [ˈautsɔ:sn] VT to outsource

Ouvertüre [uvɛrˈty:rə] (**-, -n**) F overture

oval [oˈva:l] ADJ oval

Ovation [ovatsiˈo:n] F ovation

Overall [ˈoʊvərɔ:l] (**-s, -s**) M (*Schutzanzug*) overalls *pl*

ÖVP (-) F ABK (= *Österreichische Volkspartei*) Austrian People's Party

Ovulation [ovulatsiˈo:n] F ovulation

Oxid, Oxyd [ɔˈksy:t] (**-(e)s, -e**) NT oxide

oxidieren, oxydieren [ɔksyˈdi:rən] VT, VI to oxidize

Oxidierung, Oxydierung F oxidization

Ozean [ˈo:tsea:n] (**-s, -e**) M ocean; **Ozeandampfer** M (ocean-going) liner

Ozeanien [otseˈa:niən] (**-s**) NT Oceania

ozeanisch [otseˈa:nɪʃ] ADJ oceanic; (*Sprachen*) Oceanic

Ozeanriese (*umg*) M ocean liner

Ozon [oˈtso:n] (**-s**) NT ozone; **Ozonloch** NT hole in the ozone layer; **Ozonschicht** F ozone layer; **Ozonwerte** PL ozone levels *pl*

O

Pp

P, p [peː] NT P, p; **P wie Peter** ≈ P for Peter

P. ABK = **Pastor**; **Pater**

★**paar** ADJ *unver*: **ein ~** a few; **ein ~ Mal** a few times; **ein ~ Äpfel** some apples; *siehe auch* **paarmal**

★**Paar** [paːr] (**-(e)s, -e**) NT pair; (*Liebespaar*) couple

paaren VT, VR (*Tiere*) to mate, to pair

Paar- zW: **Paarhufer** PL (*Zool*) cloven-hoofed animals *pl*; **Paarlauf** M pair skating; **paarmal** ADV: **ein ~** a few times

Paarung F combination; (*von Tieren*) mating

paarweise ADV in pairs

Pacht [paxt] (**-, -en**) F lease; (*Entgelt*) rent; **pachten** VT to lease; **du hast das Sofa doch nicht für dich gepachtet** (*umg*) don't hog the sofa

Pächter(in) [ˈpɛçtər(ɪn)] (**-s, -**) M(F) leaseholder, tenant

Pachtvertrag M lease

Pack[1] [pak] (**-(e)s, -e** *od* **Päcke**) M bundle, pack

Pack[2] [pak] (**-(e)s**) (*pej*) NT mob, rabble

★**Päckchen** [ˈpɛkçən] NT small package; (*Zigaretten*) packet; (*Postpäckchen*) small parcel

Packeis NT pack ice

★**packen** [ˈpakən] VT, VI (*auch Comput*) to pack; (*fassen*) to grasp, to seize; (*umg: schaffen*) to manage; (*fig: fesseln*) to grip; **~ wirs!** (*umg: gehen*) let's go; ★**Packen** (**-s, -**) M bundle; (*fig: Menge*) heaps (of)

Packer(in) (**-s, -**) M(F) packer

Packesel M pack mule; (*fig*) packhorse

Packpapier NT brown paper, wrapping paper

★**Packung** F packet; (*Pralinenpackung*) box; (*Med*) compress

Packungsbeilage F package insert, patient information leaflet

Packzettel M (*Comm*) packing slip

Pädagoge [pɛdaˈgoːgə] (**-n, -n**) M educationalist

Pädagogik F education

Pädagogin [pɛdaˈgoːgɪn] F educationalist

pädagogisch ADJ educational, pedagogical; **pädagogische Hochschule** college of education

Paddel [ˈpadəl] (**-s, -**) NT paddle; **Paddelboot** NT canoe

paddeln VI to paddle

pädophil [pɛdoˈfiːl] ADJ paedophile (BRIT), pedophile (US)

Pädophilie [pɛdofiˈliː] F paedophilia (BRIT), pedophilia (US)

paffen [ˈpafən] VT, VI to puff

Page [ˈpaːʒə] (**-n, -n**) M page(boy)

Pagenkopf M pageboy cut

paginieren [pagiˈniːrən] VT to paginate

Paginierung F pagination

Paillette [paɪˈjɛtə] F sequin

★**Paket** [paˈkeːt] (**-(e)s, -e**) NT packet; (*Postpaket*) parcel; **Paketannahme** F parcels office; **Paketausgabe** F parcels office; **Paketkarte** F dispatch note; **Paketpost** F parcel post; **Paketschalter** M parcels counter

Pakistan [ˈpaːkɪstaːn] (**-s**) NT Pakistan

Pakistaner(in) [pakɪsˈtaːnər(ɪn)] (**-s, -**) M(F) Pakistani

Pakistani [pakɪsˈtaːni] (**-(s), -(s)**) M Pakistani

pakistanisch ADJ Pakistani

Pakt [pakt] (**-(e)s, -e**) M pact

Paläontologie [palɛɔntoloˈgiː] F palaeontology (BRIT), paleontology (US)

Palast [paˈlast] (**-es, Paläste**) M palace

Palästina [palɛˈstiːna] (**-s**) NT Palestine

Palästinenser(in) [palɛstiˈnɛnzər(ɪn)] (**-s, -**) M(F) Palestinian

palästinensisch ADJ Palestinian

Palaver [paˈlaːvər] (**-s, -**) NT (*auch fig: umg*) palaver

Palette [paˈlɛtə] F palette; (*fig*) range; (*Ladepalette*) pallet

Palliativmedizin [paliaˈtiːf-] F palliative care

Palme [ˈpalmə] (**-, -n**) F palm (tree); **jdn auf die ~ bringen** (*umg*) to make sb see red

Palmsonntag M Palm Sunday

★**Pampelmuse** [ˈpampəlmuːzə] (**-, -n**) F grapefruit

pampig [ˈpampɪç] (*umg*) ADJ (*frech*) fresh

Panama [ˈpanama] (**-s**) NT Panama; **Panamakanal** M Panama Canal

Pandemie [pandeˈmiː] F pandemic

Panflöte [ˈpaːnfløːtə] F panpipes *pl*, Pan's pipes *pl*

panieren [paˈniːrən] VT (*Koch*) to coat with egg and breadcrumbs

Paniermehl [pa'ni:rme:l] NT breadcrumbs *pl*

Panik ['pa:nɪk] F panic; **nur keine ~!** don't panic!; **in ~ ausbrechen** to panic; **Panikkäufe** PL panic buying *sing*; **Panikmache** (*umg*) F panic-mongering

panisch ['pa:nɪʃ] ADJ panic-stricken

Panne ['panə] (-, -n) F (*Aut etc*) breakdown; (*Missgeschick*) slip; **uns ist eine ~ passiert** we've boobed (BRIT *umg*) *od* goofed (*US umg*)

Pannendienst M breakdown service

Pannenhilfe F breakdown service

Panorama [pano'ra:ma] (**-s, -men**) NT panorama

panschen ['panʃən] VI to splash about ▶ VT to water down

Panther, Panter ['pantər] (**-s, -**) M panther

Pantoffel [pan'tɔfəl] (**-s, -n**) M slipper; **Pantoffelheld** (*umg*) M henpecked husband

Pantomime [panto'mi:mə] (**-, -n**) F mime

Panzer ['pantsər] (**-s, -**) M (*Platte*) armour (BRIT) *od* armor (*US*) plate; (*Fahrzeug*) tank; (*fig*) shield; **Panzerfaust** F bazooka; **Panzerglas** NT bulletproof glass; **Panzergrenadier** M armoured (BRIT) *od* armored (*US*) infantryman

panzern VT to armour (BRIT) *od* armor (*US*) plate ▶ VR (*fig*) to arm o.s.

Panzerschrank M strongbox

Panzerwagen M armoured (BRIT) *od* armored (*US*) car

Papa [pa'pa:] (**-s, -s**) (*umg*) M dad(dy), pa

Papagei [papa:'gaɪ] (**-s, -en**) M parrot

Papier [pa'pi:r] (**-s, -e**) NT paper; (*Wertpapier*) share ■ **Papiere** PL (identity) papers *pl*; (*Urkunden*) documents *pl*; **seine Papiere bekommen** (*entlassen werden*) to get one's cards; **Papierfabrik** F paper mill; **Papiergeld** NT paper money; **Papierkorb** M wastepaper basket; (*Comput*) recycle bin; **Papierkram** (*umg*) M bumf (BRIT *umg*); **Papierkrieg** M red tape; **Papiertüte** F paper bag; **Papiervorschub** M (*Drucker*) paper advance

Pappbecher M paper cup

Pappdeckel (**-, -n**) M cardboard

Pappe ['papə] F cardboard; **das ist nicht von ~** (*umg*) that is really something

Pappeinband M pasteboard

Pappel ['papəl] (**-, -n**) F poplar

pappen ['papən] (*umg*) VT, VI to stick

Pappenheimer PL: **ich kenne meine ~** (*umg*) I know you lot/that lot (inside out)

Pappenstiel (*umg*) M: **keinen ~ wert sein** not to be worth a thing; **für einen ~ bekommen** to get for a song

papperlapapp [papərla'pap] INTERJ rubbish!

pappig ADJ sticky

Pappkarton M cardboard box

Pappmaschee, Pappmaché [papma'ʃe:] (**-s, -s**) NT papier-mâché

Pappteller M paper plate

Paprika ['paprika] (**-s, -s**) M (*Gewürz*) paprika; (*Paprikaschote*) pepper; **Paprikaschote** F pepper; **gefüllte Paprikaschoten** stuffed peppers

Papst [pa:pst] (**-(e)s, Päpste**) M pope

päpstlich ['pɛ:pstlɪç] ADJ papal; **päpstlicher als der Papst sein** to be more Catholic than the Pope

Parabel [pa'ra:bəl] (**-, -n**) F parable; (*Math*) parabola

Parabolantenne [para'bo:l|antɛnə] F (*TV*) satellite dish

Parade [pa'ra:də] (**-, -n**) F (*Mil*) parade, review; (*Sport*) parry; **Paradebeispiel** NT prime example; **Parademarsch** M march past; **Paradeschritt** M goose step

Paradies [para'di:s] (**-es, -e**) NT paradise; **paradiesisch** ADJ heavenly

paradox ADJ paradoxical; **Paradox** [para'dɔks] (**-es, -e**) NT paradox

Paraffin [para'fi:n] (**-s, -e**) NT (*Chem: Paraffinöl*) paraffin (BRIT), kerosene (*US*); (*Paraffinwachs*) paraffin wax

Paragraf [para'gra:f] (**-en, -en**) M paragraph; (*Jur*) section

Paragrafenreiter (*umg*) M pedant

Paraguay [paragu'a:i] (**-s**) NT Paraguay

Paraguayer(in) [para'gua:jər(ɪn)] (**-s, -**) M(F) Paraguayan

paraguayisch ADJ Paraguayan

parallel [para'le:l] ADJ parallel; **~ schalten** (*Elek*) to connect in parallel

Parallele (**-, -n**) F parallel

paralympisch [para'lʏmpɪʃ] ADJ Paralympic

Parameter [pa'ra:metər] M parameter

paramilitärisch [paramili'tɛ:rɪʃ] ADJ paramilitary

Paranuss ['pa:ranʊs] F Brazil nut

paraphieren [para'fi:rən] VT (*Vertrag*) to initial

Parasit [para'zi:t] (**-en, -en**) M (*lit, fig*) parasite

parat [pa'ra:t] ADJ ready

Pärchen ['pɛ:rçən] NT couple

Parcours [par'ku:r] (**-, -**) M showjumping course; (*Sportart*) showjumping

Pardon [par'dõ:] (**-s**) (*umg*) M OD NT: **~!** (*Verzeihung*) sorry!; **kein ~ kennen** to be ruthless

Parfüm [par'fy:m] (**-s, -s** *od* **-e**) NT perfume

Parfümerie [parfymə'ri:] F perfumery

Parfümflasche F scent bottle

parfümieren [parfy'mi:rən] VT to scent, to perfume

parieren [pa'ri:rən] VT to parry ▶ VI (*umg*) to obey

Paris [pa'ri:s] (**-**) NT Paris

Pariser [pa'ri:zər] (**-s, -**) M Parisian; (*umg: Kondom*) condom, rubber (*US*) ▶ ADJ *attrib* Parisian, Paris *attrib*

Pariserin F Parisian

Parität [pari'tɛ:t] F parity; **paritätisch** ADJ: **paritätische Mitbestimmung** equal representation

Pariwert [ˈpa:rive:rt] M par value, parity

★**Park** [park] (**-s, -s**) M park

Parka [ˈparka] (**-(s), -s**) M parka

Park-and-Ride [ˈparkəndˈraɪd] NT park and ride

★**Parkanlage** F park; (*um Gebäude*) grounds *pl*

Parkbank F park bench

Parkbucht F parking bay

★**parken** VT, VI to park; **„P~ verboten!"** "No Parking"

★**Parkett** [parˈkɛt] (**-(e)s, -e**) NT parquet (floor); (*Theat*) stalls *pl* (BRIT), orchestra (*US*); **Parketthandel** M (*Fin*) floor trading

Park- zW: ★**Parkhaus** NT multistorey car park; **Parklücke** F parking space; ★**Parkplatz** M car park, parking lot (*US*); (*Parklücke*) parking place; **Parkscheibe** F parking disc; ★**Parkuhr** F parking meter; ★**Parkverbot** NT parking ban

Parlament [parlaˈmɛnt] NT parliament

Parlamentarier(in) [parlamɛnˈta:riər(ɪn)] (**-s, -**) M(F) parliamentarian

parlamentarisch ADJ parliamentary

Parlaments- zW: **Parlamentsausschuss** M parliamentary committee; **Parlamentsbeschluss** M vote of parliament; **Parlamentsferien** PL recess *sing*; **Parlamentsmitglied** NT Member of Parliament (BRIT), Congressman/Congresswoman (*US*); **Parlamentssitzung** F sitting (of parliament)

Parodie [paroˈdi:] F parody

parodieren VT to parody

Parodontose [parodɔnˈto:zə] (**-, -n**) F shrinking gums *pl*

Parole [paˈro:lə] (**-, -n**) F password; (*Wahlspruch*) motto

Partei [parˈtaɪ] F party; (*im Mietshaus*) tenant, party (*form*); **für jdn ~ ergreifen** to take sb's side; **Parteibuch** NT party membership book; **Parteiführung** F party leadership; **Parteigenosse** M, **Parteigenossin** F party member; **parteiisch** ADJ partial, bias(s)ed; **parteilich** ADJ party *attrib*; **Parteilinie** F party line; **parteilos** ADJ neutral; **Parteinahme** (**-, -n**) F partisanship; **parteipolitisch** ADJ party political; **Parteiprogramm** NT (party) manifesto; **Parteitag** M party conference; **Parteivorsitzende(r)** F(M) party leader

Parterre [parˈtɛr] (**-s, -s**) NT ground floor (BRIT), first floor (*US*); (*Theat*) stalls *pl* (BRIT), orchestra (*US*)

Partie [parˈti:] F part; (*Spiel*) game; (*Ausflug*) outing; (*Mann, Frau*) catch; (*Comm*) lot; **mit von der ~ sein** to join in

partiell [partsiˈɛl] ADJ partial

Partikel [parˈti:kəl] (**-, -n**) F particle

Partisan(in) [partiˈza:n(ɪn)] (**-s** *od* **-en, -en**) M(F) partisan

Partitur [partiˈtu:r] F (*Mus*) score

Partizip [partiˈtsi:p] (**-s, -ien**) NT participle; **~ Präsens/Perfekt** (*Gram*) present/past participle

★**Partner(in)** [ˈpartnər(ɪn)] (**-s, -**) M(F) partner; **Partnerschaft** F partnership; (*Städtepartnerschaft*) twinning; **eingetragene ~** civil partnership; **partnerschaftlich** ADJ as partners; ★**Partnerstadt** F twin town (BRIT)

partout [parˈtu:] ADV: **er will ~ ins Kino gehen** he insists on going to the cinema

★**Party** [ˈpa:rti] (**-, -s**) F party

Parzelle [parˈtsɛlə] F plot, lot

Pascha [ˈpaʃa] (**-s, -s**) M: **wie ein ~** like Lord Muck (BRIT *umg*)

★**Pass** [pas] (**-es, Pässe**) M pass; (*Ausweis*) passport

passabel [paˈsa:bəl] ADJ passable, reasonable

★**Passage** [paˈsa:ʒə] (**-, -n**) F passage; (*Ladenstraße*) arcade

★**Passagier** [pasaˈʒi:r] (**-s, -e**) M passenger; **Passagierdampfer** M passenger steamer; **Passagierflugzeug** NT airliner

Passah [ˈpasa], **Passahfest** [ˈpasafɛst] NT (Feast of the) Passover

Passamt NT passport office

Passant(in) [paˈsant(ɪn)] M(F) passer-by

Passbild NT passport photo(graph)

passé, passee [paˈse:] ADJ: **diese Mode ist längst ~** this fashion went out long ago

★**passen** [ˈpasən] VI to fit; (*auf Frage, Karten*) to pass; **~ zu** (*Farbe etc*) to go with; **Sonntag passt uns nicht** Sunday is no good for us; **die Schuhe ~ (mir) gut** the shoes are a good fit (for me); **zu jdm ~** (*Mensch*) to suit sb; **das passt mir nicht** that doesn't suit me; **er passt nicht zu dir** he's not right for you; **das könnte dir so ~!** (*umg*) you'd like that, wouldn't you?

passend ADJ suitable; (*zusammenpassend*) matching; (*angebracht*) fitting; (*Zeit*) convenient; **haben Sie es ~?** (*Geld*) have you got the right money?

Passfoto NT passport photo(graph)

passierbar [paˈsi:rba:r] ADJ passable; (*Fluss, Kanal*) negotiable

★**passieren** [paˈsi:rən] VT to pass; (*durch Sieb*) to strain ▶ VI (*Hilfsverb sein*) to happen; **es ist ein Unfall passiert** there has been an accident

Passierschein M pass, permit

Passion [pasiˈo:n] F passion

passioniert [pasio:ˈni:rt] ADJ enthusiastic, passionate

Passionsfrucht F passion fruit

Passionsspiel NT Passion Play

Passionszeit F Passiontide

passiv [ˈpasi:f] ADJ passive; **passives Rauchen** passive smoking; **Passiv** (**-s, -e**) NT passive

Passiva [paˈsi:va] PL (*Comm*) liabilities *pl*

Passivhaus NT passive house

Passivität [pasiviˈtɛ:t] F passiveness

Passivposten M (*Comm*) debit entry

Pass- zW: **Passkontrolle** F passport control; **Passstelle** F passport office; **Passstraße** F (mountain) pass; **Passwort** NT password; **Passzwang** M requirement to carry a passport

Paste [ˈpastə] (**-, -n**) F paste

Pastell [pas'tɛl] (**-(e)s, -e**) NT pastel; **Pastellfarbe** F pastel colour (BRIT) *od* color (US); **pastellfarben** ADJ pastel-colo(u)red

Pastete [pas'te:tə] (**-, -n**) F pie; (*Pastetchen*) vol-au-vent; (: *ungefüllt*) vol-au-vent case

pasteurisieren [pastøri'zi:rən] VT to pasteurize

Pastor ['pastɔr] M minister; (*anglikanisch*) vicar

Pate ['pa:tə] (**-n, -n**) M godfather; **bei etw ~ gestanden haben** (*fig*) to be the force behind sth

Patenkind NT godchild

Patenstadt F twin town (BRIT)

patent [pa'tɛnt] ADJ clever

Patent (**-(e)s, -e**) NT patent; (*Mil*) commission; **etw als** *od* **zum ~ anmelden** to apply for a patent on sth

Patentamt NT patent office

patentieren [patɛn'ti:rən] VT to patent

Patent- ZW: **Patentinhaber(in)** M(F) patentee; **Patentlösung** F (*fig*) patent remedy; **Patentschutz** M patent right; **Patenturkunde** F letters patent *pl*

Pater ['pa:tər] (**-s, -** *od* **Patres**) M Father

Paternoster [patər'nɔstər] (**-s, -**) M (*Aufzug*) paternoster

pathetisch [pa'te:tɪʃ] ADJ emotional

Pathologe [pato'lo:gə] (**-n, -n**) M pathologist

Pathologin [pato'lo:gɪn] F pathologist

pathologisch ADJ pathological

Pathos ['pa:tɔs] (**-**) NT pathos

Patience [pasi'ã:s] (**-, -n**) F: **Patiencen legen** to play patience

Patient(in) [patsi'ɛnt(ɪn)] M(F) patient

Patientenverfügung [patsi'ɛntənferfy:gʊŋ] F living will

Patin ['pa:tɪn] F godmother

Patriarch [patri'arç] (**-en, -en**) M patriarch

patriarchalisch [patriar'ça:lɪʃ] ADJ patriarchal

Patriot(in) [patri'o:t(ɪn)] (**-en, -en**) M(F) patriot; **patriotisch** ADJ patriotic

Patriotismus [patrio:'tɪsmʊs] M patriotism

Patron [pa'tro:n] (**-s, -e**) M patron; (*Eccl*) patron saint

Patrone (**-, -n**) F cartridge

Patronenhülse F cartridge case

Patronin F patroness; (*Eccl*) patron saint

Patrouille [pa'trʊljə] (**-, -n**) F patrol

patrouillieren [patrʊl'ji:rən] VI to patrol

patsch [patʃ] INTERJ splash!

Patsche (**-, -n**) (*umg*) F (*Händchen*) paw; (*Fliegenpatsche*) swat; (*Feuerpatsche*) beater; (*Bedrängnis*) mess, jam

patschen VI to smack, to slap; (*im Wasser*) to splash

patschnass ADJ soaking wet

Patt [pat] (**-s, -s**) NT (*lit, fig*) stalemate

patzen ['patsən] (*umg*) VI to boob (BRIT), to goof (US)

patzig ['patsɪç] (*umg*) ADJ cheeky, saucy

Pauke ['paʊkə] (**-, -n**) F kettledrum; **auf die ~ hauen** to live it up; **mit Pauken und Trompeten durchfallen** (*umg*) to fail dismally

pauken VT, VI (*Sch*) to swot (BRIT), to cram

Pauker(in) (**-s, -**) (*umg*) M(F) teacher

pausbäckig ['paʊsbɛkɪç] ADJ chubby-cheeked

pauschal [paʊ'ʃa:l] ADJ (*Kosten*) inclusive; (*einheitlich*) flat-rate *attrib*; (*Urteil*) sweeping; **die Werkstatt berechnet ~ pro Inspektion 130 Euro** the garage has a flat rate of 130 euros per service

Pauschale (**-, -n**) F flat rate; (*vorläufig geschätzter Betrag*) estimated amount

Pauschal- ZW: **Pauschalgebühr** F flat rate; **Pauschalpreis** M flat rate; (*für Hotel, Reise*) all-inclusive price; **Pauschalreise** F package tour; **Pauschalsumme** F lump sum; **Pauschalversicherung** F comprehensive insurance

★**Pause** ['paʊzə] (**-, -n**) F break; (*Theat*) interval; (*das Innehalten*) pause; (*Mus*) rest; (*Kopie*) tracing

> In Englisch wird **pause** nur verwendet, wenn es sich um eine Sprechpause handelt. In der Schule oder während einer Sitzung ist es **a break**, im Theater **an interval**.

pausen VT to trace

Pausen- ZW: **Pausenbrot** NT sandwich (*to eat at break*); **Pausenhof** M playground, schoolyard (US); **pausenlos** ADJ nonstop; **Pausenzeichen** NT (*Rundf*) call sign; (*Mus*) rest

pausieren [paʊ'si:rən] VI to make a break

Pauspapier ['paʊspapi:r] NT tracing paper

Pavian ['pa:via:n] (**-s, -e**) M baboon

Paybackkarte ['pe:bɛkkartə] F loyalty card

Pay-per-Click ['pe:pərklɪk] (**-s**) NT pay-per-click

Pay-TV ['pe:ti:vi:] NT pay-per-view television, pay TV

Pazifik [pa'tsi:fɪk] (**-s**) M Pacific

pazifisch ADJ Pacific; **der Pazifische Ozean** the Pacific (Ocean)

Pazifist(in) [patsi'fɪst(ɪn)] M(F) pacifist; **pazifistisch** ADJ pacifist

PC M ABK (= *Personal Computer*) PC

PDA M ABK (*Comput*: = *personal digital assistant*) PDA

★**Pech** [pɛç] (**-s, -e**) NT pitch; (*fig*) bad luck; **~ haben** to be unlucky; **die beiden halten zusammen wie ~ und Schwefel** (*umg*) the two are inseparable; **~ gehabt!** tough! (*umg*); **pechschwarz** ADJ pitch-black; **Pechsträhne** (*umg*) F unlucky patch; **Pechvogel** (*umg*) M unlucky person

Pedal [pe'da:l] (**-s, -e**) NT pedal; **in die Pedale treten** to pedal (hard)

Pedant [pe'dant] M pedant

Pedanterie [pedantə'ri:] F pedantry

Pedantin F pedant

pedantisch ADJ pedantic

Peddigrohr ['pɛdɪçro:r] NT cane

P

Pediküre [pediˈkyːrə] (**-, -n**) F (*Fußpflege*) pedicure; (*Fußpflegerin*) chiropodist

Pegel [ˈpeːgəl] (**-s, -**) M water gauge; (*Geräuschpegel*) noise level; **Pegelstand** M water level

peilen [ˈpaɪlən] VT to get a fix on; **die Lage ~** (*umg*) to see how the land lies

Pein [paɪn] (-) F agony, suffering

peinigen VT to torture; (*plagen*) to torment

★**peinlich** ADJ (*unangenehm*) embarrassing, awkward, painful; (*genau*) painstaking; **in seinem Zimmer herrschte peinliche Ordnung** his room was meticulously tidy; **er vermied es peinlichst, davon zu sprechen** he was at pains not to talk about it; **es war mir sehr ~** I was totally embarrassed; **Peinlichkeit** F painfulness, awkwardness; (*Genauigkeit*) scrupulousness

Peitsche [ˈpaɪtʃə] (**-, -n**) F whip

peitschen VT to whip; (*Regen*) to lash

Peitschenhieb M lash

Pekinese [pekiˈneːzə] (**-n, -n**) M Pekinese, peke (*umg*)

Peking [ˈpeːkɪŋ] (**-s**) NT Peking

Pelikan [ˈpeːlikaːn] (**-s, -e**) M pelican

Pelle [ˈpɛlə] (**-, -n**) F skin; **der Chef sitzt mir auf der ~** (*umg*) I've got the boss on my back

pellen VT to skin, to peel

Pellkartoffeln PL jacket potatoes *pl*

Pelz [pɛlts] (**-es, -e**) M fur

Pendel [ˈpɛndəl] (**-s, -**) NT pendulum

pendeln VI (*schwingen*) to swing (to and fro); (*Zug, Fähre etc*) to shuttle; (*Mensch*) to commute; (*fig*) to fluctuate

Pendelverkehr M shuttle service; (*Berufsverkehr*) commuter traffic

Pendler(in) [ˈpɛndlər(ɪn)] (**-s, -**) M(F) commuter

penetrant [peneˈtrant] ADJ sharp; (*Person*) pushing; **das schmeckt/riecht ~ nach Knoblauch** it has a very strong taste/smell of garlic

penibel [peˈniːbəl] ADJ pernickety (BRIT *umg*), persnickety (US *umg*), precise

Penis [ˈpeːnɪs] (**-, -se**) M penis

Pennbruder [ˈpɛnbruːdər] (*umg*) M tramp (BRIT), hobo (US)

Penne (**-, -n**) (*umg*) F (*Sch*) school

pennen [ˈpɛnən] (*umg*) VI to kip

Penner(in) [ˈpɛnər(ɪn)] (**-s, -**) (*pej, umg*) M(F) tramp (BRIT), hobo (US)

★**Pension** [pɛnziˈoːn] F (*Geld*) pension; (*Ruhestand*) retirement; (*für Gäste*) boarding house, guesthouse; **halbe/volle ~** half/full board; **in ~ gehen** to retire

Pensionär(in) [pɛnzioˈnɛːr(ɪn)] (**-s, -e**) M(F) pensioner

Pensionat (**-(e)s, -e**) NT boarding school

pensionieren [pɛnzioˈniːrən] VT to pension (off); **sich ~ lassen** to retire

pensioniert ADJ retired

Pensionierung F retirement

Pensions- ZW: **pensionsberechtigt** ADJ entitled to a pension; **Pensionsfonds** M pension fund; **Pensionsgast** M boarder, paying guest; **pensionsreif** (*umg*) ADJ ready for retirement

Pensum [ˈpɛnzʊm] (**-s, Pensen**) NT quota; (*Sch*) curriculum

Peperoni [pepeˈroːni] (**-, -**) F chilli

per [pɛr] PRÄP +*akk* by, per; (*pro*) per; (*bis*) by; **~ Adresse** (*Comm*) care of, c/o; **mit jdm ~ du sein** (*umg*) to be on first-name terms with sb

★**perfekt** [pɛrˈfɛkt] ADJ perfect; (*abgemacht*) settled; **die Sache ~ machen** to clinch the deal; **der Vertrag ist ~** the contract is all settled

Perfekt [ˈpɛrfɛkt] (**-(e)s, -e**) NT perfect

perfektionieren [pɛrfɛktsioˈniːrən] VT to perfect

Perfektionismus [pɛrfɛktsioˈnɪsmʊs] M perfectionism

perforieren [pɛrfoˈriːrən] VT to perforate

Pergament [pɛrgaˈmɛnt] NT parchment; **Pergamentpapier** NT greaseproof paper (BRIT), wax(ed) paper (US)

Pergola [ˈpɛrgola] (**-, Pergolen**) F pergola, arbour (BRIT), arbor (US)

Periode [periˈoːdə] (**-, -n**) F period; **0,33 ~** 0.33 recurring

periodisch [periˈoːdɪʃ] ADJ periodic; (*dezimal*) recurring

Peripherie [perifeˈriː] F periphery; (*um Stadt*) outskirts *pl*; (*Math*) circumference; **Peripheriegerät** NT (*Comput*) peripheral

Perle [ˈpɛrlə] (**-, -n**) F (*lit, fig*) pearl; (*Glasperle, Holzperle, Tropfen*) bead; (*veraltet: umg: Hausgehilfin*) maid

perlen VI to sparkle; (*Tropfen*) to trickle

Perlenkette F pearl necklace

Perlhuhn NT guinea fowl

Perlmutt [ˈpɛrlmʊt] (**-s**) NT mother-of-pearl

Perlon® [ˈpɛrlɔn] (**-s**) NT ≈ nylon

Perlwein M sparkling wine

perplex [pɛrˈplɛks] ADJ dumbfounded

Perser [ˈpɛrzər] (**-s, -**) M (*Person*) Persian; (*umg: Teppich*) Persian carpet

Perserin F Persian

Persianer [pɛrziˈaːnər] (**-s, -**) M Persian lamb (coat)

Persien [ˈpɛrziən] (**-s**) NT Persia

Persiflage [pɛrziˈflaːʒə] (**-, -n**) F: **~ (+*gen od* auf +*akk*)** pastiche (of), satire (on)

persisch ADJ Persian; **Persischer Golf** Persian Gulf

★**Person** [pɛrˈzoːn] (**-, -en**) F person; (*pej: Frau*) female; **sie ist Köchin und Haushälterin in einer ~** she is cook and housekeeper rolled into one; **ich für meine ~** personally I

Personal [pɛrzoˈnaːl] (**-s**) NT personnel; (*Bedienung*) servants *pl*; **Personalabbau** M staff cuts *pl*; **Personalakte** F personal file; **Personalangaben** PL particulars *pl*; ★**Personalausweis** M identity card; **Personalbogen** M personal record; **Personalbüro** NT personnel (department); **Personalchef(in)** M(F) personnel manager; **Personal Computer** M personal computer

Personalien [pɛrzo'na:liən] PL particulars *pl*

Personalität [pɛrzonali'tɛ:t] F personality

Personal- zW: **Personalkosten** PL staff costs; **Personalmangel** M staff shortage; **Personalpronomen** NT personal pronoun; **Personalreduzierung** F staff reduction

personell [pɛrzo'nɛl] ADJ staff *attrib*; **personelle Veränderungen** changes in personnel

Personen- zW: **Personenaufzug** M lift, elevator (*US*); **Personenbeschreibung** F (personal) description; **Personengedächtnis** NT memory for faces; **Personengesellschaft** F partnership; **Personenkraftwagen** M private motorcar, automobile (*US*); **Personenkreis** M group of people; **Personenkult** M personality cult; **Personennahverkehr** M: **öffentlicher ~** local public transport; **Personenschaden** M injury to persons; **Personenverkehr** M passenger services *pl*; **Personenwaage** F scales *pl*; ★ **Personenzug** M passenger train; (*Nahzug*) stopping train

personifizieren [pɛrzonifi'tsi:rən] VT to personify

persönlich [pɛr'zø:nlɪç] ADJ personal ▶ ADV personally; (*erscheinen*) in person; (*auf Briefen*) private (and confidential); **~ haften** (*Comm*) to be personally liable; ★ **Persönlichkeit** F personality; **Persönlichkeiten des öffentlichen Lebens** public figures

Perspektive [pɛrspɛk'ti:və] F perspective; **das eröffnet ganz neue Perspektiven für uns** that opens new horizons for us

Pers. Ref. ABK (= *Persönlicher Referent*) personal representative

Peru [pe'ru:] (**-s**) NT Peru

Peruaner(in) [peru'a:nər(ɪn)] (**-s, -**) M(F) Peruvian

peruanisch ADJ Peruvian

Perücke [pe'rʏkə] (**-, -n**) F wig

pervers [pɛr'vɛrs] ADJ perverse

Perversität [pɛrvɛrzi'tɛ:t] F perversity

Pessar [pɛ'sa:r] (**-s, -e**) NT pessary; (*zur Empfängnisverhütung*) cap, diaphragm

Pessimismus [pɛsi'mɪsmʊs] M pessimism

Pessimist(in) [pɛsi'mɪst(ɪn)] M(F) pessimist; ★ **pessimistisch** ADJ pessimistic

Pest [pɛst] (**-**) F plague; **jdn/etw wie die ~ hassen** (*umg*) to loathe (and detest) sb/sth

Petersilie [petər'zi:liə] F parsley

Petrochemie [petro:çe'mi:] F petrochemistry

Petrodollar [petro'dɔlar] M petrodollar

Petroleum [pe'tro:leʊm] (**-s**) NT paraffin (BRIT), kerosene (*US*)

petzen ['pɛtsən] (*umg*) VI to tell tales; **er petzt immer** he always tells

Pf. (*Hist*) ABK = **Pfennig**

Pfad [pfa:t] (**-(e)s, -e**) M path; ★ **Pfadfinder** M Boy Scout; **er ist bei den Pfadfindern** he's in the (Boy) Scouts; ★ **Pfadfinderin** F Girl Guide

Pfaffe ['pfafə] (**-n, -n**) (*pej*) M cleric, parson

Pfahl [pfa:l] (**-(e)s, Pfähle**) M post, stake; **Pfahlbau** M pile dwelling

Pfalz [pfalts] (**-, -en**) F (*Geog*) Palatinate

Pfälzer(in) ['pfɛltsər(ɪn)] (**-s, -**) M(F) person from the Palatinate

pfälzisch ADJ Palatine, of the (Rhineland) Palatinate

★ **Pfand** [pfant] (**-(e)s, Pfänder**) NT pledge, security; (*Flaschenpfand*) deposit; (*im Spiel*) forfeit; (*fig: der Liebe etc*) pledge; **Pfandbrief** M bond

pfänden ['pfɛndən] VT to seize, to impound

Pfänderspiel NT game of forfeits

Pfand- zW: **Pfandflasche** F returnable bottle; **Pfandhaus** NT pawnshop; **Pfandleiher(in)** (**-s, -**) M(F) pawnbroker; **Pfandrecht** NT lien; **Pfandschein** M pawn ticket

Pfändung ['pfɛndʊŋ] F seizure, distraint (*form*)

Pfanne ['pfanə] (**-, -n**) F (frying) pan; **jdn in die ~ hauen** (*umg*) to tear a strip off sb

Pfannkuchen M pancake; (*Berliner*) doughnut (BRIT), donut (*US*)

Pfarrei [pfar'raɪ] F parish

Pfarrer(in) (**-s, -**) M(F) priest; (*evangelisch*) vicar; (*von Freikirchen*) minister

Pfarrhaus NT vicarage

Pfau [pfaʊ] (**-(e)s, -en**) M peacock

Pfauenauge NT peacock butterfly

Pfd. ABK (= *Pfund*) ≈ lb.

★ **Pfeffer** ['pfɛfər] (**-s, -**) M pepper; **er soll bleiben, wo der ~ wächst!** (*umg*) he can take a running jump; **Pfefferkorn** NT peppercorn; **Pfefferkuchen** M gingerbread; **Pfefferminz** NT peppermint; **Pfefferminze** F peppermint (plant); **Pfeffermühle** F pepper mill

pfeffern VT to pepper; (*umg: werfen*) to fling; **gepfefferte Preise/Witze** steep prices/spicy jokes

★ **Pfeife** ['pfaɪfə] (**-, -n**) F whistle; (*Tabakpfeife, Orgelpfeife*) pipe; **nach jds ~ tanzen** to dance to sb's tune

pfeifen *unreg* VT, VI to whistle; **auf dem letzten Loch ~** (*umg: erschöpft sein*) to be on one's last legs; (*: finanziell*) to be on one's beam ends; **ich pfeif(e) drauf!** (*umg*) I don't give a damn!; **Pfeifenstopfer** M tamper

Pfeifer (**-s, -**) M piper

Pfeifkonzert NT catcalls *pl*

Pfeil [pfaɪl] (**-(e)s, -e**) M arrow

Pfeiler ['pfaɪlər] (**-s, -**) M pillar, prop; (*Brückenpfeiler*) pier

Pfeiltaste F (*Comput*) arrow key

Pfennig ['pfɛnɪç] (**-(e)s, -e**) M (*Hist*) pfennig (*one hundredth of a mark*); **Pfennigabsatz** M stiletto heel; **Pfennigfuchser** (*umg*) M skinflint

pferchen ['pfɛrçən] VT to cram, to pack

★ **Pferd** [pfe:rt] (**-(e)s, -e**) NT horse; **wie ein ~ arbeiten** (*umg*) to work like a Trojan; **mit ihm kann man Pferde stehlen** (*umg*) he's a great

P

sport; **auf das falsche/richtige ~ setzen** (*lit, fig*) to back the wrong/right horse

Pferde- ZW: **Pferdeäpfel** PL horse droppings *pl od* dung *sing*; **Pferdefuß** M: **die Sache hat aber einen ~** there's just one snag; **Pferderennen** NT horse-race; (*Sportart*) horse-racing; **Pferdeschwanz** M (*Frisur*) ponytail; **Pferdestall** M stable; **Pferdestärke** F horsepower

pfiff *etc* [pfɪf] VB *siehe* **pfeifen**

Pfiff (**-(e)s, -e**) M whistle; (*Kniff*) trick

Pfifferling [ˈpfɪfərlɪŋ] M chanterelle; **keinen ~ wert** not worth a thing

pfiffig ADJ smart

★**Pfingsten** [ˈpfɪŋstən] (**-, -**) NT Whitsun

Pfingstrose F peony

Pfingstsonntag M Whit Sunday, Pentecost (*Rel*)

Pfirsich [ˈpfɪrzɪç] (**-s, -e**) M peach

★**Pflanze** [ˈpflantsə] (**-, -n**) F plant

★**pflanzen** VT to plant ▸ VR (*umg*) to plonk o.s.

Pflanzenfett NT vegetable fat

Pflanzenschutzmittel NT pesticide

pflanzlich ADJ vegetable

Pflanzung F plantation

★**Pflaster** [ˈpflastər] (**-s, -**) NT plaster; (*Straßenpflaster*) pavement (BRIT), sidewalk (US); **ein teures ~** (*umg*) a pricey place; **ein heißes ~** a dangerous *od* unsafe place; **pflastermüde** ADJ dead on one's feet

pflastern VT to pave

Pflasterstein M paving stone

★**Pflaume** [ˈpflaʊmə] (**-, -n**) F plum; (*umg: Mensch*) twit (BRIT)

Pflaumenmus NT plum jam

Pflege [ˈpfle:gə] (**-, -n**) F care; (*von Idee*) cultivation; (*Krankenpflege*) nursing; **jdn/etw in ~ nehmen** to look after sb/sth; **in ~ sein** (*Kind*) to be fostered out; **pflegebedürftig** ADJ needing care; **Pflegeeltern** PL foster parents *pl*; **Pflegefall** M case for nursing; **Pflegegeld** NT (*für Pflegekinder*) boarding-out allowance; (*für Kranke*) attendance allowance; **Pflegeheim** NT nursing home; **Pflegekind** NT foster child; **pflegeleicht** ADJ easy-care; **Pflegemutter** F foster mother

pflegen VT to look after; (*Kranke*) to nurse; (*Beziehungen*) to foster ▸ VI (*gewöhnlich tun*): **sie pflegte zu sagen** she used to say

Pfleger (**-s, -**) M (*im Krankenhaus*) orderly; (*voll qualifiziert*) male nurse; **Pflegerin** F nurse

Pflegesatz M hospital and nursing charges *pl*

Pflegevater M foster father

Pflegeversicherung F geriatric care insurance

★**Pflicht** [pflɪçt] (**-, -en**) F duty; (*Sport*) compulsory section; **Rechte und Pflichten** rights and responsibilities; **pflichtbewusst** ADJ conscientious; **Pflichtbewusstsein** NT sense of duty; ★**Pflichtfach** NT (*Sch*) compulsory subject; **Pflichtgefühl** NT sense of duty; **pflichtgemäß** ADJ dutiful; **pflichtvergessen** ADJ irresponsible; **Pflichtversicherung** F compulsory insurance

Pflock [pflɔk] (**-(e)s, Pflöcke**) M peg; (*für Tiere*) stake

pflog *etc* [pflo:k] VB (*veraltet*) *siehe* **pflegen**

★**pflücken** [ˈpflʏkən] VT to pick

Pflug [pflu:k] (**-(e)s, Pflüge**) M plough (BRIT), plow (US)

pflügen [ˈpfly:gən] VT to plough (BRIT), to plow (US)

Pflugschar F ploughshare (BRIT), plowshare (US)

Pforte [ˈpfɔrtə] (**-, -n**) F (*Tor*) gate

Pförtner [ˈpfœrtnər] (**-s, -**) M porter, doorkeeper, doorman

Pförtnerin F doorkeeper, porter

Pfosten [ˈpfɔstən] (**-s, -**) M post; (*senkrechter Balken*) upright

Pfote [ˈpfo:tə] (**-, -n**) F paw; (*umg: Schrift*) scrawl

Pfropf [pfrɔpf] (**-(e)s, -e**) M (*Flaschenpfropf*) stopper; (*Blutpfropf*) clot

pfropfen VT (*stopfen*) to cram; (*Baum*) to graft; **gepfropft voll** crammed full

Pfropfen (**-s, -**) M = **Pfropf**

pfui [pfʊi] INTERJ ugh!; (*na na*) tut tut!; (*Buhruf*) boo!; **~ Teufel!** (*umg*) ugh!, yuck!

★**Pfund** [pfʊnt] (**-(e)s, -e**) NT (*Gewicht, Fin*) pound; **das ~ sinkt** sterling *od* the pound is falling

pfundig (*umg*) ADJ great

Pfundskerl [ˈpfʊntskɛrl] (*umg*) M great guy

pfundweise ADV by the pound

pfuschen [ˈpfʊʃən] VI to bungle; (*einen Fehler machen*) to slip up

Pfuscher(in) [ˈpfʊʃər(ɪn)] (**-s, -**) (*umg*) M(F) sloppy worker; (*Kurpfuscher*) quack

Pfuscherei [pfʊʃəˈraɪ] (*umg*) F sloppy work; (*Kurpfuscherei*) quackery

Pfütze [ˈpfʏtsə] (**-, -n**) F puddle

PH (**-, -s**) F ABK = **pädagogische Hochschule**

Phänomen [fɛnoˈme:n] (**-s, -e**) NT phenomenon; **phänomenal** [-ˈna:l] ADJ phenomenal

Phantasie [fantaˈzi:] = **Fantasie**

phantasieren [fantaˈzi:rən] VI = **fantasieren**

phantasievoll ADJ = **fantasievoll**

Phantast [fanˈtast] (**-en, -en**) M = **Fantast**

phantastisch ADJ = **fantastisch**

Phantom [fanˈto:m] (**-s, -e**) NT (*Trugbild*) phantom; **einem ~ nachjagen** (*fig*) to tilt at windmills; **Phantombild** NT Identikit® picture

Pharisäer [fariˈzɛ:ər] (**-s, -**) M (*lit, fig*) pharisee

Pharmazeut(in) [farmaˈtsɔʏt(ɪn)] (**-en, -en**) M(F) pharmacist

pharmazeutisch ADJ pharmaceutical

Pharmazie F pharmacy, pharmaceutics *sing*

Phase [ˈfa:zə] (**-, -n**) F phase

Philanthrop [filanˈtro:p] (**-en, -en**) M philanthropist; **philanthropisch** ADJ philanthropic

Philatelist(in) [filateˈlɪst(ɪn)] (**-en, -en**) M(F) philatelist

Philharmoniker [fılhar'mo:nikər] **(-s, -)** M: **die ~** the philharmonic (orchestra) *sing*
Philippine [fılı'pi:nə] **(-n, -n)** M Filipino
Philippinen PL Philippines *pl*, Philippine Islands *pl*
Philippinin F Filipino
philippinisch ADJ Filipino
Philologe [filo'lo:gə] **(-n, -n)** M philologist
Philologie [filolo'gi:] F philology
Philologin F philologist
Philosoph(in) [filo'zo:f(ın)] **(-en, -en)** M(F) philosopher
Philosophie [filozo'fi:] F philosophy
philosophieren [filozo'fi:rən] VI: **~ (über** *+akk***)** to philosophize (about)
philosophisch ADJ philosophical
Phlegma ['flɛgma] **(-s)** NT lethargy
phlegmatisch [flɛ'gma:tıʃ] ADJ lethargic
Phobie [fo'bi:] F: **~ (vor** *+dat***)** phobia (about)
Phonetik [fo'ne:tık] F phonetics *sing*
phonetisch ADJ phonetic
Phonotypist(in) [fonoty'pıst(ın)] M(F) audio-typist
Phosphat [fɔs'fa:t] **(-(e)s, -e)** NT phosphate
Phosphor ['fɔsfɔr] **(-s)** M phosphorus
phosphoreszieren [fɔsforɛs'tsi:rən] VT to phosphoresce
Photo ['fo:to] = **Foto**
Photoshop® ['fo:toʃɔp] NT Photoshop®
Phrase ['fra:zə] **(-, -n)** F phrase; *(pej)* hollow phrase; **Phrasen dreschen** *(umg)* to churn out one cliché after another
pH-Wert [pe:'ha:ve:rt] M pH value
Physik [fy'zi:k] F physics *sing*
physikalisch [fyzi'ka:lıʃ] ADJ of physics
Physiker(in) ['fy:zikər(ın)] **(-s, -)** M(F) physicist
Physikum ['fy:zikʊm] **(-s)** NT *(Univ) preliminary examination in medicine*
Physiologe [fyzio'lo:gə] **(-n, -n)** M physiologist
Physiologie [fyziolo'gi:] F physiology
Physiologin F physiologist
physisch ['fy:zıʃ] ADJ physical
Pianist(in) [pia'nıst(ın)] M(F) pianist
Piccolo ['pıkolo] **(-s, -s)** M trainee waiter; *(auch:* **Piccoloflasche**) *quarter bottle of champagne*; *(Mus: auch:* **Piccoloflöte**) piccolo
picheln ['pıçəln] *(umg)* VI to booze
Pickel ['pıkəl] **(-s, -)** M pimple; *(Werkzeug)* pick-axe; *(Bergpickel)* ice axe
pickelig, picklig ADJ pimply
picken ['pıkən] VT to peck ▸ VI: **~ (nach)** to peck (at)
Picknick ['pıknık] **(-s, -e** *od* **-s)** NT picnic; **~ machen** to have a picnic
piekfein ['pi:k'faın] *(umg)* ADJ posh
Piemont [pie'mɔnt] **(-s)** NT Piedmont
piepen ['pi:pən] VI to chirp; *(Funkgerät etc)* to bleep; **bei dir piepts wohl!** *(umg)* are you off your head?; **es war zum P~!** *(umg)* it was a scream!
piepsen ['pi:psən] VI to chirp
Piepser *(umg)* M pager, paging device
Piepsstimme F squeaky voice
Piepton M bleep
Pier [pi:ər] **(-s, -s** *od* **-e)** M jetty, pier
piercen ['pi:ərsən] VT: **sich die Nase ~ lassen** to have one's nose pierced
Piercing ['pi:ərsıŋ] **(-s)** NT (body) piercing
piesacken ['pi:zakən] *(umg)* VT to torment
Pietät [pie'tɛ:t] F piety; *(Ehrfurcht)* reverence; **pietätlos** ADJ impious, irreverent
Pigment [pıg'mɛnt] **(-(e)s, -e)** NT pigment
Pik [pi:k] **(-s, -s)** NT *(Karten)* spades; **einen ~ auf jdn haben** *(umg)* to have it in for sb
★**pikant** [pi'kant] ADJ spicy, piquant; *(anzüglich)* suggestive
Pike ['pi:kə] **(-, -n)** F: **etw von der ~ auf lernen** *(fig)* to learn sth from the bottom up
pikiert [pi'ki:rt] ADJ offended
Pikkolo ['pıkolo] **(-s, -s)** M = **Piccolo**
Piktogramm [pıkto'gram] NT pictogram
Pilger(in) ['pılgər(ın)] **(-s, -)** M(F) pilgrim; **Pilgerfahrt** F pilgrimage
pilgern VI to make a pilgrimage; *(umg: gehen)* to wend one's way
★**Pille** ['pılə] **(-, -n)** F pill
★**Pilot(in)** [pi'lo:t(ın)] **(-en, -en)** M(F) pilot; **Pilotenschein** M pilot's licence (BRIT) *od* license (US)
★**Pils** [pıls] **(-, -)** NT Pilsner (lager)
Pilsener [pılzənər], **Pilsner** [pılznər] **(-s, -)** NT Pilsner (lager)
★**Pilz** [pılts] **(-es, -e)** M *(essbar)* mushroom; *(giftig)* toadstool; *(Med)* fungus; **wie Pilze aus dem Boden schießen** *(fig)* to mushroom; **Pilzkrankheit** F fungal disease
Pimmel ['pıməl] **(-s, -)** *(umg)* M *(Penis)* willie
pingelig ['pıŋəlıç] *(umg)* ADJ fussy
Pinguin ['pıŋgui:n] **(-s, -e)** M penguin
Pinie ['pi:niə] F pine
Pinkel **(-s, -)** *(umg)* M: **ein feiner** *od* **vornehmer ~** a swell, Lord Muck (BRIT *umg*)
pinkeln ['pıŋkəln] *(umg)* VI to pee
Pinnwand ['pınvant] F pinboard
Pinsel ['pınzəl] **(-s, -)** M paintbrush
pinseln *(umg)* VT, VI to paint; *(pej: malen)* to daub
Pinte ['pıntə] **(-, -n)** *(umg)* F *(Lokal)* boozer (BRIT)
Pinzette [pın'tsɛtə] F tweezers *pl*
Pionier [pio'ni:r] **(-s, -e)** M pioneer; *(Mil)* sapper, engineer; **Pionierarbeit** F pioneering work
Pionierin F pioneer; **Pionierunternehmen** NT pioneer company
Pipi [pi'pi:] **(-s, -s)** NT OD M *(Kindersprache)* wee(-wee)
Pirat [pi'ra:t] **(-en, -en)** M pirate
Piratensender M pirate radio station
Piratin F pirate

P

Pirsch [pɪrʃ] (-) F stalking
PISA-Studie [ˈpi:za-] F (*Sch*) PISA study
pissen [ˈpɪsən] (*!*) VI to (have a) piss (*!*); (*regnen*) to piss down (*!*)
Pistazie [pɪsˈta:tsiə] (-, **-n**) F pistachio
Piste [ˈpɪstə] (-, **-n**) F (*Ski*) run, piste; (*Aviat*) runway
Pistole [pɪsˈto:lə] (-, **-n**) F pistol; **wie aus der ~ geschossen** (*fig*) like a shot; **jdm die ~ auf die Brust setzen** (*fig*) to hold a pistol to sb's head
pitschenass [ˈpɪtʃəˈnas], **pitschnass** [ˈpɪtʃˈnas] (*umg*) ADJ soaking (wet)
Pixel [ˈpɪksəl] (**-s**) NT (*Comput*) pixel
Pizza [ˈpɪtsa] (-, **-s**) F pizza
★**PKW, Pkw** (**-(s)**, **-(s)**) M ABK = **Personenkraftwagen**
Pl. ABK (= *Plural*) pl.; (= *Platz*) Sq.
Plackerei [plakəˈraɪ] F drudgery
plädieren [plɛˈdi:rən] VI to plead
Plädoyer [plɛdoaˈje:] (**-s**, **-s**) NT speech for the defence; (*fig*) plea
Plage [ˈpla:gə] (-, **-n**) F plague; (*Mühe*) nuisance; **Plagegeist** M pest, nuisance
plagen VT to torment ▸ VR to toil, to slave
Plagiat [plagiˈa:t] (**-(e)s**, **-e**) NT plagiarism
★**Plakat** [plaˈka:t] (**-(e)s**, **-e**) NT poster; (*aus Pappe*) placard
plakativ [plakaˈti:f] ADJ striking, bold
Plakatwand F hoarding, billboard (*US*)
Plakette [plaˈkɛtə] (-, **-n**) F (*Abzeichen*) badge; (*Münze*) commemorative coin; (*an Wänden*) plaque
★**Plan** [pla:n] (**-(e)s**, **Pläne**) M plan; (*Karte*) map; **Pläne schmieden** to make plans; **nach ~ verlaufen** to go according to plan; **jdn auf den ~ rufen** (*fig*) to bring sb into the arena
Plane [ˈpla:nə] (-, **-n**) F tarpaulin
★**planen** VT to plan; (*Mord etc*) to plot
Planer(in) (**-s**, **-**) M(F) planner
Planet [plaˈne:t] (**-en**, **-en**) M planet
Planetenbahn F orbit (of a planet)
planieren [plaˈni:rən] VT to level off
Planierraupe F bulldozer
Planke [ˈplaŋkə] (-, **-n**) F plank
Plänkelei [plɛŋkəˈlaɪ] F skirmish(ing)
plänkeln [ˈplɛŋkəln] VI to skirmish
Plankton [ˈplaŋktɔn] (**-s**) NT plankton
planlos ADJ (*Vorgehen*) unsystematic; (*Umherlaufen*) aimless
★**planmäßig** ADJ according to plan; (*methodisch*) systematic; (*Eisenb*) scheduled ▸ ADV as scheduled
Planschbecken [ˈplanʃbɛkən] NT paddling pool
planschen [ˈplanʃən] VI to splash
Plansoll NT output target
Planstelle F post
Plantage [planˈta:ʒə] (-, **-n**) F plantation
Plantschbecken [ˈplanʃbɛkən] NT paddling pool
plantschen VI to splash
Planung F planning
Planwagen M covered wagon
Planwirtschaft F planned economy
Plappermaul (*umg*) NT (*Kind*) chatterbox
plappern [ˈplapərn] VI to chatter
plärren [ˈplɛrən] VI (*Mensch*) to cry, to whine; (*Radio*) to blare
Plasma [ˈplasma] (**-s**, **Plasmen**) NT plasma
★**Plastik**[1] [ˈplastɪk] F sculpture
Plastik[2] [ˈplastɪk] (**-s**) NT (*Kunststoff*) plastic; **Plastikfolie** F plastic film; **Plastikgeschoss** NT plastic bullet; **Plastiktüte** F plastic bag
Plastilin [plastiˈli:n] (**-s**) NT Plasticine®
plastisch [ˈplastɪʃ] ADJ plastic; **stell dir das ~ vor!** just picture it!
Platane [plaˈta:nə] (-, **-n**) F plane (tree)
Platin [ˈpla:ti:n] (**-s**) NT platinum
Platitüde [platiˈty:də] (-, **-n**) F platitude
platonisch [plaˈto:nɪʃ] ADJ platonic
platsch [platʃ] INTERJ splash!
platschen VI to splash
plätschern [ˈplɛtʃərn] VI to babble
platschnass ADJ drenched
platt [plat] ADJ flat; (*umg*: *überrascht*) flabbergasted; (*fig*: *geistlos*) flat, boring; **einen Platten haben** to have a flat (*umg*), to have a flat tyre (BRIT) *od* tire (*US*)
plattdeutsch ADJ Low German
★**Platte** (-, **-n**) F (*Speisenplatte, Phot, Tech*) plate; (*Steinplatte*) flag; (*Kachel*) tile; (*Schallplatte*) record; **kalte ~** cold dish; **die ~ kenne ich schon** (*umg*) I've heard all that before
Plätteisen NT iron
plätten [ˈplɛtən] VT, VI to iron
Platten- ZW: **Plattenleger** M paver; **Plattenspieler** M record player; **Plattenteller** M turntable
Plattform F platform; (*fig*: *Grundlage*) basis
Plattfuß M flat foot; (*Reifen*) flat tyre (BRIT) *od* tire (*US*)
Plattitüde [platiˈty:də] (-, **-n**) F platitude
★**Platz** [plats] (**-es**, **Plätze**) M place; (*Sitzplatz*) seat; (*Raum*) space, room; (*in Stadt*) square; (*Sportplatz*) playing field; **~ machen** to get out of the way; **~ nehmen** to take a seat; **jdm ~ machen** to make room for sb; **~ sparend** space-saving; **auf ~ zwei** in second place; **fehl am Platze sein** to be out of place; **seinen ~ behaupten** to stand one's ground; **das erste Hotel am ~** the best hotel in town; **auf die Plätze, fertig, los!** (*beim Sport*) on your marks, get set, go!; **einen Spieler vom ~ stellen** *od* **verweisen** (*Sport*) to send a player off; **Platzangst** F (*Med*) agoraphobia; (*umg*) claustrophobia; **~ haben/bekommen** (*umg*) to feel/get claustrophobic; **Platzanweiser** M usher; **Platzanweiserin** F usherette
Plätzchen [ˈplɛtsçən] NT spot; (*Gebäck*) biscuit

platzen VI (*Hilfsverb sein*) to burst; (*Bombe*) to explode; (*Naht, Hose, Haut*) to split; (*umg: scheitern: Geschäft*) to fall through; (: *Freundschaft*) to break up; (: *Theorie, Verschwörung*) to collapse; (: *Wechsel*) to bounce; **vor Wut ~** (*umg*) to be bursting with anger

platzieren [pla'tsi:rən] VT to place ▶ VR (*Sport*) to be placed; (*Tennis*) to be seeded; (*umg: sich setzen, stellen*) to plant o.s.

Platz- ZW: ★ **Platzkarte** F seat reservation; **Platzkonzert** NT open-air concert; **Platzmangel** M lack of space; **Platzpatrone** F blank cartridge; **Platzregen** M downpour; **platzsparend** ADJ space-saving; **Platzverweis** M sending-off; **Platzwart** M (*Sport*) groundsman (BRIT), groundskeeper (US); **Platzwunde** F cut

Plauderei [plaʊdə'raɪ] F chat, conversation

plaudern ['plaʊdərn] VI to chat, to talk

Plausch [plaʊʃ] (**-(e)s, -e**) (*umg*) M chat

plausibel [plaʊ'zi:bəl] ADJ plausible

Play-back, Playback ['pleɪbæk] (**-s, -s**) NT (*Verfahren: Schallplatte*) double-tracking; (*TV*) miming

plazieren [pla'tsi:rən] VT *siehe* **platzieren**

Plebejer(in) [ple'be:jər(ɪn)] (**-s, -**) M(F) plebeian

plebejisch [ple'be:jɪʃ] ADJ plebeian

pleite ['plaɪtə] (*umg*) ADJ broke; **Pleite** (**-, -n**) F bankruptcy; (*umg: Reinfall*) flop; **~ machen** to go bust

Pleitegeier (*umg*) M (*drohende Pleite*) vulture; (*Bankrotteur*) bankrupt

plemplem [plɛm'plɛm] (*umg*) ADJ nuts

Plenarsitzung [ple'na:rzɪtsʊŋ] F plenary session

Plenum ['ple:nʊm] (**-s, Plenen**) NT plenum

Pleuelstange ['plɔʏəlʃtaŋə] F connecting rod

Plissee [plɪ'se:] (**-s, -s**) NT pleat

Plombe ['plɔmbə] (**-, -n**) F lead seal; (*Zahnplombe*) filling

plombieren [plɔm'bi:rən] VT to seal; (*Zahn*) to fill

Plotter ['plɔtər] (**-s, -s**) M (*Comput*) plotter

plötzlich ['plœtslɪç] ADJ sudden ▶ ADV suddenly; **plötzlicher Kindstod** sudden infant death syndrome

Pluderhose ['plu:dərho:zə] F harem trousers *pl*

plump [plʊmp] ADJ clumsy; (*Hände*) coarse; (*Körper*) shapeless; **plumpe Annäherungsversuche** very obvious advances

plumpsen (*umg*) VI to plump down, to fall

Plumpsklo, Plumpsklosett (*umg*) NT earth closet

Plunder ['plʊndər] (**-s**) M junk, rubbish

Plundergebäck NT flaky pastry

plündern ['plʏndərn] VT to plunder; (*Stadt*) to sack ▶ VI to plunder

Plünderung ['plʏndərʊŋ] F plundering, sack, pillage

Plural ['plu:ra:l] (**-s, -e**) M plural; **im ~ stehen** to be (in the) plural

> Die aus dem Latein stammenden und mit **–is** endenden Wörter haben im Plural die Endung **–es**, die sich durch die Aussprache unterscheidet: **crisis** ['kraɪsɪs] – **crises** ['kraɪsi:z]; **thesis** ['θi:sɪs] – **theses** ['θi:si:z].
>
> Die mit **–a** endenden Wörter haben im Plural die Endung **–ae**: **alga** – **algae** ['ældʒi:]; **larva** – **larvae** ['lɑ:vi:].
>
> Die mit **–um** endenden Wörter haben im Plural die Endung **–a** oder **–s**: **addendum** – **addenda** oder **addendums**, **millennium** – **millennia** oder **millenniums**.
>
> Ausnahmen sind **datum**, dessen Plural **data** im Singular verwendet wird, sowie einige Wörter wie **bacterium** oder **erratum**, deren Plural nur **–a** ist.

pluralistisch [plura'lɪstɪʃ] ADJ pluralistic

★ **plus** [plʊs] ADV plus; **mit ~ minus null abschließen** (*Comm*) to break even; **Plus** (**-, -**) NT plus; (*Fin*) profit; (*Vorteil*) advantage

Plüsch [ply:ʃ] (**-(e)s, -e**) M plush; **Plüschtier** NT ≈ soft toy

Plus- ZW: **Pluspol** M (*Elek*) positive pole; **Pluspunkt** M (*Sport*) point; (*fig*) point in sb's favour; **Plusquamperfekt** NT pluperfect

Plutonium [plu'to:niʊm] (**-s**) NT plutonium

★ **PLZ** ABK = **Postleitzahl**

Pneu [pnɔʏ] (**-s, -s**) M ABK (= *Pneumatik*) tyre (BRIT), tire (US)

Po [po:] (**-s, -s**) (*umg*) M bum (BRIT), fanny (US)

Pöbel ['pø:bəl] (**-s**) M mob, rabble

Pöbelei [pø:bə'laɪ] F vulgarity

pöbelhaft ADJ low, vulgar

pochen ['pɔxən] VI to knock; (*Herz*) to pound; **auf etw** *akk* **~** (*fig*) to insist on sth

Pocken ['pɔkən] PL smallpox *sing*

Pockenimpfung, Pockenschutzimpfung F smallpox vaccination

Podcast ['pɔtka:st] (**-s, -s**) M podcast

Podest [pɔ'dɛst] (**-(e)s, -e**) NT OD M (*Sockel, fig*) pedestal; (*Podium*) platform

Podium ['po:diʊm] NT podium

Podiumsdiskussion F panel discussion

Poesie [poe'zi:] F poetry

Poet(in) [po'e:t(ɪn)] (**-en, -en**) M(F) poet; **poetisch** ADJ poetic

pofen ['po:fən] (*umg*) VI to kip (BRIT), to doss

Pointe [po'ɛ̃:tə] (**-, -n**) F point; (*eines Witzes*) punch line

pointiert [poɛ̃'ti:rt] ADJ trenchant, pithy

★ **Pokal** [po'ka:l] (**-s, -e**) M goblet; (*Sport*) cup; **Pokalspiel** NT cup tie

Pökelfleisch ['pø:kəlflaɪʃ] NT salt meat

pökeln VT (*Fleisch, Fisch*) to pickle, to salt

Poker ['po:kər] (**-s**) NT poker

pokern ['po:kərn] VI to play poker

Pol [po:l] (**-s, -e**) M pole; **der ruhende ~** (*fig*) the calming influence
pol. ABK = **politisch; polizeilich**
polar [po'la:r] ADJ polar
polarisieren [polari'zi:rən] VT, VR to polarize
Polarkreis M polar circle; **nördlicher/südlicher ~** Arctic/Antarctic Circle
Polarstern M Pole Star
★**Pole** ['po:lə] (**-n, -n**) M Pole
Polemik [po'le:mɪk] F polemics *sing*
polemisch ADJ polemical
polemisieren [polemi'zi:rən] VI to polemicize
★**Polen** ['po:lən] (**-s**) NT Poland
Polente (-) (*veraltet: umg*) F cops *pl*
Police [po'li:s(ə)] (**-, -n**) F insurance policy
Polier [po'li:r] (**-s, -e**) M foreman
polieren VT to polish
Poliklinik ['polikli:nɪk] F outpatients (department) *sing*
Polin F Pole, Polish woman
Politesse [poli'tɛsə] (**-, -n**) F (*Frau*) ≈ traffic warden (BRIT)
★**Politik** [poli'ti:k] F politics *sing*; (*eine bestimmte*) policy; **in die ~ gehen** to go into politics; **eine ~ verfolgen** to pursue a policy
★**Politiker(in)** [po'li:tikər(ɪn)] (**-s, -**) M(F) politician
politisch [po'li:tɪʃ] ADJ political
politisieren [politi'zi:rən] VI to talk politics ▶ VT to politicize; **jdn ~** to make sb politically aware
Politur [poli'tu:r] F polish
★**Polizei** [poli'tsaɪ] F police; **Polizeiaufsicht** F: **unter ~ stehen** to have to report regularly to the police; **Polizeibeamte(r)** M, **Polizeibeamtin** F police officer; **polizeilich** ADJ police *attrib*; **sich ~ melden** to register with the police; **polizeiliches Führungszeugnis** *certificate of "no criminal record" issued by the police*; **Polizeipräsidium** NT police headquarters *pl*; ★ **Polizeirevier** NT police station; **Polizeispitzel** M police spy, informer; **Polizeistaat** M police state; **Polizeistreife** F police patrol; **Polizeistunde** F closing time; ★ **Polizeiwache** F police station; **polizeiwidrig** ADJ illegal
★**Polizist(in)** [poli'tsɪst(ɪn)] (**-en, -en**) M(F) police officer
Pollen ['pɔlən] (**-s, -**) M pollen; **Pollenflug** M pollen count
poln. ABK = **polnisch**
★**polnisch** ['pɔlnɪʃ] ADJ Polish; (*Sprache*): **auf P~** in Polish
Polohemd ['po:lohɛmt] NT polo shirt
Polster ['pɔlstər] (**-s, -**) NT cushion; (*Polsterung*) upholstery; (*in Kleidung*) padding; (*fig: Geld*) reserves *pl*; **Polsterer** M upholsterer
polstern VT (*Möbel*) to upholster; (*Kleidung*) to pad; **sie ist gut gepolstert** (*umg*) she's well padded; (*umg: finanziell*) she's not short of the odd penny
Polsterung F upholstery

Polterabend ['pɔltəra:bənt] M *party on the eve of a wedding*
poltern VI (*Krach machen*) to crash; (*schimpfen*) to rant
Polyester [poly'ɛstər] (**-s, -**) M polyester
Polygamie [polyga'mi:] F polygamy
Polynesien [poly'ne:ziən] (**-s**) NT Polynesia
Polynesier(in) [poly'ne:ziər(ɪn)] (**-s, -**) M(F) Polynesian
polynesisch ADJ Polynesian
Polyp [po'ly:p] (**-en, -en**) M polyp; (*umg*) cop ▪ **Polypen** PL (*Med*) adenoids *pl*
Polytechnikum [poly'tɛçnikum] (**-s, Polytechnika**) NT polytechnic, poly (*umg*)
Pomade [po'ma:də] F pomade
Pommern ['pɔmərn] (**-s**) NT Pomerania
Pommes frites [pɔm'frɪt], **Pommes** ['pɔməs] (*umg*) PL chips *pl* (BRIT), (French) fries *pl* (US)
Pomp [pɔmp] (**-(e)s**) M pomp
pompös [pɔm'pø:s] ADJ grandiose
Pontius ['pɔntsius] M: **von ~ zu Pilatus** from pillar to post
Pony ['pɔni] (**-s, -s**) M (*Frisur*) fringe (BRIT), bangs *pl* (US) ▶ NT (*Pferd*) pony
★**Pop** [pɔp] (**-s**) M (*Mus*) pop; (*Kunst*) pop art
Popelin [popə'li:n] (**-s, -e**) M poplin
Popeline (**-, -n**) F poplin
Popkonzert NT pop concert
★**Popmusik** F pop music
Popo [po'po:] (**-s, -s**) (*umg*) M bottom, bum (BRIT)
populär [popu'lɛ:r] ADJ popular
Popularität [populari'tɛ:t] F popularity
populärwissenschaftlich ADJ popular science
Pop-up ['pɔpap], **Popup** NT (*Comput, Wirts*) pop-up
Pore ['po:rə] (**-, -n**) F pore
Porno ['pɔrno] (**-s, *pl* s**) (*umg*) M porn
Pornografie [pɔrnogra'fi:] F pornography
pornografisch [pɔrno'gra:fɪʃ] ADJ pornographic
porös [po'rø:s] ADJ porous
Porree ['pɔre] (**-s, -s**) M leek
Portal [pɔr'ta:l] (**-s, -e**) NT portal
Portefeuille [pɔrt(ə)'fø:j] (**-s, -s**) NT (*Pol, Fin*) portfolio
★**Portemonnaie** [pɔrtmɔ'nɛ:] (**-s, -s**) NT purse
★**Portier** [pɔrti'e:] (**-s, -s**) M porter; (*Pförtner*) porter, doorkeeper, doorman
★**Portion** [pɔrtsi'o:n] F portion, helping; (*umg: Anteil*) amount; **eine halbe ~** (*fig: umg: Person*) a half-pint; **eine ~ Kaffee** a pot of coffee
★**Portmonee** [pɔrtmɔ'nɛ:] (**-s, -s**) NT purse
Porto ['pɔrto] (**-s, -s** *od* **Porti**) NT postage; **~ zahlt Empfänger** postage paid; **portofrei** ADJ post-free, (postage) prepaid
Porträt [pɔr'trɛ:] (**-s, -s**) NT portrait
porträtieren [pɔrtrɛ'ti:rən] VT to paint (a portrait of); (*fig*) to portray

Portugal [ˈpɔrtugal] (**-s**) NT Portugal
Portugiese [pɔrtuˈgi:zə] (**-n, -n**) M Portuguese
Portugiesin F Portuguese
portugiesisch ADJ Portuguese; (*Sprache*): **auf P~** in Portuguese
Portwein [ˈpɔrtvaɪn] M port
Porzellan [pɔrtsɛˈla:n] (**-s, -e**) NT china, porcelain; (*Geschirr*) china
Posaune [poˈzaʊnə] (**-, -n**) F trombone
Pose [ˈpo:zə] (**-, -n**) F pose
posieren [poˈzi:rən] VI to pose
Position [pozitsiˈo:n] F position; (*Comm: auf Liste*) item
Positionslichter PL navigation lights *pl*
Positionspapier NT position paper
positiv [ˈpo:ziti:f] ADJ positive; **~ zu etw stehen** to be in favour (BRIT) *od* favor (US) of sth; **Positiv** (**-s, -e**) NT (*Phot*) positive
Positur [poziˈtu:r] F posture, attitude; **sich in ~ setzen** *od* **stellen** to adopt a posture
Posse [ˈpɔsə] (**-, -n**) F farce
possessiv [ˈpɔsɛsi:f] ADJ possessive; **Possessiv** (**-s, -e**) NT possessive pronoun; **Possessivpronomen** (**-s, -e**) NT possessive pronoun
possierlich [pɔˈsi:rlɪç] ADJ funny
Post [pɔst] (**-, -en**) F post (office); (*Briefe*) post, mail; **ist ~ für mich da?** are there any letters for me?; **mit getrennter ~** under separate cover; **etw auf die ~ geben** to post (BRIT) *od* mail sth; **auf die** *od* **zur ~ gehen** to go to the post office
Postamt NT post office
Postanweisung F postal order (BRIT), money order
Postausgang M (*Internet*) outbox
Postbote M postman (BRIT), mailman (US)
Postbotin F postwoman (BRIT), mailwoman (US)
Posteingang M (*Internet*) inbox
posten [ˈpo:stən] VT (*auf Forum, Blog*) to post
Posten (**-s, -**) M post, position; (*Comm*) item; (*: Warenmenge*) quantity, lot; (*auf Liste*) entry; (*Mil*) sentry; (*Streikposten*) picket; **~ beziehen** to take up one's post; **nicht ganz auf dem ~ sein** (*nicht gesund sein*) to be off-colour (BRIT) *od* off-color (US)
Poster [ˈpo:stər] (**-s, -(s)**) NT poster
postf. ABK (= *Postfach*) PO Box
Post- ZW: **Postfach** NT post office box; ★ **Postkarte** F postcard; **postlagernd** ADV poste restante; ★ **Postleitzahl** F postcode (BRIT), zip code (US)
postmodern [pɔstmoˈdɛrn] ADJ postmodern
Post- ZW: **Postscheckkonto** NT Post Office Giro account (BRIT); **Postsparbuch** NT post office savings book (BRIT); **Postsparkasse** F post office savings bank; **Poststempel** M postmark
Postwachstum NT degrowth
Post- ZW: **postwendend** ADV by return (of post); **Postwertzeichen** NT (*form*) postage stamp; **Postwurfsendung** F direct mail advertising

potent [poˈtɛnt] ADJ potent; (*fig*) high-powered
Potential [potɛntsiˈa:l] (**-s, -e**) NT = **Potenzial**
potentiell [potɛntsiˈɛl] ADJ = **potenziell**
Potenz [poˈtɛnts] F power; (*eines Mannes*) potency
Potenzial [potɛntsiˈa:l] (**-s, -e**) NT potential
potenziell [potɛntsiˈɛl] ADJ potential
potenzieren [potɛnˈtsi:rən] VT (*Math*) to raise to the power of
Potpourri [ˈpɔtpʊri] (**-s, -s**) NT: **~ (aus)** (*Mus*) medley (of); (*fig*) assortment (of)
Pott [pɔt] (**-(e)s, Pötte**) (*umg*) M pot; **potthässlich** (*umg*) ADJ ugly as sin
pp., ppa. ABK (= *per procura*) p.p.
Präambel [prɛˈ|ambəl] (**-, -n**) F *+gen* preamble (to)
Pracht [praxt] (**-**) F splendour (BRIT), splendor (US), magnificence; **es ist eine wahre ~** it's (really) marvellous; **Prachtexemplar** NT beauty (*umg*); (*fig: Mensch*) fine specimen
prächtig [ˈprɛçtɪç] ADJ splendid
Prachtstück NT showpiece
prachtvoll ADJ splendid, magnificent
prädestinieren [prɛdɛstiˈni:rən] VT to predestine
Prädikat [prɛdiˈka:t] (**-(e)s, -e**) NT title; (*Gram*) predicate; (*Zensur*) distinction; **Wein mit ~** special quality wine
Prag [pra:k] (**-s**) NT Prague
prägen [ˈprɛ:gən] VT to stamp; (*Münze*) to mint; (*Ausdruck*) to coin; (*Charakter*) to form; (*kennzeichnen: Stadtbild*) to characterize; **das Erlebnis prägte ihn** the experience left its mark on him
prägend ADJ having a forming *od* shaping influence
pragmatisch [praˈgma:tɪʃ] ADJ pragmatic
prägnant [prɛˈgnant] ADJ concise, terse
Prägnanz F conciseness, terseness
Prägung [ˈprɛ:gʊŋ] F minting; (*von Charakter*) forming; (*Eigenart*) character, stamp
prahlen [ˈpra:lən] VI to boast, to brag
Prahlerei [pra:ləˈraɪ] F boasting
prahlerisch ADJ boastful
Praktik [ˈpraktɪk] F practice
praktikabel [praktɪˈka:bəl] ADJ practicable
Praktikant(in) [praktɪˈkant(ɪn)] M(F) trainee
Praktikum (**-s, Praktika** *od* **Praktiken**) NT practical training
★ **praktisch** [ˈpraktɪʃ] ADJ practical, handy; **praktischer Arzt** general practitioner; **praktisches Beispiel** concrete example
praktizieren [praktiˈtsi:rən] VT, VI to practise (BRIT), to practice (US)
★ **Praline** [praˈli:nə] F chocolate
prall [pral] ADJ firmly rounded; (*Segel*) taut; (*Arme*) plump; (*Sonne*) blazing
prallen VI to bounce, to rebound; (*Sonne*) to blaze
prallvoll ADJ full to bursting; (*Brieftasche*) bulging

P

Prämie [ˈprɛːmiə] F premium; (*Belohnung*) award, prize
prämienbegünstigt ADJ with benefit of premiums
prämiensparen VI to save in a bonus scheme
prämieren [prɛˈmiːrən] VT to give an award to
Pranger [ˈpraŋər] (**-s, -**) M (*Hist*) pillory; **jdn an den ~ stellen** (*fig*) to pillory sb
Pranke [ˈpraŋkə] (**-, -n**) F (*Tierpranke*: *umg*: *Hand*) paw
Präparat [prɛpaˈraːt] (**-(e)s, -e**) NT (*Biol*) preparation; (*Med*) medicine
präparieren VT (*konservieren*) to preserve; (*Med*: *zerlegen*) to dissect
Präposition [prɛpozitsiˈoːn] F preposition
Prärie [prɛˈriː] F prairie
Präs. ABK = **Präsens**; **Präsident**
Präsens [ˈprɛːzɛns] (-) NT present tense
präsent [prɛːˈzɛnt] ADJ: **etw ~ haben** to have sth at hand
präsentieren [prɛzɛnˈtiːrən] VT to present
Präsenzbibliothek F reference library
Präservativ [prɛzɛrvaˈtiːf] (**-s, -e**) NT condom, sheath
★**Präsident(in)** [prɛziˈdɛnt(ɪn)] M(F) president; **Präsidentschaft** F presidency; **Präsidentschaftskandidat(in)** M(F) presidential candidate
Präsidium [prɛˈziːdiʊm] NT presidency, chairmanship; (*Polizeipräsidium*) police headquarters *pl*
prasseln [ˈprasəln] VI (*Feuer*) to crackle; (*Hagel*) to drum; (*Wörter*) to rain down
prassen [ˈprasən] VI to live it up
Präteritum [prɛˈteːritʊm] (**-s, Präterita**) NT preterite
Pratze [ˈpratsə] (**-, -n**) F paw
Präventiv- [prɛvɛnˈtiːf] IN ZW preventive
Praxis [ˈpraksɪs] (**-, Praxen**) F practice; (*Erfahrung*) experience; (*Behandlungsraum*) surgery; (*von Anwalt*) office; **die ~ sieht anders aus** the reality is different; **ein Beispiel aus der ~** an example from real life; **Praxisgebühr** F *surgery surcharge*
Präzedenzfall [prɛtseːˈdɛntsfal] M precedent
präzise [prɛˈtsiːzə] ADJ precise
Präzision [prɛtsiziˈoːn] F precision
PR-Chef M PR officer
predigen [ˈpreːdɪgən] VT, VI to preach
Prediger (**-s, -**) M preacher
Predigt [ˈpreːdɪçt] (**-, -en**) F sermon
★**Preis** [praɪs] (**-es, -e**) M price; (*Siegespreis*) prize; (*Auszeichnung*) award; **um keinen ~** not at any price; **um jeden ~** at all costs; **Preisangebot** NT quotation; **Preisausschreiben** NT competition; **Preisbindung** F price-fixing; **Preisbrecher** M (*Firma*) undercutter
Preiselbeere F cranberry
preisempfindlich ADJ price-sensitive
preisen [praɪzən] *unreg* VT to praise; **sich glücklich ~** (*geh*) to count o.s. lucky
Preis- ZW: **Preisentwicklung** F price trend; **Preiserhöhung** F price increase; **Preisfrage** F question of price; (*Wettbewerb*) prize question
preis|geben *unreg* VT to abandon; (*opfern*) to sacrifice; (*zeigen*) to expose
Preis- ZW: **Preisgefälle** NT price gap; **preisgekrönt** ADJ prizewinning; **Preisgericht** NT jury; **preisgünstig** ADJ inexpensive; **Preisindex** M price index; **Preiskrieg** M price war; **Preislage** F price range; **preislich** ADJ price *attrib*, in price; **Preisliste** F price list, tariff; **Preisnachlass** M discount; **Preisschild** NT price tag; **Preisspanne** F price range; **Preissturz** M slump; **Preisträger** M prizewinner; ★**preiswert** ADJ inexpensive
prekär [preˈkɛːr] ADJ precarious
Prellbock [prɛlbɔk] M buffers *pl*
prellen [ˈprɛlən] VT to bruise; (*fig*) to cheat, to swindle
Prellung F bruise
Premiere [prəmiˈɛːrə] (**-, -n**) F premiere
Premierminister(in) [prəmɪˈeːmɪnɪstər(ɪn)] M(F) prime minister, premier
Prepaidhandy [ˈpriːpeːthɛndɪ] NT prepaid mobile (Brit), prepaid cell phone (*US*)
Presse [ˈprɛsə] (**-, -n**) F press; **Presseagentur** F press *od* news agency; **Presseausweis** M press pass; **Presseerklärung** F press release; **Pressefreiheit** F freedom of the press; **Pressekonferenz** F press conference; **Pressemeldung** F press report
pressen VT to press
Presse- ZW: **Pressesprecher(in)** M(F) spokesperson, press officer; **Pressestelle** F press office; **Presseverlautbarung** F press release
pressieren [prɛˈsiːrən] VI to be in a hurry; **es pressiert** it's urgent
Pressluft [ˈprɛslʊft] F compressed air; **Pressluftbohrer** M pneumatic drill
Prestige [prɛsˈtiːʒə] (**-s**) NT prestige; **Prestigeverlust** M loss of prestige
Preuße [ˈprɔʏsə] (**-n, -n**) M Prussian
Preußen (**-s**) NT Prussia
Preußin F Prussian
preußisch ADJ Prussian
prickeln [ˈprɪkəln] VI to tingle; (*kitzeln*) to tickle (*Bläschen bilden*) to sparkle, to bubble ▶ VT to tickle
pries *etc* [priːs] VB *siehe* **preisen**
Priester [ˈpriːstər] (**-s, -**) M priest
Priesterin F priestess
Priesterweihe F ordination (to the priesthood)
★**prima** ADJ *unver* first-class, excellent
★**Prima** [ˈpriːma] (**-, Primen**) F (*früher*) *eighth and ninth year of German secondary school*
primär [priˈmɛːr] ADJ primary; **Primärdaten** PL primary data *pl*
Primel [ˈpriːməl] (**-, -n**) F primrose

primitiv [primiˈtiːf] ADJ primitive
Primzahl [ˈpriːmtsaːl] F prime (number)
Prinz [prɪnts] (**-en, -en**) M prince
Prinzessin [prɪnˈtsɛsɪn] F princess
Prinzip [prɪnˈtsiːp] (**-s, -ien**) NT principle; **aus ~** on principle; **im ~** in principle
prinzipiell [prɪntsiˈpiɛl] ADJ on principle
prinzipienlos ADJ unprincipled
Priorität [prioriˈtɛːt] F priority ■ **Prioritäten** PL (*Comm*) preference shares *pl*, preferred stock *sing* (*US*); **Prioritäten setzen** to establish one's priorities
Prise [ˈpriːzə] (**-, -n**) F pinch
Prisma [ˈprɪsma] (**-s, Prismen**) NT prism
privat [priˈvaːt] ADJ private; **jdn ~ sprechen** to speak to sb in private; **Privatbesitz** M private property; **Privatdozent(in)** M(F) outside lecturer; **Privatfernsehen** NT commercial television; **Privatgespräch** NT private conversation; (*am Telefon*) private call
privatisieren [privatiˈziːrən] VT to privatize
Privatschule F private school
Privatvorsorge F (*fürs Alter*) private pension scheme; (*für Gesundheit*) health insurance scheme
Privatwirtschaft F private sector
Privileg [priviˈleːk] (**-(e)s, -ien**) NT privilege
pro PRÄP +*akk* per; **~ Stück** each, apiece
Pro [proː] (-) NT pro
Probe [ˈproːbə] (**-, -n**) F test; (*Teststück*) sample; (*Theat*) rehearsal; **jdn auf die ~ stellen** to put sb to the test; **er ist auf ~ angestellt** he's employed for a probationary period; **zur ~** to try out; **Probebohrung** F (*Öl*) exploration well; **Probeexemplar** NT specimen copy; **Probefahrt** F test drive; **Probelauf** M trial run
proben VT to try; (*Theat*) to rehearse
Probe- ZW: **Probestück** NT specimen; **probeweise** ADV on approval; **Probezeit** F probation period
probieren [proˈbiːrən] VT to try; (*Wein, Speise*) to taste, to sample ▶ VI to try; (*Wein, Speise*) to taste
probiotisch [probiˈoːtɪʃ] ADJ probiotic
Problem [proˈbleːm] (**-s, -e**) NT problem; **vor einem ~ stehen** to be faced with a problem
Problematik [probleːˈmaːtɪk] F problem
problematisch [probleːˈmaːtɪʃ] ADJ problematic
problemlos ADJ problem-free
Problemstellung F way of looking at a problem
Produkt [proˈdʊkt] (**-(e)s, -e**) NT product; (*Agr*) produce *no pl*
Produktentwicklung F product development
Produktion [prodʊktsiˈoːn] F production
Produktionsleiter M production manager
Produktionsstätte F (*Halle*) shop floor
produktiv [prodʊkˈtiːf] ADJ productive
Produktivität [prodʊktiviˈtɛːt] F productivity
Produzent [produˈtsɛnt] M manufacturer; (*Film*) producer
produzieren [produˈtsiːrən] VT to produce ▶ VR to show off
Prof. [prɔf] ABK (= *Professor*) Prof
profan [proˈfaːn] ADJ (*weltlich*) secular, profane; (*gewöhnlich*) mundane
professionell [profɛsioˈnɛl] ADJ professional
Professor(in) [proˈfɛsɔr, profɛˈsoːrɪn] M(F) professor; (ÖSTERR: *Gymnasiallehrer*) grammar school teacher (BRIT), high school teacher (*US*)
Professur [profɛˈsuːr] F: **~ (für)** chair (of)
★**Profi** [ˈproːfi] (**-s, -s**) M ABK (= *Professional*) pro
Profil [proˈfiːl] (**-s, -e**) NT profile; (*fig*) image; (*Querschnitt*) cross section; (*Längsschnitt*) vertical section; (*von Reifen, Schuhsohle*) tread
profilieren [profiˈliːrən] VR to create an image for o.s.
Profilsohle F sole with a tread
Profit [proˈfiːt] (**-(e)s, -e**) M profit
profitgeil ADJ (*umg*) profit-greedy
profitieren [profiˈtiːrən] VI: **~ (von)** to profit (from)
Profitmacherei (*umg*) F profiteering
pro forma ADV as a matter of form
Pro-forma-Rechnung F pro forma invoice
Prognose [proˈgnoːzə] (**-, -n**) F prediction, prognosis
★**Programm** [proˈgram] (**-s, -e**) NT programme (BRIT), program (*US*); (*Comput*) program; (TV: *Sender*) channel; (*Kollektion*) range; **nach ~** as planned

> Im Fernsehen ist **programme** eine Sendung; das Programm (der Sender) ist ein **channel**.

Programm- ZW: **Programmfehler** M (*Comput*) bug; **programmgemäß** ADJ according to plan; **Programmhinweis** M (*Rundf, TV*) programme (BRIT) *od* program (*US*) announcement
★**programmieren** [prograˈmiːrən] VT to programme (BRIT), to program (*US*); (*Comput*) to program; **auf etw** *akk* **programmiert sein** (*fig*) to be geared to sth
★**Programmierer(in)** (**-s, -**) M(F) programmer
Programmiersprache F (*Comput*) programming language
Programmierung F (*Comput*) programming
Programmkino NT arts *od* repertory (*US*) cinema
Programmvorschau F preview; (*Film*) trailer
progressiv [progrɛˈsiːf] ADJ progressive
★**Projekt** [proˈjɛkt] (**-(e)s, -e**) NT project
Projektleiter(in) M(F) project manager(ess)
Projektor [proˈjɛktɔr] M projector
projizieren [projiˈtsiːrən] VT to project
proklamieren [proklaˈmiːrən] VT to proclaim
Pro-Kopf-Einkommen NT per capita income
Prokura [proˈkuːra] (**-, Prokuren**) F (*form*) power of attorney

Prokurist(in) [proku'rɪst(ɪn)] M(F) attorney
Prolet [pro'le:t] **(-en, -en)** M prole, pleb
Proletariat [proletari'a:t] **(-(e)s, -e)** NT proletariat
Proletarier [prole'ta:riər] **(-s, -)** M proletarian
Prolog [pro'lo:k] **(-(e)s, -e)** M prologue
Promenade [promə'na:də] **(-, -n)** F promenade
Promenadenmischung F (*hum*) mongrel
Promi ['promi] MF celebrity
Promille [pro'mɪle] **(-(s), -)** (*umg*) NT alcohol level; **Promillegrenze** F legal (alcohol) limit
prominent [promi'nɛnt] ADJ prominent
Prominenz [promi'nɛnts] F VIPs *pl*
Promoter [pro'mo:tər] **(-s, -)** M promoter
Promotion [promotsi'o:n] F doctorate, Ph.D.
promovieren [promo'vi:rən] VI to receive a doctorate *etc*
prompt [prɔmpt] ADJ prompt
Pronomen [pro'no:mɛn] **(-s, -)** NT pronoun
Propaganda [propa'ganda] **(-)** F propaganda
propagieren [propa'gi:rən] VT to propagate
Propangas [pro'pa:nga:s] NT propane gas
Propeller [pro'pɛlər] **(-s, -)** M propeller
proper ['prɔpər] (*umg*) ADJ neat, tidy
Prophet(in) [pro'fe:t(ɪn)] **(-en, -en)** M(F) prophet(ess)
prophezeien [profe'tsaɪən] VT to prophesy
Prophezeiung F prophecy
prophylaktisch [profy'laktɪʃ] ADJ prophylactic (*form*), preventive
Proportion [propɔrtsi'o:n] F proportion
proportional [propɔrtsio'na:l] ADJ proportional; **Proportionalschrift** F (*Comput*) proportional printing
proportioniert [propɔrtsio'ni:rt] ADJ: **gut/schlecht ~** well/badly proportioned
Proporz [pro'pɔrts] **(-es, -e)** M proportional representation
Prosa ['pro:za] **(-)** F prose
prosaisch [pro'za:ɪʃ] ADJ prosaic
prosit ['pro:zɪt] INTERJ cheers!; **~ Neujahr!** happy New Year!
★**Prospekt** [pro'spɛkt] **(-(e)s, -e)** M leaflet, brochure

> The German word **Prospekt** does not mean *prospect* in English.

prost [pro:st] INTERJ cheers!
Prostata ['prɔstata] **(-)** F prostate gland
Prostituierte(r) [prostitu'i:rtə(r)] **(-n, -n)** F(M) prostitute
Prostitution [prostitutsi'o:n] F prostitution
prot. ABK = **protestantisch**
Protektionismus [protɛktsio'nɪsmʊs] M protectionism
Protektorat [protɛkto'ra:t] **(-(e)s, -e)** NT (*Schirmherrschaft*) patronage; (*Schutzgebiet*) protectorate
Protest [pro'tɛst] **(-(e)s, -e)** M protest
Protestant(in) [protɛs'tant(ɪn)] M(F) Protestant; ★ **protestantisch** ADJ Protestant
Protestbewegung F protest movement
protestieren [protɛs'ti:rən] VI to protest
Protestkundgebung F (protest) rally
Protestpartei F protest party
Prothese [pro'te:zə] **(-, -n)** F artificial limb; (*Zahnprothese*) dentures *pl*
Protokoll [proto'kɔl] **(-s, -e)** NT register; (*Niederschrift*) record; (*von Sitzung*) minutes *pl*; (*diplomatisch*) protocol; (*Polizeiprotokoll*) statement; (*Strafzettel*) ticket; **(das) ~ führen** (*bei Sitzung*) to take the minutes; (*bei Gericht*) to make a transcript of the proceedings; **etw zu ~ geben** to have sth put on record; (*bei Polizei*) to say sth in one's statement; **Protokollführer(in)** M(F) secretary; (*Jur*) clerk (of the court)
protokollieren [protokɔ'li:rən] VT to take down; (*Bemerkung*) to enter in the minutes
Proton ['pro:tɔn] **(-s, -en)** NT proton
Prototyp ['pro:toty:p] M prototype
Protz ['prɔts] **(-es, -e)** M swank
protzen VI to show off
protzig ADJ ostentatious
Proviant [provi'ant] **(-s, -e)** M provisions *pl*, supplies *pl*
Provinz [pro'vɪnts] **(-, -en)** F province; **das ist finsterste ~** (*pej*) it's a cultural backwater
provinziell [provɪn'tsiɛl] ADJ provincial
Provision [provizi'o:n] F (*Comm*) commission
provisorisch [provi'zo:rɪʃ] ADJ provisional
Provisorium [provi'zo:riʊm] **(-s, -ien)** NT provisional arrangement
Provokation [provokatsi'o:n] F provocation
provokativ [provoka'ti:f] ADJ provocative, provoking
provokatorisch [provoka'to:rɪʃ] ADJ provocative, provoking
provozieren [provo'tsi:rən] VT to provoke
Proz. ABK (= *Prozent*) pc
Prozedur [protse'du:r] F procedure; (*pej*) carry-on; **die ~ beim Zahnarzt** the ordeal at the dentist's
★**Prozent** [pro'tsɛnt] **(-(e)s, -e)** NT per cent, percentage; **Prozentrechnung** F percentage calculation; **Prozentsatz** M percentage
prozentual [protsɛntu'a:l] ADJ percentage *attrib*
Prozess [pro'tsɛs] **(-es, -e)** M trial, case; (*Vorgang*) process; **es zum ~ kommen lassen** to go to court; **mit jdm/etw kurzen ~ machen** (*fig: umg*) to make short work of sb/sth; **Prozessanwalt** M, **Prozessanwältin** F barrister, counsel; **Prozessführung** F handling of a case
prozessieren [protsɛ'si:rən] VI: **~ (mit)** to bring an action (against), to go to law (with *od* against)
Prozession [protsɛsi'o:n] F procession
Prozesskosten PL (legal) costs *pl*
prüde ['pry:də] ADJ prudish

Prüderie [pry:də'ri:] F prudery
prüfen ['pry:fən] VT to examine, to test; (*nachprüfen*) to check; (*erwägen*) to consider; (*Geschäftsbücher*) to audit; (*mustern*) to scrutinize
Prüfer(in) (-s, -) M(F) examiner
Prüfling M examinee
Prüfstein M touchstone
Prüfung F (*Sch, Univ*) examination, exam; (*Überprüfung*) checking; **eine ~ machen** to take *od* sit (BRIT) an exam(ination); **durch eine ~ fallen** to fail an exam(ination)
Prüfungs- ZW: **Prüfungsausschuss** M examining board; **Prüfungskommission** F examining board; **Prüfungsordnung** F exam(ination) regulations *pl*
Prügel ['pry:gəl] (-s, -) M cudgel ▶ PL beating *sing*
Prügelei [pry:gə'laɪ] F fight
Prügelknabe M scapegoat
prügeln VT to beat ▶ VR to fight
Prügelstrafe F corporal punishment
Prunk [prʊŋk] (-(e)s) M pomp, show; **prunkvoll** ADJ splendid, magnificent
prusten ['pru:stən] (*umg*) VI to snort
PS ABK (= *Pferdestärke*) hp; (= *Postskript(um)*) PS
Psalm [psalm] (-s, -en) M psalm
pseudo- [psɔʏdo] IN ZW pseudo
Pseudonym [psɔʏdo'ny:m] (-s, -e) NT pseudonym
Psychiater(in) [psy'çia:tər(ɪn)] (-s, -) M(F) psychiatrist
Psychiatrie [psyçia'tri:] F psychiatry
psychiatrisch [psy'çia:trɪʃ] ADJ psychiatric; **psychiatrische Klinik** psychiatric hospital
psychisch ['psy:çɪʃ] ADJ psychological; **~ gestört** emotionally *od* psychologically disturbed
Psychoanalyse [psyçoana'ly:zə] F psychoanalysis
Psychologe [psyço'lo:gə] (-n, -n) M psychologist
Psychologie F psychology
Psychologin F psychologist
psychologisch ADJ psychological
Psychopharmaka PL mind-affecting drugs *pl*, psychotropic drugs *pl*
psychosomatisch ADJ psychosomatic
Psychoterror M psychological intimidation
Psychotherapie F psychotherapy
Pubertät [pubɛr'tɛ:t] F puberty
publik [pu'bli:k] ADJ: **~ werden** to become public knowledge
Publikum ['pu:blikʊm] (-s) NT audience; (*Sport*) crowd; **das ~ in dieser Bar ist sehr gemischt** you get a very mixed group of people using this bar
Publikumserfolg M popular success
Publikumsverkehr M: **„heute kein ~“** “closed today for public business”
publizieren [publi'tsi:rən] VT to publish
★**Pudding** ['pʊdɪŋ] (-s, -e *od* -s) M blancmange; **Puddingpulver** NT custard powder
Pudel ['pu:dəl] (-s, -) M poodle; **das also ist des Pudels Kern** (*fig*) that's what it's really all about
pudelwohl (*umg*) ADJ: **sich ~ fühlen** to feel on top of the world
Puder ['pu:dər] (-s, -) M powder; **Puderdose** F powder compact
pudern VT to powder
Puderzucker M icing sugar (BRIT), confectioner's sugar (*US*)
Puerto Ricaner(in) [puɛrtori'ka:nər(ɪn)] (-s, -) M(F) Puerto Rican
puerto-ricanisch ADJ Puerto Rican
Puerto Rico [pu'ɛrto'ri:ko] (-s) NT Puerto Rico
Puff[1] [pʊf] (-(e)s, -e) M (*Wäschepuff*) linen basket; (*Sitzpuff*) pouf
Puff[2] (-(e)s, **Püffe**) (*umg*) M (*Stoß*) push
Puff[3] (-s, -s) (*umg*) M OD NT (*Bordell*) brothel
Puffer (-s, -) M (*auch Comput*) buffer; **Pufferspeicher** M (*Comput*) cache; **Pufferstaat** M buffer state; **Pufferzone** F buffer zone
Puffreis M puffed rice
Pulle ['pʊlə] (-, -n) (*umg*) F bottle; **volle ~ fahren** (*umg*) to drive flat out
Pulli ['pʊli] (-s, -s) (*umg*) M sweater, jumper (BRIT)
★**Pullover** [pʊ'lo:vər] (-s, -) M sweater, jumper (BRIT)
Pullunder [pʊ'lʊndər] (-s, -) M slipover
★**Puls** [pʊls] (-es, -e) M pulse; **Pulsader** F artery; **sich** *dat* **die ~(n) aufschneiden** to slash one's wrists
pulsieren [pʊl'zi:rən] VI to throb, to pulsate
Pult [pʊlt] (-(e)s, -e) NT desk
Pulver ['pʊlfər] (-s, -) NT powder; **Pulverfass** NT powder keg; **(wie) auf einem ~ sitzen** (*fig*) to be sitting on (top of) a volcano
pulverig ADJ powdery
pulverisieren [pʊlveri'zi:rən] VT to pulverize
Pulverkaffee M instant coffee
Pulverschnee M powdery snow
pummelig ['pʊməlɪç] ADJ chubby
Pump (-(e)s) (*umg*) M: **auf ~ kaufen** to buy on tick (BRIT) *od* credit
Pumpe ['pʊmpə] (-, -n) F pump; (*umg*: *Herz*) ticker
pumpen VT to pump; (*umg*) to lend; (: *entleihen*) to borrow
Pumphose F knickerbockers *pl*
puncto ['pʊŋkto] PRÄP +*gen*: **in ~ X** where X is concerned
★**Punkt** [pʊŋkt] (-(e)s, -e) M point; (*bei Muster*) dot; (*Satzzeichen*) full stop, period (*bes US*); **~ 12 Uhr** at 12 o'clock on the dot; **nun mach aber mal einen ~!** (*umg*) come off it!; **punktgleich** ADJ (*Sport*) level
punktieren [pʊŋk'ti:rən] VT to dot; (*Med*) to aspirate

P

★**pünktlich** [ˈpʏŋktlıç] ADJ punctual; **Pünktlichkeit** F punctuality

Punkt- ZW: **Punktmatrix** F dot matrix; **Punktrichter(in)** M(F) (*Sport*) judge; **Punktsieg** M victory on points; **Punktwertung** F points system; **Punktzahl** F score

Punsch [pʊnʃ] (**-(e)s, -e**) M (hot) punch

Pupille [puˈpılə] (**-, -n**) F (*im Auge*) pupil

★**Puppe** [ˈpʊpə] (**-, -n**) F doll; (*Marionette*) puppet; (*Insektenpuppe*) pupa, chrysalis; (*Schaufensterpuppe, Übungspuppe*) dummy; (*umg: Mädchen*) doll, bird (*bes* BRIT)

Puppen- ZW: **Puppenhaus** NT doll's house, dollhouse (*US*); **Puppenspieler(in)** M(F) puppeteer; **Puppenstube** F (single-room) doll's house *od* dollhouse (*US*); **Puppentheater** NT puppet theatre (BRIT) *od* theater (*US*); **Puppenwagen** M doll's pram

pupsen [ˈpu:psən] (*umg*) VI to make a rude noise/smell

pur [pu:r] ADJ pure; (*völlig*) sheer; (*Whisky*) neat

Püree [pyˈre:] (**-s, -s**) NT purée; (*Kartoffelpüree*) mashed potatoes *pl*

Purpur [ˈpʊrpʊr] (**-s**) M crimson

Purzelbaum [ˈpʊrtsəlbaʊm] M somersault

purzeln VI to tumble

Puste [ˈpu:stə] (**-**) (*umg*) F puff; (*fig*) steam

Pusteblume (*umg*) F dandelion

Pustel [ˈpʊstəl] (**-, -n**) F pustule

pusten [ˈpu:stən] (*umg*) VI to puff

Pute [ˈpu:tə] (**-, -n**) F turkey hen

Puter (**-s, -**) M turkey cock; **puterrot** ADJ scarlet

Putsch [pʊtʃ] (**-(e)s, -e**) M revolt, putsch; **putschen** VI to revolt; **Putschist(in)** M(F) rebel; **Putschversuch** M attempted coup (d'état)

Putte [ˈpʊtə] (**-, -n**) F (*Kunst*) cherub

Putz [pʊts] (**-es**) M (*Mörtel*) plaster, roughcast; **eine Mauer mit ~ verkleiden** to roughcast a wall

★**putzen** [ˈpʊtsən] VT to clean; (*Nase*) to wipe, to blow ▸ VR to clean o.s.; (*veraltet: sich schmücken*) to dress o.s. up; **sich** *dat* **die Zähne ~** to brush one's teeth

★**Putzfrau** F cleaner

putzig ADJ quaint, funny

Putzlappen M cloth

★**Putzmann** M cleaner

putzmunter (*umg*) ADJ full of beans

Putz- ZW: **Putztag** M cleaning day; **Putzteufel** (*umg*) M maniac for housework; **Putzzeug** NT cleaning things *pl*

Puzzle [ˈpasəl] (**-s, -s**) NT jigsaw (puzzle)

PVC [pe:faʊˈtse:] (**-(s)**) NT ABK PVC

Pygmäe [pʏˈgmɛ:ə] (**-n, -n**) M Pygmy

★**Pyjama** [piˈdʒa:ma] (**-s, -s**) M pyjamas *pl* (BRIT), pajamas *pl* (*US*)

Pyramide [pyraˈmi:də] (**-, -n**) F pyramid

Pyrenäen [pyreˈnɛ:ən] PL: **die ~** the Pyrenees *pl*

Python [ˈpy:tɔn] (**-s, -s**) M python; **Pythonschlange** F python

Qq

Q, q [ku:] NT Q, q; **Q wie Quelle** ≈ Q for Queen
qcm ABK (= *Quadratzentimeter*) cm²
qkm ABK (= *Quadratkilometer*) km²
★**qm** ABK (= *Quadratmeter*) m²
quabbelig [ˈkvabəlɪç], **quabblig** [ˈkvablɪç] ADJ wobbly; (*Frosch*) slimy
Quacksalber [ˈkvakzalbər] (**-s, -**) M quack (doctor)
Quader [ˈkva:dər] (**-s, -**) M square stone block; (*Math*) cuboid
★**Quadrat** [kvaˈdra:t] (**-(e)s, -e**) NT square; **quadratisch** ADJ square; **Quadratlatschen** PL (*hum: umg: Schuhe*) clodhoppers *pl*; ★**Quadratmeter** M square metre (BRIT) *od* meter (US)
quadrieren [kvaˈdri:rən] VT to square
quaken [ˈkva:kən] VI to croak; (*Ente*) to quack
quäken [ˈkvɛ:kən] VI to screech
quäkend ADJ screeching
Quäker(in) (**-s, -**) M(F) Quaker
Qual [kva:l] (**-, -en**) F pain, agony; (*seelisch*) anguish; **er machte ihr das Leben zur ~** he made her life a misery
quälen [ˈkvɛ:lən] VT to torment ▸ VR (*sich abmühen*) to struggle; (*geistig*) to torment o.s.; **quälende Ungewissheit** agonizing uncertainty
Quälerei [kvɛ:ləˈraɪ] F torture, torment
Quälgeist (*umg*) M pest
★**Qualifikation** [kvalifikatsiˈo:n] F qualification
qualifizieren [kvalifiˈtsi:rən] VT to qualify; (*einstufen*) to label ▸ VR to qualify
★**qualifiziert** ADJ (*Arbeiter, Nachwuchs*) qualified; (*Arbeit*) professional; (*Pol: Mehrheit*) requisite
Qualität [kvaliˈtɛ:t] F quality; **von ausgezeichneter ~** (of) top quality
qualitativ [kvalitaˈti:f] ADJ qualitative
Qualitätskontrolle F quality control
Qualitätsstandard M quality standard
Qualitätsware F article of high quality
Qualle [ˈkvalə] (**-, -n**) F jellyfish
Qualm [kvalm] (**-(e)s**) M thick smoke
qualmen VT, VI to smoke
qualvoll [ˈkva:lfɔl] ADJ painful; (*Schmerzen*) excruciating, agonizing
Quantensprung [ˈkvantənʃprʊŋ] M quantum leap
Quantentheorie [ˈkvantənteori:] F quantum theory
Quantität [kvantiˈtɛ:t] F quantity
quantitativ [kvantitaˈti:f] ADJ quantitative
Quantum [ˈkvantʊm] (**-s, Quanten**) NT quantity, amount
Quarantäne [karanˈtɛ:nə] (**-, -n**) F quarantine
Quark¹ [kvark] (**-s**) M curd cheese, quark; (*umg*) rubbish
Quark² [kvark] (**-s, -s**) NT (*Phys*) quark
Quarta [ˈkvarta] (**-, Quarten**) F (*früher*) *third year of German secondary school*
Quartal [kvarˈta:l] (**-s, -e**) NT quarter (year); **Kündigung zum ~** quarterly notice date
Quartett [kvarˈtɛt] (**-(e)s, -e**) NT (*Mus*) quartet; (*Karten*) set of four cards; (*: Spiel*) ≈ happy families
Quartier [kvarˈti:r] (**-s, -e**) NT accommodation (BRIT), accommodations *pl* (US); (*Mil*) quarters *pl*; (*Stadtquartier*) district
Quarz [kva:rts] (**-es, -e**) M quartz
quasi [ˈkva:zi] ADV virtually ▸ PRÄF quasi
quasseln [ˈkvasəln] (*umg*) VI to natter
Quaste [ˈkvastə] (**-, -n**) F (*Troddel*) tassel; (*von Pinsel*) bristles *pl*
Quästur [kvɛsˈtu:r] F (*Univ*) bursary
★**Quatsch** [kvatʃ] (**-es**) (*umg*) M rubbish, hogwash; **hört doch endlich auf mit dem ~!** stop being so stupid!; **~ machen** to mess about
quatschen VI to chat, to natter
Quatschkopf (*umg*) M (*pej: Schwätzer*) windbag; (*: Dummkopf*) twit (BRIT)
Quecksilber [ˈkvɛkzɪlbər] NT mercury
Quelle [ˈkvɛlə] (**-, -n**) F spring; (*eines Flusses: Comput*) source; **an der ~ sitzen** (*fig*) to be well placed; **aus zuverlässiger ~** from a reliable source
quellen VI (*hervorquellen*) to pour *od* gush forth; (*schwellen*) to swell
Quellenangabe F reference
Quellsprache F source language
Quengelei [kvɛŋəˈlaɪ] (*umg*) F whining
quengelig [ˈkvɛŋəlɪç] (*umg*) ADJ whining
quengeln (*umg*) VI to whine
quer [kve:r] ADV crossways, diagonally; (*rechtwinklig*) at right angles; **~ gestreift** horizontally striped; **~ auf dem Bett** across the bed;

siehe auch **querlegen**; **Querbalken** M crossbeam; **Querdenker** M maverick

Quere [ˈkveːrə] (-) F: **jdm in die ~ kommen** to cross sb's path

quer- ZW: **querfeldein** ADV across country; **Querfeldeinrennen** NT cross-country; (*mit Motorrädern*) motocross; (*Radrennen*) cyclo-cross; **Querflöte** F flute; **Querformat** NT oblong format; **Querkopf** M awkward customer; **quer|legen** VR (*fig: umg*) to be awkward; **Querschiff** NT transept; **Querschläger** (*umg*) M ricochet; **Querschnitt** M cross section; **querschnittsgelähmt** ADJ paraplegic, paralysed below the waist; **Querschnittslähmung** F paraplegia; **Querstraße** F intersecting road; **Querstrich** M (horizontal) stroke *od* line; **Quersumme** F (*Math*) sum of digits of a number; **Quertreiber(in)** M(F) obstructionist

Querulant(in) [kveruˈlant(ɪn)] (**-en, -en**) M(F) grumbler

Querverbindung F connection, link

Querverweis M cross-reference

quetschen [ˈkvɛtʃən] VT to squash, to crush; (*Med*) to bruise ▶ VR (*sich klemmen*) to be caught; (*sich zwängen*) to squeeze (o.s.)

Quetschung F bruise, contusion (*form*)

Queue [køː] (**-s, -s**) NT (*Billiard*) cue

quicklebendig [ˈkvɪkleˈbɛndɪç] (*umg*) ADJ (*Kind*) lively, active; (*ältere Person*) spry

quieken [ˈkviːkən] VI to squeak

quietschen [ˈkviːtʃən] VI to squeak; (*Bremsen*) to screech

quietschvergnügt [ˈkviːtʃfɛrgnyːkt] (*umg*) ADJ happy as a sandboy

quillt [kvɪlt] VB *siehe* **quellen**

Quinta [ˈkvɪnta] (**-, Quinten**) F (*früher*) *second year in German secondary school*

Quintessenz [ˈkvɪntɛsɛnts] F quintessence

Quintett [kvɪnˈtɛt] (**-(e)s, -e**) NT quintet

Quirl [kvɪrl] (**-(e)s, -e**) M whisk

quirlig [ˈkvɪrlɪç] ADJ lively, frisky

quitt [kvɪt] ADJ quits, even

Quitte [kvɪtə] (**-, -n**) F quince

quittieren [kvɪˈtiːrən] VT to give a receipt for; (*Dienst*) to leave

★**Quittung** F receipt; **er hat seine ~ bekommen** he's paid the penalty *od* price

Quiz [kvɪs] (-, -) NT quiz

quoll *etc* [kvɔl] VB *siehe* **quellen**

Quote [ˈkvoːtə] (**-, -n**) F proportion; (*Rate*) rate

Quotenbringer M (TV: *umg*) ratings booster

Quotenregelung F quota system (*for ensuring adequate representation of women*)

Quotierung [kvoˈtiːrʊŋ] F (*Comm*) quotation

Rr

R¹, r¹ NT R, r; **R wie Richard** ≈ R for Robert, ≈ R for Roger (*US*)
R², r² ABK (= *Radius*) r.
r. ABK (= *rechts*) r.
Rabatt [raˈbat] (**-(e)s, -e**) M discount
Rabatte [raˈbatə] (**-, -n**) F flower bed, border
Rabattmarke F trading stamp
Rabatz [raˈbats] (**-es**) (*umg*) M row, din
Rabe [ˈraːbə] (**-n, -n**) M raven
Rabenmutter F bad mother
rabenschwarz ADJ pitch-black
rabiat [rabiˈaːt] ADJ furious
Rache [ˈraxə] (-) F revenge, vengeance
Rachen (**-s, -**) M throat
rächen [ˈrɛçən] VT to avenge, to revenge ▶ VR to take (one's) revenge; **das wird sich ~** you'll pay for that
Rachitis [raˈxiːtɪs] (-) F rickets *sing*
Rachsucht F vindictiveness
rachsüchtig ADJ vindictive
Racker [ˈrakər] (**-s, -**) M rascal, scamp
Rad [raːt] (**-(e)s, Räder**) NT wheel; (*Fahrrad*) bike; **~ fahren** to cycle; **unter die Räder kommen** (*umg*) to fall into bad ways; **das fünfte ~ am Wagen sein** (*umg*) to be in the way
Radar [ˈraːdaːr] (**-s**) M OD NT radar; **Radarfalle** F speed trap; **Radarkontrolle** F radar-controlled speed check
Radau [raˈdaʊ] (**-s**) (*umg*) M row; **~ machen** to kick up a row; (*Unruhe stiften*) to cause trouble
Raddampfer M paddle steamer
radebrechen [ˈraːdəbrɛçən] VI UNTR: **Deutsch** *etc* **~** to speak broken German *etc*
radeln [ˈraːdəln] VI (*Hilfsverb sein*) to cycle
Rädelsführer [ˈrɛːdəlsfyːrər] (**-s, -**) M ringleader
Rad- ZW: ★ **Radfahrer(in)** M(F) cyclist; (*pej, umg*) crawler; **Radfahrweg** M cycle track *od* path
radieren [raˈdiːrən] VT to rub out, to erase; (*Kunst*) to etch
Radiergummi M rubber (BRIT), eraser (*bes US*)
Radierung F etching
Radieschen [raˈdiːsçən] NT radish
radikal [radiˈkaːl] ADJ radical; **~ gegen etw vorgehen** to take radical steps against sth
Radikale(r) F(M) radical
Radikalisierung [radikaliˈziːrʊŋ] F radicalization
Radikalkur (*umg*) F drastic remedy
★ **Radio** [ˈraːdio] (**-s, -s**) NT radio, wireless (*bes* BRIT); **im ~** on the radio; **radioaktiv** ADJ radioactive; **radioaktiver Niederschlag** (radioactive) fallout; **Radioaktivität** F radioactivity; **Radioapparat** M radio (set); **Radiosender** M radio station; **Radiowecker** M radio alarm (clock)
Radium [ˈraːdiʊm] (**-s**) NT radium
Radius [ˈraːdiʊs] (**-, Radien**) M radius
Radkappe F (*Aut*) hub cap
Radler(in) (**-s, -**) M(F) cyclist
Rad- ZW: **Radrennbahn** F cycling (race)track; **Radrennen** NT cycle race; (*Sportart*) cycle racing; **Radsport** M cycling; **Radweg** M cycle track *od* path
RAF (-) F ABK (= *Rote Armee Fraktion*) Red Army Faction
raffen [ˈrafən] VT to snatch, to pick up; (*Stoff*) to gather (up); (*Geld*) to pile up, to rake in; (*umg: verstehen*) to catch on to
Raffgier F greed, avarice
Raffinade [rafiˈnaːdə] F refined sugar
Raffinesse [rafiˈnɛsə] (-) F (*Feinheit*) refinement; (*Schlauheit*) cunning
raffinieren [rafiˈniːrən] VT to refine
raffiniert ADJ crafty, cunning; (*Zucker*) refined
Rage [ˈraːʒə] (-) F (*Wut*) rage, fury
ragen [ˈraːgən] VI to tower, to rise
Rahm [raːm] (**-s**) M cream
rahmen VT to frame; **Rahmen** (**-s, -**) M frame(work); **aus dem ~ fallen** to go too far; **im ~ des Möglichen** within the bounds of possibility; **Rahmenhandlung** F (*Liter*) background story; **Rahmenplan** M outline plan; **Rahmenrichtlinien** PL guidelines *pl*
rahmig ADJ creamy
räkeln [ˈrɛːkln] VR = **rekeln**
Rakete [raˈkeːtə] (**-, -n**) F rocket; **ferngelenkte ~** guided missile
Raketenstützpunkt M missile base
Rallye [ˈrali] (**-, -s**) F rally
rammdösig [ˈramdøːzɪç] (*umg*) ADJ giddy, dizzy
rammen [ˈramən] VT to ram
Rampe [ˈrampə] (**-, -n**) F ramp

Rampenlicht NT (*Theat*) footlights *pl*; **sie möchte immer im ~ stehen** (*fig*) she always wants to be in the limelight

ramponieren [rampo'ni:rən] (*umg*) VT to damage

Ramsch [ramʃ] (**-(e)s, -e**) M junk

ran [ran] (*umg*) ADV = **heran**

★**Rand** [rant] (**-(e)s, Ränder**) M edge; (*von Brille, Tasse etc*) rim; (*Hutrand*) brim; (*auf Papier*) margin; (*Schmutzrand, unter Augen*) ring; (*fig*) verge, brink; **außer ~ und Band** wild; **am Rande bemerkt** mentioned in passing; **am Rande der Stadt** on the outskirts of the town; **etw am Rande miterleben** to experience sth from the sidelines

randalieren [randa'li:rən] VI to (go on the) rampage

Randalierer(in) (**-s, -**) M(F) hooligan

Rand- ZW: **Randbemerkung** F marginal note; (*fig*) odd comment; **Randerscheinung** F unimportant side effect, marginal phenomenon; **Randfigur** F minor figure; **Randgebiet** NT (*Geog*) fringe; (*Pol*) border territory; (*fig*) subsidiary; **Randstreifen** M (*der Straße*) verge (BRIT), berm (US); (*der Autobahn*) hard shoulder (BRIT), shoulder (US); **randvoll** ADJ full to the brim

★**rang** *etc* [raŋ] VB *siehe* **ringen**

★**Rang** (**-(e)s, Ränge**) M rank; (*Stand*) standing; (*Wert*) quality; (*Theat*) circle; **ein Mann ohne ~ und Namen** a man without any standing; **erster/zweiter ~** dress/upper circle

Rangabzeichen NT badge of rank

Rangälteste(r) M senior officer

rangeln ['raŋəln] (*umg*) VI to scrap; (*um Posten*): **~ (um)** to wrangle (for)

Rangfolge F order of rank (*bes Mil*)

Rangierbahnhof [rã'ʒi:rba:nho:f] M marshalling yard

rangieren VT (*Eisenb*) to shunt, to switch (*US*) ▶ VI to rank, to be classed

Rangiergleis NT siding

Rangliste F (*Sport*) ranking list, rankings *pl*

Rangordnung F hierarchy; (*Mil*) rank

Rangunterschied M social distinction; (*Mil*) difference in rank

rank [raŋk] ADJ: **~ und schlank** (*liter*) slender and supple

Ranke ['raŋkə] (**-, -n**) F tendril, shoot

Ränke ['rɛŋkə] PL intrigues *pl*

ranken ['raŋkən] VR to trail, to grow; **sich um etw ~** to twine around sth

Ränkeschmied M (*liter*) intriguer

ränkevoll ADJ scheming

ran|klotzen ['ranklɔtsən] (*umg*) VI to put one's nose to the grindstone

ran|lassen *unreg* (*umg*) VT: **jdn ~** to let sb have a go

rann *etc* [ran] VB *siehe* **rinnen**

rannte *etc* ['rantə] VB *siehe* **rennen**

Ranzen ['rantsən] (**-s, -**) M satchel; (*umg: Bauch*) belly, gut

ranzig ['rantsɪç] ADJ rancid

Rap [rɛp] (**-(s), -s**) M (*Mus*) rap

Rappe ['rapə] (**-n, -n**) M black horse

Rappel ['rapəl] (**-s, -**) (*umg*) M (*Fimmel*) craze; (*Wutanfall*): **einen ~ kriegen** to throw a fit

★**rappen** ['rɛpən] VI (*Mus*) to rap

★**Rappen** ['rapən] (**-s, -**) (SCHWEIZ) M (*Geld*) centime, rappen

Rapper(in) ['rɛpər] (**-s, -**) M(F) (*Mus*) rapper

Raps [raps] (**-es, -e**) M (*Bot*) rape; **Rapsöl** NT rapeseed oil

rar [ra:r] ADJ rare; *siehe auch* **rarmachen**

Rarität [rari'tɛ:t] F rarity; (*Sammelobjekt*) curio

rar|machen (*umg*) VR to stay away

rasant [ra'zant] ADJ quick, rapid

rasch [raʃ] ADJ quick

rascheln VI to rustle

rasen ['ra:zən] VI to rave; (*sich schnell bewegen*) to race

★**Rasen** (**-s, -**) M grass; (*gepflegt*) lawn

rasend ADJ furious; **rasende Kopfschmerzen** a splitting headache

Rasen- ZW: **Rasenmäher** (**-s, -**) M lawnmower; **Rasenmähmaschine** F lawnmower; **Rasenplatz** M lawn; **Rasensprenger** M (lawn) sprinkler

Raserei [ra:zə'raɪ] F raving, ranting; (*Schnelle*) reckless speeding

Rasier- [ra'zi:r] ZW: ★**Rasierapparat** M shaver; **Rasiercreme** F shaving cream

★**rasieren** VT, VR to shave

Rasier- ZW: **Rasierklinge** F razor blade; **Rasiermesser** NT razor; **Rasierpinsel** M shaving brush; **Rasierseife** F shaving soap *od* stick; **Rasierwasser** NT aftershave

raspeln ['raspəln] VT to grate; (*Holz*) to rasp

Rasse ['rasə] (**-, -n**) F race; (*Tierrasse*) breed; **Rassehund** M thoroughbred dog

Rassel ['rasəl] (**-, -n**) F rattle

rasseln VI to rattle, to clatter

Rassenhass M race *od* racial hatred

Rassentrennung F racial segregation

rassig ['rasɪç] ADJ (*Pferd, Auto*) sleek; (*Frau*) vivacious; (*Wein*) spirited, lively

Rassismus [ra'sɪsmʊs] (**-**) M racialism, racism

Rassist(in) [ra'sɪst(ɪn)] M(F) racist

rassistisch [ra'sɪstɪʃ] ADJ racialist, racist

Rast [rast] (**-, -en**) F rest; **rasten** VI to rest

Raster ['rastər] (**-s, -**) M (*Archit*) grid; (*Phot: Gitter*) screen; (TV) raster; (*fig*) framework

Rast- ZW: ★**Rasthaus** NT (*Aut*) service area, services *pl*; ★**Rasthof** M (motorway) motel; (*mit Tankstelle*) service area (*with a motel*); **rastlos** ADJ tireless; (*unruhig*) restless; ★**Rastplatz** M (*Aut*) lay-by (BRIT), turnout (US); ★**Raststätte** F service area, services *pl*

Rasur [ra'zu:r] F shave; (*das Rasieren*) shaving

★**Rat** [ra:t] (**-(e)s, -schläge**) M (piece of) advice; **jdm mit ~ und Tat zur Seite stehen** to support sb in (both) word and deed; **um ~ fragen** to ask for advice; **(sich** *dat***) keinen ~ wissen** not to know what to do; *siehe auch* **zurate**

> **Advice** ist ein unzählbares Substantiv: es hat keinen Plural (wie das deutsche Wort *Rat*) und man kann keinen unbestimmten Artikel davor stellen (im Gegensatz zum Deutschen). Wenn man von einem Ratschlag spricht, sagt man: **a piece of advice** oder **some advice**.
>
> *Ich kann dir nur einen Rat geben*. **I can only give you one piece of advice**.
>
> *Seine Ratschläge haben mir sehr geholfen*. **His advice helped me a lot**.

rät [rɛ:t] VB *siehe* **raten**

Rate [ˈra:tə] (**-, -n**) F instalment (BRIT), installment (*US*); **auf Raten kaufen** to buy on hire purchase (BRIT) *od* on the installment plan (*US*); **in Raten zahlen** to pay in instalments (BRIT) *od* installments (*US*)

raten [ˈra:tən] *unreg* VT, VI to guess; (*empfehlen*): **jdm ~** to advise sb; **dreimal darfst du ~** I'll give you three guesses (*auch ironisch*)

ratenweise ADV by instalments (BRIT) *od* installments (*US*)

Ratenzahlung F hire purchase (BRIT), installment plan (*US*)

Ratespiel NT guessing game; (TV) quiz; (: *Berufe raten etc*) panel game

Ratgeber(in) (**-s, -**) M(F) adviser

Rathaus NT town hall; (*einer Großstadt*) city hall (*bes US*)

ratifizieren [ratifiˈtsi:rən] VT to ratify

Ratifizierung F ratification

Ration [ratsiˈo:n] F ration

rational [ratsioˈna:l] ADJ rational

rationalisieren [ratsionaliˈzi:rən] VT to rationalize

rationell [ratsioˈnɛl] ADJ efficient

rationieren [ratsioˈni:rən] VT to ration

ratlos ADJ at a loss, helpless

Ratlosigkeit F helplessness

rätoromanisch [rɛtoroˈma:nɪʃ] ADJ Rhaetian

ratsam ADJ advisable

Ratschlag M (piece of) advice

Rätsel [ˈrɛ:tsəl] (**-s, -**) NT puzzle; (*Worträtsel*) riddle; **vor einem ~ stehen** to be baffled; **rätselhaft** ADJ mysterious; **es ist mir ~** it's a mystery to me; **rätseln** VI to puzzle; **Rätselraten** NT guessing game

Ratsherr M councillor (BRIT), councilor (*US*)

Ratskeller M town-hall restaurant

Ratte [ˈratə] (**-, -n**) F rat

Rattenfänger (**-s, -**) M rat-catcher

rattern [ˈratərn] VI to rattle, to clatter

rau [raʊ] ADJ rough, coarse; (*Wetter*) harsh; **in rauen Mengen** (*umg*) by the ton, galore

Raub [raʊp] (**-(e)s**) M robbery; (*Beute*) loot, booty; **Raubbau** M overexploitation; **Raubdruck** M pirate(d) edition

raubeinig ADJ rough-and-ready

rauben [ˈraʊbən] VT to rob; (*jdn*) to kidnap, to abduct

Räuber [ˈrɔʏbər] (**-s, -**) M robber; **räuberisch** ADJ thieving

Raub- ZW: **Raubfisch** M predatory fish; **raubgierig** ADJ rapacious; **Raubkassette** F pirate cassette; **Raubkopie** F pirate copy; **Raubmord** M robbery with murder; **Raubtier** NT predator; **Raubüberfall** M robbery with violence; **Raubvogel** M bird of prey

★**Rauch** [raʊx] (**-(e)s**) M smoke; **Rauchabzug** M smoke outlet

★**rauchen** VT, VI to smoke; **mir raucht der Kopf** (*fig*) my head's spinning; **„R~ verboten"** "no smoking"

★**Raucher(in)** (**-s, -**) M(F) smoker

Räucherlachs M smoked salmon

räuchern [ˈrɔʏçərn] VT to smoke, to cure

Räucherspeck M ≈ smoked bacon

Räucherstäbchen NT joss stick

Rauch- ZW: **Rauchfahne** F smoke trail; **Rauchfang** M chimney hood; **Rauchfleisch** NT smoked meat

rauchig ADJ smoky

Rauchschwaden PL drifts of smoke *pl*

räudig [ˈrɔʏdɪç] ADJ mangy

rauf [raʊf] (*umg*) ADV = **herauf**; **hinauf**

Raufasertapete F woodchip paper

Raufbold (**-(e)s, -e**) M thug, hooligan

raufen VT (*Haare*) to pull out ▸ VI, VR to fight

Rauferei [raʊfəˈraɪ] F brawl, fight

rauflustig ADJ ready for a fight, pugnacious

rauh *siehe* **rau**

rauhaarig ADJ wire-haired

★**Raum** [raʊm] (**-(e)s, Räume**) M space; (*Zimmer, Platz*) room; (*Gebiet*) area; **~ sparend** space-saving; **eine Frage im ~ stehen lassen** to leave a question unresolved; **Raumausstatter(in)** M(F) interior decorator

räumen [ˈrɔʏmən] VT to clear; (*Wohnung, Platz*) to vacate, to move out of; (*verlassen*: *Gebäude, Gebiet*) to evacuate; (*wegbringen*) to shift, to move; (*in Schrank etc*) to put away

Raum- ZW: **Raumfähre** F space shuttle; **Raumfahrer(in)** M(F) astronaut; (*sowjetisch*) cosmonaut; **Raumfahrt** F space travel

Räumfahrzeug [ˈrɔʏmfa:rtsɔʏk] NT bulldozer; (*für Schnee*) snow-clearer

Rauminhalt M cubic capacity, volume

Raumkapsel F space capsule

räumlich [ˈrɔʏmlɪç] ADJ spatial; **Räumlichkeiten** PL premises *pl*

Raum- ZW: **Raummangel** M lack of space; **Raummaß** NT unit of volume; **Raummeter** M cubic metre (BRIT) *od* meter (*US*); **Raumnot** F shortage of space; **Raumordnung** F environ-

r

mental planning; **Raumpfleger(in)** M(F) cleaner; **Raumschiff** NT spaceship; **Raumschifffahrt** F space travel; **Raumstation** F space station; **Raumtransporter** M space shuttle

Räumung [ˈrɔʏmʊŋ] F clearing (away); (*von Haus etc*) vacating; (*wegen Gefahr*) evacuation; (*unter Zwang*) eviction

Räumungs- zW: **Räumungsbefehl** M eviction order; **Räumungsklage** F action for eviction; **Räumungsverkauf** M clearance sale

raunen [ˈraʊnən] VT, VI to whisper

Raupe [ˈraʊpə] (-, **-n**) F caterpillar; (*Raupenkette*) (caterpillar) track

Raupenschlepper M caterpillar tractor

Raureif [ˈraʊraɪf] M hoarfrost

raus [raʊs] (*umg*) ADV = **heraus**; **hinaus**

Rausch [raʊʃ] (**-(e)**, *pl* **Räusche**) M intoxication; **einen ~ haben** to be drunk

rauschen VI (*Wasser*) to rush; (*Baum*) to rustle; (*Radio etc*) to hiss; (*Mensch*) to sweep, to sail

rauschend ADJ (*Beifall*) thunderous; (*Fest*) sumptuous

Rauschgift NT drug; **Rauschgifthandel** M drug traffic; **Rauschgifthändler(in)** M(F) drug trafficker; **Rauschgiftsüchtige(r)** F(M) drug addict

raus|fliegen *unreg* (*umg*) VI to be chucked out

räuspern [ˈrɔʏspərn] VR to clear one's throat

Rausschmeißer [ˈraʊsʃmaɪsər] (**-s, -**) (*umg*) M bouncer

Raute [ˈraʊtə] (-, **-n**) F diamond; (*Math*) rhombus

rautenförmig ADJ rhombic

Razzia [ˈratsia] (-, **Razzien**) F raid

Reagenzglas [reaˈgɛntsglaːs] NT test tube

reagieren [reaˈgiːrən] VI: **~ (auf +*akk*)** to react (to)

Reaktion [reaktsiˈoːn] F reaction

reaktionär [reaktsioˈnɛːr] ADJ reactionary

Reaktionsfähigkeit F reactions *pl*

Reaktionsgeschwindigkeit F speed of reaction

Reaktor [reˈaktɔr] M reactor; **Reaktorkern** M reactor core; **Reaktorunglück** NT nuclear accident

real [reˈaːl] ADJ real, material; **Realeinkommen** NT real income

realisierbar [realiˈziːrbaːr] ADJ practicable, feasible

Realismus [reaˈlɪsmʊs] M realism

Realist(in) [reaˈlɪst(ɪn)] M(F) realist; **realistisch** ADJ realistic

Realität [realiˈtɛːt] F reality; **erweiterte ~** augmented reality ■ **Realitäten** PL (*Gegebenheiten*) facts *pl*

realitätsfremd ADJ out of touch with reality

Realityshow [riˈɛlitiːʃoː] F (*TV*) reality show

Realpolitik F political realism

★**Realschule** F ≈ middle school (BRIT), junior high school (*US*)

> The **Realschule** is one of the types of secondary school available to schoolchildren in Germany after the *Grundschule*. At the end of six years' schooling in the *Realschule* pupils gain the *mittlerer Bildungsanschluss* and usually go on to some kind of training or to a college of further education.

Realzeit F real time

Rebe [ˈreːbə] (**-, -n**) F vine

Rebell(in) [reˈbɛl(ɪn)] (**-en, -en**) M(F) rebel

rebellieren [rebɛˈliːrən] VI to rebel

Rebellion [rebɛliˈoːn] F rebellion

rebellisch [reˈbɛlɪʃ] ADJ rebellious

Rebensaft M wine

Reb- [rɛp] zW: **Rebhuhn** NT partridge; **Reblaus** F vine pest; **Rebstock** M vine

rechen VT, VI to rake; **Rechen** [ˈrɛçən] (**-s, -**) M rake

Rechen- zW: **Rechenaufgabe** F sum, mathematical problem; **Rechenfehler** M miscalculation; **Rechenmaschine** F adding machine

Rechenschaft F account; **jdm über etw** *akk* **~ ablegen** to account to sb for sth; **jdn zur ~ ziehen (für)** to call sb to account (for *od* over); **jdm ~ schulden** to be accountable to sb

Rechenschaftsbericht M report

Rechenschieber M slide rule

Rechenzentrum NT computer centre (BRIT) *od* center (*US*)

recherchieren [reʃɛrˈʃiːrən] VT, VI to investigate

★**rechnen** [ˈrɛçnən] VT, VI to calculate; (*veranschlagen*) to estimate, to reckon ▶ VR to pay off; **jdn/etw zu etw ~** to count sb/sth among sth; **~ mit** to reckon with; **~ auf +*akk*** to count on

★**Rechnen** NT arithmetic; (*bes Sch*) sums *pl*

★**Rechner** (**-s, -**) M calculator; (*Comput*) computer; **rechnerfern** ADJ (*Comput*) remote; **rechnerisch** ADJ arithmetical

★**Rechnung** F calculation(s); (*Comm*) bill (BRIT), check (*US*); **auf eigene ~** on one's own account; **(jdm) etw in ~ stellen** to charge (sb) for sth; **jdm/etw ~ tragen** to take sb/sth into account

Rechnungs- zW: **Rechnungsbuch** NT account book; **Rechnungshof** M ≈ Auditor-General's office (BRIT), audit division (*US*); **Rechnungsjahr** NT financial year; **Rechnungsprüfer(in)** M(F) auditor; **Rechnungsprüfung** F audit(ing)

★**recht** [rɛçt] ADJ right ▶ ADV (*vor Adjektiv*) really, quite; **das ist mir ~** that suits me; **jetzt erst ~** now more than ever; **alles, was ~ ist** (*empört*) fair's fair; (*anerkennend*) you can't deny it; **es geschieht ihm ~** it serves him right; **nach dem Rechten sehen** to see that everything's O.K.; **~ haben** to be right; **jdm ~ geben** to agree with sb, to admit that sb is right; **du kommst gerade ~, um ...** you're just in time to ...; **gehe ich ~ in der Annahme, dass ...?** am I correct in assuming that ...?; **~ herzlichen Dank** thank you very much indeed

★**Recht** (**-(e)s, -e**) NT right; (*Jur*) law; **~ sprechen** to administer justice; **mit** *od* **zu ~** rightly, justly; **von Rechts wegen** by rights; **zu seinem ~ kommen** (*lit*) to gain one's rights; (*fig*) to come into one's own; **gleiches ~ für alle!** equal rights for all!

★**rechte(r, s)** ADJ right; (*Pol*) right-wing

Rechte F right (hand); (*Pol*) Right

Rechte(s) NT right thing; **etwas/nichts Rechtes** something/nothing proper

recht- zW: **Rechteck** (**-(e)s, -e**) NT rectangle; **rechteckig** ADJ rectangular; **rechtfertigen** VT UNTR to justify ▶ VR UNTR to justify o.s.; **Rechtfertigung** F justification; **rechthaberisch** ADJ dogmatic; **rechtlich** ADJ legal, lawful; **~ nicht zulässig** not permissible in law, illegal; **rechtmäßig** ADJ legal, lawful

★**rechts** [rεçts] ADV on *od* to the right; **~ von** to the right of; **~ stehen** *od* **sein** (*Pol*) to be right-wing; **~ stricken** to knit (plain); **Rechtsabbieger**; **Rechtsabbieger** (**-s, -**) M: **die Spur für ~** the right-hand turn-off lane

Rechts- zW: **Rechtsanspruch** M: **einen ~ auf etw** *akk* **haben** to be legally entitled to sth; ★**Rechtsanwalt** M, **Rechtsanwältin** F lawyer, barrister; **Rechtsaußen** M (*Sport*) outside right; **Rechtsbeistand** M legal adviser

rechtschaffen ADJ upright

Rechtschreibung F spelling

Rechts- zW: **Rechtsdrehung** F clockwise rotation; **Rechtsextremismus** M right-wing extremism; **Rechtsextremist** M right-wing extremist; **Rechtsfall** M (law) case; **Rechtsfrage** F legal question; **rechtsgültig** ADJ legally valid; **Rechtshänder(in)** M(F) right-handed person; **rechtskräftig** ADJ valid, legal; **Rechtskurve** F right-hand bend; **Rechtslage** F legal position; **rechtslastig** ADJ listing to the right; (*fig*) leaning to the right; **Rechtspflege** F administration of justice; **Rechtspfleger(in)** M(F) *official with certain judicial powers*

Rechtsprechung [ˈrεçtʃprεçʊŋ] F (*Gerichtsbarkeit*) jurisdiction; (*richterliche Tätigkeit*) dispensation of justice

Rechts- zW: **rechtsradikal** ADJ (*Pol*) extreme right-wing; **Rechtsschutz** M legal protection; **Rechtsspruch** M verdict; **Rechtsstaat** M state under the rule of law; **Rechtsstreit** M lawsuit; **Rechtstitel** M title; **rechtsverbindlich** ADJ legally binding; **Rechtsverkehr** M driving on the right; **Rechtsweg** M: **der ~ ist ausgeschlossen** ≈ the judges' decision is final; **rechtswidrig** ADJ illegal; **Rechtswissenschaft** F jurisprudence

rechtwinklig ADJ right-angled

rechtzeitig ADJ timely ▶ ADV in time

Reck [rεk] (**-(e)s, -e**) NT horizontal bar

recken VT, VR to stretch

recycelbar [riːˈsaɪkəlbaːr] ADJ recyclable

recyceln [riːˈsaɪkəln] VT to recycle

Recycling [riˈsaɪklɪŋ] (**-s**) NT recycling; **Recyclingpapier** NT recycled paper

Red. ABK = **Redaktion**; (= *Redakteur(in)*) ed

Redakteur(in) [redakˈtøːr(ɪn)] M(F) editor

Redaktion [redaktsiˈoːn] F editing; (*Leute*) editorial staff; (*Büro*) editorial office(s *pl*)

Redaktionsschluss M time of going to press; (*Einsendeschluss*) copy deadline

Rede [ˈreːdə] (**-, -n**) F speech; (*Gespräch*) talk; **jdn zur ~ stellen** to take sb to task; **eine ~ halten** to make a speech; **das ist nicht der ~ wert** it's not worth mentioning; **davon kann keine ~ sein** it's out of the question; **Redefreiheit** F freedom of speech; **redegewandt** ADJ eloquent

★**reden** VI to talk, to speak ▶ VT to say; (*Unsinn etc*) to talk; **(viel) von sich ~ machen** to become (very much) a talking point; **darüber lässt sich ~** that's a possibility; (*über Preis, Bedingungen*) I think we could discuss that; **er lässt mit sich ~** he could be persuaded; (*in Bezug auf Preis*) he's open to offers; (*gesprächsbereit*) he's open to discussion

★**Reden** (**-s**) NT talking, speech

Redensart F set phrase

Redeschwall M torrent of words

Redewendung F expression, idiom

redlich [ˈreːtlɪç] ADJ honest; **Redlichkeit** F honesty

Redner(in) (**-s, -**) M(F) speaker, orator

redselig [ˈreːtzeːlɪç] ADJ talkative, loquacious; **Redseligkeit** F talkativeness, loquacity

redundant [redʊnˈdant] ADJ redundant

Redundanz [redʊnˈdants] (**-**) F redundancy

reduzieren [reduˈtsiːrən] VT to reduce

Reduzierung F reduction

Reede [ˈreːdə] (**-, -n**) F protected anchorage

Reeder (**-s, -**) M shipowner

Reederei [reːdəˈraɪ] F shipping line *od* firm

Reederin F shipowner

reell [reˈεl] ADJ fair, honest; (*Preis*) fair; (*Comm: Geschäft*) sound; (*Math*) real

Reetdach [ˈreːtdax] NT thatched roof

Ref. ABK = **Referendar**; **Referent**

Referat [refeˈraːt] (**-(e)s, -e**) NT report; (*Vortrag*) paper; (*Gebiet*) section; (*Verwaltung: Ressort*) department; **ein ~ halten (über** *+akk*) to give a paper (on)

Referendar(in) [referεnˈdar(ɪn)] M(F) trainee (in civil service); (*Studienreferendar*) trainee teacher; (*Gerichtsreferendar*) articled clerk

Referendum [refeˈrεndʊm] (**-s, Referenden**) NT referendum

Referent(in) [refeˈrεnt(ɪn)] M(F) speaker; (*Berichterstatter*) reporter; (*Sachbearbeiter*) expert

Referenz [refeˈrεnts] F reference

referieren [refeˈriːrən] VI: **~ über** *+akk* to speak *od* talk on

reflektieren [reflekˈtiːrən] VT, VI to reflect; **~ auf** *+akk* to be interested in

r

Reflex [reˈflɛks] (**-es, -e**) M reflex; **Reflexbewegung** F reflex action
reflexiv [reflɛˈksi:f] ADJ (*Gram*) reflexive
Reform [reˈfɔrm] (**-, -en**) F reform
Reformation [refɔrmatsiˈo:n] F reformation
Reformator [refɔrˈma:tɔr] M reformer; **reformatorisch** ADJ reformatory, reforming
reform- zW: **reformbedürftig** ADJ in need of reform; **reformfreudig** ADJ avid for reform; **Reformhaus** NT health food shop
reformieren [refɔrˈmi:rən] VT to reform
Refrain [rəˈfrɛ̃:] (**-s, -s**) M refrain, chorus
Reg. ABK (= *Regierungs-*) gov.; (= *Register*) reg
★**Regal** [reˈga:l] (**-s, -e**) NT (book)shelves *pl*, bookcase; (*Typ*) stand, rack
Regatta [reˈgata] (**-, Regatten**) F regatta
Reg.-Bez. ABK = **Regierungsbezirk**
rege [ˈre:gə] ADJ lively, active; (*Geschäft*) brisk
Regel [ˈre:gəl] (**-, -n**) F rule; (*Med*) period; **in der ~** as a rule; **nach allen Regeln der Kunst** (*fig*) thoroughly; **sich** *dat* **etw zur ~ machen** to make a habit of sth; **regellos** ADJ irregular, unsystematic; ★**regelmäßig** ADJ regular; **Regelmäßigkeit** F regularity
regeln VT to regulate, to control; (*Angelegenheit*) to settle ▸ VR: **sich von selbst ~** to take care of itself; **gesetzlich geregelt sein** to be laid down by law
regelrecht ADJ proper, thorough
Regelung F regulation; (*von Angelegenheit*) settlement
regelwidrig ADJ irregular, against the rules
★**regen** [ˈre:gən] VT to move ▸ VR to move, to stir
★**Regen** (**-s, -**) M rain; **vom ~ in die Traufe kommen** (*Sprichwort*) to jump out of the frying pan into the fire (*Sprichwort*)
Regenbogen M rainbow
Regenbogenfamilie F *family with same-sex parents*; **Regenbogenhaut** F (*Anat*) iris; **Regenbogenpresse** F trashy magazines *pl*
regenerieren [regeneˈri:rən] VR (*Biol*) to regenerate; (*fig*) to revitalize *od* regenerate o.s. *od* itself; (*nach Anstrengung, Schock etc*) to recover
Regen- zW: **Regenguss** M downpour; ★**Regenmantel** M raincoat, mac(kintosh); **Regenmenge** F rainfall; ★**Regenschauer** M shower (of rain); ★**Regenschirm** M umbrella
Regent(in) [reˈgɛnt(ɪn)] M(F) regent
Regentag M rainy day
Regentropfen M raindrop
Regentschaft F regency
Regen- zW: **Regenwald** M (*Geog*) rain forest; **Regenwetter** NT: **er macht ein Gesicht wie drei** *od* **sieben Tage ~** (*umg*) he's got a face as long as a month of Sundays; **Regenwurm** M earthworm; **Regenzeit** F rainy season, rains *pl*
Regie [reˈʒi:] F (*Film etc*) direction; (*Theat*) production; **unter der ~ von** directed *od* produced by; **Regieanweisung** F (stage) direction
regieren [reˈgi:rən] VT, VI to govern, to rule
Regierung F government; (*Monarchie*) reign; **an die ~ kommen** to come to power
Regierungs- zW: **Regierungsbezirk** M ≈ county (BRIT, US), ≈ region (SCOT); **Regierungserklärung** F inaugural speech; (*in Großbritannien*) Queen's/King's Speech; **Regierungsmannschaft** F government team; **Regierungssprecher(in)** M(F) government spokesman/spokeswoman, government spokesperson; **Regierungsvorlage** F government bill; **Regierungswechsel** M change of government; **Regierungszeit** F period in government; (*von König*) reign
Regiment [regiˈmɛnt] (**-s, -er**) NT regiment
Region [regiˈo:n] F region
Regionalplanung [regioˈna:lpla:nʊŋ] F regional planning
Regionalprogramm NT (*Rundf, TV*) regional programme (BRIT) *od* program (US)
Regisseur(in) [reʒɪˈsø:r(ɪn)] M(F) director; (*Theat*) (stage) producer
Register [reˈgɪstər] (**-s, -**) NT register; (*in Buch*) table of contents, index; **alle ~ ziehen** (*fig*) to pull out all the stops; **Registerführer(in)** M(F) registrar
Registratur [regɪstraˈtu:r] F registry, records office
registrieren [regɪsˈtri:rən] VT to register; (*umg: zur Kenntnis nehmen*) to note
Registrierkasse F cash register
Regler [ˈre:glər] (**-s, -**) M regulator, governor
reglos [ˈre:klo:s] ADJ motionless
★**regnen** [ˈre:gnən] VI UNPERS to rain ▸ VT UNPERS: **es regnet Glückwünsche** congratulations are pouring in; **es regnet in Strömen** it's pouring (with rain)
★**regnerisch** ADJ rainy
Regress [reˈgrɛs] (**-es, -e**) M (*Jur*) recourse, redress; **Regressanspruch** M (*Jur*) claim for compensation
regsam [ˈre:kza:m] ADJ active
regulär [reguˈlɛ:r] ADJ regular
regulieren [reguˈli:rən] VT to regulate; (*Comm*) to settle; **sich von selbst ~** to be self-regulating
Regulierungsbehörde [reguˈli:rəʊŋsbəhø:rdə] F regulatory body *od* authority
Regung [ˈre:gʊŋ] F motion; (*Gefühl*) feeling, impulse
regungslos ADJ motionless
Reh [re:] (**-(e)s, -e**) NT deer; (*weiblich*) roe deer
rehabilitieren [rehabiliˈti:rən] VT to rehabilitate; (*Ruf, Ehre*) to vindicate ▸ VR to rehabilitate (*form*) *od* vindicate o.s.
Rehabilitierung F rehabilitation
Reh- zW: **Rehbock** M roebuck; **Rehbraten** M roast venison; **Rehkalb** NT fawn; **Rehkitz** NT fawn
Reibach [ˈraɪbax] (**-s**) M: **einen ~ machen** (*umg*) to make a killing
Reibe [ˈraɪbə] (**-, -n**) F grater
Reibeisen [ˈraɪp|aɪzən] NT grater

Reibekuchen M (*Koch*) ≈ potato waffle

reiben *unreg* VT to rub; (*Koch*) to grate

Reiberei [raɪbəˈraɪ] F friction *no pl*

Reibfläche F rough surface

Reibung F friction

reibungslos ADJ smooth; **~ verlaufen** to go off smoothly

reich ADJ rich ▶ ADV: **eine ~ ausgestattete Bibliothek** a well-stocked library

Reich [raɪç] **(-(e)s, -e)** NT empire; (*von König*) kingdom; (*fig*) realm; **das Dritte ~** the Third Reich

reichen VI to reach; (*genügen*) to be enough *od* sufficient ▶ VT to hold out; (*geben*) to pass, to hand; (*anbieten*) to offer; **so weit das Auge reicht** as far as the eye can see; **jdm ~** (*genügen*) to be enough *od* sufficient for sb; **mir reichts!** I've had enough!

reich- ZW: **reichhaltig** ADJ ample, rich; **reichlich** ADJ ample; **~ Zeit** plenty of time; **Reichtum (-s, -tümer)** M wealth; **Reichweite** F range; **jd ist in ~** sb is nearby

reif [raɪf] ADJ ripe; (*Mensch, Urteil*) mature; **für etw ~ sein** (*umg*) to be ready for sth

Reif[1] **(-(e)s)** M hoarfrost

Reif[2] **(-(e)s, -e)** M (*Ring*) ring, hoop

Reife [ˈraifə] **(-)** F ripeness; (*von Mensch*) maturity; **mittlere ~** (*Sch*) *first public examination in secondary school*, ≈ O-Levels *pl* (BRIT)

reifen VI to mature; (*Obst*) to ripen

Reifen (-s, -) M ring, hoop; (*Fahrzeugreifen*) tyre (BRIT), tire (*US*)

Reifen- ZW: ⋆ **Reifendruck** M tyre (BRIT) *od* tire (*US*) pressure; ⋆ **Reifenpanne** F puncture, flat; **Reifenprofil** NT tyre (BRIT) *od* tire (*US*) tread; **Reifenschaden** M puncture, flat

Reifeprüfung F school-leaving exam

Reifezeugnis NT school-leaving certificate

reiflich [ˈraɪflɪç] ADJ thorough, careful

Reihe [ˈraɪə] **(-, -n)** F row; (*von Tagen etc, umg: Anzahl*) series *sing*; **eine ganze ~ (von)** (*unbestimmte Anzahl*) a whole lot (of); **der ~ nach** one after the other; **er ist an der ~** it's his turn; **an die ~ kommen** to have one's turn; **außer der ~** out of turn; (*ausnahmsweise*) out of the usual way of things; **aus der ~ tanzen** (*fig: umg*) to be different; (*gegen Konventionen verstoßen*) to step out of line; **ich kriege heute nichts auf die ~** I can't get my act together today

reihen VT to set in a row; (*aneinanderreihen*) to arrange in series; (*Perlen*) to string

Reihen- ZW: **Reihenfolge** F sequence; **alphabetische ~** alphabetical order; ⋆ **Reihenhaus** NT terraced (BRIT) *od* row (*US*) house; **Reihenuntersuchung** F mass screening; **reihenweise** ADV (*in Reihen*) in rows; (*fig: in großer Anzahl*) by the dozen

Reiher (-s, -) M heron

reihum [raɪˈ|ʊm] ADV: **etw ~ gehen lassen** to pass sth around

Reim [raɪm] **(-(e)s, -e)** M rhyme; **sich** *dat* **einen ~ auf etw** *akk* **machen** (*umg*) to make sense of sth; **reimen** VT to rhyme

⋆ **rein**[1] [raɪn] (*umg*) ADV = **herein**; **hinein**

rein[2] [raɪn] ADJ pure; (*sauber*) clean ▶ ADV purely; **~ waschen** to clear o.s.; **das ist die reinste Freude/der reinste Hohn** *etc* it's pure *od* sheer joy/mockery *etc*; **etw ins Reine schreiben** to make a fair copy of sth; **etw ins Reine bringen** to clear sth up; **reinen Tisch machen** (*fig*) to get things straight; **~ unmöglich** (*umg: ganz, völlig*) absolutely impossible

Rein- IN ZW (*Comm*) net(t)

Reinemachefrau F cleaning lady, charwoman (BRIT)

reineweg (*umg*) ADV completely, absolutely

rein- ZW: **Reinfall** (*umg*) M let-down; (*Misserfolg*) flop; **rein|fallen** VI: **auf jdn/etw ~** to be taken in by sb/sth; **Reingewinn** M net profit; **Reinheit** F purity; (*Sauberkeit*) cleanness

⋆ **reinigen** [ˈraɪnɪgən] VT to clean; (*Wasser*) to purify

Reiniger (-s, -) M cleaner

⋆ **Reinigung** F cleaning; (*von Wasser*) purification; (*Geschäft*) cleaner's; **chemische ~** dry-cleaning; (*Geschäft*) dry-cleaner's

Reinigungsmittel NT cleansing agent; **reinlich** ADJ clean

rein- ZW: **Reinlichkeit** F cleanliness; **Reinmachefrau** F = **Reinemachefrau**; **reinrassig** ADJ pedigree; **rein|reiten** *unreg* VT: **jdn ~** to get sb into a mess; **Reinschrift** F fair copy; **Reinvermögen** NT net assets *pl*

reinweg (*umg*) ADV = **reineweg**

⋆ **Reis**[1] [raɪs] **(-es, -e)** M rice

Reis[2] [raɪs] **(-es, -er)** NT twig, sprig

⋆ **Reise** [ˈraɪzə] **(-, -n)** F journey; (*Schiffsreise*) voyage ■ **Reisen** PL travels *pl*; **gute ~!** bon voyage!, have a good journey!; **auf Reisen sein** to be away (travelling (BRIT) *od* traveling (*US*)); **er ist viel auf Reisen** he does a lot of travelling (BRIT) *od* traveling (*US*); **Reiseandenken** NT souvenir; **Reiseapotheke** F first-aid kit; **Reisebericht** M account of one's journey; (*Buch*) travel story; (*Film*) travelogue (BRIT), travelog (*US*); ⋆ **Reisebüro** NT travel agency; **Reisediplomatie** F shuttle diplomacy; **Reiseerleichterungen** PL easing *sing* of travel restrictions; **reisefertig** ADJ ready to start; **Reisefieber** NT (*fig*) travel nerves *pl*; ⋆ **Reiseführer** M guide(book); (*Mensch*) (travel) guide; **Reiseführerin** F travel guide; **Reisegepäck** NT luggage; **Reisegesellschaft** F party of travellers (BRIT) *od* travelers (*US*); **Reisegruppe** F tourist party; (*mit Reisebus*) coach party; **Reisekosten** PL travelling (BRIT) *od* traveling (*US*) expenses *pl*; ⋆ **Reiseleiter(in)** M(F) courier; **Reiselektüre** F reading for the journey; **Reiselust** F wanderlust

⋆ **reisen** VI to travel; **~ nach** to go to

⋆ **Reisende(r)** F(M) traveller (BRIT), traveler (*US*)

Reise- ZW: ⋆ **Reisepass** M passport; **Reisepläne** PL plans *pl* for a *od* the journey; **Reiseproviant** M provisions *pl* for the journey; **Reiseroute** F

r

itinerary; ⋆ **Reisescheck** M traveller's cheque (BRIT), traveler's check (US); **Reiseschreibmaschine** F portable typewriter; **Reisetasche** F travelling (BRIT) *od* traveling (US) bag *od* case; **Reisethrombose** F deep vein thrombosis, economy-class syndrome (*umg*); **Reiseveranstalter(in)** M(F) tour operator; **Reiseverkehr** M tourist *od* holiday traffic; **Reiseversicherung** F travel insurance; **Reisewetter** NT holiday weather; ⋆ **Reiseziel** NT destination

Reisig [ˈraɪzɪç] (**-s**) NT brushwood

Reißaus [raisˈaus] M: **~ nehmen** to run away, to flee

Reißbrett NT drawing board; **Reißbrettstift** M drawing pin (BRIT), thumbtack (US)

reißen [ˈraɪsən] *unreg* VT, VI to tear; (*ziehen*) to pull, to drag; **etw an sich ~** to snatch sth up; (*fig*) to take sth over; **sich um etw ~** to scramble for sth; **wenn alle Stricke ~** (*fig: umg*) if the worst comes to the worst; **einen Witz ~** to crack a joke; *siehe auch* **hingerissen**

Reißen NT (*Gewichtheben: Disziplin*) snatch; (*umg: Gliederreißen*) ache

reißend ADJ (*Fluss*) torrential; (*Comm*) rapid; **reißenden Absatz finden** to sell like hot cakes (*umg*)

Reißer (**-s, -**) (*umg*) M thriller; **reißerisch** ADJ sensational

Reiß- ZW: **Reißleine** F (*Aviat*) ripcord; **Reißnagel** M drawing pin (BRIT), thumbtack (US); **Reißschiene** F T-square; **Reißverschluss** M zip (fastener) (BRIT), zipper (US); **Reißwolf** M shredder; **durch den ~ geben** (*Dokumente*) to shred; **Reißzeug** NT geometry set; **Reißzwecke** F = **Reißnagel**

⋆ **reiten** [ˈraɪtən] *unreg* VT, VI to ride

Reiter (**-s, -**) M rider; (*Mil*) cavalryman, trooper

Reiterei [raɪtəˈraɪ] F cavalry

Reiterin F rider

Reit- ZW: **Reithose** F riding breeches *pl*; **Reitpferd** NT saddle horse; ⋆ **Reitschule** F riding school; **Reitstiefel** M riding boot; **Reitturnier** NT horse show; **Reitweg** M bridle path; **Reitzeug** NT riding outfit

Reiz [raɪts] (**-es, -e**) M stimulus; (*angenehm*) charm; (*Verlockung*) attraction

reizbar ADJ irritable; **Reizbarkeit** F irritability

reizen VT to stimulate; (*unangenehm*) to irritate; (*verlocken*) to appeal to, to attract; (*Karten*) to bid ▸ VI: **zum Widerspruch ~** to invite contradiction

reizend ADJ charming

Reiz- ZW: **Reizgas** NT tear gas, CS gas; **Reizhusten** M chesty cough; **reizlos** ADJ unattractive; **reizvoll** ADJ attractive; **Reizwäsche** F sexy underwear; **Reizwort** NT emotive word

rekapitulieren [rekapituˈliːrən] VT to recapitulate

rekeln [ˈreːkəln] VR to stretch out; (*lümmeln*) to lounge *od* loll about

Reklamation [reklamatsiˈoːn] F complaint

⋆ **Reklame** [reˈklaːmə] (**-, -n**) F advertising; (*Anzeige*) advertisement; **mit etw ~ machen** (*pej*) to show off about sth; **für etw ~ machen** to advertise sth; **Reklametrommel** F: **die ~ für jdn/etw rühren** (*umg*) to beat the (big) drum for sb/sth; **Reklamewand** F notice (BRIT) *od* bulletin (US) board

reklamieren [reklaˈmiːrən] VI to complain ▸ VT to complain about; (*zurückfordern*) to reclaim

rekonstruieren [rekɔnstruˈiːrən] VT to reconstruct

Rekonvaleszenz [rekɔnvalɛsˈtsɛnts] F convalescence

Rekord [reˈkɔrt] (**-(e)s, -e**) M record; **Rekordleistung** F record performance

Rekrut [reˈkruːt] (**-en, -en**) M recruit

rekrutieren [rekruˈtiːrən] VT to recruit ▸ VR to be recruited

Rektor [ˈrɛktɔr] M (*Univ*) rector, vice-chancellor; (*Sch*) head teacher (BRIT), principal (US)

Rektorat [rɛktoˈrat] (**-(e)s, -e**) NT (*Univ*) rectorate, vice-chancellorship; (*Sch*) headship (BRIT), principalship (US); (*Zimmer*) rector's *etc* office

Rektorin [rɛkˈtoːrɪn] F (*Sch*) head teacher (BRIT), principal (US)

Rel. ABK (= *Religion*) rel.

Relais [rəˈlɛː] (**-, -**) NT relay

Relation [relatsiˈoːn] F relation

relativ [relaˈtiːf] ADJ relative ▸ ADV relatively

Relativität [relativiˈtɛːt] F relativity

Relativpronomen NT (*Gram*) relative pronoun

relaxen [riˈlɛksən] VI to relax, to chill out

relevant [releˈvant] ADJ relevant

Relevanz F relevance

Relief [reliˈɛf] (**-s, -s**) NT relief

⋆ **Religion** [religiˈoːn] F religion

Religions- ZW: **Religionsfreiheit** F freedom of worship; **Religionslehre** F religious education; **Religionsunterricht** M religious education

religiös [religiˈøːs] ADJ religious

Relikt [reˈlɪkt] (**-(e)s, -e**) NT relic

Reling [ˈreːlɪŋ] (**-, -s**) F (*Naut*) rail

Reliquie [reˈliːkviə] F relic

Reminiszenz [reminɪsˈtsɛnts] F reminiscence, recollection

Remis [rəˈmiː] (**-, -** *od* **-en**) NT (*Schach, Sport*) draw

Remittende [remɪˈtɛndə] (**-, -n**) F (*Comm*) return

Remittent(in) M(F) (*Fin*) payee

remittieren [remɪˈtiːrən] VT (*Comm: Waren*) to return; (*Geld*) to remit

Remmidemmi [ˈrɛmiˈdɛmi] (**-s**) (*umg*) NT (*Krach*) row, rumpus; (*Trubel*) rave-up

Remoulade [remuˈlaːdə] (**-, -n**) F remoulade

rempeln [ˈrɛmpəln] (*umg*) VT to jostle, to elbow; (*Sport*) to barge into; (*foulen*) to push

Ren [reːn, rɛn] (**-s, -s** *od* **-e**) NT reindeer

Renaissance [rənɛ'sã:s] (**-, -n**) F (*Hist*) Renaissance; (*fig*) revival, rebirth

Rendezvous [rãde'vu:] (-, -) NT rendezvous

Rendite [rɛn'di:tə] (**-, -n**) F (*Fin*) yield, return on capital

Rennbahn F racecourse; (*Aut*) circuit, race-track

rennen ['rɛnən] *unreg* VT, VI to run, to race; **um die Wette ~** to have a race; **Rennen (-s, -)** NT running; (*Wettbewerb*) race; **das ~ machen** (*lit, fig*) to win (the race)

Renner (**-s, -**) (*umg*) M winner, world-beater

Renn- zW: **Rennfahrer(in)** M(F) racing driver (BRIT), race car driver (*US*); **Rennpferd** NT racehorse; **Rennplatz** M racecourse; **Rennrad** NT racing cycle; **Rennsport** M racing; **Rennwagen** M racing car (BRIT), race car (*US*)

renommiert [renɔ'mi:rt] ADJ: **~ (wegen)** renowned (for), famous (for)

renovieren [reno'vi:rən] VT to renovate

Renovierung F renovation

rentabel [rɛn'ta:bəl] ADJ profitable, lucrative

Rentabilität [rɛntabili'tɛ:t] F profitability

Rente ['rɛntə] (**-, -n**) F pension

The German word **Rente** does not mean *rent* in English.

Renten- zW: **Rentenbasis** F annuity basis; **Rentenempfänger(in)** M(F) pensioner; **Rentenpapier** NT (*Fin*) fixed-interest security; **Rentenversicherung** F pension scheme; **Rentenversicherungsträger** M pension provider

Rentier ['rɛnti:r] NT reindeer

rentieren [rɛn'ti:rən] VI, VR to pay, to be profitable; **das rentiert (sich) nicht** it's not worth it

Rentner(in) ['rɛntnər(ɪn)] (**-s, -**) M(F) pensioner

Reparation [reparatsi'o:n] F reparation

Reparatur [repara'tu:r] F repair; **etw in ~ geben** to have sth repaired; **reparaturbedürftig** ADJ in need of repair; ⋆ **Reparaturwerkstatt** F repair shop; (*Aut*) garage

reparieren [repa'ri:rən] VT to repair

Repertoire [repɛrto'a:r] (**-s, -s**) NT repertoire

Reportage [repɔr'ta:ʒə] (**-, -n**) F report

Reporter(in) [re'pɔrtər(ɪn)] (**-s, -**) M(F) reporter, commentator

Repräsentant(in) [reprɛzɛn'tant(ɪn)] M(F) representative

repräsentativ [reprɛzɛnta'ti:f] ADJ representative; (*Geschenk etc*) prestigious; **die repräsentativen Pflichten eines Botschafters** the social duties of an ambassador

repräsentieren [reprɛzɛn'ti:rən] VT to represent ▸ VI to perform official duties

Repressalien [reprɛ'sa:liən] PL reprisals *pl*

reprivatisieren [reprivati'zi:rən] VT to denationalize

Reprivatisierung F denationalization

Reproduktion [reprodʊktsi'o:n] F reproduction

reproduzieren [reprodu'tsi:rən] VT to reproduce

Reptil [rɛp'ti:l] (**-s, -ien**) NT reptile

Republik [repu'bli:k] F republic

Republikaner(in) [republi'ka:nər] (**-s, -**) M(F) republican

republikanisch ADJ republican

Requisiten [rekvi'zi:tən] PL (*Theat*) props *pl*, properties *pl* (*form*)

Reservat [rezɛr'va:t] (**-(e)s, -e**) NT reservation

Reserve [re'zɛrvə] (**-, -n**) F reserve; **jdn aus der ~ locken** to bring sb out of his/her shell; **Reserverad** NT (*Aut*) spare wheel; **Reservespieler** M reserve; **Reservetank** M reserve tank

⋆ **reservieren** [rezɛr'vi:rən] VT to reserve

reserviert ADJ (*Platz, Mensch*) reserved

Reservist(in) [rezɛr'vɪst] M(F) reservist

Reservoir [rezɛrvo'a:r] (**-s, -e**) NT reservoir

Residenz [rezi'dɛnts] F residence, seat

residieren [rezi'di:rən] VI to reside

Resignation [rezɪgnatsi'o:n] F resignation

resignieren [rezɪ'gni:rən] VI to resign

resolut [rezo'lu:t] ADJ resolute

Resolution [rezolutsi'o:n] F resolution; (*Bittschrift*) petition

Resonanz [rezo'nants] F (*lit, fig*) resonance; **Resonanzboden** M sounding board; **Resonanzkasten** M soundbox

Resopal® [rezo'pa:l] (**-s**) NT Formica®

resozialisieren [rezotsiali'zi:rən] VT to rehabilitate

Resozialisierung F rehabilitation

Respekt [rɛ'spɛkt] (**-(e)s**) M respect; (*Angst*) fear; **bei allem ~ (vor jdm/etw)** with all due respect (to sb/for sth)

respektabel [rɛspɛk'ta:bəl] ADJ respectable

respektieren [rɛspɛk'ti:rən] VT to respect

respektlos ADJ disrespectful

Respektsperson F person commanding respect

respektvoll ADJ respectful

Ressentiment [rɛsãti'mã:] (**-s, -s**) NT resentment

Ressort [rɛ'so:r] (**-s, -s**) NT department; **in das ~ von jdm fallen** (*lit, fig*) to be sb's department

Ressourcen [rɛ'sʊrsən] PL resources *pl*

Rest [rɛst] (**-(e)s, -e**) M remainder, rest; (*Überrest*) remains *pl* ■ **Reste** PL (*Comm*) remnants *pl*; **das hat mir den ~ gegeben** (*umg*) that finished me off

⋆ **Restaurant** [rɛsto'rã:] (**-s, -s**) NT restaurant

Restauration [restaʊratsi'o:n] F restoration

restaurieren [restaʊ'ri:rən] VT to restore

Restaurierung F restoration

Rest- zW: **Restbetrag** M remainder, outstanding sum; **Restlaufzeit** F (*Wirts*) unexpired term; **restlich** ADJ remaining; **restlos** ADJ complete; **Restmüll** M non-recyclable waste; **Restposten** M (*Comm*) remaining stock

⋆ **Resultat** [rezʊl'ta:t] (**-(e)s, -e**) NT result

Retorte [reˈtɔrtə] (**-, -n**) F retort; **aus der ~** (*umg*) synthetic

Retortenbaby NT test-tube baby

retour [reˈtuːr] ADV (*veraltet*) back

Retouren PL (*Waren*) returns *pl*

★**retten** [ˈrɛtən] VT to save, to rescue ▶ VR to escape; **bist du noch zu ~?** (*umg*) are you out of your mind?; **sich vor etw** *dat* **nicht mehr ~ können** (*fig*) to be swamped with sth

Retter(in) (**-s, -**) M(F) rescuer, saviour (BRIT), savior (US)

Rettich [ˈrɛtɪç] (**-s, -e**) M radish

★**Rettung** F rescue; (*Hilfe*) help; **seine letzte ~** his last hope

Rettungs- zW: **Rettungsaktion** F rescue operation; (*für Banken, Unternehmen etc*) bailout; **Rettungsboot** NT lifeboat; ★ **Rettungsdienst** M rescue service; **Rettungsgürtel** M = **Rettungsring**; **Rettungshubschrauber** M rescue helicopter; **rettungslos** ADJ hopeless; **Rettungsring** M lifebelt, life preserver (US); **Rettungsschwimmer(in)** M(F) lifesaver; (*am Strand*) lifeguard; ★ **Rettungswagen** M ambulance

Return-Taste [riˈtøːrntastə] F (*Comput*) return key

retuschieren [retuˈʃiːrən] VT (*Phot*) to retouch

retweeten VT (*auf Twitter*) to retweet

Reue [ˈrɔʏə] (**-**) F remorse; (*Bedauern*) regret

reuen VT: **es reut ihn** he regrets it, he is sorry about it

reuig [ˈrɔʏɪç] ADJ penitent

reumütig [ˈrɔʏmyːtɪç] ADJ remorseful; (*Sünder*) contrite

Reuse [ˈrɔʏzə] (**-, -n**) F fish trap

Revanche [reˈvãːʃə] (**-, -n**) F revenge; (*Sport*) return match

revanchieren [revãˈʃiːrən] VR (*sich rächen*) to get one's own back, to have one's revenge; (*erwidern*) to reciprocate, to return the compliment

Revers [reˈvɛːr] (**-, -**) M OD NT lapel

revidieren [reviˈdiːrən] VT to revise; (*Comm*) to audit

★**Revier** [reˈviːr] (**-s, -e**) NT district; (*Min: Kohlenrevier*) (coal)mine; (*Jagdrevier*) preserve; (*Polizeirevier*) police station, station house (*US*); (*Dienstbereich*) beat (BRIT), precinct (*US*); (*Mil*) sick bay

Revision [reviziˈoːn] F revision; (*Comm*) auditing; (*Jur*) appeal

Revisionsverhandlung F appeal hearing

Revisor(in) [reˈviːzɔr, -ˈzoːrɪn] (**-s, -en**) M(F) (*Comm*) auditor

Revolte [reˈvɔltə] (**-, -n**) F revolt

Revolution [revolutsiˈoːn] F revolution

revolutionär [revolutsioˈnɛːr] ADJ revolutionary

Revolutionär(in) [revolutsioˈnɛːr(ɪn)] (**-s, -e**) M(F) revolutionary

revolutionieren [revolutsioˈniːrən] VT to revolutionize

Revoluzzer [revoˈlʊtsər] (**-s, -**) (*pej*) M would-be revolutionary

★**Revolver** [reˈvɔlvər] (**-s, -**) M revolver

Revue [rəˈvyː] (**-, -n**) F: **etw ~ passieren lassen** (*fig*) to pass sth in review

Reykjavik [ˈraɪkjaviːk] (**-s**) NT Reykjavik

Rezensent(in) [retsɛnˈzɛnt] M(F) reviewer, critic

rezensieren [retsɛnˈziːrən] VT to review

Rezension [retsɛnˈzioːn] F review

★**Rezept** [reˈtsɛpt] (**-(e)s, -e**) NT (*Koch*) recipe; (*Med*) prescription

★**Rezeption** [retsɛptsiˈoːn] F (*von Hotel: Empfang*) reception

rezeptpflichtig ADJ available only on prescription

Rezession [retsɛsiˈoːn] F (*Fin*) recession

rezitieren [retsiˈtiːrən] VT to recite

R-Gespräch [ˈɛrgəʃprɛːç] NT (*Tel*) reverse charge call (BRIT), collect call (*US*)

rh ABK (= *Rhesus(faktor) negativ*) Rh negative

Rh ABK (= *Rhesus(faktor) positiv*) Rh positive

Rhabarber [raˈbarbər] (**-s**) M rhubarb

★**Rhein** [raɪn] (**-(e)s**) M Rhine

★**rhein.** ABK = **rheinisch**

Rheingau M *wine-growing area along the Rhine*

Rheinhessen NT *wine-growing area along the Rhine*

rheinisch ADJ *attrib* Rhenish, Rhineland

Rheinland NT Rhineland

Rheinländer(in) M(F) Rhinelander

Rheinland-Pfalz NT Rhineland-Palatinate

Rhesusfaktor [ˈreːzusfaktɔr] M rhesus factor

Rhetorik [reˈtoːrɪk] F rhetoric

rhetorisch [reˈtoːrɪʃ] ADJ rhetorical

Rheuma [ˈrɔʏma] (**-s**) NT rheumatism

Rheumatismus [rɔʏmaˈtɪsmʊs] M rheumatism

Rhinozeros [riˈnoːtserɔs] (**-** *od* **-ses, -se**) NT rhinoceros; (*umg: Dummkopf*) fool

Rhld. ABK = **Rheinland**

Rhodesien [roˈdeːziən] (**-s**) NT Rhodesia

Rhodos [ˈroːdɔs] (**-**) NT Rhodes

rhythmisch [ˈrytmɪʃ] ADJ rhythmical

Rhythmus [ˈrytmʊs] M rhythm

RIAS [ˈriːas] (**-**) M ABK (*Hist:* = *Rundfunk im amerikanischen Sektor (Berlin)*) *broadcasting station in the former American sector of Berlin*

Richtantenne [ˈrɪçt|antɛnə] (**-, -n**) F directional aerial (*bes* BRIT) *od* antenna

richten [ˈrɪçtən] VT to direct; (*Waffe*) to aim; (*einstellen*) to adjust; (*instand setzen*) to repair; (*zurechtmachen*) to prepare, to get ready; (*adressieren: Briefe, Anfragen*) to address; (*Bitten, Forderungen*) to make; (*in Ordnung bringen*) to do, to fix; (*bestrafen*) to pass judgement on ▶ VR: **sich ~ nach** to go by; **~ an** *+akk* to direct at; (*fig*) to direct to; (*Briefe etc*) to address to; (*Bitten etc*) to make to; **~ auf** *+akk* to aim at; **wir ~ uns ganz**

nach unseren Kunden we are guided entirely by our customers' wishes

Richter(in) (**-s, -**) M(F) judge; **sich zum ~ machen** (*fig*) to set (o.s.) up in judgement; **richterlich** ADJ judicial

Richtgeschwindigkeit F recommended speed

richtig ADJ right, correct; (*echt*) proper ▸ ADV correctly, right; (*umg: sehr*) really; **der/die Richtige** the right one *od* person; **das Richtige** the right thing; **die Uhr geht ~** the clock is right; **Richtigkeit** F correctness; **das hat schon seine ~** it's right enough; **richtig|stellen** VT to correct; **Richtigstellung** F correction, rectification

Richt- zW: **Richtlinie** F guideline; **Richtpreis** M recommended price; **Richtschnur** F (*fig: Grundsatz*) guiding principle

Richtung F direction; (*Tendenz*) tendency, orientation; **in jeder ~** each way

Richtungsstreit M (*Pol*) factional dispute

Richtungstaste F arrow key

richtungweisend ADJ: **~ sein** to point the way (ahead)

rieb *etc* [ri:p] VB *siehe* **reiben**

riechen ['ri:çən] *unreg* VT, VI to smell; **an etw** *dat* **~** to smell sth; **es riecht nach Gas** there's a smell of gas; **ich kann das/ihn nicht ~** (*umg*) I can't stand it/him; **das konnte ich doch nicht ~!** (*umg*) how was I (supposed) to know?

Riecher (**-s, -**) M: **einen guten** *od* **den richtigen ~ für etw haben** (*umg*) to have a nose for sth

Ried [ri:t] (**-(e)s, -e**) NT reed; (*Moor*) marsh

rief *etc* [ri:f] VB *siehe* **rufen**

Riege ['ri:gə] (**-, -n**) F team, squad

Riegel ['ri:gəl] (**-s, -**) M bolt, bar; **einer Sache** *dat* **einen ~ vorschieben** (*fig*) to clamp down on sth

Riemen ['ri:mən] (**-s, -**) M strap; (*Gürtel, Tech*) belt; (*Naut*) oar; **sich am ~ reißen** (*fig: umg*) to get a grip on o.s.; **Riemenantrieb** M belt drive

Riese ['ri:zə] (**-n, -n**) M giant

rieseln ['ri:zəln] VI to trickle; (*Schnee*) to fall gently

Riesen- zW: **Riesenerfolg** M enormous success; **Riesengebirge** NT (*Geog*) Sudeten Mountains *pl*; **riesengroß** ADJ, **riesenhaft** ADJ colossal, gigantic, huge; **Riesenrad** NT big *od* Ferris wheel; **Riesenschritt** M: **sich mit Riesenschritten nähern** (*fig*) to be drawing on apace; **Riesenslalom** M (*Ski*) giant slalom

riesig ['ri:zıç] ADJ enormous, huge, vast

Riesin F giantess

riet *etc* [ri:t] VB *siehe* **raten**

Riff [rıf] (**-(e)s, -e**) NT reef

rigoros [rigo'ro:s] ADJ rigorous

Rille ['rılə] (**-, -n**) F groove

Rind [rınt] (**-(e)s, -er**) NT cow; (*Bulle*) bull; (*Koch*) beef ▪ **Rinder** PL cattle *pl*; **vom ~** beef

Rinde ['rındə] (**-, -n**) F rind; (*Baumrinde*) bark; (*Brotrinde*) crust

Rinderbraten M roast beef

Rinderwahn ['rındərva:n] M mad cow disease

★**Rindfleisch** NT beef

Rindvieh NT cattle *pl*; (*umg*) blockhead, stupid oaf

★**Ring** [rıŋ] (**-(e)s, -e**) M ring; **Ringbuch** NT ring binder

ringeln ['rıŋəln] VT (*Pflanze*) to (en)twine; (*Schwanz etc*) to curl ▸ VR to go curly, to curl; (*Rauch*) to curl up(wards)

Ringelnatter F grass snake

Ringeltaube F wood pigeon

ringen *unreg* VI to wrestle; **nach** *od* **um etw ~** (*streben*) to struggle for sth; **Ringen** (**-s**) NT wrestling

Ringer(in) (**-s, -**) M(F) wrestler

Ring- zW: **Ringfinger** M ring finger; **ringförmig** ADJ ring-shaped; **Ringkampf** M wrestling bout; **Ringrichter(in)** M(F) referee

rings ADV: **~ um** round; **ringsherum** ADV round about

Ringstraße F ring road

ringsum [rıŋs'|ʊm], **ringsumher** ['rıŋs|ʊm'he:r] ADV (*rundherum*) round about; (*überall*) all round

Rinne ['rınə] (**-, -n**) F gutter, drain

rinnen *unreg* VI to run, to trickle

Rinnsal (**-s, -e**) NT trickle of water

Rinnstein M gutter

Rippchen ['rıpçən] NT small rib; (*Koch*) cutlet

Rippe ['rıpə] (**-, -n**) F rib

Rippen- zW: **Rippenfellentzündung** F pleurisy; **Rippenspeer** M OD NT (*Koch*): **Kasseler ~** *slightly cured pork spare rib*; **Rippenstoß** M dig in the ribs

Risiko ['ri:ziko] (**-s, -s** *od* **Risiken**) NT risk; **risikobehaftet** ADJ fraught with risk; **Risikoinvestition** F sunk cost

riskant [rıs'kant] ADJ risky, hazardous

riskieren [rıs'ki:rən] VT to risk

riss *etc* [rıs] VB *siehe* **reißen**

Riss (**-es, -e**) M tear; (*in Mauer, Tasse etc*) crack; (*in Haut*) scratch; (*Tech*) design

rissig ['rısıç] ADJ torn; (*Mauer*) cracked; (*Haut*) scratched

ritt *etc* [rıt] VB *siehe* **reiten**

Ritt (**-(e)s, -e**) M ride

Ritter (**-s, -**) M knight; **jdn zum ~ schlagen** to knight sb; **arme ~** *pl* (*Koch*) *sweet French toast, made with bread soaked in milk*; **ritterlich** ADJ chivalrous; **Ritterschlag** M knighting; **Rittertum** (**-s**) NT chivalry; **Ritterzeit** F age of chivalry

rittlings ['rıtlıŋs] ADV astride

Ritual [ritu'a:l] (**-s, -e** *od* **-ien**) NT (*lit, fig*) ritual

rituell [ritu'ɛl] ADJ ritual

Ritus ['ri:tʊs] (**-, Riten**) M rite

Ritze ['rıtsə] (**-, -n**) F crack, chink

ritzen VT to scratch; **die Sache ist geritzt** (*umg*) it's all fixed up

Rivale [ri'va:lə] (**-n, -n**) M, **Rivalin** F rival

rivalisieren [rivali'zi:rən] VI: **mit jdm ~** to compete with sb

Rivalität [rivali'tɛ:t] F rivalry

Riviera [rivi'e:ra] (-) F Riviera

Rizinusöl ['ri:tsinʊs|ø:l] NT castor oil

r.-k. ABK (= *römisch-katholisch*) R.C.

Robbe ['rɔbə] (-, -n) F seal

robben ['rɔbən] VI (*Hilfsverb sein auch Mil*) to crawl (*using elbows*)

Robbenfang M seal hunting

Robe ['ro:bə] (-, -n) F robe

Roboter ['rɔbɔtər] (-s, -) M robot; **Robotertechnik** F robotics *sing*

Robotik ['rɔbɔtɪk] F robotics *sing*

robust [ro'bʊst] ADJ (*Mensch, Gesundheit*) robust; (*Material*) tough

roch *etc* [rɔx] VB *siehe* **riechen**

Rochade [rɔ'xa:də] (-, -n) F (*Schach*): **die kleine/große ~** castling king's side/queen's side

röcheln ['rœçəln] VI to wheeze; (*Sterbender*) to give the death rattle

★**Rock**[1] [rɔk] (-(e)s, Röcke) M skirt; (*Jackett*) jacket; (*Uniformrock*) tunic

Rock[2] [rɔk] (-(s), -(s)) M (*Mus*) rock; **Rockmusik** F rock music

Rockzipfel M: **an Mutters ~ hängen** (*umg*) to cling to (one's) mother's skirts

Rodel ['ro:dəl] (-s, -) M toboggan; **Rodelbahn** F toboggan run

rodeln VI to toboggan

roden ['ro:dən] VT, VI to clear

Rogen ['ro:gən] (-s, -) M roe

Roggen ['rɔgən] (-s, -) M rye; **Roggenbrot** NT rye bread; (*Vollkornbrot*) black bread

roh [ro:] ADJ raw; (*Mensch*) coarse, crude; **rohe Gewalt** brute force; **Rohbau** M shell of a building; **Roheisen** NT pig iron; **Rohfassung** F rough draft; **Rohkost** F raw fruit and vegetables *pl*; **Rohling** M ruffian; **Rohmaterial** NT raw material; **Rohöl** NT crude oil

Rohr [ro:r] (-(e)s, -e) NT pipe, tube; (*Bot*) cane; (*Schilf*) reed; (*Gewehrrohr*) barrel; **Rohrbruch** M burst pipe

Röhre ['rø:rə] (-, -n) F tube, pipe; (*Rundf etc*) valve; (*Backröhre*) oven

Rohr- ZW: **Rohrgeflecht** NT wickerwork; **Rohrleger(in)** (-s, -) M(F) plumber; **Rohrleitung** F pipeline; **Rohrpost** F pneumatic post; **Rohrspatz** M: **schimpfen wie ein ~** (*umg*) to curse and swear; **Rohrstock** M cane; **Rohrstuhl** M basket chair; **Rohrzucker** M cane sugar

Rohseide F raw silk

Rohstoff M raw material

Rokoko ['rɔkoko] (-s) NT rococo

Rolladen M *siehe* **Rollladen**

Rollator [rɔ'lator] M (*Med*) walker, rollator

Rollbahn F (*Aviat*) runway

★**Rollbrett** NT skateboard

Rolle ['rɔlə] (-, -n) F roll; (*Theat, Soziologie*) role; (*Garnrolle etc*) reel, spool; (*Walze*) roller; (*Wäscherolle*) mangle, wringer; **bei** *od* **in etw** *dat* **eine ~ spielen** to play a part in sth; **aus der ~ fallen** (*fig*) to forget o.s.; **keine ~ spielen** not to matter

rollen VI to roll; (*Aviat*) to taxi ▸ VT to roll; (*Wäsche*) to mangle, to put through the wringer; **den Stein ins R~ bringen** (*fig*) to start the ball rolling

Rollen- ZW: **Rollenbesetzung** F (*Theat*) cast; **Rollenkonflikt** M (*Psych*) role conflict; **Rollenspiel** NT role-play; **Rollentausch** M exchange of roles; (*Soziologie*) role reversal

★**Roller** (-s, -) M scooter; (*Welle*) roller

Roll- ZW: **Rollfeld** NT runway; **Rollkragen** M roll *od* polo neck; **Rollladen** M shutter; **Rollmops** M pickled herring

Rollo ['rɔlo] (-, -s) NT (roller) blind

Roll- ZW: **Rollschrank** M roll-fronted cupboard; ★**Rollschuh** M roller skate; **Rollschuhlaufen** NT roller skating; **Rollsplitt** M grit; ★**Rollstuhl** M wheelchair; ★**Rolltreppe** F escalator

★**Rom** [ro:m] (-s) NT Rome; **das sind Zustände wie im alten ~** (*umg: unmoralisch*) it's disgraceful; (*: primitiv*) it's medieval (*umg*)

★**röm.** ABK = **römisch**

★**Roman** [ro'ma:n] (-s, -e) M novel; **(jdm) einen ganzen ~ erzählen** (*umg*) to give (sb) a long rigmarole; **Romanheft** NT pulp novel

romanisch ADJ (*Volk, Sprache*) Romance; (*Kunst*) Romanesque

Romanistik [roma'nɪstɪk] F (*Univ*) Romance languages and literature

Romanschreiber M novelist

Romanschriftsteller(in) M(F) novelist

Romantik [ro'mantɪk] F romanticism

Romantiker(in) (-s, -) M(F) romanticist

romantisch ADJ romantic

Romanze [ro'mantsə] (-, -n) F romance

Römer ['rø:mər] (-s, -) M wineglass; (*Mensch*) Roman; **Römertopf**® M (*Koch*) ≈ (chicken) brick

römisch ['rø:mɪʃ] ADJ Roman; **römisch-katholisch** ADJ Roman Catholic

röm.-kath. ABK (= *römisch-katholisch*) R.C.

Rommé, Rommee [rɔ'me:] (-s, -s) NT rummy

röntgen ['rœntgən] VT to X-ray; **Röntgenaufnahme** F X-ray; **Röntgenbild** NT X-ray; **Röntgenstrahlen** PL X-rays *pl*

★**rosa** ['ro:za] ADJ *unver* pink, rose(-coloured)

★**Rose** ['ro:zə] (-, -n) F rose

★**Rosé** [ro'ze:] (-s, -s) M rosé

★**Rosenkohl** M Brussels sprouts *pl*

Rosenkranz M rosary

★**Rosenmontag** M Monday of Shrovetide; *siehe auch* **Karneval**

Rosette [ro'zɛtə] F rosette

rosig ['ro:zɪç] ADJ rosy

Rosine [ro'zi:nə] F raisin; **(große) Rosinen im Kopf haben** (*umg*) to have big ideas

Rosmarin ['ro:smari:n] (-s) M rosemary

Ross [rɔs] (-es, -e) NT horse, steed; **auf dem hohen ~ sitzen** (*fig*) to be on one's high horse;

Rosskastanie F horse chestnut; **Rosskur** *(umg)* F kill-or-cure remedy

Rost [rɔst] (**-(e)s, -e**) M rust; *(Gitter)* grill, gridiron; *(Bettrost)* springs *pl*; **Rostbraten** M roast(ed) meat, roast; **Rostbratwurst** F grilled *od* barbecued sausage

rosten VI to rust

rösten ['rø:stən] VT to roast; *(Brot)* to toast

rostfrei ADJ *(Stahl)* stainless

rostig ADJ rusty

Röstkartoffeln PL fried potatoes *pl*

Rostschutz M rustproofing

rot [ro:t] ADJ red; **~ werden, einen roten Kopf bekommen** to blush, to go red; **die Rote Armee** the Red Army; **das Rote Kreuz** the Red Cross; **das Rote Meer** the Red Sea

Rotation [rotatsi'o:n] F rotation

rot- ZW: **rotbäckig** ADJ red-cheeked; **Rotbarsch** M rosefish; **rotblond** ADJ strawberry blond

Röte ['rø:tə] (-) F redness

Röteln PL German measles *sing*

röten VT, VR to redden

rothaarig ADJ red-haired

rotieren [ro'ti:rən] VI to rotate

Rot- ZW: **Rotkäppchen** NT Little Red Riding Hood; **Rotkehlchen** NT robin; ⋆ **Rotkohl** M red cabbage; **Rotkraut** NT red cabbage; **rot|sehen** *(umg) unreg* VI to see red, to become angry; **Rotstift** M red pencil; ⋆ **Rotwein** M red wine

Rotz [rɔts] (**-es, -e**) *(umg)* M snot; **rotzfrech** *(umg)* ADJ cocky; **rotznäsig** *(umg)* ADJ snotty-nosed

Rouge [ru:ʒ] (**-s, -s**) NT rouge

Roulade [ru'la:də] (**-, -n**) F *(Koch)* beef olive

Roulette, Roulett [ru'lɛt] (**-s, -s**) NT roulette

Route ['ru:tə] (**-, -n**) F route

Router ['rautər] M router

Routine [ru'ti:nə] F experience; *(Gewohnheit)* routine

routiniert [ruti'ni:ərt] ADJ experienced

Rowdy ['raudɪ] (**-s, -s**) M hooligan; *(zerstörerisch)* vandal; *(lärmend)* rowdy (type)

RP ABK = **Rheinland-Pfalz**

RSI-Syndrom NT ABK (= *Repetitive-Strain-Injury-Syndrom*) RSI (= *repetitive strain injury*)

Ruanda [ru'anda] NT Rwanda

ruandisch ADJ Rwandan

rubbeln ['rʊbəln] *(umg)* VT, VI to rub

Rübe ['ry:bə] (**-, -n**) F turnip; **Gelbe ~** carrot; **Rote ~** beetroot (BRIT), beet (US)

Rübenzucker M beet sugar

Rubin [ru'bi:n] (**-s, -e**) M ruby

Rubrik [ru'bri:k] F heading; *(Spalte)* column

ruck ADV: **das geht ~, zuck** it won't take a second

Ruck [rʊk] (**-(e)s, -e**) M jerk, jolt; **sich** *dat* **einen ~ geben** *(fig: umg)* to make an effort

Rückantwort ['rʏkantvɔrt] F reply, answer; **um ~ wird gebeten** please reply

ruckartig ADJ: **er stand ~ auf** he shot to his feet

Rück- ZW: **Rückbesinnung** F recollection; **rückbezüglich** ADJ reflexive; **Rückblende** F flashback; **rückblenden** VI to flash back; **Rückblick** M: **im ~ auf etw** *akk* looking back on sth; **rückblickend** ADJ retrospective ▶ ADV in retrospect; **rückdatieren** VT to backdate

rücken VT, VI to move

⋆ **Rücken** (**-s, -**) M back; *(Bergrücken)* ridge; **jdm in den ~ fallen** *(fig)* to stab sb in the back; **Rückendeckung** F backing; **Rückenlage** F supine position; **Rückenlehne** F back (of chair); **Rückenmark** NT spinal cord; **Rückenschmerzen** PL backache *sing*; **Rückenschwimmen** NT backstroke; **Rückenstärkung** F *(fig)* moral support; **Rückenwind** M following wind

Rück- ZW: **Rückerstattung** F refund; ⋆ **Rückfahrkarte** F return ticket (BRIT), round-trip ticket (US); ⋆ **Rückfahrt** F return journey; **Rückfall** M relapse; **rückfällig** ADJ relapsed; **~ werden** to relapse; **Rückflug** M return flight; **Rückfrage** F question; **nach ~ bei der zuständigen Behörde ...** after checking this with the appropriate authority ...; **rückfragen** VI to inquire; *(nachprüfen)* to check; **Rückführung** F *(von Menschen)* repatriation, return; ⋆ **Rückgabe** F return; **gegen ~ (+*gen*)** on return (of); **Rückgang** M decline, fall; **rückgängig** ADJ: **etw ~ machen** *(widerrufen)* to undo sth; *(Bestellung)* to cancel sth; **Rückgewinnung** F recovery; *(von Land, Gebiet)* reclaiming; *(aus verbrauchten Stoffen)* recycling

Rück- ZW: **Rückgrat** NT spine, backbone; **Rückgriff** M recourse; **Rückhalt** M backing; *(Einschränkung)* reserve; **rückhaltlos** ADJ unreserved; **Rückhand** F *(Sport)* backhand; **rückkaufbar** ADJ redeemable; **Rückkehr** F return; **Rückkoppelung** F feedback; **Rücklage** F reserve, savings *pl*; **Rücklauf** M reverse running; *(beim Tonband)* rewind; *(von Maschinenteil)* return travel; **rückläufig** ADJ declining, falling; **eine rückläufige Entwicklung** a decline; **Rücklicht** NT rear light; **rücklings** ADV from behind; *(rückwärts)* backwards; **Rückmeldung** F *(Univ)* reregistration; **Rücknahme** F taking back; **Rückporto** NT return postage; ⋆ **Rückreise** F return journey; *(Naut)* home voyage; **Rückruf** M recall

Rucksack ['rʊkzak] M rucksack

Rück- ZW: **Rückschau** F reflection; **rückschauend** ADJ = **rückblickend**; **Rückschlag** M setback; **Rückschluss** M conclusion; **Rückschritt** M retrogression; **rückschrittlich** ADJ reactionary; *(Entwicklung)* retrograde; **Rückseite** F back; *(hinterer Teil)* rear; *(von Münze etc)* reverse; **siehe ~** see over(leaf); **rücksetzen** VT *(Comput)* to reset

Rücksicht F consideration; **~ nehmen auf** *+akk* to show consideration for; **Rücksichtnahme** F consideration

rücksichtslos ADJ inconsiderate; *(Fahren)* reckless; *(unbarmherzig)* ruthless

Rücksichtslosigkeit F lack of consideration; *(beim Fahren)* recklessness; *(Unbarmherzigkeit)* ruthlessness

rücksichtsvoll ADJ considerate

r

Rück- ZW: **Rücksitz** M back seat; ★ **Rückspiegel** M (*Aut*) rear-view mirror; **Rückspiel** NT return match; **Rücksprache** F further discussion *od* talk; **~ mit jdm nehmen** to confer with sb; **Rückstand** M arrears *pl*; (*Verzug*) delay; **im ~ sein mit** (*Arbeit, Miete*) to be behind with; **rückständig** ADJ backward, out-of-date; (*Zahlungen*) in arrears; **Rückstau** M (*Aut*) tailback (BRIT), line of cars; **Rückstoß** M recoil; **Rückstrahler** (**-s, -**) M rear reflector; **Rückstrom** M (*von Menschen, Fahrzeugen*) return; **Rücktaste** F (*an Schreibmaschine*) backspace key; **Rücktritt** M resignation; **Rücktrittbremse** F backpedal brake; **Rücktrittsklausel** F (*Vertrag*) escape clause; **Rückvergütung** F repayment; (*Comm*) refund; **rückversichern** VT, VI to reinsure ▶ VR to check (up *od* back); **Rückversicherung** F reinsurance; **rückwärtig** ADJ rear; ★ **rückwärts** ADV backward(s), back; **Rückwärtsgang** M (*Aut*) reverse gear; **im ~ fahren** to reverse; **Rückweg** M return journey, way back; **rückwirkend** ADJ retroactive; **Rückwirkung** F repercussion; **eine Zahlung mit ~ vom ...** a payment backdated to ...; **eine Gesetzesänderung mit ~ vom ...** an amendment made retrospective to ...; **Rückzahlung** F repayment; **Rückzieher** (*umg*) M: **einen ~ machen** to back out; **Rückzug** M retreat; **Rückzugsgefecht** NT (*Mil, fig*) rearguard action

rüde [ˈry:də] ADJ blunt, gruff

Rüde (**-n, -n**) M male dog

Rudel [ˈru:dəl] (**-s, -**) NT pack; (*von Hirschen*) herd

Ruder [ˈru:dər] (**-s, -**) NT oar; (*Steuer*) rudder; **das ~ fest in der Hand haben** (*fig*) to be in control of the situation; **Ruderboot** NT rowing boat; **Ruderer** M, **Ruderin** F rower, oarsman/oarswoman

★ **rudern** VT, VI to row; **mit den Armen ~** (*fig*) to flail one's arms about

Ruf [ru:f] (**-(e)s, -e**) M call, cry; (*Ansehen*) reputation; (*Univ: Berufung*) offer of a chair

★ **rufen** *unreg* VT, VI to call; (*ausrufen*) to cry; **um Hilfe ~** to call for help; **das kommt mir wie gerufen** that's just what I needed

Rüffel [ˈrʏfəl] (**-s, -**) (*umg*) M telling-off, ticking-off

Ruf- ZW: **Rufmord** M character assassination; **Rufname** M usual (first) name; **Rufnummer** F (tele)phone number; **Rufsäule** F (*für Taxi*) telephone; (*an Autobahn*) emergency telephone; **Rufzeichen** NT (*Rundf*) call sign; (*Tel*) ringing tone

Rüge [ˈry:gə] (**-, -n**) F reprimand, rebuke

rügen VT to reprimand

★ **Ruhe** [ˈru:ə] (**-**) F rest; (*Ungestörtheit*) peace, quiet; (*Gelassenheit, Stille*) calm; (*Schweigen*) silence; **~!** be quiet!, silence!; **angenehme ~!** sleep well!; **~ bewahren** to stay cool *od* calm; **das lässt ihm keine ~** he can't stop thinking about it; **sich zur ~ setzen** to retire; **die ~ weghaben** (*umg*) to be unflappable; **immer mit der ~** (*umg*) don't panic; **lass mich in ~!** leave me alone; **die letzte ~ finden** (*liter*) to be laid to rest; **Ruhelage** F (*von Mensch*) reclining position; (*Med: bei Bruch*) immobile position; **ruhelos** ADJ restless

ruhen VI to rest; (*Verkehr*) to cease; (*Arbeit*) to stop, to cease; (*Waffen*) to be laid down; (*begraben sein*) to lie, to be buried

Ruhe- ZW: **Ruhepause** F break; **Ruheplatz** M resting place; **Ruhestand** M retirement; **Ruhestätte** F: **letzte ~** final resting place; **Ruhestörung** F breach of the peace; ★ **Ruhetag** M closing day

★ **ruhig** [ˈru:ɪç] ADJ quiet; (*bewegungslos*) still; (*Hand*) steady; (*gelassen, friedlich*) calm; (*Gewissen*) clear; **tu das ~** feel free to do that; **etw ~ mit ansehen** (*gleichgültig*) to stand by and watch sth; **du könntest ~ mal etwas für mich tun!** it's about time you did something for me!

Ruhm [ru:m] (**-(e)s**) M fame, glory

rühmen [ˈry:mən] VT to praise ▶ VR to boast

rühmlich ADJ praiseworthy; (*Ausnahme*) notable

ruhmlos ADJ inglorious

ruhmreich ADJ glorious

Ruhr [ru:r] (**-**) F dysentery

★ **Rührei** [ˈry:r|aɪ] NT scrambled egg

rühren [ˈry:rən] VT (*lit, fig*) to move, to stir (*auch Koch*) ▶ VR (*lit, fig*) to move, to stir ▶ VI: **~ von** to come *od* stem from; **~ an** *+akk* to touch; (*fig*) to touch on

rührend ADJ touching, moving; **das ist ~ von Ihnen** that is sweet of you

Ruhrgebiet NT Ruhr (area)

rührig ADJ active, lively

rührselig ADJ sentimental, emotional

Rührung F emotion

Ruin [ruˈi:n] (**-s**) M ruin; **vor dem ~ stehen** to be on the brink *od* verge of ruin

Ruine (**-, -n**) F (*lit, fig*) ruin

ruinieren [ruiˈni:rən] VT to ruin

rülpsen [ˈrʏlpsən] VI to burp, to belch

rum (*umg*) ADV = **herum**

Rum [rʊm] (**-s, -s**) M rum

Rumäne [ruˈmɛ:nə] (**-n, -n**) M Romanian

Rumänien [ruˈmɛ:niən] (**-s**) NT Romania

Rumänin F Romanian

rumänisch ADJ Romanian

rum|fuhrwerken [ˈrʊmfu:rvɛrkən] (*umg*) VT to bustle around

Rummel [ˈrʊməl] (**-s**) (*umg*) M (*Trubel*) hustle and bustle; (*Jahrmarkt*) fair; (*Medienrummel*) hype; **Rummelplatz** M fairground, fair

rumoren [ruˈmo:rən] VI to be noisy, to make a noise

Rumpelkammer [ˈrʊmpəlkamər] F junk room

rumpeln VI to rumble; (*holpern*) to jolt

Rumpf [rʊmpf] (**-(e)s, Rümpfe**) M trunk, torso; (*Aviat*) fuselage; (*Naut*) hull

rümpfen [ˈrʏmpfən] VT (*Nase*) to turn up

Rumtopf M *soft fruit in rum*

★ **rund** [rʊnt] ADJ round ▶ ADV (*etwa*) around; **~ um etw** round sth; **jetzt gehts ~** (*umg*) this is where the fun starts; **wenn er das erfährt, gehts ~** (*umg*) there'll be a to-do when he finds out; **Rundbogen** M Norman *od* Romanesque arch; **Rundbrief** M circular

Runde ['rʊndə] (-, -**n**) F round; (*in Rennen*) lap; (*Gesellschaft*) circle; **die ~ machen** to do the rounds; (*herumgegeben werden*) to be passed round; **über die Runden kommen** (*Sport, fig*) to pull through; **eine ~ spendieren** *od* **schmeißen** (*umg: Getränke*) to stand a round

runden VT to make round ▸ VR (*fig*) to take shape

rund- ZW: **runderneuert** ADJ (*Reifen*) remoulded (BRIT), remolded (US); ★ **Rundfahrt** F (round) trip; **Rundfrage** F: **~ (unter** +*dat*) survey (of)

Rundfunk ['rʊntfʊŋk] (**-(e)s**) M broadcasting; (*bes Hörfunk*) radio; (*Rundfunkanstalt*) broadcasting corporation; **im ~** on the radio; **Rundfunkanstalt** F broadcasting corporation; **Rundfunkempfang** M reception; **Rundfunkgebühr** F licence (BRIT), license (US); **Rundfunkgerät** NT radio set; **Rundfunksendung** F broadcast, radio programme (BRIT) *od* program (US)

Rund- ZW: **Rundgang** M (*Spaziergang*) walk; (*von Wachmann*) rounds *pl*; (*von Briefträger etc*) round; (*zur Besichtigung*): **~ (durch)** tour (of); **rundheraus** ADV straight out, bluntly; **rundherum** ADV all round; (*fig: umg: völlig*) totally; **rundlich** ADJ plump, rounded; **Rundmail** F group email; **Rundreise** F round trip; **Rundschreiben** NT (*Comm*) circular; **rundum** ADV all around; (*fig*) completely

Rundung F curve, roundness

rundweg ADV straight out

runter ['rʊntər] (*umg*) ADV = **herunter**; **hinunter**; **runter|würgen** (*umg*) VT (*Ärger*) to swallow

Runzel ['rʊntsəl] (-, -**n**) F wrinkle

runzelig, runzlig ADJ wrinkled

runzeln VT to wrinkle; **die Stirn ~** to frown

Rüpel ['ry:pəl] (-**s**, -) M lout; **rüpelhaft** ADJ loutish

rupfen ['rʊpfən] VT to pluck

Rupfen (-**s**, -) M sackcloth

ruppig ['rʊpɪç] ADJ rough, gruff

Rüsche ['ry:ʃə] (-, -**n**) F frill

Ruß [ru:s] (-**es**) M soot

★**Russe** ['rʊsə] (-**n**, -**n**) M Russian

Rüssel ['rʏsəl] (-**s**, -) M snout; (*Elefantenrüssel*) trunk

rußen VI to smoke; (*Ofen*) to be sooty

rußig ADJ sooty

★**Russin** F Russian

★**russisch** ADJ Russian; (*Sprache*): **auf R~** in Russian; **russische Eier** (*Koch*) egg(s) mayonnaise

★**Russland** (-**s**) NT Russia

rüsten ['rʏstən] VT, VI, VR to prepare; (*Mil*) to arm

rüstig ['rʏstɪç] ADJ sprightly, vigorous; **Rüstigkeit** F sprightliness, vigour (BRIT), vigor (US)

rustikal [rʊsti'ka:l] ADJ: **sich ~ einrichten** to furnish one's home in a rustic style

Rüstung ['rʏstʊŋ] F preparation; (*Mil*) arming; (*Ritterrüstung*) armour (BRIT), armor (US); (*Waffen etc*) armaments *pl*

Rüstungs- ZW: **Rüstungsgegner(in)** M(F) opponent of the arms race; **Rüstungsindustrie** F armaments industry; **Rüstungskontrolle** F arms control; **Rüstungswettlauf** M arms race

Rüstzeug NT tools *pl*; (*fig*) capacity

Rute ['ru:tə] (-, -**n**) F rod, switch

Rutsch [rʊtʃ] (**-(e)s**, -**e**) M slide; (*Erdrutsch*) landslide; **guten ~!** (*umg*) have a good New Year!; **Rutschbahn** F slide

rutschen VI to slide; (*ausrutschen*) to slip; **auf dem Stuhl hin und her ~** to fidget around on one's chair

rutschfest ADJ non-slip

rutschig ADJ slippery

rütteln ['rʏtəln] VT, VI to shake, to jolt; **daran ist nicht zu ~** (*fig: umg: an Grundsätzen*) there's no doubt about that

Rüttelschwelle F (*Aut*) rumble strips *pl*

r

Ss

s¹ ABK (= *Sekunde*) sec.; (= *siehe*) see, vid.

S¹, s² [ɛs] NT S, s; **S wie Samuel** ≈ S for Sugar

S² [ɛs] ABK (= *Süden*) S; (= *Seite*) p; (= *Schilling*) S

SA (-) F ABK (= *Sturmabteilung*) SA

Sa. ABK = **Samstag**

s. a. ABK (= *siehe auch*) see also

★**Saal** [za:l] (**-(e)s, Säle**) M hall; (*für Sitzungen etc*) room

Saarland [ˈza:rlant] (**-s**) NT Saarland

Saat [za:t] (-, **-en**) F seed; (*Pflanzen*) crop; (*Säen*) sowing; **Saatgut** NT seed(s *pl*)

Sabbat [ˈzabat] (**-s, -e**) M sabbath

sabbern [ˈzabərn] (*umg*) VI to dribble

Säbel [ˈzɛ:bəl] (**-s, -**) M sabre (BRIT), saber (US); **Säbelrasseln** NT sabre-rattling

Sabotage [zaboˈta:ʒə] (-, **-n**) F sabotage

sabotieren [zaboˈti:rən] VT to sabotage

Saccharin, Sacharin [zaxaˈri:n] (**-s**) NT saccharin

Sachanlagen [ˈzax|anla:gən] PL tangible assets *pl*

Sachbearbeiter(in) M(F): **~ (für)** (*Beamter*) official in charge (of)

Sachbuch NT non-fiction book

sachdienlich ADJ relevant, helpful

★**Sache** [ˈzaxə] (-, **-n**) F thing; (*Angelegenheit*) affair, business; (*Frage*) matter; (*Pflicht*) task; (*Thema*) subject; (*Jur*) case; (*Aufgabe*) job; (*Ideal*) cause; (*umg: km/h*): **mit 60/100 Sachen** ≈ at 40/60 (mph); **ich habe mir die ~ anders vorgestellt** I had imagined things differently; **er versteht seine ~** he knows what he's doing; **das ist so eine ~** (*umg*) it's a bit tricky; **mach keine Sachen!** (*umg*) don't be daft!; **bei der ~ bleiben** (*bei Diskussion*) to keep to the point; **bei der ~ sein** to be with it (*umg*); **das ist ~ der Polizei** this is a matter for the police; **zur ~** to the point; **das ist eine runde ~** that is well-balanced *od* rounded-off

Sachertorte [ˈzaxərtɔrtə] F *rich chocolate cake*, sachertorte

Sach- ZW: **sachgemäß** ADJ appropriate, suitable; **Sachkenntnis** F (*in Bezug auf Wissensgebiet*) knowledge of the/his *etc* subject; (*in Bezug auf Sachlage*) knowledge of the facts; **sachkundig** ADJ (well-)informed; **sich ~ machen** to inform oneself; **Sachlage** F situation, state of affairs; **Sachleistung** F payment in kind; **sachlich** ADJ matter-of-fact; (*Kritik etc*) objective; (*Irrtum, Angabe*) factual; **bleiben Sie bitte ~** don't get carried away (*umg*); (*nicht persönlich werden*) please stay objective

sächlich [ˈzɛxlıç] ADJ neuter

Sachregister NT subject index

Sachschaden M material damage

Sachse [ˈzaksə] (**-n, -n**) M Saxon

Sachsen (**-s**) NT Saxony; **Sachsen-Anhalt** (**-s**) NT Saxony Anhalt

Sächsin [ˈzɛksın] F Saxon

sächsisch [ˈzɛksıʃ] ADJ Saxon

sacht, sachte ADV softly, gently

Sach- ZW: **Sachverhalt** (**-(e)s, -e**) M facts *pl* (of the case); **sachverständig** ADJ (*Urteil*) expert; (*Publikum*) informed; **Sachverständige(r)** F(M) expert; **Sachzwang** M force of circumstances

Sack [zak] (**-(e)s, Säcke**) M sack; (*aus Papier, Plastik*) bag; (*Anat, Zool*) sac; (*umg!: Hoden*) balls *pl* (*umg!*); (*: Kerl, Bursche*) bastard (*umg!*); **mit ~ und Pack** (*umg*) with bag and baggage

sacken VI to sag, to sink

Sackgasse F cul-de-sac, dead-end street (*US*)

Sackhüpfen NT sack race

Sadismus [zaˈdısmʊs] M sadism

Sadist(in) [zaˈdıst(ın)] M(F) sadist; **sadistisch** ADJ sadistic

Sadomasochismus [zadomazɔˈxısmʊs] M sadomasochism

säen [ˈzɛ:ən] VT, VI to sow; **dünn gesät** (*fig*) thin on the ground, few and far between

Safari [zaˈfa:ri] (-, **-s**) F safari

Safe [ze:f] (**-s, -s**) M OD NT safe

★**Saft** [zaft] (**-(e)s, Säfte**) M juice; (*Bot*) sap; **ohne ~ und Kraft** (*fig*) wishy-washy (*umg*), effete

saftig ADJ juicy; (*Grün*) lush; (*umg: Rechnung, Ohrfeige*) hefty; (*Brief, Antwort*) hard-hitting

Saftladen (*pej, umg*) M rum joint

saftlos ADJ dry

Sage [ˈza:gə] (-, **-n**) F saga

Säge [ˈzɛ:gə] (-, **-n**) F saw; **Sägeblatt** NT saw blade; **Sägemehl** NT sawdust

★**sagen** [ˈza:gən] VT, VI: **(jdm etw) ~** to say (sth to sb), to tell (sb sth); **unter uns gesagt** between you and me (and the gatepost (*hum umg*)); **lass dir das gesagt sein** take it from me; **das hat nichts zu ~** that doesn't mean anything; **sagt**

dir der Name etwas? does the name mean anything to you?; **das ist nicht gesagt** that's by no means certain; **sage und schreibe** (whether you) believe it or not

sägen VT, VI to saw; (*hum*: *umg*: *schnarchen*) to snore, to saw wood (*US*)

sagenhaft ADJ legendary; (*umg*) great, smashing

sagenumwoben ADJ legendary

Sägespäne PL wood shavings *pl*

Sägewerk NT sawmill

sah *etc* [za:] VB *siehe* **sehen**

Sahara [za'ha:ra] F Sahara (Desert)

Sahne ['za:nə] (-) F cream

Saison [zɛ'zõ:] (-, -s) F season

saisonal [zɛzo'na:l] ADJ seasonal

Saisonarbeiter M seasonal worker

saisonbedingt ADJ seasonal

Saite ['zaɪtə] (-, -n) F string; **andere Saiten aufziehen** (*umg*) to get tough

Saiteninstrument NT string(ed) instrument

Sakko ['zako] (-s, -s) M OD NT jacket

Sakrament [zakra'mɛnt] NT sacrament

Sakristei [zakrɪs'taɪ] F sacristy

Salami [za'la:mi] (-, -s) F salami

Salat [za'la:t] (-(e)s, -e) M salad; (*Kopfsalat*) lettuce; **da haben wir den ~!** (*umg*) now we're in a fine mess!; **Salatbesteck** NT salad servers *pl*; **Salatplatte** F salad; **Salatsoße** F salad dressing

Salbe ['zalbə] (-, -n) F ointment

Salbei ['zalbaɪ] (-s) M sage

salben VT to anoint

Salbung F anointing

salbungsvoll ADJ unctuous

saldieren [zal'di:rən] VT (*Comm*) to balance

Saldo ['zaldo] (-s, **Salden**) M balance; **Saldoübertrag** M balance brought *od* carried forward; **Saldovortrag** M balance brought *od* carried forward

Säle ['zɛ:lə] PL *von* **Saal**

Salmiak [zalmi'ak] (-s) M sal ammoniac; **Salmiakgeist** M liquid ammonia

Salmonellen [zalmo'nɛlən] PL salmonellae *pl*

Salon [za'lɔŋ, za'lõ:] (-s, -s) M salon; **Salonlöwe** M lounge lizard

salopp [za'lɔp] ADJ (*Kleidung*) casual; (*Manieren*) slovenly; (*Sprache*) slangy

Salpeter [zal'pe:tər] (-s) M saltpetre (*BRIT*), saltpeter (*US*); **Salpetersäure** F nitric acid

Salto ['zalto] (-s, -s *od* **Salti**) M somersault

Salut [za'lu:t] (-(e)s, -e) M salute

salutieren [zalu'ti:rən] VI to salute

Salve ['zalvə] (-, -n) F salvo

Salz [zalts] (-es, -e) NT salt; **salzarm** ADJ (*Koch*) low-salt; **Salzbergwerk** NT salt mine

salzen *unreg* VT to salt

salzig ADJ salty

Salz- ZW: **Salzkartoffeln** PL boiled potatoes *pl*; **Salzsäule** F: **zur ~ erstarren** (*fig*) to stand rooted to the spot; **Salzsäure** F hydrochloric acid; **Salzstange** F pretzel stick; **Salzstreuer** M salt cellar; **Salzwasser** NT salt water

Sambia ['zambia] (-s) NT Zambia

sambisch ADJ Zambian

Samen ['za:mən] (-s, -) M seed; (*Anat*) sperm; **Samenbank** F sperm bank; **Samenhandlung** F seed shop

sämig ['zɛ:mɪç] ADJ thick, creamy

Sammel- ZW: **Sammelanschluss** M (*Tel*) private (branch) exchange; (*von Privathäusern*) party line; **Sammelantrag** M composite motion; **Sammelband** M anthology; **Sammelbecken** NT reservoir; (*fig*): **~ (von)** melting pot (for); **Sammelbegriff** M collective term; **Sammelbestellung** F collective order; **Sammelbüchse** F collecting tin; **Sammelmappe** F folder

★**sammeln** VT to collect ▶ VR to assemble, to gather; (*sich konzentrieren*) to collect one's thoughts

Sammel- ZW: **Sammelname** M collective term; **Sammelnummer** F (*Tel*) private exchange number, switchboard number; **Sammelsurium** [zaməl'zu:riʊm] NT hotchpotch (*BRIT*), hodgepodge (*US*)

Sammler(in) (-s, -) M(F) collector

★**Sammlung** ['zamlʊŋ] F collection; (*Konzentration*) composure

★**Samstag** ['zamsta:k] M Saturday; *siehe auch* **Dienstag**

★**samstags** ADV (on) Saturdays

samt [zamt] PRÄP +*dat* (along) with, together with; **~ und sonders** each and every one (of them); **Samt** (-(e)s, -e) M velvet; **in ~ und Seide** (*liter*) in silks and satins

Samthandschuh M: **jdn mit Samthandschuhen anfassen** (*umg*) to handle sb with kid gloves

sämtlich ['zɛmtlɪç] ADJ (*alle*) all (the); (*vollständig*) complete; **Schillers sämtliche Werke** the complete works of Schiller

Sanatorium [zana'to:riʊm] NT sanatorium (*BRIT*), sanitarium (*US*)

★**Sand** [zant] (-(e)s, -e) M sand; **das/die gibts wie ~ am Meer** (*umg*) there are piles of it/heaps of them; **im Sande verlaufen** to peter out

★**Sandale** [zan'da:lə] (-, -n) F sandal

Sandbank F sandbank

Sandelholz ['zandəlhɔlts] (-es) NT sandalwood

sandig ['zandɪç] ADJ sandy

Sand- ZW: **Sandkasten** M sandpit; **Sandkastenspiele** PL (*Mil*) sand-table exercises *pl*; (*fig*) tactical manoeuvrings *pl* (*BRIT*) *od* maneuverings *pl* (*US*); **Sandkuchen** M Madeira cake; **Sandmann** M, **Sandmännchen** NT (*in Geschichten*) sandman; **Sandpapier** NT sandpaper; **Sandstein** M sandstone; **sandstrahlen** VT, VI UNTR to sandblast; **Sandstrand** M sandy beach

S

sandte *etc* [ˈzantə] VB *siehe* **senden¹**
Sanduhr F hourglass; (*Eieruhr*) egg timer
sanft [zanft] ADJ soft, gentle; **sanftmütig** ADJ gentle, meek
sang *etc* [zaŋ] VB *siehe* **singen**
Sänger(in) [ˈzɛŋər(ɪn)] (**-s, -**) M(F) singer
sang- und klanglos (*umg*) ADV without any ado, quietly
Sani [ˈzani] (**-s, -s**) (*umg*) M = **Sanitäter**
sanieren [zaˈniːrən] VT to redevelop; (*Betrieb*) to make financially sound; (*Haus*) to renovate ▸ VR to line one's pockets; (*Unternehmen*) to become financially sound
Sanierung F redevelopment; (*von Haus*) renovation
sanitär [zaniˈtɛːr] ADJ sanitary; **sanitäre Anlagen** sanitation *sing*
Sanitäter [zaniˈtɛːtər] (**-s, -**) M first-aid attendant; (*in Krankenwagen*) ambulance man; (*Mil*) (medical) orderly
Sanitätsauto NT ambulance
sank *etc* [zaŋk] VB *siehe* **sinken**
Sanktion [zaŋktsiˈoːn] F sanction
sanktionieren [zaŋktsioˈniːrən] VT to sanction
sann *etc* [zan] VB *siehe* **sinnen**
Saphir [ˈzaːfiːr] (**-s, -e**) M sapphire
Sarde [ˈzardə] (**-n, -n**) M Sardinian
Sardelle [zarˈdɛlə] F anchovy
Sardine [zarˈdiːnə] F sardine
Sardinien [zarˈdiːniən] (**-s**) NT Sardinia
Sardinier(in) (**-s, -**) M(F) Sardinian
sardinisch ADJ Sardinian
sardisch ADJ Sardinian
Sarg [zark] (**-(e)s, Särge**) M coffin; **Sargnagel** (*umg*) M (*Zigarette*) coffin nail
Sarkasmus [zarˈkasmʊs] M sarcasm
sarkastisch [zarˈkastɪʃ] ADJ sarcastic
SARS, Sars [zars] ABK (= *Schweres Akutes Respiratorisches Syndrom*) SARS
saß *etc* [zas] VB *siehe* **sitzen**
Satan [ˈzaːtan] (**-s, -e**) M Satan; (*fig*) devil
Satansbraten M (*hum: umg*) young devil
Satellit [zatɛˈliːt] (**-en, -en**) M satellite
Satelliten- ZW: **Satellitenantenne** F satellite dish; ★ **Satellitenfernsehen** NT satellite television; **Satellitenfoto** NT satellite picture; **Satellitenschüssel** F satellite dish; **Satellitenstation** F space station
Satin [zaˈtɛ̃ː] (**-s, -s**) M satin
Satire [zaˈtiːrə] (**-, -n**) F: **~ (auf** *+akk***)** satire (on)
Satiriker [zaˈtiːrikər] (**-s, -**) M satirist
satirisch [zaˈtiːrɪʃ] ADJ satirical
★ **satt** [zat] ADJ full; (*Farbe*) rich, deep; (*blasiert, übersättigt*) well-fed; (*selbstgefällig*) smug; **jdn/etw ~ sein** to be fed up with sb/sth; **sich ~ essen** to eat one's fill; **~ machen** to be filling; *siehe auch* **satthaben**; **satthören**; **sattsehen**
Sattel [ˈzatəl] (**-s, Sättel**) M saddle; (*Berg*) ridge; **sattelfest** ADJ (*fig*) proficient
satteln VT to saddle
Sattelschlepper M articulated lorry (BRIT), artic (BRIT *umg*), semitrailer (*US*), semi (*US umg*)
Satteltasche F saddlebag; (*Gepäcktasche am Fahrrad*) pannier
satt|haben *unreg* VT: **jdn/etw ~** to be fed up with sb/sth
satt|hören VR: **sich ~ an** *+dat* to hear enough of
sättigen [ˈzɛtɪgən] VT to satisfy; (*Chem*) to saturate
Sattler (**-s, -**) M saddler; (*Polsterer*) upholsterer
satt|sehen *unreg* VT: **sich ~ an** *+dat* to see enough of
Satz [zats] (**-es, Sätze**) M (*Gram*) sentence; (*Nebensatz, Adverbialsatz*) clause; (*Theorem*) theorem; (*der gesetzte Text*) type; (*Mus*) movement; (*Comput*) record; (*Briefmarken, Zusammengehöriges, Tennis*) set; (*Kaffeesatz*) grounds *pl*; (*Bodensatz*) dregs *pl*; (*Spesensatz*) allowance; (*Comm*) rate; (*Sprung*) jump; **Satzbau** M sentence construction; **Satzgegenstand** M (*Gram*) subject; **Satzlehre** F syntax; **Satzteil** M constituent (of a sentence)
Satzung F statute, rule; (*Firma*) (memorandum and) articles of association
satzungsgemäß ADJ statutory
Satzzeichen NT punctuation mark
Sau [zaʊ] (**-, Säue**) F sow; (*umg*) dirty pig; **die ~ rauslassen** (*fig: umg*) to let it all hang out
★ **sauber** [ˈzaʊbər] ADJ clean; (*anständig*) honest, upstanding; (*umg: großartig*) fantastic, great; (*: ironisch*) fine; **~ sein** (*Kind*) to be (potty-) trained; (*Hund etc*) to be house-trained; **~ halten** to keep clean; **~ machen** to clean; **Sauberkeit** F cleanness; (*einer Person*) cleanliness
säuberlich [ˈzɔʏbərlɪç] ADV neatly
säubern VT to clean; (*Pol etc*) to purge
Säuberung F cleaning; (*Pol etc*) purge
Säuberungsaktion F cleaning-up operation; (*Pol*) purge
saublöd (*umg*) ADJ bloody (BRIT *!*) *od* damn (*!*) stupid
Saubohne F broad bean
Sauce [ˈzoːsə] (**-, -n**) F = **Soße**
Sauciere [zosiˈeːrə] (**-, -n**) F sauce boat
Saudi- [zaʊdi-] ZW: **Saudi-Araber(in)** M(F) Saudi; **Saudi-Arabien** (**-s**) NT Saudi Arabia; **saudi-arabisch** ADJ Saudi(-Arabian)
★ **sauer** [ˈzaʊər] ADJ sour; (*Chem*) acid; (*umg*) cross; **saurer Regen** acid rain; **~ werden** (*Milch, Sahne*) to go sour, to turn; **jdm das Leben ~ machen** to make sb's life a misery; **Sauerbraten** M *braised beef (marinaded in vinegar)*, sauerbraten (*US*)
Sauerei [zaʊəˈraɪ] (*umg*) F rotten state of affairs, scandal; (*Schmutz etc*) mess; (*Unanständigkeit*) obscenity
Sauerkirsche F sour cherry
★ **Sauerkraut** (**-(e)s**) NT sauerkraut, pickled cabbage

säuerlich [ˈzɔʏərlɪç] ADJ sourish, tart
Sauer- zW: **Sauermilch** F sour milk; **Sauerstoff** M oxygen; **Sauerstoffgerät** NT breathing apparatus; **Sauerteig** M leaven
saufen [ˈzaʊfən] *unreg (umg)* VT, VI to drink, to booze; **wie ein Loch ~** *(umg)* to drink like a fish
Säufer(in) [ˈzɔʏfər(ɪn)] **(-s, -)** *(umg)* M(F) boozer, drunkard
Sauferei [zaʊfəˈraɪ] F drinking, boozing; *(Saufgelage)* booze-up
Saufgelage *(pej, umg)* NT drinking bout, booze-up
säuft [zɔʏft] VB *siehe* **saufen**
saugen [ˈzaʊgən] *unreg* VT, VI to suck
säugen [ˈzɔʏgən] VT to suckle
Sauger [ˈzaʊgər] **(-s, -)** M dummy (BRIT), pacifier (US); *(auf Flasche)* teat; *(Staubsauger)* vacuum cleaner, Hoover® (BRIT)
Säugetier NT mammal
saugfähig ADJ absorbent
Säugling M infant, baby
Säuglingsschwester F infant nurse
Sau- zW: **Sauhaufen** *(umg)* M bunch of layabouts; **saukalt** *(umg)* ADJ bloody (BRIT) *od* damn (!) cold; **Sauklaue** *(umg)* F scrawl
Säule [ˈzɔʏlə] **(-, -n)** F column, pillar
Säulengang M arcade
Saum [zaʊm] **(-(e)s, Säume)** M hem; *(Naht)* seam
saumäßig *(umg)* ADJ lousy ▸ ADV lousily
säumen [ˈzɔʏmən] VT to hem ▸ VI to delay, to hesitate
säumig [ˈzɔʏmɪç] ADJ *(geh: Schuldner)* defaulting; *(Zahlung)* outstanding, overdue
Sauna [ˈzaʊna] **(-, -s)** F sauna
Säure [ˈzɔʏrə] **(-, -n)** F acid; *(Geschmack)* sourness, acidity; **säurebeständig** ADJ acid-proof
Saure-Gurken-Zeit **(-)** F *(hum: umg)* bad time *od* period; *(in den Medien)* silly season
säurehaltig ADJ acidic
Saurier [ˈzaʊriər] **(-s, -)** M dinosaur
Saus [zaʊs] **(-es)** M: **in ~ und Braus leben** to live like a lord
säuseln [ˈzɔʏzəln] VI to murmur; *(Blätter)* to rustle ▸ VT to murmur
sausen [ˈzaʊzən] VI to blow; *(umg: eilen)* to rush; *(Ohren)* to buzz; **etw ~ lassen** *(umg)* not to bother with sth
Sau- zW: **Saustall** *(umg)* M pigsty; **Sauwetter** *(umg)* NT bloody (BRIT !) *od* damn (!) awful weather; **sauwohl** *(umg)* ADJ: **ich fühle mich ~** I feel bloody (BRIT *umg!*) *od* really good
Saxofon, Saxophon [zaksoˈfoːn] **(-s, -e)** NT saxophone
SB ABK = **Selbstbedienung**
S-Bahn F ABK (= *Schnellbahn*) *high-speed suburban railway or railroad (US)*
SBB ABK (= *Schweizerische Bundesbahnen*) Swiss Railways
s. Br. ABK (= *südlicher Breite*) southern latitude

scannen [ˈskɛnən] VT to scan
Scanner [ˈskɛnər] **(-s, -)** M scanner
Schabe [ˈʃaːbə] **(-, -n)** F cockroach
schaben VT to scrape
Schaber **(-s, -)** M scraper
Schabernack **(-(e)s, -e)** M trick, prank
schäbig [ˈʃɛːbɪç] ADJ shabby; *(Mensch)* mean; **Schäbigkeit** F shabbiness
Schablone [ʃaˈbloːnə] **(-, -n)** F stencil; *(Muster)* pattern; *(fig)* convention
schablonenhaft ADJ stereotyped, conventional
★**Schach** [ʃax] **(-s, -s)** NT chess; *(Stellung)* check; **im ~ stehen** to be in check; **jdn in ~ halten** *(fig)* to stall sb; **Schachbrett** NT chessboard
schachern *(pej)* VI: **um etw ~** to haggle over sth
Schach- zW: **Schachfigur** F chessman; **schachmatt** ADJ checkmate; **jdn ~ setzen** *(lit)* to (check)mate sb; *(fig)* to snooker sb *(umg)*; **Schachpartie** F game of chess; **Schachspiel** NT game of chess
Schacht [ʃaxt] **(-(e)s, Schächte)** M shaft
★**Schachtel** **(-, -n)** F box; *(pej: Frau)* bag, cow (BRIT); **Schachtelsatz** M complicated *od* multi-clause sentence
Schachzug M *(auch fig)* move
★**schade** [ˈʃaːdə] ADJ a pity *od* shame ▸ INTERJ (what a) pity *od* shame; **sich** *dat* **für etw zu ~ sein** to consider o.s. too good for sth; **um sie ist es nicht ~** she's no great loss
Schädel [ˈʃɛːdəl] **(-s, -)** M skull; **einen dicken ~ haben** *(fig: umg)* to be stubborn; **Schädelbruch** M fractured skull
★**schaden** [ˈʃaːdən] VI *+dat* to hurt; **einer Sache ~** to damage sth; **das schadet nichts** it won't do any harm
★**Schaden** **(-s, Schäden)** M damage; *(Verletzung)* injury; *(Nachteil)* disadvantage; **zu ~ kommen** to suffer; *(physisch)* to be injured; **jdm ~ zufügen** to harm sb
Schaden- zW: **Schadenersatz** M compensation, damages *pl*; **~ leisten** to pay compensation; **Schadenersatzanspruch** M claim for compensation; **schadenersatzpflichtig** ADJ liable for damages; **Schadenfreiheitsrabatt** M *(Versicherung)* no-claim(s) bonus; **Schadenfreude** F malicious delight; **schadenfroh** ADJ gloating
schadhaft [ˈʃaːthaft] ADJ faulty, damaged
schädigen [ˈʃɛdɪgən] VT to damage; *(Person)* to do harm to, to harm
Schädigung F damage; *(von Person)* harm
schädlich ADJ: **~ (für)** harmful (to); **Schädlichkeit** F harmfulness
Schädling M pest
Schädlingsbekämpfungsmittel NT pesticide
schadlos [ˈʃaːtlos] ADJ: **sich ~ halten an** *+dat* to take advantage of
Schadprogramm [ˈʃaːtprogram] NT *(Comput)* malware

S

Schadstoff (**-(e)s, -e**) M pollutant; **schadstoffarm** ADJ low in pollutants; **schadstoffhaltig** ADJ containing pollutants

★**Schaf** [ʃa:f] (**-(e)s, -e**) NT sheep; (*umg: Dummkopf*) twit (BRIT), dope; **Schafbock** M ram

Schäfchen [ˈʃɛ:fçən] NT lamb; **sein ~ ins Trockene bringen** (*Sprichwort*) to see o.s. all right (*umg*); **Schäfchenwolken** PL cirrus clouds *pl*

Schäfer [ˈʃɛ:fər] (**-s, -**) M shepherd; **Schäferhund** M Alsatian (dog) (BRIT), German shepherd (dog) (*US*); **Schäferin** F shepherdess

★**schaffen**[1] *unreg* VT to create; (*Platz*) to make; **sich** *dat* **etw ~** to get o.s. sth; **dafür ist er wie geschaffen** he's just made for it

schaffen[2] [ˈʃafən] VT (*erreichen*) to manage, to do; (*erledigen*) to finish; (*Prüfung*) to pass; (*transportieren*) to take ▸ VI (*tun*) to do; (*umg: arbeiten*) to work; **das ist nicht zu ~** that can't be done; **das hat mich geschafft** it took it out of me; (*nervlich*) it got on top of me; **ich habe damit nichts zu ~** that has nothing to do with me; **jdm (schwer) zu ~ machen** (*zusetzen*) to cause sb (a lot of) trouble; (*bekümmern*) to worry sb (a lot); **sich** *dat* **an etw** *dat* **zu ~ machen** to busy o.s. with sth

★**Schaffen** [ˈʃafən] (**-s**) NT (creative) activity

Schaffensdrang M energy; (*von Künstler*) creative urge

Schaffenskraft F creativity

Schaffner(in) [ˈʃafnər(ɪn)] (**-s, -**) M(F) (*Busschaffner*) conductor, conductress; (*Eisenb*) guard (BRIT), conductor (*US*)

Schaffung F creation

Schafskäse M sheep's *od* ewe's milk cheese

Schaft [ʃaft] (**-(e)s, Schäfte**) M shaft; (*von Gewehr*) stock; (*von Stiefel*) leg; (*Bot*) stalk; (*von Baum*) tree trunk; **Schaftstiefel** M high boot

Schakal [ʃaˈka:l] (**-s, -e**) M jackal

Schäker(in) [ˈʃɛ:kər(ɪn)] (**-s, -**) M(F) flirt; (*Witzbold*) joker

schäkern VI to flirt; (*Witze machen*) to joke

★**schal** ADJ (*Getränk*) flat; (*fig*) insipid

★**Schal** [ʃa:l] (**-s, -s** *od* **-e**) M scarf

Schälchen [ˈʃɛ:lçən] NT bowl

★**Schale** [ˈʃa:lə] (**-, -n**) F skin; (*abgeschält*) peel; (*Nussschale, Muschelschale, Eierschale*) shell; (*Geschirr*) dish, bowl; **sich in ~ werfen** (*umg*) to get dressed up

schälen [ˈʃɛ:lən] VT to peel; (*Nuss*) to shell ▸ VR to peel

Schalk [ʃalk] (**-s, -e** *od* **Schälke**) M (*veraltet*) joker

Schall [ʃal] (**-(e)s, -e**) M sound; **Name ist ~ und Rauch** what's in a name?; **schalldämmend** ADJ sound-deadening; **Schalldämpfer** M (*Aut*) silencer (BRIT), muffler (*US*); **schalldicht** ADJ soundproof

schallen VI to (re)sound

schallend ADJ resounding, loud

Schall- ZW: **Schallgeschwindigkeit** F speed of sound; **Schallgrenze** F sound barrier; **Schallmauer** F sound barrier; ★**Schallplatte** F record

schalt *etc* [ʃalt] VB *siehe* **schelten**

Schaltbild NT circuit diagram

Schaltbrett NT switchboard

schalten [ˈʃaltən] VT to switch, to turn ▸ VI (*Aut*) to change (gear); (*umg: begreifen*) to catch on; (*reagieren*) to react; **in Reihe/parallel ~** (*Elek*) to connect in series/in parallel; **~ und walten** to do as one pleases

★**Schalter** (**-s, -**) M counter; (*an Gerät*) switch; **Schalterbeamte(r)** M, **Schalterbeamtin** F counter clerk; **Schalterstunden** PL hours of business *pl*

Schalt- ZW: **Schaltfläche** F (*Comput*) button; **Schalthebel** M switch; (*Aut*) gear lever (BRIT), gearshift (*US*); **Schaltjahr** NT leap year; **Schaltknüppel** M (*Aut*) gear lever (BRIT), gearshift (*US*); (*Aviat, Comput*) joystick; **Schaltkreis** M (switching) circuit; **Schaltplan** M circuit diagram; **Schaltpult** NT control desk; **Schaltstelle** F (*fig*) coordinating point; **Schaltuhr** F time switch

Schaltung F switching; (*Elek*) circuit; (*Aut*) gear change

Scham [ʃa:m] (**-**) F shame; (*Schamgefühl*) modesty; (*Organe*) private parts *pl*

schämen [ˈʃɛ:mən] VR to be ashamed

Scham- ZW: **Schamgefühl** NT sense of shame; **Schamhaare** PL pubic hair *sing*; **schamhaft** ADJ modest; (*verlegen*) bashful; **Schamlippen** PL labia *pl*, lips *pl* of the vulva; **schamlos** ADJ shameless; (*unanständig*) indecent; (*Lüge*) brazen, barefaced

Schampus [ˈʃampʊs] (**-**, *no pl*) (*umg*) M champagne, champers (BRIT)

Schande [ˈʃandə] (**-**) F disgrace; **zu meiner ~ muss ich gestehen, dass ...** to my shame I have to admit that ...

schänden [ˈʃɛndən] VT to violate

Schandfleck [ˈʃantflɛk] M: **er war der ~ der Familie** he was the disgrace of his family

schändlich [ˈʃɛntlɪç] ADJ disgraceful, shameful; **Schändlichkeit** F disgracefulness, shamefulness

Schandtat (*umg*) F escapade, shenanigan

Schändung F violation, defilement

Schänke [ˈʃɛŋkə] (**-, -n**) F = **Schenke**

Schank- ZW: **Schankerlaubnis** F, **Schankkonzession** F (publican's) licence (BRIT), excise license (*US*); **Schanktisch** M bar

Schanze [ˈʃantsə] (**-, -n**) F (*Mil*) fieldwork, earthworks *pl*; (*Sprungschanze*) ski jump

Schar [ʃa:r] (**-, -en**) F band, company; (*Vögel*) flock; (*Menge*) crowd; **in Scharen** in droves

Scharade [ʃaˈra:də] (**-, -n**) F charade

scharen VR to assemble, to rally

scharenweise ADV in droves

★**scharf** [ʃarf] ADJ sharp; (*Verstand, Augen*) keen; (*Kälte, Wind*) biting; (*Protest*) fierce; (*Ton*) piercing, shrill; (*Essen*) hot, spicy; (*Munition*) live; (*Maßnahmen*) severe; (*Bewachung*) close, tight; (*Geruch, Geschmack*) pungent, acrid; (*umg: geil*) randy (BRIT), horny; (*Film*) sexy, blue *attrib*; **~ nachdenken** to think hard; **~ aufpassen/**

zuhören to pay close attention/listen closely; **etw ~ einstellen** (*Bild, Diaprojektor etc*) to bring sth into focus; **mit scharfem Blick** (*fig*) with penetrating insight; **auf etw** *akk* **~ sein** (*umg*) to be keen on sth; **scharfe Sachen** (*umg*) hard stuff

Scharfblick M (*fig*) penetration

Schärfe [ˈʃɛrfə] (-, **-n**) F sharpness; (*Strenge*) rigour (BRIT), rigor (*US*); (*an Kamera, Fernsehen*) focus

schärfen VT to sharpen

Schärfentiefe F (*Phot*) depth of focus

Scharf- ZW: **scharf|machen** (*umg*) VT to stir up; **Scharfrichter** M executioner; **Scharfschießen** NT shooting with live ammunition; **Scharfschütze** M marksman, sharpshooter; **Scharfsinn** M astuteness, shrewdness; **scharfsinnig** ADJ astute, shrewd

Scharlach [ˈʃarlax] (**-s, -e**) M scarlet; (*Krankheit*) scarlet fever; **Scharlachfieber** NT scarlet fever

Scharlatan [ˈʃarlatan] (**-s, -e**) M charlatan

Scharmützel [ʃarˈmʏtsəl] (**-s, -**) NT skirmish

Scharnier [ʃarˈniːr] (**-s, -e**) NT hinge

Schärpe [ˈʃɛrpə] (**-, -n**) F sash

scharren [ˈʃarən] VT, VI to scrape, to scratch

Scharte [ˈʃartə] (**-, -n**) F notch, nick; (*Berg*) wind gap

schartig [ˈʃartɪç] ADJ jagged

Schaschlik [ˈʃaʃlɪk] (**-s, -s**) M OD NT (shish) kebab

Schatten [ˈʃatən] (**-s, -**) M shadow; (*schattige Stelle*) shade; **jdn/etw in den ~ stellen** (*fig*) to put sb/sth in the shade; **Schattenbild** NT silhouette; **schattenhaft** ADJ shadowy

Schattenmorelle (**-, -n**) F morello cherry

Schatten- ZW: **Schattenriss** M silhouette; **Schattenseite** F shady side; (*von Planeten*) dark side; (*fig: Nachteil*) drawback; **Schattenwirtschaft** F black economy

schattieren [ʃaˈtiːrən] VT, VI to shade

Schattierung F shading

schattig [ˈʃatɪç] ADJ shady

Schatulle [ʃaˈtʊlə] (**-, -n**) F casket; (*Geldschatulle*) coffer

Schatz [ʃats] (**-es, Schätze**) M treasure; (*Person*) darling; **Schatzamt** NT treasury

schätzbar [ˈʃɛtsbaːr] ADJ assessable

Schätzchen NT darling, love

schätzen VT (*abschätzen*) to estimate; (*Gegenstand*) to value; (*würdigen*) to value, to esteem; (*vermuten*) to reckon; **etw zu ~ wissen** to appreciate sth; **sich glücklich ~** to consider o.s. lucky; **~ lernen** to learn to appreciate

Schatzkammer F treasure chamber *od* vault

Schatzmeister M treasurer

Schätzung F estimate; (*das Schätzen*) estimation; (*Würdigung*) valuation; **nach meiner ~ ...** I reckon that ...

schätzungsweise ADV (*ungefähr*) approximately; (*so vermutet man*) it is thought

Schätzwert M estimated value

Schau [ʃaʊ] (-) F show; (*Ausstellung*) display, exhibition; **etw zur ~ stellen** to make a show of sth, to show sth off; **eine ~ abziehen** (*umg*) to put on a show; **Schaubild** NT diagram

Schauder [ˈʃaʊdər] (**-s, -**) M shudder; (*wegen Kälte*) shiver; **schauderhaft** ADJ horrible

schaudern VI to shudder; (*wegen Kälte*) to shiver

★**schauen** [ˈʃaʊən] VI to look; **da schau her!** well, well!

★**Schauer** [ˈʃaʊər] (**-s, -**) M (*Regenschauer*) shower; (*Schreck*) shudder; **Schauergeschichte** F horror story; **schauerlich** ADJ horrific, spine-chilling; **Schauermärchen** (*umg*) NT horror story

Schaufel [ˈʃaʊfəl] (**-, -n**) F shovel; (*Kehrichtschaufel*) dustpan; (*von Turbine*) vane; (*Naut*) paddle; (*Tech*) scoop

schaufeln VT to shovel; (*Grab, Grube*) to dig ▶ VI to shovel

★**Schaufenster** NT shop window; **Schaufensterauslage** F window display; ★**Schaufensterbummel** M window-shopping (expedition); **Schaufensterdekorateur(in)** M(F) window dresser; **Schaufensterpuppe** F display dummy

Schaugeschäft NT show business

Schaukasten M showcase

Schaukel [ˈʃaʊkəl] (**-, -n**) F swing

schaukeln VI to swing, to rock ▶ VT to rock; **wir werden das Kind** *od* **das schon ~** (*fig: umg*) we'll manage it

Schaukelpferd NT rocking horse

Schaukelstuhl M rocking chair

Schaulustige(r) [ˈʃaʊlʊstɪgə(r)] F(M) onlooker

Schaum [ʃaʊm] (**-(e)s, Schäume**) M foam; (*Seifenschaum*) lather; (*von Getränken*) froth; (*von Bier*) head; **Schaumbad** NT bubble bath

schäumen [ˈʃɔʏmən] VI to foam

Schaumgummi M foam (rubber)

schaumig ADJ frothy, foamy

Schaum- ZW: **Schaumkrone** F whitecap; **Schaumschläger** M (*fig*) windbag; **Schaumschlägerei** F (*fig: umg*) hot air; **Schaumstoff** M foam material; **Schaumwein** M sparkling wine

Schauplatz M scene

Schauprozess M show trial

schaurig ADJ horrific, dreadful

★**Schauspiel** NT spectacle; (*Theat*) play

★**Schauspieler(in)** M(F) actor, actress

schauspielerisch ADJ (*Können, Leistung*) acting

schauspielern VI UNTR to act

Schauspielhaus NT playhouse, theatre (BRIT), theater (*US*)

Schauspielschule F drama school

Schausteller [ˈʃaʊʃtɛlər] (**-s, -**) M *person who owns or runs a fairground ride/sideshow etc*

★**Scheck** [ʃɛk] (**-s, -s**) M cheque (BRIT), check (*US*); **Scheckbuch** NT, **Scheckheft** NT cheque book (BRIT), check book (*US*)

scheckig ADJ dappled, piebald

S

★**Scheckkarte** F cheque (BRIT) *od* check (*US*) card, banker's card

scheel [ʃe:l] (*umg*) ADJ dirty; **jdn ~ ansehen** to give sb a dirty look

scheffeln [ˈʃɛfəln] VT to amass

★**Scheibe** [ˈʃaɪbə] (**-, -n**) F disc (BRIT), disk (*US*); (*Brot etc*) slice; (*Glasscheibe*) pane; (*Mil*) target; (*Eishockey*) puck; (*Töpferscheibe*) wheel; (*umg: Schallplatte*) disc (BRIT), disk (*US*); **von ihm könntest du dir eine ~ abschneiden** (*fig: umg*) you could take a leaf out of his book

Scheiben- zW: **Scheibenbremse** F (*Aut*) disc brake; **Scheibenkleister** INTERJ (*euph: umg*) sugar!; **Scheibenwaschanlage** F (*Aut*) windscreen (BRIT) *od* windshield (*US*) washers *pl*; **Scheibenwischer** M (*Aut*) windscreen (BRIT) *od* windshield (*US*) wiper

Scheich [ʃaɪç] (**-s, -e** *od* **-s**) M sheik(h)

Scheide [ˈʃaɪdə] (**-, -n**) F sheath; (*Anat*) vagina

scheiden *unreg* VT to separate; (*Ehe*) to dissolve ▶ VI to depart; (*sich trennen*) to part ▶ VR (*Wege*) to divide; (*Meinungen*) to diverge; **sich ~ lassen** to get a divorce; **von dem Moment an waren wir (zwei) geschiedene Leute** (*umg*) after that it was the parting of the ways for us; **aus dem Leben ~** to depart this life

Scheideweg M (*fig*) crossroads *sing*

Scheidung F (*Ehescheidung*) divorce; **die ~ einreichen** to file a petition for divorce

Scheidungsgrund M grounds *pl* for divorce

Scheidungsklage F divorce suit

★**Schein** [ʃaɪn] (**-(e)s, -e**) M light; (*Anschein*) appearance; (*Geldschein*) (bank)note; (*Bescheinigung*) certificate; **den ~ wahren** to keep up appearances; **etw zum ~ tun** to pretend to do sth, to make a pretence (BRIT) *od* pretense (*US*) of doing sth; **scheinbar** ADJ apparent

★**scheinen** *unreg* VI to shine; (*Anschein haben*) to seem

Schein- zW: **scheinheilig** ADJ hypocritical; **Scheintod** M apparent death; ★**Scheinwerfer** (**-s, -**) M floodlight; (*Theat*) spotlight; (*Suchscheinwerfer*) searchlight; (*Aut*) headlight

Scheiß [ʃaɪs] (**-,** *no pl*) (*umg*) M bullshit (*!*)

Scheiß- [ˈʃaɪs-] (*umg*) IN ZW bloody (BRIT *!*), damn(ed) (*!*); **Scheißdreck** (*umg!*) M shit (*umg!*), crap (*umg!*); **das geht dich einen ~ an** it's got bugger-all to do with you (*umg!*)

Scheiße [ˈʃaɪsə] (**-**) (*umg!*) F shit (*!*)

scheißegal (*umg!*) ADJ: **das ist mir doch ~!** I don't give a shit (*!*)

scheißen *unreg* (*umg!*) VI to shit (*!*)

scheißfreundlich (*pej, umg*) ADJ as nice as pie (*ironisch*)

Scheißkerl (*!*) M bastard (*!*), son-of-a-bitch (*US !*)

Scheit [ʃaɪt] (**-(e)s, -e** *od* **-er**) NT log

Scheitel [ˈʃaɪtəl] (**-s, -**) M top; (*Haar*) parting (BRIT), part (*US*)

scheiteln VT to part

Scheitelpunkt M zenith, apex

Scheiterhaufen [ˈʃaɪtərhaʊfən] M (funeral) pyre; (*Hist: zur Hinrichtung*) stake

scheitern [ˈʃaɪtərn] VI to fail

Schelle [ˈʃɛlə] (**-, -n**) F small bell

schellen VI to ring; **es hat geschellt** the bell has gone

Schellfisch [ˈʃɛlfɪʃ] M haddock

Schelm [ʃɛlm] (**-(e)s, -e**) M rogue

Schelmenroman M picaresque novel

schelmisch ADJ mischievous, roguish

Schelte [ˈʃɛltə] (**-, -n**) F scolding

schelten *unreg* VT to scold

Schema [ˈʃe:ma] (**-s, -s** *od* **-ta**) NT scheme, plan; (*Darstellung*) schema; **nach ~ F** quite mechanically

schematisch [ʃeˈma:tɪʃ] ADJ schematic; (*pej*) mechanical

Schemel [ˈʃe:məl] (**-s, -**) M (foot)stool

schemenhaft ADJ shadowy

Schenke (**-, -n**) F tavern, inn

Schenkel [ˈʃɛŋkəl] (**-s, -**) M thigh; (*Math: von Winkel*) side

★**schenken** [ˈʃɛŋkən] VT (*lit, fig*) to give; (*Getränk*) to pour; **ich möchte nichts geschenkt haben!** (*lit*) I don't want any presents!; (*fig: bevorzugt werden*) I don't want any special treatment!; **sich** *dat* **etw ~** (*umg*) to skip sth; **jdm etw ~** (*erlassen*) to let sb off sth; **ihm ist nie etwas geschenkt worden** (*fig*) he never had it easy; **das ist geschenkt!** (*billig*) that's a giveaway!; (*nichts wert*) that's worthless!

Schenkung F gift

Schenkungsurkunde F deed of gift

scheppern [ˈʃɛpərn] (*umg*) VI to clatter

Scherbe [ˈʃɛrbə] (**-, -n**) F broken piece, fragment; (*archäologisch*) potsherd

★**Schere** [ˈʃe:rə] (**-, -n**) F scissors *pl*; (*groß*) shears *pl*; (*Zool*) pincer; (*von Hummer, Krebs etc*) pincer, claw; **eine ~** a pair of scissors

scheren *unreg* VT to cut; (*Schaf*) to shear; (*stören*) to bother ▶ VR (*sich kümmern*) to care; **scher dich (zum Teufel)!** get lost!

Scherenschleifer (**-s, -**) M knife grinder

Scherenschnitt M silhouette

Schererei [ʃe:rəˈraɪ] (*umg*) F bother, trouble

Scherflein [ˈʃɛrflaɪn] NT mite, bit

Scherz [ʃɛrts] (**-es, -e**) M joke; **scherzen** VI to joke; (*albern*) to banter; **Scherzfrage** F conundrum; **scherzhaft** ADJ joking, jocular

scheu [ʃɔʏ] ADJ shy

Scheu [ʃɔʏ] (**-**) F shyness; (*Ehrfurcht*) awe; (*Angst*): **~ (vor** *+dat***)** fear (of)

Scheuche (**-, -n**) F scarecrow

scheuchen [ˈʃɔʏçən] VT to scare (off)

scheuen VR: **sich ~ vor** *+dat* to be afraid of, to shrink from ▶ VT to shun ▶ VI (*Pferd*) to shy; **weder Mühe noch Kosten ~** to spare neither trouble nor expense

Scheuer [ˈʃɔʏər] (**-, -n**) F barn

Scheuer- ZW: **Scheuerbürste** F scrubbing brush; **Scheuerlappen** M floorcloth (BRIT), scrubbing rag (*US*); **Scheuerleiste** F skirting board

scheuern VT to scour; (*mit Bürste*) to scrub ▶ VR: **sich** *akk* **(wund) ~** to chafe o.s.; **jdm eine ~** (*umg*) to clout sb one

Scheuklappe F blinker

Scheune [ˈʃɔynə] (-, **-n**) F barn

Scheunendrescher (**-s, -**) M: **er frisst wie ein ~** (*umg*) he eats like a horse

Scheusal [ˈʃɔyza:l] (**-s, -e**) NT monster

scheußlich [ˈʃɔyslɪç] ADJ dreadful, frightful; **Scheußlichkeit** F dreadfulness

Schi [ʃi:] M = **Ski**

Schicht [ʃɪçt] (-, **-en**) F layer; (*Klasse*) class, level; (*in Fabrik etc*) shift; **Schichtarbeit** F shift work

schichten VT to layer, to stack

Schichtwechsel M change of shifts

schick [ʃɪk] ADJ = **chic**

schicken VT to send ▶ VR: **sich ~ (in** *+akk***)** to resign o.s. (to) ▶ VB UNPERS (*anständig sein*) to be fitting

Schickeria [ʃɪkəˈri:a] F (*ironisch*) in-people *pl*

Schicki [ˈʃɪkɪ], **Schickimicki** [ˈʃɪkɪˈmɪkɪ] (**-s, -s**) (*umg*) M trendy

schicklich ADJ proper, fitting

Schicksal (**-s, -e**) NT fate

schicksalhaft ADJ fateful

Schicksalsschlag M great misfortune, blow

Schickse [ˈʃɪksə] (-, **-n**) (*umg*) F floozy, shiksa (*US*)

Schiebedach NT (*Aut*) sunroof, sunshine roof

schieben [ˈʃi:bən] *unreg* VT (*auch Drogen*) to push; (*Schuld*) to put; (*umg: handeln mit*) to traffic in; **die Schuld auf jdn ~** to put the blame on (to) sb; **etw vor sich** *dat* **her ~** (*fig*) to put sth off

Schieber (**-s, -**) M slide; (*Besteckteil*) pusher; (*Person*) profiteer; (*umg: Schwarzhändler*) black marketeer; (: *Waffenschieber*) gunrunner; (: *Drogenschieber*) pusher

Schiebetür F sliding door

Schieblehre F (*Math*) calliper (BRIT) *od* caliper (*US*) rule

Schiebung F fiddle; **das war doch ~** (*umg*) that was rigged *od* a fix

schied *etc* [ʃi:t] VB *siehe* **scheiden**

Schieds- ZW: **Schiedsgericht** NT court of arbitration; **Schiedsmann** (**-(e)s,** *pl* **-männer**) M arbitrator; ★ **Schiedsrichter** M referee, umpire; (*Schlichter*) arbitrator; **schiedsrichtern** VI UNTR to referee, to umpire; (*schlichten*) to arbitrate; **Schiedsspruch** M (arbitration) award; **Schiedsverfahren** NT arbitration

schief [ʃi:f] ADJ crooked; (*Ebene*) sloping; (*Turm*) leaning; (*Winkel*) oblique; (*Blick*) wry; (*Vergleich*) distorted ▶ ADV crookedly; (*ansehen*) askance; **auf die schiefe Bahn geraten** (*fig*) to leave the straight and narrow; **etw ~ stellen** to slope sth; *siehe auch* **schiefliegen**

Schiefer [ˈʃi:fər] (**-s, -**) M slate; **Schieferdach** NT slate roof; **Schiefertafel** F (child's) slate

schief|gehen *unreg* (*umg*) VI to go wrong; **es wird schon ~!** (*hum*) it'll be OK

schief|lachen (*umg*) VR to kill o.s. laughing

schief|liegen (*umg*) *unreg* VI to be wrong, to be on the wrong track (*umg*)

schielen [ˈʃi:lən] VI to squint; **nach etw ~** (*fig*) to eye sth up

schien *etc* [ʃi:n] VB *siehe* **scheinen**

Schienbein NT shinbone

Schiene [ˈʃi:nə] F rail; (*Med*) splint

schienen VT to put in splints

Schienenbus M railcar

Schienenstrang M (*Eisenb etc*) (section of) track

schier [ʃi:r] ADJ pure; (*fig*) sheer ▶ ADV nearly, almost

Schießbude F shooting gallery

Schießbudenfigur (*umg*) F clown, ludicrous figure

schießen [ˈʃi:sən] *unreg* VI to shoot; (*Salat etc*) to run to seed ▶ VT to shoot; (*Ball*) to kick; (*Tor*) to score; (*Geschoss*) to fire; **~ auf** *+akk* to shoot at; **aus dem Boden ~** (*lit, fig*) to spring *od* sprout up; **jdm durch den Kopf ~** (*fig*) to flash through sb's mind

Schießerei [ʃi:səˈraɪ] F shoot-out, gun battle

Schieß- ZW: **Schießgewehr** NT (*hum*) gun; **Schießhund** M: **wie ein ~ aufpassen** (*umg*) to watch like a hawk; **Schießplatz** M firing range; **Schießpulver** NT gunpowder; **Schießscharte** F embrasure; **Schießstand** M rifle *od* shooting range

★ **Schiff** [ʃɪf] (**-(e)s, -e**) NT ship, vessel; (*Kirchenschiff*) nave

Schiffahrt F *siehe* **Schifffahrt**

Schiff- ZW: **schiffbar** ADJ navigable; **Schiffbau** M shipbuilding; **Schiffbruch** M shipwreck; **~ erleiden** (*lit*) to be shipwrecked; (*fig*) to fail; (*Unternehmen*) to founder; **schiffbrüchig** ADJ shipwrecked

Schiffchen NT small boat; (*Weben*) shuttle; (*Mütze*) forage cap

Schiffer (**-s, -**) M boatman, sailor; (*von Lastkahn*) bargee

Schiff- ZW: **Schifffahrt** F shipping; (*Reise*) voyage; **Schifffahrtslinie** F shipping route; **Schiffschaukel** F swing boat

Schiffs- ZW: **Schiffsjunge** M cabin boy; **Schiffskörper** M hull; **Schiffsladung** F cargo, shipload; **Schiffsplanke** F gangplank; **Schiffsschraube** F ship's propeller

Schiit [ʃi:ɪt] (**-en, -en**) M Shiite; **schiitisch** ADJ Shiite

Schikane [ʃiˈka:nə] (-, **-n**) F harassment; (*von Mitschülern*) bullying; **mit allen Schikanen** with all the trimmings; **das hat er aus reiner ~ gemacht** he did it out of sheer bloody-mindedness

schikanieren [ʃikaˈni:rən] VT to harass; (*Ehepartner*) to mess around; (*Mitschüler*) to bully

S

schikanös [ʃika'nø:s] ADJ (*Mensch*) bloody-minded; (*Maßnahme etc*) harassing

★**Schild**[1] [ʃɪlt] (**-(e)s, -e**) M shield; (*Mützenschild*) peak, visor; **etwas im Schilde führen** to be up to something

Schild[2] [ʃɪlt] (**-(e)s, -er**) NT sign; (*Namensschild*) nameplate; (*an Monument, Haus, Grab*) plaque; (*Etikett*) label

Schildbürger M duffer, blockhead

Schilddrüse F thyroid gland

schildern ['ʃɪldərn] VT to describe; (*Menschen etc*) to portray; (*skizzieren*) to outline

Schilderung F description; (*von Menschen etc*) portrayal

Schildkröte F tortoise; (*Wasserschildkröte*) turtle

Schildkrötensuppe F turtle soup

Schilf [ʃɪlf] (**-(e)s, -e**) NT, **Schilfrohr** NT (*Pflanze*) reed; (*Material*) reeds *pl*, rushes *pl*

Schillerlocke ['ʃɪlərlɔkə] F (*Gebäck*) cream horn; (*Räucherfisch*) *strip of smoked rock salmon*

schillern ['ʃɪlərn] VI to shimmer

schillernd ADJ iridescent; (*fig: Charakter*) enigmatic

Schilling ['ʃɪlɪŋ] (**-s,** - *od Schillingstücke* **-e**) (*Hist:* ÖSTERR) M schilling

schilt [ʃɪlt] VB *siehe* **schelten**

Schimmel ['ʃɪməl] (**-s, -**) M mould (BRIT), mold (*US*); (*Pferd*) white horse

schimmelig ADJ mouldy (BRIT), moldy (*US*)

schimmeln VI to go mouldy (BRIT) *od* moldy (*US*)

Schimmer ['ʃɪmər] (**-s**) M glimmer; **keinen (blassen) ~ von etw haben** (*umg*) not to have the slightest idea about sth

schimmern VI to glimmer; (*Seide, Perlen*) to shimmer

schimmlig ADJ = **schimmelig**

Schimpanse [ʃɪm'panzə] (**-n, -n**) M chimpanzee

Schimpf [ʃɪmpf] (**-(e)s, -e**) M disgrace; **mit ~ und Schande** in disgrace

schimpfen VI (*sich beklagen*) to grumble; (*fluchen*) to curse; **mit jdm ~** to tell sb off

Schimpfkanonade F barrage of abuse

Schimpfwort NT term of abuse

Schindel ['ʃɪndəl] (**-, -n**) F shingle

schinden ['ʃɪndən] *unreg* VT to maltreat, to drive too hard ▶ VR: **sich ~ (mit)** to sweat and strain (at), to toil away (at); **Eindruck ~** (*umg*) to create an impression

Schinder (**-s, -**) M knacker; (*fig*) slave driver

Schinderei [ʃɪndə'raɪ] F grind, drudgery

Schindluder ['ʃɪntlu:dər] NT: **mit etw ~ treiben** to muck *od* mess sth about; (*Vorrecht*) to abuse sth

★**Schinken** ['ʃɪŋkən] (**-s, -**) M ham; (*gekocht und geräuchert*) gammon; (*pej, umg: Theaterstück etc*) hackneyed and clichéd play *etc*; **Schinkenspeck** M bacon

Schippe ['ʃɪpə] (**-, -n**) F shovel; **jdn auf die ~ nehmen** (*fig: umg*) to pull sb's leg

schippen VT to shovel

Schirm [ʃɪrm] (**-(e)s, -e**) M (*Regenschirm*) umbrella; (*Sonnenschirm*) parasol, sunshade; (*Wandschirm, Bildschirm*) screen; (*Lampenschirm*) (lamp)shade; (*Mützenschirm*) peak; (*Pilzschirm*) cap; **Schirmbildaufnahme** F X-ray; **Schirmherr(in)** M(F) patron(ess); **Schirmherrschaft** F patronage; **Schirmmütze** F peaked cap; **Schirmständer** M umbrella stand

schiss *etc* [ʃɪs] VB *siehe* **scheißen**

Schiss M: **~ haben** (*umg*) to be shit scared (*!*)

schizophren [ʃitso'fre:n] ADJ schizophrenic

Schizophrenie [ʃitsofre'ni:] F schizophrenia

schlabbern ['ʃlabərn] (*umg*) VT, VI to slurp

Schlacht [ʃlaxt] (**-, -en**) F battle

schlachten VT to slaughter, to kill

Schlachtenbummler (*umg*) M visiting football fan

Schlachter (**-s, -**) M butcher

Schlacht- ZW: **Schlachtfeld** NT battlefield; **Schlachtfest** NT *country feast at which freshly slaughtered meat is served*; **Schlachthaus** NT, **Schlachthof** M slaughterhouse, abattoir (BRIT); **Schlachtopfer** NT sacrifice; (*Mensch*) human sacrifice; **Schlachtplan** M battle plan; (*fig*) plan of action; **Schlachtruf** M battle cry, war cry; **Schlachtschiff** NT battleship; **Schlachtvieh** NT animals *pl* kept for meat

Schlacke ['ʃlakə] (**-, -n**) F slag

schlackern (*umg*) VI to tremble; (*Kleidung*) to hang loosely, to be baggy; **mit den Ohren ~** (*fig*) to be (left) speechless

★**Schlaf** [ʃla:f] (**-(e)s**) M sleep; **um seinen ~ kommen** *od* **gebracht werden** to lose sleep; ★**Schlafanzug** M pyjamas *pl* (BRIT), pajamas *pl* (*US*)

Schläfchen ['ʃlɛ:fçən] NT nap

Schläfe (**-, -n**) F (*Anat*) temple

★**schlafen** *unreg* VI to sleep; (*umg: nicht aufpassen*) to be asleep; **~ gehen** to go to bed; **bei jdm ~** to stay overnight with sb; **Schlafengehen** NT going to bed

Schlafenszeit F bedtime

Schläfer(in) ['ʃlɛ:fər(ɪn)] (**-s, -**) M(F) sleeper; (*noch nicht tätiger Geheimagent*) sleeper agent

schlaff [ʃlaf] ADJ slack; (*Haut*) loose; (*Muskeln*) flabby; (*energielos*) limp; (*erschöpft*) exhausted; **Schlaffheit** F slackness; (*von Haut*) looseness; (*von Muskeln*) flabbiness; (*Energielosigkeit*) limpness; (*Erschöpfung*) exhaustion

Schlafgelegenheit F place to sleep

Schlafittchen [ʃla'fɪtçən] (*umg*) NT: **jdn am** *od* **beim ~ nehmen** to take sb by the scruff of the neck

Schlaf- ZW: **Schlafkrankheit** F sleeping sickness; **Schlaflied** NT lullaby; ★**schlaflos** ADJ sleepless; **Schlaflosigkeit** F sleeplessness, insomnia; **Schlafmittel** NT sleeping drug; (*fig ironisch*) soporific; **Schlafmütze** (*umg*) F dope

schläfrig ['ʃlɛ:frɪç] ADJ sleepy

Schlaf- zW: **Schlafrock** M dressing gown; **Apfel im ~** baked apple in puff pastry; **Schlafsaal** M dormitory; ★ **Schlafsack** M sleeping bag

schläft [ʃlɛ:ft] VB *siehe* **schlafen**

Schlaf- zW: **Schlaftablette** F sleeping pill; **schlaftrunken** ADJ drowsy, half-asleep; **Schlafwagen** M sleeping car, sleeper; **schlafwandeln** VI UNTR to sleepwalk; **Schlafwandler(in)** (-**s**, -) M(F) sleepwalker; ★ **Schlafzimmer** NT bedroom

Schlag [ʃla:k] (-**(e)s**, **Schläge**) M (*lit, fig*) blow; (*auch Med*) stroke; (*Pulsschlag, Herzschlag*) beat; (*Elek*) shock; (*Blitzschlag*) bolt, stroke; (*Glockenschlag*) chime; (*Autotür*) car door; (*umg: Portion*) helping; (*: Art*) kind, type ■ **Schläge** PL (*Tracht Prügel*) beating *sing*; **~ acht Uhr** (*umg*) on the stroke of eight; **mit einem ~** all at once; **~ auf ~** in rapid succession; **die haben keinen ~ getan** (*umg*) they haven't done a stroke (of work); **ich dachte, mich trifft der ~** (*umg*) I was thunderstruck; **vom gleichen ~ sein** to be cast in the same mould (BRIT) *od* mold (*US*), to be tarred with the same brush (*pej*); **ein ~ ins Wasser** (*umg*) a wash-out; **Schlagabtausch** M (*Boxen*) exchange of blows; (*fig*) (verbal) exchange; **Schlagader** F artery; **Schlaganfall** M stroke; **schlagartig** ADJ sudden, without warning; **Schlagbaum** M barrier; **Schlagbohrer** M percussion drill

Schlägel [ˈʃlɛ:gl] (-**s**, -) M drumstick; (*Hammer*) hammer

schlagen [ˈʃla:gən] *unreg* VT to strike, to hit; (*wiederholt schlagen, besiegen*) to beat; (*Glocke*) to ring; (*Stunde*) to strike; (*Kreis, Bogen*) to describe; (*Purzelbaum*) to do; (*Sahne*) to whip; (*Schlacht*) to fight; (*einwickeln*) to wrap ▶ VI to strike, to hit; (*Herz*) to beat; (*Glocke*) to ring ▶ VR to fight; **um sich ~** to lash out; **ein Ei in die Pfanne ~** to crack an egg into the pan; **eine geschlagene Stunde** a full hour; **na ja, ehe ich mich ~ lasse!** (*hum: umg*) I suppose you could twist my arm; **nach jdm ~** (*fig*) to take after sb; **sich gut ~** (*fig*) to do well; **sich nach links/Norden ~** to strike out to the left/(for the) north; **sich auf jds Seite** *akk* **~** to side with sb; (*die Fronten wechseln*) to go over to sb

schlagend ADJ (*Beweis*) convincing; **schlagende Wetter** (*Min*) firedamp

Schlager [ˈʃla:gər] (-**s**, -) M (*Mus, fig*) hit

Schläger [ˈʃlɛ:gər] (-**s**, -) M brawler; (*Sport*) bat; (*Tennis etc*) racket; (*Golf*) club; (*Hockeyschläger*) hockey stick

Schlägerei [ʃlɛ:gəˈraɪ] F fight, punch-up

Schlagersänger M pop singer

Schlägertyp (*umg*) M thug

Schlag- zW: **schlagfertig** ADJ quick-witted; **Schlagfertigkeit** F ready wit, quickness of repartee; **Schlaginstrument** NT percussion instrument; **Schlagkraft** F (*lit, fig*) power; (*Mil*) strike power; (*Boxen*) punch(ing power); **schlagkräftig** ADJ powerful; (*Beweise*) clear-cut; **Schlagloch** NT pothole; **Schlagobers** (-, -) (ÖSTERR) NT, **Schlagrahm** M, **Schlagsahne** F whipped cream; **Schlagseite** F (*Naut*) list; **Schlagstock** M (*form*) truncheon (BRIT), nightstick (*US*)

schlägt [ʃlɛ:kt] VB *siehe* **schlagen**

Schlag- zW: **Schlagwort** NT slogan, catch phrase; **Schlagzeile** F headline; **Schlagzeilen machen** (*umg*) to hit the headlines; ★ **Schlagzeug** NT drums *pl*; (*in Orchester*) percussion; **Schlagzeuger** (-**s**, -) M drummer; (*in Orchester*) percussionist

schlaksig [ˈʃla:ksɪç] (*umg*) ADJ gangling, gawky

Schlamassel [ʃlaˈmasəl] (-**s**, -) (*umg*) M mess

Schlamm [ʃlam] (-**(e)s**, -**e**) M mud

schlammig ADJ muddy

Schlampe [ˈʃlampə] (-, -**n**) (*pej, umg*) F slattern (*pej*), slut (*pej*)

schlampen (*umg*) VI to be sloppy

Schlamperei [ʃlampəˈraɪ] (*umg*) F disorder, untidiness; (*schlechte Arbeit*) sloppy work

schlampig (*umg*) ADJ slovenly, sloppy

schlang *etc* [ʃlaŋ] VB *siehe* **schlingen**

★ **Schlange** [ˈʃlaŋə] (-, -**n**) F snake; (*Menschenschlange*) queue (BRIT), line (*US*); **~ stehen** to (form a) queue (BRIT), to stand in line (*US*); **eine falsche ~** a snake in the grass

schlängeln [ˈʃlɛŋəln] VR to twist, to wind; (*Fluss*) to meander

Schlangen- zW: **Schlangenbiss** M snake bite; **Schlangengift** NT snake venom; **Schlangenlinie** F wavy line

★ **schlank** [ʃlaŋk] ADJ slim, slender; **Schlankheit** F slimness, slenderness; **Schlankheitskur** F diet

schlapp [ʃlap] ADJ limp; (*locker*) slack; (*umg: energielos*) listless; (*nach Krankheit etc*) run-down

Schlappe (-, -**n**) (*umg*) F setback

Schlappen (-**s**, -) (*umg*) M slipper

schlapp- zW: **Schlappheit** F limpness; (*Lockerheit*) slackness; **Schlapphut** M slouch hat; **schlap|pmachen** (*umg*) VI to wilt, to droop; **Schlappschwanz** (*pej, umg*) M weakling, softy

Schlaraffenland [ʃlaˈrafənlant] NT land of milk and honey

★ **schlau** [ʃlaʊ] ADJ crafty, cunning; **ich werde nicht ~ aus ihm** I don't know what to make of him; **Schlauberger** (-**s**, -) (*umg*) M clever Dick

Schlauch [ʃlaʊx] (-**(e)s**, **Schläuche**) M hose; (*in Reifen*) inner tube; (*umg: Anstrengung*) grind; **auf dem ~ stehen** (*umg*) to be in a jam *od* fix; **Schlauchboot** NT rubber dinghy

schlauchen (*umg*) VT to tell on, to exhaust

schlauchlos ADJ (*Reifen*) tubeless

Schläue [ˈʃlɔʏə] (-) F cunning

Schlaufe [ˈʃlaʊfə] (-, -**n**) F loop; (*Aufhänger*) hanger

Schlauheit F cunning

Schlaukopf M clever Dick

Schlawiner [ʃlaˈvi:nər] (-**s**, -) M (*hum: umg*) villain, rogue

★ **schlecht** [ʃlɛçt] ADJ bad; (*ungenießbar*) bad, off (BRIT) ▶ ADV: **es geht ihm ~** he's having a hard time; (*gesundheitlich*) he's not feeling well;

S

(*finanziell*) he's pretty hard up; **heute geht es ~** today is not very convenient; **er kann ~ Nein sagen** he finds it hard to say no, he can't say no; **jdm ist ~** sb feels sick *od* ill; **~ und recht** after a fashion; **auf jdn ~ zu sprechen sein** not to have a good word to say for sb; **er hat nicht ~ gestaunt** (*umg*) he wasn't half surprised; *siehe auch* **schlechtmachen**

schlechterdings ADV simply

Schlecht- zW: **Schlechtheit** F badness; **schlechthin** ADV simply; **der Dramatiker ~** THE playwright

Schlechtigkeit F badness; (*Tat*) bad deed

schlecht|machen VT to run down, to denigrate

schlecken [ˈʃlɛkən] VT, VI to lick

Schlegel [ˈʃleːgəl] (**-s, -**) M (*Koch*) leg; *siehe auch* **Schlägel**

schleichen [ˈʃlaɪçən] *unreg* VI to creep, to crawl

schleichend ADJ creeping; (*Krankheit, Gift*) insidious

Schleichweg M: **auf Schleichwegen** (*fig*) on the quiet

Schleichwerbung F: **eine ~** a plug

Schleie [ˈʃlaɪə] (**-, -n**) F tench

Schleier [ˈʃlaɪər] (**-s, -**) M veil; **Schleiereule** F barn owl; **schleierhaft** (*umg*) ADJ: **jdm ~ sein** to be a mystery to sb

Schleife [ˈʃlaɪfə] (**-, -n**) F (*auch Comput*) loop; (*Band*) bow; (*Kranzschleife*) ribbon

schleifen[1] VT (*ziehen, schleppen*) to drag; (*Mil: Festung*) to raze ▸ VI to drag; **die Kupplung ~ lassen** (*Aut*) to slip the clutch

schleifen[2] *unreg* VT (*schärfen*) to grind; (*Edelstein*) to cut; (*Mil: Soldaten*) to drill

Schleifmaschine F sander; (*in Fabrik*) grinding machine

Schleifstein M grindstone

Schleim [ʃlaɪm] (**-(e)s, -e**) M slime; (*Med*) mucus; (*Koch*) gruel; **Schleimhaut** F mucous membrane

schleimig ADJ slimy

schlemmen [ˈʃlɛmən] VI to feast

Schlemmer(in) (**-s, -**) M(F) gourmet, bon vivant

Schlemmerei [ʃlɛməˈraɪ] F feasting

schlendern [ˈʃlɛndərn] VI to stroll

Schlendrian [ˈʃlɛndriaːn] (**-(e)s**) M sloppy way of working

Schlenker [ˈʃlɛŋkər] (**-s, -**) M swerve

schlenkern VT, VI to swing, to dangle

Schleppe [ˈʃlɛpə] (**-, -n**) F train

schleppen VT to drag; (*Auto, Schiff*) to tow; (*tragen*) to lug

schleppend ADJ dragging; (*Bedienung, Abfertigung*) sluggish, slow

Schlepper (**-s, -**) M tractor; (*Schiff*) tug

Schleppkahn M (canal) barge

Schlepptau NT towrope; **jdn ins ~ nehmen** (*fig*) to take sb in tow

Schlesien [ˈʃleːziən] (**-s**) NT Silesia

Schlesier(in) (**-s, -**) M(F) Silesian

schlesisch ADJ Silesian

Schleswig-Holstein [ˈʃleːsvɪçˈhɔlʃtaɪn] (**-s**) NT Schleswig-Holstein

Schleuder [ˈʃlɔʏdər] (**-, -n**) F catapult; (*Wäscheschleuder*) spin-dryer; (*Zentrifuge*) centrifuge; **Schleuderhonig** M extracted honey

schleudern VT to hurl; (*Wäsche*) to spin-dry ▸ VI (*Aut*) to skid; **ins S~ kommen** (*Aut*) to go into a skid; (*fig: umg*) to run into trouble

Schleuder- zW: **Schleuderpreis** M give-away price; **Schleudersitz** M (*Aviat*) ejector seat; (*fig*) hot seat; **Schleuderware** F cut-price (BRIT) *od* cut-rate (*US*) goods *pl*

schleunig [ˈʃlɔʏnɪç] ADJ prompt, speedy; (*Schritte*) quick

schleunigst ADV straight away

Schleuse [ˈʃlɔʏzə] (**-, -n**) F lock; (*Schleusentor*) sluice

schleusen VT (*Schiffe*) to pass through a lock, to lock; (*Wasser*) to channel; (*Menschen*) to filter; (*fig: heimlich*) to smuggle

schlich *etc* [ʃlɪç] VB *siehe* **schleichen**

Schlich (**-(e)s, -e**) M dodge, trick; **jdm auf die Schliche kommen** to get wise to sb

schlicht [ʃlɪçt] ADJ simple, plain

schlichten VT to smooth; (*beilegen*) to settle; (*Streit: vermitteln*) to mediate, to arbitrate

Schlichter(in) (**-s, -**) M(F) mediator, arbitrator

Schlichtheit F simplicity, plainness

Schlichtung F settlement; (*Vermittlung*) arbitration

Schlick [ʃlɪk] (**-(e)s, -e**) M mud; (*Ölschlick*) slick

schlief *etc* [ʃliːf] VB *siehe* **schlafen**

Schließe [ˈʃliːsə] (**-, -n**) F fastener

schließen [ˈʃliːsən] *unreg* VT to close, to shut; (*beenden*) to close; (*Freundschaft, Bündnis, Ehe*) to enter into; (*Comput: Datei*) to close; (*folgern*): **~ (aus)** to infer (from) ▸ VI, VR to close, to shut; **auf etw** *akk* **~ lassen** to suggest sth; **jdn/etw in sein Herz ~** to take sb/sth to one's heart; **etw in sich ~** to include sth; **„geschlossen"** "closed"

Schließfach NT locker

schließlich ADV finally; (*schließlich doch*) after all

schliff *etc* [ʃlɪf] VB *siehe* **schleifen**[2]

Schliff (**-(e)s, -e**) M cut(ting); (*fig*) polish; **einer Sache den letzten ~ geben** (*fig*) to put the finishing touch(es) to sth

★**schlimm** [ʃlɪm] ADJ bad; **das war ~** that was terrible; **das ist halb so ~!** that's not so bad!; **schlimmer** ADJ worse; **schlimmste(r, s)** ADJ worst

schlimmstenfalls ADV at (the) worst

Schlinge [ˈʃlɪŋə] (**-, -n**) F loop; (*an Galgen*) noose; (*Falle*) snare; (*Med*) sling

Schlingel (**-s, -**) M rascal

schlingen *unreg* VT to wind ▸ VI (*essen*) to bolt one's food, to gobble

schlingern VI to roll

Schlingpflanze F creeper

Schlips [ʃlɪps] (**-es, -e**) M tie, necktie (*US*); **sich auf den ~ getreten fühlen** (*fig: umg*) to feel offended

Schlitten [ˈʃlɪtən] (**-s, -**) M sledge, sled; (*Pferdeschlitten*) sleigh; **mit jdm ~ fahren** (*umg*) to give sb a rough time; **Schlittenbahn** F toboggan run; **Schlittenfahren** (**-s**) NT tobogganing

schlittern [ˈʃlɪtərn] VI to slide; (*Wagen*) to skid

Schlittschuh [ˈʃlɪtʃuː] M skate; **~ laufen** to skate; **Schlittschuhbahn** F skating rink; **Schlittschuhläufer** M skater

Schlitz [ʃlɪts] (**-es, -e**) M slit; (*für Münze*) slot; (*Hosenschlitz*) flies *pl*; **schlitzäugig** ADJ slant-eyed; **schlitzen** VT to slit; **Schlitzohr** NT (*fig*) sly fox

schlohweiß [ʃloːˈvaɪs] ADJ snow-white

schloss [ʃlɔs] VB *siehe* **schließen**

Schloss (**-es, -Schlösser**) NT lock, padlock; (*an Schmuck etc*) clasp; (*Bau*) castle; (*Palast*) palace; **ins ~ fallen** to lock (itself)

Schlosser [ˈʃlɔsər] (**-s, -**) M (*Autoschlosser*) fitter; (*für Schlüssel etc*) locksmith

Schlosserei [slɔsəˈraɪ] F metal(working) shop

Schlosshund M: **heulen wie ein ~** to howl one's head off

Schlot [ʃloːt] (**-(e)s, -e**) M chimney; (*Naut*) funnel

schlottern [ˈʃlɔtərn] VI to shake; (*vor Angst*) to tremble; (*Kleidung*) to be baggy

Schlucht [ʃlʊxt] (**-, -en**) F gorge, ravine

schluchzen [ˈʃlʊxtsən] VI to sob

Schluck [ʃlʊk] (**-(e)s, -e**) M swallow; (*größer*) gulp; (*kleiner*) sip; (*ein bisschen*) drop

Schluckauf (**-s**) M hiccups *pl*

schlucken VT to swallow; (*umg: Alkohol, Benzin*) to guzzle; (*: verschlingen*) to swallow up ▶ VI to swallow

Schlucker (**-s, -**) (*umg*) M: **armer ~** poor devil

Schluckimpfung F oral vaccination

schluderig [ˈʃluːdərɪç], **schludrig** [ˈʃluːdrɪç] (*umg*) ADJ slipshod

schludern [ˈʃluːdərn] (*umg*) VI to do slipshod work

schlug *etc* [ʃluːk] VB *siehe* **schlagen**

Schlummer [ˈʃlʊmər] (**-s**) M slumber

schlummern VI to slumber

Schlund [ʃlʊnt] (**-(e)s, Schlünde**) M gullet; (*fig*) jaw

schlüpfen [ˈʃlʏpfən] VI to slip; (*Vogel etc*) to hatch (out)

Schlüpfer [ˈʃlʏpfər] (**-s, -**) M panties *pl*, knickers *pl*

Schlupfloch [ˈʃlʊpflɔx] NT hole; (*Versteck*) hide-out; (*fig*) loophole

schlüpfrig [ˈʃlʏpfrɪç] ADJ slippery; (*fig*) lewd; **Schlüpfrigkeit** F slipperiness; (*fig*) lewdness

Schlupfwinkel M hiding place; (*fig*) quiet corner

schlurfen [ˈʃlʊrfən] VI to shuffle

schlürfen [ˈʃlʏrfən] VT, VI to slurp

★**Schluss** [ʃlʊs] (**-es, -Schlüsse**) M end; (*Schlussfolgerung*) conclusion; **am ~** at the end; **~ für heute!** that'll do for today; **~ jetzt!** that's enough now!; **~ machen mit** to finish with

Schlüssel [ˈʃlʏsəl] (**-s, -**) M (*lit, fig*) key; (*Schraubschlüssel*) spanner, wrench; (*Mus*) clef; **Schlüsselbein** NT collarbone; **Schlüsselblume** F cowslip, primrose; **Schlüsselbund** M bunch of keys; **Schlüsselerlebnis** NT (*Psych*) crucial experience; **Schlüsselkind** NT latchkey child; **Schlüsselloch** NT keyhole; **Schlüsselposition** F key position; **Schlüsselwort** NT safe combination; (*Comput*) keyword

Schlussfolgerung F conclusion, inference

Schlussformel F (*in Brief*) closing formula; (*bei Vertrag*) final clause

schlüssig [ˈʃlʏsɪç] ADJ conclusive; **sich** *dat* **(über etw** *akk***) ~ sein** to have made up one's mind (about sth)

Schluss- ZW: **Schlusslicht** NT rear light (*BRIT*), taillight (*US*); (*fig*) tail ender; **Schlussstrich** M (*fig*) final stroke; **einen ~ unter etw** *akk* **ziehen** to consider sth finished; ★**Schlussverkauf** M clearance sale; **Schlusswort** NT concluding words *pl*

Schmach [ʃmaːx] (**-**) F disgrace, ignominy

schmachten [ˈʃmaxtən] VI to languish; **nach jdm ~** to pine for sb

schmächtig [ˈʃmɛçtɪç] ADJ slight

schmachvoll ADJ ignominious, humiliating

schmackhaft [ˈʃmakhaft] ADJ tasty; **jdm etw ~ machen** (*fig*) to make sth palatable to sb

schmähen [ˈʃmɛːən] VT to abuse, to revile

schmählich ADJ ignominious, shameful

Schmähung F abuse

★**schmal** [ʃmaːl] ADJ narrow; (*Person, Buch etc*) slender, slim; (*karg*) meagre (*BRIT*), meager (*US*); **schmalbrüstig** ADJ narrow-chested

schmälern [ˈʃmɛːlərn] VT to diminish; (*fig*) to belittle

Schmalfilm M cine (*BRIT*) *od* movie (*US*) film

Schmalspur F narrow gauge

Schmalspur- (*pej*) IN ZW small-time

Schmalz [ʃmalts] (**-es, -e**) NT dripping; (*Schweineschmalz*) lard; (*fig*) sentiment, schmaltz

schmalzig ADJ (*fig*) schmaltzy, slushy

schmarotzen [ʃmaˈrɔtsən] VI (*Biol*) to be parasitic; (*fig*) to sponge

Schmarotzer (**-s, -**) M (*auch fig*) parasite

Schmarren [ˈʃmarən] (**-s, -**) M (*ÖSTERR*) small pieces of pancake; (*fig*) rubbish, tripe

schmatzen [ˈʃmatsən] VI to eat noisily

Schmaus [ʃmaʊs] (**-es, Schmäuse**) M feast; **schmausen** VI to feast

★**schmecken** [ˈʃmɛkən] VT, VI to taste; **es schmeckt ihm** he likes it; **schmeckt es Ihnen?** is it good?, are you enjoying your food *od* meal?; **das schmeckt nach mehr!** (*umg*) it's very moreish (*hum*); **es sich ~ lassen** to tuck in

Schmeichelei [ʃmaɪçəˈlaɪ] F flattery

S

schmeichelhaft [ˈʃmaɪçəlhaft] ADJ flattering
schmeicheln VI: **jdm ~** to flatter sb
Schmeichler(in) (**-s, -**) M(F) flatterer
schmeißen [ˈʃmaɪsən] *unreg* (*umg*) VT to throw, to chuck; (*spendieren*): **eine Runde** *od* **Lage ~** to stand a round
Schmeißfliege F bluebottle
Schmelz [ʃmɛlts] (**-es, -e**) M enamel; (*Glasur*) glaze; (*von Stimme*) melodiousness; **schmelzbar** ADJ fusible
schmelzen *unreg* VT to melt; (*Erz*) to smelt ▶ VI to melt
Schmelz- zW: **Schmelzhütte** F smelting works *pl*; **Schmelzkäse** M cheese spread; (*in Scheiben*) processed cheese; **Schmelzofen** M melting furnace; (*für Erze*) smelting furnace; **Schmelzpunkt** M melting point; **Schmelztiegel** M (*lit, fig*) melting pot; **Schmelzwasser** NT melted snow
Schmerbauch [ˈʃme:rbaʊx] (*umg*) M paunch, potbelly
Schmerz [ʃmɛrts] (**-es, -en**) M pain; (*Trauer*) grief *no pl*; **Schmerzen haben** to be in pain; **schmerzempfindlich** ADJ sensitive to pain
★**schmerzen** VT, VI to hurt
Schmerzensgeld NT compensation
Schmerz- zW: **schmerzhaft** ADJ painful; **schmerzlich** ADJ painful; **schmerzlindernd** ADJ pain-relieving; **schmerzlos** ADJ painless; **Schmerzmittel** NT painkiller, analgesic; **schmerzstillend** ADJ pain-killing, analgesic; **Schmerztablette** F pain-killing tablet
Schmetterling [ˈʃmɛtərlɪŋ] M butterfly
Schmetterlingsstil M (*Schwimmen*) butterfly stroke
schmettern [ˈʃmɛtərn] VT to smash; (*Melodie*) to sing loudly, to bellow out ▶ VI to smash (*Sport*); (*Trompete*) to blare
Schmied [ʃmi:t] (**-(e)s, -e**) M blacksmith
Schmiede [ˈʃmi:də] (**-, -n**) F smithy, forge; **Schmiedeeisen** NT wrought iron
schmieden VT to forge; (*Pläne*) to devise, to concoct
schmiegen [ˈʃmi:gən] VT to press, to nestle ▶ VR: **sich ~ an** *+akk* to cuddle up to, to nestle up to
schmiegsam [ˈʃmi:kza:m] ADJ flexible, pliable
Schmiere [ˈʃmi:rə] F grease; (*Theat*) greasepaint, make-up; (*pej: schlechtes Theater*) fleapit; **~ stehen** (*umg*) to be the look-out
schmieren VT to smear; (*ölen*) to lubricate, to grease; (*bestechen*) to bribe ▶ VI (*schreiben*) to scrawl; **es läuft wie geschmiert** it's going like clockwork; **jdm eine ~** (*umg*) to clout sb one
Schmierenkomödiant (*pej*) M ham (actor)
Schmier- zW: **Schmierfett** NT grease; **Schmierfink** M messy person; **Schmiergeld** NT bribe; **Schmierheft** NT jotter
schmierig ADJ greasy
Schmiermittel NT lubricant
Schmierseife F soft soap
schmilzt [ʃmɪltst] VB *siehe* **schmelzen**
★**Schminke** [ˈʃmɪŋkə] (**-, -n**) F make-up
★**schminken** VT, VR to make up
schmirgeln [ˈʃmɪrgəln] VT to sand (down)
Schmirgelpapier (**-s**) NT emery paper
schmiss *etc* [ʃmɪs] VB *siehe* **schmeißen**
Schmiss (**-es, -e**) M (*Narbe*) duelling (BRIT) *od* dueling (US) scar; (*veraltet: Schwung*) dash, élan
Schmöker [ˈʃmø:kər] (**-s, -**) (*umg*) M (trashy) old book
schmökern VI to bury o.s. in a book; (*umg*) to browse
schmollen [ˈʃmɔlən] VI to pout; (*gekränkt*) to sulk
schmollend ADJ sulky
Schmollmund M pout
schmolz *etc* [ʃmɔlts] VB *siehe* **schmelzen**
Schmorbraten M stewed *od* braised meat
schmoren [ˈʃmo:rən] VT to braise
Schmu [ʃmu:] (**-s**) (*umg*) M cheating
★**Schmuck** [ʃmʊk] (**-(e)s, -e**) M jewellery (BRIT), jewelry (US); (*Verzierung*) decoration
schmücken [ˈʃmʏkən] VT to decorate
Schmuck- zW: **schmucklos** ADJ unadorned, plain; **Schmucklosigkeit** F simplicity; **Schmucksachen** PL jewels *pl*, jewellery *sing* (BRIT), jewelry *sing* (US); **Schmuckstück** NT (*Ring etc*) piece of jewellery (BRIT) *od* jewelry (US); (*fig: Prachtstück*) gem
schmuddelig [ˈʃmʊdəlɪç], **schmuddlig** [ˈʃmʊdlɪç] ADJ messy; (*schmutzig*) dirty; (*schmierig, unsauber*) filthy
Schmuggel [ˈʃmʊgəl] (**-s**) M smuggling
schmuggeln VT, VI to smuggle
Schmuggelware F contraband
Schmuggler(in) (**-s, -**) M(F) smuggler
schmunzeln [ˈʃmʊntsəln] VI to smile benignly
schmusen [ˈʃmu:zən] (*umg*) VI (*zärtlich sein*) to cuddle; **mit jdm ~** to cuddle sb
Schmutz [ʃmʊts] (**-es**) M dirt; (*fig*) filth; **schmutzen** VI to get dirty; **Schmutzfink** M filthy creature; **Schmutzfleck** M stain
★**schmutzig** ADJ dirty; **schmutzige Wäsche waschen** (*fig*) to wash one's dirty linen in public
Schnabel [ˈʃna:bəl] (**-s, Schnäbel**) M beak, bill; (*Ausguss*) spout; (*umg: Mund*) mouth; **reden, wie einem der ~ gewachsen ist** to say exactly what comes into one's head; (*unaffektiert*) to talk naturally
schnacken [ˈʃnakən] (NORDD *umg*) VI to chat
Schnake [ˈʃna:kə] (**-, -n**) F crane fly; (*Stechmücke*) gnat
Schnalle [ˈʃnalə] (**-, -n**) F buckle; (*an Handtasche, Buch*) clasp
schnallen VT to buckle
schnalzen [ˈʃnaltsən] VI to snap; (*mit Zunge*) to click
Schnäppchen [ˈʃnɛpçən] (*umg*) NT bargain, snip

schnappen [ˈʃnapən] VT to grab, to catch; (*umg: ergreifen*) to snatch ▶ VI to snap

Schnappschloss NT spring lock

Schnappschuss M (*Phot*) snapshot

Schnaps [ʃnaps] **(-es, Schnäpse)** M schnapps; (*umg: Branntwein*) spirits *pl*; **Schnapsidee** (*umg*) F crackpot idea; **Schnapsleiche** (*umg*) F drunk

schnarchen [ˈʃnarçən] VI to snore

schnattern [ˈʃnatərn] VI to chatter; (*zittern*) to shiver

schnauben [ˈʃnaʊbən] VI to snort ▶ VR to blow one's nose

schnaufen [ˈʃnaʊfən] VI to puff, to pant

Schnaufer (-s, -) (*umg*) M breath

Schnauzbart [ˈʃnaʊtsbaːrt] M moustache (BRIT), mustache (US)

Schnauze (-, -n) F snout, muzzle; (*Ausguss*) spout; (*umg*) gob; **auf die ~ fallen** (*fig*) to come a cropper (*umg*); **etw frei nach ~ machen** to do sth any old how

schnäuzen [ˈʃnɔʏtsn] VR to blow one's nose

Schnecke [ˈʃnɛkə] **(-, -n)** F snail; (*Nacktschnecke*) slug; (*Koch: Gebäck*) ≈ Chelsea bun; **jdn zur ~ machen** (*umg*) to give sb a real bawling out

Schneckenhaus NT snail's shell

Schneckentempo (*umg*) NT: **im ~** at a snail's pace

Schnee [ʃneː] **(-s)** M snow; (*Eischnee*) beaten egg white; **~ von gestern** old hat; **Schneeball** M snowball; **Schneebesen** M (*Koch*) whisk; **Schneefall** M snowfall; **Schneeflocke** F snowflake; **Schneegestöber** NT snowstorm; **Schneeglöckchen** NT snowdrop; **Schneegrenze** F snowline; **Schneekette** F (*Aut*) snow chain; **Schneekönig** M: **sich freuen wie ein ~** to be as pleased as Punch; **Schneemann** M snowman; **Schneepflug** M snowplough (BRIT), snowplow (US); **Schneeregen** M sleet; **Schneeschmelze** F thaw; **Schneetreiben** NT driving snow; **Schneewehe** F snowdrift; **Schneewittchen** NT Snow White

Schneid [ʃnaɪt] **(-(e)s)** (*umg*) M pluck

Schneidbrenner (-s, -) M (*Tech*) oxyacetylene cutter

Schneide [ˈʃnaɪdə] **(-, -n)** F edge; (*Klinge*) blade

schneiden *unreg* VT to cut; (*Film, Tonband*) to edit; (*kreuzen*) to cross, to intersect ▶ VR to cut o.s.; (*umg: sich täuschen*): **da hat er sich aber geschnitten!** he's very much mistaken; **die Luft ist zum S~** (*fig: umg*) the air is very bad

schneidend ADJ cutting

Schneider (-s, -) M tailor; **frieren wie ein ~** (*umg*) to be frozen to the marrow; **aus dem ~ sein** (*fig*) to be out of the woods

Schneiderei [ʃnaɪdəˈraɪ] F tailor's shop; (*einer Schneiderin*) dressmaker's shop

Schneiderin F dressmaker

schneidern VT to make ▶ VI to be a tailor

Schneidersitz (-es) M: **im ~ sitzen** to sit cross-legged

Schneidezahn M incisor

schneidig ADJ dashing; (*mutig*) plucky

★**schneien** [ˈʃnaɪən] VI to snow; **jdm ins Haus ~** (*umg: Besuch*) to drop in on sb; (*: Rechnung, Brief*) to come in the post (BRIT) *od* mail (US)

Schneise [ˈʃnaɪzə] **(-, -n)** F (*Waldschneise*) clearing

★**schnell** [ʃnɛl] ADJ quick, fast ▶ ADV quick(ly), fast; **das ging ~** that was quick; **mach ~!** hurry up; **Schnellboot** NT speedboat

Schnelle (-) F: **etw auf die ~ machen** to do sth in a rush

schnellen VI to shoot

Schnellgericht NT (*Jur*) summary court; (*Koch*) convenience food

Schnellhefter M loose-leaf binder

Schnelligkeit F speed

Schnell- ZW: ★**Schnellimbiss** M (*Essen*) (quick) snack; (*Raum*) snack bar; **Schnellkochtopf** M (*Dampfkochtopf*) pressure cooker; **Schnellreinigung** F express cleaner's

schnellstens ADV as quickly as possible

Schnellstraße F expressway

★**Schnellzug** M fast *od* express train

schneuzen [ˈʃnɔʏtsən] VR *siehe* **schnäuzen**

Schnickschnack [ˈʃnɪkʃnak] **(-(e)s)** (*umg*) M twaddle

Schnippchen [ˈʃnɪpçən] NT: **jdm ein ~ schlagen** to play a trick on sb

schnippeln [ˈʃnɪpəln] (*umg*) VT to snip; (*mit Messer*) to hack ▶ VI: **~ an** *+dat* to snip at; (*mit Messer*) to hack at

schnippen [ˈʃnɪpən] VI: **mit den Fingern ~** to snap one's fingers

schnippisch [ˈʃnɪpɪʃ] ADJ sharp-tongued

Schnipsel [ˈʃnɪpsəl] **(-s, -)** (*umg*) M OD NT scrap; (*Papierschnipsel*) scrap of paper

schnitt *etc* [ʃnɪt] VB *siehe* **schneiden**

Schnitt (-(e)s, -e) M cut(ting); (*Schnittpunkt*) intersection; (*Querschnitt*) (cross) section; (*Durchschnitt*) average; (*Schnittmuster*) pattern; (*Ernte*) crop; (*an Buch*) edge; (*umg: Gewinn*) profit; **Schnitt: L. Schwarz** (*Film*) Editor: L. Schwarz; **im ~** on average

Schnitt- ZW: **Schnittblumen** PL cut flowers *pl*; **Schnittbohnen** PL French *od* green beans *pl*

Schnitte (-, -n) F slice; (*belegt*) sandwich

schnittfest ADJ (*Tomaten*) firm

Schnittfläche F section

schnittig [ˈʃnɪtɪç] ADJ smart; (*Auto, Formen*) stylish

Schnitt- ZW: **Schnittlauch** M chive; **Schnittmuster** NT pattern; **Schnittpunkt** M (point of) intersection; **Schnittstelle** F (*Comput*) interface; **Schnittwunde** F cut

Schnitzarbeit F wood carving

★**Schnitzel (-s, -)** NT scrap; (*Koch*) escalope; **Schnitzeljagd** F paperchase

schnitzen [ˈʃnɪtsən] VT to carve

Schnitzer (-s, -) M carver; (*umg*) blunder

Schnitzerei [ʃnɪtsəˈraɪ] F wood carving

S

schnodderig [ˈʃnɔdərɪç] (*umg*) ADJ snotty
schnöde [ˈʃnøːdə] ADJ base, mean
Schnorchel [ˈʃnɔrçəl] (**-s, -**) M snorkel
schnorcheln VI to go snorkelling
Schnörkel [ˈʃnœrkəl] (**-s, -**) M flourish; (*Archit*) scroll
schnorren [ˈʃnɔrən] VT, VI to cadge (BRIT)
Schnorrer (**-s, -**) (*umg*) M cadger (BRIT)
Schnösel [ˈʃnøːzəl] (**-s, -**) (*umg*) M snotty(-nosed) little upstart
schnuckelig [ˈʃnʊkəlɪç] (*umg*) ADJ (*gemütlich*) snug, cosy; (*Person*) sweet
schnüffeln [ˈʃnʏfəln] VI to sniff; (*fig: umg: spionieren*) to snoop around; **Schnüffeln** NT (*von Klebstoff etc*) glue-sniffing *etc*
Schnüffler(in) (**-s, -**) M(F) snooper
Schnuller [ˈʃnʊlər] (**-s, -**) M dummy (BRIT), pacifier (*US*)
Schnulze [ˈʃnʊltsə] (**-, -n**) (*umg*) F schmaltzy film/book/song
Schnupfen [ˈʃnʊpfən] (**-s, -**) M cold
Schnupftabak M snuff
schnuppe [ˈʃnʊpə] (*umg*) ADJ: **jdm ~ sein** to be all the same to sb
schnuppern [ˈʃnʊpərn] VI to sniff
Schnur [ʃnuːr] (**-, Schnüre**) F string; (*Kordel*) cord; (*Elek*) flex
Schnürchen [ˈʃnyːrçən] NT: **es läuft** *od* **klappt (alles) wie am ~** everything's going like clockwork
schnüren [ˈʃnyːrən] VT to tie
schnurgerade ADJ straight (as a die *od* an arrow)
schnurlos ADJ (*Telefon*) cordless
★**Schnurrbart** [ˈʃnʊrbaːrt] M moustache (BRIT), mustache (*US*)
schnurren [ˈʃnʊrən] VI to purr; (*Kreisel*) to hum
Schnürschuh M lace-up (shoe)
Schnürsenkel M shoelace
schnurstracks ADV straight (away); **~ auf jdn/etw zugehen** to make a beeline for sb/sth (*umg*)
schob *etc* [ʃoːp] VB *siehe* **schieben**
★**Schock** [ʃɔk] (**-(e)s, -e**) M shock; **unter ~ stehen** to be in (a state of) shock
schocken (*umg*) VT to shock
Schocker (**-s, -**) (*umg*) M shocking film/novel, shocker
schockieren VT to shock, to outrage
Schöffe [ˈʃœfə] (**-n, -n**) M lay magistrate
Schöffengericht NT magistrates' court
Schöffin F lay magistrate
Schokokuss M *chocolate-covered marshmallow*
★**Schokolade** [ʃokoˈlaːdə] (**-, -n**) F chocolate
Schokoriegel M chocolate bar
scholl *etc* [ʃɔl] VB *siehe* **schallen**
Scholle [ˈʃɔlə] (**-, -n**) F clod; (*Eisscholle*) ice floe; (*Fisch*) plaice
Scholli [ˈʃɔlɪ] (*umg*) M: **mein lieber ~!** (*drohend*) now look here!

schon [ʃoːn]

ADV **1** (*bereits*) already; **er ist schon da** he's there/here already, he's already there/here; **ist er schon da?** is he there/here yet?; **warst du schon einmal dort?** have you ever been there?; **ich war schon einmal dort** I've been there before; **das war schon immer so** that has always been the case; **schon oft** often; **hast du schon gehört?** have you heard?; **schon 1920** as early as 1920; **schon vor 100 Jahren** as far back as 100 years ago; **er wollte schon die Hoffnung aufgeben, als ...** he was just about to give up hope when ...; **wartest du schon lange?** have you been waiting (for) long?; **wie schon so oft** as so often (before); **was, schon wieder?** what – again?
2 (*bestimmt*) all right; **du wirst schon sehen** you'll see (all right); **das wird schon noch gut gehen** that should turn out OK (in the end)
3 (*bloß*) just; **allein schon das Gefühl ...** just the very feeling ...; **schon der Gedanke** the mere *od* very thought; **wenn ich das schon höre** I only have to hear that
4 (*einschränkend*): **ja schon, aber ...** yes (well), but ...
5: **das ist schon möglich** that's quite possible; **schon gut** OK; **du weißt schon** you know; **komm schon** come on; **hör schon auf damit!** will you stop that!; **was macht das schon, wenn ...?** what does it matter if ...?; **und wenn schon!** (*umg*) so what?

schön [ʃøːn] ADJ beautiful; (*Mann*) handsome; (*nett*) nice ▶ ADV: **sich ganz ~ ärgern** to be very angry; **da hast du etwas Schönes angerichtet** you've made a fine *od* nice mess; **sich ~ machen** to make o.s. look nice; **schöne Grüße** best wishes; **schönen Dank** (many) thanks; **~ weich/warm** nice and soft/warm
schonen [ˈʃoːnən] VT to look after; (*jds Nerven*) to spare; (*Gegner, Kind*) to be easy on; (*Teppich, Füße*) to save ▶ VR to take it easy
schonend ADJ careful, gentle; **jdm etw ~ beibringen** to break sth to sb gently
Schoner [ˈʃoːnər] (**-s, -**) M (*Naut*) schooner; (*Sesselschoner*) cover
Schönfärberei F (*fig*) glossing things over
Schonfrist F period of grace
Schöngeist M cultured person, aesthete (BRIT), esthete (*US*)
Schönheit F beauty
Schönheits- ZW: **Schönheitsfehler** M blemish, flaw; **Schönheitsoperation** F cosmetic surgery; **Schönheitswettbewerb** M beauty contest
Schonkost (**-**) F light diet
Schönschrift F: **in ~** in one's best (hand)writing
schön|tun *unreg* VI: **jdm ~** (*schmeicheln*) to flatter *od* soft-soap sb, to play up to sb
Schonung F good care; (*Nachsicht*) consideration; (*Forst*) plantation of young trees

schonungslos ADJ ruthless, harsh
Schonzeit F close season
Schopf [ʃɔpf] (**-(e)s, Schöpfe**) M: **eine Gelegenheit beim ~ ergreifen** *od* **fassen** to seize *od* grasp an opportunity with both hands
schöpfen [ˈʃœpfən] VT to scoop; (*Suppe*) to ladle; (*Mut*) to summon up; (*Luft*) to breathe in; (*Hoffnung*) to find
Schöpfer (**-s, -**) M creator; (*Gott*) Creator; (*umg: Schöpfkelle*) ladle; **schöpferisch** ADJ creative
Schöpfkelle F ladle
Schöpflöffel M skimmer, scoop
Schöpfung F creation
Schoppen [ˈʃɔpən] (**-s, -**) M (*Glas Wein*) glass of wine; **Schoppenwein** M wine by the glass
schor *etc* [ʃoːr] VB *siehe* **scheren**
Schorf [ʃɔrf] (**-(e)s, -e**) M scab
Schorle [ˈʃɔrlə] (**-, -n**) F spritzer, *wine and soda water or lemonade*
Schornstein [ˈʃɔrnʃtaɪn] M chimney; (*Naut*) funnel; **Schornsteinfeger** (**-s, -**) M chimney sweep
Schose [ˈʃoːzə] (**-, -n**) F = **Chose**
schoss [ʃɔs] VB *siehe* **schießen**
Schoß (**-es, -Schöße**) M lap; (*Rockschoß*) coat tail; **im Schoße der Familie** in the bosom of one's family
Schoßhund M lapdog
Schössling [ˈʃœslɪŋ] M (*Bot*) shoot
Schote [ˈʃoːtə] (**-, -n**) F pod
Schotte [ˈʃɔtə] (**-n, -n**) M Scot, Scotsman
Schottenrock [ˈʃɔtənrɔk] M kilt; (*für Frauen*) tartan skirt
Schotter [ˈʃɔtər] (**-s**) M gravel; (*im Straßenbau*) road metal; (*Eisenb*) ballast
Schottin [ˈʃɔtɪn] F Scot, Scotswoman
schottisch [ˈʃɔtɪʃ] ADJ Scottish, Scots; **das schottische Hochland** the Scottish Highlands *pl*
Schottland (**-s**) NT Scotland
schraffieren [ʃraˈfiːrən] VT to hatch
schräg [ʃrɛːk] ADJ slanting; (*schief, geneigt*) sloping; (*nicht gerade od parallel*) oblique ▸ ADV: **~ gedruckt** in italics; **etw ~ stellen** to put sth at an angle; **~ gegenüber** diagonally opposite
Schräge [ˈʃrɛːgə] (**-, -n**) F slant
Schräg- ZW: **Schrägkante** F bevelled (BRIT) *od* beveled (*US*) edge; **Schrägschrift** F italics *pl*; **Schrägstreifen** M bias binding; **Schrägstrich** M oblique stroke
Schramme [ˈʃramə] (**-, -n**) F scratch
schrammen VT to scratch
Schrank [ʃraŋk] (**-(e)s, Schränke**) M cupboard (BRIT), closet (*US*); (*Kleiderschrank*) wardrobe
Schranke (**-, -n**) F barrier; (*fig: Grenze*) limit; (*: Hindernis*) barrier; **jdn in seine Schranken (ver)weisen** (*fig*) to put sb in his place
schrankenlos ADJ boundless; (*zügellos*) unrestrained
Schrankenwärter M (*Eisenb*) level-crossing (BRIT) *od* grade-crossing (*US*) attendant
Schrankkoffer M wardrobe trunk
Schrankwand F wall unit
Schraube [ˈʃraʊbə] (**-, -n**) F screw
schrauben VT to screw; **etw in die Höhe ~** (*fig: Preise, Rekorde*) to push sth up; (*: Ansprüche*) to raise sth
Schrauben- ZW: **Schraubendreher** (**-s, -**) M screwdriver; **Schraubenschlüssel** M spanner (BRIT), wrench (*US*); **Schraubenzieher** (**-s, -**) M screwdriver
Schraubstock [ˈʃraʊpʃtɔk] M (*Tech*) vice (BRIT), vise (*US*)
Schraubverschluss M screw top, screw cap
Schrebergarten [ˈʃreːbərgartən] M allotment (BRIT)
★**Schreck** [ʃrɛk] (**-(e)s, -e**) M fright; **o ~ lass nach!** (*hum: umg*) for goodness' sake!
schrecken VT to frighten, to scare ▸ VI: **aus dem Schlaf ~** to be startled out of one's sleep; **Schrecken** (**-s, -**) M terror; (*Schreck*) fright
schreckensbleich ADJ as white as a sheet *od* ghost
Schreckensherrschaft F (reign of) terror
Schreck- ZW: **Schreckgespenst** NT nightmare; **schreckhaft** ADJ jumpy, easily frightened; **schrecklich** ADJ terrible, dreadful; **~ gerne!** (*umg*) I'd absolutely love to; **Schreckschraube** (*pej, umg*) F (old) battle-axe; **Schreckschuss** M shot fired in the air; **Schrecksekunde** F moment of shock
Schrei [ʃraɪ] (**-(e)s, -e**) M scream; (*Ruf*) shout; **der letzte ~** (*umg*) the latest thing, all the rage
Schreibbedarf M writing materials *pl*, stationery
Schreibblock M writing pad
★**schreiben** [ˈʃraɪbən] *unreg* VT to write; (*mit Schreibmaschine*) to type out; (*berichten: Zeitung etc*) to say; (*buchstabieren*) to spell ▸ VI to write; (*mit Schreibmaschine*) to type; (*in Zeitung etc*) to say; (*buchstabieren*) to spell ▸ VR: **wie schreibt sich das?** how is that spelt?; ★**Schreiben** (**-s, -**) NT letter, communication
Schreiber(in) (**-s, -**) M(F) writer; (*Büroschreiber*) clerk
Schreib- ZW: **schreibfaul** ADJ lazy about writing letters; **Schreibfehler** M spelling mistake; **Schreibkraft** F typist; **Schreibmaschine** F typewriter; **Schreibpapier** NT notepaper; **Schreibschrift** F running handwriting; (*Typ*) script; **Schreibschutz** M (*Comput*) write-protect; **Schreibstube** F orderly room; ★**Schreibtisch** M desk; **Schreibtischtäter** M wire *od* string puller
Schreibung F spelling
Schreib- ZW: **Schreibunterlage** F pad; ★**Schreibwaren** PL stationery *sing*; **Schreibwarengeschäft** NT stationer's (shop) (BRIT), stationery store (*US*); **Schreibweise** F spelling; (*Stil*) style; **schreibwütig** ADJ crazy about writing; **Schreibzentrale** F typing pool; **Schreibzeug** NT writing materials *pl*

★**schreien** [ˈʃraɪən] *unreg* VT, VI to scream; (*rufen*) to shout; **es war zum S~** (*umg*) it was a scream *od* a hoot; **nach etw ~** (*fig*) to cry out for sth

schreiend ADJ (*fig*) glaring; (*: Farbe*) loud

Schreihals (*umg*) M (*Baby*) bawler; (*Unruhestifter*) noisy troublemaker

Schreikrampf M screaming fit

Schreiner [ˈʃraɪnər] (**-s, -**) M joiner; (*Zimmermann*) carpenter; (*Möbelschreiner*) cabinetmaker

Schreinerei [ʃraɪnəˈraɪ] F joiner's workshop

schreiten [ˈʃraɪtən] *unreg* VI to stride

schrie *etc* [ʃriː] VB *siehe* **schreien**

schrieb *etc* [ʃriːp] VB *siehe* **schreiben**

Schrieb (**-(e)s, -e**) (*umg*) M missive (*hum*)

Schrift [ʃrɪft] (**-, -en**) F writing; (*Handschrift*) handwriting; (*Schriftart*) script; (*Typ*) typeface; (*Buch*) work; **Schriftart** F (*Handschrift*) script; (*Typ*) typeface; **Schriftbild** NT script; (*Comput*) typeface; **Schriftdeutsch** NT written German; **Schrifterkennung** F optical character recognition, OCR; **Schriftführer** M secretary; ★ **schriftlich** ADJ written ▶ ADV in writing; **das kann ich Ihnen ~ geben** (*fig: umg*) I can tell you that for free; **Schriftprobe** F (*Handschrift*) specimen of one's handwriting; **Schriftsatz** M (*Typ*) fount (BRIT), font (*US*); **Schriftsetzer** M compositor; **Schriftsprache** F written language

Schriftsteller(in) (**-s, -**) M(F) writer; **schriftstellerisch** ADJ literary

Schrift- ZW: **Schriftstück** NT document; **Schriftverkehr** M correspondence; **Schriftwechsel** M correspondence

schrill [ʃrɪl] ADJ shrill; **schrillen** VI (*Stimme*) to sound shrilly; (*Telefon*) to ring shrilly

schritt *etc* [ʃrɪt] VB *siehe* **schreiten**

Schritt (**-(e)s, -e**) M step; (*Gangart*) walk; (*Tempo*) pace; (*von Hose*) crotch, crutch (BRIT); **auf ~ und Tritt** (*lit, fig*) wherever *od* everywhere one goes; **„~ fahren"** "dead slow"; **mit zehn Schritten Abstand** at a distance of ten paces; **den ersten ~ tun** (*fig*) to make the first move; (*etw beginnen*) to take the first step; **Schritte gegen etw unternehmen** to take steps against sth

Schritt- ZW: **Schrittmacher** M pacemaker; **Schritttempo** NT: **im ~** at a walking pace; **schrittweise** ADV gradually, little by little

schroff [ʃrɔf] ADJ steep; (*zackig*) jagged; (*fig*) brusque; (*ungeduldig*) abrupt

schröpfen [ˈʃrœpfən] VT (*fig*) to fleece

Schrot [ʃroːt] (**-(e)s, -e**) M OD NT (*Blei*) (small) shot; (*Getreide*) coarsely ground grain, groats *pl*; **Schrotflinte** F shotgun

Schrott [ʃrɔt] (**-(e)s, -e**) M scrap metal; (*fig*) rubbish; **ein Auto zu ~ fahren** to write off a car; **Schrotthändler** M scrap merchant; **Schrotthaufen** M scrap heap; **schrottreif** ADJ ready for the scrap heap; **Schrottwert** M scrap value

schrubben [ˈʃrʊbən] VT to scrub

Schrubber (**-s, -**) M scrubbing brush

Schrulle [ˈʃrʊlə] (**-, -n**) F eccentricity, quirk

schrullig ADJ cranky

schrumpfen [ˈʃrʊmpfən] VI (*Hilfsverb sein*) to shrink; (*Apfel*) to shrivel; (*Leber, Niere*) to atrophy

Schub [ʃuːp] (**-(e)s, Schübe**) M (*Stoß*) push, shove; (*Gruppe, Anzahl*) batch; **Schubfach** NT drawer; **Schubkarren** M wheelbarrow; **Schublade** F drawer

Schubs [ʃuːps] (**-es, -e**) (*umg*) M shove, push

schubsen (*umg*) VT, VI to shove, to push

schüchtern [ˈʃʏçtərn] ADJ shy; **Schüchternheit** F shyness

schuf *etc* [ʃuːf] VB *siehe* **schaffen**[1]

Schuft [ʃʊft] (**-(e)s, -e**) M scoundrel

schuften (*umg*) VI to graft, to slave away

★**Schuh** [ʃuː] (**-(e)s, -e**) M shoe; **jdm etw in die Schuhe schieben** (*fig: umg*) to put the blame for sth on sb; **wo drückt der ~?** (*fig*) what's troubling you?; **Schuhband** NT shoelace; **Schuhcreme** F shoe polish; **Schuhgröße** F shoe size; **Schuhlöffel** M shoehorn; **Schuhmacher** M shoemaker; **Schuhwerk** NT footwear

Schukosteckdose® [ˈʃʊkoʃtɛkdoːzə] F safety socket

Schukostecker® M safety plug

Schul- ZW: **Schulaufgaben** PL homework *sing*; **Schulbank** F: **die ~ drücken** (*umg*) to go to school; **Schulbehörde** F education authority; **Schulbesuch** M school attendance; ★ **Schulbuch** NT schoolbook; **Schulbuchverlag** M educational publisher

schuld ADJ: **~ sein (an** *+dat***)** to be to blame (for); **er ist ~** it's his fault

★**Schuld** [ʃʊlt] (**-, -en**) F guilt; (*Fin*) debt; (*Verschulden*) fault; **~ haben (an** *+dat***)** to be to blame (for); **jdm (die) ~ geben, jdm die ~ zuschieben** to blame sb; **ich bin mir keiner ~ bewusst** I'm not aware of having done anything wrong; **~ und Sühne** crime and punishment; **ich stehe tief in seiner ~** (*fig*) I'm deeply indebted to him; **Schulden haben** to be in debt; **Schulden machen** to run up debts; *siehe auch* **zuschulden**

schuldbewusst ADJ (*Mensch*) feeling guilty; (*Miene*) guilty

schulden [ˈʃʊldən] VT to owe

schuldenfrei ADJ free from debt

Schuldgefühl NT feeling of guilt

schuldhaft ADJ (*Jur*) culpable

Schuldienst (**-(e)s**) M (school)teaching

★**schuldig** ADJ guilty; (*gebührend*) due; **an etw** *dat* **~ sein** to be guilty of sth; **jdm etw ~ sein** *od* **bleiben** to owe sb sth; **jdn ~ sprechen** to find sb guilty; **~ geschieden sein** to be the guilty party in a divorce; **Schuldigkeit** F duty

schuldlos ADJ innocent, blameless

Schuldner(in) (**-s, -**) M(F) debtor

Schuld- ZW: **Schuldprinzip** NT (*Jur*) principle of the guilty party; **Schuldschein** M promissory note, IOU; **Schuldspruch** M verdict of guilty

★**Schule** [ˈʃuːlə] (**-, -n**) F school; **auf** *od* **in der ~** at school; **in die ~ kommen/gehen** to start school/go to school; **~ machen** (*fig*) to become the accepted thing

schulen VT to train, to school

Schüler(in) [ˈʃy:lər(ɪn)] (**-s, -**) M(F) pupil; **Schülerausweis** M (school) student card; **Schülerlotse** M *pupil acting as a road-crossing warden*; **Schülervertretung** F school *od* student council

Schul- zW: **Schulferien** PL school holidays *pl* (BRIT) *od* vacation *sing* (US); **Schulfernsehen** NT schools' *od* educational television; ⋆ **schulfrei** ADJ: **die Kinder haben morgen ~** the children don't have to go to school tomorrow; **Schulfreund(in)** M(F) schoolmate; **Schulfunk** M schools' broadcasts *pl*; **Schulgeld** NT school fees *pl*, tuition (US); **Schulheft** NT exercise book; ⋆ **Schulhof** M playground, schoolyard

schulisch [ˈʃu:lɪʃ] ADJ (*Leistungen, Probleme*) at school; (*Angelegenheiten*) school *attrib*

Schul- zW: **Schuljahr** NT school year; **Schuljunge** M schoolboy; **Schulkind** NT schoolchild; **Schulleiter(in)** M(F) headteacher (*bes* BRIT), principal; **Schulmädchen** NT schoolgirl; **Schulmedizin** F orthodox medicine; **Schulpflicht** F compulsory school attendance; **schulpflichtig** ADJ of school age; **Schulreife** F: **die ~ haben** to be ready to go to school; **Schulschiff** NT (*Naut*) training ship; **Schulsprecher(in)** M(F) head boy/girl (BRIT); **Schulstunde** F period, lesson; **Schultasche** F school bag

Schulter [ˈʃʊltər] (**-, -n**) F shoulder; **auf die leichte ~ nehmen** to take lightly; **Schulterblatt** NT shoulder blade

schultern VT to shoulder

Schultüte F *bag of sweets given to children on the first day at school*

Schulung F training; (*Veranstaltung*) training course

Schul- zW: **Schulverweigerer(in)** M(F) school refuser; **Schulweg** M way to school; **Schulwesen** NT educational system; **Schulzeugnis** NT school report

schummeln [ˈʃʊməln] (*umg*) VI: **(bei etw) ~** to cheat (at sth)

schummerig [ˈʃʊmərɪç], **schummrig** [ˈʃʊmrɪç] ADJ (*Beleuchtung*) dim; (*Raum*) dimly-lit

schund [ʃʊnt] VB *siehe* **schinden**

Schund (**-(e)s**) M trash, garbage

Schundroman M trashy novel

Schupo [ˈʃu:po] (**-s, -s**) M ABK (*veraltet*: = *Schutzpolizist*) cop

Schuppe [ˈʃʊpə] (**-, -n**) F scale ▪ **Schuppen** PL (*Haarschuppen*) dandruff

schuppen VT to scale ▸ VR to peel

Schuppen (**-s, -**) M shed; (*umg: übles Lokal*) dive; *siehe auch* **Schuppe**

schuppig [ˈʃʊpɪç] ADJ scaly

Schur [ʃu:r] (**-, -en**) F shearing

Schüreisen NT poker

schüren [ˈʃy:rən] VT to rake; (*fig*) to stir up

schürfen [ˈʃʏrfən] VT, VI to scrape, to scratch; (*Min*) to prospect

Schürfung F abrasion; (*Min*) prospecting

Schürhaken M poker

Schurke [ˈʃʊrkə] (**-n, -n**) M rogue

Schurkenstaat [ˈʃʊrkənʃta:t] M (*Pol*) rogue state

Schurwolle F: **„reine ~"** "pure new wool"

Schurz [ʃʊrts] (**-es, -e**) M apron

Schürze [ˈʃʏrtsə] (**-, -n**) F apron

Schürzenjäger (*umg*) M philanderer, one for the girls

Schuss [ʃʊs] (**-es, -Schüsse**) M shot; (*Fussball*) kick; (*Spritzer: von Wein, Essig etc*) dash; (*Weben*) weft; **(gut) in ~ sein** (*umg*) to be in good shape *od* nick; (*Mensch*) to be in form; **etw in ~ halten** to keep sth in good shape; **weitab vom ~ sein** (*fig: umg*) to be miles from where the action is; **der goldene ~** *a lethal dose of a drug*; **ein ~ in den Ofen** (*umg*) a complete waste of time, a failure; **Schussbereich** M effective range

Schüssel [ˈʃʏsəl] (**-, -n**) F bowl, basin; (*Servierschüssel, umg: Satellitenschüssel*) dish; (*Waschschüssel*) basin

schusselig [ˈʃʊsəlɪç] (*umg*) ADJ (*zerstreut*) scatterbrained, muddle-headed (*umg*)

Schuss- zW: **Schusslinie** F line of fire; **Schussverletzung** F bullet wound; **Schusswaffe** F firearm; **Schusswaffengebrauch** M (*form*) use of firearms; **Schusswechsel** M exchange of shots; **Schussweite** F range (of fire)

Schuster [ˈʃu:stər] (**-s, -**) M cobbler, shoemaker

Schutt [ʃʊt] (**-(e)s**) M rubbish; (*Bauschutt*) rubble; **„~ abladen verboten"** "no tipping"; **Schuttabladeplatz** M refuse dump

Schüttelfrost M shivering

schütteln [ˈʃʏtəln] VT to shake ▸ VR to shake o.s.; **sich vor Kälte ~** to shiver with cold; **sich vor Ekel ~** to shudder with *od* in disgust

schütten [ˈʃʏtən] VT to pour; (*Zucker, Kies etc*) to tip; (*verschütten*) to spill ▸ VI UNPERS to pour (down)

schütter ADJ (*Haare*) sparse, thin

Schutthalde F dump

Schutthaufen M heap of rubble

⋆ **Schutz** [ʃʊts] (**-es**) M protection; (*Unterschlupf*) shelter; **jdn in ~ nehmen** to stand up for sb; **Schutzanzug** M overalls *pl*; **schutzbedürftig** ADJ in need of protection; **Schutzbefohlene(r)** F(M) charge; **Schutzblech** NT mudguard; **Schutzbrief** M (international) travel cover; **Schutzbrille** F goggles *pl*

Schütze [ˈʃʏtsə] (**-n, -n**) M gunman; (*Gewehrschütze*) rifleman; (*Scharfschütze, Sportschütze*) marksman; (*Astrol*) Sagittarius

schützen [ˈʃʏtsən] VT to protect ▸ VR to protect o.s.; **(sich) ~ vor** +*dat od* **gegen** to protect (o.s.) from *od* against; **gesetzlich geschützt** registered; **urheberrechtlich geschützt** protected by copyright; **vor Nässe ~!** keep dry

Schützenfest NT *fair featuring shooting matches*

Schutzengel M guardian angel

Schützen- zW: **Schützengraben** M trench; **Schützenhilfe** F (*fig*) support; **Schützenverein** M shooting club

S

Schutz- ZW: **Schutzgebiet** NT protectorate; (*Naturschutzgebiet*) reserve; **Schutzgebühr** F (token) fee; **Schutzhaft** F protective custody; **Schutzheilige(r)** F(M) patron saint; **Schutzhelm** M safety helmet; **Schutzimpfung** F immunization

Schützling [ˈʃʏtslɪŋ] M protégé; (*bes Kind*) charge

Schutz- ZW: **schutzlos** ADJ defenceless (BRIT), defenseless (US); **Schutzmann** (**-(e)s**, *pl* **-leute** *od* **-männer**) M policeman; **Schutzmarke** F trademark; **Schutzmaßnahme** F precaution; **Schutzpatron** M patron saint; **Schutzschirm** M (*Tech*) protective screen; **Schutzumschlag** M (book) jacket; **Schutzverband** M (*Med*) protective bandage *od* dressing; **Schutzvorrichtung** F safety device

Schw. ABK = **Schwester**

schwabbelig [ˈʃvab(ə)lɪç] (*umg*) ADJ (*Körperteil*) flabby; (*Gelee*) wobbly

Schwabe [ˈʃva:bə] (**-n, -n**) M Swabian

Schwaben (**-s**) NT Swabia

Schwäbin [ˈʃvɛ:bɪn] F Swabian

schwäbisch [ˈʃvɛ:bɪʃ] ADJ Swabian

★**schwach** [ʃvax] ADJ weak, feeble; (*Gedächtnis, Gesundheit*) poor; (*Hoffnung*) faint; **~ werden** to weaken; **das ist ein schwaches Bild** (*umg*) *od* **eine schwache Leistung** (*umg*) that's a poor show; **ein schwacher Trost** cold *od* small comfort; **mach mich nicht ~!** (*umg*) don't say that!; **auf schwachen Beinen** *od* **Füßen stehen** (*fig*) to be on shaky ground; (*Theorie*) to be shaky

Schwäche [ˈʃvɛçə] (**-, -n**) F weakness

schwächeln [ˈʃvlɛçəln] VI (*Person*) to flag; (*Wirtschaft, Währung*) to weaken

schwächen VT to weaken

schwach- ZW: **Schwachheit** F weakness; **Schwachkopf** (*umg*) M dimwit, idiot; **schwachköpfig** ADJ silly, daft (BRIT)

schwächlich ADJ weakly, delicate

Schwächling M weakling

Schwach- ZW: **Schwachsinn** M (*Med*) mental disability; (*umg: Quatsch*) rubbish; (*fig: umg: unsinnige Tat*) idiocy; **schwachsinnig** ADJ mentally disabled; (*Idee*) idiotic; **Schwachstelle** F weak point; **Schwachstrom** M weak current

Schwächung [ˈʃvɛçʊŋ] F weakening

Schwaden [ˈʃva:dən] (**-s, -**) M cloud

schwafeln [ˈʃva:fəln] (*umg*) VI to blather, to drivel; (*in einer Prüfung*) to waffle

★**Schwager** [ˈʃva:gər] (**-s, Schwäger**) M brother-in-law

★**Schwägerin** [ˈʃvɛ:gərɪn] F sister-in-law

Schwalbe [ˈʃvalbə] (**-, -n**) F swallow

Schwall [ʃval] (**-(e)s, -e**) M surge; (*Worte*) flood, torrent

★**schwamm** [ʃvam] VB *siehe* **schwimmen**

Schwamm (**-(e)s, Schwämme**) M sponge; (*Pilz*) fungus; **~ drüber!** (*umg*) (let's) forget it!

schwammig ADJ spongy; (*Gesicht*) puffy; (*vage: Begriff*) woolly (BRIT), wooly (US)

Schwan [ʃva:n] (**-(e)s, Schwäne**) M swan

schwand *etc* [ʃvant] VB *siehe* **schwinden**

schwanen VI UNPERS: **jdm schwant es** sb has a foreboding *od* forebodings; **jdm schwant etwas** sb senses something might happen

schwang *etc* [ʃvaŋ] VB *siehe* **schwingen**

schwanger [ˈʃvaŋər] ADJ pregnant

schwängern [ˈʃvɛŋərn] VT to make pregnant

Schwangerschaft F pregnancy

Schwangerschaftsabbruch M termination of pregnancy, abortion

Schwank [ʃvaŋk] (**-(e)s, Schwänke**) M funny story; (*Liter*) merry *od* comical tale; (*Theat*) farce

schwanken VI to sway; (*taumeln*) to stagger, to reel; (*Preise, Zahlen*) to fluctuate; (*zögern*) to hesitate; (*Überzeugung etc*) to begin to waver; **ins S~ kommen** (*Baum, Gebäude etc*) to start to sway; (*Preise, Kurs etc*) to start to fluctuate *od* vary

Schwankung F fluctuation

Schwanz [ʃvants] (**-es, Schwänze**) M tail; (*umg!: Penis*) prick (*!*); **kein ~** (*umg*) not a (blessed) soul

schwänzen [ˈʃvɛntsən] (*umg*) VT (*Stunde, Vorlesung*) to skip ▸ VI to play truant

Schwänzer [ˈʃvɛntsər] (**-s, -**) (*umg*) M truant

schwappen [ˈʃvapən] VI (*überschwappen*) to splash, to slosh

Schwarm [ʃvarm] (**-(e)s, Schwärme**) M swarm; (*umg*) heart-throb, idol

schwärmen [ˈʃvɛrmən] VI to swarm; **~ für** to be mad *od* wild about

Schwärmerei [ʃvɛrməˈraɪ] F enthusiasm

schwärmerisch ADJ impassioned, effusive

Schwarte [ˈʃvartə] (**-, -n**) F hard skin; (*Speckschwarte*) rind; (*umg: Buch*) tome (*hum*)

Schwartenmagen (**-s**) M (*Koch*) brawn

★**schwarz** [ʃvarts] ADJ black; (*umg: ungesetzlich*) illicit; (*: katholisch*) Catholic, Papist (*pej*); (*Pol*) Christian Democrat; **ins Schwarze treffen** (*lit, fig*) to hit the bull's-eye; **das Schwarze Brett** the notice (BRIT) *od* bulletin (US) board; **schwarze Liste** blacklist; **schwarzes Loch** black hole; **das Schwarze Meer** the Black Sea; **Schwarzer Peter** (*Karten*) *children's card game*; **jdm den schwarzen Peter zuschieben** (*fig: die Verantwortung abschieben*) to pass the buck to sb (*umg*); **dort wählen alle ~** they all vote conservative there; **in den schwarzen Zahlen** in the black; *siehe auch* **schwarzmalen**; **Schwarzarbeit** F illicit work, moonlighting; **Schwarzarbeiter** M moonlighter; **schwarz|ärgern** VR to get extremely annoyed; ★**Schwarzbrot** NT (*Pumpernickel*) black bread, pumpernickel; (*braun*) brown rye bread

Schwarze(r) F(M) black person; (*umg: Katholik*) Papist; (*Pol: umg*) Christian Democrat

Schwärze [ˈʃvɛrtsə] (**-, -n**) F blackness; (*Farbe*) blacking; (*Druckerschwärze*) printer's ink

schwärzen VT to blacken

Schwarz- ZW: **schwarz|fahren** *unreg* VI to travel without paying; (*ohne Führerschein*) to drive without a licence (BRIT) *od* license (US)

Schwarzfahrer(in) M(F) *(Bus etc)* fare dodger *(umg)*; **Schwarzhandel** M black market (trade); **Schwarzhändler** M black-market operator; **schwarz|hören** VI to listen to the radio without a licence *(BRIT)* *od* license *(US)*

chwärzlich [ˈʃvɛrtslɪç] ADJ blackish, darkish

chwarz- zW: **schwarz|malen** VI to be pessimistic; **Schwarzmarkt** M black market; **schwarz|sehen** VI *unreg* (TV) to watch TV without a licence *(BRIT)* *od* license *(US)*; *(umg)* to see the gloomy side of things; **Schwarzseher** M pessimist; (TV) viewer without a licence *(BRIT)* *od* license *(US)*; ★ **Schwarzwald** M Black Forest; **Schwarzwälder Kirschtorte** F Black Forest gâteau; **Schwarzweiß-** IN ZW black and white; **schwarz-weiß, schwarzweiß** ADJ black and white

chwatz [ʃvats] **(-es, -e)** M chat

chwatzen [ˈʃvatsən] VI to chat; *(schnell, unaufhörlich)* to chatter; *(über belanglose Dinge)* to prattle; *(Unsinn reden)* to blether *(umg)*

chwätzen [ˈʃvɛtsən] VI = **schwatzen**

chwätzer(in) [ˈʃvɛtsər(ɪn)] **(-s, -)** M(F) chatterbox; *(Schwafler)* gasbag *(umg)*; *(Klatschbase)* gossip

chwatzhaft ADJ talkative, gossipy

chwebe [ˈʃveːbə] F: **in der ~** *(fig)* in abeyance; *(Jur, Comm)* pending; **Schwebebahn** F overhead railway *(BRIT)* *od* railroad *(US)*; **Schwebebalken** M *(Sport)* beam

chweben VI to drift, to float; *(hoch)* to soar; *(unentschieden sein)* to be in the balance; **es schwebte mir vor Augen** *(Bild)* I saw it in my mind's eye

chwebend ADJ *(Tech, Chem)* suspended; *(fig)* undecided, unresolved; **schwebendes Verfahren** *(Jur)* pending case

chwed. ABK = **schwedisch**

chwede [ˈʃveːdə] **(-n, -n)** M Swede

chweden (-s) NT Sweden

chwedin [ˈʃveːdɪn] F Swede

chwedisch ADJ Swedish

chwefel [ˈʃveːfəl] **(-s)** M sulphur *(BRIT)*, sulfur *(US)*; **Schwefeldioxid** NT sulphur dioxide

chwefelig ADJ sulphurous *(BRIT)*, sulfurous *(US)*

chwefelsäure F sulphuric *(BRIT)* *od* sulfuric *(US)* acid

chweif [ʃvaɪf] **(-(e)s, -e)** M tail

chweifen VI to wander, to roam

chweigegeld NT hush money

chweigeminute F one minute('s) silence

chweigen [ˈʃvaɪgən] *unreg* VI to be silent; *(still sein)* to keep quiet; **kannst du ~?** can you keep a secret?; **ganz zu ~ von ...** to say nothing of ...; ★ **Schweigen (-s)** NT silence

chweigend ADJ silent

chweigepflicht F pledge of secrecy; *(von Anwalt etc)* requirement of confidentiality

chweigsam [ˈʃvaɪkzaːm] ADJ silent; *(als Charaktereigenschaft)* taciturn; **Schweigsamkeit** F silence; *(als Charaktereigenschaft)* taciturnity

★ **Schwein** [ʃvaɪn] **(-(e)s, -e)** NT pig; *(fig: umg)* (good) luck; *(gemeiner Mensch)* swine; **kein ~** *(umg)* nobody, not a single person

Schweine- zW: **Schweinebraten** M joint of pork; *(gekocht)* roast pork; ★ **Schweinefleisch** NT pork; **Schweinegeld** *(umg)* NT: **ein ~** a packet; **Schweinegrippe** F swine flu; **Schweinehund** *(umg)* M stinker, swine

Schweinerei [ʃvaɪnəˈraɪ] F mess; *(Gemeinheit)* dirty trick; **so eine ~!** *(umg)* how disgusting!

Schweineschmalz NT dripping; *(als Kochfett)* lard

Schweinestall M pigsty

schweinisch ADJ filthy

Schweinsleder NT pigskin

Schweinsohr NT pig's ear; *(Gebäck)* (kidney-shaped) pastry

Schweiß [ʃvaɪs] **(-es)** M sweat, perspiration; **Schweißband** NT sweatband

Schweißbrenner (-s, -) M *(Tech)* welding torch

schweißen VT, VI to weld

Schweißer (-s, -) M welder

Schweiß- zW: **Schweißfüße** PL sweaty feet *pl*; **Schweißnaht** F weld; **schweißnass** ADJ sweaty

★ **Schweiz** [ʃvaɪts] F: **die ~** Switzerland

★ **schweiz.** ABK = **schweizerisch**

★ **Schweizer** [ˈʃvaɪtsər] **(-s, -)** M Swiss ▸ ADJ *attrib* Swiss; **Schweizerdeutsch** NT Swiss German; ★ **Schweizerin** F Swiss; ★ **schweizerisch** ADJ Swiss

schwelen [ˈʃveːlən] VI to smoulder *(BRIT)*, to smolder *(US)*

schwelgen [ˈʃvɛlgən] VI to indulge o.s.; **~ in** *+dat* to indulge in

Schwelle [ˈʃvɛlə] **(-, -n)** F *(auch fig)* threshold; *(Eisenb)* sleeper *(BRIT)*, tie *(US)*

schwellen *unreg* VI to swell

Schwellenland NT threshold country

Schwellung F swelling

Schwemme [ˈʃvɛmə] F: **eine ~ an** *+dat* a glut of

schwemmen [ˈʃvɛmən] VT *(treiben: Sand etc)* to wash

Schwengel [ˈʃvɛŋəl] **(-s, -)** M pump handle; *(Glockenschwengel)* clapper

Schwenk [ʃvɛŋk] **(-(e)s, -s)** M *(Film)* pan, panning shot

Schwenkarm M swivel arm

schwenkbar ADJ swivel-mounted

schwenken VT to swing; *(Kamera)* to pan; *(Fahne)* to wave; *(Kartoffeln)* to toss; *(abspülen)* to rinse ▸ VI to turn, to swivel; *(Mil)* to wheel

Schwenkung F turn; *(Mil)* wheel

★ **schwer** [ʃveːr] ADJ heavy; *(schwierig)* difficult, hard; *(schlimm)* serious, bad ▸ ADV *(sehr)* very (much); *(verletzt etc)* seriously, badly; **~ erziehbar** maladjusted; **jdm/sich etw ~ machen** to make sth difficult for sb/o.s.; **~ verdaulich** indigestible; *(fig)* heavy; **~ verdient** *(Geld)* hard-earned; **~ verletzt** seriously *od* badly injured; **~ verwundet** seriously wounded; **~ erkältet sein** to have a heavy cold; **er lernt ~**

S

he's a slow learner; **er ist ~ in Ordnung** (*umg*) he's a good bloke (BRIT) *od* guy; **~ hören** to be hard of hearing; *siehe auch* **schwerfallen**; **schwernehmen**; **schwertun**; **schwerwiegend**; **Schwerarbeiter** M labourer (BRIT), laborer (US); **Schwerbehinderte(r)** F(M), **Schwerbeschädigte(r)** F(M) (*veraltet*) person with a severe disability

Schwere (-, -n) F heaviness; (*Gewicht*) weight; (*Phys*) gravity; **schwerelos** ADJ weightless; **Schwerelosigkeit** F weightlessness

schwer- zW: **schwer|fallen** *unreg* VI: **jdm ~** to be difficult for sb; **schwerfällig** ADJ (*auch Stil*) ponderous; (*Gang*) clumsy, awkward; (*Verstand*) slow; **Schwergewicht** NT heavyweight; (*fig*) emphasis; **schwergewichtig** ADJ heavyweight; **schwerhörig** ADJ hard of hearing; **Schwerindustrie** F heavy industry; **Schwerkraft** F gravity; **Schwerkranke(r)** F(M) person who is seriously ill; **schwerlich** ADV hardly; **Schwermetall** NT heavy metal; **schwermütig** ADJ melancholy; **schwer|nehmen** *unreg* VT to take to heart; **Schwerpunkt** M centre (BRIT) *od* center (US) of gravity; (*fig*) emphasis, crucial point; **Schwerpunktstreik** M pinpoint strike; **schwerreich** (*umg*) ADJ *attrib* stinking rich

Schwert [ʃveːrt] (-(e)s, -er) NT sword; **Schwertlilie** F iris

schwer- zW: **schwer|tun** *unreg* VR: **sich** *dat od akk* **~** to have difficulties; **Schwerverbrecher** M criminal; **Schwerverletzte(r)** F(M) serious casualty; **schwerwiegend** ADJ weighty, important

★**Schwester** [ˈʃvɛstər] (-, -n) F sister; (*Med*) nurse

schwesterlich ADJ sisterly

schwieg *etc* [ʃviːk] VB *siehe* **schweigen**

Schwieger- zW: **Schwiegereltern** PL parents-in-law *pl*; ★**Schwiegermutter** F mother-in-law; ★**Schwiegersohn** M son-in-law; ★**Schwiegertochter** F daughter-in-law; ★**Schwiegervater** M father-in-law

Schwiele [ˈʃviːlə] (-, -n) F callus

★**schwierig** [ˈʃviːrɪç] ADJ difficult, hard; ★**Schwierigkeit** F difficulty; **in Schwierigkeiten kommen** to get into trouble; **Schwierigkeitsgrad** M degree of difficulty

schwillt [ʃvɪlt] VB *siehe* **schwellen**

★**Schwimmbad** NT swimming baths *pl*

★**Schwimmbecken** NT swimming pool

★**schwimmen** *unreg* VI to swim; (*treiben, nicht sinken*) to float; (*fig: unsicher sein*) to be all at sea; **im Geld ~** (*umg*) to be rolling in money; **mir schwimmt es vor den Augen** I feel dizzy

Schwimmer (-s, -) M swimmer; (*Angeln*) float

Schwimmerin F swimmer

Schwimm- zW: **Schwimmflosse** F (*von Taucher*) flipper; **Schwimmhaut** F (*Ornithologie*) web; **Schwimmlehrer(in)** M(F) swimming instructor; **Schwimmsport** M swimming; **Schwimmweste** F life jacket

Schwindel [ˈʃvɪndəl] (-s) M dizziness; (*Betrug*) swindle, fraud; (*Zeug*) stuff; **in ~ erregender Höhe** at a dizzy height; **schwindelfrei** ADJ free from giddiness; **nicht ~ sein** to suffer from vertigo

schwindeln VI (*umg: lügen*) to fib; **mir schwindelt** I feel dizzy; **jdm schwindelt es** sb feels dizzy

schwinden [ˈʃvɪndən] *unreg* VI to disappear; (*Kräfte*) to fade, to fail; (*sich verringern*) to decrease

Schwindler (-s, -) M swindler; (*Hochstapler*) con man, fraud; (*Lügner*) liar

★**schwindlig** ADJ dizzy; **mir ist ~** I feel dizzy

Schwindsucht F (*veraltet*) consumption

schwingen [ˈʃvɪŋən] *unreg* VT to swing; (*Waffe etc*) to brandish ▶ VI to swing; (*vibrieren*) to vibrate; (*klingen*) to sound

Schwinger (-s, -) M (*Boxen*) swing

Schwingtor NT up-and-over door

Schwingtür F swing door(s *pl*) (BRIT), swinging door(s *pl*) (US)

Schwingung F vibration; (*Phys*) oscillation

Schwips [ʃvɪps] (-es, -e) M: **einen ~ haben** to be tipsy

schwirren [ˈʃvɪrən] VI to buzz

Schwitze [ˈʃvɪtsə] (-, -n) F (*Koch*) roux

★**schwitzen** VI to sweat, to perspire

schwofen [ˈʃvoːfən] (*umg*) VI to dance

schwoll *etc* [ʃvɔl] VB *siehe* **schwellen**

schwören [ˈʃvøːrən] *unreg* VT, VI to swear; **auf jdn/etw ~** (*fig*) to swear by sb/sth

schwul [ʃvuːl] (*umg*) ADJ gay, queer (*auch pej*)

schwül [ʃvyːl] ADJ sultry, close

Schwule(r) (*umg*) M gay, queer (*auch pej*), fag (US *pej*)

Schwüle (-) F sultriness, closeness

Schwulität [ʃvuliˈtɛːt] (*umg*) F trouble, difficulty

Schwulst [ʃvʊlst] (-(e)s) M bombast

schwülstig [ˈʃvʏlstɪç] ADJ pompous

Schwund [ʃvʊnt] (-(e)s) M +*gen* decrease (in), decline (in), dwindling (of); (*Med*) atrophy; (*Schrumpfen*) shrinkage

Schwung [ʃvʊŋ] (-(e)s, Schwünge) M swing; (*Triebkraft*) momentum; (*fig: Energie*) verve, energy; (*umg: Menge*) batch; **in ~ sein** (*fig*) to be in full swing; **~ in die Sache bringen** (*umg*) to liven things up; **schwunghaft** ADJ brisk, lively; **Schwungrad** NT flywheel; **schwungvoll** ADJ vigorous

schwur *etc* [ʃvuːr] VB *siehe* **schwören**

Schwur (-(e)s, Schwüre) M oath

Schwurgericht NT court with a jury

Screenshot M (*Comput*) screenshot

scrollen [ˈskrɔlən] VI (*Comput*) to scroll

SDR (-) M ABK (= *Süddeutscher Rundfunk*) South German Radio

★**sechs** [zɛks] NUM six; **Sechseck** NT hexagon; **sechshundert** NUM six hundred

sechste(r, s) ADJ sixth

Sechstel [ˈzɛkstəl] (-s, -) NT sixth

★**sechzehn** [ˈzɛçtseːn] NUM sixteen

echzig [ˈzɛçtsɪç] NUM sixty

ee¹ [ze:] (**-, -n**) F sea; **an der ~** by the sea, at the seaside; **in ~ stechen** to put to sea; **auf hoher ~** on the high seas

ee² [ze:] (**-s, -n**) M lake

ee- zW: **Seebad** NT seaside resort; **Seebär** M (*hum: umg*) seadog; (*Zool*) fur seal; **Seefahrt** F seafaring; (*Reise*) voyage; **seefest** ADJ (*Mensch*) not subject to seasickness; **Seegang** M (motion of the) sea; **Seegras** NT seaweed; **Seehund** M seal; **Seeigel** M sea urchin; **Seekarte** F chart; ⋆ **seekrank** ADJ seasick; **Seekrankheit** F seasickness; **Seelachs** M rock salmon

eele [ˈze:lə] (**-, -n**) F soul; (*Mittelpunkt*) life and soul; **jdm aus der ~ sprechen** to express exactly what sb feels; **das liegt mir auf der ~** it weighs heavily on my mind; **eine ~ von Mensch** an absolute dear

eelen- zW: **Seelenamt** NT (*Rel*) requiem; **Seelenfriede, Seelenfrieden** M peace of mind; **Seelenheil** NT salvation of one's soul; (*fig*) spiritual welfare; **Seelenruhe** F: **in aller ~** calmly; (*kaltblütig*) as cool as you please; **seelenruhig** ADV calmly

eeleute [ˈze:lɔʏtə] PL seamen *pl*

eel- zW: **seelisch** ADJ mental; (*Rel*) spiritual; (*Belastung*) emotional; **Seelsorge** F pastoral duties *pl*; **Seelsorger** (**-s, -**) M clergyman

ee- zW: **Seemacht** F naval power; **Seemann** (**-(e)s**, *pl* **-leute**) M seaman, sailor; **Seemeile** F nautical mile

eengebiet [ˈze:əngəbi:t] NT lakeland district

ee- zW: **Seenot** F: **in ~** (*Schiff etc*) in distress; **Seepferd** NT, **Seepferdchen** NT sea horse; **Seeräuber** M pirate; **Seerecht** NT maritime law; **Seerose** F waterlily; **Seestern** M starfish; **Seetang** M seaweed; **seetüchtig** ADJ seaworthy; **Seeversicherung** F marine insurance; **Seeweg** M sea route; **auf dem ~** by sea; **Seezunge** F sole

egel [ˈze:gəl] (**-s, -**) NT sail; **mit vollen Segeln** under full sail *od* canvas; (*fig*) with gusto; **die ~ streichen** (*fig*) to give in; ⋆ **Segelboot** NT yacht; **Segelfliegen** (**-s**) NT gliding; **Segelflieger** M glider pilot; **Segelflugzeug** NT glider

egeln VT, VI to sail; **durch eine Prüfung ~** (*umg*) to flop in an exam, to fail (in) an exam

egel- zW: **Segelschiff** NT sailing vessel; **Segelsport** M sailing; **Segeltuch** NT canvas

egen [ˈze:gən] (**-s, -**) M blessing

egensreich ADJ beneficial

egler [ˈze:glər] (**-s, -**) M sailor, yachtsman; (*Boot*) sailing boat

eglerin F yachtswoman

egnen [ˈze:gnən] VT to bless

ehen [ˈze:ən] *unreg* VT, VI to see; (*in bestimmte Richtung*) to look; (*Fernsehsendung*) to watch; **sieht man das?** does it show?; **da sieht man(s) mal wieder!** that's typical!; **du siehst das nicht richtig** you've got it wrong; **so gesehen** looked at in this way; **sich ~ lassen** to put in an appearance, to appear; **das neue Rathaus kann sich ~ lassen** the new town hall is certainly something to be proud of; **siehe oben/unten** see above/below; **kann ich das mal ~?** can I have a look at it?; **da kann man mal ~** that just shows (you) *od* just goes to show (*umg*); **mal ~!** we'll see!; **darauf ~, dass ...** to make sure (that) ...; **jdn kommen ~** to see sb coming

⋆ **sehenswert** ADJ worth seeing

Sehenswürdigkeiten PL sights *pl* (of a town)

Seher (**-s, -**) M seer

Sehfehler M sight defect

Sehkraft F (eye)sight

Sehne [ˈze:nə] (**-, -n**) F sinew; (*an Bogen*) string

sehnen VR: **sich ~ nach** to long *od* yearn for

Sehnenscheidenentzündung F (*Med*) tendinitis

Sehnerv M optic nerve

sehnig ADJ sinewy

sehnlich ADJ ardent

Sehnsucht F longing

sehnsüchtig ADJ longing; (*Erwartung*) eager

sehnsuchtsvoll ADV longingly, yearningly

⋆ **sehr** [ze:r] ADV (*vor adj, adv*) very; (*mit Verben*) a lot, (very) much; **zu ~** too much; **er ist ~ dafür/dagegen** he is all for it/very much against it; **wie ~ er sich auch bemühte ...** however much he tried ...

Sehvermögen [ˈze:fɛrmø:gən] (**-s**) NT powers *pl* of vision

seicht [zaɪçt] ADJ (*lit, fig*) shallow

seid [zaɪt] VB *siehe* **sein**

⋆ **Seide** [ˈzaɪdə] (**-, -n**) F silk

Seidel (**-s, -**) NT tankard, beer mug

seiden ADJ silk; **Seidenpapier** NT tissue paper

seidig [ˈzaɪdɪç] ADJ silky

⋆ **Seife** [ˈzaɪfə] (**-, -n**) F soap

Seifen- zW: **Seifenblase** F soap bubble; (*fig*) bubble; **Seifenlauge** F soapsuds *pl*; ⋆ **Seifenoper** F soap (opera); **Seifenschale** F soap dish; **Seifenschaum** M lather

seifig [ˈzaɪfɪç] ADJ soapy

seihen [ˈzaɪən] VT to strain, to filter

Seil [zaɪl] (**-(e)s, -e**) NT rope; (*Kabel*) cable; ⋆ **Seilbahn** F cable railway; **Seilhüpfen** (**-s**) NT skipping; **Seilspringen** (**-s**) NT skipping; **Seiltänzer(in)** M(F) tightrope walker; **Seilzug** M tackle

sein [zaɪn]

(*pt* **war**, *pp* **gewesen**) VI **1** to be; **ich bin** I am; **du bist** you are; **er/sie/es ist** he/she/it is; **wir sind/ihr seid/sie sind** we/you/they are; **wir waren** we were; **wir sind gewesen** we have been

2: **seien Sie nicht böse** don't be angry; **sei so gut und ...** be so kind as to ...; **das wäre gut** that would *od* that'd be a good thing; **wenn ich Sie wäre** if I were *od* was you; **das wärs** that's all, that's it; **morgen bin ich in Rom** tomorrow I'll *od* I will *od* I shall be in Rome; **waren Sie mal in Rom?** have you ever been to Rome?

3: **wie ist das zu verstehen?** how is that to be understood?; **er ist nicht zu ersetzen** he

S

cannot be replaced; **mit ihr ist nicht zu reden** you can't talk to her
4: **mir ist kalt** I'm cold; **mir ist, als hätte ich ihn früher schon einmal gesehen** I've a feeling I've seen him before; **was ist?** what's the matter?, what is it?; **ist was?** is something the matter?; **es sei denn(, dass ...)** unless ...; **wie dem auch sei** be that as it may; **wie wäre es mit ...?** how *od* what about ...?; **etw sein lassen** (*aufhören*) to stop (doing) sth; (*nicht tun*) to drop sth, to leave sth; **lass das sein!** stop that!; **es ist an dir, zu ...** it's up to you to ...; **was sind Sie (beruflich)?** what do you do?; **das kann schon sein** that may well be

★**sein** POSS PRON *von* **er** his; *von* **es** (*bei Dingen*) its; (*männlich*) his; (*weiblich*) her; (*sächlich*) its

★**Sein** (**-s**) NT: **~ oder Nichtsein** to be or not to be

seine(r, s) POSS PRON his; (*bei Tieren, Dingen*) its; **er ist gut ~ zwei Meter** (*umg*) he's a good two metres (BRIT) *od* meters (US); **die Seinen** (*geh*) his family, his people; **jedem das S~** to each his own

seiner GEN *von* **er**; **es** ▶ PRON of him; (*bei Tieren, Dingen*) of it

seinerseits ADV for his part

seinerzeit ADV in those days, formerly

seinesgleichen PRON people like him

seinetwegen ADV (*für ihn*) for his sake; (*wegen ihm*) on his account; (*von ihm aus*) as far as he is concerned

seinetwillen ADV: **um ~** = **seinetwegen**

seinige PRON: **der/die/das ~** his

Seismograf [zaɪsmoˈgra:f] (**-en, -en**) M seismograph

★**seit** [zaɪt] PRÄP *+dat* since; (*Zeitdauer*) for, in (*bes US*) ▶ KONJ since; **er ist ~ einer Woche hier** he has been here for a week; **~ Langem** for a long time; ★ **seitdem** ADV, KONJ since

★**Seite** [ˈzaɪtə] (-, **-n**) F side; (*Buchseite*) page; (*Mil*) flank; **~ an ~** side by side; **jdm zur ~ stehen** (*fig*) to stand by sb's side; **jdn zur ~ nehmen** to take sb aside *od* on one side; **auf der einen ~ ..., auf der anderen (Seite) ...** on the one hand ..., on the other (hand) ...; **einer Sache** *dat* **die beste ~ abgewinnen** to make the best *od* most of sth; *siehe auch* **aufseiten**; **vonseiten**

Seiten- zW: **Seitenairbag** M (*Aut*) side-impact airbag; **Seitenansicht** F side view; **Seitenhieb** M (*fig*) passing shot, dig; **seitenlang** ADJ several pages long, going on for pages; **Seitenruder** NT (*Aviat*) rudder

seitens PRÄP *+gen* on the part of

Seiten- zW: **Seitenschiff** NT aisle; **Seitensprung** M affair; **Seitenstechen** NT: **~ haben/bekommen** to have/get a stitch; **Seitenstraße** F side road; **Seitenstreifen** M (*der Straße*) verge (BRIT), berm (US); (*der Autobahn*) hard shoulder (BRIT), shoulder (US); **seitenverkehrt** ADJ the wrong way round; **Seitenwagen** M sidecar; **Seitenwind** M crosswind; **Seitenzahl** F page number; (*Gesamtzahl*) number of pages

seit- zW: **seither** [zaɪtˈhe:r] ADV, KONJ since (then); **seitlich** ADV on one/the side ▶ ADJ side *attrib*; **seitwärts** ADV sideways

sek, Sek. ABK (= *Sekunde*) sec.

Sekretär [zekreˈtɛ:r] M secretary; (*Möbel*) bureau

Sekretariat [zekretariˈa:t] (**-(e)s, -e**) NT secretary's office, secretariat

Sekretärin F secretary

★**Sekt** [zɛkt] (**-(e)s, -e**) M sparkling wine

Sekte (-, **-n**) F sect

Sektor [ˈzɛktɔr] M sector; (*Sachgebiet*) field

Sekunda [zeˈkʊnda] (**-, Sekunden**) (*Sch*: *früher*: *Untersekunda/Obersekunda*) *sixth/seventh year of German secondary school*

sekundär [zekʊnˈdɛ:r] ADJ secondary; **Sekundärliteratur** F secondary literature

★**Sekunde** [zeˈkʊndə] (-, **-n**) F second

Sekunden- zW: **Sekundenkleber** M superglue; **Sekundenschnelle** F: **in ~** in a matter of seconds; **Sekundenzeiger** M second hand

sel. ABK = **selig**

★**selber** [ˈzɛlbər] DEMON PRON = **selbst**; **Selbermachen** NT do-it-yourself, DIY (BRIT); (*von Kleidern etc*) making one's own

selbst [zɛlpst]

PRON **1**: **ich/er/wir selbst** I myself/he himself/we ourselves; **sie ist die Tugend selbst** she's virtue itself; **er braut sein Bier selbst** he brews his own beer; **das muss er selbst wissen** it's up to him; **wie gehts? — gut, und selbst?** how are things? — fine, and yourself?
2 (*ohne Hilfe*) alone, on my/his/one's *etc* own; **von selbst** by itself; **er kam von selbst** he came of his own accord; **selbst ist der Mann/die Frau!** self-reliance is the name of the game (*umg*); **selbst gemacht** home-made; **selbst gestrickt** hand-knitted; (*umg*: *Methode etc*) homespun, amateurish; **selbst verdientes Geld** money one has earned o.s.
▶ ADV even; **selbst wenn** even if; **selbst Gott** even God (himself)

★**Selbst** [zɛlpst] (-) NT self

Selbstachtung F self-respect

selbständig *etc* [ˈzɛlpʃtɛndɪç] ADJ = **selbstständig** *usw*

Selbst- zW: **Selbstanzeige** F: **~ erstatten** to come forward oneself; **der Dieb hat ~ erstattet** the thief has come forward; **Selbstauslöser** M (*Phot*) delayed-action shutter release; ★ **Selbstbedienung** F self-service; **Selbstbedienungsmentalität** F self-service mentality; **Selbstbefriedigung** F masturbation; (*fig*) self-gratification; **Selbstbeherrschung** self-control; **Selbstbestätigung** F self-affirmation; **selbstbewusst** ADJ self-confident; (*selbstsicher*) self-assured; **Selbstbewusstsein** NT self-confidence; **Selbstbildnis** NT self-portrait; **Selbsterhaltung** F self-preservation; **Selbsterkenntnis** F self-knowledge; **Selbstfahrer(in)** M(F) (*Aut*): **Auto**

vermietung für ~ self-drive car hire (BRIT) *od* rental; **selbstgefällig** ADJ smug, self-satisfied; **selbstgerecht** ADJ self-righteous; **Selbstgespräch** NT conversation with o.s.; **selbstgewiss** ADJ confident; **selbstherrlich** ADJ high-handed; (*selbstgerecht*) self-satisfied; **Selbsthilfe** F self-help; **zur ~ greifen** to take matters into one's own hands; **selbstklebend** ADJ self-adhesive; **Selbstkostenpreis** M cost price; **selbstlos** ADJ unselfish, selfless; **Selbstmord** M suicide; **Selbstmordanschlag** M suicide attack; **Selbstmordattentat** NT suicide bombing; **Selbstmordattentäter(in)** M(F) suicide bomber; **Selbstmörder(in)** M(F) (*Person*) suicide; **selbstmörderisch** ADJ suicidal; **selbstsicher** ADJ self-assured; **Selbstsicherheit** F self-assurance; **selbstständig** [ˈzɛlpstʃtɛndɪç] ADJ independent; (*arbeitend*) self-employed; **sich ~ machen** (*beruflich*) to set up on one's own, to start one's own business; **Selbstständigkeit** F independence; **Selbststudium** NT private study; **selbstsüchtig** ADJ selfish; **selbsttätig** ADJ automatic; **Selbstüberwindung** F willpower; **selbstvergessen** ADJ absent-minded; (*Blick*) faraway; **selbstverschuldet** ADJ: **wenn der Unfall ~ ist** if there is personal responsibility for the accident; **Selbstversorger** M: **~ sein** to be self-sufficient *od* self-reliant; **Urlaub für ~** self-catering holiday

elbstverständlich ADJ obvious ▸ ADV naturally; **ich halte das für ~** I take that for granted

elbstverständlichkeit F (*Unbefangenheit*) naturalness; (*natürliche Voraussetzung*) matter of course

elbst- ZW: **Selbstverständnis** NT: **nach seinem eigenen ~** as he sees himself; **Selbstverteidigung** F self-defence (BRIT), self-defense (US); **Selbstvertrauen** NT self-confidence; **Selbstverwaltung** F autonomy, self-government; **Selbstwählferndienst** M (*Tel*) automatic dialling service, subscriber trunk dialling (BRIT), STD (BRIT), direct distance dialing (US); **Selbstwertgefühl** NT feeling of one's own worth *od* value, self-esteem; **selbstzufrieden** ADJ self-satisfied; **Selbstzweck** M end in itself

elfie NT selfie

elig [ˈzeːlɪç] ADJ happy, blissful; (*Rel*) blessed; (*tot*) late; **Seligkeit** F bliss

ellerie [ˈzɛləriː] (**-s, -(s)** *od* **-, -n**) M OD F celery

elten [ˈzɛltən] ADJ rare ▸ ADV seldom, rarely; **Seltenheit** F rarity; **Seltenheitswert** (**-(e)s**) M rarity value

elterswasser [ˈzɛltərsvasər] NT soda water

eltsam [ˈzɛltzaːm] ADJ curious, strange

eltsamerweise ADV curiously, strangely

eltsamkeit F strangeness

emester [zeˈmɛstər] (**-s, -**) NT semester; **ein älteres ~** a senior student

emi- [zemi] IN ZW semi-

emikolon [-ˈkoːlɔn] (**-s, -s**) NT semicolon

eminar [zemiˈnaːr] (**-s, -e**) NT seminary; (*Kurs*) seminar; (*Univ: Ort*) department building

emitisch [zeˈmiːtɪʃ] ADJ Semitic

Semmel [ˈzɛməl] (**-, -n**) F roll; **Semmelbrösel, Semmelbröseln** PL breadcrumbs *pl*; **Semmelknödel** (SÜDD, ÖSTERR) M bread dumpling

sen. ABK (= *senior*) sen.

Senat [zeˈnaːt] (**-(e)s, -e**) M senate

Sendebereich M transmission range

★**Sendefolge** F (*Serie*) series

★**senden**[1] *unreg* VT to send

senden[2] VT, VI (*Rundf, TV*) to transmit, to broadcast

Sendenetz NT network

Sendepause F (*Rundf, TV*) interval

Sender (**-s, -**) M station; (*Anlage*) transmitter

Sende- ZW: ★**Sendereihe** F series (of broadcasts); **Sendeschluss** M (*Rundf, TV*) close-down; **Sendestation** F transmitting station; **Sendestelle** F transmitting station; **Sendezeit** F broadcasting time, air time

★**Sendung** [ˈzɛndʊŋ] F consignment; (*Aufgabe*) mission; (*Rundf, TV*) transmission; (*Programm*) programme (BRIT), program (US)

Senegal [ˈzeːnegal] (**-s**) NT Senegal

★**Senf** [zɛnf] (**-(e)s, -e**) M mustard; **seinen ~ dazugeben** (*umg*) to put one's oar in; **Senfkorn** NT mustard seed

sengen [ˈzɛŋən] VT to singe ▸ VI to scorch

senil [zeˈniːl] (*pej*) ADJ senile

Senior [ˈzeːniɔr] (**-s, -en**) M (*Rentner*) senior citizen; (*Geschäftspartner*) senior partner

Seniorenpass [zeniˈoːrənpas] M senior citizen's travel pass (BRIT)

Senkblei [ˈzɛŋkblaɪ] NT plumb

Senke (**-, -n**) F depression

Senkel (**-s, -**) M (shoe)lace

senken VT to lower; (*Kopf*) to bow; (*Tech*) to sink ▸ VR to sink; (*Stimme*) to drop

Senk- ZW: **Senkfuß** M flat foot; **Senkgrube** F cesspit; **senkrecht** ADJ vertical, perpendicular; **Senkrechte** F perpendicular; **Senkrechtstarter** M (*Aviat*) vertical takeoff plane; (*fig: Person*) high-flier

Senner(in) [ˈzɛnər(ɪn)] (**-s, -**) M(F) (Alpine) dairyman, dairymaid

Sensation [zɛnzatsiˈoːn] F sensation

sensationell [zɛnzatsioˈnɛl] ADJ sensational

Sensationsblatt NT sensational paper

Sensationssucht F sensationalism

Sense [ˈzɛnzə] (**-, -n**) F scythe; **dann ist ~!** (*umg*) that's the end!

sensibel [zɛnˈziːbəl] ADJ sensitive

sensibilisieren [zɛnzibiliˈziːrən] VT to sensitize

Sensibilität [zɛnzibiliˈtɛːt] F sensitivity

sentimental [zɛntimɛnˈtaːl] ADJ sentimental

Sentimentalität [zɛntimɛntaliˈtɛːt] F sentimentality

separat [zepaˈraːt] ADJ separate; (*Wohnung, Zimmer*) self-contained

Sept. ABK (= *September*) Sept.

S

★**September** [zɛpˈtɛmbər] (**-(s), -**) M September; **im ~** in September; **im Monat ~** in the month of September; **heute ist der zweite ~** today is the second of September *od* September second (*US*); (*geschrieben*) today is 2nd September; **in diesem ~** this September; **Anfang/Ende/ Mitte ~** at the beginning/end/in the middle of September

septisch [ˈzɛptɪʃ] ADJ septic

sequentiell [zekvɛntsiˈɛl] ADJ = **sequenziell**

Sequenz [zeˈkvɛnts] F sequence

sequenziell [zekvɛntsiˈɛl] ADJ (*Comput*) sequential; **sequenzieller Zugriff** sequential access

Serbe [ˈzɛrbə] (**-n, -n**) M Serbian

Serbien (**-s**) NT Serbia; **~ und Montenegro** Serbia and Montenegro

Serbin F Serbian

serbisch ADJ Serbian

Serbokroatisch(e) NT Serbo-Croat

★**Serie** [ˈzeːriə] F series

seriell [zeriˈɛl] ADJ (*Comput*) serial; **serielle Daten** serial data *pl*; **serieller Anschluss** serial port; **serieller Drucker** serial printer

Serien- ZW: **Serienanfertigung** F, **Serienherstellung** F series production; **serienmäßig** ADJ (*Ausstattung*) standard; (*Herstellung*) series *attrib* ▶ ADV (*herstellen*) in series; **Seriennummer** F serial number; **serienweise** ADV in series

seriös [zeriˈøːs] ADJ serious; (*anständig*) respectable

Serpentine [zɛrpɛnˈtiːnə] F hairpin (bend)

Serum [ˈzeːrʊm] (**-s, Seren**) NT serum

Service[1] [zɛrˈviːs] (**-(s), -**) NT (*Gläserservice*) set; (*Geschirr*) service

Service[2] [ˈsəːvɪs] (**-, -s**) M (*Comm, Sport*) service

servieren [zɛrˈviːrən] VT, VI to serve

Serviererin [zɛrˈviːrərɪn] F waitress

Servierwagen M trolley

★**Serviette** [zɛrviˈɛtə] F napkin, serviette

Servolenkung F power steering

Servomotor M servo motor

Servus [ˈzɛrvʊs] (ÖSTERR, SÜDD) INTERJ hello; (*beim Abschied*) goodbye, so long (*umg*)

Sesam [ˈzeːzam] (**-s, -s**) M sesame

★**Sessel** [ˈzɛsəl] (**-s, -**) M armchair; **Sessellift** M chairlift

sesshaft [ˈzɛshaft] ADJ settled; (*ansässig*) resident

Set [zɛt] (**-s, -s**) NT OD M set; (*Deckchen*) tablemat

★**setzen** [ˈzɛtsən] VT to put, to place, to set; (*Baum etc*) to plant; (*Segel, Typ*) to set ▶ VR (*Platz nehmen*) to sit down; (*Kaffee, Tee*) to settle ▶ VI to leap; (*wetten*) to bet; (*Typ*) to set; **jdm ein Denkmal ~** to build a monument to sb; **sich zu jdm ~** to sit with sb

Setzer [ˈzɛtsər] (**-s, -**) M (*Typ*) typesetter

Setzerei [zɛtsəˈraɪ] F caseroom; (*Firma*) typesetting firm

Setz- ZW: **Setzkasten** M (*Typ*) case; (*an Wand*) ornament shelf; **Setzling** M young plant; **Setzmaschine** F (*Typ*) typesetting machine

Seuche [ˈzɔʏçə] (**-, -n**) F epidemic

Seuchengebiet NT infected area

seufzen [ˈzɔʏftsən] VT, VI to sigh

Seufzer [ˈzɔʏftsər] (**-s, -**) M sigh

Sex [zɛks] (**-(es)**) M sex

Sexta [ˈzɛksta] (**-, Sexten**) F (*früher*) *first year of German secondary school*

Sexualerziehung [zɛksuˈaːlɛrtsiːʊŋ] F sex education

Sexualität [zɛksualiˈtɛːt] F sex, sexuality

Sexual- ZW: **Sexualkunde** [zɛksuˈaːlkʊndə] F sex education; **Sexualleben** NT sex life; **Sexualobjekt** NT sex object

sexuell [zɛksuˈɛl] ADJ sexual

Seychellen [zeˈʃɛlən] PL Seychelles *pl*

sezieren [zeˈtsiːrən] VT to dissect

SFB (**-**) M ABK (*Hist*: = *Sender Freies Berlin*) Radio Free Berlin

Sfr, sFr. ABK (= *Schweizer Franken*) sfr

SH ABK = **Schleswig-Holstein**

Shampoo [ʃamˈpuː] (**-s, -s**) NT shampoo

Shetlandinseln [ˈʃɛtlant|ɪnzəln] PL Shetland, Shetland Isles *pl*

Shorts [ʃoːrts] PL shorts *pl*

Showmaster [ˈʃoʊmaːstər] (**-s, -**) M compère, MC

siamesisch [ziaˈmeːzɪʃ] ADJ: **siamesische Zwillinge** Siamese twins

Siamkatze F Siamese (cat)

Sibirien [ziˈbiːriən] (**-s**) NT Siberia

sibirisch ADJ Siberian

sich [zɪç]

PRON **1** (*akk*): **er/sie/es ... sich** he/she/it ... himself/herself/itself; **sie** *pl*/**man ... sich** they/one ...themselves/oneself; **Sie ... sich** you ... yourself/yourselves *pl*; **sich wiederholen** to repeat oneself/itself

2 (*dat*): **er/sie/es ... sich** he/she/it ... to himself/herself/itself; **sie** *pl*/**man ... sich** they/one ... to themselves/oneself; **Sie ... sich** you ... to yourself/yourselves *pl*; **sie hat sich einen Pullover gekauft** she bought herself a jumper; **sich die Haare waschen** to wash one's hair

3 (*mit Präposition*): **haben Sie Ihren Ausweis bei sich?** do you have your pass on you?; **er hat nichts bei sich** he's got nothing on him; **sie bleiben gern unter sich** they keep themselves to themselves

4 (*einander*) each other, one another; **sie bekämpfen sich** they fight each other *od* one another

5: **dieses Auto fährt sich gut** this car drives well; **hier sitzt es sich gut** it's good to sit here

Sichel [ˈzɪçəl] (**-, -n**) F sickle; (*Mondsichel*) crescent

sicher [ˈzɪçər] ADJ safe; (*gewiss*) certain; (*Hand, Job*) steady; (*zuverlässig*) secure, reliable; (*selbstsicher*) confident; (*Stellung*) secure ▸ ADV (*natürlich*): **du hast dich ~ verrechnet** you must have counted wrongly; **vor jdm/etw ~ sein** to be safe from sb/sth; **sich** *dat* **einer Sache/jds ~ sein** to be sure of sth/sb; **~ ist ~** you can't be too sure

sicher|gehen *unreg* VI to make sure

Sicherheit [ˈzɪçərhaɪt] F safety; (*auch Fin*) security; (*Gewissheit*) certainty; (*Selbstsicherheit*) confidence; **die öffentliche ~** public security; **~ im Straßenverkehr** road safety; **~ leisten** (*Comm*) to offer security

Sicherheits- ZW: **Sicherheitsabstand** M safe distance; **Sicherheitsbestimmungen** PL safety regulations *pl*; (*betrieblich, Pol etc*) security controls *pl*; **Sicherheitseinrichtungen** PL security equipment *sing*, security devices *pl*; **Sicherheitsglas** NT safety glass; ★ **Sicherheitsgurt** M seat belt; **sicherheitshalber** ADV to be on the safe side; **Sicherheitsnadel** F safety pin; **Sicherheitsrat** M Security Council; **Sicherheitsschloss** NT safety lock; **Sicherheitsspanne** F (*Comm*) margin of safety; **Sicherheitsverschluss** M safety clasp; **Sicherheitsvorkehrung** F safety precaution

sicherlich ADV certainly, surely

sichern VT to secure; (*schützen*) to protect; (*Bergsteiger etc*) to belay; (*Waffe*) to put the safety catch on; (*Comput: Daten*) to back up; **jdm/sich etw ~** to secure sth for sb/for o.s.

sicher|stellen VT to impound; (*garantieren*) to guarantee

Sicherung F (*Sichern*) securing; (*Vorrichtung*) safety device; (*an Waffen*) safety catch; (*Elek*) fuse; **da ist (bei) ihm die ~ durchgebrannt** (*fig: umg*) he blew a fuse

Sicherungskopie F backup copy

Sicht [zɪçt] (-) F sight; (*Aussicht*) view; (*Sehweite*) visibility; **auf** *od* **nach ~** (*Fin*) at sight; **auf lange ~** on a long-term basis; **sichtbar** ADJ visible; **Sichtbarkeit** F visibility

sichten VT to sight; (*auswählen*) to sort out; (*ordnen*) to sift through

Sicht- ZW: **sichtlich** ADJ evident, obvious; **Sichtverhältnisse** PL visibility *sing*; **Sichtvermerk** M visa; **Sichtweite** F visibility; **außer ~** out of sight

sickern [ˈzɪkərn] VI (*Hilfsverb sein*) to seep; (*in Tropfen*) to drip

sie PRON (*sing: nom*) she; (*: akk*) her; (*pl: nom*) they; (*: akk*) them

Sie [zi:] *nom, akk* PRON you

Sieb [zi:p] (**-(e)s, -e**) NT sieve; (*Koch*) strainer; (*Gemüsesieb*) colander

sieben¹ [ˈzi:bən] VT to sieve, to sift; (*Flüssigkeit*) to strain ▸ VI: **bei der Prüfung wird stark gesiebt** (*fig: umg*) the exam will weed a lot of people out

sieben² [ˈzi:bən] NUM seven; **Siebengebirge** NT: **das ~** the Seven Mountains *pl* (*near Bonn*); **siebenhundert** NUM seven hundred; **Siebenmeter** M (*Sport*) penalty; **Siebensachen** PL belongings *pl*; **Siebenschläfer** M (*Zool*) dormouse

siebte(r, s) [ˈzi:ptə(r, s)] ADJ seventh

Siebtel (**-s, -**) NT seventh

★**siebzehn** [ˈzi:ptse:n] NUM seventeen

★**siebzig** [ˈzi:ptsɪç] NUM seventy

siedeln [ˈzi:dəln] VI to settle

sieden [ˈzi:dən] VT, VI to boil

Siedepunkt M boiling point

Siedler (**-s, -**) M settler

Siedlung F settlement; (*Häusersiedlung*) housing estate (BRIT) *od* development (*US*)

Sieg [zi:k] (**-(e)s, -e**) M victory

Siegel [ˈzi:gəl] (**-s, -**) NT seal; **Siegellack** M sealing wax; **Siegelring** M signet ring

siegen [ˈzi:gən] VI to be victorious; (*Sport*) to win; **über jdn/etw ~** (*fig*) to triumph over sb/sth; (*in Wettkampf*) to beat sb/sth

Sieger(in) (**-s, -**) M(F) victor; (*Sport etc*) winner; **Siegerehrung** F (*Sport*) presentation ceremony

siegessicher ADJ sure of victory

Siegeszug M triumphal procession

siegreich ADJ victorious

siehe [ˈzi:ə] IMPERATIV see; (*siehe da*) behold

siehst [zi:st], **sieht** [zi:t] VB *siehe* **sehen**

Siel [zi:l] (**-(e)s, -e**) NT OD M (*Schleuse*) sluice; (*Abwasserkanal*) sewer

★**siezen** [ˈzi:tsən] VT to address as "Sie"; *siehe auch* **duzen**

Signal [zɪˈgna:l] (**-s, -e**) NT signal; **Signalanlage** F signals *pl*, set of signals

signalisieren [zɪgnaliˈzi:rən] VT (*lit, fig*) to signal

Signatur [zɪgnaˈtu:r] F signature; (*Bibliothekssignatur*) shelf mark

Silbe [ˈzɪlbə] (**-, -n**) F syllable; **er hat es mit keiner ~ erwähnt** he didn't say a word about it

★**Silber** [ˈzɪlbər] (**-s**) NT silver; **Silberbergwerk** NT silver mine; **Silberblick** M: **einen ~ haben** to have a slight squint; **Silberhochzeit** F silver wedding; **Silbermedaille** F silver medal

silbern ADJ silver

Silberpapier NT silver paper

Silhouette [ziluˈɛtə] F silhouette

Silikon [ziliˈko:n] (**-s, -e**) NT silicone; **Silikonchip** M silicon chip

Silo [ˈzi:lo] (**-s, -s**) NT OD M silo

★**Silvester** [zɪlˈvɛstər] (**-s, -**) M OD NT New Year's Eve, Hogmanay (SCOT)

> **Silvester** is the German name for New Year's Eve. Although not an official holiday, most businesses close early and shops shut at midday. Most Germans celebrate in the evening and at midnight they let off fireworks and rockets; the revelry usually lasts until the early hours of the morning.

Simbabwe [zɪmˈba:bvə] (**-s**) NT Zimbabwe

SIM-Karte [ˈzɪm-] F SIM card

simpel [ˈzɪmpəl] ADJ simple; **Simpel (-s, -)** (*umg*) M simpleton

Sims [zɪms] (**-es, -e**) NT OD M (*Kaminsims*) mantelpiece; (*Fenstersims*) (window)sill

simsen [ˈzɪmsən] (*umg*) VT, VI to text

Simulant(in) [zimuˈlant(ɪn)] (**-en, -en**) M(F) malingerer

simulieren [zimuˈliːrən] VT to simulate; (*vortäuschen*) to feign ▶ VI to feign illness

simultan [zimʊlˈtaːn] ADJ simultaneous; **Simultandolmetscher** M simultaneous interpreter

sind [zɪnt] VB *siehe* **sein**

Sinfonie [zɪnfoˈniː] F symphony

Singapur [ˈzɪŋgapuːr] (**-s**) NT Singapore

★**singen** [ˈzɪŋən] *unreg* VT, VI to sing

Single[1] [ˈsɪŋgəl] (**-s, -s**) M (*Alleinlebender*) single person

Single[2] [ˈsɪŋgəl] (**-, -s**) F (*Mus*) single

Singsang M (*Gesang*) monotonous singing

Singstimme F vocal part

Singular [ˈzɪŋgulaːr] M singular

Singvogel [ˈzɪŋfoːgəl] M songbird

sinken [ˈzɪŋkən] *unreg* VI to sink; (*Boden, Gebäude*) to subside; (*Fundament*) to settle; (*Preise etc*) to fall, to go down; **den Mut/die Hoffnung ~ lassen** to lose courage/hope

★**Sinn** [zɪn] (**-(e)s, -e**) M mind; (*Wahrnehmungssinn*) sense; (*Bedeutung*) sense, meaning; **im Sinne des Gesetzes** according to the spirit of the law; **~ für etw** sense of sth; **im Sinne des Verstorbenen** in accordance with the wishes of the deceased; **von Sinnen sein** to be out of one's mind; **das ist nicht der ~ der Sache** that is not the point; **~ machen** to make sense; **das hat keinen ~** there is no point in that; **Sinnbild** NT symbol; **sinnbildlich** ADJ symbolic

sinnen *unreg* VI to ponder; **auf etw** *akk* **~** to contemplate sth; **über etw** *akk* **~** to reflect on sth

Sinnenmensch M sensualist

Sinnes- zW: **Sinnesorgan** NT sense organ; **Sinnestäuschung** F illusion; **Sinneswandel** M change of mind

sinngemäß ADJ faithful; (*Wiedergabe*) in one's own words

sinnig ADJ apt; (*ironisch*) clever; **sinnlich** ADJ sensual, sensuous; (*Wahrnehmung*) sensory

Sinn- zW: **Sinnlichkeit** F sensuality; **sinnlos** ADJ senseless; (*zwecklos*) pointless; (*bedeutungslos*) meaningless; **~ betrunken** blind drunk; **Sinnlosigkeit** F senselessness, meaninglessness; **sinnverwandt** ADJ synonymous; **sinnvoll** ADJ meaningful; (*vernünftig*) sensible

Sinologe [zinoˈloːgə] (**-n, -n**) M Sinologist

Sinologie F Sinology

Sinologin F Sinologist

Sintflut [ˈzɪntfluːt] F Flood; **nach uns die ~** (*umg*) it doesn't matter what happens after we've gone; **sintflutartig** ADJ: **sintflutartige Regenfälle** torrential rain *sing*

Sinus [ˈziːnʊs] (**-,** *od* **-se**) M (*Anat*) sinus; (*Math*) sine

Siphon [ziˈfõː] (**-s, -s**) M siphon

Sippe [ˈzɪpə] (**-, -n**) F (extended) family; (*umg: Verwandtschaft*) clan

Sippschaft [ˈzɪpʃaft] (*pej*) F tribe; (*Bande*) gang

Sirene [ziˈreːnə] (**-, -n**) F siren

Sirup [ˈziːrʊp] (**-s, -e**) M syrup

Sit-in [sɪtˈ|ɪn] (**-(s), -s**) NT: **ein ~ machen** to stage a sit-in

Sitte [ˈzɪtə] (**-, -n**) F custom ■ **Sitten** PL morals *pl*; **was sind denn das für Sitten?** what sort of way is that to behave?

Sitten- zW: **Sittenpolizei** F vice squad; **Sittenstrolch** (*umg*) M sex fiend; **Sittenwächter** M (*ironisch*) guardian of public morals; **sittenwidrig** ADJ (*form*) immoral

Sittich [ˈzɪtɪç] (**-(e)s, -e**) M parakeet

Sitt- zW: **sittlich** ADJ moral; **Sittlichkeit** F morality; **Sittlichkeitsverbrechen** NT sex offence (BRIT) *od* offense (US); **sittsam** ADJ modest, demure

Situation [zituatsiˈoːn] F situation

situiert [zituˈiːrt] ADJ: **gut ~ sein** to be well off

★**Sitz** [zɪts] (**-es, -e**) M seat; (*von Firma, Verwaltung*) headquarters *pl*; **der Anzug hat einen guten ~** the suit sits well

★**sitzen** *unreg* VI to sit; (*Bemerkung, Schlag*) to strike home; (*Gelerntes*) to have sunk in; (*umg: im Gefängnis sitzen*) to be inside; **locker ~** to be loose; **einen ~ haben** (*umg*) to have had one too many; **er sitzt im Kultusministerium** (*umg: sein*) he's in the Ministry of Education; **~ bleiben** to remain seated; (*Sch*) to have to repeat a year; **auf etw** *dat* **~ bleiben** to be lumbered with sth; **~ lassen** (*Sch*) to keep down a year; (*Mädchen*) to jilt; (*Wartenden*) to stand up; **etw auf sich** *dat* **~ lassen** to take sth lying down

sitzend ADJ (*Tätigkeit*) sedentary

Sitz- zW: **Sitzfleisch** (*umg*) NT: **~ haben** to be able to sit still; **Sitzgelegenheit** F seats *pl*; **Sitzordnung** F seating plan; **Sitzplatz** M seat; **Sitzstreik** M sit-down strike

Sitzung F meeting

Sizilianer(in) [zitsiliˈaːnər(ɪn)] (**-s, -**) M(F) Sicilian

sizilianisch ADJ Sicilian

Sizilien [ziˈtsiːliən] (**-s**) NT Sicily

Skala [ˈskaːla] (**-, Skalen**) F scale; (*fig*) range

Skalpell [skalˈpɛl] (**-s, -e**) NT scalpel

skalpieren [skalˈpiːrən] VT to scalp

Skandal [skanˈdaːl] (**-s, -e**) M scandal

skandalös [skandaˈløːs] ADJ scandalous

Skandinavien [skandiˈnaːviən] (**-s**) NT Scandinavia

Skandinavier(in) (**-s, -**) M(F) Scandinavian

skandinavisch ADJ Scandinavian

Skat [skaːt] (**-(e)s, -e** *od* **-s**) M (*Karten*) skat

Skateboard [ˈskeːtbɔːrd] (**-s, -s**) NT skateboard; **skateboarden** VI to skateboard

Skelett [skeˈlɛt] (**-(e)s, -e**) NT skeleton

Skepsis [ˈskɛpsɪs] (-) F scepticism (BRIT), skepticism (US)
skeptisch [ˈskɛptɪʃ] ADJ sceptical (BRIT), skeptical (US)
Ski [ʃiː] (-s, -er) M ski; **~ laufen** *od* **fahren** to ski; **Skifahrer(in)** M(F) skier; **Skihütte** F ski hut; **Skiläufer** M skier; **Skilehrer(in)** M(F) ski instructor; **Skilift** M ski lift; **Skipiste** F ski run; **Skispringen** NT ski jumping; **Skistiefel** M ski boot; **Skistock** M ski pole
Skizze [ˈskɪtsə] (-, -n) F sketch
skizzieren [skɪˈtsiːrən] VT to sketch; (*fig: Plan etc*) to outline ▶ VI to sketch
Sklave [ˈsklaːvə] (-n, -n) M slave
Sklaventreiber (-s, -) (*pej*) M slave-driver
Sklaverei [sklaːvəˈraɪ] F slavery
Sklavin F slave
sklavisch ADJ slavish
Skonto [ˈskɔnto] (-s, -s) NT OD M discount
Skorbut [skɔrˈbuːt] (-(e)s) M scurvy
Skorpion [skɔrpiˈoːn] (-s, -e) M scorpion; (*Astrol*) Scorpio
Skrupel [ˈskruːpəl] (-s, -) M scruple; **skrupellos** ADJ unscrupulous
Skulptur [skʊlpˈtuːr] F sculpture
skurril [skʊˈriːl] ADJ (*geh*) droll, comical
Skype® [skaɪp] NT (*Internet, Tel*) Skype®
skypen [ˈskaɪpən] VT (*Internet, Tel*) to skype
SL ABK = **Saarland**
Slalom [ˈslaːlɔm] (-s, -s) M slalom
Slawe [ˈslaːvə] (-n, -n) M Slav
Slawin F Slav
slawisch ADJ Slavonic, Slavic
Slip [slɪp] (-s, -s) M (pair of) briefs *pl*
Slowake [sloˈvaːkə] (-n, -n) M Slovak
Slowakei [slovaˈkaɪ] F Slovakia
Slowakin F Slovak; **slowakisch** ADJ Slovakian; **Slowakisch** [sloˈvaːkɪʃ] NT (*Ling*) Slovak
Slowenien [sloˈveːniən] (-s) NT Slovenia
slowenisch ADJ Slovenian
Smaragd [smaˈrakt] (-(e)s, -e) M emerald
Smartphone NT smartphone
Smoking [ˈsmoːkɪŋ] (-s, -s) M dinner jacket (BRIT), tuxedo (US)
SMS (-, -) F ABK (= *Short Message Service*) text message; **jdm eine ~ schicken** to send sb a text; **SMS-Nachricht** F text message
SN ABK = **Sachsen**
Snob [snɔp] (-s, -s) M snob
Snowboard (-s, -s) NT snowboard; **snowboarden** VI to snowboard

so [zoː]

ADV **1** (*so sehr*) so; **so groß/schön** *etc* so big/nice *etc*; **so groß/schön wie ...** as big/nice as ...; **das hat ihn so geärgert, dass ...** that annoyed him so much that ...; **so viel (wie)** as much as; **rede nicht so viel** don't talk so much; **so weit sein** to be ready; **so weit wie** *od* **als möglich** as far as possible; **ich bin so weit zufrieden** by and large I'm quite satisfied; **es ist bald so weit** it's nearly time; **so wenig (wie)** no more (than), not any more (than); **so wenig wie möglich** as little as possible; **so ein ...** such a ...; **so einer wie ich** somebody like me; **so (et)was** something like this/that; **na so was!** well I never!
2 (*auf diese Weise*) like this; **so genannt** so-called; **mach es nicht so** don't do it like that; **so oder so** (in) one way or the other; **... oder so** something (like that); **und so weiter** and so on; **... oder so was** ... or something like that; **das ist gut so** that's fine; **sie ist nun einmal so** that's just the way she is; **das habe ich nur so gesagt** I didn't really mean it
3 (*umg: umsonst*): **ich habe es so bekommen** I got it for nothing
4 (*als Füllwort: nicht übersetzt*): **so mancher** a number of people *pl*
▶ KONJ: **so wie es jetzt ist** as things are at the moment
▶ INTERJ: **so?** really?; **so, das wärs** right, that's it then

★**SO** ABK (= *Südost(en)*) SE
★**So.** ABK = **Sonntag**
s. o. ABK (= *siehe oben*) see above
★**sobald** [zoˈbalt] KONJ as soon as
Social Media PL social media
Söckchen [zœkçən] NT ankle sock
★**Socke** [ˈzɔkə] (-, -n) F sock; **sich auf die Socken machen** (*umg*) to get going
Sockel [ˈzɔkəl] (-s, -) M pedestal, base
sodass [zoˈdas] KONJ so that
Sodawasser [ˈzoːdavasər] NT soda water
Sodbrennen [ˈzoːtbrɛnən] (-s) NT heartburn
Sodomie [zodoˈmiː] F bestiality
soeben [zoˈ|eːbən] ADV just (now)
★**Sofa** [ˈzoːfa] (-s, -s) NT sofa
Sofabett NT sofa bed, bed settee
sofern [zoˈfɛrn] KONJ if, provided (that)
soff *etc* [zɔf] VB *siehe* **saufen**
★**sofort** [zoˈfɔrt] ADV immediately, at once; **(ich) komme ~!** (I'm) just coming!; **Soforthilfe** F emergency relief *od* aid; **Soforthilfegesetz** NT law on emergency aid
sofortig ADJ immediate
Sofortmaßnahme F immediate measure
Sofortnachricht [zoˈfɔrtnaːxrɪçt] F instant message
Softeis [ˈsɔft|aɪs] (-es) NT soft ice-cream
Softie [ˈzɔftiː] (-s, -s) (*umg*) M softy
Software [ˈzɔftwɛːər] (-, -s) F software; **softwarekompatibel** ADJ software compatible; **Softwarepaket** NT software package
sog *etc* [zoːk] VB *siehe* **saugen**
Sog (-(e)s, -e) M suction; (*von Strudel*) vortex; (*fig*) maelstrom
sog. ABK = **sogenannt**
sogar [zoˈgaːr] ADV even

S

sogenannt [ˈzoːgənant] ADJ *attrib* so-called
★**sogleich** [zoˈglaɪç] ADV straight away, at once
Sogwirkung F suction; (*fig*) knock-on effect
Sohle [ˈzoːlə] (**-, -n**) F (*Fußsohle*) sole; (*Talsohle etc*) bottom; (*Min*) level; **auf leisen Sohlen** (*fig*) softly, noiselessly
★**Sohn** [zoːn] (**-(e)s, Söhne**) M son
Soja [ˈzoːja] (**-, Sojen**) F soya; **Sojasoße** F soy *od* soya sauce; **Sojasprossen** PL bean sprouts *pl*
solang, solange KONJ as *od* so long as
Solar- [zoˈlaːr] IN ZW solar; **Solarenergie** F solar energy; **Solarium** [zoˈlaːriʊm] NT solarium; **Solarzelle** F solar cell
Solbad [ˈzoːlbaːt] NT saltwater bath
solch [zɔlç] ADJ *unver* such
solche(r, s) ADJ such; **ein solcher Mensch** such a person
Sold [zɔlt] (**-(e)s, -e**) M pay
★**Soldat** [zɔlˈdaːt] (**-en, -en**) M soldier; **soldatisch** ADJ soldierly
Söldner [ˈzœldnər] (**-s, -**) M mercenary
Sole [ˈzoːlə] (**-, -n**) F brine, salt water
Solei [ˈzoːlaɪ] NT pickled egg
Soli [ˈzoːli] PL *von* **Solo**
solid [zoˈliːd], **solide** [zoˈliːdə] ADJ solid; (*Arbeit, Wissen*) sound; (*Leben, Person*) staid, respectable
solidarisch [zoliˈdaːrɪʃ] ADJ in *od* with solidarity; **sich ~ erklären** to declare one's solidarity
solidarisieren [zolidariˈziːrən] VR: **sich ~ mit** to show (one's) solidarity with
Solidarität [zolidariˈtɛːt] F solidarity
Solidaritätsstreik M sympathy strike
Solist(in) [zoˈlɪst(ɪn)] M(F) (*Mus*) soloist
soll VB *siehe* **sollen**
Soll [zɔl] (**-(s), -(s)**) NT (*Fin*) debit (side); (*Arbeitsmenge*) quota, target; **~ und Haben** debit and credit

sollen [ˈzɔlən]

(*pt* **sollte**, *pp* **gesollt**, *als Hilfsverb* **sollen**) HILFSVERB **1** (*Pflicht, Befehl*) be supposed to; **du hättest nicht gehen sollen** you shouldn't have gone, you oughtn't to have gone; **er sollte eigentlich morgen kommen** he was supposed to come tomorrow; **soll ich?** shall I?; **soll ich dir helfen?** shall I help you?; **sag ihm, er soll warten** tell him he's to wait; **was soll ich machen?** what should I do?; **mir soll es gleich sein** it's all the same to me; **er sollte sie nie wiedersehen** he was never to see her again
2 (*Vermutung*): **sie soll verheiratet sein** she's said to be married; **was soll das heißen?** what's that supposed to mean?; **man sollte glauben, dass ...** you would think that ...; **sollte das passieren, ...** if that should happen ...
▸ VT, VI: **was soll das?** what's all this about *od* in aid of?; **das sollst du nicht** you shouldn't do that; **was solls?** what the hell!

sollte *etc* [ˈzɔltə] VB *siehe* **sollen**
solo ADV (*Mus*) solo; (*fig: umg*) on one's own, alone
Solo [ˈzoːlo] (**-s, -s** *od* **Soli**) NT solo
solvent [zɔlˈvɛnt] ADJ (*Fin*) solvent
Solvenz [zɔlˈvɛnts] F (*Fin*) solvency
Somalia [zoˈmaːlia] (**-s**) NT Somalia
somit [zoˈmɪt] KONJ and so, therefore
★**Sommer** [ˈzɔmər] (**-s, -**) M summer; **~ wie Winter** all year round; ★**Sommerferien** PL summer holidays *pl* (BRIT) *od* vacation *sing* (US); (*Jur, Parl*) summer recess *sing*; **sommerlich** ADJ summer *attrib*; (*sommerartig*) summery; **Sommerloch** NT silly season; **Sommerreifen** M normal tyre (BRIT) *od* tire (US); **Sommerschlussverkauf** M summer sale; **Sommersemester** NT (*Univ*) summer semester (*bes US*), ≈ summer term (BRIT); **Sommersprossen** PL freckles *pl*; **Sommerzeit** F summertime
Sonate [zoˈnaːtə] (**-, -n**) F sonata
Sonde [ˈzɔndə] (**-, -n**) F probe
Sonder- [ˈzɔndər] IN ZW special; **Sonderanfertigung** F special model; ★**Sonderangebot** NT special offer; **Sonderausgabe** F special edition; **sonderbar** ADJ strange, odd; **Sonderbeauftragte(r)** F(M) (*Pol*) special emissary; **Sonderbeitrag** M (special) feature; **Sonderfahrt** F special trip; **Sonderfall** M special case; **sondergleichen** ADJ *unver* without parallel, unparalleled; **eine Frechheit ~** the height of cheek; **sonderlich** ADJ particular; (*außergewöhnlich*) remarkable; (*eigenartig*) peculiar; **Sonderling** M eccentric; **Sondermarke** F special issue (stamp); **Sondermüll** M dangerous waste
★**sondern** KONJ but ▸ VT to separate; **nicht nur ..., ~ auch** not only ..., but also
Sonder- ZW: ★**Sonderpreis** M special price **Sonderregelung** F special provision; **Sonderschule** F special school; **Sondervergünstigungen** PL perquisites *pl*, perks *pl* (*bes* BRIT); **Sonderwünsche** PL special requests *pl*; **Sonderzug** M special train
sondieren [zɔnˈdiːrən] VT to suss out; (*Gelände*) to scout out
Sonett [zoˈnɛt] (**-(e)s, -e**) NT sonnet
★**Sonnabend** [ˈzɔn|aːbənt] M Saturday; *siehe auch* **Dienstag**
★**Sonne** [ˈzɔnə] (**-, -n**) F sun; **an die ~ gehen** to go out in the sun
★**sonnen** VR to sun o.s.; **sich in etw** *dat* **~** (*fig*) to bask in sth
Sonnen- ZW: **Sonnenaufgang** M sunrise; **sonnenbaden** VI to sunbathe; **Sonnenblume** F sunflower; ★**Sonnenbrand** M sunburn ★**Sonnenbrille** F sunglasses *pl*; ★**Sonnencreme** F suntan lotion; **Sonnenenergie** F solar energy; **Sonnenfinsternis** F solar eclipse; **Sonnenfleck** M sunspot; **sonnengebräunt** ADJ suntanned; **sonnenklar** ADJ crystal-clear; **Sonnenkollektor** M solar panel; **Sonnenkraftwerk** NT solar power station; ★**Sonnenmilch** F suntan lotion; **Sonnenöl** NT suntan oil ★**Sonnenschein** M sunshine; **Sonnenschirm**

M sunshade; **Sonnenschutzmittel** NT sunscreen; ★ **Sonnenstich** M sunstroke; **du hast wohl einen ~!** (*hum: umg*) you must have been out in the sun too long!; **Sonnensystem** NT solar system; **Sonnenuhr** F sundial; **Sonnenuntergang** M sunset; **Sonnenwende** F solstice

onnig [ˈzɔnɪç] ADJ sunny

onntag [ˈzɔntaːk] M Sunday; *siehe auch* **Dienstag**

onntäglich ADJ *attrib*: **~ gekleidet** dressed in one's Sunday best

onntags ADV (on) Sundays

onntagsdienst M: **~ haben** (*Apotheke*) to be open on Sundays

onntagsfahrer(in) (*pej*) M(F) Sunday driver

onst [zɔnst] ADV otherwise; (*mit pron, in Fragen*) else; (*zu anderer Zeit*) at other times; (*gewöhnlich*) usually, normally ▸ KONJ otherwise; **er denkt, er ist ~ wer** (*umg*) he thinks he's somebody special; **~ gehts dir gut?** (*ironisch: umg*) are you feeling okay?; **wenn ich Ihnen ~ noch behilflich sein kann** if I can help you in any other way; **~ noch etwas?** anything else?; **~ nichts** nothing else; **~ jemand** (*umg*) anybody (at all); **da kann ja ~ was passieren** (*umg*) anything could happen; **~ wo** (*umg*) somewhere else; **~ woher** (*umg*) from somewhere else; **~ wohin** (*umg*) somewhere else

onstig ADJ other; **„Sonstiges"** "other"

ooft [zoˈ|ɔft] KONJ whenever

opran [zoˈpraːn] **(-s, -e)** M soprano (voice)

opranistin [zopraˈnɪstɪn] F soprano (singer)

orge [ˈzɔrgə] **(-, -n)** F care, worry; **dafür ~ tragen, dass …** (*geh*) to see to it that …

orgen VI: **für jdn ~** to look after sb ▸ VR: **sich ~ (um)** to worry (about); **für etw ~** to take care of *od* see to sth; **dafür ~, dass …** to see to it that …; **dafür ist gesorgt** that's taken care of

orgen- ZW: **sorgenfrei** ADJ carefree; **Sorgenkind** NT problem child; **sorgenvoll** ADJ troubled, worried

orgerecht **(-(e)s)** NT custody (of a child)

orgfalt [ˈzɔrkfalt] (-) F care(fulness); **viel ~ auf etw** *akk* **verwenden** to take a lot of care over sth

orgfältig ADJ careful

orglos ADJ careless; (*ohne Sorgen*) carefree

orgsam ADJ careful

orte [ˈzɔrtə] **(-, -n)** F sort; (*Warensorte*) brand ▪ **Sorten** PL (*Fin*) foreign currency *sing*

ortieren [zɔrˈtiːrən] VT to sort (out); (*Comput*) to sort

ortiermaschine F sorting machine

ortiment [zɔrtiˈmɛnt] NT assortment

OS [ɛs|oːˈ|ɛs] NT ABK SOS

osehr [zoˈzeːr] KONJ as much as

oso [zoˈzoː] INTERJ: **~!** I see!; (*erstaunt*) well, well!; (*drohend*) well!

oße [ˈzoːsə] **(-, -n)** F sauce; (*Bratensoße*) gravy

ouffleur [zuˈfløːr] M prompter

ouffleuse [zuˈfløːzə] F prompter

soufflieren [zuˈfliːrən] VT, VI to prompt

soundso [ˈzoː|ʊntˈzoː] ADV: **~ lange** for such and such a time

soundsovielte(r, s) ADJ: **am Soundsovielten** (*Datum*) on such and such a date

Souterrain [zutɛˈrɛ̃ː] **(-s, -s)** NT basement

★ **Souvenir** [zuvəˈniːr] **(-s, -s)** NT souvenir

souverän [zuvəˈrɛːn] ADJ sovereign; (*überlegen*) superior; (*fig*) supremely good

soviel [zoˈfiːl] KONJ as far as

soweit [zoˈvaɪt] KONJ as far as

sowenig [zoˈveːnɪç] KONJ however little

sowie [zoˈviː] KONJ (*sobald*) as soon as; (*ebenso*) as well as

sowieso [zoviˈzoː] ADV anyway

Sowjetbürger M (*früher*) Soviet citizen

sowjetisch [zɔˈvjɛtɪʃ] ADJ (*früher*) Soviet

Sowjet- ZW: **Sowjetrepublik** F Soviet Republic; **Sowjetrusse** M Soviet Russian; **Sowjetunion** F Soviet Union

sowohl [zoˈvoːl] KONJ: **~ … als** *od* **wie auch …** both … and …

soz. ABK = **sozial; sozialistisch**

sozial [zotsiˈaːl] ADJ social; **~ eingestellt** public-spirited; **~ verträglich** socially acceptable; **sozialer Wohnungsbau** public-sector housing (programme); **soziales Netzwerk** social networking site; **soziale Medien** social media; **Sozialabbau** M public-spending cuts *pl*; **Sozialabgaben** PL National Insurance contributions *pl* (BRIT), Social Security contributions *pl* (US); **Sozialamt** NT (social) welfare office; **Sozialarbeiter** M social worker; **Sozialberuf** M caring profession; **Sozialdemokrat** M social democrat; **Sozialhilfe** F welfare (aid)

Sozialisation [zotsializatsiˈoːn] F (*Psych, Soziologie*) socialization

sozialisieren [zotsialiˈziːrən] VT to socialize

Sozialismus [zotsiaˈlɪsmʊs] M socialism

Sozialist(in) [zotsiaˈlɪst(ɪn)] M(F) socialist

sozialistisch ADJ socialist

Sozial- ZW: ★ **Sozialkunde** F social studies *sing*; **Sozialleistungen** PL social security contributions (*from the state and employer*); **Sozialplan** M redundancy payments scheme; **Sozialpolitik** F social welfare policy; **Sozialprodukt** NT (gross *od* net) national product; **Sozialstaat** M welfare state; **Sozialversicherung** F national insurance (BRIT), social security (US); **sozialverträglich** ADJ *siehe* **sozial**; **Sozialwohnung** F ≈ council flat (BRIT), state-subsidized apartment (US)

A **Sozialwohnung** is a council house or flat let at a fairly low rent to people on low income. They are built using public funds and people wishing to apply for one have to be means-tested.

Soziologe [zotsioˈloːgə] **(-n, -n)** M sociologist

Soziologie [zotsioloˈgiː] F sociology

Soziologin [zotsioˈloːgɪn] F sociologist

S

soziologisch [zotsio'lo:gɪʃ] ADJ sociological
Sozius ['zo:tsiʊs] (-, **-se**) M (*Comm*) partner; (*Motorrad*) pillion rider; **Soziussitz** M pillion (seat)
sozusagen [zotsu'za:gən] ADV so to speak
Spachtel ['ʃpaxtəl] (**-s**, -) M spatula
spachteln VT (*Mauerfugen, Ritzen*) to fill (in) ▸ VI (*umg: essen*) to tuck in
Spagat [ʃpa'ga:t] (**-s**, **-e**) M OD NT splits *pl*
Spaghetti, Spagetti [ʃpa'gɛti] PL spaghetti *sing*
spähen ['ʃpɛ:ən] VI to peep, to peek
Spalier [ʃpa'li:r] (**-s**, **-e**) NT (*Gerüst*) trellis; (*Leute*) guard of honour (BRIT) *od* honor (US); **~ stehen, ein ~ bilden** to form a guard of honour (BRIT) *od* honor (US)
Spalt [ʃpalt] (**-(e)s**, **-e**) M crack; (*Türspalt*) chink; (*fig: Kluft*) split
Spalte (-, **-n**) F crack, fissure; (*Gletscherspalte*) crevasse; (*in Text*) column
spalten VT, VR (*lit, fig*) to split
Spaltung F splitting
Spam [spɛm] (**-s**, **-s**) NT (*Comput*) spam
Spamfilter ['spɛmfɪltər] M spam filter *od* blocker
spammen ['spɛmən] VT, VI to spam
Span [ʃpa:n] (**-(e)s**, **Späne**) M shaving
Spanferkel NT sucking pig
Spange ['ʃpaŋə] (-, **-n**) F clasp; (*Haarspange*) hair slide; (*Schnalle*) buckle; (*Armspange*) bangle
Spaniel ['ʃpa:niəl] (**-s**, **-s**) M spaniel
★**Spanien** ['ʃpa:niən] (**-s**) NT Spain
★**Spanier(in)** (**-s**, -) M(F) Spaniard
★**spanisch** ADJ Spanish; **das kommt mir ~ vor** (*umg*) that seems odd to me; **spanische Wand** (folding) screen
spann [ʃpan] VB *siehe* **spinnen**
Spann (**-(e)s**, **-e**) M instep
Spannbeton (**-s**) M prestressed concrete
Spanne (-, **-n**) F (*Zeitspanne*) space; (*Differenz*) gap
spannen VT (*straffen*) to tighten, to tauten; (*befestigen*) to brace ▸ VI to be tight
★**spannend** ADJ exciting, gripping; **machs nicht so ~!** (*umg*) don't keep me *etc* in suspense!
Spanner (**-s**, -) (*umg*) M (*Voyeur*) peeping Tom
Spannkraft F elasticity; (*fig*) energy
Spannung F tension; (*Elek*) voltage; (*fig*) suspense; (*unangenehm*) tension
Spannungsgebiet NT (*Pol*) flashpoint, area of tension
Spannungsprüfer M voltage detector
Spannweite F (*von Flügeln, Aviat*) (wing)span
Spanplatte F chipboard
Sparbuch NT savings book
Sparbüchse F moneybox
★**sparen** ['ʃpa:rən] VT, VI to save; **sich** *dat* **etw ~** to save o.s. sth; (*Bemerkung*) to keep sth to o.s.; **mit etw ~** to be sparing with sth; **an etw** *dat* **~** to economize on sth

Sparer(in) (**-s**, -) M(F) (*bei Bank etc*) saver
Sparflamme F low flame; **auf ~** (*fig: umg*) just ticking over
Spargel ['ʃpargəl] (**-s**, -) M asparagus
Spar- ZW: **Spargroschen** M nest egg; ★**Sparkasse** F savings bank; **Sparkonto** NT savings account
spärlich ['ʃpɛ:rlɪç] ADJ meagre (BRIT), meager (US); (*Bekleidung*) scanty; (*Beleuchtung*) poor
Spar- ZW: **Sparmaßnahme** F economy measure; **Sparpackung** F economy size; **sparsam** ADJ economical, thrifty; **~ im Verbrauch** economical; **Sparsamkeit** F thrift, economizing; **Sparschwein** NT piggy bank
Sparte ['ʃpartə] (-, **-n**) F field; (*Comm*) line of business; (*Presse*) column
Sparvertrag M savings agreement
Spaß [ʃpa:s] (**-es**, **Späße**) M joke; (*Freude*) fun; **~ muss sein** there's no harm in a joke; **jdm ~ machen** to be fun (for sb); **viel ~!** have fun!
spaßen VI to joke; **mit ihm ist nicht zu ~** you can't take liberties with him
spaßeshalber ADV for the fun of it
spaßig ADJ funny, droll
Spaß- ZW: **Spaßmacher** M joker, funny man; **Spaßverderber** (**-s**, -) M spoilsport; **Spaßvogel** M joker
Spastiker(in) ['ʃpastikər(ɪn)] M(F) (*pej*) spastic (*pej*)
spät [ʃpɛ:t] ADJ, ADV late; **heute Abend wird es ~** it'll be a late night tonight
Spaten ['ʃpa:tən] (**-s**, -) M spade; **Spatenstich** M: **den ersten ~ tun** to turn the first sod
Spätentwickler M late developer
später ADJ, ADV later; **an ~ denken** to think of the future; **bis ~!** see you later!
spätestens ADV at the latest
Spatz [ʃpats] (**-en**, **-en**) M sparrow
★**spazieren** [ʃpa'tsi:rən] VI (*Hilfsverb sein*) to stroll; **~ fahren** to go for a drive; **~ gehen** to go for a walk
Spazier- ZW: ★**Spaziergang** M walk; **einen ~ machen** to go for a walk; **Spaziergänger(in)** M(F) stroller; **Spazierstock** M walking stick; **Spazierweg** M path, walk
SPD (-) F ABK (= *Sozialdemokratische Partei Deutschlands*) German Social Democratic Party

> The **SPD** (*Sozialdemokratische Partei Deutschlands*), the centre-left German Social Democratic Party, was formed in 1945. There have been three chancellors from the SPD, including Willy Brandt (1969–1974), Helmut Schmidt (1974–1982) and Gerhard Schröder (1998–2005).

Specht [ʃpɛçt] (**-(e)s**, **-e**) M woodpecker
★**Speck** [ʃpɛk] (**-(e)s**, **-e**) M bacon; **mit ~ fängt man Mäuse** (*Sprichwort*) you need a sprat to catch a mackerel; **ran an den ~** (*umg*) let's get stuck in
Spediteur [ʃpedi'tø:r] M carrier; (*Möbelspediteur*) furniture remover

Spedition [ʃpeditsi'o:n] F carriage; (*Speditionsfirma*) road haulage contractor; (*Umzugsfirma*) removal (BRIT) *od* moving (*US*) firm

Speer [ʃpe:r] (**-(e)s, -e**) M spear; (*Sport*) javelin; **Speerwerfen** NT: **das ~** throwing the javelin

Speiche ['ʃpaɪçə] (**-, -n**) F spoke

Speichel ['ʃpaɪçəl] (**-s**) M saliva, spit, spittle; **Speichellecker** (*pej, umg*) M bootlicker

Speicher ['ʃpaɪçər] (**-s, -**) M storehouse; (*Dachspeicher*) attic, loft; (*Kornspeicher*) granary; (*Wasserspeicher*) tank; (*Tech*) store; (*Comput*) memory; **Speicherauszug** M (*Comput*) dump; **Speicherkarte** F memory card; ⋆ **speichern** VT (*auch Comput*) to store; (*sichern*) to save

speien ['ʃpaɪən] *unreg* VT, VI to spit; (*erbrechen*) to vomit; (*Vulkan*) to spew

Speise ['ʃpaɪzə] (**-, -n**) F food; (*Gericht*) dish; **kalte und warme Speisen** hot and cold meals; ⋆ **Speiseeis** NT ice-cream; **Speisefett** NT cooking fat; **Speisekammer** F larder, pantry; ⋆ **Speisekarte** F menu

speisen VT to eat ▸ VI to dine

Speise- ZW: **Speiseöl** NT salad oil; (*zum Braten*) cooking oil; **Speiseröhre** F (*Anat*) gullet, oesophagus (BRIT), esophagus (*US*); ⋆ **Speisesaal** M dining room; **Speisewagen** M dining car; **Speisezettel** M menu

Spektakel [ʃpɛk'ta:kəl] (**-s, -**) M (*umg*: *Lärm*) row ▸ NT spectacle

spektakulär [ʃpɛktaku'lɛ:r] ADJ spectacular

Spektrum ['ʃpɛktrʊm] (**-s, -tren**) NT spectrum

Spekulant(in) [ʃpeku'lant(ɪn)] M(F) speculator

Spekulation [ʃpekulatsi'o:n] F speculation

Spekulatius [ʃpeku'la:tsiʊs] (**-, -**) M spiced biscuit (BRIT) *od* cookie (*US*)

spekulieren [ʃpeku'li:rən] VI (*fig*) to speculate; **auf etw** *akk* **~** to have hopes of sth

Spelunke [ʃpe'lʊŋkə] (**-, -n**) F dive

spendabel [ʃpɛn'da:bəl] (*umg*) ADJ generous, open-handed

Spende ['ʃpɛndə] (**-, -n**) F donation

spenden VT to donate, to give

The German word **spenden** does not mean *to spend* in English.

Spenden- ZW: **Spendenkonto** NT donations account; **Spendenwaschanlage** F donation-laundering organization

Spender(in) (**-s, -**) M(F) donator; (*Med*) donor

spendieren [ʃpɛn'di:rən] VT to pay for, to buy; **jdm etw ~** to treat sb to sth, to stand sb sth

Sperling ['ʃpɛrlɪŋ] M sparrow

Sperma ['spɛrma] (**-s, Spermen**) NT sperm

sperrangelweit ['ʃpɛr'|aŋəl'vaɪt] ADJ wide-open

Sperrbezirk M no-go area

Sperre (**-, -n**) F barrier; (*Verbot*) ban; (*Polizeisperre*) roadblock

sperren ['ʃpɛrən] VT to block; (*Comm*: *Konto*) to freeze; (*Comput*: *Daten*) to disable; (*Sport*) to suspend, to bar; (: *vom Ball*) to obstruct; (*einschließen*) to lock; (*verbieten*) to ban ▸ VR to baulk, to jibe

Sperr- ZW: **Sperrfeuer** NT (*Mil, fig*) barrage; **Sperrfrist** F (*auch Jur*) waiting period; (*Sport*) (period of) suspension; **Sperrgebiet** NT prohibited area; **Sperrgut** NT bulky freight; **Sperrholz** NT plywood

sperrig ADJ bulky

Sperr- ZW: **Sperrkonto** NT blocked account; **Sperrsitz** M (*Theat*) stalls *pl* (BRIT), orchestra (*US*); **Sperrstunde** F closing time; **Sperrzeit** F closing time; **Sperrzone** F exclusion zone

Spesen ['ʃpe:zən] PL expenses *pl*; **Spesenabrechnung** F expense account

Spessart ['ʃpɛsart] (**-s**) M Spessart (Mountains *pl*)

Spezi ['ʃpe:tsi] (**-s, -s**) (*umg*) M pal, mate (BRIT)

Spezial- [ʃpetsi'a:l] IN ZW special; **Spezialausbildung** F specialized training

spezialisieren [ʃpetsiali'zi:rən] VR to specialize

Spezialisierung F specialization

Spezialist(in) [ʃpetsia'lɪst(ɪn)] M(F): **~ (für)** specialist (in)

Spezialität [ʃpetsiali'tɛ:t] F speciality (BRIT), specialty (*US*)

speziell [ʃpetsi'ɛl] ADJ special ▸ ADV especially

Spezifikation [ʃpetsifikatsi'o:n] F specification

spezifisch [ʃpe'tsi:fɪʃ] ADJ specific

Sphäre ['sfɛ:rə] (**-, -n**) F sphere

spicken ['ʃpɪkən] VT to lard ▸ VI (*Sch*) to copy, to crib

Spickzettel M (*Sch*: *umg*) crib

spie *etc* [ʃpi:] VB *siehe* **speien**

⋆ **Spiegel** ['ʃpi:gəl] (**-s, -**) M mirror; (*Wasserspiegel*) level; (*Mil*) tab; **Spiegelbild** NT reflection; **spiegelbildlich** ADJ reversed

⋆ **Spiegelei** ['ʃpi:gəl|aɪ] NT fried egg

spiegeln VT to mirror, to reflect ▸ VR to be reflected ▸ VI to gleam; (*widerspiegeln*) to be reflective

Spiegelreflexkamera F reflex camera

Spiegelschrift F mirror writing

Spiegelung F reflection

spiegelverkehrt ADJ in mirror image

⋆ **Spiel** [ʃpi:l] (**-(e)s, -e**) NT game; (*Schauspiel*) play; (*Tätigkeit*) play(ing); (*Karten*) pack (BRIT), deck (*US*); (*Tech*) (free) play; **leichtes ~ (bei** *od* **mit jdm) haben** to have an easy job of it (with sb); **die Hand** *od* **Finger im ~ haben** to have a hand in affairs; **jdn/etw aus dem ~ lassen** to leave sb/sth out of it; **auf dem ~(e) stehen** to be at stake; **Spielautomat** M gambling machine; (*zum Geldgewinnen*) slot machine, fruit machine (BRIT); **Spielbank** F casino; **Spieldose** F musical box (BRIT), music box (*US*)

⋆ **spielen** VT, VI to play; (*um Geld*) to gamble; (*Theat*) to perform, to act; **was wird hier gespielt?** (*umg*) what's going on here?

spielend ADV easily

S

Spieler(in) (**-s, -**) M(F) player; (*um Geld*) gambler
Spielerei [ʃpi:lə'raɪ] F (*Kinderspiel*) child's play
spielerisch ADJ playful; (*Leichtigkeit*) effortless; **spielerisches Können** skill as a player; (*Theat*) acting ability
Spiel- zW: **Spielfeld** NT pitch, field; **Spielfilm** M feature film; **Spielgeld** NT (*Einsatz*) stake; (*unechtes Geld*) toy money; **Spielkarte** F playing card; **Spielkasino** NT casino; **Spielkonsole** F games console; **Spielmannszug** M (brass) band; **Spielplan** M (*Theat*) programme (BRIT), program (US); ★ **Spielplatz** M playground; **Spielraum** M room to manoeuvre (BRIT) *od* maneuver (US), scope; **Spielregel** F (*lit, fig*) rule of the game; **Spielsachen** PL toys *pl*; **Spielshow** F gameshow; **Spielstand** M score; **Spielstraße** F play street; **Spielsucht** F addiction to gambling; **Spielverderber** (**-s, -**) M spoilsport; **Spielwaren** PL toys *pl*; **Spielzeit** F (*Saison*) season; (*Spieldauer*) playing time; ★ **Spielzeug** NT toy; (*Spielsachen*) toys *pl*
Spieß [ʃpi:s] (**-es, -e**) M spear; (*Bratspieß*) spit; (*Mil: umg*) sarge; **den ~ umdrehen** (*fig*) to turn the tables; **wie am ~(e) schreien** (*umg*) to squeal like a stuck pig; **Spießbraten** M joint roasted on a spit
Spießbürger (**-s, -**) M bourgeois
Spießer (**-s, -**) M bourgeois
Spikes [spaɪks] PL (*Sport*) spikes *pl*; (*Aut*) studs *pl*; **Spikesreifen** M studded tyre (BRIT) *od* tire (US)
Spinat [ʃpi'na:t] (**-(e)s, -e**) M spinach
Spind [ʃpɪnt] (**-(e)s, -e**) M OD NT locker
spindeldürr ['ʃpɪndəl'dʏr] (*pej*) ADJ spindly, thin as a rake
Spinne ['ʃpɪnə] (**-, -n**) F spider; **spinnefeind** (*umg*) ADJ: **sich** *od* **einander** *dat* **~ sein** to be deadly enemies
spinnen *unreg* VT to spin ▶ VI (*umg*) to talk rubbish; (*verrückt*) to be crazy *od* mad; **du spinnst!** you must be mad; **ich denk ich spinne** (*umg*) I don't believe it
Spinnengewebe NT cobweb
Spinner(in) (**-s, -**) M(F) (*fig: umg*) screwball, crackpot
Spinnerei [ʃpɪnə'raɪ] F spinning mill
Spinn- zW: **Spinngewebe** NT cobweb; **Spinnrad** NT spinning wheel; **Spinnwebe** F cobweb
Spion [ʃpi'o:n] (**-s, -e**) M spy; (*in Tür*) spyhole
Spionage [ʃpio'na:ʒə] (**-**) F espionage; **Spionageabwehr** F counterintelligence; **Spionagesatellit** M spy satellite; **Spionagesoftware** [ʃpio'na:ʒəzɔftwɛ:ər] F (*Comput*) spyware
spionieren [ʃpio'ni:rən] VI to spy
Spionin F (woman) spy
Spirale [ʃpi'ra:lə] (**-, -n**) F spiral; (*Med*) coil
Spirituosen [ʃpiritu'o:zən] PL spirits *pl*
Spiritus ['ʃpi:ritʊs] (**-, -se**) M (methylated) spirits *pl*; **Spirituskocher** M spirit stove
spitz ADJ pointed; (*Winkel*) acute; (*fig: Zunge*) sharp; (*: Bemerkung*) caustic
Spitz [ʃpɪts] (**-es, -e**) M (*Hund*) spitz
Spitz- zW: **spitz|bekommen** *unreg* VT: **etw ~** (*umg*) to get wise to sth; **Spitzbogen** M pointed arch; **Spitzbube** M rogue
★ **spitze** ADJ *unver* (*umg: prima*) great
★ **Spitze** (**-, -n**) F point, tip; (*Bergspitze*) peak; (*Bemerkung*) taunt; (*fig: Stichelei*) dig; (*erster Platz*) lead, top; (*meist pl: Gewebe*) lace; **etw auf die ~ treiben** to carry sth too far
Spitzel (**-s, -**) M police informer
spitzen VT to sharpen; (*Lippen, Mund*) to purse; (*lit, fig: Ohren*) to prick up
Spitzen- IN ZW top; **Spitzenleistung** F top performance; **Spitzenlohn** M top wages *pl*; **Spitzenmarke** F brand leader; **spitzenmäßig** ADJ really great; **Spitzenposition** F leading position; **Spitzenreiter** M (*Sport*) leader; (*fig: Kandidat*) front runner; (*Ware*) top seller; (*Schlager*) number one; **Spitzensportler** M top-class sportsman; **Spitzenverband** M leading organization; **Spitzenverdiener(in)** M(F) top earner
★ **Spitzer** (**-s, -**) M sharpener
spitzfindig ADJ (over)subtle
Spitzmaus F shrew
Spitzname M nickname
Spleen [ʃpli:n] (**-s, -e** *od* **-s**) M (*Angewohnheit*) crazy habit; (*Idee*) crazy idea; (*Fimmel*) obsession
Splitt [ʃplɪt] (**-s, -e**) M stone chippings *pl*; (*Streumittel*) grit
Splitter (**-s, -**) M splinter; **Splittergruppe** F (*Pol*) splinter group; **splitternackt** ADJ stark naked
SPÖ (**-**) F ABK (= *Sozialdemokratische Partei Österreichs*) Austrian Socialist Party
sponsern ['ʃpɔnzərn] VT to sponsor
Sponsor ['ʃpɔnzɔr] (**-s, -en**) M sponsor
spontan [ʃpɔn'ta:n] ADJ spontaneous
sporadisch [ʃpo'ra:dɪʃ] ADJ sporadic
Sporen ['ʃpo:rən] PL (*auch Bot, Zool*) spurs *pl*
★ **Sport** [ʃpɔrt] (**-(e)s, -e**) M sport; (*fig*) hobby; **treiben Sie ~?** do you do any sport?; **Sportabzeichen** NT sports certificate; **Sportartikel** PL sports equipment *sing*; **Sportfest** NT sports gala; (*Sch*) sports day (BRIT); **Sportgeist** M sportsmanship; **Sportgetränk** ['ʃpɔrtgətrɛŋk] NT sports drink; **Sporthalle** F sports hall; **Sportklub** M sports club; **Sportlehrer(in)** M(F) games *od* PE teacher
Sportler(in) (**-s, -**) M(F) sportsman, sportswoman
Sport- zW: ★ **sportlich** ADJ sporting; (*Mensch*) sporty; (*durchtrainiert*) athletic; (*Kleidung*) smart but casual; **Sportmedizin** F sports medicine; ★ **Sportplatz** M playing *od* sports field; **Sportschuh** M sports shoe; (*sportlicher Schuh*) casual shoe
Sportsfreund M (*fig: umg*) buddy
Sport- zW: ★ **Sportverein** M sports club; **Sportwagen** M sports car; **Sportzentrum** NT sports centre; **Sportzeug** NT sports gear
Spot [spɔt] (**-s, -s**) M commercial, advertisement

Spott [ʃpɔt] (**-(e)s**) M mockery, ridicule; **spottbillig** ADJ dirt-cheap; **spotten** VI to mock; **~ über** *+akk* to mock (at), to ridicule; **das spottet jeder Beschreibung** that simply defies description

spöttisch [ˈʃpœtɪʃ] ADJ mocking

Spottpreis M ridiculously low price

sprach [ʃpra:x] VB *siehe* **sprechen**

sprachbegabt ADJ good at languages

Sprache (-, **-n**) F language; **heraus mit der ~!** (*umg*) come on, out with it!; **zur ~ kommen** to be mentioned; **in französischer ~** in French

Sprachenschule F language school

Sprach- zW: **Sprachfehler** M speech defect; **Sprachfertigkeit** F fluency; **Sprachführer** M phrase book; **Sprachgebrauch** M (linguistic) usage; **Sprachgefühl** NT feeling for language; **Sprachkenntnisse** PL: **mit englischen Sprachkenntnissen** with a knowledge of English; **Sprachkurs** M language course; ★ **Sprachlabor** NT language laboratory; **sprachlich** ADJ linguistic; **sprachlos** ADJ speechless; **Sprachrohr** NT megaphone; (*fig*) mouthpiece

Sprachsteuerung F voice control; **Sprachstörung** F speech disorder; **Sprachwissenschaft** F linguistics *sing*

sprang [ʃpraŋ] VB *siehe* **springen**

Spray [spre:] (**-s, -s**) M OD NT spray; **Spraydose** F aerosol (can), spray

sprayen VT, VI to spray

Sprechanlage F intercom

Sprechblase F speech balloon

sprechen [ˈʃprɛçən] *unreg* VI to speak, to talk ▸ VT to say; (*Sprache*) to speak; (*Person*) to speak to; **mit jdm ~** to speak *od* talk to sb; **das spricht für ihn** that's a point in his favour; **frei ~** to extemporize; **nicht gut auf jdn zu ~ sein** to be on bad terms with sb; **es spricht vieles dafür, dass ...** there is every reason to believe that ...; **hier spricht man Spanisch** Spanish spoken; **wir ~ uns noch!** you haven't heard the last of this!

Sprecher(in) (**-s, -**) M(F) speaker; (*für Gruppe*) spokesman, spokeswoman; (*Rundf, TV*) announcer

Sprech- zW: **Sprechfunkgerät** NT radio telephone; **Sprechrolle** F speaking part; ★ **Sprechstunde** F consultation (hour); (*von Arzt*) (doctor's) surgery (BRIT); **Sprechstundenhilfe** F (*old*) (doctor's) receptionist; **Sprechzimmer** NT consulting room, surgery (BRIT)

spreizen [ˈʃpraɪtsən] VT to spread ▸ VR to put on airs

Sprengarbeiten PL blasting operations *pl*

sprengen [ˈʃprɛŋən] VT to sprinkle; (*mit Sprengstoff*) to blow up; (*Gestein*) to blast; (*Versammlung*) to break up

Spreng- zW: **Sprengkopf** M warhead; **Sprengladung** F explosive charge; **Sprengsatz** M explosive device; **Sprengstoff** M explosive(*s pl*); **Sprengstoffanschlag** M bomb attack

Spreu [ʃprɔʏ] (-) F chaff

spricht [ʃprɪçt] VB *siehe* **sprechen**

Sprichwort NT proverb

sprichwörtlich ADJ proverbial

sprießen [ˈʃpri:sən] VI (*aus der Erde*) to spring up; (*Knospen*) to shoot

Springbrunnen M fountain

★ **springen** [ˈʃprɪŋən] *unreg* VI to jump, to leap; (*Glas*) to crack; (*mit Kopfsprung*) to dive; **etw ~ lassen** (*umg*) to fork out sth

springend ADJ: **der springende Punkt** the crucial point

Springer (**-s, -**) M jumper; (*Schach*) knight

Springreiten NT show jumping

Springseil NT skipping rope

Sprinkler [ˈʃprɪŋklər] (**-s, -**) M sprinkler

Sprit [ʃprɪt] (**-(e)s, -e**) (*umg*) M petrol (BRIT), gas(oline) (*US*), fuel

Spritzbeutel M icing bag

★ **Spritze** [ˈʃprɪtsə] (**-, -n**) F syringe; (*Injektion*) injection; (*an Schlauch*) nozzle

spritzen VT to spray; (*Wein*) to dilute with soda water/lemonade; (*Med*) to inject ▸ VI to splash; (*heißes Fett*) to spit; (*herausspritzen*) to spurt; (*aus einer Tube etc*) to squirt; (*Med*) to give injections

Spritzer (**-s, -**) M (*Farbspritzer, Wasserspritzer*) splash

Spritzpistole F spray gun

Spritztour (*umg*) F spin

spröde [ˈʃprø:də] ADJ brittle; (*Person*) reserved; (*Haut*) rough

spross *etc* [ʃprɔs] VB *siehe* **sprießen**

Spross (**-es, -e**) M shoot

Sprosse [ˈʃprɔsə] (**-, -n**) F rung

Sprossenwand F (*Sport*) wall bars *pl*

Sprössling [ˈʃprœslɪŋ] M offspring *no pl*

Spruch [ʃprʊx] (**-(e)s, Sprüche**) M saying, maxim; (*Jur*) judgement; **Sprüche klopfen** (*umg*) to talk fancy; **Spruchband** NT banner

Sprüchemacher [ˈʃprʏçəmaxər] (*umg*) M patter-merchant

spruchreif ADJ: **die Sache ist noch nicht ~** it's not definite yet

★ **Sprudel** [ˈʃpru:dəl] (**-s, -**) M mineral water; (*süß*) lemonade

sprudeln VI to bubble

Sprüh- zW: **Sprühdose** F aerosol (can); **sprühen** VI to spray; (*fig*) to sparkle ▸ VT to spray; **Sprühregen** M drizzle

Sprung [ʃprʊŋ] (**-(e)s, Sprünge**) M jump; (*schwungvoll, fig: Gedankensprung*) leap; (*Riss*) crack; **immer auf dem ~ sein** (*umg*) to be always on the go; **jdm auf die Sprünge helfen** (*wohlwollend*) to give sb a (helping) hand; **auf einen ~ bei jdm vorbeikommen** (*umg*) to drop in to see sb; **damit kann man keine großen Sprünge machen** (*umg*) you can't exactly live it up on that; **Sprungbrett** NT springboard; **Sprungfeder** F spring; **sprunghaft** ADJ erratic; (*Aufstieg*) rapid; **Sprungschanze** F ski jump; **Sprungturm** M diving platform

Spucke [ˈʃpʊkə] (-) F spit

spucken VT, VI to spit; **in die Hände ~** (*fig*) to roll up one's sleeves
Spucknapf M spittoon
Spucktüte F sickbag
Spuk [ʃpu:k] (**-(e)s, -e**) M haunting; (*fig*) nightmare; **spuken** VI to haunt; **hier spukt es** this place is haunted
Spülbecken [ˈʃpy:lbɛkən] NT sink
Spule [ˈʃpu:lə] (**-, -n**) F spool; (*Elek*) coil
Spüle [ˈʃpy:lə] (**-, -n**) F (kitchen) sink
spülen VT to rinse; (*Geschirr*) to wash, to do; (*Toilette*) to flush ▶ VI to rinse; (*Geschirr*) to wash up (BRIT), to do the dishes; (*Toilette*) to flush; **etw an Land ~** to wash sth ashore
Spül- ZW: **Spülmaschine** F dishwasher; **Spülmittel** NT washing-up liquid (BRIT), dishwashing liquid; **Spülstein** M sink
Spülung F rinsing; (*Wasserspülung*) flush; (*Med*) irrigation
Spund [ʃpʊnt] (**-(e)s, -e**) M: **junger ~** (*veraltet: umg*) young pup
Spur [ʃpu:r] (**-, -en**) F trace; (*Fußspur, Radspur, Tonbandspur*) track; (*Fährte*) trail; (*Fahrspur*) lane; **jdm auf die ~ kommen** to get onto sb; **(seine) Spuren hinterlassen** (*fig*) to leave its mark; **keine ~** (*umg*) not/nothing at all
spürbar ADJ noticeable, perceptible
spuren (*umg*) VI to obey; (*sich fügen*) to toe the line
spüren [ˈʃpy:rən] VT to feel; **etw zu ~ bekommen** (*lit*) to feel sth; (*fig*) to feel the (full) force of sth
Spurenelement NT trace element
Spurensicherung F securing of evidence
Spürhund M tracker dog; (*fig*) sleuth
spurlos ADV without (a) trace; **~ an jdm vorübergehen** to have no effect on sb
Spurt [ʃpʊrt] (**-(e)s, -s** *od* **-e**) M spurt
spurten [ˈʃpʊrtn] VI (*Hilfsverb sein: Sport*) to spurt; (*umg: rennen*) to sprint
sputen [ˈʃpu:tən] VR to make haste
Spyware [ˈspaɪwɛ:ər] F (*Comput*) spyware
Squash [skvɔʃ] (**-**) NT (*Sport*) squash
SS (**-**) F ABK (*Nationalsozialismus: = Schutzstaffel*) SS ▶ NT ABK = **Sommersemester**
s. S. ABK (= *siehe Seite*) see p.
SSV ABK = **Sommerschlussverkauf**
st ABK (= *Stunde*) h.
ST ABK = **Sachsen-Anhalt**
St. ABK = **Stück**; (= *Stunde*) h.; (= *Sankt*) St
★**Staat** [ʃta:t] (**-(e)s, -en**) M state; (*Prunk*) show; (*Kleidung*) finery; **mit etw ~ machen** to show off *od* parade sth
staatenlos ADJ stateless
staatl. ABK = **staatlich**
staatlich ADJ state *attrib*; (*staatseigen*) state-run ▶ ADV: **~ geprüft** state-certified
Staats- ZW: **Staatsaffäre** F (*lit*) affair of state; (*fig*) major operation; **Staatsangehörige(r)** F(M) national; **Staatsangehörigkeit** F nationality; **Staatsanleihe** F government bond; **Staatsanwalt** M public prosecutor; **Staatsbürger** M citizen; **Staatsbürgerschaft** F nationality; **doppelte ~** dual nationality; **Staatsdienst** M civil service; **staatseigen** ADJ state-owned; **Staatseigentum** NT public ownership; **Staatsexamen** NT (*Univ*) degree; **staatsfeindlich** ADJ subversive; **Staatsgeheimnis** NT (*lit, fig hum*) state secret; **Staatshaushalt** M budget; **Staatskosten** PL public expenses *pl*; **Staatsmann** (**-(e)s**, *pl* **-männer**) M statesman; **staatsmännisch** ADJ statesmanlike; **Staatsoberhaupt** NT head of state; **Staatsschuld** F (*Fin*) national debt; **Staatssekretär** M secretary of state; **Staatsstreich** M coup (d'état); **Staatsverschuldung** F national debt
Stab [ʃta:p] (**-(e)s, Stäbe**) M rod; (*für Stabhochsprung*) pole; (*für Staffellauf*) baton; (*Gitterstab*) bar; (*Menschen*) staff; (*von Experten*) panel
Stäbchen [ˈʃtɛ:pçən] NT (*Essstäbchen*) chopstick
Stabhochsprung M pole vault
stabil [ʃtaˈbi:l] ADJ stable; (*Möbel*) sturdy
Stabilisator [ʃtabiliˈza:tɔr] M stabilizer
stabilisieren [ʃtabiliˈzi:rən] VT to stabilize
Stabilisierung F stabilization
Stabilität [ʃtabiliˈtɛ:t] F stability
Stabreim M alliteration
Stabsarzt M (*Mil*) captain in the medical corps
stach *etc* [ʃta:x] VB *siehe* **stechen**
Stachel [ˈʃtaxəl] (**-s, -n**) M spike; (*von Tier*) spine; (*von Insekten*) sting; **Stachelbeere** F gooseberry; **Stacheldraht** M barbed wire
stachelig, stachlig ADJ prickly
Stachelschwein NT porcupine
★**Stadion** [ˈʃta:diɔn] (**-s, Stadien**) NT stadium
Stadium [ˈʃta:diʊm] NT stage, phase
★**Stadt** [ʃtat] (**-, Städte**) F town; (*Großstadt*) city; (*Stadtverwaltung*) (town/city) council; **Stadtbad** NT municipal swimming baths *pl*; **stadtbekannt** ADJ known all over town; **Stadtbezirk** M municipal district; ★ **Stadtbummel** M stroll in the (*or* through) town
Städtchen [ˈʃtɛ:tçən] NT small town
Städtebau (**-(e)s**) M town planning
Städter(in) (**-s, -**) M(F) town/city dweller, townie
Stadtgespräch NT: **(das) ~ sein** to be the talk of the town
Stadtguerilla F urban guerrilla
städtisch ADJ municipal; (*nicht ländlich*) urban
Stadt- ZW: **Stadtkasse** F town/city treasury; **Stadtkern** M = **Stadtzentrum**; ★ **Stadtkreis** M town/city borough; **Stadtmauer** F city wall(s) *pl*); ★ **Stadtmitte** F town/city centre (BRIT) *or* center (*US*); **Stadtpark** M municipal park; ★ **Stadtplan** M street map; ★ **Stadtrand** M outskirts *pl*; **Stadtrat** M (*Behörde*) (town/city) council; ★ **Stadtrundfahrt** F city tour; **Stadtstreicher** M street vagrant; **Stadtstreicherin** F bag lady; ★ **Stadtteil** M district, part of town; **Stadtverwaltung** F (*Behörde*) municipal

authority; **Stadtviertel** M district *od* part of a town; ★**Stadtzentrum** NT town/city centre (BRIT) *od* center (*US*)

Staffel [ˈʃtafəl] (-, -n) F rung; (*Sport*) relay (team); (*Aviat*) squadron

Staffelei [ʃtafəˈlaɪ] F easel

Staffellauf M relay race

staffeln VT to graduate

Staffelung F graduation

Stagnation [ʃtagnatsiˈo:n] F stagnation

stagnieren [ʃtaˈgni:rən] VI to stagnate

stahl *etc* [ʃta:l] VB *siehe* **stehlen**

Stahl (-(e)s, Stähle) M steel

Stahlhelm M steel helmet

stak *etc* [ʃta:k] VB *siehe* **stecken**

Stall [ʃtal] (-(e)s, Ställe) M stable; (*Kaninchenstall*) hutch; (*Schweinestall*) sty; (*Hühnerstall*) henhouse

Stallung F stables *pl*

Stamm [ʃtam] (-(e)s, Stämme) M (*Baumstamm*) trunk; (*Menschenstamm*) tribe; (*Gram*) stem; (*Bakterienstamm*) strain; **Stammaktie** F ordinary share, common stock (*US*); **Stammbaum** M family tree; (*von Tier*) pedigree; **Stammbuch** NT *book of family events with legal documents*

stammeln VT, VI to stammer

stammen VI: **~ von** *od* **aus** to come from

Stamm- zW: **Stammform** F base form; **Stammgast** M regular (customer); **Stammhalter** M son and heir

stämmig [ˈʃtɛmɪç] ADJ sturdy; (*Mensch*) stocky; **Stämmigkeit** F sturdiness; (*von Mensch*) stockiness

Stamm- zW: **Stammkapital** NT (*Fin*) ordinary share *od* common stock (*US*) capital; **Stammkunde** M, **Stammkundin** F regular (customer); **Stammlokal** NT favourite (BRIT) *od* favorite (*US*) café/restaurant *etc*; (*Kneipe*) local (BRIT); **Stammplatz** M usual seat; **Stammtisch** M (*Tisch in Gasthaus*) *table reserved for the regulars*; **Stammzelle** F stem cell; **embryonale Stammzellen** embryonic stem cells

stampfen [ˈʃtampfən] VI to stamp; (*stapfen*) to tramp ▶ VT (*mit Stampfer*) to mash

Stampfer (-s, -) M (*Stampfgerät*) masher

stand [ʃtant] VB *siehe* **stehen**

Stand (-(e)s, Stände) M position; (*Wasserstand, Benzinstand etc*) level; (*Zählerstand etc*) reading; (*Stehen*) standing position; (*Zustand*) state; (*Spielstand*) score; (*Messestand etc*) stand; (*Klasse*) class; (*Beruf*) profession; **bei jdm** *od* **gegen jdn einen schweren ~ haben** (*fig*) to have a hard time of it with sb; **etw auf den neuesten ~ bringen** to bring sth up to date; *siehe auch* **außerstande**; **imstande**; **zustande**

Standard [ˈʃtandart] (-s, -s) M standard; **Standardausführung** F standard design

standardisieren [ʃtandardiˈzi:rən] VT to standardize

Standarte (-, -n) F (*Mil, Pol*) standard

Standbild NT statue

Ständchen [ˈʃtɛntçən] NT serenade

Ständer (-s, -) M stand

Standes- zW: **Standesamt** NT registry office (BRIT), city/county clerk's office (*US*); **standesamtlich** ADJ: **standesamtliche Trauung** registry office wedding (BRIT), civil marriage ceremony; **Standesbeamte(r)** M, **Standesbeamtin** F registrar; **Standesbewusstsein** NT status consciousness; **Standesdünkel** M snobbery; **standesgemäß** ADJ, ADV according to one's social position; **Standesunterschied** M social difference

Stand- zW: **standfest** ADJ (*Tisch, Leiter*) stable, steady; (*fig*) steadfast; **standhaft** ADJ steadfast; **Standhaftigkeit** F steadfastness; **stand|halten** *unreg* VI: **(jdm/etw) ~** to stand firm (against sb/sth), to resist (sb/sth)

ständig [ˈʃtɛndɪç] ADJ permanent; (*ununterbrochen*) constant, continual

Stand- zW: **Standlicht** NT sidelights *pl* (BRIT), parking lights *pl* (*US*); **Standort** M location; (*Mil*) garrison; **Standpauke** (*umg*) F: **jdm eine ~ halten** to give sb a lecture; **Standpunkt** M standpoint; **standrechtlich** ADJ: **~ erschießen** to put before a firing squad; **Standspur** F (*Aut*) hard shoulder (BRIT), shoulder (*US*)

Stange [ˈʃtaŋə] (-, -n) F stick; (*Stab*) pole; (*Querstange*) bar; (*Zigaretten*) carton; **von der ~** (*Comm*) off the peg (BRIT) *od* rack (*US*); **eine ~ Geld** quite a packet; **jdm die ~ halten** (*umg*) to stick up for sb; **bei der ~ bleiben** (*umg*) to stick at *od* to sth

Stängel [ˈʃtɛŋl] (-s, -) M stalk; **vom ~ fallen** (*umg: überrascht sein*) to be staggered

Stangenbohne F runner bean

Stangenbrot NT French bread; (*Laib*) French stick (loaf)

stank [ʃtaŋk] VB *siehe* **stinken**

stänkern [ˈʃtɛŋkərn] (*umg*) VI to stir things up

Stanniol [ʃtaniˈo:l] (-s, -e) NT tinfoil

Stanze [ˈʃtantsə] (-, -n) F stanza; (*Tech*) stamp

stanzen VT to stamp; (*Löcher*) to punch

Stapel [ˈʃta:pəl] (-s, -) M pile; (*Naut*) stocks *pl*; **Stapellauf** M launch

stapeln VT to pile (up)

Stapelverarbeitung F (*Comput*) batch processing

stapfen [ˈʃtapfən] VI to trudge, to plod

Star¹ [ʃta:r] (-(e)s, -e) M starling; **grauer/grüner ~** (*Med*) cataract/glaucoma

Star² [ʃta:r] (-s, -s) M (*Filmstar etc*) star

starb [ʃtarp] VB *siehe* **sterben**

★**stark** [ʃtark] ADJ strong; (*heftig, groß*) heavy; (*Maßangabe*) thick; (*umg: hervorragend*) great ▶ ADV very; (*beschädigt etc*) badly; (*vergrößert, verkleinert*) greatly; **das ist ein starkes Stück!** (*umg*) that's a bit much!; **er ist ~ erkältet** he has a bad cold; *siehe auch* **starkmachen**

Stärke [ˈʃtɛrkə] (-, -n) F strength (*auch fig*); (*Größe*) heaviness; (*bei Maßangaben*) thickness; (*von Mannschaft*) size; (*Wäschestärke, Koch*) starch; **Stärkemehl** NT (*Koch*) thickening agent

S

stärken VT (*lit, fig*) to strengthen; (*Wäsche*) to starch; (*Selbstbewusstsein*) to boost; (*Gesundheit*) to improve; (*erfrischen*) to fortify ▶ VI to be fortifying; **stärkendes Mittel** tonic

stark|machen VR: **sich für etw ~** (*umg*) to stand up for sth

Starkstrom M high-voltage current

Stärkung [ˈʃtɛrkʊŋ] F strengthening; (*Essen*) refreshment

Stärkungsmittel NT tonic

starr [ʃtar] ADJ stiff; (*unnachgiebig*) rigid; (*Blick*) staring

starren VI to stare; **~ vor** *+dat od* **von** (*voll von*) to be covered in; (*Waffen*) to be bristling with; **vor sich** *akk* **hin ~** to stare straight ahead

starr- zW: **Starrheit** F rigidity; **starrköpfig** ADJ stubborn; **Starrsinn** M obstinacy

Start [ʃtart] (**-(e)s, -e**) M start; (*Aviat*) takeoff; **Startautomatik** F (*Aut*) automatic choke; **Startbahn** F runway; ⋆**starten** VI to start; (*Aviat*) to take off ▶ VT to start; **Starter** (**-s, -**) M starter; **Starterlaubnis** F takeoff clearance; **Starthilfe** F (*Aviat*) rocket-assisted takeoff; (*fig*) initial aid; **jdm ~ geben** to help sb get off the ground; **Starthilfekabel** NT jump leads *pl* (BRIT), jumper cables *pl* (*US*); **startklar** ADJ (*Aviat*) clear for takeoff; (*Sport*) ready to start; **Startkommando** NT (*Sport*) starting signal; **Startzeichen** NT start signal

Stasi [ˈʃtaːzi] (**-**) (*umg*) F ABK (*früher*: = *Staatssicherheitsdienst der DDR*) Stasi

Stasi, an abbreviation of *Staatssicherheitsdienst*, the *DDR* secret service, was founded in 1950 and disbanded in 1989. The *Stasi* ran an extensive official spy network as well as an even bigger network of unofficial informers from all areas of society who provided them with information about the people they knew in order to stamp out any attempt to oppose the Communist regime.

Station [ʃtatsiˈoːn] F station; (*Krankenstation*) hospital ward; (*Haltestelle*) stop; **~ machen** to stop off

stationär [ʃtatsioˈnɛːr] ADJ stationary; (*Med*) in-patient *attrib*

stationieren [ʃtatsioˈniːrən] VT to station; (*Atomwaffen etc*) to deploy

Stations- zW: **Stationsarzt** M ward doctor; **Stationsärztin** F ward doctor; **Stationsvorsteher** M (*Eisenb*) stationmaster

statisch [ˈʃtaːtɪʃ] ADJ static

Statist(in) [ʃtaˈtɪst(ɪn)] M(F) (*Film*) extra; (*Theat*) supernumerary

Statistik F statistic; (*Wissenschaft*) statistics *sing*

Statistiker(in) (**-s, -**) M(F) statistician

statistisch ADJ statistical

Stativ [ʃtaˈtiːf] (**-s, -e**) NT tripod

⋆**statt** KONJ instead of ▶ PRÄP (*+dat od gen*) instead of

stattdessen ADV instead

Stätte [ˈʃtɛtə] (**-, -n**) F place

statt- zW: ⋆**statt|finden** *unreg* VI to take place; **statthaft** ADJ admissible; **Statthalter** M governor; **stattlich** ADJ imposing, handsome; (*Bursche*) strapping; (*Sammlung*) impressive; (*Familie*) large; (*Summe*) handsome

Statue [ˈʃtaːtuə] (**-, -n**) F statue

Statur [ʃtaˈtuːr] F build

Status [ˈʃtaːtʊs] (**-, -**) M status; **Statussymbol** NT status symbol

Statuten [ʃtaˈtuːtən] PL by(e)-law(s *pl*)

⋆**Stau** [ʃtaʊ] (**-(e)s, -e**) M blockage; (*Verkehrsstau*) (traffic) jam

Staub [ʃtaʊp] (**-(e)s**) M dust; **~ saugen** to vacuum; **~ wischen** to dust; **sich aus dem ~ machen** (*umg*) to clear off

stauben [ˈʃtaʊbən] VI to be dusty

Staubfaden M (*Bot*) stamen

staubig [ˈstaʊbɪç] ADJ dusty

Staub- zW: **Staublappen** M duster; **Staublunge** F (*Med*) dust on the lung; **staubsaugen** (*pp* **staubgesaugt**) VI UNTR to vacuum; ⋆**Staubsauger** M vacuum cleaner; **Staubtuch** NT duster

Staudamm M dam

Staude [ˈʃtaʊdə] (**-, -n**) F shrub

stauen [ˈʃtaʊən] VT (*Wasser*) to dam up; (*Blut*) to stop the flow of ▶ VR (*Wasser*) to become dammed up; (*Verkehr, Med*) to become congested; (*Menschen*) to collect together; (*Gefühle*) to build up

staunen [ˈʃtaʊnən] VI to be astonished; **da kann man nur noch ~** it's just amazing

Staunen (**-s**) NT amazement

Stausee [ˈʃtaʊzeː] M reservoir, artificial lake

Stauung [ˈʃtaʊʊŋ] F (*von Wasser*) damming-up; (*von Blut, Verkehr*) congestion

Std. ABK (= *Stunde*) h.

stdl. ABK = **stündlich**

Steak [ʃteːk] (**-s, -s**) NT steak

⋆**stechen** *unreg* VT (*mit Nadel etc*) to prick; (*mit Messer*) to stab; (*mit Finger*) to poke; (*Biene etc*) to sting; (*Mücke*) to bite; (*Karten*) to take; (*Kunst*) to engrave; (*Torf, Spargel*) to cut ▶ VI (*Sonne*) to beat down; (*mit Stechkarte*) to clock in ▶ VR: **sich** *akk od dat* **in den Finger ~** to prick one's finger; **es sticht** it is prickly; **in See ~** to put to sea

⋆**Stechen** [ˈʃtɛçən] (**-s, -**) NT (*Sport*) play-off; (*Springreiten*) jump-off; (*Schmerz*) sharp pain

stechend ADJ piercing, stabbing; (*Geruch*) pungent

Stech- zW: **Stechginster** M gorse; **Stechkarte** F clocking-in card; **Stechmücke** F gnat; **Stechpalme** F holly; **Stechuhr** F time clock

Steck- zW: **Steckbrief** M "wanted" poster; **steckbrieflich** ADV: **~ gesucht werden** to be wanted; ⋆**Steckdose** F (wall) socket

⋆**stecken** [ˈʃtɛkən] VT to put; (*einführen*) to insert; (*Nadel*) to stick; (*Pflanzen*) to plant; (*beim Nähen*) to pin ▶ VI (*auch unreg*) to be; (*festsitzen*) to be stuck; (*Nadeln*) to stick; **etw in etw** *akk* **~** (*umg: Geld, Mühe*) to put sth into sth; (*: Zeit*) to devote sth to sth; **der Schlüssel steckt** the key is in the lock; **wo steckt er?** where has he got to?; **zeigen, was in einem steckt** to show what one is made of; **~ bleiben** to get stuck; **~ lassen** to leave in

Steckenpferd NT hobbyhorse

Stecker **(-s, -)** M (*Elek*) plug

Steck- zW: **Stecknadel** F pin; **Steckrübe** F swede, turnip; **Steckschlüssel** M box spanner (BRIT) *od* wrench (*US*); **Steckzwiebel** F bulb

Steg [ʃteːk] **(-(e)s, -e)** M small bridge; (*Anlegesteg*) landing stage

Stegreif M: **aus dem ~** just like that

Stehaufmännchen [ˈʃteː|aʊfmɛnçən] NT (*Spielzeug*) tumbler

stehen [ˈʃteːən] *unreg* VI to stand; (*sich befinden*) to be; (*in Zeitung*) to say; (*angehalten haben*) to have stopped ▸ VI UNPERS: **es steht schlecht um ...** things are bad for ... ▸ VR: **sich gut/schlecht ~** to be well-off/badly off; **zu jdm/etw ~** to stand by sb/sth; **jdm ~** to suit sb; **ich tue, was in meinen Kräften steht** I'll do everything I can; **es steht 2:1 für München** the score is 2-1 to Munich; **mit dem Dativ ~** (*Gram*) to take the dative; **auf Betrug steht eine Gefängnisstrafe** the penalty for fraud is imprisonment; **wie ~ Sie dazu?** what are your views on that?; **wie stehts?** how are things?; (*Sport*) what's the score?; **wie steht es damit?** how about it?; **~ bleiben** (*Uhr*) to stop; (*Zeit*) to stand still; (*Auto, Zug*) to stand; (*Fehler*) to stay as it is; (*Verkehr, Produktion etc*) to come to a standstill *od* stop; **~ lassen** to leave; (*Bart*) to grow; **alles ~ und liegen lassen** to drop everything

stehend ADJ *attrib* (*Fahrzeug*) stationary; (*Gewässer*) stagnant; (*ständig: Heer*) regular

Stehlampe F standard lamp (BRIT), floor lamp (*US*)

stehlen [ˈʃteːlən] *unreg* VT to steal

Stehplatz M: **ein ~ kostet 15 Euro** a standing ticket costs 15 euros

Stehvermögen NT staying power, stamina

Steiermark [ˈʃtaɪrmark] F: **die ~** Styria

steif [ʃtaɪf] ADJ stiff; **~ und fest auf etw** *dat* **beharren** to insist stubbornly on sth

Steifftier® [ˈʃtaɪftiːr] NT *soft toy animal*

Steifheit F stiffness

Steigbügel [ˈʃtaɪkbyːgəl] M stirrup

Steigeisen NT crampon

steigen *unreg* VI to rise; (*klettern*) to climb ▸ VT (*Treppen, Stufen*) to climb (up); **das Blut stieg ihm in den Kopf** the blood rushed to his head; **~ in** *+akk***/auf** *+akk* to get in/on

Steiger **(-s, -)** M (*Min*) pit foreman

steigern VT to raise; (*Gram*) to compare ▸ VI (*Auktion*) to bid ▸ VR to increase

Steigerung F raising; (*Gram*) comparison

Steigung F incline, gradient, rise

steil [ʃtaɪl] ADJ steep; **Steilhang** M steep slope; **Steilpass** M (*Sport*) through ball

Stein [ʃtaɪn] **(-(e)s, -e)** M stone; (*in Uhr*) jewel; **mir fällt ein ~ vom Herzen!** (*fig*) that's a load off my mind!; **bei jdm einen ~ im Brett haben** (*fig: umg*) to be well in with sb; **jdm Steine in den Weg legen** to make things difficult for sb; **Steinadler** M golden eagle; **steinalt** ADJ ancient; **Steinbock** M (*Astrol*) Capricorn; **Steinbruch** M quarry

steinern ADJ (made of) stone; (*fig*) stony

Stein- zW: **Steinerweichen** NT: **zum ~ weinen** to cry heartbreakingly; **Steingarten** M rockery; **Steingut** NT stoneware; **steinhart** ADJ hard as stone

steinig ADJ stony

steinigen VT to stone

Stein- zW: **Steinkohle** F mineral coal; **Steinmetz** **(-es, -e)** M stonemason; **steinreich** (*umg*) ADJ stinking rich; **Steinschlag** M: **„Achtung ~"** "danger – falling rocks"; **Steinwurf** M (*fig*) stone's throw; **Steinzeit** F Stone Age

Steiß [ʃtaɪs] **(-es, -e)** M rump; **Steißbein** NT (*Anat*) coccyx

★**Stelle** [ˈʃtɛlə] **(-, -n)** F place; (*Arbeit*) post, job; (*Amt*) office; (*Abschnitt*) passage; (*Textstelle, bes beim Zitieren*) reference; **drei Stellen hinter dem Komma** (*Math*) three decimal places; **eine freie** *od* **offene ~** a vacancy; **an dieser ~** in this place, here; **ich an deiner ~** if I were you; **an anderer ~** elsewhere; **nicht von der ~ kommen** not to make any progress; **auf der ~** (*fig: sofort*) on the spot; *siehe auch* **anstelle**

★**stellen** VT to put; (*Uhr etc*) to set; (*zur Verfügung stellen*) to supply; (*fassen: Dieb*) to apprehend; (*Antrag, Forderung*) to make; (*Aufnahme*) to pose; (*arrangieren: Szene*) to arrange ▸ VR (*sich aufstellen*) to stand; (*sich einfinden*) to present o.s.; (*bei Polizei*) to give o.s. up; (*vorgeben*) to pretend (to be); **das Radio lauter/leiser ~** to turn the radio up/down; **auf sich** *akk* **selbst gestellt sein** (*fig*) to have to fend for o.s.; **sich hinter jdn/etw ~** (*fig*) to support sb/sth; **sich einer Herausforderung ~** to take up a challenge; **sich zu etw ~** to have an opinion of sth

Stellen- zW: **Stellenangebot** NT job offer; (*in Zeitung*): **„Stellenangebote"** "vacancies"; ★**Stellenanzeige** F job advertisement *od* ad (*umg*); **Stellengesuch** NT application for a post; **„Stellengesuche"** "situations wanted"; **Stellenmarkt** M job market; (*in Zeitung*) appointments section; **Stellennachweis** M employment agency; **Stellenvermittlung** F employment agency; **stellenweise** ADV in places; **Stellenwert** M (*fig*) status; **einen hohen ~ haben** to play an important role

Stellung F position; (*Mil*) line; **~ nehmen zu** to comment on

Stellungnahme F comment

stellungslos ADJ unemployed

stellv. ABK = **stellvertretend**

Stell- zW: **stellvertretend** ADJ deputy *attrib*, acting *attrib*; **Stellvertreter** M representative; (*von Amts wegen*) deputy; **Stellwerk** NT (*Eisenb*) signal box

Stelze [ˈʃtɛltsə] **(-, -n)** F stilt

stelzen (*umg*) VI to stalk

Stemmbogen M (*Ski*) stem turn

Stemmeisen NT crowbar

stemmen [ˈʃtɛmən] VT to lift (up); (*drücken*) to press; **sich ~ gegen** (*fig*) to resist, to oppose

Stempel [ˈʃtɛmpəl] **(-s, -)** M stamp; (*Poststempel*) postmark; (*Tech: Prägestempel*) die; (*Bot*) pistil; **Stempelgebühr** F stamp duty; **Stempelkissen** NT inkpad

stempeln VT to stamp; (*Briefmarke*) to cancel ▶ VI (*umg: Stempeluhr betätigen*) to clock in/out; **~ gehen** (*umg*) to be *od* go on the dole (BRIT) *od* on welfare (US)

Stengel [ˈʃtɛŋəl] **(-s, -)** M *siehe* **Stängel**

Steno [ˈʃteno] (*umg*) F shorthand; **Stenograf(in)** [-graːf(ɪn)] M(F) (*im Büro*) shorthand secretary; **Stenografie** [-graˈfiː] F shorthand; **stenografieren** [-graˈfiːrən] VT, VI to write (in) shorthand; **Stenogramm** [-ˈgram] NT text in shorthand; **Stenotypist(in)** [-tyˈpɪst(ɪn)] M(F) shorthand typist (BRIT), stenographer (US)

Steppdecke F quilt

Steppe (-, -n) F steppe

steppen [ˈʃtɛpən] VT to stitch ▶ VI to tap-dance

Stepptanz M tap-dance

Sterbe- zW: **Sterbebett** NT deathbed; **Sterbefall** M death; **Sterbehilfe** F euthanasia; **Sterbekasse** F death benefit fund

★**sterben** [ˈʃtɛrbən] *unreg* VI to die; **an einer Krankheit/Verletzung ~** to die of an illness/from an injury; **er ist für mich gestorben** (*fig: umg*) he might as well be dead

★**Sterben** NT: **im ~ liegen** to be dying

sterbenslangweilig (*umg*) ADJ deadly boring

Sterbenswörtchen (*umg*) NT: **er hat kein ~ gesagt** he didn't say a word

Sterbeurkunde F death certificate

sterblich [ˈʃtɛrplɪç] ADJ mortal; **Sterblichkeit** F mortality; **Sterblichkeitsziffer** F death rate

stereo- [ˈsteːreo] IN zW stereo(-); ★**Stereoanlage** F stereo unit; **stereotyp** ADJ stereotyped

steril [ʃteˈriːl] ADJ sterile

sterilisieren [ʃteriliˈziːrən] VT to sterilize

Sterilisierung F sterilization

★**Stern** [ʃtɛrn] **(-(e)s, -e)** M star; **das steht (noch) in den Sternen** (*fig*) it's in the lap of the gods; **Sternbild** NT constellation; **Sternchen** NT asterisk; **Sternenbanner** NT Stars and Stripes *sing*; **sternhagelvoll** (*umg*) ADJ legless; **Sternschnuppe (-, -n)** F meteor, falling star; **Sternstunde** F historic moment; **Sternwarte** F observatory; **Sternzeichen** NT (*Astrol*) sign of the zodiac

stet [ʃteːt] ADJ steady

Stethoskop [ʃtetoˈskoːp] **(-(e)s, -e)** NT stethoscope

stetig ADJ constant, continual; (*Math: Funktion*) continuous

stets ADV continually, always

★**Steuer**[1] [ˈʃtɔʏər] **(-s, -)** NT (*Naut*) helm; (*Steuerruder*) rudder; (*Aut*) steering wheel; **am ~ sitzen** (*Aut*) to be at the wheel; (*Aviat*) to be at the controls

Steuer[2] **(-, -n)** F tax

Steuer- zW: **Steuerbefreiung** F tax exemption; **steuerbegünstigt** ADJ (*Investitionen, Hypothek*) tax-deductible; (*Waren*) taxed at a lower rate; **Steuerberater(in)** M(F) tax consultant; **Steuerbescheid** M tax assessment; **Steuerbord** NT starboard; **Steuererhöhung** F tax increase; **Steuererklärung** F tax return; **Steuerflucht** F tax exile; **Steuerflüchtling** M tax exile; **steuerfrei** ADJ tax-free; **Steuerfreibetrag** M tax allowance; **Steuerhinterziehung** F tax evasion; **Steuerjahr** NT fiscal *od* tax year; **Steuerkarte** F tax notice; **Steuerklasse** F tax group; **Steuerknüppel** M control column; (*Aviat, Comput*) joystick; **steuerlich** ADJ tax *attrib*; **Steuermann (-(e)s,** *pl* **-männer** *od* **-leute)** M helmsman

steuern VT to steer; (*Flugzeug*) to pilot; (*Entwicklung, Tonstärke*) to control ▶ VI to steer; (*in Flugzeug etc*) to be at the controls; (*bei Entwicklung etc*) to be in control

Steuer- zW: **Steuernummer** F ≈ National Insurance Number (BRIT), ≈ Social Security Number (US); **Steuerparadies** NT tax haven; **steuerpflichtig** ADJ taxable; (*Person*) liable to pay tax; **Steuerprogression** F progressive taxation; **Steuerprüfung** F tax inspector's investigation; ★**Steuerrad** NT steering wheel; **Steuerrückvergütung** F tax rebate; **Steuersenkung** F tax cut

Steuerung [ˈʃtɔʏərʊŋ] F steering (*auch Aut*); (*von Flugzeug*) piloting; (*von Entwicklung*) control; (*Vorrichtung*) controls *pl*; **automatische ~** (*Aviat*) autopilot; (*Tech*) automatic steering (device)

Steuer- zW: **Steuervergünstigung** F tax relief; **Steuerzahler** M taxpayer; **Steuerzuschlag** M additional tax

Steward [ˈstjuːərt] **(-s, -s)** M steward

Stewardess [ˈstjuːərdɛs] **(-, -en)** F stewardess

StGB (-s) NT ABK = **Strafgesetzbuch**

stibitzen [ʃtiˈbɪtsən] (*umg*) VT to pilfer, to pinch (*umg*)

★**Stich** [ʃtɪç] **(-(e)s, -e)** M (*Insektenstich*) sting; (*Messerstich*) stab; (*beim Nähen*) stitch; (*Färbung*) tinge; (*Karten*) trick; (*Kunst*) engraving; (*fig*) pang; **ein ~ ins Rote** a tinge of red; **einen ~ haben** (*umg: Esswaren*) to be bad *od* off (BRIT); (*: Mensch: verrückt sein*) to be nuts; **jdn im ~ lassen** to leave sb in the lurch

Stichel (-s, -) M engraving tool, style

Stichelei [ʃtɪçəˈlaɪ] F jibe, taunt

sticheln VI (*fig*) to jibe; (*pej, umg*) to make snide remarks

Stich- zW: **Stichflamme** F tongue of flame; **stichhaltig** ADJ valid; (*Beweis*) conclusive; **Stichprobe** F spot check

sticht [ʃtɪçt] VB *siehe* **stechen**

Stichtag M qualifying date

Stichwahl F final ballot

Stichwort NT (*pl* **-worte**) cue; (*für Vortrag*) note; (*pl* **-wörter**: *in Wörterbuch*) headword; **Stich-**

wortkatalog M classified catalogue (BRIT) *od* catalog (*US*); **Stichwortverzeichnis** NT index
Stichwunde F stab wound
sticken ['ʃtɪkən] VT, VI to embroider
Stickerei [ʃtɪkə'raɪ] F embroidery
stickig ADJ stuffy, close
Stickstoff (**-(e)s**) M nitrogen
stieben ['ʃti:bən] VI (*geh: sprühen*) to fly
Stief- ['ʃti:f] IN ZW step-
Stiefel ['ʃti:fəl] (**-s, -**) M boot; (*Trinkgefäß*) *large boot-shaped beer glass*
Stief- ZW: **Stiefkind** NT stepchild; (*fig*) Cinderella; ★ **Stiefmutter** F stepmother; **Stiefmütterchen** NT pansy; **stiefmütterlich** ADJ (*fig*): **jdn/etw ~ behandeln** to pay little attention to sb/sth; ★ **Stiefvater** M stepfather
stieg [ʃti:k] VB *siehe* **steigen**
Stiege ['ʃti:gə] (**-, -n**) F staircase
Stieglitz ['ʃti:glɪts] (**-es, -e**) M goldfinch
stiehlt [ʃti:lt] VB *siehe* **stehlen**
Stiel [ʃti:l] (**-(e)s, -e**) M handle; (*Bot*) stalk
Stielaugen PL (*fig: umg*): **er machte ~** his eyes (nearly) popped out of his head
stier [ʃti:r] ADJ staring, fixed
Stier (**-(e)s, -e**) M bull; (*Astrol*) Taurus
stieren VI to stare
Stierkampf M bullfight
stieß [ʃti:s] VB *siehe* **stoßen**
Stift [ʃtɪft] (**-(e)s, -e**) M peg; (*Nagel*) tack; (*Buntstift*) crayon; (*Bleistift*) pencil; (*umg: Lehrling*) apprentice (boy)
stiften VT to found; (*Unruhe*) to cause; (*spenden*) to contribute; **~ gehen** to hop it
Stifter(in) (**-s, -**) M(F) founder
Stiftung F donation; (*Organisation*) foundation
Stiftzahn M post crown
Stil [ʃti:l] (**-(e)s, -e**) M style; (*Eigenart*) way, manner; **Stilblüte** F howler; **Stilbruch** M stylistic incongruity
stilistisch [ʃti'lɪstɪʃ] ADJ stylistic
still [ʃtɪl] ADJ quiet; (*unbewegt*) still; (*heimlich*) secret; **ich dachte mir im Stillen** I thought to myself; **er ist ein stilles Wasser** he's a deep one; **stiller Teilhaber** (*Comm*) sleeping (BRIT) *od* silent (*US*) partner; **der Stille Ozean** the Pacific (Ocean); **~ stehen** (*unbewegt*) to stand still
Stille (**-, -n**) F quietness; (*Unbewegtheit*) stillness; **in aller ~** quietly
Stilleben NT *siehe* **Stillleben**
Stillegung F *siehe* **Stilllegung**
stillen VT to stop; (*befriedigen*) to satisfy; (*Säugling*) to breast-feed
still- ZW: **stillgestanden** INTERJ attention!; **Stillhalteabkommen** NT (*Fin, fig*) moratorium; **still|halten** *unreg* VI to keep still; **Stillleben** NT still life; **still|legen** VT to close down; **Stilllegung** F (*Betrieb*) shut-down, closure; **still|liegen** *unreg* VI (*außer Betrieb sein*) to be shut down; (*lahmgelegt sein*) to be at a standstill; **still|schweigen** *unreg* VI to be silent; **Stillschweigen** NT silence; **stillschweigend** ADJ silent; (*Einverständnis*) tacit ▸ ADV silently; (*mit Einverständnis*) tacitly; **Stillstand** M standstill; **still|stehen** *unreg* VI to stand still
Stilmöbel PL reproduction *od* (*antik*) period furniture *sing*
stilvoll ADJ stylish
Stimm- ZW: **Stimmabgabe** F voting; **Stimmbänder** PL vocal cords *pl*; **stimmberechtigt** ADJ entitled to vote; **Stimmbruch** M: **er ist im ~** his voice is breaking
★ **Stimme** ['ʃtɪmə] (**-, -n**) F voice; (*Wahlstimme*) vote; (*Mus: Rolle*) part; **mit leiser/lauter ~** in a soft/loud voice; **seine ~ abgeben** to vote
★ **stimmen** VI (*richtig sein*) to be right; (*wählen*) to vote ▸ VT (*Instrument*) to tune; **stimmt so!** (*beim Bezahlen*) keep the change; **für/gegen etw ~** to vote for/against sth; **jdn traurig ~** to make sb feel sad
Stimmen- ZW: **Stimmengewirr** NT babble of voices; **Stimmengleichheit** F tied vote; **Stimmenmehrheit** F majority (of votes)
Stimm- ZW: **Stimmenthaltung** F abstention; **Stimmgabel** F tuning fork; **stimmhaft** ADJ voiced
stimmig ADJ harmonious
Stimm- ZW: **stimmlos** ADJ (*Ling*) unvoiced; **Stimmrecht** NT right to vote; **stimmrechtslos** ADJ: **stimmrechtslose Aktien** "A" shares
Stimmung F mood; (*Atmosphäre*) atmosphere; (*Moral*) morale; **in ~ kommen** to liven up; **~ gegen/für jdn/etw machen** to stir up (public) opinion against/in favour of sb/sth
Stimmungs- ZW: **Stimmungskanone** (*umg*) F life and soul of the party; **Stimmungsmache** (*pej*) F cheap propaganda; **stimmungsvoll** ADJ (*Atmosphäre*) enjoyable; (*Gedicht*) full of atmosphere
Stimmzettel M ballot paper
★ **stinken** ['ʃtɪŋkən] *unreg* VI to stink; **die Sache stinkt mir** (*umg*) I'm fed-up to the back teeth (with it)
Stink- ZW: **stinkfaul** (*umg*) ADJ bone-lazy; **stinklangweilig** (*umg*) ADJ deadly boring; **Stinktier** NT skunk; **Stinkwut** (*umg*) F: **eine ~ (auf jdn) haben** to be livid (with sb)
Stipendium [ʃti'pɛndiʊm] NT grant; (*als Auszeichnung*) scholarship
Stippvisite ['ʃtɪpvi'zi:tə] (*umg*) F flying visit
stirbt [ʃtɪrpt] VB *siehe* **sterben**
★ **Stirn** [ʃtɪrn] (**-, -en**) F forehead, brow; (*Frechheit*) impudence; **die ~ haben zu ...** to have the nerve to ...; **Stirnband** NT headband; **Stirnhöhle** F sinus; **Stirnrunzeln** (**-s**) NT frown
stob *etc* [ʃto:p] VB *siehe* **stieben**
stöbern ['ʃtøbərn] VI to rummage
stochern ['ʃtɔxərn] VI to poke (about)
★ **Stock**[1] [ʃtɔk] (**-(e)s, Stöcke**) M stick; (*Rohrstock*) cane; (*Zeigestock*) pointer; (*Bot*) stock; **über ~ und Stein** up hill and down dale

S

Stock² [ʃtɔk] (**-(e)s**, **-** *od* **-werke**) M storey (BRIT), story (US); **im ersten ~** on the first (BRIT) *od* second (US) floor

stock- IN ZW (*vor adj: umg*) completely

Stöckelschuh [ˈʃtœkəlʃuː] M stiletto-heeled shoe

stocken VI to stop, to pause; (*Arbeit, Entwicklung*) to make no progress; (*im Satz*) to break off; (*Verkehr*) to be held up

stockend ADJ halting

stockfinster (*umg*) ADJ pitch-dark

Stockholm [ˈʃtɔkhɔlm] (**-s**) NT Stockholm

stocksauer (*umg*) ADJ pissed-off (*!*)

stocktaub ADJ stone-deaf

Stockung F stoppage

Stockwerk NT storey (BRIT), story (US), floor

★**Stoff** [ʃtɔf] (**-(e)s**, **-e**) M (*Gewebe*) material, cloth; (*Materie*) matter; (*von Buch etc*) subject (matter); (*umg: Rauschgift*) dope

Stoffel (**-s**, **-**) (*pej, umg*) M lout, boor

stofflich ADJ with regard to subject matter

Stoff- ZW: **Stoffrest** M remnant; **Stofftier** NT soft toy; **Stoffwechsel** M metabolism

stöhnen [ˈʃtøːnən] VI to groan

stoisch [ˈʃtoːɪʃ] ADJ stoical

Stola [ˈʃtoːla] (**-**, **Stolen**) F stole

Stollen [ˈʃtɔlən] (**-s**, **-**) M (*Min*) gallery; (*Koch*) stollen, *cake eaten at Christmas*; (*von Schuhen*) stud

stolpern [ˈʃtɔlpərn] VI to stumble, to trip; (*fig: zu Fall kommen*) to come a cropper (*umg*)

★**stolz** [ʃtɔlts] ADJ proud; (*imposant: Bauwerk*) majestic; (*ironisch: Preis*) princely

★**Stolz** (**-es**) M pride

stolzieren [ʃtɔlˈtsiːrən] VI to strut

stopfen [ˈʃtɔpfən] VT (*hineinstopfen*) to stuff; (*nähen*) to darn ▸ VI (*Med*) to cause constipation; **jdm das Maul ~** (*umg*) to silence sb

Stopfgarn NT darning thread

Stopp [ʃtɔp] (**-s**, **-s**) M stop, halt; (*Lohnstopp*) freeze

Stoppel [ˈʃtɔpəl] (**-**, **-n**) F stubble

stoppen VT to stop; (*mit Uhr*) to time ▸ VI to stop

Stoppschild NT stop sign

Stoppuhr F stopwatch

Stöpsel [ˈʃtœpsəl] (**-s**, **-**) M plug; (*für Flaschen*) stopper

Stör [ʃtøːr] (**-(e)s**, **-e**) M sturgeon

Störaktion F disruptive action

störanfällig ADJ susceptible to interference *od* breakdown

Storch [ʃtɔrç] (**-(e)s**, **Störche**) M stork

Store [ʃtoːr] (**-s**, **-s**) M net curtain

stören [ˈʃtøːrən] VT to disturb; (*behindern, Rundf*) to interfere with ▸ VR: **sich an etw** *dat* **~** to let sth bother one ▸ VI to get in the way; **was mich an ihm/daran stört** what I don't like about him/it; **stört es Sie, wenn ich rauche?** do you mind if I smoke?; **ich möchte nicht ~** I don't want to be in the way

störend ADJ disturbing, annoying

Störenfried (**-(e)s**, **-e**) M troublemaker

Störfall M (*in Kraftwerk etc*) malfunction, accident

stornieren [ʃtɔrˈniːrən] VT (*Comm: Auftrag*) to cancel; (*: Buchungsfehler*) to reverse

Storno [ˈʃtɔrno] (**-s**) M OD NT (*Comm: von Buchungsfehler*) reversal; (*: von Auftrag*) cancellation (BRIT), cancelation (US)

störrisch [ˈʃtœrɪʃ] ADJ stubborn, perverse

Störsender M jammer, jamming transmitter

Störung F disturbance; (*Rundf*) interference; (*Tech*) fault; (*Med*) disorder

Störungsstelle F (*Tel*) faults service

Stoß [ʃtoːs] (**-es**, **Stöße**) M (*Schub*) push; (*leicht*) poke; (*Schlag*) blow; (*mit Schwert*) thrust; (*mit Ellbogen*) nudge; (*mit Fuß*) kick; (*Erdstoß*) shock; (*Haufen*) pile; **seinem Herzen einen ~ geben** to pluck up courage; **Stoßdämpfer** M shock absorber

Stößel [ˈʃtøːsəl] (**-s**, **-**) M pestle; (*Aut: Ventilstößel*) tappet

stoßen *unreg* VT (*mit Druck*) to shove, to push; (*mit Schlag*) to knock, to bump; (*mit Ellbogen*) to nudge; (*mit Fuß*) to kick; (*mit Schwert*) to thrust; (*anstoßen: Kopf etc*) to bump; (*zerkleinern*) to pulverize ▸ VR to get a knock ▸ VI: **~ an** *od* **auf** *+akk* to bump into; (*finden*) to come across; (*angrenzen*) to be next to; **sich ~ an** *+dat* (*fig*) to take exception to; **zu jdm ~** to meet up with sb

Stoßgebet NT quick prayer

Stoßstange F (*Aut*) bumper

stößt [ʃtøːst] VB *siehe* **stoßen**

Stoß- ZW: **Stoßverkehr** M rush-hour traffic; **Stoßzahn** M tusk; **Stoßzeit** F (*im Verkehr*) rush hour; (*in Geschäft etc*) peak period

Stotterer (**-s**, **-**) M stutterer

Stotterin F stutterer

stottern [ˈʃtɔtərn] VT, VI to stutter

Stövchen [ˈʃtøːfçən] NT (*teapot- etc*) warmer

StPO ABK = **Strafprozessordnung**

Str. ABK (*= Straße*) St.

stracks [ʃtraks] ADV straight

Straf- ZW: **Strafanstalt** F penal institution; ★**Strafarbeit** F (*Sch*) lines *pl*, punishment exercise; **Strafbank** F (*Sport*) penalty bench; **strafbar** ADJ punishable; **sich ~ machen** to commit an offence (BRIT) *od* offense (US); **Strafbarkeit** F criminal nature

★**Strafe** [ˈʃtraːfə] (**-**, **-n**) F punishment; (*Jur*) penalty; (*Gefängnisstrafe*) sentence; (*Geldstrafe*) fine; **... bei ~ verboten** ... forbidden; **100 Dollar ~ zahlen** to pay a $100 fine; **er hat seine ~ weg** (*umg*) he's had his punishment

strafen VT, VI to punish; **mit etw gestraft sein** to be cursed with sth

strafend ADJ *attrib* punitive; (*Blick*) reproachful

straff [ʃtraf] ADJ tight; (*streng*) strict; (*Stil etc*) concise; (*Haltung*) erect

straffällig [ˈʃtraːffɛlɪç] ADJ: **~ werden** to commit a criminal offence (BRIT) *od* offense (US)

straffen VT to tighten

Straf- zW: **straffrei** ADJ: **~ ausgehen** to go unpunished; **Strafgefangene(r)** F(M) prisoner, convict; **Strafgesetzbuch** NT penal code; **Strafkolonie** F penal colony

sträflich [ˈʃtrɛːflɪç] ADJ criminal ▸ ADV (*vernachlässigen etc*) criminally

Sträfling M convict

Straf- zW: **Strafmandat** NT ticket; **Strafmaß** NT sentence; **strafmildernd** ADJ mitigating; **Strafporto** NT excess postage (charge); **Strafpredigt** F severe lecture; **Strafprozessordnung** F code of criminal procedure; **Strafraum** M (*Sport*) penalty area; **Strafrecht** NT criminal law; **strafrechtlich** ADJ criminal; **Strafstoß** M (*Sport*) penalty (kick); **Straftat** F punishable act; **strafversetzen** VT UNTR (*Beamte*) to transfer for disciplinary reasons; **Strafvollzug** M penal system; **Strafzettel** (*umg*) M ticket

Strahl [ʃtraːl] (**-(e)s, -en**) M ray, beam; (*Wasserstrahl*) jet

strahlen VI (*Kernreaktor*) to radiate; (*Sonne, Licht*) to shine; (*fig*) to beam

Strahlenbehandlung F radiotherapy

Strahlenbelastung F (effects of) radiation

strahlend ADJ (*Wetter*) glorious; (*Lächeln, Schönheit*) radiant

Strahlen- zW: **Strahlendosis** F radiation dose; **strahlengeschädigt** ADJ suffering from radiation damage; **Strahlenopfer** NT victim of radiation; **Strahlenschutz** M radiation protection; **Strahlentherapie** F radiotherapy

Strahlung F radiation

Strähnchen [ˈʃtrɛːnçən] PL strands (of hair); (*gefärbt*) highlights

Strähne [ˈstrɛːnə] (**-, -n**) F strand

strähnig ADJ (*Haar*) straggly

stramm [ʃtram] ADJ tight; (*Haltung*) erect; (*Mensch*) robust; **stramm|stehen** *unreg* VI (*Mil*) to stand to attention

Strampelhöschen NT rompers *pl*

strampeln [ˈʃtrampəln] VI to kick (about), to fidget

Strand [ʃtrant] (**-(e)s, Strände**) M shore; (*Meeresstrand*) beach; **am ~** on the beach; **Strandbad** NT open-air swimming pool; (*Badeort*) bathing resort

stranden [ˈʃtrandən] VI to run aground; (*fig: Mensch*) to fail

Strandgut NT flotsam and jetsam

Strandkorb M beach chair

Strang [ʃtraŋ] (**-(e)s, Stränge**) M (*Nervenstrang, Muskelstrang*) cord; (*Schienenstrang*) track; **über die Stränge schlagen** to run riot (*umg*); **an einem ~ ziehen** (*fig*) to act in concert

strangulieren [ʃtraŋguˈliːrən] VT to strangle

Strapaze [ʃtraˈpaːtsə] (**-, -n**) F strain

strapazieren [ʃtrapaˈtsiːrən] VT (*Material*) to be hard on, to punish; (*jdn*) to be a strain on; (*erschöpfen*) to wear out, to exhaust

strapazierfähig ADJ hard-wearing

strapaziös [ʃtrapatsiˈøːs] ADJ exhausting, tough

Straßburg [ˈʃtraːsbʊrk] (**-s**) NT Strasbourg

Straße [ˈʃtraːsə] (**-, -n**) F road; (*in Stadt, Dorf*) street; **auf der ~** in the street; **auf der ~ liegen** (*fig: umg*) to be out of work; **auf die ~ gesetzt werden** (*umg*) to be turned out (onto the streets)

Straßen- zW: **Straßenbahn** F tram (BRIT), streetcar (*US*); **Straßenbau** M roadworks *pl* (BRIT), roadwork *sing* (*US*); **Straßenbeleuchtung** F street lighting; **Straßencafé** NT pavement café (BRIT), sidewalk café (*US*); **Straßenfeger** (**-s, -**) M roadsweeper; **Straßenglätte** F slippery road surface; **Straßenjunge** (*pej*) M street urchin; **Straßenkarte** F road map; **Straßenkehrer** (**-s, -**) M roadsweeper; **Straßenkind** NT child of the streets; **Straßenkreuzer** (*umg*) M limousine; **Straßenmädchen** NT streetwalker; **Straßenrand** M roadside; **Straßensperre** F roadblock; **Straßenüberführung** F footbridge; **Straßenverkehr** M road traffic; **Straßenverkehrsordnung** F Highway Code (BRIT); **Straßenzustandsbericht** M road report

Stratege [ʃtraˈteːgə] (**-n, -n**) M strategist

Strategie [ʃtrateˈgiː] F strategy

strategisch ADJ strategic

Stratosphäre [ʃtratoˈsfɛːrə] (**-**) F stratosphere

sträuben [ˈʃtrɔʏbən] VT to ruffle ▸ VR to bristle; (*Mensch*): **sich (gegen etw) ~** to resist (sth)

Strauch [ʃtraʊx] (**-(e)s, Sträucher**) M bush, shrub

straucheln [ˈʃtraʊxəln] VI to stumble, to stagger

Strauchtomate F vine-ripened tomato

Strauß[1] [ʃtraʊs] (**-es, Sträuße**) M (*Blumenstrauß*) bouquet, bunch

Strauß[2] [ʃtraʊs] (**-es, -e**) M ostrich

Strebe [ˈʃtreːbə] (**-, -n**) F strut

Strebebalken M buttress

streben VI to strive, to endeavour (BRIT), to endeavor (*US*); **~ nach** to strive for; **~ zu** *od* **nach** (*sich bewegen*) to make for

Strebepfeiler M buttress

Streber (**-s, -**) M (*pej*) pushy person; (*Sch*) swot (BRIT)

strebsam ADJ industrious; **Strebsamkeit** F industry

Strecke [ˈʃtrɛkə] (**-, -n**) F stretch; (*Entfernung*) distance; (*Eisenb, Math*) line; **auf der ~ Paris-Brüssel** on the way from Paris to Brussels; **auf der ~ bleiben** (*fig*) to fall by the wayside; **zur ~ bringen** (*Jagd*) to bag

strecken VT to stretch; (*Waffen*) to lay down; (*Koch*) to eke out ▸ VR to stretch (o.s.)

streckenweise ADV in parts

Streich [ʃtraɪç] (**-(e)s, -e**) M trick, prank; (*Hieb*) blow; **jdm einen ~ spielen** (*Person*) to play a trick on sb

streicheln VT to stroke

S

streichen *unreg* VT (*berühren*) to stroke; (*auftragen*) to spread; (*anmalen*) to paint; (*durchstreichen*) to delete; (*nicht genehmigen*) to cancel; (*Schulden*) to write off; (*Zuschuss etc*) to cut ▶ VI (*berühren*) to brush past; (*schleichen*) to prowl; **etw glatt ~** to smooth sth (out)

Streicher PL (*Mus*) strings *pl*

Streich- zW: ⋆ **Streichholz** NT match; **Streichholzschachtel** F matchbox; **Streichinstrument** NT string(ed) instrument; **Streichkäse** M cheese spread

Streifband NT wrapper; **Streifbandzeitung** F *newspaper sent at printed paper rate*

Streife (-, -**n**) F patrol

streifen [ˈʃtraɪfən] VT (*leicht berühren*) to brush against, to graze; (*Blick*) to skim over; (*Thema, Problem*) to touch on; (*abstreifen*) to take off ▶ VI (*gehen*) to roam

Streifen (-**s**, -) M (*Linie*) stripe; (*Stück*) strip; (*Film*) film

Streifendienst M patrol duty

Streifenwagen M patrol car

Streifschuss M graze, grazing shot

Streifzug M scouting trip; (*Bummel*) expedition; (*fig: kurzer Überblick*): **~ (durch)** brief survey (of)

Streik [ʃtraɪk] (**-(e)s, -s**) M strike; **in den ~ treten** to come out on strike, to strike; **Streikbrecher** M blackleg (BRIT), strikebreaker; **streiken** VI to strike; **der Computer streikt** the computer's packed up (*umg*), the computer's on the blink (*umg*); **da streike ich** (*umg*) I refuse!; **Streikkasse** F strike fund; **Streikmaßnahmen** PL industrial action *sing*; **Streikposten** M (peaceful) picket

⋆ **Streit** [ʃtraɪt] (**-(e)s, -e**) M argument; (*Auseinandersetzung*) dispute

⋆ **streiten** *unreg* VI, VR to argue; (*sich auseinandersetzen*) to dispute; **darüber lässt sich ~** that's debatable

Streitfrage F point at issue

Streitgespräch NT debate

streitig ADJ: **jdm etw ~ machen** to dispute sb's right to sth; **Streitigkeiten** PL quarrel *sing*, dispute *sing*

Streit- zW: **Streitkräfte** PL (*Mil*) armed forces *pl*; **streitlustig** ADJ quarrelsome; **Streitpunkt** M contentious issue; **Streitsucht** F quarrelsomeness

⋆ **streng** [ʃtrɛŋ] ADJ severe; (*Lehrer, Maßnahme*) strict; (*Geruch etc*) sharp; **~ geheim** top-secret; **~ genommen** strictly speaking; **~ verboten!** strictly prohibited

Strenge (-) F severity; (*von Lehrer, Maßnahme*) strictness; (*von Geruch etc*) sharpness

strenggläubig ADJ strict

strengstens ADV strictly

⋆ **Stress** [ʃtrɛs] (**-es, -e**) M stress

stressen VT to put under stress

stressfrei ADJ without stress

stressig ADJ stressful

Streu [ʃtrɔʏ] (**-, -en**) F litter, bed of straw

streuen VT to strew, to scatter, to spread ▶ VI (*mit Streupulver*) to grit; (*mit Salz*) to put down salt

Streuer (**-s, -**) M shaker; (*Salzstreuer*) cellar; (*Pfefferstreuer*) pot

Streufahrzeug NT gritter (BRIT), sander

streunen VI to roam about; (*Hund, Katze*) to stray

Streupulver (**-s**) NT grit *od* sand for road

Streuselkuchen [ˈʃtrɔʏzəlku:xən] M *cake with crumble topping*

Streuung F dispersion; (*Statistik*) mean variation; (*Phys*) scattering

strich [ʃtrɪç] VB *siehe* **streichen**

Strich (**-(e)s, -e**) M (*Linie*) line; (*Federstrich, Pinselstrich*) stroke; (*von Geweben*) nap; (*von Fell*) pile; (*Querstrich*) dash; (*Schrägstrich*) oblique, slash (*bes US*); **einen ~ machen durch** (*lit*) to cross out; (*fig*) to foil; **jdm einen ~ durch die Rechnung machen** to thwart *od* foil sb's plans; **einen ~ unter etw** *akk* **machen** (*fig*) to forget sth; **nach ~ und Faden** (*umg*) good and proper; **auf den ~ gehen** (*umg*) to walk the streets; **jdm gegen den ~ gehen** to rub sb up the wrong way

Strichcode M bar code (BRIT), universal product code (*US*)

Stricheinteilung F calibration

stricheln [ˈʃtrɪçəln] VT: **eine gestrichelte Linie** a broken line

Strich- zW: **Strichjunge** (*umg*) M male prostitute; **Strichkode** M = **Strichcode**; **Strichmädchen** NT streetwalker; **Strichpunkt** M semicolon; **strichweise** ADV here and there; **~ Regen** (*Met*) rain in places

Strick [ʃtrɪk] (**-(e)s, -e**) M rope; **jdm aus etw einen ~ drehen** to use sth against sb

⋆ **stricken** VT, VI to knit

Strick- zW: **Strickjacke** F cardigan; **Strickleiter** F rope ladder; **Stricknadel** F knitting needle; **Strickwaren** PL knitwear *sing*

striegeln [ˈʃtri:gəln] (*umg*) VR to spruce o.s. up

Strieme [ˈʃtri:mə] (**-, -n**) F weal

strikt [strɪkt] ADJ strict

Strippe [ˈʃtrɪpə] (**-, -n**) F (*Tel: umg*): **jdn an der ~ haben** to have sb on the line

Stripper(in) (**-s, -**) M(F) stripper

stritt [ʃtrɪt] VB *siehe* **streiten**

strittig [ˈʃtrɪtɪç] ADJ disputed, in dispute

Stroh [ʃtro:] (**-(e)s**) NT straw; **Strohblume** F everlasting flower; **Strohdach** NT thatched roof; **strohdumm** (*umg*) ADJ thick; **Strohfeuer** NT: **ein ~ sein** (*fig*) to be a passing fancy; ⋆ **Strohhalm** M (drinking) straw; **Strohmann** (**-(e)s**, *pl* **-männer**) M (*Comm*) dummy; **Strohwitwe** F grass widow; **Strohwitwer** M grass widower

Strolch [ʃtrɔlç] (**-(e)s, -e**) (*pej*) M rogue, rascal

⋆ **Strom** [ʃtro:m] (**-(e)s, Ströme**) M river; (*fig*) stream; (*Elek*) current; **unter ~ stehen** (*Elek*) to be live; (*fig*) to be excited; **der Wein floss in Strömen** the wine flowed like water; **in Strömen regnen** to be pouring with rain; **stromabwärts** ADV downstream; **Stromanschluss** M: **~ haben** to be connected to the electricity mains; **stromaufwärts** ADV upstream; **Stromausfall** M power failure

strömen [ˈʃtrø:mən] VI to stream, to pour

Strom- ZW: **Stromkabel** NT electric cable; **Stromkreis** M (electrical) circuit; **stromlinienförmig** ADJ streamlined; **Stromnetz** NT power supply system; **Stromrechnung** F electricity bill; **Stromschnelle** F rapids *pl*; **Stromsperre** F power cut; **Stromstärke** F amperage

Strömung [ˈʃtrø:mʊŋ] F current

Stromverbrauch M power consumption

Stromzähler M electricity meter

Strophe [ˈʃtro:fə] (-, -**n**) F verse

strotzen [ˈʃtrɔtsən] VI: ~ **vor** *+dat od* **von** to abound in, to be full of

Strudel [ˈʃtru:dəl] (-**s**, -) M whirlpool, vortex; (*Koch*) strudel

strudeln VI to swirl, to eddy

Struktur [ʃtrʊkˈtu:r] F structure

strukturell [ʃtrʊktuˈrɛl] ADJ structural

strukturieren [ʃtrʊktuˈri:rən] VT to structure

Strumpf [ʃtrʊmpf] (-**(e)s**, **Strümpfe**) M stocking; **Strumpfband** NT garter; **Strumpfhalter** M suspender (BRIT), garter (US); ★ **Strumpfhose** F (pair of) tights *pl* (BRIT) *od* pantyhose *pl* (US)

Strunk [ʃtrʊŋk] (-**(e)s**, **Strünke**) M stump

struppig [ˈʃtrʊpɪç] ADJ shaggy, unkempt

Stube [ˈʃtu:bə] (-, -**n**) F room; **die gute ~** (*veraltet*) the parlour (BRIT) *od* parlor (US)

Stuben- ZW: **Stubenarrest** M confinement to one's room; (*Mil*) confinement to quarters; **Stubenfliege** F (common) housefly; **Stubenhocker** (*umg*) M stay-at-home; **stubenrein** ADJ house-trained

Stuck [ʃtʊk] (-**(e)s**) M stucco

Stück [ʃtʏk] (-**(e)s**, -**e**) NT piece; (*etwas*) bit; (*Theat*) play; **am ~** in one piece; **das ist ein starkes ~!** (*umg*) that's a bit much!; **große Stücke auf jdn halten** to think highly of sb; **Stückarbeit** F piecework

Stuckateur [ʃtʊkaˈtø:r] M (ornamental) plasterer

Stück- ZW: **Stückgut** NT (*Eisenb*) parcel service; **Stückkosten** PL unit cost *sing*; **Stücklohn** M piecework rates *pl*; **stückweise** ADV bit by bit, piecemeal; (*Comm*) individually; **Stückwerk** NT bits and pieces *pl*

Student(in) [ʃtuˈdɛnt(ɪn)] M(F) student

Studenten- ZW: **Studentenausweis** M student card; **Studentenfutter** NT nuts and raisins *pl*; **Studentenwerk** NT student administration; **Studentenwohnheim** NT hall of residence (BRIT), dormitory (US)

studentisch ADJ student *attrib*

Studie [ˈʃtu:diə] F study

Studien- ZW: **Studienberatung** F course guidance service; **Studienbuch** NT (*Univ*) *book in which the courses one has attended are entered*; **Studienfahrt** F study trip; **Studienplatz** M university place; **Studienrat** M, **Studienrätin** F teacher at a secondary (BRIT) *od* high (US) school; **Studienreform** F university course reform; **Studienzeitverkürzung** F shortening of the course of studies

★**studieren** [ʃtuˈdi:rən] VT, VI to study; **bei jdm ~** to study under sb

Studio [ˈʃtu:dio] (-**s**, -**s**) NT studio

★**Studium** [ˈʃtu:diʊm] NT studies *pl*

Stufe [ˈʃtu:fə] (-, -**n**) F step; (*Entwicklungsstufe*) stage; (*Niveau*) level

Stufen- ZW: **Stufenheck** NT (*Aut*) notchback; **Stufenleiter** F (*fig*) ladder; **stufenlos** ADJ (*Tech*) infinitely variable; **~ verstellbar** continuously adjustable; **Stufenplan** M graduated plan; **Stufenschnitt** M (*Frisur*) layered cut; **stufenweise** ADV gradually

★**Stuhl** [ʃtu:l] (-**(e)s**, **Stühle**) M chair; **zwischen zwei Stühlen sitzen** (*fig*) to fall between two stools

Stuhlgang M bowel movement

Stukkateur [ʃtʊkaˈtø:r] M *siehe* **Stuckateur**

stülpen [ˈʃtʏlpən] VT (*bedecken*) to put; **etw über etw** *akk* **~** to put sth over sth; **den Kragen nach oben ~** to turn up one's collar

★**stumm** [ʃtʊm] ADJ silent; (*Med*) with a speech impairment

Stummel (-**s**, -) M stump; (*Zigarettenstummel*) stub

Stummfilm M silent film (BRIT) *od* movie (US)

Stümper(in) [ˈʃtʏmpər(ɪn)] (-**s**, -) M(F) incompetent, duffer; **stümperhaft** ADJ bungling, incompetent

stümpern (*umg*) VI to bungle

stumpf ADJ blunt; (*teilnahmslos, glanzlos*) dull; (*Winkel*) obtuse

Stumpf [ʃtʊmpf] (-**(e)s**, **Stümpfe**) M stump; **etw mit ~ und Stiel ausrotten** to eradicate sth root and branch

Stumpfsinn (-**(e)s**) M tediousness

stumpfsinnig ADJ dull

★**Stunde** [ˈʃtʊndə] (-, -**n**) F hour; (*Augenblick, Zeitpunkt*) time; (*Sch*) lesson, period (BRIT); **~ um ~** hour after hour; **80 Kilometer in der ~** ≈ 50 miles per hour

stunden VT: **jdm etw ~** to give sb time to pay sth

Stunden- ZW: **Stundengeschwindigkeit** F average speed (per hour); **Stundenkilometer** PL kilometres (BRIT) *od* kilometers (US) per hour; **stundenlang** ADJ for hours; **Stundenlohn** M hourly wage; ★ **Stundenplan** M timetable; **stundenweise** ADV by the hour; (*stündlich*) every hour

stündlich [ˈʃtʏntlɪç] ADJ hourly

Stunk [ʃtʊŋk] (-**s**, *no pl*) M: **~ machen** (*umg*) to kick up a stink

stupide [ʃtuˈpi:də] ADJ mindless

Stups [ʃtʊps] (-**es**, -**e**) (*umg*) M push

stupsen VT to nudge

Stupsnase F snub nose

stur [ʃtu:r] ADJ obstinate, stubborn; (*Nein, Arbeiten*) dogged; **er fuhr ~ geradeaus** he just carried straight on; **sich ~ stellen, auf ~ stellen**

S

(*umg*) to dig one's heels in; **ein sturer Bock** (*umg*) a pig-headed fellow

★**Sturm** [ʃtʊrm] (**-(e)s, Stürme**) M storm; (*Wind*) gale; (*Mil etc*) attack, assault; **~ läuten** to keep one's finger on the doorbell; **gegen etw ~ laufen** (*fig*) to be up in arms against sth

stürmen [ˈʃtʏrmən] VI (*Wind*) to blow hard, to rage; (*rennen*) to storm ▸ VT (*Mil, fig*) to storm ▸ VI UNPERS: **es stürmt** there's a gale blowing

Stürmer (**-s, -**) M (*Sport*) forward

sturmfrei ADJ (*Mil*) unassailable; **eine sturmfreie Bude** (*umg*) a room free from disturbance

stürmisch ADJ stormy; (*fig*) tempestuous; (*Entwicklung*) rapid; (*Liebhaber*) passionate; (*Beifall*) tumultuous; **nicht so ~** take it easy

Sturm- ZW: **Sturmschritt** M (*Mil, fig*): **im ~** at the double; **Sturmwarnung** F gale warning; **Sturmwind** M gale

Sturz [ʃtʊrts] (**-es, Stürze**) M fall; (*Pol*) overthrow; (*in Temperatur, Preis*) drop

stürzen [ˈʃtʏrtsən] VT (*werfen*) to hurl; (*Pol*) to overthrow; (*umkehren*) to overturn ▸ VR to rush; (*hineinstürzen*) to plunge ▸ VI to fall; (*Aviat*) to dive; (*rennen*) to dash; **jdn ins Unglück ~** to bring disaster upon sb; **„nicht ~"** "this side up"; **sich auf jdn/etw ~** to pounce on sb/sth; **sich in Unkosten ~** to go to great expense

Sturzflug M nose dive

Sturzhelm M crash helmet

Stuss [ʃtʊs] (**-es**) (*umg*) M nonsense, rubbish

Stute [ˈʃtuːtə] (**-, -n**) F mare

Stuttgart [ˈʃtʊtgart] (**-s**) NT Stuttgart

Stützbalken M brace, joist

Stütze [ˈʃtʏtsə] (**-, -n**) F support; (*Hilfe*) help; **die Stützen der Gesellschaft** the pillars of society

stutzen [ˈʃtʊtsən] VT to trim; (*Ohr, Schwanz*) to dock; (*Flügel*) to clip ▸ VI to hesitate; (*argwöhnisch werden*) to become suspicious

stützen VT (*lit, fig*) to support; (*Ellbogen etc*) to prop up ▸ VR: **sich auf jdn/etw ~** (*lit*) to lean on sb/sth; (*Beweise, Theorie*) to be based on sb/sth

stutzig ADJ perplexed, puzzled; (*misstrauisch*) suspicious

Stützmauer F supporting wall

Stützpunkt M point of support; (*von Hebel*) fulcrum; (*Mil, fig*) base

Stützungskäufe PL (*Fin*) support buying *sing*

StVO ABK = **Straßenverkehrsordnung**

stylen [ˈstaɪlən] VT to style; (*Wohnung*) to design

Styling [ˈstailɪŋ] (**-s**, *no pl*) NT styling

Styropor® [ʃtyroˈpoːr] (**-s**) NT (expanded) polystyrene

s. u. ABK (= *siehe unten*) see below

Suaheli [zuaˈheːli] (**-(s)**) NT Swahili

Subjekt [zʊpˈjɛkt] (**-(e)s, -e**) NT subject; (*pej: Mensch*) character (*umg*)

subjektiv [zʊpjɛkˈtiːf] ADJ subjective

Subjektivität [zʊpjɛktiviˈtɛːt] F subjectivity

Subkultur [ˈzʊpkʊltuːr] F subculture

sublimieren [zubliˈmiːrən] VT (*Chem, Psych*) to sublimate

Submissionsangebot [zʊpmɪsiˈoːns|angəboːt] NT sealed-bid tender

Subprime-Hypothek [ˈsabpraɪm-hypoˈteːk] (**-, -en**) F subprime mortgage

Subroutine [ˈzʊpruːtiːnə] F (*Comput*) subroutine

Subskription [zʊpskrɪptsiˈoːn] F subscription

Substantiv [ˈzʊpstantiːf] (**-s, -e**) NT noun

Substanz [zʊpˈstants] F substance; **von der ~ zehren** to live on one's capital

subtil [zʊpˈtiːl] ADJ subtle

subtrahieren [zʊptraˈhiːrən] VT to subtract

subtropisch [ˈzʊptroːpɪʃ] ADJ subtropical

Subunternehmer M subcontractor

Subvention [zʊpvɛntsiˈoːn] F subsidy

subventionieren [zʊpvɛntsioˈniːrən] VT to subsidize

subversiv [zʊpvɛrˈziːf] ADJ subversive

Suchaktion F search

Suchdienst M missing persons tracing service

Suche (**-, -n**) F search

★**suchen** [ˈzuːxən] VT to look for, to seek; (*versuchen*) to try ▸ VI to seek, to search; **du hast hier nichts zu ~** you have no business being here; **nach Worten ~** to search for words; (*sprachlos sein*) to be at a loss for words; **such!** (*zu Hund*) seek!, find!; **~ und ersetzen** (*Comput*) search and replace

Sucher (**-s, -**) M seeker, searcher; (*Phot*) viewfinder

Suchmaschine F (*Comput*) search engine

Suchmeldung F missing *od* wanted person announcement

Suchscheinwerfer M searchlight

Sucht [zʊxt] (**-, Süchte**) F mania; (*Med*) addiction; **Suchtdroge** F addictive drug; **suchterzeugend** ADJ addictive

süchtig [ˈzʏçtɪç] ADJ addicted

Süchtige(r) F(M) addict

Süd [zyːt] (**-(e)s**) M south; **Südafrika** NT South Africa; **Südamerika** NT South America

Sudan [zuˈdaːn] (**-s**) M: **der ~** the Sudan

Sudanese [zudaˈneːzə] (**-n, -n**) M Sudanese

Sudanesin F Sudanese

südd. ABK = **süddeutsch**

süddeutsch ADJ South German

Süddeutschland NT South(ern) Germany

★**Süden** [ˈzyːdən] (**-s**) M south

Süd- ZW: **Südeuropa** NT Southern Europe; **Südfrüchte** PL Mediterranean fruit; **Südkorea** NT South Korea; **südländisch** ADJ southern; (*italienisch, spanisch etc*) Latin; ★ **südlich** ADJ southern; **~ von** (to the) south of; **Südostasien** NT South-East Asia; **Südpol** M South Pole; **Südpolarmeer** NT Antarctic Ocean; **Südsee** F South Seas *pl*, South Pacific; **Südtirol** NT South Tyrol; **südwärts** ADV southwards; **Südwestafrika** NT South West Africa, Namibia

Sueskanal ['zu:ɛskana:l] (**-s**) M Suez Canal
Suff [zʊf] M: **etw im ~ sagen** (*umg*) to say sth while under the influence
süffig ['zʏfɪç] ADJ (*Wein*) very drinkable
süffisant [zʏfi'zant] ADJ smug
suggerieren [zʊge'ri:rən] VT to suggest
Suggestivfrage [zʊgɛs'ti:ffra:gə] F leading question
suhlen ['zu:lən] VR (*lit, fig*) to wallow
Sühne ['zy:nə] (**-, -n**) F atonement, expiation
sühnen VT to atone for, to expiate
Sühnetermin M (*Jur*) conciliatory hearing
Suite ['svi:tə] F suite
Sulfat [zʊl'fa:t] (**-(e)s, -e**) NT sulphate (*BRIT*), sulfate (*US*)
Sultan ['zʊltan] (**-s, -e**) M sultan
Sultanine [zʊlta'ni:nə] F sultana
Sülze ['zʏltsə] (**-, -n**) F brawn (*BRIT*), headcheese (*US*); (*Aspik*) aspic
summarisch [zʊ'ma:rɪʃ] ADJ summary
Sümmchen ['zymçən] NT: **ein hübsches ~** a tidy sum
Summe (**-, -n**) F sum; (*Gesamtsumme*) total
summen VI to buzz ▶ VT (*Lied*) to hum
Summer (**-s, -**) M buzzer
summieren [zʊ'mi:rən] VT to add up ▶ VR to mount up
Sumpf [zʊmpf] (**-(e)s, Sümpfe**) M swamp, marsh
sumpfig ADJ marshy
Sund [zʊnt] (**-(e)s, -e**) M sound, straits *pl*
Sünde ['zʏndə] (**-, -n**) F sin
Sünden- ZW: **Sündenbock** M (*fig*) scapegoat; **Sündenfall** M (*Rel*) Fall; **Sündenregister** NT (*fig*) list of sins
Sünder(in) (**-s, -**) M(F) sinner
sündhaft ADJ (*lit*) sinful; (*fig: umg: Preise*) wicked
sündigen ['zʏndɪgən] VI to sin; (*hum*) to indulge; **~ an** *+dat* to sin against
super (*umg*) ADJ super ▶ ADV incredibly well
Super ['zu:pər] (**-s**) NT (*Benzin*) four-star (petrol) (*BRIT*), premium (*US*)
Superlativ ['zu:pərlati:f] (**-s, -e**) M superlative
Supermarkt M supermarket
Superstar M superstar
Suppe ['zʊpə] (**-, -n**) F soup; (*mit Einlage*) broth; (*klare Brühe*) bouillon; (*fig: umg: Nebel*) peasouper (*BRIT*), pea soup (*US*); **jdm die ~ versalzen** (*umg*) to put a spoke in sb's wheel
Suppen- ZW: **Suppenfleisch** NT meat for making soup; **Suppengrün** NT *herbs and vegetables for making soup*; **Suppenkasper** (*umg*) M poor eater; ★ **Suppenküche** F soup kitchen; **Suppenteller** M soup plate
Surfbrett ['zø:rfbrɛt] NT surfboard
surfen ['zø:rfən] VI to surf
Surfer(in) M(F) surfer
Surrealismus [zʊrea'lɪsmʊs] M surrealism
surren ['zʊrən] VI to buzz; (*Insekt*) to hum
Surrogat [zʊro'ga:t] (**-(e)s, -e**) NT substitute, surrogate
suspekt [zʊs'pɛkt] ADJ suspect
suspendieren [zʊspɛn'di:rən] VT: **~ (von)** to suspend (from)
Suspendierung F suspension
süß [zy:s] ADJ sweet
Süße (**-**) F sweetness
süßen VT to sweeten
Süßholz NT: **~ raspeln** (*fig*) to turn on the blarney
Süßigkeit F sweetness ■ **Süßigkeiten** PL sweets (*BRIT*), candy (*US*); **süßlich** ADJ sweetish; (*fig*) sugary
Süßmittel NT sweetener
süß- ZW: **süßsauer** ADJ sweet-and-sour; (*fig: gezwungen: Lächeln*) forced; (*Gurken etc*) pickled; (*Miene*) artificially friendly; **Süßspeise** F pudding, sweet (*BRIT*); **Süßstoff** M sweetener; **Süßwaren** PL confectionery *sing*; **Süßwasser** NT fresh water
SV (**-, -s**) F ABK = **Schülervertretung**
SV (**-**) M ABK = **Sportverein**
SW ABK (= *Südwest(en)*) SW; (= *Schleswig-Holstein*) SW
Swasiland ['sva:zilant] (**-s**) NT Swaziland
SWF (**-**) M ABK (*früher:* = *Südwestfunk*) *South West German Radio*
Sylvester [zʏl'vɛstər] (**-s, -**) NT = **Silvester**
Symbol [zʏm'bo:l] (**-s, -e**) NT symbol
Symbolik F symbolism
symbolisch ADJ symbolic(al)
symbolisieren [zʏmboli'zi:rən] VT to symbolize
Symbolleiste F (*Comput*) toolbar
Symmetrie [zʏme'tri:] F symmetry; **Symmetrieachse** F symmetric axis
symmetrisch [zʏ'me:trɪʃ] ADJ symmetrical
Sympathie [zʏmpa'ti:] F liking; (*Mitgefühl*) sympathy; **er hat sich** *dat* **alle ~(n) verscherzt** he has turned everyone against him; **Sympathiekundgebung** F demonstration of support; **Sympathiestreik** M sympathy strike
Sympathisant(in) M(F) sympathizer
★ **sympathisch** [zʏm'pa:tɪʃ] ADJ likeable, congenial; **er ist mir ~** I like him

The German word **sympathisch** does not mean *sympathetic* in English.

sympathisieren [zʏmpati'zi:rən] VI to sympathize
Symphonie [zʏmfo'ni:] F symphony
Symptom [zʏmp'to:m] (**-s, -e**) NT symptom
symptomatisch [zʏmpto'ma:tɪʃ] ADJ symptomatic
Synagoge [zʏna'go:gə] (**-, -n**) F synagogue
synchron [zʏn'kro:n] ADJ synchronous; **Synchrongetriebe** NT synchromesh gearbox (*BRIT*) *od* transmission (*US*)

S

★**synchronisieren** [zynkroni'zi:rən] VT to synchronize; (*Film*) to dub
Synchronschwimmen NT synchronized swimming
Syndikat [zyndi'ka:t] (**-(e)s, -e**) NT combine, syndicate
Syndrom [zyn'dro:m] (**-s, -e**) NT syndrome
Synkope [zyn'ko:pə] (**-, -n**) F (*Mus*) syncopation
Synode [zy'no:də] (**-, -n**) F (*Rel*) synod
synonym ADJ synonymous
Synonym [zyno'ny:m] (**-s, -e**) NT synonym
Syntax ['zyntaks] (**-, -en**) F syntax
Synthese [zyn'te:zə] (**-, -n**) F synthesis
synthetisch ADJ synthetic
Syphilis ['zy:filɪs] (**-**) F syphilis
Syrer(in) ['zy:rər(ɪn)] (**-s, -**) M(F) Syrian
Syrien (**-s**) NT Syria
syrisch ADJ Syrian
System [zys'te:m] (**-s, -e**) NT system; **Systemanalyse** F systems analysis; **Systemanalytiker(in)** M(F) systems analyst
Systematik F system
systematisch [zyste'ma:tɪʃ] ADJ systematic
systematisieren [zystemati'zi:rən] VT to systematize
System- ZW: **Systemkritiker** M critic of the system; **Systemplatte** F (*Comput*) system disk; **Systemsteuerung** F (*Comput*) control panel; **Systemvoraussetzung** F (*meist pl*) system requirement; **Systemzwang** M obligation to conform (to the system)
Szenarium [stse'na:riʊm] NT scenario
Szene ['stse:nə] (**-, -n**) F scene; **sich in der ~ auskennen** (*umg*) to know the scene; **sich in ~ setzen** to play to the gallery
Szenenwechsel M scene change
Szenerie [stsenə'ri:] F scenery

Tt

T, t¹ [teː] NT T, t; **T wie Theodor** ≈ T for Tommy

t² ABK (= *Tonne*) t

Tabak [ˈtaːbak] **(-s, -e)** M tobacco; **Tabakladen** M tobacconist's (BRIT), tobacco store (US)

tabellarisch [tabɛˈlaːrɪʃ] ADJ tabular

Tabelle (-, -n) F table

Tabellenführer M (*Sport*) top of the table, league leader

Tabernakel [tabɛrˈnaːkəl] **(-s, -)** NT tabernacle

Tabl. ABK = **Tablette**

Tablet NT (*Comput*) tablet

Tablett (-(e)s, -s *od* **-e)** NT tray

Tablette [taˈblɛtə] **(-, -n)** F tablet, pill

Tabu [taˈbuː] **(-s, -s)** NT taboo

tabuisieren [tabuiˈziːrən] VT to make taboo

Tabulator [tabuˈlaːtɔr] M tabulator, tab (*umg*)

tabulieren VT to tab

Tacho [ˈtaxo] **(-s, -s)** (*umg*) M speedo (BRIT)

Tachometer [taxoˈmeːtər] **(-s, -)** M (*Aut*) speedometer

Tadel [ˈtaːdəl] **(-s, -)** M censure, scolding; (*Fehler*) fault; (*Makel*) blemish; **tadellos** ADJ faultless, irreproachable

tadeln VT to scold

tadelnswert ADJ blameworthy

Tadschikistan [taˈdʒiːkistaːn] **(-s)** NT Tajikistan

Tafel [ˈtaːfəl] **(-, -n)** F (*form: festlicher Speisetisch, Math*) table; (*Festmahl*) meal; (*Anschlagtafel*) board; (*Wandtafel*) blackboard; (*Schiefertafel*) slate; (*Gedenktafel*) plaque; (*Illustration*) plate; (*Schalttafel*) panel; (*Schokoladentafel etc*) bar; **tafelfertig** ADJ ready to serve

täfeln [ˈtɛːfəln] VT to panel

Tafelöl NT cooking oil; (*Salatöl*) salad oil

Täfelung F panelling (BRIT), paneling (US)

Tafelwasser NT table water

Tafelwein M table wine

Taft [taft] **(-(e)s, -e)** M taffeta

Tag [taːk] **(-(e)s, -e)** M day; (*Tageslicht*) daylight; **am ~** during the day; **für** *od* **auf ein paar Tage** for a few days; **eines Tages** one day; **in den ~ hinein leben** to take each day as it comes; **bei ~(e)** (*ankommen*) while it's light; (*arbeiten, reisen*) during the day; **unter Tage** (*Min*) underground; **über Tage** (*Min*) on the surface; **an den ~ kommen** to come to light; **er legte großes Interesse an den ~** he showed great interest; **auf den ~ (genau)** to the day; **auf seine alten Tage** at his age; **guten ~!** good morning/afternoon!; *siehe auch* **zutage**; **tagaus** ADV: **~, tagein** day in, day out; **Tagdienst** M day duty

Tage- ZW: **Tagebau** M (*Min*) open-cast mining; ★ **Tagebuch** NT diary; **Tagedieb** M idler; **Tagegeld** NT daily allowance; ★ **tagelang** ADV for days

tagen VI to sit, to meet ▶ VI UNPERS: **es tagt** dawn is breaking

Tages- ZW: **Tagesablauf** M daily routine; **Tagesanbruch** M dawn; **Tagesausflug** M day trip; **Tagescreme** F day cream; **Tagesdecke** F bedspread; **Tagesfahrt** F day trip; ★ **Tageskarte** F (*Eintrittskarte*) day ticket; (*Speisekarte*) menu of the day; **Tageskasse** F (*Comm*) day's takings *pl*; (*Theat*) box office; ★ **Tageslicht** NT daylight; **Tagesmutter** F child minder; **Tagesordnung** F agenda; **an der ~ sein** (*fig*) to be the order of the day; **Tagesrückfahrkarte** F day return (ticket); **Tagessatz** M daily rate; **Tagesschau** F (*TV*) television news (programme (BRIT) *od* program (US)); **Tagesstätte** F day nursery (BRIT), daycare center (US); **Tageswert** M (*Fin*) present value; **Tageszeit** F time of day; **zu jeder Tages- und Nachtzeit** at all hours of the day and night

> Im Englischen sagt man **today/tonight**, **this morning/this afternoon**, und nicht **today morning/today afternoon** oder **today night**. Man sagt **last night** aber nicht **last evening/last afternoon**, sondern **yesterday evening/yesterday afternoon**.

Tageszeitung F daily (paper)

tägl. ABK = **täglich**

★ **täglich** [ˈtɛːklɪç] ADJ, ADV daily; **einmal ~** once a day

tags [taːks] ADV: **~ darauf** *od* **danach** the next *od* following day; **tagsüber** ADV during the day

tagtäglich ADJ daily ▶ ADV every (single) day

Tagung F conference

Tagungsort M venue (of a conference)

Tahiti [taˈhiːti] **(-s)** NT Tahiti

Taifun [taɪˈfuːn] **(-s, -e)** M typhoon

Taille [ˈtaljə] **(-, -n)** F waist

tailliert [taˈjiːrt] ADJ waisted, gathered at the waist

Taiwan ['taɪvan] (**-s**) NT Taiwan
Takel ['ta:kəl] (**-s, -**) NT (*Naut*) tackle
takeln ['ta:kəln] VT (*Naut*) to rig
Takt [takt] (**-(e)s, -e**) M tact; (*Mus*) time; **Taktgefühl** NT tact
Taktik F tactics *pl*
Taktiker(in) M(F) tactician
taktisch ADJ tactical
Takt- ZW: **taktlos** ADJ tactless; **Taktlosigkeit** F tactlessness; **Taktstock** M (conductor's) baton; **Taktstrich** M (*Mus*) bar (line); **taktvoll** ADJ tactful
★**Tal** [ta:l] (**-(e)s, Täler**) NT valley
Talar [ta'la:r] (**-s, -e**) M (*Jur*) robe; (*Univ*) gown
Talbrücke F bridge over a valley
Talent [ta'lɛnt] (**-(e)s, -e**) NT talent
talentiert [talɛn'ti:rt] ADJ talented, gifted
Talfahrt F descent; (*fig*) decline
Talg [talk] (**-(e)s, -e**) M tallow
Talgdrüse F sebaceous gland
Talisman ['ta:lɪsman] (**-s, -e**) M talisman
Tal- ZW: **Talsohle** F bottom of a valley; **Talsperre** F dam; **talwärts** ADV down to the valley
Tamburin [tambu'ri:n] (**-s, -e**) NT tambourine
Tamile [ta'mi:lə] (**-n, -n**) M, **Tamilin** F Tamil
tamilisch ADJ Tamil
Tampon ['tampɔn] (**-s, -s**) M tampon
Tamtam [tam'tam] (**-s, -s**) NT (*Mus*) tomtom; (*umg: Wirbel*) fuss, ballyhoo; (*Lärm*) din
Tang [taŋ] (**-(e)s, -e**) M seaweed
Tangente [taŋ'gɛntə] (**-, -n**) F tangent
Tanger ['taŋər] (**-s**) NT Tangier(s)
tangieren [taŋ'gi:rən] VT (*Problem*) to touch on; (*fig*) to affect
Tank [taŋk] (**-s, -s**) M tank
★**tanken** VT (*Wagen etc*) to fill up with petrol (BRIT) *od* gas (*US*); (*Benzin etc*) to fill up with; (*Aviat*) to (re)fuel; (*umg: frische Luft, neue Kräfte*) to get ▶ VI to fill up (with petrol (BRIT) *od* gas (*US*)); (*Aviat*) to (re)fuel
Tanker (**-s, -**) M tanker
Tank- ZW: **Tanklaster** M tanker; **Tankschiff** NT tanker; ★**Tankstelle** F petrol (BRIT) *od* gas (*US*) station; **Tankuhr** F fuel gauge; **Tankverschluss** M fuel cap; **Tankwart** M petrol pump (BRIT) *od* gas station (*US*) attendant
Tanne ['tanə] (**-, -n**) F fir
Tannenbaum M fir tree
Tannenzapfen M fir cone
Tansania [tan'za:nia] (**-s**) NT Tanzania
★**Tante** ['tantə] (**-, -n**) F aunt; **Tante-Emma-Laden** (*umg*) M corner shop
Tantieme [tãti'e:mə] (**-, -n**) F fee; (*für Künstler etc*) royalty
★**Tanz** [tants] (**-es, Tänze**) M dance
tänzeln ['tɛntsəln] VI to dance along
★**tanzen** VT, VI to dance
Tänzer(in) (**-s, -**) M(F) dancer
Tanz- ZW: **Tanzfläche** F dance floor; **Tanzlokal** NT café/restaurant with dancing; **Tanzschule** F dancing school
Tapet [ta'pe:t] (*umg*) NT: **etw aufs ~ bringen** to bring sth up
★**Tapete** [ta'pe:tə] (**-, -n**) F wallpaper
Tapetenwechsel M (*fig*) change of scenery
★**tapezieren** [tape'tsi:rən] VT to (wall)paper
Tapezierer (**-s, -**) M (interior) decorator
★**tapfer** ['tapfər] ADJ brave; **sich ~ schlagen** (*umg*) to put on a brave show; **Tapferkeit** F courage, bravery
tappen ['tapən] VI to walk uncertainly *od* clumsily; **im Dunkeln ~** (*fig*) to grope in the dark
täppisch ['tɛpɪʃ] ADJ clumsy
Tara ['ta:ra] (**-, Taren**) F tare
Tarantel [ta'rantəl] (**-, -n**) F tarantula; **wie von der ~ gestochen** as if stung by a bee
Tarif [ta'ri:f] (**-s, -e**) M tariff, (scale of) fares/charges; **nach/über/unter ~ bezahlen** to pay according to/above/below the (union) rate(s); **Tarifautonomie** F free collective bargaining; **Tarifgruppe** F grade; **tariflich** ADJ agreed, union; **Tariflohn** M standard wage rate; **Tarifordnung** F wage *od* salary scale; **Tarifpartner** M: **die ~** union and management; **Tarifvereinbarung** F labour (BRIT) *od* labor (*US*) agreement; **Tarifverhandlungen** PL collective bargaining *sing*; **Tarifvertrag** M pay agreement
tarnen ['tarnən] VT to camouflage; (*Person, Absicht*) to disguise
Tarnfarbe F camouflage paint
Tarnmanöver NT (*lit, fig*) feint, covering ploy
Tarnung F camouflaging; (*von Person, Absicht*) disguising
Tarock [ta'rɔk] (**-s, s**) M OD NT tarot
★**Tasche** ['taʃə] (**-, -n**) F bag; (*Hosentasche*) pocket; (*Handtasche*) handbag; **in die eigene ~ wirtschaften** to line one's own pockets; **jdm auf der ~ liegen** (*umg*) to live off sb
Taschen- ZW: ★**Taschenbuch** NT paperback; ★**Taschendieb** M pickpocket; ★**Taschengeld** NT pocket money; ★**Taschenlampe** F (electric) torch, flashlight (*US*); **Taschenmesser** NT penknife; ★**Taschenrechner** M pocket calculator; **Taschenspieler** M conjurer; ★**Taschentuch** NT handkerchief
Tasmanien [tas'ma:niən] (**-s**) NT Tasmania
★**Tasse** ['tasə] (**-, -n**) F cup; **er hat nicht alle Tassen im Schrank** (*umg*) he's not all there
★**Tastatur** [tasta'tu:r] F keyboard
★**Taste** ['tastə] (**-, -n**) F button; (*von Klavier, Computer*) key
tasten VT to feel, to touch; (*drücken*) to press ▶ VI to feel, to grope ▶ VR to feel one's way
Tastenfeld NT keyboard
Tastentelefon NT push-button telephone
Tastsinn M sense of touch
tat *etc* [ta:t] VB *siehe* **tun**

Tat (-, **-en**) F act, deed, action; **in der ~** indeed, as a matter of fact; **etw in die ~ umsetzen** to put sth into action

Tatbestand M facts *pl* of the case

Tatendrang M energy

tatenlos ADJ inactive

Täter(in) [ˈtɛːtər(ɪn)] (**-s**, **-**) M(F) perpetrator, culprit; **Täterschaft** F guilt

tätig ADJ active; **tätiger Teilhaber** active partner; **in einer Firma ~ sein** to work for a firm

tätigen VT (*Comm*) to conclude; (*geh: Einkäufe, Anruf*) to make

Tätigkeit F activity; (*Beruf*) occupation

Tätigkeitsbereich M field of activity

tatkräftig ADJ energetic; (*Hilfe*) active

tätlich ADJ violent; **Tätlichkeit** F violence; **es kam zu Tätlichkeiten** there were violent scenes

Tatort (**-(e)s**, **-e**) M scene of the crime

tätowieren [tɛtoˈviːrən] VT to tattoo

Tätowierung F tattooing; (*Ergebnis*) tattoo

Tatsache F fact; **jdn vor vollendete Tatsachen stellen** to present sb with a fait accompli

Tatsachenbericht M documentary (report)

tatsächlich ADJ actual ▸ ADV really

tatverdächtig ADJ suspected

Tatze [ˈtatsə] (-, **-n**) F paw

Tau¹ [tau] (**-(e)s**, **-e**) NT rope

Tau² (**-(e)s**) M dew

taub [taup] ADJ deaf; (*Nuss*) hollow; **sich ~ stellen** to pretend not to hear

Taube [ˈtaubə] (-, **-n**) F (*Zool*) pigeon; (*fig*) dove

Taubenschlag M dovecote; **hier geht es zu wie im ~** (*fig: umg*) it's like Waterloo Station here (BRIT), it's like Grand Central Station here (*US*)

Taubheit F deafness

taubstumm ADJ with a speech and hearing impairment

tauchen [ˈtauxən] VT to dip ▸ VI to dive; (*Naut*) to submerge

Taucher (**-s**, **-**) M diver; **Taucheranzug** M diving suit

Tauchsieder (**-s**, **-**) M portable immersion heater

Tauchstation F: **auf ~ gehen** (*U-Boot*) to dive

tauen [ˈtauən] VT, VI to thaw ▸ VI UNPERS: **es taut** it's thawing

Taufbecken NT font

Taufe [ˈtaufə] (-, **-n**) F baptism

taufen VT to baptize; (*nennen*) to christen

Tauf- ZW: **Taufname** M Christian name; **Taufpate** M godfather; **Taufpatin** F godmother; **Taufschein** M certificate of baptism

taugen [ˈtaugən] VI to be of use; **~ für** to do *od* be good for; **nicht ~** to be no good *od* useless

Taugenichts (**-es**, **-e**) M good-for-nothing

tauglich [ˈtauklɪç] ADJ suitable; (*Mil*) fit (for service); **Tauglichkeit** F suitability; (*Mil*) fitness

Taumel [ˈtauməl] (**-s**) M dizziness; (*fig*) frenzy

taumelig ADJ giddy, reeling

taumeln VI to reel, to stagger

Taunus [ˈtaunus] (-) M Taunus (Mountains *pl*)

Tausch [tauʃ] (**-(e)s**, **-e**) M exchange; **einen guten/schlechten ~ machen** to get a good/bad deal

tauschen VT to exchange, to swap ▸ VI: **ich möchte nicht mit ihm ~** I wouldn't like to be in his place

täuschen [ˈtɔʏʃən] VT to deceive ▸ VI to be deceptive ▸ VR to be wrong; **wenn mich nicht alles täuscht** unless I'm completely wrong

täuschend ADJ deceptive

Tauschhandel M barter

Täuschung F deception; (*optisch*) illusion

Täuschungsmanöver NT (*Sport*) feint; (*fig*) ploy

tausend [ˈtauzənt] NUM a *od* one thousand; **Tausend** (-, **-en**) F (*Zahl*) thousand

Tausender (**-s**, **-**) M (*Geldschein*) thousand

Tausendfüßler (**-s**, **-**) M centipede

Tausendstel (**-s**, **-**) NT (*Bruchteil*) thousandth

Tau- ZW: **Tautropfen** M dew drop; **Tauwetter** NT thaw; **Tauziehen** NT tug-of-war

Taxe [ˈtaksə] (-, **-n**) F taxi, cab

★**Taxi** [ˈtaksi] (**-(s)**, **-(s)**) NT taxi, cab

taxieren [taˈksiːrən] VT (*Preis, Wert*) to estimate; (*Haus, Gemälde*) to value; (*mustern*) to look up and down

Taxi- ZW: **Taxifahrer(in)** M(F) taxi driver; ★**Taxistand** M taxi rank (BRIT) *od* stand (*US*)

Tb, Tbc F ABK (= *Tuberkulose*) TB

Teamarbeit [ˈtiːm|arbaɪt] F teamwork

★**Technik** [ˈtɛçnɪk] F technology; (*Methode, Kunstfertigkeit*) technique

Techniker(in) (**-s -**) M(F) technician

★**technisch** ADJ technical; **technische Hochschule** ≈ polytechnic

★**Technologie** [tɛçnoloˈgiː] F technology

technologisch [tɛçnoˈloːgɪʃ] ADJ technological

Techtelmechtel [tɛçtəlˈmɛçtəl] (**-s**, **-**) (*umg*) NT (*Liebschaft*) affair, carry-on

Tee- ZW: **Teebeutel** M tea bag; **Teekanne** F teapot; **Teelicht** NT night-light; **Teelöffel** M teaspoon; **Teemischung** F blend of tea

Teer [teːr] (**-(e)s**, **-e**) M tar; **teeren** VT to tar

Teesieb NT tea strainer

Teetasse F teacup

Teewagen M tea trolley

Teflon® [ˈtɛfloːn] (**-s**) NT Teflon®

Teheran [ˈteːhəraːn] (**-s**) NT Teheran

Teich [taɪç] (**-(e)s**, **-e**) M pond

Teig [taɪk] (**-(e)s**, **-e**) M dough

teigig [ˈtaɪgɪç] ADJ doughy

Teigwaren PL pasta *sing*

★**Teil** [taɪl] (**-(e)s**, **-e**) M OD NT part; (*Anteil*) share ▸ NT part; (*Bestandteil*) component; (*Ersatzteil*)

t

spare (part); **zum ~** partly; **ich für mein(en) ~ ...** I, for my part ...; **sich** *dat* **sein ~ denken** (*umg*) to draw one's own conclusions; **er hat sein(en) ~ dazu beigetragen** he did his bit *od* share; **teilbar** ADJ divisible; **Teilbetrag** M instalment (BRIT), installment (US); **Teilchen** NT (atomic) particle

★**teilen** VT to divide; (*mit jdm*) to share ▶ VR to divide; (*in Gruppen*) to split up

Teil- ZW: **teilentrahmt** ADJ semi-skimmed; **Teilgebiet** NT (*Bereich*) branch; (*räumlich*) area; **teil|haben** *unreg* VI: **an etw** *dat* **~** to share in sth; **Teilhaber** (**-s, -**) M partner; **Teilkaskoversicherung** F third party, fire and theft insurance

Teilnahme (**-, -n**) F participation; (*Mitleid*) sympathy; **jdm seine herzliche ~ aussprechen** to offer sb one's heartfelt sympathy

teilnahmslos ADJ disinterested, apathetic

★**teil|nehmen** *unreg* VI: **an etw** *dat* **~** to take part in sth

Teilnehmer(in) (**-s, -**) M(F) participant

teils ADV partly

Teilschaden M partial loss

Teilstrecke F stage; (*von Straße*) stretch; (*bei Bus etc*) fare stage

Teilung F division

teilweise ADV partially, in part

Teil- ZW: **Teilzahlung** F payment by instalments (BRIT) *od* installments (US); **Teilzeitarbeit** F part-time job *od* work; **Teilzeitbasis** F: **auf ~ arbeiten** to work part-time; **Teilzeitmodell** NT part-time working arrangements

Teint [tɛ̃:] (**-s, -s**) M complexion

Telearbeit [ˈte:learbaɪt] F teleworking

Telebanking [ˈte:lebɛŋkɪŋ] (**-s**) NT telebanking

Telebrief [ˈte:lebri:f] M facsimile, fax

Telefax [ˈte:lefaks] (-) NT telefax

★**Telefon** [teleˈfo:n] (**-s, -e**) NT (tele)phone; **ans ~ gehen** to answer the phone; **Telefonamt** NT telephone exchange; **Telefonanruf** M phone call

★**Telefonat** [telefoˈna:t] (**-(e)s, -e**) NT phone call

Telefon- ZW: ★**Telefonbuch** NT phone directory; **Telefongebühr** F call charge; (*Grundgebühr*) phone rental; **Telefongespräch** NT phone call; **Telefonhäuschen** (*umg*) NT = **Telefonzelle**

★**telefonieren** [telefoˈni:rən] VI to phone; **bei jdm ~** to use sb's phone; **mit jdm ~** to speak to sb on the phone

telefonisch [teleˈfo:nɪʃ] ADJ phone; (*Benachrichtigung*) by phone; **ich bin ~ zu erreichen** I can be reached by phone

Telefonist(in) [telefoˈnɪst(ɪn)] M(F) telephonist

Telefon- ZW: **Telefonkarte** F phone card; ★**Telefonnummer** F phone number; **Telefonrechnung** F phone bill; **Telefonseelsorge** F: **die ~** ≈ the Samaritans; **Telefonverbindung** F phone connection; ★**Telefonzelle** F phone box (BRIT) *od* booth (US), callbox (BRIT); **Telefonzentrale** F telephone exchange

Telegraf [teleˈgra:f] (**-en, -en**) M telegraph

Telegrafenleitung F telegraph line

Telegrafenmast M telegraph pole

Telegrafie [telegraˈfi:] F telegraphy

telegrafieren [telegraˈfi:rən] VT, VI to telegraph, to cable, to wire

telegrafisch [teleˈgra:fɪʃ] ADJ telegraphic; **jdm ~ Geld überweisen** to cable sb money

★**Telegramm** [teleˈgram] (**-s, -e**) NT telegram, cable; **Telegrammadresse** F telegraphic address; **Telegrammformular** NT telegram form

Telekolleg [ˈte:ləkɔle:k] NT ≈ Open University (BRIT)

Teleobjektiv [ˈte:lə|ɔpjɛkti:f] NT telephoto lens

Telepathie [telepaˈti:] F telepathy

telepathisch [teleˈpa:tɪʃ] ADJ telepathic

Teleskop [teleˈsko:p] (**-s, -e**) NT telescope

Telespiel NT video game

Telex [ˈte:lɛks] (**-, -(e)**) NT telex

★**Teller** [ˈtɛlər] (**-s, -**) M plate

Tempel [ˈtɛmpəl] (**-s, -**) M temple

Temperafarbe [ˈtɛmperafarbə] F distemper

Temperament [tɛmperaˈmɛnt] NT temperament; (*Schwung*) vivacity, vitality; **sein ~ ist mit ihm durchgegangen** he went over the top; **temperamentlos** ADJ spiritless; **temperamentvoll** ADJ high-spirited, lively

★**Temperatur** [tɛmperaˈtu:r] F temperature; **erhöhte ~ haben** to have a temperature

Tempo¹ [ˈtɛmpo] (**-s, -s**) NT speed, pace; **~!** get a move on!

Tempo² [ˈtɛmpo] (**-s, Tempi**) NT (*Mus*) tempo; **das ~ angeben** (*fig*) to set the pace; **Tempolimit** NT speed limit

temporär [tɛmpoˈrɛ:r] ADJ temporary

Tempotaschentuch® NT paper handkerchief

Tendenz [tɛnˈdɛnts] F tendency; (*Absicht*) intention

tendenziell [tɛndɛntsiˈɛl] ADJ: **nur tendenzielle Unterschiede** merely differences in emphasis

tendenziös [tɛndɛntsiˈø:s] ADJ bias(s)ed, tendentious

tendieren [tɛnˈdi:rən] VI: **zu etw ~** to show a tendency to(wards) sth, to incline to(wards) sth

Teneriffa [teneˈrɪfa] (**-s**) NT Tenerife

Tenne [ˈtɛnə] (**-, -n**) F threshing floor

★**Tennis** [ˈtɛnɪs] (-) NT tennis; ★**Tennisplatz** M tennis court; **Tennisschläger** M tennis racket; **Tennisspieler** M tennis player

Tenor [teˈno:r] (**-s, Tenöre**) M tenor

★**Teppich** [ˈtɛpɪç] (**-s, -e**) M carpet; ★**Teppichboden** M wall-to-wall carpeting; **Teppichkehrmaschine** F carpet sweeper; **Teppichklopfer** M carpet beater

★**Termin** [tɛrˈmi:n] (**-s, -e**) M (*Zeitpunkt*) date; (*Frist*) deadline; (*Arzttermin etc*) appointment; (*Jur: Verhandlung*) hearing; **sich** *dat* **einen ~ geben lassen** to make an appointment; **termingerecht** ADJ on schedule

terminieren [tɛrmiˈni:rən] VT (*befristen*) to limit; (*festsetzen*) to set a date for

★**Terminkalender** M diary, appointments book

Terminologie [tɛrminoloˈgi:] F terminology

Termite [tɛrˈmi:tə] (**-, -n**) F termite

Terpentin [tɛrpɛnˈti:n] (**-s, -e**) NT turpentine, turps *sing*

Terrain [tɛˈrɛ̃:] (**-s, -s**) NT land, terrain; (*fig*) territory; **das ~ sondieren** (*Mil*) to reconnoitre the terrain; (*fig*) to see how the land lies

★**Terrasse** [tɛˈrasə] (**-, -n**) F terrace

Terrine [tɛˈri:nə] F tureen

territorial [tɛritoriˈa:l] ADJ territorial

Territorium [tɛriˈto:riʊm] NT territory

Terror [ˈtɛrɔr] (**-s**) M terror; (*Terrorherrschaft*) reign of terror; **blanker ~** sheer terror; **Terroranschlag** M terrorist attack

terrorisieren [tɛroriˈzi:rən] VT to terrorize

Terrorismus [tɛroˈrɪsmʊs] M terrorism

Terrorismusbekämpfung [tɛroˈrɪsmʊsbəkɛmpfʊŋ] F counterterrorism

Terrorist(in) M(F) terrorist

terroristisch ADJ terrorist *attrib*

Terrornetz(werk) NT terrorist network

Terrororganisation F terrorist organization

Terrorzelle F terrorist cell

Tertia [ˈtɛrtsia] (**-, Tertien**) F (*Sch: früher: Untertertia/Obertertia*) *fourth/fifth year of German secondary school*

Terz [tɛrts] (**-, -en**) F (*Mus*) third

Terzett [tɛrˈtsɛt] (**-(e)s, -e**) NT (*Mus*) trio

Tesafilm® [ˈte:zafɪlm] M Sellotape® (BRIT), Scotch tape® (*US*)

Test [tɛst] (**-s, -s**) M test

Testament [tɛstaˈmɛnt] NT will, testament; (*Rel*) Testament; **Altes/Neues ~** Old/New Testament

testamentarisch [tɛstamɛnˈta:rɪʃ] ADJ testamentary

Testamentsvollstrecker(in) (**-s, -**) M(F) executor (of a will)

Testat [tɛsˈta:t] (**-(e)s, -e**) NT certificate

Testator [tɛsˈta:tɔr] M testator

Test- ZW: **Testbild** NT (*TV*) test card; **testen** VT to test; **Testfall** M test case; **Testperson** F subject (of a test); **Teststoppabkommen** NT nuclear test ban agreement

Tetanus [ˈte:tanʊs] (**-**) M tetanus; **Tetanusimpfung** F (anti-)tetanus injection

teuer [ˈtɔʏər] ADJ dear, expensive; **teures Geld** good money; **das wird ihn ~ zu stehen kommen** (*fig*) that will cost him dear

Teuerung F increase in prices

Teuerungszulage F cost-of-living bonus

Teufel [ˈtɔʏfəl] (**-s, -**) M devil; **den ~ an die Wand malen** (*schwarzmalen*) to imagine the worst; (*Unheil heraufbeschwören*) to tempt fate *od* providence; **in Teufels Küche kommen** to get into a mess; **jdn zum ~ jagen** (*umg*) to send sb packing

Teufelei [tɔʏfəˈlaɪ] F devilment

Teufels- ZW: **Teufelsaustreibung** F exorcism; **Teufelsbrut** (*umg*) F devil's brood; **Teufelskreis** M vicious circle

teuflisch [ˈtɔʏflɪʃ] ADJ fiendish, diabolic

Text [tɛkst] (**-(e)s, -e**) M text; (*Liedertext*) words *pl*; (*: von Schlager*) lyrics *pl*; **Textdichter** M songwriter; **texten** VI to write the words

textil [tɛksˈti:l] ADJ textile; **Textilbranche** F textile trade

Textilien PL textiles *pl*

Textilindustrie F textile industry

Textilwaren PL textiles *pl*

Text- ZW: **Textnachrichten** PL (*Tel*) text messaging; **Textstelle** F passage; ★**Textverarbeitung** F word processing; **Textverarbeitungssystem** NT word processor

TH (**-, -s**) F ABK (= *technische Hochschule*) *siehe* **technisch** ▶ ABK = **Thüringen**

Thailand [ˈtaɪlant] (**-s**) NT Thailand

Thailänder(in) [ˈtaɪlɛndər(ɪn)] (**-s, -**) M(F) Thai

★**Theater** [teˈa:tər] (**-s, -**) NT theatre (BRIT), theater (*US*); (*umg*) fuss; **(ein) ~ machen** to make a (big) fuss; **~ spielen** to act; (*fig*) to put on an act; **Theaterbesucher** M playgoer; **Theaterkasse** F box office; ★**Theaterstück** NT (stage) play

theatralisch [teaˈtra:lɪʃ] ADJ theatrical

★**Theke** [ˈte:kə] (**-, -n**) F (*Schanktisch*) bar; (*Ladentisch*) counter

Thema [ˈte:ma] (**-s, Themen** *od* **-ta**) NT topic, subject; (*Leitgedanke, Mus*) theme; **beim ~ bleiben/vom ~ abschweifen** to stick to/wander off the subject

thematisch [teˈma:tɪʃ] ADJ thematic

Themenkreis M topic

Themenpark M theme park

Themse [ˈtɛmzə] F: **die ~** the Thames

Theologe [teoˈlo:gə] (**-n, -n**) M theologian

Theologie [teoloˈgi:] F theology

Theologin F theologian

theologisch [teoˈlo:gɪʃ] ADJ theological

Theoretiker(in) [teoˈre:tikər(ɪn)] (**-s, -**) M(F) theorist

theoretisch ADJ theoretical; **~ gesehen** in theory, theoretically

Theorie [teoˈri:] F theory

Therapeut [teraˈpɔʏt] (**-en, -en**) M therapist

therapeutisch ADJ therapeutic

Therapie [teraˈpi:] F therapy

Thermalbad [tɛrˈma:lba:t] NT thermal bath; (*Badeort*) thermal spa

Thermalquelle F thermal spring

★**Thermometer** [tɛrmoˈme:tər] (**-s, -**) NT thermometer

t

Thermosflasche® [ˈtɛrmɔsflaʃə] F Thermos® flask

Thermostat [tɛrmoˈsta:t] (**-(e)s** *od* **-en, -e(n)**) M thermostat

These [ˈte:zə] (**-, -n**) F thesis

Thrombose [trɔmˈbo:sə] (**-, -n**) F thrombosis

Thron [tro:n] (**-(e)s, -e**) M throne; **Thronbesteigung** F accession (to the throne)

thronen VI to sit enthroned; (*fig*) to sit in state

Thronerbe M heir to the throne

Thronfolge F succession (to the throne)

Thunfisch [ˈtu:nfɪʃ] M tuna (fish)

Thüringen [ˈty:rɪŋən] (**-s**) NT Thuringia

Thymian [ˈty:mia:n] (**-s, -e**) M thyme

Tibet [ˈti:bɛt] (**-s**) NT Tibet

Tick [tɪk] (**-(e)s, -s**) M tic; (*Eigenart*) quirk; (*Fimmel*) craze

ticken VI to tick; **nicht richtig ~** (*umg*) to be off one's rocker

Ticket [ˈtɪkət] (**-s, -s**) NT ticket

★**tief** [ti:f] ADJ deep; (*tiefsinnig*) profound; (*Ausschnitt, Ton*) low; **tiefer Teller** soup plate; **~ greifend** far-reaching; **~ schürfend** profound; **bis ~ in die Nacht hinein** late into the night; **Tief** (**-s, -s**) NT (*Met*) low; (*seelisch*) depression; **Tiefbau** M civil engineering (*at or below ground level*); ★**Tiefdruck** M (*Met*) low pressure

Tiefe (**-, -n**) F depth

Tiefebene [ˈti:f|e:bənə] F plain

Tiefenpsychologie F depth psychology

Tiefenschärfe F (*Phot*) depth of focus

tief- zW: **tiefernst** ADJ very grave *od* solemn; **Tiefflug** M low-level *od* low-altitude flight; **Tiefgang** M (*Naut*) draught (BRIT), draft (*US*); (*geistig*) depth; **Tiefgarage** F underground car park (BRIT) *od* parking lot (*US*); **tiefgekühlt** ADJ frozen; **Tiefkühlfach** NT freezer compartment; **Tiefkühlkost** F frozen food; ★**Tiefkühlschrank** M *siehe* **Tiefkühltruhe**; ★**Tiefkühltruhe** F freezer, deep freeze (*US*); **Tieflader** (**-s, -**) M low-loader; **Tiefland** NT lowlands *pl*; **Tiefparterre** F basement; **Tiefpunkt** M low point; (*fig*) low ebb; **Tiefschlag** M (*Boxen, fig*) blow below the belt; **Tiefsee** F deep parts of the sea; **Tiefsinn** M profundity; **tiefsinnig** ADJ profound; (*umg*) melancholy; **Tiefstand** M low level; **tief|stapeln** VI to be overmodest; **Tiefstart** M (*Sport*) crouch start

Tiefstwert M minimum *od* lowest value

Tiegel [ˈti:gəl] (**-s, -**) M saucepan; (*Chem*) crucible

★**Tier** [ti:r] (**-(e)s, -e**) NT animal; ★**Tierarzt** M, **Tierärztin** F vet(erinary surgeon) (BRIT), veterinarian (*US*); **Tierfreund** M animal lover; ★**Tiergarten** M zoo, zoological gardens *pl*; **Tierhandlung** F pet shop (BRIT) *od* store (*US*); **tierisch** ADJ animal *attrib*; **~ ernst** deadly serious; **ich hatte ~ Angst** I was dead scared; **Tierkreis** M zodiac; **Tierkunde** F zoology; **tierlieb** ADJ, **tierliebend** ADJ fond of animals; **Tierpark** M zoo; **Tierquälerei** F cruelty to animals; **Tierreich** NT animal kingdom; **Tierschutz** M protection of animals; **Tierschützer(in)** (**-s, -**) M(F) animal rights campaigner; **Tierschutzverein** M society for the prevention of cruelty to animals; **Tierversuch** M animal experiment; **Tierwelt** F animal kingdom

★**Tiger** [ˈti:gər] (**-s, -**) M tiger; **Tigerin** F tigress

Tigermücke F tiger mosquito

tilgen [ˈtɪlgən] VT to erase; (*Sünden*) to expiate; (*Schulden*) to pay off

Tilgung F erasing, blotting out; (*von Sünden*) expiation; (*von Schulden*) repayment

Tilgungsfonds M (*Comm*) sinking fund

tingeln [ˈtɪŋgəln] (*umg*) VI to appear in small night clubs

Tinktur [tɪŋkˈtu:r] F tincture

Tinnitus [ˈtɪnitʊs] M (*Med*) tinnitus

Tinte [ˈtɪntə] (**-, -n**) F ink

Tinten- zW: **Tintenfass** NT inkwell; **Tintenfisch** M cuttlefish; (*achtarmig*) octopus; **Tintenfleck** M ink stain *od* blot; **Tintenstift** M indelible pencil; **Tintenstrahldrucker** M ink-jet printer

Tipp [tɪp] (**-s, -s**) M (*Sport, Börse*) tip; (*Andeutung*) hint; (*an Polizei*) tip-off

Tippelbruder (*umg*) M tramp, gentleman of the road (BRIT), hobo (*US*)

★**tippen** [ˈtɪpən] VI to tap, to touch; (*umg: schreiben*) to type; (*im Lotto etc*) to bet ▶ VT to type; (*Lottozahlen etc*) to bet; **auf jdn ~** (*umg: raten*) to tip sb, to put one's money on sb (*fig*)

★**Tippfehler** (*umg*) M typing error

Tippse (**-, -n**) (*umg*) F typist

tipptopp [ˈtɪpˈtɔp] (*umg*) ADJ tiptop

Tippzettel M (pools) coupon

Tirade [tiˈra:də] (**-, -n**) F tirade

Tirol [tiˈro:l] (**-s**) NT the Tyrol

Tiroler(in) (**-s, -**) M(F) Tyrolese, Tyrolean

tirolerisch ADJ Tyrolese, Tyrolean

★**Tisch** [tɪʃ] (**-(e)s, -e**) M table; **bitte zu ~!** lunch *od* dinner is served; **bei ~** at table; **vor/nach ~** before/after eating; **unter den ~ fallen** (*fig*) to be dropped; ★**Tischdecke** F tablecloth

Tischler (**-s, -**) M carpenter, joiner

Tischlerei [tɪʃləˈraɪ] F joiner's workshop; (*Arbeit*) carpentry, joinery

Tischlerhandwerk NT cabinetmaking

tischlern VI to do carpentry *etc*

Tisch- zW: **Tischnachbar** M neighbour (BRIT) *od* neighbor (*US*) (at table); **Tischrechner** M desk calculator; **Tischrede** F after-dinner speech; ★**Tischtennis** NT table tennis; **Tischtuch** NT tablecloth

★**Titel** [ˈti:təl] (**-s, -**) M title; **Titelanwärter** M (*Sport*) challenger; **Titelbild** NT cover (picture); (*von Buch*) frontispiece; **Titelgeschichte** F headline story; **Titelrolle** F title role; **Titelseite** F cover; (*Buchtitel*) title page; **Titelverteidiger** M defending champion, title holder

Titte [ˈtɪtə] (**-, -n**) (*umg*) F (*weibliche Brust*) boob, tit (*umg*)

titulieren [titu'li:rən] VT to entitle; (*anreden*) to address
tja [tja] INTERJ well!
★**Toast** [to:st] (**-(e)s, -s** *od* **-e**) M toast
toasten VI to drink a toast ▶ VT (*Brot*) to toast; **auf jdn ~** to toast sb, to drink a toast to sb
Toaster (**-s, -**) M toaster
toben ['to:bən] VI to rage; (*Kinder*) to romp about
tob- zW: **Tobsucht** F raving madness; **tobsüchtig** ADJ maniacal; **Tobsuchtsanfall** M maniacal fit
★**Tochter** ['tɔxtər] (**-, Töchter**) F daughter; **Tochtergesellschaft** F subsidiary (company)
★**Tod** [to:t] (**-(e)s, -e**) M death; **zu Tode betrübt sein** to be in the depths of despair; **eines natürlichen/gewaltsamen Todes sterben** to die of natural causes/die a violent death; **todernst** (*umg*) ADJ deadly serious ▶ ADV in dead earnest
Todes- zW: **Todesangst** F mortal fear; **Todesängste ausstehen** (*umg*) to be scared to death; **Todesanzeige** F obituary (notice); **Todesfall** M death; **Todeskampf** M death throes *pl*; **Todesopfer** NT death, casualty, fatality; **Todesqualen** PL: **~ ausstehen** (*fig*) to suffer agonies; **Todesstoß** M deathblow; **Todesstrafe** F death penalty; **Todestag** M anniversary of death; **Todesursache** F cause of death; **Todesurteil** NT death sentence; **Todesverachtung** F utter disgust
Todfeind M deadly *od* mortal enemy
todkrank ADJ dangerously ill
★**tödlich** ['tø:tlɪç] ADJ fatal; (*Gift*) deadly, lethal
tod- zW: **todmüde** ADJ dead tired; **todschick** (*umg*) ADJ smart, classy; **todsicher** (*umg*) ADJ absolutely *od* dead certain; **Todsünde** F deadly sin; **todtraurig** ADJ extremely sad
Tofu ['to:fu] (**-(s)**) M tofu
Togo ['to:go] (**-s**) NT Togo
★**Toilette** [toa'lɛtə] F toilet, lavatory (BRIT), restroom (US); (*Frisiertisch*) dressing table; (*Kleidung*) outfit; **auf die ~ gehen/auf der ~ sein** to go to/be in the toilet
Toiletten- zW: **Toilettenartikel** PL toiletries *pl*, toilet articles *pl*; ★**Toilettenpapier** NT toilet paper; **Toilettentisch** M dressing table
toi, toi, toi ['tɔy'tɔy'tɔy] (*umg*) INTERJ good luck; (*unberufen*) touch wood
Tokio ['to:kjo] (**-s**) NT Tokyo
tolerant [tole'rant] ADJ tolerant
Toleranz F tolerance
tolerieren [tole'ri:rən] VT to tolerate
★**toll** [tɔl] ADJ mad; (*Treiben*) wild; (*umg*) terrific
tollen VI to romp
toll- zW: **Tollheit** F madness, wildness; **Tollkirsche** F deadly nightshade; **tollkühn** ADJ daring; **Tollwut** F rabies
Tölpel ['tœlpəl] (**-s, -**) M oaf, clod
Tomate [to'ma:tə] (**-, -n**) F tomato; **du treulose ~!** (*umg*) you're a fine friend!
Tomatenmark (**-(e)s**) NT tomato purée
Tombola ['tɔmbola] (**-, -s** *od* **Tombolen**) F tombola
★**Ton¹** [to:n] (**-(e)s, -e**) M (*Erde*) clay
Ton² [to:n] (**-(e)s, Töne**) M (*Laut*) sound; (*Mus*) note; (*Redeweise*) tone; (*Farbton, Nuance*) shade; (*Betonung*) stress; **keinen ~ herausbringen** not to be able to say a word; **den ~ angeben** (*Mus*) to give an A; (*fig: Mensch*) to set the tone; **Tonabnehmer** M pick-up; **tonangebend** ADJ leading; **Tonarm** M pick-up arm; **Tonart** F (musical) key; **Tonband** NT tape; **Tonbandaufnahme** F tape recording
Tonbandgerät NT tape recorder
tönen ['tø:nən] VI to sound ▶ VT to shade; (*Haare*) to tint
Toner ['to:nər] (**-s, -**) M toner; **Tonerkassette** F toner cartridge
tönern ['tø:nərn] ADJ clay
Ton- zW: **Tonfall** M intonation; **Tonfilm** M sound film; **Tonhöhe** F pitch
Tonika ['to:nika] (**-, -iken**) F (*Mus*) tonic
Tonikum (**-s, -ika**) NT (*Med*) tonic
Ton- zW: **Toningenieur** M sound engineer; **Tonkopf** M recording head; **Tonkünstler** M musician; **Tonleiter** F (*Mus*) scale; **tonlos** ADJ soundless
Tonne ['tɔnə] (**-, -n**) F barrel; (*Maß*) ton
Ton- zW: **Tonspur** F soundtrack; **Tontaube** F clay pigeon; **Tonwaren** PL pottery *sing*, earthenware *sing*
★**Topf** [tɔpf] (**-(e)s, Töpfe**) M pot; **alles in einen ~ werfen** (*fig*) to lump everything together; **Topfblume** F pot plant
Töpfer(in) ['tœpfər(ɪn)] (**-s, -**) M(F) potter
Töpferei [tœpfə'raɪ] F (*Töpferware*) pottery; (*Werkstatt*) pottery, potter's workshop
töpfern VI to do pottery
Töpferscheibe F potter's wheel
topfit ['tɔp'fɪt] ADJ in top form
Topflappen M oven cloth
topografisch [topo'gra:fɪʃ] ADJ topographic
topp [tɔp] INTERJ O.K.
toppen ['tɔpən] (*umg*) VT to do better than; **einen Rekord ~** to break a record
★**Tor¹** [to:r] (**-en, -en**) M fool
Tor² (**-(e)s, -e**) NT gate; (*Sport*) goal; **Torbogen** M archway; **Toreinfahrt** F entrance gate
Toresschluss M: **(kurz) vor ~** right at the last minute
Torf [tɔrf] (**-(e)s**) M peat; **Torfstechen** NT peat-cutting
Torheit F foolishness; (*törichte Handlung*) foolish deed
Torhüter (**-s, -**) M goalkeeper
töricht ['tørɪçt] ADJ foolish
torkeln ['tɔrkəln] VI to stagger, to reel
torpedieren [tɔrpe'di:rən] VT (*lit, fig*) to torpedo
Torpedo [tɔr'pe:do] (**-s, -s**) M torpedo
Torschlusspanik ['to:rʃlʊspa:nɪk] (*umg*) F (*von Unverheirateten*) *fear of being left on the shelf*

Torschütze M, **Torschützin** F (goal) scorer
★**Torte** [ˈtɔrtə] (-, **-n**) F cake; (*Obsttorte*) flan, tart
Tortenguss M glaze
Tortenheber M cake slice
Tortur [tɔrˈtuːr] F ordeal
Torverhältnis NT goal average
Torwart (**-(e)s, -e**) M goalkeeper
tosen [ˈtoːzən] VI to roar
Toskana [tɔsˈkaːna] F Tuscany
★**tot** [toːt] ADJ dead; **er war auf der Stelle ~** he died instantly; **~ geboren** stillborn; **sich ~ stellen** to pretend to be dead; **der tote Winkel** the blind spot; **einen toten Punkt haben** to be at one's lowest; **das Tote Meer** the Dead Sea
★**total** [toˈtaːl] ADJ total; **Totalausverkauf** M clearance sale
totalitär [tɔtaliˈtɛːr] ADJ totalitarian
Totaloperation F extirpation; (*von Gebärmutter*) hysterectomy
Totalschaden M (*Aut*) complete write-off
tot|arbeiten VR to work o.s. to death
tot|ärgern (*umg*) VR to get really annoyed
Tote(r) F(M) dead person
töten [ˈtøtən] VT, VI to kill
Toten- zW: **Totenbett** NT deathbed; **totenblass** ADJ deathly pale, white as a sheet; **Totengräber** (**-s, -**) M gravedigger; **Totenhemd** NT shroud; **Totenkopf** M skull; **Totenmesse** F requiem mass; **Totenschein** M death certificate; **Totenstille** F deathly silence; **Totentanz** M danse macabre; **Totenwache** F wake
tot- zW: **tot|fahren** *unreg* VT to run over; **tot|kriegen** (*umg*) VT: **nicht totzukriegen sein** to go on for ever; **tot|lachen** (*umg*) VR to laugh one's head off
Toto [ˈtoːto] (**-s, -s**) M OD NT ≈ pools *pl*; **Totoschein** M ≈ pools coupon
tot- zW: **tot|sagen** VT: **jdn ~** to say that sb is dead; **Totschlag** M (*Jur*) manslaughter, second degree murder (*US*); **tot|schlagen** *unreg* VT (*lit, fig*) to kill; **Totschläger** M (*Waffe*) cosh (BRIT), blackjack (*US*); **tot|schweigen** *unreg* VT to hush up; **tot|treten** *unreg* VT to trample to death
Tötung [ˈtøːtʊŋ] F killing
Touchscreen [ˈtatʃskriːn] M (*Tech*) touch screen; **Touchscreen-Handy** NT (*Tech*) touch screen mobile; **Touchscreen-Technologie** F (*Tech*) touch screen technology
Toupet [tuˈpeː] (**-s, -s**) NT toupee
toupieren [tuˈpiːrən] VT to backcomb
★**Tour** [tuːr] (**-, -en**) F tour, trip; (*Umdrehung*) revolution; (*Verhaltensart*) way; **auf Touren kommen** (*Aut*) to reach top speed; (*fig*) to get into top gear; **auf vollen Touren laufen** (*lit*) to run at full speed; (*fig*) to be in full swing; **auf die krumme ~** by dishonest means; **in einer ~** incessantly
Tourenzahl F number of revolutions
Tourenzähler M rev counter
★**Tourismus** [tuˈrɪsmʊs] M tourism
★**Tourist(in)** M(F) tourist
Touristenklasse F tourist class
Touristik [tuˈrɪstɪk] F tourism
touristisch ADJ tourist *attrib*
★**Tournee** [tʊrˈneː] (**-, -s** *od* **-n**) F (*Theat etc*) tour; **auf ~ gehen** to go on tour
Trab [traːp] (**-(e)s**) M trot; **auf ~ sein** (*umg*) to be on the go
Trabant [traˈbant] M satellite
Trabantenstadt F satellite town
traben [ˈtraːbən] VI to trot
Tracht [traxt] (**-, -en**) F (*Kleidung*) costume, dress; **eine ~ Prügel** a sound thrashing
trachten VI to strive, to endeavour (BRIT), to endeavor (*US*); **danach ~, etw zu tun** to strive to do sth; **jdm nach dem Leben ~** to seek to kill sb
trächtig [ˈtrɛçtɪç] ADJ (*Tier*) pregnant
★**Tradition** [traditsiˈoːn] F tradition
traditionell [traditsioːˈnɛl] ADJ traditional
traf *etc* [traːf] VB *siehe* **treffen**
Tragbahre F stretcher
tragbar ADJ (*Gerät*) portable; (*Kleidung*) wearable; (*erträglich*) bearable
träge [ˈtrɛːgə] ADJ sluggish, slow; (*Phys*) inert
★**tragen** [ˈtraːgən] *unreg* VT to carry; (*Kleidung, Brille*) to wear; (*Namen, Früchte*) to bear; (*erdulden*) to endure ▶ VI (*schwanger sein*) to be pregnant; (*Eis*) to hold; **schwer an etw** *dat* **~** (*lit*) to have a job carrying sth; (*fig*) to find sth hard to bear; **zum T~ kommen** to come to fruition; (*nützlich werden*) to come in useful
tragend ADJ (*Säule, Bauteil*) load-bearing; (*Idee, Motiv*) fundamental
Träger [ˈtrɛːgər] (**-s, -**) M carrier; (*von Kleidung*) wearer; (*von Namen*) bearer; (*Ordensträger*) holder; (*an Kleidung*) (shoulder) strap; (*Körperschaft etc*) sponsor; (*Holzträger, Betonträger*) (supporting) beam; (*Stahlträger, Eisenträger*) girder; (*Tech: Stütze von Brücken etc*) support
Trägerin F (*Person*) *siehe* **Träger**
Träger- zW: **Trägerkleid** NT pinafore dress (BRIT), jumper (*US*); **Trägerrakete** F launch vehicle; **Trägerrock** M skirt with shoulder straps
Tragetasche F carrier bag (BRIT), carry-all (*US*)
Trag- zW: **Tragfähigkeit** F load-bearing capacity; **Tragfläche** F (*Aviat*) wing; **Tragflügelboot** NT hydrofoil
Trägheit [ˈtrɛːkhaɪt] F laziness; (*Phys*) inertia
Tragik [ˈtraːgɪk] F tragedy
tragikomisch [tragiˈkoːmɪʃ] ADJ tragi-comic
tragisch ADJ tragic; **etw ~ nehmen** (*umg*) to take sth to heart
Traglast F load
Tragödie [traˈgøːdiə] F tragedy
trägt [trɛːkt] VB *siehe* **tragen**
Tragweite F range; (*fig*) scope; **von großer ~ sein** to have far-reaching consequences
Tragwerk NT wing assembly

Trainer(in) [ˈtrɛːnər(ɪn)] (**-s**, **-**) M(F) (*Sport*) trainer, coach; (*Fussball*) manager

trainieren [trɛˈniːrən] VT to train; (*Übung*) to practise (BRIT), to practice (US) ▶ VI to train; **Fußball ~** to do football practice

Training (**-s**, **-s**) NT training

Trainingsanzug M track suit

Trakt [trakt] (**-(e)s**, **-e**) M (*Gebäudeteil*) section; (*Flügel*) wing

Traktat [trakˈtaːt] (**-(e)s**, **-e**) M OD NT (*Abhandlung*) treatise; (*Flugschrift, religiöse Schrift*) tract

traktieren (*umg*) VT (*schlecht behandeln*) to maltreat; (*quälen*) to torment

Traktor [ˈtraktɔr] M tractor; (*von Drucker*) tractor feed

trällern [ˈtrɛlərn] VT, VI to warble; (*Vogel*) to trill, to warble

trampeln [ˈtrampəln] VT to trample; (*abschütteln*) to stamp ▶ VI to stamp

Trampelpfad M track, path

Trampeltier NT (*Zool*) (Bactrian) camel; (*fig: umg*) clumsy oaf

trampen [ˈtrɛmpən] VI to hitchhike

Tramper(in) [trɛmpər(ɪn)] (**-s**, **-**) M(F) hitchhiker

Trampolin [trampoˈliːn] (**-s**, **-e**) NT trampoline

Tranchierbesteck NT pair of carvers, carvers *pl*

tranchieren [trãˈʃiːrən] VT to carve

Träne [ˈtrɛːnə] (**-**, **-n**) F tear

tränen VI to water

Tränengas NT tear gas

tranig [ˈtraːnɪç] (*umg*) ADJ slow, sluggish

trank *etc* [traŋk] VB *siehe* **trinken**

Tränke [ˈtrɛŋkə] (**-**, **-n**) F watering place

tränken VT (*nass machen*) to soak; (*Tiere*) to water

Transaktion [trans|aktsiˈoːn] F transaction

Transchierbesteck NT = **Tranchierbesteck**

transchieren VT = **tranchieren**

Transformator [transfɔrˈmaːtɔr] M transformer

Transfrau F trans(gender) woman

Transfusion [transfuziˈoːn] F transfusion

Transistor [tranˈzistɔr] M transistor

transitiv [ˈtranzitiːf] ADJ transitive

Transitverkehr [tranˈziːtfɛrkeːr] M transit traffic

Transmann M trans(gender) man

transparent [transpaˈrɛnt] ADJ transparent; **Transparent** (**-(e)s**, **-e**) NT (*Bild*) transparency; (*Spruchband*) banner

transpirieren [transpiˈriːrən] VI to perspire

Transplantation [transplantatsiˈoːn] F transplantation; (*Hauttransplantation*) graft(ing)

Transport [transˈpɔrt] (**-(e)s**, **-e**) M transport; (*Fracht*) consignment, shipment; **transportfähig** ADJ moveable

transportieren [transpɔrˈtiːrən] VT to transport

Transport- ZW: **Transportkosten** PL transport charges *pl*, carriage *sing*; **Transportmittel** NT means *sing* of transport; **Transportunternehmen** NT carrier

transsexuell [transzɛksuˈɛl] ADJ transsexual

transusig [ˈtraːnzuːzɪç] (*umg*) ADJ sluggish

Transvestit [transvɛsˈtiːt] (**-en**, **-en**) M transvestite

Trapez [traˈpeːts] (**-es**, **-e**) NT trapeze; (*Math*) trapezium

Trara [traˈraː] (**-s**) NT: **mit viel ~ (um)** (*fig: umg*) with a great hullabaloo (about)

trat *etc* [traːt] VB *siehe* **treten**

Tratsch [traːtʃ] (**-(e)s**) (*umg*) M gossip

tratschen [ˈtraːtʃən] (*umg*) VI to gossip

Tratte [ˈtratə] (**-**, **-n**) F (*Fin*) draft

★**Traube** [ˈtraʊbə] (**-**, **-n**) F grape; (*ganze Frucht*) bunch (of grapes)

Traubenlese F grape harvest

Traubenzucker M glucose

★**trauen** [ˈtraʊən] VI +*dat* to trust ▶ VR to dare ▶ VT to marry; **jdm/etw ~** to trust sb/sth

Trauer [ˈtraʊər] (**-**) F sorrow; (*für Verstorbenen*) mourning; **Trauerfall** M death, bereavement; **Trauerfeier** F funeral service; **Trauerflor** (**-s**, **-e**) M black ribbon; **Trauergemeinde** F mourners *pl*; **Trauermarsch** M funeral march

trauern VI to mourn; **um jdn ~** to mourn (for) sb

Trauer- ZW: **Trauerrand** M black border; **Trauerspiel** NT tragedy; **Trauerweide** F weeping willow

Traufe [ˈtraʊfə] (**-**, **-n**) F eaves *pl*

träufeln [ˈtrɔʏfəln] VT, VI to drip

traulich [ˈtraʊlɪç] ADJ cosy, intimate

★**Traum** [traʊm] (**-(e)s**, **Träume**) M dream; **aus der ~!** it's all over!

Trauma (**-s**, **-men**) NT trauma

traumatisieren [traʊmatiˈziːrən] VT to traumatize

Traumbild NT vision

Traumdeutung F interpretation of dreams

★**träumen** [ˈtrɔʏmən] VT, VI to dream; **das hätte ich mir nicht ~ lassen** I'd never have thought it possible

Träumer(in) (**-s**, **-**) M(F) dreamer

Träumerei [trɔʏməˈraɪ] F dreaming

träumerisch ADJ dreamy

traumhaft ADJ dreamlike; (*fig*) wonderful

Traumtänzer M dreamer

★**traurig** [ˈtraʊrɪç] ADJ sad; ★**Traurigkeit** F sadness

Trauring M wedding ring

Trauschein M marriage certificate

Trauung F wedding ceremony

Trauzeuge M witness (to a marriage)

★**treffen** [ˈtrɛfən] *unreg* VT to strike, to hit; (*Bemerkung*) to hurt; (*begegnen*) to meet; (*Entscheidung etc*) to make; (*Maßnahmen*) to take ▶ VI to hit ▶ VR to meet; **er hat es gut getroffen** he did

t

well; **er fühlte sich getroffen** he took it personally; **~ auf** *+akk* to come across, to meet; **es traf sich, dass ...** it so happened that ...; **es trifft sich gut** it's convenient

Treffen (**-s, -**) NT meeting

treffend ADJ pertinent, apposite

Treffer (**-s, -**) M hit; (*Tor*) goal; (*Los*) winner

trefflich ADJ excellent

★**Treffpunkt** M meeting place

Treibeis NT drift ice

★**treiben** [ˈtraɪbən] *unreg* VT to drive; (*Studien etc*) to pursue; (*Sport*) to do, to go in for ▶ VI (*Schiff etc*) to drift; (*Pflanzen*) to sprout; (*Koch: aufgehen*) to rise; (*Medikamente*) to be diuretic; **die treibende Kraft** (*fig*) the driving force; **Handel mit etw/jdm ~** to trade in sth/with sb; **es zu weit ~** to go too far; **Unsinn ~** to fool around

★**Treiben** (**-s**) NT activity

Treiber (**-s, -**) M (*Comput*) driver

Treib- zW: **Treibgut** NT flotsam and jetsam; **Treibhaus** NT greenhouse; **Treibhauseffekt** M greenhouse effect; **Treibhausgas** NT greenhouse gas; **Treibjagd** F shoot (*in which game is sent up*); (*fig*) witch hunt; **Treibsand** M quicksand; **Treibstoff** M fuel

Trend [trɛnt] (**-s, -s**) M trend

trendig [ˈtrɛndɪç] ADJ trendy

Trendwende F new trend

trendy [ˈtrɛndi] (*umg*) ADJ = **trendig**

trennbar ADJ separable

trennen [ˈtrɛnən] VT to separate; (*teilen*) to divide ▶ VR to separate; **sich ~ von** to part with

Trennschärfe F (*Rundf*) selectivity

Trennung F separation

Trennungsstrich M hyphen

Trennwand F partition (wall)

treppab ADV downstairs

treppauf ADV upstairs

★**Treppe** [ˈtrɛpə] (**-, -n**) F stairs *pl*, staircase; (*im Freien*) steps *pl*; **eine ~** a staircase, a flight of stairs *od* steps; **sie wohnt zwei Treppen hoch/höher** she lives two flights up/higher up

Treppengeländer NT banister

Treppenhaus NT staircase

Tresen [ˈtreːzən] (**-s, -**) M (*Theke*) bar; (*Ladentisch*) counter

Tresor [treˈzoːr] (**-s, -e**) M safe

Tretboot NT pedal boat, pedalo

treten [ˈtreːtən] *unreg* VI to step; (*Tränen, Schweiß*) to appear ▶ VT (*mit Fußtritt*) to kick; (*niedertreten*) to tread, to trample; **~ nach** to kick at; **~ in** *+akk* to step in(to); **in Verbindung ~** to get in contact; **in Erscheinung ~** to appear; **der Fluss trat über die Ufer** the river overflowed its banks; **in Streik ~** to go on strike

Treter [ˈtreːtər] (*umg*) PL (*Schuhe*) casual shoes *pl*

Tretmine F (*Mil*) (anti-personnel) mine

Tretmühle F (*fig*) daily grind

treu [trɔʏ] ADJ faithful, true; (*Kunde, Fan*) loyal; **treudoof** (*umg*) ADJ naïve

Treue (**-**) F faithfulness; (*von Kunde, Fan*) loyalty

Treuhand (*umg*) F, **Treuhandanstalt** F trustee organization (*overseeing the privatization of former GDR state-owned firms*)

Treuhänder (**-s, -**) M trustee

Treuhandgesellschaft F trust company

treu- zW: **treuherzig** ADJ innocent; **treulich** ADV faithfully; **treulos** ADJ faithless; **~ an jdm handeln** to fail sb

Triathlon [ˈtriːatlɔn] (**-s, -s**) NT triathlon

Tribüne [triˈbyːnə] (**-, -n**) F grandstand; (*Rednertribüne*) platform

Tribut [triˈbuːt] (**-(e)s, -e**) M tribute

Trichter [ˈtrɪçtər] (**-s, -**) M funnel; (*Bombentrichter*) crater

Trick [trɪk] (**-s, -e** *od* **-s**) M trick; ★**Trickfilm** M cartoon

trieb *etc* [triːp] VB *siehe* **treiben**

Trieb (**-(e)s, -e**) M urge, drive; (*Neigung*) inclination; (*Bot*) shoot

Trieb- zW: **Triebfeder** F (*fig*) motivating force; **triebhaft** ADJ impulsive; **Triebkraft** F (*fig*) drive; **Triebtäter** M sex offender; **Triebwagen** M (*Eisenb*) railcar; **Triebwerk** NT engine

triefen [ˈtriːfən] VI to drip

trifft [trɪft] VB *siehe* **treffen**

triftig [ˈtrɪftɪç] ADJ convincing; (*Grund etc*) good

Trigonometrie [trigonomeˈtriː] F trigonometry

Trikot [triˈkoː] (**-s, -s**) NT vest; (*Sport*) shirt ▶ M (*Gewebe*) tricot

Triller [ˈtrɪlər] (**-s, -**) M (*Mus*) trill

trillern VI to trill, to warble

Trillerpfeife F whistle

Trilogie [triloˈgiː] F trilogy

★**Trimester** [triˈmɛstər] (**-s, -**) NT term

Trimm-Aktion F keep-fit campaign

Trimm-dich-Pfad M keep-fit trail

trimmen VT (*Hund*) to trim; (*umg: Mensch, Tier*) to teach, to train ▶ VR to keep fit

★**trinkbar** ADJ drinkable

★**trinken** [ˈtrɪŋkən] *unreg* VT, VI to drink

Trinker(in) (**-s, -**) M(F) drinker

Trink- zW: **trinkfest** ADJ: **ich bin nicht sehr ~** I can't hold my drink very well; ★**Trinkgeld** NT tip; ★**Trinkhalle** F (*Kiosk*) refreshment kiosk; **Trinkhalm** M (drinking) straw; **Trinkmilch** F milk; **Trinkspruch** M toast; ★**Trinkwasser** NT drinking water

Trio [ˈtriːo] (**-s, -s**) NT trio

trippeln [ˈtrɪpəln] VI to toddle

Tripper [ˈtrɪpər] (**-s, -**) M gonorrhoea (BRIT), gonorrhea (*US*)

trist [trɪst] ADJ dreary, dismal; (*Farbe*) dull

tritt [trɪt] VB *siehe* **treten**

Tritt (**-(e)s, -e**) M step; (*Fußtritt*) kick

Trittbrett NT (*Eisenb*) step; (*Aut*) running board

Trittleiter F stepladder

Triumph [tri'ʊmf] (**-(e)s**, **-e**) M triumph; **Triumphbogen** M triumphal arch
triumphieren [triʊm'fi:rən] VI to triumph; (*jubeln*) to exult
trivial [trivi'a:l] ADJ trivial; **Trivialliteratur** F light fiction
trocken ['trɔkən] ADJ dry; **sich ~ rasieren** to use an electric razor; **Trockenautomat** M tumble dryer; **Trockendock** NT dry dock; **Trockeneis** NT dry ice; **Trockenelement** NT dry cell; **Trockenhaube** F hair-dryer; **Trockenheit** F dryness; **trocken|legen** VT (*Sumpf*) to drain; (*Kind*) to put a clean nappy (BRIT) *od* diaper (US) on; **Trockenmilch** F dried milk; **Trockenzeit** F (*Jahreszeit*) dry season
trocknen VT, VI to dry
Trockner (**-s**, **-**) M dryer
Troddel ['trɔdəl] (**-**, **-n**) F tassel
Trödel ['trø:dəl] (**-s**) (*umg*) M junk; **Trödelmarkt** M flea market
trödeln (*umg*) VI to dawdle
Trödler (**-s**, **-**) M secondhand dealer
trog *etc* [tro:k] VB *siehe* **trügen**
Trog (**-(e)s**, **Tröge**) M trough
Troll ['trɔl] M (*Comput*) troll
trollen ['trɔlən] (*umg*) VR to push off
Trommel ['trɔməl] (**-**, **-n**) F drum; **die ~ rühren** (*fig: umg*) to drum up support; **Trommelfell** NT eardrum; **Trommelfeuer** NT drumfire, heavy barrage
trommeln VT, VI to drum
Trommelrevolver M revolver
Trommelwaschmaschine F tumble-action washing machine
Trommler(in) ['trɔmlər(ɪn)] (**-s**, **-**) M(F) drummer
Trompete [trɔm'pe:tə] (**-**, **-n**) F trumpet
Trompeter (**-s**, **-**) M trumpeter
Tropen ['tro:pən] PL tropics *pl*; **tropenbeständig** ADJ suitable for the tropics; **Tropenhelm** M topee, sun helmet
Tropf[1] [trɔpf] (**-(e)s**, **Tröpfe**) (*umg*) M rogue; **armer ~** poor devil
Tropf[2] (**-(e)s**) (*umg*) M (*Med: Infusion*) drip (*umg*); **am ~ hängen** to be on a drip
tröpfeln ['trœpfəln] VI to drip, to trickle
tropfen VT, VI to drip ▸ VI UNPERS: **es tropft** a few raindrops are falling
Tropfen (**-s**, **-**) M drop; **ein guter** *od* **edler ~** a good wine; **ein ~ auf den heißen Stein** (*fig: umg*) a drop in the ocean
tropfenweise ADV in drops
tropfnass ADJ dripping wet
Tropfsteinhöhle F stalactite cave
Trophäe [tro'fɛ:ə] (**-**, **-n**) F trophy
tropisch ['tro:pɪʃ] ADJ tropical
Trost [tro:st] (**-es**) M consolation, comfort; **trostbedürftig** ADJ in need of consolation
trösten ['trø:stən] VT to console, to comfort
Tröster(in) (**-s**, **-**) M(F) comfort(er)
tröstlich ADJ comforting
trost- ZW: **trostlos** ADJ bleak; (*Verhältnisse*) wretched; **Trostpflaster** NT (*fig*) consolation; **Trostpreis** M consolation prize; **trostreich** ADJ comforting
Tröstung ['trø:stʊŋ] F comfort, consolation
Trott [trɔt] (**-(e)s**, **-e**) M trot; (*Routine*) routine
Trottel (**-s**, **-**) (*umg*) M fool, dope
trotten VI to trot
Trottoir [trɔto'a:r] (**-s**, **-s** *od* **-e**) NT (*veraltet*) pavement (BRIT), sidewalk (US)
★**trotz** [trɔts] PRÄP (*+gen od dat*) in spite of
Trotz (**-es**) M pig-headedness; **etw aus ~ tun** to do sth just to show them; **jdm zum ~** in defiance of sb
Trotzalter NT obstinate phase
★**trotzdem** ADV nevertheless ▸ KONJ although
trotzen VI *+dat* to defy; (*der Kälte, dem Klima etc*) to withstand; (*der Gefahr*) to brave; (*trotzig sein*) to be awkward
trotzig ADJ defiant; (*Kind*) difficult, awkward
Trotzkopf M obstinate child
Trotzreaktion F fit of pique
trüb [try:p] ADJ dull; (*Flüssigkeit, Glas*) cloudy; (*fig*) gloomy; **trübe Tasse** (*umg*) drip
Trubel ['tru:bəl] (**-s**) M hurly-burly
trüben ['try:bən] VT to cloud ▸ VR to become clouded
Trübheit F dullness; (*von Flüssigkeit, Glas*) cloudiness; (*fig*) gloom
Trübsal (**-**, **-e**) F distress; **~ blasen** (*umg*) to mope
trüb- ZW: **trübselig** ADJ sad, melancholy; **Trübsinn** M depression; **trübsinnig** ADJ depressed, gloomy
trudeln ['tru:dəln] VI (*Aviat*) to (go into a) spin
Trüffel ['trʏfəl] (**-**, **-n**) F truffle
trug *etc* [tru:k] VB *siehe* **tragen**
Trug (**-(e)s**) M (*liter*) deception; (*der Sinne*) illusion
trügen ['try:gən] *unreg* VT to deceive ▸ VI to be deceptive; **wenn mich nicht alles trügt** unless I am very much mistaken
trügerisch ADJ deceptive
Trugschluss ['tru:gʃlʊs] M false conclusion
Truhe ['tru:ə] (**-**, **-n**) F chest
Trümmer ['trʏmər] PL wreckage *sing*; (*Bautrümmer*) ruins *pl*; **Trümmerfeld** NT expanse of rubble *od* ruins; (*fig*) scene of devastation; **Trümmerfrauen** PL *(German) women who cleared away the rubble after the war*; **Trümmerhaufen** M heap of rubble
Trumpf [trʊmpf] (**-(e)s**, **Trümpfe**) M (*lit, fig*) trump; **trumpfen** VT, VI to trump
Trunk [trʊŋk] (**-(e)s**, **Trünke**) M drink
trunken ADJ intoxicated; **Trunkenbold** (**-(e)s**, **-e**) M drunkard; **Trunkenheit** F intoxication; **~ am Steuer** drink-driving
Trunksucht F alcoholism
Trupp [trʊp] (**-s**, **-s**) M troop

t

Truppe (-, **-n**) F troop; (*Waffengattung*) force; (*Schauspieltruppe*) troupe; **nicht von der schnellen ~ sein** (*umg*) to be slow

Truppen PL troops *pl*; **Truppenabbau** M cutback in troop numbers; **Truppenführer** M (military) commander; **Truppenteil** M unit; **Truppenübungsplatz** M training area

Trust [trast] (**-(e)s, -e** *od* **-s**) M trust

Truthahn [ˈtru:tha:n] M turkey

Tschad [tʃat] (**-s**) M: **der ~** Chad

Tscheche [ˈtʃɛçə] (**-n, -n**) M, **Tschechin** F Czech

Tschechien (**-s**) NT Czech Republic

tschechisch ADJ Czech; **die Tschechische Republik** the Czech Republic

Tschechoslowakei [tʃɛçoslova:ˈkai] F (*Hist*): **die ~** Czechoslovakia

tschüs [tʃʏs] (*umg*) INTERJ cheerio (BRIT), so long (US)

★**T-Shirt** [ˈti:ʃə:t] (**-s, -s**) NT T-shirt

TU (-) F ABK (= *technische Universität*) ≈ polytechnic

Tuba [ˈtu:ba] (-, **Tuben**) F (*Mus*) tuba

★**Tube** [ˈtu:bə] (-, **-n**) F tube

Tuberkulose [tubɛrkuˈlo:zə] (-, **-n**) F tuberculosis

★**Tuch** [tu:x] (**-(e)s, Tücher**) NT cloth; (*Halstuch*) scarf; (*Kopftuch*) (head)scarf; (*Handtuch*) towel; **Tuchfühlung** F physical contact

tüchtig [ˈtʏçtɪç] ADJ efficient; (*fähig*) able, capable; (*umg: kräftig*) good, sound; **etwas Tüchtiges lernen/werden** (*umg*) to get a proper training/job; **Tüchtigkeit** F efficiency; (*Fähigkeit*) ability

Tücke [ˈtʏkə] (-, **-n**) F (*Arglist*) malice; (*Trick*) trick; (*Schwierigkeit*) difficulty, problem; **seine Tücken haben** to be temperamental

tückisch ADJ treacherous; (*böswillig*) malicious

tüfteln [ˈtʏftəln] (*umg*) VI to puzzle; (*basteln*) to fiddle about

Tugend [ˈtu:gənt] (-, **-en**) F virtue; **tugendhaft** ADJ virtuous

Tüll [tʏl] (**-s, -e**) M tulle

Tülle (-, **-n**) F spout

Tulpe [ˈtʊlpə] (-, **-n**) F tulip

tummeln [ˈtʊməln] VR to romp (about); (*sich beeilen*) to hurry

Tummelplatz M play area; (*fig*) hotbed

Tumor [ˈtu:mɔr] (**-s, -e**) M tumour (BRIT), tumor (US)

Tümpel [ˈtʏmpəl] (**-s, -**) M pond

Tumult [tuˈmʊlt] (**-(e)s, -e**) M tumult

★**tun** [tu:n] *unreg* VT (*machen*) to do; (*legen*) to put ▶ VI to act ▶ VR: **es tut sich etwas/viel** something/a lot is happening; **jdm etw ~** to do sth to sb; **etw tut es auch** sth will do; **das tut nichts** that doesn't matter; **das tut nichts zur Sache** that's neither here nor there; **du kannst ~ und lassen, was du willst** you can do as you please; **so ~, als ob** to act as if; **zu ~ haben** (*beschäftigt sein*) to be busy, to have things *od* something to do

Tünche [ˈtʏnçə] (-, **-n**) F whitewash

tünchen VT to whitewash

Tunesien [tuˈne:ziən] (**-s**) NT Tunisia

Tunesier(in) (**-s, -**) M(F) Tunisian

tunesisch ADJ Tunisian

Tunfisch M = **Thunfisch**

Tunke [ˈtʊŋkə] (-, **-n**) F sauce

tunken VT to dip, to dunk

tunlichst [ˈtu:nlɪçst] ADV if at all possible; **~ bald** as soon as possible

Tunnel [ˈtʊnəl] (**-s, -s** *od* **-**) M tunnel

Tunte [ˈtʊntə] (-, **-n**) (*pej, umg*) F fairy (*pej*)

Tüpfel [ˈtʏpfəl] (**-s, -**) M dot; **Tüpfelchen** NT (small) dot

tüpfeln [ˈtʏpfəln] VT to dab

tupfen [ˈtʊpfən] VT to dab; (*mit Farbe*) to dot; **Tupfen** (**-s, -**) M dot, spot

Tupfer (**-s, -**) M swab

★**Tür** [ty:r] (-, **-en**) F door; **an die ~ gehen** to answer the door; **zwischen ~ und Angel** in passing; **Weihnachten steht vor der ~** (*fig*) Christmas is just around the corner; **mit der ~ ins Haus fallen** (*umg*) to blurt it *od* things out; **Türangel** F (door) hinge

Turbine [tʊrˈbi:nə] F turbine

turbulent [tʊrbuˈlɛnt] ADJ turbulent

★**Türke** [ˈtʏrkə] (**-n, -n**) M Turk

★**Türkei** [tʏrˈkaɪ] F: **die ~** Turkey

★**Türkin** F Turk

türkis ADJ turquoise; **Türkis** [tʏrˈki:s] (**-es, -e**) M turquoise

★**türkisch** ADJ Turkish; (*Sprache*): **auf T~** in Turkish

Türklinke F door handle

★**Turm** [tʊrm] (**-(e)s, Türme**) M tower; (*Kirchturm*) steeple; (*Sprungturm*) diving platform; (*Schach*) castle, rook

türmen [ˈtʏrmən] VR to tower up ▶ VT to heap up ▶ VI (*umg*) to scarper, to bolt

Turmuhr F clock (on a tower); (*Kirchturmuhr*) church clock

Turnanzug M gym costume

★**turnen** [ˈtʊrnən] VI to do gymnastic exercises; (*herumklettern*) to climb about; (*Kind*) to romp ▶ VT to perform; ★**Turnen** (**-s**) NT gymnastics *sing*; (*Sch*) physical education, PE

Turner(in) (**-s, -**) M(F) gymnast

★**Turnhalle** F gym(nasium)

Turnhose F gym shorts *pl*

★**Turnier** [tʊrˈni:r] (**-s, -e**) NT tournament

Turn- ZW: **Turnlehrer(in)** M(F) gym *od* PE teacher; **Turnschuh** M gym shoe; **Turnstunde** F gym *od* PE lesson

Turnus [ˈtʊrnʊs] (-, **-se**) M rota; **im ~** in rotation

Turnverein M gymnastics club

Turnzeug NT gym kit

Türöffner M buzzer

turteln [ˈtʊrtəln] (*umg*) VI to bill and coo; (*fig*) to whisper sweet nothings

Tusch [tʊʃ] (**-(e)s, -e**) M (*Mus*) flourish

Tusche [ˈtʊʃə] **(-, -n)** F Indian ink
tuscheln [ˈtʊʃəln] VT, VI to whisper
Tuschkasten M paintbox
Tussi [ˈtʊsɪ] **(-, -s)** *(umg)* F *(Frau, Freundin)* bird (BRIT), chick *(US)*
tust [tu:st] VB *siehe* **tun**
tut [tu:t] VB *siehe* **tun**
Tüte [ˈty:tə] **(-, -n)** F bag; **in die ~ blasen** *(umg)* to be breathalyzed; **das kommt nicht in die ~!** *(umg)* no way!
tuten [ˈtu:tən] VI *(Aut)* to hoot (BRIT), to honk *(US)*; **von T~ und Blasen keine Ahnung haben** *(umg)* not to have a clue
Tutorial [t(j)uˈtɔ:riəl, tuˈto:riəl] NT tutorial
TV (-) NT ABK (= *Television*) TV
TVöD M ABK (= *Tarifvertrag für den öffentlichen Dienst) German salary scale for civil servants*
Twen [tvɛn] **(-(s), -s)** M *person in his/her twenties*
Twitter® [ˈtvɪtər] NT Twitter®
Twitterer M, **Twitterin** F Twitter user, Tweeter
twittern [ˈtvɪtərn] VI *(auf Twitter)* to tweet
Typ [ty:p] **(-s, -en)** M type; *(Mann)* guy, bloke
Type **(-, -n)** F *(Typ)* type
Typenrad NT *(Drucker)* daisywheel; **Typenraddrucker** M daisywheel printer
Typhus [ˈty:fʊs] (-) M typhoid (fever)
★**typisch** [ˈty:pɪʃ] ADJ: **~ (für)** typical (of)
Tyrann [tyˈran] **(-en, -en)** M(F) tyrant
Tyrannei [tyraˈnaɪ] F tyranny
Tyrannin F tyrant
tyrannisch ADJ tyrannical
tyrannisieren [tyraniˈzi:rən] VT to tyrannize
tyrrhenisch [tyˈre:nɪʃ] ADJ Tyrrhenian; **Tyrrhenisches Meer** Tyrrhenian Sea

t

Uu

U, u [uː] NT U, u; **U wie Ulrich** ≈ U for Uncle

u. ABK = **und**

u. a. ABK (= *und andere(s)*) and others; (= *unter anderem*) amongst other things

u. Ä. ABK (= *und Ähnliche(s)*) and similar

u. A. w. g. ABK (= *um Antwort wird gebeten*) R.S.V.P.

★**U-Bahn** [ˈuːbaːn] F ABK (= *Untergrundbahn*) underground (BRIT), subway (US)

★**übel** [ˈyːbəl] ADJ bad; **jdm ist ~** sb feels sick; **~ gelaunt** bad-tempered, sullen; **jdm eine Bemerkung** *etc* **~ nehmen** to be offended at sb's remark *etc*; *siehe auch* **übelwollend**; ★ **Übel** (**-s, -**) NT evil; (*Krankheit*) disease; **zu allem ~ ...** to make matters worse ...; **Übelkeit** F nausea; **Übelstand** M bad state of affairs; **Übeltäter(in)** M(F) wrongdoer; **übelwollend** ADJ malevolent

★**üben** [ˈyːbən] VT, VI, VR to practise (BRIT), to practice (US); (*Gedächtnis, Muskeln*) to exercise; **Kritik an etw** *dat* **~** to criticize sth

über [ˈyːbər]

PRÄP *+dat* **1** (*räumlich*) over, above; **zwei Grad über null** two degrees above zero
2 (*zeitlich*) over; **über der Arbeit einschlafen** to fall asleep over one's work
▶ PRÄP *+akk* **1** (*hoch über*) above; (*quer über*) across; (*räumlich*) over; **er lachte über das ganze Gesicht** he was beaming all over his face
2 (*zeitlich*) over; **über Weihnachten** over Christmas; **über kurz oder lang** sooner or later
3 (*mit Zahlen*): **Kinder über 12 Jahren** children over *od* above 12 years of age; **ein Scheck über 200 Euro** a cheque for 200 euros
4 (*auf dem Wege*) via; **nach Köln über Aachen** to Cologne via Aachen; **ich habe es über die Auskunft erfahren** I found out from information
5 (*betreffend*) about; **ein Buch über ...** a book about *od* on ...; **über jdn/etw lachen** to laugh about *od* at sb/sth
6: **Fehler über Fehler** mistake after mistake
7: **Macht über jdn haben** to have power over sb; **sie liebt ihn über alles** she loves him more than anything
▶ ADV over; **über und über** over and over; **den ganzen Tag/die ganze Zeit über** all day long/all the time; **jdm in etw** *dat* **über sein** to be superior to sb in sth

★**überall** [yːbərˈ|al] ADV everywhere; **überallhin** ADV everywhere

überaltert [yːbərˈ|altərt] ADJ obsolete

Überangebot [ˈyːbər|angəboːt] NT: **~ (an** *+dat***)** surplus (of)

überanstrengen [yːbərˈ|anʃtrɛŋən] VT UNTR to overexert ▶ VR UNTR to overexert o.s.

überantworten [yːbərˈ|antvɔrtən] VT UNTR to hand over, to deliver (up)

überarbeiten [yːbərˈ|arbaɪtən] VT UNTR to revise, to rework ▶ VR UNTR to overwork (o.s.)

überaus [ˈyːbər|aʊs] ADV exceedingly

überbacken [yːbərˈbakən] *unreg* VT UNTR to put in the oven/under the grill

Überbau [ˈyːbərbaʊ] M (*Gebäude, Philosophie*) superstructure

überbeanspruchen [ˈyːbərbə|anʃpruxən] VT UNTR (*Menschen, Körper, Maschine*) to overtax

überbelichten [ˈyːbərbəlɪçtən] VT UNTR (*Phot*) to overexpose

Überbesetzung [ˈyːbərbəzɛtsʊŋ] F overmanning

überbewerten [ˈyːbərbəveːrtən] VT UNTR (*fig*) to overrate; (*Äußerungen*) to attach too much importance to

überbieten [yːbərˈbiːtən] *unreg* VT UNTR to outbid; (*übertreffen*) to surpass; (*Rekord*) to break ▶ VR UNTR: **sich in etw** *dat* **(gegenseitig) ~** to vie with each other in sth

Überbleibsel [ˈyːbərblaɪpsəl] (**-s, -**) NT residue, remainder

Überblick [ˈyːbərblɪk] M view; (*fig: Darstellung*) survey, overview; (*Fähigkeit*): **~ (über** *+akk***)** overall view (of), grasp (of); **den ~ verlieren** to lose track (of things); **sich** *dat* **einen ~ verschaffen** to get a general idea

überblicken [yːbərˈblɪkən] VT UNTR to survey; (*fig*) to see; (: *Lage etc*) to grasp

überbringen [yːbərˈbrɪŋən] *unreg* VT UNTR to deliver, to hand over

Überbringer (**-s, -**) M bearer

Überbringung F delivery

überbrücken [yːbərˈbrʏkən] VT UNTR to bridge

Überbrückung F: **100 Euro zur ~** 100 euros to tide me/him *etc* over

Überbrückungskredit M bridging loan

überbuchen [ˈyːbərbuːxən] VT to overbook

überdauern [yːbərˈdaʊərn] VT UNTR to outlast

überdenken [y:bər'dɛŋkən] *unreg* VT UNTR to think over
überdies [y:bər'di:s] ADV besides
überdimensional ['y:bərdimɛnziona:l] ADJ oversize
Überdosis ['y:bərdo:zɪs] F overdose, OD (*umg*); (*zu große Zumessung*) excessive amount
überdrehen [y:bər'dre:ən] VT UNTR (*Uhr etc*) to overwind
überdreht ADJ: **~ sein** (*fig*) to be hyped up, to be overexcited
Überdruck ['y:bərdrʊk] M (*Tech*) excess pressure
Überdruss ['y:bərdrʊs] (**-es**) M weariness; **bis zum ~** ad nauseam
überdrüssig ['y:bərdrʏsɪç] ADJ *+gen* tired of, sick of
überdurchschnittlich ['y:bərdʊrçʃnɪtlɪç] ADJ above-average ▶ ADV exceptionally
übereifrig ['y:bər|aɪfrɪç] ADJ overzealous
übereignen [y:bər'|aɪgnən] VT UNTR: **jdm etw ~** (*geh*) to make sth over to sb
übereilen [y:bər'|aɪlən] VT UNTR to hurry
übereilt ADJ (over)hasty
übereinander [y:bər|aɪ'nandər] ADV one upon the other; (*sprechen*) about each other
übereinander|schlagen *unreg* VT (*Arme*) to fold; (*Beine*) to cross
überein|kommen [y:bər'|aɪnkɔmən] *unreg* VI to agree
Übereinkunft [y:bər'|aɪnkʊnft] (**-, -künfte**) F agreement
überein|stimmen [y:bər'|aɪnʃtɪmən] VI to agree; (*Angaben, Messwerte etc*) to tally; (*mit Tatsachen*) to fit
Übereinstimmung F agreement
überempfindlich ['y:bər|ɛmpfɪntlɪç] ADJ hypersensitive
über|fahren¹ ['y:bərfa:rən] *unreg* VT to take across ▶ VI to cross, to go across
überfahren² [y:bər'fa:rən] *unreg* VT UNTR (*Aut*) to run over; (*fig*) to walk all over
Überfahrt ['y:bərfa:rt] F crossing
Überfall ['y:bərfal] M (*Banküberfall, Mil*) raid; (*auf jdn*) assault
überfallen [y:bər'falən] *unreg* VT UNTR to attack; (*Bank*) to raid; (*besuchen*) to drop in on, to descend (up)on
überfällig ['y:bərfɛlɪç] ADJ overdue
Überfallkommando NT flying squad
überfliegen [y:bər'fli:gən] *unreg* VT UNTR to fly over, to overfly; (*Buch*) to skim through
Überflieger M (*fig*) high-flier
überflügeln [y:bər'fly:gəln] VT UNTR to outdo
Überfluss ['y:bərflʊs] M: **~ (an** *+dat***)** (super)abundance (of), excess (of); **zu allem** *od* **zum ~** (*unnötigerweise*) superfluously; (*obendrein*) to crown it all (*umg*); **Überflussgesellschaft** F affluent society
überflüssig ['y:bərflʏsɪç] ADJ superfluous
überfluten [y:bər'flu:tən] VT UNTR (*lit*) to flood; (*fig*) to flood, to inundate
überfordern [y:bər'fɔrdərn] VT UNTR to demand too much of; (*Kräfte etc*) to overtax
überfragt [y:bər'fra:kt] ADJ: **da bin ich ~** there you've got me, you've got me there
über|führen¹ ['y:bərfy:rən] VT to transfer; (*Leiche etc*) to transport
überführen² [y:bər'fy:rən] VT UNTR (*Täter*) to have convicted
Überführung F transfer; (*von Leiche etc*) transport; (*von Täter*) conviction; (*Brücke*) bridge, overpass
überfüllt [y:bər'fʏlt] ADJ overcrowded; (*Kurs*) oversubscribed
Übergabe ['y:bərga:bə] F handing over; (*Mil*) surrender
Übergang ['y:bərgaŋ] M crossing; (*Wandel, Überleitung*) transition
Übergangs- ZW: **Übergangserscheinung** F transitory phenomenon; **Übergangsfinanzierung** F (*Fin*) accommodation; **übergangslos** ADJ without a transition; **Übergangslösung** F provisional solution, stopgap; **Übergangsstadium** NT state of transition; **Übergangszeit** F transitional period
★**übergeben** [y:bər'ge:bən] *unreg* VT UNTR to hand over; (*Mil*) to surrender ▶ VR UNTR to be sick; **dem Verkehr ~** to open to traffic
über|gehen¹ ['y:bərge:ən] *unreg* VI (*Besitz*) to pass; (*zum Feind etc*) to go over, to defect; (*überwechseln*): **(zu etw) ~** to go on (to sth); **~ in** *+akk* to turn into
übergehen² [y:bər'ge:ən] *unreg* VT UNTR to pass over, to omit
übergeordnet ['y:bərgə|ɔrdnət] ADJ (*Behörde*) higher
Übergepäck ['y:bərgəpɛk] NT excess baggage
übergeschnappt ['y:bərgəʃnapt] (*umg*) ADJ crazy
Übergewicht ['y:bərgəvɪçt] NT excess weight; (*fig*) preponderance
★**übergewichtig** ['y:bərgəvɪçtɪç] ADJ overweight
übergießen [y:bər'gi:sən] *unreg* VT UNTR to pour over; (*Braten*) to baste
überglücklich ['y:bərglʏklɪç] ADJ overjoyed
über|greifen ['y:bərgraɪfən] *unreg* VI: **~ (auf** *+akk***)** (*auf Rechte etc*) to encroach (on); (*Feuer, Streik, Krankheit etc*) to spread (to); **ineinander ~** to overlap
übergroß ['y:bərgro:s] ADJ outsize, huge
Übergröße ['y:bərgrø:sə] F oversize
über|haben ['y:bərha:bən] *unreg* (*umg*) VT to be fed up with
überhand|nehmen [y:bər'hant-] *unreg* VI to gain the ascendancy
über|hängen ['y:bərhɛŋən] *unreg* VI to overhang
überhäufen [y:bər'hɔʏfən] VT UNTR: **jdn mit Geschenken/Vorwürfen ~** to heap presents/reproaches on sb

U

★**überhaupt** [y:bər'haupt] ADV at all; (*im Allgemeinen*) in general; (*besonders*) especially; **~ nicht** not at all; **wer sind Sie ~?** who do you think you are?

überheblich [y:bər'he:plıç] ADJ arrogant; **Überheblichkeit** F arrogance

überhöht [y:bər'hø:t] ADJ (*Forderungen, Preise*) exorbitant, excessive

★**überholen** [y:bər'ho:lən] VT UNTR to overtake; (*Tech*) to overhaul

Überholspur F overtaking lane

überholt ADJ out-of-date, obsolete

Überholverbot [y:bər'ho:lfɛrbo:t] NT overtaking (BRIT) *od* passing ban

überhören [y:bər'hø:rən] VT UNTR to not hear; (*absichtlich*) to ignore; **das möchte ich überhört haben!** (I'll pretend) I didn't hear that!

Über-Ich, Überich ['y:bər|ıç] **(-s)** NT superego

überirdisch ['y:bər|ırdıʃ] ADJ supernatural, unearthly

überkapitalisieren ['y:bərkapitali'zi:rən] VT UNTR to overcapitalize

über|kochen ['y:bərkɔxən] VI to boil over

überkompensieren ['y:bərkɔmpɛnzi:rən] VT UNTR to overcompensate for

überladen [y:bər'ladən] *unreg* VT UNTR to overload ▶ ADJ (*fig*) cluttered

überlassen [y:bər'lasən] *unreg* VT UNTR: **jdm etw ~** to leave sth to sb ▶ VR UNTR: **sich einer Sache** *dat* **~** to give o.s. over to sth; **das bleibt Ihnen ~** that's up to you; **jdn sich** *dat* **selbst ~** to leave sb to his/her own devices

überlasten [y:bər'lastən] VT UNTR to overload; (*jdn*) to overtax

über|laufen[1] ['y:bərlaufən] *unreg* VI (*Flüssigkeit*) to flow over; (*zum Feind etc*) to go over, to defect

überlaufen[2] [y:bər'laufən] *unreg* VT UNTR (*Schauer etc*) to come over ▶ ADJ overcrowded; **~ sein** to be inundated *od* besieged

Überläufer ['y:bərlɔyfər] M deserter

überleben [y:bər'le:bən] VT UNTR to survive

Überlebende(r) F(M) survivor

überlebensgroß ADJ larger-than-life

★**überlegen** [y:bər'le:gən] VT UNTR to consider ▶ ADJ superior; **ich habe es mir anders** *od* **noch einmal überlegt** I've changed my mind; **Überlegenheit** F superiority

Überlegung F consideration, deliberation

über|leiten ['y:bərlaıtən] VT (*Abschnitt etc*): **~ in** *+akk* to link up with

überlesen [y:bər'le:zən] *unreg* VT UNTR (*übersehen*) to overlook, to miss

überliefern [y:bər'li:fərn] VT UNTR to hand down, to transmit

Überlieferung F tradition; **schriftliche Überlieferungen** (written) records

überlisten [y:bər'lıstən] VT UNTR to outwit

überm ['y:bərm] = **über dem**

Übermacht ['y:bərmaxt] F superior force, superiority

übermächtig ['y:bərmɛçtıç] ADJ superior (in strength); (*Gefühl etc*) overwhelming

übermannen [y:bər'manən] VT UNTR to overcome

Übermaß ['ybərma:s] NT: **~ (an** *+dat***)** excess (of)

übermäßig ['y:bərmɛ:sıç] ADJ excessive

Übermensch ['y:bərmɛnʃ] M superman; **übermenschlich** ADJ superhuman

übermitteln [y:bər'mıtəln] VT UNTR to convey

★**übermorgen** ['y:bərmɔrgən] ADV the day after tomorrow

Übermüdung [y:bər'my:dʊŋ] F overtiredness

Übermut ['y:bərmu:t] M exuberance

übermütig ['y:bərmy:tıç] ADJ exuberant, high-spirited; **~ werden** to get overconfident

übernächste(r, s) ['y:bərnɛ:çstə(r, s)] ADJ next ... but one; **~ Woche** the week after next

★**übernachten** [y:bər'naxtən] VI UNTR: **(bei jdm) ~** to spend the night (at sb's place)

übernächtigt [y:bər'nɛçtıçt] ADJ sleepy, tired

★**Übernachtung** F: **~ mit Frühstück** bed and breakfast

Übernahme ['y:bərna:mə] **(-, -n)** F taking over *od* on; (*von Verantwortung*) acceptance; **Übernahmeangebot** NT takeover bid

übernatürlich ['y:bərnaty:rlıç] ADJ supernatural

übernehmen [y:bər'ne:mən] *unreg* VT UNTR to take on, to accept; (*Amt, Geschäft*) to take over ▶ VR UNTR to take on too much; (*sich überanstrengen*) to overdo it

überparteilich ['y:bərpartaılıç] ADJ (*Zeitung*) independent; (*Amt, Präsident etc*) above party politics

überprüfen [y:bər'pry:fən] VT UNTR to examine, to check; (*Pol: jdn*) to screen

Überprüfung F examination

★**überqueren** [y:bər'kve:rən] VT UNTR to cross

überragen [y:bər'ra:gən] VT UNTR to tower above; (*fig*) to surpass

überragend ADJ outstanding; (*Bedeutung*) paramount

★**überraschen** [y:bər'raʃən] VT UNTR to surprise

★**Überraschung** F surprise

überreden [y:bər're:dən] VT UNTR to persuade; **jdn zu etw ~** to talk sb into sth

Überredungskunst F powers *pl* of persuasion

überregional ['y:bərregiona:l] ADJ national; (*Zeitung, Sender*) nationwide

überreichen [y:bər'raıçən] VT UNTR to hand over; (*feierlich*) to present

überreichlich ['y:bərraıçlıç] ADJ (more than) ample

überreizt [y:bər'raıtst] ADJ overwrought

Überreste ['y:bərrɛstə] PL remains *pl*, remnants *pl*

überrumpeln [y:bər'rʊmpəln] VT UNTR to take by surprise; (*umg: überwältigen*) to overpower

überrunden [y:bər'rʊndən] VT UNTR (*Sport*) to lap

übers [ˈy:bərs] = **über das**

übersättigen [y:bərˈzɛtɪgən] VT UNTR to satiate

Überschall- [ˈy:bərʃal] IN ZW supersonic; **Überschallflugzeug** NT supersonic jet; **Überschallgeschwindigkeit** F supersonic speed

überschatten [y:bərˈʃatən] VT UNTR to overshadow

überschätzen [y:bərˈʃɛtsən] VT UNTR, VR UNTR to overestimate

überschaubar [y:bərˈʃaʊba:r] ADJ (*Plan*) easily comprehensible, clear

über|schäumen [ˈy:bərʃɔymən] VI to froth over; (*fig*) to bubble over

überschlafen [y:bərˈʃla:fən] *unreg* VT UNTR (*Problem*) to sleep on

Überschlag [ˈy:bərʃla:k] M (*Fin*) estimate; (*Sport*) somersault

überschlagen¹ [y:bərˈʃla:gən] *unreg* VT UNTR (*berechnen*) to estimate; (*auslassen: Seite*) to omit ▶ VR UNTR to somersault; (*Stimme*) to crack; (*Aviat*) to loop the loop ▶ ADJ lukewarm, tepid

über|schlagen² [ˈy:bərʃla:gən] *unreg* VT (*Beine*) to cross; (*Arme*) to fold ▶ VI (*Hilfsverb sein: Wellen*) to break; (: *Funken*) to flash over; **in etw** *akk* **~** (*Stimmung etc*) to turn into sth

über|schnappen [ˈy:bərʃnapən] VI (*Stimme*) to crack; (*umg: Mensch*) to flip one's lid

überschneiden [y:bərˈʃnaɪdən] *unreg* VR UNTR (*lit, fig*) to overlap; (*Linien*) to intersect; (*Termine*) to clash

überschreiben [y:bərˈʃraɪbən] *unreg* VT UNTR to provide with a heading; (*Comput*) to overwrite; **jdm etw ~** to transfer *od* make over sth to sb

überschreiten [y:bərˈʃraɪtən] *unreg* VT UNTR to cross over; (*fig*) to exceed; (*verletzen*) to transgress

Überschrift [ˈy:bərʃrɪft] F heading, title

überschuldet [y:bərˈʃʊldət] ADJ heavily in debt; (*Grundstück*) heavily mortgaged

Überschuss [ˈy:bərʃʊs] M: **~ (an** *+dat***)** surplus (of)

überschüssig [ˈy:bərʃʏsɪç] ADJ surplus, excess

überschütten [y:bərˈʃʏtən] VT UNTR: **jdn/etw mit etw ~** (*lit*) to pour sth over sb/sth; **jdn mit etw ~** (*fig*) to shower sb with sth

Überschwang [ˈy:bərʃvaŋ] M exuberance

überschwänglich [ˈy:bərʃvɛŋlɪç] ADJ effusive; **Überschwänglichkeit** F effusion

über|schwappen [ˈy:bərʃvapən] VI to splash over

überschwemmen [y:bərˈʃvɛmən] VT UNTR to flood

Überschwemmung F flood

überschwenglich [ˈy:bərʃvɛŋlɪç] ADJ *siehe* **überschwänglich**

Übersee [ˈy:bərze:] F: **nach/in ~** overseas

überseeisch ADJ overseas

übersehbar [y:bərˈze:ba:r] ADJ (*fig: Folgen, Zusammenhänge etc*) clear; (*Kosten, Dauer etc*) assessable

übersehen [y:bərˈze:ən] *unreg* VT UNTR to look (out) over; (*fig: Folgen*) to see, to get an overall view of; (: *nicht beachten*) to overlook

übersenden [y:bərˈzɛndən] *unreg* VT UNTR to send, to forward

★**übersetzen¹** [y:bərˈzɛtsən] VT UNTR, VI UNTR to translate

über|setzen² [ˈy:bərzɛtsən] VI (*Hilfsverb sein*) to cross

Übersetzer(in) [y:bərˈzɛtsər(ɪn)] **(-s, -)** M(F) translator

Übersetzung [y:bərˈzɛtsʊŋ] F translation; (*Tech*) gear ratio

Übersicht [ˈy:bərzɪçt] F overall view; (*Darstellung*) survey; **die ~ verlieren** to lose track; **übersichtlich** ADJ clear; (*Gelände*) open; **Übersichtlichkeit** F clarity, lucidity

über|siedeln¹ [ˈy:bərzi:dəln] VI to move

übersiedeln² [y:bərˈzi:dəln] VI UNTR to move

überspannen [y:bərˈʃpanən] VT UNTR (*zu sehr spannen*) to overstretch; (*überdecken*) to cover

überspannt ADJ eccentric; (*Idee*) wild, crazy; **Überspanntheit** F eccentricity

überspielen [y:bərˈʃpi:lən] VT UNTR (*verbergen*) to cover (up); (*übertragen: Aufnahme*) to transfer

überspitzt [y:bərˈʃpɪtst] ADJ exaggerated

überspringen [y:bərˈʃprɪŋən] *unreg* VT UNTR to jump over; (*fig*) to skip

über|sprudeln [ˈy:bərʃpru:dəln] VI to bubble over

überstehen¹ [y:bərˈʃte:ən] *unreg* VT UNTR to overcome, to get over; (*Winter etc*) to survive, to get through

über|stehen² [ˈy:bərʃte:ən] *unreg* VI to project

übersteigen [y:bərˈʃtaɪgən] *unreg* VT UNTR to climb over; (*fig*) to exceed

übersteigert [y:bərˈʃtaɪgərt] ADJ excessive

überstimmen [y:berˈʃtɪmən] VT UNTR to outvote

über|strapazieren [ˈy:bərʃtrapatsi:rən] VT UNTR to wear out ▶ VR to wear o.s. out

über|streifen [ˈy:bərʃtraɪfən] VT: **(sich** *dat***) etw ~** to slip sth on

überströmen¹ [y:bərˈʃtrø:mən] VT UNTR: **von Blut überströmt sein** to be streaming with blood

über|strömen² [ˈy:bərʃtrø:mən] VI (*lit, fig*): **~ (vor** *+dat***)** to overflow (with)

Überstunden [ˈy:bərʃtʊndən] PL overtime *sing*

überstürzen [y:bərˈʃtʏrtsən] VT UNTR to rush ▶ VR UNTR to follow (one another) in rapid succession

überstürzt ADJ (over)hasty

übertariflich [ˈy:bərtarɪflɪç] ADJ, ADV above the agreed *od* union rate

übertölpeln [y:bərˈtœlpln] VT UNTR to dupe

übertönen [y:bərˈtø:nən] VT UNTR to drown (out)

Übertrag [ˈy:bərtra:k] **(-(e)s, -träge)** M (*Comm*) amount brought forward

übertragbar [yːbɐrˈtraːkbaːr] ADJ transferable; (*Med*) infectious

übertragen [yːbɐrˈtraːɡən] *unreg* VT UNTR to transfer; (*Rundf*) to broadcast; (*anwenden: Methode*) to apply; (*übersetzen*) to render; (*Krankheit*) to transmit ▸ VR UNTR to spread ▸ ADJ figurative; **~ auf** *+akk* to transfer to; (*Methode*) to apply to; **sich ~ auf** *+akk* to spread to; **jdm etw ~** to assign sth to sb; (*Verantwortung etc*) to give sb sth *od* sth to sb

Übertragung F transference; (*Rundf*) broadcast; (*Übersetzung*) rendering; (*von Krankheit, Daten*) transmission

übertreffen [yːbɐrˈtrɛfən] *unreg* VT UNTR to surpass

übertreiben [yːbɐrˈtraɪbən] *unreg* VT UNTR to exaggerate; **man kann es auch ~** you can overdo things

Übertreibung F exaggeration

übertreten[1] [yːbɐrˈtreːtən] *unreg* VT UNTR to cross; (*Gebot etc*) to break

über|treten[2] [ˈyːbɐrtreːtən] *unreg* VI (*über Linie, Gebiet*) to step (over); (*Sport*) to overstep; (*zu anderem Glauben*) to be converted; **~ (in** *+akk***)** (*Pol*) to go over (to)

Übertretung [yːbɐrˈtreːtʊŋ] F violation, transgression

übertrieben [yːbɐrˈtriːbən] ADJ exaggerated, excessive

Übertritt [ˈyːbɐrtrɪt] M (*zu anderem Glauben*) conversion; (*bes zu anderer Partei*) defection

übertrumpfen [yːbɐrˈtrʊmpfən] VT UNTR to outdo; (*Karten*) to overtrump

übertünchen [yːbɐrˈtʏnçən] VT UNTR to whitewash; (*fig*) to cover up, to whitewash

übervölkert [yːbɐrˈfœlkɐrt] ADJ overpopulated

übervoll [ˈyːbɐrfɔl] ADJ overfull

übervorteilen [yːbɐrˈfɔrtaɪlən] VT UNTR to dupe, to cheat

überwachen [yːbɐrˈvaxən] VT UNTR to supervise; (*Verdächtigen*) to keep under surveillance

Überwachung F supervision; (*von Verdächtigen*) surveillance

Überwachungskamera [yːbɐrˈvaxʊŋskamera] (**-, -s**) F CCTV camera

überwältigen [yːbɐrˈvɛltɪɡən] VT UNTR to overpower

überwältigend ADJ overwhelming

über|wechseln [ˈyːbɐrvɛksəln] VI: **~ (in** *+akk***)** to move (to); (*zu Partei etc*): **~ (zu)** to go over (to)

überweisen [yːbɐrˈvaɪzən] *unreg* VT UNTR to transfer; (*Patienten*) to refer

Überweisung F transfer; (*von Patient*) referral

über|werfen[1] [ˈyːbɐrvɛrfən] *unreg* VT (*Kleidungsstück*) to put on; (*sehr rasch*) to throw on

überwerfen[2] [yːbɐrˈvɛrfən] *unreg* VR UNTR: **sich (mit jdm) ~** to fall out (with sb)

überwiegen [yːbɐrˈviːɡən] *unreg* VI UNTR to predominate

überwiegend ADJ predominant ▸ ADV mostly, mainly

überwinden [yːbɐrˈvɪndən] *unreg* VT UNTR to overcome ▸ VR UNTR: **sich ~, etw zu tun** to make an effort to do sth, to bring o.s. to do sth

Überwindung F overcoming; (*Selbstüberwindung*) effort of will

überwintern [yːbɐrˈvɪntɐrn] VI UNTR to (spend the) winter; (*umg: Winterschlaf halten*) to hibernate

Überwurf [ˈyːbɐrvʊrf] M wrap

Überzahl [ˈyːbɐrtsaːl] F superior numbers *pl*, superiority; **in der ~ sein** to be numerically superior

überzählig [ˈyːbɐrtsɛːlɪç] ADJ surplus

überzeugen [yːbɐrˈtsɔʏɡən] VT UNTR to convince

überzeugend ADJ convincing

überzeugt ADJ *attrib* (*Anhänger etc*) dedicated; (*Vegetarier*) strict; (*Christ, Moslem*) devout

Überzeugung F conviction; **zu der ~ gelangen, dass …** to become convinced that …

Überzeugungskraft F power of persuasion

über|ziehen[1] [ˈyːbɐrtsiːən] *unreg* VT to put on

überziehen[2] [yːbɐrˈtsiːən] *unreg* VT UNTR to cover; (*Konto*) to overdraw; (*Redezeit etc*) to overrun ▸ VR UNTR (*Himmel*) to cloud over; **ein Bett frisch ~** to change a bed, to change the sheets (on a bed)

Überziehungskredit M overdraft

überzüchten [yːbɐrˈtsʏçtən] VT UNTR to overbreed

Überzug [ˈyːbɐrtsuːk] M cover; (*Belag*) coating

üblich [ˈyːplɪç] ADJ usual; **allgemein ~ sein** to be common practice

U-Boot [ˈuːboːt] NT U-boat, submarine

übrig [ˈyːbrɪç] ADJ remaining; **die Übrigen** the others; **das Übrige** the rest; **im Übrigen** besides; **~ bleiben** to remain, to be left (over); **~ lassen** to leave (over); **einiges/viel zu wünschen ~ lassen** (*umg*) to leave something/a lot to be desired; *siehe auch* **übrighaben**

übrigens [ˈyːbrɪɡəns] ADV besides; (*nebenbei bemerkt*) by the way

übrig|haben *unreg* VI: **für jdn etwas ~** (*umg*) to be fond of sb

★**Übung** [ˈyːbʊŋ] F practice; (*Turnübung, Aufgabe etc*) exercise; **~ macht den Meister** (*Sprichwort*) practice makes perfect

Übungsarbeit F (*Sch*) mock test

Übungsplatz M training ground; (*Mil*) drill ground

u. d. M. ABK (= *unter dem Meeresspiegel*) below sea level

ü. d. M. ABK (= *über dem Meeresspiegel*) above sea level

u. E. ABK (= *unseres Erachtens*) in our opinion

★**Ufer** [ˈuːfɐr] (**-s, -**) NT bank; (*Meeresufer*) shore; **Uferbefestigung** F embankment

uferlos ADJ endless; (*grenzenlos*) boundless; **ins Uferlose gehen** (*Kosten*) to go up and up; (*Debatte etc*) to go on forever

UFO, Ufo ['u:fo] (**-(s), -s**) NT ABK (= *unbekanntes Flugobjekt*) UFO, ufo
Uganda [u'ganda] (**-s**) NT Uganda
Ugander(in) (**-s, -**) M(F) Ugandan
ugandisch ADJ Ugandan
U-Haft ['u:haft] F ABK = **Untersuchungshaft**
Uhr [u:r] (-, **-en**) F clock; (*Armbanduhr*) watch; **wie viel ~ ist es?** what time is it?; **um wie viel ~?** at what time?; **1 ~** 1 o'clock; **20 ~** 8 o'clock, 20.00 (twenty hundred) hours; **Uhrband** NT watchstrap; **Uhrkette** F watch chain; **Uhrmacher** M watchmaker; **Uhrwerk** NT (*auch fig*) clockwork mechanism; **Uhrzeiger** M hand; **Uhrzeigersinn** M: **im ~** clockwise; **entgegen dem ~** anticlockwise (BRIT), counterclockwise (US); ★ **Uhrzeit** F time (of day)
Uhu ['u:hu] (**-s, -s**) M eagle owl
Ukraine [ukra'i:nə] F Ukraine
Ukrainer(in) [ukra'i:nər(ɪn)] (**-s, -**) M(F) Ukrainian
ukrainisch ADJ Ukrainian
UKW ABK (= *Ultrakurzwelle*) VHF
Ulk [ʊlk] (**-s, -e**) M lark
ulkig ['ʊlkɪç] ADJ funny
Ulme ['ʊlmə] (-, **-n**) F elm
Ulster ['ʊlstər] (**-s**) NT Ulster
Ultimatum [ʊlti'ma:tʊm] (**-s, Ultimaten**) NT ultimatum; **jdm ein ~ stellen** to give sb an ultimatum
Ultra- ZW: **Ultrakurzwelle** F very high frequency; **Ultraleichtflugzeug** NT microlight; **Ultraschall** M (*Phys*) ultrasound; **ultraviolett** ADJ ultraviolet

um [ʊm]

PRÄP *+akk* **1** (*um herum*) (a)round; **um Weihnachten** around Christmas; **er schlug um sich** he hit about him
2 (*mit Zeitangabe*) at; **um acht (Uhr)** at eight (o'clock)
3 (*mit Größenangabe*) by; **etw um 4 cm kürzen** to shorten sth by 4 cm; **um 10% teurer** 10% more expensive; **um vieles besser** better by far; **um nichts besser** not in the least bit better; *siehe* **umso**
4: **der Kampf um den Titel** the battle for the title; **um Geld spielen** to play for money; **es geht um das Prinzip** it's a question of principle; **Stunde um Stunde** hour after hour; **Auge um Auge** an eye for an eye
▶ PRÄP *+gen*: **um ... willen** for the sake of ...; **um Gottes willen** for goodness *od* (*stärker*) God's sake
▶ KONJ: **um ... zu** (in order) to ...; **zu klug, um zu ...** too clever to ...; *siehe auch* **umso**
▶ ADV **1** (*ungefähr*) about; **um (die) 30 Leute** about *od* around 30 people
2 (*vorbei*): **die zwei Stunden sind um** the two hours are up

um|adressieren ['ʊm|adrɛsi:rən] VT to readdress
um|ändern ['ʊm|ɛndərn] VT to alter
Umänderung F alteration
um|arbeiten ['ʊm|arbaɪtən] VT to remodel; (*Buch etc*) to revise, to rework
umarmen [ʊm'|armən] VT UNTR to embrace
Umbau ['ʊmbaʊ] (**-(e)s, -e** *od* **-ten**) M reconstruction, alteration(s *pl*)
um|bauen ['ʊmbauən] VT to rebuild, to reconstruct
um|benennen ['ʊmbənɛnən] *unreg* VT to rename
um|besetzen ['ʊmbəzɛtsən] VT (*Theat*) to recast; (*Mannschaft*) to change; (*Posten, Stelle*) to find someone else for
um|biegen ['ʊmbi:gən] *unreg* VT to bend (over)
um|bilden ['ʊmbɪldən] VT to reorganize; (*Pol: Kabinett*) to reshuffle
um|binden[1] ['ʊmbɪndən] *unreg* VT (*Krawatte etc*) to put on
umbinden[2] [ʊm'bɪndən] *unreg* VT UNTR: **etw mit etw ~** to tie sth round sth
um|blättern ['ʊmblɛtərn] VT to turn over
um|blicken ['ʊmblɪkən] VR to look around
um|bringen ['ʊmbrɪŋən] *unreg* VT to kill
Umbruch ['ʊmbrʊx] M radical change; (*Typ*) make-up (into page)
um|buchen ['ʊmbu:xən] VI to change one's reservation *od* flight *etc* ▶ VT to change
um|denken ['ʊmdɛŋkən] *unreg* VI to adjust one's views
um|disponieren ['ʊmdɪsponi:rən] VI UNTR to change one's plans
umdrängen [ʊm'drɛŋən] VT UNTR to crowd round
★**um|drehen** ['ʊmdre:ən] VT to turn (round); (*Hals*) to wring ▶ VR to turn (round); **jdm den Arm ~** to twist sb's arm
Umdrehung [ʊm'dre:ʊŋ] F turn; (*Phys*) revolution, rotation
umeinander [ʊm|aɪ'nandər] ADV round one another; (*füreinander*) for one another
um|erziehen ['ʊm|ɛrtsi:ən] *unreg* VT (*Pol: euph*): **jdn (zu etw) ~** to re-educate sb (to become sth)
um|fahren[1] ['ʊmfa:rən] *unreg* VT to run over
umfahren[2] [ʊm'fa:rən] *unreg* VT UNTR to drive round; (*die Welt*) to sail round
um|fallen ['ʊmfalən] *unreg* VI to fall down *od* over; (*fig: umg: nachgeben*) to give in
Umfang ['ʊmfaŋ] M extent; (*von Buch*) size; (*Reichweite*) range; (*Fläche*) area; (*Math*) circumference; **in großem ~** on a large scale; **umfangreich** ADJ extensive; (*Buch etc*) voluminous
umfassen [ʊm'fasən] VT UNTR to embrace; (*umgeben*) to surround; (*enthalten*) to include
umfassend ADJ comprehensive; (*umfangreich*) extensive
Umfeld ['ʊmfɛlt] NT environment; **zum ~ von etw gehören** to be associated with sth
um|formatieren ['ʊmfɔrmati:rən] VT (*Comput*) to reformat
um|formen ['ʊmfɔrmən] VI to transform

Umformer (**-s, -**) M (*Elek*) converter

um|formulieren [ˈʊmfɔrmuliːrən] VT to redraft

★**Umfrage** [ˈʊmfraːgə] F poll; **~ halten** to ask around

um|füllen [ˈʊmfʏlən] VT to transfer; (*Wein*) to decant

um|funktionieren [ˈʊmfʊŋktsioniːrən] VT to convert

Umgang [ˈʊmgaŋ] M company; (*mit jdm*) dealings *pl*; (*Behandlung*) dealing

umgänglich [ˈʊmgɛŋlɪç] ADJ sociable

Umgangs- ZW: **Umgangsformen** PL manners *pl*; **Umgangssprache** F colloquial language; **umgangssprachlich** ADJ colloquial

umgeben [ʊmˈgeːbən] *unreg* VT UNTR to surround

★**Umgebung** F surroundings *pl*; (*Milieu*) environment; (*Personen*) people in one's circle; **in der näheren/weiteren ~ Münchens** on the outskirts/in the environs of Munich

um|gehen[1] [ˈʊmgeːən] *unreg* VI to go (a)round; **im Schlosse ~** to haunt the castle; **mit jdm/etw ~ können** to know how to handle sb/sth; **mit jdm grob** *etc* **~** to treat sb roughly *etc*; **mit Geld sparsam ~** to be careful with one's money

umgehen[2] [ʊmˈgeːən] *unreg* VT UNTR to bypass; (*Mil*) to outflank; (*Gesetz, Vorschrift etc*) to circumvent; (*vermeiden*) to avoid

umgehend [ˈʊmgeːənd] ADJ immediate ▶ ADV immediately

Umgehung F bypassing; (*Mil*) outflanking; (*von Gesetz, Vorschrift etc*) circumvention; (*Vermeidung*) avoidance

Umgehungsstraße F bypass

umgekehrt [ˈʊmgəkeːrt] ADJ reverse(d); (*gegenteilig*) opposite ▶ ADV the other way around; **und ~** and vice versa

um|gestalten [ˈʊmgəʃtaltən] VT to alter; (*reorganisieren*) to reorganize; (*umordnen*) to rearrange

um|gewöhnen [ˈʊmgəvøːnən] VR to readapt

um|graben [ˈʊmgraːbən] *unreg* VT to dig up

um|gruppieren [ˈʊmgrʊpiːrən] VT to regroup

Umhang [ˈʊmhaŋ] M wrap, cape

um|hängen [ˈʊmhɛŋən] VT (*Bild*) to hang somewhere else; **jdm etw ~** to put sth on sb

Umhängetasche F shoulder bag

um|hauen [ˈʊmhaʊən] VT to fell; (*fig*) to bowl over

umher [ʊmˈheːr] ADV about, around; **umher|gehen** *unreg* VI to walk about; **umher|irren** VI to wander around; (*Blick, Augen*) to roam about; **umher|reisen** VI to travel about; **umher|schweifen** VI to roam about; **umher|ziehen** *unreg* VI to wander from place to place

umhin|können [ʊmˈhɪnkœnən] *unreg* VI: **ich kann nicht umhin, das zu tun** I can't help doing it

um|hören [ˈʊmhøːrən] VR to ask around

umkämpfen [ʊmˈkɛmpfən] VT UNTR (*Entscheidung*) to dispute; (*Wahlkreis, Sieg*) to contest

Umkehr [ˈʊmkeːr] (-) F turning back; (*Änderung*) change

um|kehren VI to turn back; (*fig*) to change one's ways ▶ VT to turn round, to reverse; (*Tasche etc*) to turn inside out; (*Gefäß etc*) to turn upside down

um|kippen [ˈʊmkɪpən] VT to tip over ▶ VI to overturn; (*umg: ohnmächtig werden*) to keel over; (*fig: Meinung ändern*) to change one's mind

umklammern [ʊmˈklamərn] VT UNTR (*mit Händen*) to clasp; (*festhalten*) to cling to

um|klappen [ˈʊmklapən] VT to fold down

★**Umkleidekabine** [ˈʊmklaɪdəkabiːnə] F changing cubicle (BRIT), dressing room (*US*)

★**Umkleideraum** [ˈʊmklaɪdəraʊm] M changing room; (*US Theat*) dressing room

um|knicken [ˈʊmknɪkən] VT (*Ast*) to snap; (*Papier*) to fold (over) ▶ VI: **mit dem Fuß ~** to twist one's ankle

★**um|kommen** [ˈʊmkɔmən] *unreg* VI to die, to perish; (*Lebensmittel*) to go bad

Umkreis [ˈʊmkraɪs] M neighbourhood (BRIT), neighborhood (*US*); **im ~ von** within a radius of

umkreisen [ʊmˈkraɪzən] VT UNTR to circle (round); (*Satellit*) to orbit

um|krempeln [ˈʊmkrɛmpəln] VT to turn up; (*mehrmals*) to roll up; (*umg: Betrieb*) to shake up

um|laden [ˈʊmlaːdən] *unreg* VT to transfer, to reload

Umlage [ˈʊmlaːgə] F share of the costs

Umlauf M (*Geldumlauf*) circulation; (*von Gestirn*) revolution; (*Schreiben*) circular; **in ~ bringen** to circulate; **Umlaufbahn** F orbit

um|laufen [ˈʊmlaʊfən] *unreg* VI to circulate

Umlaufkapital NT working capital

Umlaufvermögen NT current assets *pl*

Umlaut [ˈʊmlaʊt] M umlaut

um|legen [ˈʊmleːgən] VT to put on; (*verlegen*) to move, to shift; (*Kosten*) to share out; (*umkippen*) to tip over; (*umg: töten*) to bump off

um|leiten [ˈʊmlaɪtən] VT to divert

★**Umleitung** F diversion

um|lernen [ˈʊmlɛrnən] VI to learn something new; (*fig*) to adjust one's views

umliegend [ˈʊmliːgənt] ADJ surrounding

um|melden [ˈʊmmɛldən] VT, VR: **jdn/sich ~** to notify (the police of) a change in sb's/one's address

Umnachtung [ʊmˈnaxtʊŋ] F mental derangement

um|organisieren [ˈʊm|ɔrganiziːrən] VT to reorganize

um|pflanzen [ˈʊmpflantsən] VT to transplant

um|quartieren [ˈʊmkvartiːrən] VT to move (*Truppen*) to requarter

umrahmen [ʊmˈraːmən] VT UNTR to frame

umranden [ʊmˈrandən] VT UNTR to border, to edge

um|räumen ['ʊmrɔʏmən] VT (*anders anordnen*) to rearrange ▸ VI to rearrange things, to move things around
um|rechnen ['ʊmrɛçnən] VT to convert
Umrechnung F conversion
Umrechnungskurs M rate of exchange
umreißen [ʊm'raɪsən] *unreg* VT UNTR to outline
um|rennen ['ʊmrɛnən] *unreg* VT to (run into and) knock down
umringen [ʊm'rɪŋən] VT UNTR to surround
Umriss ['ʊmrɪs] M outline
um|rühren ['ʊmry:rən] VT, VI to stir
um|rüsten ['ʊmrʏstən] VT (*Tech*) to adapt; (*Mil*) to re-equip; **~ auf** *+akk* to adapt to
ums [ʊms] = **um das**
um|satteln ['ʊmzatəln] (*umg*) VI to change one's occupation, to switch jobs
Umsatz ['ʊmzats] M turnover; **Umsatzbeteiligung** F commission; **Umsatzeinbuße** F loss of profit; **Umsatzsteuer** F turnover tax
um|schalten ['ʊmʃaltən] VT to switch ▸ VI to push/pull a lever; (*auf anderen Sender*): **~ (auf** *+akk***)** to change over (to); (*Aut*): **~ in** *+akk* to change (BRIT) *od* shift into; **„wir schalten jetzt um nach Hamburg"** "and now we go over to Hamburg"
Umschalttaste F shift key
Umschau F look(ing) round; **~ halten nach** to look around for
um|schauen ['ʊmʃaʊən] VR to look round
Umschlag ['ʊmʃla:k] M cover; (*Buchumschlag*) jacket, cover; (*Med*) compress; (*Briefumschlag*) envelope; (*Gütermenge*) volume of traffic; (*Wechsel*) change; (*von Hose*) turn-up (BRIT), cuff (*US*)
um|schlagen ['ʊmʃla:gən] *unreg* VI to change; (*Naut*) to capsize ▸ VT to knock over; (*Ärmel*) to turn up; (*Seite*) to turn over; (*Waren*) to transfer
Umschlag- ZW: **Umschlaghafen** M port of transshipment; **Umschlagplatz** M (*Comm*) distribution centre (BRIT) *od* center (*US*); **Umschlagseite** F cover page
umschlingen [ʊm'ʃlɪŋən] *unreg* VT UNTR (*Pflanze*) to twine around; (*jdn*) to embrace
um|schreiben¹ ['ʊmʃraɪbən] *unreg* VT (*neu umschreiben*) to rewrite; (*übertragen*) to transfer; **~ auf** *+akk* to transfer to
umschreiben² [ʊm'ʃraɪbən] *unreg* VT UNTR to paraphrase; (*abgrenzen*) to circumscribe, to define
Umschuldung ['ʊmʃʊldʊŋ] F rescheduling (of debts)
um|schulen ['ʊmʃu:lən] VT to retrain; (*Kind*) to send to another school
umschwärmen [ʊm'ʃvɛrmən] VT UNTR to swarm round; (*fig*) to surround, to idolize
Umschweife ['ʊmʃvaɪfə] PL: **ohne ~** without beating about the bush, straight out
um|schwenken ['ʊmʃvɛnkən] VI (*Kran*) to swing out; (*fig*) to do an about-turn (BRIT) *od* about-face (*US*); (*Wind*) to veer
Umschwung ['ʊmʃvʊŋ] M (*Gymnastik*) circle; (*fig: ins Gegenteil*) change (around)
umsegeln [ʊm'ze:gəln] VT UNTR to sail around; (*Erde*) to circumnavigate
um|sehen ['ʊmze:ən] *unreg* VR to look around *od* about; (*suchen*): **sich ~ (nach)** to look out (for); **ich möchte mich nur mal ~** (*in Geschäft*) I'm just looking
umseitig ['ʊmzaɪtɪç] ADV overleaf
um|setzen ['ʊmzɛtsən] VT (*Waren*) to turn over ▸ VR (*Schüler*) to change places; **etw in die Tat ~** to translate sth into action
Umsicht ['ʊmzɪçt] F prudence, caution
umsichtig ADJ prudent, cautious
um|siedeln ['ʊmzi:dəln] VT to resettle
Umsiedler(in) (**-s, -**) M(F) resettler
umso ['ʊmzo] KONJ: **~ besser/schlimmer** so much the better/worse; **~ mehr, als ...** all the more considering ...
★**umsonst** [ʊm'zɔnst] ADV in vain; (*gratis*) for nothing
um|springen ['ʊmʃprɪŋən] *unreg* VI to change; **mit jdm ~** to treat sb badly
Umstand ['ʊmʃtant] M circumstance ■ **Umstände** PL (*fig: Schwierigkeiten*) fuss *sing*; **in anderen Umständen sein** to be pregnant; **Umstände machen** to go to a lot of trouble; **den Umständen entsprechend** much as one would expect (under the circumstances); **die näheren Umstände** further details; **unter Umständen** possibly; **mildernde Umstände** (*Jur*) extenuating circumstances
umständehalber ADV owing to circumstances
umständlich ['ʊmʃtɛntlɪç] ADJ (*Methode*) cumbersome, complicated; (*Ausdrucksweise, Erklärung*) long-winded; (*ungeschickt*) ponderous; **etw ~ machen** to make heavy weather of (doing) sth
Umstandskleid NT maternity dress
Umstandswort NT adverb
umstehend ['ʊmʃte:ənt] ADJ *attrib* (*umseitig*) overleaf; **die Umstehenden** *pl* the bystanders *pl*
Umsteigekarte F transfer ticket
★**um|steigen** ['ʊmʃtaɪgən] *unreg* VI (*Eisenb*) to change; (*fig: umg*): **~ (auf** *+akk***)** to change over (to), to switch (over) (to)
um|stellen¹ ['ʊmʃtɛlən] VT (*an anderen Ort*) to change round, to rearrange; (*Tech*) to convert ▸ VR: **sich ~ (auf** *+akk***)** to adapt o.s. (to)
umstellen² [ʊm'ʃtɛlən] VT UNTR to surround
Umstellung F change; (*Umgewöhnung*) adjustment; (*Tech*) conversion
um|stimmen ['ʊmʃtɪmən] VT (*Mus*) to retune; **jdn ~** to make sb change his mind
um|stoßen ['ʊmʃto:sən] *unreg* VT (*lit*) to overturn; (*Plan etc*) to change, to upset
umstritten [ʊm'ʃtrɪtən] ADJ disputed; (*fraglich*) controversial
Umsturz ['ʊmʃtʊrts] M overthrow

um|stürzen [ˈʊmʃtʏrtsən] VT (*umwerfen*) to overturn ▶ VI to collapse, to fall down; (*Wagen*) to overturn

umstürzlerisch ADJ revolutionary

★**Umtausch** [ˈʊmtaʊʃ] M exchange; **diese Waren sind vom ~ ausgeschlossen** these goods cannot be exchanged

★**um|tauschen** VT to exchange

Umtriebe [ˈʊmtri:bə] PL machinations *pl*, intrigues *pl*

um|tun [ˈʊmtu:n] *unreg* VR: **sich nach etw ~** to look for sth

um|verteilen [ˈʊmfɛrtaɪlən] VT to redistribute

umwälzend [ˈʊmvɛltsənt] ADJ (*fig*) radical; (*Veränderungen*) sweeping; (*Ereignisse*) revolutionary

Umwälzung F (*fig*) radical change

um|wandeln [ˈʊmvandəln] VT to change, to convert; (*Elek*) to transform

um|wechseln [ˈʊmvɛksəln] VT to change

Umweg [ˈʊmve:k] M detour; (*fig*) roundabout way

★**Umwelt** [ˈʊmvɛlt] F environment; **Umweltallergie** F environmental allergy; **Umweltauto** (*umg*) NT environment-friendly vehicle; **Umweltbelastung** F environmental pollution; **umweltbewusst** ADJ environmentally aware; **Umweltbewusstsein** NT environmental awareness; **umweltfreundlich** ADJ environment-friendly; **umweltfreundliche Technologie** clean technology; **Umweltkrankheit** F environmental illness; **Umweltkriminalität** F crimes *pl* against the environment; **Umweltministerium** NT Ministry of the Environment; **umweltschädlich** ADJ harmful to the environment; **Umweltschutz** M environmental protection; **Umweltschützer(in)** (**-s, -**) M(F) environmentalist; **Umweltsteuer** F green tax; ★**Umweltverschmutzung** F pollution (of the environment); **umweltverträglich** ADJ not harmful to the environment; **Umweltverträglichkeit** F ecofriendliness

um|wenden [ˈʊmvɛndən] *unreg* VT, VR to turn (round)

umwerben [ʊmˈvɛrbən] *unreg* VT UNTR to court, to woo

um|werfen [ˈʊmvɛrfən] *unreg* VT (*lit*) to upset, to overturn; (*Mantel*) to throw on; (*fig: erschüttern*) to upset, to throw

umwerfend (*umg*) ADJ fantastic

★**um|ziehen** [ˈʊmtsi:ən] *unreg* VT, VR to change ▶ VI to move

umzingeln [ʊmˈtsɪŋəln] VT UNTR to surround, to encircle

Umzug [ˈʊmtsu:k] M procession; (*Wohnungsumzug*) move, removal

UN PL ABK (= *United Nations*): **die UN** the UN *sing*

un- ZW: **unabänderlich** ADJ irreversible, unalterable; **~ feststehen** to be absolutely certain; **unabdingbar** ADJ indispensable, essential; (*Recht*) inalienable; **unabhängig** ADJ independent; **Unabhängigkeit** F independence; **unabkömmlich** ADJ indispensable; **zur Zeit ~** not free at the moment; **unablässig** ADJ incessant, constant; **unabsehbar** ADJ immeasurable; (*Folgen*) unforeseeable; (*Kosten*) incalculable; **unabsichtlich** ADJ unintentional; **unabwendbar** ADJ inevitable

unachtsam [ˈʊn|axtza:m] ADJ careless; **Unachtsamkeit** F carelessness

un- ZW: **unanfechtbar** ADJ indisputable; **unangebracht** ADJ uncalled-for; **unangefochten** ADJ unchallenged; (*Testament, Wahlkandidat, Urteil*) uncontested; **unangemeldet** ADJ unannounced; (*Besucher*) unexpected; **unangemessen** ADJ inadequate; ★**unangenehm** ADJ unpleasant; (*peinlich*) embarrassing; **unangepasst** ADJ nonconformist; **Unannehmlichkeit** F inconvenience ■ **Unannehmlichkeiten** PL trouble *sing*; **unansehnlich** ADJ unsightly; **unanständig** ADJ indecent, improper; **Unanständigkeit** F indecency, impropriety; **unantastbar** ADJ inviolable, sacrosanct

unappetitlich [ˈʊn|apeti:tlɪç] ADJ unsavoury (BRIT), unsavory (US)

Unart [ˈʊn|a:rt] F bad manners *pl*; (*Angewohnheit*) bad habit

★**unartig** ADJ naughty, badly behaved

un- ZW: **unaufdringlich** ADJ unobtrusive; (*Parfüm*) discreet; (*Mensch*) unassuming; **unauffällig** ADJ unobtrusive; (*Kleidung*) inconspicuous; **unauffindbar** ADJ not to be found; **unaufgefordert** ADJ unsolicited ▶ ADV unasked, spontaneously; **~ zugesandte Manuskripte** unsolicited manuscripts; **unaufhaltsam** ADJ irresistible; **unaufhörlich** ADJ incessant, continuous; **unaufmerksam** ADJ inattentive; **unaufrichtig** ADJ insincere

un- ZW: **unausbleiblich** ADJ inevitable, unavoidable; **unausgeglichen** ADJ volatile; **unausgegoren** ADJ immature; (*Idee, Plan*) half-baked; **unausgesetzt** ADJ incessant, constant; **unausgewogen** ADJ unbalanced; **unaussprechlich** ADJ inexpressible; **unausstehlich** ADJ intolerable; **unausweichlich** ADJ inescapable, ineluctable

unbändig [ˈʊnbɛndɪç] ADJ extreme, excessive

unbarmherzig [ˈʊnbarmhɛrtsɪç] ADJ pitiless, merciless

unbeabsichtigt [ˈʊnbə|apzɪçtɪçt] ADJ unintentional

unbeachtet [ˈʊnbə|axtət] ADJ unnoticed; (*Warnung*) ignored

unbedacht [ˈʊnbədaxt] ADJ rash

unbedarft [ˈʊnbədarft] (*umg*) ADJ clueless

unbedenklich [ˈʊnbədɛŋklɪç] ADJ unhesitating; (*Plan*) unobjectionable ▶ ADV without hesitation

unbedeutend [ˈʊnbədɔʏtənt] ADJ insignificant, unimportant; (*Fehler*) slight

★**unbedingt** [ˈʊnbədɪŋt] ADJ unconditional ▶ ADV absolutely; **musst du ~ gehen?** do you really have to go?; **nicht ~** not necessarily

unbefangen [ˈʊnbəfaŋən] ADJ impartial, unprejudiced; (*ohne Hemmungen*) uninhibited; **Unbefangenheit** F impartiality; (*Hemmungslosigkeit*) uninhibitedness

unbefriedigend [ˈʊnbəfriːdɪgənd] ADJ unsatisfactory
unbefriedigt [ˈʊnbəfriːdɪçt] ADJ unsatisfied; (*unzufrieden*) dissatisfied; (*unerfüllt*) unfulfilled
unbefristet [ˈʊnbəfrɪstət] ADJ permanent
unbefugt [ˈʊnbəfuːkt] ADJ unauthorized; **Unbefugten ist der Eintritt verboten** no admittance to unauthorized persons
unbegabt [ˈʊnbəgaːpt] ADJ untalented
unbegreiflich [ʊnbəˈgraɪflɪç] ADJ inconceivable
unbegrenzt [ˈʊnbəgrɛntst] ADJ unlimited
unbegründet [ˈʊnbəgrʏndət] ADJ unfounded
Unbehagen [ˈʊnbəhaːgən] NT discomfort
unbehaglich [ˈʊnbəhaːklɪç] ADJ uncomfortable; (*Gefühl*) uneasy
unbeherrscht [ˈʊnbəhɛrʃt] ADJ uncontrolled; (*Mensch*) lacking self-control
unbeholfen [ˈʊnbəhɔlfən] ADJ awkward, clumsy; **Unbeholfenheit** F awkwardness, clumsiness
unbeirrt [ˈʊnbə|ɪrt] ADJ imperturbable
unbekannt [ˈʊnbəkant] ADJ unknown; **unbekannte Größe** (*Math, fig*) unknown quantity
unbekannterweise ADV: **grüß(e) sie ~ von mir** give her my regards although I don't know her
unbekümmert [ˈʊnbəkʏmərt] ADJ unconcerned
unbelehrbar [ʊnbəˈleːrbaːr] ADJ fixed in one's views; (*Rassist etc*) dyed-in-the-wool *attrib*
unbeliebt [ˈʊnbəliːpt] ADJ unpopular; **Unbeliebtheit** F unpopularity
unbemannt [ˈʊnbəmant] ADJ (*Raumflug*) unmanned; (*Flugzeug*) pilotless
unbemerkt [ˈʊnbəmɛrkt] ADJ unnoticed
unbenommen [ʊnbəˈnɔmən] ADJ (*form*): **es bleibt** *od* **ist Ihnen ~, zu ...** you are at liberty to ...
unbequem [ˈʊnbəkveːm] ADJ (*Stuhl*) uncomfortable; (*Mensch*) bothersome; (*Regelung*) inconvenient
unberechenbar [ʊnbəˈrɛçənbaːr] ADJ incalculable; (*Mensch, Verhalten*) unpredictable
unberechtigt [ˈʊnbərɛçtɪçt] ADJ unjustified; (*nicht erlaubt*) unauthorized
unberücksichtigt [ʊnbəˈrʏkzɪçtɪçt] ADJ: **etw ~ lassen** not to consider sth
unberufen [ʊnbəˈruːfən] INTERJ touch wood!
unberührt [ˈʊnbəryːrt] ADJ untouched; (*Natur*) unspoiled; **sie ist noch ~** she is still a virgin
unbeschadet [ʊnbəˈʃaːdət] PRÄP *+gen* (*form*) regardless of
unbescheiden [ˈʊnbəʃaɪdən] ADJ presumptuous
unbescholten [ˈʊnbəʃɔltən] ADJ respectable; (*Ruf*) spotless
unbeschrankt [ˈʊnbəʃraŋkt] ADJ (*Bahnübergang*) unguarded
unbeschränkt [ʊnbəˈʃrɛŋkt] ADJ unlimited
unbeschreiblich [ʊnbəˈʃraɪplɪç] ADJ indescribable
unbeschwert [ˈʊnbəʃveːrt] ADJ (*sorgenfrei*) carefree; (*Melodien*) light
unbesehen [ʊnbəˈzeːən] ADV indiscriminately; (*ohne es anzusehen*) without looking at it
unbesonnen [ˈʊnbəzɔnən] ADJ unwise, rash, imprudent
unbesorgt [ˈʊnbəzɔrkt] ADJ unconcerned; **Sie können ganz ~ sein** you can set your mind at rest
unbespielt [ˈʊnbəʃpiːlt] ADJ (*Kassette*) blank
unbest. ABK = **unbestimmt**
unbeständig [ˈʊnbəʃtɛndɪç] ADJ (*Mensch*) inconstant; (*Wetter*) unsettled; (*Lage*) unstable
unbestechlich [ʊnbəˈʃtɛçlɪç] ADJ incorruptible
unbestimmt [ˈʊnbəʃtɪmt] ADJ indefinite; (*Zukunft*) uncertain; **Unbestimmtheit** F vagueness
unbestritten [ˈʊnbəʃtrɪtən] ADJ undisputed
unbeteiligt [ʊnbəˈtaɪlɪçt] ADJ unconcerned; (*uninteressiert*) indifferent
unbeugsam [ˈʊnbɔʏkzaːm] ADJ stubborn, inflexible; (*Wille*) unbending
unbewacht [ˈʊnbəvaxt] ADJ unguarded, unwatched
unbewaffnet [ˈʊnbəvafnət] ADJ unarmed
unbeweglich [ˈʊnbəveːklɪç] ADJ immovable
unbewegt ADJ motionless; (*fig: unberührt*) unmoved
unbewohnt [ˈʊnbəvoːnt] ADJ (*Gegend*) uninhabited; (*Haus*) unoccupied
unbewusst [ˈʊnbəvʊst] ADJ unconscious
unbezahlbar [ʊnbəˈtsaːlbaːr] ADJ prohibitively expensive; (*fig*) priceless; (*nützlich*) invaluable
unbezahlt [ˈʊnbətsaːlt] ADJ unpaid
unblutig [ˈʊnbluːtɪç] ADJ bloodless
unbrauchbar [ˈʊnbrauxbaːr] ADJ (*nutzlos*) useless; (*Gerät*) unusable; **Unbrauchbarkeit** F uselessness
unbürokratisch [ˈʊnbyrokratɪʃ] ADJ without any red tape
und [ʊnt] KONJ and; **~ so weiter** and so on; **na ~?** so what?
Undank [ˈʊndaŋk] M ingratitude; **undankbar** ADJ ungrateful; (*Aufgabe*) thankless; **Undankbarkeit** F ingratitude
undefinierbar [ʊndefiˈniːrbaːr] ADJ indefinable
undenkbar [ʊnˈdɛŋkbaːr] ADJ inconceivable
undeutlich [ˈʊndɔʏtlɪç] ADJ indistinct; (*Schrift*) illegible; (*Ausdrucksweise*) unclear
undicht [ˈʊndɪçt] ADJ leaky
undifferenziert [ˈʊndɪfərɛntsiːrt] ADJ simplistic
Unding [ˈʊndɪŋ] NT absurdity
unduldsam [ˈʊnduldsaːm] ADJ intolerant
un- zW: **undurchdringlich** ADJ (*Urwald*) impenetrable; (*Gesicht*) inscrutable; **undurchführbar** ADJ impracticable; **undurchlässig** ADJ impervi-

U

ous; (*wasserundurchlässig*) waterproof, impermeable; **undurchschaubar** ADJ inscrutable; **undurchsichtig** ADJ opaque; (*Motive*) obscure; (*fig: pej: Mensch, Methoden*) devious

uneben [ˈʊn|eːbən] ADJ uneven

unecht [ˈʊn|ɛçt] ADJ artificial; (*Schmuck etc*) fake; (*pej: Freundschaft, Lächeln*) false

unehelich [ˈʊn|eːəlɪç] ADJ illegitimate

unehrlich ADJ dishonest

uneigennützig [ˈʊn|aɪgənnʏtsɪç] ADJ unselfish

uneinbringlich [ˈʊn|aɪnbrɪŋlɪç] ADJ: **uneinbringliche Forderungen** (*Comm*) bad debts *pl*

uneingeschränkt [ˈʊn|aɪngəʃrɛŋkt] ADJ absolute, total; (*Rechte, Handel*) unrestricted; (*Zustimmung*) unqualified

uneinig [ˈʊn|aɪnɪç] ADJ divided; **~ sein** to disagree; **Uneinigkeit** F discord, dissension

uneinnehmbar [ʊn|aɪnˈneːmbaːr] ADJ impregnable

uneins [ˈʊn|aɪns] ADJ at variance, at odds

unempfänglich [ˈʊn|ɛmpfɛŋlɪç] ADJ: **~ (für)** not susceptible (to)

unempfindlich [ˈʊn|ɛmpfɪntlɪç] ADJ insensitive; **Unempfindlichkeit** F insensitivity

unendlich [ʊnˈ|ɛntlɪç] ADJ infinite ▶ ADV endlessly; (*fig: sehr*) terribly; **Unendlichkeit** F infinity

un- ZW: **unentbehrlich** ADJ indispensable; **unentgeltlich** ADJ free (of charge); ★**unentschieden** ADJ undecided; **~ enden** (*Sport*) to end in a draw; **unentschlossen** ADJ undecided; (*entschlusslos*) irresolute; **unentwegt** ADJ unswerving; (*unaufhörlich*) incessant

un- ZW: **unerbittlich** ADJ unyielding, inexorable; **unerfahren** ADJ inexperienced; **unerfreulich** ADJ unpleasant ▪ **Unerfreuliches** PL (*schlechte Nachrichten*) bad news *sing*; (*Übles*) bad things *pl*; **unerfüllt** ADJ unfulfilled; **unergiebig** ADJ (*Quelle, Thema*) unproductive; (*Ernte, Nachschlagewerk*) poor; **unergründlich** ADJ unfathomable; **unerheblich** ADJ unimportant; **unerhört** ADJ unheard-of; (*unverschämt*) outrageous; (*Bitte*) unanswered; **unerlässlich** ADJ indispensable; **unerlaubt** ADJ unauthorized; **unerledigt** ADJ unfinished; (*Post*) unanswered; (*Rechnung*) outstanding; (*schwebend*) pending; **unermesslich** ADJ immeasurable, immense; **unermüdlich** ADJ indefatigable; **unersättlich** ADJ insatiable; **unerschlossen** ADJ (*Land*) undeveloped; (*Boden*) unexploited; (*Vorkommen, Markt*) untapped; **unerschöpflich** ADJ inexhaustible; **unerschrocken** ADJ intrepid, courageous; **unerschütterlich** ADJ unshakeable; **unerschwinglich** ADJ (*Preis*) prohibitive; **unersetzlich** ADJ irreplaceable; **unerträglich** ADJ unbearable; (*Frechheit*) insufferable; **unerwartet** ADJ unexpected; **unerwünscht** ADJ undesirable, unwelcome; **unerzogen** ADJ ill-bred, rude

unfähig [ˈʊnfɛːɪç] ADJ incapable; (*untüchtig*) incompetent; **zu etw ~ sein** to be incapable of sth; **Unfähigkeit** F inability; (*Untüchtigkeit*) incompetence

unfair [ˈʊnfɛːr] ADJ unfair

★**Unfall** [ˈʊnfal] M accident; **Unfallflucht** F hit-and-run (driving); **Unfallopfer** NT casualty; **Unfallstation** F emergency ward; **Unfallstelle** F scene of the accident; **Unfallversicherung** F accident insurance; **Unfallwagen** M *car involved in an accident*; (*umg: Rettungswagen*) ambulance

unfassbar [ʊnˈfasbaːr] ADJ inconceivable

unfehlbar [ʊnˈfeːlbaːr] ADJ infallible ▶ ADV without fail; **Unfehlbarkeit** F infallibility

unfertig [ˈʊnfɛrtɪç] ADJ unfinished, incomplete; (*Mensch*) immature

unflätig [ˈʊnflɛːtɪç] ADJ rude

unfolgsam [ˈʊnfɔlkzaːm] ADJ disobedient

unförmig [ˈʊnfœrmɪç] ADJ (*formlos*) shapeless; (*groß*) cumbersome; (*Füße, Nase*) unshapely

unfrankiert [ˈʊnfraŋkiːrt] ADJ unfranked

unfrei [ˈʊnfraɪ] ADJ not free

unfreiwillig ADJ involuntary

★**unfreundlich** [ˈʊnfrɔʏntlɪç] ADJ unfriendly; **Unfreundlichkeit** F unfriendliness

Unfriede [ˈʊnfriːdə], **Unfrieden** [ˈʊnfriːdən] M dissension, strife

unfruchtbar [ˈʊnfrʊxtbaːr] ADJ infertile; (*Gespräche*) fruitless; **Unfruchtbarkeit** F infertility; (*von Gesprächen*) fruitlessness

Unfug [ˈʊnfuːk] (**-s**) M (*Benehmen*) mischief; (*Unsinn*) nonsense; **grober ~** (*Jur*) gross misconduct

Ungar(in) [ˈʊŋgar(ɪn)] (**-n, -n**) M(F) Hungarian; **ungarisch** ADJ Hungarian

Ungarn (**-s**) NT Hungary

ungeachtet [ˈʊngə|axtət] PRÄP *+gen* notwithstanding

ungeahndet [ˈʊngə|aːndət] ADJ (*Jur*) unpunished

ungeahnt [ˈʊngə|aːnt] ADJ unsuspected, undreamt-of

ungebeten [ˈʊngəbeːtən] ADJ uninvited

ungebildet [ˈʊngəbɪldət] ADJ uncultured; (*ohne Bildung*) uneducated

ungeboren [ˈʊngəboːrən] ADJ unborn

ungebräuchlich [ˈʊngəbrɔʏçlɪç] ADJ unusual, uncommon

ungebraucht [ˈʊngəbraʊxt] ADJ unused

ungebührlich [ˈʊngəbyːrlɪç] ADJ improper ▶ ADV: **sich ~ aufregen** to get unduly excited

ungebunden [ˈʊngəbʊndən] ADJ (*Buch*) unbound; (*Leben*) (fancy-)free; (*ohne festen Partner*) unattached; (*Pol*) independent

ungedeckt [ˈʊngədɛkt] ADJ (*schutzlos*) unprotected; (*Scheck*) uncovered

Ungeduld [ˈʊngədʊlt] F impatience

★**ungeduldig** [ˈʊngədʊldɪç] ADJ impatient

ungeeignet [ˈʊngə|aɪgnət] ADJ unsuitable

★**ungefähr** [ˈʊngəfɛːr] ADJ rough, approximate ▶ ADV roughly, approximately; **so ~** more or less; **~ 10 Kilometer** about 10 kilometres; **das kommt nicht von ~** that's hardly surprising

ungefährlich [ˈʊngəfɛːrlɪç] ADJ not dangerous, harmless
ungehalten [ˈʊngəhaltən] ADJ indignant
ungeheuer [ˈʊngəhɔʏər] ADJ huge ▶ ADV (*umg*) enormously; **Ungeheuer** (**-s, -**) NT monster; **ungeheuerlich** [ʊngəˈhɔʏərlɪç] ADJ monstrous
ungehindert [ˈʊngəhɪndərt] ADJ unimpeded
ungehobelt [ˈʊngəhoːbəlt] ADJ (*fig*) uncouth
ungehörig [ˈʊngəhøːrɪç] ADJ impertinent, improper; **Ungehörigkeit** F impertinence
ungehorsam [ˈʊngəhoːrzaːm] ADJ disobedient; **Ungehorsam** M disobedience
ungeklärt [ˈʊngəklɛːrt] ADJ not cleared up; (*Rätsel*) unsolved; (*Abwasser*) untreated
ungekürzt [ˈʊngəkʏrtst] ADJ not shortened; (*Film*) uncut
ungeladen [ˈʊngəlaːdən] ADJ not loaded; (*Elek*) uncharged; (*Gast*) uninvited
ungelegen [ˈʊngəleːgən] ADJ inconvenient; **komme ich (Ihnen) ~?** is this an inconvenient time for you?
ungelernt [ˈʊngəlɛrnt] ADJ unskilled
ungelogen [ˈʊngəloːgən] ADV really, honestly
ungemein [ˈʊngəmaɪn] ADJ immense
ungemütlich [ˈʊngəmyːtlɪç] ADJ uncomfortable; (*Person*) disagreeable; **er kann ~ werden** he can get nasty
ungenau [ˈʊngənaʊ] ADJ inaccurate
Ungenauigkeit F inaccuracy
ungeniert [ˈʊnʒeniːrt] ADJ free and easy; (*bedenkenlos, taktlos*) uninhibited ▶ ADV without embarrassment, freely
ungenießbar [ˈʊngəniːsbaːr] ADJ inedible; (*nicht zu trinken*) undrinkable; (*umg*) unbearable
ungenügend [ˈʊngənyːgənt] ADJ insufficient, inadequate; (*Sch*) unsatisfactory
ungenutzt [ˈʊngənʊtst] ADJ: **eine Chance ~ lassen** to miss an opportunity
ungepflegt [ˈʊngəpfleːkt] ADJ (*Garten etc*) untended; (*Person*) unkempt; (*Hände*) neglected
ungerade [ˈʊngəraːdə] ADJ odd, uneven (*US*)
ungerecht [ˈʊngərɛçt] ADJ unjust
ungerechtfertigt ADJ unjustified
Ungerechtigkeit F unfairness, injustice
ungeregelt [ˈʊngəreːgəlt] ADJ irregular
ungereimt [ˈʊngəraɪmt] ADJ (*Verse*) unrhymed; (*fig*) inconsistent
ungern [ˈʊngɛrn] ADV unwillingly, reluctantly
ungerufen [ˈʊngəruːfən] ADJ without being called
ungeschehen [ˈʊngəʃeːən] ADJ: **~ machen** to undo
Ungeschicklichkeit [ˈʊngəʃɪklɪçkaɪt] F clumsiness
ungeschickt ADJ awkward, clumsy
ungeschliffen [ˈʊngəʃlɪfən] ADJ (*Edelstein*) uncut; (*Messer etc*) blunt; (*fig: Benehmen*) uncouth
ungeschmälert [ˈʊngəʃmɛːlərt] ADJ undiminished
ungeschminkt [ˈʊngəʃmɪŋkt] ADJ without make-up; (*fig*) unvarnished
ungeschoren [ˈʊngəʃoːrən] ADJ: **jdn ~ lassen** (*umg*) to spare sb; (*ungestraft*) to let sb off
ungesetzlich [ˈʊngəzɛtslɪç] ADJ illegal
ungestempelt [ˈʊngəʃtɛmpəlt] ADJ (*Briefmarke*) unfranked, mint
ungestört [ˈʊngəʃtøːrt] ADJ undisturbed
ungestraft [ˈʊngəʃtraːft] ADV with impunity
ungestüm [ˈʊngəʃtyːm] ADJ impetuous; **Ungestüm** (**-(e)s**) NT impetuosity
★**ungesund** [ˈʊngəzʊnt] ADJ unhealthy
ungetrübt [ˈʊngətryːpt] ADJ clear; (*fig*) untroubled; (*Freude*) unalloyed
Ungetüm [ˈʊngətyːm] (**-(e)s, -e**) NT monster
ungeübt [ˈʊngə|yːpt] ADJ unpractised (BRIT), unpracticed (*US*); (*Mensch*) out of practice
ungewiss [ˈʊngəvɪs] ADJ uncertain; **Ungewissheit** F uncertainty
ungewöhnlich [ˈʊngəvøːnlɪç] ADJ unusual
ungewohnt [ˈʊngəvoːnt] ADJ unusual
ungewollt [ˈʊngəvɔlt] ADJ unintentional
Ungeziefer [ˈʊngətsiːfər] (**-s**) NT vermin *pl*
ungezogen [ˈʊngətsoːgən] ADJ rude, impertinent; **Ungezogenheit** F rudeness, impertinence
ungezwungen [ˈʊngətsvʊŋən] ADJ natural, unconstrained
ungläubig [ˈʊnglɔʏbɪç] ADJ unbelieving; **ein ungläubiger Thomas** a doubting Thomas; **die Ungläubigen** the infidel(s *pl*)
★**unglaublich** [ʊnˈglaʊplɪç] ADJ incredible
unglaubwürdig [ˈʊnglaʊpvʏrdɪç] ADJ untrustworthy, unreliable; (*Geschichte*) improbable; **sich ~ machen** to lose credibility
ungleich [ˈʊnglaɪç] ADJ dissimilar; (*Mittel, Waffen*) unequal ▶ ADV incomparably; **ungleichartig** ADJ different; **Ungleichbehandlung** F (*von Frauen, Ausländern*) unequal treatment; **Ungleichheit** F dissimilarity; (*von Mitteln, Waffen*) inequality; **ungleichmäßig** ADJ uneven; (*Atemzüge, Gesichtszüge, Puls*) irregular
Unglück [ˈʊnglʏk] NT misfortune; (*Pech*) bad luck; (*Unglücksfall*) calamity, disaster; (*Verkehrsunglück*) accident; **zu allem ~** to make matters worse; ★**unglücklich** ADJ unhappy; (*erfolglos*) unlucky; (*unerfreulich*) unfortunate; **unglücklicherweise** ADV unfortunately; **unglückselig** ADJ calamitous; (*Person*) unfortunate
Unglücksfall M accident, mishap
Unglücksrabe (*umg*) M unlucky thing
Ungnade [ˈʊngnaːdə] F: **bei jdm in ~ fallen** to fall out of favour (BRIT) *od* favor (*US*) with sb
ungültig [ˈʊngʏltɪç] ADJ invalid; **etw für ~ erklären** to declare sth null and void; **Ungültigkeit** F invalidity
ungünstig [ˈʊngʏnstɪç] ADJ unfavourable (BRIT), unfavorable (*US*); (*Termin*) inconvenient; (*Augenblick, Wetter*) bad; (*nicht preiswert*) expensive

U

ungut [ˈʊngu:t] ADJ (*Gefühl*) uneasy; **nichts für ~!** no offence!

unhaltbar [ˈʊnhaltba:r] ADJ untenable

unhandlich [ˈʊnhantlɪç] ADJ unwieldy

Unheil [ˈʊnhaɪl] NT evil; (*Unglück*) misfortune; **~ anrichten** to cause mischief; **~ bringend** fatal, fateful

unheilbar [ʊnˈhaɪlbar] ADJ incurable; **~ krank** terminally ill

unheilvoll ADJ disastrous

unheimlich [ˈʊnhaɪmlɪç] ADJ weird, uncanny ▸ ADV (*umg*) tremendously; **das/er ist mir ~** it/he gives me the creeps (*umg*)

★**unhöflich** [ˈʊnhø:flɪç] ADJ impolite; **Unhöflichkeit** F impoliteness

unhörbar [ʊnˈhø:rba:r] ADJ silent; (*Frequenzen*) inaudible

unhygienisch [ˈʊnhygie:nɪʃ] ADJ unhygienic

★**uni** [ˈyni:] ADJ self-coloured (BRIT), self-colored (US)

★**Uni** [ˈʊni] (**-, -s**) (*umg*) F university

★**Uniform** [uniˈfɔrm] (**-, -en**) F uniform

uniformiert [unifɔrˈmi:rt] ADJ uniformed

Unikum [ˈu:nɪkʊm] (**-s, -s** *od* **Unika**) (*umg*) NT real character

uninteressant [ˈʊn|ɪnterɛsant] ADJ uninteresting

uninteressiert [ˈʊn|ɪntərɛˈsi:rt] ADJ: **~ (an** *+dat***)** uninterested (in), not interested (in)

Union [uniˈo:n] F union

Unionsparteien PL (*Pol*) CDU and CSU parties *pl*

universal [univɛrˈza:l] ADJ universal

universell [univɛrˈzɛl] ADJ universal

★**Universität** [univɛrziˈtɛ:t] F university; **auf die ~ gehen, die ~ besuchen** to go to university

Universum [uniˈvɛrzʊm] (**-s**) NT universe

unkenntlich [ˈʊnkɛntlɪç] ADJ unrecognizable; **Unkenntlichkeit** F: **bis zur ~** beyond recognition

Unkenntnis [ˈʊnkɛntnɪs] F ignorance

unklar [ˈʊnkla:r] ADJ unclear; **im Unklaren sein über** *+akk* to be in the dark about; **Unklarheit** F unclarity; (*Unentschiedenheit*) uncertainty

unklug [ˈʊnklu:k] ADJ unwise

unkompliziert [ˈʊnkɔmplitsi:rt] ADJ straightforward, uncomplicated

unkontrolliert [ˈʊnkɔntrɔli:rt] ADJ unchecked

unkonzentriert [ˈʊnkɔntsɛntri:rt] ADJ lacking in concentration

Unkosten [ˈʊnkɔstən] PL expense(s *pl*); **sich in ~ stürzen** (*umg*) to go to a lot of expense

Unkraut [ˈʊnkraʊt] NT weeds *pl*; (*einzelne Pflanze*) weed; **~ vergeht nicht** (*Sprichwort*) it would take more than that to finish me/him *etc* off; **Unkrautvertilgungsmittel** NT weedkiller

unlängst [ˈʊnlɛŋst] ADV not long ago

unlauter [ˈʊnlaʊtər] ADJ unfair

unleserlich [ˈʊnle:zərlɪç] ADJ illegible

unleugbar [ˈʊnlɔʏkba:r] ADJ undeniable, indisputable

unlogisch [ˈʊnlo:gɪʃ] ADJ illogical

unlösbar [ʊnˈlø:sbar] ADJ insoluble

unlöslich [ʊnˈlø:slɪç] ADJ insoluble

Unlust [ˈʊnlʊst] F lack of enthusiasm

unlustig ADJ unenthusiastic ▸ ADV without enthusiasm

unmännlich [ˈʊnmɛnlɪç] ADJ unmanly

Unmasse [ˈʊnmasə] (*umg*) F load

unmäßig [ˈʊnmɛ:sɪç] ADJ immoderate

Unmenge [ˈʊnmɛŋə] F tremendous number, vast number

Unmensch [ˈʊnmɛnʃ] M ogre, brute; **unmenschlich** ADJ inhuman, brutal; (*ungeheuer*) awful

unmerklich [ʊnˈmɛrklɪç] ADJ imperceptible

unmissverständlich [ˈʊnmɪsfɛrʃtɛntlɪç] ADJ unmistakable

unmittelbar [ˈʊnmɪtəlba:r] ADJ immediate; **unmittelbarer Kostenaufwand** direct expense

unmöbliert [ˈʊnmøbli:rt] ADJ unfurnished

★**unmöglich** [ˈʊnmø:klɪç] ADJ impossible; **ich kann es ~ tun** I can't possibly do it; **~ aussehen** (*umg*) to look ridiculous; **Unmöglichkeit** F impossibility

unmoralisch [ˈʊnmora:lɪʃ] ADJ immoral

unmotiviert [ˈʊnmotivi:rt] ADJ unmotivated

unmündig [ˈʊnmʏndɪç] ADJ (*minderjährig*) underage

Unmut [ˈʊnmu:t] M ill humour (BRIT) *od* humor (US)

unnachahmlich [ˈʊnna:x|a:mlɪç] ADJ inimitable

unnachgiebig [ˈʊnna:xgi:bɪç] ADJ unyielding

unnahbar [ʊnˈna:ba:r] ADJ unapproachable

unnatürlich [ˈʊnnaty:rlɪç] ADJ unnatural

unnormal [ˈʊnnɔrma:l] ADJ abnormal

unnötig [ˈʊnnø:tɪç] ADJ unnecessary

unnötigerweise ADV unnecessarily

unnütz [ˈʊnnʏts] ADJ useless

UNO [ˈu:no] F ABK (= *United Nations Organization*): **die ~** the UN

★**unordentlich** [ˈʊn|ɔrdəntlɪç] ADJ untidy

Unordnung [ˈʊn|ɔrdnʊŋ] F disorder; (*Durcheinander*) mess

unorganisiert [ˈʊn|ɔrganizi:rt] ADJ disorganized

unparteiisch [ˈʊnpartaɪɪʃ] ADJ impartial

Unparteiische(r) F(M) umpire; (*Fussball*) referee

unpassend [ˈʊnpasənt] ADJ inappropriate; (*Zeit*) inopportune

unpässlich [ˈʊnpɛslɪç] ADJ unwell

unpersönlich [ˈʊnpɛrzø:nlɪç] ADJ impersonal

unpolitisch [ˈʊnpoli:tɪʃ] ADJ apolitical

unpraktisch [ˈʊnpraktɪʃ] ADJ impractical unpractical

unproduktiv [ˈʊnprodʊkti:f] ADJ unproductive

unproportioniert [ˈʊnpropɔrtsioniːrt] ADJ out of proportion
unpünktlich [ˈʊnpʏŋktlɪç] ADJ unpunctual
unqualifiziert [ˈʊnkvalifitsiːrt] ADJ unqualified; (*Äußerung*) incompetent
unrasiert [ˈʊnraziːrt] ADJ unshaven
Unrat [ˈʊnraːt] **(-(e)s)** M (*geh*) refuse; (*fig*) filth
unrationell [ˈʊnratsionɛl] ADJ inefficient
unrecht [ˈʊnrɛçt] ADJ wrong; **das ist mir gar nicht so ~** I don't really mind; **~ haben** to be wrong; **Unrecht** NT wrong; **zu ~** wrongly; **nicht zu ~** not without good reason; **im ~ sein** to be wrong
unrechtmäßig ADJ unlawful, illegal
unredlich [ˈʊnreːtlɪç] ADJ dishonest; **Unredlichkeit** F dishonesty
unreell [ˈʊnreɛl] ADJ unfair; (*unredlich*) dishonest; (*Preis*) unreasonable
unregelmäßig [ˈʊnreːgəlmɛːsɪç] ADJ irregular; **Unregelmäßigkeit** F irregularity
unreif [ˈʊnraɪf] ADJ (*Obst*) unripe; (*fig*) immature
Unreife F immaturity
unrein [ˈʊnraɪn] ADJ not clean; (*Ton, Gedanken, Taten*) impure; (*Atem, Haut*) bad
unrentabel [ˈʊnrɛntaːbəl] ADJ unprofitable
unrichtig [ˈʊnrɪçtɪç] ADJ incorrect, wrong
Unruh [ˈʊnruː] **(-, -en)** F (*von Uhr*) balance
Unruhe **(-, -n)** F unrest; **Unruheherd** M trouble spot; **Unruhestifter** M troublemaker
unruhig ADJ restless; (*nervös*) fidgety; (*belebt*) noisy; (*Schlaf*) fitful; (*Zeit etc, Meer*) troubled
unrühmlich [ˈʊnryːmlɪç] ADJ inglorious
uns [ʊns] PRON *akk, dat von* **wir** us; (*reflexiv*) ourselves
unsachgemäß [ˈʊnzaxgəmɛːs] ADJ improper
unsachlich [ˈʊnzaxlɪç] ADJ not to the point, irrelevant; (*persönlich*) personal
unsagbar [ʊnˈzaːkbaːr] ADJ indescribable
unsäglich [ʊnˈzɛːklɪç] ADJ indescribable
unsanft [ˈʊnzanft] ADJ rough
unsauber [ˈʊnzaʊbər] ADJ (*schmutzig*) dirty; (*fig*) crooked; (*: Klang*) impure
unschädlich [ˈʊnʃɛːtlɪç] ADJ harmless; **jdn/etw ~ machen** to render sb/sth harmless
unscharf [ˈʊnʃarf] ADJ indistinct; (*Bild etc*) out of focus, blurred
unschätzbar [ʊnˈʃɛtsbaːr] ADJ incalculable; (*Hilfe*) invaluable
unscheinbar [ˈʊnʃaɪnbaːr] ADJ insignificant; (*Aussehen, Haus etc*) unprepossessing
unschlagbar [ʊnˈʃlaːkbaːr] ADJ invincible
unschlüssig [ˈʊnʃlʏsɪç] ADJ undecided
unschön [ˈʊnʃøːn] ADJ unsightly; (*lit, fig: Szene*) ugly; (*Vorfall*) unpleasant
Unschuld [ˈʊnʃʊlt] F innocence
unschuldig [ˈʊnʃʊldɪç] ADJ innocent
Unschuldsmiene F innocent expression
unschwer [ˈʊnʃveːr] ADV easily, without difficulty
unselbstständig [ˈʊnzɛlpstʃtɛndɪç], **unselbständig** [ˈʊnzɛlpʃtɛndɪç] ADJ dependent, over-reliant on others
unselig [ˈʊnzeːlɪç] ADJ unfortunate; (*verhängnisvoll*) ill-fated
★**unser** [ˈʊnzər] POSS PRON our ▶ PRON *gen von* **wir** of us
unsere(r, s) POSS PRON ours; **wir tun das U~** (*geh*) we are doing our bit
unsereiner PRON the likes of us
unsereins PRON the likes of us
unsererseits [ˈʊnzərərˈzaɪts] ADV on our part
unseresgleichen PRON the likes of us
unserige(r, s) POSS PRON: **der/die/das U~** ours
unseriös [ˈʊnzeriøːs] ADJ (*unehrlich*) not straight, untrustworthy
unserseits [ˈʊnzərˈzaɪts] ADV = **unsererseits**
unsertwegen [ˈʊnzərtˈveːgən] ADV (*für uns*) for our sake; (*wegen uns*) on our account
unsertwillen [ˈʊnzərtˈvɪlən] ADV: **um ~** = **unsertwegen**
unsicher [ˈʊnzɪçər] ADJ uncertain; (*Mensch*) insecure; **die Gegend ~ machen** (*fig: umg*) to knock about the district; **Unsicherheit** F uncertainty; (*von Mensch*) insecurity
unsichtbar [ˈʊnzɪçtbaːr] ADJ invisible; **Unsichtbarkeit** F invisibility
Unsinn [ˈʊnzɪn] M nonsense
unsinnig ADJ nonsensical
Unsitte [ˈʊnzɪtə] F deplorable habit
unsittlich [ˈʊnzɪtlɪç] ADJ indecent; **Unsittlichkeit** F indecency
unsolide [ˈʊnzoliːdə] ADJ (*Mensch, Leben*) loose; (*Firma*) unreliable
unsozial [ˈʊnzotsiaːl] ADJ (*Verhalten*) antisocial; (*Politik*) unsocial
unsportlich [ˈʊnʃpɔrtlɪç] ADJ not sporty; (*Verhalten*) unsporting
unsre *etc* [ˈʊnzrə] POSS PRON = **unsere** *usw*; *siehe auch* **unser**
unsrige(r, s) [ˈʊnzrɪgə(r, s)] POSS PRON = **unserige**
unsterblich [ˈʊnʃtɛrplɪç] ADJ immortal; **Unsterblichkeit** F immortality
unstet [ˈʊnʃteːt] ADJ (*Mensch*) restless; (*wankelmütig*) changeable; (*Leben*) unsettled
Unstimmigkeit [ˈʊnʃtɪmɪçkaɪt] F inconsistency; (*Streit*) disagreement
Unsumme [ˈʊnzʊmə] F vast sum
★**unsympathisch** [ˈʊnzʏmpaːtɪʃ] ADJ unpleasant; **er ist mir ~** I don't like him
untadelig [ˈʊntaːdəlɪç], **untadlig** [ˈʊntaːdlɪç] ADJ impeccable; (*Mensch*) beyond reproach
Untat [ˈʊntaːt] F atrocity
untätig [ˈʊntɛːtɪç] ADJ idle
untauglich [ˈʊntaʊklɪç] ADJ unsuitable; (*Mil*) unfit; **Untauglichkeit** F unsuitability; (*Mil*) unfitness
unteilbar [ʊnˈtaɪlbaːr] ADJ indivisible

U

★**unten** [ˈʊntən] ADV below; (*im Haus*) downstairs; (*an der Treppe etc*) at the bottom; **~ genannt** undermentioned; **siehe ~** see below; **nach ~** down; **~ am Berg** *etc* at the bottom of the mountain *etc*; **er ist bei mir ~ durch** (*umg*) I'm through with him

untenan ADV (*am unteren Ende*) at the far end; (*lit, fig*) at the bottom

unter [ˈʊntər]

PRÄP +*dat* **1** (*räumlich, mit Zahlen*) under; (*drunter*) underneath, below; **Mädchen unter 18 Jahren** girls under *od* less than 18 (years of age)
2 (*zwischen*) among(st); **sie waren unter sich** they were by themselves; **einer unter ihnen** one of them; **unter anderem** among other things; **unter der Hand** secretly; (*verkaufen*) privately
▸ PRÄP +*akk* under, below

Unter- zW: **Unterabteilung** F subdivision; **Unterarm** M forearm; **unterbelegt** ADJ (*Kurs*) under-subscribed; (*Hotel etc*) not full

unterbelichten [ˈʊntərbəlɪçtən] VT UNTR (*Phot*) to underexpose

Unterbeschäftigung [ˈʊntərbəʃɛːftɪgʊŋ] F underemployment

unterbesetzt [ˈʊntərbəzɛtst] ADJ understaffed

Unterbesetzung F understaffing

Unterbewusstsein [ˈʊntərbəvʊstzaɪn] NT subconscious

unterbezahlt [ˈʊntərbətsaːlt] ADJ underpaid

unterbieten [ʊntərˈbiːtən] *unreg* VT UNTR (*Comm*) to undercut; (*fig*) to surpass

unterbinden [ʊntərˈbɪndən] *unreg* VT UNTR to stop, to call a halt to

unterbleiben [ʊntərˈblaɪbən] *unreg* VI UNTR (*aufhören*) to stop; (*versäumt werden*) to be omitted

Unterbodenschutz [ʊntərˈboːdənʃʊts] M (*Aut*) underseal

unterbrechen [ʊntərˈbrɛçən] *unreg* VT UNTR to interrupt

Unterbrechung F interruption

unterbreiten [ʊntərˈbraɪtən] VT UNTR (*Plan*) to present

unter|bringen [ˈʊntərbrɪŋən] *unreg* VT (*in Koffer*) to stow; (*in Zeitung*) to place; (*Person: in Hotel etc*) to accommodate, to put up; (*: beruflich*): **~ (bei)** to fix up (with)

unter|buttern [ˈʊntərbʊtərn] (*umg*) VT (*zuschießen*) to throw in; (*unterdrücken*) to ride roughshod over

unterdessen [ʊntərˈdɛsən] ADV meanwhile

Unterdruck [ˈʊntərdrʊk] M (*Tech*) below atmospheric pressure

unterdrücken [ʊntərˈdrʏkən] VT UNTR to suppress; (*Leute*) to oppress

untere(r, s) [ˈʊntərə(r, s)] ADJ lower

untereinander [ʊntər|aɪˈnandər] ADV (*gegenseitig*) each other; (*miteinander*) among themselves *etc*

unterentwickelt [ˈʊntər|ɛntvɪkəlt] ADJ underdeveloped

unterernährt [ˈʊntər|ɛrnɛːrt] ADJ undernourished

Unterernährung F malnutrition

Unterfangen [ʊntərˈfaŋən] NT undertaking

Unterführung [ʊntər|fyːrʊŋ] F subway, underpass

Untergang [ˈʊntərgaŋ] M (down)fall, decline; (*Naut*) sinking; (*von Gestirn*) setting; **dem ~ geweiht sein** to be doomed

untergeben [ʊntərˈgeːbən] ADJ subordinate

Untergebene(r) F(M) subordinate

unter|gehen [ˈʊntərgeːən] *unreg* VI to go down; (*Sonne*) to set, to go down; (*Staat*) to fall; (*Volk*) to perish; (*Welt*) to come to an end; (*im Lärm*) to be drowned

untergeordnet [ˈʊntərgə|ɔrdnət] ADJ (*Dienststelle*) subordinate; (*Bedeutung*) secondary

★**Untergeschoss** [ˈʊntərgəʃɔs] NT basement

Untergewicht [ˈʊntərgevɪçt] NT: **(10 Kilo) ~ haben** to be (10 kilos) underweight

untergliedern [ʊntərˈgliːdərn] VT UNTR to subdivide

untergraben [ʊntərˈgraːbən] *unreg* VT UNTR to undermine

Untergrund [ˈʊntərgrʊnt] M foundation; (*Pol*) underground; **Untergrundbahn** F underground (BRIT), subway (*US*); **Untergrundbewegung** F underground (movement)

unter|haken [ˈʊntərhaːkən] VR: **sich bei jdm ~** to link arms with sb

unterhalb [ˈʊntərhalp] PRÄP +*gen* below ▸ ADV below; **~ von** below

Unterhalt [ˈʊntərhalt] M maintenance; **seinen ~ verdienen** to earn one's living

★**unterhalten** [ʊntərˈhaltən] *unreg* VT UNTR to maintain; (*belustigen*) to entertain; (*versorgen*) to support; (*Geschäft, Kfz*) to run; (*Konto*) to have ▸ VR UNTR to talk; (*sich belustigen*) to enjoy o.s.

unterhaltend, unterhaltsam [ʊntərˈhaltzaːm] ADJ entertaining

Unterhaltskosten PL maintenance costs *pl*

Unterhaltszahlung F maintenance payment

★**Unterhaltung** F maintenance; (*Belustigung*) entertainment, amusement; (*Gespräch*) talk

Unterhaltungskosten PL running costs *pl*

Unterhaltungsmusik F light music

Unterhändler(in) [ˈʊntərhɛntlər(ɪn)] M(F) negotiator

Unterhaus [ˈʊntərhaus] NT House of Commons (BRIT), House of Representatives (*US*), Lower House

Unterhemd [ˈʊntərhɛmt] NT vest (BRIT), undershirt (*US*)

unterhöhlen [ʊntərˈhø:lən] VT UNTR (*lit, fig*) to undermine

Unterholz [ˈʊntərhɔlts] NT undergrowth

Unterhose [ˈʊntərho:zə] F underpants *pl*

unterirdisch [ˈʊntər|ɪrdɪʃ] ADJ underground

unter|jubeln [ˈʊntərjubəln] (*umg*) VT: **jdm etw ~** to palm sth off on sb

unterkapitalisiert [ˈʊntərkapitaliˈzi:rt] ADJ undercapitalized

unterkellern [ʊntərˈkɛlərn] VT UNTR to build with a cellar

Unterkiefer [ˈʊntərki:fər] M lower jaw

unter|kommen [ˈʊntərkɔmən] *unreg* VI to find shelter; (*Stelle finden*) to find work; **das ist mir noch nie untergekommen** I've never met with that; **bei jdm ~** to stay at sb's (place)

unter|kriegen [ˈʊntərkri:gən] (*umg*) VT: **sich nicht ~ lassen** not to let things get one down

unterkühlt [ʊntərˈky:lt] ADJ (*Körper*) affected by hypothermia; (*fig*: *Mensch, Atmosphäre*) cool

Unterkunft [ˈʊntərkʊnft] (**-, -künfte**) F accommodation (BRIT), accommodations *pl* (*US*); **~ und Verpflegung** board and lodging

Unterlage [ˈʊntərla:gə] F foundation; (*Beleg*) document; (*Schreibunterlage etc*) pad

unterlassen [ʊntərˈlasən] *unreg* VT UNTR (*versäumen*) to fail to do; (*sich enthalten*) to refrain from

unterlaufen [ʊntərˈlaʊfən] *unreg* VI UNTR to happen ▶ ADJ: **mit Blut ~** suffused with blood; (*Augen*) bloodshot; **mir ist ein Fehler ~** I made a mistake

unter|legen[1] [ˈʊntərle:gən] VT to lay *od* put under

unterlegen[2] [ʊntərˈle:gən] ADJ inferior; (*besiegt*) defeated

Unterleib [ˈʊntərlaɪp] M abdomen

unterliegen [ʊntərˈli:gən] *unreg* VI UNTR *+dat* to be defeated *od* overcome (by); (*unterworfen sein*) to be subject (to)

Unterlippe [ˈʊntərlɪpə] F bottom *od* lower lip

unterm = **unter dem**

untermalen [ʊntərˈma:lən] VT UNTR (*mit Musik*) to provide with background music

Untermalung F: **musikalische ~** background music

untermauern [ʊntərˈmaʊərn] VT UNTR (*Gebäude, fig*) to underpin

Untermiete [ˈʊntərmi:tə] F subtenancy; **bei jdm zur ~ wohnen** to rent a room from sb

Untermieter(in) M(F) lodger

untern = **unter den**

unternehmen [ʊntərˈne:mən] *unreg* VT UNTR to do; (*durchführen*) to undertake; (*Versuch, Reise*) to make; **Unternehmen (-s, -)** NT undertaking, enterprise (*auch Comm*); (*Firma*) business

unternehmend ADJ enterprising, daring

Unternehmensberater(in) M(F) management consultant

Unternehmensplanung F corporate planning, management planning

Unternehmer(in) [ʊntərˈne:mər(ɪn)] (**-s, -**) M(F) (business) employer; (*alten Stils*) entrepreneur

> Auch wenn das Verb **to undertake** u. a. auch *unternehmen* bedeutet, ist ein **undertaker** aber ein Leichenbestatter. *Unternehmer* wird mit **businessman** oder **entrepreneur** übersetzt.

Unternehmerverband M employers' association

Unternehmungsgeist M spirit of enterprise

unternehmungslustig ADJ enterprising

Unteroffizier [ˈʊntər|ɔfɪtsi:r] M noncommissioned officer, NCO

unter|ordnen [ˈʊntər|ɔrdnən] VT: **~ (+*dat*)** to subordinate (to)

Unterordnung F subordination

Unterprima [ˈʊntərpri:ma] F (*früher*) *eighth year of German secondary school*

Unterprogramm [ˈʊntərprogram] NT (*Comput*) subroutine

Unterredung [ʊntərˈre:dʊŋ] F discussion, talk

★**Unterricht** [ˈʊntərrɪçt] (**-(e)s**) M teaching; (*Stunden*) lessons *pl*; **jdm ~ (in etw *dat*) geben** to teach sb (sth)

★**unterrichten** [ʊntərˈrɪçtən] VT UNTR to instruct; (*Sch*) to teach ▶ VR UNTR: **sich ~ (über +*akk*)** to inform o.s. (about), to obtain information (about)

Unterrichts- ZW: **Unterrichtsgegenstand** M topic, subject; **Unterrichtsmethode** F teaching method; **Unterrichtsstoff** M teaching material; **Unterrichtsstunde** F lesson; **Unterrichtszwecke** PL: **zu Unterrichtszwecken** for teaching purposes

Unterrock [ˈʊntərrɔk] M petticoat, slip

unters = **unter das**

untersagen [ʊntərˈza:gən] VT UNTR to forbid; **jdm etw ~** to forbid sb to do sth

Untersatz [ˈʊntərzats] M mat; (*für Blumentöpfe etc*) base

unterschätzen [ʊntərˈʃɛtsən] VT UNTR to underestimate

unterscheiden [ʊntərˈʃaɪdən] *unreg* VT UNTR to distinguish ▶ VR UNTR to differ

Unterscheidung F (*Unterschied*) distinction; (*Unterscheiden*) differentiation

Unterschenkel [ˈʊntərʃɛŋkəl] M lower leg

Unterschicht [ˈʊntərʃɪçt] F lower class

unter|schieben [ˈʊntərʃi:bən] *unreg* VT (*fig*): **jdm etw ~** to foist sth on sb

★**Unterschied** [ˈʊntərʃi:t] (**-(e)s, -e**) M difference, distinction; **im ~ zu** as distinct from; **unterschiedlich** ADJ varying, differing; (*diskriminierend*) discriminatory

unterschiedslos ADV indiscriminately

unterschlagen [ʊntərˈʃlagən] *unreg* VT UNTR to embezzle; (*verheimlichen*) to suppress

Unterschlagung F embezzlement; (*von Briefen, Beweis*) withholding

U

Unterschlupf [ˈʊntərʃlʊpf] (**-(e)s, -schlüpfe**) M refuge

unter|schlüpfen [ˈʊntərʃlʏpfən] *(umg)* VI to take cover *od* shelter; *(Versteck finden)*: **(bei jdm) ~** to hide out (at sb's) *(umg)*

★**unterschreiben** [ʊntərˈʃraɪbən] *unreg* VT UNTR to sign

★**Unterschrift** [ˈʊntərʃrɪft] F signature; *(Bildunterschrift)* caption

unterschwellig [ˈʊntərʃvɛlɪç] ADJ subliminal

Unterseeboot [ˈʊntərze:bo:t] NT submarine

Unterseite [ˈʊntərzaɪtə] F underside

Untersekunda [ˈʊntərzekʊnda] F *(früher) sixth year of German secondary school*

Untersetzer [ˈʊntərzɛtsər] M tablemat; *(für Gläser)* coaster

untersetzt [ʊntərˈzɛtst] ADJ stocky

unterste(r, s) [ˈʊntərstə(r, s)] ADJ lowest, bottom

unterstehen¹ [ʊntərˈʃte:ən] *unreg* VI UNTR *+dat* to be under ▶ VR UNTR to dare

unter|stehen² [ˈʊntərʃte:ən] *unreg* VI to shelter

unterstellen¹ [ʊntərˈʃtɛlən] VT UNTR to subordinate; *(fig)* to impute; **jdm/etw unterstellt sein** to be under sb/sth; *(in Firma)* to report to sb/sth

unter|stellen² [ˈʊntərʃtɛlən] VT *(Auto)* to garage, to park ▶ VR to take shelter

Unterstellung F *(falsche Behauptung)* misrepresentation; *(Andeutung)* insinuation

unterstreichen [ʊntərˈʃtraɪçən] *unreg* VT UNTR *(lit, fig)* to underline

Unterstrich M underscore

Unterstufe [ˈʊntərʃtu:fə] F lower grade

★**unterstützen** [ʊntərˈʃtʏtsən] VT UNTR to support

Unterstützung F support, assistance

★**untersuchen** [ʊntərˈzu:xən] VT UNTR *(Med)* to examine; *(Polizei)* to investigate; **sich ärztlich ~ lassen** to have a medical (BRIT) *od* physical (US) (examination), have a check-up

Untersuchung F examination; *(polizeilich)* investigation, inquiry

Untersuchungs- zW: **Untersuchungsausschuss** M committee of inquiry; **Untersuchungsergebnis** NT *(Jur)* findings *pl*; *(Med)* result of an examination; **Untersuchungshaft** F custody; **in ~ sein** to be remanded in custody; **Untersuchungsrichter** M examining magistrate

Untertagebau [ʊntərˈta:gəbau] M underground mining

Untertan [ˈʊntərta:n] (**-s, -en**) M subject

untertänig [ˈʊntərtɛ:nɪç] ADJ submissive, humble

Untertasse [ˈʊntərtasə] F saucer

unter|tauchen [ˈʊntərtaʊxən] VI to dive; *(fig)* to disappear, to go underground

Unterteil [ˈʊntərtaɪl] NT OD M lower part, bottom

unterteilen [ʊntərˈtaɪlən] VT UNTR to divide up

Untertertia [ˈʊntərtɛrtsia] F *(früher) fourth year of German secondary school*

★**Untertitel** [ˈʊntərti:təl] M subtitle; *(für Bild)* caption

unterwandern [ʊntərˈvandərn] VT UNTR to infiltrate

★**Unterwäsche** [ˈʊntərvɛʃə] F underwear

★**unterwegs** [ʊntərˈve:ks] ADV on the way; *(auf Reisen)* away

unterweisen [ʊntərˈvaɪzən] *unreg* VT UNTR to instruct

Unterwelt [ˈʊntərvɛlt] F *(lit, fig)* underworld

unterwerfen [ʊntərˈvɛrfən] *unreg* VT UNTR to subject; *(Volk)* to subjugate ▶ VR UNTR to submit

unterwürfig [ʊntərˈvʏrfɪç] ADJ obsequious

unterzeichnen [ʊntərˈtsaɪçnən] VT UNTR to sign

Unterzeichner(in) M(F) signatory

unterziehen [ʊntərˈtsi:ən] *unreg* VT UNTR *+dat* to subject ▶ VR UNTR *+dat* to undergo; *(einer Prüfung)* to take

Untiefe [ˈʊnti:fə] F shallow

Untier [ˈʊnti:r] NT monster

untragbar [ʊnˈtra:kba:r] ADJ intolerable, unbearable

untreu [ˈʊntrɔʏ] ADJ unfaithful; **sich** *dat* **selbst ~ werden** to be untrue to o.s.

Untreue F unfaithfulness

untröstlich [ʊnˈtrø:stlɪç] ADJ inconsolable

Untugend [ˈʊntu:gənt] F vice; *(Angewohnheit)* bad habit

un- zW: **unüberbrückbar** ADJ *(fig: Gegensätze etc)* irreconcilable; *(Kluft)* unbridgeable; **unüberlegt** ADJ ill-considered ▶ ADV without thinking; **unübersehbar** ADJ *(Schaden etc)* incalculable; *(Menge)* vast, immense; *(auffällig: Fehler etc)* obvious; **unübersichtlich** ADJ *(Gelände)* broken; *(Kurve)* blind; *(System, Plan)* confused; **unübertroffen** ADJ unsurpassed

un- zW: **unumgänglich** ADJ indispensable, vital; **unumstößlich** ADJ *(Tatsache)* incontrovertible; *(Entschluss)* irrevocable; **unumstritten** ADJ undisputed; **unumwunden** [-ʊmˈvʊndən] ADJ candid ▶ ADV straight out

ununterbrochen [ˈʊn|ʊntərbrɔxən] ADJ uninterrupted

un- zW: **unveränderlich** ADJ unchangeable; **unverantwortlich** ADJ irresponsible; *(unentschuldbar)* inexcusable; **unverarbeitet** ADJ *(lit, fig)* raw; **unveräußerlich** [-fɛrˈɔʏsərlɪç] ADJ inalienable; *(Besitz)* unmarketable; **unverbesserlich** ADJ incorrigible; **unverbindlich** ADJ not binding; *(Antwort)* noncommittal ▶ ADV *(Comm)* without obligation; **unverbleit** [-fɛrblaɪt] ADJ *(Benzin)* unleaded; **unverblümt** [-fɛrˈbly:mt] ADJ plain, blunt ▶ ADV plainly, bluntly; **unverdaulich** ADJ indigestible; **unverdorben** ADJ unspoilt; **unverdrossen** ADJ undeterred; *(unermüdlich)* untiring; **unvereinbar** ADJ incompatible; **unverfälscht** [-fɛrfɛlʃt] ADJ *(auch fig)* unadulterated; *(Dialekt)* pure; *(Natürlichkeit)* unaffected; **unverfänglich** ADJ harmless

unverfroren ADJ impudent; **unvergänglich** ADJ immortal; (*Eindruck, Erinnerung*) everlasting; **unvergesslich** ADJ unforgettable; **unvergleichlich** ADJ unique, incomparable; **unverhältnismäßig** ADV disproportionately; (*übermäßig*) excessively; **unverheiratet** ADJ unmarried; **unverhofft** ADJ unexpected; **unverhohlen** [-fɛrhoːlən] ADJ open, unconcealed; **unverkäuflich** ADJ: **„~"** "not for sale"; **unverkennbar** ADJ unmistakable; **unverkrampft** ADJ relaxed; **unverletzlich** ADJ (*fig: Rechte*) inviolable; (*lit*) invulnerable; **unverletzt** ADJ uninjured; **unvermeidlich** ADJ unavoidable; **unvermittelt** ADJ (*plötzlich*) sudden, unexpected; **Unvermögen** NT inability; **unvermutet** ADJ unexpected; **unvernünftig** ADJ foolish; **unverrichtet** ADJ: **unverrichteter Dinge** empty-handed; ⋆ **unverschämt** ADJ impudent; ⋆ **Unverschämtheit** F impudence, insolence; **unverschuldet** ADJ occurring through no fault of one's own; **unversehens** ADV all of a sudden; **unversehrt** ADJ uninjured; **unversöhnlich** ADJ irreconcilable; **Unverstand** M lack of judgement; (*Torheit*) folly; **unverständlich** ADJ unintelligible; **unversucht** ADJ: **nichts ~ lassen** to try everything; **unverträglich** ADJ quarrelsome; (*Meinungen, Med*) incompatible; (*Essen*) indigestible; **unverwechselbar** ADJ unmistakable, distinctive; **unverwüstlich** ADJ indestructible; (*Mensch*) irrepressible; **unverzeihlich** ADJ unpardonable; **unverzinslich** ADJ interest-free; **unverzüglich** [-fɛrˈtsyːklɪç] ADJ immediate; **unvollendet** ADJ unfinished; **unvollkommen** ADJ imperfect; **unvollständig** ADJ incomplete; **unvorbereitet** ADJ unprepared; **unvoreingenommen** ADJ unbiased; **unvorhergesehen** ADJ unforeseen; **unvorsichtig** ADJ careless, imprudent; ⋆ **unvorstellbar** ADJ inconceivable; **unvorteilhaft** ADJ disadvantageous

nwahr [ˈʊnvaːr] ADJ untrue; **unwahrhaftig** ADJ untruthful; **Unwahrheit** F untruth; **die ~ sagen** not to tell the truth; **unwahrscheinlich** ADJ improbable, unlikely ▸ ADV (*umg*) incredibly; **Unwahrscheinlichkeit** F improbability, unlikelihood

nwegsam [ˈʊnveːkzaːm] ADJ (*Gelände etc*) rough

nweigerlich [ʊnˈvaɪgərlɪç] ADJ unquestioning ▸ ADV without fail

nweit [ˈʊnvaɪt] PRÄP +*gen* not far from ▸ ADV not far

nwesen [ˈʊnveːzən] NT nuisance; (*Unfug*) mischief; **sein ~ treiben** to wreak havoc; (*Mörder etc*) to be at large

nwesentlich ADJ inessential, unimportant; **~ besser** marginally better

nwetter [ˈʊnvɛtər] NT thunderstorm

nwichtig [ˈʊnvɪçtɪç] ADJ unimportant

n- zW: **unwiderlegbar** ADJ irrefutable; **unwiderruflich** ADJ irrevocable; **unwiderstehlich** ADJ irresistible

nwiederbringlich [ʊnviːdərˈbrɪŋlɪç] ADJ (*geh*) irretrievable

nwille [ˈʊnvɪlə], **Unwillen** [ˈʊnvɪlən] M indignation

unwillig ADJ indignant; (*widerwillig*) reluctant

unwillkürlich [ˈʊnvɪlkyːrlɪç] ADJ involuntary ▸ ADV instinctively; (*lachen*) involuntarily

unwirklich [ˈʊnvɪrklɪç] ADJ unreal

unwirksam [ˈʊnvɪrkzaːm] ADJ ineffective

unwirsch [ˈʊnvɪrʃ] ADJ cross, surly

unwirtlich [ˈʊnvɪrtlɪç] ADJ inhospitable

unwirtschaftlich [ˈʊnvɪrtʃaftlɪç] ADJ uneconomical

unwissend [ˈʊnvɪsənt] ADJ ignorant

Unwissenheit F ignorance

unwissenschaftlich ADJ unscientific

unwissentlich ADV unwittingly, unknowingly

unwohl [ˈʊnvoːl] ADJ unwell, ill; **Unwohlsein** (**-s**) NT indisposition

unwürdig [ˈʊnvʏrdɪç] ADJ unworthy

Unzahl [ˈʊntsaːl] F: **eine ~ von ...** a whole host of ...

unzählig [ʊnˈtsɛːlɪç] ADJ innumerable, countless

unzeitgemäß [ˈʊntsaɪtgəmɛːs] ADJ (*altmodisch*) old-fashioned

un- zW: **unzerbrechlich** ADJ unbreakable; **unzerreißbar** ADJ untearable; **unzerstörbar** ADJ indestructible; **unzertrennlich** ADJ inseparable

Unzucht [ˈʊntsʊxt] F sexual offence

unzüchtig [ˈʊntsʏçtɪç] ADJ immoral

un- zW: ⋆ **unzufrieden** ADJ dissatisfied; **Unzufriedenheit** F discontent; **unzugänglich** ADJ (*Gegend*) inaccessible; (*Mensch*) inapproachable; **unzulänglich** ADJ inadequate; **unzulässig** ADJ inadmissible; **unzumutbar** ADJ unreasonable; **unzurechnungsfähig** ADJ irresponsible; **jdn für ~ erklären lassen** (*Jur*) to have sb certified (insane); **unzusammenhängend** ADJ disconnected; (*Äußerung*) incoherent; **unzustellbar** ADJ: **falls ~, bitte an Absender zurück** if undelivered, please return to sender; **unzutreffend** ADJ incorrect; **„Unzutreffendes bitte streichen"** "delete as applicable"; **unzuverlässig** ADJ unreliable

unzweckmäßig [ˈʊntsvɛkmɛːsɪç] ADJ (*nicht ratsam*) inadvisable; (*unpraktisch*) impractical; (*ungeeignet*) unsuitable

unzweideutig [ˈʊntsvaɪdɔʏtɪç] ADJ unambiguous

unzweifelhaft [ˈʊntsvaɪfəlhaft] ADJ indubitable

updaten [ˈapdeːtn] VT (*Comput*) to update

üppig [ˈʏpɪç] ADJ (*Frau*) curvaceous; (*Essen*) sumptuous, lavish; (*Vegetation*) luxuriant, lush; (*Haar*) thick

Ur- [ˈuːr] IN zW original

Urabstimmung [ˈuːr|apʃtɪmʊŋ] F ballot

Ural [uˈraːl] (**-s**) M: **der ~** the Ural mountains *pl*, the Urals *pl*; **Uralgebirge** NT Ural mountains

uralt [ˈuːr|alt] ADJ ancient, very old

Uran [uˈraːn] (**-s**) NT uranium

Uraufführung F premiere

U

urbar ADJ: **die Wüste/Land ~ machen** to reclaim the desert/cultivate land

Urdu [ˈʊrdu] (-) NT Urdu

Ur- ZW: **Ureinwohner(in)** M(F) original inhabitant; **Ureltern** PL ancestors *pl*; **Urenkel(in)** M(F) great-grandchild; **Urfassung** F original version; **Urgroßmutter** F great-grandmother; **Urgroßvater** M great-grandfather

Urheber(in) (-s, -) M(F) originator; (*Autor*) author; **Urheberrecht** NT: **~ (an** *+dat***)** copyright (on); **urheberrechtlich** ADV: **~ geschützt** copyright

urig [ˈu:rɪç] (*umg*) ADJ (*Mensch, Atmosphäre*) earthy

Urin [uˈri:n] **(-s, -e)** M urine

urkomisch ADJ incredibly funny

Urkunde F document; (*Kaufurkunde*) deed

urkundlich [ˈu:rkʊntlɪç] ADJ documentary

URL F ABK (= *uniform resource locator*) URL

urladen [ˈu:rla:dən] VT UNTR (*Comput*) to boot

Urlader M (*Comput*) bootstrap

★**Urlaub** [ˈu:rlaʊp] **(-(e)s, -e)** M holiday(s *pl*) (BRIT), vacation (US); (*Mil etc*) leave; **in ~ fahren** to go on holiday (BRIT) *od* vacation (US); **Urlauber(in)** **(-s, -)** M(F) holiday-maker (BRIT), vacationer (US)

Urlaubs- ZW: **Urlaubsgeld** NT holiday (BRIT) *od* vacation (US) money; **Urlaubsort** M holiday (BRIT) *od* vacation (US) resort; **urlaubsreif** ADJ in need of a holiday (BRIT) *od* vacation (US)

Urmensch M primitive man

Urne [ˈʊrnə] **(-, -n)** F urn; **zur ~ gehen** to go to the polls

urplötzlich [ˈu:rˈplœtslɪç] (*umg*) ADV all of a sudden

★**Ursache** [ˈu:rzaxə] F cause; **keine ~!** (*auf Dank*) don't mention it, you're welcome; (*auf Entschuldigung*) that's all right

ursächlich [ˈu:rzɛçlɪç] ADJ causal

Urschrei [ˈu:rʃraɪ] M (*Psych*) primal scream

Ursprung [ˈu:rʃprʊŋ] M origin, source; (*von Fluss*) source

ursprünglich [ˈu:rʃprʏŋlɪç] ADJ original ▶ ADV originally

Ursprungsland NT (*Comm*) country of origin

Ursprungszeugnis NT certificate of origin

Urteil [ˈʊrtaɪl] **(-s, -e)** NT opinion; (*Jur*) sentence, judgement; **sich** *dat* **ein ~ über etw** *akk* **erlauben** to pass judgement on sth; **ein ~ über etw** *akk* **fällen** to pass judgement on sth; **urteilen** VI to judge

Urteilsbegründung F (*Jur*) opinion

Urteilsspruch M sentence; (*von Geschworenen*) verdict

Uruguay [uruˈgua:i] **(-s)** NT Uruguay

Uruguayer(in) **(-s, -)** M(F) Uruguayan

uruguayisch ADJ Uruguayan

Ur- ZW: **Urwald** M jungle; **urwüchsig** ADJ natural; (*Landschaft*) unspoilt; (*Humor*) earthy; **Urzeit** F prehistoric times *pl*

★**USA** [u:ˈɛsˈ|a:] PL ABK: **die ~** the USA *sing*

USB ABK (= *universal serial bus*) USB

USB-Anschluss [u:|ɛsˈbe:anʃlʊs] M USB port

Usbekistan [ʊsˈbe:kista:n] **(-s)** NT Uzbekistan

USB-Stick [u:|ɛsˈbe:stɪk] M (*Comput*) flash drive

USBV F ABK (= *unkonventionelle Spreng- und Brandvorrichtung*) IED

usw. ABK (= *und so weiter*) etc.

Utensilien [utɛnˈzi:liən] PL utensils *pl*

Utopie [utoˈpi:] F pipe dream

utopisch [uˈto:pɪʃ] ADJ utopian

u. U. ABK (= *unter Umständen*) possibly

UV ABK (= *ultraviolett*) U.V.

u. v. a. ABK (= *und viele(s) andere*) and much/many more

u. v. a. m. ABK (= *und viele(s) andere mehr*) and much/many more

u. W. ABK (= *unseres Wissens*) to our knowledge

Ü-Wagen M (*Rundf, TV*) outside broadcast vehicle

uzen [ˈu:tsən] (*umg*) VT, VI to tease, to kid

u. zw. ABK = **und zwar**

/¹, v [faʊ] NT V, v; **V wie Viktor** ≈ V for Victor
/² [faʊ] ABK (= *Volt*) v
/AE PL ABK (= *Vereinigte Arabische Emirate*) UAE
'ag, vage ADJ vague
/agina [va'gi:na] (**-, Vaginen**) F vagina
/akuum ['va:kuʊm] (**-s, Vakua** *od* **Vakuen**) NT vacuum; **vakuumverpackt** ADJ vacuum-packed
/andalismus [vanda'lɪsmʊs] M vandalism
'anille [va'nɪljə] (-) F vanilla; **Vanillezucker** M vanilla sugar
/anillinzucker M vanilla sugar
ariabel [vari'a:bəl] ADJ: **variable Kosten** variable costs
'ariable [vari'a:blə] (**-, -n**) F variable
'ariante [vari'antə] (**-, -n**) F: **~ (zu)** variant (on)
'ariation [variatsi'o:n] F variation
ariieren [vari'i:rən] VT, VI to vary
'ase ['va:zə] (**-, -n**) F vase
'ater ['fa:tər] (**-s, Väter**) M father; **~ Staat** (*umg*) the State; **Vaterland** NT native country; (*bes Deutschland*) Fatherland; **Vaterlandsliebe** F patriotism
äterlich ['fɛ:tərlɪç] ADJ fatherly
äterlicherseits ADV on the father's side
'aterschaft F paternity
'aterschaftsklage F paternity suit
'aterstelle F: **~ bei jdm vertreten** to take the place of sb's father
atertag M Father's Day
'aterunser (**-s, -**) NT Lord's Prayer
'ati ['fa:ti] (**-s, -s**) (*umg*) M dad(dy)
'atikan [vati'ka:n] (**-s**) M Vatican
-Ausschnitt ['faʊ|ausʃnɪt] M V-neck
'B ABK (= *Verhandlungsbasis*) o.i.r.o.
. Chr. ABK (= *vor Christus*) B.C.
egan [ve'ga:n] ADJ vegan
eganer(in) [ve'ga:nər(ɪn)] (**-s, -**) M(F) vegan
'egetarier(in) [vege'ta:riər(ɪn)] (**-s, -**) M(F) vegetarian
egetarisch ADJ vegetarian
'egetation [vegetatsi'o:n] F vegetation
egetativ [vegeta'ti:f] ADJ (*Biol*) vegetative; (*Med*) autonomic
egetieren [vege'ti:rən] VI to vegetate; (*kärglich leben*) to eke out a bare existence

Vehikel [ve'hi:kəl] (**-s, -**) (*pej, umg*) NT boneshaker
Veilchen ['faɪlçən] NT violet; (*umg: blaues Auge*) shiner, black eye
Velours (**-, -**) NT suede; **Veloursleder** NT suede
Vene ['ve:nə] (**-, -n**) F vein
Venedig [ve'ne:dɪç] (**-s**) NT Venice
Venezianer(in) [venetsi'a:nər(ɪn)] (**-s, -**) M(F) Venetian
venezianisch [venetsi'a:nɪʃ] ADJ Venetian
Venezolaner(in) [venetso'la:nər(ɪn)] (**-s, -**) M(F) Venezuelan
venezolanisch ADJ Venezuelan
Venezuela [venetsu'e:la] (**-s**) NT Venezuela
Ventil [vɛn'ti:l] (**-s, -e**) NT valve
Ventilator [vɛnti'la:tɔr] M ventilator
verabreden [fɛr'|apre:dən] VT to arrange; (*Termin*) to agree upon ▶ VR to arrange to meet; **sich (mit jdm) ~** to arrange to meet (sb); **schon verabredet sein** to have a prior engagement (*form*), to have something else on
★**Verabredung** F arrangement; (*Treffen*) appointment; **ich habe eine ~** I'm meeting somebody
verabreichen [fɛr'|apraɪçən] VT (*Tracht Prügel etc*) to give; (*Arznei*) to administer (*form*)
verabscheuen [fɛr'|apʃɔyən] VT to detest, to abhor
★**verabschieden** [fɛr'|apʃi:dən] VT (*Gäste*) to say goodbye to; (*entlassen*) to discharge; (*Gesetz*) to pass ▶ VR: **sich ~ (von)** to take one's leave (of)
Verabschiedung F (*von Beamten etc*) discharge; (*von Gesetz*) passing
verachten [fɛr'|axtən] VT to despise; **nicht zu ~** (*umg*) not to be scoffed at
verächtlich [fɛr'|ɛçtlɪç] ADJ contemptuous; (*verachtenswert*) contemptible; **jdn ~ machen** to run sb down
Verachtung F contempt; **jdn mit ~ strafen** to treat sb with contempt
veralbern [fɛr'|albərn] (*umg*) VT to make fun of
verallgemeinern [fɛr|algə'maɪnərn] VT to generalize
Verallgemeinerung F generalization
veralten [fɛr'|altən] VI to become obsolete *od* out-of-date
Veranda [ve'randa] (**-, Veranden**) F veranda

★**veränderlich** [fɛrˈ|ɛndərlɪç] ADJ variable; (*Wetter*) changeable; **Veränderlichkeit** F variability; (*von Wetter*) changeability

★**verändern** VT, VR to change

Veränderung F change; **eine berufliche ~** a change of job

verängstigen [fɛrˈ|ɛŋstɪgən] VT (*erschrecken*) to frighten; (*einschüchtern*) to intimidate

verankern [fɛrˈ|aŋkərn] VT (*Naut, Tech*) to anchor; (*fig*): **~ (in +*dat*)** to embed (in)

veranlagen [fɛrˈ|anla:gən] VT: **etw ~ (mit)** to assess sth (at)

veranlagt ADJ: **praktisch ~ sein** to be practically-minded; **zu** *od* **für etw ~ sein** to be cut out for sth

Veranlagung F disposition, aptitude

veranlassen [fɛrˈ|anlasən] VT to cause; **Maßnahmen ~** to take measures; **sich veranlasst sehen** to feel prompted; **etw ~** to arrange for sth; (*befehlen*) to order sth

Veranlassung F cause; (*Motiv*) motive; **auf jds ~ *akk* (hin)** at sb's instigation

veranschaulichen [fɛrˈ|anʃaulɪçən] VT to illustrate

veranschlagen [fɛrˈ|anʃla:gən] VT to estimate

veranstalten [fɛrˈ|anʃtaltən] VT to organize, to arrange

Veranstalter(in) (-s, -) M(F) organizer; (*Comm: von Konzerten etc*) promoter

★**Veranstaltung** F (*Veranstalten*) organizing; (*Veranstaltetes*) event; (*feierlich, öffentlich*) function

verantworten [fɛrˈ|antvɔrtən] VT to accept responsibility for; (*Folgen etc*) to answer for ▶ VR to justify o.s.; **etw vor jdm ~** to answer to sb for sth

verantwortlich ADJ responsible

★**Verantwortung** F responsibility; **jdn zur ~ ziehen** to call sb to account

verantwortungs- ZW: **verantwortungsbewusst** ADJ responsible; **Verantwortungsgefühl** NT sense of responsibility; **verantwortungslos** ADJ irresponsible; **verantwortungsvoll** ADJ responsible

verarbeiten [fɛrˈ|arbaitən] VT to process; (*geistig*) to assimilate; (*Erlebnis etc*) to digest; **etw zu etw ~** to make sth into sth; **verarbeitende Industrie** processing industries *pl*

verarbeitet ADJ: **gut ~** (*Kleid etc*) well finished

Verarbeitung F processing; (*geistig*) assimilation

verärgern [fɛrˈ|ɛrgərn] VT to annoy

verarmen [fɛrˈ|armən] VI (*lit, fig*) to become impoverished

verarschen [fɛrˈ|arʃən] (*umg!*) VT: **jdn ~** to take the mickey out of sb

verarzten [fɛrˈ|a:rtstən] VT to fix up (*umg*)

verausgaben [fɛrˈ|ausga:bən] VR to run out of money; (*fig*) to exhaust o.s.

veräußern [fɛrˈ|ɔysərn] VT (*form: verkaufen*) to dispose of

Verb [vɛrp] (**-s, -en**) NT verb

> Verben, die in Deutsch reflexiv sind, sind im Englischen oft transitiv oder intransitiv:
>
> *Sollen wir uns morgen treffen?* **Shall we meet tomorrow?**
>
> *Sie konzentriert sich*. **She's concentrating**.

Verb. ABK (= *Verband*) assoc.

★**verband** *etc* VB *siehe* **verbinden**

★**Verband** [fɛrˈbant] (**-(e)s, Verbände**) M (*Med*) bandage, dressing; (*Bund*) association, society; (*Mil*) unit; **Verbandkasten, Verbandskasten** M medicine chest, first-aid box; **Verbandpäckchen, Verbandspäckchen** NT gauze bandage; **Verbandstoff** M bandage, dressing material; **Verbandzeug** NT bandage, dressing material

verbannen [fɛrˈbanən] VT to banish

Verbannung F exile

verbarrikadieren [fɛrbarikaˈdi:rən] VT to barricade ▶ VR to barricade o.s. in

verbauen [fɛrˈbauən] VT: **sich *dat* alle Chancen ~** to spoil one's chances

verbergen [fɛrˈbɛrgən] *unreg* VT, VR: **(sich) ~ (vor +*dat*)** to hide (from)

★**verbessern** [fɛrˈbɛsərn] VT to improve; (*berichtigen*) to correct ▶ VR to improve; (*sich korrigieren*) to correct o.s.

verbessert ADJ improved; **eine neue, verbesserte Auflage** a new revised edition

★**Verbesserung** F improvement; (*Korrektur*) correction

verbeugen [fɛrˈbɔygən] VR to bow

Verbeugung F bow

verbiegen [fɛrˈbi:gən] *unreg* VI to bend

verbiestert [fɛrˈbi:stərt] (*umg*) ADJ crotchety

★**verbieten** [fɛrˈbi:tən] *unreg* VT to forbid; (*amtlich*) to prohibit; (*Zeitung, Partei*) to ban; **jdm etw ~** to forbid sb to do sth

verbilligen [fɛrˈbɪlɪgən] VT to reduce (the price of) ▶ VR to become cheaper, to go down

★**verbinden** [fɛrˈbɪndən] *unreg* VT to connect; (*kombinieren*) to combine; (*Med*) to bandage ▶ VR to combine (*auch Chem*), to join (together); **jdm die Augen ~** to blindfold sb

verbindlich [fɛrˈbɪntlɪç] ADJ binding; (*freundlich*) obliging; **~ zusagen** to accept definitely; **Verbindlichkeit** F obligation; (*Höflichkeit*) civility ■ **Verbindlichkeiten** PL (*Jur*) obligations *pl*; (*Comm*) liabilities *pl*

★**Verbindung** F connection; (*Zusammensetzung*) combination; (*Chem*) compound; (*Univ*) club; (*Tel: Anschluss*) line; **mit jdm in ~ stehen** to be in touch *od* contact with sb; **~ mit jdm aufnehmen** to contact sb

Verbindungsperson (**-, -en**) F intermediary; (*Agent*) contact

verbissen [fɛrˈbɪsən] ADJ grim; (*Kampf*) dogged; **Verbissenheit** F grimness; (*von Kampf*) doggedness

verbitten [fɛrˈbɪtən] *unreg* VT: **sich** *dat* **etw ~** not to tolerate sth, not to stand for sth
verbittern [fɛrˈbɪtərn] VT to embitter ▶ VI to get bitter
verblassen [fɛrˈblasən] VI to fade
Verbleib [fɛrˈblaɪp] (**-(e)s**) M whereabouts
verbleiben [fɛrˈblaɪbən] *unreg* VI to remain; **wir sind so verblieben, dass wir ...** we agreed to ...
verbleit [fɛrˈblaɪt] ADJ leaded
Verblendung [fɛrˈblɛndʊŋ] F (*fig*) delusion
verblöden [fɛrˈblø:dən] VI (*Hilfsverb sein*) to get stupid
verblüffen [fɛrˈblʏfən] VT to amaze; (*verwirren*) to baffle
Verblüffung F stupefaction
verblühen [fɛrˈbly:ən] VI to wither, to fade
verbluten [fɛrˈblu:tən] VI to bleed to death
verbohren [fɛrˈbo:rən] (*umg*) VR: **sich in etw** *akk* **~** to become obsessed with sth
verbohrt ADJ (*Haltung*) stubborn, obstinate
verborgen [fɛrˈbɔrgən] ADJ hidden; **verborgene Mängel** latent defects *pl*
Verbot [fɛrˈbo:t] (**-(e)s, -e**) NT prohibition, ban
verboten ADJ forbidden; **Rauchen ~!** no smoking; **er sah ~ aus** (*umg*) he looked a real sight
verbotenerweise ADV though it is forbidden
Verbotsschild NT prohibitory sign
verbrämen [fɛrˈbrɛ:mən] VT (*fig*) to gloss over; (*Kritik*): **~ (mit)** to veil (in)
Verbrauch [fɛrˈbraʊx] (**-(e)s**) M consumption
verbrauchen VT to use up; **der Wagen verbraucht 10 Liter Benzin auf 100 km** the car does 10 kms to the litre (BRIT) *od* liter (US)
Verbraucher(in) (**-s, -**) M(F) consumer; ⋆ **Verbrauchermarkt** M hypermarket; **verbrauchernah** ADJ consumer-friendly; **Verbraucherschutz** M consumer protection; **Verbraucherverband** M consumer council
Verbrauchsgüter PL consumer goods *pl*
verbraucht ADJ used up, finished; (*Luft*) stale; (*Mensch*) worn-out
Verbrechen (**-s, -**) NT crime
Verbrecher(in) (**-s, -**) M(F) criminal; **verbrecherisch** ADJ criminal; **Verbrecherkartei** F file of offenders, ≈ rogues' gallery; **Verbrechertum** (**-s**) NT criminality
verbreiten [fɛrˈbraɪtən] VT to spread; (*Licht*) to shed; (*Wärme, Ruhe*) to radiate ▶ VR to spread; **eine (weit) verbreitete Ansicht** a widely held opinion; **sich über etw** *akk* **~** to expound on sth
verbreitern [fɛrˈbraɪtərn] VT to broaden
Verbreitung F spread(ing); (*von Licht*) shedding; (*von Wärme, Ruhe*) radiation
verbrennbar ADJ combustible
verbrennen [fɛrˈbrɛnən] *unreg* VT to burn; (*Leiche*) to cremate; (*versengen*) to scorch; (*Haar*) to singe; (*verbrühen*) to scald
Verbrennung F burning; (*in Motor*) combustion; (*von Leiche*) cremation
Verbrennungsanlage F incineration plant
Verbrennungsmotor M internal-combustion engine
verbriefen [fɛrˈbri:fən] VT to document
⋆**verbringen** [fɛrˈbrɪŋən] *unreg* VT to spend
Verbrüderung [fɛrˈbry:dərʊŋ] F fraternization
verbrühen [fɛrˈbry:ən] VT to scald
verbuchen [fɛrˈbu:xən] VT (*Fin*) to register; (*Erfolg*) to enjoy; (*Misserfolg*) to suffer
verbummeln [fɛrˈbʊməln] (*umg*) VT (*verlieren*) to lose; (*Zeit*) to waste, to fritter away; (*Verabredung*) to miss
verbunden [fɛrˈbʊndən] ADJ connected; **jdm ~ sein** to be obliged *od* indebted to sb; **ich/er** *etc* **war falsch ~** (*Tel*) it was a wrong number
verbünden [fɛrˈbʏndən] VR to form an alliance
Verbundenheit F bond, relationship
Verbündete(r) F(M) ally
Verbundglas [fɛrˈbʊntgla:s] NT laminated glass
verbürgen [fɛrˈbʏrgən] VR: **sich ~ für** to vouch for; **ein verbürgtes Recht** an established right
verbüßen [fɛrˈby:sən] VT: **eine Strafe ~** to serve a sentence
verchromt [fɛrˈkro:mt] ADJ chromium-plated
Verdacht [fɛrˈdaxt] (**-(e)s**) M suspicion; **~ schöpfen (gegen jdn)** to become suspicious (of sb); **jdn in ~ haben** to suspect sb; **es besteht ~ auf Krebs** *akk* cancer is suspected
verdächtig ADJ suspicious
verdächtigen [fɛrˈdɛçtɪgən] VT to suspect
Verdächtigung F suspicion
verdammen [fɛrˈdamən] VT to damn, to condemn
Verdammnis (-) F perdition, damnation
verdammt (*umg*) ADJ, ADV damned; **~ noch mal!** bloody hell (*!*), damn (*!*)
verdampfen [fɛrˈdampfən] VT, VI (*vi Hilfsverb sein*) to vaporize; (*Koch*) to boil away
verdanken [fɛrˈdaŋkən] VT: **jdm etw ~** to owe sb sth
verdarb *etc* [fɛrˈdarp] VB *siehe* **verderben**
verdattert [fɛrˈdatərt] (*umg*) ADJ, ADV flabbergasted
verdauen [fɛrˈdaʊən] VT (*lit, fig*) to digest ▶ VI (*lit*) to digest
verdaulich [fɛrˈdaʊlɪç] ADJ digestible; **das ist schwer ~** that is hard to digest
Verdauung F digestion
Verdauungsspaziergang M constitutional
Verdauungsstörung F indigestion
Verdeck [fɛrˈdɛk] (**-(e)s, -e**) NT (*Aut*) soft top; (*Naut*) deck
verdecken VT to cover (up); (*verbergen*) to hide
verdenken [fɛrˈdɛŋkən] *unreg* VT: **jdm etw ~** to blame sb for sth, to hold sth against sb
verderben [fɛrˈdɛrbən] *unreg* VT to spoil; (*schädigen*) to ruin; (*moralisch*) to corrupt ▶ VI (*Essen*) to spoil, to rot; (*Mensch*) to go to the bad; **es mit jdm ~** to get into sb's bad books

V

Verderben (**-s**) NT ruin
verderblich ADJ (*Einfluss*) pernicious; (*Lebensmittel*) perishable
verderbt ADJ (*veraltet*) depraved; **Verderbtheit** F depravity
verdeutlichen [fɛrˈdɔʏtlɪçən] VT to make clear
ver.di ABK (= *Vereinte Dienstleistungsgewerkschaft*) *trade union representing the service industries*
verdichten [fɛrˈdɪçtən] VT (*Phys, fig*) to compress ▸ VR to thicken; (*Verdacht, Eindruck*) to deepen
★**verdienen** [fɛrˈdi:nən] VT to earn; (*moralisch*) to deserve ▸ VI (*Gewinn machen*): **~ (an** +*dat*) to make (a profit) (on)
Verdienst [fɛrˈdi:nst] (**-(e)s, -e**) M earnings *pl* ▸ NT merit; (*Dank*) credit; (*Leistung*): **~ (um)** service (to), contribution (to); **verdienstvoll** ADJ commendable
verdient [fɛrˈdi:nt] ADJ well-earned; (*Person*) of outstanding merit; (*Lohn, Strafe*) rightful; **sich um etw ~ machen** to do a lot for sth
verdirbst [fɛrˈdɪrpst] VB *siehe* **verderben**
verdirbt [fɛrˈdɪrpt] VB *siehe* **verderben**
verdonnern [fɛrˈdɔnərn] (*umg*) VT (*zu Haft etc*): **~ (zu)** to sentence (to); **jdn zu etw ~** to order sb to do sth
verdoppeln [fɛrˈdɔpəln] VT to double
Verdoppelung, Verdopplung F doubling
verdorben [fɛrˈdɔrbən] PP *von* **verderben** ▸ ADJ spoilt; (*geschädigt*) ruined; (*moralisch*) corrupt
verdorren [fɛrˈdɔrən] VI to wither
verdrängen [fɛrˈdrɛŋən] VT to oust; (*auch Phys*) to displace; (*Psych*) to repress
Verdrängung F displacement; (*Psych*) repression
verdrehen [fɛrˈdre:ən] VT (*lit, fig*) to twist; (*Augen*) to roll; **jdm den Kopf ~** (*fig*) to turn sb's head
verdreht (*umg*) ADJ crazy; (*Bericht*) confused
verdreifachen [fɛrˈdraɪfaxən] VT to treble
verdrießen [fɛrˈdri:sən] *unreg* VT to annoy
verdrießlich [fɛrˈdri:slɪç] ADJ peevish, annoyed
verdross *etc* [fɛrˈdrɔs] VB *siehe* **verdrießen**
verdrossen [fɛrˈdrɔsən] PP *von* **verdrießen** ▸ ADJ cross, sulky
verdrücken [fɛrˈdrʏkən] (*umg*) VT to put away, to eat ▸ VR to disappear
Verdruss [fɛrˈdrʊs] (**-es, -e**) M frustration; **zu jds ~** to sb's annoyance
verduften [fɛrˈdʊftən] VI to evaporate; (*umg*) to disappear
verdummen [fɛrˈdʊmən] VT to make stupid ▸ VI to grow stupid
verdunkeln [fɛrˈdʊŋkəln] VT to darken; (*fig*) to obscure ▸ VR to darken
Verdunkelung, Verdunklung F blackout; (*fig*) obscuring
verdünnen [fɛrˈdʏnən] VT to dilute
Verdünner (**-s, -**) M thinner
verdünnisieren [fɛrdʏniˈzi:rən] (*umg*) VR to make o.s. scarce
verdunsten [fɛrˈdʊnstən] VI to evaporate
verdursten [fɛrˈdʊrstən] VI to die of thirst
verdutzt [fɛrˈdʊtst] ADJ nonplussed (BRIT), nonplused (*US*), taken aback
verebben [fɛrˈ|ɛbən] VI to subside
veredeln [fɛrˈ|e:dəln] VT (*Metalle, Erdöl*) to refine; (*Fasern*) to finish; (*Bot*) to graft
verehren [fɛrˈ|e:rən] VT to venerate, to worship (*auch Rel*); **jdm etw ~** to present sb with sth
Verehrer(in) (**-s, -**) M(F) admirer, worshipper (BRIT), worshiper (*US*)
verehrt ADJ esteemed; **(sehr) verehrte Anwesende/verehrtes Publikum** Ladies and Gentlemen
Verehrung F respect; (*Rel*) worship
vereidigen [fɛrˈ|aɪdɪgən] VT to put on oath; **jdn auf etw** *akk* **~** to make sb swear on sth
Vereidigung F swearing in
★**Verein** [fɛrˈ|aɪn] (**-(e)s, -e**) M club, association **ein wohltätiger ~** a charity
vereinbar ADJ compatible
vereinbaren [fɛrˈ|aɪnba:rən] VT to agree upon
Vereinbarkeit F compatibility
Vereinbarung F agreement
vereinfachen [fɛrˈ|aɪnfaxən] VT to simplify
Vereinfachung F simplification
vereinheitlichen [fɛrˈ|aɪnhaɪtlɪçən] VT to standardize
vereinigen [fɛrˈ|aɪnɪgən] VT, VR to unite
vereinigt ADJ united; **Vereinigte Arabische Emirate** PL United Arab Emirates; **Vereinigtes Königreich** NT United Kingdom; **Vereinigte Staaten** PL United States
Vereinigung F union; (*Verein*) association
vereinnahmen [fɛrˈ|aɪnna:mən] VT (*geh*) to take; **jdn ~** (*fig*) to make demands on sb
vereinsamen [fɛrˈ|aɪnza:mən] VI to become lonely
vereint [fɛrˈ|aɪnt] ADJ united; **Vereinte Nationen** PL United Nations
vereinzelt [fɛrˈ|aɪntsəlt] ADJ isolated
vereisen [fɛrˈ|aɪzən] VI to freeze, to ice over ▸ VT (*Med*) to freeze
vereiteln [fɛrˈ|aɪtəln] VT to frustrate
vereitern [fɛrˈ|aɪtərn] VI to suppurate, to fester
Verelendung [fɛrˈ|e:lɛndʊŋ] F impoverishment
verenden [fɛrˈ|ɛndən] VI to perish, to die
verengen [fɛrˈ|ɛŋən] VR to narrow
vererben [fɛrˈ|ɛrbən] VT to bequeath; (*Biol*) to transmit ▸ VR to be hereditary
vererblich [fɛrˈ|ɛrplɪç] ADJ hereditary
Vererbung F bequeathing; (*Biol*) transmission; **das ist ~** (*umg*) it's hereditary
verewigen [fɛrˈ|e:vɪgən] VT to immortalize ▸ VR (*umg*) to leave one's name
Verf. ABK = **Verfasser**

verfahren [fɛr'fa:rən] *unreg* VI to act ▶ VR to get lost ▶ ADJ tangled; **~ mit** to deal with

Verfahren (**-s, -**) NT procedure; (*Tech*) process; (*Jur*) proceedings *pl*

Verfahrenstechnik F (*Methode*) process

Verfahrensweise F procedure

Verfall [fɛr'fal] (**-(e)s**) M decline; (*von Haus*) dilapidation; (*Fin*) expiry

verfallen *unreg* VI to decline; (*Haus*) to be falling down; (*Fin*) to lapse ▶ ADJ (*Gebäude*) dilapidated, ruined; (*Karten, Briefmarken*) invalid; (*Strafe*) lapsed; (*Pass*) expired; **~ in** *+akk* to lapse into; **~ auf** *+akk* to hit upon; **einem Laster ~ sein** to be addicted to a vice; **jdm völlig ~ sein** to be completely under sb's spell

Verfallsdatum NT expiry date; (*der Haltbarkeit*) best-before date

verfänglich [fɛr'fɛŋlɪç] ADJ awkward, tricky; (*Aussage, Beweismaterial etc*) incriminating; (*gefährlich*) dangerous

verfärben [fɛr'fɛrbən] VR to change colour (BRIT) *od* color (*US*)

verfassen [fɛr'fasən] VT to write; (*Gesetz, Urkunde*) to draw up

Verfasser(in) (**-s, -**) M(F) author, writer

Verfassung F constitution (*auch Pol*); (*körperlich*) state of health; (*seelisch*) state of mind; **sie ist in guter/schlechter ~** she is in good/bad shape

Verfassungs- ZW: **verfassungsfeindlich** ADJ anticonstitutional; **Verfassungsgericht** NT constitutional court; **verfassungsmäßig** ADJ constitutional; **Verfassungsschutz** M (*Aufgabe*) defence of the constitution; (*Amt*) *office responsible for defending the constitution*; **Verfassungsschützer(in)** M(F) defender of the constitution; **verfassungswidrig** ADJ unconstitutional

verfaulen [fɛr'faulən] VI to rot

verfechten [fɛr'fɛçtən] *unreg* VT to defend; (*Lehre*) to advocate

Verfechter(in) [fɛr'fɛçtər(ɪn)] (**-s, -**) M(F) champion

verfehlen [fɛr'fe:lən] VT to miss; **das Thema ~** to be completely off the subject

verfehlt ADJ unsuccessful; (*unangebracht*) inappropriate; **etw für ~ halten** to regard sth as mistaken

Verfehlung F (*Vergehen*) misdemeanour (BRIT), misdemeanor (*US*); (*Sünde*) transgression

verfeinern [fɛr'faɪnərn] VT to refine

Verfettung [fɛr'fɛtʊŋ] F (*von Organ, Muskeln*) fatty degeneration

verfeuern [fɛr'fɔʏərn] VT to burn; (*Munition*) to fire; (*umg*) to use up

verfilmen [fɛr'fɪlmən] VT to film, to make a film of

Verfilmung F film (version)

Verfilzung [fɛr'fɪltsʊŋ] F (*fig: von Firmen, Parteien*) entanglements *pl*

verflachen [fɛr'flaxən] VI to flatten out; (*fig: Diskussion*) to become superficial

verfliegen [fɛr'fli:gən] *unreg* VI to evaporate; (*Zeit*) to pass, to fly ▶ VR to stray (past)

verflixt [fɛr'flɪkst] (*umg*) ADJ, ADV darned

verflossen [fɛr'flɔsən] ADJ past, former

verfluchen [fɛr'flu:xən] VT to curse

verflüchtigen [fɛr'flʏçtɪgən] VR to evaporate; (*Geruch*) to fade

verflüssigen [fɛr'flʏsɪgən] VR to become liquid

verfolgen [fɛr'fɔlgən] VT to pursue; (*gerichtlich*) to prosecute; (*grausam, bes Pol*) to persecute

Verfolger(in) (**-s, -**) M(F) pursuer

Verfolgte(r) F(M) (*politisch*) victim of persecution

Verfolgung F pursuit; (*Pol*) persecution; **strafrechtliche ~** prosecution

Verfolgungswahn M persecution mania

verfrachten [fɛr'fraxtən] VT to ship

verfremden [fɛr'frɛmdən] VT to alienate, to distance

verfressen [fɛr'frɛsən] (*umg*) ADJ greedy

verfrüht [fɛr'fry:t] ADJ premature

verfügbar ADJ available

verfügen [fɛr'fy:gən] VT to direct, to order ▶ VR to proceed ▶ VI: **~ über** *+akk* to have at one's disposal; **über etw** *akk* **frei ~ können** to be able to do as one wants with sth

Verfügung F direction, order; (*Jur*) writ; **zur ~** at one's disposal; **jdm zur ~ stehen** to be available to sb

Verfügungsgewalt F (*Jur*) right of disposal

verführen [fɛr'fy:rən] VT to tempt; (*sexuell*) to seduce; (*die Jugend, das Volk etc*) to lead astray

Verführer M tempter; (*sexuell*) seducer

Verführerin F temptress; (*sexuell*) seductress

verführerisch ADJ seductive

Verführung F seduction; (*Versuchung*) temptation

Vergabe [fɛr'ga:bə] F (*von Arbeiten*) allocation; (*von Stipendium, Auftrag etc*) award

vergällen [fɛr'gɛlən] VT (*geh*): **jdm die Freude/das Leben ~** to spoil sb's fun/sour sb's life

vergaloppieren [fɛrgalɔ'pi:rən] (*umg*) VR (*sich irren*) to be on the wrong track

vergammeln [fɛr'gaməln] (*umg*) VI to go to seed; (*Nahrung*) to go off; (*Zeit*) to waste

vergangen [fɛr'gaŋən] ADJ past; **vergangene Woche** last week; ⋆ **Vergangenheit** F past; **Vergangenheitsbewältigung** F coming to terms with the past

vergänglich [fɛr'gɛŋlɪç] ADJ transitory; **Vergänglichkeit** F transitoriness, impermanence

vergasen [fɛr'ga:zən] VT to gasify; (*töten*) to gas

Vergaser (**-s, -**) M (*Aut*) carburettor (BRIT), carburetor (*US*)

vergaß *etc* [fɛr'ga:s] VB *siehe* **vergessen**

⋆ **vergeben** [fɛr'ge:bən] *unreg* VT to forgive; (*weggeben*) to give away; (*fig: Chance*) to throw away; (*Auftrag, Preis*) to award; (*Studienplätze, Stellen*) to allocate; **jdm (etw) ~** to forgive sb (sth); **~ an**

V

+akk to award to; (*Studienplatz, Stelle*) to allocate to; **~ sein** to be occupied; (*umg: Mädchen*) to be spoken for

vergebens ADV in vain

vergeblich [fɛrˈge:plɪç] ADV in vain ▸ ADJ vain, futile

Vergebung F forgiveness

vergegenwärtigen [fɛrge:gənˈvɛrtɪgən] VR: **sich** *dat* **etw ~** to visualize sth; (*erinnern*) to recall sth

vergehen [fɛrˈge:ən] *unreg* VI to pass by *od* away ▸ VR to commit an offence (BRIT) *od* offense (US); **vor Angst ~** to be scared to death; **jdm vergeht etw** sb loses sth; **sich an jdm ~** to (sexually) assault sb; **Vergehen (-s, -)** NT offence (BRIT), offense (US)

vergeigen [fɛrˈgaɪgən] (*umg*) VT to cock up

vergeistigt [fɛrˈgaɪstɪçt] ADJ spiritual

vergelten [fɛrˈgɛltən] *unreg* VT: **jdm etw ~** to pay sb back for sth, to repay sb for sth

Vergeltung F retaliation, reprisal

Vergeltungsmaßnahme F retaliatory measure

Vergeltungsschlag M (*Mil*) reprisal

vergesellschaften [fɛrgəˈzɛlʃaftən] VT (*Pol*) to nationalize

★**vergessen** [fɛrˈgɛsən] *unreg* VT to forget; **Vergessenheit** F oblivion; **in ~ geraten** to fall into oblivion

vergesslich [fɛrˈgɛslɪç] ADJ forgetful; **Vergesslichkeit** F forgetfulness

vergeuden [fɛrˈgɔʏdən] VT to squander, to waste

vergewaltigen [fɛrgəˈvaltɪgən] VT to rape; (*fig*) to violate

Vergewaltigung F rape

vergewissern [fɛrgəˈvɪsərn] VR to make sure; **sich einer Sache** *gen od* **über etw** *akk* **~** to make sure of sth

vergießen [fɛrˈgi:sən] *unreg* VT to shed

★**vergiften** [fɛrˈgɪftən] VT to poison

Vergiftung F poisoning

vergilbt [fɛrˈgɪlpt] ADJ yellowed

Vergissmeinnicht [fɛrˈgɪsmaɪnnɪçt] **(-(e)s, -e)** NT forget-me-not

vergisst [fɛrˈgɪst] VB *siehe* **vergessen**

vergittert [fɛrˈgɪtərt] ADJ: **vergitterte Fenster** barred windows

verglasen [fɛrˈgla:zən] VT to glaze

Vergleich [fɛrˈglaɪç] **(-(e)s, -e)** M comparison; (*Jur*) settlement; **einen ~ schließen** (*Jur*) to reach a settlement; **in keinem ~ zu etw stehen** to be out of all proportion to sth; **im ~ mit** *od* **zu** compared with *od* to; **vergleichbar** ADJ comparable

★**vergleichen** *unreg* VT to compare ▸ VR (*Jur*) to reach a settlement

vergleichsweise ADV comparatively

verglühen [fɛrˈgly:ən] VI (*Feuer*) to die away; (*Draht*) to burn out; (*Raumkapsel, Meteor etc*) to burn up

★**vergnügen** [fɛrˈgny:gən] VR to enjoy *od* amuse o.s.; ★ **Vergnügen (-s, -)** NT pleasure; **das war ein teures ~** (*umg*) that was an expensive bit of fun; **viel ~!** enjoy yourself!

vergnüglich ADJ enjoyable

vergnügt [fɛrˈgny:kt] ADJ cheerful

Vergnügung F pleasure, amusement

Vergnügungs- zW: **Vergnügungspark** M amusement park; **vergnügungssüchtig** ADJ pleasure-loving; **Vergnügungsviertel** NT entertainments district

vergolden [fɛrˈgɔldən] VT to gild

vergönnen [fɛrˈgœnən] VT to grant

vergöttern [fɛrˈgœtərn] VT to idolize

vergraben [fɛrˈgra:bən] *unreg* VT to bury

vergrämt [fɛrˈgrɛ:mt] ADJ (*Gesicht*) troubled

vergreifen [fɛrˈgraɪfən] *unreg* VR: **sich an jdm ~** to lay hands on sb; **sich an etw** *dat* **~** to misappropriate sth; **sich im Ton ~** to say the wrong thing

vergriffen [fɛrˈgrɪfən] ADJ (*Buch*) out of print; (*Ware*) out of stock

vergrößern [fɛrˈgrø:sərn] VT to enlarge; (*mengenmäßig*) to increase; (*Lupe*) to magnify

Vergrößerung F enlargement; (*von Menge*) increase; (*mit Lupe*) magnification

Vergrößerungsglas NT magnifying glass

vergünstigt ADJ (*Lage*) improved; (*Preis*) reduced

Vergünstigung [fɛrˈgʏnstɪgʊŋ] F concession; (*Vorteil*) privilege

vergüten [fɛrˈgy:tən] VT: **jdm etw ~** to compensate sb for sth; (*Arbeit, Leistung*) to pay sb for sth

Vergütung F compensation; (*von Arbeit, Leistung*) payment

verh. ABK = **verheiratet**

verhaften [fɛrˈhaftən] VT to arrest

Verhaftete(r) F(M) prisoner

Verhaftung F arrest

verhallen [fɛrˈhalən] VI to die away

verhalten [fɛrˈhaltən] *unreg* VR (*Sache*) to be, to stand; (*sich benehmen*) to behave; (*Math*) to be in proportion to ▸ VR UNPERS: **wie verhält es sich damit?** (*wie ist die Lage?*) how do things stand? (*wie wird das gehandhabt?*) how do you go about it? ▸ ADJ restrained; **sich ruhig ~** to keep quiet; (*sich nicht bewegen*) to keep still; **wenn sich das so verhält ...** if that is the case ...; **Verhalten (-s)** NT behaviour (BRIT), behavior (US); **selbstverletzendes ~** self-harm

Verhaltens- zW: **Verhaltensforschung** F behavioural (BRIT) *od* behavioral (US) science; **verhaltensgestört** ADJ disturbed; **Verhaltensmaßregel** F rule of conduct

★**Verhältnis** [fɛrˈhɛltnɪs] **(-ses, -se)** NT relationship; (*Liebesverhältnis*) affair; (*Math*) proportion, ratio; (*Einstellung*): **~ (zu)** attitude (to) ■ **Verhältnisse** PL (*Umstände*) conditions *pl*; **aus was für Verhältnissen kommt er?** what sort of background does he come from?; **für klare Verhältnisse sorgen, klare Verhältnisse schaffen** to get things straight; **über seine Verhältnisse**

leben to live beyond one's means; **verhältnismäßig** ADJ relative, comparative ▸ ADV relatively, comparatively; **Verhältniswahl** F proportional representation; **Verhältniswahlrecht** NT (system of) proportional representation

verhandeln [fɛrˈhandəln] VI to negotiate; (*Jur*) to hold proceedings ▸ VT to discuss; (*Jur*) to hear; **über etw** *akk* **~** to negotiate sth *od* about sth

Verhandlung F negotiation; (*Jur*) proceedings *pl*; **Verhandlungen führen** to negotiate

Verhandlungspaket NT (*Comm*) package deal

Verhandlungstisch M negotiating table

verhangen [fɛrˈhaŋən] ADJ overcast

verhängen [fɛrˈhɛŋən] VT (*fig*) to impose, to inflict

Verhängnis [fɛrˈhɛŋnɪs] (**-ses, -se**) NT fate; **jdm zum ~ werden** to be sb's undoing; **verhängnisvoll** ADJ fatal, disastrous

verharmlosen [fɛrˈharmlo:zən] VT to make light of, to play down

verharren [fɛrˈharən] VI to remain; (*hartnäckig*) to persist

verhärten [fɛrˈhɛrtən] VR to harden

verhaspeln [fɛrˈhaspəln] (*umg*) VR to get into a muddle *od* tangle

verhasst [fɛrˈhast] ADJ odious, hateful

verhätscheln [fɛrˈhɛ:tʃəln] VT to spoil, to pamper

Verhau [fɛrˈhaʊ] (**-(e)s, -e**) M (*zur Absperrung*) barrier; (*Käfig*) coop

verhauen *unreg* (*umg*) VT (*verprügeln*) to beat up; (*Prüfung etc*) to muff

verheben [fɛrˈhe:bən] *unreg* VR to hurt o.s. lifting sth

verheerend [fɛrˈhe:rənt] ADJ disastrous, devastating

verhehlen [fɛrˈhe:lən] VT to conceal

verheilen [fɛrˈhailən] VI to heal

verheimlichen [fɛrˈhaɪmlɪçən] VT: **(jdm) etw ~** to keep sth secret (from sb)

verheiratet [fɛrˈhaɪra:tət] ADJ married

verheißen [fɛrˈhaɪsən] *unreg* VT: **jdm etw ~** to promise sb sth

verheißungsvoll ADJ promising

verheizen [fɛrˈhaɪtsən] VT to burn, to use as fuel

verhelfen [fɛrˈhɛlfən] *unreg* VI: **jdm zu etw ~** to help sb to get sth

verherrlichen [fɛrˈhɛrlɪçən] VT to glorify

verheult [fɛrˈhɔʏlt] ADJ (*Augen, Gesicht*) puffy (*from crying*)

verhexen [fɛrˈhɛksən] VT to bewitch; **es ist wie verhext** it's jinxed

verhindern [fɛrˈhɪndərn] VT to prevent; **verhindert sein** to be unable to make it; **das lässt sich leider nicht ~** it can't be helped, unfortunately; **ein verhinderter Politiker** (*umg*) a would-be politician

Verhinderung F prevention

verhöhnen [fɛrˈhø:nən] VT to mock, to sneer at

verhohnepipeln [fɛrˈho:nəpi:pəln] (*umg*) VT to send up (BRIT), to ridicule

verhökern [fɛrˈhø:kərn] (*umg*) VT to turn into cash

Verhör [fɛrˈhø:r] (**-(e)s, -e**) NT interrogation; (*gerichtlich*) (cross-)examination

verhören VT to interrogate; (*vor Gericht*) to (cross-)examine ▸ VR to mishear

verhüllen [fɛrˈhʏlən] VT to veil; (*Haupt, Körperteil*) to cover

verhungern [fɛrˈhʊŋərn] VI to starve, to die of hunger

verhunzen [fɛrˈhʊntsən] (*umg*) VT to ruin

verhüten [fɛrˈhy:tən] VT to prevent, to avert

Verhütung F prevention

Verhütungsmittel NT contraceptive

verifizieren [verifiˈtsi:rən] VT to verify

verinnerlichen [fɛrˈ|ɪnərlɪçən] VT to internalize

★**verirren** [fɛrˈ|ɪrən] VR to get lost, to lose one's way; (*fig*) to go astray; (*Tier, Kugel*) to stray

verjagen [fɛrˈja:gən] VT to drive away *od* out

verjähren [fɛrˈjɛ:rən] VI to come under the statute of limitations; (*Anspruch*) to lapse

Verjährungsfrist F limitation period

verjubeln [fɛrˈju:bəln] (*umg*) VT (*Geld*) to blow

verjüngen [fɛrˈjʏŋən] VT to rejuvenate ▸ VR to taper

verkabeln [fɛrˈka:bəln] VT (*TV*) to link up to the cable network

Verkabelung F (*TV*) linking up to the cable network

verkalken [fɛrˈkalkən] VI to calcify; (*umg*) to become senile

verkalkulieren [fɛrkalkuˈli:rən] VR to miscalculate

verkannt [fɛrˈkant] ADJ unappreciated

verkatert [fɛrˈka:tərt] (*umg*) ADJ hung over

Verkauf [fɛrˈkaʊf] M sale; **zum ~ stehen** to be up for sale

★**verkaufen** VT, VI to sell; **„zu ~"** "for sale"

★**Verkäufer(in)** [fɛrˈkɔʏfər(ɪn)] (**-s, -**) M(F) seller; (*im Außendienst*) salesman, saleswoman; (*in Laden*) shop assistant (BRIT), sales clerk (*US*)

verkäuflich [fɛrˈkɔʏflɪç] ADJ saleable

Verkaufs- ZW: **Verkaufsabteilung** F sales department; **Verkaufsautomat** M slot machine; **Verkaufsbedingungen** PL (*Comm*) terms and conditions of sale; **Verkaufskampagne** F sales drive; **Verkaufsleiter** M sales manager; **verkaufsoffen** ADJ: **verkaufsoffener Samstag** *Saturday on which the shops are open all day*; **Verkaufsschlager** M big seller; **Verkaufsstelle** F outlet; **Verkaufstüchtigkeit** F salesmanship

★**Verkehr** [fɛrˈke:r] (**-s, -e**) M traffic; (*Umgang, bes sexuell*) intercourse; (*Umlauf*) circulation; **aus dem ~ ziehen** to withdraw from service; **für den ~ freigeben** (*Straße etc*) to open to traffic; (*Transportmittel*) to bring into service

V

verkehren VI (*Fahrzeug*) to ply, to run ▶ VT, VR to turn, to transform; **~ mit** to associate with; **mit jdm brieflich** *od* **schriftlich ~** (*form*) to correspond with sb; **bei jdm ~** to visit sb regularly

Verkehrs- zW: ★ **Verkehrsampel** F traffic lights *pl*; ★ **Verkehrsamt** NT tourist (information) office; **Verkehrsaufkommen** NT volume of traffic; **verkehrsberuhigt** ADJ traffic-calmed; **Verkehrsberuhigung** F traffic-calming; **Verkehrsbetriebe** PL transport services *pl*; **Verkehrsdelikt** NT traffic offence (BRIT) *od* violation (US); **Verkehrserziehung** F road safety training; **verkehrsgünstig** ADJ convenient; **Verkehrsinsel** F traffic island; **Verkehrsknotenpunkt** M traffic junction; ★ **Verkehrsmittel** NT: **öffentliche/private ~** public/private transport *sing*; **Verkehrsschild** NT road sign; **verkehrssicher** ADJ (*Fahrzeug*) roadworthy; **Verkehrssicherheit** F road safety; **Verkehrsstockung** F traffic jam, stoppage; **Verkehrssünder** (*umg*) M traffic offender; **Verkehrsteilnehmer** M road user; **verkehrstüchtig** ADJ (*Fahrzeug*) roadworthy; (*Mensch*) fit to drive; **Verkehrsunfall** M traffic accident; **Verkehrsverein** M tourist information office; **verkehrswidrig** ADJ contrary to traffic regulations; **Verkehrszeichen** NT road sign

verkehrt ADJ wrong; (*umgekehrt*) the wrong way round

verkennen [fɛrˈkɛnən] *unreg* VT to misjudge; (*unterschätzen*) to underestimate

Verkettung [fɛrˈkɛtʊŋ] F: **eine ~ unglücklicher Umstände** an unfortunate chain of events

verklagen [fɛrˈkla:gən] VT to take to court

verklappen [fɛrˈklapən] VT to dump (at sea)

verklären [fɛrˈklɛ:rən] VT to transfigure; **verklärt lächeln** to smile radiantly

verklausulieren [fɛrklaʊzuˈli:rən] VT (*Vertrag*) to hedge in with (restrictive) clauses

verkleben [fɛrˈkle:bən] VT to glue up, to stick ▶ VI to stick together

verkleiden [fɛrˈklaɪdən] VT to disguise; (*kostümieren*) to dress up; (*Schacht, Tunnel*) to line; (*vertäfeln*) to panel; (*Heizkörper*) to cover in ▶ VR to disguise o.s.; (*sich kostümieren*) to dress up

Verkleidung F disguise; (*Archit*) panelling (BRIT), paneling (US)

verkleinern [fɛrˈklaɪnərn] VT to make smaller, to reduce in size

verklemmt [fɛrˈklɛmt] ADJ (*fig*) inhibited

verklickern [fɛrˈklɪkərn] (*umg*) VT: **jdm etw ~** to make sth clear to sb

verklingen [fɛrˈklɪŋən] *unreg* VI to die away

verknacksen [fɛrˈknaksən] (*umg*) VT: **sich** *dat* **den Fuß ~** to twist one's ankle

verknallen [fɛrˈknalən] (*umg*) VR: **sich in jdn ~** to fall for sb

verkneifen [fɛrˈknaɪfən] (*umg*) VT: **sich** *dat* **etw ~** to stop o.s. from doing sth; **ich konnte mir das Lachen nicht ~** I couldn't help laughing

verknöchert [fɛrˈknœçərt] ADJ (*fig*) fossilized

verknüpfen [fɛrˈknʏpfən] VT to tie (up), to knot; (*fig*) to connect

Verknüpfung F connection

verkochen [fɛrˈkɔxən] VT, VI (*Flüssigkeit*) to boil away

verkohlen [fɛrˈko:lən] VI to carbonize ▶ VT to carbonize; (*umg*): **jdn ~** to have sb on

verkommen [fɛrˈkɔmən] *unreg* VI to deteriorate, to decay; (*Mensch*) to go downhill, to come down in the world ▶ ADJ (*moralisch*) dissolute, depraved; **Verkommenheit** F depravity

verkorksen [fɛrˈkɔrksən] (*umg*) VT to ruin, to mess up

verkörpern [fɛrˈkœrpərn] VT to embody, to personify

verköstigen [fɛrˈkœstɪgən] VT to feed

verkrachen [fɛrˈkraxən] (*umg*) VR: **sich (mit jdm) ~** to fall out (with sb)

verkracht (*umg*) ADJ (*Leben*) ruined

verkraften [fɛrˈkraftən] VT to cope with

verkrampfen [fɛrˈkrampfən] VR (*Muskeln*) to go tense

verkrampft [fɛrˈkrampft] ADJ (*fig*) tense

verkriechen [fɛrˈkri:çən] *unreg* VR to creep away, to creep into a corner

verkrümeln [fɛrˈkry:məln] (*umg*) VR to disappear

verkrümmt [fɛrˈkrʏmt] ADJ crooked

Verkrümmung F bend, warp; (*Anat*) curvature

verkrüppelt [fɛrˈkrʏpəlt] ADJ crippled

verkrustet [fɛrˈkrʊstət] ADJ encrusted

verkühlen [fɛrˈky:lən] VR to get a chill

verkümmern [fɛrˈkʏmərn] VI to waste away; **emotionell/geistig ~** to become emotionally/intellectually stunted

verkünden [fɛrˈkʏndən] VT to proclaim; (*Urteil*) to pronounce

verkündigen [fɛrˈkʏndɪgən] VT to proclaim; (*ironisch*) to announce; (*Evangelium*) to preach

verkuppeln [fɛrˈkʊpəln] VT: **jdn an jdn ~** (*Zuhälter*) to procure sb for sb

verkürzen [fɛrˈkʏrtsən] VT to shorten; (*Wort*) to abbreviate; **sich** *dat* **die Zeit ~** to while away the time; **verkürzte Arbeitszeit** shorter working hours *pl*

Verkürzung F shortening; (*von Wort*) abbreviation

Verl. ABK (= *Verlag*) publ.

verladen [fɛrˈla:dən] *unreg* VT to load

Verlag [fɛrˈla:k] **(-(e)s, -e)** M publishing firm

verlagern [fɛrˈla:gərn] VT, VR (*lit, fig*) to shift

Verlagsanstalt F publishing firm

Verlagswesen NT publishing

verlangen [fɛrˈlaŋən] VT to demand; (*wollen*) to want; (*Preis*) to ask; (*Qualifikation*) to require; (*erwarten von*) to ask of; (*fragen nach*) to ask for ▶ VI: **~ nach** to ask for; **Sie werden am Telefon verlangt** you are wanted on the phone; **~ Sie Herrn X** ask for Mr X; **Verlangen (-s, -)** NT

~ (nach) desire (for); **auf jds ~** *akk* **(hin)** at sb's request

verlängern [fɛr'lɛŋərn] VT to extend; (*länger machen*) to lengthen; (*zeitlich*) to prolong; (*Pass, Abonnement etc*) to renew; **ein verlängertes Wochenende** a long weekend

Verlängerung F extension; (*Sport*) extra time; (*von Pass, Erlaubnis*) renewal

Verlängerungsschnur F extension cable

verlangsamen [fɛr'laŋza:mən] VT, VR to decelerate, to slow down

Verlass [fɛr'las] M: **auf ihn/das ist kein ~** he/it cannot be relied upon

verlassen [fɛr'lasən] *unreg* VT to leave ▸ VR: **sich ~ auf** *+akk* to depend on ▸ ADJ desolate; (*Mensch*) abandoned; **einsam und ~** so all alone; **Verlassenheit** F loneliness (BRIT), lonesomeness (US)

verlässlich [fɛr'lɛslɪç] ADJ reliable

Verlauf [fɛr'lauf] M course; **einen guten/schlechten ~ nehmen** to go well/badly

verlaufen *unreg* VI (*zeitlich*) to pass; (*Farben*) to run ▸ VR to get lost; (*Menschenmenge*) to disperse

Verlautbarung F announcement

verlauten [fɛr'lautən] VI: **etw ~ lassen** to disclose sth; **wie verlautet** as reported

verleben [fɛr'le:bən] VT to spend

verlebt [fɛr'le:pt] ADJ dissipated, worn-out

verlegen [fɛr'le:gən] VT to move; (*verlieren*) to mislay; (*Kabel, Fliesen etc*) to lay; (*Buch*) to publish; (*verschieben*): **~ (auf** *+akk***)** to postpone (until) ▸ VR: **sich auf etw** *akk* **~** to resort to sth ▸ ADJ embarrassed; **nicht ~ um** never at a loss for; **Verlegenheit** F embarrassment; (*Situation*) difficulty, scrape

Verleger [fɛr'le:gər] **(-s, -)** M publisher

verleiden [fɛr'laɪdən] VT: **jdm etw ~** to put sb off sth

Verleih [fɛr'laɪ] **(-(e)s, -e)** M (*Firma*) hire service; (*das Verleihen*) renting (out), hiring (out) (BRIT); (*Filmverleih*) distribution

verleihen *unreg* VT: **etw (an jdn) ~** to lend sth (to sb), to lend (sb) sth; (*gegen Gebühr*) to rent sth (out) (to sb), to hire sth (out) (to sb) (BRIT); (*Kraft, Anschein*) to confer sth (on sb), to bestow sth (on sb); (*Preis, Medaille*) to award sth (to sb), to award (sb) sth

Verleiher **(-s, -)** M hire (BRIT) *od* rental firm; (*von Filmen*) distributor; (*von Büchern*) lender

Verleihung F lending; (*von Kraft etc*) bestowal; (*von Preis*) award

verleiten [fɛr'laɪtən] VT to lead astray; **~ zu** to talk into, to tempt into

verlernen [fɛr'lɛrnən] VT to forget, to unlearn

verlesen [fɛr'le:zən] *unreg* VT to read out; (*aussondern*) to sort out ▸ VR to make a mistake in reading

verletzbar ADJ vulnerable

verletzen [fɛr'lɛtsən] VT (*lit, fig*) to injure, to hurt; (*Gesetz etc*) to violate

verletzend ADJ (*fig: Worte*) hurtful

verletzlich ADJ vulnerable

Verletzte(r) F(M) injured person

★**Verletzung** F injury; (*Verstoß*) violation, infringement

verleugnen [fɛr'lɔʏgnən] VT to deny; (*Menschen*) to disown; **er lässt sich immer (vor ihr) ~** he always pretends not to be there (when she calls)

Verleugnung F denial

verleumden [fɛr'lɔʏmdən] VT to slander; (*schriftlich*) to libel

verleumderisch ADJ slanderous; (*schriftlich*) libellous (BRIT), libelous (US)

Verleumdung F slander; (*schriftlich*) libel

verlieben VR: **sich ~ (in** *+akk***)** to fall in love (with)

verliebt [fɛr'li:pt] ADJ in love; **Verliebtheit** F being in love

★**verlieren** [fɛr'li:rən] *unreg* VT, VI to lose ▸ VR to get lost; (*verschwinden*) to disappear; **das/er hat hier nichts verloren** (*umg*) that/he has no business to be here

Verlierer(in) **(-s, -)** M(F) loser

Verlies [fɛr'li:s] **(-es, -e)** NT dungeon

verlinken [fɛr'lɪnkn] VT to link

verloben [fɛr'lo:bən] VR: **sich ~ (mit)** to get engaged (to); **verlobt sein** to be engaged

Verlobte(r) [fɛr'lo:ptə(r)] F(M): **mein Verlobter** my fiancé; **meine ~** my fiancée

★**Verlobung** F engagement

verlocken [fɛr'lɔkən] VT to entice, to lure

verlockend ADJ (*Angebot, Idee*) tempting

Verlockung F temptation, attraction

verlogen [fɛr'lo:gən] ADJ untruthful; (*Komplimente, Versprechungen*) false; (*Moral, Gesellschaft*) hypocritical; **Verlogenheit** F untruthfulness

verlor *etc* [fɛr'lo:r] VB *siehe* **verlieren**

verloren PP *von* **verlieren** ▸ ADJ lost; (*Eier*) poached; **der verlorene Sohn** the prodigal son; **auf verlorenem Posten kämpfen** *od* **stehen** to be fighting a losing battle; **etw ~ geben** to give sth up for lost; **~ gehen** to get lost; **an ihm ist ein Sänger ~ gegangen** he would have made a (good) singer

verlöschen [fɛr'lœʃən] VI (*Hilfsverb sein*) to go out; (*Inschrift, Farbe, Erinnerung*) to fade

verlosen [fɛr'lo:zən] VT to raffle (off), to draw lots for

Verlosung F raffle, lottery

verlottern [fɛr'lɔtərn] (*umg*) VI to go to the dogs

verludern [fɛr'lu:dərn] (*umg*) VI to go to the dogs

Verlust [fɛr'lʊst] **(-(e)s, -e)** M loss; (*Mil*) casualty; **mit ~ verkaufen** to sell at a loss; **Verlustanzeige** F "lost" notice; **Verlustgeschäft** NT: **das war ein ~** I/he *etc* made a loss; **Verlustzeit** F (*Industrie*) waiting time

vermachen [fɛr'maxən] VT to bequeath, to leave

Vermächtnis [fɛr'mɛçtnɪs] **(-ses, -se)** NT legacy

vermählen [fɛr'mɛ:lən] VR to marry

Vermählung F wedding, marriage

V

vermarkten [fɛrˈmarktən] VT to market; (*fig: Persönlichkeit*) to promote

Vermarktung [fɛrˈmarktʊŋ] F marketing

vermasseln [fɛrˈmasəln] (*umg*) VT to mess up

vermehren [fɛrˈmeːrən] VT, VR to multiply; (*Menge*) to increase

Vermehrung F multiplying; (*von Menge*) increase

★**vermeiden** [fɛrˈmaɪdən] *unreg* VT to avoid

vermeidlich ADJ avoidable

vermeintlich [fɛrˈmaɪntlɪç] ADJ supposed

vermengen [fɛrˈmɛŋən] VT to mix; (*fig*) to mix up, to confuse

Vermenschlichung [fɛrˈmɛnʃlɪçʊŋ] F humanization

Vermerk [fɛrˈmɛrk] **(-(e)s, -e)** M note; (*in Ausweis*) endorsement

vermerken VT to note

vermessen [fɛrˈmɛsən] *unreg* VT to survey ▸ VR (*falsch messen*) to measure incorrectly ▸ ADJ presumptuous, bold; **Vermessenheit** F presumptuousness

Vermessung F survey(ing)

Vermessungsamt NT land survey(ing) office

Vermessungsingenieur M land surveyor

vermiesen [fɛrˈmiːzən] (*umg*) VT to spoil

★**vermieten** [fɛrˈmiːtən] VT to let (BRIT), to rent (out); (*Auto, Fahrrad*) to hire out, to rent

Vermieter(in) (-s, -) M(F) landlord, landlady

Vermietung F letting, renting (out); (*von Autos*) hiring (out), rental

vermindern [fɛrˈmɪndərn] VT, VR to lessen, to decrease

Verminderung F reduction

verminen [fɛrˈmiːnən] VT to mine

vermischen [fɛrˈmɪʃən] VT, VR to mix; (*Teesorten etc*) to blend; **vermischte Schriften** miscellaneous writings

vermissen [fɛrˈmɪsən] VT to miss; **vermisst sein, als vermisst gemeldet sein** to be reported missing; **wir haben dich bei der Party vermisst** we didn't see you at the party

Vermisste(r) F(M) missing person

Vermisstenanzeige F missing persons report

vermitteln [fɛrˈmɪtəln] VI to mediate ▸ VT to arrange; (*Gespräch*) to connect; (*Stelle*) to find; (*Gefühl, Bild, Idee etc*) to convey; (*Wissen*) to impart; **vermittelnde Worte** conciliatory words; **jdm etw ~** to help sb to obtain sth; (*Stelle*) to find sth for sb

Vermittler(in) [fɛrˈmɪtlər(ɪn)] **(-s, -)** M(F) (*Comm*) agent; (*Schlichter*) mediator

Vermittlung F procurement; (*Stellenvermittlung*) agency; (*Tel*) exchange; (*Schlichtung*) mediation

Vermittlungsgebühr F commission

vermögen [fɛrˈmøːgən] *unreg* VT to be capable of; **~ zu** to be able to; **Vermögen (-s, -)** NT wealth; (*Fähigkeit*) ability; **mein ganzes ~ besteht aus ...** my entire assets consist of ...; **ein ~ kosten** to cost a fortune

vermögend ADJ wealthy

Vermögens- zW: **Vermögenssteuer** F property tax, wealth tax; **Vermögenswert** M asset; **vermögenswirksam** ADJ: **sein Geld ~ anlegen** to invest one's money profitably; **vermögenswirksame Leistungen** *employers' contributions to tax-deductible savings scheme*

vermummen [fɛrˈmʊmən] VR to wrap up (warm); (*sich verkleiden*) to disguise

Vermummungsverbot (-(e)s) NT *law against disguising o.s. at demonstrations*

vermurksen [fɛrˈmʊrksən] (*umg*) VT to make a mess of

vermuten [fɛrˈmuːtən] VT to suppose; (*argwöhnen*) to suspect

vermutlich ADJ supposed, presumed ▸ ADV probably

Vermutung F supposition; (*Argwohn*) suspicion; **die ~ liegt nahe, dass ...** there are grounds for assuming that ...

vernachlässigen [fɛrˈnaːxlɛsɪgən] VT to neglect ▸ VR to neglect o.s. *od* one's appearance

Vernachlässigung F neglect

vernarben [fɛrˈnarbən] VI to heal up

vernarren [fɛrˈnarən] (*umg*) VR: **in jdn/etw vernarrt sein** to be crazy about sb/sth

vernaschen [fɛrˈnaʃən] VT (*Geld*) to spend on sweets; (*umg: Mädchen, Mann*) to make it with

vernehmen [fɛrˈneːmən] *unreg* VT to hear, to perceive; (*erfahren*) to learn; (*Jur*) to (cross-)examine; (*Polizei*) to question; **Vernehmen** NT: **dem ~ nach** from what I/we *etc* hear

vernehmlich ADJ audible

Vernehmung F (cross-)examination

vernehmungsfähig ADJ in a condition to be (cross-)examined

verneigen [fɛrˈnaɪgən] VR to bow

verneinen [fɛrˈnaɪnən] VT (*Frage*) to answer in the negative; (*ablehnen*) to deny; (*Gram*) to negate

verneinend ADJ negative

Verneinung F negation

vernetzt [fɛrˈnɛtst] ADJ networked

vernichten [fɛrˈnɪçtən] VT to destroy, to annihilate

vernichtend ADJ (*fig*) crushing; (*Blick*) withering; (*Kritik*) scathing

Vernichtung F destruction, annihilation

Vernichtungsschlag M devastating blow

verniedlichen [fɛrˈniːtlɪçən] VT to play down

Vernunft [fɛrˈnʊnft] **(-)** F reason; **~ annehmen** to see reason; **Vernunftehe** F, **Vernunftheirat** F marriage of convenience

vernünftig [fɛrˈnʏnftɪç] ADJ sensible, reasonable

Vernunftmensch M rational person

veröden [fɛrˈ|øːdən] VI to become desolate ▸ VT (*Med*) to remove

veröffentlichen [fɛrˈ|œfəntlɪçən] VT to publish

Veröffentlichung F publication

verordnen [fɛrˈ|ɔrdnən] VT (*Med*) to prescribe

Verordnung F order, decree; (*Med*) prescription

verpachten [fɛrˈpaxtən] VT to lease (out)

verpacken [fɛrˈpakən] VT to pack; (*verbrauchergerecht*) to package; (*einwickeln*) to wrap

Verpackung F packaging; (*das Verpacken*) packing; (*das Einwickeln*) wrapping

verpassen [fɛrˈpasən] VT to miss; **jdm eine Ohrfeige ~** (*umg*) to give sb a clip round the ear

verpatzen [fɛrˈpatsən] (*umg*) VT to spoil, to mess up

verpennen [fɛrˈpɛnən] (*umg*) VI, VR to oversleep

verpesten [fɛrˈpɛstən] VT to pollute

verpetzen [fɛrˈpɛtsən] (*umg*) VT: **jdn ~ (bei)** to tell on sb (to)

verpfänden [fɛrˈpfɛndən] VT to pawn; (*Jur*) to mortgage

verpfeifen [fɛrˈpfaɪfən] *unreg* (*umg*) VT: **jdn ~ (bei)** to grass on sb (to)

verpflanzen [fɛrˈpflantsən] VT to transplant

Verpflanzung F transplanting; (*Med*) transplant

verpflegen [fɛrˈpfle:gən] VT to feed, to cater for (BRIT)

Verpflegung F catering; (*Kost*) food; (*in Hotel*) board

verpflichten [fɛrˈpflɪçtən] VT to oblige, to bind; (*anstellen*) to engage ▸ VR to undertake; (*Mil*) to sign on ▸ VI to carry obligations; **jdm verpflichtet sein** to be under an obligation to sb; **sich zu etw ~** to commit o.s. to doing sth; **jdm zu Dank verpflichtet sein** to be obliged to sb

verpflichtend ADJ (*Zusage*) binding

Verpflichtung F obligation; (*Aufgabe*) duty

verpfuschen [fɛrˈpfʊʃən] (*umg*) VT to bungle, to make a mess of

verplanen [fɛrˈpla:nən] VT (*Zeit*) to book up; (*Geld*) to budget

verplappern [fɛrˈplapərn] (*umg*) VR to open one's big mouth

verplempern [fɛrˈplɛmpərn] (*umg*) VT to waste

verpönt [fɛrˈpø:nt] ADJ: **~ (bei)** frowned upon (by)

verprassen [fɛrˈprasən] VT to squander

verprügeln [fɛrˈpry:gəln] VT to beat up

verpuffen [fɛrˈpʊfən] VI to (go) pop; (*fig*) to fall flat

Verputz [fɛrˈpʊts] M plaster; (*Rauputz*) roughcast; **verputzen** VT to plaster; (*umg: Essen*) to put away

verqualmen [fɛrˈkvalmən] VT (*Zimmer*) to fill with smoke

verquollen [fɛrˈkvɔlən] ADJ swollen; (*Holz*) warped

verrammeln [fɛrˈraməln] VT to barricade

Verrat [fɛrˈra:t] (**-(e)s**) M treachery; (*Pol*) treason; **~ an jdm üben** to betray sb

verraten *unreg* VT to betray; (*fig: erkennen lassen*) to show; (*Geheimnis*) to divulge ▸ VR to give o.s. away

Verräter(in) [fɛrˈrɛ:tər(ɪn)] (**-s, -**) M(F) traitor, traitress; **verräterisch** ADJ treacherous

verrauchen [fɛrˈraʊxən] VI (*fig: Zorn*) to blow over

verrechnen [fɛrˈrɛçnən] VT: **~ mit** to set off against ▸ VR to miscalculate

Verrechnung F: **nur zur ~** (*auf Scheck*) a/c payee only

Verrechnungsscheck M crossed cheque (BRIT)

verregnet [fɛrˈre:gnət] ADJ rainy, spoilt by rain

★**verreisen** [fɛrˈraɪzən] VI to go away (on a journey); **er ist geschäftlich verreist** he's away on business

verreißen [fɛrˈraɪsən] *unreg* VT to pull to pieces

verrenken [fɛrˈrɛŋkən] VT to contort; (*Med*) to dislocate; **sich** *dat* **den Knöchel ~** to sprain one's ankle

Verrenkung F contortion; (*Med*) dislocation

verrennen [fɛrˈrɛnən] *unreg* VR: **sich in etw** *akk* **~** to get stuck on sth

verrichten [fɛrˈrɪçtən] VT (*Arbeit*) to do, to perform

verriegeln [fɛrˈri:gəln] VT to bolt

verringern [fɛrˈrɪŋərn] VT to reduce ▸ VR to decrease

Verringerung F reduction; (*Abnahme*) decrease

verrinnen [fɛrˈrɪnən] *unreg* VI to run out *od* away; (*Zeit*) to elapse

Verriss [fɛrˈrɪs] M slating review

verrohen [fɛrˈro:ən] VI to become brutalized

verrosten [fɛrˈrɔstən] VI to rust

verrotten [fɛrˈrɔtən] VI to rot

verrucht [fɛrˈru:xt] ADJ despicable; (*verrufen*) disreputable

verrücken [fɛrˈrʏkən] VT to move, to shift

verrückt ADJ crazy, mad; **Verrückte(r)** F(M) lunatic; **Verrücktheit** F madness, lunacy

Verruf [fɛrˈru:f] M: **in ~ geraten/bringen** to fall/bring into disrepute

verrufen ADJ disreputable

verrutschen [fɛrˈrʊtʃən] VI to slip

Vers [fɛrs] (**-es, -e**) M verse

versacken [fɛrˈzakən] VI (*lit*) to sink; (*fig: umg: herunterkommen*) to go downhill; (*: lange zechen*) to get involved in a booze-up (BRIT) *od* a drinking spree

versagen [fɛrˈza:gən] VT: **jdm/sich etw ~** to deny sb/o.s. sth ▸ VI to fail; **Versagen** (**-s**) NT failure; **menschliches ~** human error

Versager (**-s, -**) M failure

versalzen [fɛrˈzaltsən] VT to put too much salt in; (*fig*) to spoil

versammeln [fɛrˈzaməln] VT, VR to assemble, to gather

★**Versammlung** F meeting, gathering
Versammlungsfreiheit F freedom of assembly
Versand [fɛr'zant] (**-(e)s**) M dispatch; (*Versandabteilung*) dispatch department; **Versandbahnhof** M dispatch station; **Versandhaus** NT mail-order firm; **Versandkosten** PL transport(ation) costs *pl*; **Versandweg** M: **auf dem ~** by mail order
versäumen [fɛr'zɔʏmən] VT to miss; (*Pflicht*) to neglect; (*Zeit*) to lose; **es ~, etw zu tun** to fail to do sth
Versäumnis (**-ses, -se**) NT neglect; (*Unterlassung*) omission
verschachern [fɛr'ʃaxərn] (*umg*) VT to sell off
verschachtelt [fɛr'ʃaxtəlt] ADJ (*Satz*) complex
verschaffen [fɛr'ʃafən] VT: **jdm/sich etw ~** to get *od* procure sth for sb/o.s.
verschämt [fɛr'ʃɛ:mt] ADJ bashful
verschandeln [fɛr'ʃandəln] (*umg*) VT to spoil
verschanzen [fɛr'ʃantsən] VR: **sich hinter etw** *dat* **~** to dig in behind sth; (*fig*) to take refuge behind sth
verschärfen [fɛr'ʃɛrfən] VT to intensify; (*Lage*) to aggravate; (*strenger machen: Kontrollen, Gesetze*) to tighten up ▸ VR to intensify; (*Lage*) to become aggravated; (*Kontrolle, Gesetze*) to become tighter
Verschärfung F intensification; (*der Lage*) aggravation; (*von Kontrollen etc*) tightening
verscharren [fɛr'ʃarən] VT to bury
verschätzen [fɛr'ʃɛtsən] VR to miscalculate
verschenken [fɛr'ʃɛŋkən] VT to give away
verscherzen [fɛr'ʃɛrtsən] VT: **sich** *dat* **etw ~** to lose sth, to throw sth away
verscheuchen [fɛr'ʃɔʏçən] VT to frighten away
verschicken [fɛr'ʃɪkən] VT to send off; (*Sträfling*) to transport
verschieben [fɛr'ʃi:bən] *unreg* VT to shift; (*Eisenb*) to shunt; (*Termin*) to postpone; (*umg: Waren, Devisen*) to traffic in
Verschiebung F shift, displacement; (*Eisenb*) shunting; (*von Termin*) postponement
★**verschieden** [fɛr'ʃi:dən] ADJ different; (*mehrere*) various; **das ist ganz ~** (*wird verschieden gehandhabt*) that varies, that just depends; **sie sind ~ groß** they are of different sizes; **verschiedenartig** ADJ various, of different kinds; **zwei so verschiedenartige ...** two such differing ...; **Verschiedene(r, s)** PRON (*Menschen*) various people; (*Dinge*) various things *pl*; **etwas Verschiedenes** something different; **Verschiedenheit** F difference
verschiedentlich ADV several times
verschiffen [fɛr'ʃɪfən] VT to ship; (*Sträfling*) to transport
verschimmeln [fɛr'ʃɪməln] VI (*Nahrungsmittel*) to go mouldy (BRIT) *od* moldy (US); (*Leder, Papier etc*) to become mildewed

★**verschlafen** [fɛr'ʃla:fən] *unreg* VT to sleep through; (*fig: versäumen*) to miss ▸ VI, VR to oversleep ▸ ADJ sleepy
Verschlag [fɛr'ʃla:k] M shed
verschlagen [fɛr'ʃla:gən] *unreg* VT to board up; (*Tennis*) to hit out of play; (*Buchseite*) to lose ▸ ADJ cunning; **jdm den Atem ~** to take sb's breath away; **an einen Ort ~ werden** to wind up in a place
verschlampen [fɛr'ʃlampən] VI (*Hilfsverb sein: Mensch*) to go to seed (*umg*) ▸ VT to lose, to mislay
verschlechtern [fɛr'ʃlɛçtərn] VT to make worse ▸ VR to deteriorate, to get worse; (*gehaltlich*) to take a lower-paid job
Verschlechterung F deterioration
Verschleierung [fɛr'ʃlaɪəruŋ] F veiling; (*fig*) concealment; (*Mil*) screening
Verschleierungstaktik F smoke-screen tactics *pl*
Verschleiß [fɛr'ʃlaɪs] (**-es, -e**) M wear and tear
verschleißen *unreg* VT, VI, VR to wear out
verschleppen [fɛr'ʃlɛpən] VT to carry off, to abduct; (*zeitlich*) to drag out, to delay; (*verbreiten: Seuche*) to spread
verschleudern [fɛr'ʃlɔʏdərn] VT to squander; (*Comm*) to sell dirt-cheap
verschließbar ADJ lockable
verschließen [fɛr'ʃli:sən] *unreg* VT to lock ▸ VR: **sich einer Sache** *dat* **~** to close one's mind to sth
verschlimmern [fɛr'ʃlɪmərn] VT to make worse, to aggravate ▸ VR to get worse, to deteriorate
Verschlimmerung F deterioration
verschlingen [fɛr'ʃlɪŋən] *unreg* VT to devour, to swallow up; (*Fäden*) to twist
verschliss *etc* [fɛr'ʃlɪs] VB *siehe* **verschleißen**
verschlissen [fɛr'ʃlɪsən] PP *von* **verschleißen** ▸ ADJ worn(-out)
verschlossen [fɛr'ʃlɔsən] ADJ locked; (*fig*) reserved; (*schweigsam*) tight-lipped; **Verschlossenheit** F reserve
verschlucken [fɛr'ʃlʊkən] VT to swallow ▸ VR to choke
Verschluss [fɛr'ʃlʊs] M lock; (*von Kleid etc*) fastener; (*Phot*) shutter; (*Stöpsel*) plug; **unter ~ halten** to keep under lock and key
verschlüsseln [fɛr'ʃlʏsəln] VT to encode, to encrypt
verschmachten [fɛr'ʃmaxtən] VI: **~ (vor** +*dat*) to languish (for); **vor Durst ~** to be dying of thirst
verschmähen [fɛr'ʃmɛ:ən] VT to scorn
verschmelzen [fɛr'ʃmɛltsən] *unreg* VT, VI to merge, to blend
verschmerzen [fɛr'ʃmɛrtsən] VT to get over
verschmiert [fɛr'ʃmi:rt] ADJ (*Hände*) smeary; (*Schminke*) smudged
verschmitzt [fɛr'ʃmɪtst] ADJ mischievous
verschmutzen [fɛr'ʃmʊtsən] VT to soil; (*Umwelt*) to pollute

Verschmutzung F pollution
verschnaufen [fɛrˈʃnaufən] (*umg*) VI, VR to have a breather
verschneiden [fɛrˈʃnaidən] VT (*Whisky etc*) to blend
verschneit [fɛrˈʃnait] ADJ covered in snow, snowed up
Verschnitt [fɛrˈʃnɪt] M (*von Whisky etc*) blend
verschnörkelt [fɛrˈʃnœrkəlt] ADJ ornate
verschnupft [fɛrˈʃnʊpft] (*umg*) ADJ: **~ sein** to have a cold; (*beleidigt*) to be peeved (*umg*)
verschnüren [fɛrˈʃny:rən] VT to tie up
verschollen [fɛrˈʃɔlən] ADJ lost, missing
verschonen [fɛrˈʃo:nən] VT: **jdn mit etw ~** to spare sb sth; **von etw verschont bleiben** to escape sth
verschönern [fɛrˈʃø:nərn] VT to decorate; (*verbessern*) to improve
verschossen [fɛrˈʃɔsən] ADJ: **~ sein** (*fig: umg*) to be in love
verschränken [fɛrˈʃrɛŋkən] VT to cross; (*Arme*) to fold
verschreckt [fɛrˈʃrɛkt] ADJ frightened, scared
verschreiben [fɛrˈʃraibən] *unreg* VT (*Papier*) to use up; (*Med*) to prescribe ▶ VR to make a mistake (in writing); **sich einer Sache** *dat* **~** to devote o.s. to sth
verschreibungspflichtig ADJ available only on prescription
verschrieen [fɛrˈʃri:ən], **verschrien** [fɛrˈʃri:n] ADJ notorious
verschroben [fɛrˈʃro:bən] ADJ eccentric, odd
verschrotten [fɛrˈʃrɔtən] VT to scrap
verschüchtert [fɛrˈʃʏçtərt] ADJ subdued, intimidated
verschulden [fɛrˈʃʊldən] VT to be guilty of ▶ VI (*in Schulden geraten*) to get into debt; **Verschulden** (**-s**) NT fault
verschuldet ADJ in debt
Verschuldung F debts *pl*
verschütten [fɛrˈʃʏtən] VT to spill; (*zuschütten*) to fill; (*unter Trümmer*) to bury
verschwand *etc* [fɛrˈʃvant] VB *siehe* **verschwinden**
verschweigen [fɛrˈʃvaigən] *unreg* VT to keep secret; **jdm etw ~** to keep sth from sb
verschwenden [fɛrˈʃvɛndən] VT to squander
Verschwender(in) (**-s, -**) M(F) spendthrift; **verschwenderisch** ADJ wasteful; (*Leben*) extravagant
Verschwendung F waste
verschwiegen [fɛrˈʃvi:gən] ADJ discreet; (*Ort*) secluded; **Verschwiegenheit** F discretion; (*von Ort*) seclusion; **zur ~ verpflichtet** bound to secrecy
verschwimmen [fɛrˈʃvɪmən] *unreg* VI to grow hazy, to become blurred
verschwinden [fɛrˈʃvɪndən] *unreg* VI to disappear, to vanish; **verschwinde!** clear off! (*umg*); ★ **Verschwinden** (**-s**) NT disappearance
verschwindend ADJ (*Anzahl, Menge*) insignificant
verschwitzen [fɛrˈʃvɪtsən] VT to stain with sweat; (*umg*) to forget
verschwitzt ADJ (*Kleidung*) sweat-stained; (*Mensch*) sweaty
verschwommen [fɛrˈʃvɔmən] ADJ hazy, vague
verschworen [fɛrˈʃvo:rən] ADJ (*Gesellschaft*) sworn
verschwören [fɛrˈʃvø:rən] *unreg* VR to conspire, to plot
Verschwörer(in) (**-s, -**) M(F) conspirator
Verschwörung F conspiracy, plot
verschwunden [fɛrˈʃvʊndən] PP *von* **verschwinden** ▶ ADJ missing
versehen [fɛrˈze:ən] *unreg* VT to supply, to provide; (*Pflicht*) to carry out; (*Amt*) to fill; (*Haushalt*) to keep ▶ VR (*fig*) to make a mistake; **ehe er (es) sich ~ hatte ...** before he knew it ...; **Versehen** (**-s, -**) NT oversight; **aus ~** by mistake
versehentlich ADV by mistake
Versehrte(r) [fɛrˈze:rtə(r)] F(M) person with a disability
verselbstständigen [fɛrˈzɛlpstʃtɛndɪgən], **verselbständigen** [fɛrˈzɛlpʃtɛndɪgən] VR to become independent
versenden [fɛrˈzɛndən] *unreg* VT to send; (*Comm*) to forward
versengen [fɛrˈzɛŋən] VT to scorch; (*Feuer*) to singe; (*umg: verprügeln*) to wallop
versenken [fɛrˈzɛŋkən] VT to sink ▶ VR: **sich ~ in** *+akk* to become engrossed in
versessen [fɛrˈzɛsən] ADJ: **~ auf** *+akk* mad about, hellbent on
★**versetzen** [fɛrˈzɛtsən] VT to transfer; (*verpfänden*) to pawn; (*umg: vergeblich warten lassen*) to stand up; (*nicht geradlinig anordnen*) to stagger; (*Sch: in höhere Klasse*) to move up ▶ VR: **sich in jdn** *od* **in jds Lage ~** to put o.s. in sb's place; **jdm einen Tritt/Schlag ~** to kick/hit sb; **etw mit etw ~** to mix sth with sth; **jdm einen Stich ~** (*fig*) to cut sb to the quick, to wound sb (deeply); **jdn in gute Laune ~** to put sb in a good mood
Versetzung F transfer; **seine ~ ist gefährdet** (*Sch*) he's in danger of having to repeat a year
verseuchen [fɛrˈzɔyçən] VT to contaminate
Versicherer (**-s, -**) M insurer; (*bei Schiffen*) underwriter
★**versichern** [fɛrˈzɪçərn] VT to insure; (*bestätigen*) to assure ▶ VR: **sich ~** *+gen* to make sure of
Versicherte(r) F(M) insured
Versicherung F insurance; (*Bestätigung*) assurance
Versicherungs- ZW: **Versicherungsbeitrag** M insurance premium; (*bei staatlicher Versicherung etc*) *social security contribution*; **Versicherungsgesellschaft** F insurance company; **Versicherungsnehmer** (**-s, -**) M (*form*) insured, policy holder; **Versicherungspolice** F insurance policy; **Versicherungsschutz** M insurance cover; **Versicherungssumme** F sum insured; **Versicherungsträger** M insurer

V

versickern [fɛrˈzɪkərn] VI to seep away; (*fig: Interesse etc*) to peter out

versiegeln [fɛrˈziːgəln] VT to seal (up)

versiegen [fɛrˈziːgən] VI to dry up

versiert [vɛrˈziːrt] ADJ: **in etw** *dat* **~ sein** to be experienced *od* well versed in sth

versilbert [fɛrˈzɪlbərt] ADJ silver-plated

versinken [fɛrˈzɪŋkən] *unreg* VI to sink; **ich hätte im Boden** *od* **vor Scham ~ mögen** I wished the ground would swallow me up

versinnbildlichen [fɛrˈzɪnbɪltlɪçən] VT to symbolize

Version [vɛrziˈoːn] F version

Versmaß [ˈfɛrsmaːs] NT metre (BRIT), meter (US)

versohlen [fɛrˈzoːlən] (*umg*) VT to belt

versöhnen [fɛrˈzøːnən] VT to reconcile ▸ VR to become reconciled

versöhnlich ADJ (*Ton, Worte*) conciliatory; (*Ende*) happy

Versöhnung F reconciliation

versonnen [fɛrˈzɔnən] ADJ (*Gesichtsausdruck*) pensive, thoughtful; (*träumerisch: Blick*) dreamy

versorgen [fɛrˈzɔrgən] VT to provide, to supply; (*Familie etc*) to look after ▸ VR to look after o.s.

Versorger(in) (**-s**, **-**) M(F) (*Ernährer*) provider, breadwinner; (*Belieferer*) supplier

Versorgung F provision; (*Unterhalt*) maintenance; (*Altersversorgung etc*) benefit, assistance

Versorgungs- ZW: **Versorgungsamt** NT pension office; **Versorgungsbetrieb** M public utility; **Versorgungsnetz** NT (*Wasserversorgung etc*) (supply) grid; (*von Waren*) supply network

verspannen [fɛrˈʃpanən] VR (*Muskeln*) to tense up

verspäten [fɛrˈʃpɛːtən] VR to be late

★**verspätet** ADJ late

★**Verspätung** F delay; **~ haben** to be late; **mit zwanzig Minuten ~** twenty minutes late

versperren [fɛrˈʃpɛrən] VT to bar, to obstruct

verspielen [fɛrˈʃpiːlən] VT, VI to lose; **(bei jdm) verspielt haben** to have had it (as far as sb is concerned)

verspielt [fɛrˈʃpiːlt] ADJ playful

versponnen [fɛrˈʃpɔnən] ADJ crackpot

verspotten [fɛrˈʃpɔtən] VT to ridicule, to scoff at

versprach *etc* [fɛrˈʃpraːx] VB *siehe* **versprechen**

★**versprechen** [fɛrˈʃprɛçən] *unreg* VT to promise ▸ VR (*etwas Nichtgemeintes sagen*) to make a slip of the tongue; **sich** *dat* **etw von etw ~** to expect sth from sth; ★**Versprechen** (**-s**, **-**) NT promise

Versprecher (**-s**, **-**) (*umg*) M slip (of the tongue)

verspricht [fɛrˈʃprɪçt] VB *siehe* **versprechen**

verspüren [fɛrˈʃpyːrən] VT to feel, to be conscious of

verstaatlichen [fɛrˈʃtaːtlɪçən] VT to nationalize

verstaatlicht ADJ: **verstaatlichter Industriezweig** nationalized industry

Verstaatlichung F nationalization

verstand *etc* VB *siehe* **verstehen**

Verstand [fɛrˈʃtant] M intelligence; (*Intellekt*) mind; (*Fähigkeit zu denken*) reason; **den ~ verlieren** to go out of one's mind; **über jds ~** *akk* **gehen** to be beyond sb

verstanden [fɛrˈʃtandən] PP *von* **verstehen**

verstandesmäßig ADJ rational

verständig [fɛrˈʃtɛndɪç] ADJ sensible

verständigen [fɛrˈʃtɛndɪgən] VT to inform ▸ VR to communicate; (*sich einigen*) to come to an understanding

Verständigkeit F good sense

Verständigung F communication; (*Benachrichtigung*) informing; (*Einigung*) agreement

verständlich [fɛrˈʃtɛntlɪç] ADJ understandable, comprehensible; (*hörbar*) audible; **sich ~ machen** to make o.s. understood; (*sich klar ausdrücken*) to make o.s. clear

verständlicherweise ADV understandably (enough)

Verständlichkeit F clarity, intelligibility

Verständnis (**-ses**, **-se**) NT understanding; **für etw kein ~ haben** to have no understanding of *od* sympathy for sth; (*für Kunst etc*) to have no appreciation of sth; **verständnislos** ADJ uncomprehending; **verständnisvoll** ADJ understanding, sympathetic

verstärken [fɛrˈʃtɛrkən] VT to strengthen; (*Ton*) to amplify; (*erhöhen*) to intensify ▸ VR to intensify

Verstärker (**-s**, **-**) M amplifier

Verstärkung F strengthening; (*Hilfe*) reinforcements *pl*; (*von Ton*) amplification

verstaubt [fɛrˈʃtaupt] ADJ dusty; (*fig: Ansichten*) fuddy-duddy (*umg*)

★**verstauchen** [fɛrˈʃtauxən] VT to sprain

verstauen [fɛrˈʃtauən] VT to stow away

Versteck [fɛrˈʃtɛk] (**-(e)s**, **-e**) NT hiding (place)

verstecken VT, VR to hide

versteckt ADJ hidden; (*Tür*) concealed; (*fig: Lächeln, Blick*) furtive; (*Andeutung*) veiled

★**verstehen** [fɛrˈʃteːən] *unreg* VT, VI to understand; (*können, beherrschen*) to know ▸ VR (*auskommen*) to get on; **das ist nicht wörtlich zu ~** that isn't to be taken literally; **das versteht sich von selbst** that goes without saying; **die Preise ~ sich einschließlich Lieferung** prices are inclusive of delivery; **sich auf etw** *akk* **~** to be an expert at sth

versteifen [fɛrˈʃtaɪfən] VT to stiffen, to brace ▸ VR (*fig*): **sich ~ auf** *+akk* to insist on

versteigen [fɛrˈʃtaɪgən] *unreg* VR: **sie hat sich zu der Behauptung verstiegen, dass ...** she presumed to claim that ...

versteigern [fɛrˈʃtaɪgərn] VT to auction

Versteigerung F auction

verstellbar ADJ adjustable, variable

verstellen [fɛrˈʃtɛlən] VT to move, to shift; (*Uhr*) to adjust; (*versperren*) to block; (*fig*) to disguise ▸ VR to pretend, to put on an act

Verstellung F pretence (BRIT), pretense (US)
versteuern [fɛrˈʃtɔʏərn] VT to pay tax on; **zu ~** taxable
verstiegen [fɛrˈʃtiːgən] ADJ exaggerated
verstimmt [fɛrˈʃtɪmt] ADJ out of tune; (*fig*) cross, put out; (*: Magen*) upset
Verstimmung F (*fig*) disgruntled state, peevishness
verstockt [fɛrˈʃtɔkt] ADJ stubborn; **Verstocktheit** F stubbornness
verstohlen [fɛrˈʃtoːlən] ADJ stealthy
verstopfen [fɛrˈʃtɔpfən] VT to block, to stop up; (*Med*) to constipate
Verstopfung F obstruction; (*Med*) constipation
verstorben [fɛrˈʃtɔrbən] ADJ deceased, late
Verstorbene(r) F(M) deceased
verstört [fɛrˈʃtøːrt] ADJ (*Mensch*) distraught
Verstoß [fɛrˈʃtoːs] M: **~ (gegen)** infringement (of), violation (of)
verstoßen *unreg* VT to disown, to reject ▶ VI: **~ gegen** to offend against
Verstrebung [fɛrˈʃtreːbʊŋ] F (*Strebebalken*) support(ing beam)
verstreichen [fɛrˈʃtraɪçən] *unreg* VT to spread ▶ VI to elapse; (*Zeit*) to pass (by); (*Frist*) to expire
verstreuen [fɛrˈʃtrɔʏən] VT to scatter (about)
verstricken [fɛrˈʃtrɪkən] VT (*fig*) to entangle, to ensnare ▶ VR: **sich ~ in** *+akk* to get entangled in
verströmen [fɛrˈʃtrøːmən] VT to exude
verstümmeln [fɛrˈʃtʏməln] VT to maim, to mutilate (*auch fig*)
verstummen [fɛrˈʃtʊmən] VI to go silent; (*Lärm*) to die away
Versuch [fɛrˈzuːx] **(-(e)s, -e)** M attempt; (*Chem etc*) experiment; **das käme auf einen ~ an** we'll have to have a try
versuchen VT to try; (*verlocken*) to tempt ▶ VR: **sich an etw** *dat* **~** to try one's hand at sth
Versuchs- ZW: **Versuchsanstalt** F research institute; **Versuchsbohrung** F experimental drilling; **Versuchskaninchen** NT guinea pig; **Versuchsobjekt** NT test object; (*fig: Mensch*) guinea pig; **Versuchsreihe** F series of experiments; **versuchsweise** ADV tentatively
Versuchung F temptation
versumpfen [fɛrˈzʊmpfən] VI (*Gebiet*) to become marshy; (*fig: umg*) to go to pot; (*lange zechen*) to get involved in a booze-up (BRIT) *od* drinking spree (US)
versündigen [fɛrˈzʏndɪgən] VR (*geh*): **sich an jdm/etw ~** to sin against sb/sth
versunken [fɛrˈzʊŋkən] ADJ sunken; **~ sein in** *+akk* to be absorbed *od* engrossed in; **Versunkenheit** F absorption
versüßen [fɛrˈzyːsən] VT: **jdm etw ~** (*fig*) to make sth more pleasant for sb
vertagen [fɛrˈtaːgən] VT, VI to adjourn
Vertagung F adjournment
vertauschen [fɛrˈtaʊʃən] VT to exchange; (*versehentlich*) to mix up; **vertauschte Rollen** reversed roles
verteidigen [fɛrˈtaɪdɪgən] VT to defend ▶ VR to defend o.s.; (*vor Gericht*) to conduct one's own defence (BRIT) *od* defense (US)
Verteidiger(in) **(-s, -)** M(F) defender; (*Anwalt*) defence (BRIT) *od* defense (US) lawyer
Verteidigung F defence (BRIT), defense (US)
Verteidigungsfähigkeit F ability to defend
Verteidigungsminister M Minister of Defence (BRIT), Defense Secretary (US)
verteilen [fɛrˈtaɪlən] VT to distribute; (*Rollen*) to assign; (*Salbe*) to spread
Verteiler **(-s, -)** M (*Comm, Aut*) distributor
Verteilung F distribution
Verteuerung [fɛrˈtɔʏərʊŋ] F increase in price
verteufeln [fɛrˈtɔʏfəln] VT to condemn
verteufelt (*umg*) ADJ awful, devilish ▶ ADV awfully, devilishly
vertiefen [fɛrˈtiːfən] VT to deepen; (*Sch*) to consolidate ▶ VR: **sich in etw** *akk* **~** to become engrossed *od* absorbed in sth
Vertiefung F depression
vertikal [vɛrtiˈkaːl] ADJ vertical
vertilgen [fɛrˈtɪlgən] VT to exterminate; (*umg*) to eat up, to consume
Vertilgungsmittel NT weedkiller; (*Insektenvertilgungsmittel*) pesticide
vertippen [fɛrˈtɪpən] VR to make a typing mistake
vertonen [fɛrˈtoːnən] VT to set to music; (*Film etc*) to add a soundtrack to
vertrackt [fɛrˈtrakt] ADJ awkward, tricky, complex
Vertrag [fɛrˈtraːk] **(-(e)s, Verträge)** M contract, agreement; (*Pol*) treaty
vertragen [fɛrˈtraːgən] *unreg* VT to tolerate, to stand ▶ VR to get along; (*sich aussöhnen*) to become reconciled; **viel ~ können** (*umg: Alkohol*) to be able to hold one's drink; **sich mit etw ~** (*Nahrungsmittel, Farbe*) to go with sth; (*Aussage, Verhalten*) to be consistent with sth
vertraglich ADJ contractual
verträglich [fɛrˈtrɛːklɪç] ADJ good-natured; (*Speisen*) easily digested; (*Med*) easily tolerated; **Verträglichkeit** F good nature; (*von Speisen*) digestibility
Vertrags- ZW: **Vertragsbruch** M breach of contract; **vertragsbrüchig** ADJ in breach of contract; **vertragsfähig** ADJ (*Jur*) competent to contract; **vertragsmäßig** ADJ, ADV (as) stipulated, according to contract; **Vertragspartner** M party to a contract; **Vertragsspieler** M (*Sport*) player under contract; **vertragswidrig** ADJ, ADV contrary to contract
vertrauen [fɛrˈtraʊən] VI: **jdm ~** to trust sb; **~ auf** *+akk* to rely on; **Vertrauen** **(-s)** NT confidence; **jdn ins ~ ziehen** to take sb into one's confidence; **~ zu jdm fassen** to gain confidence in sb; **vertrauenerweckend** ADJ inspiring trust

V

Vertrauens- ZW: **Vertrauensmann** (**-(e)s**, *pl* **-männer** *od* **-leute**) M intermediary; **Vertrauenssache** F (*vertrauliche Angelegenheit*) confidential matter; (*Frage des Vertrauens*) question of trust; **vertrauensselig** ADJ trusting; **vertrauensvoll** ADJ trustful; **Vertrauensvotum** NT (*Parl*) vote of confidence; **vertrauenswürdig** ADJ trustworthy

vertraulich [fɛrˈtraulıç] ADJ familiar; (*geheim*) confidential; **Vertraulichkeit** F familiarity; (*von Geheimnis*) confidentiality

verträumt [fɛrˈtrɔʏmt] ADJ dreamy; (*Städtchen etc*) sleepy

vertraut [fɛrˈtraut] ADJ familiar; **sich mit dem Gedanken ~ machen, dass ...** to get used to the idea that ...

Vertraute(r) F(M) confidant(e), close friend

Vertrautheit F familiarity

vertreiben [fɛrˈtraıbən] *unreg* VT to drive away; (*aus Land*) to expel; (*Comm*) to sell; (*Zeit*) to pass

Vertreibung F expulsion

vertretbar ADJ justifiable; (*Theorie, Argument*) tenable

vertreten [fɛrˈtre:tən] *unreg* VT to represent; (*Ansicht*) to hold, to advocate; (*ersetzen*) to replace; (*Kollegen*) to cover for; (*Comm*) to be the agent for; **sich** *dat* **die Beine ~** to stretch one's legs

★**Vertreter(in)** (**-s, -**) M(F) representative; (*Verfechter*) advocate; (*Comm: Firma*) agent; **Vertreterprovision** F agent's commission

Vertretung F representation; (*Befürwortung*) advocacy; **die ~ übernehmen (für)** to stand in (for)

Vertretungsstunde F (*Sch*) cover lesson

Vertrieb [fɛrˈtri:p] (**-(e)s, -e**) M marketing; (*Abteilung*) sales department; **den ~ für eine Firma haben** to have the (selling) agency for a firm

Vertriebene(r) [fɛrˈtri:bənə(r)] F(M) exile

Vertriebskosten PL marketing costs *pl*

vertrocknen [fɛrˈtrɔknən] VI to dry up

vertrödeln [fɛrˈtrø:dəln] (*umg*) VT to fritter away

vertrösten [fɛrˈtrø:stən] VT to put off

vertun [fɛrˈtu:n] *unreg* VT to waste ▶ VR (*umg*) to make a mistake

vertuschen [fɛrˈtuʃən] VT to hush *od* cover up

verübeln [fɛrˈ|y:bəln] VT: **jdm etw ~** to be cross *od* offended with sb on account of sth

verüben [fɛrˈ|y:bən] VT to commit

verulken [fɛrˈ|ʊlkən] (*umg*) VT to make fun of

verunglimpfen [fɛrˈ|ʊnglımpfən] VT to disparage

★**verunglücken** [fɛrˈ|ʊnglʏkən] VI to have an accident; (*fig: umg: misslingen*) to go wrong; **tödlich ~** to be killed in an accident

Verunglückte(r) F(M) accident victim

verunreinigen [fɛrˈ|ʊnraınıgən] VT to soil; (*Umwelt*) to pollute

verunsichern [fɛrˈ|ʊnzıçərn] VT to rattle (*fig*)

verunstalten [fɛrˈ|ʊnʃtaltən] VT to disfigure; (*Gebäude etc*) to deface

veruntreuen [fɛrˈ|ʊntrɔʏən] VT to embezzle

verursachen [fɛrˈ|u:rzaxən] VT to cause

verurteilen [fɛrˈ|u:rtaılən] VT to condemn; (*zu Strafe*) to sentence; (*für schuldig befinden*): **jdn ~ (für)** to convict sb (of)

Verurteilung F condemnation; (*Jur*) sentence; (*Schuldspruch*) conviction

vervielfachen [fɛrˈfi:lfaxən] VT to multiply

vervielfältigen [fɛrˈfi:lfɛltıgən] VT to duplicate, to copy

Vervielfältigung F duplication, copying

vervollkommnen [fɛrˈfɔlkɔmnən] VT to perfect

vervollständigen [fɛrˈfɔlʃtɛndıgən] VT to complete

verw. ABK = **verwitwet**

verwachsen [fɛrˈvaksən] ADJ (*Mensch*) deformed; (*verkümmert*) stunted; (*überwuchert*) overgrown

verwackeln [fɛrˈvakəln] VT (*Foto*) to blur

verwählen [fɛrˈvɛ:lən] VR (*Tel*) to dial the wrong number

verwahren [fɛrˈva:rən] VT to keep (safe) ▶ VR to protest

verwahrlosen VI to become neglected; (*moralisch*) to go to the bad

verwahrlost ADJ neglected; (*moralisch*) wayward

Verwahrung F (*von Geld etc*) keeping; (*von Täter*) custody, detention; **jdn in ~ nehmen** to take sb into custody

verwaist [fɛrˈvaist] ADJ orphaned

verwalten [fɛrˈvaltən] VT to manage; (*Behörde*) to administer

Verwalter(in) (**-s, -**) M(F) administrator; (*Vermögensverwalter*) trustee

Verwaltung F management; (*behördlich*) administration

Verwaltungs- ZW: **Verwaltungsapparat** M administrative machinery; **Verwaltungsbezirk** M administrative district; **Verwaltungsgericht** NT Administrative Court

verwandeln [fɛrˈvandəln] VT to change, to transform ▶ VR to change

Verwandlung F change, transformation

verwandt [fɛrˈvant] ADJ: **~ (mit)** related (to); **geistig ~ sein** (*fig*) to be kindred spirits

★**Verwandte(r)** F(M) relative, relation

★**Verwandtschaft** F relationship; (*Menschen*) relatives *pl*, relations *pl*; (*fig*) affinity

verwarnen [fɛrˈvarnən] VT to caution

Verwarnung F caution

verwaschen [fɛrˈvaʃən] ADJ faded; (*fig*) vague

verwässern [fɛrˈvɛsərn] VT to dilute, to water down

verwechseln [fɛrˈvɛksəln] VT: **~ mit** to confuse with; **zum V~ ähnlich** as like as two peas

Verwechslung F confusion, mixing up; **das muss eine ~ sein** there must be some mistake
verwegen [fɛr'veːgən] ADJ daring, bold; **Verwegenheit** F daring, audacity, boldness
verwehren [fɛr'veːrən] VT (*geh*): **jdm etw ~** to refuse *od* deny sb sth
Verwehung [fɛr'veːʊŋ] F (*Schneeverwehung*) snowdrift; (*Sandverwehung*) sand drift
verweichlichen [fɛr'vaɪçlɪçən] VT to mollycoddle
verweichlicht ADJ effeminate, soft
verweigern [fɛr'vaɪgərn] VT: **jdm etw ~** to refuse sb sth; **den Gehorsam/die Aussage ~** to refuse to obey/testify
Verweigerung F refusal
verweilen [fɛr'vaɪlən] VI to stay; (*fig*): **~ bei** to dwell on
verweint [fɛr'vaɪnt] ADJ (*Augen*) swollen with tears *od* with crying; (*Gesicht*) tear-stained
Verweis [fɛr'vaɪs] (**-es, -e**) M reprimand, rebuke; (*Hinweis*) reference
verweisen [fɛr'vaɪzən] *unreg* VT to refer; **jdn auf etw** *akk***/an jdn ~** (*hinweisen*) to refer sb to sth/sb; **jdn vom Platz** *od* **des Spielfeldes ~** (*Sport*) to send sb off; **jdn von der Schule ~** to expel sb (from school); **jdn des Landes ~** to deport sb
Verweisung F reference; (*Landesverweisung*) deportation
verwelken [fɛr'vɛlkən] VI to fade; (*Blumen*) to wilt
verweltlichen [fɛr'vɛltlɪçən] VT to secularize
verwendbar [fɛr'vɛndbaːr] ADJ usable
verwenden [fɛr'vɛndən] *unreg* VT to use; (*Mühe, Zeit, Arbeit*) to spend ▶ VR to intercede
Verwendung F use
Verwendungsmöglichkeit F (possible) use
verwerfen [fɛr'vɛrfən] *unreg* VT to reject; (*Urteil*) to quash; (*kritisieren: Handlungsweise*) to condemn
verwerflich [fɛr'vɛrflɪç] ADJ reprehensible
verwertbar ADJ usable
verwerten [fɛr'veːrtən] VT to utilize
Verwertung F utilization
verwesen [fɛr'veːzən] VI to decay
Verwesung F decomposition
verwickeln [fɛr'vɪkəln] VT to tangle (up); (*fig*) to involve ▶ VR to get tangled (up); **jdn ~ in** *+akk* to involve sb in, to get sb involved in; **sich ~ in** *+akk* to get involved in
verwickelt ADJ involved
Verwicklung F entanglement, complication
verwildern [fɛr'vɪldərn] VI to run wild
verwildert ADJ wild; (*Garten*) overgrown; (*jds Aussehen*) unkempt
verwinden [fɛr'vɪndən] *unreg* VT to get over
verwirken [fɛr'vɪrkən] VT (*geh*) to forfeit
verwirklichen [fɛr'vɪrklɪçən] VT to realize, to put into effect
Verwirklichung F realization
verwirren [fɛr'vɪrən] VT to tangle (up); (*fig*) to confuse
Verwirrspiel NT confusing tactics *pl*
Verwirrung F confusion
verwischen [fɛr'vɪʃən] VT (*verschmieren*) to smudge; (*lit, fig: Spuren*) to cover over; (*fig: Erinnerungen*) to blur
verwittern [fɛr'vɪtərn] VI to weather
verwitwet [fɛr'vɪtvət] ADJ widowed
verwöhnen [fɛr'vøːnən] VT to spoil, to pamper
Verwöhnung F spoiling, pampering
verworfen [fɛr'vɔrfən] ADJ depraved; **Verworfenheit** F depravity
verworren [fɛr'vɔrən] ADJ confused
verwundbar [fɛr'vʊntbaːr] ADJ vulnerable
verwunden [fɛr'vʊndən] VT to wound
verwunderlich [fɛr'vʊndərlɪç] ADJ surprising; (*stärker*) astonishing
verwundern VT to astonish ▶ VR: **sich ~ über** *+akk* to be astonished at
Verwunderung F astonishment
Verwundete(r) F(M) injured person; **die Verwundeten** the injured; (*Mil*) the wounded
Verwundung F wound, injury
verwünschen [fɛr'vʏnʃən] VT to curse
verwurzelt [fɛr'vʊrtsəlt] ADJ: **(fest) in etw** *dat od* **mit etw ~** (*fig*) deeply rooted in sth
verwüsten [fɛr'vyːstən] VT to devastate
Verwüstung F devastation
Verz. ABK = **Verzeichnis**
verzagen [fɛr'tsaːgən] VI to despair
verzagt [fɛr'tsaːkt] ADJ disheartened
verzählen [fɛr'tsɛːlən] VR to miscount
verzahnen [fɛr'tsaːnən] VT to dovetail; (*Zahnräder*) to cut teeth in
verzapfen [fɛr'tsapfən] (*umg*) VT: **Unsinn ~** to talk nonsense
verzaubern [fɛr'tsaʊbərn] VT (*lit*) to cast a spell on; (*fig: jdn*) to enchant
verzehren [fɛr'tseːrən] VT to consume
verzeichnen [fɛr'tsaɪçnən] VT to list; (*Niederlage, Verlust*) to register
Verzeichnis (**-ses, -se**) NT list, catalogue (BRIT), catalog (US); (*in Buch*) index; (*Comput*) directory
verzeihen [fɛr'tsaɪən] *unreg* VT, VI to forgive; **jdm etw ~** to forgive sb (for) sth; **~ Sie!** excuse me!
verzeihlich ADJ pardonable
★**Verzeihung** F forgiveness, pardon; **~!** sorry!; **~, ...** (*vor Frage etc*) excuse me, ...; **(jdn) um ~ bitten** to apologize (to sb)
verzerren [fɛr'tsɛrən] VT to distort; (*Sehne, Muskel*) to strain, to pull
verzetteln [fɛr'tsɛtəln] VR to waste a lot of time

Verzicht [fɛrˈtsɪçt] (**-(e)s**, **-e**) M: **~ (auf** *+akk*) renunciation (of); **verzichten** VI: **~ auf** *+akk* to forgo, to give up

verziehen [fɛrˈtsiːən] *unreg* VI (*Hilfsverb sein*) to move ▶ VT to put out of shape; (*Kind*) to spoil; (*Pflanzen*) to thin out ▶ VR to go out of shape; (*Gesicht*) to contort; (*verschwinden*) to disappear; **verzogen** (*Vermerk*) no longer at this address; **keine Miene ~** not to turn a hair; **das Gesicht ~** to pull a face

verzieren [fɛrˈtsiːrən] VT to decorate

Verzierung F decoration

verzinsen [fɛrˈtsɪnzən] VT to pay interest on

verzinslich ADJ: **(fest)verzinslich sein** to yield (a fixed rate of) interest

verzogen [fɛrˈtsoːgən] ADJ (*Kind*) spoilt; *siehe auch* **verziehen**

verzögern [fɛrˈtsøːgərn] VT to delay ▶ VR to be delayed

Verzögerung F delay

Verzögerungstaktik F delaying tactics *pl*

★**verzollen** [fɛrˈtsɔlən] VT to pay duty on; **haben Sie etwas zu ~?** have you anything to declare?

verzücken [fɛrˈtsʏkən] VT to send into ecstasies, to enrapture

Verzug [fɛrˈtsuːk] M delay; (*Fin*) arrears *pl*; **mit etw in ~ geraten** to fall behind with sth

verzweifeln [fɛrˈtsvaɪfəln] VI to despair

verzweifelt ADJ desperate

Verzweiflung F despair

verzweigen [fɛrˈtsvaɪgən] VR to branch out

verzwickt [fɛrˈtsvɪkt] (*umg*) ADJ awkward, complicated

Vesper [ˈfɛspər] (**-**, **-n**) F vespers *pl*

Vesuv [veˈzuːf] (**-(s)**) M Vesuvius

Veto [ˈveːto] (**-s**, **-s**) NT veto

★**Vetter** [ˈfɛtər] (**-s**, **-n**) M cousin

vgl. ABK (*= vergleiche*) cf

v. H. ABK (*old: = vom Hundert*) pc

VHS (-) F ABK = **Volkshochschule**

Viadukt [viaˈdʊkt] (**-(e)s**, **-e**) M viaduct

Vibrator [viˈbraːtɔr] M vibrator

vibrieren [viˈbriːrən] VI to vibrate

Video [ˈviːdeo] (**-s**, **-s**) NT video; **Videoaufnahme** F video (recording); **Videokamera** F video camera; **Videorekorder** M video recorder; **Videospiel** NT video game

Vieh [fiː] (**-(e)s**) NT cattle *pl*; (*Nutztiere*) livestock; (*umg: Tier*) animal; **viehisch** ADJ bestial; **Viehzucht** F (live)stock *od* cattle breeding

★**viel** [fiːl] ADJ a lot of, much ▶ ADV a lot, much; **sehr ~** a great deal; **ziemlich ~** quite a lot; **noch (ein)mal so ~ (Zeit** *etc***)** as much (time *etc*) again; **einer zu ~** one too many; **viele Leute** a lot of people, many people; **~ zu wenig** much too little; **~ beschäftigt** very busy; **er geht ~ ins Kino** he goes a lot to the cinema; **~ besser** much better; **~ teurer** much more expensive; **~ zu ~** far too much; **in vielem** in many respects

> Verwenden Sie **many**, wenn es sich um etwas Zählbares handelt, und **much**, wenn es sich um etwas Unzählbares handelt:
>
> *viele Stunden* **many hours**
>
> *viel mehr* **much more**

vielerlei ADJ a great variety of

vielerorts ADV in many places

viel- zW: **vielfach** ADJ, ADV many times; **auf vielfachen Wunsch** at the request of many people; **Vielfache(s)** NT (*Math*) multiple; **um ein Vielfaches** many times over; **Vielfalt** (**-**) F variety; **vielfältig** ADJ varied, many-sided; **Vielfraß** M glutton

★**vielleicht** [fiˈlaɪçt] ADV perhaps; (*in Bitten*) by any chance; **du bist ~ ein Idiot!** (*umg*) you really are an idiot!

viel- zW: **vielmal, vielmals** ADV many times; **danke vielmals** many thanks; **ich bitte vielmals um Entschuldigung!** I do apologize!; **vielmehr** ADV rather, on the contrary; **vielsagend** ADJ significant; **vielschichtig** ADJ (*fig*) complex; **vielseitig** ADJ many-sided; (*Ausbildung*) all-round *attrib*; (*Interessen*) varied; (*Mensch, Gerät*) versatile; **vielversprechend** ADJ promising; **Vielvölkerstaat** M multinational state

★**vier** [fiːr] NUM four; **auf allen vieren** on all fours; **alle viere von sich strecken** (*umg*) to stretch out; **Vierbeiner** M (*hum*) four-legged friend; **Viereck** (**-(e)s**, **-e**) NT four-sided figure; (*Quadrat*) square; ★**viereckig** ADJ four-sided; (*quadratisch*) square; **vierhundert** NUM four hundred; **vierkant** ADJ, ADV (*Naut*) square; **vierköpfig** ADJ: **eine vierköpfige Familie** a family of four; **Viermächteabkommen** NT four-power agreement

viert ADJ: **wir gingen zu ~** four of us went

Viertaktmotor M four-stroke engine

vierte(r, s) [ˈfiːrtə(r, s)] ADJ fourth

vierteilen VT to quarter

★**Viertel** [ˈfɪrtəl] (**-s**, **-**) NT quarter; (*Stadtviertel*) district; **~ vor/nach drei** a quarter to/past three; **ein ~ Leberwurst** a quarter of liver sausage; **Viertelfinale** NT quarter-finals *pl*; **Vierteljahr** NT three months *pl*, quarter (*Comm, Fin*); **Vierteljahresschrift** F quarterly; **vierteljährlich** ADJ quarterly; **Viertelnote** F crotchet (BRIT), quarter note (*US*); ★**Viertelstunde** F quarter of an hour

vier- zW: **viertürig** ADJ four-door *attrib*; **Vierwaldstättersee** M Lake Lucerne; ★**vierzehn** [ˈfɪrtseːn] NUM fourteen; **in ~ Tagen** in a fortnight (BRIT), in two weeks (*US*); **vierzehntägig** ADJ fortnightly; **vierzehnte(r, s)** ADJ fourteenth

★**vierzig** [ˈfɪrtsɪç] NUM forty; **Vierzigstundenwoche** F forty-hour week

Vierzimmerwohnung F four-room flat (BRIT) *od* apartment (*US*)

Vietnam [viɛtˈnam] (**-s**) NT Vietnam

Vietnamese [viɛtnaˈmeːzə] (**-n, -n**) M, **Vietnamesin** F Vietnamese
vietnamesisch ADJ Vietnamese
Vikar [viˈkaːr] (**-s, -e**) M curate
Villa [ˈvɪla] (**-, Villen**) F villa
Villenviertel NT (prosperous) residential area
violett [vioˈlɛt] ADJ violet
Violinbogen [vioˈliːnˈboːgən] M violin bow
Violine [vioˈliːnə] (**-, -n**) F violin
Violinkonzert NT violin concerto
Violinschlüssel M treble clef
viral [viˈraːl] ADJ (*Comput*) viral
virtuell [vɪrtuˈɛl] ADJ (*Comput*) virtual; **virtuelle Realität** virtual reality
virtuos [vɪrtuˈoːs] ADJ virtuoso *attrib*
Virtuose [vɪrtuˈoːzə] (**-n, -n**) M virtuoso
Virtuosin [vɪrtuˈoːzɪn] F virtuoso
Virtuosität [vɪrtuoziˈtɛt] F virtuosity
Virus [ˈviːrʊs] (**-, Viren**) M OD NT (*auch Comput*) virus
Virus- IN ZW viral; **Virusinfektion** F virus infection
Visage [viˈzaːʒə] (**-, -n**) (*pej*) F face, (ugly) mug (*umg*)
Visagist(in) [vizaˈʒɪst(ɪn)] M(F) make-up artist
vis-à-vis, vis-a-vis [vizaˈviː] ADV (*veraltet*): **~ (von)** opposite (to) ▶ PRÄP *+dat* opposite (to)
Visier [viˈziːr] (**-s, -e**) NT gunsight; (*am Helm*) visor
Vision [viziˈoːn] F vision
Visite [viˈziːtə] (**-, -n**) F (*Med*) visit
Visitenkarte F visiting card
visuell [vizuˈɛl] ADJ visual
Visum [ˈviːzʊm] (**-s, Visa** *od* **Visen**) NT visa; **Visumzwang** M obligation to hold a visa
vital [viˈtaːl] ADJ lively, full of life; (*lebenswichtig*) vital
Vitamin [vitaˈmiːn] (**-s, -e**) NT vitamin; **Vitaminmangel** M vitamin deficiency
Vitrine [viˈtriːnə] (**-, -n**) F (*Schrank*) glass cabinet; (*Schaukasten*) showcase, display case
Vivisektion [vivizɛktsiˈoːn] F vivisection
Vize [ˈfiːtsə] M (*umg*) number two; (: *Vizemeister*) runner-up ▶ IN ZW vice-
v. J. ABK (= *vorigen Jahres*) of the previous *od* last year
Vlies [fliːs] (**-es, -e**) NT fleece
v. M. ABK (= *vorigen Monats*) ult.
V-Mann M ABK = **Vertrauensmann**
VN PL ABK (= *Vereinte Nationen*) UN
VO ABK = **Verordnung**
Vogel [ˈfoːgəl] (**-s, Vögel**) M bird; **einen ~ haben** (*umg*) to have bats in the belfry; **den ~ abschießen** (*umg*) to surpass everyone (*ironisch*); **Vogelbauer** NT birdcage; **Vogelbeerbaum** M rowan (tree); **Vogeldreck** M bird droppings *pl*; **Vogelperspektive** F bird's-eye view; **Vogelschau** F bird's-eye view; **Vogelscheuche** F scarecrow; **Vogelschutzgebiet** NT bird sanctuary; **Vogel-Strauß-Politik** F head-in-the-sand policy
Vogesen [voˈgeːzən] PL Vosges *pl*
Voicemail [ˈvɔismeːl] F (*Tel*) voice mail
★**Vokabel** [voˈkaːbəl] (**-, -n**) F word
Vokabular [vokabuˈlaːr] (**-s, -e**) NT vocabulary
Vokal [voˈkaːl] (**-s, -e**) M vowel
★**Volk** [fɔlk] (**-(e)s, Völker**) NT people; (*Nation*) nation; **etw unters ~ bringen** (*Nachricht*) to spread sth
Völker- ZW: **Völkerbund** M League of Nations; **Völkerkunde** F ethnology; **Völkermord** M genocide; **Völkerrecht** NT international law; **völkerrechtlich** ADJ according to international law; **Völkerverständigung** F international understanding; **Völkerwanderung** F migration
Volks- ZW: **Volksabstimmung** F referendum; **Volksarmee** F People's Army; **Volksbegehren** NT petition for a referendum; **Volksdeutsche(r)** F(M) *dekl wie adj* ethnic German; **volkseigen** ADJ (*DDR*) nationally-owned; **Volksfeind** M enemy of the people; **Volksfest** NT popular festival; (*Jahrmarkt*) fair
Volkshochschule F adult education centre (BRIT) *od* center (*US*)

The **Volkshochschule** (*VHS*) is an institution offering adult education classes in a vast range of subjects including languages, IT, art, drama and so on. No set qualifications are necessary to attend. For a small fee adults can attend both vocational and non-vocational classes.

Volks- ZW: **Volkslauf** M fun run; **Volkslied** NT folk song; **Volksmund** M vernacular; **Volkspolizei** F (*DDR*) People's Police; **Volksrepublik** F people's republic; **Volksschule** F ≈ primary school (BRIT), ≈ elementary school (*US*); **Volksseuche** F epidemic; **Volksstamm** M tribe; **Volksstück** NT folk play in dialect; **Volkstanz** M folk dance; **Volkstrauertag** M ≈ Remembrance Day (BRIT), ≈ Memorial Day (*US*); **volkstümlich** ADJ popular; ★**Volkswirtschaft** F national economy; (*Fach*) economics *sing*, political economy; **Volkswirtschaftler** M economist; **Volkszählung** F (national) census
★**voll** [fɔl] ADJ full ▶ ADV fully; (*Tafel*) to cover (with writing); **jdn für ~ nehmen** (*umg*) to take sb seriously; **aus dem Vollen schöpfen** to draw on unlimited resources; **in voller Größe** (*Bild*) life-size(d); (*bei plötzlicher Erscheinung etc*) large as life; **~ sein** (*umg: satt*) to be full (up); (: *betrunken*) to be plastered; **~ und ganz** completely; *siehe auch* **vollmachen**; **vollschreiben**; **volltanken**
vollauf [fɔlˈ|auf] ADV amply; **~ zu tun haben** to have quite enough to do
voll- ZW: **Vollbad** NT (proper) bath; **Vollbart** M full beard; **Vollbeschäftigung** F full employment; **Vollbesitz** M: **im ~** *+gen* in full possession of; **Vollblut** NT thoroughbred; **vollblütig** ADJ full-blooded; **Vollbremsung** F emergency stop; **vollbringen** *unreg* VT UNTR to accomplish; **Volldampf** M (*Naut*): **mit ~** at full steam; **vollenden**

V

VT UNTR to finish, to complete; **vollendet** ADJ (*vollkommen*) perfect; (*Tänzer etc*) accomplished; **vollends** ADV completely; **Vollendung** F completion

voller ADJ fuller; **~ Flecken/Ideen** full of stains/ideas

Völlerei [fœləˈraɪ] F gluttony

Volleyball [ˈvɔlibal] **(-(e)s)** M volleyball

voll- zW: **vollfett** ADJ full-fat; **Vollgas** NT: **mit ~** at full throttle; **~ geben** to step on it

★**völlig** [ˈfœlɪç] ADJ complete ▶ ADV completely

voll- zW: **volljährig** ADJ of age; **Vollkaskoversicherung** F fully comprehensive insurance; **vollkommen** ADJ perfect; (*völlig*) complete, absolute ▶ ADV completely; **Vollkommenheit** F perfection; ★ **Vollkornbrot** NT wholemeal (BRIT) *od* whole-wheat (*US*) bread; **voll|laufen** *unreg* VI: **etw ~ lassen** to fill sth up; **voll|machen** VT to fill (up); **Vollmacht** F authority, power of attorney; **Vollmatrose** M able-bodied seaman; ★ **Vollmilch** F full-cream milk; **Vollmond** M full moon; **Vollnarkose** F general anaesthetic (BRIT) *od* anesthetic (*US*); ★ **Vollpension** F full board; **vollschlank** ADJ plump, stout; **voll|schreiben** *unreg* VT (*Heft, Seite*) to fill; **vollständig** ADJ complete; **vollstrecken** VT UNTR to execute; ★ **voll|tanken** VT, VI to fill up; **Volltreffer** M (*lit, fig*) bull's-eye; **Vollversammlung** F general meeting; **Vollwaise** F orphan; **vollwertig** ADJ full *attrib*; (*Stellung*) equal; **Vollwertkost** F wholefoods *pl*; **vollzählig** ADJ complete; (*anwesend*) in full number; ★ **Vollzeitarbeit** F full-time job *od* work; **vollziehen** *unreg* VT UNTR to carry out ▶ VR UNTR to happen; **Vollzug** M execution

Volontär(in) [volɔnˈtɛːr(ɪn)] **(-s, -e)** M(F) trainee

Volt [vɔlt] **(-** *od* **-(e)s, -)** NT volt

Volumen [voˈluːmən] **(-s, -** *od* **Volumina)** NT volume

vom [fɔm] = **von dem**

von [fɔn]

PRÄP *+dat* **1** (*Ausgangspunkt*) from; **von ... bis** from ... to; **von morgens bis abends** from morning till night; **von ... nach ...** from ... to ...; **von ... an** from ...; **von ... aus** from ...; **von dort aus** from there; **etw von sich aus tun** to do sth of one's own accord; **von mir aus** (*umg*) if you like, I don't mind; **von wo/wann ...?** where/when ... from?

2 (*Ursache, im Passiv*) by; **ein Gedicht von Schiller** a poem by Schiller; **von etw müde** tired from sth

3 (*als Genitiv*) of; **ein Freund von mir** a friend of mine; **nett von dir** nice of you; **jeweils zwei von zehn** two out of every ten

4 (*über*) about; **er erzählte vom Urlaub** he talked about his holiday

5: **von wegen!** (*umg*) no way!

voneinander ADV from each other

vonseiten, von Seiten [vɔnˈzaɪtn] PRÄP *+gen* on the part of

vonstatten|gehen [fɔnˈʃtatən-] *unreg* VI to proceed, to go

vor [foːr]

PRÄP *+dat* **1** (*räumlich*) in front of

2 (*zeitlich, Reihenfolge*) before; **ich war vor ihm da** I was there before him; **X kommt vor Y** X comes before Y; **vor zwei Tagen** two days ago; **5 (Minuten) vor 4** 5 (minutes) to 4; **vor Kurzem** a little while ago

3 (*Ursache*) with; **vor Wut/Liebe** with rage/love; **vor Hunger sterben** to die of hunger; **vor lauter Arbeit** because of work

4: **vor allem, vor allen Dingen** above all

▶ PRÄP *+akk* (*räumlich*) in front of; **vor sich hin summen** to hum to oneself

▶ ADV: **vor und zurück** backwards and forwards

Vor- zW: **Vorabdruck** M preprint; **Vorabend** M evening before, eve; **Vorahnung** F presentiment, premonition

voran [foˈran] ADV before, ahead; **voran|bringen** *unreg* VT to make progress with; **voran|gehen** *unreg* VI to go ahead; **einer Sache** *dat* **~** to precede sth; **vorangehend** ADJ previous; **voran|kommen** *unreg* VI to make progress, to come along

Voranschlag [ˈfoːr|anʃlaːk] M estimate

voran|stellen [foˈranʃtɛlən] VT *+dat* to put in front (of); (*fig*) to give precedence (over)

Vorarbeiter [ˈfoːr|arbaɪtər] M foreman

voraus [foˈraʊs] ADV ahead; (*zeitlich*) in advance; **jdm ~ sein** to be ahead of sb; **im V~** in advance; **voraus|bezahlen** VT to pay in advance; **voraus|gehen** *unreg* VI to go (on) ahead; (*fig*) to precede; **voraus|haben** *unreg* VT: **jdm etw ~** to have the edge on sb in sth; **Voraussage** F prediction; **voraus|sagen** VT to predict; **voraus|sehen** *unreg* VT to foresee; **voraus|setzen** VT to assume; (*sicher annehmen*) to take for granted; (*erfordern: Kenntnisse, Geduld*) to require, to demand; **vorausgesetzt, dass ...** provided that ...; **Voraussetzung** F requirement, prerequisite; **unter der ~, dass ...** on condition that ...; **Voraussicht** F foresight; **aller ~ nach** in all probability; **in der ~, dass ...** anticipating that ...; **voraussichtlich** ADV probably; **Vorauszahlung** F advance payment

Vorbau [ˈfoːrbaʊ] **(-(e)s, -ten)** M porch; (*Balkon*) balcony

vor|bauen [ˈfoːrbaʊən] VT to build up in front ▶ VI *+dat* to take precautions (against)

Vorbedacht [ˈfoːrbədaxt] M: **mit/ohne ~** (*Überlegung*) with/without due consideration; (*Absicht*) intentionally/unintentionally

Vorbedingung [ˈfoːrbədɪŋʊŋ] F precondition

Vorbehalt [ˈfoːrbəhalt] M reservation, proviso; **unter dem ~, dass ...** with the reservation that ...

vor|behalten *unreg* VT: **sich/jdm etw ~** to reserve sth (for o.s.)/for sb; **alle Rechte ~** all rights reserved

vorbehaltlich PRÄP *+gen* (*form*) subject to

vorbehaltlos ADJ unconditional ▶ ADV unconditionally

vorbei [fɔrˈbaɪ] ADV by, past; **aus und ~** over and done with; **damit ist es nun ~** that's all over now; **vorbei|bringen** *unreg* (*umg*) VT to drop off; ⋆ **vorbei|gehen** *unreg* VI to pass by, to go past; ⋆ **vorbei|kommen** *unreg* VI: **bei jdm ~** to drop *od* call in on sb; **vorbei|reden** VI: **an etw** *dat* **~** to talk around sth

vorbelastet [ˈfoːrbəlastət] ADJ (*fig*) handicapped (BRIT), handicaped (US)

Vorbemerkung [ˈfoːrbəmɛrkʊŋ] F introductory remark

vor|bereiten [ˈfoːrbəraɪtən] VT to prepare

Vorbereitung F preparation

vor|bestellen [ˈfoːrbəʃtɛlən] VT to book (in advance), to reserve

Vorbestellung F advance booking

vorbestraft [ˈfoːrbəʃtraft] ADJ previously convicted, with a record

Vorbeugehaft F preventive custody

vor|beugen [ˈfoːrbɔʏgən] VT, VR to lean forward ▶ VI *+dat* to prevent

vorbeugend ADJ preventive

Vorbeugung F prevention; **zur ~ gegen** for the prevention of

Vorbild [ˈfoːrbɪlt] NT model; **sich** *dat* **jdn zum ~ nehmen** to model o.s. on sb; **vorbildlich** ADJ model, ideal

Vorbildung [ˈfoːrbɪldʊŋ] F educational background

Vorbote [ˈfoːrboːtə] M (*fig*) herald

vor|bringen [ˈfoːrbrɪŋən] *unreg* VT to voice; (*Meinung etc*) to advance, to state; (*umg*: *nach vorne*) to bring to the front

vor|datieren [ˈfoːrdatiːrən] VT (*Schreiben*) to postdate

Vorder- zW: **Vorderachse** F front axle; **Vorderansicht** F front view; **Vorderasien** NT Near East

vordere(r, s) ADJ front

Vorder- zW: **Vordergrund** M foreground; **im ~ stehen** (*fig*) to be to the fore; **Vordergrundprogramm** NT (*Comput*) foreground program; **vorderhand** ADV for the present; **Vordermann** (**-(e)s**, *pl* **-männer**) M man in front; **jdn auf ~ bringen** (*umg*) to get sb to shape up; **Vorderseite** F front (side); **Vordersitz** M front seat

vorderste(r, s) ADJ front

vor|drängen [ˈfoːrdrɛŋən] VR to push to the front

vor|dringen [ˈfoːrdrɪŋən] *unreg* VI: **bis zu jdm/etw ~** to get as far as sb/sth

vordringlich ADJ urgent

Vordruck [ˈfoːrdrʊk] M form

vorehelich [ˈfoːr|eːəlɪç] ADJ premarital

voreilig [ˈfoːr|aɪlɪç] ADJ hasty, rash; **voreilige Schlüsse ziehen** to jump to conclusions

voreinander [foːr|aɪˈnandər] ADV (*räumlich*) in front of each other; (*einander gegenüber*) face to face

voreingenommen [ˈfoːr|aɪngənɔmən] ADJ bias(s)ed; **Voreingenommenheit** F bias

voreingestellt [ˈfoːr|aɪngəʃtɛlt] ADJ: **voreingestellter Parameter** (*Comput*) default (parameter)

vor|enthalten [ˈfoːr|ɛnthaltən] *unreg* VT: **jdm etw ~** to withhold sth from sb

Vorentscheidung [ˈfoːr|ɛntʃaɪdʊŋ] F preliminary decision

vorerst [ˈfoːr|eːrst] ADV for the moment *od* present

Vorfahr [ˈfoːrfaːr] (**-en, -en**) M ancestor

vor|fahren *unreg* VI to drive (on) ahead; (*vors Haus etc*) to drive up

⋆ **Vorfahrt** F (*Aut*) right of way; **„~ (be)achten"** "give way" (BRIT), "yield" (US)

Vorfahrts- zW: **Vorfahrtsregel** F rule of right of way; **Vorfahrtsschild** NT "give way" (BRIT) *od* "yield" (US) sign; **Vorfahrtsstraße** F major road

Vorfall [ˈfoːrfal] M incident

vor|fallen *unreg* VI to occur

Vorfeld [ˈfoːrfɛlt] NT (*fig*): **im ~ (*+gen*)** in the run-up (to)

Vorfilm [ˈfoːrfɪlm] M short

vor|finden [ˈfoːrfɪndən] *unreg* VT to find

Vorfreude [ˈfoːrfrɔʏdə] F anticipation

vor|fühlen [ˈfoːrfyːlən] VI (*fig*) to put out feelers

vor|führen [ˈfoːrfyːrən] VT to show, to display; (*Theaterstück, Kunststücke*): **(jdm) etw ~** to perform sth (to *od* in front of sb); **dem Gericht ~** to bring before the court

Vorgabe [ˈfoːrgaːbə] F (*Sport*) handicap

Vorgang [ˈfoːrgaŋ] M (*Ereignis*) event; (*Ablauf*) course of events; (*Chem etc*) process

Vorgänger(in) [ˈfoːrgɛŋər(ɪn)] (**-s, -**) M(F) predecessor

vor|gaukeln [ˈfoːrgaʊkəln] VT: **jdm etw ~** to lead sb to believe in sth

vor|geben [ˈfoːrgeːbən] *unreg* VT to pretend, to use as a pretext; (*Sport*) to give an advantage *od* a start of

Vorgebirge [ˈfoːrgəbɪrgə] NT foothills *pl*

vorgefasst [ˈfoːrgəfast] ADJ preconceived

vorgefertigt [ˈfoːrgəfɛrtɪçt] ADJ prefabricated

Vorgefühl [ˈfoːrgəfyːl] NT anticipation; (*etwas Böses*) presentiment

⋆ **vor|gehen** [ˈfoːrgeːən] *unreg* VI (*voraus*) to go (on) ahead; (*nach vorn*) to go forward; (*handeln*) to act, to proceed; (*Uhr*) to be fast; (*Vorrang haben*) to take precedence; (*passieren*) to go on

Vorgehen (**-s**) NT action

Vorgehensweise F proceedings *pl*

vorgerückt [ˈfoːrgərʏkt] ADJ (*Stunde*) late; (*Alter*) advanced

Vorgeschichte [ˈfoːrgəʃɪçtə] F prehistory; (*von Fall, Krankheit*) past history

Vorgeschmack [ˈfoːrgəʃmak] M foretaste

Vorgesetzte(r) [ˈfoːrgəzɛtstə(r)] F(M) superior

V

★**vorgestern** [ˈfo:rgɛstərn] ADV the day before yesterday; **von ~** (*fig*) antiquated

vor|greifen [ˈfo:rgraɪfən] *unreg* VI *+dat* to anticipate; **jdm ~** to forestall sb

★**vor|haben** [ˈfo:rha:bən] *unreg* VT to intend; **hast du schon was vor?** have you got anything on?

★**Vorhaben (-s, -)** NT intention

Vorhalle [ˈfo:rhalə] F (*Diele*) entrance hall; (*von Parlament*) lobby

vor|halten [ˈfo:rhaltən] *unreg* VT to hold *od* put up ▸VI to last; **jdm etw ~** to reproach sb for sth

Vorhaltung F reproach

Vorhand [ˈfo:rhant] F forehand

vorhanden [fo:rˈhandən] ADJ existing; (*erhältlich*) available; **Vorhandensein (-s)** NT existence, presence

★**Vorhang** [ˈfo:rhaŋ] M curtain

Vorhängeschloss [ˈfo:rhɛŋəʃlɔs] NT padlock

Vorhaut [ˈfo:rhaʊt] F (*Anat*) foreskin

★**vorher** [fo:rˈhe:r] ADV before(hand); **zwei Tage ~** two days before; **vorher|bestimmen** VT (*Schicksal*) to preordain; **vorher|gehen** *unreg* VI to precede

vorherig [fo:rˈhe:rɪç] ADJ previous

Vorherrschaft [ˈfo:rhɛrʃaft] F predominance, supremacy

vor|herrschen VI to predominate

vorher- ZW: **Vorhersage** F forecast; **vorher|sagen** VT to forecast, to predict; **vorhersehbar** ADJ predictable; **vorher|sehen** *unreg* VT to foresee

vorhin [fo:rˈhɪn] ADV not long ago, just now

Vorhinein [ˈfo:rhɪnaɪn] ADV: **im ~** beforehand

Vorhof [ˈfo:rho:f] M forecourt

★**vorig** [ˈfo:rɪç] ADJ previous, last

vorinstalliert [ˈfo:rinstaˈli:rt] ADJ preinstalled

Vorjahr [ˈfo:rja:r] NT previous year, year before

vorjährig [ˈfo:rjɛ:rɪç] ADJ of the previous year

vor|jammern [ˈfo:rjamərn] VT, VI: **jdm (etwas) ~** to moan to sb (about sth)

Vorkämpfer(in) [ˈfo:rkɛmpfər(ɪn)] M(F) pioneer

Vorkaufsrecht [ˈfo:rkaufsrɛçt] NT option to buy

Vorkehrung [ˈfo:rke:rʊŋ] F precaution

Vorkenntnis [ˈfo:rkɛntnɪs] F previous knowledge

vor|knöpfen [ˈfo:rknœpfən] VT (*fig: umg*): **sich** *dat* **jdn ~** to take sb to task

vor|kommen [ˈfo:rkɔmən] *unreg* VI to come forward; (*geschehen, sich finden*) to occur; (*scheinen*) to seem (to be); **so was soll ~!** that's life!; **sich** *dat* **dumm** *etc* **~** to feel stupid *etc*

Vorkommen NT occurrence; (*Min*) deposit

Vorkommnis [ˈfo:rkɔmnɪs] **(-ses, -se)** NT occurrence

Vorkriegs- [ˈfo:rkri:ks] IN ZW pre-war

vor|laden [ˈfo:rla:dən] *unreg* VT (*bei Gericht*) to summons

Vorladung F summons

Vorlage [ˈfo:rla:gə] F model, pattern; (*das Vorlegen*) presentation; (*von Beweismaterial*) submission; (*Gesetzesvorlage*) bill; (*Sport*) pass

vor|lassen [ˈfo:rlasən] *unreg* VT to admit; (*überholen lassen*) to let pass; (*vorgehen lassen*) to allow to go in front

Vorlauf [ˈfo:rlauf] M (preliminary) heat (*of running event*)

Vorläufer M forerunner

vorläufig [ˈfo:rlɔʏfɪç] ADJ temporary; (*provisorisch*) provisional

vorlaut [ˈfo:rlaʊt] ADJ impertinent, cheeky

Vorleben [ˈfo:rle:bən] NT past (life)

vor|legen [ˈfo:rle:gən] VT to put in front, to present; (*Beweismaterial etc*) to produce, to submit; **jdm etw ~** to put sth before sb

Vorleger (-s, -) M mat

Vorleistung [ˈfo:rlaɪstʊŋ] F (*Fin: Vorausbezahlung*) advance (payment); (*Vorarbeit*) preliminary work; (*Pol*) prior concession

vor|lesen [ˈfo:rle:zən] *unreg* VT to read (out)

Vorlesung F (*Univ*) lecture

Vorlesungsverzeichnis NT lecture timetable

vorletzte(r, s) [ˈfo:rlɛtstə(r, s)] ADJ last but one, penultimate

Vorliebe [ˈfo:rli:bə] F preference, special liking; **etw mit ~ tun** to particularly like doing sth

vorlieb|nehmen [fo:rˈli:p-] *unreg* VI: **~ mit** to make do with

vor|liegen [ˈfo:rli:gən] *unreg* VI to be (here); **etw liegt jdm vor** sb has sth; **etw liegt gegen jdn vor** sb is charged with sth

vorliegend ADJ present, at issue

vorm. ABK (= *vormittags*) a.m.; (= *vormals*) formerly

vor|machen [ˈfo:rmaxən] VT: **jdm etw ~** to show sb how to do sth; **jdm etw ~** (*fig*) to fool sb; **mach mir doch nichts vor** don't try and fool me

Vormachtstellung [ˈfo:rmaxtʃtɛlʊŋ] F supremacy

vormals [ˈfo:rmals] ADV formerly

Vormarsch [ˈfo:rmarʃ] M advance

vor|merken [ˈfo:rmɛrkən] VT to book; (*notieren*) to make note of; (*bei Bestellung*) to take an order for

★**Vormittag** [ˈfo:rmɪta:k] M morning; **am ~** in the morning

★**vormittags** ADV in the morning, before noon

Vormund [ˈfo:rmʊnt] **(-(e)s, -e** *od* **-münder)** M guardian

★**vorn** [fɔrn] ADV in front; **von ~ anfangen** to start at the beginning; **nach ~** to the front; **er betrügt sie von ~ bis hinten** he deceives her right, left and centre

★**Vorname** [ˈfo:rna:mə] M first *od* Christian name

vornan [fɔrnˈ|an] ADV at the front

vorne [ˈfɔrnə] = **vorn**

vornehm [ˈfo:rne:m] ADJ distinguished; (*Manieren etc*) refined; (*Kleid*) elegant; **in vornehmen Kreisen** in polite society

vor|nehmen *unreg* VT (*fig*) to carry out; **sich** *dat* **etw ~** to start on sth; (*beschließen*) to decide to do sth; **sich** *dat* **zu viel ~** to take on too much; **sich** *dat* **jdn ~** to tell sb off

vornehmlich ADV chiefly, specially

vorneweg [ˈfɔrnəvɛk], **vornweg** [ˈfɔrnvɛk] ADV in front; (*als Erstes*) first

vornherein [ˈfɔrnhɛraɪn] ADV: **von ~** from the start

Vorort [ˈfo:r|ɔrt] M suburb; **Vorortzug** M commuter train

vorprogrammiert [ˈfo:rprogrami:rt] ADJ (*Erfolg, Antwort*) automatic

Vorrang [ˈfo:rraŋ] M precedence, priority

vorrangig ADJ of prime importance, primary

Vorrat [ˈfo:rra:t] M stock, supply; **solange der ~ reicht** (*Comm*) while stocks last

vorrätig [ˈfo:rrɛ:tɪç] ADJ in stock

Vorratskammer F store cupboard; (*für Lebensmittel*) larder

Vorraum M anteroom; (*Büro*) outer office

vor|rechnen [ˈfo:rrɛçnən] VT: **jdm etw ~** to calculate sth for sb; (*als Kritik*) to point sth out to sb

Vorrecht [ˈfo:rrɛçt] NT privilege

Vorrede [ˈfo:rre:də] F introductory speech; (*Theat*) prologue (BRIT), prolog (US)

Vorrichtung [ˈfo:rrɪçtʊŋ] F device, gadget

vor|rücken [ˈfo:rrʏkən] VI to advance ▸ VT to move forward

Vorruhestand [ˈfo:rru:əʃtant] M early retirement

Vorrunde [ˈfo:rrʊndə] F (*Sport*) preliminary round

Vors. ABK = **Vorsitzende**

vor|sagen [ˈfo:rza:gən] VT to recite; (*Sch: zuflüstern*) to tell secretly, to prompt

Vorsaison [ˈfo:rzɛzõ:] F early season, low season

Vorsatz [ˈfo:rzats] M intention; (*Jur*) intent; **einen ~ fassen** to make a resolution

vorsätzlich [ˈfo:rzɛtslɪç] ADJ intentional; (*Jur*) premeditated ▸ ADV intentionally

Vorschau [ˈfo:rʃaʊ] F (*Rundf, TV*) (programme (BRIT) *od* program (US)) preview; (*Film*) trailer

Vorschein [ˈfo:rʃaɪn] M: **zum ~ kommen** (*lit: sichtbar werden*) to appear; (*fig: entdeckt werden*) to come to light

vor|schieben [ˈfo:rʃi:bən] *unreg* VT to push forward; (*vor etw*) to push across; (*fig*) to put forward as an excuse; **jdn ~** to use sb as a front

vor|schießen [ˈfo:rʃi:sən] *unreg* (*umg*) VT: **jdm Geld ~** to advance sb money

Vorschlag [ˈfo:rʃla:k] M suggestion, proposal

vor|schlagen [ˈfo:rʃla:gən] *unreg* VT to suggest, to propose

Vorschlaghammer M sledgehammer

vorschnell [ˈfo:rʃnɛl] ADJ hasty, too quick

vor|schreiben [ˈfo:rʃraɪbən] *unreg* VT (*Dosis*) to prescribe; (*befehlen*) to specify; **(jdm) etw ~** (*lit*) to write sth out (for sb); **ich lasse mir nichts ~** I won't be dictated to

Vorschrift [ˈfo:rʃrɪft] F regulation(s *pl*), rule(s *pl*); (*Anweisungen*) instruction(s *pl*); **jdm Vorschriften machen** to give sb orders; **Dienst nach ~** work-to-rule (BRIT), slowdown (*US*)

vorschriftsmäßig ADV as per regulations/instructions

Vorschub [ˈfo:rʃu:p] M: **jdm/einer Sache ~ leisten** to encourage sb/sth

Vorschule [ˈfo:rʃu:lə] F nursery school

vorschulisch [ˈfo:rʃu:lɪʃ] ADJ preschool *attrib*

Vorschuss [ˈfo:rʃʊs] M advance

vor|schützen [ˈfo:rʃʏtsən] VT to put forward as a pretext; (*Unwissenheit*) to plead

vor|schweben [ˈfo:rʃve:bən] VI: **jdm schwebt etw vor** sb has sth in mind

vor|sehen [ˈfo:rze:ən] *unreg* VT to provide for; (*planen*) to plan ▸ VR to take care, to be careful

Vorsehung F providence

vor|setzen [ˈfo:rzɛtsən] VT to move forward; (*davor setzen*): **~ vor** *+akk* to put in front of; (*anbieten*): **jdm etw ~** to offer sb sth

★**Vorsicht** [ˈfo:rzɪçt] F caution, care; **~!** look out!, take care!; (*auf Schildern*) caution!, danger!; **~ Stufe!** mind the step!; **etw mit ~ genießen** (*umg*) to take sth with a pinch of salt

★**vorsichtig** ADJ cautious, careful

vorsichtshalber ADV just in case

Vorsichtsmaßnahme F precaution

Vorsilbe [ˈfo:rzɪlbə] F prefix

vorsintflutlich [ˈfo:rzɪntflu:tlɪç] (*umg*) ADJ antiquated

Vorsitz [ˈfo:rzɪts] M chair(manship); **den ~ führen** to chair the meeting

Vorsitzende(r) F(M) chairman/-woman, chair(person)

Vorsorge [ˈfo:rzɔrgə] F precaution(s *pl*); (*Fürsorge*) provision(s *pl*)

vor|sorgen VI: **~ für** to make provision(s *pl*) for

Vorsorgeprinzip NT precautionary principle

Vorsorgeuntersuchung [ˈfo:rzɔrgə|ʊntərzu:xʊŋ] F medical check-up

vorsorglich [ˈfo:rzɔrklɪç] ADV as a precaution

Vorspann [ˈvo:rʃpan] M (*Film, TV*) opening credits *pl*; (*Presse*) opening paragraph

vor|spannen VT (*Pferde*) to harness

★**Vorspeise** [ˈfo:rʃpaɪzə] F hors d'œuvre, starter

Vorspiegelung [ˈfo:rʃpi:gəlʊŋ] F: **das ist (eine) ~ falscher Tatsachen** it's all sham

Vorspiel [ˈfo:rʃpi:l] NT prelude; (*bei Geschlechtsverkehr*) foreplay

vor|spielen VT: **jdm etw ~** (*Mus*) to play sth to sb; (*Theat*) to act sth to sb; (*fig*) to act out a sham of sth in front of sb

vor|sprechen [ˈfo:rʃprɛçən] *unreg* VT to say out loud; (*vortragen*) to recite ▸ VI (*Theat*) to audition; **bei jdm ~** to call on sb

V

vorspringend [ˈfoːrʃprɪŋənt] ADJ projecting; (*Nase, Kinn*) prominent

Vorsprung [ˈfoːrʃprʊŋ] M projection; (*Felsvorsprung*) ledge; (*fig*) advantage, start

★**Vorstadt** [ˈfoːrʃtat] F suburbs *pl*

Vorstand [ˈfoːrʃtant] M executive committee; (*Comm*) board (of directors); (*Person*) director; (*Leiter*) head

Vorstandssitzung F (*von Firma*) board meeting

Vorstandsvorsitzende(r) F(M) chairperson

vor|stehen [ˈfoːrʃteːən] *unreg* VI to project; **einer Sache** *dat* **~** (*fig*) to be the head of sth

Vorsteher(in) (**-s, -**) M(F) (*von Abteilung*) head; (*von Gefängnis*) governor; (*Bahnhofsvorsteher*) stationmaster

vorstellbar ADJ conceivable

★**vor|stellen** [ˈfoːrʃtɛlən] VT to put forward; (*vor etw*) to put in front; (*bekannt machen*) to introduce; (*darstellen*) to represent ▸ VR to introduce o.s.; (*bei Bewerbung*) to go for an interview; **sich** *dat* **etw ~** to imagine sth; **stell dir das nicht so einfach vor** don't think it's so easy

★**Vorstellung** F (*Bekanntmachen*) introduction; (*Theat etc*) performance; (*Gedanke*) idea

★**Vorstellungsgespräch** NT interview

Vorstellungsvermögen NT powers of imagination *pl*

Vorstoß [ˈfoːrʃtoːs] M advance; (*fig: Versuch*) attempt

vor|stoßen *unreg* VT, VI to push forward

Vorstrafe [ˈfoːrʃtraːfə] F previous conviction

vor|strecken [ˈfoːrʃtrɛkən] VT to stretch out; (*Geld*) to advance

Vorstufe [ˈfoːrʃtuːfə] F first step(s *pl*)

Vortag [ˈfoːrtak] M: **am ~ einer Sache** *gen* on the day before sth

Vortal [ˈfoːrtaːl] NT (*Comput*) vortal

vor|tasten [ˈfoːrtastən] VR: **sich langsam zu etw ~** to approach sth carefully

vor|täuschen [ˈfoːrtɔʏʃən] VT to pretend, to feign

Vortäuschung F: **unter ~ falscher Tatsachen** under false pretences (BRIT) *od* pretenses (*US*)

★**Vorteil** [ˈfoːrtaɪl] (**-s, -e**) M: **~ (gegenüber)** advantage (over); **im ~ sein** to have the advantage; **die Vor- und Nachteile** the pros and cons; **vorteilhaft** ADJ advantageous; (*Kleider*) flattering; (*Geschäft*) lucrative

Vortr. ABK = **Vortrag**

Vortrag [ˈfoːrtraːk] (**-(e)s, Vorträge**) M talk, lecture; (*Vortragsart*) delivery; (*von Gedicht*) rendering; (*Comm*) balance carried forward; **einen ~ halten** to give a lecture *od* talk

vor|tragen [ˈfoːrtraːgən] *unreg* VT to carry forward (*auch Comm*); (*fig*) to recite; (*Rede*) to deliver; (*Lied*) to perform; (*Meinung etc*) to express

Vortragsabend M lecture evening; (*mit Musik*) recital; (*mit Gedichten*) poetry reading

Vortragsreihe F series of lectures

vortrefflich [foːrˈtrɛflɪç] ADJ excellent

vor|treten [ˈfoːrtreːtən] *unreg* VI to step forward; (*Augen etc*) to protrude

Vortritt [ˈfoːrtrɪt] M: **jdm den ~ lassen** (*lit, fig*) to let sb go first

vorüber [foˈryːbər] ADV past, over; **vorüber|gehen** *unreg* VI to pass (by); **~ an** *+dat* (*fig*) to pass over; **vorübergehend** ADJ temporary, passing ▸ ADV temporarily, for the time being

Voruntersuchung [ˈfoːr|ʊntərzuːxʊŋ] F (*Med*) preliminary examination; (*Jur*) preliminary investigation

Vorurteil [ˈfoːr|ʊrtaɪl] NT prejudice

vorurteilsfrei ADJ unprejudiced, open-minded

Vorverkauf [ˈfoːrfɛrkaʊf] M advance booking

Vorverkaufsstelle F advance booking office

vor|verlegen [ˈfoːrfɛrleːgən] VT (*Termin*) to bring forward

Vorw. ABK = **Vorwort**

vor|wagen [ˈfoːrvaːgən] VR to venture forward

★**Vorwahl** [ˈfoːrvaːl] F preliminary election; (*Tel*) dialling (BRIT) *od* area (*US*) code

Vorwand [ˈfoːrvant] (**-(e)s, Vorwände**) M pretext

Vorwarnung [ˈfoːrvarnʊŋ] F (advance) warning

★**vorwärts** [ˈfoːrvɛrts] ADV forward; **~!** (*umg*) let's go!; (*Mil*) forward march!; *siehe auch* **vorwärtsgehen**; **vorwärtskommen**; **Vorwärtsgang** M (*Aut etc*) forward gear; **vorwärts|gehen** *unreg* VI to progress; **vorwärts|kommen** *unreg* VI to get on, to make progress

Vorwäsche F prewash

Vorwaschgang M prewash

vorweg [foːrˈvɛk] ADV in advance; **Vorwegnahme** (**-, -n**) F anticipation; **vorweg|nehmen** *unreg* VT to anticipate

vor|weisen [ˈfoːrvaɪzən] *unreg* VT to show, to produce

vor|werfen [ˈfoːrvɛrfən] *unreg* VT: **jdm etw ~** to reproach sb for sth, to accuse sb of sth; **sich** *dat* **nichts vorzuwerfen haben** to have nothing to reproach o.s. with; **das wirft er mir heute noch vor** he still holds it against me; **Tieren/Gefangenen etw ~** (*lit*) to throw sth down for the animals/prisoners

vorwiegend [ˈfoːrviːgənt] ADJ predominant ▸ ADV predominantly

vorwitzig ADJ saucy, cheeky

Vorwort [ˈfoːrvɔrt] (**-(e)s, -e**) NT preface

Vorwurf [ˈfoːrvʊrf] (**-(e)s, Vorwürfe**) M reproach; **jdm/sich Vorwürfe machen** to reproach sb/o.s.

vorwurfsvoll ADJ reproachful

Vorzeichen [ˈfoːrtsaɪçən] NT (*Omen*) omen; (*Med*) early symptom; (*Math*) sign

★**vor|zeigen** [ˈfoːrtsaɪgən] VT to show, to produce

Vorzeit [ˈfoːrtsaɪt] F prehistoric times *pl*

vorzeitig ADJ premature

vor|ziehen [ˈfoːrtsiːən] *unreg* VT to pull forward; (*Gardinen*) to draw; (*zuerst behandeln, abfertigen*) to give priority to; (*lieber haben*) to prefer

Vorzimmer [ˈfoːrtsɪmər] NT anteroom; (*Büro*) outer office

Vorzug [ˈfoːrtsuːk] M preference; (*gute Eigenschaft*) merit, good quality; (*Vorteil*) advantage; (*Eisenb*) relief train; **einer Sache** *dat* **den ~ geben** (*form*) to prefer sth; (*Vorrang geben*) to give sth precedence

vorzüglich [foːrˈtsyːklɪç] ADJ excellent, first-rate

Vorzugsaktien PL preference shares (BRIT), preferred stock (*US*)

vorzugsweise ADV preferably; (*hauptsächlich*) chiefly

Votum [ˈvoːtʊm] (**-s, Voten**) NT vote

Voyeur [voaˈjøːr] (**-s, -e**) M voyeur; **Voyeurismus** [voajøˈrɪsmʊs] M voyeurism

VP F ABK = **Verbindungsperson**

v. T. ABK (= *vom Tausend*) per thousand

vulgär [vʊlˈgɛːr] ADJ vulgar

Vulkan [vʊlˈkaːn] (**-s, -e**) M volcano; **Vulkanausbruch** M volcanic eruption

vulkanisieren [vʊlkaniˈziːrən] VT to vulcanize

v. u. Z. ABK (= *vor unserer Zeitrechnung*) B.C.

V

W, w [ve:] NT W, w; **W wie Wilhelm** ≈ W for William

w. ABK = **wenden**; **werktags**; **westlich**; (= *weiblich*) f

W. ABK (= *West(en)*) W

Waage ['va:gə] (**-, -n**) F scales *pl*; (*Astrol*) Libra; **sich** *dat* **die ~ halten** (*fig*) to balance one another; **waagerecht** ADJ horizontal

Waagschale F (scale) pan; **(schwer) in die ~ fallen** (*fig*) to carry weight

wabbelig ['vabəlıç], **wabblig** ['vablıç] ADJ wobbly

Wabe ['va:bə] (**-, -n**) F honeycomb

★**wach** [vax] ADJ awake; (*fig*) alert; **~ werden** to wake up

Wachablösung F changing of the guard; (*Mensch*) relief guard; (*fig: Regierungswechsel*) change of government

Wache (**-, -n**) F guard, watch; **~ halten** to keep watch; **~ stehen** *od* **schieben** (*umg*) to be on guard (duty)

wachen VI to be awake; (*Wache halten*) to keep watch; **bei jdm ~** to sit up with sb

wachhabend ADJ *attrib* duty

Wachhund M watchdog, guard dog; (*fig*) watchdog

Wacholder [va'xɔldər] (**-s, -**) M juniper

wach|rütteln ['vaxrytəln] VT (*fig*) to (a)rouse

Wachs [vaks] (**-es, -e**) NT wax

wachsam ['vaxza:m] ADJ watchful, vigilant, alert; **Wachsamkeit** F vigilance

★**wachsen**[1] *unreg* VI to grow

wachsen[2] VT (*Skier*) to wax

Wachsfigurenkabinett NT waxworks (exhibition)

Wachsmalstift, Wachsstift M wax crayon

wächst [vɛkst] VB *siehe* **wachsen**[2]

Wachstuch ['vakstu:x] NT oilcloth

Wachstum ['vakstu:m] (**-s**) NT growth

Wachstums- ZW: **Wachstumsbranche** F growth industry; **Wachstumsgrenze** F limits of growth; **wachstumshemmend** ADJ growth-inhibiting; **Wachstumsrate** F growth rate; **Wachstumsschmerzen** PL growing pains; **Wachstumsstörung** F disturbance of growth

Wachtel ['vaxtəl] (**-, -n**) F quail

Wächter ['vɛçtər] (**-s, -**) M guard; (*Parkwächter*) warden, keeper; (*Museumswächter, Parkplatzwächter*) attendant

Wachtmeister M officer

Wachtposten M guard, sentry

Wachtturm, Wachturm M watchtower

Wach- und Schließgesellschaft F security corps

wackelig ADJ shaky, wobbly; **auf wackeligen Beinen stehen** to be wobbly on one's legs; (*fig*) to be unsteady

Wackelkontakt M loose connection

wackeln VI (*Stuhl*) to be wobbly; (*Zahn, Schraube*) to be loose; (*fig: Position*) to be shaky; **mit den Hüften/dem Schwanz ~** to wiggle one's hips/wag its tail

wacker ['vakər] ADJ valiant, stout; **sich ~ schlagen** (*umg*) to put up a brave fight

wacklig ADJ = **wackelig**

Wade ['va:də] (**-, -n**) F (*Anat*) calf

★**Waffe** ['vafə] (**-, -n**) F weapon; **jdn mit seinen eigenen Waffen schlagen** (*fig*) to beat sb at his own game

Waffel ['vafəl] (**-, -n**) F waffle; (*Eiswaffel*) wafer

Waffen- ZW: **Waffengewalt** F: **mit ~** by force of arms; **Waffenlager** NT (*von Armee*) ordnance depot; (*von Terroristen*) cache; **Waffenschein** M firearms *od* gun licence (BRIT), firearms license (US); **Waffenschmuggel** M gunrunning, arms smuggling; **Waffenstillstand** M armistice, truce

Wagemut ['va:gəmu:t] M daring

wagen VT to risk; **es ~, etw zu tun** to dare to do sth

★**Wagen** ['va:gən] (**-s, -**) M vehicle; (*Auto*) car, automobile (US); (*Eisenb*) car, carriage (BRIT); (*Pferdewagen*) wag(g)on, cart; **Wagenführer** M driver; **Wagenheber** (**-s, -**) M jack; **Wagenpark** M fleet of cars; **Wagenrückholtaste** F (*Schreibmaschine*) carriage return (key); **Wagenrücklauf** M carriage return

Waggon [va'gõ:] (**-s, -s**) M wag(g)on; (*Güterwaggon*) goods van (BRIT), freight truck (US)

waghalsig ['va:khalzıç] ADJ foolhardy

Wagnis ['va:knıs] (**-ses, -se**) NT risk

Wagon (**-s, -s**) M = **Waggon**

★**Wahl** [va:l] (**-, -en**) F choice; (*Pol*) election; **erste ~** (*Qualität*) top quality; (*Gemüse, Eier*) grade one;

zweite ~ (*Comm*) seconds *pl*; **aus freier ~** of one's own free choice; **wer die ~ hat, hat die Qual** (*Sprichwort*) he is *od* you are *etc* spoilt for choice; **die ~ fiel auf ihn** he was chosen; **sich zur ~ stellen** (*Pol etc*) to stand (BRIT) *od* run (for parliament *etc*)

wählbar ADJ eligible

Wahl- ZW: **wahlberechtigt** ADJ entitled to vote; **Wahlbeteiligung** F poll, turnout; **Wahlbezirk** M (*Pol*) ward

wählen [ˈvɛːlən] VT to choose; (*Pol*) to elect, to vote for; (*Tel*) to dial ▶ VI to choose; (*Pol*) to vote; (*Tel*) to dial

Wähler(in) (**-s, -**) M(F) voter; **Wählerabwanderung** F voter drift; **wählerisch** ADJ choosy; **Wählerschaft** F electorate

Wahl- ZW: ★**Wahlfach** NT optional subject; **wahlfrei** ADJ: **wahlfreier Zugriff** (*Comput*) random access; **Wahlgang** M ballot; **Wahlgeschenk** NT *pre-election vote-catching gimmick*; **Wahlheimat** F country of adoption; **Wahlhelfer** M (*im Wahlkampf*) election assistant; (*bei der Wahl*) polling officer; **Wahlkabine** F polling booth; **Wahlkampf** M election campaign; **Wahlkreis** M constituency; **Wahlleiter** M returning officer; **Wahlliste** F electoral register; **Wahllokal** NT polling station; **wahllos** ADV at random; (*nicht wählerisch*) indiscriminately; **Wahlrecht** NT franchise; **allgemeines ~** universal franchise; **das aktive ~** the right to vote; **das passive ~** eligibility (for political office); **Wahlspruch** M motto; **Wahlurne** F ballot box; **wahlweise** ADV alternatively

Wählzeichen NT (*Tel*) dialling tone (BRIT), dial tone (*US*)

Wahn [vaːn] (**-(e)s**) M delusion; **Wahnsinn** M madness; **wahnsinnig** ADJ insane, mad ▶ ADV (*umg*) incredibly; **wahnwitzig** ADJ crazy *attrib* ▶ ADV terribly

wahr [vaːr] ADJ true; **da ist (et)was Wahres dran** there's some truth in that; **das darf doch nicht ~ sein!** I don't believe it; **nicht ~?** that's right, isn't it?

wahren VT to maintain, to keep

währen [ˈvɛːrən] VI to last

während PRÄP *+gen* during ▶ KONJ while; **währenddessen** ADV meanwhile

wahr- ZW: **wahrhaben** *unreg* VT: **etw nicht ~ wollen** to refuse to admit sth; **wahrhaft** ADV (*tatsächlich*) truly; **wahrhaftig** ADJ true, real ▶ ADV really

Wahrheit F truth; **die ~ sagen** to tell the truth

wahrheitsgetreu ADJ (*Bericht*) truthful; (*Darstellung*) faithful

wahr|nehmen *unreg* VT to perceive; (*Frist*) to observe; (*Veränderungen etc*) to be aware of; (*Gelegenheit*) to take; (*Interessen, Rechte*) to look after

Wahrnehmung F perception; (*von Frist*) observing; (*von Veränderungen etc*) awareness; (*von Gelegenheit*) taking; (*von Interessen, Rechten*) looking after

wahrsagen VI to predict the future, to tell fortunes

Wahrsager M fortune-teller

★**wahrscheinlich** [vaːrˈʃaɪnlɪç] ADJ probable ▶ ADV probably; **Wahrscheinlichkeit** F probability; **aller ~ nach** in all probability

Währung [ˈvɛːrʊŋ] F currency

Währungs- ZW: **Währungseinheit** F monetary unit; **Währungspolitik** F monetary policy; **Währungsraum** M currency area; **Währungsreserven** PL official reserves *pl*; **Währungsunion** F monetary union

Wahrzeichen NT (*Gebäude, Turm etc*) symbol; (*von Stadt, Verein*) emblem

Waise [ˈvaɪzə] (**-, -n**) F orphan

Waisen- ZW: **Waisenhaus** NT orphanage; **Waisenkind** NT orphan; **Waisenknabe** M: **gegen dich ist er ein ~** (*umg*) he's no match for you; **Waisenrente** F orphan's allowance

Wal [vaːl] (**-(e)s, -e**) M whale

★**Wald** [valt] (**-(e)s, Wälder**) M wood(s *pl*); (*groß*) forest; **Waldbrand** M forest fire

Wäldchen [ˈvɛltçən] NT copse, grove

Waldhorn NT (*Mus*) French horn

waldig [ˈvaldɪç] ADJ wooded

Wald- ZW: **Waldlehrpfad** M nature trail; **Waldmeister** M (*Bot*) woodruff; **Waldsterben** NT *loss of trees due to pollution*

Wald- und Wiesen- (*umg*) IN ZW common-or-garden

Waldweg M woodland *od* forest path

★**Wales** [weɪlz] NT Wales

Walfang [ˈvaːlfaŋ] M whaling

Walfisch [ˈvalfɪʃ] M whale

★**Waliser(in)** [vaˈliːzər(ɪn)] (**-s, -**) M(F) Welshman, Welshwoman

★**walisisch** ADJ Welsh

Walkman® [ˈwɔːkman] (**-s, Walkmen**) M Walkman®, personal stereo

Wall [val] (**-(e)s, Wälle**) M embankment; (*Bollwerk*) rampart

wallfahren VI UNTR to go on a pilgrimage

Wallfahrer(in) M(F) pilgrim

Wallfahrt F pilgrimage

Wallis [ˈvalɪs] (**-**) NT: **das ~** Valais

Wallone [vaˈloːnə] (**-n, -n**) M, **Wallonin** F Walloon

Walnuss [ˈvalnʊs] F walnut

Walross [ˈvalrɔs] NT walrus

walten [ˈvaltən] VI (*geh*): **Vernunft ~ lassen** to let reason prevail

Walzblech (**-(e)s**) NT sheet metal

Walze [ˈvaltsə] (**-, -n**) F (*Gerät*) cylinder; (*Fahrzeug*) roller

walzen VT to roll (out)

wälzen [ˈvɛltsən] VT to roll (over); (*Bücher*) to hunt through; (*Probleme*) to deliberate on ▶ VR to wallow; (*vor Schmerzen*) to roll about; (*im Bett*) to toss and turn

Walzer [ˈvaltsər] (**-s, -**) M waltz

Wälzer [ˈvɛltsər] (**-s, -**) (*umg*) M tome

Wampe [ˈvampə] (**-, -n**) (*umg*) F paunch

W

★**wand** *etc* [vant] VB *siehe* **winden²**
★**Wand** (-, **Wände**) F wall; (*Trennwand*) partition; (*Bergwand*) precipice; (*Felswand*) (rock) face; (*fig*) barrier; **weiß wie die ~** as white as a sheet; **jdn an die ~ spielen** to put sb in the shade; (*Sport*) to outplay sb
Wandel [ˈvandəl] (**-s**) M change; **wandelbar** ADJ changeable, variable
Wandelhalle F foyer
wandeln VT, VR to change ▸ VI (*gehen*) to walk
Wanderausstellung F touring exhibition
Wanderbühne F touring theatre (BRIT) *od* theater (US)
★**Wanderer** (**-s, -**) M, **Wanderin** F hiker, rambler
Wanderkarte F hiker's map
Wanderlied NT hiking song
★**wandern** VI to hike; (*Blick*) to wander; (*Gedanken*) to stray; (*umg: in den Papierkorb etc*) to land
Wanderpreis M challenge trophy
Wanderschaft F travelling (BRIT), traveling (US)
★**Wanderung** F walk, hike; (*von Tieren, Völkern*) migration
Wanderweg M trail, (foot)path
Wandgemälde NT mural
Wandlung F change; (*völlige Umwandlung*) transformation; (*Rel*) transubstantiation
Wand- zW: **Wandmalerei** F mural painting; **Wandschirm** M (folding) screen; ★**Wandschrank** M cupboard
wandte *etc* [ˈvantə] VB *siehe* **wenden**
Wandteppich M tapestry
Wandverkleidung F panelling
Wange [ˈvaŋə] (**-, -n**) F cheek
wankelmütig [ˈvaŋkəlmyːtɪç] ADJ fickle, inconstant
wanken [ˈvaŋkən] VI to stagger; (*fig*) to waver
★**wann** [van] ADV when; **seit ~ bist/hast du ...?** how long have you been/have you had ...?
Wanne [ˈvanə] (**-, -n**) F tub
Wanze [ˈvantsə] (**-, -n**) F (*Abhörgerät, Zool*) bug
WAP NT ABK (*Comput: = Wireless Application Protocol*) WAP
WAP-Handy NT WAP phone
Wappen [ˈvapən] (**-s, -**) NT coat of arms, crest; **Wappenkunde** F heraldry
wappnen VR (*fig*) to prepare o.s.; **gewappnet sein** to be forearmed
war *etc* [vaːr] VB *siehe* **sein**
warb *etc* [varp] VB *siehe* **werben**
Ware [ˈvaːrə] (**-, -n**) F ware ▪ **Waren** PL goods *pl*
wäre *etc* [ˈvɛːrə] VB *siehe* **sein**
Waren- zW: **Warenbestand** M stock; ★**Warenhaus** NT department store; **Warenlager** NT stock, store; **Warenmuster** NT sample; **Warenprobe** F sample; **Warenrückstände** PL backlog *sing*; **Warensendung** F trade sample (sent by post); **Warenzeichen** NT trademark
warf *etc* [varf] VB *siehe* **werfen**
warm [varm] ADJ warm; (*Essen*) hot; (*umg: homosexuell*) queer (*pej*); **mir ist ~** I'm warm; **mit jdm ~ werden** (*umg*) to get close to sb; **~ laufen** (*Aut*) to warm up; *siehe auch* **warmhalten**
Wärme [ˈvɛrmə] (**-, -n**) F warmth; **10 Grad ~** 10 degrees above zero
wärmen VT, VR to warm (up), to heat (up) ▸ VI (*Kleidung, Sonne*) to be warm
Wärmflasche F hot-water bottle
warm- zW: **Warmfront** F (*Met*) warm front; **warm|halten** *unreg* VT: **sich** *dat* **jdn ~** (*fig*) to keep in with sb; **warmherzig** ADJ warm-hearted; **Warmwassertank** M hot-water tank
Warnblinkanlage F (*Aut*) hazard warning lights *pl*
Warndreieck NT warning triangle
warnen [ˈvarnən] VT to warn
Warnstreik M token strike
★**Warnung** F warning
Warnweste [ˈvarnvɛstə] F hi-vis vest, reflective vest
Warschau [ˈvarʃau] (**-s**) NT Warsaw; **Warschauer Pakt** M Warsaw Pact
Warte (**-, -n**) F observation point; (*fig*) viewpoint
★**warten** [ˈvartən] VI to wait ▸ VT (*Auto, Maschine*) to service; **~ auf** *+akk* to wait for; **auf sich ~ lassen** to take a long time; **warte mal!** wait a minute!; (*überlegend*) let me see; **mit dem Essen auf jdn ~** to wait for sb before eating
Wärter(in) [ˈvɛrtər(ɪn)] (**-s, -**) M(F) attendant
★**Wartesaal** M (*Eisenb*) waiting room
★**Wartezimmer** NT waiting room
Wartung F (*von Auto, Maschine*) servicing; **~ und Instandhaltung** maintenance
★**warum** [vaˈrʊm] ADV why; **~ nicht gleich so!** that's better
Warze [ˈvartsə] (**-, -n**) F wart
★**was** [vas] PRON what; (*umg: etwas*) something; **das, ~ ...** that which ...; **~ für ...?** what sort *od* kind of ...?; **alles, ~ er hat** everything he's got
Wasch- zW: **Waschanlage** F (*für Autos*) car wash; **waschbar** ADJ washable; ★**Waschbecken** NT washbasin
★**Wäsche** [ˈvɛʃə] (**-, -n**) F washing; (*Bettwäsche*) linen; (*Unterwäsche*) underwear; **in der ~** in the wash; **dumm aus der ~ gucken** (*umg*) to look stupid
waschecht ADJ (*Farbe*) fast; (*fig*) genuine
Wäsche- zW: **Wäscheklammer** F clothes peg (BRIT), clothespin (US); **Wäschekorb** M dirty clothes basket; **Wäscheleine** F washing line (BRIT), clothes line (US)
★**waschen** [ˈvaʃən] *unreg* VT, VI to wash ▸ VR to (have a) wash; **sich** *dat* **die Hände ~** to wash one's hands; **~ und legen** (*Haare*) to shampoo and set
Wäscherei [vɛʃəˈraɪ] F laundry
Wäscheschleuder F spin-dryer
Wäschetrockner M tumble-drier

Wasch- zW: **Waschgang** M stage of the washing programme (BRIT) *od* program (*US*); **Waschküche** F laundry room; **Waschlappen** M face cloth *od* flannel (BRIT), washcloth (*US*); (*umg*) softy; ⋆**Waschmaschine** F washing machine; **Waschmittel** NT detergent; ⋆**Waschpulver** NT washing powder; **Waschsalon** M Launderette® (BRIT), Laundromat® (*US*); **Waschstraße** F car wash

wäscht [vɛʃt] VB *siehe* **waschen**

Waschtisch M washstand

Washington [ˈwɔʃɪŋtən] (**-s**) NT Washington

Wasser [ˈvasər] (**-s, -** *od* **Wässer**) NT *no pl* water; (*pl* **Wässer**: *Flüssigkeit*) water; (*Med*) lotion; (*Parfüm*) cologne; (*Mineralwasser*) mineral water; **~ abstoßend** water-repellent; **dort wird auch nur mit ~ gekocht** (*fig*) they're no different from anybody else (there); **ins ~ fallen** (*fig*) to fall through; **mit allen Wassern gewaschen sein** (*umg*) to be a shrewd customer; **~ lassen** (*euph*) to pass water; **jdm das ~ abgraben** (*fig*) to take the bread from sb's mouth, to take away sb's livelihood

Wässerchen NT: **er sieht aus, als ob er kein ~ trüben könnte** he looks as if butter wouldn't melt in his mouth

Wasser- zW: ⋆**wasserdicht** ADJ watertight; (*Stoff, Uhr*) waterproof; **Wasserfall** M waterfall; **Wasserfarbe** F watercolour (BRIT), watercolor (*US*); **wassergekühlt** ADJ (*Aut*) water-cooled; **Wassergraben** M (*Sport*) water jump; (*um Burg*) moat; ⋆**Wasserhahn** M tap, faucet (*US*)

wässerig [ˈvɛsərɪç] ADJ watery

Wasser- zW: **Wasserkessel** M kettle; (*Tech*) boiler; **Wasserkraft** F hydroelectric *od* water power; **Wasserkraftwerk** NT hydroelectric power station; **Wasserleitung** F water pipe; (*Anlagen*) plumbing; **wasserlöslich** ADJ water-soluble; **Wassermann** M (*Astrol*) Aquarius; **Wassermelone** F water melon

wassern VI to land on the water

wässern [ˈvɛsərn] VT, VI to water

Wasser- zW: **Wasserscheide** F watershed; **wasserscheu** ADJ afraid of water; **Wasserschutzpolizei** F (*auf Flüssen*) river police; (*im Hafen*) harbour (BRIT) *od* harbor (*US*) police; (*auf der See*) coastguard service; **Wasserski** NT water-skiing; **Wasserspiegel** M (*Oberfläche*) surface of the water; (*Wasserstand*) water level; **Wassersport** M water sports *pl*; **Wasserstand** M water level; **Wasserstoff** M hydrogen; **Wasserstoffbombe** F hydrogen bomb; **Wasserverbrauch** M water consumption; **Wasserverschmutzung** F water pollution; **Wasserwaage** F spirit level; **Wasserwelle** F shampoo and set; **Wasserwerfer** (**-s, -**) M water cannon; **Wasserwerk** NT waterworks; **Wasserzeichen** NT watermark

waten [ˈvaːtən] VI to wade

watscheln [ˈvaːtʃəln] VI to waddle

Watt[1] [vat] (**-(e)s, -en**) NT (*Geog*) mud flats *pl*

Watt[2] (**-s, -**) NT (*Elek*) watt

Watte (**-, -n**) F cotton wool (BRIT), absorbent cotton (*US*)

Wattenmeer (**-(e)s**) NT mud flats *pl*

Wattestäbchen NT cotton(-wool) swab

wattieren [vaˈtiːrən] VT to pad

⋆**WC** [veːˈtseː] (**-s, -s**) NT ABK (= *Wasserklosett*) WC

Web [wɛb] NT (*Comput*): **das ~** the Web; **im ~** on the Web

Webadresse F (*Comput*) web address

weben [ˈveːbən] *unreg* VT to weave

Weber(in) (**-s, -**) M(F) weaver

Weberei [veːbəˈraɪ] F (*Betrieb*) weaving mill

Webinar [ˈwɛbinaːr] NT (*Comput*) webinar

Webmail [ˈwɛbmeːl] NT (*Comput*) webmail

Webpage [ˈwɛbpaːgə] NT web page

⋆**Webseite** [ˈwɛbzaɪtə] F Web page, web site

Webstuhl [ˈveːpʃtuːl] M loom

⋆**Wechsel** [ˈvɛksəl] (**-s, -**) M change; (*Geldwechsel*) exchange; (*Comm*) bill of exchange; **Wechselbäder** PL alternating hot and cold baths *pl*; **Wechselbeziehung** F correlation; **Wechselforderungen** PL (*Comm*) bills receivable *pl*; **Wechselgeld** NT change; **wechselhaft** ADJ (*Wetter*) variable; **Wechselinhaber** M bearer; **Wechseljahre** PL change of life, menopause; **in die ~ kommen** to start the change; ⋆**Wechselkurs** M rate of exchange; **Wechselkursmechanismus** M Exchange Rate Mechanism, ERM

⋆**wechseln** VT to change; (*Blicke*) to exchange ▶ VI to change; (*einander ablösen*) to alternate

wechselnd ADJ changing; (*Stimmungen*) changeable; (*Winde, Bewölkung*) variable

Wechsel- zW: **wechselseitig** ADJ reciprocal; **Wechselsprechanlage** F two-way intercom; **Wechselstrom** M alternating current; ⋆**Wechselstube** F currency exchange, bureau de change; **Wechselverbindlichkeiten** PL bills payable *pl*; **wechselweise** ADV alternately; **Wechselwirkung** F interaction

⋆**wecken** [ˈvɛkən] VT to wake (up); (*fig*) to arouse; (*Bedarf*) to create; (*Erinnerungen*) to revive

⋆**Wecker** (**-s, -**) M alarm clock; **jdm auf den ~ fallen** (*umg*) to get on sb's nerves

Weckglas® NT preserving jar

Weckruf M (*Tel*) alarm call

wedeln [ˈveːdəln] VI (*mit Schwanz*) to wag; (*mit Fächer*) to fan; (*Ski*) to wedel

weder [ˈveːdər] KONJ neither; **~ ... noch ...** neither ... nor ...

⋆**weg** [vɛk] ADV away; (*los, ab*) off; **über etw** *akk* **~ sein** to be over sth; **er war schon ~** he had already left; **nichts wie** *od* **nur ~ von hier!** let's get out of here!; **~ damit!** (*mit Schere etc*) put it/them away!; **Finger ~!** hands off!

⋆**Weg** [veːk] (**-(e)s, -e**) M way; (*Pfad*) path; (*Route*) route; **sich auf den ~ machen** to be on one's way; **jdm aus dem ~ gehen** to keep out of sb's way; **jdm nicht über den ~ trauen** (*fig*) not to trust sb an inch; **den ~ des geringsten Widerstandes gehen** to follow the line of least resistance; **etw in die Wege leiten** to arrange

W

sth; **jdm Steine in den ~ legen** (*fig*) to put obstacles in sb's way; *siehe auch* **zuwege**

wegbereitend [ˈveːkbəraɪtənt] ADJ cutting-edge

Wegbereiter (**-s**, **-**) M pioneer

weg|blasen *unreg* VT to blow away; **wie weggeblasen sein** (*fig*) to have vanished

weg|bleiben *unreg* VI to stay away; **mir bleibt die Spucke weg!** (*umg*) I am absolutely flabbergasted!

★**wegen** [ˈveːgən] PRÄP (*+dat od gen*) because of; **von ~!** you must be joking!

weg- ZW: **weg|fahren** *unreg* VI to drive away; (*abfahren*) to leave; **Wegfahrsperre** F (*Aut*): **(elektronische) ~** (electronic) immobilizer; **weg|fallen** *unreg* VI to be left out; (*Ferien, Bezahlung*) to be cancelled; (*aufhören*) to cease; **weg|gehen** *unreg* VI to go away, to leave; (*umg: Ware*) to sell; **weg|hören** VI to turn a deaf ear; **weg|jagen** VT to chase away; **weg|kommen** *unreg* VI: **(bei etw) gut/schlecht ~** (*umg*) to come off well/badly (with sth); **weg|lassen** *unreg* VT to leave out; **weg|laufen** *unreg* VI to run away *od* off; **das läuft (dir) nicht weg!** (*fig hum*) that can wait; **weg|legen** VT to put aside; **weg|machen** (*umg*) VT to get rid of; **weg|müssen** *unreg* (*umg*) VI to have to go; **weg|nehmen** *unreg* VT to take away

Wegrand [ˈveːkrant] M wayside

weg- ZW: **weg|räumen** VT to clear away; **weg|schaffen** VT to clear away; **weg|schließen** *unreg* VT to lock away; **weg|schmeißen** *unreg* VT to throw away; **weg|schnappen** VT: **(jdm) etw ~** to snatch sth away (from sb); **weg|stecken** VT to put away; (*umg: verkraften*) to cope with; **weg|treten** *unreg* VI (*Mil*): **~!** dismiss!; **geistig weggetreten sein** (*umg: geistesabwesend*) to be away with the fairies; **weg|tun** *unreg* VT to put away

wegweisend [ˈveːgvaɪzənt] ADJ pioneering *attrib*, revolutionary

★**Wegweiser** [ˈveːgvaɪzər] (**-s**, **-**) M road sign, signpost; (*fig: Buch etc*) guide

Wegwerf- [ˈvɛkvɛrf] IN ZW disposable

weg- ZW: ★**weg|werfen** *unreg* VT to throw away; **wegwerfend** ADJ disparaging; **Wegwerfgesellschaft** F throw-away society; **weg|wollen** *unreg* VI (*verreisen*) to want to go away; **weg|ziehen** *unreg* VI to move away

weh [veː] ADJ sore

wehe INTERJ: **~, wenn du …** you'll regret it if you …; **~ dir!** you dare!

Wehe [ˈveːə] (**-**, **-n**) F drift

wehen VT, VI to blow; (*Fahnen*) to flutter

Wehen PL (*Med*) contractions *pl*; **in den ~ liegen** to be in labour (BRIT) *od* labor (US)

weh- ZW: **wehklagen** VI UNTR to wail; **wehleidig** ADJ oversensitive to pain; (*jammernd*) whiny, whining; **Wehmut** F melancholy; **wehmütig** ADJ melancholy

Wehr[1] [veːr] (**-(e)s**, **-e**) NT weir

Wehr[2] [veːr] (**-**, **-en**) F (*Feuerwehr*) fire brigade (BRIT) *od* department (US) ▸ IN ZW defence (BRIT), defense (US); **sich zur ~ setzen** to defend o.s.

Wehrdienst M *see note*

> **Wehrdienst** refers to military service, which was compulsory until 2011. All men over the age of 18 were conscripted and those declared fit for service had to spend nine months in the *Bundeswehr* (armed forces). Conscientious objectors were allowed to opt out of military service and could instead spend the period carrying out *Zivildienst* (community service).

Wehrdienstverweigerer M ≈ conscientious objector

wehren VR to defend o.s.

Wehr- ZW: **wehrlos** ADJ defenceless (BRIT), defenseless (US); **jdm ~ ausgeliefert sein** to be at sb's mercy; **Wehrmacht** F armed forces *pl*; **Wehrpflicht** F conscription; **wehrpflichtig** ADJ liable for military service; **Wehrübung** F reserve duty training exercise

★**weh|tun** [ˈveːtuːn] *unreg* VT: **jdm/sich ~** to hurt sb/o.s.

Wehwehchen (*umg*) NT (minor) complaint

Weib [vaɪp] (**-(e)s**, **-er**) NT woman, female (*pej*)

Weibchen NT (*Ehefrau*) little woman; (*Zool*) female

weibisch [ˈvaɪbɪʃ] ADJ effeminate

★**weiblich** ADJ feminine; (*Biol*) female

★**weich** [vaɪç] ADJ soft; (*Ei*) soft-boiled; **weiche Währung** soft currency

Weiche (**-**, **-n**) F (*Eisenb*) points *pl*; **die Weichen stellen** (*lit*) to switch the points; (*fig*) to set the course

weichen *unreg* VI to yield, to give way; **(nicht) von jdm** *od* **von jds Seite ~** (not) to leave sb's side

Weichensteller (**-s**, **-**) M pointsman

weich- ZW: **Weichheit** F softness; **Weichkäse** M soft cheese; **weichlich** ADJ soft, namby-pamby; **Weichling** M wimp; **Weichspüler** (**-s**, **-**) M fabric conditioner; **Weichteile** PL soft parts *pl*; **Weichtier** NT mollusc (BRIT), mollusk (US)

Weide [ˈvaɪdə] (**-**, **-n**) F (*Baum*) willow; (*Gras*) pasture

weiden VI to graze ▸ VR: **sich an etw** *dat* **~** to delight in sth

Weidenkätzchen NT willow catkin

weidlich [ˈvaɪtlɪç] ADV thoroughly

weigern [ˈvaɪgərn] VR to refuse

Weigerung [ˈvaɪgərʊŋ] F refusal

Weihe [ˈvaɪə] (**-**, **-n**) F consecration; (*Priesterweihe*) ordination

weihen VT to consecrate; (*widmen*) to dedicate; **dem Untergang geweiht** (*liter*) doomed

Weiher (**-s**, **-**) M pond

★**weihnachten** VI UNPERS: **es weihnachtet sehr** (*poetisch, ironisch*) Christmas is very much in evidence

★**Weihnachten** (**-**) NT Christmas; **fröhliche ~!** happy *od* merry Christmas!

weihnachtlich ADJ Christmas(sy)
Weihnachts- ZW: **Weihnachtsabend** M Christmas Eve; **Weihnachtsbaum** M Christmas tree; **Weihnachtsferien** PL Christmas holidays *pl* (BRIT), Christmas vacation *sing* (US); **Weihnachtsgeld** NT Christmas bonus; **Weihnachtsgeschenk** NT Christmas present; ⋆ **Weihnachtslied** NT Christmas carol; ⋆ **Weihnachtsmann** M Father Christmas (BRIT), Santa Claus
Weihnachtsmarkt M Christmas market

The **Weihnachtsmarkt** is a market held in most large towns in German-speaking countries in the weeks prior to Christmas. People visit it to buy presents, toys and Christmas decorations, and to enjoy the festive atmosphere. Food and drink associated with the Christmas festivities can also be eaten and drunk there, for example, gingerbread and mulled wine.

Weihnachtstag M: **(erster) ~** Christmas day; **zweiter ~** Boxing Day (BRIT)
Weihrauch M incense
Weihwasser NT holy water
weil [vaɪl] KONJ because

Es gibt mehrere englische Ausdrücke, um einen Grund zu nennen: **as**, **because**, **because of** (+ Substantiv), **due to** (+ Substantiv), **for**, **since**, **so**, **therefore**.

Weile [ˈvaɪlə] (-) F while, short time
Weiler [ˈvaɪlər] (**-s, -**) M hamlet
Weimarer Republik [ˈvaɪmarər repuˈbli:k] F Weimar Republic
Wein [vaɪn] (**-(e)s, -e**) M wine; (*Pflanze*) vine; **jdm reinen ~ einschenken** (*fig*) to tell sb the truth; **Weinbau** M cultivation of vines; **Weinbauer** M wine-grower; **Weinbeere** F grape; **Weinberg** M vineyard; **Weinbergschnecke** F snail; **Weinbrand** M brandy
weinen VT, VI to cry; **das ist zum W~** it's enough to make you cry *od* weep
weinerlich ADJ tearful
Wein- ZW: **Weingegend** F wine-growing area; **Weingeist** M (ethyl) alcohol; **Weinglas** NT wine glass; **Weingut** NT wine-growing estate; ⋆ **Weinkarte** F wine list
Weinkrampf M crying fit
Wein- ZW: **Weinlese** F vintage; ⋆ **Weinprobe** F wine tasting; **Weinrebe** F vine; **weinrot** ADJ (*Farbe*) claret; **weinselig** ADJ merry with wine; **Weinstein** M tartar; **Weinstock** M vine; ⋆ **Weinstube** F wine bar; ⋆ **Weintraube** F grape
weise [ˈvaɪzə] ADJ wise
Weise (**-, -n**) F manner, way; (*Lied*) tune; **auf diese ~** in this way
Weise(r) F(M) wise man, wise woman, sage
weisen *unreg* VT to show; **etw (weit) von sich ~** (*fig*) to reject sth (emphatically)
Weisheit [ˈvaɪshaɪt] F wisdom
Weisheitszahn M wisdom tooth
weis|machen [ˈvaɪsmaxən] VT: **er wollte uns ~, dass ...** he would have us believe that ...
⋆ **weiß**[1] [vaɪs] VB *siehe* **wissen**
weiß[2] ADJ white; **Weißblech** NT tin plate; **Weißbrot** NT white bread; **weißen** VT to whitewash; **Weißglut** F (*Tech*) incandescence; **jdn zur ~ bringen** (*fig*) to make sb see red; **Weißkohl** M (white) cabbage
Weißrussland NT B(y)elorussia
weißt [vaɪst] VB *siehe* **wissen**
Weiß- ZW: **Weißwandtafel** F whiteboard; **interaktive ~** interactive whiteboard; **Weißwaren** PL linen *sing*; ⋆ **Weißwein** M white wine; **Weißwurst** F veal sausage
Weisung [ˈvaɪzʊŋ] F instruction
⋆ **weit** [vaɪt] ADJ wide; (*Begriff*) broad; (*Reise, Wurf*) long ▸ ADV far; **~ blickend** far-seeing; **~ hergeholt** far-fetched; **~ reichend** (*fig*) far-reaching; **~ verbreitet** widespread; **~ verzweigt** = **weitverzweigt**; **in weiter Ferne** in the far distance; **wie ~ ist es ...?** how far is it ...?; **das geht zu ~** that's going too far; **~ und breit** for miles around; **~ gefehlt!** far from it!; **es so ~ bringen, dass ...** to bring it about that ...; **~ zurückliegen** to be far behind; **von Weitem** from a long way off; **weitab** ADV: **~ von** far (away) from; **weitaus** ADV by far; **Weitblick** M (*fig*) far-sightedness; **weitblickend** ADJ far-seeing
Weite (**-, -n**) F width; (*Raum*) space; (*von Entfernung*) distance
weiten VT, VR to widen
⋆ **weiter** [ˈvaɪtər] ADJ wider; (*zusätzlich*) further ▸ ADV further; **wenn es ~ nichts ist, ...** well, if that's all (it is), ...; **das hat ~ nichts zu sagen** that doesn't really matter; **immer ~** on and on; (*Anweisung*) keep on (going); **und so ~** and so on; **~ nichts/niemand** nothing/nobody else; **weiter|arbeiten** VI to go on working; ⋆ **weiter|bilden** VR to continue one's studies; ⋆ **Weiterbildung** F further education
Weitere(s) NT further details *pl*; **bis auf Weiteres** for the time being; **ohne Weiteres** without further ado, just like that
weiter- ZW: **weiter|empfehlen** *unreg* VT to recommend (to others); **weiter|erzählen** VT (*Geheimnis*) to pass on; **Weiterfahrt** F continuation of the journey; **weiterführend** ADJ (*Schule*) secondary (BRIT), high (US); **weiter|gehen** *unreg* VI to go on; **weiterhin** ADV: **etw ~ tun** to go on doing sth; **weiter|kommen** *unreg* VI: **nicht ~** (*fig*) to be bogged down; **weiter|leiten** VT to pass on; ⋆ **weiter|machen** VT, VI to continue; **weiter|reisen** VI to continue one's journey; **weiter|sagen** VT: **nicht ~!** don't tell anyone!; **weiter|sehen** *unreg* VI: **dann sehen wir weiter** then we'll see; **weitertwittern** VI (*auf Twitter*) to retweet; **weiter|verarbeiten** VT to process; **weiter|wissen** *unreg* VI: **nicht (mehr) ~** (*verzweifelt sein*) to be at one's wits' end
weit- ZW: **weitgehend** ADJ considerable ▸ ADV largely; **weithin** ADV widely; (*weitgehend*) to a large extent; **weitläufig** ADJ (*Gebäude*) spacious; (*Erklärung*) lengthy; (*Verwandter*) distant; **weitreichend** ADJ (*fig*) far-reaching;

W

weitschweifig ADJ long-winded; **weitsichtig** ADJ (*lit*) long-sighted (*BRIT*), far-sighted (*US*); (*fig*) far-sighted; **Weitsprung** M long jump; **weitverbreitet** ADJ widespread; **weitverzweigt** ADJ (*Straßensystem*) extensive; **Weitwinkelobjektiv** NT (*Phot*) wide-angle lens

Weizen [ˈvaɪtsən] (**-s, -**) M wheat; **Weizenbier** NT *light, fizzy wheat beer*; **Weizenkeime** PL (*Koch*) wheatgerm *sing*

welch [vɛlç] PRON: **~ ein(e) ...** what a ...

welche(r, s)

INTERROG PRON which; **welcher von beiden?** which (one) of the two?; **welchen hast du genommen?** which (one) did you take?; **welche Freude!** what joy!

▶ INDEF PRON some; (*in Fragen*) any; **ich habe welche** I have some; **haben Sie welche?** do you have any?

▶ REL PRON (*bei Menschen*) who; (*bei Sachen*) which, that; **welche(r, s) auch immer** whoever/whichever/whatever

welk [vɛlk] ADJ withered; **welken** VI to wither

Wellblech NT corrugated iron

★**Welle** [ˈvɛlə] (**-, -n**) F wave; (*Tech*) shaft; **(hohe) Wellen schlagen** (*fig*) to create (quite) a stir

Wellen- ZW: **Wellenbereich** M waveband; **Wellenbrecher** M breakwater; **Wellengang** M: **starker ~** heavy sea(s) *od* swell; **Wellenlänge** F (*lit, fig*) wavelength; **mit jdm auf einer ~ sein** (*fig*) to be on the same wavelength as sb; **Wellenlinie** F wavy line

★**Wellensittich** M budgerigar

Wellpappe F corrugated cardboard

Welpe [ˈvɛlpə] (**-n, -n**) M pup, whelp; (*von Wolf etc*) cub

★**Welt** [vɛlt] (**-, -en**) F world; **auf der ~** in the world; **aus der ~ schaffen** to eliminate; **in aller ~** all over the world; **vor aller ~** in front of everybody; **auf die ~ kommen** to be born; **Weltall** NT universe; **Weltanschauung** F philosophy of life; **weltberühmt** ADJ world-famous; **weltbewegend** ADJ world-shattering; **Weltbild** NT conception of the world; (*jds Ansichten*) philosophy

Weltenbummler(in) M(F) globetrotter

Weltergewicht [ˈvɛltərgəvɪçt] NT (*Sport*) welterweight

weltfremd ADJ unworldly

Weltgesundheitsorganisation F World Health Organization

Welt- ZW: **weltgewandt** ADJ sophisticated; **Weltkirchenrat** M World Council of Churches; **Weltkrieg** M world war; **weltlich** ADJ worldly; (*nicht kirchlich*) secular; **Weltliteratur** F world literature; **Weltmacht** F world power; **weltmännisch** ADJ sophisticated; **Weltmeister** M world champion; **Weltmeisterschaft** F world *od* world's (*US*) championship; (*Fussball etc*) World Cup; **Weltrang** M: **von ~** world-famous; **Weltraum** M space; **Weltraumforschung** F space research; **Weltraumstation** F space station; **Weltreise** F trip round the world; **Weltrekord** M world record; **Weltruf** M world-wide reputation; **Weltsicherheitsrat** M (*Pol*) United Nations Security Council; **Weltstadt** F metropolis; **Weltuntergang** M (*lit, fig*) end of the world; **weltweit** ADJ world-wide; **Weltwirtschaft** F world economy; **Weltwirtschaftskrise** F world economic crisis; **Weltwunder** NT wonder of the world

★**wem** [veːm] DAT *von* **wer** ▶ PRON to whom

★**wen** [veːn] AKK *von* **wer** ▶ PRON whom

Wende [ˈvɛndə] (**-, -n**) F turn; (*Veränderung*) change; **die ~** (*Pol*) (the) reunification (of Germany); **Wendekreis** M (*Geog*) tropic; (*Aut*) turning circle

Wendeltreppe F spiral staircase

wenden *unreg* VT, VI, VR to turn; **bitte ~!** please turn over; **sich an jdn ~** to go/come to sb

Wendepunkt M turning point

wendig ADJ (*lit, fig*) agile; (*Auto etc*) manoeuvrable (*BRIT*), maneuverable (*US*)

Wendung F turn; (*Redewendung*) idiom

★**wenig** [ˈveːnɪç] ADJ, ADV little; **ein ~** a little; **er hat zu ~ Geld** he doesn't have enough money; **ein Exemplar zu ~** one copy too few

Im Englischen wird *wenig* durch **little** (+ Subst. Sing.) oder **few** (+ Subst. Plur.) eher schriftlich ausgedrückt. Mündlich verwendet man oft **not much** oder **not many** *nicht viel/viele*:

Sie hat nicht viel Zeit. **She doesn't have much time.**

Ich war nur in wenigen Ländern. **I have not been to many countries.**

wenige [ˈveːnɪgə] PL few *pl*; **in wenigen Tagen** in (just) a few days

weniger ADJ less; (*mit pl*) fewer ▶ ADV less

Wenigkeit F trifle; **meine ~** (*umg*) little me

wenigste(r, s) ADJ least

★**wenigstens** ADV at least

★**wenn** [vɛn] KONJ if; (*zeitlich*) when; **~ auch ...** even if ...; **~ ich doch ...** if only I ...; **~ wir erst die neue Wohnung haben** once we get the new flat

★**Wenn** NT: **ohne ~ und Aber** unequivocally

wennschon ADV: **na ~!** so what?; **~, dennschon!** in for a penny, in for a pound!

★**wer** [veːr] PRON who; **~ von euch?** which (one) of you?

Werbe- ZW: ★**Werbeagentur** F advertising agency; **Werbeaktion** F advertising campaign; **Werbeantwort** F business reply card; **Werbebanner** NT banner; **Werbefernsehen** NT commercial television; **Werbefilm** M promotional film; **Werbegeschenk** NT promotional gift, freebie (*umg*); (*zu Gekauftem*) free gift; **Werbegrafiker(in)** M(F) commercial artist; **Werbekampagne** F advertising campaign

werben [ˈvɛrbən] *unreg* VT to win; (*Mitglied*) to recruit ▶ VI to advertise; **um jdn/etw ~** to try to win sb/sth; **für jdn/etw ~** to promote sb/sth

Werbe- zW: ⋆**Werbespot** M commercial; **Werbetexter** (**-s**, **-**) M copywriter; **Werbetrommel** F: **die ~ (für etw) rühren** (*umg*) to beat the big drum (for sth); **werbewirksam** ADJ: **~ sein** to be good publicity

Werbung F advertising; (*von Mitgliedern*) recruitment; (*TV etc: Werbeblock*) commercial break; **~ um jdn/etw** promotion of sb/sth

Werbungskosten PL professional *od* business expenses *pl*

Werdegang [ˈveːrdəgaŋ] M development; (*beruflich*) career

werden [ˈveːrdən]

(*pt* **wurde**, *pp* **geworden** *od bei Passiv* **worden**) VI to become; **was ist aus ihm/aus der Sache geworden?** what became of him/it?; **es ist nichts/gut geworden** it came to nothing/turned out well; **es wird Nacht/Tag** it's getting dark/light; **es wird bald ein Jahr, dass ...** it's almost a year since ...; **er wird am 8. Mai 36** he will be 36 on the 8th May; **mir wird kalt** I'm getting cold; **mir wird schlecht** I feel ill; **Erster werden** to come *od* be first; **das muss anders werden** that will have to change; **rot/zu Eis werden** to turn red/to ice; **was willst du (mal) werden?** what do you want to be?; **die Fotos sind gut geworden** the photos turned out well

▶ HILFSVERB **1** (*bei Futur*): **er wird es tun** he will *od* he'll do it; **er wird das nicht tun** he will not *od* he won't do it; **es wird gleich regnen** it's going to rain any moment

2 (*bei Konjunktiv*): **ich würde ...** I would ...; **er würde gern ...** he would *od* he'd like to ...; **ich würde lieber ...** I would *od* I'd rather ...

3 (*bei Vermutung*): **sie wird in der Küche sein** she will be in the kitchen

4 (*bei Passiv*): **gebraucht werden** to be used; **er ist erschossen worden** he has *od* he's been shot; **mir wurde gesagt, dass ...** I was told that ...

werdend ADJ: **werdende Mutter** expectant mother

werfen [ˈvɛrfən] *unreg* VT to throw ▶ VI (*Tier*) to have its young; **„nicht ~"** "handle with care"

Werft [vɛrft] (**-**, **-en**) F shipyard; (*für Flugzeuge*) hangar

Werk [vɛrk] (**-(e)s**, **-e**) NT work; (*Tätigkeit*) job; (*Fabrik, Mechanismus*) works *pl*; **ans ~ gehen** to set to work; **das ist sein ~** this is his doing; **ab ~** (*Comm*) ex works

werkeln [ˈvɛrkəln] (*umg*) VI to potter about (BRIT), to putter around (US)

Werken (**-s**) NT (*Sch*) handicrafts *pl*

Werkschutz M works security service

Werksgelände NT factory premises *pl*

Werk- zW: ⋆**Werkstatt** (**-**, **-stätten**) F workshop; (*Aut*) garage; **Werkstoff** M material; **Werkstudent** M self-supporting student; ⋆**Werktag** M working day; ⋆**werktags** ADV on working days; **werktätig** ADJ working; **Werkzeug** NT tool; **Werkzeugkasten** M toolbox; **Werkzeugmaschine** F machine tool; **Werkzeugschrank** M tool chest

Wermut [ˈveːrmuːt] (**-(e)s**, **-s**) M wormwood; (*Wein*) vermouth

Wermutstropfen M (*fig*) drop of bitterness

⋆**wert** [veːrt] ADJ worth; (*geschätzt*) dear; (*würdig*) worthy; **das ist nichts/viel ~** it's not worth anything/it's worth a lot; **das ist es/er mir ~** it's/he's worth that to me; **ein Auto ist viel ~** (*nützlich*) a car is very useful

Wert [veːrt] (**-(e)s**, **-e**) M worth; (*Fin*) value; **~ legen auf** +*akk* to attach importance to; **es hat doch keinen ~** it's useless; **im Werte von** to the value of

Wertangabe F declaration of value

wertbeständig ADJ stable in value

werten VT to rate; (*beurteilen*) to judge; (*Sport: als gültig werten*) to allow; **~ als** to rate as; (*beurteilen*) to judge to be

Wert- zW: **Wertgegenstand** M article of value; ⋆**wertlos** ADJ worthless; **Wertlosigkeit** F worthlessness; **Wertmaßstab** M standard; **Wertpapier** NT security; **faule Wertpapiere** toxic asset(s); **Wertsteigerung** F appreciation; **Wertstoff** M recyclable waste

Wertung F (*Sport*) score

Wert- zW: ⋆**wertvoll** ADJ valuable; **Wertvorstellung** F moral concept; **Wertzuwachs** M appreciation

Wesen [ˈveːzən] (**-s**, **-**) NT (*Geschöpf*) being; (*Natur, Character*) nature

wesentlich ADJ significant; (*beträchtlich*) considerable; **im Wesentlichen** essentially; (*im Großen*) in the main

weshalb [vɛsˈhalp] ADV why

⋆**Wespe** [ˈvɛspə] (**-**, **-n**) F wasp

wessen [ˈvɛsən] GEN *von* **wer** ▶ PRON whose

Wessi [ˈvɛsɪ] (**-s**, **-s**) (*umg*) M West German

A **Wessi** is a colloquial and often derogatory word used to describe a German from the former West Germany.

West- zW: **westdeutsch** ADJ West German; **Westdeutsche(r)** F(M) West German; **Westdeutschland** NT (*Pol: früher*) West Germany; (*Geog*) Western Germany

Weste [ˈvɛstə] (**-**, **-n**) F waistcoat, vest (*US*); **eine reine ~ haben** (*fig*) to have a clean slate

⋆**Westen** (**-s**) M west

Westentasche F: **etw wie seine ~ kennen** (*umg*) to know sth like the back of one's hand

Westerwald [ˈvɛstərvalt] (**-s**) M Westerwald (Mountains *pl*)

Westeuropa NT Western Europe

westeuropäisch [ˈvɛst|ɔyroˈpɛːɪʃ] ADJ West(ern) European; **westeuropäische Zeit** Greenwich Mean Time

Westfale [vɛstˈfaːlə] (**-n**, **-n**) M Westphalian

Westfalen (**-s**) NT Westphalia

Westfälin [vɛstˈfɛːlɪn] F Westphalian

westfälisch ADJ Westphalian

Westindien [ˈvɛst|ɪndiən] **(-s)** NT West Indies *pl*
westindisch ADJ West Indian; **die Westindischen Inseln** the West Indies
west- ZW: ★ **westlich** ADJ western ▶ ADV to the west; **Westmächte** PL (*Pol: früher*): **die ~** the Western powers *pl*; **westwärts** ADV westwards
weswegen [vɛsˈveːɡən] ADV why
wett [vɛt] ADJ even; **~ sein** to be quits
★ **Wettbewerb** M competition
Wettbewerbsbeschränkung F restraint of trade
wettbewerbsfähig ADJ competitive
Wettbüro NT betting office
Wette (-, -n) F bet, wager; **eine ~ abschließen** to make a bet; **um die ~ laufen** to run a race (with each other)
Wetteifer M rivalry
wetteifern VI UNTR: **mit jdm um etw ~** to compete with sb for sth
wetten [ˈvɛtən] VT, VI to bet; **ich wette mit dir um 50 Euro** I'll bet you 50 euros; **so haben wir nicht gewettet!** that's not part of the bargain!
★ **Wetter** [ˈvɛtər] **(-s, -)** NT weather; (*Min*) air; **Wetteramt** NT meteorological office; **Wetteraussichten** PL weather outlook *sing*; ★ **Wetterbericht** M weather report; **Wetterdienst** M meteorological service; **wetterfest** ADJ weatherproof; **wetterfühlig** ADJ sensitive to changes in the weather; **Wetterkarte** F weather chart; ★ **Wetterlage** F (weather) situation
wettern [ˈvɛtərn] VI to curse and swear
Wetter- ZW: **Wetterumschlag** M sudden change in the weather; ★ **Wettervorhersage** F weather forecast; **Wetterwarte** F weather station; **wetterwendisch** ADJ capricious
Wett- ZW: ★ **Wettkampf** M contest; **Wettlauf** M race; **ein ~ mit der Zeit** a race against time
wett|machen VT to make good
Wett- ZW: **Wettrennen** NT race; **Wettrüsten** NT arms race; **Wettspiel** NT match; **Wettstreit** M contest
wetzen [ˈvɛtsən] VT to sharpen ▶ VI (*umg*) to scoot
WEZ ABK (= *westeuropäische Zeit*) GMT
WG ABK = **Wohngemeinschaft**
Whirlpool® [ˈvœrlpuːl] **(-s, -s)** M jacuzzi®
Whisky [ˈvɪski] **(-s, -s)** M whisky (BRIT), whiskey (US, IRELAND)
WHO (-) F ABK (= *World Health Organization*) WHO
wich *etc* [vɪç] VB *siehe* **weichen**
wichsen [ˈvɪksən] VT (*Schuhe*) to polish ▶ VI (*!: onanieren*) to jerk *od* toss off (*!*)
Wichser (*!*) M wanker (*!*)
Wicht [vɪçt] **(-(e)s, -e)** M titch; (*pej*) worthless creature
★ **wichtig** ADJ important; **sich selbst/etw (zu) ~ nehmen** to take o.s./sth (too) seriously; **Wichtigkeit** F importance; **Wichtigtuer(in)** (*pej*) M(F) pompous ass (*umg*)
Wicke [ˈvɪkə] **(-, -n)** F (*Bot*) vetch; (*Gartenwicke*) sweet pea
Wickelkleid NT wrap-around dress
wickeln [ˈvɪkəln] VT to wind; (*Haare*) to set; (*Kind*) to change; **da bist du schief gewickelt!** (*fig: umg*) you're very much mistaken; **jdn/etw in etw** *akk* **~** to wrap sb/sth in sth
Wickeltisch M baby's changing table
Widder [ˈvɪdər] **(-s, -)** M ram; (*Astrol*) Aries
wider [ˈviːdər] PRÄP +*akk* against
widerfahren *unreg* VI UNTR: **jdm ~** to happen to sb
Widerhaken [ˈviːdərhaːkən] M barb
Widerhall [ˈviːdərhal] M echo; **keinen ~ (bei jdm) finden** (*Interesse*) to meet with no response (from sb)
widerlegen VT UNTR to refute
widerlich [ˈviːdərlɪç] ADJ disgusting, repulsive; **Widerlichkeit** F repulsiveness
widerrechtlich ADJ unlawful
Widerrede F contradiction; **keine ~!** don't argue!
Widerruf [ˈviːdərruːf] M retraction; (*von Befehl*) countermanding; **bis auf ~** until revoked
widerrufen *unreg* VT UNTR to retract; (*Anordnung*) to revoke; (*Befehl*) to countermand
Widersacher(in) [ˈviːdərzaxər(ɪn)] **(-s, -)** M(F) adversary
widersetzen VR UNTR: **sich jdm ~** to oppose sb; (*der Polizei*) to resist sb; **sich einer Sache ~** to oppose sth; (*einem Befehl*) to refuse to comply with sth
widerspenstig [ˈviːdərʃpɛnstɪç] ADJ wilful (BRIT), willful (US); **Widerspenstigkeit** F wilfulness (BRIT), willfulness (US)
wider|spiegeln [ˈviːdərʃpiːɡəln] VT to reflect
widersprechen *unreg* VI UNTR: **jdm ~** to contradict sb
widersprechend ADJ contradictory
Widerspruch [ˈviːdərʃprʊx] M contradiction; **ein ~ in sich** a contradiction in terms
widersprüchlich [ˈviːdərʃprʏçlɪç] ADJ contradictory, inconsistent
widerspruchslos ADV without arguing
Widerstand [ˈviːdərʃtant] M resistance; **der Weg des geringsten Widerstandes** the line of least resistance; **jdm/etw ~ leisten** to resist sb/sth
Widerstands- ZW: **Widerstandsbewegung** F resistance (movement); **widerstandsfähig** ADJ resistant, tough; **widerstandslos** ADJ unresisting
widerstehen *unreg* VI UNTR: **jdm/etw ~** to withstand sb/sth
widerstreben VI UNTR: **es widerstrebt mir, so etwas zu tun** I am reluctant to do anything like that
widerstrebend ADJ reluctant; (*gegensätzlich*) conflicting
Wider- ZW: **Widerstreit** M conflict; **widerwärtig** ADJ nasty, horrid; **Widerwille** M: **~ (gegen)** aversion (to); (*Abneigung*) distaste (for); (*Widerstreben*) reluctance; ★ **widerwillig** ADJ unwill-

ing, reluctant; **Widerworte** PL answering back *sing*

Widget ['vɪdʒɪt] NT (*Comput*) widget

widmen ['vɪtmən] VT to dedicate ▶ VR to devote o.s.

Widmung F dedication

widrig ['vi:drɪç] ADJ (*Umstände*) adverse; (*Mensch*) repulsive

wie [vi:]

ADV how; **wie groß/schnell?** how big/fast?; **wie viel** how much; **wie viele Menschen** how many people; **wie wärs?** how about it?; **wie wärs mit einem Whisky?** (*umg*) how about a whisky?; **wie nennt man das?** what is that called?; **wie ist er?** what's he like?; **wie gut du das kannst!** you're very good at it; **wie bitte?** pardon? (BRIT), pardon me? (US); (*entrüstet*) I beg your pardon!; **und wie!** and how!; **wie weit** to what extent

▶ KONJ 1 (*bei Vergleichen*): **so schön wie ...** as beautiful as ...; **wie ich schon sagte** as I said; **wie noch nie** as never before; **wie du** like you; **singen wie ein ...** to sing like a ...; **wie (zum Beispiel)** such as (for example)

2 (*zeitlich*): **wie er das hörte, ging er** when he heard that he left; **er hörte, wie der Regen fiel** he heard the rain falling

★**wieder** ['vi:dər] ADV again; **~ da sein** to be back (again); **gehst du schon ~?** are you off again?; **~ ein(e) ...** another ...; **das ist auch ~ wahr** that's true enough; **da sieht man mal ~ ...** it just shows ...

wieder- ZW: **Wiederaufbau** [-'|aufbau] M rebuilding; **wiederauf|bereiten** VT to recycle; (*Atommüll*) to reprocess; **Wiederaufbereitungsanlage** F reprocessing plant; **Wiederaufnahme** [-'|aufna:mə] F resumption; **wiederauf|nehmen** *unreg* VT to resume; (*Gedanken, Hobby*) to take up again; (*Thema*) to revert to; (*Jur: Verfahren*) to reopen; **wiederauf|rollen** VT (*Fall, Prozess*) to reopen; **wieder|bekommen** *unreg* VT to get back; **wiederbeleben** *unreg* VT to revive; **wiederbeschreibbar** ADJ (*CD, DVD*) rewritable; **wieder|bringen** *unreg* VT to bring back; **wieder|erkennen** *unreg* VT to recognize; **Wiedererstattung** F reimbursement; **wieder|finden** *unreg* VT (*fig: Selbstachtung etc*) to regain

Wiedergabe F (*von Rede, Ereignis*) account; (*Wiederholung*) repetition; (*Darbietung*) performance; (*Reproduktion*) reproduction; **Wiedergabegerät** NT playback unit; **wieder|geben** *unreg* VT (*zurückgeben*) to return; (*Erzählung etc*) to repeat; (*Gefühle etc*) to convey

wieder- ZW: **Wiedergeburt** F rebirth; **wieder|gut|machen** VT to make up for; (*Fehler*) to put right; **Wiedergutmachung** F reparation; **wiederherstellen** VT (*Gesundheit, Gebäude, Ruhe*) to restore

★**wiederholen** VT UNTR to repeat

wiederholt ADJ: **zum wiederholten Male** once again

Wiederholung F repetition

Wiederholungstäter(in) M(F) (*Jur*) second-time offender; (*mehrmalig*) persistent offender

wieder- ZW: **Wiederhören** NT: **auf ~** (*Tel*) goodbye; **wieder|käuen** VI to ruminate ▶ VT to ruminate; (*fig: umg*) to go over again and again; **Wiederkehr** (-) F return; (*von Vorfall*) repetition, recurrence; **wiederkehrend** ADJ recurrent; **Wiederkunft** (-, **Wiederkünfte**) F return; **wieder|sehen** *unreg* VT to see again; **auf W~** goodbye; **wiederum** ADV again; (*seinerseits etc*) in turn; (*andererseits*) on the other hand; **wieder|vereinigen** VT to reunite; **Wiedervereinigung** F reunification; **Wiederverkäufer** M distributor; **wieder|verwerten** VT to reuse, to recycle; **Wiederwahl** F re-election

Wiege ['vi:ge] (-, **-n**) F cradle

★**wiegen¹** VT (*schaukeln*) to rock; (*Kopf*) to shake

wiegen² *unreg* VT, VI to weigh; **schwer ~** (*fig*) to carry a lot of weight; (*Irrtum*) to be serious

wiehern ['vi:ərn] VI to neigh, to whinny

★**Wien** [vi:n] (**-s**) NT Vienna

Wiener(in) (**-s**, **-**) M(F) Viennese ▶ ADJ *attrib* Viennese; **~ Schnitzel** Wiener schnitzel

wies *etc* [vi:s] VB *siehe* **weisen**

★**Wiese** ['vi:zə] (-, **-n**) F meadow

Wiesel ['vi:zəl] (**-s**, **-**) NT weasel; **schnell** *od* **flink wie ein ~** quick as a flash

★**wieso** [vi:'zo:] ADV why

wievielmal [vi:'fi:lma:l] ADV how often

★**wievielte(r, s)** ADJ: **zum wievielten Mal?** how many times?; **den Wievielten haben wir?** what's the date?; **an wievielter Stelle?** in what place?; **der ~ Besucher war er?** how many visitors were there before him?

wieweit [vi:'vaɪt] ADV to what extent

Wi-Fi ['waɪfi, 'waɪfaɪ] NT Wi-Fi

Wiki ['vi:kɪ] NT (*Internet*) wiki

Wikinger ['vi:kɪŋər] (**-s**, **-**) M Viking

wild [vɪlt] ADJ wild; **wilder Streik** unofficial strike; **in wilder Ehe leben** (*veraltet, hum*) to live in sin; **~ entschlossen** (*umg*) dead set

Wild (**-(e)s**) NT game

Wild- ZW: **Wildbahn** F: **in freier ~** in the wild; **Wildbret** NT game; (*von Rotwild*) venison; **Wilddieb** M poacher

Wilde(r) ['vɪldə(r)] F(M) savage

wildern ['vɪldərn] VI to poach

wild- ZW: **Wildfang** M little rascal; **wildfremd** ['vɪlt'frɛmt] (*umg*) ADJ: **ein wildfremder Mensch** a complete *od* total stranger; **Wildheit** F wildness; **Wildleder** NT suede

Wildnis (-, **-se**) F wilderness

Wild- ZW: **Wildpark** M game park; **Wildschwein** NT (wild) boar; **Wildwechsel** M: **„~"** "wild animals"; **Wildwestroman** M western

will [vɪl] VB *siehe* **wollen²**

Wille ['vɪlə] (**-ns**, **-n**) M will; **jdm seinen Willen lassen** to let sb have his own way; **seinen eigenen Willen haben** to be self-willed

willen PRÄP +*gen*: **um ... ~** for the sake of ...

willenlos ADJ weak-willed

W

willens ADJ (*geh*): **~ sein** to be willing
willensstark ADJ strong-willed
willentlich [ˈvɪləntlɪç] ADJ wilful (*BRIT*), willful (*US*), deliberate
willig ADJ willing
★**willkommen** [vɪlˈkɔmən] ADJ welcome; **jdn ~ heißen** to welcome sb; **herzlich ~ (in** *+dat***)** welcome (to); ★**Willkommen** (**-s**, **-**) NT welcome
willkürlich ADJ arbitrary; (*Bewegung*) voluntary
willst [vɪlst] VB *siehe* **wollen²**
Wilna [ˈvɪlna] (**-s**) NT Vilnius
wimmeln [ˈvɪməln] VI: **~ (von)** to swarm (with)
wimmern [ˈvɪmərn] VI to whimper
Wimper [ˈvɪmpər] (**-**, **-n**) F eyelash; **ohne mit der ~ zu zucken** (*fig*) without batting an eyelid
Wimperntusche F mascara
★**Wind** [vɪnt] (**-(e)s**, **-e**) M wind; **den Mantel** *od* **das Fähnchen nach dem ~ hängen** to trim one's sails to the wind; **etw in den ~ schlagen** to turn a deaf ear to sth
Windbeutel M cream puff; (*fig*) windbag
Winde [ˈvɪndə] (**-**, **-n**) F (*Tech*) winch, windlass; (*Bot*) bindweed
Windel [ˈvɪndəl] (**-**, **-n**) F nappy (*BRIT*), diaper (*US*)
windelweich ADJ: **jdn ~ schlagen** (*umg*) to beat the living daylights out of sb
winden¹ [ˈvɪndən] VI UNPERS to be windy
winden² *unreg* VT to wind; (*Kranz*) to weave; (*entwinden*) to twist ▸ VR to wind; (*Person*) to writhe; (*fig: ausweichen*) to try to wriggle out
Windenergie F wind power
Windeseile F: **sich in** *od* **mit ~ verbreiten** to spread like wildfire
Windhose F whirlwind
Windhund M greyhound; (*Mensch*) fly-by-night
★**windig** [ˈvɪndɪç] ADJ windy; (*fig*) dubious
Wind- ZW: **Windjacke** F windcheater, windbreaker (*US*); **Windkanal** M (*Tech*) wind tunnel; **Windkraft** F wind power; **Windkraftanlage** F wind power station; **Windmühle** F windmill; **gegen Windmühlen (an)kämpfen** (*fig*) to tilt at windmills; **Windpark** M wind farm
Windpocken PL chickenpox *sing*
Wind- ZW: **Windrose** F (*Naut*) compass card; (*Met*) wind rose; **Windschatten** M lee; (*von Fahrzeugen*) slipstream; ★**Windschutzscheibe** F (*Aut*) windscreen (*BRIT*), windshield (*US*); **Windstärke** F wind force; **windstill** ADJ (*Tag*) windless; **es ist ~** there's no wind; **Windstille** F calm; **Windstoß** M gust of wind; ★**Windsurfen** NT windsurfing
Windung F (*von Weg, Fluss etc*) meander; (*von Schlange, Spule*) coil; (*von Schraube*) thread
Wink [vɪŋk] (**-(e)s**, **-e**) M (*mit Kopf*) nod; (*mit Hand*) wave; (*Tipp, Hinweis*) hint; **ein ~ mit dem Zaunpfahl** a broad hint
Winkel [ˈvɪŋkəl] (**-s**, **-**) M (*Math*) angle; (*Gerät*) set square; (*in Raum*) corner; **Winkeladvokat** (*pej*) M incompetent lawyer; **Winkelmesser** M protractor; **Winkelzug** M: **mach keine Winkelzüge** stop evading the issue
★**winken** [ˈvɪŋkən] VT, VI to wave; **dem Sieger winkt eine Reise nach Italien** the (lucky) winner will receive a trip to Italy
winseln [ˈvɪnzəln] VI to whine
★**Winter** [ˈvɪntər] (**-s**, **-**) M winter; **Wintergarten** M conservatory; **winterlich** ADJ wintry; **Winterreifen** M winter tyre (*BRIT*) *od* tire (*US*); **Winterschlaf** M (*Zool*) hibernation; **Winterschlussverkauf** M winter sale; **Wintersemester** NT (*Univ*) winter semester (*bes US*), ≈ autumn term (*BRIT*); **Winterspiele** PL: **(Olympische) ~** Winter Olympics *pl*; **Wintersport** M winter sports *pl*
Winzer(in) [ˈvɪntsər(ɪn)] (**-s**, **-**) M(F) winegrower
winzig [ˈvɪntsɪç] ADJ tiny
Wipfel [ˈvɪpfəl] (**-s**, **-**) M treetop
Wippe [ˈvɪpə] (**-**, **-n**) F seesaw
wir [viːr] PRON we; **~ alle** all of us, we all; **~ nicht** not us
Wirbel [ˈvɪrbəl] (**-s**, **-**) M whirl, swirl; (*Trubel*) hurly-burly; (*Aufsehen*) fuss; (*Anat*) vertebra; **~ um jdn/etw machen** to make a fuss about sb/sth
wirbellos ADJ (*Zool*) invertebrate
wirbeln VI to whirl, to swirl
Wirbel- ZW: **Wirbelsäule** F spine; **Wirbeltier** NT vertebrate; **Wirbelwind** M whirlwind
wirbst VB *siehe* **werben**
wirbt [vɪrpt] VB *siehe* **werben**
wird [vɪrt] VB *siehe* **werden**
wirfst VB *siehe* **werfen**
wirft [vɪrft] VB *siehe* **werfen**
wirken [ˈvɪrkən] VI to have an effect; (*erfolgreich sein*) to work; (*scheinen*) to seem ▸ VT (*Wunder*) to work; **etw auf sich** *akk* **~ lassen** to take sth in
★**wirklich** [ˈvɪrklɪç] ADJ real; **Wirklichkeit** F reality; **wirklichkeitsgetreu** ADJ realistic
wirksam [ˈvɪrkzaːm] ADJ effective; **Wirksamkeit** F effectiveness
Wirkstoff M active substance
Wirkung [ˈvɪrkʊŋ] F effect
Wirkungs- ZW: **Wirkungsbereich** M field (of activity *od* interest *etc*); (*Domäne*) domain; **wirkungslos** ADJ ineffective; **~ bleiben** to have no effect; **wirkungsvoll** ADJ effective
wirr [vɪr] ADJ confused; (*unrealistisch*) wild; (*Haare etc*) tangled
Wirren PL disturbances *pl*
Wirrwarr [ˈvɪrvar] (**-s**) M disorder, chaos; (*von Stimmen*) hubbub; (*von Fäden, Haaren etc*) tangle
Wirsing [ˈvɪrzɪŋ], **Wirsingkohl** [ˈvɪrzɪŋkoːl] (**-s**) M savoy cabbage
wirst [vɪrst] VB *siehe* **werden**
Wirt [vɪrt] (**-(e)s**, **-e**) M landlord
Wirtin F landlady
★**Wirtschaft** [ˈvɪrtʃaft] F (*Gaststätte*) pub; (*Haushalt*) housekeeping; (*eines Landes*) economy;

(*Geschäftsleben*) industry and commerce; (*umg*: *Durcheinander*) mess; **wirtschaften** VI (*sparsam sein*): **gut ~ können** to be economical; **Wirtschafter** M (*Verwalter*) manager; **Wirtschafterin** F (*im Haushalt, Heim etc*) housekeeper; **wirtschaftlich** ADJ economical; (*Pol*) economic; **Wirtschaftlichkeit** F economy; (*von Betrieb*) viability

Wirtschafts- ZW: **Wirtschaftsgeld** NT housekeeping (money); **Wirtschaftsgeografie** F economic geography; **Wirtschaftshilfe** F economic aid; **Wirtschaftskrise** F economic crisis; ⋆ **Wirtschaftslehre** F business studies, economics; **Wirtschaftsminister** M minister of economic affairs; **Wirtschaftsordnung** F economic system; **Wirtschaftspolitik** F economic policy; **Wirtschaftsprüfer** M chartered accountant (BRIT), certified public accountant (US); **Wirtschaftsspionage** F industrial espionage; **Wirtschaftswachstum** NT economic growth; **Wirtschaftswissenschaft** F economics *sing*; **Wirtschaftswunder** NT economic miracle; **Wirtschaftszweig** M branch of industry

Wirtshaus NT inn

Wisch [vɪʃ] (**-(e)s, -e**) M scrap of paper

wischen VT to wipe

Wischer (**-s, -**) M (*Aut*) wiper

Wischiwaschi [vɪʃiːˈvaʃiː] (**-s**) (*pej*, *umg*) NT drivel

Wisent [ˈviːzɛnt] (**-s, -e**) M bison

WiSo [ˈvɪzo] ABK (= *Wirtschafts- und Sozialwissenschaften*) economics and social sciences

wispern [ˈvɪspərn] VT, VI to whisper

wiss. ABK = **wissenschaftlich**

Wiss. ABK = **Wissenschaft**

Wissbegier [ˈvɪsbəgiːr], **Wissbegierde** [ˈvɪsbəgiːrdə] F thirst for knowledge

wissbegierig ADJ eager for knowledge

wissen [ˈvɪsən] *unreg* VT, VI to know; **woher weißt du das?** how do you know?; **von jdm/etw nichts ~ wollen** not to be interested in sb/sth; **sie hält sich für wer weiß wie klug** (*umg*) she doesn't half think she's clever; **gewusst wie/wo!** *etc* sheer brilliance!; **ich weiß seine Adresse nicht mehr** (*sich erinnern*) I can't remember his address; **Wissen** (**-s**) NT knowledge; **etw gegen (sein) besseres ~ tun** to do sth against one's better judgement; **nach bestem ~ und Gewissen** to the best of one's knowledge and belief

Wissenschaft [ˈvɪsənʃaft] F science

Wissenschaftler(in) (**-s, -**) M(F) scientist; (*Geisteswissenschaftler*) academic

wissenschaftlich ADJ scientific; **Wissenschaftlicher Assistent** assistant lecturer

wissenswert ADJ worth knowing

wissentlich ADJ knowing

wittern [ˈvɪtərn] VT to scent; (*fig*) to suspect

Witterung F weather; (*Geruch*) scent

Witwe [ˈvɪtvə] (**-, -n**) F widow

Witwer (**-s, -**) M widower

Witz [vɪts] (**-es, -e**) M joke; **mach keine Witze!** you're kidding!; **der ~ an der Sache ist, dass ...** the great thing about it is that ...; **Witzbold** (**-(e)s, -e**) M joker

witzeln VI to joke

⋆ **witzig** ADJ funny

witzlos (*umg*) ADJ (*unsinnig*) pointless, futile

WLAN [ˈveːlaːn] M ABK (*Comput*: = *Wireless Local Area Network*) WLAN

WM (**-**) F ABK = **Weltmeisterschaft**

⋆ **wo** [voː] ADV where; (*umg*: *irgendwo*) somewhere ▸ KONJ (*wenn*) if; **im Augenblick, wo ...** the moment (that) ...; **die Zeit, wo ...** the time when ...

woanders [voːˈ|andərs] ADV elsewhere

wob *etc* [voːp] VB *siehe* **weben**

wobei [voːˈbaɪ] ADV (*rel*) ... in/by/with which; (*interrog*) how; **~ mir gerade einfällt ...** which reminds me ...

⋆ **Woche** [ˈvɔxə] (**-, -n**) F week; **einmal die ~** once a week

Wochen- ZW: **Wochenbett** NT: **im ~ sterben** to die in childbirth; ⋆ **Wochenende** NT weekend; **Wochenendhaus** NT weekend house; **Wochenkarte** F weekly ticket; **wochenlang** ADJ lasting weeks ▸ ADV for weeks; **Wochenmarkt** M weekly market; **Wochenschau** F newsreel; ⋆ **Wochentag** M weekday

⋆ **wöchentlich** [ˈvœçəntlɪç] ADJ, ADV weekly

Wochenzeitung F weekly (paper)

Wöchnerin [ˈvœçnərɪn] F *woman who has recently given birth*

Wodka [ˈvɔtka] (**-s, -s**) M vodka

wodurch [voˈdʊrç] ADV (*rel*) through which; (*interrog*) what ... through

wofür [voˈfyːr] ADV (*rel*) for which; (*interrog*) what ... for

wog *etc* [voːk] VB *siehe* **wiegen²**

Woge [ˈvoːgə] (**-, -n**) F wave

wogegen [voˈgeːgən] ADV (*rel*) against which; (*interrog*) what ... against

wogen VI to heave, to surge

⋆ **woher** [voˈheːr] ADV where ... from; **~ kommt es eigentlich, dass ...?** how is it that ...?

⋆ **wohin** [voˈhɪn] ADV where ... to; **~ man auch schaut** wherever you look

wohingegen KONJ whereas, while

wohl [voːl]

ADV **1** well; (*behaglich*) at ease, comfortable; **sich wohl fühlen** *siehe* **wohlfühlen**; **wohl gemeint** = **wohlgemeint**; **bei dem Gedanken ist mir nicht wohl** I'm not very happy at the thought; **wohl oder übel** whether one likes it or not

2 (*vermutlich*) I suppose

3 (*wahrscheinlich*) probably

4 (*gewiss*) certainly

5 (*vielleicht*) perhaps; **sie ist wohl zu Hause** she's probably at home; **sie wird wohl das Haus verkaufen** I suppose *od* presumably

W

she's going to sell the house; **das ist doch wohl nicht dein Ernst!** surely you're not serious!; **das mag wohl sein** that may well be; **ob das wohl stimmt?** I wonder if that's true; **er weiß das sehr wohl** he knows that perfectly well; *siehe auch* **wohltun**

Wohl (**-(e)s**) NT welfare; **zum ~!** cheers!

wohl- zW: **wohlauf** [vo:lˈ|aʊf] ADJ well, in good health; **Wohlbefinden** NT well-being; **Wohlbehagen** NT comfort; **wohlbehalten** ADJ safe and sound; **Wohlergehen** NT welfare; **Wohlfahrt** F welfare; **Wohlfahrtsstaat** M welfare state; **wohl|fühlen** VR (*zufrieden*) to feel happy; (*gesundheitlich*) to feel well; **Wohlgefallen** NT: **sich in ~ auflösen** (*hum*: *Gegenstände, Probleme*) to vanish into thin air; (*zerfallen*) to fall apart; **wohlgemeint** ADJ well-intentioned; **wohlgemerkt** ADV mark you; **wohlhabend** ADJ wealthy

wohlig ADJ contented; (*gemütlich*) comfortable

wohl- zW: **Wohlklang** M melodious sound; **wohlmeinend** ADJ well-meaning; **wohlschmeckend** ADJ delicious; **Wohlstand** M prosperity; **Wohlstandsgesellschaft** F affluent society; **Wohltat** F (*Gefallen*) favour (BRIT), favor (US); (*gute Tat*) good deed; (*Erleichterung*) relief; **Wohltäter** M benefactor; **wohltätig** ADJ charitable; **Wohltätigkeit** F charity; **Wohltätigkeitskonzert** NT charity concert; **Wohltätigkeitsveranstaltung** F charity event; **wohltuend** ADJ pleasant; **wohl|tun** *unreg* VI: **jdm ~** to do sb good; **wohlverdient** ADJ (*Ruhe*) well-earned; (*Strafe*) well-deserved; **wohlweislich** ADV prudently; **Wohlwollen** (**-s**) NT good will; **wohlwollend** ADJ benevolent

Wohnanlage [ˈvo:n|anla:gə] F housing complex; (BRIT) housing estate; **bewachte ~** gated community

★**Wohnblock** [ˈvo:nblɔk] (**-s, -s**) M block of flats (BRIT), apartment house (US)

★**wohnen** [ˈvo:nən] VI to live

wohn- zW: **Wohnfläche** F living space; **Wohngeld** NT housing benefit; **Wohngemeinschaft** F people sharing a flat (BRIT) *od* apartment (US); (*von Hippies*) commune; **wohnhaft** ADJ resident; **Wohnheim** NT (*für Studenten*) hall (of residence), dormitory (US); (*für Senioren*) home; (*bes für Arbeiter*) hostel; **Wohnkomfort** M: **mit sämtlichem ~** with all mod cons (BRIT); **wohnlich** ADJ comfortable; **Wohnmobil** NT motor caravan (BRIT), motor home (US); ★**Wohnort** M domicile; **Wohnsilo** NT concrete block of flats (BRIT) *od* apartment block (US); **Wohnsitz** M place of residence; **ohne festen ~** of no fixed abode

★**Wohnung** F house; (*Etagenwohnung*) flat (BRIT), apartment (US)

Wohnungs- zW: **Wohnungsamt** NT housing office; **Wohnungsbau** M house-building; **Wohnungsmarkt** M housing market; **Wohnungsnot** F housing shortage

wohn- zW: **Wohnviertel** NT residential area; ★**Wohnwagen** M caravan (BRIT), trailer (US); ★**Wohnzimmer** NT living room

wölben [ˈvœlbən] VT, VR to curve

Wölbung F curve

Wolf [vɔlf] (**-(e)s, Wölfe**) M wolf; (*Tech*) shredder; (*Fleischwolf*) mincer (BRIT), grinder (US)

Wölfin [ˈvœlfɪn] F she-wolf

★**Wolke** [ˈvɔlkə] (**-, -n**) F cloud; **aus allen Wolken fallen** (*fig*) to be flabbergasted (*umg*)

Wolken- zW: **Wolkenbruch** M cloudburst; **wolkenbruchartig** ADJ torrential; **Wolkenkratzer** M skyscraper; **Wolkenkuckucksheim** NT cloud-cuckoo-land (BRIT), cloudland (US); ★**wolkenlos** ADJ cloudless

★**wolkig** [ˈvɔlkɪç] ADJ cloudy

★**Wolle** [ˈvɔlə] (**-, -n**) F wool; **sich mit jdm in die ~ kriegen** (*fig: umg*) to start squabbling with sb

wollen[1] [ˈvɔlən]

(*pt* **wollte**, *pp* **gewollt** *od als Hilfsverb* **wollen**) VT, VI to want; **ich will nach Hause** I want to go home; **er will nicht** he doesn't want to; **sie wollte das nicht** she didn't want it; **wenn du willst** if you like; **ich will, dass du mir zuhörst** I want you to listen to me; **oh, das hab ich nicht gewollt** oh, I didn't mean to do that; **ich weiß nicht, was er will** (*verstehe ihn nicht*) I don't know what he's on about

▶ HILFSVERB: **er will ein Haus kaufen** he wants to buy a house; **ich wollte, ich wäre ...** I wish I were ...; **etw gerade tun wollen** to be just about to *od* going to do sth; **und so jemand** *od* **etwas will Lehrer sein!** (*umg*) and he calls himself a teacher!; **das will alles gut überlegt sein** that needs a lot of thought

wollen[2] ADJ woollen (BRIT), woolen (US)

Wollsachen PL wool(l)ens *pl*

wollüstig [ˈvɔlʏstɪç] ADJ lusty, sensual

wo- zW: **womit** [voˈmɪt] ADV (*rel*) with which; (*interrog*) what ... with; **~ kann ich dienen?** what can I do for you?; **womöglich** [voˈmø:klɪç] ADV probably, I suppose; **wonach** [voˈna:x] ADV (*rel*) after/for which; (*interrog*) what ... after

Wonne [ˈvɔnə] (**-, -n**) F joy, bliss

woran [voˈran] ADV (*rel*) on/at which; (*interrog*) what ... on/at; **~ denkst du?** what are you thinking of?; **~ liegt das?** what's the reason for it?

worauf [voˈraʊf] ADV (*rel*) on which; (*interrog*) what ... on; (*zeitlich*) whereupon; **~ wartest du?** what are you waiting for?; **~ du dich verlassen kannst** of that you can be sure

woraus [voˈraʊs] ADV (*rel*) from/out of which; (*interrog*) what ... from/out of; **~ ist das gemacht?** what is it made of?

worden [ˈvɔrdən] VB *siehe* **werden**

worin [voˈrɪn] ADV (*rel*) in which; (*interrog*) what ... in

★**Wort** [vɔrt] (**-(e)s, Wörter** *od* **-e**) NT word; **jdn beim ~ nehmen** to take sb at his word; **ein ernstes ~ mit jdm reden** to have a serious talk with sb; **man kann sein eigenes ~ nicht (mehr) verstehen** you can't hear yourself speak; **jdm aufs ~ gehorchen** to obey sb's every word; **zu ~ kommen** to get a chance to speak;

mit anderen Worten in other words; **jdm das ~ erteilen** to allow sb to speak; **Wortart** F (*Gram*) part of speech; **wortbrüchig** ADJ not true to one's word

Wörtchen NT: **da habe ich wohl ein ~ mitzureden** (*umg*) I think I have some say in that

Wörterbuch [ˈvœrtərbu:x] NT dictionary

Wort- zW: **Wortfetzen** PL snatches *pl* of conversation; **Wortführer** M spokesman; **wortgetreu** ADJ true to one's word; (*Übersetzung*) literal; **wortgewaltig** ADJ eloquent; **wortkarg** ADJ taciturn; **Wortlaut** M wording; **im ~** verbatim

wörtlich [ˈvœrtlıç] ADJ literal; **wortlos** ADJ mute

Wort- zW: **Wortmeldung** F: **wenn es keine weiteren Wortmeldungen gibt, ...** if nobody else wishes to speak ...; **wortreich** ADJ wordy, verbose; **Wortschatz** M vocabulary; **Wortspiel** NT play on words, pun; **Wortwechsel** M dispute; **wortwörtlich** ADJ word-for-word ▸ ADV quite literally

worüber [voˈry:bər] ADV (*rel*) over/about which; (*interrog*) what ... over/about; **~ redet sie?** what is she talking about?

worum [voˈrʊm] ADV (*rel*) about/round which; (*interrog*) what ... about/round; **~ handelt es sich?** what's it about?

worunter [voˈrʊntər] ADV (*rel*) under which; (*interrog*) what ... under; **~ leidet er?** what is he suffering from?

wo- zW: ⋆ **wovon** [voˈfɔn] ADV (*rel*) from which; (*interrog*) what ... from; **~ redest du?** what are you talking about?; **wovor** [voˈfɔr] ADV (*rel*) in front of/before which; (*interrog*) in front of/before what; **wozu** [voˈtsu] ADV (*rel*) to/for which; (*interrog*) what ... for/to; (*warum*) why; **~ soll das gut sein?** what's the point of that?

Wrack [vrak] (**-(e)s, -s**) NT wreck

wrang *etc* [vraŋ] VB *siehe* **wringen**

wringen [ˈvrıŋən] *unreg* VT to wring

WS ABK = **Wintersemester**

WSV ABK = **Winterschlussverkauf**

Wucher [ˈvu:xər] (**-s**) M profiteering; **Wucherer** (**-s, -**) M, **Wucherin** F profiteer; **wucherisch** ADJ profiteering

wuchern VI (*Pflanzen*) to grow wild

Wucherpreis M exorbitant price

Wucherung F (*Med*) growth

wuchs *etc* VB *siehe* **wachsen**[1]

Wuchs [vu:ks] (**-es**) M (*Wachstum*) growth; (*Statur*) build

Wucht [vʊxt] (**-**) F force

wuchtig ADJ massive, solid

wühlen [ˈvy:lən] VI to scrabble; (*Tier*) to root; (*Maulwurf*) to burrow; (*umg: arbeiten*) to slave away ▸ VT to dig

Wühlmaus F vole

Wühltisch M (*in Kaufhaus*) bargain counter

Wulst [vʊlst] (**-es, Wülste**) M bulge; (*an Wunde*) swelling

wulstig ADJ bulging; (*Rand, Lippen*) thick

wund [vʊnt] ADJ sore; **sich** *dat* **die Füße ~ laufen** (*lit*) to get sore feet from walking; (*fig*) to walk one's legs off; **ein wunder Punkt** a sore point; **Wundbrand** M gangrene

⋆**Wunde** [ˈvʊndə] (**-, -n**) F wound; **alte Wunden wieder aufreißen** (*fig*) to open up old wounds

Wunder (**-s, -**) NT miracle; **es ist kein ~** it's no wonder; **meine Eltern denken ~ was passiert ist** my parents think goodness knows what has happened; ⋆ **wunderbar** ADJ wonderful, marvellous (BRIT), marvelous (US); **Wunderkerze** F sparkler; **Wunderkind** NT child prodigy; **wunderlich** ADJ odd, peculiar

wundern VT to surprise ▸ VR: **sich ~ über** +*akk* to be surprised at

Wunder- zW: ⋆ **wunderschön** ADJ beautiful; **Wundertüte** F lucky bag; **wundervoll** ADJ wonderful

Wundfieber (**-s**) NT traumatic fever

Wundstarrkrampf [ˈvʊntʃtarkrampf] M tetanus, lockjaw

⋆**Wunsch** [vʊnʃ] (**-(e)s, Wünsche**) M wish; **haben Sie (sonst) noch einen ~?** (*beim Einkauf etc*) is there anything else you'd like?; **auf jds (besonderen/ausdrücklichen) ~ hin** at sb's (special/express) request; **Wunschdenken** NT wishful thinking

Wünschelrute [ˈvʏnʃəlru:tə] F divining rod

⋆**wünschen** [ˈvʏnʃən] VT to wish ▸ VI: **zu ~/viel zu ~ übrig lassen** to leave something/a great deal to be desired; **sich** *dat* **etw ~** to want sth, to wish for sth; **was ~ Sie?** (*in Geschäft*) what can I do for you?; (*in Restaurant*) what would you like?

wünschenswert ADJ desirable

Wunsch- zW: **Wunschkind** NT planned child; **Wunschkonzert** NT (*Rundf*) musical request programme (BRIT) *od* program (US); **wunschlos** ADJ: **~ glücklich** perfectly happy; **Wunschtraum** M dream; (*unrealistisch*) pipe dream; **Wunschzettel** M list of things one would like

wurde *etc* [ˈvʊrdə] VB *siehe* **werden**

Würde [ˈvʏrdə] (**-, -n**) F dignity; (*Stellung*) honour (BRIT), honor (US); **unter aller ~ sein** to be beneath contempt

Würdenträger M dignitary

würdevoll ADJ dignified

würdig [ˈvʏrdıç] ADJ worthy; (*würdevoll*) dignified

würdigen [ˈvʏrdıgən] VT to appreciate; **etw zu ~ wissen** to appreciate sth; **jdn keines Blickes ~** not to so much as look at sb

Wurf [vʊrf] (**-(e)s, Würfe**) M throw; (*Junge*) litter

Würfel [ˈvʏrfəl] (**-s, -**) M dice; (*Math*) cube; **die ~ sind gefallen** the die is cast; **Würfelbecher** M (dice) cup

würfeln VI to throw (the dice); (*Würfel spielen*) to play dice ▸ VT (*Zahl*) to throw; (*Koch*) to dice

Würfelspiel NT game of dice

Würfelzucker M lump sugar

Wurf- zW: **Wurfgeschoss** NT projectile; **Wurfsendung** F circular; **Wurfsendungen** PL (*Reklame*) junk mail

W

Würgegriff (**-(e)s**) M (*lit, fig*) stranglehold

würgen [ˈvʏrgən] VT, VI to choke; **mit Hängen und W~** by the skin of one's teeth

Wurm [vʊrm] (**-(e)s, Würmer**) M worm; **da steckt der ~ drin** (*fig: umg*) there's something wrong somewhere; (*verdächtig*) there's something fishy about it (*umg*)

wurmen (*umg*) VT to rile, to nettle

Wurmfortsatz M (*Med*) appendix

wurmig ADJ worm-eaten

wurmstichig ADJ worm-ridden

★**Wurst** [vʊrst] (**-, Würste**) F sausage; **das ist mir ~** (*umg*) I don't care, I don't give a damn; **jetzt geht es um die ~** (*fig: umg*) the moment of truth has come

★**Würstchen** [ˈvʏrstçən] NT frankfurter, hot dog sausage; **Würstchenbude** F, **Würstchenstand** M hot dog stall

Württemberg [ˈvʏrtəmbɛrk] NT Württemberg

Würze [ˈvʏrtsə] (**-, -n**) F seasoning

Wurzel [ˈvʊrtsəl] (**-, -n**) F root; **Wurzeln schlagen** (*lit*) to root; (*fig*) to put down roots; **die ~ aus 4 ist 2** (*Math*) the square root of 4 is 2

würzen VT to season; (*würzig machen*) to spice

würzig ADJ spicy

wusch *etc* [vu:ʃ] VB *siehe* **waschen**

wusste *etc* [ˈvʊstə] VB *siehe* **wissen**

Wust [vu:st] (**-(e)s**) (*umg*) M (*Durcheinander*) jumble; (*Menge*) pile

wüst [vy:st] ADJ untidy, messy; (*ausschweifend*) wild; (*öde*) waste; (*umg: heftig*) terrible; **jdn ~ beschimpfen** to use vile language to sb

Wüste (**-, -n**) F desert; **die ~ Gobi** the Gobi Desert; **jdn in die ~ schicken** (*fig*) to send sb packing

★**Wut** [vu:t] (**-**) F rage, fury; **eine ~ (auf jdn/etw) haben** to be furious (with sb/sth); **Wutanfall** M fit of rage

wüten [ˈvy:tən] VI to rage

★**wütend** ADJ furious, enraged

wutentbrannt ADJ furious, enraged

Wz ABK = **Warenzeichen**®

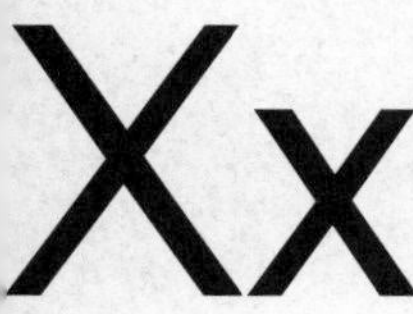

X, x [ɪks] NT X, x; **X wie Xanthippe** ≈ X for Xmas; **jdm ein X für ein U vormachen** to put one over on sb (*umg*)

X-Beine [ˈɪksbaɪnə] PL knock-knees *pl*

x-beliebig [ɪksbəˈliːbɪç] ADJ any (... whatever); **ein x-beliebiges Buch** any book (you like)

Xerografie [kserograˈfiː] F xerography

xerokopieren [kserokoˈpiːrən] VT to xerox, to photocopy

x-fach [ˈɪksfax] ADJ: **die x-fache Menge** (*Math*) n times the amount

x-mal [ˈɪksmaːl] ADV any number of times, umpteen times

XML ABK (*Comput*: = *extensible markup language*) XML

x-te [ˈɪkstə] ADJ (*Math*: *umg*) nth; **zum x-ten Male** (*umg*) for the nth *od* umpteenth time

Xylofon, Xylophon [ksyloˈfoːn] (**-s, -e**) NT xylophone

Y, y [ˈʏpsilɔn] NT Y, y; **Y wie Ypsilon** ≈ Y for Yellow, ≈ Y for Yoke (*US*)

Yen [jɛn] (**-(s), -(s)**) M yen

Yoga [ˈjoːga] (**-(s)**) M OD NT yoga

Ypsilon [ˈʏpsilɔn] (**-(s), -s**) NT the letter Y

Zz

Z, z [tsɛt] NT Z, z; **Z wie Zacharias** ≈ Z for Zebra

Zack [tsak] M: **auf ~ sein** (*umg*) to be on the ball

Zacke [ˈtsakə] (**-, -n**) F point; (*Bergzacke*) jagged peak; (*Gabelzacke*) prong; (*Kammzacke*) tooth

zackig [ˈtsakɪç] ADJ jagged; (*umg*) smart; (: *Tempo*) brisk

zaghaft [ˈtsa:khaft] ADJ timid

Zaghaftigkeit F timidity

Zagreb [ˈza:grɛp] (**-s**) NT Zagreb

zäh [tsɛ:] ADJ tough; (*Mensch*) tenacious; (*Flüssigkeit*) thick; (*schleppend*) sluggish; **zähflüssig** ADJ viscous; (*Verkehr*) slow-moving

Zähigkeit F toughness; (*von Mensch*) tenacity

Zahl [tsa:l] (**-, -en**) F number

zahlbar ADJ payable

zahlen VT, VI to pay; **~ bitte!** the bill *od* check (*US*) please!

zählen [ˈtsɛ:lən] VT to count ▶ VI (*sich verlassen*): **~ auf** *+akk* to count on; **seine Tage sind gezählt** his days are numbered; **~ zu** to be numbered among

Zahlen- zW: **Zahlenangabe** F figure; **Zahlenkombination** F combination of figures; **zahlenmäßig** ADJ numerical; **Zahlenschloss** NT combination lock

Zahler (**-s, -**) M payer

Zähler (**-s, -**) M (*Tech*) meter; (*Math*) numerator; **Zählerstand** M meter reading

Zahl- zW: **Zahlgrenze** F fare stage; **Zahlkarte** F transfer form; **zahllos** ADJ countless; **Zahlmeister** M (*Naut*) purser; ⋆ **zahlreich** ADJ numerous; **Zahltag** M payday

Zahlung F payment; **in ~ geben/nehmen** to give/take in part exchange

Zahlungs- zW: **Zahlungsanweisung** F transfer order; **Zahlungsaufforderung** F request for payment; **zahlungsfähig** ADJ solvent; **Zahlungsmittel** NT means *sing* of payment; (*Münzen, Banknoten*) currency; **Zahlungsrückstände** PL arrears *pl*; **zahlungsunfähig** ADJ insolvent; **Zahlungsverzug** M default

Zahlwort NT numeral

zahm [tsa:m] ADJ tame

zähmen [ˈtsɛ:mən] VT to tame; (*fig*) to curb

Zahn [tsa:n] (**-(e)s, Zähne**) M tooth; **die dritten Zähne** (*umg*) false teeth *pl*; **einen ~ draufhaben** (*umg*: *Geschwindigkeit*) to be going like the clappers (*BRIT*) *od* like crazy (*US*); **jdm auf den ~ fühlen** (*fig*) to sound sb out; **einen ~ zulegen** (*fig*) to get a move on; ⋆ **Zahnarzt** M, **Zahnärztin** F dentist; **Zahnbelag** M plaque; ⋆ **Zahnbürste** F toothbrush; ⋆ **Zahncreme** F toothpaste; **zahnen** VI to teethe; **Zahnersatz** M denture; **Zahnfäule** (**-**) F tooth decay, caries *sing*; **Zahnfleisch** NT gums *pl*; **auf dem ~ gehen** (*fig*: *umg*) to be all in, to be at the end of one's tether; **zahnlos** ADJ toothless; **Zahnmedizin** F dentistry; ⋆ **Zahnpasta** F, **Zahnpaste** F toothpaste; **Zahnrad** NT cog(wheel); **Zahnradbahn** F rack railway (*BRIT*) *od* railroad (*US*); **Zahnschmelz** M (tooth) enamel; **Zahnschmerzen** PL toothache *sing*; **Zahnseide** F dental floss; **Zahnspange** F brace; **Zahnstein** M tartar; **Zahnstocher** (**-s, -**) M toothpick; **Zahntechniker(in)** M(F) dental technician; **Zahnweh** NT toothache

Zaire [zaˈi:r] (**-s**) NT Zaire

Zange [ˈtsaŋə] (**-, -n**) F pliers *pl*; (*Zuckerzange etc*) tongs *pl*; (*Beißzange, Zool*) pincers *pl*; (*Med*) forceps *pl*; **jdn in die ~ nehmen** (*fig*) to put the screws on sb (*umg*)

Zangengeburt F forceps delivery

Zankapfel M bone of contention

zanken [ˈtsaŋkən] VI, VR to quarrel

zänkisch [ˈtsɛŋkɪʃ] ADJ quarrelsome

Zäpfchen [ˈtsɛpfçən] NT (*Anat*) uvula; (*Med*) suppository

zapfen VT to tap

Zapfen [ˈtsapfən] (**-s, -**) M plug; (*Bot*) cone; (*Eiszapfen*) icicle

Zapfenstreich M (*Mil*) tattoo

Zapfsäule F petrol (*BRIT*) *od* gas (*US*) pump

zappelig [ˈtsapəlɪç] ADJ wriggly; (*unruhig*) fidgety

zappeln [ˈtsapəln] VI to wriggle; (*unruhig*) to fidget; **jdn ~ lassen** (*fig*: *umg*) to keep sb in suspense

Zar [tsa:r] (**-en, -en**) M tzar, czar

zart [tsa:rt] ADJ (*weich, leise*) soft; (*Braten etc*) tender; (*empfindlich*) delicate; **zartbesaitet** [ˈtsa:rtbəzaɪtət] ADJ highly sensitive; **zartbitter** ADJ (*Schokolade*) plain (*BRIT*), bittersweet (*US*); **Zartgefühl** NT tact; **Zartheit** F softness; (*von Braten etc*) tenderness; (*Empfindlichkeit*) delicacy

⋆ **zärtlich** [ˈtsɛ:rtlɪç] ADJ tender, affectionate; **Zärtlichkeit** F tenderness ▪ **Zärtlichkeiten** PL caresses *pl*

Zäsium [ˈtsɛ:zɪʊm] NT = **Cäsium**

Zäsur [tsɛˈzuːr] F caesura; (*fig*) break

Zauber [ˈtsaubər] (**-s, -**) M magic; (*Zauberbann*) spell; **fauler ~** (*umg*) humbug

Zauberei [tsaubəˈraɪ] F magic

Zauberer (**-s, -**) M magician; (*Zauberkünstler*) conjurer

Zauber- zW: **zauberhaft** ADJ magical, enchanting; **Zauberin** F magician; (*Zauberkünstlerin*) conjurer; **Zauberkünstler** M conjurer; **Zauberkunststück** NT conjuring trick; **Zaubermittel** NT magical cure; (*Trank*) magic potion

zaubern VI to conjure, to do magic

Zauberspruch M (magic) spell

Zauberstab M magic wand

zaudern [ˈtsaudərn] VI to hesitate

Zaum [tsaum] (**-(e)s, Zäume**) M bridle; **etw im ~ halten** to keep sth in check

Zaun [tsaun] (**-(e)s, Zäune**) M fence; **vom ~(e) brechen** (*fig*) to start; **Zaungast** M (*Person*) mere onlooker; **Zaunkönig** M (*Zool*) wren

z. B. ABK (= *zum Beispiel*) e.g.

z. d. A. ABK (= *zu den Akten*) to be filed

ZDF NT (= *Zweites Deutsches Fernsehen*) *German television channel*

> The **ZDF** (*Zweites Deutsches Fernsehen*) is the second German television channel. It was founded in 1961 and is based in Mainz. It is financed by licence fees and advertising. About 40% of its transmissions are news and educational programmes.

Zebra [ˈtseːbra] (**-s, -s**) NT zebra; ★ **Zebrastreifen** M pedestrian crossing (BRIT), crosswalk (US)

Zeche [ˈtsɛçə] (**-, -n**) F (*Rechnung*) bill, check (US); (*Bergbau*) mine

zechen VI to booze (*umg*)

Zechprellerei [tsɛçprɛləˈraɪ] F *skipping payment in restaurants etc*

Zecke [ˈtsɛkə] (**-, -n**) F tick

Zeder [ˈtseːdər] (**-, -n**) F cedar

Zeh [tseː] (**-s, -en**) M toe

★**Zehe** [ˈtseːə] (**-, -n**) F toe; (*Knoblauchzehe*) clove

Zehenspitze F: **auf Zehenspitzen** on tiptoe

★**zehn** [tseːn] NUM ten

Zehnerpackung F packet of ten

Zehnfingersystem NT touch-typing method

Zehnkampf M (*Sport*) decathlon

zehnte(r, s) ADJ tenth

Zehntel (**-s, -**) NT tenth (part)

zehren [ˈtseːrən] VI: **an jdm/etw ~** (*an Mensch, Kraft*) to wear sb/sth out

Zeichen [ˈtsaɪçən] (**-s, -**) NT sign; (*Comput*) character; **jdm ein ~ geben** to give sb a signal; **unser/Ihr ~** (*Comm*) our/your reference; **Zeichenblock** M sketch pad; **Zeichencode** M (*Comput*) character code; **Zeichenerklärung** F key; (*auf Karten*) legend; **Zeichenfolge** F (*Comput*) string; **Zeichenkette** F (*Comput*) character string; **Zeichensatz** M (*Comput*) character set; **Zeichensetzung** F punctuation; ★ **Zeichentrickfilm** M (animated) cartoon

★**zeichnen** VT to draw; (*kennzeichnen*) to mark; (*unterzeichnen*) to sign ▶ VI to draw; (*unterzeichnen*) to sign

Zeichner(in) (**-s, -**) M(F) artist; **technischer ~** draughtsman (BRIT), draftsman (US)

Zeichnung F drawing; (*Markierung*) markings *pl*

zeichnungsberechtigt ADJ authorized to sign

Zeigefinger M index finger

★**zeigen** [ˈtsaɪgən] VT to show ▶ VI to point ▶ VR to show o.s.; **~ auf** *+akk* to point to; **es wird sich ~** time will tell; **es zeigte sich, dass ...** it turned out that ...

Zeiger (**-s, -**) M pointer; (*Uhrzeiger*) hand

Zeile [ˈtsaɪlə] (**-, -n**) F line; (*Häuserzeile*) row

Zeilen- zW: **Zeilenabstand** M line spacing; **Zeilenausrichtung** F justification; **Zeilendrucker** M line printer; **Zeilenumbruch** M (*Comput*) wraparound; **Zeilenvorschub** M (*Comput*) line feed

★**zeit** [tsaɪt] PRÄP *+gen*: **~ meines Lebens** in my lifetime

★**Zeit** (**-, -en**) F time; (*Gram*) tense; **sich** *dat* **~ lassen** to take one's time; **eine Stunde ~ haben** to have an hour (to spare); **sich** *dat* **für jdn/etw ~ nehmen** to devote time to sb/sth; **eine ~ lang** a while, a time; **von ~ zu ~** from time to time; **~ raubend** = **zeitraubend**; **in letzter ~** recently; **nach ~ bezahlt werden** to be paid by the hour; **zu der ~, als ...** (at the time) when ...; *siehe auch* **zurzeit**

Zeit- zW: **Zeitalter** NT age; **Zeitansage** F (*Rundf*) time check; (*Tel*) speaking clock; **Zeitarbeit** F temporary work; **Zeitaufwand** M time (*needed for a task*); **Zeitbombe** F time bomb; **Zeitdruck** M: **unter ~ stehen** to be under pressure; **Zeitgeist** M spirit of the times; **zeitgemäß** ADJ in keeping with the times; **Zeitgenosse** M contemporary; **zeitgenössisch** [ˈtsaɪtgənœsɪʃ] ADJ contemporary

zeitig ADJ, ADV early

Zeit- zW: **Zeitkarte** F season ticket; **zeitkritisch** ADJ (*Aufsatz*) commenting on contemporary issues; **zeitlebens** ADV all one's life; **zeitlich** ADJ temporal; (*Reihenfolge*) chronological ▶ ADV: **das kann sie ~ nicht einrichten** she can't find (the) time for that; **das Zeitliche segnen** (*euph*) to depart this life; **zeitlos** ADJ timeless; **Zeitlupe** F slow motion; **Zeitlupentempo** NT: **im ~** at a snail's pace

zeitnah ADJ prompt; (*aktuell*) contemporary ▶ ADV promptly; **Zeitnot** F: **in ~ geraten** to run short of time; **Zeitplan** M schedule; **Zeitpunkt** M moment, point in time; **Zeitraffer** (**-s**) M time-lapse photography; **zeitraubend** ADJ time-consuming; **Zeitraum** M period; **Zeitrechnung** F time, era; **nach/vor unserer ~** A.D./B.C.; ★ **Zeitschrift** F magazine; (*wissenschaftlich*) periodical; **Zeittafel** F chronological table

★**Zeitung** F newspaper

Zeitungs- zW: **Zeitungsanzeige** F newspaper advertisement; **Zeitungsausschnitt** M press cutting; **Zeitungshändler** M newsagent (BRIT), newsdealer (US); **Zeitungspapier** NT newsprint; **Zeitungsstand** M newsstand

Zeit- zW: **Zeitverschiebung** F time lag; **Zeitverschwendung** F waste of time; **Zeitvertreib** M pastime, diversion; **zum ~** to pass the time; **zeitweilig** ADJ temporary; **zeitweise** ADV for a time; **Zeitwort** NT verb; **Zeitzeichen** NT (*Rundf*) time signal; **Zeitzone** F time zone; **Zeitzünder** M time fuse

Zelle [ˈtsɛlə] (**-, -n**) F cell; (*Telefonzelle*) callbox (BRIT), booth

Zellkern M cell, nucleus

Zellophan [tsɛloˈfa:n] (**-s**) NT cellophane

Zellstoff M cellulose

Zelt [tsɛlt] (**-(e)s, -e**) NT tent; **seine Zelte aufschlagen/abbrechen** to settle down/pack one's bags; **Zeltbahn** F groundsheet; ★ **zelten** VI to camp; **Zeltlager** NT camp; ★ **Zeltplatz** M camp site

Zement [tseˈmɛnt] (**-(e)s, -e**) M cement

zementieren [tsemɛnˈti:rən] VT to cement

Zementmaschine F cement mixer

Zenit [tseˈni:t] (**-(e)s**) M (*lit, fig*) zenith

zensieren [tsɛnˈzi:rən] VT to censor; (*Sch*) to mark

Zensur [tsɛnˈzu:r] F censorship; (*Sch*) mark

Zensus [ˈtsɛnzʊs] (**-, -**) M census

Zentimeter [tsɛntiˈme:tər] M OD NT centimetre (BRIT), centimeter (US); **Zentimetermaß** NT (metric) tape measure

Zentner [ˈtsɛntnər] (**-s, -**) M hundredweight

zentral [tsɛnˈtra:l] ADJ central

Zentrale (**-, -n**) F central office; (*Tel*) exchange

Zentraleinheit F (*Comput*) central processing unit

Zentralheizung F central heating

zentralisieren [tsɛntraliˈzi:rən] VT to centralize

Zentralverriegelung F (*Aut*) central locking

Zentrifugalkraft [tsɛntrifuˈga:lkraft] F centrifugal force

Zentrifuge [tsɛntriˈfu:gə] (**-, -n**) F centrifuge; (*für Wäsche*) spin-dryer

Zentrum [ˈtsɛntrʊm] (**-s, Zentren**) NT centre (BRIT), center (US)

Zepter [ˈtsɛptər] (**-s, -**) NT sceptre (BRIT), scepter (US)

zerbrechen *unreg* VT, VI to break

zerbrechlich ADJ fragile

zerbröckeln [tsɛrˈbrœkəln] VT, VI to crumble (to pieces)

zerdeppern [tsɛrˈdɛpərn] VT to smash

zerdrücken VT to squash, to crush; (*Kartoffeln*) to mash

Zeremonie [tseremoˈni:] F ceremony

Zeremoniell [tseremoniˈɛl] (**-s, -e**) NT ceremonial

zerfahren ADJ scatterbrained, distracted

Zerfall M decay, disintegration; (*von Kultur, Gesundheit*) decline; **zerfallen** *unreg* VI to disintegrate, to decay; (*sich gliedern*): **~ in** *+akk* to fall into

zerfetzen [tsɛrˈfɛtsən] VT to tear to pieces

zerfleischen [tsɛrˈflaɪʃən] VT to tear to pieces

zerfließen *unreg* VI to dissolve, to melt away

zerfressen *unreg* VT to eat away; (*Motten, Mäuse etc*) to eat

zergehen *unreg* VI to melt, to dissolve

zerkleinern [tsɛrˈklaɪnərn] VT to reduce to small pieces

zerklüftet [tsɛrˈklʏftət] ADJ: **tief zerklüftetes Gestein** deeply fissured rock

zerknirscht [tsɛrˈknɪrʃt] ADJ overcome with remorse

zerknüllen [tsɛrˈknʏlən] VT to crumple up

zerlaufen *unreg* VI to melt

zerlegbar [tsɛrˈle:kba:r] ADJ able to be dismantled

zerlegen VT to take to pieces; (*Fleisch*) to carve; (*Satz*) to analyse

zerlumpt [tsɛrˈlʊmpt] ADJ ragged

zermalmen [tsɛrˈmalmən] VT to crush

zermürben [tsɛrˈmʏrbən] VT to wear down

zerpflücken VT (*lit, fig*) to pick to pieces

zerplatzen VI to burst

zerquetschen VT to squash

Zerrbild [ˈtsɛrbɪlt] NT (*fig*) caricature, distorted picture

zerreden VT (*Problem*) to flog to death

zerreiben *unreg* VT to grind down

zerreißen *unreg* VT to tear to pieces ▸ VI to tear, to rip

Zerreißprobe F (*lit*) pull test; (*fig*) real test

zerren [ˈtsɛrən] VT to drag ▸ VI: **~ (an** *+dat***)** to tug (at)

zerrinnen *unreg* VI to melt away; (*Geld*) to disappear

zerrissen [tsɛrˈrɪsən] PP *von* **zerreißen** ▸ ADJ torn, tattered; **Zerrissenheit** F tattered state; (*Pol*) disunion, discord; (*innere*) disintegration

Zerrspiegel [ˈtsɛrʃpi:gəl] M (*lit*) distorting mirror; (*fig*) travesty

Zerrung F: **eine ~** a pulled ligament/muscle

zerrütten [tsɛrˈrʏtən] VT to wreck, to destroy

zerrüttet ADJ wrecked, shattered

Zerrüttungsprinzip NT (*bei Ehescheidung*) principle of irretrievable breakdown

zerschellen [tsɛrˈʃɛlən] VI (*Schiff, Flugzeug*) to be smashed to pieces

zerschießen *unreg* VT to shoot to pieces

zerschlagen *unreg* VT to shatter, to smash; (*fig: Opposition*) to crush; (*: Vereinigung*) to break up ▸ VR to fall through

zerschleißen [tsɛrˈʃlaɪsən] *unreg* VT, VI to wear out

zerschmelzen *unreg* VI to melt

zerschmettern *unreg* VT to shatter; (*Feind*) to crush ▶ VI to shatter
zerschneiden *unreg* VT to cut up
zersetzen VT, VR to decompose, to dissolve
zersetzend ADJ (*fig*) subversive
zersplittern [tsɛrˈʃplɪtərn] VT, VI to split (into pieces); (*Glas*) to shatter
zerspringen *unreg* VI to shatter ▶ VI (*fig*) to burst
zerstäuben [tsɛrˈʃtɔʏbən] VT to spray
Zerstäuber (**-s, -**) M atomizer
★**zerstören** VT to destroy
Zerstörer (**-s, -**) M (*Naut*) destroyer
Zerstörung F destruction
Zerstörungswut F destructive mania
zerstoßen *unreg* VT to pound, to pulverize
zerstreiten *unreg* VR to fall out, to break up
zerstreuen VT to disperse, to scatter; (*Zweifel etc*) to dispel ▶ VR (*sich verteilen*) to scatter; (*Menge*) to disperse; (*sich ablenken*) to take one's mind off things
zerstreut ADJ scattered; (*Mensch*) absent-minded; **Zerstreutheit** F absent-mindedness
Zerstreuung F dispersion; (*Ablenkung*) diversion
zerstritten ADJ: **mit jdm ~ sein** to be on very bad terms with sb
zerstückeln [tsɛrˈʃtʏkəln] VT to cut into pieces
zerteilen VT to divide into parts
Zertifikat [tsɛrtifiˈkaːt] (**-(e)s, -e**) NT certificate
zertreten *unreg* VT to crush underfoot
zertrümmern [tsɛrˈtrʏmərn] VT to shatter; (*Gebäude etc*) to demolish
zerwühlen VT to ruffle up, to tousle; (*Bett*) to rumple (up)
Zerwürfnis [tsɛrˈvʏrfnɪs] (**-ses, -se**) NT dissension, quarrel
zerzausen [tsɛrˈtsaʊzən] VT (*Haare*) to ruffle up, to tousle
zetern [ˈtseːtərn] (*pej*) VI to clamour (BRIT), to clamor (US); (*keifen*) to scold
★**Zettel** [ˈtsɛtəl] (**-s, -**) M piece *od* slip of paper; (*Notizzettel*) note; (*Formular*) form; **„~ ankleben verboten"** "stick no bills"; **Zettelkasten** M card index (box); **Zettelwirtschaft** (*pej*) F: **eine ~ haben** to have bits of paper everywhere
Zeug [tsɔʏk] (**-(e)s, -e**) (*umg*) NT stuff; (*Ausrüstung*) gear; **dummes ~** (stupid) nonsense; **das ~ haben zu** to have the makings of; **sich ins ~ legen** to put one's shoulder to the wheel; **was das ~ hält** for all one is worth; **jdm am ~ flicken** to find fault with sb
★**Zeuge** [ˈtsɔʏgə] (**-n, -n**) M witness
zeugen VI to bear witness, to testify ▶ VT (*Kind*) to father; **es zeugt von …** it testifies to …
Zeugenaussage F evidence
Zeugenstand M witness box (BRIT) *od* stand (US)
Zeugin F witness
★**Zeugnis** [ˈtsɔʏgnɪs] (**-ses, -se**) NT certificate; (*Sch*) report; (*Referenz*) reference; (*Aussage*) evidence, testimony; **~ geben von** to be evidence of, to testify to; **Zeugniskonferenz** F (*Sch*) *staff meeting to decide on marks etc*
Zeugung [ˈtsɔʏgʊŋ] F procreation
zeugungsunfähig ADJ sterile
ZH ABK = **Zentralheizung**
z. H., z. Hd. ABK (= *zu Händen*) att., attn.
Zicken [ˈtsɪkən] (*umg*) PL: **~ machen** to make trouble
zickig (*umg*) ADJ touchy, bitchy; (*albern*) silly; (*prüde*) prudish
Zickzack [ˈtsɪktsak] (**-(e)s, -e**) M zigzag
Ziege [ˈtsiːgə] (**-, -n**) F goat; (*pej, umg*: *Frau*) cow (!)
Ziegel [ˈtsiːgəl] (**-s, -**) M brick; (*Dachziegel*) tile
Ziegelei [tsiːgəˈlaɪ] F brickworks
Ziegelstein M brick
Ziegen- ZW: **Ziegenbock** M billy goat; **Ziegenkäse** M goat's cheese; **Ziegenleder** NT kid; **Ziegenpeter** M (*umg*) mumps *sing*
Ziehbrunnen M well
★**ziehen** [ˈtsiːən] *unreg* VT to draw; (*zerren*) to pull; (*Schach etc*) to move; (*züchten*) to rear ▶ VI to draw; (*umziehen, wandern*) to move; (*Rauch, Wolke etc*) to drift; (*reißen*) to pull ▶ VB UNPERS: **es zieht** there is a draught (BRIT) *od* draft (US), it's draughty (BRIT) *od* drafty (US) ▶ VR (*Gummi*) to stretch; (*Grenze etc*) to run; (*Gespräche*) to be drawn out; **etw nach sich ~** to lead to sth, to entail sth; **etw ins Lächerliche ~** to ridicule sth; **so was zieht bei mir nicht** I don't like that sort of thing; **den Tee ~ lassen** to let the tea stand; **zu jdm ~** to move in with sb; **mir ziehts im Rücken** my back hurts; ★ **Ziehen** (**-s, -**) NT (*Schmerz*) ache; (*im Unterleib*) dragging pain
Ziehharmonika [ˈtsiːharmoːnika] F concertina
Ziehschwester [ˈtsiːʃvɛstər] (**-, -n**) F foster sister
Ziehung [ˈtsiːʊŋ] F (*Losziehung*) drawing
★**Ziel** [tsiːl] (**-(e)s, -e**) NT (*einer Reise*) destination; (*Sport*) finish; (*Mil*) target; (*Absicht*) goal, aim; **jdm/sich ein ~ stecken** to set sb/o.s. a goal; **am ~ sein** to be at one's destination; (*fig*) to have reached one's goal; **über das ~ hinausschießen** (*fig*) to overshoot the mark; **zielbewusst** ADJ purposeful; **zielen** VI: **~ (auf** *+akk***)** to aim (at); **Zielfernrohr** NT telescopic sight; **Zielfoto** NT (*Sport*) photo-finish, photograph; **Zielgruppe** F target group; **Ziellinie** F (*Sport*) finishing line; **ziellos** ADJ aimless; **Zielort** M destination; **Zielscheibe** F target; **zielstrebig** ADJ purposeful
ziemen [ˈtsiːmən] VR UNPERS (*geh*): **das ziemt sich nicht (für dich)** it is not proper (for you)
★**ziemlich** [ˈtsiːmlɪç] ADJ *attrib* (*Anzahl*) fair ▶ ADV quite, pretty (*umg*); (*beinahe*) almost, nearly; **eine ziemliche Anstrengung** quite an effort; **~ lange** quite a long time; **~ fertig** almost *od* nearly ready
Zierde [ˈtsiːrdə] (**-, -n**) F ornament, decoration; (*Schmuckstück*) adornment
zieren [ˈtsiːrən] VR to act coy

Zierleiste F border; (*an Wand, Möbeln*) moulding (BRIT), molding (US); (*an Auto*) trim
zierlich ADJ dainty; **Zierlichkeit** F daintiness
Zierstrauch M flowering shrub
Ziffer ['tsɪfər] (-, -n) F figure, digit; **römische/arabische Ziffern** roman/arabic numerals; **Zifferblatt** NT dial, (clock *od* watch) face
zig [tsɪk] (*umg*) ADJ umpteen
Zigarette [tsiga'rɛtə] F cigarette
Zigaretten- zW: **Zigarettenautomat** M cigarette machine; **Zigarettenpause** F break for a cigarette; **Zigarettenschachtel** F cigarette packet *od* pack (US); **Zigarettenspitze** F cigarette holder
Zigarillo [tsiga'rɪlo] (-s, -s) NT OD M cigarillo
Zigarre [tsi'garə] (-, -n) F cigar
Zigeuner(in) [tsi'gɔynər(ɪn)] (-s, -) M(F) gipsy; **Zigeunerschnitzel** NT (*Koch*) *cutlet served in a spicy sauce with green and red peppers*; **Zigeunersprache** F (*Ling*) Romany (language)
Zimmer ['tsɪmər] (-s, -) NT room; **Zimmerantenne** F indoor aerial; **Zimmerdecke** F ceiling; **Zimmerlautstärke** F reasonable volume; ★ **Zimmermädchen** NT chambermaid; **Zimmermann** (-(e)s, *pl* -leute) M carpenter
zimmern VT to make from wood
Zimmer- zW: **Zimmernachweis** M accommodation service; **Zimmerpflanze** F indoor plant; **Zimmervermittlung** F accommodation (BRIT) *od* accommodations (US) service
zimperlich ['tsɪmpərlɪç] ADJ squeamish; (*pingelig*) fussy, finicky
Zimt [tsɪmt] (-(e)s, -e) M cinnamon; **Zimtstange** F cinnamon stick
Zink [tsɪŋk] (-(e)s) NT zinc
Zinke (-, -n) F (*Gabelzinke*) prong; (*Kammzinke*) tooth
zinken VT (*Karten*) to mark
Zinken (-s, -) (*umg*) M (*Nase*) hooter
Zinksalbe F zinc ointment
Zinn [tsɪn] (-(e)s) NT (*Element*) tin; (*in Zinnwaren*) pewter; **Zinnbecher** M pewter tankard; **zinnoberrot** [tsɪ'no:bərrot] ADJ vermilion; **Zinnsoldat** M tin soldier; **Zinnwaren** PL pewter *sing*
Zins [tsɪns] (-es, -en) M interest
Zinseszins M compound interest
Zins- zW: **Zinsfuß** M rate of interest; **zinslos** ADJ interest-free; **Zinssatz** M rate of interest; **Zinssteuer** F tax on interest
Zionismus [tsio'nɪsmʊs] M Zionism
Zipfel ['tsɪpfəl] (-s, -) M corner; (*von Land*) tip; (*Hemdzipfel*) tail; (*Wurstzipfel*) end; **Zipfelmütze** F pointed cap
zirka ['tsɪrka] ADV about, approximately
Zirkel ['tsɪrkəl] (-s, -) M circle; (*Math*) pair of compasses; **Zirkelkasten** M geometry set
zirkulieren [tsɪrku'li:rən] VI to circulate
Zirkus ['tsɪrkʊs] (-, -se) M circus; (*umg: Getue*) fuss, to-do
zirpen ['tsɪrpən] VI to chirp, to cheep
Zirrhose [tsɪ'ro:zə] (-, -n) F cirrhosis
zischeln ['tsɪʃəln] VT, VI to whisper
zischen ['tsɪʃən] VI to hiss; (*Limonade*) to fizz; (*Fett*) to sizzle
Zitat [tsi'ta:t] (-(e)s, -e) NT quotation, quote
zitieren [tsi'ti:rən] VT to quote; (*vorladen, rufen*): **~ (vor** *+akk***)** to summon (before)
Zitronat [tsitro'na:t] (-(e)s, -e) NT candied lemon peel
★ **Zitrone** [tsi'tro:nə] (-, -n) F lemon
Zitronen- zW: **Zitronenlimonade** F lemonade; **Zitronensaft** M lemon juice; **Zitronensäure** F citric acid; **Zitronenscheibe** F lemon slice
zitterig ['tsɪtərɪç] ADJ shaky
zittern ['tsɪtərn] VI to tremble; **vor jdm ~** to be terrified of sb
zittrig ['tsɪtrɪç] ADJ = **zitterig**
Zitze ['tsɪtsə] (-, -n) F teat, dug
Zivi ['tsivi] (-s, -s) M ABK = **Zivildienstleistender**
zivil [tsi'vi:l] ADJ civilian; (*anständig*) civil; (*Preis*) moderate; **ziviler Ungehorsam** civil disobedience; **Zivil** (-s) NT plain clothes *pl*; (*Mil*) civilian clothing; **Zivilbevölkerung** F civilian population; **Zivilcourage** F courage of one's convictions
Zivildienst M (*früher*) *alternative service (for conscientious objectors)*

> Until the abolition of compulsory military service in 2011, young men who had opted out of military service had to carry out **Zivildienst** (community service) instead, normally in a hospital or retirement home. This has largely been replaced by the *Bundesfreiwilligendienst* (national voluntary service), which gives young men and women the opportunity to work as community volunteers for a year.

Zivildienstleistender M (*früher*) *conscientious objector doing alternative community service*
Zivilisation [tsivilizatsi'o:n] F civilization
Zivilisationserscheinung F phenomenon of civilization
Zivilisationskrankheit F disease of civilized man
zivilisieren [tsivili'zi:rən] VT to civilize
zivilisiert ADJ civilized
Zivilist [tsivi'lɪst] M civilian
Zivilrecht NT civil law
ZK (-s, -s) NT ABK (= *Zentralkomitee*) central committee
Zobel ['tso:bəl] (-s, -) M (*auch:* **Zobelpelz**) sable (fur)
zocken ['tsɔkən] VI (*umg*) to gamble
Zofe ['tso:fə] (-, -n) F lady's maid; (*von Königin*) lady-in-waiting
Zoff [tsɔf] (-s) M (*umg*) trouble
zog *etc* [tso:k] VB *siehe* **ziehen**
zögern ['tsø:gərn] VI to hesitate
Zölibat [tsøli'ba:t] (-(e)s) NT OD M celibacy
★ **Zoll**[1] [tsɔl] (-(e)s, -) M (*Maß*) inch

Z

Zoll[2] (**-(e)s**, **Zölle**) M customs *pl*; (*Abgabe*) duty; **Zollabfertigung** F customs clearance; **Zollamt** NT customs office; ★ **Zollbeamte(r)** M, **Zollbeamtin** F customs official; **Zollerklärung** F customs declaration; ★ **zollfrei** ADJ duty-free; **Zollgutlager** NT bonded warehouse; ★ **Zollkontrolle** F customs (check); **zollpflichtig** ADJ liable to duty, dutiable

Zollstock M inch rule

Zone [ˈtso:nə] (**-, -n**) F zone; (*von Fahrkarte*) fare stage

★ **Zoo** [tso:] (**-s, -s**) M zoo; **Zoohandlung** F pet shop

Zoologe [tsooˈlo:gə] (**-n, -n**) M zoologist

Zoologie F zoology

Zoologin F zoologist

zoologisch ADJ zoological

Zoom [zu:m] (**-s, -s**) NT zoom shot; (*Objektiv*) zoom lens

Zopf [tsɔpf] (**-(e)s, Zöpfe**) M plait, pigtail; **alter ~** (*umg*) antiquated custom

★ **Zorn** [tsɔrn] (**-(e)s**) M anger

★ **zornig** ADJ angry

Zote [ˈtso:tə] (**-, -n**) F smutty joke/remark

zottig [ˈtsɔtɪç] ADJ shaggy

ZPO ABK (= *Zivilprozessordnung*) ≈ General Practice Act (*US*)

z. T. ABK = **zum Teil**

zu [tsu:]

PRÄP *+dat* **1** (*örtlich*) to; **zum Bahnhof/Arzt gehen** to go to the station/doctor; **zur Schule/Kirche gehen** to go to school/church; **sollen wir zu Euch gehen?** shall we go to your place?; **sie sah zu ihm hin** she looked towards him; **zum Fenster herein** through the window; **zu meiner Linken** to *od* on my left

2 (*zeitlich*) at; **zu Ostern** at Easter; **bis zum 1. Mai** until May 1st; (*nicht später als*) by May 1st; **zu meiner Zeit** in my time

3 (*Zusatz*) with; **Wein zum Essen trinken** to drink wine with one's meal; **sich zu jdm setzen** to sit down beside sb; **setz dich doch zu uns** (come and) sit with us; **Anmerkungen zu etw** notes on sth

4 (*Zweck*) for; **Wasser zum Waschen** water for washing; **Papier zum Schreiben** paper to write on; **etw zum Geburtstag bekommen** to get sth for one's birthday; **es ist zu seinem Besten** it's for his own good

5 (*Veränderung*) into; **zu etw werden** to turn into sth; **jdn zu etw machen** to make sb (into) sth; **zu Asche verbrennen** to burn to ashes

6 (*mit Zahlen*): **3 zu 2** (*Sport*) 3-2; **das Stück zu 5 Euro** at 5 euros each; **zum ersten Mal** for the first time

7: **zu meiner Freude** *etc* to my joy *etc*; **zum Glück** luckily; **zu Fuß** on foot; **es ist zum Weinen** it's enough to make you cry

▸ KONJ to; **etw zu essen** sth to eat; **um besser sehen zu können** in order to see better; **ohne es zu wissen** without knowing it; **noch zu bezahlende Rechnungen** outstanding bills

▸ ADV **1** (*allzu*) too; **zu sehr** too much; **zu viel** too much; (*zu viele*) too many; **er kriegt zu viel** (*umg*) he gets annoyed; **zu wenig** too little; (*zu wenige*) too few

2 (*örtlich*) toward(s); **er kam auf mich zu** he came towards *od* up to me

3 (*geschlossen*) shut, closed; **die Geschäfte haben zu** the shops are closed; **zu sein** to be closed; **auf/zu** (*Wasserhahn etc*) on/off

4 (*umg*: *los*): **nur zu!** just keep at it!; **mach zu!** hurry up!

zuallererst ADV first of all

zuallerletzt ADV last of all

zu|bauen [ˈtsu:baʊən] VT (*Lücke*) to fill in; (*Platz, Gebäude*) to build up

Zubehör [ˈtsu:bəhø:r] (**-(e)s, -e**) NT accessories *pl*

Zuber [ˈtsu:bər] (**-s, -**) M tub

zu|bereiten [ˈtsu:bəraɪtən] VT to prepare

zu|billigen [ˈtsu:bɪlɪgən] VT to grant

zu|binden [ˈtsu:bɪndən] *unreg* VT to tie up; **jdm die Augen ~** to blindfold sb

zu|bleiben [ˈtsu:blaɪbən] *unreg* VI to stay shut

zu|bringen [ˈtsu:brɪŋən] *unreg* VT to spend; (*herbeibringen*) to bring, to take; (*umg*: *Tür*) to get shut

Zubringer (**-s, -**) M (*Tech*) feeder, conveyor; (*Verkehrsmittel*) shuttle; (*zum Flughafen*) airport bus **Zubringerbus** M shuttle (bus); **Zubringerstraße** F slip road (BRIT), entrance ramp (*US*)

Zucchini [tsʊˈki:ni:] PL courgettes *pl* (BRIT), zucchini(s) *pl* (*US*)

Zucht [tsʊxt] (**-, -en**) F (*von Tieren*) breeding; (*von Pflanzen*) cultivation; (*Rasse*) breed; (*Erziehung*) raising; (*Disziplin*) discipline; **Zuchtbulle** M breeding bull

züchten [ˈtsʏçtən] VT (*Tiere*) to breed; (*Pflanzen*) to cultivate, to grow

Züchter(in) (**-s, -**) M(F) breeder; (*von Pflanzen*) grower

Zuchthaus NT prison, penitentiary (*US*)

Zuchthengst M stallion, stud

züchtig [ˈtsʏçtɪç] ADJ modest, demure

züchtigen [ˈtsʏçtɪgən] VT to chastise

Züchtigung F chastisement; **körperliche ~** corporal punishment

Zuchtperle F cultured pearl

Züchtung F (*von Tieren*) breeding; (*von Pflanzen*) cultivation; (*Zuchtart*: *von Tier*) breed; (: *von Pflanze*) strain

zucken [ˈtsʊkən] VI to jerk, to twitch; (*Strahl etc*) to flicker; **mit den Schultern ~** to shrug (one's shoulders); **der Schmerz zuckte (mir) durch den ganzen Körper** the pain shot right through my body

zücken [ˈtsʏkən] VT (*Schwert*) to draw; (*Geldbeutel*) to pull out

★ **Zucker** [ˈtsʊkər] (**-s, -**) M sugar; (*Med*) diabetes **~ haben** (*umg*) to be a diabetic; **Zuckerdose** F sugar bowl; **Zuckererbse** F mangetout (BRIT) sugar pea (*US*); **Zuckerguss** M icing; **Zuckerhut**

M sugar loaf; **zuckerkrank** ADJ diabetic; **Zuckerkrankheit** F diabetes *sing*; **Zuckerlecken** NT: **das ist kein ~** it's no picnic

zuckern VT to sugar

Zucker- ZW: **Zuckerrohr** NT sugar cane; **Zuckerrübe** F sugar beet; **Zuckerspiegel** M (*Med*) (blood) sugar level; **zuckersüß** ADJ sugary; **Zuckerwatte** F candy floss (BRIT), cotton candy (*US*)

Zuckung F convulsion, spasm; (*leicht*) twitch

zu|decken [ˈtsu:dɛkən] VT to cover (up); (*im Bett*) to tuck up *od* in

zudem [tsuˈde:m] ADV in addition (to this)

zu|drehen [ˈtsu:dre:ən] VT to turn off

zudringlich [ˈtsu:drɪŋlɪç] ADJ forward, pushy; (*Nachbar etc*) intrusive; **~ werden** to make advances; **Zudringlichkeit** F forwardness; (*von Nachbar etc*) intrusiveness

zu|drücken [ˈtsu:drʏkən] VT to close; **jdm die Kehle ~** to throttle sb; **ein Auge ~** to turn a blind eye

zueinander [tsu|aɪˈnandər] ADV to one other; (*in Verbverbindung*) together

zu|erkennen [ˈtsu:|ɛrkɛnən] *unreg* VT: **jdm etw ~** to award sth to sb, to award sb sth

zuerst [tsuˈ|e:rst] ADV first; (*zu Anfang*) at first; **~ einmal** first of all

Zufahrt [ˈtsu:fa:rt] F access; (*Einfahrt*) drive(-way); **„keine ~ zum Krankenhaus"** "no access to hospital"

Zufahrtsstraße F access road; (*von Autobahn etc*) slip road (BRIT), entrance ramp (*US*)

Zufall [ˈtsu:fal] M chance; (*Ereignis*) coincidence; **durch ~** by accident; **so ein ~!** what a coincidence!

zu|fallen *unreg* VI to close, to shut; (*Anteil, Aufgabe*): **jdm ~** to fall to sb

zufällig [ˈtsu:fɛlɪç] ADJ chance ▸ ADV by chance; (*in Frage*) by any chance

Zufallstreffer M fluke

zu|fassen [ˈtsu:fasən] VI (*zugreifen*) to take hold (of it *od* them); (*fig: schnell handeln*) to seize the opportunity; (*helfen*) to lend a hand

zu|fliegen [ˈtsu:fli:gən] *unreg* VI: **ihm fliegt alles nur so zu** (*fig*) everything comes so easily to him

Zuflucht [ˈtsu:flʊxt] F recourse; (*Ort*) refuge; **zu etw ~ nehmen** (*fig*) to resort to sth

Zufluchtsort M, **Zufluchtsstätte** F place of refuge

Zufluss [ˈtsu:flʊs] M (*Zufließen*) inflow, influx; (*Geog*) tributary; (*Comm*) supply

zufolge [tsuˈfɔlgə] PRÄP *+dat od gen* (*laut*) according to; (*aufgrund*) as a result of

zufrieden [tsuˈfri:dən] ADJ content(ed); (*befriedigt*) satisfied; **er ist mit nichts ~** nothing pleases him; **zufrieden|geben** *unreg* VR: **sich mit etw ~** to be satisfied with sth; **Zufriedenheit** F contentedness; (*Befriedigtsein*) satisfaction; **zufrieden|lassen** *unreg* VT: **lass mich damit zufrieden!** (*umg*) shut up about it!; **zufrieden|stellen** VT to satisfy; **zufriedenstellend** ADJ satisfactory

zu|frieren [ˈtsu:fri:rən] *unreg* VI to freeze up *od* over

zu|fügen [ˈtsu:fy:gən] VT to add; (*Leid etc*): **jdm etw ~** to cause sb sth

Zufuhr [ˈtsu:fu:r] (**-, -en**) F (*Herbeibringen*) supplying; (*Met*) influx; (*Mil*) supplies *pl*

zu|führen [ˈtsu:fy:rən] VT (*bringen*) to bring; (*transportieren*) to convey; (*versorgen*) to supply ▸ VI: **auf etw** *akk* **~** to lead to sth

★**Zug** [tsu:k] (**-(e)s, Züge**) M (*Eisenbahnzug*) train; (*Luftzug*) draught (BRIT), draft (*US*); (*Ziehen*) pull(ing); (*Gesichtszug*) feature; (*Schach etc*) move; (*Klingelzug*) pull; (*Schriftzug, beim Schwimmen*) stroke; (*Atemzug*) breath; (*Charakterzug*) trait; (*an Zigarette*) puff, pull, drag; (*Schluck*) gulp; (*Menschengruppe*) procession; (*von Vögeln*) migration; (*Mil*) platoon; **etw in vollen Zügen genießen** to enjoy sth to the full; **in den letzten Zügen liegen** (*umg*) to be at one's last gasp; **im ~(e)** *+gen* (*im Verlauf*) in the course of; **~ um ~** (*fig*) step by step; **zum ~(e) kommen** (*umg*) to get a look-in; **etw in groben Zügen darstellen** *od* **umreißen** to outline sth; **das war kein schöner ~ von dir** that wasn't nice of you

Zugabe [ˈtsu:ga:bə] F extra; (*in Konzert etc*) encore

Zugabteil NT train compartment

Zugang [ˈtsu:gaŋ] M entrance; (*Zutritt, fig*) access

zugänglich [ˈtsu:gɛŋlɪç] ADJ accessible; (*öffentliche Einrichtungen*) open; (*Mensch*) approachable

Zugangscode M (*Comput*) access code

Zugbegleiter M (*Eisenb*) guard (BRIT), conductor (*US*)

Zugbrücke F drawbridge

zu|geben [ˈtsu:ge:bən] *unreg* VT (*beifügen*) to add, to throw in; (*zugestehen*) to admit; (*erlauben*) to permit; **zugegeben ...** granted ...

zugegebenermaßen [ˈtsu:gegə:bənərˈma:sən] ADV admittedly

zugegen [tsuˈge:gən] ADV (*geh*): **~ sein** to be present

zu|gehen [ˈtsu:ge:ən] *unreg* VI (*schließen*) to shut ▸ VI UNPERS (*sich ereignen*) to go on, to happen; **auf jdn/etw ~** to walk towards sb/sth; **dem Ende ~** to be finishing; **er geht schon auf die siebzig zu** he's getting on for seventy; **hier geht es nicht mit rechten Dingen zu** there's something odd going on here; **es ging lustig zu** we/they had a lot of fun; **dort geht es streng zu** it's strict there

Zugehörigkeit [ˈtsu:gəhø:rɪçkaɪt] F: **~ (zu)** membership (of), belonging (to)

Zugehörigkeitsgefühl NT feeling of belonging

zugeknöpft [ˈtsu:gəknœpft] (*umg*) ADJ reserved, stand-offish

Zügel [ˈtsy:gəl] (**-s, -**) M rein, reins *pl*; (*fig*) rein, curb; **die ~ locker lassen** to slacken one's hold on the reins; **die ~ locker lassen bei** (*fig*) to give free rein to

Z

zugelassen [ˈtsu:gəlasən] ADJ authorized; (*Heilpraktiker*) registered; (*Kfz*) licensed

zügellos ADJ unrestrained; (*sexuell*) licentious

Zügellosigkeit F lack of restraint; (*sexuell*) licentiousness

zügeln VT to curb; (*Pferd*) to rein in

zu|gesellen VR: **sich jdm ~** to join sb, to join up with sb

Zugeständnis [ˈtsu:gəʃtɛntnɪs] (**-ses, -se**) NT concession; **Zugeständnisse machen** to make allowances

zu|gestehen *unreg* VT to admit; (*Rechte*) to concede

zugetan [ˈtsu:gəta:n] ADJ: **jdm/etw ~ sein** to be fond of sb/sth

Zugewinn (**-(e)s**) M (*Jur*) *property acquired during marriage*

Zugezogene(r) [ˈtsu:gətso:gənə(r)] F(M) newcomer

★**Zugführer** M (*Eisenb*) chief guard (BRIT) *od* conductor (*US*); (*Mil*) platoon commander

zugig ADJ draughty (BRIT), drafty (*US*)

zügig [ˈtsy:gɪç] ADJ speedy, swift

zugkräftig ADJ (*fig: Werbetext, Titel*) eye-catching; (*Schauspieler*) crowd-pulling *attrib*, popular

zugleich [tsuˈglaɪç] ADV (*zur gleichen Zeit*) at the same time; (*ebenso*) both

Zugluft F draught (BRIT), draft (*US*)

Zugmaschine F traction engine, tractor

zu|greifen [ˈtsu:graɪfən] *unreg* VI to seize *od* grab it/them; (*helfen*) to help; (*beim Essen*) to help o.s.; **~ auf** *+akk* (*Comput*) to access

Zugriff [ˈtsu:grɪf] M (*Comput*) access; **sich dem ~ der Polizei entziehen** (*fig*) to evade justice

zugrunde, zu Grunde [tsuˈgrʊndə] ADV: **~ gehen** to collapse; (*Mensch*) to perish; **er wird daran nicht ~ gehen** he'll survive; (*finanziell*) it won't ruin him; **einer Sache** *dat* **etw ~ legen** to base sth on sth; **einer Sache** *dat* **~ liegen** to be based on sth; **~ richten** to ruin, to destroy

zugunsten, zu Gunsten [tsuˈgʊnstən] PRÄP *+gen od dat* in favour (BRIT) *od* favor (*US*) of

zugute|halten [tsuˈgu:təhaltən] *unreg* VT: **jdm etw ~** to concede sth to sb

zugute|kommen [tsuˈgu:təkɔmən] *unreg* VT: **jdm ~** to be of assistance to sb

Zug- ZW: **Zugverbindung** F train connection; **Zugvogel** M migratory bird; **Zugzwang** M (*Schach*) zugzwang; **unter ~ stehen** (*fig*) to be in a tight spot

zu|halten [ˈtsu:haltən] *unreg* VT to hold shut ▶ VI: **auf jdn/etw ~** to make for sb/sth; **sich** *dat* **die Nase ~** to hold one's nose

Zuhälter [ˈtsu:hɛltər] (**-s, -**) M pimp

zuhause [tsuˈhaʊzə] ADV at home

Zuhause (**-s**) NT home

Zuhilfenahme [tsuˈhɪlfəna:mə] F: **unter ~ von** with the help of

★**zu|hören** [ˈtsu:hø:rən] VI to listen

Zuhörer (**-s, -**) M listener; **Zuhörerschaft** F audience

zu|jubeln [ˈtsu:ju:bəln] VI: **jdm ~** to cheer sb

zu|kehren [ˈtsu:ke:rən] VT (*zuwenden*) to turn

zu|klappen [ˈtsu:klapən] VT (*Buch, Deckel*) to close ▶ VI (*Hilfsverb sein: Tür etc*) to click shut

zu|kleben [ˈtsu:kle:bən] VT to paste up

zu|kneifen [ˈtsu:knaɪfən] VT (*Augen*) to screw up; (*Mund*) to shut tight(ly)

zu|knöpfen [ˈtsu:knœpfən] VT to button (up), to fasten (up)

zu|kommen [ˈtsu:kɔmən] *unreg* VI to come up; **auf jdn ~** to come up to sb; **jdm ~** (*sich gehören*) to be fitting for sb; **diesem Treffen kommt große Bedeutung zu** this meeting is of the utmost importance; **jdm etw ~ lassen** to give sb sth; **die Dinge auf sich** *akk* **~ lassen** to take things as they come

★**Zukunft** [ˈtsu:kʊnft] (**-,** *no pl*) F future

zukünftig [ˈtsu:kʏnftɪç] ADJ future ▶ ADV in future; **mein zukünftiger Mann** my husband-to-be

Zukunfts- ZW: **Zukunftsaussichten** PL future prospects *pl*; **Zukunftsmusik** (*umg*) F wishful thinking; **Zukunftsroman** M science-fiction novel; **zukunftsträchtig** ADJ promising for the future; **zukunftsweisend** ADJ trend-setting

Zulage [ˈtsu:la:gə] F bonus

zulande [tsuˈlandə] ADV: **bei uns ~** in our country

zu|langen [ˈtsu:laŋən] (*umg*) VI (*Dieb, beim Essen*) to help o.s.

zu|lassen [ˈtsu:lasən] *unreg* VT (*hereinlassen*) to admit; (*erlauben*) to permit; (*Auto*) to license (*umg: nicht öffnen*) to keep shut

zulässig [ˈtsu:lɛsɪç] ADJ permissible, permitted; **zulässige Höchstgeschwindigkeit** (upper) speed limit

Zulassung F (*amtlich*) authorization; (*von Kfz*) licensing; (*als praktizierender Arzt*) registration

Zulauf M: **großen ~ haben** (*Geschäft*) to be very popular

zu|laufen [ˈtsu:laʊfən] *unreg* VI: **~ auf** *+akk* to run towards; **jdm ~** (*Tier*) to adopt sb; **spitz ~** to come to a point

zu|legen [ˈtsu:le:gən] VT to add; (*Geld*) to put in; (*Tempo*) to accelerate, to quicken; (*schließen*) to cover over; **sich** *dat* **etw ~** (*umg*) to get oneself sth

zuleide [tsuˈlaɪdə] ADJ: **jdm etw ~ tun** to harm sb

zu|leiten [ˈtsu:laɪtən] VT (*Wasser*) to supply; (*schicken*) to send

Zuleitung F (*Tech*) supply

zuletzt [tsuˈlɛtst] ADV finally, at last; **wir blieben bis ~** we stayed to the very end; **nicht ~ wegen** not least because of

zuliebe [tsuˈli:bə] ADV: **jdm ~** (in order) to please sb

Zulieferbetrieb [ˈtsu:li:fərbətri:p] M (*Comm*) supplier

zum [tsʊm] = **zu dem**; **~ dritten Mal** for the third time; **~ Scherz** as a joke; **~ Trinken** for drinking; **bis ~ 15. April** until 15th April; (*nicht später als*) by 15th April; **~ ersten Mal(e)** for the first time; **es ist ~ Weinen** it's enough to make you (want to) weep; **~ Glück** luckily

zu|machen [ˈtsu:maxən] VT to shut; (*Kleidung*) to do up, to fasten ▶ VI to shut; (*umg*) to hurry up

zumal [tsuˈma:l] KONJ especially (as)

zumeist [tsuˈmaɪst] ADV mostly

zu|messen [ˈtsu:mɛsən] *unreg* VT *+dat* (*Zeit*) to allocate (for); (*Bedeutung*) to attach (to)

zumindest [tsuˈmɪndəst] ADV at least

zumutbar [ˈtsu:mu:tba:r] ADJ reasonable

zumute [tsuˈmu:tə] ADV: **wie ist ihm ~?** how does he feel?

zu|muten [ˈtsu:mu:tən] VT: **(jdm) etw ~** to expect *od* ask sth (of sb); **sich** *dat* **zu viel ~** to take on too much

Zumutung F unreasonable expectation *od* demand; (*Unverschämtheit*) impertinence; **das ist eine ~!** that's a bit much!

zunächst [tsuˈnɛ:çst] ADV first of all; **~ einmal** to start with

zu|nageln [ˈtsu:na:gəln] VT (*Fenster etc*) to nail up; (*Kiste etc*) to nail down

zu|nähen [ˈtsu:nɛ:ən] VT to sew up

Zunahme [ˈtsu:na:mə] (**-, -n**) F increase

Zuname [ˈtsu:na:mə] M surname

zünden [ˈtsʏndən] VI (*Feuer*) to light, to ignite; (*Motor*) to fire; (*fig*) to kindle enthusiasm ▶ VT to ignite; (*Rakete*) to fire

zündend ADJ fiery

Zünder (**-s, -**) M fuse; (*Mil*) detonator

Zünd- ZW: **Zündholz** NT match; **Zündkabel** NT (*Aut*) plug lead; **Zündkerze** F (*Aut*) spark(ing) plug; **Zündplättchen** NT cap; **Zündschlüssel** M ignition key; **Zündschnur** F fuse wire; **Zündstoff** M fuel; (*fig*) dynamite

Zündung F ignition

zu|nehmen [ˈtsu:ne:mən] *unreg* VI to increase, to grow; (*Mensch*) to put on weight

zunehmend ADJ: **mit zunehmendem Alter** with advancing age

zu|neigen [ˈtsu:naɪgən] VI to incline, to lean; **sich dem Ende ~** to draw to a close; **einer Auffassung ~** to incline towards a view; **jdm zugeneigt sein** to be attracted to sb

Zuneigung F affection

Zunft [tsʊnft] (**-, Zünfte**) F guild

zünftig [ˈtsʏnftɪç] ADJ (*Arbeit*) professional; (*umg: ordentlich*) proper, real

Zunge [ˈtsʊŋə] F tongue; (*Fisch*) sole; **böse Zungen behaupten, …** malicious gossip has it …

züngeln [ˈtsʏŋəln] VI (*Flammen*) to lick

Zungen- ZW: **Zungenbrecher** M tongue-twister; **zungenfertig** ADJ glib; **Zungenkuss** M French kiss

Zünglein [ˈtsʏŋlaɪn] NT: **das ~ an der Waage sein** (*fig*) to tip the scales

zunichte|machen [tsuˈnɪçtəmaxən] VT to ruin, to destroy

zunichte|werden [tsuˈnɪçtəve:rdən] *unreg* VI to come to nothing

zunutze [tsuˈnʊtsə] ADV: **sich** *dat* **etw ~ machen** to make use of sth

zuoberst [tsuˈ|o:bərst] ADV at the top

zu|ordnen [ˈtsu:|ɔrdnən] VT to assign

zu|packen [ˈtsu:pakən] (*umg*) VI (*zugreifen*) to make a grab for it; (*bei der Arbeit*) to get down to it; **mit ~** (*helfen*) to give me/them *etc* a hand

zupfen [ˈtsʊpfən] VT to pull, to pick, to pluck; (*Gitarre*) to pluck

zur [tsu:r] = **zu der**

zurate, zu Rate [tsuˈra:tə] ADV: **jdn ~ ziehen** to consult sb

zurechnungsfähig [ˈtsu:rɛçnʊŋsfɛ:ɪç] ADJ (*Jur*) responsible, of sound mind; **Zurechnungsfähigkeit** F responsibility, accountability

zurecht- ZW: **zurecht|biegen** *unreg* VT to bend into shape; (*fig*) to twist; **zurecht|finden** *unreg* VR to find one's way (about); **zurecht|kommen** *unreg* VI (*rechtzeitig kommen*) to come in time; (*schaffen*) to cope; (*finanziell*) to manage; **zurecht|legen** VT to get ready; (*Ausrede etc*) to have ready; **zurecht|machen** VT to prepare ▶ VR to get ready; (*sich schminken*) to put on one's make-up; **zurecht|weisen** *unreg* VT to reprimand; **Zurechtweisung** F reprimand, rebuff

zu|reden [ˈtsu:re:dən] VI: **jdm ~** to persuade sb, to urge sb

zu|reiten [ˈtsuraɪtən] *unreg* VT (*Pferd*) to break in

Zürich [ˈtsy:rɪç] (**-s**) NT Zurich

zu|richten [ˈtsu:rɪçtən] VT (*Essen*) to prepare; (*beschädigen*) to batter, to bash up

zürnen [ˈtsʏrnən] VI: **jdm ~** to be angry with sb

⋆**zurück** [tsuˈrʏk] ADV back; (*mit Zahlungen*) behind; (*fig: zurückgeblieben: von Kind*) backward; **~!** get back!; **zurück|behalten** *unreg* VT to keep back; **er hat Schäden ~** he suffered lasting damage; **zurück|bekommen** *unreg* VT to get back; **zurück|bezahlen** VT to repay, to pay back; **zurück|bleiben** *unreg* VI (*Mensch*) to remain behind; (*nicht nachkommen*) to fall behind, to lag; (*Schaden*) to remain; **zurück|bringen** *unreg* VT to bring back; **zurück|datieren** VT to backdate; **zurück|drängen** VT (*Gefühle*) to repress; (*Feind*) to push back; **zurück|drehen** VT to turn back; **zurück|erobern** VT to reconquer; ⋆**zurück|erstatten** VT to refund; ⋆**zurück|fahren** *unreg* VI to travel back; (*vor Schreck*) to recoil ▶ VT to drive back; **zurück|fallen** *unreg* VI to fall back; (*in Laster*) to relapse; (*in Leistungen*) to fall behind; (*an Besitzer*): **~ an** *+akk* to revert to; **zurück|finden** *unreg* VI to find one's way back; **zurück|fordern** VT to demand back; **zurück|führen** VT to lead back; **etw auf etw** *akk* **~** to trace sth back to sth; **zurück|geben** *unreg* VT to give back; (*antworten*) to retort with; **zurückgeblieben** ADJ retarded (*pej*); ⋆**zurück|gehen** *unreg* VI to go back; (*fallen*) to go

Z

down, to fall; (*zeitlich*): **~ (auf** *+akk***)** to date back (to); **Waren ~ lassen** to send back goods; **zurückgezogen** ADJ retired, withdrawn; **zurück|greifen** *unreg* VI: **~ (auf** *+akk***)** (*fig*) to fall back (upon); (*zeitlich*) to go back (to); **zurück|halten** *unreg* VT to hold back; (*Mensch*) to restrain; (*hindern*) to prevent ▶ VR (*reserviert sein*) to be reserved; (*im Essen*) to hold back; (*im Hintergrund bleiben*) to keep in the background; (*bei Verhandlung*) to keep a low profile; **zurückhaltend** ADJ reserved; **Zurückhaltung** F reserve; **zurück|holen** VT to fetch back; (*Comput: Daten*) to retrieve; ⋆**zurück|kehren** VI to return; ⋆**zurück|kommen** *unreg* VI to come back; **auf etw** *akk* **~** to return to sth; **zurück|lassen** *unreg* VT to leave behind; **zurück|legen** VT to put back; (*Geld*) to put by; (*reservieren*) to keep back; (*Strecke*) to cover ▶ VR to lie back; **zurück|liegen** *unreg* VI: **der Unfall liegt etwa eine Woche zurück** the accident was about a week ago; **zurück|nehmen** *unreg* VT to take back; **zurück|reichen** VI (*Tradition etc*): **~ (in** *+akk***)** to go back (to); ⋆**zurück|rufen** *unreg* VT, VI to call back; **etw ins Gedächtnis ~** to recall sth; **zurück|schrauben** VT: **seine Ansprüche ~** to lower one's sights; **zurück|schrecken** VI: **~ vor** *+dat* to shrink from; **vor nichts ~** to stop at nothing; **zurück|setzen** VT to put back; (*im Preis*) to reduce; (*benachteiligen*) to put at a disadvantage ▶ VI (*mit Fahrzeug*) to reverse, to back; **zurück|stecken** VT to put back ▶ VI (*fig*) to moderate one's wishes; **zurück|stellen** VT to put back, to replace; (*aufschieben*) to put off, to postpone; (*Mil*) to turn down; (*Interessen*) to defer; (*Ware*) to keep; **persönliche Interessen hinter etw** *dat* **~** to put sth before one's personal interests; **zurück|stoßen** *unreg* VT to repulse; **zurück|stufen** VT to downgrade; **zurück|treten** *unreg* VI to step back; (*vom Amt*) to retire; (*von einem Vertrag etc*): **~ (von)** to withdraw (from); **gegenüber** *od* **hinter etw** *dat* **~** to diminish in importance in view of sth; **bitte ~!** stand back, please!; **zurück|verfolgen** VT (*fig*) to trace back; **zurück|versetzen** VT (*in alten Zustand*): **~ (in** *+akk***)** to restore (to) ▶ VR: **sich ~ (in** *+akk***)** to think back (to); **zurück|weichen** *unreg* VI: **~ (vor** *+dat***)** to shrink back (from); **zurück|weisen** *unreg* VT to turn down; (*Mensch*) to reject; **zurück|werfen** *unreg* VT (*Ball, Kopf*) to throw back; (*Strahlen, Schall*) to reflect; (*fig: Feind*) to repel; (: *wirtschaftlich*): **~ (um)** to set back (by); **zurück|zahlen** VT to pay back, to repay; **Zurückzahlung** F repayment; ⋆**zurück|ziehen** *unreg* VT to pull back; (*Angebot*) to withdraw ▶ VR to retire

Zuruf [ˈtsu:ru:f] M shout, cry

zurzeit [tsʊrˈtsaɪt] ADV at the moment

zus. ABK = **zusammen**; **zusätzlich**

Zusage [ˈtsu:za:gə] F promise; (*Annahme*) consent

zu|sagen VT to promise ▶ VI to accept; **jdm etw auf den Kopf ~** (*umg*) to tell sb sth outright; **jdm ~** (*gefallen*) to appeal to *od* please sb

⋆**zusammen** [tsuˈzamən] ADV together; **Zusammenarbeit** F cooperation; **zusammen|arbeiten** VI to cooperate; **Zusammenballung** F accumulation; **zusammen|bauen** VT to assemble; **zusammen|beißen** *unreg* VT (*Zähne*) to clench; **zusammen|bleiben** *unreg* VI to stay together; **zusammen|brauen** (*umg*) VT to concoct ▶ VR (*Gewitter, Unheil etc*) to be brewing; **zusammen|brechen** *unreg* VI (*Hilfsverb sein*) to collapse; (*Mensch*) to break down, to collapse; (*Verkehr etc*) to come to a standstill; **zusammen|bringen** *unreg* VT to bring *od* get together; (*Geld*) to get; (*Sätze*) to put together; **Zusammenbruch** M collapse; (*Comput*) crash; **zusammen|fahren** *unreg* VI to collide; (*erschrecken*) to start; **zusammen|fallen** *unreg* VI (*einstürzen*) to collapse; (*Ereignisse*) to coincide; **zusammen|fassen** VT to summarize; (*vereinigen*) to unite; **zusammenfassend** ADJ summarizing ▶ ADV to summarize; **Zusammenfassung** F summary, résumé; **zusammen|finden** *unreg* VI, VR to meet (together); **zusammen|fließen** *unreg* VI to flow together, to meet; **Zusammenfluss** M confluence; **zusammen|fügen** VT to join (together), to unite; **zusammen|führen** VT to bring together; (*Familie*) to reunite; **zusammen|gehören** VI to belong together; (*Paar*) to match; **Zusammengehörigkeitsgefühl** NT sense of belonging; **zusammengesetzt** ADJ compound, composite; **zusammengewürfelt** ADJ motley; **zusammen|halten** *unreg* VT to hold together ▶ VI to hold together; (*Freunde, fig*) to stick together; **Zusammenhang** M connection; **im/aus dem ~** in/out of context; **etw aus dem ~ reißen** to take sth out of its context; **zusammen|hängen** *unreg* VI to be connected *od* linked; **zusammenhängend** ADJ (*Erzählung*) coherent; **zusammenhanglos, zusammenhangslos** ADJ incoherent; **zusammenklappbar** ADJ folding, collapsible; **zusammen|klappen** VT (*Messer etc*) to fold ▶ VI (*umg: Mensch*) to flake out; **zusammen|knüllen** VT to crumple up; **zusammen|kommen** *unreg* VI to meet, to assemble; (*sich ereignen*) to occur at once *od* together; **zusammen|kramen** VT to gather (together); **Zusammenkunft** (-, **-künfte**) F meeting; **zusammen|laufen** *unreg* VI to run *od* come together; (*Straßen, Flüsse etc*) to converge, to meet; (*Farben*) to run into one another; **zusammen|legen** VT to put together; (*stapeln*) to pile up; (*falten*) to fold; (*verbinden*) to combine, to unite; (*Termine, Feste*) to combine; (*Geld*) to collect ▶ VI (*Geld sammeln*) to club together; **zusammen|nehmen** *unreg* VT to summon up ▶ VR to pull o.s. together; **alles zusammengenommen** all in all; **zusammen|passen** VI to go well together, to match; **Zusammenprall** M (*lit*) collision; (*fig*) clash; **zusammen|prallen** VI (*Hilfsverb sein*) to collide; **zusammen|reimen** (*umg*) VT: **das kann ich mir nicht ~** I can't make head nor tail of this; **zusammen|reißen** *unreg* VR to pull o.s. together; **zusammen|rotten** *unreg* (*pej*) VR to gang up; **zusammen|schlagen** *unreg* VT (*jdn*) to beat up; (*Dinge*) to smash up; (*falten*) to fold; (*Hände*) to clap; (*Hacken*) to click; **zusammen|schließen** *unreg* VT, VR to join (together); **Zusammenschluss** M amalgamation; **zusammen|schmelzen** *unreg* VI (*verschmelzen*) to fuse; (*zerschmelzen*) to melt (away); (*Anzahl*) to dwindle; **zusammen|schrecken** *unreg* VI to start;

zusammen|schreiben *unreg* VT to write together; (*Bericht*) to put together; **zusammen|schrumpfen** VI (*Hilfsverb sein*) to shrink, to shrivel up; **Zusammensein** (**-s**) NT get-together; **zusammen|setzen** VT to put together ▶ VR: **sich ~ aus** to consist of; **Zusammensetzung** F composition; **Zusammenspiel** NT teamwork; (*von Kräften etc*) interaction; **zusammen|stellen** VT to put together; **Zusammenstellung** F list; (*Vorgang*) compilation; ⋆ **Zusammenstoß** M collision; **zusammen|stoßen** *unreg* VI (*Hilfsverb sein*) to collide; **zusammen|strömen** VI (*Hilfsverb sein: Menschen*) to flock together; **zusammen|tragen** *unreg* VT to collect; **zusammen|treffen** *unreg* VI (*Hilfsverb sein*) to coincide; (*Menschen*) to meet; **Zusammentreffen** NT meeting; (*Zufall*) coincidence; **zusammen|treten** *unreg* VI (*Verein etc*) to meet; **zusammen|wachsen** *unreg* VI to grow together; **zusammen|wirken** VI to combine; **zusammen|zählen** VT to add up; **zusammen|ziehen** *unreg* VT (*verengern*) to draw together; (*vereinigen*) to bring together; (*addieren*) to add up ▶ VI (*in Wohnung etc*) to move in together ▶ VR to shrink; (*sich bilden*) to form, to develop; **zusammen|zucken** VI (*Hilfsverb sein*) to start

Zusatz ['tsu:zats] M addition; **Zusatzantrag** M (*Pol*) amendment; **Zusatzgerät** NT attachment

zusätzlich ['tsu:zɛtslɪç] ADJ additional ▶ ADV in addition

Zusatzmittel NT additive

Zusatzprogramm ['tsu:zatsprogram] NT (*Comput*) plug-in

zu|schauen ['tsu:ʃaʊən] VI to watch, to look on

Zuschauer(in) (**-s**, **-**) M(F) spectator ▩ **Zuschauer** PL (*Theat*) audience *sing*

zu|schicken ['tsu:ʃɪkən] VT: **jdm etw ~** to send *od* forward sth to sb

zu|schießen ['tsu:ʃi:sən] *unreg* VT to fire; (*Geld*) to put in ▶ VI: **~ auf** *+akk* to rush towards

Zuschlag ['tsu:ʃla:k] M extra charge; (*Erhöhung*) surcharge; (*Eisenb*) supplement

zu|schlagen ['tsu:ʃla:gən] *unreg* VT (*Tür*) to slam; (*Ball*) to hit; (*bei Auktion*) to knock down; (*Steine etc*) to knock into shape ▶ VI (*Fenster, Tür*) to shut; (*Mensch*) to hit, to punch

zuschlagfrei ADJ (*Eisenb*) not subject to a supplement

zuschlagpflichtig ADJ subject to an extra charge; (*Eisenb*) subject to a supplement

Zuschlagskarte F (*Eisenb*) supplementary ticket

zu|schließen ['tsu:ʃli:sən] *unreg* VT to lock (up)

zu|schmeißen ['tsu:ʃmaɪsən] *unreg* (*umg*) VT to slam, to bang shut

zu|schmieren ['tsu:ʃmi:rən] VT to smear over; (*Löcher*) to fill in

zu|schneiden ['tsu:ʃnaɪdən] *unreg* VT to cut to size; (*Nähen*) to cut out; **auf etw** *akk* **zugeschnitten sein** (*fig*) to be geared to sth

zu|schnüren ['tsu:ʃny:rən] VT to tie up; **die Angst schnürte ihm die Kehle zu** (*fig*) he was choked with fear

zu|schrauben ['tsu:ʃraʊbən] VT to screw shut

zu|schreiben ['tsu:ʃraɪbən] *unreg* VT (*fig*) to ascribe, to attribute; (*Comm*) to credit; **das hast du dir selbst zuzuschreiben** you've only got yourself to blame

Zuschrift ['tsu:ʃrɪft] F letter, reply

zuschulden, zu Schulden [tsu'ʃʊldən] ADV: **sich** *dat* **etw ~ kommen lassen** to make o.s. guilty of sth

Zuschuss ['tsu:ʃʊs] M subsidy

Zuschussbetrieb M loss-making concern

zu|schütten ['tsu:ʃʏtən] VT to fill up

zu|sehen ['tsu:ze:ən] *unreg* VI to watch; (*dafür sorgen*) to take care; (*etw dulden*) to sit back (and watch); **jdm/etw ~** to watch sb/sth

zusehends ADV visibly

zu sein ['tsu:zaɪn] *siehe* **zu**

zu|senden ['tsu:zɛndən] *unreg* VT to forward, to send on

zu|setzen ['tsu:zɛtsən] VT (*beifügen*) to add; (*Geld*) to lose ▶ VI: **jdm ~** to harass sb; (*Krankheit*) to take a lot out of sb; (*unter Druck setzen*) to lean on sb (*umg*); (*schwer treffen*) to hit sb hard

zu|sichern ['tsu:zɪçərn] VT: **jdm etw ~** to assure sb of sth

Zusicherung F assurance

zu|sperren ['tsu:ʃpɛrən] VT to bar

zu|spielen ['tsu:ʃpi:lən] VT, VI to pass; **jdm etw ~** to pass sth to sb; (*fig*) to pass sth on to sb; **etw der Presse ~** to leak sth to the press

zu|spitzen ['tsu:ʃpɪtsən] VT to sharpen ▶ VR (*Lage*) to become critical

zu|sprechen ['tsu:ʃprɛçən] *unreg* VT (*zuerkennen*): **jdm etw ~** to award sb sth, to award sth to sb ▶ VI: **jdm ~** to speak to sb; **jdm Trost ~** to comfort sb; **dem Essen/Alkohol ~** to eat/drink a lot

Zuspruch ['tsu:ʃprʊx] M encouragement; (*Anklang*) popularity

Zustand ['tsu:ʃtant] M state, condition; **in gutem/schlechtem ~** in good/poor condition; (*Haus*) in good/bad repair; **Zustände bekommen** *od* **kriegen** (*umg*) to have a fit

zustande, zu Stande [tsu'ʃtandə] ADV: **~ bringen** to bring about; **~ kommen** to come about

zuständig ['tsu:ʃtɛndɪç] ADJ competent, responsible; **Zuständigkeit** F competence, responsibility; **Zuständigkeitsbereich** M area of responsibility

zustatten|kommen [tsu'ʃtatənkɔmən] *unreg* VI: **jdm ~** (*geh*) to come in useful for sb

zu|stehen ['tsu:ʃte:ən] *unreg* VI: **jdm ~** to be sb's right

zu|steigen ['tsu:ʃtaɪgən] *unreg* VI: **noch jemand zugestiegen?** (*in Zug*) any more tickets?

zu|stellen ['tsu:ʃtɛlən] VT (*verstellen*) to block; (*Post etc*) to send

Zustellung F delivery

zu|steuern ['tsu:ʃtɔʏərn] VI: **auf etw** *akk* **~** to head for sth; (*beim Gespräch*) to steer towards sth ▶ VT (*beitragen*) to contribute

zu|stimmen ['tsu:ʃtɪmən] VI to agree

Z

Zustimmung F agreement; (*Einwilligung*) consent; **allgemeine ~ finden** to meet with general approval

zu|stoßen [ˈtsu:ʃto:sən] *unreg* VI (*fig*): **jdm ~** to happen to sb

Zustrom [ˈtsu:ʃtro:m] M (*fig: Menschenmenge*) stream (of visitors *etc*); (*hineinströmend*) influx; (*Met*) inflow

zu|stürzen [ˈtsu:ʃtʏrtsən] VI: **auf jdn/etw ~** to rush up to sb/sth

zutage, zu Tage [tsuˈta:gə] ADV: **~ bringen** to bring to light; **~ treten** to come to light

★**Zutaten** [ˈtsu:ta:tən] PL ingredients *pl*; (*fig*) accessories *pl*

zu|teilen [ˈtsu:taɪlən] VT to allocate, to assign

zuteil|werden [tsuˈtaɪlve:rdən] *unreg* VI (*geh*): **jdm wird etw zuteil** sb is granted sth, sth is granted to sb

zutiefst [tsuˈti:fst] ADV deeply

zu|tragen [ˈtsu:tra:gən] *unreg* VT: **jdm etw ~** to bring sb sth, to bring sth to sb ▸ VT (*Klatsch*) to tell sb sth ▸ VR to happen

zuträglich [ˈtsu:trɛ:klɪç] ADJ beneficial

zu|trauen [ˈtsu:traʊən] VT: **jdm etw ~** to credit sb with sth; **sich** *dat* **nichts ~** to have no confidence in o.s.; **jdm viel ~** to think a lot of sb; **jdm wenig ~** not to think much of sb; **Zutrauen (-s)** NT: **~ (zu)** trust (in); **zu jdm ~ fassen** to begin to trust sb

zutraulich ADJ trusting; (*Tier*) friendly; **Zutraulichkeit** F trust

zu|treffen [ˈtsu:trɛfən] *unreg* VI to be correct; (*gelten*) to apply

zutreffend ADJ (*richtig*) accurate; **Zutreffendes bitte unterstreichen** please underline where applicable

zu|trinken [ˈtsu:trɪŋkən] *unreg* VI: **jdm ~** to drink to sb

Zutritt [ˈtsu:trɪt] M access; (*Einlass*) admittance; **kein ~, ~ verboten** no admittance

zu|tun [ˈtsu:tu:n] *unreg* VT to add; (*schließen*) to shut

Zutun (-s) NT assistance

zuunterst [tsuˈ|ʊntərst] ADV right at the bottom

★**zuverlässig** [ˈtsu:fɛrlɛsɪç] ADJ reliable; **Zuverlässigkeit** F reliability

Zuversicht [ˈtsu:fɛrzɪçt] **(-)** F confidence; **zuversichtlich** ADJ confident; **Zuversichtlichkeit** F confidence

zu viel [tsuˈfi:l] *siehe* **zu**

zuvor [tsuˈfo:r] ADV before, previously; (*zunächst*) first

zuvorderst [tsuˈfɔrdərst] ADV right at the front

zuvor|kommen *unreg* VI *+dat* to anticipate; (*Gefahr etc*) to forestall; **jdm ~** to beat sb to it

zuvorkommend ADJ courteous; (*gefällig*) obliging

Zuwachs [ˈtsu:vaks] **(-es)** M increase, growth; (*umg: Baby*) addition to the family

zu|wachsen *unreg* VI to become overgrown; (*Wunde*) to heal (up)

Zuwachsrate F rate of increase

zu|wandern [ˈtsu:vandərn] VI to immigrate

zuwege, zu Wege [tsuˈve:gə] ADV: **etw ~ bringen** to accomplish sth; **mit etw ~ kommen** to manage sth; **gut ~ sein** to be (doing) well

zuweilen [tsuˈvaɪlən] ADV at times, now and then

zu|weisen [ˈtsu:vaɪzən] *unreg* VT to assign, to allocate

zu|wenden [ˈtsu:vɛndən] *unreg* VT *+dat* to turn towards ▸ VR *+dat* to turn to; (*sich widmen*) to devote o.s. to; **jdm seine Aufmerksamkeit ~** to give sb one's attention

Zuwendung F (*Geld*) financial contribution; (*Liebe*) love and care

zu wenig [tsuˈve:nɪç] *siehe* **zu**

zu|werfen [ˈtsu:vɛrfən] *unreg* VT: **jdm etw ~** to throw sth to sb, to throw sb sth

zuwider [tsuˈvi:dər] ADV: **etw ist jdm ~** sb loathes sth, sb finds sth repugnant ▸ PRÄP *+dat* contrary to; **es ist mir ~** I hate *od* detest it; **zuwider|handeln** VI *+dat* to act contrary to; **einem Gesetz ~** to contravene a law; **Zuwiderhandlung** F contravention; **zuwider|laufen** *unreg* VI **einer Sache** *dat* **~** to run counter to sth

zu|winken VI: **jdm ~** to wave to sb

zuz. ABK = **zuzüglich**

zu|zahlen [ˈtsu:tsa:lən] VT: **10 Euro ~** to pay another 10 euros

zu|ziehen [ˈtsu:tsi:ən] *unreg* VT (*schließen: Vorhang*) to draw, to close; (*herbeirufen: Experten*) to call in ▸ VI to move in, to come; **sich** *dat* **etw ~** (*Krankheit*) to catch sth; (*Zorn*) to incur sth; **sich** *dat* **eine Verletzung ~** (*form*) to sustain an injury

Zuzug [ˈtsu:tsuk] **(-(e)s)** M (*Zustrom*) influx; (*von Familie etc*): **~ nach** move to

zuzüglich [ˈtsu:tsy:klɪç] PRÄP *+gen* plus, with the addition of

zu|zwinkern [ˈtsu:tsvɪnkərn] VI: **jdm ~** to wink at sb

ZVS F ABK (= *Zentralstelle für die Vergabe von Studienplätzen*) *central body organizing the granting of places at university*

zwang *etc* [tsvaŋ] VB *siehe* **zwingen**

Zwang (-(e)s, Zwänge) M compulsion; (*Gewalt*) coercion; **gesellschaftliche Zwänge** social constraints; **tu dir keinen ~ an** don't feel you have to be polite

zwängen [ˈtsvɛŋən] VT, VR to squeeze

Zwang- ZW: **zwanghaft** ADJ compulsive; **zwanglos** ADJ informal; **Zwanglosigkeit** F informality

Zwangs- ZW: **Zwangsabgabe** F (*Comm*) compulsory levy; **Zwangsarbeit** F forced labour (BRIT) *od* labor (US); **Zwangsernährung** F force feeding; **Zwangsjacke** F straitjacket; **Zwangslage** F predicament, tight corner; **zwangsläufig** ADJ inevitable; **Zwangsmaßnahme** F compulsory measure; (*Pol*) sanction

Zwangsvollstreckung F execution; **Zwangsvorstellung** F (*Psych*) obsession; **zwangsweise** ADV compulsorily

zwanzig [ˈtsvantsɪç] NUM twenty

zwanzigste(r, s) ADJ twentieth

zwar [tsva:r] ADV to be sure, indeed; **das ist ~ …, aber …** that may be … but …; **und ~** in fact, actually; **und ~ am Sonntag** on Sunday to be precise; **und ~ so schnell, dass …** in fact so quickly that …

Zweck [tsvɛk] **(-(e)s, -e)** M purpose, aim; **es hat keinen ~, darüber zu reden** there is no point (in) talking about it; **zweckdienlich** ADJ practical; (*nützlich*) useful; **zweckdienliche Hinweise** (any) relevant information

Zwecke **(-, -n)** F hobnail; (*Heftzwecke*) drawing pin (BRIT), thumbtack (US)

Zweck- ZW: **zweckentfremden** VT UNTR to use for another purpose; **Zweckentfremdung** F misuse; **zweckfrei** ADJ (*Forschung etc*) pure; **zwecklos** ADJ pointless; **zweckmäßig** ADJ suitable, appropriate; **Zweckmäßigkeit** F suitability

zwecks PRÄP *+gen* (*form*) for (the purpose of)

zweckwidrig ADJ unsuitable

zwei [tsvaɪ] NUM two; **Zweibettzimmer** NT twin-bedded room; **zweideutig** ADJ ambiguous; (*unanständig*) suggestive; **Zweidrittelmehrheit** F (*Parl*) two-thirds majority; **zweieiig** ADJ (*Zwillinge*) non-identical

zweierlei [ˈtsvaɪərˈlaɪ] ADJ two kinds *od* sorts of; **~ Stoff** two different kinds of material; **~ zu tun haben** to have two different things to do

zweifach ADJ double

Zweifel [ˈtsvaɪfəl] **(-s, -)** M doubt; **ich bin mir darüber im ~** I'm in two minds about it; **zweifelhaft** ADJ doubtful, dubious; **zweifellos** ADJ doubtless

zweifeln VI: **(an etw** *dat***) ~** to doubt (sth)

Zweifelsfall M: **im ~** in case of doubt

Zweifrontenkrieg M war(fare) on two fronts

Zweig [tsvaɪk] **(-(e)s, -e)** M branch; **Zweiggeschäft** NT (*Comm*) branch

zweigleisig [ˈtsvaɪglaɪzɪç] ADJ: **~ argumentieren** to argue along two different lines

Zweigstelle F branch (office)

zwei- ZW: **zweihändig** ADJ two-handed; (*Mus*) for two hands; **Zweiheit** F duality; **zweihundert** NUM two hundred; **Zweikampf** M duel; ★ **zweimal** ADV twice; **das lasse ich mir nicht ~ sagen** I don't have to be told twice; **zweimotorig** ADJ twin-engined; **zweireihig** ADJ (*Anzug*) double-breasted; **Zweisamkeit** F togetherness; **zweischneidig** ADJ (*fig*) double-edged; **Zweisitzer** **(-s, -)** M two-seater; **zweisprachig** ADJ bilingual; **Zweispurgerät, Zweispurtonbandgerät** NT twin-track (tape) recorder; **zweispurig** ADJ (*Aut*) two-lane; **zweistellig** ADJ (*Zahl*) two-digit *attrib*, with two digits; **zweistimmig** ADJ for two voices

zweit [tsvaɪt] ADV: **zu ~** (*in Paaren*) in twos; **wir sind zu ~** there are two of us

Zweitaktmotor M two-stroke engine

zweitbeste(r, s) ADJ second best

★ **zweite(r, s)** ADJ second; **Bürger zweiter Klasse** second-class citizen(s *pl*)

zweiteilig [ˈtsvaɪtaɪlɪç] ADJ (*Buch, Film etc*) in two parts; (*Kleidung*) two-piece

★ **zweitens** ADV secondly

zweit- ZW: **zweitgrößte(r, s)** ADJ second largest; **zweitklassig** ADJ second-class; **zweitletzte(r, s)** ADJ last but one, penultimate; **zweitrangig** ADJ second-rate; **Zweitschlüssel** M duplicate key; **Zweitstimme** F second vote; *siehe auch* **Erststimme**

zweitürig [ˈtsvaɪtyrɪç] ADJ two-door

Zweitwagen M second car

Zweitwohnung F second home

zweizeilig ADJ two-lined; (*Typ: Abstand*) double-spaced

Zweizimmerwohnung F two-room(ed) flat (BRIT) *od* apartment (US)

Zwerchfell [ˈtsvɛrçfɛl] NT diaphragm

Zwerg(in) [tsvɛrk, ˈtsvɛrgɪn] **(-(e)s, -e)** M(F) dwarf (*pej*); (*fig: Knirps*) midget; **Zwergschule** (*umg*) F village school

Zwetsche [ˈtsvɛtʃə] F, **Zwetschge** [ˈtsvɛtʃgə] **(-, -n)** F plum

Zwickel [ˈtsvɪkəl] **(-s, -)** M (*Mode*) gusset

zwicken [ˈtsvɪkən] VT to pinch, to nip

Zwickmühle [ˈtsvɪkmy:lə] F: **in der ~ sitzen** (*fig*) to be in a dilemma

Zwieback [ˈtsvi:bak] **(-(e)s, -e** *od* **-bäcke)** M rusk

★ **Zwiebel** [ˈtsvi:bəl] **(-, -n)** F onion; (*Blumenzwiebel*) bulb; **zwiebelartig** ADJ bulbous; **Zwiebelturm** M (tower with an) onion dome

Zwie- ZW: **Zwiegespräch** NT dialogue (BRIT), dialog (US); **Zwielicht** NT twilight; **ins ~ geraten sein** (*fig*) to appear in an unfavourable (BRIT) *od* unfavorable (US) light; **zwielichtig** ADJ shady, dubious; **Zwiespalt** M conflict; (*zwischen Menschen*) rift, gulf; **zwiespältig** ADJ (*Gefühle*) conflicting; (*Charakter*) contradictory; **Zwietracht** F discord, dissension

★ **Zwilling** [ˈtsvɪlɪŋ] **(-s, -e)** M twin ■ **Zwillinge** PL (*Astrol*) Gemini

zwingen [ˈtsvɪŋən] *unreg* VT to force

zwingend ADJ (*Grund etc*) compelling; (*logisch notwendig*) necessary; (*Schluss, Beweis*) conclusive

Zwinger **(-s, -)** M (*Käfig*) cage; (*Hundezwinger*) run

zwinkern [ˈtsvɪŋkərn] VI to blink; (*absichtlich*) to wink

Zwirn [tsvɪrn] **(-(e)s, -e)** M thread

★ **zwischen** [ˈtsvɪʃən] PRÄP (*+akk od dat*) between; (*bei mehreren*) among; **Zwischenablage** F (*Comput*) clipboard; **Zwischenaufenthalt** M stopover; **Zwischenbemerkung** F (incidental) remark; **Zwischenbilanz** F (*Comm*) interim balance; **zwischen|blenden** VT (*Film, Rundf, TV*) to insert; **Zwischending** NT cross; **Zwischendividende** F interim dividend; **zwischendurch** ADV in between; (*räumlich*) here and there; **Zwischenergebnis** NT intermediate result; **Zwischenfall** M incident; **Zwischenfrage** F question; **Zwischengröße** F in-between size; **Zwi-**

Z

schenhandel M wholesaling; **Zwischenhändler** M middleman, agent; **Zwischenlagerung** F temporary storage; **Zwischenlandung** F (*Aviat*) stopover; **Zwischenlösung** F temporary solution; **Zwischenmahlzeit** F snack (*between meals*); **zwischenmenschlich** ADJ interpersonal; **Zwischenprüfung** F intermediate examination; **Zwischenraum** M gap, space; **Zwischenruf** M interjection, interruption ▪ **Zwischenrufe** PL heckling *sing*; **Zwischensaison** F low season; **Zwischenspeicher** M (*Comput*) buffer; **zwischen|speichern** VT (*Comput*) to buffer; **Zwischenspiel** NT (*Theat, fig*) interlude; (*Mus*) intermezzo; **zwischenstaatlich** ADJ interstate; (*international*) international; **Zwischenstation** F intermediate station; **Zwischenstecker** M (*Elek*) adapter; **Zwischenstück** NT connecting piece; **Zwischensumme** F subtotal; **Zwischenwand** F partition; **Zwischenzeit** F interval; **in der ~** in the interim, meanwhile; **Zwischenzeugnis** NT (*Sch*) interim report

Zwist [tsvɪst] **(-es, -e)** M dispute

zwitschern [ˈtsvɪtʃərn] VT, VI to twitter, to chirp; **einen ~** (*umg*) to have a drink

Zwitter [ˈtsvɪtər] **(-s, -)** M hermaphrodite

zwo [tsvo:] NUM (*Tel, Mil*) two

★ **zwölf** [tsvœlf] NUM twelve; **fünf Minuten vor ~** (*fig*) at the eleventh hour

Zwölffingerdarm **(-(e)s)** M duodenum

Zyankali [tsya:nˈka:li] **(-s)** NT (*Chem*) potassium cyanide

Zyklon [tsyˈklo:n] **(-s, -e)** M cyclone

Zyklus [ˈtsy:klʊs] **(-, Zyklen)** M cycle

Zylinder [tsiˈlɪndər] **(-s, -)** M cylinder; (*Hut*) top hat; **zylinderförmig** ADJ cylindrical

Zyniker(in) [ˈtsy:nikər(ɪn)] **(-s, -)** M(F) cynic

zynisch [ˈtsy:nɪʃ] ADJ cynical

Zynismus [tsyˈnɪsmʊs] M cynicism

Zypern [ˈtsy:pərn] **(-s)** NT Cyprus

Zypresse [tsyˈprɛsə] **(-, -n)** F (*Bot*) cypress

Zypriot(in) [tsypriˈo:t(ɪn)] **(-en, -en)** M(F) Cypriot

zypriotisch ADJ Cypriot, Cyprian

zyprisch [ˈtsy:prɪʃ] ADJ Cypriot, Cyprian

Zyste [ˈtsʏstə] **(-, -n)** F cyst

z. Z., z. Zt. ABK = **zur Zeit**

zz., zzt. ABK = **zurzeit**

Aa

a

A¹, a¹ [eɪ] N (*letter*) A *nt*, a *nt*; (*Scol*) ≈ Eins *f*, sehr gut *nt*; **A for Andrew**, **A for Able** (*US*) ≈ A wie Anton; **A road** (BRIT *Aut*) Hauptverkehrsstraße *f*; **A shares** (BRIT *Stock Exchange*) stimmrechtslose Aktien *pl*

A² [eɪ] N (*Mus*) A *nt*, a *nt*

a² [ə]

(*before vowel and silent h:* **an**) INDEF ART **1** ein; (*before feminine noun*) eine; **a book** ein Buch; **a lamp** eine Lampe; **she's a doctor** sie ist Ärztin; **I haven't got a car** ich habe kein Auto; **a hundred/thousand** *etc* **pounds** einhundert/eintausend *etc* Pfund
2 (*in expressing ratios, prices etc*) pro; **3 a day/week** 3 pro Tag/Woche, 3 am Tag/in der Woche; **10 km an hour** 10 km pro Stunde

In the nominative use **ein** for masculine and neuter nouns, **eine** for feminine nouns.

You do not translate *a* when you want to describe what somebody does for a living.

He's a butcher. **Er ist Metzger**.

She's a doctor. **Sie ist Ärztin**.

A2 (BRIT) N (*Scol*) *zweites Jahr der britischen Sekundarstufe II*

AA N ABBR (BRIT: = *Automobile Association*) *Autofahrerorganisation*, ≈ ADAC *m*; (US: = *Associate in Art*) *akademischer Grad für Geisteswissenschaftler*; (= *Alcoholics Anonymous*) Anonyme Alkoholiker *pl*, AA *pl*

AAA N ABBR (= *American Automobile Association*) *Autofahrerorganisation*, ≈ ADAC *m*; (BRIT: = *Amateur Athletics Association*) *Leichtathletikverband der Amateure*

A & E N ABBR (= *Accident and Emergency*): **~ department** Notfallstation *f*, Notaufnahme *f*

AASCU (US) N ABBR (= *American Association of State Colleges and Universities*) *Verband staatlicher Bildungseinrichtungen*

abaci [ˈæbəsaɪ] NPL *of* **abacus**

aback [əˈbæk] ADV: **to be taken ~** verblüfft sein

abacus [ˈæbəkəs] (*pl* **abaci**) N Abakus *m*

abandon [əˈbændən] VT verlassen; (*child*) aussetzen; (*give up*) aufgeben ▸ N (*wild behaviour*): **with ~** selbstvergessen; **to ~ ship** das Schiff verlassen

abandoned [əˈbændənd] ADJ verlassen; (*child*) ausgesetzt; (*unrestrained*) selbstvergessen

abase [əˈbeɪs] VT: **to ~ o.s.** sich erniedrigen; **to ~ o.s. so far as to do sth** sich dazu erniedrigen, etw zu tun

abashed [əˈbæʃt] ADJ verlegen

abate [əˈbeɪt] VI nachlassen, sich legen

abatement [əˈbeɪtmənt] N: **noise ~ society** Gesellschaft *f* zur Lärmbekämpfung

abattoir [ˈæbətwɑːʳ] (BRIT) N Schlachthof *m*

abbey [ˈæbɪ] N Abtei *f*

abbot [ˈæbət] N Abt *m*

abbreviate [əˈbriːvɪeɪt] VT abkürzen; (*essay etc*) kürzen

abbreviation [əbriːvɪˈeɪʃən] N Abkürzung *f*

ABC N ABBR (= *American Broadcasting Companies*) *Fernsehsender* ▸ N Abc *nt*

abdicate [ˈæbdɪkeɪt] VT verzichten auf +*acc* ▸ VI (*monarch*) abdanken

abdication [æbdɪˈkeɪʃən] N Verzicht *m*; Abdankung *f*

abdomen [ˈæbdəmɛn] N Unterleib *m*

abdominal [æbˈdɔmɪnl] ADJ (*pain etc*) Unterleibs-

abduct [æbˈdʌkt] VT entführen

abduction [æbˈdʌkʃən] N Entführung *f*

Aberdonian [æbəˈdəunɪən] ADJ (*Geog*) Aberdeener *inv* ▸ N Aberdeener(in) *m*(*f*)

aberration [æbəˈreɪʃən] N Anomalie *f*; **in a moment of mental ~** in einem Augenblick geistiger Verwirrung

abet [əˈbɛt] VT *see* **aid**

abeyance [əˈbeɪəns] N: **in ~** (*law*) außer Kraft; (*matter*) ruhend

abhor [əbˈhɔːʳ] VT verabscheuen

abhorrent [əbˈhɔrənt] ADJ abscheulich

abide [əˈbaɪd] VT: **I can't ~ it/him** ich kann es/ihn nicht ausstehen
▸ **abide by** VT FUS sich halten an +*acc*

abiding [əˈbaɪdɪŋ] ADJ (*memory, impression*) bleibend

★ **ability** [əˈbɪlɪtɪ] N Fähigkeit *f*; **to the best of my ~** so gut ich es kann

abject [ˈæbdʒɛkt] ADJ (*poverty*) bitter; (*apology*) demütig; (*coward*) erbärmlich

ablaze [əˈbleɪz] ADJ in Flammen; **~ with light** hell erleuchtet

★**able** [ˈeɪbl] ADJ fähig; **to be ~ to do sth** etw tun können

able-bodied [ˈeɪblˈbɔdɪd] ADJ kräftig; **~ seaman** (BRIT) Vollmatrose *m*

ablutions [əˈbluːʃənz] NPL Waschungen *pl*

ably [ˈeɪblɪ] ADV gekonnt

ABM N ABBR (= *antiballistic missile*) Anti-Raketen-Rakete *f*

abnormal [æbˈnɔːməl] ADJ abnorm; (*child*) anormal

abnormality [æbnɔːˈmælɪtɪ] N Abnormität *f*

aboard [əˈbɔːd] ADV (*Naut, Aviat*) an Bord ▸ PREP an Bord *+gen*; **~ the train/bus** im Zug/Bus

abode [əˈbəud] N (*Law*): **of no fixed ~** ohne festen Wohnsitz

abolish [əˈbɔlɪʃ] VT abschaffen

abolition [æbəˈlɪʃən] N Abschaffung *f*

abominable [əˈbɔmɪnəbl] ADJ scheußlich

abominably [əˈbɔmɪnəblɪ] ADV scheußlich

Aborigine [æbəˈrɪdʒɪnɪ] N Ureinwohner(in) *m(f)* Australiens

abort [əˈbɔːt] VT abtreiben; (*Med: miscarry*) fehlgebären; (*Comput*) abbrechen

★**abortion** [əˈbɔːʃən] N Abtreibung *f*; (*miscarriage*) Fehlgeburt *f*; **to have an ~** abtreiben lassen

abortionist [əˈbɔːʃənɪst] N Abtreibungshelfer(in) *m(f)*

abortive [əˈbɔːtɪv] ADJ misslungen

abound [əˈbaund] VI im Überfluss vorhanden sein; **to ~ in** *or* **with** reich sein an *+dat*

about [əˈbaut]

ADV **1** (*approximately*) etwa, ungefähr; **about a hundred/thousand** *etc* etwa hundert/tausend *etc*; **at about two o'clock** etwa um zwei Uhr; **I've just about finished** ich bin gerade fertig

2 (*referring to place*) herum; **to run/walk** *etc* **about** herumlaufen/-gehen *etc*; **is Paul about?** ist Paul da?

3: **to be about to do sth** im Begriff sein, etw zu tun; **he was about to cry** er fing fast an zu weinen; **she was about to leave/wash the dishes** sie wollte gerade gehen/das Geschirr spülen

▸ PREP **1** (*relating to*) über *+acc*; **what is it about?** worum geht es?; (*book etc*) wovon handelt es?; **we talked about it** wir haben darüber geredet; **what** *or* **how about going to the cinema?** wollen wir ins Kino gehen?

2 (*referring to place*) um … herum; **to walk about the town** durch die Stadt gehen; **her clothes were scattered about the room** ihre Kleider waren über das ganze Zimmer verstreut

about-face [əˈbautˈfeɪs] (*US*) N = **about-turn**

about-turn [əˈbautˈtəːn] (BRIT) N Kehrtwendung *f*

★**above** [əˈbʌv] ADV oben; (*greater, more*) darüber ▸ PREP über *+dat*; **to cost ~ £10** mehr als £10 kosten; **mentioned ~** oben genannt; **he's not ~ a bit of blackmail** er ist sich *dat* nicht zu gut für eine kleine Erpressung; **~ all** vor allem

above board ADJ korrekt

abrasion [əˈbreɪʒən] N Abschürfung *f*

abrasive [əˈbreɪzɪv] ADJ (*substance*) Scheuer-; (*person, manner*) aggressiv

abreast [əˈbrɛst] ADV nebeneinander; **three ~** zu dritt nebeneinander; **to keep ~ of** (*fig*) auf dem Laufenden bleiben mit

abridge [əˈbrɪdʒ] VT kürzen

★**abroad** [əˈbrɔːd] ADV (*be*) im Ausland; (*go*) ins Ausland; **there is a rumour ~ that …** (*fig*) ein Gerücht geht um *or* kursiert, dass …

abrupt [əˈbrʌpt] ADJ abrupt; (*person, behaviour*) schroff

abruptly [əˈbrʌptlɪ] ADV abrupt

abscess [ˈæbsɪs] N Abszess *m*

abscond [əbˈskɔnd] VI: **to ~ with** sich davonmachen mit; **to ~ (from)** fliehen (aus)

abseil [ˈæbseɪl] VI sich abseilen

★**absence** [ˈæbsəns] N Abwesenheit *f*; **in the ~ of** (*person*) in Abwesenheit *+gen*; (*thing*) in Ermangelung *+gen*

★**absent** ADJ [ˈæbsənt] abwesend, nicht da ▸ VT [æbˈsent]: **to ~ o.s. from** fernbleiben *+dat*; **to be ~** fehlen; **to be ~ without leave** (*Mil*) sich unerlaubt von der Truppe entfernen

absentee [æbsənˈtiː] N Abwesende(r) *f(m)*

absenteeism [æbsənˈtiːɪzəm] N (*from school*) Schwänzen *nt*; (*from work*) Nichterscheinen *nt* am Arbeitsplatz

absent-minded [ˈæbsəntˈmaɪndɪd] ADJ zerstreut

absent-mindedly [ˈæbsəntˈmaɪndɪdlɪ] ADV zerstreut; (*look*) abwesend

absent-mindedness [ˈæbsəntˈmaɪndɪdnɪs] N Zerstreutheit *f*

absolute [ˈæbsəluːt] ADJ absolut; (*power*) uneingeschränkt

★**absolutely** [æbsəˈluːtlɪ] ADV absolut; (*agree*) vollkommen; **~!** genau!

absolution [æbsəˈluːʃən] N Lossprechung *f*

absolve [əbˈzɔlv] VT: **to ~ sb (from)** jdn lossprechen (von); (*responsibility*) jdn entbinden (von)

absorb [əbˈzɔːb] VT aufnehmen (*also fig*); (*light, heat*) absorbieren; (*group, business*) übernehmen; **to be absorbed in a book** in ein Buch vertieft sein

absorbent [əbˈzɔːbənt] ADJ saugfähig

absorbent cotton (*US*) N Watte *f*

absorbing [əbˈzɔːbɪŋ] ADJ saugfähig; (*book, film, work etc*) fesselnd

absorption [əbˈsɔːpʃən] N Aufnahme *f*; Absorption *f*; Übernahme *f*; (*interest*) Faszination *f*

abstain [əbˈsteɪn] VI (*voting*) sich (der Stimme) enthalten; **to ~ (from)** (*eating, drinking etc*) sich enthalten (*+gen*)

abstemious [əbˈsti:mɪəs] ADJ enthaltsam
abstention [əbˈstɛnʃən] N (Stimm)enthaltung *f*
abstinence [ˈæbstɪnəns] N Enthaltsamkeit *f*
abstract ADJ [ˈæbstrækt] abstrakt ▶ N (*summary*) Zusammenfassung *f* ▶ VT [æbˈstrækt]: **to ~ sth (from)** (*summarize*) etw entnehmen (aus); (*remove*) etw entfernen (aus)
abstruse [æbˈstru:s] ADJ abstrus
absurd [əbˈsə:d] ADJ absurd
absurdity [əbˈsə:dɪtɪ] N Absurdität *f*
ABTA [ˈæbtə] N ABBR (= *Association of British Travel Agents*) *Verband der Reiseveranstalter*
Abu Dhabi [ˈæbu:ˈdɑ:bɪ] N (*Geog*) Abu Dhabi *nt*
abundance [əˈbʌndəns] N Reichtum *m*; **an ~ of** eine Fülle von; **in ~** in Hülle und Fülle
abundant [əˈbʌndənt] ADJ reichlich
abundantly [əˈbʌndəntlɪ] ADV reichlich; **~ clear** völlig klar
abuse N [əˈbju:s] (*insults*) Beschimpfungen *pl*; (*ill-treatment*) Misshandlung *f*; (*misuse*) Missbrauch *m* ▶ VT [əˈbju:z] beschimpfen; misshandeln; missbrauchen; **to be open to ~** sich leicht missbrauchen lassen
abuser [əˈbju:zə^r] N (*also:* **drug abuser**) *jd, der Drogen missbraucht*; (*also:* **child abuser**) *jd, der Kinder missbraucht oder misshandelt*
abusive [əˈbju:sɪv] ADJ beleidigend
abysmal [əˈbɪzməl] ADJ entsetzlich; (*ignorance etc*) grenzenlos
abysmally [əˈbɪzməlɪ] ADV entsetzlich; grenzenlos
abyss [əˈbɪs] N Abgrund *m*
AC ABBR = **alternating current**; (*US:* = *athletic club*) ≈ SV *m*
a/c ABBR (*Banking etc*) = **account**; (= *current account*) Girokonto *nt*
academic [ækəˈdɛmɪk] ADJ akademisch (*also pej*); (*work*) wissenschaftlich; (*person*) intellektuell ▶ N Akademiker(in) *m(f)*
academic year N (*university year*) Universitätsjahr *nt*; (*school year*) Schuljahr *nt*
academy [əˈkædəmɪ] N Akademie *f*; (*school*) Hochschule *f*; **~ of music** Musikhochschule *f*; **military/naval ~** Militär-/Marineakademie *f*
ACAS [ˈeɪkæs] (BRIT) N ABBR (= *Advisory Conciliation and Arbitration Service*) *Schlichtungsstelle für Arbeitskonflikte*
accede [ækˈsi:d] VI: **to ~ to** zustimmen *+dat*
accelerate [ækˈsɛləreɪt] VT beschleunigen ▶ VI (*Aut*) Gas geben
acceleration [æksɛləˈreɪʃən] N Beschleunigung *f*
accelerator [ækˈsɛləreɪtə^r] N Gaspedal *nt*
accent [ˈæksɛnt] N Akzent *m*; (*fig: emphasis, stress*) Betonung *f*; **to speak with an Irish ~** mit einem irischen Akzent sprechen; **to have a strong ~** einen starken Akzent haben
accentuate [ækˈsɛntjueɪt] VT betonen; (*need, difference etc*) hervorheben

★**accept** [əkˈsɛpt] VT annehmen; (*fact, situation*) sich abfinden mit; (*risk*) in Kauf nehmen; (*responsibility*) übernehmen; (*blame*) auf sich *acc* nehmen
★**acceptable** [əkˈsɛptəbl] ADJ annehmbar
acceptance [əkˈsɛptəns] N Annahme *f*; **to meet with general ~** allgemeine Anerkennung finden
★**access** [ˈæksɛs] N Zugang *m* ▶ VT (*Comput*) zugreifen auf *+acc*; **the burglars gained ~ through a window** die Einbrecher gelangten durch ein Fenster hinein
accessible [ækˈsɛsəbl] ADJ erreichbar; (*knowledge, art etc*) zugänglich
accession [ækˈsɛʃən] N Antritt *m*; (*of monarch*) Thronbesteigung *f*; (*to library*) Neuanschaffung *f*
accessory [ækˈsɛsərɪ] N Zubehörteil *nt*; (*Dress*) Accessoire *nt*; (*Law*): **~ to** Mitschuldige(r) *f(m)* an *+dat* ■ **accessories** NPL Zubehör *nt*; **toilet accessories** (BRIT) Toilettenartikel *pl*
access road N Zufahrt(sstraße) *f*
access time N (*Comput*) Zugriffszeit *f*
★**accident** [ˈæksɪdənt] N Zufall *m*; (*mishap, disaster*) Unfall *m*; **to meet with** *or* **to have an ~** einen Unfall haben, verunglücken; **accidents at work** Arbeitsunfälle *pl*; **by ~** zufällig
accidental [æksɪˈdɛntl] ADJ zufällig; (*death, damage*) Unfall-
accidentally [æksɪˈdɛntəlɪ] ADV zufällig
accident insurance N Unfallversicherung *f*
accident-prone [ˈæksɪdəntˈprəun] ADJ vom Pech verfolgt
accident risk N Unfallrisiko *f*
acclaim [əˈkleɪm] N Beifall *m* ▶ VT: **to be acclaimed for one's achievements** für seine Leistungen gefeiert werden
acclamation [ækləˈmeɪʃən] N Anerkennung *f*; (*applause*) Beifall *m*
acclimate [əˈklaɪmət] (*US*) VT = **acclimatize**
acclimatize [əˈklaɪmətaɪz], (*US*) **acclimate** [əˈklaɪmət] VT: **to become acclimatized** sich akklimatisieren; **to become acclimatized to** sich gewöhnen an *+acc*
accolade [ˈækəleɪd] N (*fig*) Auszeichnung *f*
accommodate [əˈkɔmədeɪt] VT unterbringen; (*subj: car, hotel etc*) Platz bieten *+dat*; (*oblige, help*) entgegenkommen *+dat*; **to ~ one's plans to** seine Pläne anpassen an *+acc*
accommodating [əˈkɔmədeɪtɪŋ] ADJ entgegenkommend
★**accommodation** [əkɔməˈdeɪʃən] N Unterkunft *f* ■ **accommodations** NPL (*US*) Unterkunft *f*; **have you any ~?** haben Sie eine Unterkunft?; **"~ to let"** „Zimmer zu vermieten"; **they have ~ for 500** sie können 500 Personen unterbringen; **the hall has seating ~ for 600** (BRIT) in dem Saal können 600 Personen sitzen
accompaniment [əˈkʌmpənɪmənt] N Begleitung *f*

accompanist [əˈkʌmpənɪst] N Begleiter(in) *m(f)*

★**accompany** [əˈkʌmpənɪ] VT begleiten

accomplice [əˈkʌmplɪs] N Komplize *m*, Komplizin *f*

accomplish [əˈkʌmplɪʃ] VT vollenden; (*achieve*) erreichen

accomplished [əˈkʌmplɪʃt] ADJ ausgezeichnet

accomplishment [əˈkʌmplɪʃmənt] N Vollendung *f*; (*achievement*) Leistung *f*; (*skill*: *gen pl*) Fähigkeit *f*

accord [əˈkɔ:d] N Übereinstimmung *f*; (*treaty*) Vertrag *m* ▸ VT gewähren; **of his own ~** freiwillig; **with one ~** geschlossen; **to be in ~** übereinstimmen

accordance [əˈkɔ:dəns] N: **in ~ with** in Übereinstimmung mit

according [əˈkɔ:dɪŋ] PREP: **~ to** zufolge *+dat*; **~ to plan** wie geplant

accordingly [əˈkɔ:dɪŋlɪ] ADV entsprechend; (*as a result*) folglich

accordion [əˈkɔ:dɪən] N Akkordeon *nt*

accost [əˈkɔst] VT ansprechen

★**account** [əˈkaunt] N (*Comm: bill*) Rechnung *f*; (*in bank, department store*) Konto *nt*; (*report*) Bericht *m* ▪ **accounts** NPL (*Comm*) Buchhaltung *f*; (*Bookkeeping*) (Geschäfts)bücher *pl*; **"~ payee only"** (BRIT) „nur zur Verrechnung"; **to keep an ~ of** Buch führen über *+acc*; **to bring sb to ~ for sth/for having embezzled £50,000** jdn für etw/für die Unterschlagung von £50.000 zur Rechenschaft ziehen; **by all accounts** nach allem, was man hört; **of no ~** ohne Bedeutung; **on ~** auf Kredit; **to pay £5 on ~** eine Anzahlung von £5 leisten; **on no ~** auf keinen Fall; **on ~ of** wegen *+gen*; **to take into ~, take ~ of** berücksichtigen

▸ **account for** VT FUS erklären; (*expenditure*) Rechenschaft ablegen für; (*represent*) ausmachen; **all the children were accounted for** man wusste, wo alle Kinder waren; **four people are still not accounted for** vier Personen werden immer noch vermisst

accountability [əˈkauntəˈbɪlɪtɪ] N Verantwortlichkeit *f*

accountable [əˈkauntəbl] ADJ: **~ (to)** verantwortlich (gegenüber *+dat*); **to be held ~ for sth** für etw verantwortlich gemacht werden

accountancy [əˈkauntənsɪ] N Buchhaltung *f*

accountant [əˈkauntənt] N Buchhalter(in) *m(f)*

accounting [əˈkauntɪŋ] N Buchhaltung *f*

accounting period N Abrechnungszeitraum *m*

account number N Kontonummer *f*

accounts payable NPL Verbindlichkeiten *pl*

accounts receivable NPL Forderungen *pl*

accredited [əˈkrɛdɪtɪd] ADJ anerkannt

accretion [əˈkri:ʃən] N Ablagerung *f*

accrue [əˈkru:] VI sich ansammeln; **to ~ to** zufließen *+dat*

accrued interest [əˈkru:d-] N aufgelaufene Zinsen *pl*

accumulate [əˈkju:mjuleɪt] VT ansammeln ▸ VI sich ansammeln

accumulation [əkju:mjuˈleɪʃən] N Ansammlung *f*

accuracy [ˈækjurəsɪ] N Genauigkeit *f*

★**accurate** [ˈækjurɪt] ADJ genau

accurately [ˈækjurɪtlɪ] ADV genau; (*answer*) richtig

accusation [ækjuˈzeɪʃən] N Vorwurf *m* (*instance*) Beschuldigung *f*; (*Law*) Anklage *f*

accusative [əˈkju:zətɪv] N Akkusativ *m*

★**accuse** [əˈkju:z] VT: **to ~ sb (of sth)** jdn (einer Sache *gen*) beschuldigen; (*Law*) jdn (wegen etw *dat*) anklagen

accused [əˈkju:zd] N (*Law*): **the ~** der/die Angeklagte

accuser [əˈkju:zə^r] N Ankläger(in) *m(f)*

accusing [əˈkju:zɪŋ] ADJ anklagend

accustom [əˈkʌstəm] VT gewöhnen; **to ~ o.s. to sth** sich an etw *acc* gewöhnen

accustomed [əˈkʌstəmd] ADJ gewohnt; (*in the habit*): **~ to** gewohnt an *+acc*

AC/DC ABBR (= *alternating current/direct current*) WS/GS

ACE [eɪs] N ABBR (= *American Council on Education*) *akademischer Verband für das Erziehungswesen*

ace [eɪs] N Ass *nt*

acerbic [əˈsə:bɪk] ADJ scharf

acetate [ˈæsɪteɪt] N Acetat *nt*

★**ache** [eɪk] N Schmerz *m* ▸ VI schmerzen, wehtun; (*yearn*): **to ~ to do sth** sich danach sehnen, etw zu tun; **I've got (a) stomach ~** ich habe Magenschmerzen; **I'm aching all over** mir tut alles weh; **my head aches** mir tut der Kopf weh

★**achieve** [əˈtʃi:v] VT (*aim, result*) erreichen; (*success*) erzielen; (*victory*) erringen

★**achievement** [əˈtʃi:vmənt] N (*act of achieving*) Erreichen *nt*; (*success, feat*) Leistung *f*

Achilles heel [əˈkɪli:z-] N Achillesferse *f*

★**acid** [ˈæsɪd] ADJ sauer ▸ N (*Chem*) Säure *f*; (*inf: LSD*) Acid *nt*

Acid House N Acid House *nt*, *elektronisch Funk-Diskomusik*

acidic [əˈsɪdɪk] ADJ sauer

acidity [əˈsɪdɪtɪ] N Säure *f*

acid rain N saurer Regen *m*

acid test N (*fig*) Feuerprobe *f*

acknowledge [əkˈnɔlɪdʒ] VT (*also*: **acknowledge receipt of**) den Empfang *+gen* bestätigen; (*fact*) zugeben; (*situation*) zur Kenntnis nehmen; (*person*) grüßen

acknowledgement [əkˈnɔlɪdʒmənt] N Empfangsbestätigung *f* ▪ **acknowledgements** NPL (*in book*) ≈ Danksagung *f*

ACLU N ABBR (= *American Civil Liberties Union*) Bürgerrechtsverband

acme [ˈækmɪ] N Gipfel *m*, Höhepunkt *m*

acne [ˈækni] N Akne *f*
acorn [ˈeikɔːn] N Eichel *f*
acoustic [əˈkuːstik] ADJ akustisch
acoustic coupler N (*Comput*) Akustikkoppler *m*
acoustics [əˈkuːstiks] N Akustik *f*
acoustic screen N Trennwand *f* zur Schalldämpfung
acquaint [əˈkweint] VT: **to ~ sb with sth** jdn mit etw vertraut machen; **to be acquainted with** (*person*) bekannt sein mit; (*fact*) vertraut sein mit
acquaintance [əˈkweintəns] N Bekannte(r) *f(m)*; (*with person*) Bekanntschaft *f*; (*with subject*) Kenntnis *f*; **to make sb's ~** jds Bekanntschaft machen
acquiesce [ækwiˈɛs] VI einwilligen; **to ~ (to)** (*demand, arrangement, request*) einwilligen (in *+acc*)
acquire [əˈkwaɪəʳ] VT erwerben; (*interest*) entwickeln; (*habit*) annehmen
acquired [əˈkwaɪəd] ADJ erworben; **whisky is an ~ taste** man muss sich an Whisky erst gewöhnen
acquisition [ækwiˈzɪʃən] N (*of skills*) Erwerb *m*; (*object*) Anschaffung *f*
acquisitive [əˈkwɪzɪtɪv] ADJ habgierig; **the ~ society** die Erwerbsgesellschaft
acquit [əˈkwɪt] VT freisprechen; **to ~ o.s. well** seine Sache gut machen
acquittal [əˈkwɪtl] N Freispruch *m*
acre [ˈeɪkəʳ] N Morgen *m*
acreage [ˈeɪkərɪdʒ] N Fläche *f*
acrid [ˈækrɪd] ADJ bitter; (*smoke, fig*) beißend
acrimonious [ækrɪˈməunɪəs] ADJ bitter; (*dispute*) erbittert
acrimony [ˈækrɪmənɪ] N Erbitterung *f*
acrobat [ˈækrəbæt] N Akrobat(in) *m(f)*
acrobatic [ækrəˈbætɪk] ADJ akrobatisch
acrobatics [ækrəˈbætɪks] NPL Akrobatik *f*
acronym [ˈækrənɪm] N Akronym *nt*
acropolis [əˈkrɔpəlɪs] N: **the ~** (*Geog*) die Akropolis
across [əˈkrɔs] PREP über *+acc*; (*on the other side of*) auf der anderen Seite *+gen* ▶ ADV (*direction*) hinüber, herüber; (*measurement*) breit; **to take sb ~ the road** jdn über die Straße bringen; **a road ~ the wood** eine Straße durch den Wald; **the lake is 12 km ~** der See ist 12 km breit; **~ from** gegenüber *+dat*; **to get sth ~ (to sb)** (jdm) etw klarmachen
acrylic [əˈkrɪlɪk] ADJ (*acid, paint, blanket*) Acryl- ▶ N Acryl *nt* ▪ **acrylics** NPL: **he paints in acrylics** er malt mit Acrylfarbe
ACT® N ABBR (= *American College Test*) *Eignungstest für Studienbewerber*
act [ækt] N Tat *f*; (*of play*) Akt *m*; (*in a show etc*) Nummer *f*; (*Law*) Gesetz *nt* ▶ VI handeln; (*behave*) sich verhalten; (*have effect*) wirken; (*Theat*) spielen ▶ VT spielen; **it's only an ~** es ist nur Schau; **~ of God** (*Law*) höhere Gewalt *f*; **to be in the ~ of doing sth** dabei sein, etw zu tun; **to catch sb in the ~** jdn auf frischer Tat ertappen; **to ~ the fool** (BRIT) herumalbern; **he is only acting** er tut (doch) nur so; **to ~ as** fungieren als; **it acts as a deterrent** es dient zur Abschreckung
▶ **act on** VT: **to ~ on sth** (*take action*) auf etw *+acc* hin handeln
▶ **act out** VT (*event*) durchspielen; (*fantasies*) zum Ausdruck bringen
acting [ˈæktɪŋ] ADJ stellvertretend ▶ N (*profession*) Schauspielkunst *f*; (*activity*) Spielen *nt*; **~ in my capacity as chairman …** in meiner Eigenschaft als Vorsitzender …
★**action** [ˈækʃən] N Tat *f*; (*motion*) Bewegung *f*; (*Mil*) Kampf *m*, Gefecht *nt*; (*Law*) Klage *f* ▶ VT (*Comm*) in die Tat umsetzen; **to bring an ~ against sb** (*Law*) eine Klage gegen jdn anstrengen; **killed in ~** (*Mil*) gefallen; **out of ~** (*person*) nicht einsatzfähig; (*thing*) außer Betrieb; **to take ~** etwas unternehmen; **to put a plan into ~** einen Plan in die Tat umsetzen
action replay N (*TV*) Wiederholung *f*
activate [ˈæktɪveɪt] VT in Betrieb setzen; (*Chem, Phys*) aktivieren
★**active** [ˈæktɪv] ADJ aktiv; (*volcano*) tätig; **to play an ~ part in sth** sich aktiv an etw *dat* beteiligen
active duty (*US*) N (*Mil*) Einsatz *m*
actively [ˈæktɪvlɪ] ADV aktiv; (*dislike*) offen
active partner N (*Comm*) aktiver Teilhaber *m*
active service (BRIT) N (*Mil*) Einsatz *m*
active suspension N (*Aut*) aktives *or* computergesteuertes Fahrwerk *nt*
activist [ˈæktɪvɪst] N Aktivist(in) *m(f)*
★**activity** [ækˈtɪvɪtɪ] N Aktivität *f*; (*pastime, pursuit*) Betätigung *f*
activity holiday N Aktivurlaub *m*
★**actor** [ˈæktəʳ] N Schauspieler *m*
★**actress** [ˈæktrɪs] N Schauspielerin *f*
★**actual** [ˈæktjuəl] ADJ wirklich; (*emphatic use*) eigentlich
★**actually** [ˈæktjuəlɪ] ADV wirklich; (*in fact*) tatsächlich; (*even*) sogar
actuary [ˈæktjuərɪ] N Aktuar *m*
actuate [ˈæktjueɪt] VT auslösen
acuity [əˈkjuːɪtɪ] N Schärfe *f*
acumen [ˈækjumən] N Scharfsinn *m*; **business ~** Geschäftssinn *m*
acupuncture [ˈækjupʌŋktʃəʳ] N Akupunktur *f*
acute [əˈkjuːt] ADJ akut; (*anxiety*) heftig; (*mind*) scharf; (*person*) scharfsinnig; (*Math: angle*) spitz; (*Ling*): **~ accent** Akut *m*
AD ADV ABBR (= *Anno Domini*) n. Chr. ▶ N ABBR (*US Mil*) = **active duty**
★**ad** [æd] (*inf*) N = **advertisement**
adage [ˈædɪdʒ] N Sprichwort *nt*
adamant [ˈædəmənt] ADJ: **to be ~ that …** darauf bestehen, dass …; **to be ~ about sth** auf etw *dat* bestehen
Adam's apple [ˈædəmz-] N Adamsapfel *m*

adapt [əˈdæpt] VT anpassen; (*novel etc*) bearbeiten ▸ VI: **to ~ (to)** sich anpassen (an *+acc*)

adaptability [ədæptəˈbɪlɪtɪ] N Anpassungsfähigkeit *f*

adaptable [əˈdæptəbl] ADJ anpassungsfähig; (*device*) vielseitig

adaptation [ædæpˈteɪʃən] N (*of novel etc*) Bearbeitung *f*; (*of machine etc*) Umstellung *f*

adapter [əˈdæptəʳ] N (*Elec*) Adapter *m*; (: *for several plugs*) Mehrfachsteckdose *f*

adaptor [əˈdæptəʳ] N = **adapter**

ADC N ABBR (*Mil*) = **aide-de-camp**; (*US*: = *Aid to Dependent Children*) *Beihilfe für sozial schwache Familien*

★**add** [æd] VT hinzufügen; (*figures*: *also*: **add up**) zusammenzählen ▸ VI: **to ~ to** (*increase*) beitragen zu ▸ N (*Internet*): **thanks for the ~** danke fürs Adden *or* Hinzufügen

▸ **add on** VT (*amount*) dazurechnen; (*room*) anbauen

▸ **add up** VT (*figures*) zusammenzählen ▸ VI: **it doesn't ~ up** (*fig*) es ergibt keinen Sinn; **it doesn't ~ up to much** (*fig*) das ist nicht berühmt (*inf*)

addenda [əˈdɛndə] NPL *of* **addendum**

addendum [əˈdɛndəm] (*pl* **addenda**) N Nachtrag *m*

adder [ˈædəʳ] N Kreuzotter *f*, Viper *f*

addict [ˈædɪkt] N Süchtige(r) *f*(*m*); (*enthusiast*) Anhänger(in) *m*(*f*)

addicted [əˈdɪktɪd] ADJ: **to be ~ to drugs/drink** drogensüchtig/alkoholsüchtig sein; **to be ~ to football** (*fig*) ohne Fußball nicht mehr leben können

addiction [əˈdɪkʃən] N Sucht *f*

addictive [əˈdɪktɪv] ADJ: **to be ~** (*drug*) süchtig machen; (*activity*) zur Sucht werden können

adding machine [ˈædɪŋ-] N Addiermaschine *f*

Addis Ababa [ˈædɪsˈæbəbə] N (*Geog*) Addis Abeba *nt*

★**addition** [əˈdɪʃən] N (*adding up*) Zusammenzählen *nt*; (*thing added*) Zusatz *m*; (: *to payment, bill*) Zuschlag *m*; (: *to building*) Anbau *m*; **in ~ (to)** zusätzlich (zu)

additional [əˈdɪʃənl] ADJ zusätzlich

additive [ˈædɪtɪv] N Zusatz *m*

addled [ˈædld] ADJ (BRIT: *egg*) faul; (*brain*) verwirrt

★**address** [əˈdrɛs] N Adresse *f*; (*speech*) Ansprache *f* ▸ VT adressieren; (*speak to*: *person*) ansprechen; (: *audience*) sprechen zu; **form of ~** (Form *f* der) Anrede *f*; **what form of ~ do you use for ...?** wie redet man ... an?; **absolute/relative ~** (*Comput*) absolute/relative Adresse; **to ~ (o.s. to)** (*problem*) sich befassen mit

address book N Adressbuch *nt*

addressee [ædrɛˈsiː] N Empfänger(in) *m*(*f*)

Aden [ˈeɪdən] N (*Geog*): **Gulf of ~** Golf *m* von Aden

adenoids [ˈædɪnɔɪdz] NPL Rachenmandeln *pl*

adept [ˈædɛpt] ADJ: **to be ~ at** gut sein in *+dat*

adequacy [ˈædɪkwəsɪ] N (*of resources*) Adäquatheit *f*; (*of performance, proposals etc*) Angemessenheit *f*

adequate [ˈædɪkwɪt] ADJ ausreichend, adäquat; (*satisfactory*) angemessen

adequately [ˈædɪkwɪtlɪ] ADV ausreichend; (*satisfactorily*) zufriedenstellend

adhere [ədˈhɪəʳ] VI: **to ~ to** haften an *+dat* (*fig*: *abide by*) sich halten an *+acc*; (: *hold to*) festhalten an *+dat*

adhesion [ədˈhiːʒən] N Haften *nt*, Haftung *f*

adhesive [ədˈhiːzɪv] ADJ klebend, Klebe- ▸ N Klebstoff *m*

adhesive tape N (BRIT) Klebstreifen *m*; (US *Med*) Heftpflaster *nt*

ad hoc [ædˈhɔk] ADJ (*committee, decision*) Ad-hoc ▸ ADV ad hoc

ad infinitum [ˈædɪnfɪˈnaɪtəm] ADV ad infinitum

adjacent [əˈdʒeɪsənt] ADJ: **~ to** neben *+dat*

★**adjective** [ˈædʒɛktɪv] N Adjektiv *nt*, Eigenschaftswort *nt*

adjoin [əˈdʒɔɪn] VT: **the hotel adjoining the station** das Hotel neben dem Bahnhof

adjoining [əˈdʒɔɪnɪŋ] ADJ benachbart, Neben-

adjourn [əˈdʒəːn] VT vertagen ▸ VI sich vertagen; **to ~ a meeting till the following week** eine Besprechung auf die nächste Woche vertagen; **they adjourned to the pub** (BRIT *inf*) sie begaben sich in die Kneipe

adjournment [əˈdʒəːnmənt] N Unterbrechung *f*

Adjt. ABBR (*Mil*) = **adjutant**

adjudicate [əˈdʒuːdɪkeɪt] VT (*contest*) Preisrichter sein bei; (*claim*) entscheiden ▸ VI entscheiden; **to ~ on** urteilen bei *+dat*

adjudication [ədʒuːdɪˈkeɪʃən] N Entscheidung *f*

adjudicator [əˈdjuːdɪkeɪtəʳ] N Schiedsrichter(in) *m*(*f*); (*in contest*) Preisrichter(in) *m*(*f*)

★**adjust** [əˈdʒʌst] VT anpassen; (*change*) ändern (*clothing*) zurechtrücken; (*machine etc*) einstellen; (*Insurance*) regulieren ▸ VI: **to ~ (to)** sich anpassen (an *+acc*)

adjustable [əˈdʒʌstəbl] ADJ verstellbar

adjuster [əˈdʒʌstəʳ] N *see* **loss**

adjustment [əˈdʒʌstmənt] N Anpassung *f*; (*to machine*) Einstellung *f*

adjutant [ˈædʒətənt] N Adjutant *m*

ad-lib [ædˈlɪb] VI, VT improvisieren ▸ ADV: **ad lib** aus dem Stegreif

adman [ˈædmæn] (*inf*) N (*irreg*) Werbefachmann *m*

admin [ˈædmɪn] (*inf*) N = **administration**

administer [ədˈmɪnɪstəʳ] VT (*country, department*) verwalten; (*justice*) sprechen; (*oath*) abnehmen (*Med*: *drug*) verabreichen

★**administration** [ədmɪnɪsˈtreɪʃən] N (*management*) Verwaltung *f*; (*government*) Regierung *f*; **the A~** (*US*) die Regierung

administrative [ədˈmɪnɪstrətɪv] ADJ (*department, reform etc*) Verwaltungs-

administrator [ədˈmɪnɪstreɪtəʳ] N Verwaltungsbeamte(r) *m*, Verwaltungsbeamtin *f*

admirable [ˈædmərəbl] ADJ bewundernswert

admiral [ˈædmərəl] N Admiral *m*

Admiralty [ˈædmərəltɪ] (BRIT) N (*also:* **the Admiralty Board**) das Marineministerium

admiration [ædməˈreɪʃən] N Bewunderung *f*; **to have great ~ for sb/sth** jdn/etw sehr bewundern

admire [ədˈmaɪəʳ] VT bewundern

admirer [ədˈmaɪərəʳ] N (*suitor*) Verehrer *m*; (*fan*) Bewunderer *m*, Bewunderin *f*

admiring [ədˈmaɪərɪŋ] ADJ bewundernd

admissible [ədˈmɪsəbl] ADJ (*evidence, as evidence*) zulässig

admission [ədˈmɪʃən] N (*admittance*) Zutritt *m*; (*to exhibition, night club etc*) Einlass *m*; (*to club, hospital*) Aufnahme *f*; (*entry fee*) Eintritt(spreis) *m*; (*confession*) Geständnis *nt*; **"~ free", "free ~"** „Eintritt frei"; **by his own ~** nach eigenem Eingeständnis

admission charge, admission fee N Eintrittspreis *m*

admit [ədˈmɪt] VT (*confess*) gestehen; (*permit to enter*) einlassen; (*to club, hospital*) aufnehmen; (*responsibility etc*) anerkennen; **"children not admitted"** „kein Zutritt für Kinder"; **this ticket admits two** diese Karte ist für zwei Personen; **I must ~ that ...** ich muss zugeben, dass ...; **to ~ defeat** sich geschlagen geben
▸ **admit of** VT FUS (*interpretation etc*) erlauben
▸ **admit to** VT FUS (*murder etc*) gestehen

admittance [ədˈmɪtəns] N Zutritt *m*; **"no ~"** „kein Zutritt"

admittedly [ədˈmɪtɪdlɪ] ADV zugegebenermaßen

admonish [ədˈmɔnɪʃ] VT ermahnen

ad nauseam [ædˈnɔːsɪæm] ADV (*talk*) endlos; (*repeat*) bis zum Gehtnichtmehr (*inf*)

ado [əˈduː] N: **without (any) more ~** ohne weitere Umstände

adolescence [ædəuˈlɛsns] N Jugend *f*

adolescent [ædəuˈlɛsnt] ADJ heranwachsend; (*remark, behaviour*) pubertär ▸ N Jugendliche(r) *f*(*m*)

adopt [əˈdɔpt] VT adoptieren; (*Pol: candidate*) aufstellen; (*policy, attitude, accent*) annehmen

adopted [əˈdɔptɪd] ADJ (*child*) adoptiert

adoption [əˈdɔpʃən] N Adoption *f*; Aufstellung *f*; Annahme *f*

adoptive [əˈdɔptɪv] ADJ (*parents etc*) Adoptiv-; **~ country** Wahlheimat *f*

adorable [əˈdɔːrəbl] ADJ entzückend

adoration [ædəˈreɪʃən] N Verehrung *f*

adore [əˈdɔːʳ] VT (*person*) verehren; (*film, activity etc*) schwärmen für

adoring [əˈdɔːrɪŋ] ADJ (*fans etc*) ihn/sie bewundernd; (*husband/wife*) sie/ihn innig liebend

adoringly [əˈdɔːrɪŋlɪ] ADV bewundernd

adorn [əˈdɔːn] VT schmücken

adornment [əˈdɔːnmənt] N Schmuck *m*

ADP N ABBR = **automatic data processing**

adrenalin [əˈdrɛnəlɪn] N Adrenalin *nt*; **it gets the ~ going** das bringt einen in Fahrt

Adriatic [eɪdrɪˈætɪk] N: **the ~ (Sea)** (*Geog*) die Adria, das Adriatische Meer

adrift [əˈdrɪft] ADV (*Naut*) treibend; (*fig*) ziellos; **to be ~** (*Naut*) treiben; **to come ~** (*boat*) sich losmachen; (*fastening etc*) sich lösen

adroit [əˈdrɔɪt] ADJ gewandt

adroitly [əˈdrɔɪtlɪ] ADV gewandt

ADSL ABBR (= *asymmetric digital subscriber line*) ADSL *nt*

ADT (US) ABBR (= *Atlantic Daylight Time*) *atlantische Sommerzeit*

adulation [ædjuˈleɪʃən] N Verherrlichung *f*

★**adult** [ˈædʌlt] N Erwachsene(r) *f*(*m*) ▸ ADJ erwachsen; (*animal*) ausgewachsen; (*literature etc*) für Erwachsene

adult education N Erwachsenenbildung *f*

adulterate [əˈdʌltəreɪt] VT verunreinigen; (*with water*) panschen

adulterer [əˈdʌltərəʳ] N Ehebrecher *m*

adulteress [əˈdʌltərɪs] N Ehebrecherin *f*

adultery [əˈdʌltərɪ] N Ehebruch *m*

adulthood [ˈædʌlthud] N Erwachsenenalter *nt*

★**advance** [ədˈvɑːns] N (*movement*) Vorrücken *nt*; (*progress*) Fortschritt *m*; (*money*) Vorschuss *m* ▸ VT (*money*) vorschießen; (*theory, idea*) vorbringen ▸ VI (*move forward*) vorrücken; (*make progress*) Fortschritte machen ▸ ADJ: **~ booking** Vorverkauf *m*; **~ payment** Vorauszahlung *f*; **to make advances (to sb)** Annäherungsversuche (bei jdm) machen; **in ~** im Voraus; **to give sb ~ notice** jdm frühzeitig Bescheid sagen; **to give sb ~ warning** jdn vorwarnen

★**advanced** [ədˈvɑːnst] ADJ (*Scol: studies*) für Fortgeschrittene; (*country*) fortgeschritten; (*child*) weit entwickelt; (*ideas*) fortschrittlich; **~ in years** in fortgeschrittenem Alter

Advanced Higher (SCOT) N (*Scol*) *Mit „Advanced Higher" wird das Ausbildungsjahr nach „Higher" bezeichnet, dessen erfolgreicher Abschluss eine Hochschulzugangsberechtigung darstellt*

advancement [ədˈvɑːnsmənt] N (*improvement*) Förderung *f*; (*in job, rank*) Aufstieg *m*

★**advantage** [ədˈvɑːntɪdʒ] N Vorteil *m*; **to take ~ of** ausnutzen; (*opportunity*) nutzen; **it's to our ~ (to)** es ist für uns von Vorteil(, wenn wir)

advantageous [ædvənˈteɪdʒəs] ADJ: **~ (to)** vorteilhaft (für), von Vorteil (für)

advent [ˈædvənt] N (*of innovation*) Aufkommen *nt*; (*Rel*): **A~** Advent *m*

Advent calendar N Adventskalender *m*

★**adventure** [ədˈvɛntʃəʳ] N Abenteuer *nt*

adventure holiday N Abenteuerurlaub *m*

adventure playground N Abenteuerspielplatz *m*

adventurous [ədˈvɛntʃərəs] ADJ abenteuerlustig; (*bold*) mutig

adverb [ˈædvəːb] N Adverb *nt*
adversarial [ædvəˈsɛəriəl] ADJ konfliktreich
adversary [ˈædvəsərɪ] N Widersacher(in) *m(f)*
adverse [ˈædvəːs] ADJ ungünstig; **in ~ circumstances** unter widrigen Umständen; **~ to** ablehnend gegenüber *+dat*
adversity [ədˈvəːsɪtɪ] N Widrigkeit *f*
advert [ˈædvəːt] (BRIT) N = **advertisement**
★**advertise** [ˈædvətaɪz] VI (*Comm*) werben; (*in newspaper*) annoncieren, inserieren ▶ VT (*product, event*) werben für; (*job*) ausschreiben; **to ~ for** (*staff, accommodation etc*) (per Anzeige) suchen
advertisement [ədˈvəːtɪsmənt] N (*Comm*) Werbung *f*, Reklame *f*; (*in classified ads*) Anzeige *f*, Inserat *nt*
advertiser [ˈædvətaɪzəʳ] N (*in newspaper*) Inserent(in) *m(f)*; (*on television etc*) Firma, die im Fernsehen *etc* wirbt
advertising [ˈædvətaɪzɪŋ] N Werbung *f*
advertising agency N Werbeagentur *f*
advertising campaign N Werbekampagne *f*
★**advice** [ədˈvaɪs] N Rat *m*; (*notification*) Benachrichtigung *f*, Avis *m or nt* (*Comm*); **a piece of ~** ein Rat(schlag); **to ask sb for ~** jdn um Rat fragen; **to take legal ~** einen Rechtsanwalt zurate ziehen
advice note (BRIT) N (*Comm*) Avis *m or nt*
advisable [ədˈvaɪzəbl] ADJ ratsam
★**advise** [ədˈvaɪz] VT (*person*) raten *+dat*; (*company etc*) beraten; **to ~ sb of sth** jdn von etw in Kenntnis setzen; **to ~ against sth** von etw abraten; **to ~ against doing sth** davon abraten, etw zu tun; **you would be well-/ill-advised to go** Sie wären gut/schlecht beraten, wenn Sie gingen
advisedly [ədˈvaɪzɪdlɪ] ADV bewusst
adviser [ədˈvaɪzəʳ] N Berater(in) *m(f)*
advisor [ədˈvaɪzəʳ] N = **adviser**
advisory [ədˈvaɪzərɪ] ADJ beratend, Beratungs-; **in an ~ capacity** in beratender Funktion
advocate [ˈædvəkeɪt] VT befürworten ▶ N (*Law*) (Rechts)anwalt *m*, (Rechts)anwältin *f*; (*supporter, upholder*): **~ of** Befürworter(in) *m(f)* *+gen*; **to be an ~ of sth** etw befürworten
advt. ABBR = **advertisement**
AEA (BRIT) N ABBR (= *Atomic Energy Authority*) *britische Atomenergiebehörde*; (BRIT *Scol*: = *Advanced Extension Award*) *eine besondere Qualifikation für leistungsstarke Schüler des „A level"*
AEC (US) N ABBR (= *Atomic Energy Commission*) *amerikanische Atomenergiebehörde*
AEEU (BRIT) N ABBR (= *Amalgamated Engineering and Electrical Union*) *Gewerkschaft der Ingenieure und Elektriker*
Aegean [iːˈdʒiːən] N: **the ~ (Sea)** (*Geog*) die Ägäis, das Ägäische Meer
aegis [ˈiːdʒɪs] N: **under the ~ of** unter der Schirmherrschaft *+gen*
aeon [ˈiːən] N Äon *m*, Ewigkeit *f*
aerial [ˈɛərɪəl] N Antenne *f* ▶ ADJ (*view, bombardment etc*) Luft-
aero... [ˈɛərəu] PREF Luft-
aerobatics [ˈɛərəuˈbætɪks] NPL fliegerische Kunststücke *pl*
★**aerobics** [ɛəˈrəubɪks] N Aerobic *nt*
aerodrome [ˈɛərədrəum] (BRIT) N Flugplatz *m*
aerodynamic [ˈɛərəudaɪˈnæmɪk] ADJ aerodynamisch
aeronautics [ɛərəˈnɔːtɪks] N Luftfahrt *f*, Aeronautik *f*
★**aeroplane** [ˈɛərəpleɪn] (BRIT) N Flugzeug *nt*
aerosol [ˈɛərəsɔl] N Sprühdose *f*
aerospace industry [ˈɛərəuspeɪs-] N Raumfahrtindustrie *f*
aesthetic [iːsˈθɛtɪk] ADJ ästhetisch
aesthetically [iːsˈθɛtɪklɪ] ADV ästhetisch
afaik ABBR (*SMS*: = *as far as I know*) ≈ soweit ich weiß
afar [əˈfɑːʳ] ADV: **from ~** aus der Ferne
AFB (US) N ABBR (= *Air Force Base*) Luftwaffenstützpunkt *m*
affable [ˈæfəbl] ADJ umgänglich, freundlich
★**affair** [əˈfɛəʳ] N Angelegenheit *f*; (*romance*: *also*: **love affair**) Verhältnis *nt* ▪ **affairs** NPL Geschäfte *pl*
★**affect** [əˈfɛkt] VT (*influence*) sich auswirken auf *+acc*; (*subj*: *disease*) befallen; (*move deeply*) bewegen; (*concern*) betreffen; (*feign*) vortäuschen; **to be affected by sth** von etw beeinflusst werden
affectation [æfɛkˈteɪʃən] N Affektiertheit *f*
affected [əˈfɛktɪd] ADJ affektiert
affection [əˈfɛkʃən] N Zuneigung *f*
affectionate [əˈfɛkʃənɪt] ADJ liebevoll, zärtlich; (*animal*) anhänglich
affectionately [əˈfɛkʃənɪtlɪ] ADV liebevoll, zärtlich
affidavit [æfɪˈdeɪvɪt] N (*Law*) eidesstattliche Erklärung *f*
affiliated [əˈfɪlɪeɪtɪd] ADJ angeschlossen
affinity [əˈfɪnɪtɪ] N: **to have an ~ with** *or* **for** sich verbunden fühlen mit; (*resemblance*): **to have an ~ with** verwandt sein mit
affirm [əˈfəːm] VT versichern; (*profess*) sich bekennen zu
affirmation [æfəˈmeɪʃən] N (*of facts*) Bestätigung *f*; (*of beliefs*) Bekenntnis *nt*
affirmative [əˈfəːmətɪv] ADJ bejahend ▶ N: **to reply in the ~** mit „Ja" antworten
affix [əˈfɪks] VT aufkleben
afflict [əˈflɪkt] VT quälen; (*misfortune*) heimsuchen
affliction [əˈflɪkʃən] N Leiden *nt*
affluence [ˈæfluəns] N Wohlstand *m*
affluent [ˈæfluənt] ADJ wohlhabend; **the ~ society** die Wohlstandsgesellschaft
★**afford** [əˈfɔːd] VT sich *dat* leisten; (*time*) aufbringen; (*provide*) bieten; **can we ~ a car?** können wir uns ein Auto leisten?; **I can't ~ the time** ich habe einfach nicht die Zeit

affordability [əfɔːdəˈbɪlɪtɪ] N Erschwinglichkeit *f*

affordable [əˈfɔːdəbl] ADJ erschwinglich

affray [əˈfreɪ] (*BRIT*) N Schlägerei *f*

affront [əˈfrʌnt] N Beleidigung *f*

affronted [əˈfrʌntɪd] ADJ beleidigt

Afghan [ˈæfgæn] ADJ afghanisch ▶ N Afghane *m*, Afghanin *f*

Afghanistan [æfˈgænɪstæn] N Afghanistan *nt*

afield [əˈfiːld] ADV: **far ~** weit fort; **from far ~** aus weiter Ferne

AFL-CIO N ABBR (= *American Federation of Labor and Congress of Industrial Organizations*) *amerikanischer Gewerkschaftsdachverband*

afloat [əˈfləut] ADV auf dem Wasser ▶ ADJ: **to be ~** schwimmen; **to stay ~** sich über Wasser halten; **to keep/get a business ~** ein Geschäft über Wasser halten/auf die Beine stellen

afoot [əˈfut] ADV: **there is something ~** da ist etwas im Gang

aforementioned [əˈfɔːmɛnʃənd] ADJ oben erwähnt

aforesaid [əˈfɔːsɛd] ADJ = **aforementioned**

afraid [əˈfreɪd] ADJ ängstlich; **to be ~ of** Angst haben vor +*dat*; **to be ~ of doing sth** *or* **to do sth** Angst davor haben, etw zu tun; **to be ~ to** sich scheuen, ...; **I am ~ that ...** leider ...; **I am ~ so/not** leider ja/nein

afresh [əˈfrɛʃ] ADV von Neuem, neu

Africa [ˈæfrɪkə] N Afrika *nt*

African [ˈæfrɪkən] ADJ afrikanisch ▶ N Afrikaner(in) *m(f)*

African American, Afro-American [ˈæfrəuəˈmɛrɪkən] ADJ afro-amerikanisch ▶ N Afroamerikaner(in) *m(f)*

Afrikaans [æfrɪˈkɑːns] N Afrikaans *nt*

Afrikaner [æfrɪˈkɑːnə^r^] N Afrika(a)nder(in) *m(f)*

AFT (*US*) N ABBR (= *American Federation of Teachers*) *Lehrergewerkschaft*

aft [ɑːft] ADV (*be*) achtern; (*go*) nach achtern

after [ˈɑːftə^r^] PREP nach +*dat*; (*of place*) hinter +*dat* ▶ ADV danach ▶ CONJ nachdem; **~ dinner** nach dem Essen; **the day ~ tomorrow** übermorgen; **what are you ~?** was willst du?; **who are you ~?** wen suchst du?; **the police are ~ him** die Polizei ist hinter ihm her; **to name sb ~ sb** jdn nach jdm nennen; **it's twenty ~ eight** (*US*) es ist zwanzig nach acht; **to ask ~ sb** nach jdm fragen; **~ all** schließlich; **~ you!** nach Ihnen!; **~ he left** nachdem er gegangen war; **~ having shaved** nachdem er sich rasiert hatte

afterbirth [ˈɑːftəbəːθ] N Nachgeburt *f*

aftercare [ˈɑːftəkɛə^r^] (*BRIT*) N Nachbehandlung *f*

aftereffects [ˈɑːftərɪfɛkts] NPL Nachwirkungen *pl*

afterlife [ˈɑːftəlaɪf] N Leben *nt* nach dem Tod

aftermath [ˈɑːftəmɑːθ] N Auswirkungen *pl*; **in the ~ of** nach +*dat*

afternoon [ˈɑːftəˈnuːn] N Nachmittag *m*

afternoon market N (*Econ*) Nachmittagsmarkt *m*

afternoon tea N *siehe Info-Artikel*

Der **afternoon tea** ist eine ziemlich gehaltvolle Zwischenmahlzeit, die am Nachmittag eingenommen wird. Sie wurde im 19. Jahrhundert von der englischen Oberschicht eingeführt, deren Mitglieder sich bei dem einen oder anderen zum Tee versammelten. Der *afternoon tea* ist auch heute noch geläufig, obwohl man sich eher im Freundeskreis in einem Hotel oder Café trifft, meistens zu besonderen Anlässen. Ein typischer *afternoon tea* besteht aus Toastbrot-Sandwiches, *scones* mit Rahm und Marmelade, einer Auswahl an Feingebäck und Tee oder Kaffee.

afterparty [ˈɑːftəpɑːtɪ] N anschließende Feier *f*

afters [ˈɑːftəz] (*BRIT inf*) N Nachtisch *m*

after-sales service [ɑːftəˈseɪlz-] (*BRIT*) N Kundendienst *m*

aftershave [ˈɑːftəʃeɪv], **aftershave lotion** N Rasierwasser *nt*

aftershock [ˈɑːftəʃɔk] N Nachbeben *nt*

aftersun [ˈɑːftəsʌn] N After-Sun-Lotion *f*

aftertaste [ˈɑːftəteɪst] N Nachgeschmack *m*

afterthought [ˈɑːftəθɔːt] N: **as an ~** nachträglich; **I had an ~** mir ist noch etwas eingefallen

★**afterwards** [ˈɑːftəwədz], (*US*) **afterward** [ˈɑːftəwəd] ADV danach

★**again** [əˈgɛn] ADV (*once more*) noch einmal; (*repeatedly*) wieder; **not him ~!** nicht schon wieder er!; **to do sth ~** etw noch einmal tun; **to begin ~** noch einmal anfangen; **to see ~** wiedersehen; **he's opened it ~** er hat es schon wieder geöffnet; **~ and ~** immer wieder; **now and ~** ab und zu, hin und wieder

★**against** [əˈgɛnst] PREP gegen +*acc*; (*leaning on*) an +*acc*; (*compared to*) gegenüber +*dat*; **~ a blue background** vor einem blauen Hintergrund; **(as) ~** gegenüber +*dat*

★**age** [eɪdʒ] N Alter *nt*; (*period*) Zeitalter *nt* ▶ VI altern, alt werden ▶ VT alt machen; **what ~ is he?** wie alt ist er?; **20 years of ~** 20 Jahre alt; **under ~** minderjährig; **to come of ~** mündig werden; **it's been ages since ...** es ist ewig her, seit ...

★**aged**[1] [eɪdʒd] ADJ: **~ ten** zehn Jahre alt, zehnjährig

aged[2] [ˈeɪdʒɪd] NPL: **the ~** die Alten *pl*

age group N Altersgruppe *f*; **the 40 to 50 ~** die Gruppe der Vierzig- bis Fünfzigjährigen

ageing [ˈeɪdʒɪŋ] ADJ (*person, population*) alternd; (*thing*) älter werdend; (*system, technology*) veraltend

ageism [ˈeɪdʒɪzəm] N Diskriminierung *f* aufgrund des Alters

ageless [ˈeɪdʒlɪs] ADJ zeitlos

age limit N Altersgrenze *f*

agency [ˈeɪdʒənsɪ] N Agentur *f*; (*government body*) Behörde *f*; **through** *or* **by the ~ of** durch die Vermittlung von

★**agenda** [əˈdʒɛndə] N Tagesordnung *f*

★**agent** [ˈeɪdʒənt] N (*Comm*) Vertreter(in) *m(f)*; (*representative, spy*) Agent(in) *m(f)*; (*Chem*) Mittel *nt*; (*fig*) Kraft *f*

aggravate [ˈæɡrəveɪt] VT verschlimmern; (*inf: annoy*) ärgern

aggravating [ˈæɡrəveɪtɪŋ] (*inf*) ADJ ärgerlich

aggravation [æɡrəˈveɪʃən] (*inf*) N Ärger *m*

aggregate [ˈæɡrɪɡɪt] N Gesamtmenge *f* ▸ VT zusammenzählen; **on ~** (*Sport*) nach Toren

aggression [əˈɡrɛʃən] N Aggression *f*

★**aggressive** [əˈɡrɛsɪv] ADJ aggressiv

aggressiveness [əˈɡrɛsɪvnɪs] N Aggressivität *f*

aggressor [əˈɡrɛsəʳ] N Aggressor(in) *m(f)*, Angreifer(in) *m(f)*

aggrieved [əˈɡriːvd] ADJ verärgert

aggro [ˈæɡrəu] (BRIT *inf*) N (*hassle*) Ärger *m*, Theater *nt*; (*aggressive behaviour*) Aggressivität *f*

aghast [əˈɡɑːst] ADJ entsetzt

agile [ˈædʒaɪl] ADJ beweglich, wendig

agility [əˈdʒɪlɪtɪ] N Beweglichkeit *f*, Wendigkeit *f*; (*of mind*) (geistige) Beweglichkeit *f*

agitate [ˈædʒɪteɪt] VT aufregen; (*liquid: stir*) aufrühren; (*: shake*) schütteln ▸ VI: **to ~ for/against sth** für/gegen etw agitieren

agitated [ˈædʒɪteɪtɪd] ADJ aufgeregt

agitator [ˈædʒɪteɪtəʳ] N Agitator(in) *m(f)*

AGM N ABBR (= *annual general meeting*) JHV *f*

agnostic [æɡˈnɔstɪk] N Agnostiker(in) *m(f)*

★**ago** [əˈɡəu] ADV: **two days ~** vor zwei Tagen; **not long ~** vor Kurzem; **as long ~ as 1980** schon 1980; **how long ~?** wie lange ist das her?

> In German, the word **vor** comes before the period of time you are referring to, not after, as in English.
>
> *six years ago* **vor sechs Jahren**

agog [əˈɡɔɡ] ADJ gespannt

agonize [ˈæɡənaɪz] VI: **to ~ over sth** sich *dat* den Kopf über etw *acc* zermartern

agonizing [ˈæɡənaɪzɪŋ] ADJ qualvoll; (*pain etc*) quälend

agony [ˈæɡənɪ] N (*pain*) Schmerz *m*; (*torment*) Qual *f*; **to be in ~** Qualen leiden

agony aunt (BRIT *inf*) N Briefkastentante *f*

agony column N Kummerkasten *m*

★**agree** [əˈɡriː] VT (*price, date*) vereinbaren ▸ VI übereinstimmen; (*consent*) zustimmen; **to ~ with sb** (*subj: person*) jdm zustimmen; (*: food*) jdm bekommen; **to ~ to sth** einer Sache *dat* zustimmen; **to ~ to do sth** sich bereit erklären, etw zu tun; **to ~ on sth** sich auf etw *acc* einigen; **to ~ that** (*admit*) zugeben, dass; **garlic doesn't ~ with me** Knoblauch vertrage ich nicht; **it was agreed that ...** es wurde beschlossen, dass ...; **they agreed on this** sie haben sich in diesem Punkt geeinigt; **they agreed on going** sie einigten sich darauf, zu gehen; **they agreed on a price** sie vereinbarten einen Preis

agreeable [əˈɡriːəbl] ADJ angenehm; (*willing*) einverstanden; **are you ~ to this?** sind Sie hiermit einverstanden?

agreed [əˈɡriːd] ADJ vereinbart; **to be ~** sich *dat* einig sein

★**agreement** [əˈɡriːmənt] N (*concurrence*) Übereinstimmung *f*; (*consent*) Zustimmung *f*; (*arrangement*) Abmachung *f*; (*contract*) Vertrag *m*; **to be in ~ (with sb)** (mit jdm) einer Meinung sein; **by mutual ~** in gegenseitigem Einverständnis

★**agricultural** [æɡrɪˈkʌltʃərəl] ADJ landwirtschaftlich; (*show*) Landwirtschafts-

★**agriculture** [ˈæɡrɪkʌltʃəʳ] N Landwirtschaft *f*

aground [əˈɡraund] ADV: **to run ~** auf Grund laufen

★**ahead** [əˈhɛd] ADV vor uns/ihnen *etc*; **~ of** (*in advance of*) vor *+dat*; **to be ~ of sb** (*in progress, ranking*) vor jdm liegen; **to be ~ of schedule** schneller als geplant vorankommen; **~ of time** zeitlich voraus; **to arrive ~ of time** zu früh ankommen; **go right** *or* **straight ~** gehen/fahren Sie geradeaus; **go ~!** (*fig*) machen Sie nur!, nur zu!; **they were (right) ~ of us** sie waren (genau) vor uns

AI N ABBR (= *Amnesty International*) AI *no art* (*Comput*) = **artificial intelligence**

AID N ABBR (= *artificial insemination by donor*) *künstliche Besamung durch Samenspender*; (US: = *Agency for International Development*) *Abteilung zur Koordination von Entwicklungshilfe und Außenpolitik*

★**aid** [eɪd] N Hilfe *f*; (*to less developed country*) Entwicklungshilfe *f*; (*device*) Hilfsmittel *nt* ▸ VT (*help*) helfen, unterstützen; **with the ~ of** mithilfe von; **in ~ of** zugunsten *+gen*; **to ~ and abet** Beihilfe leisten; *see also* **hearing aid**

aide [eɪd] N Berater(in) *m(f)*; (*Mil*) Adjutant *m*

aide-de-camp [ˈeɪddəˈkɔŋ] N (*Mil*) Adjutant *m*

★**AIDS** [eɪdz] N ABBR (= *acquired immune deficiency syndrome*) AIDS *nt*

AIH N ABBR (= *artificial insemination by husband*) *künstliche Besamung durch den Ehemann/Partner*

ailing [ˈeɪlɪŋ] ADJ kränklich; (*economy, industry etc*) krank

ailment [ˈeɪlmənt] N Leiden *nt*

★**aim** [eɪm] VT: **to ~ at** (*gun, missile, camera*) richten auf *+acc*; (*blow*) zielen auf *+acc*; (*remark*) richten an *+acc* ▸ VI (*also:* **take aim**) zielen ▸ N (*objective*) Ziel *nt*; (*in shooting*) Zielsicherheit *f*; **to ~ at** zielen auf *+acc*; (*objective*) anstreben *+acc*; **to ~ to do sth** vorhaben, etw zu tun

aimless [ˈeɪmlɪs] ADJ ziellos

aimlessly [ˈeɪmlɪslɪ] ADV ziellos

ain't [eɪnt] (*inf*) = **am not; aren't; isn't**

★**air** [ɛəʳ] N Luft *f*; (*tune*) Melodie *f*; (*appearance*) Auftreten *nt*; (*demeanour*) Haltung *f*; (*of house etc*) Atmosphäre *f* ▸ VT lüften; (*grievances, views*) Luft machen *+dat*; (*knowledge*) zur Schau stellen; (*ideas*) darlegen ▸ CPD Luft-; **into the ~** in die Luft; **by ~** mit dem Flugzeug; **to be on the ~** (*Radio, TV: programme*) gesendet werden; (*: station*) senden; (*: person*) auf Sendung sein

airbag [ˈɛəbæɡ] N (*Aut*) Airbag *m*

air base N Luftwaffenstützpunkt *m*
air bed (BRIT) N Luftmatratze *f*
airborne [ˈɛəbɔːn] ADJ in der Luft; (*plane, particles*) in der Luft befindlich; (*troops*) Luftlande-
air cargo N Luftfracht *f*
air-conditioned [ˈɛəkənˈdɪʃənd] ADJ klimatisiert
air conditioning N Klimaanlage *f*
air-cooled [ˈɛəkuːld] ADJ (*engine*) luftgekühlt
aircraft [ˈɛəkrɑːft] N INV Flugzeug *nt*
aircraft carrier N Flugzeugträger *m*
air cushion N Luftkissen *nt*
airfield [ˈɛəfiːld] N Flugplatz *m*
Air Force N Luftwaffe *f*
air freight N Luftfracht *f*
air freshener N Raumspray *nt*
air gun N Luftgewehr *nt*
air hostess (BRIT) N Stewardess *f*
airily [ˈɛərɪlɪ] ADV leichtfertig
airing [ˈɛərɪŋ] N: **to give an ~ to** (*fig: ideas*) darlegen; (*: views*) Luft machen *+dat*
air letter (BRIT) N Luftpostbrief *m*
airlift [ˈɛəlɪft] N Luftbrücke *f*
airline [ˈɛəlaɪn] N Fluggesellschaft *f*
airliner [ˈɛəlaɪnəʳ] N Verkehrsflugzeug *nt*
airlock [ˈɛəlɔk] N (*in pipe etc*) Luftblase *f*; (*compartment*) Luftschleuse *f*
air mail N: **by ~** per *or* mit Luftpost
air mattress N Luftmatratze *f*
airplane [ˈɛəpleɪn] (*US*) N Flugzeug *nt*
air pocket N Luftloch *nt*
airport [ˈɛəpɔːt] N Flughafen *m*
air raid N Luftangriff *m*
air rifle N Luftgewehr *nt*
airsick [ˈɛəsɪk] ADJ luftkrank
airspace [ˈɛəspeɪs] N Luftraum *m*
airspeed [ˈɛəspiːd] N Fluggeschwindigkeit *f*
airstrip [ˈɛəstrɪp] N Start-und-Lande-Bahn *f*
air terminal N Terminal *m or nt*
airtight [ˈɛətaɪt] ADJ luftdicht
airtime [ˈɛətaɪm] N (*Radio, TV*) Sendezeit *f*
air-traffic control [ˈɛətræfɪk-] N Flugsicherung *f*
air-traffic controller [ˈɛətræfɪk-] N Fluglotse *m*
air waybill N Luftfrachtbrief *m*
airy [ˈɛərɪ] ADJ luftig; (*casual*) lässig
aisle [aɪl] N Gang *m*; (*section of church*) Seitenschiff *nt*
aisle seat N Sitz *m* am Gang
ajar [əˈdʒɑːʳ] ADJ angelehnt
AK (*US*) ABBR (*Post*) = **Alaska**
aka ABBR (= *also known as*) alias
akin [əˈkɪn] ADJ: **~ to** ähnlich *+dat*
AL (*US*) ABBR (*Post*) = **Alabama**
ALA N ABBR (= *American Library Association*) *akademischer Verband für das Bibliothekswesen*

alabaster [ˈæləbɑːstəʳ] N Alabaster *m*
à la carte ADV à la carte
alacrity [əˈlækrɪtɪ] N Bereitwilligkeit *f*; **with ~** ohne zu zögern
★**alarm** [əˈlɑːm] N (*anxiety*) Besorgnis *f*; (*in shop, bank*) Alarmanlage *f* ▶ VT (*worry*) beunruhigen; (*frighten*) erschrecken
alarm call N Weckruf *m*
alarm clock N Wecker *m*
alarmed [əˈlɑːmd] ADJ beunruhigt; **don't be ~** erschrecken Sie nicht
alarming [əˈlɑːmɪŋ] ADJ (*worrying*) beunruhigend; (*frightening*) erschreckend
alarmingly [əˈlɑːmɪŋlɪ] ADV erschreckend
alarmist [əˈlɑːmɪst] N Panikmacher(in) *m(f)*
alas [əˈlæs] EXCL leider
Alaska [əˈlæskə] N Alaska *nt*
Albania [ælˈbeɪnɪə] N Albanien *nt*
Albanian [ælˈbeɪnɪən] ADJ albanisch ▶ N (*Ling*) Albanisch *nt*
albatross [ˈælbətrɔs] N Albatros *m*
albeit [ɔːlˈbiːɪt] CONJ wenn auch
★**album** [ˈælbəm] N Album *nt*
albumen [ˈælbjumɪn] N Albumen *nt*
alchemy [ˈælkɪmɪ] N Alchimie *f*, Alchemie *f*
★**alcohol** [ˈælkəhɔl] N Alkohol *m*
alcohol-free [ˈælkəhɔlfriː] ADJ alkoholfrei
alcoholic [ælkəˈhɔlɪk] ADJ alkoholisch ▶ N Alkoholiker(in) *m(f)*
alcoholism [ˈælkəhɔlɪzəm] N Alkoholismus *m*
alcopop [ˈælkəpɔp] N Alcopop *m or nt*, Limonade *f* mit hochprozentigem Alkohol
alcove [ˈælkəuv] N Alkoven *m*, Nische *f*
Ald. ABBR = **alderman**
alderman [ˈɔːldəmən] N (*irreg*) ≈ Stadtrat *m*
ale [eɪl] N Ale *nt*
alert [əˈləːt] ADJ aufmerksam ▶ N Alarm *m* ▶ VT alarmieren; **to be ~ to** (*danger, opportunity*) sich *dat* bewusst sein *+gen*; **to be on the ~** wachsam sein; **to ~ sb (to sth)** jdn (vor etw *dat*) warnen
Aleutian Islands [əˈluːʃən-] NPL Aleuten *pl*
A level (BRIT) N *Abschluss der britischen Sekundarstufe II*, ≈ Abitur *nt*

> Die **A levels** (*Advanced levels*) sind in England, Wales und Nordirland die Prüfungen zum höchsten Schulabschluss. Sie werden über zwei Jahre vorbereitet, wobei das erste Jahr selbst mit einer Reihe von Prüfungen (*AS levels*) abgeschlossen wird. Die *A2*-Prüfungen finden am Ende des Jahres statt. Die Ergebnisse der *AS levels* und *A2* bestimmen die *A levels*. Ähnlich dem Abitur erfolgen die Prüfungen in drei bis fünf Fächern. Die Hochschulreife und die eventuelle Aufnahme in eine der gewünschten Universitäten sind von den Noten abhängig.

Alexandria [ælɪgˈzɑːndrɪə] N Alexandria *nt*
alfresco [ælˈfrɛskəu] ADJ, ADV im Freien
algebra [ˈældʒɪbrə] N Algebra *f*

Algeria [æl'dʒɪərɪə] N Algerien *nt*

Algerian [æl'dʒɪərɪən] ADJ algerisch ▶ N Algerier(in) *m(f)*

Algiers [æl'dʒɪəz] N Algier *nt*

algorithm ['ælgərɪðəm] N Algorithmus *m*

alias ['eɪlɪəs] ADV alias ▶ N Deckname *m*

alibi ['ælɪbaɪ] N Alibi *nt*

alien ['eɪlɪən] N Ausländer(in) *m(f)*; (*extraterrestrial*) außerirdisches Wesen *nt* ▶ ADJ: **~ (to)** fremd (*+dat*)

alienate ['eɪlɪəneɪt] VT entfremden; (*antagonize*) befremden

alienation [eɪlɪə'neɪʃən] N Entfremdung *f*

alight [ə'laɪt] ADJ brennend; (*eyes, expression*) leuchtend ▶ VI (*bird*) sich niederlassen; (*passenger*) aussteigen

align [ə'laɪn] VT ausrichten

alignment [ə'laɪnmənt] N Ausrichtung *f*; **it's out of ~ (with)** es ist nicht richtig ausgerichtet (nach)

alike [ə'laɪk] ADJ ähnlich ▶ ADV (*similarly*) ähnlich; (*equally*) gleich; **to look ~** sich *dat* ähnlich sehen; **winter and summer ~** Sommer wie Winter

alimony ['ælɪmənɪ] N Unterhalt *m*

★**alive** [ə'laɪv] ADJ (*living*) lebend; (*lively*) lebendig; (*active*) lebhaft; **~ with** erfüllt von; **to be ~ to sth** sich *dat* einer Sache *gen* bewusst sein

alkali ['ælkəlaɪ] N Base *f*, Lauge *f*

alkaline ['ælkəlaɪn] ADJ basisch, alkalisch

all [ɔːl]

ADJ alle(r, s); **all day/night** den ganzen Tag/die ganze Nacht (über); **all men are equal** alle Menschen sind gleich; **all five came** alle fünf kamen; **all the books** die ganzen Bücher, alle Bücher; **all the food** das ganze Essen; **all the time** die ganze Zeit (über); **all his life** sein ganzes Leben (lang)

▶ PRON **1** alles; **I ate it all, I ate all of it** ich habe alles gegessen; **all of us/the boys went** wir alle/alle Jungen gingen; **we all sat down** wir setzten uns alle; **is that all?** ist das alles?; (*in shop*) sonst noch etwas?

2 (*in phrases*): **above all** vor allem; **after all** schließlich; **all in all** alles in allem; **at all**: **not at all** (*in answer to question*)überhaupt nicht, (*in answer to thanks*)gern geschehen; **I'm not at all tired** ich bin überhaupt nicht müde; **anything at all will do** es ist egal, welche(r, s)

▶ ADV ganz; **all alone** ganz allein; **it's not as hard as all that** so schwer ist es nun auch wieder nicht; **all the more/the better** um so mehr/besser; **all but** (*all except for*) alle außer; (*almost*) fast; **the score is 2 all** der Spielstand ist 2 zu 2

allay [ə'leɪ] VT (*fears*) zerstreuen

all clear N Entwarnung *f*

allegation [ælɪ'geɪʃən] N Behauptung *f*

allege [ə'lɛdʒ] VT behaupten; **he is alleged to have said that ...** er soll angeblich gesagt haben, dass ...

alleged [ə'lɛdʒd] ADJ angeblich

allegedly [ə'lɛdʒɪdlɪ] ADV angeblich

allegiance [ə'liːdʒəns] N Treue *f*

allegory ['ælɪgərɪ] N Allegorie *f*

all-embracing ['ɔːlɪm'breɪsɪŋ] ADJ (all)umfassend

★**allergic** [ə'ləːdʒɪk] ADJ (*rash, reaction*) allergisch; **~ to** (*person*) allergisch gegen

allergy ['ælədʒɪ] N Allergie *f*

alleviate [ə'liːvɪeɪt] VT lindern

alley ['ælɪ] N Gasse *f*

alleyway ['ælɪweɪ] N Durchgang *m*

alliance [ə'laɪəns] N Bündnis *nt*

allied ['ælaɪd] ADJ verbündet, alliiert; (*products, industries*) verwandt

alligator ['ælɪgeɪtə^r] N Alligator *m*

all-important ['ɔːlɪm'pɔːtənt] ADJ entscheidend, äußerst wichtig

all in (BRIT) ADV inklusive

all-in ['ɔːlɪn] (BRIT) ADJ (*price*) Inklusiv-

all-in wrestling N (*esp Brit*) Freistilringen *nt*

alliteration [əlɪtə'reɪʃən] N Alliteration *f*

all-night ['ɔːl'naɪt] ADJ (*café, cinema*) die ganze Nacht geöffnet; (*party*) die ganze Nacht dauernd

allocate ['æləkeɪt] VT zuteilen

allocation [æləu'keɪʃən] N Verteilung *f*; (*of money, resources*) Zuteilung *f*

allot [ə'lɔt] VT: **to ~ (to)** zuteilen (*+dat*); **in the allotted time** in der vorgesehenen Zeit

allotment [ə'lɔtmənt] N (*share*) Anteil *m*; (*garden*) Schrebergarten *m*

all-out ['ɔːlaut] ADJ (*effort, dedication etc*) äußerste(r, s); (*strike*) total ▶ ADV: **all out** mit aller Kraft; **to go all out for** sein Letztes or Äußerstes geben für

★**allow** [ə'lau] VT erlauben; (*behaviour*) zulassen; (*sum, time*) einplanen; (*claim, goal*) anerkennen; (*concede*): **to ~ that** annehmen, dass; **to ~ sb to do sth** jdm erlauben, etw zu tun; **he is allowed to ...** er darf ...; **smoking is not allowed** Rauchen ist nicht gestattet; **we must ~ three days for the journey** wir müssen für die Reise drei Tage einplanen

▶ **allow for** VT FUS einplanen, berücksichtigen

allowance [ə'lauəns] N finanzielle Unterstützung *f*; (*welfare payment*) Beihilfe *f*; (*pocket money*) Taschengeld *nt*; (*tax allowance*) Freibetrag *m*; **to make allowances for** (*person*) Zugeständnisse machen für; (*thing*) berücksichtigen

alloy ['ælɔɪ] N Legierung *f*

★**all right** ADV (*well*) gut; (*correctly*) richtig; (*as answer*) okay, in Ordnung

all-rounder [ɔːl'raundə^r] N Allrounder *m*; (*athlete etc*) Allroundsportler(in) *m(f)*

allspice ['ɔːlspaɪs] N Piment *m or nt*

all-time ['ɔːl'taɪm] ADJ aller Zeiten

allude [əˈluːd] VI: **to ~ to** anspielen auf *+acc*
alluring [əˈljuərɪŋ] ADJ verführerisch
allusion [əˈluːʒən] N Anspielung *f*
alluvium [əˈluːvɪəm] N Anschwemmung *f*
ally [ˈælaɪ] N Verbündete(r) *f(m)*; (*during wars*) Alliierte(r) *f(m)* ▶ VT: **to ~ o.s. with** sich verbünden mit
almighty [ɔːlˈmaɪtɪ] ADJ allmächtig; (*tremendous*) mächtig
almond [ˈɑːmənd] N Mandel *f*; (*tree*) Mandelbaum *m*
almost [ˈɔːlməust] ADV fast, beinahe; **he ~ fell** er wäre beinahe gefallen
alms [ɑːmz] NPL Almosen *pl*
aloft [əˈlɔft] ADV (*hold, carry*) empor
alone [əˈləun] ADJ, ADV allein; **to leave sb ~** jdn in Ruhe lassen; **to leave sth ~** die Finger von etw lassen; **let ~ …** geschweige denn …
along [əˈlɔŋ] PREP entlang *+acc* ▶ ADV: **is he coming ~ with us?** kommt er mit?; **he was hopping/limping ~** er hüpfte/humpelte daher; **~ with** (*together with*) zusammen mit; **all ~** (*all the time*) die ganze Zeit
alongside [əˈlɔŋˈsaɪd] PREP neben *+dat*; (*ship*) längsseits *+gen* ▶ ADV (*come*) nebendran; (*be*) daneben; **we brought our boat ~** wir brachten unser Boot heran; **a car drew up ~** ein Auto fuhr neben mich/ihn *etc* heran
aloof [əˈluːf] ADJ unnahbar ▶ ADV: **to stand ~** abseitsstehen
aloofness [əˈluːfnɪs] N Unnahbarkeit *f*
aloud [əˈlaud] ADV laut
alphabet [ˈælfəbɛt] N Alphabet *nt*
alphabetical [ælfəˈbɛtɪkl] ADJ alphabetisch; **in ~ order** in alphabetischer Reihenfolge
alphanumeric [ˈælfənjuːˈmɛrɪk] ADJ alphanumerisch
alpine [ˈælpaɪn] ADJ alpin, Alpen-
Alps [ælps] NPL: **the ~** die Alpen
already [ɔːlˈrɛdɪ] ADV schon
alright [ˈɔːlˈraɪt] ADV = **all right**
Alsace [ˈælsæs] N Elsass *nt*
Alsatian [ælˈseɪʃən] (BRIT) N (*dog*) Schäferhund *m*
also [ˈɔːlsəu] ADV (*too*) auch; (*moreover*) außerdem
altar [ˈɔltəʳ] N Altar *m*
alter [ˈɔltəʳ] VT ändern; (*clothes*) umändern ▶ VI sich (ver)ändern
alteration [ɔltəˈreɪʃən] N Änderung *f*; (*to clothes*) Umänderung *f*; (*to building*) Umbau *m*
■ **alterations** NPL (*Sewing*) Änderungen *pl*; (*Archit*) Umbau *m*
altercation [ɔltəˈkeɪʃən] N Auseinandersetzung *f*
alternate ADJ [ɔlˈtəːnɪt] abwechselnd; (*US: alternative: plans etc*) Alternativ- ▶ VI [ˈɔltəneɪt]: **to ~ (with)** sich abwechseln (mit); **on ~ days** jeden zweiten Tag
alternately [ɔlˈtəːnɪtlɪ] ADV abwechselnd
alternating current [ˈɔltəːneɪtɪŋ-] N Wechselstrom *m*
★**alternative** [ɔlˈtəːnətɪv] ADJ alternativ; (*solution etc*) Alternativ- ▶ N Alternative *f*
alternative energy N Alternativenergie *f*
alternatively [ɔlˈtəːnətɪvlɪ] ADV: **~ one could …** oder man könnte …
alternative medicine N Alternativmedizin *f*
alternative society N Alternativgesellschaft *f*
alternator [ˈɔltəːneɪtəʳ] N (*Aut*) Lichtmaschine *f*
★**although** [ɔːlˈðəu] CONJ obwohl
altitude [ˈæltɪtjuːd] N Höhe *f*
alto [ˈæltəu] N Alt *m*
★**altogether** [ɔːltəˈgɛðəʳ] ADV ganz; (*on the whole, in all*) im Ganzen, insgesamt; **how much is that ~?** was macht das zusammen?
altruism [ˈæltruɪzəm] N Altruismus *m*
altruistic [æltruˈɪstɪk] ADJ uneigennützig, altruistisch
aluminium [æljuˈmɪnɪəm], (US) **aluminum** [əˈluːmɪnəm] N Aluminium *nt*
★**always** [ˈɔːlweɪz] ADV immer; **we can ~ …** (*if all else fails*) wir können ja auch …
Alzheimer's [ˈæltshaɪməz], **Alzheimer's disease** N (*Med*) Alzheimerkrankheit *f*
AM ABBR (= *amplitude modulation*) AM, ≈ MW ▶ N ABBR (BRIT: *in Wales: Pol: = Assembly Member*) Mitglied *nt* der walisischen Versammlung
am [æm] VB *see* **be**
a.m. ADV ABBR (= *ante meridiem*) morgens; (*later*) vormittags
AMA N ABBR (= *American Medical Association*) *Medizinerverband*
amalgam [əˈmælgəm] N Amalgam *nt*; (*fig*) Mischung *f*
amalgamate [əˈmælgəmeɪt] VI, VT fusionieren
amalgamation [əmælgəˈmeɪʃən] N Fusion *f*
amass [əˈmæs] VT anhäufen; (*evidence*) zusammentragen
amateur [ˈæmətəʳ] N Amateur *m* ▶ ADJ (*Sport*) Amateur-; **~ dramatics** Laientheater *nt*
amateurish [ˈæmətərɪʃ] ADJ laienhaft; (*pej*) dilettantisch, stümperhaft
amaze [əˈmeɪz] VT erstaunen; **to be amazed (at)** erstaunt sein (über *+acc*)
amazement [əˈmeɪzmənt] N Erstaunen *nt*
★**amazing** [əˈmeɪzɪŋ] ADJ erstaunlich; (*bargain, offer*) sensationell
amazingly [əˈmeɪzɪŋlɪ] ADV erstaunlich
Amazon [ˈæməzən] N (*river*) Amazonas *m*; **the ~ basin** das Amazonastiefland; **the ~ jungle** der Amazonas-Regenwald
Amazonian [æməˈzəunɪən] ADJ amazonisch
ambassador [æmˈbæsədəʳ] N Botschafter(in) *m(f)*
amber [ˈæmbəʳ] N Bernstein *m*; **at ~** (BRIT: *traffic lights*) auf Gelb; (*: move off*) bei Gelb

a

ambidextrous [æmbɪˈdɛkstrəs] ADJ beidhändig

ambience [ˈæmbɪəns] N Atmosphäre *f*

ambiguity [æmbɪˈgjuɪtɪ] N Zweideutigkeit *f*; (*lack of clarity*) Unklarheit *f*

ambiguous [æmˈbɪgjuəs] ADJ zweideutig; (*not clear*) unklar

★**ambition** [æmˈbɪʃən] N Ehrgeiz *m*; (*desire*) Ambition *f*; **to achieve one's ~** seine Ambitionen erfüllen

ambitious [æmˈbɪʃəs] ADJ ehrgeizig

ambivalence [æmˈbɪvələns] N Ambivalenz *f*

ambivalent [æmˈbɪvələnt] ADJ ambivalent

amble [ˈæmbl] VI schleudern

★**ambulance** [ˈæmbjuləns] N Krankenwagen *m*

ambulanceman [ˈæmbjulənsmən] N (*irreg*) Sanitäter *m*

ambush [ˈæmbuʃ] N Hinterhalt *m*; (*attack*) Überfall *m* aus dem Hinterhalt ▶ VT (aus dem Hinterhalt) überfallen

ameba [əˈmi:bə] (*US*) N = **amoeba**

ameliorate [əˈmi:lɪəreɪt] VT verbessern

amen [ˈɑ:ˈmɛn] EXCL amen

amenable [əˈmi:nəbl] ADJ: **~ to** zugänglich *+dat*; (*to flattery etc*) empfänglich für; **~ to the law** dem Gesetz verantwortlich

amend [əˈmɛnd] VT ändern; (*habits, behaviour*) bessern

amendment [əˈmɛndmənt] N Änderung *f*; (*to law*) Amendement *nt*

amends [əˈmɛndz] NPL: **to make ~** es wiedergutmachen; **to make ~ for sth** etw wiedergutmachen

amenities [əˈmi:nɪtɪz] NPL *Einkaufs-, Unterhaltungs- und Transportmöglichkeiten*

amenity [əˈmi:nɪtɪ] N (Freizeit)einrichtung *f*

★**America** [əˈmɛrɪkə] N Amerika *nt*

American [əˈmɛrɪkən] ADJ amerikanisch ▶ N Amerikaner(in) *m(f)*

Americanize [əˈmɛrɪkənaɪz] VT amerikanisieren

amethyst [ˈæmɪθɪst] N Amethyst *m*

Amex [ˈæmɛks] N ABBR (= *American Stock Exchange*) *US-Börse*; (= *American Express®*) *Kreditkarte*

amiable [ˈeɪmɪəbl] ADJ liebenswürdig

amiably [ˈeɪmɪəblɪ] ADV liebenswürdig

amicable [ˈæmɪkəbl] ADJ freundschaftlich; (*settlement*) gütlich

amicably [ˈæmɪkəblɪ] ADV (*part, discuss*) in aller Freundschaft; (*settle*) gütlich

amid [əˈmɪd], **amidst** [əˈmɪdst] PREP inmitten *+gen*

amiss [əˈmɪs] ADJ, ADV: **to take sth ~** etw übel nehmen; **there's something ~** da stimmt irgendetwas nicht

ammeter [ˈæmɪtəʳ] N Amperemeter *nt*

ammo [ˈæməu] (*inf*) N = **ammunition**

ammonia [əˈməunɪə] N Ammoniak *nt*

ammunition [æmjuˈnɪʃən] N Munition *f*

ammunition dump N Munitionslager *nt*

amnesia [æmˈni:zɪə] N Amnesie *f*, Gedächtnisschwund *m*

amnesty [ˈæmnɪstɪ] N Amnestie *f*; **to grant an ~ to** amnestieren

Amnesty International N Amnesty International *no art*

amoeba, (*US*) **ameba** [əˈmi:bə] N Amöbe *f*

amok [əˈmɔk] ADV: **to run ~** Amok laufen

★**among** [əˈmʌŋ], **amongst** [əˈmʌŋst] PREP unter *+dat*

amoral [æˈmɔrəl] ADJ unmoralisch

amorous [ˈæmərəs] ADJ amourös

amorphous [əˈmɔ:fəs] ADJ formlos, gestaltlos

amortization [əmɔ:taɪˈzeɪʃən] N Amortisation *f*

★**amount** [əˈmaunt] N (*quantity*) Menge *f*; (*sum of money*) Betrag *m*; (*total*) Summe *f*; (*of bill etc*) Höhe *f* ▶ VI: **to ~ to** (*total*) sich belaufen auf *+acc*; (*be same as*) gleichkommen *+dat*; **the total ~** (*of money*) die Gesamtsumme

amp [æmp], **ampère** [ˈæmpɛəʳ] N Ampere *nt*; **a 3 ~ fuse** eine Sicherung von 3 Ampere; **a 13 ~ plug** ein Stecker mit einer Sicherung von 13 Ampere

ampersand [ˈæmpəsænd] N Et-Zeichen *nt*, Und-Zeichen *nt*

amphetamine [æmˈfɛtəmi:n] N Amphetamin *nt*

amphibian [æmˈfɪbɪən] N Amphibie *f*

amphibious [æmˈfɪbɪəs] ADJ amphibisch; (*vehicle*) Amphibien-

amphitheatre, (*US*) **amphitheater** [ˈæmfɪθɪətəʳ] N Amphitheater *nt*

ample [ˈæmpl] ADJ (*large*) üppig; (*abundant*) reichlich; (*enough*) genügend; **this is ~** das ist reichlich; **to have ~ time/room** genügend Zeit/Platz haben

amplifier [ˈæmplɪfaɪəʳ] N Verstärker *m*

amplify [ˈæmplɪfaɪ] VT verstärken; (*expand: idea etc*) genauer ausführen

amply [ˈæmplɪ] ADV reichlich

ampoule, (*US*) **ampule** [ˈæmpu:l] N Ampulle *f*

amputate [ˈæmpjuteɪt] VT amputieren

amputation [æmpjuˈteɪʃən] N Amputation *f*

amputee [æmpjuˈti:] N Amputierte(r) *f(m)*

Amsterdam [ˈæmstədæm] N Amsterdam *nt*

amt ABBR = **amount**

amuck [əˈmʌk] ADV = **amok**

amuse [əˈmju:z] VT (*entertain*) unterhalten; (*make smile*) amüsieren, belustigen; **to ~ o.s. with sth/by doing sth** sich die Zeit mit etw vertreiben/damit vertreiben, etw zu tun; **to be amused at** sich amüsieren über *+acc*; **he was not amused** er fand das gar nicht komisch *or* zum Lachen

amusement [əˈmju:zmənt] N (*mirth*) Vergnügen *nt*; (*pleasure*) Unterhaltung *f*; (*pastime*) Zeitvertreib *m*; **much to my ~** zu meiner großen Belustigung

amusement arcade N Spielhalle *f*

amusement park N Vergnügungspark *m*

amusing [əˈmjuːzɪŋ] ADJ amüsant, unterhaltsam

an [æn, ən] INDEF ART *see* **a**

ANA N ABBR (= *American Newspaper Association*) *amerikanischer Zeitungsverband*; (= *American Nurses Association*) *Verband amerikanischer Krankenschwestern und Krankenpfleger*

anachronism [əˈnækrənɪzəm] N Anachronismus *m*

anaemia, (*US*) **anemia** [əˈniːmɪə] N Anämie *f*

anaemic, (*US*) **anemic** [əˈniːmɪk] ADJ blutarm

anaesthetic, (*US*) **anesthetic** [ænɪsˈθɛtɪk] N Betäubungsmittel *nt*; **under (the) ~** unter Narkose; **local ~** örtliche Betäubung *f*; **general ~** Vollnarkose *f*

anaesthetist [æˈniːsθɪtɪst] N Anästhesist(in) *m(f)*

anagram [ˈænəgræm] N Anagramm *nt*

anal [ˈeɪnl] ADJ anal, Anal-

analgesic [ænælˈdʒiːsɪk] ADJ schmerzstillend ▶ N Schmerzmittel *nt*, schmerzstillendes Mittel *nt*

analogous [əˈnæləgəs] ADJ: **~ (to** *or* **with)** analog (zu)

analogue, (*US*) **analog** [ˈænəlɔg] ADJ (*watch, computer*) Analog-

analogy [əˈnælədʒɪ] N Analogie *f*; **to draw an ~ between** eine Analogie herstellen zwischen *+dat*; **by ~** durch einen Analogieschluss

analyse, (*US*) **analyze** [ˈænəlaɪz] VT analysieren; (*Chem, Med*) untersuchen; (*person*) psychoanalytisch behandeln

analyses [əˈnæləsiːz] NPL *of* **analysis**

analysis [əˈnæləsɪs] (*pl* **analyses**) N Analyse *f*; Untersuchung *f*; Psychoanalyse *f*; **in the last ~** letzten Endes

analyst [ˈænəlɪst] N Analytiker(in) *m(f)*; (*US*) Psychoanalytiker(in) *m(f)*

analytic [ænəˈlɪtɪk], **analytical** [ænəˈlɪtɪkəl] ADJ analytisch

analyze [ˈænəlaɪz] (*US*) VT = **analyse**

anarchic [æˈnɑːkɪk] ADJ anarchisch

anarchist [ˈænəkɪst] ADJ anarchistisch ▶ N Anarchist(in) *m(f)*

anarchy [ˈænəkɪ] N Anarchie *f*

anathema [əˈnæθɪmə] N: **that is ~ to him** das ist ihm ein Gräuel

anatomical [ænəˈtɔmɪkl] ADJ anatomisch

anatomy [əˈnætəmɪ] N Anatomie *f*; (*body*) Körper *m*

ANC N ABBR (= *African National Congress*) ANC *m*

ancestor [ˈænsɪstəʳ] N Vorfahr(in) *m(f)*

ancestral [ænˈsɛstrəl] ADJ angestammt; **~ home** Stammsitz *m*

ancestry [ˈænsɪstrɪ] N Abstammung *f*

anchor [ˈæŋkəʳ] N Anker *m* ▶ VI (*also:* **to drop anchor**) ankern, vor Anker gehen ▶ VT (*fig*) verankern; **to ~ sth to** etw verankern in *+dat*; **to weigh ~** den Anker lichten

anchorage [ˈæŋkərɪdʒ] N Ankerplatz *m*

anchorman [ˈæŋkəmæn] N (*irreg*) (*TV, Radio*) ≈ Moderator *m*

anchor store N (*attractive store*) ≈ Magnetbetrieb *m*

anchorwoman [ˈæŋkəwumən] N (*irreg*) (*TV, Radio*) ≈ Moderatorin *f*

anchovy [ˈæntʃəvɪ] N Sardelle *f*, An(s)chovis *f*

ancient [ˈeɪnʃənt] ADJ alt; (*person, car*) uralt

ancient monument N historisches Denkmal *nt*

ancillary [ænˈsɪlərɪ] ADJ Hilfs-

★**and** [ænd] CONJ und; **~ so on** und so weiter; **try ~ come please** bitte versuche zu kommen; **better ~ better** immer besser

Andes [ˈændiːz] NPL: **the ~** die Anden *pl*

Andorra [ænˈdɔːrə] N Andorra *nt*

anecdote [ˈænɪkdəut] N Anekdote *f*

anemia *etc* [əˈniːmɪə] (*US*) = **anaemia** *etc*

anemone [əˈnɛmənɪ] N (*Bot*) Anemone *f*, Buschwindröschen *nt*

anesthesiologist [ænɪsθiːzɪˈɔlədʒɪst] N (*US*) Anästhesist(in) *m(f)*

anesthetic *etc* [ænɪsˈθɛtɪk] (*US*) = **anaesthetic** *etc*

anew [əˈnjuː] ADV von Neuem

★**angel** [ˈeɪndʒəl] N Engel *m*

angel dust (*inf*) N *als halluzinogene Droge missbrauchtes Medikament*

angelic [ænˈdʒɛlɪk] ADJ engelhaft

★**anger** [ˈæŋgəʳ] N Zorn *m* ▶ VT ärgern; (*enrage*) erzürnen; **red with ~** rot vor Wut

angina [ænˈdʒaɪnə] N Angina pectoris *f*

★**angle** [ˈæŋgl] N Winkel *m*; (*viewpoint*): **from their ~** von ihrem Standpunkt aus ▶ VI: **to ~ for** (*invitation*) aus sein auf *+acc*; (*compliments*) fischen nach ▶ VT: **to ~ sth towards** *or* **to** etw ausrichten auf *+acc*

angler [ˈæŋgləʳ] N Angler(in) *m(f)*

Anglican [ˈæŋglɪkən] ADJ anglikanisch ▶ N Anglikaner(in) *m(f)*

anglicize [ˈæŋglɪsaɪz] VT anglisieren

angling [ˈæŋglɪŋ] N Angeln *nt*

Anglo- [ˈæŋgləu] PREF Anglo-, anglo-

Anglo-German [ˈæŋgləuˈdʒəːmən] ADJ englisch-deutsch

Anglo-Saxon [ˈæŋgləuˈsæksən] ADJ angelsächsisch ▶ N Angelsachse *m*, Angelsächsin *f*

Angola [æŋˈgəulə] N Angola *nt*

Angolan [æŋˈgəulən] ADJ angolanisch ▶ N Angolaner(in) *m(f)*

angrily [ˈæŋgrɪlɪ] ADV verärgert

★**angry** [ˈæŋgrɪ] ADJ verärgert; (*wound*) entzündet; **to be ~ with sb** auf jdn böse sein; **to be ~ at sth** über etw *acc* verärgert sein; **to get ~** wütend werden; **to make sb ~** jdn wütend machen

anguish [ˈæŋgwɪʃ] N Qual *f*

anguished [ˈæŋgwɪʃt] ADJ gequält

angular [ˈæŋgjuləʳ] ADJ eckig; (*features*) kantig

★**animal** [ˈænɪməl] N Tier *nt*; (*living creature*) Lebewesen *nt*; (*pej*: *person*) Bestie *f* ▶ ADJ tierhaft; (*attraction etc*) animalisch
animal spirits NPL Vitalität *f*
animate VT [ˈænɪmeɪt] beleben ▶ ADJ [ˈænɪmɪt] lebend
animated [ˈænɪmeɪtɪd] ADJ lebhaft; (*film*) Zeichentrick-
animation [ænɪˈmeɪʃən] N (*liveliness*) Lebhaftigkeit *f*; (*film*) Animation *f*
animosity [ænɪˈmɔsɪtɪ] N Feindseligkeit *f*
aniseed [ˈænɪsi:d] N Anis *m*
Ankara [ˈæŋkərə] N Ankara *nt*
ankle [ˈæŋkl] N Knöchel *m*
ankle sock (BRIT) N Söckchen *nt*
annex, (BRIT) **annexe** [ˈænɛks] N Anhang *m*; (*building*) Nebengebäude *nt*; (*extension*) Anbau *m* ▶ VT (*take over*) annektieren
annexation [ænɛkˈseɪʃən] N Annexion *f*
annihilate [əˈnaɪəleɪt] VT (*also fig*) vernichten
annihilation [ənaɪəˈleɪʃən] N Vernichtung *f*
★**anniversary** [ænɪˈvə:sərɪ] N Jahrestag *m*
anno Domini ADV anno Domini, nach Christus
annotate [ˈænəuteɪt] VT kommentieren
★**announce** [əˈnauns] VT ankündigen; (*birth, death etc*) anzeigen; **he announced that he wasn't going** er verkündete, dass er nicht gehen würde
★**announcement** [əˈnaunsmənt] N Ankündigung *f*; (*official*) Bekanntmachung *f*; (*of birth, death etc*) Anzeige *f*; **I'd like to make an ~** ich möchte etwas bekannt geben
announcer [əˈnaunsəʳ] N Ansager(in) *m(f)*
annoy [əˈnɔɪ] VT ärgern; **to be annoyed (at sth/with sb)** sich (über etw/jdn) ärgern; **don't get annoyed!** reg dich nicht auf!
annoyance [əˈnɔɪəns] N Ärger *m*
★**annoying** [əˈnɔɪɪŋ] ADJ ärgerlich; (*person, habit*) lästig
★**annual** [ˈænjuəl] ADJ jährlich; (*income*) Jahres- ▶ N (*Bot*) einjährige Pflanze *f*; (*book*) Jahresband *m*
annual general meeting (BRIT) N Jahreshauptversammlung *f*
annually [ˈænjuəlɪ] ADV jährlich
annual report N Geschäftsbericht *m*
annuity [əˈnju:ɪtɪ] N Rente *f*; **life ~** Rente *f* auf Lebenszeit
annul [əˈnʌl] VT annullieren; (*law*) aufheben
annulment [əˈnʌlmənt] N Annullierung *f*; Aufhebung *f*
annum [ˈænəm] N *see* **per**
Annunciation [ənʌnsɪˈeɪʃən] N Mariä Verkündigung *f*
anode [ˈænəud] N Anode *f*
anodyne [ˈænədaɪn] (*fig*) N Wohltat *f* ▶ ADJ schmerzlos
anoint [əˈnɔɪnt] VT salben
anomalous [əˈnɔmələs] ADJ anomal
anomaly [əˈnɔməlɪ] N Anomalie *f*
anon. [əˈnɔn] ABBR = **anonymous**
anonymity [ænəˈnɪmɪtɪ] N Anonymität *f*
anonymous [əˈnɔnɪməs] ADJ anonym
anorak [ˈænəræk] N Anorak *m*
anorexia [ænəˈrɛksɪə] N Magersucht *f*, Anorexie *f*
anorexic [ænəˈrɛksɪk] ADJ magersüchtig
★**another** [əˈnʌðəʳ] PRON (*additional*) noch eine(r, s); (*different*) ein anderer, eine andere, ein anderes ▶ ADJ: **~ book** (*one more*) noch ein Buch; (*a different one*) ein anderes Buch; **~ drink?** noch etwas zu trinken?; **in ~ five years** in weiteren fünf Jahren; *see also* **one**
ANSI N ABBR (= *American National Standards Institution*) *amerikanischer Normenausschuss*
★**answer** [ˈɑ:nsəʳ] N Antwort *f*; (*to problem*) Lösung *f* ▶ VI antworten; (*Tel*) sich melden ▶ VT (*reply to*: *person*) antworten *+dat*; (: *letter, question*) beantworten; (*problem*) lösen; (*prayer*) erhören; **in ~ to your letter** in Beantwortung Ihres Schreibens; **to ~ the phone** ans Telefon gehen; **to ~ the bell** *or* **the door** die Tür aufmachen
▶ **answer back** VI widersprechen; (*child*) frech sein
▶ **answer for** VT FUS (*person*) verantwortlich sein für, sich verbürgen für
▶ **answer to** VT FUS (*description*) entsprechen *+dat*
answerable [ˈɑ:nsərəbl] ADJ: **to be ~ to sb for sth** jdm gegenüber für etw verantwortlich sein; **I am ~ to no-one** ich brauche mich vor niemandem zu verantworten
answering machine [ˈɑ:nsərɪŋ-] N Anrufbeantworter *m*
ant [ænt] N Ameise *f*
antagonism [ænˈtægənɪzəm] N Feindseligkeit *f*, Antagonismus *m*
antagonist [ænˈtægənɪst] N Gegner(in) *m(f)* Antagonist(in) *m(f)*
antagonistic [æntægəˈnɪstɪk] ADJ feindselig
antagonize [ænˈtægənaɪz] VT gegen sich aufbringen
Antarctic [æntˈɑ:ktɪk] N: **the ~** die Antarktis
Antarctica [æntˈɑ:ktɪkə] N Antarktik *f*
Antarctic Circle N: **the ~** der südliche Polarkreis
Antarctic Ocean N: **the ~** das Südpolarmeer
ante [ˈæntɪ] N: **to up the ~** den Einsatz erhöhen
ante... [ˈæntɪ] PREF vor-
anteater [ˈænti:təʳ] N Ameisenbär *m*
antecedent [æntɪˈsi:dənt] N Vorläufer *m*; (*of living creature*) Vorfahr *m* ■ **antecedents** NPL Herkunft *f*
antechamber [ˈæntɪtʃeɪmbəʳ] N Vorzimmer *nt*
antelope [ˈæntɪləup] N Antilope *f*
antenatal [ˈæntɪˈneɪtl] ADJ vor der Geburt, Schwangerschafts-
antenatal clinic N Sprechstunde *f* für werdende Mütter

antenna [æn'tɛnə] (*pl* **antennae**) N (*of insect*) Fühler *m*; (*Radio, TV*) Antenne *f*

antennae [æn'tɛni:] NPL *of* **antenna**

anteroom ['æntɪrum] N Vorzimmer *nt*

anthem ['ænθəm] N: **national ~** Nationalhymne *f*

ant hill N Ameisenhaufen *m*

anthology [æn'θɔlədʒɪ] N Anthologie *f*

anthropologist [ænθrə'pɔlədʒɪst] N Anthropologe *m*, Anthropologin *f*

anthropology [ænθrə'pɔlədʒɪ] N Anthropologie *f*

anti... ['æntɪ] PREF Anti-, anti-

anti-aircraft ['æntɪ'ɛəkrɑ:ft] ADJ (*gun, rocket*) Flugabwehr-

anti-aircraft defence N Luftverteidigung *f*

antiballistic ['æntɪbə'lɪstɪk] ADJ (*missile*) Anti-Raketen-

antibiotic ['æntɪbaɪ'ɔtɪk] N Antibiotikum *nt*

antibody ['æntɪbɔdɪ] N Antikörper *m*

anticipate [æn'tɪsɪpeɪt] VT erwarten; (*foresee*) vorhersehen; (*look forward to*) sich freuen auf *+acc*; (*forestall*) vorwegnehmen; **this is worse than I anticipated** es ist schlimmer, als ich erwartet hatte; **as anticipated** wie erwartet

anticipation [æntɪsɪ'peɪʃən] N Erwartung *f*; (*eagerness*) Vorfreude *f*; **thanking you in ~** vielen Dank im Voraus

anticlimax ['æntɪ'klaɪmæks] N Enttäuschung *f*

anticlockwise ['æntɪ'klɔkwaɪz] (BRIT) ADV gegen den Uhrzeigersinn

antics ['æntɪks] NPL Mätzchen *pl*; (*of politicians etc*) Gehabe *nt*

anticyclone ['æntɪ'saɪkləun] N Hoch(druckgebiet) *nt*

antidote ['æntɪdəut] N Gegenmittel *nt*

antifreeze ['æntɪfri:z] N Frostschutzmittel *nt*

anti-globalist [æntɪ'gləubəlɪst], **anti-globalization protester** [æntɪgləublaɪ'zeɪʃn-] N Globalisierungsgegner(in) *m(f)*

Antigua and Barbuda [æn'ti:gə ænd bɑ:'bu:də] N Antigua und Barbuda *nt*

antihistamine ['æntɪ'hɪstəmɪn] N Antihistamin *nt*

Antilles [æn'tɪli:z] NPL: **the ~** die Antillen *pl*

antipathy [æn'tɪpəθɪ] N Antipathie *f*, Abneigung *f*

antiperspirant ['æntɪ'pə:spɪrənt] N Antitranspirant *nt*

Antipodean [æntɪpə'di:ən] ADJ antipodisch

Antipodes [æn'tɪpədi:z] NPL: **the ~** Australien und Neuseeland *nt*

antiquarian [æntɪ'kwɛərɪən] N (*collector*) Antiquitätensammler(in) *m(f)*; (*seller*) Antiquitätenhändler(in) *m(f)* ▶ ADJ: **~ bookshop** Antiquariat *nt*

antiquated ['æntɪkweɪtɪd] ADJ antiquiert

antique [æn'ti:k] N Antiquität *f* ▶ ADJ antik

antique dealer N Antiquitätenhändler(in) *m(f)*

antique shop N Antiquitätenladen *m*

antiquity [æn'tɪkwɪtɪ] N (*period*) Antike *f* ■ **antiquities** NPL (*objects*) Altertümer *pl*

anti-Semitic ['æntɪsɪ'mɪtɪk] ADJ antisemitisch

anti-Semitism ['æntɪ'sɛmɪtɪzəm] N Antisemitismus *m*

antiseptic [æntɪ'sɛptɪk] N Antiseptikum *nt* ▶ ADJ antiseptisch

antisocial ['æntɪ'səuʃəl] ADJ unsozial; (*person*) ungesellig

antitank ['æntɪ'tæŋk] ADJ (*gun, fire*) Panzerabwehr-

antitheses [æn'tɪθɪsi:z] NPL *of* **antithesis**

antithesis [æn'tɪθɪsɪs] (*pl* **antitheses**) N Gegensatz *m*; **he's the ~ of a good cook** er ist das genaue Gegenteil eines guten Koches

antitrust ['æntɪ'trʌst] (*US*) ADJ: **~ legislation** Kartellgesetzgebung *f*

antiviral [æntɪ'vaɪərəl] ADJ (*Med*) antiviral

antivirus [æntɪ'vaɪrəs] ADJ (*Comput*) Antiviren-

antivirus software N Antivirensoftware *f*

antlers ['æntləz] NPL Geweih *nt*

Antwerp ['æntwə:p] N Antwerpen *nt*

anus ['eɪnəs] N After *m*

anvil ['ænvɪl] N Amboss *m*

anxiety [æŋ'zaɪətɪ] N (*worry*) Sorge *f*; (*Med*) Angstzustand *m*; (*eagerness*): **~ to do sth** Verlangen (danach), etw zu tun

anxious ['æŋkʃəs] ADJ (*worried*) besorgt; (*situation*) Angst einflößend; (*question, moments*) bang(e); (*keen*): **to be ~ to do sth** etw unbedingt tun wollen; **I'm very ~ about you** ich mache mir große Sorgen um dich

anxiously ['æŋkʃəslɪ] ADV besorgt

any ['ɛnɪ]

ADJ **1** (*in questions etc*): **have you any butter/children?** haben Sie Butter/Kinder?; **if there are any tickets left** falls noch Karten da sind

2 (*with negative*) kein(e); **I haven't any money/books** ich habe kein Geld/keine Bücher

3 (*no matter which*) irgendein(e); **choose any book you like** nehmen Sie irgendein Buch *or* ein beliebiges Buch

4 (*in phrases*): **in any case** in jedem Fall; **any day now** jeden Tag; **at any moment** jeden Moment; **at any rate** auf jeden Fall; **any time** (*at any moment*) jeden Moment; (*whenever*) jederzeit

▶ PRON **1** (*in questions etc*): **have you got any?** haben Sie welche?; **can any of you sing?** kann (irgend)einer von euch singen?

2 (*with negative*): **I haven't any (of them)** ich habe keine (davon)

3 (*no matter which one(s)*) egal welche; **take any of those books (you like)** nehmen Sie irgendwelche von diesen Büchern

▶ ADV **1** (*in questions etc*): **do you want any more soup/sandwiches?** möchtest du noch Suppe/Butterbrote?; **are you feeling any better?** geht es Ihnen etwas besser?

2 (*with negative*): **I can't hear him any more** ich kann ihn nicht mehr hören; **don't wait any longer** warte nicht noch länger

In most cases *any* is not translated.

Would you like any bread? **Möchten Sie Brot?**

Have you got any mineral water? **Haben Sie Mineralwasser?**

★**anybody** [ˈɛnɪbɔdɪ] PRON = **anyone**

anyhow [ˈɛnɪhau]

ADV **1** (*at any rate*) sowieso, ohnehin; **I shall go anyhow** ich gehe auf jeden Fall
2 (*haphazard*): **do it anyhow you like** machen Sie es, wie Sie wollen

anyone [ˈɛnɪwʌn]

PRON **1** (*in questions etc*) (irgend)jemand; **can you see anyone?** siehst du jemanden?
2 (*with negative*) keine(r); **I can't see anyone** ich kann keinen *or* niemanden sehen
3 (*no matter who*) jede(r); **anyone could do it** das kann jeder

anyplace [ˈɛnɪpleɪs] (*US*) ADV = **anywhere**

anything [ˈɛnɪθɪŋ]

PRON **1** (*in questions etc*) (irgend)etwas; **can you see anything?** kannst du etwas sehen?
2 (*with negative*) nichts; **I can't see anything** ich kann nichts sehen
3 (*no matter what*) irgendetwas; **you can say anything you like** du kannst sagen, was du willst; **anything between 15 and 20 pounds** (ungefähr) zwischen 15 und 20 Pfund; **he'll eat anything** er isst alles

anytime [ˈɛnɪtaɪm] ADV jederzeit

anyway [ˈɛnɪweɪ]

ADV **1** (*at any rate*) sowieso, ohnehin; **I shall go anyway** ich gehe auf jeden Fall
2 (*besides*): **anyway, I can't come** jedenfalls kann ich nicht kommen; **why are you phoning, anyway?** warum rufst du überhaupt *or* eigentlich an?

anywhere [ˈɛnɪwɛəʳ]

ADV **1** (*in questions etc*) irgendwo; **can you see him anywhere?** kannst du ihn irgendwo sehen?
2 (*with negative*) nirgendwo, nirgends; **I can't see him anywhere** ich kann ihn nirgendwo *or* nirgends sehen
3 (*no matter where*) irgendwo; **put the books down anywhere** legen Sie die Bücher irgendwohin

Anzac [ˈænzæk] N ABBR = **Australia-New Zealand Army Corps**; (*soldier*) australischer/neuseeländischer Soldat *m*

Anzac Day N *siehe Info-Artikel*

Anzac Day, der 25 April, ist in Australien und Neuseeland ein Feiertag zum Gedenken an die Landung der australischen und neuseeländischen Truppen in Gallipoli im Ersten Weltkrieg (1915).

apace [əˈpeɪs] ADV: **to continue ~** (*negotiations, preparations etc*) rasch vorangehen

★**apart** [əˈpɑːt] ADV (*be*) entfernt; (*move*) auseinander; (*aside*) beiseite; (*separately*) getrennt; **10 miles ~** 10 Meilen voneinander entfernt; **a long way ~** weit auseinander; **they are living ~** sie leben getrennt; **with one's legs ~** mit gespreizten Beinen; **to take ~** auseinandernehmen; **~ from** (*excepting*) abgesehen von; (*in addition*) außerdem

apartheid [əˈpɑːteɪt] N Apartheid *f*

★**apartment** [əˈpɑːtmənt] N (*US*: *flat*) Wohnung *f*; (*room*) Raum *m*, Zimmer *nt*

apartment block, (*US*) **apartment building** N Wohnblock *m*

apathetic [æpəˈθɛtɪk] ADJ apathisch, teilnahmslos

apathy [ˈæpəθɪ] N Apathie *f*, Teilnahmslosigkeit *f*

APB (*US*) N ABBR (= *all points bulletin*) *polizeiliche Fahndung*

ape [eɪp] N (Menschen)affe *m* ▸VT nachahmen

Apennines [ˈæpənaɪnz] NPL: **the ~** die Apenninen *pl*, der Appenin

apéritif [əˈpɛrɪtɪf] N Aperitif *m*

apex [ˈeɪpɛks] N Spitze *f*

aphid [ˈæfɪd] N Blattlaus *f*

aphorism [ˈæfərɪzəm] N Aphorismus *m*

aphrodisiac [æfrəuˈdɪzɪæk] ADJ aphrodisisch ▸N Aphrodisiakum *nt*

apiece [əˈpiːs] ADV (*each person*) pro Person; (*each thing*) pro Stück

aplomb [əˈplɔm] N Gelassenheit *f*

apocalypse [əˈpɔkəlɪps] N Apokalypse *f*

apolitical [eɪpəˈlɪtɪkl] ADJ apolitisch

apologetic [əpɔləˈdʒɛtɪk] ADJ entschuldigend; **to be very ~ (about sth)** sich (wegen etw *gen*) sehr entschuldigen

apologize [əˈpɔlədʒaɪz] VI: **to ~ (for sth to sb)** sich (für etw bei jdm) entschuldigen

apology [əˈpɔlədʒɪ] N Entschuldigung *f*; **to send one's apologies** sich entschuldigen lassen; **please accept my apologies** ich bitte um Verzeihung

apoplectic [æpəˈplɛktɪk] ADJ (*Med*) apoplektisch; (*inf*): **to be ~ with rage** vor Wut fast platzen

apoplexy [ˈæpəplɛksɪ] N Schlaganfall *m*

apostle [əˈpɔsl] N Apostel *m*

★**apostrophe** [əˈpɔstrəfɪ] N Apostroph *m*, Auslassungszeichen *nt*

apotheosis [əpɔθɪˈəusɪs] N Apotheose *f*
app [æp] N ABBR (*inf*: *Comput*: = *application*) App *f*
appal [əˈpɔːl] VT entsetzen; **to be appalled by** entsetzt sein über *+acc*
Appalachian Mountains [æpəˈleɪʃən-] NPL: **the ~** die Appalachen *pl*
appalling [əˈpɔːlɪŋ] ADJ entsetzlich; **she's an ~ cook** sie kann überhaupt nicht kochen
apparatus [æpəˈreɪtəs] N Gerät *nt*; (*in gymnasium*) Geräte *pl*; (*of organization*) Apparat *m*; **a piece of ~** ein Gerät *nt*
apparel [əˈpærəl] (*US*) N Kleidung *f*
apparent [əˈpærənt] ADJ (*seeming*) scheinbar; (*obvious*) offensichtlich; **it is ~ that ...** es ist klar, dass ...
apparently [əˈpærəntlɪ] ADV anscheinend
apparition [æpəˈrɪʃən] N Erscheinung *f*
appeal [əˈpiːl] VI (*Law*) Berufung einlegen ▸ N (*Law*) Berufung *f*; (*plea*) Aufruf *m*; (*charm*) Reiz *m*; **to ~ (to sb) for** (jdn) bitten um; **to ~ to** (*be attractive to*) gefallen *+dat*; **it doesn't ~ to me** es reizt mich nicht; **right of ~** (*Law*) Berufungsrecht *nt*; **on ~** (*Law*) in der Berufung
appealing [əˈpiːlɪŋ] ADJ ansprechend; (*touching*) rührend
appear [əˈpɪəʳ] VI erscheinen; (*seem*) scheinen; **to ~ on TV/in "Hamlet"** im Fernsehen/in „Hamlet" auftreten; **it would ~ that ...** anscheinend ...
appearance [əˈpɪərəns] N Erscheinen *nt*; (*look*) Aussehen *nt*; (*in public, on TV*) Auftritt *m*; **to put in** *or* **make an ~** sich sehen lassen; **in** *or* **by order of ~** (*Theat etc*) in der Reihenfolge ihres Auftritts; **to keep up appearances** den (äußeren) Schein wahren; **to all appearances** allem Anschein nach
appease [əˈpiːz] VT beschwichtigen
appeasement [əˈpiːzmənt] N Beschwichtigung *f*
append [əˈpɛnd] VT (*Comput*) anhängen
appendage [əˈpɛndɪdʒ] N Anhängsel *nt*
appendices [əˈpɛndɪsiːz] NPL *of* **appendix**
appendicitis [əpɛndɪˈsaɪtɪs] N Blinddarmentzündung *f*
appendix [əˈpɛndɪks] (*pl* **appendices**) N (*Anat*) Blinddarm *m*; (*to publication*) Anhang *m*; **to have one's ~ out** sich *dat* den Blinddarm herausnehmen lassen
appetite [ˈæpɪtaɪt] N Appetit *m*; (*fig*) Lust *f*; **that walk has given me an ~** von dem Spaziergang habe ich Appetit bekommen
appetizer [ˈæpɪtaɪzəʳ] N (*food*) Appetithappen *m*; (*drink*) appetitanregendes Getränk *nt*
appetizing [ˈæpɪtaɪzɪŋ] ADJ appetitanregend
applaud [əˈplɔːd] VI applaudieren, klatschen ▸ VT (*actor etc*) applaudieren *+dat*, Beifall spenden *or* klatschen *+dat*; (*action, attitude*) loben; (*decision*) begrüßen
applause [əˈplɔːz] N Applaus *m*, Beifall *m*
apple [ˈæpl] N Apfel *m*; **he's the ~ of her eye** er ist ihr Ein und Alles
apple crumble N *mit Streuseln bestreutes Apfeldessert*
apple juice N Apfelsaft *m*
apple pie N gedeckter Apfelkuchen *m*
apple puree, apple sauce N Apfelmus *nt*
apple tart N Apfelkuchen *m*
apple tree N Apfelbaum *m*
apple turnover N Apfeltasche *f*
appliance [əˈplaɪəns] N Gerät *nt*
applicable [əˈplɪkəbl] ADJ: **~ (to)** anwendbar (auf *+acc*); (*on official forms*) zutreffend (auf *+acc*); **the law is ~ from January** das Gesetz gilt ab Januar
applicant [ˈæplɪkənt] N Bewerber(in) *m(f)*
★**application** [æplɪˈkeɪʃən] N (*for job*) Bewerbung *f*; (*for grant etc*) Antrag *m*; (*hard work*) Fleiß *m*; (*applying*: *of paint etc*) Auftragen *nt*; (*Comput*) Anwendung *f*; **on ~** auf Antrag
application form N (*for job*) Bewerbungsformular *nt*; (*for grant etc*) Antragsformular *nt*
application program N (*Comput*) Anwendungsprogramm *nt*
applications package N (*Comput*) Anwendungspaket *nt*
applied [əˈplaɪd] ADJ angewandt
★**apply** [əˈplaɪ] VT anwenden; (*paint etc*) auftragen ▸ VI: **to ~ (to)** (*be applicable*) gelten (für); **to ~ the brakes** die Bremse betätigen, bremsen; **to ~ o.s. to sth** sich bei etw anstrengen; **to ~ to** (*ask*) sich wenden an *+acc*; **to ~ for** (*permit, grant*) beantragen; (*job*) sich bewerben um
appoint [əˈpɔɪnt] VT ernennen; (*date, place*) festlegen, festsetzen
appointed [əˈpɔɪntɪd] ADJ: **at the ~ time** zur festgesetzten Zeit
appointee [əpɔɪnˈtiː] N Ernannte(r) *f(m)*
★**appointment** [əˈpɔɪntmənt] N Ernennung *f*; (*post*) Stelle *f*; (*arranged meeting*) Termin *m*; **to make an ~ (with sb)** einen Termin (mit jdm) vereinbaren; **by ~** nach Anmeldung, mit Voranmeldung
apportion [əˈpɔːʃən] VT aufteilen; (*blame*) zuweisen; **to ~ sth to sb** jdm etw zuteilen
apposition [æpəˈzɪʃən] N Apposition *f*, Beifügung *f*; **A is in ~ to B** A ist eine Apposition zu B
appraisal [əˈpreɪzl] N Beurteilung *f*
appraise [əˈpreɪz] VT beurteilen
appreciable [əˈpriːʃəbl] ADJ merklich, deutlich
appreciably [əˈpriːʃəblɪ] ADV merklich
★**appreciate** [əˈpriːʃɪeɪt] VT (*like*) schätzen; (*be grateful for*) zu schätzen wissen; (*understand*) verstehen; (*be aware of*) sich *dat* bewusst sein *+gen* ▸ VI (*Comm*: *currency, shares*) im Wert steigen; **I ~ your help** ich weiß Ihre Hilfe zu schätzen
appreciation [əpriːʃɪˈeɪʃən] N (*enjoyment*) Wertschätzung *f*; (*understanding*) Verständnis *nt*; (*gratitude*) Dankbarkeit *f*; (*Comm*: *in value*) (Wert)steigerung *f*
appreciative [əˈpriːʃɪətɪv] ADJ dankbar; (*comment*) anerkennend

apprehend [æprɪˈhɛnd] VT (*arrest*) festnehmen; (*understand*) verstehen

apprehension [æprɪˈhɛnʃən] N (*fear*) Besorgnis *f*; (*arrest*) Festnahme *f*

apprehensive [æprɪˈhɛnsɪv] ADJ ängstlich; **to be ~ about sth** sich *dat* Gedanken *or* Sorgen um etw machen

apprentice [əˈprɛntɪs] N Lehrling *m*, Auszubildende(r) *f(m)* ▸ VT: **to be apprenticed to sb** bei jdm in der Lehre sein

apprenticeship [əˈprɛntɪsʃɪp] N Lehre *f*, Lehrzeit *f*; **to serve one's ~** seine Lehre machen

appro. [ˈæprəu] ABBR (BRIT *Comm*: *inf*) (= *approval*): **on ~** zur Ansicht

★**approach** [əˈprəutʃ] VI sich nähern; (*event*) nahen ▸ VT (*come to*) sich nähern +*dat*; (*ask, apply to*: *person*) herantreten an +*acc*, ansprechen; (*situation, problem*) herangehen an +*acc*, angehen ▸ N (*advance*) (Heran)nahen *nt*; (*access*) Zugang *m*; (: *for vehicles*) Zufahrt *f*; (*to problem etc*) Ansatz *m*; **to ~ sb about sth** jdn wegen etw ansprechen

approachable [əˈprəutʃəbl] ADJ (*person*) umgänglich; (*place*) zugänglich

approach road N Zufahrtsstraße *f*

approbation [æprəˈbeɪʃən] N Zustimmung *f*

★**appropriate** ADJ [əˈprəuprɪɪt] (*apt*) angebracht; (*relevant*) entsprechend ▸ VT [əˈprəuprɪeɪt] sich *dat* aneignen; **it would not be ~ for me to comment** es wäre nicht angebracht, wenn ich mich dazu äußern würde

appropriately [əˈprəuprɪɪtlɪ] ADV entsprechend

appropriation [əprəuprɪˈeɪʃən] N Zuteilung *f*, Zuweisung *f*

★**approval** [əˈpru:vəl] N (*approbation*) Zustimmung *f*, Billigung *f*; (*permission*) Einverständnis *f*; **to meet with sb's ~** jds Zustimmung *or* Beifall finden; **on ~** (*Comm*) zur Probe

★**approve** [əˈpru:v] VT billigen; (*motion, decision*) annehmen
▸ **approve of** VT FUS etwas halten von; **I don't ~ of it/him** ich halte nichts davon/von ihm

approved school [əˈpru:vd-] (BRIT) N Erziehungsheim *nt*

approvingly [əˈpru:vɪŋlɪ] ADV zustimmend

approx. ABBR = **approximately**

approximate ADJ [əˈprɔksɪmɪt] ungefähr ▸ VT, VI [əˈprɔksɪmeɪt]: **to ~ (to)** nahe kommen +*dat*

approximately [əˈprɔksɪmɪtlɪ] ADV ungefähr

approximation [əprɔksɪˈmeɪʃən] N Annäherung *f*

Apr. ABBR = **April**

apricot [ˈeɪprɪkɔt] N Aprikose *f*

★**April** [ˈeɪprəl] N April *m*; **~ fool!** April, April!; *see also* **July**

April Fools' Day N *siehe Info-Artikel*

> **April Fools' Day**, der 1. April, bietet die Gelegenheit zu Streichen aller Art, deren Opfer die *April fools* sind. Traditionsgemäß nach sollen solche Streiche nur bis Mittag gespielt werden.

apron [ˈeɪprən] N Schürze *f*; (*Aviat*) Vorfeld *nt*

apse [æps] N Apsis *f*

apt [æpt] ADJ (*suitable*) passend, treffend; (*likely*): **to be ~ to do sth** dazu neigen, etw zu tun

apt. ABBR = **apartment**

aptitude [ˈæptɪtju:d] N Begabung *f*

aptitude test N Eignungstest *m*

aptly [ˈæptlɪ] ADV passend, treffend

aqualung [ˈækwəlʌŋ] N Tauchgerät *nt*

aquarium [əˈkwɛərɪəm] N Aquarium *nt*

Aquarius [əˈkwɛərɪəs] N Wassermann *m*; **to be ~** (ein) Wassermann sein

aquatic [əˈkwætɪk] ADJ (*plants etc*) Wasser-; (*life*) im Wasser

aqueduct [ˈækwɪdʌkt] N Aquädukt *m or nt*

AR (US) ABBR (*Post*) = **Arkansas**

ARA (BRIT) N ABBR (= *Associate of the Royal Academy*) *Qualifikationsnachweis im künstlerischen Bereich*

Arab [ˈærəb] ADJ arabisch ▸ N Araber(in) *m(f)*

Arabia [əˈreɪbɪə] N Arabien *nt*

Arabian [əˈreɪbɪən] ADJ arabisch

Arabian Desert N: **the ~** die Arabische Wüste

Arabian Sea N: **the ~** das Arabische Meer

Arabic [ˈærəbɪk] ADJ arabisch ▸ N (*Ling*) Arabisch *nt*

arable [ˈærəbl] ADJ (*land*) bebaubar; **~ farm** *Bauernhof, der ausschließlich Ackerbau betreibt*

ARAM (BRIT) N ABBR (= *Associate of the Royal Academy of Music*) *Qualifikationsnachweis in Musik*

arbiter [ˈɑ:bɪtəʳ] N Vermittler *m*

arbitrary [ˈɑ:bɪtrərɪ] ADJ willkürlich

arbitrate [ˈɑ:bɪtreɪt] VI vermitteln

arbitration [ɑ:bɪˈtreɪʃən] N Schlichtung *f*; **the dispute went to ~** der Streit wurde vor eine Schlichtungskommission gebracht

arbitrator [ˈɑ:bɪtreɪtəʳ] N Vermittler(in) *m(f)*; (*Industry*) Schlichter(in) *m(f)*

ARC N ABBR (= *American Red Cross*) ≈ DRK *nt*

arc [ɑ:k] N Bogen *m*

arcade [ɑ:ˈkeɪd] N Arkade *f*; (*shopping mall*) Passage *f*

arch [ɑ:tʃ] N Bogen *m*; (*of foot*) Gewölbe *nt* ▸ VT (*back*) krümmen ▸ ADJ schelmisch ▸ PREF Erz-

archaeological, (US) **archeological** [ɑ:kɪəˈlɔdʒɪkl] ADJ archäologisch

archaeologist, (US) **archeologist** [ɑ:kɪˈɔlədʒɪst] N Archäologe *m*, Archäologin *f*

archaeology, (US) **archeology** [ɑ:kɪˈɔlədʒɪ] N Archäologie *f*

archaic [ɑ:ˈkeɪɪk] ADJ altertümlich; (*language*) veraltet, archaisch

archangel [ˈɑ:keɪndʒəl] N Erzengel *m*

archbishop [ɑ:tʃˈbɪʃəp] N Erzbischof *m*

archenemy [ˈɑ:tʃˈɛnəmɪ] N Erzfeind(in) *m(f)*

archeology *etc* [ɑ:kɪˈɔlədʒɪ] (US) = **archaeology** *etc*

archery [ˈɑ:tʃərɪ] N Bogenschießen *nt*

archetypal [ˈɑ:kɪtaɪpəl] ADJ (arche)typisch

archetype [ˈɑ:kɪtaɪp] N Urbild *nt*, Urtyp *m*

archipelago [ɑːkɪˈpɛlɪgəu] N Archipel *m*
architect [ˈɑːkɪtɛkt] N Architekt(in) *m(f)*
architectural [ɑːkɪˈtɛktʃərəl] ADJ architektonisch
architecture [ˈɑːkɪtɛktʃəʳ] N Architektur *f*
archive file [ˈɑːkaɪv-] N (*Comput*) Archivdatei *f*
archives [ˈɑːkaɪvz] NPL Archiv *nt*
archivist [ˈɑːkɪvɪst] N Archivar(in) *m(f)*
archway [ˈɑːtʃweɪ] N Torbogen *m*
ARCM (BRIT) N ABBR (= *Associate of the Royal College of Music*) *Qualifikationsnachweis in Musik*
Arctic [ˈɑːktɪk] ADJ arktisch ▸ N: **the ~** die Arktis
Arctic Circle N: **the ~** der nördliche Polarkreis
Arctic Ocean N: **the ~** das Nordpolarmeer
ardent [ˈɑːdənt] ADJ leidenschaftlich; (*admirer*) glühend
ardour, (*US*) **ardor** [ˈɑːdəʳ] N Leidenschaft *f*
arduous [ˈɑːdjuəs] ADJ mühsam
are [ɑːʳ] VB *see* **be**
area [ˈɛərɪə] N Gebiet *nt*; (*Geom etc*) Fläche *f*; (*dining area etc*) Bereich *m*; **in the London ~** im Raum London
area code (*US*) N Vorwahl(nummer) *f*
arena [əˈriːnə] N Arena *f*
aren't [ɑːnt] = **are not**
Argentina [ɑːdʒənˈtiːnə] N Argentinien *nt*
Argentinian [ɑːdʒənˈtɪnɪən] ADJ argentinisch ▸ N Argentinier(in) *m(f)*
arguable [ˈɑːgjuəbl] ADJ: **it is ~ whether ...** es ist (noch) die Frage, ob ...; **it is ~ that ...** man kann (wohl) sagen, dass ...
arguably [ˈɑːgjuəblɪ] ADV wohl; **it is ~ ...** es dürfte wohl ... sein
argue [ˈɑːgjuː] VI (*quarrel*) sich streiten; (*reason*) diskutieren ▸ VT (*debate*) diskutieren, erörtern; **to ~ that ...** den Standpunkt vertreten, dass ...; **to ~ about sth** sich über etw *acc* streiten; **to ~ for/against sth** sich für/gegen etw aussprechen
argument [ˈɑːgjumənt] N (*reasons*) Argument *nt*; (*quarrel*) Streit *m*, Auseinandersetzung *f*; (*debate*) Diskussion *f*; **~ for/against** Argument für/gegen; **to have an ~** sich streiten
argumentative [ɑːgjuˈmɛntətɪv] ADJ streitlustig
aria [ˈɑːrɪə] N Arie *f*
ARIBA [əˈriːbə] (BRIT) N ABBR (= *Associate of the Royal Institute of British Architects*) *Qualifikationsnachweis in Architektur*
arid [ˈærɪd] ADJ (*land*) dürr; (*subject*) trocken
aridity [əˈrɪdɪtɪ] N Dürre *f*, Trockenheit *f*
Aries [ˈɛərɪz] N Widder *m*; **to be ~** (ein) Widder sein
arise [əˈraɪz] (*pt* **arose**, *pp* **arisen**) VI (*difficulty etc*) sich ergeben; (*question*) sich stellen; **to ~ from** sich ergeben aus, herrühren von; **should the need ~** falls es nötig wird
arisen [əˈrɪzn] PP *of* **arise**
aristocracy [ærɪsˈtɔkrəsɪ] N Aristokratie *f*, Adel *m*
aristocrat [ˈærɪstəkræt] N Aristokrat(in) *m(f)*, Ad(e)lige(r) *f(m)*
aristocratic [ærɪstəˈkrætɪk] ADJ aristokratisch, ad(e)lig
arithmetic [əˈrɪθmətɪk] N Rechnen *nt*; (*calculation*) Rechnung *f*
arithmetical [ærɪθˈmɛtɪkl] ADJ rechnerisch, arithmetisch
ark [ɑːk] N: **Noah's A~** die Arche Noah
★**arm** [ɑːm] N Arm *m*; (*of clothing*) Ärmel *m*; (*of chair*) Armlehne *f*; (*of organization etc*) Zweig *m* ▸ VT bewaffnen ■ **arms** NPL (*weapons*) Waffen *pl*; (*Heraldry*) Wappen *nt*
armaments [ˈɑːməmənts] NPL (*weapons*) (Aus)rüstung *f*
armband [ˈɑːmbænd] N Armbinde *f*
armchair [ˈɑːmtʃɛəʳ] N Sessel *m*, Lehnstuhl *m*
armed [ɑːmd] ADJ bewaffnet; **the ~ forces** die Streitkräfte *pl*
armed robbery N bewaffneter Raubüberfall *m*
Armenia [ɑːˈmiːnɪə] N Armenien *nt*
Armenian [ɑːˈmiːnɪən] ADJ armenisch ▸ N Armenier(in) *m(f)*; (*Ling*) Armenisch *nt*
armful [ˈɑːmful] N Armvoll *m*
armistice [ˈɑːmɪstɪs] N Waffenstillstand *m*
armour, (*US*) **armor** [ˈɑːməʳ] N (*Hist*) Rüstung *f*; (*also:* **armour-plating**) Panzerplatte *f*; (*Mil: tanks*) Panzerfahrzeuge *pl*
armoured car [ˈɑːməd-] N Panzerwagen *m*
armoury [ˈɑːmərɪ] N (*storeroom*) Waffenlager *nt*
armpit [ˈɑːmpɪt] N Achselhöhle *f*
armrest [ˈɑːmrɛst] N Armlehne *f*
arms control [ɑːmz-] N Rüstungskontrolle *f*
arms race [ɑːmz-] N: **the ~** das Wettrüsten
★**army** [ˈɑːmɪ] N Armee *f*, Heer *nt*; (*fig: host*) Heer
aroma [əˈrəumə] N Aroma *nt*, Duft *m*
aromatherapy [ərəuməˈθɛrəpɪ] N Aromatherapie *f*
aromatic [ærəˈmætɪk] ADJ aromatisch, duftend
arose [əˈrəuz] PT *of* **arise**
★**around** [əˈraund] ADV (*about*) herum; (*in the area*) in der Nähe ▸ PREP (*encircling*) um ... herum; (*near*) in der Nähe von; (*fig: about: dimensions*) etwa; (*: time*) gegen; (*: date*) um; **is he ~?** ist er da?; **~ £5** um die £5, etwa £5; **~ 3 o'clock** gegen 3 Uhr
arousal [əˈrauzəl] N (*sexual*) Erregung *f*; (*of feelings, interest*) Weckung *f*
arouse [əˈrauz] VT (*feelings, interest*) wecken
arpeggio [ɑːˈpɛdʒɪəu] N Arpeggio *nt*
arr. ABBR (= *arrival; arrives*) Ank.
★**arrange** [əˈreɪndʒ] VT (*meeting etc*) vereinbaren; (*tour etc*) planen; (*books etc*) anordnen; (*flowers*) arrangieren; (*Mus*) arrangieren, bearbeiten ▸ VI: **we have arranged for a car to pick you up** wir haben veranlasst, dass Sie mit dem Auto abgeholt werden; **it was arranged that ...** es

wurde vereinbart, dass ...; **to ~ to do sth** vereinbaren *or* ausmachen, etw zu tun

arrangement [əˈreɪndʒmənt] N (*agreement*) Vereinbarung *f*; (*layout*) Anordnung *f*; (*Mus*) Arrangement *nt*, Bearbeitung *f* ■ **arrangements** NPL Pläne *pl*; (*preparations*) Vorbereitungen *pl*; **to come to an ~ with sb** eine Regelung mit jdm treffen; **home deliveries by ~** nach Vereinbarung Lieferung ins Haus; **I'll make arrangements for you to be met** ich werde veranlassen, dass Sie abgeholt werden

arrant [ˈærənt] ADJ (*coward, fool etc*) Erz-; (*nonsense*) total

array [əˈreɪ] N: **an ~ of** (*things*) eine Reihe von; (*people*) Aufgebot an *+dat*; (*Math, Comput*) (Daten)-feld *nt*

arrears [əˈrɪəz] NPL Rückstand *m*; **to be in ~ with one's rent** mit seiner Miete im Rückstand sein

★**arrest** [əˈrɛst] VT (*person*) verhaften; (*sb's attention*) erregen ▶ N Verhaftung *f*; **under ~** verhaftet

arresting [əˈrɛstɪŋ] ADJ (*fig*) atemberaubend

arrival [əˈraɪvl] N Ankunft *f*; (*Comm: of goods*) Sendung *f*; **new ~** (*person*) Neuankömmling *m*; (*baby*) Neugeborene(s) *nt*

arrivals N (*airport*) Ankunftshalle *f*

★**arrive** [əˈraɪv] VI ankommen
▶ **arrive at** VT FUS (*fig: conclusion*) kommen zu; (*: situation*) es bringen zu

arrogance [ˈærəgəns] N Arroganz *f*, Überheblichkeit *f*

arrogant [ˈærəgənt] ADJ arrogant, überheblich

arrow [ˈærəu] N Pfeil *m*

arse [ɑːs] (BRIT *!*) N Arsch *m* (*!*)

arsenal [ˈɑːsɪnl] N Waffenlager *nt*; (*stockpile*) Arsenal *nt*

arsenic [ˈɑːsnɪk] N Arsen *nt*

arson [ˈɑːsn] N Brandstiftung *f*

★**art** [ɑːt] N Kunst *f* ■ **Arts** NPL (*Scol*) Geisteswissenschaften *pl*; **work of ~** Kunstwerk *nt*

art and design (BRIT) N (*Scol*) ≈ Kunst und Design

arterial [ɑːˈtɪərɪəl] ADJ arteriell; **~ road** Fernverkehrsstraße *f*; **~ line** (*Rail*) Hauptstrecke *f*

artery [ˈɑːtərɪ] N Arterie *f*, Schlagader *f*; (*fig*) Verkehrsader *f*

artful [ˈɑːtful] ADJ raffiniert

art gallery N Kunstgalerie *f*

arthritic [ɑːˈθrɪtɪk] ADJ arthritisch

arthritis [ɑːˈθraɪtɪs] N Arthritis *f*

artichoke [ˈɑːtɪtʃəuk] N (*also:* **globe artichoke**) Artischocke *f*; (*also:* **Jerusalem artichoke**) Topinambur *m*

★**article** [ˈɑːtɪkl] N Artikel *m*; (*object, item*) Gegenstand *m* ■ **articles** NPL (BRIT *Law*) (Rechts)referendarzeit *f*; **~ of clothing** Kleidungsstück *nt*

articles of association NPL (*Comm*) Gesellschaftsvertrag *m*

articulate ADJ [ɑːˈtɪkjulɪt] (*speech, writing*) klar; (*speaker*) redegewandt ▶ VT [ɑːˈtɪkjuleɪt] darlegen ▶ VI artikulieren; **to be ~** (*person*) sich gut ausdrücken können

articulated lorry [ɑːˈtɪkjuleɪtɪd-] (BRIT) N Sattelschlepper *m*

artifice [ˈɑːtɪfɪs] N List *f*

artificial [ɑːtɪˈfɪʃəl] ADJ künstlich; (*manner*) gekünstelt; **to be ~** (*person*) gekünstelt *or* unnatürlich wirken

artificial insemination N künstliche Besamung *f*

artificial intelligence N künstliche Intelligenz *f*

artificial respiration N künstliche Beatmung *f*

artillery [ɑːˈtɪlərɪ] N Artillerie *f*

artisan [ˈɑːtɪzæn] N Handwerker *m*

★**artist** [ˈɑːtɪst] N Künstler(in) *m(f)*

artistic [ɑːˈtɪstɪk] ADJ künstlerisch

artistry [ˈɑːtɪstrɪ] N künstlerisches Geschick *nt*

artless [ˈɑːtlɪs] ADJ arglos

art school N Kunstakademie *f*, Kunsthochschule *f*

artwork [ˈɑːtwəːk] N (*for advert etc, material for printing*) Druckvorlage *f*; (*in book*) Bildmaterial *nt*

ARV N ABBR (*Bible: = American Revised Version*) *amerikanische revidierte Bibelübersetzung*

AS (US) N ABBR (*= Associate in Science*) *akademischer Grad in Naturwissenschaften* ▶ ABBR (*Post*) = **American Samoa**

as [æz]

CONJ **1** (*referring to time*) als; **as the years went by** mit den Jahren; **he came in as I was leaving** als er hereinkam, ging ich gerade; **as from tomorrow** ab morgen

2 (*in comparisons*): **as big as** so groß wie; **twice as big as** zweimal so groß wie; **as much/many as** so viel/so viele wie; **as soon as** sobald; **much as I admire her ...** sosehr ich sie auch bewundere ...

3 (*since, because*) da, weil; **as you can't come I'll go without you** da du nicht mitkommen kannst, gehe ich ohne dich; **he left early as he had to be home by 10** er ging früher, da er um 10 zu Hause sein musste

4 (*referring to manner, way*) wie; **do as you wish** mach, was du willst; **as she said** wie sie sagte; **he gave it to me as a present** er gab es mir als Geschenk; **as it were** sozusagen

5 (*in the capacity of*) als; **he works as a driver** er arbeitet als Fahrer

6 (*concerning*): **as for** *or* **to that** was das betrifft *or* angeht

7: **as if** *or* **though** als ob

see also **long**; **such**; **well**

ASA N ABBR (*= American Standards Association*) *amerikanischer Normenausschuss*; (BRIT) = **Advertising Standards Authority**

a.s.a.p. ADV ABBR (*= as soon as possible*) baldmöglichst

asbestos [æzˈbɛstəs] N Asbest *m*

ascend [əˈsɛnd] VT hinaufsteigen; (*throne*) besteigen
ascendancy [əˈsɛndənsɪ] N Vormachtstellung *f*; **~ over sb** Vorherrschaft *f* über jdn
ascendant [əˈsɛndənt] N: **to be in the ~** im Aufstieg begriffen sein
ascension [əˈsɛnʃən] N: **the A~** (*Rel*) die Himmelfahrt *f* (Christi)
Ascension Island N Ascension *nt*
ascent [əˈsɛnt] N Aufstieg *m*
ascertain [æsəˈteɪn] VT feststellen
ascetic [əˈsɛtɪk] ADJ asketisch
asceticism [əˈsɛtɪsɪzəm] N Askese *f*
ASCII [ˈæski:] N ABBR (*Comput*: = *American Standard Code for Information Interchange*) ASCII
ascribe [əˈskraɪb] VT: **to ~ sth to** etw zuschreiben *+dat*; (*cause*) etw zurückführen auf *+acc*
ASEAN [ˈæsɪæn] N ABBR (= *Association of Southeast Asian Nations*) ASEAN *f* (*Gemeinschaft südostasiatischer Staaten*)
ASH [æʃ] (BRIT) N ABBR (= *Action on Smoking and Health*) *Antiraucherinitiative*
ash [æʃ] N Asche *f*; (*wood, tree*) Esche *f*
ashamed [əˈʃeɪmd] ADJ beschämt; **to be ~ of** sich schämen für; **to be ~ of o.s. for having done sth** sich schämen, dass man etw getan hat
A shares NPL stimmrechtslose Aktien *pl*
ashen [ˈæʃən] ADJ (*face*) aschfahl
ashore [əˈʃɔːʳ] ADV an Land
ashtray [ˈæʃtreɪ] N Aschenbecher *m*
Ash Wednesday N Aschermittwoch *m*
Asia [ˈeɪʃə] N Asien *nt*
Asia Minor N Kleinasien *nt*
Asian [ˈeɪʃən] ADJ asiatisch ▸ N Asiat(in) *m(f)*
Asiatic [eɪsɪˈætɪk] ADJ asiatisch
aside [əˈsaɪd] ADV zur Seite; (*take*) beiseite ▸ N beiseite gesprochene Worte *pl*; **to brush objections ~** Einwände beiseiteschieben
aside from PREP außer *+dat*
ask [ɑːsk] VT fragen; (*invite*) einladen; **to ~ sb to do sth** jdn bitten, etw zu tun; **to ~ (sb) sth** (jdn) etw fragen; **to ~ sb a question** jdm eine Frage stellen; **to ~ sb the time** jdn nach der Uhrzeit fragen; **to ~ sb about sth** jdn nach etw fragen; **to ~ sb out to dinner** jdn zum Essen einladen
▸ **ask after** VT FUS fragen nach
▸ **ask for** VT FUS bitten um; (*trouble*) haben wollen; **it's just asking for trouble/it** das kann ja nicht gut gehen
askance [əˈskɑːns] ADV: **to look ~ at sb** jdn misstrauisch ansehen; **to look ~ at sth** etw mit Misstrauen betrachten
askew [əˈskjuː] ADV schief
asking price [ˈɑːskɪŋ-] N: **the ~** der geforderte Preis
asleep [əˈsliːp] ADJ schlafend; **to be ~** schlafen; **to fall ~** einschlafen
AS level N ABBR (= *Advanced Subsidiary level*) *erstes Jahr der britischen Sekundarstufe II*
asp [æsp] N Natter *f*
asparagus [əsˈpærəgəs] N Spargel *m*
asparagus tips NPL Spargelspitzen *pl*
ASPCA N ABBR (= *American Society for the Prevention of Cruelty to Animals*) *Tierschutzverein*
★**aspect** [ˈæspɛkt] N (*of subject*) Aspekt *m*; (*of building etc*) Lage *f*; (*quality, air*) Erscheinung *f*; **to have a south-westerly ~** nach Südwesten liegen
aspersions [əsˈpəːʃənz] NPL: **to cast ~ on** sich abfällig äußern über *+acc*
asphalt [ˈæsfælt] N Asphalt *m*
asphyxiate [æsˈfɪksɪeɪt] VT ersticken
asphyxiation [æsfɪksɪˈeɪʃən] N Erstickung *f*
aspirate [ˈæspəreɪt] VT aspirieren, behauchen
aspirations [æspəˈreɪʃənz] NPL Hoffnungen *pl*; **to have ~ to(wards) sth** etw anstreben
aspire [əsˈpaɪəʳ] VI: **to ~ to** streben nach
aspirin [ˈæsprɪn] N Kopfschmerztablette *f*, Aspirin® *nt*
aspiring [əsˈpaɪərɪŋ] ADJ aufstrebend
ass [æs] N (*also fig*) Esel *m*; (*US inf!*) Arsch *m* (*!*)
assail [əˈseɪl] VT angreifen; (*fig*): **to be assailed by doubts** von Zweifeln geplagt werden
assailant [əˈseɪlənt] N Angreifer(in) *m(f)*
assassin [əˈsæsɪn] N Attentäter(in) *m(f)*
assassinate [əˈsæsɪneɪt] VT ermorden, ein Attentat verüben auf *+acc*
assassination [əsæsɪˈneɪʃən] N Ermordung *f*, (geglücktes) Attentat *nt*
assault [əˈsɔːlt] N Angriff *m* ▸ VT angreifen; (*sexually*) vergewaltigen; **~ and battery** (*Law*) Körperverletzung *f*
assemble [əˈsɛmbl] VT versammeln; (*car, machine*) montieren; (*furniture etc*) zusammenbauen ▸ VI sich versammeln
assembly [əˈsɛmblɪ] N Versammlung *f*; (*of car, machine*) Montage *f*; (*of furniture*) Zusammenbau *m*
assembly hall N Aula *f*
assembly language N (*Comput*) Assemblersprache *f*
assembly line N Fließband *nt*
assent [əˈsɛnt] N Zustimmung *f* ▸ VI: **to ~ (to)** zustimmen (*+dat*)
assert [əˈsəːt] VT behaupten; (*innocence*) beteuern; (*authority*) geltend machen; **to ~ o.s.** sich durchsetzen
assertion [əˈsəːʃən] N Behauptung *f*
assertive [əˈsəːtɪv] ADJ (*person*) selbstbewusst; (*manner*) bestimmt
assess [əˈsɛs] VT (*situation*) einschätzen; (*abilities etc*) beurteilen; (*tax*) festsetzen; (*damages, property etc*) schätzen
assessment [əˈsɛsmənt] N Einschätzung *f*; Beurteilung *f*; Festsetzung *f*; Schätzung *f*
assessor [əˈsɛsəʳ] N (*Law*) Gutachter(in) *m(f)*
asset [ˈæsɛt] N Vorteil *m*; (*person*) Stütze *f*
■ **assets** NPL (*property, funds*) Vermögen *nt*; (*Comm*) Aktiva *pl*

asset-stripping [ˈæsɛtˈstrɪpɪŋ] N (*Comm*) *Aufkauf von finanziell gefährdeten Firmen und anschließender Verkauf ihrer Vermögenswerte*

assiduous [əˈsɪdjuəs] ADJ gewissenhaft

assign [əˈsaɪn] VT: **to ~ (to)** (*date*) zuweisen (*+dat*); (*task*) übertragen (*+dat*); (*person*) einteilen (für); (*cause*) zuschreiben (*+dat*); (*meaning*) zuordnen (*+dat*); **to ~ sb to do sth** jdn damit beauftragen, etw zu tun

assignment [əˈsaɪnmənt] N Aufgabe *f*

assimilate [əˈsɪmɪleɪt] VT aufnehmen; (*immigrants*) integrieren

assimilation [əsɪmɪˈleɪʃən] N Aufnahme *f*; Integration *f*

assist [əˈsɪst] VT helfen; (*with money etc*) unterstützen

assistance [əˈsɪstəns] N Hilfe *f*; (*with money etc*) Unterstützung *f*

★**assistant** [əˈsɪstənt] N Assistent(in) *m(f)*; (BRIT: *also:* **shop assistant**) Verkäufer(in) *m(f)*

assistant manager N stellvertretender Geschäftsführer *m*, stellvertretende Geschäftsführerin *f*

assistant referee N (*Sport*) Schiedsrichterassistent(in) *m(f)*

assisted living [əˈsɪstd-] N (*US*) betreutes Wohnen *nt*

associate ADJ [əˈsəuʃɪɪt] (*director*) assoziiert; (*member, professor*) außerordentlich ▸ N [əˈsəuʃɪɪt] (*at work*) Kollege *m*, Kollegin *f* ▸ VT [əˈsəuʃɪeɪt] in Verbindung bringen ▸ VI [əˈsəuʃɪeɪt]: **to ~ with sb** mit jdm verkehren

associated company [əˈsəuʃɪeɪtɪd-] N Partnerfirma *f*

association [əsəusɪˈeɪʃən] N (*group*) Verband *m*; (*involvement*) Verbindung *f*; (*Psych*) Assoziation *f*; **in ~ with** in Zusammenarbeit mit

association football N Fußball *m*

assorted [əˈsɔːtɪd] ADJ gemischt; (*various*) diverse(r, s); **in ~ sizes** in verschiedenen Größen

assortment [əˈsɔːtmənt] N Mischung *f*; (*of books, people etc*) Ansammlung *f*

Asst ABBR = **assistant**

assuage [əˈsweɪdʒ] VT (*grief, pain*) lindern; (*thirst, appetite*) stillen, befriedigen

assume [əˈsjuːm] VT annehmen; (*responsibilities etc*) übernehmen

assumed name [əˈsjuːmd-] N Deckname *m*

assumption [əˈsʌmpʃən] N Annahme *f*; (*of power etc*) Übernahme *f*; **on the ~ that ...** vorausgesetzt, dass ...

assurance [əˈʃuərəns] N Versicherung *f*; (*promise*) Zusicherung *f*; (*confidence*) Zuversicht *f*; **I can give you no assurances** ich kann Ihnen nichts versprechen

assure [əˈʃuəʳ] VT versichern; (*guarantee*) sichern

assured [əˈʃuəd] N (BRIT) Versicherte(r) *f(m)* ▸ ADJ sicher

AST (CANADA) ABBR (= *Atlantic Standard Time*) *Ortszeit in Ostkanada*

asterisk [ˈæstərɪsk] N Sternchen *nt*

astern [əˈstəːn] ADV achtern

asteroid [ˈæstərɔɪd] N Asteroid *m*

★**asthma** [ˈæsmə] N Asthma *nt*

asthmatic [æsˈmætɪk] ADJ asthmatisch ▸ N Asthmatiker(in) *m(f)*

astigmatism [əˈstɪgmətɪzəm] N Astigmatismus *m*

astir [əˈstəːʳ] ADV: **to be ~** (*out of bed*) auf sein

astonish [əˈstɔnɪʃ] VT erstaunen

astonished [əˈstɔnɪʃt] ADJ erstaunt (*at* über)

astonishing [əˈstɔnɪʃɪŋ] ADJ erstaunlich; **I find it ~ that ...** es überrascht mich, dass ...

astonishingly [əˈstɔnɪʃɪŋlɪ] ADV erstaunlich; **~, ...** erstaunlicherweise ...

astonishment [əˈstɔnɪʃmənt] N Erstaunen *nt*

astound [əˈstaund] VT verblüffen, sehr erstaunen

astounded [əˈstaundɪd] ADJ (höchst) erstaunt

astounding [əˈstaundɪŋ] ADJ erstaunlich

astray [əˈstreɪ] ADV: **to go ~** (*letter*) verloren gehen; (*fig*) auf Abwege geraten; **to lead ~** auf Abwege bringen; **to go ~ in one's calculations** sich verrechnen

astride [əˈstraɪd] ADV (*sit, ride*) rittlings; (*stand*) breitbeinig ▸ PREP rittlings auf *+dat*; breitbeinig über *+dat*

astringent [əsˈtrɪndʒənt] ADJ adstringierend; (*fig: caustic*) ätzend, beißend ▸ N Adstringens *nt*

astrologer [əsˈtrɔlədʒəʳ] N Astrologe *m*, Astrologin *f*

astrology [əsˈtrɔlədʒɪ] N Astrologie *f*

astronaut [ˈæstrənɔːt] N Astronaut(in) *m(f)*

astronomer [əsˈtrɔnəməʳ] N Astronom(in) *m(f)*

astronomical [æstrəˈnɔmɪkl] ADJ (*also fig*) astronomisch

astronomy [əsˈtrɔnəmɪ] N Astronomie *f*

astrophysics [ˈæstrəuˈfɪzɪks] N Astrophysik *f*

astute [əsˈtjuːt] ADJ scharfsinnig; (*operator, behaviour*) geschickt

asunder [əˈsʌndəʳ] ADV: **to tear ~** auseinanderreißen

ASV N ABBR (*Bible:* = *American Standard Version*) *amerikanische Standard-Bibelübersetzung*

asylum [əˈsaɪləm] N Asyl *nt*; (*mental hospital*) psychiatrische Klinik *f*; **to seek political ~** um (politisches) Asyl bitten

asylum seeker N Asylbewerber(in) *m(f)*

asymmetrical [eɪsɪˈmɛtrɪkl] ADJ asymmetrisch

at [æt]

PREP **1** (*referring to position, direction*) an *+dat*, in *+dat*; **at the top** an der Spitze; **at home** zu Hause; **at school** in der Schule; **at the baker's** beim Bäcker; **to look at sth** auf etw *acc* blicken

2 (*referring to time*): **at four o'clock** um vier Uhr; **at night/dawn** bei Nacht/Tagesanbruch; **at**

Christmas zu Weihnachten; **at times** zuweilen
3 (*referring to rates, speed etc*): **at £2 a kilo** zu £2 pro Kilo; **two at a time** zwei auf einmal; **at 50 km/h** mit 50 km/h
4 (*referring to activity*): **to be at work** (*in office etc*) auf der Arbeit sein; **to play at cowboys** Cowboy spielen; **to be good at sth** gut in etw *dat* sein
5 (*referring to cause*): **shocked/surprised/annoyed at sth** schockiert/überrascht/verärgert über etw *acc*; **I went at his suggestion** ich ging auf seinen Vorschlag hin
6: **not at all** (*in answer to question*) überhaupt nicht, ganz und gar nicht; (*in answer to thanks*) nichts zu danken, keine Ursache; **I'm not at all tired** ich bin überhaupt nicht müde; **anything at all** irgendetwas
7 (*@ symbol*) At-Zeichen *nt*

ate [eɪt] PT *of* **eat**

atheism [ˈeɪθɪɪzəm] N Atheismus *m*

atheist [ˈeɪθɪɪst] N Atheist(in) *m(f)*

Athenian [əˈθiːnɪən] ADJ Athener ▸ N Athener(in) *m(f)*

Athens [ˈæθɪnz] N Athen *nt*

athlete [ˈæθliːt] N Athlet(in) *m(f)*

athletic [æθˈlɛtɪk] ADJ sportlich; (*muscular*) athletisch

athletics [æθˈlɛtɪks] N Leichtathletik *f*

Atlantic [ətˈlæntɪk] ADJ atlantisch; (*coast etc*) Atlantik- ▸ N: **the ~ (Ocean)** der Atlantik

atlas [ˈætləs] N Atlas *m*

Atlas Mountains NPL: **the ~** der Atlas, das Atlasgebirge

ATM ABBR (= *automated teller machine*) Geldautomat *m*

atmosphere [ˈætməsfɪəʳ] N Atmosphäre *f*; (*air*) Luft *f*

atmospheric [ætməsˈfɛrɪk] ADJ atmosphärisch

atmospherics [ætməsˈfɛrɪks] NPL atmosphärische Störungen *pl*

atoll [ˈætɔl] N Atoll *nt*

atom [ˈætəm] N Atom *nt*

atom bomb, atomic bomb N Atombombe *f*

atomic [əˈtɔmɪk] ADJ atomar; (*energy, weapons*) Atom-

atomizer [ˈætəmaɪzəʳ] N Zerstäuber *m*

atone [əˈtəun] VI: **to ~ for** büßen für

atonement [əˈtəunmənt] N Buße *f*

A to Z® [ˈeɪtəˈzɛd] N Stadtplan *m*

ATP N ABBR (= *Association of Tennis Professionals*) *Tennis-Profiverband*

atrocious [əˈtrəuʃəs] ADJ grauenhaft

atrocity [əˈtrɔsɪtɪ] N Gräueltat *f*

atrophy [ˈætrəfɪ] N Schwund *m*, Atrophie *f* ▸ VT schwinden lassen ▸ VI schwinden, verkümmern

attach [əˈtætʃ] VT befestigen; (*document, letter*) anheften, beiheften; (*employee, troops*) zuteilen; (*importance etc*) beimessen; **to be attached to sb/sth** (*like*) an jdm/etw hängen; (*be connected with*) mit jdm/etw zu tun haben; **the attached letter** der beiliegende Brief; **to ~ a file to an email** eine Datei an eine E-Mail anhängen

attaché [əˈtæʃeɪ] N Attaché *m*

attaché case N Aktenkoffer *m*

attachment [əˈtætʃmənt] N (*tool*) Zubehörteil *nt*; (*to email*) Attachment *nt*, Anhang *m*; (*love*): **~ (to sb)** Zuneigung *f* (zu jdm)

attack [əˈtæk] VT angreifen; (*subj: criminal*) überfallen; (*task, problem etc*) in Angriff nehmen ▸ N (*also fig*) Angriff *m*; (*on sb's life*) Anschlag *m*; (*of illness*) Anfall *m*; **heart ~** Herzanfall *m*, Herzinfarkt *m*

attacker [əˈtækəʳ] N Angreifer(in) *m(f)*

attain [əˈteɪn] VT (*also:* **attain to**) erreichen; (*knowledge*) erlangen

attainments [əˈteɪnmənts] NPL Fähigkeiten *pl*

★**attempt** [əˈtɛmpt] N Versuch *m* ▸ VT versuchen; **to make an ~ on sb's life** einen Anschlag auf jdn verüben

attempted [əˈtɛmptɪd] ADJ versucht; **~ murder/suicide** Mord-/Selbstmordversuch *m*; **~ theft** versuchter Diebstahl

attend [əˈtɛnd] VT besuchen; (*patient*) behandeln

▸ **attend to** VT FUS sich kümmern um; (*needs*) nachkommen *+dat*; (*customer*) bedienen

attendance [əˈtɛndəns] N Anwesenheit *f*; (*people present*) Besucherzahl *f*; (*Sport*) Zuschauerzahl *f*

attendant [əˈtɛndənt] N (*helper*) Begleiter(in) *m(f)*; (*in garage*) Tankwart *m*; (*in museum*) Aufseher(in) *m(f)* ▸ ADJ damit verbunden

★**attention** [əˈtɛnʃən] N Aufmerksamkeit *f*; (*care*) Fürsorge *f* ▸ EXCL (*Mil*) Achtung! ■ **attentions** NPL (*acts of courtesy*) Aufmerksamkeiten *pl*; **for the ~ of ...** zu Händen von ...; **it has come to my ~ that ...** ich bin darauf aufmerksam geworden, dass ...; **to stand to** *or* **at ~** (*Mil*) stillstehen

attentive [əˈtɛntɪv] ADJ aufmerksam

attentively [əˈtɛntɪvlɪ] ADV aufmerksam

attenuate [əˈtɛnjueɪt] VT abschwächen ▸ VI schwächer werden

attest [əˈtɛst] VT, VI: **to ~ (to)** bezeugen

attic [ˈætɪk] N Dachboden *m*

attire [əˈtaɪəʳ] N Kleidung *f*

attitude [ˈætɪtjuːd] N (*posture, manner*) Haltung *f*; (*mental*): **~ to** *or* **towards** Einstellung *f* zu

attorney [əˈtəːnɪ] N (*US: lawyer*) (Rechts)anwalt *m*, (Rechts)anwältin *f*; (*having proxy*) Bevollmächtigte(r) *f(m)*; **power of ~** Vollmacht *f*

Attorney General N (BRIT) ≈ Justizminister(in) *m(f)*; (US) ≈ Generalbundesanwalt *m*, ≈ Generalbundesanwältin *f*

attract [əˈtrækt] VT (*draw*) anziehen; (*interest*) auf sich *acc* lenken; (*attention*) erregen

attraction [əˈtrækʃən] N Anziehungskraft *f*; (*of house, city*) Reiz *m*; (*gen pl: amusements*) Attraktion *f*; (*fig*): **to feel an ~ towards sb/sth** sich von jdm/etw angezogen fühlen

★**attractive** [əˈtræktɪv] ADJ attraktiv; (*price, idea, offer*) verlockend, reizvoll

attribute N [ˈætrɪbjuːt] Eigenschaft *f* ▸ VT [əˈtrɪbjuːt]: **to ~ sth to** (*cause*) etw zurückführen auf *+acc*; (*poem, painting*) etw zuschreiben *+dat*; (*quality*) etw beimessen *+dat*

attribution [ætrɪˈbjuːʃən] N Zurückführung *f*; Zuschreibung *f*; Beimessung *f*

attrition [əˈtrɪʃən] N: **war of ~** Zermürbungskrieg *m*

Atty. Gen. ABBR = **Attorney General**

ATV N ABBR (= *all-terrain vehicle*) Geländefahrzeug *nt*

atypical [eɪˈtɪpɪkl] ADJ atypisch

AU N ABBR = **African Union**

aubergine [ˈəubəʒiːn] N Aubergine *f*; (*colour*) Aubergine *nt*

auburn [ˈɔːbən] ADJ rotbraun

auction [ˈɔːkʃən] N (*also:* **sale by auction**) Versteigerung *f*, Auktion *f* ▸ VT versteigern

auctioneer [ɔːkʃəˈnɪəʳ] N Versteigerer *m*

auction room N Auktionssaal *m*

audacious [ɔːˈdeɪʃəs] ADJ wagemutig, kühn

audacity [ɔːˈdæsɪtɪ] N Kühnheit *f*, Verwegenheit *f*; (*pej: impudence*) Dreistigkeit *f*

audible [ˈɔːdɪbl] ADJ hörbar

★**audience** [ˈɔːdɪəns] N Publikum *nt*; (*Radio*) Zuhörer *pl*; (TV) Zuschauer *pl*; (*with queen etc*) Audienz *f*

audiotypist [ˈɔːdɪəuˈtaɪpɪst] N Fonotypist(in) *m(f)*, Phonotypist(in) *m(f)*

audiovisual [ˈɔːdɪəuˈvɪzjuəl] ADJ audiovisuell

audiovisual aid N audiovisuelles Lehrmittel *nt*

audit [ˈɔːdɪt] VT (*Comm*) prüfen ▸ N Buchprüfung *f*, Rechnungsprüfung *f*

audition [ɔːˈdɪʃən] N Vorsprechprobe *f* ▸ VI: **to ~ (for)** vorsprechen (für)

auditor [ˈɔːdɪtəʳ] N Buchprüfer(in) *m(f)*, Rechnungsprüfer(in) *m(f)*

auditorium [ɔːdɪˈtɔːrɪəm] N (*building*) Auditorium *nt*; (*audience area*) Zuschauerraum *m*

Aug. ABBR = **August**

augment [ɔːgˈmɛnt] VT vermehren; (*income, diet*) verbessern

augur [ˈɔːgəʳ] VI: **it augurs well** das ist ein gutes Zeichen *or* Omen

★**August** [ˈɔːgəst] N August *m*; *see also* **July**

august [ɔːˈgʌst] ADJ erhaben

★**aunt** [ɑːnt] N Tante *f*

auntie [ˈɑːntɪ] N DIMIN *of* **aunt**

aunty [ˈɑːntɪ] N DIMIN *of* **aunt**

★**au pair** [ˈəuˈpɛəʳ] N (*also:* **au pair girl**) Aupair(mädchen) *nt*, Au-pair(-Mädchen) *nt*

aura [ˈɔːrə] N Aura *f*

auspices [ˈɔːspɪsɪz] NPL: **under the ~ of** unter der Schirmherrschaft *+gen*

auspicious [ɔːsˈpɪʃəs] ADJ verheißungsvoll; (*opening, start*) vielversprechend

austere [ɔsˈtɪəʳ] ADJ streng; (*room, decoration*) schmucklos; (*person, lifestyle*) asketisch

austerity [ɔsˈtɛrɪtɪ] N Strenge *f*; (*of room etc*) Schmucklosigkeit *f*; (*hardship*) Entbehrung *f*

Australasia [ɔːstrəˈleɪzɪə] N Australien und Ozeanien *nt*

Australasian [ɔːstrəˈleɪzɪən] ADJ ozeanisch südwestpazifisch

Australia [ɔsˈtreɪlɪə] N Australien *nt*

Australian [ɔsˈtreɪlɪən] ADJ australisch ▸ N Australier(in) *m(f)*

Austria [ˈɔstrɪə] N Österreich *nt*

Austrian [ˈɔstrɪən] ADJ österreichisch ▸ N Österreicher(in) *m(f)*

authentic [ɔːˈθɛntɪk] ADJ authentisch

authenticate [ɔːˈθɛntɪkeɪt] VT beglaubigen

authenticity [ɔːθɛnˈtɪsɪtɪ] N Echtheit *f*

★**author** [ˈɔːθəʳ] N (*of text*) Verfasser(in) *m(f)*; (*profession*) Autor(in) *m(f)*, Schriftsteller(in) *m(f)* (*creator*) Urheber(in) *m(f)*; (: *of plan*) Initiator(in) *m(f)*

authoritarian [ɔːθɔrɪˈtɛərɪən] ADJ autoritär

authoritative [ɔːˈθɔrɪtətɪv] ADJ (*person, manner*) bestimmt, entschieden; (*source, account*) zuverlässig; (*study, treatise*) maßgeblich, maßgebend

authority [ɔːˈθɔrɪtɪ] N Autorität *f*; (*government body*) Behörde *f*, Amt *nt*; (*official permission*) Genehmigung *f* ■ **the authorities** NPL (*ruling body*) die Behörden *pl*; **to have the ~ to do sth** befugt sein, etw zu tun

authorization [ɔːθəraɪˈzeɪʃən] N Genehmigung *f*

authorize [ˈɔːθəraɪz] VT genehmigen; **to ~ sb to do sth** jdn ermächtigen, etw zu tun

authorized capital [ˈɔːθəraɪzd-] N autorisiertes Aktienkapital *nt*

authorship [ˈɔːθəʃɪp] N Autorschaft *f*, Verfasserschaft *f*

autistic [ɔːˈtɪstɪk] ADJ autistisch

auto [ˈɔːtəu] (*US*) N Auto *nt*, Wagen *m*

autobiographical [ˈɔːtəbaɪəˈgræfɪkl] ADJ autobiografisch

autobiography [ɔːtəbaɪˈɔgrəfɪ] N Autobiografie *f*

autocratic [ɔːtəˈkrætɪk] ADJ autokratisch

Autocue® [ˈɔːtəukjuː] N Teleprompter *m*

autograph [ˈɔːtəgrɑːf] N Autogramm *nt* ▸ VT signieren

autoimmune [ɔːtəuɪˈmjuːn] ADJ (*disease*) Autoimmun-

automat [ˈɔːtəmæt] N Automat *m*; (*US*) Automatenrestaurant *nt*

automata [ɔːˈtɔmətə] NPL *of* **automaton**

automate [ˈɔːtəmeɪt] VT automatisieren

★**automatic** [ɔːtəˈmætɪk] ADJ automatisch ▸ N (*gun*) automatische Waffe; (*washing machine*) Waschautomat *m*; (*car*) Automatikwagen *m*

automatically [ɔːtəˈmætɪklɪ] ADV automatisch
automatic data processing N automatische Datenverarbeitung *f*
automation [ɔːtəˈmeɪʃən] N Automatisierung *f*
automaton [ɔːˈtɔmətən] (*pl* **automata**) N Roboter *m*
automobile [ˈɔːtəməbiːl] (*US*) N Auto(mobil) *nt*
autonomous [ɔːˈtɔnəməs] ADJ autonom
autonomy [ɔːˈtɔnəmɪ] N Autonomie *f*
autopsy [ˈɔːtɔpsɪ] N Autopsie *f*
autumn [ˈɔːtəm] N Herbst *m*; **in ~** im Herbst
autumnal [ɔːˈtʌmnəl] ADJ herbstlich
auxiliary [ɔːgˈzɪlɪərɪ] ADJ (*tool, verb*) Hilfs- ▶ N (*assistant*) Hilfskraft *f*
AV N ABBR (*Bible*: = *Authorized Version*) *englische Bibelübersetzung von 1611* ▶ ABBR = **audiovisual**
avail [əˈveɪl] VT: **to ~ o.s. of** Gebrauch machen von ▶ N: **to no ~** vergeblich, erfolglos
availability [əveɪləˈbɪlɪtɪ] N Erhältlichkeit *f*; (*of staff*) Vorhandensein *nt*
available [əˈveɪləbl] ADJ erhältlich; (*person: unoccupied*) frei, abkömmlich; (*: unattached*) zu haben; (*time*) frei, verfügbar; **every ~ means** alle verfügbaren Mittel; **is the manager ~?** ist der Geschäftsführer zu sprechen?; **to make sth ~ to sb** jdm etw zur Verfügung stellen
avalanche [ˈævəlɑːnʃ] N (*also fig*) Lawine *f*
avant-garde [ˈævɔŋˈgɑːd] ADJ avantgardistisch
avarice [ˈævərɪs] N Habsucht *f*
avaricious [ævəˈrɪʃəs] ADJ habsüchtig
avatar [ˈævətɑːʳ] N (*Comput*) Avatar *m*
avdp. ABBR (= *avoirdupois*) *Handelsgewicht*
Ave ABBR = **avenue**
avenge [əˈvɛndʒ] VT rächen
avenue [ˈævənjuː] N Straße *f*; (*drive*) Auffahrt *f*; (*means*) Weg *m*
average [ˈævərɪdʒ] N Durchschnitt *m* ▶ ADJ durchschnittlich, Durchschnitts- ▶ VT (*reach an average of*) einen Durchschnitt erreichen von; **on ~** im Durchschnitt, durchschnittlich; **above/below (the) ~** über/unter dem Durchschnitt
▶ **average out** VI: **to ~ out at** durchschnittlich ausmachen
averse [əˈvəːs] ADJ: **to be ~ to sth/doing sth** eine Abneigung gegen etw haben/dagegen haben, etw zu tun; **I wouldn't be ~ to a drink** ich hätte nichts gegen einen Drink
aversion [əˈvəːʃən] N Abneigung *f*; **to have an ~ to sb/sth** eine Abneigung gegen jdn/etw haben
avert [əˈvəːt] VT (*prevent*) verhindern; (*ward off*) abwehren; (*turn away*) abwenden
avian flu [ˈeɪvɪən-] N Vogelgrippe *f*
aviary [ˈeɪvɪərɪ] N Vogelhaus *nt*
aviation [eɪvɪˈeɪʃən] N Luftfahrt *f*
avid [ˈævɪd] ADJ begeistert, eifrig
avidly [ˈævɪdlɪ] ADV begeistert, eifrig
avocado [ævəˈkɑːdəu] (BRIT) N (*also:* **avocado pear**) Avocado *f*
★**avoid** [əˈvɔɪd] VT (*person, obstacle*) ausweichen *+dat*; (*trouble*) vermeiden; (*danger*) meiden
avoidable [əˈvɔɪdəbl] ADJ vermeidbar
avoidance [əˈvɔɪdəns] N (*of tax*) Umgehung *f*; (*of issue*) Vermeidung *f*
avowed [əˈvaud] ADJ erklärt
AVP (*US*) N ABBR (= *assistant vice president*) *stellvertretender Vizepräsident*
avuncular [əˈvʌŋkjuləʳ] ADJ onkelhaft
AWACS [ˈeɪwæks] N ABBR (= *airborne warning and control system*) AWACS(-Flugzeug) *nt*
await [əˈweɪt] VT warten auf *+acc*; **awaiting attention/delivery** zur Bearbeitung/Lieferung bestimmt; **long awaited** lang ersehnt
awake [əˈweɪk] (*pt* **awoke**, *pp* **awoken** *or* **awaked**) ADJ wach ▶ VT wecken ▶ VI erwachen, aufwachen; **~ to** sich *dat* bewusst werden *+gen*
awakening [əˈweɪknɪŋ] N (*also fig*) Erwachen *nt*
award [əˈwɔːd] N Preis *m*; (*for bravery*) Auszeichnung *f*; (*damages*) Entschädigung(ssumme) *f* ▶ VT (*prize*) verleihen; (*damages*) zusprechen
aware [əˈwɛəʳ] ADJ: **~ (of)** bewusst (*+gen*); **to become ~ of** sich *dat* bewusst werden *+gen*; **to become ~ that …** sich *dat* bewusst werden, dass …; **politically/socially ~** politik-/sozialbewusst; **I am fully ~ that** es ist mir völlig klar *or* bewusst, dass
awareness [əˈwɛənɪs] N Bewusstsein *nt*; **to develop people's ~ of sth** den Menschen etw zu Bewusstsein bringen
awash [əˈwɔʃ] ADJ (*also fig*) überflutet
★**away** [əˈweɪ] ADV weg, fort; (*position*) entfernt; **two kilometres ~** zwei Kilometer entfernt; **two hours ~ by car** zwei Autostunden entfernt; **the holiday was two weeks ~** es war noch zwei Wochen bis zum Urlaub; **he's ~ for a week** er ist eine Woche nicht da; **he's ~ in Milan** er ist in Mailand; **to take ~ (from)** (*remove*) entfernen (von); (*subtract*) abziehen (von); **to work/pedal** *etc* **~** unablässig arbeiten/strampeln *etc*; **to fade ~** (*colour, light*) verblassen; (*sound*) verhallen; (*enthusiasm*) schwinden
away game N Auswärtsspiel *nt*
awe [ɔː] N Ehrfurcht *f*
awe-inspiring [ˈɔːɪnspaɪərɪŋ] ADJ Ehrfurcht gebietend
awesome [ˈɔːsəm] ADJ Ehrfurcht gebietend; (*fig, inf*) überwältigend
awe-struck [ˈɔːstrʌk] ADJ von Ehrfurcht ergriffen
★**awful** [ˈɔːfəl] ADJ furchtbar, schrecklich; **an ~ lot (of)** furchtbar viel(e)
awfully [ˈɔːfəlɪ] ADV furchtbar, schrecklich
awhile [əˈwaɪl] ADV eine Weile
awkward [ˈɔːkwəd] ADJ (*clumsy*) unbeholfen; (*inconvenient, difficult*) ungünstig; (*embarrassing*) peinlich

awkwardness [ˈɔːkwədnɪs] N Unbeholfenheit *f*; Ungünstigkeit *f*; Peinlichkeit *f*
awl [ɔːl] N Ahle *f*, Pfriem *m*
awning [ˈɔːnɪŋ] N (*of tent, caravan*) Vordach *nt*; (*of shop etc*) Markise *f*
awoke [əˈwəuk] PT *of* **awake**
awoken [əˈwəukən] PP *of* **awake**
AWOL [ˈeɪwɔl] ABBR (*Mil*: = *absent without leave*) *see* **absent**
awry [əˈraɪ] ADV: **to be ~** (*clothes*) schief sitzen; **to go ~** schiefgehen
axe, (*US*) **ax** [æks] N Axt *f*, Beil *nt* ▶ VT (*employee*) entlassen; (*project, jobs etc*) streichen; **to have an ~ to grind** (*fig*) ein persönliches Interesse haben
axes[1] [ˈæksɪz] NPL *of* **axe**
axes[2] [ˈæksiːz] NPL *of* **axis**
axiom [ˈæksɪəm] N Axiom *nt*, Grundsatz *m*
axiomatic [æksɪəuˈmætɪk] ADJ axiomatisch
axis [ˈæksɪs] (*pl* **axes**) N Achse *f*
axle [ˈæksl] N Achse *f*
aye [aɪ] EXCL (*yes*) ja ▶ N: **the ayes** die Jastimmen *pl*
AYH N ABBR (= *American Youth Hostels*) *Jugendherbergsverband*, ≈ DJHV *m*
AZ (*US*) ABBR (*Post*) = **Arizona**
azalea [əˈzeɪlɪə] N Azalee *f*
Azerbaijan [æzəbaɪˈdʒɑːn] N Aserbaidschan *nt*
Azerbaijani [æzəbaɪˈdʒɑːnɪ], **Azeri** [əˈzεərɪ] ADJ aserbaidschanisch ▶ N Aserbaidschaner(in) *m(f)*
Azores [əˈzɔːz] NPL: **the ~** die Azoren *pl*
AZT N ABBR (= *azidothymidine*) AZT *nt*
Aztec [ˈæztεk] ADJ aztekisch ▶ N Azteke *m*, Aztekin *f*
azure [ˈeɪʒə[r]] ADJ azurblau, tiefblau

Bb

B¹, b [biː] N (*letter*) B *nt*, b *nt*; (*Scol*) ≈ Zwei *f*, ≈ Gut *nt*; **B for Benjamin, B for Baker** (*US*) ≈ B wie Bertha; **B road** (BRIT) Landstraße *f*

B² [biː] N (*Mus*) H *nt*, h *nt*

b. ABBR = **born**

BA N ABBR (= *Bachelor of Arts*) *see* **bachelor**; (= *British Academy*) *Verband zur Förderung der Künste und Geisteswissenschaften*

babble [ˈbæbl] VI schwatzen; (*baby*) plappern; (*brook*) plätschern ▶ N: **a ~ of voices** ein Stimmengewirr *nt*

babe [beɪb] N (*liter*) Kindlein *nt*; (*esp US: address*) Schätzchen *nt*; **~ in arms** Säugling *m*

baboon [bəˈbuːn] N Pavian *m*

baby [ˈbeɪbɪ] N Baby *nt*; (*US inf: darling*) Schatz *m*, Schätzchen *nt*

baby carriage (*US*) N Kinderwagen *m*

baby food N Babynahrung *f*

baby grand N (*also:* **baby grand piano**) Stutzflügel *m*

babyhood [ˈbeɪbɪhud] N frühe Kindheit *f*

babyish [ˈbeɪbɪɪʃ] ADJ kindlich

baby-minder [ˈbeɪbɪˈmaɪndəʳ] (BRIT) N Tagesmutter *f*

baby-sit [ˈbeɪbɪsɪt] VI babysitten

baby-sitter [ˈbeɪbɪsɪtəʳ] N Babysitter(in) *m(f)*

baby wipe N Ölpflegetuch *nt*

bachelor [ˈbætʃələʳ] N Junggeselle *m*; **B~ of Arts/Science (degree)** ≈ Magister *m* der philosophischen Fakultät/der Naturwissenschaften

bachelorhood [ˈbætʃələhud] N Junggesellentum *nt*

bachelor party (*US*) N Junggesellenparty *f*

Bachelor's Degree N *siehe Info-Artikel*

> **Bachelor's Degree** ist der akademische Grad, den man nach drei- oder vierjährigem, erfolgreich abgeschlossenem Universitätsstudium erhält. Die am häufigsten verliehenen Grade sind *BA* (*Bachelor of Arts* = Magister der Geisteswissenschaften), *BSc* (*Bachelor of Science* = Magister der Naturwissenschaften), *BEd* (*Bachelor of Education* = Magister der Erziehungswissenschaften) und *LLB* (*Bachelor of Laws* = Magister der Rechtswissenschaften). Siehe auch *master's degree, doctorate*.

★**back** [bæk] N Rücken *m*; (*of house, page*) Rückseite *f*; (*of chair*) (Rücken)lehne *f*; (*of train*) Ende *nt*; (*Football*) Verteidiger *m* ▶ VT (*support*) unterstützen; (*horse*) setzen *or* wetten auf *+acc*; (*car*) rückwärtsfahren ▶ VI (*person*) rückwärtsgehen; (*car etc*) zurücksetzen, zurückfahren ▶ CPD (*payment, rent*) ausstehend ▶ ADV hinten; **in the ~ (of the car)** hinten (im Auto); **at the ~ of the book/crowd/audience** hinten im Buch/in der Menge/im Publikum; **~ to front** verkehrt herum; **to break the ~ of a job** (BRIT) mit einer Arbeit über den Berg sein; **to have one's ~ to the wall** (*fig*) in die Enge getrieben sein; **~ room** Hinterzimmer *nt*; **~ garden** Garten *m* (hinter dem Haus); **~ seat** (*Aut*) Rücksitz *m*; **to take a ~ seat** (*fig*) sich zurückhalten; **~ wheels** Hinterräder *pl*; **he's ~** er ist zurück *or* wieder da; **throw the ball ~** wirf den Ball zurück; **he called ~** er rief zurück; **he ran ~** er rannte zurück; **when will you be ~?** wann kommen Sie wieder?; **can I have it ~?** kann ich es zurückhaben *or* wiederhaben?

▶ **back away** VI sich zurückziehen

▶ **back down** VI nachgeben

▶ **back on to** VT FUS: **the house backs on to the golf course** das Haus grenzt hinten an den Golfplatz an

▶ **back out** VI (*of promise*) einen Rückzieher machen

▶ **back up** VT (*support*) unterstützen; (*Comput*) sichern; (*car*) zurückfahren ▶ VI (*car etc*) zurücksetzen

backache [ˈbækeɪk] N Rückenschmerzen *pl*

back bench N *siehe Info-Artikel*

> **Back bench** bezeichnet im britischen Unterhaus die am weitesten vom Mittelgang entfernten Bänke, im Gegensatz zur *front bench*. Auf diesen hinteren Bänken sitzen diejenigen Unterhausabgeordneten (auch *backbenchers* genannt), die kein Regierungsamt bzw. keine wichtige Stellung in der Opposition innehaben.

backbencher [ˈbækˈbɛntʃəʳ] (BRIT) N Abgeordnete(r) *f(m)* (*in den hinteren Reihen im britischen Parlament*), Hinterbänkler(in) *m(f)* (*pej*); *see also* **back bench**

backbiting [ˈbækbaɪtɪŋ] N Lästern *nt*

backbone [ˈbækbəun] N (*also fig*) Rückgrat *nt*

backchat [ˈbæktʃæt] (BRIT *inf*) N Widerrede *f*

backcloth [ˈbækklɔθ] (BRIT) N Hintergrund *m*

backcomb [ˈbækkəum] (Brit) vt toupieren

backdate [bækˈdeɪt] vt (zu)rückdatieren; **backdated pay rise** rückwirkend geltende Gehaltserhöhung *f*

back door n Hintertür *f*

backdrop [ˈbækdrɔp] n = **backcloth**

backer [ˈbækəʳ] n (*Comm*) Geldgeber *m*

backfire [bækˈfaɪəʳ] vi (*Aut*) Fehlzündungen haben; (*plans*) ins Auge gehen

backgammon [ˈbækgæmən] n Backgammon *nt*

★**background** [ˈbækgraund] n Hintergrund *m*; (*basic knowledge*) Grundkenntnisse *pl*; (*experience*) Erfahrung *f* ▶ cpd (*music*) Hintergrund-; **family ~** Herkunft *f*; **~ noise** Geräuschkulisse *f*; **~ reading** vertiefende Lektüre *f*

backhand [ˈbækhænd] n (*Tennis*: *also*: **backhand stroke**) Rückhand *f*

backhanded [ˈbækˈhændɪd] adj (*fig*: *compliment*) zweifelhaft

backhander [ˈbækˈhændəʳ] (Brit) n Schmiergeld *nt*

★**backing** [ˈbækɪŋ] n (*Comm, fig*) Unterstützung *f*; (*Mus*) Begleitung *f*

backlash [ˈbæklæʃ] n (*fig*) Gegenreaktion *f*

backlog [ˈbæklɔg] n: **to have a ~ of work** mit der Arbeit im Rückstand sein

back number n alte Ausgabe *f or* Nummer *f*

backpack [ˈbækpæk] n Rucksack *m*

backpacker [ˈbækpækəʳ] n Rucksacktourist(in) *m(f)*

backpacking [ˈbækpækɪŋ] n Rucksacktourismus *m*

back pay n Nachzahlung *f*

back-pedal [ˈbækpɛdl] vi (*fig*) einen Rückzieher machen

back seat n Rücksitz *m*

back-seat driver [ˈbæksiːt-] n *Mitfahrer, der dem Fahrer dazwischenredet*

backside [ˈbæksaɪd] (*inf*) n Hintern *m*

backslash [ˈbækslæʃ] n Backslash *m*

backslide [ˈbækslaɪd] vi rückfällig werden

backspace [ˈbækspeɪs] vi (*in typing*) die Rücktaste betätigen

backstage [bækˈsteɪdʒ] adv (*Theat*) hinter den Kulissen; (: *in dressing-room area*) in der Garderobe

backstreet [ˈbækstriːt] n Seitenstraße *f* ▶ cpd: **~ abortionist** Engelmacher(in) *m(f)*

backstroke [ˈbækstrəuk] n Rückenschwimmen *nt*

backtrack [ˈbæktræk] vi (*fig*) einen Rückzieher machen

backup [ˈbækʌp] adj (*train, plane*) Entlastungs-; (*Comput*: *copy etc*) Sicherungs- ▶ n (*support*) Unterstützung *f*; (*Comput*) Sicherungskopie *f*, Back-up *nt*

backward [ˈbækwəd] adj (*movement*) Rückwärts-; (*person*) zurückgeblieben; (*country*) rückständig; **~ and forward movement** Vor- und Zurückbewegung *f*; **~ step/glance** Blick *m*/Schritt *m* zurück

★**backwards** [ˈbækwədz] adv rückwärts; (*read*) von hinten nach vorne; (*fall*) nach hinten; (*in time*) zurück; **to know sth ~** *or* (*US*) **~ and forwards** (*inf*) etw in- und auswendig kennen

backwater [ˈbækwɔːtəʳ] n (*fig*) Kaff *nt*

back yard n Hinterhof *m*

★**bacon** [ˈbeɪkən] n (Frühstücks)speck *m*, (Schinken)speck *m*

bacteria [bækˈtɪərɪə] npl Bakterien *pl*

bacteriology [bæktɪərɪˈɔlədʒɪ] n Bakteriologie *f*

★**bad** [bæd] adj schlecht; (*naughty*) unartig, ungezogen; (*mistake, accident, injury*) schwer; **his ~ leg** sein schlimmes Bein; **to go ~** verderben, schlecht werden; **to have a ~ time of it** es schwer haben; **I feel ~ about it** es tut mir leid; **in ~ faith** mit böser Absicht

bad debt n uneinbringliche Forderung *f*

baddie, baddy [ˈbædɪ] (*inf*) n Bösewicht *m*

bade [bæd] pt *of* **bid**

badge [bædʒ] n Plakette *f*; (*stick-on*) Aufkleber *m*; (*fig*) Merkmal *nt*

badger [ˈbædʒəʳ] n Dachs *m* ▶ vt zusetzen *+dat*

bad hair day n (*inf*) Scheißtag *f*, Tag *m*, an dem alles schiefgeht

★**badly** [ˈbædlɪ] adv schlecht; **~ wounded** schwer verletzt; **he needs it ~** er braucht es dringend; **things are going ~** es sieht schlecht *or* nicht gut aus; **to be ~ off (for money)** wenig Geld haben

bad-mannered [ˈbædˈmænəd] adj ungezogen, unhöflich

badminton [ˈbædmɪntən] n Federball *m*

bad-tempered [ˈbædˈtɛmpəd] adj schlecht gelaunt; (*by nature*) übellaunig

baffle [ˈbæfl] vt verblüffen

baffling [ˈbæflɪŋ] adj rätselhaft, verwirrend

★**bag** [bæg] n Tasche *f*; (*made of paper, plastic*) Tüte *f*; (*handbag*) (Hand)tasche *f*; (*satchel*) Schultasche *f*; (*case*) Reisetasche *f*; (*of hunter*) Jagdbeute *f*; (*inf*: *woman*) Schachtel *f*; **bags of** (*inf*: *lots of*) jede Menge; **to pack one's bags** die Koffer packen; **bags under the eyes** Ringe *pl* unter den Augen

bagful [ˈbægful] n: **a ~ of** eine Tasche/Tüte voll

baggage [ˈbægɪdʒ] n Gepäck *nt*

baggage allowance n Freigepäck *nt*

baggage car (*US*) n Gepäckwagen *m*

baggage (re)claim n Gepäckausgabe *f*

baggy [ˈbægɪ] adj weit; (*out of shape*) ausgebeult

Baghdad [bægˈdæd] n Bagdad *nt*

bag lady (*inf*) n Stadtstreicherin *f*

bagpipes [ˈbægpaɪps] npl Dudelsack *m*

bag-snatcher [ˈbægsnætʃəʳ] (Brit) n Handtaschendieb(in) *m(f)*

Bahamas [bəˈhɑːməz] npl: **the ~** die Bahamas *pl*, die Bahamainseln *pl*

Bahrain [bɑːˈreɪn] n Bahrain *nt*

bail [beɪl] N (*Law: payment*) Kaution *f*; (*: release*) Freilassung *f* gegen Kaution ▶ VT (*prisoner*) gegen Kaution freilassen; (*boat: also:* **bail out**) ausschöpfen; **to be on ~** gegen Kaution freigelassen sein; **to be released on ~** gegen Kaution freigelassen werden; *see also* **bale**
▶ **bail out** VT (*prisoner*) gegen Kaution freibekommen; (*firm, friend*) aus der Patsche helfen *+dat*

bailiff [ˈbeɪlɪf] N (*Law:* BRIT) Gerichtsvollzieher(in) *m(f)*; (*: US*) Gerichtsdiener(in) *m(f)*; (BRIT: *factor*) (Guts)verwalter(in) *m(f)*

bailout [ˈbeɪlaut] N Rettungsaktion *f*

bait [beɪt] N Köder *m* ▶ VT (*hook, trap*) mit einem Köder versehen; (*tease*) necken

baize [beɪz] N Flausch *m*; **green ~** Billardtuch *nt*

bake [beɪk] VT backen; (*clay etc*) brennen ▶ VI backen

baked beans [beɪkt-] NPL gebackene Bohnen *pl* (in Tomatensoße)

baked potato [beɪkt-] N in der Schale gebackene Kartoffel *f*

baker [ˈbeɪkəʳ] N Bäcker(in) *m(f)*

baker's dozen [ˈbeɪkəz-] N dreizehn (Stück)

bakery [ˈbeɪkərɪ] N Bäckerei *f*

baking [ˈbeɪkɪŋ] N Backen *nt*; (*batch*) Ofenladung *f* ▶ ADJ (*inf: hot*) wie im Backofen

baking powder N Backpulver *nt*

baking tin N Backform *f*

baking tray N Backblech *nt*

balaclava [bæləˈklɑːvə] N (*also:* **balaclava helmet**) Kapuzenmütze *f*

balance [ˈbæləns] N (*equilibrium*) Gleichgewicht *nt*; (*Comm: sum*) Saldo *m*; (*remainder*) Restbetrag *m*; (*scales*) Waage *f* ▶ VT ausgleichen; (*Aut: wheels*) auswuchten; (*pros and cons*) (gegeneinander) abwägen; **on ~** alles in allem; **~ of trade/payments** Handels-/Zahlungsbilanz *f*; **~ carried forward** *or* **brought forward** (*Comm*) Saldovortrag *m*, Saldoübertrag *m*; **to ~ the books** (*Comm*) die Bilanz ziehen *or* machen

balanced [ˈbælənst] ADJ ausgeglichen; (*report*) ausgewogen

balance sheet N Bilanz *f*

balance wheel N Unruh *f*

balcony [ˈbælkənɪ] N Balkon *m*; (*in theatre*) oberster Rang *m*

bald [bɔːld] ADJ kahl; (*tyre*) abgefahren; (*statement*) knapp

> Das englische Wort **bald** bedeutet nicht *bald* auf Deutsch.

baldness [ˈbɔːldnɪs] N Kahlheit *f*

bale [beɪl] N (*Agr*) Bündel *nt*; (*of papers etc*) Packen *m*
▶ **bale out** VI (*of a plane*) abspringen ▶ VT (*water*) schöpfen; (*boat*) ausschöpfen

Balearic Islands [bælɪˈærɪk-] NPL: **the ~** die Balearen *pl*

baleful [ˈbeɪlful] ADJ böse

balk [bɔːk] VI: **to ~ (at)** (*subj: person*) zurückschrecken (vor *+dat*); (*: horse*) scheuen (vor *+dat*)

Balkan [ˈbɔːlkən] ADJ (*countries etc*) Balkan- ▶ N: **the Balkans** der Balkan, die Balkanländer *pl*

★**ball** [bɔːl] N Ball *m*; (*of wool, string*) Knäuel *m or nt*; **to set the ~ rolling** (*fig*) den Stein ins Rollen bringen; **to play ~ (with sb)** (*fig*) (mit jdm) mitspielen; **to be on the ~** (*fig: competent*) am Ball sein; (*: alert*) auf Draht *or* Zack sein; **the ~ is in their court** (*fig*) sie sind am Ball

ballad [ˈbæləd] N Ballade *f*

ballast [ˈbæləst] N Ballast *m*

ball bearing NPL Kugellager *nt*; (*individual ball*) Kugellagerkugel *f*

ball cock N Schwimmerhahn *m*

ballerina [bæləˈriːnə] N Ballerina *f*

ballet [ˈbæleɪ] N Ballett *nt*

ballet dancer N Balletttänzer(in) *m(f)*

ballistic [bəˈlɪstɪk] ADJ ballistisch

ballistic missile N Raketengeschoss *nt*

ballistics [bəˈlɪstɪks] N Ballistik *f*

★**balloon** [bəˈluːn] N (Luft)ballon *m*; (*hot air balloon*) Heißluftballon *m*; (*in comic strip*) Sprechblase *f*

balloonist [bəˈluːnɪst] N Ballonfahrer(in) *m(f)*

ballot [ˈbælət] N (geheime) Abstimmung *f*

ballot box N Wahlurne *f*

ballot paper N Stimmzettel *m*

ballpark [ˈbɔːlpɑːk] (*US*) N (*Sport*) Baseballstadion *nt*

ballpark figure (*inf*) N Richtzahl *f*

ballpoint [ˈbɔːlpɔɪnt], **ballpoint pen** N Kugelschreiber *m*

ballroom [ˈbɔːlrum] N Tanzsaal *m*

balls [bɔːlz] (*inf!*) NPL (*testicles*) Eier *pl* (*inf!*); (*courage*) Schneid *m*, Mumm *m* ▶ EXCL red keinen Scheiß! (*!*)

balm [bɑːm] N Balsam *m*

balmy [ˈbɑːmɪ] ADJ (*breeze*) sanft; (*air*) lau, lind; (BRIT *inf*) = **barmy**

BALPA [ˈbælpə] N ABBR (= *British Airline Pilots' Association*) *Flugpilotengewerkschaft*

balsa [ˈbɔːlsə], **balsa wood** N Balsaholz *nt*

balsam [ˈbɔːlsəm] N Balsam *m*

Baltic [ˈbɔːltɪk] N: **the ~ (Sea)** die Ostsee

balustrade [bæləsˈtreɪd] N Balustrade *f*

bamboo [bæmˈbuː] N Bambus *m*

bamboozle [bæmˈbuːzl] (*inf*) VT hereinlegen; **to ~ sb into doing sth** jdn durch Tricks dazu bringen, etw zu tun

★**ban** [bæn] N Verbot *nt* ▶ VT verbieten; **he was banned from driving** (BRIT) ihm wurde Fahrverbot erteilt

banal [bəˈnɑːl] ADJ banal

★**banana** [bəˈnɑːnə] N Banane *f*

★**band** [bænd] N (*group*) Gruppe *f*, Schar *f*; (*Mus: jazz, rock etc*) Band *f*; (*: military etc*) (Musik)kapelle *f*; (*strip, range*) Band *nt*; (*stripe*) Streifen *m*
▶ **band together** VI sich zusammenschließen

bandage [ˈbændɪdʒ] N Verband *m* ▶ VT verbinden

Band-Aid® [ˈbændeɪd] (*US*) N Heftpflaster *nt*

B & B N ABBR = **bed and breakfast**

bandit [ˈbændɪt] N Bandit *m*

bandstand [ˈbændstænd] N Musikpavillion *m*

bandwagon [ˈbændwægən] N: **to jump on the ~** (*fig*) auf den fahrenden Zug aufspringen

bandy [ˈbændɪ] VT (*jokes*) sich erzählen; (*ideas*) diskutieren; (*insults*) sich an den Kopf werfen
▶ **bandy about** VT (*word, expression*) immer wieder gebrauchen; (*name*) immer wieder nennen

bandy-legged [ˈbændɪˈlɛgɪd] ADJ o-beinig

bane [beɪn] N: **it/he is the ~ of my life** das/er ist noch mal mein Ende

bang [bæŋ] N (*of door*) Knallen *nt*; (*of gun, exhaust*) Knall *m*; (*blow*) Schlag *m* ▶ EXCL peng ▶ VT (*door*) zuschlagen, zuknallen; (*one's head etc*) sich *dat* stoßen *+acc* ▶ VI knallen ▶ ADV: **to be ~ on time** (BRIT *inf*) auf die Sekunde pünktlich sein; **to ~ at the door** gegen die Tür hämmern; **to ~ into sth** sich an etw *dat* stoßen

banger [ˈbæŋəʳ] (BRIT *inf*) N (*car: also:* **old banger**) Klapperkiste *f*; (*sausage*) Würstchen *nt*; (*firework*) Knallkörper *m*

Bangkok [bæŋˈkɔk] N Bangkok *nt*

Bangladesh [bæŋgləˈdɛʃ] N Bangladesch *nt*

bangle [ˈbæŋgl] N Armreif(en) *m*

bangs [bæŋz] (*US*) NPL (*fringe*) Pony *m*

banish [ˈbænɪʃ] VT verbannen

banister [ˈbænɪstəʳ] N, **banisters** [ˈbænɪstəz] NPL Geländer *nt*

banjo [ˈbændʒəu] (*pl* **banjoes** *or* **banjos**) N Banjo *nt*

★**bank** [bæŋk] N Bank *f*; (*of river, lake*) Ufer *nt*; (*of earth*) Wall *m*; (*of switches*) Reihe *f* ▶ VI (*Aviat*) sich in die Kurve legen; (*Comm*): **they ~ with Pitt's** sie haben ihr Konto bei Pitt's
▶ **bank on** VT FUS sich verlassen auf *+acc*

bank account N Bankkonto *nt*

bank balance N Kontostand *m*

bank card N Scheckkarte *f*

bank charges (BRIT) NPL Kontoführungsgebühren *pl*

bank draft N Bankanweisung *f*

★**banker** [ˈbæŋkəʳ] N Bankier *m*

banker's card (BRIT) N = **bank card**

banker's order (BRIT) N Dauerauftrag *m*

bank giro N Banküberweisung *f*

bank holiday (BRIT) N (öffentlicher) Feiertag *m*

> Als **bank holiday** wird in Großbritannien ein gesetzlicher Feiertag bezeichnet, an dem die Banken geschlossen sind. Die meisten dieser Feiertage, abgesehen von Weihnachten und Ostern, fallen auf Montage im Mai und August. An diesen langen Wochenenden (*bank holiday weekends*) fahren viele Briten in Urlaub, sodass dann auf den Straßen, Flughäfen und bei der Bahn sehr viel Betrieb ist.

banking [ˈbæŋkɪŋ] N Bankwesen *nt*

banking hours NPL Schalterstunden *pl*

bank loan N Bankkredit *m*

bank manager N Filialleiter(in) *m(f)* (einer Bank)

banknote [ˈbæŋknəut] N Geldschein *m*, Banknote *f*

bank rate N Diskontsatz *m*

bankrupt [ˈbæŋkrʌpt] ADJ bankrott ▶ N Bankrotteur(in) *m(f)*; **to go ~** Bankrott machen

bankruptcy [ˈbæŋkrʌptsɪ] N (*Comm, fig*) Bankrott *m*

bank statement N Kontoauszug *m*

banner [ˈbænəʳ] N Banner *nt*; (*in demonstration*) Spruchband *nt*

banner headline N Schlagzeile *f*

bannister [ˈbænɪstəʳ] N, **bannisters** [ˈbænɪstəz] NPL = **banister**

banns [bænz] NPL Aufgebot *nt*

banquet [ˈbæŋkwɪt] N Bankett *nt*

bantamweight [ˈbæntəmweɪt] N Bantamgewicht *nt*

banter [ˈbæntəʳ] N Geplänkel *nt*

BAOR N ABBR (= *British Army of the Rhine*) *britische Rheinarmee*

baptism [ˈbæptɪzəm] N Taufe *f*

Baptist [ˈbæptɪst] N Baptist(in) *m(f)*

baptize [bæpˈtaɪz] VT taufen

★**bar** [bɑːʳ] N (*for drinking*) Lokal *nt*; (*counter*) Theke *f*; (*rod*) Stange *f*; (*on window etc*) (Gitter)stab *m*; (*slab: of chocolate*) Tafel *f*; (*fig: obstacle*) Hindernis *nt*; (*prohibition*) Verbot *nt*; (*Mus*) Takt *m* ▶ VT (*road*) blockieren, versperren; (*window*) verriegeln; (*person*) ausschließen; (*activity*) verbieten; **~ of soap** Stück *nt* Seife; **behind bars** hinter Gittern; **the B~** (*Law*) die Anwaltschaft; **~ none** ohne Ausnahme

Barbados [bɑːˈbeɪdɔs] N Barbados *nt*

barbaric [bɑːˈbærɪk] ADJ barbarisch

barbarous [ˈbɑːbərəs] ADJ barbarisch

★**barbecue** [ˈbɑːbɪkjuː] N Grill *m*; (*meal, party*) Barbecue *nt*

barbed wire [ˈbɑːbd-] N Stacheldraht *m*

barber [ˈbɑːbəʳ] N (Herren)friseur *m*

barbiturate [bɑːˈbɪtjurɪt] N Schlafmittel *nt*, Barbiturat *nt*

Barcelona [bɑːsəˈləunə] N Barcelona *nt*

bar chart N Balkendiagramm *nt*

bar code N Strichcode *m*

★**bare** [bɛəʳ] ADJ nackt; (*trees, countryside*) kahl; (*minimum*) absolut ▶ VT entblößen; (*teeth*) blecken; **the ~ essentials, the ~ necessities** das Allernotwendigste; **to ~ one's soul** sein Innerstes entblößen

bareback [ˈbɛəbæk] ADV ohne Sattel

barefaced [ˈbɛəfeɪst] ADJ (*fig*) unverfroren, schamlos

barefoot [ˈbɛəfut] ADJ barfüßig ▶ ADV barfuß

bareheaded [bɛəˈhɛdɪd] ADJ barhäuptig ▶ ADV ohne Kopfbedeckung

barely [ˈbɛəlɪ] ADV kaum

Barents Sea [ˈbærənts-] N: **the ~** die Barentssee

bargain [ˈbɑːgɪn] N (*deal*) Geschäft *nt*; (*transaction*) Handel *m*; (*good offer*) Sonderangebot *nt*; (*good buy*) guter Kauf *m* ▸ VI: **to ~ (with sb)** (mit jdm) verhandeln; (*haggle*) (mit jdm) handeln; **into the ~** obendrein

▸ **bargain for** VT FUS: **he got more than he bargained for** er bekam mehr, als er erwartet hatte

bargaining [ˈbɑːgənɪŋ] N Verhandeln *nt*

bargaining position N Verhandlungsposition *f*

barge [bɑːdʒ] N Lastkahn *m*, Frachtkahn *m*

▸ **barge in** VI (*enter*) hereinplatzen; (*interrupt*) unterbrechen

▸ **barge into** VT FUS (*place*) hereinplatzen; (*person*) anrempeln

bargepole [ˈbɑːdʒpəul] N: **I wouldn't touch it with a ~** (*fig*) das würde ich nicht mal mit der Kneifzange anfassen

baritone [ˈbærɪtəun] N Bariton *m*

barium meal [ˈbɛərɪəm-] N Kontrastbrei *m*

bark [bɑːk] N (*of tree*) Rinde *f*; (*of dog*) Bellen *nt* ▸ VI bellen; **she's barking up the wrong tree** (*fig*) sie ist auf dem Holzweg

barley [ˈbɑːlɪ] N Gerste *f*

barley sugar N Malzbonbon *m or nt*

barmaid [ˈbɑːmeɪd] N Bardame *f*

barman [ˈbɑːmən] N (*irreg*) Barmann *m*

barmy [ˈbɑːmɪ] (BRIT *inf*) ADJ bekloppt

barn [bɑːn] N Scheune *f*

barnacle [ˈbɑːnəkl] N Rankenfußkrebs *m*

barn owl N Schleiereule *f*

barometer [bəˈrɔmɪtəʳ] N Barometer *nt*

baron [ˈbærən] N Baron *m*; **industrial ~** Industriemagnat *m*; **press ~** Pressezar *m*

baroness [ˈbærənɪs] N (*baron's wife*) Baronin *f*; (*baron's daughter*) Baroness *f*, Baronesse *f*

baronet [ˈbærənɪt] N Baronet *m*

barracking [ˈbærəkɪŋ] N Buhrufe *pl*

barracks [ˈbærəks] NPL Kaserne *f*

barrage [ˈbærɑːʒ] N (*Mil*) Sperrfeuer *nt*; (*dam*) Staustufe *f*; (*fig: of criticism, questions etc*) Hagel *m*

barrel [ˈbærəl] N Fass *nt*; (*of oil*) Barrel *nt*; (*of gun*) Lauf *m*

barrel organ N Drehorgel *f*

barren [ˈbærən] ADJ unfruchtbar

barricade [bærɪˈkeɪd] N Barrikade *f* ▸ VT (*road, entrance*) verbarrikadieren; **to ~ o.s. (in)** sich verbarrikadieren

barrier [ˈbærɪəʳ] N (*at frontier, entrance*) Schranke *f*; (BRIT: *also:* **crash barrier**) Leitplanke *f*; (*fig*) Barriere *f*; (*: to progress etc*) Hindernis *nt*

barrier cream (BRIT) N Hautschutzcreme *f*

barring [ˈbɑːrɪŋ] PREP außer im Falle *+gen*

barrister [ˈbærɪstəʳ] (BRIT) N Rechtsanwalt *m*, Rechtsanwältin *f*

> **Barrister** oder *barrister-at-law* ist in England die Bezeichnung für einen Rechtsanwalt, der seine Klienten vor allem vor Gericht vertritt, im Gegensatz zum *solicitor*, der nicht vor Gericht auftritt, sondern einen *barrister* mit dieser Aufgabe beauftragt.

barrow [ˈbærəu] N Schubkarre *f*, Schubkarren *m*; (*cart*) Karren *m*

bar stool N Barhocker *m*

Bart. (BRIT) ABBR = **baronet**

bartender [ˈbɑːtɛndəʳ] (US) N Barmann *m*

barter [ˈbɑːtəʳ] N Tauschhandel *m* ▸ VT: **to ~ sth for sth** etw gegen etw tauschen

barter exchange N Tauschbörse *f*

base [beɪs] N (*of tree etc*) Fuß *m*; (*of cup, box etc*) Boden *m*; (*foundation*) Grundlage *f*; (*centre*) Stützpunkt *m*, Standort *m*; (*for organization*) Sitz *m* ▸ ADJ gemein, niederträchtig ▸ VT: **to ~ sth on** etw gründen *or* basieren auf *+acc*; **to be based at** (*troops*) stationiert sein in *+dat*; (*employee*) arbeiten in *+dat*; **I'm based in London** ich wohne in London; **a Paris-based firm** eine Firma mit Sitz in Paris; **coffee-based** auf Kaffeebasis

★**baseball** [ˈbeɪsbɔːl] N Baseball *m*

baseboard [ˈbeɪsbɔːd] (US) N Fußleiste *f*

base camp N Basislager *nt*, Versorgungslager *nt*

Basel [bɑːl] N = **Basle**

baseline [ˈbeɪslaɪn] N (*Tennis*) Grundlinie *f*; (*fig: standard*) Ausgangspunkt *m*

★**basement** [ˈbeɪsmənt] N Keller *m*

base rate N Eckzins *m*, Leitzins *m*

bases¹ [ˈbeɪsɪz] NPL *of* **base**

bases² [ˈbeɪsiːz] NPL *of* **basis**

bash [bæʃ] (*inf*) VT schlagen, hauen ▸ N: **I'll have a ~ (at it)** (BRIT) ich probier's mal

▸ **bash up** VT (*car*) demolieren; (BRIT: *person*) vermöbeln

bashful [ˈbæʃful] ADJ schüchtern

BASIC [ˈbeɪsɪk] N (*Comput*) BASIC *nt*

basic [ˈbeɪsɪk] ADJ (*method, needs etc*) Grund-; (*principles*) grundlegend; (*problem*) grundsätzlich; (*knowledge*) elementar; (*facilities*) primitiv

★**basically** [ˈbeɪsɪklɪ] ADV im Grunde

basic rate N Eingangssteuersatz *m*

basics [ˈbeɪsɪks] NPL: **the ~** das Wesentliche

basil [ˈbæzl] N Basilikum *nt*

basin [ˈbeɪsn] N Gefäß *nt*; (BRIT: *for food*) Schüssel *f*; (*also:* **wash basin**) (Wasch)becken *nt*; (*of river, lake*) Becken *nt*

basis [ˈbeɪsɪs] (*pl* **bases**) N Basis *f*, Grundlage *f*; **on a part-time ~** stundenweise; **on a trial ~** zur Probe; **on the ~ of what you've said** aufgrund dessen, was Sie gesagt haben

bask [bɑːsk] VI: **to ~ in the sun** sich sonnen

★**basket** [ˈbɑːskɪt] N Korb *m*; (*smaller*) Körbchen *nt*

★**basketball** [ˈbɑːskɪtbɔːl] N Basketball *m*

b

basketball player N Basketballspieler(in) *m(f)*
Basle [bɑ:l] N Basel *nt*
basmati rice [bəz'mætɪ-] N Basmatireis *m*
Basque [bæsk] ADJ baskisch ▶ N Baske *m*, Baskin *f*
bass [beɪs] N Bass *m*
bass clef N Bassschlüssel *m*
bassoon [bə'su:n] N Fagott *nt*
bastard ['bɑ:stəd] N uneheliches Kind *nt*; *(!)* Arschloch *nt (!)*
baste [beɪst] VT *(Culin)* (mit Fett und Bratensaft) begießen; *(Sewing)* heften, reihen
bastion ['bæstɪən] N Bastion *f*
★**bat** [bæt] N *(Zool)* Fledermaus *f*; *(for cricket, baseball etc)* Schlagholz *nt*; (BRIT: *for table tennis*) Schläger *m* ▶ VT: **he didn't ~ an eyelid** er hat nicht mit der Wimper gezuckt; **off one's own ~** auf eigene Faust
batch [bætʃ] N *(of bread)* Schub *m*; *(of letters, papers)* Stoß *m*, Stapel *m*; *(of applicants)* Gruppe *f*; *(of work)* Schwung *m*; *(of goods)* Ladung *f*, Sendung *f*
batch processing N *(Comput)* Stapelverarbeitung *f*
bated ['beɪtɪd] ADJ: **with ~ breath** mit angehaltenem Atem
★**bath** [bɑ:θ] N Bad *nt*; *(bathtub)* (Bade)wanne *f* ▶ VT baden; **to have a ~** baden, ein Bad nehmen; *see also* **baths**
bathe [beɪð] VI, VT *(also fig)* baden
bather ['beɪðə^r] N Badende(r) *f(m)*
bathing ['beɪðɪŋ] N Baden *nt*
bathing cap N Bademütze *f*, Badekappe *f*
bathing costume, (US) **bathing suit** N Badeanzug *m*
bath mat N Badematte *f*, Badevorleger *m*
bathrobe ['bɑ:θrəub] N Bademantel *m*
★**bathroom** ['bɑ:θrum] N Bad(ezimmer) *nt*
baths [bɑ:ðz] NPL *(also:* **swimming baths**) (Schwimm)bad *nt*
bath towel N Badetuch *nt*
bathtub ['bɑ:θtʌb] N (Bade)wanne *f*
batman ['bætmən] N *(irreg)* (BRIT *Mil*) (Offiziers)-bursche *m*
baton ['bætən] N *(Mus)* Taktstock *m*; *(Athletics)* Staffelholz *nt*; *(policeman's)* Schlagstock *m*
battalion [bə'tælɪən] N Bataillon *nt*
batten ['bætn] N Leiste *f*, Latte *f*; *(Naut: on sail)* Segellatte *f*
▸**batten down** VT *(Naut)*: **to ~ down the hatches** die Luken dicht machen
batter ['bætə^r] VT schlagen, misshandeln; *(subj: rain)* schlagen; *(wind)* rütteln ▶ N *(Culin)* Teig *m*; *(for frying)* (Ausback)teig *m*
battered ['bætəd] ADJ *(hat, pan)* verbeult; **~ wife** misshandelte Ehefrau; **~ child** misshandeltes Kind
battering ram ['bætərɪŋ-] N Rammbock *m*
battery ['bætərɪ] N Batterie *f*; *(of tests, reporters)* Reihe *f*
battery charger N (Batterie)ladegerät *nt*
battery farming N Batteriehaltung *f*
★**battle** ['bætl] N *(Mil)* Schlacht *f*; *(fig)* Kampf *m* ▶ VI kämpfen; **that's half the ~** damit ist schon viel gewonnen; **it's a losing ~, we're fighting a losing ~** *(fig)* es ist ein aussichtsloser Kampf
battledress ['bætldrɛs] N Kampfanzug *m*
battlefield ['bætlfi:ld] N Schlachtfeld *nt*
battlements ['bætlmənts] NPL Zinnen *pl*
battleship ['bætlʃɪp] N Schlachtschiff *nt*
batty ['bætɪ] *(inf)* ADJ verrückt
bauble ['bɔ:bl] N Flitter *m*
baud [bɔ:d] N *(Comput)* Baud *nt*
baud rate N *(Comput)* Baudrate *f*
baulk [bɔ:k] VI = **balk**
bauxite ['bɔ:ksaɪt] N Bauxit *m*
Bavaria [bə'vɛərɪə] N Bayern *nt*
Bavarian [bə'vɛərɪən] ADJ bay(e)risch ▶ N Bayer(in) *m(f)*
bawdy ['bɔ:dɪ] ADJ derb, obszön
bawl [bɔ:l] VI brüllen, schreien
bay [beɪ] N Bucht *f*; (BRIT: *for parking*) Parkbucht *f*; (: *for loading*) Ladeplatz *m*; *(horse)* Braune(r) *m*; **to hold sb at ~** jdn in Schach halten
bay leaf N Lorbeerblatt *nt*
bayonet ['beɪənɪt] N Bajonett *nt*
bay tree N Lorbeerbaum *m*
bay window N Erkerfenster *nt*
bazaar [bə'zɑ:^r] N Basar *m*
bazooka [bə'zu:kə] N Panzerfaust *f*
BB (BRIT) N ABBR (= *Boys' Brigade*) *Jugendorganisation für Jungen*
BBB (US) N ABBR (= *Better Business Bureau*) *amerikanische Verbraucherbehörde*
BBC N ABBR BBC *f*

BBC (Abkürzung für *British Broadcasting Corporation*) ist die staatliche britische Rundfunk- und Fernsehanstalt. Die Fernsehsender *BBC1* und *BBC2* bieten beide ein umfangreiches Fernsehprogramm, wobei *BBC1* mehr Sendungen von allgemeinem Interesse wie z.B. leichte Unterhaltung, Sport, Aktuelles, Kinderprogramme und Außenübertragungen zeigt. *BBC2* berücksichtigt Reisesendungen, Drama, Musik und internationale Filme. Die 5 landesweiten Radiosender bieten von Popmusik bis Kricket etwas für jeden Geschmack; dazu gibt es noch 37 regionale Radiosender. Der *BBC World Service* ist auf der ganzen Welt auf Englisch oder in einer von 35 anderen Sprachen zu empfangen. Finanziert wird die *BBC* vor allem durch Fernsehgebühren und ins Ausland verkaufte Sendungen. Obwohl die *BBC* dem Parlament gegenüber verantwortlich ist, werden die Sendungen nicht vom Staat kontrolliert.

BC ADV ABBR (= *before Christ*) v. Chr. ▶ ABBR (CANADA: = *British Columbia*) Britisch-Kolumbien *nt*

BCG N ABBR (= *bacille Calmette-Guérin*) BCG *m*

BD N ABBR (= *Bachelor of Divinity*) *akademischer Grad in Theologie*

B/D ABBR = **bank draft**

BDS N ABBR (= *Bachelor of Dental Surgery*) *akademischer Grad in Zahnmedizin*

be [bi:]

(*pt* **was**, **were**, *pp* **been**) AUX VB **1** (*with present participle: forming continuous tenses*): **what are you doing?** was machst du?; **it is raining** es regnet; **are you working in Rome?** arbeiten Sie in Rom?

2 (*with pp: forming passives*) werden; **to be killed** getötet werden; **the box had been opened** die Kiste war geöffnet worden

3 (*in tag questions*): **he's good-looking, isn't he?** er sieht gut aus, nicht (wahr)?; **she's back again, is she?** sie ist wieder da, oder?

4 (*+ to + infinitive*): **the house is to be sold** das Haus soll verkauft werden; **he's not to open it** er darf es nicht öffnen

▶ VB + COMPLEMENT **1** sein; **I'm tired/English** ich bin müde/Engländer(in); **I'm hot/cold** mir ist heiß/kalt; **he's a doctor** er ist Arzt; **2 and 2 are 4** 2 und 2 ist *or* macht 4; **she's tall/pretty** sie ist groß/hübsch; **be careful/quiet** sei vorsichtig/ruhig

2 (*of health*): **how are you?** wie geht es Ihnen?; **he's very ill** er ist sehr krank; **I'm fine now** jetzt geht es mir gut

3 (*of age*): **how old are you?** wie alt bist du?; **I'm sixteen (years old)** ich bin sechzehn (Jahre alt)

4 (*cost*) kosten; **how much was the meal?** was hat das Essen gekostet?; **that'll be 5 pounds please** das macht 5 Pfund, bitte

▶ VI **1** (*exist, occur etc*) sein; **there is/are** es gibt; **is there a God?** gibt es einen Gott?; **be that as it may** wie dem auch sei; **so be it** gut (und schön)

2 (*referring to place*) sein, liegen; **Edinburgh is in Scotland** Edinburgh liegt *or* ist in Schottland; **I won't be here tomorrow** morgen bin ich nicht da

3 (*referring to movement*) sein; **where have you been?** wo warst du?

▶ IMPERS VB **1** (*referring to time, distance, weather*) sein; **it's 5 o'clock** es ist 5 Uhr; **it's 10 km to the village** es sind 10 km bis zum Dorf; **it's too hot/cold** es ist zu heiß/kalt

2 (*emphatic*): **it's only me** ich bins nur; **it's only the postman** es ist nur der Briefträger

B/E ABBR = **bill of exchange**

beach [bi:tʃ] N Strand *m* ▶ VT (*boat*) auf (den) Strand setzen

beach buggy N Strandbuggy *m*

beachcomber [ˈbi:tʃkəumər] N Strandgutsammler *m*

beachwear [ˈbi:tʃwɛər] N Strandkleidung *f*

beacon [ˈbi:kən] N Leuchtfeuer *nt*; (*marker*) Bake *f*; (*also:* **radio beacon**) Funkfeuer *nt*

bead [bi:d] N Perle *f* ■ **beads** NPL (*necklace*) Perlenkette *f*

beady [ˈbi:dɪ] ADJ: **~ eyes** Knopfaugen *pl*

beagle [ˈbi:gl] N Beagle *m*

beak [bi:k] N Schnabel *m*

beaker [ˈbi:kər] N Becher *m*

beam [bi:m] N (*Archit*) Balken *m*; (*of light*) Strahl *m*; (*Radio*) Leitstrahl *m* ▶ VI (*smile*) strahlen ▶ VT ausstrahlen, senden; **to ~ at sb** jdn anstrahlen; **to drive on full** *or* **main** *or* **high ~** mit Fernlicht fahren

beaming [ˈbi:mɪŋ] ADJ strahlend

bean [bi:n] N Bohne *f*; **runner ~** Stangenbohne *f*; **broad ~** dicke Bohne; **coffee ~** Kaffeebohne *f*

beanpole [ˈbi:npəul] N (*lit, fig*) Bohnenstange *f*

beanshoots [ˈbi:nʃu:ts] NPL Sojabohnensprossen *pl*

beansprouts [ˈbi:nsprauts] NPL = **beanshoots**

★**bear** [bɛər] (*pt* **bore**, *pp* **borne**) N Bär *m*; (*Stock Exchange*) Baissier *m* ▶ VT tragen; (*tolerate, endure*) ertragen; (*examination*) standhalten *+dat*; (*traces, signs*) aufweisen, zeigen; (*Comm: interest*) tragen, bringen; (*produce: children*) gebären; (*: fruit*) tragen ▶ VI: **to ~ right/left** (*Aut*) sich rechts/links halten; **to ~ the responsibility of** die Verantwortung tragen für; **to ~ comparison with** einem Vergleich standhalten mit; **I can't ~ him** ich kann ihn nicht ausstehen; **to bring pressure to ~ on sb** Druck auf jdn ausüben

▶ **bear out** VT (*person, suspicions etc*) bestätigen

▶ **bear up** VI Haltung bewahren; **he bore up well** er hat sich gut gehalten

▶ **bear with** VT FUS Nachsicht haben mit; **~ with me a minute** bitte gedulden Sie sich einen Moment

bearable [ˈbɛərəbl] ADJ erträglich

beard [bɪəd] N Bart *m*

bearded [ˈbɪədɪd] ADJ bärtig

bearer [ˈbɛərər] N (*of letter, news*) Überbringer(in) *m(f)*; (*of cheque, passport, title etc*) Inhaber(in) *m(f)*

bearing [ˈbɛərɪŋ] N (*posture*) Haltung *f*; (*air*) Auftreten *nt*; (*connection*) Bezug *m*; (*Tech*) Lager *nt* ■ **bearings** NPL (*also:* **ball bearings**) Kugellager *nt*; **to take a ~ with a compass** den Kompasskurs feststellen; **to get one's bearings** sich zurechtfinden

beast [bi:st] N (*animal*) Tier *nt*; (*inf: person*) Biest *nt*

beastly [ˈbi:stlɪ] ADJ scheußlich

★**beat** [bi:t] (*pt* **~**, *pp* **beaten**) N (*of heart*) Schlag *m*; (*Mus*) Takt *m*; (*of police officer*) Revier *nt* ▶ VT schlagen; (*record*) brechen ▶ VI schlagen; **to ~ time** den Takt schlagen; **to ~ it** (*inf*) abhauen, verschwinden; **that beats everything** das ist doch wirklich der Gipfel *or* die Höhe; **to ~ about the bush** um den heißen Brei herumreden; **off the beaten track** abgelegen

▶ **beat down** VT (*door*) einschlagen; (*price*) herunterhandeln; (*seller*) einen niedrigeren Preis aushandeln mit ▶ VI (*rain*) herunterprasseln; (*sun*) herunterbrennen

▶ **beat off** VT (*attack, attacker*) abwehren
▶ **beat up** VT (*person*) zusammenschlagen; (*mixture, eggs*) schlagen

beater [ˈbiːtəʳ] N (*for eggs, cream*) Schneebesen *m*

beating [ˈbiːtɪŋ] N Schläge *pl*, Prügel *pl*; **to take a ~** (*fig*) eine Schlappe einstecken

beat-up [ˈbiːtˈʌp] (*inf*) ADJ zerbeult, ramponiert

beautician [bjuːˈtɪʃən] N Kosmetiker(in) *m(f)*

★**beautiful** [ˈbjuːtɪful] ADJ schön

beautifully [ˈbjuːtɪflɪ] ADV (*play, sing, drive etc*) hervorragend; (*quiet, empty etc*) schön

beautify [ˈbjuːtɪfaɪ] VT verschönern

★**beauty** [ˈbjuːtɪ] N Schönheit *f*; (*fig: attraction*) Schöne *nt*; **the ~ of it is that ...** das Schöne daran ist, dass ...

beauty contest N Schönheitswettbewerb *m*

beauty queen N Schönheitskönigin *f*

beauty salon N Kosmetiksalon *m*

beauty sleep N (Schönheits)schlaf *m*

beauty spot (BRIT) N besonders schöner Ort *m*

beaver [ˈbiːvəʳ] N Biber *m*

becalmed [bɪˈkɑːmd] ADJ: **to be ~** (*sailing ship*) in eine Flaute geraten

became [bɪˈkeɪm] PT *of* **become**

★**because** [bɪˈkɔz] CONJ weil; **~ of** wegen *+gen or* (*inf*) *+dat*

beck [bɛk] N: **to be at sb's ~ and call** nach jds Pfeife tanzen

beckon [ˈbɛkən] VT (*also:* **beckon to**) winken ▶ VI locken

★**become** [bɪˈkʌm] VI (*irreg: like* **come**) werden; **it became known that** es wurde bekannt, dass; **what has ~ of him?** was ist aus ihm geworden?

> Das englische Wort **become** bedeutet nicht *bekommen* auf Deutsch.

becoming [bɪˈkʌmɪŋ] ADJ (*behaviour*) schicklich; (*clothes*) kleidsam

BECTU [ˈbɛktu] (BRIT) N ABBR (= *Broadcasting, Entertainment, Cinematographic and Theatre Union*) *Gewerkschaft für Beschäftigte in der Unterhaltungsindustrie*

BEd N ABBR (= *Bachelor of Education*) *akademischer Grad im Erziehungswesen*

★**bed** [bɛd] N Bett *nt*; (*of coal*) Flöz *nt*; (*of clay*) Schicht *f*; (*of river*) (Fluss)bett *nt*; (*of sea*) (Meeres)boden *m*, (Meeres)grund *m*; (*of flowers*) Beet *nt*; **to go to ~** ins *or* zu Bett gehen
▶ **bed down** VI sein Lager aufschlagen

bed and breakfast N (*place*) (Frühstücks)pension *f*; (*terms*) Übernachtung *f* mit Frühstück

> **Bed and breakfast** bedeutet "Übernachtung mit Frühstück", wobei sich dies in Großbritannien nicht auf Hotels, sondern auf kleinere Pensionen, Privathäuser und Bauernhöfe bezieht, wo man wesentlich preisgünstiger übernachten kann als in Hotels. Oft wird für *bed and breakfast*, auch *B & B* genannt, durch ein entsprechendes Schild im Garten oder an der Einfahrt geworben.

bedbug [ˈbɛdbʌg] N Wanze *f*

bedclothes [ˈbɛdkləuðz] NPL Bettzeug *nt*

bedding [ˈbɛdɪŋ] N Bettzeug *nt*

bedevil [bɪˈdɛvl] VT (*person*) heimsuchen; (*plans*) komplizieren; **to be bedevilled by misfortune/bad luck** vom Schicksal/Pech verfolgt sein

bedfellow [ˈbɛdfɛləu] N: **they are strange bedfellows** (*fig*) sie sind ein merkwürdiges Gespann

bedlam [ˈbɛdləm] N Chaos *nt*

bed linen N Bettwäsche *f*

bedpan [ˈbɛdpæn] N Bettpfanne *f*, Bettschüssel *f*

bedpost [ˈbɛdpəust] N Bettpfosten *m*

bedraggled [bɪˈdrægld] ADJ (*wet*) triefnass, tropfnass; (*dirty*) verdreckt

bedridden [ˈbɛdrɪdn] ADJ bettlägerig

bedrock [ˈbɛdrɔk] N (*fig*) Fundament *nt*; (*Geog*) Grundgebirge *nt*, Grundgestein *nt*

★**bedroom** [ˈbɛdrum] N Schlafzimmer *nt*

bed settee N Sofabett *nt*

bedside [ˈbɛdsaɪd] N: **at sb's ~** an jds Bett; **~ lamp** Nachttischlampe *f*; **~ book** Bettlektüre *f*

bedsit [ˈbɛdsɪt], **bedsitter** [ˈbɛdsɪtəʳ] N (BRIT) möbliertes Zimmer *nt*

bedspread [ˈbɛdsprɛd] N Tagesdecke *f*

★**bedtime** [ˈbɛdtaɪm] N Schlafenszeit *f*; **it's ~** es ist Zeit, ins Bett zu gehen

bee [biː] N Biene *f*; **to have a ~ in one's bonnet about cleanliness** einen Sauberkeitsfimmel *or* Sauberkeitstick haben

beech [biːtʃ] N Buche *f*

★**beef** [biːf] N Rind(fleisch) *nt*; **roast ~** Rinderbraten *m*
▶ **beef up** (*inf*) VT aufmotzen; (*essay*) auswalzen

★**beefburger** [ˈbiːfbəːgəʳ] N Hamburger *m*

beefeater [ˈbiːfiːtəʳ] N Beefeater *m*

beehive [ˈbiːhaɪv] N Bienenstock *m*

beekeeping [ˈbiːkiːpɪŋ] N Bienenzucht *f*, Imkerei *f*

beeline [ˈbiːlaɪn] N: **to make a ~ for** schnurstracks zugehen auf *+acc*

been [biːn] PP *of* **be**

beep [biːp] (*inf*) N Tut(tut) *nt* ▶ VI tuten ▶ VT: **to ~ one's horn** hupen

★**beer** [bɪəʳ] N Bier *nt*

beer belly (*inf*) N Bierbauch *m*

beer can N Bierdose *f*

beet [biːt] N Rübe *f*; (*US: also:* **red beet**) Rote Bete *f*

beetle [ˈbiːtl] N Käfer *m*

beetroot [ˈbiːtruːt] (BRIT) N Rote Bete *f*

befall [bɪˈfɔːl] VI (*irreg: like* **fall**) sich zutragen ▶ VT widerfahren *+dat*

befit [bɪˈfɪt] VT sich gehören für

★**before** [bɪˈfɔːʳ] PREP vor *+dat*; (*with movement*) vor *+acc* ▶ CONJ bevor ▶ ADV (*time*) vorher; (*space*) davor; **~ going** bevor er/sie *etc* geht/ging; **~ she**

goes bevor sie geht; **the week ~** die Woche davor; **I've never seen it ~** ich habe es noch nie gesehen
beforehand [bɪˈfɔːhænd] ADV vorher
befriend [bɪˈfrɛnd] VT sich annehmen *+gen*
befuddled [bɪˈfʌdld] ADJ: **to be ~** verwirrt sein
beg [bɛg] VI betteln ▶ VT (*food, money*) betteln um; (*favour, forgiveness etc*) bitten um; **to ~ for** (*food etc*) betteln um; (*forgiveness, mercy etc*) bitten um; **to ~ sb to do sth** jdn bitten, etw zu tun; **I ~ your pardon** (*apologizing*) entschuldigen Sie bitte; (*not hearing*) (wie) bitte?; **to ~ the question** der Frage ausweichen; *see also* **pardon**
began [bɪˈgæn] PT *of* **begin**
beggar [ˈbɛgəʳ] N Bettler(in) *m(f)*
begin [bɪˈgɪn] (*pt* **began**, *pp* **begun**) VT, VI beginnen, anfangen; **to ~ doing** *or* **to do sth** anfangen, etw zu tun; **beginning (from) Monday** ab Montag; **I can't ~ to thank you** ich kann Ihnen gar nicht genug danken; **we'll have soup to ~ with** als Vorspeise hätten wir gern Suppe; **to ~ with, I'd like to know ...** zunächst einmal möchte ich wissen, ...
beginner [bɪˈgɪnəʳ] N Anfänger(in) *m(f)*
beginning [bɪˈgɪnɪŋ] N Anfang *m*; **right from the ~** von Anfang an
begrudge [bɪˈgrʌdʒ] VT: **to ~ sb sth** jdm etw missgönnen *or* nicht gönnen
beguile [bɪˈgaɪl] VT betören
beguiling [bɪˈgaɪlɪŋ] ADJ (*charming*) verführerisch; (*deluding*) betörend
begun [bɪˈgʌn] PP *of* **begin**
behalf [bɪˈhɑːf] N: **on ~ of**, (*US*) **in ~ of** (*as representative of*) im Namen von; (*for benefit of*) zugunsten von; **on my/his ~** in meinem/seinem Namen; zu meinen/seinen Gunsten
behave [bɪˈheɪv] VI (*person*) sich verhalten, sich benehmen; (*thing*) funktionieren; (*also:* **behave o.s.**) sich benehmen
behaviour, (*US*) **behavior** [bɪˈheɪvjəʳ] N Verhalten *nt*; (*manner*) Benehmen *nt*
behead [bɪˈhɛd] VT enthaupten
beheld [bɪˈhɛld] PT, PP *of* **behold**
behind [bɪˈhaɪnd] PREP hinter ▶ ADV (*at/towards the back*) hinten ▶ N (*buttocks*) Hintern *m*, Hinterteil *nt*; **~ the scenes** (*fig*) hinter den Kulissen; **we're ~ them in technology** auf dem Gebiet der Technologie liegen wir hinter ihnen zurück; **to be ~** (*schedule*) im Rückstand *or* Verzug sein; **to leave/stay ~** zurücklassen/-bleiben
behold [bɪˈhəuld] VT (*irreg: like* **hold**) sehen, erblicken
beige [beɪʒ] ADJ beige
Beijing [ˈbeɪˈdʒɪŋ] N Peking *nt*
being [ˈbiːɪŋ] N (*creature*) (Lebe)wesen *nt*; (*existence*) Leben *nt*, (Da)sein *nt*; **to come into ~** entstehen
Beirut [beɪˈruːt] N Beirut *nt*
Belarus [bɛləˈrus] N Weißrussland *nt*
Belarussian [bɛləˈrʌʃən] ADJ belarussisch, weißrussisch ▶ N Weißrusse *m*, Weißrussin *f*; (*Ling*) Weißrussisch *nt*
belated [bɪˈleɪtɪd] ADJ verspätet
belch [bɛltʃ] VI rülpsen ▶ VT (*smoke etc: also:* **belch out**) ausstoßen
beleaguered [bɪˈliːgɪd] ADJ (*city*) belagert; (*army*) eingekesselt; (*fig*) geplagt
Belfast [ˈbɛlfɑːst] N Belfast *nt*
belfry [ˈbɛlfrɪ] N Glockenstube *f*
Belgian [ˈbɛldʒən] ADJ belgisch ▶ N Belgier(in) *m(f)*
★**Belgium** [ˈbɛldʒəm] N Belgien *nt*
Belgrade [bɛlˈgreɪd] N Belgrad *nt*
belie [bɪˈlaɪ] VT (*contradict*) im Widerspruch stehen zu; (*give false impression of*) hinwegtäuschen über *+acc*; (*disprove*) widerlegen, Lügen strafen
belief [bɪˈliːf] N Glaube *m*; (*opinion*) Überzeugung *f*; **it's beyond ~** es ist unglaublich *or* nicht zu glauben; **in the ~ that** im Glauben, dass
believable [bɪˈliːvəbl] ADJ glaubhaft
★**believe** [bɪˈliːv] VT glauben ▶ VI (an Gott) glauben; **he is believed to be abroad** es heißt, dass er im Ausland ist; **to ~ in** (*God, ghosts*) glauben an *+acc*; (*method etc*) Vertrauen haben zu; **I don't ~ in corporal punishment** ich halte nicht viel von der Prügelstrafe
believer [bɪˈliːvəʳ] N (*in idea, activity*) Anhänger(in) *m(f)*; (*Rel*) Gläubige(r) *f(m)*; **she's a great ~ in healthy eating** sie ist sehr für eine gesunde Ernährung
belittle [bɪˈlɪtl] VT herabsetzen
Belize [bɛˈliːz] N Belize *nt*
★**bell** [bɛl] N Glocke *f*; (*small*) Glöckchen *nt*, Schelle *f*; (*on door*) Klingel *f*; **that rings a ~** (*fig*) das kommt mir bekannt vor
bell-bottoms [ˈbɛlbɔtəmz] NPL Hose *f* mit Schlag
bellboy [ˈbɛlbɔɪ] (*BRIT*) N Page *m*, Hoteljunge *m*
bellhop [ˈbɛlhɔp] (*US*) N = **bellboy**
belligerence [bɪˈlɪdʒərəns] N Angriffslust *f*
belligerent [bɪˈlɪdʒərənt] ADJ angriffslustig
bellow [ˈbɛləu] VI, VT brüllen
bellows [ˈbɛləuz] NPL Blasebalg *m*
bell push (*BRIT*) N Klingel *f*
belly [ˈbɛlɪ] N Bauch *m*
bellyache [ˈbɛlɪeɪk] (*inf*) N Bauchschmerzen *pl* ▶ VI murren
bellybutton [ˈbɛlɪbʌtn] N Bauchnabel *m*
bellyful [ˈbɛlɪful] (*inf*) N: **I've had a ~ of that** davon habe ich die Nase voll
★**belong** [bɪˈlɔŋ] VI: **to ~ to** (*person*) gehören *+dat*; (*club etc*) angehören *+dat*; **this book belongs here** dieses Buch gehört hierher
belongings [bɪˈlɔŋɪŋz] NPL Sachen *pl*, Habe *f*; **personal ~** persönlicher Besitz *m*, persönliches Eigentum *nt*
Belorussia [bɛleuˈrʌʃə] N Weißrussland *nt*
Belorussian [bɛleuˈrʌʃən] ADJ, N = **Belarussian**

beloved [bɪˈlʌvɪd] ADJ geliebt ▸ N Geliebte(r) *f(m)*

★**below** [bɪˈləu] PREP *(beneath)* unterhalb *+gen*; *(less than)* unter *+dat* ▸ ADV *(beneath)* unten; **see ~** siehe unten; **temperatures ~ normal** Temperaturen unter dem Durchschnitt

★**belt** [bɛlt] N Gürtel *m*; *(Tech)* (Treib)riemen *m* ▸ VT schlagen ▸ VI (BRIT *inf*): **to ~ along** rasen; **to ~ down/into** hinunter-/hineinrasen; **industrial ~** Industriegebiet *nt*
▸ **belt out** VT *(song)* schmettern
▸ **belt up** (BRIT *inf*) VI den Mund *or* die Klappe halten

beltway [ˈbɛltweɪ] *(US)* N Umgehungsstraße *f*, Ringstraße *f*; *(motorway)* Umgehungsautobahn *f*

bemoan [bɪˈməun] VT beklagen

bemused [bɪˈmju:zd] ADJ verwirrt

bench [bɛntʃ] N Bank *f*; *(work bench)* Werkbank *f*; **the B~** *(Law: judges)* die Richter *pl*, der Richterstand

benchmark [ˈbɛntʃmɑ:k] N *(fig)* Maßstab *m*

★**bend** [bɛnd] *(pt, pp* **bent***)* VT *(leg, arm)* beugen; *(pipe)* biegen ▸ VI *(person)* sich beugen ▸ N (BRIT: *in road*) Kurve *f*; *(in pipe, river)* Biegung *f* ■ **bends** NPL *(Med)*: **the bends** die Taucherkrankheit
▸ **bend down** VI sich bücken
▸ **bend over** VI sich bücken

★**beneath** [bɪˈni:θ] PREP unter *+dat* ▸ ADV darunter

benefactor [ˈbɛnɪfæktəʳ] N Wohltäter *m*

benefactress [ˈbɛnɪfæktrɪs] N Wohltäterin *f*

beneficial [bɛnɪˈfɪʃəl] ADJ *(effect)* nützlich; *(influence)* vorteilhaft; **~ (to)** gut (für)

beneficiary [bɛnɪˈfɪʃərɪ] N *(Law)* Nutznießer(in) *m(f)*

★**benefit** [ˈbɛnɪfɪt] N *(advantage)* Vorteil *m*; *(money)* Beihilfe *f*; *(also:* **benefit concert, benefit match***)* Benefizveranstaltung *f* ▸ VT nützen *+dat*, zugutekommen *+dat* ▸ VI: **he'll ~ from it** er wird davon profitieren

Benelux [ˈbɛnɪlʌks] N die Beneluxstaaten *pl*

benevolent [bɪˈnɛvələnt] ADJ wohlwollend; *(organization)* Wohltätigkeits-

BEng N ABBR (= *Bachelor of Engineering) akademischer Grad für Ingenieure*

benign [bɪˈnaɪn] ADJ gütig; *(Med)* gutartig

Benin [bɛˈni:n] N Benin *nt*

bent [bɛnt] PT, PP *of* **bend** ▸ N Neigung *f* ▸ ADJ *(wire, pipe)* gebogen; *(inf: dishonest)* korrupt; *(!: gay)* andersrum; **to be ~ on** entschlossen sein zu

bequeath [bɪˈkwi:ð] VT vermachen

bequest [bɪˈkwɛst] N Vermächtnis *nt*, Legat *nt*

bereaved [bɪˈri:vd] ADJ leidtragend ▸ NPL: **the ~** die Hinterbliebenen *pl*

bereavement [bɪˈri:vmənt] N schmerzlicher Verlust *m*

bereft [bɪˈrɛft] ADJ: **~ of** beraubt *+gen*

beret [ˈbɛreɪ] N Baskenmütze *f*

Bering Sea [ˈbeɪrɪŋ-] N: **the ~** das Beringmeer

berk [bə:k] *(inf)* N Dussel *m*

Berlin [bə:ˈlɪn] N Berlin *nt*; **East/West ~** *(formerly)* Ost-/Westberlin *nt*

berm [bə:m] *(US)* N Seitenstreifen *m*

Bermuda [bə:ˈmju:də] N Bermuda *nt*, die Bermudinseln *pl*

Bermuda shorts NPL Bermudashorts *pl*

Bern [bə:n] N Bern *nt*

berry [ˈbɛrɪ] N Beere *f*

berserk [bəˈsə:k] ADJ: **to go ~** wild werden

berth [bə:θ] N *(bed)* Bett *nt*; *(on ship)* Koje *f*; *(on train)* Schlafwagenbett *nt*; *(for ship)* Liegeplatz *m* ▸ VI anlegen; **to give sb a wide ~** *(fig)* einen großen Bogen um jdn machen

beseech [bɪˈsi:tʃ] *(pt, pp* **besought***)* VT anflehen

beset [bɪˈsɛt] *(pt, pp* **~***)* VT *(subj: difficulties)* bedrängen; (: *fears, doubts*) befallen; **~ with** *(problems, dangers etc)* voller *+dat*

★**beside** [bɪˈsaɪd] PREP neben *+dat*; *(with movement)* neben *+acc*; **to be ~ o.s.** außer sich sein; **that's ~ the point** das hat damit nichts zu tun

besides [bɪˈsaɪdz] ADV außerdem ▸ PREP außer *+dat*

besiege [bɪˈsi:dʒ] VT belagern; *(fig)* belagern, bedrängen

besmirch [bɪˈsmə:tʃ] VT besudeln

besotted [bɪˈsɔtɪd] (BRIT) ADJ: **~ with** vernarrt in *+acc*

besought [bɪˈsɔ:t] PT, PP *of* **beseech**

bespectacled [bɪˈspɛktɪkld] ADJ bebrillt

bespoke [bɪˈspəuk] (BRIT) ADJ *(garment)* maßgeschneidert; *(suit)* Maß-; **~ tailor** Maßschneider *m*

★**best** [bɛst] ADJ beste(r, s) ▸ ADV am besten ▸ N: **at ~** bestenfalls; **the ~ thing to do is ...** das Beste ist ...; **the ~ part of** der größte Teil *+gen*; **to make the ~ of sth** das Beste aus etw machen; **to do one's ~** sein Bestes tun; **to the ~ of my knowledge** meines Wissens; **to the ~ of my ability** so gut ich kann; **he's not exactly patient at the ~ of times** er ist schon normalerweise ziemlich ungeduldig

best-before date N Mindesthaltbarkeitsdatum *nt*

bestial [ˈbɛstɪəl] ADJ bestialisch

best man N *(irreg)* Trauzeuge *m* *(des Bräutigams)*

bestow [bɪˈstəu] VT schenken; **to ~ sth on sb** *(honour, praise)* jdm etw zuteilwerden lassen; *(title)* jdm etw verleihen

best seller N Bestseller *m*

bet [bɛt] *(pt, pp* **~** *or* **betted***)* N Wette *f* ▸ VI wetten ▸ VT: **to ~ sb sth** mit jdm um etw wetten; **it's a safe ~** *(fig)* es ist so gut wie sicher; **to ~ money on sth** Geld auf etw *acc* setzen

Bethlehem [ˈbɛθlɪhɛm] N Bethlehem *nt*

betray [bɪˈtreɪ] VT verraten; *(trust, confidence)* missbrauchen

betrayal [bɪˈtreɪəl] N Verrat *m*

★**better** [ˈbɛtəʳ] ADJ, ADV besser ▸ VT verbessern ▸ N: **to get the ~ of sb** jdn unterkriegen; *(curios-*

ity) über jdn siegen; **I had ~ go** ich gehe jetzt (wohl) besser; **you had ~ do it** tun Sie es lieber; **he thought ~ of it** er überlegte es sich *dat* anders; **to get ~** gesund werden; **that's ~!** so ist es besser!; **a change for the ~** eine Wendung zum Guten

better off ADJ (*wealthier*) bessergestellt; (*more comfortable etc*) besser dran; (*fig*): **you'd be ~ this way** so wäre es besser für Sie

betting [ˈbɛtɪŋ] N Wetten *nt*

betting shop (BRIT) N Wettbüro *nt*

between [bɪˈtwiːn] PREP zwischen *+dat*; (*with movement*) zwischen *+acc*; (*amongst*) unter *+acc or dat* ▶ ADV dazwischen; **the road ~ here and London** die Straße zwischen hier und London; **we only had £5 ~ us** wir hatten zusammen nur £5

bevel [ˈbɛvəl] N (*also:* **bevel edge**) abgeschrägte Kante *f*

bevelled [ˈbɛvəld] ADJ: **a ~ edge** eine Schrägkante, eine abgeschrägte Kante

beverage [ˈbɛvərɪdʒ] N Getränk *nt*

bevy [ˈbɛvɪ] N: **a ~ of** eine Schar *+gen*

bewail [bɪˈweɪl] VT beklagen

beware [bɪˈwɛəʳ] VI: **to ~ (of)** sich in Acht nehmen (vor *+dat*); **"~ of the dog"** „Vorsicht, bissiger Hund"

bewildered [bɪˈwɪldəd] ADJ verwirrt

bewildering [bɪˈwɪldrɪŋ] ADJ verwirrend

bewitching [bɪˈwɪtʃɪŋ] ADJ bezaubernd, hinreißend

beyond [bɪˈjɔnd] PREP (*in space*) jenseits *+gen*; (*exceeding*) über *+acc* ... hinaus; (*after*) nach; (*above*) über *+dat* ▶ ADV (*in space*) dahinter; (*in time*) darüber hinaus; **it is ~ doubt** es steht außer Zweifel; **~ repair** nicht mehr zu reparieren; **it is ~ my understanding** es übersteigt mein Begriffsvermögen; **it's ~ me** das geht über meinen Verstand

b/f ABBR (*Comm:* = *brought forward*) Übertr.

BFPO N ABBR (= *British Forces Post Office*) *Postbehörde der britischen Armee*

bhp N ABBR (*Aut:* = *brake horsepower*) Bremsleistung *f*

Bhutan [buːˈtɑːn] N (Königreich *nt*) Bhutan *nt*

bi... [baɪ] PREF Bi-, bi-

biannual [baɪˈænjuəl] ADJ zweimal jährlich

bias [ˈbaɪəs] N (*prejudice*) Vorurteil *nt*; (*preference*) Vorliebe *f*

biased, biassed [ˈbaɪəst] ADJ voreingenommen; **to be bias(s)ed against** voreingenommen sein gegen

biathlon [baɪˈæθlən] N Biathlon *nt*

bib [bɪb] N Latz *m*

Bible [ˈbaɪbl] N Bibel *f*

biblical [ˈbɪblɪkl] ADJ biblisch

bibliography [bɪblɪˈɔgrəfɪ] N Bibliografie *f*

bicarbonate of soda [baɪˈkɑːbənɪt-] N Natron *nt*

bicentenary [baɪsɛnˈtiːnərɪ] N Zweihundertjahrfeier *f*

bicentennial [baɪsɛnˈtɛnɪəl] (*US*) N = **bicentenary**

biceps [ˈbaɪsɛps] N Bizeps *m*

bicker [ˈbɪkəʳ] VI sich zanken

bickering [ˈbɪkərɪŋ] N Zankerei *f*

★**bicycle** [ˈbaɪsɪkl] N Fahrrad *nt*

bicycle path N (Fahr)radweg *m*

bicycle pump N Luftpumpe *f*

bicycle track N (Fahr)radweg *m*

bid [bɪd] (*pt* **bade** *or* **~**, *pp* **bidden** *or* **~**) N (*at auction*) Gebot *nt*; (*in tender*) Angebot *nt*; (*attempt*) Versuch *m* ▶ VI bieten; (*Cards*) bieten, reizen ▶ VT bieten; **to ~ sb good day** jdm einen Guten Tag wünschen

bidden [ˈbɪdn] PP *of* **bid**

bidder [ˈbɪdəʳ] N: **the highest ~** der/die Höchstbietende *or* Meistbietende

bidding [ˈbɪdɪŋ] N Steigern *nt*, Bieten *nt*; (*order, command*): **to do sb's ~** tun, was jd einem sagt

bide [baɪd] VT: **to ~ one's time** den rechten Augenblick abwarten

bidet [ˈbiːdeɪ] N Bidet *nt*

bidirectional [ˈbaɪdɪˈrɛkʃənl] ADJ (*Comput*) bidirektional

biennial [baɪˈɛnɪəl] ADJ zweijährlich ▶ N zweijährige Pflanze *f*

bifocals [baɪˈfəuklz] NPL Bifokalbrille *f*

★**big** [bɪg] ADJ groß; **to do things in a ~ way** alles im großen Stil tun

bigamist [ˈbɪgəmɪst] N Bigamist(in) *m(f)*

bigamous [ˈbɪgəməs] ADJ bigamistisch

bigamy [ˈbɪgəmɪ] N Bigamie *f*

Big Apple N *siehe Info-Artikel*

> *Apple* ist in Wirklichkeit Jargon für eine Großstadt. Auch wenn man schon weiß, dass mit **The Big Apple** die Stadt von New York gemeint ist, kennt man die Spitznamen anderer amerikanischen Großstädte weniger. So wird Chicago *Windy City* genannt, vielleicht wegen der heftige Windböen, die vom Michigansee her blasen; New Orleans verdankt den Namen *Big Easy* ihrem entspannten Lebensstil; die Automobilindustrie hat Detroit zu *Motown* gemacht.

big end N (*Aut*) Pleuelfuß *m*, Schubstangenkopf *m*

biggish [ˈbɪgɪʃ] ADJ ziemlich groß

bigheaded [ˈbɪgˈhɛdɪd] ADJ eingebildet

big-hearted [ˈbɪgˈhɑːtɪd] ADJ großherzig

bigot [ˈbɪgət] N Eiferer *m*; (*about religion*) bigotter Mensch *m*

bigoted [ˈbɪgətɪd] ADJ eifernd; bigott

bigotry [ˈbɪgətrɪ] N eifernde Borniertheit *f*; Bigotterie *f*

big toe N große Zehe *f*

big top N Zirkuszelt *nt*

big wheel N Riesenrad *nt*

bigwig [ˈbɪgwɪg] (*inf*) N hohes Tier *nt*

★**bike** [baɪk] N (Fahr)rad *nt*; (*motorcycle*) Motorrad *nt*

bike lane N Fahrradspur *f*
bikini [bɪˈkiːnɪ] N Bikini *m*
bilateral [baɪˈlætərəl] ADJ bilateral
bile [baɪl] N Galle(nflüssigkeit) *f*; (*fig: invective*) Beschimpfungen *pl*
bilingual [baɪˈlɪŋgwəl] ADJ zweisprachig
bilious [ˈbɪlɪəs] ADJ unwohl; (*fig: colour*) widerlich; **he felt ~** ihm war schlecht *or* übel
★**bill** [bɪl] N Rechnung *f*; (*Pol*) (Gesetz)entwurf *m*, (Gesetzes)vorlage *f*; (*US: banknote*) Banknote *f*, (Geld)schein *m*; (*of bird*) Schnabel *m* ▶ VT (*item*) in Rechnung stellen, berechnen; (*customer*) eine Rechnung ausstellen *+dat*; **"post no bills"** „Plakate ankleben verboten"; **on the ~** (*Theat*) auf dem Programm; **to fit** *or* **fill the ~** (*fig*) der/die/das Richtige sein; **~ of exchange** Wechsel *m*, Tratte *f*; **~ of fare** Speisekarte *f*; **~ of lading** Seefrachtbrief *m*, Konnossement *nt*; **~ of sale** Verkaufsurkunde *f*
billboard [ˈbɪlbɔːd] N Reklametafel *f*
billet [ˈbɪlɪt] (*Mil*) N Quartier *nt* ▶ VT einquartieren
billfold [ˈbɪlfəuld] (*US*) N Brieftasche *f*
billiards [ˈbɪljədz] N Billard *nt*
★**billion** [ˈbɪljən] N (*Brit*) Billion *f*; (*US*) Milliarde *f*
billionaire [bɪljəˈnɛəʳ] N Milliardär(in) *m(f)*
billow [ˈbɪləu] N (*of smoke*) Schwaden *m* ▶ VI (*smoke*) in Schwaden aufsteigen; (*sail*) sich blähen
billy goat [ˈbɪlɪ-] N Ziegenbock *m*
bimbo [ˈbɪmbəu] (*inf, pej*) N (*woman*) Puppe *f*, Häschen *nt*
bin [bɪn] N (*Brit*) Mülleimer *m*; (*container*) Behälter *m*
binary [ˈbaɪnərɪ] ADJ binär
bind [baɪnd] (*pt, pp* **bound**) VT binden; (*tie together: hands and feet*) fesseln; (*constrain, oblige*) verpflichten ▶ N (*inf: nuisance*) Last *f*
▶ **bind over** VT rechtlich verpflichten
▶ **bind up** VT (*wound*) verbinden; **to be bound up in** sehr beschäftigt sein mit; **to be bound up with** verbunden *or* verknüpft sein mit
binder [ˈbaɪndəʳ] N (*file*) Hefter *m*; (*for magazines*) Mappe *f*
binding [ˈbaɪndɪŋ] ADJ bindend, verbindlich ▶ N (*of book*) Einband *m*
binge [bɪndʒ] (*inf*) N: **to go on a ~** auf eine Sauftour gehen
bingo [ˈbɪŋgəu] N Bingo *nt*
bin liner N Müllbeutel *m*
binoculars [bɪˈnɔkjuləz] NPL Fernglas *nt*
biochemistry [baɪəˈkɛmɪstrɪ] N Biochemie *f*
biodegradable [ˈbaɪəudɪˈgreɪdəbl] ADJ biologisch abbaubar
biodiesel [ˈbaɪəudiːzl] N Biodiesel *m*
biodiversity [ˈbaɪəudaɪˈvəːsɪtɪ] N biologische Vielfalt *f*
biofuel [ˈbaɪəuˈfjuəl] N Biokraftstoff *m*
biographer [baɪˈɔgrəfəʳ] N Biograf(in) *m(f)*
biographic [baɪəˈgræfɪk], **biographical** [baɪəˈgræfɪkl] ADJ biografisch
biography [baɪˈɔgrəfɪ] N Biografie *f*
biological [baɪəˈlɔdʒɪkl] ADJ biologisch
biological clock N biologische Uhr *f*
biological waste N Bioabfall *m*
biologist [baɪˈɔlədʒɪst] N Biologe *m*, Biologin *f*
★**biology** [baɪˈɔlədʒɪ] N Biologie *f*
biophysics [ˈbaɪəuˈfɪzɪks] N Biophysik *f*
biopic [ˈbaɪəupɪk] N Filmbiografie *f*
biopsy [ˈbaɪɔpsɪ] N Biopsie *f*
biosecurity [ˈbaɪəusɪˈkjuərɪtɪ] N Vorkehrungen *pl* gegen Biogefährdung
biosphere [ˈbaɪəsfɪəʳ] N Biosphäre *f*
biotechnology [ˈbaɪəutɛkˈnɔlədʒɪ] N Biotechnik *f*
biped [ˈbaɪpɛd] N Zweifüßer *m*
bipolar [baɪˈpəuləʳ] ADJ bipolar
biracial [ˈbaɪˈreɪʃl] ADJ gemischtrassig
birch [bəːtʃ] N Birke *f*
★**bird** [bəːd] N Vogel *m*; (*Brit inf: girl*) Biene *f*
bird of prey N Raubvogel *m*
bird's-eye view [ˈbəːdzaɪ-] N Vogelperspektive *f*; (*overview*) Überblick *m*
bird-watcher [ˈbəːdwɔtʃəʳ] N Vogelbeobachter(in) *m(f)*
Biro® [ˈbaɪərəu] N Kugelschreiber *m*, Kuli *m* (*inf*)
★**birth** [bəːθ] N Geburt *f*; **to give ~ to** (*subj: woman*) gebären, entbunden werden von; (*: animal*) werfen
birth certificate N Geburtsurkunde *f*
birth control N Geburtenkontrolle *f*, Geburtenregelung *f*
★**birthday** [ˈbəːθdeɪ] N Geburtstag *m* ▶ CPD Geburtstags-; *see also* **happy**
birthmark [ˈbəːθmɑːk] N Muttermal *nt*
birthplace [ˈbəːθpleɪs] N Geburtsort *m*; (*house*) Geburtshaus *nt*; (*fig*) Entstehungsort *m*
birth rate N Geburtenrate *f*, Geburtenziffer *f*
Biscay [ˈbɪskeɪ] N: **the Bay of ~** der Golf von Biskaya
★**biscuit** [ˈbɪskɪt] N (*Brit*) Keks *m or nt*; (*US*) Brötchen *nt*
bisect [baɪˈsɛkt] VT halbieren
bisexual [ˈbaɪˈsɛksjuəl] ADJ bisexuell ▶ N Bisexuelle(r) *f(m)*
bishop [ˈbɪʃəp] N (*Rel*) Bischof *m*; (*Chess*) Läufer *m*
bistro [ˈbiːstrəu] N Bistro *nt*
★**bit** [bɪt] PT *of* **bite** ▶ N (*piece*) Stück *nt*; (*of drill*) (Bohr)einsatz *m*, Bohrer *m*; (*of plane*) (Hobel)messer *nt*; (*Comput*) Bit *nt*; (*of horse*) Gebiss *nt*; (*US*): **two/four/six bits** 25/50/75 Cent(s); **a ~ of** ein bisschen; **a ~ mad** ein bisschen verrückt; **a ~ dangerous** etwas gefährlich; **~ by ~** nach und nach; **to come to bits** kaputtgehen; **bring all your bits and pieces** bringen Sie Ihre (Sieben)sachen mit; **to do one's ~** sein(en) Teil tun *or* beitragen
bitch [bɪtʃ] N (*dog*) Hündin *f*; (*!: woman*) Miststück *nt*

bitcoin [ˈbɪtkɔɪn] N (*Comput: unit*) Bitcoin *f or m*; (*: system*) Bitcoin®

bite [baɪt] (*pt* **bit**, *pp* **bitten**) VT, VI beißen; (*subj: insect etc*) stechen ▸ N (*insect bite*) Stich *m*; (*mouthful*) Bissen *m*; **to ~ one's nails** an seinen Nägeln kauen; **let's have a ~ (to eat)** (*inf*) lasst uns eine Kleinigkeit essen

biting [ˈbaɪtɪŋ] ADJ (*wind*) schneidend; (*wit*) scharf

bit part N kleine Nebenrolle *f*

bitten [ˈbɪtn] PP *of* **bite**

bitter [ˈbɪtəʳ] ADJ bitter; (*person*) verbittert; (*wind, weather*) bitterkalt, eisig; (*criticism*) scharf ▸ N (*BRIT: beer*) *halbdunkles obergäriges Bier*; **to the ~ end** bis zum bitteren Ende

bitterly [ˈbɪtəlɪ] ADV (*complain, weep*) bitterlich; (*oppose*) erbittert; (*criticize*) scharf; (*disappointed*) bitter; (*jealous*) sehr; **it's ~ cold** es ist bitterkalt

bitterness [ˈbɪtənɪs] N Bitterkeit *f*

bittersweet [ˈbɪtəswiːt] ADJ bittersüß

bitty [ˈbɪtɪ] (BRIT *inf*) ADJ zusammengestoppelt, zusammengestückelt

bitumen [ˈbɪtjumɪn] N Bitumen *nt*

bivouac [ˈbɪvuæk] N Biwak *nt*

bizarre [bɪˈzɑːʳ] ADJ bizarr

bk ABBR = **bank; book**

BL N ABBR (= *Bachelor of Law*) *akademischer Grad für Juristen*; (= *Bachelor of Letters*) *akademischer Grad für Literaturwissenschaftler*; (*US:* = *Bachelor of Literature*) *akademischer Grad für Literaturwissenschaftler*

B/L ABBR = **bill of lading**

blab [blæb] (*inf*) VI quatschen

black [blæk] ADJ schwarz ▸ VT (BRIT *Industry*) boykottieren ▸ N Schwarz *nt*; **to give sb a ~ eye** jdm ein blaues Auge schlagen; **~ and blue** grün und blau; **there it is in ~ and white** (*fig*) da steht es schwarz auf weiß; **to be in the ~** in den schwarzen Zahlen sein
▸ **black out** VI (*faint*) ohnmächtig werden

black belt N (*Judo*) schwarzer Gürtel *m*

blackberry [ˈblækbərɪ] N Brombeere *f*

blackbird [ˈblækbəːd] N Amsel *f*

blackboard [ˈblækbɔːd] N Tafel *f*

black box N (*Aviat*) Flugschreiber *m*

black coffee N schwarzer Kaffee *m*

Black Country (BRIT) N: **the ~** *Industriegebiet in den englischen Midlands*

blackcurrant [ˈblækkʌrənt] N Johannisbeere *f*

black economy N: **the ~** die Schattenwirtschaft

blacken [ˈblækn] VT: **to ~ sb's name/reputation** (*fig*) jdn verunglimpfen

Black Forest N: **the ~** der Schwarzwald

blackhead [ˈblækhɛd] N Mitesser *m*

black hole N schwarzes Loch *nt*

black ice N Glatteis *nt*

blackjack [ˈblækdʒæk] N (*Cards*) Siebzehnundvier *nt*; (*US: truncheon*) Schlagstock *m*

blackleg [ˈblæklɛg] (BRIT) N Streikbrecher(in) *m(f)*

blacklist [ˈblæklɪst] N schwarze Liste *f* ▸ VT auf die schwarze Liste setzen

blackmail [ˈblækmeɪl] N Erpressung *f* ▸ VT erpressen

blackmailer [ˈblækmeɪləʳ] N Erpresser(in) *m(f)*

black market N Schwarzmarkt *m*

blackout [ˈblækaut] N (*in wartime*) Verdunkelung *f*; (*power cut*) Stromausfall *m*; (*TV, Radio*) Ausfall *m*; (*faint*) Ohnmachtsanfall *m*

black pepper N schwarzer Pfeffer *m*

Black Sea N: **the ~** das Schwarze Meer

black sheep N (*fig*) schwarzes Schaf *nt*

blacksmith [ˈblæksmɪθ] N Schmied *m*

black spot N (*Aut*) Gefahrenstelle *f*; (*for unemployment etc*) *Gebiet, in dem ein Problem besonders ausgeprägt ist*

bladder [ˈblædəʳ] N Blase *f*

blade [bleɪd] N (*of knife etc*) Klinge *f*; (*of oar, propeller*) Blatt *nt*; **a ~ of grass** ein Grashalm *m*

Blairite [ˈblɛəraɪt] (*Pol*) ADJ blairistisch ▸ N Blair-Anhänger(in) *m(f)*

blame [bleɪm] N Schuld *f* ▸ VT: **to ~ sb for sth** jdm die Schuld an etw *dat* geben; **to be to ~** Schuld daran haben, schuld sein; **who's to ~?** wer hat Schuld *or* ist schuld?; **I'm not to ~** es ist nicht meine Schuld

blameless [ˈbleɪmlɪs] ADJ schuldlos

blanch [blɑːntʃ] VI blass werden ▸ VT (*Culin*) blanchieren

blancmange [bləˈmɔnʒ] N Pudding *m*

bland [blænd] ADJ (*taste, food*) fade

blank [blæŋk] ADJ (*paper*) leer, unbeschrieben; (*look*) ausdruckslos ▸ N (*on form*) Lücke *f*; (*cartridge*) Platzpatrone *f*; **my mind was a ~** ich hatte ein Brett vor dem Kopf; **we drew a ~** (*fig*) wir hatten kein Glück

blank cheque N Blankoscheck *m*; **to give sb a ~ to do sth** (*fig*) jdm freie Hand geben, etw zu tun

★**blanket** [ˈblæŋkɪt] N Decke *f* ▸ ADJ (*statement*) pauschal; (*agreement*) Pauschal-

blanket cover N umfassende Versicherung *f*

blare [blɛəʳ] VI (*brass band*) schmettern; (*horn*) tuten; (*radio*) plärren
▸ **blare out** VI (*radio, stereo*) plärren

blasé [ˈblɑːzeɪ] ADJ blasiert

blaspheme [blæsˈfiːm] VI Gott lästern

blasphemous [ˈblæsfɪməs] ADJ lästerlich, blasphemisch

blasphemy [ˈblæsfɪmɪ] N (Gottes)lästerung *f*, Blasphemie *f*

blast [blɑːst] N (*of wind*) Windstoß *m*; (*of whistle*) Trillern *nt*; (*shock wave*) Druckwelle *f*; (*of air, steam*) Schwall *m*; (*of explosive*) Explosion *f* ▸ VT (*blow up*) sprengen ▸ EXCL (BRIT *inf*) verdammt!, so ein Mist!; **at full ~** (*play music*) mit voller Lautstärke; (*move, work*) auf Hochtouren
▸ **blast off** VI (*Space*) abheben, starten

blast furnace N Hochofen *m*

blastoff [ˈblɑːstɔf] N (*Space*) Abschuss *m*

blatant [ˈbleɪtənt] ADJ offensichtlich

blatantly [ˈbleɪtəntlɪ] ADV (*lie*) unverfroren; **it's ~ obvious** es ist überdeutlich

blaze [bleɪz] N (*fire*) Feuer *nt*, Brand *m*; (*fig: of colour*) Farbenpracht *f*; (*: of glory*) Glanz *m* ▶ VI (*fire*) lodern; (*guns*) feuern; (*fig: eyes*) glühen ▶ VT: **to ~ a trail** (*fig*) den Weg bahnen; **in a ~ of publicity** mit viel Publicity

blazer [ˈbleɪzəʳ] N Blazer *m*

bleach [bli:tʃ] N (*also:* **household bleach**) ≈ Reinigungsmittel *nt* ▶ VT bleichen

bleached [bli:tʃt] ADJ gebleicht

bleachers [ˈbli:tʃəz] (*US*) NPL unüberdachte Zuschauertribüne *f*

bleak [bli:k] ADJ (*countryside*) öde; (*weather, situation*) trostlos; (*prospect*) trüb; (*expression, voice*) deprimiert

bleary-eyed [ˈblɪərɪˈaɪd] ADJ triefäugig

bleat [bli:t] VI (*goat*) meckern; (*sheep*) blöken ▶ N Meckern *nt*; Blöken *nt*

bled [blɛd] PT, PP *of* **bleed**

bleed [bli:d] (*pt, pp* **bled**) VI bluten; (*colour*) auslaufen ▶ VT (*brakes, radiator*) entlüften; **my nose is bleeding** ich habe Nasenbluten

bleep [bli:p] N Piepton *m* ▶ VI piepen ▶ VT (*doctor etc*) rufen, anpiepen (*inf*)

bleeper [ˈbli:pəʳ] N Piepser *m* (*inf*), Funkrufempfänger *m*

blemish [ˈblɛmɪʃ] N Makel *m*

blend [blɛnd] N Mischung *f* ▶ VT (*Culin*) mischen, mixen; (*colours, styles, flavours etc*) vermischen ▶ VI (*colours etc: also:* **blend in**) harmonieren

blender [ˈblɛndəʳ] N (*Culin*) Mixer *m*

bless [blɛs] (*pt, pp* **blessed** *or* **blest**) VT segnen; **to be blessed with** gesegnet sein mit; **~ you!** (*after sneeze*) Gesundheit!

blessed [ˈblɛsɪd] ADJ heilig; (*happy*) selig; **it rains every ~ day** (*inf*) es regnet aber auch jeden Tag

blessing [ˈblɛsɪŋ] N (*approval*) Zustimmung *f*; (*Rel, fig*) Segen *m*; **to count one's blessings** von Glück sagen können; **it was a ~ in disguise** es war schließlich doch ein Segen

blew [blu:] PT *of* **blow**

blight [blaɪt] VT zerstören; (*hopes*) vereiteln; (*life*) verderben ▶ N (*of plants*) Brand *m*

blimey [ˈblaɪmɪ] (BRIT *inf*) EXCL Mensch!

★**blind** [blaɪnd] ADJ blind ▶ N (*for window*) Rollo *nt*, Rouleau *nt*; (*also:* **Venetian blind**) Jalousie *f* ▶ VT blind machen; (*dazzle*) blenden; (*deceive: with facts etc*) verblenden ■ **the blind** NPL (*pej: blind people*) die Blinden *pl*; **to turn a ~ eye (on *or* to)** ein Auge zudrücken (bei); **to be ~ to sth** (*fig*) blind für etw sein

blind alley N (*fig*) Sackgasse *f*

blind corner (BRIT) N unübersichtliche Ecke *f*

blind date N Rendezvous *nt* mit einem/einer Unbekannten

blinders [ˈblaɪndəz] (*US*) NPL = **blinkers**

blindfold [ˈblaɪndfəuld] N Augenbinde *f* ▶ ADJ, ADV mit verbundenen Augen ▶ VT die Augen verbinden *+dat*

blinding [ˈblaɪndɪŋ] ADJ (*dazzling*) blendend; (*remarkable*) bemerkenswert

blindly [ˈblaɪndlɪ] ADV (*without seeing*) wie blind; (*without thinking*) blindlings

blindness [ˈblaɪndnɪs] N Blindheit *f*

blind spot N (*Aut*) toter Winkel *m*; (*fig: weak spot*) schwacher Punkt *m*

blink [blɪŋk] VI blinzeln; (*light*) blinken ▶ N: **the TV's on the ~** (*inf*) der Fernseher ist kaputt

blinkers [ˈblɪŋkəz] NPL Scheuklappen *pl*

blinking [ˈblɪŋkɪŋ] (BRIT *inf*) ADJ: **this ~ ...** diese(r, s) verflixte ...

blip [blɪp] N (*on radar screen*) leuchtender Punkt *m*; (*in a straight line*) Ausschlag *m*; (*fig*) (zeitweilige) Abweichung *f*

bliss [blɪs] N Glück *nt*, Seligkeit *f*

blissful [ˈblɪsful] ADJ (*event, day*) herrlich; (*smile*) selig; **a ~ sigh** ein wohliger Seufzer *m*; **in ~ ignorance** in herrlicher Ahnungslosigkeit

blissfully [ˈblɪsfəlɪ] ADV selig; **~ happy** überglücklich; **~ unaware of ...** ohne auch nur zu ahnen, dass ...

blister [ˈblɪstəʳ] N Blase *f* ▶ VI (*paint*) Blasen werfen

BLit, BLitt N ABBR (= *Bachelor of Literature; Bachelor of Letters*) *akademischer Grad für Literaturwissenschaftler*

blithely [ˈblaɪðlɪ] ADV (*unconcernedly*) unbekümmert, munter; (*joyfully*) fröhlich

blithering [ˈblɪðərɪŋ] (*inf*) ADJ: **this ~ idiot** dieser Trottel

blitz [blɪts] N (*Mil*) Luftangriff *m*; **to have a ~ on sth** (*fig*) einen Großangriff auf etw *acc* starten

blizzard [ˈblɪzəd] N Schneesturm *m*

bloated [ˈbləutɪd] ADJ aufgedunsen; (*full*) (über)satt

blob [blɔb] N Tropfen *m*; (*sth indistinct*) verschwommener Fleck *m*

bloc [blɔk] N Block *m*; **the Eastern ~** (*Hist*) der Ostblock

★**block** [blɔk] N Block *m*; (*toy*) Bauklotz *m*; (*in pipes*) Verstopfung *f* ▶ VT blockieren; (*progress*) aufhalten; (*Comput*) blocken; **~ of flats** (BRIT) Wohnblock *m*; **3 blocks from here** 3 Blocks *or* Straßen weiter; **mental ~** geistige Sperre *f*, Mattscheibe *f* (*inf*); **~ and tackle** Flaschenzug *m*
▶ **block up** VT, VI verstopfen

blockade [blɔˈkeɪd] N Blockade *f* ▶ VT blockieren

blockage [ˈblɔkɪdʒ] N Verstopfung *f*

block booking N Gruppenbuchung *f*

blockbuster [ˈblɔkbʌstəʳ] N Knüller *m*

block capitals NPL Blockschrift *f*

blockhead [ˈblɔkhɛd] (*inf*) N Dummkopf *m*

block letters NPL Blockschrift *f*

block release (BRIT) N *blockweise Freistellung von Auszubildenden zur Weiterbildung*

block vote (BRIT) N Stimmenblock *m*

blog [blɔg] N (*Comput*) Blog *m*, Weblog *m* ▸ VI bloggen

blogger [ˈblɔgəʳ] N Blogger(in) *m(f)*

blogging [ˈblɔgɪŋ] N Blogging *nt*

blogosphere [ˈblɔgəsfɪəʳ] N Blogosphäre *f*

blogpost [ˈblɔgpəust] N Blogpost *m*

bloke [bləuk] (BRIT *inf*) N Typ *m*

blond, blonde [blɔnd] ADJ blond ▸ N (*person*) Blondine *f*, Blonder Typ *m*

blood [blʌd] N Blut *nt*; **new ~** (*fig*) frisches Blut *nt*

blood bank N Blutbank *f*

blood bath N Blutbad *nt*

blood count N Blutbild *nt*

bloodcurdling [ˈblʌdkəːdlɪŋ] ADJ grauenerregend

blood donor N Blutspender(in) *m(f)*

blood group N Blutgruppe *f*

bloodhound [ˈblʌdhaund] N Bluthund *m*

bloodless [ˈblʌdlɪs] ADJ (*victory*) unblutig; (*pale*) blutleer

blood-letting [ˈblʌdlɛtɪŋ] N (*also fig*) Aderlass *m*

blood poisoning N Blutvergiftung *f*

blood pressure N Blutdruck *m*; **to have high/low ~** hohen/niedrigen Blutdruck haben

bloodshed [ˈblʌdʃɛd] N Blutvergießen *nt*

bloodshot [ˈblʌdʃɔt] ADJ (*eyes*) blutunterlaufen

blood sport N Jagdsport *m* (*und andere Sportarten, bei denen Tiere getötet werden*)

bloodstained [ˈblʌdsteɪnd] ADJ blutbefleckt

bloodstream [ˈblʌdstriːm] N Blut *nt*, Blutkreislauf *m*

blood test N Blutprobe *f*

bloodthirsty [ˈblʌdθəːstɪ] ADJ blutrünstig

blood transfusion N Blutübertragung *f*, (Blut)transfusion *f*

blood type N Blutgruppe *f*

blood vessel N Blutgefäß *nt*

bloody [ˈblʌdɪ] ADJ blutig; (BRIT *!*): **this ~ ...** diese(r, s) verdammte ...; **~ strong** (*!*) verdammt stark; **~ good** (*!*) echt gut

bloody-minded [ˈblʌdɪˈmaɪndɪd] (BRIT *inf*) ADJ stur

bloom [bluːm] N Blüte *f* ▸ VI blühen; **to be in ~** in Blüte stehen

blooming [ˈbluːmɪŋ] (BRIT *inf*) ADJ: **this ~ ...** diese(r, s) verflixte ...

blossom [ˈblɔsəm] N Blüte *f* ▸ VI blühen; (*fig*): **to ~ into** erblühen *or* aufblühen zu

blot [blɔt] N Klecks *m*; (*fig: on name etc*) Makel *m* ▸ VT (*liquid*) aufsaugen; (*make blot on*) beklecksen; **to be a ~ on the landscape** ein Schandfleck in der Landschaft sein; **to ~ one's copy book** (*fig*) sich unmöglich machen
▸ **blot out** VT (*view*) verdecken; (*memory*) auslöschen

blotchy [ˈblɔtʃɪ] ADJ fleckig

blotter [ˈblɔtəʳ] N (Tinten)löscher *m*

blotting paper [ˈblɔtɪŋ-] N Löschpapier *nt*

blotto [ˈblɔtəu] (*inf*) ADJ (*drunk*) sternhagelvoll

★**blouse** [blauz] N Bluse *f*

★**blow** [bləu] (*pt* **blew**, *pp* **blown**) N (*also fig*) Schlag *m* ▸ VI (*wind*) wehen; (*person*) blasen ▸ VT (*subj: wind*) wehen; (*instrument, whistle*) blasen; (*fuse*) durchbrennen lassen; **to come to blows** handgreiflich werden; **to ~ off course** (*ship*) vom Kurs abgetrieben werden; **to ~ one's nose** sich *dat* die Nase putzen; **to ~ a whistle** pfeifen
▸ **blow away** VT wegblasen ▸ VI wegfliegen
▸ **blow down** VT umwehen
▸ **blow off** VT wegwehen ▸ VI wegfliegen
▸ **blow out** VI ausgehen
▸ **blow over** VI sich legen
▸ **blow up** VI ausbrechen ▸ VT (*bridge*) in die Luft jagen; (*tyre*) aufblasen; (*Phot*) vergrößern

blow-dry [ˈbləudraɪ] VT föhnen ▸ N: **to have a ~** sich föhnen lassen

blowlamp [ˈbləulæmp] (BRIT) N Lötlampe *f*

blown [bləun] PP *of* **blow**

blowout [ˈbləuaut] N Reifenpanne *f*; (*inf: big meal*) Schlemmerei *f*; (*of oil-well*) Ölausbruch *m*

blowtorch [ˈbləutɔːtʃ] N = **blowlamp**

blow-up [ˈbləuʌp] N Vergrößerung *f*

blowzy [ˈblauzɪ] (BRIT) ADJ schlampig

BLS (US) N ABBR (= *Bureau of Labor Statistics*) *Amt für Arbeitsstatistik*

blubber [ˈblʌbəʳ] N Walfischspeck *m* ▸ VI (*pej*) heulen

bludgeon [ˈblʌdʒən] VT niederknüppeln; (*fig*): **to ~ sb into doing sth** jdm so lange zusetzen, bis er etw tut

★**blue** [bluː] ADJ blau; (*depressed*) deprimiert, niedergeschlagen ▸ N: **out of the ~** (*fig*) aus heiterem Himmel ■ **blues** NPL (*Mus*): **the blues** der Blues; **~ film** Pornofilm *m*; **~ joke** schlüpfriger Witz *m*; **(only) once in a ~ moon** (nur) alle Jubeljahre einmal; **to have the blues** deprimiert *or* niedergeschlagen sein

blue baby N Baby *nt* mit angeborenem Herzfehler

bluebell [ˈbluːbɛl] N Glockenblume *f*

blueberry [ˈbluːbərɪ] N Blaubeere *f*

bluebottle [ˈbluːbɔtl] N Schmeißfliege *f*

blue cheese N Blauschimmelkäse *m*

blue-chip [ˈbluːtʃɪp] ADJ: **~ investment** sichere Geldanlage *f*

blue-collar worker [ˈbluːkɔləʳ-] N Arbeiter(in) *m(f)*

blue jeans NPL (Blue)jeans *pl*

blueprint [ˈbluːprɪnt] N (*fig*): **a ~ (for)** ein Plan *m* *or* Entwurf *m* (für)

bluff [blʌf] VI bluffen ▸ N Bluff *m*; (*cliff*) Klippe *f*; (*promontory*) Felsvorsprung *m*; **to call sb's ~** es darauf ankommen lassen

blunder [ˈblʌndəʳ] N (dummer) Fehler *m* ▸ VI einen (dummen) Fehler machen; **to ~ into sb** mit jdm zusammenstoßen; **to ~ into sth** in etw *acc* (hinein)tappen

blunt [blʌnt] ADJ stumpf; (*person*) direkt; (*talk*) unverblümt ▸ VT stumpf machen; **~ instrument** (*Law*) stumpfer Gegenstand *m*

bluntly [ˈblʌntlɪ] ADV (*speak*) unverblümt
bluntness [ˈblʌntnɪs] N (*of person*) Direktheit *f*
blur [blə:ʳ] N (*shape*) verschwommener Fleck *m*; (*scene etc*) verschwommenes Bild *nt*; (*memory*) verschwommene Erinnerung *f* ▶ VT (*vision*) trüben; (*distinction*) verwischen
blurb [blə:b] N Informationsmaterial *nt*
blurred [blə:d] ADJ (*photograph, TV picture etc*) verschwommen; (*distinction*) verwischt
blurt out [blə:t-] VT herausplatzen mit
blush [blʌʃ] VI erröten ▶ N Röte *f*
blusher [ˈblʌʃəʳ] N Rouge *nt*
bluster [ˈblʌstəʳ] N Toben *nt*, Geschrei *nt* ▶ VI toben
blustering [ˈblʌstərɪŋ] ADJ polternd
blustery [ˈblʌstərɪ] ADJ stürmisch
Blvd ABBR = **boulevard**
BM N ABBR (= *British Museum*) Britisches Museum *nt*; (= *Bachelor of Medicine*) *akademischer Grad für Mediziner*
BMA N ABBR (= *British Medical Association*) *Dachverband der Ärzte*
BMJ N ABBR (= *British Medical Journal*) *vom BMA herausgegebene Zeitschrift*
BMus N ABBR (= *Bachelor of Music*) *akademischer Grad für Musikwissenschaftler*
BMX N ABBR (= *bicycle motocross*): **~ bike** BMX-Rad *nt*
bn ABBR = **billion**
BO N ABBR (*inf*: = *body odour*) Körpergeruch *m*; = **box office**
boar [bɔ:ʳ] N (*male pig*) Eber *m*; (*wild pig*) Keiler *m*
★**board** [bɔ:d] N Brett *nt*; (*cardboard*) Pappe *f*; (*committee*) Ausschuss *m*; (*in firm*) Vorstand *m* ▶ VT (*ship*) an Bord *+gen* gehen; (*train*) einsteigen in *+acc*; **on ~** (*Naut, Aviat*) an Bord; **full/half ~** (BRIT) Voll-/Halbpension *f*; **~ and lodging** Unterkunft und Verpflegung *f*; **to go by the ~** (*fig*) unter den Tisch fallen; **above ~** (*fig*) korrekt; **across the ~** (*fig*) allgemein; (*criticize, reject*) pauschal
▶ **board up** VT mit Brettern vernageln
boarder [ˈbɔ:dəʳ] N Internatsschüler(in) *m(f)*
board game N Brettspiel *nt*
boarding card [ˈbɔ:dɪŋ-] N (*Aviat, Naut*) = **boarding pass**
boarding house [ˈbɔ:dɪŋ-] N Pension *f*
boarding party [ˈbɔ:dɪŋ-] N (*Naut*) Enterkommando *nt*
boarding pass [ˈbɔ:dɪŋ-] N Bordkarte *f*
boarding school [ˈbɔ:dɪŋ-] N Internat *nt*
board meeting N Vorstandssitzung *f*
boardroom [ˈbɔ:dru:m] N Sitzungssaal *m*
boardwalk [ˈbɔ:dwɔ:k] (*US*) N Holzsteg *m*
boast [bəust] VI prahlen ▶ VT (*fig: possess*) sich rühmen *+gen*, besitzen; **to ~ about** *or* **of** prahlen mit
boastful [ˈbəustful] ADJ prahlerisch
boastfulness [ˈbəustfulnɪs] N Prahlerei *f*
★**boat** [bəut] N Boot *nt*; (*ship*) Schiff *nt*; **to go by ~** mit dem Schiff fahren; **to be in the same ~** (*fig*) in einem Boot *or* im gleichen Boot sitzen
boater [ˈbəutəʳ] N steifer Strohhut *m*, Kreissäge *f* (*inf*)
boating [ˈbəutɪŋ] N Bootfahren *nt*
boat people NPL Bootsflüchtlinge *pl*
boatswain [ˈbəusn] N Bootsmann *m*
bob [bɔb] VI (*also:* **bob up and down**) sich auf und ab bewegen ▶ N (BRIT *inf*) = **shilling**
▶ **bob up** VI auftauchen
bobbin [ˈbɔbɪn] N Spule *f*
bobby [ˈbɔbɪ] (BRIT *inf*) N Bobby *m*, Polizist *m*
bobsleigh [ˈbɔbsleɪ] N Bob *m*
bode [bəud] VI: **to ~ well/ill (for)** ein gutes/schlechtes Zeichen sein (für)
bodice [ˈbɔdɪs] N (*of dress*) Oberteil *nt*
bodily [ˈbɔdɪlɪ] ADJ körperlich; (*needs*) leiblich ▶ ADV (*lift, carry*) mit aller Kraft
★**body** [ˈbɔdɪ] N Körper *m*; (*corpse*) Leiche *f*; (*main part*) Hauptteil *m*; (*of car*) Karosserie *f*; (*of plane*) Rumpf *m*; (*group*) Gruppe *f*; (*organization*) Organ *nt*; **ruling ~** amtierendes Organ; **in a ~** geschlossen; **a ~ of facts** Tatsachenmaterial *nt*
body blow N (*fig: setback*) schwerer Schlag *m*
body building N Bodybuilding *nt*
body double N (*Cine, TV*) *Double für Szenen, in denen Körperpartien in Nahaufnahme gezeigt werden*
bodyguard [ˈbɔdɪgɑ:d] N (*group*) Leibwache *f*; (*one person*) Leibwächter *m*
body language N Körpersprache *f*
body repairs NPL Karosseriearbeiten *pl*
body search N Leibesvisitation *f*
body stocking N Body(stocking) *m*
bodywork [ˈbɔdɪwə:k] N Karosserie *f*
boffin [ˈbɔfɪn] (BRIT) N Fachidiot *m*
bog [bɔg] N Sumpf *m* ▶ VT: **to get bogged down** (*fig*) sich verzetteln
bogey [ˈbəugɪ] N Schreckgespenst *nt*; (*also:* **bogeyman**) Butzemann *m*, schwarzer Mann *m*
boggle [ˈbɔgl] VI: **the mind boggles** das ist nicht *or* kaum auszumalen
bogie [ˈbəugɪ] N Drehgestell *nt*; (*trolley*) Draisine *f*
Bogotá [bəugəˈtɑ:] N Bogotá *nt*
bogus [ˈbəugəs] ADJ (*workman etc*) falsch; (*claim*) erfunden
Bohemia [bəuˈhi:mɪə] N Böhmen *nt*
Bohemian [bəuˈhi:mɪən] ADJ böhmisch ▶ N Böhme *m*, Böhmin *f*; (*also:* **bohemian**) Bohemien *m*
★**boil** [bɔɪl] VT, VI kochen ▶ N (*Med*) Furunkel *m or nt*; **to come to the ~** (BRIT), **to come to a ~** (*US*) zu kochen anfangen
▶ **boil down to** VT FUS (*fig*) hinauslaufen auf *+acc*
▶ **boil over** VI überkochen
boiled egg [bɔɪld-] N gekochtes Ei *nt*
boiled potatoes [bɔɪld-] NPL Salzkartoffeln *pl*
boiler [ˈbɔɪləʳ] N Boiler *m*

boiler suit (BRIT) N Overall *m*
boiling [ˈbɔɪlɪŋ] ADJ: **I'm ~ (hot)** (*inf*) mir ist fürchterlich heiß; **it's ~** es ist eine Affenhitze (*inf*)
boiling point N Siedepunkt *m*
boil-in-the-bag [bɔɪlɪnðəˈbæg] ADJ (*meals*) Kochbeutel-
boisterous [ˈbɔɪstərəs] ADJ ausgelassen
bold [bəuld] ADJ (*brave*) mutig; (*pej: cheeky*) dreist; (*pattern, colours*) kräftig
boldly [ˈbəuldlɪ] ADV mutig; dreist; kräftig
boldness [ˈbəuldnɪs] N Mut *m*; (*cheekiness*) Dreistigkeit *f*
bold type N Fettdruck *m*
Bolivia [bəˈlɪvɪə] N Bolivien *nt*
Bolivian [bəˈlɪvɪən] ADJ bolivisch, bolivianisch ▸ N Bolivier(in) *m(f)*, Bolivianer(in) *m(f)*
bollard [ˈbɔləd] (BRIT) N Poller *m*
Bollywood [ˈbɔlɪwud] N Bollywood *nt*
bolshy [ˈbɔlʃɪ] (BRIT *inf*) ADJ (*stroppy*) pampig
bolster [ˈbəulstəʳ] N Nackenrolle *f*
▸ **bolster up** VT stützen; (*case*) untermauern
bolt [bəult] N Riegel *m*; (*with nut*) Schraube *f*; (*of lightning*) Blitz(strahl) *m* ▸ VT (*door*) verriegeln; (*also:* **bolt together**) verschrauben; (*food*) hinunterschlingen ▸ VI (*run away: person*) weglaufen; (*: horse*) durchgehen ▸ ADV: **~ upright** kerzengerade; **a ~ from the blue** (*fig*) ein Blitz *m* aus heiterem Himmel
bomb [bɔm] N Bombe *f* ▸ VT bombardieren; (*plant bomb in or near*) einen Bombenanschlag verüben auf *+acc*
bombard [bɔmˈbɑ:d] VT (*also fig*) bombardieren
bombardment [bɔmˈbɑ:dmənt] N Bombardierung *f*, Bombardement *nt*
bombastic [bɔmˈbæstɪk] ADJ bombastisch
bomb disposal N: **~ unit** Bombenräumkommando *nt*; **~ expert** Bombenräumexperte *m*, Bombenräumexpertin *f*
bomber [ˈbɔməʳ] N Bomber *m*; (*terrorist*) Bombenattentäter(in) *m(f)*
bombing [ˈbɔmɪŋ] N Bombenangriff *m*
bomb scare N Bombenalarm *m*
bombshell [ˈbɔmʃɛl] N (*fig: revelation*) Bombe *f*
bomb site N Trümmergrundstück *nt*
bona fide [ˈbəunəˈfaɪdɪ] ADJ echt; **~ offer** Angebot *nt* auf Treu und Glauben
bonanza [bəˈnænzə] N (*Econ*) Boom *m*
bond [bɔnd] N Band *nt*, Bindung *f*; (*Fin*) festverzinsliches Wertpapier *nt*, Bond *m*
bondage [ˈbɔndɪdʒ] N Sklaverei *f*
bonded warehouse [ˈbɔndɪd-] N Zolllager *nt*
bone [bəun] N Knochen *m*; (*of fish*) Gräte *f* ▸ VT (*meat*) die Knochen herauslösen aus; (*fish*) entgräten; **I've got a ~ to pick with you** ich habe mit Ihnen (noch) ein Hühnchen zu rupfen
bone china N ≈ feines Porzellan *nt*
bone-dry [ˈbəunˈdraɪ] ADJ knochentrocken
bone idle ADJ stinkfaul
bone marrow N Knochenmark *nt*
boner [ˈbəunəʳ] (*US*) N Schnitzer *m*
bonfire [ˈbɔnfaɪəʳ] N Feuer *nt*
bonk [bɔŋk] (*inf!*) VT, VI (*have sex (with)*) bumsen
bonkers [ˈbɔŋkəz] (BRIT *inf*) ADJ (*mad*) verrückt
Bonn [bɔn] N Bonn *nt*
bonnet [ˈbɔnɪt] N Haube *f*; (*for baby*) Häubchen *nt*; (BRIT: *of car*) Motorhaube *f*
bonny [ˈbɔnɪ] (SCOT, NORTHERN ENGLISH) ADJ schön, hübsch
bonus [ˈbəunəs] N Prämie *f*; (*on wages*) Zulage *f*; (*at Christmas*) Gratifikation *f*; (*fig: additional benefit*) Plus *nt*
bony [ˈbəunɪ] ADJ knochig; (*Med*) knöchern; (*tissue*) knochenartig; (*meat*) mit viel Knochen; (*fish*) mit viel Gräten
boo [bu:] EXCL buh ▸ VT auspfeifen, ausbuhen
boob [bu:b] (*inf*) N (*breast*) Brust *f*; (BRIT: *mistake*) Schnitzer *m*
booby prize [ˈbu:bɪ-] N *Scherzpreis für den schlechtesten Teilnehmer*
booby trap [ˈbu:bɪ-] N versteckte Bombe *f*; (*fig: joke etc*) *als Schabernack versteckt angebrachte Falle*
booby-trapped [ˈbu:bɪtræpt] ADJ: **a ~ car** ein Auto *nt*, in dem eine Bombe versteckt ist
★**book** [buk] N Buch *nt*; (*of stamps, tickets*) Heftchen *nt* ▸ VT bestellen; (*seat, room*) buchen, reservieren lassen; (*subj: traffic warden, policeman*) aufschreiben; (*: referee*) verwarnen ■ **books** NPL (*Comm: accounts*) Bücher *pl*; **to keep the books** die Bücher führen; **by the ~** nach Vorschrift; **to throw the ~ at sb** jdn nach allen Regeln der Kunst fertig machen
▸ **book in** (BRIT) VI sich eintragen
▸ **book up** VT: **all seats are booked up** es ist bis auf den letzten Platz ausverkauft; **the hotel is booked up** das Hotel ist ausgebucht
bookable [ˈbukəbl] ADJ: **all seats are ~** Karten für alle Plätze können vorbestellt werden
bookcase [ˈbukkeɪs] N Bücherregal *nt*
book ends NPL Bücherstützen *pl*
booking [ˈbukɪŋ] (BRIT) N Bestellung *f*; (*of seat, room*) Buchung *f*, Reservierung *f*
booking office (BRIT) N (*Rail*) Fahrkartenschalter *m*; (*Theat*) Vorverkaufsstelle *f*, Vorverkaufskasse *f*
book-keeping [ˈbukˈki:pɪŋ] N Buchhaltung *f*, Buchführung *f*
booklet [ˈbuklɪt] N Broschüre *f*
bookmaker [ˈbukmeɪkəʳ] N Buchmacher *m*
bookmark [ˈbukmɑ:k] N Lesezeichen *nt*; (*Comput*) Bookmark *nt* ▸ VT (*Comput*) ein Bookmark einrichten für, bookmarken
bookseller [ˈbuksɛləʳ] N Buchhändler(in) *m(f)*
bookshelf [ˈbukʃɛlf] N Bücherbord *nt* ■ **bookshelves** NPL Bücherregal *nt*
★**bookshop** [ˈbukʃɔp] N Buchhandlung *f*
bookstall [ˈbukstɔ:l] N Bücher- und Zeitungskiosk *m*
book store N = **bookshop**
book token N Buchgutschein *m*

b

book value N Buchwert *m*, Bilanzwert *m*
bookworm [ˈbukwəːm] N (*fig*) Bücherwurm *m*
boom [buːm] N Donnern *nt*, Dröhnen *nt*; (*in prices, population etc*) rapider Anstieg *m*; (*Econ*) Hochkonjunktur *f*; (*busy period*) Boom *m* ▶ VI (*guns*) donnern; (*thunder*) hallen; (*voice*) dröhnen; (*business*) florieren
boomerang [ˈbuːməræŋ] N Bumerang *m* ▶ VI (*fig*) einen Bumerangeffekt haben
boom town N Goldgräberstadt *f*
boon [buːn] N Segen *m*
boorish [ˈbuərɪʃ] ADJ rüpelhaft
boost [buːst] N Auftrieb *m* ▶ VT (*confidence*) stärken; (*sales, economy etc*) ankurbeln; **to give a ~ to sb/sb's spirits** jdm Auftrieb geben
booster [ˈbuːstəʳ] N (*Med*) Wiederholungsimpfung *f*; (*TV*) Zusatzgleichrichter *m*; (*Elec*) Puffersatz *m*; (*also:* **booster rocket**) Booster *m*, Startrakete *f*
booster seat N (*Aut*) Sitzerhöhung *f*
★**boot** [buːt] N Stiefel *m*; (*ankle boot*) hoher Schuh *m*; (BRIT: *of car*) Kofferraum *m* ▶ VT (*Comput*) laden; **... to ~** (*in addition*) obendrein ...; **to give sb the ~** (*inf*) jdn rauswerfen *or* rausschmeißen
booth [buːð] N (*at fair*) Bude *f*, Stand *m*; (*telephone booth*) Zelle *f*; (*voting booth*) Kabine *f*
bootleg [ˈbuːtlɛg] ADJ (*alcohol*) schwarzgebrannt; (*fuel*) schwarz hergestellt; (*tape etc*) schwarz mitgeschnitten
bootlegger [ˈbuːtlɛgəʳ] N Bootlegger *m*, Schwarzhändler *m*
booty [ˈbuːtɪ] N Beute *f*
booze [buːz] (*inf*) N Alkohol *m* ▶ VI saufen
boozer [ˈbuːzəʳ] (*inf*) N (*person*) Säufer(in) *m(f)*; (BRIT: *pub*) Kneipe *f*
★**border** [ˈbɔːdəʳ] N Grenze *f*; (*for flowers*) Rabatte *f*; (*on cloth etc*) Bordüre *f* ▶ VT (*road*) säumen; (*another country: also:* **border on**) grenzen an *+acc*
▩ **Borders** N: **the Borders** *das Grenzgebiet zwischen England und Schottland*
▶ **border on** VT FUS (*fig*) grenzen an *+acc*
borderline [ˈbɔːdəlaɪn] N (*fig*): **on the ~** an der Grenze
borderline case N Grenzfall *m*
bore [bɔːʳ] PT *of* **bear** ▶ VT bohren; (*person*) langweilen ▶ N Langweiler *m*; (*of gun*) Kaliber *nt*; **to be bored** sich langweilen; **he's bored to tears** *or* **bored to death** *or* **bored stiff** er langweilt sich zu Tode
boredom [ˈbɔːdəm] N Langeweile *f*; (*boring quality*) Langweiligkeit *f*
★**boring** [ˈbɔːrɪŋ] ADJ langweilig
★**born** [bɔːn] ADJ: **to be ~** geboren werden; **I was ~ in 1960** ich bin *or* wurde 1960 geboren; **~ blind** blind geboren, von Geburt (an) blind; **a ~ comedian** ein geborener Komiker
born-again [bɔːnəˈgɛn] ADJ wiedergeboren
borne [bɔːn] PP *of* **bear**
Borneo [ˈbɔːnɪəu] N Borneo *nt*
borough [ˈbʌrə] N Bezirk *m*, Stadtgemeinde *f*
★**borrow** [ˈbɔrəu] VT: **to ~ sth** etw borgen, sich *dat* etw leihen; (*from library*) sich *dat* etw ausleihen; **may I ~ your car?** kann ich deinen Wagen leihen?
borrower [ˈbɔrəuəʳ] N (*of loan etc*) Kreditnehmer(in) *m(f)*
borrowing [ˈbɔrəuɪŋ] N Kreditaufnahme *f*
borstal [ˈbɔːstl] (BRIT) N (*formerly*) Besserungsanstalt *f*
Bosnia [ˈbɔznɪə] N Bosnien *nt*
Bosnia and Herzegovina [-hɛrtsəˈgəuviːnə] N Bosnien und Herzegowina *nt*
Bosnian [ˈbɔznɪən] ADJ bosnisch ▶ N Bosnier(in) *m(f)*
bosom [ˈbuzəm] N Busen *m*; (*fig: of family*) Schoß *m*
bosom friend N Busenfreund(in) *m(f)*
★**boss** [bɔs] N Chef(in) *m(f)*; (*leader*) Boss *m* ▶ VT (*also:* **boss around, boss about**) herumkommandieren; **stop bossing everyone about!** hör auf mit dem ständigen Herumkommandieren!
bossy [ˈbɔsɪ] ADJ herrisch
bosun [ˈbəusn] N Bootsmann *m*
botanical [bəˈtænɪkl] ADJ botanisch
botanist [ˈbɔtənɪst] N Botaniker(in) *m(f)*
botany [ˈbɔtənɪ] N Botanik *f*
botch [bɔtʃ] VT (*also:* **botch up**) verpfuschen
★**both** [bəuθ] ADJ beide ▶ PRON beide; (*two different things*) beides ▶ ADV: **~ A and B** sowohl A als auch B; **~ (of them)** (alle) beide; **~ of us went, we ~ went** wir gingen beide; **they sell ~ the fabric and the finished curtains** sie verkaufen sowohl den Stoff als auch die fertigen Vorhänge
★**bother** [ˈbɔðəʳ] VT Sorgen machen *+dat*; (*disturb*) stören ▶ VI (*also:* **bother o.s.**) sich *dat* Sorgen *or* Gedanken machen ▶ N (*trouble*) Mühe *f*; (*nuisance*) Plage *f* ▶ EXCL Mist! (*inf*); **don't ~ phoning** du brauchst nicht anzurufen; **I'm sorry to ~ you** es tut mir leid, dass ich Sie belästigen muss; **I can't be bothered** ich habe keine Lust; **please don't ~** bitte machen Sie sich keine Umstände; **don't ~!** lass es!; **it is a ~ to have to shave every morning** es ist wirklich lästig, sich jeden Morgen rasieren zu müssen; **it's no ~** es ist kein Problem
Botswana [bɔtˈswɑːnə] N Botswana *nt*
★**bottle** [ˈbɔtl] N Flasche *f*; (BRIT *inf*: *courage*) Mumm *m* ▶ VT in Flaschen abfüllen; (*fruit*) einmachen; **a ~ of wine/milk** eine Flasche Wein/Milch; **wine/milk ~** Wein-/Milchflasche *f*
▶ **bottle out** VI (*inf*) den Mut verlieren, aufgeben
▶ **bottle up** VT in sich *dat* aufstauen
bottle bank N Altglascontainer *m*
bottle-fed [ˈbɔtlfɛd] ADJ mit der Flasche ernährt
bottleneck [ˈbɔtlnɛk] N (*also fig*) Engpass *m*
bottle-opener [ˈbɔtləupnəʳ] N Flaschenöffner *m*
★**bottom** [ˈbɔtəm] N Boden *m*; (*buttocks*) Hintern *m*; (*of page, list*) Ende *nt*; (*of chair*) Sitz *m*; (*of mountain, tree*) Fuß *m* ▶ ADJ (*lower*) untere(r, s); (*last*)

unterste(r, s); **at the ~ of** unten an/in *+dat*; **at the ~ of the page/list** unten auf der Seite/Liste; **to be at the ~ of the class** der/die Letzte in der Klasse sein; **to get to the ~ of sth** (*fig*) einer Sache *dat* auf den Grund kommen

bottomless ['bɔtəmlɪs] ADJ (*fig*) unerschöpflich

bottom line N (*of accounts*) Saldo *m*; (*fig*): **that's the ~ (of it)** darauf läuft es im Endeffekt hinaus

botulism ['bɔtjulɪzəm] N Botulismus *m*, Nahrungsmittelvergiftung *f*

bough [bau] N Ast *m*

bought [bɔ:t] PT, PP *of* **buy**

boulder ['bəuldəʳ] N Felsblock *m*

boulevard ['bu:ləvɑ:d] N Boulevard *m*

bounce [bauns] VI (auf)springen; (*cheque*) platzen ▸ VT (*ball*) (auf)springen lassen; (*signal*) reflektieren ▸ N Aufprall *m*; **he's got plenty of ~** (*fig*) er hat viel Schwung

bouncer ['baunsəʳ] (*inf*) N Rausschmeißer *m*

bouncy castle ['baunsɪ-] N Hüpfburg *f*

bound [baund] PT, PP *of* **bind** ▸ N Sprung *m*; (*gen pl*: *limit*) Grenze *f* ▸ VI springen ▸ VT begrenzen ▸ ADJ: **~ by** gebunden durch; **to be ~ to do sth** (*obliged*) verpflichtet sein, etw zu tun; (*very likely*) etw bestimmt tun; **he's ~ to fail** es kann ihm ja gar nicht gelingen; **~ for** nach; **the area is out of bounds** das Betreten des Gebiets ist verboten

boundary ['baundrɪ] N Grenze *f*

boundless ['baundlɪs] ADJ grenzenlos

bountiful ['bauntɪful] ADJ großzügig; (*God*) gütig; (*supply*) reichlich

bounty ['bauntɪ] N Freigebigkeit *f*; (*reward*) Kopfgeld *nt*

bounty hunter N Kopfgeldjäger *m*

bouquet ['bukeɪ] N (Blumen)strauß *m*; (*of wine*) Bukett *nt*, Blume *f*

bourbon ['buəbən] (US) N (*also:* **bourbon whiskey**) Bourbon *m*

bourgeois ['buəʒwɑ:] ADJ bürgerlich, spießig (*pej*) ▸ N Bürger(in) *m(f)*, Bourgeois *m*

bout [baut] N Anfall *m*; (*Boxing etc*) Kampf *m*

boutique [bu:'ti:k] N Boutique *f*

bow¹ [bəu] N Schleife *f*; (*weapon, Mus*) Bogen *m*

bow² [bau] N Verbeugung *f*; (*Naut*: *also:* **bows**) Bug *m* ▸ VI sich verbeugen; (*yield*): **to ~ to** *or* **before** sich beugen *+dat*; **to ~ to the inevitable** sich in das Unvermeidliche fügen

bowels ['bauəlz] NPL Darm *m*; (*of the earth etc*) Innere *nt*

bowl [bəul] N Schüssel *f*; (*shallower*) Schale *f*; (*ball*) Kugel *f*; (*of pipe*) Kopf *m*; (*US*: *stadium*) Stadion *nt* ▸ VI werfen

▸ **bowl over** VT (*fig*) überwältigen

bow-legged ['bəu'lɛgɪd] ADJ o-beinig

bowler ['bəuləʳ] N Werfer(in) *m(f)*; (BRIT: *also:* **bowler hat**) Melone *f*

bowling ['bəulɪŋ] N Kegeln *nt*; (*on grass*) Bowling *nt*

bowling alley N Kegelbahn *f*

bowling green N Bowlingrasen *m*

bowls [bəulz] N Bowling *nt*

bow tie [bəu-] N Fliege *f*

★**box** [bɔks] N Schachtel *f*; (*cardboard box*) Karton *m*; (*crate*) Kiste *f*; (*Theat*) Loge *f*; (BRIT *Aut*) *gelb schraffierter Kreuzungsbereich*; (*on form*) Feld *nt* ▸ VT (in eine Schachtel *etc*) verpacken; (*fighter*) boxen ▸ VI boxen; **to ~ sb's ears** jdm eine Ohrfeige geben

▸ **box in** VT einkeilen

▸ **box off** VT abtrennen

boxer ['bɔksəʳ] N (*person, dog*) Boxer *m*

boxers, boxer shorts NPL Boxershorts *pl*

box file N Sammelordner *m*

boxing ['bɔksɪŋ] N Boxen *nt*

Boxing Day (BRIT) N zweiter Weihnachts(feier)tag *m*

> **Boxing Day** ist ein Feiertag in Großbritannien. Wenn Weihnachten auf ein Wochenende fällt, wird der Feiertag am nächsten darauffolgenden Wochentag nachgeholt. Der Name geht auf einen alten Brauch zurück; früher erhielten Händler und Lieferanten an diesem Tag ein Geschenk, die sogenannte *Christmas Box*.

boxing gloves NPL Boxhandschuhe *pl*

boxing ring N Boxring *m*

box number N Chiffre *f*

box office N Kasse *f*

boxroom ['bɔksrum] N Abstellraum *m*

★**boy** [bɔɪ] N Junge *m*

boycott ['bɔɪkɔt] N Boykott *m* ▸ VT boykottieren

★**boyfriend** ['bɔɪfrɛnd] N Freund *m*

boyish ['bɔɪɪʃ] ADJ jungenhaft; (*woman*) knabenhaft

boy scout N Pfadfinder *m*

bp ABBR = **bishop**

bra [brɑ:] N BH *m*

brace [breɪs] N (*on teeth*) (Zahn)klammer *f*, (Zahn)spange *f*; (*tool*) (Hand)bohrer *m*; (*also:* **brace bracket**) geschweifte Klammer *f* ▸ VT spannen ■ **braces** NPL (BRIT) Hosenträger *pl*; **to ~ o.s.** (*for weight*) sich stützen; (*for shock*) sich innerlich vorbereiten

bracelet ['breɪslɪt] N Armband *nt*

bracing ['breɪsɪŋ] ADJ belebend

bracken ['brækən] N Farn *m*

bracket ['brækɪt] N Träger *m*; (*group, range*) Gruppe *f*; (*also:* **round bracket**) (runde) Klammer *f*; (*also:* **brace bracket**) geschweifte Klammer *f*; (*also:* **square bracket**) eckige Klammer *f* ▸ VT (*also:* **bracket together**) zusammenfassen; (*word, phrase*) einklammern; **income ~** Einkommensgruppe *f*; **in brackets** in Klammern

brackish ['brækɪʃ] ADJ brackig

brag [bræg] VI prahlen

braid [breɪd] N Borte *f*; (*of hair*) Zopf *m*

Braille [breɪl] N Blindenschrift *f*, Brailleschrift *f*

★**brain** [breɪn] N Gehirn *nt* ▪ **brains** NPL (*Culin*) Hirn *nt*; (*intelligence*) Intelligenz *f*; **he's got brains** er hat Köpfchen *or* Grips

brainchild [ˈbreɪntʃaɪld] N Geistesprodukt *nt*

braindead [ˈbreɪndɛd] ADJ hirntot; (*inf*) hirnlos

brain drain N Abwanderung *f* von Wissenschaftlern, Braindrain *m*

brainless [ˈbreɪnlɪs] ADJ dumm

brainstorm [ˈbreɪnstɔːm] N (*fig*) Anfall *m* geistiger Umnachtung; (*US: brain wave*) Geistesblitz *m*

brainwash [ˈbreɪnwɔʃ] VT einer Gehirnwäsche *dat* unterziehen

brain wave N Geistesblitz *m*

brainy [ˈbreɪnɪ] ADJ intelligent

braise [breɪz] VT schmoren

brake [breɪk] N Bremse *f* ▸ VI bremsen

brake fluid N Bremsflüssigkeit *f*

brake light N Bremslicht *nt*

brake pedal N Bremspedal *nt*

bramble [ˈbræmbl] N Brombeerstrauch *m*; (*fruit*) Brombeere *f*

bran [bræn] N Kleie *f*

★**branch** [brɑːntʃ] N Ast *m*; (*of family, organization*) Zweig *m*; (*Comm*) Filiale *f*, Zweigstelle *f*; (*: bank, company etc*) Geschäftsstelle *f* ▸ VI sich gabeln

▸ **branch out** VI (*fig*): **to ~ out into** seinen (Geschäfts)bereich erweitern auf *+acc*

branch line N (*Rail*) Zweiglinie *f*, Nebenlinie *f*

branch manager N Zweigstellenleiter(in) *m(f)*, Filialleiter(in) *m(f)*

brand [brænd] N (*also:* **brand name**) Marke *f*; (*fig: type*) Art *f* ▸ VT mit einem Brandzeichen kennzeichnen; (*fig, pej*): **to ~ sb a communist** jdn als Kommunist brandmarken

brandish [ˈbrændɪʃ] VT schwingen

brand name N Markenname *m*

brand-new [ˈbrændˈnjuː] ADJ nagelneu, brandneu

brandy [ˈbrændɪ] N Weinbrand *m*

brash [bræʃ] ADJ dreist

Brasilia [brəˈzɪlɪə] N Brasilia *nt*

brass [brɑːs] N Messing *nt*; **the ~** (*Mus*) die Blechbläser *pl*

brass band N Blaskapelle *f*

brassière [ˈbræzɪəʳ] N Büstenhalter *m*

brass tacks NPL: **to get down to ~** zur Sache kommen

brassy [ˈbrɑːsɪ] ADJ (*colour*) messingfarben; (*sound*) blechern; (*appearance, behaviour*) auffällig

brat [bræt] (*pej*) N Balg *m or nt*, Gör *nt*

bravado [brəˈvɑːdəu] N Draufgängertum *nt*

★**brave** [breɪv] ADJ mutig; (*attempt, smile*) tapfer ▸ N (indianischer) Krieger *m* ▸ VT trotzen *+dat*

> Das englische Wort **brave** bedeutet nicht *brav* auf Deutsch.

bravely [ˈbreɪvlɪ] ADV mutig; tapfer

bravery [ˈbreɪvərɪ] N Mut *m*; Tapferkeit *f*

bravo [brɑːˈvəu] EXCL bravo

brawl [brɔːl] N Schlägerei *f* ▸ VI sich schlagen

brawn [brɔːn] N Muskeln *pl*; (*meat*) Schweinskopfsülze *f*

brawny [ˈbrɔːnɪ] ADJ muskulös, kräftig

bray [breɪ] VI schreien ▸ N (Esels)schrei *m*

brazen [ˈbreɪzn] ADJ unverschämt, dreist; (*lie*) schamlos ▸ VT: **to ~ it out** durchhalten

brazier [ˈbreɪzɪəʳ] N (*container*) Kohlenbecken *nt*

Brazil [brəˈzɪl] N Brasilien *nt*

Brazilian [brəˈzɪljən] ADJ brasilianisch ▸ N Brasilianer(in) *m(f)*

Brazil nut N Paranuss *f*

breach [briːtʃ] VT (*defence*) durchbrechen; (*wall*) eine Bresche schlagen in *+acc* ▸ N (*gap*) Bresche *f*; (*estrangement*) Bruch *m*; (*breaking*): **~ of contract** Vertragsbruch *m*; **~ of the peace** öffentliche Ruhestörung *f*; **~ of trust** Vertrauensbruch *m*

★**bread** [brɛd] N Brot *nt*; (*inf: money*) Moos *nt*, Kies *m*; **to earn one's daily ~** sein Brot verdienen; **to know which side one's ~ is buttered (on)** wissen, wo etwas zu holen ist

bread and butter N Butterbrot *nt*; (*fig*) Broterwerb *m*

bread bin (BRIT) N Brotkasten *m*

breadboard [ˈbrɛdbɔːd] N Brot(schneide)brett *nt*; (*Comput*) Leiterplatte *f*

bread box (*US*) N Brotkasten *m*

breadcrumbs [ˈbrɛdkrʌmz] NPL Brotkrumen *pl*; (*Culin*) Paniermehl *nt*

breaded [ˈbrɛdɪd] ADJ paniert

breadline [ˈbrɛdlaɪn] N: **to be on the ~** nur das Allernotwendigste zum Leben haben

breadth [brɛtθ] N (*also fig*) Breite *f*

breadwinner [ˈbrɛdwɪnəʳ] N Ernährer(in) *m(f)*

★**break** [breɪk] (*pt* **broke**, *pp* **broken**) VT zerbrechen; (*leg, arm*) sich *dat* brechen; (*promise, record*) brechen; (*law*) verstoßen gegen ▸ VI zerbrechen, kaputtgehen; (*storm*) losbrechen; (*weather*) umschlagen; (*dawn*) anbrechen; (*story, news*) bekannt werden ▸ N Pause *f*; (*gap*) Lücke *f*; (*fracture*) Bruch *m*; (*chance*) Chance *f*, Gelegenheit *f*; (*holiday*) Urlaub *m*; **to ~ the news to sb** es jdm sagen; **to ~ even** seine (Un)kosten decken; **to ~ with sb** mit jdm brechen, sich von jdm trennen; **to ~ free** *or* **loose** sich losreißen; **to take a ~** (eine) Pause machen; (*holiday*) Urlaub machen; **without a ~** ohne Unterbrechung *or* Pause, ununterbrochen; **a lucky ~** ein Durchbruch *m*

▸ **break down** VT (*figures, data*) aufschlüsseln; (*door etc*) einrennen ▸ VI (*car*) eine Panne haben; (*machine*) kaputtgehen; (*person, resistance*) zusammenbrechen; (*talks*) scheitern

▸ **break in** VT (*horse*) zureiten ▸ VI einbrechen; (*interrupt*) unterbrechen

▸ **break into** VT FUS einbrechen in *+acc*

▸ **break off** VI abbrechen ▸ VT (*talks*) abbrechen; (*engagement*) lösen

▸ **break open** VT, VI aufbrechen

▸ **break out** VI ausbrechen; **to ~ out in spots/a rash** Pickel/einen Ausschlag bekommen
▸ **break through** VI: **the sun broke through** die Sonne kam durch ▸ VT FUS durchbrechen
▸ **break up** VI (*ship*) zerbersten; (*crowd, meeting, partnership*) sich auflösen; (*marriage*) scheitern; (*friends*) sich trennen; (*Scol*) in die Ferien gehen ▸ VT zerbrechen; (*journey, fight etc*) unterbrechen; (*meeting*) auflösen; (*marriage*) zerstören

breakable ['breɪkəbl] ADJ zerbrechlich ▸ N: **breakables** zerbrechliche Ware *f*

breakage ['breɪkɪdʒ] N Bruch *m*; **to pay for breakages** für zerbrochene Ware *or* für Bruch bezahlen

breakaway ['breɪkəweɪ] ADJ (*group etc*) Splitter-

break dancing N Breakdance *m*

breakdown ['breɪkdaun] N (*Aut*) Panne *f*; (*in communications*) Zusammenbruch *m*; (*of marriage*) Scheitern *nt*; (*also:* **nervous breakdown**) (Nerven)zusammenbruch *m*; (*of statistics*) Aufschlüsselung *f*

breakdown service (BRIT) N Pannendienst *m*

breakdown van (BRIT) N Abschleppwagen *m*

breaker ['breɪkə^r] N (*wave*) Brecher *m*

breakeven ['breɪk'iːvn] CPD: **~ chart** Gewinnschwellendiagramm *nt*; **~ point** Gewinnschwelle *f*

breakfast ['brɛkfəst] N Frühstück *nt* ▸ VI frühstücken

breakfast cereal N Getreideflocken *pl*

break-in ['breɪkɪn] N Einbruch *m*

breaking and entering ['breɪkɪŋən'ɛntrɪŋ] N (*Law*) Einbruch *m*

breaking point ['breɪkɪŋ-] N (*fig*): **to reach ~** völlig am Ende sein

breakthrough ['breɪkθruː] N Durchbruch *m*

break-up ['breɪkʌp] N (*of partnership*) Auflösung *f*; (*of marriage*) Scheitern *nt*

break-up value N (*Comm*) Liquidationswert *m*

breakwater ['breɪkwɔːtə^r] N Wellenbrecher *m*

breast [brɛst] N Brust *f*; (*of meat*) Brust *f*, Bruststück *nt*

breast-feed ['brɛstfiːd] VT, VI (*irreg: like* **feed**) stillen

breast pocket N Brusttasche *f*

breaststroke ['brɛststrəuk] N Brustschwimmen *nt*

breath [brɛθ] N Atem *m*; (*a breath*) Atemzug *m*; **to go out for a ~ of air** an die frische Luft gehen, frische Luft schnappen gehen; **out of ~** außer Atem, atemlos; **to get one's ~ back** wieder zu Atem kommen

breathalyse ['brɛθəlaɪz] VT blasen lassen (*inf*)

Breathalyser® ['brɛθəlaɪzə^r] N Promillemesser *m*

breathe [briːð] VT, VI atmen; **I won't ~ a word about it** ich werde kein Sterbenswörtchen darüber sagen
▸ **breathe in** VT, VI einatmen
▸ **breathe out** VT, VI ausatmen

breather ['briːðə^r] N Atempause *f*, Verschnaufpause *f*

breathing ['briːðɪŋ] N Atmung *f*

breathing space N (*fig*) Atempause *f*, Ruhepause *f*

breathless ['brɛθlɪs] ADJ atemlos, außer Atem; (*Med*) an Atemnot leidend; **I was ~ with excitement** die Aufregung verschlug mir den Atem

breathtaking ['brɛθteɪkɪŋ] ADJ atemberaubend

breath test N Atemalkoholtest *m*

bred [brɛd] PT, PP *of* **breed**

-bred SUFF: **well/ill-bred** gut/schlecht erzogen

breed [briːd] (*pt, pp* **bred**) VT züchten; (*fig: give rise to*) erzeugen; (: *hate, suspicion*) hervorrufen ▸ VI Junge *pl* haben ▸ N Rasse *f*; (*type, class*) Art *f*

breeder ['briːdə^r] N Züchter(in) *m(f)*; (*also:* **breeder reactor**) Brutreaktor *m*, Brüter *m*

breeding ['briːdɪŋ] N Erziehung *f*

breeding ground N (*also fig*) Brutstätte *f*

breeze [briːz] N Brise *f*

breeze block (BRIT) N Ytong® *m*

breezy ['briːzɪ] ADJ (*manner, tone*) munter; (*weather*) windig

Breton ['brɛtən] ADJ bretonisch ▸ N Bretone *m*, Bretonin *f*

brevity ['brɛvɪtɪ] N Kürze *f*

brew [bruː] VT (*tea*) aufbrühen, kochen; (*beer*) brauen ▸ VI (*tea*) ziehen; (*beer*) gären; (*storm, fig*) sich zusammenbrauen

brewer ['bruːə^r] N Brauer *m*

brewery ['bruːərɪ] N Brauerei *f*

briar ['braɪə^r] N Dornbusch *m*; (*wild rose*) wilde Rose *f*

bribe [braɪb] N Bestechungsgeld *nt* ▸ VT bestechen; **to ~ sb to do sth** jdn bestechen, damit er etw tut

bribery ['braɪbərɪ] N Bestechung *f*

bric-a-brac ['brɪkəbræk] N Nippes *pl*, Nippsachen *pl*

brick [brɪk] N Ziegelstein *m*, Backstein *m*; (*of ice cream*) Block *m*

bricklayer ['brɪkleɪə^r] N Maurer(in) *m(f)*

brickwork ['brɪkwəːk] N Mauerwerk *nt*

bridal ['braɪdl] ADJ (*gown, veil etc*) Braut-

bride [braɪd] N Braut *f*

bridegroom ['braɪdgruːm] N Bräutigam *m*

bridesmaid ['braɪdzmeɪd] N Brautjungfer *f*

★**bridge** [brɪdʒ] N Brücke *f*; (*Naut*) (Kommando)-brücke *f*; (*of nose*) Sattel *m*; (*Cards*) Bridge *nt* ▸ VT (*river*) eine Brücke schlagen *or* bauen über *+acc*; (*fig*) überbrücken

bridging loan ['brɪdʒɪŋ-] (BRIT) N Überbrückungskredit *m*

bridle ['braɪdl] N Zaum *m* ▸ VT aufzäumen ▸ VI: **to ~ (at)** sich entrüstet wehren (gegen)

bridle path N Reitweg *m*

brief [briːf] ADJ kurz ▸ N (*Law*) Auftrag *m*; (*task*) Aufgabe *f* ▸ VT instruieren; (*Mil etc*): **to ~ sb**

(about) jdn instruieren (über *+acc*) ▪ **briefs** NPL Slip *m*; **in ~ ...** kurz (gesagt) ...

briefcase [ˈbri:fkeɪs] N Aktentasche *f*

briefing [ˈbri:fɪŋ] N Briefing *nt*, Lagebesprechung *f*

briefly [ˈbri:flɪ] ADV kurz; **to glimpse sth ~** einen flüchtigen Blick von etw erhaschen

Brig. ABBR = **brigadier**

brigade [brɪˈgeɪd] N Brigade *f*

brigadier [brɪgəˈdɪəʳ] N Brigadegeneral *m*

★**bright** [braɪt] ADJ (*light, room*) hell; (*weather*) heiter; (*clever*) intelligent; (*lively*) heiter, fröhlich; (*colour*) leuchtend; (*outlook, future*) glänzend; **to look on the ~ side** die Dinge von der positiven Seite betrachten

brighten [ˈbraɪtn] VT (*also:* **brighten up**) aufheitern; (*event*) beleben ▸ VI (*weather, face: also:* **brighten up**) sich aufheitern; (*person*) fröhlicher werden; (*prospects*) sich verbessern

brightly [ˈbraɪtlɪ] ADV (*shine*) hell; (*smile*) fröhlich; (*talk*) heiter

brill [brɪl] (BRIT *inf*) ADJ toll

brilliance [ˈbrɪljəns] N Strahlen *nt*; (*of person*) Genialität *f*, Brillanz *f*; (*of talent, skill*) Großartigkeit *f*

★**brilliant** [ˈbrɪljənt] ADJ strahlend; (*person, idea*) genial, brillant; (*career*) großartig; (*inf: holiday etc*) fantastisch

brilliantly [ˈbrɪljəntlɪ] ADV strahlend; genial, brillant; großartig; fantastisch

brim [brɪm] N Rand *m*; (*of hat*) Krempe *f*

brimful [ˈbrɪmˈful] ADJ: **~ (of)** randvoll (mit); (*fig*) voll (von)

brine [braɪn] N Lake *f*

★**bring** [brɪŋ] (*pt, pp* **brought**) VT bringen; (*with you*) mitbringen; **to ~ sth to an end** etw zu Ende bringen; **I can't ~ myself to fire him** ich kann es nicht über mich bringen, ihn zu entlassen

▸ **bring about** VT herbeiführen

▸ **bring back** VT (*restore*) wiedereinführen; (*return*) zurückbringen

▸ **bring down** VT (*government*) zu Fall bringen; (*plane*) herunterholen; (*price*) senken

▸ **bring forward** VT (*meeting*) vorverlegen; (*proposal*) vorbringen; (*Bookkeeping*) übertragen

▸ **bring in** VT (*money*) (ein)bringen; (*include*) einbeziehen; (*person*) einschalten; (*legislation*) einbringen; (*verdict*) fällen

▸ **bring off** VT (*plan*) durchführen; (*deal*) zustande bringen

▸ **bring out** VT herausholen; (*meaning, book, album*) herausbringen

▸ **bring round** VT (*after faint*) wieder zu Bewusstsein bringen

▸ **bring up** VT heraufbringen; (*educate*) erziehen; (*question, subject*) zur Sprache bringen; (*food*) erbrechen

bring-and-buy sale [brɪŋənˈbaɪ-] N Basar *m* (*wo mitgebrachte Sachen verkauft werden*)

brink [brɪŋk] N Rand *m*; **on the ~ of doing sth** nahe daran, etw zu tun; **she was on the ~ of tears** sie war den Tränen nahe

brisk [brɪsk] ADJ (*abrupt: person, tone*) forsch; (*pace*) flott; (*trade*) lebhaft, rege; **to go for a ~ walk** einen ordentlichen Spaziergang machen; **business is ~** das Geschäft ist rege

bristle [ˈbrɪsl] N Borste *f*; (*of beard*) Stoppel *f* ▸ VI zornig werden; **bristling with** strotzend von

bristly [ˈbrɪslɪ] ADJ borstig; (*chin*) stoppelig

Brit [brɪt] (*inf*) N (= *British person*) Brite *m*, Britin *f*

★**Britain** [ˈbrɪtən] N (*also:* **Great Britain**) Großbritannien *nt*

★**British** [ˈbrɪtɪʃ] ADJ britisch ▸ NPL: **the ~** die Briten *pl*

British Isles NPL: **the ~** die Britischen Inseln

British Rail N *britische Eisenbahngesellschaft*

British Summer Time N britische Sommerzeit *f*

Briton [ˈbrɪtən] N Brite *m*, Britin *f*

Brittany [ˈbrɪtənɪ] N die Bretagne

brittle [ˈbrɪtl] ADJ spröde; (*glass*) zerbrechlich; (*bones*) schwach

broach [brəutʃ] VT (*subject*) anschneiden

broad [brɔ:d] ADJ breit; (*general*) allgemein; (*accent*) stark ▸ N (*US inf*) Frau *f*; **in ~ daylight** am helllichten Tag; **~ hint** deutlicher Wink *m*

broadband [ˈbrɔ:dbænd] (*Comput*) ADJ Breitband- ▸ N Breitband *nt*

broad bean N dicke Bohne *f*, Saubohne *f*

broadcast [ˈbrɔ:dkɑ:st] (*pt, pp* **~**) N Sendung *f* ▸ VT, VI senden

broadcaster [ˈbrɔ:dkɑ:stəʳ] N (*Radio, TV*) Rundfunk-/Fernsehpersönlichkeit *f*

broadcasting [ˈbrɔ:dkɑ:stɪŋ] N (*Radio*) Rundfunk *m*; (*TV*) Fernsehen *nt*

broadcasting station N (*Radio*) Rundfunkstation *f*; (*TV*) Fernsehstation *f*

broaden [ˈbrɔ:dn] VT erweitern ▸ VI breiter werden, sich verbreitern; **to ~ one's mind** seinen Horizont erweitern

broadly [ˈbrɔ:dlɪ] ADV (*in general terms*) in großen Zügen; **~ speaking** allgemein *or* generell gesagt

broad-minded [ˈbrɔ:dˈmaɪndɪd] ADJ tolerant

broadsheet [ˈbrɔ:dʃi:t] N (*newspaper*) *großformatige Zeitung*

★**broccoli** [ˈbrɔkəlɪ] N Brokkoli *pl*, Spargelkohl *m*

brochure [ˈbrəuʃjuəʳ] N Broschüre *f*

brogue [brəug] N Akzent *m*; (*shoe*) fester Schuh *m*

broil [brɔɪl] (*US*) VT grillen

broiler [ˈbrɔɪləʳ] N Brathähnchen *nt*

broke [brəuk] PT *of* **break** ▸ ADJ (*inf*) pleite; **to go ~** pleitegehen

broken [ˈbrəukn] PP *of* **break** ▸ ADJ zerbrochen; (*machine: also:* **broken down**) kaputt; (*promise, vow*) gebrochen; **a ~ leg** ein gebrochenes Bein; **a ~ marriage** eine gescheiterte Ehe; **a ~ home** zerrüttete Familienverhältnisse *pl*; **in ~ English/German** in gebrochenem Englisch/Deutsch

broken-down [ˈbrəuknˈdaun] ADJ kaputt; (*house*) baufällig

rokenhearted [brəukn'ha:tɪd] ADJ untröstlich
roker ['brəukə^r] N Makler(in) *m(f)*
rokerage ['brəukrɪdʒ] N (*commission*) Maklergebühr *f*; (*business*) Maklergeschäft *nt*
rolly ['brɔlɪ] (BRIT *inf*) N (Regen)schirm *m*
romance ['brəumæns] N (*inf*) *enge Freundschaft zwischen zwei heterosexuellen Männern*
ronchitis [brɔŋ'kaɪtɪs] N Bronchitis *f*
ronze [brɔnz] N Bronze *f*
ronzed [brɔnzd] ADJ braun, (sonnen)gebräunt
rooch [brəutʃ] N Brosche *f*
rood [bru:d] N Brut *f* ▶ VI (*hen*) brüten; (*person*) grübeln
▶ **brood on** VT FUS nachgrübeln über *+acc*
▶ **brood over** VT FUS = **brood on**
roody ['bru:dɪ] ADJ (*person*) grüblerisch; (*hen*) brütig
rook [bruk] N Bach *m*
room [brum] N Besen *m*; (*Bot*) Ginster *m*
roomstick ['brumstɪk] N Besenstiel *m*
ros., Bros. ABBR (*Comm*: = *brothers*) Gebr.
roth [brɔθ] N Suppe *f*, Fleischbrühe *f*
rothel ['brɔθl] N Bordell *nt*
rother ['brʌðə^r] N Bruder *m*; (*in trade union, society etc*) Kollege *m*
rotherhood ['brʌðəhud] N Brüderlichkeit *f*
rother-in-law ['brʌðərɪn'lɔ:] N Schwager *m*
rotherly ['brʌðəlɪ] ADJ brüderlich
rought [brɔ:t] PT, PP *of* **bring**
rought forward ADJ (*Comm*) vorgetragen
row [brau] N Stirn *f*; (*eyebrow*) (Augen)braue *f*; (*of hill*) (Berg)kuppe *f*
rowbeat ['braubi:t] VT (*irreg: like* **beat**): **to ~ sb (into doing sth)** jdn (so) unter Druck setzen(, dass er etw tut)
rown [braun] ADJ braun ▶ N Braun *nt* ▶ VT (*Culin*) (an)bräunen; **to go ~** braun werden
rown bread N Graubrot *nt*, Mischbrot *nt*
rownie ['braunɪ] N (*also:* **Brownie Guide**) Wichtel *m*
rownie ['braunɪ] (*US*) N *kleiner Schokoladenkuchen*
rown paper N Packpapier *nt*
rown rice N Naturreis *m*
rown sugar N brauner Zucker *m*
rowse [brauz] VI (*in shop*) sich umsehen; (*animal*) weiden; (: *deer*) äsen ▶ VTI (*Comput*) browsen ▶ N: **to have a ~ (around)** sich umsehen; **to ~ through a book** in einem Buch schmökern
rowser ['brauzə^r] N (*Comput*) Browser *m*
ruise [bru:z] N blauer Fleck *m*, Bluterguss *m*; (*on fruit*) Druckstelle *f* ▶ VT (*arm, leg etc*) sich *dat* stoßen; (*person*) einen blauen Fleck schlagen; (*fruit*) beschädigen ▶ VI (*fruit*) eine Druckstelle bekommen; **to ~ one's arm** sich *dat* den Arm stoßen, sich *dat* einen blauen Fleck am Arm holen
bruising ['bru:zɪŋ] ADJ (*experience, encounter*) schmerzhaft ▶ N Quetschung *f*
Brum [brʌm] (BRIT *inf*) N ABBR = **Birmingham**
Brummie ['brʌmɪ] (*inf*) N *aus Birmingham stammende oder dort wohnhafte Person*, Birminghamer(in) *m(f)*
brunch [brʌntʃ] N Brunch *m*
Brunei [bru:'naɪ, 'bru:naɪ] N Brunei *nt*
brunette [bru:'nɛt] N Brünette *f*
brunt [brʌnt] N: **to bear the ~ of** die volle Wucht *+gen* tragen
★**brush** [brʌʃ] N Bürste *f*; (*for painting, shaving etc*) Pinsel *m*; (*quarrel*) Auseinandersetzung *f* ▶ VT fegen; (*groom*) bürsten; (*teeth*) putzen; (*also:* **brush against**) streifen; **to have a ~ with sb** (*verbally*) sich mit jdm streiten; (*physically*) mit jdm aneinandergeraten; **to have a ~ with the police** mit der Polizei aneinandergeraten
▶ **brush aside** VT abtun
▶ **brush past** VT streifen
▶ **brush up** VT auffrischen
brushed [brʌʃt] ADJ (*steel, chrome etc*) gebürstet; (*denim etc*) aufgeraut; **~ nylon** Nylonvelours *m*
brushoff ['brʌʃɔf] (*inf*) N: **to give sb the ~** jdm eine Abfuhr erteilen
brushwood ['brʌʃwud] N Reisig *nt*
brusque [bru:sk] ADJ brüsk; (*tone*) schroff
Brussels ['brʌslz] N Brüssel *nt*
Brussels sprouts NPL Rosenkohl *m*
brutal ['bru:tl] ADJ brutal
brutality [bru:'tælɪtɪ] N Brutalität *f*
brutalize ['bru:təlaɪz] VT brutalisieren; (*ill-treat*) brutal behandeln
brute [bru:t] N brutaler Kerl *m*; (*animal*) Tier *nt* ▶ ADJ: **by ~ force** mit roher Gewalt
brutish ['bru:tɪʃ] ADJ tierisch
BS (*US*) N ABBR (= *Bachelor of Science*) *akademischer Grad für Naturwissenschaftler*
BSA N ABBR (= *Boy Scouts of America*) *amerikanische Pfadfinderorganisation*
BSc ABBR (= *Bachelor of Science*) *akademischer Grad für Naturwissenschaftler*
BSE N ABBR (= *bovine spongiform encephalopathy*) BSE *f*
BSI N ABBR (= *British Standards Institution*) *britischer Normenausschuss*
BST ABBR = **British Summer Time**
Bt (BRIT) ABBR = **baronet**
btu N ABBR (= *British thermal unit*) *britische Wärmeeinheit*
bubble ['bʌbl] N Blase *f* ▶ VI sprudeln; (*sparkle*) perlen; (*fig: person*) übersprudeln
bubble bath N Schaumbad *nt*
bubble gum N Bubblegum *m*
bubble-jet printer ['bʌbldʒɛt-] N Bubblejetdrucker *m*, Bubble-Jet-Drucker *m*
bubble pack N (Klar)sichtpackung *f*
bubbly ['bʌblɪ] ADJ (*person*) lebendig; (*liquid*) sprudelnd ▶ N (*inf: champagne*) Schampus *m*
Bucharest [bu:kə'rɛst] N Bukarest *nt*

b

buck [bʌk] N (*rabbit*) Rammler *m*; (*deer*) Bock *m*; (*US inf*) Dollar *m* ▶ VI bocken; **to pass the ~** die Verantwortung abschieben; **to pass the ~ to sb** jdm die Verantwortung zuschieben
▶ **buck up** VI (*cheer up*) aufleben ▶ VT: **to ~ one's ideas up** sich zusammenreißen

bucket [ˈbʌkɪt] N Eimer *m* ▶ VI (BRIT *inf*): **the rain is bucketing (down)** es gießt *or* schüttet (wie aus Kübeln)

bucket list N *Liste von Dingen, die man vor seinem Tod gerne gemacht haben würde*

Buckingham Palace N *siehe Info-Artikel*

Buckingham Palace ist die offizielle Londoner Residenz der britischen Monarchen und liegt am St James Park. Der Palast wurde 1703 für den Herzog von Buckingham erbaut, 1762 von Georg III. gekauft, zwischen 1821 und 1836 von John Nash umgebaut und Anfang des 20. Jahrhunderts teilweise neu gestaltet. Teile des Buckingham Palace sind heute der Öffentlichkeit zugänglich.

buckle [ˈbʌkl] N Schnalle *f* ▶ VT zuschnallen; (*wheel*) verbiegen ▶ VI sich verbiegen
▶ **buckle down** VI sich dahinter klemmen; **to ~ down to sth** sich hinter etw *acc* klemmen

bud [bʌd] N Knospe *f* ▶ VI knospen, Knospen treiben

Budapest [bju:dəˈpɛst] N Budapest *nt*

Buddha [ˈbudə] N Buddha *m*

Buddhism [ˈbudɪzəm] N Buddhismus *m*

Buddhist [ˈbudɪst] ADJ buddhistisch ▶ N Buddhist(in) *m(f)*

budding [ˈbʌdɪŋ] ADJ angehend

buddy [ˈbʌdɪ] (US) N Kumpel *m*

budge [bʌdʒ] VT (von der Stelle) bewegen; (*fig*) zum Nachgeben bewegen ▶ VI sich von der Stelle rühren; (*fig*) nachgeben

budgerigar [ˈbʌdʒərɪgɑːʳ] N Wellensittich *m*

★**budget** [ˈbʌdʒɪt] N Budget *nt*, Etat *m*, Haushalt *m* ▶ VI Haus halten, haushalten, wirtschaften; **I'm on a tight ~** ich habe nicht viel Geld zur Verfügung; **she works out her ~ every month** sie macht (sich *dat*) jeden Monat einen Haushaltsplan; **to ~ for sth** etw kostenmäßig einplanen

budget airline N Billigflieger *m*

budgie [ˈbʌdʒɪ] N = **budgerigar**

Buenos Aires [ˈbweɪnɔsˈaɪrɪz] N Buenos Aires *nt*

buff [bʌf] ADJ gelbbraun ▶ N (*inf*) Fan *m*

buffalo [ˈbʌfələu] (*pl* ~ *or* **buffaloes**) N (BRIT) Büffel *m*; (*US*) Bison *m*

buffer [ˈbʌfəʳ] N Puffer *m*; (*Comput*) Zwischenspeicher *m*, Pufferspeicher *m*; (*Rail*) Prellbock *m*; (*fig*) Polster *nt* ▶ VI (*Comput*) zwischenspeichern

buffering [ˈbʌfərɪŋ] N (*Comput*) Pufferung *f*

buffer state N Pufferstaat *m*

buffer zone N Pufferzone *f*

buffet¹ [ˈbufeɪ] (BRIT) N Büfett *nt*, Bahnhofsrestaurant *nt*; (*food*) kaltes Buffet *nt*

buffet² [ˈbʌfɪt] VT (*subj*: *sea*) hin und her werfen (: *wind*) schütteln

buffet car [ˈbufeɪ-] (BRIT) N Speisewagen *m*

buffet lunch [ˈbufeɪ-] N Buffet *nt*

buffoon [bəˈfu:n] N Clown *m*

bug [bʌg] N (*esp US*) Insekt *nt*; (*Comput*: *of program*) Programmfehler *m*; (: *of equipment*) Fehler *m*; (*fig*: *germ*) Bazillus *m*; (*hidden microphone*) Wanze *f* ▶ VT (*inf*) nerven; (*telephone etc*) abhören; (*room*) verwanzen; **I've got the travel ~** (*fig*) mich hat die Reiselust gepackt

bugbear [ˈbʌgbɛəʳ] N Schreckgespenst *nt*

bugger [ˈbʌgəʳ] (*inf!*) N Scheißkerl *m* (!), Arschloch *nt* (!) ▶ VB: **~ off!** hau ab!; **~ (it)!** Scheiße!

buggy [ˈbʌgɪ] N (*for baby*) Sportwagen *m*

bugle [ˈbju:gl] N Bügelhorn *nt*

★**build** [bɪld] (*pt*, *pp* **built**) N Körperbau *m* ▶ VT bauen
▶ **build on** VT FUS (*fig*) aufbauen auf +*dat*
▶ **build up** VT aufbauen; (*production*) steigern; (*morale*) stärken; (*stocks*) anlegen; **don't ~ your hopes up too soon** mach dir nicht zu frühe Hoffnungen

builder [ˈbɪldəʳ] N Bauunternehmer *m*

★**building** [ˈbɪldɪŋ] N (*industry*) Bauindustrie *f*; (*construction*) Bau *m*; (*structure*) Gebäude *nt*, Bau *m*

building contractor N Bauunternehmer *m*

building industry N Bauindustrie *f*

building site N Baustelle *f*

building society (BRIT) N Bausparkasse *f*

building trade N Baubranche *f or* -gewerbe *nt*

build-up [ˈbɪldʌp] N Ansammlung *f*; (*publicity*): **to give sb/sth a good ~** jdn/etw ganz groß herausbringen

built [bɪlt] PT, PP *of* **build** ▶ ADJ: **built-in** eingebaut, Einbau-; (*safeguards*) eingebaut; **well-built** gut gebaut

built-up area [ˈbɪltʌp-] N bebautes Gebiet *nt*

bulb [bʌlb] N (Blumen)zwiebel *f*; (*Elec*) (Glüh)birne *f*

bulbous [ˈbʌlbəs] ADJ knollig

Bulgaria [bʌlˈgɛərɪə] N Bulgarien *nt*

Bulgarian [bʌlˈgɛərɪən] ADJ bulgarisch ▶ N Bulgare *m*, Bulgarin *f*; (*Ling*) Bulgarisch *nt*

bulge [bʌldʒ] N Wölbung *f*; (*in birth rate, sales*) Zunahme *f* ▶ VI (*pocket*) prall gefüllt sein; (*cheeks*) voll sein; (*file*) (zum Bersten) voll sein; **to be bulging with** prall gefüllt sein mit

bulimia [bəˈlɪmɪə] N Bulimie *f*

bulk [bʌlk] N (*of thing*) massige Form *f*; (*of person*) massige Gestalt *f*; **in ~** im Großen, en gros; **the ~ of** der Großteil +*gen*

bulk buying [-ˈbaɪɪŋ] N Mengeneinkauf *m*, Großeinkauf *m*

bulk carrier N Bulkcarrier *m*

bulkhead [ˈbʌlkhɛd] N Schott *nt*

bulky [ˈbʌlkɪ] ADJ sperrig

bull [bul] N Stier *m*; (*male elephant or whale*) Bulle *m*; (*Stock Exchange*) Haussier *m*, Haussespekulant *m*; (*Rel*) Bulle *f*
bulldog ['buldɔg] N Bulldogge *f*
bulldoze ['buldəuz] VT mit Bulldozern wegräumen; (*building*) mit Bulldozern abreißen; **I was bulldozed into it** (*fig, inf*) ich wurde gezwungen *or* unter Druck gesetzt, es zu tun
bulldozer ['buldəuzəʳ] N Bulldozer *m*, Planierraupe *f*
bullet ['bulɪt] N Kugel *f*
bulletin ['bulɪtɪn] N (*TV etc*) Kurznachrichten *pl*; (*journal*) Bulletin *nt*
bulletin board N (*Comput*) Schwarzes Brett *nt*
bulletproof ['bulɪtpru:f] ADJ kugelsicher
bullfight ['bulfaɪt] N Stierkampf *m*
bullfighter ['bulfaɪtəʳ] N Stierkämpfer *m*
bullfighting ['bulfaɪtɪŋ] N Stierkampf *m*
bullion ['buljən] N: **gold/silver ~** Barrengold *nt*/-silber *nt*
bullock ['bulək] N Ochse *m*
bullring ['bulrɪŋ] N Stierkampfarena *f*
bull's-eye ['bulzaɪ] N (*on a target*): **the ~** der Scheibenmittelpunkt, das Schwarze
bullshit ['bulʃɪt] (!) N Scheiß *m* (!), Quatsch *m* ▸ VI Scheiß erzählen; **~!** Quatsch!
bully ['bulɪ] N Tyrann *m* ▸ VT tyrannisieren; (*frighten*) einschüchtern
bullying ['bulɪɪŋ] N Tyrannisieren *nt*
bum [bʌm] (*inf*) N Hintern *m*; (*esp US: good-for-nothing*) Rumtreiber *m*; (*tramp*) Penner *m*
▸ **bum around** (*inf*) VI herumgammeln
bumblebee ['bʌmblbi:] N Hummel *f*
bumf [bʌmf] (*inf*) N Papierkram *m*
bump [bʌmp] N Zusammenstoß *m*; (*jolt*) Erschütterung *f*; (*swelling*) Beule *f*; (*on road*) Unebenheit *f* ▸ VT stoßen; (*car*) eine Delle fahren in *+acc*
▸ **bump along** VI entlangholpern
▸ **bump into** VT FUS (*obstacle*) stoßen gegen; (*inf: person*) treffen
bumper ['bʌmpəʳ] N Stoßstange *f* ▸ ADJ: **~ crop, ~ harvest** Rekordernte *f*
bumper cars NPL Autoskooter *pl*
bumper sticker N Aufkleber *m*
bumph [bʌmf] N = **bumf**
bumptious ['bʌmpʃəs] ADJ wichtigtuerisch
bumpy ['bʌmpɪ] ADJ holperig; **it was a ~ flight/ride** während des Fluges/auf der Fahrt wurden wir tüchtig durchgerüttelt
bun [bʌn] N Brötchen *nt*; (*of hair*) Knoten *m*
bunch [bʌntʃ] N Strauß *m*; (*of keys*) Bund *m*; (*of bananas*) Büschel *nt*; (*of people*) Haufen *m* ■ **bunches** NPL (*in hair*) Zöpfe *pl*; **~ of grapes** Weintraube *f*
bundle ['bʌndl] N Bündel *nt* ▸ VT (*also:* **bundle up**) bündeln; (*put*): **to ~ sth into** etw stopfen *or* packen in *+acc*; **to ~ sb into** jdn schaffen in *+acc*
▸ **bundle off** VT schaffen
▸ **bundle out** VT herausschaffen
bun fight (BRIT *inf*) N Festivitäten *pl*; (*tea party*) Teegesellschaft *f*
bung [bʌŋ] N Spund *m*, Spundzapfen *m* ▸ VT (BRIT *inf: also:* **bung in**) schmeißen; (: *also:* **bung up**) verstopfen; **my nose is bunged up** meine Nase ist verstopft
bungalow ['bʌŋgələu] N Bungalow *m*
bungee jumping ['bʌndʒi:'dʒʌmpɪŋ] N Bungeespringen *nt*
bungle ['bʌŋgl] VT verpfuschen
bunion ['bʌnjən] N entzündeter Ballen *m*
bunk [bʌŋk] N Bett *nt*, Koje *f*; **to do a ~** (*inf*) abhauen
▸ **bunk off** (*inf*) VI abhauen
bunk beds NPL Etagenbett *nt*
bunker ['bʌŋkəʳ] N Kohlenbunker *m*; (*Mil, Golf*) Bunker *m*
bunny ['bʌnɪ] N (*also:* **bunny rabbit**) Hase *m*, Häschen *nt*
bunny girl (BRIT) N Häschen *nt*
bunny hill (US) N (*Ski*) Anfängerhügel *m*
bunting ['bʌntɪŋ] N (*flags*) Wimpel *pl*, Fähnchen *pl*
buoy [bɔɪ] N Boje *f*
▸ **buoy up** VT (*fig*) Auftrieb geben *+dat*
buoyancy ['bɔɪənsɪ] N (*of ship, object*) Schwimmfähigkeit *f*
buoyant ['bɔɪənt] ADJ (*ship, object*) schwimmfähig; (*market*) fest; (*economy*) stabil; (*prices, currency*) fest, stabil; (*person, nature*) heiter
burden ['bə:dn] N Belastung *f*; (*load*) Last *f* ▸ VT: **to ~ sb with sth** jdn mit etw belasten; **to be a ~ to sb** jdm zur Last fallen
bureau ['bjuərəu] (*pl* **bureaux**) N (BRIT: *writing desk*) Sekretär *m*; (*US: chest of drawers*) Kommode *f*; (*office*) Büro *nt*
bureaucracy [bjuə'rɔkrəsɪ] N Bürokratie *f*
bureaucrat ['bjuərəkræt] N Bürokrat(in) *m(f)*
bureaucratic [bjuərə'krætɪk] ADJ bürokratisch
bureaux ['bjuərəuz] NPL *of* **bureau**
burgeon ['bə:dʒən] VI hervorsprießen
★**burger** ['bə:gəʳ] (*inf*) N Hamburger *m*
★**burglar** ['bə:gləʳ] N Einbrecher(in) *m(f)*
burglar alarm N Alarmanlage *f*
burglarize ['bə:gləraɪz] (US) VT einbrechen in *+acc*
burglary ['bə:glərɪ] N Einbruch *m*
burgle ['bə:gl] VT einbrechen in *+acc*
Burgundy ['bə:gəndɪ] N Burgund *nt*
burial ['bɛrɪəl] N Beerdigung *f*
burial ground N Begräbnisstätte *f*
burkha ['bə:kə] N Burka *f*
Burkina Faso [bə:'ki:nə'fæsəu] N Burkina Faso *nt*
burlesque [bə:'lɛsk] N (*parody*) Persiflage *f*; (*US: Theat*) Burleske *f*
burly ['bə:lɪ] ADJ kräftig, stämmig
Burma ['bə:mə] N Birma *nt*, Burma *nt*

Burmese [bəːˈmiːz] ADJ birmanisch, burmesisch ▸ N INV Birmane *m*, Burmese *m*, Birmanin *f*, Burmesin *f* ▸ N (*Ling*) Birmanisch *nt*, Burmesisch *nt*

★**burn** [bəːn] (*pt, pp* **burned** *or* **burnt**) VT verbrennen; (*fuel*) als Brennstoff verwenden; (*food*) anbrennen lassen; (*house etc*) niederbrennen ▸ VI brennen; (*food*) anbrennen ▸ N Verbrennung *f*; **the cigarette burnt a hole in her dress** die Zigarette brannte ein Loch in ihr Kleid; **I've burnt myself!** ich habe mich verbrannt!

▸ **burn down** VT abbrennen

▸ **burn out** VT: **to ~ o.s. out** (*writer etc*) sich völlig verausgaben; **the fire burnt itself out** das Feuer brannte aus

burner [ˈbəːnəʳ] N Brenner *m*

burning [ˈbəːnɪŋ] ADJ brennend; (*sand, desert*) glühend heiß

burnish [ˈbəːnɪʃ] VT polieren

Burns' Night N *siehe Info-Artikel*

> **Burns' Night** ist der am 25. Januar begangene Gedenktag für den schottischen Dichter Robert Burns (1759–1796). Wo Schotten leben, sei es in Schottland oder im Ausland, wird dieser Tag mit einem Abendessen gefeiert, bei dem es als Hauptgericht *haggis* gibt, der mit Dudelsackbegleitung aufgetischt wird. Dazu isst man Steckrüben- und Kartoffelpüree und trinkt Whisky. Während des Essens werden Burns Gedichte vorgelesen, seine Lieder gesungen, bestimmte Reden gehalten und Trinksprüche ausgegeben.

burnt [bəːnt] PT, PP *of* **burn**

burnt sugar (BRIT) N Karamell *m*

burp [bəːp] (*inf*) N Rülpser *m* ▸ VT (*baby*) aufstoßen lassen ▸ VI rülpsen

burqa [ˈbəːkə] N = **burkha**

burrow [ˈbʌrəu] N Bau *m* ▸ VI graben; (*rummage*) wühlen

bursar [ˈbəːsəʳ] N Schatzmeister *m*, Finanzverwalter *m*

bursary [ˈbəːsərɪ] (BRIT) N Stipendium *nt*

★**burst** [bəːst] (*pt, pp* ~) VT zum Platzen bringen, platzen lassen ▸ VI platzen ▸ N Salve *f*; (*also:* **burst pipe**) (Rohr)bruch *m*; **the river has ~ its banks** der Fluss ist über die Ufer getreten; **to ~ into flames** in Flammen aufgehen; **to ~ into tears** in Tränen ausbrechen; **to ~ out laughing** in Lachen ausbrechen; **~ blood vessel** geplatzte Ader *f*; **to be bursting with** zum Bersten voll sein mit; (*pride*) fast platzen vor *+dat*; **to ~ open** aufspringen; **a ~ of energy** ein Ausbruch *m* von Energie; **a ~ of enthusiasm** ein Begeisterungsausbruch *m*; **a ~ of speed** ein Spurt *m*; **~ of laughter** Lachsalve *f*; **~ of applause** Beifallssturm *m*

▸ **burst in on** VT FUS: **to ~ in on sb** bei jdm hereinplatzen

▸ **burst into** VT FUS (*into room*) platzen in *+acc*

▸ **burst out of** VT FUS (*of room*) stürmen *or* stürzen aus

Burundi [bəˈrundɪ] N Burundi *nt*

★**bury** [ˈbɛrɪ] VT begraben; (*at funeral*) beerdigen; **to ~ one's face in one's hands** das Gesicht in den Händen vergraben; **to ~ one's head in the sand** (*fig*) den Kopf in den Sand stecken; **to ~ the hatchet** (*fig*) das Kriegsbeil begraben

★**bus** [bʌs] N (Auto)bus *m*, (Omni)bus *m*; (*double decker*) Doppeldecker *m* (*inf*)

bus boy (US) N Bedienungshilfe *f*

bush [buʃ] N Busch *m*, Strauch *m*; (*scrubland*) Busch; **to beat about the ~** um den heißen Brei herumreden

bushed [buʃt] (*inf*) ADJ (*exhausted*) groggy

bushel [ˈbuʃl] N Scheffel *m*

bushfire [ˈbuʃfaɪəʳ] N Buschfeuer *nt*

bushy [ˈbuʃɪ] ADJ buschig

busily [ˈbɪzɪlɪ] ADV eifrig; **to be ~ doing sth** eifrig etw tun

★**business** [ˈbɪznɪs] N (*matter*) Angelegenheit *f*; (*trading*) Geschäft *nt*; (*firm*) Firma *f*, Betrieb *m*; (*occupation*) Beruf *m*; **to be away on ~** geschäftlich unterwegs sein; **I'm here on ~** ich bin geschäftlich hier; **he's in the insurance/transport ~** er arbeitet in der Versicherungs-/Transportbranche; **to do ~ with sb** Geschäfte *pl* mit jdm machen; **it's my ~ to ...** es ist meine Aufgabe, zu ...; **it's none of my ~** es geht mich nichts an; **he means ~** er meint es ernst

business address N Geschäftsadresse *f*

business card N (Visiten)karte *f*

business class N (*Aviat*) Businessclass *f*

businesslike [ˈbɪznɪslaɪk] ADJ geschäftsmäßig

★**businessman** [ˈbɪznɪsmən] N (*irreg*) Geschäftsmann *m*

business studies NPL Betriebswirtschaftslehre *f*

business trip N Geschäftsreise *f*

★**businesswoman** [ˈbɪznɪswumən] N (*irreg*) Geschäftsfrau *f*

busker [ˈbʌskəʳ] (BRIT) N Straßenmusikant(in) *m(f)*

bus lane (BRIT) N Busspur *f*

bus service N Busverbindung *f*

bus shelter N Wartehäuschen *nt*

bus station N Busbahnhof *m*

bus stop N Bushaltestelle *f*

bust [bʌst] N Busen *m*; (*measurement*) Oberweite *f*; (*sculpture*) Büste *f* ▸ ADJ (*inf*) kaputt ▸ VT (*inf*) verhaften; **to go ~** pleitegehen

bustle [ˈbʌsl] N Betrieb *m* ▸ VI eilig herumlaufen

bustling [ˈbʌslɪŋ] ADJ belebt

bust-up [ˈbʌstʌp] (BRIT *inf*) N Krach *m*

busty [ˈbʌstɪ] ADJ (*inf: woman*) vollbusig

★**busy** [ˈbɪzɪ] ADJ (*person*) beschäftigt; (*shop, street*) belebt; (*Tel: esp US*) besetzt ▸ VT: **to ~ o.s. with** sich beschäftigen mit; **he's a ~ man** er ist ein viel beschäftigter Mann; **he's ~** er hat (zurzeit) viel zu tun

busybody [ˈbɪzɪbɔdɪ] N: **to be a ~** sich ständig einmischen

busy signal (US) N (*Tel*) Besetztzeichen *nt*

but [bʌt]

CONJ **1** (*yet*) aber; **not blue but red** nicht blau, sondern rot; **he's not very bright, but he's hard-working** er ist nicht sehr intelligent, aber er ist fleißig
2 (*however*): **I'd love to come, but I'm busy** ich würde gern kommen, bin aber beschäftigt
3 (*showing disagreement, surprise etc*): **but that's far too expensive!** aber das ist viel zu teuer!; **but that's fantastic!** das ist doch toll!
▸ PREP (*apart from, except*) außer +*dat*; **nothing but trouble** nichts als Ärger; **no-one but him can do it** keiner außer ihm kann es machen; **but for you** wenn Sie nicht gewesen wären; **but for your help** ohne Ihre Hilfe; **I'll do anything but that** ich mache alles, nur nicht das; **the last house but one** das vorletzte Haus; **the next street but one** die übernächste Straße
▸ ADV (*just, only*) nur; **she's but a child** sie ist doch noch ein Kind; **I can but try** ich kann es ja versuchen

butane [ˈbjuːteɪn] N (*also:* **butane gas**) Butan(gas) *nt*
butch [butʃ] (*inf*) ADJ maskulin
butcher [ˈbutʃəʳ] N Fleischer *m*, Metzger *m*; (*pej: murderer*) Schlächter *m* ▸ VT schlachten; (*prisoners etc*) abschlachten
butcher's [ˈbutʃəz], **butcher's shop** N Fleischerei *f*, Metzgerei *f*
butler [ˈbʌtləʳ] N Butler *m*
butt [bʌt] N großes Fass *nt*, Tonne *f*; (*thick end*) dickes Ende *nt*; (*of gun*) Kolben *m*; (*of cigarette*) Kippe *f*; (BRIT *fig: target*) Zielscheibe *f*; (*US !*) Arsch *m* (*!*) ▸ VT (*goat*) mit den Hörnern stoßen; (*person*) mit dem Kopf stoßen
▸ **butt in** VI sich einmischen, dazwischenfunken (*inf*)
butter [ˈbʌtəʳ] N Butter *f* ▸ VT buttern
buttercup [ˈbʌtəkʌp] N Butterblume *f*
butter dish N Butterdose *f*
butterfingers [ˈbʌtəfɪŋgəz] (*inf*) N Schussel *m*
butterfly [ˈbʌtəflaɪ] N Schmetterling *m*; (*Swimming: also:* **butterfly stroke**) Schmetterlingsstil *m*, Butterfly *m*
buttocks [ˈbʌtəks] NPL Gesäß *nt*
button [ˈbʌtn] N Knopf *m*; (*US: badge*) Plakette *f* ▸ VT (*also:* **button up**) zuknöpfen ▸ VI geknöpft werden
buttonhole [ˈbʌtnhəul] N Knopfloch *nt*; (*flower*) Blume *f* im Knopfloch ▸ VT zu fassen bekommen, sich *dat* schnappen (*inf*)
buttress [ˈbʌtrɪs] N Strebepfeiler *m*
buxom [ˈbʌksəm] ADJ drall
buy [baɪ] (*pt, pp* **bought**) VT kaufen; (*company*) aufkaufen ▸ N Kauf *m*; **that was a good/bad ~** das war ein guter/schlechter Kauf; **to ~ sb sth** jdm etw kaufen; **to ~ sth from sb** etw bei jdm kaufen; (*from individual*) jdm etw abkaufen; **to ~ sb a drink** jdm einen ausgeben (*inf*)
▸ **buy back** VT zurückkaufen
▸ **buy in** (BRIT) VT einkaufen
▸ **buy into** (BRIT) VT FUS sich einkaufen in +*acc*
▸ **buy off** VT kaufen
▸ **buy out** VT (*partner*) auszahlen; (*business*) aufkaufen
▸ **buy up** VT aufkaufen
buyer [ˈbaɪəʳ] N Käufer(in) *m(f)*; (*Comm*) Einkäufer(in) *m(f)*
buyer's market [ˈbaɪəz-] N Käufermarkt *m*
buyout [ˈbaɪaut] N (*of firm: by workers, management*) Aufkauf *m*
buzz [bʌz] VI summen, brummen; (*saw*) kreischen ▸ VT rufen; (*with buzzer*) (mit dem Summer) rufen; (*Aviat: plane, building*) dicht vorbeifliegen an +*dat* ▸ N Summen *nt*, Brummen *nt*; (*inf*): **to give sb a ~** jdn anrufen; **my head is buzzing** mir schwirrt der Kopf
▸ **buzz off** (*inf*) VI abhauen
buzzard [ˈbʌzəd] N Bussard *m*
buzzer [ˈbʌzəʳ] N Summer *m*
buzz word (*inf*) N Modewort *nt*

by [baɪ]

PREP **1** (*referring to cause, agent*) von +*dat*, durch +*acc*; **killed by lightning** vom Blitz *or* durch einen Blitz getötet; **a painting by Picasso** ein Bild von Picasso
2 (*referring to method, manner, means*): **by bus/car/train** mit dem Bus/Auto/Zug; **to pay by cheque** mit *or* per Scheck bezahlen; **by saving hard, he was able to ...** indem er eisern sparte, konnte er ...
3 (*via, through*) über +*acc*; **we came by Dover** wir sind über Dover gekommen; **he came in by the back door** er kam durch die Hintertür herein
4 (*close to*) bei +*dat*, an +*dat*; **the house by the river** das Haus am Fluss
5 (*past*) an ... *dat* vorbei; **she rushed by me** sie eilte an mir vorbei
6 (*not later than*) bis +*acc*; **by 4 o'clock** bis 4 Uhr; **by this time tomorrow** morgen um diese Zeit
7 (*amount*): **by the kilo/metre** kilo-/meterweise; **to be paid by the hour** stundenweise bezahlt werden
8 (*Math, measure*): **to divide by 3** durch 3 teilen; **to multiply by 3** mit 3 malnehmen; **it missed me by inches** es hat mich um Zentimeter verfehlt; **a room 3 metres by 4** ein Zimmer 3 mal 4 Meter; **it's broader by a metre** es ist (um) einen Meter breiter
9 (*according to*): **to play by the rules** sich an die Regeln halten; **it's all right by me** von mir aus ist es in Ordnung
10: **(all) by myself/himself** *etc* (ganz) allein
11: **by the way** übrigens
▸ ADV **1** *see* **go**; **pass**
2: **by and by** irgendwann
3: **by and large** im Großen und Ganzen

★**bye** [baɪ], **bye-bye** [ˈbaɪˈbaɪ] EXCL (auf) Wiedersehen, tschüss (*inf*)
bye-law [ˈbaɪlɔː] N *see* **by-law**

by-election [ˈbaɪɪlɛkʃən] (BRIT) N Nachwahl *f*
Byelorussia [bjɛləuˈrʌʃə] N = **Belorussia**
Byelorussian [bjɛləuˈrʌʃən] ADJ, N = **Belarussian**
bygone [ˈbaɪgɔn] ADJ (längst) vergangen ▸ N: **let bygones be bygones** wir sollten die Vergangenheit ruhen lassen
by-law [ˈbaɪlɔː] N Verordnung *f*
bypass [ˈbaɪpɑːs] N Umgehungsstraße *f*; (*Med*) Bypassoperation *f* ▸ VT (*also fig*) umgehen
by-product [ˈbaɪprɔdʌkt] N Nebenprodukt *nt*
byre [ˈbaɪə^r] (BRIT) N Kuhstall *m*
bystander [ˈbaɪstændə^r] N Zuschauer(in) *m(f)*
byte [baɪt] N (*Comput*) Byte *nt*
byway [ˈbaɪweɪ] N Seitenweg *m*
byword [ˈbaɪwəːd] N: **to be a ~ for** der Inbegriff *+gen* sein, gleichbedeutend sein mit
by-your-leave [ˈbaɪjɔːˈliːv] N: **without so much as a ~** ohne auch nur (um Erlaubnis) zu fragen

Cc

C¹, c¹ [si:] N (*letter*) C *nt*, c *nt*; (*Scol*) ≈ Drei *f*, ≈ Befriedigend *nt*; **C for Charlie** ≈ C wie Cäsar

C² [si:] N (*Mus*) C *nt*, c *nt*

C³ [si:] ABBR = **Celsius; centigrade**

c² ABBR = **century**; (= *circa*) ca.; (*US etc*: = *cent(s)*) Cent *m*

CA N ABBR (BRIT) = **chartered accountant** ▸ ABBR = **Central America**; (*US Post*) = **California**

ca. ABBR (= *circa*) ca.

C/A ABBR (*Comm*) = **capital account; credit account; current account**

CAA N ABBR (BRIT) = **Civil Aviation Authority**; (*US*: = *Civil Aeronautics Authority*) *Zivilluftfahrtbehörde*

CAB (BRIT) N ABBR = **Citizens' Advice Bureau**

cab [kæb] N Taxi *nt*; (*of truck, train etc*) Führerhaus *nt*; (*horse-drawn*) Droschke *f*

cabaret [ˈkæbəreɪ] N Kabarett *nt*

cabbage [ˈkæbɪdʒ] N Kohl *m*

cabbie, cabby [ˈkæbɪ] N (*inf*) Taxifahrer(in) *m(f)*

cab driver N Taxifahrer(in) *m(f)*

cabin [ˈkæbɪn] N Kabine *f*; (*house*) Hütte *f*

cabin cruiser N Kajütboot *nt*

cabinet [ˈkæbɪnɪt] N kleiner Schrank *m*; (*also*: **display cabinet**) Vitrine *f*; (*Pol*) Kabinett *nt*

cabinet-maker [ˈkæbɪnɪtˈmeɪkəʳ] N Möbeltischler *m*

cabinet minister N Mitglied *nt* des Kabinetts, Minister(in) *m(f)*

cable [ˈkeɪbl] N Kabel *nt* ▸ VT kabeln

cable car N (Draht)seilbahn *f*

cablegram [ˈkeɪblgræm] N (*Hist*) (Übersee)telegramm *nt*, Kabel *nt*

cable railway N Seilbahn *f*

cable television N Kabelfernsehen *nt*

cable TV N = **cable television**

cache [kæʃ] N Versteck *nt*, geheimes Lager *nt*; **a ~ of food** ein geheimes Proviantlager

cackle [ˈkækl] VI (*person: laugh*) meckernd lachen; (*hen*) gackern

cacti [ˈkæktaɪ] NPL *of* **cactus**

cactus [ˈkæktəs] (*pl* **cacti**) N Kaktus *m*

CAD N ABBR (= *computer-aided design*) CAD *nt*

caddie, caddy [ˈkædɪ] N (*Golf*) Caddie *m*

cadence [ˈkeɪdəns] N (*of voice*) Tonfall *m*

cadet [kəˈdɛt] N Kadett *m*; **police ~** Polizeianwärter(in) *m(f)*

cadge [kædʒ] (*inf*) VT: **to ~ (from** *or* **off)** schnorren (bei *or* von +*dat*); **to ~ a lift with sb** von jdm mitgenommen werden

cadger [ˈkædʒəʳ] (BRIT *inf*) N Schnorrer(in) *m(f)*

cadre [ˈkædrɪ] N Kader *m*

Caesarean [si:ˈzɛərɪən] N: **~ (section)** Kaiserschnitt *m*

CAF (BRIT) ABBR (= *cost and freight*) cf

★**café** [ˈkæfeɪ] N Café *nt*

cafeteria [kæfɪˈtɪərɪə] N Cafeteria *f*

caffeine, caffein [ˈkæfi:n] N Koffein *nt*

cage [keɪdʒ] N Käfig *m*; (*of lift*) Fahrkorb *m* ▸ VT einsperren

cagey [ˈkeɪdʒɪ] (*inf*) ADJ vorsichtig; (*evasive*) ausweichend

cagoule [kəˈgu:l] N Regenjacke *f*

cahoots [kəˈhu:ts] (*inf*) N: **to be in ~ with** unter einer Decke stecken mit

CAI N ABBR (= *computer-aided instruction*) CAI *nt*

Cairo [ˈkaɪərəu] N Kairo *nt*

cajole [kəˈdʒəul] VT: **to ~ sb into doing sth** jdn bereden, etw zu tun

★**cake** [keɪk] N Kuchen *m*; (*small*) Gebäckstück *nt*; (*of soap*) Stück *nt*; **it's a piece of ~** (*inf*) das ist ein Kinderspiel *or* ein Klacks; **he wants to have his ~ and eat it (too)** (*fig*) er will das eine, ohne das andere zu lassen

caked [keɪkt] ADJ: **~ with** (*mud, blood*) verkrustet mit

cake shop N Konditorei *f*

calamine lotion [ˈkæləmaɪn-] N Galmeilotion *f*

calamitous [kəˈlæmɪtəs] ADJ katastrophal

calamity [kəˈlæmɪtɪ] N Katastrophe *f*

calcium [ˈkælsɪəm] N Kalzium *nt*

calculate [ˈkælkjuleɪt] VT (*work out*) berechnen; (*estimate*) abschätzen

▸ **calculate on** VT FUS: **to ~ on sth** mit etw rechnen; **to ~ on doing sth** damit rechnen, etw zu tun

calculated [ˈkælkjuleɪtɪd] ADJ (*insult*) bewusst; (*action*) vorsätzlich; **a ~ risk** ein kalkuliertes Risiko

calculating [ˈkælkjuleɪtɪŋ] ADJ (*scheming*) berechnend

calculation [kælkjuˈleɪʃən] N Berechnung *f*; Abschätzung *f*; (*sum*) Rechnung *f*

★**calculator** [ˈkælkjuleɪtəʳ] N Rechner *m*

calculus [ˈkælkjuləs] N Infinitesimalrechnung *f*; **integral/differential ~** Integral-/Differenzialrechnung *f*

calendar [ˈkæləndəʳ] N Kalender *m*; (*timetable, schedule*) (Termin)kalender *m*

calendar month N Kalendermonat *m*

calendar year N Kalenderjahr *nt*

★**calf** [kɑːf] (*pl* **calves**) N Kalb *nt*; (*of elephant, seal etc*) Junge(s) *nt*; (*also:* **calfskin**) Kalb(s)leder *nt*; (*Anat*) Wade *f*

caliber [ˈkælɪbəʳ] (*US*) N = **calibre**

calibrate [ˈkælɪbreɪt] VT (*gun etc*) kalibrieren; (*scale of measuring instrument*) eichen

calibre, (*US*) **caliber** [ˈkælɪbəʳ] N Kaliber *nt*; (*of person*) Format *nt*

calico [ˈkælɪkəu] N (BRIT) Kattun *m*, Kaliko *m*; (*US*) bedruckter Kattun

California [kælɪˈfɔːnɪə] N Kalifornien *nt*

calipers [ˈkælɪpəz] (*US*) NPL = **callipers**

★**call** [kɔːl] VT (*name, consider*) nennen; (*shout out, summon*) rufen; (*Tel*) anrufen; (*witness, flight*) aufrufen; (*meeting*) einberufen; (*strike*) ausrufen ▸ VI rufen; (*Tel*) anrufen; (*visit: also:* **call in, call round**) vorbeigehen, vorbeikommen ▸ N Ruf *m*; (*Tel*) Anruf *m*; (*visit*) Besuch *m*; (*for a service etc*) Nachfrage *f*; (*for flight etc*) Aufruf *m*; (*fig: lure*) Ruf *m*, Verlockung *f*; **to be called** (*named*) heißen; **who is calling?** (*Tel*) wer spricht da bitte?; **London calling** (*Radio*) hier ist London; **please give me a ~ at 7** rufen Sie mich bitte um 7 an; **to make a ~** ein (Telefon)gespräch führen; **to pay a ~ on sb** jdn besuchen; **on ~** dienstbereit; **to be on ~** einsatzbereit sein; (*doctor etc*) Bereitschaftsdienst haben; **there's not much ~ for these items** es besteht keine große Nachfrage nach diesen Dingen

▸ **call at** VT FUS (*subj: ship*) anlaufen; (*: train*) halten in *+dat*

▸ **call back** VI (*return*) wiederkommen; (*Tel*) zurückrufen ▸ VT (*Tel*) zurückrufen

▸ **call for** VT FUS (*demand*) fordern; (*fetch*) abholen

▸ **call in** VT (*doctor, expert, police*) zurate ziehen; (*books, cars, stock etc*) aus dem Verkehr ziehen ▸ VI vorbeigehen, vorbeikommen

▸ **call off** VT absagen

▸ **call on** VT FUS besuchen; (*appeal to*) appellieren an *+acc*; **to ~ on sb to do sth** jdn bitten *or* auffordern, etw zu tun

▸ **call out** VI rufen ▸ VT rufen; (*police, troops*) alarmieren

▸ **call up** VT (*Mil*) einberufen; (*Tel*) anrufen

Callanetics® N SING Callanetics *f*

call box (BRIT) N Telefonzelle *f*

call centre N Telefoncenter *nt*, Callcenter *nt*

caller [ˈkɔːləʳ] N Besucher(in) *m(f)*; (*Tel*) Anrufer(in) *m(f)*; **hold the line, ~!** (*Tel*) bitte bleiben Sie am Apparat!

caller ID N (*Tel*) Anruferkennung *m*; (*of email, text message*) Absenderkennung *m*

call girl N Callgirl *nt*

call-in [ˈkɔːlɪn] (*US*) N (*Radio, TV*) Phone-in *nt*

calling [ˈkɔːlɪŋ] N (*trade*) Beruf *m*; (*vocation*) Berufung *f*

calling card (*US*) N Visitenkarte *f*

callipers, (*US*) **calipers** [ˈkælɪpəz] NPL (*Math*) Tastzirkel *m*; (*Med*) Schiene *f*

callous [ˈkæləs] ADJ herzlos

callousness [ˈkæləsnɪs] N Herzlosigkeit *f*

callow [ˈkæləu] ADJ unreif

★**calm** [kɑːm] ADJ ruhig; (*unworried*) gelassen ▸ N Ruhe *f* ▸ VT beruhigen; (*fears*) zerstreuen; (*grief*) lindern

▸ **calm down** VT beruhigen ▸ VI sich beruhigen

calmly [ˈkɑːmlɪ] ADV ruhig; gelassen

calmness [ˈkɑːmnɪs] N Ruhe *f*; Gelassenheit *f*

Calor gas® [ˈkæləʳ-] N Butangas *nt*

calorie [ˈkælərɪ] N Kalorie *f*; **low-calorie product** kalorienarmes Produkt *nt*

calve [kɑːv] VI kalben

calves [kɑːvz] NPL *of* **calf**

CAM N ABBR (= *computer-aided manufacture*) CAM *nt*

camber [ˈkæmbəʳ] N Wölbung *f*

Cambodia [kæmˈbəudɪə] N Kambodscha *nt*

Cambodian [kæmˈbəudɪən] ADJ kambodschanisch ▸ N Kambodschaner(in) *m(f)*

camcorder [ˈkæmkɔːdəʳ] N Camcorder *m*, Kamerarekorder *m*

came [keɪm] PT *of* **come**

camel [ˈkæməl] N Kamel *nt*

cameo [ˈkæmɪəu] N Kamee *f*; (*Theat, Liter*) Miniatur *f*

★**camera** [ˈkæmərə] N (*Cine, Phot*) Kamera *f*; (*also:* **cine camera, movie camera**) Filmkamera *f*; **35 mm ~** Kleinbildkamera *f*; **in ~** (*Law*) unter Ausschluss der Öffentlichkeit

cameraman [ˈkæmərəmæn] N (*irreg*) Kameramann *m*

camera phone N Fotohandy *nt*

Cameroon [kæməˈruːn] N Kamerun *nt*

Cameroun [kæməˈruːn] N = **Cameroon**

camomile [ˈkæməumaɪl] N Kamille *f*

camouflage [ˈkæməflɑːʒ] N Tarnung *f* ▸ VT tarnen

★**camp** [kæmp] N Lager *nt*; (*barracks*) Kaserne *f* ▸ VI zelten ▸ ADJ (*effeminate*) tuntenhaft (*inf*)

★**campaign** [kæmˈpeɪn] N (*Mil*) Feldzug *m*; (*Pol etc*) Kampagne *f* ▸ VI kämpfen; **to ~ for/against** sich einsetzen für/gegen

campaigner [kæmˈpeɪnəʳ] N: **~ for** Befürworter(in) *m(f)* *+gen*; **~ against** Gegner(in) *m(f)* *+gen*

camp bed (BRIT) N Campingliege *f*

camper [ˈkæmpəʳ] N (*person*) Camper *m*; (*vehicle*) Wohnmobil *nt*

★**camping** [ˈkæmpɪŋ] N Camping *nt*; **to go ~** zelten gehen, campen

camping site, camp site N Campingplatz *m*

campus [ˈkæmpəs] N (*Univ*) Universitätsgelände *nt*, Campus *m*

camshaft [ˈkæmʃɑːft] N Nockenwelle *f*

can[1] [kæn] N Büchse *f*, Dose *f*; (*for oil, water*) Kanister *m* ▸ VT eindosen, in Büchsen *or* Dosen einmachen; **a ~ of beer** eine Dose Bier; **he had to carry the ~** (BRIT *inf*) er musste die Sache ausbaden

can[2]

(*negative* **cannot**, **can't**, *conditional*, *pt* **could**)
AUX VB **1** (*be able to, know how to*) können; **you can do it if you try** du kannst es, wenn du es nur versuchst; **I can't see you** ich kann dich nicht sehen; **I can swim/drive** ich kann schwimmen/Auto fahren; **can you speak English?** sprechen Sie Englisch?
2 (*may*) können, dürfen; **can I use your phone?** kann *or* darf ich Ihr Telefon benutzen?; **could I have a word with you?** könnte ich Sie mal sprechen?
3 (*expressing disbelief, puzzlement*): **it can't be true!** das darf doch nicht wahr sein!
4 (*expressing possibility, suggestion, etc*): **he could be in the library** er könnte in der Bibliothek sein

Use **können** if you want to say that someone is physically able to do something; if you want to say they are allowed to do something, use **dürfen**.

Canada [ˈkænədə] N Kanada *nt*

Canadian [kəˈneɪdɪən] ADJ kanadisch ▸ N Kanadier(in) *m(f)*

canal [kəˈnæl] N (*also Anat*) Kanal *m*

Canaries [kəˈnɛərɪz] NPL = **Canary Islands**

canary [kəˈnɛərɪ] N Kanarienvogel *m*

Canary Islands [kəˈnɛərɪˈaɪləndz] NPL: **the ~** die Kanarischen Inseln *pl*

Canberra [ˈkænbərə] N Canberra *nt*

cancel [ˈkænsəl] VT absagen; (*reservation*) abbestellen; (*train, flight*) ausfallen lassen; (*contract*) annullieren; (*order*) stornieren; (*cross out*) durchstreichen; (*stamp*) entwerten; (*cheque*) ungültig machen
▸ **cancel out** VT aufheben; **they ~ each other out** sie heben sich gegenseitig auf

cancellation [kænsəˈleɪʃən] N Absage *f*; (*of reservation*) Abbestellung *f*; (*of train, flight*) Ausfall *m*; (*Tourism*) Rücktritt *m*

cancer [ˈkænsəʳ] N Krebs *m*; **C~** (*Astrol*) Krebs *m*; **to be C~** (ein) Krebs sein

cancerous [ˈkænsrəs] ADJ krebsartig

cancer patient N Krebskranke(r) *f(m)*

cancer research N Krebsforschung *f*

c and f (BRIT) ABBR (*Comm: = cost and freight*) cf

candid [ˈkændɪd] ADJ offen, ehrlich

candidacy [ˈkændɪdəsɪ] N Kandidatur *f*

candidate [ˈkændɪdeɪt] N Kandidat(in) *m(f)*; (*for job*) Bewerber(in) *m(f)*

candidature [ˈkændɪdətʃəʳ] (BRIT) N = **candidacy**

candied [ˈkændɪd] ADJ kandiert; **~ apple** (*US*) kandierter Apfel *m*

candle [ˈkændl] N Kerze *f*; (*of tallow*) Talglicht *nt*

candleholder [ˈkændlhəuldəʳ] N *see* **candlestick**

candlelight [ˈkændllaɪt] N: **by ~** bei Kerzenlicht

candlestick [ˈkændlstɪk] N Kerzenhalter *m*; (*bigger, ornate*) Kerzenleuchter *m*

candour, (*US*) **candor** [ˈkændəʳ] N Offenheit *f*

C & W N ABBR = **country and western**

candy [ˈkændɪ] N (*also:* **sugar-candy**) Kandis(zucker) *m*; (*US*) Bonbon *m or nt*

candyfloss [ˈkændɪflɔs] (BRIT) N Zuckerwatte *f*

candy store (*US*) N Süßwarenhandlung *f*

cane [keɪn] N Rohr *nt*; (*stick*) Stock *m*; (: *for walking*) (Spazier)stock *m* ▸ VT (BRIT *Scol*) mit dem Stock schlagen

canine [ˈkeɪnaɪn] ADJ (*species*) Hunde-

canister [ˈkænɪstəʳ] N Dose *f*; (*pressurized container*) Sprühdose *f*; (*of gas, chemicals etc*) Kanister *m*

cannabis [ˈkænəbɪs] N Haschisch *nt*; (*also:* **cannabis plant**) Hanf *m*, Cannabis *m*

canned [kænd] ADJ Dosen-; (*inf: music*) aus der Konserve; (*US inf: worker*) entlassen, rausgeschmissen (*inf*)

cannibal [ˈkænɪbəl] N Kannibale *m*, Kannibalin *f*

cannibalism [ˈkænɪbəlɪzəm] N Kannibalismus *m*

cannibalization [kænɪbəlaɪˈzeɪʃn] N (*Econ*) Kannibalisierung *f*

cannon [ˈkænən] (*pl* **~** *or* **cannons**) N Kanone *f*

cannonball [ˈkænənbɔːl] N Kanonenkugel *f*

cannon fodder N Kanonenfutter *nt*

cannot [ˈkænɔt] = **can not**

canny [ˈkænɪ] ADJ schlau

canoe [kəˈnuː] N Kanu *nt*

canoeing [kəˈnuːɪŋ] N Kanusport *m*

canon [ˈkænən] N Kanon *m*; (*clergyman*) Kanoniker *m*, Kanonikus *m*

canonize [ˈkænənaɪz] VT kanonisieren, heiligsprechen

can-opener [ˈkænəupnəʳ] N Dosenöffner *m*, Büchsenöffner *m*

canopy [ˈkænəpɪ] N (*also fig*) Baldachin *m*

cant [kænt] N scheinheiliges Gerede *nt*

can't [kænt] = **can not**

cantankerous [kænˈtæŋkərəs] ADJ mürrisch

canteen [kænˈtiːn] N (*in school, workplace*) Kantine *f*; (*mobile*) Feldküche *f*; (BRIT: *of cutlery*) Besteckkasten *m*

canter [ˈkæntəʳ] VI leicht galoppieren, kantern ▸ N leichter Galopp *m*, Kanter *m*

cantilever [ˈkæntɪliːvəʳ] N Ausleger *m*

canvas [ˈkænvəs] N Leinwand *f*; (*painting*) Gemälde *nt*; (*Naut*) Segeltuch *nt*; **under ~** im Zelt

canvass [ˈkænvəs] VT (*opinions, views*) erforschen; (*person*) für seine Partei zu gewinnen suchen; (*place*) Wahlwerbung machen in *+dat* ▸ VI: **to ~ for …** (*Pol*) um Stimmen für … werben

canvasser [ˈkænvəsəʳ] N (*Pol*) Wahlhelfer(in) *m(f)*

canvassing [ˈkænvəsɪŋ] N (*Pol*) Wahlwerbung *f*

canyon [ˈkænjən] N Cañon *m*

CAP N ABBR (= *Common Agricultural Policy*) gemeinsame Agrarpolitik *f* der EC

★**cap** [kæp] N Mütze *f*, Kappe *f*; (*of pen*) (Verschluss)kappe *f*; (*of bottle*) Verschluss *m*, Deckel *m*; (*contraceptive*: *also*: **Dutch cap**) Pessar *nt*; (*for toy gun*) Zündplättchen *nt*; (*for swimming*) Bademütze *f*, Badekappe *f*; (*Sport*) *Ehrenkappe, die Nationalspielern verliehen wird* ▸ VT (*outdo*) überbieten; (*Sport*) für die Nationalmannschaft aufstellen; **capped with …** mit … obendrauf; **and to ~ it all, …** und obendrein …

capability [keɪpəˈbɪlɪtɪ] N Fähigkeit *f*; (*Mil*) Potenzial *nt*

★**capable** [ˈkeɪpəbl] ADJ fähig; **to be ~ of doing sth** etw tun können, fähig sein, etw zu tun; **to be ~ of sth** (*interpretation etc*) etw zulassen

capacious [kəˈpeɪʃəs] ADJ geräumig

capacity [kəˈpæsɪtɪ] N Fassungsvermögen *nt*; (*of lift etc*) Höchstlast *f*; (*capability*) Fähigkeit *f*; (*position, role*) Eigenschaft *f*; (*of factory*) Kapazität *f*; **filled to ~** randvoll; (*stadium etc*) bis auf den letzten Platz besetzt; **in his ~ as …** in seiner Eigenschaft als …; **this work is beyond my ~** zu dieser Arbeit bin ich nicht fähig; **in an advisory ~** in beratender Funktion; **to work at full ~** voll ausgelastet sein

cape [keɪp] N Kap *nt*; (*cloak*) Cape *nt*, Umhang *m*

Cape of Good Hope N: **the ~** das Kap der guten Hoffnung

caper [ˈkeɪpəʳ] N (*Culin*: *usu pl*) Kaper *f*; (*prank*) Eskapade *f*, Kapriole *f*

Cape Town N Kapstadt *nt*

Cape Verde [keɪpˈvəːd] N Kap Verde *nt*

capita [ˈkæpɪtə] N *see* **per capita**

★**capital** [ˈkæpɪtl] N (*also*: **capital city**) Hauptstadt *f*; (*money*) Kapital *nt*; (*also*: **capital letter**) Großbuchstabe *m*

capital account N Kapitalverkehrsbilanz *f*; (*of country*) Kapitalkonto *nt*

capital allowance N (Anlage)abschreibung *f*

capital assets NPL Kapitalvermögen *nt*

capital expenditure N Kapitalaufwendungen *pl*

capital gains tax N Kapitalertragssteuer *f*

capital goods NPL Investitionsgüter *pl*

capital-intensive [ˈkæpɪtlɪnˈtɛnsɪv] ADJ kapitalintensiv

capitalism [ˈkæpɪtəlɪzəm] N Kapitalismus *m*

capitalist [ˈkæpɪtəlɪst] ADJ kapitalistisch ▸ N Kapitalist(in) *m(f)*

capitalize [ˈkæpɪtəlaɪz] VT (*Comm*) kapitalisieren ▸ VI: **to ~ on** Kapital schlagen aus

capital punishment N Todesstrafe *f*

capital transfer tax (BRIT) N Erbschafts- und Schenkungssteuer *f*

Capitol [ˈkæpɪtl] N: **the ~** das Kapitol

> Das **Capitol** ist das Gebäude in Washington auf dem Capitol Hill, in dem der Kongress der USA zusammentritt. Die Bezeichnung wird in vielen amerikanischen Bundesstaaten auch für das Parlamentsgebäude des jeweiligen Staates verwendet.

capitulate [kəˈpɪtjuleɪt] VI kapitulieren

capitulation [kəpɪtjuˈleɪʃən] N Kapitulation *f*

capricious [kəˈprɪʃəs] ADJ launisch

Capricorn [ˈkæprɪkɔːn] N (*Astrol*) Steinbock *m*; **to be ~** (ein) Steinbock sein

caps. [kæps] ABBR (= *capital letters*) Großbuchstaben *pl*

capsize [kæpˈsaɪz] VT zum Kentern bringen ▸ VI kentern

capstan [ˈkæpstən] N Poller *m*

capsule [ˈkæpsjuːl] N Kapsel *f*

Capt. ABBR (*Mil*) = **captain**

★**captain** [ˈkæptɪn] N Kapitän *m*; (*of plane*) (Flug)kapitän *m*; (*in army*) Hauptmann *m* ▸ VT (*ship*) befehligen; (*team*) anführen

★**caption** [ˈkæpʃən] N Bildunterschrift *f*

captivate [ˈkæptɪveɪt] VT fesseln

captive [ˈkæptɪv] ADJ gefangen ▸ N Gefangene(r) *f(m)*

captivity [kæpˈtɪvɪtɪ] N Gefangenschaft *f*

captor [ˈkæptəʳ] N: **his captors** diejenigen, die ihn gefangen nahmen

capture [ˈkæptʃəʳ] VT (*animal*) (ein)fangen (*person*) gefangen nehmen; (*town, country, share of market*) erobern; (*attention*) erregen; (*Comput*) erfassen ▸ N (*of animal*) Einfangen *nt*; (*of person*) Gefangennahme *f*; (*of town etc*) Eroberung *f* (*Comput*) Erfassung *f*

★**car** [kɑːʳ] N Auto *nt*, Wagen *m*; (*Rail*) Wagen *m* **by ~** mit dem Auto *or* Wagen

Caracas [kəˈrækəs] N Caracas *nt*

carafe [kəˈræf] N Karaffe *f*

caramel [ˈkærəməl] N Karamelle *f*, Karamellbonbon *m or nt*; (*burnt sugar*) Karamell *m*

carat [ˈkærət] N Karat *nt*; **18 ~ gold** achtzehnkarätiges Gold

★**caravan** [ˈkærəvæn] N (BRIT) Wohnwagen *m*; (*in desert*) Karawane *f*

caravan site (BRIT) N Campingplatz *m* für Wohnwagen

caraway seed [ˈkærəweɪ-] N Kümmel *m*

carb [kɑːb] N ABBR (*inf*: = *carbohydrate*) Kohle(n)hydrat *nt*

carbohydrate [kɑːbəuˈhaɪdreɪt] N Kohle(n)hydrat *nt*

carbolic acid [kɑːˈbɔlɪk-] N Karbolsäure *f*

car bomb N Autobombe *f*

carbon [ˈkɑ:bən] N Kohlenstoff *m*

carbonated [ˈkɑ:bəneɪtɪd] ADJ mit Kohlensäure (versetzt)

carbon copy N Durchschlag *m*

carbon credit N Emissionsgutschrift *f*

carbon dioxide N Kohlendioxid *nt*

carbon footprint N ökologischer Fußabdruck

carbon monoxide [-mɔˈnɔksaɪd] N Kohlenmonoxid *nt*

carbon-neutral [ˈkɑ:bənˈnju:trəl] ADJ CO^2-neutral

carbon offset N Klimakompensation *f*

carbon paper N Kohlepapier *nt*

carbon ribbon N Kohlefarbband *nt*

car-boot sale [ˈkɑ:bu:t-] N *auf einem Parkplatz stattfindender Flohmarkt mit dem Kofferraum als Auslage*

carburettor, (US) **carburetor** [kɑ:bjuˈrɛtəʳ] N Vergaser *m*

carcass [ˈkɑ:kəs] N Kadaver *m*

carcinogenic [kɑ:sɪnəˈdʒɛnɪk] ADJ krebserregend, karzinogen

card [kɑ:d] N Karte *f*; (*material*) (dünne) Pappe *f*, Karton *m*; (*also:* **record card, index card**) (Kartei)karte *f*; (*also:* **membership card**) (Mitglieds)ausweis *m*; (*also:* **playing card**) (Spiel)karte *f*; (*also:* **visiting card**) (Visiten)karte *f*; **to play cards** Karten spielen

cardamom [ˈkɑ:dəməm] N Kardamom *m*

cardboard [ˈkɑ:dbɔ:d] N Pappe *f*

cardboard box N (Papp)karton *m*

card-carrying [ˈkɑ:dˈkærɪɪŋ] ADJ: **~ member** eingetragenes Mitglied *nt*

card game N Kartenspiel *nt*

cardiac [ˈkɑ:dɪæk] ADJ (*failure, patient*) Herz-

cardigan [ˈkɑ:dɪgən] N Strickjacke *f*

cardinal [ˈkɑ:dɪnl] ADJ (*principle, importance*) Haupt- ▸ N Kardinal *m*; **~ number** Kardinalzahl *f*; **~ sin** Todsünde *f*

card index N Kartei *f*

cardphone [ˈkɑ:dfəun] N Kartentelefon *nt*

cardsharp [ˈkɑ:dʃɑ:p] N Falschspieler *m*

card vote (BRIT) N Abstimmung *f* durch Wahlmänner

CARE [kɛəʳ] N ABBR (= *Cooperative for American Relief Everywhere*) *karitative Organisation*

care [kɛəʳ] N (*attention*) Versorgung *f*; (*worry*) Sorge *f*; (*charge*) Obhut *f*, Fürsorge *f* ▸ VI: **to ~ about** sich kümmern um; **~ of** bei; **"handle with ~"** „Vorsicht, zerbrechlich"; **in sb's ~** in jds *dat* Obhut; **to take ~** aufpassen; **to take ~ to do sth** sich bemühen, etw zu tun; **to take ~ of** sich kümmern um; **the child has been taken into ~** das Kind ist in Pflege genommen worden; **would you ~ to/for ...?** möchten Sie gerne ...?; **I wouldn't ~ to do it** ich möchte es nicht gern tun; **I don't ~** es ist mir egal *or* gleichgültig; **I couldn't ~ less** es ist mir völlig egal *or* gleichgültig

▸ **care for** VT FUS (*look after*) sich kümmern um; (*like*) mögen

★**career** [kəˈrɪəʳ] N Karriere *f*; (*job, profession*) Beruf *m*; (*life*) Laufbahn *f* ▸ VI (*also:* **career along**) rasen

career girl N Karrierefrau *f*

careers officer [kəˈrɪəz-], **careers adviser** N Berufsberater(in) *m(f)*

career woman N (*irreg*) Karrierefrau *f*

carefree [ˈkɛəfri:] ADJ sorglos

★**careful** [ˈkɛəful] ADJ vorsichtig; (*thorough*) sorgfältig; **(be) ~!** Vorsicht!, pass auf!; **to be ~ with one's money** sein Geld gut zusammenhalten

carefully [ˈkɛəfəlɪ] ADV vorsichtig; (*methodically*) sorgfältig

careless [ˈkɛəlɪs] ADJ leichtsinnig; (*negligent*) nachlässig; (*remark*) gedankenlos

carelessly [ˈkɛəlɪslɪ] ADV leichtsinnig; nachlässig; gedankenlos

carelessness [ˈkɛəlɪsnɪs] N Leichtsinn *m*; Nachlässigkeit *f*; Gedankenlosigkeit *f*

carer [ˈkɛərəʳ] N Betreuer(in) *m(f)*, Pfleger(in) *m(f)*

caress [kəˈrɛs] N Streicheln *nt* ▸ VT streicheln

★**caretaker** [ˈkɛəteɪkəʳ] N Hausmeister(in) *m(f)*

caretaker government (BRIT) N geschäftsführende Regierung *f*

car ferry N Autofähre *f*

cargo [ˈkɑ:gəu] (*pl* **cargoes**) N Fracht *f*, Ladung *f*

cargo boat N Frachter *m*, Frachtschiff *nt*

cargo plane N Transportflugzeug *nt*

car hire (BRIT) N Autovermietung *f*

Caribbean [kærɪˈbi:ən] ADJ karibisch ▸ N: **the ~ (Sea)** die Karibik, das Karibische Meer

caricature [ˈkærɪkətjuəʳ] N Karikatur *f*

caring [ˈkɛərɪŋ] ADJ liebevoll; (*society, organization*) sozial; (*behaviour*) fürsorglich

car insurance N Kraftfahrzeugversicherung *f*

carjacking [ˈkɑ:dʒækɪŋ] N *Angriff durch Banditen, die gewaltsam in PKWs eindringen und den Wagen samt Insassen entführen*

carnage [ˈkɑ:nɪdʒ] N (*Mil*) Blutbad *nt*, Gemetzel *nt*

carnal [ˈkɑ:nl] ADJ fleischlich, sinnlich

carnation [kɑ:ˈneɪʃən] N Nelke *f*

carnival [ˈkɑ:nɪvl] N Karneval *m*; (*US: funfair*) Kirmes *f*

carnivorous [kɑ:ˈnɪvərəs] ADJ fleischfressend

carol [ˈkærəl] N: **(Christmas) ~** Weihnachtslied *nt*

carouse [kəˈrauz] VI zechen

carousel [kærəˈsɛl] (US) N Karussell *nt*

carp [kɑ:p] N Karpfen *m*

▸ **carp at** VT FUS herumnörgeln an *+dat*

★**car park** N Parkplatz *m*; (*building*) Parkhaus *nt*

car-park ticket [kɑ:pɑ:k-] N Parkschein *m*

carpenter [ˈkɑ:pɪntəʳ] N Zimmermann *m*

carpentry [ˈkɑ:pɪntrɪ] N Zimmerhandwerk *nt*; (*school subject, hobby*) Tischlern *nt*

★**carpet** [ˈkɑːpɪt] N (*also fig*) Teppich *m* ▶ VT (mit Teppichen/Teppichboden) auslegen; **fitted ~** (BRIT) Teppichboden *m*

carpet bombing N Flächenbombardierung *f*

carpet slippers NPL Pantoffeln *pl*

carpet-sweeper [ˈkɑːpɪtswiːpəʳ] N Teppichkehrer *m*

car phone N (*Tel*) Autotelefon *nt*

carport [ˈkɑːpɔːt] N Einstellplatz *m*

car rental N Autovermietung *f*

carriage [ˈkærɪdʒ] N (*Rail, of typewriter*) Wagen *m*; (*horse-drawn vehicle*) Kutsche *f*; (*of goods*) Beförderung *f*; (*transport costs*) Beförderungskosten *pl*; **~ forward** Fracht zahlt Empfänger; **~ free** frachtfrei; **~ paid** frei Haus

carriage return N (*on typewriter*) Wagenrücklauf *m*; (*Comput*) Return *nt*

carriageway [ˈkærɪdʒweɪ] (BRIT) N Fahrbahn *f*

carrier [ˈkærɪəʳ] N Spediteur *m*, Transportunternehmer *m*; (*Med*) Überträger *m*

carrier bag (BRIT) N Tragetasche *f*, Tragetüte *f*

carrier pigeon N Brieftaube *f*

carrion [ˈkærɪən] N Aas *nt*

★**carrot** [ˈkærət] N Möhre *f*, Mohrrübe *f*, Karotte *f*; (*fig*) Köder *m*

★**carry** [ˈkærɪ] VT tragen; (*transport*) transportieren; (*a motion, bill*) annehmen; (*responsibilities etc*) mit sich bringen; (*disease, virus*) übertragen ▶ VI (*sound*) tragen; **to get carried away** (*fig*) sich hinreißen lassen; **this loan carries 10% interest** dieses Darlehen wird mit 10% verzinst

▶ **carry forward** VT übertragen, vortragen

▶ **carry on** VI weitermachen; (*inf: make a fuss*) (ein) Theater machen ▶ VT fortführen; **to ~ on with sth** mit etw weitermachen; **to ~ on singing/eating** weitersingen/-essen

▶ **carry out** VT (*orders*) ausführen; (*investigation*) durchführen; (*idea*) in die Tat umsetzen; (*threat*) wahr machen

carrycot [ˈkærɪkɔt] (BRIT) N Babytragetasche *f*

carry-on [ˈkærɪˈɔn] (*inf*) N Theater *nt*

cart [kɑːt] N Wagen *m*, Karren *m*; (*for passengers*) Wagen *m*; (*handcart*) (Hand)wagen *m* ▶ VT (*inf*) mit sich herumschleppen

carte blanche [ˈkɑːtˈblɔŋʃ] N: **to give sb ~** jdm Carte blanche *or* (eine) Blankovollmacht geben

cartel [kɑːˈtɛl] N Kartell *nt*

cartilage [ˈkɑːtɪlɪdʒ] N Knorpel *m*

cartographer [kɑːˈtɔgrəfəʳ] N Kartograf(in) *m(f)*

cartography [kɑːˈtɔgrəfɪ] N Kartografie *f*

carton [ˈkɑːtən] N (Papp)karton *m*; (*of yogurt*) Becher *m*; (*of milk*) Tüte *f*; (*of cigarettes*) Stange *f*

★**cartoon** [kɑːˈtuːn] N (*drawing*) Karikatur *f*; (BRIT: *comic strip*) Cartoon *m*; (*Cine*) Zeichentrickfilm *m*

cartoonist [kɑːˈtuːnɪst] N Karikaturist(in) *m(f)*

cartridge [ˈkɑːtrɪdʒ] N (*for gun, pen*) Patrone *f*; (*music tape, for camera*) Kassette *f*; (*of record-player*) Tonabnehmer *m*

cartwheel [ˈkɑːtwiːl] N Rad *nt*; **to turn a ~** Rad schlagen

carve [kɑːv] VT (*meat*) (ab)schneiden; (*wood*) schnitzen; (*stone*) meißeln; (*initials, design*) einritzen

▶ **carve up** VT (*land etc*) aufteilen; (*meat*) aufschneiden

carving [ˈkɑːvɪŋ] N Skulptur *f*; (*in wood etc*) Schnitzerei *f*

carving knife N Tran(s)chiermesser *nt*

car wash N Autowaschanlage *f*

Casablanca [kæsəˈblæŋkə] N Casablanca *nt*

cascade [kæsˈkeɪd] N Wasserfall *m*, Kaskade *f*; (*of money*) Regen *m*; (*of hair*) wallende Fülle *f* ▶ VI (in Kaskaden) herabfallen; (*hair etc*) wallen; (*people*) strömen

★**case** [keɪs] N Fall *m*; (*for spectacles etc*) Etui *nt*; (BRIT: *also:* **suitcase**) Koffer *m*; (*of wine, whisky etc*) Kiste *f*; (*Typ*): **lower/upper ~** klein-/großgeschrieben; **to have a good ~** gute Chancen haben, durchzukommen; **there's a strong ~ for reform** es spricht viel für eine Reform; **in ~ ...** falls ...; **in ~ of fire** bei Feuer; **in ~ of emergency** im Notfall; **in ~ he comes** falls er kommt; **in any ~** sowieso; **just in ~** für alle Fälle

case-hardened [ˈkeɪshɑːdnd] ADJ (*fig*) abgebrüht (*inf*)

case history N (*Med*) Krankengeschichte *f*

case study N Fallstudie *f*

★**cash** [kæʃ] N (Bar)geld *nt* ▶ VT (*cheque etc*) einlösen; **to pay (in) ~** bar bezahlen; **~ on delivery** per Nachnahme; **~ with order** zahlbar bei Bestellung

▶ **cash in** VT einlösen

▶ **cash in on** VT FUS Kapital schlagen aus

cash account N Kassenbuch *nt*

cash-and-carry [kæʃənˈkærɪ] N Abholmarkt *m*

cash-book [ˈkæʃbuk] N Kassenkonto *nt*

cash box N (Geld)kassette *f*

cash card (BRIT) N (Geld)automatenkarte *f*

cash crop N zum Verkauf bestimmte Ernte *f*

cash desk (BRIT) N Kasse *f*

cash discount N Skonto *m or nt*

cash dispenser (BRIT) N Geldautomat *m*

cashew [kæˈʃuː] N (*also:* **cashew nut**) Cashewnuss *f*

cash flow N Cashflow *m*

cashier [kæˈʃɪəʳ] N Kassierer(in) *m(f)*

cashless [ˈkæʃlɪs] ADJ bargeldlos

cash machine N (BRIT) Geldautomat *m*

cashmere [ˈkæʃmɪəʳ] N Kaschmir *m*

cash point N Geldautomat *m*

cash price N Bar(zahlungs)preis *m*

cash register N Registrierkasse *f*

cash sale N Barverkauf *m*

casing [ˈkeɪsɪŋ] N Gehäuse *nt*

casino [kəˈsiːnəu] N Kasino *nt*

cask [kɑːsk] N Fass *nt*

casket ['kɑːskɪt] N Schatulle *f*; (*US: coffin*) Sarg *m*

Caspian Sea ['kæspɪən-] N: **the ~** das Kaspische Meer

casserole ['kæsərəul] N Auflauf *m*; (*pot, container*) Kasserolle *f*

cassette [kæ'sɛt] N Kassette *f*

cassette deck N Kassettendeck *nt*

cassette player N Kassettenrekorder *m*

cassette recorder N Kassettenrekorder *m*

cast [kɑːst] (*pt, pp* **~**) VT werfen; (*net, fishing-line*) auswerfen; (*metal, statue*) gießen ▸ VI die Angel auswerfen ▸ N (*Theat*) Besetzung *f*; (*mould*) (Guss)form *f*; (*also:* **plaster cast**) Gipsverband *m*; **to ~ sb as Hamlet** (*Theat*) die Rolle des Hamlet mit jdm besetzen; **to ~ one's vote** seine Stimme abgeben; **to ~ one's eyes over sth** einen Blick auf etw *acc* werfen; **to ~ aspersions on sb/sth** abfällige Bemerkungen über jdn/etw machen; **to ~ doubts on sth** etw in Zweifel ziehen; **to ~ a spell on sb/sth** jdn/etw verzaubern; **to ~ its skin** sich häuten
▸ **cast aside** VT fallen lassen
▸ **cast off** VI (*Naut*) losmachen; (*Knitting*) abketten ▸ VT abketten
▸ **cast on** VI, VT (*Knitting*) anschlagen, aufschlagen

castaway ['kɑːstəweɪ] N Schiffbrüchige(r) *f*(*m*)

caste [kɑːst] N Kaste *f*; (*system*) Kastenwesen *nt*

caster sugar ['kɑːstə-] (BRIT) N Streuzucker *m*

casting vote ['kɑːstɪŋ-] (BRIT) N ausschlaggebende Stimme *f*

cast iron N Gusseisen *nt* ▸ ADJ: **cast-iron** (*fig: will*) eisern; (*: alibi, excuse etc*) hieb- und stichfest

castle ['kɑːsl] N Schloss *nt*; (*manor*) Herrenhaus *nt*; (*fortified*) Burg *f*; (*Chess*) Turm *m*

cast-off N abgelegtes Kleidungsstück *nt*

castor ['kɑːstə^r] N Rolle *f*

castor oil N Rizinusöl *nt*

castrate [kæs'treɪt] VT kastrieren

casual ['kæʒjul] ADJ (*by chance*) zufällig; (*work etc*) Gelegenheits-; (*unconcerned*) lässig, gleichgültig; (*clothes*) leger; **~ wear** Freizeitkleidung *f*

casual labour N Gelegenheitsarbeit *f*

casually ['kæʒjulɪ] ADV lässig; (*glance*) beiläufig; (*dress*) leger; (*by chance*) zufällig

casualty ['kæʒjultɪ] N (*of war etc*) Opfer *nt*; (*someone injured*) Verletzte(r) *f*(*m*); (*someone killed*) Tote(r) *f*(*m*); (*Med*) Unfallstation *f*; **heavy casualties** (*Mil*) schwere Verluste *pl*

casualty ward (BRIT) N Unfallstation *f*

cat [kæt] N Katze *f*; (*lion etc*) (Raub)katze *f*

catacombs ['kætəku:mz] NPL Katakomben *pl*

catalogue, (*US*) **catalog** ['kætəlɔg] N Katalog *m* ▸ VT katalogisieren

catalyst ['kætəlɪst] N Katalysator *m*

catalytic converter [kætə'lɪtɪkkən'vəːtə^r] N (*Aut*) Katalysator *m*

catapult ['kætəpʌlt] (BRIT) N Schleuder *f*; (*Mil*) Katapult *m or nt* ▸ VI geschleudert *or* katapultiert werden ▸ VT schleudern, katapultieren

cataract ['kætərækt] N (*Med*) grauer Star *m*

catarrh [kə'tɑː^r] N Katarrh *m*

catastrophe [kə'tæstrəfɪ] N Katastrophe *f*

catastrophic [kætə'strɔfɪk] ADJ katastrophal

catcalls ['kætkɔːlz] NPL Pfiffe und Buhrufe *pl*

★**catch** [kætʃ] (*pt, pp* **caught**) VT fangen; (*take: bus, train etc*) nehmen; (*arrest*) festnehmen; (*surprise*) erwischen, ertappen; (*breath*) holen; (*attention*) erregen; (*hit*) treffen; (*hear*) mitbekommen; (*illness*) sich *dat* zuziehen *or* holen; (*person: also:* **catch up**) einholen ▸ VI (*fire*) (anfangen zu) brennen; (*become trapped*) hängen bleiben ▸ N Fang *m*; (*trick, hidden problem*) Haken *m*; (*of lock*) Riegel *m*; (*game*) Fangen *nt*; **to ~ sb's attention/eye** jdn auf sich *acc* aufmerksam machen; **to ~ fire** Feuer fangen; **to ~ sight of** erblicken
▸ **catch on** VI (*grow popular*) sich durchsetzen; **to ~ on (to sth)** (etw) kapieren
▸ **catch out** (BRIT) VT (*fig*) hereinlegen
▸ **catch up** VI (*fig: with person*) mitkommen; (*: on work*) aufholen ▸ VT: **to ~ sb up, to ~ up with sb** jdn einholen

catch-22 ['kætʃtwɛntɪ'tuː] N: **it's a ~ situation** es ist eine Zwickmühle

catching ['kætʃɪŋ] ADJ ansteckend

catchment area ['kætʃmənt-] (BRIT) N Einzugsgebiet *nt*

catch phrase N Schlagwort *nt*, Slogan *m*

catchy ['kætʃɪ] ADJ (*tune*) eingängig

catechism ['kætɪkɪzəm] N Katechismus *m*

categoric [kætɪ'gɔrɪk], **categorical** [kætɪ'gɔrɪkəl] ADJ kategorisch

categorize ['kætɪgəraɪz] VT kategorisieren

category ['kætɪgərɪ] N Kategorie *f*

cater ['keɪtə^r] VI: **to ~ (for)** die Speisen und Getränke liefern (für)
▸ **cater for** (BRIT) VT FUS (*needs, tastes*) gerecht werden *+dat*; (*readers, consumers*) eingestellt *or* ausgerichtet sein auf *+acc*

caterer ['keɪtərə^r] N Lieferant(in) *m*(*f*) von Speisen und Getränken; (*company*) Lieferfirma *f* für Speisen und Getränke

catering ['keɪtərɪŋ] N Gastronomie *f*

caterpillar ['kætəpɪlə^r] N Raupe *f* ▸ CPD (*vehicle*) Raupen-

caterpillar track N Raupenkette *f*, Gleiskette *f*

cat flap N Katzentür *f*

cathedral [kə'θiːdrəl] N Kathedrale *f*, Dom *m*

cathode ['kæθəud] N Kat(h)ode *f*

cathode-ray tube [kæθəud'reɪ-] N Kat(h)odenstrahlröhre *f*

Catholic ['kæθəlɪk] ADJ katholisch ▸ N Katholik(in) *m*(*f*)

catholic ['kæθəlɪk] ADJ vielseitig

CAT scanner ['kæt-] N ABBR (*Med: = computerized axial tomography scanner*) CAT-Scanner *m*

Catseye® ['kæts'aɪ] (BRIT) N (*Aut*) Katzenauge *nt*

catsup ['kætsəp] (US) N Ket(s)chup *m or nt*

cattle ['kætl] NPL Vieh *nt*

catty ['kætɪ] ADJ gehässig

catwalk [ˈkætwɔːk] N Steg *m*; (*for models*) Laufsteg *m*
Caucasian [kɔːˈkeɪzɪən] ADJ kaukasisch ▸ N Kaukasier(in) *m(f)*
Caucasus [ˈkɔːkəsəs] N Kaukasus *m*
caucus [ˈkɔːkəs] N (*group*) Gremium *nt*, Ausschuss *m*; (*US*) Parteiversammlung *f*
caught [kɔːt] PT, PP *of* **catch**
★**cauliflower** [ˈkɔlɪflauəʳ] N Blumenkohl *m*; **~ cheese** Blumenkohl in Käsesoße
★**cause** [kɔːz] N Ursache *f*; (*reason*) Grund *m*; (*aim*) Sache *f* ▸ VT verursachen; **there is no ~ for concern** es besteht kein Grund zur Sorge; **to ~ sth to be done** veranlassen, dass etw getan wird; **to ~ sb to do sth** jdn veranlassen, etw zu tun
causeway [ˈkɔːzweɪ] N Damm *m*
caustic [ˈkɔːstɪk] ADJ ätzend, kaustisch; (*remark*) bissig
cauterize [ˈkɔːtəraɪz] VT kauterisieren
caution [ˈkɔːʃən] N Vorsicht *f*; (*warning*) Warnung *f*; (: *Law*) Verwarnung *f* ▸ VT warnen; (*Law*) verwarnen
cautious [ˈkɔːʃəs] ADJ vorsichtig
cautiously [ˈkɔːʃəslɪ] ADV vorsichtig
cautiousness [ˈkɔːʃəsnɪs] N Vorsicht *f*
cavalier [kævəˈlɪəʳ] ADJ unbekümmert
cavalry [ˈkævəlrɪ] N Kavallerie *f*
★**cave** [keɪv] N Höhle *f* ▸ VI: **to go caving** auf Höhlenexpedition(en) gehen
▸ **cave in** VI einstürzen; (*to demands*) nachgeben
caveman [ˈkeɪvmæn] N (*irreg*) Höhlenmensch *m*
cavern [ˈkævən] N Höhle *f*
caviar, caviare [ˈkævɪɑːʳ] N Kaviar *m*
cavity [ˈkævɪtɪ] N Hohlraum *m*; (*in tooth*) Loch *nt*
cavity wall insulation N Schaumisolierung *f*
cavort [kəˈvɔːt] VI tollen, toben
cayenne [keɪˈɛn] N (*also*: **cayenne pepper**) Cayennepfeffer *m*
CB N ABBR (= *Citizens' Band (Radio)*) CB-Funk *m*
CBC N ABBR (= *Canadian Broadcasting Corporation*) *kanadische Rundfunkgesellschaft*
CBE (BRIT) N ABBR (= *Commander of (the Order of) the British Empire*) *britischer Ordenstitel*
CBI N ABBR (= *Confederation of British Industry*) *britischer Unternehmerverband*, ≈ BDI *m*
CC (BRIT) ABBR = **county council**
cc ABBR (= *cubic centimetre*) ccm; = **carbon copy**
CCTV N ABBR = **closed-circuit television**
CCTV camera N Überwachungskamera *f*
CCU (US) N ABBR (= *cardiac or coronary care unit*) *Intensivstation für Herzpatienten*
★**CD** N ABBR (= *compact disc*) CD *f*; (BRIT: = *Corps Diplomatique*) CD; (*Mil*: BRIT: = *Civil Defence (Corps)*) Zivilschutz *m*; (: US: = *Civil Defense*) Zivilschutz *m*
CDC (US) N ABBR (= *Center for Disease Control*) *Seuchenkontrollbehörde*
★**CD player** N CD-Spieler *m*
Cdr ABBR (*Mil*) = **commander**
★**CD-ROM** [ˈsiːdiːˈrɔm] N ABBR (= *compact disc read-only memory*) CD-ROM *f*
CDT (*US*) ABBR (= *Central Daylight Time*) *mittelamerikanische Sommerzeit*; (BRIT *Scol*: = *Craft, Design and Technology*) Arbeitslehre *f*
cease [siːs] VT beenden ▸ VI aufhören
★**ceasefire** [ˈsiːsfaɪəʳ] N Waffenruhe *f*
ceaseless [ˈsiːslɪs] ADJ endlos, unaufhörlich
CED (*US*) N ABBR (= *Committee for Economic Development*) *Komitee für wirtschaftliche Entwicklung*
cedar [ˈsiːdəʳ] N Zeder *f*; (*wood*) Zedernholz *nt*
cede [siːd] VT abtreten
cedilla [sɪˈdɪlə] N Cedille *f*
CEEB (US) N ABBR (= *College Entry Examination Board*) *akademische Zulassungsstelle*
ceilidh [ˈkeɪlɪ] (SCOT) N *Fest mit Volksmusik, Gesang und Tanz*
★**ceiling** [ˈsiːlɪŋ] N Decke *f*; (*upper limit*) Obergrenze *f*, Höchstgrenze *f*
★**celebrate** [ˈsɛlɪbreɪt] VT feiern; (*mass*) zelebrieren ▸ VI feiern
celebrated [ˈsɛlɪbreɪtɪd] ADJ gefeiert
celebration [sɛlɪˈbreɪʃən] N Feier *f*
celebrity [sɪˈlɛbrɪtɪ] N berühmte Persönlichkeit *f*
celeriac [səˈlɛrɪæk] N (Knollen)sellerie *f*
celery [ˈsɛlərɪ] N (Stangen)sellerie *f*
celestial [sɪˈlɛstɪəl] ADJ himmlisch
celibacy [ˈsɛlɪbəsɪ] N Zölibat *m or nt*
★**cell** [sɛl] N Zelle *f*
★**cellar** [ˈsɛləʳ] N Keller *m*; (*for wine*) (Wein)keller *m*
cellist [ˈtʃɛlɪst] N Cellist(in) *m(f)*
cello [ˈtʃɛləu] N Cello *nt*
cellophane [ˈsɛləfeɪn] N Cellophan *nt*
cell phone N Handy *nt*, Mobiltelefon *nt*
cell tower N (*US Tel*) Mobilfunkmast *m*
cellular [ˈsɛljuləʳ] ADJ (*Biol*) zellular, Zell-; (*fabrics*) aus porösem Material
Celluloid® [ˈsɛljulɔɪd] N Zelluloid *nt*
cellulose [ˈsɛljuləus] N Zellulose *f*, Zellstoff *m*
Celsius [ˈsɛlsɪəs] ADJ (*scale*) Celsius-
Celt [kɛlt] N Kelte *m*, Keltin *f*
Celtic [ˈkɛltɪk] ADJ keltisch ▸ N (*Ling*) Keltisch *nt*
cement [səˈmɛnt] N Zement *m*; (*concrete*) Beton *m*; (*glue*) Klebstoff *m* ▸ VT zementieren; (*stick, glue*) kleben; (*fig*) festigen
cement mixer N Betonmischmaschine *f*
cemetery [ˈsɛmɪtrɪ] N Friedhof *m*
cenotaph [ˈsɛnətɑːf] N Ehrenmal *nt*
censor [ˈsɛnsəʳ] N Zensor(in) *m(f)* ▸ VT zensieren
censorship [ˈsɛnsəʃɪp] N Zensur *f*
censure [ˈsɛnʃəʳ] VT tadeln ▸ N Tadel *m*
census [ˈsɛnsəs] N Volkszählung *f*
★**cent** [sɛnt] N Cent *m*; *see also* **per cent**
centenary [sɛnˈtiːnərɪ] N hundertster Jahrestag *m*
centennial [sɛnˈtɛnɪəl] (*US*) N = **centenary**

:enter *etc* [ˈsɛntəʳ] (*US*) = **centre** *etc*

:entigrade [ˈsɛntɪgreɪd] ADJ (*scale*) Celsius-

:entilitre, (*US*) **centiliter** [ˈsɛntɪliːtəʳ] N Zentiliter *m or nt*

:entimetre, (*US*) **centimeter** [ˈsɛntɪmiːtəʳ] N Zentimeter *m or nt*

:entipede [ˈsɛntɪpiːd] N Tausendfüßler *m*

entral [ˈsɛntrəl] ADJ zentral; (*committee, government*) Zentral-; (*idea*) wesentlich

:entral African Republic N Zentralafrikanische Republik *f*

:entral America N Mittelamerika *nt*

entral heating N Zentralheizung *f*

:entralize [ˈsɛntrəlaɪz] VT zentralisieren

:entral processing unit N (*Comput*) Zentraleinheit *f*

:entral reservation (BRIT) N Mittelstreifen *m*

:entre, (*US*) **center** [ˈsɛntəʳ] N Mitte *f*; (*health centre etc, town centre*) Zentrum *nt*; (*of attention, interest*) Mittelpunkt *m*; (*of action, belief etc*) Kern *m* ▸ VT zentrieren; (*ball*) zur Mitte spielen ▸ VI (*concentrate*): **to ~ on** sich konzentrieren auf *+acc*

:entrefold, (*US*) **centerfold** [ˈsɛntəfəuld] N *doppelseitiges Bild in der Mitte einer Zeitschrift*

:entre forward N Mittelstürmer(in) *m(f)*

:entre half N Stopper(in) *m(f)*

:entrepiece, (*US*) **centerpiece** [ˈsɛntəpiːs] N Tafelaufsatz *m*; (*fig*) Kernstück *nt*

:entre spread (BRIT) N *Doppelseite in der Mitte einer Zeitschrift*

:entre-stage [sɛntəˈsteɪdʒ] (*fig*) ADV: **to be ~** im Mittelpunkt stehen ▸ N: **to take centre stage** in den Mittelpunkt rücken

:entrifugal [sɛnˈtrɪfjugl] ADJ (*force*) Zentrifugal-

:entrifuge [ˈsɛntrɪfjuːʒ] N Zentrifuge *f*, Schleuder *f*

:entury [ˈsɛntjurɪ] N Jahrhundert *nt*; (*Cricket*) Hundert *f*; **in the twentieth ~** im zwanzigsten Jahrhundert

:EO N ABBR = **chief executive**

:eramic [sɪˈræmɪk] ADJ keramisch; (*tiles*) Keramik-

:eramics [sɪˈræmɪks] NPL Keramiken *pl*

:ereal [ˈsiːrɪəl] N Getreide *nt*; (*food*) Getreideflocken *pl* (*Cornflakes etc*)

:erebral [ˈsɛrɪbrəl] ADJ (*Med*) zerebral; (*intellectual*) geistig

:eremonial [sɛrɪˈməunɪəl] N Zeremoniell *nt* ▸ ADJ zeremoniell

:eremony [ˈsɛrɪmənɪ] N Zeremonie *f*; (*behaviour*) Förmlichkeit *f*; **to stand on ~** förmlich sein

:ert [səːt] (BRIT *inf*) N: **it's a dead ~** es ist todsicher

:ertain [ˈsəːtən] ADJ sicher; **a ~ Mr Smith** ein gewisser Herr Smith; **~ days/places** bestimmte Tage/Orte; **a ~ coldness** eine gewisse Kälte; **to make ~ of** sich vergewissern *+gen*; **for ~** ganz sicher, ganz genau

★**certainly** [ˈsəːtənlɪ] ADV bestimmt; (*of course*) sicherlich; **~!** (aber) sicher!

certainty [ˈsəːtəntɪ] N Sicherheit *f*; (*inevitability*) Gewissheit *f*

★**certificate** [səˈtɪfɪkɪt] N Urkunde *f*; (*diploma*) Zeugnis *nt*

certified letter [ˈsəːtɪfaɪd-] (*US*) N Einschreibebrief *m*

certified mail [ˈsəːtɪfaɪd-] (*US*) N Einschreiben *nt*

certified public accountant [ˈsəːtɪfaɪd-] (*US*) N geprüfter Buchhalter *m*, geprüfte Buchhalterin *f*

certify [ˈsəːtɪfaɪ] VT bescheinigen; (*award a diploma to*) ein Zeugnis verleihen *+dat*; (*declare insane*) für unzurechnungsfähig erklären ▸ VI: **to ~ to** sich verbürgen für

cervical [ˈsəːvɪkl] ADJ: **~ cancer** Gebärmutterhalskrebs *m*; **~ smear** Abstrich *m*

cervix [ˈsəːvɪks] N Gebärmutterhals *m*

Cesarean [sɪˈzɛərɪən] (*US*) N = **Caesarean**

cessation [səˈseɪʃən] N (*of hostilities etc*) Einstellung *f*, Ende *nt*

cesspit [ˈsɛspɪt] N (*sewage tank*) Senkgrube *f*

CET ABBR (= *Central European Time*) MEZ

Ceylon [sɪˈlɔn] N Ceylon *nt*

cf. ABBR (= *compare*) vgl.

c/f ABBR (*Comm*: = *carried forward*) Übertr.

CFC N ABBR (= *chlorofluorocarbon*) FCKW *m*

CG (*US*) N ABBR = **coastguard**

cg ABBR (= *centigram*) cg

CH (BRIT) N ABBR (= *Companion of Honour*) *britischer Ordenstitel*

ch. ABBR (= *chapter*) Kap.

Chad [tʃæd] N Tschad *m*

chafe [tʃeɪf] VT (wund) reiben ▸ VI (*fig*): **to ~ against** sich ärgern über *+acc*

chaffinch [ˈtʃæfɪntʃ] N Buchfink *m*

chagrin [ˈʃægrɪn] N Ärger *m*

★**chain** [tʃeɪn] N Kette *f* ▸ VT (*also:* **chain up**: *prisoner*) anketten; (*: dog*) an die Kette legen

chain reaction N Kettenreaktion *f*

chain-smoke [ˈtʃeɪnsməuk] VI eine Zigarette nach der anderen rauchen

chain store N Kettenladen *m*

★**chair** [tʃɛəʳ] N Stuhl *m*; (*armchair*) Sessel *m*; (*of university*) Lehrstuhl *m*; (*of meeting, committee*) Vorsitz *m* ▸ VT den Vorsitz führen bei; **the ~** (*US*) der elektrische Stuhl

chair lift N Sessellift *m*

★**chairman** [ˈtʃɛəmən] N (*irreg*) Vorsitzende(r) *f(m)*; (BRIT: *of company*) Präsident *m*

chairperson [ˈtʃɛəpəːsn] N Vorsitzende(r) *f(m)*

chairwoman [ˈtʃɛəwumən] N (*irreg*) Vorsitzende *f*

chalet [ˈʃæleɪ] N Chalet *nt*

chalice [ˈtʃælɪs] N Kelch *m*

chalk [tʃɔːk] N Kalkstein *m*, Kreide *f*; (*for writing*) Kreide *f*

C

▸ **chalk up** VT aufschreiben, notieren; (*fig: success etc*) verbuchen

★**challenge** [ˈtʃælɪndʒ] N (*of new job*) Anforderungen *pl*; (*of unknown etc*) Reiz *m*; (*to authority etc*) Infragestellung *f*; (*dare*) Herausforderung *f* ▸ VT herausfordern; (*authority, right, idea etc*) infrage stellen; **to ~ sb to do sth** jdn dazu auffordern, etw zu tun; **to ~ sb to a fight/game** jdn zu einem Kampf/Spiel herausfordern

challenger [ˈtʃælɪndʒəʳ] N Herausforderer *m*, Herausforderin *f*

challenging [ˈtʃælɪndʒɪŋ] ADJ (*career, task*) anspruchsvoll; (*tone, look etc*) herausfordernd

chamber [ˈtʃeɪmbəʳ] N Kammer *f*; (BRIT *Law: gen pl: of barristers*) Kanzlei *f*; (*: of judge*) Amtszimmer *nt*; **~ of commerce** Handelskammer *f*

chambermaid [ˈtʃeɪmbəmeɪd] N Zimmermädchen *nt*

chamber music N Kammermusik *f*

chamber pot N Nachttopf *m*

chameleon [kəˈmiːlɪən] N Chamäleon *nt*

chamois [ˈʃæmwɑː] N Gämse *f*; (*cloth*) [ˈʃæmɪ] Ledertuch *nt*, Fensterleder *nt*

chamois leather [ˈʃæmɪ-] N Ledertuch *nt*, Fensterleder *nt*

champagne [ʃæmˈpeɪn] N Champagner *m*

champers [ˈʃæmpəz] (*inf*) N (*champagne*) Schampus *m*

★**champion** [ˈtʃæmpɪən] N Meister(in) *m(f)*; (*of cause, principle*) Verfechter(in) *m(f)*; (*of person*) Fürsprecher(in) *m(f)* ▸ VT eintreten für, sich engagieren für

★**championship** [ˈtʃæmpɪənʃɪp] N Meisterschaft *f*; (*title*) Titel *m*

★**chance** [tʃɑːns] N (*hope*) Aussicht *f*; (*likelihood, possibility*) Möglichkeit *f*; (*opportunity*) Gelegenheit *f*; (*risk*) Risiko *nt* ▸ VT riskieren ▸ ADJ zufällig; **the chances are that ...** aller Wahrscheinlichkeit nach ..., wahrscheinlich ...; **there is little ~ of his coming** es ist unwahrscheinlich, dass er kommt; **to take a ~** es darauf ankommen lassen; **by ~** durch Zufall, zufällig; **it's the ~ of a lifetime** es ist eine einmalige Chance; **to ~ to do sth** zufällig etw tun; **to ~ it** es riskieren

▸ **chance (up)on** VT FUS (*person*) zufällig begegnen *+dat*, zufällig treffen; (*thing*) zufällig stoßen auf *+acc*

chancel [ˈtʃɑːnsəl] N Altarraum *m*

chancellor [ˈtʃɑːnsələʳ] N Kanzler *m*

Chancellor of the Exchequer (BRIT) N Schatzkanzler *m*, Finanzminister *m*

chancy [ˈtʃɑːnsɪ] ADJ riskant

chandelier [ʃændəˈlɪəʳ] N Kronleuchter *m*

★**change** [tʃeɪndʒ] VT ändern; (*wheel, job, money, baby's nappy*) wechseln; (*bulb*) auswechseln; (*baby*) wickeln ▸ VI sich verändern; (*traffic lights*) umspringen ▸ N Veränderung *f*; (*difference*) Abwechslung *f*; (*of government, climate, job*) Wechsel *m*; (*coins*) Kleingeld *nt*; (*money returned*) Wechselgeld *nt*; **to ~ sb into** jdn verwandeln in *+acc*; **to ~ gear** (*Aut*) schalten; **to ~ one's mind** seine Meinung ändern, es sich *dat* anders überlegen; **to ~ hands** den Besitzer wechseln; **to ~ (trains/buses/planes** *etc***)** umsteigen; **to ~ (one's clothes)** sich umziehen; **to ~ into** (*be transformed*) sich verwandeln in *+acc*; **she changed into an old skirt** sie zog einen alten Rock an; **a ~ of clothes** Kleidung *f* zum Wechseln; **~ of government/climate/job** Regierungs-/Klima-/Berufswechsel *m*; **small ~** Kleingeld *nt*; **to give sb ~ for** *or* **of £10** jdm £10 wechseln; **keep the ~** das stimmt so, der Rest ist für Sie; **for a ~** zur Abwechslung

changeable [ˈtʃeɪndʒəbl] ADJ (*weather*) wechselhaft, veränderlich; (*mood*) wechselnd; (*person*) unbeständig

change machine N (Geld)wechselautomat *m*

changeover [ˈtʃeɪndʒəuvəʳ] N Umstellung *f*

changing [ˈtʃeɪndʒɪŋ] ADJ sich verändernd

changing room (BRIT) N (Umkleide)kabine *f*; (*Sport*) Umkleideraum *m*

★**channel** [ˈtʃænl] N (*TV*) Kanal *m*; (*of river, waterway*) (Fluss)bett *nt*; (*for boats*) Fahrrinne *f*; (*groove*) Rille *f*; (*fig: means*) Weg *m* ▸ VT leiten; (*fig*): **to ~ into** lenken auf *+acc*; **through the usual channels** auf dem üblichen Wege; **green ~** (*Customs*) „nichts zu verzollen"; **red ~** (*Customs*) „Waren zu verzollen"; **the (English) C~** der Ärmelkanal; **the C~ Islands** die Kanalinseln *pl*

channel-hopping [ˈtʃænlhɔpɪŋ] N (*TV*) ständiges Umschalten

Channel Tunnel N: **the ~** der Kanaltunnel

chant [tʃɑːnt] N Sprechchor *m*; (*Rel*) Gesang *m* ▸ VT im (Sprech)chor rufen; (*Rel*) singen ▸ VI Sprechchöre anstimmen; (*Rel*) singen; **the demonstrators chanted their disapproval** die Demonstranten machten ihrem Unmut in Sprechchören Luft

★**chaos** [ˈkeɪɔs] N Chaos *nt*, Durcheinander *nt*

chaos theory N Chaostheorie *f*

chaotic [keɪˈɔtɪk] ADJ chaotisch

chap [tʃæp] (BRIT *inf*) N Kerl *m*, Typ *m*; **old ~** alter Knabe *or* Junge

chapel [ˈtʃæpl] N Kapelle *f*; (BRIT: *non-conformist chapel*) Sektenkirche *f*; (*: of union*) *Betriebsgruppe innerhalb der Gewerkschaft der Drucker und Journalisten*

chaperone [ˈʃæpərəun] N Anstandsdame *f* ▸ VT begleiten

chaplain [ˈtʃæplɪn] N Pfarrer(in) *m(f)*; (*Roman Catholic*) Kaplan *m*

chapped [tʃæpt] ADJ aufgesprungen, rau

★**chapter** [ˈtʃæptəʳ] N Kapitel *nt*; **a ~ of accidents** eine Serie von Unfällen

char [tʃɑːʳ] VT verkohlen ▸ VI (BRIT) putzen gehen ▸ N (BRIT) = **charlady**

★**character** [ˈkærɪktəʳ] N Charakter *m*; (*personality*) Persönlichkeit *f*; (*in novel, film*) Figur *f*, Gestalt *f*; (*eccentric*) Original *nt*; (*letter, also Comput*) Zeichen *nt*; **a person of good ~** ein guter Mensch

character code N (*Comput*) Zeichencode *m*

characteristic [kærɪktəˈrɪstɪk] N Merkmal *nt* ▸ ADJ: **~ (of)** charakteristisch (für), typisch (für)
characterize [ˈkærɪktəraɪz] VT kennzeichnen, charakterisieren; (*describe the character of*): **to ~ (as)** beschreiben (als)
charade [ʃəˈrɑːd] N Scharade *f*
charcoal [ˈtʃɑːkəul] N Holzkohle *f*; (*for drawing*) Kohle *f*, Kohlestift *m*
charge [tʃɑːdʒ] N (*fee*) Gebühr *f*; (*accusation*) Anklage *f*; (*responsibility*) Verantwortung *f*; (*attack*) Angriff *m* ▸ VT (*customer*) berechnen *+dat*; (*sum*) berechnen; (*battery*) (auf)laden; (*gun*) laden; (*enemy*) angreifen; (*sb with task*) beauftragen ▸ VI angreifen; (*usu with: up, along etc*) stürmen ■ **charges** NPL Gebühren *pl*; **labour charges** Arbeitskosten *pl*; **to reverse the charges** (BRIT *Tel*) ein R-Gespräch führen; **is there a ~?** kostet das etwas?; **there's no ~** es ist umsonst, es kostet nichts; **at no extra ~** ohne Aufpreis; **free of ~** kostenlos, gratis; **to take ~ of** (*child*) sich kümmern um; (*company*) übernehmen; **to be in ~ of** die Verantwortung haben für; (*business*) leiten; **they charged us £10 for the meal** das Essen kostete £10; **how much do you ~?** was verlangen Sie?; **to ~ an expense (up) to sb's account** eine Ausgabe auf jds Rechnung *acc* setzen; **to ~ sb (with)** (*Law*) jdn anklagen (wegen)
charge account N Kunden(kredit)konto *nt*
charge card N Kundenkreditkarte *f*
chargé d'affaires [ˈʃɑːʒeɪdæˈfɛəʳ] N Chargé d'affaires *m*
charge hand (BRIT) N Vorarbeiter(in) *m(f)*
charger [ˈtʃɑːdʒəʳ] N (*also:* **battery charger**) Ladegerät *nt*; (*warhorse*) (Schlacht)ross *nt*
chariot [ˈtʃærɪət] N (Streit)wagen *m*
charisma [kæˈrɪsmə] N Charisma *nt*
charitable [ˈtʃærɪtəbl] ADJ (*organization*) karitativ, Wohltätigkeits-; (*remark*) freundlich
charity [ˈtʃærɪtɪ] N (*organization*) karitative Organisation *f*, Wohltätigkeitsverein *m*; (*kindness, generosity*) Menschenfreundlichkeit *f*; (*money, gifts*) Almosen *nt*
charlady [ˈtʃɑːleɪdɪ] N (BRIT) Putzfrau *f*, Reinemachefrau *f*
charlatan [ˈʃɑːlətən] N Scharlatan *m*
charm [tʃɑːm] N Charme *m*; (*to bring good luck*) Talisman *m*; (*on bracelet etc*) Anhänger *m* ▸ VT bezaubern
charm bracelet N Armband *nt* mit Anhängern
charming [ˈtʃɑːmɪŋ] ADJ reizend, charmant; (*place*) bezaubernd
chart [tʃɑːt] N Schaubild *nt*, Diagramm *nt*; (*map*) Karte *f*; (*also:* **weather chart**) Wetterkarte *f* ▸ VT (*course*) planen; (*progress*) aufzeichnen ■ **charts** NPL (*hit parade*) Hitliste *f*
charter [ˈtʃɑːtəʳ] VT chartern ▸ N Charta *f*; (*of university, company*) Gründungsurkunde *f*; **on ~** gechartert
chartered accountant [ˈtʃɑːtəd-] (BRIT) N Wirtschaftsprüfer(in) *m(f)*
charter flight N Charterflug *m*
charwoman [ˈtʃɑːwumən] N (*irreg*) Putzfrau *f*, Reinemachefrau *f*
chary [ˈtʃɛərɪ] ADJ: **to be ~ of doing sth** zögern, etw zu tun
★**chase** [tʃeɪs] VT jagen, verfolgen; (*also:* **chase away**) wegjagen, vertreiben; (*business, job etc*) her sein hinter *+dat* (*inf*) ▸ N Verfolgungsjagd *f*
▸ **chase down** (*US*) VT = **chase up**
▸ **chase up** (BRIT) VT (*person*) rankriegen (*inf*); (*information*) ranschaffen (*inf*)
chasm [ˈkæzəm] N Kluft *f*
chassis [ˈʃæsɪ] N Fahrgestell *nt*
chaste [tʃeɪst] ADJ keusch
chastened [ˈtʃeɪsnd] ADJ zur Einsicht gebracht
chastening [ˈtʃeɪsnɪŋ] ADJ ernüchternd
chastise [tʃæsˈtaɪz] VT (*scold*) schelten
chastity [ˈtʃæstɪtɪ] N Keuschheit *f*
★**chat** [tʃæt] VI (*also:* **have a chat**) plaudern, sich unterhalten; (*Comput*) chatten ▸ N Plauderei *f*, Unterhaltung *f*; (*Comput*) Chat *m*
▸ **chat up** (BRIT *inf*) VT anmachen
chatline [ˈtʃætlaɪn] N *Telefondienst, der Anrufern die Teilnahme an einer Gesprächsrunde ermöglicht*
chatroom [ˈtʃætruːm] N (*Comput*) Chatroom *m*
chat show (BRIT) N Talkshow *f*
chattel [ˈtʃætl] N *see* **good**
chatter [ˈtʃætəʳ] VI schwatzen; (*monkey*) schnattern; (*teeth*) klappern ▸ N Schwatzen *nt*; Schnattern *nt*; Klappern *nt*; **my teeth are chattering** mir klappern die Zähne
chatterbox [ˈtʃætəbɔks] (*inf*) N Quasselstrippe *f*
chattering classes [ˈtʃætərɪŋˈklɑːsɪz] NPL: **the ~** (*pej*) die intellektuellen Schwätzer *pl*
chatty [ˈtʃætɪ] ADJ geschwätzig; (*letter*) im Plauderton
chauffeur [ˈʃəufəʳ] N Chauffeur *m*, Fahrer *m*
chauvinism [ˈʃəuvɪnɪzəm] N (*also:* **male chauvinism**) Chauvinismus *m*
chauvinist [ˈʃəuvɪnɪst] N Chauvinist *m*
chauvinistic [ʃəuvɪˈnɪstɪk] ADJ chauvinistisch
ChE ABBR (*= chemical engineer*) *Titel für Chemotechniker*
★**cheap** [tʃiːp] ADJ billig; (*reduced*) ermäßigt; (*poor quality*) billig, minderwertig; (*behaviour, joke*) ordinär ▸ ADV: **to buy/sell sth ~** etw billig kaufen/verkaufen
cheap day return N Tagesrückfahrkarte *f* (*zu einem günstigeren Tarif*)
cheapen [ˈtʃiːpn] VT entwürdigen
cheaper [ˈtʃiːpəʳ] ADJ billiger
cheaply [ˈtʃiːplɪ] ADV billig
cheat [tʃiːt] VI mogeln (*inf*), schummeln (*inf*) ▸ N Betrüger(in) *m(f)* ▸ VT: **to ~ sb (out of sth)** jdn (um etw) betrügen; **to ~ on sb** (*inf*) jdn betrügen
cheating [ˈtʃiːtɪŋ] N Mogeln *nt* (*inf*), Schummeln *nt* (*inf*)
cheat sheet N (*US: in exam*) Spickzettel *m*

Chechen [ˈtʃɛtʃɛn] ADJ tschetschenisch ▶ N Tschetschene *m*, Tschetschenin *f*

Chechnya [ˈtʃɛtʃnɪə] N Tschetschenien *nt*

★**check** [tʃɛk] VT überprüfen; (*passport, ticket*) kontrollieren; (*facts*) nachprüfen; (*enemy, disease*) aufhalten; (*impulse*) unterdrücken; (*person*) zurückhalten ▶ VI nachprüfen ▶ N Kontrolle *f*; (*curb*) Beschränkung *f*; (*US*) = **cheque**; (: *bill*) Rechnung *f*; (*pattern*: *gen pl*) Karo(muster) *nt* ▶ ADJ kariert; **to ~ o.s.** sich beherrschen; **to ~ with sb** bei jdm nachfragen; **to keep a ~ on sb/sth** jdn/etw kontrollieren
▶ **check in** VI (*at hotel*) sich anmelden; (*at airport*) einchecken ▶ VT (*luggage*) abfertigen lassen
▶ **check off** VT abhaken
▶ **check out** VI (*of hotel*) abreisen ▶ VT (*luggage*) abfertigen; (*investigate*) überprüfen
▶ **check up** VI: **to ~ up on sth** etw überprüfen; **to ~ up on sb** Nachforschungen über jdn anstellen

checkered [ˈtʃɛkəd] (*US*) ADJ = **chequered**

checkers [ˈtʃɛkəz] (*US*) NPL Damespiel *nt*

check guarantee card (*US*) N Scheckkarte *f*

check-in [ˈtʃɛkɪn], **check-in desk** N (*at airport*) Abfertigung *f*, Abfertigungsschalter *m*

checking account [ˈtʃɛkɪŋ-] (*US*) N Girokonto *nt*

check list N Prüfliste *f*, Checkliste *f*

checkmate [ˈtʃɛkmeɪt] N Schachmatt *nt*

checkout [ˈtʃɛkaut] N Kasse *f*

checkpoint [ˈtʃɛkpɔɪnt] N Kontrollpunkt *m*

checkroom [ˈtʃɛkrum] (*US*) N (*left-luggage office*) Gepäckaufbewahrung *f*

checkup [ˈtʃɛkʌp] N Untersuchung *f*

cheddar [ˈtʃedə^r] N Cheddarkäse *m*

cheek [tʃi:k] N Backe *f*; (*impudence*) Frechheit *f*; (*nerve*) Unverschämtheit *f*

cheekbone [ˈtʃi:kbəun] N Backenknochen *m*

★**cheeky** [ˈtʃi:kɪ] ADJ frech

cheep [tʃi:p] VI (*bird*) piep(s)en ▶ N Piep(s) *m*, Piepser *m*

★**cheer** [tʃɪə^r] VT zujubeln *+dat*; (*gladden*) aufmuntern, aufheitern ▶ VI jubeln, Hurra rufen ▶ N (*gen pl*) Hurraruf *m*, Beifallsruf *m* ■ **cheers** NPL Hurrageschrei *nt*, Jubel *m*; **cheers!** prost!
▶ **cheer on** VT anspornen, anfeuern
▶ **cheer up** VI vergnügter *or* fröhlicher werden ▶ VT aufmuntern, aufheitern

★**cheerful** [ˈtʃɪəful] ADJ fröhlich

cheerfulness [ˈtʃɪəfulnɪs] N Fröhlichkeit *f*

cheerio [tʃɪərɪˈəu] (BRIT) EXCL tschüss (*inf*)

cheerleader [ˈtʃɪəli:də^r] N *jd, der bei Sportveranstaltungen etc die Zuschauer zu Beifallsrufen anfeuert*

cheerless [ˈtʃɪəlɪs] ADJ freudlos, trüb; (*room*) trostlos

★**cheese** [tʃi:z] N Käse *m*

cheeseboard [ˈtʃi:zbɔ:d] N Käsebrett *nt*; (*with cheese on it*) Käseplatte *f*

cheeseburger [ˈtʃi:zbə:gə^r] N Cheeseburger *m*

cheesecake [ˈtʃi:zkeɪk] N Käsekuchen *m*

cheetah [ˈtʃi:tə] N Gepard *m*

★**chef** [ʃɛf] N Küchenchef(in) *m(f)*

★**chemical** [ˈkɛmɪkl] ADJ chemisch ▶ N Chemikalie *f*

chemical engineering N Chemotechnik *f*

★**chemist** [ˈkɛmɪst] N (BRIT: *pharmacist*) Apotheker(in) *m(f)*; (*scientist*) Chemiker(in) *m(f)*

★**chemistry** [ˈkɛmɪstrɪ] N Chemie *f*

chemist's [ˈkɛmɪsts], **chemist's shop** (BRIT) N Drogerie *f*; (*also*: **dispensing chemist's**) Apotheke *f*

chemotherapy [ki:məuˈθɛrəpɪ] N Chemotherapie *f*

cheque [tʃɛk] (BRIT) N Scheck *m*; **to pay by ~** mit (einem) Scheck bezahlen

chequebook [ˈtʃɛkbuk] N Scheckbuch *nt*

cheque card (BRIT) N Scheckkarte *f*

chequered, (*US*) **checkered** [ˈtʃɛkəd] ADJ (*fig*) bewegt

cherish [ˈtʃɛrɪʃ] VT (*person*) liebevoll sorgen für; (*memory*) in Ehren halten; (*dream*) sich hingeben *+dat*; (*hope*) hegen

cheroot [ʃəˈru:t] N Stumpen *m*

★**cherry** [ˈtʃɛrɪ] N Kirsche *f*; (*also*: **cherry tree**) Kirschbaum *m*

chervil [ˈtʃə:vɪl] N Kerbel *m*

chess [tʃɛs] N Schach(spiel) *nt*

chessboard [ˈtʃɛsbɔ:d] N Schachbrett *nt*

chessman [ˈtʃɛsmən] N (*irreg*) Schachfigur *f*

chess player N Schachspieler(in) *m(f)*

★**chest** [tʃɛst] N Brust *f*, Brustkorb *m*; (*box*) Kiste *f*, Truhe *f*; **to get sth off one's ~** (*inf*) sich *dat* etw von der Seele reden

chest measurement N Brustweite *f*, Brustumfang *m*

chestnut [ˈtʃɛsnʌt] N Kastanie *f* ▶ ADJ kastanienbraun

chest of drawers N Kommode *f*

chesty [ˈtʃɛstɪ] ADJ (*cough*) tief sitzend

chew [tʃu:] VT kauen

chewing gum [ˈtʃu:ɪŋ-] N Kaugummi *m*

chic [ʃi:k] ADJ chic *inv*, schick

chick [tʃɪk] N Küken *nt*; (*inf*: *girl*) Mieze *f*

★**chicken** [ˈtʃɪkɪn] N Huhn *nt*; (*meat*) Hähnchen *nt*; (*inf*: *coward*) Feigling *m*
▶ **chicken out** (*inf*) VI: **to ~ out of doing sth** davor kneifen, etw zu tun

chicken feed N (*inf*: *money*) ein paar Pfennige *pl* (*Hist*); (*as salary*) ein Hungerlohn *m*

chickenpox [ˈtʃɪkɪnpɔks] N Windpocken *pl*

chickpea [ˈtʃɪkpi:] N Kichererbse *f*

chicory [ˈtʃɪkərɪ] N (*in coffee*) Zichorie *f*; (*salad vegetable*) Chicorée *m or f*

chide [tʃaɪd] VT: **to ~ sb (for)** jdn schelten (wegen)

★**chief** [tʃi:f] N Häuptling *m*; (*of organization, department*) Leiter(in) *m(f)*, Chef(in) *m(f)* ▶ ADJ Haupt-, wichtigste(r, s)

chief constable (BRIT) N Polizeipräsident *m*, Polizeichef *m*

chief executive, (*US*) **chief executive officer** N Generaldirektor(in) *m(f)*
chiefly [ˈtʃi:flɪ] ADV hauptsächlich
Chief of Staff N Stabschef *m*
chiffon [ˈʃɪfɔn] N Chiffon *m*
chilblain [ˈtʃɪlbleɪn] N Frostbeule *f*
child [tʃaɪld] (*pl* **children**) N Kind *nt*; **do you have any children?** haben Sie Kinder?
child benefit (BRIT) N Kindergeld *nt*
childbirth [ˈtʃaɪldbə:θ] N Geburt *f*, Entbindung *f*
childcare [ˈtʃaɪldkɛəʳ] N Kinderbetreuung *f*
childhood [ˈtʃaɪldhud] N Kindheit *f*
childish [ˈtʃaɪldɪʃ] ADJ kindisch
childless [ˈtʃaɪldlɪs] ADJ kinderlos
childlike [ˈtʃaɪldlaɪk] ADJ kindlich
child minder (BRIT) N Tagesmutter *f*
child prodigy N Wunderkind *nt*
children [ˈtʃɪldrən] NPL *of* **child**
children's home [ˈtʃɪldrənz-] N Kinderheim *nt*
child's play [ˈtʃaɪldz-] N: **it was ~** es war ein Kinderspiel
Chile [ˈtʃɪlɪ] N Chile *nt*
Chilean [ˈtʃɪlɪən] ADJ chilenisch ▸ N Chilene *m*, Chilenin *f*
chill [tʃɪl] N Kühle *f*; (*illness*) Erkältung *f* ▸ ADJ kühl; (*fig: reminder*) erschreckend ▸ VT kühlen; (*person*) frösteln *or* frieren lassen; **"serve chilled"** „gekühlt servieren"
▸ **chill out** (*inf*) VI sich entspannen, relaxen
chilli, (*US*) **chili** [ˈtʃɪlɪ] N Peperoni *pl*
chilling [ˈtʃɪlɪŋ] ADJ (*wind, morning*) eisig; (*fig: effect, prospect etc*) beängstigend
chilly [ˈtʃɪlɪ] ADJ kühl; (*person, response, look*) kühl, frostig; **to feel ~** frösteln, frieren
chime [tʃaɪm] N Glockenspiel *nt* ▸ VI läuten
chimney [ˈtʃɪmnɪ] N Schornstein *m*
chimney sweep N Schornsteinfeger(in) *m(f)*
chimpanzee [tʃɪmpænˈzi:] N Schimpanse *m*
chin [tʃɪn] N Kinn *nt*
China [ˈtʃaɪnə] N China *nt*
china [ˈtʃaɪnə] N Porzellan *nt*
Chinese [tʃaɪˈni:z] ADJ chinesisch ▸ N INV Chinese *m*, Chinesin *f*; (*Ling*) Chinesisch *nt*
chink [tʃɪŋk] N (*in door, wall etc*) Ritze *f*, Spalt *m*; (*of bottles etc*) Klirren *nt*
chintz [tʃɪnts] N Chintz *m*
chinwag [ˈtʃɪnwæg] (BRIT *inf*) N Schwatz *m*
chip [tʃɪp] N (*gen pl*) Pommes frites *pl*; (*US: also:* **potato chip**) Chip *m*; (*of wood*) Span *m*; (*of glass, stone*) Splitter *m*; (*in glass, cup etc*) abgestoßene Stelle *f*; (*in gambling*) Chip *m*, Spielmarke *f*; (*Comput: also:* **microchip**) Chip *m* ▸ VT (*cup, plate*) anschlagen; **when the chips are down** (*fig*) wenn es drauf ankommt
▸ **chip in** (*inf*) VI (*contribute*) etwas beisteuern; (*interrupt*) sich einschalten
chip and PIN N: **~ machine** Chip-und-Pin-Kartenlesegerät *nt*
chipboard [ˈtʃɪpbɔ:d] N Spanplatte *f*
chipmunk [ˈtʃɪpmʌŋk] N Backenhörnchen *nt*
chippings [ˈtʃɪpɪŋz] NPL: **loose ~** (*on road*) Schotter *m*
chip shop N *siehe Info-Artikel*

> **Chip shop**, auch *fish-and-chip shop*, ist die traditionelle britische Imbissbude, in der vor allem frittierte Fischfilets und Pommes frites, aber auch andere einfache Mahlzeiten angeboten werden. Früher wurde das Essen zum Mitnehmen in Zeitungspapier verpackt. Manche *chip shops* haben auch einen Essraum.

chiropodist [kɪˈrɔpədɪst] (BRIT) N Fußpfleger(in) *m(f)*
chiropody [kɪˈrɔpədɪ] (BRIT) N Fußpflege *f*
chirp [tʃə:p] VI (*bird*) zwitschern; (*crickets*) zirpen
chirpy [ˈtʃə:pɪ] (*inf*) ADJ munter
chisel [ˈtʃɪzl] N (*for stone*) Meißel *m*; (*for wood*) Beitel *m*
chit [tʃɪt] N Zettel *m*
chitchat [ˈtʃɪttʃæt] N Plauderei *f*
chivalrous [ˈʃɪvəlrəs] ADJ ritterlich
chivalry [ˈʃɪvəlrɪ] N Ritterlichkeit *f*
chives [tʃaɪvz] NPL Schnittlauch *m*
chloride [ˈklɔ:raɪd] N Chlorid *nt*
chlorinate [ˈklɔrɪneɪt] VT chloren
chlorine [ˈklɔ:ri:n] N Chlor *nt*
chock [tʃɔk] N Bremskeil *m*, Bremsklotz *m*
chock-a-block [ˈtʃɔkəˈblɔk] ADJ gerammelt voll
chock-full [tʃɔkˈful] ADJ = **chock-a-block**
★**chocolate** [ˈtʃɔklɪt] N Schokolade *f*; (*drink*) Kakao *m*, Schokolade *f*; (*sweet*) Praline *f* ▸ CPD Schokoladen-
chocolate cake N Schokoladenkuchen *m*
★**choice** [tʃɔɪs] N Auswahl *f*; (*option*) Möglichkeit *f*; (*preference*) Wahl *f* ▸ ADJ Qualitäts-, erstklassig; **I did it by** *or* **from ~** ich habe es mir so ausgesucht; **a wide ~** eine große Auswahl
choir [ˈkwaɪəʳ] N Chor *m*
choirboy [ˈkwaɪəbɔɪ] N Chorknabe *m*
choke [tʃəuk] VI ersticken; (*with smoke, dust, anger etc*) keine Luft mehr bekommen ▸ VT erwürgen, erdrosseln ▸ N (*Aut*) Choke *m*, Starterklappe *f*; **to be choked (with)** verstopft sein (mit)
cholera [ˈkɔlərə] N Cholera *f*
cholesterol [kəˈlɛstərɔl] N Cholesterin *nt*
chook [tʃuk] N (AUST, *NZ inf*) Huhn *nt*
★**choose** [tʃu:z] (*pt* **chose**, *pp* **chosen**) VT (aus)wählen; (*profession, friend*) sich *dat* aussuchen ▸ VI: **to ~ between** wählen zwischen *+dat*, eine Wahl treffen zwischen *+dat*; **to ~ from** wählen aus *or* unter *+dat*, eine Wahl treffen aus *or* unter *+dat*; **to ~ to do sth** beschließen, etw zu tun
choosy [ˈtʃu:zɪ] ADJ wählerisch
★**chop** [tʃɔp] VT (*wood*) hacken; (*vegetables, fruit, meat: also:* **chop up**) klein schneiden ▸ N Kotelett *nt* ■ **chops** NPL (*inf*) (*of animal*) Maul *nt*;

(*of person*) Mund *m*; **to get the ~** (Brit *inf*: *project*) dem Rotstift zum Opfer fallen; (: *be sacked*) rausgeschmissen werden
▸ **chop down** vt (*tree*) fällen
chopper [ˈtʃɔpəʳ] (*inf*) n Hubschrauber *m*
choppy [ˈtʃɔpɪ] adj (*sea*) kabbelig, bewegt
chopsticks [ˈtʃɔpstɪks] npl Stäbchen *pl*
choral [ˈkɔːrəl] adj (*singing*) Chor-; (*society*) Gesang-
chord [kɔːd] n Akkord *m*; (*Math*) Sehne *f*
chore [tʃɔːʳ] n Hausarbeit *f*; (*routine task*) lästige Routinearbeit *f*; **household chores** Hausarbeit
choreographer [kɔrɪˈɔgrəfəʳ] n Choreograf(in) *m(f)*
choreography [kɔrɪˈɔgrəfɪ] n Choreografie *f*
chorister [ˈkɔrɪstəʳ] n Chorsänger(in) *m(f)*
chortle [ˈtʃɔːtl] vi glucksen
chorus [ˈkɔːrəs] n Chor *m*; (*refrain*) Refrain *m*; (*of complaints*) Flut *f*
chose [tʃəuz] pt *of* **choose**
chosen [ˈtʃəuzn] pp *of* **choose**
chow [tʃau] n Chow-Chow *m*
chowder [ˈtʃaudəʳ] n (sämige) Fischsuppe *f*
Christ [kraɪst] n Christus *m*
christen [ˈkrɪsn] vt taufen
christening [ˈkrɪsnɪŋ] n Taufe *f*
★**Christian** [ˈkrɪstɪən] adj christlich ▸ n Christ(in) *m(f)*
Christianity [krɪstɪˈænɪtɪ] n Christentum *nt*
Christian name n Vorname *m*
★**Christmas** [ˈkrɪsməs] n Weihnachten *nt*; **Happy** *or* **Merry ~!** frohe *or* fröhliche Weihnachten!
Christmas card n Weihnachtskarte *f*
Christmas Day n der erste Weihnachtstag
Christmas Eve n Heiligabend *m*
Christmas Island n Weihnachtsinsel *f*
Christmas pudding n Plumpudding *m*
Christmas tree n Weihnachtsbaum *m*, Christbaum *m*
chrome [krəum] n = **chromium**
chromium [ˈkrəumɪəm] n Chrom *nt*; (*also*: **chromium plating**) Verchromung *f*
chromosome [ˈkrəuməsəum] n Chromosom *nt*
chronic [ˈkrɔnɪk] adj (*also fig*) chronisch; (*severe*) schlimm
chronicle [ˈkrɔnɪkl] n Chronik *f*
chronological [krɔnəˈlɔdʒɪkl] adj chronologisch
chrysanthemum [krɪˈsænθəməm] n Chrysantheme *f*
chubby [ˈtʃʌbɪ] adj pummelig; **~ cheeks** Pausbacken *pl*
chuck [tʃʌk] (*inf*) vt werfen, schmeißen; (Brit: *also*: **chuck up, chuck in**: *job*) hinschmeißen; (: *person*) Schluss machen mit
▸ **chuck out** vt (*person*) rausschmeißen; (*rubbish etc*) wegschmeißen
▸ **chuck up** vi (*inf*) kotzen
chuckle [ˈtʃʌkl] vi leise in sich *acc* hineinlachen
chuffed [tʃʌft] (Brit *inf*) adj vergnügt und zufrieden; (*flattered*) gebauchpinselt
chug [tʃʌg] vi (*also*: **chug along**) tuckern
chugger [ˈtʃʌgəʳ] n (*inf*) *für gemeinnützige Organisationen arbeitender Spendensammler, der bei Fussgängern um regelmäßige Spenden ansucht*
chum [tʃʌm] n Kumpel *m*
chump [tʃʌmp] (*inf*) n Trottel *m*
chunk [tʃʌŋk] n großes Stück *nt*
chunky [ˈtʃʌŋkɪ] adj (*furniture etc*) klobig; (*person*) stämmig, untersetzt; (*knitwear*) dick
★**church** [tʃəːtʃ] n Kirche *f*; **the C~ of England** die anglikanische Kirche
churchyard [ˈtʃəːtʃjɑːd] n Friedhof *m*
churlish [ˈtʃəːlɪʃ] adj griesgrämig; (*behaviour*) ungehobelt
churn [tʃəːn] n Butterfass *nt*; (*also*: **milk churn**) Milchkanne *f*
▸ **churn out** vt am laufenden Band produzieren
chute [ʃuːt] n (*also*: **rubbish chute**) Müllschlucker *m*; (*for coal, parcels etc*) Rutsche *f*; (Brit: *slide*) Rutschbahn *f*, Rutsche *f*
chutney [ˈtʃʌtnɪ] n Chutney *nt*
CIA (*US*) n abbr (= *Central Intelligence Agency*) CIA *m or f*
cicada [sɪˈkɑːdə] n Zikade *f*
CID (Brit) n abbr = **Criminal Investigation Department**
cider [ˈsaɪdəʳ] n Apfelwein *m*
c.i.f., CIF abbr (*Comm*: = *cost, insurance, and freight*) cif
cigar [sɪˈgɑːʳ] n Zigarre *f*
★**cigarette** [sɪgəˈrɛt] n Zigarette *f*
cigarette case n Zigarettenetui *nt*
cigarette end n Zigarettenstummel *m*
cigarette holder n Zigarettenspitze *f*
C in C abbr (*Mil*) = **commander in chief**
cinch [sɪntʃ] (*inf*) n: **it's a ~** das ist ein Kinderspiel *or* ein Klacks
Cinderella [sɪndəˈrɛlə] n Aschenputtel *nt* Aschenbrödel *nt*
cinders [ˈsɪndəz] npl Asche *f*
cine camera [ˈsɪnɪ-] (Brit) n (Schmal)filmkamera *f*
cine film [ˈsɪnɪ-] (Brit) n Schmalfilm *m*
★**cinema** [ˈsɪnəmə] n Kino *nt*; (*film-making*) Film *m*
cine projector [ˈsɪnɪ-] (Brit) n Filmprojektor *m*
cinnamon [ˈsɪnəmən] n Zimt *m*
cipher [ˈsaɪfəʳ] n (*code*) Chiffre *f*; (*fig*) Niemand *m*; **in ~** chiffriert
circa [ˈsəːkə] prep circa
★**circle** [ˈsəːkl] n Kreis *m*; (*in cinema, theatre*) Rang *m* ▸ vi kreisen ▸ vt kreisen um; (*surround*) umgeben

ircuit [ˈsəːkɪt] N Runde *f*; (*Elec*) Stromkreis *m*; (*track*) Rennbahn *f*

ircuit board N Platine *f*, Leiterplatte *f*

ircuitous [səːˈkjuɪtəs] ADJ umständlich

ircular [ˈsəːkjuləʳ] ADJ rund; (*route*) Rund- ▸ N (*letter*) Rundschreiben *nt*, Rundbrief *m*; (*as advertisement*) Wurfsendung *f*; **~ argument** Zirkelschluss *m*

irculate [ˈsəːkjuleɪt] VI (*traffic*) fließen; (*blood, report*) zirkulieren; (*news, rumour*) kursieren, in Umlauf sein; (*person*) die Runde machen ▸ VT herumgehen *or* zirkulieren lassen

irculating capital [ˈsəːkjuleɪtɪŋ-] N (*Comm*) flüssiges Kapital *nt*, Umlaufkapital *nt*

irculation [səːkjuˈleɪʃən] N (*of traffic*) Fluss *m*; (*of air etc*) Zirkulation *f*; (*of newspaper*) Auflage *f*; (*Med: of blood*) Kreislauf *m*

ircumcise [ˈsəːkəmsaɪz] VT beschneiden

ircumference [səˈkʌmfərəns] N Umfang *m*; (*edge*) Rand *m*

ircumflex [ˈsəːkəmflɛks] N (*also:* **circumflex accent**) Zirkumflex *m*

ircumscribe [ˈsəːkəmskraɪb] VT (*Math*) einen Kreis umbeschreiben; (*fig*) eingrenzen

ircumspect [ˈsəːkəmspɛkt] ADJ umsichtig

ircumstances [ˈsəːkəmstənsɪz] NPL Umstände *pl*; (*financial condition*) (finanzielle) Verhältnisse *pl*; **in the ~** unter diesen Umständen; **under no ~** unter (gar) keinen Umständen, auf keinen Fall

ircumstantial [səːkəmˈstænʃl] ADJ ausführlich; **~ evidence** Indizienbeweis *m*

ircumvent [səːkəmˈvɛnt] VT umgehen

ircus [ˈsəːkəs] N Zirkus *m*; (*in place names: also:* **Circus**) Platz *m*

irrhosis [sɪˈrəusɪs] N (*also:* **cirrhosis of the liver**) Leberzirrhose *f*

IS N ABBR (= *Commonwealth of Independent States*) GUS *f*

issy [ˈsɪsɪ] (*pej*) N, ADJ *see* **sissy**

istern [ˈsɪstən] N Zisterne *f*; (*of toilet*) Spülkasten *m*

itation [saɪˈteɪʃən] N Zitat *nt*; (*US*) Belobigung *f*; (*Law*) Vorladung *f* (vor Gericht)

ite [saɪt] VT zitieren; (*example*) anführen; (*Law*) vorladen

itizen [ˈsɪtɪzn] N Staatsbürger(in) *m(f)*; (*of town*) Bürger(in) *m(f)*

itizens' Advice Bureau [ˈsɪtɪznz-] N ≈ Bürgerberatungsstelle *f*

itizenship [ˈsɪtɪznʃɪp] N Staatsbürgerschaft *f*; (BRIT *Scol*) Gesellschaftskunde *f*

itric acid [ˈsɪtrɪk-] N Zitronensäure *f*

itrus fruit [ˈsɪtrəs-] N Zitrusfrucht *f*

ity [ˈsɪtɪ] N (Groß)stadt *f*; **the C~** (*Fin*) die City, das Londoner Banken- und Börsenviertel

ity centre N Stadtzentrum *nt*, Innenstadt *f*

ity Hall N Rathaus *nt*; (*US: municipal government*) Stadtverwaltung *f*

ivic [ˈsɪvɪk] ADJ (*authorities etc*) Stadt-, städtisch; (*duties, pride*) Bürger-, bürgerlich

civic centre (BRIT) N Stadtverwaltung *f*

civil [ˈsɪvɪl] ADJ (*disturbances, rights*) Bürger-; (*liberties, law*) bürgerlich; (*polite*) höflich

Civil Aviation Authority (BRIT) N Behörde *f* für Zivilluftfahrt

civil ceremony N standesamtliche Hochzeit

civil defence N Zivilschutz *m*

civil disobedience N ziviler Ungehorsam *m*

civil engineer N Bauingenieur(in) *m(f)*

civil engineering N Hoch- und Tiefbau *m*

civilian [sɪˈvɪlɪən] ADJ (*population*) Zivil- ▸ N Zivilist *m*; **~ casualties** Verluste *pl* unter der Zivilbevölkerung

civilization [sɪvɪlaɪˈzeɪʃən] N Zivilisation *f*; (*a society*) Kultur *f*

civilized [ˈsɪvɪlaɪzd] ADJ zivilisiert; (*person*) kultiviert; (*place, experience*) gepflegt

civil law N Zivilrecht *nt*, bürgerliches Recht *nt*

civil liberties N (bürgerliche) Freiheitsrechte *pl*

civil partnership N eingetragene Partnerschaft

civil rights NPL Bürgerrechte *pl*

civil servant N (Staats)beamter *m*, (Staats)-beamtin *f*

Civil Service N Beamtenschaft *f*

civil war N Bürgerkrieg *m*

civvies [ˈsɪvɪz] (*inf*) NPL Zivilklamotten *pl*

cl ABBR (= *centilitre*) cl

clad [klæd] ADJ: **~ (in)** gekleidet (in +*acc*)

★**claim** [kleɪm] VT (*assert*) behaupten; (*responsibility*) übernehmen; (*credit*) in Anspruch nehmen; (*rights, inheritance*) Anspruch erheben auf +*acc*; (*expenses*) sich *dat* zurückerstatten lassen; (*compensation, damages*) verlangen ▸ VI (*for insurance*) Ansprüche geltend machen ▸ N (*assertion*) Behauptung *f*; (*for pension, wage rise, compensation*) Forderung *f*; (*right: to inheritance, land*) Anspruch *m*; (*for expenses*) Spesenabrechnung *f*; **(insurance) ~** (Versicherungs)anspruch *m*; **to put in a ~ for** beantragen

claimant [ˈkleɪmənt] N Antragsteller(in) *m(f)*

claim form N Antragsformular *nt*

clairvoyant [klɛəˈvɔɪənt] N Hellseher(in) *m(f)*

clam [klæm] N Venusmuschel *f*
▸ **clam up** (*inf*) VI keinen Piep (mehr) sagen

clamber [ˈklæmbəʳ] VI klettern

clammy [ˈklæmɪ] ADJ feucht

clamour, (*US*) **clamor** [ˈklæməʳ] N Lärm *m*; (*protest*) Protest *m*, Aufschrei *m* ▸ VI: **to ~ for** schreien nach

clamp [klæmp] N Schraubzwinge *f*, Klemme *f* ▸ VT (*two things*) zusammenklemmen; (*one thing on another*) klemmen; (*wheel*) krallen
▸ **clamp down on** VT FUS rigoros vorgehen gegen

clampdown [ˈklæmpdaun] N: **~ (on)** hartes Durchgreifen *nt* (gegen)

clan [klæn] N Clan *m*

clandestine [klænˈdɛstɪn] ADJ geheim, Geheim-

clang [klæŋ] VI klappern; *(bell)* läuten ▶ N Klappern *nt*; Läuten *nt*

clanger [ˈklæŋəʳ] *(BRIT inf)* N Fauxpas *m*; **to drop a ~** ins Fettnäpfchen treten

clansman [ˈklænzmən] N *(irreg)* Clanmitglied *nt*

clap [klæp] VI (Beifall) klatschen ▶ VT: **to ~ (one's hands)** (in die Hände) klatschen ▶ N: **a ~ of thunder** ein Donnerschlag *m*

clapping [ˈklæpɪŋ] N Beifall *m*

claptrap [ˈklæptræp] *(inf)* N Geschwafel *nt*

claret [ˈklærət] N roter Bordeaux(wein) *m*

clarification [klærɪfɪˈkeɪʃən] N Klärung *f*

clarify [ˈklærɪfaɪ] VT klären

clarinet [klærɪˈnɛt] N Klarinette *f*

clarity [ˈklærɪtɪ] N Klarheit *f*

clash [klæʃ] N *(fight)* Zusammenstoß *m*; *(disagreement)* Streit *m*, Auseinandersetzung *f*; *(of beliefs, ideas, views)* Konflikt *m*; *(of colours, styles, personalities)* Unverträglichkeit *f*; *(of events, dates, appointments)* Überschneidung *f*; *(noise)* Klirren *nt* ▶ VI *(fight)* zusammenstoßen; *(disagree)* sich streiten, eine Auseinandersetzung haben; *(beliefs, ideas, views)* aufeinanderprallen; *(colours)* sich beißen; *(styles, personalities)* nicht zusammenpassen; *(two events, dates, appointments)* sich überschneiden; *(make noise)* klirrend aneinanderschlagen

clasp [klɑːsp] N Griff *m*; *(embrace)* Umklammerung *f*; *(of necklace, bag)* Verschluss *m* ▶ VT (er)greifen; *(embrace)* umklammern

★**class** [klɑːs] N Klasse *f*; *(lesson)* (Unterrichts)stunde *f* ▶ ADJ *(struggle, distinction)* Klassen- ▶ VT einordnen, einstufen

class-conscious [ˈklɑːsˈkɔnʃəs] ADJ klassenbewusst, standesbewusst

class-consciousness [ˈklɑːsˈkɔnʃəsnɪs] N Klassenbewusstsein *nt*, Standesbewusstsein *nt*

classic [ˈklæsɪk] ADJ klassisch ▶ N Klassiker *m*; *(race) bedeutendes Pferderennen für dreijährige Pferde*
■ **classics** NPL *(Scol)* Altphilologie *f*

classical [ˈklæsɪkl] ADJ klassisch

classification [klæsɪfɪˈkeɪʃən] N Klassifikation *f*; *(category)* Klasse *f*; *(system)* Einteilung *f*

classified [ˈklæsɪfaɪd] ADJ geheim

classified advertisement N Kleinanzeige *f*

classify [ˈklæsɪfaɪ] VT klassifizieren, (ein)ordnen

classless [ˈklɑːslɪs] ADJ: **~ society** klassenlose Gesellschaft *f*

classmate [ˈklɑːsmeɪt] N Klassenkamerad(in) *m(f)*

classroom [ˈklɑːsrum] N Klassenzimmer *nt*

classroom assistant N Assistenzlehrkraft *f*

classy [ˈklɑːsɪ] *(inf)* ADJ nobel, exklusiv; *(person)* todschick

clatter [ˈklætəʳ] N Klappern *nt*; *(of hooves)* Trappeln *nt* ▶ VI klappern; trappeln

clause [klɔːz] N *(Law)* Klausel *f*; *(Ling)* Satz *m*

claustrophobia [klɔːstrəˈfəubɪə] N Klaustrophobie *f*, Platzangst *f*

claustrophobic [klɔːstrəˈfəubɪk] ADJ *(place, situation)* beengend; *(person)*: **to be/feel ~** Platzangst haben/bekommen

claw [klɔː] N Kralle *f*; *(of lobster)* Schere *f*, Zange
▶ **claw at** VT FUS sich krallen an *+acc*

clay [kleɪ] N Ton *m*; *(soil)* Lehm *m*

★**clean** [kliːn] ADJ sauber; *(fight)* fair; *(record, reputation)* einwandfrei; *(joke, story)* stubenrein, anständig; *(edge, fracture)* glatt ▶ VT sauber machen; *(car, hands, face etc)* waschen ▶ ADV: **he ~ forgot** er hat es glatt(weg) vergessen; **to have a ~ driving licence, to have a ~ driving record** *(US)* keine Strafpunkte haben; **to ~ one's teeth** *(BRIT)* sich *dat* die Zähne putzen; **the thief got ~ away** der Dieb konnte entkommen; **to come ~** *(inf)* auspacken
▶ **clean off** VT abwaschen, abwischen
▶ **clean out** VT gründlich sauber machen; *(inf: person)* ausnehmen
▶ **clean up** VT aufräumen; *(child)* sauber machen; *(fig)* für Ordnung sorgen in *+dat* ▶ VI aufräumen, sauber machen; *(inf: make profit)* absahnen

clean-cut [ˈkliːnˈkʌt] ADJ gepflegt; *(situation)* klar

cleaner [ˈkliːnəʳ] N Raumpfleger(in) *m(f)*; *(woman)* Putzfrau *f*; *(substance)* Reinigungsmittel *nt*, Putzmittel *nt*

cleaner's [ˈkliːnəz] N *(also:* **dry cleaner's***)* Reinigung *f*

cleaning [ˈkliːnɪŋ] N Putzen *nt*

cleaning lady N Putzfrau *f*, Reinemachefrau

cleanliness [ˈklɛnlɪnɪs] N Sauberkeit *f*, Reinlichkeit *f*

cleanly [ˈkliːnlɪ] ADV sauber

cleanse [klɛnz] VT *(purify)* läutern; *(face, cut)* reinigen

cleanser [ˈklɛnzəʳ] N *(for face)* Reinigungscreme *f*, Reinigungsmilch *f*

clean-shaven [ˈkliːnˈʃeɪvn] ADJ glatt rasiert

cleansing department [ˈklɛnzɪŋ-] *(BRIT)* ▶ ≈ Stadtreinigung *f*

clean sweep N: **to make a ~** *(Sport)* alle Preise einstecken

clean technology N umweltfreundliche Technologie *f*

clean-up [ˈkliːnʌp] N: **to give sth a ~** etw gründlich sauber machen

★**clear** [klɪəʳ] ADJ klar; *(footprint)* deutlich; *(photograph)* scharf; *(commitment)* eindeutig; *(glass, plastic)* durchsichtig; *(road, way, floor etc)* frei; *(conscience, skin)* rein ▶ VT *(room)* ausräumen; *(trees)* abholzen; *(weeds etc)* entfernen; *(slums etc, stock)* räumen; *(Law)* freisprechen; *(fence, wall)* überspringen; *(cheque)* verrechnen ▶ VI *(weather, sky)* aufklaren; *(fog, smoke)* sich auflösen; *(room etc)* sich leeren ▶ ADV: **to be ~ of the ground** den Boden nicht berühren ▶ N: **to be in the ~** *(out of debt)* schuldenfrei sein; *(free of suspicion)* von jedem Verdacht frei sein; *(out of danger)* auße

Gefahr sein; **~ profit** Reingewinn *m*; **I have a ~ day tomorrow** (BRIT) ich habe morgen nichts vor; **to make o.s. ~** sich klar ausdrücken; **to make it ~ to sb that ...** es jdm (unmissverständlich) klarmachen, dass ...; **to ~ the table** den Tisch abräumen; **to ~ a space (for sth)** (für etw) Platz schaffen; **to ~ one's throat** sich räuspern; **to ~ a profit** einen Gewinn machen; **to keep ~ of sb** jdm aus dem Weg gehen; **to keep ~ of sth** etw meiden; **to keep ~ of trouble** allem Ärger aus dem Weg gehen

▸ **clear off** (*inf*) VI abhauen, verschwinden

▸ **clear up** VT aufräumen; (*mystery*) aufklären; (*problem*) lösen ▸ VI (*bad weather*) sich aufklären; (*illness*) sich bessern

clearance ['klɪərəns] N (*of slums*) Räumung *f*; (*of trees*) Abholzung *f*; (*permission*) Genehmigung *f*; (*free space*) lichte Höhe *f*

clear-cut ['klɪə'kʌt] ADJ klar

clearing ['klɪərɪŋ] N Lichtung *f*; (BRIT *Banking*) Clearing *nt*

clearing bank (BRIT) N Clearingbank *f*

clearing house N (*Comm*) Clearingstelle *f*

clearly ['klɪəlɪ] ADV klar; (*obviously*) eindeutig

clearway ['klɪəweɪ] (BRIT) N Straße *f* mit Halteverbot

cleavage ['kli:vɪdʒ] N (*of woman's breasts*) Dekolleté *nt*

cleaver ['kli:vəʳ] N Hackbeil *nt*

clef [klɛf] N (Noten)schlüssel *m*

cleft [klɛft] N Spalte *f*

cleft palate N (*Med*) Gaumenspalte *f*

clemency ['klɛmənsɪ] N Milde *f*

clement ['klɛmənt] ADJ mild

clench [klɛntʃ] VT (*fist*) ballen; (*teeth*) zusammenbeißen

clergy ['klə:dʒɪ] N Klerus *m*, Geistlichkeit *f*

clergyman ['klə:dʒɪmən] N (*irreg*) Geistliche(r) *m*

clerical ['klɛrɪkl] ADJ (*job, worker*) Büro-; (*error*) Schreib-; (*Rel*) geistlich

clerk [klɑ:k, (*US*) klə:rk] N (BRIT) Büroangestellte(r) *f(m)*; (*US: sales person*) Verkäufer(in) *m(f)*

Clerk of Court N Protokollführer(in) *m(f)*

clever ['klɛvəʳ] ADJ klug; (*deft, crafty*) schlau, clever (*inf*); (*device, arrangement*) raffiniert

cleverly ['klɛvəlɪ] ADV geschickt

clew [klu:] (*US*) N = **clue**

cliché ['kli:ʃeɪ] N Klischee *nt*

click [klɪk] N Klicken *nt*; (*Comput*) Mausklick *m* ▸ VI klicken ▸ VT: **to ~ one's tongue** mit der Zunge schnalzen; **to ~ one's heels** die Hacken zusammenschlagen

client ['klaɪənt] N Kunde *m*, Kundin *f*; (*of bank, lawyer*) Klient(in) *m(f)*; (*of restaurant*) Gast *m*

clientele [kli:ɔn'tɛl] N Kundschaft *f*

cliff [klɪf] N Kliff *nt*

cliffhanger ['klɪfhæŋəʳ] N *spannungsgeladene Szene am Ende einer Filmepisode*, Cliffhanger *m*

climactic [klaɪ'mæktɪk] ADJ: **~ point** Höhepunkt *m*

★**climate** ['klaɪmɪt] N Klima *nt*

climate change N Klimawandel *m*

climate conference N (*Pol*) Klimakonferenz *f*

climax ['klaɪmæks] N Höhepunkt *m*

★**climb** [klaɪm] VI klettern; (*plane, sun, prices, shares*) steigen ▸ VT (*stairs, ladder*) hochsteigen, hinaufsteigen; (*tree*) klettern auf *+acc*; (*hill*) steigen auf *+acc* ▸ N Aufstieg *m*; (*of prices etc*) Anstieg *m*; **to ~ over a wall/into a car** über eine Mauer/in ein Auto steigen *or* klettern

▸ **climb down** (BRIT) VI (*fig*) nachgeben

climb-down ['klaɪmdaun] N Nachgeben *nt*, Rückzieher *m* (*inf*)

climber ['klaɪməʳ] N Bergsteiger(in) *m(f)*; (*plant*) Kletterpflanze *f*

climbing ['klaɪmɪŋ] N Bergsteigen *nt*

clinch [klɪntʃ] VT (*deal*) perfekt machen; (*argument*) zum Abschluss bringen

clincher ['klɪntʃəʳ] N ausschlaggebender Faktor *m*

cling [klɪŋ] (*pt, pp* **clung**) VI: **to ~ to** (*mother, support*) sich festklammern an *+dat*; (*idea, belief*) festhalten an *+dat*; (*subj: clothes, dress*) sich anschmiegen *+dat*

clingfilm ['klɪŋfɪlm], (*US*) **clingwrap** ['klɪŋræp] N Frischhaltefolie *f*

clinic ['klɪnɪk] N Klinik *f*; (*session*) Sprechstunde *f*; (*: Sport*) Trainingstunde *f*

clinical ['klɪnɪkl] ADJ klinisch; (*fig*) nüchtern, kühl; (*: building, room*) steril

clink [klɪŋk] VI klirren

clip [klɪp] N (*also:* **paper clip**) Büroklammer *f*; (BRIT: *also:* **bulldog clip**) Klammer *f*; (*holding wire, hose etc*) Klemme *f*; (*for hair*) Spange *f*; (*TV, Cine*) Ausschnitt *m* ▸ VT festklemmen; (*also:* **clip together**) zusammenheften; (*cut*) schneiden

clippers ['klɪpəz] NPL (*for gardening*) Schere *f*; (*also:* **nail clippers**) Nagelzange *f*

clipping ['klɪpɪŋ] N (*from newspaper*) Ausschnitt *m*

clique [kli:k] N Clique *f*, Gruppe *f*

clitoris ['klɪtərɪs] N Klitoris *f*

cloak [kləuk] N Umhang *m* ▸ VT (*fig*) hüllen

cloakroom ['kləukrum] N Garderobe *f*; (BRIT: *WC*) Toilette *f*

clobber ['klɔbəʳ] (*inf*) N Klamotten *pl* ▸ VT (*hit*) hauen, schlagen; (*defeat*) in die Pfanne hauen

★**clock** [klɔk] N Uhr *f*; **round the ~** rund um die Uhr; **30,000 on the ~** (BRIT *Aut*) ein Tachostand von 30.000; **to work against the ~** gegen die Uhr arbeiten

▸ **clock in** (BRIT) VI (den Arbeitsbeginn) stempeln *or* stechen

▸ **clock off** (BRIT) VI (das Arbeitsende) stempeln *or* stechen

▸ **clock on** (BRIT) VI = **clock in**

▸ **clock out** (BRIT) VI = **clock off**

▸ **clock up** VT (*miles*) fahren; (*hours*) arbeiten

clockwise ['klɔkwaɪz] ADV im Uhrzeigersinn

clockwork ['klɔkwə:k] N Uhrwerk *nt* ▸ ADJ aufziehbar, zum Aufziehen; **like ~** wie am Schnürchen

clog [klɔg] N Clog *m*; (*wooden*) Holzschuh *m* ▸ VT verstopfen ▸ VI (*also:* **clog up**) verstopfen

cloister [ˈklɔɪstəʳ] N Kreuzgang *m*

clone [kləun] N Klon *m*

★**close¹** [kləus] ADJ (*writing, friend, contact*) eng; (*texture*) dicht, fest; (*relative*) nahe; (*examination*) genau, gründlich; (*watch*) streng, scharf; (*contest*) knapp; (*weather*) schwül; (*room*) stickig ▸ ADV nahe; **~ (to)** nahe (*+gen*); **~ to** in der Nähe *+gen*; **~ by, ~ at hand** in der Nähe; **how ~ is Edinburgh to Glasgow?** wie weit ist Edinburgh von Glasgow entfernt?; **a ~ friend** ein guter *or* enger Freund; **to have a ~ shave** (*fig*) gerade noch davonkommen; **at ~ quarters** aus der Nähe

close² [kləuz] VT schließen, zumachen; (*sale, deal, case*) abschließen; (*speech*) schließen, beenden ▸ VI schließen, zumachen; (*door, lid*) sich schließen, zugehen; (*end*) aufhören ▸ N Ende *nt*, Schlus *m*; **to bring sth to a ~** etw beenden

▸ **close down** VI (*factory*) stillgelegt werden; (*magazine etc*) eingestellt werden

▸ **close in** VI (*night*) hereinbrechen; (*fog*) sich verdichten; **to ~ in on sb/sth** jdm/etw auf den Leib rücken; **the days are closing in** die Tage werden kürzer

▸ **close off** VT (*area*) abriegeln; (*road*) sperren

★**closed** [kləuzd] ADJ geschlossen; (*road*) gesperrt

closed-circuit television [ˈkləuzdˈsə:kɪt-] N Fernsehüberwachungsanlage *f*

closed shop N Betrieb *m* mit Gewerkschaftszwang

close-knit [ˈkləusˈnɪt] ADJ eng zusammengewachsen

closely [ˈkləuslɪ] ADV (*examine, watch*) genau; (*connected*) eng; (*related*) nah(e); (*resemble*) sehr; **we are ~ related** wir sind nah verwandt; **a ~ guarded secret** ein streng gehütetes Geheimnis

close season [ˈkləus-] N Schonzeit *f*; (*Sport*) Sommerpause *f*

closet [ˈklɔzɪt] N Wandschrank *m*

close-up [ˈkləusʌp] N Nahaufnahme *f*

closing [ˈkləuzɪŋ] ADJ (*stages*) Schluss-; (*remarks*) abschließend

closing price N (*Stock Exchange*) Schlusskurs *m*, Schlussnotierung *f*

closing time (BRIT) N (*in pub*) Polizeistunde *f*, Sperrstunde *f*

closure [ˈkləuʒəʳ] N (*of factory*) Stilllegung *f*; (*of magazine*) Einstellung *f*; (*of road*) Sperrung *f*; (*of border*) Schließung *f*

clot [klɔt] N (*blood clot*) (Blut)gerinnsel *nt*; (*inf: idiot*) Trottel *m* ▸ VI gerinnen; (*external bleeding*) zum Stillstand kommen

cloth [klɔθ] N (*material*) Stoff *m*, Tuch *nt*; (*rag*) Lappen *m*; (BRIT: *also:* **teacloth**) (Spül)tuch *nt*; (*also:* **tablecloth**) Tischtuch *nt*, Tischdecke *f*

clothe [kləuð] VT anziehen, kleiden

★**clothes** [kləuðz] NPL Kleidung *f*, Kleider *pl*; **to put one's ~ on** sich anziehen; **to take one's ~ off** sich ausziehen

clothes brush N Kleiderbürste *f*

clothesline [ˈkləuðzlaɪn] N Wäscheleine *f*

clothes peg, (US) **clothes pin** N Wäscheklammer *f*

clothing [ˈkləuðɪŋ] N = **clothes**

clotted cream [ˈklɔtɪd-] (BRIT) N *Sahne aus erhitzter Milch*

★**cloud** [klaud] N Wolke *f* ▸ VT trüben; **every ~ has a silver lining** (*proverb*) auf Regen folgt Sonnenschein; **to ~ the issue** es unnötig kompliziert machen; (*deliberately*) die Angelegenheit verschleiern

▸ **cloud over** VI (*sky*) sich bewölken, sich bedecken; (*face, eyes*) sich verfinstern

cloudburst [ˈklaudbə:st] N Wolkenbruch *m*

cloud computing N Cloud Computing *nt*

cloud-cuckoo-land [klaudˈkuku:lænd] (BRIT) N Wolkenkuckucksheim *nt*

cloudy [ˈklaudɪ] ADJ wolkig, bewölkt; (*liquid*) trüb

clout [klaut] VT schlagen, hauen ▸ N (*fig*) Schlagkraft *f*

clove [kləuv] N Gewürznelke *f*; **~ of garlic** Knoblauchzehe *f*

clover [ˈkləuvəʳ] N Klee *m*

cloverleaf [ˈkləuvəli:f] N Kleeblatt *nt*

clown [klaun] N Clown *m* ▸ VI (*also:* **clown about, clown around**) herumblödeln, herumkaspern

cloying [ˈklɔɪɪŋ] ADJ süßlich

★**club** [klʌb] N Klub *m*, Verein *m*; (*weapon*) Keule *f*, Knüppel *m*; (*object: also:* **golf club**) Golfschläger *m* ▸ VT knüppeln ▸ VI: **to ~ together** zusammenlegen ■ **clubs** NPL (*Cards*) Kreuz *nt*

club car (US) N Speisewagen *m*

club class N Klubklasse *f*, Businessklasse *f*

clubhouse [ˈklʌbhaus] N Klubhaus *nt*

club soda (US) N (*soda water*) Sodawasser *nt*

cluck [klʌk] VI glucken

clue [klu:] N Hinweis *m*, Anhaltspunkt *m*; (*in crossword*) Frage *f*; **I haven't a ~** ich habe keine Ahnung

clued-up [ˈklu:dʌp], (US) **clued in** (*inf*) ADJ: **to be ~ on sth** über etw *acc* im Bilde sein

clueless [ˈklu:lɪs] ADJ ahnungslos, unbedarft

clump [klʌmp] N Gruppe *f*

clumsy [ˈklʌmzɪ] ADJ ungeschickt; (*object*) unförmig; (*effort, attempt*) plump

clung [klʌŋ] PT, PP *of* **cling**

cluster [ˈklʌstəʳ] N Gruppe *f* ▸ VI (*people*) sich scharen; (*houses*) sich drängen

clutch [klʌtʃ] N Griff *m*; (*Aut*) Kupplung *f* ▸ VT (*purse, hand*) umklammern; (*stick*) sich festklammern an *+dat* ▸ VI: **to ~ at** sich klammern an *+acc*

clutter [ˈklʌtəʳ] VT (*also:* **clutter up**: *room*) vollstopfen; (*: table*) vollstellen ▸ N Kram *m* (*inf*)

cm ABBR (= *centimetre*) cm

NAA (BRIT) N ABBR (= *Council for National Academic Awards*) *Zentralstelle zur Vergabe von Qualifikationsnachweisen*

ND (BRIT) N ABBR (= *Campaign for Nuclear Disarmament*) *Organisation für atomare Abrüstung*

O N ABBR = **commanding officer**; (BRIT: = *Commonwealth Office*) *Regierungsstelle für Angelegenheiten des Commonwealth* ▶ ABBR (*US Post*) = **Colorado**

o. ABBR = **company**; **county**

/o ABBR (= *care of*) bei, c/o

oach [kəutʃ] N (Reise)bus *m*; (*horse-drawn*) Kutsche *f*; (*of train*) Wagen *m*; (*Sport*) Trainer *m*; (*Scol*) Nachhilfelehrer(in) *m(f)* ▶ VT trainieren; (*student*) Nachhilfeunterricht geben *+dat*

oach trip N Busfahrt *f*

oagulate [kəuˈægjuleɪt] VI (*blood*) gerinnen; (*paint etc*) eindicken ▶ VT (*blood*) gerinnen lassen; (*paint*) dick werden lassen

oal [kəul] N Kohle *f*

oalface [ˈkəulfeɪs] N Streb *m*

oalfield [ˈkəulfiːld] N Kohlenrevier *nt*

oalition [kəuəˈlɪʃən] N (*Pol*) Koalition *f*; (*of pressure groups etc*) Zusammenschluss *m*

oalman [ˈkəulmən] N (*irreg*) Kohlenhändler *m*

oal merchant N = **coalman**

oal mine N Kohlenbergwerk *nt*, Zeche *f*

oal miner N Bergmann *m*, Kumpel *m* (*inf*)

oal mining N (Kohlen)bergbau *m*

oarse [kɔːs] ADJ (*texture*) grob; (*vulgar*) gewöhnlich, derb; (*salt, sand etc*) grobkörnig

oast [kəust] N Küste *f* ▶ VI (im Leerlauf) fahren

oastal [ˈkəustl] ADJ Küsten-

oaster [ˈkəustəʳ] N (*Naut*) Küstenfahrzeug *nt*; (*for glass*) Untersetzer *m*

oastguard [ˈkəustgɑːd] N (*officer*) Küstenwächter *m*; (*service*) Küstenwacht *f*

oastline [ˈkəustlaɪn] N Küste *f*

oat [kəut] N Mantel *m*; (*of animal*) Fell *nt*; (*layer*) Schicht *f*; (: *of paint*) Anstrich *m* ▶ VT überziehen

oat hanger N Kleiderbügel *m*

oating [ˈkəutɪŋ] N (*of chocolate etc*) Überzug *m*; (*of dust etc*) Schicht *f*

oat of arms N Wappen *nt*

oauthor [ˈkəuˈɔːθəʳ] N Mitautor(in) *m(f)*, Mitverfasser(in) *m(f)*

oax [kəuks] VT (*person*) überreden

ob [kɔb] N *see* **corn**

obbler [ˈkɔbləʳ] N Schuster *m*

obbles [ˈkɔblz] NPL Kopfsteinpflaster *nt*

obblestones [ˈkɔblstəunz] NPL = **cobbles**

OBOL [ˈkəubɔl] N COBOL *nt*

obra [ˈkəubrə] N Kobra *f*

obweb [ˈkɔbwɛb] N Spinnennetz *nt*

ocaine [kəˈkeɪn] N Kokain *nt*

ock [kɔk] N Hahn *m*; (*male bird*) Männchen *nt* ▶ VT (*gun*) entsichern; **to ~ one's ears** (*fig*) die Ohren spitzen

ock-a-hoop [kɔkəˈhuːp] ADJ ganz aus dem Häuschen

cockerel [ˈkɔkərl] N junger Hahn *m*

cock-eyed [ˈkɔkaɪd] ADJ (*fig*) verrückt, widersinnig

cockle [ˈkɔkl] N Herzmuschel *f*

cockney [ˈkɔknɪ] N Cockney *m*, echter Londoner *m*; (*Ling*) Cockney *nt*

cockpit [ˈkɔkpɪt] N Cockpit *nt*

cockroach [ˈkɔkrəutʃ] N Küchenschabe *f*, Kakerlak *m*

cocktail [ˈkɔkteɪl] N Cocktail *m*; **fruit ~** Obstsalat *m*; **prawn ~** Krabbencocktail *m*

cocktail cabinet N Hausbar *f*

cocktail party N Cocktailparty *f*

cocktail shaker [-ˈʃeɪkəʳ] N Mixbecher *m*

cock-up [ˈkɔkʌp] (!) N Schlamassel *m*

cocky [ˈkɔkɪ] ADJ großspurig

cocoa [ˈkəukəu] N Kakao *m*

coconut [ˈkəukənʌt] N Kokosnuss *f*

cocoon [kəˈkuːn] N Puppe *f*, Kokon *m*; (*fig*) schützende Umgebung *f*

COD ABBR (BRIT) = **cash on delivery**; (*US*) = **collect on delivery**

cod [kɔd] N Kabeljau *m*

★**code** [kəud] N (*Comput*) Code *m*; (*cipher*) Chiffre *f*; (*also:* **dialling code**) Vorwahl *f*; (*also:* **post code**) Postleitzahl *f* ▶ VI (*Comput*) codieren ; **~ of behaviour** Sittenkodex *m*; **~ of practice** Verfahrensregeln *pl*

codeine [ˈkəudiːn] N Codein *nt*

codger [ˈkɔdʒəʳ] (*pej*) N: **old ~** komischer Kauz *m*

codicil [ˈkɔdɪsɪl] N (*Law*) Kodizill *nt*

codify [ˈkəudɪfaɪ] VT kodifizieren

cod-liver oil [ˈkɔdlɪvə-] N Lebertran *m*

co-driver [ˈkəuˈdraɪvəʳ] N Beifahrer(in) *m(f)*

co-ed [ˈkəuˈɛd] (*Scol*) ADJ ABBR = **coeducational** ▶ N ABBR (*US: female pupil/student*) *Schülerin/Studentin an einer gemischten Schule/Universität*; (BRIT: *school*) gemischte Schule *f*

coeducational [ˈkəuɛdjuˈkeɪʃənl] ADJ (*school*) Koedukations-, gemischt

coerce [kəuˈəːs] VT zwingen

coercion [kəuˈəːʃən] N Zwang *m*

coexistence [ˈkəuɪgˈzɪstəns] N Koexistenz *f*

C of C N ABBR = **chamber of commerce**

C of E ABBR = **Church of England**

★**coffee** [ˈkɔfɪ] N Kaffee *m*; **black ~** schwarzer Kaffee *m*; **white ~** Kaffee mit Milch; **~ with cream** Kaffee mit Sahne

coffee bar (BRIT) N Café *nt*

coffee bean N Kaffeebohne *f*

coffee break N Kaffeepause *f*

coffee cake (*US*) N Kuchen *m* zum Kaffee

coffee cup N Kaffeetasse *f*

coffeepot [ˈkɔfɪpɔt] N Kaffeekanne *f*

coffee table N Couchtisch *m*

coffin [ˈkɔfɪn] N Sarg *m*

C of I ABBR (= *Church of Ireland*) *anglikanische Kirche Irlands*

C of S ABBR (= *Church of Scotland*) *presbyterianische Kirche in Schottland*
cog [kɔg] N (*wheel*) Zahnrad *nt*; (*tooth*) Zahn *m*
cogent [ˈkəudʒənt] ADJ stichhaltig, zwingend
cognac [ˈkɔnjæk] N Kognak *m*
cognitive [ˈkɔgnɪtɪv] ADJ kognitiv
cogwheel [ˈkɔgwi:l] N Zahnrad *nt*
cohabit [kəuˈhæbɪt] VI (*formal*) in eheähnlicher Gemeinschaft leben; **to ~ (with sb)** (mit jdm) zusammenleben
coherent [kəuˈhɪərənt] ADJ (*speech*) zusammenhängend; (*answer, theory*) schlüssig; (*person*) bei klarem Verstand
cohesion [kəuˈhi:ʒən] N Geschlossenheit *f*
cohesive [kəˈhi:sɪv] ADJ geschlossen
coil [kɔɪl] N Rolle *f*; (*one loop*) Windung *f*; (*of smoke*) Kringel *m*; (*Aut, Elec*) Spule *f*; (*contraceptive*) Spirale *f* ▶ VT aufrollen, aufwickeln
coin [kɔɪn] N Münze *f* ▶ VT prägen
coinage [ˈkɔɪnɪdʒ] N Münzen *pl*; (*Ling*) Prägung *f*
coin box (BRIT) N Münzfernsprecher *m*
coincide [kəuɪnˈsaɪd] VI (*events*) zusammenfallen; (*ideas, views*) übereinstimmen
coincidence [kəuˈɪnsɪdəns] N Zufall *m*
coin-operated [ˈkɔɪnˈɔpəreɪtɪd] ADJ Münz-
★**Coke**® [kəuk] N Coca-Cola® *f or nt*, Coke® *nt*
coke [kəuk] N Koks *m*
Col. ABBR = **colonel**
COLA (US) N ABBR (= *cost of living adjustment*) *Anpassung der Löhne und Gehälter an steigende Lebenshaltungskosten*
colander [ˈkɔləndəʳ] N Durchschlag *m*
★**cold** [kəuld] ADJ kalt; (*unemotional*) kalt, kühl ▶ N Kälte *f*; (*Med*) Erkältung *f*; **it's ~** es ist kalt; **to be/feel ~** (*person*) frieren; (*object*) kalt sein; **in ~ blood** kaltblütig; **to have ~ feet** (*fig*) kalte Füße bekommen; **to give sb the ~ shoulder** jdm die kalte Schulter zeigen; **to catch ~, to catch a ~** sich erkälten
cold-blooded [ˈkəuldˈblʌdɪd] ADJ kaltblütig
cold calling N (*Comm: on phone*) unaufgeforderte Telefonwerbung; (: *visit*) unaufgeforderter Vertreterbesuch
cold cream N (halbfette) Feuchtigkeitscreme *f*
coldly [ˈkəuldlɪ] ADV kalt, kühl
cold-shoulder [kəuldˈʃəuldəʳ] VT die kalte Schulter zeigen +*dat*
cold sore N Bläschenausschlag *m*
cold sweat N: **to come out in a ~ (about sth)** (wegen etw) in kalten Schweiß ausbrechen
cold turkey N (*inf*): **to go ~** Totalentzug machen
Cold War N: **the ~** der Kalte Krieg
coleslaw [ˈkəulslɔ:] N Krautsalat *m*
colic [ˈkɔlɪk] N Kolik *f*
colicky [ˈkɔlɪkɪ] ADJ: **to be ~** Kolik *f or* Leibschmerzen *pl* haben
collaborate [kəˈlæbəreɪt] VI zusammenarbeiten; (*with enemy*) kollaborieren
collaboration [kəlæbəˈreɪʃən] N Zusammenarbeit *f*; Kollaboration *f*
collaborator [kəˈlæbəreɪtəʳ] N Mitarbeiter(in) *m(f)*; Kollaborateur(in) *m(f)*
collage [kɔˈlɑ:ʒ] N Collage *f*
collagen [ˈkɔlədʒən] N Kollagen *nt*
★**collapse** [kəˈlæps] VI zusammenbrechen; (*building*) einstürzen; (*plans*) scheitern; (*government*) stürzen ▶ N Zusammenbruch *m*; Einsturz *m*; Scheitern *nt*; Sturz *m*
collapsible [kəˈlæpsəbl] ADJ Klapp-, zusammenklappbar
collar [ˈkɔləʳ] N Kragen *m*; (*of dog, cat*) Halsband *nt*; (*Tech*) Bund *m* ▶ VT (*inf*) schnappen
collarbone [ˈkɔləbəun] N Schlüsselbein *nt*
collate [kɔˈleɪt] VT vergleichen
collateral [kəˈlætərl] N (*Comm*) (zusätzliche) Sicherheit *f*
collateral damage N (*Mil*) Schäden *pl* in Wohngebieten; (: *casualties*) Opfer *pl* unter der Zivilbevölkerung
collation [kəˈleɪʃən] N Vergleich *m*; (*Culin*): **cold ~** ein kalter Imbiss *m*
★**colleague** [ˈkɔli:g] N Kollege *m*, Kollegin *f*
★**collect** [kəˈlɛkt] VT sammeln; (*mail*: BRIT: *fetch*) abholen; (*debts*) eintreiben; (*taxes*) einziehen ▶ VI sich ansammeln ▶ ADV (*US Tel*): **to call ~** ein R-Gespräch führen; **to ~ one's thoughts** seine Gedanken ordnen, sich sammeln; **~ on delivery** (*US Comm*) per Nachnahme
collected [kəˈlɛktɪd] ADJ: **~ works** gesammelte Werke *pl*
★**collection** [kəˈlɛkʃən] N Sammlung *f*; (*from place, person, of mail*) Abholung *f*; (*in church*) Kollekte *f*
collective [kəˈlɛktɪv] ADJ kollektiv, gemeinsam ▶ N Kollektiv *nt*; **~ farm** landwirtschaftliche Produktionsgenossenschaft *f*
collective bargaining N Tarifverhandlungen *pl*
collector [kəˈlɛktəʳ] N Sammler(in) *m(f)*; (*of taxes etc*) Einnehmer(in) *m(f)*; (*of rent, cash*) Kassierer(in) *m(f)*; **~'s item** *or* **piece** Sammlerstück *nt*, Liebhaberstück *nt*
★**college** [ˈkɔlɪdʒ] N College *nt*; (*of agriculture, technology*) Fachhochschule *f*; **to go to ~** studieren; **~ of education** pädagogische Hochschule *f*
collide [kəˈlaɪd] VI: **to ~ (with)** zusammenstoßen (mit); (*fig: clash*) eine heftige Auseinandersetzung haben (mit)
collie [ˈkɔlɪ] N Collie *m*
colliery [ˈkɔlɪərɪ] (BRIT) N (Kohlen)bergwerk *nt*, Zeche *f*
collision [kəˈlɪʒən] N Zusammenstoß *m*; **to be on a ~ course** (*also fig*) auf Kollisionskurs sein
collision damage waiver N (*Insurance*) *Verzicht auf Haftungsbeschränkung bei Unfällen mit Mietwagen*
colloquial [kəˈləukwɪəl] ADJ umgangssprachlich

collusion [kəˈluːʒən] N (geheime) Absprache *f*; **to be in ~ with** gemeinsame Sache machen mit

Cologne [kəˈləun] N Köln *nt*

cologne [kəˈləun] N (*also:* **eau de cologne**) Kölnischwasser *nt*, Eau de Cologne *nt*

Colombia [kəˈlɔmbɪə] N Kolumbien *nt*

Colombian [kəˈlɔmbɪən] ADJ kolumbianisch ▶ N Kolumbianer(in) *m(f)*

colon [ˈkəulən] N Doppelpunkt *m*; (*Anat*) Dickdarm *m*

colonel [ˈkəːnl] N Oberst *m*

colonial [kəˈləunɪəl] ADJ Kolonial-

colonize [ˈkɔlənaɪz] VT kolonisieren

colony [ˈkɔlənɪ] N Kolonie *f*

color *etc* [ˈkʌləʳ] (*US*) = **colour** *etc*

Colorado beetle [kɔləˈrɑːdəu-] N Kartoffelkäfer *m*

colossal [kəˈlɔsl] ADJ riesig, kolossal

colour, (*US*) **color** [ˈkʌləʳ] N Farbe *f*; (*skin colour*) Hautfarbe *f*; (*of spectacle etc*) Atmosphäre *f* ▶ VT bemalen; (*with crayons*) ausmalen; (*dye*) färben; (*fig*) beeinflussen ▶ VI (*blush*) erröten, rot werden ▶ CPD Farb- ■ **colours** NPL (*of party, club etc*) Farben *pl*; **in ~** (*film*) in Farbe; (*illustrations*) bunt

▶ **colour in** VT ausmalen

colour bar N Rassenschranke *f*

colour-blind [ˈkʌləblaɪnd] ADJ farbenblind

coloured [ˈkʌləd] ADJ (*person, race: offensive*) farbig; (*photo*) Farb-; (*illustration etc*) bunt

colour film N Farbfilm *m*

colourful [ˈkʌləful] ADJ bunt; (*account, story*) farbig, anschaulich; (*personality*) schillernd

colouring [ˈkʌlərɪŋ] N Gesichtsfarbe *f*, Teint *m*; (*in food*) Farbstoff *m*

colour scheme N Farbzusammenstellung *f*

colour supplement (BRIT) N Farbbeilage *f*, Magazin *nt*

colour television N Farbfernsehen *nt*; (*set*) Farbfernseher *m*

colt [kəult] N Hengstfohlen *nt*

column [ˈkɔləm] N Säule *f*; (*of people*) Kolonne *f*; (*of print*) Spalte *f*; (*gossip/sports column*) Kolumne *f*; **the editorial ~** der Leitartikel

columnist [ˈkɔləmnɪst] N Kolumnist(in) *m(f)*

coma [ˈkəumə] N Koma *nt*; **to be in a ~** im Koma liegen

comb [kəum] N Kamm *m* ▶ VT kämmen; (*area*) durchkämmen

combat [ˈkɔmbæt] N Kampf *m* ▶ VT bekämpfen

combination [kɔmbɪˈneɪʃən] N Kombination *f*

combination lock N Kombinationsschloss *nt*

combine VT [kəmˈbaɪn] verbinden ▶ VI sich zusammenschließen; (*Chem*) sich verbinden ▶ N [ˈkɔmbaɪn] Konzern *m*; (*Agr*) = **combine harvester**; **combined effort** vereintes Unternehmen

combine harvester N Mähdrescher *m*

combo [ˈkɔmbəu] N Combo *f*

combustible [kəmˈbʌstɪbl] ADJ brennbar

combustion [kəmˈbʌstʃən] N Verbrennung *f*

come [kʌm]

(*pt* **came**, *pp* **come**) VI **1** (*movement towards*) kommen; **come with me** kommen Sie mit mir; **to come running** angelaufen kommen; **coming!** ich komme!

2 (*arrive*) kommen; **they came to a river** sie kamen an einen Fluss; **to come home** nach Hause kommen

3 (*reach*): **to come to** kommen an *+acc*; **her hair came to her waist** ihr Haar reichte ihr bis zur Hüfte; **to come to a decision** zu einer Entscheidung kommen

4 (*occur*): **an idea came to me** mir kam eine Idee

5 (*be, become*) werden; **I've come to like him** mittlerweile mag ich ihn; **if it comes to it** wenn es darauf ankommt

▶ **come about** VI geschehen

▶ **come across** VT FUS (*find: person, thing*) stoßen auf *+acc* ▶ VI: **to come across well/badly** (*idea etc*) gut/schlecht ankommen; (*meaning*) gut/schlecht verstanden werden

▶ **come along** VI (*arrive*) daherkommen; (*make progress*) vorankommen; **come along!** komm schon!

▶ **come apart** VI (*break in pieces*) auseinandergehen

▶ **come away** VI (*leave*) weggehen; (*become detached*) abgehen

▶ **come back** VI (*return*) zurückkommen; **to come back into fashion** wieder in Mode kommen

▶ **come by** VT FUS (*acquire*) kommen zu

▶ **come down** VI (*price*) sinken, fallen; (*building: be demolished*) abgerissen werden; (*tree: during storm*) umstürzen

▶ **come forward** VI (*volunteer*) sich melden

▶ **come from** VT FUS kommen von, stammen aus; (*person*) kommen aus; **where do you come from?** wo kommen Sie her?; **I come from London** Ich komme aus London

▶ **come in** VI (*enter*) hereinkommen; (*report, news*) eintreffen; (*on deal etc*) sich beteiligen; **come in!** herein!

▶ **come in for** VT FUS (*criticism etc*) einstecken müssen

▶ **come into** VT FUS (*inherit: money*) erben; **to come into fashion** in Mode kommen; **money doesn't come into it** Geld hat nichts damit zu tun

▶ **come off** VI (*become detached: button, handle*) sich lösen; (*succeed: attempt, plan*) klappen ▶ VT FUS (*inf*): **come off it!** mach mal halblang!

▶ **come on** VI (*pupil, work, project*) vorankommen; (*lights etc*) angehen; **come on!** (*hurry up*) mach schon!; (*giving encouragement*) los!

▶ **come out** VI herauskommen; (*stain*) herausgehen; **to come out (on strike)** in den Streik treten

▶ **come over** VT FUS: **I don't know what's come over him!** ich weiß nicht, was in ihn gefahren ist

C

▸ **come round** VI (*after faint, operation*) wieder zu sich kommen; (*visit*) vorbeikommen; (*agree*) zustimmen
▸ **come through** VI (*survive*) durchkommen; (*telephone call*) (durch)kommen ▸ VT FUS (*illness etc*) überstehen
▸ **come to** VI (*regain consciousness*) wieder zu sich kommen ▸ VT FUS (*add up to*): **how much does it come to?** was macht das zusammen?
▸ **come under** VT FUS (*heading*) kommen unter *+acc*; (*criticism, pressure, attack*) geraten unter *+acc*
▸ **come up** VI (*approach*) herankommen; (*sun*) aufgehen; (*problem*) auftauchen; (*event*) bevorstehen; (*in conversation*) genannt werden; **something's come up** etwas ist dazwischengekommen
▸ **come up against** VT FUS (*resistance, difficulties*) stoßen auf *+acc*
▸ **come upon** VT FUS (*find*) stoßen auf *+acc*
▸ **come up to** VT FUS: **the film didn't come up to our expectations** der Film entsprach nicht unseren Erwartungen; **it's coming up to 10 o'clock** es ist gleich 10 Uhr
▸ **come up with** VT FUS (*idea*) aufwarten mit; (*money*) aufbringen; (*solution, answer*) kommen auf *+acc*; **to come up with a suggestion** einen Vorschlag machen

comeback [ˈkʌmbæk] N (*of film star etc*) Comeback *nt*; (*reaction, response*) Reaktion *f*

comedian [kəˈmiːdɪən] N Komiker(in) *m(f)*

comedienne [kəmiːdɪˈɛn] N Komikerin *f*

comedown [ˈkʌmdaun] (*inf*) N Enttäuschung *f*; (*professional*) Abstieg *m*

★**comedy** [ˈkɔmɪdɪ] N Komödie *f*; (*humour*) Witz *m*

comet [ˈkɔmɪt] N Komet *m*

comeuppance [kʌmˈʌpəns] N: **to get one's ~** die Quittung bekommen

comfort [ˈkʌmfət] N (*physical*) Behaglichkeit *f*; (*material*) Komfort *m*; (*solace, relief*) Trost *m* ▸ VT trösten ■ **comforts** NPL (*of home etc*) Komfort *m*, Annehmlichkeiten *pl*

★**comfortable** [ˈkʌmfətəbl] ADJ bequem; (*room*) komfortabel; (*walk, climb etc*) geruhsam; (*income*) ausreichend; (*majority*) sicher; **to be ~** (*physically*) sich wohlfühlen; (*financially*) sehr angenehm leben; **the patient is ~** dem Patienten geht es den Umständen entsprechend gut; **I don't feel very ~ about it** mir ist nicht ganz wohl bei der Sache

comfortably [ˈkʌmfətəblɪ] ADV (*sit*) bequem; (*live*) angenehm

comforter [ˈkʌmfətə^r] (*US*) N Schnuller *m*

comfort shopping N Frustkauf *m*

comfort station (*US*) N öffentliche Toilette *f*

comic [ˈkɔmɪk] ADJ (*also:* **comical**) komisch ▸ N Komiker(in) *m(f)*; (BRIT: *magazine*) Comicheft *nt*

comical [ˈkɔmɪkl] ADJ komisch

comic strip N Comicstrip *m*

coming [ˈkʌmɪŋ] N Ankunft *f*, Kommen *nt* ▸ ADJ kommend; (*next*) nächste(r, s); **in the ~ weeks** in den nächsten Wochen

coming and going N, **comings and goings** NPL Kommen und Gehen *nt*

Comintern [ˈkɔmɪntəːn] N (*Pol*) Komintern *f*

comma [ˈkɔmə] N Komma *nt*

★**command** [kəˈmɑːnd] N (*also Comput*) Befehl *m*; (*control, charge*) Führung *f*; (*Mil: authority*) Kommando *nt*, Befehlsgewalt *f*; (*mastery*) Beherrschung *f* ▸ VT (*troops*) befehligen, kommandieren; (*be able to get*) verfügen über *+acc*; (*deserve: respect, admiration etc*) verdient haben; **to be in ~ of** das Kommando *or* den (Ober)befehl haben über *+acc*; **to have ~ of** das Kommando haben über *+acc*; **to take ~ of** das Kommando übernehmen *+gen*; **to have at one's ~** verfügen über *+acc*; **to ~ sb to do sth** jdm befehlen, etw zu tun

commandant [ˈkɔməndænt] N Kommandant *m*

command economy N Kommandowirtschaft *f*

commandeer [kɔmənˈdɪə^r] VT requirieren, beschlagnahmen; (*fig*) sich aneignen

commander [kəˈmɑːndə^r] N Befehlshaber *m*, Kommandant *m*

commander in chief N Oberbefehlshaber *m*

commanding [kəˈmɑːndɪŋ] ADJ (*appearance*) imposant; (*voice, tone*) gebieterisch; (*lead*) entscheidend; (*position*) vorherrschend

commanding officer N befehlshabender Offizier *m*

commandment [kəˈmɑːndmənt] N Gebot *nt*

command module N Kommandokapsel *f*

commando [kəˈmɑːndəu] N Kommando *nt*, Kommandotrupp *m*; (*soldier*) Angehörige(r) *m* eines Kommando(trupp)s

commemorate [kəˈmɛməreɪt] VT gedenken *+gen*

commemoration [kəmɛməˈreɪʃən] N Gedenken *nt*

commemorative [kəˈmɛmərətɪv] ADJ Gedenk-

commence [kəˈmɛns] VT, VI beginnen

commend [kəˈmɛnd] VT loben; **to ~ sth to sb** jdm etw empfehlen

commendable [kəˈmɛndəbl] ADJ lobenswert

commendation [kɔmɛnˈdeɪʃən] N Auszeichnung *f*

commensurate [kəˈmɛnʃərɪt] ADJ: **~ with** *or* **to** entsprechend *+dat*

★**comment** [ˈkɔmɛnt] N Bemerkung *f*; (*on situation etc*) Kommentar *m* ▸ VI: **to ~ (on)** sich äußern (über *+acc or* zu); (*on situation etc*) einen Kommentar abgeben (zu); **"no ~"** „kein Kommentar!"; **to ~ that ...** bemerken, dass ...

commentary [ˈkɔməntərɪ] N Kommentar *m*; (*Sport*) Reportage *f*

commentator [ˈkɔmənteɪtə^r] N Kommentator(in) *m(f)*; (*Sport*) Reporter(in) *m(f)*

commerce [ˈkɔməːs] N Handel *m*

★**commercial** [kəˈməːʃəl] ADJ kommerziell; (*organization*) Wirtschafts- ▸ N (*advertisement*) Werbespot *m*

commercial bank N Handelsbank *f*
commercial break N Werbung *f*
commercial college N Fachschule *f* für kaufmännische Berufe
commercialism [kəˈmə:ʃəlɪzəm] N Kommerzialisierung *f*
commercialize [kəˈmə:ʃəlaɪz] VT kommerzialisieren
commercialized [kəˈmə:ʃəlaɪzd] (*pej*) ADJ kommerzialisiert
commercial radio N kommerzielles Radio *nt*
commercial television N kommerzielles Fernsehen *nt*
commercial traveller N Handelsvertreter(in) *m(f)*
commercial vehicle N Lieferwagen *m*
commiserate [kəˈmɪzəreɪt] VI: **to ~ with sb** jdm sein Mitgefühl zeigen
commission [kəˈmɪʃən] N (*order for work*) Auftrag *m*; (*Comm*) Provision *f*; (*committee*) Kommission *f*; (*Mil*) Offizierspatent *nt* ▶ VT (*work of art*) in Auftrag geben; (*Mil*) (zum Offizier) ernennen; **out of ~** außer Betrieb; (*Naut*) nicht im Dienst; **I get 10% ~** ich bekomme 10% Provision; **~ of inquiry** Untersuchungsausschuss *m*, Untersuchungskommission *f*; **to ~ sb to do sth** jdn damit beauftragen, etw zu tun; **to ~ sth from sb** jdm etw in Auftrag geben
commissionaire [kəmɪʃəˈnɛəʳ] (BRIT) N Portier *m*
commissioner [kəˈmɪʃənəʳ] N Polizeipräsident *m*
commit [kəˈmɪt] VT (*crime*) begehen; (*money, resources*) einsetzen; (*to sb's care*) anvertrauen; **to ~ o.s.** sich festlegen; **to ~ o.s. to do sth** sich (dazu) verpflichten, etw zu tun; **to ~ suicide** Selbstmord begehen; **to ~ to writing** zu Papier bringen; **to ~ sb for trial** jdn einem Gericht überstellen
commitment [kəˈmɪtmənt] N Verpflichtung *f*; (*to ideology, system*) Engagement *nt*
committed [kəˈmɪtɪd] ADJ engagiert
committee [kəˈmɪtɪ] N Ausschuss *m*, Komitee *nt*; **to be on a ~** in einem Ausschuss *or* Komitee sein *or* sitzen
committee meeting N Ausschusssitzung *f*
commodity [kəˈmɔdɪtɪ] N Ware *f*; (*food*) Nahrungsmittel *nt*
common [ˈkɔmən] ADJ (*shared by all*) gemeinsam; (*good*) Gemein-; (*property*) Gemeinschafts-; (*usual, ordinary*) häufig; (*vulgar*) gewöhnlich ▶ N Gemeindeland *nt* ■ **the Commons** NPL (BRIT *Pol*) das Unterhaus; **in ~ use** allgemein gebräuchlich; **it's ~ knowledge that** es ist allgemein bekannt, dass; **to the ~ good** für das Gemeinwohl; **to have sth in ~ (with sb)** etw (mit jdm) gemein haben
common cold N Schnupfen *m*
common denominator N (*Math, fig*) gemeinsamer Nenner *m*
commoner [ˈkɔmənəʳ] N Bürgerliche(r) *f(m)*
common ground N (*fig*) gemeinsame Basis *f*
common land N Gemeindeland *nt*
common law N Gewohnheitsrecht *nt*
common-law [ˈkɔmənlɔ:] ADJ: **she is his ~ wife** sie lebt mit ihm in eheähnlicher Gemeinschaft
commonly [ˈkɔmənlɪ] ADV häufig
Common Market N: **the ~** der Gemeinsame Markt
commonplace [ˈkɔmənpleɪs] ADJ alltäglich
common room N Aufenthaltsraum *m*, Tagesraum *m*
common sense N gesunder Menschenverstand *m*
Commonwealth [ˈkɔmənwɛlθ] (BRIT) N: **the ~** das Commonwealth

> Das **Commonwealth**, offiziell *Commonwealth of Nations*, ist ein lockerer Zusammenschluss aus souveränen Staaten, die früher unter britischer Regierung standen, und von Großbritannien abhängigen Gebieten. Die Mitgliedstaaten erkennen den britischen Monarchen als Oberhaupt des Commonwealth an. Bei der *Commonwealth Conference*, einem Treffen der Staatsoberhäupter der Commonwealthländer, werden Angelegenheiten von gemeinsamem Interesse diskutiert.

commotion [kəˈməuʃən] N Tumult *m*
communal [ˈkɔmju:nl] ADJ gemeinsam, Gemeinschafts-; (*life*) Gemeinschafts-
commune N [ˈkɔmju:n] Kommune *f* ▶ VI [kəˈmju:n]: **to ~ with** Zwiesprache halten mit
★**communicate** [kəˈmju:nɪkeɪt] VT mitteilen; (*idea, feeling*) vermitteln ▶ VI: **to ~ (with)** (*by speech, gesture*) sich verständigen (mit); (*in writing*) in Verbindung *or* Kontakt stehen (mit)
★**communication** [kəmju:nɪˈkeɪʃən] N Kommunikation *f*; (*letter, call*) Mitteilung *f*
communication cord (BRIT) N Notbremse *f*
communications network [kəmju:nɪˈkeɪʃənz-] N Kommunikationsnetz *nt*
communications satellite [kəmju:nɪˈkeɪʃənz-] N Kommunikationssatellit *m*, Nachrichtensatellit *m*
communicative [kəˈmju:nɪkətɪv] ADJ gesprächig, mitteilsam
communion [kəˈmju:nɪən] N (*also:* **(Holy) Communion**: *Catholic*) Kommunion *f*; (*: Protestant*) Abendmahl *nt*
communiqué [kəˈmju:nɪkeɪ] N Kommuniqué *nt*, (amtliche) Verlautbarung *f*
communism [ˈkɔmjunɪzəm] N Kommunismus *m*
communist [ˈkɔmjunɪst] ADJ kommunistisch ▶ N Kommunist(in) *m(f)*
★**community** [kəˈmju:nɪtɪ] N Gemeinschaft *f*; (*within larger group*) Bevölkerungsgruppe *f*
community centre N Gemeindezentrum *nt*
community charge (BRIT) N (*formerly*) Gemeindesteuer *f*

community chest (*US*) N Wohltätigkeitsfonds *m*, Hilfsfonds *m*

community health centre N Gemeinde-Ärztezentrum *nt*

community home (BRIT) N Erziehungsheim *nt*

community service N Sozialdienst *m*

community spirit N Gemeinschaftssinn *m*

commutation ticket [kɔmjuˈteɪʃən-] (*US*) N Zeitkarte *f*

commute [kəˈmjuːt] VI pendeln ▶ VT (*Law, Math*) umwandeln

commuter [kəˈmjuːtəʳ] N Pendler(in) *m(f)*

Comoros [ˈkɔmərəuz, kəˈmɔːrəuz] NPL Komoren *pl*

compact ADJ [kəmˈpækt] kompakt ▶ N [ˈkɔmpækt] (*also:* **powder compact**) Puderdose *f*

compact disc N Compact Disc *f*, CD *f*

compact disc player N CD-Spieler *m*

companion [kəmˈpænjən] N Begleiter(in) *m(f)*

companionship [kəmˈpænjənʃɪp] N Gesellschaft *f*

companionway [kəmˈpænjənweɪ] N (*Naut*) Niedergang *m*

★**company** [ˈkʌmpənɪ] N Firma *f*; (*Theat*) (Schauspiel)truppe *f*; (*Mil*) Kompanie *f*; (*companionship*) Gesellschaft *f*; **he's good ~** seine Gesellschaft ist angenehm; **to keep sb ~** jdm Gesellschaft leisten; **to part ~ with** sich trennen von; **Smith and C~** Smith & Co

company car N Firmenwagen *m*

company director N Direktor(in) *m(f)*, Firmenchef(in) *m(f)*

company secretary (BRIT) N ≈ Prokurist(in) *m(f)*

comparable [ˈkɔmpərəbl] ADJ vergleichbar

comparative [kəmˈpærətɪv] ADJ relativ; (*study, literature*) vergleichend; (*Ling*) komparativ

comparatively [kəmˈpærətɪvlɪ] ADV relativ

★**compare** [kəmˈpɛəʳ] VT: **to ~ (with** *or* **to)** vergleichen (mit) ▶ VI: **to ~ (with)** sich vergleichen lassen (mit); **how do the prices ~?** wie lassen sich die Preise vergleichen?; **compared with** *or* **to** im Vergleich zu, verglichen mit

★**comparison** [kəmˈpærɪsn] N Vergleich *m*; **in ~ (with)** im Vergleich (zu)

compartment [kəmˈpɑːtmənt] N (*Rail*) Abteil *nt*; (*section*) Fach *nt*

compass [ˈkʌmpəs] N Kompass *m*; (*fig: scope*) Bereich *m* ▪ **compasses** NPL (*also:* **pair of compasses**) Zirkel *m*; **within the ~ of** im Rahmen *or* Bereich *+gen*; **beyond the ~ of** über den Rahmen *or* Bereich *+gen* hinaus

compassion [kəmˈpæʃən] N Mitgefühl *nt*

compassionate [kəmˈpæʃənɪt] ADJ mitfühlend; **on ~ grounds** aus familiären Gründen

compassionate leave N (*esp Mil*) *Beurlaubung wegen Krankheit oder Trauerfall in der Familie*

compatibility [kəmpætɪˈbɪlɪtɪ] N Vereinbarkeit *f*; Zueinanderpassen *nt*; Kompatibilität *f*

compatible [kəmˈpætɪbl] ADJ (*ideas etc*) vereinbar; (*people*) zueinanderpassend; (*Comput*) kompatibel

compel [kəmˈpɛl] VT zwingen

compelling [kəmˈpɛlɪŋ] ADJ zwingend

compendium [kəmˈpɛndɪəm] N Kompendium *nt*

compensate [ˈkɔmpənseɪt] VT entschädigen ▶ VI: **to ~ for** (*loss*) ersetzen; (*disappointment, change etc*) (wieder) ausgleichen

compensation [kɔmpənˈseɪʃən] N Entschädigung *f*; Ersatz *m*; Ausgleich *m*; (*money*) Schaden(s)ersatz *m*

compère [ˈkɔmpɛəʳ] N Conférencier *m*

★**compete** [kəmˈpiːt] VI (*in contest, game*) teilnehmen; (*two theories, statements*) unvereinbar sein; **to ~ (with)** (*companies, rivals*) konkurrieren (mit)

competence [ˈkɔmpɪtəns] N Fähigkeit *f*

competent [ˈkɔmpɪtənt] ADJ fähig

competing [kəmˈpiːtɪŋ] ADJ konkurrierend

★**competition** [kɔmpɪˈtɪʃən] N Konkurrenz *f*; (*contest*) Wettbewerb *m*; **in ~ with** im Wettbewerb mit; **C~ and Markets Authority** (BRIT *Admin*) ≈ Kartellamt *nt*

★**competitive** [kəmˈpɛtɪtɪv] ADJ (*industry, society*) wettbewerbsbetont, wettbewerbsorientiert; (*person*) vom Konkurrenzdenken geprägt; (*price product*) wettbewerbsfähig, konkurrenzfähig, (*sport*) (Wett)kampf-

competitive examination N (*for places*) Auswahlprüfung *f*; (*for prizes*) Wettbewerb *m*

★**competitor** [kəmˈpɛtɪtəʳ] N Konkurrent(in) *m(f)*; (*participant*) Teilnehmer(in) *m(f)*

compilation [kɔmpɪˈleɪʃən] N Zusammenstellung *f*

compile [kəmˈpaɪl] VT zusammenstellen; (*book*) verfassen

complacency [kəmˈpleɪsnsɪ] N Selbstzufriedenheit *f*, Selbstgefälligkeit *f*

complacent [kəmˈpleɪsnt] ADJ selbstzufrieden, selbstgefällig

★**complain** [kəmˈpleɪn] VI (*protest*) sich beschweren; **to ~ (about)** sich beklagen (über *+acc*); **to ~ of** (*headache etc*) klagen über *+acc*

★**complaint** [kəmˈpleɪnt] N Klage *f*; (*in shop etc*) Beschwerde *f*; (*illness*) Beschwerden *pl*

complement [ˈkɔmplɪmɛnt] N Ergänzung *f* (*esp ship's crew*) Besatzung *f* ▶ VT ergänzen; **to have a full ~ of …** (*people*) die volle Stärke an … *dat* haben; (*items*) die volle Zahl an … *dat* haben

complementary [kɔmplɪˈmɛntərɪ] ADJ komplementär, einander ergänzend

★**complete** [kəmˈpliːt] ADJ (*total: silence*) vollkommen; (*: change*) völlig; (*: success*) voll; (*whole*) ganz; (*: set*) vollständig; (*: edition*) Gesamt-; (*finished*) fertig ▶ VT fertigstellen; (*task*) beenden (*set, group etc*) vervollständigen; (*fill in*) ausfüllen; **it's a ~ disaster** es ist eine totale Katastrophe

★**completely** [kəmˈpliːtlɪ] ADV völlig, vollkommen

completion [kəmˈpliːʃən] N Fertigstellung *f*; (*of contract*) Abschluss *m*; **to be nearing ~** kurz vor dem Abschluss sein *or* stehen; **on ~ of the contract** bei Vertragsabschluss

complex [ˈkɔmplɛks] ADJ kompliziert ▸ N Komplex *m*

complexion [kəmˈplɛkʃən] N Teint *m*, Gesichtsfarbe *f*; (*of event etc*) Charakter *m*; (*political, religious*) Anschauung *f*; **to put a different ~ on sth** etw in einem anderen Licht erscheinen lassen

complexity [kəmˈplɛksɪtɪ] N Kompliziertheit *f*

compliance [kəmˈplaɪəns] N Fügsamkeit *f*; (*agreement*) Einverständnis *nt*; **~ with** Einverständnis mit, Zustimmung *f* zu; **in ~ with** gemäß *+dat*

compliant [kəmˈplaɪənt] ADJ gefällig, entgegenkommend

complicate [ˈkɔmplɪkeɪt] VT komplizieren

complicated [ˈkɔmplɪkeɪtɪd] ADJ kompliziert

complication [kɔmplɪˈkeɪʃən] N Komplikation *f*

complicity [kəmˈplɪsɪtɪ] N Mittäterschaft *f*

compliment N [ˈkɔmplɪmənt] Kompliment *nt* ▸ VT [ˈkɔmplɪmɛnt] ein Kompliment/Komplimente machen ▪ **compliments** NPL (*regards*) Grüße *pl*; **to pay sb a ~** jdm ein Kompliment machen; **to ~ sb (on sth)** jdm Komplimente (wegen etw) machen; **to ~ sb on doing sth** jdm Komplimente machen, dass er/sie etw getan hat

complimentary [kɔmplɪˈmɛntərɪ] ADJ schmeichelhaft; (*ticket, copy of book etc*) Frei-

compliments slip N Empfehlungszettel *m*

comply [kəmˈplaɪ] VI: **to ~ with** (*law*) einhalten *+acc*; (*ruling*) sich richten nach

component [kəmˈpəunənt] ADJ einzeln ▸ N Bestandteil *m*

compose [kəmˈpəuz] VT (*music*) komponieren; (*poem*) verfassen; (*letter*) abfassen; **to be composed of** bestehen aus; **to ~ o.s.** sich sammeln

composed [kəmˈpəuzd] ADJ ruhig, gelassen

composer [kəmˈpəuzəʳ] N Komponist(in) *m(f)*

composite [ˈkɔmpəzɪt] ADJ zusammengesetzt; (*Bot*) Korbblütler-; (*Math*) teilbar; (*Bot*): **~ plant** Korbblütler *m*

composition [kɔmpəˈzɪʃən] N Zusammensetzung *f*; (*essay*) Aufsatz *m*; (*Mus*) Komposition *f*

compositor [kəmˈpɔzɪtəʳ] N (Schrift)setzer(in) *m(f)*

compos mentis [ˈkɔmpɔsˈmɛntɪs] ADJ zurechnungsfähig

compost [ˈkɔmpɔst] N Kompost *m*; (*also:* **potting compost**) Blumenerde *f*

composure [kəmˈpəuʒəʳ] N Fassung *f*, Beherrschung *f*

compound N [ˈkɔmpaund] (*Chem*) Verbindung *f*; (*enclosure*) umzäuntes Gebiet *or* Gelände *nt*; (*Ling*) Kompositum *nt* ▸ ADJ [ˈkɔmpaund] zusammengesetzt; (*eye*) Facetten- ▸ VT [kəmˈpaund] verschlimmern, vergrößern

compound fracture N komplizierter Bruch *m*

compound interest N Zinseszins *m*

comprehend [kɔmprɪˈhɛnd] VT begreifen, verstehen

comprehension [kɔmprɪˈhɛnʃən] N Verständnis *nt*

comprehensive [kɔmprɪˈhɛnsɪv] ADJ umfassend; (*insurance*) Vollkasko- ▸ N = **comprehensive school**

comprehensive school (BRIT) N Gesamtschule *f*

compress VT [kəmˈprɛs] (*information etc*) verdichten; (*air*) komprimieren; (*cotton, paper etc*) zusammenpressen ▸ N [ˈkɔmprɛs] (*Med*) Kompresse *f*

compressed air [kəmˈprɛst-] N Druckluft *f*, Pressluft *f*

compression [kəmˈprɛʃən] N Verdichtung *f*; Kompression *f*; Zusammenpressen *nt*

comprise [kəmˈpraɪz] VT (*also:* **be comprised of**) bestehen aus; (*constitute*) bilden, ausmachen

★**compromise** [ˈkɔmprəmaɪz] N Kompromiss *m* ▸ VT (*beliefs, principles*) verraten; (*person*) kompromittieren ▸ VI Kompromisse schließen ▸ CPD (*solution etc*) Kompromiss-

compulsion [kəmˈpʌlʃən] N Zwang *m*; (*force*) Druck *m*, Zwang *m*; **under ~** unter Druck *or* Zwang

compulsive [kəmˈpʌlsɪv] ADJ zwanghaft; **it makes ~ viewing/reading** das muss man einfach sehen/lesen; **he's a ~ smoker** das Rauchen ist bei ihm zur Sucht geworden

compulsory [kəmˈpʌlsərɪ] ADJ obligatorisch; (*retirement*) Zwangs-

compulsory purchase N Enteignung *f*

compunction [kəmˈpʌŋkʃən] N Schuldgefühle *pl*, Gewissensbisse *pl*; **to have no ~ about doing sth** etw tun, ohne sich schuldig zu fühlen

★**computer** [kəmˈpjuːtəʳ] N Computer *m*, Rechner *m* ▸ CPD Computer-; **the process is done by ~** das Verfahren wird per Computer durchgeführt

★**computer game** N Computerspiel *nt*

computerization [kəmpjuːtəraɪˈzeɪʃən] N Computerisierung *f*

computerize [kəmˈpjuːtəraɪz] VT auf Computer umstellen; (*information*) computerisieren

computer literate ADJ: **to be ~** Computerkenntnisse haben

computer programmer N Programmierer(in) *m(f)*

computer programming N Programmieren *nt*

computer science N Informatik *f*

computer scientist N Informatiker(in) *m(f)*

computing [kəmˈpjuːtɪŋ] N Informatik *f*; (*activity*) Computerarbeit *f*

comrade [ˈkɔmrɪd] N Genosse *m*, Genossin *f*; (*friend*) Kamerad(in) *m(f)*

comradeship [ˈkɔmrɪdʃɪp] N Kameradschaft *f*

Comsat® ['kɔmsæt] N ABBR = **communications satellite**

con [kɔn] VT betrügen; (*cheat*) hereinlegen ▶ N Schwindel *m*; **to ~ sb into doing sth** jdn durch einen Trick dazu bringen, dass er/sie etw tut

concave ['kɔnkeɪv] ADJ konkav

conceal [kən'si:l] VT verbergen; (*information*) verheimlichen

concede [kən'si:d] VT zugeben ▶ VI nachgeben; (*admit defeat*) sich geschlagen geben; **to ~ defeat** sich geschlagen geben; **to ~ a point to sb** jdm in einem Punkt recht geben

conceit [kən'si:t] N Einbildung *f*

conceited [kən'si:tɪd] ADJ eingebildet

conceivable [kən'si:vəbl] ADJ denkbar, vorstellbar; **it is ~ that …** es ist denkbar, dass …

conceivably [kən'si:vəblɪ] ADV: **he may ~ be right** es ist durchaus denkbar, dass er recht hat

conceive [kən'si:v] VT (*child*) empfangen; (*plan*) kommen auf *+acc*; (*policy*) konzipieren ▶ VI empfangen; **to ~ of sth** sich *dat* etw vorstellen; **to ~ of doing sth** sich *dat* vorstellen, etw zu tun

★**concentrate** ['kɔnsəntreɪt] VI sich konzentrieren ▶ VT konzentrieren

concentration [kɔnsən'treɪʃən] N Konzentration *f*

concentration camp N Konzentrationslager *nt*, KZ *nt*

concentric [kɔn'sɛntrɪk] ADJ konzentrisch

concept ['kɔnsɛpt] N Vorstellung *f*; (*principle*) Begriff *m*

conception [kən'sɛpʃən] N Vorstellung *f*; (*of child*) Empfängnis *f*

concern [kən'sə:n] N Angelegenheit *f*; (*anxiety, worry*) Sorge *f*; (*Comm*) Konzern *m* ▶ VT Sorgen machen *+dat*; (*involve*) angehen; (*relate to*) betreffen; **to be concerned (about)** sich *dat* Sorgen machen (um); **"to whom it may ~"** (*on certificate*) „Bestätigung"; (*on reference*) „Zeugnis"; **as far as I am concerned** was mich betrifft; **to be concerned with** sich interessieren für; **the department concerned** (*under discussion*) die betreffende Abteilung; (*involved*) die zuständige Abteilung

concerning [kən'sə:nɪŋ] PREP bezüglich *+gen*, hinsichtlich *+gen*

★**concert** ['kɔnsət] N Konzert *nt*; **in ~** (*Mus*) live; (*activities, actions etc*) gemeinsam

concerted [kən'sə:tɪd] ADJ gemeinsam

concert hall N Konzerthalle *f*, Konzertsaal *m*

concertina [kɔnsə'ti:nə] N Konzertina *f* ▶ VI sich wie eine Ziehharmonika zusammenschieben

concerto [kən'tʃə:təu] N Konzert *nt*

concession [kən'sɛʃən] N Zugeständnis *nt*, Konzession *f*; (*Comm*) Konzession; **tax ~** Steuervergünstigung *f*

concessionaire [kənsɛʃə'nɛəʳ] N Konzessionär *m*

concessionary [kən'sɛʃənrɪ] ADJ ermäßigt

conciliation [kənsɪlɪ'eɪʃən] N Schlichtung *f*

conciliatory [kən'sɪlɪətrɪ] ADJ versöhnlich

concise [kən'saɪs] ADJ kurz gefasst, prägnant

conclave ['kɔnkleɪv] N Klausur *f*; (*Rel*) Konklave *f*

conclude [kən'klu:d] VT beenden, schließen; (*treaty, deal etc*) abschließen; (*decide*) schließen, folgern ▶ VI schließen; (*events*): **to ~ (with)** enden (mit); **"that," he concluded, "is why we did it"** „darum", schloss er, „haben wir es getan"; **I ~ that …** ich komme zu dem Schluss, dass …

concluding [kən'klu:dɪŋ] ADJ (*remarks etc*) abschließend, Schluss-

conclusion [kən'klu:ʒən] N Ende *nt*; Schluss *m*; Abschluss *m*; Folgerung *f*; **to come to the ~ that …** zu dem Schluss kommen, dass …

conclusive [kən'klu:sɪv] ADJ (*evidence*) schlüssig; (*defeat*) endgültig

concoct [kən'kɔkt] VT (*excuse etc*) sich *dat* ausdenken; (*meal, sauce*) improvisieren

concoction [kən'kɔkʃən] N Zusammenstellung *f*; (*drink*) Gebräu *nt*

concord ['kɔŋkɔ:d] N Eintracht *f*; (*treaty*) Vertrag *m*

concourse ['kɔŋkɔ:s] N (Eingangs)halle *f* (*crowd*) Menge *f*

concrete ['kɔŋkri:t] N Beton *m* ▶ ADJ (*ceiling block*) Beton-; (*proposal, idea*) konkret

concrete mixer N Betonmischmaschine *f*

concur [kən'kə:ʳ] VI übereinstimmen; **to ~ with** beipflichten *+dat*

concurrently [kən'kʌrntlɪ] ADV gleichzeitig

concussion [kən'kʌʃən] N Gehirnerschütterung *f*

condemn [kən'dɛm] VT verurteilen; (*building*) für abbruchreif erklären

condemnation [kɔndɛm'neɪʃən] N Verurteilung *f*

condensation [kɔndɛn'seɪʃən] N Kondenswasser *nt*

condense [kən'dɛns] VI kondensieren, sich niederschlagen ▶ VT zusammenfassen

condensed milk [kən'dɛnst-] N Kondensmilch *f*, Büchsenmilch *f*

condescend [kɔndɪ'sɛnd] VI herablassend sein; **to ~ to do sth** sich dazu herablassen, etw zu tun

condescending [kɔndɪ'sɛndɪŋ] ADJ herablassend

★**condition** [kən'dɪʃən] N Zustand *m*; (*requirement*) Bedingung *f*; (*illness*) Leiden *nt* ▶ VT konditionieren; (*hair*) in Form bringen ■ **conditions** NPL (*circumstances*) Verhältnisse *pl*; **in good/poor ~** (*person*) in guter/schlechter Verfassung (*thing*) in gutem/schlechtem Zustand; **a heart ~** ein Herzleiden *nt*; **weather conditions** die Wetterlage; **on ~ that …** unter der Bedingung dass …

conditional [kən'dɪʃənl] ADJ bedingt; **to be ~ upon** abhängen von

conditioner [kən'dɪʃənəʳ] N (*for hair*) Pflegespülung *f*; (*for fabrics*) Weichspüler *m*

condo [ˈkɔndəu] (*US inf*) N ABBR = **condominium**
condolences [kənˈdəulənsɪz] NPL Beileid *nt*
condom [ˈkɔndəm] N Kondom *m or nt*
condominium [kɔndəˈmɪnɪəm] (*US*) N Haus *nt* mit Eigentumswohnungen; (*rooms*) Eigentumswohnung *f*
condone [kənˈdəun] VT gutheißen
conducive [kənˈdju:sɪv] ADJ: **~ to** förderlich *+dat*
conduct N [ˈkɔndʌkt] Verhalten *nt* ▶ VT [kənˈdʌkt] (*investigation etc*) durchführen; (*manage*) führen; (*orchestra, choir etc*) dirigieren; (*heat, electricity*) leiten; **to ~ o.s.** sich verhalten
conducted tour [kənˈdʌktɪd-] N Führung *f*
conductor [kənˈdʌktəʳ] N (*of orchestra*) Dirigent(in) *m(f)*; (*on bus*) Schaffner *m*; (*US: on train*) Zugführer(in) *m(f)*; (*Elec*) Leiter *m*
conductress [kənˈdʌktrɪs] N (*on bus*) Schaffnerin *f*
conduit [ˈkɔndjuɪt] N (*Tech*) Leitungsrohr *nt*; (*Elec*) Isolierrohr *nt*
cone [kəun] N Kegel *m*; (*on road*) Leitkegel *m*; (*Bot*) Zapfen *m*; (*ice cream cornet*) (Eis)tüte *f*
confectioner [kənˈfɛkʃənəʳ] N (*maker*) Süßwarenhersteller(in) *m(f)*; (*seller*) Süßwarenhändler(in) *m(f)*; (*of cakes*) Konditor(in) *m(f)*
confectioner's [kənˈfɛkʃənəz], **confectioner's shop** N Süßwarenladen *m*; (*cake shop*) Konditorei *f*
confectionery [kənˈfɛkʃənrɪ] N Süßwaren *pl*, Süßigkeiten *pl*; (*cakes*) Konditorwaren *pl*
confederate [kənˈfɛdrɪt] ADJ verbündet ▶ N (*pej*) Komplize *m*, Komplizin *f*; (*US Hist*): **the Confederates** die Konföderierten *pl*
confederation [kənfɛdəˈreɪʃən] N Bund *m*; (*Pol*) Bündnis *nt*; (*Comm*) Verband *m*
confer [kənˈfə:ʳ] VT: **to ~ sth (on sb)** (jdm) etw verleihen ▶ VI sich beraten; **to ~ with sb about sth** sich mit jdm über etw *acc* beraten, etw mit jdm besprechen
conference [ˈkɔnfərəns] N Konferenz *f*; (*more informal*) Besprechung *f*; **to be in ~** in *or* bei einer Konferenz/Besprechung sein
conference room N Konferenzraum *m*; (*smaller*) Besprechungszimmer *nt*
confess [kənˈfɛs] VT bekennen; (*sin*) beichten; (*crime*) zugeben, gestehen ▶ VI (*admit*) gestehen; **to ~ to sth** (*crime*) etw gestehen; (*weakness etc*) sich zu etw bekennen; **I must ~ that I didn't enjoy it at all** ich muss sagen, dass es mir überhaupt keinen Spaß gemacht hat
confession [kənˈfɛʃən] N Geständnis *nt*; (*Rel*) Beichte *f*; **to make a ~** ein Geständnis ablegen
confessor [kənˈfɛsəʳ] N Beichtvater *m*
confetti [kənˈfɛtɪ] N Konfetti *nt*
confide [kənˈfaɪd] VI: **to ~ in** sich anvertrauen *+dat*
confidence [ˈkɔnfɪdns] N Vertrauen *nt*; (*self-assurance*) Selbstvertrauen *nt*; (*secret*) vertrauliche Mitteilung *f*, Geheimnis *nt*; **to have ~ in sb/sth** Vertrauen zu jdm/etw haben; **to have (every) ~ that …** ganz zuversichtlich sein, dass …; **motion of no ~** Misstrauensantrag *m*; **to tell sb sth in strict ~** jdm etw ganz im Vertrauen sagen; **in ~** vertraulich
confidence trick N Schwindel *m*
★**confident** [ˈkɔnfɪdənt] ADJ (selbst)sicher; (*positive*) zuversichtlich
confidential [kɔnfɪˈdɛnʃəl] ADJ vertraulich; (*secretary*) Privat-
confidentiality [kɔnfɪdɛnʃɪˈælɪtɪ] N Vertraulichkeit *f*
configuration [kənfɪgjuˈreɪʃən] N Anordnung *f*; (*Comput*) Konfiguration *f*
confine [kənˈfaɪn] VT (*shut up*) einsperren; **to ~ (to)** beschränken (auf *+acc*); **to ~ o.s. to sth** sich auf etw *acc* beschränken; **to ~ o.s. to doing sth** sich darauf beschränken, etw zu tun
confined [kənˈfaɪnd] ADJ begrenzt
confinement [kənˈfaɪnmənt] N Haft *f*
confines [ˈkɔnfaɪnz] NPL Grenzen *pl*; (*of situation*) Rahmen *m*
★**confirm** [kənˈfə:m] VT bestätigen; **to be confirmed** (*Rel*) konfirmiert werden
confirmation [kɔnfəˈmeɪʃən] N Bestätigung *f*; (*Rel*) Konfirmation *f*
confirmed [kənˈfə:md] ADJ (*bachelor*) eingefleischt; (*teetotaller*) überzeugt
confiscate [ˈkɔnfɪskeɪt] VT beschlagnahmen, konfiszieren
confiscation [kɔnfɪsˈkeɪʃən] N Beschlagnahme *f*, Konfiszierung *f*
conflagration [kɔnfləˈgreɪʃən] N Feuersbrunst *f*
conflict N [ˈkɔnflɪkt] Konflikt *m*; (*fighting*) Zusammenstoß *m*, Kampf *m* ▶ VI [kənˈflɪkt]: **to ~ (with)** im Widerspruch stehen (zu)
conflicting [kənˈflɪktɪŋ] ADJ widersprüchlich
conform [kənˈfɔ:m] VI sich anpassen; **to ~ to** entsprechen *+dat*
conformist [kənˈfɔ:mɪst] N Konformist(in) *m(f)*
confound [kənˈfaund] VT verwirren; (*amaze*) verblüffen
confounded [kənˈfaundɪd] ADJ verdammt, verflixt (*inf*)
confront [kənˈfrʌnt] VT (*problems, task*) sich stellen *+dat*; (*enemy, danger*) gegenübertreten *+dat*
confrontation [kɔnfrənˈteɪʃən] N Konfrontation *f*
confuse [kənˈfju:z] VT verwirren; (*mix up*) verwechseln; (*complicate*) durcheinanderbringen
confused [kənˈfju:zd] ADJ (*person*) verwirrt; (*situation*) verworren, konfus; **to get ~** konfus werden
confusing [kənˈfju:zɪŋ] ADJ verwirrend
confusion [kənˈfju:ʒən] N (*mix-up*) Verwechslung *f*; (*perplexity*) Verwirrung *f*; (*disorder*) Durcheinander *nt*
congeal [kənˈdʒi:l] VI (*blood*) gerinnen; (*sauce, oil*) erstarren
congenial [kənˈdʒi:nɪəl] ADJ ansprechend, sympathisch; (*atmosphere, place, work, company*) angenehm

congenital [kən'dʒɛnɪtl] ADJ angeboren

conger eel ['kɔŋgər-] N Seeaal *m*

congested [kən'dʒɛstɪd] ADJ (*road*) verstopft; (*area*) überfüllt; (*nose*) verstopft; **his lungs are ~** in seiner Lunge hat sich Blut angestaut

congestion [kən'dʒɛstʃən] N (*Med*) Blutstau *m*; (*of road*) Verstopfung *f*; (*of area*) Überfüllung *f*

congestion charge N City-Maut *f*

conglomerate [kən'glɔmərɪt] N (*Comm*) Konglomerat *nt*

conglomeration [kənglɔmə'reɪʃən] N Ansammlung *f*

Congo ['kɔŋgəu] N (*state*) Kongo *m*

congratulate [kən'grætjuleɪt] VT gratulieren; **to ~ sb (on sth)** jdm (zu etw) gratulieren

★**congratulations** [kəngrætju'leɪʃənz] NPL Glückwunsch *m*, Glückwünsche *pl*; **~!** herzlichen Glückwunsch!; **~ on** Glückwünsche zu

congregate ['kɔŋgrɪgeɪt] VI sich versammeln

congregation [kɔŋgrɪ'geɪʃən] N Gemeinde *f*

congress ['kɔŋgrɛs] N Kongress *m*; (*US*): **C~** der Kongress

Der **Congress** ist die nationale gesetzgebende Versammlung der USA, die in Washington im *Capitol* zusammentritt. Der Kongress besteht aus dem Repräsentantenhaus (435 Abgeordnete, entsprechend den Bevölkerungszahlen auf die einzelnen Bundesstaaten verteilt und jeweils für 2 Jahre gewählt) und dem Senat (100 Senatoren, 2 für jeden Bundesstaat, für 6 Jahre gewählt, wobei ein Drittel alle zwei Jahre neu gewählt wird). Sowohl die Abgeordneten als auch die Senatoren werden in direkter Wahl vom Volk gewählt.

congressman ['kɔŋgrɛsmən] (*US*) N (*irreg*) Kongressabgeordnete(r) *m*

congresswoman ['kɔŋgrɛswumən] (*US*) N (*irreg*) Kongressabgeordnete *f*

conical ['kɔnɪkl] ADJ kegelförmig, konisch

conifer ['kɔnɪfə^r] N Nadelbaum *m*

coniferous [kə'nɪfərəs] ADJ Nadel-

conjecture [kən'dʒɛktʃə^r] N Vermutung *f*, Mutmaßung *f* ▶ VI vermuten, mutmaßen

conjugal ['kɔndʒugl] ADJ ehelich

conjugate ['kɔndʒugeɪt] VT konjugieren

conjugation [kɔndʒə'geɪʃən] N Konjugation *f*

conjunction [kən'dʒʌŋkʃən] N Konjunktion *f*; **in ~ with** zusammen mit, in Verbindung mit

conjunctivitis [kəndʒʌŋktɪ'vaɪtɪs] N Bindehautentzündung *f*

conjure ['kʌndʒə^r] VI zaubern ▶ VT (*also fig*) hervorzaubern
▶ **conjure up** VT (*ghost, spirit*) beschwören; (*memories*) heraufbeschwören

conjurer ['kʌndʒərə^r] N Zauberer *m*, Zauberkünstler(in) *m(f)*

conjuring trick ['kʌndʒərɪŋ-] N Zaubertrick *m*, Zauberkunststück *nt*

conker ['kɔŋkə^r] (BRIT) N (Ross)kastanie *f*

conk out [kɔŋk-] (*inf*) VI den Geist aufgeben

con man N Schwindler *m*

connect [kə'nɛkt] VT verbinden; (*Elec*) anschließen; (*Tel: caller*) verbinden; (: *subscriber*) anschließen; (*fig: associate*) in Zusammenhang bringen ▶ VI: **to ~ with** (*train, plane etc*) Anschluss haben an *+acc*; **to ~ sth to sth** etw mit einer Sache verbinden; **to be connected with** (*associated*) in einer Beziehung *or* in Verbindung stehen zu; (*have dealings with*) zu tun haben mit; **I am trying to ~ you** (*Tel*) ich versuche, Sie zu verbinden

★**connection** [kə'nɛkʃən] N Verbindung *f*; (*Elec*) Kontakt *m*; (*train, plane etc, Tel: subscriber*) Anschluss *m*; (*fig: association*) Beziehung *f*, Zusammenhang *m*; **in ~ with** in Zusammenhang mit; **what is the ~ between them?** welche Verbindung besteht zwischen ihnen?; **business connections** Geschäftsbeziehungen *pl*; **to get/miss one's ~** seinen Anschluss erreichen/verpassen

connexion [kə'nɛkʃən] (BRIT) N = **connection**

conning tower ['kɔnɪŋ-] N Kommandoturm *m*

connive [kə'naɪv] VI: **to ~ at** stillschweigend dulden

connoisseur [kɔnɪ'səː^r] N Kenner(in) *m(f)*

connotation [kɔnə'teɪʃən] N Konnotation *f*

connubial [kə'njuːbɪəl] ADJ ehelich

conquer ['kɔŋkə^r] VT erobern; (*enemy, fear, feelings*) besiegen

conqueror ['kɔŋkərə^r] N Eroberer *m*

conquest ['kɔŋkwɛst] N Eroberung *f*

cons [kɔnz] NPL *see* **convenience; pro**

conscience ['kɔnʃəns] N Gewissen *nt*; **to have a guilty/clear ~** ein schlechtes/gutes Gewissen haben; **in all ~** allen Ernstes

conscientious [kɔnʃɪ'ɛnʃəs] ADJ gewissenhaft

conscientious objector N Wehrdienst- *or* Kriegsdienstverweigerer *m* (*aus Gewissensgründen*)

★**conscious** ['kɔnʃəs] ADJ bewusst; (*awake*) bei Bewusstsein; **to become ~ of sth** sich *dat* einer Sache *gen* bewusst werden; **to become ~ that ...** sich *dat* bewusst werden, dass ...

consciousness ['kɔnʃəsnɪs] N Bewusstsein *nt*; **to lose ~** bewusstlos werden; **to regain ~** wieder zu sich kommen

conscript ['kɔnskrɪpt] N Wehrpflichtige(r) *m*

conscription [kən'skrɪpʃən] N Wehrpflicht *f*

consecrate ['kɔnsɪkreɪt] VT weihen

consecutive [kən'sɛkjutɪv] ADJ aufeinanderfolgend; **on three ~ occasions** dreimal hintereinander

consensus [kən'sɛnsəs] N Übereinstimmung *f*; **the ~ (of opinion)** die allgemeine Meinung

consent [kən'sɛnt] N Zustimmung *f* ▶ VI: **to ~ to** zustimmen *+dat*; **age of ~** Ehemündigkeitsalter *nt*; **by common ~** auf allgemeinen Wunsch

consenting [kən'sɛntɪŋ] ADJ: **between ~ adults** ≈ zwischen Erwachsenen

consequence [ˈkɔnsɪkwəns] N Folge *f*; **of ~** bedeutend, wichtig; **it's of little ~** es spielt kaum eine Rolle; **in ~** folglich

consequently [ˈkɔnsɪkwəntlɪ] ADV folglich

conservation [kɔnsəˈveɪʃən] N Erhaltung *f*, Schutz *m*; (*of energy*) Sparen *nt*; (*also:* **nature conservation**) Umweltschutz *m*; (*of paintings, books*) Erhaltung *f*, Konservierung *f*; **energy ~** Energieeinsparung *f*

conservationist [kɔnsəˈveɪʃnɪst] N Umweltschützer(in) *m(f)*

conservative [kənˈsə:vətɪv] ADJ konservativ; (*cautious*) vorsichtig; (BRIT *Pol*): **C~** konservativ ▶ N (BRIT *Pol*): **C~** Konservative(r) *f(m)*

Conservative Party N: **the ~** die Konservative Partei *f*

conservatory [kənˈsə:vətrɪ] N Wintergarten *m*; (*Mus*) Konservatorium *nt*

conserve [kənˈsə:v] VT erhalten; (*supplies, energy*) sparen ▶ N Konfitüre *f*

consider [kənˈsɪdəʳ] VT (*study*) sich *dat* überlegen; (*take into account*) in Betracht ziehen; **to ~ that ...** der Meinung sein, dass ...; **to ~ sb/sth as ...** jdn/etw für ... halten; **to ~ doing sth** in Erwägung ziehen, etw zu tun; **they ~ themselves to be superior** sie halten sich für etwas Besseres; **she considered it a disaster** sie betrachtete es als eine Katastrophe; **~ yourself lucky** Sie können sich glücklich schätzen; **all things considered** alles in allem

considerable [kənˈsɪdərəbl] ADJ beträchtlich

considerably [kənˈsɪdərəblɪ] ADV beträchtlich; (*bigger, smaller etc*) um einiges

considerate [kənˈsɪdərɪt] ADJ rücksichtsvoll

consideration [kənsɪdəˈreɪʃən] N Überlegung *f*; (*factor*) Gesichtspunkt *m*, Faktor *m*; (*thoughtfulness*) Rücksicht *f*; (*reward*) Entgelt *nt*; **out of ~ for** aus Rücksicht auf *+acc*; **to be under ~** geprüft werden; **my first ~ is my family** ich denke zuerst an meine Familie

considered [kənˈsɪdəd] ADJ: **~ opinion** ernsthafte Überzeugung *f*

considering [kənˈsɪdərɪŋ] PREP in Anbetracht *+gen*; **~ (that)** wenn man bedenkt(, dass)

consign [kənˈsaɪn] VT: **to ~ to** (*object: to place*) verbannen in *+acc*; (*person: to sb's care*) anvertrauen *+dat*; (*: to poverty*) verurteilen zu; (*send*) versenden an *+acc*

consignment [kənˈsaɪnmənt] N Sendung *f*, Lieferung *f*

consignment note N Frachtbrief *m*

consist [kənˈsɪst] VI: **to ~ of** bestehen aus

consistency [kənˈsɪstənsɪ] N (*of actions etc*) Konsequenz *f*; (*of cream etc*) Konsistenz *f*, Dicke *f*

consistent [kənˈsɪstənt] ADJ konsequent; (*argument, idea*) logisch, folgerichtig; **to be ~ with** entsprechen *+dat*

consolation [kɔnsəˈleɪʃən] N Trost *m*

console VT [kənˈsəul] trösten ▶ N [ˈkɔnsəul] (*panel*) Schalttafel *f*

consolidate [kənˈsɔlɪdeɪt] VT festigen

consols [ˈkɔnsɔlz] (BRIT) NPL (*Stock Exchange*) Konsols *pl*, konsolidierte Staatsanleihen *pl*

consommé [kənˈsɔmeɪ] N Kraftbrühe *f*, Consommé *f*

consonant [ˈkɔnsənənt] N Konsonant *m*, Mitlaut *m*

consort N [ˈkɔnsɔ:t] Gemahl(in) *m(f)*, Gatte *m*, Gattin *f* ▶ VI [kənˈsɔ:t]: **to ~ with sb** mit jdm verkehren; **prince ~** Prinzgemahl *m*

consortium [kənˈsɔ:tɪəm] N Konsortium *nt*

conspicuous [kənˈspɪkjuəs] ADJ auffallend; **to make o.s. ~** auffallen

conspiracy [kənˈspɪrəsɪ] N Verschwörung *f*, Komplott *nt*

conspiratorial [kənspɪrəˈtɔ:rɪəl] ADJ verschwörerisch

conspire [kənˈspaɪəʳ] VI sich verschwören; (*events*) zusammenkommen

constable [ˈkʌnstəbl] (BRIT) N Polizist *m*; **chief ~** Polizeipräsident *m*, Polizeichef *m*

constabulary [kənˈstæbjulərɪ] (BRIT) N Polizei *f*

★**constant** [ˈkɔnstənt] ADJ dauernd, ständig; (*fixed*) konstant, gleichbleibend

constantly [ˈkɔnstəntlɪ] ADV (an)dauernd, ständig

constellation [kɔnstəˈleɪʃən] N Sternbild *nt*

consternation [kɔnstəˈneɪʃən] N Bestürzung *f*

constipated [ˈkɔnstɪpeɪtɪd] ADJ: **to be ~** Verstopfung haben, verstopft sein

constipation [kɔnstɪˈpeɪʃən] N Verstopfung *f*

constituency [kənˈstɪtjuənsɪ] N (*Pol*) Wahlkreis *m*; (*electors*) Wähler *pl* (*eines Wahlkreises*)

constituency party N *Parteiorganisation in einem Wahlkreis*

constituent [kənˈstɪtjuənt] N (*Pol*) Wähler(in) *m(f)*; (*component*) Bestandteil *m*

constitute [ˈkɔnstɪtju:t] VT (*represent*) darstellen; (*make up*) bilden, ausmachen

constitution [kɔnstɪˈtju:ʃən] N (*Pol*) Verfassung *f*; (*of club etc*) Satzung *f*; (*health*) Konstitution *f*, Gesundheit *f*; (*make-up*) Zusammensetzung *f*

constitutional [kɔnstɪˈtju:ʃənl] ADJ (*government*) verfassungsmäßig; (*reform etc*) Verfassungs-

constitutional monarchy N konstitutionelle Monarchie *f*

constrain [kənˈstreɪn] VT zwingen

constrained [kənˈstreɪnd] ADJ gezwungen

constraint [kənˈstreɪnt] N Beschränkung *f*, Einschränkung *f*; (*compulsion*) Zwang *m*; (*embarrassment*) Befangenheit *f*

constrict [kənˈstrɪkt] VT einschnüren; (*blood vessel*) verengen; (*limit, restrict*) einschränken

constriction [kənˈstrɪkʃən] N Einschränkung *f*; (*tightness*) Verengung *f*; (*squeezing*) Einschnürung *f*

construct [kənˈstrʌkt] VT bauen; (*machine*) konstruieren; (*theory, argument*) entwickeln

construction [kənˈstrʌkʃən] N Bau *m*; *(structure)* Konstruktion *f*; *(fig: interpretation)* Deutung *f*; **under ~** in *or* im Bau

construction industry N Bauindustrie *f*

constructive [kənˈstrʌktɪv] ADJ konstruktiv

construe [kənˈstruː] VT auslegen, deuten

consul [ˈkɔnsl] N Konsul(in) *m(f)*

consulate [ˈkɔnsjulɪt] N Konsulat *nt*

★**consult** [kənˈsʌlt] VT *(doctor, lawyer)* konsultieren; *(friend)* sich beraten *or* besprechen mit; *(reference book)* nachschlagen in *+dat*; **to ~ sb (about sth)** jdn (wegen etw) fragen

consultancy [kənˈsʌltənsɪ] N Beratungsbüro *nt or* -firma *f*; *(Med: job)* Facharztstelle *f*

consultant [kənˈsʌltənt] N *(Med)* Facharzt *m*, Fachärztin *f*; *(other specialist)* Berater(in) *m(f)* ▶ CPD: **~ engineer** beratender Ingenieur *m*; **~ paediatrician** Facharzt/-ärztin *m(f)* für Pädiatrie *or* Kinderheilkunde; **legal/management ~** Rechts-/Unternehmensberater *m*, Rechts-/Unternehmensberaterin *f* ▪ **consultants** NPL *(Econ)* Beratungsbüro *nt or* -firma *f*

consultation [kɔnsəlˈteɪʃən] N *(Med, Law)* Konsultation *f*; *(discussion)* Beratung *f*, Besprechung *f*; **in ~ with** in gemeinsamer Beratung mit

consultative [kənˈsʌltətɪv] ADJ beratend

consulting room [kənˈsʌltɪŋ-] (BRIT) N Sprechzimmer *nt*

consume [kənˈsjuːm] VT *(food, drink)* zu sich nehmen, konsumieren; *(fuel, energy)* verbrauchen; *(time)* in Anspruch nehmen; *(subj: emotion)* verzehren; *(: fire)* vernichten

★**consumer** [kənˈsjuːməʳ] N Verbraucher(in) *m(f)*

consumer credit N Verbraucherkredit *m*

consumer durables NPL (langlebige) Gebrauchsgüter *pl*

consumer goods NPL Konsumgüter *pl*

consumerism [kənˈsjuːmərɪzəm] N Verbraucherschutz *m*

consumer society N Konsumgesellschaft *f*

consumer watchdog N Verbraucherschutzorganisation *f*

consummate [ˈkɔnsʌmeɪt] VT *(marriage)* vollziehen; *(ambition etc)* erfüllen

consumption [kənˈsʌmpʃən] N Verbrauch *m*; *(of food)* Verzehr *m*; *(of drinks, buying)* Konsum *m*; *(Med)* Schwindsucht *f*; **not fit for human ~** zum Verzehr ungeeignet

cont. ABBR (= *continued*) Forts.

★**contact** [ˈkɔntækt] N Kontakt *m*; *(touch)* Berührung *f*; *(person)* Kontaktperson *f* ▶ VT sich in Verbindung setzen mit; **to be in ~ with sb/sth** mit jdm/etw in Verbindung *or* Kontakt stehen; *(touch)* jdn/etw berühren; **business contacts** Geschäftsverbindungen *pl*

contact lenses NPL Kontaktlinsen *pl*

contactless [ˈkɔntæktlɪs] ADJ kontaktlos

contagious [kənˈteɪdʒəs] ADJ ansteckend

★**contain** [kənˈteɪn] VT enthalten; *(growth, spread)* in Grenzen halten; *(feeling)* beherrschen; **to ~ o.s.** an sich *acc* halten

container [kənˈteɪnəʳ] N Behälter *m*; *(for shipping etc)* Container *m* ▶ CPD Container-

containerize [kənˈteɪnəraɪz] VT in Container verpacken; *(port)* auf Container umstellen

container ship N Containerschiff *nt*

contaminate [kənˈtæmɪneɪt] VT *(water, food)* verunreinigen; *(soil etc)* verseuchen

contamination [kəntæmɪˈneɪʃən] N Verunreinigung *f*; Verseuchung *f*

cont'd ABBR (= *continued*) Forts.

contemplate [ˈkɔntəmpleɪt] VT nachdenken über *+acc*; *(course of action)* in Erwägung ziehen; *(person, painting etc)* betrachten

contemplation [kɔntəmˈpleɪʃən] N Betrachtung *f*

contemporary [kənˈtɛmpərərɪ] ADJ zeitgenössisch; *(present-day)* modern ▶ N Altersgenosse *m*, Altersgenossin *f*; **Samuel Pepys and his contemporaries** Samuel Pepys und seine Zeitgenossen

contempt [kənˈtɛmpt] N Verachtung *f*; **~ of court** *(Law)* Missachtung *f* (der Würde) des Gerichts, Ungebühr *f* vor Gericht; **to have ~ for sb/sth** jdn/etw verachten; **to hold sb in ~** jdn verachten

contemptible [kənˈtɛmptəbl] ADJ verachtenswert

contemptuous [kənˈtɛmptjuəs] ADJ verächtlich, geringschätzig

contend [kənˈtɛnd] VT: **to ~ that …** behaupten, dass …; **to ~ with** fertig werden mit; **to ~ for** kämpfen um; **to have to ~ with** es zu tun haben mit; **he has a lot to ~ with** er hat viel um die Ohren

contender [kənˈtɛndəʳ] N *(Sport)* Wettkämpfer(in) *m(f)*; *(for title)* Anwärter(in) *m(f)*; *(Pol)* Kandidat(in) *m(f)*

content ADJ [kənˈtɛnt] zufrieden ▶ VT [kənˈtɛnt] zufriedenstellen ▶ N [ˈkɔntɛnt] Inhalt *m*; *(fat content, moisture content etc)* Gehalt *m* ▪ **contents** NPL Inhalt; **(table of) contents** Inhaltsverzeichnis *nt*; **to be ~ with** zufrieden sein mit; **to ~ o.s. with sth** sich mit etw zufriedengeben *or* begnügen; **to ~ o.s. with doing sth** sich damit zufriedengeben *or* begnügen, etw zu tun

contented [kənˈtɛntɪd] ADJ zufrieden

contentedly [kənˈtɛntɪdlɪ] ADV zufrieden

contention [kənˈtɛnʃən] N Behauptung *f*; *(disagreement, argument)* Streit *m*; **bone of ~** Zankapfel *m*

contentious [kənˈtɛnʃəs] ADJ strittig, umstritten

contentment [kənˈtɛntmənt] N Zufriedenheit *f*

★**contest** N [ˈkɔntɛst] *(competition)* Wettkampf *m*; *(for control, power etc)* Kampf *m* ▶ VT [kənˈtɛst] *(election, competition)* teilnehmen an *+dat*; *(compete for)* kämpfen um; *(statement)* bestreiten; *(decision)* angreifen; *(Law)* anfechten

contestant [kən'tɛstənt] N (*in quiz*) Kandidat(in) *m(f)*; (*in competition*) Teilnehmer(in) *m(f)*; (*in fight*) Kämpfer(in) *m(f)*

context ['kɔntɛkst] N Zusammenhang *m*, Kontext *m*; **in ~** im Zusammenhang; **out of ~** aus dem Zusammenhang gerissen

continent ['kɔntɪnənt] N Kontinent *m*, Erdteil *m*; **the C~** (BRIT) (Kontinental)europa *nt*; **on the C~** in (Kontinental)europa, auf dem Kontinent

continental [kɔntɪ'nɛntl] ADJ kontinental; (*European*) europäisch ▶ N (BRIT) (Festlands)-europäer(in) *m(f)*

continental breakfast N kleines Frühstück *nt*

continental quilt (BRIT) N Steppdecke *f*

contingency [kən'tɪndʒənsɪ] N möglicher Fall *m*, Eventualität *f*

contingency plan N Plan *m* für den Eventualfall

contingent [kən'tɪndʒənt] N Kontingent *nt* ▶ ADJ: **to be ~ upon** abhängen von

continual [kən'tɪnjuəl] ADJ ständig; (*process*) ununterbrochen

continually [kən'tɪnjuəlɪ] ADV ständig; ununterbrochen

continuation [kəntɪnju'eɪʃən] N Fortsetzung *f*; (*extension*) Weiterführung *f*

continue [kən'tɪnju:] VI weitermachen, andauern; (*performance, road*) weitergehen; (*person: talking*) fortfahren ▶ VT fortsetzen; **to ~ to do sth/ doing sth** etw weiter tun; **"to be continued"** „Fortsetzung folgt"; **"continued on page 10"** „Fortsetzung auf Seite 10"

continuing education [kən'tɪnjuɪŋ-] N Erwachsenenbildung *f*

continuity [kɔntɪ'nju:ɪtɪ] N Kontinuität *f*; (*TV, Cine*) Anschluß *m* ▶ CPD (*TV*): **~ announcer** Ansager(in) *m(f)*; **~ studio** Ansagestudio *nt*

continuous [kən'tɪnjuəs] ADJ ununterbrochen; (*growth etc*) kontinuierlich; **~ form** (*Ling*) Verlaufsform *f*; **~ performance** (*Cine*) durchgehende Vorstellung *f*

continuously [kən'tɪnjuəslɪ] ADV dauernd, ständig; (*uninterruptedly*) ununterbrochen

continuous stationery N (*Comput*) Endlospapier *nt*

contort [kən'tɔ:t] VT (*body*) verrenken, verdrehen; (*face*) verziehen

contortion [kən'tɔ:ʃən] N Verrenkung *f*

contortionist [kən'tɔ:ʃənɪst] N Schlangenmensch *m*

contour ['kɔntuə^r] N (*also:* **contour line**) Höhenlinie *f*; (*shape, outline: gen pl*) Kontur *f*, Umriss *m*

contraband ['kɔntrəbænd] N Schmuggelware *f* ▶ ADJ Schmuggel-

contraception [kɔntrə'sɛpʃən] N Empfängnisverhütung *f*

contraceptive [kɔntrə'sɛptɪv] ADJ empfängnisverhütend ▶ N Verhütungsmittel *nt*

★**contract** N ['kɔntrækt] Vertrag *m* ▶ CPD ['kɔntrækt] vertraglich festgelegt; (*work*) Auftrags- ▶ VI [kən'trækt] schrumpfen; (*metal, muscle*) sich zusammenziehen ▶ VT [kən'trækt] (*illness*) erkranken an *+dat*; **~ of employment/service** Arbeitsvertrag *m*; **to ~ to do sth** (*Comm*) sich vertraglich verpflichten, etw zu tun
▶ **contract in** (BRIT) VI beitreten
▶ **contract out** (BRIT) VI austreten

contraction [kən'trækʃən] N Zusammenziehen *nt*; (*Ling*) Kontraktion *f*; (*Med*) Wehe *f*

contractor [kən'træktə^r] N Auftragnehmer *m*; (*also:* **building contractor**) Bauunternehmer *m*

contractual [kən'træktʃuəl] ADJ vertraglich

contradict [kɔntrə'dɪkt] VT widersprechen *+dat*

contradiction [kɔntrə'dɪkʃən] N Widerspruch *m*; **to be in ~ with** im Widerspruch stehen zu; **a ~ in terms** ein Widerspruch in sich

contradictory [kɔntrə'dɪktərɪ] ADJ widersprüchlich

contralto [kən'træltəu] N (*Mus*) Altistin *f*; (*: voice*) Alt *m*

contraption [kən'træpʃən] (*pej*) N (*device*) Vorrichtung *f*; (*machine*) Gerät *nt*, Apparat *m*

contrary¹ ['kɔntrərɪ] ADJ entgegengesetzt; (*ideas, opinions*) gegensätzlich; (*unfavourable*) widrig ▶ N Gegenteil *nt*; **~ to what we thought** im Gegensatz zu dem, was wir dachten; **on the ~** im Gegenteil; **unless you hear to the ~** sofern Sie nichts Gegenteiliges hören

contrary² [kən'trɛərɪ] ADJ widerspenstig

★**contrast** N ['kɔntrɑ:st] Gegensatz *m*, Kontrast *m* ▶ VT [kən'trɑ:st] vergleichen, gegenüberstellen; **in ~ to** *or* **with** im Gegensatz zu

contrasting [kən'trɑ:stɪŋ] ADJ (*colours*) kontrastierend; (*attitudes*) gegensätzlich

contravene [kɔntrə'vi:n] VT verstoßen gegen

contravention [kɔntrə'vɛnʃən] N Verstoß *m*; **to be in ~ of sth** gegen etw verstoßen

★**contribute** [kən'trɪbju:t] VI beitragen ▶ VT: **to ~ £10/an article to** £10/einen Artikel beisteuern zu; **to ~ to** (*charity*) spenden für; (*newspaper*) schreiben für; (*discussion, problem etc*) beitragen zu

★**contribution** [kɔntrɪ'bju:ʃən] N Beitrag *m*; (*donation*) Spende *f*

contributor [kən'trɪbjutə^r] N (*to appeal*) Spender(in) *m(f)*; (*to newspaper*) Mitarbeiter(in) *m(f)*

contributory [kən'trɪbjutərɪ] ADJ: **a ~ cause** ein Faktor, der mit eine Rolle spielt; **it was a ~ factor in ...** es trug zu ... bei

contributory pension scheme (BRIT) N beitragspflichtige Rentenversicherung *f*

contrite ['kɔntraɪt] ADJ zerknirscht

contrivance [kən'traɪvəns] N (*scheme*) List *f*; (*device*) Vorrichtung *f*

contrive [kən'traɪv] VT (*meeting*) arrangieren ▶ VI: **to ~ to do sth** es fertigbringen, etw zu tun

★**control** [kən'trəul] VT (*country*) regieren; (*organization*) leiten; (*machinery, process*) steuern; (*wages, prices*) kontrollieren; (*temper*) zügeln; (*disease,*

C

fire) unter Kontrolle bringen ▶ N (*of country*) Kontrolle *f*; (*of organization*) Leitung *f*; (*of oneself, emotions*) Beherrschung *f*; (*Sci*: *also*: **control group**) Kontrollgruppe *f* ■ **controls** NPL (*of vehicle*) Steuerung *f*; (*on radio, television etc*) Bedienungsfeld *nt*; (*governmental*) Kontrolle *f*; **to ~ o.s.** sich beherrschen; **to take ~ of** die Kontrolle übernehmen über *+acc*; (*Comm*) übernehmen; **to be in ~ of** unter Kontrolle haben; (*in charge of*) unter sich *dat* haben; **out of/under ~** außer/unter Kontrolle; **everything is under ~** ich habe/wir haben *etc* die Sache im Griff (*inf*); **the car went out of ~** der Fahrer verlor die Kontrolle über den Wagen; **circumstances beyond our ~** unvorhersehbare Umstände

control key N (*Comput*) Controltaste *f*, Steuerungstaste *f*

controlled substance [kənˈtrəuld-] N verschreibungspflichtiges Medikament

controller [kənˈtrəuləʳ] N (*Radio, TV*) Intendant(in) *m(f)*

controlling interest [kənˈtrəulɪŋ-] N Mehrheitsanteil *m*

control panel N Schalttafel *f*; (*on television*) Bedienungsfeld *nt*

control point N Kontrollpunkt *m*, Kontrollstelle *f*

control room N (*Naut*) Kommandoraum *m*; (*Mil*) (Operations)zentrale *f*; (*Radio, TV*) Regieraum *m*

control tower N Kontrollturm *m*

control unit N (*Comput*) Steuereinheit *f*

★**controversial** [kɔntrəˈvəːʃl] ADJ umstritten, kontrovers

controversy [ˈkɔntrəvəːsɪ] N Streit *m*, Kontroverse *f*

conurbation [kɔnəˈbeɪʃən] N Ballungsgebiet *nt*, Ballungsraum *m*

convalesce [kɔnvəˈlɛs] VI genesen

convalescence [kɔnvəˈlɛsns] N Genesungszeit *f*

convalescent [kɔnvəˈlɛsnt] ADJ (*leave etc*) Genesungs-, Kur- ▶ N Genesende(r) *f(m)*

convector [kənˈvɛktəʳ] N Heizlüfter *m*

convene [kənˈviːn] VT einberufen ▶ VI zusammentreten

convener [kənˈviːnəʳ] N (*organizer*) Organisator(in) *m(f)*; (*chairperson*) Vorsitzende(r) *f(m)*

convenience [kənˈviːnɪəns] N Annehmlichkeit *f*; (*suitability*): **the ~ of this arrangement/location** diese günstige Vereinbarung/Lage; **I like the ~ of having a shower** mir gefällt, wie angenehm es ist, eine Dusche zu haben; **I like the ~ of living in the city** mir gefällt, wie praktisch es ist, in der Stadt zu wohnen; **at your ~** wann es Ihnen passt; **at your earliest ~** möglichst bald, baldmöglichst; **with all modern conveniences, with all mod cons** (BRIT) mit allem modernen Komfort; *see also* **public convenience**

convenience foods NPL Fertiggerichte *pl*

convenient [kənˈviːnɪənt] ADJ günstig; (*handy*) praktisch; (*house etc*) günstig gelegen; **if it is ~ to you** wenn es Ihnen (so) passt, wenn es Ihnen keine Umstände macht

conveniently [kənˈviːnɪəntlɪ] ADV (*happen*) günstigerweise; (*situated*) günstig

convenor [kənˈviːnəʳ] N = **convener**

convent [ˈkɔnvənt] N Kloster *nt*

convention [kənˈvɛnʃən] N Konvention *f*; (*conference*) Tagung *f*, Konferenz *f*; (*agreement*) Abkommen *nt*

conventional [kənˈvɛnʃənl] ADJ konventionell

convent school N Klosterschule *f*

converge [kənˈvəːdʒ] VI (*roads*) zusammenlaufen ▶ VI sich einander annähern; **to ~ on sb/a place** (*people*) von überallher zu jdm/an einen Ort strömen

conversant [kənˈvəːsnt] ADJ: **to be ~ with** vertraut sein mit

★**conversation** [kɔnvəˈseɪʃən] N Gespräch *nt*, Unterhaltung *f*

conversational [kɔnvəˈseɪʃənl] ADJ (*tone, style*) Unterhaltungs-; (*language*) gesprochen; **~ mode** (*Comput*) Dialogbetrieb *m*

conversationalist [kɔnvəˈseɪʃnəlɪst] N Unterhalter(in) *m(f)*, Gesprächspartner(in) *m(f)*

converse N [ˈkɔnvəːs] Gegenteil *nt* ▶ VI [kənˈvəːs]: **to ~ (with sb) (about sth)** sich (mit jdm) (über etw) unterhalten

conversely [kɔnˈvəːslɪ] ADV umgekehrt

conversion [kənˈvəːʃən] N Umwandlung *f*; (*of weights etc*) Umrechnung *f*; (*Rel*) Bekehrung *f*; (BRIT: *of house*) Umbau *m*

conversion table N Umrechnungstabelle *f*

convert VT [kənˈvəːt] umwandeln; (*person*) bekehren; (*building*) umbauen; (*vehicle*) umrüsten; (*Comm*) konvertieren; (*Rugby*) verwandeln ▶ N [ˈkɔnvəːt] Bekehrte(r) *f(m)*

convertible [kənˈvəːtəbl] ADJ (*currency*) konvertierbar ▶ N (*Aut*) Kabriolett *nt*

convex [ˈkɔnvɛks] ADJ konvex

convey [kənˈveɪ] VT (*information etc*) vermitteln; (*cargo, traveller*) befördern; (*thanks*) übermitteln

conveyance [kənˈveɪəns] N Beförderung *f*, Spedition *f*; (*vehicle*) Gefährt *nt*

conveyancing [kənˈveɪənsɪŋ] N (Eigentums)übertragung *f*

conveyor belt N Fließband *nt*

convict VT [kənˈvɪkt] verurteilen ▶ N [ˈkɔnvɪkt] Sträfling *m*

conviction [kənˈvɪkʃən] N Überzeugung *f*; (*Law*) Verurteilung *f*

★**convince** [kənˈvɪns] VT überzeugen; **to ~ sb (of sth)** jdn (von etw) überzeugen; **to ~ sb that ...** jdn davon überzeugen, dass ...

convinced [kənˈvɪnst] ADJ: **~ (of)** überzeugt (von); **~ that ...** überzeugt davon, dass ...

convincing [kənˈvɪnsɪŋ] ADJ überzeugend

convincingly [kənˈvɪnsɪŋlɪ] ADV überzeugend

convivial [kənˈvɪvɪəl] ADJ freundlich; (*event*) gesellig

convoluted [ˈkɔnvəluːtɪd] ADJ verwickelt, kompliziert; (*shape*) gewunden

convoy [ˈkɔnvɔɪ] N Konvoi *m*

convulse [kənˈvʌls] VT: **to be convulsed with laughter/pain** sich vor Lachen schütteln/ Schmerzen krümmen

convulsion [kənˈvʌlʃən] N Schüttelkrampf *m*

coo [kuː] VI gurren

cook [kuk] VT kochen, zubereiten ▶ VI (*person, food*) kochen; (*fry, roast*) braten; (*pie*) backen ▶ N Koch *m*, Köchin *f*

▶ **cook up** (*inf*) VT sich *dat* einfallen lassen, zurechtbasteln

cookbook [ˈkukbuk] N Kochbuch *nt*

cook-chill [ˈkuktʃɪl] ADJ durch rasches Kühlen haltbar gemacht

cooker [ˈkukəʳ] N Herd *m*

cookery [ˈkukərɪ] N Kochen *nt*, Kochkunst *f*

cookery book (BRIT) N = **cookbook**

cookie [ˈkukɪ] N (*US*) Keks *m or nt*, Plätzchen *nt*; (*Comput*) Cookie *nt*

cooking [ˈkukɪŋ] N Kochen *nt*; (*food*) Essen *nt* ▶ CPD Koch-; (*chocolate*) Block-

cookout [ˈkukaut] (*US*) N ≈ Grillparty *f*

cool [kuːl] ADJ kühl; (*dress, clothes*) leicht, luftig; (*person: calm*) besonnen; (*: unfriendly*) kühl ▶ VT kühlen ▶ VI abkühlen; **it's ~** es ist kühl; **to keep sth ~** *or* **in a ~ place** etw kühl aufbewahren; **to keep one's ~** die Ruhe bewahren

▶ **cool down** VI abkühlen; (*fig*) sich beruhigen

coolant [ˈkuːlənt] N Kühlflüssigkeit *f*

cool box N Kühlbox *f*

cooler [ˈkuːləʳ] (*US*) N = **cool box**

cooling [ˈkuːlɪŋ] ADJ (*drink, shower*) kühlend; (*feeling, emotion*) abkühlend

cooling tower N Kühlturm *m*

coolly [ˈkuːlɪ] ADV (*calmly*) besonnen, ruhig; (*in unfriendly way*) kühl

coolness [ˈkuːlnɪs] N Kühle *f*; Leichtigkeit *f*, Luftigkeit *f*; Besonnenheit *f*

coop [kuːp] N (*for rabbits*) Kaninchenstall *m*; (*for poultry*) Hühnerstall *m* ▶ VT: **to ~ up** (*fig*) einsperren

co-op [ˈkəuɔp] N ABBR (= *cooperative (society)*) Genossenschaft *f*

cooperate [kəuˈɔpəreɪt] VI zusammenarbeiten; (*assist*) mitmachen, kooperieren; **to ~ with sb** mit jdm zusammenarbeiten

cooperation [kəuɔpəˈreɪʃən] N Zusammenarbeit *f*; Mitarbeit *f*, Kooperation *f*

cooperative [kəuˈɔpərətɪv] ADJ (*farm, business*) auf Genossenschaftsbasis; (*person*) kooperativ; (*: helpful*) hilfsbereit ▶ N Genossenschaft *f*, Kooperative *f*

coopt [kəuˈɔpt] VT: **to ~ sb onto a committee** jdn in ein Komitee hinzuwählen *or* kooptieren

coordinate VT [kəuˈɔːdɪneɪt] koordinieren ▶ N [kəuˈɔːdɪnɪt] (*Math*) Koordinate *f* ▪ **coordinates** NPL (*clothes*) Kleidung *f* zum Kombinieren

coordination [kəuɔːdɪˈneɪʃən] N Koordinierung *f*, Koordination *f*

co-ownership [kəuˈəunəʃɪp] N Mitbesitz *m*

cop [kɔp] (*inf*) N Polizist(in) *m(f)*, Bulle *m* (*pej*)

co-parent [kəuˈpɛərənt] VTI *eine gemeinsame Elternschaft or Co-Parenting-Beziehung eingehen* ▶ N *Elternteil einer Co-Parenting-Beziehung*

co-parenting [kəuˈpɛərəntɪŋ] N Co-Parenting *nt*

cope [kəup] VI zurechtkommen; **to ~ with** fertig werden mit

Copenhagen [ˈkəupnˈheɪgən] N Kopenhagen *nt*

copier [ˈkɔpɪəʳ] N (*also:* **photocopier**) Kopiergerät *nt*, Kopierer *m*

copilot [ˈkəupaɪlət] N Kopilot(in) *m(f)*

copious [ˈkəupɪəs] ADJ reichlich

copper [ˈkɔpəʳ] N Kupfer *nt*; (BRIT *inf*) Polizist(in) *m(f)*, Bulle *m* (*pej*) ▪ **coppers** NPL (*small change, coins*) Kleingeld *nt*

coppice [ˈkɔpɪs] N Wäldchen *nt*

copse [kɔps] N = **coppice**

copulate [ˈkɔpjuleɪt] VI kopulieren

★**copy** [ˈkɔpɪ] N Kopie *f*; (*of book, record, newspaper*) Exemplar *nt*; (*for printing*) Artikel *m* ▶ VT (*person*) nachahmen; (*idea etc*) nachmachen; (*something written*) abschreiben; **this murder story will make good ~** (*Press*) aus diesem Mord kann man etwas machen

▶ **copy out** VT abschreiben

copycat [ˈkɔpɪkæt] (*pej*) N Nachahmer(in) *m(f)*

copyright [ˈkɔpɪraɪt] N Copyright *nt*, Urheberrecht *nt*; **~ reserved** urheberrechtlich geschützt

copy typist N Schreibkraft *f* (*die mit Textvorlagen arbeitet*)

copywriter [ˈkɔpɪraɪtəʳ] N Werbetexter(in) *m(f)*

coral [ˈkɔrəl] N Koralle *f*

coral reef N Korallenriff *nt*

Coral Sea N: **the ~** das Korallenmeer

cord [kɔːd] N Schnur *f*; (*string*) Kordel *f*; (*Elec*) Kabel *nt*, Schnur *f*; (*fabric*) Cord(samt) *m* ▪ **cords** NPL (*trousers*) Cordhosen *pl*

cordial [ˈkɔːdɪəl] ADJ herzlich ▶ N (BRIT) Fruchtsaftkonzentrat *nt*

cordless [ˈkɔːdlɪs] ADJ schnurlos

cordon [ˈkɔːdn] N Kordon *m*, Absperrkette *f*

▶ **cordon off** VT (*area*) absperren, abriegeln; (*crowd*) mit einer Absperrkette zurückhalten

corduroy [ˈkɔːdərɔɪ] N Cord(samt) *m*

CORE [kɔːʳ] (*US*) N ABBR (= *Congress of Racial Equality*) *Ausschuss für Rassengleichheit*

core [kɔːʳ] N Kern *m*; (*of fruit*) Kerngehäuse *nt* ▶ VT das Kerngehäuse ausschneiden aus; **rotten to the ~** durch und durch schlecht

core (business) activity N (*Econ*) Kerngeschäft *nt*

Corfu [kɔːˈfuː] N Korfu *nt*

coriander [kɔrɪˈændəʳ] N Koriander *m*

cork [kɔːk] N (*stopper*) Korken *m*; (*substance*) Kork *m*

corkage [ˈkɔːkɪdʒ] N Korkengeld *nt*

corked [kɔːkt] ADJ: **the wine is ~** der Wein schmeckt nach Kork

corkscrew [ˈkɔːkskruː] N Korkenzieher *m*
corky [ˈkɔːkɪ] (*US*) ADJ = **corked**
corm [kɔːm] N Knolle *f*
cormorant [ˈkɔːmərnt] N Kormoran *m*
corn [kɔːn] N (BRIT) Getreide *nt*, Korn *nt*; (*US*) Mais *m*; (*on foot*) Hühnerauge *nt*; **~ on the cob** Maiskolben *m*
cornea [ˈkɔːnɪə] N Hornhaut *f*
corned beef [ˈkɔːnd-] N Corned Beef *nt*
★**corner** [ˈkɔːnəʳ] N Ecke *f*; (*bend*) Kurve *f* ▶ VT in die Enge treiben; (*Comm: market*) monopolisieren ▶ VI (*in car*) die Kurve nehmen; **to cut corners** (*fig*) das Verfahren abkürzen
corner flag N Eckfahne *f*
corner kick N Eckball *m*
cornerstone [ˈkɔːnəstəun] N (*fig*) Grundstein *m*, Eckstein *m*
cornet [ˈkɔːnɪt] N (*Mus*) Kornett *nt*; (BRIT: *for ice cream*) Eistüte *f*
cornflakes [ˈkɔːnfleɪks] NPL Cornflakes *pl*
cornflour [ˈkɔːnflauəʳ] (BRIT) N Stärkemehl *nt*
cornice [ˈkɔːnɪs] N (Ge)sims *nt*
Cornish [ˈkɔːnɪʃ] ADJ kornisch, aus Cornwall
corn oil N (Mais)keimöl *nt*
cornstarch [ˈkɔːnstɑːtʃ] (*US*) N = **cornflour**
cornucopia [kɔːnjuˈkəupɪə] N Fülle *f*
Cornwall [ˈkɔːnwəl] N Cornwall *nt*
corny [ˈkɔːnɪ] (*inf*) ADJ (*joke*) blöd
corollary [kəˈrɔlərɪ] N (logische) Folge *f*
coronary [ˈkɔrənərɪ] N (*also:* **coronary thrombosis**) Herzinfarkt *m*
coronation [kɔrəˈneɪʃən] N Krönung *f*
coroner [ˈkɔrənəʳ] N *Beamter, der Todesfälle untersucht, die nicht eindeutig eine natürliche Ursache haben*
coronet [ˈkɔrənɪt] N Krone *f*
Corp. ABBR = **corporation**; (*Mil*) = **corporal**
corporal [ˈkɔːpərl] N Stabsunteroffizier *m*
corporal punishment N Prügelstrafe *f*
corporate [ˈkɔːpərɪt] ADJ (*organization*) körperschaftlich; (*action, effort, ownership*) gemeinschaftlich; (*finance*) Unternehmens-; (*image, identity*) Firmen-
corporate hospitality N *Empfänge, Diners etc auf Kosten der ausrichtenden Firma*
corporation [kɔːpəˈreɪʃən] N (*Comm*) Körperschaft *f*; (*of town*) Gemeinde *f*, Stadt *f*
corporation tax N Körperschaftssteuer *f*
corps [kɔːʳ] (*pl* ~) N Korps *nt*; **the press ~** die Presse
corpse [kɔːps] N Leiche *f*
corpuscle [ˈkɔːpʌsl] N Blutkörperchen *nt*
corral [kəˈrɑːl] N Korral *m*
★**correct** [kəˈrɛkt] ADJ richtig; (*proper*) korrekt ▶ VT korrigieren; (*mistake*) berichtigen, verbessern; **you are ~** Sie haben recht
correction [kəˈrɛkʃən] N Korrektur *f*; Berichtigung *f*, Verbesserung *f*
correctly [kəˈrɛktlɪ] ADV richtig; korrekt

correlate [ˈkɔrɪleɪt] VT zueinander in Beziehung setzen ▶ VI: **to ~ with** in einer Beziehung stehen zu
correlation [kɔrɪˈleɪʃən] N Beziehung *f*, Zusammenhang *m*
correspond [kɔrɪsˈpɔnd] VI: **to ~ (with)** (*write*) korrespondieren (mit); (*be in accordance*) übereinstimmen (mit); **to ~ to** (*be equivalent*) entsprechen *+dat*
correspondence [kɔrɪsˈpɔndəns] N Korrespondenz *f*, Briefwechsel *m*; (*relationship*) Beziehung *f*
correspondence column N Leserbriefspalte *f*
correspondence course N Fernkurs *m*
correspondent [kɔrɪsˈpɔndənt] N Korrespondent(in) *m(f)*
corresponding [kɔrɪsˈpɔndɪŋ] ADJ entsprechend
corridor [ˈkɔrɪdɔːʳ] N Korridor *m*; (*in train*) Gang *m*
corroborate [kəˈrɔbəreɪt] VT bestätigen
corrode [kəˈrəud] VT zerfressen ▶ VI korrodieren
corrosion [kəˈrəuʒən] N Korrosion *f*
corrosive [kəˈrəuzɪv] ADJ korrosiv
corrugated [ˈkɔrəgeɪtɪd] ADJ (*roof*) gewellt; (*cardboard*) Well-
corrugated iron N Wellblech *nt*
corrupt [kəˈrʌpt] ADJ korrupt; (*depraved*) verdorben ▶ VT korrumpieren; (*morally*) verderben; **~ practices** Korruption *f*
corruption [kəˈrʌpʃən] N Korruption *f*
corset [ˈkɔːsɪt] N Korsett *nt*; (*Med*) Stützkorsett *nt*
Corsica [ˈkɔːsɪkə] N Korsika *nt*
Corsican [ˈkɔːsɪkən] ADJ korsisch ▶ N Korse *m*, Korsin *f*
cortège [kɔːˈteɪʒ] N (*also:* **funeral cortège**) Leichenzug *m*
cortisone [ˈkɔːtɪzəun] N Kortison *nt*
coruscating [ˈkɔrəskeɪtɪŋ] ADJ sprühend
cosh [kɔʃ] (BRIT) N Totschläger *m*
cosignatory [ˈkəuˈsɪgnətərɪ] N Mitunterzeichner(in) *m(f)*
cosiness [ˈkəuzɪnɪs] N Gemütlichkeit *f*, Behaglichkeit *f*
cos lettuce [ˈkɔs-] N römischer Salat *m*
cosmetic [kɔzˈmɛtɪk] N Kosmetikum *nt* ▶ ADJ kosmetisch; **~ surgery** (*Med*) kosmetische Chirurgie *f*
cosmic [ˈkɔzmɪk] ADJ kosmisch
cosmonaut [ˈkɔzmənɔːt] N Kosmonaut(in) *m(f)*
cosmopolitan [kɔzməˈpɔlɪtn] ADJ kosmopolitisch
cosmos [ˈkɔzmɔs] N: **the ~** der Kosmos
cosset [ˈkɔsɪt] VT verwöhnen
★**cost** [kɔst] (*pt, pp* ~) N Kosten *pl*; (*fig: loss, damage etc*) Preis *m* ▶ VT kosten; (*pt, pp* **costed**: *find out*

cost of) veranschlagen ▪ **costs** NPL (*Comm, Law*) Kosten *pl*; **the ~ of living** die Lebenshaltungskosten *pl*; **at all costs** um jeden Preis; **how much does it ~?** wie viel *or* was kostet es?; **it costs £5/too much** es kostet £5/ist zu teuer; **what will it ~ to have it repaired?** wie viel kostet die Reparatur?; **to ~ sb time/effort** jdn Zeit/Mühe kosten; **it ~ him his life/job** es kostete ihn das Leben/seine Stelle

cost accountant N Kostenbuchhalter(in) *m(f)*

co-star [ˈkəustɑːʳ] N einer der Hauptdarsteller *m*, eine der Hauptdarstellerinnen *f*; **she was Sean Connery's ~ in ...** sie spielte neben Sean Connery in ...

Costa Rica [ˈkɔstəˈriːkə] N Costa Rica *nt*

cost centre N Kostenstelle *f*

cost control N Kostenkontrolle *f*

cost-effective [ˈkɔstɪˈfɛktɪv] ADJ rentabel; (*Comm*) kostengünstig

cost-effectiveness [ˈkɔstɪˈfɛktɪvnɪs] N Rentabilität *f*

costing [ˈkɔstɪŋ] N Kalkulation *f*

costly [ˈkɔstlɪ] ADJ teuer, kostspielig; (*in time, effort*) aufwendig

cost-of-living [ˈkɔstəvˈlɪvɪŋ] ADJ Lebenshaltungskosten-; (*index*) Lebenshaltungs-

cost price (BRIT) N Selbstkostenpreis *m*; **to sell/buy at ~** zum Selbstkostenpreis verkaufen/kaufen

costume [ˈkɔstjuːm] N Kostüm *nt*; (BRIT: *also*: **swimming costume**) Badeanzug *m*

costume jewellery N Modeschmuck *m*

cosy, (US) **cozy** [ˈkəuzɪ] ADJ gemütlich, behaglich; (*bed, scarf, gloves*) warm; (*chat, evening*) gemütlich; **I'm very ~ here** ich fühle mich hier sehr wohl, ich finde es hier sehr gemütlich

cot [kɔt] N (BRIT) Kinderbett *nt*; (US: *campbed*) Feldbett *nt*

cot death N Krippentod *m*, plötzlicher Kindstod *m*

Cotswolds [ˈkɔtswəuldz] NPL: **the ~** die Cotswolds *pl*

cottage [ˈkɔtɪdʒ] N Cottage *nt*, Häuschen *nt*

cottage cheese N Hüttenkäse *m*

cottage industry N Heimindustrie *f*

cottage pie N *Hackfleisch mit Kartoffelbrei überbacken*

cotton [ˈkɔtn] N (*fabric*) Baumwollstoff *m*; (*plant*) Baumwollstrauch *m*; (*thread*) (Baumwoll)garn *nt* ▶ CPD (*dress etc*) Baumwoll-
▶ **cotton on** (*inf*) VI: **to ~ on** es kapieren *or* schnallen; **to ~ on to sth** etw kapieren *or* schnallen

cotton candy (US) N Zuckerwatte *f*

cotton wool (BRIT) N Watte *f*

couch [kautʃ] N Couch *f* ▶ VT formulieren

couchette [kuːˈʃɛt] N Liegewagen(platz) *m*

couch potato (*esp US inf*) N Dauerglotzer(in) *m(f)*

couchsurfing [ˈkautʃsəːfɪŋ] N Couchsurfing *nt, kostenlose zeitweilige Unterkunft bei einer Privatperson*

★**cough** [kɔf] VI husten; (*engine*) stottern ▶ N Husten *m*

cough drop N Hustenpastille *f*

cough mixture N Hustensaft *m*

cough sweet N = **cough drop**

cough syrup N = **cough mixture**

★**could** [kud] PT *of* **can²**

couldn't [ˈkudnt] = **could not**

★**council** [ˈkaunsl] N Rat *m*; **city/town ~** Stadtrat *m*; **C~ of Europe** Europarat *m*

council estate (BRIT) N Siedlung *f* mit Sozialwohnungen

council house (BRIT) N Sozialwohnung *f*

council housing N sozialer Wohnungsbau *m*; (*accommodation*) Sozialwohnungen *pl*

councillor [ˈkaunsləʳ] N Stadtrat *m*, Stadträtin *f*

council tax (BRIT) N Gemeindesteuer *f*

counsel [ˈkaunsl] N Rat(schlag) *m*; (*lawyer*) Rechtsanwalt *m*, Rechtsanwältin *f* ▶ VT beraten; **to ~ sth** etw raten *or* empfehlen; **to ~ sb to do sth** jdm raten *or* empfehlen, etw zu tun; **~ for the defence** Verteidiger(in) *m(f)*; **~ for the prosecution** Vertreter(in) *m(f)* der Anklage

counsellor [ˈkaunsləʳ] N Berater(in) *m(f)*; (US: *lawyer*) Rechtsanwalt *m*, Rechtsanwältin *f*

★**count** [kaunt] VT zählen; (*include*) mitrechnen, mitzählen ▶ VI zählen; (*be considered*) betrachtet *or* angesehen werden ▶ N Zählung *f*; (*level*) Zahl *f*; (*nobleman*) Graf *m*; **to ~ (up) to 10** bis 10 zählen; **not counting the children** die Kinder nicht mitgerechnet; **10 counting him** 10, wenn man ihn mitrechnet; **to ~ the cost of sth** die Folgen von etw abschätzen; **it counts for very little** es zählt nicht viel; **~ yourself lucky** Sie können sich glücklich schätzen; **to keep ~ of sth** die Übersicht über etw *acc* behalten; **blood ~** Blutbild *nt*; **cholesterol/alcohol ~** Cholesterin-/Alkoholspiegel *m*
▶ **count on** VT FUS rechnen mit; (*depend on*) sich verlassen auf *+acc*; **to ~ on doing sth** die feste Absicht haben, etw zu tun
▶ **count up** VT zusammenzählen, zusammenrechnen

countdown [ˈkauntdaun] N Countdown *m*

countenance [ˈkauntɪnəns] N Gesicht *nt* ▶ VT gutheißen

★**counter** [ˈkauntəʳ] N (*in shop*) Ladentisch *m*; (*in café*) Theke *f*; (*in bank, post office*) Schalter *m*; (*in game*) Spielmarke *f*; (*Tech*) Zähler *m* ▶ VT (*oppose: sth said, sth done*) begegnen *+dat*; (*blow*) kontern ▶ ADV: **~ to** gegen *+acc*; **to buy sth under the ~** (*fig*) etw unter dem Ladentisch bekommen; **to ~ sth with sth** auf etw *acc* mit etw antworten; **to ~ sth by doing sth** einer Sache damit begegnen, dass man etw tut

counteract [ˈkauntərˈækt] VT entgegenwirken *+dat*; (*effect*) neutralisieren

counterattack [ˈkauntərəˈtæk] N Gegenangriff *m* ▶ VI einen Gegenangriff starten

counterbalance [ˈkauntəˈbæləns] VT Gegengewicht *nt*
counterclockwise [ˈkauntəˈklɔkwaɪz] ADV gegen den Uhrzeigersinn
counterespionage [ˈkauntərˈɛspɪənɑːʒ] N Gegenspionage *f*, Spionageabwehr *f*
counterfeit [ˈkauntəfɪt] N Fälschung *f* ▸ VT fälschen ▸ ADJ (*coin*) Falsch-
counterfoil [ˈkauntəfɔɪl] N Kontrollabschnitt *m*
counterintelligence [ˈkauntərɪnˈtɛlɪdʒəns] N Gegenspionage *f*, Spionageabwehr *f*
countermand [ˈkauntəmɑːnd] VT aufheben, widerrufen
countermeasure [ˈkauntəmɛʒəʳ] N Gegenmaßnahme *f*
counteroffensive [ˈkauntərəˈfɛnsɪv] N Gegenoffensive *f*
counterpane [ˈkauntəpeɪn] N Tagesdecke *f*
counterpart [ˈkauntəpɑːt] N Gegenüber *nt*; (*of document etc*) Gegenstück *nt*, Pendant *nt*
counterproductive [ˈkauntəprəˈdʌktɪv] ADJ widersinnig
counterproposal [ˈkauntəprəˈpəuzl] N Gegenvorschlag *m*
countersign [ˈkauntəsaɪn] VT gegenzeichnen
countersink [ˈkauntəsɪŋk] VT senken
counterterrorism [kauntəˈtɛrərɪzəm] N Terrorismusbekämpfung *f*
countess [ˈkauntɪs] N Gräfin *f*
countless [ˈkauntlɪs] ADJ unzählig, zahllos
countrified [ˈkʌntrɪfaɪd] ADJ ländlich
★**country** [ˈkʌntrɪ] N Land *nt*; (*native land*) Heimatland *nt*; **in the ~** auf dem Land; **mountainous ~** gebirgige Landschaft *f*
country and western, country and western music N Country-und-Western-Musik *f*
country dancing (BRIT) N Volkstanz *m*
country house N Landhaus *nt*
countryman [ˈkʌntrɪmən] N (*irreg*) (*compatriot*) Landsmann *m*; (*country dweller*) Landmann *m*
★**countryside** [ˈkʌntrɪsaɪd] N Land *nt*; (*scenery*) Landschaft *f*, Gegend *f*
country-wide [ˈkʌntrɪˈwaɪd] ADJ, ADV landesweit
★**county** [ˈkauntɪ] N (BRIT) Grafschaft *f*; (US) (Verwaltungs)bezirk *m*
county council (BRIT) N Gemeinderat *m* (*einer Grafschaft*)
county town (BRIT) N *Hauptstadt einer Grafschaft*
coup [kuː] (*pl* **coups**) N (*also:* **coup d'état**) Staatsstreich *m*, Coup d'Etat *m*; (*achievement*) Coup *m*
coupé [kuːˈpeɪ] N Coupé *nt*
★**couple** [ˈkʌpl] N Paar *nt*; (*also:* **married couple**) Ehepaar *nt* ▸ VT verbinden; (*vehicles*) koppeln; **a ~ of** (*two*) zwei; (*a few*) ein paar

> The word **paar** is always spelt with a small **p** when used to refer to *a couple of*.
>
> *a couple of books* **ein paar Bücher**

couplet [ˈkʌplɪt] N Verspaar *nt*
coupling [ˈkʌplɪŋ] N Kupplung *f*
coupon [ˈkuːpɔn] N Gutschein *m*; (*detachable form*) Abschnitt *m*; (*Comm*) Coupon *m*
★**courage** [ˈkʌrɪdʒ] N Mut *m*
courageous [kəˈreɪdʒəs] ADJ mutig
courgette [kuəˈʒɛt] (BRIT) N Zucchino *m*
courier [ˈkurɪəʳ] N (*messenger*) Kurier(in) *m(f)*; (*for tourists*) Reiseleiter(in) *m(f)*
★**course** [kɔːs] N (*Scol*) Kurs(us) *m*; (*of ship*) Kurs *m*; (*of life, events, time etc, of river*) Lauf *m*; (*of argument*) Richtung *f*; (*part of meal*) Gang *m*; (*for golf*) Platz *m*; **of ~** natürlich; **of ~!** (aber) natürlich!, (aber) selbstverständlich!; **(no) of ~ not!** natürlich nicht!; **in the ~ of the next few days** während *or* im Laufe der nächsten paar Tage; **in due ~** zu gegebener Zeit; **~ (of action)** Vorgehensweise *f*; **the best ~ would be to ...** das Beste wäre es, zu ...; **we have no other ~ but to ...** es bleibt uns nichts anderes übrig, als zu ...; **~ of lectures** Vorlesungsreihe *f*; **~ of treatment** (*Med*) Behandlung *f*; **first/last ~** erster/letzter Gang, Vor-/Nachspeise *f*
★**court** [kɔːt] N Hof *m*; (*Law*) Gericht *nt*; (*for tennis, badminton etc*) Platz *m* ▸ VT den Hof machen *+dat*; (*favour, popularity*) werben um; (*death, disaster*) herausfordern; **out of ~** (*Law*) außergerichtlich; **to take to ~** (*Law*) verklagen, vor Gericht bringen
courteous [ˈkəːtɪəs] ADJ höflich
courtesan [kɔːtɪˈzæn] N Kurtisane *f*
courtesy [ˈkəːtəsɪ] N Höflichkeit *f*; **(by) ~ of** freundlicherweise zur Verfügung gestellt von
courtesy bus, courtesy coach N gebührenfreier Bus *m*
courtesy light N Innenleuchte *f*
court fine N Ordnungsgeld *nt*; **to issue/face a ~** ein Ordnungsgeld verhängen/zu zahlen haben
courthouse [ˈkɔːthaus] (US) N Gerichtsgebäude *nt*
courtier [ˈkɔːtɪəʳ] N Höfling *m*
court martial (*pl* **courts martial**) N Militärgericht *nt*
court of appeal (*pl* **courts of appeal**) N Berufungsgericht *nt*
court of inquiry (*pl* **courts of inquiry**) N Untersuchungskommission *f*
court order N Gerichtsbeschluss *m*
courtroom [ˈkɔːtrum] N Gerichtssaal *m*
court shoe N Pumps *m*
courtyard [ˈkɔːtjɑːd] N Hof *m*
★**cousin** [ˈkʌzn] N (*male*) Cousin *m*, Vetter *m*; (*female*) Cousine *f*; **first ~** Cousin(e) ersten Grades
cove [kəuv] N (kleine) Bucht *f*
covenant [ˈkʌvənənt] N Schwur *m* ▸ VT: **to ~ £200 per year to a charity** sich vertraglich verpflichten, £200 im Jahr für wohltätige Zwecke zu spenden

Coventry [ˈkɔvəntrɪ] N: **to send sb to ~** (*fig*) jdn schneiden (*inf*)

cover [ˈkʌvəʳ] VT bedecken; (*distance*) zurücklegen; (*Insurance*) versichern; (*topic*) behandeln; (*include*) erfassen; (*Press: report on*) berichten über +*acc* ▶ N (*for furniture*) Bezug *m*; (*for typewriter, PC etc*) Hülle *f*; (*of book, magazine*) Umschlag *m*; (*shelter*) Schutz *m*; (*Insurance*) Versicherung *f*; (*fig: for illegal activities*) Tarnung *f*; **to be covered in** *or* **with** bedeckt sein mit; **£10 will ~ my expenses** £10 decken meine Unkosten; **to take ~** (*from rain*) sich unterstellen; **under ~** geschützt; **under ~ of darkness** im Schutz(e) der Dunkelheit; **under separate ~** getrennt
▶ **cover up** VT zudecken; (*fig: facts, feelings*) verheimlichen; (*: mistakes*) vertuschen ▶ VI (*fig*): **to ~ up for sb** jdn decken

coverage [ˈkʌvərɪdʒ] N Berichterstattung *f*; **television ~ of the conference** Fernsehberichte *pl* über die Konferenz; **to give full ~ to** ausführlich berichten über +*acc*

coveralls [ˈkʌvərɔːlz] (*US*) NPL Overall *m*

cover charge N Kosten *pl* für ein Gedeck

covering [ˈkʌvərɪŋ] N Schicht *f*; (*of snow, dust etc*) Decke *f*

covering letter, (*US*) **cover letter** N Begleitbrief *m*

cover note N (*Insurance*) Deckungszusage *f*

cover price N Einzel(exemplar)preis *m*

covert [ˈkʌvət] ADJ versteckt; (*glance*) verstohlen

cover-up [ˈkʌvərʌp] N Vertuschung *f*, Verschleierung *f*

covet [ˈkʌvɪt] VT begehren

cow [kau] N (*animal, inf!: woman*) Kuh *f* ▶ CPD Kuh- ▶ VT einschüchtern

coward [ˈkauəd] N Feigling *m*

cowardice [ˈkauədɪs] N Feigheit *f*

cowardly [ˈkauədlɪ] ADJ feige

cowboy [ˈkaubɔɪ] N (*in US*) Cowboy *m*; (*pej: tradesman*) Pfuscher *m*

cow elephant N Elefantenkuh *f*

cower [ˈkauəʳ] VI sich ducken; (*squatting*) kauern

cowshed [ˈkauʃɛd] N Kuhstall *m*

cowslip [ˈkauslɪp] N Schlüsselblume *f*

cox [kɔks] N ABBR = **coxswain**

coxswain [ˈkɔksn] N Steuermann *m*; (*of ship*) Boot(s)führer *m*

coy [kɔɪ] ADJ verschämt

coyote [kɔɪˈəutɪ] N Kojote *m*

cozy [ˈkəuzɪ] (*US*) ADJ = **cosy**

CP N ABBR (= *Communist Party*) KP *f*

cp. ABBR (= *compare*) vgl.

CPA (*US*) N ABBR = **certified public accountant**

CPI N ABBR (= *Consumer Price Index*) (Verbraucher)-preisindex *m*

Cpl ABBR (*Mil*) = **corporal**

CP/M N ABBR (= *Control Program for Microprocessors*) CP/M *nt*

cps ABBR (*Comput, Typ*: = *characters per second*) cps, Zeichen *pl* pro Sekunde

CPSA (BRIT) N ABBR (= *Civil and Public Services Association*) *Gewerkschaft im öffentlichen Dienst*

CPU N ABBR (*Comput*) = **central processing unit**

cr. ABBR = **credit**; **creditor**

crab [kræb] N Krabbe *f*, Krebs *m*; (*meat*) Krabbe *f*

crab apple N Holzapfel *m*

★**crack** [kræk] N (*noise*) Knall *m*; (*of wood breaking*) Knacks *m*; (*gap*) Spalte *f*; (*in bone, dish, glass*) Sprung *m*; (*in wall*) Riss *m*; (*joke*) Witz *m*; (*Drugs*) Crack *nt* ▶ VT (*whip*) knallen mit; (*twig*) knacken mit; (*dish, glass*) einen Sprung machen in +*acc*; (*bone*) anbrechen; (*nut, code*) knacken; (*wall*) rissig machen; (*problem*) lösen; (*joke*) reißen ▶ ADJ erstklassig; **to have a ~ at sth** (*inf*) etw mal probieren; **to ~ jokes** (*inf*) Witze reißen; **to get cracking** (*inf*) loslegen
▶ **crack down on** VT FUS hart durchgreifen gegen
▶ **crack up** VI durchdrehen, zusammenbrechen

crackdown [ˈkrækdaun] N: **~ (on)** scharfes Durchgreifen *nt* (gegen)

cracked [krækt] (*inf*) ADJ übergeschnappt

cracker [ˈkrækəʳ] N (*biscuit*) Cracker *m*; (*also:* **Christmas cracker**) Knallbonbon *nt*; (*firework*) Knallkörper *m*, Kracher *m*; **a ~ of a …** (BRIT *inf*) ein(e, r) tolle(s) …; **he's crackers** (BRIT *inf*) er ist übergeschnappt

crackle [ˈkrækl] VI (*fire*) knistern, prasseln; (*twig*) knacken

crackling [ˈkræklɪŋ] N (*of fire*) Knistern *nt*, Prasseln *nt*; (*of twig, on radio, telephone*) Knacken *nt*; (*of pork*) Kruste *f* (*des Schweinebratens*)

crackpot [ˈkrækpɔt] (*inf*) N Spinner(in) *m(f)* ▶ ADJ verrückt

cradle [ˈkreɪdl] N Wiege *f* ▶ VT fest in den Armen halten

★**craft** [krɑːft] N (*skill*) Geschicklichkeit *f*; (*art*) Kunsthandwerk *nt*; (*trade*) Handwerk *nt*; (*pl inv: boat*) Boot *nt*; (*: plane*) Flugzeug *nt*

craftsman [ˈkrɑːftsmən] N (*irreg*) Handwerker *m*

craftsmanship [ˈkrɑːftsmənʃɪp] N handwerkliche Ausführung *f*

crafty [ˈkrɑːftɪ] ADJ schlau, clever

crag [kræg] N Fels *m*

craggy [ˈkrægɪ] ADJ (*mountain*) zerklüftet; (*cliff*) felsig; (*face*) kantig

cram [kræm] VT vollstopfen ▶ VI pauken (*inf*), büffeln (*inf*); **to ~ with** vollstopfen mit; **to ~ sth into** etw hineinstopfen in +*acc*

cramming [ˈkræmɪŋ] N (*for exams*) Pauken *nt*, Büffeln *nt*

cramp [kræmp] N Krampf *m* ▶ VT hemmen

cramped [kræmpt] ADJ eng

crampon [ˈkræmpən] N Steigeisen *nt*

cranberry [ˈkrænbərɪ] N Preiselbeere *f*

crane [kreɪn] N Kran *m*; (*bird*) Kranich *m* ▶ VT: **to ~ one's neck** den Hals recken ▶ VI: **to ~ forward** den Hals recken

crania [ˈkreɪnɪə] NPL *of* **cranium**
cranium [ˈkreɪnɪəm] (*pl* **crania**) N Schädel *m*
crank [kræŋk] N Spinner(in) *m(f)*; (*handle*) Kurbel *f*
crankshaft [ˈkræŋkʃɑːft] N Kurbelwelle *f*
cranky [ˈkræŋkɪ] ADJ verrückt
cranny [ˈkrænɪ] N *see* **nook**
crap [kræp] (*!*) N Scheiße *f* (*!*) ▸ VI scheißen (*!*); **to have a ~** scheißen (*!*)
crappy [ˈkræpɪ] (*inf!*) ADJ beschissen (*!*)
★**crash** [kræʃ] N (*noise*) Krachen *nt*; (*of car*) Unfall *m*; (*of plane etc*) Unglück *nt*; (*collision*) Zusammenstoß *m*; (*of stock market, business etc*) Zusammenbruch *m* ▸ VT (*car*) einen Unfall haben mit; (*plane etc*) abstürzen mit ▸ VI (*plane*) abstürzen; (*car*) einen Unfall haben; (*two cars*) zusammenstoßen; (*market*) zusammenbrechen; (*firm*) Pleite machen; **to ~ into** krachen *or* knallen gegen; **he crashed the car into a wall** er fuhr mit dem Auto gegen eine Mauer
crash barrier (BRIT) N Leitplanke *f*
crash course N Schnellkurs *m*, Intensivkurs *m*
crash helmet N Sturzhelm *m*
crash-landing [ˈkræʃlændɪŋ] N Bruchlandung *f*
crass [kræs] ADJ krass; (*behaviour*) unfein, derb
crate [kreɪt] N (*also inf*) Kiste *f*; (*for bottles*) Kasten *m*
crater [ˈkreɪtəʳ] N Krater *m*
cravat [krəˈvæt] N Halstuch *nt*
crave [kreɪv] VT, VI: **to ~ (for)** sich sehnen nach
craven [ˈkreɪvən] ADJ feige
craving [ˈkreɪvɪŋ] N: **~ (for)** Verlangen *nt* (nach)
crawl [krɔːl] VI kriechen; (*child*) krabbeln ▸ N (*Swimming*) Kraulstil *m*, Kraul(en) *nt*; **to ~ to sb** (*inf*) vor jdm kriechen; **to drive along at a ~** im Schneckentempo *or* Kriechtempo vorankommen
crawler lane [ˈkrɔːlə-] (BRIT) N (*Aut*) Kriechspur *f*
crayfish [ˈkreɪfɪʃ] N INV (*freshwater*) Flusskrebs *m*; (*saltwater*) Languste *f*
crayon [ˈkreɪən] N Buntstift *m*
craze [kreɪz] N Fimmel *m*; **to be all the ~** große Mode sein
crazed [kreɪzd] ADJ wahnsinnig; (*pottery, glaze*) rissig
★**crazy** [ˈkreɪzɪ] ADJ wahnsinnig, verrückt; **~ about sb/sth** (*inf*) verrückt *or* wild auf jdn/etw; **to go ~** wahnsinnig *or* verrückt werden
crazy paving (BRIT) N Mosaikpflaster *nt*
creak [kriːk] VI knarren
★**cream** [kriːm] N Sahne *f*, Rahm *m* (SÜDD); (*artificial cream, cosmetic*) Creme *f*; (*élite*) Creme *f*, Elite *f* ▸ ADJ cremefarben; **whipped ~** Schlagsahne *f* ▸ **cream off** VT absahnen (*inf*)
cream cake N Sahnetorte *f*; (*small*) Sahnetörtchen *nt*
cream cheese N (Doppelrahm)frischkäse *m*
creamery [ˈkriːmərɪ] N (*shop*) Milchgeschäft *nt*; (*factory*) Molkerei *f*
creamy [ˈkriːmɪ] ADJ (*colour*) cremefarben; (*taste*) sahnig
crease [kriːs] N Falte *f*; (*in trousers*) Bügelfalte *f* ▸ VT zerknittern; (*forehead*) runzeln ▸ VI knittern; (*forehead*) sich runzeln
crease-resistant [ˈkriːsrɪzɪstənt] ADJ knitterfrei
★**create** [kriːˈeɪt] VT schaffen; (*interest*) hervorrufen; (*problems*) verursachen; (*produce*) herstellen; (*design*) entwerfen, kreieren; (*impression, fuss*) machen
creation [kriːˈeɪʃən] N Schaffung *f*; Hervorrufen *nt*; Verursachung *f*; Herstellung *f*; Entwurf *m*, Kreation *f*; (*Rel*) Schöpfung *f*
★**creative** [kriːˈeɪtɪv] ADJ kreativ, schöpferisch
creativity [kriːeɪˈtɪvɪtɪ] N Kreativität *f*
creator [kriːˈeɪtəʳ] N Schöpfer(in) *m(f)*
creature [ˈkriːtʃəʳ] N Geschöpf *nt*; (*living animal*) Lebewesen *nt*
creature comforts [-ˈkʌmfəts] NPL Lebensgenüsse *pl*
crèche [krɛʃ] N (Kinder)krippe *f*; (*all day*) (Kinder)tagesstätte *f*
credence [ˈkriːdns] N: **to lend** *or* **give ~ to sth** etw glaubwürdig erscheinen lassen *or* machen
credentials [krɪˈdɛnʃlz] NPL Referenzen *pl*, Zeugnisse *pl*; (*papers of identity*) (Ausweis)papiere *pl*
credibility [krɛdɪˈbɪlɪtɪ] N Glaubwürdigkeit *f*
credible [ˈkrɛdɪbl] ADJ glaubwürdig
★**credit** [ˈkrɛdɪt] N (*loan*) Kredit *m*; (*recognition*) Anerkennung *f*; (*Scol*) Schein *m* ▸ ADJ (*Comm: terms etc*) Kredit- ▸ VT (*Comm*) gutschreiben; (*believe: also:* **give credit to**) glauben ▪ **credits** NPL (*Cine, TV: at beginning*) Vorspann *m*; (*: at end*) Nachspann *m*; **to be in ~** (*person*) Geld auf dem Konto haben; (*bank account*) im Haben sein; **on ~** auf Kredit; **it is to his ~ that ...** es ehrt ihn, dass ...; **to take the ~ for** das Verdienst in Anspruch nehmen für; **it does him ~** es spricht für ihn; **he's a ~ to his family** er macht seiner Familie Ehre; **to ~ sb with sth** (*fig*) jdm etw zuschreiben; **to ~ £5 to sb** jdm £5 gutschreiben
creditable [ˈkrɛdɪtəbl] ADJ lobenswert, anerkennenswert
credit account N Kreditkonto *nt*
credit agency (BRIT) N Kreditauskunftei *f*
credit balance N Kontostand *m*
credit bureau (US) N = **credit agency**
credit card N Kreditkarte *f*
credit control N Kreditüberwachung *f*
credit crunch N Kreditklemme *f*
credit facilities NPL (*Comm*) Kreditmöglichkeiten *pl*
credit limit N Kreditgrenze *f*
credit note (BRIT) N Gutschrift *f*
creditor [ˈkrɛdɪtəʳ] N Gläubiger *m*
credit rating N Rating *nt*, Bonitätsindex *m*

credit transfer N Banküberweisung *f*
creditworthy [ˈkrɛdɪtˈwəːðɪ] ADJ kreditwürdig
credulity [krɪˈdjuːlɪtɪ] N Leichtgläubigkeit *f*
creed [kriːd] N Glaubensbekenntnis *nt*
creek [kriːk] N (kleine) Bucht *f*; (*US*: *stream*) Bach *m*; **to be up the ~** (*inf*) in der Tinte sitzen
creel [kriːl] N (*also:* **lobster creel**) Hummer(fang)korb *m*
creep [kriːp] (*pt*, *pp* **crept**) VI schleichen; (*plant: horizontally*) kriechen; (*: vertically*) klettern ▶ N (*inf*) Kriecher *m*; **to ~ up on sb** sich an jdn heranschleichen; (*time etc*) langsam auf jdn zukommen; **he's a ~** er ist ein widerlicher *or* fieser Typ; **it gives me the creeps** davon kriege ich das kalte Grausen
creeper [ˈkriːpəʳ] N Kletterpflanze *f*
creepers [ˈkriːpəz] (*US*) NPL *Schuhe mit weichen Sohlen*
creepy [ˈkriːpɪ] ADJ gruselig; (*experience*) unheimlich, gruselig
creepy-crawly [ˈkriːpɪˈkrɔːlɪ] (*inf*) N Krabbeltier *nt*
cremate [krɪˈmeɪt] VT einäschern
cremation [krɪˈmeɪʃən] N Einäscherung *f*, Kremation *f*
crematoria [krɛməˈtɔːrɪə] NPL *of* **crematorium**
crematorium [krɛməˈtɔːrɪəm] (*pl* **crematoria**) N Krematorium *nt*
creosote [ˈkrɪəsəut] N Kreosot *nt*
crepe [kreɪp] N Krepp *m*; (*rubber*) Krepp(gummi) *m*
crepe bandage (BRIT) N elastische Binde *f*
crepe paper N Krepppapier *nt*
crepe sole N Kreppsohle *f*
crept [krɛpt] PT, PP *of* **creep**
crescendo [krɪˈʃɛndəu] N Höhepunkt *m*; (*Mus*) Crescendo *nt*
crescent [ˈkrɛsnt] N Halbmond *m*; (*street*) *halbkreisförmig verlaufende Straße*
cress [krɛs] N Kresse *f*
crest [krɛst] N (*of hill*) Kamm *m*; (*of bird*) Haube *f*; (*coat of arms*) Wappen *nt*
crestfallen [ˈkrɛstfɔːlən] ADJ niedergeschlagen
Crete [kriːt] N Kreta *nt*
crevasse [krɪˈvæs] N Gletscherspalte *f*
crevice [ˈkrɛvɪs] N Spalte *f*
crew [kruː] N Besatzung *f*; (*TV*, *Cine*) Crew *f*; (*gang*) Bande *f*
crew cut N Bürstenschnitt *m*
crew neck N runder (Hals)ausschnitt *m*
crib [krɪb] N Kinderbett *nt*; (*Rel*) Krippe *f* ▶ VT (*inf: copy*) abschreiben
cribbage [ˈkrɪbɪdʒ] N Cribbage *nt*
crib death (*US*) N = **cot death**
crib sheet N (BRIT: *in exam*) Spickzettel *m*
crick [krɪk] N Krampf *m*
cricket [ˈkrɪkɪt] N Kricket *nt*; (*insect*) Grille *f*
cricketer [ˈkrɪkɪtəʳ] N Kricketspieler(in) *m(f)*
★**crime** [kraɪm] N (*no pl: illegal activities*) Verbrechen *pl*; (*illegal action*, *fig*) Verbrechen *nt*; **minor ~** kleinere Vergehen *pl*
crime wave N Verbrechenswelle *f*
★**criminal** [ˈkrɪmɪnl] N Kriminelle(r) *f(m)*, Verbrecher(in) *m(f)* ▶ ADJ kriminell; **C~ Investigation Department** Kriminalpolizei *f*
criminal code N Strafgesetzbuch *nt*
criminal profile N Täterprofil *nt*
crimp [krɪmp] VT kräuseln; (*hair*) wellen
crimson [ˈkrɪmzn] ADJ purpurrot
cringe [krɪndʒ] VI (*in fear*) zurückweichen; (*in embarrassment*) zusammenzucken
crinkle [ˈkrɪŋkl] VT (zer)knittern
cripple [ˈkrɪpl] N (*offensive*) Krüppel *m* ▶ VT zum Krüppel machen; (*ship*, *plane*) aktionsunfähig machen; (*production*, *exports*) lahmlegen, lähmen; **crippled with rheumatism** von Rheuma praktisch gelähmt
crippling [ˈkrɪplɪŋ] ADJ (*disease*) schwer; (*taxation*, *debts*) erdrückend
crises [ˈkraɪsiːz] NPL *of* **crisis**
★**crisis** [ˈkraɪsɪs] (*pl* **crises**) N Krise *f*
crisp [krɪsp] ADJ (*vegetables etc*) knackig; (*bacon etc*) knusprig; (*weather*) frisch; (*manner*, *tone*, *reply*) knapp
★**crisps** [krɪsps] (BRIT) NPL Chips *pl*
crisscross [ˈkrɪskrɔs] ADJ (*pattern*) Kreuz- ▶ VT kreuz und quer durchziehen
criteria [kraɪˈtɪərɪə] NPL *of* **criterion**
criterion [kraɪˈtɪərɪən] (*pl* **criteria**) N Kriterium *nt*
★**critic** [ˈkrɪtɪk] N Kritiker(in) *m(f)*
critical [ˈkrɪtɪkl] ADJ kritisch; **to be ~ of sb/sth** jdn/etw kritisieren; **he is in a ~ condition** sein Zustand ist kritisch
critically [ˈkrɪtɪklɪ] ADV kritisch; (*ill*) schwer
★**criticism** [ˈkrɪtɪsɪzəm] N Kritik *f*
★**criticize** [ˈkrɪtɪsaɪz] VT kritisieren
critique [krɪˈtiːk] N Kritik *f*
croak [krəuk] VI (*frog*) quaken; (*bird*, *person*) krächzen
Croat N Kroate *m*, Kroatin *f*; (*Ling*) Kroatisch *nt*
Croatia [krəuˈeɪʃə] N Kroatien *nt*
Croatian [krəuˈeɪʃən] ADJ kroatisch
crochet [ˈkrəuʃeɪ] N (*activity*) Häkeln *nt*; (*result*) Häkelei *f*
crock [krɔk] N Topf *m*; (*inf: also:* **old crock**: *vehicle*) Kiste *f*; (*: person*) Wrack *nt*
crockery [ˈkrɔkərɪ] N Geschirr *nt*
crocodile [ˈkrɔkədaɪl] N Krokodil *nt*
crocus [ˈkrəukəs] N Krokus *m*
croft [krɔft] (BRIT) N kleines Pachtgut *nt*
crofter [ˈkrɔftəʳ] (BRIT) N Kleinpächter(in) *m(f)*
crone [krəun] N alte Hexe *f*
crony [ˈkrəunɪ] (*inf*, *pej*) N Kumpan(in) *m(f)*
crook [kruk] N (*criminal*) Gauner *m*; (*of shepherd*) Hirtenstab *m*; (*of arm*) Beuge *f*

crooked [ˈkrʊkɪd] ADJ krumm; (*dishonest*) unehrlich

★**crop** [krɔp] N (Feld)frucht *f*; (*amount produced*) Ernte *f*; (*riding crop*) Reitpeitsche *f*; (*of bird*) Kropf *m* ▸ VT (*hair*) stutzen; (*subj: animal: grass*) abfressen
▸ **crop up** VI aufkommen

cropper [ˈkrɔpəʳ] (*inf*) N: **to come a ~** hinfallen; (*fig: fail*) auf die Nase fallen

crop spraying [-ˈspreɪɪŋ] N Schädlingsbekämpfung *f* (*durch Besprühen*)

croquet [ˈkrəukeɪ] (BRIT) N Krocket *nt*

croquette [krəˈkɛt] N Krokette *f*

★**cross** [krɔs] N Kreuz *nt*; (*Biol, Bot*) Kreuzung *f* ▸ VT (*street*) überqueren; (*room etc*) durchqueren; (*cheque*) zur Verrechnung ausstellen; (*arms*) verschränken; (*legs*) übereinanderschlagen; (*animal, plant*) kreuzen; (*thwart: person*) verärgern; (: *plan*) durchkreuzen ▸ ADJ ärgerlich, böse ▸ VI: **the boat crosses from … to …** das Schiff fährt von … nach …; **to ~ o.s.** sich bekreuzigen; **we have a crossed line** (BRIT) es ist jemand in der Leitung; **they've got their lines** *or* **wires crossed** (*fig*) sie reden aneinander vorbei; **to be/get ~ with sb (about sth)** mit jdm *or* auf jdn (wegen etw) böse sein/werden
▸ **cross out** VT streichen
▸ **cross over** VI hinübergehen

crossbar [ˈkrɔsbɑːʳ] N (*Sport*) Querlatte *f*; (*of bicycle*) Stange *f*

crossbow [ˈkrɔsbəu] N Armbrust *f*

crossbreed [ˈkrɔsbriːd] N Kreuzung *f*

cross-Channel ferry [ˈkrɔsˈtʃænl-] N Kanalfähre *f*

crosscheck [ˈkrɔstʃɛk] N Gegenprobe *f* ▸ VT überprüfen

cross-country [ˈkrɔsˈkʌntrɪ], **cross-country race** N Querfeldeinrennen *nt*

cross-dressing [krɔsˈdrɛsɪŋ] N (*transvestism*) Transvestismus *m*

cross-examination [ˈkrɔsɪgzæmɪˈneɪʃən] N Kreuzverhör *nt*

cross-examine [ˈkrɔsɪgˈzæmɪn] VT ins Kreuzverhör nehmen

cross-eyed [ˈkrɔsaɪd] ADJ schielend; **to be ~** schielen

crossfire [ˈkrɔsfaɪəʳ] N Kreuzfeuer *nt*; **to get caught in the ~** (*also fig*) ins Kreuzfeuer geraten

★**crossing** [ˈkrɔsɪŋ] N Überfahrt *f*; (*also:* **pedestrian crossing**) Fußgängerüberweg *m*

crossing guard (US) N ≈ Schülerlotse *m*

crossing point N Übergangsstelle *f*

cross-purposes [ˈkrɔsˈpəːpəsɪz] NPL: **to be at ~ with sb** jdn missverstehen; **we're (talking) at ~** wir reden aneinander vorbei

cross-question [ˈkrɔsˈkwɛstʃən] VT ins Kreuzverhör nehmen

cross-reference [ˈkrɔsˈrɛfrəns] N (Quer)verweis *m*

★**crossroads** [ˈkrɔsrəudz] N Kreuzung *f*

cross section N Querschnitt *m*

crosswalk [ˈkrɔswɔːk] (US) N Fußgängerüberweg *m*

crosswind [ˈkrɔswɪnd] N Seitenwind *m*

crosswise [ˈkrɔswaɪz] ADV quer

crossword [ˈkrɔswəːd] N (*also:* **crossword puzzle**) Kreuzworträtsel *nt*

crotch [krɔtʃ] N Unterleib *m*; (*of garment*) Schritt *m*

crotchet [ˈkrɔtʃɪt] N Viertelnote *f*

crotchety [ˈkrɔtʃɪtɪ] ADJ reizbar

crouch [krautʃ] VI kauern

croup [kruːp] N (*Med*) Krupp *m*

croupier [ˈkruːpɪəʳ] N Croupier *m*

crouton [ˈkruːtɔn] N Crouton *m*

crow [krəu] N (*bird*) Krähe *f*; (*of cock*) Krähen *nt* ▸ VI krähen; (*fig*) sich brüsten, angeben

crowbar [ˈkrəubɑːʳ] N Brechstange *f*

★**crowd** [kraud] N (Menschen)menge *f* ▸ VT (*room, stadium*) füllen ▸ VI: **to ~ round** sich herumdrängen; **crowds of people** Menschenmassen *pl*; **the/our ~** (*of friends*) die/unsere Clique *f*; **to ~ sb/sth in** jdn/etw hineinstopfen; **to ~ sb/sth into** jdn pferchen/etw stopfen in *+acc*; **to ~ in** sich hineindrängen

crowded [ˈkraudɪd] ADJ überfüllt; (*densely populated*) dicht besiedelt; **~ with** voll von

crowd scene N Massenszene *f*

crowdsource [ˈkraudsɔːs] VT *Arbeitsprozesse auf freiwillige Nutzer auslagern*

crowdsourcing [ˈkraudsɔːsɪŋ] N Auslagerung *f* (*von Arbeitsprozessen auf freiwillige Nutzer*), Crowdsourcing *nt*

★**crown** [kraun] N (*also of tooth*) Krone *f*; (*of head*) Wirbel *m*; (*of hill*) Kuppe *f*; (*of hat*) Kopf *m* ▸ VT krönen; (*tooth*) überkronen; **the C~** die Krone; **and to ~ it all …** (*fig*) und zur Krönung des Ganzen …

Crown Court N *siehe Info-Artikel*

> **Crown Court** ist ein Strafgericht, das in etwa 90 verschiedenen Städten in England und Wales zusammentritt. Schwere Verbrechen wie Mord, Totschlag, Vergewaltigung und Raub werden nur vor dem **Crown Court** unter Vorsitz eines Richters mit Geschworenen verhandelt.

crowning [ˈkraunɪŋ] ADJ krönend

crown jewels NPL Kronjuwelen *pl*

crown prince N Kronprinz *m*

crow's-feet [ˈkrəuzfiːt] NPL Krähenfüße *pl*

crow's-nest [ˈkrəuznɛst] N Krähennest *nt*, Mastkorb *m*

crucial [ˈkruːʃl] ADJ (*decision*) äußerst wichtig; (*vote*) entscheidend; **~ to** äußerst wichtig für

crucifix [ˈkruːsɪfɪks] N Kruzifix *nt*

crucifixion [kruːsɪˈfɪkʃən] N Kreuzigung *f*

crucify [ˈkruːsɪfaɪ] VT kreuzigen; (*fig*) in der Luft zerreißen

crude [kruːd] ADJ (*oil, fibre*) Roh-; (*fig: basic*) primitiv; (: *vulgar*) ordinär ▸ N = **crude oil**

crude oil N Rohöl *nt*

cruel [ˈkruəl] ADJ grausam
cruelty [ˈkruəltɪ] N Grausamkeit *f*
cruet [ˈkru:ɪt] N Gewürzständer *m*
cruise [kru:z] N Kreuzfahrt *f* ▶ VI (*ship*) kreuzen; (*car*) (mit Dauergeschwindigkeit) fahren; (*aircraft*) (mit Reisegeschwindigkeit) fliegen; (*taxi*) gemächlich fahren
cruise missile N Marschflugkörper *m*
cruiser [ˈkru:zəʳ] N Motorboot *nt*; (*warship*) Kreuzer *m*
cruising speed [ˈkru:zɪŋ-] N Reisegeschwindigkeit *f*
crumb [krʌm] N Krümel *m*; (*fig: of information*) Brocken *m*; **a ~ of comfort** ein winziger Trost
crumble [ˈkrʌmbl] VT (*bread*) zerbröckeln; (*biscuit etc*) zerkrümeln ▶ VI (*building, earth etc*) zerbröckeln; (*plaster*) abbröckeln; (*fig: opposition*) sich auflösen; (*: belief*) ins Wanken geraten
crumbly [ˈkrʌmblɪ] ADJ krümelig
crummy [ˈkrʌmɪ] (*inf*) ADJ mies
crumpet [ˈkrʌmpɪt] N Teekuchen *m* (*zum Toasten*)
crumple [ˈkrʌmpl] VT zerknittern
crunch [krʌntʃ] VT (*biscuit, apple etc*) knabbern; (*underfoot*) zertreten ▶ N: **the ~** der große Krach; **if it comes to the ~** wenn es wirklich dahin kommt; **when the ~ comes** wenn es hart auf hart geht
crunchy [ˈkrʌntʃɪ] ADJ knusprig; (*apple etc*) knackig; (*gravel, snow etc*) knirschend
crusade [kru:ˈseɪd] N Feldzug *m* ▶ VI: **to ~ for/against sth** für/gegen etw zu Felde ziehen
crusader [kru:ˈseɪdəʳ] N Kreuzritter *m*; (*fig*): **~ (for)** Apostel *m* (*+gen*)
crush [krʌʃ] N (*crowd*) Gedränge *nt* ▶ VT quetschen; (*grapes*) zerquetschen; (*paper, clothes*) zerknittern; (*garlic, ice*) (zer)stoßen; (*defeat*) niederschlagen; (*devastate*) vernichten; **to have a ~ on sb** (*love*) für jdn schwärmen; **lemon ~** Zitronensaftgetränk *nt*
crush barrier (BRIT) N Absperrung *f*
crushing [ˈkrʌʃɪŋ] ADJ vernichtend
crust [krʌst] N Kruste *f*
crustacean [krʌsˈteɪʃən] N Schalentier *nt*, Krustazee *f*
crusty [ˈkrʌstɪ] ADJ knusprig
crutch [krʌtʃ] N Krücke *f*; (*support*) Stütze *f*; *see also* **crotch**
crux [krʌks] N Kern *m*
cry [kraɪ] VI weinen; (*also:* **cry out**) aufschreien ▶ N Schrei *m*; (*shout*) Ruf *m*; **what are you crying about?** warum weinst du?; **to ~ for help** um Hilfe rufen; **she had a good ~** sie hat sich (mal richtig) ausgeweint; **it's a far ~ from …** (*fig*) das ist etwas ganz anderes als …
▶ **cry off** (*inf*) VI absagen
crying [ˈkraɪɪŋ] ADJ (*fig: need*) dringend; **it's a ~ shame** es ist ein Jammer
crypt [krɪpt] N Krypta *f*
cryptic [ˈkrɪptɪk] ADJ hintergründig, rätselhaft; (*clue*) verschlüsselt
crystal [ˈkrɪstl] N Kristall *m*; (*glass*) Kristall(glas) *nt*
crystal clear ADJ glasklar
crystallize [ˈkrɪstəlaɪz] VT (*opinion, thoughts*) (feste) Form geben *+dat* ▶ VI (*sugar etc*) kristallisieren; **crystallized fruits** (BRIT) kandierte Früchte *pl*
CSA N ABBR (= *Child Support Agency*) *Amt zur Regelung von Unterhaltszahlungen für Kinder*
CSC N ABBR (= *Civil Service Commission*) *Einstellungsbehörde für den öffentlichen Dienst*
CSE (BRIT) N ABBR (*formerly: = Certificate of Secondary Education*) *Schulabschlusszeugnis*, ≈ mittlere Reife *f*
CS gas (BRIT) N ≈ Tränengas *nt*
CST (US) ABBR (= *Central Standard Time*) *mittelamerikanische Standardzeit*
CT (US) ABBR (*Post*) = **Connecticut**
ct ABBR = **cent; court**
CTC (BRIT) N ABBR = **city technology college**
CT scanner N ABBR (*Med: = computerized tomography scanner*) CT-Scanner *m*
cu [ˈsi:ju:] ABBR (*in text messages: = see you*) bis dann, bis später
cu. ABBR = **cubic**
cub [kʌb] N Junge(s) *nt*; (*also:* **cub scout**) Wölfling *m*
Cuba [ˈkju:bə] N Kuba *nt*
Cuban [ˈkju:bən] ADJ kubanisch ▶ N Kubaner(in) *m(f)*
cubbyhole [ˈkʌbɪhəul] N (*room*) Kabuff *nt*; (*space*) Eckchen *nt*
cube [kju:b] N Würfel *m*; (*Math: of number*) dritte Potenz *f* ▶ VT (*Math*) in die dritte Potenz erheben, hoch drei nehmen
cube farm N (*inf*) Großraumbüro *nt* (*mit Trennwänden*)
cube root N Kubikwurzel *f*
cubic [ˈkju:bɪk] ADJ (*volume*) Kubik-; **~ metre** *etc* Kubikmeter *m etc*
cubic capacity N Hubraum *m*
cubicle [ˈkju:bɪkl] N Kabine *f*; (*in hospital*) Bettnische *f*
cuckoo [ˈkuku:] N Kuckuck *m*
cuckoo clock N Kuckucksuhr *f*
★**cucumber** [ˈkju:kʌmbəʳ] N Gurke *f*
cud [kʌd] N: **to chew the ~** (*animal*) wiederkäuen; (*fig: person*) vor sich *acc* hin grübeln
cuddle [ˈkʌdl] VT in den Arm nehmen, drücken ▶ VI schmusen
cuddly [ˈkʌdlɪ] ADJ (*person*) knuddelig (*inf*); **~ toy** Plüschtier *nt*
cudgel [ˈkʌdʒl] N Knüppel *m* ▶ VT: **to ~ one's brains** sich *dat* das (Ge)hirn zermartern
cue [kju:] N (*Sport*) Billardstock *m*, Queue *nt*; (*Theat: word*) Stichwort *nt*; (*: action*) (Einsatz)zeichen *nt*; (*Mus*) Einsatz *m*
cuff [kʌf] N (*of sleeve*) Manschette *f*; (*US: of trousers*) Aufschlag *m*; (*blow*) Klaps *m* ▶ VT einen Klaps geben *+dat*; **off the ~** aus dem Stegreif

cuff links NPL Manschettenknöpfe *pl*
cu. in. ABBR (= *cubic inches*) Kubikzoll
cuisine [kwɪˈziːn] N Küche *f*
cul-de-sac [ˈkʌldəsæk] N Sackgasse *f*
culinary [ˈkʌlɪnərɪ] ADJ (*skill*) Koch-; (*delight*) kulinarisch
cull [kʌl] VT (zusammen)sammeln; (*animals*) ausmerzen ▸ N *Erlegen überschüssiger Tierbestände*
culminate [ˈkʌlmɪneɪt] VI: **to ~ in** gipfeln in *+dat*
culmination [kʌlmɪˈneɪʃən] N Höhepunkt *m*
culottes [kjuːˈlɔts] NPL Hosenrock *m*
culpable [ˈkʌlpəbl] ADJ schuldig
culprit [ˈkʌlprɪt] N Täter(in) *m(f)*
cult [kʌlt] N Kult *m*
cult figure N Kultfigur *f*
cultivate [ˈkʌltɪveɪt] VT (*land*) bebauen, landwirtschaftlich nutzen; (*crop*) anbauen; (*feeling*) entwickeln; (*person*) sich *dat* warm halten (*inf*), die Beziehung pflegen zu
cultivation [kʌltɪˈveɪʃən] N (*of land*) Bebauung *f*, landwirtschaftliche Nutzung *f*; (*of crop*) Anbau *m*
cultural [ˈkʌltʃərəl] ADJ kulturell
★**culture** [ˈkʌltʃəʳ] N Kultur *f*
cultured [ˈkʌltʃəd] ADJ kultiviert; (*pearl*) Zucht-
cumbersome [ˈkʌmbəsəm] ADJ (*suitcase etc*) sperrig, unhandlich; (*piece of machinery*) schwer zu handhaben; (*clothing*) hinderlich; (*process*) umständlich
cumin [ˈkʌmɪn] N Kreuzkümmel *m*
cumulative [ˈkjuːmjulətɪv] ADJ (*effect, result*) Gesamt-
cunning [ˈkʌnɪŋ] N Gerissenheit *f* ▸ ADJ gerissen; (*device, idea*) schlau
cunt [kʌnt] (*inf!*) N (*vagina*) Fotze *f* (*inf!*); (*term of abuse*) Arsch *m* (*!*)
★**cup** [kʌp] N Tasse *f*; (*as prize*) Pokal *m*; (*of bra*) Körbchen *nt*; **a ~ of tea** eine Tasse Tee
★**cupboard** [ˈkʌbəd] N Schrank *m*
cup final (BRIT) N Pokalendspiel *nt*
cupful [ˈkʌpful] N Tasse *f*
Cupid [ˈkjuːpɪd] N Amor *m*; (*figurine*) Amorette *f*
cupidity [kjuːˈpɪdɪtɪ] N Begierde *f*, Gier *f*
cupola [ˈkjuːpələ] N Kuppel *f*
cuppa [ˈkʌpə] (BRIT *inf*) N Tasse *f* Tee
cup tie (BRIT) N Pokalspiel *nt*
curable [ˈkjuərəbl] ADJ heilbar
curate [ˈkjuərɪt] N Vikar *m*
curator [kjuəˈreɪtəʳ] N Kustos *m*
curb [kəːb] VT einschränken; (*person*) an die Kandare nehmen ▸ N Einschränkung *f*; (*US: kerb*) Bordstein *m*
curd cheese [kəːd-] N Weißkäse *m*
curdle [ˈkəːdl] VI gerinnen
curds [kəːdz] NPL ≈ Quark *m*
cure [kjuəʳ] VT heilen; (*Culin: salt*) pökeln; (*: smoke*) räuchern; (*: dry*) trocknen; (*problem*) abhelfen *+dat* ▸ N (*remedy*) (Heil)mittel *nt*; (*treatment*) Heilverfahren *nt*; (*solution*) Abhilfe *f*; **to be cured of sth** von etw geheilt sein
cure-all [ˈkjuərɔːl] N (*also fig*) Allheilmittel *nt*
curfew [ˈkəːfjuː] N Ausgangssperre *f*; (*time*) Sperrstunde *f*
curio [ˈkjuərɪəu] N Kuriosität *f*
curiosity [kjuərɪˈɔsɪtɪ] N Wissbegier(de) *f*; Neugier *f*; Merkwürdigkeit *f*
★**curious** [ˈkjuərɪəs] ADJ (*interested*) wissbegierig; (*nosy*) neugierig; (*strange, unusual*) sonderbar, merkwürdig; **I'm ~ about him** ich bin gespannt auf ihn
curiously [ˈkjuərɪəslɪ] ADV neugierig; (*inquisitively*) wissbegierig; **~ enough, ...** merkwürdigerweise ...
curl [kəːl] N Locke *f*; (*of smoke etc*) Kringel *m* ▸ VT (*hair: loosely*) locken; (*: tightly*) kräuseln ▸ VI sich locken; sich kräuseln; (*smoke*) sich kringeln
▸ **curl up** VI sich zusammenrollen
curler [ˈkəːləʳ] N Lockenwickler *m*; (*Sport*) Curlingspieler(in) *m(f)*
curlew [ˈkəːluː] N Brachvogel *m*
curling [ˈkəːlɪŋ] N (*Sport*) Curling *nt*
curling tongs, (*US*) **curling irons** NPL Lockenschere *f*, Brennschere *f*
curly [ˈkəːlɪ] ADJ lockig; (*tightly curled*) kraus
currant [ˈkʌrnt] N Korinthe *f*; (*blackcurrant, redcurrant*) Johannisbeere *f*
★**currency** [ˈkʌrnsɪ] N (*system*) Währung *f*; (*money*) Geld *nt*; **foreign ~** Devisen *pl*; **to gain ~** (*fig*) sich verbreiten, um sich greifen
current [ˈkʌrnt] N Strömung *f*; (*Elec*) Strom *m*; (*of opinion*) Tendenz *f*, Trend *m* ▸ ADJ gegenwärtig; (*expression*) gebräuchlich; (*idea, custom*) verbreitet; **direct/alternating ~** (*Elec*) Gleich-/Wechselstrom *m*; **the ~ issue of a magazine** die neueste *or* letzte Nummer einer Zeitschrift; **in ~ use** allgemein gebräuchlich
current account (BRIT) N Girokonto *nt*
current affairs NPL Tagespolitik *f*
current assets NPL (*Comm*) Umlaufvermögen *nt*
current liabilities NPL (*Comm*) kurzfristige Verbindlichkeiten *pl*
currently [ˈkʌrntlɪ] ADV zurzeit
curricula [kəˈrɪkjulə] NPL *of* **curriculum**
curriculum [kəˈrɪkjuləm] (*pl* **curriculums** *or* **curricula**) N Lehrplan *m*
curriculum vitae [-ˈviːtaɪ] N Lebenslauf *m*
curry [ˈkʌrɪ] N (*dish*) Currygericht *nt* ▸ VT: **to ~ favour with** sich einschmeicheln bei
curry powder N Curry *m or nt*, Currypulver *nt*
curse [kəːs] VI fluchen ▸ VT verfluchen ▸ N Fluch *m*
cursor [ˈkəːsəʳ] N (*Comput*) Cursor *m*
cursory [ˈkəːsərɪ] ADJ flüchtig; (*examination*) oberflächlich
curt [kəːt] ADJ knapp, kurz angebunden
curtail [kəːˈteɪl] VT einschränken; (*visit etc*) abkürzen

curtain [ˈkə:tn] N Vorhang *m*; (*net*) Gardine *f*; **to draw the curtains** (*together*) die Vorhänge zuziehen; (*apart*) die Vorhänge aufmachen
curtain call N (*Theat*) Vorhang *m*
curtsey, curtsy [ˈkə:tsɪ] VI knicksen ▶ N Knicks *m*
curvature [ˈkə:vətʃəʳ] N Krümmung *f*
curve [kə:v] N Bogen *m*; (*in the road*) Kurve *f* ▶ VI einen Bogen machen; (*surface, arch*) sich wölben ▶ VT biegen
curved [kə:vd] ADJ (*line*) gebogen; (*table legs etc*) geschwungen; (*surface, arch, sides of ship*) gewölbt
cushion [ˈkuʃən] N Kissen *nt* ▶ VT dämpfen; (*seat*) polstern
cushy [ˈkuʃɪ] (*inf*) ADJ: **a ~ job** ein gemütlicher *or* ruhiger Job; **to have a ~ time** eine ruhige Kugel schieben
custard [ˈkʌstəd] N (*for pouring*) Vanillesoße *f*
custard powder (BRIT) N Vanillesoßenpulver *nt*
custodial [kʌsˈtəudɪəl] ADJ: **~ sentence** Gefängnisstrafe *f*
custodian [kʌsˈtəudɪən] N Verwalter(in) *m(f)*; (*of museum etc*) Aufseher(in) *m(f)*, Wächter(in) *m(f)*
custody [ˈkʌstədɪ] N (*of child*) Vormundschaft *f*; (*for offenders*) (polizeilicher) Gewahrsam *m*, Haft *f*; **to take into ~** verhaften; **in the ~ of** unter der Obhut *+gen*; **the mother has ~ of the children** die Kinder sind der Mutter zugesprochen worden
custom [ˈkʌstəm] N Brauch *m*; (*habit*) (An)gewohnheit *f*; (*Law*) Gewohnheitsrecht *nt*; (*Comm*) Kundschaft *f*
customary [ˈkʌstəmərɪ] ADJ (*conventional*) üblich; (*habitual*) gewohnt; **it is ~ to do it** es ist üblich, es zu tun
custom-built [ˈkʌstəmˈbɪlt] ADJ speziell angefertigt
customer [ˈkʌstəməʳ] N Kunde *m*, Kundin *f*; **he's an awkward ~** (*inf*) er ist ein schwieriger Typ
customer profile N Kundenprofil *nt*
customize [ˈkʌstəmaɪz] VT individuell anpassen
customized [ˈkʌstəmaɪzd] ADJ individuell aufgemacht
custom-made [ˈkʌstəmˈmeɪd] ADJ (*shirt etc*) maßgefertigt, nach Maß; (*car etc*) speziell angefertigt
customs [ˈkʌstəmz] NPL Zoll *m*; **to go through ~** durch den Zoll gehen
Customs and Excise (BRIT) N die Zollbehörde *f*
customs duty N Zoll *m*
customs officer N Zollbeamte(r) *m*, Zollbeamtin *f*
cut [kʌt] (*pt, pp* **~**) VT schneiden; (*text, programme, spending*) kürzen; (*prices*) senken, heruntersetzen, herabsetzen; (*supply*) einschränken; (*cloth*) zuschneiden; (*road*) schlagen, hauen; (*inf: lecture, appointment*) schwänzen ▶ VI schneiden; (*lines*) sich schneiden ▶ N Schnitt *m*; (*in skin*) Schnittwunde *f*; (*in salary, spending etc*) Kürzung *f*; (*of meat*) Stück *nt*; (*of jewel*) Schnitt *m*, Schliff *m*; **to ~ a tooth** zahnen, einen Zahn bekommen; **to ~ one's finger/hand/knee** sich in den Finger/in die Hand/am Knie schneiden; **to get one's hair ~** sich *dat* die Haare schneiden lassen; **to ~ sth short** etw vorzeitig abbrechen; **to ~ sb dead** jdn wie Luft behandeln; **cold cuts** (*US*) Aufschnitt *m*; **power ~** Stromausfall *m*
▶ **cut back** VT (*plants*) zurückschneiden; (*production*) zurückschrauben; (*expenditure*) einschränken
▶ **cut down** VT (*tree*) fällen; (*consumption*) einschränken; **to ~ sb down to size** (*fig*) jdn auf seinen Platz verweisen
▶ **cut down on** VT FUS einschränken
▶ **cut in** VI (*Aut*) sich direkt vor ein anderes Auto setzen; **to ~ in (on)** (*conversation*) sich einschalten (in *+acc*)
▶ **cut off** VT abschneiden; (*supply*) sperren; (*Tel*) unterbrechen; **we've been ~ off** (*Tel*) wir sind unterbrochen worden
▶ **cut out** VT ausschneiden; (*an activity etc*) aufhören mit; (*remove*) herausschneiden
▶ **cut up** VT klein schneiden; **it really ~ me up** (*inf*) es hat mich ziemlich mitgenommen; **to feel ~ up about sth** (*inf*) betroffen über etw *acc* sein
cut and dried ADJ (*also:* **cut-and-dry**: *answer*) eindeutig; (: *solution*) einfach
cutaway [ˈkʌtəweɪ] N (*coat*) Cut(away) *m*; (*drawing*) Schnittdiagramm *nt*; (*model*) Schnittmodell *nt*; (*Cine, TV*) Schnitt *m*
cutback [ˈkʌtbæk] N Kürzung *f*
cute [kju:t] ADJ süß, niedlich; (*clever*) schlau
cut glass N geschliffenes Glas *nt*
cuticle [ˈkju:tɪkl] N Nagelhaut *f*; **~ remover** Nagelhautentferner *m*
cutlery [ˈkʌtlərɪ] N Besteck *nt*
cutlet [ˈkʌtlɪt] N Schnitzel *nt*; (*also:* **vegetable cutlet, nut cutlet**) Bratling *m*
cutoff [ˈkʌtɔf] N (*also:* **cutoff point**) Trennlinie *f*
cutoff switch N Ausschaltmechanismus *m*
cutout [ˈkʌtaut] N (*switch*) Unterbrecher *m*; (*shape*) Ausschneidemodell *nt*; (*paper figure*) Ausschneidepuppe *f*
cut-price [ˈkʌtˈpraɪs] ADJ (*goods*) heruntergesetzt; (*offer*) Billig-
cut-rate [ˈkʌtˈreɪt] (*US*) ADJ = **cut-price**
cut-throat [ˈkʌtθrəut] N Mörder(in) *m(f)* ▶ ADJ unbarmherzig, mörderisch
cutting [ˈkʌtɪŋ] ADJ (*edge, remark*) scharf ▶ N (BRIT: *from newspaper*) Ausschnitt *m*; (: *Rail*) Durchstich *m*; (*from plant*) Ableger *m*
cutting edge N (*fig*) Spitzenstellung *f*; **on the ~ (of)** an der Spitze *+gen*
cutting-edge [kʌtɪŋˈɛdʒ] ADJ wegbereitend, innovativ
cuttlefish [ˈkʌtlfɪʃ] N Tintenfisch *m*
★**CV** N ABBR = **curriculum vitae**
c.w.o. ABBR (*Comm*) = **cash with order**
cwt ABBR = **hundredweight**

cyanide [ˈsaɪənaɪd] N Zyanid *nt*
cyberattack [ˈsaɪbərətæk] N Cyberangriff *m*
cyberbully [ˈsaɪbəbʊlɪ] N Cybermobber(in) *m(f)*
cyberbullying [ˈsaɪbəbʊlɪɪŋ] N Cybermobbing *nt*
cybercafé [ˈsaɪbəkæfeɪ] N Internetcafé *nt*
cybernetics [saɪbəˈnɛtɪks] N Kybernetik *f*
cybersecurity [saɪbəsɪˈkjuərɪtɪ] N Internetsicherheit *f*
cyberspace [ˈsaɪbəspeɪs] N Cyberspace *m*
cyberterrorism [saɪbəˈtɛrərɪzəm] N Cyber-Terrorismus *m*
cyclamen [ˈsɪkləmən] N Alpenveilchen *nt*
★**cycle** [ˈsaɪkl] N (*bicycle*) (Fahr)rad *nt*; (*series: of seasons, songs etc*) Zyklus *m*; (*: of events*) Gang *m*; (*: Tech*) Periode *f* ▶ VI Rad fahren
cycle lane, cycle path N (Fahr)radweg *m*
cycle race N Radrennen *nt*
cycle rack N Fahrradständer *m*
cycling [ˈsaɪklɪŋ] N Radfahren *nt*; **to go on a ~ holiday** (BRIT) Urlaub mit dem Fahrrad machen
cyclist [ˈsaɪklɪst] N (Fahr)radfahrer(in) *m(f)*
cyclone [ˈsaɪkləun] N Zyklon *m*
cygnet [ˈsɪgnɪt] N Schwanjunge(s) *nt*
cylinder [ˈsɪlɪndəʳ] N Zylinder *m*; (*of gas*) Gasflasche *f*
cylinder block N Zylinderblock *m*
cylinder head N Zylinderkopf *m*
cylinder-head gasket [ˈsɪlɪndəhɛd-] N Zylinderkopfdichtung *f*
cymbals [ˈsɪmblz] NPL (*Mus*) Becken *nt*
cynic [ˈsɪnɪk] N Zyniker(in) *m(f)*
cynical [ˈsɪnɪkl] ADJ zynisch
cynicism [ˈsɪnɪsɪzəm] N Zynismus *m*
cypress [ˈsaɪprɪs] N Zypresse *f*
Cypriot [ˈsɪprɪət] ADJ zypriotisch, zyprisch ▶ N Zypriot(in) *m(f)*
Cyprus [ˈsaɪprəs] N Zypern *nt*
cyst [sɪst] N Zyste *f*
cystitis [sɪsˈtaɪtɪs] N Blasenentzündung *f*, Zystitis *f*
CZ (US) N ABBR (= *Canal Zone*) *Bereich des Panamakanals*
czar [zɑːʳ] N = **tsar**
Czech [tʃɛk] ADJ tschechisch ▶ N Tscheche *m*, Tschechin *f*; (*language*) Tschechisch *nt*; **the ~ Republic** die Tschechische Republik *f*
Czechia [ˈtʃɛkɪə] N (*Czech Republic*) Tschechien *nt*, Tschechische Republik *f*
Czechoslovak [tʃɛkəˈsləuvæk] (*Hist*) ADJ, N = **Czechoslovakian**
Czechoslovakia [tʃɛkəsləˈvækɪə] N (*Hist*) die Tschechoslowakei *f*
Czechoslovakian [tʃɛkəsləˈvækɪən] (*Hist*) ADJ tschechoslowakisch ▶ N Tschechoslowake *m*, Tschechoslowakin *f*

Dd

D¹, d¹ [di:] N (*letter*) D *nt*, d *nt*; **D for David, D for Dog** (*US*) ≈ D wie Dora
D² [di:] N (*Mus*) D *nt*, d *nt*
D³ [di:] (*US*) ABBR (*Pol*) = **Democrat; Democratic**
d² (BRIT: *formerly*) ABBR = **penny**
d. ABBR = **died**; **Henry Jones, d. 1754** Henry Jones, gest. 1754
DA (*US*) N ABBR = **district attorney**
dab [dæb] VT betupfen; (*paint, cream*) tupfen ▶ N Tupfer *m*; **to be a ~ hand at sth** gut in etw *dat* sein; **to be a ~ hand at doing sth** sich darauf verstehen, etw zu tun
▶ **dab at** VT betupfen
dabble [ˈdæbl] VI: **to ~ in** sich (nebenbei)beschäftigen mit
dachshund [ˈdækshund] N Dackel *m*
dad [dæd] (*inf*) N Papa *m*, Vati *m*
daddy [ˈdædɪ] (*inf*) N = **dad**
daddy-longlegs [dædɪˈlɔŋlɛgz] (*inf*) N Schnake *f*
daffodil [ˈdæfədɪl] N Osterglocke *f*, Narzisse *f*
daft [dɑ:ft] (*inf*) ADJ doof (*inf*), blöd (*inf*); **to be ~ about sb/sth** verrückt nach jdm/etw sein
dagger [ˈdægəʳ] N Dolch *m*; **to be at daggers drawn with sb** mit jdm auf Kriegsfuß stehen; **to look daggers at sb** jdn mit Blicken durchbohren
dahlia [ˈdeɪljə] N Dahlie *f*
daily [ˈdeɪlɪ] ADJ täglich; (*wages*) Tages- ▶ N (*paper*) Tageszeitung *f*; (BRIT: *also:* **daily help**) Putzfrau *f* ▶ ADV täglich; **twice ~** zweimal täglich *or* am Tag
dainty [ˈdeɪntɪ] ADJ zierlich
dairy [ˈdɛərɪ] N (BRIT: *shop*) Milchgeschäft *nt*; (*company*) Molkerei *f*; (*on farm*) Milchkammer *f* ▶ CPD Milch-; (*herd, industry, farming*) Milchvieh-
dairy farm N *auf Milchviehhaltung spezialisierter Bauernhof*
dairy products NPL Milchprodukte *pl*, Molkereiprodukte *pl*
dairy store (*US*) N Milchgeschäft *nt*
dais [ˈdeɪɪs] N Podium *nt*
daisy [ˈdeɪzɪ] N Gänseblümchen *nt*
daisywheel [ˈdeɪzɪwi:l] N Typenrad *nt*
daisywheel printer N Typenraddrucker *m*
Dakar [ˈdækəʳ] N Dakar *nt*
dale [deɪl] (BRIT) N Tal *nt*
dally [ˈdælɪ] VI (herum)trödeln; **to ~ with** (*plan, idea*) spielen mit
dalmatian [dælˈmeɪʃən] N Dalmatiner *m*
dam [dæm] N (Stau)damm *m*; (*reservoir*) Stausee *m* ▶ VT stauen
★**damage** [ˈdæmɪdʒ] N Schaden *m* ▶ VT schaden +*dat*; (*spoil, break*) beschädigen ■ **damages** NPL (*Law*) Schaden(s)ersatz *m*; **~ to property** Sachbeschädigung *f*; **to pay £5,000 in damages** 5000 Pfund Schaden(s)ersatz (be)zahlen
damaging [ˈdæmɪdʒɪŋ] ADJ: **~ (to)** schädlich (für)
Damascus [dəˈmɑ:skəs] N Damaskus *nt*
dame [deɪm] N Dame *f*; (*US inf*) Weib *nt*; (*Theat*) (komische) Alte *f* (*von einem Mann gespielt*)
damn [dæm] VT verfluchen; (*condemn*) verurteilen ▶ ADJ (*inf*: *also:* **damned**) verdammt ▶ N (*inf*): **I don't give a ~** das ist mir scheißegal (*!*); **~ (it)!** verdammt (noch mal)!
damnable [ˈdæmnəbl] ADJ grässlich
damnation [dæmˈneɪʃən] N Verdammnis *f* ▶ EXCL (*inf*) verdammt
damning [ˈdæmɪŋ] ADJ belastend
damp [dæmp] ADJ feucht ▶ N Feuchtigkeit *f* ▶ VT (*also:* **dampen**) befeuchten, anfeuchten; (*enthusiasm etc*) dämpfen
dampcourse [ˈdæmpkɔ:s] N Dämmschicht *f*
damper [ˈdæmpəʳ] N (*Mus*) Dämpfer *m*; (*of fire*) (Luft)klappe *f*; **to put a ~ on** (*fig*) einen Dämpfer aufsetzen +*dat*
dampness [ˈdæmpnɪs] N Feuchtigkeit *f*
damson [ˈdæmzən] N Damaszenerpflaume *f*
★**dance** [dɑ:ns] N Tanz *m*; (*social event*) Tanz(abend) *m* ▶ VI tanzen; **to ~ about** (herum)tänzeln
dance hall N Tanzsaal *m*
dancer [ˈdɑ:nsəʳ] N Tänzer(in) *m(f)*
dancing [ˈdɑ:nsɪŋ] N Tanzen *nt* ▶ CPD (*teacher, school, class etc*) Tanz-
D and C N ABBR (*Med*: = *dilation and curettage*) Ausschabung *f*
dandelion [ˈdændɪlaɪən] N Löwenzahn *m*
dandruff [ˈdændrəf] N Schuppen *pl*
D and T (BRIT) N ABBR (*Scol*) = **Design and Technology**
dandy [ˈdændɪ] N Dandy *m* ▶ ADJ (*US inf*) prima
Dane [deɪn] N Däne *m*, Dänin *f*

★**danger** [ˈdeɪndʒəʳ] N Gefahr *f*; **there is ~ of fire/poisoning** es besteht Feuer-/Vergiftungsgefahr; **there is a ~ of sth happening** es besteht die Gefahr, dass etw geschieht; **"~!"** „Achtung!"; **in ~** in Gefahr; **to be in ~ of doing sth** Gefahr laufen, etw zu tun; **out of ~** außer Gefahr

danger list N: **on the ~** in Lebensgefahr

★**dangerous** [ˈdeɪndʒrəs] ADJ gefährlich

dangerously [ˈdeɪndʒrəslɪ] ADV gefährlich; (*close*) bedenklich; **~ ill** schwer krank

danger zone N Gefahrenzone *f*

dangle [ˈdæŋgl] VT baumeln lassen ▶ VI baumeln

★**Danish** [ˈdeɪnɪʃ] ADJ dänisch ▶ N (*Ling*) Dänisch *nt*

Danish pastry N Plundergebäck *nt*

dank [dæŋk] ADJ (unangenehm) feucht

Danube [ˈdænju:b] N: **the ~** die Donau

dapper [ˈdæpəʳ] ADJ gepflegt

Dardanelles [dɑːdəˈnɛlz] NPL: **the ~** die Dardanellen *pl*

dare [dɛəʳ] VT: **to ~ sb to do sth** jdn dazu herausfordern, etw zu tun ▶ VI: **to ~ (to) do sth** es wagen, etw zu tun; **I daren't tell him** (BRIT) ich wage nicht, es ihm zu sagen; **I ~ say** ich nehme an

daredevil [ˈdɛədɛvl] N Draufgänger *m*

Dar-es-Salaam [ˈdɑ:rɛssəˈlɑ:m] N Daressalam *nt*

daring [ˈdɛərɪŋ] ADJ kühn, verwegen; (*bold*) gewagt ▶ N Kühnheit *f*

★**dark** [dɑ:k] ADJ dunkel; (*look*) finster ▶ N: **in the ~** im Dunkeln; **to be in the ~ about** (*fig*) keine Ahnung haben von; **after ~** nach Einbruch der Dunkelheit; **it is/is getting ~** es ist/wird dunkel; **~ chocolate** Zartbitterschokolade *f*

Dark Ages NPL: **the ~** das finstere Mittelalter

darken [ˈdɑ:kn] VT dunkel machen ▶ VI sich verdunkeln

dark glasses NPL Sonnenbrille *f*

dark horse N (*in competition*) Unbekannte(r) *f*(*m*) (mit Außenseiterchancen); (*quiet person*) stilles Wasser *nt*

darkly [ˈdɑ:klɪ] ADV finster

darkness [ˈdɑ:knɪs] N Dunkelheit *f*, Finsternis *f*

darkroom [ˈdɑ:krum] N Dunkelkammer *f*

darling [ˈdɑ:lɪŋ] ADJ lieb ▶ N Liebling *m*; **to be the ~ of** der Liebling *+gen* sein; **she is a ~** sie ist ein Schatz

darn [dɑ:n] VT stopfen

dart [dɑ:t] N (*in game*) (Wurf)pfeil *m*; (*in sewing*) Abnäher *m* ▶ VI: **to ~ towards** (*also:* **make a dart towards**) zustürzen auf *+acc*; **to ~ away/along** davon-/entlangflitzen

dartboard [ˈdɑ:tbɔ:d] N Dartscheibe *f*

darts [dɑ:ts] N Darts *nt*, Pfeilwurfspiel *nt*

dash [dæʃ] N (*sign*) Gedankenstrich *m*; (*rush*) Jagd *f* ▶ VT (*throw*) schleudern; (*hopes*) zunichtemachen ▶ VI: **to ~ towards** zustürzen auf *+acc*; **a ~ of ...** (*small quantity*) etwas ..., ein Schuss *m* ...; **to make a ~ for sth** auf etw *acc* zustürzen; **we'll have to make a ~ for it** wir müssen rennen, so schnell wir können

▶ **dash away** VI losstürzen

▶ **dash off** VI = **dash away**

dashboard [ˈdæʃbɔ:d] N Armaturenbrett *nt*

dashing [ˈdæʃɪŋ] ADJ flott

dastardly [ˈdæstədlɪ] ADJ niederträchtig

DAT N ABBR (= *digital audio tape*) DAT *nt*

★**data** [ˈdeɪtə] NPL Daten *pl*

data analysis N Datenanalyse *f*

database [ˈdeɪtəbeɪs] N Datenbank *f*

data capture N Datenerfassung *f*

data processing N Datenverarbeitung *f*

data projector N Beamer *m*

data transmission N Datenübertragung *f*

★**date** [deɪt] N Datum *nt*; (*with friend*) Verabredung *f*; (*fruit*) Dattel *f* ▶ VT datieren; (*person*) ausgehen mit; **what's the ~ today?** der Wievielte ist heute?; **~ of birth** Geburtsdatum *nt*; **closing ~** Einsendeschluss *m*; **to ~** bis heute; **out of ~** altmodisch; (*expired*) abgelaufen; **up to ~** auf dem neuesten Stand; **to bring up to ~** auf den neuesten Stand bringen; (*person*) über den neuesten Stand der Dinge informieren; **a letter dated 5 July** ein vom 5. Juli datierter Brief

dated [ˈdeɪtɪd] ADJ altmodisch

dateline [ˈdeɪtlaɪn] N (*Geog*) Datumsgrenze *f*; (*Press*) Datumszeile *f*

date rape N Vergewaltigung *f* einer/eines Bekannten (*mit der/dem der Täter eine Verabredung hatte*)

date stamp N Datumsstempel *m*

dative [ˈdeɪtɪv] N Dativ *m*

daub [dɔ:b] VT schmieren; **to ~ with** beschmieren mit

★**daughter** [ˈdɔ:təʳ] N Tochter *f*

daughter-in-law [ˈdɔ:tərɪnlɔ:] N Schwiegertochter *f*

daunt [dɔ:nt] VT entmutigen

daunting [ˈdɔ:ntɪŋ] ADJ entmutigend

dauntless [ˈdɔ:ntlɪs] ADJ unerschrocken, beherzt

dawdle [ˈdɔ:dl] VI trödeln; **to ~ over one's work** bei der Arbeit bummeln *or* trödeln

dawn [dɔ:n] N Tagesanbruch *m*, Morgengrauen *nt*; (*of period*) Anbruch *m* ▶ VI dämmern; (*fig*): **it dawned on him that ...** es dämmerte ihm, dass ...; **from ~ to dusk** von morgens bis abends

dawn chorus (BRIT) N Morgenkonzert *nt* der Vögel

★**day** [deɪ] N Tag *m*; (*heyday*) Zeit *f*; **the ~ before/after** am Tag zuvor/danach; **the ~ after tomorrow** übermorgen; **the ~ before yesterday** vorgestern; **(on) the following ~** am Tag danach; **the ~ that ...** (am Tag,) als ...; **~ by ~** jeden Tag, täglich; **by ~** tagsüber; **paid by the ~** tageweise bezahlt; **to work an eight hour ~** einen Achtstundentag haben; **these days, in the present ~** heute, heutzutage

daybook [ˈdeɪbuk] (BRIT) N Journal *nt*

dayboy [ˈdeɪbɔɪ] N Externe(r) *m*

daybreak [ˈdeɪbreɪk] N Tagesanbruch *m*

day-care centre [ˈdeɪkɛə-] N (*for children*) (Kinder)tagesstätte *f*; (*for old people*) Altentagesstätte *f*

daydream [ˈdeɪdriːm] VI (mit offenen Augen) träumen ▶ N Tagtraum *m*, Träumerei *f*

daygirl [ˈdeɪgəːl] N Externe *f*

daylight [ˈdeɪlaɪt] N Tageslicht *nt*

daylight robbery (*inf*) N Halsabschneiderei *f*

daylight-saving time [ˈdeɪlaɪtˈseɪvɪŋ-] (*US*) N Sommerzeit *f*

day release N: **to be on ~** tageweise (zur Weiterbildung) freigestellt sein

day return (BRIT) N Tagesrückfahrkarte *f*

day shift N Tagschicht *f*

daytime [ˈdeɪtaɪm] N Tag *m*; **in the ~** tagsüber, bei Tage

day-to-day [ˈdeɪtəˈdeɪ] ADJ täglich, Alltags-; **on a ~ basis** tageweise

day trader N (*Stock Exchange*) Day-Trader(in) *m(f)*, Tageshändler(in) *m(f)*

day trip N Tagesausflug *m*

day-tripper [ˈdeɪˈtrɪpəʳ] N Tagesausflügler(in) *m(f)*

daze [deɪz] VT benommen machen ▶ N: **in a ~** ganz benommen

dazed [deɪzd] ADJ benommen

dazzle [ˈdæzl] VT blenden

dazzling [ˈdæzlɪŋ] ADJ (*light*) blendend; (*smile*) strahlend; (*career, achievements*) glänzend

DC ABBR = **direct current**

DCC N ABBR (= *digital compact cassette*) DCC *f*

DD ABBR = **direct debit**; (= *Doctor of Divinity*) ≈ Dr. theol.

D-day [ˈdiːdeɪ] N der Tag X

DDS (*US*) N ABBR (= *Doctor of Dental Surgery*) ≈ Dr. med. dent.

DDT N ABBR (= *dichlorodiphenyltrichloroethane*) DDT *nt*

deacon [ˈdiːkən] N Diakon *m*

dead [dɛd] ADJ tot; (*flowers*) verwelkt; (*numb*) abgestorben, taub; (*battery*) leer; (*place*) wie ausgestorben ▶ ADV total, völlig; (*directly, exactly*) genau ▶ NPL: **the ~** die Toten *pl*; **to shoot sb ~** jdn erschießen; **~ silence** Totenstille *f*; **in the ~ centre (of)** genau in der Mitte *+gen*; **the line has gone ~** (*Tel*) die Leitung ist tot; **~ on time** auf die Minute pünktlich; **~ tired** todmüde; **to stop ~** abrupt stehen bleiben

dead beat (*inf*) ADJ (*tired*) völlig kaputt

deaden [ˈdɛdn] VT (*blow*) abschwächen; (*pain*) mildern; (*sound*) dämpfen

dead end N Sackgasse *f*

dead-end [ˈdɛdɛnd] ADJ: **a ~ job** ein Job *m* ohne Aufstiegsmöglichkeiten

dead heat N: **to finish in a ~** unentschieden ausgehen

dead letter office N Amt *nt* für unzustellbare Briefe

★**deadline** [ˈdɛdlaɪn] N (letzter) Termin *m*; **to work to a ~** auf einen Termin hinarbeiten

deadlock [ˈdɛdlɔk] N Stillstand *m*; **the meeting ended in ~** die Verhandlung war festgefahren

dead loss (*inf*) N: **to be a ~** ein hoffnungsloser Fall sein

deadly [ˈdɛdlɪ] ADJ tödlich ▶ ADV: **~ dull** todlangweilig

deadpan [ˈdɛdpæn] ADJ (*look*) unbewegt; (*tone*) trocken

Dead Sea N: **the ~** das Tote Meer

dead season N tote Saison *f*

★**deaf** [dɛf] ADJ taub; (*partially*) schwerhörig; **to turn a ~ ear to sth** sich einer Sache *dat* gegenüber taub stellen

deaf aid (BRIT) N Hörgerät *nt*

deaf-and-dumb [ˈdɛfənˈdʌm] (*!*) ADJ taubstumm; **~ alphabet** Taubstummensprache *f*

deafen [ˈdɛfn] VT taub machen

deafening [ˈdɛfnɪŋ] ADJ ohrenbetäubend

deaf-mute [ˈdɛfmjuːt] (*!*) N Taubstumme(r) *f(m)*

deafness [ˈdɛfnɪs] N Taubheit *f*

★**deal** [diːl] (*pt, pp* **dealt**) N Geschäft *nt*, Handel *m* ▶ VT (*blow*) versetzen; (*card*) geben, austeilen; **to strike a ~ with sb** ein Geschäft mit jdm abschließen; **it's a ~!** (*inf*) abgemacht!; **he got a fair/bad ~ from them** er ist von ihnen anständig/schlecht behandelt worden; **a good ~** (*a lot*) ziemlich viel; **a great ~ (of)** ziemlich viel

▶ **deal in** VT FUS handeln mit

▶ **deal with** VT FUS (*person*) sich kümmern um; (*problem*) sich befassen mit; (*successfully*) fertig werden mit; (*subject*) behandeln

dealbreaker [ˈdiːlbreɪkəʳ] N: **it was a ~** es hat das Geschäft gekippt

dealer [ˈdiːləʳ] N Händler(in) *m(f)*; (*in drugs*) Dealer *m*; (*Cards*) Kartengeber(in) *m(f)*

dealership [ˈdiːləʃɪp] N (Vertrags)händler *m*

dealings [ˈdiːlɪŋz] NPL Geschäfte *pl*; (*relations*) Beziehungen *pl*

dealt [dɛlt] PT, PP *of* **deal**

dean [diːn] N Dekan *m*; (*US Scol: administrator*) *Schul- oder Collegeverwalter mit Beratungs- und Disziplinarfunktion*

★**dear** [dɪəʳ] ADJ lieb; (*expensive*) teuer ▶ N: **(my) ~** (mein) Liebling *m* ▶ EXCL: **~ me!** (ach) du liebe Zeit!; **D~ Sir/Madam** Sehr geehrte Damen und Herren; **D~ Mr/Mrs X** Sehr geehrter Herr/geehrte Frau X; (*less formal*) Lieber Herr/Liebe Frau X

dearly [ˈdɪəlɪ] ADV (*love*) von ganzem Herzen; (*pay*) teuer

dear money N (*Comm*) teures Geld *nt*

dearth [dəːθ] N: **a ~ of** ein Mangel *m* an *+dat*

d

★**death** [dɛθ] N Tod *m*; (*fatality*) Tote(r) *f*(*m*), Todesfall *m*
deathbed [ˈdɛθbɛd] N: **to be on one's ~** auf dem Sterbebett liegen
death certificate N Sterbeurkunde *f*, Totenschein *m*
deathly [ˈdɛθlɪ] ADJ (*silence*) eisig ▸ ADV (*pale etc*) toten-
death penalty N Todesstrafe *f*
death rate N Sterbeziffer *f*
death row [-rəu] (*US*) N Todestrakt *m*
death sentence N Todesurteil *nt*
death squad N Todeskommando *nt*
death toll N Zahl *f* der Todesopfer *or* Toten
deathtrap [ˈdɛθtræp] N Todesfalle *f*
deb [dɛb] (*inf*) N ABBR = **debutante**
debacle [deɪˈbɑːkl] N Debakel *nt*
debar [dɪˈbɑːʳ] VT: **to ~ sb from doing sth** jdn davon ausschließen, etw zu tun; **to ~ sb from a club** jdn aus einem Klub ausschließen
debase [dɪˈbeɪs] VT (*value, quality*) mindern, herabsetzen; (*person*) erniedrigen, entwürdigen
debatable [dɪˈbeɪtəbl] ADJ fraglich
debate [dɪˈbeɪt] N Debatte *f* ▸ VT debattieren über *+acc*; (*course of action*) überlegen ▸ VI: **to ~ whether** hin und her überlegen, ob
debauchery [dɪˈbɔːtʃərɪ] N Ausschweifungen *pl*
debenture [dɪˈbɛntʃəʳ] N Schuldschein *m*
debilitate [dɪˈbɪlɪteɪt] VT schwächen
debilitating [dɪˈbɪlɪteɪtɪŋ] ADJ schwächend
debit [ˈdɛbɪt] N Schuldposten *m* ▸ VT: **to ~ a sum to sb/sb's account** jdn/jds Konto mit einer Summe belasten; *see also* **direct debit**
debit balance N Sollsaldo *nt*, Debetsaldo *nt*
debit card N Geldkarte *f*
debit note N Lastschriftanzeige *f*
debonair [dɛbəˈnɛəʳ] ADJ flott
debrief [diːˈbriːf] VT befragen
debriefing [diːˈbriːfɪŋ] N Befragung *f*
debris [ˈdɛbriː] N Trümmer *pl*, Schutt *m*
debt [dɛt] N Schuld *f*; (*state of owing money*) Schulden *pl*, Verschuldung *f*; **to be in ~** Schulden haben, verschuldet sein; **bad ~** uneinbringliche Forderung *f*
debt collector N Inkassobeauftragte(r) *f*(*m*), Schuldeneintreiber(in) *m*(*f*)
debtor [ˈdɛtəʳ] N Schuldner(in) *m*(*f*)
debug [ˈdiːˈbʌg] VT (*Comput*) Fehler beseitigen in *+dat*
debunk [diːˈbʌŋk] VT (*myths, ideas*) bloßstellen; (*claim*) entlarven; (*person, institution*) vom Sockel stoßen
debut [ˈdeɪbjuː] N Debüt *nt*
debutante [ˈdɛbjutænt] N Debütantin *f*
Dec. ABBR = **December**
★**decade** [ˈdɛkeɪd] N Jahrzehnt *nt*
decadence [ˈdɛkədəns] N Dekadenz *f*
decadent [ˈdɛkədənt] ADJ dekadent
decaf [ˈdiːkæf] N koffeinfreier Kaffee *m*
decaffeinated [dɪˈkæfɪneɪtɪd] ADJ koffeinfrei
decamp [dɪˈkæmp] (*inf*) VI verschwinden, sich aus dem Staub machen
decant [dɪˈkænt] VT umfüllen
decanter [dɪˈkæntəʳ] N Karaffe *f*
decarbonize [diːˈkɑːbənaɪz] VT entkohlen
decathlon [dɪˈkæθlən] N Zehnkampf *m*
decay [dɪˈkeɪ] N Verfall *m*; (*of tooth*) Fäule *f* ▸ VI (*body*) verwesen; (*teeth*) faulen; (*leaves*) verrotten; (*fig: society etc*) verfallen
decease [dɪˈsiːs] N (*Law*): **upon your ~** bei Ihrem Ableben
deceased [dɪˈsiːst] N: **the ~** der/die Tote *or* Verstorbene
deceit [dɪˈsiːt] N Betrug *m*
deceitful [dɪˈsiːtful] ADJ betrügerisch
deceive [dɪˈsiːv] VT täuschen; (*husband, wife etc*) betrügen; **to ~ o.s.** sich *dat* etwas vormachen
decelerate [diːˈsɛləreɪt] VI (*car etc*) langsamer werden; (*driver*) die Geschwindigkeit herabsetzen
★**December** [dɪˈsɛmbəʳ] N Dezember *m*; *see also* **July**
decency [ˈdiːsənsɪ] N (*propriety*) Anstand *m*; (*kindness*) Anständigkeit *f*
decent [ˈdiːsənt] ADJ anständig; **we expect you to do the ~ thing** wir erwarten, dass Sie die Konsequenzen ziehen; **they were very ~ about it** sie haben sich sehr anständig verhalten; **that was very ~ of him** das war sehr anständig von ihm; **are you ~?** (*dressed*) hast du etwas an?
decently [ˈdiːsəntlɪ] ADV anständig
decentralization [ˈdiːsɛntrəlaɪˈzeɪʃən] N Dezentralisierung *f*
decentralize [diːˈsɛntrəlaɪz] VT dezentralisieren
deception [dɪˈsɛpʃən] N Täuschung *f*, Betrug *m*
deceptive [dɪˈsɛptɪv] ADJ irreführend, täuschend
decibel [ˈdɛsɪbɛl] N Dezibel *nt*
★**decide** [dɪˈsaɪd] VT entscheiden; (*persuade*) veranlassen ▸ VI sich entscheiden; **to ~ to do sth/that** beschließen, etw zu tun/dass; **to ~ on sth** sich für etw entscheiden; **to ~ on/against doing sth** sich dafür/dagegen entscheiden, etw zu tun
decided [dɪˈsaɪdɪd] ADJ entschieden; (*character*) entschlossen; (*difference*) deutlich
decidedly [dɪˈsaɪdɪdlɪ] ADV entschieden; (*emphatically*) entschlossen
deciding [dɪˈsaɪdɪŋ] ADJ entscheidend
deciduous [dɪˈsɪdjuəs] ADJ (*tree, woods*) Laub-
decimal [ˈdɛsɪməl] ADJ (*system, number*) Dezimal- ▸ N Dezimalzahl *f*; **to three ~ places** auf drei Dezimalstellen
decimalize [ˈdɛsɪməlaɪz] (BRIT) VT auf das Dezimalsystem umstellen
decimal point N Komma *nt*
decimate [ˈdɛsɪmeɪt] VT dezimieren

decipher [dɪ'saɪfəʳ] VT entziffern
decision [dɪ'sɪʒən] N Entscheidung *f*; (*decisiveness*) Bestimmtheit *f*, Entschlossenheit *f*; **to make a ~** eine Entscheidung treffen
decisive [dɪ'saɪsɪv] ADJ (*action etc*) entscheidend; (*person*) entschlussfreudig; (*manner, reply*) bestimmt, entschlossen
deck [dɛk] N Deck *nt*; (*also:* **record deck**) Plattenspieler *m*; (*of cards*) Spiel *nt*; **to go up on ~** an Deck gehen; **below ~** unter Deck; **top ~** (*of bus*) Oberdeck *nt*; **cassette ~** Tapedeck *nt*
deck chair N Liegestuhl *m*
deck hand N Deckshelfer(in) *m(f)*
declaration [dɛklə'reɪʃən] N Erklärung *f*
declare [dɪ'klɛəʳ] VT erklären; (*result*) bekannt geben, veröffentlichen; (*income etc*) angeben; (*goods at customs*) verzollen
declassify [di:'klæsɪfaɪ] VT freigeben
decline [dɪ'klaɪn] N Rückgang *m*; (*decay*) Verfall *m* ▸ VT ablehnen ▸ VI (*strength*) nachlassen; (*business*) zurückgehen; (*old person*) abbauen; **~ in/of** Rückgang *m* +*gen*; **~ in living standards** Sinken *nt* des Lebensstandards
declutch [di:'klʌtʃ] VI auskuppeln
declutter [di:'klʌtəʳ] VT entrümpeln, aufräumen
decode [di:'kəud] VT entschlüsseln
decoder [di:'kəudəʳ] N Decoder *m*
decompose [di:kəm'pəuz] VI (*organic matter*) sich zersetzen; (*corpse*) verwesen
decomposition [di:kɔmpə'zɪʃən] N Zersetzung *f*
decompression [di:kəm'prɛʃən] N Dekompression *f*, Druckverminderung *f*
decompression chamber N Dekompressionskammer *f*
decongestant [di:kən'dʒɛstənt] N (*Med*) abschwellendes Mittel *nt*; (: *drops*) Nasentropfen *pl*
decontaminate [di:kən'tæmɪneɪt] VT entgiften
decontrol [di:kən'trəul] VT freigeben
décor ['deɪkɔ:ʳ] N Ausstattung *f*; (*Theat*) Dekor *m or nt*
decorate ['dɛkəreɪt] VI: **to ~ (with)** verzieren (mit) ▸ VT (*tree, building*) schmücken (mit); (*room, house: from bare walls*) anstreichen und tapezieren; (: *redecorate*) renovieren
decoration [dɛkə'reɪʃən] N Verzierung *f*; (*on tree, building*) Schmuck *m*; (*act*) Verzieren *nt*; Schmücken *nt*; (An)streichen *nt*; Tapezieren *nt*; (*medal*) Auszeichnung *f*
decorative ['dɛkərətɪv] ADJ dekorativ
decorator ['dɛkəreɪtəʳ] N Maler(in) *m(f)*, Anstreicher(in) *m(f)*
decorum [dɪ'kɔ:rəm] N Anstand *m*
decoy ['di:kɔɪ] N Lockvogel *m*; (*object*) Köder *m*; **they used him as a ~ for the enemy** sie benutzten ihn dazu, den Feind anzulocken
decrease VT [dɪ'kri:s] verringern, reduzieren ▸ VI [dɪ'kri:s] abnehmen, zurückgehen ▸ N ['di:kri:s]: **~ (in)** Abnahme *f* (+*gen*), Rückgang *m* (+*gen*); **to be on the ~** abnehmen, zurückgehen
decreasing [di:'kri:sɪŋ] ADJ abnehmend, zurückgehend
decree [dɪ'kri:] N (*Admin, Law*) Verfügung *f*; (*Pol*) Erlass *m*; (*Rel*) Dekret *nt* ▸ VT: **to ~ (that)** verfügen(, dass), verordnen(, dass)
decree absolute N endgültiges Scheidungsurteil *nt*
decree nisi [-'naɪsaɪ] N vorläufiges Scheidungsurteil *nt*
decrepit [dɪ'krɛpɪt] ADJ (*shack*) baufällig; (*person*) klapprig (*inf*)
decry [dɪ'kraɪ] VT schlechtmachen
decrypt [di:'krɪpt] VT entschlüsseln
dedicate ['dɛdɪkeɪt] VT: **to ~ to** widmen +*dat*
dedicated ['dɛdɪkeɪtɪd] ADJ hingebungsvoll, engagiert; (*Comput*) dediziert; **~ word processor** dediziertes Textverarbeitungssystem *nt*
dedication [dɛdɪ'keɪʃən] N Hingabe *f*; (*in book, on radio*) Widmung *f*
deduce [dɪ'dju:s] VT: **to ~ (that)** schließen(, dass), folgern(, dass)
deduct [dɪ'dʌkt] VT abziehen; **to ~ sth (from)** etw abziehen (von); (*esp from wage etc*) etw einbehalten (von)
deduction [dɪ'dʌkʃən] N (*act of deducting*) Abzug *m*; (*act of deducing*) Folgerung *f*
deed [di:d] N Tat *f*; (*Law*) Urkunde *f*; **~ of covenant** Vertragsurkunde *f*
deem [di:m] VT (*formal*) erachten für, halten für; **to ~ it wise/helpful to do sth** es für klug/hilfreich halten, etw zu tun
★**deep** [di:p] ADJ tief ▸ ADV: **the spectators stood 20 ~** die Zuschauer standen in 20 Reihen hintereinander; **to be 4 metres ~** 4 Meter tief sein; **knee-deep in water** bis zu den Knien im Wasser; **he took a ~ breath** er holte tief Luft
deepen ['di:pn] VT vertiefen ▸ VI (*crisis*) sich verschärfen; (*mystery*) größer werden
deepfreeze ['di:p'fri:z] N Tiefkühltruhe *f*
deep-fry ['di:p'fraɪ] VT frittieren
deeply ['di:plɪ] ADV (*breathe*) tief; (*interested*) höchst; (*moved, grateful*) zutiefst
deep-rooted ['di:p'ru:tɪd] ADJ tief verwurzelt; (*habit*) fest eingefahren
deep-sea ['di:p'si:] CPD Tiefsee-; (*fishing*) Hochsee-
deep-seated ['di:p'si:tɪd] ADJ tief sitzend
deep-set ['di:psɛt] ADJ tief liegend
deer [dɪəʳ] N INV Reh *nt*; (*male*) Hirsch *m*; **(red) ~** Rotwild *nt*; **(roe) ~** Reh *nt*; **(fallow) ~** Damwild *nt*
deerskin ['dɪəskɪn] N Hirschleder *nt*, Rehleder *nt*
deerstalker ['dɪəstɔ:kəʳ] N ≈ Sherlock-Holmes-Mütze *f*
deface [dɪ'feɪs] VT (*with paint etc*) beschmieren; (*slash, tear*) zerstören
defamation [dɛfə'meɪʃən] N Diffamierung *f*, Verleumdung *f*

d

defamatory [dɪˈfæmətrɪ] ADJ diffamierend, verleumderisch

default [dɪˈfɔːlt] N (*also:* **default value**) Voreinstellung *f* ▶ VI: **to ~ on a debt** einer Zahlungsverpflichtung nicht nachkommen; **to win by ~** kampflos gewinnen

defaulter [dɪˈfɔːltəʳ] N säumiger Zahler *m*, säumige Zahlerin *f*

default option N Voreinstellung *f*

★**defeat** [dɪˈfiːt] VT besiegen, schlagen ▶ N (*failure*) Niederlage *f*; (*of enemy*): **~ (of)** Sieg *m* (über *+acc*)

defeatism [dɪˈfiːtɪzəm] N Defätismus *m*

defeatist [dɪˈfiːtɪst] ADJ defätistisch ▶ N Defätist(in) *m(f)*

defect N [ˈdiːfɛkt] Fehler *m* ▶ VI [dɪˈfɛkt]: **to ~ to the enemy** zum Feind überlaufen; **physical/mental ~** körperlicher/geistiger Schaden *m or* Defekt *m*; **to ~ to the West** sich in den Westen absetzen

defective [dɪˈfɛktɪv] ADJ fehlerhaft

defector [dɪˈfɛktəʳ] N Überläufer(in) *m(f)*

defence, (*US*) **defense** [dɪˈfɛns] N Verteidigung *f*; (*justification*) Rechtfertigung *f*; **in ~ of** zur Verteidigung *+gen*; **witness for the ~** Zeuge *m*/Zeugin *f* der Verteidigung; **the Ministry of D~, the Department of Defense** (*US*) das Verteidigungsministerium

defenceless [dɪˈfɛnslɪs] ADJ schutzlos

★**defend** [dɪˈfɛnd] VT verteidigen

defendant [dɪˈfɛndənt] N Angeklagte(r) *f(m)*; (*in civil case*) Beklagte(r) *f(m)*

defender [dɪˈfɛndəʳ] N Verteidiger(in) *m(f)*

defending champion [dɪˈfɛndɪŋ-] N (*Sport*) Titelverteidiger(in) *m(f)*

defending counsel [dɪˈfɛndɪŋ-] N Verteidiger(in) *m(f)*

defense [dɪˈfɛns] (*US*) N = **defence**

defensive [dɪˈfɛnsɪv] ADJ defensiv ▶ N: **on the ~** in der Defensive

defer [dɪˈfəːʳ] VT verschieben

deference [ˈdɛfərəns] N Achtung *f*, Respekt *m*; **out of** *or* **in ~ to** aus Rücksicht auf *+acc*

deferential [dɛfəˈrɛnʃəl] ADJ ehrerbietig, respektvoll

defiance [dɪˈfaɪəns] N Trotz *m*; **in ~ of sth** einer Sache *dat* zum Trotz, unter Missachtung einer Sache *gen*

defiant [dɪˈfaɪənt] ADJ trotzig; (*challenging*) herausfordernd

defiantly [dɪˈfaɪəntlɪ] ADV trotzig; herausfordernd

deficiency [dɪˈfɪʃənsɪ] N Mangel *m*; (*defect*) Unzulänglichkeit *f*; (*deficit*) Defizit *nt*

deficiency disease N Mangelkrankheit *f*

deficient [dɪˈfɪʃənt] ADJ: **sb/sth is ~ in sth** jdm/etw fehlt es an etw *dat*

deficit [ˈdɛfɪsɪt] N Defizit *nt*

defile [dɪˈfaɪl] VT (*memory*) beschmutzen; (*statue etc*) schänden ▶ N Hohlweg *m*

define [dɪˈfaɪn] VT (*limits, boundaries*) bestimmen, festlegen; (*word*) definieren

definite [ˈdɛfɪnɪt] ADJ definitiv; (*date etc*) fest; (*clear, obvious*) klar, eindeutig; (*certain*) bestimmt; **he was ~ about it** er war sich *dat* sehr sicher

definite article N bestimmter Artikel *m*

★**definitely** [ˈdɛfɪnɪtlɪ] ADV bestimmt; (*decide*) fest, definitiv

definition [dɛfɪˈnɪʃən] N (*of word*) Definition *f*; (*of photograph etc*) Schärfe *f*

definitive [dɪˈfɪnɪtɪv] ADJ (*account*) definitiv; (*version*) maßgeblich

deflate [diːˈfleɪt] VT (*tyre, balloon*) die Luft ablassen aus; (*person*) einen Dämpfer versetzen *+dat*; (*Econ*) deflationieren

deflation [diːˈfleɪʃən] N Deflation *f*

deflationary [diːˈfleɪʃənrɪ] ADJ deflationistisch

deflect [dɪˈflɛkt] VT (*attention*) ablenken; (*criticism*) abwehren; (*shot*) abfälschen; (*light*) brechen, beugen

defog [ˈdiːˈfɔg] (*US*) VT von Beschlag freimachen

defogger [ˈdiːˈfɔgəʳ] (*US*) N Gebläse *nt*

deform [dɪˈfɔːm] VT deformieren, verunstalten

deformed [dɪˈfɔːmd] ADJ deformiert, missgebildet

deformity [dɪˈfɔːmɪtɪ] N Deformität *f*, Missbildung *f*

defraud [dɪˈfrɔːd] VT: **to ~ sb (of sth)** jdn (um etw) betrügen

defray [dɪˈfreɪ] VT: **to ~ sb's expenses** jds Unkosten tragen *or* übernehmen

defriend [diːˈfrɛnd] VT (*on social network*) entfreunden

defrost [diːˈfrɔst] VT (*fridge*) abtauen; (*windscreen*) entfrosten; (*food*) auftauen

defroster [diːˈfrɔstəʳ] (*US*) N (*Aut*) Gebläse *nt*

deft [dɛft] ADJ geschickt

defunct [dɪˈfʌŋkt] ADJ (*industry*) stillgelegt; (*organization*) nicht mehr bestehend

defuse [diːˈfjuːz] VT entschärfen

defy [dɪˈfaɪ] VT sich widersetzen *+dat*; (*challenge*) auffordern; **it defies description** es spottet jeder Beschreibung

degenerate VI [dɪˈdʒɛnəreɪt] degenerieren ▶ ADJ [dɪˈdʒɛnərɪt] degeneriert

degradation [dɛgrəˈdeɪʃən] N Erniedrigung *f*

degrade [dɪˈgreɪd] VT erniedrigen; (*reduce the quality of*) degradieren

degrading [dɪˈgreɪdɪŋ] ADJ erniedrigend

★**degree** [dɪˈgriː] N Grad *m*; (*Scol*) akademischer Grad *m*; **10 degrees below (zero)** 10 Grad unter null; **6 degrees of frost** 6 Grad Kälte *or* unter null; **a considerable ~ of risk** ein gewisses Risiko; **a ~ in maths** ein Hochschulabschluss *m* in Mathematik; **by degrees** nach und nach; **to some ~, to a certain ~** einigermaßen, in gewissem Maße

dehydrated [diːhaɪˈdreɪtɪd] ADJ ausgetrocknet, dehydriert; (*milk, eggs*) pulverisiert, Trocken-

dehydration [diːhaɪˈdreɪʃən] N Austrocknung *f*, Dehydration *f*

de-ice [ˈdiːˈaɪs] VT enteisen

de-icer [ˈdiːˈaɪsəʳ] N Defroster *m*

deign [deɪn] VI: **to ~ to do sth** sich herablassen, etw zu tun

deity [ˈdiːɪtɪ] N Gottheit *f*

dejected [dɪˈdʒɛktɪd] ADJ niedergeschlagen, deprimiert

dejection [dɪˈdʒɛkʃən] N Niedergeschlagenheit *f*, Depression *f*

Del. (*US*) ABBR (*Post*) = **Delaware**

delay [dɪˈleɪ] VT (*decision, ceremony*) verschieben, aufschieben; (*person, plane, train*) aufhalten ▸ VI zögern ▸ N Verzögerung *f*; (*postponement*) Aufschub *m*; **to be delayed** (*person*) sich verspäten; (*departure etc*) verspätet sein; (*flight etc*) Verspätung haben; **without ~** unverzüglich

delayed-action [dɪˈleɪdˈækʃən] ADJ (*bomb, mine*) mit Zeitzünder; (*Phot*): **~ shutter release** Selbstauslöser *m*

delectable [dɪˈlɛktəbl] ADJ (*person*) reizend; (*food*) köstlich

delegate N [ˈdɛlɪgɪt] Delegierte(r) *f*(*m*) ▸ VT [ˈdɛlɪgeɪt] delegieren; **to ~ sth to sb** jdm mit etw beauftragen; **to ~ sb to do sth** jdn damit beauftragen, etw zu tun

delegation [dɛlɪˈgeɪʃən] N Delegation *f*; (*group*) Abordnung *f*, Delegation *f*

delete [dɪˈliːt] VT streichen; (*Comput*) löschen

Delhi [ˈdɛlɪ] N Delhi *nt*

deli [ˈdɛlɪ] N Feinkostgeschäft *nt*

deliberate ADJ [dɪˈlɪbərɪt] absichtlich; (*action, insult*) bewusst; (*slow*) bedächtig ▸ VI [dɪˈlɪbəreɪt] überlegen

deliberately [dɪˈlɪbərɪtlɪ] ADV absichtlich, bewusst; (*slowly*) bedächtig

deliberation [dɪlɪbəˈreɪʃən] N Überlegung *f*; (*usu pl: discussions*) Beratungen *pl*

delicacy [ˈdɛlɪkəsɪ] N Feinheit *f*, Zartheit *f*; (*of problem*) Delikatheit *f*; (*choice food*) Delikatesse *f*

delicate [ˈdɛlɪkɪt] ADJ fein; (*colour, health*) zart; (*approach*) feinfühlig; (*problem*) delikat, heikel

delicately [ˈdɛlɪkɪtlɪ] ADV zart, fein; (*act, express*) feinfühlig

delicatessen [dɛlɪkəˈtɛsn] N Feinkostgeschäft *nt*

delicious [dɪˈlɪʃəs] ADJ köstlich; (*feeling, person*) herrlich

delight [dɪˈlaɪt] N Freude *f* ▸ VT erfreuen; **sb takes (a) ~ in sth** etw bereitet jdm große Freude; **sb takes (a) ~ in doing sth** es bereitet jdm große Freude, etw zu tun; **to be the ~ of** die Freude *+gen* sein; **she was a ~ to interview** es war eine Freude, sie zu interviewen; **the delights of country life** die Freuden des Landlebens

delighted [dɪˈlaɪtɪd] ADJ: **~ (at** *or* **with)** erfreut (über *+acc*), entzückt (über *+acc*); **to be ~ to do sth** etw gern tun; **I'd be ~** ich würde mich sehr freuen

delightful [dɪˈlaɪtful] ADJ reizend, wunderbar

delimit [diːˈlɪmɪt] VT abgrenzen

delineate [dɪˈlɪnɪeɪt] VT (*fig*) beschreiben

delinquency [dɪˈlɪŋkwənsɪ] N Kriminalität *f*

delinquent [dɪˈlɪŋkwənt] ADJ straffällig ▸ N Delinquent(in) *m*(*f*)

delirious [dɪˈlɪrɪəs] ADJ: **to be ~** (*with fever*) im Delirium sein; (*with excitement*) im Taumel sein

delirium [dɪˈlɪrɪəm] N Delirium *nt*

★**deliver** [dɪˈlɪvəʳ] VT liefern; (*letters, papers*) zustellen; (*hand over*) übergeben; (*message*) überbringen; (*speech*) halten; (*blow*) versetzen; (*Med: baby*) zur Welt bringen; (*warning*) geben; (*ultimatum*) stellen; (*free*): **to ~ (from)** befreien (von); **to ~ the goods** (*fig*) halten, was man versprochen hat

deliverance [dɪˈlɪvrəns] N Befreiung *f*

delivery [dɪˈlɪvərɪ] N Lieferung *f*; (*of letters, papers*) Zustellung *f*; (*of speaker*) Vortrag *m*; (*Med*) Entbindung *f*; **to take ~ of sth** etw in Empfang nehmen

delivery note N Lieferschein *m*

delivery van, (*US*) **delivery truck** N Lieferwagen *m*

delouse [ˈdiːˈlaus] VT entlausen

delta [ˈdɛltə] N Delta *nt*

delude [dɪˈluːd] VT täuschen; **to ~ o.s.** sich *dat* etwas vormachen

deluge [ˈdɛljuːdʒ] N (*of rain*) Guss *m*; (*fig: of petitions, requests*) Flut *f*

delusion [dɪˈluːʒən] N Irrglaube *m*; **to have delusions of grandeur** größenwahnsinnig sein

de luxe [dəˈlʌks] ADJ (*hotel, model*) Luxus-

delve [dɛlv] VI: **to ~ into** (*subject*) sich eingehend befassen mit; (*cupboard, handbag*) tief greifen in *+acc*

Dem. (*US*) ABBR (*Pol*) = **Democrat; Democratic**

demagogue [ˈdɛməgɔg] N Demagoge *m*, Demagogin *f*

★**demand** [dɪˈmɑːnd] VT verlangen; (*rights*) fordern; (*need*) erfordern, verlangen ▸ N Verlangen *nt*; (*claim*) Forderung *f*; (*Econ*) Nachfrage *f*; **to ~ sth (from** *or* **of sb)** etw (von jdm) verlangen *or* fordern; **to be in ~** gefragt sein; **on ~** (*available*) auf Verlangen; (*payable*) bei Vorlage *or* Sicht

demand draft N Sichtwechsel *m*

demanding [dɪˈmɑːndɪŋ] ADJ anspruchsvoll; (*work, child*) anstrengend

demarcation [diːmɑːˈkeɪʃən] N (*of area, tasks*) Abgrenzung *f*

demarcation dispute N Streit *m* um den Zuständigkeitsbereich

demean [dɪˈmiːn] VT: **to ~ o.s.** sich erniedrigen

demeanour, (*US*) **demeanor** [dɪˈmiːnəʳ] N Benehmen *nt*, Auftreten *nt*

demented [dɪˈmɛntɪd] ADJ wahnsinnig

demerger [diːˈməːdʒəʳ] N (*Comm*) Abspaltung *f*, Demerger *m*

demilitarized zone [diːˈmɪlɪtəraɪzd-] N entmilitarisierte Zone *f*
demise [dɪˈmaɪz] N Ende *nt*; (*death*) Tod *m*
demist [diːˈmɪst] (BRIT) VT (*Aut: windscreen*) von Beschlag freimachen
demister [diːˈmɪstəʳ] (BRIT) N (*Aut*) Gebläse *nt*
demo [ˈdɛməu] (*inf*) N ABBR = **demonstration**
demob [diːˈmɔb] (*inf*) VT = **demobilize**
demobilize [diːˈməubɪlaɪz] VT aus dem Kriegsdienst entlassen, demobilisieren
★**democracy** [dɪˈmɔkrəsɪ] N Demokratie *f*
democrat [ˈdɛməkræt] N Demokrat(in) *m(f)*
★**democratic** [dɛməˈkrætɪk] ADJ demokratisch
Democratic Party (US) N: **the ~** die Demokratische Partei
demography [dɪˈmɔgrəfɪ] N Demografie *f*
demolish [dɪˈmɔlɪʃ] VT abreißen, abbrechen; (*fig: argument*) widerlegen
demolition [dɛməˈlɪʃən] N Abriss *m*, Abbruch *m*; (*of argument*) Widerlegung *f*
demon [ˈdiːmən] N Dämon *m* ▶ ADJ teuflisch gut
★**demonstrate** [ˈdɛmənstreɪt] VT (*theory*) demonstrieren; (*skill*) zeigen, beweisen; (*appliance*) vorführen ▶ VI: **to ~ (for/against)** demonstrieren (für/gegen)
★**demonstration** [dɛmənˈstreɪʃən] N Demonstration *f*; (*of gadget, machine etc*) Vorführung *f*; **to hold a ~** eine Demonstration veranstalten *or* durchführen
demonstrative [dɪˈmɔnstrətɪv] ADJ demonstrativ
demonstrator [ˈdɛmənstreɪtəʳ] N Demonstrant(in) *m(f)*; (*sales person*) Vorführer(in) *m(f)*; (*car*) Vorführwagen *m*; (*computer etc*) Vorführgerät *nt*
demoralize [dɪˈmɔrəlaɪz] VT entmutigen
demote [dɪˈməut] VT zurückstufen; (*Mil*) degradieren
demotion [dɪˈməuʃən] N Zurückstufung *f*; (*Mil*) Degradierung *f*
demur [dɪˈməːʳ] (*form*) VI Einwände *pl* erheben ▶ N: **without ~** widerspruchslos; **they demurred at the suggestion** sie erhoben Einwände gegen den Vorschlag
demure [dɪˈmjuəʳ] ADJ zurückhaltend; (*smile*) höflich; (*dress*) schlicht
demurrage [dɪˈmʌrɪdʒ] N Liegegeld *nt*
den [dɛn] N Höhle *f*; (*of fox*) Bau *m*; (*room*) Bude *f*
denationalization [ˈdiːnæʃnəlaɪˈzeɪʃən] N Privatisierung *f*
denationalize [diːˈnæʃnəlaɪz] VT privatisieren
denatured alcohol [diːˈneɪtʃəd-] (US) N vergällter Alkohol *m*
denial [dɪˈnaɪəl] N Leugnen *nt*; (*of rights*) Verweigerung *f*
denier [ˈdɛnɪəʳ] N Denier *nt*
denigrate [ˈdɛnɪgreɪt] VT verunglimpfen
denim [ˈdɛnɪm] N Jeansstoff *m* ■ **denims** NPL (Blue) Jeans *pl*
denim jacket N Jeansjacke *f*
denizen [ˈdɛnɪzn] N Bewohner(in) *m(f)*; (*person in town*) Einwohner(in) *m(f)*; (*foreigner*) eingebürgerter Ausländer *m*, eingebürgerte Ausländerin *f*
★**Denmark** [ˈdɛnmɑːk] N Dänemark *nt*
denomination [dɪnɔmɪˈneɪʃən] N (*of money*) Nennwert *m*; (*Rel*) Konfession *f*
denominator [dɪˈnɔmɪneɪtəʳ] N Nenner *m*
denote [dɪˈnəut] VT (*indicate*) hindeuten auf +*acc*; (*represent*) bezeichnen
denounce [dɪˈnauns] VT (*person*) anprangern; (*action*) verurteilen
dense [dɛns] ADJ dicht; (*inf: person*) beschränkt
densely [ˈdɛnslɪ] ADV dicht
density [ˈdɛnsɪtɪ] N Dichte *f*; **single-/double-density disk** (*Comput*) Diskette *f* mit einfacher/doppelter Dichte
dent [dɛnt] N Beule *f*; (*in pride, ego*) Knacks *m* ▶ VT (*also:* **make a dent in**) einbeulen; (*pride, ego*) anknacksen
dental [ˈdɛntl] ADJ (*filling, hygiene etc*) Zahn-; (*treatment*) zahnärztlich
dental floss [-flɔs] N Zahnseide *f*
dental surgeon N Zahnarzt *m*, Zahnärztin *f*
dentifrice [ˈdɛntɪfrɪs] N Zahnpasta *f*
★**dentist** [ˈdɛntɪst] N Zahnarzt *m*, Zahnärztin *f*; (*also:* **dentist's (surgery)**) Zahnarzt *m*, Zahnarztpraxis *f*
dentistry [ˈdɛntɪstrɪ] N Zahnmedizin *f*
dentures [ˈdɛntʃəz] NPL Zahnprothese *f*; (*full*) Gebiss *nt*
denuded [diːˈnjuːdɪd] ADJ: **~ of** entblößt von
denunciation [dɪnʌnsɪˈeɪʃən] N (*of person*) Anprangerung *f*; (*of action*) Verurteilung *f*
deny [dɪˈnaɪ] VT leugnen; (*involvement*) abstreiten; (*permission, chance*) verweigern; (*country, religion etc*) verleugnen; **he denies having said it** er leugnet *or* bestreitet, das gesagt zu haben
deodorant [diːˈəudərənt] N Deodorant *nt*
depart [dɪˈpɑːt] VI (*visitor*) abreisen; (*: on foot*) weggehen; (*bus, train*) abfahren; (*plane*) abfliegen; **to ~ from** (*fig*) abweichen von
departed [dɪˈpɑːtɪd] ADJ: **the (dear) ~** der (liebe) Verstorbene *m*, die (liebe) Verstorbene *f*, die (lieben) Verstorbenen *pl*
★**department** [dɪˈpɑːtmənt] N Abteilung *f*; (*Scol*) Fachbereich *m*; (*Pol*) Ministerium *nt*; **that's not my ~** (*fig*) dafür bin ich nicht zuständig; **D~ of State** (US) Außenministerium *nt*
departmental [diːpɑːtˈmɛntl] ADJ (*budget, costs*) der Abteilung; (*level*) Abteilungs-; **~ manager** Abteilungsleiter(in) *m(f)*
department store N Warenhaus *nt*
★**departure** [dɪˈpɑːtʃəʳ] N (*of visitor*) Abreise *f*; (*on foot, of employee etc*) Weggang *m*; (*of bus, train*) Abfahrt *f*; (*of plane*) Abflug *m*; (*fig*): **~ from** Abweichen *nt* von; **a new ~** ein neuer Weg *m*
departure lounge N Abflughalle *f*
★**depend** [dɪˈpɛnd] VI: **to ~ on** abhängen von; (*rely on, trust*) sich verlassen auf +*acc*; (*financially*)

abhängig sein von, angewiesen sein auf *+acc*; **it depends** es kommt darauf an; **depending on the result ...** je nachdem, wie das Ergebnis ausfällt, ...

dependable [dɪˈpɛndəbl] ADJ zuverlässig

dependant [dɪˈpɛndənt] N abhängige(r) (Familien)angehörige(r) *f(m)*

dependence [dɪˈpɛndəns] N Abhängigkeit *f*

dependent [dɪˈpɛndənt] ADJ: **to be ~ on** *(person)* abhängig sein von, angewiesen sein auf *+acc*; *(decision)* abhängen von ▸ N = **dependant**

depict [dɪˈpɪkt] VT *(in picture)* darstellen; *(describe)* beschreiben

depilatory [dɪˈpɪlətrɪ] N *(also:* **depilatory cream***)* Enthaarungsmittel *nt*

depleted [dɪˈpliːtɪd] ADJ *(reserves)* aufgebraucht; *(stocks)* erschöpft

deplorable [dɪˈplɔːrəbl] ADJ bedauerlich

deplore [dɪˈplɔːʳ] VT verurteilen

deploy [dɪˈplɔɪ] VT einsetzen

depopulate [diːˈpɔpjuleɪt] VT entvölkern

depopulation [ˈdiːpɔpjuˈleɪʃən] N Entvölkerung *f*

deport [dɪˈpɔːt] VT *(criminal)* deportieren; *(illegal immigrant)* abschieben

deportation [diːpɔːˈteɪʃən] N Deportation *f*; Abschiebung *f*

deportation order N Ausweisung *f*

deportee [diːpɔːˈtiː] N Deportierte(r) *f(m)*

deportment [dɪˈpɔːtmənt] N Benehmen *nt*

depose [dɪˈpəuz] VT absetzen

deposit [dɪˈpɔzɪt] N *(in account)* Guthaben *nt*; *(down payment)* Anzahlung *f*; *(for hired goods etc)* Sicherheit *f*, Kaution *f*; *(on bottle etc)* Pfand *nt*; *(Chem)* Ablagerung *f*; *(of ore, oil)* Lagerstätte *f* ▸ VT deponieren; *(subj: river: sand etc)* ablagern; **to put down a ~ of £50** eine Anzahlung von £50 machen

deposit account N Sparkonto *nt*

depositary [dɪˈpɔzɪtərɪ] N Treuhänder(in) *m(f)*

depositor [dɪˈpɔzɪtəʳ] N Deponent(in) *m(f)*, Einzahler(in) *m(f)*

depository [dɪˈpɔzɪtərɪ] N *(person)* Treuhänder(in) *m(f)*; *(place)* Lager(haus) *nt*

depot [ˈdɛpəu] N Lager(haus) *nt*; *(for vehicles)* Depot *nt*; *(US: station)* Bahnhof *m*; *(: bus station)* Busbahnhof *m*

depraved [dɪˈpreɪvd] ADJ verworfen

depravity [dɪˈprævɪtɪ] N Verworfenheit *f*

deprecate [ˈdɛprɪkeɪt] VT missbilligen

deprecating [ˈdɛprɪkeɪtɪŋ] ADJ *(disapproving)* missbilligend; *(apologetic)* entschuldigend

depreciate [dɪˈpriːʃɪeɪt] VI an Wert verlieren; *(currency)* an Kaufkraft verlieren; *(value)* sinken

depreciation [dɪpriːʃɪˈeɪʃən] N Wertminderung *f*; Kaufkraftverlust *m*; Sinken *nt*

depress [dɪˈprɛs] VT deprimieren; *(price, wages)* drücken; *(press down)* herunterdrücken

depressant [dɪˈprɛsnt] N Beruhigungsmittel *nt*

depressed [dɪˈprɛst] ADJ deprimiert, niedergeschlagen; *(price)* gesunken; *(industry)* geschwächt; *(area)* Notstands-; **to get ~** deprimiert werden

depressing [dɪˈprɛsɪŋ] ADJ deprimierend

depression [dɪˈprɛʃən] N *(Psych)* Depressionen *pl*; *(Econ)* Wirtschaftskrise *f*; *(Met)* Tief(druckgebiet) *nt*; *(hollow)* Vertiefung *f*

deprivation [dɛprɪˈveɪʃən] N Entbehrung *f*, Not *f*; *(of freedom, rights etc)* Entzug *m*

deprive [dɪˈpraɪv] VT: **to ~ sb of sth** *(liberty)* jdm etw entziehen; *(life)* jdm etw nehmen

deprived [dɪˈpraɪvd] ADJ benachteiligt; *(area)* Not leidend

dept ABBR = **department**

★**depth** [dɛpθ] N Tiefe *f*; **in the depths of** in den Tiefen *+gen*; **in the depths of despair** in tiefster Verzweiflung; **in the depths of winter** im tiefsten Winter; **at a ~ of 3 metres** in 3 Meter Tiefe; **to be out of one's ~** *(in water)* nicht mehr stehen können; *(fig)* überfordert sein; **to study sth in ~** etw gründlich *or* eingehend studieren

depth charge N Wasserbombe *f*

deputation [dɛpjuˈteɪʃən] N Abordnung *f*

deputize [ˈdɛpjutaɪz] VI: **to ~ for sb** jdn vertreten

deputy [ˈdɛpjutɪ] CPD stellvertretend ▸ N (Stell)vertreter(in) *m(f)*; *(Pol)* Abgeordnete(r) *f(m)*; *(US: also:* **deputy sheriff***)* Hilfssheriff *m*; **~ head** *(BRIT Scol)* Konrektor(in) *m(f)*

derail [dɪˈreɪl] VT: **to be derailed** entgleisen

derailment [dɪˈreɪlmənt] N Entgleisung *f*

deranged [dɪˈreɪndʒd] ADJ: **to be mentally ~** *(pej)* geistesgestört sein

derby [ˈdəːrbɪ] N Derby *nt*; *(US: hat)* Melone *f*

deregulate [dɪˈrɛgjuleɪt] VT staatliche Kontrollen aufheben bei

deregulation [dɪˈrɛgjuˈleɪʃən] N Aufhebung *f* staatlicher Kontrollen

derelict [ˈdɛrɪlɪkt] ADJ verfallen

deride [dɪˈraɪd] VT sich lustig machen über *+acc*

derision [dɪˈrɪʒən] N Hohn *m*, Spott *m*

derisive [dɪˈraɪsɪv] ADJ spöttisch

derisory [dɪˈraɪsərɪ] ADJ spöttisch; *(sum)* lächerlich

derivation [dɛrɪˈveɪʃən] N Ableitung *f*

derivative [dɪˈrɪvətɪv] N *(Ling)* Ableitung *f*; *(Chem)* Derivat *nt* ▸ ADJ nachahmend

derive [dɪˈraɪv] VT: **to ~ (from)** gewinnen (aus); *(benefit)* ziehen (aus) ▸ VI: **to ~ from** *(originate in)* sich herleiten *or* ableiten von; **to ~ pleasure from** Freude haben an *+dat*

dermatitis [dəːməˈtaɪtɪs] N Hautentzündung *f*, Dermatitis *f*

dermatology [dəːməˈtɔlədʒɪ] N Dermatologie *f*

derogatory [dɪˈrɔgətərɪ] ADJ abfällig

derrick [ˈdɛrɪk] N *(on ship)* Derrickkran *m*; *(on well)* Bohrturm *m*

derv [dəːv] *(BRIT)* N *(Aut)* Diesel(kraftstoff) *m*

desalination [diːsælɪˈneɪʃən] N Entsalzung *f*

descend [dɪˈsɛnd] VT hinuntergehen, hinuntersteigen; (*lift, vehicle*) hinunterfahren; (*road*) hinunterführen ▶ VI hinuntergehen; (*lift*) nach unten fahren; **to ~ from** abstammen von; **to ~ to** sich erniedrigen zu; **in descending order of importance** nach Wichtigkeit geordnet
▶ **descend on** VT FUS überfallen; (*subj: misfortune*) hereinbrechen über *+acc*; (*: gloom*) befallen; (*: silence*) sich senken auf *+acc*; **visitors descended (up)on us** der Besuch hat uns überfallen

descendant [dɪˈsɛndənt] N Nachkomme *m*

descent [dɪˈsɛnt] N Abstieg *m*; (*origin*) Abstammung *f*

★**describe** [dɪsˈkraɪb] VT beschreiben

★**description** [dɪsˈkrɪpʃən] N Beschreibung *f*; (*sort*): **of every ~** aller Art

descriptive [dɪsˈkrɪptɪv] ADJ deskriptiv

desecrate [ˈdɛsɪkreɪt] VT schänden

desegregate [diːˈsɛgrɪgeɪt] VT die Rassentrennung aufheben in *+dat*

★**desert** N [ˈdɛzət] Wüste *f* ▶ VT [dɪˈzəːt] verlassen ▶ VI desertieren; *see also* **deserts**

deserter [dɪˈzəːtəʳ] N Deserteur *m*

desertion [dɪˈzəːʃən] N Desertion *f*, Fahnenflucht *f*; (*Law*) böswilliges Verlassen *nt*

desert island N einsame *or* verlassene Insel *f*

deserts [dɪˈzəːts] NPL: **to get one's just ~** bekommen, was man verdient

★**deserve** [dɪˈzəːv] VT verdienen

deservedly [dɪˈzəːvɪdlɪ] ADV verdientermaßen

deserving [dɪˈzəːvɪŋ] ADJ verdienstvoll

desiccated [ˈdɛsɪkeɪtɪd] ADJ vertrocknet; (*coconut*) getrocknet

★**design** [dɪˈzaɪn] N Design *nt*; (*process*) Entwurf *m*, Gestaltung *f*; (*sketch*) Entwurf *m*; (*layout, shape*) Form *f*; (*pattern*) Muster *nt*; (*of car*) Konstruktion *f*; (*intention*) Plan *m*, Absicht *f* ▶ VT entwerfen; **to have designs on** es abgesehen haben auf *+acc*; **well-designed** mit gutem Design

design and technology (BRIT) N (*Scol*) ≈ Design und Technologie

designate VT [ˈdɛzɪgneɪt] bestimmen, ernennen ▶ ADJ [ˈdɛzɪgnɪt] designiert

designation [dɛzɪgˈneɪʃən] N Bezeichnung *f*

designer [dɪˈzaɪnəʳ] N Designer(in) *m(f)*; (*Tech*) Konstrukteur(in) *m(f)*; (*also:* **fashion designer**) Modeschöpfer(in) *m(f)* ▶ ADJ (*clothes etc*) Designer-

desirability [dɪzaɪərəˈbɪlɪtɪ] N: **they discussed the ~ of the plan** sie besprachen, ob der Plan wünschenswert sei

desirable [dɪˈzaɪərəbl] ADJ (*proper*) wünschenswert; (*attractive*) reizvoll, attraktiv

desire [dɪˈzaɪəʳ] N Wunsch *m*; (*sexual*) Verlangen *nt*, Begehren *nt* ▶ VT wünschen; (*lust after*) begehren; **to ~ to do sth/that** wünschen, etw zu tun/dass

desirous [dɪˈzaɪərəs] ADJ: **to be ~ of doing sth** den Wunsch haben, etw zu tun

desist [dɪˈzɪst] VI: **to ~ (from)** absehen (von), Abstand nehmen (von)

★**desk** [dɛsk] N Schreibtisch *m*; (*for pupil*) Pult *nt*; (*in hotel*) Empfang *m*; (*at airport*) Schalter *m*; (BRIT: *in shop, restaurant*) Kasse *f*

desk job N Bürojob *m*

desktop [ˈdɛsktɔp] N Arbeitsfläche *f*; (*Comput*) Desktop *m*

desktop publishing N Desktop-Publishing *nt*

desolate [ˈdɛsəlɪt] ADJ trostlos

desolation [dɛsəˈleɪʃən] N Trostlosigkeit *f*

despair [dɪsˈpɛəʳ] N Verzweiflung *f* ▶ VI: **to ~ of** alle Hoffnung aufgeben auf *+acc*; **to be in ~** verzweifelt sein

despatch [dɪsˈpætʃ] N, VT = **dispatch**

★**desperate** [ˈdɛspərɪt] ADJ verzweifelt; (*shortage*) akut; (*criminal*) zum Äußersten entschlossen **to be ~ for sth/to do sth** etw dringend brauchen/unbedingt tun wollen

desperately [ˈdɛspərɪtlɪ] ADV (*shout, struggle etc*) verzweifelt; (*ill*) schwer; (*unhappy etc*) äußerst

desperation [dɛspəˈreɪʃən] N Verzweiflung *f* **in (sheer) ~** aus (reiner) Verzweiflung

despicable [dɪsˈpɪkəbl] ADJ (*action*) verabscheuungswürdig; (*person*) widerwärtig

despise [dɪsˈpaɪz] VT verachten

despite [dɪsˈpaɪt] PREP trotz *+gen*

despondent [dɪsˈpɔndənt] ADJ niedergeschlagen, mutlos

despot [ˈdɛspɔt] N Despot *m*

dessert [dɪˈzəːt] N Nachtisch *m*, Dessert *nt*

dessertspoon [dɪˈzəːtspuːn] N Dessertlöffel *m*

destabilize [diːˈsteɪbɪlaɪz] VT destabilisieren

destination [dɛstɪˈneɪʃən] N (Reise)ziel *nt*; (*of mail*) Bestimmungsort *m*

destined [ˈdɛstɪnd] ADJ: **to be ~ to do sth** dazu bestimmt *or* ausersehen sein, etw zu tun; **to be ~ for** bestimmt *or* ausersehen sein für

destiny [ˈdɛstɪnɪ] N Schicksal *nt*

destitute [ˈdɛstɪtjuːt] ADJ mittellos

★**destroy** [dɪsˈtrɔɪ] VT zerstören; (*animal*) töten

destroyer [dɪsˈtrɔɪəʳ] N Zerstörer *m*

destruction [dɪsˈtrʌkʃən] N Zerstörung *f*

destructive [dɪsˈtrʌktɪv] ADJ zerstörerisch (*child, criticism etc*) destruktiv

desultory [ˈdɛsəltərɪ] ADJ flüchtig; (*conversation*) zwanglos

detach [dɪˈtætʃ] VT (*remove*) entfernen; (*unclip*) abnehmen; (*unstick*) ablösen

detachable [dɪˈtætʃəbl] ADJ abnehmbar

detached [dɪˈtætʃt] ADJ distanziert; (*house*) freistehend, Einzel-

detachment [dɪˈtætʃmənt] N Distanz *f*; (*Mil*) Sonderkommando *nt*

★**detail** [ˈdiːteɪl] N Einzelheit *f*; (*no pl: in picture, one's work etc*) Detail *nt*; (*trifle*) unwichtige Einzelheit ▶ VT (einzeln) aufführen; **in ~** in Einzelheiten; **to go into details** auf Einzelheiten eingehen, ins Detail gehen

★**detailed** [ˈdiːteɪld] ADJ detailliert, genau

detain [dɪˈteɪn] VT aufhalten; (*in captivity*) in Haft halten; (*in hospital*) festhalten

detainee [diːteɪˈniː] N Häftling *m*

detect [dɪˈtɛkt] VT wahrnehmen; (*Med, Tech*) feststellen; (*Mil*) ausfindig machen

detection [dɪˈtɛkʃən] N Entdeckung *f*, Feststellung *f*; **crime ~** Ermittlungsarbeit *f*; **to escape ~** (*criminal*) nicht gefasst werden; (*mistake*) der Aufmerksamkeit *dat* entgehen

detective [dɪˈtɛktɪv] N Kriminalbeamte(r) *m*; **private ~** Privatdetektiv *m*

detective story N Kriminalgeschichte *f*, Detektivgeschichte *f*

detector [dɪˈtɛktəʳ] N Detektor *m*

détente [deɪˈtɑːnt] N Entspannung *f*, Détente *f*

detention [dɪˈtɛnʃən] N (*arrest*) Festnahme *f*; (*captivity*) Haft *f*; (*Scol*) Nachsitzen *nt*

deter [dɪˈtəːʳ] VT (*discourage*) abschrecken; (*dissuade*) abhalten

detergent [dɪˈtəːdʒənt] N Reinigungsmittel *nt*; (*for clothes*) Waschmittel *nt*; (*for dishes*) Spülmittel *nt*

deteriorate [dɪˈtɪərɪəreɪt] VI sich verschlechtern

deterioration [dɪtɪərɪəˈreɪʃən] N Verschlechterung *f*

determination [dɪtəːmɪˈneɪʃən] N Entschlossenheit *f*; (*establishment*) Festsetzung *f*

determine [dɪˈtəːmɪn] VT (*facts*) feststellen; (*limits etc*) festlegen; **to ~ that** beschließen, dass; **to ~ to do sth** sich entschließen, etw zu tun

determined [dɪˈtəːmɪnd] ADJ entschlossen; (*quantity*) bestimmt; **to be ~ to do sth** (fest) entschlossen sein, etw zu tun

deterrence [dɪˈtɛrəns] N Abschreckung *f*

deterrent [dɪˈtɛrənt] N Abschreckungsmittel *nt*; **to act as a ~** als Abschreckung(smittel) dienen

detest [dɪˈtɛst] VT verabscheuen

detestable [dɪˈtɛstəbl] ADJ abscheulich, widerwärtig

detonate [ˈdɛtəneɪt] VI detonieren ▸ VT zur Explosion bringen

detonator [ˈdɛtəneɪtəʳ] N Sprengkapsel *f*

detour [ˈdiːtuəʳ] N Umweg *m*; (*US Aut*) Umleitung *f*

detox [ˈdiːtɔks] (*inf*) N (*from drugs*) Entzug *m*; (*from alcohol etc*) Entgiftung *f* ▸ VI (*from drugs*) entziehen, Entzug machen; (*from alcohol etc*) entgiften

detoxification [diːtɔksɪfɪˈkeɪʃən] N (*from drugs*) Drogenentzug *m*; (*from alcohol etc*) Entgiftung *f*

detoxify [diːˈtɔksɪfaɪ] VI (*from drugs*) entziehen, Entzug machen; (*from alcohol etc*) entgiften

detract [dɪˈtrækt] VI: **to ~ from** schmälern; (*effect*) beeinträchtigen

detractor [dɪˈtræktəʳ] N Kritiker(in) *m(f)*

detriment [ˈdɛtrɪmənt] N: **to the ~ of** zum Schaden *+gen*; **without ~ to** ohne Schaden für

detrimental [dɛtrɪˈmɛntl] ADJ: **to be ~ to** schaden *+dat*

deuce [djuːs] N (*Tennis*) Einstand *m*

devaluation [dɪvæljuˈeɪʃən] N Abwertung *f*

devalue [ˈdiːˈvæljuː] VT abwerten

devastate [ˈdɛvəsteɪt] VT verwüsten; (*fig: shock*): **to be devastated by** niedergeschmettert sein von

devastating [ˈdɛvəsteɪtɪŋ] ADJ verheerend; (*announcement, news*) niederschmetternd

devastation [dɛvəsˈteɪʃən] N Verwüstung *f*

★**develop** [dɪˈvɛləp] VT entwickeln; (*business*) erweitern, ausbauen; (*land, resource*) erschließen; (*disease*) bekommen ▸ VI sich entwickeln; (*facts*) an den Tag kommen; (*symptoms*) auftreten; **to ~ a taste for sth** Geschmack an etw finden; **the machine/car developed a fault/engine trouble** an dem Gerät/dem Wagen trat ein Defekt/ein Motorschaden auf; **to ~ into** sich entwickeln zu, werden

developer [dɪˈvɛləpəʳ] N (*also:* **property developer**) *Bauunternehmer und Immobilienmakler*

developing country [dɪˈvɛləpɪŋ-] N Entwicklungsland *nt*

development [dɪˈvɛləpmənt] N Entwicklung *f*; (*of land*) Erschließung *f*

development area N Entwicklungsgebiet *nt*

deviant [ˈdiːvɪənt] ADJ abweichend

deviate [ˈdiːvɪeɪt] VI: **to ~ (from)** abweichen (von)

deviation [diːvɪˈeɪʃən] N Abweichung *f*

device [dɪˈvaɪs] N Gerät *nt*; (*ploy, stratagem*) Trick *m*; **explosive ~** Sprengkörper *m*

devil [ˈdɛvl] N Teufel *m*; **go on, be a ~!** nur zu, riskier mal was!; **talk of the ~!** wenn man vom Teufel spricht!

devilish [ˈdɛvlɪʃ] ADJ teuflisch

devil's advocate [ˈdɛvlz-] N Advocatus Diaboli *m*

devious [ˈdiːvɪəs] ADJ (*person*) verschlagen; (*route, path*) gewunden

devise [dɪˈvaɪz] VT sich *dat* ausdenken; (*machine*) entwerfen

devoid [dɪˈvɔɪd] ADJ: **~ of** bar *+gen*, ohne *+acc*

devolution [diːvəˈluːʃən] N Dezentralisierung *f*

devolve [dɪˈvɔlv] VT übertragen ▸ VI: **to ~ (up) on** übergehen auf *+acc*

devote [dɪˈvəut] VT: **to ~ sth/o.s. to** etw/sich widmen *+dat*

devoted [dɪˈvəutɪd] ADJ treu; (*admirer*) eifrig; **to be ~ to sb** jdn innig lieben; **the book is ~ to politics** das Buch widmet sich ganz der Politik *dat*

devotee [dɛvəuˈtiː] N (*fan*) Liebhaber(in) *m(f)*; (*Rel*) Anhänger(in) *m(f)*

devotion [dɪˈvəuʃən] N (*affection*) Ergebenheit *f*; (*dedication*) Hingabe *f*; (*Rel*) Andacht *f*

devour [dɪˈvauəʳ] VT verschlingen

devout [dɪˈvaut] ADJ fromm

dew [djuː] N Tau *m*

dexterity [dɛksˈtɛrɪtɪ] N Geschicklichkeit *f*; (*mental*) Gewandtheit *f*

dexterous, dextrous [ˈdɛkstrəs] ADJ geschickt

DfEE (BRIT) N ABBR (= *Department for Education and Employment*) ≈ Ministerium *nt* für Bildung und Arbeit

dg ABBR (= *decigram*) dg

DHSS (BRIT) N ABBR (*formerly*: = *Department of Health and Social Security*) *Ministerium für Gesundheit und Sozialfürsorge*

diabetes [daɪəˈbiːtiːz] N Zuckerkrankheit *f*

diabetic [daɪəˈbɛtɪk] ADJ zuckerkrank; (*chocolate, jam*) Diabetiker- ▶ N Diabetiker(in) *m(f)*

diabolical [daɪəˈbɔlɪkl] (*inf*) ADJ schrecklich, fürchterlich

diaeresis [daɪˈɛrɪsɪs] N Diärese *f*

diagnose [daɪəgˈnəuz] VT diagnostizieren

diagnoses [daɪəgˈnəusiːz] PL *of* **diagnosis**

diagnosis [daɪəgˈnəusɪs] (*pl* **diagnoses**) N Diagnose *f*

diagonal [daɪˈægənl] ADJ diagonal ▶ N Diagonale *f*

diagram [ˈdaɪəgræm] N Diagramm *nt*, Schaubild *nt*

dial [ˈdaɪəl] N Zifferblatt *nt*; (*on radio set*) Einstellskala *f*; (*of phone*) Wählscheibe *f* ▶ VT wählen; **to ~ a wrong number** sich verwählen; **can I ~ London direct?** kann ich nach London durchwählen?

dial. ABBR = **dialect**

dial code (*US*) N = **dialling code**

dialect [ˈdaɪəlɛkt] N Dialekt *m*

dialling code [ˈdaɪəlɪŋ-], (*US*) **dial code** N Vorwahl *f*

dialling tone [ˈdaɪəlɪŋ-], (*US*) **dial tone** N Amtszeichen *nt*

★**dialogue**, (*US*) **dialog** [ˈdaɪəlɔg] N Dialog *m*; (*conversation*) Gespräch *nt*, Dialog *m*

dial tone (*US*) N = **dialling tone**

dialysis [daɪˈælɪsɪs] N Dialyse *f*

diameter [daɪˈæmɪtəʳ] N Durchmesser *m*

diametrically [daɪəˈmɛtrɪklɪ] ADV: **~ opposed (to)** diametral entgegengesetzt (*+dat*)

diamond [ˈdaɪəmənd] N Diamant *m*; (*shape*) Raute *f* ▪ **diamonds** NPL (*Cards*) Karo *nt*

diamond ring N Diamantring *m*

diaper [ˈdaɪəpəʳ] (*US*) N Windel *f*

diaphragm [ˈdaɪəfræm] N Zwerchfell *nt*; (*contraceptive*) Pessar *nt*

diarrhoea, (*US*) **diarrhea** [daɪəˈriːə] N Durchfall *m*

★**diary** [ˈdaɪərɪ] N (Termin)kalender *m*; (*daily account*) Tagebuch *nt*; **to keep a ~** Tagebuch führen

diatribe [ˈdaɪətraɪb] N Schmährede *f*; (*written*) Schmähschrift *f*

dice [daɪs] N INV Würfel *m* ▶ VT in Würfel schneiden

diced [daɪst] ADJ in Würfel geschnitten

dicey [ˈdaɪsɪ] (*inf*) ADJ riskant

dichotomy [daɪˈkɔtəmɪ] N Dichotomie *f*, Kluft *f*

dickhead [ˈdɪkhɛd] (*!*) N Knallkopf *m*

Dictaphone® [ˈdɪktəfəun] N Diktafon *nt*, Diktiergerät *nt*

dictate VT [dɪkˈteɪt] diktieren ▶ N [ˈdɪkteɪt] Diktat *nt*; (*principle*): **the dictates of** die Gebote *+gen* ▶ VI [dɪkˈteɪt]: **to ~ to** diktieren *+dat*; **I won't be dictated to** ich lasse mir keine Vorschriften machen

dictation [dɪkˈteɪʃən] N Diktat *nt*; **at ~ speed** im Diktiertempo

dictator [dɪkˈteɪtəʳ] N Diktator *m*

dictatorship [dɪkˈteɪtəʃɪp] N Diktatur *f*

diction [ˈdɪkʃən] N Diktion *f*

★**dictionary** [ˈdɪkʃənrɪ] N Wörterbuch *nt*

did [dɪd] PT *of* **do**

didactic [daɪˈdæktɪk] ADJ didaktisch

diddle [ˈdɪdl] (*inf*) VT übers Ohr hauen

didn't [ˈdɪdnt] = **did not**

★**die** [daɪ] N (*pl*: *dice*) Würfel *m*; (: *dies*) Gussform *f* ▶ VI sterben; (*plant*) eingehen; (*fig*: *noise*) aufhören; (: *smile*) vergehen; (*engine*) stehen bleiben; **to ~ of** *or* **from** sterben an *+dat*; **to be dying** im Sterben liegen; **to be dying for sth** etw unbedingt brauchen; **to be dying to do sth** darauf brennen, etw zu tun

▶ **die away** VI (*sound*) schwächer werden; (*light*) nachlassen

▶ **die down** VI (*wind*) sich legen; (*fire*) herunterbrennen; (*excitement, noise*) nachlassen

▶ **die out** VI aussterben

die-hard [ˈdaɪhɑːd] N Ewiggestrige(r) *f(m)*

diesel [ˈdiːzl] N (*vehicle*) Diesel *m*; (*also*: **diesel oil**) Diesel(kraftstoff) *m*

diesel engine N Dieselmotor *m*

★**diet** [ˈdaɪət] N Ernährung *f*; (*Med*) Diät *f*; (*when slimming*) Schlankheitskur *f* ▶ VI (*also*: **be on a diet**) eine Schlankheitskur machen; **to live on a ~ of** sich ernähren von, leben von

dietician [daɪəˈtɪʃən] N Diätassistent(in) *m(f)*

differ [ˈdɪfəʳ] VI (*be different*): **to ~ (from)** sich unterscheiden (von); (*disagree*): **to ~ (about)** anderer Meinung sein (über *+acc*); **to agree to ~** sich *dat* verschiedene Meinungen zugestehen

★**difference** [ˈdɪfrəns] N Unterschied *m*; (*disagreement*) Differenz *f*, Auseinandersetzung *f*; **it makes no ~ to me** das ist mir egal *or* einerlei; **to settle one's differences** die Differenzen *or* Meinungsverschiedenheiten beilegen

★**different** [ˈdɪfrənt] ADJ (*various people, things*) verschieden, unterschiedlich; **to be ~ (from)** anders sein (als)

differential [dɪfəˈrɛnʃəl] N (*Math*) Differenzial *nt*; (BRIT: *in wages*) (Einkommens)unterschied *m*

differentiate [dɪfəˈrɛnʃɪeɪt] VI: **to ~ (between)** unterscheiden (zwischen) ▶ VT: **to ~ A from B** A von B unterscheiden

differently [ˈdɪfrəntlɪ] ADV anders; (*shaped, designed*) verschieden, unterschiedlich

difficult [ˈdɪfɪkəlt] ADJ schwierig; (*task, problem*) schwer, schwierig; **~ to understand** schwer zu verstehen
difficulty [ˈdɪfɪkəltɪ] N Schwierigkeit *f*; **to be in/get into difficulties** in Schwierigkeiten sein/geraten
diffidence [ˈdɪfɪdəns] N Bescheidenheit *f*, Zurückhaltung *f*
diffident [ˈdɪfɪdənt] ADJ bescheiden, zurückhaltend
diffuse ADJ [dɪˈfjuːs] diffus ▶ VT [dɪˈfjuːz] verbreiten
dig [dɪg] (*pt, pp* **dug**) VT graben; (*garden*) umgraben ▶ N (*prod*) Stoß *m*; (*archaeological*) (Aus)grabung *f*; (*remark*) Seitenhiebdigital *m*, spitze Bemerkung *f*; **to ~ one's nails into sth** seine Nägel in etw *acc* krallen
▶ **dig in** VI (*inf: eat*) reinhauen ▶ VT (*compost*) untergraben, eingraben; (*knife*) hineinstoßen; (*claw*) festkrallen; **to ~ one's heels in** (*fig*) sich auf die Hinterbeine stellen (*inf*)
▶ **dig into** VT FUS (*savings*) angreifen; (*snow, soil*) ein Loch graben in +*acc*; **to ~ into one's pockets for sth** in seinen Taschen nach etw suchen *or* wühlen
▶ **dig out** VT ausgraben
▶ **dig up** VT ausgraben
digest [daɪˈdʒɛst] VT verdauen ▶ N Digest *m or nt*, Auswahl *f*
digestible [dɪˈdʒɛstəbl] ADJ verdaulich
digestion [dɪˈdʒɛstʃən] N Verdauung *f*
digestive [dɪˈdʒɛstɪv] ADJ (*system, upsets*) Verdauungs- ▶ N *Keks aus Vollkornmehl*
digit [ˈdɪdʒɪt] N (*number*) Ziffer *f*; (*finger*) Finger *m*
digital [ˈdɪdʒɪtl] ADJ (*watch, display etc*) Digital-
digital camera N Digitalkamera *f*
digital computer N Digitalrechner *m*
digital projector N Beamer *m*
digital television, digital TV N Digitalfernsehen *nt*
dignified [ˈdɪgnɪfaɪd] ADJ würdevoll
dignitary [ˈdɪgnɪtərɪ] N Würdenträger(in) *m(f)*
dignity [ˈdɪgnɪtɪ] N Würde *f*
digress [daɪˈgrɛs] VI: **to ~ (from)** abschweifen (von)
digression [daɪˈgrɛʃən] N Abschweifung *f*
digs [dɪgz] (BRIT *inf*) NPL Bude *f*
dike [daɪk] N = **dyke**
dilapidated [dɪˈlæpɪdeɪtɪd] ADJ verfallen
dilate [daɪˈleɪt] VI sich weiten ▶ VT weiten
dilatory [ˈdɪlətərɪ] ADJ langsam
dilemma [daɪˈlɛmə] N Dilemma *nt*; **to be in a ~** sich in einem Dilemma befinden, in der Klemme sitzen (*inf*)
diligence [ˈdɪlɪdʒəns] N Fleiß *m*
diligent [ˈdɪlɪdʒənt] ADJ fleißig; (*research*) sorgfältig, genau
dill [dɪl] N Dill *m*
dilly-dally [ˈdɪlɪˈdælɪ] VI trödeln
dilute [daɪˈluːt] VT verdünnen; (*belief, principle*) schwächen ▶ ADJ verdünnt
dim [dɪm] ADJ schwach; (*outline, figure*) undeutlich, verschwommen; (*room*) dämmerig; (*future*) düster; (*prospects*) schlecht; (*inf: person*) schwer von Begriff ▶ VT (*light*) dämpfen; (*US Aut*) abblenden; **to take a ~ view of sth** wenig *or* nicht viel von etw halten
dime [daɪm] (*US*) N Zehncentstück *nt*
dimension [daɪˈmɛnʃən] N (*aspect*) Dimension *f*; (*measurement*) Abmessung *f*, Maß *nt*; (*also pl: scale, size*) Ausmaß *nt*
-dimensional [dɪˈmɛnʃənl] ADJ SUFF -dimensional
diminish [dɪˈmɪnɪʃ] VI sich verringern ▶ VT verringern
diminished responsibility [dɪˈmɪnɪʃt-] N verminderte Zurechnungsfähigkeit *f*
diminutive [dɪˈmɪnjutɪv] ADJ winzig ▶ N Verkleinerungsform *f*
dimly [ˈdɪmlɪ] ADV schwach; (*see*) undeutlich, verschwommen
dimmer [ˈdɪmə^r] N (*Elec: also:* **dimmer switch**) Dimmer *m*; (*US Aut*) Abblendschalter *m*
dimmers [ˈdɪməz] (*US*) NPL (*Aut: dipped headlights*) Abblendlicht *nt*; (*parking lights*) Parklicht *nt*
dimple [ˈdɪmpl] N Grübchen *nt*
dim-witted [ˈdɪmˈwɪtɪd] (*inf*) ADJ dämlich
din [dɪn] N Lärm *m*, Getöse *nt* ▶ VT (*inf*): **to ~ sth into sb** jdm etw einbläuen
dine [daɪn] VI speisen
diner [ˈdaɪnə^r] N Gast *m*; (*US: restaurant*) Esslokal *nt*
dinghy [ˈdɪŋgɪ] N (*also:* **rubber dinghy**) Schlauchboot *nt*; (*also:* **sailing dinghy**) Dingi *nt*
dingy [ˈdɪndʒɪ] ADJ schäbig; (*clothes, curtains etc*) schmuddelig
dining car [ˈdaɪnɪŋ-] (BRIT) N Speisewagen *m*
dining room [ˈdaɪnɪŋ-] N Esszimmer *nt*; (*in hotel*) Speiseraum *m*
dinkum [ˈdɪŋkəm] ADJ (AUST, *NZ inf*): **(fair) ~** echt, wirklich; **he's a ~ Aussie** er ist ein waschechter Australier (*inf*)
★**dinner** [ˈdɪnə^r] N (*evening meal*) Abendessen *nt*; (*lunch*) Mittagessen *nt*; (*banquet*) (Fest)essen *nt*
dinner jacket N Smokingjackett *nt*
dinner party N Abendgesellschaft *f* (mit Essen)
dinner service N Tafelservice *nt*
dinner time N Essenszeit *f*
dinosaur [ˈdaɪnəsɔː^r] N Dinosaurier *m*
dint [dɪnt] N: **by ~ of** durch +*acc*
diocese [ˈdaɪəsɪs] N Diözese *f*
dioxide [daɪˈɔksaɪd] N Dioxid *nt*
dip [dɪp] N Senke *f*; (*in sea*) kurzes Bad *nt*; (*Culin*) Dip *m*; (*for sheep*) Desinfektionslösung *f* ▶ VT eintauchen; (BRIT *Aut*) abblenden ▶ VI abfallen
Dip. (BRIT) ABBR = **diploma**
diphtheria [dɪfˈθɪərɪə] N Diphtherie *f*
diphthong [ˈdɪfθɔŋ] N Diphthong *m*
diploma [dɪˈpləumə] N Diplom *nt*

diplomacy [dɪˈpləuməsɪ] N Diplomatie *f*

diplomat [ˈdɪpləmæt] N Diplomat(in) *m(f)*

★**diplomatic** [dɪpləˈmætɪk] ADJ diplomatisch; **to break off ~ relations (with)** die diplomatischen Beziehungen abbrechen (mit)

diplomatic corps N diplomatisches Korps *nt*

diplomatic immunity N Immunität *f*

dip rod (*US*) N Ölmessstab *m*

dipstick [ˈdɪpstɪk] (BRIT) N Ölmessstab *m*

dip switch (BRIT) N Abblendschalter *m*

dire [daɪəʳ] ADJ schrecklich

★**direct** [daɪˈrɛkt] ADJ, ADV direkt ▸ VT richten; (*company, project, programme etc*) leiten; (*play, film*) Regie führen bei; **to ~ sb to do sth** jdn anweisen, etw zu tun; **can you ~ me to ...?** können Sie mir den Weg nach ... sagen?

direct access N (*Comput*) Direktzugriff *m*

direct cost N direkte Kosten *pl*

direct current N Gleichstrom *m*

direct debit (BRIT) N Einzugsauftrag *m*; (*transaction*) automatische Abbuchung *f*

direct dialling N Selbstwahl *f*

direct hit N Volltreffer *m*

★**direction** [dɪˈrɛkʃən] N Richtung *f*; (TV, *Radio*) Leitung *f*; (*Cine*) Regie *f* ▪ **directions** NPL (*instructions*) Anweisungen *pl*; **sense of ~** Orientierungssinn *m*; **directions for use** Gebrauchsanweisung *f*, Gebrauchsanleitung *f*; **to ask for directions** nach dem Weg fragen; **in the ~ of** in Richtung

directional [dɪˈrɛkʃənl] ADJ (*aerial*) Richt-

directive [dɪˈrɛktɪv] N Direktive *f*, Weisung *f*; **government ~** Regierungserlass *m*

direct labour N (*Comm*) Produktionsarbeit *f*; (BRIT) eigene Arbeitskräfte *pl*

directly [dɪˈrɛktlɪ] ADV direkt; (*at once*) sofort, gleich

direct mail N Werbebriefe *pl*

direct mailshot (BRIT) N Direktwerbung *f* per Post

directness [daɪˈrɛktnɪs] N Direktheit *f*

★**director** [dɪˈrɛktəʳ] N Direktor(in) *m(f)*; (*of project*, TV, *Radio*) Leiter(in) *m(f)*; (*Cine*) Regisseur(in) *m(f)*

Director of Public Prosecutions (BRIT) N ≈ Generalstaatsanwalt *m*, ≈ Generalstaatsanwältin *f*

directory [dɪˈrɛktərɪ] N (*also:* **telephone directory**) Telefonbuch *nt*; (*also:* **street directory**) Einwohnerverzeichnis *nt*; (*Comput*) Verzeichnis *nt*; (*Comm*) Branchenverzeichnis *nt*

directory enquiries, (*US*) **directory assistance** N (Fernsprech)auskunft *f*

dirt [dəːt] N Schmutz *m*; (*earth*) Erde *f*; **to treat sb like ~** jdn wie (den letzten) Dreck behandeln

dirt-cheap [ˈdəːtˈtʃiːp] ADJ spottbillig

dirt road N unbefestigte Straße *f*

★**dirty** [ˈdəːtɪ] ADJ schmutzig; (*story*) unanständig ▸ VT beschmutzen

dirty bomb N schmutzige Bombe

dirty trick N gemeiner Trick *m*

disability [dɪsəˈbɪlɪtɪ] N Behinderung *f*

disability allowance N Behindertenbeihilfe *f*

disable [dɪsˈeɪbl] VT zum Invaliden machen; (*tank, gun*) unbrauchbar machen

disabled [dɪsˈeɪbld] ADJ behindert; **~ people** Behinderte *pl*

disabuse [dɪsəˈbjuːz] VT: **to ~ sb (of)** jdn befreien (von)

disadvantage [dɪsədˈvɑːntɪdʒ] N Nachteil *m*; (*detriment*) Schaden *m*; **to be at a ~** benachteiligt *or* im Nachteil sein

disadvantaged [dɪsədˈvɑːntɪdʒd] ADJ benachteiligt

disaffected [dɪsəˈfɛktɪd] ADJ entfremdet

disaffection [dɪsəˈfɛkʃən] N Entfremdung *f*

disagree [dɪsəˈgriː] VI nicht übereinstimmen; (*to be against, think differently*): **to ~ (with)** nicht einverstanden sein (mit); **I ~ with you** ich bin anderer Meinung; **garlic disagrees with me** ich vertrage keinen Knoblauch, Knoblauch bekommt mir nicht

disagreeable [dɪsəˈgriːəbl] ADJ unangenehm; (*person*) unsympathisch

disagreement [dɪsəˈgriːmənt] N Uneinigkeit *f*; (*argument*) Meinungsverschiedenheit *f*; **to have a ~ with sb** sich mit jdm nicht einig sein

disallow [dɪsəˈlau] VT (*appeal*) abweisen; (*goal*) nicht anerkennen, nicht geben

★**disappear** [dɪsəˈpɪəʳ] VI verschwinden; (*custom etc*) aussterben

disappearance [dɪsəˈpɪərəns] N Verschwinden *nt*; Aussterben *nt*

disappoint [dɪsəˈpɔɪnt] VT enttäuschen

★**disappointed** [dɪsəˈpɔɪntɪd] ADJ enttäuscht

disappointing [dɪsəˈpɔɪntɪŋ] ADJ enttäuschend

disappointment [dɪsəˈpɔɪntmənt] N Enttäuschung *f*

disapproval [dɪsəˈpruːvəl] N Missbilligung *f*

disapprove [dɪsəˈpruːv] VI dagegen sein; **to ~ of** missbilligen *+acc*

disapproving [dɪsəˈpruːvɪŋ] ADJ missbilligend

disarm [dɪsˈɑːm] VT entwaffnen; (*criticism*) zum Verstummen bringen ▸ VI abrüsten

disarmament [dɪsˈɑːməmənt] N Abrüstung *f*

disarming [dɪsˈɑːmɪŋ] ADJ entwaffnend

disarray [dɪsəˈreɪ] N: **in ~** (*army, organization*) in Auflösung (begriffen); (*hair, clothes*) unordentlich; (*thoughts*) durcheinander; **to throw into ~** durcheinanderbringen

★**disaster** [dɪˈzɑːstəʳ] N Katastrophe *f*; (*Aviat etc*) Unglück *nt*; (*fig: mess*) Fiasko *nt*

disaster area N Katastrophengebiet *nt*; (*fig: person*) Katastrophe *f*; **my office is a ~** in meinem Büro sieht es katastrophal aus

disastrous [dɪˈzɑːstrəs] ADJ katastrophal

disband [dɪsˈbænd] VT auflösen ▸ VI sich auflösen

disbelief [dɪsbəˈliːf] N Ungläubigkeit *f*; **in ~** ungläubig

disbelieve [dɪsbəˈliːv] VT (*person*) nicht glauben +*dat*; (*story*) nicht glauben; **I don't ~ you** ich bezweifle nicht, was Sie sagen

disc [dɪsk] N (*Anat*) Bandscheibe *f*; (*record*) Platte *f*; (*Comput*) = **disk**

disc. ABBR (*Comm*) = **discount**

discard [dɪsˈkɑːd] VT ausrangieren; (*fig: idea, plan*) verwerfen

disc brake N Scheibenbremse *f*

discern [dɪˈsəːn] VT wahrnehmen; (*identify*) erkennen

discernible [dɪˈsəːnəbl] ADJ erkennbar; (*object*) wahrnehmbar

discerning [dɪˈsəːnɪŋ] ADJ (*judgement*) scharfsinnig; (*look*) kritisch; (*listeners etc*) anspruchsvoll

discharge [dɪsˈtʃɑːdʒ] VT (*duties*) nachkommen +*dat*; (*debt*) begleichen; (*waste*) ablassen; (*Elec*) entladen; (*Med*) ausscheiden, absondern; (*patient, employee, soldier*) entlassen; (*defendant*) freisprechen ▶ N (*of gas*) Ausströmen *nt*; (*of liquid*) Ausfließen *nt*; (*Elec*) Entladung *f*; (*Med*) Ausfluss *m*; (*of patient, employee, soldier*) Entlassung *f*; (*of defendant*) Freispruch *m*; **to ~ a gun** ein Gewehr abfeuern

discharged bankrupt [dɪsˈtʃɑːdʒd-] N (*Law*) entlasteter Konkursschuldner *m*, entlastete Konkursschuldnerin *f*

disciple [dɪˈsaɪpl] N Jünger *m*; (*fig: follower*) Schüler(in) *m(f)*

disciplinary [ˈdɪsɪplɪnərɪ] ADJ (*powers etc*) Disziplinar-; **to take ~ action against sb** ein Disziplinarverfahren gegen jdn einleiten

discipline [ˈdɪsɪplɪn] N Disziplin *f* ▶ VT disziplinieren; (*punish*) bestrafen; **to ~ o.s. to do sth** sich dazu anhalten *or* zwingen, etw zu tun

disc jockey N Discjockey *m*

disclaim [dɪsˈkleɪm] VT (*knowledge*) abstreiten; (*responsibility*) von sich weisen

disclaimer [dɪsˈkleɪməʳ] N Dementi *nt*; **to issue a ~** eine Gegenerklärung abgeben

disclose [dɪsˈkləuz] VT enthüllen, bekannt geben

disclosure [dɪsˈkləuʒəʳ] N Enthüllung *f*

disco [ˈdɪskəu] N = **discotheque**

discolor *etc* [dɪsˈkʌləʳ] (*US*) = **discolour** *etc*

discolour [dɪsˈkʌləʳ] VT verfärben ▶ VI sich verfärben

discolouration [dɪskʌləˈreɪʃən] N Verfärbung *f*

discoloured [dɪsˈkʌləd] ADJ verfärbt

discomfort [dɪsˈkʌmfət] N (*unease*) Unbehagen *nt*; (*physical*) Beschwerden *pl*

disconcert [dɪskənˈsəːt] VT beunruhigen, irritieren

disconcerting [dɪskənˈsəːtɪŋ] ADJ beunruhigend, irritierend

disconnect [dɪskəˈnɛkt] VT abtrennen; (*Elec, Radio*) abstellen; **I've been disconnected** (*Tel*) das Gespräch ist unterbrochen worden; (*supply, connection*) man hat mir das Telefon/den Strom/das Gas *etc* abgestellt

disconnected [dɪskəˈnɛktɪd] ADJ unzusammenhängend

disconsolate [dɪsˈkɔnsəlɪt] ADJ niedergeschlagen

discontent [dɪskənˈtɛnt] N Unzufriedenheit *f*

discontented [dɪskənˈtɛntɪd] ADJ unzufrieden

discontinue [dɪskənˈtɪnjuː] VT einstellen; **"discontinued"** (*Comm*) „ausgelaufene Serie"

discord [ˈdɪskɔːd] N Zwietracht *f*; (*Mus*) Dissonanz *f*

discordant [dɪsˈkɔːdənt] ADJ unharmonisch

discotheque [ˈdɪskəutɛk] N Diskothek *f*

★**discount** N [ˈdɪskaunt] Rabatt *m* ▶ VT [dɪsˈkaunt] nachlassen; (*idea, fact*) unberücksichtigt lassen; **to give sb a ~ on sth** jdm auf etw *acc* Rabatt geben; **~ for cash** Skonto *m or nt* (bei Barzahlung); **at a ~** mit Rabatt

discount house N Diskontbank *f*; (*also:* **discount store**) Diskontgeschäft *nt*

discount rate N Diskontsatz *m*

discourage [dɪsˈkʌrɪdʒ] VT entmutigen; **to ~ sb from doing sth** jdm davon abraten, etw zu tun

discouragement [dɪsˈkʌrɪdʒmənt] N Mutlosigkeit *f*; **to act as a ~ to sb** entmutigend für jdn sein

discouraging [dɪsˈkʌrɪdʒɪŋ] ADJ entmutigend

discourteous [dɪsˈkəːtɪəs] ADJ unhöflich

★**discover** [dɪsˈkʌvəʳ] VT entdecken; (*missing person*) finden; **to ~ that ...** herausfinden, dass ...

discovery [dɪsˈkʌvərɪ] N Entdeckung *f*

discredit [dɪsˈkrɛdɪt] VT in Misskredit bringen ▶ N: **to sb's ~** zu jds Schande

discreet [dɪsˈkriːt] ADJ diskret; (*unremarkable*) dezent

discreetly [dɪsˈkriːtlɪ] ADV diskret; (*unremarkably*) dezent

discrepancy [dɪsˈkrɛpənsɪ] N Diskrepanz *f*

discretion [dɪsˈkrɛʃən] N Diskretion *f*; **at the ~ of** im Ermessen +*gen*; **use your own ~** Sie müssen nach eigenem Ermessen handeln

discretionary [dɪsˈkrɛʃənrɪ] ADJ: **~ powers** Ermessensspielraum *m*; **~ payments** Ermessenszahlungen *pl*

discriminate [dɪsˈkrɪmɪneɪt] VI: **to ~ between** unterscheiden zwischen +*dat*; **to ~ against** diskriminieren +*acc*

discriminating [dɪsˈkrɪmɪneɪtɪŋ] ADJ anspruchsvoll, kritisch; (*tax, duty*) Differenzial-

discrimination [dɪskrɪmɪˈneɪʃən] N Diskriminierung *f*; (*discernment*) Urteilsvermögen *nt*; **racial ~** Rassendiskriminierung *f*; **sexual ~** Diskriminierung aufgrund des Geschlechts

discus [ˈdɪskəs] N Diskus *m*; (*event*) Diskuswerfen *nt*

★**discuss** [dɪsˈkʌs] VT besprechen; (*debate*) diskutieren; (*analyse*) erörtern, behandeln

★**discussion** [dɪsˈkʌʃən] N Besprechung *f*; (*debate*) Diskussion *f*; **under ~** in der Diskussion

disdain [dɪsˈdeɪn] N Verachtung *f* ▶ VT verachten ▶ VI: **to ~ to do sth** es für unter seiner Würde halten, etw zu tun

disease [dɪˈziːz] N Krankheit *f*

diseased [dɪˈziːzd] ADJ krank; (*tree*) befallen

disembark [dɪsɪmˈbɑːk] VT ausschiffen ▶ VI (*passengers*) von Bord gehen

disembarkation [dɪsɛmbɑːˈkeɪʃən] N Ausschiffung *f*

disembodied [dɪsɪmˈbɔdɪd] ADJ (*voice*) geisterhaft; (*hand*) körperlos

disembowel [dɪsɪmˈbauəl] VT die Eingeweide herausnehmen *+dat*

disenchanted [dɪsɪnˈtʃɑːntɪd] ADJ: **~ (with)** enttäuscht (von)

disenfranchise [dɪsɪnˈfræntʃaɪz] VT (*Pol*) das Wahlrecht entziehen *+dat*; (*Comm*) die Konzession entziehen *+dat*

disengage [dɪsɪnˈgeɪdʒ] VT (*Tech*) ausrasten; **to ~ the clutch** auskuppeln

disengagement [dɪsɪnˈgeɪdʒmənt] N (*Pol*) Disengagement *nt*

disentangle [dɪsɪnˈtæŋgl] VT befreien; (*wool, wire*) entwirren

disfavour, (*US*) **disfavor** [dɪsˈfeɪvəʳ] N Missfallen *nt*; **to fall into ~ (with sb)** (bei jdm) in Ungnade fallen

disfigure [dɪsˈfɪgəʳ] VT entstellen; (*object, place*) verunstalten

disgorge [dɪsˈgɔːdʒ] VT (*liquid*) ergießen; (*people*) ausspeien

disgrace [dɪsˈgreɪs] N Schande *f*; (*scandal*) Skandal *m* ▶ VT Schande bringen über *+acc*

disgraceful [dɪsˈgreɪsful] ADJ skandalös

disgruntled [dɪsˈgrʌntld] ADJ verärgert

disguise [dɪsˈgaɪz] N Verkleidung *f* ▶ VT: **to ~ (as)** (*person*) verkleiden (als); (*object*) tarnen (als); **in ~** (*person*) verkleidet; **there's no disguising the fact that ...** es kann nicht geleugnet werden, dass ...; **to ~ o.s. as** sich verkleiden als

disgust [dɪsˈgʌst] N Abscheu *m* ▶ VT anwidern; **she walked off in ~** sie ging voller Empörung weg

disgusting [dɪsˈgʌstɪŋ] ADJ widerlich

★**dish** [dɪʃ] N Schüssel *f*; (*flat*) Schale *f*; (*recipe, food*) Gericht *nt*; (*also:* **satellite dish**) Parabolantenne *f*, Schüssel (*inf*); **to do** *or* **wash the dishes** Geschirr spülen, abwaschen
▶ **dish out** VT verteilen; (*food, money*) austeilen; (*advice*) erteilen
▶ **dish up** VT (*food*) auftragen, servieren; (*facts, statistics*) auftischen (*inf*)

dishcloth [ˈdɪʃklɔθ] N Spültuch *nt*, Spüllappen *m*

dishearten [dɪsˈhɑːtn] VT entmutigen

dishevelled, (*US*) **disheveled** [dɪˈʃɛvəld] ADJ unordentlich; (*hair*) zerzaust

dishonest [dɪsˈɔnɪst] ADJ unehrlich; (*means*) unlauter

dishonesty [dɪsˈɔnɪstɪ] N Unehrlichkeit *f*

dishonor *etc* [dɪsˈɔnəʳ] (*US*) = **dishonour** *etc*

dishonour [dɪsˈɔnəʳ] N Schande *f*

dishonourable [dɪsˈɔnərəbl] ADJ unehrenhaft

dish soap (*US*) N Spülmittel *nt*

dishtowel [ˈdɪʃtauəl] (*US*) N Geschirrtuch *nt*

dishwasher [ˈdɪʃwɔʃəʳ] N (*machine*) (Geschirr)spülmaschine *f*

dishy [ˈdɪʃɪ] (*BRIT inf*) ADJ attraktiv

disillusion [dɪsɪˈluːʒən] VT desillusionieren ▶ N = **disillusionment**; **to become disillusioned (with)** seine Illusionen (über *+acc*) verlieren

disillusionment [dɪsɪˈluːʒənmənt] N Desillusionierung *f*

disincentive [dɪsɪnˈsɛntɪv] N Entmutigung *f*; **it's a ~** es hält die Leute ab; **to be a ~ to sb** jdm keinen Anreiz bieten

disinclined [dɪsɪnˈklaɪnd] ADJ: **to be ~ to do sth** abgeneigt sein, etw zu tun

disinfect [dɪsɪnˈfɛkt] VT desinfizieren

disinfectant [dɪsɪnˈfɛktənt] N Desinfektionsmittel *nt*

disinflation [dɪsɪnˈfleɪʃən] N (*Econ*) Rückgang *m* einer inflationären Entwicklung

disinformation [dɪsɪnfəˈmeɪʃən] N Desinformation *f*

disingenuous [dɪsɪnˈdʒɛnjuəs] ADJ unaufrichtig

disinherit [dɪsɪnˈhɛrɪt] VT enterben

disintegrate [dɪsˈɪntɪgreɪt] VI zerfallen; (*marriage, partnership*) scheitern; (*organization*) sich auflösen

disinterested [dɪsˈɪntrəstɪd] ADJ (*advice*) unparteiisch, unvoreingenommen; (*help*) uneigennützig

disjointed [dɪsˈdʒɔɪntɪd] ADJ unzusammenhängend

disk [dɪsk] N Diskette *f*; **single-/double-sided ~** einseitige/zweiseitige Diskette

disk drive N Diskettenlaufwerk *nt*

diskette [dɪsˈkɛt] (*US*) N = **disk**

disk operating system N Betriebssystem *nt*

dislike [dɪsˈlaɪk] N Abneigung *f* ▶ VT nicht mögen; **to take a ~ to sb/sth** eine Abneigung gegen jdn/etw entwickeln; **I ~ the idea** die Idee gefällt mir nicht; **he dislikes it** er kann es nicht leiden, er mag es nicht

dislocate [ˈdɪsləkeɪt] VT verrenken, ausrenken; **he has dislocated his shoulder** er hat sich *dat* den Arm ausgekugelt

dislodge [dɪsˈlɔdʒ] VT verschieben

disloyal [dɪsˈlɔɪəl] ADJ illoyal

dismal [ˈdɪzml] ADJ trübe, trostlos; (*song, person, mood*) trübsinnig; (*failure*) kläglich

dismantle [dɪsˈmæntl] VT (*machine*) demontieren

dismast [dɪsˈmɑːst] VT (*Naut*) entmasten

dismay [dɪsˈmeɪ] N Bestürzung *f* ▸ VT bestürzen; **much to my ~** zu meiner Bestürzung; **in ~** bestürzt

dismiss [dɪsˈmɪs] VT entlassen; (*case*) abweisen; (*possibility, idea*) abtun

dismissal [dɪsˈmɪsl] N Entlassung *f*

dismount [dɪsˈmaunt] VI absteigen

disobedience [dɪsəˈbiːdɪəns] N Ungehorsam *m*

disobedient [dɪsəˈbiːdɪənt] ADJ ungehorsam

disobey [dɪsəˈbeɪ] VT nicht gehorchen *+dat*; (*order*) nicht befolgen

disorder [dɪsˈɔːdəʳ] N Unordnung *f*; (*rioting*) Unruhen *pl*; (*Med*) (Funktions)störung *f*; **civil ~** öffentliche Unruhen *pl*

disorderly [dɪsˈɔːdəlɪ] ADJ unordentlich; (*meeting*) undiszipliniert; (*behaviour*) ungehörig

disorderly conduct N (*Law*) ungebührliches Benehmen *nt*

disorganize [dɪsˈɔːgənaɪz] VT durcheinanderbringen

disorganized [dɪsˈɔːgənaɪzd] ADJ chaotisch

disorientated [dɪsˈɔːrɪenteɪtɪd] ADJ desorientiert, verwirrt

disown [dɪsˈəun] VT (*action*) verleugnen; (*child*) verstoßen

disparaging [dɪsˈpærɪdʒɪŋ] ADJ (*remarks*) abschätzig, geringschätzig; **to be ~ about sb/sth** (*person*) abschätzig *or* geringschätzig über jdn/etw urteilen

disparate [ˈdɪspərɪt] ADJ völlig verschieden

disparity [dɪsˈpærɪtɪ] N Unterschied *m*

dispassionate [dɪsˈpæʃənət] ADJ nüchtern

dispatch [dɪsˈpætʃ] VT senden, schicken; (*deal with*) erledigen; (*kill*) töten ▸ N Senden *nt*, Schicken *nt*; (*Press*) Bericht *m*; (*Mil*) Depesche *f*

dispatch department N Versandabteilung *f*

dispatch rider N (*Mil*) Meldefahrer *m*

dispel [dɪsˈpɛl] VT (*myths*) zerstören; (*fears*) zerstreuen

dispensable [dɪsˈpɛnsəbl] ADJ entbehrlich

dispensary [dɪsˈpɛnsərɪ] N Apotheke *f*; (*in chemist's*) *Raum in einer Apotheke, wo Arzneimittel abgefüllt werden*

dispensation [dɪspənˈseɪʃən] N (*of treatment*) Vergabe *f*; (*special permission*) Dispens *m*; **~ of justice** Rechtsprechung *f*

dispense [dɪsˈpɛns] VT (*medicines*) abgeben; (*charity*) austeilen; (*advice*) erteilen
▸ **dispense with** VT FUS verzichten auf *+acc*

dispenser [dɪsˈpɛnsəʳ] N (*machine*) Automat *m*

dispensing chemist [dɪsˈpɛnsɪŋ-] (BRIT) N (*shop*) Apotheke *f*

dispersal [dɪsˈpəːsl] N (*of objects*) Verstreuen *nt*; (*of group, crowd*) Auflösung *f*, Zerstreuen *nt*

disperse [dɪsˈpəːs] VT (*objects*) verstreuen; (*crowd etc*) auflösen, zerstreuen; (*knowledge, information*) verbreiten ▸ VI (*crowd*) sich auflösen *or* zerstreuen

dispirited [dɪsˈpɪrɪtɪd] ADJ entmutigt

displace [dɪsˈpleɪs] VT ablösen

displaced person [dɪsˈpleɪst-] N Verschleppte(r) *f*(*m*)

displacement [dɪsˈpleɪsmənt] N Ablösung *f*; (*of people*) Vertreibung *f*; (*Phys*) Verdrängung *f*

display [dɪsˈpleɪ] N (*in shop*) Auslage *f*; (*exhibition*) Ausstellung *f*; (*of feeling*) Zeigen *nt*; (*pej*) Zurschaustellung *f*; (*Comput, Tech*) Anzeige *f* ▸ VT zeigen; (*ostentatiously*) zur Schau stellen; (*results, departure times*) aushängen; **on ~** ausgestellt

display advertising N Displaywerbung *f*

displease [dɪsˈpliːz] VT verstimmen, verärgern

displeased [dɪsˈpliːzd] ADJ: **I am very ~ with you** ich bin sehr enttäuscht von dir

displeasure [dɪsˈplɛʒəʳ] N Missfallen *nt*

disposable [dɪsˈpəuzəbl] ADJ (*lighter*) Wegwerf-; (*bottle*) Einweg-; (*income*) verfügbar

disposable nappy (BRIT) N Wegwerfwindel *f*

disposal [dɪsˈpəuzl] N (*of goods for sale*) Loswerden *nt*; (*of property, belongings: by selling*) Verkauf *m*; (*: by giving away*) Abgeben *nt*; (*of rubbish*) Beseitigung *f*; **at one's ~** zur Verfügung; **to put sth at sb's ~** jdm etw zur Verfügung stellen

dispose [dɪsˈpəuz]: **to ~ of** *vt fus* (*body*) aus dem Weg schaffen; (*unwanted goods*) loswerden; (*problem, task*) erledigen; (*stock*) verkaufen

disposed [dɪsˈpəuzd] ADJ: **to be ~ to do sth** (*inclined*) geneigt sein, etw zu tun; (*willing*) bereit sein, etw zu tun; **to be well ~ towards sb** jdm wohlwollen

disposition [dɪspəˈzɪʃən] N (*nature*) Veranlagung *f*; (*inclination*) Neigung *f*

dispossess [ˈdɪspəˈzɛs] VT enteignen; **to ~ sb of his/her land** jds Land enteignen

disproportion [dɪsprəˈpɔːʃən] N Missverhältnis *nt*

disproportionate [dɪsprəˈpɔːʃənət] ADJ unverhältnismäßig; (*amount*) unverhältnismäßig hoch/niedrig

disprove [dɪsˈpruːv] VT widerlegen

dispute [dɪsˈpjuːt] N Streit *m*; (*also:* **industrial dispute**) Auseinandersetzung *f* zwischen Arbeitgebern und Arbeitnehmern; (*Pol, Mil*) Streitigkeiten *pl* ▸ VT bestreiten; (*ownership etc*) anfechten; **to be in** *or* **under ~** umstritten sein

disqualification [dɪskwɔlɪfɪˈkeɪʃən] N: **~ (from)** Ausschluss *m* (von); (*Sport*) Disqualifizierung *f* (von); **~ (from driving)** (BRIT) Führerscheinentzug *m*

disqualify [dɪsˈkwɔlɪfaɪ] VT disqualifizieren; **to ~ sb for sth** jdn für etw ungeeignet machen; **to ~ sb from doing sth** jdn ungeeignet machen, etw zu tun; **to ~ sb from driving** (BRIT) jdm den Führerschein entziehen

disquiet [dɪsˈkwaɪət] N Unruhe *f*

disquieting [dɪsˈkwaɪətɪŋ] ADJ beunruhigend

disregard [dɪsrɪˈgɑːd] VT nicht beachten, ignorieren ▸ N: **~ (for)** Missachtung *f* (*+gen*); (*for danger, money*) Geringschätzung *f* (*+gen*)

disrepair [dɪsrɪˈpɛəʳ] N: **to fall into ~** (*machine*) vernachlässigt werden; (*building*) verfallen

disreputable [dɪsˈrɛpjutəbl] ADJ (*person*) unehrenhaft; (*behaviour*) unfein

disrepute [dɪsrɪˈpjuːt] N schlechter Ruf *m*; **to bring/fall into ~** in Verruf bringen/kommen
disrespectful [dɪsrɪˈspɛktful] ADJ respektlos
disrupt [dɪsˈrʌpt] VT (*plans*) durcheinanderbringen; (*conversation, proceedings*) unterbrechen
disruption [dɪsˈrʌpʃən] N Unterbrechung *f*; (*disturbance*) Störung *f*
disruptive [dɪsˈrʌptɪv] ADJ störend; (*action*) Stör-
dissatisfaction [dɪssætɪsˈfækʃən] N Unzufriedenheit *f*
dissatisfied [dɪsˈsætɪsfaɪd] ADJ: **~ (with)** unzufrieden (mit)
dissect [dɪˈsɛkt] VT sezieren
disseminate [dɪˈsɛmɪneɪt] VT verbreiten
dissent [dɪˈsɛnt] N abweichende Meinungen *pl*
dissenter [dɪˈsɛntəʳ] N Abweichler(in) *m(f)*
dissertation [dɪsəˈteɪʃən] N (*speech*) Vortrag *m*; (*piece of writing*) Abhandlung *f*; (*for PhD*) Dissertation *f*
disservice [dɪsˈsəːvɪs] N: **to do sb a ~** jdm einen schlechten Dienst erweisen
dissident [ˈdɪsɪdnt] ADJ andersdenkend; (*voice*) kritisch ▶ N Dissident(in) *m(f)*
dissimilar [dɪˈsɪmɪləʳ] ADJ: **~ (to)** anders (als)
dissipate [ˈdɪsɪpeɪt] VT (*heat*) neutralisieren; (*clouds*) auflösen; (*money, effort*) verschwenden
dissipated [ˈdɪsɪpeɪtɪd] ADJ zügellos, ausschweifend
dissociate [dɪˈsəuʃɪeɪt] VT trennen; **to ~ o.s. from** sich distanzieren von
dissolute [ˈdɪsəluːt] ADJ zügellos, ausschweifend
dissolution [dɪsəˈluːʃən] N Auflösung *f*
dissolve [dɪˈzɔlv] VT auflösen ▶ VI sich auflösen; **to ~ in(to) tears** in Tränen zerfließen
dissuade [dɪˈsweɪd] VT: **to ~ sb (from sth)** jdn (von etw) abbringen
distaff [ˈdɪstɑːf] N: **the ~ side** die mütterliche Seite
★**distance** [ˈdɪstns] N Entfernung *f*; (*in time*) Abstand *m*; (*reserve*) Abstand, Distanz *f* ▶ VT: **to ~ o.s. (from)** sich distanzieren (von); **in the ~** in der Ferne; **what's the ~ to London?** wie weit ist es nach London?; **it's within walking ~** es ist zu Fuß erreichbar; **at a ~ of 2 metres** in 2 Meter(n) Entfernung; **keep your ~!** halten Sie Abstand!
distant [ˈdɪstnt] ADJ (*place*) weit entfernt, fern; (*time*) weit zurückliegend; (*relative*) entfernt; (*manner*) distanziert, kühl
distaste [dɪsˈteɪst] N Widerwille *m*
distasteful [dɪsˈteɪstful] ADJ widerlich; **to be ~ to sb** jdm zuwider sein
Dist. Atty. (*US*) ABBR = **district attorney**
distemper [dɪsˈtɛmpəʳ] N (*paint*) Temperafarbe *f*; (*disease of dogs*) Staupe *f*
distend [dɪsˈtɛnd] VT blähen ▶ VI sich blähen
distended [dɪsˈtɛndɪd] ADJ aufgebläht
distil, (*US*) **distill** [dɪsˈtɪl] VT destillieren; (*fig*) (heraus)destillieren
distillery [dɪsˈtɪlərɪ] N Brennerei *f*
distinct [dɪsˈtɪŋkt] ADJ deutlich, klar; (*possibility*) eindeutig; (*different*) verschieden; **as ~ from** im Unterschied zu
distinction [dɪsˈtɪŋkʃən] N Unterschied *m*; (*honour*) Ehre *f*; (*in exam*) Auszeichnung *f*; **to draw a ~ between** einen Unterschied machen zwischen *+dat*; **a writer of ~** ein Schriftsteller von Rang
distinctive [dɪsˈtɪŋktɪv] ADJ unverwechselbar
distinctly [dɪsˈtɪŋktlɪ] ADV deutlich, klar; (*tell*) ausdrücklich; (*unhappy*) ausgesprochen; (*better*) entschieden
distinguish [dɪsˈtɪŋgwɪʃ] VT unterscheiden; (*details etc*) erkennen, ausmachen; **to ~ (between)** unterscheiden (zwischen *+dat*); **to ~ o.s.** sich hervortun
distinguished [dɪsˈtɪŋgwɪʃt] ADJ von hohem Rang; (*career*) hervorragend; (*in appearance*) distinguiert
distinguishing [dɪsˈtɪŋgwɪʃɪŋ] ADJ charakteristisch
distort [dɪsˈtɔːt] VT verzerren; (*argument*) verdrehen
distortion [dɪsˈtɔːʃən] N Verzerrung *f*; Verdrehung *f*
distract [dɪsˈtrækt] VT ablenken
distracted [dɪsˈtræktɪd] ADJ unaufmerksam; (*anxious*) besorgt, beunruhigt
distraction [dɪsˈtrækʃən] N Unaufmerksamkeit *f*; (*confusion*) Verstörtheit *f*; (*sth which distracts*) Ablenkung *f*; (*amusement*) Zerstreuung *f*; **to drive sb to ~** jdn zur Verzweiflung treiben
distraught [dɪsˈtrɔːt] ADJ verzweifelt
distress [dɪsˈtrɛs] N Verzweiflung *f* ▶ VT Kummer machen *+dat*; **in ~** (*ship*) in Seenot; (*person*) verzweifelt; **distressed area** (*BRIT*) Notstandsgebiet *nt*
distressing [dɪsˈtrɛsɪŋ] ADJ beunruhigend
distress signal N Notsignal *nt*
distribute [dɪsˈtrɪbjuːt] VT verteilen; (*profits*) aufteilen
distribution [dɪstrɪˈbjuːʃən] N Vertrieb *m*; (*of profits*) Aufteilung *f*
distribution costs NPL Vertriebskosten *pl*
distribution management N (*Comm*) Vertriebscontrolling *nt*
distributor [dɪsˈtrɪbjutəʳ] N (*Comm*) Vertreiber(in) *m(f)*; (*Aut, Tech*) Verteiler *m*
★**district** [ˈdɪstrɪkt] N Gebiet *nt*; (*of town*) Stadtteil *m*; (*Admin*) (Verwaltungs)bezirk *m*
district attorney (*US*) N Bezirksstaatsanwalt *m*, Bezirksstaatsanwältin *f*
district nurse (*BRIT*) N Gemeindeschwester *f*
distrust [dɪsˈtrʌst] N Misstrauen *nt* ▶ VT misstrauen *+dat*
distrustful [dɪsˈtrʌstful] ADJ: **~ (of)** misstrauisch (gegenüber *+dat*)
disturb [dɪsˈtəːb] VT stören; (*upset*) beunruhigen; (*disorganize*) durcheinanderbringen; **sorry to ~ you** entschuldigen Sie bitte die Störung

disturbance [dɪsˈtəːbəns] N Störung *f*; (*political etc*) Unruhe *f*; (*violent event*) Unruhen *pl*; (*by drunks etc*) (Ruhe)störung *f*; **to cause a ~** Unruhe/eine Ruhestörung verursachen; **~ of the peace** Ruhestörung

disturbed [dɪsˈtəːbd] ADJ beunruhigt; (*childhood*) unglücklich; **psychologically/emotionally ~** geistig/seelisch gestört

disturbing [dɪsˈtəːbɪŋ] ADJ beunruhigend

disuse [dɪsˈjuːs] N: **to fall into ~** nicht mehr benutzt werden

disused [dɪsˈjuːzd] ADJ (*building*) leer stehend; (*airfield*) stillgelegt

ditch [dɪtʃ] N Graben *m* ▸ VT (*inf: partner*) sitzen lassen; (*: plan*) sausen lassen; (*: car etc*) loswerden

dither [ˈdɪðəʳ] (*pej*) VI zaudern

ditto [ˈdɪtəu] ADV dito, ebenfalls

divan [dɪˈvæn] N (*also:* **divan bed**) Polsterbett *nt*

dive [daɪv] N Sprung *m*; (*underwater*) Tauchen *nt*; (*of submarine*) Untertauchen *nt*; (*pej: place*) Spelunke *f* (*inf*) ▸ VI springen; (*under water*) tauchen; (*bird*) einen Sturzflug machen; (*submarine*) untertauchen; **to ~ into** (*bag, drawer etc*) greifen in *+acc*; (*shop, car etc*) sich stürzen in *+acc*

diver [ˈdaɪvəʳ] N Taucher(in) *m(f)*; (*also:* **deep-sea diver**) Tiefseetaucher(in) *m(f)*

diverge [daɪˈvəːdʒ] VI auseinandergehen

divergent [daɪˈvəːdʒənt] ADJ unterschiedlich; (*views*) voneinander abweichend; (*interests*) auseinandergehend

diverse [daɪˈvəːs] ADJ verschiedenartig

diversification [daɪvəːsɪfɪˈkeɪʃən] N Diversifikation *f*

diversify [daɪˈvəːsɪfaɪ] VI diversifizieren

diversion [daɪˈvəːʃən] N (BRIT *Aut*) Umleitung *f*; (*distraction*) Ablenkung *f*; (*of funds*) Umlenkung *f*

diversionary [daɪˈvəːʃənrɪ] ADJ: **~ tactics** Ablenkungsmanöver *pl*

diversity [daɪˈvəːsɪtɪ] N Vielfalt *f*

divert [daɪˈvəːt] VT (*sb's attention*) ablenken; (*funds*) umlenken; (*re-route*) umleiten

divest [daɪˈvɛst] VT: **to ~ sb of office/his authority** jdn seines Amtes entkleiden/seiner Macht entheben

divide [dɪˈvaɪd] VT trennen; (*Math*) dividieren, teilen; (*share out*) verteilen ▸ VI sich teilen; (*road*) sich gabeln; (*people, groups*) sich aufteilen ▸ N Kluft *f*; **to ~ (between** *or* **among)** aufteilen (unter *+dat*); **40 divided by 5** 40 geteilt *or* dividiert durch 5

▸ **divide out** VT: **to ~ out (between** *or* **among)** aufteilen (unter *+dat*)

divided [dɪˈvaɪdɪd] ADJ geteilt; **to be ~ about** *or* **over sth** geteilter Meinung über etw *acc* sein

divided highway (US) N ≈ Schnellstraße *f*

dividend [ˈdɪvɪdɛnd] N Dividende *f*; (*fig*): **to pay dividends** sich bezahlt machen

dividend cover N (*Comm*) Dividendendeckung *f*

dividers [dɪˈvaɪdəz] NPL (*Math, Tech*) Stechzirkel *m*; (*between pages*) Register *nt*

divine [dɪˈvaɪn] ADJ göttlich ▸ VT (*future*) weissagen, prophezeien; (*truth*) erahnen; (*water, metal*) aufspüren

diving [ˈdaɪvɪŋ] N Tauchen *nt*; (*Sport*) Kunstspringen *nt*

diving board N Sprungbrett *nt*

diving suit N Taucheranzug *m*

divinity [dɪˈvɪnɪtɪ] N Göttlichkeit *f*; (*god or goddess*) Gottheit *f*; (*Scol*) Theologie *f*

divisible [dɪˈvɪzəbl] ADJ: **~ (by)** teilbar (durch); **to be ~ into** teilbar sein in *+acc*

★**division** [dɪˈvɪʒən] N Teilung *f*; (*Math*) Teilen *nt*, Division *f*; (*sharing out*) Verteilung *f*; (*disagreement*) Uneinigkeit *f*; (BRIT *Pol*) Abstimmung *f* durch Hammelsprung; (*Comm*) Abteilung *f*; (*Mil*) Division *f*; (*esp Football*) Liga *f*; **~ of labour** Arbeitsteilung *f*

divisive [dɪˈvaɪsɪv] ADJ: **to be ~** (*tactics*) auf Spaltung abzielen; (*system*) zu Feindseligkeit führen

divorce [dɪˈvɔːs] N Scheidung *f* ▸ VT sich scheiden lassen von; (*dissociate*) trennen

★**divorced** [dɪˈvɔːst] ADJ geschieden

divorcee [dɪvɔːˈsiː] N Geschiedene(r) *f(m)*

divot [ˈdɪvət] N *vom Golfschläger etc ausgehacktes Rasenstück*

divulge [daɪˈvʌldʒ] VT preisgeben

Diwali [dɪˈwɑːli], **Divali** [dɪˈvɑːli] N Diwali, Divali, Dipavali

★**DIY** (BRIT) N ABBR = **do-it-yourself**

dizziness [ˈdɪzɪnɪs] N Schwindel *m*

dizzy [ˈdɪzɪ] ADJ schwind(e)lig; (*turn, spell*) Schwindel-; (*height*) schwindelerregend; **I feel ~** mir ist *or* ich bin schwind(e)lig

DJ N ABBR = **disc jockey**

dj N ABBR = **dinner jacket**

Djakarta [dʒəˈkɑːtə] N Jakarta *nt*

DJIA (US) N ABBR (= *Dow-Jones Industrial Average*) Dow-Jones-Index *m*

Djibouti [dʒɪˈbuːtɪ] N Dschibuti *nt*

dl ABBR (= *decilitre*) dl

DLit, DLitt N ABBR (= *Doctor of Literature, Doctor of Letters*) *akademischer Grad in Literaturwissenschaft*

dm ABBR (= *decimetre*) dm

DMus N ABBR (= *Doctor of Music*) *Doktor der Musikwissenschaft*

DMZ N ABBR = **demilitarized zone**

DNA N ABBR (= *deoxyribonucleic acid*) DNS *f*

DNA test N DNS-Test *m*

do [duː]

(*pt* **did**, *pp* **done**) AUX VB **1** (*in negative constructions*): **I don't understand** ich verstehe nicht

2 (*to form questions*): **didn't you know?** wusstest du das nicht?; **what do you think?** was meinst du?

3 (*for emphasis*): **she does seem rather upset** sie scheint wirklich recht aufgeregt zu sein; **do sit down/help yourself** bitte nehmen Sie

Platz/bedienen Sie sich; **oh do shut up!** halte endlich den Mund!
4 (*to avoid repeating vb*): **she swims better than I do** sie schwimmt besser als ich; **she lives in Glasgow — so do I** sie wohnt in Glasgow — ich auch; **who made this mess? — I did** wer hat dieses Durcheinander gemacht? — ich
5 (*in question tags*): **you like him, don't you?** du magst ihn, nicht wahr?; **I don't know him, do I?** ich kenne ihn nicht, oder?
▶ VT 1 (*carry out, perform*) tun, machen; **what are you doing tonight?** was machen Sie heute Abend?; **what do you do (for a living)?** was machen Sie beruflich?; **to do one's teeth** sich *dat* die Zähne putzen; **to do one's hair/nails** sich die Haare/Nägel machen; **I've got nothing to do** ich habe nichts zu tun
2 (*Aut etc*) fahren; **the car was doing 100** das Auto fuhr 100
▶ VI 1 (*act, behave*): **do as I do** mach es wie ich
2 (*get on, fare*): **he's doing well/badly at school** er ist gut/schlecht in der Schule; **the company is doing well** der Firma geht es gut; **how do you do?** guten Tag/Morgen/Abend!
3 (*suit, be sufficient*) reichen; **will that do?** reicht das?; **will this dress do for the party?** ist dieses Kleid gut genug für die Party?; **will £10 do?** reichen £10?; **that'll do** das reicht; (*in annoyance*) jetzt reichts aber!; **to make do with** auskommen mit
▶ N (*inf: party etc*) Party *f*, Fete *f*; **it was quite a do** es war ganz schön was los
▶ **do away with** VT FUS (*get rid of*) abschaffen
▶ **do for** (*inf*) VT FUS: **to be done for** erledigt sein
▶ **do in** (*inf*) VT (*kill*) umbringen
▶ **do out of** (*inf*) VT (*deprive*) bringen um
▶ **do up** VT FUS (*laces, dress, buttons*) zumachen; (*renovate: room, house*) renovieren
▶ **do with** VT FUS (*need*) brauchen; **I could do with some help/a drink** ich könnte Hilfe/ einen Drink gebrauchen; (*be connected with*): **it has to do with money** es hat mit Geld zu tun
▶ **do without** VT FUS auskommen ohne

do. ABBR = **ditto**

DOA ABBR (= *dead on arrival*) bei Einlieferung ins Krankenhaus bereits tot

d.o.b. ABBR = **date of birth**

doc [dɔk] (*inf*) N Doktor *m*

docile [ˈdəusaɪl] ADJ sanft(mütig)

dock [dɔk] N Dock *nt*; (*Law*) Anklagebank *f*; (*Bot*) Ampfer *m* ▶ VI anlegen; (*Space*) docken ▶ VT: **they docked a third of his wages** sie kürzten seinen Lohn um ein Drittel ■ **docks** NPL (*Naut*) Hafen *m*

dock dues [-dju:z] NPL Hafengebühr *f*

docker [ˈdɔkəʳ] N Hafenarbeiter *m*, Docker *m*

docket [ˈdɔkɪt] N Inhaltserklärung *f*; (*on parcel etc*) Warenbegleitschein *m*, Laufzettel *m*

dockyard [ˈdɔkjɑːd] N Werft *f*

★**doctor** [ˈdɔktəʳ] N Arzt *m*, Ärztin *f*; (*PhD etc*) Doktor *m* ▶ VT: **to ~ a drink** *etc* einem Getränk *etc* etwas beimischen; **~'s office** (*US*) Sprechzimmer *nt*

doctorate [ˈdɔktərɪt] N Doktorwürde *f*

Doctorate ist der höchste akademische Grad auf jedem Wissensgebiet und wird nach erfolgreicher Vorlage einer Doktorarbeit verliehen. Die Studienzeit (meist mindestens 3 Jahre) und Länge der Doktorarbeit ist je nach Hochschule verschieden. Am häufigsten wird der Titel *PhD* (*Doctor of Philosophy*) auf dem Gebiet der Geisteswissenschaften, Naturwissenschaften und des Ingenieurwesens verliehen, obwohl es auch andere Doktortitel (in Musik, Jura usw.) gibt. Siehe auch *Bachelor's degree, Master's degree*.

Doctor of Philosophy N Doktor *m* der Philosophie

doctrine [ˈdɔktrɪn] N Doktrin *f*

docudrama [ˈdɔkjudrɑːmə] N Dokumentarspiel *nt*

document N [ˈdɔkjumənt] Dokument *nt* ▶ VT [ˈdɔkjumɛnt] dokumentieren

documentary [dɔkjuˈmɛntərɪ] ADJ dokumentarisch ▶ N Dokumentarfilm *m*

documentation [dɔkjumənˈteɪʃən] N Dokumentation *f*

DOD (*US*) N ABBR (= *Department of Defense*) Verteidigungsministerium *nt*

doddering [ˈdɔdərɪŋ] ADJ (*shaky, unsteady*) zittrig

doddery [ˈdɔdərɪ] ADJ = **doddering**

doddle [ˈdɔdl] (*inf*) N: **a ~** ein Kinderspiel *nt*

Dodecanese [dəudɪkəˈniːz] NPL: **the ~ (Islands)** der Dodekanes

dodge [dɔdʒ] N Trick *m* ▶ VT ausweichen +*dat*; (*tax*) umgehen ▶ VI ausweichen; **to ~ out of the way** zur Seite springen; **to ~ through the traffic** sich durch den Verkehr schlängeln

Dodgems® [ˈdɔdʒəmz] (BRIT) NPL Autoskooter *pl*

dodgy [ˈdɔdʒɪ] (*inf*) ADJ (*person*) zweifelhaft; (*plan etc*) gewagt

DOE N ABBR (BRIT: = *Department of the Environment*) *Umweltministerium*; (US: = *Department of Energy*) *Energieministerium*

doe [dəu] N Reh *nt*, Ricke *f*; (*rabbit*) (Kaninchen)weibchen *nt*

does [dʌz] VB *see* **do**

★**doesn't** [ˈdʌznt] = **does not**

★**dog** [dɔg] N Hund *m* ▶ VT (*subj: person*) auf den Fersen bleiben +*dat*; (: *bad luck, memory etc*) verfolgen; **to go to the dogs** (*inf*) vor die Hunde gehen

dog biscuits NPL Hundekuchen *pl*

dog collar N Hundehalsband *nt*; (*Rel*) Kragen *m* des Geistlichen

dog-eared [ˈdɔgɪəd] ADJ mit Eselsohren

dog food N Hundefutter *nt*

dogged [ˈdɔgɪd] ADJ beharrlich

doggy [ˈdɔgɪ] N Hündchen *nt*

doggy bag [ˈdɔgɪ-] N *Tüte für Essensreste, die man nach Hause mitnehmen möchte*

dogma [ˈdɔgmə] N Dogma *nt*

dogmatic [dɔgˈmætɪk] ADJ dogmatisch

lo-gooder [du:ˈgudəʳ] (*pej*) N Weltverbesserer(in) *m(f)*
logsbody [ˈdɔgzbɔdɪ] (BRIT *inf*) N Mädchen *nt* für alles
loily [ˈdɔɪlɪ] N Deckchen *nt*
loing [ˈduɪŋ] N: **this is your ~** das ist dein Werk
loings [ˈduɪŋz] NPL Treiben *nt*
lo-it-yourself [ˈdu:ɪtjɔ:ˈsɛlf] N Heimwerken *nt*, Do-it-yourself *nt*
loldrums [ˈdɔldrəmz] NPL: **to be in the ~** (*person*) niedergeschlagen sein; (*business*) in einer Flaute stecken
lole [dəul] (BRIT) N Arbeitslosenunterstützung *f*; **on the ~** arbeitslos
▸ **dole out** VT austeilen, verteilen
loleful [ˈdəulful] ADJ traurig
loll [dɔl] N (*toy, also US inf: woman*) Puppe *f*
lollar [ˈdɔləʳ] (*US etc*) N Dollar *m*
lollar area N Dollarblock *m*
lolled up [dɔld-] (*inf*) ADJ aufgedonnert
lollop [ˈdɔləp] (*inf*) N Schlag *m*
lolly [ˈdɔlɪ] (*inf*) N (*doll, woman*) Puppe *f*
Dolomites [ˈdɔləmaɪts] NPL: **the ~** die Dolomiten *pl*
lolphin [ˈdɔlfɪn] N Delfin *m*
lomain [dəˈmeɪn] N Bereich *m*; (*empire*) Reich *nt*
lome [dəum] N Kuppel *f*
lomestic [dəˈmɛstɪk] ADJ (*trade*) Innen-; (*situation*) innenpolitisch; (*news*) Inland-, aus dem Inland; (*tasks, appliances*) Haushalts-; (*animal*) Haus-; (*duty, happiness*) häuslich
lomesticated [dəˈmɛstɪkeɪtɪd] ADJ (*animal*) zahm; (*person*) häuslich
lomestic flight N Inlandsflug *m*
lomesticity [dəumɛsˈtɪsɪtɪ] N häusliches Leben *nt*
omestic servant N Hausangestellte(r) *f(m)*
lomicile [ˈdɔmɪsaɪl] N Wohnsitz *m*
lominant [ˈdɔmɪnənt] ADJ dominierend; (*share*) größte(r, s)
lominate [ˈdɔmɪneɪt] VT dominieren, beherrschen
lomination [dɔmɪˈneɪʃən] N (Vor)herrschaft *f*
lomineering [dɔmɪˈnɪərɪŋ] ADJ herrschsüchtig
Dominica [dɔmɪˈni:kə, dəˈmɪnɪkə] N Dominica *nt*
Dominican Republic [dəˈmɪnɪkən-] N: **the ~** die Dominikanische Republik
lominion [dəˈmɪnɪən] N (*territory*) Herrschaftsgebiet *nt*; (*authority*): **to have ~ over** Macht haben über *+acc*
lomino [ˈdɔmɪnəu] (*pl* **dominoes**) N (*block*) Domino(stein) *m*
lomino effect N Dominoeffekt *m*
lominoes [ˈdɔmɪnəuz] N (*game*) Domino(spiel) *nt*
lon [dɔn] N (BRIT) (Universitäts)dozent *m* (*besonders in Oxford und Cambridge*) ▸ VT anziehen

donate [dəˈneɪt] VT: **to ~ (to)** (*organization, cause*) spenden (für)
donation [dəˈneɪʃən] N (*act of donating*) Spenden *nt*; (*contribution*) Spende *f*
★**done** [dʌn] PP *of* **do**
doner (kebab) [ˈdɔnə-] N Döner (Kebab) *m*
dongle [ˈdɔŋgl] N (*Comput*) Dongle *m*
donkey [ˈdɔŋkɪ] N Esel *m*
donkey-work [ˈdɔŋkɪwə:k] (BRIT *inf*) N Dreckarbeit *f*
donor [ˈdəunəʳ] N Spender(in) *m(f)*
donor card N Organspenderausweis *m*
donor conference N (*Pol, Econ*) Geberkonferenz *f*
donor fatigue N Spendenmüdigkeit *f*
★**don't** [dəunt] = **do not**
donut [ˈdəunʌt] (*US*) N = **doughnut**
doodle [ˈdu:dl] VI Männchen malen ▸ N Kritzelei *f*
doom [du:m] N Unheil *nt* ▸ VT: **to be doomed to failure** zum Scheitern verurteilt sein
doomsday [ˈdu:mzdeɪ] N der Jüngste Tag
★**door** [dɔ:ʳ] N Tür *f*; **to go from ~ to ~** von Tür zu Tür gehen
door bell N Türklingel *f*
door handle N Türklinke *f*; (*of car*) Türgriff *m*
doorman [ˈdɔ:mən] N (*irreg*) Portier *m*
doormat [ˈdɔ:mæt] N Fußmatte *f*; (*fig*) Fußabtreter *m*
doorpost [ˈdɔ:pəust] N Türpfosten *m*
doorstep [ˈdɔ:stɛp] N Eingangsstufe *f*, Türstufe *f*; **on the ~** vor der Haustür
door-to-door [ˈdɔ:təˈdɔ:ʳ] ADJ (*selling*) von Haus zu Haus; **~ salesman** Vertreter *m*
doorway [ˈdɔ:weɪ] N Eingang *m*
dope [dəup] N (*inf*) Stoff *m*, Drogen *pl*; (*: person*) Esel *m*, Trottel *m*; (*: information*) Informationen *pl* ▸ VT dopen
dopey [ˈdəupɪ] (*inf*) ADJ (*groggy*) benebelt; (*stupid*) blöd, bekloppt
dormant [ˈdɔ:mənt] ADJ (*plant*) ruhend; (*volcano*) untätig; (*idea, report etc*): **to lie ~** schlummern
dormer [ˈdɔ:məʳ] N (*also:* **dormer window**) Mansardenfenster *nt*
dormice [ˈdɔ:maɪs] NPL *of* **dormouse**
dormitory [ˈdɔ:mɪtrɪ] N Schlafsaal *m*; (*US: building*) Wohnheim *nt*
dormouse [ˈdɔ:maus] (*pl* **dormice**) N Haselmaus *f*
DOS [dɔs] N ABBR (*Comput:* = *disk operating system*) DOS
dosage [ˈdəusɪdʒ] N Dosis *f*; (*on label*) Dosierung *f*
dose [dəus] N Dosis *f*; (BRIT: *bout*) Ration *f*; **a ~ of flu** eine Grippe
dosser [ˈdɔsəʳ] (BRIT *pej*) N Penner(in) *m(f)*
dosshouse [ˈdɔshaus] (BRIT *inf*) N Obdachlosenheim *nt*
dossier [ˈdɔsɪeɪ] N Dossier *nt*

DOT (*US*) N ABBR (= *Department of Transportation*) ≈ Verkehrsministerium *nt*

dot [dɔt] N Punkt *m* ▶ VT: **dotted with** übersät mit; **on the ~** (auf die Minute) pünktlich

dote [dəut]: **~ on** *vt fus* abgöttisch lieben

dot-matrix printer [dɔtˈmeɪtrɪks-] N Nadeldrucker *m*

dotted line [ˈdɔtɪd-] N punktierte Linie *f*; **to sign on the ~** (*fig*) seine formelle Zustimmung geben

dotty [ˈdɔtɪ] (*inf*) ADJ schrullig

★**double** [ˈdʌbl] ADJ doppelt; (*chin*) Doppel- ▶ ADV (*cost*) doppelt so viel ▶ N Doppelgänger(in) *m(f)* ▶ VT verdoppeln; (*paper, blanket*) (einmal) falten ▶ VI sich verdoppeln; **~ five two six (5526)** (*BRIT Tel*) fünfundfünfzig sechsundzwanzig; **it's spelt with a ~ "l"** es wird mit zwei l geschrieben; **an egg with a ~ yolk** ein Ei mit zwei Dottern; **on the ~, at the ~** (*quickly*) schnell; (*immediately*) unverzüglich; **to ~ as ...** (*person*) auch als ... fungieren; (*thing*) auch als ... dienen
▶ **double back** VI kehrtmachen, zurückgehen/-fahren
▶ **double up** VI sich krümmen; (*share room*) sich ein Zimmer teilen

double bass N Kontrabass *m*

double bed N Doppelbett *nt*

double bend (*BRIT*) N S-Kurve *f*

double-blind [ˈdʌblˈblaɪnd] ADJ: **~ experiment** Doppelblindversuch *m*

double-breasted [ˈdʌblˈbrɛstɪd] ADJ (*jacket, coat*) zweireihig

double-check [ˈdʌblˈtʃɛk] VT noch einmal (über)prüfen ▶ VI es noch einmal (über)prüfen

double-click [ˈdʌblˈklɪk] VT (*Comput*) doppelklicken

double-clutch [ˈdʌblˈklʌtʃ] (*US*) VI mit Zwischengas schalten

double cream (*BRIT*) N Sahne *f* mit hohem Fettgehalt, ≈ Schlagsahne *f*

double-cross [dʌblˈkrɔs] VT ein Doppelspiel treiben mit

double-decker [dʌblˈdɛkəʳ] N Doppeldecker *m*

double-declutch [ˈdʌbldiːˈklʌtʃ] (*BRIT*) VI mit Zwischengas schalten

double exposure N doppelt belichtetes Foto *nt*

double glazing [-ˈgleɪzɪŋ] (*BRIT*) N Doppelverglasung *f*

double-page spread [ˈdʌblpeɪdʒ-] N Doppelseite *f*

double-parking [dʌblˈpɑːkɪŋ] N Parken *nt* in der zweiten Reihe

double room N Doppelzimmer *nt*

doubles [ˈdʌblz] N (*Tennis*) Doppel *nt*

double time N doppelter Lohn *m*

double whammy [-ˈwæmɪ] (*inf*) N Doppelschlag *m*

doubly [ˈdʌblɪ] ADV (ganz) besonders

★**doubt** [daut] N Zweifel *m* ▶ VT bezweifeln; **without (a) ~** ohne Zweifel; **to ~ sb** jdm nicht glauben; **I ~ it (very much)** das bezweifle ich (sehr), das möchte ich (stark) bezweifeln; **to ~ if** *or* **whether ...** bezweifeln, dass ...; **I don't ~ that ...** ich bezweifle nicht, dass ...

doubtful [ˈdautful] ADJ zweifelhaft; **to be ~ about sth** an etw *dat* zweifeln; **to be ~ about doing sth** Bedenken haben, ob man etw tun soll; **I'm a bit ~** ich bin nicht ganz sicher

doubtless [ˈdautlɪs] ADV ohne Zweifel, sicherlich

dough [dəu] N Teig *m*; (*inf: money*) Kohle *f*, Knete *f*

doughnut, (*US*) **donut** [ˈdəunʌt] N ≈ Berliner (Pfannkuchen) *m*

dour [duəʳ] ADJ mürrisch, verdrießlich

douse [dauz] VT Wasser schütten über *+acc*; (*extinguish*) löschen; **to ~ with** übergießen mit

dove [dʌv] N Taube *f*

Dover [ˈdəuvəʳ] N Dover *nt*

dovetail [ˈdʌvteɪl] VI übereinstimmen ▶ N (*also:* **dovetail joint**) Schwalbenschwanzverbindung *f*

dowager [ˈdauədʒəʳ] N (adlige) Witwe *f*

dowdy [ˈdaudɪ] ADJ ohne jeden Schick; (*clothes*) unmodern

Dow-Jones average [ˈdauˈdʒəunz-] (*US*) N Dow-Jones-Index *m*

★**down** [daun] N Daunen *pl* ▶ ADV hinunter, herunter; (*on the ground*) unten ▶ PREP hinunter, herunter; (*movement along*) entlang ▶ VT (*inf: drink*) runterkippen; **~ there/here** da/hier unten; **the price of meat is ~** die Fleischpreise sind gefallen; **I've got it ~ in my diary** ich habe es in meinem Kalender notiert; **to pay £2 ~** £2 anzahlen; **England is two goals ~** England liegt mit zwei Toren zurück; **to ~ tools** (*BRIT*) die Arbeit niederlegen; **~ with ...!** nieder mit ...!

down-and-out [ˈdaunənaut] N Penner(in) *m(f)* (*inf*)

down-at-heel [ˈdaunətˈhiːl] ADJ (*appearance, person*) schäbig, heruntergekommen; (*shoes*) abgetreten

downbeat [ˈdaunbiːt] N (*Mus*) erster betonter Taktteil *m* ▶ ADJ zurückhaltend

downcast [ˈdaunkɑːst] ADJ niedergeschlagen

downer [ˈdaunəʳ] (*inf*) N (*drug*) Beruhigungsmittel *nt*; **to be on a ~** deprimiert sein

downfall [ˈdaunfɔːl] N Ruin *m*; (*of dictator etc*) Sturz *m*, Fall *m*

downgrade [ˈdaungreɪd] VT herunterstufen

downhearted [ˈdaunˈhɑːtɪd] ADJ niedergeschlagen, entmutigt

downhill [ˈdaunˈhɪl] ADV bergab ▶ N (*Ski: also* **downhill race**) Abfahrtslauf *m*; **to go ~** (*road*) bergab führen; (*person*) hinuntergehen, heruntergehen; (*car*) hinunterfahren, herunterfahren; (*fig*) auf dem absteigenden Ast sein

Downing Street N *siehe Info-Artikel*

Downing Street ist die Straße in London, die von *Whitehall* zum *St James's Park* führt und in der sich der offizielle Wohnsitz des Premierministers (Nr. 10) und des Finanzministers (Nr. 11) befindet. Im weiteren Sinne bezieht sich der Begriff *Downing Street* auf die britische Regierung.

lownload [ˈdaunləud] VT (*Comput*) herunterladen, downloaden ▸ N Download *m*

lownloadable [daunˈləudəbl] ADJ (*Comput*) herunterladbar

lown-market [ˈdaunˈmɑːkɪt] ADJ (*product*) für den Massenmarkt

lown payment N Anzahlung *f*

lownplay [ˈdaunpleɪ] (*US*) VT herunterspielen

lownpour [ˈdaunpɔːʳ] N Wolkenbruch *m*

lownright [ˈdaunraɪt] ADJ (*liar etc*) ausgesprochen; (*refusal, lie*) glatt

Jowns [daunz] (*Brit*) NPL: **the ~** die Downs *pl*, *Hügellandschaft in Südengland*

lownscale [ˈdaunskeɪl] ADJ (*US*) wenig anspruchsvoll; (*goods, products*) minderwertig; (*service*) mangelhaft; (*restaurant, hotel*) der unteren Preisklasse

lownsize [ˈdaunsaɪz] VI (*Econ*: *company*) sich verkleinern

Jown's syndrome N (*Med*) Downsyndrom *nt*

lownstairs [ˈdaunˈstɛəz] ADV unten; (*downwards*) nach unten

lownstream [ˈdaunstriːm] ADV flussabwärts, stromabwärts

lowntime [ˈdauntaɪm] N Ausfallzeit *f*

lown-to-earth [ˈdauntuˈəːθ] ADJ (*person*) nüchtern; (*solution*) praktisch

owntown [ˈdaunˈtaun] (*esp US*) ADV im Zentrum, in der (Innen)stadt; (*go*) ins Zentrum, in die (Innen)stadt ▸ ADJ: **~ Chicago** das Zentrum von Chicago

owntrodden [ˈdauntrɔdn] ADJ unterdrückt, geknechtet

own under ADV (*be*) in Australien/Neuseeland; (*go*) nach Australien/Neuseeland

ownward [ˈdaunwəd] ADJ, ADV nach unten; **a ~ trend** ein Abwärtstrend *m*

ownwards [ˈdaunwədz] ADV = **downward**

owry [ˈdaurɪ] N Mitgift *f*

oz. ABBR = **dozen**

oze [dəuz] VI ein Nickerchen *nt* machen
▸ **doze off** VI einschlafen, einnicken

ozen [ˈdʌzn] N Dutzend *nt*; **a ~ books** ein Dutzend Bücher; **80p a ~** 80 Pence das Dutzend; **dozens of** Dutzende von

Ph N ABBR (= *Doctor of Philosophy*) ≈ Dr. phil.

Phil N ABBR (= *Doctor of Philosophy*) ≈ Dr. phil.

PP (*Brit*) N ABBR = **Director of Public Prosecutions**

PT N ABBR (= *diphtheria, pertussis, tetanus*) Diphtherie, Keuchhusten und Tetanus

r ABBR = **doctor**; (*in street names*: = *Drive*) ≈ Str.

r ABBR (*Comm*) = **debtor**

drab [dræb] ADJ trist

★**draft** [drɑːft] N Entwurf *m*; (*also:* **bank draft**) Tratte *f*; (*US*: *call-up*) Einberufung *f* ▸ VT entwerfen; *see also* **draught**

draftsman *etc* [ˈdrɑːftsmən] (*US*) N (*irreg*) = **draughtsman** *etc*

drag [dræg] VT schleifen, schleppen; (*river*) absuchen ▸ VI sich hinziehen ▸ N (*Aviat*) Luftwiderstand *m*; (*Naut*) Wasserwiderstand *m*; (*inf*): **to be a ~** (*boring*) langweilig sein; (*a nuisance*) lästig sein; (*women's clothing*): **in ~** in Frauenkleidung
▸ **drag away** VT: **to ~ away (from)** wegschleppen *or* wegziehen (von)
▸ **drag on** VI sich hinziehen

dragnet [ˈdrægnɛt] N Schleppnetz *nt*; (*fig*) groß angelegte Polizeiaktion *f*

dragon [ˈdrægn] N Drache *m*

dragonfly [ˈdrægənflaɪ] N Libelle *f*

dragoon [drəˈguːn] N Dragoner *m* ▸ VT: **to ~ sb into doing sth** (*Brit*) jdn zwingen, etw zu tun

★**drain** [dreɪn] N Belastung *f*; (*in street*) Gully *m* ▸ VT entwässern; (*pond*) trockenlegen; (*vegetables*) abgießen; (*glass, cup*) leeren ▸ VI ablaufen; **to feel drained (of energy/emotion)** sich ausgelaugt fühlen

drainage [ˈdreɪnɪdʒ] N Entwässerungssystem *nt*; (*process*) Entwässerung *f*

draining board [ˈdreɪnɪŋ-], (*US*) **drainboard** [ˈdreɪnbɔːd] N Ablaufbrett *nt*

drainpipe [ˈdreɪnpaɪp] N Abflussrohr *nt*

drake [dreɪk] N Erpel *m*, Enterich *m*

dram [dræm] (*Scot*) N (*drink*) Schluck *m*

★**drama** [ˈdrɑːmə] N Drama *nt*

drama festival N Theaterfestival *nt*

★**dramatic** [drəˈmætɪk] ADJ dramatisch; (*theatrical*) theatralisch

dramatically [drəˈmætɪklɪ] ADV dramatisch; (*say, announce, pause*) theatralisch

dramatist [ˈdræmətɪst] N Dramatiker(in) *m(f)*

dramatize [ˈdræmətaɪz] VT dramatisieren; (*for TV/cinema*) für das Fernsehen/den Film bearbeiten

drank [dræŋk] PT *of* **drink**

drape [dreɪp] VT drapieren

drapes [dreɪps] (*US*) NPL Vorhänge *pl*

drastic [ˈdræstɪk] ADJ drastisch

drastically [ˈdræstɪklɪ] ADV drastisch

draught, (*US*) **draft** [drɑːft] N (Luft)zug *m*; (*Naut*) Tiefgang *m*; (*of chimney*) Zug *m*; **on ~** vom Fass

draught beer N Bier *nt* vom Fass

draughtboard [ˈdrɑːftbɔːd] (*Brit*) N Damebrett *nt*

draughts [drɑːfts] (*Brit*) N Damespiel *nt*

draughtsman, (*US*) **draftsman** [ˈdrɑːftsmən] N (*irreg*) Zeichner(in) *m(f)*; (*as job*) technischer Zeichner *m*, technische Zeichnerin *f*

draughtsmanship, (*US*) **draftsmanship** [ˈdrɑːftsmənʃɪp] N zeichnerisches Können *nt*; (*art*) Zeichenkunst *f*

d

draughty ADJ zugig

★**draw** [drɔː] (*pt* **drew**, *pp* **drawn**) VT zeichnen; (*cart, gun, tooth, conclusion*) ziehen; (*curtain: open*) aufziehen; (*: close*) zuziehen; (*admiration, attention*) erregen; (*money*) abheben; (*wages*) bekommen ▶ VI (*Sport*) unentschieden spielen ▶ N (*Sport*) Unentschieden *nt*; (*lottery*) Lotterie *f*; (*: picking of ticket*) Ziehung *f*; **to ~ a comparison/distinction (between)** einen Vergleich ziehen/Unterschied machen (zwischen *+dat*); **to ~ near** näher kommen; (*event*) nahen; **to ~ to a close** zu Ende gehen

▶ **draw back** VI: **to ~ back (from)** zurückweichen (von)

▶ **draw in** VI (BRIT: *car*) anhalten; (*: train*) einfahren; (*nights*) länger werden

▶ **draw on** VT (*resources*) zurückgreifen auf *+acc*; (*imagination*) zu Hilfe nehmen; (*person*) einsetzen

▶ **draw out** VI länger werden ▶ VT (*money*) abheben

▶ **draw up** VI (an)halten ▶ VT (*chair etc*) heranziehen; (*document*) aufsetzen

drawback [ˈdrɔːbæk] N Nachteil *m*

drawbridge [ˈdrɔːbrɪdʒ] N Zugbrücke *f*

drawee [drɔːˈiː] N Bezogene(r) *f(m)*

drawer [drɔːʳ] N Schublade *f*

★**drawing** [ˈdrɔːɪŋ] N Zeichnung *f*; (*skill, discipline*) Zeichnen *nt*

drawing board N Reißbrett *nt*; **back to the ~** (*fig*) das muss noch einmal neu überdacht werden

drawing pin (BRIT) N Reißzwecke *f*

drawing room N Salon *m*

drawl [drɔːl] N schleppende Sprechweise *f* ▶ VI schleppend sprechen

drawn [drɔːn] PP *of* **draw** ▶ ADJ abgespannt

drawstring [ˈdrɔːstrɪŋ] N Kordel *f* zum Zuziehen

DRC N ABBR (= *Democratic Republic of the Congo*) DRK *f*

dread [drɛd] N Angst *f*, Furcht *f* ▶ VT große Angst haben vor *+dat*

dreadful [ˈdrɛdful] ADJ schrecklich, furchtbar; **I feel ~!** (*ill*) ich fühle mich schrecklich; (*ashamed*) es ist mir schrecklich peinlich

★**dream** [driːm] (*pt, pp* **dreamed** *or* **dreamt**) N Traum *m* ▶ VT, VI träumen; **to have a ~ about sb/sth** von jdm/etw träumen; **sweet dreams!** träume süß!

▶ **dream up** VT sich *dat* einfallen lassen, sich *dat* ausdenken

dreamer [ˈdriːməʳ] N Träumer(in) *m(f)*

dreamt [drɛmt] PT, PP *of* **dream**

dream world N Traumwelt *f*

dreamy [ˈdriːmɪ] ADJ verträumt; (*music*) zum Träumen

dreary [ˈdrɪərɪ] ADJ langweilig; (*weather*) trüb

dredge [drɛdʒ] VT ausbaggern

▶ **dredge up** VT ausbaggern; (*fig: unpleasant facts*) ausgraben

dredger [ˈdrɛdʒəʳ] N (*ship*) Schwimmbagger *m*; (*machine*) Bagger *m*; (BRIT: *also:* **sugar dredger**) Zuckerstreuer *m*

dregs [drɛgz] NPL Bodensatz *m*; (*of humanity*) Abschaum *m*

drench [drɛntʃ] VT durchnässen; **drenched to the skin** nass bis auf die Haut

★**dress** [drɛs] N Kleid *nt*; (*no pl: clothing*) Kleidung *f* ▶ VT anziehen; (*wound*) verbinden ▶ VI sich anziehen; **she dresses very well** sie kleidet sich sehr gut; **to ~ a shop window** ein Schaufenster dekorieren; **to get dressed** sich anziehen

▶ **dress up** VI sich fein machen; (*in fancy dress*) sich verkleiden

dress circle (BRIT) N (*Theat*) erster Rang *m*

dress designer N Modezeichner(in) *m(f)*

dresser [ˈdrɛsəʳ] N (BRIT) Anrichte *f*; (US) Kommode *f*; (*also:* **window dresser**) Dekorateur(in) *m(f)*

dressing [ˈdrɛsɪŋ] N Verband *m*; (*Culin*) (Salat)soße *f*

dressing gown (BRIT) N Morgenrock *m*

dressing room N Umkleidekabine *f*; (*Theat*) (Künstler)garderobe *f*

dressing table N Frisierkommode *f*

dressmaker [ˈdrɛsmeɪkəʳ] N (Damen)schneider(in) *m(f)*

dressmaking [ˈdrɛsmeɪkɪŋ] N Schneidern *nt*

dress rehearsal N Generalprobe *f*

dressy [ˈdrɛsɪ] (*inf*) ADJ elegant

drew [druː] PT *of* **draw**

dribble [ˈdrɪbl] VI tropfen; (*baby*) sabbern; (*Football*) dribbeln ▶ VT (*ball*) dribbeln mit

dried [draɪd] ADJ (*fruit*) getrocknet, Dörr-; **~ egg** Trockenei *nt*, Eipulver *nt*; **~ milk** Trockenmilch *f*, Milchpulver *nt*

drier [ˈdraɪəʳ] N = **dryer**

drift [drɪft] N Strömung *f*; (*of snow*) Schneewehe *f*; (*of questions*) Richtung *f* ▶ VI treiben; (*sand*) wehen; **to let things ~** die Dinge treiben lassen; **to ~ apart** sich auseinanderleben; **I get** *or* **catch your ~** ich verstehe, worauf Sie hinauswollen

drifter [ˈdrɪftəʳ] N: **to be a ~** sich treiben lassen

driftwood [ˈdrɪftwud] N Treibholz *nt*

drill [drɪl] N Bohrer *m*; (*machine*) Bohrmaschine *f*; (*Mil*) Drill *m* ▶ VT bohren; (*troops*) drillen ▶ VI: **to ~ (for)** bohren (nach); **to ~ pupils in grammar** mit den Schülern Grammatik pauken

drilling [ˈdrɪlɪŋ] N Bohrung *f*

drilling rig N Bohrturm *m*; (*at sea*) Bohrinsel *f*

drily [ˈdraɪlɪ] ADV = **dryly**

★**drink** [drɪŋk] (*pt* **drank**, *pp* **drunk**) N Getränk *nt*; (*alcoholic*) Glas *nt*, Drink *m*; (*sip*) Schluck *m* ▶ VT, VI trinken; **to have a ~** etwas trinken; **a ~ of water** etwas Wasser; **we had drinks before lunch** vor dem Mittagessen gab es einen Drink; **would you like something to ~?** möchten Sie etwas trinken?

▶ **drink in** VT (*fresh air*) einatmen, einsaugen; (*story, sight*) (begierig) in sich aufnehmen

drinkable [ˈdrɪŋkəbl] ADJ trinkbar

drink-driving [ˈdrɪŋkˈdraɪvɪŋ] N Trunkenheit *f* am Steuer

drinker [ˈdrɪŋkəʳ] N Trinker(in) *m(f)*

drinking [ˈdrɪŋkɪŋ] N Trinken *nt*

drinking fountain N Trinkwasserbrunnen *m*

drinking water N Trinkwasser *nt*

drip [drɪp] N Tropfen *nt*; (*one drip*) Tropfen *m*; (*Med*) Tropf *m* ▸ VI tropfen; (*wall*) triefnass sein

drip-dry [ˈdrɪpˈdraɪ] ADJ bügelfrei

drip-feed [ˈdrɪpfiːd] VT künstlich ernähren ▸ N: **to be on a ~** künstlich ernährt werden

dripping [ˈdrɪpɪŋ] N Bratenfett *nt* ▸ ADJ triefend; **I'm ~** ich bin klatschnass (*inf*); **~ wet** triefnass

drive [draɪv] (*pt* **drove**, *pp* **driven**) N Fahrt *f*; (*also:* **driveway**) Einfahrt *f*; (*: longer*) Auffahrt *f*; (*energy*) Schwung *m*, Elan *m*; (*campaign*) Aktion *f*; (*Sport*) Treibschlag *m*; (*Comput: also:* **disk drive**) Laufwerk *nt* ▸ VT fahren; (*Tech*) antreiben; (*animal*) treiben; (*ball*) weit schlagen; (*incite, encourage: also:* **drive on**) antreiben ▸ VI fahren; **to go for a ~** ein bisschen (raus)fahren; **it's 3 hours' ~ from London** es ist drei Stunden Fahrt von London (entfernt); **left-/right-hand ~** Links-/Rechtssteuerung *f*; **front-/rear-wheel ~** Vorderrad-/Hinterradantrieb *m*; **he drives a taxi** er ist Taxifahrer; **to ~ sth into sth** (*nail, stake etc*) etw in etw schlagen *acc*; **to ~ sb home/to the airport** jdn nach Hause/zum Flughafen fahren; **to ~ sb mad** jdn verrückt machen; **to ~ sb to (do) sth** jdn dazu treiben, etw zu tun; **to ~ at 50 km an hour** mit (einer Geschwindigkeit von) 50 Stundenkilometern fahren; **what are you driving at?** worauf wollen Sie hinaus?
▸ **drive away, drive off** VT vertreiben
▸ **drive out** VT (*evil spirit*) austreiben; (*person*) verdrängen

drive-by shooting [ˈdraɪvbaɪ-] N *Schusswaffenangriff aus einem vorbeifahrenden Wagen*

drive-in [ˈdraɪvɪn] (*esp US*) ADJ, N: **~ (cinema)** Autokino *nt*; **~ (restaurant)** Autorestaurant *nt*

drive-in window (*US*) N Autoschalter *m*

drivel [ˈdrɪvl] (*inf*) N Blödsinn *m*

driven [ˈdrɪvn] PP *of* **drive**

driver [ˈdraɪvəʳ] N Fahrer(in) *m(f)*; (*Rail*) Führer(in) *m(f)*

driver's license [ˈdraɪvəz-] (*US*) N Führerschein *m*

driveway [ˈdraɪvweɪ] N Einfahrt *f*; (*longer*) Auffahrt *f*

driving [ˈdraɪvɪŋ] N Fahren *nt* ▸ ADJ: **~ rain** strömender Regen *m*; **~ snow** Schneetreiben *nt*

driving belt N Treibriemen *m*

driving force N treibende Kraft *f*

driving instructor N Fahrlehrer(in) *m(f)*

driving lesson N Fahrstunde *f*

driving licence (BRIT) N Führerschein *m*

driving mirror N Rückspiegel *m*

driving school N Fahrschule *f*

driving test N Fahrprüfung *f*

drizzle [ˈdrɪzl] N Nieselregen *m* ▸ VI nieseln

droll [drəul] ADJ drollig

dromedary [ˈdrɔmədərɪ] N Dromedar *nt*

drone [drəun] N Brummen *nt*; (*male bee*) Drohne *f* ▸ VI brummen; (*bee*) summen; (*also:* **drone on**) eintönig sprechen

drool [druːl] VI sabbern; **to ~ over sth/sb** etw/jdn sehnsüchtig anstarren

droop [druːp] VI (*flower*) den Kopf hängen lassen; **his shoulders/head drooped** er ließ die Schultern/den Kopf herabhängen

★**drop** [drɔp] N Tropfen *m*; (*lessening*) Rückgang *m*; (*distance*) Höhenunterschied *m*; (*in salary*) Verschlechterung *f*; (*also:* **parachute drop**) (Ab)sprung *m* ▸ VT fallen lassen; (*voice, eyes, price*) senken; (*set down from car*) absetzen; (*omit*) weglassen ▸ VI (herunter)fallen; (*wind*) sich legen ■ **drops** NPL Tropfen *pl*; **a 300 ft ~** ein Höhenunterschied von 300 Fuß; **a ~ of 10%** ein Rückgang um 10%; **cough drops** Hustentropfen *pl*; **to ~ anchor** ankern, vor Anker gehen; **to ~ sb a line** jdm ein paar Zeilen schreiben
▸ **drop by, drop in** (*inf*) VI vorbeikommen; **to ~ in (on sb)** (bei jdm) vorbeikommen
▸ **drop off** VI einschlafen ▸ VT (*passenger*) absetzen
▸ **drop out** VI (*withdraw*) ausscheiden; (*student*) sein Studium abbrechen

droplet [ˈdrɔplɪt] N Tröpfchen *nt*

dropout [ˈdrɔpaut] N Aussteiger(in) *m(f)*; (*Scol*) Studienabbrecher(in) *m(f)*

dropper [ˈdrɔpəʳ] N Pipette *f*

droppings [ˈdrɔpɪŋz] NPL Kot *m*

dross [drɔs] N Schlacke *f*; (*fig*) Schund *m*

drought [draut] N Dürre *f*

drove [drəuv] PT *of* **drive** ▸ N: **droves of people** Scharen *pl* von Menschen

drown [draun] VT ertränken; (*fig: also:* **drown out**) übertönen ▸ VI ertrinken

drowse [drauz] VI (vor sich *acc* hin) dösen *or* dämmern

drowsy [ˈdrauzɪ] ADJ schläfrig

drudge [drʌdʒ] N Arbeitstier *nt*

drudgery [ˈdrʌdʒərɪ] N (stumpfsinnige) Plackerei *f* (*inf*); **housework is sheer ~** Hausarbeit ist eine einzige Plackerei

★**drug** [drʌg] N Medikament *nt*, Arzneimittel *nt*; (*narcotic*) Droge *f*, Rauschgift *nt* ▸ VT betäuben; **to be on drugs** drogensüchtig sein; **hard/soft drugs** harte/weiche Drogen *pl*

drug abuse N Drogenmissbrauch *m*; **~ prevention** Drogenprävention *f*

drug addict N Drogensüchtige(r) *f(m)*, Rauschgiftsüchtige(r) *f(m)*

drug dealer N Drogenhändler(in) *m(f)*, Dealer *m* (*inf*)

drug-driving [drʌgˈdraɪvɪŋ] N Fahren *nt* unter Drogeneinfluss

druggist [ˈdrʌgɪst] (*US*) N Drogist(in) *m(f)*

drugstore [ˈdrʌgstɔːʳ] (*US*) N Drogerie *f*

★**drum** [drʌm] N Trommel *f*; (*for oil, petrol*) Fass *nt* ▸ VI trommeln ■ **drums** NPL (*kit*) Schlagzeug *nt*

d

▸ **drum up** VT (*enthusiasm*) erwecken; (*support*) auftreiben

drummer [ˈdrʌməʳ] N Trommler(in) *m(f)*; (*in band, pop group*) Schlagzeuger(in) *m(f)*

drum roll N Trommelwirbel *m*

drumstick [ˈdrʌmstɪk] N Trommelstock *m*; (*of chicken*) Keule *f*

drunk [drʌŋk] PP *of* **drink** ▸ ADJ betrunken ▸ N (*also*: **drunkard**) Trinker(in) *m(f)*; **to get ~** sich betrinken; **a ~ driving offence** Trunkenheit *f* am Steuer

drunken [ˈdrʌŋkən] ADJ betrunken; (*party*) feucht-fröhlich; **~ driving** Trunkenheit *f* am Steuer

drunkenness [ˈdrʌŋkənnɪs] N (*state*) Betrunkenheit *f*; (*habit*) Trunksucht *f*

★**dry** [draɪ] ADJ trocken ▸ VT, VI trocknen; **on ~ land** auf festem Boden; **to ~ one's hands/hair/eyes** sich *dat* die Hände (ab)trocknen/die Haare trocknen/die Tränen abwischen; **to ~ the dishes** (das Geschirr) abtrocknen

▸ **dry up** VI austrocknen; (*in speech*) den Faden verlieren

dry-clean [draɪˈkliːn] VT chemisch reinigen

dry-cleaner [draɪˈkliːnəʳ] N (*job*) Inhaber(in) *m(f)* einer chemischen Reinigung; (*shop*: *also*: **dry-cleaner's**) chemische Reinigung *f*

dry-cleaning [draɪˈkliːnɪŋ] N (*process*) chemische Reinigung *f*

dry dock N Trockendock *nt*

dryer [ˈdraɪəʳ] N Wäschetrockner *m*; (*US*: *spin-dryer*) Wäscheschleuder *f*

dry goods NPL Kurzwaren *pl*

dry ice N Trockeneis *nt*

dryly [ˈdraɪlɪ] ADV (*say, remark*) trocken

dryness [ˈdraɪnɪs] N Trockenheit *f*

dry rot N (Haus)schwamm *m*, (Holz)schwamm *m*

dry run N (*fig*) Probe *f*

dry ski slope N Trockenskipiste *f*

DSc N ABBR (= *Doctor of Science*) ≈ Dr. rer. nat.

DSL N ABBR (*Comput*: = *digital subscriber line*) DSL

DSL connection N (*Comput*) DSL-Anschluss *m*

DST ABBR = **daylight-saving time**

DTP N ABBR (= *desktop publishing*) DTP *nt*; (= *diphtheria, tetanus, pertussis*) Diphtherie, Tetanus und Keuchhusten

DT's (*inf*) NPL ABBR (= *delirium tremens*) Delirium tremens *nt*; **to have the DT's** vom Trinken den Tatterich haben (*inf*)

dual [ˈdjuəl] ADJ doppelt; (*personality*) gespalten

dual carriageway (BRIT) N ≈ Schnellstraße *f*

dual nationality N doppelte Staatsangehörigkeit *f*

dual-purpose [ˈdjuəlˈpəːpəs] ADJ zweifach verwendbar

dubbed [dʌbd] ADJ synchronisiert; (*nicknamed*) getauft

dubious [ˈdjuːbɪəs] ADJ zweifelhaft; **I'm very ~ about it** ich habe da (doch) starke Zweifel

Dublin [ˈdʌblɪn] N Dublin *nt*

Dubliner [ˈdʌblɪnəʳ] N Dubliner(in) *m(f)*

duchess [ˈdʌtʃɪs] N Herzogin *f*

★**duck** [dʌk] N Ente *f* ▸ VI (*also*: **duck down**) sich ducken ▸ VT (*blow*) ausweichen *+dat*; (*duty, responsibility*) aus dem Weg gehen *+dat*

duckling [ˈdʌklɪŋ] N Entenküken *nt*; (*Culin*) (junge) Ente *f*

duct [dʌkt] N Rohr *nt*; (*Anat*) Röhre *f*; **tear ~** Tränenkanal *m*

dud [dʌd] N Niete *f* (*inf*); (*note*) Blüte *f* (*inf*) ▸ ADJ **~ cheque** (BRIT) ungedeckter Scheck *m*

★**due** [djuː] ADJ fällig; (*attention etc*) gebührend; (*consideration*) reiflich ▸ N: **to give sb his/her ~** jdn gerecht behandeln ▸ ADV: **~ north** direkt nach Norden ■ **dues** NPL Beitrag *m*; (*in harbour*) Gebühren *pl*; **in ~ course** zu gegebener Zeit; (*eventually*) im Laufe der Zeit; **~ to** (*owing to*) wegen *+gen*, aufgrund *+gen*; **to be ~ to do sth** etw tun sollen; **the rent is ~ on the 30th** die Miete ist am 30. fällig; **the train is ~ at 8** der Zug soll (laut Fahrplan) um 8 ankommen; **she is ~ back tomorrow** sie müsste morgen zurück sein; **I am ~ 6 days' leave** mir stehen 6 Tage Urlaub zu

due date N Fälligkeitsdatum *nt*

duel [ˈdjuəl] N Duell *nt*

duet [djuːˈɛt] N Duett *nt*

duff [dʌf] (BRIT *inf*) ADJ kaputt

▸ **duff up** VT vermöbeln

duffel bag [ˈdʌfl-] N Matchbeutel *m*

duffel coat [ˈdʌfl-] N Dufflecoat *m*

duffer [ˈdʌfəʳ] (*inf*) N Versager *m*, Flasche *f*

dug [dʌg] PT, PP *of* **dig**

dugout [ˈdʌgaut] N (*canoe*) Einbaum *m*; (*shelter*) Unterstand *m*

duke [djuːk] N Herzog *m*

dull [dʌl] ADJ trüb; (*intelligence, wit*) schwerfällig, langsam; (*event*) langweilig; (*sound, pain*) dumpf ▸ VT (*pain, grief*) betäuben; (*mind, senses*) abstumpfen

duly [ˈdjuːlɪ] ADV (*properly*) gebührend; (*on time*) pünktlich

dumb [dʌm] ADJ (*!*: *stupid*) dumm, doof (*inf*); **he was struck ~** es verschlug ihm die Sprache

▸ **dumb down** VI an Niveau *or* Qualität verlieren, verflachen ▸ VT verdummen, dumm machen

dumbbell [ˈdʌmbɛl] N Hantel *f*

dumbfounded [dʌmˈfaundɪd] ADJ verblüfft

dumbing down [ˈdʌmiŋ-] N Verdummung *f*, Qualitätsverlust *m*

dummy [ˈdʌmɪ] N (Schneider)puppe *f*; (*mock-up*) Attrappe *f*; (*Sport*) Finte *f*; (BRIT: *for baby*) Schnuller *m* ▸ ADJ (*firm*) fiktiv; **~ bullets** Übungsmunition *f*

dummy run N Probe *f*

★**dump** [dʌmp] N (*also*: **rubbish dump**) Abfallhaufen *m*; (*inf*: *place*) Müllkippe *f*; (*Mil*) Depot *nt* ▸ VT fallen lassen; (*get rid of*) abladen; (*car*) abstellen; (*Comput*: *data*) ausgeben; **to be down**

in the dumps (*inf*) deprimiert *or* down sein; **"no dumping"** „Schuttabladen verboten"

lumpling [ˈdʌmplɪŋ] N Kloß *m*, Knödel *m*

lumpy [ˈdʌmpɪ] ADJ pummelig

lunce [dʌns] N Niete *f*

lune [dju:n] N Düne *f*

lung [dʌŋ] N (*Agr*) Dünger *m*, Mist *m*; (*Zool*) Dung *m*

lungarees [dʌŋgəˈri:z] NPL Latzhose *f*

lungeon [ˈdʌndʒən] N Kerker *m*, Verlies *nt*

lunk [dʌŋk] VT (ein)tunken

Dunkirk [dʌnˈkə:k] N Dünkirchen *nt*

luo [ˈdju:əu] N Duo *nt*

luodenal [dju:əuˈdi:nl] ADJ Duodenal-; **~ ulcer** Zwölffingerdarmgeschwür *nt*

luodenum [dju:əuˈdi:nəm] N Zwölffingerdarm *m*

lupe [dju:p] N Betrogene(r) *f*(*m*) ▶ VT betrügen

luplex [ˈdju:plɛks] (US) N Zweifamilienhaus *nt*; (*apartment*) zweistöckige Wohnung *f*

luplicate N [ˈdju:plɪkət] (*also:* **duplicate copy**) Duplikat *nt*, Kopie *f*; (*also:* **duplicate key**) Zweitschlüssel *m* ▶ ADJ [ˈdju:plɪkət] doppelt ▶ VT [ˈdju:plɪkeɪt] kopieren; (*repeat*) wiederholen; **in ~** in doppelter Ausfertigung

luplicator [ˈdju:plɪkeɪtəʳ] N Vervielfältigungsapparat *m*

luplicity [dju:ˈplɪsɪtɪ] N Doppelspiel *nt*

lurability [djuərəˈbɪlɪtɪ] N Haltbarkeit *f*

lurable [ˈdjuərəbl] ADJ haltbar

luration [djuəˈreɪʃən] N Dauer *f*

luress [djuəˈrɛs] N: **under ~** unter Zwang

Durex® [ˈdjuərɛks] (BRIT) N Gummi *m* (*inf*)

luring [ˈdjuərɪŋ] PREP während *+gen*

lusk [dʌsk] N (Abend)dämmerung *f*

lusky [ˈdʌskɪ] ADJ (*room*) dunkel; (*light*) Dämmer-

lust [dʌst] N Staub *m* ▶ VT abstauben; (*cake etc*): **to ~ with** bestäuben mit

▶ **dust off** VT abwischen, wegwischen; (*fig*) hervorkramen

lustbin [ˈdʌstbɪn] (BRIT) N Mülltonne *f*

lustbin liner (BRIT) N Müllsack *m*

luster [ˈdʌstəʳ] N Staubtuch *nt*

lust jacket N (Schutz)umschlag *m*

lustman [ˈdʌstmən] (BRIT) N (*irreg*) Müllmann *m*

lustpan [ˈdʌstpæn] N Kehrschaufel *f*, Müllschaufel *f*

lusty [ˈdʌstɪ] ADJ staubig

Dutch [dʌtʃ] ADJ holländisch, niederländisch ▶ N Holländisch *nt*, Niederländisch *nt* ▶ ADV: **to go ~** (*inf*) getrennte Kasse machen ■ **the Dutch** NPL die Holländer *pl*, die Niederländer *pl*

Dutch auction N *Versteigerung mit stufenweise erniedrigtem Ausbietungspreis*

Dutchman [ˈdʌtʃmən] N (*irreg*) Holländer *m*, Niederländer *m*

★**Dutchwoman** [ˈdʌtʃwumən] N (*irreg*) Holländerin *f*, Niederländerin *f*

dutiable [ˈdju:tɪəbl] ADJ zollpflichtig

dutiful [ˈdju:tɪful] ADJ pflichtbewusst; (*son, daughter*) gehorsam

★**duty** [ˈdju:tɪ] N Pflicht *f*; (*tax*) Zoll *m* ■ **duties** NPL (*functions*) Aufgaben *pl*; **to make it one's ~ to do sth** es sich *dat* zur Pflicht machen, etw zu tun; **to pay ~ on sth** Zoll auf etw *acc* zahlen; **on/off ~** im/nicht im Dienst

duty-free [ˈdju:tɪˈfri:] ADJ zollfrei; **~ shop** Duty-freeshop *m*, Duty-free-Shop *m*

duty officer N Offizier *m* vom Dienst

★**duvet** [ˈdu:veɪ] (BRIT) N Federbett *nt*

DV ABBR (= *Deo volente*) so Gott will

★**DVD** N ABBR (= *digital versatile or video disc*) DVD *f*

DVD player N DVD-Player *m*

DVD recorder N DVD-Rekorder *m*

DVLA (BRIT) N ABBR (= *Driver and Vehicle Licensing Authority*) *Zulassungsbehörde für Kraftfahrzeuge*

DVM (US) N ABBR (= *Doctor of Veterinary Medicine*) ≈ Dr. med. vet.

dwarf [dwɔ:f] (*pl* **dwarves**) N (*!*) Zwerg(in) *m*(*f*) ▶ VT: **to be dwarfed by sth** neben etw *dat* klein erscheinen

dwarves [dwɔ:vz] NPL *of* **dwarf**

dwell [dwɛl] (*pt, pp* **dwelt**) VI wohnen, leben

▶ **dwell on** VT FUS (in Gedanken) verweilen bei

dweller [ˈdwɛləʳ] N Bewohner(in) *m*(*f*); **city ~** Stadtbewohner(in) *m*(*f*)

dwelling [ˈdwɛlɪŋ] N Wohnhaus *nt*

dwelt [dwɛlt] PT, PP *of* **dwell**

dwindle [ˈdwɪndl] VI abnehmen; (*interest*) schwinden; (*attendance*) zurückgehen

dwindling [ˈdwɪndlɪŋ] ADJ (*strength, interest*) schwindend; (*resources, supplies*) versiegend

dye [daɪ] N Farbstoff *m*; (*for hair*) Färbemittel *nt* ▶ VT färben

dyestuffs [ˈdaɪstʌfs] NPL Farbstoffe *pl*

dying [ˈdaɪɪŋ] ADJ sterbend; (*moments, words*) letzte(r, s)

dyke [daɪk] N (BRIT: *wall*) Deich *m*, Damm *m*; (*channel*) (Entwässerungs)graben *m*; (*causeway*) Fahrdamm *m*

dynamic [daɪˈnæmɪk] ADJ dynamisch

dynamics [daɪˈnæmɪks] N OR NPL Dynamik *f*

dynamite [ˈdaɪnəmaɪt] N Dynamit *nt* ▶ VT sprengen

dynamo [ˈdaɪnəməu] N Dynamo *m*; (*Aut*) Lichtmaschine *f*

dynasty [ˈdɪnəstɪ] N Dynastie *f*

dysentery [ˈdɪsntrɪ] N (*Med*) Ruhr *f*

dyslexia [dɪsˈlɛksɪə] N Legasthenie *f*

dyslexic [dɪsˈlɛksɪk] ADJ legasthenisch

dyspepsia [dɪsˈpɛpsɪə] N Dyspepsie *f*, Verdauungsstörung *f*

dyspraxia [dɪsˈpræksɪə] N Dyspraxie *f*

dystrophy [ˈdɪstrəfɪ] N Dystrophie *f*, Ernährungsstörung *f*; **muscular ~** Muskelschwund *m*

Ee

E[1], e [iː] N (*letter*) E *nt*, e *nt*; **E for Edward, E for Easy** (*US*) E wie Emil

E[2] [iː] N (*Mus*) E *nt*, e *nt*

E[3] [iː] ABBR (= *east*) O ▶ N ABBR (*drug:* = *Ecstasy*) Ecstasy *nt*

e- PREF E-, elektronisch

ea. ABBR = **each**

★**each** [iːtʃ] ADJ, PRON jede(r, s); **~ other** sich, einander; **they hate ~ other** sie hassen sich *or* einander; **you are jealous of ~ other** ihr seid eifersüchtig aufeinander; **~ day** jeden Tag; **they have 2 books ~** sie haben je 2 Bücher; **they cost £5 ~** sie kosten 5 Pfund das Stück; **~ of us** jede(r, s) von uns

eager [ˈiːgəʳ] ADJ eifrig; **to be ~ to do sth** etw unbedingt tun wollen; **to be ~ for sth** auf etw *acc* erpicht *or* aus (*inf*) sein

eagerly [ˈiːgəlɪ] ADV eifrig; (*awaited*) gespannt, ungeduldig

eagle [ˈiːgl] N Adler *m*

★**ear** [ɪəʳ] N Ohr *nt*; (*of corn*) Ähre *f*; **to be up to one's ears in debt/work** bis über beide Ohren in Schulden/Arbeit stecken; **to be up to one's ears in paint/baking** mitten im Anstreichen/Backen stecken; **to give sb a thick ~** jdm ein paar hinter die Ohren geben; **we'll play it by ~** (*fig*) wir werden es auf uns zukommen lassen

earache [ˈɪəreɪk] N Ohrenschmerzen *pl*

eardrum [ˈɪədrʌm] N Trommelfell *nt*

earful [ˈɪəful] (*inf*) N: **to give sb an ~** jdm was erzählen; **to get an ~** was zu hören bekommen

earl [əːl] (BRIT) N Graf *m*

★**earlier** [ˈəːlɪəʳ] ADJ, ADV früher; **I can't come any ~** ich kann nicht früher *or* eher kommen

★**early** [ˈəːlɪ] ADV früh; (*ahead of time*) zu früh ▶ ADJ früh; (*Christians*) Ur-; (*death, departure*) vorzeitig; (*reply*) baldig; **~ in the morning** früh am Morgen; **to have an ~ night** früh ins Bett gehen; **in the ~ hours** in den frühen Morgenstunden; **in the ~ or ~ in the spring/19th century** Anfang des Frühjahrs/des 19. Jahrhunderts; **take the ~ train** nimm den früheren Zug; **you're ~!** Sie sind früh dran!; **she's in her ~ forties** sie ist Anfang Vierzig; **at your earliest convenience** so bald wie möglich

early retirement N: **to take ~** vorzeitig in den Ruhestand gehen

early retirement benefits NPL Vorruhestandsleistungen *pl*

early warning system N Frühwarnsystem *n*

earmark [ˈɪəmɑːk] VT: **to ~ (for)** bestimme (für), vorsehen (für)

★**earn** [əːn] VT verdienen; (*interest*) bringen; **t ~ one's living** seinen Lebensunterhalt verdienen; **this earned him much praise, he earne much praise for this** das trug ihm viel Lob ein **he's earned his rest/reward** er hat sich sein Pause/Belohnung verdient

earned income [əːnd-] N Arbeitseinkomme *nt*

earnest [ˈəːnɪst] ADJ ernsthaft; (*wish, desire*) innig ▶ N (*also:* **earnest money**) Angeld *nt*; **in** (*begin*) richtig; **to be in ~** es ernst meinen; **wor on the tunnel soon began in ~** die Tunnelarbeiten begannen bald richtig; **is the Ministe in ~ about these proposals?** meint der Minister diese Vorschläge ernst?

★**earnings** [ˈəːnɪŋz] NPL Verdienst *m*; (*of compan etc*) Ertrag *m*

ear, nose and throat specialist Hals-Nasen-Ohren-Arzt *m*, Hals-Nasen-Ohren-Ärztin *f*

earphones [ˈɪəfəunz] NPL Kopfhörer *pl*

earplugs [ˈɪəplʌgz] NPL Ohropax® *nt*

earring [ˈɪərɪŋ] N Ohrring *m*

earset [ˈɪəsɛt] N (*Tel*) Earset *nt*, Ohrhörer *m*

earshot [ˈɪəʃɔt] N: **within/out of ~** in/auße Hörweite

★**earth** [əːθ] N Erde *f*; (*of fox*) Bau *m* ▶ VT (BRIT *Ele*) erden

earthenware [ˈəːθnwɛəʳ] N Tongeschirr *n* ▶ ADJ Ton-

earthly [ˈəːθlɪ] ADJ irdisch; **~ paradise** Paradie *nt* auf Erden; **there is no ~ reason to think ...** e besteht nicht der geringste Grund für di Annahme ...

earthquake [ˈəːθkweɪk] N Erdbeben *nt*

earthshattering [ˈəːθʃætərɪŋ] ADJ (*fig*) weltbewegend

earth tremor N Erdstoß *m*

earthworks [ˈəːθwəːks] NPL Erdarbeiten *pl*

earthworm [ˈəːθwəːm] N Regenwurm *m*

earthy [ˈəːθɪ] ADJ (*humour*) derb

earwig [ˈɪəwɪg] N Ohrwurm *m*

ease [iːz] N Leichtigkeit *f*; (*comfort*) Behagen *n* ▶ VT (*problem*) vereinfachen; (*pain*) lindern; (*tension*) verringern; (*loosen*) lockern ▶ VI nachlas

sen; (*situation*) sich entspannen; **to ~ sth in/out** (*push/pull*) etw behutsam hineinschieben/herausziehen; **at ~!** (*Mil*) rührt euch!; **with ~** mit Leichtigkeit; **life of ~** Leben *nt* der Muße; **to ~ in the clutch** die Kupplung behutsam kommen lassen
▸ **ease off** VI nachlassen; (*slow down*) langsamer werden
▸ **ease up** VI = **ease off**
asel [ˈi:zl] N Staffelei *f*
asily [ˈi:zɪlɪ] ADV leicht; ungezwungen; bequem
asiness [ˈi:zɪnɪs] N Leichtigkeit *f*; (*of manner*) Ungezwungenheit *f*
ast [i:st] N Osten *m* ▸ ADJ (*coast, Asia etc*) Ost- ▸ ADV ostwärts, nach Osten; **the E~** der Osten
aster [ˈi:stəʳ] N Ostern *nt* ▸ ADJ (*holidays etc*) Oster-
aster egg N Osterei *nt*
aster Island N Osterinsel *f*
asterly [ˈi:stəlɪ] ADJ östlich; (*wind*) Ost-
aster Monday N Ostermontag *m*
astern [ˈi:stən] ADJ östlich; **E~ Europe** Osteuropa *nt*; **the E~ bloc** (*formerly*) der Ostblock
aster Sunday N Ostersonntag *m*
ast Germany N (*formerly*) die DDR *f*
ast Timor [ˈi:stˈti:mɔ:] N Osttimor *nt*
astward [ˈi:stwəd], **eastwards** [ˈi:stwədz] ADV ostwärts, nach Osten
asy [ˈi:zɪ] ADJ leicht; (*relaxed*) ungezwungen; (*comfortable*) bequem ▸ ADV: **to take it/things ~** (*go slowly*) sich *dat* Zeit lassen; (*not worry*) es nicht so schwernehmen; (*rest*) sich schonen; **payment on ~ terms** Zahlung zu günstigen Bedingungen; **that's easier said than done** das ist leichter gesagt als getan; **I'm ~** (*inf*) mir ist alles recht
asy chair N Sessel *m*
asy-going [ˈi:zɪˈgəuɪŋ] ADJ gelassen
asy touch (*inf*) N: **to be an ~** (*for money etc*) leicht anzuzapfen sein
at [i:t] (*pt* **ate**, *pp* **eaten**) VT, VI essen; (*animal*) fressen
▸ **eat away** VT (*subj*: *sea*) auswaschen; (: *acid*) zerfressen
▸ **eat away at** VT FUS (*metal*) anfressen; (*savings*) angreifen
▸ **eat into** VT FUS = **eat away at**
▸ **eat out** VI essen gehen
▸ **eat up** VT aufessen; **it eats up electricity** es verbraucht viel Strom
atable [ˈi:təbl] ADJ genießbar
au de Cologne [ˈəudəkəˈləun] N Kölnischwasser *nt*, Eau de Cologne *nt*
aves [i:vz] NPL Dachvorsprung *m*
avesdrop [ˈi:vzdrɔp] VI lauschen; **to ~ on** belauschen *+acc*
bb [ɛb] N Ebbe *f* ▸ VI ebben; (*fig*: *also*: **ebb away**) dahinschwinden; (*feeling*) abebben; **the ~ and flow** (*fig*) das Auf und Ab; **to be at a low ~** (*fig*) auf einem Tiefpunkt angelangt sein
bb tide N Ebbe *f*

e-bike [ˈi:baɪk] N E-Bike *nt*, Elektrofahrrad *nt*
ebony [ˈɛbənɪ] N Ebenholz *nt*
e-book [ˈi:buk] N E-Book *nt*
ebullient [ɪˈbʌlɪənt] ADJ überschäumend, übersprudelnd
EC N ABBR (= *European Community*) EG *f*
e-card [ˈi:kɑ:d] N ABBR (= *electronic card*) E-Card *nt*, *elektronische Grußkarte*
ECB N ABBR (= *European Central Bank*) EZB *f*
eccentric [ɪkˈsɛntrɪk] ADJ exzentrisch ▸ N Exzentriker(in) *m(f)*
ecclesiastic [ɪkli:zɪˈæstɪk], **ecclesiastical** [ɪkli:zɪˈæstɪkl] ADJ kirchlich
ECG N ABBR (= *electrocardiogram*) EKG *nt*
★**echo** [ˈɛkəu] (*pl* **echoes**) N Echo *nt* ▸ VT wiederholen ▸ VI widerhallen; (*place*) hallen
e-cigarette [i:ˈsɪgərɛt] N E-Zigarette *f*
éclair [eɪˈklɛəʳ] N Eclair *nt*
eclipse [ɪˈklɪps] N Finsternis *f* ▸ VT in den Schatten stellen
eco- [ˈi:kəu] PREF Öko-, öko-
ecofriendly [i:kəuˈfrɛndlɪ] ADJ umweltfreundlich
ecological [i:kəˈlɔdʒɪkəl] ADJ ökologisch; (*damage, disaster*) Umwelt-
ecologist [ɪˈkɔlədʒɪst] N Ökologe *m*, Ökologin *f*
ecology [ɪˈkɔlədʒɪ] N Ökologie *f*
e-commerce [i:ˈkɔmə:s] N E-Commerce *nt*, elektronischer Handel
★**economic** [i:kəˈnɔmɪk] ADJ (*system, policy etc*) Wirtschafts-; (*profitable*) wirtschaftlich
economical [i:kəˈnɔmɪkl] ADJ wirtschaftlich; (*person*) sparsam
economically [i:kəˈnɔmɪklɪ] ADV wirtschaftlich; (*thriftily*) sparsam
★**economics** [i:kəˈnɔmɪks] N Wirtschaftswissenschaften *pl* ▸ NPL Wirtschaftlichkeit *f*; (*of situation*) wirtschaftliche Seite *f*
economist [ɪˈkɔnəmɪst] N Wirtschaftswissenschaftler(in) *m(f)*
economize [ɪˈkɔnəmaɪz] VI sparen
★**economy** [ɪˈkɔnəmɪ] N Wirtschaft *f*; (*financial prudence*) Sparsamkeit *f*; **economies of scale** (*Comm*) Einsparungen *pl* durch erhöhte Produktion
economy class N Touristenklasse *f*
economy size N Sparpackung *f*
ecosystem [ˈi:kəusɪstəm] N Ökosystem *nt*
ecotourism [ˈi:kəuˈtuərɪzm] N Ökotourismus *m*
ecstasy [ˈɛkstəsɪ] N Ekstase *f*; (*drug*) Ecstasy *nt*; **to go into ecstasies over** in Verzückung geraten über *+acc*; **in ~** verzückt
ecstatic [ɛksˈtætɪk] ADJ ekstatisch
ECT N ABBR = **electroconvulsive therapy**
Ecuador [ˈɛkwədɔ:ʳ] N Ecuador *nt*, Ekuador *nt*
ecumenical [i:kjuˈmɛnɪkl] ADJ ökumenisch
eczema [ˈɛksɪmə] N Ekzem *nt*
eddy [ˈɛdɪ] N Strudel *m*

★**edge** [ɛdʒ] N Rand *m*; (*of table, chair*) Kante *f*; (*of lake*) Ufer *nt*; (*of knife etc*) Schneide *f* ▶ VT einfassen ▶ VI: **to ~ forward** sich nach vorne schieben; **on ~** (*fig*) = **edgy**; **to have the ~ on** überlegen sein *+dat*; **to ~ away from** sich allmählich entfernen von; **to ~ past** sich vorbeischieben, sich vorbeidrücken

edgeways [ˈɛdʒweɪz] ADV: **he couldn't get a word in ~** er kam überhaupt nicht zu Wort

edging [ˈɛdʒɪŋ] N Einfassung *f*

edgy [ˈɛdʒɪ] ADJ nervös

edible [ˈɛdɪbl] ADJ essbar, genießbar

edict [ˈiːdɪkt] N Erlass *m*

edifice [ˈɛdɪfɪs] N Gebäude *nt*

edifying [ˈɛdɪfaɪɪŋ] ADJ erbaulich

Edinburgh [ˈɛdɪnbərə] N Edinburg(h) *nt*

Das **Edinburgh Festival** findet jedes Jahr während drei Wochen im August statt und gehört zu den bedeutenden kulturellen Festivals Europas. Es ist nicht nur für sein offizielles Programm berühmt, sondern auch für das „inoffizielle", *The Fringe*, das eine große Auswahl an traditionellen wie auch entschieden avantgardistischen Theaterstücken, Konzerten, Komödien- und Tanzvorführungen bietet. Während des Festivals wird ebenfalls eine große Show von Militärmusik, das *Military Tattoo*, vorgeführt.

edit [ˈɛdɪt] VT (*text*) redigieren; (*book*) lektorieren; (*film, broadcast*) schneiden, cutten; (*newspaper, magazine*) herausgeben; (*Comput*) editieren

edition [ɪˈdɪʃən] N Ausgabe *f*

★**editor** [ˈɛdɪtəʳ] N Redakteur(in) *m(f)*; (*of newspaper, magazine*) Herausgeber(in) *m(f)*; (*of book*) Lektor(in) *m(f)*; (*Cine, Radio, TV*) Cutter(in) *m(f)*

editorial [ɛdɪˈtɔːrɪəl] ADJ redaktionell; (*staff*) Redaktions- ▶ N Leitartikel *m*

EDP N ABBR (*Comput: = electronic data processing*) EDV *f*

EDT (US) ABBR (= *Eastern Daylight Time*) *ostamerikanische Sommerzeit*

educate [ˈɛdjukeɪt] VT erziehen; **educated at …** zur Schule/Universität gegangen in …

educated [ˈɛdjukeɪtɪd] ADJ gebildet

educated guess N wohl begründete Vermutung *f*

★**education** [ɛdjuˈkeɪʃən] N Erziehung *f*; (*schooling*) Ausbildung *f*; (*knowledge, culture*) Bildung *f*; **primary ~, elementary ~** (*US*) Grundschul(aus)-bildung *f*; **secondary ~** höhere Schul(aus)bildung *f*

★**educational** [ɛdjuˈkeɪʃənl] ADJ pädagogisch; (*experience*) lehrreich; (*toy*) pädagogisch wertvoll; **~ technology** Unterrichtstechnologie *f*

Edwardian [ɛdˈwɔːdɪən] ADJ aus der Zeit Edwards VII

EEG N ABBR (= *electroencephalogram*) EEG *nt*

eel [iːl] N Aal *m*

EEOC (US) N ABBR (= *Equal Employment Opportunity Commission*) *Kommission für Gleichberechtigung am Arbeitsplatz*

eerie [ˈɪərɪ] ADJ unheimlich

EET ABBR (= *Eastern European Time*) OEZ *f*

efface [ɪˈfeɪs] VT auslöschen; **to ~ o.s.** sich im Hintergrund halten

★**effect** [ɪˈfɛkt] N Wirkung *f*, Effekt *m* ▶ VT bewirken; (*repairs*) durchführen ■ **effects** NPL Effekten *pl*; (*Theat, Cine etc*) Effekte *pl*; **to take ~** (*law*) in Kraft treten; (*drug*) wirken; **to put into ~** in Kraft setzen; **to have an ~ on sb/sth** eine Wirkung auf jdn/etw haben; **in ~** eigentlich, praktisch; **his letter is to the ~ that …** sein Brief hat zum Inhalt, dass …

★**effective** [ɪˈfɛktɪv] ADJ effektiv, wirksam; (*actual*) eigentlich, wirklich; **to become ~** in Kraft treten; **~ date** Zeitpunkt *m* des Inkrafttretens

effectively [ɪˈfɛktɪvlɪ] ADV effektiv

effectiveness [ɪˈfɛktɪvnɪs] N Wirksamkeit *f*, Effektivität *f*

effeminate [ɪˈfɛmɪnɪt] ADJ feminin, effeminiert

effervescent [ɛfəˈvɛsnt] ADJ sprudelnd

efficacy [ˈɛfɪkəsɪ] N Wirksamkeit *f*

efficiency [ɪˈfɪʃənsɪ] N Fähigkeit *f*, Tüchtigkeit *f*; Rationalität *f*; Leistungsfähigkeit *f*

efficiency apartment (*US*) N Einzimmerwohnung *f*

★**efficient** [ɪˈfɪʃənt] ADJ fähig, tüchtig; (*organization*) rationell; (*machine*) leistungsfähig

efficiently [ɪˈfɪʃəntlɪ] ADV gut, effizient

effigy [ˈɛfɪdʒɪ] N Bildnis *nt*

effluent [ˈɛfluənt] N Abwasser *nt*

★**effort** [ˈɛfət] N Anstrengung *f*; (*attempt*) Versuch *m*; **to make an ~ to do sth** sich bemühen, etw zu tun

effortless [ˈɛfətlɪs] ADJ mühelos; (*style*) flüssig

effrontery [ɪˈfrʌntərɪ] N Unverschämtheit *f*; **to have the ~ to do sth** die Frechheit besitzen, etw zu tun

effusive [ɪˈfjuːsɪv] ADJ überschwänglich

EFL N ABBR (*Scol: = English as a Foreign Language*) Englisch *nt* als Fremdsprache

EFTA [ˈɛftə] N ABBR (= *European Free Trade Association*) EFTA *f*

e.g. ADV ABBR (= *exempli gratia*) z. B.

egalitarian [ɪgælɪˈtɛərɪən] ADJ egalitär; (*principles*) Gleichheits- ▶ N Verfechter(in) *m(f)* des Egalitarismus

★**egg** [ɛg] N Ei *nt*; **hard-boiled/soft-boiled ~** hart/weich gekochtes Ei *nt*

▶**egg on** VT anstacheln

egg cup N Eierbecher *m*

eggplant [ˈɛgplɑːnt] N (*esp US*) Aubergine *f*

eggshell [ˈɛgʃɛl] N Eierschale *f* ▶ ADJ eierschalenfarben

egg timer N Eieruhr *f*

egg white N Eiweiß *nt*

egg yolk N Eigelb *nt*

ego [ˈiːgəu] N (*self-esteem*) Selbstbewusstsein *nt*

egoism [ˈɛgəuɪzəm] N Egoismus *m*

egoist [ˈɛgəuɪst] N Egoist(in) *m(f)*
egotism [ˈɛgəutɪzəm] N Ichbezogenheit *f*, Egotismus *m*
egotist [ˈɛgəutɪst] N ichbezogener Mensch *m*, Egotist(in) *m(f)*
ego trip (*inf*) N Egotrip *m*
Egypt [ˈiːdʒɪpt] N Ägypten *nt*
Egyptian [ɪˈdʒɪpʃən] ADJ ägyptisch ▸ N Ägypter(in) *m(f)*
eiderdown [ˈaɪdədaun] N Federbett *nt*, Daunendecke *f*
eight [eɪt] NUM acht
eighteen [eɪˈtiːn] NUM achtzehn
eighteenth [eɪˈtiːnθ] NUM achtzehnte(r, s)
eighth [eɪtθ] NUM achte(r, s) ▸ N Achtel *nt*
eightieth [ˈeɪtɪəθ] ADJ achtzigste(r, s)
eighty [ˈeɪtɪ] NUM achtzig
Eire [ˈɛərə] N (Republik *f*) Irland *nt*
EIS N ABBR (= *Educational Institute of Scotland*) *schottische Lehrergewerkschaft*
either [ˈaɪðəʳ] ADJ (*one or other*) eine(r, s) (von beiden); (*both, each*) beide *pl*, jede(r, s) ▸ PRON: **~ (of them)** eine(r, s) (davon) ▸ ADV auch nicht ▸ CONJ: **~ yes or no** entweder ja oder nein; **on ~ side** (*on both sides*) auf beiden Seiten; (*on one or other side*) auf einer der beiden Seiten; **I don't like ~** ich mag beide nicht *or* keinen von beiden; **no, I don't ~** nein, ich auch nicht; **I haven't seen ~ one or the other** ich habe weder den einen noch den anderen gesehen
ejaculation [ɪdʒækjuˈleɪʃən] N Ejakulation *f*, Samenerguss *m*
eject [ɪˈdʒɛkt] VT ausstoßen; (*tenant, gatecrasher*) hinauswerfen ▸ VI den Schleudersitz betätigen
ejector seat [ɪˈdʒɛktə-] N Schleudersitz *m*
eke out [iːk-] VT (*make last*) strecken
EKG (*US*) N ABBR = **electrocardiogram**
el [ɛl] (*US inf*) N ABBR = **elevated railroad**
elaborate ADJ [ɪˈlæbərɪt] kompliziert; (*plan*) ausgefeilt ▸ VT [ɪˈlæbəreɪt] näher ausführen; (*refine*) ausarbeiten ▸ VI [ɪˈlæbəreɪt] mehr ins Detail gehen; **to ~ on** näher ausführen
elapse [ɪˈlæps] VI vergehen, verstreichen
elastic [ɪˈlæstɪk] N Gummi *nt* ▸ ADJ elastisch
elastic band (BRIT) N Gummiband *nt*
elasticity [ɪlæsˈtɪsɪtɪ] N Elastizität *f*
elated [ɪˈleɪtɪd] ADJ: **to be ~** hocherfreut *or* in Hochstimmung sein
elation [ɪˈleɪʃən] N große Freude *f*, Hochstimmung *f*
elbow [ˈɛlbəu] N Ell(en)bogen *m* ▸ VT: **to ~ one's way through the crowd** sich durch die Menge boxen
elbow grease (*inf*) N Muskelkraft *f*
elbowroom [ˈɛlbəurum] N Ellbogenfreiheit *f*
elder [ˈɛldəʳ] ADJ älter ▸ N (*Bot*) Holunder *m*; (*older person*: *gen pl*) Ältere(r) *f(m)*
elderly [ˈɛldəlɪ] ADJ ältere(r, s); **~ people** ältere Leute *pl*
elder statesman N (*irreg*) erfahrener Staatsmann *m*
★**eldest** [ˈɛldɪst] ADJ älteste(r, s) ▸ N Älteste(r) *f(m)*
elect [ɪˈlɛkt] VT wählen ▸ ADJ: **the president ~** der designierte *or* künftige Präsident; **to ~ to do sth** sich dafür entscheiden, etw zu tun
★**election** [ɪˈlɛkʃən] N Wahl *f*; **to hold an ~** eine Wahl abhalten
election campaign N Wahlkampf *m*
election debacle N Wahldebakel *nt*
electioneering [ɪlɛkʃəˈnɪərɪŋ] N Wahlkampf *m*
elector [ɪˈlɛktəʳ] N Wähler(in) *m(f)*
electoral [ɪˈlɛktərəl] ADJ Wähler-
electoral college N Wahlmännergremium *nt*
electorate [ɪˈlɛktərɪt] N Wähler *pl*, Wählerschaft *f*
★**electric** [ɪˈlɛktrɪk] ADJ elektrisch
electrical [ɪˈlɛktrɪkl] ADJ elektrisch; (*appliance*) Elektro-; (*failure*) Strom-
electrical engineer N Elektrotechniker *m*
electric blanket N Heizdecke *f*
electric chair (*US*) N elektrischer Stuhl *m*
electric cooker N Elektroherd *m*
electric current N elektrischer Strom *m*
electric fire (BRIT) N elektrisches Heizgerät *nt*
electrician [ɪlɛkˈtrɪʃən] N Elektriker(in) *m(f)*
★**electricity** [ɪlɛkˈtrɪsɪtɪ] N Elektrizität *f*; (*supply*) (elektrischer) Strom *m* ▸ CPD Strom-; **to switch on/off the ~** den Strom an-/abschalten
electricity board (BRIT) N Elektrizitätswerk *nt*
electricity price N Strompreis *m*
electricity rate N Stromtarif *m*
electric light N elektrisches Licht *nt*
electric shock N elektrischer Schlag *m*, Stromschlag *m*
electrify [ɪˈlɛktrɪfaɪ] VT (*fence*) unter Strom setzen; (*rail network*) elektrifizieren; (*audience*) elektrisieren
electro... [ɪˈlɛktrəu] PREF Elektro-
electrocardiogram [ɪˈlɛktrəˈkɑːdɪəgræm] N Elektrokardiogramm *nt*
electroconvulsive therapy [ɪˈlɛktrəkənˈvʌlsɪv-] N Elektroschocktherapie *f*
electrocute [ɪˈlɛktrəkjuːt] VT durch einen Stromschlag töten; (*US*: *criminal*) auf dem elektrischen Stuhl hinrichten
electrode [ɪˈlɛktrəud] N Elektrode *f*
electroencephalogram [ɪˈlɛktrəuɛnˈsɛfələgræm] N Elektroenzephalogramm *nt*
electrolysis [ɪlɛkˈtrɔlɪsɪs] N Elektrolyse *f*
electromagnetic [ɪˈlɛktrəmægˈnɛtɪk] ADJ elektromagnetisch
electron [ɪˈlɛktrɔn] N Elektron *nt*
★**electronic** [ɪlɛkˈtrɔnɪk] ADJ elektronisch
electronic data processing N elektronische Datenverarbeitung *f*
electronic mail N elektronische Post *f*
electronics [ɪlɛkˈtrɔnɪks] N Elektronik *f*

electronic tag N elektronische Fußfessel *f*
electron microscope N Elektronenmikroskop *nt*
electroplated [ɪˈlɛktrəˈpleɪtɪd] ADJ galvanisiert
electrotherapy [ɪˈlɛktrəˈθɛrəpɪ] N Elektrotherapie *f*
elegance [ˈɛlɪgəns] N Eleganz *f*
★**elegant** [ˈɛlɪgənt] ADJ elegant
element [ˈɛlɪmənt] N Element *nt*; (*of heater, kettle etc*) Heizelement *nt*
elementary [ɛlɪˈmɛntərɪ] ADJ grundlegend; **~ school** (*US*) Grundschule *f*; **~ education** Elementarunterricht *m*; **~ maths/French** Grundbegriffe *pl* der Mathematik/des Französischen
elementary school N *siehe Info-Artikel*

Elementary school ist in den USA und Kanada eine Grundschule, an der ein Kind die ersten sechs bis acht Schuljahre verbringt. In den USA heißt diese Schule auch *grade school* oder *grammar school*. Siehe auch *high school*.

★**elephant** [ˈɛlɪfənt] N Elefant *m*
elevate [ˈɛlɪveɪt] VT erheben; (*physically*) heben
elevated railroad [ˈɛlɪveɪtɪd-] (*US*) N Hochbahn *f*
elevation [ɛlɪˈveɪʃən] N Erhebung *f*; (*height*) Höhe *f* über dem Meeresspiegel; (*Archit*) Aufriss *m*
elevator [ˈɛlɪveɪtəʳ] N (*US*) Aufzug *m*, Fahrstuhl *m*; (*in warehouse etc*) Lastenaufzug *m*
★**eleven** [ɪˈlɛvn] NUM elf
elevenses [ɪˈlɛvnzɪz] (BRIT) NPL zweites Frühstück *nt*
★**eleventh** [ɪˈlɛvnθ] NUM elfte(r, s); **at the ~ hour** (*fig*) in letzter Minute
elf [ɛlf] (*pl* **elves**) N Elf *m*, Elfe *f*; (*mischievous*) Kobold *m*
elicit [ɪˈlɪsɪt] VT: **to ~ (from sb)** (*information*) (aus jdm) herausbekommen; (*reaction, response*) (von jdm) bekommen
eligible [ˈɛlɪdʒəbl] ADJ (*marriage partner*) begehrt; **to be ~ for sth** für etw infrage kommen; **to be ~ for a pension** pensionsberechtigt sein
eliminate [ɪˈlɪmɪneɪt] VT beseitigen; (*candidate etc*) ausschließen; (*team, contestant*) aus dem Wettbewerb werfen
elimination [ɪlɪmɪˈneɪʃən] N Beseitigung *f*; Ausschluss *m*; Ausscheiden *nt*; **by process of ~** durch negative Auslese
élite [eɪˈliːt] N Elite *f*
elitist [eɪˈliːtɪst] (*pej*) ADJ elitär
elixir [ɪˈlɪksəʳ] N Elixier *nt*
Elizabethan [ɪlɪzəˈbiːθən] ADJ elisabethanisch
ellipse [ɪˈlɪps] N Ellipse *f*
elliptical [ɪˈlɪptɪkl] ADJ elliptisch
elm [ɛlm] N Ulme *f*
elocution [ɛləˈkjuːʃən] N Sprechtechnik *f*
elongated [ˈiːlɔŋgeɪtɪd] ADJ lang gestreckt; (*shadow*) verlängert
elope [ɪˈləup] VI weglaufen
elopement [ɪˈləupmənt] N Weglaufen *nt*
eloquence [ˈɛləkwəns] N Beredtheit *f*, Wortgewandtheit *f*; Ausdrucksfülle *f*
eloquent [ˈɛləkwənt] ADJ beredt, wortgewandt; (*speech, description*) ausdrucksvoll
El Salvador [ɛlˈsælvədɔːʳ] N El Salvador *nt*
★**else** [ɛls] ADV andere(r, s); **something ~** etwas anderes; **somewhere ~** woanders, anderswo; **everywhere ~** sonst überall; **where ~?** wo sonst?; **is there anything ~ I can do?** kann ich sonst noch etwas tun?; **there was little ~ to do** es gab nicht viel anderes zu tun; **everyone ~** alle anderen; **nobody ~ spoke** niemand anders sagte etwas, sonst sagte niemand etwas
elsewhere [ɛlsˈwɛəʳ] ADV woanders, anderswo; (*go*) woandershin, anderswohin
ELT N ABBR (*Scol*: = *English Language Teaching*) *Englisch als Unterrichtsfach*
elucidate [ɪˈluːsɪdeɪt] VT erläutern
elude [ɪˈluːd] VT (*captor*) entkommen *+dat*; (*capture*) sich entziehen *+dat*; **this fact/idea eluded him** diese Tatsache/Idee entging ihm
elusive [ɪˈluːsɪv] ADJ schwer zu fangen; (*quality*) unerreichbar; **he's very ~** er ist sehr schwer zu erreichen
elves [ɛlvz] NPL *of* **elf**
emaciated [ɪˈmeɪsɪeɪtɪd] ADJ abgezehrt, ausgezehrt
★**email** [ˈiːmeɪl] N ABBR (= *electronic mail*) E-Mail *f* ▸ VT: **to ~ sb (sth)** jdm (etw) mailen
email address N E-Mail-Adresse *f*
emanate [ˈɛməneɪt] VI: **to ~ from** stammen von; (*sound, light etc*) ausgehen von
emancipate [ɪˈmænsɪpeɪt] VT (*women*) emanzipieren; (*poor*) befreien; (*slave*) freilassen
emancipation [ɪmænsɪˈpeɪʃən] N Emanzipation *f*; Befreiung *f*; Freilassung *f*
emasculate [ɪˈmæskjuleɪt] VT schwächen
embalm [ɪmˈbɑːm] VT einbalsamieren
embankment [ɪmˈbæŋkmənt] N Böschung *f*; (*of railway*) Bahndamm *m*; (*of river*) Damm *m*
embargo [ɪmˈbɑːgəu] (*pl* **embargoes**) N Embargo *nt* ▸ VT mit einem Embargo belegen; **to put** *or* **impose** *or* **place an ~ on sth** ein Embargo über etw *acc* verhängen; **to lift an ~** ein Embargo aufheben
embark [ɪmˈbɑːk] VT einschiffen ▸ VI: **to ~ (on)** sich einschiffen (auf); **to ~ on** (*journey*) beginnen; (*task*) in Angriff nehmen; (*course of action*) einschlagen
embarkation [ɛmbɑːˈkeɪʃən] N Einschiffung *f*
embarkation card N Bordkarte *f*
embarrass [ɪmˈbærəs] VT in Verlegenheit bringen
★**embarrassed** [ɪmˈbærəst] ADJ verlegen
embarrassing [ɪmˈbærəsɪŋ] ADJ peinlich
embarrassment [ɪmˈbærəsmənt] N Verlegenheit *f*; (*embarrassing problem*) Peinlichkeit *f*
★**embassy** [ˈɛmbəsɪ] N Botschaft *f*; **the Swiss E~** die Schweizer Botschaft

mbedded [ɪmˈbɛdɪd] ADJ eingebettet; (*attitude, belief, feeling*) verwurzelt

mbellish [ɪmˈbɛlɪʃ] VT (*account*) ausschmücken; **to be embellished with** geschmückt sein mit

mbers [ˈɛmbəz] NPL Glut *f*

mbezzle [ɪmˈbɛzl] VT unterschlagen

mbezzlement [ɪmˈbɛzlmənt] N Unterschlagung *f*

mbezzler [ɪmˈbɛzləʳ] N *jd, der eine Unterschlagung begangen hat*

mbitter [ɪmˈbɪtəʳ] VT verbittern

mbittered [ɪmˈbɪtəd] ADJ verbittert

mblem [ˈɛmbləm] N Emblem *nt*; (*symbol*) Wahrzeichen *nt*

mbodiment [ɪmˈbɔdɪmənt] N Verkörperung *f*; **to be the ~ of ...** (*subj: thing*) ... verkörpern; (*: person*) ... in Person sein

mbody [ɪmˈbɔdɪ] VT verkörpern; (*include, contain*) enthalten

mbolden [ɪmˈbəuldn] VT ermutigen

mbolism [ˈɛmbəlɪzəm] N Embolie *f*

mbossed [ɪmˈbɔst] ADJ geprägt; **~ with a logo** mit geprägtem Logo

mbrace [ɪmˈbreɪs] VT umarmen; (*include*) umfassen ▸ VI sich umarmen ▸ N Umarmung *f*

mbroider [ɪmˈbrɔɪdəʳ] VT (*cloth*) besticken; (*fig: story*) ausschmücken

mbroidery [ɪmˈbrɔɪdərɪ] N Stickerei *f*; (*activity*) Sticken *nt*

mbroil [ɪmˈbrɔɪl] VT: **to become embroiled (in sth)** (in etw *acc*) verwickelt *or* hineingezogen werden

mbryo [ˈɛmbrɪəu] N Embryo *m*; (*fig*) Keim *m*

mcee [ɛmˈsiː] N Conférencier *m*

mend [ɪˈmɛnd] VT verbessern, korrigieren

merald [ˈɛmərəld] N Smaragd *m*

merge [ɪˈməːdʒ] VI: **to ~ (from)** auftauchen (aus); (*from sleep*) erwachen (aus); (*from imprisonment*) entlassen werden (aus); (*from discussion etc*) sich herausstellen (bei); (*new idea, industry, society*) entstehen (aus); **it emerges that** (BRIT) es stellt sich heraus, dass

mergence [ɪˈməːdʒəns] N Entstehung *f*

mergency [ɪˈməːdʒənsɪ] N Notfall *m* ▸ CPD Not-; (*repair*) notdürftig; **in an ~** im Notfall; **state of ~** Notstand *m*

mergency cord (*US*) N Notbremse *f*

mergency exit N Notausgang *m*

mergency landing N Notlandung *f*

mergency lane (*US*) N Seitenstreifen *m*

mergency road service (*US*) N Pannendienst *m*

mergency services NPL: **the ~** der Notdienst

mergency stop (BRIT) N Vollbremsung *f*

mergent [ɪˈməːdʒənt] ADJ jung, aufstrebend

meritus [ɪˈmɛrɪtəs] ADJ emeritiert

mery board [ˈɛmərɪ-] N Papiernagelfeile *f*

mery paper [ˈɛmərɪ-] N Schmirgelpapier *nt*

emetic [ɪˈmɛtɪk] N Brechmittel *nt*

emigrant [ˈɛmɪgrənt] N Auswanderer *m*, Auswanderin *f*, Emigrant(in) *m(f)*

emigrate [ˈɛmɪgreɪt] VI auswandern, emigrieren

emigration [ɛmɪˈgreɪʃən] N Auswanderung *f*, Emigration *f*

émigré [ˈɛmɪgreɪ] N Emigrant(in) *m(f)*

eminence [ˈɛmɪnəns] N Bedeutung *f*

eminent [ˈɛmɪnənt] ADJ bedeutend

eminently [ˈɛmɪnəntlɪ] ADV ausgesprochen

emirate [ˈɛmɪrɪt] N Emirat *nt*

emission [ɪˈmɪʃən] N Emission *f*

emissions [ɪˈmɪʃənz] NPL Emissionen *pl*

emit [ɪˈmɪt] VT abgeben; (*smell*) ausströmen; (*light, heat*) ausstrahlen

emoji [ɪˈməudʒɪ] N Emoji *nt*

emolument [ɪˈmɔljumənt] N (*often pl*) Vergütung *f*; (*fee*) Honorar *nt*; (*salary*) Bezüge *pl*

emoticon [ɪˈməutɪkən] N (*Comput*) Emoticon *nt*

emotion [ɪˈməuʃən] N Gefühl *nt*

★**emotional** [ɪˈməuʃənl] ADJ emotional; (*exhaustion*) seelisch; (*scene*) ergreifend; (*speech*) gefühlsbetont

emotionally [ɪˈməuʃnəlɪ] ADV emotional; (*be involved*) gefühlsmäßig; (*speak*) gefühlvoll; **~ disturbed** seelisch gestört

emotive [ɪˈməutɪv] ADJ emotional

empathy [ˈɛmpəθɪ] N Einfühlungsvermögen *nt*; **to feel ~ with sb** sich in jdn einfühlen

emperor [ˈɛmpərəʳ] N Kaiser *m*

emphases [ˈɛmfəsiːz] NPL *of* **emphasis**

emphasis [ˈɛmfəsɪs] (*pl* **emphases**) N Betonung *f*; (*importance*) (Schwer)gewicht *nt*; **to lay** *or* **place ~ on sth** etw betonen; **the ~ is on reading** das Schwergewicht liegt auf dem Lesen

★**emphasize** [ˈɛmfəsaɪz] VT betonen; (*feature*) hervorheben; **I must ~ that ...** ich möchte betonen, dass ...

emphatic [ɛmˈfætɪk] ADJ nachdrücklich; (*denial*) energisch; (*person, manner*) bestimmt, entschieden

emphatically [ɛmˈfætɪklɪ] ADV nachdrücklich; (*certainly*) eindeutig

emphysema [ɛmfɪˈsiːmə] N Emphysem *nt*

empire [ˈɛmpaɪəʳ] N Reich *nt*

empirical [ɛmˈpɪrɪkl] ADJ empirisch

★**employ** [ɪmˈplɔɪ] VT beschäftigen; (*tool, weapon*) verwenden; **he's employed in a bank** er ist bei einer Bank angestellt

★**employee** [ɪmplɔɪˈiː] N Angestellte(r) *f(m)*

★**employer** [ɪmˈplɔɪəʳ] N Arbeitgeber(in) *m(f)*

★**employment** [ɪmˈplɔɪmənt] N Arbeit *f*; **to find ~** Arbeit *or* eine (An)stellung finden; **without ~** stellungslos; **your place of ~** Ihre Arbeitsstätte *f*

employment agency N Stellenvermittlung *f*

employment exchange (BRIT) N Arbeitsamt *nt*

e

empower [ɪmˈpauəʳ] VT: **to ~ sb to do sth** jdn ermächtigen, etw zu tun

empress [ˈɛmprɪs] N Kaiserin *f*

empties [ˈɛmptɪz] NPL Leergut *nt*

emptiness [ˈɛmptɪnɪs] N Leere *f*

★**empty** [ˈɛmptɪ] ADJ leer; (*house, room*) leer stehend; (*space*) frei ▸ VT leeren; (*place, house etc*) räumen ▸ VI sich leeren; (*liquid*) abfließen; (*river*) münden; **on an ~ stomach** auf nüchternen Magen; **to ~ into** (*river*) münden *or* sich ergießen in *+acc*

empty-handed [ˈɛmptɪˈhændɪd] ADJ mit leeren Händen; **he returned ~** er kehrte unverrichteter Dinge zurück

empty-headed [ˈɛmptɪˈhɛdɪd] ADJ strohdumm

EMT (*US*) N ABBR (= *emergency medical technician*) ≈ Sanitäter(in) *m(f)*

EMU N ABBR (= *Economic and Monetary Union*) EWU *f*

emu [ˈiːmjuː] N Emu *m*

emulate [ˈɛmjuleɪt] VT nacheifern *+dat*

emulsion [ɪˈmʌlʃən] N Emulsion *f*; (*also:* **emulsion paint**) Emulsionsfarbe *f*

enable [ɪˈneɪbl] VT: **to ~ sb to do sth** (*permit*) es jdm erlauben, etw zu tun; (*make possible*) es jdm ermöglichen, etw zu tun

enact [ɪˈnækt] VT (*law*) erlassen; (*play*) aufführen; (*role*) darstellen, spielen

enamel [ɪˈnæməl] N Email *nt*, Emaille *f*; (*also:* **enamel paint**) Email(le)lack *m*; (*of tooth*) Zahnschmelz *m*

enamoured [ɪˈnæməd] ADJ: **to be ~ of** (*person*) verliebt sein in *+acc*; (*pastime, idea, belief*) angetan sein von

encampment [ɪnˈkæmpmənt] N Lager *nt*

encased [ɪnˈkeɪst] ADJ: **~ in** (*shell*) umgeben von; **to be ~ in** (*limb*) in Gips liegen *or* sein

encash [ɪnˈkæʃ] (BRIT) VT einlösen

enchant [ɪnˈtʃɑːnt] VT bezaubern

enchanted [ɪnˈtʃɑːntɪd] ADJ verzaubert

enchanting [ɪnˈtʃɑːntɪŋ] ADJ bezaubernd

encircle [ɪnˈsəːkl] VT umgeben; (*person*) umringen; (*building: police etc*) umstellen

encl. ABBR (*on letters etc:* = *enclosed, enclosure*) Anl.

enclave [ˈɛnkleɪv] N: **an ~ (of)** eine Enklave (*+gen*)

enclose [ɪnˈkləuz] VT umgeben; (*land, space*) begrenzen; (*with fence*) einzäunen; (*letter etc*): **to ~ (with)** beilegen (*+dat*); **please find enclosed** als Anlage übersenden wir Ihnen

enclosure [ɪnˈkləuʒəʳ] N eingefriedeter Bereich *m*; (*in letter etc*) Anlage *f*

encoder [ɪnˈkəudəʳ] N Codierer *m*

encompass [ɪnˈkʌmpəs] VT umfassen

encore [ɔŋˈkɔːʳ] EXCL Zugabe! ▸ N Zugabe *f*

encounter [ɪnˈkauntəʳ] N Begegnung *f* ▸ VT begegnen *+dat*; (*problem*) stoßen auf *+acc*

★**encourage** [ɪnˈkʌrɪdʒ] VT (*activity, attitude*) unterstützen; (*growth, industry*) fördern; **to ~ sb (to do sth)** jdn ermutigen(, etw zu tun)

encouragement [ɪnˈkʌrɪdʒmənt] N Unterstützung *f*; Förderung *f*; Ermutigung *f*

encouraging [ɪnˈkʌrɪdʒɪŋ] ADJ ermutigend

encroach [ɪnˈkrəutʃ] VI: **to ~ (up)on** (*rights*) eingreifen in *+acc*; (*property*) eindringen in *+acc*; (*time*) in Anspruch nehmen

encrusted [ɪnˈkrʌstɪd] ADJ: **~ with** (*gems*) besetzt mit; (*snow, dirt*) verkrustet mit

encrypt [ɪnˈkrɪpt] VT verschlüsseln

encumber [ɪnˈkʌmbəʳ] VT: **to be encumbered with** beladen sein mit; (*debts*) belastet sein mit

encyclopaedia, encyclopedia [ɛnsaɪkləuˈpiːdɪə] N Lexikon *nt*, Enzyklopädie *f*

★**end** [ɛnd] N Ende *nt*; (*of film, book*) Schluss *m* Ende *nt*; (*of table*) Schmalseite *f*; (*of pointed object*) Spitze *f*; (*aim*) Zweck *m*, Ziel *nt* ▸ VT (*also:* **bring to an end, put an end to**) beenden ▸ VI enden; **from ~ to ~** von einem Ende zum anderen; **to come to an ~** zu Ende gehen; **to be at an ~** zu Ende sein; **in the ~** schließlich; **on ~** hochkant; **to stand on ~** (*hair*) zu Berge stehen; **for hours on ~** stundenlang ununterbrochen; **for 5 hours on ~** 5 Stunden ununterbrochen; **at the ~ of the street** am Ende der Straße; **at the ~ of the day** (BRIT *fig*) letztlich; **to this ~, with this ~ in view** mit diesem Ziel vor Augen
▸ **end up** VI: **to ~ up in** (*place*) landen in *+dat*; **to ~ up in trouble** Ärger bekommen; **to ~ up doing sth** etw schließlich tun

endanger [ɪnˈdeɪndʒəʳ] VT gefährden; **an endangered species** eine vom Aussterben bedrohte Art

endear [ɪnˈdɪəʳ] VT: **to ~ o.s. to sb** sich bei jdm beliebt machen

endearing [ɪnˈdɪərɪŋ] ADJ gewinnend

endearment [ɪnˈdɪəmənt] N: **to whisper endearments** zärtliche Worte flüstern; **term of ~** Kosewort *nt*, Kosename *m*

endeavour, (*US*) **endeavor** [ɪnˈdɛvəʳ] N Anstrengung *f*, Bemühung *f*; (*effort*) Bestrebung *f* ▸ VI: **to ~ to do sth** (*attempt*) sich anstrengen *or* bemühen, etw zu tun; (*strive*) bestrebt sein, etw zu tun

endemic [ɛnˈdɛmɪk] ADJ endemisch, verbreitet

ending [ˈɛndɪŋ] N Ende *nt*, Schluss *m*; (*Ling*) Endung *f*

endive [ˈɛndaɪv] N Endivie *f*; (*chicory*) Chicorée *m* *or f*

endless [ˈɛndlɪs] ADJ endlos; (*patience, resources, possibilities*) unbegrenzt

endorse [ɪnˈdɔːs] VT (*cheque*) indossieren, auf der Rückseite unterzeichnen; (*proposal, plan*) billigen; (*candidate*) unterstützen

endorsee [ɪndɔːˈsiː] N Indossat *m*

endorsement [ɪnˈdɔːsmənt] N Billigung *f*; (*of candidate*) Unterstützung *f*; (BRIT: *on driving licence*) Strafvermerk *m*

endow [ɪnˈdau] VT (*institution*) eine Stiftung machen an *+acc*; **to be endowed with** besitzen

endowment [ɪnˈdaumənt] N Stiftung *f*; (*quality*) Begabung *f*

endowment assurance N Versicherung *f* auf den Erlebensfall, Erlebensversicherung *f*
endowment mortgage N Hypothek *f* mit Lebensversicherung
end product N Endprodukt *nt*; (*fig*) Produkt *nt*
end result N Endergebnis *nt*
endurable [ɪnˈdjuərəbl] ADJ erträglich
endurance [ɪnˈdjuərəns] N Durchhaltevermögen *nt*; (*patience*) Geduld *f*
endurance test N Belastungsprobe *f*
endure [ɪnˈdjuəʳ] VT ertragen ▶ VI Bestand haben
enduring [ɪnˈdjuərɪŋ] ADJ dauerhaft
end user N (*Comput*) Endbenutzer *m*
enema [ˈɛnɪmə] N Klistier *nt*, Einlauf *m*
enemy [ˈɛnəmɪ] ADJ feindlich; (*strategy*) des Feindes ▶ N Feind(in) *m(f)*; **to make an ~ of sb** sich *dat* jdn zum Feind machen
energetic [ɛnəˈdʒɛtɪk] ADJ aktiv
energy [ˈɛnədʒɪ] N Energie *f*; **Department of E~** Energieministerium *nt*
energy crisis N Energiekrise *f*
energy drink N Energiegetränk *nt*, Energydrink *m*
energy-saving [ˈɛnədʒɪˈseɪvɪŋ] ADJ energiesparend; (*policy*) energiebewusst
enervating [ˈɛnəveɪtɪŋ] ADJ strapazierend
enforce [ɪnˈfɔːs] VT (*law, rule, decision*) Geltung verschaffen *+dat*
enforced [ɪnˈfɔːst] ADJ erzwungen
enfranchise [ɪnˈfræntʃaɪz] VT das Wahlrecht geben *or* erteilen *+dat*
engage [ɪnˈgeɪdʒ] VT in Anspruch nehmen; (*employ*) einstellen; (*lawyer*) sich *dat* nehmen; (*Mil*) angreifen ▶ VI (*Tech*) einrasten; **to ~ the clutch** einkuppeln; **to ~ sb in conversation** jdn in ein Gespräch verwickeln; **to ~ in** sich beteiligen an *+dat*; **to ~ in commerce** kaufmännisch tätig sein; **to ~ in study** studieren
engaged [ɪnˈgeɪdʒd] ADJ verlobt; (BRIT: *busy, in use*) besetzt; **to get ~** sich verloben; **he is ~ in research/a survey** er ist mit Forschungsarbeit/einer Umfrage beschäftigt
engaged tone (BRIT) N Besetztzeichen *nt*
engagement [ɪnˈgeɪdʒmənt] N Verabredung *f*; (*booking*) Engagement *nt*; (*to marry*) Verlobung *f*; (*Mil*) Gefecht *nt*, Kampf *m*; **I have a previous ~** ich habe schon eine Verabredung
engagement ring N Verlobungsring *m*
engaging [ɪnˈgeɪdʒɪŋ] ADJ einnehmend
engender [ɪnˈdʒɛndəʳ] VT erzeugen
engine [ˈɛndʒɪn] N Motor *m*; (*Rail*) Lok(omotive) *f*
engine driver N (*Rail*) Lok(omotiv)führer(in) *m(f)*
engineer [ɛndʒɪˈnɪəʳ] N Ingenieur(in) *m(f)*; (BRIT: *for repairs*) Techniker(in) *m(f)*; (*US Rail*) Lok(omotiv)führer(in) *m(f)*; (*on ship*) Maschinist(in) *m(f)*; **civil/mechanical ~** Bau-/Maschinenbauingenieur(in) *m(f)*
★**engineering** [ɛndʒɪˈnɪərɪŋ] N Technik *f*; (*design, construction*) Konstruktion *f* ▶ CPD: **~ works** *or* **factory** Maschinenfabrik *f*
engine failure N Maschinenschaden *m*; (*Aut*) Motorschaden *m*
engine trouble N Maschinenschaden *m*; (*Aut*) Motorschaden *m*
★**England** [ˈɪŋglənd] N England *nt*
★**English** [ˈɪŋglɪʃ] ADJ englisch ▶ N Englisch *nt* ▪ **the English** NPL die Engländer *pl*; **an ~ speaker** *jd, der Englisch spricht*
English Channel N: **the ~** der Ärmelkanal
★**Englishman** [ˈɪŋglɪʃmən] N (*irreg*) Engländer *m*
English-speaking [ˈɪŋglɪʃˈspiːkɪŋ] ADJ (*country*) englischsprachig
★**Englishwoman** [ˈɪŋglɪʃwumən] N (*irreg*) Engländerin *f*
engrave [ɪnˈgreɪv] VT gravieren; (*name etc*) eingravieren; (*fig*) einprägen
engraving [ɪnˈgreɪvɪŋ] N Stich *m*
engrossed [ɪnˈgrəust] ADJ: **~ in** vertieft in *+acc*
engulf [ɪnˈgʌlf] VT verschlingen; (*subj: panic, fear*) überkommen
enhance [ɪnˈhɑːns] VT verbessern; (*enjoyment, beauty*) erhöhen
enigma [ɪˈnɪgmə] N Rätsel *nt*
enigmatic [ɛnɪgˈmætɪk] ADJ rätselhaft
★**enjoy** [ɪnˈdʒɔɪ] VT genießen; (*health, fortune*) sich erfreuen *+gen*; (*success*) haben; **to ~ o.s.** sich amüsieren; **I ~ dancing** ich tanze gerne
enjoyable [ɪnˈdʒɔɪəbl] ADJ nett, angenehm
enjoyment [ɪnˈdʒɔɪmənt] N Vergnügen *nt*; (*activity*) Freude *f*
enlarge [ɪnˈlɑːdʒ] VT vergrößern; (*scope*) erweitern ▶ VI: **to ~ on** weiter ausführen
enlarged [ɪnˈlɑːdʒd] ADJ erweitert; (*Med*) vergrößert
enlargement [ɪnˈlɑːdʒmənt] N Vergrößerung *f*
enlighten [ɪnˈlaɪtn] VT aufklären
enlightened [ɪnˈlaɪtnd] ADJ aufgeklärt
enlightening [ɪnˈlaɪtnɪŋ] ADJ aufschlussreich
enlightenment [ɪnˈlaɪtnmənt] N (*also Hist: Enlightenment*) Aufklärung *f*
enlist [ɪnˈlɪst] VT anwerben; (*support, help*) gewinnen ▶ VI: **to ~ in** eintreten in *+acc*; **enlisted man** (*US Mil*) gemeiner Soldat *m*; (*US: in navy*) Matrose *m*
enliven [ɪnˈlaɪvn] VT beleben
enmity [ˈɛnmɪtɪ] N Feindschaft *f*
ennoble [ɪˈnəubl] VT adeln; (*fig: dignify*) erheben
enormity [ɪˈnɔːmɪtɪ] N ungeheure Größe *f*
★**enormous** [ɪˈnɔːməs] ADJ gewaltig, ungeheuer; (*pleasure, success etc*) riesig
enormously [ɪˈnɔːməslɪ] ADV enorm; (*rich*) ungeheuer
★**enough** [ɪˈnʌf] ADJ genug, genügend ▶ PRON genug ▶ ADV: **big ~** groß genug; **he has not worked ~** er hat nicht genug *or* genügend gearbeitet; **have you got ~?** haben Sie genug?; **~ to eat** genug zu essen; **will 5 be ~?** reichen 5?; **I've**

had ~! jetzt reichts mir aber!; **it's hot ~ (as it is)** es ist heiß genug; **he was kind ~ to lend me the money** er war so gut und hat mir das Geld geliehen; **~!** es reicht!; **that's ~, thanks** danke, das reicht *or* ist genug; **I've had ~ of him** ich habe genug von ihm; **funnily/oddly ~ …** komischerweise …

enquire [ɪnˈkwaɪəʳ] VT, VI = **inquire**

enquiry [ɪnˈkwaɪərɪ] = **inquiry**

enrage [ɪnˈreɪdʒ] VT wütend machen

enrich [ɪnˈrɪtʃ] VT bereichern

enrol, (*US*) **enroll** [ɪnˈrəul] VT anmelden; (*at university*) einschreiben, immatrikulieren ▶ VI sich anmelden; sich einschreiben, sich immatrikulieren

enrolment, (*US*) **enrollment** [ɪnˈrəulmənt] N Anmeldung *f*; Einschreibung *f*, Immatrikulation *f*

en route [ɔnˈruːt] ADV unterwegs; **~ for** auf dem Weg nach; **~ from London to Berlin** auf dem Weg von London nach Berlin

ensconced [ɪnˈskɔnst] ADJ: **she is ~ in …** sie hat es sich *dat* in … *dat* gemütlich gemacht

ensemble [ɔnˈsɔmbl] N Ensemble *nt*

enshrine [ɪnˈʃraɪn] VT bewahren; **to be enshrined in** verankert sein in *+dat*

ensue [ɪnˈsjuː] VI folgen

ensuing [ɪnˈsjuːɪŋ] ADJ folgend

en suite [ɔnˈswiːt] ADJ, N: **room with ~ bathroom** Zimmer *nt* mit eigenem Bad

ensure [ɪnˈʃuəʳ] VT garantieren; **to ~ that** sicherstellen, dass

ENT N ABBR (*Med: = ear, nose, and throat*) HNO

entail [ɪnˈteɪl] VT mit sich bringen

entangled [ɪnˈtæŋgld] ADJ: **to become ~ (in)** sich verfangen (in *+dat*)

★**enter** [ˈɛntəʳ] VT betreten; (*club*) beitreten *+dat*; (*army*) gehen zu; (*profession*) ergreifen; (*race, contest*) sich beteiligen an *+dat*; (*sb for a competition*) anmelden; (*write down*) eintragen; (*Comput: data*) eingeben ▶ VI (*come in*) hereinkommen; (*go in*) hineingehen

▶**enter for** VT FUS anmelden für

▶**enter into** VT FUS (*discussion, negotiations*) aufnehmen; (*correspondence*) treten in *+acc*; (*agreement*) schließen

▶**enter up** VT eintragen

▶**enter (up)on** VT FUS (*career, policy*) einschlagen

enteritis [ɛntəˈraɪtɪs] N Dünndarmentzündung *f*

enterprise [ˈɛntəpraɪz] N Unternehmen *nt*; (*initiative*) Initiative *f*; **free ~** freies Unternehmertum *nt*; **private ~** Privatunternehmertum *nt*

enterprising [ˈɛntəpraɪzɪŋ] ADJ einfallsreich

★**entertain** [ɛntəˈteɪn] VT unterhalten; (*invite*) einladen; (*idea, plan*) erwägen

entertainer [ɛntəˈteɪnəʳ] N Unterhalter(in) *m(f)*, Entertainer(in) *m(f)*

entertaining [ɛntəˈteɪnɪŋ] ADJ amüsant ▶ N: **to do a lot of ~** sehr oft Gäste haben

entertainment [ɛntəˈteɪnmənt] N Unterhaltung *f*; (*show*) Darbietung *f*

entertainment allowance N Aufwandspauschale *f*

enthral [ɪnˈθrɔːl] VT begeistern; (*story*) fesseln

enthralled [ɪnˈθrɔːld] ADJ gefesselt; **he was ~ by** *or* **with the book** das Buch fesselte ihn

enthralling [ɪnˈθrɔːlɪŋ] ADJ fesselnd; (*details*) spannend

enthuse [ɪnˈθuːz] VI: **to ~ about** *or* **over** schwärmen von

★**enthusiasm** [ɪnˈθuːzɪæzəm] N Begeisterung *f*

enthusiast [ɪnˈθuːzɪæst] N Enthusiast(in) *m(f)*; **he's a jazz/sports ~** er begeistert sich für Jazz/Sport

enthusiastic [ɪnθuːzɪˈæstɪk] ADJ begeistert; (*response, reception*) enthusiastisch; **to be ~ about** begeistert sein von

entice [ɪnˈtaɪs] VT locken; (*tempt*) verleiten

enticing [ɪnˈtaɪsɪŋ] ADJ verlockend

entire [ɪnˈtaɪəʳ] ADJ ganz

entirely [ɪnˈtaɪəlɪ] ADV völlig

entirety [ɪnˈtaɪərətɪ] N: **in its ~** in seiner Gesamtheit

entitle [ɪnˈtaɪtl] VT: **to ~ sb to sth** jdn zu etw berechtigen; **to ~ sb to do sth** jdn dazu berechtigen, etw zu tun

entitled [ɪnˈtaɪtld] ADJ: **a book/film** *etc* **~ …** ein Buch/Film *etc* mit dem Titel …; **to be ~ to do sth** das Recht haben, etw zu tun

entity [ˈɛntɪtɪ] N Wesen *nt*

entourage [ɔntuˈrɑːʒ] N Gefolge *nt*

entrails [ˈɛntreɪlz] NPL Eingeweide *pl*

★**entrance** N [ˈɛntrns] Eingang *m*; (*arrival*) Ankunft *f*; (*on stage*) Auftritt *m* ▶ VT [ɪnˈtrɑːns] bezaubern; **to gain ~ to** (*building etc*) sich *dat* Zutritt verschaffen zu; (*university*) die Zulassung erhalten zu; (*profession etc*) Zugang erhalten zu

entrance examination N Aufnahmeprüfung *f*

entrance fee N Eintrittsgeld *nt*

entrance ramp (*US*) N Auffahrt *f*

entrancing [ɪnˈtrɑːnsɪŋ] ADJ bezaubernd

entrant [ˈɛntrnt] N Teilnehmer(in) *m(f)*; (*BRIT: in exam*) Prüfling *m*

entreat [ɛnˈtriːt] VT: **to ~ sb to do sth** jdn anflehen, etw zu tun

entreaty [ɛnˈtriːtɪ] N (flehentliche) Bitte *f*

entrée [ˈɔntreɪ] N Hauptgericht *nt*

entrenched [ɛnˈtrɛntʃt] ADJ verankert; (*ideas*) festgesetzt

entrepreneur [ˈɔntrəprəˈnəːʳ] N Unternehmer(in) *m(f)*

entrepreneurial [ˈɔntrəprəˈnəːrɪəl] ADJ unternehmerisch

entrust [ɪnˈtrʌst] VT: **to ~ sth to sb** jdm etw anvertrauen; **to ~ sb with sth** (*task*) jdn mit etw betrauen; (*secret, valuables*) jdm etw anvertrauen

entry [ˈɛntrɪ] N Eingang *m*; (*in competition*) Meldung *f*; (*in register, account book, reference book*) Eintrag *m*; (*arrival*) Eintritt *m*; (*to country*) Einreise *f*; **"no ~"** „Zutritt verboten"; (*Aut*) „Einfahrt verboten"; **single/double ~ book-keeping** einfache/doppelte Buchführung *f*

entry form N Anmeldeformular *nt*

entry phone (BRIT) N Türsprechanlage *f*

entwine [ɪnˈtwaɪn] VT verflechten

E-number [ˈiːnʌmbəʳ] N (*food additive*) E-Nummer *f*

enumerate [ɪˈnjuːməreɪt] VT aufzählen

enunciate [ɪˈnʌnsɪeɪt] VT artikulieren; (*principle, plan etc*) formulieren

envelop [ɪnˈvɛləp] VT einhüllen

envelope [ˈɛnvələup] N Umschlag *m*

enviable [ˈɛnvɪəbl] ADJ beneidenswert

envious [ˈɛnvɪəs] ADJ neidisch; **to be ~ of sth/sb** auf etw/jdn neidisch sein

environment [ɪnˈvaɪərnmənt] N Umwelt *f*; **Department of the E~** (BRIT) Umweltministerium *nt*

environmental [ɪnvaɪərnˈmɛntl] ADJ (*problems, pollution etc*) Umwelt-; **~ expert** Umweltexperte *m*, Umweltexpertin *f*; **~ studies** Umweltkunde *f*

environmentalist [ɪnvaɪərnˈmɛntlɪst] N Umweltschützer(in) *m(f)*

Environmental Protection Agency (*US*) N *staatliche Umweltbehörde der USA*

environment-friendly [ɪnˈvaɪərnmənt-ˈfrɛndlɪ] ADJ umweltfreundlich

envisage [ɪnˈvɪzɪdʒ] VT sich *dat* vorstellen; **I ~ that ...** ich stelle mir vor, dass ...

envision [ɪnˈvɪʒən] (*US*) VT = **envisage**

envoy [ˈɛnvɔɪ] N Gesandte(r) *f(m)*

envy [ˈɛnvɪ] N Neid *m* ▸ VT beneiden; **to ~ sb sth** jdn um etw beneiden

enzyme [ˈɛnzaɪm] N Enzym *nt*

eon [ˈiːən] N Äon *m*, Ewigkeit *f*

EPA (*US*) N ABBR = **Environmental Protection Agency**

ephemeral [ɪˈfɛmərl] ADJ kurzlebig

epic [ˈɛpɪk] N Epos *nt* ▸ ADJ (*journey*) lang und abenteuerlich

epicentre, (*US*) **epicenter** [ˈɛpɪsɛntəʳ] N Epizentrum *nt*

epidemic [ɛpɪˈdɛmɪk] N Epidemie *f*

epigram [ˈɛpɪgræm] N Epigramm *nt*

epilepsy [ˈɛpɪlɛpsɪ] N Epilepsie *f*

epileptic [ɛpɪˈlɛptɪk] ADJ epileptisch

epilogue [ˈɛpɪlɔg] N Epilog *m*, Nachwort *nt*

Epiphany [ɪˈpɪfənɪ] N Dreikönigsfest *nt*

episcopal [ɪˈpɪskəpl] ADJ bischöflich; **the E~ Church** die Episkopalkirche

episode [ˈɛpɪsəud] N Episode *f*; (*TV, Radio*) Folge *f*

epistle [ɪˈpɪsl] N Epistel *f*; (*Rel*) Brief *m*

epitaph [ˈɛpɪtɑːf] N Epitaph *nt*; (*on gravestone etc*) Grab(in)schrift *f*

epithet [ˈɛpɪθɛt] N Beiname *m*

epitome [ɪˈpɪtəmɪ] N Inbegriff *m*

epitomize [ɪˈpɪtəmaɪz] VT verkörpern

epoch [ˈiːpɔk] N Epoche *f*

epoch-making [ˈiːpɔkmeɪkɪŋ] ADJ epochal; (*discovery*) epochemachend

eponymous [ɪˈpɔnɪməs] ADJ namensgebend

equable [ˈɛkwəbl] ADJ ausgeglichen; (*reply*) sachlich

★**equal** [ˈiːkwl] ADJ gleich ▸ N Gleichgestellte(r) *f(m)* ▸ VT gleichkommen *+dat*; (*number*) gleich sein *+dat*; **they are roughly ~ in size** sie sind ungefähr gleich groß; **the number of exports should be ~ to imports** Export- und Importzahlen sollten gleich sein; **~ opportunities** Chancengleichheit *f*; **to be ~ to** (*task*) gewachsen sein *+dat*; **two times two equals four** zwei mal zwei ist (gleich) vier

equality [iːˈkwɔlɪtɪ] N Gleichheit *f*; **~ of opportunity** Chancengleichheit *f*

equalize [ˈiːkwəlaɪz] VT angleichen ▸ VI (*Sport*) ausgleichen

equalizer [ˈiːkwəlaɪzəʳ] N (*Sport*) Ausgleichstreffer *m*

equally [ˈiːkwəlɪ] ADV gleichmäßig; (*good, bad etc*) gleich; **they are ~ clever** sie sind beide gleich klug

Equal Opportunities Commission, (*US*) **Equal Employment Opportunity Commission** N Ausschuss *m* für Chancengleichheit am Arbeitsplatz

equal sign, equals sign N Gleichheitszeichen *nt*

equanimity [ɛkwəˈnɪmɪtɪ] N Gleichmut *m*, Gelassenheit *f*

equate [ɪˈkweɪt] VT: **to ~ sth with** etw gleichsetzen mit ▸ VT (*compare*) auf die gleiche Stufe stellen; **to ~ A to B** A und B auf die gleiche Stufe stellen

equation [ɪˈkweɪʒən] N Gleichung *f*

equator [ɪˈkweɪtəʳ] N Äquator *m*

equatorial [ɛkwəˈtɔːrɪəl] ADJ äquatorial

Equatorial Guinea N Äquatorial-Guinea *nt*

equestrian [ɪˈkwɛstrɪən] ADJ (*sport, dress etc*) Reit-; (*statue*) Reiter- ▸ N Reiter(in) *m(f)*

equilibrium [iːkwɪˈlɪbrɪəm] N Gleichgewicht *nt*

equinox [ˈiːkwɪnɔks] N Tagundnachtgleiche *f*; **the spring/autumn ~** die Frühjahrs-/die Herbst-Tagundnachtgleiche *f*

equip [ɪˈkwɪp] VT: **to ~ (with)** (*person, army*) ausrüsten (mit); (*room, car etc*) ausstatten (mit); **to ~ sb for** jdn vorbereiten auf *+acc*; **to be well equipped** gut ausgerüstet sein

★**equipment** [ɪˈkwɪpmənt] N Ausrüstung *f*

equitable [ˈɛkwɪtəbl] ADJ gerecht

equities [ˈɛkwɪtɪz] (BRIT) NPL Stammaktien *pl*

equity [ˈɛkwɪtɪ] N Gerechtigkeit *f*

equity capital N Eigenkapital *nt*

★**equivalent** [ɪˈkwɪvələnt] ADJ gleich, gleichwertig ▸ N Gegenstück *nt*; **to be ~ to** *or* **the ~ of** entsprechen *+dat*

e

equivocal [ɪˈkwɪvəkl] ADJ vieldeutig; (*open to suspicion*) zweifelhaft

equivocate [ɪˈkwɪvəkeɪt] VI ausweichen, ausweichend antworten

equivocation [ɪkwɪvəˈkeɪʃən] N Ausflucht *f*, ausweichende Antwort *f*

ER (BRIT) ABBR (= *Elizabeth Regina*) *offizieller Namenszug der Königin*

ERA (US) N ABBR (*Pol*: = *Equal Rights Amendment*) *Artikel der amerikanischen Verfassung zur Gleichberechtigung*; (*Baseball*: = *earned run average*) *durch Eigenleistung erzielte Läufe*

era [ˈɪərə] N Ära *f*, Epoche *f*

eradicate [ɪˈrædɪkeɪt] VT ausrotten

erase [ɪˈreɪz] VT (*tape, Comput*) löschen; (*writing*) ausradieren; (*thought, feeling*) auslöschen

eraser [ɪˈreɪzəʳ] N Radiergummi *m*

e-reader [ˈiːriːdəʳ] N E-Book-Lesegerät *nt*

erect [ɪˈrɛkt] ADJ aufrecht; (*tail*) hoch erhoben; (*ears*) gespitzt ▸ VT bauen; (*assemble*) aufstellen

erection [ɪˈrɛkʃən] N Bauen *nt*; (*of statue*) Errichten *nt*; (*of tent, machinery etc*) Aufstellen *nt*; (*Physiol*) Erektion *f*

ergonomics [əːgəˈnɔmɪks] N SING Ergonomie *f*, Ergonomik *f*

ERISA (US) N ABBR (= *Employee Retirement Income Security Act*) *Gesetz zur Regelung der Rentenversicherung*

Eritrea [ɛrɪˈtreɪə] N Eritrea *nt*

ERM N ABBR (= *Exchange Rate Mechanism*) Wechselkursmechanismus *m*

ermine [ˈəːmɪn] N (*fur*) Hermelin *m*

Ernie [ˈəːnɪ] (BRIT) N ABBR (= *Electronic Random Number Indicator Equipment*) *Gerät zur Ermittlung von Gewinnnummern für Prämiensparer*

erode [ɪˈrəud] VT erodieren, auswaschen; (*metal*) zerfressen; (*confidence, power*) untergraben

erogenous [ɪˈrɔdʒənəs] ADJ erogen

erosion [ɪˈrəuʒən] N Erosion *f*, Auswaschen *nt*; Zerfressen *nt*; Untergraben *nt*

erotic [ɪˈrɔtɪk] ADJ erotisch

eroticism [ɪˈrɔtɪsɪzəm] N Erotik *f*

errand [ˈɛrənd] N Besorgung *f*; (*to give a message etc*) Botengang *m*; **to run errands** Besorgungen/Botengänge machen; **~ of mercy** Rettungsaktion *f*

erratic [ɪˈrætɪk] ADJ unberechenbar; (*bus link etc*) unregelmäßig; (*performance*) unbeständig

erroneous [ɪˈrəunɪəs] ADJ irrig

★**error** [ˈɛrəʳ] N Fehler *m*; **typing/spelling ~** Tipp-/Rechtschreibfehler *m*; **in ~** irrtümlicherweise; **errors and omissions excepted** Irrtum vorbehalten

error message N Fehlermeldung *f*

erstwhile [ˈəːstwaɪl] ADJ einstig, vormalig

erudite [ˈɛrjudaɪt] ADJ gelehrt

erupt [ɪˈrʌpt] VI ausbrechen

eruption [ɪˈrʌpʃən] N Ausbruch *m*

ESA N ABBR (= *European Space Agency*) Europäische Weltraumbehörde *f*

escalate [ˈɛskəleɪt] VI eskalieren, sich ausweiten

escalation [ɛskəˈleɪʃən] N Eskalation *f*

escalator [ˈɛskəleɪtəʳ] N Rolltreppe *f*

escalator clause N Gleitklausel *f*

escapade [ɛskəˈpeɪd] N Eskapade *f*

★**escape** [ɪsˈkeɪp] N Flucht *f*; (*Tech*: *of liquid*) Ausfließen *nt*; (*of gas*) Ausströmen *nt*; (*of air, heat*) Entweichen *nt* ▸ VI entkommen; (*from prison*) ausbrechen; (*liquid*) ausfließen; (*gas*) ausströmen; (*air, heat*) entweichen ▸ VT (*pursuers etc*) entkommen *+dat*; (*punishment etc*) entgehen *+dat*; **his name escapes me** sein Name ist mir entfallen; **to ~ from** flüchten aus; (*prison*) ausbrechen aus; (*person*) entkommen *+dat*; **to ~ to Peru** nach Peru fliehen; **to ~ to safety** sich in Sicherheit bringen; **to ~ notice** unbemerkt bleiben

escape artist N Entfesselungskünstler(in) *m(f)*

escape clause N (*in contract*) Befreiungsklausel *f*

escapee [ɪskeɪˈpiː] N entwichener Häftling *m*

escape hatch N Notluke *f*

escape key N (*Comput*) Escape-Taste *f*

escape route N Fluchtweg *m*

escapism [ɪsˈkeɪpɪzəm] N Wirklichkeitsflucht *f*, Eskapismus *m*

escapist [ɪsˈkeɪpɪst] ADJ eskapistisch

escapologist [ɛskəˈpɔlədʒɪst] (BRIT) N = **escape artist**

escarpment [ɪsˈkɑːpmənt] N Steilhang *m*

eschew [ɪsˈtʃuː] VT meiden

escort N [ˈɛskɔːt] Eskorte *f*; (*companion*) Begleiter(in) *m(f)* ▸ VT [ɪsˈkɔːt] begleiten; **his ~** seine Begleiterin; **her ~** ihr Begleiter

escort agency N Agentur *f* für Begleiter(innen)

Eskimo [ˈɛskɪməu] (*often offensive*) N Eskimo(frau) *m(f)* (*gelegentlich* : *!*)

ESL N ABBR (*Scol*: = *English as a Second Language*) Englisch *nt* als Zweitsprache

esophagus [iːˈsɔfəgəs] (US) N = **oesophagus**

esoteric [ɛsəˈtɛrɪk] ADJ esoterisch

ESP N ABBR = **extrasensory perception**; (*Scol*: = *English for Specific (or Special) Purposes*) *Englischunterricht für spezielle Fachbereiche*

esp. ABBR = **especially**

★**especially** [ɪsˈpɛʃlɪ] ADV besonders

espionage [ˈɛspɪənɑːʒ] N Spionage *f*

esplanade [ɛspləˈneɪd] N Promenade *f*

espouse [ɪsˈpauz] VT eintreten für

Esquire [ɪsˈkwaɪəʳ] N (*abbr Esq.*): **J. Brown, ~** Herrn J. Brown

essay [ˈɛseɪ] N Aufsatz *m*; (*Liter*) Essay *m or nt*

essence [ˈɛsns] N Wesen *nt*; (*Culin*) Essenz *f*; **in ~** im Wesentlichen; **speed is of the ~** Geschwindigkeit ist von entscheidender Bedeutung

essential [ɪˈsɛnʃl] ADJ notwendig; *(basic)* wesentlich ▶ N Notwendigste(s) *nt*; Wesentliche(s) *nt*; **it is ~ that** es ist unbedingt *or* absolut erforderlich, dass

essentially [ɪˈsɛnʃəlɪ] ADV im Grunde genommen

EST *(US)* ABBR (= *Eastern Standard Time*) *ostamerikanische Standardzeit*

est. ABBR = **established**; **estimate**; **estimated**

establish [ɪsˈtæblɪʃ] VT gründen; *(facts)* feststellen; *(proof)* erstellen; *(relations, contact)* aufnehmen; *(reputation)* sich *dat* verschaffen

established [ɪsˈtæblɪʃt] ADJ üblich; *(business)* eingeführt

establishment [ɪsˈtæblɪʃmənt] N Gründung *f*; Feststellung *f*; Erstellung *f*; Aufnahme *f*; *(of reputation)* Begründung *f*; *(shop etc)* Unternehmen *nt*; **the E~** das Establishment

estate [ɪsˈteɪt] N Gut *nt*; (BRIT: *also:* **housing estate**) Siedlung *f*; *(Law)* Nachlass *m*

estate agency (BRIT) N Maklerbüro *nt*

estate agent (BRIT) N Immobilienmakler(in) *m(f)*

estate car (BRIT) N Kombiwagen *m*

esteem [ɪsˈtiːm] N: **to hold sb in high ~** eine hohe Meinung von jdm haben

esthetic [ɪsˈθɛtɪk] *(US)* ADJ = **aesthetic**

estimate N [ˈɛstɪmət] Schätzung *f*; *(assessment)* Einschätzung *f*; *(Comm)* (Kosten)voranschlag *m* ▶ VT [ˈɛstɪmeɪt] schätzen ▶ VI [ˈɛstɪmeɪt] *(BRIT Comm)*: **to ~ for** einen Kostenvoranschlag machen für; **to give sb an ~ of sth** jdm eine Vorstellung von etw geben; **to ~ for** einen Kostenvoranschlag machen für; **at a rough ~** grob geschätzt, über den Daumen gepeilt *(inf)*; **I ~ that** ich schätze, dass

estimation [ɛstɪˈmeɪʃən] N Schätzung *f*; *(opinion)* Einschätzung *f*; **in my ~** meiner Einschätzung nach

estimator [ˈɛstɪmeɪtəʳ] N Schätzer(in) *m(f)*

Estonia [ɛsˈtəunɪə] N Estland *nt*

Estonian [ɛsˈtəunɪən] ADJ estnisch ▶ N Este *m*, Estin *f*; *(Ling)* Estnisch *nt*

estranged [ɪsˈtreɪndʒd] ADJ entfremdet; *(from spouse)* getrennt; *(couple)* getrennt lebend

estrangement [ɪsˈtreɪndʒmənt] N Entfremdung *f*; *(from spouse)* Trennung *f*

estrogen [ˈiːstrəudʒən] *(US)* N = **oestrogen**

estuary [ˈɛstjuərɪ] N Mündung *f*

ET (BRIT) N ABBR (= *Employment Training*) *Ausbildungsmaßnahmen für Arbeitslose*

ETA N ABBR (= *estimated time of arrival*) voraussichtliche Ankunftszeit *f*

et al. ABBR (= *et alii*) u. a.

etc. ABBR (= *et cetera*) etc.

etch [ɛtʃ] VT *(design, surface: with needle)* radieren; *(: with acid)* ätzen; *(: with chisel)* meißeln; **it will be etched on my memory** es wird sich tief in mein Gedächtnis eingraben

ETD N ABBR (= *estimated time of departure*) voraussichtliche Abflugzeit *f*

eternal [ɪˈtəːnl] ADJ ewig

eternity [ɪˈtəːnɪtɪ] N Ewigkeit *f*

ether [ˈiːθəʳ] N Äther *m*

ethereal [ɪˈθɪərɪəl] ADJ ätherisch

ethical [ˈɛθɪkl] ADJ ethisch

ethics [ˈɛθɪks] N Ethik *f* ▶ NPL *(morality)* Moral *f*

Ethiopia [iːθɪˈəupɪə] N Äthiopien *nt*

Ethiopian [iːθɪˈəupɪən] ADJ äthiopisch ▶ N Äthiopier(in) *m(f)*

★**ethnic** [ˈɛθnɪk] ADJ ethnisch; *(music)* folkloristisch; *(culture etc)* urwüchsig

ethnic cleansing [-ˈklɛnzɪŋ] N ethnische Säuberung *f*

ethnic minority N ethnische Minderheit *f*

ethnology [ɛθˈnɔlədʒɪ] N Ethnologie *f*, Völkerkunde *f*

ethos [ˈiːθɔs] N Ethos *nt*

e-ticket [ˈiːtɪkɪt] N ABBR (= *electronic ticket*) E-Ticket *nt*, *elektronische Eintrittskarte/Fahrkarte etc*

etiquette [ˈɛtɪkɛt] N Etikette *f*

ETV *(US)* N ABBR (= *educational television*) *Fernsehsender, der Bildungs- und Kulturprogramme ausstrahlt*

etymology [ɛtɪˈmɔlədʒɪ] N Etymologie *f*; *(of word)* Herkunft *f*

EU N ABBR (= *European Union*) EU *f*

eucalyptus [juːkəˈlɪptəs] N Eukalyptus *m*

Eucharist [ˈjuːkərɪst] N: **the ~** die Eucharistie, das (heilige) Abendmahl

eulogy [ˈjuːlədʒɪ] N Lobrede *f*

euphemism [ˈjuːfəmɪzəm] N Euphemismus *m*

euphemistic [juːfəˈmɪstɪk] ADJ euphemistisch, verhüllend

euphoria [juːˈfɔːrɪə] N Euphorie *f*

Eurasia [juəˈreɪʃə] N Eurasien *nt*

Eurasian [juəˈreɪʃən] ADJ eurasisch ▶ N Eurasier(in) *m(f)*

Euratom [juəˈrætəm] N ABBR (= *European Atomic Energy Community*) Euratom *f*

★**euro** [ˈjuərəu] N *(Fin)* Euro *m*

Euro- [ˈjuərəu] PREF Euro-

euro cent N Eurocent *m*

Eurocrat [ˈjuərəukræt] N Eurokrat(in) *m(f)*

Eurodollar [ˈjuərəudɔləʳ] N Eurodollar *m*

Euroland [ˈjuərəulænd] N *(Fin)* Eurozone *f*

★**Europe** [ˈjuərəp] N Europa *nt*

★**European** [juərəˈpiːən] ADJ europäisch ▶ N Europäer(in) *m(f)*

European Central Bank N: **the ~** die Europäische Zentralbank

European Community N: **the ~** die Europäische Gemeinschaft

European Convention N Europäische(r) Konvent *m*, EU-Konvent *m*

European Court of Justice N: **the ~** der Europäische Gerichtshof

European Economic Community N *(formerly)*: **the ~** die Europäische Wirtschaftsgemeinschaft

Euro-sceptic [ˈjuərəuskɛptɪk] N Euroskeptiker(in) *m(f)*

euthanasia [ju:θəˈneɪzɪə] N Euthanasie *f*

evacuate [ɪˈvækjueɪt] VT evakuieren; (*place*) räumen

evacuation [ɪvækjuˈeɪʃən] N Evakuierung *f*; Räumung *f*

evacuee [ɪvækjuˈi:] N Evakuierte(r) *f(m)*

evade [ɪˈveɪd] VT (*person, question*) ausweichen *+dat*; (*tax*) hinterziehen; (*duty, responsibility*) sich entziehen *+dat*

evaluate [ɪˈvæljueɪt] VT bewerten; (*situation*) einschätzen

evangelical [i:vænˈdʒɛlɪkl] ADJ evangelisch

evangelist [ɪˈvændʒəlɪst] N Evangelist(in) *m(f)*

evangelize [ɪˈvændʒəlaɪz] VI evangelisieren

evaporate [ɪˈvæpəreɪt] VI verdampfen; (*feeling, attitude*) dahinschwinden

evaporated milk [ɪˈvæpəreɪtɪd-] N Kondensmilch *f*, Büchsenmilch *f*

evaporation [ɪvæpəˈreɪʃən] N Verdampfung *f*

evasion [ɪˈveɪʒən] N Ausweichen *nt*; (*of tax*) Hinterziehung *f*

evasive [ɪˈveɪsɪv] ADJ ausweichend; **to take ~ action** ein Ausweichmanöver machen

eve [i:v] N: **on the ~ of** am Tag vor *+dat*; **Christmas E~** Heiligabend *m*; **New Year's E~** Silvester *m or nt*

★**even** [ˈi:vn] ADJ (*level*) eben; (*smooth*) glatt; (*equal*) gleich; (*number*) gerade ▸ ADV sogar, selbst; (*introducing a comparison*) sogar noch; **~ if, ~ though** selbst wenn; **~ more** sogar noch mehr; **he loves her ~ more** er liebt sie umso mehr; **it's going ~ faster now** es fährt jetzt sogar noch schneller; **~ so** (aber) trotzdem; **not ~** nicht einmal; **~ he was there** sogar er war da; **to break ~** die Kosten decken; **to get ~ with sb** es jdm heimzahlen
▸ **even out** VI sich ausgleichen ▸ VT ausgleichen

even-handed [ˈi:vnhændɪd] ADJ gerecht

★**evening** [ˈi:vnɪŋ] N Abend *m*; **in the ~** abends, am Abend; **this ~** heute Abend; **tomorrow/yesterday ~** morgen/gestern Abend

evening class N Abendkurs *m*

evening dress N (*no pl*) Abendkleidung *f*; (*woman's*) Abendkleid *nt*

evenly [ˈi:vnlɪ] ADV gleichmäßig

evensong [ˈi:vnsɔŋ] N Abendandacht *f*

★**event** [ɪˈvɛnt] N Ereignis *nt*; (*Sport*) Wettkampf *m*; **in the normal course of events** normalerweise; **in the ~ of** im Falle *+gen*; **in the ~** schließlich; **at all events** (BRIT), **in any ~** auf jeden Fall

eventful [ɪˈvɛntful] ADJ ereignisreich

eventing [ɪˈvɛntɪŋ] N (*Horseriding*) Military *f*

eventual [ɪˈvɛntʃuəl] ADJ schließlich; (*goal*) letztlich

eventuality [ɪvɛntʃuˈælɪtɪ] N Eventualität *f*

★**eventually** [ɪˈvɛntʃuəlɪ] ADV endlich; (*in time*) schließlich

Das englische Wort **eventually** bedeutet nicht *eventuell* auf Deutsch.

★**ever** [ˈɛvəʳ] ADV immer; (*at any time*) je(mals); **why ~ not?** warum denn bloß nicht?; **the best ~** der/die/das Allerbeste; **have you ~ seen it?** haben Sie es schon einmal gesehen?; **for ~** für immer; **hardly ~** kaum je(mals); **better than ~** besser als je zuvor; **~ since** (*as adv*) seitdem; (*as conj*) seit, seitdem; **~ so pretty** unheimlich hübsch (*inf*); **thank you ~ so much** ganz herzlichen Dank; **yours ~** (BRIT: *in letters*) alles Liebe

Everest [ˈɛvərɪst] N (*also:* **Mount Everest**) Mount Everest *m*

evergreen [ˈɛvəgri:n] N (*tree/bush*) immergrüner Baum/Strauch *m*

everlasting [ɛvəˈlɑ:stɪŋ] ADJ ewig

every [ˈɛvrɪ]

ADJ **1** jede(r, s); **every one of them** (*persons*) jede(r) (Einzelne) von ihnen; (*objects*) jedes einzelne Stück; **every day** jeden Tag; **every week** jede Woche; **every other car** jedes zweite Auto; **every other/third day** alle zwei/drei Tage; **every shop in the town was closed** alle Geschäfte der Stadt waren geschlossen; **every now and then** ab und zu, hin und wieder

2 (*all possible*): **I have every confidence in him** ich habe volles Vertrauen in ihn; **we wish you every success** wir wünschen Ihnen alles Gute

★**everybody** [ˈɛvrɪbɔdɪ] PRON jeder, alle *pl*; **~ knows about it** alle wissen es; **~ else** alle anderen *pl*

everyday [ˈɛvrɪdeɪ] ADJ täglich; (*usual, common*) alltäglich; (*life, language*) Alltags-

★**everyone** [ˈɛvrɪwʌn] PRON = **everybody**

★**everything** [ˈɛvrɪθɪŋ] PRON alles; **he did ~ possible** er hat sein Möglichstes getan

★**everywhere** [ˈɛvrɪwɛəʳ] ADV überall; (*wherever*) wo auch *or* immer; **~ you go you meet ...** wo man auch *or* wo immer man hingeht, trifft man ...

evict [ɪˈvɪkt] VT zur Räumung zwingen

eviction [ɪˈvɪkʃən] N Ausweisung *f*

eviction notice N Räumungskündigung *f*

eviction order N Räumungsbefehl *m*

evidence [ˈɛvɪdns] N Beweis *m*; (*of witness*) Aussage *f*; (*sign, indication*) Zeichen *nt*, Spur *f*; **to give ~** (als Zeuge) aussagen; **to show ~ of** zeigen; **in ~** sichtbar

evident [ˈɛvɪdnt] ADJ offensichtlich

evidently [ˈɛvɪdntlɪ] ADV offensichtlich

★**evil** [ˈi:vl] ADJ böse; (*influence*) schlecht ▸ N Böse(s) *nt*; (*unpleasant situation or activity*) Übel *nt*

evocative [ɪˈvɔkətɪv] ADJ evokativ

evoke [ɪˈvəuk] VT hervorrufen; (*memory*) wecken

evolution [i:vəˈlu:ʃən] N Evolution *f*; (*development*) Entwicklung *f*

evolve [ɪˈvɔlv] VT entwickeln ▸ VI sich entwickeln

ewe [ju:] N Mutterschaf *nt*

ewer [ˈju:əʳ] N (Wasser)krug *m*

ex- [ɛks] PREF Ex-, frühere(r, s); **the price ex-works** der Preis ab Werk

exacerbate [ɛksˈæsəbeɪt] VT verschärfen; (*pain*) verschlimmern

exact [ɪgˈzækt] ADJ genau; (*word*) richtig ▶ VT: **to ~ sth (from)** etw verlangen (von); (*payment*) etw eintreiben (von)

exacting [ɪgˈzæktɪŋ] ADJ anspruchsvoll

exactly [ɪgˈzæktlɪ] ADV genau; **~!** (ganz) genau!; **not ~** (*hardly*) nicht gerade

exaggerate [ɪgˈzædʒəreɪt] VT, VI übertreiben

exaggerated [ɪgˈzædʒəreɪtɪd] ADJ übertrieben

exaggeration [ɪgzædʒəˈreɪʃən] N Übertreibung *f*

exalt [ɪgˈzɔ:lt] VT preisen

exalted [ɪgˈzɔ:ltɪd] ADJ hoch; (*elated*) exaltiert

exam [ɪgˈzæm] N ABBR = **examination**

examination [ɪgzæmɪˈneɪʃən] N Untersuchung *f*; Prüfung *f*; Verhör *nt*; **to take an ~, to sit an ~** (BRIT) eine Prüfung machen; **the matter is under ~** die Angelegenheit wird geprüft *or* untersucht

examine [ɪgˈzæmɪn] VT untersuchen; (*accounts, candidate*) prüfen; (*witness*) verhören

examiner [ɪgˈzæmɪnəʳ] N Prüfer(in) *m(f)*

example [ɪgˈzɑ:mpl] N Beispiel *nt*; **for ~** zum Beispiel; **to set a good/bad ~** ein gutes/schlechtes Beispiel geben

exasperate [ɪgˈzɑ:spəreɪt] VT (*annoy*) verärgern; (*frustrate*) zur Verzweiflung bringen; **exasperated by** *or* **with** verärgert/verzweifelt über *+acc*

exasperating [ɪgˈzɑ:spəreɪtɪŋ] ADJ ärgerlich; (*job*) leidig

exasperation [ɪgzɑ:spəˈreɪʃən] N Verzweiflung *f*; **in ~** verzweifelt

excavate [ˈɛkskəveɪt] VT ausgraben; (*hole*) graben ▶ VI Ausgrabungen machen

excavation [ɛkskəˈveɪʃən] N Ausgrabung *f*

excavator [ˈɛkskəveɪtəʳ] N Bagger *m*

exceed [ɪkˈsi:d] VT übersteigen; (*hopes*) übertreffen; (*limit, budget, powers*) überschreiten

exceedingly [ɪkˈsi:dɪŋlɪ] ADV äußerst

excel [ɪkˈsɛl] VT übertreffen ▶ VI: **to ~ (in** *or* **at)** sich auszeichnen (in *+dat*); **to ~ o.s.** (BRIT) sich selbst übertreffen

excellence [ˈɛksələns] N hervorragende Leistung *f*

Excellency [ˈɛksələnsɪ] N: **His ~** Seine Exzellenz

excellent [ˈɛksələnt] ADJ ausgezeichnet, hervorragend

except [ɪkˈsɛpt] PREP (*also:* **except for**) außer *+dat* ▶ VT: **to ~ sb (from)** jdn ausnehmen (bei); **~ if, ~ when** außer wenn; **~ that** nur dass

excepting [ɪkˈsɛptɪŋ] PREP außer *+dat*, mit Ausnahme *+gen*

exception [ɪkˈsɛpʃən] N Ausnahme *f*; **to take ~ to** Anstoß nehmen an *+dat*; **with the ~ of** mit Ausnahme von

exceptional [ɪkˈsɛpʃənl] ADJ außergewöhnlich

excerpt [ˈɛksə:pt] N Auszug *m*

excess [ɪkˈsɛs] N Übermaß *nt*; (*Insurance*) Selbstbeteiligung *f* ▪ **excesses** NPL Exzesse *pl*; **an ~ of £15, a £15 ~** eine Selbstbeteiligung von £15; **in ~ of** über *+dat*

excess baggage N Übergepäck *nt*

excess fare (BRIT) N Nachlösegebühr *f*

excessive [ɪkˈsɛsɪv] ADJ übermäßig

excess supply N Überangebot *nt*

★**exchange** [ɪksˈtʃeɪndʒ] N Austausch *m*; (*conversation*) Wortwechsel *m*; (*also:* **telephone exchange**) Fernsprechamt *nt* ▶ VT: **to ~ (for)** tauschen (gegen); (*in shop*) umtauschen (gegen); **in ~ for** für; **foreign ~** Devisenhandel *m*; (*money*) Devisen *pl*

exchange control N Devisenkontrolle *f*

exchange market N Devisenmarkt *m*

★**exchange rate** N Wechselkurs *m*

Exchequer [ɪksˈtʃɛkəʳ] (BRIT) N: **the ~** das Finanzministerium

excisable [ɪkˈsaɪzəbl] ADJ steuerpflichtig

excise N [ˈɛksaɪz] Verbrauchssteuer *f* ▶ VT [ɛkˈsaɪz] entfernen

excise duties NPL Verbrauchssteuern *pl*

excitable [ɪkˈsaɪtəbl] ADJ (leicht) erregbar

excite [ɪkˈsaɪt] VT aufregen; (*arouse*) erregen; **to get excited** sich aufregen

excitement [ɪkˈsaɪtmənt] N Aufregung *f*; (*exhilaration*) Hochgefühl *nt*

★**exciting** [ɪkˈsaɪtɪŋ] ADJ aufregend

excl. ABBR = **excluding; exclusive (of)**

exclaim [ɪksˈkleɪm] VI aufschreien

exclamation [ɛkskləˈmeɪʃən] N Ausruf *m*; **~ of joy** Freudenschrei *m*

exclamation mark N Ausrufezeichen *nt*

exclude [ɪksˈklu:d] VT ausschließen

excluding [ɪksˈklu:dɪŋ] PREP: **~ VAT** ohne Mehrwertsteuer

exclusion [ɪksˈklu:ʒən] N Ausschluss *m*; **to concentrate on sth to the ~ of everything else** sich ausschließlich auf etw *dat* konzentrieren

exclusion clause N Freizeichnungsklausel *f*

exclusion zone N Sperrzone *f*

exclusive [ɪksˈklu:sɪv] ADJ exklusiv; (*story, interview*) Exklusiv-; (*use*) ausschließlich ▶ N Exklusivbericht *m* ▶ ADV: **from 1st to 15th March ~** vom 1. bis zum 15. März ausschließlich; **~ of postage** ohne *or* exklusive Porto; **~ of tax** ausschließlich *or* exklusive Steuern; **to be mutually ~** sich *or* einander ausschließen

exclusively [ɪksˈklu:sɪvlɪ] ADV ausschließlich

exclusive rights NPL Exklusivrechte *pl*

excommunicate [ɛkskəˈmju:nɪkeɪt] VT exkommunizieren

excrement [ˈɛkskrəmənt] N Kot *m*, Exkremente *pl*

excruciating [ɪksˈkru:ʃɪeɪtɪŋ] ADJ grässlich, fürchterlich; (*noise, embarrassment*) unerträglich

excursion [ɪksˈkəːʃən] N Ausflug *m*
excursion ticket N verbilligte Fahrkarte *f*
excusable [ɪksˈkjuːzəbl] ADJ verzeihlich, entschuldbar
★**excuse** N [ɪksˈkjuːs] Entschuldigung *f* ▶ VT [ɪksˈkjuːz] entschuldigen; (*forgive*) verzeihen; **to ~ sb from sth** jdm etw erlassen; **to ~ sb from doing sth** jdn davon befreien, etw zu tun; **~ me!** entschuldigen Sie!, Entschuldigung!; **if you will ~ me ...** entschuldigen Sie mich bitte ...; **to ~ o.s. for sth** sich für *or* wegen etw entschuldigen; **to ~ o.s. for doing sth** sich entschuldigen, dass man etw tut; **to make excuses for sb** jdn entschuldigen; **that's no ~!** das ist keine Ausrede!
ex-directory [ˈɛksdɪˈrɛktərɪ] (BRIT) ADJ (*number*) geheim; **she's ~** sie steht nicht im Telefonbuch
execrable [ˈɛksɪkrəbl] ADJ scheußlich; (*manners*) abscheulich
executable [ˈɛksɪkjuːtəbl] ADJ (*Comput*) ausführbar
execute [ˈɛksɪkjuːt] VT ausführen; (*person*) hinrichten
execution [ɛksɪˈkjuːʃən] N Ausführung *f*; Hinrichtung *f*
executioner [ɛksɪˈkjuːʃnəʳ] N Scharfrichter *m*
executive [ɪgˈzɛkjutɪv] N leitende(r) Angestellte(r) *f*(*m*); (*committee*) Vorstand *m* ▶ ADJ geschäftsführend; (*role*) führend; (*secretary*) Chef-; (*car, chair*) für gehobene Ansprüche; (*toys*) Manager-; (*plane*) ≈ Privat-
executive director N leitender Direktor *m*, leitende Direktorin *f*
executor [ɪgˈzɛkjutəʳ] N Testamentsvollstrecker(in) *m*(*f*)
exemplary [ɪgˈzɛmplərɪ] ADJ vorbildlich, beispielhaft; (*punishment*) exemplarisch
exemplify [ɪgˈzɛmplɪfaɪ] VT verkörpern; (*illustrate*) veranschaulichen
exempt [ɪgˈzɛmpt] ADJ: **~ from** befreit von ▶ VT: **to ~ sb from** jdn befreien von
exemption [ɪgˈzɛmpʃən] N Befreiung *f*
★**exercise** [ˈɛksəsaɪz] N Übung *f*; (*no pl: keep-fit*) Gymnastik *f*; (*: energetic movement*) Bewegung *f*; (*: of authority etc*) Ausübung *f* ▶ VT (*patience*) üben; (*right*) ausüben; (*dog*) ausführen; (*mind*) beschäftigen ▶ VI (*also:* **to take exercise**) Sport treiben
exercise bike N Heimtrainer *m*
exercise book N (Schul)heft *nt*
exert [ɪgˈzəːt] VT (*influence*) ausüben; (*authority*) einsetzen; **to ~ o.s.** sich anstrengen
exertion [ɪgˈzəːʃən] N Anstrengung *f*
ex gratia [ˈɛksˈgreɪʃə] ADJ: **~ payment** freiwillige Zahlung *f*
exhale [ɛksˈheɪl] VT, VI ausatmen
exhaust [ɪgˈzɔːst] N (*also:* **exhaust pipe**) Auspuff *m*; (*fumes*) Auspuffgase *pl* ▶ VT erschöpfen; (*money*) aufbrauchen; (*topic*) erschöpfend behandeln; **to ~ o.s.** sich verausgaben
★**exhausted** [ɪgˈzɔːstɪd] ADJ erschöpft
exhausting [ɪgˈzɔːstɪŋ] ADJ anstrengend
exhaustion [ɪgˈzɔːstʃən] N Erschöpfung *f*; **nervous ~** nervöse Erschöpfung
exhaustive [ɪgˈzɔːstɪv] ADJ erschöpfend
exhibit [ɪgˈzɪbɪt] N Ausstellungsstück *nt*; (*Law*) Beweisstück *nt* ▶ VT zeigen, an den Tag legen; (*paintings*) ausstellen
★**exhibition** [ɛksɪˈbɪʃən] N Ausstellung *f*; **to make an ~ of o.s.** sich unmöglich aufführen; **an ~ of bad manners** schlechte Manieren *pl*; **an ~ of draughtsmanship** zeichnerisches Können *nt*
exhibitionist [ɛksɪˈbɪʃənɪst] N Exhibitionist(in) *m*(*f*)
exhibitor [ɪgˈzɪbɪtəʳ] N Aussteller(in) *m*(*f*)
exhilarating [ɪgˈzɪləreɪtɪŋ] ADJ erregend, berauschend; (*news*) aufregend
exhilaration [ɪgzɪləˈreɪʃən] N Hochgefühl *nt*
exhort [ɪgˈzɔːt] VT: **to ~ sb to do sth** jdn ermahnen, etw zu tun
exile [ˈɛksaɪl] N Exil *nt*; (*person*) Verbannte(r) *f*(*m*) ▶ VT verbannen; **in ~** im Exil
exist [ɪgˈzɪst] VI existieren
existence [ɪgˈzɪstəns] N Existenz *f*; **to be in ~** existieren
existentialism [ɛgzɪsˈtɛnʃlɪzəm] N Existenzialismus *m*
existing [ɪgˈzɪstɪŋ] ADJ bestehend
★**exit** [ˈɛksɪt] N Ausgang *m*; (*from motorway*) Ausfahrt *f*; (*departure*) Abgang *m* ▶ VI (*Theat*) abgehen; (*Comput: from program/file etc*) das Programm/die Datei *etc* verlassen; **to ~ from** hinausgehen aus; (*motorway etc*) abfahren von
exit poll N *bei Wählern unmittelbar nach Verlassen der Wahllokale durchgeführte Umfrage*
exit ramp (US) N Ausfahrt *f*
exit visa N Ausreisevisum *nt*
exodus [ˈɛksədəs] N Auszug *m*; **the ~ to the cities** die Abwanderung in die Städte
ex officio [ˈɛksəˈfɪʃɪəu] ADJ von Amts wegen ▶ ADV kraft seines Amtes
exonerate [ɪgˈzɔnəreɪt] VT: **to ~ from** entlasten von
exorbitant [ɪgˈzɔːbɪtnt] ADJ (*prices, rents*) astronomisch, unverschämt; (*demands*) maßlos, übertrieben
exorcize [ˈɛksɔːsaɪz] VT exorzieren; (*spirit*) austreiben
exotic [ɪgˈzɔtɪk] ADJ exotisch
expand [ɪksˈpænd] VT erweitern; (*staff, numbers etc*) vergrößern; (*influence*) ausdehnen ▶ VI expandieren; (*population*) wachsen; (*gas, metal*) sich ausdehnen; **to ~ on** weiter ausführen
expanse [ɪksˈpæns] N Weite *f*
expansion [ɪksˈpænʃən] N Expansion *f*; (*of population*) Wachstum *nt*; (*of gas, metal*) Ausdehnung *f*
expansionism [ɪksˈpænʃənɪzəm] N Expansionspolitik *f*
expansionist [ɪksˈpænʃənɪst] ADJ Expansions-, expansionistisch

expatriate [ɛks'pætrɪət] N im Ausland Lebende(r) *f(m)*

expect [ɪks'pɛkt] VT erwarten; (*suppose*) denken, glauben; (*count on*) rechnen mit ▸ VI: **to be expecting** ein Kind erwarten; **to ~ sb to do sth** erwarten, dass jd etw tut; **to ~ to do sth** vorhaben, etw zu tun; **as expected** wie erwartet; **I ~ so** ich glaube schon

expectancy [ɪks'pɛktənsɪ] N Erwartung *f*; **life ~** Lebenserwartung *f*

expectant [ɪks'pɛktənt] ADJ erwartungsvoll

expectantly [ɪks'pɛktəntlɪ] ADV erwartungsvoll

expectant mother N werdende Mutter *f*

expectation [ɛkspɛk'teɪʃən] N Erwartung *f*; (*hope*) Hoffnung *f*; **in ~ of** in Erwartung *+gen*; **against** *or* **contrary to all ~(s)** wider Erwarten; **to come** *or* **live up to sb's expectations** jds Erwartungen *dat* entsprechen

expedience [ɪks'pi:dɪəns] N = **expediency**

expediency [ɪks'pi:dɪənsɪ] N Zweckmäßigkeit *f*; **for the sake of ~** aus Gründen der Zweckmäßigkeit

expedient [ɪks'pi:dɪənt] ADJ zweckmäßig ▸ N Hilfsmittel *nt*

expedite ['ɛkspədaɪt] VT beschleunigen

expedition [ɛkspə'dɪʃən] N Expedition *f*; (*for shopping etc*) Tour *f*

expeditionary force [ɛkspə'dɪʃənrɪ-] N Expeditionskorps *nt*

expeditious [ɛkspə'dɪʃəs] ADJ schnell

expel [ɪks'pɛl] VT (*from school*) verweisen; (*from organization*) ausschließen; (*from place*) vertreiben; (*gas, liquid*) ausstoßen

expend [ɪks'pɛnd] VT ausgeben; (*time, energy*) aufwenden

expendable [ɪks'pɛndəbl] ADJ entbehrlich

expenditure [ɪks'pɛndɪtʃə^r] N Ausgaben *pl*; (*of energy, time*) Aufwand *m*

expense [ɪks'pɛns] N Kosten *pl*; (*expenditure*) Ausgabe *f* ■ **expenses** NPL Spesen *pl*; **at the ~ of** auf Kosten *+gen*; **to go to the ~ of buying a new car** (viel) Geld für ein neues Auto anlegen; **at great/little ~** mit hohen/geringen Kosten

expense account N Spesenkonto *nt*

expensive [ɪks'pɛnsɪv] ADJ teuer; **to have ~ tastes** einen teuren Geschmack haben

experience [ɪks'pɪərɪəns] N Erfahrung *f*; (*event, activity*) Erlebnis *nt* ▸ VT erleben; **by** *or* **from ~** aus Erfahrung; **to learn by ~** durch eigene Erfahrung lernen

experienced [ɪks'pɪərɪənst] ADJ erfahren

experiment [ɪks'pɛrɪmənt] N Experiment *nt*, Versuch *m* ▸ VI: **to ~ (with/on)** experimentieren (mit/an *+dat*); **to perform** *or* **carry out an ~** einen Versuch *or* ein Experiment durchführen; **as an ~** versuchsweise

experimental [ɪkspɛrɪ'mɛntl] ADJ experimentell; **at the ~ stage** im Versuchsstadium

expert ['ɛkspə:t] ADJ ausgezeichnet, geschickt; (*opinion, help etc*) eines Fachmanns ▸ N Fachmann *m*, Fachfrau *f*, Experte *m*, Expertin *f*; **to be ~ in** *or* **at doing sth** etw ausgezeichnet können; **an ~ on sth/on the subject of sth** ein Experte für etw/auf dem Gebiet einer Sache *gen*; **~ witness** (*Law*) sachverständiger Zeuge *m*

expertise [ɛkspə:'ti:z] N Sachkenntnis *f*

expire [ɪks'paɪə^r] VI ablaufen

expiry [ɪks'paɪərɪ] N Ablauf *m*

expiry date N Ablauftermin *m*; (*of voucher, special offer etc*) Verfallsdatum *nt*

★**explain** [ɪks'pleɪn] VT erklären
▸ **explain away** VT eine Erklärung finden für

★**explanation** [ɛksplə'neɪʃən] N Erklärung *f*; **to find an ~ for sth** eine Erklärung für etw finden

explanatory [ɪks'plænətrɪ] ADJ erklärend

expletive [ɪks'pli:tɪv] N Kraftausdruck *m*

explicable [ɪks'plɪkəbl] ADJ erklärbar; **for no ~ reason** aus unerfindlichen Gründen

explicit [ɪks'plɪsɪt] ADJ ausdrücklich; (*sex, violence*) deutlich, unverhüllt; **to be ~** (*frank*) sich deutlich ausdrücken

★**explode** [ɪks'pləud] VI explodieren; (*population*) sprunghaft ansteigen ▸ VT zur Explosion bringen; (*myth, theory*) zu Fall bringen

exploit N ['ɛksplɔɪt] Heldentat *f* ▸ VT [ɪks'plɔɪt] ausnutzen; (*workers etc*) ausbeuten; (*resources*) nutzen

exploitation [ɛksplɔɪ'teɪʃən] N Ausnutzung *f*; Ausbeutung *f*; Nutzung *f*

exploration [ɛksplə'reɪʃən] N Erforschung *f*; Erkundung *f*; Untersuchung *f*

exploratory [ɪks'plɔrətrɪ] ADJ exploratorisch; (*expedition*) Forschungs-; **~ operation** (*Med*) Explorationsoperation *f*; **~ talks** Sondierungsgespräche *pl*

explore [ɪks'plɔ:^r] VT erforschen; (*with hands etc, idea*) untersuchen

explorer [ɪks'plɔ:rə^r] N Forschungsreisende(r) *f(m)*; (*of place*) Erforscher(in) *m(f)*

★**explosion** [ɪks'pləuʒən] N Explosion *f*; (*outburst*) Ausbruch *m*

explosive [ɪks'pləusɪv] ADJ explosiv; (*device*) Spreng-; (*temper*) aufbrausend ▸ N Sprengstoff *m*; (*device*) Sprengkörper *m*

exponent [ɪks'pəunənt] N Vertreter(in) *m(f)*, Exponent(in) *m(f)*; (*Math*) Exponent *m*

exponential [ɛkspəu'nɛnʃl] ADJ exponentiell; (*Math: function etc*) Exponential-

export VT [ɛks'pɔ:t] exportieren, ausführen; (*ideas, values*) verbreiten ▸ N ['ɛkspɔ:t] Export *m*, Ausfuhr *f*; (*product*) Exportgut *nt* ▸ CPD ['ɛkspɔ:t] Export-, Ausfuhr-

exportation [ɛkspɔ:'teɪʃən] N Export *m*, Ausfuhr *f*

exporter [ɛks'pɔ:tə^r] N Exporteur *m*

expose [ɪks'pəuz] VT freilegen; (*to heat, radiation*) aussetzen; (*unmask*) entlarven; **to ~ o.s.** sich entblößen

exposé [ɪks'pəuzeɪ] N Enthüllung *f*

exposed [ɪks'pəuzd] ADJ ungeschützt; (*wire*) bloßliegend; **to be ~ to** (*radiation, heat etc*) ausgesetzt sein *+dat*

exposition [ɛkspəˈzɪʃən] N Erläuterung *f*; (*exhibition*) Ausstellung *f*

exposure [ɪksˈpəuʒəʳ] N (*to heat, radiation*) Aussetzung *f*; (*publicity*) Publicity *f*; (*of person*) Entlarvung *f*; (*Phot*) Belichtung *f*; (*: shot*) Aufnahme *f*; **to be suffering from ~** an Unterkühlung leiden; **to die from ~** erfrieren

exposure meter N Belichtungsmesser *m*

expound [ɪksˈpaund] VT darlegen, erläutern

★**express** [ɪksˈprɛs] ADJ ausdrücklich; (*intention*) bestimmt; (BRIT: *letter etc*) Express-, Eil- ▸ N (*train*) Schnellzug *m*; (*bus*) Schnellbus *m* ▸ ADV (*send*) per Express ▸ VT ausdrücken; (*view, emotion*) zum Ausdruck bringen; **to ~ o.s.** sich ausdrücken

★**expression** [ɪksˈprɛʃən] N Ausdruck *m*; (*on face*) (Gesichts)ausdruck *m*

expressionism [ɪksˈprɛʃənɪzəm] N Expressionismus *m*

expressive [ɪksˈprɛsɪv] ADJ ausdrucksvoll; **~ ability** Ausdrucksfähigkeit *f*

expressly [ɪksˈprɛslɪ] ADV ausdrücklich; (*intentionally*) absichtlich

expressway [ɪksˈprɛsweɪ] (*US*) N Schnellstraße *f*

expropriate [ɛksˈprəuprɪeɪt] VT enteignen

expulsion [ɪksˈpʌlʃən] N (*Scol*) Verweisung *f*; (*Pol*) Ausweisung *f*; (*of gas, liquid etc*) Ausstoßen *nt*

expurgate [ˈɛkspəːgeɪt] VT zensieren; **the expurgated version** die zensierte *or* bereinigte Fassung

exquisite [ɛksˈkwɪzɪt] ADJ exquisit, erlesen; (*keenly felt*) köstlich

exquisitely [ɛksˈkwɪzɪtlɪ] ADV exquisit; (*carved*) kunstvoll; (*polite, sensitive*) äußerst

ex-serviceman [ˈɛksˈsəːvɪsmən] N (*irreg*) ehemaliger Soldat *m*

ext. ABBR (*Tel*) = **extension**

extemporize [ɪksˈtɛmpəraɪz] VI improvisieren

extend [ɪksˈtɛnd] VT verlängern; (*building*) anbauen an *+acc*; (*offer, invitation*) aussprechen; (*arm, hand*) ausstrecken; (*deadline*) verschieben ▸ VI sich erstrecken; (*period*) dauern

extension [ɪksˈtɛnʃən] N Verlängerung *f*; (*of building*) Anbau *m*; (*of time*) Aufschub *m*; (*of campaign, rights*) Erweiterung *f*; (*Tel*) (Neben)-anschluss *m*; **~ 3718** (*Tel*) Apparat 3718

extension cable N Verlängerungskabel *nt*

extension lead N Verlängerungsschnur *f*

extensive [ɪksˈtɛnsɪv] ADJ ausgedehnt; (*effect*) weitreichend; (*damage*) beträchtlich; (*coverage, discussion*) ausführlich; (*inquiries*) umfangreich; (*use*) häufig

extensively [ɪksˈtɛnsɪvlɪ] ADV: **he's travelled ~** er ist viel gereist

★**extent** [ɪksˈtɛnt] N Ausdehnung *f*; (*of problem, damage, loss etc*) Ausmaß *nt*; **to some ~** bis zu einem gewissen Grade; **to a certain ~** in gewissem Maße; **to a large ~** in hohem Maße; **to the ~ of ...** (*debts*) in Höhe von ...; **to go to the ~ of doing sth** so weit gehen, etw zu tun; **to such an ~ that ...** dermaßen, dass ...; **to what ~?** inwieweit?

extenuating [ɪksˈtɛnjueɪtɪŋ] ADJ: **~ circumstances** mildernde Umstände *pl*

exterior [ɛksˈtɪərɪəʳ] ADJ (*surface, angle, world*) Außen- ▸ N Außenseite *f*; (*appearance*) Äußere(s) *nt*

exterminate [ɪksˈtəːmɪneɪt] VT ausrotten

extermination [ɪkstəːmɪˈneɪʃən] N Ausrottung *f*

external [ɛksˈtəːnl] ADJ (*wall etc*) Außen-; (*use*) äußerlich; (*evidence*) unabhängig; (*examiner, auditor*) extern ▸ N: **the externals** die Äußerlichkeiten *pl*; **for ~ use only** nur äußerlich (anzuwenden); **~ affairs** (*Pol*) auswärtige Angelegenheiten *pl*

externally [ɛksˈtəːnəlɪ] ADV äußerlich

extinct [ɪksˈtɪŋkt] ADJ ausgestorben; (*volcano*) erloschen

extinction [ɪksˈtɪŋkʃən] N Aussterben *nt*

extinguish [ɪksˈtɪŋgwɪʃ] VT löschen; (*hope*) zerstören

extinguisher [ɪksˈtɪŋgwɪʃəʳ] N (*also:* **fire extinguisher**) Feuerlöscher *m*

extol, (*US*) **extoll** [ɪksˈtəul] VT preisen, rühmen

extort [ɪksˈtɔːt] VT erpressen; (*confession*) erzwingen

extortion [ɪksˈtɔːʃən] N Erpressung *f*; Erzwingung *f*

extortionate [ɪksˈtɔːʃnɪt] ADJ überhöht; (*price*) Wucher-

★**extra** [ˈɛkstrə] ADJ zusätzlich ▸ ADV extra ▸ N Extra *nt*; (*surcharge*) zusätzliche Kosten *pl*; (*Cine, Theat*) Statist(in) *m*(*f*); **wine will cost ~** Wein wird extra berechnet

extra... [ˈɛkstrə] PREF außer-, extra-

extract VT [ɪksˈtrækt] (*tooth*) ziehen; (*mineral*) gewinnen ▸ N [ˈɛkstrækt] Auszug *m*; (*also:* **malt extract, vanilla extract**) Extrakt *m*; **to ~ (from)** (*object*) herausziehen (aus); (*money*) herausholen (aus); (*promise*) abringen *+dat*

extraction [ɪksˈtrækʃən] N Ziehen *nt*; Gewinnung *f*; Herausziehen *nt*; Herausholen *nt*; Abringen *nt*; (*Dentistry*) Extraktion *f*; (*descent*) Herkunft *f*, Abstammung *f*; **to be of Scottish ~, to be Scottish by ~** schottischer Herkunft *or* Abstammung sein

extractor fan [ɪksˈtræktə-] N Sauglüfter *m*

extracurricular [ˈɛkstrəkəˈrɪkjuləʳ] ADJ außerhalb des Lehrplans

extradite [ˈɛkstrədaɪt] VT ausliefern

extradition [ɛkstrəˈdɪʃən] N Auslieferung *f* ▸ CPD Auslieferungs-

extramarital [ˈɛkstrəˈmærɪtl] ADJ außerehelich

extramural [ˈɛkstrəˈmjuərl] ADJ außerhalb der Universität; **~ classes** von der Universität veranstaltete Teilzeitkurse *pl*

extraneous [ɛksˈtreɪnɪəs] ADJ unwesentlich

★**extraordinary** [ɪksˈtrɔːdnrɪ] ADJ ungewöhnlich; (*special*) außerordentlich; **the ~ thing is that ...** das Merkwürdige ist, dass ...

extraordinary general meeting N außerordentliche Hauptversammlung *f*
extrapolation [ɛkstræpəˈleɪʃən] N Extrapolation *f*
extrasensory perception [ˈɛkstrəˈsɛnsərɪ-] N außersinnliche Wahrnehmung *f*
extra time N (*Football*) Verlängerung *f*
extravagance [ɪksˈtrævəgəns] N (*no pl*) Verschwendungssucht *f*; (*example of spending*) Luxus *m*
extravagant [ɪksˈtrævəgənt] ADJ extravagant; (*tastes, gift*) teuer; (*wasteful*) verschwenderisch; (*praise*) übertrieben; (*ideas*) ausgefallen
extreme [ɪksˈtri:m] ADJ extrem; (*point, edge, poverty*) äußerste(r, s) ▶ N Extrem *nt*; **the ~ right/left** (*Pol*) die äußerste *or* extreme Rechte/Linke; **extremes of temperature** extreme Temperaturen *pl*
extremely [ɪksˈtri:mlɪ] ADV äußerst, extrem
extremist [ɪksˈtri:mɪst] N Extremist(in) *m(f)* ▶ ADJ extremistisch
extremities [ɪksˈtrɛmɪtɪz] NPL Extremitäten *pl*
extremity [ɪksˈtrɛmɪtɪ] N Rand *m*; (*end*) äußerstes Ende *nt*; (*of situation*) Ausmaß *nt*
extricate [ˈɛkstrɪkeɪt] VT: **to ~ sb/sth (from)** jdn/etw befreien (aus)
extrovert [ˈɛkstrəvə:t] N extravertierter Mensch *m*
exuberance [ɪgˈzju:bərns] N Überschwänglichkeit *f*
exuberant [ɪgˈzju:bərnt] ADJ überschwänglich; (*imagination etc*) lebhaft
exude [ɪgˈzju:d] VT ausstrahlen; (*liquid*) absondern; (*smell*) ausströmen
exult [ɪgˈzʌlt] VI: **to ~ (in)** jubeln (über +*acc*)
exultant [ɪgˈzʌltənt] ADJ jubelnd; (*shout*) Jubel-; **to be ~** jubeln
exultation [ɛgzʌlˈteɪʃən] N Jubel *m*
eye [aɪ] N Auge *nt*; (*of needle*) Öhr *nt* ▶ VT betrachten; **to keep an ~ on** aufpassen auf +*acc*; **as far as the ~ can see** so weit das Auge reicht; **in the public ~** im Blickpunkt der Öffentlichkeit; **to have an ~ for sth** einen Blick für etw haben; **with an ~ to doing sth** (BRIT) mit der Absicht, etw zu tun; **there's more to this than meets the ~** da steckt mehr dahinter(, als man auf den ersten Blick meint)
eyeball [ˈaɪbɔ:l] N Augapfel *m*
eyebath [ˈaɪbɑ:θ] (BRIT) N Augenbadewanne *f*
eyebrow [ˈaɪbrau] N Augenbraue *f*
eyebrow pencil N Augenbrauenstift *m*
eye-catching [ˈaɪkætʃɪŋ] ADJ auffallend
eyecup [ˈaɪkʌp] (US) N = **eyebath**
eye drops NPL Augentropfen *pl*
eyeful [ˈaɪful] N: **to get an ~ of sth** (*lit*) etw ins Auge bekommen; (*fig: have a good look*) einiges von etw zu sehen bekommen; **she's quite an ~** sie hat allerhand zu bieten
eyeglass [ˈaɪglɑ:s] N Augenglas *nt*
eyelash [ˈaɪlæʃ] N Augenwimper *f*
eyelet [ˈaɪlɪt] N Öse *f*
eyelevel [ˈaɪlɛvl] ADJ in Augenhöhe
eye level N: **at ~** in Augenhöhe
eyelid [ˈaɪlɪd] N Augenlid *nt*
eyeliner [ˈaɪlaɪnə[r]] N Eyeliner *m*
eye-opener [ˈaɪəupnə[r]] N Überraschung *f*; **to be an ~ to sb** jdm die Augen öffnen
eye shadow N Lidschatten *m*
eyesight [ˈaɪsaɪt] N Sehvermögen *nt*
eyesore [ˈaɪsɔ:[r]] N Schandfleck *m*
eyestrain [ˈaɪstreɪn] N: **to get ~** seine Augen überanstrengen
eyetooth [ˈaɪtu:θ] (*pl* **eyeteeth**) N Eckzahn *m*, Augenzahn *m*; **to give one's eyeteeth for sth** alles für etw geben; **to give one's eyeteeth to do sth** alles darum geben, etw zu tun
eyewash [ˈaɪwɔʃ] N Augenwasser *nt*; (*fig*) Gewäsch *nt*
eyewitness [ˈaɪwɪtnɪs] N Augenzeuge *m*, Augenzeugin *f*
eyrie [ˈɪərɪ] N Horst *m*

e

Ff

F¹, f [ɛf] N (*letter*) F *nt*, f *nt*; **F for Frederick, F for Fox** (*US*) ≈ F wie Friedrich

F² [ɛf] N (*Mus*) F *nt*, f *nt*

F³ [ɛf] ABBR (= *Fahrenheit*) F

FA (BRIT) N ABBR (= *Football Association*) *englischer Fußball-Dachverband*, ≈ DFB *m*

FAA (*US*) N ABBR (= *Federal Aviation Administration*) *amerikanische Luftfahrtbehörde*

fable [ˈfeɪbl] N Fabel *f*

fabric [ˈfæbrɪk] N Stoff *m*; (*of society*) Gefüge *nt*; (*of building*) Bausubstanz *f*

> Das englische Wort **fabric** bedeutet nicht *Fabrik* auf Deutsch.

fabricate [ˈfæbrɪkeɪt] VT herstellen; (*story*) erfinden; (*evidence*) fälschen

fabrication [fæbrɪˈkeɪʃən] N Herstellung *f*; (*lie*) Erfindung *f*

fabulous [ˈfæbjuləs] ADJ fabelhaft, toll (*inf*); (*extraordinary*) sagenhaft; (*mythical*) legendär

façade [fəˈsɑːd] N Fassade *f*

★**face** [feɪs] N Gesicht *nt*; (*expression*) Gesichtsausdruck *m*; (*grimace*) Grimasse *f*; (*of clock*) Zifferblatt *nt*; (*of mountain, cliff*) (Steil)wand *f*; (*of building*) Fassade *f*; (*side, surface*) Seite *f* ▸ VT (*subj: person*) gegenübersitzen/-stehen *+dat etc*; (*: building, street etc*) liegen zu; (*north, south etc*) liegen nach; (*unpleasant situation*) sich gegenübersehen *+dat*; (*facts*) ins Auge sehen *+dat*; **~ down** mit dem Gesicht nach unten; (*card*) mit der Bildseite nach unten; (*object*) mit der Vorderseite nach unten; **to lose/save ~** das Gesicht verlieren/wahren; **to make** *or* **pull a ~** das Gesicht verziehen; **in the ~ of** trotz *+gen*; **on the ~ of it** so, wie es aussieht; **to come ~ to ~ with sb** jdn treffen; **to come ~ to ~ with a problem** einem Problem gegenüberstehen; **to ~ each other** einander gegenüberstehen/-liegen/-sitzen *etc*; **to ~ the fact that ...** der Tatsache ins Auge sehen, dass ...; **the man facing me** der Mann mir gegenüber

▸ **face up to** VT FUS (*obligations, difficulty*) auf sich *acc* nehmen; (*situation, possibility*) sich abfinden mit; (*danger, fact*) ins Auge sehen *+dat*

Facebook® [ˈfeɪsbuk] N Facebook® *nt*

facebook [ˈfeɪsbuk] VI eine Facebook-Nachricht schicken

face cloth (BRIT) N Waschlappen *m*

face cream N Gesichtscreme *f*

faceless [ˈfeɪslɪs] ADJ (*fig*) anonym

face-lift [ˈfeɪslɪft] N Facelifting *nt*; (*of building etc*) Verschönerung *f*

face powder N Gesichtspuder *m*

face-saving [ˈfeɪsˈseɪvɪŋ] ADJ: **a ~ excuse/tactic** eine Entschuldigung/Taktik, um das Gesicht zu wahren

facet [ˈfæsɪt] N Seite *f*, Aspekt *m*; (*of gem*) Facette *f*

face time N (*US*) *Zeit, die man mit jemandem im direkten persönlichen Gespräch verbringt*

facetious [fəˈsiːʃəs] ADJ witzelnd

face-to-face [feɪstəˈfeɪs] ADJ persönlich; (*confrontation*) direkt

face value N Nennwert *m*; **to take sth at ~** (*fig*) etw für bare Münze nehmen

facia [ˈfeɪʃə] N = **fascia**

facial [ˈfeɪʃl] ADJ (*expression, massage etc*) Gesichts- ▸ N kosmetische Gesichtsbehandlung *f*

facile [ˈfæsaɪl] ADJ oberflächlich; (*comment*) nichtssagend

facilitate [fəˈsɪlɪteɪt] VT erleichtern

facilities [fəˈsɪlɪtɪz] NPL Einrichtungen *pl*; **cooking ~** Kochgelegenheit *f*; **credit ~** Kreditmöglichkeiten *pl*

facility [fəˈsɪlɪtɪ] N Einrichtung *f*; **to have a ~ for** (*skill, aptitude*) eine Begabung haben für

facing [ˈfeɪsɪŋ] PREP gegenüber *+dat* ▸ N (*Sewing*) Besatz *m*

facsimile [fækˈsɪmɪlɪ] N Faksimile *nt*; (*also*: **facsimile machine**) Fernkopierer *m*, (Tele)faxgerät *nt*; (*transmitted document*) Fernkopie *f*, (Tele)fax *nt*

★**fact** [fækt] N Tatsache *f*; (*truth*) Wirklichkeit *f*; **in ~** eigentlich; (*in reality*) tatsächlich, in Wirklichkeit; **to know for a ~ that ...** ganz genau wissen, dass ...; **the ~ (of the matter) is that ...** die Sache ist die, dass ...; **it's a ~ of life that ...** es ist eine Tatsache, dass ...; **to tell sb the facts of life** (*sex*) jdn aufklären

fact-finding [ˈfæktfaɪndɪŋ] ADJ: **a ~ tour** *or* **mission** eine Informationstour *f*

faction [ˈfækʃən] N Fraktion *f*

factional [ˈfækʃənl] ADJ (*dispute, system*) Fraktions-

factor [ˈfæktəʳ] N Faktor *m*; (*Comm*) Kommissionär *m*; (*: agent*) Makler *m*; **safety ~** Sicherheitsfaktor *m*; **human ~** menschlicher Faktor

factory [ˈfæktərɪ] N Fabrik *f*
factory farming (BRIT) N industriell betriebene Viehzucht *f*
factory floor N: **the ~** (*workers*) die Fabrikarbeiter *pl*; **on the ~** bei *or* unter den Fabrikarbeitern
factory ship N Fabrikschiff *nt*
factual [ˈfæktjuəl] ADJ sachlich; (*information*) Sach-
faculty [ˈfækəltɪ] N Vermögen *nt*, Kraft *f*; (*ability*) Talent *nt*; (*of university*) Fakultät *f*; (*US: teaching staff*) Lehrkörper *m*
fad [fæd] N Fimmel *m*, Tick *m*
fade [feɪd] VI verblassen; (*light*) nachlassen; (*sound*) schwächer werden; (*flower*) verblühen; (*hope*) zerrinnen; (*smile*) verschwinden
▸**fade in** VT SEP allmählich einblenden
▸**fade out** VT SEP ausblenden
faeces, (*US*) **feces** [ˈfiːsiːz] NPL Kot *m*
fag [fæg] N (BRIT *inf*: *cigarette*) Glimmstängel *m*; (: *chore*) Schinderei *f* (*inf*), Plackerei *f* (*inf*); (*US !*) Schwule(r) *m*
fail [feɪl] VT (*exam*) nicht bestehen; (*candidate*) durchfallen lassen; (*subj*: *courage*) verlassen; (: *leader, memory*) im Stich lassen ▸ VI (*candidate*) durchfallen; (*attempt*) fehlschlagen; (*brakes*) versagen; (*also*: **be failing**: *health*) sich verschlechtern; (: *eyesight, light*) nachlassen; **to ~ to do sth** etw nicht tun; (*neglect*) (es) versäumen, etw zu tun; **without ~** ganz bestimmt
failing [ˈfeɪlɪŋ] N Schwäche *f*, Fehler *m* ▸ PREP in Ermangelung *+gen*; **~ that** (oder) sonst, und wenn das nicht möglich ist
fail-safe [ˈfeɪlseɪf] ADJ (ab)gesichert
failure [ˈfeɪljə^r] N Misserfolg *m*; (*person*) Versager(in) *m(f)*; (*of brakes, heart*) Versagen *nt*; (*of engine, power*) Ausfall *m*; (*of crops*) Missernte *f*; (*in exam*) Durchfall *m*; **his ~ to turn up meant that we had to ...** weil er nicht kam, mussten wir ...; **it was a complete ~** es war ein totaler Fehlschlag
faint [feɪnt] ADJ schwach; (*breeze, trace*) leicht ▸ N Ohnmacht *f* ▸ VI ohnmächtig werden, in Ohnmacht fallen; **she felt ~** ihr wurde schwach
faintest [ˈfeɪntɪst] ADJ, N: **I haven't the ~ (idea)** ich habe keinen blassen Schimmer
faint-hearted [ˈfeɪntˈhɑːtɪd] ADJ zaghaft
faintly [ˈfeɪntlɪ] ADV schwach
fair [fɛə^r] ADJ gerecht, fair; (*size, number*) ansehnlich; (*chance, guess*) recht gut; (*hair*) blond; (*skin, complexion*) hell; (*weather*) schön ▸ ADV: **to play ~** fair spielen ▸ N (*also*: **trade fair**) Messe *f*; (BRIT: *funfair*) Jahrmarkt *m*, Rummel *m*; **it's not ~!** das ist nicht fair!; **a ~ amount of** ziemlich viel
fair copy N Reinschrift *f*
fair game N: **to be ~ (for)** (*for attack, criticism*) Freiwild *nt* sein (für)
fairground [ˈfɛəgraund] N Rummelplatz *m*
fair-haired [fɛəˈhɛəd] ADJ blond
fairly [ˈfɛəlɪ] ADV gerecht; (*quite*) ziemlich; **I'm ~ sure** ich bin (mir) ziemlich sicher
fairness [ˈfɛənɪs] N Gerechtigkeit *f*; **in all ~** gerechterweise, fairerweise
fair play N faires Verhalten *nt*, Fair Play *nt*
fair trade N Fairer Handel *m*
fairway [ˈfɛəweɪ] N (*Golf*): **the ~** das Fairway
fairy [ˈfɛərɪ] N Fee *f*
fairy godmother N gute Fee *f*
fairy lights (BRIT) NPL bunte Lichter *pl*
fairy tale N Märchen *nt*
★**faith** [feɪθ] N Glaube *m*; (*trust*) Vertrauen *nt*; **to have ~ in sb** jdm vertrauen; **to have ~ in sth** Vertrauen in etw *acc* haben
faithful [ˈfeɪθful] ADJ (*account*) genau; **~ (to)** (*person*) treu *+dat*
faithfully [ˈfeɪθfəlɪ] ADV genau; treu
faith healer N Gesundbeter(in) *m(f)*
fake [feɪk] N Fälschung *f*; (*person*) Schwindler(in) *m(f)* ▸ ADJ gefälscht ▸ VT fälschen; (*illness, emotion*) vortäuschen; **his illness is a ~** er simuliert seine Krankheit nur
falcon [ˈfɔːlkən] N Falke *m*
Falkland Islands [ˈfɔːlklənd-] NPL: **the ~** die Falklandinseln *pl*
★**fall** [fɔːl] (*pt* **fell**, *pp* **fallen**) N Fall *m*; (*of price, temperature*) Sinken *nt*; (: *sudden*) Sturz *m*; (*US: autumn*) Herbst *m* ▸ VI fallen; (*night, darkness*) hereinbrechen; (*silence*) eintreten ■ **falls** NPL (*waterfall*) Wasserfall *m*; **a ~ of snow** ein Schneefall *m*; **a ~ of earth** ein Erdrutsch *m*; **to ~ flat** auf die Nase fallen; (*plan*) ins Wasser fallen; (*joke*) nicht ankommen; **to ~ in love (with sb/sth)** sich (in jdn/etw) verlieben; **to ~ short of sb's expectations** jds Erwartungen nicht erfüllen
▸**fall apart** VI auseinanderfallen, kaputtgehen; (*inf: emotionally*) durchdrehen
▸**fall back** VI zurückweichen
▸**fall back on** VI zurückgreifen auf *+acc*; **to have sth to ~ back on** auf etw *acc* zurückgreifen können
▸**fall behind** VI zurückbleiben; (*fig: with payment*) in Rückstand geraten
▸**fall down** VI hinfallen; (*building*) einstürzen
▸**fall for** VT FUS (*trick, story*) hereinfallen auf *+acc*; (*person*) sich verlieben in *+acc*
▸**fall in** VI einstürzen; (*Mil*) antreten
▸**fall in with** VT FUS eingehen auf *+acc*
▸**fall off** VI herunterfallen; (*takings, attendance*) zurückgehen
▸**fall out** VI (*hair, teeth*) ausfallen; **to ~ out with sb** sich mit jdm zerstreiten
▸**fall over** VI hinfallen; (*object*) umfallen ▸ VT: **to ~ over o.s. to do sth** sich *dat* die größte Mühe geben, etw zu tun
▸**fall through** VI (*plan, project*) ins Wasser fallen
fallacy [ˈfæləsɪ] N Irrtum *m*
fall-back [ˈfɔːlbæk] ADJ: **~ position** Rückzugsbasis *f*
fallen [ˈfɔːlən] PP *of* **fall**
fallible [ˈfæləbl] ADJ fehlbar
falling [ˈfɔːlɪŋ] ADJ: **~ market** (*Comm*) Baissemarkt *m*
falling off N Rückgang *m*

falling-out [ˈfɔːlɪŋˈaut] N (*break-up*) Bruch *m*
Fallopian tube [fəˈləupɪən-] N Eileiter *m*
fallout [ˈfɔːlaut] N radioaktiver Niederschlag *m*
fallout shelter N Atombunker *m*
fallow [ˈfæləu] ADJ brach(liegend)
★**false** [fɔːls] ADJ falsch; (*imprisonment*) widerrechtlich
false alarm N falscher *or* blinder Alarm *m*
falsehood [ˈfɔːlshud] N Unwahrheit *f*
falsely [ˈfɔːlslɪ] ADV (*accuse*) zu Unrecht
false pretences NPL: **under ~** unter Vorspiegelung falscher Tatsachen
false teeth (BRIT) NPL Gebiss *nt*
falsify [ˈfɔːlsɪfaɪ] VT fälschen
falter [ˈfɔːltəʳ] VI stocken; (*hesitate*) zögern
fame [feɪm] N Ruhm *m*
★**familiar** [fəˈmɪlɪəʳ] ADJ vertraut; (*intimate*) vertraulich; **to be ~ with** vertraut sein mit; **to make o.s. ~ with sth** sich mit etw vertraut machen; **to be on ~ terms with sb** mit jdm auf vertrautem Fuß stehen
familiarity [fəmɪlɪˈærɪtɪ] N Vertrautheit *f*; Vertraulichkeit *f*
familiarize [fəˈmɪlɪəraɪz] VT: **to ~ o.s. with sth** sich mit etw vertraut machen
★**family** [ˈfæmɪlɪ] N Familie *f*; (*relations*) Verwandtschaft *f*
family business, family company N Familienunternehmen *nt or* -betrieb *m*
family credit N *Beihilfe für einkommensschwache Familien*
family doctor N Hausarzt *m*, Hausärztin *f*
family life N Familienleben *nt*
family man N (*irreg*) (*home-loving*) häuslich veranlagter Mann *m*; (*with a family*) Familienvater *m*
family planning N Familienplanung *f*; **~ clinic** ≈ Familienberatungsstelle *f*
family tree N Stammbaum *m*
famine [ˈfæmɪn] N Hungersnot *f*
famished [ˈfæmɪʃt] (*inf*) ADJ ausgehungert; **I'm ~** ich sterbe vor Hunger
★**famous** [ˈfeɪməs] ADJ berühmt
famously [ˈfeɪməslɪ] ADV (*get on*) prächtig
★**fan** [fæn] N (*person*) Fan *m*; (*object: folding*) Fächer *m*; (*: Elec*) Ventilator *m* ▸ VT fächeln; (*fire*) anfachen; (*quarrel*) schüren
▸ **fan out** VI ausschwärmen; (*unfurl*) sich fächerförmig ausbreiten
fanatic [fəˈnætɪk] N Fanatiker(in) *m(f)*; (*enthusiast*) Fan *m*
fanatical [fəˈnætɪkl] ADJ fanatisch
fan belt N (*Aut*) Keilriemen *m*
fanciful [ˈfænsɪful] ADJ (*idea*) abstrus, seltsam; (*design, name*) fantasievoll; (*object*) reich verziert
fan club N Fanklub *m*
fancy [ˈfænsɪ] N Laune *f*; (*imagination*) Fantasie *f*; (*fantasy*) Fantasievorstellung *f* ▸ ADJ (*clothes, hat*) toll, chic *inv*; (*hotel*) fein, vornehm; (*food*) ausgefallen ▸ VT mögen; (*imagine*) sich *dat* einbilden; (*think*) glauben; **to take a ~ to sth** Lust auf etw *acc* bekommen; **when the ~ takes him** wenn ihm gerade danach ist; **it took** *or* **caught my ~** es gefiel mir; **to ~ that ...** meinen, dass ...; **~ that!** (nein) so was!; **he fancies her** (*inf*) sie gefällt ihm
fancy dress N Verkleidung *f*, (Masken)kostüm *nt*
fancy-dress ball [ˈfænsɪdrɛs-] N Maskenball *m*
fancy goods NPL Geschenkartikel *pl*
fanfare [ˈfænfɛəʳ] N Fanfare *f*
fanfold paper [ˈfænfəuld-] N Endlospapier *nt*
fang [fæŋ] N (*tooth*) Fang *m*; (*: of snake*) Giftzahn *m*
fan heater (BRIT) N Heizlüfter *m*
fanlight [ˈfænlaɪt] N Oberlicht *nt*
fanny [ˈfænɪ] N (*US inf: bottom*) Po *m*; (BRIT *inf!: genitals*) Möse *f* (!)
fantasize [ˈfæntəsaɪz] VI fantasieren
★**fantastic** [fænˈtæstɪk] ADJ fantastisch
fantasy [ˈfæntəsɪ] N Fantasie *f*; (*dream*) Traum *m*
fanzine [ˈfænziːn] N Fanmagazin *nt*
FAO N ABBR (= *Food and Agriculture Organization*) FAO *f*
FAQ ABBR (*Comput*: = *frequently-asked questions*) FAQ *pl*
★**far** [fɑːʳ] ADJ: **at the ~ side** auf der anderen Seite ▸ ADV weit; **at the ~ end** am anderen Ende; **the ~ left/right** die extreme Linke/Rechte; **~ away, ~ off** weit entfernt *or* weg; **her thoughts were ~ away** sie war mit ihren Gedanken weit weg; **~ from** (*fig*) alles andere als; **by ~** bei Weitem; **is it ~ to London?** ist es weit bis nach London?; **it's not ~ from here** es ist nicht weit von hier; **go as ~ as the church** gehen/fahren Sie bis zur Kirche; **as ~ back as the 13th century** schon im 13. Jahrhundert; **as ~ as I know** soweit ich weiß; **as ~ as possible** so weit wie möglich; **how ~?** wie weit?; **how ~ have you got with your work?** wie weit sind Sie mit Ihrer Arbeit (gekommen)?
faraway [ˈfɑːrəweɪ] ADJ weit entfernt; (*look, voice*) abwesend
farce [fɑːs] N Farce *f*
farcical [ˈfɑːsɪkl] ADJ absurd, grotesk
★**fare** [fɛəʳ] N Fahrpreis *m*; (*money*) Fahrgeld *nt*; (*passenger*) Fahrgast *m*; (*food*) Kost *f* ▸ VI: **he fared well/badly** es ging ihm gut/schlecht; **half/full ~** halber/voller Fahrpreis; **how did you ~?** wie ist es Ihnen ergangen?; **they fared badly in the recent elections** sie haben bei den letzten Wahlen schlecht abgeschnitten
Far East N: **the ~** der Ferne Osten
farewell [fɛəˈwɛl] EXCL lebe/lebt *etc* wohl! ▸ N Abschied *m* ▸ CPD Abschieds-
far-fetched [ˈfɑːˈfɛtʃt] ADJ weit hergeholt
★**farm** [fɑːm] N Bauernhof *m* ▸ VT bebauen
▸ **farm out** VT (*work etc*) vergeben
★**farmer** [ˈfɑːməʳ] N Bauer *m*, Bäu(e)rin *f*, Landwirt(in) *m(f)*
farm hand N Landarbeiter(in) *m(f)*

farmhouse ['fɑːmhaus] N Bauernhaus *nt*
farming ['fɑːmɪŋ] N Landwirtschaft *f*; (*of crops*) Ackerbau *m*; (*of animals*) Viehzucht *f*; **sheep ~** Schafzucht *f*; **intensive ~** (*of crops*) Intensivanbau *m*; (*of animals*) Intensivhaltung *f*
farm labourer N = **farm hand**
farmland ['fɑːmlænd] N Ackerland *nt*
farm produce N landwirtschaftliche Produkte *pl*
farm worker N = **farm hand**
farmyard ['fɑːmjɑːd] N Hof *m*
Faroe Islands ['fɛərəu-] NPL: **the ~** die Färöer *pl*
Faroes ['fɛərəuz] NPL = **Faroe Islands**
far-reaching ['fɑː'riːtʃɪŋ] ADJ weitreichend
far-sighted ['fɑː'saɪtɪd] ADJ weitsichtig; (*fig*) weitblickend
fart [fɑːt] (*inf*) VI furzen (*!*) ▸ N Furz *m* (*!*)
farther ['fɑːðəʳ] ADJ COMP *of* **far**
farthest ['fɑːðɪst] SUPERL *of* **far**
FAS, (BRIT) **f.a.s.** ABBR (= *free alongside ship*) frei Kai
fascia ['feɪʃə] N (*Aut*) Armaturenbrett *nt*
fascinate ['fæsɪneɪt] VT faszinieren
fascinating ['fæsɪneɪtɪŋ] ADJ faszinierend
fascination [fæsɪ'neɪʃən] N Faszination *f*
fascism ['fæʃɪzəm] N Faschismus *m*
fascist ['fæʃɪst] ADJ faschistisch ▸ N Faschist(in) *m(f)*
fashion ['fæʃən] N Mode *f*; (*manner*) Art *f* ▸ VT formen; **in ~** modern; **out of ~** unmodern; **after a ~** recht und schlecht; **in the Greek ~** im griechischen Stil
fashionable ['fæʃnəbl] ADJ modisch, modern; (*subject*) Mode-; (*club, writer*) in Mode
fashion designer N Modezeichner(in) *m(f)*
fashion show N Modenschau *f*
fashion victim N Modesklave *m*, Modesklavin *f*
fast [fɑːst] ADJ schnell; (*dye, colour*) farbecht ▸ ADV schnell; (*stuck, held*) fest ▸ N Fasten *nt*; (*period of fasting*) Fastenzeit *f* ▸ VI fasten; **my watch is (5 minutes) ~** meine Uhr geht (5 Minuten) vor; **to be ~ asleep** tief *or* fest schlafen; **as ~ as I can** so schnell ich kann; **to make a boat ~** (BRIT) ein Boot festmachen
fasten ['fɑːsn] VT festmachen; (*coat, belt etc*) zumachen ▸ VI festgemacht werden; zugemacht werden
▸ **fasten (up)on** VT FUS sich *dat* in den Kopf setzen
fastener ['fɑːsnəʳ] N Verschluss *m*
fastening ['fɑːsnɪŋ] N = **fastener**
fast food N Fast Food *nt*, Schnellgerichte *pl*
fast-food ['fɑːstfuːd] CPD (*industry, chain*) Fast-Food-; **~ restaurant** Schnellimbiss *m*
fastidious [fæs'tɪdɪəs] ADJ penibel
fast lane N (*Aut*): **the ~** die Überholspur
fat [fæt] ADJ dick; (*person*) dick, fett (*pej*); (*animal*) fett; (*profit*) üppig ▸ N Fett *nt*; **that's a ~ lot of use** (*inf*) das hilft herzlich wenig; **to live off the ~ of the land** wie Gott in Frankreich *or* wie die Made im Speck leben
fatal ['feɪtl] ADJ tödlich; (*mistake*) verhängnisvoll
fatalistic [feɪtə'lɪstɪk] ADJ fatalistisch
fatality [fə'tælɪtɪ] N Todesopfer *nt*
fatally ['feɪtəlɪ] ADV tödlich; verhängnisvoll
fate [feɪt] N Schicksal *nt*; **to meet one's ~** vom Schicksal ereilt werden
fated ['feɪtɪd] ADJ (*person*) unglückselig; (*project*) zum Scheitern verurteilt; (*governed by fate*) vorherbestimmt
fateful ['feɪtful] ADJ schicksalhaft
fat-free ['fæt'friː] ADJ fettfrei
★**father** ['fɑːðəʳ] N Vater *m*
Father Christmas N der Weihnachtsmann
fatherhood ['fɑːðəhud] N Vaterschaft *f*
father-in-law ['fɑːðərɪnlɔː] N Schwiegervater *m*
fatherland ['fɑːðəlænd] N Vaterland *nt*
fatherly ['fɑːðəlɪ] ADJ väterlich
fathom ['fæðəm] N (*Naut*) Faden *m* ▸ VT (*also:* **fathom out**) verstehen
fatigue [fə'tiːg] N Erschöpfung *f* ■ **fatigues** NPL (*Mil*) Arbeitsanzug *m*; **metal ~** Metallermüdung *f*
fatness ['fætnɪs] N Dicke *f*
fatten ['fætn] VT mästen ▸ VI (*person*) dick werden; (*animal*) fett werden; **chocolate is fattening** Schokolade macht dick
fatty ['fætɪ] ADJ fett ▸ N (*pej*) Dickerchen *nt*
fatuous ['fætjuəs] ADJ albern, töricht
faucet ['fɔːsɪt] (*US*) N (Wasser)hahn *m*
★**fault** [fɔːlt] N Fehler *m*; (*blame*) Schuld *f*; (*in machine*) Defekt *m*; (*Geog*) Verwerfung *f* ▸ VT (*also:* **find fault with**) etwas auszusetzen haben an *+dat*; **it's my ~** es ist meine Schuld; **at ~** im Unrecht; **generous to a ~** übermäßig großzügig
faultless ['fɔːltlɪs] ADJ fehlerlos
faulty ['fɔːltɪ] ADJ defekt
fauna ['fɔːnə] N Fauna *f*
faux pas ['fəu'pɑː] N INV Fauxpas *m*
favor *etc* ['feɪvəʳ] (*US*) = **favour** *etc*
favour, (*US*) **favor** ['feɪvəʳ] N (*approval*) Wohlwollen *nt*; (*help*) Gefallen *m* ▸ VT bevorzugen; (*be favourable for*) begünstigen; **to ask a ~ of sb** jdn um einen Gefallen bitten; **to do sb a ~** jdm einen Gefallen tun; **to find ~ with sb** bei jdm Anklang finden; **in ~ of** (*biased*) zugunsten von; (*rejected*) zugunsten *+gen*; **to be in ~ of sth** für etw sein; **to be in ~ of doing sth** dafür sein, etw zu tun
favourable ['feɪvrəbl] ADJ günstig; (*reaction*) positiv; (*comparison*) vorteilhaft
favourably ['feɪvrəblɪ] ADV (*react*) positiv; (*compare*) vorteilhaft
favourite ['feɪvrɪt] ADJ Lieblings- ▸ N Liebling *m*; (*in race*) Favorit(in) *m(f)*

f

favouritism [ˈfeɪvrɪtɪzəm] N Günstlingswirtschaft *f*

fawn [fɔːn] N Rehkitz *nt* ▶ ADJ (*also:* **fawn-coloured**) hellbraun ▶ VI: **to ~ (up)on** sich einschmeicheln bei

fax [fæks] N Fax *nt*; (*machine*) Fax(gerät) *nt* ▶ VT faxen

fax number N Faxnummer *f*

faze [feɪz] VT (*inf*) aus der Fassung bringen

FBI (*US*) N ABBR (= *Federal Bureau of Investigation*) FBI *nt*

FCC (*US*) N ABBR (= *Federal Communications Commission*) *Aufsichtsbehörde im Medienbereich*

FCO (BRIT) N ABBR (= *Foreign and Commonwealth Office*) ≈ Auswärtiges Amt *nt*

FD (*US*) N ABBR = **fire department**

FDA (*US*) N ABBR (= *Food and Drug Administration*) *Nahrungs- und Arzneimittelbehörde*

★**fear** [fɪəʳ] N Furcht *f*, Angst *f* ▶ VT fürchten, Angst haben vor *+dat*; (*be worried about*) befürchten ▶ VI sich fürchten; **~ of heights** Höhenangst *f*; **for ~ of doing sth** aus Angst, etw zu tun; **to ~ for** fürchten um; **to ~ that ...** befürchten, dass ...

fearful [ˈfɪəful] ADJ (*frightening*) furchtbar, schrecklich; (*apprehensive*) ängstlich; **to be ~ of** Angst haben vor *+dat*

fearfully [ˈfɪəfəlɪ] ADV ängstlich; (*inf*: *very*) furchtbar, schrecklich

fearless [ˈfɪəlɪs] ADJ furchtlos

fearsome [ˈfɪəsəm] ADJ furchterregend

feasibility [fiːzəˈbɪlɪtɪ] N Durchführbarkeit *f*

feasibility study N Machbarkeits- *or* Durchführbarkeitsstudie *f*

feasible [ˈfiːzəbl] ADJ machbar; (*proposal, plan*) durchführbar

feast [fiːst] N Festmahl *nt*; (*Rel*: *also:* **feast day**) Festtag *m*, Feiertag *m* ▶ VI schlemmen; **to ~ on** sich gütlich tun an *+dat*

feat [fiːt] N Leistung *f*

feather [ˈfɛðəʳ] N Feder *f* ▶ CPD Feder-; (*mattress*) Federkern- ▶ VT: **to ~ one's nest** (*fig*) sein Schäfchen ins Trockene bringen

featherweight [ˈfɛðəweɪt] N Leichtgewicht *nt*; (*Boxing*) Federgewicht *nt*

★**feature** [ˈfiːtʃəʳ] N Merkmal *nt*; (*Press, TV*) Feature *nt* ▶ VT: **the film features Marlon Brando** Marlon Brando spielt in dem Film mit ▶ VI: **to ~ in** vorkommen in *+dat*; (*film*) mitspielen in *+dat* ▪ **features** NPL (*of face*) (Gesichts)züge *pl*; **it featured prominently in** es spielte eine große Rolle in *+dat*; **a special ~ on sth/sb** ein Sonderbeitrag *m* über etw/jdn

feature film N Spielfilm *m*

featureless [ˈfiːtʃəlɪs] ADJ (*landscape*) eintönig

Feb. ABBR (= *February*) Feb.

★**February** [ˈfɛbruərɪ] N Februar *m*; *see also* **July**

feces [ˈfiːsiːz] (*US*) NPL = **faeces**

feckless [ˈfɛklɪs] ADJ nutzlos

Fed [fɛd] (*US inf*) N ABBR: **the ~** = **Federal Reserve Board**

fed [fɛd] PT, PP *of* **feed**

Fed. (*US*) ABBR = **federal**; **federation**

federal [ˈfɛdərəl] ADJ föderalistisch

Federal Republic of Germany N Bundesrepublik *f* Deutschland

Federal Reserve Board (*US*) N *Kontrollorgan der US-Zentralbank*

Federal Trade Commission (*US*) N *Handelskontrollbehörde*

federation [fɛdəˈreɪʃən] N Föderation *f*, Bund *m*

fed up ADJ: **to be ~ with** die Nase vollhaben von

fee [fiː] N Gebühr *f*; (*of doctor, lawyer*) Honorar *nt*; **school fees** Schulgeld *nt*; **entrance ~** Eintrittsgebühr *f*; **membership ~** Mitgliedsbeitrag *m*; **for a small ~** gegen eine geringe Gebühr

feeble [ˈfiːbl] ADJ schwach; (*joke*) lahm

feeble-minded [ˈfiːblˈmaɪndɪd] ADJ dümmlich

★**feed** [fiːd] (*pt, pp* **fed**) N Mahlzeit *f*; (*of animal*) Fütterung *f*; (*on printer*) Papiervorschub *m* ▶ VT füttern; (*family etc*) ernähren; (*machine*) versorgen; **to ~ sth into sth** etw in etw *acc* einfüllen *or* eingeben; (*data, information*) etw in etw *acc* eingeben; **to ~ material into sth** Material in etw *acc* eingeben

▶ **feed back** VT zurückleiten

▶ **feed on** VT FUS sich nähren von

feedback [ˈfiːdbæk] N Feedback *nt*, Rückmeldung *f*; (*from person*) Reaktion *f*

feeder [ˈfiːdəʳ] N (*road*) Zubringer *m*; (*railway line, air route*) Zubringerlinie *f*; (*baby's bottle*) Flasche *f*

feeding bottle [ˈfiːdɪŋ-] (BRIT) N Flasche *f*

★**feel** [fiːl] (*pt, pp* **felt**) N (*sensation, touch*) Gefühl *nt*; (*impression*) Atmosphäre *f* ▶ VT (*object*) fühlen; (*desire, anger, grief*) empfinden; (*pain*) spüren; (*cold*) leiden unter *+dat*; (*think, believe*): **I ~ that you ought to do it** ich meine *or* ich bin der Meinung, dass Sie es tun sollten; **it has a soft ~** es fühlt sich weich an; **I ~ hungry** ich habe Hunger; **I ~ cold** mir ist kalt; **to ~ lonely/better** sich einsam/besser fühlen; **I don't ~ well** mir geht es nicht gut; **I ~ sorry for him** er tut mir leid; **it feels soft** es fühlt sich weich an; **it feels colder here** es kommt mir hier kälter vor; **it feels like velvet** es fühlt sich wie Samt an; **to ~ like** (*desire*) Lust haben auf *+acc*; **to ~ like doing sth** Lust haben, etw zu tun; **to get the ~ of sth** ein Gefühl für etw bekommen; **I'm still feeling my way** ich versuche noch, mich zu orientieren

▶ **feel about** VI umhertasten; **to ~ about** *or* **around in one's pocket for** in seiner Tasche herumsuchen nach

▶ **feel around** VI = **feel about**

feel-bad factor [ˈfiːlbæd-] N (*inf*) Frustfaktor *m*

feeler [ˈfiːləʳ] N Fühler *m*; **to put out a ~** *or* **feelers** (*fig*) seine Fühler ausstrecken

feelgood [ˈfiːlgud] ADJ (*film, song*) Feelgood-

★**feeling** [ˈfiːlɪŋ] N Gefühl *nt*; (*impression*) Eindruck *m*; **feelings ran high about it** man ereiferte sich sehr darüber; **what are your feelings about the matter?** was meinen Sie dazu?; **I have a ~ that ...** ich habe das Gefühl, dass ...;

my ~ is that ... meine Meinung ist, dass ...; **to hurt sb's feelings** jdn verletzen

fee-paying [ˈfi:peɪŋ] ADJ (*school*) Privat-; **~ pupils** *Schüler, deren Eltern Schulgeld zahlen*

feet [fi:t] NPL *of* **foot**

feign [feɪn] VT vortäuschen

feigned [feɪnd] ADJ vorgetäuscht

feint [feɪnt] N fein liniertes Papier *nt*

felicitous [fɪˈlɪsɪtəs] ADJ glücklich

feline [ˈfi:laɪn] ADJ (*eyes etc*) Katzen-; (*features, grace*) katzenartig

fell [fɛl] PT *of* **fall** ▸ VT fällen; (*opponent*) niederstrecken ▸ N (BRIT: *mountain*) Berg *m*; (: *moorland*): **the fells** das Moor(land) ▸ ADJ: **in one ~ swoop** auf einen Schlag

fellow [ˈfɛləu] N Mann *m*, Typ *m* (*inf*); (*comrade*) Kamerad *m*; (*of learned society*) Mitglied *nt*; (*of university*) Fellow *m*; **their ~ prisoners/students** ihre Mitgefangenen/Kommilitonen (und Kommilitoninnen); **his ~ workers** seine Kollegen (und Kolleginnen)

fellow citizen N Mitbürger(in) *m(f)*

fellow countryman N (*irreg*) Landsmann *m*, Landsmännin *f*

fellow men NPL Mitmenschen *pl*

fellowship [ˈfɛləuʃɪp] N Kameradschaft *f*; (*society*) Gemeinschaft *f*; (*Scol*) Forschungsstipendium *nt*

fell-walking [ˈfɛlwɔ:kɪŋ] (BRIT) N Bergwandern *nt*

felon [ˈfɛlən] N (*Law*) (Schwer)verbrecher *m*

felony [ˈfɛlənɪ] N (*Law*) (schweres) Verbrechen *nt*

felt [fɛlt] PT, PP *of* **feel** ▸ N Filz *m*

felt-tip pen [ˈfɛlttɪp-] N Filzstift *m*

female [ˈfi:meɪl] N Weibchen *nt*; (*pej: woman*) Frau *f*, Weib *nt* (*pej*) ▸ ADJ weiblich; (*vote etc*) Frauen-; (*Elec: connector, plug*) Mutter-, Innen-; **male and ~ students** Studenten und Studentinnen

> In many cases, the ending in German indicates clearly whether the noun refers to a man or a woman and there is therefore no need for the word *female*.
>
> *male and female students* **Studenten und Studentinnen**

Femidom® [ˈfɛmɪdɔm] N Kondom *nt* für die Frau, Femidom® *nt*

feminine [ˈfɛmɪnɪn] ADJ weiblich, feminin ▸ N Femininum *nt*

femininity [fɛmɪˈnɪnɪtɪ] N Weiblichkeit *f*

feminism [ˈfɛmɪnɪzəm] N Feminismus *m*

feminist [ˈfɛmɪnɪst] N Feminist(in) *m(f)*

fen [fɛn] (BRIT) N: **the Fens** *die Niederungen in East Anglia*

fence [fɛns] N Zaun *m*; (*Sport*) Hindernis *nt* ▸ VT (*also:* **fence in**) einzäunen ▸ VI (*Sport*) fechten; **to sit on the ~** (*fig*) neutral bleiben, nicht Partei ergreifen

fencing [ˈfɛnsɪŋ] N (*Sport*) Fechten *nt*

fend [fɛnd] VI: **to ~ for o.s.** für sich (selbst) sorgen, sich allein durchbringen
▸ **fend off** VT abwehren

fender [ˈfɛndəʳ] N Kamingitter *nt*; (*on boat*) Fender *m*; (*US: of car*) Kotflügel *m*

fennel [ˈfɛnl] N Fenchel *m*

ferment VI [fəˈmɛnt] gären ▸ N [ˈfə:mɛnt] (*fig: unrest*) Unruhe *f*

fermentation [fə:mɛnˈteɪʃən] N Gärung *f*

fern [fə:n] N Farn *m*

ferocious [fəˈrəuʃəs] ADJ wild; (*behaviour*) heftig; (*competition*) scharf

ferocity [fəˈrɔsɪtɪ] N Wildheit *f*, Heftigkeit *f*; Schärfe *f*

ferret [ˈfɛrɪt] N Frettchen *nt*
▸ **ferret about** VI herumstöbern
▸ **ferret around** VI = **ferret about**
▸ **ferret out** VT aufspüren

ferry [ˈfɛrɪ] N (*also:* **ferryboat**) Fähre *f* ▸ VT transportieren; **to ~ sth/sb across** *or* **over** jdn/etw übersetzen

ferryman [ˈfɛrɪmən] N (*irreg*) Fährmann *m*

fertile [ˈfə:taɪl] ADJ fruchtbar; **~ period** fruchtbare Tage *pl*

fertility [fəˈtɪlɪtɪ] N Fruchtbarkeit *f*

fertility drug N Fruchtbarkeitsmedikament *nt*

fertilization [fə:tɪlaɪˈzeɪʃən] N (*Biol*) Befruchtung *f*

fertilize [ˈfə:tɪlaɪz] VT düngen; (*Biol*) befruchten

fertilizer [ˈfə:tɪlaɪzəʳ] N Dünger *m*

fervent [ˈfə:vənt] ADJ leidenschaftlich; (*admirer*) glühend

fervour, (*US*) **fervor** [ˈfə:vəʳ] N Leidenschaft *f*

fester [ˈfɛstəʳ] VI (*wound*) eitern; (*insult*) nagen; (*row*) sich verschlimmern

★**festival** [ˈfɛstɪvəl] N Fest *nt*; (*Art, Mus*) Festival *nt*, Festspiele *pl*

festive [ˈfɛstɪv] ADJ festlich; **the ~ season** (BRIT: *Christmas and New Year*) die Festzeit *f*

festivities [fɛsˈtɪvɪtɪz] NPL Feierlichkeiten *pl*

festoon [fɛsˈtu:n] VT: **to ~ with** schmücken mit

fetch [fɛtʃ] VT holen; (*sell for*) (ein)bringen; **would you ~ me a glass of water please?** kannst du mir bitte ein Glas Wasser bringen?; **how much did it ~?** wie viel hat es eingebracht?
▸ **fetch up** (*inf*) VI landen (*inf*)

fetching [ˈfɛtʃɪŋ] ADJ bezaubernd, reizend

fête [feɪt] N Fest *nt*

fetid [ˈfɛtɪd] ADJ übel riechend

fetish [ˈfɛtɪʃ] N Fetisch *m*

fetter [ˈfɛtəʳ] VT fesseln; (*horse*) anpflocken; (*fig*) in Fesseln legen

fetters [ˈfɛtəz] NPL Fesseln *pl*

fettle [ˈfɛtl] (BRIT) N: **in fine ~** in bester Form

fetus [ˈfi:təs] (*US*) N = **foetus**

feud [fju:d] N Streit *m* ▸ VI im Streit liegen; **a family ~** ein Familienstreit *m*

feudal [ˈfju:dl] ADJ (*society etc*) Feudal-

feudalism [ˈfjuːdlɪzəm] N Feudalismus *m*

fever [ˈfiːvəʳ] N Fieber *nt*; **he has a ~** er hat Fieber

feverish [ˈfiːvərɪʃ] ADJ fiebrig; (*activity, emotion*) fieberhaft

★**few** [fjuː] ADJ wenige; **a ~** (*adj*) ein paar, einige; (*pron*) ein paar; **a ~ more (days)** noch ein paar (Tage); **they were ~** sie waren nur wenige; **~ succeed** nur wenigen gelingt es; **very ~ survive** nur sehr wenige überleben; **I know a ~** ich kenne einige; **a good ~, quite a ~** ziemlich viele; **in the next/past ~ days** in den nächsten/letzten paar Tagen; **every ~ days/months** alle paar Tage/Monate

fewer [ˈfjuːəʳ] ADJ weniger; **there are ~ buses on Sundays** Sonntags fahren weniger Busse

fewest [ˈfjuːɪst] ADJ die wenigsten

FHA (*US*) N ABBR (= *Federal Housing Administration*): **~ loan** Baudarlehen *nt*

★**fiancé** [fɪˈɔːŋseɪ] N Verlobte(r) *m*

★**fiancée** [fɪˈɔːŋseɪ] N Verlobte *f*

fiasco [fɪˈæskəu] N Fiasko *nt*

fib [fɪb] N Flunkerei *f* (*inf*)

fibre, (*US*) **fiber** [ˈfaɪbəʳ] N Faser *f*; (*cloth*) (Faser) stoff *m*; (*roughage*) Ballaststoffe *pl*; (*Anat*: *tissue*) Gewebe *nt*

fibreboard, (*US*) **fiberboard** [ˈfaɪbəbɔːd] N Faserplatte *f*

fibreglass, (*US*) **fiberglass** [ˈfaɪbəglɑːs] N Fiberglas *nt*

fibrositis [faɪbrəˈsaɪtɪs] N Bindegewebsentzündung *f*

FICA (*US*) N ABBR (= *Federal Insurance Contributions Act*) *Abgabe zur Sozialversicherung*

fickle [ˈfɪkl] ADJ unbeständig; (*weather*) wechselhaft

fiction [ˈfɪkʃən] N Erfindung *f*; (*Liter*) Erzählliteratur *f*, Prosaliteratur *f*

fictional [ˈfɪkʃənl] ADJ erfunden

fictionalize [ˈfɪkʃnəlaɪz] VT fiktionalisieren

fictitious [fɪkˈtɪʃəs] ADJ (*false*) falsch; (*invented*) fiktiv, frei erfunden

fiddle [ˈfɪdl] N Fiedel *f* (*inf*), Geige *f*; (*fraud, swindle*) Schwindelei *f* ▸ VT (BRIT: *accounts*) frisieren (*inf*); **tax ~** Steuermanipulation *f*; **to work a ~** ein krummes Ding drehen (*inf*)

▸**fiddle with** VT FUS herumspielen mit

fiddler [ˈfɪdləʳ] N Geiger(in) *m*(*f*)

fiddly [ˈfɪdlɪ] ADJ knifflig (*inf*); (*object*) fummelig

fidelity [fɪˈdɛlɪtɪ] N Treue *f*; (*accuracy*) Genauigkeit *f*

fidget [ˈfɪdʒɪt] VI zappeln

fidgety [ˈfɪdʒɪtɪ] ADJ zappelig

fiduciary [fɪˈdjuːʃɪərɪ] N (*Law*) Treuhänder *m*

★**field** [fiːld] N Feld *nt*; (*Sport*: *ground*) Platz *m*; (*subject, area of interest*) Gebiet *nt*; (*Comput*) Datenfeld *nt* ▸ CPD Feld-; **to lead the ~** das Feld anführen; **~ trip** Exkursion *f*

field day N: **to have a ~** einen herrlichen Tag haben

field glasses NPL Feldstecher *m*

field hospital N Feldlazarett *nt*

field marshal N Feldmarschall *m*

field work N Feldforschung *f*; (*Archaeology, Geog*) Arbeit *f* im Gelände

fiend [fiːnd] N Teufel *m*

fiendish [ˈfiːndɪʃ] ADJ teuflisch; (*problem*) verzwickt

★**fierce** [fɪəs] ADJ wild; (*look*) böse; (*fighting, wind*) heftig; (*loyalty*) leidenschaftlich; (*enemy*) erbittert; (*heat*) glühend

fiery [ˈfaɪərɪ] ADJ glühend; (*temperament*) feurig, hitzig

FIFA [ˈfiːfə] N ABBR (= *Fédération Internationale de Football Association*) FIFA *f*

★**fifteen** [fɪfˈtiːn] NUM fünfzehn

★**fifteenth** [fɪfˈtiːnθ] NUM fünfzehnte(r, s)

★**fifth** [fɪfθ] NUM fünfte(r, s) ▸ N Fünftel *nt*

fiftieth [ˈfɪftɪɪθ] NUM fünfzigste(r, s)

★**fifty** [ˈfɪftɪ] NUM fünfzig

fifty-fifty [ˈfɪftɪˈfɪftɪ] ADJ, ADV halbe-halbe, fifty-fifty; **to go/share ~ with sb** mit jdm halbe-halbe *or* fifty-fifty machen; **we have a ~ chance (of success)** unsere Chancen stehen fifty-fifty

fig [fɪg] N Feige *f*

★**fight** [faɪt] (*pt, pp* **fought**) N Kampf *m*; (*quarrel*) Streit *m*; (*punch-up*) Schlägerei *f* ▸ VT kämpfen mit *or* gegen; (*prejudice etc*) bekämpfen; (*election*) kandidieren bei; (*emotion*) ankämpfen gegen; (*Law*: *case*) durchkämpfen, durchfechten ▸ VI kämpfen; (*quarrel*) sich streiten; (*punch-up*) sich schlagen; **to put up a ~** sich zur Wehr setzen; **to ~ one's way through a crowd/the undergrowth** sich *dat* einen Weg durch die Menge/das Unterholz bahnen; **to ~ against** bekämpfen; **to ~ for one's rights** für seine Rechte kämpfen

▸**fight back** VI zurückschlagen; (*Sport*) zurückkämpfen; (*after illness*) zu Kräften kommen ▸ VT FUS unterdrücken

▸**fight down** VT unterdrücken

▸**fight off** VT abwehren; (*sleep, urge*) ankämpfen gegen

▸**fight out** VT: **to ~ it out** es untereinander ausfechten

fighter [ˈfaɪtəʳ] N Kämpfer(in) *m*(*f*); (*plane*) Jagdflugzeug *nt*; (*fig*) Kämpfernatur *f*

fighter pilot N Jagdflieger *m*

fighting [ˈfaɪtɪŋ] N Kämpfe *pl*; (*brawl*) Schlägereien *pl*

figment [ˈfɪgmənt] N: **a ~ of the imagination** ein Hirngespinst *nt*, pure Einbildung *f*

figurative [ˈfɪgjurətɪv] ADJ bildlich, übertragen; (*style*) gegenständlich

★**figure** [ˈfɪgəʳ] N Figur *f*; (*illustration*) Abbildung *f*; (*number, statistic, cipher*) Zahl *f*; (*person*) Gestalt *f*; (*personality*) Persönlichkeit *f* ▸ VT (*esp US*) glauben, schätzen ▸ VI eine Rolle spielen; **to put a ~ on sth** eine Zahl für etw angeben; **public ~** Persönlichkeit *f* des öffentlichen Lebens

▸**figure out** VT ausrechnen

figurehead [ˈfɪgəhɛd] N Galionsfigur *f*

figure of speech N Redensart *f*, Redewendung *f*
figure skating N Eiskunstlaufen *nt*
Fiji [ˈfiːdʒiː] N, **Fiji Islands** NPL Fidschi-Inseln *pl*
filament [ˈfɪləmənt] N Glühfaden *m*; (*Bot*) Staubfaden *m*
filch [fɪltʃ] (*inf*) VT filzen
file [faɪl] N Akte *f*; (*folder*) (Akten)ordner *m*; (*for loose leaf*) (Akten)mappe *f*; (*Comput*) Datei *f*; (*row*) Reihe *f*; (*tool*) Feile *f* ▶ VT ablegen, abheften; (*claim*) einreichen; (*wood, metal, fingernails*) feilen ▶ VI: **to ~ in/out** nacheinander hereinkommen/hinausgehen; **to ~ a suit against sb** eine Klage gegen jdn erheben; **to ~ past** in einer Reihe vorbeigehen; **to ~ for divorce** die Scheidung einreichen
filename [ˈfaɪlneɪm] N (*Comput*) Dateiname *m*
file sharing [-ʃɛərɪŋ] N Filesharing *nt*
filibuster [ˈfɪlɪbʌstəʳ] (*esp US Pol*) N (*also:* **filibusterer**) Dauerredner(in) *m(f)* ▶ VI filibustern, Obstruktion betreiben
filing [ˈfaɪlɪŋ] N Ablegen *nt*, Abheften *nt*
filing cabinet N Aktenschrank *m*
filing clerk N Angestellte(r) *f(m)* in der Registratur
Filipino [fɪlɪˈpiːnəu] N Filipino *m*, Filipina *f*; (*Ling*) Philippinisch *nt*
fill [fɪl] VT füllen; (*space, area*) ausfüllen; (*tooth*) plombieren; (*need*) erfüllen ▶ VI sich füllen ▶ N: **to eat one's ~** sich satt essen; **we've already filled that vacancy** wir haben diese Stelle schon besetzt
▶ **fill in** VT füllen; (*time*) überbrücken; (*form*) ausfüllen ▶ VI: **to ~ in for sb** für jdn einspringen; **to ~ sb in on sth** (*inf*) jdn über etw *acc* ins Bild setzen
▶ **fill out** VT ausfüllen
▶ **fill up** VT füllen ▶ VI (*Aut*) tanken; **~ it up, please** (*Aut*) bitte volltanken
fillet [ˈfɪlɪt] N Filet *nt* ▶ VT filetieren
fillet steak N Filetsteak *nt*
filling [ˈfɪlɪŋ] N Füllung *f*; (*for tooth*) Plombe *f*
filling station N Tankstelle *f*
fillip [ˈfɪlɪp] N (*stimulus*) Ansporn *m*
filly [ˈfɪlɪ] N Stutfohlen *nt*
film [fɪlm] N Film *m*; (*of powder etc*) Schicht *f*; (*for wrapping*) Plastikfolie *f* ▶ VT, VI filmen
film star N Filmstar *m*
film strip N Filmstreifen *m*
film studio N Filmstudio *nt*
Filofax® [ˈfaɪləufæks] N Filofax® *nt*, Terminplaner *m*
filter [ˈfɪltəʳ] N Filter *m* ▶ VT filtern
▶ **filter in** VI durchsickern
▶ **filter through** VI = **filter in**
filter coffee N Filterkaffee *m*
filter lane (BRIT) N Abbiegespur *f*
filter tip N Filter *m*
filter-tipped [ˈfɪltəˈtɪpt] ADJ (*cigarette*) Filter-
filth [fɪlθ] N Dreck *m*, Schmutz *m*
filthy [ˈfɪlθɪ] ADJ dreckig, schmutzig; (*language*) unflätig
fin [fɪn] N Flosse *f*; (*Tech*) Seitenflosse *f*
★**final** [ˈfaɪnl] ADJ letzte(r, s); (*ultimate*) letztendlich; (*definitive*) endgültig ▶ N Finale *nt*, Endspiel *nt* ■ **finals** NPL (*Univ*) Abschlussprüfung *f*
final demand N letzte Zahlungsaufforderung *f*
finale [fɪˈnɑːlɪ] N Finale *nt*; (*Theat*) Schlussszene *f*
finalist [ˈfaɪnəlɪst] N Endrundenteilnehmer(in) *m(f)*, Finalist(in) *m(f)*
finality [faɪˈnælɪtɪ] N Endgültigkeit *f*; **with an air of ~** mit Bestimmtheit
finalize [ˈfaɪnəlaɪz] VT endgültig festlegen
★**finally** [ˈfaɪnəlɪ] ADV endlich, schließlich; (*lastly*) schließlich, zum Schluss; (*irrevocably*) endgültig
finance [faɪˈnæns] N Geldmittel *pl*; (*money management*) Finanzwesen *nt* ▶ VT finanzieren ■ **finances** NPL (*personal*) Finanzen *pl*, Finanzlage *f*
financial [faɪˈnænʃəl] ADJ finanziell; **~ statement** Bilanz *f*
financially [faɪˈnænʃəlɪ] ADV finanziell
financial year N Geschäftsjahr *nt*
financier [faɪˈnænsɪəʳ] N Finanzier *m*
★**find** [faɪnd] (*pt, pp* **found**) VT finden; (*discover*) entdecken ▶ N Fund *m*; **to ~ sb guilty** jdn für schuldig befinden; **to ~ (some) difficulty in doing sth** (einige) Schwierigkeiten haben, etw zu tun
▶ **find out** VT herausfinden; (*person*) erwischen ▶ VI: **to ~ out about** etwas herausfinden über *+acc*; (*by chance*) etwas erfahren über *+acc*
findings [ˈfaɪndɪŋz] NPL (*Law*) Urteil *nt*; (*of report*) Ergebnis *nt*
★**fine** [faɪn] ADJ fein; (*excellent*) gut; (*thin*) dünn ▶ ADV gut; (*small*) fein ▶ N Geldstrafe *f* ▶ VT mit einer Geldstrafe belegen; **he's ~** es geht ihm gut; **the weather is ~** das Wetter ist schön; **that's cutting it (a bit) ~** das ist aber (ein bisschen) knapp; **you're doing ~** das machen Sie gut
fine arts NPL schöne Künste *pl*
finely [ˈfaɪnlɪ] ADV schön; (*chop*) klein; (*slice*) dünn; (*adjust*) fein
fine print N: **the ~** das Kleingedruckte
finery [ˈfaɪnərɪ] N (*of dress*) Staat *m*
finesse [fɪˈnɛs] N Geschick *nt*
fine-tooth comb [ˈfaɪntuːθ-] N: **to go through sth with a ~** (*fig*) etw genau unter die Lupe nehmen
★**finger** [ˈfɪŋgəʳ] N Finger *m* ▶ VT befühlen; **little ~** kleiner Finger; **index ~** Zeigefinger *m*
fingernail [ˈfɪŋgəneɪl] N Fingernagel *m*
fingerprint [ˈfɪŋgəprɪnt] N Fingerabdruck *m* ▶ VT Fingerabdrücke abnehmen *+dat*
fingerstall [ˈfɪŋgəstɔːl] N Fingerling *m*
fingertip [ˈfɪŋgətɪp] N Fingerspitze *f*; **to have sth at one's fingertips** (*to hand*) etw parat

haben; (*know well*) etw aus dem Effeff kennen (*inf*)

finicky [ˈfɪnɪkɪ] ADJ pingelig

★**finish** [ˈfɪnɪʃ] N Schluss *m*, Ende *nt*; (*Sport*) Finish *nt*; (*polish etc*) Verarbeitung *f* ▶ VT fertig sein mit; (*work*) erledigen; (*book*) auslesen; (*use up*) aufbrauchen ▶ VI enden; (*person*) fertig sein; **to ~ doing sth** mit etw fertig werden; **to ~ third** als Dritter durchs Ziel gehen; **to have finished with sth** mit etw fertig sein; **she's finished with him** sie hat mit ihm Schluss gemacht
▶ **finish off** VT fertig machen; (*kill*) den Gnadenstoß geben
▶ **finish up** VT (*food*) aufessen; (*drink*) austrinken ▶ VI (*end up*) landen

finished [ˈfɪnɪʃt] ADJ fertig; (*performance*) ausgereift; (*inf: tired*) erledigt

finishing line [ˈfɪnɪʃɪŋ-] N Ziellinie *f*

finishing school [ˈfɪnɪʃɪŋ-] N höhere Mädchenschule *f* (*in der auch Etikette und gesellschaftliches Verhalten gelehrt wird*)

finishing touches [ˈfɪnɪʃɪŋ-] NPL: **the ~** der letzte Schliff

finite [ˈfaɪnaɪt] ADJ begrenzt; (*verb*) finit

★**Finland** [ˈfɪnlənd] N Finnland *nt*

Finn [fɪn] N Finne *m*, Finnin *f*

★**Finnish** [ˈfɪnɪʃ] ADJ finnisch ▶ N (*Ling*) Finnisch *nt*

fiord [fjɔːd] N = **fjord**

fir [fəːʳ] N Tanne *f*

★**fire** [ˈfaɪəʳ] N Feuer *nt*; (*in hearth*) (Kamin)feuer *nt*; (*accidental fire*) Brand *m* ▶ VT abschießen; (*imagination*) beflügeln; (*enthusiasm*) befeuern; (*inf: dismiss*) feuern ▶ VI feuern, schießen; **to ~ a gun** ein Gewehr abschießen; **to be on ~** brennen; **to set ~ to sth, set sth on ~** etw anzünden; **insured against ~** feuerversichert; **electric/gas ~** Elektro-/Gasofen *m*; **to come/be under ~ (from)** unter Beschuss (von) geraten/stehen

fire alarm N Feuermelder *m*

firearm [ˈfaɪərɑːm] N Feuerwaffe *f*, Schusswaffe *f*

fire brigade N Feuerwehr *f*

fire chief N Branddirektor *m*

fire department (*US*) N Feuerwehr *f*

fire door N Feuertür *f*

fire drill N Probealarm *m*

fire engine N Feuerwehrauto *nt*

fire escape N Feuertreppe *f*

fire exit N Notausgang *m*

fire extinguisher [-ɪkˈstɪŋgwɪʃəʳ] N Feuerlöscher *m*

firefighter [ˈfaɪəfaɪtəʳ] N Feuerwehrmann *m*, Feuerwehrfrau *f*

fireguard [ˈfaɪəgɑːd] (BRIT) N (Schutz)gitter *nt* (*vor dem Kamin*)

fire hazard N: **that's a ~** das ist feuergefährlich

fire hydrant N Hydrant *m*

fire insurance N Feuerversicherung *f*

fireman [ˈfaɪəmən] N (*irreg*) Feuerwehrmann *m*

fireplace [ˈfaɪəpleɪs] N Kamin *m*

fireplug [ˈfaɪəplʌg] (*US*) N = **fire hydrant**

fire practice N = **fire drill**

fireproof [ˈfaɪəpruːf] ADJ feuerfest

fire regulations NPL Brandschutzbestimmungen *pl*

fire screen N Ofenschirm *m*

fireside [ˈfaɪəsaɪd] N: **by the ~** am Kamin

fire station N Feuerwache *f*

firewood [ˈfaɪəwud] N Brennholz *nt*

fireworks [ˈfaɪəwəːks] NPL Feuerwerkskörper *pl*; (*display*) Feuerwerk *nt*

firing line [ˈfaɪərɪŋ-] N Feuerlinie *f*, Schusslinie *f*; **to be in the ~** (*fig*) in der Schusslinie sein

firing squad [ˈfaɪərɪŋ-] N Exekutionskommando *nt*

★**firm** [fəːm] ADJ fest; (*mattress*) hart; (*measures*) durchgreifend ▶ N Firma *f*; **to be a ~ believer in sth** fest von etw überzeugt sein

firmly [ˈfəːmlɪ] ADV fest; hart; (*definitely*) entschlossen

firmness [ˈfəːmnɪs] N Festigkeit *f*; Härte *f*; (*definiteness*) Entschlossenheit *f*

★**first** [fəːst] ADJ erste(r, s) ▶ ADV als Erste(r, s); (*before other things*) zuerst; (*when listing reasons etc*) erstens; (*for the first time*) zum ersten Mal ▶ N Erste(r, s); (*Aut: also:* **first gear**) der erste Gang; (BRIT *Scol*) ≈ Eins *f*; **the ~ of January** der erste Januar; **at ~** zuerst, zunächst; **~ of all** vor allem; **in the ~ instance** zuerst *or* zunächst einmal; **I'll do it ~ thing (tomorrow)** ich werde es (morgen) als Erstes tun; **from the very ~** gleich von Anfang an

first aid N erste Hilfe *f*

first-aid kit [fəːstˈeɪd-] N Erste-Hilfe-Ausrüstung *f*

first-class [ˈfəːstˈklɑːs] ADJ erstklassig; (*carriage, ticket*) Erste(r)-Klasse-; (*post*) bevorzugt befördert ▶ ADV (*travel, send*) erster Klasse

first-hand [ˈfəːstˈhænd] ADJ aus erster Hand

first lady (*US*) N First Lady *f*; **the ~ of jazz** die Königin des Jazz

firstly [ˈfəːstlɪ] ADV erstens, zunächst einmal

first name N Vorname *m*

first night N Premiere *f*

first-rate [ˈfəːstˈreɪt] ADJ erstklassig

first-time buyer [ˈfəːsttaɪm-] N *jd, der zum ersten Mal ein Haus/eine Wohnung kauft*

fir tree N Tannenbaum *m*

fiscal [ˈfɪskl] ADJ (*year*) Steuer-; (*policies*) Finanz-

★**fish** [fɪʃ] N INV Fisch *m* ▶ VT (*area*) fischen in +*dat*; (*river*) angeln in +*dat* ▶ VI fischen; (*as sport, hobby*) angeln; **to go fishing** fischen/angeln gehen
▶ **fish out** VT herausfischen

fish bone N (Fisch)gräte *f*

fish cake N Fischfrikadelle *f*

fisherman [ˈfɪʃəmən] N (*irreg*) Fischer *m*

fishery [ˈfɪʃərɪ] N Fischereigebiet *nt*

fish factory (BRIT) N Fischfabrik *f*

fish farm N Fischzucht(anlage) *f*

fish fingers [fɪʃˈfɪŋgəz] (BRIT) NPL Fischstäbchen *pl*
fish-hook [ˈfɪʃhuk] N Angelhaken *m*
★**fishing** [ˈfɪʃɪŋ] N Fischen *nt*; (*with rod*) Angeln *nt*; (*as industry*) Fischerei *f*
fishing boat N Fischerboot *nt*
fishing line N Angelschnur *f*
fishing net N Fischnetz *nt*
fishing rod N Angelrute *f*
fishing tackle N Angelgeräte *pl*
fish market N Fischmarkt *m*
fishmonger [ˈfɪʃmʌŋgəʳ] (*esp BRIT*) N Fischhändler(in) *m(f)*
fishmonger's [ˈfɪʃmʌŋgəz], **fishmonger's shop** (*esp BRIT*) N Fischgeschäft *nt*
fish slice (BRIT) N Fischvorlegemesser *nt*
fish sticks (*US*) NPL = **fish fingers**
fish tank N Aquarium *nt*
fishy [ˈfɪʃɪ] (*inf*) ADJ verdächtig, faul
fission [ˈfɪʃən] N Spaltung *f*; **atomic** *or* **nuclear ~** Atomspaltung *f*, Kernspaltung *f*
fissure [ˈfɪʃəʳ] N Riss *m*, Spalte *f*
fist [fɪst] N Faust *f*
fist fight N Faustkampf *m*
★**fit** [fɪt] ADJ geeignet; (*healthy*) gesund; (*Sport*) fit ▶ VT passen *+dat*; (*adjust*) anpassen; (*match*) entsprechen *+dat*; (*be suitable for*) passen auf *+acc*; (*put in*) einbauen; (*attach*) anbringen; (*equip*) ausstatten ▶ VI passen; (*parts*) zusammenpassen; (*in space, gap*) hineinpassen ▶ N (*Med*) Anfall *m*; **to ~ the description** der Beschreibung entsprechen; **~ to** bereit zu; **~ to eat** essbar; **~ to drink** trinkbar; **to be ~ to keep** es wert sein, aufbewahrt zu werden; **~ for** geeignet für; **~ for work** arbeitsfähig; **to keep ~** sich fit halten; **do as you think** *or* **see ~** tun Sie, was Sie für richtig halten; **a ~ of anger** ein Wutanfall *m*; **a ~ of pride** eine Anwandlung von Stolz; **to have a ~** einen Anfall haben; (*inf, fig*) einen Anfall kriegen; **this dress is a good ~** dieses Kleid sitzt *or* passt gut; **by fits and starts** unregelmäßig
▶ **fit in** VI (*person*) sich einfügen; (*object*) hineinpassen ▶ VT (*fig: appointment*) unterbringen, einschieben; (*visitor*) Zeit finden für; **to ~ in with sb's plans** sich mit jds Plänen vereinbaren lassen
fitful [ˈfɪtful] ADJ unruhig
fitment [ˈfɪtmənt] N Einrichtungsgegenstand *m*
fitness [ˈfɪtnɪs] N Gesundheit *f*; (*Sport*) Fitness *f*
fitness instructor N Fitnesstrainer(in) *m(f)*
fitted carpet [ˈfɪtɪd-] N Teppichboden *m*
fitted cupboards [ˈfɪtɪd-] NPL Einbauschränke *pl*
fitted kitchen [ˈfɪtɪd-] (BRIT) N Einbauküche *f*
fitter [ˈfɪtəʳ] N Monteur *m*; (*for machines*) (Maschinen)schlosser *m*
fitting [ˈfɪtɪŋ] ADJ passend; (*thanks*) gebührend ▶ N (*of dress*) Anprobe *f*; (*of piece of equipment*) Installation *f* ■ **fittings** NPL Ausstattung *f*
fitting room N Anprobe(kabine) *f*
★**five** [faɪv] NUM fünf
five-day week [ˈfaɪvdeɪ-] N Fünftagewoche *f*
fiver [ˈfaɪvəʳ] (*inf*) N (BRIT) Fünfpfundschein *m*; (*US*) Fünfdollarschein *m*
★**fix** [fɪks] VT (*attach*) befestigen; (*arrange*) festsetzen, festlegen; (*mend*) reparieren; (*meal, drink*) machen; (*inf*) manipulieren ▶ N: **to be in a ~** in der Patsche *or* Klemme sitzen; **to ~ sth to/on sth** etw an/auf etw *dat* befestigen; **to ~ one's eyes/attention on** seinen Blick/seine Aufmerksamkeit richten auf *+acc*; **the fight was a ~** (*inf*) der Kampf war eine abgekartete Sache
▶ **fix up** VT arrangieren; **to ~ sb up with sth** jdm etw besorgen
fixation [fɪkˈseɪʃən] N Fixierung *f*
fixative [ˈfɪksətɪv] N Fixativ *nt*
★**fixed** [fɪkst] ADJ fest; (*ideas*) fix; (*smile*) starr; **~ charge** Pauschale *f*; **how are you ~ for money?** wie sieht es bei dir mit dem Geld aus?
fixed assets NPL Anlagevermögen *nt*
fixture [ˈfɪkstʃəʳ] N Ausstattungsgegenstand *m*; (*Football etc*) Spiel *nt*; (*Athletics etc*) Veranstaltung *f*
fizz [fɪz] VI sprudeln; (*firework*) zischen
fizzle out [ˈfɪzl-] VI (*plan*) im Sande verlaufen; (*interest*) sich verlieren
fizzy [ˈfɪzɪ] ADJ sprudelnd
fjord [fjɔːd] N Fjord *m*
FL, Fla. (*US*) ABBR (*Post*) = **Florida**
flabbergasted [ˈflæbəgɑːstɪd] ADJ verblüfft
flabby [ˈflæbɪ] ADJ schwammig, wabbelig (*inf*)
★**flag** [flæg] N Fahne *f*; (*of country*) Flagge *f*; (*for signalling*) Signalflagge *f*; (*also:* **flagstone**) (Stein)platte *f* ▶ VI erlahmen; **~ of convenience** Billigflagge *f*; **to ~ down** anhalten
flagon [ˈflægən] N Flasche *f*; (*jug*) Krug *m*
flagpole [ˈflægpəul] N Fahnenstange *f*
flagrant [ˈfleɪgrənt] ADJ flagrant; (*injustice*) himmelschreiend
flagship [ˈflægʃɪp] N Flaggschiff *nt*
flagstone [ˈflægstəun] N (Stein)platte *f*
flag stop (*US*) N Bedarfshaltestelle *f*
flair [flɛəʳ] N Talent *nt*; (*style*) Flair *nt*
flak [flæk] N Flakfeuer *nt*; **to get a lot of ~ (for sth)** (*inf: criticism*) (wegen etw) unter Beschuss geraten
flake [fleɪk] N Splitter *m*; (*of snow, soap powder*) Flocke *f* ▶ VI (*also:* **flake off**) abblättern, absplittern
▶ **flake out** (*inf*) VI aus den Latschen kippen; (*go to sleep*) einschlafen
flaky [ˈfleɪkɪ] ADJ brüchig; (*skin*) schuppig
flaky pastry N Blätterteig *m*
flamboyant [flæmˈbɔɪənt] ADJ extravagant
flame [fleɪm] N Flamme *f*; **to burst into flames** in Flammen aufgehen; **an old ~** (*inf*) eine alte Flamme
flaming [ˈfleɪmɪŋ] (*!*) ADJ verdammt
flamingo [fləˈmɪŋgəu] N Flamingo *m*

flammable [ˈflæməbl] ADJ leicht entzündbar
flan [flæn] N Kuchen *m*; **~ case** Tortenboden *m*
Flanders [ˈflɑːndəz] N Flandern *nt*
flange [flændʒ] N Flansch *m*
flank [flæŋk] N Flanke *f* ▶ VT flankieren
flannel [ˈflænl] N Flanell *m*; (BRIT: *also:* **face flannel**) Waschlappen *m*; (*inf*) Geschwafel *nt* ■ **flannels** NPL (*trousers*) Flanellhose *f*
flannelette [flænəˈlɛt] N Baumwollflanell *m*, Biber *m or nt*
flap [flæp] N Klappe *f*; (*of envelope*) Lasche *f* ▶ VT schlagen mit ▶ VI flattern; (*inf: also:* **be in a flap**) in heller Aufregung sein
flapjack [ˈflæpdʒæk] N (*US: pancake*) Pfannkuchen *m*; (BRIT: *biscuit*) Haferkeks *m*
flare [flɛəʳ] N Leuchtsignal *nt*; (*in skirt etc*) Weite *f* ▶ **flare up** VI auflodern; (*person*) aufbrausen; (*fighting, violence, trouble*) ausbrechen; *see also* **flared**
flared [flɛəd] ADJ (*trousers*) mit Schlag; (*skirt*) ausgestellt
★**flash** [flæʃ] N Aufblinken *nt*; (*also:* **newsflash**) Eilmeldung *f*; (*Phot*) Blitz *m*, Blitzlicht *nt*; (*US: torch*) Taschenlampe *f* ▶ VT aufleuchten lassen; (*news, message*) durchgeben; (*look, smile*) zuwerfen ▶ VI aufblinken; (*light on ambulance*) blinken; (*eyes*) blitzen; **in a ~** im Nu; **quick as a ~** blitzschnell; **~ of inspiration** Geistesblitz *m*; **to ~ one's headlights** die Lichthupe betätigen; **the thought flashed through his mind** der Gedanke schoss ihm durch den Kopf; **to ~ by** *or* **past** vorbeiflitzen (*inf*)
flashback [ˈflæʃbæk] N Rückblende *f*
flashbulb [ˈflæʃbʌlb] N Blitzbirne *f*
flash card N Leselernkarte *f*
flashcube [ˈflæʃkjuːb] N Blitzwürfel *m*
flash drive N USB-Stick *m*
flasher [ˈflæʃəʳ] N (*Aut*) Lichthupe *f*; (*!: man*) Exhibitionist *m*
flashlight [ˈflæʃlaɪt] N Blitzlicht *nt*
flash point N (*fig*): **to be at ~** auf dem Siedepunkt sein
flashy [ˈflæʃɪ] (*pej*) ADJ auffällig, protzig
flask [flɑːsk] N Flakon *m*; (*Chem*) Glaskolben *m*; (*also:* **vacuum flask**) Thermosflasche® *f*
★**flat** [flæt] ADJ flach; (*surface*) eben; (*tyre*) platt; (*battery*) leer; (*beer*) schal; (*refusal, denial*) glatt; (*note, voice*) zu tief; (*rate, fee*) Pauschal- ▶ N (BRIT: *apartment*) Wohnung *f*; (*Aut*) (Reifen)panne *f*; (*Mus*) Erniedrigungszeichen *nt*; **to work ~ out** auf Hochtouren arbeiten; **~ rate of pay** Pauschallohn *m*
flat-footed [ˈflætˈfutɪd] ADJ: **to be ~** Plattfüße *pl* haben
flatly [ˈflætlɪ] ADV (*refuse, deny*) glatt, kategorisch
flatmate [ˈflætmeɪt] (BRIT) N Mitbewohner(in) *m(f)*
flatness [ˈflætnɪs] N Flachheit *f*
flat screen N Flachbildschirm *m*
flat-screen monitor [ˈflætskriːn-] N Flachbildschirm *m*
flatten [ˈflætn] VT (*also:* **flatten out**) (ein)ebnen; (*paper, fabric etc*) glätten; (*building, city*) dem Erdboden gleichmachen; (*crop*) zu Boden drücken; (*inf: person*) umhauen; **to ~ o.s. against a wall/door** *etc* sich platt gegen *or* an eine Wand/Tür *etc* drücken
flatter [ˈflætəʳ] VT schmeicheln *+dat*
flatterer [ˈflætərəʳ] N Schmeichler(in) *m(f)*
flattering [ˈflætərɪŋ] ADJ schmeichelhaft; (*dress etc*) vorteilhaft
flattery [ˈflætərɪ] N Schmeichelei *f*
flatulence [ˈflætjuləns] N Blähungen *pl*
flaunt [flɔːnt] VT zur Schau stellen, protzen mit
flavour, (US) **flavor** [ˈfleɪvəʳ] N Geschmack *m*; (*of ice-cream etc*) Geschmacksrichtung *f* ▶ VT Geschmack verleihen *+dat*; **to give** *or* **add ~ to** Geschmack verleihen *+dat*; **music with an African ~** (*fig*) Musik mit einer afrikanischen Note; **strawberry-flavoured** mit Erdbeergeschmack
flavouring, (US) **flavoring** [ˈfleɪvərɪŋ] N Aroma *nt*
flaw [flɔː] N Fehler *m*
flawless [ˈflɔːlɪs] ADJ (*performance*) fehlerlos; (*complexion*) makellos
flax [flæks] N Flachs *m*
flaxen [ˈflæksən] ADJ (*hair*) flachsblond
flea [fliː] N Floh *m*
flea market N Flohmarkt *m*
fleck [flɛk] N Tupfen *m*, Punkt *m*; (*of dust*) Flöckchen *nt*; (*of mud, paint, colour*) Fleck(en) *m* ▶ VT bespritzen; **brown flecked with white** braun mit weißen Punkten
fled [flɛd] PT, PP *of* **flee**
fledgeling, fledgling [ˈflɛdʒlɪŋ] N Jungvogel *m* ▶ ADJ (*inexperienced: actor etc*) Nachwuchs-; (*newly started: business etc*) jung
flee [fliː] (*pt, pp* **fled**) VT fliehen *or* flüchten vor *+dat*; (*country*) fliehen *or* flüchten aus ▶ VI fliehen, flüchten
fleece [fliːs] N Schafwolle *f*; (*sheep's coat*) Schaffell *nt*, Vlies *nt* ▶ VT (*inf: cheat*) schröpfen
fleecy [ˈfliːsɪ] ADJ flauschig; (*cloud*) Schäfchen-
fleet [fliːt] N Flotte *f*; (*of lorries, cars*) Fuhrpark *m*
fleeting [ˈfliːtɪŋ] ADJ flüchtig
Flemish [ˈflɛmɪʃ] ADJ flämisch ▶ N (*Ling*) Flämisch *nt* ■ **the Flemish** NPL die Flamen
flesh [flɛʃ] N Fleisch *nt*; (*of fruit*) Fruchtfleisch *nt* ▶ **flesh out** VT ausgestalten
flesh wound [-wuːnd] N Fleischwunde *f*
flew [fluː] PT *of* **fly**
flex [flɛks] N Kabel *nt* ▶ VT beugen; (*muscles*) spielen lassen
flexibility [flɛksɪˈbɪlɪtɪ] N Flexibilität *f*; Biegsamkeit *f*
★**flexible** [ˈflɛksəbl] ADJ flexibel; (*material*) biegsam
flexitarian [flɛksɪˈtɛərɪən] ADJ flexitarisch ▶ N Flexitarier(in) *m(f)*
flexitime [ˈflɛksɪtaɪm] N gleitende Arbeitszeit *f*, Gleitzeit *f*

flick [flɪk] N (*of finger*) Schnipsen *nt*; (*of hand*) Wischen *nt*; (*of whip*) Schnalzen *nt*; (*of towel etc*) Schlagen *nt*; (*of switch*) Knipsen *nt* ▶ VT schnipsen; (*with hand*) wischen; (*whip*) knallen mit; (*switch*) knipsen ▪ **flicks** NPL (*inf*) Kino *nt*; **to ~ a towel at sb** mit einem Handtuch nach jdm schlagen
▶ **flick through** VT FUS durchblättern

flicker [ˈflɪkəʳ] VI flackern; (*eyelids*) zucken ▶ N Flackern *nt*; (*of pain, fear*) Aufflackern *nt*; (*of smile*) Anflug *m*; (*of eyelid*) Zucken *nt*

flick knife (BRIT) N Klappmesser *nt*

flier [ˈflaɪəʳ] N Flieger(in) *m(f)*

flight [flaɪt] N Flug *m*; (*escape*) Flucht *f*; (*also:* **flight of steps**) Treppe *f*; **to take ~** die Flucht ergreifen; **to put to ~** in die Flucht schlagen

flight attendant (US) N Flugbegleiter(in) *m(f)*

flight crew N Flugbesatzung *f*

flight deck N (*Aviat*) Cockpit *nt*; (*Naut*) Flugdeck *nt*

flight path N Flugbahn *f*

flight recorder N Flugschreiber *m*

flimsy [ˈflɪmzɪ] ADJ leicht, dünn; (*building*) leicht gebaut; (*excuse*) fadenscheinig; (*evidence*) nicht stichhaltig

flinch [flɪntʃ] VI zusammenzucken; **to ~ from** zurückschrecken vor *+dat*

fling [flɪŋ] (*pt, pp* **flung**) VT schleudern; (*arms*) werfen; (*oneself*) stürzen ▶ N (flüchtige) Affäre *f*

flint [flɪnt] N Feuerstein *m*

flip [flɪp] VT (*switch*) knipsen; (*coin*) werfen; (*US: pancake*) umdrehen ▶ VI: **to ~ for sth** (*US*) um etw mit einer Münze knobeln
▶ **flip through** VT FUS durchblättern; (*records etc*) durchgehen

flipchart [ˈflɪptʃɑːt] N Flipchart *nt*

flippant [ˈflɪpənt] ADJ leichtfertig

flipper [ˈflɪpəʳ] N Flosse *f*; (*for swimming*) (Schwimm)flosse *f*

flip side N (*of record*) B-Seite *f*

flirt [fləːt] VI flirten; (*with idea*) liebäugeln ▶ N: **he/she is a ~** er/sie flirtet gern

flirtation [fləːˈteɪʃən] N Flirt *m*

flit [flɪt] VI flitzen; (*expression, smile*) huschen

float [fləut] N Schwimmkork *m*; (*for fishing*) Schwimmer *m*; (*lorry*) Festwagen *m*; (*money*) Wechselgeld *nt* ▶ VI schwimmen; (*swimmer*) treiben; (*through air*) schweben; (*currency*) floaten ▶ VT (*currency*) freigeben, floaten lassen; (*company*) gründen; (*idea, plan*) in den Raum stellen
▶ **float around** VI im Umlauf sein; (*person*) herumschweben (*inf*); (*object*) herumfliegen (*inf*)

flock [flɔk] N Herde *f*; (*of birds*) Schwarm *m* ▶ VI: **to ~ to** (*place*) strömen nach; (*event*) in Scharen kommen zu

floe [fləu] N (*also:* **ice floe**) Eisscholle *f*

flog [flɔg] VT auspeitschen; (*inf: sell*) verscherbeln

flood [flʌd] N Überschwemmung *f*; (*of letters, imports etc*) Flut *f* ▶ VT überschwemmen; (*Aut*) absaufen lassen (*inf*) ▶ VI überschwemmt werden; **to be in ~** Hochwasser führen; **to ~ the market** den Markt überschwemmen; **to ~ into Hungary/the square/the palace** nach Ungarn/auf den Platz/in den Palast strömen

flooding [ˈflʌdɪŋ] N Überschwemmung *f*

floodlight [ˈflʌdlaɪt] N Flutlicht *nt* ▶ VT (*irreg: like* **light**) (mit Flutlicht) beleuchten; (*building*) anstrahlen

floodlit [ˈflʌdlɪt] PT, PP *of* **floodlight** ▶ ADJ (mit Flutlicht) beleuchtet; (*building*) angestrahlt

flood tide N Flut *f*

floodwater [ˈflʌdwɔːtəʳ] N Hochwasser *nt*

★**floor** [flɔːʳ] N (Fuß)boden *m*; (*storey*) Stock *nt*; (*of sea, valley*) Boden *m* ▶ VT (*subj: blow*) zu Boden werfen; (: *question, remark*) die Sprache verschlagen *+dat*; **on the ~** auf dem Boden; **ground ~** (BRIT), **first ~** (US) Erdgeschoss *nt*, Erdgeschoß *nt* (ÖSTERR); **first ~** (BRIT), **second ~** (US) erster Stock *m*; **top ~** oberstes Stockwerk *nt*; **to have the ~** (*speaker: at meeting*) das Wort haben

floorboard [ˈflɔːbɔːd] N Diele *f*

flooring [ˈflɔːrɪŋ] N (Fuß)boden *m*; (*covering*) Fußbodenbelag *m*

floor lamp (US) N Stehlampe *f*

floor show N Show *f*, Vorstellung *f*

floorwalker [ˈflɔːwɔːkəʳ] (*esp US*) N Ladenaufsicht *f*

floozy [ˈfluːzɪ] (*inf*) N Flittchen *nt*

flop [flɔp] N Reinfall *m* ▶ VI (*play, book*) durchfallen; (*fall*) sich fallen lassen; (*scheme*) ein Reinfall sein

floppy [ˈflɔpɪ] ADJ schlaff, schlapp ▶ N (*also:* **floppy disk**) Diskette *f*, Floppy Disk *f*; **~ hat** Schlapphut *m*

floppy disk N Diskette *f*, Floppy Disk *f*

flora [ˈflɔːrə] N Flora *f*

floral [ˈflɔːrl] ADJ geblümt

Florence [ˈflɔrəns] N Florenz *nt*

Florentine [ˈflɔrəntaɪn] ADJ florentinisch

florid [ˈflɔrɪd] ADJ (*style*) blumig; (*complexion*) kräftig

florist [ˈflɔrɪst] N Blumenhändler(in) *m(f)*

florist's [ˈflɔrɪsts], **florist's shop** N Blumengeschäft *nt*

flotation [fləuˈteɪʃən] N (*of shares*) Auflegung *f*; (*of company*) Umwandlung *f* in eine Aktiengesellschaft

flotsam [ˈflɔtsəm] N (*also:* **flotsam and jetsam**) Strandgut *nt*; (*floating*) Treibgut *nt*

flounce [flauns] N Volant *m*
▶ **flounce out** VI hinausstolzieren

flounder [ˈflaundəʳ] VI sich abstrampeln; (*fig: speaker*) ins Schwimmen kommen; (*economy*) in Schwierigkeiten geraten ▶ N Flunder *f*

flour [ˈflauəʳ] N Mehl *nt*

flourish [ˈflʌrɪʃ] VI gedeihen; (*business*) blühen, florieren ▶ VT schwenken ▶ N (*in writing*) Schnörkel *m*; (*bold gesture*): **with a ~** mit einer schwungvollen Bewegung

flourishing [ˈflʌrɪʃɪŋ] ADJ gut gehend, florierend

flout [flaut] VT sich hinwegsetzen über *+acc*

★**flow** [fləu] N Fluss *m*; (*of sea*) Flut *f* ▸ VI fließen; (*clothes, hair*) wallen

flow chart N Flussdiagramm *nt*

flow diagram N = **flow chart**

★**flower** [ˈflauəʳ] N Blume *f*; (*blossom*) Blüte *f* ▸ VI blühen; **to be in ~** blühen

flowerbed [ˈflauəbɛd] N Blumenbeet *nt*

flowerpot [ˈflauəpɔt] N Blumentopf *m*

flowery [ˈflauərɪ] ADJ blumig; (*pattern*) Blumen-

flown [fləun] PP *of* **fly**

flu [flu:] N Grippe *f*

fluctuate [ˈflʌktjueɪt] VI schwanken; (*opinions, attitudes*) sich ändern

fluctuation [flʌktjuˈeɪʃən] N: **~ (in)** Schwankung *f* (*+gen*)

flue [flu:] N Rauchfang *m*, Rauchabzug *m*

fluency [ˈflu:ənsɪ] N Flüssigkeit *f*; **his ~ in German** sein flüssiges Deutsch

fluent [ˈflu:ənt] ADJ flüssig; **he speaks ~ German, he's ~ in German** er spricht fließend Deutsch

fluently [ˈflu:əntlɪ] ADV flüssig; (*speak a language*) fließend

fluff [flʌf] N Fussel *m*; (*fur*) Flaum *m* ▸ VT (*inf: do badly*) verpatzen; (*also:* **fluff out**) aufplustern

fluffy [ˈflʌfɪ] ADJ flaumig; (*jacket etc*) weich, kuschelig; **~ toy** Kuscheltier *nt*

fluid [ˈflu:ɪd] ADJ fließend; (*situation, arrangement*) unklar ▸ N Flüssigkeit *f*

fluid ounce (BRIT) N flüssige Unze *f* (= *28 ml*)

fluke [flu:k] (*inf*) N Glücksfall *m*; **by a ~** durch einen glücklichen Zufall

flummox [ˈflʌməks] VT verwirren, durcheinanderbringen

flung [flʌŋ] PT, PP *of* **fling**

flunky [ˈflʌŋkɪ] N Lakai *m*

fluorescent [fluəˈrɛsnt] ADJ fluoreszierend; (*paint*) Leucht-; (*light*) Neon-

fluoride [ˈfluəraɪd] N Fluorid *nt*

fluorine [ˈfluəri:n] N Fluor *nt*

flurry [ˈflʌrɪ] N (*of snow*) Gestöber *nt*; **a ~ of activity/excitement** hektische Aktivität/Aufregung

flush [flʌʃ] N Röte *f*; (*fig: of beauty etc*) Blüte *f* ▸ VT (durch)spülen, (aus)spülen ▸ VI erröten ▸ ADJ: **~ with** auf gleicher Ebene mit; **~ against** direkt an *+dat*; **in the first ~ of youth** in der ersten Jugendblüte; **in the first ~ of freedom** im ersten Freiheitstaumel; **hot flushes** (BRIT) Hitzewallungen *pl*; **to ~ the toilet** spülen, die Wasserspülung betätigen
▸ **flush out** VT aufstöbern

flushed [flʌʃt] ADJ rot

fluster [ˈflʌstəʳ] N: **in a ~** nervös; (*confused*) durcheinander ▸ VT nervös machen; (*confuse*) durcheinanderbringen

flustered [ˈflʌstəd] ADJ nervös; (*confused*) durcheinander

flute [flu:t] N Querflöte *f*

fluted [ˈflu:tɪd] ADJ gerillt; (*column*) kanneliert

flutter [ˈflʌtəʳ] N Flattern *nt*; (*of panic, nerves*) kurzer Anfall *m*; (*of excitement*) Beben *nt* ▸ VI flattern; (*person*) tänzeln; **to have a ~** (BRIT *inf: gamble*) sein Glück (beim Wetten) versuchen

flux [flʌks] N: **in a state of ~** im Fluss

★**fly** [flaɪ] (*pt* **flew**, *pp* **flown**) N Fliege *f*; (*on trousers: also:* **flies**) (Hosen)schlitz *m* ▸ VT fliegen; (*kite*) steigen lassen ▸ VI fliegen; (*escape*) fliehen; (*flag*) wehen; **to ~ open** auffliegen; **to ~ off the handle** an die Decke gehen (*inf*); **pieces of metal went flying everywhere** überall flogen Metallteile herum; **she came flying into the room** sie kam ins Zimmer gesaust; **her glasses flew off** die Brille flog ihr aus dem Gesicht
▸ **fly away** VI wegfliegen
▸ **fly in** VI einfliegen; **he flew in yesterday** er ist gestern mit dem Flugzeug gekommen
▸ **fly off** VI = **fly away**
▸ **fly out** VI ausfliegen; **he flew out yesterday** er ist gestern hingeflogen

fly-drive [ˈflaɪdraɪv] N Urlaub *m* mit Flug und Mietwagen

fly-fishing [ˈflaɪfɪʃɪŋ] N Fliegenfischen *nt*

flying [ˈflaɪɪŋ] N Fliegen *nt* ▸ ADJ: **a ~ visit** ein Blitzbesuch *m*; **he doesn't like ~** er fliegt nicht gerne; **with ~ colours** mit fliegenden Fahnen

flying buttress N Strebebogen *m*

flying picket N mobiler Streikposten *m*

flying saucer N fliegende Untertasse *f*

flying squad N mobiles Einsatzkommando *nt*

flying start N: **to get off to a ~** (*Sport*) hervorragend wegkommen; (*fig*) einen glänzenden Start haben

flyleaf [ˈflaɪli:f] N Vorsatzblatt *nt*

flyover [ˈflaɪəuvəʳ] N (BRIT) Überführung *f*; (*US*) Luftparade *f*

fly-past [ˈflaɪpɑ:st] N Luftparade *f*

flysheet [ˈflaɪʃi:t] N (*for tent*) Überzelt *nt*

flyweight [ˈflaɪweɪt] N Fliegengewicht *nt*

flywheel [ˈflaɪwi:l] N Schwungrad *nt*

FM ABBR (BRIT *Mil*) = **field marshal**; (*Radio:* = *frequency modulation*) FM, ≈ UKW

FMB (*US*) N ABBR (= *Federal Maritime Board*) *Dachausschuss der Handelsmarine*

FMCS (*US*) N ABBR (= *Federal Mediation and Conciliation Service*) *Schlichtungsstelle für Arbeitskonflikte*

FO (BRIT) N ABBR = **Foreign Office**

foal [fəul] N Fohlen *nt*

foam [fəum] N Schaum *m*; (*also:* **foam rubber**) Schaumgummi *m* ▸ VI schäumen

fob [fɔb] VT: **to ~ sb off** jdn abspeisen ▸ N (*also:* **watch fob**) Uhrkette *f*

f.o.b. ABBR (*Comm:* = *free on board*) frei Schiff

foc (BRIT) ABBR (*Comm:* = *free of charge*) gratis

focal point [ˈfəukl-] N Mittelpunkt *m*; (*of camera, telescope etc*) Brennpunkt *m*

★**focus** [ˈfəukəs] (*pl* **focuses**) N Brennpunkt *m*; (*of storm*) Zentrum *nt* ▸ VT einstellen; (*light rays*) bündeln ▸ VI: **to ~ (on)** (*with camera*) klar *or* scharf einstellen *+acc*; (*person*) sich konzentrieren (auf *+acc*); **in/out of ~** (*camera etc*) scharf/unscharf eingestellt; (*photograph*) scharf/unscharf

focus group N (*Pol*) Fokusgruppe *f*

fodder [ˈfɔdəʳ] N Futter *nt*

FoE N ABBR (= *Friends of the Earth*) *Umweltschutzorganisation*

foe [fəu] N Feind(in) *m(f)*

foetus, (*US*) **fetus** [ˈfi:təs] N Fötus *m*, Fetus *m*

★**fog** [fɔg] N Nebel *m*

fogbound [ˈfɔgbaund] ADJ (*airport*) wegen Nebel geschlossen

★**foggy** [ˈfɔgɪ] ADJ neb(e)lig

fog lamp, (*US*) **fog light** N (*Aut*) Nebelscheinwerfer *m*

foible [ˈfɔɪbl] N Eigenheit *f*

foil [fɔɪl] VT vereiteln ▸ N Folie *f*; (*complement*) Kontrast *m*; (*Fencing*) Florett *nt*; **to act as a ~ to** einen Kontrast darstellen zu

foist [fɔɪst] VT: **to ~ sth on sb** (*goods*) jdm etw andrehen; (*task*) etw an jdn abschieben; (*ideas, views*) jdm etw aufzwingen

★**fold** [fəuld] N Falte *f*; (*Agr*) Pferch *m*; (*fig*) Schoß *m* ▸ VT (zusammen)falten; (*arms*) verschränken ▸ VI (*business*) eingehen (*inf*)

▸ **fold up** VI sich zusammenfalten lassen; (*bed, table*) sich zusammenklappen lassen; (*business*) eingehen (*inf*) ▸ VT zusammenfalten

folder [ˈfəuldəʳ] N Aktenmappe *f*; (*binder*) Hefter *m*; (*brochure*) Informationsblatt *nt*

folding [ˈfəuldɪŋ] ADJ (*chair, bed*) Klapp-

foliage [ˈfəulɪɪdʒ] N Laubwerk *nt*

folk [fəuk] NPL Leute *pl* ▸ CPD Volks-; **my folks** (*parents*) meine alten Herrschaften

folklore [ˈfəuklɔ:ʳ] N Folklore *f*

folk music N Volksmusik *f*; (*contemporary*) Folk *m*

folk song N Volkslied *nt*; (*contemporary*) Folksong *m*

★**follow** [ˈfɔləu] VT folgen *+dat*; (*with eyes*) verfolgen; (*advice, instructions*) befolgen ▸ VI (*also on Twitter*) folgen; **to ~ in sb's footsteps** in jds Fußstapfen *acc* treten; **I don't quite ~ you** ich kann Ihnen nicht ganz folgen; **it follows that** daraus folgt, dass; **to ~ suit** (*fig*) jds Beispiel *dat* folgen

▸ **follow on** VI (*continue*): **to ~ on from** aufbauen auf *+dat*

▸ **follow out** VT (*idea, plan*) zu Ende verfolgen

▸ **follow through** VT = **follow out**

▸ **follow up** VT nachgehen *+dat*; (*offer*) aufgreifen; (*case*) weiterverfolgen

follower [ˈfɔləuəʳ] N Anhänger(in) *m(f)*

following [ˈfɔləuɪŋ] ADJ folgend ▸ N Anhängerschaft *f*

follow-up [ˈfɔləuʌp] N Weiterführung *f* ▸ ADJ: **~ treatment** Nachbehandlung *f*

folly [ˈfɔlɪ] N Torheit *f*; (*building*) exzentrisches Bauwerk *nt*

fond [fɔnd] ADJ liebevoll; (*memory*) lieb; (*hopes, dreams*) töricht; **to be ~ of** mögen; **she's ~ of swimming** sie schwimmt gerne

fondle [ˈfɔndl] VT streicheln

fondly [ˈfɔndlɪ] ADV liebevoll; (*naïvely*) törichterweise; **he ~ believed that ...** er war so naiv zu glauben, dass ...

fondness [ˈfɔndnɪs] N (*for things*) Vorliebe *f*; (*for people*) Zuneigung *f*; **a special ~ for** eine besondere Vorliebe für/Zuneigung zu

font [fɔnt] N Taufbecken *nt*; (*Typ*) Schrift *f*

★**food** [fu:d] N Essen *nt*; (*for animals*) Futter *nt*; (*nourishment*) Nahrung *f*; (*groceries*) Lebensmittel *pl*

food chain N Nahrungskette *f*

food combining [-kəmˈbaɪnɪŋ] N Trennkost *f*

food mixer N Küchenmixer *m*

food poisoning N Lebensmittelvergiftung *f*

food processor N Küchenmaschine *f*

food stamp N Lebensmittelmarke *f*

foodstuffs [ˈfu:dstʌfs] NPL Lebensmittel *pl*

★**fool** [fu:l] N Dummkopf *m*; (*Culin*) *Sahnespeise aus Obstpüree* ▸ VT hereinlegen, täuschen ▸ VI herumalbern; **to make a ~ of sb** jdn lächerlich machen; (*trick*) jdn hereinlegen; **to make a ~ of o.s.** sich blamieren; **you can't ~ me** du kannst mich nicht zum Narren halten

▸ **fool about** (*pej*) VI herumtrödeln; (*behave foolishly*) herumalbern

▸ **fool around** VI = **fool about**

foolhardy [ˈfu:lhɑ:dɪ] ADJ tollkühn

foolish [ˈfu:lɪʃ] ADJ dumm

foolishly [ˈfu:lɪʃlɪ] ADV dumm; **~, I forgot ...** dummerweise habe ich ... vergessen

foolishness [ˈfu:lɪʃnɪs] N Dummheit *f*

foolproof [ˈfu:lpru:f] ADJ idiotensicher

foolscap [ˈfu:lskæp] N ≈ Kanzleipapier *nt*

★**foot** [fut] (*pl* **feet**) N Fuß *m*; (*of animal*) Pfote *f* ▸ VT (*bill*) bezahlen; **on ~** zu Fuß; **to find one's feet** sich eingewöhnen; **to put one's ~ down** (*Aut*) Gas geben; (*say no*) ein Machtwort sprechen

footage [ˈfutɪdʒ] N Filmmaterial *nt*

foot-and-mouth [futəndˈmauθ], **foot-and-mouth disease** N Maul- und Klauenseuche *f*

★**football** [ˈfutbɔ:l] N Fußball *m*; (*US*) Football *m*, amerikanischer Fußball *m*

★**footballer** [ˈfutbɔ:ləʳ] (BRIT) N Fußballspieler(in) *m(f)*

football ground N Fußballplatz *m*

football match (BRIT) N Fußballspiel *nt*

football player N (BRIT) Fußballspieler(in) *m(f)*; (*US*) Footballspieler(in) *m(f)*

foot brake N Fußbremse *f*

footbridge [ˈfutbrɪdʒ] N Fußgängerbrücke *f*

footfall [ˈfutfɔ:l] N (*footstep*) Schritt *m*; (*Comm*) Kundenfrequenz *f*

foothills [ˈfuthɪlz] NPL (Gebirgs)ausläufer *pl*

foothold [ˈfuthəuld] N Halt *m*; **to get a ~** Fuß fassen

f

footing [ˈfutɪŋ] N Stellung *f*; (*relationship*) Verhältnis *nt*; **to lose one's ~** den Halt verlieren; **on an equal ~** auf gleicher Basis

footlights [ˈfutlaɪts] NPL Rampenlicht *nt*

footman [ˈfutmən] N (*irreg*) Lakai *m*

footnote [ˈfutnəut] N Fußnote *f*

footpath [ˈfutpɑːθ] N Fußweg *m*; (*in street*) Bürgersteig *m*

footprint [ˈfutprɪnt] N Fußabdruck *m*; (*of animal*) Spur *f*

footrest [ˈfutrɛst] N Fußstütze *f*

Footsie [ˈfutsɪ] (*inf*) N = **FTSE 100 Index**

footsie [ˈfutsɪ] (*inf*) N: **to play ~ with sb** mit jdm füßeln

footsore [ˈfutsɔːʳ] ADJ: **to be ~** wunde Füße haben

footstep [ˈfutstɛp] N Schritt *m*; (*footprint*) Fußabdruck *m*; **to follow in sb's footsteps** in jds Fußstapfen *acc* treten

footwear [ˈfutwɛəʳ] N Schuhe *pl*, Schuhwerk *nt*

for [fɔːʳ]

PREP **1** für *+acc*; **is this for me?** ist das für mich?; **the train for London** der Zug nach London; **he went for the paper** er ging die Zeitung holen; **give it to me — what for?** gib es mir — warum?; **it's time for lunch** es ist Zeit zum Mittagessen; **what's it for?** wofür ist das?; **he works for the government/a local firm** er arbeitet für die Regierung/eine Firma am Ort; **he's mature for his age** er ist reif für sein Alter; **I sold it for £20** ich habe es für £20 verkauft; **I'm all for it** ich bin ganz dafür; **G for George** ≈ G wie Gustav
2 (*because of*): **for this reason** aus diesem Grund; **for fear of being criticised** aus Angst, kritisiert zu werden
3 (*referring to distance*): **there are roadworks for 5 km** die Straßenbauarbeiten erstrecken sich über 5 km; **we walked for miles** wir sind meilenweit gelaufen
4 (*referring to time*): **he was away for 2 years** er war 2 Jahre lang weg; **I have known her for years** ich kenne sie bereits seit Jahren
5 (*with infinitive clause*): **it is not for me to decide** es liegt nicht an mir, das zu entscheiden; **for this to be possible ...** um dies möglich zu machen, ...
6 (*in spite of*) trotz *+gen or dat*; **for all his complaints, he is very fond of her** trotz seiner vielen Klagen mag er sie sehr
▸ CONJ (*formal*: *since, as*) denn; **she was very angry, for he was late again** sie war sehr böse, denn er kam wieder zu spät

When referring to periods of time, use **lang** for the future and completed actions in the past, and **seit** (with the German verb in the present tense) for something that started in the past and is still going on.

★**f.o.r.** ABBR (*Comm*: = *free on rail*) frei Bahn

forage [ˈfɔrɪdʒ] N Futter *nt* ▸ VI herumstöbern; **to ~ (for food)** nach Futter suchen

forage cap N Schiffchen *nt*

foray [ˈfɔreɪ] N (Raub)überfall *m*

forbad, forbade [fəˈbæd] PT *of* **forbid**

forbearing [fɔːˈbɛərɪŋ] ADJ geduldig

forbid [fəˈbɪd] (*pt* **forbade**, *pp* **forbidden**) VT verbieten; **to ~ sb to do sth** jdm verbieten, etw zu tun

forbidden [fəˈbɪdn] PP *of* **forbid** ▸ ADJ verboten

forbidding [fəˈbɪdɪŋ] ADJ (*look*) streng; (*prospect*) grauenhaft

★**force** [fɔːs] N Kraft *f*; (*violence*) Gewalt *f*; (*of blow, impact*) Wucht *f*; (*influence*) Macht *f* ▸ VT zwingen; (*push*) drücken; (: *person*) drängen; (*lock, door*) aufbrechen ■ **the Forces** NPL (BRIT) die Streitkräfte *pl*; **in ~** (*law etc*) geltend; (*people*: *arrive etc*) zahlreich; **to come into ~** in Kraft treten; **to join forces** sich zusammentun; **a ~ 5 wind** Windstärke 5; **the sales ~** das Verkaufspersonal; **to ~ o.s./sb to do sth** sich/jdn zwingen, etw zu tun
▸ **force back** VT zurückdrängen; (*tears*) unterdrücken
▸ **force down** VT (*food*) hinunterwürgen (*inf*)

forced [fɔːst] ADJ gezwungen; **~ labour** Zwangsarbeit *f*; **~ landing** Notlandung *f*

force-feed [ˈfɔːsfiːd] VT zwangsernähren; (*animal*) stopfen

forceful [ˈfɔːsful] ADJ energisch; (*attack*) wirkungsvoll; (*point*) überzeugend

forceps [ˈfɔːsɛps] NPL Zange *f*

forcible [ˈfɔːsəbl] ADJ gewaltsam; (*reminder, lesson*) eindringlich

forcibly [ˈfɔːsəblɪ] ADV mit Gewalt; (*express*) eindringlich

ford [fɔːd] N Furt *f* ▸ VT durchqueren; (*on foot*) durchwaten

fore [fɔːʳ] N: **to come to the ~** ins Blickfeld geraten

forearm [ˈfɔːrɑːm] N Unterarm *m*

forebear [ˈfɔːbɛəʳ] N Vorfahr(in) *m(f)*, Ahn(e) *m(f)*

foreboding [fɔːˈbəudɪŋ] N Vorahnung *f*

★**forecast** [ˈfɔːkɑːst] N Prognose *f*; (*of weather*) (Wetter)vorhersage *f* ▸ VT (*irreg*: *like* **cast**) voraussagen

foreclose [fɔːˈkləuz] VT (*Law*: *also*: **foreclose on**) kündigen; **to ~ sb** (*on loan/mortgage*) jds Darlehen/Hypothek kündigen

foreclosure [fɔːˈkləuʒəʳ] N Zwangsvollstreckung *f*

forecourt [ˈfɔːkɔːt] N Vorplatz *m*

forefathers [ˈfɔːfɑːðəz] NPL Vorfahren *pl*

forefinger [ˈfɔːfɪŋgəʳ] N Zeigefinger *m*

forefront [ˈfɔːfrʌnt] N: **in the ~ of** an der Spitze *+gen*

forego [fɔːˈgəu] VT (*irreg*: *like* **go**) verzichten auf *+acc*

foregoing [ˈfɔːgəuɪŋ] ADJ vorhergehend ▸ N: **the ~** das Vorhergehende

foregone [ˈfɔːgɔn] PP *of* **forego** ▶ ADJ: **it's a ~ conclusion** es steht von vornherein fest
foreground [ˈfɔːgraund] N Vordergrund *m*
forehand [ˈfɔːhænd] N (*Tennis*) Vorhand *f*
forehead [ˈfɔrɪd] N Stirn *f*
★**foreign** [ˈfɔrɪn] ADJ ausländisch; (*holiday*) im Ausland; (*customs, appearance*) fremdartig; (*trade, policy*) Außen-; (*correspondent*) Auslands-; (*object, matter*) fremd; **goods from ~ countries/a ~ country** Waren aus dem Ausland
foreign body N Fremdkörper *m*
foreign currency N Devisen *pl*
★**foreigner** [ˈfɔrɪnəʳ] N Ausländer(in) *m(f)*
foreign exchange N Devisenhandel *m*; (*money*) Devisen *pl*
foreign exchange market N Devisenmarkt *m*
foreign exchange rate N Devisenkurs *m*
foreign investment N Auslandsinvestition *f*
foreign language N Fremdsprache *f*
foreign minister N Außenminister(in) *m(f)*
Foreign Office (BRIT) N Außenministerium *nt*
foreign policy N Außenpolitik *f*
Foreign Secretary (BRIT) N Außenminister(in) *m(f)*
foreleg [ˈfɔːlɛg] N Vorderbein *nt*
foreman [ˈfɔːmən] N (*irreg*) Vorarbeiter *m*; (*of jury*) Obmann *m*
foremost [ˈfɔːməust] ADJ führend ▶ ADV: **first and ~** zunächst, vor allem
forename [ˈfɔːneɪm] N Vorname *m*
forensic [fəˈrɛnsɪk] ADJ (*test*) forensisch; (*medicine*) Gerichts-; (*expert*) Spurensicherungs-
foreplay [ˈfɔːpleɪ] N Vorspiel *nt*
forerunner [ˈfɔːrʌnəʳ] N Vorläufer *m*
foresee [fɔːˈsiː] VT (*irreg: like* **see**) vorhersehen
foreseeable [fɔːˈsiːəbl] ADJ vorhersehbar; **in the ~ future** in absehbarer Zeit
foreseen [fɔːˈsiːn] PP *of* **foresee**
foreshadow [fɔːˈʃædəu] VT andeuten
foreshore [ˈfɔːʃɔːʳ] N Strand *m*
foreshorten [fɔːˈʃɔːtn] VT perspektivisch verkürzen
foresight [ˈfɔːsaɪt] N Voraussicht *f*, Weitblick *m*
foreskin [ˈfɔːskɪn] N (*Anat*) Vorhaut *f*
★**forest** [ˈfɔrɪst] N Wald *m*
forestall [fɔːˈstɔːl] VT zuvorkommen *+dat*; (*discussion*) im Keim ersticken
forestry [ˈfɔrɪstrɪ] N Forstwirtschaft *f*
foretaste [ˈfɔːteɪst] N: **a ~ of** ein Vorgeschmack von
foretell [fɔːˈtɛl] VT (*irreg: like* **tell**) vorhersagen
forethought [ˈfɔːθɔːt] N Vorbedacht *m*
foretold [fɔːˈtəuld] PT, PP *of* **foretell**
forever [fəˈrɛvəʳ] ADV für immer; (*endlessly*) ewig; (*consistently*) dauernd, ständig; **you're ~ finding difficulties** du findest ständig *or* dauernd neue Schwierigkeiten
forewarn [fɔːˈwɔːn] VT vorwarnen
forewent [fɔːˈwɛnt] PT *of* **forego**
forewoman [ˈfɔːwumən] N (*irreg*) Vorarbeiterin *f*; (*of jury*) Obmännin *f*
foreword [ˈfɔːwəːd] N Vorwort *nt*
forfeit [ˈfɔːfɪt] N Strafe *f*, Buße *f* ▶ VT (*right*) verwirken; (*friendship etc*) verlieren; (*one's happiness, health*) einbüßen
forgave [fəˈgeɪv] PT *of* **forgive**
forge [fɔːdʒ] N Schmiede *f* ▶ VT fälschen; (*wrought iron*) schmieden
▶ **forge ahead** VI große *or* schnelle Fortschritte machen
forger [ˈfɔːdʒəʳ] N Fälscher(in) *m(f)*
forgery [ˈfɔːdʒərɪ] N Fälschung *f*
★**forget** [fəˈgɛt] (*pt* **forgot**, *pp* **forgotten**) VT vergessen ▶ VI es vergessen; **to ~ o.s.** sich vergessen
forgetful [fəˈgɛtful] ADJ vergesslich; **~ of sth** (*of duties etc*) nachlässig gegenüber etw
forgetfulness [fəˈgɛtfulnɪs] N Vergesslichkeit *f*; (*oblivion*) Vergessenheit *f*
forget-me-not [fəˈgɛtmɪnɔt] N Vergissmeinnicht *nt*
forgive [fəˈgɪv] (*pt* **forgave**, *pp* **forgiven**) VT verzeihen *+dat*, vergeben *+dat*; **to ~ sb for sth** jdm etw verzeihen *or* vergeben; **to ~ sb for doing sth** jdm verzeihen *or* vergeben, dass er etw getan hat; **~ me, but ...** entschuldigen Sie, aber ...; **they could be forgiven for thinking that ...** es ist verständlich, wenn sie denken, dass ...
forgiveness [fəˈgɪvnɪs] N Verzeihung *f*
forgiving [fəˈgɪvɪŋ] ADJ versöhnlich
forgo [fɔːˈgəu] (*pt* **forwent**, *pp* **forgone**) VT = **forego**
forgot [fəˈgɔt] PT *of* **forget**
forgotten [fəˈgɔtn] PP *of* **forget**
fork [fɔːk] N Gabel *f*; (*in road, river, railway*) Gabelung *f* ▶ VI (*road*) sich gabeln
▶ **fork out** (*inf*) VT, VI (*pay*) blechen
forked [fɔːkt] ADJ (*lightning*) zickzackförmig
fork-lift truck [ˈfɔːklɪft-] N Gabelstapler *m*
forlorn [fəˈlɔːn] ADJ verlassen; (*person*) einsam und verlassen; (*attempt*) verzweifelt; (*hope*) schwach
★**form** [fɔːm] N Form *f*; (*Scol*) Klasse *f*; (*questionnaire*) Formular *nt* ▶ VT formen, gestalten; (*queue, organization, group*) bilden; (*idea, habit*) entwickeln; **in the ~ of** in Form von *or +gen*; **in the ~ of Peter** in Gestalt von Peter; **to be in good ~** gut in Form sein; **in top ~** in Hochform; **on ~** in Form; **to ~ part of sth** Teil von etw sein
★**formal** [ˈfɔːməl] ADJ offiziell; (*person, behaviour*) förmlich, formell; (*occasion, dinner*) feierlich; (*clothes*) Gesellschafts-; (*garden*) formell angelegt; (*Art, Philosophy*) formal; **~ dress** Gesellschaftskleidung *f*
formalities [fɔːˈmælɪtɪz] NPL Formalitäten *pl*
formality [fɔːˈmælɪtɪ] N Förmlichkeit *f*; (*procedure*) Formalität *f*
formalize [ˈfɔːməlaɪz] VT formell machen

formally [ˈfɔːməlɪ] ADV offiziell; förmlich, formell; feierlich; **to be ~ invited** ausdrücklich eingeladen sein

format [ˈfɔːmæt] N Format *nt*; (*form, style*) Aufmachung *f* ▶ VT (*Comput*) formatieren

formation [fɔːˈmeɪʃən] N Bildung *f*; (*of theory*) Entstehung *f*; (*of business*) Gründung *f*; (*pattern: of rocks, clouds*) Formation *f*

formative [ˈfɔːmətɪv] ADJ (*influence*) prägend; (*years*) entscheidend

formatting [ˈfɔːmætɪŋ] N (*Comput*) Formatierung *f*

★**former** [ˈfɔːməʳ] ADJ früher; **the ~ ... the latter ...** Erstere(r, s, r) ... Letztere(s); **the ~ president** der ehemalige Präsident; **the ~ East Germany** die ehemalige DDR

formerly [ˈfɔːməlɪ] ADV früher

form feed N (*on printer*) Papiervorschub *m*

Formica® [fɔːˈmaɪkə] N Resopal® *nt*

formidable [ˈfɔːmɪdəbl] ADJ (*task*) gewaltig, enorm; (*opponent*) furchterregend

formula [ˈfɔːmjulə] (*pl* **formulae** *or* **formulas**) N Formel *f*; **F~ One** (*Aut*) Formel Eins

formulate [ˈfɔːmjuleɪt] VT formulieren

fornicate [ˈfɔːnɪkeɪt] VI Unzucht treiben

forsake [fəˈseɪk] (*pt* **forsook**, *pp* **forsaken**) VT im Stich lassen; (*belief*) aufgeben

forsook [fəˈsuk] PT *of* **forsake**

fort [fɔːt] N Fort *nt*; **to hold the ~** die Stellung halten

forte [ˈfɔːtɪ] N Stärke *f*, starke Seite *f*

★**forth** [fɔːθ] ADV aus; **back and ~** hin und her; **to go back and ~** auf und ab gehen; **to bring ~** hervorbringen; **and so ~** und so weiter

forthcoming [fɔːθˈkʌmɪŋ] ADJ (*event*) bevorstehend; (*person*) mitteilsam; **to be ~** (*help*) erfolgen; (*evidence*) geliefert werden

forthright [ˈfɔːθraɪt] ADJ offen

forthwith [ˈfɔːθˈwɪθ] ADV umgehend

fortieth [ˈfɔːtɪɪθ] NUM vierzigste(r, s)

fortification [fɔːtɪfɪˈkeɪʃən] N Befestigung *f*, Festungsanlage *f*

fortified wine [ˈfɔːtɪfaɪd-] N weinhaltiges Getränk *nt* (*Sherry, Portwein etc*)

fortitude [ˈfɔːtɪtjuːd] N innere Kraft *or* Stärke *f*

fortnight [ˈfɔːtnaɪt] (BRIT) N vierzehn Tage *pl*, zwei Wochen *pl*; **it's a ~ since ...** es ist vierzehn Tage *or* zwei Wochen her, dass ...

fortnightly [ˈfɔːtnaɪtlɪ] ADJ vierzehntägig, zweiwöchentlich ▶ ADV alle vierzehn Tage, alle zwei Wochen

FORTRAN [ˈfɔːtræn] N FORTRAN *nt*

fortress [ˈfɔːtrɪs] N Festung *f*

fortuitous [fɔːˈtjuːɪtəs] ADJ zufällig

fortunate [ˈfɔːtʃənɪt] ADJ glücklich; **to be ~** Glück haben; **he is ~ to have ...** er kann sich glücklich schätzen, ... zu haben; **it is ~ that ...** es ist ein Glück, dass ...

fortunately [ˈfɔːtʃənɪtlɪ] ADV glücklicherweise, zum Glück

★**fortune** [ˈfɔːtʃən] N Glück *nt*; (*wealth*) Vermögen *nt*; **to make a ~** ein Vermögen machen; **to tell sb's ~** jdm wahrsagen

fortune-teller [ˈfɔːtʃəntɛləʳ] N Wahrsager(in) *m(f)*

★**forty** [ˈfɔːtɪ] NUM vierzig

forum [ˈfɔːrəm] N Forum *nt*

★**forward** [ˈfɔːwəd] ADJ vordere(r, s); (*movement*) Vorwärts-; (*not shy*) dreist; (*Comm: buying, price*) Termin- ▶ ADV nach vorn; (*movement*) vorwärts; (*in time*) voraus ▶ N (*Sport*) Stürmer *m* ▶ VT (*letter etc*) nachsenden; (*career, plans*) voranbringen; **~ planning** Vorausplanung *f*; **to move ~** vorwärtskommen; **"please ~"** „bitte nachsenden"

forwards [ˈfɔːwədz] ADV nach vorn; (*movement*) vorwärts; (*in time*) voraus

fossick [ˈfɔsɪk] VI (AUST, NZ *inf*) suchen (for nach); **to ~ around** herumstöbern (*inf*); **to ~ for gold** nach Gold graben

fossil [ˈfɔsl] N Fossil *nt*

fossil fuel N fossiler Brennstoff *m*

foster [ˈfɔstəʳ] VT (*child*) in Pflege nehmen; (*idea, activity*) fördern

foster child N (*irreg*) Pflegekind *nt*

foster mother N Pflegemutter *f*

foster sister N Ziehschwester *f*

fought [fɔːt] PT, PP *of* **fight**

foul [faul] ADJ abscheulich; (*taste, smell, temper*) übel; (*water*) faulig; (*air*) schlecht; (*language*) unflätig ▶ N (*Sport*) Foul *nt* ▶ VT beschmutzen; (*Sport*) foulen; (*entangle*) sich verheddern in *+dat*

foul play N unnatürlicher *or* gewaltsamer Tod *m*; **~ is not suspected** es besteht kein Verdacht auf ein Verbrechen

★**found** [faund] PT, PP *of* **find** ▶ VT gründen

foundation [faunˈdeɪʃən] N Gründung *f*; (*base, also fig*) Grundlage *f*; (*organization*) Stiftung *f*; (*also:* **foundation cream**) Grundierungscreme *f* ■ **foundations** NPL (*of building*) Fundament *nt*; **the rumours are without ~** die Gerüchte entbehren jeder Grundlage; **to lay the foundations** (*fig*) die Grundlagen schaffen

foundation stone N Grundstein *m*

founder [ˈfaundəʳ] N Gründer(in) *m(f)* ▶ VI (*ship*) sinken

founder member N Gründungsmitglied *nt*

founding [ˈfaundɪŋ] ADJ: **~ fathers** (*esp US*) Väter *pl*

foundry [ˈfaundrɪ] N Gießerei *f*

fount [faunt] N Quelle *f*; (*Typ*) Schrift *f*

★**fountain** [ˈfauntɪn] N Brunnen *m*

fountain pen N Füllfederhalter *m*, Füller *m*

★**four** [fɔːʳ] NUM vier; **on all fours** auf allen vieren

four-by-four [fɔːbaɪˈfɔːʳ] N Geländewagen *m*, Fahrzeug *nt* mit Vierradantrieb

four-letter word [ˈfɔːlɛtə-] N Vulgärausdruck *m*

four-poster [ˈfɔːˈpəustəʳ] N (*also:* **four-poster bed**) Himmelbett *nt*

foursome [ˈfɔːsəm] N Quartett *nt*; **in** *or* **as a ~** zu viert
fourteen [ˈfɔːˈtiːn] NUM vierzehn
fourteenth [ˈfɔːˈtiːnθ] NUM vierzehnte(r, s)
fourth [fɔːθ] NUM vierte(r, s) ▸ N (*Aut: also:* **fourth gear**) der vierte (Gang)
four-wheel drive [ˈfɔːwiːl-] N (*Aut*): **with ~** mit Vierradantrieb *m*
fowl [faul] N Vogel *m* (*besonders Huhn, Gans, Ente etc*)
fox [fɔks] N Fuchs *m* ▸ VT verblüffen
foxglove [ˈfɔksglʌv] N (*Bot*) Fingerhut *m*
fox-hunting [ˈfɔkshʌntɪŋ] N Fuchsjagd *f*
foxtrot [ˈfɔkstrɔt] N Foxtrott *m*
foyer [ˈfɔɪeɪ] N Foyer *nt*
FPA (BRIT) N ABBR (= *Family Planning Association*) *Organisation für Familienplanung*
Fr. ABBR (*Rel*) = **father; friar**
fr. ABBR (= *franc*) Fr.
fracas [ˈfrækɑː] N Aufruhr *m*, Tumult *m*
fracking [ˈfrækɪŋ] N Fracking *nt*
fraction [ˈfrækʃən] N Bruchteil *m*; (*Math*) Bruch *m*
fractionally [ˈfrækʃnəlɪ] ADV geringfügig
fractious [ˈfrækʃəs] ADJ verdrießlich
fracture [ˈfræktʃər] N Bruch *m* ▸ VT brechen
fragile [ˈfrædʒaɪl] ADJ zerbrechlich; (*economy*) schwach; (*health*) zart; (*person*) angeschlagen
fragment N [ˈfrægmənt] Stück *nt* ▸ VT [frægˈmɛnt] aufsplittern ▸ VI [frægˈmɛnt] sich aufsplittern
fragmentary [ˈfrægməntərɪ] ADJ fragmentarisch, bruchstückhaft
fragrance [ˈfreɪgrəns] N Duft *m*
frail [freɪl] ADJ schwach, gebrechlich; (*structure*) zerbrechlich
frame [freɪm] N Rahmen *m*; (*of building*) (Grund)-gerippe *nt*; (*of human, animal*) Gestalt *f*; (*of spectacles: also:* **frames**) Gestell *nt* ▸ VT (*picture*) rahmen; (*reply*) formulieren; (*law, theory*) entwerfen; **~ of mind** Stimmung *f*, Laune *f*; **to ~ sb** (*inf*) jdm etwas anhängen
framework [ˈfreɪmwəːk] N Rahmen *m*
France [frɑːns] N Frankreich *nt*
franchise [ˈfræntʃaɪz] N Wahlrecht *nt*; (*Comm*) Konzession *f*, Franchise *f*
franchisee [fræntʃaɪˈziː] N Franchisenehmer(in) *m(f)*
franchiser [ˈfræntʃaɪzər] N Franchisegeber(in) *m(f)*
frank [fræŋk] ADJ offen ▸ VT (*letter*) frankieren
Frankfurt [ˈfræŋkfəːt] N Frankfurt *nt*
frankfurter [ˈfræŋkfəːtər] N (Frankfurter) Würstchen *nt*
franking machine [ˈfræŋkɪŋ-] N Frankiermaschine *f*
frankly [ˈfræŋklɪ] ADV ehrlich gesagt; (*candidly*) offen
frankness [ˈfræŋknɪs] N Offenheit *f*
frantic [ˈfræntɪk] ADJ verzweifelt; (*hectic*) hektisch; (*desperate*) übersteigert
frantically [ˈfræntɪklɪ] ADV verzweifelt; (*hectically*) hektisch
fraternal [frəˈtəːnl] ADJ brüderlich
fraternity [frəˈtəːnɪtɪ] N Brüderlichkeit *f*; (*US Univ*) Verbindung *f*; **the legal/medical/golfing ~** die Juristen/Mediziner/Golfer *pl*
fraternize [ˈfrætənaɪz] VI Umgang haben
fraud [frɔːd] N Betrug *m*; (*person*) Betrüger(in) *m(f)*
fraudulent [ˈfrɔːdjulənt] ADJ betrügerisch
fraught [frɔːt] ADJ (*person*) nervös; **to be ~ with danger/problems** voller Gefahren/Probleme sein
fray [freɪ] N: **the ~** der Kampf ▸ VI (*cloth*) ausfransen; (*rope*) sich durchscheuern; **to return to the ~** sich wieder ins Getümmel stürzen; **tempers were frayed** die Gemüter erhitzten sich; **her nerves were frayed** sie war mit den Nerven am Ende
FRB (US) N ABBR = **Federal Reserve Board**
FRCM (BRIT) N ABBR (= *Fellow of the Royal College of Music*) *Qualifikationsnachweis in Musik*
FRCO (BRIT) N ABBR (= *Fellow of the Royal College of Organists*) *Qualifikationsnachweis für Organisten*
FRCP (BRIT) N ABBR (= *Fellow of the Royal College of Physicians*) *Qualifikationsnachweis für Ärzte*
FRCS (BRIT) N ABBR (= *Fellow of the Royal College of Surgeons*) *Qualifikationsnachweis für Chirurgen*
freak [friːk] N Irre(r) *f(m)*; (*in appearance*) Missgeburt *f*; (*event, accident*) außergewöhnlicher Zufall *m*; (*pej: fanatic*): **health ~** Gesundheitsapostel *m*
▸ **freak out** (*inf*) VI aussteigen; (*on drugs*) ausflippen
freakish [ˈfriːkɪʃ] ADJ verrückt
freckle [ˈfrɛkl] N Sommersprosse *f*
freckled [ˈfrɛkld] ADJ sommersprossig
★**free** [friː] ADJ frei; (*costing nothing*) kostenlos, gratis ▸ VT freilassen, frei lassen; (*jammed object*) lösen; **to give sb a ~ hand** jdm freie Hand lassen; **~ and easy** ungezwungen; **admission ~** Eintritt frei; **~ (of charge), for ~** umsonst, gratis
free agent N: **to be a ~** sein eigener Herr sein
freebie [ˈfriːbɪ] (*inf*) N (*promotional gift*) Werbegeschenk *nt*
★**freedom** [ˈfriːdəm] N Freiheit *f*
freedom fighter N Freiheitskämpfer(in) *m(f)*
free enterprise N freies Unternehmertum *nt*
Freefone® [ˈfriːfəun] N: **call ~ 0800** rufen Sie gebührenfrei 0800 an
free-for-all [ˈfriːfərɔːl] N Gerangel *nt*; **the fight turned into a ~** schließlich beteiligten sich alle an der Schlägerei
free gift N Werbegeschenk *nt*
freehold [ˈfriːhəuld] N (*of property*) Besitzrecht *nt*
free kick N Freistoß *m*
freelance [ˈfriːlɑːns] ADJ (*journalist etc*) frei(schaffend), freiberuflich tätig

freelance work N freiberufliche Arbeit *f*
freeloader [ˈfriːləudəʳ] (*pej*) N Schmarotzer(in) *m(f)*
freely [ˈfriːlɪ] ADV frei; (*spend*) mit vollen Händen; (*liberally*) großzügig; **drugs are ~ available in the city** Drogen sind in der Stadt frei erhältlich
free-market economy [ˈfriːˈmɑːkɪt-] N freie Marktwirtschaft *f*
Freemason [ˈfriːmeɪsn] N Freimaurer *m*
Freemasonry [ˈfriːmeɪsnrɪ] N Freimaurerei *f*
Freepost® [ˈfriːpəust] N ≈ „Gebühr zahlt Empfänger"
free-range [ˈfriːˈreɪndʒ] ADJ (*eggs*) von frei laufenden Hühnern
free sample N Gratisprobe *f*
freesia [ˈfriːzɪə] N Freesie *f*
free speech N Redefreiheit *f*
freestyle [ˈfriːstaɪl] N Freistil *m*
free trade N Freihandel *m*
Freeview® [ˈfriːvjuː] N (BRIT) terrestrisches Digitalfernsehen *nt*
freeway [ˈfriːweɪ] (US) N Autobahn *f*
freewheel [friːˈwiːl] VI im Freilauf fahren
free will N freier Wille *m*; **of one's own ~** aus freien Stücken
★**freeze** [friːz] (*pt* **froze**, *pp* **frozen**) VI frieren; (*liquid*) gefrieren; (*pipe*) einfrieren; (*person: stop moving*) erstarren ▸ VT einfrieren; (*water, lake*) gefrieren ▸ N Frost *m*; (*on arms, wages*) Stopp *m*
▸**freeze over** VI (*river*) überfrieren; (*windscreen, windows*) vereisen
▸**freeze up** VI zufrieren
freeze-dried [ˈfriːzdraɪd] ADJ gefriergetrocknet
★**freezer** [ˈfriːzəʳ] N Tiefkühltruhe *f*; (*upright*) Gefrierschrank *m*; (*in fridge: also:* **freezer compartment**) Gefrierfach *nt*
★**freezing** [ˈfriːzɪŋ] ADJ: **~ (cold)** eiskalt ▸ N: **3 degrees below ~** 3 Grad unter null; **I'm ~** mir ist eiskalt
freezing point N Gefrierpunkt *m*
freight [freɪt] N Fracht *f*; (*money charged*) Frachtkosten *pl*; **~ forward** Fracht gegen Nachnahme; **~ inward** Eingangsfracht *f*
freight car (US) N Güterwagen *m*
freighter [ˈfreɪtəʳ] N (*Naut*) Frachter *m*, Frachtschiff *nt*; (*Aviat*) Frachtflugzeug *nt*
freight forwarder [-ˈfɔːwədəʳ] N Spediteur *m*
freight train (US) N Güterzug *m*
★**French** [frɛntʃ] ADJ französisch ▸ N (*Ling*) Französisch *nt* ▪ **the French** NPL die Franzosen *pl*
French bean (BRIT) N grüne Bohne *f*
French bread N Baguette *f*
French Canadian ADJ frankokanadisch ▸ N Frankokanadier(in) *m(f)*
French dressing N Vinaigrette *f*
French fried potatoes NPL Pommes frites *pl*
French fries [-fraɪz] (US) NPL = **French fried potatoes**
French Guiana [-gaɪˈænə] N Französisch-Guyana *nt*
★**Frenchman** [ˈfrɛntʃmən] N (*irreg*) Franzose *m*
French Riviera N: **the ~** die französische Riviera
French stick N Stangenbrot *nt*
French window N Verandatür *f*
★**Frenchwoman** [ˈfrɛntʃwumən] N (*irreg*) Französin *f*
frenetic [frəˈnɛtɪk] ADJ frenetisch, rasend
frenzied [ˈfrɛnzɪd] ADJ rasend
frenzy [ˈfrɛnzɪ] N Raserei *f*; (*of joy, excitement*) Taumel *m*; **to drive sb into a ~** jdn zum Rasen bringen; **to be in a ~** in wilder Aufregung sein
frequency [ˈfriːkwənsɪ] N Häufigkeit *f*; (*Radio*) Frequenz *f*
frequency modulation N Frequenzmodulation *f*
★**frequent** ADJ [ˈfriːkwənt] häufig ▸ VT [friˈkwɛnt] (*pub, restaurant*) oft *or* häufig besuchen
frequently [ˈfriːkwəntlɪ] ADV oft, häufig
fresco [ˈfrɛskəu] N Fresko *nt*
★**fresh** [frɛʃ] ADJ frisch; (*instructions, approach, start*) neu; (*cheeky*) frech; **to make a ~ start** einen neuen Anfang machen
freshen [ˈfrɛʃən] VI (*wind*) auffrischen; (*air*) frisch werden
▸**freshen up** VI sich frisch machen
freshener [ˈfrɛʃnəʳ] N: **skin ~** Gesichtswasser *nt*; **air ~** Raumspray *m or nt*
fresher [ˈfrɛʃəʳ] (BRIT *inf*) N Erstsemester(in) *m(f)*
freshly [ˈfrɛʃlɪ] ADV frisch
freshman [ˈfrɛʃmən] (US) N (*irreg*) = **fresher**
freshness [ˈfrɛʃnɪs] N Frische *f*
freshwater [ˈfrɛʃwɔːtəʳ] ADJ (*fish etc*) Süßwasser-
fret [frɛt] VI sich *dat* Sorgen machen
fretful [ˈfrɛtful] ADJ (*child*) quengelig
Freudian [ˈfrɔɪdɪən] ADJ freudianisch, freudsch; **~ slip** freudscher Versprecher *m*
FRG N ABBR (*Hist:* = *Federal Republic of Germany*) BRD *f*
Fri. ABBR (= *Friday*) Fr.
friar [ˈfraɪəʳ] N Mönch *m*, (Ordens)bruder *m*
friction [ˈfrɪkʃən] N Reibung *f*; (*between people*) Reibereien *pl*
friction feed N (*on printer*) Friktionsvorschub *m*
★**Friday** [ˈfraɪdɪ] N Freitag *m*; *see also* **Tuesday**
★**fridge** [frɪdʒ] (BRIT) N Kühlschrank *m*
fridge-freezer [ˈfrɪdʒˈfriːzəʳ] N Kühl- und Gefrierkombination *f*
fried [fraɪd] PT, PP *of* **fry** ▸ ADJ gebraten; **~ egg** Spiegelei *nt*; **~ fish** Bratfisch *m*
★**friend** [frɛnd] N Freund(in) *m(f)*; (*less intimate*) Bekannte(r) *f(m)* ▸ VT (*Internet*): **to ~ sb** einen Freund/eine Freundin hinzufügen; **to make friends with** sich anfreunden mit
friendliness [ˈfrɛndlɪnɪs] N Freundlichkeit *f*

friendly [ˈfrɛndlɪ] ADJ freundlich; (*government*) befreundet; (*game, match*) Freundschafts- ▸ N (*also:* **friendly match**) Freundschaftsspiel *nt*; **to be ~ with** befreundet sein mit; **to be ~ to** freundlich *or* nett sein zu

friendly fire N Beschuss *m* durch die eigene Seite

friendly society N Versicherungsverein *m* auf Gegenseitigkeit

friendship [ˈfrɛndʃɪp] N Freundschaft *f*

frieze [friːz] N Fries *m*

frigate [ˈfrɪgɪt] N Fregatte *f*

fright [fraɪt] N Schreck(en) *m*; **to take ~** es mit der Angst zu tun bekommen; **she looks a ~** sie sieht verboten *or* zum Fürchten aus (*inf*)

frighten [ˈfraɪtn] VT erschrecken

▸ **frighten away, frighten off** VT verscheuchen

frightened [ˈfraɪtnd] ADJ ängstlich; **to be ~ (of)** Angst haben (vor *+dat*)

frightening [ˈfraɪtnɪŋ] ADJ furchterregend

frightful [ˈfraɪtful] ADJ schrecklich, furchtbar

frightfully [ˈfraɪtfəlɪ] ADV schrecklich, furchtbar; **I'm ~ sorry** es tut mir schrecklich leid

frigid [ˈfrɪdʒɪd] ADJ frigide

frigidity [frɪˈdʒɪdɪtɪ] N Frigidität *f*

frill [frɪl] N Rüsche *f*; **without frills** (*fig*) schlicht

fringe [frɪndʒ] N (BRIT: *of hair*) Pony *m*; (*decoration*) Fransen *pl*; (*edge, also fig*) Rand *m*

fringe benefits NPL zusätzliche Leistungen *pl*

fringe theatre N avantgardistisches Theater *nt*

Frisbee® [ˈfrɪzbɪ] N Frisbee® *nt*

frisk [frɪsk] VT durchsuchen, filzen (*inf*) ▸ VI umhertollen

frisky [ˈfrɪskɪ] ADJ lebendig, ausgelassen

fritter [ˈfrɪtəʳ] N Schmalzgebackenes *nt inv* mit Füllung

▸ **fritter away** VT vergeuden

frivolity [frɪˈvɔlɪtɪ] N Frivolität *f*

frivolous [ˈfrɪvələs] ADJ frivol; (*activity*) leichtfertig

frizzy [ˈfrɪzɪ] ADJ kraus

fro [frəu] ADV: **to and ~** hin und her; (*walk*) auf und ab

frock [frɔk] N Kleid *nt*

frog [frɔg] N Frosch *m*; **to have a ~ in one's throat** einen Frosch im Hals haben

frogman [ˈfrɔgmən] N (*irreg*) Froschmann *m*

frogmarch [ˈfrɔgmɑːtʃ] (BRIT) VT: **to ~ sb in/out** jdn herein-/herausschleppen

frolic [ˈfrɔlɪk] VI umhertollen ▸ N Ausgelassenheit *f*; (*fun*) Spaß *m*

from [frɔm]

PREP **1** (*indicating starting place, origin*) von *+dat*; **where do you come from?** woher kommen Sie?; **from London to Glasgow** von London nach Glasgow; **a letter/telephone call from my sister** ein Brief/Anruf von meiner Schwester; **to drink from the bottle** aus der Flasche trinken

2 (*indicating time*) von (... an); **from one o'clock to** *or* **until** *or* **till now** von ein Uhr bis jetzt; **from January (on)** von Januar an, ab Januar

3 (*indicating distance*) von ... entfernt; **the hotel is 1 km from the beach** das Hotel ist 1 km vom Strand entfernt

4 (*indicating price, number etc*): **trousers from £20** Hosen ab £20; **prices range from £10 to £50** die Preise liegen zwischen £10 und £50

5 (*indicating difference*): **he can't tell red from green** er kann Rot und Grün nicht unterscheiden; **to be different from sb/sth** anders sein als jd/etw

6 (*because of, on the basis of*): **from what he says** nach dem, was er sagt; **to act from conviction** aus Überzeugung handeln; **weak from hunger** schwach vor Hunger

f

frond [frɔnd] N Wedel *m*

★**front** [frʌnt] N Vorderseite *f*; (*of dress*) Vorderteil *nt*; (*promenade: also:* **sea front**) Strandpromenade *f*; (*Mil, Met*) Front *f*; (*fig: appearances*) Fassade *f* ▸ ADJ vorderste(r, s); (*wheel, tooth, view*) Vorder- ▸ VI: **to ~ onto sth** (*house*) auf etw *acc* hinausliegen; (*window*) auf etw *acc* hinausgehen; **in ~** vorne; **in ~ of** vor; **at the ~ of the coach/train/car** vorne im Bus/Zug/Auto; **on the political ~, little progress has been made** an der politischen Front sind kaum Fortschritte gemacht worden

frontage [ˈfrʌntɪdʒ] N Vorderseite *f*, Front *f*; (*of shop*) Front

frontal [ˈfrʌntl] ADJ (*attack etc*) Frontal-

front bench (BRIT) N (*Pol*) vorderste *or* erste Reihe *f*

Front Bench bezeichnet im britischen Unterhaus die vorderste Bank auf der Regierungs- und Oppositionsseite zur Rechten und Linken des Sprechers. Im weiteren Sinne bezieht sich *front bench* auf die Spitzenpolitiker der verschiedenen Parteien, die auf dieser Bank sitzen (auch *frontbenchers* genannt), d. h. die Minister auf der einen Seite und die Mitglieder des Schattenkabinetts auf der anderen.

front desk (US) N Rezeption *f*

front door N Haustür *f*

frontier [ˈfrʌntɪəʳ] N Grenze *f*

frontispiece [ˈfrʌntɪspiːs] N zweite Titelseite *f*, Frontispiz *nt*

front page N erste Seite *f*, Titelseite *f*

front room (BRIT) N Wohnzimmer *nt*

frontrunner [ˈfrʌntrʌnəʳ] N Spitzenreiter *m*

front-wheel drive [ˈfrʌntwiːl-] N (*Aut*) Vorderradantrieb *m*

★**frost** [frɔst] N Frost *m*; (*also:* **hoarfrost**) Raureif *m*

frostbite [ˈfrɔstbaɪt] N Erfrierungen *pl*

frosted [ˈfrɔstɪd] ADJ (*glass*) Milch-; (*esp US*) glasiert, mit Zuckerguss überzogen

frosting [ˈfrɔstɪŋ] (*esp US*) N Zuckerguss *m*

★**frosty** [ˈfrɔstɪ] ADJ frostig; (*look*) eisig; (*window*) bereift

froth [frɔθ] N Schaum *m*

frothy [ˈfrɔθɪ] ADJ schäumend

frown [fraun] N Stirnrunzeln *nt* ▸ VI die Stirn runzeln

▸ **frown on** VT FUS missbilligen

froze [frəuz] PT *of* **freeze**

★**frozen** [ˈfrəuzn] PP *of* **freeze** ▸ ADJ tiefgekühlt; (*food*) Tiefkühl-; (*Comm*) eingefroren

FRS N ABBR (BRIT: = *Fellow of the Royal Society*) *Auszeichnung für Naturwissenschaftler*; (US: = *Federal Reserve System*) *amerikanische Zentralbank*

frugal [ˈfru:gl] ADJ genügsam; (*meal*) einfach

★**fruit** [fru:t] N INV Frucht *f*; (*collectively*) Obst *nt*; (*fig: results*) Früchte *pl*

fruiterer [ˈfru:tərəʳ] (*esp* BRIT) N Obsthändler(in) *m(f)*

fruit fly N Fruchtfliege *f*

fruitful [ˈfru:tful] ADJ fruchtbar

fruition [fru:ˈɪʃən] N: **to come to ~** (*plan*) Wirklichkeit werden; (*efforts*) Früchte tragen; (*hope*) in Erfüllung gehen

fruit juice N Fruchtsaft *m*

fruitless [ˈfru:tlɪs] ADJ fruchtlos, ergebnislos

fruit machine (BRIT) N Spielautomat *m*

fruit salad N Obstsalat *m*

fruity [ˈfru:tɪ] ADJ (*taste, smell etc*) Frucht-, Obst-; (*wine*) fruchtig; (*voice, laugh*) volltönend

frump [frʌmp] N: **to feel a ~** sich *dat* wie eine Vogelscheuche vorkommen

frustrate [frʌsˈtreɪt] VT frustrieren; (*attempt*) vereiteln; (*plan*) durchkreuzen

frustrated [frʌsˈtreɪtɪd] ADJ frustriert

frustrating [frʌsˈtreɪtɪŋ] ADJ frustrierend

frustration [frʌsˈtreɪʃən] N Frustration *f*; (*of attempt*) Vereitelung *f*; (*of plan*) Zerschlagung *f*

★**fry** [fraɪ] (*pt, pp* **fried**) VT braten; *see also* **small fry**

frying pan [ˈfraɪɪŋ-] N Bratpfanne *f*

FT (BRIT) N ABBR (= *Financial Times*) *Wirtschaftszeitung*; **the FT index** der Aktienindex der „Financial Times"

ft. ABBR = **foot; feet**

FTC (US) N ABBR = **Federal Trade Commission**

FTSE 100 Index N *Aktienindex der „Financial Times"*

fuchsia [ˈfju:ʃə] N Fuchsie *f*

fuck [fʌk] (!) VT, VI ficken (*inf!*); **~ off!** verpiss dich! (!)

fuddled [ˈfʌdld] ADJ verwirrt

fuddy-duddy [ˈfʌdɪdʌdɪ] (*pej*) N Langweiler *m*

fudge [fʌdʒ] N Fondant *m* ▸ VT (*issue, problem*) ausweichen *+dat*, aus dem Weg gehen *+dat*

★**fuel** [ˈfjuəl] N Brennstoff *m*; (*for vehicle*) Kraftstoff *m*; (*: petrol*) Benzin *nt*; (*for aircraft, rocket*) Treibstoff *m* ▸ VT (*furnace etc*) betreiben; (*aircraft, ship etc*) antreiben

fuel consumption N Kraftstoffverbrauch *m*

fuel gauge N Benzinuhr *f*

fuel oil N Gasöl *nt*

fuel poverty N *durch hohe Energiekosten verursachte Armut*

fuel pump N (*Aut*) Benzinpumpe *f*

fuel tank N Öltank *m*; (*in vehicle*) (Benzin)tank *m*

fug [fʌg] (BRIT *inf*) N Mief *m* (*inf*)

fugitive [ˈfju:dʒɪtɪv] N Flüchtling *m*

★**fulfil**, (US) **fulfill** [fulˈfɪl] VT erfüllen; (*order*) ausführen

fulfilled [fulˈfɪld] ADJ ausgefüllt

fulfilment, (US) **fulfillment** [fulˈfɪlmənt] N Erfüllung *f*

★**full** [ful] ADJ voll; (*complete*) vollständig; (*skirt*) weit; (*life*) ausgefüllt ▸ ADV: **to know ~ well that ...** sehr wohl wissen, dass ...; **~ up** (*hotel etc*) ausgebucht; **I'm ~ (up)** ich bin satt; **a ~ two hours** volle zwei Stunden; **~ marks** die beste Note, ≈ eine Eins; (*fig*) höchstes Lob *nt*; **at ~ speed** in voller Fahrt; **in ~** ganz, vollständig; **to pay in ~** den vollen Betrag bezahlen; **to write one's name** *etc* **in ~** seinen Namen *etc* ausschreiben

fullback [ˈfulbæk] N (*Rugby, Football*) Verteidiger *m*

full beam N (*Aut*) Fernlicht *nt*

full-blooded [ˈfulˈblʌdɪd] ADJ (*vigorous*) kräftig; (*virile*) vollblütig

full board N Vollpension *f*

full-cream [ˈfulˈkri:m] ADJ: **~ milk** (BRIT) Vollmilch *f*

full employment N Vollbeschäftigung *f*

full grown ADJ ausgewachsen

full-length [ˈfulˈlɛŋθ] ADJ (*film*) abendfüllend; (*coat*) lang; (*portrait*) lebensgroß; (*mirror*) groß; **~ novel** Roman *m*

full moon N Vollmond *m*

fullness [ˈfulnɪs] N: **in the ~ of time** zu gegebener Zeit

full-page [ˈfulpeɪdʒ] ADJ ganzseitig

full-scale [ˈfulskeɪl] ADJ (*war*) richtig; (*attack*) Groß-; (*model*) in Originalgröße; (*search*) groß angelegt

full-sized [ˈfulˈsaɪzd] ADJ lebensgroß

full stop N Punkt *m*

full-time [ˈfulˈtaɪm] ADJ (*work*) Ganztags-; (*study*) Voll- ▸ ADV ganztags

fully [ˈfulɪ] ADV völlig; **~ as big as** mindestens so groß wie

fully fledged [-ˈflɛdʒd] ADJ richtiggehend; (*doctor etc*) voll qualifiziert; (*member*) Voll-; (*bird*) flügge

fulsome [ˈfulsəm] (*pej*) ADJ übertrieben

fumble [ˈfʌmbl] VI: **to ~ with** herumfummeln an *+dat* ▸ VT (*ball*) nicht sicher fangen

fume [fju:m] VI wütend sein, kochen (*inf*)

fumes [fju:mz] NPL (*of fire*) Rauch *m*; (*of fuel*) Dämpfe *pl*; (*of car*) Abgase *pl*

fumigate [ˈfju:mɪgeɪt] VT ausräuchern

★**fun** [fʌn] N Spaß *m*; **he's good ~ (to be with)** es macht viel Spaß, mit ihm zusammen zu sein; **for ~** aus *or* zum Spaß; **it's not much ~** es macht keinen Spaß; **to make ~ of, to poke ~ at** sich lustig machen über *+acc*

function [ˈfʌŋkʃən] N Funktion *f*; (*social occasion*) Veranstaltung *f*, Feier *f* ▶ VI funktionieren; **to ~ as** (*thing*) dienen als; (*person*) fungieren als

functional [ˈfʌŋkʃənl] ADJ (*operational*) funktionsfähig; (*practical*) funktionell, zweckmäßig

functional food ADJ Functional Food *nt*, Funktionsnahrung *f*

function key N (*Comput*) Funktionstaste *f*

fund [fʌnd] N (*of money*) Fonds *m*; (*source, store*) Schatz *m*, Vorrat *m* ■ **funds** NPL (*money*) Mittel *pl*, Gelder *pl*

fundamental [fʌndəˈmɛntl] ADJ fundamental, grundlegend

fundamentalism [fʌndəˈmɛntəlɪzəm] N Fundamentalismus *m*

fundamentalist [fʌndəˈmɛntəlɪst] N Fundamentalist(in) *m(f)*

fundamentally [fʌndəˈmɛntəlɪ] ADV im Grunde; (*radically*) von Grund auf

fundamentals [fʌndəˈmɛntlz] NPL Grundbegriffe *pl*

funding [ˈfʌndɪŋ] N Finanzierung *f*

fund-raising [ˈfʌndreɪzɪŋ] N Geldbeschaffung *f*

funeral [ˈfju:nərəl] N Beerdigung *f*

funeral director N Beerdigungsunternehmer(in) *m(f)*

funeral parlour N Leichenhalle *f*

funeral service N Trauergottesdienst *m*

funereal [fju:ˈnɪərɪəl] ADJ traurig, trübselig

funfair [ˈfʌnfɛəʳ] (BRIT) N Jahrmarkt *m*

fungi [ˈfʌŋgaɪ] NPL *of* **fungus**

fungus [ˈfʌŋgəs] (*pl* **fungi**) N Pilz *m*; (*mould*) Schimmel(pilz) *m*

funicular [fju:ˈnɪkjuləʳ] N (*also:* **funicular railway**) Seilbahn *f*

funky [ˈfʌŋkɪ] ADJ (*inf: music*) Funk-

funnel [ˈfʌnl] N Trichter *m*; (*of ship*) Schornstein *m*

funnily [ˈfʌnɪlɪ] ADV komisch; **~ enough** komischerweise

funny [ˈfʌnɪ] ADJ komisch; (*strange*) seltsam, komisch

funny bone N Musikantenknochen *m*

fun run N ≈ Volkslauf *m*

fur [fə:ʳ] N Fell *nt*, Pelz *m*; (BRIT: *in kettle etc*) Kesselstein *m*

fur coat N Pelzmantel *m*

furious [ˈfjuərɪəs] ADJ wütend; (*exchange, argument*) heftig; (*effort*) riesig; (*speed*) rasend; **to be ~ with sb** wütend auf jdn sein

furiously [ˈfjuərɪəslɪ] ADV wütend; (*struggle etc*) heftig; (*run*) schnell

furl [fə:l] VT (*Naut*) einrollen

furlong [ˈfə:lɔŋ] N Achtelmeile *f* (= 201,17 m)

furlough [ˈfə:ləu] N (*Mil*) Urlaub *m*

furnace [ˈfə:nɪs] N (*in foundry*) Schmelzofen *m*; (*in power plant*) Hochofen *m*

furnish [ˈfə:nɪʃ] VT einrichten; (*room*) möblieren; **to ~ sb with sth** jdm etw liefern; **furnished flat** (BRIT), **furnished apartment** (US) möblierte Wohnung *f*

furnishings [ˈfə:nɪʃɪŋz] NPL Einrichtung *f*

★**furniture** [ˈfə:nɪtʃəʳ] N Möbel *pl*; **piece of ~** Möbelstück *nt*

furniture polish N Möbelpolitur *f*

furore [fjuəˈrɔ:rɪ] N (*protests*) Proteste *pl*; (*enthusiasm*) Furore *f or nt*

furrier [ˈfʌrɪəʳ] N Kürschner(in) *m(f)*

furrow [ˈfʌrəu] N Furche *f*; (*in skin*) Runzel *f* ▶ VT (*brow*) runzeln

furry [ˈfə:rɪ] ADJ (*coat, tail*) flauschig; (*animal*) Pelz-; (*toy*) Plüsch-

★**further** [ˈfə:ðəʳ] ADJ COMP *of* **far** ▶ ADJ weitere(r, s) ▶ ADV weiter; (*moreover*) darüber hinaus ▶ VT fördern; **until ~ notice** bis auf Weiteres; **how much ~ is it?** wie weit ist es noch?; **~ to your letter of ...** (*Comm*) Bezug nehmend auf Ihr Schreiben vom ...

further education (BRIT) N Weiterbildung *f*, Fortbildung *f*

furthermore [fə:ðəˈmɔ:ʳ] ADV außerdem

furthermost [ˈfə:ðəməust] ADJ äußerste(r, s)

furthest [ˈfə:ðɪst] SUPERL *of* **far**

furtive [ˈfə:tɪv] ADJ verstohlen

furtively [ˈfə:tɪvlɪ] ADV verstohlen

fury [ˈfjuərɪ] N Wut *f*; **to be in a ~** in Rage sein

fuse, (US) **fuze** [fju:z] N (*Elec*) Sicherung *f*; (*for bomb etc*) Zündschnur *f* ▶ VT (*pieces of metal*) verschmelzen; (*fig*) vereinigen ▶ VI (*pieces of metal*) sich verbinden; (*fig*) sich vereinigen; **to ~ the lights** (BRIT) die Sicherung durchbrennen lassen; **a ~ has blown** eine Sicherung ist durchgebrannt

fuse box N Sicherungskasten *m*

fuselage [ˈfju:zəlɑ:ʒ] N Rumpf *m*

fuse wire N Schmelzdraht *m*

fusillade [fju:zɪˈleɪd] N Salve *f*

fusion [ˈfju:ʒən] N Verschmelzung *f*; (*also:* **nuclear fusion**) Kernfusion *f*

fuss [fʌs] N Theater *nt* (*inf*) ▶ VI sich (unnötig) aufregen ▶ VT keine Ruhe lassen *+dat*; **to make a ~** Krach schlagen (*inf*); **to make a ~ of sb** viel Getue um jdn machen (*inf*)

▶ **fuss over** VT FUS bemuttern

fusspot [ˈfʌspɔt] N (*inf*) Nörgler(in) *m(f)*

fussy [ˈfʌsɪ] ADJ kleinlich, pingelig (*inf*); (*clothes, room etc*) verspielt; **I'm not ~** es ist mir egal

fusty [ˈfʌstɪ] ADJ muffig

futile [ˈfju:taɪl] ADJ vergeblich; (*existence*) sinnlos; (*comment*) zwecklos

futility [fju:ˈtɪlɪtɪ] N Vergeblichkeit *f*; Sinnlosigkeit *f*; Zwecklosigkeit *f*

futon [ˈfu:tɔn] N Futon *m*

★**future** [ˈfju:tʃəʳ] ADJ zukünftig ▶ N Zukunft *f*; (*Ling*) Futur *nt* ■ **futures** NPL (*Comm*) Termingeschäfte *pl*; **in (the) ~** in Zukunft; **in the near ~**

in der nahen Zukunft; **in the immediate ~** sehr bald

futuristic [fju:tʃəˈrɪstɪk] ADJ futuristisch

fuze [fju:z] (*US*) N, VT, VI = **fuse**

fuzz [fʌz] (*inf*) N (*police*): **the ~** die Bullen *pl*

fuzzy [ˈfʌzɪ] ADJ verschwommen; (*hair*) kraus; (*thoughts*) verworren

fwd. ABBR = **forward**

fwy (*US*) ABBR = **freeway**

FYI ABBR (= *for your information*) zu Ihrer Information

Gg

G¹, g¹ [dʒi:] N (*letter*) G *nt*, g *nt*; **G for George** ≈ G wie Gustav
G² [dʒi:] N (*Mus*) G *nt*, g *nt*
G³ [dʒi:] N ABBR (*BRIT Scol*) = **good**; (*US Cine: = general (audience)*) *Klassifikation für jugendfreie Filme*; (*Phys*): **G-force** g-Druck *m*
g² ABBR (*= gram(me)*) g; (*Phys*) = **gravity**
G8 N ABBR (*Pol: = Group of Eight*) G-8 *f*
G20 N ABBR (*Pol: = Group of Twenty*) G-20 *f*
GA (*US*) N ABBR (*Post*) = **Georgia**
gab [gæb] (*inf*) N: **to have the gift of the ~** reden können, nicht auf den Mund gefallen sein
gabble [ˈgæbl] VI brabbeln (*inf*)
gaberdine [gæbəˈdi:n] N Gabardine *m*
gable [ˈgeɪbl] N Giebel *m*
Gabon [gəˈbɔn] N Gabun *nt*
gad about [gæd-] (*inf*) VI herumziehen
gadget [ˈgædʒɪt] N Gerät *nt*
gadgetry [ˈgædʒɪtrɪ] N Geräte *pl*
Gaelic [ˈgeɪlɪk] ADJ gälisch ▸ N (*Ling*) Gälisch *nt*
gaffe [gæf] N Fauxpas *m*
gaffer [ˈgæfəʳ] (*BRIT inf*) N (*boss*) Chef *m*; (*foreman*) Vorarbeiter *m*; (*old man*) Alte(r) *m*
gag [gæg] N Knebel *m*; (*joke*) Gag *m* ▸ VT knebeln ▸ VI würgen
gaga [ˈgɑ:gɑ:] (*inf*) ADJ: **to go ~** verkalken
gage [geɪdʒ] (*US*) N, VT = **gauge**
gaiety [ˈgeɪɪtɪ] N Fröhlichkeit *f*
gaily [ˈgeɪlɪ] ADV fröhlich; **~ coloured** farbenfroh, farbenprächtig
gain [geɪn] N Gewinn *m* ▸ VT gewinnen ▸ VI (*clock, watch*) vorgehen; **to do sth for ~** etw aus Berechnung tun; (*for money*) etw des Geldes wegen tun; **~ (in)** (*increase*) Zunahme *f* (an +*dat*); (*in rights, conditions*) Verbesserung *f* +*gen*; **to ~ ground** (an) Boden gewinnen; **to ~ speed** schneller werden; **to ~ weight** zunehmen; **to ~ 3lbs (in weight)** 3 Pfund zunehmen; **to ~ (in) confidence** sicherer werden; **to ~ from sth** von etw profitieren; **to ~ in strength** stärker werden; **to ~ by doing sth** davon profitieren, etw zu tun; **to ~ on sb** jdn einholen
gainful [ˈgeɪnful] ADJ: **~ employment** Erwerbstätigkeit *f*
gainfully [ˈgeɪnfəlɪ] ADV: **~ employed** erwerbstätig
gainsay [geɪnˈseɪ] VT (*irreg: like* **say**) widersprechen +*dat*; (*fact*) leugnen
gait [geɪt] N Gang *m*; **to walk with a slow/confident ~** mit langsamen Schritten/selbstbewusst gehen
gal. ABBR = **gallon**
gala [ˈgɑ:lə] N Galaveranstaltung *f*; **swimming ~** großes Schwimmfest *nt*
Galapagos [gəˈlæpəgəs], **Galapagos Islands** NPL: **(the) ~ (Islands)** die Galapagosinseln *pl*
galaxy [ˈgæləksɪ] N Galaxis *f*, Sternsystem *nt*
gale [geɪl] N Sturm *m*; **~ force 10** Sturmstärke 10
gall [gɔ:l] N Galle *f*; (*fig: impudence*) Frechheit *f* ▸ VT maßlos ärgern
gall. ABBR = **gallon**
gallant [ˈgælənt] ADJ tapfer; (*polite*) galant
gallantry [ˈgæləntrɪ] N Tapferkeit *f*; Galanterie *f*
gall bladder N Gallenblase *f*
galleon [ˈgælɪən] N Galeone *f*
gallery [ˈgælərɪ] N (*also:* **art gallery**) Galerie *f*, Museum *nt*; (*private*) (Privat)galerie *f*; (*in hall, church*) Galerie *f*; (*in theatre*) oberster Rang *m*, Balkon *m*
galley [ˈgælɪ] N Kombüse *f*; (*ship*) Galeere *f*; (*also:* **galley proof**) Fahne *f*, Fahnenabzug *m*
Gallic [ˈgælɪk] ADJ gallisch; (*French*) französisch
galling [ˈgɔ:lɪŋ] ADJ äußerst ärgerlich
gallon [ˈgæln] N Gallone *f* (*BRIT* = 4,5 *l*, *US* = 3,8 *l*)
gallop [ˈgæləp] N Galopp *m* ▸ VI galoppieren; **galloping inflation** galoppierende Inflation *f*
gallows [ˈgæləuz] N Galgen *m*
gallstone [ˈgɔ:lstəun] N Gallenstein *m*
Gallup poll [ˈgæləp-] N Meinungsumfrage *f*
galore [gəˈlɔ:ʳ] ADV in Hülle und Fülle
galvanize [ˈgælvənaɪz] VT (*fig*) mobilisieren; **to ~ sb into action** jdn plötzlich aktiv werden lassen
galvanized [ˈgælvənaɪzd] ADJ (*metal*) galvanisiert
Gambia [ˈgæmbɪə] N Gambia *nt*
gambit [ˈgæmbɪt] N: **(opening) ~** (einleitender) Schachzug *m*; (*in conversation*) (einleitende) Bemerkung *f*

gamble [ˈgæmbl] N Risiko *nt* ▸ VT einsetzen ▸ VI ein Risiko eingehen; (*bet*) spielen; (*on horses etc*) wetten; **to ~ on the Stock Exchange** an der Börse spekulieren; **to ~ on sth** (*horses, race*) auf etw *acc* wetten; (*success, outcome etc*) sich auf etw *acc* verlassen

gambler [ˈgæmbləʳ] N Spieler(in) *m(f)*

gambling [ˈgæmblɪŋ] N Spielen *nt*; (*on horses etc*) Wetten *nt*

gambol [ˈgæmbl] VI herumtollen

★**game** [geɪm] N Spiel *nt*; (*sport*) Sport *m*; (*strategy, scheme*) Vorhaben *nt*; (*Culin, Hunting*) Wild *nt* ▸ ADJ: **to be ~ (for)** mitmachen (bei) ▪ **games** NPL (*Scol*) Sport *m*; **to play a ~ of football/tennis** Fußball/(eine Partie) Tennis spielen; **big ~** Großwild *nt*

game bird N Federwild *nt inv*

gamekeeper [ˈgeɪmki:pəʳ] N Wildhüter(in) *m(f)*

gamely [ˈgeɪmlɪ] ADV mutig

gamer [ˈgeɪməʳ] N Gamer(in) *m(f)*, Computerspieler(in) *m(f)*

game reserve N Wildschutzreservat *nt*

games console [ˈgeɪmz-] N Spielkonsole *f*

game show N (TV) Spielshow *f*

gamesmanship [ˈgeɪmzmənʃɪp] N Gerissenheit *f* beim Spiel

gaming [ˈgeɪmɪŋ] N (*gambling*) Spielen *nt*

gammon [ˈgæmən] N Schinken *m*

gamut [ˈgæmət] N Skala *f*; **to run the ~ of** die ganze Skala +*gen* durchlaufen

gander [ˈgændəʳ] N Gänserich *m*

★**gang** [gæŋ] N Bande *f*; (*of friends*) Haufen *m*; (*of workmen*) Kolonne *f*
▸ **gang up** VI: **to ~ up on sb** sich gegen jdn zusammentun

Ganges [ˈgændʒi:z] N: **the ~** der Ganges

gangland [ˈgæŋlænd] ADJ (*killer, boss*) Unterwelt-

gangling [ˈgæŋglɪŋ] ADJ schlaksig, hoch aufgeschossen

gangly [ˈgæŋglɪ] ADJ schlaksig

gangplank [ˈgæŋplæŋk] N Laufplanke *f*

gangrene [ˈgæŋgri:n] N (*Med*) Brand *m*

gangster [ˈgæŋstəʳ] N Gangster *m*

gangway [ˈgæŋweɪ] N Laufplanke *f*, Gangway *f*; (*in cinema, bus, plane etc*) Gang *m*

gantry [ˈgæntrɪ] N (*for crane*) Portal *nt*; (*for railway signal*) Signalbrücke *f*; (*for rocket*) Abschussrampe *f*

GAO (US) N ABBR (= *General Accounting Office*) *Rechnungshof der USA*

gaol [dʒeɪl] (BRIT) N, VT = **jail**

gap [gæp] N Lücke *f*; (*in time*) Pause *f*; (*difference*): **~ (between)** Kluft *f* (zwischen +*dat*)

gape [geɪp] VI starren, gaffen; (*hole*) gähnen; (*shirt*) offen stehen

gaping [ˈgeɪpɪŋ] ADJ (*hole*) gähnend; (*shirt*) offen

gap year N *Jahr zwischen Schulabschluss und Studium, das oft zu Auslandsaufenthalten genutzt wird*

garage [ˈgærɑ:ʒ] N Garage *f*; (*for car repairs*) (Reparatur)werkstatt *f*; (*petrol station*) Tankstelle *f*

garb [gɑ:b] N Gewand *nt*, Kluft *f*

garbage [ˈgɑ:bɪdʒ] N (US: *rubbish*) Abfall *m*, Müll *m*; (*inf: nonsense*) Blödsinn *m*, Quatsch *m*; (*fig: film, book*) Schund *m*

garbage can (US) N Mülleimer *m*, Abfalleimer *m*

garbage collector (US) N Müllmann *m*

garbage disposal, garbage disposal unit N Müllschlucker *m*

garbage truck (US) N Müllwagen *m*

garbled [ˈgɑ:bld] ADJ (*account*) wirr; (*message*) unverständlich

★**garden** [ˈgɑ:dn] N Garten *m* ▸ VI gärtnern ▪ **gardens** NPL (*public park*) Park *m*; (*private*) Gartenanlagen *pl*; **she was gardening** sie arbeitete im Garten

garden centre N Gartencenter *nt*

garden city N Gartenstadt *f*

gardener [ˈgɑ:dnəʳ] N Gärtner(in) *m(f)*

gardening [ˈgɑ:dnɪŋ] N Gartenarbeit *f*

gargle [ˈgɑ:gl] VI gurgeln ▸ N Gurgelwasser *nt*

gargoyle [ˈgɑ:gɔɪl] N Wasserspeier *m*

garish [ˈgɛərɪʃ] ADJ grell

garland [ˈgɑ:lənd] N Kranz *m*

garlic [ˈgɑ:lɪk] N Knoblauch *m*

garlic bread N Knoblauchbrot *nt*

garment [ˈgɑ:mənt] N Kleidungsstück *nt*

garner [ˈgɑ:nəʳ] VT sammeln

garnish [ˈgɑ:nɪʃ] VT garnieren

garret [ˈgærɪt] N Dachkammer *f*, Mansarde *f*

garrison [ˈgærɪsn] N Garnison *f*

garrulous [ˈgærʊləs] ADJ geschwätzig

garter [ˈgɑ:təʳ] N Strumpfband *nt*; (US: *suspender*) Strumpfhalter *m*

garter belt (US) N Strumpfgürtel *m*, Hüftgürtel *m*

★**gas** [gæs] N Gas *nt*; (US: *gasoline*) Benzin *nt* ▸ VT mit Gas vergiften; (*Mil*) vergasen; **to be given ~** (*as anaesthetic*) Lachgas bekommen

gas cooker (BRIT) N Gasherd *m*

gas cylinder N Gasflasche *f*

gaseous [ˈgæsɪəs] ADJ gasförmig

gas fire (BRIT) N Gasofen *m*

gas-fired [ˈgæsfaɪəd] ADJ (*heater etc*) Gas-

gash [gæʃ] N klaffende Wunde *f*; (*tear*) tiefer Schlitz *m* ▸ VT aufschlitzen

gasket [ˈgæskɪt] N Dichtung *f*

gas mask N Gasmaske *f*

gas meter N Gaszähler *m*

gasoline [ˈgæsəli:n] (US) N Benzin *nt*

gasp [gɑ:sp] N tiefer Atemzug *m* ▸ VI keuchen; (*in surprise*) nach Luft schnappen; **to give a ~ (of shock/horror)** (vor Schreck/Entsetzen) die Luft anhalten; **to be gasping for** sich sehnen nach +*dat*
▸ **gasp out** VT hervorstoßen

gas permeable ADJ (*lenses*) luftdurchlässig
gas ring N Gasbrenner *m*
gas station (*US*) N Tankstelle *f*
gas stove N (*cooker*) Gasherd *m*; (*for camping*) Gaskocher *m*
gassy [ˈgæsɪ] ADJ (*drink*) kohlensäurehaltig
gas tank N Benzintank *m*
gastric [ˈgæstrɪk] ADJ (*upset, ulcer etc*) Magen-
gastric band N Magenband *nt*
gastric flu N Darmgrippe *f*
gastroenteritis [ˈgæstrəuɛntəˈraɪtɪs] N Magen-Darm-Katarrh *m*
gastronomy [gæsˈtrɔnəmɪ] N Gastronomie *f*
gasworks [ˈgæswəːks] N Gaswerk *nt*
gate [geɪt] N (*of garden*) Pforte *f*; (*of field*) Gatter *nt*; (*of building*) Tor *nt*; (*at airport*) Flugsteig *m*; (*of level crossing*) Schranke *f*; (*of lock*) Tor *nt*
gateau [ˈgætəu] (*pl* **gateaux**) N Torte *f*
gate-crash [ˈgeɪtkræʃ] (BRIT) VT (*party*) ohne Einladung besuchen; (*concert*) eindringen in *+acc* ▸ VI ohne Einladung hingehen; eindringen
gate-crasher [ˈgeɪtkræʃə^r] N ungeladener Gast *m*
gated community [ˈgeɪtɪd-] N bewachte Wohnanlage *f*
gatehouse [ˈgeɪthaus] N Pförtnerhaus *nt*
gateway [ˈgeɪtweɪ] N (*also fig*) Tor *nt*
gather [ˈgæðə^r] VT sammeln; (*flowers, fruit*) pflücken; (*understand*) schließen; (*Sewing*) kräuseln ▸ VI (*assemble*) sich versammeln; (*dust*) sich ansammeln; (*clouds*) sich zusammenziehen; **to ~ (from)** schließen (aus); **to ~ (that)** annehmen(, dass); **as far as I can ~** so wie ich es sehe; **to ~ speed** schneller werden
gathering [ˈgæðərɪŋ] N Versammlung *f*
gauche [gəuʃ] ADJ linkisch
gaudy [ˈgɔːdɪ] ADJ knallig
gauge, (*US*) **gage** [geɪdʒ] N Messgerät *nt*, Messinstrument *nt*; (*Rail*) Spurweite *f* ▸ VT messen; (*fig*) beurteilen; **petrol ~, fuel ~, gas gage** (*US*) Benzinuhr *f*; **to ~ the right moment** den richtigen Moment abwägen
Gaul [gɔːl] N Gallien *nt*; (*person*) Gallier(in) *m(f)*
gaunt [gɔːnt] ADJ (*haggard*) hager; (*bare, stark*) öde
gauntlet [ˈgɔːntlɪt] N (Stulpen)handschuh *m*; (*fig*): **to run the ~** Spießruten laufen; **to throw down the ~** den Fehdehandschuh hinwerfen
gauze [gɔːz] N Gaze *f*
gave [geɪv] PT *of* **give**
gavel [ˈgævl] N Hammer *m*
gawk [gɔːk] (*inf*) VI gaffen, glotzen
gawky [ˈgɔːkɪ] ADJ schlaksig
gawp [gɔːp] VI: **to ~ at** angaffen, anglotzen (*inf*)
gay [geɪ] ADJ schwul; (*old-fashioned: cheerful*) fröhlich
gay marriage N gleichgeschlechtliche Ehe *f*, Homoehe *f* (*inf*)
gaze [geɪz] N Blick *m* ▸ VI: **to ~ at sth** etw anstarren
gazelle [gəˈzɛl] N Gazelle *f*
gazette [gəˈzɛt] N Zeitung *f*; (*official*) Amtsblatt *nt*
gazetteer [gæzəˈtɪə^r] N alphabetisches Ortsverzeichnis *nt*
gazump [gəˈzʌmp] (BRIT) VT: **to be gazumped** *ein mündlich zugesagtes Haus an einen Höherbietenden verlieren*
GB ABBR (= *Great Britain*) GB
GBH (BRIT) N ABBR (*Law: inf*) = **grievous bodily harm**
GC (BRIT) N ABBR (= *George Cross*) *britische Tapferkeitsmedaille*
GCE (BRIT) N ABBR (= *General Certificate of Education*) *Schulabschlusszeugnis*, ≈ Abitur *nt*
GCHQ (BRIT) N ABBR (= *Government Communications Headquarters*) *Zentralstelle des britischen Nachrichtendienstes*
★**GCSE** (BRIT) N ABBR (= *General Certificate of Secondary Education*) *Schulabschlusszeugnis*, ≈ mittlere Reife *f*

Das **GCSE** (*General Certificate of Secondary Education*) sind die Prüfungen in mehreren Fächern, die junge Engländer, Waliser und Nordiren um die 16 Jahre ablegen müssen. Ihr erfolgreiches Absolvieren ist eine der Voraussetzungen für die Weiterführung der Oberstufenbildung bis zu den *A levels* (siehe auch *A level*). Die GCSE-Ergebnisse sind ebenso wichtig für die Schüler, die in diesem Stadium die Schule verlassen, um einen Arbeitsplatz zu finden. Die Anzahl der geprüften Fächer liegt zwischen 8 und 11. Gewisse sind obligatorisch, wie z.B. Englisch, Mathe und Naturwissenschaften.

Gdns ABBR (*in street names:* = *Gardens*) ≈ Str.
GDP N ABBR = **gross domestic product**
GDR N ABBR (*Hist:* = *German Democratic Republic*) DDR *f*
gear [gɪə^r] N (*equipment*) Ausrüstung *f*; (*belongings*) Sachen *pl*; (*Tech*) Getriebe *nt*; (*Aut*) Gang *m*; (*on bicycle*) Gangschaltung *f* ▸ VT (*fig: adapt*): **to ~ sth to** etw ausrichten auf *+acc*; **top/low/bottom ~, high/low/bottom ~** (*US*) hoher/niedriger/erster Gang; **to put a car into ~** einen Gang einlegen; **to leave the car in ~** den Gang eingelegt lassen; **to leave out of ~** im Leerlauf lassen; **our service is geared to meet the needs of the disabled** unser Betrieb ist auf die Bedürfnisse von Behinderten eingerichtet
▸ **gear up** VT, VI: **to ~ (o.s.) up (to)** sich vorbereiten (auf *+acc*); **to ~ o.s. up to do sth** sich darauf vorbereiten, etw zu tun
gearbox [ˈgɪəbɔks] N Getriebe *nt*
gear lever, (*US*) **gear shift** N Schalthebel *m*
GED (*US*) N ABBR (*Scol:* = *general educational development*) *allgemeine Lernentwicklung*
geek-speak [ˈgiːkspiːk] (*US inf*) N Fachchinesisch *nt*
geese [giːs] NPL *of* **goose**
geezer [ˈgiːzə^r] (*inf*) N Kerl *m*, Typ *m*
Geiger counter [ˈgaɪgə-] N Geigerzähler *m*

gel [dʒɛl] N Gel *nt*

gelatin, gelatine [ˈdʒɛlətiːn] N Gelatine *f*

gelignite [ˈdʒɛlɪɡnaɪt] N Plastiksprengstoff *m*

gem [dʒɛm] N Edelstein *m*; **she/the house is a ~** (*fig*) sie/das Haus ist ein Juwel; **a ~ of an idea** eine ausgezeichnete Idee

Gemini [ˈdʒɛmɪnaɪ] N (*Astrol*) Zwillinge *pl*; **to be ~** (ein) Zwilling sein

gen [dʒɛn] (BRIT *inf*) N: **to give sb the ~ on sth** jdn über etw *acc* informieren

Gen. ABBR (*Mil*: = *General*) Gen.

gen. ABBR = **general; generally**

gender [ˈdʒɛndəʳ] N Geschlecht *nt*

gene [dʒiːn] N Gen *nt*

genealogy [dʒiːnɪˈælədʒɪ] N Genealogie *f*, Stammbaumforschung *f*; (*family history*) Stammbaum *m*

★**general** [ˈdʒɛnərl] N General *m* ▶ ADJ allgemein; (*widespread*) weitverbreitet; (*non-specific*) generell; **in ~** im Allgemeinen; **the ~ public** die Öffentlichkeit, die Allgemeinheit; **~ audit** (*Comm*) Jahresabschlussprüfung *f*

general anaesthetic N Vollnarkose *f*

general delivery (*US*) N: **to send sth ~** etw postlagernd schicken

general election N Parlamentswahlen *pl*

generalization [ˈdʒɛnrəlaɪˈzeɪʃən] N Verallgemeinerung *f*

generalize [ˈdʒɛnrəlaɪz] VI verallgemeinern

★**generally** [ˈdʒɛnrəlɪ] ADV im Allgemeinen

general manager N Hauptgeschäftsführer(in) *m(f)*

general practitioner N praktischer Arzt *m*, praktische Ärztin *f*

general strike N Generalstreik *m*

generate [ˈdʒɛnəreɪt] VT erzeugen; (*jobs*) schaffen; (*profits*) einbringen

★**generation** [dʒɛnəˈreɪʃən] N Generation *f*; (*of electricity etc*) Erzeugung *f*

generator [ˈdʒɛnəreɪtəʳ] N Generator *m*

generic [dʒɪˈnɛrɪk] ADJ allgemein; **~ term** Oberbegriff *m*

generosity [dʒɛnəˈrɔsɪtɪ] N Großzügigkeit *f*

★**generous** [ˈdʒɛnərəs] ADJ großzügig; (*measure, remuneration*) reichlich

genesis [ˈdʒɛnɪsɪs] N Entstehung *f*

genetic [dʒɪˈnɛtɪk] ADJ genetisch

genetically ADV genetisch; **~ modified** genmanipuliert

genetic engineering N Gentechnologie *f*

genetic fingerprint N genetischer Fingerabdruck *m*

genetics [dʒɪˈnɛtɪks] N Genetik *f*

Geneva [dʒɪˈniːvə] N Genf *nt*

genial [ˈdʒiːnɪəl] ADJ freundlich; (*climate*) angenehm

genitals [ˈdʒɛnɪtlz] NPL Genitalien *pl*, Geschlechtsteile *pl*

genitive [ˈdʒɛnɪtɪv] N Genitiv *m*

genius [ˈdʒiːnɪəs] N Talent *nt*; (*person*) Genie *nt*

Genoa [ˈdʒɛnəuə] N Genua *nt*

genocide [ˈdʒɛnəusaɪd] N Völkermord *m*

Genoese [dʒɛnəuˈiːz] ADJ genuesisch ▶ N INV Genuese *m*, Genuesin *f*

genome [ˈdʒiːnəum] N Genom *nt*

gent [dʒɛnt] (BRIT *inf*) N ABBR = **gentleman**

genteel [dʒɛnˈtiːl] ADJ vornehm, fein

★**gentle** [ˈdʒɛntl] ADJ sanft; (*movement, breeze*) leicht; **a ~ hint** ein zarter Hinweis

★**gentleman** [ˈdʒɛntlmən] N (*irreg*) Herr *m*; (*referring to social position or good manners*) Gentleman *m*; **~'s agreement** Vereinbarung *f* auf Treu und Glauben

gentlemanly [ˈdʒɛntlmənlɪ] ADJ zuvorkommend

gentleness [ˈdʒɛntlnɪs] N Sanftheit *f*; Leichtheit *f*; Zartheit *f*

gently [ˈdʒɛntlɪ] ADV sanft; leicht; zart

gentry [ˈdʒɛntrɪ] N INV: **the ~** die Gentry, der niedere Adel

gents [dʒɛnts] N: **the ~** die Herrentoilette

★**genuine** [ˈdʒɛnjuɪn] ADJ echt; (*person*) natürlich, aufrichtig

genuinely [ˈdʒɛnjuɪnlɪ] ADV wirklich

geographer [dʒɪˈɔɡrəfəʳ] N Geograf(in) *m(f)*

geographic [dʒɪəˈɡræfɪk], **geographical** [dʒɪəˈɡræfɪkl] ADJ geografisch

geography [dʒɪˈɔɡrəfɪ] N Geografie *f*; (*Scol*) Erdkunde *f*

geolocate [dʒiːələuˈkeɪt] VT lokalisieren

geological [dʒɪəˈlɔdʒɪkl] ADJ geologisch

geologist [dʒɪˈɔlədʒɪst] N Geologe *m*, Geologin *f*

geology [dʒɪˈɔlədʒɪ] N Geologie *f*

geometric [dʒɪəˈmɛtrɪk], **geometrical** [dʒɪəˈmɛtrɪkl] ADJ geometrisch

geometry [dʒɪˈɔmətrɪ] N Geometrie *f*

Geordie [ˈdʒɔːdɪ] (*inf*) N *aus dem Gebiet von Newcastle stammende oder dort wohnhafte Person*

Georgia [ˈdʒɔːdʒə] N (*in Eastern Europe*) Georgien *nt*

Georgian [ˈdʒɔːdʒən] ADJ georgisch ▶ N Georgier(in) *m(f)*; (*Ling*) Georgisch *nt*

geranium [dʒɪˈreɪnɪəm] N Geranie *f*

gerbil [ˈdʒəːbɪl] N (*Zool*) Wüstenrennmaus *f*

geriatric [dʒɛrɪˈætrɪk] ADJ geriatrisch

germ [dʒəːm] N Bazillus *m*; (*Biol, fig*) Keim *m*

★**German** [ˈdʒəːmən] ADJ deutsch ▶ N Deutsche(r) *f(m)*; (*Ling*) Deutsch *nt*

German Democratic Republic N (*formerly*) Deutsche Demokratische Republik *f*

germane [dʒəːˈmeɪn] ADJ: **~ (to)** von Belang (für)

German measles (BRIT) N Röteln *pl*

German Shepherd, German Shepherd dog (*esp US*) N Schäferhund *m*

★**Germany** [ˈdʒəːmənɪ] N Deutschland *nt*

germinate [ˈdʒəːmɪneɪt] VI keimen; (*fig*) aufkeimen

germination [dʒəːmɪˈneɪʃən] N Keimung *f*

germ warfare N biologische Kriegsführung *f*, Bakterienkrieg *m*

gerrymandering [ˈdʒɛrɪmændərɪŋ] N Wahlkreisschiebungen *pl*

gestation [dʒɛsˈteɪʃən] N (*of animals*) Trächtigkeit *f*; (*of humans*) Schwangerschaft *f*

gesticulate [dʒɛsˈtɪkjuleɪt] VI gestikulieren

gesture [ˈdʒɛstjəʳ] N Geste *f*; **as a ~ of friendship** als Zeichen der Freundschaft

get [gɛt]

(*pt, pp* **got**, *US pp* **gotten**) VI **1** (*become, be*) werden; **to get old/tired/cold** alt/müde/kalt werden; **to get dirty** sich schmutzig machen; **to get killed** getötet werden; **to get married** heiraten

2 (*go*): **to get (from ...) to ...** (von ...) nach ... kommen; **how did you get here?** wie sind Sie hierhin gekommen?

3 (*begin*): **to get to know sb** jdn kennenlernen; **let's get going** *or* **started** fangen wir an!

▶ MODAL AUX VB: **you've got to do it** du musst es tun

▶ VT **1**: **to get sth done** (*do oneself*) etw gemacht bekommen; (*have done*) etw machen lassen; **to get one's hair cut** sich *dat* die Haare schneiden lassen; **to get the car going** *or* **to go** das Auto in Gang bringen; **to get sb to do sth** etw von jdm machen lassen; (*persuade*) jdn dazu bringen, etw zu tun

2 (*obtain: money, permission, results*) erhalten

3 (*fetch: person, doctor, object*) holen

4 (*find: job, flat*) finden; **to get sth for sb** jdm etw besorgen; **can I get you a drink?** kann ich Ihnen etwas zu trinken anbieten?

5 (*receive, acquire: present, prize*) bekommen; **how much did you get for the painting?** wie viel haben Sie für das Bild bekommen?

6 (*catch*) bekommen, kriegen (*inf*)

7 (*hit: target etc*) treffen; **to get sb by the arm/throat** jdn am Arm/Hals packen; **the bullet got him in the leg** die Kugel traf ihn ins Bein

8 (*take, move*) bringen; **to get sth to sb** jdm etw zukommen lassen

9 (*plane, bus etc: take*) nehmen; (*: catch*) bekommen

10 (*understand: joke etc*) verstehen; **I get it** ich verstehe

11 (*have, possess*): **to have got** haben; **how many have you got?** wie viele hast du?

▶ **get about** VI (*person*) herumkommen; (*news, rumour*) sich verbreiten

▶ **get across** VT (*message, meaning*) klarmachen

▶ **get along** VI (*be friends*) (miteinander) auskommen; (*depart*) sich auf den Weg machen

▶ **get around** VT FUS = **get round**

▶ **get at** VT FUS (*attack, criticize*) angreifen; (*reach*) herankommen an *+acc*; **what are you getting at?** worauf willst du hinaus?

▶ **get away** VI (*leave*) wegkommen; (*on holiday*) verreisen; (*escape*) entkommen

▶ **get away with** VT FUS (*stolen goods*) entkommen mit; **he'll never get away with it!** damit kommt er nicht durch

▶ **get back** VI (*return*) zurückkommen ▶ VT (*regain*) zurückbekommen; **get back!** zurück!

▶ **get back at** (*inf*) VT FUS: **to get back at sb for sth** jdm etw heimzahlen

▶ **get back to** VT FUS (*return to*) zurückkehren zu; (*contact again*) zurückkommen auf *+acc*; **to get back to sleep** wieder einschlafen

▶ **get by** VI (*pass*) vorbeikommen; (*manage*) zurechtkommen; **I can get by in German** ich kann mich auf Deutsch verständlich machen

▶ **get down** VI (*from tree, ladder etc*) heruntersteigen; (*from horse*) absteigen; (*leave table*) aufstehen; (*bend down*) sich bücken; (*duck*) sich ducken ▶ VT (*depress: person*) fertigmachen; (*write*) aufschreiben

▶ **get down to** VT FUS: **to get down to sth** (*work*) etw in Angriff nehmen; (*find time*) zu etw kommen; **to get down to business** (*fig*) zur Sache kommen

▶ **get in** VI (*be elected, candidate, party*) gewählt werden; (*arrive*) ankommen ▶ VT (*bring in: harvest*) einbringen; (*: shopping, supplies*) (herein)holen

▶ **get into** VT FUS (*conversation, argument, fight*) geraten in *+acc*; (*vehicle*) einsteigen in *+acc*; (*clothes*) hineinkommen in *+acc*; **to get into trouble** in Schwierigkeiten kommen; **to get into bed** ins Bett gehen; **to get into the habit of doing sth** sich *dat* angewöhnen, etw zu tun

▶ **get off** VI (*from train etc*) aussteigen; (*escape punishment*) davonkommen ▶ VT (*remove: clothes*) ausziehen; (*: stain*) herausbekommen ▶ VT FUS (*leave: train, bus*) aussteigen aus; **we get 3 days off at Christmas** zu Weihnachten bekommen wir 3 Tage frei; **to get off to a good start** (*fig*) einen guten Anfang machen

▶ **get on** VI (*be friends*) (miteinander) auskommen ▶ VT FUS (*bus, train*) einsteigen in *+acc*; **how are you getting on?** wie kommst du zurecht?; **time is getting on** es wird langsam spät

▶ **get on to** (BRIT) VT FUS (*subject, topic*) übergehen zu; (*contact: person*) sich in Verbindung setzen mit

▶ **get on with** VT FUS (*person*) auskommen mit; (*meeting, work etc*) weitermachen mit

▶ **get out** VI (*leave: on foot*) hinausgehen; (*of vehicle*) aussteigen; (*news etc*) herauskommen ▶ VT (*take out: book etc*) herausholen; (*remove: stain*) herausbekommen

▶ **get out of** VT FUS (*money: bank etc*) abheben von; (*avoid: duty etc*) herumkommen um ▶ VT (*extract: confession etc*) herausbekommen aus; (*derive: pleasure*) haben an *+dat*; (*: benefit*) haben von

▶ **get over** VT FUS (*overcome*) überwinden; (*: illness*) sich erholen von; (*communicate: idea etc*) verständlich machen ▶ VT: **to get it over with** (*finish*) es hinter sich *acc* bringen

g

▸ **get round** VT FUS (*law, rule*) umgehen; (*person*) herumkriegen
▸ **get round to** VT FUS: **to get round to doing sth** dazu kommen, etw zu tun
▸ **get through** VI (*Tel*) durchkommen ▸ VT FUS (*finish: work*) schaffen; (*: book*) lesen
▸ **get through to** VT FUS (*Tel*) durchkommen zu; (*make o.s. understood*) durchdringen zu
▸ **get together** VI (*people*) zusammenkommen ▸ VT (*people*) zusammenbringen; (*project, plan etc*) zusammenstellen
▸ **get up** VI (*rise*) aufstehen ▸ VT: **to get up enthusiasm for sth** Begeisterung für etw aufbringen
▸ **get up to** VT FUS (*prank etc*) anstellen

getaway [ˈgɛtəweɪ] N: **to make a/one's ~** sich davonmachen
getaway car N Fluchtauto *nt*
get-together [ˈgɛttəgɛðəʳ] N Treffen *nt*; (*party*) Party *f*
get-up [ˈgɛtʌp] (*inf*) N Aufmachung *f*
get-well card [gɛtˈwɛl-] N Karte *f* mit Genesungswünschen
geyser [ˈgi:zəʳ] N Geiser *m*; (BRIT: *water heater*) Durchlauferhitzer *m*
Ghana [ˈgɑ:nə] N Ghana *nt*
Ghanaian [gɑ:ˈneɪən] ADJ ghanaisch ▸ N Ghanaer(in) *m(f)*
ghastly [ˈgɑ:stlɪ] ADJ grässlich; (*complexion*) totenblass; **you look ~!** (*ill*) du siehst grässlich aus!
gherkin [ˈgə:kɪn] N Gewürzgurke *f*
ghetto [ˈgɛtəu] N G(h)etto *nt*
ghetto blaster [-ˈblɑ:stəʳ] (*inf*) N Gettoblaster *m*
ghost [gəust] N Geist *m*, Gespenst *nt* ▸ VT für jdn (als Ghostwriter) schreiben; **to give up the ~** den Geist aufgeben
ghost town N Geisterstadt *f*
ghostwriter [ˈgəustraɪtəʳ] N Ghostwriter(in) *m(f)*
ghoul [gu:l] N böser Geist *m*
ghoulish [ˈgu:lɪʃ] ADJ makaber
GHQ N ABBR (*Mil: = General Headquarters*) Hauptquartier *nt*
GHz ABBR (= *gigahertz*) GHz
GI (*US inf*) N ABBR (= *government issue*) GI *m*
★**giant** [ˈdʒaɪənt] N (*also fig*) Riese *m* ▸ ADJ riesig, riesenhaft; **~ (size) packet** Riesenpackung *f*
giant killer N (*fig*) Goliathbezwinger(in) *m(f)*
gibber [ˈdʒɪbəʳ] VI brabbeln
gibberish [ˈdʒɪbərɪʃ] N Quatsch *m*
gibe [dʒaɪb] N spöttische Bemerkung *f* ▸ VI: **to ~ at** spöttische Bemerkungen machen über *+acc*
Gibraltar [dʒɪˈbrɔ:ltəʳ] N Gibraltar *nt*
giddiness [ˈgɪdɪnɪs] N Schwindelgefühl *nt*
giddy [ˈgɪdɪ] ADJ: **I am/feel ~** mir ist schwind(e)lig; (*height*) schwindelerregend; **~ with excitement** vor Aufregung ganz ausgelassen

★**gift** [gɪft] N Geschenk *nt*; (*donation*) Spende *f*; (*Comm: also:* **free gift**) (Werbe)geschenk *nt*; (*ability*) Gabe *f*; **to have a ~ for sth** ein Talent für etw haben

Das englische Wort **gift** bedeutet nicht *Gift* auf Deutsch.

gift card N (*US*) elektronische Guthabenkarte *f*, Gift Card *f* (*häufig in Form eines Gutscheins*)
gifted [ˈgɪftɪd] ADJ begabt
gift token N Geschenkgutschein *m*
gift voucher N = **gift token**
gig [gɪg] N (*inf: performance*) Gig *m*
gigabyte [ˈdʒɪgəbaɪt] N Gigabyte *nt*
gigantic [dʒaɪˈgæntɪk] ADJ riesig, riesengroß
giggle [ˈgɪgl] VI kichern ▸ N Spaß *m*; **to do sth for a ~** etw aus Spaß tun
GIGO [ˈgaɪgəu] (*inf*) ABBR (*Comput: = garbage in, garbage out*) GIGO
gild [gɪld] VT vergolden
gill [dʒɪl] N Gill *nt* (*BRIT = 15 cl, US = 12 cl*)
gills [gɪlz] NPL Kiemen *pl*
gilt [gɪlt] ADJ vergoldet ▸ N Vergoldung *f* ■ **gilts** NPL (*Comm*) mündelsichere Wertpapiere *pl*
gilt-edged [ˈgɪltɛdʒd] ADJ (*stocks, securities*) mündelsicher
gimlet [ˈgɪmlɪt] N Handbohrer *m*
gimmick [ˈgɪmɪk] N Gag *m*; **sales ~** Verkaufsmasche *f*, Verkaufstrick *m*
gin [dʒɪn] N Gin *m*
ginger [ˈdʒɪndʒəʳ] N Ingwer *m* ▸ ADJ (*hair*) rötlich; (*cat*) rötlich gelb
ginger ale N Gingerale *nt*
ginger beer N Ingwerbier *nt*
gingerbread [ˈdʒɪndʒəbrɛd] N (*cake*) Ingwerkuchen *m*; (*biscuit*) ≈ Pfefferkuchen *m*
ginger group (BRIT) N Aktionsgruppe *f*
gingerly [ˈdʒɪndʒəlɪ] ADV vorsichtig
gingham [ˈgɪŋəm] N Gingan *m*, Gingham *m*
ginseng [ˈdʒɪnsɛŋ] N Ginseng *m*
gipsy [ˈdʒɪpsɪ] N Zigeuner(in) *m(f)*
gipsy caravan N Zigeunerwagen *m*
★**giraffe** [dʒɪˈrɑ:f] N Giraffe *f*
girder [ˈgə:dəʳ] N Träger *m*
girdle [ˈgə:dl] N Hüftgürtel *m*, Hüfthalter *m* ▸ VT (*fig*) umgeben
★**girl** [gə:l] N Mädchen *nt*; (*young unmarried woman*) (junges) Mädchen *nt*; (*daughter*) Tochter *f*; **this is my little ~** das ist mein Töchterchen; **an English ~** eine Engländerin
★**girlfriend** [ˈgə:lfrɛnd] N Freundin *f*
Girl Guide N Pfadfinderin *f*
girlish [ˈgə:lɪʃ] ADJ mädchenhaft
Girl Scout (*US*) N Pfadfinderin *f*
Giro [ˈdʒaɪrəu] N: **the National ~** (BRIT) der Postscheckdienst
giro [ˈdʒaɪrəu] N Giro *nt*, Giroverkehr *m*; (*post office giro*) Postscheckverkehr *m*; (BRIT: *welfare cheque*) Sozialhilfescheck *m*

girth [gəːθ] N Umfang *m*; (*of horse*) Sattelgurt *m*
gist [dʒɪst] N Wesentliche(s) *nt*

give [gɪv]

(*pt* **gave**, *pp* **given**) VT **1** (*hand over*): **to give sb sth, give sth to sb** jdm etw geben; **I'll give you £5 for it** ich gebe dir £5 dafür
2 (*used with noun to replace a verb*): **to give a sigh/cry/laugh** *etc* seufzen/schreien/lachen *etc*; **to give a speech/a lecture** eine Rede/einen Vortrag halten; **to give three cheers** ein dreifaches Hoch ausbringen
3 (*tell, deliver: news, message etc*) mitteilen; (*: advice, answer*) geben
4 (*supply, provide: opportunity, job etc*) geben; (*: surprise*) bereiten; **that's given me an idea** dabei kommt mir eine Idee
5 (*bestow: title, honour, right*) geben, verleihen
6 (*devote: time, one's life*) geben; (*: attention*) schenken
7 (*organize: party, dinner etc*) geben
▶ VI **1** (*break, collapse: also:* **give way**) nachgeben
2 (*stretch: fabric*) sich dehnen
▶ **give away** VT (*money, opportunity*) verschenken; (*secret, information*) verraten; (*bride*) zum Altar führen; **that immediately gave him away** dadurch verriet er sich sofort
▶ **give back** VT (*money, book etc*) zurückgeben
▶ **give in** VI (*yield*) nachgeben ▶ VT (*essay etc*) abgeben
▶ **give off** VT (*heat, smoke*) abgeben
▶ **give out** VT (*prizes, books, drinks etc*) austeilen ▶ VI (*be exhausted: supplies*) zu Ende gehen; (*fail*) versagen
▶ **give up** VT, VI aufgeben; **to give up smoking** das Rauchen aufgeben; **to give o.s. up** sich stellen; (*after siege etc*) sich ergeben
▶ **give way** VI (*yield, collapse*) nachgeben; (BRIT *Aut*) die Vorfahrt achten

give-and-take [ˈgɪvəndˈteɪk] N (gegenseitiges) Geben und Nehmen *nt*
giveaway [ˈgɪvəweɪ] (*inf*) N: **her expression was a ~** ihr Gesichtsausdruck verriet alles; **the exam was a ~!** die Prüfung war geschenkt!; **~ prices** Schleuderpreise *pl*
given [ˈgɪvn] PP *of* **give** ▶ ADJ (*time, amount*) bestimmt ▶ CONJ: **~ the circumstances ...** unter den Umständen ...; **~ that ...** angesichts der Tatsache, dass ...
glacial [ˈgleɪsɪəl] ADJ (*landscape etc*) Gletscher-; (*fig*) eisig
glacier [ˈglæsɪəʳ] N Gletscher *m*
glad [glæd] ADJ froh; **to be ~ about sth** sich über etw *acc* freuen; **to be ~ that** sich freuen, dass; **I was ~ of his help** ich war froh über seine Hilfe
gladden [ˈglædn] VT erfreuen
glade [gleɪd] N Lichtung *f*
gladioli [glædɪˈəulaɪ] NPL Gladiolen *pl*
gladly [ˈglædlɪ] ADV gern(e)
glamorous [ˈglæmərəs] ADJ reizvoll; (*model etc*) glamourös
glamour [ˈglæməʳ] N Glanz *m*, Reiz *m*
glance [glɑːns] N Blick *m* ▶ VI: **to ~ at** einen Blick werfen auf *+acc*
▶ **glance off** VT FUS abprallen von
glancing [ˈglɑːnsɪŋ] ADJ: **to strike sth a ~ blow** etw streifen
gland [glænd] N Drüse *f*
glandular fever [ˈglændjulə-] (BRIT) N Drüsenfieber *nt*
glare [glɛəʳ] N wütender Blick *m*; (*of light*) greller Schein *m*; (*of publicity*) grelles Licht *nt* ▶ VI (*light*) grell scheinen; **to ~ at** (wütend) anstarren
glaring [ˈglɛərɪŋ] ADJ eklatant
glasnost [ˈglæznɔst] N Glasnost *f*
★**glass** [glɑːs] N Glas *nt* ■ **glasses** NPL (*spectacles*) Brille *f*
glass-blowing [ˈglɑːsbləuɪŋ] N Glasbläserei *f*
glass ceiling N (*fig*) gläserne Decke *f*
glass fibre N Glasfaser *f*
glasshouse [ˈglɑːshaus] N Gewächshaus *nt*
glassware [ˈglɑːswɛəʳ] N Glaswaren *pl*
glassy [ˈglɑːsɪ] ADJ glasig
Glaswegian [glæsˈwiːdʒən] ADJ Glasgower ▶ N Glasgower(in) *m(f)*
glaze [gleɪz] VT (*door, window*) verglasen; (*pottery*) glasieren ▶ N Glasur *f*
glazed [gleɪzd] ADJ (*eyes*) glasig; (*pottery, tiles*) glasiert
glazier [ˈgleɪzɪəʳ] N Glaser(in) *m(f)*
gleam [gliːm] VI (*light*) schimmern; (*polished surface, eyes*) glänzen ▶ N: **a ~ of hope** ein Hoffnungsschimmer *m*
gleaming [ˈgliːmɪŋ] ADJ schimmernd, glänzend
glean [gliːn] VT (*information*) herausbekommen, ausfindig machen
glee [gliː] N Freude *f*
gleeful [ˈgliːful] ADJ fröhlich
glen [glɛn] N Tal *nt*
glib [glɪb] ADJ (*person*) glatt; (*promise, response*) leichthin gemacht
glibly [ˈglɪblɪ] ADV (*talk*) gewandt; (*answer*) leichthin
glide [glaɪd] VI gleiten ▶ N Gleiten *nt*
glider [ˈglaɪdəʳ] N Segelflugzeug *nt*
gliding [ˈglaɪdɪŋ] N Segelfliegen *nt*
glimmer [ˈglɪməʳ] N Schimmer *m*; (*of interest, hope*) Funke *m* ▶ VI schimmern
glimpse [glɪmps] N Blick *m* ▶ VT einen Blick werfen auf *+acc*; **to catch a ~ (of)** einen flüchtigen Blick erhaschen (von *+dat*)
glint [glɪnt] VI glitzern; (*eyes*) funkeln ▶ N Glitzern *nt*; Funkeln *nt*
glisten [ˈglɪsn] VI glänzen
glitter [ˈglɪtəʳ] VI glitzern; (*eyes*) funkeln ▶ N Glitzern *nt*; Funkeln *nt*
glittering [ˈglɪtərɪŋ] ADJ glitzernd; (*eyes*) funkelnd; (*career*) glänzend
glitz [glɪts] (*inf*) N Glanz *m*

glitzy [ˈglɪtsɪ] ADJ (*inf*) glanzvoll, Schickimicki-
gloat [gləut] VI: **to ~ (over)** (*own success*) sich brüsten (mit); (*sb's failure*) sich hämisch freuen (über *+acc*)
★**global** [ˈgləubl] ADJ global
globalization [gləublaɪˈzeɪʃn] N (*Pol, Econ*) Globalisierung *f*
global player N (*Econ*) Weltfirma *f*, Global Player *m*
global warming [-ˈwɔ:mɪŋ] N Erwärmung *f* der Erdatmosphäre
globe [gləub] N Erdball *m*; (*model*) Globus *m*; (*shape*) Kugel *f*
globetrotter [ˈgləubtrɔtəʳ] N Globetrotter(in) *m(f)*, Weltenbummler(in) *m(f)*
globule [ˈglɔbju:l] N Tröpfchen *nt*
gloom [glu:m] N Düsterkeit *f*; (*sadness*) düstere *or* gedrückte Stimmung *f*
gloomily [ˈglu:mɪlɪ] ADV düster
gloomy [ˈglu:mɪ] ADJ düster; (*person*) bedrückt; (*situation*) bedrückend
glorification [glɔ:rɪfɪˈkeɪʃən] N Verherrlichung *f*
glorify [ˈglɔ:rɪfaɪ] VT verherrlichen
glorious [ˈglɔ:rɪəs] ADJ herrlich; (*victory*) ruhmreich; (*future*) glanzvoll
glory [ˈglɔ:rɪ] N Ruhm *m*; (*splendour*) Herrlichkeit *f* ▶ VI: **to ~ in** sich sonnen in *+dat*
glory hole (*inf*) N Rumpelkammer *f*
gloss [glɔs] N Glanz *m*; (*also:* **gloss paint**) Lack *m*, Lackfarbe *f*
▶ **gloss over** VT FUS vom Tisch wischen
glossary [ˈglɔsərɪ] N Glossar *nt*
glossy [ˈglɔsɪ] ADJ glänzend; (*photograph, magazine*) Hochglanz- ▶ N (*also:* **glossy magazine**) (Hochglanz)magazin *nt*
glove [glʌv] N Handschuh *m*
glove compartment N Handschuhfach *nt*
glow [gləu] VI glühen; (*stars, eyes*) leuchten ▶ N Glühen *nt*; Leuchten *nt*
glower [ˈglauəʳ] VI: **to ~ at sb** jdn finster ansehen
glowing [ˈgləuɪŋ] ADJ glühend; (*complexion*) blühend; (*fig: report, description etc*) begeistert
glow-worm [ˈgləuwə:m] N Glühwürmchen *nt*
glucose [ˈglu:kəus] N Traubenzucker *m*
glue [glu:] N Klebstoff *m* ▶ VT: **to ~ sth onto sth** etw an etw *acc* kleben; **to ~ sth into place** etw festkleben
glue-sniffing [ˈglu:snɪfɪŋ] N (Klebstoff-)schnüffeln *nt*
glum [glʌm] ADJ bedrückt, niedergeschlagen
glut [glʌt] N: **~ (of)** Überangebot *nt* (an *+dat*) ▶ VT: **to be glutted (with)** überschwemmt sein (mit); **a ~ of pears** eine Birnenschwemme
glute [glu:t] N (*inf*) Gesäßmuskel *m*
glutinous [ˈglu:tɪnəs] ADJ klebrig
glutton [ˈglʌtn] N Vielfraß *m*; **a ~ for work** ein Arbeitstier *nt*; **a ~ for punishment** ein Masochist *m*
gluttonous [ˈglʌtənəs] ADJ gefräßig
gluttony [ˈglʌtənɪ] N Völlerei *f*
glycerin, glycerine [ˈglɪsəri:n] N Glyzerin *nt*
GM ABBR = **genetically modified**
gm ABBR (= *gram(me)*) g
GMAT [ˈdʒi:mæt] (*US*) N ABBR (= *Graduate Management Admissions Test*) *Zulassungsprüfung für Handelsschulen*
GM crop N ABBR GV-Pflanze *f*
GM foods N GV-Lebensmittel *pl*
GMT ABBR (= *Greenwich Mean Time*) WEZ *f*
gnarled [nɑ:ld] ADJ (*tree*) knorrig; (*hand*) knotig
gnash [næʃ] VT: **to ~ one's teeth** mit den Zähnen knirschen
gnat [næt] N (Stech)mücke *f*
gnaw [nɔ:] VT nagen an *+dat* ▶ VI (*fig*): **to ~ at** quälen
gnome [nəum] N Gnom *m*; (*in garden*) Gartenzwerg *m*
GNP N ABBR (= *gross national product*) BSP *nt*
GNVQ (BRIT) N ABBR (= *General National Vocational Qualification*) *allgemeine, auf die Arbeitswelt bezogene Qualifikation*

go [gəu]

(*pt* **went**, *pp* **gone**) VI **1** gehen; (*travel*) fahren; **a car went by** ein Auto fuhr vorbei
2 (*depart*) gehen; **"I must go," she said** „ich muss gehen", sagte sie; **she has gone to Sheffield/Australia** (*permanently*) sie ist nach Sheffield/Australien gegangen
3 (*attend, take part in activity*) gehen; **she went to university in Oxford** sie ist in Oxford zur Universität gegangen; **to go for a walk** spazieren gehen; **to go dancing** tanzen gehen
4 (*work*) funktionieren; **the tape recorder was still going** das Tonband lief noch
5 (*become*): **to go pale/mouldy** blass/schimmelig werden
6 (*be sold*): **to go for £100** für £100 weggehen *or* verkauft werden
7 (*be about to, intend to*): **we're going to stop in an hour** wir hören in einer Stunde auf; **are you going to come?** kommst du?, wirst du kommen?
8 (*time*) vergehen
9 (*event, activity*) ablaufen; **how did it go?** wie wars?
10 (*be given*): **the job is to go to someone else** die Stelle geht an jemand anders
11 (*break etc*) kaputtgehen; **the fuse went** die Sicherung ist durchgebrannt
12 (*be placed*) hingehören; **the milk goes in the fridge** die Milch kommt in den Kühlschrank
▶ N **1** (*try*): **to have a go at sth** etw versuchen; **I'll have a go at mending it** ich will versuchen, es zu reparieren; **to have a go** es versuchen
2 (*turn*): **whose go is it?** wer ist dran *or* an der Reihe?
3 (*move*): **to be on the go** auf Trab sein

▸ **go about** VI (*also:* **go around**: *rumour*) herumgehen ▸ VT FUS: **how do I go about this?** wie soll ich vorgehen?; **to go about one's business** seinen eigenen Geschäften nachgehen
▸ **go after** VT FUS (*pursue: person*) nachgehen *+dat*; (*: job etc*) sich bemühen um; (*: record*) erreichen wollen
▸ **go against** VT FUS (*be unfavourable to*) ungünstig verlaufen für; (*disregard: advice, wishes etc*) handeln gegen
▸ **go ahead** VI (*proceed*) weitergehen; **to go ahead with** weitermachen mit
▸ **go along** VI gehen
▸ **go along with** VT FUS (*agree with*) zustimmen *+dat*; (*accompany*) mitgehen mit
▸ **go away** VI (*leave*) weggehen
▸ **go back** VI zurückgehen
▸ **go back on** VT FUS (*promise*) zurücknehmen
▸ **go by** VI (*years, time*) vergehen ▸ VT FUS (*rule etc*) sich richten nach
▸ **go down** VI (*descend*) hinuntergehen; (*ship, sun*) untergehen; (*price, level*) sinken ▸ VT FUS (*stairs, ladder*) hinuntergehen; **his speech went down well** seine Rede kam gut an
▸ **go for** VT FUS (*fetch*) holen (gehen); (*like*) mögen; (*attack*) losgehen auf *+acc*; (*apply to*) gelten für
▸ **go in** VI (*enter*) hineingehen
▸ **go in for** VT FUS (*competition*) teilnehmen an *+dat*; (*favour*) stehen auf *+acc*
▸ **go into** VT FUS (*enter*) hineingehen in *+acc*; (*investigate*) sich befassen mit; (*career*) gehen in *+acc*
▸ **go off** VI (*leave*) weggehen; (*food*) schlecht werden; (*bomb, gun*) losgehen; (*event*) verlaufen; (*lights etc*) ausgehen ▸ VT FUS (*inf*): **I've gone off it/him** ich mache mir nichts mehr daraus/aus ihm; **the gun went off** das Gewehr ging los; **to go off to sleep** einschlafen; **the party went off well** die Party verlief gut
▸ **go on** VI (*continue*) weitergehen; (*happen*) vor sich gehen; (*lights*) angehen ▸ VT FUS (*be guided by*) sich stützen auf *+acc*; **to go on doing sth** mit etw weitermachen; **what's going on here?** was geht hier vor?, was ist hier los?
▸ **go on at** (*inf*) VT FUS (*nag*) herumnörgeln an *+dat*
▸ **go on with** VT FUS weitermachen mit
▸ **go out** VT FUS (*leave*) hinausgehen ▸ VI (*for entertainment*) ausgehen; (*fire, light*) ausgehen; (*couple*): **they went out for 3 years** sie gingen 3 Jahre lang miteinander
▸ **go over** VI hinübergehen ▸ VT (*check*) durchgehen; **to go over sth in one's mind** etw überdenken
▸ **go round** VI (*circulate: news, rumour*) umgehen; (*revolve*) sich drehen; (*suffice*) ausreichen; (*visit*): **to go round (to sb's)** (bei jdm) vorbeigehen; **there's not enough to go round** es reicht nicht (für alle)
▸ **go through** VT FUS (*place*) gehen durch; (*by car*) fahren durch; (*undergo*) durchmachen; (*search through: files, papers*) durchsuchen; (*describe: list, book, story*) durchgehen; (*perform*) durchgehen
▸ **go through with** VT FUS (*plan, crime*) durchziehen; **I couldn't go through with it** ich brachte es nicht fertig
▸ **go under** VI (*sink: person*) untergehen; (*fig: business, project*) scheitern
▸ **go up** VI (*ascend*) hinaufgehen; (*price, level*) steigen; **to go up in flames** in Flammen aufgehen
▸ **go with** VT FUS (*suit*) passen zu
▸ **go without** VT FUS (*food, treats*) verzichten auf *+acc*

goad [gəud] VT aufreizen
▸ **goad on** VT anstacheln
go-ahead [ˈgəuəhɛd] ADJ zielstrebig; (*firm*) fortschrittlich ▸ N grünes Licht *nt*; **to give sb the ~** jdm grünes Licht geben
★**goal** [gəul] N Tor *nt*; (*aim*) Ziel *nt*; **to score a ~** ein Tor schießen *or* erzielen
goal difference N Tordifferenz *f*
goalie [ˈgəulɪ] (*inf*) N Tormann *m*
goalkeeper [ˈgəulkiːpəʳ] N Torwart *m*
goal post N Torpfosten *m*
goat [gəut] N Ziege *f*
gob [gɔb] N (BRIT *inf*) Maul *nt* ▸ VI spucken; **shut your ~** halt's Maul!
gobble [ˈgɔbl] VT (*also:* **gobble down, gobble up**) verschlingen
go-between [ˈgəubɪtwiːn] N Vermittler(in) *m(f)*
Gobi Desert [ˈgəubɪ-] N: **the ~** die Wüste Gobi
goblet [ˈgɔblɪt] N Pokal *m*
goblin [ˈgɔblɪn] N Kobold *m*
gobsmacked [ˈgɔbsmækt] ADJ (*inf: surprised*) platt
go-cart [ˈgəukɑːt] N Gokart *m*
God [gɔd] N Gott *m* ▸ EXCL O Gott!
god [gɔd] N Gott *m*
god-awful [gɔdˈɔːfəl] (*inf*) ADJ beschissen (!)
godchild [ˈgɔdtʃaɪld] N (*irreg*) Patenkind *nt*
goddamn [ˈgɔddæm], (*US*) **goddamned** [ˈgɔddæmd] (*inf*) ADJ gottverdammt
goddaughter [ˈgɔddɔːtəʳ] N Patentochter *f*
goddess [ˈgɔdɪs] N Göttin *f*
godfather [ˈgɔdfɑːðəʳ] N Pate *m*
God-fearing [ˈgɔdfɪərɪŋ] ADJ gottesfürchtig
godforsaken [ˈgɔdfəseɪkən] ADJ gottverlassen
godmother [ˈgɔdmʌðəʳ] N Patin *f*
godparent [ˈgɔdpɛərənt] N Pate *m*, Patin *f*
godsend [ˈgɔdsɛnd] N Geschenk *nt* des Himmels
godson [ˈgɔdsʌn] N Patensohn *m*
goes [gəuz] VB *see* **go**
gofer [ˈgəufəʳ] (*inf*) N Mädchen *nt* für alles
go-getter [ˈgəugɛtəʳ] (*inf*) N Ellbogentyp *m* (*pej, inf*)
goggle [ˈgɔgl] (*inf*) VI: **to ~ at** anstarren, anglotzen
goggles [ˈgɔglz] NPL Schutzbrille *f*

g

going [ˈgəuɪŋ] N: **it was slow/hard ~** (*fig*) es ging nur langsam/schwer voran ▸ ADJ: **the ~ rate** der gängige Preis; **when the ~ gets tough** wenn es schwierig wird; **a ~ concern** ein gut gehendes Unternehmen

going-over [gəuɪŋˈəuvəʳ] (*inf*) N (*check*) Untersuchung *f*; (*beating-up*) Abreibung *f*; **to give sb a good ~** jdm eine tüchtige Abreibung verpassen

goings-on [ˈgəuɪŋzˈɔn] (*inf*) NPL Vorgänge *pl*, Dinge *pl*

go-kart [ˈgəukɑːt] N = **go-cart**

★**gold** [gəuld] N Gold *nt*; (*also:* **gold medal**) Gold *nt*, Goldmedaille *f* ▸ ADJ golden; (*reserves, jewellery, tooth*) Gold-

golden [ˈgəuldən] ADJ (*also fig*) golden

golden age N Blütezeit *f*

golden handshake (BRIT) N Abstandssumme *f*

golden rule N goldene Regel *f*

goldfish [ˈgəuldfɪʃ] N Goldfisch *m*

gold leaf N Blattgold *nt*

gold medal N Goldmedaille *f*

gold mine N (*also fig*) Goldgrube *f*

gold-plated [ˈgəuldˈpleɪtɪd] ADJ vergoldet

goldsmith [ˈgəuldsmɪθ] N Goldschmied(in) *m(f)*

gold standard N Goldstandard *m*

★**golf** [gɔlf] N Golf *nt*

golf ball N (*for game*) Golfball *m*; (*on typewriter*) Kugelkopf *m*

golf club N Golfklub *m*; (*stick*) Golfschläger *m*

golf course N Golfplatz *m*

golfer [ˈgɔlfəʳ] N Golfspieler(in) *m(f)*, Golfer(in) *m(f)*

golfing [ˈgɔlfɪŋ] N Golf(spielen) *nt* ▸ CPD Golf-; **he does a lot of ~** er spielt viel Golf

gondola [ˈgɔndələ] N Gondel *f*

gondolier [gɔndəˈlɪəʳ] N Gondoliere *m*

★**gone** [gɔn] PP *of* **go** ▸ ADJ weg; (*days*) vorbei

goner [ˈgɔnəʳ] (*inf*) N: **to be a ~** hinüber sein

gong [gɔŋ] N Gong *m*

★**good** [gud] ADJ gut; (*well-behaved*) brav, lieb ▸ N (*virtue, morality*) Gute(s) *nt*; (*benefit*) Wohl *nt* ▪ **goods** NPL (*Comm*) Güter *pl*; **to have a ~ time** sich (gut) amüsieren; **to be ~ at sth** (*swimming, talking etc*) etw gut können; (*science, sports etc*) gut in etw *dat* sein; **to be ~ for sb/sth** gut für jdn/zu etw *dat* sein; **it's ~ for you** das tut dir gut; **it's a ~ thing you were there** gut, dass Sie da waren; **she is ~ with children** sie kann gut mit Kindern umgehen; **she is ~ with her hands** sie ist geschickt; **to feel ~** sich wohlfühlen; **it's ~ to see you** (es ist) schön, Sie zu sehen; **would you be ~ enough to …?** könnten Sie bitte …?; **that's very ~ of you** das ist wirklich nett von Ihnen; **a ~ deal (of)** ziemlich viel; **a ~ many** ziemlich viele; **take a ~ look** sieh dir das genau *or* gut an; **a ~ while ago** vor einiger Zeit; **to make ~** (*damage*) wiedergutmachen; (*loss*) ersetzen; **it's no ~ complaining** es ist sinnlos *or* es nützt nichts, sich zu beklagen; **~ morning/afternoon/evening!** guter Morgen/Tag/Abend!; **~ night!** gute Nacht!; **he's up to no ~** er führt nichts Gutes im Schilde; **for the common ~** zum Wohle aller; **is this any ~?** (*will it help you?*) können Sie das gebrauchen?; (*is it good enough?*) reicht das?; **is the book/film any ~?** was halten Sie von dem Buch/Film?; **for ~** für immer; **goods and chattels** Hab und Gut *nt*

goodbye [gudˈbaɪ] EXCL auf Wiedersehen!; **to say ~** sich verabschieden

good-for-nothing [ˈgudfənʌθɪŋ] ADJ nichtsnutzig

Good Friday N Karfreitag *m*

good-humoured [ˈgudˈhjuːməd] ADJ gu… gelaunt; (*good-natured*) gutmütig; (*remark, joke*) harmlos

good-looking [ˈgudˈlukɪŋ] ADJ gut aussehend

good-natured [ˈgudˈneɪtʃəd] ADJ gutmütig; (*discussion*) freundlich

goodness [ˈgudnɪs] N Güte *f*; **for ~ sake!** um Himmels willen!; **~ gracious!** ach du liebe *or* meine Güte!

goods train (BRIT) N Güterzug *m*

goodwill [gudˈwɪl] N Wohlwollen *nt*; (*Comm*) Goodwill *m*

goody [ˈgudɪ] (*inf*) N Gute(r) *m*, Held *m*

goody-goody [ˈgudɪgudɪ] (*pej*) N Tugendlamm *nt*, Musterkind (*inf*) *nt*

gooey [ˈguːɪ] (*inf*) ADJ (*sticky*) klebrig; (*cake*) üppig; (*fig: sentimental*) rührselig

Google® [ˈguːgl] N Google® *nt* ▸ VT: **to google** googeln

goose [guːs] (*pl* **geese**) N Gans *f*

gooseberry [ˈguzbərɪ] N Stachelbeere *f*; **to play ~** (BRIT) das fünfte Rad am Wagen sein

goose bumps N = **goose pimples**

goose flesh N = **goose pimples**

goose pimples NPL Gänsehaut *f*

goose step N Stechschritt *m*

GOP (*US inf*) N ABBR (*Pol:* = *Grand Old Party*) *Republikanische Partei*

gopher [ˈgəufəʳ] N (*Zool*) Taschenratte *f*

gore [gɔːʳ] VT aufspießen ▸ N Blut *nt*

gorge [gɔːdʒ] N Schlucht *f* ▸ VT: **to ~ o.s. (on…)** sich vollstopfen (mit)

gorgeous [ˈgɔːdʒəs] ADJ herrlich; (*person*) hinreißend

gorilla [gəˈrɪlə] N Gorilla *m*

gormless [ˈgɔːmlɪs] (BRIT *inf*) ADJ doof

gorse [gɔːs] N Stechginster *m*

gory [ˈgɔːrɪ] ADJ blutig

go-slow [ˈgəuˈsləu] (BRIT) N Bummelstreik *m*

gospel [ˈgɔspl] N Evangelium *nt*; (*doctrine*) Lehre *f*

gossamer [ˈgɔsəməʳ] N Spinnfäden *pl*; (*light fabric*) hauchdünne Gaze *f*

gossip [ˈgɔsɪp] N (*rumours*) Klatsch *m*, Tratsch *m*; (*chat*) Schwatz *m*; (*person*) Klatschbase *f* ▸ VI schwatzen; **a piece of ~** eine Neuigkeit

gossip column N Klatschkolumne *f*, Klatschspalte *f*

got [gɔt] PT, PP *of* **get**

Gothic [ˈgɔθɪk] ADJ gotisch

gotten [ˈgɔtn] (*US*) PP *of* **get**

gouge [gaudʒ] VT (*also:* **gouge out**: *hole etc*) bohren; (: *initials*) eingravieren; **to ~ sb's eyes out** jdm die Augen ausstechen

gourd [guəd] N (*container*) Kürbisflasche *f*

gourmet [ˈguəmeɪ] N Feinschmecker(in) *m(f)*, Gourmet *m*

gout [gaut] N Gicht *f*

govern [ˈgʌvən] VT (*also Ling*) regieren; (*event, conduct*) bestimmen

governess [ˈgʌvənɪs] N Gouvernante *f*

governing [ˈgʌvənɪŋ] ADJ (*Pol*) regierend

governing body N Vorstand *m*

government [ˈgʌvnmənt] N Regierung *f* ▸ CPD Regierungs-; **local ~** Kommunalverwaltung *f*, Gemeindeverwaltung *f*

governmental [gʌvnˈmɛntl] ADJ Regierungs-

government stocks NPL Staatspapiere *pl*, Staatsanleihen *pl*

governor [ˈgʌvənəʳ] N Gouverneur(in) *m(f)*; (*of bank, hospital, Brit: of prison*) Direktor(in) *m(f)*; (*of school*) ≈ Mitglied *nt* des Schulbeirats

Govt ABBR = **government**

gown [gaun] N (Abend)kleid *nt*; (*of teacher, Brit: of judge*) Robe *f*

GP N ABBR = **general practitioner**

GPMU (BRIT) N ABBR (= *Graphical Paper and Media Union*) *Mediengewerkschaft*

GPO N ABBR (BRIT: *formerly:* = *general post office*) Postbehörde *f*; (*US:* = *Government Printing Office*) *regierungsamtliche Druckanstalt*

GPS ABBR (= *global positioning system*) GPS *nt*

gr. ABBR (*Comm*) = **gross**; (= *gram(me)*) g

grab [græb] VT packen; (*chance, opportunity*) (beim Schopf) ergreifen ▸ VI: **to ~ at** greifen *or* grapschen nach +*dat*; **to ~ some food** schnell etwas essen; **to ~ a few hours sleep** ein paar Stunden schlafen

grace [greɪs] N Gnade *f*; (*gracefulness*) Anmut *f* ▸ VT (*honour*) beehren; (*adorn*) zieren; **5 days' ~** 5 Tage Aufschub; **with (a) good ~** anstandslos; **with (a) bad ~** widerwillig; **his sense of humour is his saving ~** was einen mit ihm versöhnt, ist sein Sinn für Humor; **to say ~** das Tischgebet sprechen

graceful [ˈgreɪsful] ADJ anmutig; (*style, shape*) gefällig; (*refusal, behaviour*) charmant

gracious [ˈgreɪʃəs] ADJ (*kind, courteous*) liebenswürdig; (*compassionate*) gnädig; (*smile*) freundlich; (*house, mansion etc*) stilvoll; (*living etc*) kultiviert ▸ EXCL: **(good) ~!** (ach) du meine Güte!, (ach du) lieber Himmel!

gradation [grəˈdeɪʃən] N Abstufung *f*

★**grade** [greɪd] N (*Comm*) (Güte)klasse *f*; (*in hierarchy*) Rang *m*; (*Scol: mark*) Note *f*; (*US: school class*) Klasse *f*; (: *gradient: upward*) Neigung *f*, Steigung *f*; (: *downward*) Neigung *f*, Gefälle *nt* ▸ VT klassifizieren; (*work, student*) einstufen; **to make the ~** (*fig*) es schaffen

grade crossing (*US*) N Bahnübergang *m*

grade school (*US*) N Grundschule *f*

gradient [ˈgreɪdɪənt] N (*upward*) Neigung *f*, Steigung *f*; (*downward*) Neigung, Gefälle *nt*; (*Geom*) Gradient *m*

gradual [ˈgrædjuəl] ADJ allmählich

★**gradually** [ˈgrædjuəlɪ] ADV allmählich

★**graduate** N [ˈgrædjuɪt] (*of university*) Hochschulabsolvent(in) *m(f)*; (*US: of high school*) Schulabgänger(in) *m(f)* ▸ VI [ˈgrædjueɪt] (*from university*) graduieren; (*US*) die (Schul)abschlussprüfung bestehen

graduated pension [ˈgrædjueɪtɪd-] N gestaffelte Rente *f*

graduation [grædjuˈeɪʃən] N (Ab)schlussfeier *f*

graffiti [grəˈfiːtɪ] N, NPL Graffiti *pl*

graft [grɑːft] N (*Agr*) (Pfropf)reis *nt*; (*Med*) Transplantat *nt*; (BRIT *inf: hard work*) Schufterei *f*; (*bribery*) Schiebung *f* ▸ VT: **to ~ (onto)** (*Agr*) (auf)pfropfen (auf +*acc*); (*Med*) übertragen (auf +*acc*), einpflanzen (in +*acc*); (*fig*) aufpfropfen +*dat*

grain [greɪn] N Korn *nt*; (*no pl: cereals*) Getreide *nt*; (*US: corn*) Getreide *nt*, Korn; (*of wood*) Maserung *f*; **it goes against the ~** (*fig*) es geht einem gegen den Strich

gram [græm] N Gramm *nt*

grammar [ˈgræməʳ] N Grammatik *f*, Sprachlehre *f*

grammar school (BRIT) N ≈ Gymnasium *nt*

grammatical [grəˈmætɪkl] ADJ grammat(ikal)isch

gramme [græm] N = **gram**

gramophone [ˈgræməfəun] (BRIT) N Grammofon *nt*

gran [græn] (*inf*) N Oma *f*

granary [ˈgrænərɪ] N Kornspeicher *m*; **G~**® **bread/loaf** Körnerbrot *nt*

grand [grænd] ADJ großartig; (*inf: wonderful*) fantastisch ▸ N (*inf*) ≈ Riese *m* (*1000 Pfund/Dollar*)

grandad [ˈgrændæd] N (*inf*) = **granddad**

★**grandchild** [ˈgræntʃaɪld] N (*irreg*) Enkelkind *nt*, Enkel(in) *m(f)*

granddad [ˈgrændæd] (*inf*) N Opa *m*

★**granddaughter** [ˈgrændɔːtəʳ] N Enkelin *f*

grandeur [ˈgrændjəʳ] N (*of scenery etc*) Erhabenheit *f*; (*of building*) Vornehmheit *f*

★**grandfather** [ˈgrændfɑːðəʳ] N Großvater *m*

grandiose [ˈgrændɪəus] (*also pej*) ADJ grandios

grand jury (*US*) N Großes Geschworenengericht *nt*

grandma [ˈgrænmɑː] (*inf*) N Oma *f*

★**grandmother** [ˈgrænmʌðəʳ] N Großmutter *f*

grandpa [ˈgrænpɑː] (*inf*) N Opa *m*

★**grandparents** [ˈgrændpɛərənts] NPL Großeltern *pl*
grand piano N Flügel *m*
Grand Prix [grɔːˈpriː] N (*Aut*) Grand Prix *m*
★**grandson** [ˈgrænsʌn] N Enkel *m*
grandstand [ˈgrændstænd] N Haupttribüne *f*
grand total N Gesamtsumme *f*, Endsumme *f*
granite [ˈgrænɪt] N Granit *m*
granny [ˈgrænɪ] (*inf*) N Oma *f*
grant [grɑːnt] VT (*money*) bewilligen; (*request etc*) gewähren; (*visa*) erteilen; (*admit*) zugeben ▸ N Stipendium *nt*; (*subsidy*) Subvention *f*; **to take sth for granted** etw für selbstverständlich halten; **to take sb for granted** jdn als selbstverständlich hinnehmen; **to ~ that** zugeben, dass
granular [ˈgrænjuləʳ] ADJ körnig, granulär; (*detailed*) detailliert
granulated sugar [ˈgrænjuleɪtɪd-] N (Zucker)-raffinade *f*
granule [ˈgrænjuːl] N Körnchen *nt*
★**grape** [greɪp] N (Wein)traube *f*; **a bunch of grapes** eine (ganze) Weintraube
grapefruit [ˈgreɪpfruːt] (*pl* ~ *or* **grapefruits**) N Pampelmuse *f*, Grapefruit *f*
grapevine [ˈgreɪpvaɪn] N Weinstock *m*; **I heard it on the ~** (*fig*) es ist mir zu Ohren gekommen
graph [grɑːf] N (*diagram*) grafische Darstellung *f*, Schaubild *nt*
graphic [ˈgræfɪk] ADJ plastisch, anschaulich; (*art, design*) grafisch; *see also* **graphics**
graphic designer N Grafiker(in) *m(f)*
graphic equalizer [-iːkwəlaɪzəʳ] N (Graphic) Equalizer *m*
graphics [ˈgræfɪks] N Grafik *f* ▸ NPL (*drawings*) Zeichnungen *pl*, grafische Darstellungen *pl*
graphite [ˈgræfaɪt] N Grafit *m*
graph paper N Millimeterpapier *nt*
grapple [ˈgræpl] VI: **to ~ with sb/sth** mit jdm/etw kämpfen; **to ~ with a problem** sich mit einem Problem herumschlagen
grasp [grɑːsp] VT (*seize*) ergreifen; (*hold*) festhalten; (*understand*) begreifen ▸ N Griff *m*; (*understanding*) Verständnis *nt*; **it slipped from my ~** es entglitt mir; **to have sth within one's ~** etw in greifbarer Nähe haben; **to have a good ~ of sth** (*fig*) etw gut beherrschen
▸ **grasp at** VT FUS greifen nach; (*fig: opportunity*) ergreifen
grasping [ˈgrɑːspɪŋ] ADJ habgierig
★**grass** [grɑːs] N Gras *nt*; (*lawn*) Rasen *m*; (BRIT *inf: informer*) (Polizei)spitzel *m*
grasshopper [ˈgrɑːshɔpəʳ] N Grashüpfer *m*, Heuschrecke *f*
grass-roots [ˈgrɑːsruːts] NPL (*of party etc*) Basis *f* ▸ ADJ (*opinion*) des kleinen Mannes; **at ~ level** an der Basis
grass snake N Ringelnatter *f*
grassy [ˈgrɑːsɪ] ADJ Gras-, grasig
grate [greɪt] N (Feuer)rost *m* ▸ VT reiben; (*carrots etc*) raspeln ▸ VI: **to ~ (on)** kratzen (auf +*dat*)
grateful [ˈgreɪtful] ADJ dankbar; (*thanks*) aufrichtig
gratefully [ˈgreɪtfəlɪ] ADV dankbar
grater [ˈgreɪtəʳ] N Reibe *f*
gratification [grætɪfɪˈkeɪʃən] N (*pleasure*) Genugtuung *f*; (*satisfaction*) Befriedigung *f*
gratify [ˈgrætɪfaɪ] VT (*please*) erfreuen; (*satisfy*) befriedigen
gratifying [ˈgrætɪfaɪɪŋ] ADJ erfreulich; befriedigend
grating [ˈgreɪtɪŋ] N Gitter *nt* ▸ ADJ (*noise*) knirschend; (*voice*) schrill
gratitude [ˈgrætɪtjuːd] N Dankbarkeit *f*
gratuitous [grəˈtjuːɪtəs] ADJ unnötig
gratuity [grəˈtjuːɪtɪ] N Trinkgeld *nt*
grave [greɪv] N Grab *nt* ▸ ADJ (*decision, mistake*) schwer (wiegend), schwerwiegend; (*expression, person*) ernst
grave digger N Totengräber *m*
gravel [ˈgrævl] N Kies *m*
gravely [ˈgreɪvlɪ] ADV schwer, ernst; **~ ill** schwer krank
gravestone [ˈgreɪvstəun] N Grabstein *m*
graveyard [ˈgreɪvjɑːd] N Friedhof *m*
gravitas [ˈgrævɪtæs] N Seriosität *f*
gravitate [ˈgrævɪteɪt] VI: **to ~ towards** angezogen werden von
gravity [ˈgrævɪtɪ] N Schwerkraft *f*; (*seriousness*) Ernst *m*, Schwere *f*
gravy [ˈgreɪvɪ] N (*juice*) (Braten)saft *m*; (*sauce*) (Braten)soße *f*
gravy boat N Sauciere *f*, Soßenschüssel *f*
gravy train (*inf*) N: **to ride the ~** leichtes Geld machen
gray [greɪ] (*US*) ADJ = **grey**
graze [greɪz] VI grasen, weiden ▸ VT streifen; (*scrape*) aufschürfen ▸ N (*Med*) Abschürfung *f*
grazing [ˈgreɪzɪŋ] N Weideland *nt*
grease [griːs] N (*lubricant*) Schmiere *f*; (*fat*) Fett *nt* ▸ VT schmieren; fetten; **to ~ the skids** (*US fig*) die Maschinerie in Gang halten
grease gun N Fettspritze *f*, Fettpresse *f*
greasepaint [ˈgriːspeɪnt] N (Fett)schminke *f*
greaseproof paper [ˈgriːspruːf-] (BRIT) N Pergamentpapier *nt*
greasy [ˈgriːsɪ] ADJ fettig; (*food: containing grease*) fett; (*tools*) schmierig, ölig; (*clothes*) speckig; (BRIT: *road, surface*) glitschig, schlüpfrig
★**great** [greɪt] ADJ groß; (*city*) bedeutend; (*inf: terrific*) prima, toll; **they're ~ friends** sie sind gute Freunde; **we had a ~ time** wir haben uns glänzend amüsiert; **it was ~!** es war toll!; **the ~ thing is that ...** das Wichtigste ist, dass ...
Great Barrier Reef N: **the ~** das Große Barriereriff
★**Great Britain** N Großbritannien *nt*

Auch wenn man meistens unterschiedslos von **Great Britain** (Großbritannien) oder vom *United Kingdom* (das Vereinigte Königreich) spricht, stehen doch diese Begriffe für verschiedene Sachlagen. England, Wales und Schottland bilden *Great Britain*, während das Vereinigte Königreich aus Großbritannien und Nordirland besteht.

greater [ˈgreɪtəʳ] ADJ größer; bedeutender; **people in G~ Calcutta** die Leute in Kalkutta und Umgebung; **G~ Manchester** Groß-Manchester *nt*

great-grandchild [greɪtˈgræntʃaɪld] N (*irreg*) Urenkel(in) *m(f)*

great-grandfather [greɪtˈgrænfɑːðəʳ] N Urgroßvater *m*

great-grandmother [greɪtˈgrænmʌðəʳ] N Urgroßmutter *f*

Great Lakes NPL: **the ~** die Großen Seen *pl*

greatly [ˈgreɪtlɪ] ADV sehr; (*influenced*) stark

greatness [ˈgreɪtnɪs] N Bedeutung *f*

Grecian [ˈgriːʃən] ADJ griechisch

Greece [griːs] N Griechenland *nt*

greed [griːd] N (*also:* **greediness**): **~ for** Gier *f* nach; **~ for power** Machtgier *f*; **~ for money** Geldgier *f*

greedily [ˈgriːdɪlɪ] ADV gierig

greedy [ˈgriːdɪ] ADJ gierig

Greek [griːk] ADJ griechisch ▶ N Grieche *m*, Griechin *f*; (*Ling*) Griechisch *nt*; **ancient/modern ~** Alt-/Neugriechisch *nt*

green [griːn] ADJ (*also ecological*) grün ▶ N (*also Golf*) Grün *nt*; (*stretch of grass*) Rasen *m*, Grünfläche *f*; (*also:* **village green**) Dorfwiese *f*, Anger *m* ■ **greens** NPL (*vegetables*) Grüngemüse *nt*; **the Greens** (*Pol*) die Grünen *pl*; **to have ~ fingers, to have a ~ thumb** (*US*) eine Hand für Pflanzen haben; **to give sb the ~ light** jdm grünes Licht geben

green belt N Grüngürtel *m*

green card N (*Aut*) grüne (Versicherungs)karte *f*; (*US*) ≈ Aufenthaltserlaubnis *f*

greenery [ˈgriːnərɪ] N Grün *nt*

greenfly [ˈgriːnflaɪ] (BRIT) N Blattlaus *f*

greengage [ˈgriːngeɪdʒ] N Reneklode *f*

greengrocer [ˈgriːngrəusəʳ] (BRIT) N Obst- und Gemüsehändler(in) *m(f)*

greenhouse [ˈgriːnhaus] N Gewächshaus *nt*, Treibhaus *nt*; **~ effect** Treibhauseffekt *m*; **~ gas** Treibhausgas *nt*

greenish [ˈgriːnɪʃ] ADJ grünlich

Greenland [ˈgriːnlənd] N Grönland *nt*

Greenlander [ˈgriːnləndəʳ] N Grönländer(in) *m(f)*

green light N grünes Licht *nt*; **to give sb the ~** jdm grünes Licht *or* freie Fahrt geben

Green Party N (*Pol*): **the ~** die Grünen *pl*

green pepper N grüne Paprikaschote *f*

green pound N grünes Pfund *nt*

green tax N Ökosteuer *f*

Greenwich Mean Time [ˈgrɛnɪdʒ-] N westeuropäische Zeit

greet [griːt] VT begrüßen; (*news*) aufnehmen

greeting [ˈgriːtɪŋ] N Gruß *m*; (*welcome*) Begrüßung *f*; **Christmas greetings** Weihnachtsgrüße *pl*; **birthday greetings** Geburtstagsglückwünsche *pl*; **Season's greetings** frohe Weihnachten und ein glückliches neues Jahr

greeting card, greetings card N Grußkarte *f*; (*congratulating*) Glückwunschkarte *f*

gregarious [grəˈgɛərɪəs] ADJ gesellig

Grenada [grɛˈneɪdə] N Grenada *nt*

grenade [grəˈneɪd] N (*also:* **hand grenade**) (Hand)granate *f*

grew [gruː] PT *of* **grow**

★**grey**, (*US*) **gray** [greɪ] ADJ grau; (*dismal*) trüb, grau; **to go ~** grau werden

grey-haired [greɪˈhɛəd] ADJ grauhaarig

greyhound [ˈgreɪhaund] N Windhund *m*

grey vote N ≈ die älteren Wähler *fpl*

grid [grɪd] N Gitter *nt*; (*Elec*) (Verteiler)netz *nt*; (*US Aut: intersection*) Kreuzung *f*

griddle [ˈgrɪdl] N *gusseiserne Pfanne zum Braten und Pfannkuchenbacken*

gridiron [ˈgrɪdaɪən] N Bratrost *m*

gridlock [ˈgrɪdlɔk] N (*esp US: on road*) totaler Stau *m*; (*stalemate*) Patt *nt* ▶ VT: **to be gridlocked** (*roads*) total verstopft sein; (*talks etc*) festgefahren sein

grief [griːf] N Kummer *m*, Trauer *f*; **to come to ~** (*plan*) scheitern; (*person*) zu Schaden kommen; **good ~!** ach du liebe Gute!

grievance [ˈgriːvəns] N Beschwerde *f*; (*feeling of resentment*) Groll *m*

grieve [griːv] VI trauern ▶ VT Kummer bereiten *+dat*, betrüben; **to ~ for** trauern um

grievous [ˈgriːvəs] ADJ (*mistake*) schwer; (*situation*) betrüblich; **~ bodily harm** (*Law*) schwere Körperverletzung *f*

grill [grɪl] N Grill *m*; (*grilled food: also:* **mixed grill**) Grillgericht *nt*; (*restaurant*) = **grillroom** ▶ VT (BRIT) grillen; (*inf: question*) in die Zange nehmen, ausquetschen

grille [grɪl] N (*screen*) Gitter *nt*; (*Aut*) Kühlergrill *m*

grillroom [ˈgrɪlrum] N Grillrestaurant *nt*

grim [grɪm] ADJ trostlos; (*serious, stern*) grimmig

grimace [grɪˈmeɪs] N Grimasse *f* ▶ VI Grimassen schneiden

grime [graɪm] N Dreck *m*, Schmutz *m*

grimy [ˈgraɪmɪ] ADJ dreckig, schmutzig

grin [grɪn] N Grinsen *nt* ▶ VI grinsen; **to ~ at sb** jdn angrinsen

grind [graɪnd] (*pt, pp* **ground**) VT zerkleinern; (*coffee, pepper etc*) mahlen; (*US: meat*) hacken, durch den Fleischwolf drehen; (*knife*) schleifen, wetzen; (*gem, lens*) schleifen ▶ VI (*car gears*) knirschen ▶ N (*work*) Schufterei *f*; **to ~ one's teeth** mit den Zähnen knirschen; **to ~ to a halt** (*vehicle*) quietschend zum Stehen kommen; (*fig: talks, scheme*) sich festfahren; (*work*) stocken; (*production*) zum Erliegen kommen; **the daily ~** (*inf*) der tägliche Trott

grinder [ˈgraɪndəʳ] N (*for coffee*) Kaffeemühle *f*; (*for waste disposal etc*) Müllzerkleinerungsanlage *f*

grindstone [ˈgraɪndstəun] N: **to keep one's nose to the ~** hart arbeiten

grip [grɪp] N Griff *m*; (*of tyre, shoe*) Halt *m*; (*holdall*) Reisetasche *f* ▸ VT packen; (*audience, attention*) fesseln; **to come to grips with sth** etw in den Griff bekommen; **to lose one's ~** den Halt verlieren; (*fig*) nachlassen; **to ~ the road** (*car*) gut auf der Straße liegen

gripe [graɪp] (*inf*) N (*complaint*) Meckerei *f* ▸ VI meckern; **the gripes** (*Med*) Kolik *f*, Bauchschmerzen *pl*

gripping [ˈgrɪpɪŋ] ADJ fesselnd, packend

grisly [ˈgrɪzlɪ] ADJ grässlich, grausig

grist [grɪst] N (*fig*): **it's all ~ to the mill** das kann man alles verwerten

gristle [ˈgrɪsl] N Knorpel *m*

grit [grɪt] N (*for icy roads: sand*) Sand *m*; (*crushed stone*) Splitt *m*; (*determination, courage*) Mut *m* ▸ VT (*road*) streuen ▪ **grits** NPL (*US*) Grütze *f*; **I've got a piece of ~ in my eye** ich habe ein Staubkorn im Auge; **to ~ one's teeth** die Zähne zusammenbeißen

grizzle [ˈgrɪzl] (BRIT) VI quengeln

grizzly [ˈgrɪzlɪ] N (*also:* **grizzly bear**) Grizzlybär *m*

groan [grəun] N Stöhnen *nt* ▸ VI stöhnen; (*tree, floorboard etc*) ächzen, knarren

grocer [ˈgrəusəʳ] N Lebensmittelhändler(in) *m(f)*

groceries [ˈgrəusərɪz] NPL Lebensmittel *pl*

grocer's [ˈgrəusəz], **grocer's shop** N Lebensmittelgeschäft *nt*

grog [grɔg] N Grog *m*

groggy [ˈgrɔgɪ] ADJ angeschlagen

groin [grɔɪn] N Leistengegend *f*

groom [gru:m] N Stallbursche *m*; (*also:* **bridegroom**) Bräutigam *m* ▸ VT (*horse*) striegeln; (*fig*): **to ~ sb for** (*job*) jdn aufbauen für; **well-groomed** gepflegt

groove [gru:v] N Rille *f*

grope [grəup] VI: **to ~ for** tasten nach; (*fig: try to think of*) suchen nach

grosgrain [ˈgrəugreɪn] N grob gerippter Stoff *m*

★**gross** [grəus] ADJ (*neglect*) grob; (*injustice*) krass; (*behaviour, speech*) grob, derb; (*Comm: income, weight*) Brutto- ▸ N INV Gros *nt* ▸ VT: **to ~ £500,000** £500 000 brutto einnehmen

gross domestic product N Bruttoinlandsprodukt *nt*

grossly [ˈgrəuslɪ] ADV äußerst; (*exaggerated*) grob

gross national product N Bruttosozialprodukt *nt*

grotesque [grəˈtɛsk] ADJ grotesk

grotto [ˈgrɔtəu] N Grotte *f*

grotty [ˈgrɔtɪ] (*inf*) ADJ mies

grouch [grautʃ] (*inf*) VI schimpfen ▸ N (*person*) Miesepeter *m*, Muffel *m*

★**ground** [graund] PT, PP *of* **grind** ▸ N Boden *m*; Erde *f*; (*land*) Land *nt*; (*Sport*) Platz *m*, Feld *nt*; (*US Elec: also:* **ground wire**) Erde *f*; (*reason: gen pl*) Grund *m* ▸ VT (*plane*) aus dem Verkehr ziehen; (*US Elec*) erden ▸ ADJ (*coffee etc*) gemahlen ▸ VI (*ship*) auflaufen ▪ **grounds** NPL (*of coffee etc*) Satz *m*; (*gardens etc*) Anlagen *pl*; **below ~** unter der Erde; **to gain/lose ~** Boden gewinnen/verlieren; **common ~** Gemeinsame(s) *nt*; **on the grounds that** mit der Begründung, dass

ground cloth (*US*) N = **groundsheet**

ground control N (*Aviat, Space*) Bodenkontrolle *f*

ground floor N Erdgeschoss *nt*, Erdgeschoß *nt* (ÖSTERR)

grounding [ˈgraundɪŋ] N (*in education*) Grundwissen *nt*

groundless [ˈgraundlɪs] ADJ grundlos, unbegründet

groundnut [ˈgraundnʌt] N Erdnuss *f*

ground rent (BRIT) N Erbbauzins *m*

ground rule N Grundregel *f*

groundsheet [ˈgraundʃi:t] (BRIT) N Zeltboden *m*

groundskeeper [ˈgraundzki:pəʳ] (*US*) N = **groundsman**

groundsman [ˈgraundzmən] N (*irreg*) (*Sport*) Platzwart *m*

ground staff N (*Aviat*) Bodenpersonal *nt*

ground swell N: **there was a ~ of public opinion against him** die Öffentlichkeit wandte sich gegen ihn

ground-to-air missile [ˈgraundtəˈɛəʳ-] N Boden-Luft-Rakete *f*

ground-to-ground missile [ˈgraundtəˈgraund-] N Boden-Boden-Rakete *f*

groundwork [ˈgraundwə:k] N Vorarbeit *f*

★**group** [gru:p] N Gruppe *f*; (*Comm*) Konzern *m* ▸ VT (*also:* **group together**: *in one group*) zusammentun; (*: in several groups*) in Gruppen einteilen ▸ VI (*also:* **group together**) sich zusammentun

groupie [ˈgru:pɪ] (*inf*) N Groupie *nt*

group therapy N Gruppentherapie *f*

grouse [graus] N INV schottisches Moorhuhn *nt* ▸ VI (*complain*) schimpfen

grove [grəuv] N Hain *m*, Wäldchen *nt*

grovel [ˈgrɔvl] VI (*crawl*) kriechen; (*fig*): **to ~ (before)** kriechen (vor +*dat*)

★**grow** [grəu] (*pt* **grew**, *pp* **grown**) VI wachsen; (*increase*) zunehmen; (*become*) werden ▸ VT (*roses*) züchten; (*vegetables*) anbauen, ziehen; (*beard*) sich *dat* wachsen lassen; **to ~ tired of waiting** das Warten leid sein; **to ~ (out of or from)** (*develop*) entstehen (aus)

▸ **grow apart** VI (*fig*) sich auseinanderentwickeln

▸ **grow away from** VT FUS (*fig*) sich entfremden +*dat*

▸ **grow on** VT FUS: **that painting is growing on me** allmählich finde ich Gefallen an dem Bild

▶ **grow out of** VT FUS (*clothes*) herauswachsen aus; (*habit*) ablegen; **he'll ~ out of it** diese Phase geht auch vorbei

▶ **grow up** VI aufwachsen; (*mature*) erwachsen werden; (*idea, friendship*) entstehen

grower [ˈgrəuəʳ] N (*Bot*) Züchter(in) *m(f)*; (*Agr*) Pflanzer(in) *m(f)*

growing [ˈgrəuɪŋ] ADJ wachsend; (*number*) zunehmend; **~ pains** Wachstumsschmerzen *pl*; (*fig*) Kinderkrankheiten *pl*, Anfangsschwierigkeiten *pl*

growl [graul] VI knurren

grown [grəun] PP *of* **grow**

grown-up [ˈgrəunʌp] N Erwachsene(r) *f(m)*

growth [grəuθ] N Wachstum *nt*; (*what has grown: of weeds, beard etc*) Wuchs *m*; (*of person, character*) Entwicklung *f*; (*Med*) Gewächs *nt*, Wucherung *f*

growth rate N Wachstumsrate *f*, Zuwachsrate *f*

grub [grʌb] N (*larva*) Larve *f*; (*inf: food*) Fressalien *pl*, Futter *nt* ▶ VI: **to ~ about** *or* **around (for)** (herum)wühlen (nach)

grubby [ˈgrʌbɪ] ADJ (*dirty*) schmuddelig; (*fig*) schmutzig

grudge [grʌdʒ] N Groll *m* ▶ VT: **to ~ sb sth** jdm etw nicht gönnen; **to bear sb a ~** jdm böse sein, einen Groll gegen jdn hegen

grudging [ˈgrʌdʒɪŋ] ADJ widerwillig

grudgingly [ˈgrʌdʒɪŋlɪ] ADV widerwillig

gruelling, (*US*) **grueling** [ˈgruəlɪŋ] ADJ (*encounter*) aufreibend; (*trip, journey*) äußerst strapaziös

gruesome [ˈgru:səm] ADJ grauenhaft

gruff [grʌf] ADJ barsch, schroff

grumble [ˈgrʌmbl] VI murren, schimpfen

grumpy [ˈgrʌmpɪ] ADJ mürrisch, brummig

grunge [grʌndʒ] (*inf*) N Grunge *nt*

grunt [grʌnt] VI grunzen ▶ N Grunzen *nt*

G-string [ˈdʒi:strɪŋ] N Minislip *m*, Tangaslip *m*

GT ABBR (*Aut: = gran turismo*) GT

GU (*US*) ABBR (*Post*) = **Guam**

guarantee [gærənˈti:] N Garantie *f* ▶ VT garantieren; **he can't ~ (that) he'll come** er kann nicht dafür garantieren, dass er kommt

guarantor [gærənˈtɔ:ʳ] N (*Comm*) Bürge *m*

guard [gɑ:d] N Wache *f*; (*Boxing, Fencing*) Deckung *f*; (*BRIT Rail*) Schaffner(in) *m(f)*; (*on machine*) Schutz *m*, Schutzvorrichtung *f*; (*also:* **fireguard**) (Schutz)gitter *nt* ▶ VT (*prisoner*) bewachen; (*protect*): **to ~ (against)** (be)schützen (vor *+dat*); (*secret*) hüten (vor *+dat*); **to be on one's ~** auf der Hut sein

▶ **guard against** VT FUS (*disease*) vorbeugen *+dat*; (*damage, accident*) verhüten

guard dog N Wachhund *m*

guarded [ˈgɑ:dɪd] ADJ vorsichtig, zurückhaltend

guardian [ˈgɑ:dɪən] N Vormund *m*; (*defender*) Hüter *m*

guardrail [ˈgɑ:dreɪl] N (Schutz)geländer *nt*

guard's van (BRIT) N (*Rail*) Schaffnerabteil *nt*, Dienstwagen *m*

Guatemala [gwɑ:tɪˈmɑ:lə] N Guatemala *nt*

Guatemalan [gwɑ:tɪˈmɑ:lən] ADJ guatemaltekisch, aus Guatemala

Guernsey [ˈgə:nzɪ] N Guernsey *nt*

guerrilla [gəˈrɪlə] N Guerilla *m*, Guerillakämpfer(in) *m(f)*

guerrilla warfare N Guerillakrieg *m*

★**guess** [gɛs] VT schätzen; (*answer*) (er)raten; (*US: think*) schätzen (*inf*) ▶ VI schätzen; raten ▶ N Vermutung *f*; **I ~ you're right** da haben Sie wohl recht; **to keep sb guessing** jdn im Ungewissen lassen; **to take** *or* **have a ~** raten; (*estimate*) schätzen; **my ~ is that …** ich schätze *or* vermute, dass …

guesstimate [ˈgɛstɪmɪt] (*inf*) N grobe Schätzung *f*

guesswork [ˈgɛswə:k] N Vermutungen *pl*; **I got the answer by ~** ich habe die Antwort nur geraten

★**guest** [gɛst] N Gast *m*; **be my ~** (*inf*) nur zu!

guesthouse [ˈgɛsthaus] N Pension *f*

guest room N Gästezimmer *nt*

guff [gʌf] (*inf*) N Quatsch *m*, Käse *m*

guffaw [gʌˈfɔ:] VI schallend lachen ▶ N schallendes Lachen *nt*

guidance [ˈgaɪdəns] N Rat *m*, Beratung *f*; **under the ~ of** unter der Leitung von; **vocational ~** Berufsberatung *f*; **marriage ~** Eheberatung *f*

★**guide** [gaɪd] N (*person*) Führer(in) *m(f)*; (*book*) Führer *m*; (BRIT: *also:* **girl guide**) Pfadfinderin *f* ▶ VT führen; (*direct*) lenken; **to be guided by sb/sth** sich von jdm/etw leiten lassen

guidebook [ˈgaɪdbuk] N Führer *m*

guided missile [ˈgaɪdɪd-] N Lenkwaffe *f*

guide dog N Blindenhund *m*

guidelines [ˈgaɪdlaɪnz] NPL Richtlinien *pl*

guild [gɪld] N Verein *m*

guildhall [ˈgɪldhɔ:l] (BRIT) N Gildehaus *nt*

guile [gaɪl] N Arglist *f*

guileless [ˈgaɪllɪs] ADJ arglos

guillotine [ˈgɪləti:n] N Guillotine *f*, Fallbeil *nt*; (*for paper*) (Papier)schneidemaschine *f*

guilt [gɪlt] N Schuld *f*; (*remorse*) Schuldgefühl *nt*

★**guilty** [ˈgɪltɪ] ADJ schuldig; (*expression*) schuldbewusst; (*secret*) dunkel; **to plead ~/not ~** sich schuldig/nicht schuldig bekennen; **to feel ~ about doing sth** ein schlechtes Gewissen haben, etw zu tun

Guinea [ˈgɪnɪ] N: **Republic of ~** Guinea *nt*

guinea [ˈgɪnɪ] (BRIT) N (*old*) Guinee *f*

Guinea-Bissau [ˈgɪnɪbɪˈsau] N Guinea-Bissau *nt*

★**guinea pig** N Meerschweinchen *nt*; (*fig: person*) Versuchskaninchen *nt*

guise [gaɪz] N: **in** *or* **under the ~ of** in der Form *+gen*, in Gestalt *+gen*

★**guitar** [gɪˈtɑ:ʳ] N Gitarre *f*

guitarist [gɪˈtɑ:rɪst] N Gitarrist(in) *m(f)*

gulch [gʌltʃ] *(US)* N Schlucht *f*

gulf [gʌlf] N Golf *m*; *(abyss)* Abgrund *m*; *(fig: difference)* Kluft *f*; **the (Persian) G~** der (Persische) Golf

Gulf States NPL: **the ~** die Golfstaaten *pl*

Gulf Stream N: **the ~** der Golfstrom

Gulf War N: **the ~** der Golfkrieg

gull [gʌl] N Möwe *f*

gullet [ˈgʌlɪt] N Speiseröhre *f*

gullibility [gʌlɪˈbɪlɪtɪ] N Leichtgläubigkeit *f*

gullible [ˈgʌlɪbl] ADJ leichtgläubig

gully [ˈgʌlɪ] N Schlucht *f*

gulp [gʌlp] VI schlucken ▸ VT *(also:* **gulp down***)* hinunterschlucken ▸ N: **at one ~** mit einem Schluck

gum [gʌm] N *(Anat)* Zahnfleisch *nt*; *(glue)* Klebstoff *m*; *(also:* **gumdrop***)* Weingummi *nt*; *(also:* **chewing-gum***)* Kaugummi *m* ▸ VT: **to ~ (together)** (zusammen)kleben
▸ **gum up** VT: **to ~ up the works** *(inf)* alles vermasseln

gumboots [ˈgʌmbuːts] (BRIT) NPL Gummistiefel *pl*

gumption [ˈgʌmpʃən] N Grips *m* *(inf)*

gumtree [ˈgʌmtriː] N: **to be up a ~** *(fig, inf)* aufgeschmissen sein

★**gun** [gʌn] N *(small)* Pistole *f*; *(medium-sized)* Gewehr *nt*; *(large)* Kanone *f* ▸ VT *(also:* **gun down***)* erschießen; **to stick to one's guns** *(fig)* nicht nachgeben, festbleiben

gunboat [ˈgʌnbəut] N Kanonenboot *nt*

gun dog N Jagdhund *m*

gunfire [ˈgʌnfaɪəʳ] N Geschützfeuer *nt*

gunge [gʌndʒ] *(inf)* N Schmiere *f*

gung-ho [gʌŋˈhəu] *(inf)* ADJ übereifrig

gunman [ˈgʌnmən] N *(irreg)* bewaffneter Verbrecher *m*

gunner [ˈgʌnəʳ] N Kanonier *m*, Artillerist *m*

gunpoint [ˈgʌnpɔɪnt] N: **at ~** mit vorgehaltener Pistole; mit vorgehaltenem Gewehr

gunpowder [ˈgʌnpaudəʳ] N Schießpulver *nt*

gunrunner [ˈgʌnrʌnəʳ] N Waffenschmuggler(in) *m(f)*, Waffenschieber(in) *m(f)*

gunrunning [ˈgʌnrʌnɪŋ] N Waffenschmuggel *m*, Waffenschieberei *f*

gunshot [ˈgʌnʃɔt] N Schuss *m*

gunsmith [ˈgʌnsmɪθ] N Büchsenmacher *m*

gurgle [ˈgəːgl] VI *(baby)* glucksen; *(water)* gluckern

guru [ˈguruː] N Guru *m*

gush [gʌʃ] VI hervorquellen, hervorströmen; *(person)* schwärmen ▸ N Strahl *m*

gushing [ˈgʌʃɪŋ] ADJ *(fig)* überschwänglich

gusset [ˈgʌsɪt] N Keil *m*, Zwickel *m*

gust [gʌst] N Windstoß *m*, Bö(e) *f*; *(of smok*[e]*)* Wolke *f*

gusto [ˈgʌstəu] N: **with ~** mit Genuss, m[it] Schwung

gusty [ˈgʌstɪ] ADJ *(wind)* böig; *(day)* stürmisch

gut [gʌt] N *(Anat)* Darm *m*; *(for violin, racke*[t]*)* Darmsaiten *pl* ▸ VT *(poultry, fish)* ausnehme[n]; *(building)* ausräumen; *(by fire)* ausbrenne[n]
■ **guts** NPL *(Anat)* Eingeweide *pl*; *(inf: courag*[e]*)* Mumm *m*; **to hate sb's guts** jdn auf den To[d] nicht ausstehen können

gut reaction N rein gefühlsmäßige Reaktio[n]

gutsy [ˈgʌtsɪ] *(inf)* ADJ *(vivid)* rasant; *(courageou*[s]*)* mutig

gutter [ˈgʌtəʳ] N *(in street)* Gosse *f*, Rinnstein *m*; *(of roof)* Dachrinne *f*

gutter press N Boulevardpresse *f*

guttural [ˈgʌtərl] ADJ guttural

★**guy** [gaɪ] N *(inf: man)* Typ *m*, Kerl *m*; *(also:* **gu**[y]**rope***)* Haltetau *nt*, Halteseil *nt*; *(for Guy Fawk*[es']* night)* (Guy-Fawkes-)Puppe *f*

> **Guy Fawkes' Night**, auch *bonfire night* genannt, erinnert an den *Gunpowder Plot*, einen Attentatsversuch auf James I. und sein Parlament am 5. November 1605. Einer der Verschwörer, Guy Fawkes, wurde auf frischer Tat ertappt, als er das Parlamentsgebäude in die Luft sprengen wollte. Vor der *Guy Fawkes' Night* basteln Kinder in Großbritannien eine Puppe des Guy Fawkes, mit der sie Geld für Feuerwerkskörper von Passanten erbetteln, und die dann am 5. November auf einem Lagerfeuer mit Feuerwerk verbrannt wird.

Guyana [gaɪˈænə] N Guyana *nt*

guzzle [ˈgʌzl] VT *(food)* futtern; *(drink)* saufe[n] *(inf)*

★**gym** [dʒɪm] N *(also:* **gymnasium***)* Turnhalle[*f*]; *(also:* **gymnastics***)* Gymnastik *f*, Turnen *nt*

gymkhana [dʒɪmˈkɑːnə] N Reiterfest *nt*

gymnasium [dʒɪmˈneɪzɪəm] N Turnhalle *f*

gymnast [ˈdʒɪmnæst] N Turner(in) *m(f)*

gymnastics [dʒɪmˈnæstɪks] N Gymnastik [*f*], Turnen *nt*

gym shoes NPL Turnschuhe *pl*

gymslip [ˈdʒɪmslɪp] (BRIT) N (Schul)trägerro[ck] *m*

gynaecologist, (US) **gynecologist** [gaɪ]ˈkɔlədʒɪst] N Gynäkologe *m*, Gynäkologin [*f*], Frauenarzt *m*, Frauenärztin *f*

gynaecology, (US) **gynecology** [gaɪ]ˈkɔlədʒɪ] N Gynäkologie *f*, Frauenheilkun[de] *f*

gypsy [ˈdʒɪpsɪ] N = **gipsy**

gyrate [dʒaɪˈreɪt] VI kreisen, sich drehen

gyroscope [ˈdʒaɪərəskəup] N Gyroskop *nt*

H, h [eɪtʃ] N (*letter*) H, h *nt*; **H for Harry, H for How** (*US*) ≈ H wie Heinrich

habeas corpus [ˈheɪbɪəsˈkɔːpəs] N Habeaskorpusakte *f*

haberdashery [hæbəˈdæʃərɪ] (BRIT) N Kurzwaren *pl*

habit [ˈhæbɪt] N Gewohnheit *f*; (*esp undesirable*) Angewohnheit *f*; (*addiction*) Sucht *f*; (*Rel*) Habit *m or nt*; **to get out of/into the ~ of doing sth** sich abgewöhnen/angewöhnen, etw zu tun; **to be in the ~ of doing sth** die (An)gewohnheit haben, etw zu tun

habitable [ˈhæbɪtəbl] ADJ bewohnbar

habitat [ˈhæbɪtæt] N Heimat *f*; (*of animals*) Lebensraum *m*, Heimat *f*

habitation [hæbɪˈteɪʃən] N Wohnstätte *f*; **fit for human ~** für Wohnzwecke geeignet, bewohnbar

habitual [həˈbɪtjuəl] ADJ (*action*) gewohnt; (*drinker*) Gewohnheits-; (*liar*) gewohnheitsmäßig

habitually [həˈbɪtjuəlɪ] ADV ständig

ack [hæk] VT, VI (*also Comput*) hacken ▸ N (*pej: writer*) Schreiberling *m*; (*horse*) Mietpferd *nt*

acker [ˈhækəʳ] N (*Comput*) Hacker *m*

ackles [ˈhæklz] NPL: **to make sb's ~ rise** (*fig*) jdn auf die Palme bringen (*inf*)

ackney cab [ˈhæknɪ-] N Taxi *nt*

ackneyed [ˈhæknɪd] ADJ abgedroschen

acksaw [ˈhæksɔː] N Metallsäge *f*

ad [hæd] PT, PP *of* **have**

addock [ˈhædək] (*pl* **~** *or* **haddocks**) N Schellfisch *m*

adn't [ˈhædnt] = **had not**

aematology, (*US*) **hematology** [ˈhiːməˈtɔlədʒɪ] N Hämatologie *f*

aemoglobin, (*US*) **hemoglobin** [ˈhiːməˈgləubɪn] N Hämoglobin *nt*

aemophilia, (*US*) **hemophilia** [ˈhiːməˈfɪlɪə] N Bluterkrankheit *f*

aemorrhage, (*US*) **hemorrhage** [ˈhɛmərɪdʒ] N Blutung *f*

aemorrhoids, (*US*) **hemorrhoids** [ˈhɛmərɔɪdz] NPL Hämorr(ho)iden *pl*

ag [hæg] N alte Hexe *f*; (*witch*) Hexe *f*

aggard [ˈhægəd] ADJ ausgezehrt; (*from worry*) abgehärmt; (*from tiredness*) abgespannt

haggis [ˈhægɪs] (SCOT) N *Gericht aus gehackten Schafsinnereien und Haferschrot, im Schafsmagen gekocht*

haggle [ˈhægl] VI: **to ~ (over)** feilschen (um)

haggling [ˈhæglɪŋ] N Feilschen *nt*

Hague [heɪg] N: **The ~** Den Haag *m*

hail [heɪl] N Hagel *m* ▸ VT (*person*) zurufen *+dat*; (*taxi*) herbeiwinken, anhalten; (*acclaim: person*) zujubeln *+dat*; (*: event etc*) bejubeln ▸ VI hageln; **he hails from Scotland** er kommt *or* stammt aus Schottland

hailstone [ˈheɪlstəun] N Hagelkorn *nt*

★**hair** [hɛəʳ] N (*collectively: of person*) Haar *nt*, Haare *pl*; (*: of animal*) Fell *nt*; (*single hair*) Haar *nt*; **to do one's ~** sich frisieren; **by a ~'s breadth** um Haaresbreite

hairbrush [ˈhɛəbrʌʃ] N Haarbürste *f*

haircut [ˈhɛəkʌt] N Haarschnitt *m*; (*style*) Frisur *f*

hairdo [ˈhɛəduː] N Frisur *f*

★**hairdresser** [ˈhɛədrɛsəʳ] N Friseur *m*, Friseuse *f*

★**hairdresser's** [ˈhɛədrɛsəz] N Friseursalon *m*

hair dryer N Haartrockner *m*, Föhn *f*, Fön® *m*

-haired [hɛəd] SUFF: **fair-haired** blond; **long-haired** langhaarig

hair gel N Haargel *nt*

hairgrip [ˈhɛəgrɪp] N Haarklemme *f*

hairline [ˈhɛəlaɪn] N Haaransatz *m*

hairline fracture N Haarriss *m*

hairnet [ˈhɛənɛt] N Haarnetz *nt*

hair oil N Haaröl *nt*

hairpiece [ˈhɛəpiːs] N Haarteil *nt*; (*for men*) Toupet *nt*

hairpin [ˈhɛəpɪn] N Haarnadel *f*

hairpin bend, (*US*) **hairpin curve** N Haarnadelkurve *f*

hair-raising [ˈhɛəreɪzɪŋ] ADJ haarsträubend

hair remover N Enthaarungscreme *f*

hair slide N Haarspange *f*

hair spray N Haarspray *nt*

hair straighteners NPL Haarglätter *m*

hairstyle [ˈhɛəstaɪl] N Frisur *f*

hairy [ˈhɛərɪ] ADJ behaart; (*inf: situation*) brenzlig, haarig

Haiti [ˈheɪtɪ] N Haiti *nt*

haka [ˈhɑːkə] N (*NZ*) Haka *m* (*Ritualtanz der Maori*), *dem Haka ähnlicher Tanz, der vor allem von neuseeländischen Rugby-Teams vor Spielbeginn aufgeführt wird*

hake [heɪk] (*pl* **~** *or* **hakes**) N Seehecht *m*

halcyon [ˈhælsɪən] ADJ glücklich

hale [heɪl] ADJ: **~ and hearty** gesund und munter

★**half** [hɑːf] (*pl* **halves**) N Hälfte *f*; (*of beer etc*) kleines Bier *nt etc*; (*Rail, bus*) Fahrkarte *f* zum halben Preis ▶ ADJ, ADV halb; **first/second ~** (*Sport*) erste/zweite Halbzeit *f*; **two and a ~** zweieinhalb; **half-an-hour** eine halbe Stunde; **~ a dozen/pound** ein halbes Dutzend/Pfund; **a week and a ~** eineinhalb *or* anderthalb Wochen; **~ (of it)** die Hälfte; **~ (of)** die Hälfte (von *or* +*gen*); **~ the amount of** die halbe Menge an +*dat*; **to cut sth in ~** etw halbieren; **~ past three** halb vier; **to go halves (with sb)** (mit jdm) halbe-halbe machen; **she never does things by halves** sie macht keine halben Sachen; **he's too clever by ~** er ist ein richtiger Schlaumeier; **~ empty** halb leer; **~ closed** halb geschlossen

> When telling the time, *half-past* is expressed by **halb** + the following hour.
>
> *half-past seven* **halb acht**

half-baked [ˈhɑːfˈbeɪkt] ADJ blödsinnig (*inf*)

half board N Halbpension *f*

half-breed [ˈhɑːfbriːd] (*!*) N = **half-caste**

half-brother [ˈhɑːfbrʌðəʳ] N Halbbruder *m*

half-caste [ˈhɑːfkɑːst] (*!*) N Mischling *m* (*!*)

half-day [hɑːfˈdeɪ] N halber freier Tag *m*

half-hearted [ˈhɑːfˈhɑːtɪd] ADJ halbherzig, lustlos

half-hour [hɑːfˈauəʳ] N halbe Stunde *f*

half-life [ˈhɑːflaɪf] N (*Tech*) Halbwertszeit *f*

half-mast [ˈhɑːfˈmɑːst] ADV: **at ~** (auf) halbmast

halfpenny [ˈheɪpnɪ] (BRIT) N halber Penny *m*

half-price [ˈhɑːfˈpraɪs] ADJ, ADV zum halben Preis

half-sister [ˈhɑːfsɪstəʳ] N Halbschwester *f*

half term (BRIT) N kleine Ferien *pl* (*in der Mitte des Trimesters*)

half-timbered [hɑːfˈtɪmbəd] ADJ (*house*) Fachwerk-

half-time [hɑːfˈtaɪm] N (*Sport*) Halbzeit *f*

halfway [ˈhɑːfˈweɪ] ADV: **~ to** auf halbem Wege nach; **~ through** mitten in +*dat*; **to meet sb ~** (*fig*) jdm auf halbem Wege entgegenkommen

halfway house N (*hostel*) offene Anstalt *f*; (*fig*) Zwischending *nt*; (: *compromise*) Kompromiss *m*

half-yearly [hɑːfˈjɪəlɪ] ADV halbjährlich, jedes halbe Jahr ▶ ADJ halbjährlich

halibut [ˈhælɪbət] N INV Heilbutt *m*

halitosis [hælɪˈtəusɪs] N schlechter Atem *m*, Mundgeruch *m*

★**hall** [hɔːl] N Diele *f*, (Haus)flur *m*; (*corridor*) Korridor *m*, Flur *m*; (*mansion*) Herrensitz *m*, Herrenhaus *nt*; (*for concerts etc*) Halle *f*; **to live in ~** (BRIT) im Wohnheim wohnen

hallmark [ˈhɔːlmɑːk] N (*on gold, silver*) (Feingehalts)stempel *m*; (*of writer, artist etc*) Kennzeichen *nt*

hallo [həˈləu] EXCL = **hello**

hall of residence (*pl* **halls of residence**) (BRIT) N Studentenwohnheim *nt*

hallowed [ˈhæləud] ADJ (*ground*) heilig (*fig*: *respected, revered*) geheiligt

Hallowe'en [ˈhæləuˈiːn] N der Tag vor Allerheiligen

> **Hallowe'en** ist der 31. Oktober, der Vorabend von Allerheiligen und nach altem Glauben der Abend, an dem man Geister und Hexen sehen kann. In Großbritannien und vor allem in den USA feiern die Kinder *Hallowe'en*, indem sie sich verkleiden und mit selbst gemachten Laternen aus Kürbissen von Tür zu Tür ziehen.

hallucination [həluːsɪˈneɪʃən] N Halluzination *f*

hallucinogenic [həluːsɪnəuˈdʒɛnɪk] ADJ (*drug*) halluzinogen ▶ N Halluzinogen *nt*

hallway [ˈhɔːlweɪ] N Diele *f*, (Haus)flur *m*

halo [ˈheɪləu] N Heiligenschein *m*; (*circle of light*) Hof *m*

halt [hɔːlt] VT anhalten; (*progress etc*) zum Stillstand bringen ▶ VI anhalten, zum Stillstand kommen ▶ N: **to come to a ~** zum Stillstand kommen; **to call a ~ to sth** (*fig*) einer Sache *da*[s] ein Ende machen

halter [ˈhɔːltəʳ] N Halfter *nt*

halter-neck [ˈhɔːltənɛk] ADJ (*dress*) rückenfre[i] mit Nackenverschluss

halve [hɑːv] VT halbieren

halves [hɑːvz] PL *of* **half**

★**ham** [hæm] N Schinken *m*; (*inf*: *also*: **radio ham**) Funkamateur *m*; (*actor*) Schmierenkomödiant(in) *m(f)*

Hamburg [ˈhæmbəːg] N Hamburg *nt*

★**hamburger** [ˈhæmbəːgəʳ] N Hamburger *m*

ham-fisted [ˈhæmˈfɪstɪd], (*US*) **ham-hande[d]** [ˈhæmˈhændɪd] ADJ ungeschickt

hamlet [ˈhæmlɪt] N Weiler *m*, kleines Dorf *nt*

hammer [ˈhæməʳ] N Hammer *m* ▶ VT hämmern; (*fig*: *criticize*) vernichtend kritisieren (: *defeat*) vernichtend schlagen ▶ VI hämmern **to ~ sth into sb, to ~ sth across to sb** jdm et[w] einhämmern *or* einbläuen

▶ **hammer out** VT hämmern; (*solution, agreement*) ausarbeiten

hammock [ˈhæmək] N Hängematte *f*

hamper [ˈhæmpəʳ] VT behindern ▶ N Korb *m*

★**hamster** [ˈhæmstəʳ] N Hamster *m*

hamstring [ˈhæmstrɪŋ] N Kniesehne *f* ▶ V[T] einengen

★**hand** [hænd] N Hand *f*; (*of clock*) Zeiger *m*; (*hand writing*) Hand(schrift) *f*; (*worker*) Arbeiter(in *m(f)*; (*of cards*) Blatt *nt*; (*measurement: of horse*) ≈ 10 cm ▶ VT geben, reichen; **to give** *or* **lend sb a ~** jdm helfen; **at ~** (*place*) in der Nähe; (*time*) unmittelbar bevorstehend; **by ~** von Hand; **in ~** (*time*) zur Verfügung; (*job*) anstehend; (*situation*) unter Kontrolle; **we have the matter in ~** wir haben die Sache im Griff; **on ~** zur Verfügung; **out of ~** *adj* außer Kontrolle; *adv* (*reject etc*) rundweg; **to ~** zur Hand; **on the one ~ ..., on the other ~ ...** einerseits ... andererseits ...; **to force sb's ~** jdn zwingen; **to have a free ~** freie Hand haben; **to change hands** den Besitzer wechseln; **to have in one's ~** (*also fig*) in der Hand halten; **"hands off!"** „Hände weg!"

▶ **hand down** VT (*knowledge*) weitergeben; (*possessions*) vererben; (*Law: judgement, sentence*) fällen

▶ **hand in** VT abgeben, einreichen

▶ **hand out** VT verteilen; (*information*) austeilen; (*punishment*) verhängen

▶ **hand over** VT übergeben

▶ **hand round** VT (BRIT) verteilen; (*chocolates etc*) herumreichen

handbag [ˈhændbæg] N Handtasche *f*

hand baggage N Handgepäck *nt*

handball [ˈhændbɔːl] N Handball *m*

hand basin N Handwaschbecken *nt*

handbook [ˈhændbuk] N Handbuch *nt*

handbrake [ˈhændbreɪk] N Handbremse *f*

h & c (BRIT) ABBR (= *hot and cold (water)*) h. u. k.

hand cream N Handcreme *f*

handcuff [ˈhændkʌf] VT Handschellen anlegen *+dat*

handcuffs [ˈhændkʌfs] NPL Handschellen *pl*

handful [ˈhændful] N Handvoll *f*

hand-held [ˈhændˈhɛld] ADJ (*camera*) Hand-

handicap [ˈhændɪkæp] N Behinderung *f*; (*disadvantage*) Nachteil *m*; (*Sport*) Handicap *nt* ▶ VT benachteiligen

handicraft [ˈhændɪkrɑːft] N Kunsthandwerk *nt*; (*object*) Kunsthandwerksarbeit *f*

handiwork [ˈhændɪwəːk] N Arbeit *f*; **this looks like his ~** (*pej*) das sieht nach seiner Arbeit aus

handkerchief [ˈhæŋkətʃɪf] N Taschentuch *nt*

handle [ˈhændl] N Griff *m*; (*of door*) Klinke *f*; (*of cup*) Henkel *m*; (*of broom, brush etc*) Stiel *m*; (*for winding*) Kurbel *f*; (*Radio: name*) Sendezeichen *nt* ▶ VT anfassen, berühren; (*problem etc*) sich befassen mit; (*: successfully*) fertig werden mit; (*people*) umgehen mit; **"~ with care"** „Vorsicht – zerbrechlich"; **to fly off the ~** an die Decke gehen; **to get a ~ on a problem** (*inf*) ein Problem in den Griff bekommen

handlebar [ˈhændlbɑːʳ] N, **handlebars** [ˈhændlbɑːz] NPL Lenkstange *f*

handling [ˈhændlɪŋ] N: **~ (of)** (*of plant, animal, issue etc*) Behandlung *f +gen*; (*of person, tool, machine etc*) Umgang *m* (mit); (*Admin*) Bearbeitung *f +gen*

handling charges NPL Bearbeitungsgebühr *f*; (*Banking*) Kontoführungsgebühr *f*

hand luggage N Handgepäck *nt*

handmade [ˈhændˈmeɪd] ADJ handgearbeitet

hand-out [ˈhændaut] N (*money, food etc*) Unterstützung *f*; (*publicity leaflet*) Flugblatt *nt*; (*summary*) Informationsblatt *nt*

hand-picked [ˈhændˈpɪkt] ADJ von Hand geerntet; (*staff etc*) handverlesen

handrail [ˈhændreɪl] N Geländer *nt*

handset [ˈhændsɛt] N (*Tel*) Hörer *m*

hands-free [ˈhændzfriː] ADJ (*telephone, microphone*) Freisprech-

handshake [ˈhændʃeɪk] N Händedruck *m*

★**handsome** [ˈhænsəm] ADJ gut aussehend; (*building*) schön; (*gift*) großzügig; (*profit, return*) ansehnlich

hands-on [ˈhændzˈɔn] ADJ (*training*) praktisch; (*approach etc*) aktiv; **~ experience** praktische Erfahrung

handstand [ˈhændstænd] N: **to do a ~** einen Handstand machen

hand-to-mouth [ˈhændtəˈmauθ] ADJ: **to lead a ~ existence** von der Hand in den Mund leben

handwriting [ˈhændraɪtɪŋ] N Handschrift *f*

handwritten [ˈhændrɪtn] ADJ handgeschrieben

handy [ˈhændɪ] ADJ praktisch; (*skilful*) geschickt; (*close at hand*) in der Nähe; **to come in ~** sich als nützlich erweisen

Das englische Wort **handy** bedeutet nicht *Handy* auf Deutsch.

handyman [ˈhændɪmæn] N (*irreg*) (*at home*) Heimwerker *m*; (*in hotel etc*) Faktotum *nt*

★**hang** [hæŋ] (*pt, pp* **hung**) VT aufhängen; (*pt, pp* **hanged**: *criminal*) hängen; (*head*) hängen lassen ▶ VI hängen; (*hair, drapery*) fallen ▶ N: **to get the ~ of sth** (*inf*) den richtigen Dreh (bei etw) herauskriegen

▶ **hang about** VI herumlungern

▶ **hang around** VI = **hang about**

▶ **hang back** VI: **to ~ back (from doing sth)** zögern(, etw zu tun)

▶ **hang on** VI warten ▶ VT FUS (*depend on*) abhängen von; **to ~ on to** festhalten *+dat*; (*for protection, support*) sich festhalten an *+dat*; (*hope, position*) sich klammern an *+acc*; (*ideas*) festhalten an *+dat*; (*keep*) behalten

▶ **hang out** VT draußen aufhängen ▶ VI heraushängen; (*inf: live*) wohnen

▶ **hang together** VI (*argument*) folgerichtig *or* zusammenhängend sein; (*story, explanation*) zusammenhängend sein; (*statements*) zusammenpassen

▶ **hang up** VT aufhängen ▶ VI (*Tel*): **to ~ up (on sb)** einfach auflegen

hangar [ˈhæŋəʳ] N Hangar *m*, Flugzeughalle *f*

hangdog [ˈhæŋdɔg] ADJ zerknirscht

hanger [ˈhæŋəʳ] N Bügel *m*

hanger-on [hæŋərˈɔn] N (*parasite*) Trabant *m* (*inf*); **the hangers-on** der Anhang

hang-glide [ˈhæŋglaɪd] VI drachenfliegen

hang-glider [ˈhæŋglaɪdəʳ] N (Flug)drachen *m*

hang-gliding [ˈhæŋglaɪdɪŋ] N Drachenfliegen *nt*

hanging [ˈhæŋɪŋ] N (*execution*) Hinrichtung *f* durch den Strang; (*for wall*) Wandbehang *m*
hangman [ˈhæŋmən] N (*irreg*) Henker *m*
hangover [ˈhæŋəuvəʳ] N Kater *m*; (*from past*) Überbleibsel *nt*
hang-up [ˈhæŋʌp] N Komplex *m*
hank [hæŋk] N Strang *m*
hanker [ˈhæŋkəʳ] VI: **to ~ after** sich sehnen nach
hankering [ˈhæŋkərɪŋ] N: **~ (for)** Verlangen *nt* (nach)
hankie, hanky [ˈhæŋkɪ] N = **handkerchief**
haphazard [hæpˈhæzəd] ADJ planlos, wahllos
hapless [ˈhæplɪs] ADJ glücklos
happen [ˈhæpən] VI geschehen; **to ~ to do sth** zufällig(erweise) etw tun; **as it happens** zufälligerweise; **what's happening?** was ist los?; **she happened to be free** sie hatte zufällig(erweise) gerade Zeit; **if anything happened to him** wenn ihm etwas zustoßen *or* passieren sollte
▸ **happen (up)on** VT FUS zufällig stoßen auf *+acc*; (*person*) zufällig treffen
happening [ˈhæpnɪŋ] N Ereignis *nt*, Vorfall *m*
happily [ˈhæpɪlɪ] ADV (*luckily*) glücklicherweise; (*cheerfully*) fröhlich
happiness [ˈhæpɪnɪs] N Glück *nt*
★**happy** [ˈhæpɪ] ADJ glücklich; (*cheerful*) fröhlich; **to be ~ (with)** zufrieden sein (mit); **to be ~ to do sth** etw gerne tun; **~ birthday!** herzlichen Glückwunsch zum Geburtstag!
happy-go-lucky [ˈhæpɪgəuˈlʌkɪ] ADJ unbekümmert
happy hour N *Zeit, in der Bars, Pubs usw Getränke zu ermäßigten Preisen anbieten*
harangue [həˈræŋ] VT predigen *+dat* (*inf*)
harass [ˈhærəs] VT schikanieren
harassed [ˈhærəst] ADJ geplagt
harassment [ˈhærəsmənt] N Schikanierung *f*; **sexual ~** sexuelle Belästigung *f*
harbour, (US) **harbor** [ˈhɑːbəʳ] N Hafen *m* ▸ VT (*hope, fear, grudge etc*) hegen; (*criminal, fugitive*) Unterschlupf gewähren *+dat*
harbour dues NPL Hafengebühren *pl*
harbour master N Hafenmeister *m*
★**hard** [hɑːd] ADJ hart; (*question, problem*) schwierig; (*evidence*) gesichert ▸ ADV (*work*) hart, schwer; (*think*) scharf; (*try*) sehr; **~ luck!** Pech!; **no ~ feelings!** ich nehme es dir nicht übel; **to be ~ of hearing** schwerhörig sein; **to be ~ done by** ungerecht behandelt werden; **I find it ~ to believe that ...** ich kann es kaum glauben, dass ...; **to look ~ at sth** (*object*) sich *+dat* etw genau ansehen; (*idea*) etw gründlich prüfen
hard-and-fast [ˈhɑːdənˈfɑːst] ADJ fest
hardback [ˈhɑːdbæk] N gebundene Ausgabe *f*
hardboard [ˈhɑːdbɔːd] N Hartfaserplatte *f*
hard-boiled egg [ˈhɑːdˈbɔɪld-] N hart gekochtes Ei *nt*
hard cash N Bargeld *nt*
hard copy N (*Comput*) Ausdruck *m*
hard core N harter Kern *m*
hard-core [ˈhɑːdˈkɔːʳ] ADJ (*pornography*) hart; (*supporters*) zum harten Kern gehörend
hard court N (*Tennis*) Hartplatz *m*
hard disk N (*Comput*) Festplatte *f*
harden [ˈhɑːdn] VT härten; (*attitude, person*) verhärten ▸ VI hart werden, sich verhärten
hardened [ˈhɑːdnd] ADJ (*criminal*) Gewohnheits-; **to be ~ to sth** gegen etw abgehärtet sein
hardening [ˈhɑːdnɪŋ] N Verhärtung *f*
hard graft N: **by sheer ~** durch harte Arbeit
hard-headed [ˈhɑːdˈhɛdɪd] ADJ nüchtern
hardhearted [ˈhɑːdˈhɑːtɪd] ADJ hartherzig
hard-hitting [ˈhɑːdˈhɪtɪŋ] ADJ (*fig: speech, journalist etc*) knallhart
hard labour N Zwangsarbeit *f*
hardliner [hɑːdˈlaɪnəʳ] N Vertreter(in) *m(f)* der harten Linie
hard-luck story [ˈhɑːdlʌk-] N Leidensgeschichte *f*
★**hardly** [ˈhɑːdlɪ] ADV kaum; (*harshly*) hart, streng; **it's ~ the case** (*ironic*) das ist wohl kaum der Fall; **I can ~ believe it** ich kann es kaum glauben
hard-nosed [hɑːdˈnəuzd] ADJ abgebrüht
hard-pressed [hɑːdˈprɛst] ADJ: **to be ~** unter Druck sein; **~ for money** in Geldnot
hard sell N aggressive Verkaufstaktik *f*
hardship [ˈhɑːdʃɪp] N Not *f*
hard shoulder (BRIT) N (*Aut*) Seitenstreifen *m*
hard up (*inf*) ADJ knapp bei Kasse
hardware [ˈhɑːdwɛəʳ] N Eisenwaren *pl*; (*household goods*) Haushaltswaren *pl*; (*Comput*) Hardware *f*; (*Mil*) Waffen *pl*
hardware shop N Eisenwarenhandlung *f*
hard-wearing [hɑːdˈwɛərɪŋ] ADJ strapazierfähig
hard-won [hɑːdˈwʌn] ADJ schwer erkämpft
hard-working [hɑːdˈwəːkɪŋ] ADJ fleißig
hardy [ˈhɑːdɪ] ADJ (*animals*) zäh; (*people*) abgehärtet; (*plant*) winterhart
hare [hɛəʳ] N Hase *m*
harebrained [ˈhɛəbreɪnd] ADJ verrückt
harelip [ˈhɛəlɪp] N Hasenscharte *f*
harem [hɑːˈriːm] N Harem *m*
hark back [hɑːk-] VI: **to ~ to** zurückkommen auf *+acc*
★**harm** [hɑːm] N Schaden *m*; (*injury*) Verletzung *f* ▸ VT schaden *+dat*; (*person: physically*) verletzen; **to mean no ~** es nicht böse meinen; **out of ~'s way** in Sicherheit; **there's no ~ in trying** es kann nicht schaden, es zu versuchen
harmful [ˈhɑːmful] ADJ schädlich
harmless [ˈhɑːmlɪs] ADJ harmlos
harmonic [hɑːˈmɔnɪk] ADJ harmonisch
harmonica [hɑːˈmɔnɪkə] N Harmonika *f*
harmonics [hɑːˈmɔnɪks] NPL Harmonik *f*
harmonious [hɑːˈməunɪəs] ADJ harmonisch

harmonium [hɑːˈməunɪəm] N Harmonium *nt*

harmonize [ˈhɑːmənaɪz] VI (*Mus*) mehrstimmig singen/spielen; (: *one person*) die zweite Stimme singen/spielen; (*colours, ideas*) harmonieren

harmony [ˈhɑːmənɪ] N Einklang *m*; (*Mus*) Harmonie *f*

harness [ˈhɑːnɪs] N (*for horse*) Geschirr *nt*; (*for child*) Laufgurt *m*; (*also:* **safety harness**) Sicherheitsgurt *m* ▶ VT (*resources, energy etc*) nutzbar machen; (*horse, dog*) anschirren

harp [hɑːp] N Harfe *f* ▶ VI: **to ~ on about** (*pej*) herumreiten auf +*dat*

harpist [ˈhɑːpɪst] N Harfenspieler(in) *m(f)*

harpoon [hɑːˈpuːn] N Harpune *f*

harpsichord [ˈhɑːpsɪkɔːd] N Cembalo *nt*

harried [ˈhærɪd] ADJ bedrängt

harrow [ˈhærəu] N Egge *f*

harrowing [ˈhærəuɪŋ] ADJ (*film*) erschütternd; (*experience*) grauenhaft

harry [ˈhærɪ] VT bedrängen, zusetzen +*dat*

harsh [hɑːʃ] ADJ (*sound, light*) grell; (*judge, winter*) streng; (*criticism, life*) hart

harshly [ˈhɑːʃlɪ] ADV (*judge*) streng; (*say*) barsch; (*criticize*) hart

harshness [ˈhɑːʃnɪs] N Grelle *f*; Strenge *f*; Härte *f*

harvest [ˈhɑːvɪst] N Ernte *f* ▶ VT ernten

harvester [ˈhɑːvɪstəʳ] N (*also:* **combine harvester**) Mähdrescher *m*

has [hæz] VB *see* **have**

has-been [ˈhæzbiːn] (*inf*) N: **he's/she's a ~** er/sie ist eine vergangene *or* vergessene Größe

hash [hæʃ] N (*Culin*) Haschee *nt*; (*fig*): **to make a ~ of sth** etw verpfuschen (*inf*) ▶ N ABBR (*inf*: = *hashish*) Hasch *nt*

hashish [ˈhæʃɪʃ] N Haschisch *nt*

hash tag N (*esp on Twitter*) Hashtag *nt*

hasn't [ˈhæznt] = **has not**

hassle [ˈhæsl] (*inf*) N (*bother*) Theater *nt* ▶ VT schikanieren

haste [heɪst] N Hast *f*; (*speed*) Eile *f*; **in ~** in Eile; **to make ~ (to do sth)** sich beeilen(, etw zu tun)

hasten [ˈheɪsn] VT beschleunigen ▶ VI: **to ~ to do sth** sich beeilen, etw zu tun; **I ~ to add …** ich muss allerdings hinzufügen, …; **she hastened back to the house** sie eilte zum Haus zurück

hastily [ˈheɪstɪlɪ] ADV hastig, eilig; vorschnell

hasty [ˈheɪstɪ] ADJ hastig, eilig; (*rash*) vorschnell

hat [hæt] N Hut *m*; **to keep sth under one's ~** etw für sich behalten

hatbox [ˈhætbɔks] N Hutschachtel *f*

hatch [hætʃ] N (*Naut*: *also:* **hatchway**) Luke *f*; (*also:* **serving hatch**) Durchreiche *f* ▶ VI (*bird*) ausschlüpfen ▶ VT ausbrüten; **the eggs hatched after 10 days** nach 10 Tagen schlüpften die Jungen aus

hatchback [ˈhætʃbæk] N (*Aut*: *car*) Heckklappenmodell *nt*

hatchet [ˈhætʃɪt] N Beil *nt*; **to bury the ~** das Kriegsbeil begraben

hatchet job (*inf*) ADJ: **to do a ~ on sb** jdn fertigmachen

hatchet man (*inf*) N (*irreg*) (*fig*) Vollstrecker *m*

★**hate** [heɪt] VT hassen ▶ N Hass *m*; **I ~ him/milk** ich kann ihn/ Milch nicht ausstehen; **to ~ to do/doing sth** es hassen, etw zu tun; (*weaker*) etw ungern tun; **I ~ to trouble you, but …** es ist mir sehr unangenehm, dass ich Sie belästigen muss, aber …

hateful [ˈheɪtful] ADJ abscheulich

hater [ˈheitəʳ] N Hasser(in) *m(f)*; **cop-hater** Bullenhasser(in) *m(f)*; **woman-hater** Frauenhasser *m*

hatred [ˈheɪtrɪd] N Hass *m*; (*dislike*) Abneigung *f*

hat trick N Hattrick *m*

haughty [ˈhɔːtɪ] ADJ überheblich

haul [hɔːl] VT ziehen; (*by lorry*) transportieren; (*Naut*) den Kurs ändern +*gen* ▶ N Beute *f*; (*of fish*) Fang *m*; **he hauled himself out of the pool** er stemmte sich aus dem Schwimmbecken

haulage [ˈhɔːlɪdʒ] N (*cost*) Transportkosten *pl*; (*business*) Transport *m*

haulage contractor (BRIT) N Transportunternehmen *nt*, Spedition *f*; (*person*) Transportunternehmer(in) *m(f)*, Spediteur *m*

hauler [ˈhɔːləʳ] (US) N Transportunternehmer(in) *m(f)*, Spediteur *m*

haulier [ˈhɔːlɪəʳ] (BRIT) N Transportunternehmer(in) *m(f)*, Spediteur *m*

haunch [hɔːntʃ] N Hüftpartie *f*; (*of meat*) Keule *f*

haunt [hɔːnt] VT (*place*) spuken in +*dat*, umgehen in +*dat*; (*person, fig*) verfolgen ▶ N Lieblingsplatz *m*; (*of crooks etc*) Treffpunkt *m*

haunted [ˈhɔːntɪd] ADJ (*expression*) gehetzt, gequält; **this building/room is ~** in diesem Gebäude/Zimmer spukt es

haunting [ˈhɔːntɪŋ] ADJ (*music*) eindringlich; **a ~ sight** ein Anblick, der einen nicht loslässt

Havana [həˈvænə] N Havanna *nt*

have [hæv]

(*pt, pp* **had**) AUX VB **1** haben; (*with verbs of motion*) sein; **to have arrived/gone** angekommen/gegangen sein; **to have eaten/slept** gegessen/geschlafen haben; **he has been promoted** er ist befördert worden; **having eaten** *or* **when he had eaten, he left** nachdem er gegessen hatte, ging er

2 (*in tag questions*): **you've done it, haven't you?** du hast es gemacht, nicht wahr?; **he hasn't done it, has he?** er hat es nicht gemacht, oder?

3 (*in short answers and questions*): **you've made a mistake — no I haven't/so I have** du hast einen Fehler gemacht — nein(, das habe ich nicht)/ja, stimmt; **we haven't paid — yes we have!** wir haben nicht bezahlt — doch!; **I've been there before — have you?** ich war schon einmal da — wirklich *or* tatsächlich?

▶ MODAL AUX VB (*be obliged*): **to have (got) to do sth** etw tun müssen; **this has (got) to be a mistake** das muss ein Fehler sein
▶ VT 1 (*possess*) haben; **she has (got) blue eyes/dark hair** sie hat blaue Augen/dunkle Haare; **I have (got) an idea** ich habe eine Idee
2 (*referring to meals etc*): **to have breakfast** frühstücken; **to have lunch/dinner** zu Mittag/Abend essen; **to have a drink** etwas trinken; **to have a cigarette** eine Zigarette rauchen
3 (*receive, obtain etc*) haben; **may I have your address?** kann ich Ihre Adresse haben *or* bekommen?; **to have a baby** ein Kind bekommen
4 (*allow*): **I won't have this nonsense** dieser Unsinn kommt nicht infrage!; **we can't have that** das kommt nicht infrage
5: **to have sth done** etw machen lassen; **to have one's hair cut** sich *dat* die Haare schneiden lassen; **to have sb do sth** (*order*) jdn etw tun lassen; **he soon had them all laughing/working** bald hatte er alle zum Lachen/Arbeiten gebracht
6 (*experience, suffer*): **to have a cold/flu** eine Erkältung/die Grippe haben; **she had her bag stolen** ihr *dat* wurde die Tasche gestohlen
7 (+ *noun: take, hold etc*): **to have a swim** schwimmen gehen; **to have a walk** spazieren gehen; **to have a rest** sich ausruhen; **to have a meeting** eine Besprechung haben; **to have a party** eine Party geben
8 (*inf: dupe*): **you've been had** man hat dich hereingelegt
▶ **have in** (*inf*) VT: **to have it in for sb** jdn auf dem Kieker haben
▶ **have on** VT (*wear*) anhaben; (BRIT *inf: tease*) auf den Arm nehmen; **I don't have any money on me** ich habe kein Geld bei mir; **do you have** *or* **have you anything on tomorrow?** haben Sie morgen etwas vor?
▶ **have out** VT: **to have it out with sb** (*settle a problem etc*) ein Wort mit jdm reden

haven [ˈheɪvn] N Hafen *m*; (*safe place*) Zufluchtsort *m*
haven't [ˈhævnt] = **have not**
haversack [ˈhævəsæk] N Rucksack *m*
haves [hævz] (*inf*) NPL: **the ~ and the have-nots** die Betuchten und die Habenichtse
havoc [ˈhævək] N Verwüstung *f*; (*confusion*) Chaos *nt*; **to play ~ with sth** (*disrupt*) etw völlig durcheinanderbringen
Hawaii [həˈwaɪiː] N Hawaii *nt*
Hawaiian [həˈwaɪjən] ADJ hawaiisch ▶ N Hawaiianer(in) *m(f)*; (*Ling*) Hawaiisch *nt*
hawk [hɔːk] N Habicht *m*
hawker [ˈhɔːkəʳ] N Hausierer(in) *m(f)*
hawkish [ˈhɔːkɪʃ] ADJ (*person, approach*) knallhart
hawthorn [ˈhɔːθɔːn] N Weißdorn *m*, Rotdorn *m*
hay [heɪ] N Heu *nt*
hay fever N Heuschnupfen *m*

haystack [ˈheɪstæk] N Heuhaufen *m*; **like looking for a needle in a ~** als ob man eine Stecknadel im Heuhaufen suchte
haywire [ˈheɪwaɪəʳ] (*inf*) ADJ: **to go ~** (*machine*) verrücktspielen; (*plans etc*) über den Haufen geworfen werden
hazard [ˈhæzəd] N Gefahr *f* ▶ VT riskieren; **to be a health/fire ~** eine Gefahr für die Gesundheit/feuergefährlich sein; **to ~ a guess** (es) wagen, eine Vermutung anzustellen
hazard lights, hazard warning lights NPL (*Aut*) Warnblinkanlage *f*
hazardous [ˈhæzədəs] ADJ gefährlich
hazard pay (*US*) N Gefahrenzulage *f*
haze [heɪz] N Dunst *m*
hazel [ˈheɪzl] N Hasel(nuss)strauch *m*, Haselbusch *m* ▶ ADJ haselnussbraun
hazelnut [ˈheɪzlnʌt] N Haselnuss *f*
hazy [ˈheɪzɪ] ADJ dunstig, diesig; (*idea, memory*) unklar, verschwommen; **I'm rather ~ about the details** an die Einzelheiten kann ich mich nur vage *or* verschwommen erinnern; (*ignorant*) die genauen Einzelheiten sind mir nicht bekannt
H-bomb [ˈeɪtʃbɔm] N H-Bombe *f*
HD N ABBR (= *high definition*) hochauflösend
HDTV N ABBR (= *high definition television*) hochauflösendes Fernsehen
HE ABBR (*Rel, Diplomacy*: = *His/Her Excellency*) Seine/Ihre Exzellenz; (= *high explosive*) hochexplosiver Sprengstoff *m*
★**he** [hiː] PRON er ▶ PREF männlich; **he who ...** wer ...
★**head** [hɛd] N Kopf *m*; (*of table*) Kopfende *nt*; (*of queue*) Spitze *f*; (*of company, organization*) Leiter(in) *m(f)*; (*of school*) Schulleiter(in) *m(f)*; (*on coin*) Kopfseite *f*; (*on tape recorder*) Tonkopf *m* ▶ VT anführen, an der Spitze stehen von; (*group, company*) leiten; (*Football: ball*) köpfen; **heads (or tails)** Kopf (oder Zahl); **~ over heels** Hals über Kopf; (*in love*) bis über beide Ohren; **£10 a** *or* **per ~** 10 Pfund pro Kopf; **at the ~ of the list** oben auf der Liste; **to have a ~ for business** einen guten Geschäftssinn haben; **to have no ~ for heights** nicht schwindelfrei sein; **to come to a ~** sich zuspitzen; **they put their heads together** sie haben sich zusammengesetzt; **off the top of my** *etc* **~** ohne lange zu überlegen; **on your own ~ be it!** auf Ihre eigene Verantwortung *or* Kappe (*inf*)!; **to bite** *or* **snap sb's ~ off** jdn grob anfahren; **he won't bite your ~ off** er wird dir schon nicht den Kopf abreißen; **it went to my ~** es ist mir in den Kopf *or* zu Kopf gestiegen; **to lose/keep one's ~** den Kopf verlieren/nicht verlieren; **I can't make ~ nor tail of this** hieraus werde ich nicht schlau; **he's off his ~!** (*inf*) er ist nicht (ganz) bei Trost!
▶ **head for** VT FUS (*on foot*) zusteuern auf +*acc*; (*by car*) in Richtung ... fahren; (*plane, ship*) Kurs nehmen auf +*acc*; **you are heading for trouble** du wirst Ärger bekommen
▶ **head off** VT abwenden

headache [ˈhɛdeɪk] N Kopfschmerzen *pl*, Kopfweh *nt*; *(fig)* Problem *nt*; **to have a ~** Kopfschmerzen *or* Kopfweh haben
headband [ˈhɛdbænd] N Stirnband *nt*
headboard [ˈhɛdbɔːd] N Kopfteil *nt*
head cold N Kopfgrippe *f*
headdress [ˈhɛddrɛs] (BRIT) N Kopfschmuck *m*
headed notepaper [ˈhɛdɪd-] N Schreibpapier *nt* mit Briefkopf
header [ˈhɛdəʳ] (BRIT *inf*) N *(Football)* Kopfball *m*
headfirst [ˈhɛdˈfəːst] ADV *(lit)* kopfüber; *(fig)* Hals über Kopf
headgear [ˈhɛdgɪəʳ] N Kopfbedeckung *f*
head-hunt [ˈhɛdhʌnt] VT abwerben
head-hunter [ˈhɛdhʌntəʳ] N *(Comm)* Kopfjäger(in) *m(f)*
heading [ˈhɛdɪŋ] N Überschrift *f*
headlamp [ˈhɛdlæmp] (BRIT) N = **headlight**
headland [ˈhɛdlənd] N Landspitze *f*
headlight [ˈhɛdlaɪt] N Scheinwerfer *m*
headline [ˈhɛdlaɪn] N Schlagzeile *f*; *(Radio, TV)*: **(news) headlines** Nachrichtenüberblick *m*
headlong [ˈhɛdlɔŋ] ADV kopfüber; *(rush)* Hals über Kopf
headmaster [hɛdˈmɑːstəʳ] N Schulleiter *m*
headmistress [hɛdˈmɪstrɪs] N Schulleiterin *f*
head office N Zentrale *f*
head of state (*pl* **heads of state**) N Staatsoberhaupt *nt*
head-on [ˈhɛdˈɔn] ADJ *(collision)* frontal; *(confrontation)* direkt
headphones [ˈhɛdfəunz] NPL Kopfhörer *pl*
headquarters [ˈhɛdkwɔːtəz] NPL Zentrale *f*; *(Mil)* Hauptquartier *nt*
headrest [ˈhɛdrɛst] N *(Aut)* Kopfstütze *f*
headroom [ˈhɛdrum] N *(in car)* Kopfraum *m*; *(under bridge)* lichte Höhe *f*
headscarf [ˈhɛdskɑːf] N Kopftuch *nt*
headset [ˈhɛdsɛt] N = **headphones**
head start N Vorsprung *m*
headstone [ˈhɛdstəun] N Grabstein *m*
headstrong [ˈhɛdstrɔŋ] ADJ eigensinnig
head teacher N Schulleiter(in) *m(f)*
head waiter N Oberkellner *m*
headway [ˈhɛdweɪ] N: **to make ~** vorankommen
headwind [ˈhɛdwɪnd] N Gegenwind *m*
heady [ˈhɛdɪ] ADJ *(experience etc)* aufregend; *(drink, atmosphere)* berauschend
heal [hiːl] VT, VI heilen
health [hɛlθ] N Gesundheit *f*
health care N Gesundheitsfürsorge *f*
health centre (BRIT) N Ärztezentrum *nt*
health club N Fitnesscenter *nt*
health food N Reformkost *f*, Naturkost *f*
health food shop N Reformhaus *nt*, Naturkostladen *m*
health hazard N Gefahr *f* für die Gesundheit
health insurance N Krankenversicherung *f*
health service (BRIT) N: **the Health Service** das Gesundheitswesen
★**healthy** [ˈhɛlθɪ] ADJ gesund; *(profit)* ansehnlich
heap [hiːp] N Haufen *m* ▶ VT: **to ~ (up)** (auf)häufen; **heaps of** *(inf)* jede Menge; **to ~ sth with** etw beladen mit; **to ~ sth on** etw häufen auf *+acc*; **to ~ favours/gifts** *etc* **on sb** jdn mit Gefälligkeiten/Geschenken *etc* überhäufen; **to ~ praises on sb** jdn mit Lob überschütten
★**hear** [hɪəʳ] (*pt, pp* **heard**) VT hören; *(Law: case)* verhandeln; (: *witness*) vernehmen; **to ~ about** hören von; **to ~ from sb** von jdm hören; **I've never heard of that book** von dem Buch habe ich noch nie etwas gehört; **I wouldn't ~ of it!** davon will ich nichts hören
▶ **hear out** VT ausreden lassen
heard [həːd] PT, PP *of* **hear**
hearing [ˈhɪərɪŋ] N Gehör *nt*; *(of facts, by committee)* Anhörung *f*; *(of witnesses)* Vernehmung *f*; *(of a case)* Verhandlung *f*; **to give sb a ~** (BRIT) jdn anhören
hearing aid N Hörgerät *nt*
hearsay [ˈhɪəseɪ] N Gerüchte *pl*; **by ~** vom Hörensagen
hearse [həːs] N Leichenwagen *m*
★**heart** [hɑːt] N Herz *nt*; *(of problem)* Kern *m*
■ **hearts** NPL *(Cards)* Herz *nt*; **to lose ~** den Mut verlieren; **to take ~** Mut fassen; **at ~** im Grunde; **by ~** auswendig; **to set one's ~ on sth** sein Herz an etw *acc* hängen; **to set one's ~ on doing sth** alles daransetzen, etw zu tun; **the ~ of the matter** der Kern der Sache
heartache [ˈhɑːteɪk] N Kummer *m*
heart attack N Herzanfall *m*
heartbeat [ˈhɑːtbiːt] N Herzschlag *m*
heartbreak [ˈhɑːtbreɪk] N großer Kummer *m*, Leid *nt*
heartbreaking [ˈhɑːtbreɪkɪŋ] ADJ herzzerreißend
heartbroken [ˈhɑːtbrəukən] ADJ: **to be ~** todunglücklich sein
heartburn [ˈhɑːtbəːn] N Sodbrennen *nt*
-hearted [ˈhɑːtɪd] SUFF: **kind-hearted** gutherzig
heartening [ˈhɑːtnɪŋ] ADJ ermutigend
heart failure N Herzversagen *nt*
heartfelt [ˈhɑːtfɛlt] ADJ tief empfunden
hearth [hɑːθ] N ≈ Kamin *m*
heartily [ˈhɑːtɪlɪ] ADV (laut und) herzlich; herzhaft; tief; ungeteilt
heartland [ˈhɑːtlænd] N Herz *nt*; **Britain's industrial ~** Großbritanniens Industriezentrum *nt*
heartless [ˈhɑːtlɪs] ADJ herzlos
heartstrings [ˈhɑːtstrɪŋz] NPL: **to tug at sb's ~** bei jdm auf die Tränendrüsen drücken
heart-throb [ˈhɑːtθrɔb] *(inf)* N Schwarm *m*
heart-to-heart [ˈhɑːttəˈhɑːt] ADJ, ADV ganz im Vertrauen

heart transplant N Herztransplantation *f*, Herzverpflanzung *f*

heart-warming [ˈhɑːtwɔːmɪŋ] ADJ herzerfreuend

hearty [ˈhɑːtɪ] ADJ (*person*) laut und herzlich; (*laugh, appetite*) herzhaft; (*welcome*) herzlich; (*dislike*) tief; (*support*) ungeteilt

★**heat** [hiːt] N Hitze *f*; (*warmth*) Wärme *f*; (*temperature*) Temperatur *f*; (*Sport: also:* **qualifying heat**) Vorrunde *f* ▶ VT erhitzen, heiß machen; (*room, house*) heizen; **in ~, on ~** (BRIT) (*Zool*) brünstig, läufig
▶ **heat up** VI sich erwärmen, warm werden ▶ VT aufwärmen; (*water, room*) erwärmen

heated [ˈhiːtɪd] ADJ geheizt; (*pool*) beheizt; (*argument*) hitzig

heater [ˈhiːtəʳ] N (Heiz)ofen *m*; (*in car*) Heizung *f*

heath [hiːθ] (BRIT) N Heide *f*

heathen [ˈhiːðn] N Heide *m*, Heidin *f*

heather [ˈhɛðəʳ] N Heidekraut *nt*, Erika *f*

heating [ˈhiːtɪŋ] N Heizung *f*

heat-resistant [ˈhiːtrɪzɪstənt] ADJ hitzebeständig

heat-seeking [ˈhiːtsiːkɪŋ] ADJ Wärme suchend

heatstroke [ˈhiːtstrəuk] N Hitzschlag *m*

heat wave N Hitzewelle *f*

heave [hiːv] VT (*pull*) ziehen; (*push*) schieben; (*lift*) (hoch)heben ▶ VI sich heben und senken; (*retch*) sich übergeben ▶ N Zug *m*; Stoß *m*; Heben *nt*; **to ~ a sigh** einen Seufzer ausstoßen
▶ **heave to** (*pt, pp* **hove to**) VI (*Naut*) beidrehen

heaven [ˈhɛvn] N Himmel *m*; **thank ~!** Gott sei Dank!; **~ forbid!** bloß nicht!; **for ~'s sake!** um Himmels *or* Gottes willen!

heavenly [ˈhɛvnlɪ] ADJ himmlisch

heaven-sent [hɛvnˈsɛnt] ADJ ideal

heavily [ˈhɛvɪlɪ] ADV schwer; (*drink, smoke, depend, rely*) stark; (*sleep, sigh*) tief; (*say*) mit schwerer Stimme

★**heavy** [ˈhɛvɪ] ADJ schwer; (*clothes*) dick; (*rain, snow, drinker, smoker*) stark; (*build, frame*) kräftig; (*breathing, sleep*) tief; (*schedule, week*) anstrengend; (*weather*) drückend, schwül; **the conversation was ~ going** die Unterhaltung war mühsam; **the book was ~ going** das Buch las sich schwer

heavy cream (*US*) N *Sahne mit hohem Fettgehalt*, ≈ Schlagsahne *f*

heavy-duty [ˈhɛvɪˈdjuːtɪ] ADJ strapazierfähig

heavy goods vehicle N Lastkraftwagen *m*

heavy-handed [ˈhɛvɪˈhændɪd] ADJ schwerfällig, ungeschickt

heavy industry N Schwerindustrie *f*

heavy metal N (*Mus*) Heavymetal *nt*

heavyset [ˈhɛvɪˈsɛt] (*esp US*) ADJ kräftig gebaut

heavyweight [ˈhɛvɪweɪt] N (*Sport*) Schwergewicht *nt*

Hebrew [ˈhiːbruː] ADJ hebräisch ▶ N (*Ling*) Hebräisch *nt*

Hebrides [ˈhɛbrɪdiːz] NPL: **the ~** die Hebriden *pl*

heck [hɛk] (*inf*) EXCL: **oh ~!** zum Kuckuck! ▶ N: **a ~ of a lot** irrsinnig viel

heckle [ˈhɛkl] VT durch Zwischenrufe stören

heckler [ˈhɛkləʳ] N Zwischenrufer(in) *m(f)*, Störer(in) *m(f)*

hectare [ˈhɛktɑːʳ] (BRIT) N Hektar *m or nt*

hectic [ˈhɛktɪk] ADJ hektisch

hector [ˈhɛktəʳ] VT tyrannisieren

he'd [hiːd] = **he would**; **he had**

hedge [hɛdʒ] N Hecke *f* ▶ VI ausweichen, sich nicht festlegen ▶ VT: **to ~ one's bets** (*fig*) sich absichern; **as a ~ against inflation** als Absicherung *or* Schutz gegen die Inflation
▶ **hedge in** VT (*person*) (in seiner Freiheit) einschränken; (*proposals etc*) behindern

hedgehog [ˈhɛdʒhɔg] N Igel *m*

hedgerow [ˈhɛdʒrəu] N Hecke *f*

hedonism [ˈhiːdənɪzəm] N Hedonismus *m*

heed [hiːd] VT (*also:* **take heed of**) beachten ▶ N: **to pay (no) ~ to, take (no) ~ of** (nicht) beachten

heedless [ˈhiːdlɪs] ADJ achtlos; **~ of sb/sth** ohne auf jdn/etw zu achten

heel [hiːl] N Ferse *f*; (*of shoe*) Absatz *m* ▶ VT (*shoe*) mit einem neuen Absatz versehen; **to bring to ~** (*dog*) bei Fuß gehen lassen; (*fig: person*) an die Kandare nehmen; **to take to one's heels** (*inf*) sich aus dem Staub machen

hefty [ˈhɛftɪ] ADJ kräftig; (*parcel etc*) schwer; (*profit*) ansehnlich

heifer [ˈhɛfəʳ] N Färse *f*

★**height** [haɪt] N Höhe *f*; (*of person*) Größe *f*; (*fig: of luxury, good taste etc*) Gipfel *m*; **what ~ are you?** wie groß bist du?; **of average ~** durchschnittlich groß; **to be afraid of heights** nicht schwindelfrei sein; **it's the ~ of fashion** das ist die neueste Mode; **at the ~ of the tourist season** in der Hauptsaison

heighten [ˈhaɪtn] VT erhöhen

heinous [ˈheɪnəs] ADJ abscheulich, verabscheuungswürdig

heir [ɛəʳ] N Erbe *m*; **the ~ to the throne** der Thronfolger

heir apparent N gesetzlicher Erbe *m*

heiress [ˈɛərɛs] N Erbin *f*

heirloom [ˈɛəluːm] N Erbstück *nt*

heist [haɪst] (*US inf*) N Raubüberfall *m*

held [hɛld] PT, PP *of* **hold**

★**helicopter** [ˈhɛlɪkɔptəʳ] N Hubschrauber *m*

heliport [ˈhɛlɪpɔːt] N Hubschrauberflugplatz *m*, Heliport *m*

helium [ˈhiːlɪəm] N Helium *nt*

★**hell** [hɛl] N Hölle *f*; **~!** (*inf*) verdammt! (*!*); **a ~ of a lot** (*inf*) verdammt viel (*inf*); **a ~ of a mess** (*inf*) ein wahnsinniges Chaos (*inf*); **a ~ of a noise** (*inf*) ein Höllenlärm *m*; **a ~ of a nice guy** ein wahnsinnig netter Typ

he'll [hiːl] = **he will**; **he shall**

hell-bent [hɛlˈbɛnt] ADJ: **hellbent (on)** versessen (auf *+acc*)

hellish [ˈhɛlɪʃ] (*inf*) ADJ höllisch

ello [hə'ləu] EXCL hallo; (*expressing surprise*) nanu, he

ell's Angels NPL Hell's Angels *pl*

elm [hɛlm] N Ruder *nt*, Steuer *nt*; **at the ~** am Ruder

elmet ['hɛlmɪt] N Helm *m*

elmsman ['hɛlmzmən] N (*irreg*) Steuermann *m*

elp [hɛlp] N Hilfe *f*; (*charwoman*) (Haushalts)-hilfe *f* ▸ VT helfen *+dat*; **with the ~ of** (*person*) mit (der) Hilfe *+gen*; (*tool etc*) mithilfe *+gen*; **to be of ~ to sb** jdm behilflich sein, jdm helfen; **can I ~ you?** (*in shop*) womit kann ich Ihnen dienen?; **~ yourself** bedienen Sie sich; **he can't ~ it** er kann nichts dafür; **I can't ~ thinking that ...** ich kann mir nicht helfen, ich glaube, dass ...

elp desk N (*esp Comput*) Benutzerunterstützung *f*, Helpdesk *nt*, *m*

elper ['hɛlpəʳ] N Helfer(in) *m(f)*

elpful ['hɛlpful] ADJ hilfsbereit; (*advice, suggestion*) nützlich, hilfreich

elping ['hɛlpɪŋ] N Portion *f*

elping hand N: **to give** *or* **lend sb a ~** jdm behilflich sein

elpless ['hɛlplɪs] ADJ hilflos

elplessly ['hɛlplɪslɪ] ADV hilflos

elpline ['hɛlplaɪn] N (*for emergencies*) Notruf *m*; (*for information*) Informationsdienst *m*

elsinki ['hɛlsɪŋkɪ] N Helsinki *nt*

elter-skelter ['hɛltə'skɛltəʳ] (BRIT) N Rutschbahn *f*

em [hɛm] N Saum *m* ▸ VT säumen

▸ **hem in** VT einschließen, umgeben; **to feel hemmed in** (*fig*) sich eingeengt fühlen

ematology [hi:mə'tɔlədʒɪ] (*US*) N = **haematology**

emisphere ['hɛmɪsfɪəʳ] N Hemisphäre *f*; (*of sphere*) Halbkugel *f*

emlock ['hɛmlɔk] N Schierling *m*

emoglobin [hi:mə'gləubɪn] (*US*) N = **haemoglobin**

emophilia [hi:mə'fɪlɪə] (*US*) N = **haemophilia**

emorrhage ['hɛmərɪdʒ] (*US*) N = **haemorrhage**

emorrhoids ['hɛmərɔɪdz] (*US*) NPL = **haemorrhoids**

emp [hɛmp] N Hanf *m*

en [hɛn] N Henne *f*, Huhn *nt*; (*female bird*) Weibchen *nt*

ence [hɛns] ADV daher; **2 years ~** in zwei Jahren

enceforth [hɛns'fɔ:θ] ADV von nun an; (*from that time on*) von da an

enchman ['hɛntʃmən] N (*irreg*) (*pej*) Spießgeselle *m*

enna ['hɛnə] N Henna *nt*

en night, hen party (*inf*) N Damenkränzchen *nt*

enpecked ['hɛnpɛkt] ADJ: **to be ~** unter dem Pantoffel stehen; **~ husband** Pantoffelheld *m*

hepatitis [hɛpə'taɪtɪs] N Hepatitis *f*

★**her** [hə:ʳ] PRON sie; (*indirect*) ihr ▸ ADJ ihr; **I see ~** ich sehe sie; **give ~ a book** gib ihr ein Buch; **after ~** nach ihr; *see also* **me; my**

herald ['hɛrəld] N (Vor)bote *m* ▸ VT ankündigen

heraldic [hɛ'rældɪk] ADJ heraldisch, Wappen-

heraldry ['hɛrəldrɪ] N Wappenkunde *f*, Heraldik *f*; (*coats of arms*) Wappen *pl*

herb [hə:b] N Kraut *nt*

herbaceous [hə:'beɪʃəs] ADJ: **~ border** Staudenrabatte *f*; **~ plant** Staude *f*

herbal ['hə:bl] ADJ (*tea, medicine*) Kräuter-

herbicide ['hə:bɪsaɪd] N Unkrautvertilgungsmittel *nt*, Herbizid *nt*

herd [hə:d] N Herde *f*; (*of wild animals*) Rudel *nt* ▸ VT treiben; (*gather*) zusammentreiben; **herded together** zusammengetrieben

★**here** [hɪəʳ] ADV hier; **she left ~ yesterday** sie ist gestern von hier abgereist; **~ is/are...** hier ist/sind...; **~ you are** (*giving*) (hier,) bitte; **~ we are!** (*finding sth*) da ist es ja!; **~ she is!** da ist sie ja!; **~ she comes** da kommt sie ja; **come ~!** komm hierher *or* hierhin!; **~ and there** hier und da; **"~'s to ..."** „auf ... *acc*"

hereabouts ['hɪərə'bauts] ADV hier

hereafter [hɪər'ɑ:ftəʳ] ADV künftig

hereby [hɪə'baɪ] ADV hiermit

hereditary [hɪ'rɛdɪtrɪ] ADJ erblich, Erb-

heredity [hɪ'rɛdɪtɪ] N Vererbung *f*

heresy ['hɛrəsɪ] N Ketzerei *f*

heretic ['hɛrətɪk] N Ketzer(in) *m(f)*

heretical [hɪ'rɛtɪkl] ADJ ketzerisch

herewith [hɪə'wɪð] ADV hiermit

heritage ['hɛrɪtɪdʒ] N Erbe *nt*; **our national ~** unser nationales Erbe

hermetically [hə:'mɛtɪklɪ] ADV: **~ sealed** hermetisch verschlossen

hermit ['hə:mɪt] N Einsiedler(in) *m(f)*

hernia ['hə:nɪə] N Bruch *m*

★**hero** ['hɪərəu] (*pl* **heroes**) N Held *m*; (*idol*) Idol *nt*

heroic [hɪ'rəuɪk] ADJ heroisch; (*figure, person*) heldenhaft

heroin ['hɛrəuɪn] N Heroin *nt*

heroin addict N Heroinsüchtige(r) *f(m)*

★**heroine** ['hɛrəuɪn] N Heldin *f*; (*idol*) Idol *nt*

heroism ['hɛrəuɪzəm] N Heldentum *nt*

heron ['hɛrən] N Reiher *m*

hero worship N Heldenverehrung *f*

herring ['hɛrɪŋ] N Hering *m*

hers [hə:z] PRON ihre(r, s); **a friend of ~** ein Freund von ihr; **this is ~** das gehört ihr; *see also* **mine²**

★**herself** [hə:'sɛlf] PRON sich; (*emphatic*) (sie) selbst; *see also* **oneself**

he's [hi:z] = **he is; he has**

hesitant ['hɛzɪtənt] ADJ zögernd; **to be ~ about doing sth** zögern, etw zu tun

hesitate ['hɛzɪteɪt] VI zögern; (*be unwilling*) Bedenken haben; **to ~ about** Bedenken haben

h

wegen; **don't ~ to see a doctor if you are worried** gehen Sie ruhig zum Arzt, wenn Sie sich Sorgen machen

hesitation [hɛzɪˈteɪʃən] N Zögern *nt*; Bedenken *pl*; **to have no ~ in saying sth** etw ohne Weiteres sagen können

hessian [ˈhɛsɪən] N Sackleinwand *f*, Rupfen *m*

heterogenous [hɛtəˈrɔdʒɪnəs] ADJ heterogen

heterosexual [ˈhɛtərəuˈsɛksjuəl] ADJ heterosexuell ▶ N Heterosexuelle(r) *f(m)*

het up [hɛt-] (*inf*) ADJ: **to get ~ (about)** sich aufregen (über *+acc*)

hew [hju:] (*pt, pp* **hewed** *or* **hewn**) VT (*stone*) behauen; (*wood*) hacken

hex [hɛks] (*US*) N Fluch *m* ▶ VT verhexen

hexagon [ˈhɛksəgən] N Sechseck *nt*

hexagonal [hɛkˈsægənl] ADJ sechseckig

hey [heɪ] EXCL he; (*to attract attention*) he du/Sie

heyday [ˈheɪdeɪ] N: **the ~ of** (*person*) die Glanzzeit *+gen*; (*nation, group etc*) die Blütezeit *+gen*

HF N ABBR (= *high frequency*) HF

HGV (BRIT) N ABBR (= *heavy goods vehicle*) Lkw *m*

★**HI** (*US*) ABBR (*Post*) = **Hawaii**

★**hi** [haɪ] EXCL hallo

hiatus [haɪˈeɪtəs] N Unterbrechung *f*

hibernate [ˈhaɪbəneɪt] VI Winterschlaf halten *or* machen

hibernation [haɪbəˈneɪʃən] N Winterschlaf *m*

hiccough [ˈhɪkʌp] VI hicksen

hiccoughs [ˈhɪkʌps] NPL Schluckauf *m*; **to have (the) ~** den Schluckauf haben

hiccup [ˈhɪkʌp] VI = **hiccough**

hiccups [ˈhɪkʌps] NPL = **hiccoughs**

hick [hɪk] (*US pej*) N Hinterwäldler *m*

hid [hɪd] PT *of* **hide**

hidden [ˈhɪdn] PP *of* **hide** ▶ ADJ (*advantage, danger*) unsichtbar; (*place*) versteckt; **there are no ~ extras** es gibt keine versteckten Extrakosten

★**hide** [haɪd] (*pt* **hid**, *pp* **hidden**) N Haut *f*, Fell *nt*; (*of birdwatcher etc*) Versteck *nt* ▶ VT verstecken; (*feeling, information*) verbergen; (*obscure*) verdecken ▶ VI: **to ~ (from sb)** sich (vor jdm) verstecken; **to ~ sth (from sb)** etw (vor jdm) verstecken

hide-and-seek [ˈhaɪdənˈsi:k] N Versteckspiel *nt*; **to play ~** Verstecken spielen

hideaway [ˈhaɪdəweɪ] N Zufluchtsort *m*

hideous [ˈhɪdɪəs] ADJ scheußlich; (*conditions*) furchtbar

hideously [ˈhɪdɪəslɪ] ADV furchtbar

hide-out [ˈhaɪdaut] N Versteck *nt*

hiding [ˈhaɪdɪŋ] N Tracht *f* Prügel; **to be in ~** (*concealed*) sich versteckt halten

hiding place N Versteck *nt*

hierarchy [ˈhaɪərɑ:kɪ] N Hierarchie *f*

hieroglyphics [haɪərəˈglɪfɪks] NPL Hieroglyphen *pl*

hi-fi [ˈhaɪfaɪ] N ABBR (= *high fidelity*) Hi-Fi *nt* ▶ ADJ (*equipment etc*) Hi-Fi-

higgledy-piggledy [ˈhɪgldɪˈpɪgldɪ] ADJ durcheinander

★**high** [haɪ] ADJ hoch; (*wind*) stark; (*risk*) groß; (*quality*) gut; (*inf: on drugs*) high; (*: on drink*) blau; (BRIT: *food*) schlecht; (*: game*) anbrüchig ▶ ADV hoch ▶ N: **exports have reached a new ~** der Export hat einen neuen Höchststand erreicht; **to pay a ~ price for sth** etw teuer bezahlen; **it's ~ time you did it** es ist *or* wird höchste Zeit, dass du es machst; **~ in the air** hoch oben in der Luft

highball [ˈhaɪbɔ:l] (*US*) N Highball *m*

highboy [ˈhaɪbɔɪ] (*US*) N hohe Kommode *f*

highbrow [ˈhaɪbrau] ADJ intellektuell; (*book, discussion etc*) anspruchsvoll

highchair [ˈhaɪtʃɛəʳ] N Hochstuhl *m*

high-class [ˈhaɪˈklɑ:s] ADJ erstklassig; (*neighbourhood*) vornehm

High Court N *siehe Info-Artikel*

> **High Court** ist in England und Wales die Kurzform für *High Court of Justice* und bildet zusammen mit dem Berufungsgericht den Obersten Gerichtshof. In Schottland ist es die Kurzform für *High Court of Justiciary*, das höchste Strafgericht in Schottland, das in Edinburgh und anderen Großstädten (immer mit Richter und Geschworenen) zusammentritt und für Verbrechen wie Mord, Vergewaltigung und Hochverrat zuständig ist. Weniger schwere Verbrechen werden vor dem *sheriff court* verhandelt und leichtere Vergehen vor dem *district court*.

higher [ˈhaɪəʳ] ADJ (*form of study, life etc*) höher (entwickelt) ▶ ADV höher ▶ N (SCOT *Scol*): **H~** m *„Higher" wird die vorgeschrittenenstufe des „Scottish certificate of education" und auch der Abschluss dieses Ausbildungsjahr bezeichnet*

★**higher education** N Hochschulbildung *f*

highfalutin [haɪfəˈlu:tɪn] (*inf*) ADJ hochtrabend

high finance N Hochfinanz *f*

high-flier, high-flyer [haɪˈflaɪəʳ] N Senkrechtstarter(in) *m(f)*

high-flying [haɪˈflaɪɪŋ] ADJ (*person*) erfolgreich; (*lifestyle*) exklusiv

high-handed [haɪˈhændɪd] ADJ eigenmächtig

high-heeled [haɪˈhi:ld] ADJ hochhackig

high heels NPL hochhackige Schuhe *pl*

high jump N Hochsprung *m*

Highlands [ˈhaɪləndz] NPL: **the ~** das Hochland

high-level [ˈhaɪlɛvl] ADJ (*talks etc*) auf höchster Ebene; **~ language** (*Comput*) höhere Programmiersprache *f*

★**highlight** [ˈhaɪlaɪt] N (*of event*) Höhepunkt *m*; (*in hair*) Strähnchen *nt* ▶ VT (*problem, need*) ein Schlaglicht werfen auf *+acc*

highlighter [ˈhaɪlaɪtəʳ] N Textmarker *m*

highly [ˈhaɪlɪ] ADV hoch-; **to speak ~ of** sich sehr positiv äußern über *+acc*; **to think ~ of** eine hohe Meinung haben von

highly strung ADJ nervös

High Mass N Hochamt *nt*

highness [ˈhaɪnɪs] N: **Her/His/Your H~** Ihre/Seine/Eure Hoheit *f*

high-pitched [haɪˈpɪtʃt] ADJ hoch

high point N Höhepunkt *m*

high-powered [ˈhaɪˈpauəd] ADJ (*engine*) Hochleistungs-; (*job*) Spitzen-; (*businessman*) dynamisch; (*person*) äußerst fähig; (*course*) anspruchsvoll

high-pressure [ˈhaɪprɛʃəʳ] ADJ (*area, system*) Hochdruck-; (*inf: sales technique*) aggressiv

high-rise [ˈhaɪraɪz] ADJ (*apartment, block*) Hochhaus-; **~ building/flats** Hochhaus *nt*

high school N ≈ Oberschule *f*

> **High school** ist eine weiterführende Schule in den USA. Man unterscheidet zwischen *junior high school* (im Anschluss an die Grundschule, umfasst das 7., 8. und 9. Schuljahr) und *senior high school* (10., 11. und 12. Schuljahr, mit akademischen und berufsbezogenen Fächern). Weiterführende Schulen in Großbritannien werden manchmal auch als *high school* bezeichnet. Siehe auch *elementary school*.

high season (BRIT) N Hochsaison *f*

high-speed [ˈhaɪspiːd] ADJ Schnell-; **~ train** Hochgeschwindigkeitszug *m*

high spirits NPL Hochstimmung *f*

high street (BRIT) N Hauptstraße *f*

high strung (US) ADJ = **highly strung**

high tide N Flut *f*

highway [ˈhaɪweɪ] (US) N Straße *f*; (*between towns, states*) Landstraße *f*; **information ~** Datenautobahn *f*

Highway Code (BRIT) N Straßenverkehrsordnung *f*

highwayman [ˈhaɪweɪmən] N (*irreg*) Räuber *m*, Wegelagerer *m*

hijack [ˈhaɪdʒæk] VT entführen ▶ N (*also: hijacking*) Entführung *f*

hijacker [ˈhaɪdʒækəʳ] N Entführer(in) *m(f)*

hike [haɪk] VI wandern ▶ N Wanderung *f*; (*inf: in prices etc*) Erhöhung *f* ▶ VT (*inf*) erhöhen

hiker [ˈhaɪkəʳ] N Wanderer *m*, Wanderin *f*

hiking [ˈhaɪkɪŋ] N Wandern *nt*

hilarious [hɪˈlɛərɪəs] ADJ urkomisch

hilarity [hɪˈlærɪtɪ] N übermütige Ausgelassenheit *f*

hill [hɪl] N Hügel *m*; (*fairly high*) Berg *m*; (*slope*) Hang *m*; (*on road*) Steigung *f*

hillbilly [ˈhɪlbɪlɪ] (US) N Hillbilly *m*; (*pej*) Hinterwäldler(in) *m(f)*, Landpomeranze *f*

hillock [ˈhɪlək] N Hügel *m*, Anhöhe *f*

hillside [ˈhɪlsaɪd] N Hang *m*

hill start N (*Aut*) Anfahren *nt* am Berg

hilltop [ˈhɪltɔp] N Gipfel *m*

hill walking N Bergwandern *nt*

hilly [ˈhɪlɪ] ADJ hügelig

hilt [hɪlt] N (*of sword, knife*) Heft *nt*; **to the ~** voll und ganz

him [hɪm] PRON ihn; (*indirect*) ihm; *see also* **me**

Himalayas [hɪməˈleɪəz] NPL: **the ~** der Himalaja

★**himself** [hɪmˈsɛlf] PRON sich; (*emphatic*) (er) selbst; *see also* **oneself**

hind [haɪnd] ADJ (*legs*) Hinter- ▶ N (*female deer*) Hirschkuh *f*

hinder [ˈhɪndəʳ] VT behindern; **to ~ sb from doing sth** jdn daran hindern, etw zu tun

hindquarters [ˈhaɪndˈkwɔːtəz] NPL Hinterteil *nt*

hindrance [ˈhɪndrəns] N Behinderung *f*

hindsight [ˈhaɪndsaɪt] N: **with ~** im Nachhinein

Hindu [ˈhɪnduː] ADJ hinduistisch, Hindu-

hinge [hɪndʒ] N (*on door*) Angel *f* ▶ VI: **to ~ on** anhängen von

★**hint** [hɪnt] N Andeutung *f*; (*advice*) Tipp *m*; (*sign, glimmer*) Spur *f* ▶ VT: **to ~ that** andeuten, dass ▶ VI: **to ~ at** andeuten; **to drop a ~** eine Andeutung machen; **give me a ~** geben Sie mir einen Hinweis; **white with a ~ of pink** weiß mit einem Hauch von Rosa

★**hip** [hɪp] N Hüfte *f*

hip flask N Taschenflasche *f*, Flachmann *m* (*inf*)

hip-hop [ˈhɪphɔp] N Hip-Hop *nt*

hippie [ˈhɪpɪ] N Hippie *m*

hippo [ˈhɪpəu] N Nilpferd *nt*

hip pocket N Gesäßtasche *f*

hippopotamus [hɪpəˈpɔtəməs] (*pl* **hippopotamuses** *or* **hippopotami**) N Nilpferd *nt*

hippy [ˈhɪpɪ] N = **hippie**

hipster [ˈhɪpstəʳ] N (*inf: fashionable person*) Hipster *m*

★**hire** [ˈhaɪəʳ] VT (BRIT) mieten; (*worker*) einstellen ▶ N (BRIT) Mieten *nt*; **for ~** (*taxi*) frei; (*boat*) zu vermieten; **on ~** gemietet
▶ **hire out** VT vermieten

hire car, (BRIT) **hired car** N Mietwagen *m*, Leihwagen *m*

hire-purchase [haɪəˈpəːtʃɪs] (BRIT) N Ratenkauf *m*; **to buy sth on ~** etw auf Raten kaufen

★**his** [hɪz] PRON seine(r, s) ▶ ADJ sein; *see also* **my**; **mine²**

hiss [hɪs] VI zischen; (*cat*) fauchen ▶ N Zischen *nt*; (*of cat*) Fauchen *nt*

histogram [ˈhɪstəgræm] N Histogramm *nt*

historian [hɪˈstɔːrɪən] N Historiker(in) *m(f)*

historic [hɪˈstɔrɪk] ADJ historisch

historical [hɪˈstɔrɪkl] ADJ historisch

★**history** [ˈhɪstərɪ] N Geschichte *f*; **there's a ~ of heart disease in his family** Herzleiden liegen bei ihm in der Familie; **medical ~** Krankengeschichte *f*

★**hit** [hɪt] (*pt, pp* **~**) VT schlagen; (*reach, affect*) treffen; (*vehicle: another vehicle*) zusammenstoßen mit; (*: wall, tree*) fahren gegen; (*: more violently*) prallen gegen; (*: person*) anfahren ▶ N Schlag *m*; (*success*) Erfolg *m*; (*song*) Hit *m*; **to ~ it off with sb** sich gut mit jdm verstehen; **to ~ the headlines** Schlagzeilen machen; **to ~ the road** (*inf*) sich

auf den Weg *or* die Socken (*inf*) machen; **to ~ the roof** (*inf*) an die Decke *or* in die Luft gehen
▸ **hit back** VI: **to ~ back at sb** jdn zurückschlagen; (*fig*) jdm Kontra geben
▸ **hit out at** VT FUS auf jdn losschlagen; (*fig*) jdn scharf angreifen
▸ **hit (up)on** VT FUS stoßen auf *+acc*, finden

hit-and-miss [ˈhɪtənˈmɪs] ADJ = **hit-or-miss**

hit-and-run driver [ˈhɪtənˈrʌn-] N unfallflüchtiger Fahrer *m*, unfallflüchtige Fahrerin *f*

hitch [hɪtʃ] VT festmachen, anbinden; (*trousers, skirt*: *also*: **hitch up**) hochziehen ▸ N Schwierigkeit *f*, Problem *nt*; **to ~ a lift** trampen, per Anhalter fahren; **technical ~** technische Panne *f*
▸ **hitch up** VT anspannen; *see also* **hitch**

hitchhike [ˈhɪtʃhaɪk] VI trampen, per Anhalter fahren

hitchhiker [ˈhɪtʃhaɪkəʳ] N Tramper(in) *m(f)*, Anhalter(in) *m(f)*

hitchhiking [ˈhɪtʃhaɪkɪŋ] N Trampen *nt*

hi-tech [ˈhaɪˈtɛk] ADJ Hightech-, hoch technisiert ▸ N Hightech *nt*, Hochtechnologie *f*

hitherto [hɪðəˈtuː] ADV bisher, bis jetzt

hit list N Abschussliste *f*

hit man (*inf*) N Killer *m*

hit-or-miss [ˈhɪtəˈmɪs] ADJ ungeplant; **to be a ~ affair** eine unsichere Sache sein; **it's ~ whether …** es ist nicht zu sagen, ob …

hit parade N Hitparade *f*

hits counter N (*on website*) Zugriffs- *or* Besucherzähler *m*, Counter *m*

HIV N ABBR (= *human immunodeficiency virus*) HIV; **HIV-negative** HIV-negativ; **HIV-positive** HIV-positiv

hive [haɪv] N Bienenkorb *m*; **to be a ~ of activity** einem Bienenhaus gleichen
▸ **hive off** (*inf*) VT ausgliedern, abspalten

hl ABBR (= *hectolitre*) hl

HM ABBR (= *His/Her Majesty*) S./I.M.

HMG (BRIT) ABBR (= *His/Her Majesty's Government*) die Regierung Seiner/Ihrer Majestät

HMI (BRIT) N ABBR (*Scol*: = *His/Her Majesty's Inspector*) *regierungsamtlicher Schulaufsichtsbeauftragter*

HMO (US) N ABBR (= *Health Maintenance Organization*) *Organisation zur Gesundheitsfürsorge*

HMS (BRIT) ABBR (= *His (or Her) Majesty's Ship*) *Namensteil von Schiffen der Kriegsmarine*

HNC (BRIT) N ABBR (= *Higher National Certificate*) *Berufsschulabschluss*

HND (BRIT) N ABBR (= *Higher National Diploma*) *Qualifikationsnachweis in technischen Fächern*

hoard [hɔːd] N (*of food*) Vorrat *m*; (*of money, treasure*) Schatz *m* ▸ VT (*food*) hamstern; (*money*) horten

hoarding [ˈhɔːdɪŋ] (BRIT) N Plakatwand *f*

hoarfrost [ˈhɔːfrɔst] N (Rau)reif *m*

hoarse [hɔːs] ADJ heiser

hoax [həuks] N (*false alarm*) blinder Alarm *m*

hob [hɔb] N Kochmulde *f*

hobble [ˈhɔbl] VI humpeln

hobby [ˈhɔbɪ] N Hobby *nt*, Steckenpferd *nt*

hobbyhorse [ˈhɔbɪhɔːs] N (*fig*) Lieblingsthem[a] *nt*

hobnail boot [ˈhɔbneɪl-] N Nagelschuh *m*

hobnob [ˈhɔbnɔb] VI: **to ~ with** auf Du und D[u] stehen mit

hobo [ˈhəubəu] (US) N Penner *m* (*inf*)

hock [hɔk] N (BRIT) weißer Rheinwein *m*; (*of animal*) Sprunggelenk *nt*; (*US Culin*) Gelenkstüc[k] *nt*; (*inf*): **to be in ~** (*person*: *in debt*) in Schulden stecken; (*object*) verpfändet *or* im Leihhaus sei[n]

hockey [ˈhɔkɪ] N Hockey *nt*

hocus-pocus [ˈhəukəsˈpəukəs] N Hokuspoku[s] *m*; (*trickery*) faule Tricks *pl*; (*jargon*) Jargon *m*

hod [hɔd] N (*for bricks etc*) Tragemulde *f*

hodgepodge [ˈhɔdʒpɔdʒ] (US) N = **hotchpotc[h]**

hoe [həu] N Hacke *f* ▸ VT hacken

hog [hɔg] N (Mast)schwein *nt* ▸ VT (*road*) fü[r] sich beanspruchen; (*telephone etc*) in Beschla[g] nehmen; **to go the whole ~** Nägel mit Köpfe[n] machen

Hogmanay [hɔgməˈneɪ] (SCOT) N Silvester *nt*

> In Schottland, wo das neue Jahr traditionell intensiver gefeiert wurde als Weihnachten, heißt der Silvesterabend **Hogmanay**. Die Festlichkeiten dauern bis zum 1. und oft auch noch bis zum 2. Januar, der in Schottland Feiertag ist. Familie und Freunde versammeln sich und warten, dass es Mitternacht schlägt, um danach das *first-footing* zu feiern. Es ist üblich, seine Nachbarn und Freunde zu besuchen und ihnen ein Getränk (gewöhnlich Whisky) und ein Stück Kohle als Pfand für Wohlstand im neuen Jahr zu überreichen.

hogwash [ˈhɔgwɔʃ] (*inf*) N (*nonsense*) Quatsch *m*

ho hum [ˈhəuˈhʌm] EXCL na gut

hoist [hɔɪst] N Hebevorrichtung *f* ▸ VT hochheben; (*flag, sail*) hissen

hoity-toity [hɔɪtɪˈtɔɪtɪ] (*inf, pej*) ADJ hochnäsig

★**hold** [həuld] (*pt, pp* **held**) VT halten; (*contain*) enthalten; (*power, qualification*) haben; (*opinion*) vertreten; (*meeting*) abhalten; (*conversation*) führen; (*prisoner, hostage*) festhalten ▸ VI halten; (*be valid*) gelten; (*weather*) sich halten ▸ N (*grasp*) Griff *m*; (*of ship, plane*) Laderaum *m*; **to ~ one's head up** den Kopf hochhalten; **to ~ sb responsible/liable** *etc* jdn verantwortlich/haftbar *etc* machen; **~ the line!** (*Tel*) bleiben Sie am Apparat!; **~ it!** Moment mal!; **to ~ one's own** sich behaupten; **he holds the view that …** er ist der Meinung *or* er vertritt die Ansicht, dass …; **to ~ firm** *or* **fast** halten; **~ still!, ~ steady!** stillhalten!; **his luck held** das Glück blieb ihm treu; **I don't ~ with …** ich bin gegen …; **to catch** *or* **get (a) ~ of** sich festhalten an *+dat*; **to get ~ of** (*fig*) finden, auftreiben; **to get ~ of o.s.** sich in den Griff bekommen; **to have a ~ over** in der Hand haben
▸ **hold back** VT zurückhalten; (*tears, laughter*) unterdrücken; (*secret*) verbergen; (*information*) geheim halten

▸ **hold down** VT niederhalten; (*job*) sich halten in *+dat*
▸ **hold forth** VI: **to ~ forth (about)** sich ergehen *or* sich auslassen (über *+acc*)
▸ **hold off** VT abwehren ▸ VI: **if the rain holds off** wenn es nicht regnet
▸ **hold on** VI sich festhalten; (*wait*) warten; **~ on!** (*Tel*) einen Moment bitte!
▸ **hold on to** VT FUS sich festhalten an *+dat*; (*keep*) behalten
▸ **hold out** VT (*hand*) ausstrecken; (*hope*) haben; (*prospect*) bieten ▸ VI nicht nachgeben
▸ **hold over** VT vertagen
▸ **hold up** VT hochheben; (*support*) stützen; (*delay*) aufhalten; (*rob*) überfallen

holdall [ˈhəuldɔ:l] (BRIT) N Tasche *f*; (*for clothes*) Reisetasche *f*
holder [ˈhəuldəʳ] N Halter *m*; (*of ticket, record, office, title etc*) Inhaber(in) *m(f)*
holding [ˈhəuldɪŋ] N (*share*) Anteil *m*; (*small farm*) Gut *nt* ▸ ADJ (*operation, tactic*) zur Schadensbegrenzung
holding company N Dachgesellschaft *f*, Holdinggesellschaft *f*
hold-up [ˈhəuldʌp] N bewaffneter Raubüberfall *m*; (*delay*) Verzögerung *f*; (BRIT: *in traffic*) Stockung *f*
hole [həul] N Loch *nt*; (*unpleasant town*) Kaff *nt* (*inf*) ▸ VT (*ship*) leckschlagen; (*building etc*) durchlöchern; **~ in the heart** Loch im Herz(en); **to pick holes** (*fig*) (über)kritisch sein; **to pick holes in sth** (*fig*) an etw *dat* herumkritisieren
▸ **hole up** VI sich verkriechen
holiday [ˈhɔlɪdeɪ] N (BRIT) Urlaub *m*; (*Scol*) Ferien *pl*; (*day off*) freier Tag *m*; (*also:* **public holiday**) Feiertag *m*; **on ~** im Urlaub, in den Ferien
holiday camp (BRIT) N (*also:* **holiday centre**) Feriendorf *nt*
holiday home N Ferienhaus *nt*
holiday-maker [ˈhɔlɪdɪmeɪkəʳ] (BRIT) N Urlauber(in) *m(f)*
holiday pay N *Lohn-/Gehaltsfortzahlung während des Urlaubs*
holiday resort N Ferienort *m*
holiday season N Urlaubszeit *f*
holiness [ˈhəulɪnɪs] N Heiligkeit *f*
holistic [həuˈlɪstɪk] ADJ holistisch
Holland [ˈhɔlənd] N Holland *nt*
holler [ˈhɔləʳ] (*inf*) VI brüllen ▸ N Schrei *m*
hollow [ˈhɔləu] ADJ hohl; (*eyes*) tief liegend; (*laugh*) unecht; (*sound*) dumpf; (*fig*) leer; (*: victory, opinion*) wertlos ▸ N Vertiefung *f* ▸ VT: **to ~ out** aushöhlen
holly [ˈhɔlɪ] N Stechpalme *f*, Ilex *m*; (*leaves*) Stechpalmenzweige *pl*
hollyhock [ˈhɔlɪhɔk] N Malve *f*
Hollywood [ˈhɔlɪwud] N Hollywood *nt*
holocaust [ˈhɔləkɔ:st] N Inferno *nt*; (*in Third Reich*) Holocaust *m*
hologram [ˈhɔləgræm] N Hologramm *nt*
hols [hɔlz] (*inf*) NPL Ferien *pl*
holster [ˈhəulstəʳ] N Pistolenhalfter *m or nt*

★**holy** [ˈhəulɪ] ADJ heilig
Holy Communion N heilige Kommunion *f*
Holy Father N Heiliger Vater *m*
Holy Ghost N Heiliger Geist *m*
Holy Land N: **the ~** das Heilige Land
holy orders NPL Priesterweihe *f*
Holy Spirit N Heiliger Geist *m*
homage [ˈhɔmɪdʒ] N Huldigung *f*; **to pay ~ to** huldigen *+dat*
★**home** [həum] N Heim *nt*; (*house, flat*) Zuhause *nt*; (*area, country*) Heimat *f*; (*institution*) Anstalt *f* ▸ CPD Heim-; (*Econ, Pol*) Innen- ▸ ADV (*go etc*) nach Hause, heim; **at ~** zu Hause ; (*in country*) im Inland; **to be** *or* **feel at ~** (*fig*) sich wohlfühlen; **make yourself at ~** machen Sie es sich *dat* gemütlich *or* bequem; **to make one's ~ somewhere** sich irgendwo niederlassen; **the ~ of free enterprise/jazz** *etc* die Heimat des freien Unternehmertums/Jazz *etc*; **when will you be ~?** wann bist du wieder zu Hause?; **a ~ from ~** ein zweites Zuhause *nt*; **~ and dry** aus dem Schneider; **to drive a nail ~** einen Nagel einschlagen; **to bring sth ~ to sb** jdm etw klarmachen
▸ **home in on** VT FUS (*missiles*) sich ausrichten auf *+acc*

> Use **nach Hause** to refer to going home, and **zu Hause** to refer to being at home.

home address N Heimatanschrift *f*
home-brew [həumˈbru:] N selbst gebrautes Bier *nt*
homecoming [ˈhəumkʌmɪŋ] N Heimkehr *f*
home computer N Heimcomputer *m*
Home Counties (BRIT) NPL: **the ~** *die Grafschaften, die an London angrenzen*
home economics N Hauswirtschaft(slehre) *f*
home ground N (*Sport*) eigener Platz *m*; **to be on ~** (*fig*) sich auf vertrautem Terrain bewegen
home-grown [ˈhəumgrəun] ADJ (*not foreign*) einheimisch; (*from garden*) selbst gezogen
home help N Haushaltshilfe *f*
homeland [ˈhəumlænd] N Heimat *f*, Heimatland *nt*
★**homeless** [ˈhəumlɪs] ADJ obdachlos; (*refugee*) heimatlos
home loan N Hypothek *f*
homely [ˈhəumlɪ] ADJ einfach; (*US: plain*) unscheinbar
home-made [həumˈmeɪd] ADJ selbst gemacht
Home Office (BRIT) N Innenministerium *nt*
homeopath [ˈhəumɪəupæθ] (*US*) N = **homoeopath**
homeopathy [həumɪˈɔpəθɪ] (*US*) N = **homoeopathy**
★**home page** N (*Comput*) Homepage *f*
home rule N Selbstbestimmung *f*, Selbstverwaltung *f*
Home Secretary (BRIT) N Innenminister(in) *m(f)*

homesick [ˈhəumsɪk] ADJ heimwehkrank; **to be ~** Heimweh haben

homestead [ˈhəumstɛd] N Heimstätte *f*; (*farm*) Gehöft *nt*

home town N Heimatstadt *f*

home truth N bittere Wahrheit *f*; **to tell sb some ~s** jdm deutlich die Meinung sagen

homeward [ˈhəumwəd] ADJ (*journey*) Heim- ▸ ADV = **homewards**

homewards [ˈhəumwədz] ADV nach Hause, heim

★**homework** [ˈhəumwəːk] N Hausaufgaben *pl*

homicidal [hɔmɪˈsaɪdl] ADJ gemeingefährlich

homicide [ˈhɔmɪsaɪd] (*US*) N Mord *m*

homily [ˈhɔmɪlɪ] N Predigt *f*

homing [ˈhəumɪŋ] ADJ (*device, missile*) mit Zielsucheinrichtung; **~ pigeon** Brieftaube *f*

homoeopath, (*US*) **homeopath** [ˈhəumɪəupæθ] N Homöopath(in) *m(f)*

homoeopathy, (*US*) **homeopathy** [həumɪˈɔpəθɪ] N Homöopathie *f*

homogeneous [hɔməuˈdʒiːnɪəs] ADJ homogen

homogenize [həˈmɔdʒənaɪz] VT homogenisieren

homosexual [hɔməuˈsɛksjuəl] ADJ homosexuell ▸ N Homosexuelle(r) *f(m)*

Hon. ABBR = **honourable**; **honorary**

Honduras [hɔnˈdjuərəs] N Honduras *nt*

hone [həun] N Schleifstein *m* ▸ VT schleifen; (*fig: groom*) erziehen

★**honest** [ˈɔnɪst] ADJ ehrlich; (*trustworthy*) redlich; (*sincere*) aufrichtig; **to be quite ~ with you ...** um ehrlich zu sein, ...

honestly [ˈɔnɪstlɪ] ADV ehrlich; redlich; aufrichtig

honesty [ˈɔnɪstɪ] N Ehrlichkeit *f*; Redlichkeit *f*; Aufrichtigkeit *f*

honey [ˈhʌnɪ] N Honig *m*; (*US inf*) Schätzchen *nt*

honeycomb [ˈhʌnɪkəum] N Bienenwabe *f*; (*pattern*) Wabe *f* ▸ VT: **to ~ with** durchlöchern mit

honeymoon [ˈhʌnɪmuːn] N Flitterwochen *pl*; (*trip*) Hochzeitsreise *f*

honeysuckle [ˈhʌnɪsʌkl] N Geißblatt *nt*

Hong Kong [ˈhɔŋˈkɔŋ] N Hongkong *nt*

honk [hɔŋk] VI (*Aut*) hupen

Honolulu [hɔnəˈluːluː] N Honolulu *nt*

honor *etc* [ˈɔnəʳ] (*US*) = **honour** *etc*

honorary [ˈɔnərərɪ] ADJ ehrenamtlich; (*title, degree*) Ehren-

honour, (*US*) **honor** [ˈɔnəʳ] VT ehren; (*commitment, promise*) stehen zu ▸ N Ehre *f*; (*tribute*) Auszeichnung *f*; **in ~ of** zu Ehren von *or* +*gen*

honourable [ˈɔnərəbl] ADJ (*person*) ehrenwert; (*action, defeat*) ehrenvoll

honour-bound [ˈɔnəˈbaund] ADJ: **to be ~ to do sth** moralisch verpflichtet sein, etw zu tun

honours degree [ˈɔnəz-] N *akademischer Grad mit Prüfung im Spezialfach*

Honours degree ist ein Universitätsabschluss mit einer guten Note, also der Note I (*first class*), II:1 (*upper second class*), II:2 (*lower second class*), oder III (*third class*). Wer ein *honours degree* erhalten hat, darf die Abkürzung *Hons* nach seinem Namen und Titel führen, z. B. *Mary Smith MA Hons*. Heute sind fast alle Universitätsabschlusse in Großbritannien *honours degrees*. Siehe auch *ordinary degree*.

honours list N *Liste verliehener/zu verleihender Ehrentitel*

Honours list ist eine Liste von Adelstiteln und Orden, die der britische Monarch zweimal jährlich (zu Neujahr und am offiziellen Geburtstag des Monarchen) an Bürger in Großbritannien und im Commonwealth verleiht. Die Liste wird vom Premierminister zusammengestellt, aber drei Orden (der Hosenbandorden, der Verdienstorden und der Victoria-Orden) werden vom Monarchen persönlich vergeben. Erfolgreiche Geschäftsleute, Militärangehörige, Sportler und andere Prominente, aber auch im sozialen Bereich besonders aktive Bürger werden auf diese Weise geehrt.

Hons. ABBR (*Univ*) = **Honours degree**

hood [hud] N (*of coat etc*) Kapuze *f*; (*of cooker*) Abzugshaube *f*; (*Aut*: BRIT: *folding roof*) Verdeck *nt*; (: *US*: *bonnet*) (Motor)haube *f*

hooded [ˈhudɪd] ADJ maskiert; (*jacket etc*) mit Kapuze

hoodlum [ˈhuːdləm] N Gangster *m*

hoodwink [ˈhudwɪŋk] VT (he)reinlegen

hoof [huːf] (*pl* **hooves**) N Huf *m*

★**hook** [huk] N Haken *m* ▸ VT festhaken; (*fish*) an die Angel bekommen; **by ~ or by crook** auf Biegen und Brechen; **to be hooked on** (*inf*: *film, exhibition, etc*) fasziniert sein von; (: *drugs*) abhängig sein von; (: *person*) stehen auf +*acc*
▸ **hook up** VT (*Radio, TV etc*) anschließen

hook and eye (*pl* **hooks and eyes**) N Haken und Öse *pl*

hooligan [ˈhuːlɪgən] N Rowdy *m*

hooliganism [ˈhuːlɪgənɪzəm] N Rowdytum *nt*

hoop [huːp] N Reifen *m*; (*for croquet: arch*) Tor *nt*

hooray [huːˈreɪ] EXCL = **hurrah**

hoot [huːt] VI hupen; (*siren*) heulen; (*owl*) schreien, rufen; (*person*) johlen ▸ VT (*horn*) drücken auf +*acc* ▸ N Hupen *nt*; Heulen *nt*; Schreien *nt*, Rufen *nt*; Johlen *nt*; **to ~ with laughter** in johlendes Gelächter ausbrechen

hooter [ˈhuːtəʳ] N (BRIT *Aut*) Hupe *f*; (*Naut, of factory*) Sirene *f*

Hoover® [ˈhuːvəʳ] (BRIT) N Staubsauger *m* ▸ VT: **to hoover** (*carpet*) saugen

hooves [huːvz] NPL *of* **hoof**

hop [hɔp] VI hüpfen ▸ N Hüpfer *m*; *see also* **hops**

★**hope** [həup] VI hoffen ▸ N Hoffnung *f* ▸ VT: **to ~ that** hoffen, dass; **I ~ so** ich hoffe es, hoffentlich; **I ~ not** ich hoffe nicht, hoffentlich nicht; **to ~ for the best** das Beste hoffen; **to have no ~ of sth/doing sth** keine Hoffnung auf etw

+*acc* haben/darauf haben, etw zu tun; **in the ~ of/that** in der Hoffnung auf/, dass; **to ~ to do sth** hoffen, etw zu tun

hopeful [ˈhəupful] ADJ hoffnungsvoll; (*situation*) vielversprechend; **I'm ~ that she'll manage** ich hoffe, dass sie es schafft

hopefully [ˈhəupfulɪ] ADV hoffnungsvoll; (*one hopes*) hoffentlich; **~, he'll come back** hoffentlich kommt er wieder

hopeless [ˈhəuplɪs] ADJ hoffnungslos; (*situation*) aussichtslos; (*useless*): **to be ~ at sth** etw überhaupt nicht können

hopper [ˈhɔpər] N Einfülltrichter *m*

hops [hɔps] NPL Hopfen *m*

horde [hɔːd] N Horde *f*

horizon [həˈraɪzn] N Horizont *m*

horizontal [hɔrɪˈzɔntl] ADJ horizontal

hormone [ˈhɔːməun] N Hormon *nt*

hormone replacement therapy N Hormonersatztherapie *f*

horn [hɔːn] N Horn *nt*; (*Aut*) Hupe *f*

horned [hɔːnd] ADJ (*animal*) mit Hörnern

hornet [ˈhɔːnɪt] N Hornisse *f*

horn-rimmed [ˈhɔːnˈrɪmd] ADJ (*spectacles*) Horn-

horny [ˈhɔːnɪ] (*inf*) ADJ (*aroused*) scharf, geil

horoscope [ˈhɔrəskəup] N Horoskop *nt*

horrendous [həˈrɛndəs] ADJ abscheulich, entsetzlich

horrible [ˈhɔrɪbl] ADJ fürchterlich, schrecklich; (*scream, dream*) furchtbar

horrid [ˈhɔrɪd] ADJ entsetzlich, schrecklich

horrific [hɔˈrɪfɪk] ADJ entsetzlich, schrecklich

horrify [ˈhɔrɪfaɪ] VT entsetzen

horrifying [ˈhɔrɪfaɪɪŋ] ADJ schrecklich, fürchterlich, entsetzlich

horror [ˈhɔrər] N Entsetzen *nt*, Grauen *nt*; **~ (of sth)** (*abhorrence*) Abscheu *m* (vor etw *dat*); **the horrors of war** die Schrecken *pl* des Krieges

horror film N Horrorfilm *m*

horror-stricken [ˈhɔrəstrɪkn] ADJ = **horror-struck**

horror-struck [ˈhɔrəstrʌk] ADJ von Entsetzen *or* Grauen gepackt

hors d'œuvre [ɔːˈdəːvrə] N Hors d'œuvre *nt*, Vorspeise *f*

horse [hɔːs] N Pferd *nt*

horseback [ˈhɔːsbæk] N: **on ~** zu Pferd

horsebox [ˈhɔːsbɔks] N Pferdetransporter *m*

horse chestnut N Rosskastanie *f*

horse-drawn [ˈhɔːsdrɔːn] ADJ von Pferden gezogen

horsefly [ˈhɔːsflaɪ] N (Pferde)bremse *f*

horseman [ˈhɔːsmən] N (*irreg*) Reiter *m*

horsemanship [ˈhɔːsmənʃɪp] N Reitkunst *f*

horseplay [ˈhɔːspleɪ] N Alberei *f*, Balgerei *f*

horsepower [ˈhɔːspauər] N Pferdestärke *f*

horse racing N Pferderennen *nt*

horseradish [ˈhɔːsrædɪʃ] N Meerrettich *m*

horse riding N Reiten *nt*

horseshoe [ˈhɔːsʃuː] N Hufeisen *nt*

horse show N Reitturnier *nt*

horse trading N Kuhhandel *m*

horse trials NPL = **horse show**

horsewhip [ˈhɔːswɪp] N Reitpeitsche *f* ▶ VT auspeitschen

horsewoman [ˈhɔːswumən] N (*irreg*) Reiterin *f*

horsey [ˈhɔːsɪ] ADJ (*inf*) pferdenärrisch; (*appearance*) pferdeähnlich

horticulture [ˈhɔːtɪkʌltʃər] N Gartenbau *m*

hose [həuz] N (*also:* **hose pipe**) Schlauch *m*
▶ **hose down** VT abspritzen

Das englische Wort **hose** bedeutet nicht *Hose* auf Deutsch.

hosiery [ˈhəuzɪərɪ] N Strumpfwaren *pl*

hospice [ˈhɔspɪs] N Pflegeheim *nt* (*für unheilbar Kranke*)

hospitable [ˈhɔspɪtəbl] ADJ gastfreundlich; (*climate*) freundlich

★**hospital** [ˈhɔspɪtl] N Krankenhaus *nt*; **in ~, in the ~** (*US*) im Krankenhaus

hospitality [hɔspɪˈtælɪtɪ] N Gastfreundschaft *f*

hospitalize [ˈhɔspɪtəlaɪz] VT ins Krankenhaus einweisen

host [həust] N Gastgeber *m*; (*Rel*) Hostie *f* ▶ ADJ Gast- ▶ VT Gastgeber sein bei; **a ~ of** eine Menge

★**hostage** [ˈhɔstɪdʒ] N Geisel *f*; **to be taken/held ~** als Geisel genommen/festgehalten werden

hostel [ˈhɔstl] N (Wohn)heim *nt*; (*also:* **youth hostel**) Jugendherberge *f*

hostelling [ˈhɔstlɪŋ] N: **to go (youth) ~** in Jugendherbergen übernachten

hostess [ˈhəustɪs] N Gastgeberin *f*; (BRIT: *also:* **air hostess**) Stewardess *f*; (*in night-club*) Hostess *f*

hostile [ˈhɔstaɪl] ADJ (*conditions*) ungünstig; (*environment*) unwirtlich; (*person*): **~ (to** *or* **towards)** feindselig (gegenüber +*dat*)

hostility [hɔˈstɪlɪtɪ] N Feindseligkeit *f* ■ **hostilities** NPL (*fighting*) Feindseligkeiten *pl*

★**hot** [hɔt] ADJ heiß; (*moderately hot*) warm; (*spicy*) scharf; (*temper*) hitzig; **I am** *or* **feel ~** mir ist heiß; **to be ~ on sth** (*knowledgeable etc*) sich gut mit etw auskennen; (*strict*) sehr auf etw *acc* achten
▶ **hot up** (BRIT *inf*) VI (*situation*) sich verschärfen *or* zuspitzen; (*party*) in Schwung kommen ▶ VT (*pace*) steigern; (*engine*) frisieren

hot air N leeres Gerede *nt*

hot-air balloon [hɔtˈɛər-] N Heißluftballon *m*

hotbed [ˈhɔtbɛd] N (*fig*) Brutstätte *f*

hot-blooded [hɔtˈblʌdɪd] ADJ heißblütig

hotchpotch [ˈhɔtʃpɔtʃ] (BRIT) N Durcheinander *nt*, Mischmasch *m*

hot dog N Hotdog *m or nt*

★**hotel** [həuˈtɛl] N Hotel *nt*

hotelier [həuˈtɛlɪər] N Hotelier(in) *m(f)*

hotel industry N Hotelgewerbe *nt*

hotel room N Hotelzimmer *nt*

hot flash (*US*) N = **hot flush**

hot flush N (*Med*) Hitzewallung *f*

hotfoot ['hɔtfut] ADV eilends

hothead ['hɔthɛd] N Hitzkopf *m*

hot-headed [hɔt'hɛdɪd] ADJ hitzköpfig

hothouse ['hɔthaus] N Treibhaus *nt*

hot line N (*Pol*) heißer Draht *m*

hotly ['hɔtlɪ] ADV (*contest*) heiß; (*speak, deny*) heftig

hotplate ['hɔtpleɪt] N Kochplatte *f*

hotpot ['hɔtpɔt] (BRIT) N Fleischeintopf *m*

hot potato (*fig, inf*) N heißes Eisen *nt*; **to drop sb like a ~** jdn wie eine heiße Kartoffel fallen lassen

hot seat N: **to be in the ~** auf dem Schleudersitz sitzen

hotspot ['hɔtspɔt] N (*Comput*) Hotspot *m*

hot spot N (*fig*) Krisenherd *m*

hot spring N heiße Quelle *f*, Thermalquelle *f*

hot stuff N große Klasse *f*

hot-tempered ['hɔt'tɛmpəd] ADJ leicht aufbrausend, jähzornig

hot-water bottle [hɔt'wɔːtəʳ-] N Wärmflasche *f*

hot-wire ['hɔtwaɪəʳ] (*inf*) VT (*car*) kurzschließen

hound [haund] VT hetzen, jagen ▸ N Jagdhund *m*; **the hounds** die Meute

★**hour** ['auəʳ] N Stunde *f*; (*time*) Zeit *f*; **at 60 miles an ~** mit 60 Meilen in der Stunde; **lunch ~** Mittagspause *f*; **to pay sb by the ~** jdn stundenweise bezahlen

hourly ['auəlɪ] ADJ stündlich; (*rate*) Stunden- ▸ ADV stündlich, jede Stunde; (*soon*) jederzeit

★**house** [haus] N Haus *nt*; (*household*) Haushalt *m*; (*dynasty*) Geschlecht *nt*, Haus *nt*; (*Theat: performance*) Vorstellung *f* ▸ VT unterbringen; **at my ~** bei mir (zu Hause); **to my ~** zu mir (nach Hause); **on the ~** (*fig*) auf Kosten des Hauses; **the H~ (of Commons)** (BRIT) das Unterhaus; **the H~ (of Lords)** (BRIT) das Oberhaus; **the H~ (of Representatives)** (*US*) das Repräsentantenhaus

house arrest N Hausarrest *m*

houseboat ['hausbəut] N Hausboot *nt*

housebound ['hausbaund] ADJ ans Haus gefesselt

housebreaking ['hausbreɪkɪŋ] N Einbruch *m*

house-broken ['hausbrəukn] (*US*) ADJ = **house-trained**

housecoat ['hauskəut] N Morgenrock *m*

household ['haushəuld] N Haushalt *m*; **to be a ~ name** ein Begriff sein

householder ['haushəuldəʳ] N Hausinhaber(in) *m(f)*; (*of flat*) Wohnungsinhaber(in) *m(f)*

house-hunting ['haushʌntɪŋ] N: **to go ~** nach einem Haus suchen

housekeeper ['hauskiːpəʳ] N Haushälterin *f*

housekeeping ['hauskiːpɪŋ] N Hauswirtschaft *f*; (*money*) Haushaltsgeld *nt*, Wirtschaftsgeld *nt*

House of Commons N *siehe Info-Artikel*

Das **House of Commons** ist das Unterhaus des britischen Parlaments, mit 651 Abgeordneten, die in Wahlkreisen in allgemeiner Wahl gewählt werden. Das Unterhaus hat die Regierungsgewalt inne und tagt etwa 175 Tage im Jahr unter Vorsitz des Sprechers. Als *House of Lords* wird das Oberhaus des britischen Parlaments bezeichnet. Die Mitglieder sind nicht gewählt, sondern werden auf Lebenszeit ernannt (*life peers*) oder sie haben ihren Oberhaussitz geerbt (*hereditary peers*). Das *House of Lords* setzt sich aus Kirchenmännern und Adeligen zusammen (*Lords Spiritual/Temporal*). Es hat im Grunde keine Regierungsgewalt, kann aber vom Unterhaus erlassene Gesetze abändern und ist das oberste Berufungsgericht in Großbritannien (außer Schottland).

House of Representatives N *siehe Info-Artike*

Das **House of Representatives** bildet zusammen mit dem Senat die amerikanische gesetzgebende Versammlung (den Kongress). Es besteht aus 435 Abgeordneten, die entsprechend den Bevölkerungszahlen auf die einzelnen Bundesstaaten verteilt sind und jeweils für 2 Jahre direkt vom Volk gewählt werden. Es tritt im *Capitol* in Washington zusammen. Siehe auch *Congress*.

house owner N Hausbesitzer(in) *m(f)*

house party N mehrtägige Einladung *f* (*people*) Gesellschaft *f*

house plant N Zimmerpflanze *f*

house-proud ['hauspraud] ADJ auf Ordnun und Sauberkeit im Haushalt bedacht

house-to-house ['haustə'haus] ADJ von Hau zu Haus

house-trained ['haustreɪnd] (BRIT) ADJ (*animal*) stubenrein

house-warming ['hauswɔːmɪŋ] **house-warming party** N Einzugsparty *f*

housewife ['hauswaɪf] N (*irreg*) Hausfrau *f*

house wine N Hauswein *m*

housework ['hauswəːk] N Hausarbeit *f*

housing ['hauzɪŋ] N Wohnungen *pl*; (*provision*) Wohnungsbeschaffung *f* ▸ CPD Wohnungs-

housing association N Wohnungsbaugesellschaft *f*

housing benefit N ≈ Wohngeld *nt*

housing conditions NPL Wohnbedingungen *pl*, Wohnverhältnisse *pl*

housing development N (Wohn)siedlung *f*

housing estate N (Wohn)siedlung *f*

hovel ['hɔvl] N (armselige) Hütte *f*

hover ['hɔvəʳ] VI schweben; (*person*) herumstehen; **to ~ round sb** jdm nicht von der Seite weichen

hovercraft [ˈhɔvəkrɑːft] N Hovercraft *nt*, Luftkissenfahrzeug *nt*

hoverport [ˈhɔvəpɔːt] N Anlegestelle *f* für Hovercrafts

how [hau]

ADV **1** (*in what way*) wie; **how was the film?** wie war der Film?; **how is school?** was macht die Schule?; **how are you?** wie geht es Ihnen?; **how about ...?** wie wäre es mit ...?

2 (*to what degree*): **how much milk?** wie viel Milch?; **how many people?** wie viele Leute?; **how long have you been here?** wie lange sind Sie schon hier?; **how old are you?** wie alt bist du?; **how lovely/awful!** wie schön/furchtbar!

however [hauˈɛvəʳ] CONJ jedoch, aber ▸ ADV wie ... auch; (*in questions*) wie ... bloß *or* nur

howl [haul] VI heulen; (*animal*) jaulen; (*baby, person*) schreien ▸ N Heulen *nt*; Jaulen *nt*; Schreien *nt*

howler [ˈhauləʳ] (*inf*) N (*mistake*) Schnitzer *m*

howling [ˈhaulɪŋ] ADJ (*wind, gale*) heulend

HP (BRIT) N ABBR = **hire-purchase**

h.p. ABBR (*Aut*: = *horsepower*) PS

HQ ABBR = **headquarters**

HR (*US*) N ABBR (*Pol*: = *House of Representatives*) Repräsentantenhaus *nt*; = **Human Resources**

hr ABBR (= *hour*) Std.

HRH (BRIT) ABBR (= *His/Her Royal Highness*) Seine/Ihre Königliche Hoheit

hrs ABBR (= *hours*) Std.

HST (*US*) ABBR (= *Hawaiian Standard Time*) *Normalzeit in Hawaii*

HTML ABBR (*Comput*: = *hypertext markup language*) HTML *f*

hub [hʌb] N (Rad)nabe *f*; (*fig*: *centre*) Mittelpunkt *m*, Zentrum *nt*

hubbub [ˈhʌbʌb] N Lärm *m*; (*commotion*) Tumult *m*

hubcap [ˈhʌbkæp] N Radkappe *f*

HUD (*US*) N ABBR (= *Department of Housing and Urban Development*) *Ministerium für Wohnungsbau und Stadtentwicklung*

huddle [ˈhʌdl] VI: **to ~ together** sich zusammendrängen ▸ N: **in a ~** dicht zusammengedrängt

hue [hjuː] N Farbton *m*

hue and cry N großes Geschrei *nt*

huff [hʌf] N: **in a ~** beleidigt, eingeschnappt ▸ VI: **to ~ and puff** sich aufregen

huffy [ˈhʌfɪ] (*inf*) ADJ beleidigt

hug [hʌg] VT umarmen; (*thing*) umklammern ▸ N Umarmung *f*; **to give sb a ~** jdn umarmen

huge [hjuːdʒ] ADJ riesig

hugely [ˈhjuːdʒlɪ] ADV ungeheuer

hulk [hʌlk] N (*wrecked ship*) Wrack *nt*; (*person, building etc*) Klotz *m*

hulking [ˈhʌlkɪŋ] ADJ: **~ great** massig

hull [hʌl] N Schiffsrumpf *m*; (*of nuts*) Schale *f*; (*of fruit*) Blättchen *nt* ▸ VT (*fruit*) entstielen

hullaballoo [hʌləbəˈluː] (*inf*) N Spektakel *m*

hullo [həˈləu] EXCL = **hello**

hum [hʌm] VT summen ▸ VI summen; (*machine*) brummen ▸ N Summen *nt*; (*of traffic*) Brausen *nt*; (*of machines*) Brummen *nt*; (*of voices*) Gemurmel *nt*

★**human** [ˈhjuːmən] ADJ menschlich ▸ N (*also:* **human being**) Mensch *m*

humane [hjuːˈmeɪn] ADJ human

humanism [ˈhjuːmənɪzəm] N Humanismus *m*

humanitarian [hjuːmænɪˈtɛərɪən] ADJ humanitär

humanity [hjuːˈmænɪtɪ] N Menschlichkeit *f*; (*mankind*) Menschheit *f*; (*humaneness*) Humanität *f* ■ **humanities** NPL (*Scol*): **the humanities** die Geisteswissenschaften *pl*

humanly [ˈhjuːmənlɪ] ADV menschlich; **if (at all) ~ possible** wenn es irgend möglich ist

humanoid [ˈhjuːmənɔɪd] ADJ menschenähnlich ▸ N menschenähnliches Wesen *nt*

human rights NPL Menschenrechte *pl*

humble [ˈhʌmbl] ADJ bescheiden ▸ VT demütigen

humbly [ˈhʌmblɪ] ADV bescheiden

humbug [ˈhʌmbʌg] N Humbug *m*, Mumpitz *m*; (BRIT: *sweet*) Pfefferminzbonbon *m or nt*

humdrum [ˈhʌmdrʌm] ADJ eintönig, langweilig

humid [ˈhjuːmɪd] ADJ feucht

humidifier [hjuːˈmɪdɪfaɪəʳ] N Luftbefeuchter *m*

humidity [hjuːˈmɪdɪtɪ] N Feuchtigkeit *f*

humiliate [hjuːˈmɪlɪeɪt] VT demütigen

humiliating [hjuːˈmɪlɪeɪtɪŋ] ADJ demütigend

humiliation [hjuːmɪlɪˈeɪʃən] N Demütigung *f*

humility [hjuːˈmɪlɪtɪ] N Bescheidenheit *f*

humor *etc* [ˈhjuːməʳ] (*US*) = **humour** *etc*

humorist [ˈhjuːmərɪst] N Humorist(in) *m(f)*

humorous [ˈhjuːmərəs] ADJ (*remark*) witzig; (*book*) lustig; (*person*) humorvoll

humour, (*US*) **humor** [ˈhjuːməʳ] N Humor *m*; (*mood*) Stimmung *f* ▸ VT seinen Willen lassen +*dat*; **sense of ~** (Sinn *m* für) Humor; **to be in good/bad ~** gute/schlechte Laune haben

humourless [ˈhjuːməlɪs] ADJ humorlos

hump [hʌmp] N Hügel *m*; (*of camel*) Höcker *m*; (*deformity*) Buckel *m*

humpbacked [ˈhʌmpbækt] ADJ: **~ bridge** gewölbte Brücke *f*

humus [ˈhjuːməs] N Humus *m*

hunch [hʌntʃ] N Gefühl *nt*, Ahnung *f*; **I have a ~ that ...** ich habe den (leisen) Verdacht, dass ...

hunchback [ˈhʌntʃbæk] N Bucklige(r) *f(m)*

hunched [hʌntʃt] ADJ gebeugt; (*shoulders*) hochgezogen; (*back*) krumm

★**hundred** [ˈhʌndrəd] NUM hundert; **a** *or* **one ~ books/people/dollars** (ein)hundert Bücher/

h

Personen/Dollar; **hundreds of** Hunderte von; **I'm a ~ per cent sure** ich bin absolut sicher

hundredth [ˈhʌndrədθ] NUM hundertste(r, s)

hundredweight [ˈhʌndrɪdweɪt] N *Gewichtseinheit* (*BRIT* = 50,8 *kg*; *US* = 45,3 *kg*), ≈ Zentner *m*

hung [hʌŋ] PT, PP *of* **hang**

Hungarian [hʌŋˈgɛərɪən] ADJ ungarisch ▸ N Ungar(in) *m(f)*; (*Ling*) Ungarisch *nt*

Hungary [ˈhʌŋgərɪ] N Ungarn *nt*

hunger [ˈhʌŋgəʳ] N Hunger *m* ▸ VI: **to ~ for** hungern nach

hunger strike N Hungerstreik *m*

hungover [hʌŋˈəuvəʳ] (*inf*) ADJ verkatert

hungrily [ˈhʌŋgrəlɪ] ADV hungrig

hungry [ˈhʌŋgrɪ] ADJ hungrig; **to be ~** Hunger haben; **to be ~ for** hungern nach; (*news*) sehnsüchtig warten auf; **to go ~** hungern

hung up (*inf*) ADJ: **to be ~ on** (*person*) ein gestörtes Verhältnis haben zu; **to be ~ about** nervös sein wegen

hunk [hʌŋk] N großes Stück *nt*; (*inf*: *man*) (großer, gut aussehender) Mann *m*

hunt [hʌnt] VT jagen; (*criminal, fugitive*) fahnden nach ▸ VI (*Sport*) jagen ▸ N Jagd *f*; Fahndung *f*; (*search*) Suche *f*; **to ~ for** (*search*) suchen (nach)
▸ **hunt down** VT Jagd machen auf *+acc*

hunter [ˈhʌntəʳ] N Jäger(in) *m(f)*

hunting [ˈhʌntɪŋ] N Jagd *f*, Jagen *nt*

hurdle [ˈhəːdl] N Hürde *f*

hurl [həːl] VT schleudern; **to ~ sth at sb** (*also fig*) jdm etw entgegenschleudern

hurling [ˈhəːlɪŋ] N (*Sport*) Hurling *nt*, *irische Hockeyart*

hurly-burly [ˈhəːlɪˈbəːlɪ] N Rummel *m*

hurrah [huˈrɑː] N Hurra *nt* ▸ EXCL hurra

hurray [huˈreɪ] N = **hurrah**

hurricane [ˈhʌrɪkən] N Orkan *m*

hurried [ˈhʌrɪd] ADJ eilig; (*departure*) überstürzt

hurriedly [ˈhʌrɪdlɪ] ADV eilig

hurry [ˈhʌrɪ] N Eile *f* ▸ VI eilen; (*to do sth*) sich beeilen ▸ VT (zur Eile) antreiben; (*work*) beschleunigen; **to be in a ~** es eilig haben; **to do sth in a ~** etw schnell tun; **there's no ~** es eilt nicht; **what's the ~?** warum so eilig?; **they hurried to help him** sie eilten ihm zu Hilfe; **to ~ home** nach Hause eilen
▸ **hurry along** VI sich beeilen
▸ **hurry away** VI schnell weggehen, forteilen
▸ **hurry off** VI = **hurry away**
▸ **hurry up** VT (zur Eile) antreiben ▸ VI sich beeilen

★**hurt** [həːt] (*pt, pp* ~) VT wehtun *+dat*; (*injure, fig*) verletzen ▸ VI wehtun ▸ ADJ verletzt; **I've ~ my arm** ich habe mir am Arm wehgetan; (*injured*) ich habe mir den Arm verletzt; **where does it ~?** wo tut es weh?

hurtful [ˈhəːtful] ADJ verletzend

hurtle [ˈhəːtl] VI: **to ~ past** vorbeisausen; **to ~ down** (*fall*) hinunterfallen

★**husband** [ˈhʌzbənd] N (Ehe)mann *m*

hush [hʌʃ] N Stille *f* ▸ VT zum Schweigen bringen; **~!** pst!
▸ **hush up** VT vertuschen

hushed [hʌʃt] ADJ still; (*voice*) gedämpft

hush-hush [hʌʃˈhʌʃ] (*inf*) ADJ streng geheim

husk [hʌsk] N Schale *f*; (*of wheat*) Spelze *f*; (*of maize*) Hüllblatt *nt*

husky [ˈhʌskɪ] ADJ (*voice*) rau ▸ N Schlittenhund *m*

hustings [ˈhʌstɪŋz] (BRIT) NPL (*Pol*) Wahlkampf *m*

hustle [ˈhʌsl] VT drängen ▸ N: **~ and bustle** Geschäftigkeit *f*

hut [hʌt] N Hütte *f*

hutch [hʌtʃ] N (Kaninchen)stall *m*

hyacinth [ˈhaɪəsɪnθ] N Hyazinthe *f*

hybrid [ˈhaɪbrɪd] N (*plant, animal*) Kreuzung *f*; (*mixture*) Mischung *f* ▸ ADJ Misch-; **~ car** Hybridauto *nt*

hydrant [ˈhaɪdrənt] N (*also*: **fire hydrant**) Hydrant *m*

hydraulic [haɪˈdrɔːlɪk] ADJ hydraulisch

hydraulics [haɪˈdrɔːlɪks] N Hydraulik *f*

hydrochloric acid [ˈhaɪdrəuˈklɔrɪk-] N Salzsäure *f*

hydroelectric [ˈhaɪdrəuɪˈlɛktrɪk] ADJ hydroelektrisch

hydrofoil [ˈhaɪdrəfɔɪl] N Tragflächenboot *nt*, Tragflügelboot *nt*

hydrogen [ˈhaɪdrədʒən] N Wasserstoff *m*

hydrogen bomb N Wasserstoffbombe *f*

hydrophobia [ˈhaɪdrəˈfəubɪə] N Hydrophobie *f*, Wasserscheu *f*

hydroplane [ˈhaɪdrəpleɪn] N Gleitboot *nt*; (*plane*) Wasserflugzeug *nt* ▸ VI (*boat*) abheben

hyena [haɪˈiːnə] N Hyäne *f*

hygiene [ˈhaɪdʒiːn] N Hygiene *f*

hygienic [haɪˈdʒiːnɪk] ADJ hygienisch

hymn [hɪm] N Kirchenlied *nt*

hype [haɪp] (*inf*) N Rummel *m*

hyperactive [ˈhaɪpərˈæktɪv] ADJ überaktiv

hyperconnectivity [ˈhaɪpəkɔnɛkˈtɪvətɪ] N Hypervernetzung *f*

hyperinflation [ˈhaɪpərɪnˈfleɪʃən] N galoppierende Inflation *f*

hyperlink [ˈhaɪpəlɪŋk] N Hyperlink *m*

hypermarket [ˈhaɪpəmɑːkɪt] (BRIT) N Verbrauchermarkt *m*

hypertension [ˈhaɪpəˈtɛnʃən] N Hypertonie *f*, Bluthochdruck *m*

hypertext [ˈhaɪpətɛkst] N (*Comput*) Hypertext *m*

hyperventilation [haɪpəventɪˈleɪʃən] N Hyperventilation *f*

hyphen [ˈhaɪfn] N Bindestrich *m*; (*at end of line*) Trennungsstrich *m*

hyphenated [ˈhaɪfəneɪtɪd] ADJ mit Bindestrich (geschrieben)

hypnosis [hɪpˈnəusɪs] N Hypnose *f*

hypnotic [hɪpˈnɒtɪk] ADJ hypnotisierend; (*trance*) hypnotisch

hypnotism [ˈhɪpnətɪzəm] N Hypnotismus *m*

hypnotist [ˈhɪpnətɪst] N Hypnotiseur *m*, Hypnotiseuse *f*

hypnotize [ˈhɪpnətaɪz] VT hypnotisieren

hypoallergenic [ˈhaɪpəuæləˈdʒɛnɪk] ADJ für äußerst empfindliche Haut

hypochondriac [haɪpəˈkɔndrɪæk] N Hypochonder *m*

hypocrisy [hɪˈpɔkrɪsɪ] N Heuchelei *f*

hypocrite [ˈhɪpəkrɪt] N Heuchler(in) *m(f)*

hypocritical [hɪpəˈkrɪtɪkl] ADJ heuchlerisch

hypodermic [haɪpəˈdə:mɪk] ADJ (*injection*) subkutan ▶ N (Injektions)spritze *f*

hypotenuse [haɪˈpɔtɪnju:z] N Hypotenuse *f*

hypothermia [haɪpəˈθə:mɪə] N Unterkühlung *f*

hypothesis [haɪˈpɔθɪsɪs] (*pl* **hypotheses**) N Hypothese *f*

hypothesize [haɪˈpɔθɪsaɪz] VI Hypothesen aufstellen ▶ VT annehmen

hypothetical [haɪpəuˈθɛtɪkl] ADJ hypothetisch

hysterectomy [hɪstəˈrɛktəmɪ] N Hysterektomie *f*

hysteria [hɪˈstɪərɪə] N Hysterie *f*

hysterical [hɪˈstɛrɪkl] ADJ hysterisch; (*situation*) wahnsinnig komisch; **to become ~** hysterisch werden

hysterically [hɪˈstɛrɪklɪ] ADV hysterisch; **~ funny** wahnsinnig komisch

hysterics [hɪˈstɛrɪks] NPL: **to be in** *or* **to have ~** einen hysterischen Anfall haben; (*laughter*) einen Lachanfall haben

Hz ABBR (= *hertz*) Hz.

Ii

★**I¹, i** [aɪ] N (*letter*) I *nt*, i *nt*; **I for Isaac, I for Item** (*US*) ≈ I wie Ida

I² [aɪ] PRON ich

I. ABBR = **island; isle**

IA (*US*) ABBR (*Post*) = **Iowa**

IAEA N ABBR = **International Atomic Energy Agency**

ib ABBR (= *ibidem*) ib(id).

Iberian [aɪˈbɪərɪən] ADJ: **the ~ Peninsula** die Iberische Halbinsel

ibid ABBR (= *ibidem*) ib(id).

i/c (BRIT) ABBR (= *in charge (of)*) *see* **charge**

ICBM N ABBR (= *intercontinental ballistic missile*) Interkontinentalrakete *f*

ICC N ABBR = **International Chamber of Commerce**

★**ice** [aɪs] N Eis *nt*; (*on road*) Glatteis *nt* ▸ VT (*cake*) mit Zuckerguss überziehen, glasieren ▸ VI (*also:* **ice over, ice up**) vereisen; (*puddle etc*) zufrieren; **to put sth on ~** (*fig*) etw auf Eis legen

Ice Age N Eiszeit *f*

ice axe N Eispickel *m*

iceberg [ˈaɪsbəːg] N Eisberg *m*; **the tip of the ~** (*fig*) die Spitze des Eisbergs

icebox [ˈaɪsbɔks] N (*US: fridge*) Kühlschrank *m*; (BRIT: *compartment*) Eisfach *nt*; (*insulated box*) Kühltasche *f*

icebreaker [ˈaɪsbreɪkəʳ] N Eisbrecher *m*

ice bucket N Eiskühler *m*

icecap [ˈaɪskæp] N Eisdecke *f*; (*polar*) Eiskappe *f*

ice-cold [ˈaɪsˈkəuld] ADJ eiskalt

★**ice cream** N Eis *nt*

ice-cream soda [ˈaɪskriːm-] N *Eisbecher mit Sirup und Sodawasser*

ice cube N Eiswürfel *m*

iced [aɪst] ADJ (*cake*) mit Zuckerguss überzogen, glasiert; (*beer etc*) eisgekühlt; (*tea, coffee*) Eis-

ice hockey N Eishockey *nt*

Iceland [ˈaɪslənd] N Island *nt*

Icelander [ˈaɪsləndəʳ] N Isländer(in) *m(f)*

Icelandic [aɪsˈlændɪk] ADJ isländisch ▸ N (*Ling*) Isländisch *nt*

ice lolly (BRIT) N Eis *nt* am Stiel

ice pick N Eispickel *m*

ice rink N (Kunst)eisbahn *f*, Schlittschuhbahn *f*

ice skate N Schlittschuh *m*

ice-skate [ˈaɪsskeɪt] VI Schlittschuh laufen

ice-skating [ˈaɪsskeɪtɪŋ] N Eislauf *m*, Schlittschuhlaufen *nt*

icicle [ˈaɪsɪkl] N Eiszapfen *m*

icing [ˈaɪsɪŋ] N (*Culin*) Zuckerguss *m*; (*Aviat etc*) Vereisung *f*

icing sugar (BRIT) N Puderzucker *m*

ICJ N ABBR = **International Court of Justice**

icon [ˈaɪkɔn] N Ikone *f*; (*Comput*) Ikon *nt*

ICR (*US*) N ABBR (= *Institute for Cancer Research*) *Krebsforschungsinstitut*

ICT (BRIT) N ABBR (*Scol*) = **information and communication technology**

ICU N ABBR (*Med*) = **intensive care unit**

icy [ˈaɪsɪ] ADJ eisig; (*road*) vereist

ID ABBR (*US Post*) = **Idaho** ▸ N ABBR (= *identification (document)*) Ausweis *m*

I'd [aɪd] = **I would; I had**

Ida. (*US*) ABBR (*Post*) = **Idaho**

ID card N = **identity card**

IDD (BRIT) N ABBR (*Tel:* = *international direct dialling*) *Selbstwählferndienst ins Ausland*

★**idea** [aɪˈdɪə] N Idee *f*; (*opinion*) Ansicht *f*; (*notion*) Vorstellung *f*; (*objective*) Ziel *nt*; **good ~!** gute Idee!; **to have a good ~ that** sich *dat* ziemlich sicher sein, dass; **I haven't the least ~** ich habe nicht die leiseste Ahnung

★**ideal** [aɪˈdɪəl] N Ideal *nt* ▸ ADJ ideal

idealist [aɪˈdɪəlɪst] N Idealist(in) *m(f)*

ideally [aɪˈdɪəlɪ] ADV ideal; **~ the book should ...** idealerweise *or* im Idealfall sollte das Buch ..; **she's ~ suited for ...** sie eignet sich hervorragend für ...

identical [aɪˈdɛntɪkl] ADJ identisch; (*twins*) eineiig

identification [aɪdɛntɪfɪˈkeɪʃən] N Identifizierung *f*; **(means of) ~** Ausweispapiere *pl*

★**identify** [aɪˈdɛntɪfaɪ] VT (*recognize*) erkennen; (*distinguish*) identifizieren; **to ~ sb/sth with** jdn/etw identifizieren mit

Identikit® [aɪˈdɛntɪkɪt] N: **~ (picture)** Phantombild *nt*

identity [aɪˈdɛntɪtɪ] N Identität *f*

identity card N (Personal)ausweis *m*

identity papers NPL Ausweispapiere *pl*

identity parade (BRIT) N Gegenüberstellung

dentity theft N Identitätsdiebstahl *m*
deological [aɪdɪəˈlɒdʒɪkl] ADJ ideologisch, weltanschaulich
deology [aɪdɪˈɒlədʒɪ] N Ideologie *f*, Weltanschauung *f*
diocy [ˈɪdɪəsɪ] N Idiotie *f*, Dummheit *f*
diom [ˈɪdɪəm] N (*style*) Ausdrucksweise *f*; (*phrase*) Redewendung *f*
diomatic [ɪdɪəˈmætɪk] ADJ idiomatisch
diosyncrasy [ɪdɪəuˈsɪŋkrəsɪ] N Eigenheit *f*, Eigenart *f*
diosyncratic [ɪdɪəusɪŋˈkrætɪk] ADJ eigenartig; (*way, method, style*) eigen
diot [ˈɪdɪət] N Idiot(in) *m(f)*, Dummkopf *m*
diotic [ɪdɪˈɒtɪk] ADJ idiotisch, blöd(sinnig)
dle [ˈaɪdl] ADJ untätig; (*lazy*) faul; (*unemployed*) unbeschäftigt; (*machinery, factory*) stillstehend; (*question*) müßig; (*conversation, pleasure*) leer ▸ VI leerlaufen, im Leerlauf sein; **to lie ~** (*machinery*) außer Betrieb sein; (*factory*) die Arbeit eingestellt haben
▸ **idle away** VT (*time*) vertrödeln, verbummeln
dleness [ˈaɪdlnɪs] N Untätigkeit *f*; (*laziness*) Faulheit *f*
dler [ˈaɪdləʳ] N Faulenzer(in) *m(f)*
dle time N (*Comm*) Leerlaufzeit *f*
dly [ˈaɪdlɪ] ADV untätig; (*glance*) abwesend
dol [ˈaɪdl] N Idol *nt*; (*Rel*) Götzenbild *nt*
dolize [ˈaɪdəlaɪz] VT vergöttern
dyllic [ɪˈdɪlɪk] ADJ idyllisch
.e. ABBR (= *id est*) d. h.
ED ABBR (= *improvised explosive device*) USBV *f* (= *unbekannte Spreng- und Brandvorrichtung*)

if [ɪf]

CONJ **1** (*given that, providing that etc*) wenn, falls; **if anyone comes in** wenn *or* falls jemand hereinkommt; **if necessary** wenn *or* falls nötig; **if I were you** wenn ich Sie wäre, an Ihrer Stelle
2 (*whenever*) wenn
3 (*although*): **(even) if** auch *or* selbst wenn; **I like it, (even) if you don't** mir gefällt es, auch wenn du es nicht magst
4 (*whether*) ob; **ask him if he can come** frag ihn, ob er kommen kann
5: **if so/not** falls ja/nein; **if only** wenn nur; **if only I could** wenn ich doch nur könnte; *see also* **as**

ffy [ˈɪfɪ] (*inf*) ADJ (*uncertain*) unsicher; (*plan, proposal*) fragwürdig; **he was a bit ~ about it** er hat sich sehr vage ausgedrückt
gloo [ˈɪglu:] N Iglu *m or nt*
gnite [ɪgˈnaɪt] VT entzünden ▸ VI sich entzünden
gnition [ɪgˈnɪʃən] N (*Aut*) Zündung *f*
gnition key N (*Aut*) Zündschlüssel *m*
gnoble [ɪgˈnəubl] ADJ schändlich, unehrenhaft
gnominious [ɪgnəˈmɪnɪəs] ADJ schmachvoll

ignoramus [ɪgnəˈreɪməs] N Ignorant(in) *m(f)*
ignorance [ˈɪgnərəns] N Unwissenheit *f*, Ignoranz *f*; **to keep sb in ~ of sth** jdn in Unkenntnis über etw *acc* lassen
ignorant [ˈɪgnərənt] ADJ unwissend, ignorant; **to be ~ of** (*subject*) sich nicht auskennen in *+dat*; (*events*) nicht informiert sein über *+acc*
★**ignore** [ɪgˈnɔːʳ] VT ignorieren; (*fact*) außer Acht lassen
ikon [ˈaɪkɒn] N = **icon**
IL (*US*) ABBR (*Post*) = **Illinois**
★**ill** [ɪl] ADJ krank; (*effects*) schädlich ▸ N Übel *nt*; (*trouble*) Schlechte(s) *nt* ▸ ADV: **to speak ~ of sb** Schlechtes über jdn sagen; **to be taken ~** krank werden; **to think ~ of sb** schlecht von jdm denken
I'll [aɪl] = **I will; I shall**
ill-advised [ɪlədˈvaɪzd] ADJ unklug; (*person*) schlecht beraten
ill at ease ADJ unbehaglich
ill-considered [ɪlkənˈsɪdəd] ADJ unüberlegt
ill-disposed [ɪldɪsˈpəuzd] ADJ: **to be ~ toward sb/sth** jdm/etw nicht wohlgesinnt sein
★**illegal** [ɪˈli:gl] ADJ illegal
illegally [ɪˈli:gəlɪ] ADV illegal
illegible [ɪˈlɛdʒɪbl] ADJ unleserlich
illegitimate [ɪlɪˈdʒɪtɪmət] ADJ (*child*) unehelich; (*activity, treaty*) unzulässig
ill-fated [ɪlˈfeɪtɪd] ADJ unglückselig
ill-favoured, (*US*) **ill-favored** [ɪlˈfeɪvəd] ADJ ungestalt (*liter*), hässlich
ill feeling N Verstimmung *f*
ill-gotten [ˈɪlgɒtn] ADJ: **~ gains** unrechtmäßig erworbener Gewinn *m*
ill health N schlechter Gesundheitszustand *m*
illicit [ɪˈlɪsɪt] ADJ verboten
ill-informed [ɪlɪnˈfɔ:md] ADJ (*judgement*) wenig sachkundig; (*person*) schlecht informiert *or* unterrichtet
illiterate [ɪˈlɪtərət] ADJ (*person*) des Lesens und Schreibens unkundig; (*letter*) voller Fehler
ill-mannered [ɪlˈmænəd] ADJ unhöflich
★**illness** [ˈɪlnɪs] N Krankheit *f*
illogical [ɪˈlɒdʒɪkl] ADJ unlogisch
ill-suited [ɪlˈsu:tɪd] ADJ nicht zusammenpassend; **he is ~ to the job** er ist für die Stelle ungeeignet
ill-timed [ɪlˈtaɪmd] ADJ ungelegen, unpassend
ill-treat [ɪlˈtri:t] VT misshandeln
ill-treatment [ɪlˈtri:tmənt] N Misshandlung *f*
illuminate [ɪˈlu:mɪneɪt] VT beleuchten
illuminated sign [ɪˈlu:mɪneɪtɪd-] N Leuchtzeichen *nt*
illuminating [ɪˈlu:mɪneɪtɪŋ] ADJ aufschlussreich
illumination [ɪlu:mɪˈneɪʃən] N Beleuchtung *f*
■ **illuminations** NPL (*decorative lights*) festliche Beleuchtung *f*, Illumination *f*

illusion [ɪˈluːʒən] N Illusion *f*; (*trick*) (Zauber)-trick *m*; **to be under the ~ that …** sich *dat* einbilden, dass …
illusive [ɪˈluːsɪv] ADJ = **illusory**
illusory [ɪˈluːsərɪ] ADJ illusorisch, trügerisch
illustrate [ˈɪləstreɪt] VT veranschaulichen; (*book*) illustrieren
★**illustration** [ɪləˈstreɪʃən] N Illustration *f*; (*example*) Veranschaulichung *f*
illustrator [ˈɪləstreɪtəʳ] N Illustrator(in) *m(f)*
illustrious [ɪˈlʌstrɪəs] ADJ (*career*) glanzvoll; (*predecessor*) berühmt
ill will N böses Blut *nt*
ILO N ABBR = **International Labour Organization**
IM N ABBR (= *instant messaging*) IM *nt*
I'm [aɪm] = **I am**
★**image** [ˈɪmɪdʒ] N Bild *nt*; (*public face*) Image *nt*; (*reflection*) Abbild *nt*
image-building campaign [ˈɪmɪdʒbɪldɪŋ-] N Imagekampagne *f*
imagery [ˈɪmɪdʒərɪ] N (*in writing*) Metaphorik *f*; (*in painting etc*) Symbolik *f*
imaginable [ɪˈmædʒɪnəbl] ADJ vorstellbar, denkbar; **we've tried every ~ solution** wir haben jede denkbare Lösung ausprobiert; **she had the prettiest hair ~** sie hatte das schönste Haar, das man sich vorstellen kann
imaginary [ɪˈmædʒɪnərɪ] ADJ erfunden; (*being*) Fantasie-; (*danger*) eingebildet
★**imagination** [ɪmædʒɪˈneɪʃən] N Fantasie *f*; (*illusion*) Einbildung *f*; **it's just your ~** das bildest du dir nur ein
imaginative [ɪˈmædʒɪnətɪv] ADJ fantasievoll; (*solution*) einfallsreich
★**imagine** [ɪˈmædʒɪn] VT sich *dat* vorstellen; (*dream*) sich *dat* träumen lassen; (*suppose*) vermuten
imam [ɪˈmɑːm] N Imam *m*
imbalance [ɪmˈbæləns] N Unausgeglichenheit *f*
imbecile [ˈɪmbəsiːl] N Schwachkopf *m*, Idiot *m*
imbue [ɪmˈbjuː] VT: **to ~ sb/sth with** jdn/etw durchdringen mit
IMF N ABBR (= *International Monetary Fund*) IWF *m*
imitate [ˈɪmɪteɪt] VT imitieren; (*mimic*) nachahmen
imitation [ɪmɪˈteɪʃən] N Imitation *f*, Nachahmung *f*
imitator [ˈɪmɪteɪtəʳ] N Imitator(in) *m(f)*, Nachahmer(in) *m(f)*
immaculate [ɪˈmækjulət] ADJ makellos; (*appearance, piece of work*) tadellos; (*Rel*) unbefleckt
immaterial [ɪməˈtɪərɪəl] ADJ unwichtig, unwesentlich
immature [ɪməˈtjuəʳ] ADJ unreif; (*organism*) noch nicht voll entwickelt
immaturity [ɪməˈtjuərɪtɪ] N Unreife *f*
immeasurable [ɪˈmɛʒrəbl] ADJ unermesslich groß
immediacy [ɪˈmiːdɪəsɪ] N Unmittelbarkeit *f*; Direktheit *f*; (*of needs*) Dringlichkeit *f*
★**immediate** [ɪˈmiːdɪət] ADJ sofortig; (*need*) dringend; (*neighbourhood, family*) nächste(r, s)
★**immediately** [ɪˈmiːdɪətlɪ] ADV sofort; (*directly*) unmittelbar; **~ next to** direkt neben
immense [ɪˈmɛns] ADJ riesig, enorm
immensely [ɪˈmɛnslɪ] ADV unheimlich; (*grateful, complex etc*) äußerst
immensity [ɪˈmɛnsɪtɪ] N ungeheure Größe *f*; Unermesslichkeit *f*; (*of problems etc*) gewaltige Ausmaß *nt*
immerse [ɪˈməːs] VT eintauchen; **to ~ sth in** etw tauchen in *+acc*; **to be immersed in** (*fig*) vertieft sein in *+acc*
immersion heater [ɪˈməːʃən-] (BRIT) N elektrischer Heißwasserboiler *m*
★**immigrant** [ˈɪmɪgrənt] N Einwanderer *m*, Einwanderin *f*
immigration [ɪmɪˈgreɪʃən] N Einwanderung *f*; (*at airport etc*) Einwanderungsstelle *f* ▸ CPD Einwanderungs-
imminent [ˈɪmɪnənt] ADJ bevorstehend
immobile [ɪˈməubaɪl] ADJ unbeweglich
immobilize [ɪˈməubɪlaɪz] VT (*person*) handlungsunfähig machen; (*machine*) zum Stillstand bringen
immobilizer [ɪˈməubɪlaɪzəʳ] N (*Aut*) Wegfahrsperre *f*
immoderate [ɪˈmɔdərət] ADJ unmäßig; (*opinion, reaction*) extrem; (*demand*) maßlos
immodest [ɪˈmɔdɪst] ADJ unanständig; (*boasting*) unbescheiden
immoral [ɪˈmɔrl] ADJ unmoralisch; (*behaviour*) unsittlich
immorality [ɪmɔˈrælɪtɪ] N Unmoral *f*; Unsittlichkeit *f*
immortal [ɪˈmɔːtl] ADJ unsterblich
immortality [ɪmɔːˈtælɪtɪ] N Unsterblichkeit *f*
immortalize [ɪˈmɔːtlaɪz] VT unsterblich machen
immovable [ɪˈmuːvəbl] ADJ unbeweglich; (*person, opinion*) fest
immune [ɪˈmjuːn] ADJ: **~ (to)** (*disease*) immun (gegen); (*flattery*) unempfänglich (für); (*criticism*) unempfindlich (gegen); (*attack*) sicher (vor *+dat*)
immune system N Immunsystem *nt*
immunity [ɪˈmjuːnɪtɪ] N Immunität *f*; Unempfänglichkeit *f*; Unempfindlichkeit *f*; Sicherheit *f*; (*of diplomat, from prosecution*) Immunität *f*
immunization [ɪmjunaɪˈzeɪʃən] N Immunisierung *f*
immunize [ˈɪmjunaɪz] VT: **to ~ (against)** immunisieren (gegen)
imp [ɪmp] N Kobold *m*; (*child*) Racker *m* (*inf*)
impact [ˈɪmpækt] N Aufprall *m*; (*of crash*) Wucht *f*; (*of law, measure*) (Aus)wirkung *f*
impair [ɪmˈpɛəʳ] VT beeinträchtigen
impaired [ɪmˈpɛəd] ADJ beeinträchtigt; (*hearing*) schlecht; **~ vision** schlechte Augen *pl*

impale [ɪmˈpeɪl] VT: **to ~ sth (on)** etw aufspießen (auf *+dat*)

impart [ɪmˈpɑːt] VT: **to ~ (to)** (*information*) mitteilen *+dat*; (*flavour*) verleihen *+dat*

impartial [ɪmˈpɑːʃl] ADJ unparteiisch

impartiality [ɪmpɑːʃɪˈælɪtɪ] N Unparteilichkeit *f*

impassable [ɪmˈpɑːsəbl] ADJ unpassierbar

impasse [æmˈpɑːs] N Sackgasse *f*

impassive [ɪmˈpæsɪv] ADJ gelassen

impatience [ɪmˈpeɪʃəns] N Ungeduld *f*

impatient [ɪmˈpeɪʃənt] ADJ ungeduldig; **to get** *or* **grow ~** ungeduldig werden; **to be ~ to do sth** es nicht erwarten können, etw zu tun

impatiently [ɪmˈpeɪʃəntlɪ] ADV ungeduldig

impeach [ɪmˈpiːtʃ] VT anklagen; (*public official*) eines Amtsvergehens anklagen

impeachment [ɪmˈpiːtʃmənt] N Anklage *f* wegen eines Amtsvergehens, Impeachment *nt*

impeccable [ɪmˈpɛkəbl] ADJ (*dress*) untadelig; (*manners*) tadellos

impecunious [ɪmpɪˈkjuːnɪəs] ADJ mittellos

impede [ɪmˈpiːd] VT behindern

impediment [ɪmˈpɛdɪmənt] N Hindernis *nt*; (*also:* **speech impediment**) Sprachfehler *m*

impel [ɪmˈpɛl] VT: **to ~ sb to do sth** jdn (dazu) nötigen, etw zu tun

impending [ɪmˈpɛndɪŋ] ADJ bevorstehend; (*catastrophe*) drohend

impenetrable [ɪmˈpɛnɪtrəbl] ADJ undurchdringlich; (*fig*) unergründlich

imperative [ɪmˈpɛrətɪv] ADJ dringend; (*tone*) Befehls- ▸ N (*Ling*) Imperativ *m*, Befehlsform *f*

imperceptible [ɪmpəˈsɛptɪbl] ADJ nicht wahrnehmbar, unmerklich

imperfect [ɪmˈpəːfɪkt] ADJ mangelhaft; (*goods*) fehlerhaft ▸ N (*Ling*: *also*: **imperfect tense**) Imperfekt *nt*, Vergangenheit *f*

imperfection [ɪmpəˈfɛkʃən] N Fehler *m*

imperial [ɪmˈpɪərɪəl] ADJ kaiserlich; (BRIT: *measure*) britisch

imperialism [ɪmˈpɪərɪəlɪzəm] N Imperialismus *m*

imperil [ɪmˈpɛrɪl] VT gefährden

imperious [ɪmˈpɪərɪəs] ADJ herrisch, gebieterisch

impersonal [ɪmˈpəːsənl] ADJ unpersönlich

impersonate [ɪmˈpəːsəneɪt] VT sich ausgeben als; (*Theat*) imitieren

impersonation [ɪmpəːsəˈneɪʃən] N (*Theat*) Imitation *f*; **~ of** (*Law*) Auftreten *nt* als

impertinence [ɪmˈpəːtɪnəns] N Unverschämtheit *f*, Zumutung *f*

impertinent [ɪmˈpəːtɪnənt] ADJ unverschämt

imperturbable [ɪmpəˈtəːbəbl] ADJ unerschütterlich

impervious [ɪmˈpəːvɪəs] ADJ: **~ to** (*criticism, pressure*) unberührt von; (*charm, influence*) unempfänglich für

impetuous [ɪmˈpɛtjuəs] ADJ ungestüm, stürmisch; (*act*) impulsiv

impetus [ˈɪmpətəs] N Schwung *m*; (*fig: driving force*) treibende Kraft *f*

impinge [ɪmˈpɪndʒ]: **~ on** *vt fus* sich auswirken auf *+acc*; (*rights*) einschränken

impish [ˈɪmpɪʃ] ADJ schelmisch

implacable [ɪmˈplækəbl] ADJ unerbittlich, erbittert

implant [ɪmˈplɑːnt] VT (*Med*) einpflanzen; (*fig: idea, principle*) einimpfen

implausible [ɪmˈplɔːzɪbl] ADJ unglaubwürdig

implement N [ˈɪmplɪmənt] Gerät *nt*, Werkzeug *nt* ▸ VT [ˈɪmplɪmɛnt] durchführen

implicate [ˈɪmplɪkeɪt] VT verwickeln

implication [ɪmplɪˈkeɪʃən] N Auswirkung *f*; (*involvement*) Verwicklung *f*; **by ~** implizit

implicit [ɪmˈplɪsɪt] ADJ (*inferred*) implizit, unausgesprochen; (*unquestioning*) absolut

implicitly [ɪmˈplɪsɪtlɪ] ADV implizit; absolut

implore [ɪmˈplɔːʳ] VT anflehen

imply [ɪmˈplaɪ] VT andeuten; (*mean*) bedeuten

impolite [ɪmpəˈlaɪt] ADJ unhöflich

imponderable [ɪmˈpɔndərəbl] ADJ unberechenbar ▸ N unberechenbare Größe *f*

import VT [ɪmˈpɔːt] importieren, einführen ▸ N [ˈɪmpɔːt] Import *m*, Einfuhr *f*; (*article*) Importgut *nt* ▸ CPD Import-, Einfuhr-

★**importance** [ɪmˈpɔːtns] N Wichtigkeit *f*; Bedeutung *f*; **to be of little/great ~** nicht besonders wichtig/sehr wichtig sein

★**important** [ɪmˈpɔːtənt] ADJ wichtig; (*influential*) bedeutend; **it's not ~** es ist unwichtig

importantly [ɪmˈpɔːtəntlɪ] ADV wichtigtuerisch; **but more ~ ...** aber was noch wichtiger ist, ...

importation [ɪmpɔːˈteɪʃən] N Import *m*, Einfuhr *f*

imported [ɪmˈpɔːtɪd] ADJ importiert, eingeführt

importer [ɪmˈpɔːtəʳ] N Importeur *m*

impose [ɪmˈpəuz] VT auferlegen; (*sanctions*) verhängen ▸ VI: **to ~ on sb** jdm zur Last fallen

imposing [ɪmˈpəuzɪŋ] ADJ eindrucksvoll

imposition [ɪmpəˈzɪʃən] N (*of tax etc*) Auferlegung *f*; **to be an ~ on** eine Zumutung sein für

impossibility [ɪmpɔsəˈbɪlɪtɪ] N Unmöglichkeit *f*

★**impossible** [ɪmˈpɔsɪbl] ADJ unmöglich; **it's ~ for me to leave now** ich kann jetzt unmöglich gehen

impossibly [ɪmˈpɔsɪblɪ] ADV unmöglich

imposter [ɪmˈpɔstəʳ] N = **impostor**

impostor [ɪmˈpɔstəʳ] N Hochstapler(in) *m(f)*

impotence [ˈɪmpətns] N Machtlosigkeit *f*; Impotenz *f*

impotent [ˈɪmpətnt] ADJ machtlos; (*Med*) impotent

impound [ɪmˈpaund] VT beschlagnahmen

impoverished [ɪmˈpɔvərɪʃt] ADJ verarmt

impracticable [ɪmˈpræktɪkəbl] ADJ (*idea*) undurchführbar; (*solution*) unbrauchbar
impractical [ɪmˈpræktɪkl] ADJ (*plan*) undurchführbar; (*person*) unpraktisch
imprecise [ɪmprɪˈsaɪs] ADJ ungenau
impregnable [ɪmˈprɛgnəbl] ADJ uneinnehmbar; (*fig*) unerschütterlich
impregnate [ˈɪmprɛgneɪt] VT tränken
impresario [ɪmprɪˈsɑːrɪəu] N (*Theat*) Impresario *m*
impress [ɪmˈprɛs] VT beeindrucken; (*mark*) aufdrücken; **to ~ sth on sb** jdm etw einschärfen
impression [ɪmˈprɛʃən] N Eindruck *m*; (*of stamp, seal*) Abdruck *m*; (*imitation*) Nachahmung *f*, Imitation *f*; **to make a good/bad ~ on sb** einen guten/schlechten Eindruck auf jdn machen; **to be under the ~ that ...** den Eindruck haben, dass ...
impressionable [ɪmˈprɛʃnəbl] ADJ leicht zu beeindrucken
impressionist [ɪmˈprɛʃənɪst] N Impressionist(in) *m(f)*; (*entertainer*) Imitator(in) *m(f)*
impressive [ɪmˈprɛsɪv] ADJ beeindruckend
imprint [ˈɪmprɪnt] N (*of hand etc*) Abdruck *m*; (*Publishing*) Impressum *nt*
imprinted [ɪmˈprɪntɪd] ADJ: **it is ~ on my memory/mind** es hat sich mir eingeprägt
imprison [ɪmˈprɪzn] VT inhaftieren, einsperren
imprisonment [ɪmˈprɪznmənt] N Gefangenschaft *f*; **three years' ~** drei Jahre Gefängnis *or* Freiheitsstrafe
improbable [ɪmˈprɔbəbl] ADJ unwahrscheinlich
impromptu [ɪmˈprɔmptjuː] ADJ improvisiert
improper [ɪmˈprɔpəʳ] ADJ ungehörig; (*procedure*) unrichtig; (*dishonest*) unlauter
impropriety [ɪmprəˈpraɪətɪ] N Ungehörigkeit *f*; Unrichtigkeit *f*; Unlauterkeit *f*
★**improve** [ɪmˈpruːv] VT verbessern ▸ VI sich bessern; **the patient is improving** dem Patienten geht es besser
▸ **improve (up)on** VT FUS verbessern
★**improvement** [ɪmˈpruːvmənt] N: **~ (in)** Verbesserung *f (+gen)*; **to make improvements to** Verbesserungen durchführen an *+dat*
improvisation [ɪmprəvaɪˈzeɪʃən] N Improvisation *f*
improvise [ˈɪmprəvaɪz] VT, VI improvisieren
imprudence [ɪmˈpruːdns] N Unklugheit *f*
imprudent [ɪmˈpruːdnt] ADJ unklug
impudent [ˈɪmpjudnt] ADJ unverschämt
impugn [ɪmˈpjuːn] VT angreifen; (*sincerity, motives, reputation*) in Zweifel ziehen
impulse [ˈɪmpʌls] N Impuls *m*; (*urge*) Drang *m*; **to act on ~** aus einem Impuls heraus handeln
impulse buy N Impulsivkauf *m*
impulsive [ɪmˈpʌlsɪv] ADJ impulsiv, spontan; (*purchase*) Impulsiv-
impunity [ɪmˈpjuːnɪtɪ] N: **with ~** ungestraft
impure [ɪmˈpjuəʳ] ADJ unrein; (*adulterated*) verunreinigt
impurity [ɪmˈpjuərɪtɪ] N Verunreinigung *f*
IN (US) ABBR (*Post*) = **Indiana**

in [ɪn]

PREP **1** (*indicating place, position*) in *+dat*; (: *with motion*) in *+acc*; **in the house/garden** im Haus/Garten; **in town** in der Stadt; **in the country** auf dem Land; **in here** hierin; **in there** darin
2 (*with place names: of town, region, country*) in *+dat*; **in London/Bavaria** in London/Bayern
3 (*indicating time*) in *+dat*; **in spring/summer/May** im Frühling/Sommer/Mai; **in 1994** 1994; **in the afternoon** am Nachmittag; **at 4 o'clock in the afternoon** um 4 Uhr nachmittags; **I did it in 3 hours/days** ich habe es in 3 Stunden/Tagen gemacht; **in 2 weeks** *or* **2 weeks' time** in 2 Wochen
4 (*indicating manner, circumstances, state*) in *+dat*; **in a loud/soft voice** mit lauter/weicher Stimme; **in English/German** auf Englisch/Deutsch; **in the sun** in der Sonne; **in the rain** im Regen; **in good condition** in guter Verfassung
5 (*with ratios, numbers*): **1 in 10** eine(r, s) von 10; **20 pence in the pound** 20 Pence pro Pfund; **they lined up in twos** sie stellten sich in Zweierreihen auf
6 (*referring to people, works*): **the disease is common in children** die Krankheit ist bei Kindern verbreitet; **in (the works of) Dickens** bei Dickens; **they have a good leader in him** in ihm haben sie einen guten Führer
7 (*indicating profession etc*): **to be in teaching/the army** Lehrer(in)/beim Militär sein
8 (*with present participle*): **in saying this, I ...** wenn ich das sage, ...
▸ ADV: **to be in** (*person: at home, work*) da sein; (*train, ship, plane*) angekommen sein; (*in fashion*) in sein; **to ask sb in** jdn hereinbitten; **to run/limp** *etc* **in** hereinlaufen/-humpeln *etc*
▸ N: **the ins and outs** (*of proposal, situation etc*) die Einzelheiten *pl*

in. ABBR = **inch**
inability [ɪnəˈbɪlɪtɪ] N Unfähigkeit *f*
inaccessible [ɪnəkˈsɛsɪbl] ADJ unzugänglich
inaccuracy [ɪnˈækjurəsɪ] N Ungenauigkeit *f*; Unrichtigkeit *f*; (*mistake*) Fehler *m*
inaccurate [ɪnˈækjurət] ADJ ungenau; (*not correct*) unrichtig
inaction [ɪnˈækʃən] N Untätigkeit *f*
inactive [ɪnˈæktɪv] ADJ untätig
inactivity [ɪnækˈtɪvɪtɪ] N Untätigkeit *f*
inadequacy [ɪnˈædɪkwəsɪ] N Unzulänglichkeit *f*
inadequate [ɪnˈædɪkwət] ADJ unzulänglich
inadmissible [ɪnədˈmɪsəbl] ADJ unzulässig
inadvertently [ɪnədˈvəːtntlɪ] ADV ungewollt
inadvisable [ɪnədˈvaɪzəbl] ADJ unratsam; **it is ~ to ...** es ist nicht ratsam, zu ...
inane [ɪˈneɪn] ADJ dumm
inanimate [ɪnˈænɪmət] ADJ unbelebt

inapplicable [ɪnˈæplɪkəbl] ADJ unzutreffend
inappropriate [ɪnəˈprəuprɪət] ADJ unpassend; (*word, expression*) unangebracht
inapt [ɪnˈæpt] ADJ unpassend
inarticulate [ɪnɑːˈtɪkjulət] ADJ (*speech*) unverständlich; **he is ~** er kann sich nur schlecht ausdrücken
inasmuch as [ɪnəzˈmʌtʃ-] ADV da, weil; (*in so far as*) insofern als
inattention [ɪnəˈtɛnʃən] N Unaufmerksamkeit *f*
inattentive [ɪnəˈtɛntɪv] ADJ unaufmerksam
inaudible [ɪnˈɔːdɪbl] ADJ unhörbar
inaugural [ɪˈnɔːgjurəl] ADJ (*speech, meeting*) Eröffnungs-
inaugurate [ɪˈnɔːgjureɪt] VT einführen; (*president, official*) (feierlich) in sein/ihr Amt einführen
inauguration [ɪnɔːgjuˈreɪʃən] N Einführung *f*; (feierliche) Amtseinführung *f*
inauspicious [ɪnɔːsˈpɪʃəs] ADJ Unheil verheißend
in-between [ɪnbɪˈtwiːn] ADJ Mittel-, Zwischen-
inborn [ɪnˈbɔːn] ADJ angeboren
inbox [ˈɪnbɔks] N (*Comput*) Posteingang *m*; (*US: in-tray*) Ablage *f* für Eingänge
inbred [ɪnˈbrɛd] ADJ angeboren; **an ~ family** eine Familie, in der Inzucht herrscht
inbreeding [ɪnˈbriːdɪŋ] N Inzucht *f*
in-built [ˈɪnbɪlt] ADJ (*quality*) ihm/ihr *etc* eigen; (*feeling etc*) angeboren
Inc. ABBR = **incorporated company**
Inca [ˈɪŋkə] ADJ (*also:* **Incan**) Inka-, inkaisch ▸ N Inka *mf*
incalculable [ɪnˈkælkjuləbl] ADJ (*effect*) unabsehbar; (*loss*) unermesslich
incapable [ɪnˈkeɪpəbl] ADJ hilflos; **to be ~ of sth** unfähig zu etw sein; **to be ~ of doing sth** unfähig sein, etw zu tun
incapacitate [ɪnkəˈpæsɪteɪt] VT: **to ~ sb** jdn unfähig machen
incapacitated [ɪnkəˈpæsɪteɪtɪd] ADJ (*Law*) entmündigt
incapacity [ɪnkəˈpæsɪtɪ] N Hilflosigkeit *f*; (*inability*) Unfähigkeit *f*
incarcerate [ɪnˈkɑːsəreɪt] VT einkerkern
incarnate [ɪnˈkɑːnɪt] ADJ leibhaftig, in Person; **evil ~** das leibhaftige Böse
incarnation [ɪnkɑːˈneɪʃən] N Inbegriff *m*; (*Rel*) Menschwerdung *f*
incendiary [ɪnˈsɛndɪərɪ] ADJ (*bomb*) Brand-; **~ device** Brandsatz *m*
incense N [ˈɪnsɛns] Weihrauch *m*; (*perfume*) Duft *m* ▸ VT [ɪnˈsɛns] wütend machen
incense burner N Weihrauchschwenker *m*
incentive [ɪnˈsɛntɪv] N Anreiz *m*
inception [ɪnˈsɛpʃən] N Beginn *m*, Anfang *m*
incessant [ɪnˈsɛsnt] ADJ unablässig
incessantly [ɪnˈsɛsntlɪ] ADV unablässig
incest [ˈɪnsɛst] N Inzest *m*

★**inch** [ɪntʃ] N Zoll *m*; **to be within an ~ of sth** kurz vor etw *dat* stehen; **he didn't give an ~** (*fig*) er gab keinen Fingerbreit nach
▸ **inch forward** VI sich millimeterweise vorwärtsschieben
incidence [ˈɪnsɪdns] N Häufigkeit *f*
★**incident** [ˈɪnsɪdnt] N Vorfall *m*; (*diplomatic etc*) Zwischenfall *m*
incidental [ɪnsɪˈdɛntl] ADJ zusätzlich; (*unimportant*) nebensächlich; **~ to** verbunden mit; **~ expenses** Nebenkosten *pl*
incidentally [ɪnsɪˈdɛntəlɪ] ADV übrigens
incidental music N Begleitmusik *f*
incident room N Einsatzzentrale *f*
incinerate [ɪnˈsɪnəreɪt] VT verbrennen
incinerator [ɪnˈsɪnəreɪtə^r] N (*for waste, refuse*) (Müll)verbrennungsanlage *f*
incipient [ɪnˈsɪpɪənt] ADJ einsetzend
incision [ɪnˈsɪʒən] N Einschnitt *m*
incisive [ɪnˈsaɪsɪv] ADJ treffend
incisor [ɪnˈsaɪzə^r] N Schneidezahn *m*
incite [ɪnˈsaɪt] VT (*rioters*) aufhetzen; (*violence, hatred*) schüren
incl. ABBR = **including**; **inclusive (of)**
inclement [ɪnˈklɛmənt] ADJ (*weather*) rau, unfreundlich
inclination [ɪnklɪˈneɪʃən] N Neigung *f*
incline N [ˈɪnklaɪn] Abhang *m* ▸ VT [ɪnˈklaɪn] neigen ▸ VI [ɪnˈklaɪn] sich neigen; **to be inclined to** neigen zu; **to be well inclined towards sb** jdm geneigt *or* gewogen sein
★**include** [ɪnˈkluːd] VT einbeziehen; (*in price*) einschließen; **the tip is not included in the price** Trinkgeld ist im Preis nicht inbegriffen
★**including** [ɪnˈkluːdɪŋ] PREP einschließlich; **~ service charge** inklusive Bedienung
inclusion [ɪnˈkluːʒən] N Einbeziehung *f*; Einschluss *m*
inclusive [ɪnˈkluːsɪv] ADJ (*terms*) inklusive; (*price*) Inklusiv-, Pauschal-; **~ of** einschließlich *+gen*
incognito [ɪnkɔgˈniːtəu] ADV inkognito
incoherent [ɪnkəuˈhɪərənt] ADJ zusammenhanglos; (*speech*) wirr; (*person*) sich unklar *or* undeutlich ausdrückend
income [ˈɪnkʌm] N Einkommen *nt*; (*from property, investment, pension*) Einkünfte *pl*; **gross/net ~** Brutto-/Nettoeinkommen *nt*; **~ and expenditure account** Gewinn- und Verlustrechnung *f*; **~ bracket** Einkommensklasse *f*
income support N ≈ Sozialhilfe *f*
income tax N Einkommenssteuer *f* ▸ CPD Steuer-
incoming [ˈɪnkʌmɪŋ] ADJ (*passenger*) ankommend; (*flight*) landend; (*call, mail*) eingehend; (*government, official*) neu; (*wave*) hereinbrechend; **~ tide** Flut *f*
incommunicado [ˈɪnkəmjunɪˈkɑːdəu] ADJ: **to hold sb ~** jdn ohne jede Verbindung zur Außenwelt halten

incomparable [ɪnˈkɔmpərəbl] ADJ unvergleichlich

incompatible [ɪnkəmˈpætɪbl] ADJ unvereinbar

incompetence [ɪnˈkɔmpɪtns] N Unfähigkeit *f*

incompetent [ɪnˈkɔmpɪtnt] ADJ unfähig; (*job*) unzulänglich

incomplete [ɪnkəmˈpliːt] ADJ unfertig; (*partial*) unvollständig

incomprehensible [ɪnkɔmprɪˈhɛnsɪbl] ADJ unverständlich

inconceivable [ɪnkənˈsiːvəbl] ADJ: **it is ~ (that ...)** es ist unvorstellbar *or* undenkbar(, dass ...)

inconclusive [ɪnkənˈkluːsɪv] ADJ (*experiment, discussion*) ergebnislos; (*evidence, argument*) nicht überzeugend; (*result*) unbestimmt

incongruous [ɪnˈkɔŋgruəs] ADJ (*strange*) absurd; (*inappropriate*) unpassend

inconsequential [ɪnkɔnsɪˈkwɛnʃl] ADJ unbedeutend, unwichtig

inconsiderable [ɪnkənˈsɪdərəbl] ADJ: **not ~** beachtlich; (*sum*) nicht unerheblich

inconsiderate [ɪnkənˈsɪdərət] ADJ rücksichtslos

inconsistency [ɪnkənˈsɪstənsɪ] N Widersprüchlichkeit *f*; Inkonsequenz *f*; Unbeständigkeit *f*

inconsistent [ɪnkənˈsɪstnt] ADJ widersprüchlich; (*person*) inkonsequent; (*work*) unbeständig; **to be ~ with** im Widerspruch stehen zu

inconsolable [ɪnkənˈsəuləbl] ADJ untröstlich

inconspicuous [ɪnkənˈspɪkjuəs] ADJ unauffällig; **to make o.s. ~** sich unauffällig benehmen

incontinence [ɪnˈkɔntɪnəns] N (*Med*) Unfähigkeit *f*, Stuhl und/oder Harn zurückzuhalten, Inkontinenz *f*

incontinent [ɪnˈkɔntɪnənt] ADJ (*Med*) unfähig, Stuhl und/oder Harn zurückzuhalten, inkontinent

inconvenience [ɪnkənˈviːnjəns] N Unannehmlichkeit *f*; (*trouble*) Umstände *pl* ▸ VT Umstände bereiten *+dat*; **don't ~ yourself** machen Sie sich keine Umstände

inconvenient [ɪnkənˈviːnjənt] ADJ (*time, place*) ungünstig; (*house*) unbequem, unpraktisch; (*visitor*) ungelegen

incorporate [ɪnˈkɔːpəreɪt] VT aufnehmen; (*contain*) enthalten; **safety features have been incorporated in the design** in der Konstruktion sind auch Sicherheitsvorkehrungen enthalten

incorporated company [ɪnˈkɔːpəreɪtɪd-] (*US*) N eingetragene Gesellschaft *f*

incorrect [ɪnkəˈrɛkt] ADJ falsch

incorrigible [ɪnˈkɔrɪdʒɪbl] ADJ unverbesserlich

incorruptible [ɪnkəˈrʌptɪbl] ADJ unbestechlich

★**increase** VI [ɪnˈkriːs] (*level etc*) zunehmen; (*price*) steigen; (*in size*) sich vergrößern; (*in number, quantity*) sich vermehren ▸ VT [ɪnˈkriːs] vergrößern; (*price*) erhöhen ▸ N [ˈɪnkriːs]: **~ (in)** Zunahme *f +gen*; (*in wages, spending etc*) Erhöhung *f +gen*; **an ~ of 5%** eine Erhöhung von 5%, eine Zunahme um 5%; **to be on the ~** zunehmen

increasing [ɪnˈkriːsɪŋ] ADJ zunehmend

increasingly [ɪnˈkriːsɪŋlɪ] ADV zunehmend

★**incredible** [ɪnˈkrɛdɪbl] ADJ unglaublich; (*amazing, wonderful*) unwahrscheinlich (*inf*), sagenhaft (*inf*)

incredulity [ɪnkrɪˈdjuːlɪtɪ] N Ungläubigkeit *f*

incredulous [ɪnˈkrɛdjuləs] ADJ ungläubig

increment [ˈɪnkrɪmənt] N (*in salary*) Erhöhung *f*, Zulage *f*

incriminate [ɪnˈkrɪmɪneɪt] VT belasten

incriminating [ɪnˈkrɪmɪneɪtɪŋ] ADJ belastend

incrusted [ɪnˈkrʌstɪd] ADJ = **encrusted**

incubate [ˈɪnkjubeɪt] VT ausbrüten ▸ VI ausgebrütet werden; (*disease*) zum Ausbruch kommen

incubation [ɪnkjuˈbeɪʃən] N Ausbrüten *nt*; (*of illness*) Inkubation *f*

incubation period N Inkubationszeit *f*

incubator [ˈɪnkjubeɪtəʳ] N (*for babies*) Brutkasten *m*, Inkubator *m*

inculcate [ˈɪnkʌlkeɪt] VT: **to ~ sth in(to) sb** jdm etw einprägen

incumbent [ɪnˈkʌmbənt] N Amtsinhaber(in) *m(f)* ▸ ADJ: **it is ~ on him to ...** es obliegt ihm *or* es ist seine Pflicht, zu ...

incur [ɪnˈkəːʳ] VT (*expenses, debt*) machen; (*loss*) erleiden; (*disapproval, anger*) sich *dat* zuziehen

incurable [ɪnˈkjuərəbl] ADJ unheilbar

incursion [ɪnˈkəːʃən] N (*Mil*) Einfall *m*

indebted [ɪnˈdɛtɪd] ADJ: **to be ~ to sb** jdm (zu Dank) verpflichtet sein

indecency [ɪnˈdiːsnsɪ] N Unanständigkeit *f*, Anstößigkeit *f*

indecent [ɪnˈdiːsnt] ADJ unanständig, anstößig; (*haste*) ungebührlich

indecent assault (BRIT) N Sexualverbrechen *nt*

indecent exposure N Erregung *f* öffentlichen Ärgernisses

indecipherable [ɪndɪˈsaɪfərəbl] ADJ unleserlich; (*expression, glance etc*) unergründlich

indecision [ɪndɪˈsɪʒən] N Unentschlossenheit *f*

indecisive [ɪndɪˈsaɪsɪv] ADJ unentschlossen

★**indeed** [ɪnˈdiːd] ADV aber sicher; (*in fact*) tatsächlich, in der Tat; (*furthermore*) sogar; **yes ~!** oh ja!, das kann man wohl sagen!

indefatigable [ɪndɪˈfætɪgəbl] ADJ unermüdlich

indefensible [ɪndɪˈfɛnsɪbl] ADJ (*conduct*) unentschuldbar

indefinable [ɪndɪˈfaɪnəbl] ADJ undefinierbar

indefinite [ɪnˈdɛfɪnɪt] ADJ unklar, vage; (*period, number*) unbestimmt

indefinite article N (*Ling*) unbestimmter Artikel *m*

indefinitely [ɪnˈdɛfɪnɪtlɪ] ADV (*continue*) endlos; (*wait*) unbegrenzt (lange); (*postpone*) auf unbestimmte Zeit

indelible [ɪnˈdɛlɪbl] ADJ (*mark, stain*) nicht zu entfernen; **~ pen** Tintenstift *m*; **~ ink** Wäschetinte *f*
indelicate [ɪnˈdɛlɪkɪt] ADJ taktlos; (*not polite*) ungehörig
indemnify [ɪnˈdɛmnɪfaɪ] VT entschädigen
indemnity [ɪnˈdɛmnɪtɪ] N (*insurance*) Versicherung *f*; (*compensation*) Entschädigung *f*
indent [ɪnˈdɛnt] VT (*text*) einrücken, einziehen
indentation [ɪndɛnˈteɪʃən] N Einkerbung *f*; (*Typ*) Einrückung *f*, Einzug *m*; (*on metal*) Delle *f*
indenture [ɪnˈdɛntʃəʳ] N Ausbildungsvertrag *m*, Lehrvertrag *m*
independence [ɪndɪˈpɛndns] N Unabhängigkeit *f*
Independence Day N *siehe Info-Artikel*

Independence Day (der 4. Juli) ist in den USA ein gesetzlicher Feiertag zum Gedenken an die Unabhängigkeitserklärung vom 4. Juli 1776, mit der die 13 amerikanischen Kolonien ihre Freiheit und Unabhängigkeit von Großbritannien erklärten.

independent [ɪndɪˈpɛndnt] ADJ unabhängig
independently [ɪndɪˈpɛndntlɪ] ADV unabhängig
in-depth [ˈɪndɛpθ] ADJ eingehend
indescribable [ɪndɪsˈkraɪbəbl] ADJ unbeschreiblich
indestructible [ɪndɪsˈtrʌktəbl] ADJ unzerstörbar
indeterminate [ɪndɪˈtəːmɪnɪt] ADJ unbestimmt
index [ˈɪndɛks] N (*pl* **indexes**) (*in book*) Register *nt*; (*in library etc*) Katalog *m*; (*also:* **card index**) Kartei *f*; (*pl* **indices**) (*ratio*) Index *m*; (*: sign*) (An)zeichen *nt*
index card N Karteikarte *f*
indexed [ˈɪndɛkst] (*US*) ADJ = **index-linked**
index finger N Zeigefinger *m*
index-linked [ˈɪndɛksˈlɪŋkt] ADJ der Inflationsrate *dat* angeglichen
India [ˈɪndɪə] N Indien *nt*
Indian [ˈɪndɪən] ADJ indisch; (*American Indian*) indianisch ▸ N Inder(in) *m(f)*; **American ~** Indianer(in) *m(f)*
Indian Ocean N: **the ~** der Indische Ozean
Indian summer N Altweibersommer *m*
India paper N Dünndruckpapier *nt*
India rubber N Gummi *m*, Kautschuk *m*
indicate [ˈɪndɪkeɪt] VT (an)zeigen; (*point to*) deuten auf *+acc*; (*mention*) andeuten ▸ VI (BRIT *Aut*): **to ~ left/right** links/rechts blinken
indication [ɪndɪˈkeɪʃən] N (An)zeichen *nt*
indicative [ɪnˈdɪkətɪv] N (*Ling*) Indikativ *m*, Wirklichkeitsform *f* ▸ ADJ: **to be ~ of sth** auf etw *acc* schließen lassen
indicator [ˈɪndɪkeɪtəʳ] N (*instrument, gauge*) Anzeiger *m*; (*fig*) (An)zeichen *nt*; (*Aut*) Richtungsanzeiger *m*, Blinker *m*
indices [ˈɪndɪsiːz] NPL *of* **index**
indict [ɪnˈdaɪt] VT anklagen
indictable [ɪnˈdaɪtəbl] ADJ (*person*) strafrechtlich verfolgbar; **~ offence** strafbare Handlung *f*
indictment [ɪnˈdaɪtmənt] N Anklage *f*; **to be an ~ of sth** (*fig*) ein Armutszeugnis *nt* für etw sein
indifference [ɪnˈdɪfrəns] N Gleichgültigkeit *f*
indifferent [ɪnˈdɪfrənt] ADJ gleichgültig; (*mediocre*) mittelmäßig
indigenous [ɪnˈdɪdʒɪnəs] ADJ einheimisch
indigestible [ɪndɪˈdʒɛstɪbl] ADJ unverdaulich
indigestion [ɪndɪˈdʒɛstʃən] N Magenverstimmung *f*
indignant [ɪnˈdɪgnənt] ADJ: **to be ~ at sth/with sb** entrüstet über etw/jdn sein
indignation [ɪndɪgˈneɪʃən] N Entrüstung *f*
indignity [ɪnˈdɪgnɪtɪ] N Demütigung *f*
indigo [ˈɪndɪgəu] N Indigo *m or nt*
indirect [ɪndɪˈrɛkt] ADJ indirekt; **~ way** *or* **route** Umweg *m*
indirectly [ɪndɪˈrɛktlɪ] ADV indirekt
indiscreet [ɪndɪsˈkriːt] ADJ indiskret
indiscretion [ɪndɪsˈkrɛʃən] N Indiskretion *f*
indiscriminate [ɪndɪsˈkrɪmɪnət] ADJ wahllos; (*taste*) unkritisch
indispensable [ɪndɪsˈpɛnsəbl] ADJ unentbehrlich
indisposed [ɪndɪsˈpəuzd] ADJ unpässlich
indisputable [ɪndɪsˈpjuːtəbl] ADJ unbestreitbar
indistinct [ɪndɪsˈtɪŋkt] ADJ undeutlich; (*image*) verschwommen; (*noise*) schwach
indistinguishable [ɪndɪsˈtɪŋgwɪʃəbl] ADJ: **~ from** nicht zu unterscheiden von
★**individual** [ɪndɪˈvɪdjuəl] N Individuum *nt*, Einzelne(r) *f(m)* ▸ ADJ eigen; (*single*) einzeln; (*case, portion*) Einzel-; (*particular*) individuell
individualist [ɪndɪˈvɪdjuəlɪst] N Individualist(in) *m(f)*
individuality [ɪndɪvɪdjuˈælɪtɪ] N Individualität *f*
individually [ɪndɪˈvɪdjuəlɪ] ADV einzeln, individuell
indivisible [ɪndɪˈvɪzɪbl] ADJ unteilbar
Indochina [ɪndəuˈtʃaɪnə] N Indochina *nt*
indoctrinate [ɪnˈdɔktrɪneɪt] VT indoktrinieren
indoctrination [ɪndɔktrɪˈneɪʃən] N Indoktrination *f*
indolence [ˈɪndələns] N Trägheit *f*
indolent [ˈɪndələnt] ADJ träge
Indonesia [ɪndəˈniːzɪə] N Indonesien *nt*
Indonesian [ɪndəˈniːzɪən] ADJ indonesisch ▸ N Indonesier(in) *m(f)*; (*Ling*) Indonesisch *nt*
indoor [ˈɪndɔːʳ] ADJ (*plant, aerial*) Zimmer-; (*clothes, shoes*) Haus-; (*swimming pool, sport*) Hallen-; (*games*) im Haus
indoors [ɪnˈdɔːz] ADV drinnen; **to go ~** hineingehen

indubitable [ɪnˈdjuːbɪtəbl] ADJ unzweifelhaft
indubitably [ɪnˈdjuːbɪtəblɪ] ADV zweifellos
induce [ɪnˈdjuːs] VT herbeiführen; (*persuade*) dazu bringen; (*Med: birth*) einleiten; **to ~ sb to do sth** jdn dazu bewegen *or* bringen, etw zu tun
inducement [ɪnˈdjuːsmənt] N Anreiz *m*; (*pej: bribe*) Bestechung *f*
induct [ɪnˈdʌkt] VT (in sein/ihr *etc* Amt) einführen
induction [ɪnˈdʌkʃən] N (*Med: of birth*) Einleitung *f*
induction course (BRIT) N Einführungskurs *m*
indulge [ɪnˈdʌldʒ] VT nachgeben *+dat*; (*person, child*) verwöhnen ▸ VI: **to ~ in** sich hingeben *+dat*
indulgence [ɪnˈdʌldʒəns] N (*pleasure*) Luxus *m*; (*leniency*) Nachgiebigkeit *f*
indulgent [ɪnˈdʌldʒənt] ADJ nachsichtig
industrial [ɪnˈdʌstrɪəl] ADJ industriell; (*accident*) Arbeits-; (*city*) Industrie-
industrial action N Arbeitskampfmaßnahmen *pl*
industrial design N Industriedesign *nt*
industrial estate (BRIT) N Industriegebiet *nt*
industrialist [ɪnˈdʌstrɪəlɪst] N Industrielle(r) *f(m)*
industrialize [ɪnˈdʌstrɪəlaɪz] VT industrialisieren
industrial park (US) N = **industrial estate**
industrial relations NPL *Beziehungen zwischen Arbeitgebern, Arbeitnehmern und Gewerkschaften*
industrial tribunal (BRIT) N Arbeitsgericht *nt*
industrial unrest (BRIT) N Arbeitsunruhen *pl*
industrious [ɪnˈdʌstrɪəs] ADJ fleißig
industry [ˈɪndəstrɪ] N Industrie *f*; (*diligence*) Fleiß *m*
inebriated [ɪˈniːbrɪeɪtɪd] ADJ betrunken
inedible [ɪnˈɛdɪbl] ADJ ungenießbar
ineffective [ɪnɪˈfɛktɪv] ADJ wirkungslos; (*government*) unfähig
ineffectual [ɪnɪˈfɛktʃuəl] ADJ = **ineffective**
inefficiency [ɪnɪˈfɪʃənsɪ] N Ineffizienz *f*; Leistungsunfähigkeit *f*
inefficient [ɪnɪˈfɪʃənt] ADJ ineffizient; (*machine*) leistungsunfähig
inelegant [ɪnˈɛlɪgənt] ADJ unelegant
ineligible [ɪnˈɛlɪdʒɪbl] ADJ (*candidate*) nicht wählbar; **to be ~ for sth** zu etw nicht berechtigt sein
inept [ɪˈnɛpt] ADJ (*politician*) unfähig; (*management*) stümperhaft
ineptitude [ɪˈnɛptɪtjuːd] N Unfähigkeit *f*; Stümperhaftigkeit *f*
inequality [ɪnɪˈkwɔlɪtɪ] N Ungleichheit *f*
inequitable [ɪnˈɛkwɪtəbl] ADJ ungerecht
inert [ɪˈnəːt] ADJ unbeweglich; **~ gas** Edelgas *nt*
inertia [ɪˈnəːʃə] N Trägheit *f*
inertia-reel seat belt [ɪˈnəːʃəˈriːl-] N Automatikgurt *m*
inescapable [ɪnɪˈskeɪpəbl] ADJ unvermeidlich; (*conclusion*) zwangsläufig
inessential [ɪnɪˈsɛnʃl] ADJ unwesentlich; (*furniture etc*) entbehrlich
inessentials [ɪnɪˈsɛnʃlz] NPL Nebensächlichkeiten *pl*
inestimable [ɪnˈɛstɪməbl] ADJ unschätzbar
inevitability [ɪnɛvɪtəˈbɪlɪtɪ] N Unvermeidlichkeit *f*; **it is an ~** es ist nicht zu vermeiden
inevitable [ɪnˈɛvɪtəbl] ADJ unvermeidlich; (*result*) zwangsläufig
inevitably [ɪnˈɛvɪtəblɪ] ADV zwangsläufig; **~, he was late** es konnte ja nicht ausbleiben, dass er zu spät kam; **as ~ happens ...** wie es immer so ist ...
inexact [ɪnɪgˈzækt] ADJ ungenau
inexcusable [ɪnɪksˈkjuːzəbl] ADJ unentschuldbar, unverzeihlich
inexhaustible [ɪnɪgˈzɔːstɪbl] ADJ unerschöpflich
inexorable [ɪnˈɛksərəbl] ADJ unaufhaltsam
inexpensive [ɪnɪkˈspɛnsɪv] ADJ preisgünstig
inexperience [ɪnɪkˈspɪərɪəns] N Unerfahrenheit *f*
inexperienced [ɪnɪkˈspɪərɪənst] ADJ unerfahren; (*swimmer etc*) ungeübt; **to be ~ in sth** wenig Erfahrung mit etw haben
inexplicable [ɪnɪkˈsplɪkəbl] ADJ unerklärlich
inexpressible [ɪnɪkˈsprɛsɪbl] ADJ unbeschreiblich
inextricable [ɪnɪkˈstrɪkəbl] ADJ unentwirrbar (*dilemma*) unlösbar
inextricably [ɪnɪkˈstrɪkəblɪ] ADV unentwirrbar; (*linked*) untrennbar
infallibility [ɪnfæləˈbɪlɪtɪ] N Unfehlbarkeit *f*
infallible [ɪnˈfælɪbl] ADJ unfehlbar
infamous [ˈɪnfəməs] ADJ niederträchtig
infamy [ˈɪnfəmɪ] N Verrufenheit *f*
infancy [ˈɪnfənsɪ] N frühe Kindheit *f*; (*of movement, firm*) Anfangsstadium *nt*
infant [ˈɪnfənt] N Säugling *m*; (*young child*) Kleinkind *nt* ▸ CPD Säuglings-
infantile [ˈɪnfəntaɪl] ADJ kindisch, infantil; (*disease*) Kinder-
infantry [ˈɪnfəntrɪ] N Infanterie *f*
infantryman [ˈɪnfəntrɪmən] N (*irreg*) Infanterist *m*
infant school (BRIT) N Grundschule *f* (*für die ersten beiden Jahrgänge*)
infatuated [ɪnˈfætjueɪtɪd] ADJ: **~ with** vernarrt in *+acc*; **to become ~ with** sich vernarren in *+acc*
infatuation [ɪnfætjuˈeɪʃən] N Vernarrtheit *f*
infect [ɪnˈfɛkt] VT anstecken (*also fig*), infizieren; (*food*) verseuchen; **to become infected** (*wound*) sich entzünden
★**infection** [ɪnˈfɛkʃən] N Infektion *f*, Entzündung *f*; (*contagion*) Ansteckung *f*
infectious [ɪnˈfɛkʃəs] ADJ ansteckend
infer [ɪnˈfəːʳ] VT schließen; (*imply*) andeuten

inference [ˈɪnfərəns] N Schluss *m*; Andeutung *f*
inferior [ɪnˈfɪərɪəʳ] ADJ (*in rank*) untergeordnet, niedriger; (*in quality*) minderwertig; (*in quantity, number*) geringer ▸ N Untergebene(r) *f(m)*; **to feel ~ (to sb)** sich (jdm) unterlegen fühlen
inferiority [ɪnfɪərɪˈɔrətɪ] N untergeordnete Stellung *f*, niedriger Rang *m*; Minderwertigkeit *f*; geringere Zahl *f*
inferiority complex N Minderwertigkeitskomplex *m*
infernal [ɪnˈfə:nl] ADJ höllisch; (*temper*) schrecklich
inferno [ɪnˈfə:nəu] N (*blaze*) Flammenmeer *nt*
infertile [ɪnˈfə:taɪl] ADJ unfruchtbar
infertility [ɪnfə:ˈtɪlɪtɪ] N Unfruchtbarkeit *f*
infested [ɪnˈfɛstɪd] ADJ: **~ (with)** verseucht (mit)
infidelity [ɪnfɪˈdɛlɪtɪ] N Untreue *f*
infighting [ˈɪnfaɪtɪŋ] N interne Machtkämpfe *pl*
infiltrate [ˈɪnfɪltreɪt] VT (*organization etc*) infiltrieren, unterwandern; (*: to spy*) einschleusen
infinite [ˈɪnfɪnɪt] ADJ unendlich; (*time, money*) unendlich viel
infinitely [ˈɪnfɪnɪtlɪ] ADV unendlich viel
infinitesimal [ɪnfɪnɪˈtɛsɪməl] ADJ unendlich klein, winzig
infinitive [ɪnˈfɪnɪtɪv] N (*Ling*) Infinitiv *m*, Grundform *f*
infinity [ɪnˈfɪnɪtɪ] N Unendlichkeit *f*; (*Math, Phot*) Unendliche *nt*; **an ~ of ...** unendlich viel(e) ...
infirm [ɪnˈfə:m] ADJ schwach, gebrechlich
infirmary [ɪnˈfə:mərɪ] N Krankenhaus *nt*
infirmity [ɪnˈfə:mɪtɪ] N Schwäche *f*, Gebrechlichkeit *f*
inflame [ɪnˈfleɪm] VT aufbringen
inflamed [ɪnˈfleɪmd] ADJ entzündet
inflammable [ɪnˈflæməbl] ADJ feuergefährlich
inflammation [ɪnfləˈmeɪʃən] N Entzündung *f*
inflammatory [ɪnˈflæmətərɪ] ADJ (*speech*) aufrührerisch, Hetz-
inflatable [ɪnˈfleɪtəbl] ADJ aufblasbar; (*dinghy*) Schlauch-
inflate [ɪnˈfleɪt] VT aufpumpen; (*balloon*) aufblasen; (*price*) hochtreiben; (*expectation*) steigern; (*position, ideas etc*) hochspielen
inflated [ɪnˈfleɪtɪd] ADJ (*value, price*) überhöht
inflation [ɪnˈfleɪʃən] N Inflation *f*
inflationary [ɪnˈfleɪʃənərɪ] ADJ inflationär; (*spiral*) Inflations-
inflexible [ɪnˈflɛksɪbl] ADJ inflexibel; (*rule*) starr
inflict [ɪnˈflɪkt] VT: **to ~ sth on sb** (*damage, suffering, wound*) jdm etw zufügen; (*punishment*) jdm etw auferlegen; (*fig: problems*) jdn mit etw belasten
infliction [ɪnˈflɪkʃən] N Zufügen *nt*; Auferlegung *f*; Belastung *f*
in-flight [ˈɪnflaɪt] ADJ während des Fluges
inflow [ˈɪnfləu] N Zustrom *m*

★**influence** [ˈɪnfluəns] N Einfluss *m* ▸ VT beeinflussen; **under the ~ of alcohol** unter Alkoholeinfluss
influential [ɪnfluˈɛnʃl] ADJ einflussreich
influenza [ɪnfluˈɛnzə] N (*Med*) Grippe *f*
influx [ˈɪnflʌks] N (*of refugees*) Zustrom *m*; (*of funds*) Zufuhr *f*
★**inform** [ɪnˈfɔ:m] VT: **to ~ sb of sth** jdn von etw unterrichten, jdn über etw *acc* informieren ▸ VI: **to ~ on sb** jdn denunzieren
informal [ɪnˈfɔ:ml] ADJ ungezwungen; (*manner, clothes*) leger; (*unofficial*) inoffiziell; (*announcement, invitation*) informell
informality [ɪnfɔ:ˈmælɪtɪ] N Ungezwungenheit *f*; legere Art *f*; inoffizieller Charakter *m*; informeller Charakter *m*
informally [ɪnˈfɔ:məlɪ] ADV ungezwungen; leger; inoffiziell; informell
informant [ɪnˈfɔ:mənt] N Informant(in) *m(f)*
★**information** [ɪnfəˈmeɪʃən] N Informationen *pl*, Auskunft *f*; (*knowledge*) Wissen *nt*; **to get ~ on** sich informieren über *+acc*; **a piece of ~** eine Auskunft *or* Information; **for your ~** zu Ihrer Information
information and communication technology (BRIT) N (*Scol*) ≈ Informations- und Kommunikationstechnologie
information bureau N Auskunftsbüro *nt*
information desk N Auskunftsschalter *m*
information office N Auskunftsbüro *nt*
information processing N Informationsverarbeitung *f*
information retrieval N Informationsabruf *m*, Datenabruf *m*
information science N Informatik *f*
information superhighway N (*Comput*) Datenautobahn *f*
information technology N Informationstechnik *f*
informative [ɪnˈfɔ:mətɪv] ADJ aufschlussreich
informed [ɪnˈfɔ:md] ADJ informiert; (*guess, opinion*) wohlbegründet; **to be well/better ~** gut/besser informiert sein
informer [ɪnˈfɔ:məʳ] N Informant(in) *m(f)*; (*also: **police informer***) Polizeispitzel *m*
infra dig [ˈɪnfrəˈdɪg] (*inf*) ADJ ABBR (= *infra dignitatem*) unter meiner/seiner *etc* Würde
infrared [ɪnfrəˈrɛd] ADJ infrarot
infrastructure [ˈɪnfrəstrʌktʃəʳ] N Infrastruktur *f*
infrequent [ɪnˈfri:kwənt] ADJ selten
infringe [ɪnˈfrɪndʒ] VT (*law*) verstoßen gegen, übertreten ▸ VI: **to ~ on** (*rights*) verletzen
infringement [ɪnˈfrɪndʒmənt] N Verstoß *m*, Übertretung *f*; Verletzung *f*
infuriate [ɪnˈfjuərɪeɪt] VT wütend machen
infuriating [ɪnˈfjuərɪeɪtɪŋ] ADJ äußerst ärgerlich
infuse [ɪnˈfju:z] VT (*tea etc*) aufgießen; **to ~ sb with sth** (*fig*) jdm etw einflößen
infusion [ɪnˈfju:ʒən] N (*tea etc*) Aufguss *m*

ingenious [ɪnˈdʒiːnjəs] ADJ genial
ingenuity [ɪndʒɪˈnjuːɪtɪ] N Einfallsreichtum *m*; (*skill*) Geschicklichkeit *f*
ingenuous [ɪnˈdʒɛnjuəs] ADJ offen, aufrichtig; (*innocent*) naiv
ingot [ˈɪŋgət] N Barren *m*
ingrained [ɪnˈgreɪnd] ADJ (*habit*) fest; (*belief*) unerschütterlich
ingratiate [ɪnˈgreɪʃɪeɪt] VT: **to ~ o.s. with sb** sich bei jdm einschmeicheln
ingratiating [ɪnˈgreɪʃɪeɪtɪŋ] ADJ schmeichlerisch
ingratitude [ɪnˈgrætɪtjuːd] N Undank *m*
★**ingredient** [ɪnˈgriːdɪənt] N (*of cake etc*) Zutat *f*; (*of situation*) Bestandteil *m*
ingrowing [ˈɪngrəuɪŋ] ADJ: **~ toenail** eingewachsener Zehennagel *m*
inhabit [ɪnˈhæbɪt] VT bewohnen, wohnen in *+dat*
inhabitant [ɪnˈhæbɪtnt] N Einwohner(in) *m(f)*; (*of street, house*) Bewohner(in) *m(f)*
inhale [ɪnˈheɪl] VT einatmen ▸ VI einatmen; (*when smoking*) inhalieren
inhaler [ɪnˈheɪləʳ] N Inhalationsapparat *m*
inherent [ɪnˈhɪərənt] ADJ: **~ in** *or* **to** eigen *+dat*
inherently [ɪnˈhɪərəntlɪ] ADV von Natur aus
inherit [ɪnˈhɛrɪt] VT erben
inheritance [ɪnˈhɛrɪtəns] N Erbe *nt*
inhibit [ɪnˈhɪbɪt] VT hemmen
inhibited [ɪnˈhɪbɪtɪd] ADJ gehemmt
inhibiting [ɪnˈhɪbɪtɪŋ] ADJ hemmend; **~ factor** Hemmnis *nt*
inhibition [ɪnhɪˈbɪʃən] N Hemmung *f*
inhospitable [ɪnhɔsˈpɪtəbl] ADJ ungastlich; (*place, climate*) unwirtlich
in-house [ˈɪnˈhaus] ADJ, ADV hausintern
inhuman [ɪnˈhjuːmən] ADJ (*behaviour*) unmenschlich; (*appearance*) nicht menschlich
inhumane [ɪnhjuːˈmeɪn] ADJ inhuman; (*treatment*) menschenunwürdig
inimitable [ɪˈnɪmɪtəbl] ADJ unnachahmlich
iniquitous [ɪˈnɪkwɪtəs] ADJ (*unfair*) ungerecht
iniquity [ɪˈnɪkwɪtɪ] N Ungerechtigkeit *f*; (*wickedness*) Ungeheuerlichkeit *f*
initial [ɪˈnɪʃl] ADJ anfänglich; (*stage*) Anfangs- ▸ N Initiale *f*, Anfangsbuchstabe *m* ▸ VT (*document*) abzeichnen ■ **initials** NPL Initialen *pl*; (*as signature*) Namenszeichen *nt*
initialize [ɪˈnɪʃəlaɪz] VT initialisieren
initially [ɪˈnɪʃəlɪ] ADV zu Anfang; (*first*) zuerst
initiate [ɪˈnɪʃɪeɪt] VT (*talks*) eröffnen; (*process*) einleiten; (*new member*) feierlich aufnehmen; **to ~ sb into a secret** jdn in ein Geheimnis einweihen; **to ~ proceedings against sb** (*Law*) einen Prozess gegen jdn anstrengen
initiation [ɪnɪʃɪˈeɪʃən] N (*beginning*) Einführung *f*; (*into secret etc*) Einweihung *f*
initiative [ɪˈnɪʃətɪv] N Initiative *f*; **to take the ~** die Initiative ergreifen
inject [ɪnˈdʒɛkt] VT (ein)spritzen; (*fig: funds*) hineinpumpen; **to ~ sb with sth** jdm etw spritzen *or* injizieren; **to ~ money into sth** (*fig*) Geld in etw *acc* pumpen
injection [ɪnˈdʒɛkʃən] N Spritze *f*, Injektion *f*; **to give/have an ~** eine Spritze *or* Injektion geben/bekommen; **an ~ of money/funds** (*fig*) eine Finanzspritze
injudicious [ɪndʒuˈdɪʃəs] ADJ unklug
injunction [ɪnˈdʒʌŋkʃən] N (*Law*) gerichtliche Verfügung *f*
injure [ˈɪndʒəʳ] VT verletzen; (*reputation*) schaden *+dat*; **to ~ o.s.** sich verletzen
★**injured** [ˈɪndʒəd] ADJ verletzt; (*tone*) gekränkt; **~ party** (*Law*) Geschädigte(r) *f(m)*
injurious [ɪnˈdʒuərɪəs] ADJ: **to be ~ to** schaden *+dat*, schädlich sein *+dat*
★**injury** [ˈɪndʒərɪ] N Verletzung *f*; **to escape without ~** unverletzt davonkommen
injury time N (*Sport*) Nachspielzeit *f*; **to play ~** nachspielen
injustice [ɪnˈdʒʌstɪs] N Ungerechtigkeit *f*; **you do me an ~** Sie tun mir unrecht
ink [ɪŋk] N Tinte *f*; (*in printing*) Druckfarbe *f*
ink-jet printer [ˈɪŋkdʒɛt-] N Tintenstrahldrucker *m*
inkling [ˈɪŋklɪŋ] N (dunkle) Ahnung *f*; **to have an ~ of** ahnen
ink pad N Stempelkissen *nt*
inky [ˈɪŋkɪ] ADJ tintenschwarz; (*fingers*) tintenbeschmiert
inlaid [ˈɪnleɪd] ADJ eingelegt
inland [ˈɪnlənd] ADJ (*port, sea, waterway*) Binnen- ▸ ADV (*travel*) landeinwärts
Inland Revenue (BRIT) N ≈ Finanzamt *nt*
in-laws [ˈɪnlɔːz] NPL (*parents-in-law*) Schwiegereltern *pl*; (*other relatives*) angeheiratete Verwandte *pl*
inlet [ˈɪnlɛt] N (schmale) Bucht *f*
inlet pipe N Zuleitung *f*, Zuleitungsrohr *nt*
inmate [ˈɪnmeɪt] N Insasse *m*, Insassin *f*
inmost [ˈɪnməust] ADJ innerst
inn [ɪn] N Gasthaus *nt*
innards [ˈɪnədz] (*inf*) NPL Innereien *pl*
innate [ɪˈneɪt] ADJ angeboren
inner [ˈɪnəʳ] ADJ innere(r, s); (*courtyard*) Innen-
inner city N Innenstadt *f*
innermost [ˈɪnəməust] ADJ = **inmost**
inner tube N (*of tyre*) Schlauch *m*
innings [ˈɪnɪŋz] N (*Cricket*) Innenrunde *f*; **he's had a good ~** (*fig*) er kann auf ein langes, ausgefülltes Leben zurückblicken
innocence [ˈɪnəsns] N Unschuld *f*
★**innocent** [ˈɪnəsnt] ADJ unschuldig
innocuous [ɪˈnɔkjuəs] ADJ harmlos
innovation [ɪnəuˈveɪʃən] N Neuerung *f*
innuendo [ɪnjuˈɛndəu] (*pl* **innuendoes**) N versteckte Andeutung *f*
innumerable [ɪˈnjuːmrəbl] ADJ unzählig

inoculate [ɪˈnɔkjuleɪt] VT: **to ~ sb against sth** jdn gegen etw impfen; **to ~ sb with sth** jdm etw einimpfen
inoculation [ɪnɔkjuˈleɪʃən] N Impfung *f*
inoffensive [ɪnəˈfɛnsɪv] ADJ harmlos
inopportune [ɪnˈɔpətjuːn] ADJ unangebracht; (*moment*) ungelegen
inordinate [ɪˈnɔːdɪnət] ADJ (*thirst etc*) unmäßig; (*amount, pleasure*) ungeheuer
inordinately [ɪˈnɔːdɪnətlɪ] ADV (*proud*) unmäßig; (*long, large etc*) ungeheuer
inorganic [ɪnɔːˈgænɪk] ADJ anorganisch
inpatient [ˈɪnpeɪʃənt] N stationär behandelter Patient *m*, stationär behandelte Patientin *f*
input [ˈɪnput] N (*of capital, manpower*) Investition *f*; (*of energy*) Zufuhr *f*; (*Comput*) Eingabe *f*, Input *m or nt* ▶ VT (*Comput*) eingeben
inquest [ˈɪnkwɛst] N gerichtliche Untersuchung *f* der Todesursache
inquire [ɪnˈkwaɪəʳ] VI: **to ~ about** sich erkundigen nach, fragen nach ▶ VT sich erkundigen nach, fragen nach; **to ~ when/where/whether** fragen *or* sich erkundigen, wann/wo/ob
▶ **inquire after** VT FUS sich erkundigen nach
▶ **inquire into** VT FUS untersuchen
inquiring [ɪnˈkwaɪərɪŋ] ADJ wissensdurstig
inquiry [ɪnˈkwaɪərɪ] N Untersuchung *f*; (*question*) Anfrage *f*; **to hold an ~ into sth** eine Untersuchung *+gen* durchführen
inquiry desk (BRIT) N Auskunft *f*, Auskunftsschalter *m*
inquiry office (BRIT) N Auskunft *f*, Auskunftsbüro *nt*
inquisition [ɪnkwɪˈzɪʃən] N Untersuchung *f*; (*Rel*): **the I~** die Inquisition
inquisitive [ɪnˈkwɪzɪtɪv] ADJ neugierig
inroads [ˈɪnrəudz] NPL: **to make ~ into** (*savings, supplies*) angreifen
ins ABBR (= *inches*) *see* **inch**
insane [ɪnˈseɪn] ADJ wahnsinnig; (*Med*) geisteskrank
insanitary [ɪnˈsænɪtərɪ] ADJ unhygienisch
insanity [ɪnˈsænɪtɪ] N Wahnsinn *m*; (*Med*) Geisteskrankheit *f*
insatiable [ɪnˈseɪʃəbl] ADJ unersättlich
inscribe [ɪnˈskraɪb] VT (*on ring*) eingravieren; (*on stone*) einmeißeln; (*on banner*) schreiben; **to ~ a ring/stone/banner with sth** etw in einen Ring eingravieren/in einen Stein einmeißeln/auf ein Spruchband schreiben; **to ~ a book** eine Widmung in ein Buch schreiben
inscription [ɪnˈskrɪpʃən] N Inschrift *f*; (*in book*) Widmung *f*
inscrutable [ɪnˈskruːtəbl] ADJ (*comment*) unergründlich; (*expression*) undurchdringlich
inseam measurement [ˈɪnsiːm-] (*US*) N innere Beinlänge *f*
insect [ˈɪnsɛkt] N Insekt *nt*
insect bite N Insektenstich *m*
insecticide [ɪnˈsɛktɪsaɪd] N Insektizid *nt*, Insektengift *nt*
insect repellent N Insektenbekämpfungsmittel *nt*
insecure [ɪnsɪˈkjuəʳ] ADJ unsicher
insecurity [ɪnsɪˈkjuərɪtɪ] N Unsicherheit *f*
insemination [ɪnsɛmɪˈneɪʃən] N: **artificial ~** künstliche Besamung *f*
insensible [ɪnˈsɛnsɪbl] ADJ bewusstlos; **~ to** unempfindlich gegen; **~ of** nicht bewusst *+gen*
insensitive [ɪnˈsɛnsɪtɪv] ADJ gefühllos
insensitivity [ɪnsɛnsɪˈtɪvɪtɪ] N Gefühllosigkeit *f*
inseparable [ɪnˈsɛprəbl] ADJ untrennbar; (*friends*) unzertrennlich
insert VT [ɪnˈsəːt] einfügen; (*into sth*) hineinstecken ▶ N [ˈɪnsəːt] (*in newspaper etc*) Beilage *f*; (*in shoe*) Einlage *f*
insertion [ɪnˈsəːʃən] N Hineinstecken *nt*; (*of needle*) Einstechen *nt*; (*of comment*) Einfügen *nt*
in-service [ˈɪnˈsəːvɪs] ADJ: **~ training** (berufsbegleitende) Fortbildung *f*; **~ course** Fortbildungslehrgang *m*
inshore [ˈɪnˈʃɔːʳ] ADJ (*fishing, waters*) Küsten- ▶ ADV in Küstennähe; (*move*) auf die Küste zu
★**inside** [ˈɪnˈsaɪd] N Innere(s) *nt*, Innenseite *f*; (*of road: in Britain*) linke Spur *f*; (*: in US, Europe etc*) rechte Spur *f* ▶ ADJ innere(r, s); (*pocket, cabin, light*) Innen- ▶ ADV (*go*) nach innen, hinein; (*be*) drinnen ▶ PREP (*location*) in *+dat*; (*motion*) in *+acc*
▪ **insides** NPL (*inf*) Bauch *m*; (*innards*) Eingeweide *pl*; **~ 10 minutes** innerhalb von 10 Minuten
inside forward N (*Sport*) Halbstürmer *m*
inside information N Insiderinformation *f*
inside knowledge N Insiderwissen *nt*
inside lane N (BRIT) linke Spur *f*; (*in US, Europe etc*) rechte Spur *f*
inside leg measurement (BRIT) N innere Beinlänge *f*
inside out ADV (*piece of clothing: be*) links *or* verkehrt herum; (*: turn*) nach links; (*know*) in- und auswendig
insider [ɪnˈsaɪdəʳ] N Insider *m*, Eingeweihte(r) *f(m)*
insider dealing, insider trading N (*Stock Exchange*) Insiderhandel *m or* -geschäfte *pl*
inside story N Insidestory *f*, Inside Story *f*
insidious [ɪnˈsɪdɪəs] ADJ heimtückisch
insight [ˈɪnsaɪt] N Verständnis *nt*; **to gain (an) ~ into** einen Einblick gewinnen in *+acc*
insignia [ɪnˈsɪgnɪə] NPL Insignien *pl*
insignificant [ɪnsɪgˈnɪfɪknt] ADJ belanglos
insincere [ɪnsɪnˈsɪəʳ] ADJ unaufrichtig, falsch
insincerity [ɪnsɪnˈsɛrɪtɪ] N Unaufrichtigkeit *f*, Falschheit *f*
insinuate [ɪnˈsɪnjueɪt] VT anspielen auf *+acc*
insinuation [ɪnsɪnjuˈeɪʃən] N Anspielung *f*
insipid [ɪnˈsɪpɪd] ADJ fad(e); (*person*) geistlos; (*colour*) langweilig

★**insist** [ɪnˈsɪst] VI bestehen; **to ~ on** bestehen auf *+dat*; **to ~ that** darauf bestehen, dass; (*claim*) behaupten, dass

insistence [ɪnˈsɪstəns] N (*determination*) Bestehen *nt*

insistent [ɪnˈsɪstənt] ADJ (*determined*) hartnäckig; (*continual*) andauernd, penetrant (*pej*)

in so far as ADV insofern als

insole [ˈɪnsəul] N Einlegesohle *f*

insolence [ˈɪnsələns] N Frechheit *f*, Unverschämtheit *f*

insolent [ˈɪnsələnt] ADJ frech, unverschämt

insoluble [ɪnˈsɔljubl] ADJ unlösbar

insolvency [ɪnˈsɔlvənsɪ] N Zahlungsunfähigkeit *f*

insolvent [ɪnˈsɔlvənt] ADJ zahlungsunfähig

insomnia [ɪnˈsɔmnɪə] N Schlaflosigkeit *f*

insomniac [ɪnˈsɔmnɪæk] N: **to be an ~** an Schlaflosigkeit leiden

inspect [ɪnˈspɛkt] VT kontrollieren; (*examine*) prüfen; (*troops*) inspizieren

inspection [ɪnˈspɛkʃən] N Kontrolle *f*; Prüfung *f*; Inspektion *f*

★**inspector** [ɪnˈspɛktəʳ] N Inspektor(in) *m(f)*; (BRIT: *on buses, trains*) Kontrolleur(in) *m(f)*; (: *Police*) Kommissar(in) *m(f)*

inspiration [ɪnspəˈreɪʃən] N Inspiration *f*; (*idea*) Eingebung *f*

inspire [ɪnˈspaɪəʳ] VT inspirieren; (*confidence, hope etc*) (er)wecken

inspired [ɪnˈspaɪəd] ADJ genial; **in an ~ moment** in einem Augenblick der Inspiration

inspiring [ɪnˈspaɪərɪŋ] ADJ inspirierend

inst. (BRIT) ABBR (*Comm*) = **instant**; **of the 16th ~** vom 16. d. M.

instability [ɪnstəˈbɪlɪtɪ] N Instabilität *f*; (*of person*) Labilität *f*

install [ɪnˈstɔːl] VT installieren; (*telephone*) anschließen; (*official*) einsetzen; **to ~ o.s.** sich niederlassen

installation [ɪnstəˈleɪʃən] N Installation *f*; (*of telephone*) Anschluss *m*; (*Industry, Mil*: *plant*) Anlage *f*

installer [ɪnˈstɔːləʳ] N (*Comput*) Installationsprogramm *nt*, Installer *m*

installment plan (*US*) N Ratenzahlung *f*

instalment, (*US*) **installment** [ɪnˈstɔːlmənt] N Rate *f*; (*of story*) Fortsetzung *f*; (*of TV serial etc*) (Sende)folge *f*; **in instalments** in Raten

★**instance** [ˈɪnstəns] N Beispiel *nt*; **for ~** zum Beispiel; **in that ~** in diesem Fall; **in many instances** in vielen Fällen; **in the first ~** zuerst *or* zunächst (einmal)

★**instant** [ˈɪnstənt] N Augenblick *m* ▶ ADJ (*reaction*) unmittelbar; (*success*) sofortig; **~ food** Schnellgerichte *pl*; **~ coffee** Instantkaffee *m*; **the 10th ~** (*Comm, Admin*) der 10. dieses Monats

instantaneous [ɪnstənˈteɪnɪəs] ADJ unmittelbar

instantly [ˈɪnstəntlɪ] ADV sofort

instant message N Sofortnachricht *f*

instant messaging [-ˈmɛsɪdʒɪŋ] N Instant Messaging *nt*

instant replay N (TV) Wiederholung *f*

★**instead** [ɪnˈstɛd] ADV stattdessen; **~ of** statt *+gen*; **~ of sb** an jds Stelle *dat*; **~ of doing sth** anstatt *or* anstelle etw zu tun

instep [ˈɪnstɛp] N (*of foot*) Spann *m*; (*of shoe*) Blatt *nt*

instigate [ˈɪnstɪgeɪt] VT anstiften, anzetteln; (*talks etc*) initiieren

instigation [ɪnstɪˈgeɪʃən] N Anstiftung *f*, Anzettelung *f*; Initiierung *f*; **at sb's ~** auf jds Betreiben *acc*

instil [ɪnˈstɪl] VT: **to ~ sth into sb** (*confidence, fear etc*) jdm etw einflößen

instinct [ˈɪnstɪŋkt] N Instinkt *m*; (*reaction, inclination*) instinktive Reaktion *f*

instinctive [ɪnˈstɪŋktɪv] ADJ instinktiv

instinctively [ɪnˈstɪŋktɪvlɪ] ADV instinktiv

★**institute** [ˈɪnstɪtjuːt] N Institut *nt*; (*for teaching*) Hochschule *f*; (*professional body*) Bund *m*, Verband *m* ▶ VT einführen; (*inquiry, course of action*) einleiten; (*proceedings*) anstrengen

★**institution** [ɪnstɪˈtjuːʃən] N Einführung *f*; (*organization*) Institution *f*, Einrichtung *f*; (*hospital, mental home*) Anstalt *f*, Heim *nt*

institutional [ɪnstɪˈtjuːʃənl] ADJ (*education*) institutionell; (*value, quality etc*) institutionalisiert; **~ care** Unterbringung *f* in einem Heim *or* einer Anstalt; **to be in ~ care** in einem Heim *or* einer Anstalt sein

instruct [ɪnˈstrʌkt] VT: **to ~ sb in sth** jdn in etw *dat* unterrichten; **to ~ sb to do sth** jdn anweisen, etw zu tun

instruction [ɪnˈstrʌkʃən] N Unterricht *m*
■ **instructions** NPL (*orders*) Anweisungen *pl*; **instructions (for use)** Gebrauchsanweisung *f*, Gebrauchsanleitung *f*; **~ book/manual/leaflet** *etc* Bedienungsanleitung *f*

instructive [ɪnˈstrʌktɪv] ADJ lehrreich; (*response*) aufschlussreich

instructor [ɪnˈstrʌktəʳ] N Lehrer(in) *m(f)*

★**instrument** [ˈɪnstrumənt] N Instrument *nt*; (*Mus*) (Musik)instrument *nt*

instrumental [ɪnstruˈmɛntl] ADJ (*Mus*: *music, accompaniment*) Instrumental-; **to be ~ in** eine bedeutende Rolle spielen bei

instrumentalist [ɪnstruˈmɛntəlɪst] N Instrumentalist(in) *m(f)*

instrument panel N Armaturenbrett *nt*

insubordination [ɪnsəbɔːdɪˈneɪʃən] N Gehorsamsverweigerung *f*

insufferable [ɪnˈsʌfrəbl] ADJ unerträglich

insufficient [ɪnsəˈfɪʃənt] ADJ unzureichend

insufficiently [ɪnsəˈfɪʃəntlɪ] ADV unzureichend

insular [ˈɪnsjuləʳ] ADJ engstirnig

insulate [ˈɪnsjuleɪt] VT isolieren; (*person, group*) abschirmen

insulating tape [ˈɪnsjuleɪtɪŋ-] N Isolierband *nt*

insulation [ɪnsjuˈleɪʃən] N Isolierung *f*; Abschirmung *f*

insulator [ˈɪnsjuleɪtəʳ] N Isolierstoff *m*
insulin [ˈɪnsjulɪn] N Insulin *nt*
insult N [ˈɪnsʌlt] Beleidigung *f* ▸ VT [ɪnˈsʌlt] beleidigen
insulting [ɪnˈsʌltɪŋ] ADJ beleidigend
insuperable [ɪnˈsjuːprəbl] ADJ unüberwindlich
insurance [ɪnˈʃuərəns] N Versicherung *f*; **fire/life ~** Brand-/Lebensversicherung *f*; **to take out ~ (against)** eine Versicherung abschließen (gegen)
insurance agent N Versicherungsvertreter(in) *m(f)*
insurance broker N Versicherungsmakler(in) *m(f)*
insurance policy N Versicherungspolice *f*
insurance premium N Versicherungsprämie *f*
insure [ɪnˈʃuəʳ] VT versichern; **to ~ o.s./sth against sth** sich/etw gegen etw versichern; **to ~ o.s.** *or* **one's life** eine Lebensversicherung abschließen; **to ~ (o.s.) against sth** (*fig*) sich gegen etw absichern; **to be insured for £5,000** für £5000 versichert sein
insured [ɪnˈʃuəd] N: **the ~** der/die Versicherte
insurer [ɪnˈʃuərəʳ] N Versicherer *m*
insurgent [ɪnˈsəːdʒənt] ADJ aufständisch ▸ N Aufständische(r) *f(m)*
insurmountable [ɪnsəˈmauntəbl] ADJ unüberwindlich
insurrection [ɪnsəˈrɛkʃən] N Aufstand *m*
intact [ɪnˈtækt] ADJ intakt; (*whole*) ganz; (*unharmed*) unversehrt
intake [ˈɪnteɪk] N (*of food*) Aufnahme *f*; (*of air*) Zufuhr *f*; (BRIT *Scol*): **an ~ of 200 a year** 200 neue Schüler pro Jahr
intangible [ɪnˈtændʒɪbl] ADJ unbestimmbar; (*idea*) vage; (*benefit*) immateriell
integer [ˈɪntɪdʒəʳ] N (*Math*) ganze Zahl *f*
integral [ˈɪntɪgrəl] ADJ wesentlich
integrate [ˈɪntɪgreɪt] VT integrieren ▸ VI sich integrieren
integrated circuit [ˈɪntɪgreɪtɪd-] N (*Comput*) integrierter Schaltkreis *m*
integration [ɪntɪˈgreɪʃən] N Integration *f*; **racial ~** Rassenintegration *f*
integrity [ɪnˈtɛgrɪtɪ] N Integrität *f*; (*of group*) Einheit *f*; (*of culture, text*) Unversehrtheit *f*
intellect [ˈɪntəlɛkt] N Intellekt *m*
intellectual [ɪntəˈlɛktjuəl] ADJ intellektuell, geistig ▸ N Intellektuelle(r) *f(m)*
intelligence [ɪnˈtɛlɪdʒəns] N Intelligenz *f*; (*information*) Informationen *pl*
intelligence quotient N Intelligenzquotient *m*
intelligence service N Nachrichtendienst *m*, Geheimdienst *m*
intelligence test N Intelligenztest *m*
intelligent [ɪnˈtɛlɪdʒənt] ADJ intelligent; (*decision*) klug
intelligently [ɪnˈtɛlɪdʒəntlɪ] ADV intelligent
intelligentsia [ɪntɛlɪˈdʒɛntsɪə] N: **the ~** die Intelligenz
intelligible [ɪnˈtɛlɪdʒɪbl] ADJ verständlich
intemperate [ɪnˈtɛmpərət] ADJ unmäßig; (*remark*) überzogen
★**intend** [ɪnˈtɛnd] VT: **to be intended for sb** für jdn gedacht sein; **to ~ to do sth** beabsichtigen, etw zu tun
intended [ɪnˈtɛndɪd] ADJ (*effect, victim*) beabsichtigt; (*journey*) geplant; (*insult*) absichtlich
★**intense** [ɪnˈtɛns] ADJ intensiv; (*anger, joy*) äußerst groß; (*person*) ernsthaft
intensely [ɪnˈtɛnslɪ] ADV äußerst; **I dislike him ~** ich verabscheue ihn
intensify [ɪnˈtɛnsɪfaɪ] VT intensivieren, verstärken
intensity [ɪnˈtɛnsɪtɪ] N Intensität *f*; (*of anger*) Heftigkeit *f*
intensive [ɪnˈtɛnsɪv] ADJ intensiv
intensive care N: **to be in ~** auf der Intensivstation sein
intensive care unit N Intensivstation *f*
intent [ɪnˈtɛnt] N Absicht *f* ▸ ADJ (*attentive*) aufmerksam; (*absorbed*): **~ (on)** versunken (in *+acc*); **to all intents and purposes** im Grunde; **to be ~ on doing sth** entschlossen sein, etw zu tun
★**intention** [ɪnˈtɛnʃən] N Absicht *f*
intentional [ɪnˈtɛnʃənl] ADJ absichtlich
intentionally [ɪnˈtɛnʃnəlɪ] ADV absichtlich
intently [ɪnˈtɛntlɪ] ADV konzentriert
inter [ɪnˈtəːʳ] VT bestatten
interact [ɪntərˈækt] VI (*people*) interagieren; (*things*) aufeinander einwirken; (*ideas*) sich gegenseitig beeinflussen; **to ~ with** interagieren mit; einwirken auf *+acc*; beeinflussen
interaction [ɪntərˈækʃən] N Interaktion *f*; gegenseitige Einwirkung *f*; gegenseitige Beeinflussung *f*
interactive [ɪntərˈæktɪv] ADJ (*also Comput*) interaktiv
intercede [ɪntəˈsiːd] VI: **to ~ (with sb/on behalf of sb)** sich (bei jdm/für jdn) einsetzen
intercept [ɪntəˈsɛpt] VT abfangen
interception [ɪntəˈsɛpʃən] N Abfangen *nt*
interchange [ˈɪntətʃeɪndʒ] N Austausch *m*; (*on motorway*) (Autobahn)kreuz *nt*
interchangeable [ɪntəˈtʃeɪndʒəbl] ADJ austauschbar
intercity [ɪntəˈsɪtɪ] ADJ: **~ train** Intercityzug *m*
intercom [ˈɪntəkɔm] N (Gegen)sprechanlage *f*
interconnect [ɪntəkəˈnɛkt] VI (*rooms*) miteinander verbunden sein
intercontinental [ˈɪntəkɔntɪˈnɛntl] ADJ (*flight, missile*) Interkontinental-
intercourse [ˈɪntəkɔːs] N (*sexual*) (Geschlechts)verkehr *m*; (*social, verbal*) Verkehr *m*
intercultural [ɪntəˈkʌltʃərəl] ADJ interkulturell

i

interdependence [ɪntədɪˈpɛndəns] N gegenseitige Abhängigkeit *f*

interdependent [ɪntədɪˈpɛndənt] ADJ voneinander abhängig

★**interest** [ˈɪntrɪst] N Interesse *nt*; (*Comm*: *in company*) Anteil *m*; (: *sum of money*) Zinsen *pl* ▶ VT interessieren; **compound ~** Zinseszins *m*; **simple ~** einfache Zinsen; **British interests in the Middle East** britische Interessen im Nahen Osten; **his main ~ is …** er interessiert sich hauptsächlich für …

interested [ˈɪntrɪstɪd] ADJ interessiert; (*party, body etc*) beteiligt; **to be ~ in sth** sich für etw interessieren; **to be ~ in doing sth** daran interessiert sein, etw zu tun

interest-free [ˈɪntrɪstˈfriː] ADJ, ADV zinslos

★**interesting** [ˈɪntrɪstɪŋ] ADJ interessant

interest rate N Zinssatz *m*

interface [ˈɪntəfeɪs] N Verbindung *f*; (*Comput*) Schnittstelle *f*

interfere [ɪntəˈfɪəʳ] VI: **to ~ in** sich einmischen in +*acc*; **to ~ with** (*object*) sich zu schaffen machen an +*dat*; (*plans*) durchkreuzen; (*career, duty, decision*) beeinträchtigen; **don't ~** misch dich nicht ein

interference [ɪntəˈfɪərəns] N Einmischung *f*; (*Radio, TV*) Störung *f*

interfering [ɪntəˈfɪərɪŋ] ADJ (*person*) sich ständig einmischend

interim [ˈɪntərɪm] ADJ (*agreement, government etc*) Übergangs- ▶ N: **in the ~** in der Zwischenzeit

interim dividend N (*Comm*) Abschlagsdividende *f*

★**interior** [ɪnˈtɪərɪəʳ] N Innere(s) *nt*; (*decor etc*) Innenausstattung *f* ▶ ADJ Innen-

interior decorator N Innenausstatter(in) *m*(*f*)

interior designer N Innenarchitekt(in) *m*(*f*)

interjection [ɪntəˈdʒɛkʃən] N Einwurf *m*; (*Ling*) Interjektion *f*

interlock [ɪntəˈlɔk] VI ineinandergreifen

interloper [ˈɪntələupəʳ] N Eindringling *m*

interlude [ˈɪntəluːd] N Unterbrechung *f*, Pause *f*; (*Theat*) Zwischenspiel *nt*

intermarry [ɪntəˈmærɪ] VI untereinander heiraten

intermediary [ɪntəˈmiːdɪərɪ] N Vermittler(in) *m*(*f*)

intermediate [ɪntəˈmiːdɪət] ADJ (*stage*) Zwischen-; **an ~ student** ein fortgeschrittener Anfänger

interment [ɪnˈtəːmənt] N Bestattung *f*

interminable [ɪnˈtəːmɪnəbl] ADJ endlos

intermission [ɪntəˈmɪʃən] N Pause *f*

intermittent [ɪntəˈmɪtnt] ADJ (*noise*) periodisch auftretend; (*publication*) in unregelmäßigen Abständen veröffentlicht

intermittently [ɪntəˈmɪtntlɪ] ADV periodisch; in unregelmäßigen Abständen

intern VT [ɪnˈtəːn] internieren ▶ N [ˈɪntəːn] (*esp US*) Assistenzarzt *m*, Assistenzärztin *f*

★**internal** [ɪnˈtəːnl] ADJ innere(r, s); (*pipes*) im Haus; (*politics*) Innen-; (*dispute, reform, memo, structure etc*) intern

internally [ɪnˈtəːnəlɪ] ADV: **"not to be taken ~"** „nicht zum Einnehmen"

Internal Revenue Service (*US*) N ≈ Finanzamt *nt*

★**international** [ɪntəˈnæʃənl] ADJ international ▶ N (*BRIT Sport*) Länderspiel *nt*

International Atomic Energy Agency N *Internationale Atomenergiebehörde*

International Chamber of Commerce N Internationale Handelskammer *f*

International Court of Justice N Internationaler Gerichtshof *m*

international date line N Datumsgrenze *f*

International Labour Organization N Internationale Arbeitsorganisation *f*

internationally [ɪntəˈnæʃnəlɪ] ADV international

International Monetary Fund N Internationaler Währungsfonds *m*

international relations NPL zwischenstaatliche Beziehungen *pl*

internecine [ɪntəˈniːsaɪn] ADJ mörderisch; (*war*) Vernichtungs-

internee [ɪntəːˈniː] N Internierte(r) *f*(*m*)

★**internet** [ˈɪntənɛt] N Internet *nt*

internet access N Internetzugang *m*

internet auction N Internetauktion *f*

internet banking N Onlinebanking *nt*

★**internet café** N Internetcafé *nt*

internet connection N Internetanschluss *m*

internet provider N Internetprovider *m*

internment [ɪnˈtəːnmənt] N Internierung *f*

interplay [ˈɪntəpleɪ] N: **~ (of** *or* **between)** Zusammenspiel *nt* (von)

Interpol [ˈɪntəpɔl] N Interpol *f*

interpret [ɪnˈtəːprɪt] VT auslegen, interpretieren; (*translate*) dolmetschen ▶ VI dolmetschen

interpretation [ɪntəːprɪˈteɪʃən] N Auslegung *f*, Interpretation *f*; Dolmetschen *nt*

interpreter [ɪnˈtəːprɪtəʳ] N Dolmetscher(in) *m*(*f*)

interpreting [ɪnˈtəːprɪtɪŋ] N Dolmetschen *nt*

interrelated [ɪntərɪˈleɪtɪd] ADJ zusammenhängend

interrogate [ɪnˈtɛrəugeɪt] VT verhören; (*witness*) vernehmen

interrogation [ɪntɛrəuˈgeɪʃən] N Verhör *nt*; Vernehmung *f*

interrogative [ɪntəˈrɔgətɪv] ADJ (*Ling*: *pronoun*) Interrogativ-, Frage-

interrogator [ɪnˈtɛrəgeɪtəʳ] N (*Police*) Vernehmungsbeamte(r) *m*; **the hostage's ~** derjenige, der die Geisel verhörte

interrupt [ɪntəˈrʌpt] VT, VI unterbrechen

interruption [ɪntəˈrʌpʃən] N Unterbrechung *f*

intersect [ɪntəˈsɛkt] VI sich kreuzen ▶ VT durchziehen; (*Math*) schneiden

ntersection [ɪntəˈsɛkʃən] N Kreuzung *f*; (*Math*) Schnittpunkt *m*

ntersperse [ɪntəˈspəːs] VT: **to be interspersed with** durchsetzt sein mit; **he interspersed his lecture with ...** er spickte seine Rede mit ...

ntertwine [ɪntəˈtwaɪn] VI sich ineinander verschlingen

nterval [ˈɪntəvl] N Pause *f*; (*Mus*) Intervall *nt*; **bright intervals** (*in weather*) Aufheiterungen *pl*; **at intervals** in Abständen

ntervene [ɪntəˈviːn] VI eingreifen; (*event*) dazwischenkommen; (*time*) dazwischenliegen

ntervening [ɪntəˈviːnɪŋ] ADJ (*period, years*) dazwischenliegend

ntervention [ɪntəˈvɛnʃən] N Eingreifen *nt*

nterview [ˈɪntəvjuː] N (*for job*) Vorstellungsgespräch *nt*; (*for place at college etc*) Auswahlgespräch *nt*; (*Radio, TV etc*) Interview *nt* ▸ VT ein Vorstellungsgespräch/Auswahlgespräch führen mit; interviewen

nterviewee [ɪntəvjuˈiː] N (*for job*) Stellenbewerber(in) *m(f)*; (*TV etc*) Interviewgast *m*

nterviewer [ˈɪntəvjuə[r]] N Leiter(in) *m(f)* des Vorstellungsgesprächs/Auswahlgesprächs; (*Radio, TV etc*) Interviewer(in) *m(f)*

ntestate [ɪnˈtɛsteɪt] ADV: **to die ~** ohne Testament sterben

ntestinal [ɪnˈtɛstɪnl] ADJ (*infection etc*) Darm-

ntestine [ɪnˈtɛstɪn] N Darm *m*

ntimacy [ˈɪntɪməsɪ] N Vertrautheit *f*

ntimate ADJ [ˈɪntɪmət] eng; (*sexual, also restaurant, dinner, atmosphere*) intim; (*conversation, matter, detail*) vertraulich; (*knowledge*) gründlich ▸ VT [ˈɪntɪmeɪt] andeuten; (*make known*) zu verstehen geben

intimately [ˈɪntɪmətlɪ] ADV eng; intim; vertraulich; gründlich

intimation [ɪntɪˈmeɪʃən] N Andeutung *f*

intimidate [ɪnˈtɪmɪdeɪt] VT einschüchtern

intimidation [ɪntɪmɪˈdeɪʃən] N Einschüchterung *f*

into [ˈɪntu]

PREP **1** (*indicating motion or direction*) in *+acc*; **to go into town** in die Stadt gehen; **he worked late into the night** er arbeitete bis spät in die Nacht; **the car bumped into the wall** der Wagen fuhr gegen die Mauer

2 (*indicating change of condition, result*): **it broke into pieces** es zerbrach in Stücke; **she translated into English** sie übersetzte ins Englische; **to change pounds into dollars** Pfund in Dollar wechseln; **5 into 25** 25 durch 5; **to change into sth** (*turn into*)zu etw werden, (*put on*)sich etw anziehen

3 (*inf*): **to be into sth** (*like*) auf etw *+acc* stehen

intolerable [ɪnˈtɔlərəbl] ADJ unerträglich

intolerance [ɪnˈtɔlərns] N Intoleranz *f*

intolerant [ɪnˈtɔlərnt] ADJ: **~ (of)** intolerant (gegenüber)

intonation [ɪntəuˈneɪʃən] N Intonation *f*

intoxicated [ɪnˈtɔksɪkeɪtɪd] ADJ betrunken; (*fig*) berauscht

intoxication [ɪntɔksɪˈkeɪʃən] N (Be)trunkenheit *f*; (*fig*) Rausch *m*

intractable [ɪnˈtræktəbl] ADJ hartnäckig; (*child*) widerspenstig; (*temper*) unbeugsam

intranet [ˈɪntrənɛt] N (*Comput*) Intranet *nt*

intransigence [ɪnˈtrænsɪdʒəns] N Unnachgiebigkeit *f*

intransigent [ɪnˈtrænsɪdʒənt] ADJ unnachgiebig

intransitive [ɪnˈtrænsɪtɪv] ADJ (*Ling*) intransitiv

intrauterine device [ˈɪntrəˈjuːtəraɪn-] N (*Med*) Intrauterinpessar *nt*, Spirale *f* (*inf*)

intravenous [ɪntrəˈviːnəs] ADJ intravenös

in-tray [ˈɪntreɪ] N Ablage *f* für Eingänge

intrepid [ɪnˈtrɛpɪd] ADJ unerschrocken

intricacy [ˈɪntrɪkəsɪ] N Kompliziertheit *f*

intricate [ˈɪntrɪkət] ADJ kompliziert

intrigue [ɪnˈtriːg] N Intrigen *pl* ▸ VT faszinieren

intriguing [ɪnˈtriːgɪŋ] ADJ faszinierend

intrinsic [ɪnˈtrɪnsɪk] ADJ wesentlich

★**introduce** [ɪntrəˈdjuːs] VT (*sth new*) einführen; (*speaker, TV show etc*) ankündigen; **to ~ sb (to sb)** jdn (jdm) vorstellen; **to ~ sb to** (*pastime, technique*) jdn einführen in *+acc*; **may I ~ ...?** darf ich ... vorstellen?

introduction [ɪntrəˈdʌkʃən] N Einführung *f*; (*of person*) Vorstellung *f*; (*to book*) Einleitung *f*; **a letter of ~** ein Einführungsschreiben *nt*

introductory [ɪntrəˈdʌktərɪ] ADJ Einführungs-; **~ remarks** einführende Bemerkungen *pl*; **~ offer** Einführungsangebot *nt*

introspection [ɪntrəuˈspɛkʃən] N Selbstbeobachtung *f*, Introspektion *f*

introspective [ɪntrəuˈspɛktɪv] ADJ in sich gekehrt

introvert [ˈɪntrəuvəːt] N Introvertierte(r) *f(m)* ▸ ADJ (*also:* **introverted**) introvertiert

intrude [ɪnˈtruːd] VI eindringen; **to ~ on** stören; (*conversation*) sich einmischen in *+acc*; **am I intruding?** störe ich?

intruder [ɪnˈtruːdə[r]] N Eindringling *m*

intrusion [ɪnˈtruːʒən] N Eindringen *nt*

intrusive [ɪnˈtruːsɪv] ADJ aufdringlich

intuition [ɪntjuːˈɪʃən] N Intuition *f*

intuitive [ɪnˈtjuːɪtɪv] ADJ intuitiv; (*feeling*) instinktiv

inundate [ˈɪnʌndeɪt] VT: **to ~ with** überschwemmen mit

inure [ɪnˈjuə[r]] VT: **to ~ o.s. to** sich gewöhnen an *+acc*

invade [ɪnˈveɪd] VT einfallen in *+acc*; (*fig*) heimsuchen

invader [ɪnˈveɪdə[r]] N Invasor *m*

invalid N [ˈɪnvəlɪd] Kranke(r) *f(m)*; (*disabled*) Invalide *m* ▸ ADJ [ɪnˈvælɪd] ungültig

invalidate [ɪnˈvælɪdeɪt] VT entkräften; (*law, marriage, election*) ungültig machen

invaluable [ɪnˈvæljuəbl] ADJ unschätzbar
invariable [ɪnˈvɛərɪəbl] ADJ unveränderlich
invariably [ɪnˈvɛərɪəblɪ] ADV ständig, unweigerlich; **she is ~ late** sie kommt immer zu spät
invasion [ɪnˈveɪʒən] N Invasion *f*; **an ~ of privacy** ein Eingriff *m* in die Privatsphäre
invective [ɪnˈvɛktɪv] N Beschimpfungen *pl*
inveigle [ɪnˈviːgl] VT: **to ~ sb into sth/doing sth** jdn zu etw verleiten/dazu verleiten, etw zu tun
invent [ɪnˈvɛnt] VT erfinden
invention [ɪnˈvɛnʃən] N Erfindung *f*
inventive [ɪnˈvɛntɪv] ADJ erfinderisch
inventiveness [ɪnˈvɛntɪvnɪs] N Einfallsreichtum *m*
inventor [ɪnˈvɛntəʳ] N Erfinder(in) *m(f)*
inventory [ˈɪnvəntrɪ] N Inventar *nt*
inventory control N (*Comm*) Bestandskontrolle *f*
inverse [ɪnˈvəːs] ADJ umgekehrt; **in ~ proportion (to)** im umgekehrten Verhältnis (zu)
invert [ɪnˈvəːt] VT umdrehen
invertebrate [ɪnˈvəːtɪbrət] N wirbelloses Tier *nt*
inverted commas [ɪnˈvəːtɪd-] (BRIT) NPL Anführungszeichen *pl*
invest [ɪnˈvɛst] VT investieren ▶ VI: **to ~ in** investieren in *+acc*; (*fig*) sich *dat* anschaffen; **to ~ sb with sth** jdm etw verleihen
investigate [ɪnˈvɛstɪgeɪt] VT untersuchen
investigation [ɪnvɛstɪˈgeɪʃən] N Untersuchung *f*
investigative [ɪnˈvɛstɪgətɪv] ADJ: **~ journalism** Enthüllungsjournalismus *m*
investigator [ɪnˈvɛstɪgeɪtəʳ] N Ermittler(in) *m(f)*; **private ~** Privatdetektiv(in) *m(f)*
investiture [ɪnˈvɛstɪtʃəʳ] N (*of chancellor*) Amtseinführung *f*; (*of prince*) Investitur *f*
investment [ɪnˈvɛstmənt] N Investition *f*
investment income N Kapitalerträge *pl*
investment trust N Investmenttrust *m*
investor [ɪnˈvɛstəʳ] N (Kapital)anleger(in) *m(f)*
inveterate [ɪnˈvɛtərət] ADJ unverbesserlich
invidious [ɪnˈvɪdɪəs] ADJ (*task, job*) unangenehm; (*comparison, decision*) ungerecht
invigilator [ɪnˈvɪdʒɪleɪtəʳ] N Aufsicht *f*
invigorating [ɪnˈvɪgəreɪtɪŋ] ADJ belebend; (*experience etc*) anregend
invincible [ɪnˈvɪnsɪbl] ADJ unbesiegbar; (*belief, conviction*) unerschütterlich
inviolate [ɪnˈvaɪələt] ADJ sicher; (*truth*) unantastbar
invisible [ɪnˈvɪzɪbl] ADJ unsichtbar
invisible mending N Kunststopfen *nt*
★**invitation** [ɪnvɪˈteɪʃən] N Einladung *f*; **by ~ only** nur auf Einladung; **at sb's ~** auf jds Aufforderung *acc* (hin)
★**invite** [ɪnˈvaɪt] VT einladen; (*discussion*) auffordern zu; (*criticism*) herausfordern; **to ~ sb to do sth** jdn auffordern, etw zu tun; **to ~ sb to dinner** jdn zum Abendessen einladen
▶ **invite out** VT einladen
inviting [ɪnˈvaɪtɪŋ] ADJ einladend; (*desirable*) verlockend
invoice [ˈɪnvɔɪs] N Rechnung *f* ▶ VT in Rechnung stellen; **to ~ sb for goods** jdm für Waren eine Rechnung ausstellen
invoke [ɪnˈvəuk] VT anrufen; (*feelings, memories etc*) heraufbeschwören
involuntary [ɪnˈvɔləntrɪ] ADJ unbeabsichtigt; (*reflex*) unwillkürlich
★**involve** [ɪnˈvɔlv] VT (*person*) beteiligen; (*thing*) verbunden sein mit; (*concern, affect*) betreffen; **to ~ sb in sth** jdn in etw *acc* verwickeln
involved [ɪnˈvɔlvd] ADJ kompliziert; **the work/problems ~** die damit verbundene Arbeit/verbundenen Schwierigkeiten; **to be ~ in** beteiligt sein an *+dat*; (*be engrossed*) engagiert sein in *+dat*; **to become ~ with sb** Umgang mit jdm haben; (*emotionally*) mit jdm eine Beziehung anfangen
involvement [ɪnˈvɔlvmənt] N Engagement *nt*; (*participation*) Beteiligung *f*
invulnerable [ɪnˈvʌlnərəbl] ADJ unverwundbar; (*ship, building etc*) uneinnehmbar
inward [ˈɪnwəd] ADJ innerste(r, s); (*movement*) nach innen ▶ ADV nach innen
inwardly [ˈɪnwədlɪ] ADV innerlich
inwards [ˈɪnwədz] ADV nach innen
I/O ABBR (*Comput: = input/output*) E/A
IOC N ABBR (*= International Olympic Committee*) IOC *nt*, IOK *nt*
iodine [ˈaɪəudiːn] N Jod *nt*
IOM (BRIT) ABBR (*Post*) = **Isle of Man**
ion [ˈaɪən] N Ion *nt*
Ionian Sea [aɪˈəunɪən-] N: **the ~** das Ionische Meer
ionizer [ˈaɪənaɪzəʳ] N Ionisator *m*
iota [aɪˈəutə] N Jota *nt*
IOU N ABBR (*= I owe you*) Schuldschein *m*
IOW (BRIT) ABBR (*Post*) = **Isle of Wight**
IP ABBR (*Comput: = Internet Protocol*) IP
IPA N ABBR (*= International Phonetic Alphabet*) internationale Lautschrift *f*
iPad® [ˈaɪpæd] N iPad® *nt*, I-Pad *nt*
iPhone® [ˈaɪfəun] N iPhone® *nt*, I-Phone *nt*
iPlayer® [ˈaɪpleɪəʳ] N *Online-Mediathek der BBC*
iPod® [ˈaɪpɔd] N iPod® *m*
IQ N ABBR (*= intelligence quotient*) IQ *m*
IRA N ABBR (*= Irish Republican Army*) IRA *f*; (*US: = individual retirement account*) *privates Rentensparkonto*
Iran [ɪˈrɑːn] N (der) Iran
Iranian [ɪˈreɪnɪən] ADJ iranisch ▶ N Iraner(in) *m(f)*; (*Ling*) Iranisch *nt*
Iraq [ɪˈrɑːk] N (der) Irak
Iraqi [ɪˈrɑːkɪ] ADJ irakisch ▶ N Iraker(in) *m(f)*
irascible [ɪˈræsɪbl] ADJ jähzornig
irate [aɪˈreɪt] ADJ zornig
★**Ireland** [ˈaɪələnd] N Irland *nt*; **the Republic of ~** die Republik Irland

iris [ˈaɪrɪs] (*pl* **irises**) N (*Anat*) Iris *f*, Regenbogenhaut *f*; (*Bot*) Iris, Schwertlilie *f*

Irish [ˈaɪrɪʃ] ADJ irisch ▸ NPL: **the ~** die Iren *pl*, die Irländer *pl*

Irishman [ˈaɪrɪʃmən] N (*irreg*) Ire *m*, Irländer *m*

Irish Sea N: **the ~** die Irische See

Irishwoman [ˈaɪrɪʃwumən] N (*irreg*) Irin *f*, Irländerin *f*

irk [əːk] VT ärgern

irksome [ˈəːksəm] ADJ lästig

IRN N ABBR (= *Independent Radio News*) *Nachrichtendienst des kommerziellen Rundfunks*

iron [ˈaɪən] N Eisen *nt*; (*for clothes*) Bügeleisen *nt* ▸ CPD Eisen-; (*will, discipline etc*) eisern ▸ VT bügeln

▸ **iron out** VT (*fig*) aus dem Weg räumen

Iron Curtain N: **the ~** der Eiserne Vorhang

ironic [aɪˈrɔnɪk], **ironical** [aɪˈrɔnɪkl] ADJ ironisch; (*situation*) paradox, witzig

ironically [aɪˈrɔnɪklɪ] ADV ironisch; **~, the intelligence chief was the last to find out** witzigerweise war der Geheimdienstchef der Letzte, der es erfuhr

ironing [ˈaɪənɪŋ] N Bügeln *nt*; (*clothes*) Bügelwäsche *f*

ironing board N Bügelbrett *nt*

iron lung N (*Med*) eiserne Lunge *f*

ironmonger [ˈaɪənmʌŋgəʳ] (BRIT) N Eisen- und Haushaltswarenhändler(in) *m(f)*

ironmonger's [ˈaɪənmʌŋgəz], **ironmonger's shop** (BRIT) N Eisen- und Haushaltswarenhandlung *f*

iron ore N Eisenerz *nt*

irons [ˈaɪəns] NPL Hand- und Fußschellen *pl*; **to clap sb in ~** jdn in Eisen legen

irony [ˈaɪrənɪ] N Ironie *f*; **the ~ of it is that ...** das Ironische daran ist, dass ...

irrational [ɪˈræʃənl] ADJ irrational

irreconcilable [ɪrɛkənˈsaɪləbl] ADJ unvereinbar

irredeemable [ɪrɪˈdiːməbl] ADJ (*Comm*) nicht einlösbar; (*loan*) unkündbar; (*fault, character*) unverbesserlich

irrefutable [ɪrɪˈfjuːtəbl] ADJ unwiderlegbar

irregular [ɪˈrɛgjuləʳ] ADJ unregelmäßig; (*surface*) uneben; (*behaviour*) ungehörig

irregularity [ɪrɛgjuˈlærɪtɪ] N Unregelmäßigkeit *f*; Unebenheit *f*; Ungehörigkeit *f*

irrelevance [ɪˈrɛləvəns] N Irrelevanz *f*

irrelevant [ɪˈrɛləvənt] ADJ unwesentlich, irrelevant

irreligious [ɪrɪˈlɪdʒəs] ADJ unreligiös

irreparable [ɪˈrɛprəbl] ADJ nicht wiedergutzumachen

irreplaceable [ɪrɪˈpleɪsəbl] ADJ unersetzlich

irrepressible [ɪrɪˈprɛsəbl] ADJ (*good humour*) unerschütterlich; (*enthusiasm etc*) unbändig; (*person*) nicht unterzukriegen

irreproachable [ɪrɪˈprəutʃəbl] ADJ untadelig

irresistible [ɪrɪˈzɪstɪbl] ADJ unwiderstehlich

irresolute [ɪˈrɛzəluːt] ADJ unentschlossen

irrespective [ɪrɪˈspɛktɪv]: **~ of** *prep* ungeachtet *+gen*

irresponsible [ɪrɪˈspɔnsɪbl] ADJ verantwortungslos; (*action*) unverantwortlich

irretrievable [ɪrɪˈtriːvəbl] ADJ (*object*) nicht mehr wiederzubekommen; (*loss*) unersetzlich; (*damage*) nicht wiedergutzumachen

irreverent [ɪˈrɛvərnt] ADJ respektlos

irrevocable [ɪˈrɛvəkəbl] ADJ unwiderruflich

irrigate [ˈɪrɪgeɪt] VT bewässern

irrigation [ɪrɪˈgeɪʃən] N Bewässerung *f*

irritable [ˈɪrɪtəbl] ADJ reizbar

irritant [ˈɪrɪtənt] N Reizerreger *m*; (*situation etc*) Ärgernis *nt*

irritate [ˈɪrɪteɪt] VT ärgern, irritieren; (*Med*) reizen

irritating [ˈɪrɪteɪtɪŋ] ADJ ärgerlich, irritierend; **he is ~** er kann einem auf die Nerven gehen

irritation [ɪrɪˈteɪʃən] N Ärger *m*; (*Med*) Reizung *f*; (*annoying thing*) Ärgernis *nt*

IRS (US) N ABBR (= *Internal Revenue Service*) *Steuereinzugsbehörde*

is [ɪz] VB *see* **be**

ISA [ˈaɪsə] (BRIT) N ABBR (= *individual savings account*) *steuerfreies Sparsystem mit begrenzter Einlagenhöhe*

ISBN N ABBR (= *International Standard Book Number*) ISBN *f*

ISDN N ABBR (= *Integrated Services Digital Network*) ISDN *nt*

Islam [ˈɪzlɑːm] N der Islam; (*Islamic countries*) die islamischen Länder *pl*

Islamic [ɪzˈlæmɪk] ADJ islamisch

★**island** [ˈaɪlənd] N Insel *f*; (*also:* **traffic island**) Verkehrsinsel *f*

islander [ˈaɪləndəʳ] N Inselbewohner(in) *m(f)*

isle [aɪl] N Insel *f*; (*in names*): **the I~ of Man** die Insel Man; **the I~ of Wight** die Insel Wight; **the British Isles** die Britischen Inseln

isn't [ˈɪznt] = **is not**

isobar [ˈaɪsəubɑːʳ] N Isobare *f*

isolate [ˈaɪsəleɪt] VT isolieren

isolated [ˈaɪsəleɪtɪd] ADJ isoliert; (*place*) abgelegen; **~ incident** Einzelfall *m*

isolation [aɪsəˈleɪʃən] N Isolierung *f*

isolationism [aɪsəˈleɪʃənɪzəm] N Isolationismus *m*

isotope [ˈaɪsəutəup] N Isotop *nt*

ISP (*Comput*) N ABBR (= *Internet Service Provider*) Provider *m*

Israel [ˈɪzreɪl] N Israel *nt*

Israeli [ɪzˈreɪlɪ] ADJ israelisch ▸ N Israeli *mf*

issue [ˈɪʃuː] N Frage *f*; (*subject*) Thema *nt*; (*problem*) Problem *nt*; (*of book, stamps etc*) Ausgabe *f*; (*offspring*) Nachkommenschaft *f* ▸ VT ausgeben; (*statement*) herausgeben; (*documents*) ausstellen ▸ VI: **to ~ (from)** dringen (aus); (*liquid*) austreten (aus); **the point at ~** der Punkt, um den es geht; **to avoid the ~** ausweichen; **to confuse** *or*

obscure the ~ es unnötig kompliziert machen; **to ~ sth to sb** *or* **~ sb with sth** jdm etw geben; (*documents*) jdm etw ausstellen; (*gun etc*) jdn mit etw ausstatten; **to take ~ with sb (over)** jdm widersprechen (in *+dat*); **to make an ~ of sth** etw aufbauschen

isthmus [ˈɪsməs] N Landenge *f*, Isthmus *m*

IT N ABBR (= *information technology*) IT *f*

it [ɪt]
PRON **1** (*specific: subject*) er/sie/es; (: *direct object*) ihn/sie/es; (: *indirect object*) ihm/ihr/ihm; **it's on the table** es ist auf dem Tisch; **I can't find it** ich kann es nicht finden; **give it to me** gib es mir; **about it** darüber; **from it** davon; **in it** darin; **of it** davon; **what did you learn from it?** was hast du daraus gelernt?; **I'm proud of it** ich bin stolz darauf **2** (*impersonal*) es; **it's raining** es regnet; **it's Friday tomorrow** morgen ist Freitag; **who is it? — it's me** wer ist da? — ich bins

ITA, (BRIT) **i.t.a.** N ABBR (= *initial teaching alphabet*) *Alphabet zum Lesenlernen*

Italian [ɪˈtæljən] ADJ italienisch ▶ N Italiener(in) *m(f)*; (*Ling*) Italienisch *nt*; **the Italians** die Italiener *pl*

italics [ɪˈtælɪks] NPL Kursivschrift *f*

★**Italy** [ˈɪtəlɪ] N Italien *nt*

itch [ɪtʃ] N Juckreiz *m* ▶ VI jucken; **I am itching all over** mich juckt es überall; **to ~ to do sth** darauf brennen, etw zu tun

itchy [ˈɪtʃɪ] ADJ juckend; **my back is ~** mein Rücken juckt

it'd [ˈɪtd] = **it would; it had**

★**item** [ˈaɪtəm] N Punkt *m*; (*of collection*) Stück *nt*; (*also:* **news item**) Meldung *f*; (: *in newspaper*) Zeitungsnotiz *f*; **items of clothing** Kleidungsstücke *pl*

itemize [ˈaɪtəmaɪz] VT einzeln aufführen

itemized bill [ˈaɪtəmaɪzd-] N *Rechnung, auf der die Posten einzeln aufgeführt sind*

itinerant [ɪˈtɪnərənt] ADJ (*labourer, priest etc*) Wander-; (*salesman*) reisend

itinerary [aɪˈtɪnərərɪ] N Reiseroute *f*

it'll [ˈɪtl] = **it will; it shall**

ITN (BRIT) N ABBR (TV: = *Independent Television News*) *Nachrichtendienst des kommerziellen Fernsehens*

★**its** [ɪts] ADJ sein(e), ihr(e) ▶ PRON seine(r, s), ihre(r, s); *see also* **my**

it's [ɪts] = **it is; it has**

★**itself** [ɪtˈsɛlf] PRON sich; (*emphatic*) selbst; *see also* **oneself**

ITV (BRIT) N ABBR (TV: = *Independent Television*) *kommerzieller Fernsehsender*

IUD N ABBR = **intrauterine device**

I've [aɪv] = **I have**

ivory [ˈaɪvərɪ] N Elfenbein *nt*

Ivory Coast N Elfenbeinküste *f*

ivory tower N (*fig*) Elfenbeinturm *m*

ivy [ˈaɪvɪ] N Efeu *m*

Ivy League (US) N *Eliteuniversitäten der USA*

> Als **Ivy League** bezeichnet man die acht renommiertesten Universitäten im Nordosten der Vereinigten Staaten (*Brown, Columbia, Cornell, Dartmouth College, Harvard, Princeton, University of Pennsylvania, Yale*), die untereinander Sportwettkämpfe austragen. Der Name bezieht sich auf die efeubewachsenen Mauern der Universitätsgebäude.

Jj

J, j [dʒeɪ] N *(letter)* J *nt*, j *nt*; **J for Jack, J for Jig** *(US)* ≈ J wie Julius

JA N ABBR = **judge advocate; joint account**

J/A ABBR = **joint account**

jab [dʒæb] VT stoßen; *(with finger, needle)* stechen ▸ N *(inf)* Spritze *f* ▸ VI: **to ~ at** einstechen auf *+acc*; **to ~ sth into sth** etw in etw *acc* stoßen/stechen

jack [dʒæk] N *(Aut)* Wagenheber *m*; *(Bowls)* Zielkugel *f*; *(Cards)* Bube *m*
▸ **jack in** *(inf)* VT aufgeben
▸ **jack up** VT *(Aut)* aufbocken

jackal [ˈdʒækl] N Schakal *m*

jackass [ˈdʒækæs] *(inf)* N *(person)* Esel *m*

jackdaw [ˈdʒækdɔː] N Dohle *f*

jacket [ˈdʒækɪt] N Jackett *nt*; *(of book)* Schutzumschlag *m*; **potatoes in their jackets, ~ potatoes** in der Schale gebackene Kartoffeln *pl*

jack-in-the-box [ˈdʒækɪnðəbɔks] N Schachtelteufel *m*, Kastenteufel *m*

jack-knife [ˈdʒæknaɪf] N Klappmesser *nt* ▸ VI: **the lorry jack-knifed** der Anhänger (des Lastwagens) hat sich quer gestellt

jack-of-all-trades [ˈdʒækəvˈɔːltreɪdz] N Alleskönner *m*

jack plug N Bananenstecker *m*

jackpot [ˈdʒækpɔt] N Hauptgewinn *m*; **to hit the ~** *(fig)* das große Los ziehen

Jacuzzi® [dʒəˈkuːzɪ] N Whirlpool *m*

jade [dʒeɪd] N Jade *m or f*

jaded [ˈdʒeɪdɪd] ADJ abgespannt; **to get ~** die Nase vollhaben

JAG N ABBR = **Judge Advocate General**

jagged [ˈdʒægɪd] ADJ gezackt

jaguar [ˈdʒægjuəʳ] N Jaguar *m*

jail [dʒeɪl] N Gefängnis *nt* ▸ VT einsperren

jailbird [ˈdʒeɪlbəːd] N Knastbruder *m (inf)*

jailbreak [ˈdʒeɪlbreɪk] N (Gefängnis)ausbruch *m*

jalopy [dʒəˈlɔpɪ] *(inf)* N alte (Klapper)kiste *f or* Mühle *f*

jam [dʒæm] N Marmelade *f*, Konfitüre *f*; *(also:* **traffic jam***)* Stau *m*; *(inf: difficulty)* Klemme *f* ▸ VT blockieren; *(mechanism, drawer etc)* verklemmen; *(Radio)* stören ▸ VI klemmen; *(gun)* Ladehemmung haben; **I'm in a real ~** *(inf)* ich stecke wirklich in der Klemme; **to get sb out of a ~** *(inf)* jdm aus der Klemme helfen; **to ~ sth into sth** etw in etw *acc* stopfen; **the telephone lines are jammed** die Leitungen sind belegt

Jamaica [dʒəˈmeɪkə] N Jamaika *nt*

Jamaican [dʒəˈmeɪkən] ADJ jamaikanisch ▸ N Jamaikaner(in) *m(f)*

jamb [dʒæm] N *(of door)* (Tür)pfosten *m*; *(of window)* (Fenster)pfosten *m*

jamboree [dʒæmbəˈriː] N Fest *nt*

jam-packed [dʒæmˈpækt] ADJ: **~ (with)** vollgestopft (mit)

jam session N *(Mus)* Jamsession *f*

Jan. ABBR *(= January)* Jan.

jangle [ˈdʒæŋgl] VI klimpern

janitor [ˈdʒænɪtəʳ] N Hausmeister(in) *m(f)*

★**January** [ˈdʒænjuərɪ] N Januar *m*; *see also* **July**

★**Japan** [dʒəˈpæn] N Japan *nt*

Japanese [dʒæpəˈniːz] ADJ japanisch ▸ N INV Japaner(in) *m(f)*; *(Ling)* Japanisch *nt*

jar [dʒɑːʳ] N Topf *m*, Gefäß *nt*; *(glass)* Glas *nt* ▸ VI *(sound)* gellen; *(colours)* nicht harmonieren, sich beißen ▸ VT erschüttern; **to ~ on sb** jdm auf die Nerven gehen

jargon [ˈdʒɑːgən] N Jargon *m*

jarring [ˈdʒɑːrɪŋ] ADJ *(sound)* gellend, schrill; *(colour)* schreiend

jasmine [ˈdʒæzmɪn] N Jasmin *m*

jaundice [ˈdʒɔːndɪs] N Gelbsucht *f*

jaundiced [ˈdʒɔːndɪst] ADJ *(view, attitude)* zynisch

jaunt [dʒɔːnt] N Spritztour *f*

jaunty [ˈdʒɔːntɪ] ADJ munter; *(step)* schwungvoll

Java [ˈdʒɑːvə] N Java *nt*

javelin [ˈdʒævlɪn] N Speer *m*

jaw [dʒɔː] N Kiefer *m*

jawbone [ˈdʒɔːbəun] N Kieferknochen *m*

jay [dʒeɪ] N Eichelhäher *m*

jaywalker [ˈdʒeɪwɔːkəʳ] N unachtsamer Fußgänger *m*, unachtsame Fußgängerin *f*

★**jazz** [dʒæz] N Jazz *m*
▸ **jazz up** VT aufpeppen *(inf)*

jazz band N Jazzband *f*

JCB® N Erdräummaschine *f*

JCS *(US)* N ABBR *(= Joint Chiefs of Staff)* Stabschefs *pl*

JD (US) N ABBR (= *Doctor of Laws*) ≈ Dr. jur.; (= *Justice Department*) ≈ Justizministerium *nt*

★**jealous** [ˈdʒɛləs] ADJ eifersüchtig; (*envious*) neidisch

jealously [ˈdʒɛləslɪ] ADV eifersüchtig; (*enviously*) neidisch; (*watchfully*) sorgsam

jealousy [ˈdʒɛləsɪ] N Eifersucht *f*; (*envy*) Neid *m*

★**jeans** [dʒiːnz] NPL Jeans *pl*

Jeep® [dʒiːp] N Jeep® *m*

jeer [dʒɪəʳ] VI höhnische Bemerkungen machen; **to ~ at** verhöhnen

jeering [ˈdʒɪərɪŋ] ADJ höhnisch; (*crowd*) johlend ▸ N Johlen *nt*

jeers [dʒɪəz] NPL Buhrufe *pl*

jeggings [ˈdʒɛgɪŋz] NPL Jeggings *pl*

jelly [ˈdʒɛlɪ] N Götterspeise *f*; (*jam*) Gelee *m or nt*

jelly baby (BRIT) N Gummibärchen *nt*

jellyfish [ˈdʒɛlɪfɪʃ] N Qualle *f*

jeopardize [ˈdʒɛpədaɪz] VT gefährden

jeopardy [ˈdʒɛpədɪ] N: **to be in ~** gefährdet sein

jerk [dʒəːk] N Ruck *m*; (*pej: idiot*) Trottel *m* ▸ VT reißen ▸ VI (*vehicle*) ruckeln

jerkin [ˈdʒəːkɪn] N Wams *nt*

jerky [ˈdʒəːkɪ] ADJ ruckartig

jerry-built [ˈdʒɛrɪbɪlt] ADJ schlampig gebaut

jerry can [ˈdʒɛrɪ-] N großer Blechkanister *m*

Jersey [ˈdʒəːzɪ] N Jersey *nt*

★**jersey** [ˈdʒəːzɪ] N Pullover *m*; (*fabric*) Jersey *m*

Jerusalem [dʒəˈruːsləm] N Jerusalem *nt*

jest [dʒɛst] N Scherz *m*

jester [ˈdʒɛstəʳ] N Narr *m*

Jesus [ˈdʒiːzəs] N Jesus *m*; **~ Christ** Jesus Christus *m*

jet [dʒɛt] N Strahl *m*; (*Aviat*) Düsenflugzeug *nt*; (*Mineralogy, Jewellery*) Jett *m or nt*, Gagat *m*

jet-black [ˈdʒɛtˈblæk] ADJ pechschwarz

jet engine N Düsentriebwerk *nt*

jet lag N Jetlag *nt*

jet-propelled [ˈdʒɛtprəˈpɛld] ADJ Düsen-, mit Düsenantrieb

jetsam [ˈdʒɛtsəm] N Strandgut *nt*; (*floating*) Treibgut *nt*

jet-setter [ˈdʒɛtsɛtəʳ] N: **to be a ~** zum Jetset gehören

jettison [ˈdʒɛtɪsn] VT abwerfen; (*from ship*) über Bord werfen

jetty [ˈdʒɛtɪ] N Landesteg *m*, Pier *m*

Jew [dʒuː] N Jude *m*, Jüdin *f*

jewel [ˈdʒuːəl] N Edelstein *m*, Juwel *nt* (*also fig*); (*in watch*) Stein *m*

jeweller, (US) **jeweler** [ˈdʒuːələʳ] N Juwelier *m*

jeweller's, jeweller's shop N Juwelier *m*, Juweliergeschäft *nt*

jewellery, (US) **jewelry** [ˈdʒuːəlrɪ] N Schmuck *m*

Jewess [ˈdʒuːɪs] (*pej*) N Jüdin *f*

Jewish [ˈdʒuːɪʃ] ADJ jüdisch

JFK (US) N ABBR (= *John Fitzgerald Kennedy International Airport*) John-F.-Kennedy-Flughafen *m*

jib [dʒɪb] N (*Naut*) Klüver *m*; (*of crane*) Ausleger *m* ▸ VI (*horse*) scheuen, bocken; **to ~ at doing sth** sich dagegen sträuben, etw zu tun

jibe [dʒaɪb] N = **gibe**

jiffy [ˈdʒɪfɪ] (*inf*) N: **in a ~** sofort

jig [dʒɪg] N *lebhafter Volkstanz*

jigsaw [ˈdʒɪgsɔː] N (*also:* **jigsaw puzzle**) Puzzle(-spiel) *nt*; (*tool*) Stichsäge *f*

jilbab [ˈdʒɪlbæb] N Dschilbab *m or nt*

jilt [dʒɪlt] VT sitzen lassen

jingle [ˈdʒɪŋgl] N (*tune*) Jingle *m* ▸ VI (*bracelets*) klimpern; (*bells*) bimmeln

jingoism [ˈdʒɪŋgəuɪzəm] N Hurrapatriotismus *m*

jinx [dʒɪŋks] (*inf*) N Fluch *m*; **there's a ~ on it** es ist verhext

jitters [ˈdʒɪtəz] (*inf*) NPL: **to get the ~** das große Zittern bekommen

jittery [ˈdʒɪtərɪ] (*inf*) ADJ nervös, rappelig

jiujitsu [dʒuːˈdʒɪtsuː] N Jiu-Jitsu *nt*

★**job** [dʒɔb] N Arbeit *f*; (*post, employment*) Stelle *f*, Job *m*; **it's not my ~** es ist nicht meine Aufgabe; **a part-time ~** eine Teilzeitbeschäftigung; **a full-time ~** eine Ganztagsstelle; **he's only doing his ~** er tut nur seine Pflicht; **it's a good ~ that …** nur gut, dass …; **just the ~!** genau das Richtige!

jobber [ˈdʒɔbəʳ] (BRIT) N Börsenhändler *m*

jobbing [ˈdʒɔbɪŋ] (BRIT) ADJ Gelegenheits-

job centre (BRIT) N Arbeitsamt *nt*

job creation scheme N Arbeitsbeschaffungsmaßnahmen *pl*

job description N Tätigkeitsbeschreibung *f*

job-hunting N: **to go ~** auf Arbeitssuche gehen

job interview N Vorstellungs- *or* Bewerbungsgespräch *nt*

jobless [ˈdʒɔblɪs] ADJ arbeitslos ▸ NPL: **the ~** die Arbeitslosen *pl*

job lot N (Waren)posten *m*

job satisfaction N Zufriedenheit *f* am Arbeitsplatz

job security N Sicherheit *f* des Arbeitsplatzes

Jobseeker's Allowance (BRIT) N Arbeitslosenunterstützung *f*

job sharing N Jobsharing *nt*, Arbeitsplatzteilung *f*

job specification N Tätigkeitsbeschreibung *f*

Jock [dʒɔk] (*pej*) N Schotte *m*

jockey [ˈdʒɔkɪ] N Jockey *m* ▸ VI: **to ~ for position** um eine gute Position rangeln

jockey box (US) N (*Aut*) Handschuhfach *nt*

jocular [ˈdʒɔkjuləʳ] ADJ spaßig, witzig

jog [dʒɔg] VT (an)stoßen ▸ VI joggen, Dauerlauf machen; **to ~ sb's memory** jds Gedächtnis *dat* nachhelfen

▸**jog along** VI entlangzuckeln (*inf*)

jogger [ˈdʒɔgəʳ] N Jogger(in) *m(f)*

jogging [ˈdʒɔgɪŋ] N Jogging *nt*, Joggen *nt*
john [dʒɔn] (*US inf*) N (*toilet*) Klo *nt*
join [dʒɔɪn] VT (*club, party*) beitreten *+dat*; (*queue*) sich stellen in *+acc*; (*things, places*) verbinden; (*group of people*) sich anschließen *+dat* ▸ VI (*roads*) sich treffen; (*rivers*) zusammenfließen ▸ N Verbindungsstelle *f*; **to ~ forces (with)** (*fig*) sich zusammentun (mit); **will you ~ us for dinner?** wollen Sie mit uns zu Abend essen?; **I'll ~ you later** ich komme später
▸**join in** VI mitmachen ▸ VT FUS sich beteiligen an *+dat*
▸**join up** VI sich treffen; (*Mil*) zum Militär gehen
joiner [ˈdʒɔɪnəʳ] (BRIT) N Schreiner(in) *m(f)*
joinery [ˈdʒɔɪnərɪ] (BRIT) N Schreinerei *f*
joint [dʒɔɪnt] N (*in woodwork*) Fuge *f*; (*in pipe etc*) Verbindungsstelle *f*; (*Anat*) Gelenk *nt*; (BRIT *Culin*) Braten *m*; (*inf: place*) Laden *m*; (*: of cannabis*) Joint *m* ▸ ADJ gemeinsam; (*combined*) vereint
joint account N gemeinsames Konto *nt*
jointly [ˈdʒɔɪntlɪ] ADV gemeinsam
joint ownership N Miteigentum *nt*
joint-stock company [ˈdʒɔɪntˈstɔk-] N Aktiengesellschaft *f*
joint venture N Gemeinschaftsunternehmen *nt*, Joint Venture *nt*
joist [dʒɔɪst] N Balken *m*, Träger *m*
joke [dʒəuk] N Witz *m*; (*also:* **practical joke**) Streich *m* ▸ VI Witze machen; **to play a ~ on sb** jdm einen Streich spielen
joker [ˈdʒəukəʳ] N (*Cards*) Joker *m*
joking [ˈdʒəukɪŋ] ADJ scherzhaft
jokingly [ˈdʒəukɪŋlɪ] ADV scherzhaft, im Spaß
jollity [ˈdʒɔlɪtɪ] N Fröhlichkeit *f*
jolly [ˈdʒɔlɪ] ADJ fröhlich; (*enjoyable*) lustig ▸ ADV (BRIT *inf: very*) ganz (schön) ▸ VT (BRIT): **to ~ sb along** jdm aufmunternd zureden; **~ good!** prima!
jolt [dʒəult] N Ruck *m*; (*shock*) Schock *m* ▸ VT schütteln; (*subj: bus etc*) durchschütteln; (*emotionally*) aufrütteln
Jordan [ˈdʒɔːdən] N Jordanien *nt*; (*river*) Jordan *m*
Jordanian [dʒɔːˈdeɪnɪən] ADJ jordanisch ▸ N Jordanier(in) *m(f)*
joss stick [dʒɔs-] N Räucherstäbchen *nt*
jostle [ˈdʒɔsl] VT anrempeln ▸ VI drängeln
jot [dʒɔt] N: **not one ~** kein bisschen
▸**jot down** VT notieren
jotter [ˈdʒɔtəʳ] (BRIT) N Notizbuch *nt*; (*pad*) Notizblock *m*
journal [ˈdʒəːnl] N Zeitschrift *f*; (*diary*) Tagebuch *nt*
journalese [dʒəːnəˈliːz] (*pej*) N Pressejargon *m*
journalism [ˈdʒəːnəlɪzəm] N Journalismus *m*
journalist [ˈdʒəːnəlɪst] N Journalist(in) *m(f)*
journey [ˈdʒəːnɪ] N Reise *f* ▸ VI reisen; **a 5-hour ~** eine Fahrt von 5 Stunden; **return ~** Rückreise *f*; (*both ways*) Hin- und Rückreise *f*
jovial [ˈdʒəuvɪəl] ADJ fröhlich; (*atmosphere*) freundlich, herzlich

jowl [dʒaul] N Backe *f*
★**joy** [dʒɔɪ] N Freude *f*
joyful [ˈdʒɔɪful] ADJ freudig
joyride [ˈdʒɔɪraɪd] N *Spritztour in einem gestohlenen Auto*
joyrider [ˈdʒɔɪraɪdəʳ] N *Autodieb, der den Wagen nur für eine Spritztour benutzt*
joystick [ˈdʒɔɪstɪk] N (*Aviat*) Steuerknüppel *m*; (*Comput*) Joystick *m*
JP N ABBR = **Justice of the Peace**
Jr ABBR (*in names: = junior*) jun.
JTPA (US) N ABBR (= *Job Training Partnership Act*) *Arbeitsbeschaffungsprogramm für benachteiligte Bevölkerungsteile und Minderheiten*
jubilant [ˈdʒuːbɪlnt] ADJ überglücklich
jubilation [dʒuːbɪˈleɪʃən] N Jubel *m*
jubilee [ˈdʒuːbɪliː] N Jubiläum *nt*; **silver ~** 25-jähriges Jubiläum; **golden ~** 50-jähriges Jubiläum
★**judge** [dʒʌdʒ] N Richter(in) *m(f)*; (*in competition*) Preisrichter(in) *m(f)*; (*fig: expert*) Kenner(in) *m(f)* ▸ VT (*Law: person*) die Verhandlung führen über *+acc*; (*: case*) verhandeln; (*competition*) Preisrichter(in) sein bei; (*person etc*) beurteilen; (*consider*) halten für; (*estimate*) einschätzen ▸ VI: **judging by** *or* **to ~ by his expression** seinem Gesichtsausdruck nach zu urteilen; **she's a good ~ of character** sie ist ein guter Menschenkenner; **I'll be the ~ of that** das müssen Sie mich schon selbst beurteilen lassen; **as far as I can ~** soweit ich es beurteilen kann; **I judged it necessary to inform him** ich hielt es für nötig, ihn zu informieren
judge advocate N (*Mil*) Beisitzer(in) *m(f)* bei einem Kriegsgericht
Judge Advocate General N (*Mil*) *Vorsitzender des obersten Militärgerichts*
judgment, judgement [ˈdʒʌdʒmənt] N Urteil *nt*; (*Rel*) Gericht *nt*; (*view, opinion*) Meinung *f*; (*discernment*) Urteilsvermögen *nt*; **in my judg(e)ment** meiner Meinung nach; **to pass judg(e)ment (on)** (*Law*) das Urteil sprechen (über *+acc*); (*fig*) ein Urteil fällen (über *+acc*)
judicial [dʒuːˈdɪʃl] ADJ gerichtlich, Justiz-; (*fig*) kritisch; **~ review** gerichtliche Überprüfung *f*
judiciary [dʒuːˈdɪʃɪərɪ] N: **the ~** die Gerichtsbehörden *pl*
judicious [dʒuːˈdɪʃəs] ADJ klug
judo [ˈdʒuːdəu] N Judo *nt*
jug [dʒʌg] N Krug *m*
jugged hare [ˈdʒʌgd-] (BRIT) N ≈ Hasenpfeffer *m*
juggernaut [ˈdʒʌgənɔːt] (BRIT) N Fernlastwagen *m*
juggle [ˈdʒʌgl] VI jonglieren
juggler [ˈdʒʌgləʳ] N Jongleur *m*
Jugoslav *etc* [ˈjuːgəuˈslɑːv] = **Yugoslav** *etc*
jugular [ˈdʒʌgjuləʳ] ADJ: **~ (vein)** Drosselvene *f*
★**juice** [dʒuːs] N Saft *m*; (*inf: petrol*): **we've run out of ~** wir haben keinen Sprit mehr
juicy [ˈdʒuːsɪ] ADJ saftig

j

jukebox [ˈdʒu:kbɔks] N Musikbox *f*

Jul. ABBR = **July**

★**July** [dʒu:ˈlaɪ] N Juli *m*; **the first of ~** der erste Juli; **on the eleventh of ~** am elften Juli; **in the month of ~** im (Monat) Juli; **at the beginning/ end of ~** Anfang/Ende Juli; **in the middle of ~** Mitte Juli; **during ~** im Juli; **in ~ of next year** im Juli nächsten Jahres; **each** *or* **every ~** jedes Jahr im Juli; **~ was wet this year** der Juli war dieses Jahr ein nasser Monat

jumble [ˈdʒʌmbl] N Durcheinander *nt*; (*items for sale*) gebrauchte Sachen *pl* ▶ VT (*also:* **jumble up**) durcheinanderbringen

jumbo [ˈdʒʌmbəu], **jumbo jet** N Jumbo(jet) *m*

jumbo-size [ˈdʒʌmbəusaɪz] ADJ (*packet etc*) Riesen-

★**jump** [dʒʌmp] VI springen; (*with fear, surprise*) zusammenzucken; (*increase*) sprunghaft ansteigen ▶ VT springen über *+acc* ▶ N Sprung *m*; Zusammenzucken *nt*; sprunghafter Anstieg *m*; **to ~ the queue** (BRIT) sich vordrängeln

▶**jump about** VI herumspringen

▶**jump at** VT FUS (*idea*) sofort aufgreifen; (*chance*) sofort ergreifen; **he jumped at the offer** er griff bei dem Angebot sofort zu

▶**jump down** VI herunterspringen

▶**jump up** VI hochspringen; (*from seat*) aufspringen

jumped-up [ˈdʒʌmptʌp] (BRIT *pej*) ADJ eingebildet

★**jumper** [ˈdʒʌmpə^r^] N (BRIT) Pullover *m*; (*US: dress*) Trägerkleid *nt*; (*Sport*) Springer(in) *m(f)*

jumper cables (US) NPL = **jump leads**

jumping jack N Knallfrosch *m*

jump jet N Senkrechtstarter *m*

jump leads (BRIT) NPL Starthilfekabel *nt*

jump-start [ˈdʒʌmpstɑ:t] VT (*Aut: engine*) durch Anschieben des Wagens in Gang bringen

jump suit N Overall *m*

jumpy [ˈdʒʌmpɪ] ADJ nervös

Jun. ABBR = **June**

junction [ˈdʒʌŋkʃən] (BRIT) N Kreuzung *f*; (*Rail*) Gleisanschluss *m*

juncture [ˈdʒʌŋktʃə^r^] N: **at this ~** zu diesem Zeitpunkt

★**June** [dʒu:n] N Juni *m*; *see also* **July**

jungle [ˈdʒʌŋgl] N Urwald *m*, Dschungel *m* (*also fig*)

junior [ˈdʒu:nɪə^r^] ADJ jünger; (*subordinate*) untergeordnet ▶ N Jüngere(r) *f(m)*; (*young person*) Junior *m*; **he's ~ to me (by 2 years), he's my ~ (by 2 years)** (*younger*) er ist (2 Jahre) jünger als ich; **he's ~ to me** (*subordinate*) er steht unter mir

junior executive N Zweiter Geschäftsführer *m*, Zweite Geschäftsführerin *f*

junior high school (US) N ≈ Mittelschule *f*

junior minister (BRIT) N Staatssekretär(in) *m(f)*

junior partner N Juniorpartner(in) *m(f)*

junior school (BRIT) N ≈ Grundschule *f*

junior sizes NPL (*Comm*) Kindergrößen *pl*

juniper [ˈdʒu:nɪpə^r^] N: **~ berry** Wacholderbeere *f*

junk [dʒʌŋk] N (*rubbish*) Gerümpel *nt*; (*cheap goods*) Ramsch *m*; (*ship*) Dschunke *f* ▶ VT (*inf*) ausrangieren

junk bond N (*Fin*) *niedrig eingestuftes Wertpapier mit hohen Ertragschancen bei erhöhtem Risiko*

junket [ˈdʒʌŋkɪt] N Dickmilch *f*; (*inf, pej: free trip*): **to go on a ~** eine Reise auf Kosten des Steuerzahlers machen

junk food N ungesundes Essen *nt*

junkie [ˈdʒʌŋkɪ] (*inf*) N Fixer(in) *m(f)*

junk mail N (Post)wurfsendungen *pl*

junk room N Rumpelkammer *f*

junk shop N Trödelladen *m*

Junr ABBR (*in names: = junior*) jun.

junta [ˈdʒʌntə] N Junta *f*

Jupiter [ˈdʒu:pɪtə^r^] N Jupiter *m*

jurisdiction [dʒuərɪsˈdɪkʃən] N Gerichtsbarkeit *f*; (*Admin*) Zuständigkeit *f*, Zuständigkeitsbereich *m*; **it falls** *or* **comes within/outside my ~** dafür bin ich zuständig/nicht zuständig

jurisprudence [dʒuərɪsˈpru:dəns] N Jura *no art*, Rechtswissenschaft *f*

juror [ˈdʒuərə^r^] N Schöffe *m*, Schöffin *f*; (*for capital crimes*) Geschworene(r) *f(m)*; (*in competition*) Preisrichter(in) *m(f)*

★**jury** [ˈdʒuərɪ] N: **the ~** die Schöffen *pl*; (*for capital crimes*) die Geschworenen *pl*; (*for competition*) die Jury, das Preisgericht

jury box N Schöffenbank *f*; Geschworenenbank *f*

juryman [ˈdʒuərɪmən] N (*irreg*) = **juror**

★**just** [dʒʌst] ADJ gerecht ▶ ADV (*exactly*) genau; (*only*) nur; **he's ~ done it/left** er hat es gerade getan/ist gerade gegangen; **~ as I expected** genau wie ich erwartet habe; **~ right** genau richtig; **~ two o'clock** erst zwei Uhr; **we were ~ going** wir wollten gerade gehen; **I was ~ about to phone** ich wollte gerade anrufen; **she's ~ as clever as you** sie ist genauso klug wie du; **it's ~ as well (that) …** nur gut, dass …; **~ as he was leaving** gerade als er gehen wollte; **~ before** gerade noch; **~ enough** gerade genug; **~ here** genau hier, genau an dieser Stelle; **he ~ missed** er hat genau danebengetroffen; **it's ~ me** ich bins nur; **it's ~ a mistake** es ist nur ein Fehler; **~ listen** hör mal; **~ ask someone the way** frage doch einfach jemanden nach dem Weg; **not ~ now** nicht gerade jetzt; **~ a minute!, ~ one moment!** einen Moment, bitte!

★**justice** [ˈdʒʌstɪs] N Justiz *f*; (*of cause, complaint*) Berechtigung *f*; (*fairness*) Gerechtigkeit *f*; (*US: judge*) Richter(in) *m(f)*; **Lord Chief J~** (BRIT) *oberster Richter in Großbritannien*; **to do ~ to** (*fig*) gerecht werden *+dat*

Justice of the Peace N Friedensrichter(in) *m(f)*

justifiable [dʒʌstɪˈfaɪəbl] ADJ gerechtfertigt, berechtigt

justifiably [dʒʌstɪˈfaɪəblɪ] ADV zu Recht, berechtigterweise

justification [dʒʌstɪfɪˈkeɪʃən] N Rechtfertigung *f*; (*Typ*) Justierung *f*

justify [ˈdʒʌstɪfaɪ] VT rechtfertigen; (*text*) justieren; **to be justified in doing sth** etw zu *or* mit Recht tun

justly [ˈdʒʌstlɪ] ADV zu *or* mit Recht; (*deservedly*) gerecht

jut [dʒʌt] VI (*also:* **jut out**) vorstehen

jute [dʒuːt] N Jute *f*

juvenile [ˈdʒuːvənaɪl] ADJ (*crime, offenders*) Jugend-; (*humour, mentality*) kindisch, unreif ▶ N Jugendliche(r) *f*(*m*)

juvenile delinquency N Jugendkriminalität *f*

juvenile delinquent N jugendlicher Straftäter *m*, jugendliche Straftäterin *f*

juxtapose [ˈdʒʌkstəpəuz] VT nebeneinanderstellen

juxtaposition [ˈdʒʌkstəpəˈzɪʃən] N Nebeneinanderstellung *f*

j

K[1], **k** [keɪ] N (*letter*) K *nt*, k *nt*; **K for King** ≈ K wie Kaufmann

K[2] [keɪ] ABBR (= *one thousand*) K; (*Comput*: = *kilobyte*) KB; (BRIT: *in titles*) = **knight**

kaftan [ˈkæftæn] N Kaftan *m*

Kalahari Desert [kæləˈhɑːrɪ-] N: **the ~** die Kalahari

kale [keɪl] N Grünkohl *m*

kaleidoscope [kəˈlaɪdəskəup] N Kaleidoskop *nt*

kamikaze [ˈkæmɪˈkɑːzɪ] ADJ (*mission etc*) Kamikaze-, Selbstmord-

Kampala [kæmˈpɑːlə] N Kampala *nt*

Kampuchea [kæmpuˈtʃɪə] N Kampuchea *nt*

Kampuchean [kæmpuˈtʃɪən] ADJ kampucheanisch

kangaroo [kæŋgəˈruː] N Känguru *nt*

Kans. (US) ABBR (*Post*) = **Kansas**

kaput [kəˈput] (*inf*) ADJ: **to be ~** kaputt sein

karaoke [kɑːrəˈəukɪ] N Karaoke *nt*

karate [kəˈrɑːtɪ] N Karate *nt*

kart [kɑːt] N Gokart *m*

Kashmir [kæʃˈmɪər] N Kaschmir *nt*

kayak [ˈkaɪæk] N Kajak *m or nt*

Kazakhstan [kæzækˈstɑːn] N Kasachstan *nt*

KC (BRIT) N ABBR (*Law*: = *King's Counsel*) Kronanwalt *m*

kebab [kəˈbæb] N Kebab *m*

keel [kiːl] N Kiel *m*; **on an even ~** (*fig*) stabil
▸ **keel over** VI kentern; (*person*) umkippen

★**keen** [kiːn] ADJ begeistert, eifrig; (*interest*) groß; (*desire*) heftig; (*eye, intelligence, competition, edge*) scharf; **to be ~ to do** *or* **on doing sth** scharf darauf sein, etw zu tun (*inf*); **to be ~ on sth** an etw *dat* sehr interessiert sein; **to be ~ on sb** von jdm sehr angetan sein; **I'm not ~ on going** ich brenne nicht gerade darauf, zu gehen

keenly [ˈkiːnlɪ] ADV (*enthusiastically*) begeistert; (*feel*) leidenschaftlich; (*look*) aufmerksam

keenness [ˈkiːnnɪs] N Begeisterung *f*, Eifer *m*; **his ~ to go is suspicious** dass er so unbedingt gehen will, ist verdächtig

★**keep** [kiːp] (*pt, pp* **kept**) VT behalten; (*preserve, store*) aufbewahren; (*house, shop, accounts, diary*) führen; (*garden etc*) pflegen; (*chickens, bees, promise*) halten; (*family etc*) versorgen, unterhalten; (*detain*) aufhalten; (*prevent*) abhalten ▸ VI (*remain*) bleiben; (*food*) sich halten ▸ N (*food etc*) Unterhalt *m*; (*of castle*) Bergfried *m*; **to ~ doing sth** etw immer wieder tun; **to ~ sb happy** jdn zufriedenstellen; **to ~ a room tidy** ein Zimmer in Ordnung halten; **to ~ sb waiting** jdn warten lassen; **to ~ an appointment** eine Verabredung einhalten; **to ~ a record of sth** über etw *acc* Buch führen; **to ~ sth to o.s.** etw für sich behalten; **to ~ sth (back) from sb** etw vor jdm geheim halten; **to ~ sb from doing sth** jdn davon abhalten, etw zu tun; **to ~ sth from happening** etw verhindern; **to ~ time** (*clock*) genau gehen; **enough for his ~** genug für seinen Unterhalt
▸ **keep away** VT fernhalten ▸ VI: **to ~ away (from)** wegbleiben (von)
▸ **keep back** VT zurückhalten; (*tears*) unterdrücken; (*money*) einbehalten ▸ VI zurückbleiben
▸ **keep down** VT (*prices*) niedrig halten; (*spending*) einschränken; (*food*) bei sich behalten ▸ VI unten bleiben
▸ **keep in** VT im Haus behalten; (*at school*) nachsitzen lassen ▸ VI (*inf*): **to ~ in with sb** sich mit jdm gut stellen
▸ **keep off** VT fernhalten ▸ VI wegbleiben; **"~ off the grass"** „Betreten des Rasens verboten"; **~ your hands off** Hände weg
▸ **keep on** VI: **to ~ on doing sth** (*continue*) etw weiter tun; **to ~ on (about sth)** unaufhörlich (von etw) reden
▸ **keep out** VT fernhalten; **"~ out"** „Zutritt verboten"
▸ **keep up** VT (*payments*) weiterbezahlen; (*standards etc*) aufrechterhalten ▸ VI: **to ~ up (with)** mithalten können (mit)

keeper [ˈkiːpər] N Wärter(in) *m(f)*

keep fit N Fitnesstraining *nt*

keeping [ˈkiːpɪŋ] N (*care*) Obhut *f*; **in ~ with** in Übereinstimmung mit; **out of ~ with** nicht im Einklang mit; **I'll leave this in your ~** ich vertraue dies deiner Obhut an

keeps [kiːps] N: **for ~** (*inf*) für immer

keepsake [ˈkiːpseɪk] N Andenken *nt*

keg [kɛg] N Fässchen *nt*; **~ beer** Bier *nt* vom Fass

Ken. (US) ABBR (*Post*) = **Kentucky**

kennel [ˈkɛnl] N Hundehütte *f*

kennels [ˈkɛnlz] N Hundeheim *nt*; **we had to leave our dog in ~ over Christmas** wir mussten unseren Hund über Weihnachten in ein Heim geben

Kenya [ˈkɛnjə] N Kenia *nt*
Kenyan [ˈkɛnjən] ADJ kenianisch ▶ N Kenianer(in) *m(f)*
kept [kɛpt] PT, PP *of* **keep**
kerb [kəːb] (BRIT) N Bordstein *m*
kerb crawler [-ˈkrɔːləʳ] (*inf*) N Freier *m* im Autostrich
kerbside [ˈkəːbsaɪd] N Straßenrand *m*, Bordsteinkante *f*
kernel [ˈkəːnl] N Kern *m*
kerosene [ˈkɛrəsiːn] N Kerosin *nt*
kestrel [ˈkɛstrəl] N Turmfalke *m*
ketchup [ˈkɛtʃəp] N Ket(s)chup *m or nt*
kettle [ˈkɛtl] N Kessel *m*
kettledrum [ˈkɛtldrʌm] N (Kessel)pauke *f*
kettling [ˈkɛtəlɪŋ] N (*by police*) Einkesselung *f*
key [kiː] N Schlüssel *m*; (*Mus*) Tonart *f*; (*of piano, computer, typewriter*) Taste *f* ▶ CPD (*issue etc*) Schlüssel- ▶ VT (*also:* **key in**) eingeben
keyboard [ˈkiːbɔːd] N Tastatur *f*
keyboarder [ˈkiːbɔːdəʳ] N Datentypist(in) *m(f)*
keyed up [kiːd-] ADJ: **to be (all) ~** (ganz) aufgedreht sein (*inf*)
keyhole [ˈkiːhəul] N Schlüsselloch *nt*
keyhole surgery N Schlüssellochchirurgie *f*, minimal invasive Chirurgie *f*
keynote [ˈkiːnəut] N Grundton *m*; (*of speech*) Leitgedanke *m*
keypad [ˈkiːpæd] N Tastenfeld *nt*
key ring N Schlüsselring *m*
keystroke [ˈkiːstrəuk] N Anschlag *m*
kg ABBR (= *kilogram*) kg
KGB N ABBR (*Pol: formerly*) KGB *m*
khaki [ˈkɑːkɪ] N K(h)aki *nt*
kHz ABBR (= *kilohertz*) kHz
kibbutz [kɪˈbuts] N Kibbuz *m*
kick [kɪk] VT treten; (*table, ball*) treten gegen *+acc*; (*inf: habit*) ablegen; (*: addiction*) wegkommen von ▶ VI (*horse*) ausschlagen ▶ N Tritt *m*; (*to ball*) Schuss *m*; (*of rifle*) Rückstoß *m*; (*thrill*): **he does it for kicks** er macht es zum Spaß
▶ **kick around** (*inf*) VI (*person*) rumhängen; (*thing*) rumliegen
▶ **kick off** VI (*Sport*) anstoßen
▶ **kick out** (*inf*) VT rausschmeißen (*of* aus)
kick-off [ˈkɪkɔf] N (*Sport*) Anstoß *m*
kick start N (*Aut: also:* **kick starter**) Kickstarter *m*
kid [kɪd] N (*inf: child*) Kind *nt*; (*animal*) Kitz *nt*; (*leather*) Ziegenleder *nt*, Glacéleder *nt* ▶ VI (*inf*) Witze machen; **~ brother** kleiner Bruder *m*; **~ sister** kleine Schwester *f*
kid gloves NPL: **to treat sb with ~** (*fig*) jdn mit Samthandschuhen anfassen
kidnap [ˈkɪdnæp] VT entführen, kidnappen
kidnapper [ˈkɪdnæpəʳ] N Entführer(in) *m(f)*, Kidnapper(in) *m(f)*
kidnapping [ˈkɪdnæpɪŋ] N Entführung *f*, Kidnapping *nt*
kidney [ˈkɪdnɪ] N Niere *f*
kidney bean N Gartenbohne *f*
kidney machine N (*Med*) künstliche Niere *f*
Kilimanjaro [kɪlɪmənˈdʒɑːrəu] N: **Mount ~** der Kilimandscharo
★**kill** [kɪl] VT töten; (*murder*) ermorden, umbringen; (*plant*) eingehen lassen; (*proposal*) zu Fall bringen; (*rumour*) ein Ende machen *+dat* ▶ N Abschuss *m*; **to ~ time** die Zeit totschlagen; **to ~ o.s. to do sth** (*fig*) sich fast umbringen, um etw zu tun; **to ~ o.s. (laughing)** (*fig*) sich totlachen
▶ **kill off** VT abtöten; (*fig: romance*) beenden
★**killer** [ˈkɪləʳ] N Mörder(in) *m(f)*
killer instinct N (*fig*) Tötungsinstinkt *m*
killing [ˈkɪlɪŋ] N Töten *nt*; (*instance*) Mord *m*; **to make a ~** (*inf*) einen Riesengewinn machen
killjoy [ˈkɪldʒɔɪ] N Spielverderber(in) *m(f)*
kiln [kɪln] N Brennofen *m*
★**kilo** [ˈkiːləu] N Kilo *nt*
kilobyte [ˈkɪːləubaɪt] N Kilobyte *nt*
kilogram, kilogramme [ˈkɪləugræm] N Kilogramm *nt*
kilohertz [ˈkɪləuhəːts] N INV Kilohertz *nt*
★**kilometre**, (*US*) **kilometer** [ˈkɪləmiːtəʳ] N Kilometer *m*
kilowatt [ˈkɪləuwɔt] N Kilowatt *nt*
kilt [kɪlt] N Kilt *m*, Schottenrock *m*
kilter [ˈkɪltəʳ] N: **out of ~** nicht in Ordnung
kimono [kɪˈməunəu] N Kimono *m*
kin [kɪn] N *see* **kith**; **next**
★**kind** [kaɪnd] ADJ freundlich ▶ N Art *f*; (*sort*) Sorte *f*; **would you be ~ enough to ...?, would you be so ~ as to ...?** wären Sie (vielleicht) so nett und ...?; **it's very ~ of you (to do ...)** es ist wirklich nett von Ihnen(, ... zu tun); **in ~** (*Comm*) in Naturalien; **a ~ of ...** eine Art ...; **they are two of a ~** sie sind beide von der gleichen Art; (*people*) sie sind vom gleichen Schlag
kindergarten [ˈkɪndəgɑːtn] N Kindergarten *m*
kind-hearted [kaɪndˈhɑːtɪd] ADJ gutherzig
Kindle® [ˈkɪndl] N Kindle® *m*
kindle [ˈkɪndl] VT anzünden; (*emotion*) wecken
kindling [ˈkɪndlɪŋ] N Anzündholz *nt*
kindly [ˈkaɪndlɪ] ADJ, ADV freundlich, nett; **will you ~ ...** würden Sie bitte ...; **he didn't take it ~** er konnte sich damit nicht anfreunden
kindness [ˈkaɪndnɪs] N Freundlichkeit *f*
kindred [ˈkɪndrɪd] ADJ: **~ spirit** Gleichgesinnte(r) *f(m)*
kinetic [kɪˈnɛtɪk] ADJ kinetisch
★**king** [kɪŋ] N (*also fig*) König *m*
kingdom [ˈkɪŋdəm] N Königreich *nt*
kingfisher [ˈkɪŋfɪʃəʳ] N Eisvogel *m*
kingpin [ˈkɪŋpɪn] N (*Tech*) Bolzen *m*; (*Aut*) Achsschenkelbolzen *m*; (*fig*) wichtigste Stütze *f*
king-size [ˈkɪŋsaɪz], **king-sized** [ˈkɪŋsaɪzd] ADJ extragroß; (*cigarette*) Kingsize-
kink [kɪŋk] N Knick *m*; (*in hair*) Welle *f*; (*fig*) Schrulle *f*

kinky [ˈkɪŋkɪ] (*pej*) ADJ schrullig; (*sexually*) abartig

kinship [ˈkɪnʃɪp] N Verwandtschaft *f*

kinsman [ˈkɪnzmən] N (*irreg*) Verwandte(r) *m*

kinswoman [ˈkɪnzwumən] N (*irreg*) Verwandte *f*

kiosk [ˈki:ɔsk] N Kiosk *m*; (BRIT) (Telefon)zelle *f*; (*also:* **newspaper kiosk**) (Zeitungs)kiosk *m*

kipper [ˈkɪpəʳ] N Räucherhering *m*

Kirghizia [kəːˈgɪzɪə] N Kirgistan *nt*

Kiribati [kɪrɪˈbætɪ] N Kiribati *nt*

★**kiss** [kɪs] N Kuß *m* ▸ VT küssen ▸ VI sich küssen; **to ~ (each other)** sich küssen; **to ~ sb goodbye** jdm einen Abschiedskuss geben

kissagram [ˈkɪsəgræm] N *durch eine(n) Angestellte(n) einer Agentur persönlich übermittelter Kuss*

kiss of life (BRIT) N: **the ~** Mund-zu-Mund-Beatmung *f*

kit [kɪt] N Zeug *nt*, Sachen *pl*; (*equipment, also Mil*) Ausrüstung *f*; (*set of tools*) Werkzeug *nt*; (*for assembly*) Bausatz *m*
▸ **kit out** (BRIT) VT ausrüsten, ausstatten

kitbag [ˈkɪtbæg] N Seesack *m*

★**kitchen** [ˈkɪtʃɪn] N Küche *f*

kitchen garden N Küchengarten *m*

kitchen sink N Spüle *f*

kitchen unit (BRIT) N Küchenschrank *m*

kitchenware [ˈkɪtʃɪnwɛəʳ] N Küchengeräte *pl*

kite [kaɪt] N Drachen *m*; (*Zool*) Milan *m*

kith [kɪθ] N: **~ and kin** Freunde und Verwandte *pl*

kitten [ˈkɪtn] N Kätzchen *nt*

kitty [ˈkɪtɪ] N (gemeinsame) Kasse *f*

kiwi [ˈki:wi:] N (*also:* **kiwi fruit**) Kiwi(frucht) *f*

KKK (US) N ABBR (= *Ku Klux Klan*) Ku-Klux-Klan *m*

Kleenex® [ˈkli:nɛks] N Tempo(taschentuch)® *nt*

kleptomaniac [klɛptəuˈmeɪnɪæk] N Kleptomane *m*, Kleptomanin *f*

km ABBR (= *kilometre*) km

km/h ABBR (= *kilometres per hour*) km/h

knack [næk] N: **to have the ~ of doing sth** es heraushaben, wie man etw macht; **there's a ~ to doing this** da ist ein Trick *or* Kniff dabei

knackered [ˈnækəd] (BRIT *inf*) ADJ kaputt

knapsack [ˈnæpsæk] N Rucksack *m*

knead [ni:d] VT kneten

★**knee** [ni:] N Knie *nt*

kneecap [ˈni:kæp] N Kniescheibe *f*

kneecapping [ˈni:kæpɪŋ] N Durchschießen *nt* der Kniescheibe

knee-deep [ˈni:ˈdi:p] ADJ, ADV: **the water was ~** das Wasser ging mir *etc* bis zum Knie; **~ in mud** knietief *or* bis zu den Knien im Schlamm

kneejerk reaction [ˈni:dʒə:k-] N (*fig*) instinktive Reaktion *f*

kneel [ni:l] (*pt, pp* **knelt**) VI knien; (*also:* **kneel down**) niederknien

kneepad [ˈni:pæd] N Knieschützer *m*

knell [nɛl] N Totengeläut(e) *nt*; (*fig*) Ende *nt*

knelt [nɛlt] PT, PP *of* **kneel**

knew [nju:] PT *of* **know**

★**knickers** [ˈnɪkəz] (BRIT) NPL Schlüpfer *m*

knick-knacks [ˈnɪknæks] NPL Nippsachen *pl*

★**knife** [naɪf] (*pl* **knives**) N Messer *nt* ▸ VT (*injure, attack*) einstechen auf *+acc*; **~, fork and spoon** Messer, Gabel und Löffel

knife edge N: **to be balanced on a ~** (*fig*) auf Messers Schneide stehen

knight [naɪt] N (BRIT) Ritter *m*; (*Chess*) Springer *m*, Pferd *nt*

knighthood [ˈnaɪthud] (BRIT) N: **to get a ~** in den Adelsstand erhoben werden

knit [nɪt] VT stricken ▸ VI stricken; (*bones*) zusammenwachsen; **to ~ one's brows** die Stirn runzeln

knitted [ˈnɪtɪd] ADJ gestrickt, Strick-

knitting [ˈnɪtɪŋ] N Stricken *nt*; (*garment being made*) Strickzeug *nt*

knitting machine N Strickmaschine *f*

knitting needle N Stricknadel *f*

knitting pattern N Strickmuster *nt*

knitwear [ˈnɪtwɛəʳ] N Strickwaren *pl*

knives [naɪvz] NPL *of* **knife**

knob [nɔb] N Griff *m*; (*of stick*) Knauf *m*; (*on radio, TV etc*) Knopf *m*; **a ~ of butter** (BRIT) ein Stückchen *nt* Butter

knobbly [ˈnɔblɪ], (US) **knobby** [ˈnɔbɪ] ADJ (*wood*) knorrig; (*surface*) uneben; **~ knees** Knubbelknie *pl* (*inf*)

★**knock** [nɔk] VT schlagen; (*bump into*) stoßen gegen *+acc*; (*inf: criticize*) runtermachen ▸ VI klopfen ▸ N Schlag *m*; (*bump*) Stoß *m*; (*on door*) Klopfen *nt*; **to ~ a nail into sth** einen Nagel in etw *acc* schlagen; **to ~ some sense into sb** jdn zur Vernunft bringen; **to ~ at/on** klopfen an/auf *+acc*; **he knocked at the door** er klopfte an, er klopfte an die Tür
▸ **knock about** (*inf*) VT schlagen, verprügeln ▸ VI rumziehen; **~ about with** sich rumtreiben mit
▸ **knock around** VT, VI = **knock about**
▸ **knock back** (*inf*) VT (*drink*) sich *dat* hinter die Binde kippen
▸ **knock down** VT anfahren; (*fatally*) überfahren; (*building etc*) abreißen; (*price: buyer*) herunterhandeln; (*: seller*) heruntergehen mit
▸ **knock off** VI (*inf*) Feierabend machen ▸ VT (*from price*) nachlassen; (*inf: steal*) klauen; **to ~ off £10** £10 nachlassen
▸ **knock out** VT bewusstlos schlagen; (*subj: drug*) bewusstlos werden lassen; (*Boxing*) k. o. schlagen; (*in game, competition*) besiegen
▸ **knock over** VT umstoßen; (*with car*) anfahren

knockdown [ˈnɔkdaun] ADJ: **~ price** Schleuderpreis *m*

knocker [ˈnɔkəʳ] N Türklopfer *m*

knock-for-knock [ˈnɔkfəˈnɔk] (BRIT) ADJ: **~ agreement** *Vereinbarung, bei der jede Versicherungsgesellschaft den Schaden am von ihr versicherten Fahrzeug übernimmt*

knocking [ˈnɔkɪŋ] N Klopfen *nt*

knock-kneed [nɔkˈniːd] ADJ x-beinig; **to be ~** X-Beine haben

knockout [ˈnɔkaut] N (*Boxing*) K.-o.-Schlag *m* ▸ CPD (*competition etc*) Ausscheidungs-

knock-up [ˈnɔkʌp] N (*Tennis*): **to have a ~** ein paar Bälle schlagen

knot [nɔt] N Knoten *m*; (*in wood*) Ast *m* ▸ VT einen Knoten machen in *+acc*; (*knot together*) verknoten; **to tie a ~** einen Knoten machen

knotty [ˈnɔtɪ] ADJ (*fig: problem*) verwickelt

know [nəu] (*pt* **knew**, *pp* **known**) VT kennen; (*facts*) wissen; (*language*) können ▸ VI: **to ~ about** *or* **of sth/sb** von etw/jdm gehört haben; **to ~ how to swim** schwimmen können; **to get to ~ sth** etw erfahren; (*place*) etw kennenlernen; **I don't ~ him** ich kenne ihn nicht; **to ~ right from wrong** Gut und Böse unterscheiden können; **as far as I ~** soviel ich weiß; **yes, I ~** ja, ich weiß; **I don't ~** ich weiß (es) nicht

▸ **know about** VT Bescheid wissen über *+acc*; (*subject*) sich auskennen in *+dat*; (*cars, horses etc*) sich auskennen mit

> Use **wissen** for knowing facts, **kennen** for knowing people and places.

know-all [ˈnəuɔːl] (BRIT *pej*) N Alleswisser *m*

know-how [ˈnəuhau] N Know-how *nt*, Sachkenntnis *f*

knowing [ˈnəuɪŋ] ADJ wissend

knowingly [ˈnəuɪŋlɪ] ADV (*purposely*) bewusst; (*smile, look*) wissend

know-it-all [ˈnəuɪtɔːl] (US) N = **know-all**

knowledge [ˈnɔlɪdʒ] N Wissen *nt*, Kenntnis *f*; (*learning, things learnt*) Kenntnisse *pl*; **to have no ~ of** nichts wissen von; **not to my ~** nicht, dass ich wüsste; **without my ~** ohne mein Wissen; **it is common ~ that ...** es ist allgemein bekannt, dass ...; **it has come to my ~ that ...** ich habe erfahren, dass ...; **to have a working ~ of French** Grundkenntnisse in Französisch haben

knowledgeable [ˈnɔlɪdʒəbl] ADJ informiert

known [nəun] PP *of* **know** ▸ ADJ bekannt; (*expert*) anerkannt

knuckle [ˈnʌkl] N (Finger)knöchel *m*

▸ **knuckle down** (*inf*) VI sich dahinter klemmen; **to ~ down to work** sich an die Arbeit machen

▸ **knuckle under** (*inf*) VI sich fügen, spuren

knuckle-duster [ˈnʌklˈdʌstə^r] N Schlagring *m*

KO N ABBR (= *knockout*) K. o. *m* ▸ VT k. o. schlagen

koala [kəuˈɑːlə] N (*also:* **koala bear**) Koala(bär) *m*

kook [kuːk] (*US inf*) N Spinner *m*

Koran [kɔˈrɑːn] N: **the ~** der Koran

Korea [kəˈrɪə] N Korea *nt*; **North ~** Nordkorea *nt*; **South ~** Südkorea *nt*

Korean [kəˈrɪən] ADJ koreanisch ▸ N Koreaner(in) *m(f)*

kosher [ˈkəuʃə^r] ADJ koscher

Kosovo [ˈkɔsɔvəu] N der Kosovo

kowtow [ˈkauˈtau] VI: **to ~ to sb** vor jdm dienern *or* einen Kotau machen

Kremlin [ˈkrɛmlɪn] N: **the ~** der Kreml

KS (*US*) ABBR (*Post*) = **Kansas**

Kt (BRIT) ABBR (*in titles*) = **knight**

Kuala Lumpur [ˈkwɑːləˈlumpuə^r] N Kuala Lumpur *nt*

kudos [ˈkjuːdɔs] N Ansehen *nt*, Ehre *f*

Kurd [kəːd] N Kurde *m*, Kurdin *f*

Kuwait [kuˈweɪt] N Kuwait *nt*

Kuwaiti [kuˈweɪtɪ] ADJ kuwaitisch ▸ N Kuwaiter(in) *m(f)*

kW ABBR (= *kilowatt*) kW

KY (*US*) ABBR (*Post*) = **Kentucky**

Kyrgyzstan [ˈkɪəgɪzstɑːn] N Kirgisistan *nt*, Kirgisien *nt*

k

L

L¹, l¹ [ɛl] N (*letter*) L *nt*, l *nt*; **L for Lucy, L for Love** (*US*) ≈ L wie Ludwig

L² [ɛl] ABBR (BRIT *Aut*: = *learner*) *am Auto angebrachtes Kennzeichen für Fahrschüler*; = **lake**; (= *large*) gr.; (= *left*) l.

l² ABBR (= *litre*) l

LA (*US*) N ABBR = **Los Angeles** ▸ ABBR (*Post*) = **Louisiana**

La. (*US*) ABBR (*Post*) = **Louisiana**

lab [læb] N ABBR = **laboratory**

★**label** [ˈleɪbl] N Etikett *nt*; (*brand*: *of record*) Label *nt* ▸ VT etikettieren; (*fig*: *person*) abstempeln

labor *etc* [ˈleɪbəʳ] (*US*) N = **labour** *etc*

★**laboratory** [ləˈbɔrətərɪ] N Labor *nt*

Labor Day N *siehe Info-Artikel*

Labor Day ist in den USA und Kanada der Name für den Tag der Arbeit. Er wird dort als gesetzlicher Feiertag am ersten Montag im September begangen.

laborious [ləˈbɔːrɪəs] ADJ mühsam

labor union (*US*) N Gewerkschaft *f*

labour, (*US*) **labor** [ˈleɪbəʳ] N Arbeit *f*; (*work force*) Arbeitskräfte *pl*; (*Med*): **to be in ~** in den Wehen liegen ▸ VI: **to ~ (at sth)** sich (mit etw) abmühen ▸ VT: **to ~ a point** auf einem Thema herumreiten; **L~, the L~ Party** (BRIT) die Labour Party; **hard ~** Zwangsarbeit *f*

labour camp N Arbeitslager *nt*

labour cost N Lohnkosten *pl*

labour dispute N Arbeitskampf *m*

laboured [ˈleɪbəd] ADJ (*breathing*) schwer; (*movement, style*) schwerfällig

labourer [ˈleɪbərəʳ] N Arbeiter(in) *m(f)*; **farm ~** Landarbeiter(in) *m(f)*

labour force N Arbeiterschaft *f*

labour intensive ADJ arbeitsintensiv

labour market N Arbeitsmarkt *m*

labour pains NPL Wehen *pl*

labour relations NPL Beziehungen *pl* zwischen Arbeitnehmern, Arbeitgebern und Gewerkschaften

labour-saving [ˈleɪbəseɪvɪŋ] ADJ arbeitsparend

laburnum [ləˈbəːnəm] N (*Bot*) Goldregen *m*

labyrinth [ˈlæbɪrɪnθ] N Labyrinth *nt*

lace [leɪs] N (*fabric*) Spitze *f*; (*of shoe etc*) (Schuh)band *nt*, Schnürsenkel *m* ▸ VT (*also*: **lace up**) (zu)schnüren; **to ~ a drink** einen Schuss Alkohol in ein Getränk geben

lacemaking [ˈleɪsmeɪkɪŋ] N Klöppelei *f*

lacerate [ˈlæsəreɪt] VT zerschneiden

laceration [læsəˈreɪʃən] N Schnittwunde *f*

lace-up [ˈleɪsʌp] ADJ (*shoes etc*) Schnür-

★**lack** [læk] N Mangel *m* ▸ VT, VI: **sb lacks sth, sb is lacking in sth** jdm fehlt es an etw *dat*; **through** *or* **for ~ of** aus Mangel an *+dat*; **to be lacking** fehlen

lackadaisical [lækəˈdeɪzɪkl] ADJ lustlos

lackey [ˈlækɪ] (*pej*) N Lakai *m*

lacklustre, (*US*) **lackluster** [ˈlæklʌstəʳ] ADJ farblos, langweilig

laconic [ləˈkɔnɪk] ADJ lakonisch

lacquer [ˈlækəʳ] N Lack *m*; (*also*: **hair lacquer**) Haarspray *nt*

lacrosse [ləˈkrɔs] N Lacrosse *nt*

lacy [ˈleɪsɪ] ADJ Spitzen-; (*like lace*) spitzenartig

lad [læd] N Junge *m*

ladder [ˈlædəʳ] N (*also fig*) Leiter *f*; (BRIT: *in tights*) Laufmasche *f* ▸ VT (BRIT) Laufmaschen bekommen in *+dat* ▸ VI (BRIT) Laufmaschen bekommen

laden [ˈleɪdn] ADJ: **~ (with)** beladen (mit); **fully ~** vollbeladen

ladle [ˈleɪdl] N Schöpflöffel *m*, (Schöpf)kelle *f* ▸ VT schöpfen

▸ **ladle out** VT (*fig*) austeilen

★**lady** [ˈleɪdɪ] N (*woman*) Frau *f*; (: *dignified, graceful etc*) Dame *f*; (BRIT: *title*) Lady *f*; **ladies and gentlemen ...** meine Damen und Herren ...; **young ~** junge Dame; **the ladies' (room)** die Damentoilette

ladybird [ˈleɪdɪbəːd], (*US*) **ladybug** [ˈleɪdɪbʌg] N Marienkäfer *m*

lady-in-waiting [ˈleɪdɪɪnˈweɪtɪŋ] N Hofdame *f*

lady-killer [ˈleɪdɪkɪləʳ] N Herzensbrecher *m*

ladylike [ˈleɪdɪlaɪk] ADJ damenhaft

ladyship [ˈleɪdɪʃɪp] N: **your L~** Ihre Ladyschaft

lag [læg] N (*period of time*) Zeitabstand *m* ▸ VI (*also*: **lag behind**) zurückbleiben; (*trade, investment etc*) zurückgehen ▸ VT (*pipes etc*) isolieren; **old ~** (*inf*: *prisoner*) (ehemaliger) Knacki *m*

lager [ˈlɑːgəʳ] N helles Bier *nt*

lager lout (BRIT *inf*) N betrunkener Rowdy *m*
lagging ['lægɪŋ] N Isoliermaterial *nt*
lagoon [lə'gu:n] N Lagune *f*
Lagos ['leɪgɔs] N Lagos *nt*
laid [leɪd] PT, PP *of* **lay**
laid-back [leɪd'bæk] (*inf*) ADJ locker
laid up ADJ: **to be ~ (with)** im Bett liegen (mit)
lain [leɪn] PP *of* **lie²**
lair [lɛəʳ] N Lager *nt*; (*cave*) Höhle *f*; (*den*) Bau *m*
laissez faire [lɛseɪ'fɛəʳ] N Laisser-faire *nt*
laity ['leɪətɪ] N OR NPL Laien *pl*
lake [leɪk] N See *m*
Lake District N: **the ~** der Lake Distrikt, *Seengebiet im NW Englands*
lamb [læm] N Lamm *nt*; (*meat*) Lammfleisch *nt*
lamb chop N Lammkotelett *nt*
lambskin ['læmskɪn] N Lammfell *nt*
lambswool ['læmzwul] N Lammwolle *f*
lame [leɪm] ADJ lahm; (*argument, answer*) schwach
lame duck N (*person*) Niete *f*; (*business*) unwirtschaftliche Firma *f*
lamely ['leɪmlɪ] ADV lahm
lament [lə'mɛnt] N Klage *f* ▸ VT beklagen
lamentable ['læməntəbl] ADJ beklagenswert
laminated ['læmɪneɪtɪd] ADJ laminiert; (*metal*) geschichtet; **~ glass** Verbundglas *nt*; **~ wood** Sperrholz *nt*
lamp [læmp] N Lampe *f*
lamplight ['læmplaɪt] N: **by ~** bei Lampenlicht
lampoon [læm'pu:n] N Schmähschrift *f* ▸ VT verspotten
lamppost ['læmppəust] (BRIT) N Laternenpfahl *m*
lampshade ['læmpʃeɪd] N Lampenschirm *m*
lance [lɑ:ns] N Lanze *f* ▸ VT (*Med*) aufschneiden
lance corporal (BRIT) N Obergefreite(r) *m*
lancet ['lɑ:nsɪt] N (*Med*) Lanzette *f*
Lancs [læŋks] (BRIT) ABBR (*Post*) = **Lancashire**
land [lænd] N Land *nt*; (*as property*) Grund und Boden *m* ▸ VI (*Aviat, fig*) landen; (*from ship*) an Land gehen ▸ VT (*passengers*) absetzen; (*goods*) an Land bringen; **to own ~** Land besitzen; **to go** *or* **travel by ~** auf dem Landweg reisen; **to ~ on one's feet** (*fig*) auf die Füße fallen; **to ~ sb with sth** (*inf*) jdm etw aufhalsen
▸ **land up** VI: **to ~ up in/at** landen in +*dat*
landed gentry ['lændɪd-] N Landadel *m*
landfill site ['lændfɪl-] N ≈ Mülldeponie *f*
landing ['lændɪŋ] N (*of house*) Flur *m*; (*on stairs*) Treppenabsatz *m*; (*Aviat*) Landung *f*
landing card N Einreisekarte *f*
landing craft N INV Landungsboot *nt*
landing gear N (*Aviat*) Fahrgestell *nt*
landing stage N Landesteg *m*
landing strip N Landebahn *f*
landlady ['lændleɪdɪ] N Vermieterin *f*; (*of pub*) Wirtin *f*
landline ['lændlaɪn] N Festnetz *nt*
landlocked ['lændlɔkt] ADJ von Land eingeschlossen; **~ country** Binnenstaat *m*
landlord ['lændlɔ:d] N Vermieter *m*; (*of pub*) Wirt *m*
landlubber ['lændlʌbəʳ] (*old*) N Landratte *f*
landmark ['lændmɑ:k] N Orientierungspunkt *m*; (*famous building*) Wahrzeichen *nt*; (*fig*) Meilenstein *m*
landowner ['lændəunəʳ] N Grundbesitzer(in) *m(f)*
★**landscape** ['lændskeɪp] N Landschaft *f* ▸ VT landschaftlich *or* gärtnerisch gestalten
landscape architect N Landschaftsarchitekt(in) *m(f)*
landscape gardener N Landschaftsgärtner(in) *m(f)*
landscape painting N Landschaftsmalerei *f*
landslide ['lændslaɪd] N Erdrutsch *m*; (*fig: electoral*) Erdrutschsieg *m*
★**lane** [leɪn] N (*in country*) Weg *m*; (*in town*) Gasse *f*; (*of carriageway*) Spur *f*; (*of race course, swimming pool*) Bahn *f*; **shipping ~** Schifffahrtsweg *m*
★**language** ['læŋgwɪdʒ] N Sprache *f*; **bad ~** Kraftausdrücke *pl*
language laboratory N Sprachlabor *nt*
languid ['læŋgwɪd] ADJ träge, matt
languish ['læŋgwɪʃ] VI schmachten; (*project, case*) erfolglos bleiben
lank [læŋk] ADJ (*hair*) strähnig
lanky ['læŋkɪ] ADJ schlaksig
lanolin, lanoline ['lænəlɪn] N Lanolin *nt*
lantern ['læntən] N Laterne *f*
Laos [laus] N Laos *nt*
★**lap** [læp] N Schoß *m*; (*in race*) Runde *f* ▸ VT (*also:* **lap up**) aufschlecken ▸ VI (*water*) plätschern
▸ **lap up** VT (*fig*) genießen
lapdog ['læpdɔg] (*pej*) N (*fig*) Schoßhund *m*
lapel [lə'pɛl] N Aufschlag *m*, Revers *m or nt*
Lapland ['læplænd] N Lappland *nt*
Lapp [læp] ADJ lappländisch ▸ N Lappe *m*, Lappin *f*; (*Ling*) Lappländisch *nt*
lapse [læps] N (*bad behaviour*) Fehltritt *m*; (*of memory etc*) Schwäche *f*; (*of time*) Zeitspanne *f* ▸ VI ablaufen; (*law*) ungültig werden; **to ~ into bad habits** in schlechte Gewohnheiten verfallen
★**laptop** ['læptɔp] (*Comput*) N Laptop *m* ▸ CPD Laptop-
larceny ['lɑ:sənɪ] N Diebstahl *m*
larch [lɑ:tʃ] N Lärche *f*
lard [lɑ:d] N Schweineschmalz *nt*
larder ['lɑ:dəʳ] N Speisekammer *f*; (*cupboard*) Speiseschrank *m*
★**large** [lɑ:dʒ] ADJ groß; (*person*) korpulent; **to make larger** vergrößern; **a ~ number of people** eine große Anzahl von Menschen; **on a ~ scale** im großen Rahmen; (*extensive*) weitreichend; **at ~** (*as a whole*) im Allgemeinen; (*at liberty*) auf freiem Fuß; **by and ~** im Großen und Ganzen

large goods vehicle N Lastkraftwagen *m*

★**largely** [ˈlɑːdʒlɪ] ADV (*mostly*) zum größten Teil; (*mainly*) hauptsächlich

large-scale [ˈlɑːdʒˈskeɪl] ADJ im großen Rahmen; (*extensive*) weitreichend; (*map, diagram*) in einem großen Maßstab

largesse [lɑːˈʒɛs] N Großzügigkeit *f*

lark [lɑːk] N (*bird*) Lerche *f*; (*joke*) Spaß *m*, Jux *m*
▸**lark about** VI herumalbern

larva [ˈlɑːvə] (*pl* **larvae**) N Larve *f*

larvae [ˈlɑːviː] NPL *of* **larva**

laryngitis [lærɪnˈdʒaɪtɪs] N Kehlkopfentzündung *f*

larynx [ˈlærɪŋks] N Kehlkopf *m*

lasagne [ləˈzænjə] N Lasagne *pl*

lascivious [ləˈsɪvɪəs] ADJ lüstern

laser [ˈleɪzə^r] N Laser *m*

laser beam N Laserstrahl *m*

laser printer N Laserdrucker *m*

lash [læʃ] N (*also:* **eyelash**) Wimper *f*; (*blow with whip*) Peitschenhieb *m* ▸ VT peitschen; (*rain, wind*) peitschen gegen; (*tie*): **to ~ to** festbinden an *+dat*; **to ~ together** zusammenbinden
▸**lash down** VT festbinden ▸ VI (*rain*) niederprasseln
▸**lash out** VI um sich schlagen; **to ~ out at sb** auf jdn losschlagen; **to ~ out at** *or* **against sb** (*criticize*) gegen jdn wettern

lashing [ˈlæʃɪŋ] N: **lashings of** (BRIT *inf*) massenhaft

lass [læs] (BRIT) N Mädchen *nt*

lasso [læˈsuː] N Lasso *nt* ▸ VT mit dem Lasso einfangen

★**last** [lɑːst] ADJ letzte(r, s) ▸ ADV (*most recently*) zuletzt, das letzte Mal; (*finally*) als Letztes ▸ VI (*continue*) dauern; (*: in good condition*) sich halten; (*money, commodity*) reichen; **~ week** letzte Woche; **~ night** gestern Abend; **~ but one** vorletzte(r, s); **the ~ time** das letzte Mal; **at ~** endlich; **it lasts (for) 2 hours** es dauert 2 Stunden

last-ditch [ˈlɑːstˈdɪtʃ] ADJ (*attempt*) allerletzte(r, s)

lasting [ˈlɑːstɪŋ] ADJ dauerhaft

lastly [ˈlɑːstlɪ] ADV (*finally*) schließlich; (*last of all*) zum Schluss

last-minute [ˈlɑːstmɪnɪt] ADJ in letzter Minute

latch [lætʃ] N Riegel *m*; **to be on the ~** nur eingeklinkt sein
▸**latch on to** VT FUS (*person*) sich anschließen *+dat*; (*idea*) abfahren auf *+acc* (*inf*)

latchkey [ˈlætʃkiː] N Hausschlüssel *m*

latchkey child N Schlüsselkind *nt*

★**late** [leɪt] ADJ spät; (*not on time*) verspätet ▸ ADV spät; (*behind time*) zu spät; (*recently*): **~ of Glasgow** bis vor Kurzem in Glasgow wohnhaft; **the ~ Mr X** (*deceased*) der verstorbene Herr X; **in ~ May** Ende Mai; **to be (10 minutes) ~** (10 Minuten) zu spät kommen; (*train etc*) (10 Minuten) Verspätung haben; **to work ~** länger arbeiten; **~ in life** relativ spät (im Leben); **of ~** in letzter Zeit

latecomer [ˈleɪtkʌmə^r] N Nachzügler(in) *m(f)*

lately [ˈleɪtlɪ] ADV in letzter Zeit

lateness [ˈleɪtnɪs] N (*of person*) Zuspätkommen *nt*; (*of train, event*) Verspätung *f*

latent [ˈleɪtnt] ADJ (*energy*) ungenutzt; (*skill, ability*) verborgen

late opening N verlängerte Öffnungszeiten *pl*

★**later** [ˈleɪtə^r] ADJ, ADV später; **~ on** nachher

lateral [ˈlætərəl] ADJ seitlich; **~ thinking** kreatives Denken *nt*

★**latest** [ˈleɪtɪst] ADJ neueste(r, s) ▸ N: **at the ~** spätestens

latex [ˈleɪtɛks] N Latex *m*

lathe [leɪð] N Drehbank *f*

lather [ˈlɑːðə^r] N (Seifen)schaum *m* ▸ VT einschäumen

★**Latin** [ˈlætɪn] N Latein *nt*; (*person*) Südländer(in) *m(f)* ▸ ADJ lateinisch; (*temperament etc*) südländisch

Latin America N Lateinamerika *nt*

Latin American ADJ lateinamerikanisch ▸ N Lateinamerikaner(in) *m(f)*

Latino [læˈtiːnəu] (*US*) ADJ aus Lateinamerika stammend ▸ N Latino *mf*, *in den USA lebende(r) Lateinamerikaner(in)*

latitude [ˈlætɪtjuːd] N (*Geog*) Breite *f*; (*fig: freedom*) Freiheit *f*

latrine [ləˈtriːn] N Latrine *f*

latter [ˈlætə^r] ADJ (*of two*) letztere(r, s); (*later*) spätere(r, s); (*second part of period*) zweite(r, s); (*recent*) letzte(r, s) ▸ N: **the ~** der/die/das Letztere, die Letzteren

latter-day [ˈlætədeɪ] ADJ modern

latterly [ˈlætəlɪ] ADV in letzter Zeit

lattice [ˈlætɪs] N Gitter *nt*

lattice window N Gitterfenster *nt*

Latvia [ˈlætvɪə] N Lettland *nt*

Latvian [ˈlætvɪən] ADJ lettisch ▸ N Lette *m*, Lettin *f*; (*Ling*) Lettisch *nt*

laudable [ˈlɔːdəbl] ADJ lobenswert

laudatory [ˈlɔːdətrɪ] ADJ (*comments*) lobend; (*speech*) Lob-

★**laugh** [lɑːf] N Lachen *nt* ▸ VI lachen; **(to do sth) for a ~** (etw) aus Spaß (tun)
▸**laugh at** VT FUS lachen über *+acc*
▸**laugh off** VT mit einem Lachen abtun

laughable [ˈlɑːfəbl] ADJ lächerlich, lachhaft

laughing gas [ˈlɑːfɪŋ-] N Lachgas *nt*

laughing matter N: **this is no ~** das ist nicht zum Lachen

laughing stock N: **to be the ~ of** zum Gespött *+gen* werden

laughter [ˈlɑːftə^r] N Lachen *nt*, Gelächter *nt*

launch [lɔːntʃ] N (*of rocket, missile*) Abschuss *m*; (*of satellite*) Start *m*; (*Comm: of product*) Einführung *f*; (*: with publicity*) Lancierung *f*; (*motorboat*) Barkasse *f* ▸ VT (*ship*) vom Stapel lassen; (*rocket, missile*) abschießen; (*satellite*) starten; (*fig: start*) beginnen mit; (*Comm*) auf den Markt bringen; (*: with publicity*) lancieren

▸ **launch into** VT FUS (*speech*) vom Stapel lassen; (*activity*) in Angriff nehmen
▸ **launch out** VI: **to ~ out (into)** beginnen (mit)

launching ['lɔ:ntʃɪŋ] N (*of ship*) Stapellauf *m*; (*of rocket, missile*) Abschuss *m*; (*of satellite*) Start *m*; (*fig: start*) Beginn *m*; (*Comm: of product*) Einführung *f*; (*: with publicity*) Lancierung *f*

launching pad, launch pad N Startrampe *f*, Abschussrampe *f*

launder ['lɔ:ndəʳ] VT waschen und bügeln; (*pej: money*) waschen

Launderette® [lɔ:n'drɛt] (BRIT) N Waschsalon *m*

Laundromat® ['lɔ:ndrəmæt] (US) N Waschsalon *m*

laundry ['lɔ:ndrɪ] N Wäsche *f*; (*dirty*) (schmutzige) Wäsche; (*business*) Wäscherei *f*; (*room*) Waschküche *f*; **to do the ~** (Wäsche) waschen

laureate ['lɔ:rɪət] ADJ *see* **poet laureate**

laurel ['lɔrl] N (*tree*) Lorbeer(baum) *m*; **to rest on one's laurels** sich auf seinen Lorbeeren ausruhen

Lausanne [ləu'zæn] N Lausanne *nt*

lava ['lɑ:və] N Lava *f*

lavatory ['lævətərɪ] N Toilette *f*

lavatory paper N Toilettenpapier *nt*

lavender ['lævəndəʳ] N Lavendel *m*

lavish ['lævɪʃ] ADJ großzügig; (*meal*) üppig; (*surroundings*) feudal; (*wasteful*) verschwenderisch ▸ VT: **to ~ sth on sb** jdn mit etw überhäufen

lavishly ['lævɪʃlɪ] ADV (*generously*) großzügig; (*sumptuously*) aufwendig

law [lɔ:] N Recht *nt*; (*a rule: also of nature, science*) Gesetz *nt*; (*professions connected with law*) Rechtswesen *nt*; (*Scol*) Jura *no art*; **against the ~** rechtswidrig; **to study ~** Jura *or* Recht(swissenschaft) studieren; **to go to ~** vor Gericht gehen; **to break the ~** gegen das Gesetz verstoßen

law-abiding ['lɔ:əbaɪdɪŋ] ADJ gesetzestreu

law and order N Ruhe und Ordnung *f*

lawbreaker ['lɔ:breɪkəʳ] N Rechtsbrecher(in) *m(f)*

law court N Gerichtshof *m*, Gericht *nt*

lawful ['lɔ:ful] ADJ rechtmäßig

lawfully ['lɔ:fəlɪ] ADV rechtmäßig

lawless ['lɔ:lɪs] ADJ gesetzwidrig

Law Lord (BRIT) N *Mitglied des Oberhauses mit besonderem Verantwortungsbereich in Rechtsfragen*

lawn [lɔ:n] N Rasen *m*

lawn mower N Rasenmäher *m*

lawn tennis N Rasentennis *nt*

law school (US) N juristische Hochschule *f*

law student N Jurastudent(in) *m(f)*

lawsuit ['lɔ:su:t] N Prozess *m*

lawyer ['lɔ:jəʳ] N (Rechts)anwalt *m*, (Rechts)-anwältin *f*

lax [læks] ADJ lax

laxative ['læksətɪv] N Abführmittel *nt*

laxity ['læksɪtɪ] N Laxheit *f*; **moral ~** lockere *or* laxe Moral *f*

★**lay** [leɪ] (*pt, pp* **laid**) PT *of* **lie²** ▸ ADJ (*Rel: preacher etc*) Laien- ▸ VT legen; (*table*) decken; (*carpet, cable etc*) verlegen; (*plans*) schmieden; (*trap*) stellen; **the ~ person** (*not expert*) der Laie; **to ~ facts/proposals before sb** jdm Tatsachen vorlegen/Vorschläge unterbreiten; **to ~ one's hands on sth** (*fig*) etw in die Finger bekommen; **to get laid** (*inf!*) bumsen (*inf!*)
▸ **lay aside** VT weglegen, zur Seite legen
▸ **lay by** VT beiseitelegen, auf die Seite legen
▸ **lay down** VT hinlegen; (*rules, laws etc*) festlegen; **to ~ down the law** Vorschriften machen; **to ~ down one's life** sein Leben geben
▸ **lay in** VT (*supply*) anlegen
▸ **lay into** VT FUS losgehen auf *+acc*; (*criticize*) herunterputzen
▸ **lay off** VT (*workers*) entlassen
▸ **lay on** VT (*meal*) auftischen; (*entertainment etc*) sorgen für; (*water, gas*) anschließen; (*paint*) auftragen
▸ **lay out** VT ausbreiten; (*inf: spend*) ausgeben
▸ **lay up** VT (*illness*) außer Gefecht setzen; *see also* **lay by**

layabout ['leɪəbaut] (*inf, pej*) N Faulenzer *m*

lay-by ['leɪbaɪ] (BRIT) N Parkbucht *f*

lay days NPL Liegezeit *f*

★**layer** ['leɪəʳ] N Schicht *f*

layette [leɪ'ɛt] N Babyausstattung *f*

layman ['leɪmən] N (*irreg*) Laie *m*

lay-off ['leɪɔf] N Entlassung *f*

layout ['leɪaut] N (*of garden*) Anlage *f*; (*of building*) Aufteilung *f*; (*Typ*) Layout *nt*

laze [leɪz] VI (*also:* **laze about**) (herum)faulenzen

laziness ['leɪzɪnɪs] N Faulheit *f*

★**lazy** ['leɪzɪ] ADJ faul; (*movement, action*) langsam, träge

LB (CANADA) ABBR = **Labrador**

lb ABBR (= *pound (weight)*) *britisches Pfund (0,45 kg)*, ≈ Pfd.

lbw ABBR (*Cricket: = leg before wicket*) *Regelverletzung beim Kricket*

LC (US) N ABBR (= *Library of Congress*) *Bibliothek des US-Parlaments*

lc ABBR (*Typ: = lower case*) *see* **case**

L/C ABBR = **letter of credit**

lcd, LCD N ABBR (= *liquid-crystal display*) LCD *nt*

Ld (BRIT) ABBR (*in titles*) = **lord**

LDS N ABBR (BRIT: = *Licentiate in Dental Surgery*) ≈ Dr. med. dent. ▸ N ABBR (= *Latter-day Saints*) Heilige *pl* der Letzten Tage

LEA (BRIT) N ABBR (= *Local Education Authority*) *örtliche Schulbehörde*

★**lead¹** [li:d] (*pt, pp* **led**) N (*Sport, fig*) Führung *f*; (*clue*) Spur *f*; (*in play, film*) Hauptrolle *f*; (*for dog*) Leine *f*; (*Elec*) Kabel *nt* ▸ VT anführen; (*guide*) führen; (*organization, orchestra*) leiten ▸ VI führen; **to be in the ~** (*Sport, fig*) in Führung liegen; **to take the ~** (*Sport*) in Führung gehen; **to ~ the way** vorangehen; **to ~ sb astray** jdn vom rechten Weg abführen; (*mislead*) jdn irreführen; **to ~ sb to believe that …** jdm den Eindruck vermitteln, dass ...; **to ~ sb to do sth** jdn dazu bringen, etw zu tun

▸ **lead away** VT wegführen; (*prisoner etc*) abführen

▸ **lead back** VT zurückführen

▸ **lead off** VI (*in conversation etc*) den Anfang machen; (*room, road*) abgehen ▸ VT FUS abgehen von

▸ **lead on** VT (*tease*) aufziehen

▸ **lead to** VT FUS führen zu

▸ **lead up to** VT FUS (*events*) vorangehen *+dat*; (*in conversation*) hinauswollen auf *+acc*

lead² [lɛd] N Blei *nt*; (*in pencil*) Mine *f*

leaded [ˈlɛdɪd] ADJ (*window*) bleiverglast; (*petrol*) verbleit

leaden [ˈlɛdn] ADJ (*sky, sea*) bleiern; (*movements*) bleischwer

★**leader** [ˈliːdəʳ] N Führer(in) *m(f)*; (*Sport*) Erste(r) *f(m)*; (*in newspaper*) Leitartikel *m*; **the L~ of the House (of Commons/of Lords)** (BRIT) der Führer des Unterhauses/des Oberhauses

leadership [ˈliːdəʃɪp] N Führung *f*; (*position*) Vorsitz *m*; (*quality*) Führungsqualitäten *pl*

lead-free [ˈlɛdfriː] (*old*) ADJ bleifrei

leading [ˈliːdɪŋ] ADJ führend; (*role*) Haupt-; (*first, front*) vorderste(r, s)

leading lady N (*Theat*) Hauptdarstellerin *f*

leading light N führende Persönlichkeit *f*

leading man N (*irreg*) (*Theat*) Hauptdarsteller *m*

leading question N Suggestivfrage *f*

lead pencil [lɛd-] N Bleistift *m*

lead poisoning [lɛd-] N Bleivergiftung *f*

lead singer [liːd-] N Leadsänger(in) *m(f)*

lead time [liːd-] N (*Comm: for production*) Produktionszeit *f*; (*: for delivery*) Lieferzeit *f*

lead-up [ˈliːdʌp] N: **the ~ to sth** die Zeit vor etw *dat*

★**leaf** [liːf] (*pl* **leaves**) N Blatt *nt*; (*of table*) Ausziehplatte *f*; **to turn over a new ~** einen neuen Anfang machen; **to take a ~ out of sb's book** sich *dat* von jdm eine Scheibe abschneiden

▸ **leaf through** VT FUS durchblättern

leaflet [ˈliːflɪt] N Informationsblatt *nt*

leafleting [ˈliːflɪtɪŋ] N (*for company*) Verteilen *nt* von Flyern; (*for political party*) Flugblattaktion *f*

leafy [ˈliːfɪ] ADJ (*tree, branch*) belaubt; (*lane, suburb*) grün

★**league** [liːg] N (*of people, clubs*) Verband *m*; (*of countries*) Bund *m*; (*Football*) Liga *f*; **to be in ~ with sb** mit jdm gemeinsame Sache machen

league table N Tabelle *f*

★**leak** [liːk] N Leck *nt*; (*in roof, pipe etc*) undichte Stelle *f*; (*piece of information*) zugespielte Information *f* ▸ VI (*shoes, roof, pipe*) undicht sein; (*ship*) lecken; (*liquid*) auslaufen; (*gas*) ausströmen ▸ VT (*information*) durchsickern lassen; **to ~ sth to sb** jdm etw zuspielen

▸ **leak out** VI (*liquid*) auslaufen; (*news, information*) durchsickern

leakage [ˈliːkɪdʒ] N (*of liquid*) Auslaufen *nt*; (*of gas*) Ausströmen *nt*

leaky [ˈliːkɪ] ADJ (*roof, container*) undicht

★**lean** [liːn] (*pt, pp* **leaned** *or* **leant**) ADJ (*person*) schlank; (*meat, time*) mager ▸ VT: **to ~ sth on sth** etw an etw *acc* lehnen; (*rest*) etw auf etw *acc* stützen ▸ VI (*slope*) sich neigen; **to ~ against** sich lehnen gegen; **to ~ on** sich stützen auf *+acc*; **to ~ forward/back** sich vorbeugen/zurücklehnen; **to ~ towards** tendieren zu

▸ **lean out** VI sich hinauslehnen

▸ **lean over** VI sich vorbeugen

leaning [ˈliːnɪŋ] N Hang *m*, Neigung *f*

leant [lɛnt] PT, PP *of* **lean**

lean-to [ˈliːntuː] N Anbau *m*

★**leap** [liːp] (*pt, pp* **leaped** *or* **leapt**) N Sprung *m*; (*in price, number etc*) sprunghafter Anstieg *m* ▸ VI springen; (*price, number etc*) sprunghaft (an)steigen

▸ **leap at** VT FUS (*offer*) sich stürzen auf *+acc*; (*opportunity*) beim Schopf ergreifen

▸ **leap up** VI aufspringen

leapfrog [ˈliːpfrɔg] N Bockspringen *nt*

leapt [lɛpt] PT, PP *of* **leap**

leap year N Schaltjahr *nt*

★**learn** [ləːn] (*pt, pp* **learned** *or* **learnt**) VT lernen; (*facts*) erfahren ▸ VI lernen; **to ~ about** *or* **of sth** von etw erfahren; **to ~ about sth** (*study*) etw lernen; **to ~ that ...** (*hear, read*) erfahren, dass ...; **to ~ to do sth** etw lernen

learned [ˈləːnɪd] ADJ gelehrt; (*book, paper*) wissenschaftlich

learner [ˈləːnəʳ] (BRIT) N (*also:* **learner driver**) Fahrschüler(in) *m(f)*

learning [ˈləːnɪŋ] N Gelehrsamkeit *f*

learning difficulties NPL Lernschwierigkeiten *pl*

learning disability N Lernbehinderung *f*

learnt [ləːnt] PT, PP *of* **learn**

lease [liːs] N Pachtvertrag *m* ▸ VT: **to ~ sth (to sb)** etw (an jdn) verpachten; **on ~ (to)** verpachtet (an *+acc*); **to ~ sth (from sb)** etw (von jdm) pachten

▸ **lease back** VT rückmieten

▸ **lease out** VT vermieten

leaseback [ˈliːsbæk] N Verkauf und Rückmiete *pl*

leasehold [ˈliːshəuld] N Pachtbesitz *m* ▸ ADJ gepachtet

leash [liːʃ] N Leine *f*

★**least** [liːst] ADV am wenigsten ▸ ADJ: **the ~** (+ *noun*) der/die/das wenigste; (*slightest*) der/die/das geringste; **the ~ expensive car** das billigste Auto; **at ~** mindestens; (*still, rather*) wenigstens; **you could at ~ have written** du hättest wenigstens schreiben können; **not in the ~** nicht im Geringsten; **it was the ~ I could do** das war das wenigste, was ich tun konnte

★**leather** [ˈlɛðəʳ] N Leder *nt*

★**leave** [liːv] (*pt, pp* **left**) VT verlassen; (*leave behind*) zurücklassen; (*mark, stain*) hinterlassen; (*object: accidentally*) liegen lassen, stehen lassen; (*food*) übrig lassen; (*space, time etc*) lassen ▸ VI (*go away*) (weg)gehen; (*bus, train*) abfahren ▸ N Urlaub *m*; **to ~ sth to sb** (*money etc*) jdm etw hinterlassen; **to ~ sb with sth** (*impose*) jdm etw

aufhalsen; (*possession*) jdm etw lassen; **they were left with nothing** ihnen blieb nichts; **to be left** übrig sein; **to be left over** (*remain*) übrig (geblieben) sein; **to ~ for** gehen/fahren nach; **to take one's ~ of sb** sich von jdm verabschieden; **on ~** auf Urlaub
▸ **leave behind** VT zurücklassen; (*object: accidentally*) liegen lassen, stehen lassen
▸ **leave off** VT (*cover, lid*) ablassen; (*heating, light*) auslassen ▸ VI (*inf: stop*) aufhören
▸ **leave on** VT (*light, heating*) anlassen
▸ **leave out** VT auslassen

leave of absence N Beurlaubung *f*

leaver [ˈliːvəʳ] N (BRIT: *from EU*) *Befürworter des Austritts aus der Europäischen Union*

leaves [liːvz] NPL *of* **leaf**

leaving do [ˈliːvɪŋduː] (*inf*) N Abschiedsfeier *f*

Lebanese [lɛbəˈniːz] ADJ libanesisch ▸ N INV Libanese *m*, Libanesin *f*

Lebanon [ˈlɛbənən] N Libanon *m*

lecherous [ˈlɛtʃərəs] (*pej*) ADJ lüstern

lectern [ˈlɛktəːn] N Rednerpult *nt*

lecture [ˈlɛktʃəʳ] N Vortrag *m*; (*Univ*) Vorlesung *f* ▸ VI Vorträge/Vorlesungen halten ▸ VT (*scold*): **to ~ sb on** *or* **about sth** jdm wegen etw eine Strafpredigt halten; **to give a ~ on** einen Vortrag/eine Vorlesung halten über +*acc*

lecture hall N Hörsaal *m*

lecturer [ˈlɛktʃərəʳ] (BRIT) N Dozent(in) *m(f)*; (*speaker*) Redner(in) *m(f)*

lecture theatre N Hörsaal *m*

LED N ABBR (*Elec: = light-emitting diode*) LED *f*

led [lɛd] PT, PP *of* **lead²**

ledge [lɛdʒ] N (*of mountain*) (Fels)vorsprung *m*; (*of window*) Fensterbrett *nt*; (*on wall*) Leiste *f*

ledger [ˈlɛdʒəʳ] N (*Comm*) Hauptbuch *nt*

lee [liː] N Windschatten *m*; (*Naut*) Lee *f*

leech [liːtʃ] N Blutegel *m*; (*fig*) Blutsauger *m*

leek [liːk] N Porree *m*, Lauch *m*

leer [lɪəʳ] VI: **to ~ at sb** jdm lüsterne Blicke zuwerfen

leeward [ˈliːwəd] (*Naut*) ADJ (*side etc*) Lee- ▸ ADV leewärts ▸ N: **to ~** an der Leeseite; (*direction*) nach der Leeseite

leeway [ˈliːweɪ] N (*fig*): **to have some ~** etwas Spielraum haben; **there's a lot of ~ to make up** ein großer Rückstand muss aufgeholt werden

left [lɛft] PT, PP *of* **leave** ▸ ADJ (*remaining*) übrig; (*of position*) links; (*of direction*) nach links ▸ N linke Seite *f* ▸ ADV links; nach links; **on the ~, to the ~** links; **the L~** (*Pol*) die Linke

left-click [ˈlɛftklɪk] (*Comput*) VT links klicken ▸ VI links klicken auf +*acc*

left-hand drive [ˈlɛfthænd-] ADJ mit Linkssteuerung

left-handed [lɛftˈhændɪd] ADJ linkshändig

left-hand side [ˈlɛfthænd-] N linke Seite *f*

leftie [ˈlɛftɪ] (*inf*) N Linke(r) *f(m)*

leftist [ˈlɛftɪst] (*Pol*) N Linke(r) *f(m)* ▸ ADJ linke(r, s)

left-luggage [lɛftˈlʌgɪdʒ], **left-luggage office** (BRIT) N Gepäckaufbewahrung *f*

left-luggage locker N Gepäckschließfach *nt*

leftovers [ˈlɛftəuvəz] NPL Reste *pl*

left wing N (*Pol, Sport*) linker Flügel *m*

left-wing [ˈlɛftˈwɪŋ] ADJ (*Pol*) linksgerichtet, links; **they are quite ~** sie sind ziemlich links

left-winger [ˈlɛftˈwɪŋgəʳ] N (*Pol*) Linke(r) *f(m)*; (*Sport*) Linksaußen *m*

lefty [ˈlɛftɪ] N = **leftie**

★**leg** [lɛg] N Bein *nt*; (*Culin*) Keule *f*; (*Sport*) Runde *f*; (*: of relay race*) Teilstrecke *f*; (*of journey etc*) Etappe *f*; **to stretch one's legs** sich *dat* die Beine vertreten; **to get one's ~ over** (*inf*) bumsen

legacy [ˈlɛgəsɪ] N Erbschaft *f*; (*fig*) Erbe *nt*

★**legal** [ˈliːgl] ADJ (*requirement*) rechtlich, gesetzlich; (*system*) Rechts-; (*allowed by law*) legal, rechtlich zulässig; **to take ~ action** *or* **proceedings against sb** jdn verklagen

legal adviser N juristischer Berater *m*

legal holiday (*US*) N gesetzlicher Feiertag *m*

legality [lɪˈgælɪtɪ] N Legalität *f*

legalize [ˈliːgəlaɪz] VT legalisieren

legally [ˈliːgəlɪ] ADV rechtlich, gesetzlich; (*in accordance with the law*) rechtmäßig; **~ binding** rechtsverbindlich

legal tender N gesetzliches Zahlungsmittel *nt*

legation [lɪˈgeɪʃən] N Gesandtschaft *f*

legend [ˈlɛdʒənd] N Legende *f*, Sage *f*; (*fig: person*) Legende *f*

legendary [ˈlɛdʒəndərɪ] ADJ legendär; (*very famous*) berühmt

-legged [ˈlɛgɪd] SUFF -beinig

leggings [ˈlɛgɪŋz] NPL Leggings *pl*, Leggins *pl*

leggy [ˈlɛgɪ] ADJ langbeinig

legibility [lɛdʒɪˈbɪlɪtɪ] N Lesbarkeit *f*

legible [ˈlɛdʒəbl] ADJ leserlich

legibly [ˈlɛdʒəblɪ] ADV leserlich

legion [ˈliːdʒən] N Legion *f* ▸ ADJ zahlreich

legionnaire [liːdʒəˈnɛəʳ] N Legionär *m*

legionnaire's disease N Legionärskrankheit *f*

legislate [ˈlɛdʒɪsleɪt] VI Gesetze/ein Gesetz erlassen

legislation [lɛdʒɪsˈleɪʃən] N Gesetzgebung *f*; (*laws*) Gesetze *pl*

legislative [ˈlɛdʒɪslətɪv] ADJ gesetzgebend; **~ reforms** Gesetzesreformen *pl*

legislator [ˈlɛdʒɪsleɪtəʳ] N Gesetzgeber *m*

legislature [ˈlɛdʒɪslətʃəʳ] N Legislative *f*

legitimacy [lɪˈdʒɪtɪməsɪ] N (*validity*) Berechtigung *f*; (*legality*) Rechtmäßigkeit *f*

legitimate [lɪˈdʒɪtɪmət] ADJ (*reasonable*) berechtigt; (*excuse*) begründet; (*legal*) rechtmäßig

legitimize [lɪˈdʒɪtɪmaɪz] VT legitimieren

legless [ˈlɛglɪs] (*inf*) ADJ (*drunk*) sternhagelvoll

legroom [ˈlɛgruːm] N Beinfreiheit *f*

leisure [ˈlɛʒəʳ] N Freizeit *f*; **at ~** in Ruhe

leisure centre N Freizeitzentrum *nt*

leisurely [ˈlɛʒəlɪ] ADJ geruhsam
leisure suit N Freizeitanzug *m*
lemon [ˈlɛmən] N Zitrone *f*; (*colour*) Zitronengelb *nt*
lemonade [lɛməˈneɪd] N Limonade *f*
lemon cheese N = **lemon curd**
lemon curd N *zähflüssiger Brotaufstrich mit Zitronengeschmack*
lemon juice N Zitronensaft *m*
lemon sole N Seezunge *f*
lemon squeezer N Zitronenpresse *f*
lemon tea N Zitronentee *m*
★**lend** [lɛnd] (*pt, pp* **lent**) VT: **to ~ sth to sb** jdm etw leihen; **to ~ sb a hand (with sth)** jdm (bei etw) helfen; **it lends itself to …** es eignet sich für …
lender [ˈlɛndəʳ] N Verleiher(in) *m(f)*
lending library [ˈlɛndɪŋ-] N Leihbücherei *f*
★**length** [lɛŋθ] N Länge *f*; (*piece*) Stück *nt*; (*amount of time*) Dauer *f*; **the ~ of the island** (*all along*) die ganze Insel entlang; **2 metres in ~** 2 Meter lang; **at ~** (*at last*) schließlich; (*for a long time*) lange; **to go to great lengths to do sth** sich *dat* sehr viel Mühe geben, etw zu tun; **to fall full-length** lang hinfallen; **to lie full-length** in voller Länge daliegen
lengthen [ˈlɛŋθn] VT verlängern ▶ VI länger werden
lengthways [ˈlɛŋθweɪz] ADV der Länge nach
lengthy [ˈlɛŋθɪ] ADJ lang
leniency [ˈliːnɪənsɪ] N Nachsicht *f*
lenient [ˈliːnɪənt] ADJ nachsichtig
leniently [ˈliːnɪəntlɪ] ADV nachsichtig
★**lens** [lɛnz] N (*of spectacles*) Glas *nt*; (*of camera*) Objektiv *nt*; (*of telescope*) Linse *f*
Lent [lɛnt] N Fastenzeit *f*
lent [lɛnt] PT, PP *of* **lend**
lentil [ˈlɛntɪl] N Linse *f*
Leo [ˈliːəu] N Löwe *m*; **to be ~** Löwe sein
leopard [ˈlɛpəd] N Leopard *m*
leotard [ˈliːətɑːd] N Gymnastikanzug *m*
leper [ˈlɛpəʳ] N Leprakranke(r) *f(m)*
leper colony N Leprasiedlung *f*
leprosy [ˈlɛprəsɪ] N Lepra *f*
lesbian [ˈlɛzbɪən] ADJ lesbisch ▶ N Lesbe *f*
lesion [ˈliːʒən] N Verletzung *f*
Lesotho [lɪˈsuːtuː] N Lesotho *nt*
★**less** [lɛs] ADJ, PRON, ADV weniger ▶ PREP: **~ tax/10% discount** abzüglich Steuer/10% Rabatt; **~ than half** weniger als die Hälfte; **~ than ever** weniger denn je; **~ and ~** immer weniger; **the ~ he works …** je weniger er arbeitet …; **the Prime Minister, no ~** kein Geringerer als der Premierminister
lessee [lɛˈsiː] N Pächter(in) *m(f)*
lessen [ˈlɛsn] VI nachlassen, abnehmen ▶ VT verringern
lesser [ˈlɛsəʳ] ADJ geringer; **to a ~ extent** in geringerem Maße
★**lesson** [ˈlɛsn] N (*class*) Stunde *f*; (*example, warning*) Lehre *f*; **to teach sb a ~** (*fig*) jdm eine Lektion erteilen
lessor [ˈlɛsɔːʳ] N Verpächter(in) *m(f)*
lest [lɛst] CONJ damit … nicht
★**let** [lɛt] (*pt, pp* **~**) VT (*allow*) lassen; (BRIT: *lease*) vermieten; **to ~ sb do sth** jdn etw tun lassen, jdm erlauben, etw zu tun; **to ~ sb know sth** jdn etw wissen lassen; **~'s go** gehen wir!; **~ him come** lassen Sie ihn kommen; **"to ~"** „zu vermieten"
▶ **let down** VT (*tyre etc*) die Luft herauslassen aus; (*person*) im Stich lassen; (*dress etc*) länger machen; (*hem*) auslassen; **to ~ one's hair down** (*fig*) aus sich herausgehen
▶ **let go** VI loslassen ▶ VT (*release*) freilassen; **to ~ go of** loslassen; **to ~ o.s. go** aus sich herausgehen; (*neglect o.s.*) sich gehen lassen
▶ **let in** VT hereinlassen; (*water*) durchlassen
▶ **let off** VT (*culprit*) laufen lassen; (*firework bomb*) hochgehen lassen; (*gun*) abfeuern; **to ~ sb off sth** (*excuse*) jdm etw erlassen; **to ~ off steam** (*inf: fig*) sich abreagieren
▶ **let on** VI verraten
▶ **let out** VT herauslassen; (*sound*) ausstoßen (*house, room*) vermieten
▶ **let up** VI (*cease*) aufhören; (*diminish*) nachlassen
letdown [ˈlɛtdaun] N Enttäuschung *f*
lethal [ˈliːθl] ADJ tödlich
lethargic [lɛˈθɑːdʒɪk] ADJ träge, lethargisch
lethargy [ˈlɛθədʒɪ] N Trägheit *f*, Lethargie *f*
★**letter** [ˈlɛtəʳ] N Brief *m*; (*of alphabet*) Buchstabe *m*; **small/capital ~** Klein-/Großbuchstabe *m*
letter bomb N Briefbombe *f*
letter box (BRIT) N Briefkasten *m*
letterhead [ˈlɛtəhɛd] N Briefkopf *m*
lettering [ˈlɛtərɪŋ] N Beschriftung *f*
letter of credit N Akkreditiv *nt*
letter opener N Brieföffner *m*
letterpress [ˈlɛtəprɛs] N Hochdruck *m*
letters patent NPL Patent *nt*, Patenturkunde *f*
lettuce [ˈlɛtɪs] N Kopfsalat *m*
let-up [ˈlɛtʌp] N Nachlassen *nt*; **there was no ~** es ließ nicht nach
leukaemia, (US) **leukemia** [luːˈkiːmɪə] N Leukämie *f*
★**level** [ˈlɛvl] ADJ eben ▶ N (*on scale, of liquid*) Stand *m*; (*of lake, river*) Wasserstand *m*; (*height*) Höhe *f*; (*fig: standard*) Niveau *nt*; (*also:* **spirit level**) Wasserwaage *f* ▶ VT (*building*) abreißen; (*forest etc*) einebnen ▶ VI: **to ~ with sb** (*inf*) ehrlich mit jdm sein ▶ ADV: **to draw ~ with** einholen; **to be ~ with** auf gleicher Höhe sein mit; **to do one's ~ best** sein Möglichstes tun; **A levels** (BRIT) ≈ Abitur *nt*; **O levels** (BRIT: *formerly*) ≈ mittlere Reife *f*; **on the ~** (*fig: honest*) ehrlich, reell; **to ~ a gun at sb** ein Gewehr auf jdn richten; **to ~ an accusation at** *or* **against sb** eine Anschuldigung gegen jdn erheben; **to ~ a criticism at** *or* **against sb** Kritik an jdm üben
▶ **level off** VI (*prices etc*) sich beruhigen
▶ **level out** VI = **level off**

level crossing (BRIT) N (beschrankter) Bahnübergang *m*

level-headed [lɛvlˈhɛdɪd] ADJ (*calm*) ausgeglichen

levelling [ˈlɛvlɪŋ] N Nivellierung *f*

level playing field N Chancengleichheit *f*; **to compete on a ~** unter gleichen Bedingungen antreten

lever [ˈliːvəʳ] N Hebel *m*; (*bar*) Brechstange *f*; (*fig*) Druckmittel *nt* ▸ VT: **to ~ up** hochhieven; **to ~ out** heraushieven

leverage [ˈliːvərɪdʒ] N Hebelkraft *f*; (*fig: influence*) Einfluss *m*

levity [ˈlɛvɪtɪ] N Leichtfertigkeit *f*

levy [ˈlɛvɪ] N (*tax*) Steuer *f*; (*charge*) Gebühr *f* ▸ VT erheben

lewd [luːd] ADJ (*look etc*) lüstern; (*remark*) anzüglich

lexicographer [lɛksɪˈkɔgrəfəʳ] N Lexikograf(in) *m(f)*

lexicography [lɛksɪˈkɔgrəfɪ] N Lexikografie *f*

LGBT ABBR (= *lesbian, gay, bisexual and transgender*) LGBT, LSBT (*Sammelbegriff für Lesben, Schwule, Bisexuelle und Transgender*)

LGV (BRIT) N ABBR (= *large goods vehicle*) Lkw *m*

LI (US) ABBR = **Long Island**

liability [laɪəˈbɪlətɪ] N Belastung *f*; (*Law*) Haftung *f* ▪ **liabilities** NPL (*Comm*) Verbindlichkeiten *pl*

liable [ˈlaɪəbl] ADJ: **to be ~ to** (*subject to*) unterliegen +*dat*; (*prone to*) anfällig sein für; **~ for** (*responsible*) haftbar für; **to be ~ to do sth** dazu neigen, etw zu tun

liaise [liːˈeɪz] VI: **to ~ (with)** sich in Verbindung setzen (mit)

liaison [liːˈeɪzɔn] N Zusammenarbeit *f*; (*sexual relationship*) Liaison *f*

liar [ˈlaɪəʳ] N Lügner(in) *m(f)*

Lib Dem [lɪbˈdem] ABBR = **Liberal Democrat**

libel [ˈlaɪbl] N Verleumdung *f* ▸ VT verleumden

libellous, (US) **libelous** [ˈlaɪbləs] ADJ verleumderisch

liberal [ˈlɪbərl] ADJ (*Pol*) liberal; (*tolerant*) aufgeschlossen; (*generous: offer*) großzügig; (*: amount etc*) reichlich ▸ N (*tolerant person*) liberal eingestellter Mensch *m*; (*Pol*): **L~** Liberale(r) *f(m)*; **~ with** großzügig mit

Liberal Democrat N Liberaldemokrat(in) *m(f)*

liberalize [ˈlɪbərəlaɪz] VT liberalisieren

liberally [ˈlɪbrəlɪ] ADV großzügig

liberal-minded [ˈlɪbərlˈmaɪndɪd] ADJ liberal (eingestellt)

liberate [ˈlɪbəreɪt] VT befreien

liberation [lɪbəˈreɪʃən] N Befreiung *f*

liberation theology N Befreiungstheologie *f*

Liberia [laɪˈbɪərɪə] N Liberia *nt*

Liberian [laɪˈbɪərɪən] ADJ liberianisch ▸ N Liberianer(in) *m(f)*

liberty [ˈlɪbətɪ] N Freiheit *f*; **to be at ~** (*criminal*) auf freiem Fuß sein; **to be at ~ to do sth** etw tun dürfen; **to take the ~ of doing sth** sich *dat* erlauben, etw zu tun

libido [lɪˈbiːdəu] N Libido *f*

Libra [ˈliːbrə] N Waage *f*; **to be ~** Waage sein

librarian [laɪˈbrɛərɪən] N Bibliothekar(in) *m(f)*

★**library** [ˈlaɪbrərɪ] N Bibliothek *f*; (*institution*) Bücherei *f*

library book N Buch *nt* aus der Bücherei

libretto [lɪˈbrɛtəu] N Libretto *nt*

Libya [ˈlɪbɪə] N Libyen *nt*

Libyan [ˈlɪbɪən] ADJ libysch ▸ N Libyer(in) *m(f)*

lice [laɪs] NPL *of* **louse**

★**licence**, (US) **license** [ˈlaɪsns] N (*document*) Genehmigung *f*; (*also:* **driving licence**) Führerschein *m*; (*Comm*) Lizenz *f*; (*excessive freedom*) Zügellosigkeit *f*; **to get a TV ~** ≈ Fernsehgebühren bezahlen; **under ~** (*Comm*) in Lizenz

license [ˈlaɪsns] N (US) = **licence** ▸ VT (*person, organization*) eine Lizenz vergeben an +*acc*; (*activity*) eine Genehmigung erteilen für

licensed [ˈlaɪsnst] ADJ: **the car is ~** die Kfz-Steuer für das Auto ist bezahlt; **~ hotel/restaurant** Hotel/Restaurant mit Schankerlaubnis

licensee [laɪsənˈsiː] N (*of bar*) Inhaber(in) *m(f)* einer Schankerlaubnis

license plate (US) N Nummernschild *nt*

licensing hours [ˈlaɪsnsɪŋ-] (BRIT) NPL Ausschankzeiten *pl*

licentious [laɪˈsɛnʃəs] ADJ ausschweifend, zügellos

lichen [ˈlaɪkən] N Flechte *f*

lick [lɪk] VT lecken; (*stamp etc*) lecken an +*dat*; (*inf: defeat*) in die Pfanne hauen ▸ N Lecken *nt*; **to ~ one's lips** sich *dat* die Lippen lecken; (*fig*) sich *dat* die Finger lecken; **a ~ of paint** ein Anstrich *m*

licorice [ˈlɪkərɪs] (US) N = **liquorice**

lid [lɪd] N Deckel *m*; (*eyelid*) Lid *nt*; **to take the ~ off sth** (*fig*) etw enthüllen *or* aufdecken

lido [ˈlaɪdəu] (BRIT) N Freibad *nt*

★**lie**[1] [laɪ] (*pt, pp* **lied**) VI lügen ▸ N Lüge *f*; **to tell lies** lügen

lie[2] [laɪ] (*pt* **lay**, *pp* **lain**) VI (*lit, fig*) liegen; **to ~ low** (*fig*) untertauchen

▸ **lie about** VI herumliegen

▸ **lie around** VI = **lie about**

▸ **lie back** VI sich zurücklehnen; (*fig: accept the inevitable*) sich fügen

▸ **lie down** VI sich hinlegen

▸ **lie up** VI (*hide*) untertauchen; (*rest*) im Bett bleiben

Liechtenstein [ˈlɪktənstaɪn] N Liechtenstein *nt*

lie detector N Lügendetektor *m*

lie-down [ˈlaɪdaun] (BRIT) N: **to have a ~** ein Schläfchen machen

lie-in [ˈlaɪɪn] (BRIT) N: **to have a ~** (sich) ausschlafen

lieu [luː]: **in ~ of** *prep* anstelle von, anstatt +*gen*

Lieut. ABBR (*Mil*: = *lieutenant*) Lt.

lieutenant [lɛfˈtɛnənt, (*US*) luːˈtɛnənt] N Leutnant *m*

lieutenant colonel N Oberstleutnant *m*

★**life** [laɪf] (*pl* **lives**) N Leben *nt*; (*of machine etc*) Lebensdauer *f*; **true to ~** lebensecht; **painted from ~** aus dem Leben gegriffen; **to be sent to prison for ~** zu einer lebenslänglichen Freiheitsstrafe verurteilt werden; **such is ~** so ist das Leben; **to come to ~** (*fig: person*) munter werden; (*: party etc*) in Schwung kommen

life annuity N Leibrente *f*

life assurance (BRIT) N = **life insurance**

life belt (BRIT) N Rettungsgürtel *m*

lifeblood [ˈlaɪfblʌd] N (*fig*) Lebensnerv *m*

lifeboat [ˈlaɪfbəut] N Rettungsboot *nt*

life buoy N Rettungsring *m*

life expectancy N Lebenserwartung *f*

lifeguard [ˈlaɪfgɑːd] N (*at beach*) Rettungsschwimmer(in) *m(f)*; (*at swimming pool*) Bademeister(in) *m(f)*

life imprisonment N lebenslängliche Freiheitsstrafe *f*

life insurance N Lebensversicherung *f*

life jacket N Schwimmweste *f*

lifeless [ˈlaɪflɪs] ADJ leblos; (*fig: person, party etc*) langweilig

lifelike [ˈlaɪflaɪk] ADJ lebensecht; (*painting*) naturgetreu

lifeline [ˈlaɪflaɪn] N (*fig*) Rettungsanker *m*; (*rope*) Rettungsleine *f*

lifelong [ˈlaɪflɔŋ] ADJ lebenslang

life preserver (US) N = **life belt**; **life jacket**

lifer [ˈlaɪfəʳ] (*inf*) N Lebenslängliche(r) *f(m)*

life raft N Rettungsfloß *nt*

life-saver [ˈlaɪfseɪvəʳ] N Lebensretter(in) *m(f)*

life-saving ADJ lebensrettend

life sciences NPL Biowissenschaften *pl*

life sentence N lebenslängliche Freiheitsstrafe *f*

life-size [ˈlaɪfsaɪz], **life-sized** [ˈlaɪfsaɪzd] ADJ in Lebensgröße

life span N Lebensdauer *f*; (*of person*) Lebenszeit *f*

lifestyle [ˈlaɪfstaɪl] N Lebensstil *m*

life-support system [ˈlaɪfsəpɔːt-] N (*Med*) Lebenserhaltungssystem *nt*

lifetime [ˈlaɪftaɪm] N Lebenszeit *f*; (*of thing*) Lebensdauer *f*; (*of parliament*) Legislaturperiode *f*; **in my ~** während meines Lebens; **the chance of a ~** eine einmalige Chance

★**lift** [lɪft] VT (*raise*) heben; (*end: ban etc*) aufheben; (*plagiarize*) abschreiben; (*inf: steal*) mitgehen lassen, klauen ▸ VI (*fog*) sich auflösen ▸ N (BRIT) Aufzug *m*, Fahrstuhl *m*; **to take the ~** mit dem Aufzug *or* Fahrstuhl fahren; **to give sb a ~** (BRIT) jdn (im Auto) mitnehmen

▸**lift off** VI abheben

▸**lift up** VT hochheben

liftoff [ˈlɪftɔf] N Abheben *nt*

ligament [ˈlɪgəmənt] N (*Anat*) Band *nt*

★**light** [laɪt] (*pt, pp* **lit**) N Licht *nt* ▸ VT (*candle, cigarette, fire*) anzünden; (*room*) beleuchten ▸ ADJ leicht; (*pale, bright*) hell; (*traffic etc*) gering (*music*) Unterhaltungs- ▸ ADV: **to travel ~** mit leichtem Gepäck reisen ■ **lights** NPL (*Aut: of car*) Beleuchtung *f*; (*: also:* **traffic lights**) Ampel *f* **have you got a ~?** haben Sie Feuer?; **to turn the ~ on/off** das Licht an-/ausmachen; **to come to ~** ans Tageslicht kommen; **to cast** *or* **shed** *or* **throw ~ on** (*fig*) Licht bringen in *+acc*; **in the ~ of** angesichts *+gen*; **to make ~ of sth** (*fig*) etw auf die leichte Schulter nehmen; **~ blue/green** *etc* hellblau/-grün *etc*

▸**light up** VI (*face*) sich erhellen ▸ VT (*illuminate*) beleuchten, erhellen

light bulb N Glühbirne *f*

lighten [ˈlaɪtn] VT (*make less heavy*) leichter machen ▸ VI (*become less dark*) sich aufhellen

lighter [ˈlaɪtəʳ] N (*also:* **cigarette lighter**) Feuerzeug *nt*

light-fingered [laɪtˈfɪŋgəd] (*inf*) ADJ langfingerig

light-headed [laɪtˈhɛdɪd] ADJ (*dizzy*) benommen; (*excited*) ausgelassen

light-hearted [laɪtˈhɑːtɪd] ADJ unbeschwert (*question, remark etc*) scherzhaft

lighthouse [ˈlaɪthaus] N Leuchtturm *m*

lighting [ˈlaɪtɪŋ] N Beleuchtung *f*

lighting-up time [laɪtɪŋˈʌp-] N *Zeitpunkt, zu dem die Fahrzeugbeleuchtung eingeschaltet werden muss*

lightly [ˈlaɪtlɪ] ADV leicht; (*not seriously*) leichthin; **to get off ~** glimpflich davonkommen

light meter N Belichtungsmesser *m*

lightness [ˈlaɪtnɪs] N (*in weight*) Leichtigkeit *f*

★**lightning** [ˈlaɪtnɪŋ] N Blitz *m* ▸ ADJ (*attack etc*) Blitz-; **with ~ speed** blitzschnell

lightning conductor N Blitzableiter *m*

lightning rod (US) N = **lightning conductor**

light pen N Lichtstift *m*, Lichtgriffel *m*

lightship [ˈlaɪtʃɪp] N Feuerschiff *nt*

lightweight [ˈlaɪtweɪt] ADJ leicht ▸ N (*Boxing*) Leichtgewichtler *m*

light year N Lichtjahr *nt*

★**like** [laɪk] VT mögen ▸ PREP wie; (*such as*) wie (zum Beispiel) ▸ N: **and the ~** und dergleichen; **I would ~, I'd ~** ich hätte *or* möchte gern; **would you ~ a coffee?** möchten Sie einen Kaffee?; **if you ~** wenn Sie wollen; **to be/look ~ sb/sth** jdm/etw ähnlich sein/sehen; **something ~ that** so etwas Ähnliches; **what does it look/taste/sound ~?** wie sieht es aus/schmeckt es/hört es sich an?; **what's he/the weather ~?** wie ist er/das Wetter?; **I feel ~ a drink** ich möchte gerne etwas trinken; **there's nothing ~ ...** es geht nichts über *+acc*; **that's just ~ him** das sieht ihm ähnlich; **do it ~ this** mach es so; **it is nothing ~** (*+noun*) es ist ganz anders als; (*+adj*) es ist alles andere als; **it is nothing ~ as ...** es ist bei Weitem nicht so ...; **his likes and dislikes** seine Vorlieben und Abneigungen

likeable [ˈlaɪkəbl] ADJ sympathisch

ikelihood [ˈlaɪklɪhud] N Wahrscheinlichkeit *f*; **there is every ~ that ...** es ist sehr wahrscheinlich, dass ...; **in all ~** aller Wahrscheinlichkeit nach

ikely [ˈlaɪklɪ] ADJ wahrscheinlich; **to be ~ to do sth** wahrscheinlich etw tun; **not ~!** (BRIT *inf*) wohl kaum!

ike-minded [ˈlaɪkˈmaɪndɪd] ADJ gleich gesinnt

iken [ˈlaɪkən] VT: **to ~ sth to sth** etw mit etw vergleichen

ikeness [ˈlaɪknɪs] N Ähnlichkeit *f*; **that's a good ~** (*photo, portrait*) das ist ein gutes Bild von ihm/ihr *etc*

ikewise [ˈlaɪkwaɪz] ADV ebenso; **to do ~** das Gleiche tun

iking [ˈlaɪkɪŋ] N: **~ (for)** (*person*) Zuneigung *f* (zu); (*thing*) Vorliebe *f* (für); **to be to sb's ~** nach jds Geschmack sein; **to take a ~ to sb** an jdm Gefallen finden

ilac [ˈlaɪlək] N (*Bot*) Flieder *m* ▸ ADJ fliederfarben, (zart)lila

.ilo® [ˈlaɪləu] N Luftmatratze *f*

ilt [lɪlt] N singender Tonfall *m*

ilting [ˈlɪltɪŋ] ADJ singend

ily [ˈlɪlɪ] N Lilie *f*

ily of the valley N Maiglöckchen *nt*

.ima [ˈli:mə] N Lima *nt*

imb [lɪm] N Glied *nt*; (*of tree*) Ast *m*; **to be out on a ~** (*fig*) (ganz) allein (da)stehen

imber up [ˈlɪmbəʳ-] VI Lockerungsübungen machen

imbo [ˈlɪmbəu] N: **to be in ~** (*fig: plans etc*) in der Schwebe sein; (*: person*) in der Luft hängen (*inf*)

ime [laɪm] N (*fruit*) Limone *f*; (*tree*) Linde *f*; (*also:* **lime juice**) Limonensaft *m*; (*for soil*) Kalk *m*; (*rock*) Kalkstein *m*

imelight [ˈlaɪmlaɪt] N: **to be in the ~** im Rampenlicht stehen

imerick [ˈlɪmərɪk] N Limerick *m*

imestone [ˈlaɪmstəun] N Kalkstein *m*

imit [ˈlɪmɪt] N Grenze *f*; (*restriction*) Beschränkung *f* ▸ VT begrenzen, einschränken; **within limits** innerhalb gewisser Grenzen

imitation [lɪmɪˈteɪʃən] N Einschränkung *f* ■ **limitations** NPL (*shortcomings*) Grenzen *pl*

imited [ˈlɪmɪtɪd] ADJ begrenzt, beschränkt; **to be ~ to** beschränkt sein auf *+acc*

imited company, limited liability company (BRIT) N ≈ Gesellschaft *f* mit beschränkter Haftung

imited edition N beschränkte Ausgabe *f*

imitless [ˈlɪmɪtlɪs] ADJ grenzenlos

imousine [ˈlɪməzi:n] N Limousine *f*

imp [lɪmp] ADJ schlaff; (*material etc*) weich ▸ VI hinken ▸ N: **to have a ~** hinken

impet [ˈlɪmpɪt] N Napfschnecke *f*

impid [ˈlɪmpɪd] ADJ klar

imply [ˈlɪmplɪ] ADV schlaff

inchpin [ˈlɪntʃpɪn] N (*fig*) wichtigste Stütze *f*

★**line** [laɪn] N Linie *f*; (*written, printed*) Zeile *f*; (*wrinkle*) Falte *f*; (*row: of people*) Schlange *f*; (*: of things*) Reihe *f*; (*for fishing, washing*) Leine *f*; (*wire, Tel*) Leitung *f*; (*railway track*) Gleise *pl*; (*fig: attitude*) Standpunkt *m*; (*: business*) Branche *f*; (*Comm: of product(s)*) Art *f* ▸ VT (*road*) säumen; (*container*) auskleiden; (*clothing*) füttern; **hold the ~ please!** (*Tel*) bleiben Sie am Apparat!; **to cut in ~** (*US*) sich vordrängeln; **in ~** in einer Reihe; **in ~ with** im Einklang mit, in Übereinstimmung mit; **to be in ~ for sth** mit etw an der Reihe sein; **to bring sth into ~ with sth** etw auf die gleiche Linie wie etw *acc* bringen; **on the right lines** auf dem richtigen Weg; **I draw the ~ at that** da mache ich nicht mehr mit; **to ~ sth with sth** etw mit etw auskleiden; (*drawers etc*) etw mit etw auslegen; **to ~ the streets** die Straßen säumen

▸ **line up** VI sich aufstellen ▸ VT (*in a row*) aufstellen; (*engage*) verpflichten; (*prepare*) arrangieren; **to have sb lined up** jdn verpflichtet haben; **to have sth lined up** etw geplant haben

linear [ˈlɪnɪəʳ] ADJ linear; (*shape, form*) gerade

lined [laɪnd] ADJ (*face*) faltig; (*paper*) liniert; (*skirt, jacket*) gefüttert

line editing N (*Comput*) zeilenweise Aufbereitung *f*

line feed N (*Comput*) Zeilenvorschub *m*

lineman [ˈlaɪnmən] (*US*) N (*irreg*) (*Football*) Stürmer *m*

linen [ˈlɪnɪn] N (*cloth*) Leinen *nt*; (*tablecloths, sheets etc*) Wäsche *f*

line printer N (*Comput*) Zeilendrucker *m*

liner [ˈlaɪnəʳ] N (*ship*) Passagierschiff *nt*; (*also:* **bin liner**) Müllbeutel *m*

linesman [ˈlaɪnzmən] N (*irreg*) (*Sport*) Linienrichter *m*

line-up [ˈlaɪnʌp] N (*US: queue*) Schlange *f*; (*Sport*) Aufstellung *f*; (*at concert etc*) Künstleraufgebot *nt*; (*identity parade*) Gegenüberstellung *f*

linger [ˈlɪŋgəʳ] VI (*smell*) sich halten; (*tradition etc*) fortbestehen; (*person*) sich aufhalten

lingerie [ˈlænʒəri:] N (Damen)unterwäsche *f*

lingering [ˈlɪŋgərɪŋ] ADJ bleibend

lingo [ˈlɪŋgəu] (*pl* **lingoes**) (*inf*) N Sprache *f*

linguist [ˈlɪŋgwɪst] N (*person who speaks several languages*) Sprachkundige(r) *f(m)*

linguistic [lɪŋˈgwɪstɪk] ADJ sprachlich

linguistics [lɪŋˈgwɪstɪks] N Sprachwissenschaft *f*

liniment [ˈlɪnɪmənt] N Einreibemittel *nt*

lining [ˈlaɪnɪŋ] N (*cloth*) Futter *nt*; (*Anat: of stomach*) Magenschleimhaut *f*; (*Tech*) Auskleidung *f*; (*of brakes*) (Brems)belag *m*

★**link** [lɪŋk] N Verbindung *f*, Beziehung *f*; (*communications link*) Verbindung; (*of a chain*) Glied *nt*; (*Comput*) Link *m* ▸ VI (*Comput*): **to ~ to a site** einen Link zu einer Website haben ▸ VT (*join*) verbinden; (*Comput*) per Link verbinden ■ **links** NPL (*Golf*) Golfplatz *m*; **rail ~** Bahnverbindung *f*

▸ **link up** VT verbinden ▸ VI verbunden werden

linkup [ˈlɪŋkʌp] N Verbindung *f*; (*of spaceships*) Koppelung *f*
lino [ˈlaɪnəu] N = **linoleum**
linoleum [lɪˈnəulɪəm] N Linoleum *nt*
linseed oil [ˈlɪnsi:d-] N Leinöl *nt*
lint [lɪnt] N Mull *m*
lintel [ˈlɪntl] N (*Archit*) Sturz *m*
★**lion** [ˈlaɪən] N Löwe *m*
lion cub N Löwenjunge(s) *nt*
★**lioness** [ˈlaɪənɪs] N Löwin *f*
★**lip** [lɪp] N (*Anat*) Lippe *f*; (*of cup etc*) Rand *m*; (*inf: insolence*) Frechheiten *pl*
liposuction [ˈlɪpəusʌkʃən] N Liposuktion *f*
lip-read [ˈlɪpri:d] VI (*irreg: like* **read**) von den Lippen ablesen
lip salve N Fettstift *m*
lip service (*pej*) N: **to pay ~ to sth** ein Lippenbekenntnis zu etw ablegen
lipstick [ˈlɪpstɪk] N Lippenstift *m*
liquefy [ˈlɪkwɪfaɪ] VT verflüssigen ▸ VI sich verflüssigen
liqueur [lɪˈkjuəʳ] N Likör *m*
liquid [ˈlɪkwɪd] ADJ flüssig ▸ N Flüssigkeit *f*
liquid assets NPL flüssige Vermögenswerte *pl*
liquidate [ˈlɪkwɪdeɪt] VT liquidieren
liquidation [lɪkwɪˈdeɪʃən] N Liquidation *f*
liquidation sale (*US*) N Verkauf *m* wegen Geschäftsaufgabe
liquidator [ˈlɪkwɪdeɪtəʳ] N Liquidator *m*
liquid-crystal display [ˈlɪkwɪdˈkrɪstl-] N Flüssigkristallanzeige *f*
liquidity [lɪˈkwɪdɪtɪ] N Liquidität *f*
liquidize [ˈlɪkwɪdaɪz] VT (im Mixer) pürieren
liquidizer [ˈlɪkwɪdaɪzəʳ] N Mixer *m*
liquor [ˈlɪkəʳ] (*US*) N Spirituosen *pl*, Alkohol *m*; **hard ~** harte Drinks *pl*
liquorice [ˈlɪkərɪs] (BRIT) N Lakritze *f*
liquor store (*US*) N Spirituosengeschäft *nt*
Lisbon [ˈlɪzbən] N Lissabon *nt*
lisp [lɪsp] N Lispeln *nt* ▸ VI lispeln
★**list** [lɪst] N Liste *f* ▸ VT aufführen; (*Comput*) auflisten; (*write down*) aufschreiben ▸ VI (*ship*) Schlagseite haben
listed building [ˈlɪstɪd-] (BRIT) N unter Denkmalschutz stehendes Gebäude *nt*
listed company N börsennotierte Firma *f*
★**listen** [ˈlɪsn] VI hören; **to ~ (out) for** horchen auf *+acc*; **to ~ to sb** jdm zuhören; **to ~ to sth** etw hören; **~!** hör zu!
listener [ˈlɪsnəʳ] N Zuhörer(in) *m(f)*; (*Radio*) Hörer(in) *m(f)*
listeria [lɪsˈtɪərɪə] N Listeriose *f*
listing [ˈlɪstɪŋ] N Auflistung *f*; (*entry*) Eintrag *m*
listless [ˈlɪstlɪs] ADJ lustlos
listlessly [ˈlɪstlɪslɪ] ADV lustlos
list price N Listenpreis *m*
lit [lɪt] PT, PP *of* **light**
litany [ˈlɪtənɪ] N Litanei *f*
liter [ˈli:təʳ] (*US*) N = **litre**
literacy [ˈlɪtərəsɪ] N die Fähigkeit, lesen und schreiben zu können
literacy campaign N Kampagne *f* gegen das Analphabetentum
literal [ˈlɪtərəl] ADJ wörtlich, eigentlich; (*translation*) (wort)wörtlich
literally [ˈlɪtrəlɪ] ADV buchstäblich
literary [ˈlɪtərərɪ] ADJ literarisch
literate [ˈlɪtərət] ADJ (*educated*) gebildet; **to be ~** lesen und schreiben können
★**literature** [ˈlɪtrɪtʃəʳ] N Literatur *f*; (*printed information*) Informationsmaterial *nt*
lithe [laɪð] ADJ gelenkig; (*animal*) geschmeidig
lithography [lɪˈθɔgrəfɪ] N Lithografie *f*
Lithuania [lɪθjuˈeɪnɪə] N Litauen *nt*
Lithuanian [lɪθjuˈeɪnɪən] ADJ litauisch ▸ N Litauer(in) *m(f)*; (*Ling*) Litauisch *nt*
litigation [lɪtɪˈgeɪʃən] N Prozess *m*
litmus paper [ˈlɪtməs-] N Lackmuspapier *nt*
litre, (*US*) **liter** [ˈli:təʳ] N Liter *m or nt*
litter [ˈlɪtəʳ] N (*rubbish*) Abfall *m*; (*young animals*) Wurf *m*
litter bin (BRIT) N Abfalleimer *m*
litterbug [ˈlɪtəbʌg] (*inf*) N Dreckspatz *m*
littered [ˈlɪtəd] ADJ: **~ with** (*scattered*) übersät mit
litter lout N Dreckspatz *m*
★**little** [ˈlɪtl] ADJ klein; (*short*) kurz ▸ ADV wenig; **a ~** ein wenig, ein bisschen; **a ~ bit** ein kleines bisschen; **to have ~ time/money** wenig Zeit/Geld haben; **~ by ~** nach und nach
little finger N kleiner Finger *m*
little-known [ˈlɪtlˈnəun] ADJ wenig bekannt
liturgy [ˈlɪtədʒɪ] N Liturgie *f*
★**live** VI [lɪv] leben; (*in house, town*) wohnen ▸ ADJ [laɪv] lebend; (*TV, Radio*) live; (*performance, pictures etc*) Live-; (*Elec*) Strom führend; (*bullet, bomb etc*) scharf
▸ **live down** VT hinwegkommen über *+acc*
▸ **live for** VT leben für
▸ **live in** VI (*student/servant*) im Wohnheim/Haus wohnen
▸ **live off** VT FUS leben von; (*parents etc*) auf Kosten *+gen* leben
▸ **live on** VT FUS leben von
▸ **live out** VI (BRIT: *student/servant*) außerhalb (des Wohnheims/Hauses) wohnen ▸ VT: **to ~ out one's days** *or* **life** sein Leben verbringen
▸ **live together** VI zusammenleben
▸ **live up** VT: **to ~ it up** einen draufmachen (*inf*)
▸ **live up to** VT FUS erfüllen, entsprechen *+dat*
▸ **live with** VT (*parents etc*) wohnen bei; (*partner*) zusammenleben mit; **you'll just have to ~ with it** du musst dich/Sie müssen sich eben damit abfinden
liveblog [ˈlaɪvblɔg] N Live-Blog *m* ▸ VT, VI live bloggen
live-in [ˈlɪvɪn] ADJ (*cook, maid*) im Haus wohnend; **her ~ lover** ihr Freund, der bei ihr wohnt
livelihood [ˈlaɪvlɪhud] N Lebensunterhalt *m*

liveliness [ˈlaɪvlɪnɪs] N Lebhaftigkeit *f*; Lebendigkeit *f*
lively [ˈlaɪvlɪ] ADJ lebhaft; (*place, event, book etc*) lebendig
liven up [ˈlaɪvn-] VT beleben, Leben bringen in *+acc*; (*person*) aufmuntern ▶ VI (*person*) aufleben; (*discussion, evening etc*) in Schwung kommen
liver [ˈlɪvəʳ] N (*Anat, Culin*) Leber *f*
liverish [ˈlɪvərɪʃ] ADJ: **to be ~** sich unwohl fühlen
Liverpudlian [lɪvəˈpʌdlɪən] ADJ Liverpooler ▶ N Liverpooler(in) *m(f)*
livery [ˈlɪvərɪ] N Livree *f*
lives [laɪvz] NPL *of* **life**
livestock [ˈlaɪvstɔk] N Vieh *nt*
livestream [ˈlaɪvstriːm] N Livestream *m* ▶ VT livestreamen
live wire (*inf*) N (*person*) Energiebündel *nt*
livid [ˈlɪvɪd] ADJ (*colour*) bleifarben; (*inf: furious*) fuchsteufelswild
living [ˈlɪvɪŋ] ADJ lebend ▶ N: **to earn** *or* **make a ~** sich *dat* seinen Lebensunterhalt verdienen; **within ~ memory** seit Menschengedenken; **the cost of ~** die Lebenshaltungskosten *pl*
living conditions NPL Wohnverhältnisse *pl*
living expenses NPL Lebenshaltungskosten *pl*
living room N Wohnzimmer *nt*
living standards NPL Lebensstandard *m*
living wage N ausreichender Lohn *m*
living will N Patientenverfügung *f*
lizard [ˈlɪzəd] N Eidechse *f*
llama [ˈlɑːmə] N Lama *nt*
LLB N ABBR (= *Bachelor of Laws*) *akademischer Grad für Juristen*
LLD N ABBR (= *Doctor of Laws*) ≈ Dr. jur.
LMT (*US*) ABBR (= *Local Mean Time*) *Ortszeit*
load [ləud] N Last *f*; (*of vehicle*) Ladung *f*; (*weight, Elec*) Belastung *f* ▶ VT (*also:* **load up**) beladen; (*gun, program, data*) laden; **that's a ~ of rubbish** (*inf*) das ist alles Blödsinn; **loads of, a ~ of** (*fig*) jede Menge; **to ~ a camera** einen Film einlegen
loaded [ˈləudɪd] ADJ (*inf: rich*) steinreich; (*dice*) präpariert; (*vehicle*): **to be ~ with** beladen sein mit; **a ~ question** eine Fangfrage
loading bay [ˈləudɪŋ-] N Ladeplatz *m*
loaf [ləuf] (*pl* **loaves**) N Brot *nt*, Laib *m* ▶ VI (*also:* **loaf about, loaf around**) faulenzen; **use your ~!** (*Brit inf*) streng deinen Grips an!
loam [ləum] N Lehmerde *f*
loan [ləun] N Darlehen *nt* ▶ VT: **to ~ sth to sb** jdm etw leihen; **on ~** geliehen
loan account N Darlehenskonto *nt*
loan capital N Anleihekapital *nt*
loan shark (*pej*) N Kredithai *m*
loath [ləuθ] ADJ: **to be ~ to do sth** etw ungern tun
loathe [ləuð] VT verabscheuen
loathing [ˈləuðɪŋ] N Abscheu *m*
loathsome [ˈləuðsəm] ADJ abscheulich
loaves [ləuvz] NPL *of* **loaf**
lob [lɔb] VT (*ball*) lobben
lobby [ˈlɔbɪ] N (*of building*) Eingangshalle *f*; (*Pol: pressure group*) Interessenverband *m* ▶ VT Einfluss nehmen auf *+acc*
lobbyist [ˈlɔbɪɪst] N Lobbyist(in) *m(f)*
lobe [ləub] N Ohrläppchen *nt*
lobster [ˈlɔbstəʳ] N Hummer *m*
lobster pot N Hummer(fang)korb *m*
★**local** [ˈləukl] ADJ örtlich; (*council*) Stadt-, Gemeinde-; (*paper*) Lokal- ▶ N (*pub*) Stammkneipe *f* ■ **the locals** NPL (*local inhabitants*) die Einheimischen *pl*
local anaesthetic N örtliche Betäubung *f*
local authority N Gemeindeverwaltung *f*, Stadtverwaltung *f*
local call N Ortsgespräch *nt*
locale [ləuˈkɑːl] N Umgebung *f*
local government N Kommunalverwaltung *f*
locality [ləuˈkælɪtɪ] N Gegend *f*
localize [ˈləukəlaɪz] VT lokalisieren
locally [ˈləukəlɪ] ADV am Ort
lo-carb [ləuˈkɑːb] ADJ = **low-carb**
locate [ləuˈkeɪt] VT (*find*) ausfindig machen; **to be located in** sich befinden in *+dat*
location [ləuˈkeɪʃən] N Ort *m*; (*position*) Lage *f*; (*Cine*) Drehort *m*; **he's on ~ in Mexico** er ist bei Außenaufnahmen in Mexiko; **to be filmed on ~** als Außenaufnahme gedreht werden
loch [lɔx] (*Scot*) N See *m*
★**lock** [lɔk] N (*of door etc*) Schloss *nt*; (*on canal*) Schleuse *f*; (*also:* **lock of hair**) Locke *f* ▶ VT (*door etc*) abschließen; (*steering wheel*) sperren; (*Comput: keyboard*) verriegeln ▶ VI (*door etc*) sich abschließen lassen; (*wheels, mechanism etc*) blockieren; **on full ~** (*Aut*) voll eingeschlagen; **~, stock and barrel** mit allem Drum und Dran; **his jaw locked** er hatte Mundsperre
▶ **lock away** VT wegschließen; (*criminal*) einsperren
▶ **lock in** VT einschließen
▶ **lock out** VT aussperren
▶ **lock up** VT (*criminal etc*) einsperren; (*house*) abschließen ▶ VI abschließen
lockdown [ˈlɔkdaun] N: **to be in** *or* **under ~** (*place*) abgeriegelt sein; **to be on ~** (*prisoner*) in Isolationshaft sitzen
locker [ˈlɔkəʳ] N Schließfach *nt*
locker room N Umkleideraum *m*
locket [ˈlɔkɪt] N Medaillon *nt*
lockjaw [ˈlɔkdʒɔː] N Wundstarrkrampf *m*
lockout [ˈlɔkaut] N Aussperrung *f*
locksmith [ˈlɔksmɪθ] N Schlosser *m*
lockup [ˈlɔkʌp] N (*US inf: jail*) Gefängnis *nt*; (*also:* **lockup garage**) Garage *f*
locomotive [ləukəˈməutɪv] N Lokomotive *f*
locum [ˈləukəm] N (*Med*) Vertreter(in) *m(f)*
locust [ˈləukəst] N Heuschrecke *f*
lodge [lɔdʒ] N Pförtnerhaus *nt*; (*also:* **hunting lodge**) Hütte *f*; (*Freemasonry*) Loge *f* ▶ VT (*com-*

plaint, protest etc) einlegen ▸ VI (*bullet*) stecken bleiben; (*person*): **to ~ (with)** zur Untermiete wohnen (bei)

lodger [ˈlɔdʒəʳ] N Untermieter(in) *m(f)*

lodging [ˈlɔdʒɪŋ] N Unterkunft *f*

lodging house N Pension *f*

lodgings [ˈlɔdʒɪŋz] NPL möbliertes Zimmer *nt*; (*several rooms*) Wohnung *f*

loft [lɔft] N Boden *m*, Speicher *m*

lofty [ˈlɔftɪ] ADJ (*noble*) hoch(fliegend); (*self-important*) hochmütig; (*high*) hoch

★**log** [lɔg] N (*of wood*) Holzblock *m*, Holzklotz *m*; (*written account*) Log *nt* ▸ N ABBR (*Math*: = *logarithm*) log ▸ VT (ins Logbuch) eintragen
▸ **log in** VI (*Comput*) sich anmelden
▸ **log into** VT FUS (*Comput*) sich anmelden bei
▸ **log off** VI (*Comput*) sich abmelden
▸ **log on** VI (*Comput*) = **log in**
▸ **log out** VI (*Comput*) = **log off**

logarithm [ˈlɔgərɪðm] N Logarithmus *m*

logbook [ˈlɔgbuk] N (*Naut*) Logbuch *nt*; (*Aviat*) Bordbuch *nt*; (*of car*) Kraftfahrzeugbrief *m*; (*of lorry driver*) Fahrtenbuch *nt*; (*of events*) Tagebuch *nt*; (*of movement of goods etc*) Dienstbuch *nt*

log fire N Holzfeuer *nt*

logger [ˈlɔgəʳ] N (*lumberjack*) Holzfäller *m*

loggerheads [ˈlɔgəhɛdz] NPL: **to be at ~** Streit haben

logic [ˈlɔdʒɪk] N Logik *f*

logical [ˈlɔdʒɪkl] ADJ logisch

logically [ˈlɔdʒɪkəlɪ] ADV logisch; (*reasonably*) logischerweise

login [ˈlɔgɪn] N (*Comput*) Log-in *nt*, Anmeldung *f*

logistics [lɔˈdʒɪstɪks] N Logistik *f*

log jam N (*fig*) Blockierung *f*; **to break the ~** freie Bahn schaffen

logo [ˈləugəu] N Logo *nt*

loin [lɔɪn] N Lende *f*

loincloth [ˈlɔɪnklɔθ] N Lendenschurz *m*

loiter [ˈlɔɪtəʳ] VI sich aufhalten

lol ABBR (*Internet, Tel*: = *laugh out loud*) lol (*lautes Lachen*)

loll [lɔl] VI (*person*: *also*: **loll about**) herumhängen; (*head*) herunterhängen; (*tongue*) heraushängen

lollipop [ˈlɔlɪpɔp] N Lutscher *m*

lollipop lady (BRIT) N ≈ Schülerlotsin *f*

lollipop man (BRIT) N ≈ Schülerlotse *m*

> **Lollipop man/lady** heißen in Großbritannien die Männer bzw. Frauen, die mithilfe eines runden Stoppschildes den Verkehr anhalten, damit Schulkinder die Straße gefahrlos überqueren können. Der Name bezieht sich auf die Form des Schildes, die an einen Lutscher erinnert.

lollop [ˈlɔləp] VI zockeln

lolly [ˈlɔlɪ] (*inf*) N (*lollipop*) Lutscher *m*; (*money*) Mäuse *pl*

★**London** [ˈlʌndən] N London *nt*

★**Londoner** [ˈlʌndənəʳ] N Londoner(in) *m(f)*

lone [ləun] ADJ einzeln, einsam; (*only*) einzig

loneliness [ˈləunlɪnɪs] N Einsamkeit *f*

lonely [ˈləunlɪ] ADJ einsam

lonely hearts ADJ: **~ ad** Kontaktanzeige *f*; **the ~ column** die Kontaktanzeigen *pl*

lone parent N Alleinerziehende(r) *f(m)*

loner [ˈləunəʳ] N Einzelgänger(in) *m(f)*

★**long** [lɔŋ] ADJ lang ▸ ADV lang(e) ▸ VI: **to ~ for sth** sich nach etw sehnen; **in the ~ run** auf die Dauer; **how ~ is the lesson?** wie lange dauert die Stunde?; **6 metres/months ~** 6 Meter/Monate lang; **so** *or* **as ~ as** (*on condition that*) solange; (*while*) während; **don't be ~!** bleib nicht so lange!; **all night ~** die ganze Nacht; **he no longer comes** er kommt nicht mehr; **~ ago** vor langer Zeit; **~ before/after** lange vorher/danach; **before ~** bald; **at ~ last** schließlich und endlich; **the ~ and the short of it is that ...** kurz gesagt, ...

> When you want to say how long you have been doing something, use the present tense in German.
>
> *How long have you been here?* **Wie lange bist du schon da?**
>
> *I've been waiting a long time.* **Ich warte schon lange**.

long-distance [lɔŋˈdɪstəns] ADJ (*travel, phone call*) Fern-; (*race*) Langstrecken-

longevity [lɔnˈdʒɛvɪtɪ] N Langlebigkeit *f*

long-haired [ˈlɔŋˈhɛəd] ADJ langhaarig; (*animal*) Langhaar-

longhand [ˈlɔŋhænd] N Langschrift *f*

longing [ˈlɔŋɪŋ] N Sehnsucht *f*

longingly [ˈlɔŋɪŋlɪ] ADV sehnsüchtig

longitude [ˈlɔŋgɪtju:d] N Länge *f*

long johns [-dʒɔnz] NPL lange Unterhose *f*

long jump N Weitsprung *m*

long-life [ˈlɔŋlaɪf] ADJ (*batteries etc*) mit langer Lebensdauer; **~ milk** H-Milch *f*

long-lost [ˈlɔŋlɔst] ADJ verloren geglaubt

long-playing record [ˈlɔŋpleɪɪŋ-] N Langspielplatte *f*

long-range [ˈlɔŋˈreɪndʒ] ADJ (*plan, forecast*) langfristig; (*missile, plane etc*) Langstrecken-

longshoreman [ˈlɔŋʃɔ:mən] (*US*) N (*irreg*) Hafenarbeiter *m*

long-sighted [ˈlɔŋˈsaɪtɪd] ADJ weitsichtig

long-standing [ˈlɔŋˈstændɪŋ] ADJ langjährig

long-suffering [lɔŋˈsʌfərɪŋ] ADJ schwer geprüft

long-term [ˈlɔŋtə:m] ADJ langfristig

long wave N Langwelle *f*

long-winded [lɔŋˈwɪndɪd] ADJ umständlich, langatmig

loo [lu:] (BRIT *inf*) N Klo *nt*

loofah [ˈlu:fə] N Luffa(schwamm) *m*

ook [luk] VI sehen, schauen, gucken (*inf*); (*seem, appear*) aussehen ▶ N (*glance*) Blick *m*; (*appearance*) Aussehen *nt*; (*expression*) Miene *f*; (*Fashion*) Look *m* ■ **looks** NPL (*good looks*) (gutes) Aussehen; **to ~ (out) onto the sea/south** (*building etc*) Blick aufs Meer/nach Süden haben; **~ (here)!** (*expressing annoyance*) hör (mal) zu!; **~!** (*expressing surprise*) sieh mal!; **to ~ like sb/sth** wie jd/etw aussehen; **it looks like him** es sieht ihm ähnlich; **it looks about 4 metres long** es scheint etwa 4 Meter lang zu sein; **it looks all right to me** es scheint mir in Ordnung zu sein; **to ~ ahead** vorausschauen; **to have a ~ at sth** sich *dat* etw ansehen; **let me have a ~** lass mich mal sehen; **to have a ~ for sth** nach etw suchen

▶ **look after** VT FUS sich kümmern um

▶ **look at** VT FUS ansehen; (*read quickly*) durchsehen; (*study, consider*) betrachten

▶ **look back** VI: **to ~ back (on)** zurückblicken (auf +*acc*); **to ~ back at sth/sb** sich nach jdm/etw umsehen

▶ **look down on** VT FUS (*fig*) herabsehen auf +*acc*

▶ **look for** VT FUS suchen

▶ **look forward to** VT FUS sich freuen auf +*acc*; **we ~ forward to hearing from you** (*in letters*) wir hoffen, bald von Ihnen zu hören

▶ **look in** VI: **to ~ in on sb** bei jdm vorbeikommen

▶ **look into** VT FUS (*investigate*) untersuchen

▶ **look on** VI (*watch*) zusehen

▶ **look out** VI (*beware*) aufpassen

▶ **look out for** VT FUS Ausschau halten nach

▶ **look over** VT (*essay etc*) durchsehen; (*house, town etc*) sich *dat* ansehen; (*person*) mustern

▶ **look round** VI sich umsehen

▶ **look through** VT FUS durchsehen

▶ **look to** VT FUS (*rely on*) sich verlassen auf +*acc*

▶ **look up** VI aufsehen; (*situation*) sich bessern ▶ VT (*word etc*) nachschlagen; **things are looking up** es geht bergauf

▶ **look up to** VT FUS aufsehen zu

ookalike [ˈlukəlaɪk] N Doppelgänger(in) *m(f)*

ook-in [ˈlukɪn] N: **to get a ~** (*inf*) eine Chance haben

ookout [ˈlukaut] N (*tower etc*) Ausguck *m*; (*person*) Wachtposten *m*; **to be on the ~ for sth** nach etw Ausschau halten

oom [lu:m] VI (*object, shape: also:* **loom up**) sich abzeichnen; (*event*) näher rücken ▶ N Webstuhl *m*

oony [ˈlu:nɪ] (*pej*) ADJ verrückt ▶ N Verrückte(r) *f(m)*

oop [lu:p] N Schlaufe *f*; (*Comput*) Schleife *f* ▶ VT: **to ~ sth around sth** etw um etw schlingen

oophole [ˈlu:phəul] N Hintertürchen *nt*; **a ~ in the law** eine Lücke im Gesetz

oose [lu:s] ADJ lose, locker; (*clothes etc*) weit; (*long hair*) offen; (*not strictly controlled, promiscuous*) locker; (*definition*) ungenau; (*translation*) frei ▶ VT (*animal*) loslassen; (*prisoner*) freilassen; (*set off, unleash*) entfesseln ▶ N: **to be on the ~** frei herumlaufen

oose change N Kleingeld *nt*

oose chippings NPL Schotter *m*

loose end N: **to be at a ~, to be at ~s** (*US*) nichts mit sich *dat* anzufangen wissen; **to tie up ~s** die offenstehenden Probleme lösen

loose-fitting [ˈlu:sfɪtɪŋ] ADJ weit

loose-leaf [ˈlu:sli:f] ADJ Loseblatt-; **~ binder** Ringbuch *nt*

loose-limbed [lu:sˈlɪmd] ADJ gelenkig, beweglich

loosely [ˈlu:slɪ] ADV lose, locker

loosely-knit [ˈlu:slɪˈnɪt] ADJ (*fig*) locker

loosen [ˈlu:sn] VT lösen, losmachen; (*clothing, belt etc*) lockern

loosen up VI (*before game*) sich auflockern; (*relax*) auftauen

loot [lu:t] N (*inf*) Beute *f* ▶ VT plündern

looter [ˈlu:tə[r]] N Plünderer *m*

looting [ˈlu:tɪŋ] N Plünderung *f*

lop off [lɔp-] VT abhacken

lopsided [ˈlɔpˈsaɪdɪd] ADJ schief

lord [lɔ:d] N (BRIT) Lord *m*; **L~ Smith** Lord Smith; **the L~** (*Rel*) der Herr; **my ~** (*to bishop*) Exzellenz; (*to noble*) Mylord; (*to judge*) Euer Ehren; **good L~!** ach, du lieber Himmel!; **the (House of) Lords** (BRIT) das Oberhaus

lordly [ˈlɔ:dlɪ] ADJ hochmütig

lordship [ˈlɔ:dʃɪp] N: **your L~** Eure Lordschaft

lore [lɔ:[r]] N Überlieferungen *pl*

lorry [ˈlɔrɪ] (BRIT) N Lastwagen *m*, Lkw *m*

lorry driver (BRIT) N Lastwagenfahrer *m*

★**lose** [lu:z] (*pt, pp* **lost**) VT verlieren; (*opportunity*) verpassen; (*pursuers*) abschütteln ▶ VI verlieren; **to ~ (time)** (*clock*) nachgehen; **to ~ weight** abnehmen; **to ~ 5 pounds** 5 Pfund abnehmen; **to ~ sight of sth** (*also fig*) etw aus den Augen verlieren

loser [ˈlu:zə[r]] N Verlierer(in) *m(f)*; (*inf: failure*) Versager *m*; **to be a good/bad ~** ein guter/schlechter Verlierer sein

★**loss** [lɔs] N Verlust *m*; **to make a ~ (of £1,000)** (1000 Pfund) Verlust machen; **to sell sth at a ~** etw mit Verlust verkaufen; **heavy losses** schwere Verluste *pl*; **to cut one's losses** aufgeben, bevor es noch schlimmer wird; **to be at a ~** nicht mehr weiterwissen

loss adjuster N Schadenssachverständige(r) *f(m)*

loss leader N (*Comm*) Lockvogelangebot *nt*

★**lost** [lɔst] PT, PP *of* **lose** ▶ ADJ (*person, animal*) vermisst; (*object*) verloren; **to be ~** sich verlaufen/verfahren haben; **to get ~** sich verlaufen/verfahren; **get ~!** (*inf*) verschwinde!; **~ in thought** in Gedanken verloren

lost and found (*US*) N = **lost property**

lost cause N aussichtslose Sache *f*

lost property (BRIT) N Fundsachen *pl*; (*also:* **lost property office**) Fundbüro *nt*

★**lot** [lɔt] N (*kind*) Art *f*; (*group*) Gruppe *f*; (*at auctions, destiny*) Los *nt*; **to draw lots** losen, Lose ziehen; **the ~** alles; **a ~ (of)** (*a large number (of)*) viele; (*a great deal (of)*) viel; **lots of** viele; **I read a ~** ich lese viel; **this happens a ~** das kommt oft vor

loth [ləuθ] ADJ = **loath**

lotion [ˈləuʃən] N Lotion *f*

lottery [ˈlɔtərɪ] N Lotterie *f*

★**loud** [laud] ADJ laut; (*clothes*) schreiend ▸ ADV laut; **to be ~ in one's support of sb/sth** jdn/etw lautstark unterstützen; **out ~** (*read, laugh etc*) laut

loud-hailer [laudˈheɪləʳ] (BRIT) N Megafon *nt*

loudly [ˈlaudlɪ] ADV laut

loudmouthed [ˈlaudmauθt] ADJ großmäulig

loudspeaker [laudˈspiːkəʳ] N Lautsprecher *m*

lounge [laundʒ] N (*in house*) Wohnzimmer *nt*; (*in hotel*) Lounge *f*; (*at airport, station*) Wartehalle *f*; (BRIT: *also*: **lounge bar**) Salon *m* ▸ VI faulenzen

▸ **lounge about** VI herumliegen, herumsitzen, herumstehen

▸ **lounge around** VI = **lounge about**

lounge suit (BRIT) N Straßenanzug *m*

louse [laus] (*pl* **lice**) N Laus *f*

▸ **louse up** (*inf*) VT vermasseln

lousy [ˈlauzɪ] (*inf*) ADJ (*bad quality*) lausig, mies; (*despicable*) fies, gemein; (*ill*): **to feel ~** sich miserabel *or* elend fühlen

lout [laut] N Lümmel *m*, Flegel *m*

louvre, (US) **louver** [ˈluːvəʳ] ADJ (*door, window*) Lamellen-

lovable [ˈlʌvəbl] ADJ liebenswert

★**love** [lʌv] N Liebe *f* ▸ VT lieben; (*thing, activity etc*) gern mögen; **"~ (from) Anne"** (*on letter*) „mit herzlichen Grüßen, Anne"; **to be in ~ with** verliebt sein in *+acc*; **to fall in ~ with** sich verlieben in *+acc*; **to make ~** sich lieben; **~ at first sight** Liebe auf den ersten Blick; **to send one's ~ to sb** jdn grüßen lassen; **"fifteen ~"** (*Tennis*) „fünfzehn null"; **to ~ doing sth** etw gern tun; **I'd ~ to come** ich würde sehr gerne kommen; **I ~ chocolate** ich esse Schokolade liebend gern

love affair N Verhältnis *nt*, Liebschaft *f*

love child N (*irreg*) uneheliches Kind *nt*, Kind *nt* der Liebe

loved ones [ˈlʌvdwʌnz] NPL enge Freunde und Verwandte *pl*

love-hate relationship [ˈlʌvheɪt-] N Hassliebe *f*

love letter N Liebesbrief *m*

love life N Liebesleben *nt*

★**lovely** [ˈlʌvlɪ] ADJ (*beautiful*) schön; (*delightful*) herrlich; (*person*) sehr nett

lover [ˈlʌvəʳ] N Geliebte(r) *f*(*m*); (*person in love*) Liebende(r) *f*(*m*); **~ of art/music** Kunst-/Musikliebhaber(in) *m*(*f*); **to be lovers** ein Liebespaar sein

lovesick [ˈlʌvsɪk] ADJ liebeskrank

love song N Liebeslied *nt*

loving [ˈlʌvɪŋ] ADJ liebend; (*actions*) liebevoll

★**low** [ləu] ADJ niedrig; (*bow, curtsey*) tief; (*quality*) schlecht; (*sound*: *deep*) tief; (: *quiet*) leise; (*depressed*) niedergeschlagen, bedrückt ▸ ADV (*sing*) leise; (*fly*) tief ▸ N (*Met*) Tief *nt*; **to be/run ~** knapp sein/werden; **sb is running ~ on sth** jdm wird etw knapp; **to reach a new** *or* **an all-time ~** einen neuen Tiefstand erreichen

low-alcohol [ˈləuˈælkəhɔl] ADJ alkoholarm

lowbrow [ˈləubrau] ADJ (geistig) anspruchslos

low-calorie [ˈləuˈkælərɪ] ADJ kalorienarm

low-carb [ləuˈkɑːb] ADJ low-carb, kohlenhydratarm; **~ bread** kohlenhydratarmes Brot

low-cut [ˈləukʌt] ADJ (*dress*) tief ausgeschnitten

lowdown [ˈləudaun] (*inf*) N: **he gave me the ~ on it** er hat mich darüber informiert

low-emission ADJ schadstoffarm

lower [ˈləuəʳ] ADJ untere(r, s); (*lip, jaw, arm*) Unter- ▸ VT senken

low-fat [ˈləuˈfæt] ADJ fettarm

low-key [ˈləuˈkiː] ADJ zurückhaltend; (*not obvious*) unaufdringlich

lowlands [ˈləuləndz] NPL Flachland *nt*

low-level language [ˈləulɛvl-] N (*Comput*) niedere Programmiersprache *f*

low-loader [ˈləuˈləudəʳ] N Tieflader *m*

lowly [ˈləulɪ] ADJ (*position*) niedrig; (*origin*) bescheiden

low-lying [ləuˈlaɪɪŋ] ADJ tief gelegen

low-paid [ləuˈpeɪd] ADJ schlecht bezahlt

low-rise [ˈləuraɪz] ADJ niedrig (gebaut)

low-tech [ˈləutɛk] ADJ nicht mit Hightech ausgestattet

low tide [ləuˈtaɪd] N Ebbe *f*

loyal [ˈlɔɪəl] ADJ treu; (*support*) loyal

loyalist [ˈlɔɪəlɪst] N Loyalist(in) *m*(*f*)

loyalty [ˈlɔɪəltɪ] N Treue *f*; Loyalität *f*

loyalty card (BRIT) N (*Comm*) Paybackkarte *f*

lozenge [ˈlɔzɪndʒ] N Pastille *f*; (*shape*) Raute *f*

LP N ABBR (= *long player*) LP *f*; *see also* **long-playing record**

LPG N ABBR (= *liquefied petroleum gas*) Flüssiggas *nt*

LPN (US) N ABBR (= *Licensed Practical Nurse*) staatlich anerkannte Krankenschwester *f*, staatlich anerkannter Krankenpfleger *m*

LRAM (BRIT) N ABBR (= *Licentiate of the Royal Academy of Music*) *Qualifikationsnachweis in Musik*

LSAT (US) N ABBR (= *Law School Admissions Test*) *Zulassungsprüfung für juristische Hochschulen*

LSD N ABBR (= *lysergic acid diethylamide*) LSD *nt*; (BRIT: = *pounds, shillings and pence*) *früheres britisches Währungssystem*

LSE (BRIT) N ABBR (= *London School of Economics*) *Londoner Wirtschaftshochschule*

Lt ABBR (*Mil*: = *lieutenant*) Lt.

Ltd ABBR (*Comm*: = *limited (liability)*) ≈ GmbH *f*

lubricant [ˈluːbrɪkənt] N Schmiermittel *nt*

lubricate [ˈluːbrɪkeɪt] VT schmieren, ölen

lucid [ˈluːsɪd] ADJ klar; (*person*) bei klarem Verstand

lucidity [luːˈsɪdɪtɪ] N Klarheit *f*

★**luck** [lʌk] N (*esp good luck*) Glück *nt*; **bad ~** Unglück *nt*; **good ~!** viel Glück!; **bad** *or* **hard** *or* **tough ~!** so ein Pech!; **hard** *or* **tough ~!** (*showing* *no sympathy*) Pech gehabt!; **to be in ~** Glück haben; **to be out of ~** kein Glück haben

uckily [ˈlʌkɪlɪ] ADV glücklicherweise

uckless [ˈlʌklɪs] ADJ glücklos

ucky [ˈlʌkɪ] ADJ (*situation, event*) glücklich; (*object*) Glück bringend; (*person*): **to be ~** Glück haben; **to have a ~ escape** noch einmal davonkommen; **~ charm** Glücksbringer *m*

ucrative [ˈlu:krətɪv] ADJ einträglich

udicrous [ˈlu:dɪkrəs] ADJ grotesk

udo [ˈlu:dəu] N Mensch, ärgere dich nicht *nt*

ug [lʌg] (*inf*) VT schleppen

uggage [ˈlʌgɪdʒ] N Gepäck *nt*

uggage car (*US*) N = **luggage van**

uggage compartment N Gepäckraum *m*

uggage rack N Gepäckträger *m*; (*in train*) Gepäckablage *f*

uggage van (BRIT) N (*Rail*) Gepäckwagen *m*

ugubrious [luˈgu:brɪəs] ADJ schwermütig

ukewarm [ˈlu:kwɔ:m] ADJ lauwarm; (*fig: person, reaction etc*) lau

ull [lʌl] N Pause *f* ▸ VT: **to ~ sb to sleep** jdn einlullen *or* einschläfern; **to be lulled into a false sense of security** in trügerische Sicherheit gewiegt werden

ullaby [ˈlʌləbaɪ] N Schlaflied *nt*

umbago [lʌmˈbeɪgəu] N Hexenschuss *m*

umber [ˈlʌmbəʳ] N (*wood*) Holz *nt*; (*junk*) Gerümpel *nt* ▸ VI: **to ~ about/along** herum-/entlangtapsen

▸ **lumber with** VT: **to be/get lumbered with sth** etw am Hals haben/aufgehalst bekommen

umberjack [ˈlʌmbədʒæk] N Holzfäller *m*

umber room (BRIT) N Rumpelkammer *f*

umberyard [ˈlʌmbəjɑ:d] (*US*) N Holzlager *nt*

uminous [ˈlu:mɪnəs] ADJ leuchtend, Leucht-

ump [lʌmp] N Klumpen *m*; (*on body*) Beule *f*; (*in breast*) Knoten *m*; (*also:* **sugar lump**) Stück *nt* (Zucker) ▸ VT: **to ~ together** in einen Topf werfen; **a ~ sum** eine Pauschalsumme

umpy [ˈlʌmpɪ] ADJ klumpig

unacy [ˈlu:nəsɪ] N Wahnsinn *m*

unar [ˈlu:nəʳ] ADJ Mond-

unatic [ˈlu:nətɪk] (!) ADJ wahnsinnig ▸ N (!) Wahnsinnige(r) *f*(*m*), Irre(r) *f*(*m*)

unatic asylum (!) N Irrenanstalt *f*

unatic fringe N: **the ~** die Extremisten *pl*

unch [lʌntʃ] N Mittagessen *nt*; (*time*) Mittagszeit *f* ▸ VI zu Mittag essen

lunch break N Mittagspause *f*

luncheon [ˈlʌntʃən] N Mittagessen *nt*

luncheon meat N Frühstücksfleisch *nt*

luncheon voucher (BRIT) N Essensmarke *f*

lunch hour N Mittagspause *f*

lunch time N Mittagszeit *f*

lung [lʌŋ] N Lunge *f*

lunge [lʌndʒ] VI (*also:* **lunge forward**) sich nach vorne stürzen; **to ~ at** sich stürzen auf *+acc*

lupin [ˈlu:pɪn] N Lupine *f*

lurch [lə:tʃ] VI ruckeln; (*person*) taumeln ▸ N Ruck *m*; (*of person*) Taumeln *nt*; **to leave sb in the ~** jdn im Stich lassen

lure [luəʳ] N Verlockung *f* ▸ VT locken

lurid [ˈluərɪd] ADJ (*story etc*) reißerisch; (*pej: brightly coloured*) grell, in grellen Farben

lurk [lə:k] VI (*also fig*) lauern

luscious [ˈlʌʃəs] ADJ (*attractive*) fantastisch; (*food*) köstlich, lecker

lush [lʌʃ] ADJ (*fields*) saftig; (*gardens*) üppig; (*luxurious*) luxuriös

lust [lʌst] (*pej*) N (*sexual*) (sinnliche) Begierde *f*; (*for money, power etc*) Gier *f*

▸ **lust after** VT FUS (*sexually*) begehren; (*crave*) gieren nach

▸ **lust for** VT FUS = **lust after**

lustful [ˈlʌstful] ADJ lüstern

lustre, (*US*) **luster** [ˈlʌstəʳ] N Schimmer *m*, Glanz *m*

lusty [ˈlʌstɪ] ADJ gesund und munter

lute [lu:t] N Laute *f*

luvvie, luvvy [ˈlʌvɪ] (*inf*) N Schätzchen *nt*

★**Luxembourg** [ˈlʌksəmbə:g] N Luxemburg *nt*

luxuriant [lʌgˈzjuərɪənt] ADJ üppig

luxuriate [lʌgˈzjuərɪeɪt] VI: **to ~ in sth** sich in etw *dat* aalen

luxurious [lʌgˈzjuərɪəs] ADJ luxuriös

★**luxury** [ˈlʌkʃərɪ] N Luxus *m* (*no pl*) ▸ CPD (*hotel, car etc*) Luxus-; **little luxuries** kleine Genüsse

LV (BRIT) N ABBR = **luncheon voucher**

LW ABBR (*Radio:* = *long wave*) LW

Lycra® [ˈlaɪkrə] N Lycra *nt*

lying [ˈlaɪɪŋ] N Lügen *nt* ▸ ADJ verlogen

lynch [lɪntʃ] VT lynchen

lynx [lɪŋks] N Luchs *m*

lyric [ˈlɪrɪk] ADJ lyrisch

lyrical [ˈlɪrɪkl] ADJ lyrisch; (*fig: praise etc*) schwärmerisch

lyricism [ˈlɪrɪsɪzəm] N Lyrik *f*

lyrics [ˈlɪrɪks] NPL (*of song*) Text *m*

Mm

M¹, m¹ [ɛm] N (*letter*) M *nt*, m *nt*; **M for Mary, M for Mike** (*US*) ≈ M wie Martha

M² [ɛm] N ABBR (*BRIT*) = **motorway; the M8** ≈ die A8 ▸ ABBR = **medium**

m² ABBR (= *metre*) m; = **mile**; (= *million*) Mio.

MA N ABBR (= *Master of Arts*) *akademischer Grad für Geisteswissenschaftler*; (= *military academy*) Militärakademie *f* ▸ ABBR (*US Post*) = **Massachusetts**

mac [mæk] (*BRIT*) N Regenmantel *m*

macabre [məˈkɑːbrə] ADJ makaber

macaroni [mækəˈrəunɪ] N Makkaroni *pl*

macaroon [mækəˈruːn] N Makrone *f*

mace [meɪs] N (*weapon*) Keule *f*; (*ceremonial*) Amtsstab *m*; (*spice*) Muskatblüte *f*

Macedonia [mæsɪˈdəunɪə] N Makedonien *nt*

Macedonian [mæsɪˈdəunɪən] ADJ makedonisch ▸ N Makedonier(in) *m(f)*; (*Ling*) Makedonisch *nt*

machinations [mækɪˈneɪʃənz] NPL Machenschaften *pl*

★**machine** [məˈʃiːn] N Maschine *f*; (*fig: party machine etc*) Apparat *m* ▸ VT (*Tech*) maschinell herstellen *or* bearbeiten; (*dress etc*) mit der Maschine nähen

machine code N Maschinencode *m*

machine gun N Maschinengewehr *nt*

machine language N Maschinensprache *f*

machine-readable [məˈʃiːnriːdəbl] ADJ maschinenlesbar

machinery [məˈʃiːnərɪ] N Maschinen *pl*; (*fig: of government*) Apparat *m*

machine shop N Maschinensaal *m*

machine tool N Werkzeugmaschine *f*

machine washable ADJ waschmaschinenfest

machinist [məˈʃiːnɪst] N Maschinist(in) *m(f)*

macho [ˈmætʃəu] ADJ Macho-; **a ~ man** ein Macho *m*

mackerel [ˈmækrl] N INV Makrele *f*

mackintosh [ˈmækɪntɔʃ] (*BRIT*) N Regenmantel *m*

macro... [ˈmækrəu] PREF Makro-, makro-

macroeconomics [ˈmækrəuiːkəˈnɔmɪks] NPL Makroökonomie *f*

★**mad** [mæd] ADJ wahnsinnig, verrückt; (*angry*) böse, sauer (*inf*); **to be ~ about** verrückt sein auf +*acc*; **to be ~ at sb** böse *or* sauer auf jdn sein; **to go ~** (*insane*) verrückt *or* wahnsinnig werden; (*angry*) böse *or* sauer werden

madam [ˈmædəm] N gnädige Frau *f*; **yes, ~** ja(wohl); **M~ Chairman** Frau Vorsitzende

> In German no form of address is normally used apart from **Sie**.
>
> *Would you like to order, Madam?* **Möchten Sie bestellen?**

madcap [ˈmædkæp] (*inf*) ADJ (*idea*) versponnen; (*tricks*) toll

mad cow disease N Rinderwahn *m*

madden [ˈmædn] VT ärgern, fuchsen (*inf*)

maddening [ˈmædnɪŋ] ADJ unerträglich

made [meɪd] PT, PP *of* **make**

Madeira [məˈdɪərə] N Madeira *nt*; (*wine*) Madeira *m*

made-to-measure [ˈmeɪdtəˈmɛʒəʳ] (*BRIT*) ADJ maßgeschneidert

madhouse [ˈmædhaus] N (*also fig*) Irrenhaus *nt*

madly [ˈmædlɪ] ADV wie verrückt; **~ in love** bis über beide Ohren verliebt

madman [ˈmædmən] N (*irreg*) Verrückte(r) *m*, Irre(r) *m*

madness [ˈmædnɪs] N Wahnsinn *m*

Madrid [məˈdrɪd] N Madrid *nt*

Mafia [ˈmæfɪə] N Mafia *f*

mag [mæg] (*BRIT inf*) N Zeitschrift *f*

★**magazine** [mægəˈziːn] N Zeitschrift *f*; (*Radio, TV, of firearm*) Magazin *nt*; (*Mil: store*) Depot *nt*

maggot [ˈmægət] N Made *f*

★**magic** [ˈmædʒɪk] N Magie *f*; (*conjuring*) Zauberei *f* ▸ ADJ magisch; (*formula*) Zauber-; (*fig: place, moment etc*) zauberhaft

magical [ˈmædʒɪkl] ADJ magisch; (*experience, evening*) zauberhaft

magician [məˈdʒɪʃən] N (*wizard*) Magier *m*; (*conjurer*) Zauberer *m*

magistrate [ˈmædʒɪstreɪt] N Friedensrichter(in) *m(f)*

magnanimous [mægˈnænɪməs] ADJ großmütig

magnate [ˈmægneɪt] N Magnat *m*

magnesium [mægˈniːzɪəm] N Magnesium *nt*

magnet [ˈmægnɪt] N Magnet *m*

nagnetic [mæg'nɛtɪk] ADJ magnetisch; (*field, compass, pole etc*) Magnet-; (*personality*) anziehend

nagnetic disk N (*Comput*) Magnetplatte *f*

nagnetic tape N Magnetband *nt*

nagnetism ['mægnɪtɪzəm] N Magnetismus *m*; (*of person*) Anziehungskraft *f*

nagnetize ['mægnɪtaɪz] VT magnetisieren

nagnification [mægnɪfɪ'keɪʃən] N Vergrößerung *f*

nagnificence [mæg'nɪfɪsns] N Großartigkeit *f*; (*of robes*) Pracht *f*

nagnificent [mæg'nɪfɪsnt] ADJ großartig; (*robes*) prachtvoll

nagnify ['mægnɪfaɪ] VT vergrößern; (*sound*) verstärken; (*fig: exaggerate*) aufbauschen

nagnifying glass ['mægnɪfaɪɪŋ-] N Vergrößerungsglas *nt*, Lupe *f*

nagnitude ['mægnɪtju:d] N (*size*) Ausmaß *nt*, Größe *f*; (*importance*) Bedeutung *f*

nagnolia [mæg'nəulɪə] N Magnolie *f*

nagpie ['mægpaɪ] N Elster *f*

nahogany [mə'hɔgənɪ] N Mahagoni *nt* ▸ CPD Mahagoni-

naid [meɪd] N Dienstmädchen *nt*; **old ~** (*pej*) alte Jungfer

naiden ['meɪdn] N (*liter*) Mädchen *nt* ▸ ADJ unverheiratet; (*speech, voyage*) Jungfern-

naiden name N Mädchenname *m*

nail [meɪl] N Post *f* ▸ VT aufgeben; **by ~** mit der Post

nailbox ['meɪlbɔks] N (*US*) Briefkasten *m*; (*Comput*) Mailbox *f*, elektronischer Briefkasten *m*

nailing list ['meɪlɪŋ-] N Anschriftenliste *f*

nailman ['meɪlmæn] (*US*) N (*irreg*) Briefträger *m*, Postbote *m*

nail order N (*system*) Versand *m* ▸ CPD: **mail-order firm** *or* **business** Versandhaus *nt*; **mail-order catalogue** Versandhauskatalog *m*; **by ~** durch Bestellung per Post

nailshot ['meɪlʃɔt] (BRIT) N Werbebrief *m*

nail train N Postzug *m*

nail truck (*US*) N Postauto *nt*

nail van (BRIT) N (*Aut*) Postauto *nt*; (*Rail*) Postwagen *m*

naim [meɪm] VT verstümmeln

nain [meɪn] ADJ Haupt-, wichtigste(r, s); (*door, entrance, meal*) Haupt- ▸ N Hauptleitung *f* ■ **the mains** NPL (*Elec*) das Stromnetz; (*gas, water*) die Hauptleitung; **in the ~** im Großen und Ganzen

nain course N (*Culin*) Hauptgericht *nt*

nainframe ['meɪnfreɪm] N (*Comput*) Großrechner *m*

nainland ['meɪnlənd] N Festland *nt*

nainline ['meɪnlaɪn] ADJ: **~ station** Fernbahnhof *m* ▸ VT (*drugs slang*) spritzen ▸ VI (*drugs slang*) fixen

nain line N Hauptstrecke *f*

nainly ['meɪnlɪ] ADV hauptsächlich

main road N Hauptstraße *f*

mainstay ['meɪnsteɪ] N (*foundation*) (wichtigste) Stütze *f*; (*chief constituent*) Hauptbestandteil *m*

mainstream ['meɪnstri:m] N Hauptrichtung *f* ▸ ADJ (*cinema etc*) populär; (*politics*) der Mitte

main street N (*US*) Hauptstraße *f*

★**maintain** [meɪn'teɪn] VT (*preserve*) aufrechterhalten; (*keep up*) beibehalten; (*provide for*) unterhalten; (*look after: building*) instand halten; (: *equipment*) warten; (*affirm: opinion*) vertreten; (: *innocence*) beteuern; **to ~ that ...** behaupten, dass ...

maintenance ['meɪntənəns] N (*of building*) Instandhaltung *f*; (*of equipment*) Wartung *f*; (*preservation*) Aufrechterhaltung *f*; (*Law: alimony*) Unterhalt *m*

maintenance contract N Wartungsvertrag *m*

maintenance order N (*Law*) Unterhaltsurteil *nt*

maisonette [meɪzə'nɛt] (BRIT) N Maisonettewohnung *f*

maize [meɪz] N Mais *m*

Maj. ABBR (*Mil*) = **major**

majestic [mə'dʒɛstɪk] ADJ erhaben

majesty ['mædʒɪstɪ] N (*title*): **Your M~** Eure Majestät; (*splendour*) Erhabenheit *f*

★**major** ['meɪdʒə^r] N Major *m* ▸ ADJ bedeutend; (*Mus*) Dur ▸ VI (*US*): **to ~ in French** Französisch als Hauptfach belegen; **a ~ operation** eine größere Operation

Majorca [mə'jɔ:kə] N Mallorca *nt*

major general N Generalmajor *m*

★**majority** [mə'dʒɔrɪtɪ] N Mehrheit *f* ▸ CPD (*verdict, holding*) Mehrheits-

★**make** [meɪk] (*pt, pp* **made**) VT machen; (*clothes*) nähen; (*cake*) backen; (*speech*) halten; (*manufacture*) herstellen; (*earn*) verdienen; (*cause to be*): **to ~ sb sad** jdn traurig machen; (*force*): **to ~ sb do sth** jdn zwingen, etw zu tun; (*cause*) jdn dazu bringen, etw zu tun; (*equal*): **2 and 2 ~ 4** 2 und 2 ist *or* macht 4 ▸ N Marke *f*, Fabrikat *nt*; **to ~ a fool of sb** jdn lächerlich machen; **to ~ a profit/loss** Gewinn/Verlust machen; **to ~ it** (*arrive*) es schaffen; (*succeed*) Erfolg haben; **what time do you ~ it?** wie spät hast du?; **to ~ good** erfolgreich sein; (*threat*) wahr machen; (*promise*) einlösen; (*damage*) wiedergutmachen; (*loss*) ersetzen; **to ~ do with** auskommen mit

▸ **make for** VT FUS (*place*) zuhalten auf +*acc*

▸ **make off** VI sich davonmachen

▸ **make out** VT (*decipher*) entziffern; (*understand*) verstehen; (*see*) ausmachen; (*write: cheque*) ausstellen; (*claim, imply*) behaupten; (*pretend*) so tun, als ob; **to ~ out a case for sth** für etw argumentieren

▸ **make over** VT: **to ~ over (to)** überschreiben +*dat*

▸ **make up** VT (*constitute*) bilden; (*invent*) erfinden; (*prepare: bed*) zurechtmachen; (: *parcel*) zusammenpacken ▸ VI (*after quarrel*) sich versöhnen; (*with cosmetics*) sich schminken; **to**

m

~ up one's mind sich entscheiden; **to be made up of** bestehen aus
▶ **make up for** VT FUS (*loss*) ersetzen; (*disappointment etc*) ausgleichen

make-believe [ˈmeɪkbɪliːv] N Fantasie *f*; **a world of ~** eine Fantasiewelt; **it's just ~** es ist nicht wirklich

makeover [ˈmeɪkəuvəʳ] N *grundlegende Veränderung des Aussehens*; **to give sb a ~** jdm ein neues Aussehen verpassen

★**maker** [ˈmeɪkəʳ] N Hersteller *m*; **film ~** Filmemacher(in) *m(f)*

makeshift [ˈmeɪkʃɪft] ADJ behelfsmäßig

★**make-up** [ˈmeɪkʌp] N Make-up *nt*, Schminke *f*

make-up bag N Kosmetiktasche *f*

make-up remover N Make-up-Entferner *m*

making [ˈmeɪkɪŋ] N (*fig*): **in the ~** im Entstehen; **to have the makings of** das Zeug haben zu

maladjusted [mæləˈdʒʌstɪd] ADJ verhaltensgestört

maladroit [mæləˈdrɔɪt] ADJ ungeschickt

malaise [mæˈleɪz] N Unbehagen *nt*

malaria [məˈlɛərɪə] N Malaria *f*

Malawi [məˈlɑːwɪ] N Malawi *nt*

Malay [məˈleɪ] ADJ malaiisch ▶ N Malaie *m*, Malaiin *f*; (*Ling*) Malaiisch *nt*

Malaya [məˈleɪə] N Malaya *nt*

Malayan [məˈleɪən] ADJ, N = **Malay**

Malaysia [məˈleɪzɪə] N Malaysia *nt*

Malaysian [məˈleɪzɪən] ADJ malaysisch ▶ N Malaysier(in) *m(f)*

Maldives [ˈmɔːldiːvz] NPL Malediven *pl*

★**male** [meɪl] N (*animal*) Männchen *nt*; (*man*) Mann *m* ▶ ADJ männlich; (*Elec*): **~ plug** Stecker *m*; **because he is ~** weil er ein Mann/Junge ist; **~ and female students** Studenten und Studentinnen; **a ~ child** ein Junge

> In many cases, the ending in German indicates clearly whether the noun refers to a man or a woman and there is therefore no need for the word *male*.
>
> *male and female students* **Studenten und Studentinnen**

male chauvinist N Chauvinist *m*

male nurse N Krankenpfleger *m*

malevolence [məˈlɛvələns] N Boshaftigkeit *f*; (*of action*) Böswilligkeit *f*

malevolent [məˈlɛvələnt] ADJ boshaft; (*intention*) böswillig

malfunction [mælˈfʌŋkʃən] N (*of computer*) Funktionsstörung *f*; (*of machine*) Defekt *m* ▶ VI (*computer*) eine Funktionsstörung haben; (*machine*) defekt sein

Mali [ˈmɑːlɪ] N Mali *nt*

malice [ˈmælɪs] N Bosheit *f*

malicious [məˈlɪʃəs] ADJ boshaft; (*Law*) böswillig

malign [məˈlaɪn] VT verleumden ▶ ADJ (*influence*) schlecht; (*interpretation*) böswillig

malignant [məˈlɪgnənt] ADJ bösartig; (*intentior*) böswillig

malingerer [məˈlɪŋgərəʳ] N Simulant(in) *m(f)*

mall [mɔːl] N (*also:* **shopping mall**) Einkaufszentrum *nt*

malleable [ˈmælɪəbl] ADJ (*lit, fig*) formbar

mallet [ˈmælɪt] N Holzhammer *m*

malnutrition [mælnjuːˈtrɪʃən] N Unterernährung *f*

malpractice [mælˈpræktɪs] N Berufsvergehe *nt*

malt [mɔːlt] N Malz *nt*; (*also:* **malt whisky**) Mal Whisky *m*

Malta [ˈmɔːltə] N Malta *nt*

Maltese [mɔːlˈtiːz] ADJ maltesisch ▶ N INV Malteser(in) *m(f)*; (*Ling*) Maltesisch *nt*

maltreat [mælˈtriːt] VT schlecht behandel (*violently*) misshandeln

malware [ˈmælwɛəʳ] N (*Comput*) Schadpro gramm *nt*, Malware *f*

mammal [ˈmæml] N Säugetier *nt*

mammoth [ˈmæməθ] N Mammut *nt* ▶ A (*task*) Mammut-

★**man** [mæn] (*pl* **men**) N Mann *m*; (*mankind*) de Mensch, die Menschen *pl*; (*Chess*) Figur *f* ▶ V (*ship*) bemannen; (*gun, machine*) bedienen; (*pos* besetzen; **~ and wife** Mann und Frau

★**manage** [ˈmænɪdʒ] VI: **to ~ to do sth** es scha fen, etw zu tun; (*get by financially*) zurechtkon men ▶ VT (*business, organization*) leiten; (*contro* zurechtkommen mit; **to ~ without sb/st** ohne jdn/etw auskommen; **well manage** (*business, shop etc*) gut geführt

manageable [ˈmænɪdʒəbl] ADJ (*task*) zu bewä tigen; (*number*) überschaubar

★**management** [ˈmænɪdʒmənt] N Leitung Führung *f*; (*persons*) Unternehmensleitung **"under new ~"** „unter neuer Leitung"

management accounting N Kosten- un Leistungsrechnung *f*

management consultant N Unterne mensberater(in) *m(f)*

★**manager** [ˈmænɪdʒəʳ] N (*of business*) Geschäft führer(in) *m(f)*; (*of institution etc*) Direktor(i *m(f)*; (*of department*) Leiter(in) *m(f)*; (*of pop sta* Manager(in) *m(f)*; (*Sport*) Trainer(in) *m(f)*; **sale ~** Verkaufsleiter(in) *m(f)*

manageress [mænɪdʒəˈrɛs] N (*of shop, busines* Geschäftsführerin *f*; (*of office, department etc*) Le terin *f*

managerial [mænɪˈdʒɪərɪəl] ADJ (*role, post*) le tend; (*decisions*) geschäftlich; **~ staff/ski** Führungskräfte *pl*/-qualitäten *pl*

managing director [ˈmænɪdʒɪŋ-] Geschäftsführer(in) *m(f)*

Mancunian [mæŋˈkjuːnɪən] N Bewohner(i *m(f)* Manchesters

mandarin [ˈmændərɪn] N (*also:* **mandar orange**) Mandarine *f*; (*official: Chinese*) Mand rin *m*; (*: gen*) Funktionär *m*

mandate [ˈmændeɪt] N Mandat *nt*; (*task*) Au trag *m*

mandatory [ˈmændətərɪ] ADJ obligatorisch
mandolin, mandoline [ˈmændəlɪn] N Mandoline *f*
mane [meɪn] N Mähne *f*
maneuver *etc* [məˈnuːvəʳ] (*US*) = **manoeuvre** *etc*
manfully [ˈmænfəlɪ] ADV mannhaft, beherzt
manganese [mæŋgəˈniːz] N Mangan *nt*
mangetout [ˈmɔnʒˈtuː] (BRIT) N Zuckererbse *f*
mangle [ˈmæŋgl] VT (übel) zurichten ▸ N Mangel *f*
mango [ˈmæŋgəu] (*pl* **mangoes**) N Mango *f*
mangrove [ˈmæŋgrəuv] N Mangrove(n)baum *m*
mangy [ˈmeɪndʒɪ] ADJ (*animal*) räudig
manhandle [ˈmænhændl] VT (*mistreat*) grob behandeln; (*move by hand*) (von Hand) befördern
manhole [ˈmænhəul] N Kanalschacht *m*
manhood [ˈmænhud] N Mannesalter *nt*
man-hour [ˈmænauəʳ] N Arbeitsstunde *f*
manhunt [ˈmænhʌnt] N Fahndung *f*
mania [ˈmeɪnɪə] N Manie *f*; (*craze*) Sucht *f*; **persecution ~** Verfolgungswahn *m*
maniac [ˈmeɪnɪæk] N Wahnsinnige(r) *f*(*m*), Verrückte(r) *f*(*m*); (*fig*) Fanatiker(in) *m*(*f*)
manic [ˈmænɪk] ADJ (*behaviour*) manisch; (*activity*) rasend
manic-depressive [ˈmænɪkdɪˈprɛsɪv] N Manisch-Depressive(r) *f*(*m*) ▸ ADJ manisch-depressiv
manicure [ˈmænɪkjuəʳ] N Maniküre *f* ▸ VT maniküren
manicure set N Nageletui *nt*, Maniküreetui *nt*
manifest [ˈmænɪfɛst] VT zeigen, bekunden ▸ ADJ offenkundig ▸ N Manifest *nt*
manifestation [mænɪfɛsˈteɪʃən] N Anzeichen *nt*
manifesto [mænɪˈfɛstəu] N Manifest *nt*
manifold [ˈmænɪfəuld] ADJ vielfältig ▸ N: **exhaust ~** Auspuffkrümmer *m*
Manila [məˈnɪlə] N Manila *nt*
manila [məˈnɪlə] ADJ: **~ envelope** brauner Briefumschlag *m*
manipulate [məˈnɪpjuleɪt] VT manipulieren
manipulation [mənɪpjuˈleɪʃən] N Manipulation *f*
mankind [mænˈkaɪnd] N Menschheit *f*
manliness [ˈmænlɪnɪs] N Männlichkeit *f*
manly [ˈmænlɪ] ADJ männlich
man-made [ˈmænˈmeɪd] ADJ künstlich; (*fibre*) synthetisch
manna [ˈmænə] N Manna *nt*
mannequin [ˈmænɪkɪn] N (*dummy*) Schaufensterpuppe *f*; (*fashion model*) Mannequin *nt*
manner [ˈmænəʳ] N (*way*) Art *f*, Weise *f*; (*behaviour*) Art *f*; (*type, sort*): **all ~ of things** die verschiedensten Dinge ■ **manners** NPL (*conduct*) Manieren *pl*, Umgangsformen *pl*; **bad manners** schlechte Manieren; **that's bad manners** das gehört sich nicht
mannerism [ˈmænərɪzəm] N Eigenheit *f*
mannerly [ˈmænəlɪ] ADJ wohlerzogen
manning [ˈmænɪŋ] N Besatzung *f*
manoeuvrable, (*US*) **maneuverable** [məˈnuːvrəbl] ADJ manövrierfähig
manoeuvre, (*US*) **maneuver** [məˈnuːvəʳ] VT manövrieren; (*situation*) manipulieren ▸ VI manövrieren ▸ N (*skilful move*) Manöver *nt* ■ **manoeuvres** NPL (*Mil*) Manöver *nt*, Truppenübungen *pl*; **to ~ sb into doing sth** jdn dazu bringen, etw zu tun
manor [ˈmænəʳ] N (*also:* **manor house**) Herrenhaus *nt*
manpower [ˈmænpauəʳ] N Personal *nt*, Arbeitskräfte *pl*
manservant [ˈmænsəːvənt] (*pl* **menservants**) N Diener *m*
mansion [ˈmænʃən] N Villa *f*
manslaughter [ˈmænslɔːtəʳ] N Totschlag *m*
mantelpiece [ˈmæntlpiːs] N Kaminsims *m or nt*
mantle [ˈmæntl] N Decke *f*; (*fig*) Deckmantel *m*
man-to-man [ˈmæntəˈmæn] ADJ, ADV von Mann zu Mann
manual [ˈmænjuəl] ADJ manuell, Hand-; (*controls*) von Hand ▸ N Handbuch *nt*
★**manufacture** [mænjuˈfæktʃəʳ] VT herstellen ▸ N Herstellung *f*
manufactured goods NPL Fertigerzeugnisse *pl*
★**manufacturer** [mænjuˈfæktʃərəʳ] N Hersteller *m*
manufacturing [mænjuˈfæktʃərɪŋ] N Herstellung *f*
manure [məˈnjuəʳ] N Dung *m*
manuscript [ˈmænjuskrɪpt] N Manuskript *nt*; (*old document*) Handschrift *f*
★**many** [ˈmɛnɪ] ADJ, PRON viele; **a great ~** eine ganze Reihe; **how ~?** wie viele?; **too ~ difficulties** zu viele Schwierigkeiten; **twice as ~** doppelt so viele; **~ a time** so manches Mal
Maori [ˈmaurɪ] ADJ maorisch ▸ N Maori *mf*
★**map** [mæp] N (Land)karte *f*; (*of town*) Stadtplan *m* ▸ VT eine Karte anfertigen von
▸ **map out** VT planen; (*plan*) entwerfen; (*essay*) anlegen
maple [ˈmeɪpl] N (*tree, wood*) Ahorn *m*
mar [mɑːʳ] VT (*appearance*) verunstalten; (*day*) verderben; (*event*) stören
Mar. ABBR = **March**
marathon [ˈmærəθən] N Marathon *m* ▸ ADJ: **a ~ session** eine Marathonsitzung
marathon runner N Marathonläufer(in) *m*(*f*)
marauder [məˈrɔːdəʳ] N (*robber*) Plünderer *m*; (*killer*) Mörder *m*
marble [ˈmɑːbl] N Marmor *m*; (*toy*) Murmel *f*
marbles [ˈmɑːblz] N (*game*) Murmeln *pl*
★**March** [mɑːtʃ] N März *m*; *see also* **July**
★**march** [mɑːtʃ] VI marschieren; (*protesters*) ziehen ▸ N Marsch *m*; (*demonstration*) Demonstration *f*; **to ~ out of/into** (heraus)marschieren aus *+dat*/(herein)marschieren in *+acc*

m

marcher [ˈmɑːtʃəʳ] N Demonstrant(in) *m(f)*

marching orders [ˈmɑːtʃɪŋ-] NPL: **to give sb his/her ~** (*employee*) jdn entlassen; (*lover*) jdm den Laufpass geben

march past N Vorbeimarsch *m*

mare [mɛəʳ] N Stute *f*

margarine [mɑːdʒəˈriːn] N Margarine *f*

marge [mɑːdʒ] (BRIT *inf*) N = **margarine**

★**margin** [ˈmɑːdʒɪn] N Rand *m*; (*of votes*) Mehrheit *f*; (*for safety, error etc*) Spielraum *m*; (*Comm*) Gewinnspanne *f*

marginal [ˈmɑːdʒɪnl] ADJ geringfügig; (*note*) Rand-

marginally [ˈmɑːdʒɪnəlɪ] ADV nur wenig, geringfügig

marginal (seat) N (*Pol*) *mit knapper Mehrheit gewonnener Wahlkreis*

marigold [ˈmærɪgəuld] N Ringelblume *f*

marijuana [mærɪˈwɑːnə] N Marihuana *nt*

marina [məˈriːnə] N Jachthafen *m*

marinade [mærɪˈneɪd] N Marinade *f* ▸ VT = **marinate**

marinate [ˈmærɪneɪt] VT marinieren

marine [məˈriːn] ADJ (*plant, biology*) Meeres- ▸ N (BRIT: *soldier*) Marineinfanterist *m*; (*US: sailor*) Marinesoldat *m*; **~ engineer** Schiff(s)bauingenieur *m*; **~ engineering** Schiff(s)bau *m*

marine insurance N Seeversicherung *f*

marital [ˈmærɪtl] ADJ ehelich; (*problem*) Ehe-; **~ status** Familienstand *m*

maritime [ˈmærɪtaɪm] ADJ (*nation*) Seefahrer-; (*museum*) Seefahrts-; (*law*) See-

marjoram [ˈmɑːdʒərəm] N Majoran *m*

★**mark** [mɑːk] N Zeichen *nt*; (*stain*) Fleck *m*; (*in snow, mud etc*) Spur *f*; (BRIT *Scol*) Note *f*; (*level, point*): **the halfway ~** die Hälfte *f*; (*currency*) Mark *f*; (BRIT *Tech*): **M~ 2/3** Version *f* 2/3 ▸ VT (*with pen*) beschriften; (*with shoes etc*) schmutzig machen; (*with tyres etc*) Spuren hinterlassen auf *+dat*; (*damage*) beschädigen; (*stain*) Flecken machen auf *+dat*; (*indicate*) markieren; (*: price*) auszeichnen; (*commemorate*) begehen; (*characterize*) kennzeichnen; (BRIT *Scol*) korrigieren (und benoten); (*Sport: player*) decken; **punctuation marks** Satzzeichen *pl*; **to be quick off the ~ (in doing sth)** (*fig*) blitzschnell reagieren (und etw tun); **to be up to the ~** den Anforderungen entsprechen; **to ~ time** auf der Stelle treten

▸ **mark down** VT (*prices, goods*) herabsetzen, heruntersetzen

▸ **mark off** VT (*tick off*) abhaken

▸ **mark out** VT markieren; (*person*) auszeichnen

▸ **mark up** VT (*price*) heraufsetzen

marked [mɑːkt] ADJ deutlich

markedly [ˈmɑːkɪdlɪ] ADV deutlich

marker [ˈmɑːkəʳ] N Markierung *f*; (*bookmark*) Lesezeichen *nt*

★**market** [ˈmɑːkɪt] N Markt *m* ▸ VT (*sell*) vertreiben; (*new product*) auf den Markt bringen; **to be on the ~** auf dem Markt sein; **on the open ~** auf dem freien Markt; **to play the ~** (*Stock Exchange*) an der Börse spekulieren

marketable [ˈmɑːkɪtəbl] ADJ marktfähig

market analysis N Marktanalyse *f*

market day N Markttag *m*

market demand N Marktbedarf *m*

market economy N Marktwirtschaft *f*

market expert N Marktexperte *m*, Marktexpertin *f*

market forces NPL Marktkräfte *pl*

market garden (BRIT) N Gemüseanbaubetrieb *m*

★**marketing** [ˈmɑːkɪtɪŋ] N Marketing *nt*

marketing manager N Marketingmanager(in) *m(f)*

market leader N Marktführer *m*

marketplace [ˈmɑːkɪtpleɪs] N Marktplatz *m*; (*Comm*) Markt *m*

market price N Marktpreis *m*

market research N Marktforschung *f*

market sector N Marktsegment *nt or* -sektor *m*

market value N Marktwert *m*

marking [ˈmɑːkɪŋ] N (*on animal*) Zeichnung *f*; (*on road*) Markierung *f*

marksman [ˈmɑːksmən] N (*irreg*) Scharfschütze *m*

marksmanship [ˈmɑːksmənʃɪp] N Treffsicherheit *f*

mark-up [ˈmɑːkʌp] N (*Comm: margin*) Handelsspanne *f*; (*: increase*) (Preis)aufschlag *m*

marmalade [ˈmɑːməleɪd] N Orangenmarmelade *f*

maroon [məˈruːn] VT: **to be marooned** festsitzen ▸ ADJ kastanienbraun

marquee [mɑːˈkiː] N Festzelt *nt*

marquess, marquis [ˈmɑːkwɪs] N Marquis *m*

Marrakech, Marrakesh [mærəˈkɛʃ] N Marrakesch *nt*

★**marriage** [ˈmærɪdʒ] N Ehe *f*; (*institution*) die Ehe; (*wedding*) Hochzeit *f*; **~ of convenience** Vernunftehe *f*

marriage bureau N Ehevermittlung *f*

marriage certificate N Heiratsurkunde *f*

marriage guidance, (US) **marriage counseling** N Eheberatung *f*

★**married** [ˈmærɪd] ADJ verheiratet; (*life*) Ehe-; (*love*) ehelich; **to get ~** heiraten

marrow [ˈmærəu] N (*vegetable*) Kürbis *m*; (*also:* **bone marrow**) (Knochen)mark *nt*

★**marry** [ˈmærɪ] VT heiraten; (*father*) verheiraten; (*priest*) trauen ▸ VI heiraten

Mars [mɑːz] N Mars *m*

Marseilles [mɑːˈseɪlz] N Marseilles *nt*

marsh [mɑːʃ] N Sumpf *m*; (*also:* **salt marsh**) Salzsumpf *m*

marshal [ˈmɑːʃl] N (*Mil: also:* **field marshal**) (Feld)marschall *m*; (*official*) Ordner *m*; (*US: police*) Bezirkspolizeichef *m* ▸ VT (*thoughts*) ordnen; (*support*) auftreiben; (*soldiers*) aufstellen

marshalling yard [ˈmɑːʃlɪŋ-] N (*Rail*) Rangierbahnhof *m*

Marshall Islands [ˈmɑːʃəl-] NPL Marshallinseln *pl*

marshmallow [mɑːʃˈmæləu] N (*Bot*) Eibisch *m*; (*sweet*) Marshmallow *nt*

marshy [ˈmɑːʃɪ] ADJ sumpfig

marsupial [mɑːˈsuːpɪəl] N Beuteltier *nt*

martial [ˈmɑːʃl] ADJ kriegerisch

martial arts NPL Kampfsport *m*; **the ~** die Kampfkunst *sing*

martial law N Kriegsrecht *nt*

Martian [ˈmɑːʃən] N Marsmensch *m*

martin [ˈmɑːtɪn] N (*also:* **house martin**) Schwalbe *f*

martyr [ˈmɑːtəʳ] N Märtyrer(in) *m(f)* ▸ VT martern

martyrdom [ˈmɑːtədəm] N Martyrium *nt*

marvel [ˈmɑːvl] N Wunder *nt* ▸ VI: **to ~ (at)** staunen (über +*acc*)

marvellous, (*US*) **marvelous** [ˈmɑːvləs] ADJ wunderbar

Marxism [ˈmɑːksɪzəm] N Marxismus *m*

Marxist [ˈmɑːksɪst] ADJ marxistisch ▸ N Marxist(in) *m(f)*

marzipan [ˈmɑːzɪpæn] N Marzipan *nt*

mascara [mæsˈkɑːrə] N Wimperntusche *f*

mascot [ˈmæskət] N Maskottchen *nt*

masculine [ˈmæskjulɪn] ADJ männlich; (*atmosphere, woman*) maskulin; (*Ling*) männlich, maskulin

masculinity [mæskjuˈlɪnɪtɪ] N Männlichkeit *f*

mash [mæʃ] VT zerstampfen

mashed potatoes [mæʃt-] NPL Kartoffelpüree *nt*, Kartoffelbrei *m*

mask [mɑːsk] N Maske *f* ▸ VT (*cover*) verdecken; (*hide*) verbergen; **surgical ~** Mundschutz *m*

masking tape [ˈmɑːskɪŋ-] N Abdeckband *nt*

masochism [ˈmæsəukɪzəm] N Masochismus *m*

masochist [ˈmæsəukɪst] N Masochist(in) *m(f)*

mason [ˈmeɪsn] N (*also:* **stone mason**) Steinmetz *m*; (*also:* **freemason**) Freimaurer *m*

masonic [məˈsɔnɪk] ADJ (*lodge etc*) Freimaurer-

masonry [ˈmeɪsnrɪ] N Mauerwerk *nt*

masquerade [mæskəˈreɪd] VI: **to ~ as** sich ausgeben als ▸ N Maskerade *f*

mass [mæs] N Masse *f*; (*of people*) Menge *f*; (*large amount*) Fülle *f*; (*Rel*): **M~** Messe *f* ▸ CPD Massen- ▸ VI (*troops*) sich massieren; (*protesters*) sich versammeln ■ **the masses** NPL (*ordinary people*) die Masse, die Massen *pl*; **to go to M~** zur Messe gehen; **masses of** (*inf*) massenhaft, jede Menge

massacre [ˈmæsəkəʳ] N Massaker *nt* ▸ VT massakrieren

massage [ˈmæsɑːʒ] N Massage *f* ▸ VT massieren

masseur [mæˈsəːʳ] N Masseur *m*

masseuse [mæˈsəːz] N Masseurin *f*

massive [ˈmæsɪv] ADJ (*furniture, person*) wuchtig; (*support*) massiv; (*changes, increase*) enorm

mass market N Massenmarkt *m*

mass media NPL Massenmedien *pl*

mass meeting N Massenveranstaltung *f*; (*of everyone concerned*) Vollversammlung *f*; (*Pol*) Massenkundgebung *f*

mass-produce [ˈmæsprəˈdjuːs] VT in Massenproduktion herstellen

mass-production [ˈmæsprəˈdʌkʃən] N Massenproduktion *f*

mast [mɑːst] N (*Naut*) Mast *m*; (*Radio etc*) Sendeturm *m*

mastectomy [mæsˈtɛktəmɪ] N Brustamputation *f*

★**master** [ˈmɑːstəʳ] N Herr *m*; (*teacher*) Lehrer *m*; (*title*): **M~ X** (der junge) Herr X; (*Art, Mus, of craft etc*) Meister *m* ▸ CPD: **~ baker/plumber** *etc* Bäcker-/Klempnermeister *etc m* ▸ VT meistern; (*feeling*) unter Kontrolle bringen; (*skill, language*) beherrschen

master disk N (*Comput*) Stammdiskette *f*

masterful [ˈmɑːstəful] ADJ gebieterisch; (*skilful*) meisterhaft

master key N Hauptschlüssel *m*

masterly [ˈmɑːstəlɪ] ADJ meisterhaft

mastermind [ˈmɑːstəmaɪnd] N (führender) Kopf *m* ▸ VT planen und ausführen

Master of Arts N Magister *m* der philosophischen Fakultät

Master of Ceremonies N Zeremonienmeister *m*; (*for variety show etc*) Conférencier *m*

Master of Science N Magister *m* der naturwissenschaftlichen Fakultät

masterpiece [ˈmɑːstəpiːs] N Meisterwerk *nt*

master plan N kluger Plan *m*

Master's Degree N *siehe Info-Artikel*

Master's Degree ist ein höherer akademischer Grad, den man in der Regel nach dem *bachelor's degree* erwerben kann. Je nach Universität erhält man ein *master's degree* nach einem entsprechenden Studium und/oder einer *Dissertation*. Die am häufigsten verliehenen Grade sind *MA* (*= Master of Arts*) und *MSc* (*= Master of Science*), die beide Studium und Dissertation erfordern, während für *MLitt* (*= Master of Letters*) und *MPhil* (*= Master of Philosophy*) meist nur eine *Dissertation* nötig ist. Siehe auch *bachelor's degree, doctorate*.

masterstroke [ˈmɑːstəstrəuk] N Meisterstück *nt*

mastery [ˈmɑːstərɪ] N (*of language etc*) Beherrschung *f*; (*skill*) (meisterhaftes) Können *nt*

mastiff [ˈmæstɪf] N Dogge *f*

masturbate [ˈmæstəbeɪt] VI masturbieren, onanieren

masturbation [mæstəˈbeɪʃən] N Masturbation *f*, Onanie *f*

mat [mæt] N Matte *f*; (*also:* **doormat**) Fußmatte *f*; (*also:* **table mat**) Untersetzer *m*; (*: of cloth*) Deckchen *nt* ▸ ADJ = **matt**

★**match** [mætʃ] N Wettkampf *m*; (*team game*) Spiel *nt*; (*Tennis*) Match *nt*; (*for lighting fire etc*) Streichholz *nt*; (*equivalent*): **to be a good/per-**

m

fect ~ gut/perfekt zusammenpassen ▶ VT (*go well with*) passen zu; (*equal*) gleichkommen *+dat*; (*correspond to*) entsprechen *+dat*; (*suit*) sich anpassen *+dat*; (*pair*: *also*: **match up**) passend zusammenbringen ▶ VI zusammenpassen; **to be a good ~** gut zusammenpassen; **to be no ~ for** sich nicht messen können mit; **with shoes to ~** mit (dazu) passenden Schuhen
▶ **match up** VI zusammenpassen

matchbox [ˈmætʃbɔks] N Streichholzschachtel *f*

matching [ˈmætʃɪŋ] ADJ (dazu) passend

matchless [ˈmætʃlɪs] ADJ unvergleichlich

★**mate** [meɪt] N (*inf*: *friend*) Freund(in) *m*(*f*), Kumpel *m*; (*animal*) Männchen *nt*, Weibchen *nt*; (*assistant*) Gehilfe *m*, Gehilfin *f*; (*in merchant navy*) Maat *m* ▶ VI (*animals*) sich paaren

★**material** [məˈtɪərɪəl] N Material *nt*; (*cloth*) Stoff *m* ▶ ADJ (*possessions, existence*) materiell; (*relevant*) wesentlich ■ **materials** NPL (*equipment*) Material *nt*

materialistic [mətɪərɪəˈlɪstɪk] ADJ materialistisch

materialize [məˈtɪərɪəlaɪz] VI (*event*) zustande kommen; (*plan*) verwirklicht werden; (*hope*) sich verwirklichen; (*problem*) auftreten; (*crisis, difficulty*) eintreten

maternal [məˈtə:nl] ADJ mütterlich, Mutter-

maternity [məˈtə:nɪtɪ] N Mutterschaft *f* ▶ CPD (*ward etc*) Entbindungs-; (*care*) für werdende und junge Mütter

maternity benefit N Mutterschaftsgeld *nt*

maternity dress N Umstandskleid *nt*

maternity hospital N Entbindungsheim *nt*

maternity leave N Mutterschaftsurlaub *m*

matey [ˈmeɪtɪ] (BRIT *inf*) ADJ kumpelhaft

math [mæθ] (*US*) N = **maths**

mathematical [mæθəˈmætɪkl] ADJ mathematisch

mathematician [mæθəməˈtɪʃən] N Mathematiker(in) *m*(*f*)

mathematics [mæθəˈmætɪks] N Mathematik *f*

maths [mæθs], (*US*) **math** [mæθ] N Mathe *f*

matinée [ˈmætɪneɪ] N Nachmittagsvorstellung *f*

mating [ˈmeɪtɪŋ] N Paarung *f*

mating call N Lockruf *m*

mating season N Paarungszeit *f*

matriarchal [meɪtrɪˈɑ:kl] ADJ matriarchalisch

matrices [ˈmeɪtrɪsi:z] NPL *of* **matrix**

matriculation [mətrɪkjuˈleɪʃən] N Immatrikulation *f*

matrimonial [mætrɪˈməunɪəl] ADJ Ehe-

matrimony [ˈmætrɪmənɪ] N Ehe *f*

matrix [ˈmeɪtrɪks] (*pl* **matrices**) N (*Math*) Matrix *f*; (*framework*) Gefüge *nt*

matron [ˈmeɪtrən] N (*in hospital*) Oberschwester *f*; (*in school*) Schwester *f*

matronly [ˈmeɪtrənlɪ] ADJ matronenhaft

matt [mæt] ADJ matt; (*paint*) Matt-

matted [ˈmætɪd] ADJ verfilzt

★**matter** [ˈmætəʳ] N (*event, situation*) Sache *f*, Angelegenheit *f*; (*Phys*) Materie *f*; (*substance, material*) Stoff *m*; (*Med*: *pus*) Eiter *m* ▶ VI (*be important*) wichtig sein ■ **matters** NPL (*affairs*) Angelegenheiten *pl*, Dinge *pl*; (*situation*) Lage *f*; **what's the ~?** was ist los?; **no ~ what** egal wa[s] (passiert); **that's another ~** das ist etwas anderes; **as a ~ of course** selbstverständlich; **as a ~ of fact** eigentlich; **it's a ~ of habit** es ist eine Gewohnheitssache; **vegetable ~** pflanzliche Stoffe *pl*; **printed ~** Drucksachen *pl*; **reading ~** (BRIT) Lesestoff *m*; **it doesn't ~** es macht nicht[s]

matter-of-fact [ˈmætərəvˈfækt] ADJ sachlich

matting [ˈmætɪŋ] N Matten *pl*; **rush ~** Binsenmatten *pl*

mattress [ˈmætrɪs] N Matratze *f*

mature [məˈtjuəʳ] ADJ reif; (*wine*) ausgereift ▶ V[I] reifen; (*Comm*) fällig werden

mature student N älterer Student *m*, älter[e] Studentin *f*

maturity [məˈtjuərɪtɪ] N Reife *f*; **to hav[e] reached ~** (*person*) erwachsen sein; (*animal*) ausgewachsen sein

maudlin [ˈmɔ:dlɪn] ADJ gefühlsselig

maul [mɔ:l] VT (anfallen und) übel zurichten

Mauritania [mɔ:rɪˈteɪnɪə] N Mauritanien *nt*

Mauritius [məˈrɪʃəs] N Mauritius *nt*

mausoleum [mɔ:səˈlɪəm] N Mausoleum *nt*

mauve [məuv] ADJ mauve

maverick [ˈmævrɪk] N (*dissenter*) Abtrünnige(r) *m*; (*independent thinker*) Querdenker *m*

mawkish [ˈmɔ:kɪʃ] ADJ rührselig

max. ABBR = **maximum**

maxim [ˈmæksɪm] N Maxime *f*

maxima [ˈmæksɪmə] NPL *of* **maximum**

maximize [ˈmæksɪmaɪz] VT maximieren

★**maximum** [ˈmæksɪməm] (*pl* **maxima** *or* **maximums**) ADJ (*amount, speed etc*) Höchst-; (*efficiency*) maximal ▶ N Maximum *nt*

★**May** [meɪ] N Mai *m*; *see also* **July**

★**may** [meɪ] (*conditional* **might**) VI (*be possible*) können; (*have permission*) dürfen; **he ~ com[e]** vielleicht kommt er; **~ I smoke?** darf ich rauchen?; **~ God bless you!** (*wish*) Gott segne dich; **~ I sit here?** kann ich mich hier hinsetzen?; **h[e] might be there** er könnte da sein; **you migh[t] like to try** vielleicht möchten Sie es mal versuchen; **you ~ as well go** Sie können ruhig gehe[n]

> If you want to say that something is possible use **können**. If you want to say someone is allowed to do something, use **dürfen**.

★**maybe** [ˈmeɪbi:] ADV vielleicht; **~ he'll ...** e[s] kann sein, dass er ...; **~ not** vielleicht nicht

Mayday [ˈmeɪdeɪ] N Maydaysignal *nt* ≈ SOS-Ruf *m*

May Day N der 1. Mai

mayhem [ˈmeɪhɛm] N Chaos *nt*

mayonnaise [meɪəˈneɪz] N Mayonnaise *f*

★**mayor** [mɛəʳ] N Bürgermeister *m*

nayoress [ˈmɛərɛs] N Bürgermeisterin *f*; (*partner*) Frau *f* des Bürgermeisters
naypole [ˈmeɪpəul] N Maibaum *m*
naze [meɪz] N Irrgarten *m*; (*fig*) Wirrwarr *m*
ΛB ABBR (*Comput*: = *megabyte*) MB; (CANADA) = **Manitoba**
ΛBA N ABBR (= *Master of Business Administration*) *akademischer Grad in Betriebswirtschaft*
ΛBE (BRIT) N ABBR (= *Member of (the Order of) the British Empire*) *britischer Ordenstitel*
ΛC N ABBR = **Master of Ceremonies**
ΛCAT (US) N ABBR (= *Medical College Admissions Test*) *Zulassungsprüfung für medizinische Fachschulen*
n-commerce [ˈɛmˈkɔmə:s] N (*Comm*) M-Commerce *m*, mobiler Handel *m*
ΛD N ABBR (= *Doctor of Medicine*) ≈ Dr. med.; (*Comm*) = **managing director** ▶ ABBR (*US Post*) = **Maryland**
ΛDT (US) ABBR (= *Mountain Daylight Time*) *amerikanische Sommerzeitzone*
ΛE N ABBR (US) = **medical examiner**; (*Med*: = *myalgic encephalomyelitis*) *krankhafter Energiemangel (oft nach Viruserkrankungen)* ▶ ABBR (*US Post*) = **Maine**

me [mi:]

PRON **1** (*direct*) mich; **can you hear me?** können Sie mich hören?; **it's me** ich bins
2 (*indirect*) mir; **he gave me the money, he gave the money to me** er gab mir das Geld
3 (*after prep*): **it's for me** es ist für mich; **with me** mit mir; **give them to me** gib sie mir; **without me** ohne mich

neadow [ˈmɛdəu] N Wiese *f*
neagre, (US) **meager** [ˈmi:gə^r] ADJ (*amount*) kläglich; (*meal*) dürftig
neal [mi:l] N Mahlzeit *f*; (*food*) Essen *nt*; (*flour*) Schrotmehl *nt*; **to go out for a ~** essen gehen; **to make a ~ of sth** (*fig*) etw auf sehr umständliche Art machen
neals on wheels N SING Essen *nt* auf Rädern
nealtime [ˈmi:ltaɪm] N Essenszeit *f*
nealy-mouthed [ˈmi:lɪmauðd] ADJ unaufrichtig; (*politician*) schönfärberisch
nean [mi:n] (*pt, pp* **meant**) ADJ (*with money*) geizig; (*unkind*) gemein; (*US inf*: *animal*) bösartig; (*shabby*) schäbig; (*average*) Durchschnitts-, mittlere(r, s) ▶ VT (*signify*) bedeuten; (*refer to*) meinen; (*intend*) beabsichtigen ▶ N (*average*) Durchschnitt *m* ■ **means** NPL (*way*) Möglichkeit *f*; (*money*) Mittel *pl*; **by means of** durch; **by all means!** aber natürlich *or* selbstverständlich!; **do you ~ it?** meinst du das ernst?; **what do you ~?** was willst du damit sagen?; **to be meant for sb/sth** für jdn/etw bestimmt sein; **to ~ to do sth** etw tun wollen
neander [mɪˈændə^r] VI (*river*) sich schlängeln; (*person*: *walking*) schlendern; (: *talking*) abschweifen
neaning [ˈmi:nɪŋ] N Sinn *m*; (*of word, gesture*) Bedeutung *f*

meaningful [ˈmi:nɪŋful] ADJ sinnvoll; (*glance, remark*) vielsagend, bedeutsam; (*relationship*) tiefer gehend
meaningless [ˈmi:nɪŋlɪs] ADJ sinnlos; (*word, song*) bedeutungslos
meanness [ˈmi:nnɪs] N (*with money*) Geiz *m*; (*unkindness*) Gemeinheit *f*; (*shabbiness*) Schäbigkeit *f*
means test [mi:nz-] N Überprüfung *f* der Einkommens- und Vermögensverhältnisse
means-tested [ˈmi:nztɛstɪd] ADJ von den Einkommens- und Vermögensverhältnissen abhängig
meant [mɛnt] PT, PP *of* **mean**
meantime [ˈmi:ntaɪm] ADV (*also*: **in the meantime**) inzwischen
★**meanwhile** [ˈmi:nwaɪl] ADV = **meantime**
measles [ˈmi:zlz] N Masern *pl*
measly [ˈmi:zlɪ] (*inf*) ADJ mick(e)rig
measurable [ˈmɛʒərəbl] ADJ messbar
★**measure** [ˈmɛʒə^r] VT, VI messen ▶ N (*amount*) Menge *f*; (*ruler*) Messstab *m*; (*of achievement*) Maßstab *m*; (*action*) Maßnahme *f*; **a litre ~** ein Messbecher *m*, der einen Liter fasst; **a/some ~ of** ein gewisses Maß an +*dat*; **to take measures to do sth** Maßnahmen ergreifen, um etw zu tun
▶ **measure up** VI: **to ~ up to** herankommen an +*acc*
measured [ˈmɛʒəd] ADJ (*tone*) bedächtig; (*step*) gemessen
measurement [ˈmɛʒəmənt] N (*measure*) Maß *nt*; (*act*) Messung *f*; **chest/hip ~** Brust-/Hüftumfang *m*
measurements [ˈmɛʒəmənts] NPL Maße *pl*; **to take sb's ~** bei jdm Maß nehmen
★**meat** [mi:t] N Fleisch *nt*; **cold meats** (BRIT) Aufschnitt *m*; **crab ~** Krabbenfleisch *nt*
meatball [ˈmi:tbɔ:l] N Fleischkloß *m*
meat pie N Fleischpastete *f*
meaty [ˈmi:tɪ] ADJ (*meal, dish*) mit viel Fleisch; (*fig*: *satisfying*: *book etc*) gehaltvoll; (: *brawny*: *person*) kräftig (gebaut)
Mecca [ˈmɛkə] N (*Geog, fig*) Mekka *nt*
mechanic [mɪˈkænɪk] N Mechaniker(in) *m(f)*
mechanical [mɪˈkænɪkl] ADJ mechanisch
mechanical engineering N Maschinenbau *m*
mechanics [mɪˈkænɪks] N (*Phys*) Mechanik *f* ▶ NPL (*of reading etc*) Technik *f*; (*of government etc*) Mechanismus *m*
mechanism [ˈmɛkənɪzəm] N Mechanismus *m*
mechanization [mɛkənaɪˈzeɪʃən] N Mechanisierung *f*
mechanize [ˈmɛkənaɪz] VT, VI mechanisieren
MEd N ABBR (= *Master of Education*) *akademischer Grad für Lehrer*
★**medal** [ˈmɛdl] N Medaille *f*; (*decoration*) Orden *m*
medallion [mɪˈdælɪən] N Medaillon *nt*
medallist, (US) **medalist** [ˈmɛdlɪst] N Medaillengewinner(in) *m(f)*

m

meddle [ˈmɛdl] VI: **to ~ (in)** sich einmischen (in *+acc*); **to ~ with sb** sich mit jdm einlassen; **to ~ with sth** (*tamper*) sich *dat* an etw *dat* zu schaffen machen

meddlesome [ˈmɛdlsəm], **meddling** [ˈmɛdlɪŋ] ADJ sich ständig einmischend

★**media** [ˈmi:dɪə] NPL Medien *pl*

media bashing N (*inf*) Medienschelte *f*

media circus N Medienrummel *m*

mediaeval [mɛdɪˈi:vl] ADJ = **medieval**

median [ˈmi:dɪən] (*US*) N (*also:* **median strip**) Mittelstreifen *m*

mediate [ˈmi:dɪeɪt] VI vermitteln

mediation [mi:dɪˈeɪʃən] N Vermittlung *f*

mediator [ˈmi:dɪeɪtəʳ] N Vermittler(in) *m(f)*

Medicaid [ˈmɛdɪkeɪd] (*US*) N *staatliche Krankenversicherung und Gesundheitsfürsorge für Einkommensschwache*

★**medical** [ˈmɛdɪkl] ADJ (*care*) medizinisch; (*treatment*) ärztlich ▶ N (ärztliche) Untersuchung *f*

medical certificate N (*confirming health*) ärztliches Gesundheitszeugnis *nt*; (*confirming illness*) ärztliches Attest *nt*

medical examiner (*US*) N ≈ Gerichtsmediziner(in) *m(f)*; (*performing autopsy*) Leichenbeschauer *m*

medicalize [ˈmɛdɪkəlaɪz] VT medikalisieren

medical student N Medizinstudent(in) *m(f)*

Medicare [ˈmɛdɪkɛəʳ] (*US*) N *staatliche Krankenversicherung und Gesundheitsfürsorge für ältere Bürger*

medicated [ˈmɛdɪkeɪtɪd] ADJ medizinisch

medication [mɛdɪˈkeɪʃən] N Medikamente *pl*

medicinal [mɛˈdɪsɪnl] ADJ (*substance*) Heil-; (*qualities*) heilend; (*purposes*) medizinisch

★**medicine** [ˈmɛdsɪn] N Medizin *f*; (*drug*) Arznei *f*

medicine ball N Medizinball *m*

medicine chest N Hausapotheke *f*

medicine man N (*irreg*) Medizinmann *m*

medieval [mɛdɪˈi:vl] ADJ mittelalterlich

mediocre [mi:dɪˈəukəʳ] ADJ mittelmäßig

mediocrity [mi:dɪˈɔkrɪtɪ] N Mittelmäßigkeit *f*

meditate [ˈmɛdɪteɪt] VI nachdenken; (*Rel*) meditieren

meditation [mɛdɪˈteɪʃən] N Nachdenken *nt*; (*Rel*) Meditation *f*

Mediterranean [mɛdɪtəˈreɪnɪən] ADJ (*country, climate etc*) Mittelmeer-; **the ~ (Sea)** das Mittelmeer

★**medium** [ˈmi:dɪəm] (*pl* **media** *or* **mediums**) ADJ mittlere(r, s) ▶ N (*means*) Mittel *nt*; (*substance, material*) Medium *nt*; (*pl* **mediums**) (*person*) Medium *nt*; **of ~ height** mittelgroß; **to strike a happy ~** den goldenen Mittelweg finden

medium-dry [ˈmi:dɪəmˈdraɪ] ADJ (*wine, sherry*) halbtrocken

medium-sized [ˈmi:dɪəmˈsaɪzd] ADJ mittelgroß

medium wave N (*Radio*) Mittelwelle *f*

medley [ˈmɛdlɪ] N Gemisch *nt*; (*Mus*) Medley *nt*

meek [mi:k] ADJ sanft(mütig), duldsam

★**meet** [mi:t] (*pt, pp* **met**) VT (*encounter*) treffen; (*by arrangement*) sich treffen mit; (*for the first time*) kennenlernen; (*go and fetch*) abholen; (*opponent*) treffen auf *+acc*; (*condition, standard*) erfüllen; (*need, expenses*) decken; (*problem*) stoßen auf *+acc*; (*challenge*) begegnen *+dat*; (*bill*) begleichen; (*join: line*) sich schneiden mit; (*: road etc*) treffen auf *+acc* ▶ VI (*encounter*) sich begegnen; (*by arrangement*) sich treffen; (*for the first time*) sich kennenlernen; (*for talks etc*) zusammenkommen; (*committee*) tagen; (*join: lines*) sich schneiden; (*: roads etc*) aufeinandertreffen ▶ N (Bʀɪᴛ *Hunting*) Jagd *f*; (*US Sport*) Sportfest *nt*; **pleased to ~ you!** (sehr) angenehm!

▶ **meet up** VI: **to ~ up with sb** sich mit jdm treffen

▶ **meet with** VT FUS (*difficulty, success*) haben

★**meeting** [ˈmi:tɪŋ] N (*assembly, people assembling*) Versammlung *f*; (*Comm, of committee etc*) Sitzung *f*; (*also:* **business meeting**) Besprechung *f*; (*encounter*) Begegnung *f*; (*: arranged*) Treffen *nt*; (*Pol*) Gespräch *nt*; (*Sport*) Veranstaltung *f*; **she's at** *or* **in a ~** (*Comm*) sie ist bei einer Besprechung; **to call a ~** eine Sitzung/Versammlung einberufen

meeting place [ˈmi:tɪŋpleɪs] N Treffpunkt *m*

megabit [ˈmɛgəbɪt] N (*Comput*) Megabit *nt*

megabyte [ˈmɛgəbaɪt] N (*Comput*) Megabyte *nt*

megalomaniac [mɛgələˈmeɪnɪæk] N Größenwahnsinnige(r) *f(m)*

megaphone [ˈmɛgəfəun] N Megafon *nt*

megastore [ˈmɛgəstɔ:ʳ] N Megastore *m*

megawatt [ˈmɛgəwɔt] N Megawatt *nt*

melancholy [ˈmɛlənkəlɪ] N Melancholie *f*, Schwermut *f* ▶ ADJ melancholisch, schwermütig

mellow [ˈmɛləu] ADJ (*sound*) voll, weich; (*light, colour, stone*) warm; (*weathered*) verwittert; (*person*) gesetzt; (*wine*) ausgereift ▶ VI (*person*) gesetzter werden

melodious [mɪˈləudɪəs] ADJ melodisch

melodrama [ˈmɛləudrɑ:mə] N Melodrama *nt*

melodramatic [mɛlədrəˈmætɪk] ADJ melodramatisch

melody [ˈmɛlədɪ] N Melodie *f*

melon [ˈmɛlən] N Melone *f*

melt [mɛlt] VI (*lit, fig*) schmelzen ▶ VT schmelzen; (*butter*) zerlassen

▶ **melt down** VT einschmelzen

meltdown [ˈmɛltdaun] N (*in nuclear reactor*) Kernschmelze *f*

melting point [ˈmɛltɪŋ-] N Schmelzpunkt *m*

melting pot N (*lit, fig*) Schmelztiegel *m*; **to be in the ~** in der Schwebe sein

★**member** [ˈmɛmbəʳ] N Mitglied *nt*; (*Anat*) Glied *nt* ▶ CPD: **~ country** Mitgliedsland *nt*; **~ state** Mitgliedsstaat *m*; **M~ of Parliament** (Bʀɪᴛ) Abgeordnete(r) *f(m)* (des Unterhauses); **M~ of the European Parliament** (Bʀɪᴛ) Abgeordnete(r) *f(m)* des Europaparlaments

membership [ˈmɛmbəʃɪp] N Mitgliedschaft *f*; (*members*) Mitglieder *pl*; (*number of members*) Mitgliederzahl *f*

membership card N Mitgliedsausweis *m*

membrane [ˈmɛmbreɪn] N Membran(e) *f*

meme [miːm] N (*Internet*) Mem(e) *nt*

memento [məˈmɛntəu] N Andenken *nt*

memo [ˈmɛməu] N Memo *nt*, Mitteilung *f*

memoir [ˈmɛmwɑːʳ] N Kurzbiografie *f*

memoirs [ˈmɛmwɑːz] NPL Memoiren *pl*

memo pad N Notizblock *m*

memorable [ˈmɛmərəbl] ADJ denkwürdig; (*unforgettable*) unvergesslich

memorandum [mɛməˈrændəm] (*pl* **memoranda**) N Mitteilung *f*

memorial [mɪˈmɔːrɪəl] N Denkmal *nt* ▶ ADJ (*service, prize*) Gedenk-

Memorial Day (*US*) N ≈ Volkstrauertag *m*

Memorial Day ist in den USA ein gesetzlicher Feiertag am letzten Montag im Mai zum Gedenken an die in allen Kriegen gefallenen amerikanischen Soldaten. Siehe auch *Remembrance Sunday*.

memorize [ˈmɛməraɪz] VT sich *dat* einprägen

memory [ˈmɛmərɪ] N Gedächtnis *nt*; (*sth remembered*) Erinnerung *f*; (*Comput*) Speicher *m*; **in ~ of** zur Erinnerung an *+acc*; **to have a good/bad ~** ein gutes/schlechtes Gedächtnis haben; **loss of ~** Gedächtnisschwund *m*

memory card N Speicherkarte *f*

memory stick N (*Comput*) Memorystick® *nt*

men [mɛn] NPL *of* **man**

menace [ˈmɛnɪs] N Bedrohung *f*; (*inf: nuisance*) (Land)plage *f* ▶ VT bedrohen; **a public ~** eine Gefahr für die Öffentlichkeit

menacing [ˈmɛnɪsɪŋ] ADJ drohend

menagerie [mɪˈnædʒərɪ] N Menagerie *f*

mend [mɛnd] VT reparieren; (*darn*) flicken ▶ N: **to be on the ~** auf dem Wege der Besserung sein; **to ~ one's ways** sich bessern

mending [ˈmɛndɪŋ] N Reparaturen *pl*; (*clothes*) Flickarbeiten *pl*

menial [ˈmiːnɪəl] (*often pej*) ADJ niedrig, untergeordnet

meningitis [mɛnɪnˈdʒaɪtɪs] N Hirnhautentzündung *f*

menopause [ˈmɛnəupɔːz] N: **the ~** die Wechseljahre *pl*

menservants [ˈmɛnsəːvənts] NPL *of* **manservant**

men's room (*US*) N Herrentoilette *f*

menstrual [ˈmɛnstruəl] ADJ (*Biol: cycle etc*) Menstruations-; **~ period** Monatsblutung *f*

menstruate [ˈmɛnstrueɪt] VI die Menstruation haben

menstruation [mɛnstruˈeɪʃən] N Menstruation *f*

menswear [ˈmɛnzwɛəʳ] N Herren(be)kleidung *f*

★**mental** [ˈmɛntl] ADJ geistig; (*illness*) Geistes-; **~ arithmetic** Kopfrechnen *nt*

mentality [mɛnˈtælɪtɪ] N Mentalität *f*

mentally [ˈmɛntlɪ] ADV: **~ ill** geisteskrank

menthol [ˈmɛnθɔl] N Menthol *nt*

★**mention** [ˈmɛnʃən] N Erwähnung *f* ▶ VT erwähnen; **don't ~ it!** (bitte,) gern geschehen!; **not to ~ …** von … ganz zu schweigen

mentor [ˈmɛntɔːʳ] N Mentor *m*

menu [ˈmɛnjuː] N Menü *nt*; (*printed*) Speisekarte *f*

menu-driven [ˈmɛnjuːdrɪvn] ADJ (*Comput*) menügesteuert

MEP (*Brit*) N ABBR (= *Member of the European Parliament*) Abgeordnete(r) *f(m)* des Europaparlaments

mercantile [ˈməːkəntaɪl] ADJ (*class, society*) Handel treibend; (*law*) Handels-

mercenary [ˈməːsɪnərɪ] ADJ (*person*) geldgierig ▶ N Söldner *m*

merchandise [ˈməːtʃəndaɪz] N Ware *f*

merchandiser [ˈməːtʃəndaɪzəʳ] N Verkaufsförderungsexperte *m*

★**merchant** [ˈməːtʃənt] N Kaufmann *m*; **timber/wine ~** Holz-/Weinhändler *m*

merchant bank (*Brit*) N Handelsbank *f*

merchantman [ˈməːtʃəntmən] N (*irreg*) Handelsschiff *nt*

merchant navy, (*US*) **merchant marine** N Handelsmarine *f*

merciful [ˈməːsɪful] ADJ gnädig; **a ~ release** eine Erlösung

mercifully [ˈməːsɪflɪ] ADV glücklicherweise

merciless [ˈməːsɪlɪs] ADJ erbarmungslos

mercurial [məːˈkjuərɪəl] ADJ (*unpredictable*) sprunghaft, wechselhaft; (*lively*) quecksilbrig

mercury [ˈməːkjurɪ] N Quecksilber *nt*

mercy [ˈməːsɪ] N Gnade *f*; **to have ~ on sb** Erbarmen mit jdm haben; **at the ~ of** ausgeliefert *+dat*

mercy killing N Euthanasie *f*

mere [mɪəʳ] ADJ bloß; **his ~ presence irritates her** schon *or* allein seine Anwesenheit ärgert sie; **she is a ~ child** sie ist noch ein Kind; **it's a ~ trifle** es ist eine Lappalie; **by ~ chance** rein durch Zufall

merely [ˈmɪəlɪ] ADV lediglich, bloß

merge [məːdʒ] VT (*combine*) vereinen; (*Comput: files*) mischen ▶ VI (*Comm*) fusionieren; (*colours, sounds, shapes*) ineinander übergehen; (*roads*) zusammenlaufen

merger [ˈməːdʒəʳ] N (*Comm*) Fusion *f*

meridian [məˈrɪdɪən] N Meridian *m*

meringue [məˈræŋ] N Baiser *nt*

merit [ˈmɛrɪt] N (*worth, value*) Wert *m*; (*advantage*) Vorzug *m*; (*achievement*) Verdienst *nt* ▶ VT verdienen

meritocracy [mɛrɪˈtɔkrəsɪ] N Leistungsgesellschaft *f*

mermaid [ˈməːmeɪd] N Seejungfrau *f*, Meerjungfrau *f*

m

merrily [ˈmɛrɪlɪ] ADV vergnügt
merriment [ˈmɛrɪmənt] N Heiterkeit *f*
merry [ˈmɛrɪ] ADJ vergnügt; (*music*) fröhlich; **M~ Christmas!** fröhliche *or* frohe Weihnachten!
merry-go-round [ˈmɛrɪgəuraund] N Karussell *nt*
mesh [mɛʃ] N Geflecht *nt*; **wire ~** Maschendraht *m*
mesmerize [ˈmɛzməraɪz] VT (*fig*) faszinieren
★**mess** [mɛs] N Durcheinander *nt*; (*dirt*) Dreck *m*; (*Mil*) Kasino *nt*; **to be in a ~** (*untidy*) unordentlich sein; (*in difficulty*) in Schwierigkeiten stecken; **to be a ~** (*fig: life*) verkorkst sein; **to get o.s. in a ~** in Schwierigkeiten geraten
▸ **mess about** (*inf*) VI (*fool around*) herumalbern
▸ **mess about with** (*inf*) VT FUS (*play around with*) herumfummeln an *+dat*
▸ **mess around** (*inf*) VI = **mess about**
▸ **mess around with** (*inf*) VT FUS = **mess about with**
▸ **mess up** VT durcheinanderbringen; (*dirty*) verdrecken
★**message** [ˈmɛsɪdʒ] N Mitteilung *f*, Nachricht *f*; (*meaning*) Aussage *f* ▸ VT eine Nachricht senden *+dat*; **she messaged me on Facebook** sie schickte mir eine Facebook-Nachricht; **to get the ~** (*inf: fig*) kapieren
message board N (*Internet*) Internetforum *nt*
message switching [-ˈswɪtʃɪŋ] N (*Comput*) Speichervermittlung *f*
messenger [ˈmɛsɪndʒəʳ] N Bote *m*
Messiah [mɪˈsaɪə] N Messias *m*
Messrs [ˈmɛsəz] ABBR (*on letters: = messieurs*) An (die Herren)
messy [ˈmɛsɪ] ADJ (*dirty*) dreckig; (*untidy*) unordentlich
Met [mɛt] (*US*) N ABBR (= *Metropolitan Opera*) Met *f*
met [mɛt] PT, PP *of* **meet**
metabolism [mɛˈtæbəlɪzəm] N Stoffwechsel *m*
★**metal** [ˈmɛtl] N Metall *nt*
metal fatigue N Metallermüdung *f*
metalled [ˈmɛtld] ADJ (*road*) asphaltiert
metallic [mɪˈtælɪk] ADJ metallisch; (*made of metal*) aus Metall
metallurgy [mɛˈtælədʒɪ] N Metallurgie *f*
metalwork [ˈmɛtlwəːk] N Metallarbeit *f*
metamorphosis [mɛtəˈmɔːfəsɪs] (*pl* **metamorphoses**) N Verwandlung *f*
metaphor [ˈmɛtəfəʳ] N Metapher *f*
metaphorical [mɛtəˈfɔrɪkl] ADJ metaphorisch
metaphysics [mɛtəˈfɪzɪks] N Metaphysik *f*
meteor [ˈmiːtɪəʳ] N Meteor *m*
meteoric [miːtɪˈɔrɪk] ADJ (*fig*) kometenhaft
meteorite [ˈmiːtɪəraɪt] N Meteorit *m*
meteorological [miːtɪərəˈlɔdʒɪkl] ADJ (*conditions, office etc*) Wetter-
meteorology [miːtɪəˈrɔlədʒɪ] N Wetterkunde *f*, Meteorologie *f*
mete out [miːt-] VT austeilen; **to ~ justice** Recht sprechen
meter [ˈmiːtəʳ] N Zähler *m*; (*also:* **water meter**) Wasseruhr *f*; (*also:* **parking meter**) Parkuhr *f*; (*US: unit*) = **metre**
methane [ˈmiːθeɪn] N Methan *nt*
★**method** [ˈmɛθəd] N Methode *f*; **~ of payment** Zahlungsweise *f*
methodical [mɪˈθɔdɪkl] ADJ methodisch
Methodist [ˈmɛθədɪst] N Methodist(in) *m(f)*
methodology [mɛθəˈdɔlədʒɪ] N Methodik *f*
meths [mɛθs] (*BRIT*) N = **methylated spirit**
methylated spirit [ˈmɛθɪleɪtɪd-] (*BRIT*) N (Brenn)spiritus *m*
meticulous [mɪˈtɪkjuləs] ADJ sorgfältig; (*detail*) genau
Met Office N (*BRIT*): **the ~** das Wetteramt
★**metre**, (*US*) **meter** [ˈmiːtəʳ] N Meter *m or nt*
metric [ˈmɛtrɪk] ADJ metrisch; **to go ~** auf das metrische Maßsystem umstellen
metrical [ˈmɛtrɪkl] ADJ metrisch
metrication [mɛtrɪˈkeɪʃən] N Umstellung *f* auf das metrische Maßsystem
metric system N metrisches Maßsystem *nt*
metric ton N Metertonne *f*
metronome [ˈmɛtrənəum] N Metronom *nt*
metropolis [mɪˈtrɔpəlɪs] N Metropole *f*
metropolitan [mɛtrəˈpɔlɪtn] ADJ großstädtisch
Metropolitan Police (*BRIT*) N: **the ~** die Londoner Polizei
mettle [ˈmɛtl] N: **to be on one's ~** auf dem Posten sein
mew [mjuː] VI miauen
mews [mjuːz] (*BRIT*) N Gasse *f* mit ehemaligen Kutscherhäuschen
Mexican [ˈmɛksɪkən] ADJ mexikanisch ▸ N Mexikaner(in) *m(f)*
Mexico [ˈmɛksɪkəu] N Mexiko *nt*
Mexico City N Mexico City *f*
mezzanine [ˈmɛtsəniːn] N Mezzanin *nt*
MFA (*US*) N ABBR (= *Master of Fine Arts*) *akademischer Grad in Kunst*
mfr ABBR = **manufacture; manufacturer**
mg ABBR (= *milligram(me)*) mg
Mgr ABBR (= *Monseigneur, Monsignor*) Mgr.; (*Comm*) = **manager**
MHR (*US, AUST*) N ABBR (= *Member of the House of Representatives*) Abgeordnete(r) *f(m)* des Repräsentantenhauses
MHz ABBR (= *megahertz*) MHz
MI (*US*) ABBR (*Post*) = **Michigan**
MI5 (*BRIT*) N ABBR (= *Military Intelligence, section five*) *britischer Spionageabwehrdienst*
MI6 (*BRIT*) N ABBR (= *Military Intelligence, section six*) *britischer Geheimdienst*
MIA ABBR (*Mil: = missing in action*) vermisst
miaow [miːˈau] VI miauen
mice [maɪs] NPL *of* **mouse**
micro [ˈmaɪkrəu] N = **microcomputer**
micro... [ˈmaɪkrəu] PREF mikro-, Mikro-

microbe ['maɪkrəub] N Mikrobe *f*

microbiology [maɪkrəubaɪ'ɔlədʒɪ] N Mikrobiologie *f*

microblog ['maɪkrəublɔg] N Mikroblog *nt*

microchip ['maɪkrəutʃɪp] N Mikrochip *m*

microcomputer ['maɪkrəukəm'pju:tə^r] N Mikrocomputer *m*

microcosm ['maɪkrəukɔzəm] N Mikrokosmos *m*

microeconomics ['maɪkrəui:kə'nɔmɪks] N Mikroökonomie *f*

microelectronics ['maɪkrəuɪlɛk'trɔnɪks] N Mikroelektronik *f*

microfiche ['maɪkrəufi:ʃ] N Mikrofiche *m or nt*

microfilm ['maɪkrəufɪlm] N Mikrofilm *m*

microlight ['maɪkrəulaɪt] N Ultraleichtflugzeug *nt*

micrometer [maɪ'krɔmɪtə^r] N Messschraube *f*

microphone ['maɪkrəfəun] N Mikrofon *nt*

microprocessor ['maɪkrəu'prəusɛsə^r] N Mikroprozessor *m*

microscope ['maɪkrəskəup] N Mikroskop *nt*; **under the ~** unter dem Mikroskop

microscopic [maɪkrə'skɔpɪk] ADJ mikroskopisch; (*creature*) mikroskopisch klein

microwave ['maɪkrəuweɪv] N Mikrowelle *f*; (*also:* **microwave oven**) Mikrowellenherd *m*

mid- [mɪd] ADJ: **in mid-May** Mitte Mai; **in mid-afternoon** (mitten) am Nachmittag; **in mid-air** (mitten) in der Luft; **he's in his mid-thirties** er ist Mitte dreißig

midday [mɪd'deɪ] N Mittag *m*

middle ['mɪdl] N Mitte *f* ▸ ADJ mittlere(r, s); **in the ~ of the night** mitten in der Nacht; **I'm in the ~ of reading it** ich bin mittendrin; **a ~ course** ein Mittelweg *m*

middle age N mittleres Lebensalter *nt*

middle-aged [mɪdl'eɪdʒd] ADJ mittleren Alters

Middle Ages NPL Mittelalter *nt*

middle class N, **middle classes** NPL Mittelstand *m*

middle-class [mɪdl'klɑ:s] ADJ mittelständisch

Middle East N Naher Osten *m*

middleman ['mɪdlmæn] N (*irreg*) Zwischenhändler *m*

middle management N mittleres Management *nt*

middle name N zweiter Vorname *m*

middle-of-the-road ['mɪdləvðə'rəud] ADJ gemäßigt; (*politician*) der Mitte; (*Mus*) leicht

middleweight ['mɪdlweɪt] N (*Boxing*) Mittelgewicht *nt*

middling ['mɪdlɪŋ] ADJ mittelmäßig

midge [mɪdʒ] N Mücke *f*

midget ['mɪdʒɪt] (!) N Liliputaner(in) *m(f)*

midi system ['mɪdɪ-] N Midi-System *nt*

Midlands ['mɪdləndz] (BRIT) NPL: **the ~** Mittelengland *nt*

midnight ['mɪdnaɪt] N Mitternacht *f* ▸ CPD Mitternachts-; **at ~** um Mitternacht

midriff ['mɪdrɪf] N Taille *f*

midst [mɪdst] N: **in the ~ of** mitten in +*dat*; **to be in the ~ of doing sth** mitten dabei sein, etw zu tun

midsummer [mɪd'sʌmə^r] N Hochsommer *m*; **M~('s) Day** Sommersonnenwende *f*

midway [mɪd'weɪ] ADJ: **we have reached the ~ point** wir haben die Hälfte hinter uns *dat* ▸ ADV auf halbem Weg; **~ between** (*in space*) auf halbem Weg zwischen; **~ through** (*in time*) mitten in +*dat*

midweek [mɪd'wi:k] ADV mitten in der Woche ▸ ADJ Mitte der Woche

midwife ['mɪdwaɪf] N (*irreg*) Hebamme *f*

midwifery ['mɪdwɪfərɪ] N Geburtshilfe *f*

midwinter [mɪd'wɪntə^r] N: **in ~** im tiefsten Winter

miffed [mɪft] (*inf*) ADJ: **to be ~** eingeschnappt sein

★**might** [maɪt] VB *see* **may** ▸ N Macht *f*; **with all one's ~** mit aller Kraft

mighty ['maɪtɪ] ADJ mächtig

migraine ['mi:greɪn] N Migräne *f*

migrant ['maɪgrənt] ADJ (*bird*) Zug-; (*worker*) Wander- ▸ N (*bird*) Zugvogel *m*; (*worker*) Wanderarbeiter(in) *m(f)*

migrate [maɪ'greɪt] VI (*bird*) ziehen; (*person*) abwandern

migration [maɪ'greɪʃən] N Wanderung *f*; (*to cities*) Abwanderung *f*; (*of birds*) (Vogel)zug *m*

mike [maɪk] N = **microphone**

Milan [mɪ'læn] N Mailand *nt*

★**mild** [maɪld] ADJ mild; (*gentle*) sanft; (*slight: infection etc*) leicht; (*: interest*) gering

mildew ['mɪldju:] N Schimmel *m*

mildly ['maɪldlɪ] ADV (*say*) sanft; (*slight*) leicht; **to put it ~** gelinde gesagt

mildness ['maɪldnɪs] N Milde *f*; (*gentleness*) Sanftheit *f*; (*of infection etc*) Leichtigkeit *f*

★**mile** [maɪl] N Meile *f*; **to do 30 miles per gallon** ≈ 9 Liter auf 100 km verbrauchen

mileage ['maɪlɪdʒ] N Meilenzahl *f*; (*fig*) Nutzen *m*; **to get a lot of ~ out of sth** etw gründlich ausnutzen; **there is a lot of ~ in the idea** aus der Idee lässt sich viel machen

mileage allowance N ≈ Kilometergeld *nt*

mileometer [maɪ'lɔmɪtə^r] N ≈ Kilometerzähler *m*

milestone ['maɪlstəun] N (*lit, fig*) Meilenstein *m*

milieu ['mi:ljə:] N Milieu *nt*

militant ['mɪlɪtnt] ADJ militant ▸ N Militante(r) *f(m)*

militarism ['mɪlɪtərɪzəm] N Militarismus *m*

militaristic [mɪlɪtə'rɪstɪk] ADJ militaristisch

★**military** ['mɪlɪtərɪ] ADJ (*history, leader etc*) Militär- ▸ N: **the ~** das Militär

military police N Militärpolizei *f*

military service N Militärdienst *m*

militate ['mɪlɪteɪt] VI: **to ~ against** negative Auswirkungen haben auf +*acc*

m

militia [mɪˈlɪʃə] N Miliz *f*
★**milk** [mɪlk] N Milch *f* ▶ VT (*lit, fig*) melken
milk chocolate N Vollmilchschokolade *f*
milk float (BRIT) N Milchwagen *m*
milking [ˈmɪlkɪŋ] N Melken *nt*
milkman [ˈmɪlkmən] N (*irreg*) Milchmann *m*
milk shake N Milchmixgetränk *nt*
milk tooth N Milchzahn *m*
milk truck (US) N = **milk float**
milky [ˈmɪlkɪ] ADJ milchig; (*drink*) mit viel Milch; **~ coffee** Milchkaffee *m*
Milky Way N Milchstraße *f*
mill [mɪl] N Mühle *f*; (*factory*) Fabrik *f*; (*woollen mill*) Spinnerei *f* ▶ VT mahlen ▶ VI (*also:* **mill about**) umherlaufen
millennium [mɪˈlɛnɪəm] (*pl* **millenniums** *or* **millennia**) N Jahrtausend *nt*
millennium bug N (*Comput*) Jahrtausendfehler *m*
miller [ˈmɪləʳ] N Müller *m*
millet [ˈmɪlɪt] N Hirse *f*
milli... [ˈmɪlɪ] PREF Milli-
milligram, milligramme [ˈmɪlɪgræm] N Milligramm *nt*
millilitre, (US) **milliliter** [ˈmɪlɪliːtəʳ] N Milliliter *m or nt*
millimetre, (US) **millimeter** [ˈmɪlɪmiːtəʳ] N Millimeter *m or nt*
millinery [ˈmɪlɪnərɪ] N Hüte *pl*
★**million** [ˈmɪljən] N Million *f*; **a ~ times** (*fig*) tausend Mal, x-mal
millionaire [mɪljəˈnɛəʳ] N Millionär *m*
millipede [ˈmɪlɪpiːd] N Tausendfüßler *m*
millstone [ˈmɪlstəun] N (*fig*): **it's a ~ round his neck** es ist für ihn ein Klotz am Bein
millwheel [ˈmɪlwiːl] N Mühlrad *nt*
milometer [maɪˈlɔmɪtəʳ] N = **mileometer**
mime [maɪm] N Pantomime *f*; (*actor*) Pantomime *m* ▶ VT pantomimisch darstellen
mimic [ˈmɪmɪk] N Imitator *m* ▶ VT (*for amusement*) parodieren; (*animal, person*) imitieren, nachahmen
mimicry [ˈmɪmɪkrɪ] N Nachahmung *f*
Min. (BRIT) ABBR (*Pol*) = **ministry**
min. ABBR (= *minute*) Min.; = **minimum**
minaret [mɪnəˈrɛt] N Minarett *nt*
mince [mɪns] VT (*meat*) durch den Fleischwolf drehen ▶ VI (*in walking*) trippeln ▶ N (BRIT: *meat*) Hackfleisch *nt*; **he does not ~ (his) words** er nimmt kein Blatt vor den Mund
mincemeat [ˈmɪnsmiːt] N *süße Gebäckfüllung aus Dörrobst und Sirup*; (US: *meat*) Hackfleisch *nt*; **to make ~ of sb** (*inf*) Hackfleisch aus jdm machen
mince pie N *mit Mincemeat gefülltes Gebäck*
mincer [ˈmɪnsəʳ] N Fleischwolf *m*
mincing [ˈmɪnsɪŋ] ADJ (*walk*) trippelnd; (*voice*) geziert
★**mind** [maɪnd] N Geist *m*, Verstand *m*; (*thoughts*) Gedanken *pl*; (*memory*) Gedächtnis *nt* ▶ VT aufpassen auf *+acc*; (*office etc*) nach dem Rechten sehen in *+dat*; (*object to*) etwas haben gegen; **to my ~** meiner Meinung nach; **to be out of one's ~** verrückt sein; **it is on my ~** es beschäftigt mich; **to keep** *or* **bear sth in ~** etw nicht vergessen, an etw denken; **to make up one's ~** sich entscheiden; **to change one's ~** es sich *dat* anders überlegen; **to be in two minds about sth** sich *dat* über etw *acc* nicht im Klaren sein; **to have it in ~ to do sth** die Absicht haben, etw zu tun; **to have sb/sth in ~** an jdn/etw denken; **it slipped my ~** ich habe es vergessen; **to bring** *or* **call sth to ~** etw in Erinnerung rufen; **I can't get it out of my ~** es geht mir nicht aus dem Kopf; **his ~ was on other things** er war mit den Gedanken woanders; **"~ the step"** „Vorsicht Stufe"; **do you ~ if ...?** macht es Ihnen etwas aus, wenn ...?; **I don't ~** es ist mir egal; **~ you, ...** allerdings ...; **never ~!** (*it makes no odds*) ist doch egal!; (*don't worry*) macht nichts!
mind-boggling [ˈmaɪndbɔglɪŋ] (*inf*) ADJ atemberaubend
-minded [ˈmaɪndɪd] ADJ: **fair-minded** gerecht; **an industrially-minded nation** ein auf Industrie ausgerichtetes Land
minder [ˈmaɪndəʳ] N Betreuer(in) *m(f)*; (*inf: bodyguard*) Aufpasser(in) *m(f)*
mindful [ˈmaɪndful] ADJ: **~ of** unter Berücksichtigung *+gen*
mindfulness [ˈmaɪndfulnəs] N Achtsamkeit *f*
mindless [ˈmaɪndlɪs] ADJ (*violence*) sinnlos; (*work*) geistlos
★**mine¹** [maɪn] N (*also:* **coal mine, gold mine**) Bergwerk *nt*; (*bomb*) Mine *f* ▶ VT (*coal*) abbauen; (*beach etc*) verminen; (*ship*) eine Mine befestigen an *+dat*
mine² [maɪn] PRON meine(r, s); **that book is ~** das Buch ist mein(e)s, das Buch gehört mir; **this is ~** das ist meins; **a friend of ~** ein Freund/eine Freundin von mir
mine detector N Minensuchgerät *nt*
minefield [ˈmaɪnfiːld] N Minenfeld *nt*; (*fig*) brisante Situation *f*
miner [ˈmaɪnəʳ] N Bergmann *m*, Bergarbeiter *m*
mineral [ˈmɪnərəl] ADJ (*deposit, resources*) Mineral- ▶ N Mineral *nt* ■ **minerals** NPL (BRIT: *soft drinks*) Erfrischungsgetränke *pl*
mineralogy [mɪnəˈrælədʒɪ] N Mineralogie *f*
mineral water N Mineralwasser *nt*
minesweeper [ˈmaɪnswiːpəʳ] N Minensuchboot *nt*
mingle [ˈmɪŋgl] VI: **to ~ (with)** sich vermischen (mit); **to ~ with** (*people*) Umgang haben mit; (*at party etc*) sich unterhalten mit; **you should ~ a bit** du solltest dich unter die Leute mischen
mingy [ˈmɪndʒɪ] (*inf*) ADJ knick(e)rig; (*amount*) mick(e)rig
mini... [ˈmɪnɪ] PREF Mini-
miniature [ˈmɪnətʃəʳ] ADJ winzig; (*version etc*) Miniatur- ▶ N Miniatur *f*; **in ~** im Kleinen, im Kleinformat
minibus [ˈmɪnɪbʌs] N Kleinbus *m*
minicab [ˈmɪnɪkæb] N Kleintaxi *nt*

minicomputer [ˈmɪnɪkəmˈpjuːtəʳ] N Minicomputer *m*
minim [ˈmɪnɪm] N (*Mus*) halbe Note *f*
minima [ˈmɪnɪmə] NPL *of* **minimum**
minimal [ˈmɪnɪml] ADJ minimal
minimalist [ˈmɪnɪməlɪst] ADJ minimalistisch
minimize [ˈmɪnɪmaɪz] VT auf ein Minimum reduzieren; (*play down*) herunterspielen
minimum [ˈmɪnɪməm] (*pl* **minima**) N Minimum *nt* ▶ ADJ (*income, speed*) Mindest-; **to reduce to a ~** auf ein Mindestmaß reduzieren; **~ wage** Mindestlohn *m*
minimum lending rate N Diskontsatz *m*
mining [ˈmaɪnɪŋ] N Bergbau *m* ▶ CPD Bergbau-
minion [ˈmɪnjən] (*pej*) N Untergebene(r) *f(m)*
miniseries [ˈmɪnɪsɪəriːz] N Miniserie *f*
miniskirt [ˈmɪnɪskəːt] N Minirock *m*
minister [ˈmɪnɪstəʳ] (BRIT) N (*Pol*) Minister(in) *m(f)*; (*Rel*) Pfarrer *m* ▶ VI: **to ~ to** sich kümmern um; (*needs*) befriedigen
ministerial [mɪnɪsˈtɪərɪəl] (BRIT) ADJ (*Pol*) ministeriell
ministry [ˈmɪnɪstrɪ] (BRIT) N (*Pol*) Ministerium *nt*; **to join the ~** (*Rel*) Geistliche(r) werden
Ministry of Defence (BRIT) N Verteidigungsministerium *nt*
mink [mɪŋk] (*pl* **minks** *or* **~**) N Nerz *m*
mink coat N Nerzmantel *m*
Minn. (*US*) ABBR (*Post*) = **Minnesota**
minnow [ˈmɪnəu] N Elritze *f*
minor [ˈmaɪnəʳ] ADJ kleinere(r, s); (*poet*) unbedeutend; (*planet*) klein; (*Mus*) Moll ▶ N Minderjährige(r) *f(m)*
Minorca [mɪˈnɔːkə] N Menorca *nt*
minority [maɪˈnɔrɪtɪ] N Minderheit *f*; **to be in a ~** in der Minderheit sein
minster [ˈmɪnstəʳ] N Münster *nt*
minstrel [ˈmɪnstrəl] N Spielmann *m*
mint [mɪnt] N Minze *f*; (*sweet*) Pfefferminz(bonbon) *nt*; (*place*): **the M~** die Münzanstalt ▶ VT (*coins*) prägen; **in ~ condition** neuwertig
mint sauce N Minzsoße *f*
minuet [mɪnjuˈɛt] N Menuett *nt*
minus [ˈmaɪnəs] N (*also:* **minus sign**) Minuszeichen *nt* ▶ PREP minus, weniger; **~ 24°C** 24 Grad unter null
minuscule [ˈmɪnəskjuːl] ADJ winzig
minute¹ [maɪˈnjuːt] ADJ winzig; (*search*) peinlich genau; (*detail*) kleinste(r, s); **in ~ detail** in allen Einzelheiten
minute² [ˈmɪnɪt] N Minute *f*; (*fig*) Augenblick *m*, Moment *m* ■ **minutes** NPL (*of meeting*) Protokoll *nt*; **it is 5 minutes past 3** es ist 5 Minuten nach 3; **wait a ~!** einen Augenblick *or* Moment!; **up-to-the-minute** (*news*) hochaktuell; (*technology*) allerneueste(r, s); **at the last ~** in letzter Minute
minute book N Protokollbuch *nt*
minute hand N Minutenzeiger *m*
minutely [maɪˈnjuːtlɪ] ADV (*in detail*) genauestens; (*by a small amount*) ganz geringfügig
minutiae [mɪˈnjuːʃɪiː] NPL Einzelheiten *pl*
miracle [ˈmɪrəkl] N (*Rel, fig*) Wunder *nt*
miraculous [mɪˈrækjuləs] ADJ wunderbar; (*powers, effect, cure*) Wunder-; (*success, change*) unglaublich; **to have a ~ escape** wie durch ein Wunder entkommen
mirage [ˈmɪrɑːʒ] N Fata Morgana *f*; (*fig*) Trugbild *nt*
mire [ˈmaɪəʳ] N Morast *m*
★**mirror** [ˈmɪrəʳ] N Spiegel *m* ▶ VT (*lit, fig*) widerspiegeln
mirror image N Spiegelbild *nt*
mirth [məːθ] N Heiterkeit *f*
misadventure [mɪsədˈvɛntʃəʳ] N Missgeschick *nt*; **death by ~** (BRIT) Tod *m* durch Unfall
misanthropist [mɪˈzænθrəpɪst] N Misanthrop *m*, Menschenfeind *m*
misapply [mɪsəˈplaɪ] VT (*term*) falsch verwenden; (*rule*) falsch anwenden
misapprehension [ˈmɪsæprɪˈhɛnʃən] N Missverständnis *nt*; **you are under a ~** Sie befinden sich im Irrtum
misappropriate [mɪsəˈprəuprɪeɪt] VT veruntreuen
misappropriation [ˈmɪsəprəuprɪˈeɪʃən] N Veruntreuung *f*
misbehave [mɪsbɪˈheɪv] VI sich schlecht benehmen
misbehaviour, (*US*) **misbehavior** [mɪsbɪˈheɪvjəʳ] N schlechtes Benehmen *nt*
misc. ABBR = **miscellaneous**
miscalculate [mɪsˈkælkjuleɪt] VT falsch berechnen; (*misjudge*) falsch einschätzen
miscalculation [ˈmɪskælkjuˈleɪʃən] N Rechenfehler *m*; (*misjudgement*) Fehleinschätzung *f*
miscarriage [ˈmɪskærɪdʒ] N (*Med*) Fehlgeburt *f*; **~ of justice** (*Law*) Justizirrtum *m*
miscarry [mɪsˈkærɪ] VI (*Med*) eine Fehlgeburt haben; (*fail: plans*) fehlschlagen
miscellaneous [mɪsɪˈleɪnɪəs] ADJ verschieden; (*subjects, items*) divers; **~ expenses** sonstige Unkosten *pl*
mischance [mɪsˈtʃɑːns] N unglücklicher Zufall *m*
mischief [ˈmɪstʃɪf] N (*bad behaviour*) Unfug *m*; (*playfulness*) Verschmitztheit *f*; (*harm*) Schaden *m*; (*pranks*) Streiche *pl*; **to get into ~** etwas anstellen; **to do sb a ~** jdm etwas antun
mischievous [ˈmɪstʃɪvəs] ADJ (*naughty*) ungezogen; (*playful*) verschmitzt
misconception [ˈmɪskənˈsɛpʃən] N fälschliche Annahme *f*
misconduct [mɪsˈkɔndʌkt] N Fehlverhalten *nt*; **professional ~** Berufsvergehen *nt*
misconstrue [mɪskənˈstruː] VT missverstehen
miscount [mɪsˈkaunt] VT falsch zählen ▶ VI sich verzählen
misdemeanour, (*US*) **misdemeanor** [mɪsdɪˈmiːnəʳ] N Vergehen *nt*

misdirect [mɪsdɪˈrɛkt] VT (*person*) in die falsche Richtung schicken; (*talent*) vergeuden

miser [ˈmaɪzəʳ] N Geizhals *m*

miserable [ˈmɪzərəbl] ADJ (*unhappy*) unglücklich; (*wretched*) erbärmlich, elend; (*unpleasant: weather*) trostlos; (*: person*) gemein; (*contemptible: offer, donation*) armselig; (*: failure*) kläglich; **to feel ~** sich elend fühlen

miserably [ˈmɪzərəblɪ] ADV (*fail*) kläglich; (*live*) elend; (*smile, speak*) unglücklich; (*small*) jämmerlich

miserly [ˈmaɪzəlɪ] ADJ geizig; (*amount*) armselig

misery [ˈmɪzərɪ] N (*unhappiness*) Kummer *m*; (*wretchedness*) Elend *nt*; (*inf: person*) Miesepeter *m*

misfire [mɪsˈfaɪəʳ] VI (*plan*) fehlschlagen; (*car engine*) fehlzünden

misfit [ˈmɪsfɪt] N Außenseiter(in) *m(f)*

misfortune [mɪsˈfɔːtʃən] N Pech *nt*, Unglück *nt*

misgiving [mɪsˈgɪvɪŋ] N Bedenken *pl*; **to have misgivings about sth** sich bei etw nicht wohlfühlen

misguided [mɪsˈgaɪdɪd] ADJ töricht; (*opinion, view*) irrig; (*misplaced*) unangebracht

mishandle [mɪsˈhændl] VT falsch handhaben

mishap [ˈmɪshæp] N Missgeschick *nt*

mishear [mɪsˈhɪəʳ] VT (*irreg: like* **hear**) falsch hören ▶ VI sich verhören

misheard [mɪsˈhəːd] PT, PP *of* **mishear**

mishmash [ˈmɪʃmæʃ] (*inf*) N Mischmasch *m*

misinform [mɪsɪnˈfɔːm] VT falsch informieren

misinterpret [mɪsɪnˈtəːprɪt] VT (*gesture, situation*) falsch auslegen; (*comment*) falsch auffassen

misinterpretation [ˈmɪsɪntəːprɪˈteɪʃən] N falsche Auslegung *f*

misjudge [mɪsˈdʒʌdʒ] VT falsch einschätzen

mislay [mɪsˈleɪ] VT (*irreg: like* **lay**) verlegen

mislead [mɪsˈliːd] VT (*irreg: like* **lead¹**) irreführen

misleading [mɪsˈliːdɪŋ] ADJ irreführend

misled [mɪsˈlɛd] PT, PP *of* **mislead**

mismanage [mɪsˈmænɪdʒ] VT (*business*) herunterwirtschaften; (*institution*) schlecht führen

mismanagement [mɪsˈmænɪdʒmənt] N Misswirtschaft *f*

misnomer [mɪsˈnəuməʳ] N unzutreffende Bezeichnung *f*

misogynist [mɪˈsɔdʒɪnɪst] N Frauenfeind *m*

misplaced [mɪsˈpleɪst] ADJ (*misguided*) unangebracht; (*wrongly positioned*) an der falschen Stelle

misprint [ˈmɪsprɪnt] N Druckfehler *m*

mispronounce [mɪsprəˈnauns] VT falsch aussprechen

misquote [ˈmɪsˈkwəut] VT falsch zitieren

misread [mɪsˈriːd] VT (*irreg: like* **read**) falsch lesen; (*misinterpret*) falsch verstehen

misrepresent [mɪsrɛprɪˈzɛnt] VT falsch darstellen; **he was misrepresented** seine Worte wurden verfälscht wiedergegeben

★**Miss** [mɪs] N Fräulein *nt*; **Dear ~ Smith** Liebe Frau Smith

★**miss** [mɪs] VT (*train etc, chance, opportunity*) verpassen; (*target*) verfehlen; (*notice loss of, regret absence of*) vermissen; (*class, meeting*) fehlen bei ▶ VI danebentreffen; (*missile, object*) danebengehen ▶ N Fehltreffer *m*; **you can't ~ it** du kannst es nicht verfehlen; **the bus just missed the wall** der Bus wäre um ein Haar gegen die Mauer gefahren; **you're missing the point** das geht an der Sache vorbei

▶ **miss out** (BRIT) VT auslassen

▶ **miss out on** VT FUS (*party*) verpassen; (*fun*) zu kurz kommen bei

missal [ˈmɪsl] N Messbuch *nt*

misshapen [mɪsˈʃeɪpən] ADJ missgebildet

missile [ˈmɪsaɪl] N (*Mil*) Rakete *f*; (*object thrown*) (Wurf)geschoss *nt*, (Wurf)geschoß *nt* (ÖSTERR)

missile base N Raketenbasis *f*

missile launcher [-ˈlɔːntʃəʳ] N Startrampe *f*

★**missing** [ˈmɪsɪŋ] ADJ (*lost: person*) vermisst; (*: object*) verschwunden; (*absent, removed*) fehlend; **to be ~** fehlen; **to go ~** verschwinden; **~ person** Vermisste(r) *f(m)*

mission [ˈmɪʃən] N (*task*) Mission *f*, Auftrag *m*; (*representatives*) Gesandtschaft *f*; (*Mil*) Einsatz *m*; (*Rel*) Mission *f*; **on a ~ to …** (*to place/people*) im Einsatz in *+dat*/bei …

missionary [ˈmɪʃənrɪ] N Missionar(in) *m(f)*

missive [ˈmɪsɪv] (*form*) N Schreiben *nt*

misspell [ˈmɪsˈspɛl] VT (*irreg: like* **spell**) falsch schreiben

misspent [ˈmɪsˈspɛnt] ADJ (*youth*) vergeudet

mist [mɪst] N Nebel *m*; (*light*) Dunst *m* ▶ VI (*eyes: also:* **mist over**) sich verschleiern; (BRIT: *windows: also:* **mist over, mist up**) beschlagen

Das englische Wort **mist** bedeutet nicht *Mist* auf Deutsch.

★**mistake** [mɪsˈteɪk] N Fehler *m* ▶ VT (*irreg: like* **take**) sich irren in *+dat*; (*intentions*) falsch verstehen; **by ~** aus Versehen; **to make a ~** (*in writing, calculation*) sich vertun; **to make a ~ (about sb/sth)** sich (in jdm/etw) irren; **to ~ A for B** A mit B verwechseln

mistaken [mɪsˈteɪkən] PP *of* **mistake** ▶ ADJ falsch; **to be ~** sich irren

mistaken identity N Verwechslung *f*

mistakenly [mɪsˈteɪkənlɪ] ADV irrtümlicherweise

mister [ˈmɪstəʳ] (*inf*) N (*sir*) *not translated; see* **Mr**

mistletoe [ˈmɪsltəu] N Mistel *f*

mistook [mɪsˈtuk] PT *of* **mistake**

mistranslation [mɪstrænsˈleɪʃən] N falsche Übersetzung *f*

mistreat [mɪsˈtriːt] VT schlecht behandeln

mistress [ˈmɪstrɪs] N (*lover*) Geliebte *f*; (*of house, servant, situation*) Herrin *f*; (BRIT: *teacher*) Lehrerin *f*

mistrust [mɪsˈtrʌst] VT misstrauen *+dat* ▶ N **~ (of)** Misstrauen *nt* (gegenüber)

mistrustful [mɪsˈtrʌstful] ADJ: **~ (of)** misstrauisch (gegenüber)
misty [ˈmɪstɪ] ADJ (*day etc*) neblig; (*glasses, windows*) beschlagen
misty-eyed [ˈmɪstɪˈaɪd] ADJ mit verschleiertem Blick
misunderstand [mɪsʌndəˈstænd] VT (*irreg: like* **understand**) missverstehen, falsch verstehen ▸ VI es falsch verstehen
misunderstanding [ˈmɪsʌndəˈstændɪŋ] N Missverständnis *nt*; (*disagreement*) Meinungsverschiedenheit *f*
misunderstood [mɪsʌndəˈstud] PT, PP *of* **misunderstand**
misuse N [mɪsˈjuːs] Missbrauch *m* ▸ VT [mɪsˈjuːz] missbrauchen; (*word*) falsch gebrauchen
MIT (*US*) N ABBR (= *Massachusetts Institute of Technology*) *private technische Fachhochschule*
mite [maɪt] N (*small quantity*) bisschen *nt*; (BRIT: *small child*) Würmchen *nt*
miter [ˈmaɪtəʳ] (*US*) N = **mitre**
mitigate [ˈmɪtɪgeɪt] VT mildern; **mitigating circumstances** mildernde Umstände *pl*
mitigation [mɪtɪˈgeɪʃən] N Milderung *f*
mitre, (*US*) **miter** [ˈmaɪtəʳ] N (*of bishop*) Mitra *f*; (*Carpentry*) Gehrung *f*
mitt [mɪt], **mitten** [ˈmɪtn] N Fausthandschuh *m*
mix [mɪks] VT mischen; (*drink*) mixen; (*sauce, cake*) zubereiten; (*ingredients*) verrühren ▸ VI: **to ~ (with)** verkehren (mit) ▸ N Mischung *f*; **to ~ sth with sth** etw mit etw vermischen; **to ~ business with pleasure** das Angenehme mit dem Nützlichen verbinden; **cake ~** Backmischung *f*
▸ **mix in** VT (*eggs etc*) unterrühren
▸ **mix up** VT (*people*) verwechseln; (*things*) durcheinanderbringen; **to be mixed up in sth** in etw *acc* verwickelt sein
mixed [mɪkst] ADJ gemischt; **~ marriage** Mischehe *f*
mixed-ability [ˈmɪkstəˈbɪlɪtɪ] ADJ (*group etc*) mit unterschiedlichen Fähigkeiten
mixed bag N (*of things, problems*) Sammelsurium *nt*; (*of people*) gemischter Haufen *m*
mixed blessing N: **it's a ~** das ist ein zweischneidiges Schwert
mixed doubles NPL gemischtes Doppel *nt*
mixed economy N gemischte Wirtschaftsform *f*
mixed grill (BRIT) N Grillteller *m*
mixed-up [mɪkstˈʌp] ADJ durcheinander
mixer [ˈmɪksəʳ] N (*for food*) Mixer *m*; (*drink*) *Tonic etc zum Auffüllen von alkoholischen Mixgetränken*; **to be a good ~** (*sociable person*) kontaktfreudig sein
mixer tap N Mischbatterie *f*
mixture [ˈmɪkstʃəʳ] N Mischung *f*; (*Culin*) Gemisch *nt*; (: *for cake*) Teig *m*; (*Med*) Mixtur *f*
mix-up [ˈmɪksʌp] N Durcheinander *nt*
MK (BRIT) ABBR (*Tech*) = **mark**
mkt ABBR = **market**
ml ABBR (= *millilitre*) ml
MLA (BRIT) N ABBR (*Pol*: = *Member of the Legislative Assembly (of Northern Ireland)*) Abgeordnete(r) *f*(*m*) der gesetzgebenden Versammlung
MLitt N ABBR (= *Master of Literature, Master of Letters*) *akademischer Grad in Literaturwissenschaft*
MLR (BRIT) N ABBR = **minimum lending rate**
mm ABBR (= *millimetre*) mm
MMS N ABBR (= *Multimedia Messaging Service*) MMS® *m*
MN ABBR (BRIT) = **merchant navy**; (*US Post*) = **Minnesota**
MO N ABBR (= *medical officer*) Sanitätsoffizier *m*; (*US inf*) = **modus operandi**
moan [məun] N Stöhnen *nt* ▸ VI stöhnen; (*inf*: *complain*): **to ~ (about)** meckern (über +*acc*)
moaner [ˈməunəʳ] (*inf*) N Miesmacher(in) *m*(*f*)
moat [məut] N Wassergraben *m*
mob [mɔb] N Mob *m*; (*organized*) Bande *f* ▸ VT herfallen über +*acc*
mobbing [ˈmɔbɪŋ] N Mobbing *nt*
★**mobile** [ˈməubaɪl] ADJ beweglich; (*workforce, society*) mobil ▸ N (*decoration*) Mobile *nt*; (*also:* **mobile phone**) Handy *nt*; **applicants must be ~** Bewerber müssen motorisiert sein
mobile home N Wohnwagen *m*
★**mobile phone** N Funktelefon *nt*, Handy *nt*
mobile-phone mast N Handymast *m*
mobility [məuˈbɪlɪtɪ] N Beweglichkeit *f*; (*of workforce etc*) Mobilität *f*
mobility allowance N *Beihilfe für Gehbehinderte*
mobilize [ˈməubɪlaɪz] VT mobilisieren; (*Mil*) mobil machen ▸ VI (*Mil*) mobil machen
moccasin [ˈmɔkəsɪn] N Mokassin *m*
mock [mɔk] VT sich lustig machen über +*acc* ▸ ADJ (*fake*: *Elizabethan etc*) Pseudo-; (*exam*) Probe-; (*battle*) Schein-
mockery [ˈmɔkərɪ] N Spott *m*; **to make a ~ of sb** jdn zum Gespött machen; **to make a ~ of sth** etw zur Farce machen
mocking [ˈmɔkɪŋ] ADJ spöttisch
mockingbird [ˈmɔkɪŋbəːd] N Spottdrossel *f*
mock-up [ˈmɔkʌp] N Modell *nt*
MOD (BRIT) N ABBR = **Ministry of Defence**
mod cons [ˈmɔdˈkɔnz] (BRIT) NPL (= *modern conveniences*) Komfort *m*
mode [məud] N Form *f*; (*Comput, Tech*) Betriebsart *f*; **~ of life** Lebensweise *f*; **~ of transport** Transportmittel *nt*
★**model** [ˈmɔdl] N Modell *nt*; (*also:* **fashion model**) Mannequin *nt*; (*example*) Muster *nt* ▸ ADJ (*excellent*) vorbildlich; (*small scale*: *railway etc*) Modell- ▸ VT (*clothes*) vorführen; (*with clay etc*) modellieren, formen ▸ VI (*for designer, photographer etc*) als Modell arbeiten; **to ~ o.s. on sb** sich *dat* jdn zum Vorbild nehmen
modeller, (*US*) **modeler** [ˈmɔdləʳ] N Modellbauer *m*
model railway N Modelleisenbahn *f*
modem [ˈməudɛm] N Modem *nt*

m

★**moderate** ADJ [ˈmɔdərət] gemäßigt; (*amount*) nicht allzu groß; (*change*) leicht ▸ N Gemäßigte(r) *f(m)* ▸ VI [ˈmɔdəreɪt] (*storm, wind etc*) nachlassen ▸ VT [ˈmɔdəreɪt] (*tone, demands*) mäßigen

moderately [ˈmɔdərətlɪ] ADV mäßig; (*expensive, difficult*) nicht allzu; (*pleased, happy*) einigermaßen; **~ priced** nicht allzu teuer

moderation [mɔdəˈreɪʃən] N Mäßigung *f*; **in ~** in *or* mit Maßen

moderator [ˈmɔdəreɪtə^r] N (*Eccl*) Synodalpräsident *m*

★**modern** [ˈmɔdən] ADJ modern; **~ languages** moderne Fremdsprachen *pl*

modernization [mɔdənaɪˈzeɪʃən] N Modernisierung *f*

modernize [ˈmɔdənaɪz] VT modernisieren

★**modest** [ˈmɔdɪst] ADJ bescheiden; (*chaste*) schamhaft

modestly [ˈmɔdɪstlɪ] ADV bescheiden; (*behave*) schamhaft; (*to a moderate extent*) mäßig

modesty [ˈmɔdɪstɪ] N Bescheidenheit *f*; (*chastity*) Schamgefühl *nt*

modicum [ˈmɔdɪkəm] N: **a ~ of** ein wenig *or* bisschen

modification [mɔdɪfɪˈkeɪʃən] N Änderung *f*; (*to policy etc*) Modifizierung *f*; **to make modifications to** (Ver)änderungen vornehmen an *+dat*, modifizieren

modify [ˈmɔdɪfaɪ] VT (ver)ändern; (*policy etc*) modifizieren

modish [ˈməudɪʃ] ADJ (*fashionable*) modisch

Mods [mɔdz] (BRIT) N ABBR (*Scol*: = (*Honour*) *Moderations*) *akademische Prüfung an der Universität Oxford*

modular [ˈmɔdjulə^r] ADJ (*unit, furniture*) aus Bauelementen (zusammengesetzt); (*Comput*) modular

modulate [ˈmɔdjuleɪt] VT modulieren; (*process, activity*) umwandeln

modulation [mɔdjuˈleɪʃən] N Modulation *f*; (*modification*) Veränderung *f*

module [ˈmɔdju:l] N (Bau)element *nt*; (*Space*) Raumkapsel *f*; (*Scol*) Kurs *m*

modus operandi [ˈməudəsɔpəˈrændi:] N Modus Operandi *m*

Mogadishu [mɔgəˈdɪʃu:] N Mogadischu *nt*

mogul [ˈməugl] N (*fig*) Mogul *m*

MOH (BRIT) N ABBR (= *Medical Officer of Health*) Amtsarzt *m*, Amtsärztin *f*

mohair [ˈməuhɛə^r] N Mohair *m*

Mohammed [məˈhæmɛd] N Mohammed *m*

moist [mɔɪst] ADJ feucht

moisten [ˈmɔɪsn] VT anfeuchten

moisture [ˈmɔɪstʃə^r] N Feuchtigkeit *f*

moisturize [ˈmɔɪstʃəraɪz] VT (*skin*) mit einer Feuchtigkeitscreme behandeln

moisturizer [ˈmɔɪstʃəraɪzə^r] N Feuchtigkeitscreme *f*

mojo [ˈməudʒəu] N (*US inf: talisman*) Talisman *m*, Mojo *nt*; (*: charisma*) Charisma *nt*

molar [ˈməulə^r] N Backenzahn *m*

molasses [məˈlæsɪz] N Melasse *f*

mold *etc* [məuld] (*US*) N, VT = **mould** *etc*

Moldavia [mɔlˈdeɪvɪə] N Moldawien *nt*

Moldavian [mɔlˈdeɪvɪən] ADJ moldawisch

Moldova [mɔlˈdəuvə] N Moldawien *nt*

Moldovan ADJ moldawisch

mole [məul] N (*on skin*) Leberfleck *m*; (*Zool*) Maulwurf *m*; (*fig: spy*) Spion(in) *m(f)*

molecular [məuˈlɛkjulə^r] ADJ molekular; (*biology*) Molekular-

molecule [ˈmɔlɪkju:l] N Molekül *nt*

molehill [ˈməulhɪl] N Maulwurfshaufen *m*

molest [məˈlɛst] VT (*assault sexually*) sich vergehen an *+dat*; (*harass*) belästigen

mollusc [ˈmɔləsk] N Weichtier *nt*

mollycoddle [ˈmɔlɪkɔdl] VT verhätscheln

Molotov cocktail [ˈmɔlətɔf-] N Molotowcocktail *m*

molt [məult] (*US*) VI = **moult**

molten [ˈməultən] ADJ geschmolzen, flüssig

mom [mɔm] (*US*) N = **mum**

★**moment** [ˈməumənt] N Moment *m*, Augenblick *m*; (*importance*) Bedeutung *f*; **for a ~** (für) einen Moment *or* Augenblick; **at that ~** in diesem Moment *or* Augenblick; **at the ~** momentan; **for the ~** vorläufig; **in a ~** gleich; **"one ~ please"** (*Tel*) „bleiben Sie am Apparat"

momentarily [ˈməuməntrɪlɪ] ADV für einen Augenblick *or* Moment; (*US: very soon*) jeden Augenblick *or* Moment

momentary [ˈməuməntərɪ] ADJ (*brief*) kurz

momentous [məuˈmɛntəs] ADJ (*occasion*) bedeutsam; (*decision*) von großer Tragweite

momentum [məuˈmɛntəm] N (*Phys*) Impuls *m*; (*fig: of movement*) Schwung *m*; (*: of events, change*) Dynamik *f*; **to gather ~** schneller werden; (*fig*) richtig in Gang kommen

mommy [ˈmɔmɪ] (*US*) N = **mummy**

Mon. ABBR (= *Monday*) Mo.

Monaco [ˈmɔnəkəu] N Monaco *nt*

monarch [ˈmɔnək] N Monarch(in) *m(f)*

monarchist [ˈmɔnəkɪst] N Monarchist(in) *m(f)*

monarchy [ˈmɔnəkɪ] N Monarchie *f*; **the M~** (*royal family*) die königliche Familie

monastery [ˈmɔnəstərɪ] N Kloster *nt*

monastic [məˈnæstɪk] ADJ Kloster-, klösterlich; (*fig*) mönchisch, klösterlich einfach

★**Monday** [ˈmʌndɪ] N Montag *m*; *see also* **Tuesday**

Monegasque [mɔnəˈgæsk] ADJ monegassisch ▸ N Monegasse *m*, Monegassin *f*

monetarist [ˈmʌnɪtərɪst] N Monetarist(in) *m(f)* ▸ ADJ monetaristisch

monetary [ˈmʌnɪtərɪ] ADJ (*system, union*) Währungs-

monetization [mʌnɪtaɪˈzeɪʃən] N Monet(ar)isierung *f*

monetize [ˈmʌnɪtaɪz] VT monet(ar)isieren

★**money** [ˈmʌnɪ] N Geld *nt*; **to make ~** (*person*) Geld verdienen; (*business*) etwas einbringen;

danger ~ (BRIT) Gefahrenzulage *f*; **I've got no ~ left** ich habe kein Geld mehr

moneyed ['mʌnɪd] (*form*) ADJ begütert

moneylender ['mʌnɪlɛndəʳ] N Geldverleiher(in) *m(f)*

moneymaker ['mʌnɪmeɪkəʳ] N (*person*) Finanzgenie *nt*; (*idea*) einträgliche Sache *f*; (*product*) Verkaufserfolg *m*

moneymaking ['mʌnɪmeɪkɪŋ] ADJ einträglich

money market N Geldmarkt *m*

money order N Zahlungsanweisung *f*

money-spinner ['mʌnɪspɪnəʳ] (*inf*) N Verkaufsschlager *m*; (*person, business*) Goldgrube *f*

money supply N Geldvolumen *nt*

Mongol ['mɔŋgəl] N Mongole *m*, Mongolin *f*; (*Ling*) Mongolisch *nt*

Mongolia [mɔŋ'gəulɪə] N die Mongolei

Mongolian [mɔŋ'gəulɪən] ADJ mongolisch ▸ N Mongole *m*, Mongolin *f*; (*Ling*) Mongolisch *nt*

mongoose ['mɔŋgu:s] N Mungo *m*

mongrel ['mʌŋgrəl] N Promenadenmischung *f*

monitor ['mɔnɪtəʳ] N Monitor *m* ▸ VT überwachen; (*broadcasts*) mithören

monk [mʌŋk] N Mönch *m*

monkey ['mʌŋkɪ] N Affe *m*

monkey business (*inf*) N faule Sachen *pl*

monkey nut (BRIT) N Erdnuss *f*

monkey tricks NPL = **monkey business**

monkey wrench N verstellbarer Schraubenschlüssel *m*

mono ['mɔnəu] ADJ (*recording etc*) Mono-

monochrome ['mɔnəkrəum] ADJ (*photograph, television*) Schwarzweiß-; (*Comput: screen*) Monochrom-

monogamous [mə'nɔgəməs] ADJ monogam

monogamy [mə'nɔgəmɪ] N Monogamie *f*

monogram ['mɔnəgræm] N Monogramm *nt*

monolith ['mɔnəlɪθ] N Monolith *m*

monolithic [mɔnə'lɪθɪk] ADJ monolithisch

monologue ['mɔnəlɔg] N Monolog *m*

monoplane ['mɔnəpleɪn] N Eindecker *m*

monopolize [mə'nɔpəlaɪz] VT beherrschen; (*person*) mit Beschlag belegen; (*conversation*) an sich *acc* reißen

monopoly [mə'nɔpəlɪ] N Monopol *nt*; **to have a ~ on** *or* **of sth** (*fig: domination*) etw für sich gepachtet haben

monorail ['mɔnəureɪl] N Einschienenbahn *f*

monosodium glutamate [mɔnə'səudɪəm'glu:təmeɪt] N Glutamat *nt*

monosyllabic [mɔnəsɪ'læbɪk] ADJ einsilbig

monosyllable ['mɔnəsɪləbl] N einsilbiges Wort *nt*

monotone ['mɔnətəun] N: **in a ~** monoton

monotonous [mə'nɔtənəs] ADJ monoton, eintönig

monotony [mə'nɔtənɪ] N Monotonie *f*, Eintönigkeit *f*

monsoon [mɔn'su:n] N Monsun *m*

monster ['mɔnstəʳ] N Ungetüm *nt*, Monstrum *nt*; (*imaginary creature*) Ungeheuer *nt*, Monster *nt*; (*person*) Unmensch *m*

monstrosity [mɔn'strɔsɪtɪ] N Ungetüm *nt*, Monstrum *nt*

monstrous ['mɔnstrəs] ADJ (*huge*) riesig; (*ugly*) abscheulich; (*atrocious*) ungeheuerlich

montage [mɔn'tɑ:ʒ] N Montage *f*

Mont Blanc [mɔ̃ blɑ̃] N Montblanc *m*

Montenegro [mɔntɪ'ni:grəu] N Montenegro *nt*

★**month** [mʌnθ] N Monat *m*; **every ~** jeden Monat; **300 dollars a ~** 300 Dollar im Monat

★**monthly** ['mʌnθlɪ] ADJ monatlich; (*ticket, magazine*) Monats- ▸ ADV monatlich; **twice ~** zweimal im Monat

Montreal [mɔntrɪ'ɔ:l] N Montreal *nt*

monument ['mɔnjumənt] N Denkmal *nt*

monumental [mɔnju'mɛntl] ADJ (*building, statue*) gewaltig, monumental; (*book, piece of work*) unsterblich; (*storm, row*) ungeheuer

moo [mu:] VI muhen

★**mood** [mu:d] N Stimmung *f*; (*of person*) Laune *f*, Stimmung *f*; **to be in a good/bad ~** gut/schlecht gelaunt sein; **to be in the ~ for** aufgelegt sein zu

moodily ['mu:dɪlɪ] ADV launisch; (*sullenly*) schlecht gelaunt

moody ['mu:dɪ] ADJ launisch; (*sullen*) schlecht gelaunt

★**moon** [mu:n] N Mond *m*

moonlight ['mu:nlaɪt] N Mondschein *m* ▸ VI (*inf*) schwarzarbeiten

moonlighting ['mu:nlaɪtɪŋ] (*inf*) N Schwarzarbeit *f*

moonlit ['mu:nlɪt] ADJ (*night*) mondhell

moonshot ['mu:nʃɔt] N Mondflug *m*

moor [muəʳ] N (Hoch)moor *nt*, Heide *f* ▸ VT vertäuen ▸ VI anlegen

mooring ['muərɪŋ] N Anlegeplatz *m* ■ **moorings** NPL (*chains*) Verankerung *f*

Moorish ['muərɪʃ] ADJ maurisch

moorland ['muələnd] N Moorlandschaft *f*, Heidelandschaft *f*

moose [mu:s] N INV Elch *m*

moot [mu:t] VT: **to be mooted** vorgeschlagen werden ▸ ADJ: **it's a ~ point** das ist fraglich

mop [mɔp] N (*for floor*) Mop *m*; (*for dishes*) Spülbürste *f*; (*of hair*) Mähne *f* ▸ VT (*floor*) wischen; (*face*) abwischen; (*eyes*) sich *dat* wischen; **to ~ the sweat from one's brow** sich *dat* den Schweiß von der Stirn wischen

▸ **mop up** VT aufwischen

mope [məup] VI Trübsal blasen

▸ **mope about** VI mit einer Jammermiene herumlaufen

▸ **mope around** VI = **mope about**

moped ['məupɛd] N Moped *nt*

moquette [mɔ'kɛt] N Mokett *m*

MOR ADJ ABBR (*Mus*) = **middle-of-the-road**

★**moral** ['mɔrl] ADJ moralisch; (*welfare, values*) sittlich; (*behaviour*) moralisch einwandfrei ▸ N

m

Moral *f* ▪ **morals** NPL (*principles, values*) Moralvorstellungen *pl*; **~ support** moralische Unterstützung *f*

morale [mɔ'rɑ:l] N Moral *f*

morality [mə'rælɪtɪ] N Sittlichkeit *f*; (*system of morals*) Moral *f*, Ethik *f*; (*correctness*) moralische Richtigkeit *f*

moralize ['mɔrəlaɪz] VI moralisieren; **to ~ about** sich moralisch entrüsten über *+acc*

morally ['mɔrəlɪ] ADV moralisch; (*live, behave*) moralisch einwandfrei

moral victory N moralischer Sieg *m*

morass [mə'ræs] N Morast *m*, Sumpf *m* (*also fig*)

moratorium [mɔrə'tɔ:rɪəm] N Stopp *m*; Moratorium *nt*

morbid ['mɔ:bɪd] ADJ (*imagination*) krankhaft; (*interest*) unnatürlich; (*comments, behaviour*) makaber

more [mɔ:ʳ]

ADJ **1** (*greater in number etc*) mehr; **more people/work/letters than we expected** mehr Leute/Arbeit/Briefe, als wir erwarteten; **I have more wine/money than you** ich habe mehr Wein/Geld als du

2 (*additional*): **do you want (some) more tea?** möchten Sie noch mehr Tee?; **is there any more wine?** ist noch Wein da?; **I have no more money, I don't have any more money** ich habe kein Geld mehr

▶ PRON **1** (*greater amount*) mehr; **more than 10** mehr als 10; **it cost more than we expected** es kostete mehr, als wir erwarteten

2 (*further or additional amount*): **is there any more?** gibt es noch mehr?; **there's no more** es ist nichts mehr da; **many/much more** viel mehr

▶ ADV mehr; **more dangerous/difficult/easily** *etc* **(than)** gefährlicher/schwerer/leichter *etc* (als); **more and more** mehr und mehr, immer mehr; **more and more excited/expensive** immer aufgeregter/teurer; **more or less** mehr oder weniger; **more than ever** mehr denn je, mehr als jemals zuvor; **more beautiful than ever** schöner denn je; **no more, not any more** nicht mehr

When making comparisons you usually add **-er** to the adjective.

Could you speak more slowly? **Könnten Sie langsamer sprechen?**

He's more intelligent than me. **Er ist intelligenter als ich**.

moreover [mɔ:'rəuvəʳ] ADV außerdem, zudem

morgue [mɔ:g] N Leichenschauhaus *nt*

MORI ['mɔ:rɪ] (BRIT) N ABBR (= *Market and Opinion Research Institute*) *Markt- und Meinungsforschungsinstitut*

moribund ['mɔrɪbʌnd] ADJ dem Untergang geweiht

Mormon ['mɔ:mən] N Mormone *m*, Mormonin *f*

★**morning** ['mɔ:nɪŋ] N Morgen *m*; (*as opposed to afternoon*) Vormittag *m* ▶ CPD Morgen-; **in the ~** morgens; vormittags; (*tomorrow*) morgen früh; **7 o'clock in the ~** 7 Uhr morgens; **this ~** heute Morgen

morning-after pill ['mɔ:nɪŋ'ɑ:ftə-] N Pille *f* danach

morning market N (*Econ*) Vormittagsmarkt *m*

morning sickness N (Schwangerschafts) übelkeit *f*

Moroccan [mə'rɔkən] ADJ marokkanisch ▶ N Marokkaner(in) *m(f)*

Morocco [mə'rɔkəu] N Marokko *nt*

moron ['mɔ:rɔn] (*!*) N Schwachkopf *m*

moronic [mə'rɔnɪk] (*inf*) ADJ schwachsinnig

morose [mə'rəus] ADJ missmutig

morphine ['mɔ:fi:n] N Morphium *nt*

morris dancing ['mɔrɪs-] N Moriskentanz *m*, *alter englischer Volkstanz*

Morse [mɔ:s] N (*also:* **Morse code**) Morsealphabet *nt*

morsel ['mɔ:sl] N Stückchen *nt*

mortal ['mɔ:tl] ADJ sterblich; (*wound, combat*) tödlich; (*danger*) Todes-; (*sin, enemy*) Tod- ▶ N (*human being*) Sterbliche(r) *f(m)*

mortality [mɔ:'tælɪtɪ] N Sterblichkeit *f*; (*number of deaths*) Todesfälle *pl*

mortality rate N Sterblichkeitsziffer *f*

mortally ADV tödlich

mortar ['mɔ:təʳ] N (*Mil*) Minenwerfer *m*; (*Constr*) Mörtel *m*; (*Culin*) Mörser *m*

mortgage ['mɔ:gɪdʒ] N Hypothek *f* ▶ VT mit einer Hypothek belasten; **to take out a ~** eine Hypothek aufnehmen

mortgage company (*US*) N Hypothekenbank *f*

mortgagee [mɔ:gə'dʒi:] N Hypothekengläubiger *m*

mortgagor ['mɔ:gədʒəʳ] N Hypothekenschuldner *m*

mortician [mɔ:'tɪʃən] (*US*) N Bestattungsunternehmer *m*

mortified ['mɔ:tɪfaɪd] ADJ: **he was ~** er empfand das als beschämend; (*embarrassed*) es war ihm schrecklich peinlich

mortify ['mɔ:tɪfaɪ] VT beschämen

mortise lock ['mɔ:tɪs-] N Einsteckschloss *nt*

mortuary ['mɔ:tjuərɪ] N Leichenhalle *f*

mosaic [məu'zeɪɪk] N Mosaik *nt*

Moscow ['mɔskəu] N Moskau *nt*

Moslem ['mɔzləm] ADJ, N = **Muslim**

mosque [mɔsk] N Moschee *f*

mosquito [mɔs'ki:təu] (*pl* **mosquitoes**) N Stechmücke *f*; (*in tropics*) Moskito *m*

mosquito net N Moskitonetz *nt*

moss [mɔs] N Moos *nt*

mossy ['mɔsɪ] ADJ bemoost

most [məust]

ADJ **1** (*almost all: people, things etc*) meiste(r, s); **most people** die meisten Leute
2 (*largest, greatest: interest, money etc*) meiste(r, s); **who has (the) most money?** wer hat das meiste Geld?
▶ PRON (*greatest quantity, number*) der/die/das meiste; **most of it** das meiste (davon); **most of them** die meisten von ihnen; **most of the time/work** die meiste Zeit/Arbeit; **most of the time he's very helpful** er ist meistens sehr hilfsbereit; **to make the most of sth** das Beste aus etw machen; **for the most part** zum größten Teil; **at the (very) most** (aller)höchstens
▶ ADV **1** (+ *vb: spend, eat, work etc*) am meisten; **he ate (the) most** er hat am meisten gegessen
2 (+ *adv: carefully, easily etc*) äußerst
3 (+ *adj*): **the most intelligent/expensive** *etc* der/die/das intelligenteste/teuerste ... *etc*
4 (*very: polite, interesting etc*) höchst; **a most interesting book** ein höchst interessantes Buch

To form the superlative you usually add **-ste** to the adjective.

the most expensive seat **der teuerste Platz**

the most boring work **die langweiligste Arbeit**

mostly [ˈməustlɪ] ADV (*chiefly*) hauptsächlich; (*usually*) meistens
MOT (BRIT) N ABBR (= *Ministry of Transport*): **~ (test)** ≈ TÜV *m*; **the car failed its ~** das Auto ist nicht durch den TÜV gekommen
motel [məuˈtɛl] N Motel *nt*
moth [mɔθ] N Nachtfalter *m*; (*also*: **clothes moth**) Motte *f*
mothball [ˈmɔθbɔ:l] N Mottenkugel *f*
moth-eaten [ˈmɔθi:tn] (*pej*) ADJ mottenzerfressen
mother [ˈmʌðəʳ] N Mutter *f* ▶ ADJ (*country*) Heimat-; (*company*) Mutter- ▶ VT großziehen; (*pamper, protect*) bemuttern
motherboard [ˈmʌðəbɔ:d] N (*Comput*) Hauptplatine *f*
motherhood [ˈmʌðəhud] N Mutterschaft *f*
mother-in-law [ˈmʌðərınlɔ:] N Schwiegermutter *f*
motherly [ˈmʌðəlɪ] ADJ mütterlich
mother-of-pearl [ˈmʌðərəvˈpə:l] N Perlmutt *nt*
mother's help N Haushaltshilfe *f*
mother-to-be [ˈmʌðətəˈbi:] N werdende Mutter *f*
mother tongue N Muttersprache *f*
mothproof [ˈmɔθpru:f] ADJ mottenfest
motif [məuˈti:f] N Motiv *nt*
motion [ˈməuʃən] N Bewegung *f*; (*proposal*) Antrag *m*; (BRIT: *also*: **bowel motion**) Stuhlgang *m* ▶ VT, VI: **to ~ (to) sb to do sth** jdm ein Zeichen geben, dass er/sie etw tun solle; **to be in ~** (*vehicle*) fahren; **to set in ~** in Gang bringen; **to go through the motions (of doing sth)** (*fig*) etw der Form halber tun; (*pretend*) so tun, als ob (man etw täte)
motionless [ˈməuʃənlɪs] ADJ reg(ungs)los
motion picture N Film *m*
motivate [ˈməutɪveɪt] VT motivieren
motivated [ˈməutɪveɪtɪd] ADJ motiviert; **~ by** getrieben von
motivation [məutɪˈveɪʃən] N Motivation *f*
motive [ˈməutɪv] N Motiv *nt*, Beweggrund *m* ▶ ADJ (*power, force*) Antriebs-; **from the best (of) motives** mit den besten Absichten
motley [ˈmɔtlɪ] ADJ bunt (gemischt)
★**motor** [ˈməutəʳ] N Motor *m*; (BRIT *inf*: *car*) Auto *nt* ▶ CPD (*industry, trade*) Auto(mobil)-
motorbike [ˈməutəbaɪk] N Motorrad *nt*
motorboat [ˈməutəbəut] N Motorboot *nt*
motorcade [ˈməutəkeɪd] N Fahrzeugkolonne *f*
motorcar [ˈməutəkɑ:] (BRIT) N (Personenkraft)-wagen *m*
motorcoach [ˈməutəkəutʃ] (BRIT) N Reisebus *m*
motorcycle [ˈməutəsaɪkl] N Motorrad *nt*
motorcycle racing N Motorradrennen *nt*
motorcyclist [ˈməutəsaɪklɪst] N Motorradfahrer(in) *m(f)*
motoring [ˈməutərɪŋ] (BRIT) N Autofahren *nt* ▶ CPD Auto-; (*offence, accident*) Verkehrs-
motorist [ˈməutərɪst] N Autofahrer(in) *m(f)*
motorized [ˈməutəraɪzd] ADJ motorisiert
motor oil N Motorenöl *nt*
motor racing (BRIT) N Autorennen *nt*
motor scooter N Motorroller *m*
motor show N Automobilausstellung *f*
motor vehicle N Kraftfahrzeug *nt*
motorway [ˈməutəweɪ] (BRIT) N Autobahn *f*
mottled [ˈmɔtld] ADJ gesprenkelt
motto [ˈmɔtəu] (*pl* **mottoes**) N Motto *nt*
mould, (US) **mold** [məuld] N (*cast*) Form *f*; (: *for metal*) Gussform *f*; (*mildew*) Schimmel *m* ▶ VT (*lit, fig*) formen
moulder [ˈməuldəʳ] VI (*decay*) vermodern
moulding [ˈməuldɪŋ] N (*Archit*) Zierleiste *f*
mouldy [ˈməuldɪ] ADJ schimmelig; (*smell*) moderig
moult, (US) **molt** [məult] VI (*animal*) sich haaren; (*bird*) sich mausern
mound [maund] N (*of earth*) Hügel *m*; (*heap*) Haufen *m*
mount [maunt] N (*horse*) Pferd *nt*; (*for picture*) Passepartout *nt*; (*in proper names*): **M~ Carmel** der Berg Karmel ▶ VT (*horse*) besteigen; (*exhibition etc*) vorbereiten; (*jewel*) (ein)fassen; (*picture*) mit einem Passepartout versehen; (*staircase*) hochgehen; (*stamp*) aufkleben; (*attack, campaign*) organisieren ▶ VI (*increase*) steigen; (: *problems*) sich häufen; (*on horse*) aufsitzen

m

▸ **mount up** VI (*costs, savings*) sich summieren, sich zusammenläppern (*inf*)

★**mountain** [ˈmauntɪn] N Berg *m* ▸ CPD (*road, stream*) Gebirgs-; **to make a ~ out of a molehill** aus einer Mücke einen Elefanten machen

mountain bike N Mountainbike *nt*

mountaineer [mauntɪˈnɪəʳ] N Bergsteiger(in) *m(f)*

mountaineering [mauntɪˈnɪərɪŋ] N Bergsteigen *nt*; **to go ~** bergsteigen gehen

mountainous [ˈmauntɪnəs] ADJ gebirgig

mountain range N Gebirgskette *f*

mountain rescue team N Bergwacht *f*

mountainside [ˈmauntɪnsaɪd] N (Berg)hang *m*

mounted [ˈmauntɪd] ADJ (*police*) beritten

Mount Everest N Mount Everest *m*

mourn [mɔːn] VT betrauern ▸ VI: **to ~ (for)** trauern (um)

mourner [ˈmɔːnəʳ] N Trauernde(r) *f(m)*

mournful [ˈmɔːnful] ADJ traurig

mourning [ˈmɔːnɪŋ] N Trauer *f*; **to be in ~** trauern; (*wear special clothes*) Trauer tragen

★**mouse** [maus] (*pl* **mice**) N (*Zool, Comput*) Maus *f*; (*fig: person*) schüchternes Mäuschen *nt*

mouse mat, (*US*) **mouse pad** N Mauspad *nt*

mousetrap [ˈmaustræp] N Mausefalle *f*

moussaka [muˈsɑːkə] N Moussaka *f*

mousse [muːs] N (*Culin*) Mousse *f*; (*cosmetic*) Schaumfestiger *m*

moustache, (*US*) **mustache** [məsˈtɑːʃ] N Schnurrbart *m*

mousy [ˈmausɪ] ADJ (*hair*) mausgrau

★**mouth** [mauθ] (*pl* **mouths**) N Mund *m*; (*of cave, hole, bottle*) Öffnung *f*; (*of river*) Mündung *f*

mouthful [ˈmauθful] N (*of food*) Bissen *m*; (*of drink*) Schluck *m*

mouth organ N Mundharmonika *f*

mouthpiece [ˈmauθpiːs] N Mundstück *nt*; (*spokesman*) Sprachrohr *nt*

mouth-to-mouth [ˈmauθtəˈmauθ] ADJ: **~ resuscitation** Mund-zu-Mund-Beatmung *f*

mouthwash [ˈmauθwɔʃ] N Mundwasser *nt*

mouth-watering [ˈmauθwɔːtərɪŋ] ADJ appetitlich

movable [ˈmuːvəbl] ADJ beweglich; **~ feast** beweglicher Feiertag *m*

★**move** [muːv] N (*movement*) Bewegung *f*; (*in game*) Zug *m*; (*change: of house*) Umzug *m*; (*: of job*) Stellenwechsel *m* ▸ VT bewegen; (*furniture*) (ver)rücken; (*car*) umstellen; (*in game*) ziehen mit; (*emotionally*) bewegen, ergreifen; (*Pol: resolution etc*) beantragen ▸ VI sich bewegen; (*traffic*) vorankommen; (*in game*) ziehen; (*also:* **move house**) umziehen; (*develop*) sich entwickeln; **it's my ~** ich bin am Zug; **to get a ~ on** sich beeilen; **to ~ sb to do sth** jdn (dazu) veranlassen, etw zu tun; **to ~ towards** sich nähern +*dat*

▸ **move about** VI sich (hin- und her)bewegen; (*travel*) unterwegs sein; (*from place to place*) umherziehen; (*change residence*) umziehen; (*change job*) die Stelle wechseln; **I can hear him moving about** ich höre ihn herumlaufen

▸ **move along** VI weitergehen

▸ **move around** VI = **move about**

▸ **move away** VI (*from town, area*) wegziehen

▸ **move back** VI (*return*) zurückkommen

▸ **move forward** VI (*advance*) vorrücken

▸ **move in** VI (*to house*) einziehen; (*police, soldiers*) anrücken

▸ **move off** VI (*car*) abfahren

▸ **move on** VI (*leave*) weitergehen; (*travel*) weiterfahren ▸ VT (*onlookers*) zum Weitergehen auffordern

▸ **move out** VI (*of house*) ausziehen

▸ **move over** VI (*to make room*) (zur Seite) rücken

▸ **move up** VI (*employee*) befördert werden; (*pupil*) versetzt werden; (*deputy*) aufrücken

moveable [ˈmuːvəbl] ADJ = **movable**

★**movement** [ˈmuːvmənt] N (*action, group*) Bewegung *f*; (*freedom to move*) Bewegungsfreiheit *f*; (*transportation*) Beförderung *f*; (*shift*) Trend *m*; (*Mus*) Satz *m*; (*Med: also:* **bowel movement**) Stuhlgang *m*

mover [ˈmuːvəʳ] N (*of proposal*) Antragsteller(in) *m(f)*

movie [ˈmuːvɪ] N Film *m*; **to go to the movies** ins Kino gehen

movie camera N Filmkamera *f*

moviegoer [ˈmuːvɪgəuəʳ] (*US*) N Kinogänger(in) *m(f)*

moving [ˈmuːvɪŋ] ADJ beweglich; (*emotional*) ergreifend; (*instigating*): **the ~ spirit/force** die treibende Kraft

mow [məu] (*pt* **mowed**, *pp* **mowed** *or* **mown**) VT mähen

▸ **mow down** VT (*kill*) niedermähen

mower [ˈməuəʳ] N (*also:* **lawnmower**) Rasenmäher *m*

mown [məun] PP *of* **mow**

Mozambique [məuzəmˈbiːk] N Mosambik *nt*

★**MP** N ABBR (= *Member of Parliament*) ≈ MdB; = **military police**; (CANADA: = *Mounted Police*) berittene Polizei *f*

MP3 ABBR (*Comput*) MP3

MP3 player N (*Comput*) MP3-Spieler *m*

mpg N ABBR (= *miles per gallon*) *see* **mile**

mph ABBR (= *miles per hour*) Meilen pro Stunde

MPhil N ABBR (= *Master of Philosophy*) ≈ M.A.

MPS (BRIT) N ABBR (= *Member of the Pharmaceutical Society*) *Qualifikationsnachweis für Pharmazeuten*

★**Mr**, (*US*) **Mr.** [ˈmɪstəʳ] N: **Mr Smith** Herr Smith

MRC (BRIT) N ABBR (= *Medical Research Council*) *medizinischer Forschungsausschuss*

MRCP (BRIT) N ABBR (= *Member of the Royal College of Physicians*) *höchster akademischer Grad in Medizin*

MRCS (BRIT) N ABBR (= *Member of the Royal College of Surgeons*) *höchster akademischer Grad für Chirurgen*

MRCVS (BRIT) N ABBR (= *Member of the Royal College of Veterinary Surgeons*) *höchster akademischer Grad für Tiermediziner*

★**Mrs**, (*US*) **Mrs.** [ˈmɪsɪz] N: **~ Smith** Frau Smith

MS N ABBR (= *multiple sclerosis*) MS *f*; (*US*: = *Master of Science*) *akademischer Grad in Naturwissenschaften* ▶ ABBR (*US Post*) = **Mississippi**

Ms, (*US*) **Ms.** [mɪz] N (= *Miss or Mrs*): **Ms Smith** Frau Smith

Der Titel **Ms** ersetzt *Mrs* (Frau) oder *Miss* (Fräulein), um die herkömmliche Unterscheidung zwischen verheirateten und ledigen Frauen zu vermeiden.

MS. (*pl* **MSS.**) N ABBR (= *manuscript*) Ms.

MSA (*US*) N ABBR (= *Master of Science in Agriculture*) *akademischer Grad in Agronomie*

MSc N ABBR (= *Master of Science*) *akademischer Grad in Naturwissenschaften*

MSG N ABBR = **monosodium glutamate**

MSP (*BRIT*) N ABBR (*Pol*: = *Member of the Scottish Parliament*) Abgeordnete(r) *f*(*m*) des schottischen Parlaments

MST (*US*) ABBR (= *Mountain Standard Time*) *amerikanische Standardzeitzone*

MSW (*US*) N ABBR (= *Master of Social Work*) *akademischer Grad in Sozialwissenschaft*

MT N ABBR (*Comput, Ling*: = *machine translation*) maschinelle Übersetzung *f*

Mt ABBR (*Geog*) = **mount**

MTV N ABBR (= *music television*) MTV *nt*

much [mʌtʃ]

ADJ (*time, money, effort*) viel; **how much money/time do you need?** wie viel Geld/Zeit brauchen Sie?; **he's done so much work for us** er hat so viel für uns gearbeitet; **as much as** so viel wie; **I have as much money/intelligence as you** ich besitze genauso viel Geld/Intelligenz wie du

▶ PRON viel; **how much is it?** was kostet es?

▶ ADV **1** (*greatly, a great deal*) sehr; **thank you very much** vielen Dank, danke sehr; **I read as much as I can** ich lese so viel wie ich kann

2 (*by far*) viel; **I'm much better now** mir geht es jetzt viel besser

3 (*almost*) fast; **how are you feeling? — much the same** wie fühlst du dich? — fast genauso; **the two books are much the same** die zwei Bücher sind sich sehr ähnlich

The word **sehr** is used with most verbs.

I didn't like it much. **Es hat mir nicht sehr gefallen**.

I enjoyed the film very much. **Der Film hat mir sehr gefallen**.

However, **viel** is used more commonly with verbs implying physical activity.

She doesn't travel much. **Sie reist nicht viel**.

We didn't laugh much. **Wir haben nicht viel gelacht**.

muck [mʌk] N (*dirt*) Dreck *m*

▶ **muck about** (*inf*) VI (*fool about*) herumalbern ▶ VT: **to ~ sb about** mit jdm beliebig umspringen

▶ **muck around** VI = **muck about**

▶ **muck in** (*BRIT inf*) VI mit anpacken

▶ **muck out** VT (*stable*) ausmisten

▶ **muck up** (*inf*) VT (*exam etc*) verpfuschen

muckraking [ˈmʌkreɪkɪŋ] (*fig: inf*) N Sensationsmache *f* ▶ ADJ sensationslüstern

mucky [ˈmʌkɪ] ADJ (*dirty*) dreckig; (*field*) matschig

mucus [ˈmjuːkəs] N Schleim *m*

mud [mʌd] N Schlamm *m*

muddle [ˈmʌdl] N (*mess*) Durcheinander *nt*; (*confusion*) Verwirrung *f* ▶ VT (*person*) verwirren; (*also:* **muddle up**) durcheinanderbringen; **to be in a ~** völlig durcheinander sein; **to get in a ~** (*person*) konfus werden; (*things*) durcheinandergeraten

▶ **muddle along** VI vor sich *acc* hin wursteln

▶ **muddle through** VI (*get by*) sich durchschlagen

muddled ADJ konfus

muddle-headed [mʌdlˈhɛdɪd] ADJ zerstreut

muddy [ˈmʌdɪ] ADJ (*floor*) schmutzig; (*field*) schlammig

mud flats NPL Watt(enmeer) *nt*

mudguard [ˈmʌdgɑːd] (*BRIT*) N Schutzblech *nt*

mudpack [ˈmʌdpæk] N Schlammpackung *f*

mud-slinging [ˈmʌdslɪŋɪŋ] N (*fig*) Schlechtmacherei *f*

muesli [ˈmjuːzlɪ] N Müsli *nt*

muffin [ˈmʌfɪn] N *kleiner runder Rührkuchen*; (*BRIT*) *weiches, flaches Milchbrötchen, meist warm gegessen*

muffle [ˈmʌfl] VT (*sound*) dämpfen; (*against cold*) einmummeln

muffled [ˈmʌfld] ADJ gedämpft; eingemummelt

muffler [ˈmʌfləʳ] N (*US Aut*) Auspufftopf *m*; (*scarf*) dicker Schal *m*

mufti [ˈmʌftɪ] N: **in ~** in Zivil

mug [mʌg] N (*cup*) Becher *m*; (*for beer*) Krug *m*; (*inf: face*) Visage *f*; (*: fool*) Trottel *m* ▶ VT (auf der Straße) überfallen; **it's a ~'s game** (*BRIT*) das ist doch Schwachsinn

▶ **mug up** (*BRIT inf*) VT (*also:* **mug up on**) pauken

mugger [ˈmʌgəʳ] N Straßenräuber *m*

mugging [ˈmʌgɪŋ] N Straßenraub *m*

muggins [ˈmʌgɪnz] (*BRIT inf*) N Dummkopf *m*; **... and ~ does all the work** ... und ich bin mal wieder der/die Dumme und mache die ganze Arbeit

muggy [ˈmʌgɪ] ADJ (*weather, day*) schwül

mug shot (*inf*) N (*of criminal*) Verbrecherfoto *nt*; (*for passport*) Passbild *nt*

mulberry [ˈmʌlbrɪ] N (*fruit*) Maulbeere *f*; (*tree*) Maulbeerbaum *m*

mule [mjuːl] N Maultier *nt*

mulled [mʌld] ADJ: **~ wine** Glühwein *m*

mullioned [ˈmʌlɪənd] ADJ (*windows*) längs unterteilt

mull over [mʌl-] VT sich *dat* durch den Kopf gehen lassen
multi... [ˈmʌltɪ] PREF multi-, Multi-
multi-access [ˈmʌltɪˈæksɛs] ADJ (*Comput: system etc*) Mehrplatz-
multicoloured, (*US*) **multicolored** [ˈmʌltɪkʌləd] ADJ mehrfarbig
multicultural ADJ multikulturell
multifarious [mʌltɪˈfɛərɪəs] ADJ vielfältig
multifocals [ˈmʌltɪfəuklz] NPL Gleitsichtgläser *pl*
multigrain [ˈmʌltɪgreɪn] ADJ Mehrkorn-
multilateral [mʌltɪˈlætərl] ADJ multilateral
multi-level [ˈmʌltɪlɛvl] (*US*) ADJ = **multistorey**
multilingual ADJ mehrsprachig
multimillionaire [mʌltɪmɪljəˈnɛəʳ] N Multimillionär *m*
multinational [mʌltɪˈnæʃənl] ADJ multinational ▸ N multinationaler Konzern *m*, Multi *m* (*inf*)
multiple [ˈmʌltɪpl] ADJ (*injuries*) mehrfach; (*interests, causes*) vielfältig ▸ N Vielfache(s) *nt*; **~ collision** Massenkarambolage *f*
multiple-choice [ˈmʌltɪpltʃɔɪs] ADJ (*question etc*) Multiple-Choice-
multiple sclerosis N multiple Sklerose *f*
multiplex [ˈmʌltɪplɛks] N: **~ transmitter** Multiplexsender *m*; **~ (cinema)** Multiplexkino *nt* ▸ ADJ (*Tech*) Mehrfach- ▸ VT (*Tel*) gleichzeitig senden
multiplication [mʌltɪplɪˈkeɪʃən] N Multiplikation *f*; (*increase*) Vervielfachung *f*
multiplication table N Multiplikationstabelle *f*
multiplicity [mʌltɪˈplɪsɪtɪ] N: **a ~ of** eine Vielzahl von
multiply [ˈmʌltɪplaɪ] VT multiplizieren ▸ VI (*increase: problems*) stark zunehmen; (*: number*) sich vervielfachen; (*breed*) sich vermehren
multi-purpose [ˈmʌltɪˈpəːpəs] ADJ Mehrzweck-
multiracial [mʌltɪˈreɪʃl] ADJ gemischtrassig; (*school*) ohne Rassentrennung; **~ policy** Politik *f* der Rassenintegration
multistorey [mʌltɪˈstɔːrɪ] (*Brit*) ADJ (*building, car park*) mehrstöckig
multitask [ˈmʌltɪtɑːsk] VI (*Comput*) zwischen verschiedenen Anwendungen wechseln; (*generally*) mehrere Dinge gleichzeitig erledigen
multitasking [ˈmʌltɪtɑːskɪŋ] N (*also Comput*) Multitasking *nt*
multitude [ˈmʌltɪtjuːd] N Menge *f*; **a ~ of** eine Vielzahl von, eine Menge
★**mum** [mʌm] (*Brit inf*) N Mutti *f*, Mama *f* ▸ ADJ: **to keep ~** den Mund halten; **~'s the word** nichts verraten!
mumble [ˈmʌmbl] VT, VI (*indistinctly*) nuscheln; (*quietly*) murmeln
mumbo jumbo [ˈmʌmbəu-] N (*inf: nonsense*) Geschwafel *nt*
mummify [ˈmʌmɪfaɪ] VT mumifizieren
mummy [ˈmʌmɪ] N (*Brit: mother*) Mami *f*; (*embalmed body*) Mumie *f*
mumps [mʌmps] N Mumps *m or f*
munch [mʌntʃ] VT, VI mampfen
mundane [mʌnˈdeɪn] ADJ (*life*) banal; (*task*) stumpfsinnig
Munich [ˈmjuːnɪk] N München *nt*
municipal [mjuːˈnɪsɪpl] ADJ städtisch, Stadt-; (*elections, administration*) Kommunal-
municipality [mjuːnɪsɪˈpælɪtɪ] N Gemeinde *f*, Stadt *f*
munitions [mjuːˈnɪʃənz] NPL Munition *f*
mural [ˈmjuərl] N Wandgemälde *nt*
★**murder** [ˈməːdəʳ] N Mord *m* ▸ VT ermorden; (*spoil: piece of music, language*) verhunzen; **to commit ~** einen Mord begehen
murderer [ˈməːdərəʳ] N Mörder *m*
murderess [ˈməːdərɪs] N Mörderin *f*
murderous [ˈməːdərəs] ADJ blutrünstig; (*attack*) Mord-; (*fig: look, attack*) vernichtend; (*: pace, heat*) mörderisch
murk [məːk] N Düsternis *f*
murky [ˈməːkɪ] ADJ düster; (*water*) trübe
murmur [ˈməːməʳ] N (*of voices*) Murmeln *nt*; (*of wind, waves*) Rauschen *nt* ▸ VT, VI murmeln; **heart ~** Herzgeräusche *pl*
MusB, MusBac N ABBR (= *Bachelor of Music*) *akademischer Grad in Musikwissenschaft*
★**muscle** [ˈmʌsl] N Muskel *m*; (*fig: strength*) Macht *f*
▸ **muscle in** VI: **to ~ in (on sth)** (bei etw) mitmischen
muscular [ˈmʌskjuləʳ] ADJ (*pain, dystrophy*) Muskel-; (*person, build*) muskulös
muscular dystrophy N Muskeldystrophie *f*
MusD, MusDoc N ABBR (= *Doctor of Music*) *Doktorat in Musikwissenschaft*
muse [mjuːz] VI nachgrübeln ▸ N Muse *f*
★**museum** [mjuːˈzɪəm] N Museum *nt*
mush [mʌʃ] N Brei *m*; (*pej*) Schmalz *m*
★**mushroom** [ˈmʌʃrum] N (*edible*) (essbarer) Pilz *m*; (*poisonous*) Giftpilz *m*; (*button mushroom*) Champignon *m* ▸ VI (*fig: buildings etc*) aus dem Boden schießen; (*: town, organization*) explosionsartig wachsen
mushroom cloud N Atompilz *m*
mushy [ˈmʌʃɪ] ADJ matschig; (*consistency*) breiig; (*inf: sentimental*) rührselig; **~ peas** Erbsenbrei *m*
★**music** [ˈmjuːzɪk] N Musik *f*; (*written music, score*) Noten *pl*
★**musical** [ˈmjuːzɪkl] ADJ musikalisch; (*sound, tune*) melodisch ▸ N Musical *nt*
musical box N = **music box**
musical chairs N die Reise *f* nach Jerusalem
musical instrument N Musikinstrument *nt*
musically ADV musikalisch
music box N Spieldose *f*
music centre N Musikcenter *nt*
music hall N Varieté *nt*
★**musician** [mjuːˈzɪʃən] N Musiker(in) *m*(*f*)

music stand N Notenständer *m*
musk [mʌsk] N Moschus *m*
musket [ˈmʌskɪt] N Muskete *f*
muskrat [ˈmʌskræt] N Bisamratte *f*
musk rose N Moschusrose *f*
Muslim [ˈmʌzlɪm] ADJ moslemisch ▶ N Moslem *m*, Moslime *f*
muslin [ˈmʌzlɪn] N Musselin *m*
musquash [ˈmʌskwɔʃ] N Bisamratte *f*; (*fur*) Bisam *m*
mussel [ˈmʌsl] N (Mies)muschel *f*
must [mʌst] AUX VB müssen; (*in negative*) dürfen ▶ N Muss *nt*; **I ~ do it** ich muss es tun; **you ~ not do that** das darfst du nicht tun; **he ~ be there by now** jetzt müsste er schon dort sein; **you ~ come and see me soon** Sie müssen mich bald besuchen; **why ~ he behave so badly?** warum muss er sich so schlecht benehmen?; **I ~ have made a mistake** ich muss mich geirrt haben; **the film is a ~** den Film muss man unbedingt gesehen haben

> In negative sentences you use **dürfen**.
>
> *You mustn't say things like that.* **So was darfst du nicht sagen**.

mustache [ˈmʌstæʃ] (*US*) N = **moustache**
mustard [ˈmʌstəd] N Senf *m*
mustard gas N (*Mil*) Senfgas *nt*
muster [ˈmʌstəʳ] VT (*support*) zusammenbekommen; (*energy, strength, courage: also:* **muster up**) aufbringen; (*troops, members*) antreten lassen ▶ N: **to pass ~** den Anforderungen genügen
mustiness [ˈmʌstɪnɪs] N Muffigkeit *f*
mustn't [ˈmʌsnt] = **must not**
musty [ˈmʌstɪ] ADJ muffig; (*building*) moderig
mutant [ˈmju:tənt] N Mutante *f*
mutate [mju:ˈteɪt] VI (*Biol*) mutieren
mutation [mju:ˈteɪʃən] N (*Biol*) Mutation *f*; (*alteration*) Veränderung *f*
muted [ˈmju:tɪd] ADJ (*colour*) gedeckt; (*reaction, criticism*) verhalten; (*sound, trumpet, Mus*) gedämpft
mutilate [ˈmju:tɪleɪt] VT verstümmeln
mutilation [mju:tɪˈleɪʃən] N Verstümmelung *f*
mutinous [ˈmju:tɪnəs] ADJ meuterisch; (*attitude*) rebellisch
mutiny [ˈmju:tɪnɪ] N Meuterei *f* ▶ VI meutern
mutter [ˈmʌtəʳ] VT, VI murmeln
mutton [ˈmʌtn] N Hammelfleisch *nt*
mutual [ˈmju:tʃuəl] ADJ (*feeling, attraction*) gegenseitig; (*benefit*) beiderseitig; (*interest, friend*) gemeinsam; **the feeling was ~** das beruhte auf Gegenseitigkeit
mutually [ˈmju:tʃuəlɪ] ADV (*beneficial, satisfactory*) für beide Seiten; (*accepted*) von beiden Seiten; **to be ~ exclusive** einander ausschließen; **~ incompatible** nicht miteinander vereinbar
Muzak® [ˈmju:zæk] N Berieselungsmusik *f* (*inf*)
muzzle [ˈmʌzl] N (*of dog*) Maul *nt*; (*of gun*) Mündung *f*; (*guard: for dog*) Maulkorb *m* ▶ VT (*dog*) einen Maulkorb anlegen *+dat*; (*fig: press, person*) mundtot machen
MV ABBR (= *motor vessel*) MS
MVP (*US*) N ABBR (*Sport: = most valuable player*) wertvollster Spieler *m*, wertvollste Spielerin *f*
MW ABBR (*Radio: = medium wave*) MW

> **my** [maɪ]
>
> ADJ mein(e); **this is my brother/sister/house** das ist mein Bruder/meine Schwester/mein Haus; **I've washed my hair/cut my finger** ich habe mir die Haare gewaschen/mir *or* mich in den Finger geschnitten; **is this my pen or yours?** ist das mein Stift oder deiner?

Myanmar [ˈmaɪænmɑ:ʳ] N Myanmar *nt*
myopic [maɪˈɔpɪk] ADJ (*Med, fig*) kurzsichtig
myriad [ˈmɪrɪəd] N Unzahl *f*
myrrh [mə:ʳ] N Myrr(h)e *f*
★**myself** [maɪˈsɛlf] PRON (*acc*) mich; (*dat*) mir; (*emphatic*) selbst; *see also* **oneself**
mysterious [mɪsˈtɪərɪəs] ADJ geheimnisvoll, mysteriös
mysteriously [mɪsˈtɪərɪəslɪ] ADV auf mysteriöse Weise; (*smile*) geheimnisvoll
★**mystery** [ˈmɪstərɪ] N (*puzzle*) Rätsel *nt*; (*strangeness*) Rätselhaftigkeit *f* ▶ CPD (*guest, voice*) mysteriös; **~ tour** Fahrt *f* ins Blaue
mystery caller N Testanrufer(in) *m(f)*
mystery calling N Testanruf *m*
mystery shopper N Testkäufer(in) *m(f)*
mystery story N Kriminalgeschichte *f*
mystery visitor N Testbesucher(in) *m(f)*
mystic [ˈmɪstɪk] N Mystiker(in) *m(f)* ▶ ADJ mystisch
mystical [ˈmɪstɪkl] ADJ mystisch
mystify [ˈmɪstɪfaɪ] VT vor ein Rätsel stellen
mystique [mɪsˈti:k] N geheimnisvoller Nimbus *m*
myth [mɪθ] N Mythos *m*; (*fallacy*) Märchen *nt*
mythical [ˈmɪθɪkl] ADJ mythisch; (*jobs, opportunities etc*) fiktiv
mythological [mɪθəˈlɔdʒɪkl] ADJ mythologisch
mythology [mɪˈθɔlədʒɪ] N Mythologie *f*

Nn

N¹, n [ɛn] N (*letter*) N *nt*, n *nt*; **N for Nellie, N for Nan** (*US*) ≈ N wie Nordpol

N² [ɛn] ABBR (= *north*) N

NA (*US*) N ABBR (= *Narcotics Anonymous*) *Hilfsorganisation für Drogensüchtige*; (= *National Academy*) *Dachverband verschiedener Forschungsunternehmen*

n/a ABBR (= *not applicable*) entf.

NAACP (*US*) N ABBR (= *National Association for the Advancement of Colored People*) *Vereinigung zur Förderung Farbiger*

NAAFI [ˈnæfɪ] (*BRIT*) N ABBR (= *Navy, Army & Air Force Institutes*) *Laden für britische Armeeangehörige*

NACU (*US*) N ABBR (= *National Association of Colleges and Universities*) *Fachhochschul- und Universitätsverband*

nadir [ˈneɪdɪəʳ] N (*fig*) Tiefstpunkt *m*; (*Astron*) Nadir *m*

NAFTA N ABBR (= *North Atlantic Free Trade Agreement*) *amerikanische Freihandelszone*

nag [næg] VT herumnörgeln an *+dat* ▶ VI nörgeln ▶ N (*pej: horse*) Gaul *m*; (*: person*) Nörgler(in) *m(f)*; **to ~ at sb** jdn plagen, jdm keine Ruhe lassen

nagging [ˈnægɪŋ] ADJ (*doubt, suspicion*) quälend; (*pain*) dumpf

nail [neɪl] N Nagel *m* ▶ VT (*inf: thief etc*) drankriegen; (*: fraud*) aufdecken; **to ~ sth to sth** etw an etw *acc* nageln; **to ~ sb down (to sth)** jdn (auf etw *acc*) festnageln

nailbrush [ˈneɪlbrʌʃ] N Nagelbürste *f*

nail clippers NPL Nagelknipser *m*

nailfile [ˈneɪlfaɪl] N Nagelfeile *f*

nail polish N Nagellack *m*

nail polish remover N Nagellackentferner *m*

nail scissors NPL Nagelschere *f*

nail varnish (*BRIT*) N = **nail polish**

Nairobi [naɪˈrəubɪ] N Nairobi *nt*

naive [nɑːˈiːv] ADJ naiv

naïveté [nɑːiːvˈteɪ] N = **naivety**

naivety [naɪˈiːvtɪ] N Naivität *f*

naked [ˈneɪkɪd] ADJ nackt; (*flame, light*) offen; **with the ~ eye** mit bloßem Auge; **to the ~ eye** für das bloße Auge

nakedness [ˈneɪkɪdnɪs] N Nacktheit *f*

NAM (*US*) N ABBR (= *National Association of Manufacturers*) *nationaler Verband der verarbeitenden Industrie*

★**name** [neɪm] N Name *m* ▶ VT nennen; (*ship*) taufen; (*identify*) (beim Namen) nennen; (*date etc*) bestimmen, festlegen; **what's your ~?** wie heißen Sie?; **my ~ is Peter** ich heiße Peter; **by ~** mit Namen; **in the ~ of** im Namen *+gen*; **to give one's ~ and address** Namen und Adresse angeben; **to make a ~ for o.s.** sich *dat* einen Namen machen; **to give sb a bad ~** jdn in Verruf bringen; **to call sb names** jdn beschimpfen; **to be named after sb/sth** nach jdm/etw benannt werden

name-dropping [ˈneɪmdrɔpɪŋ] N Angeberei mit berühmten Namen

nameless [ˈneɪmlɪs] ADJ namenlos; **who/which shall remain ~** der/die/das ungenannt bleiben soll

namely [ˈneɪmlɪ] ADV nämlich

nameplate [ˈneɪmpleɪt] N Namensschild *nt*

namesake [ˈneɪmseɪk] N Namensvetter(in) *m(f)*

Namibia [nɑːˈmɪbɪə] N Namibia *nt*

nan bread [nɑːn-] N Nan-Brot *nt*, *fladenförmiges Weißbrot als Beilage zu indischen Gerichten*

nanny [ˈnænɪ] N Kindermädchen *nt*

nanny-goat [ˈnænɪgəut] N Geiß *f*

nanobot [ˈnænəubɔt] N (*Comput*) Nanobot *m*

nap [næp] N Schläfchen *nt*; (*of fabric*) Strich *m* ▶ VI: **to be caught napping** (*fig*) überrumpelt werden; **to have a ~** ein Schläfchen *or* ein Nickerchen (*inf*) machen

napalm [ˈneɪpɑːm] N Napalm *nt*

nape [neɪp] N: **the ~ of the neck** der Nacken

napkin [ˈnæpkɪn] N (*also:* **table napkin**) Serviette *f*

Naples [ˈneɪplz] N Neapel *nt*

Napoleonic [nəpəulɪˈɔnɪk] ADJ napoleonisch

nappy [ˈnæpɪ] (*BRIT*) N Windel *f*

nappy liner (*BRIT*) N Windeleinlage *f*

nappy rash (*BRIT*) N Wundsein *nt*

narcissistic [nɑːsɪˈsɪstɪk] ADJ narzisstisch

narcissus [nɑːˈsɪsəs] (*pl* **narcissi** [-saɪ]) N Narzisse *f*

narcotic [nɑːˈkɔtɪk] ADJ narkotisch ▶ N Narkotikum *nt* ■ **narcotics** NPL (*drugs*) Drogen *pl*; **~ drug** Rauschgift *nt*

nark [nɑːk] (*BRIT inf*) VT: **to be narked at sth** sauer über etw *acc* sein

narrate [nəˈreɪt] VT erzählen; (*film, programme*) kommentieren

narration [nəˈreɪʃən] N Kommentar *m*

narrative [ˈnærətɪv] N Erzählung *f*; (*of journey etc*) Schilderung *f*

narrator [nəˈreɪtə^r] N Erzähler(in) *m(f)*; (*in film etc*) Kommentator(in) *m(f)*

narrow [ˈnærəu] ADJ eng; (*ledge etc*) schmal; (*majority, advantage, victory, defeat*) knapp; (*ideas, view*) engstirnig ▸ VI sich verengen; (*gap, difference*) sich verringern ▸ VT (*gap, difference*) verringern; (*eyes*) zusammenkneifen; **to have a ~ escape** mit knapper Not davonkommen; **to ~ sth down (to sth)** etw (auf etw *acc*) beschränken

narrow gauge [ˈnærəugeɪdʒ] ADJ (*Rail*) Schmalspur-

narrowly [ˈnærəulɪ] ADV knapp; (*escape*) mit knapper Not

narrow-minded [nærəuˈmaɪndɪd] ADJ engstirnig

NAS (*US*) N ABBR (= *National Academy of Sciences*) *Akademie der Wissenschaften*

NASA [ˈnæsə] (*US*) N ABBR (= *National Aeronautics and Space Administration*) NASA *f*

nasal [ˈneɪzl] ADJ Nasen-; (*voice*) näselnd

Nassau [ˈnæsɔː] N Nassau *nt*

nastily [ˈnɑːstɪlɪ] ADV gemein; (*say*) gehässig

nastiness [ˈnɑːstɪnɪs] N Gemeinheit *f*; (*of remark*) Gehässigkeit *f*; (*of smell, taste etc*) Ekelhaftigkeit *f*

nasturtium [nəsˈtəːʃəm] N Kapuzinerkresse *f*

nasty [ˈnɑːstɪ] ADJ (*remark*) gehässig; (*person*) gemein; (*taste, smell*) ekelhaft; (*wound, disease, accident, shock*) schlimm; (*problem, question*) schwierig; (*weather, temper*) abscheulich; **to turn ~** unangenehm werden; **it's a ~ business** es ist schrecklich; **he's got a ~ temper** mit ihm ist nicht gut Kirschen essen

NAS/UWT (*BRIT*) N ABBR (= *National Association of Schoolmasters/Union of Women Teachers*) *Lehrergewerkschaft*

nation [ˈneɪʃən] N Nation *f*; (*people*) Volk *nt*

national [ˈnæʃənl] ADJ (*character, flag*) National-; (*interests*) Staats-; (*newspaper*) überregional ▸ N Staatsbürger(in) *m(f)*; **foreign ~** Ausländer(in) *m(f)*

national anthem N Nationalhymne *f*

National Curriculum N *zentraler Lehrplan für Schulen in England und Wales*

national debt N Staatsverschuldung *f*

national dress N Nationaltracht *f*

National Guard (*US*) N Nationalgarde *f*

National Health Service (*BRIT*) N Staatlicher Gesundheitsdienst *m*

> Seit seiner Gründung 1948 ist es das Ziel des **National Health Service** (oder *NHS*), allen im Vereinigten Königreiches wohnhaften Personen medizinische Versorgung zu bieten. Es handelt sich um das größte staatliche Gesundheitssystem weltweit und wird aus Steuergeldern finanziert. Das Grundprinzip des *NHS* ist die kostenlose medizinische Behandlung für alle, unabhängig ihres Einkommens. Bis auf gewisse Ausnahmen (vor allem Zahnbehandlung und Medikamente in England, Wales und Nordirland) sind alle Leistungen kostenlos, einschließlich der Sprechstunden und des Krankenhausaufenthalts. Die vier Länder des Vereinigten Königreichs besitzen alle ihr eigenes Gesundheitssystem, das unabhängig finanziert und verwaltet wird. Das *NHS* ist aufgrund der langen Wartezeit für Operationen und der Unterbesetzung in den Krankenhäusern häufig der Kritik ausgesetzt, und diese Lage soll regelmäßig anhand Reformen verbessert werden.

National Insurance (*BRIT*) N Sozialversicherung *f*

> Die **National Insurance** ist ein System von Pflichtbeiträgen der Arbeitnehmer (als Quellensteuer) und Arbeitgeber Großbritanniens und Nordirlands, die einen Anteil der Kosten verschiedener Sozialleistungen tragen: Rente, Mutterschaftsurlaub, Arbeitslosengeld, Erwerbsunfähigkeitsrente. Sie wurde 1911 als Versicherungssystem für Gesundheit und Arbeitslosigkeit gegründet und seitdem erheblich erweitert.

nationalism [ˈnæʃnəlɪzəm] N Nationalismus *m*

nationalist [ˈnæʃnəlɪst] ADJ nationalistisch ▸ N Nationalist(in) *m(f)*

nationality [næʃəˈnælɪtɪ] N Staatsangehörigkeit *f*, Nationalität *f*

nationalization [næʃnəlaɪˈzeɪʃən] N Verstaatlichung *f*

nationalize [ˈnæʃnəlaɪz] VT verstaatlichen

National Lottery N ≈ Lotto *nt*

nationally [ˈnæʃnəlɪ] ADV landesweit

national park N Nationalpark *m*

national press N überregionale Presse *f*

National Security Council (*US*) N Nationaler Sicherheitsrat *m*

national service N Wehrdienst *m*

National Trust (*BRIT*) N *siehe Info-Artikel Organisation zum Schutz historischer Bauten und Denkmäler sowie zum Landschaftsschutz*

> Der **National Trust** ist ein 1895 gegründeter Natur- und Denkmalschutzverband in Großbritannien, der Gebäude und Gelände von besonderem historischem oder ästhetischem Interesse erhält und der Öffentlichkeit zugänglich macht. Viele Gebäude im Besitz des *National Trust* sind (z. T. gegen ein Eintrittsgeld) zu besichtigen.

nationwide [ˈneɪʃənwaɪd] ADJ, ADV landesweit

★**native** [ˈneɪtɪv] N Einheimische(r) *f(m)* ▸ ADJ einheimisch; (*country*) Heimat-; (*language*) Mutter-; (*innate*) angeboren; **a ~ of Germany, a ~ German** ein gebürtiger Deutscher, eine gebürtige Deutsche; **~ to** beheimatet in *+dat*

Native American ADJ indianisch, der Ureinwohner Amerikas ▶ N Ureinwohner(in) *m(f)* Amerikas
native speaker N Muttersprachler(in) *m(f)*
Nativity [nəˈtɪvɪtɪ] N: **the ~** Christi Geburt *f*
nativity play [nəˈtɪvɪtɪ-] N Krippenspiel *nt*
NATO [ˈneɪtəu] N ABBR (= *North Atlantic Treaty Organization*) NATO *f*
natter [ˈnætəʳ] (BRIT) VI quatschen (*inf*) ▶ N: **to have a ~** einen Schwatz halten
★**natural** [ˈnætʃrəl] ADJ natürlich; (*disaster*) Natur-; (*innate*) angeboren; (*born*) geboren; (*Mus*) ohne Vorzeichen; **to die of ~ causes** eines natürlichen Todes sterben; **~ foods** Naturkost *f*; **she played F ~ not F sharp** sie spielte f statt fis
natural childbirth N natürliche Geburt *f*
natural gas N Erdgas *nt*
natural history N Naturkunde *f*; **the ~ of England** die Naturgeschichte Englands
naturalist [ˈnætʃrəlɪst] N Naturforscher(in) *m(f)*
naturalize [ˈnætʃrəlaɪz] VT: **to become naturalized** eingebürgert werden
★**naturally** [ˈnætʃrəlɪ] ADV natürlich; (*happen*) auf natürlichem Wege; (*die*) eines natürlichen Todes; (*occur, cheerful, talented, blonde*) von Natur aus
naturalness [ˈnætʃrəlnɪs] N Natürlichkeit *f*
natural resources NPL Naturschätze *pl*
natural selection N natürliche Auslese *f*
natural wastage N natürliche Personalreduzierung *f*
★**nature** [ˈneɪtʃəʳ] N (*also:* **Nature**) Natur *f*; (*kind, sort*) Art *f*; (*character*) Wesen *nt*; **by ~** von Natur aus; **by its (very) ~** naturgemäß; **documents of a confidential ~** Unterlagen vertraulicher Art
-natured [ˈneɪtʃəd] SUFF: **good-natured** gutmütig; **ill-natured** bösartig
nature reserve (BRIT) N Naturschutzgebiet *nt*
nature trail N Naturlehrpfad *m*
naturist [ˈneɪtʃərɪst] N Anhänger(in) *m(f)* der Freikörperkultur
naught [nɔ:t] N = **nought**
naughtiness [ˈnɔ:tɪnɪs] N Unartigkeit *f*, Ungezogenheit *f*; Unanständigkeit *f*
naughty [ˈnɔ:tɪ] ADJ (*child*) unartig, ungezogen; (*story, film, words*) unanständig
Nauru [nɑ:ˈu:ru:] N Nauru *nt*
nausea [ˈnɔ:sɪə] N Übelkeit *f*
nauseate [ˈnɔ:sɪeɪt] VT Übelkeit verursachen *+dat*; (*fig*) anwidern
nauseating [ˈnɔ:sɪeɪtɪŋ] ADJ ekelerregend; (*fig*) widerlich
nauseous [ˈnɔ:sɪəs] ADJ ekelhaft; **I feel ~** mir ist übel
nautical [ˈnɔ:tɪkl] ADJ (*chart*) See-; (*uniform*) Seemanns-
nautical mile N Seemeile *f*
naval [ˈneɪvl] ADJ Marine-; (*battle, forces*) See-
naval officer N Marineoffizier *m*
nave [neɪv] N Hauptschiff *nt*, Mittelschiff *nt*
navel [ˈneɪvl] N Nabel *m*
navel piercing [ˈneɪvl] N Nabelpiercing *nt*
navigable [ˈnævɪgəbl] ADJ schiffbar
navigate [ˈnævɪgeɪt] VT (*river*) befahren; (*path*) begehen ▶ VI navigieren; (*Aut*) den Fahrer dirigieren
navigation [nævɪˈgeɪʃən] N Navigation *f*
navigator [ˈnævɪgeɪtəʳ] N (*Naut*) Steuermann *m*; (*Aviat*) Navigator(in) *m(f)*; (*Aut*) Beifahrer(in) *m(f)*
navvy [ˈnævɪ] (BRIT) N Straßenarbeiter *m*
★**navy** [ˈneɪvɪ] N (Kriegs)marine *f*; (*ships*) (Kriegs)flotte *f* ▶ ADJ marineblau; **Department of the N~** (US) Marineministerium *nt*
navy-blue [ˈneɪvɪˈblu:] ADJ marineblau
Nazareth [ˈnæzərɪθ] N Nazareth *nt*
Nazi [ˈnɑ:tsɪ] N Nazi *m*
NB ABBR (= *nota bene*) NB; (CANADA) = **New Brunswick**
NBA (US) N ABBR (= *National Basketball Association*) *Basketball-Dachverband*; (= *National Boxing Association*) *Boxsport-Dachverband*
NBC (US) N ABBR (= *National Broadcasting Company*) *Fernsehsender*
NC (US) ABBR (*Post*) = **North Carolina**
NCC (US) N ABBR (= *National Council of Churches*) *Zusammenschluss protestantischer und orthodoxer Kirchen*
NCCL (BRIT) N ABBR (= *National Council for Civil Liberties*) *Organisation zum Schutz von Freiheitsrechten*
NCO N ABBR (*Mil*: = *noncommissioned officer*) Uffz.
ND (US) ABBR (*Post*) = **North Dakota**
NE ABBR = **north-east**; (*US Post*) = **New England**; **Nebraska**
NEA (US) N ABBR (= *National Education Association*) *Verband für das Erziehungswesen*
neap [ni:p] N (*also:* **neap tide**) Nippflut *f*
Neapolitan [nɪəˈpɔlɪtən] ADJ neapolitanisch ▶ N Neapolitaner(in) *m(f)*
★**near** [nɪəʳ] ADJ nahe ▶ ADV nahe; (*almost*) fast, beinahe ▶ PREP (*also:* **near to**: *in space*) nahe an *+dat*; (: *in time*) um *acc* … herum; (: *in situation, in intimacy*) nahe *+dat* ▶ VT sich nähern *+dat*; (*state, situation*) kurz vor *+dat* stehen; **Christmas is ~** bald ist Weihnachten; **£25,000 or nearest offer** (BRIT) £25.000 oder das nächstbeste Angebot; **in the ~ future** in naher Zukunft, bald; **in ~ darkness** fast im Dunkeln; **a ~ tragedy** beinahe eine Tragödie; **~ here/there** hier/dort in der Nähe; **to be ~ (to) doing sth** nahe daran sein, etw zu tun; **the building is nearing completion** der Bau steht kurz vor dem Abschluss
★**nearby** [nɪəˈbaɪ] ADJ nahe gelegen ▶ ADV in der Nähe
Near East N: **the ~** der Nahe Osten
nearer [ˈnɪərəʳ] ADJ COMP, ADV COMP *of* **near**
nearest [ˈnɪərəst] SUPERL, ADV SUPERL *of* **near**

nearly [ˈnɪəlɪ] ADV fast; **I ~ fell** ich wäre beinahe gefallen; **it's not ~ big enough** es ist bei Weitem nicht groß genug; **she was ~ crying** sie war den Tränen nahe

near miss N Beinahezusammenstoß *m*; **that was a ~** (*shot*) das war knapp daneben

nearness [ˈnɪənɪs] N Nähe *f*

nearside [ˈnɪəsaɪd] (*Aut*) ADJ (*when driving on left*) linksseitig; (*when driving on right*) rechtsseitig ▸ N: **the ~** (*when driving on left*) die linke Seite; (*when driving on right*) die rechte Seite

near-sighted [nɪəˈsaɪtɪd] ADJ kurzsichtig

neat [ni:t] ADJ ordentlich; (*handwriting*) sauber; (*plan, solution*) elegant; (*description*) prägnant; (*spirits*) pur; **I drink it ~** ich trinke es pur

neatly [ˈni:tlɪ] ADV ordentlich; (*conveniently*) sauber

neatness [ˈni:tnɪs] N Ordentlichkeit *f*; (*of solution, plan*) Sauberkeit *f*

nebulous [ˈnɛbjuləs] ADJ vage, unklar

necessarily [ˈnɛsɪsərɪlɪ] ADV notwendigerweise; **not ~** nicht unbedingt

necessary [ˈnɛsɪsrɪ] ADJ notwendig, nötig; (*inevitable*) unausweichlich; **if ~** wenn nötig, nötigenfalls; **it is ~ to ...** man muss ...

necessitate [nɪˈsɛsɪteɪt] VT erforderlich machen

necessity [nɪˈsɛsɪtɪ] N Notwendigkeit *f*; **of ~** notgedrungen; **out of ~** aus Not; **the necessities (of life)** das Notwendigste (zum Leben)

neck [nɛk] N Hals *m*; (*of shirt, dress, jumper*) Ausschnitt *m* ▸ VI (*inf*) knutschen; **~ and ~** Kopf an Kopf; **to stick one's ~ out** (*inf*) seinen Kopf riskieren

necklace [ˈnɛklɪs] N (Hals)kette *f*

neckline [ˈnɛklaɪn] N Ausschnitt *m*

necktie [ˈnɛktaɪ] (*esp US*) N Krawatte *f*

nectar [ˈnɛktəʳ] N Nektar *m*

nectarine [ˈnɛktərɪn] N Nektarine *f*

née [neɪ] PREP: **~ Scott** geborene Scott

need [ni:d] N Bedarf *m*; (*necessity*) Notwendigkeit *f*; (*requirement*) Bedürfnis *nt*; (*poverty*) Not *f* ▸ VT brauchen; (*could do with*) nötig haben; **in ~** bedürftig; **to be in ~ of sth** etw nötig haben; **£10 will meet my immediate needs** mit £ 10 komme ich erst einmal aus; **(there's) no ~** (das ist) nicht nötig; **there's no ~ to get so worked up about it** du brauchst dich darüber nicht so aufzuregen; **he had no ~ to work** er hatte es nicht nötig zu arbeiten; **I ~ to do it** ich muss es tun; **you don't ~ to go, you needn't go** du brauchst nicht zu gehen; **a signature is needed** das bedarf einer Unterschrift *gen*

needle [ˈni:dl] N Nadel *f* ▸ VT (*fig: inf: goad*) ärgern, piesacken

needless [ˈni:dlɪs] ADJ unnötig; **~ to say** natürlich

needlessly [ˈni:dlɪslɪ] ADV unnötig

needlework [ˈni:dlwə:k] N Handarbeit *f*

needn't [ˈni:dnt] = **need not**

needy [ˈni:dɪ] ADJ bedürftig ▸ NPL: **the ~** die Bedürftigen *pl*

negation [nɪˈgeɪʃən] N Verweigerung *f*

★**negative** [ˈnɛgətɪv] ADJ negativ; (*answer*) abschlägig ▸ N (*Phot*) Negativ *nt*; (*Ling*) Verneinungswort *nt*, Negation *f*; **to answer in the ~** eine verneinende Antwort geben

negative equity N *Differenz zwischen gefallenem Wert und hypothekarischer Belastung eines Wohnungseigentums*

neglect [nɪˈglɛkt] VT vernachlässigen; (*writer, artist*) unterschätzen ▸ N Vernachlässigung *f*

neglected [nɪˈglɛktɪd] ADJ vernachlässigt; (*writer, artist*) unterschätzt

neglectful [nɪˈglɛktful] ADJ nachlässig; (*father*) pflichtvergessen; **to be ~ of sth** etw vernachlässigen

negligee [ˈnɛglɪʒeɪ] N Negligee *nt*, Negligé *nt*

negligence [ˈnɛglɪdʒəns] N Nachlässigkeit *f*; (*Law*) Fahrlässigkeit *f*

negligent [ˈnɛglɪdʒənt] ADJ nachlässig; (*Law*) fahrlässig; (*casual*) lässig

negligently [ˈnɛglɪdʒəntlɪ] ADV nachlässig; fahrlässig; lässig

negligible [ˈnɛglɪdʒɪbl] ADJ geringfügig

negotiable [nɪˈgəuʃɪəbl] ADJ verhandlungsfähig; (*path, river*) passierbar; **not ~** (*on cheque etc*) nicht übertragbar

★**negotiate** [nɪˈgəuʃɪeɪt] VI verhandeln ▸ VT aushandeln; (*obstacle, hill*) überwinden; (*bend*) nehmen; **to ~ with sb (for sth)** mit jdm (über etw *acc*) verhandeln

negotiating table [nɪˈgəuʃɪeɪtɪŋ-] N Verhandlungstisch *m*

negotiation [nɪgəuʃɪˈeɪʃən] N Verhandlung *f*; **the matter is still under ~** über die Sache wird noch verhandelt

negotiator [nɪˈgəuʃɪeɪtəʳ] N Unterhändler(in) *m(f)*

Negress [ˈni:grɪs] N (!) Negerin *f*

Negro [ˈni:grəu] (*pl* **Negroes**) (!) ADJ Neger- ▸ N Neger *m*

neigh [neɪ] VI wiehern

★**neighbour**, (*US*) **neighbor** [ˈneɪbəʳ] N Nachbar(in) *m(f)*

neighbourhood [ˈneɪbəhud] N (*place*) Gegend *f*; (*people*) Nachbarschaft *f*; **in the ~ of ...** in der Nähe von ...; (*sum of money*) so um die ...

neighbourhood watch N *Vereinigung von Bürgern, die Straßenwachen etc zur Unterstützung der Polizei bei der Verbrechensbekämpfung organisiert*

neighbouring [ˈneɪbərɪŋ] ADJ benachbart, Nachbar-

neighbourly [ˈneɪbəlɪ] ADJ nachbarlich

★**neither** [ˈnaɪðəʳ] CONJ: **I didn't move and ~ did John** ich bewegte mich nicht und John auch nicht ▸ PRON keine(r, s) (von beiden) ▸ ADV: **~ ... nor ...** weder ... noch ...; **~ story is true** keine der beiden Geschichten stimmt; **~ is true** beides stimmt nicht; **~ do I/have I** ich auch nicht

neo... [ˈni:əu] PREF neo-, Neo-

neolithic [nɪəˈlɪθɪk] ADV jungsteinzeitlich, neolithisch

n

neologism [nɪˈɔlədʒɪzəm] N (Wort)neubildung *f*, Neologismus *m*
neon [ˈniːɔn] N Neon *nt*
neon light N Neonlampe *f*
neon sign N Neonreklame *f*
Nepal [nɪˈpɔːl] N Nepal *nt*
★**nephew** [ˈnɛvjuː] N Neffe *m*
nepotism [ˈnɛpətɪzəm] N Vetternwirtschaft *f*
nerd [nəːd] (*pej*) N Schwachkopf *m*
★**nerve** [nəːv] N (*Anat*) Nerv *m*; (*courage*) Mut *m*; (*impudence*) Frechheit *f* ■ **nerves** NPL (*anxiety*) Nervosität *f*; (*emotional strength*) Nerven *pl*; **he gets on my nerves** er geht mir auf die Nerven; **to lose one's ~** die Nerven verlieren
nerve-centre, (*US*) **nerve-center** [ˈnəːvsɛntəʳ] N (*fig*) Schaltzentrale *f*
nerve gas N Nervengas *nt*
nerve-racking [ˈnəːvrækɪŋ] ADJ nervenaufreibend
★**nervous** [ˈnəːvəs] ADJ Nerven-, nervlich; (*anxious*) nervös; **to be ~ of/about** Angst haben vor *+dat*
nervous breakdown N Nervenzusammenbruch *m*
nervously [ˈnəːvəslɪ] ADV nervös
nervousness [ˈnəːvəsnɪs] N Nervosität *f*
nervous system N Nervensystem *nt*
nervous wreck (*inf*) N Nervenbündel *nt*; **to be a ~** mit den Nerven völlig am Ende sein
nervy [ˈnəːvɪ] (*inf*) ADJ (BRIT: *tense*) nervös; (*US: cheeky*) dreist
nest [nɛst] N Nest *nt* ▸ VI nisten; **a ~ of tables** ein Satz Tische *or* von Tischen
nest egg N Notgroschen *m*
nestle [ˈnɛsl] VI sich kuscheln; (*house*) eingebettet sein
nestling [ˈnɛstlɪŋ] N Nestling *m*
★**Net** [nɛt] N: **the ~** (*Comput*) das Internet
★**net** [nɛt] N Netz *nt*; (*fabric*) Tüll *m* ▸ ADJ (*Comm*) Netto-; (*final: result, effect*) End- ▸ VT (mit einem Netz) fangen; (*profit*) einbringen; (*deal, sale, fortune*) an Land ziehen; **~ of tax** steuerfrei; **he earns £10,000 ~ per year** er verdient £ 10.000 netto im Jahr; **it weighs 250g ~** es wiegt 250 g netto
netball [ˈnɛtbɔːl] N Netzball *m*
net curtains NPL Gardinen *pl*, Stores *pl*
★**Netherlands** [ˈnɛðələndz] NPL: **the ~** die Niederlande *pl*
netiquette [ˈnɛtɪkɛt] N Netiquette *f*
nett [nɛt] ADJ = **net**
netting [ˈnɛtɪŋ] N (*for fence etc*) Maschendraht *m*; (*fabric*) Netzgewebe *nt*, Tüll *m*
nettle [ˈnɛtl] N Nessel *f*; **to grasp the ~** (*fig*) in den sauren Apfel beißen
★**network** [ˈnɛtwəːk] N Netz *nt*; (*TV, Radio*) Sendenetz *nt* ▸ VT (*Radio, TV*) im ganzen Netzbereich ausstrahlen; (*computers*) in einem Netzwerk zusammenschließen
neuralgia [njuəˈrældʒə] N Neuralgie *f*, Nervenschmerzen *pl*

neurological [njuərəˈlɔdʒɪkl] ADJ neurologisch
neurotic [njuəˈrɔtɪk] ADJ neurotisch ▸ N Neurotiker(in) *m(f)*
neuter [ˈnjuːtəʳ] ADJ (*Ling*) sächlich ▸ VT kastrieren; (*female*) sterilisieren
neutral [ˈnjuːtrəl] ADJ neutral ▸ N (*Aut*) Leerlau[f] *m*
neutrality [njuːˈtrælɪtɪ] N Neutralität *f*
neutralize [ˈnjuːtrəlaɪz] VT neutralisieren[;] aufheben
neutron [ˈnjuːtrɔn] N Neutron *nt*
neutron bomb N Neutronenbombe *f*
★**never** [ˈnɛvəʳ] ADV nie; (*not*) nicht; **~ in my lif[e]** noch nie; **~ again** nie wieder; **well I ~!** nein, s[o] was!; *see also* **mind**
never-ending [nɛvərˈɛndɪŋ] ADJ endlos
nevertheless [nɛvəðəˈlɛs] ADV trotzdem, dennoch
★**new** [njuː] ADJ neu; (*mother*) jung; **as good as ~** so gut wie neu; **to be ~ to sb** jdm neu sein
New Age N New Age *nt*
newbie [ˈnjuːbɪ] (*inf*) N Neuling *m*
newborn [ˈnjuːbɔːn] ADJ neugeboren
newcomer [ˈnjuːkʌməʳ] N Neuankömmling *m*; (*in job*) Neuling *m*
new-fangled [ˈnjuːˈfæŋgld] (*pej*) ADJ neumodisch
new-found [ˈnjuːfaund] ADJ neu entdeckt; (*confidence*) neu geschöpft
Newfoundland [ˈnjuːfənlænd] N Neufundland *nt*
New Guinea N Neuguinea *nt*
newly [ˈnjuːlɪ] ADV neu
newly-weds [ˈnjuːlɪwɛdz] NPL Neuvermählte *pl*, Frischvermählte *pl*
new moon N Neumond *m*
newness [ˈnjuːnɪs] N Neuheit *f*
New Orleans [-ˈɔːliːənz] N New Orleans *nt*
★**news** [njuːz] N Nachricht *f*; **a piece of ~** eine Neuigkeit; **the ~** (*Radio, TV*) die Nachrichten *pl*; **good/bad ~** gute/schlechte Nachrichten

> **Nachricht** is a piece of news; **Nachrichten** is the news, for example on TV.

news agency N Nachrichtenagentur *f*
★**newsagent** [ˈnjuːzeɪdʒənt] (BRIT) N Zeitungshändler(in) *m(f)*
news bulletin N Bulletin *nt*
newscaster [ˈnjuːzkɑːstəʳ] N Nachrichtensprecher(in) *m(f)*
newsdealer [ˈnjuːzdiːləʳ] (*US*) N = **newsagent**
newsflash [ˈnjuːzflæʃ] N Kurzmeldung *f*
newsgroup [njuːz-] N (*Comput*) Diskussionsforum *nt*, Newsgroup *f*
newsletter [ˈnjuːzlɛtəʳ] N Rundschreiben *nt*, Mitteilungsblatt *nt*
★**newspaper** [ˈnjuːzpeɪpəʳ] N Zeitung *f*; **daily/weekly ~** Tages-/Wochenzeitung *f*
newsprint [ˈnjuːzprɪnt] N Zeitungspapier *nt*

newsreader [ˈnjuːzriːdəʳ] N = **newscaster**
newsreel [ˈnjuːzriːl] N Wochenschau *f*
newsroom [ˈnjuːzruːm] N Nachrichtenredaktion *f*; (*Radio, TV*) Nachrichtenstudio *nt*
newsstand [ˈnjuːzstænd] N Zeitungsstand *m*
New START N ABBR (*Mil*: = *New Strategic Arms Reduction Treaty*) START
newsworthy [ˈnjuːzwəːðɪ] ADJ: **to be ~** Neuigkeitswert haben
newt [njuːt] N Wassermolch *m*
new town (BRIT) N *neue, teilweise mit Regierungsgeldern errichtete städtische Siedlung*
New Year N neues Jahr *nt*; (*New Year's Day*) Neujahr *nt*; **Happy ~!** (ein) glückliches *or* frohes neues Jahr!
New Year's Day N Neujahr *nt*, Neujahrstag *m*
New Year's Eve N Silvester *nt*
New York [-ˈjɔːk] N New York *nt*; (*also:* **New York State**) der Staat New York
New Zealand [-ˈziːlənd] N Neuseeland *nt* ▸ ADJ neuseeländisch
New Zealander [-ˈziːləndəʳ] N Neuseeländer(in) *m(f)*
next [nɛkst] ADJ nächste(r, s); (*room*) Neben- ▸ ADV dann; (*do, happen*) als Nächstes; (*afterwards*) danach; **the ~ day** am nächsten *or* folgenden Tag; **~ time** das nächste Mal; **~ year** nächstes Jahr; **~ please!** der Nächste bitte!; **who's ~?** wer ist der Nächste?; **"turn to the ~ page"** „bitte umblättern"; **the week after ~** übernächste Woche; **the ~ on the right/left** der/die/das Nächste rechts/links; **the ~ thing I knew** das Nächste, woran ich mich erinnern konnte; **~ to** neben *+dat*; **~ to nothing** so gut wie nichts; **when do we meet ~?** wann treffen wir uns wieder *or* das nächste Mal?; **the ~ best** der/die/das Nächstbeste
next door ADV nebenan ▸ ADJ: **next-door** nebenan; **the house ~** das Nebenhaus; **to go ~** nach nebenan gehen; **my next-door neighbour** mein direkter Nachbar
next-of-kin [ˈnɛkstəvˈkɪn] N nächster Verwandter *m*, nächste Verwandte *f*
NF (BRIT) N ABBR (*Pol*: = *National Front*) *rechtsradikale Partei* ▸ ABBR (CANADA) = **Newfoundland**
NFL (*US*) N ABBR (= *National Football League*) *Fußball-Nationalliga*
NG (*US*) ABBR = **National Guard**
NGO N ABBR (= *nongovernmental organization*) *nichtstaatliche Organisation*
NH (*US*) ABBR (*Post*) = **New Hampshire**
NHL (*US*) N ABBR (= *National Hockey League*) *Hockey-Nationalliga*
NHS (BRIT) N ABBR = **National Health Service**
NI ABBR = **Northern Ireland**; (BRIT) = **National Insurance**
Niagara Falls [naɪˈægərə-] NPL Niagarafälle *pl*
nib [nɪb] N Feder *f*
nibble [ˈnɪbl] VT knabbern; (*bite*) knabbern an *+dat* ▸ VI: **to ~ at** knabbern an *+dat*
Nicaragua [nɪkəˈrægjuə] N Nicaragua *nt*
Nicaraguan [nɪkəˈrægjuən] ADJ nicaraguanisch ▸ N Nicaraguaner(in) *m(f)*
Nice [niːs] N Nizza *nt*
★**nice** [naɪs] ADJ nett; (*holiday, weather, picture etc*) schön; (*taste*) gut; (*person, clothes etc*) hübsch
nicely [ˈnaɪslɪ] ADV (*attractively*) hübsch; (*politely*) nett; (*satisfactorily*) gut; **that will do ~** das reicht (vollauf)
niceties [ˈnaɪsɪtɪz] NPL: **the ~** die Feinheiten *pl*
niche [niːʃ] N Nische *f*; (*job, position*) Plätzchen *nt*
nick [nɪk] N Kratzer *m*; (*in metal, wood etc*) Kerbe *f* ▸ VT (BRIT *inf*: *steal*) klauen; (: *arrest*) einsperren, einlochen; (*cut*): **to ~ o.s.** sich schneiden; **in good ~** (BRIT *inf*) gut in Schuss; **in the ~** (BRIT *inf*: *in prison*) im Knast; **in the ~ of time** gerade noch rechtzeitig
nickel [ˈnɪkl] N Nickel *nt*; (*US*) Fünfcentstück *nt*
nickname [ˈnɪkneɪm] N Spitzname *m* ▸ VT betiteln, taufen (*inf*)
Nicosia [nɪkəˈsiːə] N Nikosia *nt*
nicotine [ˈnɪkətiːn] N Nikotin *nt*
nicotine patch N Nikotinpflaster *nt*
★**niece** [niːs] N Nichte *f*
nifty [ˈnɪftɪ] (*inf*) ADJ flott; (*gadget, tool*) schlau
Niger [ˈnaɪdʒəʳ] N Niger *m*
Nigeria [naɪˈdʒɪərɪə] N Nigeria *nt*
Nigerian [naɪˈdʒɪərɪən] ADJ nigerianisch ▸ N Nigerianer(in) *m(f)*
niggardly [ˈnɪgədlɪ] ADJ knauserig; (*allowance, amount*) armselig
niggle [ˈnɪgl] VT plagen, zu schaffen machen *+dat* ▸ VI herumkritisieren
niggling [ˈnɪglɪŋ] ADJ quälend; (*pain, ache*) bohrend
★**night** [naɪt] N Nacht *f*; (*evening*) Abend *m*; **the ~ before last** vorletzte Nacht, vorgestern Abend; **at ~, by ~** nachts, abends; **nine o'clock at ~** neun Uhr abends; **in the ~, during the ~** in der Nacht; **~ and day** Tag und Nacht
nightcap [ˈnaɪtkæp] N Schlaftrunk *m*
nightclub [ˈnaɪtklʌb] N Nachtlokal *nt*
nightdress [ˈnaɪtdrɛs] N Nachthemd *nt*
nightfall [ˈnaɪtfɔːl] N Einbruch *m* der Dunkelheit
nightgown [ˈnaɪtgaun] N = **nightdress**
nightie [ˈnaɪtɪ] N = **nightdress**
nightingale [ˈnaɪtɪŋgeɪl] N Nachtigall *f*
nightlife [ˈnaɪtlaɪf] N Nachtleben *nt*
nightly [ˈnaɪtlɪ] ADJ (all)nächtlich, Nacht-; (*every evening*) (all)abendlich, Abend- ▸ ADV jede Nacht; (*every evening*) jeden Abend
★**nightmare** [ˈnaɪtmɛəʳ] N Albtraum *m*
night porter N Nachtportier *m*
night safe N Nachtsafe *m*
night school N Abendschule *f*
nightshade [ˈnaɪtʃeɪd] N: **deadly ~** Tollkirsche *f*
night shift N Nachtschicht *f*
night-time [ˈnaɪttaɪm] N Nacht *f*
night watchman N (*irreg*) Nachtwächter *m*

nihilism [ˈnaɪlɪzəm] N Nihilismus *m*
nil [nɪl] N Nichts *nt*; (BRIT *Sport*) Null *f*
Nile [naɪl] N: **the ~** der Nil
nimble [ˈnɪmbl] ADJ flink; (*mind*) beweglich
★**nine** [naɪn] NUM neun
★**nineteen** [ˈnaɪnˈtiːn] NUM neunzehn
★**nineteenth** [naɪnˈtiːnθ] NUM neunzehnte(r, s)
ninetieth [ˈnaɪntɪəθ] ADJ neunzigste(r, s)
★**ninety** [ˈnaɪntɪ] NUM neunzig
★**ninth** [naɪnθ] NUM neunte(r, s) ▶ N Neuntel *nt*
nip [nɪp] VT zwicken ▶ N Biss *m*; (*drink*) Schlückchen *nt* ▶ VI (BRIT *inf*): **to ~ out/down/up** kurz raus-/runter-/raufgehen; **to ~ into a shop** kurz in einen Laden gehen
nipple [ˈnɪpl] N (*Anat*) Brustwarze *f*
nippy [ˈnɪpɪ] (BRIT) ADJ (*quick: person*) flott; (*: car*) spritzig; (*cold*) frisch
nit [nɪt] N Nisse *f*; (*inf: idiot*) Dummkopf *m*
nitpicking [ˈnɪtpɪkɪŋ] (*inf*) N Kleinigkeitskrämerei *f*
nitrogen [ˈnaɪtrədʒən] N Stickstoff *m*
nitroglycerin, nitroglycerine [ˈnaɪtrəuˈglɪsəriːn] N Nitroglyzerin *nt*
nitty-gritty [ˈnɪtɪˈgrɪtɪ] (*inf*) N: **to get down to the ~** zur Sache kommen
nitwit [ˈnɪtwɪt] (*inf*) N Dummkopf *m*
NJ (US) ABBR (*Post*) = **New Jersey**
NLF N ABBR (= *National Liberation Front*) *vietnamesische Befreiungsbewegung während des Vietnamkrieges*
NLRB (US) N ABBR (= *National Labor Relations Board*) *Ausschuss zur Regelung der Beziehungen zwischen Arbeitgebern und Arbeitnehmern*
NM, N.Mex. (US) ABBR (*Post*) = **New Mexico**

no [nəu]

(*pl* **noes**) ADV (*opposite of "yes"*) nein; **no thank you** nein danke
▶ ADJ (*not any*) kein(e); **I have no money/time/books** ich habe kein Geld/keine Zeit/keine Bücher; **"no entry"** „kein Zutritt"; **"no smoking"** „Rauchen verboten"
▶ N Nein *nt*; **there were 20 noes and one abstention** es gab 20 Neinstimmen und eine Enthaltung; **I won't take no for an answer** ich bestehe darauf

no. ABBR (= *number*) Nr.
nobble [ˈnɔbl] (BRIT *inf*) VT (*bribe*) (sich *dat*) kaufen; (*grab*) sich *dat* schnappen; (*Racing: horse, dog*) lahmlegen
Nobel Prize [nəuˈbɛl-] N Nobelpreis *m*
nobility [nəuˈbɪlɪtɪ] N Adel *m*; (*quality*) Edelmut *m*
noble [ˈnəubl] ADJ edel, nobel; (*aristocratic*) ad(e)lig; (*impressive*) prächtig
nobleman [ˈnəublmən] N (*irreg*) Ad(e)lige(r) *f*(*m*)
nobly [ˈnəublɪ] ADV edel
★**nobody** [ˈnəubədɪ] PRON niemand, keiner ▶ N: **he's a ~** er ist ein Niemand *m*

no-claims bonus [nəuˈkleɪmz-] N Schadenfreiheitsrabatt *m*
nocturnal [nɔkˈtəːnl] ADJ nächtlich; (*animal* Nacht-
★**nod** [nɔd] VI nicken; (*fig: flowers etc*) wippen ▶ VT **to ~ one's head** mit dem Kopf nicken ▶ N Nicken *nt*; **they nodded their agreement** si nickten zustimmend
▶ **nod off** VI einnicken
no-fly zone [nəuˈflaɪ-] N Sperrzone *f* für de Flugverkehr
★**noise** [nɔɪz] N Geräusch *nt*; (*din*) Lärm *m*
noiseless [ˈnɔɪzlɪs] ADJ geräuschlos
noisily [ˈnɔɪzɪlɪ] ADV laut
noisy [ˈnɔɪzɪ] ADJ laut
nomad [ˈnəumæd] N Nomade *m*, Nomadin *f*
nomadic [nəuˈmædɪk] ADJ Nomaden-, nomadisch
no-man's-land [ˈnəumænzlænd] N Niemandsland *nt*
nominal [ˈnɔmɪnl] ADJ nominell
nominate [ˈnɔmɪneɪt] VT nominieren; (*appoint* ernennen
nomination [nɔmɪˈneɪʃən] N Nominierung (*appointment*) Ernennung *f*
nominee [nɔmɪˈniː] N Kandidat(in) *m*(*f*)
non- [nɔn] PREF nicht-, Nicht-
non-alcoholic [nɔnælkəˈhɔlɪk] ADJ alkoholfre
non-aligned [nɔnəˈlaɪnd] ADJ blockfrei
non-breakable [nɔnˈbreɪkəbl] ADJ unzerbrechlich
nonce word [ˈnɔns-] N Ad-hoc-Bildung *f*
nonchalant [ˈnɔnʃələnt] ADJ lässig, nonchalant
noncommissioned officer [nɔnkəˈmɪʃənd-] N Unteroffizier *m*
non-committal [nɔnkəˈmɪtl] ADJ zurückhaltend; (*answer*) unverbindlich
nonconformist [nɔnkənˈfɔːmɪst] N Nonkonformist(in) *m*(*f*) ▶ ADJ nonkonformistisch
non-cooperation [ˈnɔnkəuɔpəˈreɪʃən] unkooperative Haltung *f*
nondescript [ˈnɔndɪskrɪpt] ADJ unauffällig (*colour*) unbestimmbar
★**none** [nʌn] PRON (*not one*) kein(e, er, es); (*not any* nichts; **~ of us** keiner von uns; **I've ~ left** (*no any*) ich habe nichts übrig; (*not one*) ich hab kein(e, en, es) übrig; **~ at all** (*not any*) über haupt nicht; (*not one*) überhaupt kein(e, er, es **I was ~ the wiser** ich war auch nicht klüge **she would have ~ of it** sie wollte nichts davo hören; **it was ~ other than X** es war kein ande rer als X
nonentity [nɔˈnɛntɪtɪ] N (*person*) Nichts *n* unbedeutende Figur *f*
non-essential [nɔnɪˈsɛnʃl] ADJ unnötig ▶ N **non-essentials** nicht (lebens)notwendig Dinge *pl*
nonetheless [ˈnʌnðəˈlɛs] ADV nichtsdestowe niger, trotzdem
non-event [nɔnɪˈvɛnt] N Reinfall *m*

non-existent [nɒnɪg'zɪstənt] ADJ nicht vorhanden

non-fiction [nɒn'fɪkʃən] N Sachbücher *pl* ▶ ADJ (*book*) Sach-; (*prize*) Sachbuch-

non-flammable [nɒn'flæməbl] ADJ nicht entzündbar

non-intervention ['nɒnɪntə'vɛnʃən] N Nichteinmischung *f*, Nichteingreifen *nt*

no-no ['nəunəu] N: **it's a ~** (*inf*) das kommt nicht infrage

non obst. ABBR (= *non obstante*) dennoch

no-nonsense [nəu'nɒnsəns] ADJ (*approach, look*) nüchtern

non-payment [nɒn'peɪmənt] N Nichtzahlung *f*, Zahlungsverweigerung *f*

nonplussed [nɒn'plʌst] ADJ verdutzt, verblüfft

non-profit-making ['nɒn'prɔfɪtmeɪkɪŋ] ADJ (*organization*) gemeinnützig

non-returnable [nɒnrə'tə:nəbl] ADJ: **~ bottle** Einwegflasche *f*

nonsense ['nɒnsəns] N Unsinn *m*; **~!** Unsinn!, Quatsch!; **it is ~ to say that ...** es ist dummes Gerede zu sagen, dass ...; **to make (a) ~ of sth** etw ad absurdum führen

nonsensical [nɒn'sɛnsɪkl] ADJ (*idea, action etc*) unsinnig

non-shrink [nɒn'ʃrɪŋk] (BRIT) ADJ nicht einlaufend

non-smoker ['nɒn'sməukə^r] N Nichtraucher(in) *m(f)*

nonstarter [nɒn'stɑ:tə^r] N (*fig*): **it's a ~** (*idea etc*) es hat keine Erfolgschance

non-stick ['nɒn'stɪk] ADJ kunststoffbeschichtet, Teflon-®

non-stop ['nɒn'stɒp] ADJ ununterbrochen; (*flight*) Nonstop-, Non-Stop- ▶ ADV ununterbrochen; (*fly*) nonstop

non-taxable [nɒn'tæksəbl] ADJ nicht steuerpflichtig

non-U [nɒn'ju:] (BRIT *inf*) ADJ ABBR (= *non-upper class*) nicht vornehm

non-white ['nɒn'waɪt] ADJ farbig ▶ N (*!*) Farbige(r) *f(m)*

noodles ['nu:dlz] NPL Nudeln *pl*

nook [nuk] N: **every ~ and cranny** jeder Winkel

noon [nu:n] N Mittag *m*

no-one ['nəuwʌn] PRON = **nobody**

noose [nu:s] N Schlinge *f*

nor [nɔ:^r] CONJ, ADV = **neither**

norm [nɔ:m] N Norm *f*

normal ['nɔ:məl] ADJ normal ▶ N: **to return to ~** sich wieder normalisieren

normality [nɔ:'mælɪtɪ] N Normalität *f*

normally ['nɔ:məlɪ] ADV normalerweise; (*act, behave*) normal

Normandy ['nɔ:məndɪ] N Normandie *f*

north [nɔ:θ] N Norden *m* ▶ ADJ nördlich, Nord- ▶ ADV nach Norden; **~ of** nördlich von

North Africa N Nordafrika *nt*

North African ADJ nordafrikanisch ▶ N Nordafrikaner(in) *m(f)*

North America N Nordamerika *nt*

North American ADJ nordamerikanisch ▶ N Nordamerikaner(in) *m(f)*

northbound ['nɔ:θbaund] ADJ in Richtung Norden; (*carriageway*) nach Norden (führend)

north-east [nɔ:θ'i:st] N Nordosten *m* ▶ ADJ nordöstlich, Nordost- ▶ ADV nach Nordosten; **~ of** nordöstlich von

northerly ['nɔ:ðəlɪ] ADJ nördlich

★**northern** ['nɔ:ðən] ADJ nördlich, Nord-

★**Northern Ireland** N Nordirland *nt*

Nordirland (**Northern Ireland**) liegt im Nordosten der irischen Insel. Es ist ein Teil des Vereinigten Königreichs und besteht aus sechs historischen Grafschaften (*Counties*), ist verwaltungsmäßig aber in 11 Distrikte unterteilt. Es entstand 1921 durch die Teilung in einen irischen Freistaat (der danach zur unabhängigen Republik führte) und Nordirland. Letzteres bestand mehrheitlich aus protestantischen Unionisten, aber mit einer großen Minderheit an Republikanern, meistens Katholiken und Befürworter einer vereinigten Republik. Von Ende der 60er Jahre bis Ende der 90er war Nordirland der Schauplatz eines gewaltsamen Machtkampfes, *The Troubles* (der Nordirlandkonflikt), dem Tausende von Menschen zum Opfer fielen. Das 1998 verhandelte *Good Friday Agreement* (Karfreitagsabkommen) stellt eine wichtige Etappe auf dem Weg zum Frieden dar, auch wenn weiterhin religiöse Spaltung und Diskrimination zu Problemen führt.

North Korea N Nordkorea *nt*

North Pole N: **the ~** der Nordpol

North Sea N: **the ~** die Nordsee *f*

North Sea oil N Nordseeöl *nt*

northward ['nɔ:θwəd], **northwards** ['nɔ:θwədz] ADV nach Norden, nordwärts

north-west [nɔ:θ'wɛst] N Nordwesten *m* ▶ ADJ nordwestlich, Nordwest- ▶ ADV nach Nordwesten; **~ of** nordwestlich von

★**Norway** ['nɔ:weɪ] N Norwegen *nt*

★**Norwegian** [nɔ:'wi:dʒən] ADJ norwegisch ▶ N Norweger(in) *m(f)*; (*Ling*) Norwegisch *nt*

nos. ABBR (= *numbers*) Nrn.

★**nose** [nəuz] N Nase *f*; (*of car*) Schnauze *f* ▶ VI (*also:* **nose one's way**) sich schieben; **to follow one's ~** immer der Nase nach gehen; **to get up one's ~** (*inf*) auf die Nerven gehen *+dat*; **to have a (good) ~ for sth** eine (gute) Nase für etw haben; **to keep one's ~ clean** (*inf*) eine saubere Weste behalten; **to look down one's ~ at sb/sth** (*inf*) auf jdn/etw herabsehen; **to pay through the ~ (for sth)** (*inf*) (für etw) viel blechen; **to rub sb's ~ in sth** (*inf*) jdm etw unter die Nase reiben; **to turn one's ~ up at sth** (*inf*) die Nase über etw *acc* rümpfen; **under sb's ~** vor jds Augen

▶ **nose about** VI herumschnüffeln

▶ **nose around** VI = **nose about**

nosebleed [ˈnəuzbli:d] N Nasenbluten *nt*
nose-dive [ˈnəuzdaɪv] N (*of plane*) Sturzflug *m* ▸ VI (*plane*) im Sturzflug herabgehen
nose drops NPL Nasentropfen *pl*
nosey [ˈnəuzɪ] (*inf*) ADJ = **nosy**
nostalgia [nɔsˈtældʒɪə] N Nostalgie *f*
nostalgic [nɔsˈtældʒɪk] ADJ nostalgisch
nostril [ˈnɔstrɪl] N Nasenloch *nt*; (*of animal*) Nüster *f*
nosy [ˈnəuzɪ] (*inf*) ADJ neugierig

not [nɔt]

ADV nicht; **he is not** *or* **isn't here** er ist nicht hier; **you must not** *or* **you mustn't do that** das darfst du nicht tun; **it's too late, isn't it?** es ist zu spät, nicht wahr?; **not that I don't like him** nicht, dass ich ihn nicht mag; **not yet** noch nicht; **not now** nicht jetzt
see also **all**; **only**

notable [ˈnəutəbl] ADJ bemerkenswert
notably [ˈnəutəblɪ] ADV hauptsächlich; (*markedly*) bemerkenswert
notary [ˈnəutərɪ] N (*also:* **notary public**) Notar(in) *m(f)*
notation [nəuˈteɪʃən] N Notation *f*; (*Mus*) Notenschrift *f*
notch [nɔtʃ] N Kerbe *f*; (*in blade, saw*) Scharte *f*; (*fig*) Klasse *f*
▸ **notch up** VT erzielen; (*victory*) erringen
★**note** [nəut] N Notiz *f*; (*of lecturer*) Manuskript *nt*; (*of student etc*) Aufzeichnung *f*; (*in book etc*) Anmerkung *f*; (*letter*) ein paar Zeilen *pl*; (*banknote*) Note *f*, Schein *m*; (*Mus: sound*) Ton *m*; (*: symbol*) Note *f*; (*tone*) Ton *m*, Klang *m* ▸ VT beachten; (*point out*) anmerken; (*also:* **note down**) notieren; **of ~** bedeutend; **to make a ~ of sth** sich *dat* etw notieren; **to take notes** Notizen machen, mitschreiben; **to take ~ of sth** etw zur Kenntnis nehmen
notebook [ˈnəutbuk] N Notizbuch *nt*; (*for shorthand*) Stenoblock *m*
notecase [ˈnəutkeɪs] (BRIT) N Brieftasche *f*
noted [ˈnəutɪd] ADJ bekannt
notepad [ˈnəutpæd] N Notizblock *m*
notepaper [ˈnəutpeɪpəʳ] N Briefpapier *nt*
noteworthy [ˈnəutwə:ðɪ] ADJ beachtenswert
★**nothing** [ˈnʌθɪŋ] N nichts; **~ new/worse** *etc* nichts Neues/Schlimmeres *etc*; **~ much** nicht viel; **~ else** sonst nichts; **for ~** umsonst; **~ at all** überhaupt nichts
★**notice** [ˈnəutɪs] N Bekanntmachung *f*; (*sign*) Schild *nt*; (*warning*) Ankündigung *f*; (*dismissal*) Kündigung *f*; (BRIT: *review*) Kritik *f*, Rezension *f* ▸ VT bemerken; **to bring sth to sb's ~** jdn auf etw *acc* aufmerksam machen; **to take no ~ of** ignorieren, nicht beachten; **to escape sb's ~** jdm entgehen; **it has come to my ~ that ...** es ist mir zu Ohren gekommen, dass ...; **to give sb ~ of sth** jdm von etw Bescheid geben; **without ~** ohne Ankündigung; **advance ~** Vorankündigung *f*; **at short/a moment's ~** kurzfristig/innerhalb kürzester Zeit; **until further ~** bis auf Weiteres; **to hand in one's ~** kündigen; **to be given one's ~** gekündigt werden *+dat*
noticeable [ˈnəutɪsəbl] ADJ deutlich
noticeboard [ˈnəutɪsbɔ:d] (BRIT) N Anschlagbrett *nt*
notification [nəutɪfɪˈkeɪʃən] N Benachrichtigung *f*
notify [ˈnəutɪfaɪ] VT: **to ~ sb (of sth)** jdn (von etw) benachrichtigen
notion [ˈnəuʃən] N Vorstellung *f* ▪ **notions** NPL (*US: haberdashery*) Kurzwaren *pl*
notoriety [nəutəˈraɪətɪ] N traurige Berühmtheit *f*
notorious [nəuˈtɔ:rɪəs] ADJ berüchtigt
notoriously [nəuˈtɔ:rɪəslɪ] ADV notorisch
notwithstanding [nɔtwɪθˈstændɪŋ] ADV trotzdem ▸ PREP trotz *+dat*
nougat [ˈnu:gɑ:] N Nugat *m*
nought [nɔ:t] N Null *f*
noughties [ˈnɔ:tɪz] (BRIT) NPL *das erste Jahrzehnt des dritten Jahrtausends*, Nullerjahre *pl*
noun [naun] N Hauptwort *nt*, Substantiv *nt*
nourish [ˈnʌrɪʃ] VT nähren
nourishing [ˈnʌrɪʃɪŋ] ADJ nahrhaft
nourishment [ˈnʌrɪʃmənt] N Nahrung *f*
Nov. ABBR (= *November*) Nov.
Nova Scotia [ˈnəuvəˈskəuʃə] N Neuschottland *nt*
★**novel** [ˈnɔvl] N Roman *m* ▸ ADJ neu(artig)
novelist [ˈnɔvəlɪst] N Romanschriftsteller(in) *m(f)*
novelty [ˈnɔvəltɪ] N Neuheit *f*; (*object*) Kleinigkeit *f*
★**November** [nəuˈvɛmbəʳ] N November *m*; *see also* **July**
novice [ˈnɔvɪs] N Neuling *m*, Anfänger(in) *m(f)*; (*Rel*) Novize *m*, Novizin *f*
NOW [nau] (US) N ABBR (= *National Organization for Women*) *Frauenvereinigung*
★**now** [nau] ADV jetzt; (*these days*) heute ▸ CONJ: **~ (that)** jetzt, wo; **right ~** gleich, sofort; **by ~** inzwischen, mittlerweile; **that's the fashion just ~** das ist gerade modern; **I saw her just ~** ich habe sie gerade gesehen; **(every) ~ and then, (every) ~ and again** ab und zu, gelegentlich; **from ~ on** von nun an; **in 3 days from ~** (heute) in 3 Tagen; **between ~ and Monday** bis Montag; **that's all for ~** das ist erst einmal alles; **any day ~** jederzeit; **~ then** also
nowadays [ˈnauədeɪz] ADV heute, heutzutage
★**nowhere** [ˈnəuwɛəʳ] ADV (*be*) nirgends, nirgendwo; (*go*) nirgendwohin; **~ else** nirgendwo anders
no-win situation [nəuˈwɪn-] N aussichtslose Lage *f*
noxious [ˈnɔkʃəs] ADJ (*gas, fumes*) schädlich; (*smell*) übel
nozzle [ˈnɔzl] N Düse *f*
NP N ABBR (*Law*) = **notary public**

NS (CANADA) ABBR = **Nova Scotia**

NSC (US) N ABBR = **National Security Council**

NSF (US) N ABBR (= *National Science Foundation*) *Organisation zur Förderung der Wissenschaft*

NSPCC (BRIT) N ABBR (= *National Society for the Prevention of Cruelty to Children*) Kinderschutzbund *m*

NSW (AUST) ABBR (*Post*) = **New South Wales**

NT N ABBR (*Bible*: = *New Testament*) NT

nth [ɛnθ] ADJ: **to the ~ degree** in der n-ten Potenz

nuance [ˈnjuːɔːns] N Nuance *f*

nubile [ˈnjuːbaɪl] ADJ gut entwickelt

nuclear [ˈnjuːklɪəʳ] ADJ (*bomb, industry etc*) Atom-; **~ physics** Kernphysik *f*; **~ war** Atomkrieg *m*

nuclear disarmament N nukleare *or* atomare Abrüstung *f*

nuclear family N Kleinfamilie *f*, Kernfamilie *f*

nuclear-free zone [ˈnjuːklɪəˈfriː-] N atomwaffenfreie Zone *f*

nuclear waste N Atommüll *m*

nuclei [ˈnjuːklɪaɪ] NPL *of* **nucleus**

nucleus [ˈnjuːklɪəs] (*pl* **nuclei**) N Kern *m*

nude [njuːd] ADJ nackt ▸ N (*Art*) Akt *m*; **in the ~** nackt

nudge [nʌdʒ] VT anstoßen

nudist [ˈnjuːdɪst] N Nudist(in) *m(f)*

nudist colony N FKK-Kolonie *f*

nudity [ˈnjuːdɪtɪ] N Nacktheit *f*

nugget [ˈnʌgɪt] N (*of gold*) Klumpen *m*; (*fig*: *of information*) Brocken *m*

nuisance [ˈnjuːsns] N: **to be a ~** lästig sein; (*situation*) ärgerlich sein; **he's a ~** er geht einem auf die Nerven; **what a ~!** wie ärgerlich/lästig!

NUJ (BRIT) N ABBR (= *National Union of Journalists*) *Journalistengewerkschaft*

null [nʌl] ADJ: **~ and void** null und nichtig

nullify [ˈnʌlɪfaɪ] VT zunichtemachen; (*claim, law*) für null und nichtig erklären

NUM (BRIT) N ABBR (= *National Union of Mineworkers*) *Bergarbeitergewerkschaft*

numb [nʌm] ADJ taub, gefühllos; (*fig*: *with fear etc*) wie betäubt ▸ VT taub *or* gefühllos machen; (*pain, mind*) betäuben

number [ˈnʌmbəʳ] N Zahl *f*; (*quantity*) (An)zahl *f*; (*of house, bank account, bus etc*) Nummer *f* ▸ VT (*pages etc*) nummerieren; (*amount to*) zählen; **a ~ of** einige; **any ~ of** beliebig viele; (*reasons*) alle möglichen; **wrong ~** (*Tel*) falsch verbunden; **to be numbered among** zählen zu

number plate (BRIT) N (*Aut*) Nummernschild *nt*

Number Ten (BRIT) N (*Pol*: = *10 Downing Street*) Nummer zehn *f* (Downing Street)

numbness [ˈnʌmnɪs] N Taubheit *f*, Starre *f*; (*fig*) Benommenheit *f*, Betäubung *f*

numbskull [ˈnʌmskʌl] (*pej*) N Holzkopf *m*

numeral [ˈnjuːmərəl] N Ziffer *f*

numerate [ˈnjuːmərɪt] (BRIT) ADJ: **to be ~** rechnen können

numerical [njuːˈmɛrɪkl] ADJ numerisch

numerous [ˈnjuːmərəs] ADJ zahlreich

nun [nʌn] N Nonne *f*

nunnery [ˈnʌnərɪ] N (Nonnen)kloster *nt*

nuptial [ˈnʌpʃəl] ADJ (*feast, celebration*) Hochzeits-; **~ bliss** Eheglück *nt*

★**nurse** [nəːs] N Krankenschwester *f*; (*also*: **nursemaid**) Kindermädchen *nt* ▸ VT pflegen; (*cold, toothache etc*) auskurieren; (*baby*) stillen; (*fig*: *desire, grudge*) hegen

nursery [ˈnəːsərɪ] N Kindergarten *m*; (*room*) Kinderzimmer *nt*; (*for plants*) Gärtnerei *f*

nursery rhyme N Kinderreim *m*

nursery school N Kindergarten *m*

nursery slope (BRIT) N (*Ski*) Anfängerhügel *m*

nursing [ˈnəːsɪŋ] N Krankenpflege *f*; (*care*) Pflege *f*

nursing home N Pflegeheim *nt*

nursing mother N stillende Mutter *f*

nurture [ˈnəːtʃəʳ] VT hegen und pflegen; (*fig*: *ideas, creativity*) fördern

NUS (BRIT) N ABBR (= *National Union of Students*) *Studentengewerkschaft*

NUT (BRIT) N ABBR (= *National Union of Teachers*) *Lehrergewerkschaft*

nut [nʌt] N (*Tech*) (Schrauben)mutter *f*; (*Bot*) Nuss *f*; (*inf*: *lunatic*) Spinner(in) *m(f)*

nutcase [ˈnʌtkeɪs] (*inf*) N Spinner(in) *m(f)*

nutcrackers [ˈnʌtkrækəz] NPL Nussknacker *m*

nutmeg [ˈnʌtmɛg] N Muskat *m*, Muskatnuss *f*

nutrient [ˈnjuːtrɪənt] N Nährstoff *m*

nutrition [njuːˈtrɪʃən] N Ernährung *f*; (*nourishment*) Nahrung *f*

nutritionist [njuːˈtrɪʃənɪst] N Ernährungswissenschaftler(in) *m(f)*

nutritious [njuːˈtrɪʃəs] ADJ nahrhaft

nuts [nʌts] (*inf*) ADJ verrückt; **he's ~** er spinnt

nutshell [ˈnʌtʃɛl] N Nussschale *f*; **in a ~** (*fig*) kurz gesagt

nutty [ˈnʌtɪ] ADJ (*flavour*) Nuss-; (*inf*: *idea etc*) bekloppt

nuzzle [ˈnʌzl] VI: **to ~ up to** sich drücken *or* schmiegen an *+acc*

NV (US) ABBR (*Post*) = **Nevada**

NVQ N ABBR (= *National Vocational Qualification*) *Qualifikation für berufsbegleitende Ausbildungsinhalte*

NW ABBR = **north-west**

NY (US) ABBR (*Post*) = **New York**

nylon [ˈnaɪlɔn] N Nylon *nt* ▸ ADJ Nylon- ▪ **nylons** NPL (*stockings*) Nylonstrümpfe *pl*

nymph [nɪmf] N Nymphe *f*

nymphomaniac [ˈnɪmfəuˈmeɪnɪæk] N Nymphomanin *f*

NYSE (US) N ABBR (= *New York Stock Exchange*) *New Yorker Börse*

NZ ABBR = **New Zealand**

n

Oo

O, o [əu] N (*letter*) O *nt*, o *nt*; (*US Scol: outstanding*) ≈ Eins *f*; (*Tel etc*) Null *f*; **O for Olive, O for Oboe** (*US*) ≈ O wie Otto

oaf [əuf] N Trottel *m*

oak [əuk] N (*tree, wood*) Eiche *f* ▸ ADJ (*furniture, door*) Eichen-

O & M N ABBR (= *organization and method*) Organisation und Arbeitsweise *pl*

OAP (BRIT) N ABBR = **old age pensioner**

oar [ɔːʳ] N Ruder *nt*; **to put** *or* **shove one's ~ in** (*inf: fig*) mitmischen, sich einmischen

oarsman [ˈɔːzmən] N (*irreg*) Ruderer *m*

oarswoman [ˈɔːzwumən] N (*irreg*) Ruderin *f*

OAS N ABBR (= *Organization of American States*) OAS *f*

oasis [əuˈeɪsɪs] (*pl* **oases**) N (*lit, fig*) Oase *f*

oath [əuθ] N (*promise*) Eid *m*, Schwur *m*; (*swear word*) Fluch *m*; **on ~** (BRIT), **under ~** unter Eid; **to take the ~** (*Law*) vereidigt werden

oatmeal [ˈəutmiːl] N Haferschrot *m*; (*colour*) Hellbeige *nt*

oats [əuts] NPL Hafer *m*; **he's getting his ~** (BRIT *inf: fig*) er kommt im Bett auf seine Kosten

obdurate [ˈɔbdjurɪt] ADJ unnachgiebig

OBE (BRIT) N ABBR (= *Officer of (the order of) the British Empire*) *britischer Ordenstitel*

obedience [əˈbiːdɪəns] N Gehorsam *m*; **in ~ to** gemäß *+dat*

obedient [əˈbiːdɪənt] ADJ gehorsam; **to be ~ to sb** jdm gehorchen

obelisk [ˈɔbɪlɪsk] N Obelisk *m*

obese [əuˈbiːs] ADJ fettleibig

obesity [əuˈbiːsɪtɪ] N Fettleibigkeit *f*

obey [əˈbeɪ] VT (*person*) gehorchen *+dat*, folgen *+dat*; (*orders, law*) befolgen ▸ VI gehorchen

obituary [əˈbɪtjuərɪ] N Nachruf *m*

★**object** N [ˈɔbdʒɪkt] (*also Ling*) Objekt *nt*; (*aim, purpose*) Ziel *nt*, Zweck *m* ▸ VI [əbˈdʒɛkt] dagegen sein; **to be an ~ of ridicule** (*person*) sich lächerlich machen; (*thing*) lächerlich wirken; **money is no ~** Geld spielt keine Rolle; **he objected that ...** er wandte ein, dass ...; **I ~!** ich protestiere!; **do you ~ to my smoking?** haben Sie etwas dagegen, wenn ich rauche?

objection [əbˈdʒɛkʃən] N (*argument*) Einwand *m*; **I have no ~ to ...** ich habe nichts dagegen, dass ...; **if you have no ~** wenn Sie nichts dagegen haben; **to raise** *or* **voice an ~** einen Einwand erheben *or* vorbringen

objectionable [əbˈdʒɛkʃənəbl] ADJ (*language, conduct*) anstößig; (*person*) unausstehlich

★**objective** [əbˈdʒɛktɪv] ADJ objektiv ▸ N Ziel *nt*

objectively [əbˈdʒɛktɪvlɪ] ADV objektiv

objectivity [ɔbdʒɪkˈtɪvɪtɪ] N Objektivität *f*

object lesson N: **an ~ in** ein Paradebeispiel *nt* für

objector [əbˈdʒɛktəʳ] N Gegner(in) *m*(*f*)

obligation [ɔblɪˈgeɪʃən] N Pflicht *f*; **to be under an ~ to do sth** verpflichtet sein, etw zu tun; **to be under an ~ to sb** jdm verpflichtet sein; **"no ~ to buy"** (*Comm*) „kein Kaufzwang"

obligatory [əˈblɪgətərɪ] ADJ obligatorisch

oblige [əˈblaɪdʒ] VT (*compel*) zwingen; (*do a favour for*) einen Gefallen tun *+dat*; **I felt obliged to invite him in** ich fühlte mich verpflichtet, ihn hereinzubitten; **to be obliged to sb for sth** (*grateful*) jdm für etw dankbar sein; **anything to ~!** (*inf*) stets zu Diensten!

obliging [əˈblaɪdʒɪŋ] ADJ entgegenkommend

oblique [əˈbliːk] ADJ (*line, angle*) schief; (*reference, compliment*) indirekt, versteckt ▸ N (BRIT: *also* **oblique stroke**) Schrägstrich *m*

obliterate [əˈblɪtəreɪt] VT (*village etc*) vernichten; (*fig: memory, error*) auslöschen

oblivion [əˈblɪvɪən] N (*unconsciousness*) Bewusstlosigkeit *f*; (*being forgotten*) Vergessenheit *f*; **to sink into ~** (*event etc*) in Vergessenheit geraten

oblivious [əˈblɪvɪəs] ADJ: **he was ~ of** *or* **to it** er war sich dessen nicht bewusst

oblong [ˈɔblɔŋ] ADJ rechteckig ▸ N Rechteck *nt*

obnoxious [əbˈnɔkʃəs] ADJ widerwärtig widerlich

o.b.o. (*US*) ABBR (*in classified ads:* = *or best offer*) bzw. Höchstgebot

oboe [ˈəubəu] N Oboe *f*

obscene [əbˈsiːn] ADJ obszön; (*fig: wealth*) unanständig; (*income etc*) unverschämt

obscenity [əbˈsɛnɪtɪ] N Obszönität *f*

obscure [əbˈskjuəʳ] ADJ (*little known*) unbekannt, obskur; (*difficult to understand*) unklar ▸ VT (*obstruct, conceal*) verdecken

obscurity [əbˈskjuərɪtɪ] N (*of person, book*) Unbekanntheit *f*; (*of remark etc*) Unklarheit *f*

obsequious [əbˈsiːkwɪəs] ADJ unterwürfig

observable [əbˈzəːvəbl] ADJ wahrnehmbar; (*noticeable*) erkennbar

observance [əbˈzəːvəns] N (*of law etc*) Befolgung *f*; **religious observances** religiöse Feste *pl*

observant [əbˈzəːvənt] ADJ aufmerksam

observation [ɔbzəˈveɪʃən] N (*remark*) Bemerkung *f*; (*act of observing, Med*) Beobachtung *f*; **she's in hospital under ~** sie ist zur Beobachtung im Krankenhaus

observation post N Beobachtungsposten *m*

observatory [əbˈzəːvətrɪ] N Observatorium *nt*

observe [əbˈzəːv] VT (*watch*) beobachten; (*notice, comment*) bemerken; (*abide by: rule etc*) einhalten

observer [əbˈzəːvəʳ] N Beobachter(in) *m(f)*

obsess [əbˈsɛs] VT verfolgen; **to be obsessed by** *or* **with sb/sth** von jdm/etw besessen sein

obsession [əbˈsɛʃən] N Besessenheit *f*

obsessive [əbˈsɛsɪv] ADJ (*person*) zwanghaft; (*interest, hatred, tidiness*) krankhaft; **to be ~ about cleaning/tidying up** einen Putz-/Ordnungsfimmel haben (*inf*)

obsolescence [ɔbsəˈlɛsns] N Veralten *nt*; **built-in** *or* **planned ~** (*Comm*) geplanter Verschleiß *m*

obsolete [ˈɔbsəliːt] ADJ veraltet

obstacle [ˈɔbstəkl] N (*lit, fig*) Hindernis *nt*

obstacle race N Hindernisrennen *nt*

obstetrician [ɔbstəˈtrɪʃən] N Geburtshelfer(in) *m(f)*

obstetrics [ɔbˈstɛtrɪks] N Geburtshilfe *f*

obstinacy [ˈɔbstɪnəsɪ] N (*of person*) Starrsinn *m*

obstinate [ˈɔbstɪnɪt] ADJ (*person*) starrsinnig, stur; (*refusal, cough etc*) hartnäckig

obstruct [əbˈstrʌkt] VT (*road, path*) blockieren; (*traffic, fig*) behindern

obstruction [əbˈstrʌkʃən] N (*object*) Hindernis *nt*; (*of plan, law*) Behinderung *f*

obstructive [əbˈstrʌktɪv] ADJ hinderlich, obstruktiv (*esp Pol*); **she's being ~** sie macht Schwierigkeiten

obtain [əbˈteɪn] VT erhalten, bekommen ▶ VI (*form: exist, be the case*) gelten

obtainable [əbˈteɪnəbl] ADJ erhältlich

obtrusive [əbˈtruːsɪv] ADJ aufdringlich; (*conspicuous*) auffällig

obtuse [əbˈtjuːs] ADJ (*person, remark*) einfältig; (*Math*) stumpf

obverse [ˈɔbvəːs] N (*of situation, argument*) Kehrseite *f*

obviate [ˈɔbvɪeɪt] VT (*need, problem etc*) vorbeugen +*dat*

obvious [ˈɔbvɪəs] ADJ offensichtlich; (*lie*) klar; (*predictable*) naheliegend

obviously [ˈɔbvɪəslɪ] ADV (*clearly*) offensichtlich; (*of course*) natürlich; **~!** selbstverständlich!; **~ not** offensichtlich nicht; **he was ~ not drunk** er war natürlich nicht betrunken; **he was not ~ drunk** offenbar war er nicht betrunken

OCAS N ABBR (= *Organization of Central American States*) *mittelamerikanischer Staatenbund*

★**occasion** [əˈkeɪʒən] N Gelegenheit *f*; (*celebration etc*) Ereignis *nt* ▶ VT (*form: cause*) verursachen; **on ~** (*sometimes*) gelegentlich; **on that ~** bei der Gelegenheit; **to rise to the ~** sich der Lage gewachsen zeigen

occasional [əˈkeɪʒənl] ADJ gelegentlich; **he likes the ~ cigar** er raucht gelegentlich gern eine Zigarre

occasionally [əˈkeɪʒənəlɪ] ADV gelegentlich; **very ~** sehr selten

occasional table N Beistelltisch *m*

occult [ɔˈkʌlt] N: **the ~** der Okkultismus ▶ ADJ okkult

occupancy [ˈɔkjupənsɪ] N (*of room etc*) Bewohnen *nt*

occupant [ˈɔkjupənt] N (*of house etc*) Bewohner(in) *m(f)*; (*temporary: of car*) Insasse *m*, Insassin *f*; **the ~ of this table/office** derjenige, der an diesem Tisch sitzt/in diesem Büro arbeitet

occupation [ɔkjuˈpeɪʃən] N (*job*) Beruf *m*; (*pastime*) Beschäftigung *f*; (*of building, country etc*) Besetzung *f*

occupational guidance [ɔkjuˈpeɪʃənl-] (BRIT) N Berufsberatung *f*

occupational hazard N Berufsrisiko *nt*

occupational pension scheme N betriebliche Altersversorgung *f*

occupational therapy N Beschäftigungstherapie *f*

occupied [ˈɔkjupaɪd] ADJ (*country, seat, toilet*) besetzt; (*person*) beschäftigt; **to keep sb/oneself ~** jdn/sich beschäftigen; **to be ~ in** *or* **with sth** mit etw beschäftigt sein; **to be ~ in** *or* **with doing sth** damit beschäftigt sein, etw zu tun

occupier [ˈɔkjupaɪəʳ] N Bewohner(in) *m(f)*

occupy [ˈɔkjupaɪ] VT (*house, office*) bewohnen; (*place etc*) belegen; (*building, country etc*) besetzen; (*time, attention*) beanspruchen; (*position, space*) einnehmen; **to ~ o.s. (in** *or* **with sth)** sich (mit etw) beschäftigen; **to ~ o.s. in** *or* **with doing sth** sich damit beschäftigen, etw zu tun

occur [əˈkəːʳ] VI (*take place*) geschehen, sich ereignen; (*exist*) vorkommen; **to ~ to sb** jdm einfallen

occurrence [əˈkʌrəns] N (*event*) Ereignis *nt*; (*incidence*) Auftreten *nt*

OCD N ABBR (= *obsessive compulsive disorder*) Zwangsstörung *f*

★**ocean** [ˈəuʃən] N Ozean *m*, Meer *nt*; **oceans of** (*inf*) jede Menge

ocean bed N Meeresgrund *m*

ocean-going [ˈəuʃəngəuɪŋ] ADJ (*ship, vessel*) Hochsee-

Oceania [əuʃɪˈeɪnɪə] N Ozeanien *nt*

ocean liner N Ozeandampfer *m*

ochre, (*US*) **ocher** [ˈəukəʳ] ADJ ockerfarben

★**o'clock** [əˈklɔk] ADV: **it is 5 o'clock** es ist 5 Uhr

OCR N ABBR (*Comput*) = **optical character reader; optical character recognition**

Oct. ABBR (= *October*) Okt.
octagonal [ɔk'tægənl] ADJ achteckig
octane ['ɔkteɪn] N Oktan *nt*; **high-octane petrol**, **high-octane gas** (*US*) Benzin *nt* mit hoher Oktanzahl
octave ['ɔktɪv] N Oktave *f*
★**October** [ɔk'təubəʳ] N Oktober *m*; *see also* **July**
octogenarian ['ɔktəudʒɪ'nɛərɪən] N Achtzigjährige(r) *f(m)*
octopus ['ɔktəpəs] N Tintenfisch *m*
★**odd** [ɔd] ADJ (*person*) sonderbar, komisch; (*behaviour, shape*) seltsam; (*number*) ungerade; (*sock, shoe etc*) einzeln; (*occasional*) gelegentlich; **60-odd** etwa 60; **at ~ times** ab und zu; **to be the ~ one out** der Außenseiter/die Außenseiterin sein; **any ~ piece of wood** irgendein Stück(chen) Holz
oddball ['ɔdbɔːl] (*inf*) N komischer Kauz *m*
oddity ['ɔdɪtɪ] N (*person*) Sonderling *m*; (*thing*) Merkwürdigkeit *f*
odd-job man [ɔd'dʒɔb-] N (*irreg*) Mädchen *nt* für alles
odd jobs NPL Gelegenheitsarbeiten *pl*
oddly ['ɔdlɪ] ADV (*behave, dress*) seltsam; *see also* **enough**
oddments ['ɔdmənts] NPL (*Comm*) Restposten *m*
odds [ɔdz] NPL (*in betting*) Gewinnquote *f*; (*fig*) Chancen *pl*; **the ~ are in favour of/against his coming** es sieht so aus, als ob er kommt/nicht kommt; **to succeed against all the ~** allen Erwartungen zum Trotz erfolgreich sein; **it makes no ~** es spielt keine Rolle; **to be at ~ (with)** (*in disagreement*) uneinig sein (mit); (*at variance*) sich nicht vertragen (mit)
odds and ends NPL Kleinigkeiten *pl*
odds-on [ɔdz'ɔn] ADJ: **the ~ favourite** der klare Favorit ▶ ADV: **it's ~ that she'll win** es ist so gut wie sicher, dass sie gewinnt
ode [əud] N Ode *f*
odious ['əudɪəs] ADJ widerwärtig
odometer [ɔ'dɔmɪtəʳ] (*US*) N Tacho(meter) *m*
odor *etc* (*US*) = **odour** *etc*
odour, (*US*) **odor** ['əudəʳ] N Geruch *m*
odourless ['əudəlɪs] ADJ geruchlos
OECD N ABBR (= *Organization for Economic Cooperation and Development*) OECD *f*
oesophagus, (*US*) **esophagus** [iː'sɔfəgəs] N Speiseröhre *f*
oestrogen, (*US*) **estrogen** ['iːstrəudʒən] N Östrogen *nt*

of [ɔv]

PREP **1** von; **the history of Germany** die Geschichte Deutschlands; **a friend of ours** ein Freund von uns; **a boy of ten** ein Junge von zehn Jahren, ein zehnjähriger Junge; **that was kind of you** das war nett von Ihnen; **the city of New York** die Stadt New York
2 (*expressing quantity, amount, dates etc*): **a kilo of flour** ein Kilo Mehl; **how much of this do you need?** wie viel brauchen Sie davon?; **3 of them** (*people*) 3 von ihnen; (*objects*) 3 davon; **a cup of tea** eine Tasse Tee; **a vase of flowers** eine Vase mit Blumen; **the 5th of July** der 5. Juli
3 (*from, out of*) aus; **a bracelet of solid gold** ein Armband aus massivem Gold; **made of wood** aus Holz (gemacht)

Of is not translated when specifying a quantity of something.

a kilo of oranges **ein Kilo Orangen**

Of is often expressed by using the genitive.

the end of the film **das Ende des Films**

the top of the stairs **das obere Ende der Treppe**

Ofcom ['ɔfkɔm] (*Brit*) N ABBR (= *Office of Communications Regulation*) *Regulierungsbehörde für die Kommunikationsindustrie*

off [ɔf]

ADV **1** (*referring to distance, time*): **it's a long way off** es ist sehr weit weg; **the game is 3 days off** es sind noch 3 Tage bis zum Spiel
2 (*departure*): **to go off to Paris/Italy** nach Paris/Italien fahren; **I must be off** ich muss gehen
3 (*removal*): **to take off one's coat/clothes** seinen Mantel/sich ausziehen; **the button came off** der Knopf ging ab; **10 % off** (*Comm*) 10% Nachlass
4: **to be off** (*on holiday*) im Urlaub sein; (*due to sickness*) krank sein; **I'm off on Fridays** freitags habe ich frei; **he was off on Friday** Freitag war er nicht da; **to have a day off** (*from work*) einen Tag freihaben; **to be off sick** wegen Krankheit fehlen
▶ ADJ **1** (*not turned on: machine, light, engine etc*) aus; (*: water, gas*) abgedreht; (*: tap*) zu
2: **to be off** (*meeting, match*) ausfallen; (*agreement*) nicht mehr gelten
3 (*Brit: not fresh*) verdorben, schlecht
4: **on the off chance that ...** für den Fall, dass ...; **to have an off day** (*not as good as usual*) nicht in Form sein; **to be badly off** sich schlecht stehen
▶ PREP **1** (*indicating motion, removal etc*) von *+dat*; **to fall off a cliff** von einer Klippe fallen; **to take a picture off the wall** ein Bild von der Wand nehmen
2 (*distant from*): **5 km off the main road** 5 km von der Hauptstraße entfernt; **an island off the coast** eine Insel vor der Küste
3: **I'm off meat/beer** (*no longer eat/drink it*) ich esse kein Fleisch/trinke kein Bier mehr; (*no longer like it*) ich kann kein Fleisch/Bier *etc* mehr sehen

offal ['ɔfl] N (*Culin*) Innereien *pl*
off-beat ['ɔfbiːt] ADJ (*clothes, ideas*) ausgefallen

off-centre, (*US*) **off-center** [ɔfˈsɛntəʳ] ADJ nicht genau in der Mitte, links/rechts von der Mitte ▶ ADV asymmetrisch

off-colour [ˈɔfˈkʌləʳ] (*Brit*) ADJ (*ill*) unpässlich; **to feel ~** sich unwohl fühlen

offence, (*US*) **offense** [əˈfɛns] N (*crime*) Vergehen *nt*; (*insult*) Beleidigung *f*, Kränkung *f*; **to commit an ~** eine Straftat begehen; **to take ~ (at)** Anstoß nehmen (an *+dat*); **to give ~ (to)** Anstoß erregen (bei); **"no ~"** „nichts für ungut"

offend [əˈfɛnd] VT (*upset*) kränken; **to ~ against** (*law, rule*) verstoßen gegen

offender [əˈfɛndəʳ] N Straftäter(in) *m(f)*

offending [əˈfɛndɪŋ] ADJ (*item etc*) anstoßerregend

offense [əˈfɛns] (*US*) N = **offence**

offensive [əˈfɛnsɪv] ADJ (*remark, behaviour*) verletzend; (*smell etc*) übel; (*weapon*) Angriffs- ▶ N (*Mil*) Offensive *f*

offer [ˈɔfəʳ] N Angebot *nt* ▶ VT anbieten; (*money, opportunity, service*) bieten; (*reward*) aussetzen; **to make an ~ for sth** ein Angebot für etw machen; **on ~** (*Comm: available*) erhältlich; (*: cheaper*) im Angebot; **to ~ sth to sb** jdm etw anbieten; **to ~ to do sth** anbieten, etw zu tun

offering [ˈɔfərɪŋ] N Darbietung *f*; (*Rel*) Opfergabe *f*

off-grid [ɔfˈgrɪd] ADJ netzunabhängig

off-hand [ɔfˈhænd] ADJ (*casual*) lässig; (*impolite*) kurz angebunden ▶ ADV auf Anhieb; **I can't tell you ~** das kann ich Ihnen auf Anhieb nicht sagen

office [ˈɔfɪs] N Büro *nt*; (*position*) Amt *nt*; **doctor's ~** (*US*) Praxis *f*; **to take ~** das Amt antreten; **in ~** (*minister etc*) im Amt; **through his good offices** durch seine guten Dienste; **O~ of Fair Trading** (*Brit*) Behörde *f* gegen unlauteren Wettbewerb

office block, (*US*) **office building** N Bürogebäude *nt*

office boy N Bürogehilfe *m*

office holder N Amtsinhaber(in) *m(f)*

office hours NPL (*Comm*) Bürostunden *pl*; (*US Med*) Sprechstunde *f*

office manager N Büroleiter(in) *m(f)*

officer [ˈɔfɪsəʳ] N (*Mil etc*) Offizier *m*; (*also:* **police officer**) Polizeibeamte(r) *m*, Polizeibeamtin *f*; (*of organization*) Funktionär *m*

office work N Büroarbeit *f*

office worker N Büroangestellte(r) *f(m)*

official [əˈfɪʃl] ADJ offiziell ▶ N (*in government*) Beamte(r) *m*, Beamtin *f*; (*in trade union etc*) Funktionär *m*

officialdom [əˈfɪʃldəm] (*pej*) N Bürokratie *f*

officially [əˈfɪʃəlɪ] ADV offiziell

official receiver N (*Comm*) Konkursverwalter *m*

officiate [əˈfɪʃɪeɪt] VI amtieren; **to ~ at a marriage** eine Trauung vornehmen

officious [əˈfɪʃəs] ADJ übereifrig

offing [ˈɔfɪŋ] N: **in the ~** in Sicht

off-key [ɔfˈkiː] ADJ (*Mus: sing, play*) falsch; (*instrument*) verstimmt

off-licence [ˈɔflaɪsns] (*Brit*) N ≈ Wein- und Spirituosenhandlung *f*

off-limits [ɔfˈlɪmɪts] ADJ verboten

off-line [ɔfˈlaɪn] (*Comput*) ADJ Offline- ▶ ADV offline; (*switched off*) abgetrennt

off-load [ˈɔfləud] VT abladen

off-peak [ˈɔfˈpiːk] ADJ (*heating*) Nachtspeicher-; (*electricity*) Nacht-; (*train*) außerhalb der Stoßzeit; **~ ticket** Fahrkarte *f* zur Fahrt außerhalb der Stoßzeit

off-putting [ˈɔfputɪŋ] (*Brit*) ADJ (*remark, behaviour*) abstoßend

off-season [ˈɔfˈsiːzn] ADJ, ADV außerhalb der Saison

offset [ˈɔfsɛt] VT (*irreg: like* **set**) (*counteract*) ausgleichen

offshoot [ˈɔfʃuːt] N (*Bot, fig*) Ableger *m*

offshore [ɔfˈʃɔːʳ] ADJ (*breeze*) ablandig; (*oil rig, fishing*) küstennah

offside [ˈɔfˈsaɪd] ADJ (*Sport*) im Abseits; (*Aut: when driving on left*) rechtsseitig; (*: when driving on right*) linksseitig ▶ N: **the ~** (*Aut: when driving on left*) die rechte Seite; (*: when driving on right*) die linke Seite

offspring [ˈɔfsprɪŋ] N INV Nachwuchs *m*

offstage [ɔfˈsteɪdʒ] ADV hinter den Kulissen

off-the-cuff [ɔfðəˈkʌf] ADJ (*remark*) aus dem Stegreif

off-the-job [ˈɔfðəˈdʒɔb] ADJ: **~ training** außerbetriebliche Weiterbildung *f*

off-the-peg [ˈɔfðəˈpɛg], (*US*) **off-the-rack** [ˈɔfðəˈræk] ADV von der Stange

off-the-record [ˈɔfðəˈrɛkɔːd] ADJ (*conversation, briefing*) inoffiziell; **that's strictly ~** das ist ganz im Vertrauen

off-white [ˈɔfwaɪt] ADJ gebrochen weiß

Ofgem [ˈɔfgɛm] N *Überwachungsgremium zum Verbraucherschutz nach Privatisierung der Stromindustrie*

★**often** [ˈɔfn] ADV oft; **how ~?** wie oft?; **more ~ than not** meistens; **as ~ as not** ziemlich oft; **every so ~** ab und zu

Ofwat [ˈɔfwɔt] N *Überwachungsgremium zum Verbraucherschutz nach Privatisierung der Wasserindustrie*

ogle [ˈəugl] VT schielen nach, begaffen (*pej*)

ogre [ˈəugəʳ] N (*monster*) Menschenfresser *m*

OH (*US*) ABBR (*Post*) = **Ohio**

oh [əu] EXCL oh

ohm [əum] N Ohm *nt*

OHMS (*Brit*) ABBR (= *On His/Her Majesty's Service*) *Aufdruck auf amtlichen Postsendungen*

★**oil** [ɔɪl] N Öl *nt*; (*petroleum*) (Erd)öl *nt* ▶ VT ölen

oilcan [ˈɔɪlkæn] N Ölkanne *f*

oil change N Ölwechsel *m*

oilcloth [ˈɔɪlklɔθ] N Wachstuch *nt*

oilfield [ˈɔɪlfiːld] N Ölfeld *nt*

oil filter N Ölfilter *m*

O

oil-fired [ˈɔɪlfaɪəd] ADJ (*boiler, central heating*) Öl-
oil gauge N Ölstandsmesser *m*
oil painting N Ölgemälde *nt*
oil refinery N Ölraffinerie *f*
oil rig N Ölförderturm *m*; (*at sea*) Bohrinsel *f*
oilskins [ˈɔɪlskɪnz] NPL Ölzeug *nt*
oil slick N Ölteppich *m*
oil tanker N (*ship*) (Öl)tanker *m*; (*truck*) Tankwagen *m*
oil well N Ölquelle *f*
oily [ˈɔɪlɪ] ADJ (*substance*) ölig; (*rag*) öldurchtränkt; (*food*) fettig
ointment [ˈɔɪntmənt] N Salbe *f*
OK[1] (*US*) ABBR (*Post*) = **Oklahoma**
OK[2] [ˈəuˈkeɪ] (*inf*) EXCL okay; (*granted*) gut ▶ ADJ (*average*) einigermaßen; (*acceptable*) in Ordnung ▶ VT genehmigen ▶ N: **to give sb/sth the OK** jdm/etw seine Zustimmung geben; **is it OK?** ist es in Ordnung?; **are you OK?** bist du in Ordnung?; **are you OK for money?** hast du (noch) genug Geld?; **it's OK with** *or* **by me** mir ist es recht
★**okay** [ˈəuˈkeɪ] EXCL = **OK**[2]
★**old** [əuld] ADJ alt; **how ~ are you?** wie alt bist du?; **he's 10 years ~** er ist 10 Jahre alt; **older brother** ältere(r) Bruder; **any ~ thing will do for him** ihm ist alles recht
old age N Alter *nt*
old age pension N Rente *f*
old age pensioner N (BRIT) Rentner(in) *m(f)*
old-fashioned [ˈəuldˈfæʃnd] ADJ altmodisch
old hand N alter Hase *m*
old hat ADJ: **to be ~** ein alter Hut sein
old maid N alte Jungfer *f*
old people's home N Altersheim *nt*
old-style [ˈəuldstaɪl] ADJ im alten Stil
old-time dancing [ˈəuldtaɪm-] N Tänze *pl* im alten Stil
old-timer [əuldˈtaɪmə^r] (*esp US*) N Veteran *m*
old wives' tale N Ammenmärchen *nt*
oleander [əulɪˈændə^r] N Oleander *m*
O level (BRIT) N (*formerly*) ≈ Abschluss *m* der Sekundarstufe 1, ≈ mittlere Reife *f*
oligarch [ˈɔlɪgɑːk] N Oligarch(in) *m(f)*
olive [ˈɔlɪv] N Olive *f*; (*tree*) Olivenbaum *m* ▶ ADJ (*also:* **olive-green**) olivgrün; **to offer an ~ branch to sb** (*fig*) jdm ein Friedensangebot machen
olive oil N Olivenöl *nt*
Olympic® [əuˈlɪmpɪk] ADJ olympisch; **the ~ Games**®, **the Olympics**® die Olympischen Spiele *pl*
OM (BRIT) N ABBR (= *Order of Merit*) *britischer Verdienstorden*
Oman [əuˈmɑːn] N Oman *nt*
OMB (US) N ABBR (= *Office of Management and Budget*) *Regierungsbehörde für Verwaltung und Etat*
ombudsman [ˈɔmbudzmən] N (*irreg*) Ombudsmann *m*
omelette, (*US*) **omelet** [ˈɔmlɪt] N Omelett *nt* **ham/cheese omelet(te)** Schinken-/Käseomelett *nt*
omen [ˈəumən] N Omen *nt*
OMG (*inf*) ABBR (= *oh my God*) Oh Gott , Mein Gott
ominous [ˈɔmɪnəs] ADJ (*silence, warning*) ominös (*clouds, smoke*) bedrohlich
omission [əuˈmɪʃən] N (*thing omitted*) Auslassung *f*; (*act of omitting*) Auslassen *nt*
omit [əuˈmɪt] VT (*deliberately*) unterlassen; (*by mistake*) auslassen ▶ VI: **to ~ to do sth** es unterlassen, etw zu tun
omnivorous [ɔmˈnɪvrəs] ADJ: **to be ~** Allesfresser sein
ON (CANADA) ABBR = **Ontario**

on [ɔn]

PREP **1** (*indicating position*) auf *+dat*; (*with vb of motion*) auf *+acc*; **it's on the table** es ist auf dem Tisch; **she put the book on the table** sie legte das Buch auf den Tisch; **on the left** links; **on the right** rechts; **the house is on the main road** das Haus liegt an der Hauptstraße
2 (*indicating means, method, condition etc*): **on foot** (*go, be*) zu Fuß; **to be on the train/plane** im Zug/Flugzeug sein; **to go on the train/plane** mit dem Zug/Flugzeug reisen; **(to be wanted) on the telephone** am Telefon (verlangt werden); **on the radio/television** im Radio/Fernsehen; **to be on drugs** Drogen nehmen; **to be on holiday** im Urlaub sein; **I'm here on business** ich bin geschäftlich hier
3 (*referring to time*): **on Friday** am Freitag; **on Fridays** freitags; **on June 20th** am 20. Juni; **on Friday, June 20th** am Freitag, dem 20. Juni; **a week on Friday** Freitag in einer Woche; **on (his) arrival he went straight to his hotel** bei seiner Ankunft ging er direkt in sein Hotel; **on seeing this he ...** als er das sah, ... er ...
4 (*about, concerning*) über *+acc*; **a book on physics** ein Buch über Physik
▶ ADV **1** (*referring to dress*): **to have one's coat on** seinen Mantel anhaben; **what's she got on?** was hat sie an?
2 (*referring to covering*): **screw the lid on tightly** dreh den Deckel fest zu
3 (*further, continuously*): **to walk/drive/read on** weitergehen/-fahren/-lesen
▶ ADJ **1** (*functioning, in operation: machine, radio, TV, light*) an; (*: tap*) auf; (*: handbrake*) angezogen; **there's a good film on at the cinema** im Kino läuft ein guter Film
2: that's not on! (*inf: of behaviour*) das ist nicht drin!

★**once** [wʌns] ADV (*on one occasion*) einmal; (*formerly*) früher; (*a long time ago*) früher einmal ▶ CONJ (*as soon as*) sobald; **at ~** (*immediately*) sofort; (*simultaneously*) gleichzeitig; **~ a week** einmal pro Woche; **~ more** *or* **again** noch einmal; **~ and for all** ein für alle Mal; **~ upon a time** es war einmal; **~ in a while** ab und zu; **a**

at ~ (*suddenly*) plötzlich; **for ~** ausnahmsweise (einmal); **~ or twice** ein paarmal; **~ he had left** sobald er gegangen war; **~ it was done** nachdem es getan war

oncoming [ˈɔnkʌmɪŋ] ADJ (*traffic etc*) entgegenkommend

one [wʌn]

NUM ein(e); (*counting*) eins; **one hundred and fifty** (ein)hundert(und)fünfzig; **one day there was a sudden knock at the door** eines Tages klopfte es plötzlich an der Tür; **one by one** einzeln

▸ ADJ **1** (*sole*) einzige(r, s); **the one book which ...** das einzige Buch, das ...

2 (*same*): **they came in the one car** sie kamen in demselben Wagen; **they all belong to the one family** sie alle gehören zu ein und derselben Familie

▸ PRON **1**: **this one** diese(r, s); **that one** der/die/das (da); **which one?** welcher/welche/welches?; **he is one of us** er ist einer von uns; **I've already got one/a red one** ich habe schon eins/ein rotes

2: **one another** einander; **do you two ever see one another?** seht ihr zwei euch jemals?

3 (*impersonal*) man; **one never knows** man weiß nie; **to cut one's finger** sich *dat* in den Finger schneiden

one-day excursion [ˈwʌndeɪ-] (*US*) N (*day return*) Tagesrückfahrkarte *f*

one-man [ˈwʌnˈmæn] ADJ (*business, show*) Einmann-

one-man band N Einmannkapelle *f*

one-off [wʌnˈɔf] (*BRIT inf*) N einmaliges Ereignis *nt*

one-parent family [ˈwʌnpɛərənt-] N Familie *f* mit nur einem Elternteil

one-piece [ˈwʌnpiːs] ADJ: **~ swimsuit** einteiliger Badeanzug *m*

onerous [ˈɔnərəs] ADJ (*duty etc*) schwer

oneself [wʌnˈsɛlf]

PRON (*reflexive*: *after prep*) sich; (: *emphatic*) selbst; **to hurt oneself** sich *dat* wehtun; **to keep sth for oneself** etw für sich behalten; **to talk to oneself** Selbstgespräche führen

one-shot [ˈwʌnʃɔt] (*US*) N = **one-off**

one-sided [wʌnˈsaɪdɪd] ADJ einseitig

onesie [ˈwʌnzɪ] N Strampler *m*, Einteiler *m*

one-time [ˈwʌntaɪm] ADJ ehemalig

one-to-one [ˈwʌntəwʌn] ADJ (*relationship, tuition*) Einzel-

one-upmanship [wʌnˈʌpmənʃɪp] N: **the art of ~** die Kunst, anderen um einen Schritt voraus zu sein

one-way [ˈwʌnweɪ] ADJ (*street, traffic*) Einbahn-; (*ticket*) Einzel-

ongoing [ˈɔngəuɪŋ] ADJ (*project*) laufend; (*situation etc*) andauernd

★**onion** [ˈʌnjən] N Zwiebel *f*

online, on-line [ɔnˈlaɪn] (*Comput*) ADJ online ▸ ADV: **to go ~** online gehen; **to put the printer ~** den Drucker online schalten

> Wenn **online** Adjektiv ist, liegt der Akzent auf der ersten Silbe: [ˈɔnlaɪn], wenn es Adverb ist, auf der zweiten: [ɔnˈlaɪn].

onlooker [ˈɔnlukəʳ] N Zuschauer(in) *m(f)*

★**only** [ˈəunlɪ] ADV nur ▸ ADJ einzige(r, s) ▸ CONJ nur, bloß; **I ~ took one** ich nahm nur eins; **I saw her ~ yesterday** ich habe sie erst gestern gesehen; **I'd be ~ too pleased to help** ich würde allzu gern helfen; **not ~ ... but (also) ...** nicht nur ..., sondern auch ...; **an ~ child** ein Einzelkind *nt*; **I would come, ~ I'm too busy** ich würde kommen, wenn ich nicht so viel zu tun hätte

ono (*BRIT*) ABBR (*in classified ads*: = *or near(est) offer*) *see* **near**

onset [ˈɔnsɛt] N Beginn *m*

onshore [ˈɔnʃɔːʳ] ADJ (*wind*) auflandig, See-

onslaught [ˈɔnslɔːt] N Attacke *f*

on-the-job [ˈɔnðəˈdʒɔb] ADJ: **~ training** Ausbildung *f* am Arbeitsplatz

onto [ˈɔntu] PREP = **on to**

onus [ˈəunəs] N Last *f*, Pflicht *f*; **the ~ is on him to prove it** er trägt die Beweislast

onward [ˈɔnwəd], **onwards** [ˈɔnwədz] ADV weiter ▸ ADJ fortschreitend; **from that time ~(s)** von der Zeit an

onyx [ˈɔnɪks] N Onyx *m*

ooze [uːz] VI (*mud, water etc*) triefen

opacity [əuˈpæsɪtɪ] N (*of substance*) Undurchsichtigkeit *f*

opal [ˈəupl] N Opal *m*

opaque [əuˈpeɪk] ADJ (*substance*) undurchsichtig, trüb

OPEC [ˈəupɛk] N ABBR (= *Organization of Petroleum-Exporting Countries*) OPEC *f*

★**open** [ˈəupn] ADJ offen; (*packet, shop, museum*) geöffnet; (*view*) frei; (*meeting, debate*) öffentlich; (*ticket, return*) unbeschränkt; (*vacancy*) verfügbar ▸ VT öffnen, aufmachen; (*book, paper etc*) aufschlagen; (*account*) eröffnen; (*blocked road*) frei machen ▸ VI (*door, eyes, mouth*) sich öffnen; (*shop, bank etc*) aufmachen; (*commence*) beginnen; (*film, play*) Premiere haben; (*flower*) aufgehen; **in the ~ (air)** im Freien; **the ~ sea** das offene Meer; **to have an ~ mind on sth** etw *dat* aufgeschlossen gegenüberstehen; **to be ~ to** (*ideas etc*) offen sein für; **to be ~ to criticism** der Kritik *dat* ausgesetzt sein; **to be ~ to the public** für die Öffentlichkeit zugänglich sein; **to ~ one's mouth** (*speak*) den Mund aufmachen

▸ **open on to** VT FUS (*room, door*) führen auf *+acc*

▸ **open up** VI (*unlock*) aufmachen; (*confide*) sich äußern

open-air [əupnˈɛəʳ] ADJ im Freien; **~ concert** Open-Air-Konzert *nt*; **~ swimming pool** Freibad *nt*

O

open-and-shut [ˈəupnənˈʃʌt] ADJ: **~ case** klarer Fall *m*

open day N Tag *m* der offenen Tür

open-ended [əupnˈɛndɪd] ADJ (*question etc*) mit offenem Ausgang; (*contract*) unbefristet

opener [ˈəupnəʳ] N (*also:* **tin opener, can opener**) Dosenöffner *m*

open-heart [əupnˈhɑːt] ADJ: **~ surgery** Eingriff *m* am offenen Herzen

opening [ˈəupnɪŋ] ADJ (*commencing: stages, scene*) erste(r, s); (*remarks, ceremony etc*) Eröffnungs- ▸ N (*gap, hole*) Öffnung *f*; (*of play etc*) Anfang *m*; (*of new building etc*) Eröffnung *f*; (*opportunity*) Gelegenheit *f*

opening hours NPL Öffnungszeiten *pl*

opening night N (*Theat*) Eröffnungsabend *m*

open learning N *Weiterbildungssystem auf Teilzeitbasis*

openly [ˈəupnlɪ] ADV offen

open-minded [əupnˈmaɪndɪd] ADJ aufgeschlossen

open-necked [ˈəupnnɛkt] ADJ (*shirt*) mit offenem Kragen

openness [ˈəupnnɪs] N (*frankness*) Offenheit *f*

open-plan [ˈəupnˈplæn] ADJ (*office*) Großraum-

open prison N offenes Gefängnis *nt*

open sandwich N belegtes Brot *nt*

open shop N *Unternehmen ohne Gewerkschaftszwang*

Open University (BRIT) N ≈ Fernuniversität *f*

Open University ist eine 1969 in Großbritannien gegründete Fernuniversität für Spätstudierende. Der Unterricht findet durch Fernseh- und Radiosendungen statt, schriftliche Arbeiten werden mit der Post verschickt, und der Besuch von Sommerkursen ist Pflicht. Die Studenten müssen eine bestimmte Anzahl von Unterrichtseinheiten in einem bestimmten Zeitraum absolvieren und für die Verleihung eines akademischen Grades eine Mindestzahl von Scheinen machen.

open verdict N (*Law*) *Todesfeststellung ohne Angabe der Todesursache*

opera [ˈɔpərə] N Oper *f*

opera glasses NPL Opernglas *nt*

opera house N Opernhaus *nt*

opera singer N Opernsänger(in) *m(f)*

operate [ˈɔpəreɪt] VT (*machine etc*) bedienen ▸ VI (*machine etc*) funktionieren; (*company*) arbeiten; (*laws, forces*) wirken; (*Med*) operieren; **to ~ on sb** jdn operieren

operatic [ɔpəˈrætɪk] ADJ (*singer etc*) Opern-

operating room [ˈɔpəreɪtɪŋ-] (*US*) N Operationssaal *m*

operating system N (*Comput*) Betriebssystem *nt*

operating table N (*Med*) Operationstisch *m*

operating theatre [ˈɔpəreɪtɪŋ-] N (*Med*) Operationssaal *m*

★**operation** [ɔpəˈreɪʃən] N (*activity*) Unterneh mung *f*; (*of machine etc*) Betrieb *m*; (*Mil, Med*) Operation *f*; (*Comm*) Geschäft *nt*; **to be in ~** (*law, scheme*) in Kraft sein; **to have an ~** (*Med*) operiert werden; **to perform an ~** (*Med*) eine Operation vornehmen

operational [ɔpəˈreɪʃənl] ADJ (*machine etc*) einsatzfähig

operative [ˈɔpərətɪv] ADJ (*measure, system*) wirksam; (*law*) gültig ▸ N (*in factory*) Maschinenarbeiter(in) *m(f)*; **the ~ word** das entscheidende Wort

operator [ˈɔpəreɪtəʳ] N (*Tel*) Vermittlung *f*; (*of machine*) Bediener(in) *m(f)*

operetta [ɔpəˈrɛtə] N Operette *f*

ophthalmic [ɔfˈθælmɪk] ADJ (*department*) Augen-

ophthalmic optician N Augenoptiker(in) *m(f)*

ophthalmologist [ɔfθælˈmɔlədʒɪst] N Augenarzt *m*, Augenärztin *f*

★**opinion** [əˈpɪnjən] N Meinung *f*; **in my ~** meiner Meinung nach; **to have a good/high ~ of sb/o.s.** eine gute/hohe Meinung von jdm/sich haben; **to be of the ~ that ...** der Ansicht or Meinung sein, dass ...; **to get a second ~** (*Med etc*) ein zweites Gutachten einholen

opinionated [əˈpɪnjəneɪtɪd] (*pej*) ADJ rechthaberisch

opinion poll N Meinungsumfrage *f*

opium [ˈəupɪəm] N Opium *nt*

★**opponent** [əˈpəunənt] N Gegner(in) *m(f)*

opportune [ˈɔpətjuːn] ADJ (*moment*) günstig

opportunism [ɔpəˈtjuːnɪsəm] (*pej*) N Opportunismus *m*

opportunist [ɔpəˈtjuːnɪst] (*pej*) N Opportunist(in) *m(f)*

★**opportunity** [ɔpəˈtjuːnɪtɪ] N Gelegenheit *f*, Möglichkeit *f*; (*prospects*) Chance *f*; **to take the ~ of doing sth** die Gelegenheit ergreifen, etw zu tun

oppose [əˈpəuz] VT (*opinion, plan*) ablehnen; **to be opposed to sth** gegen etw sein; **as opposed to** im Gegensatz zu

opposing [əˈpəuzɪŋ] ADJ (*side, team*) gegnerisch; (*ideas, tendencies*) entgegengesetzt

★**opposite** [ˈɔpəzɪt] ADJ (*house, door*) gegenüberliegend; (*end, direction*) entgegengesetzt; (*point of view, effect*) gegenteilig ▸ ADV gegenüber ▸ PREP (*in front of*) gegenüber; (*next to: on list, form etc*) neben ▸ N: **the ~** das Gegenteil; **the ~ sex** das andere Geschlecht; **"see ~ page"** „siehe gegenüber"

opposite number N (*person*) Gegenspieler(in) *m(f)*

★**opposition** [ɔpəˈzɪʃən] N (*resistance*) Widerstand *m*; (*Sport*) Gegner *pl*; **the O~** (*Pol*) die Opposition

oppress [əˈprɛs] VT unterdrücken

oppressed [əˈprɛst] ADJ unterdrückt

oppression [əˈprɛʃən] N Unterdrückung *f*

oppressive [əˈprɛsɪv] ADJ (*weather, heat*) bedrückend; (*political regime*) repressiv

opprobrium [əˈprəubrɪəm] N (*form*) Schande *f*, Schmach *f*

opt [ɔpt] VI: **to ~ for** sich entscheiden für; **to ~ to do sth** sich entscheiden, etw zu tun
▸ **opt out (of)** VI (*not participate*) sich nicht beteiligen (an +*dat*); (*of insurance scheme etc*) kündigen; **to ~ out (of local authority control)** (BRIT *Pol: hospital, school*) aus der Kontrolle der Gemeindeverwaltung austreten

optical [ˈɔptɪkl] ADJ optisch

optical character reader N optischer Klarschriftleser *m*

optical character recognition N optische Zeichenerkennung *f*

optical illusion N optische Täuschung *f*

optician [ɔpˈtɪʃən] N Optiker(in) *m(f)*

optics [ˈɔptɪks] N Optik *f*

optimism [ˈɔptɪmɪzəm] N Optimismus *m*

optimist [ˈɔptɪmɪst] N Optimist(in) *m(f)*

optimistic [ɔptɪˈmɪstɪk] ADJ optimistisch

optimum [ˈɔptɪməm] ADJ optimal

option [ˈɔpʃən] N (*choice*) Möglichkeit *f*; (*Scol*) Wahlfach *nt*; (*Comm*) Option *f*; **to keep one's options open** sich *dat* alle Möglichkeiten offenhalten; **to have no ~** keine (andere) Wahl haben

optional [ˈɔpʃənl] ADJ freiwillig; **~ extras** (*Comm*) Extras *pl*

opulence [ˈɔpjuləns] N Reichtum *m*

opulent [ˈɔpjulənt] ADJ (*very wealthy*) reich, wohlhabend

OR (*US*) ABBR (*Post*) = **Oregon**

or [ɔːʳ] CONJ oder; **he hasn't seen or heard anything** er hat weder etwas gesehen noch gehört; **or else** (*otherwise*) sonst; **fifty or sixty people** fünfzig bis sechzig Leute

> Use **weder ... noch** instead of **oder** in negative sentences.
>
> *I don't eat meat or fish.* **Ich esse weder Fleisch noch Fisch**.

oracle [ˈɔrəkl] N Orakel *nt*

oral [ˈɔːrəl] ADJ (*test, report*) mündlich; (*Med: vaccine, contraceptive*) zum Einnehmen ▸ N (*exam*) mündliche Prüfung *f*

orange [ˈɔrɪndʒ] N Orange *f*, Apfelsine *f* ▸ ADJ (*colour*) orange

orangeade [ɔrɪndʒˈeɪd] N Orangenlimonade *f*

orange juice N Orangensaft *m*

oration [ɔːˈreɪʃən] N Ansprache *f*

orator [ˈɔrətəʳ] N Redner(in) *m(f)*

oratorio [ɔrəˈtɔːrɪəu] N (*Mus*) Oratorium *nt*

orb [ɔːb] N Kugel *f*

orbit [ˈɔːbɪt] N (*of planet etc*) Umlaufbahn *f* ▸ VT umkreisen

orbital motorway [ˈɔːbɪtəl-] (BRIT) N Ringautobahn *f*

orchard [ˈɔːtʃəd] N Obstgarten *m*; **apple ~** Obstgarten mit Apfelbäumen

orchestra [ˈɔːkɪstrə] N Orchester *nt*; (*US: stalls*) Parkett *nt*

orchestral [ɔːˈkɛstrəl] ADJ (*piece, musicians*) Orchester-

orchestrate [ˈɔːkɪstreɪt] VT orchestrieren

orchid [ˈɔːkɪd] N Orchidee *f*

ordain [ɔːˈdeɪn] VT (*Rel*) ordinieren; (*decree*) verfügen

ordeal [ɔːˈdiːl] N Qual *f*

★**order** [ˈɔːdəʳ] N (*command*) Befehl *m*; (*Comm, in restaurant*) Bestellung *f*; (*sequence*) Reihenfolge *f*; (*discipline, organization*) Ordnung *f*; (*Rel*) Orden *m* ▸ VT (*command*) befehlen; (*Comm, in restaurant*) bestellen; (*also:* **put in order**) ordnen; **in ~** (*permitted*) in Ordnung; **in (working) ~** betriebsfähig; **in ~ to do sth** um etw zu tun; **in ~ of size** nach Größe (geordnet); **on ~** (*Comm*) bestellt; **out of ~** (*not working*) außer Betrieb; (*in the wrong sequence*) durcheinander; (*motion, proposal*) nicht zulässig; **to place an ~ for sth with sb** eine Bestellung für etw bei jdm aufgeben; **made to ~** (*Comm*) auf Bestellung (gemacht); **to be under orders to do sth** die Anweisung haben, etw zu tun; **to take orders** Befehle entgegennehmen; **a point of ~** (*in debate etc*) eine Verfahrensfrage; **"pay to the ~ of ..."** „zahlbar an +*dat* ..."; **of** *or* **in the ~ of** in der Größenordnung von; **to ~ sb to do sth** jdn anweisen, etw zu tun
▸ **order around, order about** VT herumkommandieren

order book N (*Comm*) Auftragsbuch *nt*

order form N Bestellschein *m*

orderly [ˈɔːdəlɪ] N (*Mil*) Offiziersbursche *m*; (*Med*) Pfleger(in) *m(f)* ▸ ADJ (*manner*) ordentlich; (*sequence, system*) geordnet

order number N (*Comm*) Bestellnummer *f*

ordinal [ˈɔːdɪnl] ADJ: **~ number** Ordinalzahl *f*

ordinarily [ˈɔːdnrɪlɪ] ADV normalerweise

★**ordinary** [ˈɔːdnrɪ] ADJ (*everyday*) gewöhnlich, normal; (*pej: mediocre*) mittelmäßig; **out of the ~** außergewöhnlich

Ordinary Degree N *siehe Info-Artikel*

> **Ordinary degree** ist ein Universitätsabschluss, der an Studenten vergeben wird, die entweder die für ein *honours degree* nötige Note nicht erreicht haben, aber trotzdem nicht durchgefallen sind, oder die sich nur für ein *ordinary degree* eingeschrieben haben, wobei das Studium meist kürzer ist.

ordinary seaman (BRIT) N (*irreg*) Leichtmatrose *m*

ordinary shares NPL Stammaktien *pl*

ordination [ɔːdɪˈneɪʃən] N (*Rel*) Ordination *f*

ordnance [ˈɔːdnəns] N (*unit*) Technische Truppe *f* ▸ ADJ (*factory, supplies*) Munitions-

Ordnance Survey (BRIT) N Landesvermessung *f*

ore [ɔːʳ] N Erz *nt*

organ [ˈɔːgən] N (*Anat*) Organ *nt*; (*Mus*) Orgel *f*

O

organic [ɔːˈgænɪk] ADJ organisch; (*farming, vegetables*) Bio-, Öko-; **~ food** Biokost *f*

organism [ˈɔːgənɪzəm] N Organismus *m*

organist [ˈɔːgənɪst] N Organist(in) *m(f)*

★**organization** [ɔːgənaɪˈzeɪʃən] N Organisation *f*

organization chart N Organisationsplan *m*

★**organize** [ˈɔːgənaɪz] VT organisieren; **to get organized** sich fertig machen

organized crime N organisiertes Verbrechen *nt*

organized labour N organisierte Arbeiterschaft *f*

organizer [ˈɔːgənaɪzəʳ] N (*of conference etc*) Organisator *m*, Veranstalter *m*

orgasm [ˈɔːgæzəm] N Orgasmus *m*

orgy [ˈɔːdʒɪ] N Orgie *f*; **an ~ of destruction** eine Zerstörungsorgie

Orient [ˈɔːrɪənt] N: **the ~** der Orient

orient [ˈɔːrɪənt] VT: **to ~ o.s. (to)** sich orientieren (in *+dat*); **to be oriented towards** ausgerichtet sein auf *+acc*

oriental [ɔːrɪˈɛntl] ADJ orientalisch

orientate [ˈɔːrɪənteɪt] VT: **to ~ o.s.** sich orientieren; (*fig*) sich zurechtfinden; **to be orientated towards** ausgerichtet sein auf *+acc*

orifice [ˈɔrɪfɪs] N (*Anat*) Öffnung *f*

origin [ˈɔrɪdʒɪn] N Ursprung *m*; (*of person*) Herkunft *f*; **country of ~** Herkunftsland *nt*

★**original** [əˈrɪdʒɪnl] ADJ (*first*) ursprünglich; (*genuine*) original; (*imaginative*) originell ▶N Original *nt*

originality [ərɪdʒɪˈnælɪtɪ] N Originalität *f*

★**originally** [əˈrɪdʒɪnəlɪ] ADV (*at first*) ursprünglich

originate [əˈrɪdʒɪneɪt] VI: **to ~ in** (*idea, custom etc*) entstanden sein in *+dat*; **to ~ with** *or* **from** stammen von

originator [əˈrɪdʒɪneɪtəʳ] N (*of idea, custom*) Urheber(in) *m(f)*

Orkneys [ˈɔːknɪz] NPL: **the ~** (*also:* **the Orkney Islands**) die Orkneyinseln *pl*

ornament [ˈɔːnəmənt] N (*object*) Ziergegenstand *m*; (*decoration*) Verzierungen *pl*

ornamental [ɔːnəˈmɛntl] ADJ (*garden, pond*) Zier-

ornamentation [ɔːnəmɛnˈteɪʃən] N Verzierungen *pl*

ornate [ɔːˈneɪt] ADJ (*necklace, design*) kunstvoll

ornithologist [ɔːnɪˈθɔlədʒɪst] N Ornithologe *m*, Ornithologin *f*

ornithology [ɔːnɪˈθɔlədʒɪ] N Ornithologie *f*, Vogelkunde *f*

orphan [ˈɔːfn] N Waise *f*, Waisenkind *nt* ▶VT: **to be orphaned** zur Waise werden

orphanage [ˈɔːfənɪdʒ] N Waisenhaus *nt*

orthodox [ˈɔːθədɔks] ADJ orthodox; **~ medicine** die konventionelle Medizin

orthodoxy [ˈɔːθədɔksɪ] N Orthodoxie *f*

orthopaedic, (*US*) **orthopedic** [ɔːθəˈpiːdɪk] ADJ orthopädisch

OS ABBR (*Brit*) = **Ordnance Survey**; (*Naut*) = **ordinary seaman**; (*Dress*) = **outsize**

Oscar [ˈɔskəʳ] N Oscar *m*

oscillate [ˈɔsɪleɪt] VI (*Elec, Phys*) schwingen, oszillieren; (*fig*) schwanken

OSHA (*US*) N ABBR (= *Occupational Safety and Heal[th] Administration*) *Regierungsstelle für Arbeitsschut[z]vorschriften*

Oslo [ˈɔzləu] N Oslo *nt*

OST N ABBR (= *Office of Science and Technology*) *Mini[s]terium für Wissenschaft und Technologie*

ostensible [ɔsˈtɛnsɪbl] ADJ vorgeblich, angel[b]lich

ostensibly [ɔsˈtɛnsɪblɪ] ADV angeblich

ostentation [ɔstɛnˈteɪʃən] N Pomp *m*, Protz *m*

ostentatious [ɔstɛnˈteɪʃəs] ADJ (*building, car et[c]*) pompös; (*person*) protzig

osteopath [ˈɔstɪəpæθ] N Osteopath(in) *m(f)*

ostracize [ˈɔstrəsaɪz] VT ächten

ostrich [ˈɔstrɪtʃ] N Strauß *m*

OT ABBR (*Bible:* = *Old Testament*) AT

OTB (*US*) N ABBR (= *offtrack betting*) *Wetten auße[r]halb des Rennbahngeländes*

OTE ABBR (*Comm:* = *on-target earnings*) Einkon[m]menziel *nt*

★**other** [ˈʌðəʳ] ADJ andere(r, s) ▶PRON: **the ~ (on[e])** der/die/das andere; **others** andere *pl*; **th[e] others** die anderen *pl*; **~ than** (*apart from*) auße[r] **the ~ day** (*recently*) neulich; **some actor or** irgendein Schauspieler; **somebody or** irgendjemand; **the car was none ~ than Rob[ert's]** das Auto gehörte keinem anderen a[ls] Robert

★**otherwise** [ˈʌðəwaɪz] ADV (*differently*) ander[s]; (*apart from that, if not*) sonst, ansonsten; **a[n] ~ good piece of work** eine im Übrigen gu[te] Arbeit

OTT (*inf*) ABBR (= *over the top*) *see* **top**

otter [ˈɔtəʳ] N Otter *m*

OU (*Brit*) N ABBR = **Open University**

ouch [autʃ] EXCL autsch

★**ought** [ɔːt] (*pt* **~**) AUX VB: **I ~ to do it** ich sollte [es] tun; **this ~ to have been corrected** das hätt[e] korrigiert werden müssen; **he ~ to win** (*he pro[b]ably will win*) er dürfte wohl gewinnen; **you ~ t[o] go and see it** das solltest du dir ansehen

> If you want to say that you feel obliged to do something, use the conditional tense of **sollen**. If you want to say that something is likely, use the conditional tense of **müssen**.

ounce [auns] N Unze *f*; (*fig: small amount*) bis[s]chen *nt*

★**our** [ˈauəʳ] ADJ unsere(r, s); *see also* **my**

ours [auəz] PRON unsere(r, s); *see also* **mine²**

★**ourselves** [auəˈsɛlvz] PL PRON uns (selbs[t]); (*emphatic*) selbst; **we did it (all) by ~** wir habe[n] alles selbst gemacht; *see also* **oneself**

oust [aust] VT (*forcibly remove*) verdrängen

out¹ [aut]

ADV **1** (*not in*) draußen; **out in the rain/snow** draußen im Regen/Schnee; **out here** hier; **out there** dort; **to go/come** *etc* **out** hinausgehen/-kommen *etc*; **to speak out loud** laut sprechen
2 (*not at home, absent*) nicht da
3 (*indicating distance*): **the boat was 10 km out** das Schiff war 10 km weit draußen; **3 days out from Plymouth** 3 Tage nach dem Auslaufen von Plymouth
4 (*Sport*) aus; **the ball is out/has gone out** der Ball ist aus
▶ ADJ **1**: **to be out** (*person: unconscious*) bewusstlos sein; (: *out of game*) ausgeschieden sein; (*out of fashion: style, singer*) out sein
2 (*have appeared: flowers*) da; (: *news, secret*) heraus
3 (*extinguished, finished: fire, light, gas*) aus; **before the week was out** ehe die Woche zu Ende war
4: **to be out to do sth** (*intend*) etw tun wollen
5 (*wrong*): **to be out in one's calculations** sich in seinen Berechnungen irren

out² [aut] VT (*inf: expose as gay*) outen
outage ['autɪdʒ] (*esp US*) N (*power failure*) Stromausfall *m*
out-and-out ['autəndaut] ADJ (*liar, thief etc*) ausgemacht
outback ['autbæk] N (*in Australia*): **the ~** das Hinterland
outbid [aut'bɪd] VT (*irreg: like* **bid**) überbieten
outboard ['autbɔːd] N (*also:* **outboard motor**) Außenbordmotor *m*
outbound ['autbaund] ADJ (*ship*) auslaufend
outbox ['autbɔks] N (*Comput*) Postausgang *m*; (*US: out-tray*) Ablage *f* für Ausgänge
outbreak ['autbreɪk] N (*of war, disease etc*) Ausbruch *m*
outbuilding ['autbɪldɪŋ] N Nebengebäude *nt*
outburst ['autbəːst] N (*of anger etc*) Gefühlsausbruch *m*
outcast ['autkɑːst] N Ausgestoßene(r) *f*(*m*)
outclass [aut'klɑːs] VT deklassieren
outcome ['autkʌm] N Ergebnis *nt*, Resultat *nt*
outcrop ['autkrɔp] N (*of rock*) Block *m*
outcry ['autkraɪ] N Aufschrei *m*
outdated [aut'deɪtɪd] ADJ (*custom, idea*) veraltet
outdo [aut'duː] VT (*irreg: like* **do**) übertreffen
outdoor [aut'dɔːʳ] ADJ (*activities*) im Freien; (*clothes*) für draußen; **~ swimming pool** Freibad *nt*; **she's an ~ person** sie liebt die freie Natur
outdoors [aut'dɔːz] ADV (*play, sleep*) draußen, im Freien
outer ['autəʳ] ADJ äußere(r, s); **~ suburbs** (äußere) Vorstädte *pl*; **the ~ office** das Vorzimmer
outer space N der Weltraum
outfit ['autfɪt] N (*clothes*) Kleidung *f*; (*inf: team*) Verein *m*
outfitter's ['autfɪtəz] (BRIT) N (*shop*) Herrenausstatter *m*
outgoing ['autgəuɪŋ] ADJ (*extrovert*) kontaktfreudig; (*retiring: president etc*) scheidend; (*mail etc*) ausgehend
outgoings ['autgəuɪŋz] (BRIT) NPL Ausgaben *pl*
outgrow [aut'grəu] VT (*irreg: like* **grow**) (*clothes*) herauswachsen aus; (*habits etc*) ablegen
outhouse ['authaus] N Nebengebäude *nt*
outing ['autɪŋ] N Ausflug *m*
outlandish [aut'lændɪʃ] ADJ eigenartig, seltsam
outlast [aut'lɑːst] VT überleben
outlaw ['autlɔː] N Geächtete(r) *f*(*m*) ▶ VT verbieten
outlay ['autleɪ] N Auslagen *pl*
outlet ['autlɛt] N (*hole, pipe*) Abfluss *m*; (*US Elec*) Steckdose *f*; (*Comm: also:* **retail outlet**) Verkaufsstelle *f*; (*fig: for grief, anger etc*) Ventil *nt*
★**outline** ['autlaɪn] N (*shape*) Umriss *m*; (*brief explanation*) Abriss *m*; (*rough sketch*) Skizze *f* ▶ VT (*fig: theory, plan etc*) umreißen, skizzieren
outlive [aut'lɪv] VT (*survive*) überleben
outlook ['autluk] N (*attitude*) Einstellung *f*; (*prospects*) Aussichten *pl*; (*for weather*) Vorhersage *f*
outlying ['autlaɪɪŋ] ADJ (*area, town etc*) entlegen
outmanoeuvre, (US) **outmaneuver** [autmə'nuːvəʳ] VT ausmanövrieren
outmoded [aut'məudɪd] ADJ veraltet
outnumber [aut'nʌmbəʳ] VT zahlenmäßig überlegen sein *+dat*; **to be outnumbered (by) 5 to 1** im Verhältnis 5 zu 1 in der Minderheit sein

out of

PREP **1** (*outside, beyond: position*) nicht in *+dat*; (: *motion*) aus *+dat*; **to look out of the window** aus dem Fenster blicken; **to be out of danger** außer Gefahr sein
2 (*cause, origin*) aus *+dat*; **out of curiosity/fear/greed** aus Neugier/Angst/Habgier; **to drink sth out of a cup** etw aus einer Tasse trinken
3 (*from among*) von *+dat*; **one out of every three smokers** einer von drei Rauchern
4 (*without*): **to be out of sugar/milk/petrol** *etc* keinen Zucker/keine Milch/kein Benzin *etc* mehr haben

out of bounds ADJ: **to be ~** verboten sein
out-of-court [autəv'kɔːt] ADJ (*settlement*) außergerichtlich; *see also* **court**
out-of-date [autəv'deɪt] ADJ (*passport, ticket etc*) abgelaufen; (*clothes, idea*) veraltet
out-of-doors [autəv'dɔːz] ADV (*play, stay etc*) im Freien
out-of-the-way ['autəvðə'weɪ] ADJ (*place*) entlegen; (*pub, restaurant etc*) kaum bekannt
out-of-work ['autəvwəːk] ADJ arbeitslos

O

outpatient [ˈautpeɪʃənt] N ambulanter Patient *m*, ambulante Patientin *f*
outpost [ˈautpəust] N (*Mil*, *Comm*) Vorposten *m*
outpouring [ˈautpɔːrɪŋ] N (*of emotion etc*) Erguss *m*
output [ˈautput] N (*production: of factory, writer etc*) Produktion *f*; (*Comput*) Output *m*, Ausgabe *f* ▶ VT (*Comput*) ausgeben
outrage [ˈautreɪdʒ] N (*scandal*) Skandal *m*; (*atrocity*) Verbrechen *nt*, Ausschreitung *f*; (*anger*) Empörung *f* ▶ VT (*shock, anger*) empören
outrageous [autˈreɪdʒəs] ADJ (*remark etc*) empörend; (*clothes*) unmöglich; (*scandalous*) skandalös
outrider [ˈautraɪdəʳ] N (*on motorcycle*) Kradbegleiter *m*
outright [autˈraɪt] ADV (*kill*) auf der Stelle; (*win*) überlegen; (*buy*) auf einen Schlag; (*ask, refuse*) ohne Umschweife ▶ ADJ (*winner, victory*) unbestritten; (*refusal, hostility*) total
outrun [autˈrʌn] VT (*irreg: like* **run**) schneller laufen als
outset [ˈautsɛt] N Anfang *m*, Beginn *m*; **from the ~** von Anfang an; **at the ~** am Anfang
outshine [autˈʃaɪn] VT (*irreg: like* **shine**) (*fig*) in den Schatten stellen
★**outside** [autˈsaɪd] N (*of building etc*) Außenseite *f* ▶ ADJ (*wall, lavatory*) Außen- ▶ ADV (*be, wait*) draußen; (*go*) nach draußen ▶ PREP außerhalb *+gen*; (*door etc*) vor *+dat*; **at the ~** (*at the most*) höchstens; (*at the latest*) spätestens; **an ~ chance** eine geringe Chance
outside broadcast N außerhalb des Studios produzierte Sendung *f*
outside lane N Überholspur *f*
outside line N (*Tel*) Amtsanschluss *m*
outsider [autˈsaɪdəʳ] N (*stranger*) Außenstehende(r) *f*(*m*); (*odd one out, in race etc*) Außenseiter(in) *m*(*f*)
outsize [ˈautsaɪz] ADJ (*clothes*) übergroß
outskirts [ˈautskəːts] NPL (*of town*) Stadtrand *m*
outsmart [autˈsmɑːt] VT austricksen (*inf*)
outsourcing [autˈsɔːsɪŋ] N Auslagerung *f*, Outsourcing *nt*
outspoken [autˈspəukən] ADJ offen
outspread [autˈsprɛd] ADJ (*wings, arms etc*) ausgebreitet
★**outstanding** [autˈstændɪŋ] ADJ (*exceptional*) hervorragend; (*remaining*) ausstehend; **your account is still ~** Ihr Konto weist noch Außenstände auf
outstay [autˈsteɪ] VT: **to ~ one's welcome** länger bleiben als erwünscht
outstretched [autˈstrɛtʃt] ADJ ausgestreckt
outstrip [autˈstrɪp] VT (*competitors, supply*): **to ~ (in)** übertreffen (an *+dat*)
out tray N Ablage *f* für Ausgänge
outvote [autˈvəut] VT überstimmen
outward [ˈautwəd] ADJ (*sign, appearances*) äußere(r, s) ▶ ADV (*move, face*) nach außen; **~ journey** Hinreise *f*
outwardly [ˈautwədlɪ] ADV (*on the surface*) äußerlich
outwards [ˈautwədz] ADV (*move, face*) nach außen
outweigh [autˈweɪ] VT schwerer wiegen als
outwit [autˈwɪt] VT überlisten
ova [ˈəuvə] NPL *of* **ovum**
oval [ˈəuvl] ADJ oval ▶ N Oval *nt*
Oval Office N *siehe Info-Artikel*

> **Oval Office**, ein großer ovaler Raum im Weißen Haus, ist das private Büro des amerikanischen Präsidenten. Im weiteren Sinne bezieht sich dieser Begriff oft auf die Präsidentschaft selbst.

ovarian [əuˈvɛərɪən] ADJ (*Anat*) des Eierstocks, der Eierstöcke; **~ cyst** Zyste *f* im Eierstock
ovary [ˈəuvərɪ] N (*Anat, Med*) Eierstock *m*
ovation [əuˈveɪʃən] N Ovation *f*
oven [ˈʌvn] N (*Culin*) Backofen *m*
ovenproof [ˈʌvnpruːf] ADJ (*dish etc*) feuerfest
oven-ready [ˈʌvnrɛdɪ] ADJ backfertig
ovenware [ˈʌvnwɛəʳ] N feuerfestes Geschirr *nt*

over [ˈəuvəʳ]

ADV **1** (*across: walk, jump, fly etc*) hinüber; **over here** hier; **over there** dort (drüben); **to ask sb over** (*to one's house*) jdn zu sich einladen
2 (*indicating movement*): **to fall over** (*person*) hinfallen; (*object*) umfallen; **to knock sth over** etw umstoßen; **to turn over** (*in bed*) sich umdrehen; **to bend over** sich bücken
3 (*finished*): **to be over** (*game, life, relationship etc*) vorbei sein, zu Ende sein
4 (*excessively: clever, rich, fat etc*) übermäßig
5 (*remaining: money, food etc*) übrig; **is there any cake (left) over?** ist noch Kuchen übrig?
6: **all over** (*everywhere*) überall
7 (*repeatedly*): **over and over (again)** immer (und immer) wieder; **five times over** fünfmal
▶ PREP **1** (*on top of, above*) über *+dat*; (*with vb of motion*) über *+acc*; **to spread a sheet over sth** ein Laken über etw *acc* breiten
2 (*on the other side of*): **the pub over the road** die Kneipe gegenüber; **he jumped over the wall** er sprang über die Mauer
3 (*more than*) über *+acc*; **over 200 people** über 200 Leute; **over and above my normal duties** über meine normalen Pflichten hinaus; **over and above that** darüber hinaus
4 (*during*) während; **let's discuss it over dinner** wir sollten es beim Abendessen besprechen

over... [ˈəuvəʳ] PREF über-
overact [əuvərˈækt] VI übertreiben
★**overall** [ˈəuvərɔːl] ADJ (*length, cost etc*) Gesamt-; (*impression, view*) allgemein ▶ ADV (*measure, cost*) insgesamt; (*generally*) im Allgemeinen ▶ N (BRIT) Kittel *m* ■ **overalls** NPL Overall *m*
overall majority N absolute Mehrheit *f*

overanxious [əuvərˈæŋkʃəs] ADJ überängstlich

overawe [əuvərˈɔː] VT: **to be overawed (by)** überwältigt sein (von)

overbalance [əuvəˈbæləns] VI das Gleichgewicht verlieren

overbearing [əuvəˈbɛərɪŋ] ADJ (*person, manner*) aufdringlich

overboard [ˈəuvəbɔːd] ADV (*Naut*) über Bord; **to go ~** (*fig*) es übertreiben, zu weit gehen

overbook [əuvəˈbuk] VT überbuchen

overcame [əuvəˈkeɪm] PT *of* **overcome**

overcapitalize [əuvəˈkæpɪtəlaɪz] VT überkapitalisieren

overcast [ˈəuvəkɑːst] ADJ (*day, sky*) bedeckt

overcharge [əuvəˈtʃɑːdʒ] VT zu viel berechnen *+dat*

overcoat [ˈəuvəkəut] N Mantel *m*

overcome [əuvəˈkʌm] VT (*irreg: like* **come**) (*problem, fear*) überwinden ▸ ADJ überwältigt; **she was ~ with grief** der Schmerz übermannte sie

overconfident [əuvəˈkɔnfɪdənt] ADJ zu selbstsicher

overcooked [əuvəˈkukt] ADJ verkocht; (*meat*) zu lange gebraten

overcrowded [əuvəˈkraudɪd] ADJ überfüllt

overcrowding [əuvəˈkraudɪŋ] N Überfüllung *f*

overdo [əuvəˈdʌn] VT (*irreg: like* **do**) übertreiben; **to ~ it** es übertreiben

overdone [əuvəˈduː] ADJ übertrieben; (*food*) zu lange gekocht; (*meat*) zu lange gebraten

overdose [ˈəuvədəus] N Überdosis *f*

overdraft [ˈəuvədrɑːft] N Kontoüberziehung *f*; **to have an ~** sein Konto überziehen

overdrawn [əuvəˈdrɔːn] ADJ (*account*) überzogen; **I am ~** ich habe mein Konto überzogen

overdrive [ˈəuvədraɪv] N (*Aut*) Schongang *m*

overdue [əuvəˈdjuː] ADJ überfällig; **that change was long ~** diese Änderung war schon lange fällig

overemphasis [əuvərˈɛmfəsɪs] N: **~ on** Überbetonung *+gen*

overestimate [əuvərˈɛstɪmeɪt] VT überschätzen

overexcited [əuvərɪkˈsaɪtɪd] ADJ ganz aufgeregt

overexertion [əuvərɪgˈzəːʃən] N Überanstrengung *f*

overexpose [əuvərɪkˈspəuz] VT (*Phot*) überbelichten

overflow [əuvəˈfləu] VI (*river*) über die Ufer treten; (*bath, jar etc*) überlaufen ▸ N (*also:* **overflow pipe**) Überlaufrohr *nt*

overgenerous [əuvəˈdʒɛnərəs] ADJ allzu großzügig

overgrown [əuvəˈgrəun] ADJ (*garden*) verwildert; **he's just an ~ schoolboy** er ist nur ein großes Kind

overhang [ˈəuvəˈhæŋ] VT (*irreg: like* **hang**) herausragen über *+acc* ▸ VI überhängen ▸ N Überhang *m*

overhaul [əuvəˈhɔːl] VT (*equipment, car etc*) überholen ▸ N Überholung *f*

overhead [əuvəˈhɛd] ADV (*above*) oben; (*in the sky*) in der Luft ▸ ADJ (*lighting*) Decken-; (*cables, wires*) Überland- ▸ N (*US*) = **overheads** ■ **overheads** NPL allgemeine Unkosten *pl*

overhear [əuvəˈhɪəʳ] VT (*irreg: like* **hear**) (zufällig) mit anhören

Das englische Wort **to overhear** bedeutet nicht *überhören* auf Deutsch.

overheat [əuvəˈhiːt] VI (*engine*) heißlaufen

overjoyed [əuvəˈdʒɔɪd] ADJ überglücklich; **to be ~ (at)** überglücklich sein (über *+acc*)

overkill [ˈəuvəkɪl] N (*fig*): **it would be ~** das wäre zu viel des Guten

overland [ˈəuvəlænd] ADJ (*journey*) Überland- ▸ ADV (*travel*) über Land

overlap [əuvəˈlæp] VI (*figures, ideas etc*) sich überschneiden

overleaf [əuvəˈliːf] ADV umseitig, auf der Rückseite

overload [əuvəˈləud] VT (*vehicle*) überladen; (*Elec*) überbelasten; (*fig: with work etc*) überlasten

overlook [əuvəˈluk] VT (*have view over*) überblicken; (*fail to notice*) übersehen; (*excuse, forgive*) hinwegsehen über *+acc*

overlord [ˈəuvəlɔːd] N oberster Herr *m*

overmanning [əuvəˈmænɪŋ] N Überbesetzung *f*

overnight [əuvəˈnaɪt] ADV über Nacht ▸ ADJ (*bag, clothes*) Reise-; (*accommodation, stop*) für die Nacht; **to travel ~** nachts reisen; **he'll be away ~** (*tonight*) er kommt erst morgen zurück; **to stay ~** über Nacht bleiben; **~ stay** Übernachtung *f*

overpass [ˈəuvəpɑːs] (*esp US*) N Überführung *f*

overpay [əuvəˈpeɪ] VT (*irreg: like* **pay**): **to ~ sb by £50** jdm £ 50 zu viel bezahlen

overplay [əuvəˈpleɪ] VT (*overact*) übertrieben darstellen; **to ~ one's hand** den Bogen überspannen

overpower [əuvəˈpauəʳ] VT überwältigen

overpowering [əuvəˈpauərɪŋ] ADJ (*heat*) unerträglich; (*stench*) durchdringend; (*feeling, desire*) überwältigend

overproduction [ˈəuvəprəˈdʌkʃən] N Überproduktion *f*

overrate [əuvəˈreɪt] VT überschätzen

overreach [əuvəˈriːtʃ] VT: **to ~ o.s.** sich übernehmen

overreact [əuvəriːˈækt] VI übertrieben reagieren

override [əuvəˈraɪd] VT (*irreg: like* **ride**) (*order etc*) sich hinwegsetzen über *+acc*

overriding [əuvəˈraɪdɪŋ] ADJ vorrangig

overrule [əuvəˈruːl] VT (*claim, person*) zurückweisen; (*decision*) aufheben

overrun [əuvəˈrʌn] VT (*irreg: like* **run**) (*country, continent*) einfallen in *+acc* ▸ VI (*meeting etc*) zu lange dauern; **the town is ~ with tourists** die Stadt ist von Touristen überlaufen

★**overseas** [əuvəˈsiːz] ADV (*live, work*) im Ausland; (*travel*) ins Ausland ▶ ADJ (*market, trade*) Übersee-; (*student, visitor*) aus dem Ausland

oversee [əuvəˈsiː] VT (*irreg: like* **see**) (*supervise*) beaufsichtigen, überwachen

overseer [ˈəuvəsɪəʳ] N Aufseher(in) *m(f)*

overshadow [əuvəˈʃædəu] VT (*place, building etc*) überschatten; (*fig*) in den Schatten stellen

overshoot [əuvəˈʃuːt] VT (*irreg: like* **shoot**) (*target, runway*) hinausschießen über *+acc*

oversight [ˈəuvəsaɪt] N Versehen *nt*; **due to an ~** aus Versehen

oversimplify [əuvəˈsɪmplɪfaɪ] VT zu stark vereinfachen

oversleep [əuvəˈsliːp] VI (*irreg: like* **sleep**) verschlafen

overspend [əuvəˈspɛnd] VI (*irreg: like* **spend**) zu viel ausgeben; **we have overspent by 5,000 dollars** wir haben 5000 Dollar zu viel ausgegeben

overspill [ˈəuvəspɪl] N (*excess population*) Bevölkerungsüberschuss *m*

overstaffed [əuvəˈstɑːft] ADJ: **to be ~** überbesetzt sein

overstate [əuvəˈsteɪt] VT (*exaggerate*) zu sehr betonen

overstatement [əuvəˈsteɪtmənt] N Übertreibung *f*

overstay [əuvəˈsteɪ] VT *see* **outstay**

overstep [əuvəˈstɛp] VT: **to ~ the mark** zu weit gehen

overstock [əuvəˈstɔk] VT zu große Bestände anlegen in *+dat*

overstretched [əuvəˈstrɛtʃt] ADJ (*person, resources*) überfordert

overstrike [ˈəuvəstraɪk] N (*on printer*) Mehrfachdruck *m* ▶ VT (*irreg: like* **strike**) mehrfachdrucken

oversubscribed [əuvəsəbˈskraɪbd] ADJ (*Comm etc*) überzeichnet

overt [əuˈvəːt] ADJ offen

overtake [əuvəˈteɪk] VT (*irreg: like* **take**) (*Aut*) überholen; (*event, change*) hereinbrechen über *+acc*; (*emotion*) befallen ▶ VI (*Aut*) überholen

overtaking [əuvəˈteɪkɪŋ] N (*Aut*) Überholen *nt*

overtax [əuvəˈtæks] VT (*Econ*) zu hoch besteuern; (*strength, patience*) überfordern; **to ~ o.s.** sich übernehmen

overthrow [əuvəˈθrəu] VT (*irreg: like* **throw**) (*government etc*) stürzen

overtime [ˈəuvətaɪm] N Überstunden *pl*; **to do** *or* **work ~** Überstunden machen

overtime ban N Überstundenverbot *nt*

overtone [ˈəuvətəun] N (*fig: also:* **overtones**): **overtones of** Untertöne *pl* von

overture [ˈəuvətʃuəʳ] N (*Mus*) Ouvertüre *f*; (*fig*) Annäherungsversuch *m*

overturn [əuvəˈtəːn] VT (*car, chair*) umkippen; (*fig: decision*) aufheben; (*: government*) stürzen ▶ VI (*train etc*) umkippen; (*car*) sich überschlagen; (*boat*) kentern

overview [ˈəuvəvjuː] N Überblick *m*

overweight [əuvəˈweɪt] ADJ (*person*) übergewichtig

overwhelm [əuvəˈwɛlm] VT überwältigen

overwhelming [əuvəˈwɛlmɪŋ] ADJ überwältigend; **one's ~ impression is of heat/noise** man bemerkt vor allem die Hitze/den Lärm

overwhelmingly [əuvəˈwɛlmɪŋlɪ] ADV (*vote, reject*) mit überwältigender Mehrheit; (*appreciative, generous etc*) über alle Maßen; (*opposed etc*) überwiegend

overwork [əuvəˈwəːk] N Überarbeitung *f* ▶ VT (*person*) (mit Arbeit) überlasten; (*cliché etc*) überstrapazieren ▶ VI sich überarbeiten

overworked [əuvəˈwəːkt] ADJ überarbeitet

overwrite [əuvəˈraɪt] VT (*irreg: like* **write**) (*Comput*) überschreiben

overwrought [əuvəˈrɔːt] ADJ (*person*) überreizt

ovulate [ˈɔvjuleɪt] VI ovulieren

ovulation [ɔvjuˈleɪʃən] N Eisprung *m*, Ovulation *f*

ovum [ˈəuvəm] (*pl* **ova**) N Eizelle *f*

★**owe** [əu] VT: **to ~ sb sth, to ~ sth to sb** (*lit, fig*) jdm etw schulden; (*life, talent, good looks etc*) jdm etw verdanken

owing to [ˈəuɪŋ-] PREP (*because of*) wegen *+gen*, aufgrund *+gen*

owl [aul] N Eule *f*

★**own** [əun] VT (*possess*) besitzen ▶ VI (BRIT *form*): **to ~ up to sth** etw zugeben ▶ ADJ eigen; **a room of my ~** mein eigenes Zimmer; **to get one's ~ back** (*take revenge*) sich rächen; **on one's ~** allein; **to come into one's ~** sich entfalten
▶ **own up** VI gestehen, es zugeben

own brand N (*Comm*) Hausmarke *f*

★**owner** [ˈəunəʳ] N Besitzer(in) *m(f)*, Eigentümer(in) *m(f)*

owner-occupier [ˈəunərˈɔkjupaɪəʳ] N (*Admin, Law*) Bewohner(in) *m(f)* im eigenen Haus

ownership [ˈəunəʃɪp] N Besitz *m*; **under new ~** (*shop etc*) unter neuer Leitung

own goal N (*also fig*) Eigentor *nt*

ox [ɔks] (*pl* **oxen**) N Ochse *m*

Oxbridge N *siehe Info-Artikel*

> **Oxbridge**, eine Mischung aus Ox(ford) und (Cam)bridge, bezieht sich auf die traditionsreichen Universitäten von Oxford und Cambridge. Dieser Begriff ist oft wertend und bringt das Prestige und die Privilegien zum Ausdruck, die traditionellerweise mit diesen Universitäten in Verbindung gebracht werden.

Oxfam (BRIT) N ABBR (= *Oxford Committee for Famine Relief*) *karitative Vereinigung zur Hungerhilfe*

oxide [ˈɔksaɪd] N Oxid *nt*

oxidize [ˈɔksɪdaɪz] VI oxidieren

oxtail [ˈɔksteɪl] N: **~ soup** Ochsenschwanzsuppe *f*

oxyacetylene [ˈɔksɪəˈsɛtɪliːn] ADJ (*flame*) Azetylensauerstoff-; **~ burner** Schweißbrenner *m*; **~ welding** Autogenschweißen *nt*

oxygen [ˈɔksɪdʒən] N Sauerstoff *m*

oxygen mask N Sauerstoffmaske *f*

oxygen tent N Sauerstoffzelt *nt*

oyster [ˈɔɪstəʳ] N Auster *f*

Oz [ɔz] N (*inf*) Australien *nt*

oz ABBR = **ounce**

ozone [ˈəuzəun] N Ozon *nt*

ozone hole N Ozonloch *nt*

ozone layer N: **the ~** die Ozonschicht

Pp

P, p¹ [piː] N (*letter*) P *nt*, p *nt*; **P for Peter** ≈ P wie Paula

p² (BRIT) ABBR = **penny; pence**

P. ABBR = **president; prince**

p. ABBR (= *page*) S.

PA N ABBR = **personal assistant; public-address system** ▸ ABBR (*US Post*) = **Pennsylvania**

pa [pɑː] (*inf*) N Papa *m*

p.a. ABBR (= *per annum*) p.a.

PAC (*US*) N ABBR (= *political action committee*) *politisches Aktionskomitee*

pace [peɪs] N (*step*) Schritt *m*; (*speed*) Tempo *nt* ▸ VI: **to ~ up and down** auf und ab gehen; **to keep ~ with** Schritt halten mit; **to set the ~** das Tempo angeben; **to put sb through his/her paces** (*fig*) jdn auf Herz und Nieren prüfen

pacemaker [ˈpeɪsmeɪkəʳ] N (*Med*) (Herz)-schrittmacher *m*; (*Sport*: *pacesetter*) Schrittmacher *m*

pacesetter [ˈpeɪssɛtəʳ] N (*Sport*) = **pacemaker**

Pacific [pəˈsɪfɪk] N (*Geog*): **the ~ (Ocean)** der Pazifik, der Pazifische Ozean

pacific [pəˈsɪfɪk] ADJ (*intentions etc*) friedlich

pacifier [ˈpæsɪfaɪəʳ] (*US*) N (*dummy*) Schnuller *m*

pacifist [ˈpæsɪfɪst] N Pazifist(in) *m(f)*

pacify [ˈpæsɪfaɪ] VT (*person, fears*) beruhigen

★**pack** [pæk] N (*packet*) Packung *f*; (*US*: *of cigarettes*) Schachtel *f*; (*of people, hounds*) Meute *f*; (*also*: **back pack**) Rucksack *m*; (*of cards*) (Karten)spiel *nt* ▸ VT (*clothes etc*) einpacken; (*suitcase etc, Comput*) packen; (*press down*) pressen ▸ VI packen; **to ~ one's bags** (*fig*) die Koffer packen; **to ~ into** (*cram*: *people, objects*) hineinstopfen in +*acc*; **to send sb packing** (*inf*) jdn kurz abfertigen

▸ **pack in** (BRIT *inf*) VT (*job*) hinschmeißen; **~ it in!** hör auf!

▸ **pack off** VT schicken

▸ **pack up** VI (BRIT *inf*: *machine*) den Geist aufgeben; (: *person*) Feierabend machen ▸ VT (*belongings*) zusammenpacken

★**package** [ˈpækɪdʒ] N (*parcel, Comput*) Paket *nt*; (*also*: **package deal**) Pauschalangebot *nt* ▸ VT verpacken

package holiday, (*US*) **package tour** N Pauschalreise *f*

packaging [ˈpækɪdʒɪŋ] N Verpackung *f*

packaging industry N Verpackungsindustrie *f*

packed [pækt] ADJ (*crowded*) randvoll

packed lunch [pækt] (BRIT) N Lunchpaket *nt*

packer [ˈpækəʳ] N Packer(in) *m(f)*

packet [ˈpækɪt] N Packung *f*; (*of cigarette*[s]) Schachtel *m*; **to make a ~** (BRIT *inf*) eine[n] Haufen Geld verdienen

packet switching N (*Comput*) Paketvermittlung *f*

pack ice [ˈpækaɪs] N Packeis *nt*

packing [ˈpækɪŋ] N (*act*) Packen *nt*; (*materia*[l]) Verpackung *f*

packing case N Kiste *f*

pact [pækt] N Pakt *m*

pad [pæd] N (*paper*) Block *m*; (*to prevent damag*[e]) Polster *nt*; (*inf*: *home*) Bude *f* ▸ VT (*upholstery et*[c]) polstern ▸ VI: **to ~ about/in** herum-/hereintrotten

padded cell [ˈpædɪd-] N Gummizelle *f*

padded envelope [ˈpædɪd-] N wattierte[r] Umschlag

padding [ˈpædɪŋ] N (*material*) Polsterung *f*; (*fi*[g]) Füllwerk *nt*

paddle [ˈpædl] N (*oar*) Paddel *nt*; (*US*: *for tab*[le] *tennis*) Schläger *m* ▸ VT paddeln ▸ VI (*at seasid*[e]) plan(t)schen

paddle steamer N Raddampfer *m*

paddling pool [ˈpædlɪŋ-] (BRIT) N Plan(t)schbecken *nt*

paddock [ˈpædək] N (*small field*) Koppel *f*; (*at ra*[ce]*course*) Sattelplatz *m*

paddy field [ˈpædɪ-] N Reisfeld *nt*

padlock [ˈpædlɔk] N Vorhängeschloss *nt* ▸ V[T] (mit einem Vorhängeschloss) verschließen

padre [ˈpɑːdrɪ] N (*Rel*) Feldgeistliche(r) *m*

paediatrician, (*US*) **pediatrician** [piːdɪəˈtrɪʃən] N Kinderarzt *m*, Kinderärztin *f*

paediatrics, (*US*) **pediatrics** [piːdɪˈætrɪks] Kinderheilkunde *f*, Pädiatrie *f*

paedophile, (*US*) **pedophile** [ˈpiːdəufaɪl] Pädophile(r) *f(m)* ▸ ADJ pädophil

paedophilia, (*US*) **pedophilia** [piːdəuˈfɪlɪə] Pädophilie *f*

pagan [ˈpeɪgən] ADJ heidnisch ▸ N Heide *m*, Heidin *f*

age [peɪdʒ] N (*of book etc*) Seite *f*; (*in hotel*: *also:* **pageboy**) Page *m* ▶ VT (*in hotel etc*) ausrufen lassen
ageant [ˈpædʒənt] N (*historical procession*) Festzug *m*; (*show*) Historienspiel *nt*
ageantry [ˈpædʒəntrɪ] N Prunk *m*
ageboy [ˈpeɪdʒbɔɪ] N *see* **page**
ager [ˈpeɪdʒəʳ] N Funkrufempfänger *m*, Piepser *m* (*inf*)
aginate [ˈpædʒɪneɪt] VT paginieren
agination [pædʒɪˈneɪʃən] N Paginierung *f*
agoda [pəˈgəudə] N Pagode *f*
aid [peɪd] PT, PP *of* **pay** ▶ ADJ bezahlt; **to put ~ to** (BRIT) zunichtemachen
aid-in [ˈpeɪdɪn] (*US*) ADJ = **paid-up**
aid-up [ˈpeɪdʌp], (*US*) **paid-in** ADJ (*member*) zahlend; (*Comm: shares*) eingezahlt; **~ capital** eingezahltes Kapital *nt*
ail [peɪl] N Eimer *m*
ain [peɪn] N Schmerz *m*; (*inf: nuisance: also:* **pain in the neck**) Plage *f*; **to have a ~ in the chest/arm** Schmerzen in der Brust/im Arm haben; **to be in ~** Schmerzen haben; **to take pains to do sth** (*make an effort*) sich *dat* Mühe geben, etw zu tun; **on ~ of death** bei Todesstrafe; **he is/it is a right ~ (in the neck)** (*inf*) er/das geht einem auf den Wecker
ained [peɪnd] ADJ (*expression*) gequält
ainful [ˈpeɪnful] ADJ (*back, injury etc*) schmerzhaft; (*sight, decision etc*) schmerzlich; (*laborious*) mühsam; (*embarrassing*) peinlich
ainfully [ˈpeɪnfəlɪ] ADV (*fig: extremely*) furchtbar
ainkiller [ˈpeɪnkɪləʳ] N schmerzstillendes Mittel *nt*
ainless [ˈpeɪnlɪs] ADJ schmerzlos
ainstaking [ˈpeɪnzteɪkɪŋ] ADJ (*work, person*) gewissenhaft
aint [peɪnt] N Farbe *f* ▶ VT (*door, house etc*) anstreichen; (*person, picture*) malen; (*fig*) zeichnen; **a tin of ~** eine Dose Farbe; **to ~ the door blue** die Tür blau streichen; **to ~ in oils** in Öl malen
aintbox [ˈpeɪntbɔks] N Farbkasten *m*, Malkasten *m*
aintbrush [ˈpeɪntbrʌʃ] N Pinsel *m*
ainter [ˈpeɪntəʳ] N (*artist*) Maler(in) *m(f)*; (*decorator*) Anstreicher(in) *m(f)*
ainting [ˈpeɪntɪŋ] N (*activity: of artist*) Malerei *f*; (*: of decorator*) Anstreichen *nt*; (*picture*) Bild *nt*, Gemälde *nt*
aint stripper N Abbeizmittel *nt*
aintwork [ˈpeɪntwəːk] N (*of wall etc*) Anstrich *m*; (*of car*) Lack *m*
air [pɛəʳ] N Paar *nt*; **a ~ of scissors** eine Schere; **a ~ of trousers** eine Hose
▶ **pair off** VI: **to ~ off with sb** sich jdm anschließen
ajamas [pəˈdʒɑːməz] (*US*) NPL Schlafanzug *m*, Pyjama *m*
akistan [pɑːkɪˈstɑːn] N Pakistan *nt*

Pakistani [pɑːkɪˈstɑːnɪ] ADJ pakistanisch ▶ N Pakistani *m*, Pakistaner(in) *m(f)*
PAL N ABBR (*TV*: = *phase alternation line*) PAL *nt*
pal [pæl] (*inf*) N (*friend*) Kumpel *m*, Freund(in) *m(f)*
★**palace** [ˈpæləs] N Palast *m*
palaeontology, (*US*) **paleontology** [pælɪɔnˈtɔlədʒɪ] N Paläontologie *f*
palatable [ˈpælɪtəbl] ADJ (*food, drink*) genießbar; (*fig: idea, fact etc*) angenehm
palate [ˈpælɪt] N (*Anat*) Gaumen *m*; (*sense of taste*) Geschmackssinn *m*
palatial [pəˈleɪʃəl] ADJ (*residence etc*) prunkvoll
palaver [pəˈlɑːvəʳ] (*inf*) N (*fuss*) Theater *nt*
★**pale** [peɪl] ADJ blass; (*light*) fahl ▶ VI erblassen ▶ N: **beyond the ~** (*unacceptable: behaviour*) indiskutabel; **to grow** *or* **turn ~** erblassen, blass werden; **~ blue** zartblau; **to ~ into insignificance (beside)** zur Bedeutungslosigkeit herabsinken (gegenüber *+dat*)
paleness [ˈpeɪlnɪs] N Blässe *f*
Palestine [ˈpælɪstaɪn] N Palästina *nt*
Palestinian [pælɪsˈtɪnɪən] ADJ palästinensisch ▶ N Palästinenser(in) *m(f)*
palette [ˈpælɪt] N Palette *f*
palings [ˈpeɪlɪŋz] NPL (*fence*) Lattenzaun *m*
palisade [pælɪˈseɪd] N Palisade *f*
pall [pɔːl] N (*cloud of smoke*) (Rauch)wolke *f* ▶ VI an Reiz verlieren
pallet [ˈpælɪt] N (*for goods*) Palette *f*
palliative [ˈpælɪətɪv] N (*Med*) Linderungsmittel *nt*; (*fig*) Beschönigung *f*
pallid [ˈpælɪd] ADJ bleich
pallor [ˈpæləʳ] N Bleichheit *f*
pally [ˈpælɪ] (*inf*) ADJ: **they're very ~** sie sind dicke Freunde
palm [pɑːm] N (*also:* **palm tree**) Palme *f*; (*of hand*) Handteller *m* ▶ VT: **to ~ sth off on sb** (*inf*) jdm etw andrehen
palmistry [ˈpɑːmɪstrɪ] N Handlesekunst *f*
Palm Sunday N Palmsonntag *m*
palpable [ˈpælpəbl] ADJ (*obvious*) offensichtlich
palpitations [pælpɪˈteɪʃənz] NPL (*Med*) Herzklopfen *nt*
paltry [ˈpɔːltrɪ] ADJ (*amount, wage*) armselig
pamper [ˈpæmpəʳ] VT verwöhnen
pamphlet [ˈpæmflət] N Broschüre *f*; (*political*) Flugschrift *f*
★**pan** [pæn] N (*also:* **saucepan**) Topf *m*; (*also:* **frying pan**) Pfanne *f* ▶ VI (*Cine, TV*) schwenken ▶ VT (*inf: book, film*) verreißen; **to ~ for gold** Gold waschen
panacea [pænəˈsɪə] N Allheilmittel *nt*
panache [pəˈnæʃ] N Elan *m*, Schwung *m*
Panama [ˈpænəmɑː] N Panama *nt*
panama [ˈpænəmɑː] N (*also:* **panama hat**) Panamahut *m*
Panama Canal N: **the ~** der Panamakanal
Panamanian [pænəˈmeɪnɪən] ADJ panamaisch ▶ N Panamaer(in) *m(f)*

P

pancake [ˈpænkeɪk] N Pfannkuchen *m*
Pancake Day (BRIT) N Fastnachtsdienstag *m*
pancake roll N *gefüllte Pfannkuchenrolle*
pancreas [ˈpæŋkrɪəs] N Bauchspeicheldrüse *f*
panda [ˈpændə] N Panda *m*
panda car (BRIT) N Streifenwagen *m*
pandemic [pænˈdɛmɪk] N Pandemie *f*
pandemonium [pændɪˈməunɪəm] N Chaos *nt*
pander [ˈpændəʳ] VI: **to ~ to** (*person, desire etc*) sich richten nach, entgegenkommen *+dat*
p&p (BRIT) ABBR (*= postage and packing*) Porto und Verpackung
pane [peɪn] N (*of glass*) Scheibe *f*
panel [ˈpænl] N (*wood, metal, glass etc*) Platte *f*, Tafel *f*; (*group of experts etc*) Diskussionsrunde *f*; **~ of judges** Jury *f*
panel game (BRIT) N Ratespiel *nt*
panelling, (US) **paneling** [ˈpænəlɪŋ] N Täfelung *f*
panellist, (US) **panelist** [ˈpænəlɪst] N Diskussionsteilnehmer(in) *m(f)*
pang [pæŋ] N: **to have** *or* **feel a ~ of regret** Reue empfinden; **hunger pangs** quälender Hunger *m*; **pangs of conscience** Gewissensbisse *pl*
panhandler [ˈpænhændləʳ] (*US inf*) N Bettler(in) *m(f)*
★**panic** [ˈpænɪk] N Panik *f* ▶ VI in Panik geraten
panic buying [-baɪɪŋ] N Panikkäufe *pl*
panicky [ˈpænɪkɪ] ADJ (*person*) überängstlich; (*feeling*) Angst-; (*reaction*) Kurzschluss-
panic-stricken [ˈpænɪkstrɪkən] ADJ (*person, face*) von Panik erfasst
panini [pəˈniːnɪ] N Panini *nt*
pannier [ˈpænɪəʳ] N (*on bicycle*) Satteltasche *f*; (*on animal*) (Trage)korb *m*
panorama [pænəˈrɑːmə] N (*view*) Panorama *nt*
panoramic [pænəˈræmɪk] ADJ (*view*) Panorama-
pansy [ˈpænzɪ] N (*Bot*) Stiefmütterchen *nt*; (*pej: sissy*) Tunte *f*
pant [pænt] VI (*person*) keuchen; (*animal*) hecheln
pantechnicon [pænˈtɛknɪkən] (BRIT) N Möbelwagen *m*
panther [ˈpænθəʳ] N Pant(h)er *m*
panties [ˈpæntɪz] NPL Höschen *nt*
panto [ˈpæntəu], **pantomime** [ˈpæntəumaɪm] N *siehe Info-Artikel*

> **Pantomime** oder umgangssprachlich *panto* ist in Großbritannien ein zur Weihnachtszeit aufgeführtes Märchenspiel mit possenhaften Elementen, Musik, Standardrollen (ein als Frau verkleideter Mann, ein Junge, ein Bösewicht) und aktuellen Witzen. Publikumsbeteiligung wird gern gesehen (z. B. warnen die Kinder den Helden mit dem Ruf *"He's behind you"* vor einer drohenden Gefahr), und viele der Witze sprechen vor allem Erwachsene an, sodass *pantomimes* Unterhaltung für die ganze Familie bieten.

pantry [ˈpæntrɪ] N (*cupboard*) Vorratsschrank *m*; (*room*) Speisekammer *f*
pants [pænts] NPL (BRIT: *woman's*) Höschen *nt*; (: *man's*) Unterhose *f*; (US: *trousers*) Hose *f*
panty hose [ˈpæntɪ-] (US) NPL Strumpfhose *f*
papacy [ˈpeɪpəsɪ] N Papsttum *nt*; **during the ~ of Paul VI** während der Amtszeit von Papst Paul VI
papal [ˈpeɪpl] ADJ päpstlich
paparazzi [pæpəˈrætsiː] NPL Pressefotografen *pl*, Paparazzi *pl*
★**paper** [ˈpeɪpəʳ] N Papier *nt*; (*also:* **newspaper**) Zeitung *f*; (*exam*) Arbeit *f*; (*academic essay*) Referat *nt*; (*document*) Dokument *nt*, Papier; (*wallpaper*) Tapete *f* ▶ ADJ (*made from paper: hat, plane etc*) Papier-, aus Papier ▶ VT (*room*) tapezieren
■ **papers** NPL (*also:* **identity papers**) Papiere *pl*
a piece of ~ (*odd bit*) ein Stück *nt* Papier, ein Zettel *m*; (*sheet*) ein Blatt *nt* Papier; **to put sth down on ~** etw schriftlich festhalten
paper advance N (*on printer*) Papiervorschub *m*
paperback [ˈpeɪpəbæk] N Taschenbuch *nt*, Paperback *nt* ▶ ADJ: **~ edition** Taschenbuchausgabe *f*
paper bag N Tüte *f*
paperboy [ˈpeɪpəbɔɪ] N Zeitungsjunge *m*
paperclip [ˈpeɪpəklɪp] N Büroklammer *f*
paper hankie N Tempotaschentuch® *nt*
paper mill N Papierfabrik *f*
paper money N Papiergeld *nt*
paper round N: **to do a ~** Zeitungen austragen
paper shop N Zeitungsladen *m*
paperweight [ˈpeɪpəweɪt] N Briefbeschwerer *m*
paperwork [ˈpeɪpəwəːk] N Schreibarbeit *f*
papier-mâché [pæpjeɪˈmæʃeɪ] N Papiermaschee *nt*
paprika [ˈpæprɪkə] N Paprika *m*
Pap Smear, Pap Test N (*Med*) Abstrich *m*
Papua New Guinea [ˈpæpjuə-] N Papua-Neuguinea *nt*
par [pɑːʳ] N (*Golf*) Par *nt*; **to be on a ~ with** sich messen können mit; **at ~** (*Comm*) zum Nennwert; **above/below ~** (*Comm*) über/unter dem Nennwert; **above** *or* **over ~** (*Golf*) über dem Par; **below** *or* **under ~** (*Golf*) unter dem Par; **to feel below** *or* **under ~** sich nicht auf der Höhe fühlen; **to be ~ for the course** (*fig*) zu erwarten sein
parable [ˈpærəbl] N Gleichnis *nt*
parabola [pəˈræbələ] N (*Math*) Parabel *f*
paracetamol [pærəˈsiːtəmɔl] N (*tablet*) Paracetamoltablette *f*
parachute [ˈpærəʃuːt] N Fallschirm *m*
parachute jump N Fallschirmabsprung *m*
parachutist [ˈpærəʃuːtɪst] N Fallschirmspringer(in) *m(f)*
parade [pəˈreɪd] N (*procession*) Parade *f*; (*ceremony*) Zeremonie *f* ▶ VT (*people*) aufmarschieren lassen; (*wealth, knowledge etc*) zur Schau stellen

▸ VI (*Mil*) aufmarschieren; **fashion ~** Modenschau *f*

arade ground N Truppenübungsplatz *m*, Exerzierplatz *m*

aradise [ˈpærədaɪs] N (*also fig*) Paradies *nt*

aradox [ˈpærədɔks] N Paradox *nt*

aradoxical [pærəˈdɔksɪkl] ADJ (*situation*) paradox

aradoxically [pærəˈdɔksɪklɪ] ADV paradoxerweise

araffin [ˈpærəfɪn] (BRIT) N (*also:* **paraffin oil**) Petroleum *nt*; **liquid ~** Paraffinöl *nt*

araffin heater (BRIT) N Petroleumofen *m*

araffin lamp (BRIT) N Petroleumlampe *f*

aragon [ˈpærəgən] N: **a ~ of** (*honesty, virtue etc*) ein Muster *nt* an *+dat*

aragraph [ˈpærəgrɑ:f] N Absatz *m*, Paragraf *m*; **to begin a new ~** einen neuen Absatz beginnen

arallel [ˈpærəlɛl] ADJ (*also Comput*) parallel; (*fig: similar*) vergleichbar ▸ N Parallele *f*; (*Geog*) Breitenkreis *m*; **to run ~ (with** *or* **to)** (*lit, fig*) parallel verlaufen (zu); **to draw parallels between/with** Parallelen ziehen zwischen/mit; **in ~** (*Elec*) parallel

aralyse [ˈpærəlaɪz] (BRIT) VT (*also fig*) lähmen

aralysis [pəˈrælɪsɪs] (*pl* **paralyses**) N Lähmung *f*

aralytic [pærəˈlɪtɪk] ADJ paralytisch, Lähmungs-; (BRIT *inf: drunk*) sternhagelvoll

aralyze [ˈpærəlaɪz] (US) VT = **paralyse**

aramedic [pærəˈmɛdɪk] N Sanitäter(in) *m(f)*; (*in hospital*) medizinisch-technischer Assistent *m*, medizinisch-technische Assistentin *f*

arameter [pəˈræmɪtə^r^] N (*Math*) Parameter *m*; (*fig: factor*) Faktor *m*; (*: limit*) Rahmen *m*

aramilitary [pærəˈmɪlɪtərɪ] ADJ paramilitärisch

aramount [ˈpærəmaunt] ADJ vorherrschend; **of ~ importance** von höchster *or* größter Wichtigkeit

aranoia [pærəˈnɔɪə] N Paranoia *f*

aranoid [ˈpærənɔɪd] ADJ paranoid

aranormal [pærəˈnɔ:ml] ADJ übersinnlich, paranormal ▸ N: **the ~** das Übersinnliche

arapet [ˈpærəpɪt] N Brüstung *f*

araphernalia [pærəfəˈneɪlɪə] N Utensilien *pl*

araphrase [ˈpærəfreɪz] VT umschreiben

araplegic [pærəˈpli:dʒɪk] N Paraplegiker(in) *m(f)*, doppelseitig Gelähmte(r) *f(m)*

arapsychology [pærəsaɪˈkɔlədʒɪ] N Parapsychologie *f*

arasite [ˈpærəsaɪt] N (*also fig*) Parasit *m*

arasol [ˈpærəsɔl] N Sonnenschirm *m*

aratrooper [ˈpærətru:pə^r^] N Fallschirmjäger *m*

arcel [ˈpɑ:sl] N Paket *nt* ▸ VT (*also:* **parcel up**) verpacken

▸ **parcel out** VT aufteilen

arcel bomb (BRIT) N Paketbombe *f*

arcel post N Paketpost *f*

parch [pɑ:tʃ] VT ausdörren, austrocknen

parched [pɑ:tʃt] ADJ ausgetrocknet; **I'm ~** (*inf: thirsty*) ich bin am Verdursten

parchment [ˈpɑ:tʃmənt] N Pergament *nt*

pardon [ˈpɑ:dn] N (*Law*) Begnadigung *f* ▸ VT (*forgive*) verzeihen *+dat*, vergeben *+dat*; (*Law*) begnadigen; **~ me!, I beg your ~!** (*I'm sorry!*) verzeihen Sie bitte!; **(I beg your) ~?, ~ me?** (US) (*what did you say?*) bitte?

pare [pɛə^r^] VT (BRIT: *nails*) schneiden; (*fruit etc*) schälen; (*fig: costs etc*) reduzieren

★**parent** [ˈpɛərənt] N (*mother*) Mutter *f*; (*father*) Vater *m* ■ **parents** NPL (*mother and father*) Eltern *pl* ▸ VTI (*raise*) großziehen

parentage [ˈpɛərəntɪdʒ] N Herkunft *f*; **of unknown ~** unbekannter Herkunft

parental [pəˈrɛntl] ADJ (*love, control etc*) elterlich

parent company N Mutterunternehmen *nt*

parentheses [pəˈrɛnθɪsi:z] NPL *of* **parenthesis**

parenthesis [pəˈrɛnθɪsɪs] (*pl* **parentheses**) N Klammer *f*; **in ~** in Klammern

parenthood [ˈpɛərənthud] N Elternschaft *f*

parenting [ˈpɛərəntɪŋ] N elterliche Pflege *f*

Paris [ˈpærɪs] N Paris *nt*

parish [ˈpærɪʃ] N Gemeinde *f*

parish council (BRIT) N Gemeinderat *m*

parishioner [pəˈrɪʃənə^r^] N Gemeindemitglied *nt*

Parisian [pəˈrɪzɪən] ADJ Pariser *inv*, pariserisch ▸ N Pariser(in) *m(f)*

parity [ˈpærɪtɪ] N (*equality*) Gleichstellung *f*

★**park** [pɑ:k] N Park *m* ▸ VT, VI (*Aut*) parken

parka [ˈpɑ:kə] N Parka *m*

park and ride N Park-and-Ride(-System) *nt*, Parken und Reisen *nt*

parking [ˈpɑ:kɪŋ] N Parken *nt*; **"no ~"** „Parken verboten"

parking lights NPL Parklicht *nt*

parking lot (US) N Parkplatz *m*

parking meter N Parkuhr *f*

parking offence (BRIT) N Parkvergehen *nt*

parking place N Parkplatz *m*

parking ticket N Strafzettel *m*

parking violation (US) N = **parking offence**

Parkinson's [ˈpɑ:kɪnsənz], **Parkinson's disease** N parkinsonsche Krankheit *f*

parkour [pɑ:ˈkuə^r^] N Parkour *m or nt*

parkway [ˈpɑ:kweɪ] (US) N Allee *f*

parlance [ˈpɑ:ləns] N: **in common/modern ~** im allgemeinen/modernen Sprachgebrauch

★**parliament** [ˈpɑ:ləmənt] N Parlament *nt*

> **Parliament** ist die höchste gesetzgebende Versammlung in Großbritannien und tritt im Parlamentsgebäude in London zusammen. Die Legislaturperiode beträgt normalerweise 5 Jahre von einer Wahl zur nächsten. Das Parlament besteht aus zwei Kammern, dem Oberhaus (siehe *House of Lords*) und dem Unterhaus (siehe *House of Commons*).

P

parliamentary [pɑːləˈmɛntərɪ] ADJ parlamentarisch

parlour, (US) **parlor** [ˈpɑːləʳ] N Salon *m*

parlous [ˈpɑːləs] ADJ (*state*) prekär

Parmesan [pɑːmɪˈzæn] N (*also:* **Parmesan cheese**) Parmesan(käse) *m*

parochial [pəˈrəukɪəl] (*pej*) ADJ (*person, attitude*) engstirnig

parody [ˈpærədɪ] N Parodie *f* ▸ VT parodieren

parole [pəˈrəul] N (*Law*) Bewährung *f*; **on ~** auf Bewährung

paroxysm [ˈpærəksɪzəm] N (*also Med*) Anfall *m*

parquet [ˈpɑːkeɪ] N (*also:* **parquet floor(ing)**) Parkettboden *m*

parrot [ˈpærət] N Papagei *m*

parrot-fashion [ˈpærətfæʃən] ADV (*say, learn*) mechanisch; (*repeat*) wie ein Papagei

parry [ˈpærɪ] VT (*blow, argument*) parieren, abwehren

parsimonious [pɑːsɪˈməunɪəs] ADJ geizig

parsley [ˈpɑːslɪ] N Petersilie *f*

parsnip [ˈpɑːsnɪp] N Pastinake *f*

parson [ˈpɑːsn] N Pfarrer *m*

★**part** [pɑːt] N Teil *m*; (*Tech*) Teil *nt*; (*Theat, Cine etc: role*) Rolle *f*; (*US: in hair*) Scheitel *m*; (*Mus*) Stimme *f* ▸ ADV = **partly** ▸ VT (*separate*) trennen; (*hair*) scheiteln ▸ VI (*roads, people*) sich trennen; (*crowd*) sich teilen; **to take ~ in** teilnehmen an *+dat*; **to take sth in good ~** etw nicht übel nehmen; **to take sb's ~** (*support*) sich auf jds Seite *acc* stellen; **on his ~** seinerseits; **for my ~** für meinen Teil; **for the most ~** (*generally*) zumeist; **for the better** *or* **best ~ of the day** die meiste Zeit des Tages; **to be ~ and parcel of** dazugehören zu; **~ of speech** (*Ling*) Wortart *f*
▸ **part with** VT FUS sich trennen von

partake [pɑːˈteɪk] VI (*irreg: like* **take**) (*form*): **to ~ of sth** etw zu sich nehmen

part exchange (BRIT) N: **to give/take sth in ~** etw in Zahlung geben/nehmen

partial [ˈpɑːʃl] ADJ (*victory, solution*) Teil-; (*support*) teilweise; (*biassed*) parteiisch; **to be ~ to** (*person, drink etc*) eine Vorliebe haben für

partially [ˈpɑːʃəlɪ] ADV (*to some extent*) teilweise, zum Teil

participant [pɑːˈtɪsɪpənt] N Teilnehmer(in) *m(f)*

participate [pɑːˈtɪsɪpeɪt] VI sich beteiligen; **to ~ in** teilnehmen an *+dat*

participation [pɑːtɪsɪˈpeɪʃən] N Teilnahme *f*

participle [ˈpɑːtɪsɪpl] N Partizip *nt*

particle [ˈpɑːtɪkl] N Teilchen *nt*, Partikel *f*

particular [pəˈtɪkjuləʳ] ADJ (*distinct: person, time, place etc*) bestimmt, speziell; (*special*) speziell, besondere(r, s) ▸ N: **in ~** im Besonderen, besonders ▪ **particulars** NPL Einzelheiten *pl*; (*name, address etc*) Personalien *pl*; **to be very ~ about sth** (*fussy*) in Bezug auf etw *acc* sehr eigen sein

particularly [pəˈtɪkjuləlɪ] ADV besonders

parting [ˈpɑːtɪŋ] N (*action*) Teilung *f*; (*farewell*) Abschied *m*; (BRIT: *in hair*) Scheitel *m* ▸ ADJ (*words, gift etc*) Abschieds-; **his ~ shot was ...** (*fi*... seine Bemerkung zum Abschied war ...

partisan [pɑːtɪˈzæn] ADJ (*politics, views*) vorei... genommen ▸ N (*supporter*) Anhänger(in) *m(*... (*fighter*) Partisan *m*

partition [pɑːˈtɪʃən] N (*wall, screen*) Trennwar... *f*; (*of country*) Teilung *f* ▸ VT (*room, office*) aufte... len; (*country*) teilen

★**partly** [ˈpɑːtlɪ] ADV teilweise, zum Teil

★**partner** [ˈpɑːtnəʳ] N Partner(in) *m(f)*; (*Comm*... Partner(in), Teilhaber(in) *m(f)* ▸ VT (*at danc*... *cards etc*) als Partner(in) haben

partnership [ˈpɑːtnəʃɪp] N (*Pol etc*) Partne... schaft *f*; (*Comm*) Teilhaberschaft *f*; **to go int... ~ (with sb), form a ~ (with sb)** (mit jdm) ei... Partnerschaft eingehen

part payment N Anzahlung *f*

partridge [ˈpɑːtrɪdʒ] N Rebhuhn *nt*

part-time [ˈpɑːtˈtaɪm] ADJ (*work, staff*) Teilzeit... Halbtags- ▸ ADV: **to work ~** Teilzeit arbeiten; ... **study ~** Teilzeitstudent(in) *m(f)* sein

part-timer [pɑːtˈtaɪməʳ] N (*also:* **part-tim... worker**) Teilzeitbeschäftigte(r) *f(m)*

★**party** [ˈpɑːtɪ] N (*Pol, Law*) Partei *f*; (*celebratio... social event*) Party *f*, Fete *f*; (*group of people*) Grupp... *f*, Gesellschaft *f* ▸ CPD (*Pol*) Partei-; **dinner ...** Abendgesellschaft *f*; **to give** *or* **throw a ~** ei... Party geben, eine Fete machen; **we're having ... ~ next Saturday** bei uns ist nächsten Samsta... eine Party; **our son's birthday ~** die Geburt... tagsfeier unseres Sohnes; **to be a ~ to a crin...** an einem Verbrechen beteiligt sein

party dress N Partykleid *nt*

party line N (*Tel*) Gemeinschaftsanschluss ... (*Pol*) Parteilinie *f*

party piece (*inf*) N: **to do one's ~** auf ein... Party etwas zum Besten geben

party political ADJ parteipolitisch

party political broadcast N parteipolitisch... Sendung *f*

par value N (*Comm: of share, bond*) Nennwert *m*

★**pass** [pɑːs] VT (*spend: time*) verbringen; (*hand ove*... reichen, geben; (*go past*) vorbeikommen a... *+dat*; (*: in car*) vorbeifahren an *+dat*; (*overtak*... überholen; (*fig: exceed*) übersteigen; (*exa*... bestehen; (*law, proposal*) genehmigen ▸ VI (... *past*) vorbeigehen; (*: in car*) vorbeifahren; (... *exam*) bestehen ▸ N (*permit*) Ausweis *m*; (*in mou... tains, Sport*) Pass *m*; **to ~ sth through sth** et... durch etw führen; **to ~ the ball to** den Ba... zuspielen *+dat*; **could you ~ the vegetabl... round?** könnten Sie das Gemüse herumre... chen?; **to get a ~ in ...** (*Scol*) die Prüfur... in ... bestehen; **things have come to a pret... ~ when ...** (BRIT *inf*) so weit ist es schon gekor... men, dass ...; **to make a ~ at sb** (*inf*) jdn anm... chen
▸ **pass away** VI (*die*) dahinscheiden
▸ **pass by** VI (*go past*) vorbeigehen; (*: in car*) vo... beifahren ▸ VT (*ignore*) vorbeigehen an *+dat*
▸ **pass down** VT (*customs, inheritance*) weiterg... ben

▸ **pass for** VT: **she could ~ for 25** sie könnte für 25 durchgehen
▸ **pass on** VI (*die*) verscheiden ▸ VT: **to ~ on (to)** weitergeben (an +*acc*)
▸ **pass out** VI (*faint*) ohnmächtig werden; (BRIT *Mil*) die Ausbildung beenden
▸ **pass over** VT (*ignore*) übergehen ▸ VI (*die*) entschlafen
▸ **pass up** VT (*opportunity*) sich *dat* entgehen lassen

assable [ˈpɑːsəbl] ADJ (*road*) passierbar; (*acceptable*) passabel
assage [ˈpæsɪdʒ] N Gang *m*; (*in book*) Passage *f*; (*way through crowd etc, Anat*) Weg *m*; (*act of passing: of train etc*) Durchfahrt *f*; (*journey: on boat*) Überfahrt *f*
assageway [ˈpæsɪdʒweɪ] N Gang *m*
assenger [ˈpæsɪndʒəʳ] N (*in boat, plane*) Passagier *m*; (*in car*) Fahrgast *m*
asser-by [pɑːsəˈbaɪ] (*pl* **passers-by**) N Passant(in) *m(f)*
assing [ˈpɑːsɪŋ] ADJ (*moment, thought etc*) flüchtig ▸ N: **in ~** (*incidentally*) beiläufig, nebenbei; **to mention sth in ~** etw beiläufig *or* nebenbei erwähnen
assing place N (*Aut*) Ausweichstelle *f*
assion [ˈpæʃən] N Leidenschaft *f*; **to have a ~ for sth** eine Leidenschaft für etw haben
assionate [ˈpæʃənɪt] ADJ leidenschaftlich
assion fruit N Passionsfrucht *f*, Maracuja *f*
assion play N Passionsspiel *nt*
assive [ˈpæsɪv] ADJ passiv; (*Ling*) Passiv- ▸ N (*Ling*) Passiv *nt*
assive smoking N passives Rauchen, Passivrauchen *nt*
asskey [ˈpɑːskiː] N Hauptschlüssel *m*
assover [ˈpɑːsəuvəʳ] N Passah(fest) *nt*
assport [ˈpɑːspɔːt] N Pass *m*; (*fig: to success etc*) Schlüssel *m*
assport control N Passkontrolle *f*
assport office N Passamt *nt*
assword [ˈpɑːswəːd] N Kennwort *nt*; (*Comput*) Passwort *nt*
ast [pɑːst] PREP (*in front of*) vorbei an +*dat*; (*beyond*) hinter +*dat*; (*later than*) nach ▸ ADJ (*government etc*) früher, ehemalig; (*week, month etc*) vergangen ▸ N Vergangenheit *f* ▸ ADV: **to run ~** vorbeilaufen; **he's ~ 40** er ist über 40; **it's ~ midnight** es ist nach Mitternacht; **ten/quarter ~ eight** zehn/Viertel nach acht; **he ran ~ me** er lief an mir vorbei; **I'm ~ caring** es kümmert mich nicht mehr; **to be ~ it** (BRIT *inf: person*) es nicht mehr bringen; **for the ~ few/3 days** während der letzten Tage/3 Tage; **in the ~** (*also Ling*) in der Vergangenheit
asta [ˈpæstə] N Nudeln *pl*
aste [peɪst] N (*wet mixture*) Teig *m*; (*glue*) Kleister *m*; (*jewellery*) Strass *m*; (*fish, tomato paste*) Paste *f* ▸ VT (*stick*) kleben
astel [ˈpæstl] ADJ (*colour*) Pastell-
asteurized [ˈpæstʃəraɪzd] ADJ pasteurisiert
astille [ˈpæstɪl] N Pastille *f*

pastime [ˈpɑːstaɪm] N Zeitvertreib *m*, Hobby *nt*
past master (BRIT) N: **to be a ~ at sth** ein Experte *m* in etw *dat* sein
pastor [ˈpɑːstəʳ] N Pastor(in) *m(f)*
pastoral [ˈpɑːstərl] ADJ (*Rel: duties etc*) als Pastor
pastry [ˈpeɪstrɪ] N (*dough*) Teig *m*; (*cake*) Gebäckstück *nt*
pasture [ˈpɑːstʃəʳ] N Weide *f*
pasty N [ˈpæstɪ] (*pie*) Pastete *f* ▸ ADJ [ˈpeɪstɪ] (*complexion*) blässlich
pat [pæt] VT (*with hand*) tätscheln ▸ ADJ (*answer, remark*) glatt ▸ N: **to give sb/o.s. a ~ on the back** (*fig*) jdm/sich auf die Schulter klopfen; **he knows it off ~, he has it down ~** (US) er kennt das in- und auswendig
patch [pætʃ] N (*piece of material*) Flicken *m*; (*also:* **eye patch**) Augenklappe *f*; (*damp, bald etc*) Fleck *m*; (*of land*) Stück *nt*; (*: for growing vegetables etc*) Beet *nt* ▸ VT (*clothes*) flicken; **(to go through) a bad ~** eine schwierige Zeit (durchmachen)
▸ **patch up** VT (*clothes etc*) flicken; (*quarrel*) beilegen
patchwork [ˈpætʃwəːk] N (*Sewing*) Patchwork *nt*
patchy [ˈpætʃɪ] ADJ (*colour*) ungleichmäßig; (*information, knowledge etc*) lückenhaft
★**pate** [peɪt] N: **a bald ~** eine Glatze
★**pâté** [ˈpæteɪ] N Pastete *f*
patent [ˈpeɪtnt] N Patent *nt* ▸ VT patentieren lassen ▸ ADJ (*obvious*) offensichtlich
patent leather N Lackleder *nt*
patently [ˈpeɪtntlɪ] ADV (*obvious, wrong*) vollkommen
patent medicine N patentrechtlich geschütztes Arzneimittel *nt*
Patent Office N Patentamt *nt*
paternal [pəˈtəːnl] ADJ väterlich; **my ~ grandmother** meine Großmutter väterlicherseits
paternalistic [pətəːnəˈlɪstɪk] ADJ patriarchalisch
paternity [pəˈtəːnɪtɪ] N Vaterschaft *f*
paternity leave [pəˈtəːnɪtɪ-] N Vaterschaftsurlaub *m*
paternity suit N Vaterschaftsprozess *m*
★**path** [pɑːθ] N (*also fig*) Weg *m*; (*trail, track*) Pfad *m*; (*trajectory: of bullet, aircraft, planet*) Bahn *f*
pathetic [pəˈθɛtɪk] ADJ (*pitiful*) mitleiderregend; (*very bad*) erbärmlich
pathological [pæθəˈlɔdʒɪkl] ADJ (*liar, hatred*) krankhaft; (*Med*) pathologisch
pathologist [pəˈθɔlədʒɪst] N Pathologe *m*, Pathologin *f*
pathology [pəˈθɔlədʒɪ] N Pathologie *f*
pathos [ˈpeɪθɔs] N Pathos *nt*
pathway [ˈpɑːθweɪ] N Pfad *m*, Weg *m*; (*fig*) Weg
patience [ˈpeɪʃns] N Geduld *f*; (BRIT *Cards*) Patience *f*; **to lose (one's) ~** die Geduld verlieren
★**patient** [ˈpeɪʃnt] N Patient(in) *m(f)* ▸ ADJ geduldig; **to be ~ with sb** Geduld mit jdm haben
patiently [ˈpeɪʃntlɪ] ADV geduldig

P

patio [ˈpætɪəu] N Terrasse *f*
patriot [ˈpeɪtrɪət] N Patriot(in) *m(f)*
patriotic [pætrɪˈɔtɪk] ADJ patriotisch
patriotism [ˈpætrɪətɪzəm] N Patriotismus *m*
patrol [pəˈtrəul] N (*Mil*) Patrouille *f*; (*Police*) Streife *f* ▸ VT (*Mil, Police: city, streets etc*) patrouillieren; **to be on ~** (*Mil*) auf Patrouille sein; (*Police*) auf Streife sein
patrol boat N Patrouillenboot *nt*
patrol car [pəˈtrəul-] N Streifenwagen *m*
patrolman [pəˈtrəulmən] (*US*) N (*irreg*) (*Police*) (Streifen)polizist *m*
patron [ˈpeɪtrən] N (*customer*) Kunde *m*, Kundin *f*; (*benefactor*) Förderer *m*; **~ of the arts** Kunstmäzen *m*
patronage [ˈpætrənɪdʒ] N (*of artist, charity etc*) Förderung *f*
patronize [ˈpætrənaɪz] VT (*pej: look down on*) von oben herab behandeln; (*artist etc*) fördern; (*shop, club*) besuchen
patronizing [ˈpætrənaɪzɪŋ] ADJ herablassend
patron saint N Schutzheilige(r) *f(m)*
patter [ˈpætə^r] N (*of feet*) Trappeln *nt*; (*of rain*) Prasseln *nt*; (*sales talk etc*) Sprüche *pl* ▸ VI (*footsteps*) trappeln; (*rain*) prasseln
★**pattern** [ˈpætən] N Muster *nt*; (*Sewing*) Schnittmuster *nt*; **behaviour patterns** Verhaltensmuster *pl*
patterned [ˈpætənd] ADJ gemustert; **~ with flowers** mit Blumenmuster
paucity [ˈpɔːsɪtɪ] N: **a ~ of** ein Mangel *m* an +*dat*
paunch [pɔːntʃ] N Bauch *m*, Wanst *m*
pauper [ˈpɔːpə^r] N Arme(r) *f(m)*; **~'s grave** Armengrab *nt*
★**pause** [pɔːz] N Pause *f* ▸ VI eine Pause machen; (*hesitate*) innehalten; **to ~ for breath** eine Verschnaufpause einlegen
pave [peɪv] VT (*street, yard etc*) pflastern; **to ~ the way for** (*fig*) den Weg bereiten *or* bahnen für
pavement [ˈpeɪvmənt] N (BRIT) Bürgersteig *m*; (*US: roadway*) Straße *f*
pavilion [pəˈvɪlɪən] N (*Sport*) Klubhaus *nt*
paving [ˈpeɪvɪŋ] N (*material*) Straßenbelag *m*
paving stone N Pflasterstein *m*
paw [pɔː] N (*of cat, dog etc*) Pfote *f*; (*of lion, bear etc*) Tatze *f*, Pranke *f* ▸ VT (*pej: touch*) betatschen; **to ~ the ground** (*animal*) scharren
pawn [pɔːn] N (*Chess*) Bauer *m*; (*fig*) Schachfigur *f* ▸ VT versetzen
pawnbroker [ˈpɔːnbrəukə^r] N Pfandleiher *m*
pawnshop [ˈpɔːnʃɔp] N Pfandhaus *nt*
★**pay** [peɪ] (*pt, pp* **paid**) N (*wage*) Lohn *m*; (*salary*) Gehalt *nt* ▸ VT (*sum of money, wage*) zahlen; (*bill, person*) bezahlen ▸ VI (*be profitable*) sich bezahlt machen; (*fig*) sich lohnen; **how much did you ~ for it?** wie viel hast du dafür bezahlt?; **I paid 10 pounds for that book** ich habe 10 Pfund für das Buch bezahlt, das Buch hat mich 10 Pfund gekostet; **to ~ one's way** seinen Beitrag leisten; **to ~ dividends** (*fig*) sich bezahlt machen; **to ~ the price/penalty for sth** (*fig*) den Preis/die Strafe für etw zahlen; **to ~ sb a compliment** jdm ein Kompliment machen; **to ~ attention (to)** achtgeben (auf +*acc*); **to ~ sb a visit** jdn besuchen; **to ~ one's respects to sb** jdm seine Aufwartung machen
▸ **pay back** VT zurückzahlen; **I'll ~ you back next week** ich gebe dir das Geld nächste Woche zurück
▸ **pay for** VT FUS (*also fig*) (be)zahlen für
▸ **pay in** VT einzahlen
▸ **pay off** VT (*debt*) abbezahlen; (*person*) auszahlen; (*creditor*) befriedigen; (*mortgage*) tilgen ▸ VI sich auszahlen; **to ~ sth off in instalments** etw in Raten (ab)zahlen
▸ **pay out** VT (*money*) ausgeben; (*rope*) ablaufen lassen
▸ **pay up** VI zahlen
payable [ˈpeɪəbl] ADJ zahlbar; **to make a cheque ~ to sb** einen Scheck auf jdn ausstellen
pay award N Lohn-/Gehaltserhöhung *f*
payday [ˈpeɪdeɪ] N Zahltag *m*
PAYE (BRIT) N ABBR (= *pay as you earn*) *Lohnsteuerabzugsverfahren*
payee [peɪˈiː] N Zahlungsempfänger(in) *m(f)*
pay envelope (*US*) N = **pay packet**
paying guest [ˈpeɪɪŋ-] N zahlender Gast *m*
payload [ˈpeɪləud] N Nutzlast *f*
★**payment** [ˈpeɪmənt] N (*act*) Zahlung *f*, Bezahlung *f*; (*of bill*) Begleichung *f*; (*sum of money*) Zahlung *f*; **advance ~** (*part sum*) Anzahlung *f*; (*total sum*) Vorauszahlung *f*; **deferred ~, ~ by instalments** Ratenzahlung *f*; **monthly ~** (*sum of money*) Monatsrate *f*; **on ~ of** gegen Zahlung von
pay packet (BRIT) N Lohntüte *f*
pay-per-click [ˈpeɪpəˈklɪk] N (*Comput*) Pay-per-Click *nt*
payphone [ˈpeɪfəun] N Münztelefon *nt*; (*card phone*) Kartentelefon *nt*
payroll [ˈpeɪrəul] N Lohnliste *f*; **to be on a firm's ~** bei einer Firma beschäftigt sein
pay slip (BRIT) N Lohnstreifen *m*; Gehaltsstreifen *m*
pay station (*US*) N = **payphone**
pay TV N Pay-TV *nt*
paywall [ˈpeɪwɔːl] N (*Comput*) Bezahlschranke *f*
PBS (*US*) N ABBR (= *Public Broadcasting Service*) *öffentliche Rundfunkanstalt*
★**PC** N ABBR (= *personal computer*) PC *m*; (BRIT) = **police constable** ▸ ADJ ABBR = **politically correct** ▸ ABBR (BRIT) = **Privy Councillor**
pc ABBR = **per cent; postcard**
p/c ABBR = **petty cash**
PCB N ABBR (*Elec, Comput*) = **printed circuit board**; (= *polychlorinated biphenyl*) PCB *nt*
pcm ABBR (= *per calendar month*) pro Monat
PD (*US*) N ABBR = **police department**
pd ABBR (= *paid*) bez.
PDA ABBR (*Comput*: = *personal digital assistant*) PDA *m*

pdq (*inf*) ADV ABBR (= *pretty damn quick*) verdammt schnell

PDSA (BRIT) N ABBR (= *People's Dispensary for Sick Animals*) *kostenloses Behandlungszentrum für Haustiere*

PDT (US) ABBR (= *Pacific Daylight Time*) *pazifische Sommerzeit*

PE N ABBR (*Scol*) = **physical education**

pea [pi:] N Erbse *f*

peace [pi:s] N Frieden *m*; **to be at ~ with sb/sth** mit jdm/etw in Frieden leben; **to keep the ~** (*police officer*) die öffentliche Ordnung aufrechterhalten; (*citizen*) den Frieden wahren

peaceable [ˈpi:səbl] ADJ friedlich

peaceful [ˈpi:sful] ADJ friedlich

peacekeeper [ˈpi:ski:pəʳ] N Friedenswächter(in) *m(f)*

peacekeeping force [ˈpi:ski:pɪŋ-] N Friedenstruppen *pl*

peace offering N Friedensangebot *nt*

peach [pi:tʃ] N Pfirsich *m*

peacock [ˈpi:kɔk] N Pfau *m*

peak [pi:k] N (*of mountain*) Spitze *f*, Gipfel *m*; (*of cap*) Schirm *m*; (*fig*) Höhepunkt *m*

peak hours NPL Stoßzeit *f*

peak period N Spitzenzeit *f*, Stoßzeit *f*

peak rate N Höchstrate *f*

peaky [ˈpi:kɪ] (BRIT *inf*) ADJ blass

peal [pi:l] N (*of bells*) Läuten *nt*; **peals of laughter** schallendes Gelächter *nt*

peanut [ˈpi:nʌt] N Erdnuss *f*

peanut butter N Erdnussbutter *f*

pear [pɛəʳ] N Birne *f*

pearl [pə:l] N Perle *f*

peasant [ˈpɛznt] N Bauer *m*

peat [pi:t] N Torf *m*

pebble [ˈpɛbl] N Kieselstein *m*

pecan [pɪˈkæn] N Pekannuss

peck [pɛk] VT (*bird*) picken; (*also:* **peck at**) picken an *+dat* ▶ N (*of bird*) Schnabelhieb *m*; (*kiss*) Küsschen *nt*

pecking order [ˈpɛkɪŋ-] N (*fig*) Hackordnung *f*

peckish [ˈpɛkɪʃ] (BRIT *inf*) ADJ (*hungry*) leicht hungrig; **I'm feeling ~** ich könnte was zu essen gebrauchen

peculiar [pɪˈkju:lɪəʳ] ADJ (*strange*) seltsam; **~ to** (*exclusive to*) charakteristisch für

peculiarity [pɪkju:lɪˈærɪtɪ] N (*strange habit*) Eigenart *f*; (*distinctive feature*) Besonderheit *f*, Eigentümlichkeit *f*

peculiarly [pɪˈkju:lɪəlɪ] ADV (*oddly*) seltsam; (*distinctively*) unverkennbar

pecuniary [pɪˈkju:nɪərɪ] ADJ finanziell

pedal [ˈpɛdl] N Pedal *nt* ▶ VI in die Pedale treten

pedal bin (BRIT) N Treteimer *m*

pedant [ˈpɛdənt] N Pedant(in) *m(f)*

pedantic [pɪˈdæntɪk] ADJ pedantisch

peddle [ˈpɛdl] VT (*goods*) feilbieten, verkaufen; (*drugs*) handeln mit; (*gossip*) verbreiten

peddler [ˈpɛdləʳ] N (*also:* **drug peddler**) Pusher *m*

pedestal [ˈpɛdəstl] N Sockel *m*

pedestrian [pɪˈdɛstrɪən] N Fußgänger(in) *m(f)* ▶ ADJ Fußgänger-; (*fig*) langweilig

pedestrian crossing (BRIT) N Fußgängerüberweg *m*

pedestrian mall (US) N Fußgängerzone *f*

pedestrian precinct (BRIT) N Fußgängerzone *f*

pediatrician [pi:dɪəˈtrɪʃən] (US) N = **paediatrician**

pediatrics [pi:dɪˈætrɪks] (US) N = **paediatrics**

pedigree [ˈpɛdɪgri:] N (*of animal*) Stammbaum *m*; (*fig: background*) Vorgeschichte *f* ▶ CPD (*dog*) Rasse-, reinrassig

pedophile [ˈpi:dəufaɪl] (US) N = **paedophile**

pedophilia [pi:dəuˈfɪlɪə] (US) N = **paedophilia**

pee [pi:] (*inf*) VI pinkeln

peek [pi:k] VI: **to ~ at/over/into** *etc* gucken nach/über *+acc*/in *+acc etc* ▶ N: **to have** *or* **take a ~ (at)** einen (kurzen) Blick werfen (auf *+acc*)

peel [pi:l] N Schale *f* ▶ VT schälen ▶ VI (*paint*) abblättern; (*wallpaper*) sich lösen; (*skin, back etc*) sich schälen
▶ **peel back** VT abziehen

peeler [ˈpi:ləʳ] N (*potato peeler etc*) Schälmesser *nt*

peelings [ˈpi:lɪŋz] NPL Schalen *pl*

peep [pi:p] N (*look*) kurzer Blick *m*; (*sound*) Pieps *m* ▶ VI (*look*) gucken; **to have** *or* **take a ~ (at)** einen kurzen Blick werfen (auf *+acc*)
▶ **peep out** VI (*be visible*) hervorgucken

peephole [ˈpi:phəul] N Guckloch *nt*

peer [pɪəʳ] N (*noble*) Peer *m*; (*equal*) Gleichrangige(r) *f(m)*; (*contemporary*) Gleichaltrige(r) *f(m)* ▶ VI: **to ~ at** starren auf *+acc*

peerage [ˈpɪərɪdʒ] N (*title*) Adelswürde *f*; (*position*) Adelsstand *m*; **the ~** (*all the peers*) der Adel

peerless [ˈpɪəlɪs] ADJ unvergleichlich

peeved [pi:vd] ADJ verärgert, sauer (*inf*)

peevish [ˈpi:vɪʃ] ADJ (*bad-tempered*) mürrisch

★**peg** [pɛg] N (*hook, knob*) Haken *m*; (BRIT: *also:* **clothes peg**) Wäscheklammer *f*; (*also:* **tent peg**) Zeltpflock *m*, Hering *m* ▶ VT (*washing*) festklammern; (*prices*) festsetzen; **off the ~** von der Stange

pejorative [pɪˈdʒɔrətɪv] ADJ abwertend

Pekin [pi:ˈkɪn] N = **Peking**

Pekinese [pi:kɪˈni:z] N = **Pekingese**

Peking [pi:ˈkɪŋ] N Peking *nt*

Pekingese [pi:kɪˈni:z] N (*dog*) Pekinese *m*

pelican [ˈpɛlɪkən] N Pelikan *m*

pelican crossing (BRIT) N (*Aut*) Fußgängerüberweg *m* mit Ampel

pellet [ˈpɛlɪt] N (*of paper etc*) Kügelchen *nt*; (*of mud etc*) Klümpchen *nt*; (*for shotgun*) Schrotkugel *f*

pell-mell [ˈpɛlˈmɛl] ADV in heillosem Durcheinander

pelmet [ˈpɛlmɪt] N (*wooden*) Blende *f*; (*fabric*) Querbehang *m*

P

pelt [pɛlt] VI (*rain: also:* **pelt down**) niederprasseln; (*inf: run*) rasen ▶ N (*animal skin*) Pelz *m*, Fell *nt* ▶ VT: **to ~ sb with sth** jdn mit etw bewerfen

pelvis [ˈpɛlvɪs] N Becken *nt*

★**pen** [pɛn] N (*also:* **fountain pen**) Füller *m*; (*also:* **ballpoint pen**) Kugelschreiber *m*; (*also:* **felt-tip pen**) Filzstift *m*; (*enclosure: for sheep, pigs etc*) Pferch *m*; (*US inf: prison*) Knast *m*; **to put ~ to paper** zur Feder greifen

penal [ˈpi:nl] ADJ (*Law: colony, institution*) Straf-; (*: system, reform*) Strafrechts-; **~ code** Strafgesetzbuch *nt*

penalize [ˈpi:nəlaɪz] VT (*punish*) bestrafen; (*fig*) benachteiligen

penal servitude [-ˈsə:vɪtju:d] N Zwangsarbeit *f*

★**penalty** [ˈpɛnltɪ] N Strafe *f*; (*Sport*) Strafstoß *m*; (*: Football*) Elfmeter *m*

penalty area (BRIT) N (*Sport*) Strafraum *m*

penalty clause N Strafklausel *f*

penalty kick N (*Rugby*) Strafstoß *m*; (*Football*) Elfmeter *m*

penalty shoot-out [-ˈʃu:taut] N (*Football*) Elfmeterschießen *nt*

penance [ˈpɛnəns] N (*Rel*): **to do ~ for one's sins** für seine Sünden Buße tun

pence [pɛns] NPL *of* **penny**

penchant [ˈpɑ̃:ʃɑ̃:ŋ] N Vorliebe *f*, Schwäche *f*; **to have a ~ for** eine Schwäche haben für

★**pencil** [ˈpɛnsl] N Bleistift *m* ▶ VT: **to ~ sb/sth in** jdn/etw vormerken

pencil case N Federmäppchen *nt*

pencil sharpener N Bleistiftspitzer *m*

pendant [ˈpɛndnt] N Anhänger *m*

pending [ˈpɛndɪŋ] ADJ anstehend ▶ PREP: **~ his return** bis zu seiner Rückkehr; **~ a decision** bis eine Entscheidung getroffen ist

pendulum [ˈpɛndjuləm] N Pendel *nt*

penetrate [ˈpɛnɪtreɪt] VT (*person, territory etc*) durchdringen; (*light, water, sound*) eindringen in *+acc*

penetrating [ˈpɛnɪtreɪtɪŋ] ADJ (*sound, gaze*) durchdringend; (*mind, observation*) scharf

penetration [pɛnɪˈtreɪʃən] N Durchdringen *nt*

pen friend (BRIT) N Brieffreund(in) *m(f)*

penguin [ˈpɛŋgwɪn] N Pinguin *m*

penicillin [pɛnɪˈsɪlɪn] N Penizillin *nt*

peninsula [pəˈnɪnsjulə] N Halbinsel *f*

penis [ˈpi:nɪs] N Penis *m*

penitence [ˈpɛnɪtns] N Reue *f*

penitent [ˈpɛnɪtnt] ADJ reuig

penitentiary [pɛnɪˈtɛnʃərɪ] (US) N Gefängnis *nt*

penknife [ˈpɛnnaɪf] N Taschenmesser *nt*

pen name N Pseudonym *nt*

pennant [ˈpɛnənt] N (*Naut*) Wimpel *m*

penniless [ˈpɛnɪlɪs] ADJ mittellos

Pennines [ˈpɛnaɪnz] NPL: **the ~** die Pennines *pl*

★**penny** [ˈpɛnɪ] (*pl* **pennies** *or* BRIT **pence**) N Penny *m*; (US) Cent *m*; **it was worth every ~** es war jeden Pfennig wert; **it won't cost you a ~** e kostet dich keinen Pfennig

pen pal N Brieffreund(in) *m(f)*

penpusher [ˈpɛnpuʃəʳ] N Schreiberling *m*

★**pension** [ˈpɛnʃən] N Rente *f*
▶ **pension off** VT (vorzeitig) pensionieren

pensionable [ˈpɛnʃnəbl] ADJ (*age*) Pensions (*job*) mit Pensionsberechtigung

pensioner [ˈpɛnʃənəʳ] (BRIT) N Rentner(in) *m(*

pension scheme, pension plan N Renter versicherung *f*

pensive [ˈpɛnsɪv] ADJ nachdenklich

pentagon [ˈpɛntəgən] (US) N: **the P~** das Penta gon

Pentecost [ˈpɛntɪkɔst] N (*in Judaism*) Erntefe *nt*; (*in Christianity*) Pfingsten *nt*

penthouse [ˈpɛnthaus] N Penthouse *nt*

pent-up [ˈpɛntʌp] ADJ (*feelings*) aufgestaut

penultimate [pɛˈnʌltɪmət] ADJ vorletzte(r, s)

penury [ˈpɛnjurɪ] N Armut *f*, Not *f*

★**people** [ˈpi:pl] NPL (*persons*) Leute *pl*; (*inhabitant* Bevölkerung *f* ▶ N (*nation, race*) Volk *nt*; **old** alte Menschen *or* Leute; **young ~** junge Leut **the room was full of ~** das Zimmer war voll Leute *or* Menschen; **several ~ came** mehre (Leute) kamen; **~ say that ...** man sagt, dass . **the ~** (*Pol*) das Volk; **a man of the ~** ein Man des Volkes

pep [pɛp] (*inf*) N Schwung *m*, Pep *m*
▶ **pep up** VT (*person*) aufmöbeln; (*food*) pikant machen

★**pepper** [ˈpɛpəʳ] N (*spice*) Pfeffer *m*; (*vegetab* Paprika *m* ▶ VT: **to ~ with** (*fig*) übersäen mi **two peppers** zwei Paprikaschoten

peppercorn [ˈpɛpəkɔ:n] N Pfefferkorn *nt*

pepper mill N Pfeffermühle *f*

peppermint [ˈpɛpəmɪnt] N (*sweet*) Pfefferm *nt*; (*plant*) Pfefferminze *f*

pepperoni [pɛpəˈrəunɪ] N ≈ Pfeffersalami *f*

pepper pot N Pfefferstreuer *m*

pep talk (*inf*) N aufmunternde Worte *pl*

★**per** [pə:ʳ] PREP (*for each*) pro; **~ day/person/ki** pro Tag/Person/Kilo; **~ annum** pro Jahr; **~ your instructions** gemäß Ihren Anweisu gen

per capita [-ˈkæpɪtə] ADJ (*income*) Pro-Kop ▶ ADV pro Kopf

perceive [pəˈsi:v] VT (*see*) wahrnehmen; (*vie understand*) verstehen

★**per cent** N Prozent *nt*; **a 20 ~ discount** 20 Pr zent Rabatt

★**percentage** [pəˈsɛntɪdʒ] N Prozentsatz *m*; **o ~ basis** auf Prozentbasis

percentage point N Prozent *nt*

perceptible [pəˈsɛptɪbl] ADJ (*difference, chang* wahrnehmbar, merklich

perception [pəˈsɛpʃən] N (*insight*) Einsicht (*opinion, understanding*) Erkenntnis *f*; (*facul* Wahrnehmung *f*

perceptive [pəˈsɛptɪv] ADJ (*person*) aufmer sam; (*analysis etc*) erkenntnisreich

erch [pəːtʃ] N (*for bird*) Stange *f*; (*fish*) Flussbarsch *m* ▶ VI: **to ~ (on)** (*bird*) sitzen (auf +*dat*); (*person*) hocken (auf +*dat*)

ercolate [ˈpəːkəleɪt] VT (*coffee*) (mit einer Kaffeemaschine) zubereiten ▶ VI (*coffee*) durchlaufen; **to ~ through/into** (*idea, light etc*) durchsickern durch/in +*acc*

ercolator [ˈpəːkəleɪtəʳ] N (*also:* **coffee percolator**) Kaffeemaschine *f*

ercussion [pəˈkʌʃən] N (*Mus*) Schlagzeug *nt*

eremptory [pəˈrɛmptərɪ] (*pej*) ADJ (*person*) herrisch; (*order*) kategorisch

erennial [pəˈrɛnɪəl] ADJ (*plant*) mehrjährig; (*fig: problem, feature etc*) immer wiederkehrend ▶ N (*Bot*) mehrjährige Pflanze *f*

erfect ADJ [ˈpəːfɪkt] perfekt; (*nonsense, idiot etc*) ausgemacht ▶ VT [pəˈfɛkt] (*technique*) perfektionieren ▶ N [ˈpəːfɪkt]: **the ~** (*also:* **the perfect tense**) das Perfekt; **he's a ~ stranger to me** er ist mir vollkommen fremd

erfection [pəˈfɛkʃən] N Perfektion *f*, Vollkommenheit *f*

erfectionist [pəˈfɛkʃənɪst] N Perfektionist(in) *m(f)*

erfectly [ˈpəːfɪktlɪ] ADV vollkommen; (*faultlessly*) perfekt; **I'm ~ happy with the situation** ich bin mit der Lage vollkommen zufrieden; **you know ~ well that ...** Sie wissen ganz genau, dass ...

erforate [ˈpəːfəreɪt] VT perforieren

erforated ulcer [ˈpəːfəreɪtɪd-] N durchgebrochenes Geschwür *nt*

erforation [pəːfəˈreɪʃən] N (*small hole*) Loch *nt*; (*line of holes*) Perforation *f*

erform [pəˈfɔːm] VT (*operation, ceremony etc*) durchführen; (*task*) erfüllen; (*piece of music, play etc*) aufführen ▶ VI auftreten; **to ~ well/badly** eine gute/schlechte Leistung zeigen

erformance [pəˈfɔːməns] N Leistung *f*; (*of play, show*) Vorstellung *f*; **the team put up a good ~** die Mannschaft zeigte eine gute Leistung

erformer [pəˈfɔːməʳ] N Künstler(in) *m(f)*

erforming [pəˈfɔːmɪŋ] ADJ (*animal*) dressiert

erforming arts NPL: **the ~** die darstellenden Künste *pl*

erfume [ˈpəːfjuːm] N Parfüm *nt*; (*fragrance*) Duft *m* ▶ VT parfümieren

erfunctory [pəˈfʌŋktərɪ] ADJ flüchtig

erhaps [pəˈhæps] ADV vielleicht; **~ he'll come** er kommt vielleicht; **~ not** vielleicht nicht

eril [ˈpɛrɪl] N Gefahr *f*

erilous [ˈpɛrɪləs] ADJ gefährlich

erilously [ˈpɛrɪləslɪ] ADV: **they came ~ close to being caught** sie wären um ein Haar gefangen worden

erimeter [pəˈrɪmɪtəʳ] N Umfang *m*

erimeter fence N Umzäunung *f*

eriod [ˈpɪərɪəd] N (*length of time*) Zeitraum *m*, Periode *f*; (*era*) Zeitalter *nt*; (*Scol*) Stunde *f*; (*esp US: full stop*) Punkt *m*; (*Med: also:* **menstrual period**) Periode ▶ ADJ (*costume etc*) zeitgenössisch; **for a ~ of 3 weeks** für eine Dauer *or* einen Zeitraum von 3 Wochen; **the holiday ~** (BRIT) die Urlaubszeit; **I won't do it. Period.** ich mache das nicht, und damit basta!

periodic [pɪərɪˈɔdɪk] ADJ periodisch

periodical [pɪərɪˈɔdɪkl] N Zeitschrift *f* ▶ ADJ periodisch

periodically [pɪərɪˈɔdɪklɪ] ADV periodisch

period pains (BRIT) NPL Menstruationsschmerzen *pl*

peripatetic [pɛrɪpəˈtɛtɪk] ADJ (BRIT: *teacher*) an mehreren Schulen tätig; **~ life** Wanderleben *nt*

peripheral [pəˈrɪfərəl] ADJ (*feature, issue*) Rand-, nebensächlich; (*vision*) peripher ▶ N (*Comput*) Peripheriegerät *nt*

periphery [pəˈrɪfərɪ] N Peripherie *f*

periscope [ˈpɛrɪskəup] N Periskop *nt*

perish [ˈpɛrɪʃ] VI (*die*) umkommen; (*rubber, leather etc*) verschleißen

perishable [ˈpɛrɪʃəbl] ADJ (*food*) leicht verderblich

perishables [ˈpɛrɪʃəblz] NPL leicht verderbliche Waren *pl*

perishing [ˈpɛrɪʃɪŋ] (BRIT *inf*) ADJ: **it's ~ (cold)** es ist eisig kalt

peritonitis [pɛrɪtəˈnaɪtɪs] N Bauchfellentzündung *f*

perjure [ˈpəːdʒəʳ] VT: **to ~ o.s.** einen Meineid leisten

perjury [ˈpəːdʒərɪ] N (*in court*) Meineid *m*; (*breach of oath*) Eidesverletzung *f*

perks [pəːks] (*inf*) NPL (*extras*) Vergünstigungen *pl*

perk up [pəːk-] VI (*cheer up*) munter werden

perky [ˈpəːkɪ] ADJ (*cheerful*) munter

perm [pəːm] N Dauerwelle *f* ▶ VT: **to have one's hair permed** sich *dat* eine Dauerwelle machen lassen

permanence [ˈpəːmənəns] N Dauerhaftigkeit *f*

★**permanent** [ˈpəːmənənt] ADJ dauerhaft; (*job, position*) fest; **~ address** ständiger Wohnsitz *m*; **I'm not ~ here** ich bin hier nicht fest angestellt

permanently [ˈpəːmənəntlɪ] ADV (*damage*) dauerhaft; (*stay, live*) ständig; (*locked, open, frozen etc*) dauernd

permeable [ˈpəːmɪəbl] ADJ durchlässig

permeate [ˈpəːmɪeɪt] VT durchdringen ▶ VI: **to ~ through** dringen durch

permissible [pəˈmɪsɪbl] ADJ zulässig

★**permission** [pəˈmɪʃən] N Erlaubnis *f*, Genehmigung *f*; **to give sb ~ to do sth** jdm die Erlaubnis geben, etw zu tun

permissive [pəˈmɪsɪv] ADJ permissiv

★**permit** N [ˈpəːmɪt] Genehmigung *f* ▶ VT [pəˈmɪt] (*allow*) erlauben; (*make possible*) gestatten; **fishing ~** Angelschein *m*; **to ~ sb to do sth** jdm erlauben, etw zu tun; **weather permitting** wenn das Wetter es zulässt

permutation [pəːmjuˈteɪʃən] N Permutation *f*; (*fig*) Variation *f*

P

pernicious [pəːˈnɪʃəs] ADJ *(lie, nonsense)* bösartig; *(effect)* schädlich
pernickety [pəˈnɪkɪtɪ] *(inf)* ADJ pingelig
perpendicular [pəːpənˈdɪkjulə^r] ADJ senkrecht ▶ N: **the ~** die Senkrechte; **~ to** senkrecht zu
perpetrate [ˈpəːpɪtreɪt] VT *(crime)* begehen
perpetual [pəˈpɛtjuəl] ADJ ständig, dauernd
perpetuate [pəˈpɛtjueɪt] VT *(custom, belief etc)* bewahren; *(situation)* aufrechterhalten
perpetuity [pəːpɪˈtjuːɪtɪ] N: **in ~** auf ewig
perplex [pəˈplɛks] VT verblüffen
perplexing [pəˈplɛksɪŋ] ADJ verblüffend
perquisites [ˈpəːkwɪzɪts] *(form)* NPL Vergünstigungen *pl*
per se [-seɪ] ADV an sich
persecute [ˈpəːsɪkjuːt] VT verfolgen
persecution [pəːsɪˈkjuːʃən] N Verfolgung *f*
perseverance [pəːsɪˈvɪərns] N Beharrlichkeit *f*, Ausdauer *f*
persevere [pəːsɪˈvɪə^r] VI durchhalten, beharren
Persia [ˈpəːʃə] N Persien *nt*
Persian [ˈpəːʃən] ADJ persisch ▶ N *(Ling)* Persisch *nt*; **the ~ Gulf** der Persische Golf
Persian cat N Perserkatze *f*
persist [pəˈsɪst] VI: **to ~ (with** *or* **in)** beharren (auf *+dat*), festhalten (an *+dat*); **to ~ in doing sth** darauf beharren, etw zu tun
persistence [pəˈsɪstəns] N Beharrlichkeit *f*
persistent [pəˈsɪstənt] ADJ *(person, noise)* beharrlich; *(smell, cough etc)* hartnäckig; *(lateness, rain)* andauernd; **~ offender** Wiederholungstäter(in) *m(f)*
persnickety [pəˈsnɪkɪtɪ] *(US inf)* ADJ = **pernickety**
★**person** [ˈpəːsn] N Person *f*, Mensch *m*; **in ~** persönlich; **on** *or* **about one's ~** bei sich; **~ to ~ call** *(Tel)* Gespräch *nt* mit Voranmeldung
personable [ˈpəːsnəbl] ADJ von angenehmer Erscheinung
★**personal** [ˈpəːsnl] ADJ persönlich; *(life)* Privat-; **nothing ~!** nehmen Sie es nicht persönlich!
personal allowance N *(Tax)* persönlicher Steuerfreibetrag *m*
personal assistant N persönlicher Referent *m*, persönliche Referentin *f*
personal column N private Kleinanzeigen *pl*
personal computer N Personal Computer *m*
personal details NPL Personalien *pl*
personal hygiene N Körperhygiene *f*
personal identification number N Geheimnummer *f*, PIN-Nummer *f*
★**personality** [pəːsəˈnælɪtɪ] N *(character, person)* Persönlichkeit *f*
personal loan N Personaldarlehen *nt*
★**personally** [ˈpəːsnəlɪ] ADV persönlich; **to take sth ~** etw persönlich nehmen
personal organizer N Terminplaner *m*
personal, social and health education (BRIT) N *(Scol)* ≈ Persönlichkeits-, gesellschafts- und gesundheitsbezogene Erziehung
personal trainer N (persönlicher) Fitnesstrainer *m*, (persönliche) Fitnesstrainerin *f*
personify [pəˈsɔnɪfaɪ] VT personifizieren; *(embody)* verkörpern
personnel [pəːsəˈnɛl] N Personal *nt*
personnel department N Personalabteilung *f*
personnel manager N Personalleiter(in) *m(f)*
perspective [pəˈspɛktɪv] N *(also fig)* Perspektive *f*; **to get sth into ~** *(fig)* etw in Relation zu anderen Dingen sehen
Perspex® [ˈpəːspɛks] N Acrylglas *nt*
perspicacity [pəːspɪˈkæsɪtɪ] N Scharfsinn *m*
perspiration [pəːspɪˈreɪʃən] N Transpiration *f*
perspire [pəˈspaɪə^r] VI transpirieren
★**persuade** [pəˈsweɪd] VT: **to ~ sb to do sth** jdn dazu überreden, etw zu tun; **to ~ sb that** jdn davon überzeugen, dass; **to be persuaded of sth** von etw überzeugt sein
persuasion [pəˈsweɪʒən] N *(act)* Überredung *f*; *(creed)* Überzeugung *f*
persuasive [pəˈsweɪsɪv] ADJ *(person, argument)* überzeugend
pert [pəːt] ADJ *(person)* frech; *(nose, buttocks)* keck; *(hat)* kess
pertaining [pəˈteɪnɪŋ]: **~ to** *prep* betreffend *+acc*
pertinent [ˈpəːtɪnənt] ADJ relevant
perturb [pəˈtəːb] VT beunruhigen
Peru [pəˈruː] N Peru *nt*
perusal [pəˈruːzl] N Durchsicht *f*
peruse [pəˈruːz] VT durchsehen
Peruvian [pəˈruːvjən] ADJ peruanisch ▶ N Peruaner(in) *m(f)*
pervade [pəˈveɪd] VT *(smell, feeling)* erfüllen
pervasive [pəˈveɪzɪv] ADJ *(smell)* durchdringend; *(influence)* weitreichend; *(mood, atmosphere)* allumfassend
perverse [pəˈvəːs] ADJ *(person)* borniert; *(behaviour)* widernatürlich, pervers
perversion [pəˈvəːʃən] N *(sexual)* Perversion *f*; *(of truth, justice)* Verzerrung *f*, Pervertierung *f*
perversity [pəˈvəːsɪtɪ] N Widernatürlichkeit *f*
pervert N [ˈpəːvəːt] *(sexual deviant)* perverser Mensch *m* ▶ VT [pəˈvəːt] *(person, mind)* verderben; *(distort: truth, custom)* verfälschen
perverted [pəˈvəːtɪd] ADJ pervers
pessimism [ˈpɛsɪmɪzəm] N Pessimismus *m*
pessimist [ˈpɛsɪmɪst] N Pessimist(in) *m(f)*
pessimistic [pɛsɪˈmɪstɪk] ADJ pessimistisch
pest [pɛst] N *(insect)* Schädling *m*; *(fig: nuisance)* Plage *f*
pest control N Schädlingsbekämpfung *f*
pester [ˈpɛstə^r] VT belästigen
pesticide [ˈpɛstɪsaɪd] N Schädlingsbekämpfungsmittel *nt*, Pestizid *nt*
pestilence [ˈpɛstɪləns] N Pest *f*

pestle [ˈpɛsl] N Stößel *m*

pet [pɛt] N (*animal*) Haustier *nt* ▸ ADJ (*theory etc*) Lieblings- ▸ VT (*stroke*) streicheln ▸ VI (*inf: sexually*) herumknutschen; **teacher's ~** (*favourite*) Lehrers Liebling *m*; **a ~ rabbit/snake** *etc* ein Kaninchen/eine Schlange *etc* (als Haustier); **that's my ~ hate** das hasse ich besonders

petal [ˈpɛtl] N Blütenblatt *nt*

peter out [ˈpi:tə-] VI (*road etc*) allmählich aufhören, zu Ende gehen; (*conversation, meeting*) sich totlaufen

petite [pəˈti:t] ADJ (*woman*) zierlich

petition [pəˈtɪʃən] N (*signed document*) Petition *f*; (*Law*) Klage *f* ▸ VT ersuchen ▸ VI: **to ~ for divorce** die Scheidung einreichen

pet name (BRIT) N Kosename *m*

petrified [ˈpɛtrɪfaɪd] ADJ (*fig: terrified*) starr vor Angst

petrify [ˈpɛtrɪfaɪ] VT (*fig: terrify*) vor Angst erstarren lassen

petrochemical [pɛtrəˈkɛmɪkl] ADJ petrochemisch

petrodollars [ˈpɛtrəudɔləz] NPL Petrodollar *pl*

petrol [ˈpɛtrəl] (BRIT) N Benzin *nt*; **two-star ~** Normalbenzin *nt*; **four-star ~** Super(benzin) *nt*; **unleaded ~** bleifreies *or* unverbleites Benzin

petrol bomb (BRIT) N Benzinbombe *f*

petrol can (BRIT) N Benzinkanister *m*

petrol engine (BRIT) N Benzinmotor *m*

petroleum [pəˈtrəulɪəm] N Petroleum *nt*

petroleum jelly N Vaseline *f*

petrolhead [ˈpɛtrəlhɛd] (BRIT) N (*inf*) Autoliebhaber(in) *m(f)*, Autofreak *m* (*inf*)

petrol pump (BRIT) N (*in garage*) Zapfsäule *f*; (*in engine*) Benzinpumpe *f*

petrol station (BRIT) N Tankstelle *f*

petrol tank (BRIT) N Benzintank *m*

petticoat [ˈpɛtɪkəut] N (*underskirt: full-length*) Unterkleid *nt*; (*: waist*) Unterrock *m*

pettifogging [ˈpɛtɪfɔgɪŋ] ADJ kleinlich

pettiness [ˈpɛtɪnɪs] N Kleinlichkeit *f*

petty [ˈpɛtɪ] ADJ (*trivial*) unbedeutend; (*small-minded*) kleinlich; (*crime*) geringfügig; (*official*) untergeordnet; (*excuse*) billig; (*remark*) spitz

petty cash N (*in office*) Portokasse *f*

petty officer N Maat *m*

petulant [ˈpɛtjulənt] ADJ (*person, expression*) gereizt

pew [pju:] N (*in church*) Kirchenbank *f*

pewter [ˈpju:təʳ] N Zinn *nt*

PG N ABBR (*Cine: = parental guidance*) *Klassifikation für Filme, die Kinder nur in Begleitung Erwachsener sehen dürfen*

PGA N ABBR (= *Professional Golfers' Association*) *Golf-Profiverband*

pH N ABBR (= *potential of hydrogen*) pH

phallic [ˈfælɪk] ADJ phallisch; (*symbol*) Phallus-

phantom [ˈfæntəm] N Phantom *nt* ▸ ADJ (*fig*) Phantom-

Pharaoh [ˈfɛərəu] N Pharao *m*

pharmaceutical [fɑ:məˈsju:tɪkl] ADJ pharmazeutisch

pharmaceuticals [fɑ:məˈsju:tɪklz] NPL Arzneimittel *pl*, Pharmaka *pl*

pharmacist [ˈfɑ:məsɪst] N Apotheker(in) *m(f)*

pharmacy [ˈfɑ:məsɪ] N (*shop*) Apotheke *f*; (*science*) Pharmazie *f*

phase [feɪz] N Phase *f* ▸ VT: **to ~ sth in/out** etw stufenweise einführen/abschaffen

phat [fæt] ADJ (*inf*) abgefahren, geil

PhD N ABBR (= *Doctor of Philosophy*) ≈ Dr. phil.

pheasant [ˈfɛznt] N Fasan *m*

phenomena [fəˈnɔmɪnə] NPL *of* **phenomenon**

phenomenal [fəˈnɔmɪnl] ADJ phänomenal

phenomenon [fəˈnɔmɪnən] (*pl* **phenomena**) N Phänomen *nt*

phew [fju:] EXCL puh!

phial [ˈfaɪəl] N Fläschchen *nt*

philanderer [fɪˈlændərəʳ] N Schwerenöter *m*

philanthropic [fɪlənˈθrɔpɪk] ADJ philanthropisch

philanthropist [fɪˈlænθrəpɪst] N Philanthrop(in) *m(f)*

philatelist [fɪˈlætəlɪst] N Philatelist(in) *m(f)*

philately [fɪˈlætəlɪ] N Philatelie *f*

Philippines [ˈfɪlɪpi:nz] NPL: **the ~** die Philippinen *pl*

Philistine [ˈfɪlɪstaɪn] N (*boor*) Banause *m*

philosopher [fɪˈlɔsəfəʳ] N Philosoph(in) *m(f)*

philosophical [fɪləˈsɔfɪkl] ADJ philosophisch; (*fig: calm, resigned*) gelassen

philosophize [fɪˈlɔsəfaɪz] VI philosophieren

★**philosophy** [fɪˈlɔsəfɪ] N Philosophie *f*

phlegm [flɛm] N (*Med*) Schleim *m*

phlegmatic [flɛgˈmætɪk] ADJ phlegmatisch

phobia [ˈfəubjə] N Phobie *f*

★**phone** [fəun] N Telefon *nt* ▸ VT anrufen ▸ VI anrufen, telefonieren; **to be on the ~** (*possess a phone*) Telefon haben; (*be calling*) telefonieren
▸ **phone back** VT, VI zurückrufen
▸ **phone up** VT, VI anrufen

phone book N Telefonbuch *nt*

★**phone box** (BRIT) N Telefonzelle *f*

★**phone call** N Anruf *m*

phonecard [ˈfəunkɑ:d] N Telefonkarte *f*

phone-in [ˈfəunɪn] (BRIT) N (*Radio, TV*) *Radio-/Fernsehsendung mit Hörer-/Zuschauerbeteiligung per Telefon*, Phone-in *nt* ▸ ADJ mit Hörer-/Zuschaueranrufen

phone tapping [-tæpɪŋ] N Abhören *nt* von Telefonleitungen

phonetics [fəˈnɛtɪks] N Phonetik *f*

phoney [ˈfəunɪ] ADJ (*address*) falsch; (*accent*) unecht; (*person*) unaufrichtig

phonograph [ˈfəunəgrɑ:f] (US) N Grammofon *nt*

phony [ˈfəunɪ] ADJ = **phoney**
phosphate [ˈfɔsfeɪt] N Phosphat *nt*
phosphorus [ˈfɔsfərəs] N Phosphor *m*
★**photo** [ˈfəutəu] N Foto *nt*
photo... [ˈfəutəu] PREF Foto-
photobomb [ˈfəutəubɔm] VT (*inf*) fotobomben
photocopier [ˈfəutəukɔpɪəʳ] N Fotokopierer *m*
photocopy [ˈfəutəukɔpɪ] N Fotokopie *f* ▸ VT fotokopieren
photoelectric [fəutəuɪˈlɛktrɪk] ADJ (*effect*) fotoelektrisch; (*cell*) Photo-
photo finish N Fotofinish *nt*
Photofit® [ˈfəutəufɪt] N, **Photofit picture**® N Phantombild *nt*
photogenic [fəutəuˈdʒɛnɪk] ADJ fotogen
★**photograph** [ˈfəutəgræf] N Fotografie *f* ▸ VT fotografieren; **to take a ~ of sb** jdn fotografieren
★**photographer** [fəˈtɔgrəfəʳ] N Fotograf(in) *m(f)*
photographic [fəutəˈgræfɪk] ADJ (*equipment etc*) fotografisch, Foto-
photography [fəˈtɔgrəfɪ] N Fotografie *f*
photo opportunity N Fototermin *m*; (*accidental*) Fotogelegenheit *f*
Photoshop® [ˈfəutəuʃɔp] N Photoshop® *nt*
photostat [ˈfəutəustæt] N Fotokopie *f*
photosynthesis [fəutəuˈsɪnθəsɪs] N Fotosynthese *f*
★**phrase** [freɪz] N Satz *m*; (*Ling*) Redewendung *f*; (*Mus*) Phrase *f* ▸ VT ausdrücken; (*letter*) formulieren
phrase book N Sprachführer *m*
★**physical** [ˈfɪzɪkl] ADJ (*bodily*) körperlich; (*geography, properties*) physikalisch; (*law, explanation*) natürlich; **~ examination** ärztliche Untersuchung *f*; **the ~ sciences** die Naturwissenschaften
physical education N Sportunterricht *m*
physically [ˈfɪzɪklɪ] ADV (*fit, attractive*) körperlich
physician [fɪˈzɪʃən] N Arzt *m*, Ärztin *f*
physicist [ˈfɪzɪsɪst] N Physiker(in) *m(f)*
★**physics** [ˈfɪzɪks] N Physik *f*
physiological [fɪzɪəˈlɔdʒɪkl] ADJ physiologisch
physiology [fɪzɪˈɔlədʒɪ] N Physiologie *f*
physiotherapist [fɪzɪəuˈθɛrəpɪst] N Physiotherapeut(in) *m(f)*
physiotherapy [fɪzɪəuˈθɛrəpɪ] N Physiotherapie *f*
physique [fɪˈziːk] N Körperbau *m*
pianist [ˈpiːənɪst] N Pianist(in) *m(f)*
★**piano** [pɪˈænəu] N Klavier *nt*, Piano *nt*
piano accordion (BRIT) N Akkordeon *nt*
piccolo [ˈpɪkələu] N Piccoloflöte *f*
★**pick** [pɪk] N (*also:* **pickaxe**) Spitzhacke *f* ▸ VT (*select*) aussuchen; (*gather: fruit, mushrooms*) sammeln; (: *flowers*) pflücken; (*remove, take out*) herausnehmen; (*lock*) knacken; (*scab, spot*) kratzen an *+dat*; **take your ~** (*choose*) Sie haben die Wahl; **the ~ of** (*best*) das Beste *+gen*; **to ~ one's nose** in der Nase bohren; **to ~ one's teeth** ir den Zähnen stochern; **to ~ sb's brains** jdn als Informationsquelle nutzen; **to ~ sb's pocket** jdn bestehlen; **to ~ a quarrel (with sb)** einen Streit (mit jdm) anfangen
▸ **pick at** VT FUS (*food*) herumstochern in *+dat*
▸ **pick off** VT (*shoot*) abschießen
▸ **pick on** VT FUS (*criticize*) herumhacken au *+dat*
▸ **pick out** VT (*distinguish*) ausmachen; (*select*) aussuchen
▸ **pick up** VI (*health*) sich verbessern; (*economy*) sich erholen ▸ VT (*from floor etc*) aufheben; (*arrest*) festnehmen; (*collect: person, parcel etc*) abholen; (*hitchhiker*) mitnehmen; (*for sexual encounter*) aufreißen; (*learn: skill etc*) mitbekommen; (*Radio*) empfangen; **to ~ up where one left off** da weitermachen, wo man aufgehört hat; **to ~ up speed** schneller werden; **to ~ o.s. up** (*after falling etc*) sich aufrappeln
pickaxe, (US) **pickax** [ˈpɪkæks] N Spitzhacke *f*
picket [ˈpɪkɪt] N (*in strike*) Streikposten *m* ▸ V (*factory etc*) Streikposten aufstellen vor *+dat*
picketing [ˈpɪkɪtɪŋ] N Aufstellen *nt* von Streikposten
picket line N Streikpostenkette *f*
pickings [ˈpɪkɪŋz] NPL: **there are rich ~ to be had here** hier ist die Ausbeute gut
pickle [ˈpɪkl] N (*also:* **pickles**) Pickles *pl* ▸ VT einlegen; **to be in a ~** in der Klemme sitzen; **to get in a ~** in eine Klemme geraten
pick-me-up [ˈpɪkmiːʌp] N Muntermacher *m*
pickpocket [ˈpɪkpɔkɪt] N Taschendieb(in) *m(f)*
pick-up [ˈpɪkʌp] N (*also:* **pick-up truck**) offener Kleintransporter *m*; (BRIT: *on record player*) Tonabnehmer *m*
★**picnic** [ˈpɪknɪk] N Picknick *nt* ▸ VI picknicken
picnicker [ˈpɪknɪkəʳ] N Picknicker(in) *m(f)*
pictorial [pɪkˈtɔːrɪəl] ADJ (*record, coverage etc*) bildlich
★**picture** [ˈpɪktʃəʳ] N Bild *nt*; (*film*) Film *m* ▸ V (*imagine*) sich *dat* vorstellen ■ **pictures** NP (*Mus*): **the pictures** (BRIT *inf: the cinema*) das Kino; **to take a ~ of sb** ein Bild von jdm machen; **to put sb in the ~** jdn ins Bild setzen
picture book N Bilderbuch *nt*
picture messaging N Picture Messaging *nt*
picturesque [pɪktʃəˈrɛsk] ADJ malerisch
picture window N Aussichtsfenster *nt*
piddling [ˈpɪdlɪŋ] (*inf*) ADJ lächerlich
pidgin [ˈpɪdʒɪn] ADJ: **~ English** Pidginenglisch *nt*
★**pie** [paɪ] N (*vegetable, meat*) Pastete *f*; (*fruit*) Torte
piebald [ˈpaɪbɔːld] ADJ (*horse*) scheckig
★**piece** [piːs] N Stück *nt*; (*Draughts etc*) Stein *m*; (*Chess*) Figur *f*; **in pieces** (*broken*) kaputt; (*taken apart*) auseinandergenommen, in Einzelteilen; **a ~ of clothing/furniture/music** ein Kleidungs-/Möbel-/Musikstück *nt*; **a ~ of machinery** eine Maschine; **a ~ of research** eine Forschungsarbeit; **a ~ of advice** ein Rat *m*; **to take sth to pieces** etw auseinandernehmen; **in one ~** (*object*) unbeschädigt; (*person*

wohlbehalten; **a 10p ~** (BRIT) ein 10-Pence-Stück *nt*; **~ by ~** Stück für Stück; **a six-piece band** eine sechsköpfige Band; **let her say her ~** lass sie ausreden
▸ **piece together** VT zusammenfügen

piecemeal [ˈpi:smi:l] ADV stückweise, Stück für Stück

piecework [ˈpi:swə:k] N Akkordarbeit *f*

pie chart N Tortendiagramm *nt*

pier [pɪəʳ] N Pier *m*

pierce [pɪəs] VT durchstechen; **to have one's ears pierced** sich *dat* die Ohrläppchen durchstechen lassen

pierced [pɪəst] ADJ (*part of body*) gepierct

piercing [ˈpɪəsɪŋ] ADJ (*fig*: *cry, eyes, stare*) durchdringend; (*wind*) schneidend

piety [ˈpaɪətɪ] N Frömmigkeit *f*

piffling [ˈpɪflɪŋ] (*inf*) ADJ lächerlich

pig [pɪg] N (*also pej*) Schwein *nt*; (*greedy person*) Vielfraß *m*

pigeon [ˈpɪdʒən] N Taube *f*

pigeonhole [ˈpɪdʒənhəul] N (*for letters etc*) Fach *nt*; (*fig*) Schublade *f* ▸ VT (*fig*: *person*) in eine Schublade stecken

pigeon-toed [ˈpɪdʒəntəud] ADJ mit einwärtsgerichteten Zehen

piggy bank [ˈpɪgɪ-] N Sparschwein *nt*

pig-headed [ˈpɪgˈhɛdɪd] (*pej*) ADJ dickköpfig

piglet [ˈpɪglɪt] N Schweinchen *nt*, Ferkel *nt*

pigment [ˈpɪgmənt] N Pigment *nt*

pigmentation [pɪgmənˈteɪʃən] N Pigmentierung *f*, Färbung *f*

pigmy [ˈpɪgmɪ] N = **pygmy**

pigskin [ˈpɪgskɪn] N Schweinsleder *nt*

pigsty [ˈpɪgstaɪ] N (*also fig*) Schweinestall *m*

pigtail [ˈpɪgteɪl] N Zopf *m*

pike [paɪk] N (*fish*) Hecht *m*; (*spear*) Spieß *m*

pilchard [ˈpɪltʃəd] N Sardine *f*

pile [paɪl] N (*heap*) Haufen *m*; (*stack*) Stapel *m*; (*of carpet, velvet*) Flor *m*; (*pillar*) Pfahl *m* ▸ VT (*also*: **pile up**) (auf)stapeln; **in a ~** in einem Haufen; **to ~ into/out of** (*vehicle*) sich drängen in +*acc*/aus
▸ **pile on** VT: **to ~ it on** (*inf*) zu dick auftragen
▸ **pile up** VI sich stapeln

piles [paɪlz] NPL (*Med*) Hämorr(ho)iden *pl*

pile-up [ˈpaɪlʌp] N (*Aut*) Massenkarambolage *f*

pilfer [ˈpɪlfəʳ] VT, VI stehlen

pilfering [ˈpɪlfərɪŋ] N Diebstahl *m*

pilgrim [ˈpɪlgrɪm] N Pilger(in) *m(f)*

Die **Pilgrim Fathers** (Pilgerväter) sind eine Gruppe Puritaner, die 1620 England verließen, um dort den religiösen Verfolgungen zu entkommen. Sie überquerten den Atlantik an Bord der *Mayflower* und gründeten New Plymouth in Neuengland, im heutigen Massachusetts. Diese Pilgerväter werden als Gründer der Vereinigten Staaten betrachtet, und man gedenkt jedes Jahr zu *Thanksgiving* ihrer ersten erfolgreichen Ernte.

pilgrimage [ˈpɪlgrɪmɪdʒ] N Pilgerfahrt *f*, Wallfahrt *f*

★**pill** [pɪl] N Tablette *f*, Pille *f*; **the ~** (*contraceptive*) die Pille; **to be on the ~** die Pille nehmen

pillage [ˈpɪlɪdʒ] N Plünderung *f* ▸ VT plündern

pillar [ˈpɪləʳ] N Säule *f*; **a ~ of society** (*fig*) eine Säule *or* Stütze der Gesellschaft

pillar box (BRIT) N Briefkasten *m*

pillion [ˈpɪljən] N: **to ride ~** (*on motorcycle*) auf dem Soziussitz mitfahren; (*on horse*) hinten auf dem Pferd mitreiten

pillory [ˈpɪlərɪ] VT (*criticize*) anprangern ▸ N Pranger *m*

pillow [ˈpɪləu] N (Kopf)kissen *nt*

pillowcase [ˈpɪləukeɪs] N (Kopf)kissenbezug *m*

pillowslip [ˈpɪləuslɪp] N = **pillowcase**

★**pilot** [ˈpaɪlət] N (*Aviat*) Pilot(in) *m(f)*; (*Naut*) Lotse *m* ▸ ADJ (*scheme, study etc*) Pilot- ▸ VT (*aircraft*) steuern; (*fig*: *new law, scheme*) sich zum Fürsprecher machen +*gen*

pilot boat N Lotsenboot *nt*

pilot light N (*on cooker, boiler*) Zündflamme *f*

pilot test N Pilot- *or* Modellversuch *m*

pimento [pɪˈmɛntəu] N (*spice*) Piment *nt*

pimp [pɪmp] N Zuhälter *m*

pimple [ˈpɪmpl] N Pickel *m*

pimply [ˈpɪmplɪ] ADJ pick(e)lig

PIN [pɪn] N ABBR (= *personal identification number*) PIN; **~ number** PIN-Nummer *f*

★**pin** [pɪn] N (*metal*: *for clothes, papers*) Stecknadel *f*; (*Tech*) Stift *m*; (BRIT: *also*: **drawing pin**) Heftzwecke *f*; (*in grenade*) Sicherungsstift *m*; (BRIT *Elec*) Pol *m* ▸ VT (*fasten with pin*) feststecken; **pins and needles** (*in arms, legs etc*) Kribbeln *nt*; **to ~ sb against/to sth** jdn gegen/an etw *acc* pressen; **to ~ sth on sb** (*fig*) jdm etw anhängen
▸ **pin down** VT (*fig*: *person*) festnageln; **there's something strange here but I can't quite ~ it down** hier stimmt etwas nicht, aber ich weiß nicht genau was

pinafore [ˈpɪnəfɔ:ʳ] (BRIT) N (*also*: **pinafore dress**) Trägerkleid *nt*

pinball [ˈpɪnbɔ:l] N (*game*) Flippern *nt*; (*machine*) Flipper *m*

pincers [ˈpɪnsəz] NPL (*tool*) Kneifzange *f*; (*of crab, lobster etc*) Schere *f*

pinch [pɪntʃ] N (*of salt etc*) Prise *f* ▸ VT (*with finger and thumb*) zwicken, kneifen; (*inf*: *steal*) klauen ▸ VI (*shoe*) drücken; **at a ~** zur Not; **to feel the ~** (*fig*) die schlechte Lage zu spüren bekommen

pinched [pɪntʃt] ADJ (*face*) erschöpft; **~ with cold** verfroren

pincushion [ˈpɪnkuʃən] N Nadelkissen *nt*

pine [paɪn] N (*also*: **pine tree**) Kiefer *f*; (*wood*) Kiefernholz *nt* ▸ VI: **to ~ for** sich sehnen nach
▸ **pine away** VI sich (vor Kummer) verzehren

★**pineapple** [ˈpaɪnæpl] N Ananas *f*

pine cone N Kiefernzapfen *m*

pine needles NPL Kiefernnadeln *pl*

ping [pɪŋ] N (*noise*) Klingeln *nt*

Ping-Pong® [ˈpɪŋpɔŋ] N Pingpong *nt*

P

★**pink** [pɪŋk] ADJ rosa *inv* ▸ N (*colour*) Rosa *nt*; (*Bot*) Gartennelke *f*

pinking shears [ˈpɪŋkɪŋ-] NPL Zickzackschere *f*

pin money (BRIT *inf*) N Nadelgeld *nt*

pinnacle [ˈpɪnəkl] N (*of building, mountain*) Spitze *f*; (*fig*) Gipfel *m*

pinpoint [ˈpɪnpɔɪnt] VT (*identify*) genau festlegen, identifizieren; (*position of sth*) genau aufzeigen

pinstripe [ˈpɪnstraɪp], **pinstriped** [ˈpɪnstraɪpt] ADJ: **~ suit** Nadelstreifenanzug *m*

pint [paɪnt] N (BRIT: *= 568 cc*) (britisches) Pint *nt*; (*US: = 473 cc*) (amerikanisches) Pint; **a ~** (BRIT *inf: of beer*) ≈ eine Halbe

pin-up [ˈpɪnʌp] N (*picture*) Pin-up-Foto *nt*

pioneer [paɪəˈnɪəʳ] N (*lit, fig*) Pionier *m* ▸ VT (*invention etc*) Pionierarbeit leisten für

pious [ˈpaɪəs] ADJ fromm

pip [pɪp] N (*of apple, orange*) Kern *m* ▸ VT: **to be pipped at the post** (BRIT *fig*) um Haaresbreite geschlagen werden ■ **the pips** NPL (BRIT *Radio*) das Zeitzeichen

★**pipe** [paɪp] N (*for water, gas*) Rohr *nt*; (*for smoking*) Pfeife *f*; (*Mus*) Flöte *f* ▸ VT (*water, gas, oil*) (durch Rohre) leiten ■ **pipes** NPL (*also:* **bagpipes**) Dudelsack *m*

▸ **pipe down** (*inf*) VI (*be quiet*) ruhig sein

pipe cleaner N Pfeifenreiniger *m*

piped music [paɪpt-] N Berieselungsmusik *f*

pipe dream N Hirngespinst *nt*

pipeline [ˈpaɪplaɪn] N Pipeline *f*; **it's in the ~** (*fig*) es ist in Vorbereitung

piper [ˈpaɪpəʳ] N (*bagpipe player*) Dudelsackspieler(in) *m(f)*

pipe tobacco N Pfeifentabak *m*

piping [ˈpaɪpɪŋ] ADV: **~ hot** kochend heiß

piquant [ˈpiːkənt] ADJ (*also fig*) pikant

pique [piːk] N: **in a fit of ~** eingeschnappt, pikiert

piracy [ˈpaɪərəsɪ] N Piraterie *f*, Seeräuberei *f*; (*Comm*): **to commit ~** ein Plagiat *nt* begehen

pirate [ˈpaɪərət] N Pirat *m*, Seeräuber *m* ▸ VT (*Comm: video tape, cassette etc*) illegal herstellen

pirate radio station (BRIT) N Piratensender *m*

pirouette [pɪruˈɛt] N Pirouette *f* ▸ VI Pirouetten drehen

Pisces [ˈpaɪsiːz] N Fische *pl*; **to be ~** Fische *or* (ein) Fisch sein

piss [pɪs] (*!*) VI pissen (*!*) ▸ N Pisse *f* (*!*); **~ off!** (*!*) verpiss dich!; **to be pissed off (with sb/sth)** (von jdm/etw) die Schnauze vollhaben; **it's pissing down** (BRIT *inf: raining*) es schifft; **to take the ~ out of sb** (BRIT *inf*) jdn verarschen

pissed [pɪst] (*!*) ADJ (*drunk*) besoffen

pistachio [pɪˈstɑːʃɪəu] (*pl* **pistachios**) N Pistazie *f*

pistol [ˈpɪstl] N Pistole *f*

piston [ˈpɪstn] N Kolben *m*

pit [pɪt] N Grube *f*; (*in surface of road*) Schlagloch *nt*; (*coal mine*) Zeche *f*; (*also:* **orchestra pit**) Orchestergraben *m* ▸ VT: **to ~ one's wits against sb** seinen Verstand mit jdm messe[n] ■ **the pits** NPL (*Aut*) die Box; **to ~ o.s. agains[t] sth** den Kampf gegen etw aufnehmen; **to ~ s[b] against sb** jdn gegen jdn antreten lassen; **th[e] ~ of one's stomach** die Magengrube

pitapat [ˈpɪtəˈpæt] (BRIT) ADV: **to go ~** (*hear[t]*) pochen, klopfen; (*rain*) prasseln

★**pitch** [pɪtʃ] N (BRIT *Sport: field*) Spielfeld *nt*; (*Mu[s]*) Tonhöhe *f*; (*fig: level, degree*) Grad *m*; (*tar*) Pech *n[t]*; (*also:* **sales pitch**) Verkaufsmasche *f*; (*Nau[t]*) Stampfen *nt* ▸ VT (*throw*) werfen, schleuder[n]; (*set: price, message*) ansetzen ▸ VI (*fall forward*) hinschlagen; (*Naut*) stampfen; **to ~ a tent** ei[n] Zelt aufschlagen; **to be pitched forward** vorn über geworfen werden

pitch-black [ˈpɪtʃˈblæk] ADJ pechschwarz

pitched battle [pɪtʃt-] N offene Schlacht *f*

pitcher [ˈpɪtʃəʳ] N (*jug*) Krug *m*; (*US Basebal[l]*) Werfer *m*

pitchfork [ˈpɪtʃfɔːk] N Heugabel *f*

piteous [ˈpɪtɪəs] ADJ kläglich, erbärmlich

pitfall [ˈpɪtfɔːl] N Falle *f*

pith [pɪθ] N (*of orange etc*) weiße Haut *f*; (*of plan[t]*) Mark *nt*; (*fig*) Kern *m*

pithead [ˈpɪthɛd] N Schachtanlagen *pl* übe[r] Tage

pithy [ˈpɪθɪ] ADJ (*comment etc*) prägnant

pitiable [ˈpɪtɪəbl] ADJ mitleiderregend

pitiful [ˈpɪtɪful] ADJ (*sight etc*) mitleiderregen[d]; (*excuse, attempt*) jämmerlich, kläglich

pitifully [ˈpɪtɪfəlɪ] ADV (*thin, frail*) jämmerlic[h]; (*inadequate, ill-equipped*) fürchterlich

pitiless [ˈpɪtɪlɪs] ADJ mitleidlos

pittance [ˈpɪtns] N Hungerlohn *m*

pitted [ˈpɪtɪd] ADJ: **~ with** übersät mit; **~ wit[h] rust** voller Rost

pity [ˈpɪtɪ] N Mitleid *nt* ▸ VT bemitleide[n], bedauern; **what a ~!** wie schade!; **it is a ~ tha[t] you can't come** schade, dass du nicht komme[n] kannst; **to take ~ on sb** Mitleid mit jdm habe[n]

pitying [ˈpɪtɪɪŋ] ADJ mitleidig

pivot [ˈpɪvət] N (*Tech*) Drehpunkt *m*; (*fig*) Dre[h-] und Angelpunkt *m* ▸ VI sich drehen

▸ **pivot on** VT FUS (*depend on*) abhängen von

pixel [ˈpɪksl] N (*Comput*) Pixel *nt*

pixie [ˈpɪksɪ] N Elf *m*, Elfe *f*

★**pizza** [ˈpiːtsə] N Pizza *f*

placard [ˈplækɑːd] N Plakat *nt*, Aushang *m*; (*[in] march etc*) Transparent *nt*

placate [pləˈkeɪt] VT beschwichtigen, besän[f]tigen

placatory [pləˈkeɪtərɪ] ADJ beschwichtigen[d], besänftigend

★**place** [pleɪs] N Platz *m*; (*position*) Stelle *f*, Ort *[m]*; (*seat: on committee etc*) Sitz *m*; (*home*) Wohnung [*f*]; (*in street names*) ≈ Straße *f* ▸ VT (*put: object*) stelle[n], legen; (*identify: person*) unterbringen; **~ of birt[h]** Geburtsort *m*; **to take ~** (*happen*) geschehe[n], passieren; **at/to his ~** (*home*) bei/zu ihm; **fro[m] ~ to ~** von Ort zu Ort; **all over the ~** überall; **i[n] places** stellenweise; **in sb's/sth's ~** anstel[le] von jdm/etw; **to take sb's/sth's ~** an die Stel[le] von jdm/etw treten, jdn/etw ersetzen; **out of ~** (*inappropriate*) unangebracht; **I feel out of ~ here** ich fühle mich hier fehl am Platze; **in the first ~** (*first of all*) erstens; **to change places with sb** mit jdm den Platz tauschen; **to put sb in his ~** (*fig*) jdn in seine Schranken weisen; **he's going places** er bringt es noch mal weit; **it's not my ~ to do it** es ist nicht an mir, das zu tun; **to be placed** (*in race, exam*) platziert sein; **to be placed third** den dritten Platz belegen; **to ~ an order with sb (for sth)** eine Bestellung bei jdm (für etw) aufgeben; **how are you placed next week?** wie sieht es bei Ihnen nächste Woche aus?

lacebo [plə'si:bəu] N Placebo *nt*; (*fig*) Beruhigungsmittel *nt*

lace mat N Set *m or nt*

lacement ['pleɪsmənt] N Platzierung *f*

lace name N Ortsname *m*

lacenta [plə'sɛntə] N Plazenta *f*

lace setting N Gedeck *nt*

lacid ['plæsɪd] ADJ (*person*) ruhig, gelassen; (*place, river etc*) friedvoll

lagiarism ['pleɪdʒjərɪzəm] N Plagiat *nt*

lagiarist ['pleɪdʒjərɪst] N Plagiator(in) *m(f)*

lagiarize ['pleɪdʒjəraɪz] VT (*idea, work*) kopieren, plagiieren

lague [pleɪg] N (*Med*) Seuche *f*; (*fig: of locusts etc*) Plage *f* ▸ VT (*fig: problems etc*) plagen; **to ~ sb with questions** jdn mit Fragen quälen

laice [pleɪs] N INV Scholle *f*

laid [plæd] N Plaid *nt*

lain [pleɪn] ADJ (*unpatterned*) einfarbig; (*simple*) einfach, schlicht; (*clear, easily understood*) klar; (*not beautiful*) unattraktiv; (*frank*) offen ▸ ADV (*wrong, stupid etc*) einfach ▸ N (*area of land*) Ebene *f*; (*Knitting*) rechte Masche *f*; **to make sth ~ to sb** jdm etw klarmachen

lain chocolate N Bitterschokolade *f*

lain-clothes ['pleɪnkləuðz] ADJ (*police officer*) in Zivil

lainly ['pleɪnlɪ] ADV (*obviously*) eindeutig; (*clearly*) deutlich, klar

lainness ['pleɪnnɪs] N (*of person*) Reizlosigkeit *f*

lain speaking N Offenheit *f*; **a bit of ~** ein paar offene Worte

lain-spoken ['pleɪn'spəukn] ADJ offen

laintiff ['pleɪntɪf] N Kläger(in) *m(f)*

laintive ['pleɪntɪv] ADJ (*cry, voice*) klagend; (*song*) schwermütig; (*look*) traurig

lait [plæt] N (*of hair*) Zopf *m*; (*of rope, leather*) Geflecht *nt* ▸ VT flechten

lan [plæn] N Plan *m* ▸ VT planen; (*building, schedule*) entwerfen ▸ VI planen; **to ~ to do sth** planen *or* vorhaben, etw zu tun; **how long do you ~ to stay?** wie lange haben Sie vor, zu bleiben?; **to ~ for** *or* **on** (*expect*) sich einstellen auf *+acc*; **to ~ on doing sth** vorhaben, etw zu tun

lane [pleɪn] N (*Aviat*) Flugzeug *nt*; (*Math*) Ebene *f*; (*fig: level*) Niveau *nt*; (*tool*) Hobel *m*; (*also:* **plane tree**) Platane *f* ▸ VT (*wood*) hobeln ▸ VI (*Naut, Aut*) gleiten

★**planet** ['plænɪt] N Planet *m*

planetarium [plænɪ'tɛərɪəm] N Planetarium *nt*

plank [plæŋk] N (*of wood*) Brett *nt*; (*fig: of policy etc*) Schwerpunkt *m*

plankton ['plæŋktən] N Plankton *nt*

planned economy ['plænd-] N Planwirtschaft *f*

planner ['plænə^r] N Planer(in) *m(f)*

★**planning** ['plænɪŋ] N Planung *f*

planning permission (BRIT) N Baugenehmigung *f*

★**plant** [plɑ:nt] N (*Bot*) Pflanze *f*; (*machinery*) Maschinen *pl*; (*factory*) Anlage *f* ▸ VT (*seed, plant, crops*) pflanzen; (*field, garden*) bepflanzen; (*microphone, bomb etc*) anbringen; (*incriminating evidence*) schleusen; (*fig: object*) stellen; (*: kiss*) drücken

plantation [plæn'teɪʃən] N Plantage *f*; (*wood*) Anpflanzung *f*

plant pot (BRIT) N Blumentopf *m*

plaque [plæk] N (*on building etc*) Tafel *f*, Plakette *f*; (*on teeth*) Zahnbelag *m*

plasma ['plæzmə] N Plasma *nt*

plaster ['plɑ:stə^r] N (*for walls*) Putz *m*; (*also:* **plaster of Paris**) Gips *m*; (BRIT: *also:* **sticking plaster**) Pflaster *nt* ▸ VT (*wall, ceiling*) verputzen; **in ~** (BRIT) in Gips; **to ~ with** (*cover*) bepflastern mit

plasterboard ['plɑ:stəbɔ:d] N Gipskarton *m*

plaster cast N (*Med*) Gipsverband *m*; (*model, statue*) Gipsform *f*

plastered ['plɑ:stəd] (*inf*) ADJ (*drunk*) sturzbesoffen

plasterer ['plɑ:stərə^r] N Gipser *m*

★**plastic** ['plæstɪk] N Plastik *nt* ▸ ADJ (*bucket, cup etc*) Plastik-; (*flexible*) formbar; **the ~ arts** die bildende Kunst

plastic bag N Plastiktüte *f*

plastic bullet N Plastikgeschoss *nt*

plastic explosive N Plastiksprengstoff *m*

Plasticine® ['plæstɪsi:n] N Plastilin *nt*

plastic surgery N plastische Chirurgie *f*

★**plate** [pleɪt] N Teller *m*; (*metal cover*) Platte *f*; (*Typ*) Druckplatte *f*; (*Aut*) Nummernschild *nt*; (*in book: picture*) Tafel *f*; (*also:* **dental plate**) Gaumenplatte *f*; (*on door*) Schild *nt*; **gold/silver ~** vergoldeter/versilberter Artikel *m*; **that necklace is just ~** die Halskette ist nur vergoldet/versilbert

plateau ['plætəu] (*pl* **plateaus** *or* **plateaux**) N (*Geog*) Plateau *nt*, Hochebene *f*; (*fig*) stabiler Zustand *m*

plateful ['pleɪtful] N Teller *m*

plate glass N Tafelglas *nt*

platen ['plætən] N (*on typewriter, printer*) (Schreib)walze *f*

plate rack N Geschirrständer *m*

★**platform** ['plætfɔ:m] N (*stage*) Podium *nt*; (BRIT: *of bus*) Plattform *f*; (*Rail*) Bahnsteig *m*; (*Pol*) Programm *nt*; **the train leaves from ~ 7** der Zug fährt von Gleis 7 ab

P

platform ticket (BRIT) N (*Rail*) Bahnsteigkarte *f*

platinum [ˈplætɪnəm] N Platin *nt*

platitude [ˈplætɪtju:d] N Plattitüde *f*, Gemeinplatz *m*

platonic [pləˈtɔnɪk] ADJ (*relationship*) platonisch

platoon [pləˈtu:n] N Zug *m*

platter [ˈplætəʳ] N Platte *f*

plaudits [ˈplɔ:dɪts] NPL Ovationen *pl*

plausible [ˈplɔ:zɪbl] ADJ (*theory, excuse*) plausibel; (*liar etc*) glaubwürdig

★**play** [pleɪ] N (*Theat*) (Theater)stück *nt*; (*TV*) Fernsehspiel *nt*; (*Radio*) Hörspiel *nt*; (*activity*) Spiel *nt* ▶ VT spielen; (*team, opponent*) spielen gegen ▶ VI spielen; **to bring into ~** ins Spiel bringen; **a ~ on words** ein Wortspiel *nt*; **to ~ a trick on sb** jdn hereinlegen; **to ~ a part** *or* **role in sth** (*fig*) eine Rolle bei etw spielen; **to ~ for time** (*fig*) auf Zeit spielen, Zeit gewinnen wollen; **to ~ safe** auf Nummer sicher gehen; **to ~ into sb's hands** jdm in die Hände spielen

▶ **play about with** VT FUS = **play around with**

▶ **play along with** VT FUS (*person*) sich richten nach; (*plan, idea*) eingehen auf *+acc*

▶ **play around with** VT FUS (*fiddle with*) herumspielen mit

▶ **play at** VT FUS (*do casually*) spielen mit; **to ~ at being sb/sth** jdn/etw spielen; **what are you playing at?** was soll das?

▶ **play back** VT (*recording*) abspielen

▶ **play down** VT herunterspielen

▶ **play on** VT FUS (*sb's feelings etc*) ausnutzen; **to ~ on sb's mind** jdm im Kopf herumgehen

▶ **play up** VI (*machine, knee etc*) Schwierigkeiten machen; (*children*) frech werden

> You do not translate *the* when you talk about playing an instrument.
>
> *He plays the piano*. **Er spielt Klavier**.

play-act [ˈpleɪækt] VI Theater spielen

playacting N Schauspielerei *f*

playboy [ˈpleɪbɔɪ] N Playboy *m*

★**player** [ˈpleɪəʳ] N (*Sport, Mus*) Spieler(in) *m(f)*; (*Theat*) Schauspieler(in) *m(f)*

playful [ˈpleɪful] ADJ (*person, gesture*) spielerisch; (*animal*) verspielt

playgoer [ˈpleɪgəuəʳ] N Theaterbesucher(in) *m(f)*

★**playground** [ˈpleɪgraund] N (*in park*) Spielplatz *m*; (*in school*) Schulhof *m*

playgroup [ˈpleɪgru:p] N Spielgruppe *f*

playing card [ˈpleɪɪŋ-] N Spielkarte *f*

playing field N Sportplatz *m*

playmaker [ˈpleɪmeɪkəʳ] N (*Sport*) Spielmacher(in) *m(f)*

playmate [ˈpleɪmeɪt] N Spielkamerad(in) *m(f)*

play-off [ˈpleɪɔf] N Ausscheidungsspiel *nt*, Play-off *nt*

playpen [ˈpleɪpɛn] N Laufstall *m*

playroom [ˈpleɪru:m] N Spielzimmer *nt*

playschool [ˈpleɪsku:l] N = **playgroup**

plaything [ˈpleɪθɪŋ] N (*also fig*) Spielzeug *nt*

★**playtime** [ˈpleɪtaɪm] N (kleine) Pause *f*

playwright [ˈpleɪraɪt] N Dramatiker(in) *m(f)*

plc (BRIT) N ABBR (= *public limited company*) ≈ AG *f*

plea [pli:] N (*request*) Bitte *f*; (*Law*): **to enter a ~ o[f] guilty/not guilty** sich schuldig/unschuldi[g] erklären; (*excuse*) Vorwand *m*

plea bargaining N *Verhandlungen zwische[n] Anklage und Verteidigung mit dem Ziel, bestimmt[e] Anklagepunkte fallen zu lassen, wenn der Angeklag[te] sich in anderen Punkten schuldig bekennt*

plead [pli:d] VI (*Law*) *vor Gericht eine Schuld-/Unschuldserklärung abgeben* ▶ VT (*Law*): **to ~ sb'[s] case** jdn vertreten; (*give as excuse*: *ignorance, [ill] health etc*) vorgeben, sich berufen auf *+acc*; **t[o] ~ with sb** (*beg*) jdn inständig bitten; **to ~ for st[h]** um etw nachsuchen; **to ~ guilty/not guilt[y]** sich schuldig/nicht schuldig bekennen

★**pleasant** [ˈplɛznt] ADJ angenehm; (*smil[e]*) freundlich

pleasantly [ˈplɛzntlɪ] ADV (*surprised*) ange[-]nehm; (*say, behave*) freundlich

pleasantries [ˈplɛzntrɪz] NPL Höflichkeiten *p[l]*, Nettigkeiten *pl*

★**please** [pli:z] EXCL bitte ▶ VT (*satisfy*) zufrieden[-]stellen ▶ VI (*give pleasure*) gefällig sein; **~ Miss[,] Sir!** (*to attract teacher's attention*) ≈ Frau/Herr X[!]; **yes, ~** ja, bitte; **my bill, ~** die Rechnung, bitt[e]; **~ don't cry!** bitte wein doch nicht!; **~ yoursel[f]** (*inf*) wie du willst!; **do as you ~** machen Si[e,] was Sie für richtig halten

★**pleased** [pli:zd] ADJ (*happy*) erfreut; (*satisfie[d]*) zufrieden; **~ to meet you** freut mich(, Sie ker[-]nenzulernen); **~ with** zufrieden mit; **we a[re] ~ to inform you that ...** wir freuen uns, Ihne[n] mitzuteilen, dass ...

pleasing [ˈpli:zɪŋ] ADJ (*remark, picture etc*) erfreu[-]lich; (*person*) sympathisch

pleasurable [ˈplɛʒərəbl] ADJ angenehm

★**pleasure** [ˈplɛʒəʳ] N (*happiness, satisfactio[n]*) Freude *f*; (*fun, enjoyable experience*) Vergnügen *n[t]*; **it's a ~, my ~** gern geschehen; **with ~** gern, m[it] Vergnügen; **is this trip for business or ~?** i[st] diese Reise geschäftlich oder zum Vergnügen

pleasure boat N Vergnügungsschiff *nt*

pleasure cruise N Vergnügungsfahrt *f*

pleat [pli:t] N Falte *f*

pleb [plɛb] (*inf, pej*) N Prolet *m*

plebiscite [ˈplɛbɪsɪt] N Volksentscheid *m*, Pl[e]biszit *nt*

plectrum [ˈplɛktrəm] N Plektron *nt*, Plektru[m] *nt*

pledge [plɛdʒ] N (*promise*) Versprechen *nt* ▶ V[T] (*promise*) versprechen; **to ~ sb to secrecy** jd[n] zum Schweigen verpflichten

plenary [ˈpli:nərɪ] ADJ (*powers*) unbeschränk[t]; **~ session** Plenarsitzung *f*; **~ meeting** Vollve[r]sammlung *f*

plentiful [ˈplɛntɪful] ADJ reichlich

★**plenty** [ˈplɛntɪ] N (*lots*) eine Menge; (*sufficien[t]*) reichlich; **~ of** eine Menge; **we've got ~**

time to get there wir haben jede Menge Zeit, dorthin zu kommen

plethora [ˈplɛθərə] N: **a ~ of** eine Fülle von, eine Unmenge an *+dat*

pleurisy [ˈpluərɪsɪ] N Rippenfellentzündung *f*

Plexiglas® [ˈplɛksɪglɑːs] (*US*) N Plexiglas® *nt*

pliable [ˈplaɪəbl] ADJ (*material*) biegsam; (*fig: person*) leicht beeinflussbar

pliant [ˈplaɪənt] ADJ = **pliable**

pliers [ˈplaɪəz] NPL Zange *f*

plight [plaɪt] N (*of person, country*) Not *f*

plimsolls [ˈplɪmsəlz] (BRIT) NPL Turnschuhe *pl*

plinth [plɪnθ] N Sockel *m*

PLO N ABBR (= *Palestine Liberation Organization*) PLO *f*

plod [plɔd] VI (*walk*) trotten; (*fig*) sich abplagen

plodder [ˈplɔdəʳ] (*pej*) N (*slow worker*) zäher Arbeiter *m*, zähe Arbeiterin *f*

plonk [plɔŋk] (*inf*) N (BRIT: *wine*) (billiger) Wein *m* ▸ VT: **to ~ sth down** etw hinknallen

plot [plɔt] N (*secret plan*) Komplott *nt*, Verschwörung *f*; (*of story, play, film*) Handlung *f* ▸ VT (*sb's downfall etc*) planen; (*on chart, graph*) markieren ▸ VI (*conspire*) sich verschwören; **a ~ of land** ein Grundstück *nt*; **a vegetable ~** (BRIT) ein Gemüsebeet *nt*

plotter [ˈplɔtəʳ] N (*instrument, Comput*) Plotter *m*

plough, (*US*) **plow** [plau] N Pflug *m* ▸ VT pflügen; **to ~ money into sth** (*project etc*) Geld in etw *acc* stecken

▸ **plough back** VT (*Comm*) reinvestieren

▸ **plough into** VT FUS (*crowd*) rasen in *+acc*

ploughman, (*US*) **plowman** [ˈplaumən] N (*irreg*) Pflüger *m*

ploughman's lunch [ˈplaumənz-] (BRIT) N *Imbiss aus Brot, Käse und Pickles*

plow *etc* (*US*) = **plough** *etc*

ploy [plɔɪ] N Trick *m*

pls ABBR (= *please*) b

pluck [plʌk] VT (*fruit, flower, leaf*) pflücken; (*musical instrument, eyebrows*) zupfen; (*bird*) rupfen ▸ N (*courage*) Mut *m*; **to ~ up courage** allen Mut zusammennehmen

plucky [ˈplʌkɪ] (*inf*) ADJ (*person*) tapfer

plug [plʌg] N (*Elec*) Stecker *m*; (*stopper*) Stöpsel *m*; (*Aut: also:* **spark(ing) plug**) Zündkerze *f* ▸ VT (*hole*) zustopfen; (*inf: advertise*) Reklame machen für; **to give sb/sth a ~** für jdn/etw Reklame machen

▸ **plug in** VT (*Elec*) einstöpseln, anschließen ▸ VI angeschlossen werden

plughole [ˈplʌghəul] (BRIT) N Abfluss *m*

plug-in [ˈplʌgɪn] N (*Comput*) Zusatzprogramm *nt*, Plug-in *nt*

plum [plʌm] N (*fruit*) Pflaume *f* ▸ ADJ (*inf*): **a ~ job** ein Traumjob

plumage [ˈpluːmɪdʒ] N Gefieder *nt*

plumb [plʌm] VT: **to ~ the depths of despair/humiliation** die tiefste Verzweiflung/Erniedrigung erleben

▸ **plumb in** VT anschließen, installieren

plumber [ˈplʌməʳ] N Installateur *m*, Klempner *m*

plumbing [ˈplʌmɪŋ] N (*piping*) Installationen *pl*, Rohrleitungen *pl*; (*trade*) Klempnerei *f*; (*work*) Installationsarbeiten *pl*

plumb line N Lot *nt*, Senkblei *nt*

plume [pluːm] N (*of bird*) Feder *f*; (*on helmet, horse's head*) Federbusch *m*; **~ of smoke** Rauchfahne *f*

plummet [ˈplʌmɪt] VI (*bird, aircraft*) (hinunter)-stürzen; (*price, rate*) rapide absacken

plump [plʌmp] ADJ (*person*) füllig, mollig

▸ **plump for** (*inf*) VT FUS sich entscheiden für

▸ **plump up** VT (*cushion*) aufschütteln

plunder [ˈplʌndəʳ] N (*activity*) Plünderung *f*; (*stolen things*) Beute *f* ▸ VT (*city, tomb*) plündern

plunge [plʌndʒ] N (*of bird, person*) Sprung *m*; (*fig: of prices, rates etc*) Sturz *m* ▸ VT (*hand, knife*) stoßen ▸ VI (*thing*) stürzen; (*bird, person*) sich stürzen; (*fig: prices, rates etc*) abfallen, stürzen; **to take the ~** (*fig*) den Sprung wagen; **the room was plunged into darkness** das Zimmer war in Dunkelheit getaucht

plunger [ˈplʌndʒəʳ] N (*for sink*) Sauger *m*

plunging [ˈplʌndʒɪŋ] ADJ: **~ neckline** tiefer Ausschnitt *m*

pluperfect [pluːˈpəːfɪkt] N: **the ~** das Plusquamperfekt

plural [ˈpluərl] ADJ Plural- ▸ N Plural *m*, Mehrzahl *f*

★**plus** [plʌs] N (*also:* **plus sign**) Pluszeichen *nt* ▸ PREP, ADJ plus; **it's a ~** (*fig*) es ist ein Vorteil *or* ein Pluspunkt; **ten/twenty ~** (*more than*) über zehn/zwanzig; **B ~** (*Scol*) ≈ Zwei plus

plus fours NPL Überfallhose *f*

plush [plʌʃ] ADJ (*car, hotel etc*) feudal ▸ N (*fabric*) Plüsch *m*

plus-one [ˈplʌsˈwʌn] N Begleitperson *f*; **he was my ~ for the party** er war meine Begleitperson auf der Party

plutonium [pluːˈtəunɪəm] N Plutonium *nt*

ply [plaɪ] VT (*a trade*) ausüben, nachgehen *+dat*; (*tool*) gebrauchen, anwenden ▸ VI (*ship*) verkehren ▸ N (*of wool, rope*) Stärke *f*; (*also:* **plywood**) Sperrholz *nt*; **to ~ sb with drink** jdn ausgiebig bewirten; **to ~ sb with questions** jdm viele Fragen stellen; **two-/three-ply wool** zwei-/dreifädige Wolle

plywood [ˈplaɪwud] N Sperrholz *nt*

PM (BRIT) ABBR = **Prime Minister**

p.m. ADV ABBR (= *post meridiem*) nachmittags; (*later*) abends

PMT ABBR = **premenstrual tension**

pneumatic [njuːˈmætɪk] ADJ pneumatisch

pneumatic drill N Pressluftbohrer *m*

pneumonia [njuːˈməunɪə] N Lungenentzündung *f*

PO N ABBR = **Post Office**; (*Mil*) = **petty officer**

p.o. ABBR = **postal order**

POA (BRIT) N ABBR (= *Prison Officers' Association*) *Gewerkschaft der Gefängnisbeamten*

poach [pəutʃ] VT (*steal: fish, animals, birds*) illegal erbeuten, wildern; (*Culin: egg*) pochieren; (*: fish*) dünsten ▸ VI (*steal*) wildern

poached [pəutʃt] ADJ: **~ eggs** verlorene Eier

poacher [ˈpəutʃəʳ] N Wilderer *m*

PO Box N ABBR (= *Post Office Box*) Postf.

★**pocket** [ˈpɔkɪt] N Tasche *f*; (*fig: small area*) vereinzelter Bereich *m* ▸ VT (*put in one's pocket, steal*) einstecken; **to be out of ~** (BRIT) Verlust machen; **~ of resistance** Widerstandsnest *nt*

pocketbook [ˈpɔkɪtbuk] N (*notebook*) Notizbuch *nt*; (*US: wallet*) Brieftasche *f*; (*: handbag*) Handtasche *f*

pocket calculator N Taschenrechner *m*

pocketknife [ˈpɔkɪtnaɪf] N Taschenmesser *nt*

pocket money N Taschengeld *nt*

pocket-sized [ˈpɔkɪtsaɪzd] ADJ im Taschenformat

pockmarked [ˈpɔkmɑːkt] ADJ (*face*) pockennarbig

pod [pɔd] N Hülse *f*

podcast [ˈpɔdkɑːst] N Podcast *m*

podcasting [ˈpɔdkɑːstɪŋ] N Podcasting *nt*

podgy [ˈpɔdʒɪ] (*inf*) ADJ rundlich, pummelig

podiatrist [pəuˈdaɪətrɪst] (*US*) N Fußspezialist(in) *m(f)*

podiatry [pəuˈdaɪətrɪ] (*US*) N Fußpflege *f*

podium [ˈpəudɪəm] N Podium *nt*

POE N ABBR (= *port of embarkation*) Ausgangshafen *m*; (= *port of entry*) Eingangshafen *m*

★**poem** [ˈpəuɪm] N Gedicht *nt*

★**poet** [ˈpəuɪt] N Dichter(in) *m(f)*

poetic [pəuˈɛtɪk] ADJ poetisch, dichterisch; (*fig*) malerisch

poetic justice N ausgleichende Gerechtigkeit *f*

poetic licence N dichterische Freiheit *f*

poet laureate [-lɔrɪət] N Hofdichter *m*

> **Poet laureate** ist in Großbritannien ein Dichter, der ein Gehalt als Hofdichter bezieht und kraft seines Amtes ein lebenslanges Mitglied des britischen Königshofes ist. Der Poet Laureate schrieb traditionellerweise ausführliche Gedichte zu Staatsanlässen; ein Brauch, der heute kaum noch befolgt wird. Der erste Poet Laureate 1616 war Ben Jonson.

★**poetry** [ˈpəuɪtrɪ] N (*poems*) Gedichte *pl*; (*writing*) Poesie *f*

poignant [ˈpɔɪnjənt] ADJ ergreifend; (*situation*) herzzerreißend

★**point** [pɔɪnt] N Punkt *m*; (*of needle, knife etc*) Spitze *f*; (*purpose*) Sinn *m*, Zweck *m*; (*significant part*) Entscheidende(s) *nt*; (*moment*) Zeitpunkt *m*; (*Elec: also:* **power point**) Steckdose *f*; (*also:* **decimal point**) ≈ Komma *nt* ▸ VT (*show, mark*) deuten auf *+acc* ▸ VI (*with finger, stick etc*) zeigen, deuten ■ **points** NPL (*Aut*) (Unterbrecher)kontakte *pl*; (*Rail*) Weichen *pl*; **two ~ five** (= 2.5) zwei Komma fünf; **good/bad points** (*of person*) gute/schlechte Seiten *or* Eigenschaften; **the train stops at Carlisle and all points south** der Zu[g] hält in Carlisle und allen Orten weiter süd[…]lich; **to be on the ~ of doing sth** im Begri[ff] sein, etw zu tun; **to make a ~ of doing st[h]** besonders darauf achten, etw zu tun; (*make habit of*) Wert darauf legen, etw zu tun; **to ge[t]**/**miss the ~** verstehen/nicht verstehen, woru[m] es geht; **to come** *or* **get to the ~** zur Sach[e] kommen; **to make one's ~** seinen Standpun[kt] klarmachen; **that's the whole ~!** darum geh[t] es ja gerade!; **what's the ~?** was solls?; **to b[e] beside the ~** unwichtig *or* irrelevant sei[n]; **there's no ~ talking to you** es ist sinnlos, m[it] dir zu reden; **you've got a ~ there!** da könnte[n] Sie recht haben!; **in ~ of fact** in Wirklichkei[t]; **~ of sale** (*Comm*) Verkaufsstelle *f*; **to ~ sth at s[b]** (*gun etc*) etw auf jdn richten; (*finger*) mit etw au[f] jdn *acc* zeigen; **to ~ at** zeigen auf *+acc*; **to ~ t[o]** zeigen auf *+acc*; (*fig*) hinweisen auf *+acc*

▸ **point out** VT hinweisen auf *+acc*

▸ **point to** VT FUS hindeuten auf *+acc*

point-blank [ˈpɔɪntˈblæŋk] ADV (*say, ask*) direk[t]; (*refuse*) glatt; (*also:* **at point-blank range**) a[us] unmittelbarer Entfernung

point duty (BRIT) N: **to be on ~** Verkehrsdien[st] haben

pointed [ˈpɔɪntɪd] ADJ spitz; (*fig: remark*) spit[z], scharf

pointedly [ˈpɔɪntɪdlɪ] ADV (*ask, reply etc*) spit[z], scharf

pointer [ˈpɔɪntəʳ] N (*on chart, machine*) Zeiger *m*; (*fig: piece of information or advice*) Hinweis *m*; (*stic[k]*) Zeigestock *m*; (*dog*) Pointer *m*

pointing [ˈpɔɪntɪŋ] N (*Constr*) Ausfugung *f*

pointless [ˈpɔɪntlɪs] ADJ sinnlos, zwecklos

point of view N Ansicht *f*, Standpunkt *m*; **from a practical ~** von einem praktische[n] Standpunkt aus

poise [pɔɪz] N (*composure*) Selbstsicherheit *f*; (*balance*) Haltung *f* ▸ VT: **to be poised for st[h]** (*fig*) bereit zu etw sein

poison [ˈpɔɪzn] N Gift *nt* ▸ VT vergiften

poisoning [ˈpɔɪznɪŋ] N Vergiftung *f*

poisonous [ˈpɔɪznəs] ADJ (*animal, plant*) Gif[t-]; (*fumes, chemicals etc*) giftig; (*fig: rumours etc*) ze[r]setzend

poison-pen letter [pɔɪznˈpɛn-] N anonym[er] Brief *m* (*mit Indiskretionen*)

poke [pəuk] VT (*with finger, stick etc*) stoßen; (*fi[re]*) schüren ▸ N (*jab*) Stoß *m*, Schubs *m* (*inf*); **to ~ sth in(to)** (*put*) etw stecken in *+acc*; **to ~ one[']s head out of the window** seinen Kopf aus de[m] Fenster strecken; **to ~ fun at sb** sich über j[dn] lustig machen

▸ **poke about** VI (*search*) herumstochern

▸ **poke out** VI (*stick out*) vorstehen

poker [ˈpəukəʳ] N (*metal bar*) Schürhaken *m*; (*Cards*) Poker *nt*

poker-faced [ˈpəukəfeɪst] ADJ mit unbewegt[er] Miene, mit Pokergesicht

poky [ˈpəukɪ] (*pej*) ADJ (*room, house*) winzig

★**Poland** [ˈpəulənd] N Polen *nt*

polar [ˈpəuləʳ] ADJ (*icecap*) polar; (*region*) Polar-

polar bear N Eisbär *m*
polarize [ˈpəuləraɪz] VT polarisieren
Pole [pəul] N Pole *m*, Polin *f*
pole [pəul] N (*post, stick*) Stange *f*; (*flag pole, telegraph pole etc*) Mast *m*; (*Geog, Elec*) Pol *m*; **to be poles apart** (*fig*) durch Welten (voneinander) getrennt sein
poleaxe, (*US*) **poleax** [ˈpəulæks] VT (*fig*) umhauen
pole bean (*US*) N (*runner bean*) Stangenbohne *f*
polecat [ˈpəulkæt] N Iltis *m*
Pol. Econ. [ˈpɔlɪkɔn] N ABBR (= *political economy*) Volkswirtschaft *f*
polemic [pɔˈlɛmɪk] N Polemik *f*
Pole Star N Polarstern *m*
pole vault [ˈpəulvɔːlt] N Stabhochsprung *m*
police [pəˈliːs] NPL (*organization*) Polizei *f*; (*members*) Polizisten *pl*, Polizeikräfte *pl* ▸ VT (*street, area, town*) kontrollieren; **a large number of ~ were hurt** viele Polizeikräfte wurden verletzt
police car N Polizeiauto *nt*
police constable (BRIT) N Polizist(in) *m(f)*, Polizeibeamte(r) *m*, Polizeibeamtin *f*
police department (*US*) N Polizei *f*
police force N Polizei *f*
policeman [pəˈliːsmən] N (*irreg*) Polizist *m*
police officer N = **police constable**
police record N: **to have a ~** vorbestraft sein
police state N (*Pol*) Polizeistaat *m*
police station N Polizeiwache *f*
policewoman [pəˈliːswumən] N (*irreg*) Polizistin *f*
policy [ˈpɔlɪsɪ] N (*Pol, Econ*) Politik *f*; (*also:* **insurance policy**) (Versicherungs)police *f*; (*of newspaper*) Grundsatz *m*; **to take out a ~** (*Insurance*) eine Versicherung abschließen
policyholder [ˈpɔlɪsɪhəuldəʳ] N (*Insurance*) Versicherungsnehmer(in) *m(f)*
policy making N Strategieplanung *f*
polio [ˈpəulɪəu] N Kinderlähmung *f*, Polio *f*
Polish [ˈpəulɪʃ] ADJ polnisch ▸ N (*Ling*) Polnisch *nt*
polish [ˈpɔlɪʃ] N (*for shoes*) Creme *f*; (*for furniture*) Politur *f*; (*for floors*) Bohnerwachs *nt*; (*shine: on shoes, floor etc*) Glanz *m*; (*fig: refinement*) Schliff *m* ▸ VT (*shoes*) putzen; (*floor, furniture etc*) polieren ▸ **polish off** VT (*work*) erledigen; (*food*) verputzen
polished [ˈpɔlɪʃt] ADJ (*fig: person*) mit Schliff; (*: style*) geschliffen
polite [pəˈlaɪt] ADJ höflich; (*company, society*) fein; **it's not ~ to do that** es gehört sich nicht, das zu tun
politely [pəˈlaɪtlɪ] ADV höflich
politeness [pəˈlaɪtnɪs] N Höflichkeit *f*
politic [ˈpɔlɪtɪk] ADJ klug, vernünftig
political [pəˈlɪtɪkl] ADJ politisch
political asylum N politisches Asyl *nt*
politically [pəˈlɪtɪklɪ] ADV politisch; **~ correct** politisch korrekt
★**politician** [pɔlɪˈtɪʃən] N Politiker(in) *m(f)*
★**politics** [ˈpɔlɪtɪks] N Politik *f* ▸ NPL (*beliefs, opinions*) politische Ansichten *pl*
polka [ˈpɔlkə] N Polka *f*
poll [pəul] N (*also:* **opinion poll**) (Meinungs)umfrage *f*; (*election*) Wahl *f* ▸ VT (*in opinion poll*) befragen; (*number of votes*) erhalten; **to go to the polls** (*voters*) zur Wahl gehen; (*government*) sich den Wählern stellen
pollen [ˈpɔlən] N Pollen *m*, Blütenstaub *m*
pollen count N Pollenkonzentration *f*
pollinate [ˈpɔlɪneɪt] VT bestäuben
polling booth [ˈpəulɪŋ-] (BRIT) N Wahlkabine *f*
polling day (BRIT) N Wahltag *m*
polling station [ˈpəulɪŋ-] (BRIT) N Wahllokal *nt*
pollster [ˈpəulstəʳ] N Meinungsforscher(in) *m(f)*
poll tax N Kopfsteuer *f*
pollutant [pəˈluːtənt] N Schadstoff *m*
pollute [pəˈluːt] VT verschmutzen
★**pollution** [pəˈluːʃən] N (*process*) Verschmutzung *f*; (*substances*) Schmutz *m*
polo [ˈpəuləu] N Polo *nt*
polo neck N (*jumper*) Rollkragenpullover *m*
polo-necked [ˈpəuləunɛkt] ADJ (*jumper, sweater*) Rollkragen-
poltergeist [ˈpɔːltəgaɪst] N Poltergeist *m*
poly [ˈpɔlɪ] (BRIT) N = **polytechnic**
poly bag (*inf*) N Plastiktüte *f*
polyester [pɔlɪˈɛstəʳ] N Polyester *m*
polygamy [pəˈlɪgəmɪ] N Polygamie *f*
polygraph [ˈpɔlɪgrɑːf] (*US*) N (*lie detector*) Lügendetektor *m*
Polynesia [pɔlɪˈniːzɪə] N Polynesien *nt*
Polynesian [pɔlɪˈniːzɪən] ADJ polynesisch ▸ N Polynesier(in) *m(f)*
polyp [ˈpɔlɪp] N Polyp *m*
polystyrene [pɔlɪˈstaɪriːn] N ≈ Styropor® *nt*
polytechnic [pɔlɪˈtɛknɪk] N technische Hochschule *f*
polythene [ˈpɔlɪθiːn] N Polyäthylen *nt*
polythene bag N Plastiktüte *f*
polyurethane [pɔlɪˈjuərɪθeɪn] N Polyurethan *nt*
pomegranate [ˈpɔmɪgrænɪt] N Granatapfel *m*
pommel [ˈpɔml] N (*on saddle*) Sattelknopf *m* ▸ VT (*US*) = **pummel**
po-mo [ˈpəuməu] ABBR (= *postmodern*) postmodern; (= *postmodernism*) Postmoderne *f*
pomp [pɔmp] N Pomp *m*, Prunk *m*
pompom [ˈpɔmpɔm] N Troddel *f*
pompous [ˈpɔmpəs] (*pej*) ADJ (*person*) aufgeblasen; (*piece of writing*) geschwollen
pond [pɔnd] N Teich *m*
ponder [ˈpɔndəʳ] VT nachdenken über +*acc* ▸ VI nachdenken
ponderous [ˈpɔndərəs] ADJ (*style, language*) schwerfällig
pong [pɔŋ] (BRIT *inf*) N Gestank *m* ▸ VI stinken

p

pontiff [ˈpɔntɪf] N Papst *m*

pontificate [pɔnˈtɪfɪkeɪt] VI dozieren

pontoon [pɔnˈtu:n] N (*floating platform*) Ponton *m*; (*Cards*) Siebzehnundvier *nt*

pony [ˈpəunɪ] N Pony *nt*

ponytail [ˈpəunɪteɪl] N Pferdeschwanz *m*; **to have one's hair in a ~** einen Pferdeschwanz tragen

pony trekking (BRIT) N Ponytrecken *nt*

poodle [ˈpu:dl] N Pudel *m*

pooh-pooh [ˈpu:ˈpu:] VT verächtlich abtun

★**pool** [pu:l] N (*pond*) Teich *m*; (*also:* **swimming pool**) Schwimmbad *nt*; (*of blood*) Lache *f*; (*Sport*) Poolbillard *nt*; (*of cash, workers*) Bestand *m*; (*Cards: kitty*) Kasse *f*; (*Comm: consortium*) Interessengemeinschaft *f* ▸ VT (*money*) zusammenlegen; (*knowledge, resources*) vereinigen ■ **pools** NPL (*also:* **football pools**) ≈ Fußballtoto *nt*; **a ~ of sunlight/shade** eine sonnige/schattige Stelle; **car ~** Fahrgemeinschaft *f*; **typing ~, secretary ~** (*US*) Schreibzentrale *f*; **to do the (football) pools** ≈ im Fußballtoto spielen

★**poor** [puəʳ] ADJ arm; (*bad*) schlecht ▸ NPL: **the ~** die Armen *pl*; **~ in** (*resources etc*) arm an *+dat*; **~ Bob** der arme Bob

poorly [ˈpuəlɪ] ADJ (*ill*) elend, krank ▸ ADV (*badly: designed, paid, furnished*) schlecht

★**pop** [pɔp] N (*Mus*) Pop *m*; (*fizzy drink*) Limonade *f*; (*US inf: father*) Papa *m*; (*sound*) Knall *m* ▸ VI (*balloon*) platzen; (*cork*) knallen ▸ VT: **to ~ sth into/onto sth** etw schnell in etw *acc* stecken/auf etw *acc* legen; **his eyes popped out of his head** (*inf*) ihm fielen fast die Augen aus dem Kopf; **she popped her head out of the window** sie streckte den Kopf aus dem Fenster

▸ **pop in** VI vorbeikommen

▸ **pop out** VI kurz weggehen

▸ **pop up** VI auftauchen; (*Comput: window*) aufpoppen

popcorn [ˈpɔpkɔ:n] N Popcorn *nt*

pope [pəup] N Papst *m*

poplar [ˈpɔpləʳ] N Pappel *f*

poplin [ˈpɔplɪn] N Popeline *f*

popper [ˈpɔpəʳ] (BRIT *inf*) N (*for fastening*) Druckknopf *m*

poppy [ˈpɔpɪ] N Mohn *m*

poppycock [ˈpɔpɪkɔk] (*inf*) N Humbug *m*, dummes Zeug *nt*

Popsicle® [ˈpɔpsɪkl] (*US*) N Eis *nt* am Stiel

pop star N Popstar *m*

populace [ˈpɔpjuləs] N: **the ~** die Bevölkerung, das Volk

★**popular** [ˈpɔpjuləʳ] ADJ (*well-liked, fashionable*) beliebt, populär; (*general, non-specialist*) allgemein; (*idea*) weitverbreitet; (*Pol: movement*) Volks-; (*: cause*) des Volkes; **to be ~ with** beliebt sein bei; **the ~ press** die Boulevardpresse

popularity [pɔpjuˈlærɪtɪ] N Beliebtheit *f*, Popularität *f*

popularize [ˈpɔpjuləraɪz] VT (*sport, music, fashion*) populär machen; (*science, ideas*) popularisieren

popularly [ˈpɔpjuləlɪ] ADV (*commonly*) allgemein

★**population** [pɔpjuˈleɪʃən] N Bevölkerung *f*; (*of a species*) Zahl *f*, Population *f*; **a prison ~ of 44,000** (eine Zahl von) 44.000 Gefängnisinsassen; **the civilian ~** die Zivilbevölkerung

population explosion N Bevölkerungsexplosion *f*

populous [ˈpɔpjuləs] ADJ dicht besiedelt

pop-up [ˈpɔpʌp] ADJ (*esp Comput*) Pop-up-, Popup- ▸ N (*also shop, restaurant*) Pop-up *nt*

pop-up window N (*Comput*) Popup-Fenster *nt*

porcelain [ˈpɔ:slɪn] N Porzellan *nt*

porch [pɔ:tʃ] N (*entrance*) Vorbau *m*; (*US*) Veranda *f*

porcupine [ˈpɔ:kjupaɪn] N Stachelschwein *nt*

pore [pɔ:ʳ] N Pore *f* ▸ VI: **to ~ over** (*book etc*) gründlich studieren

pork [pɔ:k] N Schweinefleisch *nt*

pork chop N Schweinekotelett *nt*

porn [pɔ:n] (*inf*) N Porno *m*; **~ channel/magazine/shop** Pornokanal *m*/-magazin *nt*/-laden *m*

pornographic [pɔ:nəˈgræfɪk] ADJ pornografisch

pornography [pɔ:ˈnɔgrəfɪ] N Pornografie *f*

porous [ˈpɔ:rəs] ADJ porös

porpoise [ˈpɔ:pəs] N Tümmler *m*

porridge [ˈpɔrɪdʒ] N Haferbrei *m*, Porridge *nt*

★**port** [pɔ:t] N (*harbour*) Hafen *m*; (*Naut: left side*) Backbord *nt*; (*wine*) Portwein *m*; (*Comput*) Port *nt* ▸ ADJ (*Naut*) Backbord-; **to ~** (*Naut*) an Backbord; **~ of call** (*Naut*) Anlaufhafen *nt*

portable [ˈpɔ:təbl] ADJ (*television, typewriter etc*) tragbar, portabel

portal [ˈpɔ:tl] N Portal *nt*

portaloo [ˈpɔ:təlu:] N Mobiltoilette *f*

portcullis [pɔ:tˈkʌlɪs] N Fallgitter *nt*

portend [pɔ:ˈtɛnd] VT hindeuten auf *+acc*

portent [ˈpɔ:tɛnt] N Vorzeichen *nt*

porter [ˈpɔ:təʳ] N (*for luggage*) Gepäckträger *m*; (*doorkeeper*) Pförtner *m*; (*US Rail*) Schlafwagenschaffner(in) *m(f)*

portfolio [pɔ:tˈfəulɪəu] N (*case*) Aktenmappe *f*; (*Pol*) Geschäftsbereich *m*; (*Fin*) Portefeuille *nt*; (*of artist*) Kollektion *f*

porthole [ˈpɔ:thəul] N Bullauge *nt*

portico [ˈpɔ:tɪkəu] N Säulenhalle *f*

portion [ˈpɔ:ʃən] N (*part*) Teil *m*; (*helping of food*) Portion *f*

portly [ˈpɔ:tlɪ] ADJ beleibt, korpulent

portrait [ˈpɔ:treɪt] N Porträt *nt*

portray [pɔ:ˈtreɪ] VT darstellen

portrayal [pɔ:ˈtreɪəl] N Darstellung *f*

★**Portugal** [ˈpɔ:tjugl] N Portugal *nt*

★**Portuguese** [pɔ:tjuˈgi:z] ADJ portugiesisch ▸ N INV (*person*) Portugiese *m*, Portugiesin *f*; (*Ling*) Portugiesisch *nt*

Portuguese man-of-war [-mænəvˈwɔ:ʳ] N (*Zool*) Röhrenqualle *f*, Portugiesische Galeere *f*

pose [pəuz] N Pose *f* ▶ VT (*question, problem*) aufwerfen; (*danger*) mit sich bringen ▶ VI: **to ~ as** (*pretend*) sich ausgeben als; **to strike a ~** sich in Positur werfen; **to ~ for** (*painting etc*) Modell sitzen für, posieren für

poser ['pəuzə^r] N (*problem, puzzle*) harte Nuss *f* (*inf*); (*person*) = **poseur**

poseur [pəu'zə:^r] (*pej*) N Angeber(in) *m(f)*

posh [pɔʃ] (*inf*) ADJ vornehm; **to talk ~** vornehm daherreden

position [pə'zɪʃən] N (*place: of thing, person*) Position *f*, Lage *f*; (*of person's body*) Stellung *f*; (*job*) Stelle *f*; (*in race etc*) Platz *m*; (*attitude*) Haltung *f*, Standpunkt *m*; (*situation*) Lage ▶ VT (*person, thing*) stellen; **to be in a ~ to do sth** in der Lage sein, etw zu tun

positive ['pɔzɪtɪv] ADJ positiv; (*certain*) sicher; (*decisive: action, policy*) konstruktiv

positively ['pɔzɪtɪvlɪ] ADV (*emphatic: rude, stupid etc*) eindeutig; (*encouragingly, Elec*) positiv; **the body has been ~ identified** die Leiche ist eindeutig identifiziert worden

posse ['pɔsɪ] (*US*) N (Polizei)truppe *f*

possess [pə'zɛs] VT besitzen; (*subj: feeling, belief*) Besitz ergreifen von; **like a man possessed** wie besessen; **whatever possessed you to do it?** was ist in dich gefahren, das zu tun?

possession [pə'zɛʃən] N Besitz *m* ■ **possessions** NPL (*belongings*) Besitz *m*; **to take ~ of** Besitz ergreifen von

possessive [pə'zɛsɪv] ADJ (*nature etc*) besitzergreifend; (*Ling: pronoun*) Possessiv-; (*: adjective*) besitzanzeigend; **to be ~ about sb/sth** Besitzansprüche an jdn/etw *acc* stellen

possessiveness [pə'zɛsɪvnɪs] N besitzergreifende Art *f*

possessor [pə'zɛsə^r] N Besitzer(in) *m(f)*

possibility [pɔsɪ'bɪlɪtɪ] N Möglichkeit *f*

possible ['pɔsɪbl] ADJ möglich; **it's ~** (*may be true*) es ist möglich, es kann sein; **it's ~ to do it** es ist machbar *or* zu machen; **as far as ~** so weit wie möglich; **if ~** falls *or* wenn möglich; **as soon as ~** so bald wie möglich

possibly ['pɔsɪblɪ] ADV (*perhaps*) möglicherweise, vielleicht; (*conceivably*) überhaupt; **if you ~ can** falls überhaupt möglich; **what could they ~ want?** was um alles in der Welt wollen sie?; **I cannot ~ come** ich kann auf keinen Fall kommen

post [pəust] N (*BRIT*) Post *f*; (*pole, goal post*) Pfosten *m*; (*job*) Stelle *f*; (*Mil*) Posten *m*; (*on internet forum*) Posting *nt*; (*also:* **trading post**) Handelsniederlassung *f* ▶ VT (*BRIT: letter*) aufgeben; (*on website*) posten; (*Mil*) aufstellen; **by ~** (*BRIT*) per Post; **by return of ~** (*BRIT*) postwendend, umgehend; (*to internet*) posten; **to keep sb posted** (*informed*) jdn auf dem Laufenden halten; **to ~ sb to** (*town, country*) jdn versetzen nach; (*embassy, office*) jdn versetzen zu; (*Mil*) jdn abkommandieren nach

▶ **post up** VT anschlagen

post... [pəust] PREF Post-, post-; **post-1990** nach 1990

postage ['pəustɪdʒ] N Porto *nt*

postage stamp N Briefmarke *f*

postal ['pəustl] ADJ (*charges, service*) Post-

postal order (*BRIT*) N Postanweisung *f*

postbag ['pəustbæg] (*BRIT*) N Postsack *m*; (*letters*) Posteingang *m*

postbox ['pəustbɔks] N Briefkasten *m*

★**postcard** ['pəustkɑ:d] N Postkarte *f*

postcode ['pəustkəud] (*BRIT*) N Postleitzahl *f*

postdate ['pəust'deɪt] VT (*cheque*) vordatieren

★**poster** ['pəustə^r] N Poster *nt*, Plakat *nt*

poste restante [pəust'rɛstɔ:nt] (*BRIT*) N Stelle *f* für postlagernde Sendungen ▶ ADV postlagernd

posterior [pɔs'tɪərɪə^r] (*hum*) N Allerwerteste(r) *m*

posterity [pɔs'tɛrɪtɪ] N die Nachwelt

poster paint N Plakatfarbe *f*

post exchange (*US*) N (*Mil*) *Laden für US-Militärpersonal*

post-free [pəust'fri:] (*BRIT*) ADJ, ADV portofrei

postgraduate ['pəust'grædjuət] N Graduierte(r) *f(m)* (*im Weiterstudium*)

posthumous ['pɔstjuməs] ADJ posthum

posthumously ['pɔstjuməslɪ] ADV posthum

posting ['pəustɪŋ] N (*job*) Stelle *f*

★**postman** ['pəustmən] N (*irreg*) Briefträger *m*, Postbote *m*

postmark ['pəustmɑ:k] N Poststempel *m*

postmaster ['pəustmɑ:stə^r] N Postmeister *m*

Postmaster General N ≈ Postminister(in) *m(f)*

postmistress ['pəustmɪstrɪs] N Postmeisterin *f*

postmortem [pəust'mɔ:təm] N (*Med*) Obduktion *f*; (*fig*) nachträgliche Erörterung *f*

postnatal ['pəust'neɪtl] ADJ nach der Geburt, postnatal

★**post office** N (*building*) Post *f*, Postamt *nt*; **the Post Office** (*organization*) die Post

Post Office Box N Postfach *nt*

post-paid ['pəust'peɪd] ADJ, ADV = **post-free**

★**postpone** [pəus'pəun] VT verschieben

postponement [pəus'pəunmənt] N Aufschub *m*

postscript ['pəustskrɪpt] N (*to letter*) Nachschrift *f*, PS *nt*

postulate ['pɔstjuleɪt] VT ausgehen von, postulieren

posture ['pɔstʃə^r] N (*also fig*) Haltung *f* ▶ VI (*pej*) posieren

postwar [pəust'wɔ:^r] ADJ Nachkriegs-

posy ['pəuzɪ] N Blumensträußchen *nt*

★**pot** [pɔt] N Topf *m*; (*teapot, coffee pot, potful*) Kanne *f*; (*inf: marijuana*) Pot *nt* ▶ VT (*plant*) eintopfen; **to go to ~** (*inf*) auf den Hund kommen; **pots of** (*BRIT inf*) jede Menge

potash ['pɔtæʃ] N Pottasche *f*

potassium [pə'tæsɪəm] N Kalium *nt*

★**potato** [pə'teɪtəu] (*pl* **potatoes**) N Kartoffel *f*

P

potato chips (*US*) NPL = **potato crisps**
potato crisps NPL Kartoffelchips *pl*
potato flour N Kartoffelmehl *nt*
potato peeler N Kartoffelschäler *m*
potbellied [ˈpɔtbɛlɪd] ADJ (*from overeating*) dickbäuchig; (*from malnutrition*) blähbäuchig
potency [ˈpəutnsɪ] N (*sexual*) Potenz *f*; (*of drink, drug*) Stärke *f*
potent [ˈpəutnt] ADJ (*powerful*) stark; (*sexually*) potent
potentate [ˈpəutnteɪt] N Machthaber *m*, Potentat *m*
★**potential** [pəˈtɛnʃl] ADJ potenziell ▶ N Potenzial *nt*; **to have ~** (*person, machine*) Fähigkeiten *or* Potenzial haben; (*idea, plan*) ausbaufähig sein
potentially [pəˈtɛnʃəlɪ] ADV potenziell; **it's ~ dangerous** es könnte gefährlich sein
pothole [ˈpɔthəul] N (*in road*) Schlagloch *nt*; (*cave*) Höhle *f*
potholing [ˈpɔthəulɪŋ] (BRIT) N: **to go ~** Höhlenforschung betreiben
potion [ˈpəuʃən] N Elixier *nt*
potluck [pɔtˈlʌk] N: **to take ~** sich überraschen lassen
potpourri [pəuˈpuri:] N (*dried petals*) Duftsträußchen *nt*; (*fig*) Sammelsurium *nt*
pot roast N Schmorbraten *m*
pot shot N: **to take a ~ at** aufs Geratewohl schießen auf *+acc*
potted [ˈpɔtɪd] ADJ (*food*) eingemacht; (*plant*) Topf-; (*abbreviated: history etc*) Kurz-, kurz gefasst
potter [ˈpɔtəʳ] N Töpfer(in) *m(f)* ▶ VI: **to ~ around, ~ about** (BRIT) herumhantieren; **to ~ around the house** im Haus herumwerkeln
potter's wheel N Töpferscheibe *f*
pottery [ˈpɔtərɪ] N (*pots, dishes etc*) Keramik *f*, Töpferwaren *pl*; (*work, hobby*) Töpfern *nt*; (*factory, workshop*) Töpferei *f*; **a piece of ~** ein Töpferstück *nt*
potty [ˈpɔtɪ] ADJ (*inf: mad*) verrückt ▶ N (*for child*) Töpfchen *nt*
potty-training [ˈpɔtɪtreɪnɪŋ] N Entwöhnung *f* vom Windeltragen
pouch [pautʃ] N Beutel *m* (*also Zool*)
pouf, pouffe [pu:f] N (*stool*) gepolsterter Hocker *m*
poultice [ˈpəultɪs] N Umschlag *m*
poultry [ˈpəultrɪ] N Geflügel *nt*
poultry farm N Geflügelfarm *f*
poultry farmer N Geflügelzüchter(in) *m(f)*
pounce [pauns] VI: **to ~ on** (*also fig*) sich stürzen auf *+acc*
★**pound** [paund] N (*unit of money*) Pfund *nt*; (*unit of weight*) (britisches) Pfund (= 453,6g); (*for dogs*) Zwinger *m*; (*for cars*) Abholstelle *f* (*für abgeschleppte Fahrzeuge*) ▶ VT (*beat: table, wall etc*) herumhämmern auf *+dat*; (*crush: grain, spice etc*) zerstoßen; (*bombard*) beschießen ▶ VI (*heart*) klopfen, pochen; (*head*) dröhnen; **half a ~ of butter** ein halbes Pfund Butter; **a five-pound note** ein Fünfpfundschein *m*
pounding [ˈpaundɪŋ] N: **to take a ~** (*fig*) schwer angegriffen werden; (*team*) eine Schlappe einstecken müssen
pound sterling N Pfund *nt* Sterling
★**pour** [pɔ:ʳ] VT (*tea, wine etc*) gießen; (*cereal etc*) schütten ▶ VI strömen; **to ~ sb a glass of wine/a cup of tea** jdm ein Glas Wein/eine Tasse Tee einschenken; **to ~ with rain** in Strömen gießen
▶ **pour away** VT wegschütten
▶ **pour in** VI (*people*) hereinströmen; (*letters etc*) massenweise eintreffen
▶ **pour out** VI (*people*) herausströmen ▶ VT (*tea, wine etc*) eingießen; (*fig: thoughts, feelings, etc*) freien Lauf lassen *+dat*
pouring [ˈpɔ:rɪŋ] ADJ: **~ rain** strömender Regen *m*
pout [paut] VI einen Schmollmund ziehen
★**poverty** [ˈpɔvətɪ] N Armut *f*
poverty line N Armutsgrenze *f*
poverty risk N Armutsrisiko *f*
poverty-stricken [ˈpɔvətɪstrɪkn] ADJ verarmt Not leidend
poverty trap (BRIT) N *gleichbleibend schlechte wirtschaftliche Situation aufgrund des Wegfalls von Sozialleistungen bei verbessertem Einkommen* Armutsfalle *f*
POW N ABBR = **prisoner of war**
powder [ˈpaudəʳ] N Pulver *nt* ▶ VT: **to ~ one's face** sich *dat* das Gesicht pudern; **to ~ one's nose** (*euph*) kurz mal verschwinden
powder compact N Puderdose *f*
powdered milk [ˈpaudəd-] N Milchpulver *nt*
powder keg N (*also fig*) Pulverfass *nt*
powder puff N Puderquaste *f*
powder room (*euph*) N Damentoilette *f*
★**power** [ˈpauəʳ] N (*control, legal right*) Macht *f*; (*ability*) Fähigkeit *f*; (*of muscles, ideas, words*) Kraft *f*; (*of explosion, engine*) Gewalt *f*; (*electricity*) Strom *m*; **2 to the ~ (of) 3** (*Math*) 2 hoch 3; **to do everything in one's ~ to help** alles in seiner Macht Stehende tun, um zu helfen; **a world ~** eine Weltmacht; **the powers that be** (*authority*) diejenigen, die das Sagen haben; **~ of attorney** Vollmacht *f*; **to be in ~** (*Pol etc*) an der Macht sein
powerboat [ˈpauəbəut] N schnelles Motorboot *nt*, Rennboot *nt*
power cut N Stromausfall *m*
powered [ˈpauəd] ADJ: **~ by** angetrieben von; **nuclear-powered submarine** atomgetriebenes U-Boot
power failure N Stromausfall *m*
★**powerful** [ˈpauəful] ADJ (*person, organization*) mächtig; (*body, voice, blow etc*) kräftig; (*engine*) stark; (*unpleasant: smell*) streng; (*emotion*) überwältigend; (*argument, evidence*) massiv
powerhouse [ˈpauəhaus] N: **he is a ~ of ideas** er hat ständig neue Ideen

powerless ['pauəlıs] ADJ machtlos; **to be ~ to do sth** nicht die Macht haben, etw zu tun
power line N Stromkabel *nt*
power point (BRIT) N Steckdose *f*
power station N Kraftwerk *nt*
power steering N (*Aut*) Servolenkung *f*
powwow ['pauwau] N Besprechung *f*
pp ABBR (= *per procurationem*) ppa.
pp. ABBR (= *pages*) S.
PPE (BRIT) N ABBR (*Univ*: = *philosophy, politics, and economics*) *Studiengang bestehend aus Philosophie, Politologie und Volkswirtschaft*
PPS N ABBR (= *post postscriptum*) PPS; (BRIT: = *parliamentary private secretary*) *Privatsekretär eines Ministers*
PQ (CANADA) ABBR = **Province of Quebec**
PR N ABBR = **public relations**; (*Pol*) = **proportional representation** ▸ ABBR (*US Post*) = **Puerto Rico**
Pr. ABBR = **prince**
practicability [præktıkə'bılıtı] N Durchführbarkeit *f*
practicable ['præktıkəbl] ADJ (*scheme, idea*) durchführbar
practical ['præktıkl] ADJ praktisch; (*person: good with hands*) praktisch veranlagt; (*ideas, methods*) praktikabel
practicality [præktı'kælıtı] N (*of person*) praktische Veranlagung *f* ■ **practicalities** NPL (*of situation etc*) praktische Einzelheiten *pl*
practical joke N Streich *m*
practically ['præktıklı] ADV praktisch
practice ['præktıs] N (*also Med, Law*) Praxis *f*; (*custom*) Brauch *m*; (*exercise*) Übung *f* ▸ VT, VI (*US*) = **practise**; **in ~** in der Praxis; **out of ~** aus der Übung; **2 hours' piano ~** 2 Stunden Klavierübungen; **it's common** *or* **standard ~** es ist allgemein üblich; **to put sth into ~** etw in die Praxis umsetzen; **target ~** Zielschießen *nt*
practice match N Übungsspiel *nt*
practise, (*US*) **practice** ['præktıs] VT (*train at*) üben; (*carry out: custom*) pflegen; (*: activity etc*) ausüben; (*profession*) praktizieren ▸ VI (*train*) üben; (*lawyer, doctor etc*) praktizieren
practised ['præktıst] (BRIT) ADJ (*person, liar*) geübt; (*performance*) gekonnt; **with a ~ eye** mit geschultem Auge
practising ['præktısıŋ] ADJ praktizierend
practitioner [præk'tıʃənə^r] N: **medical ~** praktischer Arzt *m*, praktische Ärztin *f*; **legal ~** Rechtsanwalt *m*, Rechtsanwältin *f*
pragmatic [præg'mætık] ADJ pragmatisch
pragmatism ['prægmətızəm] N Pragmatismus *m*
Prague [prɑ:g] N Prag *nt*
prairie ['prɛərı] N (Gras)steppe *f*; **the prairies** (*US*) die Prärien
praise [preız] N Lob *nt* ▸ VT loben; (*Rel*) loben, preisen
praiseworthy ['preızwə:ðı] ADJ lobenswert
pram [præm] (BRIT) N Kinderwagen *m*
prance [prɑ:ns] VI (*horse*) tänzeln; **to ~ about/in/out** (*person*) herum-/hinein-/hinausstolzieren
prank [præŋk] N Streich *m*
prat [præt] (BRIT *inf*) N (*idiot*) Trottel *m*
prattle ['prætl] VI: **to ~ on (about)** pausenlos plappern (über +*acc*)
prawn [prɔ:n] N (*Culin, Zool*) Garnele *f*, Krabbe *f*; **~ cocktail** Krabbencocktail *m*
pray [preı] VI beten; **to ~ for sb/sth** (*Rel, fig*) für jdn/um etw beten
prayer [prɛə^r] N Gebet *nt*; **to say one's prayers** beten
prayer book N Gebetbuch *nt*
pre... [pri:] PREF Prä-, prä-; **pre-1970** vor 1970
preach [pri:tʃ] VI (*Rel*) predigen; (*pej: moralize*) Predigten halten ▸ VT (*sermon*) direkt halten; (*fig: advocate*) predigen, verkünden; **to ~ at sb** (*fig*) jdm Moralpredigten halten; **to ~ to the converted** (*fig*) offene Türen einrennen
preacher ['pri:tʃə^r] N Prediger(in) *m(f)*
preamble [prı'æmbl] N Vorbemerkung *f*
prearranged [pri:ə'reındʒd] ADJ (vorher) vereinbart
precarious [prı'kɛərıəs] ADJ prekär
precaution [prı'kɔ:ʃən] N Vorsichtsmaßnahme *f*; **to take precautions** Vorsichtsmaßnahmen treffen
precautionary [prı'kɔ:ʃənrı] ADJ (*measure*) vorbeugend, Vorsichts-
precede [prı'si:d] VT (*event*) vorausgehen +*dat*; (*person*) vorangehen +*dat*; (*words, sentences*) vorangestellt sein +*dat*
precedence ['prɛsıdəns] N (*priority*) Vorrang *m*; **to take ~ over** Vorrang haben vor +*dat*
precedent ['prɛsıdənt] N (*Law*) Präzedenzfall *m*; **without ~** noch nie da gewesen; **to establish** *or* **set a ~** einen Präzedenzfall schaffen
preceding [prı'si:dıŋ] ADJ vorhergehend
precept ['pri:sɛpt] N Grundsatz *m*, Regel *f*
precinct ['pri:sıŋkt] N (*US: part of city*) Bezirk *m* ■ **precincts** NPL (*of cathedral, palace*) Gelände *nt*; **shopping ~** (BRIT) Einkaufsviertel *nt*; (*under cover*) Einkaufscenter *nt*
precious ['prɛʃəs] ADJ wertvoll, kostbar; (*inf: person, writing*) geziert; (*ironic: damned*) heiß geliebt, wundervoll ▸ ADV (*inf*): **~ little/few** herzlich wenig/wenige
precious stone N Edelstein *m*
precipice ['prɛsıpıs] N (*also fig*) Abgrund *m*
precipitate VT [prı'sıpıteıt] (*event*) heraufbeschwören ▸ ADJ [prı'sıpıtıt] (*hasty*) überstürzt, übereilt
precipitation [prısıpı'teıʃən] N (*rain*) Niederschlag *m*
precipitous [prı'sıpıtəs] ADJ (*steep*) steil; (*hasty*) übereilt
précis ['preısi:] N INV Zusammenfassung *f*

precise [prɪˈsaɪs] ADJ genau, präzise; **at 4 o'clock to be ~** um 4 Uhr, um genau zu sein

★**precisely** [prɪˈsaɪslɪ] ADV genau, exakt; (*emphatic*) ganz genau; **~!** genau!

precision [prɪˈsɪʒən] N Genauigkeit *f*, Präzision *f*

preclude [prɪˈkluːd] VT ausschließen; **to ~ sb from doing sth** jdn daran hindern, etw zu tun

precocious [prɪˈkəuʃəs] ADJ (*child, behaviour*) frühreif

preconceived [priːkənˈsiːvd] ADJ (*idea*) vorgefasst

preconception [priːkənˈsɛpʃən] N vorgefasste Meinung *f*

precondition [priːkənˈdɪʃən] N Vorbedingung *f*

precursor [priːˈkəːsəʳ] N Vorläufer *m*

predate [ˈpriːˈdeɪt] VT (*precede*) vorausgehen *+dat*

predator [ˈprɛdətəʳ] N (*Zool*) Raubtier *nt*; (*fig*) Eindringling *m*

predatory [ˈprɛdətərɪ] ADJ (*animal*) Raub-; (*person, organization*) auf Beute lauernd

predecessor [ˈpriːdɪsɛsəʳ] N Vorgänger(in) *m(f)*

predestination [priːdɛstɪˈneɪʃən] N Vorherbestimmung *f*

predetermine [priːdɪˈtəːmɪn] VT vorherbestimmen

predicament [prɪˈdɪkəmənt] N Notlage *f*, Dilemma *nt*; **to be in a ~** in einer Notlage *or* einem Dilemma stecken

predicate [ˈprɛdɪkɪt] N (*Ling*) Prädikat *nt*

predict [prɪˈdɪkt] VT vorhersagen

predictable [prɪˈdɪktəbl] ADJ vorhersagbar

predictably [prɪˈdɪktəblɪ] ADV (*behave, react*) wie vorherzusehen; **~ she didn't come** wie vorherzusehen war, kam sie nicht

prediction [prɪˈdɪkʃən] N Voraussage *f*

predispose [priːdɪsˈpəuz] VT: **to ~ sb to sth** jdn zu etw veranlassen; **to be predisposed to do sth** geneigt sein, etw zu tun

predominance [prɪˈdɔmɪnəns] N Vorherrschaft *f*

predominant [prɪˈdɔmɪnənt] ADJ vorherrschend; **to become ~** vorherrschend werden

predominantly [prɪˈdɔmɪnəntlɪ] ADV überwiegend

predominate [prɪˈdɔmɪneɪt] VI (*in number, size*) vorherrschen; (*in strength, influence*) überwiegen

pre-eminent [priːˈɛmɪnənt] ADJ herausragend

pre-empt [priːˈɛmt] VT zuvorkommen *+dat*

pre-emptive [priːˈɛmtɪv] ADJ: **~ strike** Präventivschlag *m*

preen [priːn] VT: **to ~ itself** (*bird*) sich putzen; **to ~ o.s.** sich herausputzen

prefab [ˈpriːfæb] N Fertighaus *nt*

prefabricated [priːˈfæbrɪkeɪtɪd] ADJ vorgefertigt

preface [ˈprɛfəs] N Vorwort *nt* ▶ VT: **to ~ with/by** (*speech, action*) einleiten mit/durch

prefect [ˈpriːfɛkt] (BRIT) N (*in school*) Aufsichtsschüler(in) *m(f)*

★**prefer** [prɪˈfəːʳ] VT (*like better*) vorziehen; **to ~ charges** (*Law*) Anklage erheben; **to ~ doing** *o* **to do sth** (es) vorziehen, etw zu tun; **I ~ tea to coffee** ich mag lieber Tee als Kaffee

preferable [ˈprɛfrəbl] ADJ: **to be ~ (to)** vorzuziehen sein (*+dat*)

preferably [ˈprɛfrəblɪ] ADV vorzugsweise, an besten

preference [ˈprɛfrəns] N: **to have a ~ for** (*liking*) eine Vorliebe haben für; **I drink beer in ~ to wine** ich trinke lieber Bier als Wein; **to give ~ to** (*priority*) vorziehen, Vorrang einräumen *+dat*

preference shares (BRIT) NPL (*Comm*) Vorzugsaktien *pl*

preferential [prɛfəˈrɛnʃəl] ADJ: **~ treatment** bevorzugte Behandlung ; **to give sb ~ treatment** jdn bevorzugt behandeln

preferred stock [prɪˈfəːd-] (*US*) NPL = **preference shares**

prefix [ˈpriːfɪks] N (*Ling*) Präfix *nt*

pregnancy [ˈprɛgnənsɪ] N (*of woman*) Schwangerschaft *f*; (*of female animal*) Trächtigkeit *f*

pregnancy test N Schwangerschaftstest *m*

★**pregnant** [ˈprɛgnənt] ADJ (*woman*) schwanger; (*female animal*) trächtig; (*fig*: *pause, remark*) bedeutungsschwer; **3 months ~** im vierten Monat (schwanger)

prehistoric [priːhɪsˈtɔrɪk] ADJ prähistorisch, vorgeschichtlich

prehistory [priːˈhɪstərɪ] N Vorgeschichte *f*

prejudge [priːˈdʒʌdʒ] VT vorschnell beurteilen

prejudice [ˈprɛdʒudɪs] N (*bias against*) Vorurteil *nt*; (*bias in favour*) Voreingenommenheit *f* ▶ VT beeinträchtigen; **without ~ to** (*form*) unbeschadet *+gen*, ohne Beeinträchtigung *+gen*; **to ~ sb in favour of/against sth** jdn für/gegen etw einnehmen

prejudiced [ˈprɛdʒudɪst] ADJ (*person, view*) voreingenommen

prelate [ˈprɛlət] N Prälat *m*

preliminaries [prɪˈlɪmɪnərɪz] NPL Vorbereitungen *pl*; (*of competition*) Vorrunde *f*

preliminary [prɪˈlɪmɪnərɪ] ADJ (*step, arrangements*) vorbereitend; (*remarks*) einleitend

pre-loaded [priːˈləudɪd] ADJ (*Comput*: *program etc*) vorinstalliert

prelude [ˈprɛljuːd] N (*Mus*) Präludium *nt*; (: *a introduction*) Vorspiel *nt*; **a ~ to** (*fig*) ein Vorspiel *or* ein Auftakt zu

premarital [priːˈmærɪtl] ADJ vorehelich

premature [ˈprɛmətʃuəʳ] ADJ (*earlier than expected*) vorzeitig; (*too early*) verfrüht; **you are being a little ~** Sie sind etwas voreilig; **~ baby** Frühgeburt *f*

premeditated [priːˈmɛdɪteɪtɪd] ADJ vorsätzlich

premeditation [priːmɛdɪˈteɪʃən] N Vorsatz *m*

premenstrual tension [priːˈmɛnstruəl-] N prämenstruelles Syndrom *nt*

premier [ˈprɛmɪəʳ] ADJ (*best*) beste(r, s), bedeutendste(r, s) ▶ N (*Pol*) Premierminister(in) *m(f)*

premiere [ˈprɛmɪɛəʳ] N Premiere *f*

premise [ˈprɛmɪs] N (*of argument*) Voraussetzung *f* ■ **premises** NPL (*of business etc*) Räumlichkeiten *pl*; **on the premises** im Hause

premium [ˈpri:mɪəm] N (*Comm, Insurance*) Prämie *f*; **to be at a ~** (*expensive*) zum Höchstpreis gehandelt werden; (*hard to get*) Mangelware sein

premium bond (BRIT) N Prämienanleihe *f*

premium gasoline (*US*) N Super(benzin) *nt*

premonition [prɛməˈnɪʃən] N Vorahnung *f*

preoccupation [pri:ɔkjuˈpeɪʃən] N: **~ with** (vorrangige) Beschäftigung mit

preoccupied [pri:ˈɔkjupaɪd] ADJ (*thoughtful*) gedankenverloren; (*with work, family*) beschäftigt

pre-owned [pri:ˈəund] ADJ gebraucht

prep [prɛp] (*Scol*) ADJ (= *preparatory*) see **prep school** ▶ N (= *preparation*) Hausaufgaben *pl*

prepaid [pri:ˈpeɪd] ADJ (*paid in advance*) im Voraus bezahlt; (*envelope*) frankiert

preparation [prɛpəˈreɪʃən] N Vorbereitung *f*; (*food, medicine, cosmetic*) Zubereitung *f* ■ **preparations** NPL Vorbereitungen *pl*; **in ~ for sth** als Vorbereitung für etw

preparatory [prɪˈpærətərɪ] ADJ vorbereitend; **~ to sth/to doing sth** als Vorbereitung für etw/, um etw zu tun

prepare [prɪˈpɛəʳ] VT vorbereiten; (*food, meal*) zubereiten ▶ VI: **to ~ for** sich vorbereiten auf *+acc*

prepared [prɪˈpɛəd] ADJ: **to be ~ to do sth** (*willing*) bereit sein, etw zu tun; **to be ~ for sth** (*ready*) auf etw *acc* vorbereitet sein

preponderance [prɪˈpɔndərns] N Übergewicht *nt*

preposition [prɛpəˈzɪʃən] N Präposition *f*

prepossessing [pri:pəˈzɛsɪŋ] ADJ von angenehmer Erscheinung

preposterous [prɪˈpɔstərəs] ADJ grotesk, widersinnig

prep school N = **preparatory school**

prerecorded [pri:rɪˈkɔ:dɪd] ADJ (*broadcast*) aufgezeichnet; (*cassette, video*) bespielt

prerequisite [pri:ˈrɛkwɪzɪt] N Vorbedingung *f*, Grundvoraussetzung *f*

prerogative [prɪˈrɔgətɪv] N Vorrecht *nt*, Privileg *nt*

Presbyterian [prɛzbɪˈtɪərɪən] ADJ presbyterianisch ▶ N Presbyterianer(in) *m(f)*

presbytery [ˈprɛzbɪtərɪ] N Pfarrhaus *nt*

preschool [ˈpri:ˈsku:l] ADJ (*age, child, education*) Vorschul-

prescribe [prɪˈskraɪb] VT (*Med*) verschreiben; (*demand*) anordnen, vorschreiben

prescribed [prɪˈskraɪbd] ADJ (*duties, period*) vorgeschrieben

prescription [prɪˈskrɪpʃən] N (*Med: slip of paper*) Rezept *nt*; (*: medicine*) Medikament *nt*; **to make up a ~, to fill a ~** (*US*) ein Medikament zubereiten; **"only available on ~"** „rezeptpflichtig"

prescription charges (BRIT) NPL Rezeptgebühr *f*

prescriptive [prɪˈskrɪptɪv] ADJ normativ

presence [ˈprɛzns] N Gegenwart *f*, Anwesenheit *f*; (*fig: personality*) Ausstrahlung *f*; (*spirit, invisible influence*) Erscheinung *f*; **in sb's ~** in jds *dat* Gegenwart *or* Beisein; **~ of mind** Geistesgegenwart *f*

★**present** ADJ [ˈprɛznt] (*current*) gegenwärtig, derzeitig; (*in attendance*) anwesend ▶ N [ˈprɛznt] (*gift*) Geschenk *nt*; (*Ling: also:* **present tense**) Präsens *nt*, Gegenwart *f* ▶ VT [prɪˈzɛnt] (*give: prize etc*) überreichen; (*plan, report*) vorlegen; (*cause, provide, portray*) darstellen; (*information, view*) darlegen; (*Radio, TV*) leiten; **to be ~ at** anwesend *or* zugegen sein bei; **those ~** die Anwesenden; **to give sb a ~** jdm ein Geschenk geben; **the ~** (*actuality*) die Gegenwart; **at ~** gegenwärtig, im Augenblick; **to ~ sth to sb, ~ sb with sth** jdm etw übergeben *or* überreichen; **to ~ sb (to)** (*formally: introduce*) jdn vorstellen *+dat*; **to ~ itself** (*opportunity*) sich bieten

presentable [prɪˈzɛntəbl] ADJ (*person*) präsentabel, ansehnlich

presentation [prɛznˈteɪʃən] N (*of prize*) Überreichung *f*; (*of plan, report etc*) Vorlage *f*; (*appearance*) Erscheinungsbild *nt*; (*talk*) Vortrag *m*; **on ~ of** (*voucher etc*) gegen Vorlage *+gen*

present-day [ˈprɛzntdeɪ] ADJ heutig, gegenwärtig

presenter [prɪˈzɛntəʳ] N (*on radio, TV*) Moderator(in) *m(f)*

presently [ˈprɛzntlɪ] ADV (*soon after*) gleich darauf; (*soon*) bald, in Kürze; (*currently*) derzeit, gegenwärtig

present participle N Partizip *nt* Präsens

preservation [prɛzəˈveɪʃən] N (*of peace, standards etc*) Erhaltung *f*; (*of furniture, building*) Konservierung *f*

preservative [prɪˈzə:vətɪv] N Konservierungsmittel *nt*

preserve [prɪˈzə:v] VT erhalten; (*peace*) wahren; (*wood*) schützen; (*food*) konservieren ▶ N (*often pl: jam, chutney etc*) Eingemachte(s) *nt*; (*for game, fish*) Revier *nt*; **a male ~** (*fig*) eine männliche Domäne; **a working class ~** (*fig*) eine Domäne der Arbeiterklasse

preshrunk [ˈpri:ˈʃrʌŋk] ADJ (*jeans etc*) vorgewaschen

preside [prɪˈzaɪd] VI: **to ~ over** (*meeting etc*) vorsitzen *+dat*, den Vorsitz haben bei

presidency [ˈprɛzɪdənsɪ] N (*Pol*) Präsidentschaft *f*; (*US: of company*) Vorsitz *m*

★**president** [ˈprɛzɪdənt] N (*Pol*) Präsident(in) *m(f)*; (*of organization*) Vorsitzende(r) *f(m)*

presidential [prɛzɪˈdɛnʃl] ADJ (*election, campaign etc*) Präsidentschafts-; (*adviser, representative etc*) des Präsidenten

★**press** [prɛs] N (*also:* **printing press**) Presse *f*; (*of switch, bell*) Druck *m*; (*for wine*) Kelter *f* ▶ VT drücken, pressen; (*button, sb's hand etc*) drücken;

(*iron: clothes*) bügeln; (*put pressure on: person*) drängen; (*pursue: idea, claim*) vertreten ▸ VI (*squeeze*) drücken, pressen; **the P~** (*newspapers, journalists*) die Presse; **to go to ~** (*newspaper*) in Druck gehen; **to be in ~** (*at the printer's*) im Druck sein; **to be in the ~** (*in the newspapers*) in der Zeitung stehen; **at the ~ of a button** auf Knopfdruck; **to ~ sth (up)on sb** (*force*) jdm etw aufdrängen; **we are pressed for time/money** wir sind in Geldnot/Zeitnot; **to ~ sb for an answer** auf jds *acc* Antwort drängen; **to ~ sb to do** *or* **into doing sth** jdn drängen, etw zu tun; **to ~ charges (against sb)** (*Law*) Klage (gegen jdn) erheben; **to ~ for** (*changes etc*) drängen auf *+acc*
▸ **press ahead** VI weitermachen; **to ~ ahead with sth** etw durchziehen
▸ **press on** VI weitermachen

press agency N Presseagentur *f*

press clipping N Zeitungsausschnitt *m*

press conference N Pressekonferenz *f*

press cutting N = **press clipping**

press-gang [ˈprɛsgæŋ] VT: **to ~ sb into doing sth** jdn bedrängen, etw zu tun

pressing [ˈprɛsɪŋ] ADJ (*urgent*) dringend

press officer N Pressesprecher(in) *m(f)*

press release N Pressemitteilung *f*

press stud N (BRIT) Druckknopf *m*

press-up [ˈprɛsʌp] (BRIT) N Liegestütz *m*

★**pressure** [ˈprɛʃəʳ] N (*also fig*) Druck *m* ▸ VT: **to ~ sb to do sth** jdn dazu drängen, etw zu tun; **to put ~ on sb (to do sth)** Druck auf jdn ausüben(, etw zu tun); **high/low ~** (*Tech, Met*) Hoch-/Tiefdruck *m*

pressure cooker N Schnellkochtopf *m*

pressure gauge N Druckmesser *m*, Manometer *nt*

pressure group N Interessenverband *m*, Pressuregroup *f*

pressurize [ˈprɛʃəraɪz] VT: **to ~ sb (to do sth** *or* **into doing sth)** jdn unter Druck setzen(, etw zu tun)

pressurized [ˈprɛʃəraɪzd] ADJ (*cabin, container etc*) Druck-

prestige [prɛsˈtiːʒ] N Prestige *nt*

prestigious [prɛsˈtɪdʒəs] ADJ (*institution, appointment*) mit hohem Prestigewert

★**presumably** [prɪˈzjuːməblɪ] ADV vermutlich; **~ he did it** vermutlich *or* wahrscheinlich hat er es getan

presume [prɪˈzjuːm] VT: **to ~ (that)** (*assume*) annehmen(, dass); **to ~ to do sth** (*dare*) sich anmaßen, etw zu tun; **I ~ so** das nehme ich an

presumption [prɪˈzʌmpʃən] N (*supposition*) Annahme *f*; (*audacity*) Anmaßung *f*

presumptuous [prɪˈzʌmpʃəs] ADJ anmaßend

presuppose [priːsəˈpəuz] VT voraussetzen

presupposition [priːsʌpəˈzɪʃən] N Voraussetzung *f*

pretax [priːˈtæks] ADJ (*profit*) vor (Abzug der) Steuern

pretence, (US) **pretense** [prɪˈtɛns] N (*false appearance*) Vortäuschung *f*; **under false pretences** unter Vorspiegelung falscher Tatsachen; **she is devoid of all ~** sie ist völlig natürlich; **to make a ~ of doing sth** vortäuschen, etw zu tun

★**pretend** [prɪˈtɛnd] VT (*feign*) vorgeben ▸ VI (*feign*) sich verstellen, so tun, als ob; **I don't ~ to understand it** (*claim*) ich erhebe nicht den Anspruch, es zu verstehen

pretense [prɪˈtɛns] (US) N = **pretence**

pretentious [prɪˈtɛnʃəs] ADJ anmaßend

preterite [ˈprɛtərɪt] N Imperfekt *nt*, Präteritum *nt*

pretext [ˈpriːtɛkst] N Vorwand *m*; **on** *or* **under the ~ of doing sth** unter dem Vorwand, etw zu tun

★**pretty** [ˈprɪtɪ] ADJ hübsch, nett ▸ ADV: **~ clever** ganz schön schlau; **~ good** ganz gut

prevail [prɪˈveɪl] VI (*be current*) vorherrschen; (*triumph*) siegen; **to ~ (up)on sb to do sth** (*persuade*) jdn dazu bewegen *or* überreden, etw zu tun

prevailing [prɪˈveɪlɪŋ] ADJ (*wind, fashion etc*) vorherrschend

prevalent [ˈprɛvələnt] ADJ (*belief, custom*) vorherrschend

prevaricate [prɪˈværɪkeɪt] VI (*by saying sth*) Ausflüchte machen; (*by doing sth*) Ausweichmanöver machen

prevarication [prɪværɪˈkeɪʃən] N Ausflucht *f*, Ausweichmanöver *nt*

★**prevent** [prɪˈvɛnt] VT verhindern; **to ~ sb from doing sth** jdn daran hindern, etw zu tun; **to ~ sth from happening** verhindern, dass etw geschieht

preventable [prɪˈvɛntəbl] ADJ verhütbar, vermeidbar

preventative [prɪˈvɛntətɪv] ADJ = **preventive**

prevention [prɪˈvɛnʃən] N Verhütung *f*

preventive [prɪˈvɛntɪv] ADJ (*measures, medicine*) vorbeugend

preview [ˈpriːvjuː] N (*of film*) Vorpremiere *f*; (*of exhibition*) Vernissage *f*

★**previous** [ˈpriːvɪəs] ADJ (*earlier*) früher; (*preceding*) vorhergehend; **~ to** vor *+dat*

previously [ˈpriːvɪəslɪ] ADV (*before*) zuvor; (*formerly*) früher

prewar [priːˈwɔːʳ] ADJ (*period*) Vorkriegs-

prey [preɪ] N Beute *f*; **to fall ~ to** (*fig*) zum Opfer fallen *+dat*
▸ **prey on** VT FUS (*animal*) Jagd machen auf *+acc*; **it was preying on his mind** es ließ ihn nicht los

★**price** [praɪs] N (*also fig*) Preis *m* ▸ VT (*goods*) auszeichnen; **what is the ~ of ...?** was kostet ...?; **to go up** *or* **rise in ~** im Preis steigen, teurer werden; **to put a ~ on sth** (*also fig*) einen Preis für etw festsetzen; **what ~ his promises now?** wie steht es jetzt mit seinen Versprechungen?; **he regained his freedom, but at a ~** er hat seine Freiheit wieder, aber zu welchem Preis!; **to be priced at £30** £30 kosten; **to ~ o.**

out of the market durch zu hohe Preise konkurrenzunfähig werden

price control N Preiskontrolle *f*

price-cutting [ˈpraɪskʌtɪŋ] N Preissenkungen *pl*

priceless [ˈpraɪslɪs] ADJ (*diamond, painting*) von unschätzbarem Wert; (*inf: amusing*) unbezahlbar, köstlich

price list N Preisliste *f*

price range N Preisklasse *f*; **it's within my ~** ich kann es mir leisten

price tag N Preisschild *nt*; (*fig*) Preis *m*

price war N Preiskrieg *m*

pricey [ˈpraɪsɪ] (*inf*) ADJ kostspielig

prick [prɪk] N (*sting*) Stich *m*; (*!: penis*) Schwanz *m*; (*: idiot*) Arsch *m* (*!*) ▶ VT stechen; (*sausage, balloon*) einstechen; **to ~ up one's ears** die Ohren spitzen

prickle [ˈprɪkl] N (*of plant*) Dorn *m*, Stachel *m*; (*sensation*) Prickeln *nt*

prickly [ˈprɪklɪ] ADJ (*plant*) stachelig; (*fabric*) kratzig

prickly heat N Hitzebläschen *pl*

prickly pear N Feigenkaktus *m*

pride [praɪd] N Stolz *m*; (*pej: arrogance*) Hochmut *m* ▶ VT: **to ~ o.s. on** sich rühmen *+gen*; **to take (a) ~ in** stolz sein auf *+acc*; **to take a ~ in doing sth** etw mit Stolz tun; **to have** *or* **take ~ of place** (BRIT) die Krönung sein

priest [pri:st] N Priester *m*

priestess [ˈpri:stɪs] N Priesterin *f*

priesthood [ˈpri:sthud] N Priestertum *nt*

prig [prɪg] N: **he's a ~** er hält sich für ein Tugendlamm

prim [prɪm] (*pej*) ADJ (*person*) etepetete

primacy [ˈpraɪməsɪ] N (*supremacy*) Vorrang *m*; (*position*) Vorrangstellung *f*

prima-facie [ˈpraɪməˈfeɪʃɪ] ADJ: **to have a ~ case** (*Law*) eine gute Beweisgrundlage haben

primal [ˈpraɪməl] ADJ ursprünglich; **~ scream** Urschrei *m*

primarily [ˈpraɪmərɪlɪ] ADV in erster Linie, hauptsächlich

primary [ˈpraɪmərɪ] ADJ (*principal*) Haupt-, hauptsächlich; (*education, teacher*) Grundschul- ▶ N (*US: election*) Vorwahl *f*

> Als **primary** wird im amerikanischen Präsidentschaftswahlkampf eine Vorwahl bezeichnet, die mitentscheidet, welche Präsidentschaftskandidaten die beiden großen Parteien aufstellen. Vorwahlen werden nach komplizierten Regeln von Februar (*New Hampshire*) bis Juni in etwa 35 Staaten abgehalten. Der von den Kandidaten in den *primaries* erzielte Stimmenanteil bestimmt, wie viele Abgeordnete bei der endgültigen Auswahl der demokratischen bzw. republikanischen Kandidaten auf den nationalen Parteitagen im Juli/August für sie stimmen.

primary colour N Primärfarbe *f*

primary school (BRIT) N Grundschule *f*

> **Primary school** ist in Großbritannien eine Grundschule für Kinder im Alter von 5 bis 11 Jahren. Oft wird sie aufgeteilt in *infant school* (5 bis 7 Jahre) und *junior school* (7 bis 11 Jahre). Siehe auch *secondary school*.

primate [ˈpraɪmɪt] N (*Zool*) Primat *m*; (*Rel*) Primas *m*

prime [praɪm] ADJ (*most important*) oberste(r, s); (*best quality*) erstklassig ▶ N (*of person's life*) die besten Jahre *pl* ▶ VT (*wood*) grundieren; (*fig: person*) informieren; (*gun*) schussbereit machen; (*pump*) auffüllen; **~ example** erstklassiges Beispiel; **in the ~ of life** im besten Alter

Prime Minister N Premierminister(in) *m(f)*

primer [ˈpraɪmə^r^] N (*paint*) Grundierung *f*; (*book*) Einführung *f*

prime time N (*Radio, TV*) Hauptsendezeit *f*

primeval [praɪˈmi:vl] ADJ (*beast*) urzeitlich; (*fig: feelings*) instinktiv; **~ forest** Urwald *m*

primitive [ˈprɪmɪtɪv] ADJ (*tribe, tool, conditions etc*) primitiv; (*life form, machine etc*) frühzeitlich; (*man*) der Urzeit

primrose [ˈprɪmrəuz] N Primel *f*, gelbe Schlüsselblume *f*

primula [ˈprɪmjulə] N Primel *f*

Primus® [ˈpraɪməs], (BRIT) **Primus stove** N Primuskocher *m*

★**prince** [prɪns] N Prinz *m*

Prince Charming (*hum*) N Märchenprinz *m*

★**princess** [prɪnˈsɛs] N Prinzessin *f*

★**principal** [ˈprɪnsɪpl] ADJ (*most important*) Haupt-, wichtigste(r, s) ▶ N (*of school, college*) Rektor(in) *m(f)*; (*Theat*) Hauptdarsteller(in) *m(f)*; (*Fin*) Kapitalsumme *f*

principality [prɪnsɪˈpælɪtɪ] N Fürstentum *nt*

principally [ˈprɪnsɪplɪ] ADV vornehmlich

principle [ˈprɪnsɪpl] N Prinzip *nt*; **in ~** im Prinzip, prinzipiell; **on ~** aus Prinzip

★**print** [prɪnt] N (*Art*) Druck *m*; (*Phot*) Abzug *m*; (*fabric*) bedruckter Stoff *m* ▶ VT (*produce*) drucken; (*publish*) veröffentlichen; (*cloth, pattern*) bedrucken; (*write in capitals*) in Druckschrift schreiben ■ **prints** NPL (*fingerprints etc*) Abdrücke *pl*; **out of ~** vergriffen; **in ~** erhältlich; **the fine** *or* **small ~** das Kleingedruckte
▶ **print out** VT (*Comput*) ausdrucken

printed circuit [ˈprɪntɪd-] N gedruckte Schaltung *f*

printed circuit board N Leiterplatte *f*

printed matter [ˈprɪntɪd-] N Drucksache *f*

printer [ˈprɪntə^r^] N (*machine*) Drucker *m*; (*person*) Drucker(in) *m(f)*; (*firm*) Druckerei *f*

printhead [ˈprɪnthɛd] N Druckkopf *m*

printing [ˈprɪntɪŋ] N (*activity*) Drucken *nt*

printing press N Druckerpresse *f*

print-out [ˈprɪntaut] (*Comput*) N Ausdruck *m*

print run N Auflage *f*

printwheel [ˈprɪntwi:l] N (*Comput*) Typenrad *nt*

prior [ˈpraɪə^r^] ADJ (*previous: knowledge, warning*) vorherig; (*: engagement*) früher; (*more impor-*

P

tant: *claim, duty*) vorrangig ▶ N (*Rel*) Prior *m*; **without ~ notice** ohne vorherige Ankündigung; **to have a ~ claim on sth** ein Vorrecht auf etw *acc* haben; **~ to** vor *+dat*

★**priority** [praɪˈɔrɪtɪ] N vorrangige Angelegenheit *f* ■ **priorities** NPL Prioritäten *pl*; **to take** *or* **have ~ (over sth)** Vorrang (vor etw *dat*) haben; **to give ~ to sb/sth** jdm/etw Vorrang einräumen

priory [ˈpraɪərɪ] N Kloster *nt*

prise [praɪz] (BRIT) VT: **to ~ open** aufbrechen

prism [ˈprɪzm] N Prisma *nt*

★**prison** [ˈprɪzn] N Gefängnis *nt* ▶ CPD (*officer, food, cell etc*) Gefängnis-

prison camp N Gefangenenlager *nt*

★**prisoner** [ˈprɪznəʳ] N Gefangene(r) *f*(*m*); **the ~ at the bar** (*Law*) der/die Angeklagte; **to take sb ~** jdn gefangen nehmen

prisoner of war N Kriegsgefangene(r) *f*(*m*)

prissy [ˈprɪsɪ] (*pej*) ADJ zimperlich

pristine [ˈprɪstiːn] ADJ makellos; **in ~ condition** in makellosem Zustand

privacy [ˈprɪvəsɪ] N Privatsphäre *f*

★**private** [ˈpraɪvɪt] ADJ privat; (*life*) Privat-; (*thoughts, plans etc*) persönlich; (*place*) abgelegen; (*secretive*: *person*) verschlossen ▶ N (*Mil*) Gefreite(r) *m*; **"~"** (*on envelope*) „vertraulich"; (*on door*) „privat"; **in ~** privat; **in (his) ~ life** in seinem Privatleben; **to be in ~ practice** (*Med*) Privatpatienten haben; **~ hearing** (*Law*) nicht öffentliche Verhandlung *f*

private enterprise N Privatunternehmen *nt*

private eye N Privatdetektiv *m*

private limited company (BRIT) N (*Comm*) ≈ Aktiengesellschaft *f*

privately [ˈpraɪvɪtlɪ] ADV privat; (*secretly*) insgeheim; **a ~ owned company** eine Firma im Privatbesitz

private parts NPL (*Anat*) Geschlechtsteile *pl*

private property N Privatbesitz *m*

private school N (*fee-paying*) Privatschule *f*

privation [praɪˈveɪʃən] N Not *f*

★**privatize** [ˈpraɪvɪtaɪz] VT privatisieren

privet [ˈprɪvɪt] N Liguster *m*

privilege [ˈprɪvɪlɪdʒ] N (*advantage*) Privileg *nt*; (*honour*) Ehre *f*

privileged [ˈprɪvɪlɪdʒd] ADJ privilegiert; **to be ~ to do sth** das Privileg *or* die Ehre haben, etw zu tun

privy [ˈprɪvɪ] ADJ: **to be ~ to** eingeweiht sein in *+acc*

Privy Council N *siehe Info-Artikel*

> **Privy Council** ist eine Gruppe von königlichen Beratern, die ihren Ursprung im normannischen England hat. Heute hat dieser Rat eine rein formale Funktion. Kabinettsmitglieder und andere bedeutende politische, kirchliche oder juristische Persönlichkeiten sind automatisch Mitglieder.

Privy Councillor (BRIT) N Geheimer Rat *m*

★**prize** [praɪz] N Preis *m* ▶ ADJ (*prize-winning*) preis gekrönt; (*classic*: *example*) erstklassig ▶ VT schät zen; **~ idiot** (*inf*) Vollidiot *m*

prizefighter [ˈpraɪzfaɪtəʳ] N Preisboxer *m*

prizegiving [ˈpraɪzgɪvɪŋ] N Preisverleihung *f*

prize money N Geldpreis *m*

prizewinner [ˈpraɪzwɪnəʳ] N Preisträger(in *m*(*f*)

prizewinning [ˈpraɪzwɪnɪŋ] ADJ preisgekrönt

PRO N ABBR = **public relations officer**

pro [prəu] N (*Sport*) Profi *m* ▶ PREP (*in favour of*) pr *+acc*, für *+acc*; **the pros and cons** das Für un Wider

pro- [prəu] PREF (*in favour of*) Pro-, pro **pro-disarmament campaign** Kampagne *f* fü Abrüstung

proactive [prəuˈæktɪv] ADJ proaktiv

probability [prɔbəˈbɪlɪtɪ] N Wahrscheinlich keit *f*; **in all ~** aller Wahrscheinlichkeit nach

probable [ˈprɔbəbl] ADJ wahrscheinlich; **i seems ~ that ...** es ist wahrscheinlich, dass ...

★**probably** [ˈprɔbəblɪ] ADV wahrscheinlich

probate [ˈprəubeɪt] N gerichtliche Testa mentsbestätigung *f*

probation [prəˈbeɪʃən] N: **on ~** (*lawbreaker*) au Bewährung; (*employee*) auf Probe

probationary [prəˈbeɪʃənrɪ] ADJ (*period*) Probe

probationer [prəˈbeɪʃənəʳ] N (*nurse*: *female* Lernschwester *f*; (: *male*) Lernpfleger *m*

probation officer N Bewährungshelfer(in *m*(*f*)

probe [prəub] N (*Med, Space*) Sonde *f*; (*enquiry* Untersuchung *f* ▶ VT (*investigate*) untersucher (*poke*) bohren in *+dat*

probity [ˈprəubɪtɪ] N Rechtschaffenheit *f*

★**problem** [ˈprɔbləm] N Problem *nt*; **to hav problems with the car** Probleme *or* Schwierig keiten mit dem Auto haben; **what's the ~?** w fehlts?; **I had no ~ finding her** ich habe s ohne Schwierigkeiten gefunden; **no ~!** kei Problem!

problematic [prɔbləˈmætɪk], **problematica** [prɔbləˈmætɪkl] ADJ problematisch

problem-solving [ˈprɔbləmsɔlvɪŋ] ADJ (*skill ability*) zur Problemlösung ▶ N Problemlösung

procedural [prəˈsiːdʒurəl] ADJ (*agreement, prob lem*) verfahrensmäßig

procedure [prəˈsiːdʒəʳ] N Verfahren *nt*

proceed [prəˈsiːd] VI (*carry on*) fortfahre (*person*: *go*) sich bewegen; **to ~ to do sth** et tun; **to ~ with** fortfahren mit; **I am not sur how to ~** ich bin nicht sicher über die weite Vorgehensweise; **to ~ against sb** (*Law*) gege jdn gerichtlich vorgehen

proceedings [prəˈsiːdɪŋz] NPL (*organized event* Vorgänge *pl*; (*Law*) Verfahren *nt*; (*records*) Prot koll *nt*

proceeds [ˈprəusiːdz] NPL Erlös *m*

★**process** [ˈprəusɛs] N (*series of actions*) Verfahre *nt*; (*Biol, Chem*) Prozess *m* ▶ VT (*raw materials, foo Comput*: *data*) verarbeiten; (*application*) bearbe ten; (*Phot*) entwickeln; **in the ~** dabei; **to be in the ~ of doing sth** (gerade) dabei sein, etw zu tun

processed cheese [ˈprəusɛst-], (*US*) **process cheese** N Schmelzkäse *m*

processing [ˈprəusɛsɪŋ] N (*Phot*) Entwickeln *nt*

procession [prəˈsɛʃən] N Umzug *m*, Prozession *f*; **wedding/funeral ~** Hochzeits-/Trauerzug *m*

processor [ˈprəusɛsəʳ] N (*Comput*) Prozessor *m*; (*Culin*) Küchenmaschine *f*

proclaim [prəˈkleɪm] VT verkünden, proklamieren

proclamation [prɔkləˈmeɪʃən] N Proklamation *f*

proclivity [prəˈklɪvɪtɪ] (*form*) N Vorliebe *f*

procrastinate [prəuˈkræstɪneɪt] VI zögern, zaudern

procrastination [prəukræstɪˈneɪʃən] N Zögern *nt*, Zaudern *nt*

procreation [prəukrɪˈeɪʃən] N Fortpflanzung *f*

procurator fiscal [ˈprɔkjureɪtə-] (SCOT) (*pl* **procurators fiscal**) N ≈ Staatsanwalt *m*, ≈ Staatsanwältin *f*

procure [prəˈkjuəʳ] VT (*obtain*) beschaffen

procurement [prəˈkjuəmənt] N (*Comm*) Beschaffung *f*

prod [prɔd] VT (*push: with finger, stick etc*) stoßen, stupsen (*inf*); (*fig: urge*) anspornen ▸ N (*with finger, stick etc*) Stoß *m*, Stups *m* (*inf*); (*fig: reminder*) mahnender Hinweis *m*

prodigal [ˈprɔdɪgl] ADJ: **~ son** verlorener Sohn *m*

prodigious [prəˈdɪdʒəs] ADJ (*cost, memory*) ungeheuer

prodigy [ˈprɔdɪdʒɪ] N (*person*) Naturtalent *nt*; **child ~** Wunderkind *nt*

produce N [ˈprɔdjuːs] (*Agr*) (Boden)produkte *pl* ▸ VT [prəˈdjuːs] (*result etc*) hervorbringen; (*goods, commodity*) produzieren, herstellen; (*Biol, Chem*) erzeugen; (*fig: evidence etc*) liefern; (*: passport etc*) vorlegen; (*play, film, programme*) produzieren

producer [prəˈdjuːsəʳ] N (*person*) Produzent(in) *m(f)*; (*country, company*) Produzent *m*, Hersteller *m*

product [ˈprɔdʌkt] N Produkt *nt*

production [prəˈdʌkʃən] N Produktion *f*; (*Theat*) Inszenierung *f*; **to go into ~** (*goods*) in Produktion gehen; **on ~ of** gegen Vorlage *+gen*

production agreement (*US*) N Produktivitätsabkommen *nt*

production line N Fließband *nt*, Fertigungsstraße *f*

production manager N Produktionsleiter(in) *m(f)*

productive [prəˈdʌktɪv] ADJ produktiv

productivity [prɔdʌkˈtɪvɪtɪ] N Produktivität *f*

productivity agreement (BRIT) N Produktivitätsabkommen *nt*

productivity bonus N Leistungszulage *f*

Prof. N ABBR (= *professor*) Prof.

profane [prəˈfeɪn] ADJ (*language etc*) profan; (*secular*) weltlich

profess [prəˈfɛs] VT (*claim*) vorgeben; (*express: feeling, opinion*) zeigen, bekunden; **I do not ~ to be an expert** ich behaupte nicht, ein Experte zu sein

professed [prəˈfɛst] ADJ (*self-declared*) erklärt

★**profession** [prəˈfɛʃən] N Beruf *m*; (*people*) Berufsstand *m*; **the professions** die gehobenen Berufe

★**professional** [prəˈfɛʃənl] ADJ (*organization, musician etc*) Berufs-; (*misconduct, advice*) beruflich; (*skilful*) professionell ▸ N (*doctor, lawyer, teacher etc*) Fachmann *m*, Fachfrau *f*; (*Sport*) Profi *m*; (*skilled person*) Experte *m*, Expertin *f*; **to seek ~ advice** fachmännischen Rat einholen

professionalism [prəˈfɛʃnəlɪzəm] N fachliches Können *nt*

professionally [prəˈfɛʃnəlɪ] ADV beruflich; (*for a living*) berufsmäßig; **I only know him ~** ich kenne ihn nur beruflich

★**professor** [prəˈfɛsəʳ] N (BRIT) Professor(in) *m(f)*; (US, CANADA) Dozent(in) *m(f)*

professorship [prəˈfɛsəʃɪp] N Professur *f*

proffer [ˈprɔfəʳ] VT (*advice, drink, one's hand*) anbieten; (*apologies*) aussprechen; (*plate etc*) hinhalten

proficiency [prəˈfɪʃənsɪ] N Können *nt*, Fertigkeiten *pl*

proficient [prəˈfɪʃənt] ADJ fähig; **to be ~ at** *or* **in** gut sein in *+dat*

profile [ˈprəufaɪl] N (*of person's face*) Profil *nt*; (*fig: biography*) Porträt *nt*; **to keep a low ~** (*fig*) sich zurückhalten; **to have a high ~** (*fig*) eine große Rolle spielen

★**profit** [ˈprɔfɪt] N (*Comm*) Gewinn *m*, Profit *m* ▸ VI: **to ~ by** *or* **from** (*fig*) profitieren von; **~ and loss account** Gewinn-und-Verlust-Rechnung; **to make a ~** einen Gewinn machen; **to sell (sth) at a ~** (etw) mit Gewinn verkaufen

profitability [prɔfɪtəˈbɪlɪtɪ] N Rentabilität *f*

profitable [ˈprɔfɪtəbl] ADJ (*business, deal*) rentabel, einträglich; (*fig: useful*) nützlich

profit centre N Bilanzabteilung *f*

profiteering [prɔfɪˈtɪərɪŋ] (*pej*) N Profitmacherei *f*

profit-making [ˈprɔfɪtmeɪkɪŋ] ADJ (*organization*) gewinnorientiert

profit margin N Gewinnspanne *f*

profit-sharing [ˈprɔfɪtʃɛərɪŋ] N Gewinnbeteiligung *f*

profits tax (BRIT) N Ertragssteuer *f*

profligate [ˈprɔflɪgɪt] ADJ (*person, spending*) verschwenderisch; (*waste*) sinnlos; **~ with** (*extravagant*) verschwenderisch mit

pro forma [ˈprəuˈfɔːmə] ADJ: **~ invoice** Pro-forma-Rechnung *f*

profound [prəˈfaund] ADJ (*shock*) schwer, tief; (*effect, differences*) weitreichend; (*idea, book*) tief schürfend

profuse [prəˈfjuːs] ADJ (*apologies*) überschwänglich

profusely [prəˈfjuːslɪ] ADV (*apologise, thank*) vielmals; (*sweat, bleed*) stark

P

profusion [prəˈfjuːʒən] N Überfülle *f*
progeny [ˈprɔdʒɪnɪ] N Nachkommenschaft *f*
prognoses [prɔgˈnəusiːz] NPL *of* **prognosis**
prognosis [prɔgˈnəusɪs] (*pl* **prognoses**) N (*Med, fig*) Prognose *f*
★**program** [ˈprəugræm] (*Comput*) N Programm *nt* ▸ VT programmieren
★**programme**, (*US*) **program** [ˈprəugræm] N Programm *nt* ▸ VT (*machine, system*) programmieren
programmer [ˈprəugræməʳ] N Programmierer(in) *m(f)*
programming, (*US*) **programing** [ˈprəugræmɪŋ] N Programmierung *f*
programming language N Programmiersprache *f*
★**progress** N [ˈprəugrɛs] Fortschritt *m*; (*improvement*) Fortschritte *pl* ▸ VI [prəˈgrɛs] (*advance*) vorankommen; (*become higher in rank*) aufsteigen; (*continue*) sich fortsetzen; **in ~** (*meeting, battle, match*) im Gange; **to make ~** Fortschritte machen
progression [prəˈgrɛʃən] N (*development*) Fortschritt *m*, Entwicklung *f*; (*series*) Folge *f*
progressive [prəˈgrɛsɪv] ADJ (*enlightened*) progressiv, fortschrittlich; (*gradual*) fortschreitend
progressively [prəˈgrɛsɪvlɪ] ADV (*gradually*) zunehmend
progress report N (*Med*) Fortschrittsbericht *m*; (*Admin*) Tätigkeitsbericht *m*
prohibit [prəˈhɪbɪt] VT (*ban*) verbieten; **to ~ sb from doing sth** jdm verbieten *or* untersagen, etw zu tun; **"smoking prohibited"** „Rauchen verboten"
prohibition [prəuɪˈbɪʃən] N Verbot *nt*; **P~** (*US*) Prohibition *f*
prohibitive [prəˈhɪbɪtɪv] ADJ (*cost etc*) untragbar
★**project** N [ˈprɔdʒɛkt] (*plan, scheme*) Projekt *nt*; (*Scol*) Referat *nt* ▸ VT [prəˈdʒɛkt] (*plan*) planen; (*estimate*) schätzen, voraussagen; (*light, film, picture*) projizieren ▸ VI [prəˈdʒɛkt] (*stick out*) hervorragen
projectile [prəˈdʒɛktaɪl] N Projektil *nt*, Geschoss *nt*, Geschoß *nt* (ÖSTERR)
projection [prəˈdʒɛkʃən] N (*estimate*) Schätzung *f*, Voraussage *f*; (*overhang*) Vorsprung *m*; (*Cine*) Projektion *f*
projectionist [prəˈdʒɛkʃənɪst] N Filmvorführer(in) *m(f)*
projection room N Vorführraum *m*
projector [prəˈdʒɛktəʳ] N Projektor *m*
proletarian [prəulɪˈtɛərɪən] ADJ proletarisch
proletariat [prəulɪˈtɛərɪət] N: **the ~** das Proletariat
proliferate [prəˈlɪfəreɪt] VI sich vermehren
proliferation [prəlɪfəˈreɪʃən] N Vermehrung *f*, Verbreitung *f*
prolific [prəˈlɪfɪk] ADJ (*artist, writer*) produktiv
prologue, (*US*) **prolog** [ˈprəulɔg] N (*of play, book*) Prolog *m*
prolong [prəˈlɔŋ] VT verlängern
prom [prɔm] N ABBR = **promenade**; (*Mus*) = **promenade concert**; (*student ball*) Studentenball *m*

Prom (Abkürzung von *promenade*) ist ein für die Schulabgänger organisierter Ball am Ende ihrer Schulzeit. Dieses aus den USA stammende, traditionelle und an gewisse Rituale gebundene Ereignis spielt in der Kultur des Landes und im Leben der Schüler eine wichtige Rolle. Seit Anfang des 21. Jahrhunderts haben die *proms* auch bei den britischen College-Abgängern großen Erfolg, wenn auch nicht im selben Ausmaß wie in den USA.

promenade [prɔməˈnɑːd] N Promenade *f*
promenade concert (BRIT) N Promenadenkonzert *nt*
promenade deck N Promenadendeck *nt*
prominence [ˈprɔmɪnəns] N (*importance*) Bedeutung *f*; **to rise to ~** bekannt werden
prominent [ˈprɔmɪnənt] ADJ (*person*) prominent; (*thing*) bedeutend; (*very noticeable*) herausragend; **he is ~ in the field of science** er ist eine führende Persönlichkeit im naturwissenschaftlichen Bereich
prominently [ˈprɔmɪnəntlɪ] ADV (*display, set*) deutlich sichtbar; **he figured ~ in the case** er spielte in dem Fall eine bedeutende Rolle
promiscuity [prɔmɪsˈkjuːɪtɪ] N Promiskuität *f*
promiscuous [prəˈmɪskjuəs] ADJ promisk
★**promise** [ˈprɔmɪs] N (*vow*) Versprechen *nt*; (*potential, hope*) Hoffnung *f* ▸ VI versprechen ▸ VT: **to ~ sb sth, ~ sth to sb** jdm etw versprechen; **to make/break/keep a ~** ein Versprechen geben/brechen/halten; **a young man of ~** ein vielversprechender junger Mann; **she shows ~** sie gibt zu Hoffnungen Anlass; **it promises to be lively** es verspricht lebhaft zu werden; **to ~ (sb) to do sth** (jdm) versprechen, etw zu tun
promising [ˈprɔmɪsɪŋ] ADJ vielversprechend
promissory note [ˈprɔmɪsərɪ-] N Schuldschein *m*
promontory [ˈprɔməntrɪ] N Felsvorsprung *m*
★**promote** [prəˈməut] VT (*employee*) befördern; (*advertise*) werben für; (*encourage*: *peace etc*) fördern; **the team was promoted to the first division** (BRIT *Football*) die Mannschaft stieg in die erste Division auf
promoter [prəˈməutəʳ] N (*of concert, event*) Veranstalter(in) *m(f)*; (*of cause, idea*) Förderer *m*, Förderin *f*
★**promotion** [prəˈməuʃən] N (*at work*) Beförderung *f*; (*of product, event*) Werbung *f*; (*of idea*) Förderung *f*; (*publicity campaign*) Werbekampagne *f*
★**prompt** [prɔmpt] ADJ prompt, sofortig ▸ ADV (*exactly*) pünktlich ▸ N (*Comput*) Prompt *m* ▸ VT (*cause*) veranlassen; (*when talking*) auf die Sprünge helfen *+dat*; (*Theat*) soufflieren *+dat*; **they're very ~** (*punctual*) sie sind sehr pünktlich; **he was ~ to accept** er nahm unverzüglich

an; **at 8 o'clock ~** (um) Punkt 8 Uhr; **to ~ sb to do sth** jdn dazu veranlassen, etw zu tun

prompter [ˈprɔmptəʳ] N (*Theat*) Souffleur *m*, Souffleuse *f*

promptly [ˈprɔmptlɪ] ADV (*immediately*) sofort; (*exactly*) pünktlich

promptness [ˈprɔmptnɪs] N Promptheit *f*

promulgate [ˈprɔməlgeɪt] VT (*policy*) bekannt machen, verkünden; (*idea*) verbreiten

prone [prəun] ADJ (*face down*) in Bauchlage; **to be ~ to sth** zu etw neigen; **she is ~ to burst into tears if ...** sie neigt dazu, in Tränen auszubrechen, wenn ...

prong [prɔŋ] N (*of fork*) Zinke *f*

pronoun [ˈprəunaun] N Pronomen *nt*, Fürwort *nt*

pronounce [prəˈnauns] VT (*word*) aussprechen; (*give verdict, opinion*) erklären ▸ VI: **to ~ (up)on** sich äußern zu; **they pronounced him dead/unfit to drive** sie erklärten ihn für tot/fahruntüchtig

pronounced [prəˈnaunst] ADJ (*noticeable*) ausgeprägt, deutlich

pronouncement [prəˈnaunsmənt] N Erklärung *f*

pronto [ˈprɔntəu] (*inf*) ADV fix

pronunciation [prənʌnsɪˈeɪʃən] N Aussprache *f*

proof [pru:f] N (*evidence*) Beweis *m*; (*Typ*) (Korrektur)fahne *f* ▸ ADJ: **~ against** sicher vor *+dat*; **to be 70 % ~** (*alcohol*) ≈ einen Alkoholgehalt von 40% haben

proofreader [ˈpru:fri:dəʳ] N Korrektor(in) *m(f)*

prop [prɔp] N (*support*) Stütze *f* ▸ VT (*lean*): **to ~ sth against sth** etw an etw *acc* lehnen
▸ **prop up** VT SEP (*thing*) (ab)stützen; (*fig: government, industry*) unterstützen

Prop. ABBR (*Comm:* = *proprietor*) Inh.

propaganda [prɔpəˈgændə] N Propaganda *f*

propagate [ˈprɔpəgeɪt] VT (*plants*) züchten; (*ideas etc*) propagieren ▸ VI (*plants, animals*) sich fortpflanzen

propagation [prɔpəˈgeɪʃən] N (*of ideas etc*) Propagierung *f*; (*of plants, animals*) Fortpflanzung *f*

propel [prəˈpɛl] VT (*vehicle, machine*) antreiben; (*person*) schubsen; (*fig: person*) treiben

propeller [prəˈpɛləʳ] N Propeller *m*

propelling pencil [prəˈpɛlɪŋ-] (BRIT) N Drehbleistift *m*

propensity [prəˈpɛnsɪtɪ] N: **a ~ for** *or* **to sth** ein Hang *m or* eine Neigung zu etw; **to have a ~ to do sth** dazu neigen, etw zu tun

proper [ˈprɔpəʳ] ADJ (*genuine, correct*) richtig; (*socially acceptable*) schicklich; (*inf: real*) echt; **the town/city ~** die Stadt selbst; **to go through the ~ channels** den Dienstweg einhalten

properly [ˈprɔpəlɪ] ADV (*eat, work*) richtig; (*behave*) anständig

proper noun N Eigenname *m*

★**property** [ˈprɔpətɪ] N (*possessions*) Eigentum *nt*; (*building and its land*) Grundstück *nt*; (*quality*) Eigenschaft *f*; **it's their ~** es gehört ihnen

property developer N ≈ Grundstücksmakler(in) *m(f)*

property market N Immobilienmarkt *m*

property owner N Grundbesitzer(in) *m(f)*

property tax N Vermögenssteuer *f*

prophecy [ˈprɔfɪsɪ] N Prophezeiung *f*

prophesy [ˈprɔfɪsaɪ] VT prophezeien ▸ VI Prophezeiungen machen

prophet [ˈprɔfɪt] N Prophet *m*; **~ of doom** Unheilsprophet(in) *m(f)*

prophetic [prəˈfɛtɪk] ADJ prophetisch

proportion [prəˈpɔ:ʃən] N (*part*) Teil *m*; (*number, of people, things*) Anteil *m*; (*ratio*) Verhältnis *nt*; **in ~ to** im Verhältnis zu; **to be out of all ~ to sth** in keinem Verhältnis zu etw stehen; **to get sth in/out of ~** etw im richtigen/falschen Verhältnis sehen; **a sense of ~** (*fig*) ein Sinn für das Wesentliche

proportional [prəˈpɔ:ʃənl] ADJ: **~ to** proportional zu

proportional representation N Verhältniswahlrecht *nt*

proportionate [prəˈpɔ:ʃənɪt] ADJ = **proportional**

★**proposal** [prəˈpəuzl] N (*plan*) Vorschlag *m*; **~ (of marriage)** Heiratsantrag *m*

★**propose** [prəˈpəuz] VT (*plan, idea*) vorschlagen; (*motion*) einbringen; (*toast*) ausbringen ▸ VI (*offer marriage*) einen Heiratsantrag machen; **to ~ to do sth** *or* **doing sth** (*intend*) die Absicht haben, etw zu tun

proposer [prəˈpəuzəʳ] N (*of motion etc*) Antragsteller(in) *m(f)*

proposition [prɔpəˈzɪʃən] N (*statement*) These *f*; (*offer*) Angebot *nt*; **to make sb a ~** jdm ein Angebot machen

propound [prəˈpaund] VT (*idea etc*) darlegen

proprietary [prəˈpraɪətərɪ] ADJ (*brand, medicine*) Marken-; (*tone, manner*) besitzergreifend

proprietor [prəˈpraɪətəʳ] N (*of hotel, shop etc*) Inhaber(in) *m(f)*; (*of newspaper*) Besitzer(in) *m(f)*

propriety [prəˈpraɪətɪ] N (*seemliness*) Schicklichkeit *f*

props [prɔps] NPL (*Theat*) Requisiten *pl*

propulsion [prəˈpʌlʃən] N Antrieb *m*

pro rata [prəuˈrɑ:tə] ADJ, ADV anteilmäßig; **on a ~ basis** anteilmäßig

prosaic [prəuˈzeɪɪk] ADJ prosaisch, nüchtern

Pros. Atty. (*US*) ABBR = **prosecuting attorney**

proscribe [prəˈskraɪb] (*form*) VT verbieten, untersagen

prose [prəuz] N (*not poetry*) Prosa *f*; (BRIT *Scol: translation*) Übersetzung *f* in die Fremdsprache

prosecute [ˈprɔsɪkju:t] VT (*Law: person*) strafrechtlich verfolgen; (*: case*) die Anklage vertreten in *+dat*

P

prosecuting attorney [ˈprɔsɪkjuːtɪŋ-] (US) N Staatsanwalt *m*, Staatsanwältin *f*
prosecution [prɔsɪˈkjuːʃən] N (*Law: action*) strafrechtliche Verfolgung *f*; (: *accusing side*) Anklage(vertretung) *f*
prosecutor [ˈprɔsɪkjuːtəʳ] N Anklagevertreter(in) *m(f)*; (*also:* **public prosecutor**) Staatsanwalt *m*, Staatsanwältin *f*
prospect N [ˈprɔspɛkt] Aussicht *f* ▸ VI [prəˈspɛkt]: **to ~ (for)** suchen (nach) ▪ **prospects** NPL (*for work etc*) Aussichten *pl*, Chancen *pl*; **we are faced with the ~ of higher unemployment** wir müssen mit der Möglichkeit rechnen, dass die Arbeitslosigkeit steigt

Das englische Wort **prospect** bedeutet nicht *Prospekt* auf Deutsch.

prospecting [ˈprɔspɛktɪŋ] N (*for gold, oil etc*) Suche *f*
prospective [prəˈspɛktɪv] ADJ (*son-in-law*) zukünftig; (*customer, candidate*) voraussichtlich
prospectus [prəˈspɛktəs] N (*of college, company*) Prospekt *m*
prosper [ˈprɔspəʳ] VI (*person*) Erfolg haben; (*business, city etc*) gedeihen, florieren
prosperity [prɔˈspɛrɪtɪ] N Wohlstand *m*
prosperous [ˈprɔspərəs] ADJ (*person*) wohlhabend; (*business, city etc*) blühend
prostate [ˈprɔsteɪt] N (*also:* **prostate gland**) Prostata *f*
prostitute [ˈprɔstɪtjuːt] N (*female*) Prostituierte *f*; (*male*) männliche(r) Prostituierte(r) *m*, Strichjunge *m* (*inf*) ▸ VT: **to ~ o.s.** (*fig*) sich prostituieren, sich unter Wert verkaufen
prostitution [prɔstɪˈtjuːʃən] N Prostitution *f*
prostrate ADJ [ˈprɔstreɪt] (*face down*) ausgestreckt (liegend); (*fig*) niedergeschmettert ▸ VT [prəˈstreɪt]: **to ~ o.s. before** sich zu Boden werfen vor *+dat*
protagonist [prəˈtægənɪst] N (*of idea, movement*) Verfechter(in) *m(f)*; (*Theat, Liter*) Protagonist(in) *m(f)*
protect [prəˈtɛkt] VT schützen
protection [prəˈtɛkʃən] N Schutz *m*; **police ~** Polizeischutz *m*
protectionism [prəˈtɛkʃənɪzəm] N Protektionismus *m*
protection racket N Organisation *f* zur Erpressung von Schutzgeld
protective [prəˈtɛktɪv] ADJ (*clothing, layer etc*) Schutz-; (*person*) fürsorglich; **~ custody** Schutzhaft *f*
protector [prəˈtɛktəʳ] N (*person*) Beschützer(in) *m(f)*; (*device*) Schutz *m*
protégé, protégée [ˈprəutɪʒeɪ] N Schützling *m*
protein [ˈprəutiːn] N Protein *nt*, Eiweiß *nt*
pro tem [prəuˈtɛm] ADV ABBR (= *pro tempore*) vorläufig
★**protest** N [ˈprəutɛst] Protest *m* ▸ VI [prəˈtɛst]: **to ~ about** *or* **against** *or* **at sth** gegen etw protestieren ▸ VT: **to ~ (that)** (*insist*) beteuern(, dass)
Protestant [ˈprɔtɪstənt] ADJ protestantisch ▸ N Protestant(in) *m(f)*
protester [prəˈtɛstəʳ] N (*in demonstration*) Demonstrant(in) *m(f)*
protest march N Protestmarsch *m*
protestor [prəˈtɛstəʳ] N = **protester**
protocol [ˈprəutəkɔl] N Protokoll *nt*
prototype [ˈprəutətaɪp] N Prototyp *m*
protracted [prəˈtræktɪd] ADJ (*meeting etc*) langwierig, sich hinziehend; (*absence*) länger
protractor [prəˈtræktəʳ] N (*Geom*) Winkelmesser *m*
protrude [prəˈtruːd] VI (*rock, ledge, teeth*) vorstehen
protuberance [prəˈtjuːbərəns] N Auswuchs *m*
★**proud** [praud] ADJ stolz; (*arrogant*) hochmütig **~ of sb/sth** stolz auf jdn/etw; **to be ~ to do sth** stolz (darauf) sein, etw zu tun; **to do sb/o.s. ~** (*inf*) jdn/sich verwöhnen
proudly [ˈpraudlɪ] ADV stolz
★**prove** [pruːv] VT beweisen ▸ VI: **to ~ (to be) correct** sich als richtig herausstellen *or* erweisen **to ~ (o.s./itself) (to be) useful** sich als nützlich erweisen; **he was proved right in the end** er hat schließlich recht behalten
proverb [ˈprɔvəːb] N Sprichwort *nt*
proverbial [prəˈvəːbɪəl] ADJ sprichwörtlich
★**provide** [prəˈvaɪd] VT (*food, money, shelter etc*) zur Verfügung stellen; (*answer, example etc*) liefern **to ~ sb with sth** jdm etw zur Verfügung stellen ▸ **provide for** VT FUS (*person*) sorgen für; (*future event*) vorsorgen für
provided [prəˈvaɪdɪd] CONJ: **~ (that)** vorausgesetzt(, dass)
Providence [ˈprɔvɪdəns] N die Vorsehung
providing [prəˈvaɪdɪŋ] CONJ: **~ (that)** vorausgesetzt(, dass)
province [ˈprɔvɪns] N (*of country*) Provinz *f* (*responsibility etc*) Bereich *m*, Gebiet *nt* ▪ **provinces** NPL: **the provinces** *außerhalb der Hauptstadt liegende Landesteile*, Provinz *f*
provincial [prəˈvɪnʃəl] ADJ (*town, newspaper etc*) Provinz-; (*pej: parochial*) provinziell
provision [prəˈvɪʒən] N (*supplying*) Bereitstellung *f*; (*preparation*) Vorsorge *f*, Vorkehrungen *pl*; (*stipulation, clause*) Bestimmung *f* ▪ **provisions** NPL (*food*) Proviant *m*; **to make ~ for** vorsorgen für; (*for people*) sorgen für; **there's no ~ for this in the contract** dies ist im Vertrag nicht vorgesehen
provisional [prəˈvɪʒənl] ADJ vorläufig, provisorisch ▸ N: **P~** (IRISH *Pol*) *Mitglied der provisorischen Irisch-Republikanischen Armee*
provisional licence (BRIT) N (*Aut*) vorläufige Fahrerlaubnis *f*
provisionally [prəˈvɪʒnəlɪ] ADV vorläufig
proviso [prəˈvaɪzəu] N Vorbehalt *m*; **with the ~ that ...** unter dem Vorbehalt, dass ...
Provo [ˈprəuvəu] (IRISH *inf*) N ABBR (*Pol*) = **Provisional**

provocation [prɔvəˈkeɪʃən] N Provokation *f*, Herausforderung *f*; **to be under ~** provoziert werden

provocative [prəˈvɔkətɪv] ADJ provozierend, herausfordernd; (*sexually stimulating*) aufreizend

provoke [prəˈvəuk] VT (*person*) provozieren, herausfordern; (*fight*) herbeiführen; (*reaction etc*) hervorrufen; **to ~ sb to do** *or* **into doing sth** jdn dazu provozieren, etw zu tun

provost [ˈprɔvəst] N (BRIT: *of university*) Dekan *m*; (SCOT) Bürgermeister(in) *m(f)*

prow [prau] N (*of boat*) Bug *m*

prowess [ˈprauɪs] N Können *nt*, Fähigkeiten *pl*; **his ~ as a footballer** sein fußballerisches Können

prowl [praul] VI (*also:* **prowl about, prowl around**) schleichen ▸ N: **on the ~** auf Streifzug

prowler [ˈpraulə^r] N Herumtreiber *m*

proximity [prɔkˈsɪmɪtɪ] N Nähe *f*

proxy [ˈprɔksɪ] N: **by ~** durch einen Stellvertreter

prude [pru:d] N: **to be a ~** prüde sein

prudence [ˈpru:dns] N Klugheit *f*, Umsicht *f*

prudent [ˈpru:dnt] ADJ (*sensible*) klug

prudish [ˈpru:dɪʃ] ADJ prüde

prune [pru:n] N Backpflaume *f* ▸ VT (*plant*) stutzen, beschneiden

pry [praɪ] VI: **to ~ (into)** seine Nase hineinstecken (in *+acc*), herumschnüffeln (in *+dat*)

PS ABBR (*= postscript*) PS

psalm [sɑ:m] N Psalm *m*

PSAT® (US) N ABBR (*= Preliminary Scholastic Aptitude Test*) *Schuleignungstest*

PSBR (BRIT) N ABBR (*Econ: = public sector borrowing requirement*) staatlicher Kreditbedarf *m*

pseud [sju:d] (BRIT *inf, pej*) N Angeber(in) *m(f)*

pseudo- [ˈsju:dəu] PREF Pseudo-

pseudonym [ˈsju:dənɪm] N Pseudonym *nt*

PSHE (BRIT) N ABBR (*Scol*) = **personal, social and health education**

PST (US) ABBR (*= Pacific Standard Time*) *pazifische Standardzeit*

psyche [ˈsaɪkɪ] N Psyche *f*

psychedelic [saɪkəˈdɛlɪk] ADJ (*drug*) psychedelisch; (*clothes, colours*) in psychedelischen Farben

psychiatric [saɪkɪˈætrɪk] ADJ psychiatrisch

psychiatrist [saɪˈkaɪətrɪst] N Psychiater(in) *m(f)*

psychiatry [saɪˈkaɪətrɪ] N Psychiatrie *f*

psychic [ˈsaɪkɪk] ADJ (*person*) übersinnlich begabt; (*damage, disorder*) psychisch ▸ N Mensch *m* mit übersinnlichen Fähigkeiten

psycho [ˈsaɪkəu] (*US pej*) N Verrückte(r) *f(m)*

psychoanalyse [saɪkəuˈænəlaɪz] VT psychoanalytisch behandeln, psychoanalysieren

psychoanalysis [saɪkəuəˈnælɪsɪs] N Psychoanalyse *f*

psychoanalyst [saɪkəuˈænəlɪst] N Psychoanalytiker(in) *m(f)*

★**psychological** [saɪkəˈlɔdʒɪkl] ADJ psychologisch

psychologist [saɪˈkɔlədʒɪst] N Psychologe *m*, Psychologin *f*

psychology [saɪˈkɔlədʒɪ] N (*science*) Psychologie *f*; (*character*) Psyche *f*

psychopath [ˈsaɪkəupæθ] N Psychopath(in) *m(f)*

psychoses [saɪˈkəusi:z] NPL *of* **psychosis**

psychosis [saɪˈkəusɪs] (*pl* **psychoses**) N Psychose *f*

psychosomatic [saɪkəusəˈmætɪk] ADJ psychosomatisch

psychotherapy [saɪkəuˈθɛrəpɪ] N Psychotherapie *f*

psychotic [saɪˈkɔtɪk] ADJ psychotisch

PT (BRIT) N ABBR (*Scol: = physical training*) Turnen *nt*

Pt ABBR (*in place names: = Point*) Pt.

pt ABBR = **pint; point**

PTA N ABBR (*= Parent-Teacher Association*) *Lehrer- und Elternverband*

Pte (BRIT) ABBR (*Mil*) = **private**

PTO ABBR (*= please turn over*) b. w.

PTV (US) N ABBR (*= pay television*) Pay-TV *nt*; (*= public television*) öffentliches Fernsehen *nt*

★**pub** [pʌb] N = **public house**

pub-crawl [ˈpʌbkrɔ:l] (*inf*) N: **to go on a ~** eine Kneipentour machen

puberty [ˈpju:bətɪ] N Pubertät *f*

pubic [ˈpju:bɪk] ADJ (*hair*) Scham-; **~ bone** Schambein *nt*

★**public** [ˈpʌblɪk] ADJ öffentlich ▸ N: **the ~** (*in general*) die Öffentlichkeit; (*particular set of people*) das Publikum; **to be ~ knowledge** allgemein bekannt sein; **to make sth ~** etw bekannt machen; **to go ~** (*Comm*) in eine Aktiengesellschaft umgewandelt werden; **in ~** in aller Öffentlichkeit; **the general ~** die Allgemeinheit

public-address system [pʌblɪkəˈdrɛs-] N Lautsprecheranlage *f*

publican [ˈpʌblɪkən] N Gastwirt(in) *m(f)*

publication [pʌblɪˈkeɪʃən] N Veröffentlichung *f*

public company N Aktiengesellschaft *f*

public convenience (BRIT) N öffentliche Toilette *f*

public holiday N gesetzlicher Feiertag *m*

public house (BRIT) N Gaststätte *f*

★**publicity** [pʌbˈlɪsɪtɪ] N (*information*) Werbung *f*; (*attention*) Publicity *f*

publicity tour N Werbetour *f*; **to be on a ~** auf Werbetour sein

publicize [ˈpʌblɪsaɪz] VT (*fact*) bekannt machen; (*event*) Publicity machen für

public limited company N ≈ Aktiengesellschaft *f*

publicly [ˈpʌblɪklɪ] ADV öffentlich; **to be ~ owned** (*Comm*) in Staatsbesitz sein

public opinion N die öffentliche Meinung

public ownership N: **to be taken into ~** verstaatlicht werden

Public Prosecutor N Staatsanwalt *m*, Staatsanwältin *f*

public relations N Public Relations *pl*, Öffentlichkeitsarbeit *f*

public relations officer N Beauftragte(r) *f*(*m*) für Öffentlichkeitsarbeit

public school N (BRIT) Privatschule *f*; (*US*) staatliche Schule *f*

Public school bezeichnet vor allem in England eine weiterführende Privatschule, meist eine Internatsschule mit hohem Prestige, an die oft auch eine *preparatory school* angeschlossen ist. *Public schools* werden von einem Schulbeirat verwaltet und durch Stiftungen und Schulgelder, die an den bekanntesten Schulen wie Eton, Harrow und Westminster sehr hoch sein konnen, finanziert. Die meisten Schüler einer *public school* gehen zur Universität, oft nach Oxford oder Cambridge. Viele Industrielle, Abgeordnete und hohe Beamte haben eine *public school* besucht. In Schottland und den USA bedeutet *public school* eine öffentliche, vom Steuerzahler finanzierte Schule.

public sector N: **the ~** der öffentliche Sektor

public-service vehicle [pʌblɪkˈsəːvɪs-] (BRIT) N öffentliches Verkehrsmittel *nt*

public-spirited [pʌblɪkˈspɪrɪtɪd] ADJ gemeinsinnig

public transport N öffentliche Verkehrsmittel *pl*

public utility N öffentlicher Versorgungsbetrieb *m*

public works NPL öffentliche Bauprojekte *pl*

★**publish** [ˈpʌblɪʃ] VT veröffentlichen

★**publisher** [ˈpʌblɪʃəʳ] N (*person*) Verleger(in) *m*(*f*); (*company*) Verlag *m*

publishing [ˈpʌblɪʃɪŋ] N (*profession*) das Verlagswesen

publishing company N Verlag *m*, Verlagshaus *nt*

pub lunch N *in Pubs servierter Imbiss*

puce [pjuːs] ADJ (*face*) hochrot

puck [pʌk] N (*Ice Hockey*) Puck *m*

pucker [ˈpʌkəʳ] VI (*lips, face*) sich verziehen; (*fabric etc*) Falten werfen ▸ VT (*lips, face*) verziehen; (*fabric etc*) Falten machen in *+acc*

pudding [ˈpudɪŋ] N (*cooked sweet food*) Süßspeise *f*; (BRIT: *dessert*) Nachtisch *m*; **rice ~** Milchreis *m*; **black ~, blood ~** (*US*) ≈ Blutwurst *f*

puddle [ˈpʌdl] N (*of rain*) Pfütze *f*; (*of blood*) Lache *f*

puerile [ˈpjuəraɪl] ADJ kindisch

Puerto Rico [ˈpwəːtəuˈriːkəu] N Puerto Rico *nt*

puff [pʌf] N (*of cigarette, pipe*) Zug *m*; (*gasp*) Schnaufer *m*; (*of air*) Stoß *m*; (*of smoke*) Wolke *f* ▸ VT (*cigarette, pipe*: *also*: **puff on, puff at**) ziehen an *+dat* ▸ VI (*gasp*) keuchen, schnaufen
▸ **puff out** VT (*one's chest*) herausdrücken; (*one's cheeks*) aufblasen

puffed [pʌft] (*inf*) ADJ außer Puste

puffin [ˈpʌfɪn] N Papageientaucher *m*

puff pastry, (*US*) **puff paste** N Blätterteig *m*

puffy [ˈpʌfɪ] ADJ (*eye*) geschwollen; (*face*) aufgedunsen

pugnacious [pʌgˈneɪʃəs] ADJ (*person*) streitsüchtig

★**pull** [pul] VT (*rope, handle etc*) ziehen an *+dat*; (*cart etc*) ziehen; (*close*: *curtain*) zuziehen; (: *blind*) herunterlassen; (*inf*: *attract*: *people*) anlocken; (: *sexual partner*) aufreißen; (*pint of beer*) zapfen ▸ VI ziehen ▸ N (*also fig*: *attraction*) Anziehungskraft *f*; **to ~ the trigger** abdrücken; **to ~ a face** ein Gesicht schneiden; **to ~ a muscle** sich *dat* einen Muskel zerren; **not to ~ one's** *or* **any punches** (*fig*) sich *dat* keine Zurückhaltung auferlegen; **to ~ to pieces** (*fig*) zerreißen; **to ~ one's weight** (*fig*) sich ins Zeug legen; **to ~ o.s. together** sich zusammenreißen; **to ~ sb's leg** (*fig*) jdn auf den Arm nehmen; **to ~ strings (for sb)** seine Beziehungen (für jdn) spielen lassen; **to give sth a ~** an etw *dat* ziehen
▸ **pull apart** VT (*separate*) trennen
▸ **pull away** VI (*Aut*) losfahren
▸ **pull back** VI (*retreat*) sich zurückziehen; (*fig*) einen Rückzieher machen (*inf*)
▸ **pull down** VT (*building*) abreißen
▸ **pull in** VI (*Aut*: *at kerb*) anhalten; (*Rail*) einfahren ▸ VT (*inf*: *money*) einsacken; (*crowds, people*) anlocken; (*police*: *suspect*) sich *dat* schnappen (*inf*)
▸ **pull off** VT (*clothes etc*) ausziehen; (*fig*: *difficult thing*) schaffen, bringen (*inf*)
▸ **pull on** VT (*clothes*) anziehen
▸ **pull out** VI (*Aut*: *from kerb*) losfahren; (: *when overtaking*) ausscheren; (*Rail*) ausfahren; (*withdraw*) sich zurückziehen ▸ VT (*extract*) herausziehen
▸ **pull over** VI (*Aut*) an den Straßenrand fahren
▸ **pull through** VI (*Med*) durchkommen
▸ **pull up** VI (*Aut, Rail*: *stop*) anhalten ▸ VT (*raise*) hochziehen; (*uproot*) herausreißen; (*chair*) heranrücken

pullback [ˈpulbæk] N (*retreat*) Rückzug *m*

pulley [ˈpulɪ] N Flaschenzug *m*

pull-out [ˈpulaut] N (*in magazine*) Beilage *f* (*zum Heraustrennen*)

pullover [ˈpuləuvəʳ] N Pullover *m*

pulp [pʌlp] N (*of fruit*) Fruchtfleisch *nt*; (*for paper*) (Papier)brei *m*; (*Liter*: *pej*) Schund *m* ▸ AD (*pej*: *magazine, novel*) Schund-; **to reduce sth to ~** etw zu Brei machen

pulpit [ˈpulpɪt] N Kanzel *f*

pulsate [pʌlˈseɪt] VI (*heart*) klopfen; (*music*) pulsieren

pulse [pʌls] N (*Anat*) Puls *m*; (*rhythm*) Rhythmus *m* ■ **pulses** NPL (*Bot*) Hülsenfrüchte *pl*; (*Tech*) Impuls *m* ▸ VI pulsieren; **to take** *or* **feel sb's ~** jdm den Puls fühlen; **to have one's finger o**

the ~ (of sth) (*fig*) den Finger am Puls (einer Sache *gen*) haben

pulverize [ˈpʌlvəraɪz] VT pulverisieren; (*fig: destroy*) vernichten

puma [ˈpjuːmə] N Puma *m*

pumice [ˈpʌmɪs] N (*also:* **pumice stone**) Bimsstein *m*

pummel [ˈpʌml] VT mit Faustschlägen bearbeiten

pump [pʌmp] N Pumpe *f*; (*also:* **petrol pump**) Zapfsäule *f*; (*shoe*) Turnschuh *m* ▶ VT pumpen; **to ~ sb for information** jdn aushorchen; **she had her stomach pumped** ihr wurde der Magen ausgepumpt

▶ **pump up** VT (*inflate*) aufpumpen

pumpkin [ˈpʌmpkɪn] N Kürbis *m*

pun [pʌn] N Wortspiel *nt*

punch [pʌntʃ] N (*blow*) Schlag *m*; (*fig: force*) Schlagkraft *f*; (*tool*) Locher *m*; (*drink*) Bowle *f*, Punsch *m* ▶ VT (*hit*) schlagen; (*make a hole in*) lochen; **to ~ a hole in sth** ein Loch in etw *acc* stanzen

▶ **punch in** (*US*) VI (bei Arbeitsbeginn) stempeln

▶ **punch out** (*US*) VI (bei Arbeitsende) stempeln

Punch and Judy show N ≈ Kasper(le)theater *nt*

punch card, (*US*) **punched card** [pʌntʃt-] N Lochkarte *f*

punch-drunk [ˈpʌntʃdrʌŋk] (BRIT) ADJ (*boxer*) angeschlagen

punch line N Pointe *f*

punch-up [ˈpʌntʃʌp] (BRIT *inf*) N Schlägerei *f*

punctual [ˈpʌŋktjuəl] ADJ pünktlich

punctuality [pʌŋktjuˈælɪtɪ] N Pünktlichkeit *f*

punctually [ˈpʌŋktjuəlɪ] ADV pünktlich; **it will start ~ at 6** es beginnt um Punkt 6 *or* pünktlich um 6

punctuation [pʌŋktjuˈeɪʃən] N Zeichensetzung *f*

punctuation mark N Satzzeichen *nt*

puncture [ˈpʌŋktʃəʳ] N (*Aut*) Reifenpanne *f* ▶ VT durchbohren; **I have a ~** ich habe eine Reifenpanne

pundit [ˈpʌndɪt] N Experte *m*, Expertin *f*

pungent [ˈpʌndʒənt] ADJ (*smell, taste*) scharf; (*fig: speech, article etc*) spitz, scharf

punish [ˈpʌnɪʃ] VT bestrafen; **to ~ sb for sth** jdn für etw bestrafen; **to ~ sb for doing sth** jdn dafür bestrafen, dass er etw getan hat

punishable [ˈpʌnɪʃəbl] ADJ strafbar

punishing [ˈpʌnɪʃɪŋ] ADJ (*fig: exercise, ordeal*) hart

punishment [ˈpʌnɪʃmənt] N (*act*) Bestrafung *f*; (*way of punishing*) Strafe *f*; **to take a lot of ~** (*fig: car, person etc*) viel abbekommen

punitive [ˈpjuːnɪtɪv] ADJ (*action*) Straf-, zur Strafe; (*measure*) (extrem) hart

punk [pʌŋk] N (*also:* **punk rocker**) Punker(in) *m(f)*; (*also:* **punk rock**) Punk *m*; (*US inf: hoodlum*) Gangster *m*

punnet [ˈpʌnɪt] N (*of raspberries etc*) Körbchen *nt*

punt¹ [pʌnt] N (*boat*) Stechkahn *m* ▶ VI mit dem Stechkahn fahren

punt² [pʌnt] (IRISH) N (*currency*) irisches Pfund *nt*

punter [ˈpʌntəʳ] (BRIT) N (*gambler*) Wetter(in) *m(f)*; **the punters** (*inf: customers*) die Leute; **the average ~** (*inf*) Otto Normalverbraucher

puny [ˈpjuːnɪ] ADJ (*person, arms etc*) schwächlich; (*efforts*) kläglich, kümmerlich

pup [pʌp] N (*young dog*) Welpe *m*, junger Hund *m*; **seal ~** Welpenjunge(s) *nt*

★**pupil** [ˈpjuːpl] N (*Scol*) Schüler(in) *m(f)*; (*of eye*) Pupille *f*

puppet [ˈpʌpɪt] N Handpuppe *f*; (*with strings, fig: person*) Marionette *f*

puppet government N Marionettenregierung *f*

puppy [ˈpʌpɪ] N (*young dog*) Welpe *m*, junger Hund *m*

★**purchase** [ˈpəːtʃɪs] N Kauf *m*; (*grip*) Halt *m* ▶ VT kaufen; **to get** *or* **gain (a) ~ on** (*grip*) Halt finden an +*dat*

purchase order N Bestellung *f*

purchase price N Kaufpreis *m*

purchaser [ˈpəːtʃɪsəʳ] N Käufer(in) *m(f)*

purchase tax N Kaufsteuer *f*

purchasing power [ˈpəːtʃɪsɪŋ-] N Kaufkraft *f*

★**pure** [pjuəʳ] ADJ rein; **a ~ wool jumper** ein Pullover aus reiner Wolle; **it's laziness ~ and simple** es ist nichts als reine Faulheit

purebred [ˈpjuəbrɛd] ADJ reinrassig

puree [ˈpjuəreɪ] N Püree *nt*

purely [ˈpjuəlɪ] ADV rein

purgatory [ˈpəːgətərɪ] N (*Rel*) das Fegefeuer; (*fig*) die Hölle

purge [pəːdʒ] N (*Pol*) Säuberung *f* ▶ VT (*Pol: organization*) säubern; (*: extremists etc*) entfernen; (*fig: thoughts, mind etc*) befreien

purification [pjuərɪfɪˈkeɪʃən] N Reinigung *f*

purify [ˈpjuərɪfaɪ] VT reinigen

purist [ˈpjuərɪst] N Purist(in) *m(f)*

puritan [ˈpjuərɪtən] N Puritaner(in) *m(f)*

puritanical [pjuərɪˈtænɪkl] ADJ puritanisch

purity [ˈpjuərɪtɪ] N Reinheit *f*

purl [pəːl] (*Knitting*) N linke Masche *f* ▶ VT links stricken

purloin [pəːˈlɔɪn] (*form*) VT entwenden

★**purple** [ˈpəːpl] ADJ violett

purport [pəːˈpɔːt] VI: **to ~ to be/do sth** vorgeben, etw zu sein/tun

★**purpose** [ˈpəːpəs] N (*reason*) Zweck *m*; (*aim*) Ziel *nt*, Absicht *f*; **on ~** absichtlich; **for illustrative purposes** zu Illustrationszwecken; **for all practical purposes** praktisch (gesehen); **for the purposes of this meeting** zum Zweck dieses Treffens; **to little ~** mit wenig Erfolg; **to no ~** ohne Erfolg; **a sense of ~** ein Zielbewusstsein *nt*

purpose-built [ˈpəːpəsˈbɪlt] (BRIT) ADJ speziell angefertigt, Spezial-

purposeful [ˈpəːpəsful] ADJ entschlossen

P

purposely [ˈpəːpəslɪ] ADV absichtlich, bewusst
purr [pəːʳ] VI (*cat*) schnurren
purse [pəːs] N (BRIT: *for money*) Geldbörse *f*, Portemonnaie *nt*; (*US*: *handbag*) Handtasche *f* ▸ VT (*lips*) kräuseln
purser [ˈpəːsəʳ] N (*Naut*) Zahlmeister *m*
purse-snatcher [ˈpəːssnætʃəʳ] (*US*) N Handtaschendieb *m*
pursue [pəˈsjuː] VT (*person, vehicle, plan, aim*) verfolgen; (*fig: interest etc*) nachgehen *+dat*
pursuer [pəˈsjuːəʳ] N Verfolger(in) *m(f)*
pursuit [pəˈsjuːt] N (*chase*) Verfolgung *f*; (*pastime*) Beschäftigung *f*; (*fig*): **~ of** (*of happiness etc*) Streben *nt* nach; **in ~ of** (*person, car etc*) auf der Jagd nach; (*fig: happiness etc*) im Streben nach
purveyor [pəˈveɪəʳ] (*form*) N (*of goods etc*) Lieferant *m*
pus [pʌs] N Eiter *m*
★**push** [puʃ] N Stoß *m*, Schub *m* ▸ VT (*press*) drücken; (*shove*) schieben; (*fig: put pressure on: person*) bedrängen; (: *promote*: *product*) werben für; (*inf*: *sell*: *drugs*) pushen ▸ VI (*press*) drücken; (*shove*) schieben; **at the ~ of a button** auf Knopfdruck; **at a ~** (BRIT *inf*) notfalls; **to ~ a door open/shut** eine Tür auf-/zudrücken; **"~"** (*on door*) „drücken"; (*on bell*) „klingeln"; **to be pushed for time/money** (*inf*) in Zeitnot/Geldnot sein; **he is pushing fifty** (*inf*) er geht auf die fünfzig zu; **to ~ for** (*demand*) drängen auf *+acc*
▸ **push around** VT (*bully*) herumschubsen
▸ **push aside** VT beiseiteschieben
▸ **push in** VI sich dazwischendrängeln
▸ **push off** (*inf*) VI abhauen
▸ **push on** VI (*continue*) weitermachen
▸ **push over** VT umstoßen
▸ **push through** VT (*measure etc*) durchdrücken
▸ **push up** VT (*total, prices*) hochtreiben
push-bike [ˈpuʃbaɪk] (BRIT) N Fahrrad *nt*
pushchair [ˈpuʃtʃɛəʳ] (BRIT) N Sportwagen *m*
pusher [ˈpuʃəʳ] N (*drug dealer*) Pusher *m*
pushover [ˈpuʃəuvəʳ] (*inf*) N: **it's a ~** das ist ein Kinderspiel
push-up [ˈpuʃʌp] (*US*) N Liegestütz *m*
pushy [ˈpuʃɪ] (*pej*) ADJ aufdringlich
puss [pus] (*inf*) N Mieze *f*
pussy [ˈpusɪ], **pussycat** [ˈpusɪkæt] (*inf*) N Mieze(katze) *f*
★**put** [put] (*pt, pp* **~**) VT (*thing*) tun; (: *upright*) stellen; (: *flat*) legen; (*person: in room, institution etc*) stecken; (: *in state, situation*) versetzen; (*express: idea etc*) ausdrücken; (*present: case, view*) vorbringen; (*ask: question*) stellen; (*classify*) einschätzen; (*write, type*) schreiben; **to ~ sb in a good/bad mood** jdn gut/schlecht stimmen; **to ~ sb to bed** jdn ins Bett bringen; **to ~ sb to a lot of trouble** jdm viele Umstände machen; **how shall I ~ it?** wie soll ich es sagen *or* ausdrücken?; **to ~ a lot of time into sth** viel Zeit auf etw *acc* verwenden; **to ~ money on a horse** Geld auf ein Pferd setzen; **the cost is now ~ at 2 million pounds** die Kosten werden jetzt auf 2 Millionen Pfund geschätzt; **I ~ it to you that ...** (BRIT) ich behaupte, dass ...; **to stay ~** (an Or und Stelle) bleiben
▸ **put about** VI (*Naut*) den Kurs ändern ▸ V (*rumour*) verbreiten
▸ **put across** VT (*ideas etc*) verständlich mache
▸ **put around** VT = **put about**
▸ **put aside** VT (*work*) zur Seite legen; (*idea, problem*) unbeachtet lassen; (*sum of money*) zurücklegen
▸ **put away** VT (*store*) wegräumen; (*inf: consume*) verdrücken; (*save: money*) zurücklegen (*imprison*) einsperren
▸ **put back** VT (*replace*) zurücktun; (: *uprigh* zurückstellen; (: *flat*) zurücklegen; (*postpone*) verschieben; (*delay*) zurückwerfen
▸ **put by** VT (*money, supplies etc*) zurücklegen
▸ **put down** VT (*upright*) hinstellen; (*flat*) hinlegen; (*cup, glass*) absetzen; (*in writing*) aufschreiben; (*riot, rebellion*) niederschlagen; (*humiliate*) demütigen; (*kill*) töten
▸ **put down to** VT (*attribute*) zurückführen au *+acc*
▸ **put forward** VT (*ideas etc*) vorbringen; (*watch clock*) vorstellen; (*date, meeting*) vorverlegen
▸ **put in** VT (*application, complaint*) einreicher (*time, effort*) investieren; (*gas, electricity etc*) installieren ▸ VI (*Naut*) einlaufen
▸ **put in for** VT FUS (*promotion*) sich bewerbe um; (*leave*) beantragen
▸ **put off** VT (*delay*) verschieben; (*distract*) ablenken; **to ~ sb off sth** (*discourage*) jdn von etw abbringen
▸ **put on** VT (*clothes, brake*) anziehen; (*glasses kettle*) aufsetzen; (*make-up, ointment etc*) auftragen; (*light, TV*) anmachen; (*play etc*) aufführer (*record, CD*) auflegen; (*dinner etc*) aufsetzer (*assume: look, behaviour etc*) annehmen; (*inf: tease* auf den Arm nehmen; (*extra bus, train etc*) einsetzen; **to ~ on airs** sich zieren; **to ~ on weigh** zunehmen
▸ **put on to** VT (*tell about*) vermitteln
▸ **put out** VT (*fire, light*) ausmachen; (*tak out: rubbish*) herausbringen; (: *cat etc*) vor die Tü setzen; (*one's hand*) ausstrecken; (*story, announcement*) verbreiten; (BRIT: *dislocate: shoulder etc*) verrenken; (*inf: inconvenience*) Umstände mache *+dat* ▸ VI (*Naut*): **to ~ out to sea** in See stecher **to ~ out from Plymouth** von Plymouth auslau fen
▸ **put through** VT (*Tel: person*) verbinden; (: *ca* durchstellen; (*plan, agreement*) durchbringer **~ me through to Ms Blair** verbinden Sie mic mit Frau Blair
▸ **put together** VT (*furniture etc*) zusammer bauen; (*plan, campaign*) ausarbeiten; **more tha the rest of them ~ together** mehr als al anderen zusammen
▸ **put up** VT (*fence, building*) errichten; (*tent*) au stellen; (*umbrella*) aufspannen; (*hood*) hoch schlagen; (*poster, sign etc*) anbringen; (*price, cos* erhöhen; (*accommodate*) unterbringen; **to ~ u resistance** Widerstand leisten; **to ~ up a figh** sich zur Wehr setzen; **to ~ sb up to sth** jdn z etw anstiften; **to ~ sb up to doing sth** jdn daz anstiften, etw zu tun; **to ~ sth up for sale** et zum Verkauf anbieten

▸ **put upon** VT FUS: **to be ~ upon** (*imposed on*) ausgenutzt werden
▸ **put up with** VT FUS sich abfinden mit

Use **legen** when you're putting something down flat, **stellen** when you're standing something upright.

putative [ˈpju:tətɪv] ADJ mutmaßlich
putrid [ˈpju:trɪd] ADJ (*mess, meat*) faul
putt [pʌt] N Putt *m*
putter [ˈpʌtəʳ] N (*Golf*) Putter *m* ▸ VI (*US*) = **potter**
putting green [ˈpʌtɪŋ-] N kleiner Golfplatz *m* zum Putten
putty [ˈpʌtɪ] N Kitt *m*
put-up [ˈputʌp] ADJ: **a ~ job** ein abgekartetes Spiel *nt*
puzzle [ˈpʌzl] N (*game, toy*) Puzzle(spiel) *nt*; (*mystery*) Rätsel *nt* ▸ VT verwirren ▸ VI: **to ~ over sth** sich *dat* über etw *acc* den Kopf zerbrechen; **to be puzzled as to why ...** vor einem Rätsel stehen, warum ...
puzzling [ˈpʌzlɪŋ] ADJ verwirrend; (*mysterious*) rätselhaft
PVC N ABBR (= *polyvinyl chloride*) PVC *nt*
Pvt. (*US*) ABBR (*Mil*) = **private**
p.w. ABBR (= *per week*) pro Woche
pygmy [ˈpɪgmɪ] N Pygmäe *m*
pyjamas, (*US*) **pajamas** [pəˈdʒɑ:məz] NPL Pyjama *m*, Schlafanzug *m*; **a pair of ~** ein Schlafanzug
pylon [ˈpaɪlən] N Mast *m*
pyramid [ˈpɪrəmɪd] N Pyramide *f*
Pyrenean [pɪrəˈni:ən] ADJ pyrenäisch
Pyrenees [pɪrəˈni:z] NPL: **the ~** die Pyrenäen *pl*
Pyrex® [ˈpaɪrɛks] N ≈ Jenaer Glas® *nt* ▸ ADJ (*dish, bowl*) aus Jenaer Glas®
python [ˈpaɪθən] N Pythonschlange *f*

P

Qq

Q, q [kju:] N (*letter*) Q *nt*, q *nt*; **Q for Queen** ≈ Q wie Quelle

Qatar [kæˈtɑːʳ] N Katar *nt*

QC (BRIT) N ABBR (*Law*: = *Queen's Counsel*) Kronanwalt *m*

QCA (BRIT) N ABBR (= *Qualifications and Curriculum Authority*) *Behörde, die in England für die Entwicklung von Lehrplänen und deren Beachtung zuständig ist*

QED ABBR (= *quod erat demonstrandum*) q. e. d.

QM N ABBR (*Mil*) = **quartermaster**

q.t. (*inf*) N ABBR (= *quiet*): **on the ~** heimlich

quack [kwæk] N (*of duck*) Schnattern *nt*, Quaken *nt*; (*pej*: *doctor*) Quacksalber *m* ▶ VI schnattern, quaken

quad [kwɔd] ABBR = **quadrangle**; (= *quadruplet*) Vierling *m*

quadrangle [ˈkwɔdræŋgl] N (*courtyard*) Innenhof *m*

quadrilateral [kwɔdrɪˈlætərəl] N Viereck *nt*

quadruped [ˈkwɔdrupɛd] N Vierfüßer *m*

quadruple [kwɔˈdruːpl] VT vervierfachen ▶ VI sich vervierfachen

quadruplets [kwɔˈdruːplɪts] NPL Vierlinge *pl*

quagmire [ˈkwægmaɪəʳ] N (*also fig*) Sumpf *m*

quail [kweɪl] N Wachtel *f* ▶ VI: **he quailed at the thought/before her anger** ihm schauderte bei dem Gedanken/vor ihrem Zorn

quaint [kweɪnt] ADJ (*house, village*) malerisch; (*ideas, customs*) urig, kurios

quake [kweɪk] VI beben, zittern ▶ N = **earthquake**

Quaker [ˈkweɪkəʳ] N Quäker(in) *m(f)*

qualification [kwɔlɪfɪˈkeɪʃən] N (*often pl*: *degree etc*) Qualifikation *f*; (*attribute*) Voraussetzung *f*; (*reservation*) Vorbehalt *m*; **what are your qualifications?** welche Qualifikationen haben Sie?

★**qualified** [ˈkwɔlɪfaɪd] ADJ (*trained*: *doctor etc*) qualifiziert, ausgebildet; (*limited*: *agreement, praise*) bedingt; **to be/feel ~ to do sth** (*fit, competent*) qualifiziert sein/sich qualifiziert fühlen, etw zu tun; **it was a ~ success** es war kein voller Erfolg; **he's not ~ for the job** ihm fehlen die Qualifikationen für die Stelle

★**qualify** [ˈkwɔlɪfaɪ] VT (*entitle*) qualifizieren; (*modify*: *statement*) einschränken ▶ VI (*pass examination*) sich qualifizieren; **to ~ for** (*be eligible*) die Berechtigung erlangen für; (*in competition*) sich qualifizieren für; **to ~ as an engineer** die Ausbildung zum Ingenieur abschließen

qualifying [ˈkwɔlɪfaɪɪŋ] ADJ: **~ exam** Auswahlprüfung *f*; **~ game** Vorrunden- *or* Qualifikationsspiel *f*; **~ group** Vorrunden- *or* Qualifikationsgruppe *f*; **~ round** Qualifikationsrunde *f*

qualitative [ˈkwɔlɪtətɪv] ADJ qualitativ

★**quality** [ˈkwɔlɪtɪ] N Qualität *f*; (*characteristic*) Eigenschaft *f* ▶ CPD Qualitäts-; **of good/poor ~** von guter/schlechter Qualität; **~ of life** Lebensqualität *f*

quality control N Qualitätskontrolle *f*

quality papers (BRIT) NPL: **the ~** die seriösen Zeitungen *pl*

qualm [kwɑːm] N Bedenken *pl*; **to have qualms about sth** Bedenken wegen etw haben

quandary [ˈkwɔndrɪ] N: **to be in a ~** in einem Dilemma sein

quango [ˈkwæŋgəu] (BRIT) N ABBR (= *quasi-autonomous nongovernmental organization*) ≈ (regierungsunabhängige) Kommission *f*

quantifiable [ˈkwɔntɪfaɪəbl] ADJ quantifizierbar

quantitative [ˈkwɔntɪtətɪv] ADJ quantitativ

★**quantity** [ˈkwɔntɪtɪ] N (*amount*) Menge *f*; **in large/small quantities** in großen/kleinen Mengen; **in ~** (*in bulk*) in großen Mengen; **an unknown ~** (*fig*) eine unbekannte Größe

quantity surveyor N Baukostenkalkulator(in) *m(f)*

quantum leap [ˈkwɔntəm-] N (*Phys*) Quantensprung *m*; (*fig*) Riesenschritt *m*

quarantine [ˈkwɔrntiːn] N Quarantäne *f*; **in ~** in Quarantäne

quark [kwɑːk] N (*cheese*) Quark *m*; (*Phys*) Quark *nt*

quarrel [ˈkwɔrl] N (*argument*) Streit *m* ▶ VI sich streiten; **to have a ~ with sb** sich mit jdm streiten; **I've no ~ with him** ich habe nichts gegen ihn; **I can't ~ with that** dagegen kann ich nichts einwenden

quarrelsome [ˈkwɔrəlsəm] ADJ streitsüchtig

quarry [ˈkwɔrɪ] N (*for stone*) Steinbruch *m*; (*prey*) Beute *f* ▶ VT (*marble etc*) brechen

quart [kwɔːt] N Quart *nt*

★**quarter** [ˈkwɔːtəʳ] N Viertel *nt*; (*US*: *coin*) 25-Cent-Stück *nt*; (*of year*) Quartal *nt*; (*district*)

Viertel *nt* ▶ VT (*divide*) vierteln; (*Mil: lodge*) einquartieren ■ **quarters** NPL (*Mil*) Quartier *nt*; (*also:* **living quarters**) Unterkünfte *pl*; **a ~ of an hour** eine viertel Stunde; **it's a ~ to three, it's a ~ of three** (*US*) es ist Viertel vor drei; **it's a ~ past three, it's a ~ after three** (*US*) es ist Viertel nach drei; **from all quarters** aus allen Richtungen; **at close quarters** aus unmittelbarer Nähe

quarterback [ˈkwɔːtəbæk] N (*American Football*) Quarterback *m*

quarterdeck [ˈkwɔːtədɛk] N (*Naut*) Quarterdeck *nt*

quarterfinal [ˈkwɔːtəˈfaɪnl] N Viertelfinale *nt*

quarterly [ˈkwɔːtəlɪ] ADJ, ADV vierteljährlich ▶ N Vierteljahresschrift *f*

quartermaster [ˈkwɔːtəmɑːstəʳ] N (*Mil*) Quartiermeister *m*

quartet [kwɔːˈtɛt] N (*Mus*) Quartett *nt*

quarto [ˈkwɔːtəu] N (*size of paper*) Quartformat *nt*; (*book*) im Quartformat

quartz [kwɔːts] N Quarz *m* ▶ CPD (*watch, clock*) Quarz-

quash [kwɔʃ] VT (*verdict*) aufheben

quasi- [ˈkweɪzaɪ] PREF quasi-

quaver [ˈkweɪvəʳ] N (*BRIT Mus*) Achtelnote *f* ▶ VI (*voice*) beben, zittern

quay [kiː] N Kai *m*

quayside [ˈkiːsaɪd] N Kai *m*

queasiness [ˈkwiːzɪnɪs] N Übelkeit *f*

queasy [ˈkwiːzɪ] ADJ (*nauseous*) übel; **I feel ~** mir ist übel *or* schlecht

Quebec [kwɪˈbɛk] N Quebec *nt*

queen [kwiːn] N (*also Zool*) Königin *f*; (*Cards, Chess*) Dame *f*

queen mother N Königinmutter *f*

Queen's speech (*BRIT*) N ≈ Regierungserklärung *f*

> **Queen's Speech** (bzw. *King's Speech*) ist eine vom britischen Monarchen bei der alljährlichen feierlichen Parlamentseröffnung im Oberhaus vor dem versammelten Ober- und Unterhaus verlesene Rede. Sie wird vom Premierminister in Zusammenarbeit mit dem Kabinett verfasst und enthält die Regierungserklärung.

queer [kwɪəʳ] ADJ (*odd*) sonderbar, seltsam ▶ N (*!: non-heterosexual*) Schwule(r) *m*; **I feel ~** (*BRIT: unwell*) mir ist ganz komisch

quell [kwɛl] VT (*riot*) niederschlagen; (*fears*) überwinden

quench [kwɛntʃ] VT: **to ~ one's thirst** seinen Durst stillen

querulous [ˈkwɛruləs] ADJ nörglerisch

query [ˈkwɪərɪ] N Anfrage *f* ▶ VT (*check*) nachfragen bezüglich *+gen*; (*express doubt about*) bezweifeln

quest [kwɛst] N Suche *f*

question [ˈkwɛstʃən] N Frage *f* ▶ VT (*interrogate*) befragen; (*doubt*) bezweifeln; **to ask sb a ~, put a ~ to sb** jdm eine Frage stellen; **to bring** *or* **call sth into ~** etw infrage stellen; **the ~ is ...** die Frage ist ...; **there's no ~ of him playing for England** es ist ausgeschlossen, dass er für England spielt; **the person/night in ~** die fragliche Person/Nacht; **to be beyond ~** außer Frage stehen; **to be out of the ~** nicht infrage kommen

questionable [ˈkwɛstʃənəbl] ADJ fraglich

questioner [ˈkwɛstʃənəʳ] N Fragesteller(in) *m(f)*

questioning [ˈkwɛstʃənɪŋ] ADJ (*look*) fragend; (*mind*) forschend ▶ N (*Police*) Vernehmung *f*

question mark N Fragezeichen *nt*

questionnaire [kwɛstʃəˈnɛəʳ] N Fragebogen *m*

queue [kjuː] (*BRIT*) N Schlange *f* ▶ VI (*also:* **queue up**) Schlange stehen

quibble [ˈkwɪbl] VI: **to ~ about** *or* **over** sich streiten über *+acc*; **to ~ with** herumnörgeln an *+dat* ▶ N Krittelei *f*

quiche [kiːʃ] N Quiche *f*

★**quick** [kwɪk] ADJ schnell; (*mind, wit*) wach; (*look, visit*) flüchtig ▶ ADV schnell ▶ N: **to cut sb to the ~** (*fig*) jdn tief verletzen; **be ~!** mach schnell!; **to be ~ to act** schnell handeln; **she was ~ to see that ...** sie begriff schnell, dass ...; **she has a ~ temper** sie wird leicht hitzig

quicken [ˈkwɪkən] VT beschleunigen ▶ VI schneller werden, sich beschleunigen

quick-fire [ˈkwɪkfaɪəʳ] ADJ (*questions*) wie aus der Pistole

quick fix N Sofortlösung *f*

quicklime [ˈkwɪklaɪm] N ungelöschter Kalk *m*

★**quickly** [ˈkwɪklɪ] ADV schnell

quickness [ˈkwɪknɪs] N Schnelligkeit *f*; **~ of mind** Scharfsinn *m*

quicksand [ˈkwɪksænd] N Treibsand *m*

quickstep [ˈkwɪkstɛp] N Quickstepp *m*

quick-tempered [kwɪkˈtɛmpəd] ADJ hitzig, leicht erregbar

quick-witted [kwɪkˈwɪtɪd] ADJ schlagfertig

quid [kwɪd] (*BRIT inf*) N INV Pfund *nt*

quid pro quo [ˈkwɪdprəuˈkwəu] N Gegenleistung *f*

★**quiet** [ˈkwaɪət] ADJ leise; (*place*) ruhig, still; (*silent, reserved*) still; (*business, day*) ruhig; (*without fuss etc: wedding*) in kleinem Rahmen ▶ N (*peacefulness*) Stille *f*, Ruhe *f*; (*silence*) Ruhe *f* ▶ VT, VI (*US*) = **quieten**; **keep** *or* **be ~!** sei still!; **I'll have a ~ word with him** ich werde mal unter vier Augen mit ihm reden; **on the ~** (*in secret*) heimlich

quieten [ˈkwaɪətn] (*BRIT*) VI (*also:* **quieten down**) ruhiger werden ▶ VT (*person, animal: also:* **quieten down**) beruhigen

★**quietly** [ˈkwaɪətlɪ] ADV leise; (*silently*) still; (*calmly*) ruhig; **~ confident** insgeheim sicher

quietness [ˈkwaɪətnɪs] N (*peacefulness*) Ruhe *f*; (*silence*) Stille *f*

quill [kwɪl] N (*pen*) Feder *f*; (*of porcupine*) Stachel *m*

quilt [kwɪlt] N Decke *f*; (*also:* **continental quilt**) Federbett *nt*

q

quin [kwɪn] (BRIT) N ABBR (= *quintuplet*) Fünfling *m*
quince [kwɪns] N Quitte *f*
quinine [kwɪˈni:n] N Chinin *nt*
quintet [kwɪnˈtɛt] N (*Mus*) Quintett *nt*
quintuplets [kwɪnˈtju:plɪts] NPL Fünflinge *pl*
quip [kwɪp] N witzige *or* geistreiche Bemerkung *f* ▶ VT witzeln
quire [ˈkwaɪəʳ] N (*of paper*) 24 Bogen Papier
quirk [kwə:k] N Marotte *f*; **a ~ of fate** eine Laune des Schicksals
★**quit** [kwɪt] (*pt, pp* **~** *or* **quitted**) VT (*smoking*) aufgeben; (*job*) kündigen; (*premises*) verlassen ▶ VI (*give up*) aufgeben; (*resign*) kündigen; **to ~ doing sth** aufhören, etw zu tun; **~ stalling!** (*US inf*) weichen Sie nicht ständig aus!; **notice to ~** (BRIT) Kündigung *f*
★**quite** [kwaɪt] ADV (*rather*) ziemlich; (*entirely*) ganz; **not ~** nicht ganz; **I ~ like it** ich mag es ganz gern; **I ~ understand** ich verstehe; **I don't ~ remember** ich erinnere mich nicht genau; **not ~ as many as the last time** nicht ganz so viele wie das letzte Mal; **that meal was ~ something!** das Essen konnte sich sehen lassen!; **it was ~ a sight** das war vielleicht ein Anblick; **~ a few of them** eine ganze Reihe von Ihnen; **~ (so)!** ganz recht!
quits [kwɪts] ADJ: **we're ~** wir sind quitt; **let's call it ~** lassen wirs dabei
quiver [ˈkwɪvəʳ] VI zittern
quiz [kwɪz] N (*game*) Quiz *nt* ▶ VT (*question*) befragen
quizzical [ˈkwɪzɪkl] ADJ (*look, smile*) wissend
quoits [kwɔɪts] NPL (*game*) *Wurfspiel mit Ringen*
quorum [ˈkwɔ:rəm] N Quorum *nt*
quota [ˈkwəutə] N (*allowance*) Quote *f*
quotation [kwəuˈteɪʃən] N (*from book etc*) Zitat *nt*; (*estimate*) Preisangabe *f*; (*Comm*) Kostenvoranschlag *m*
quotation marks NPL Anführungszeichen *pl*
★**quote** [kwəut] N (*from book etc*) Zitat *nt*; (*estimate*) Kostenvoranschlag *m* ▶ VT zitieren; (*fact, example*) anführen; (*price*) nennen ■ **quotes** NPL (*quotation marks*) Anführungszeichen *pl*; **in quotes** in Anführungszeichen; **the figure quoted for the repairs** die für die Reparatur genannte Summe; **~ … unquote** Zitat Anfang … Zitat Ende
quotient [ˈkwəuʃənt] N Quotient *m*
qv ABBR (= *quod vide*) s.d.
qwerty keyboard [ˈkwə:tɪ-] N Qwerty-Tastatur *f*

Rr

R¹, r [ɑːʳ] N (*letter*) R *nt*, r *nt*; **R for Robert, R for Roger** (*US*) ≈ R wie Richard

R² [ɑːʳ] ABBR (= *Réaumur (scale)*) R; (*US Cine*: = *restricted*) *Klassifikation für nicht jugendfreie Filme*

R. ABBR (= *right*) r.; = **river**; (*US Pol*) = **republican**; (BRIT: = *Rex*) *König*; (: = *Regina*) *Königin*

RA ABBR (*Mil*) = **rear admiral** ▸ N ABBR (BRIT: = *Royal Academy*) *Gesellschaft zur Förderung der Künste*; (= *Royal Academician*) *Mitglied der Royal Academy*

RAAF N ABBR (*Mil*: = *Royal Australian Air Force*) australische Luftwaffe *f*

Rabat [rəˈbɑːt] N Rabat *nt*

rabbi [ˈræbaɪ] N Rabbi *m*

rabbit [ˈræbɪt] N Kaninchen *nt* ▸ VI (BRIT *inf*: *also*: **rabbit on**) quatschen, schwafeln

rabbit hole N Kaninchenbau *m*

rabbit hutch N Kaninchenstall *m*

rabble [ˈræbl] (*pej*) N Pöbel *m*

rabid [ˈræbɪd] ADJ (*animal*) tollwütig; (*fig*: *fanatical*) fanatisch

rabies [ˈreɪbiːz] N Tollwut *f*

RAC (BRIT) N ABBR (= *Royal Automobile Club*) *Autofahrerorganisation*, ≈ ADAC *m*

raccoon, racoon [rəˈkuːn] N Waschbär *m*

race [reɪs] N (*species*) Rasse *f*; (*competition*) Rennen *nt*; (*for power, control*) Wettlauf *m* ▸ VT (*horse, pigeon*) an Wettbewerben teilnehmen lassen; (*car etc*) ins Rennen schicken; (*person*) um die Wette laufen mit ▸ VI (*compete*) antreten; (*hurry*) rennen; (*pulse, heart*) rasen; (*engine*) durchdrehen; **the human ~** die Menschheit; **a ~ against time** ein Wettlauf mit der Zeit; **he raced across the road** er raste über die Straße; **to ~ in/out** hinein-/hinausstürzen

race car (*US*) N = **racing car**

race car driver (*US*) N = **racing driver**

racecourse [ˈreɪskɔːs] N Rennbahn *f*

racehorse [ˈreɪshɔːs] N Rennpferd *nt*

race meeting N Rennveranstaltung *f*

race relations NPL Beziehungen *pl* zwischen den Rassen

racetrack [ˈreɪstræk] N Rennbahn *f*; (*US*) = **racecourse**

racial [ˈreɪʃl] ADJ Rassen-

racialism [ˈreɪʃlɪzəm] N Rassismus *m*

racialist [ˈreɪʃlɪst] ADJ rassistisch ▸ N (*pej*) Rassist(in) *m(f)*

racing [ˈreɪsɪŋ] N (*also*: **horse racing**) Pferderennen *nt*; (*also*: **motor racing**) Rennsport *m*

racing car (BRIT) N Rennwagen *m*

racing driver (BRIT) N Rennfahrer(in) *m(f)*

racism [ˈreɪsɪzəm] N Rassismus *m*

racist [ˈreɪsɪst] ADJ rassistisch ▸ N (*pej*) Rassist(in) *m(f)*

rack [ræk] N (*also*: **luggage rack**) Gepäckablage *f*; (*also*: **roof rack**) Dachgepäckträger *m*; (*for dresses etc*) Ständer *m*; (*for dishes*) Gestell *nt* ▸ VT: **racked by** (*pain etc*) gemartert von; **magazine/toast ~** Zeitungs-/Toastständer *m*; **to ~ one's brains** sich *dat* den Kopf zerbrechen; **to go to ~ and ruin** (*building*) zerfallen; (*business, country*) herunterkommen

racket [ˈrækɪt] N (*for tennis etc*) Schläger *m*; (*noise*) Krach *m*, Radau *m*; (*swindle*) Schwindel *m*

racketeer [rækɪˈtɪəʳ] (*esp US*) N Gangster *m*

racquet [ˈrækɪt] N (*for tennis etc*) Schläger *m*

racy [ˈreɪsɪ] ADJ (*book, story*) rasant

RADA [ˈrɑːdə] (BRIT) N ABBR (= *Royal Academy of Dramatic Art*) *Schauspielschule*

radar [ˈreɪdɑːʳ] N Radar *m or nt* ▸ CPD Radar-

radar trap N Radarfalle *f*

radial [ˈreɪdɪəl] ADJ (*roads*) strahlenförmig verlaufend; (*pattern*) strahlenförmig ▸ N (*also*: **radial tyre**) Gürtelreifen *m*

radiance [ˈreɪdɪəns] N Glanz *m*

radiant [ˈreɪdɪənt] ADJ strahlend; (*Phys*: *heat*) Strahlungs-

radiate [ˈreɪdɪeɪt] VT (*lit, fig*) ausstrahlen ▸ VI (*lines, roads*) strahlenförmig verlaufen

radiation [reɪdɪˈeɪʃən] N (*radioactivity*) radioaktive Strahlung *f*; (*from sun etc*) Strahlung *f*

radiation sickness N Strahlenkrankheit *f*

radiator [ˈreɪdɪeɪtəʳ] N (*heater*) Heizkörper *m*; (*Aut*) Kühler *m*

radiator cap N (*Aut*) Kühlerdeckel *m*

radiator grill N (*Aut*) Kühlergrill *m*

radical [ˈrædɪkl] ADJ radikal ▸ N (*person*) Radikale(r) *f(m)*

radii [ˈreɪdɪaɪ] NPL *of* **radius**

★**radio** [ˈreɪdɪəu] N (*broadcasting*) Radio *nt*, Rundfunk *m*; (*device*: *for receiving broadcasts*) Radio *nt*; (: *for transmitting and receiving*) Funkgerät *nt* ▸ VI:

to ~ to sb mit jdm per Funk sprechen ▶ VT (*person*) per Funk verständigen; (*message, position*) per Funk durchgeben; **on the ~** im Radio

★**radio...** [ˈreɪdɪəu] PREF Radio..., radio...

radioactive [ˈreɪdɪəuˈæktɪv] ADJ radioaktiv

radioactivity [ˈreɪdɪəuækˈtɪvɪtɪ] N Radioaktivität *f*

radio announcer N Rundfunksprecher(in) *m(f)*

radio-controlled [ˈreɪdɪəukənˈtrəuld] ADJ ferngesteuert

radiographer [reɪdɪˈɔgrəfəʳ] N Röntgenologe *m*, Röntgenologin *f*

radiography [reɪdɪˈɔgrəfɪ] N Röntgenografie *f*

radiologist [reɪdɪˈɔlədʒɪst] N Radiologe *m*, Radiologin *f*

radiology [reɪdɪˈɔlədʒɪ] N Radiologie *f*

radio station N Radiosender *m*

radio taxi N Funktaxi *nt*

radiotelephone [ˈreɪdɪəuˈtɛlɪfəun] N Funksprechgerät *nt*

radio telescope N Radioteleskop *nt*

radiotherapist [ˈreɪdɪəuˈθɛrəpɪst] N Strahlentherapeut(in) *m(f)*

radiotherapy [ˈreɪdɪəuˈθɛrəpɪ] N Strahlentherapie *f*

radish [ˈrædɪʃ] N Radieschen *nt*; (*long white variety*) Rettich *m*

radium [ˈreɪdɪəm] N Radium *nt*

radius [ˈreɪdɪəs] (*pl* **radii**) N Radius *m*; (*area*) Umkreis *m*; **within a ~ of 50 miles** in einem Umkreis von 50 Meilen

RAF (BRIT) N ABBR = **Royal Air Force**

raffia [ˈræfɪə] N Bast *m*

raffish [ˈræfɪʃ] ADJ (*person*) verwegen; (*place*) verkommen

raffle [ˈræfl] N Verlosung *f*, Tombola *f* ▶ VT (*prize*) verlosen; **~ ticket** Los *nt*

raft [rɑːft] N Floß *nt*; (*also:* **life raft**) Rettungsfloß *nt*

rafter [ˈrɑːftəʳ] N Dachsparren *m*

rag [ræg] N (*piece of cloth*) Lappen *m*; (*torn cloth*) Fetzen *m*; (*pej: newspaper*) Käseblatt *nt*; (BRIT *Univ*) *studentische Wohltätigkeitsveranstaltung* ▶ VT (BRIT: *tease*) aufziehen ▪ **rags** NPL (*torn clothes*) Lumpen *pl*; **in rags** (*person*) zerlumpt; **his was a rags-to-riches story** er brachte es vom Tellerwäscher zum Millionär

rag-and-bone man [rægənˈbəun-] (BRIT) N (*irreg*) Lumpensammler *m*

ragbag [ˈrægbæg] N (*assortment*) Sammelsurium *nt*

rag doll N Stoffpuppe *f*

★**rage** [reɪdʒ] N (*fury*) Wut *f*, Zorn *m* ▶ VI toben, wüten; **it's all the ~** (*fashionable*) es ist der letzte Schrei; **to fly into a ~** einen Wutanfall bekommen

ragged [ˈrægɪd] ADJ (*jagged*) zackig; (*clothes, person*) zerlumpt; (*beard*) ausgefranst

raging [ˈreɪdʒɪŋ] ADJ (*sea, storm, torrent*) tobend, tosend; (*fever*) heftig; (*thirst*) brennend; (*toothache*) rasend

rag trade (*inf*) N: **the ~** die Modebranche *f*

raid [reɪd] N (*Mil*) Angriff *m*, Überfall *m*; (*by police*) Razzia *f*; (*by criminal: forcefully*) Überfall *m*; (: *secretly*) Einbruch *m* ▶ VT (*Mil*) angreifen, überfallen; (*police*) stürmen; (*criminal: forcefully*) überfallen; (: *secretly*) einbrechen in *+acc*

★**rail** [reɪl] N Geländer *nt*; (*on deck of ship*) Reling *f* ▪ **rails** NPL (*for train*) Schienen *pl*; **by ~** mit der Bahn

railcard [ˈreɪlkɑːd] (BRIT) N (*for young people*) ≈ Juniorenpass *m*; (*for pensioners*) ≈ Seniorenpass *m*

railing [ˈreɪlɪŋ] N, **railings** [ˈreɪlɪŋz] NPL (*fence*) Zaun *m*

railroad [ˈreɪlrəud] (US) N = **railway**

★**railway** [ˈreɪlweɪ] (BRIT) N Eisenbahn *f*; (*track*) Gleis *nt*; (*company*) Bahn *f*

railway engine (BRIT) N Lokomotive *f*

railway line (BRIT) N Bahnlinie *f*; (*track*) Gleis *nt*

railwayman [ˈreɪlweɪmən] (BRIT) N (*irreg*) Eisenbahner *m*

railway station (BRIT) N Bahnhof *m*

★**rain** [reɪn] N Regen *m* ▶ VI regnen; **in the ~** im Regen; **as right as ~** voll auf der Höhe; **it's raining** es regnet; **it's raining cats and dogs** es regnet in Strömen

rainbow [ˈreɪnbəu] N Regenbogen *m*

rainbow family N *gleichgeschlechtliches Paar mit Kind/Kindern*, Regenbogenfamilie *f*

rainbow flag N Regenbogenfahne *f*, Regenbohneflagge *f*

rain check (US) N: **to take a ~ on sth** sich *dat* etw noch einmal überlegen

raincoat [ˈreɪnkəut] N Regenmantel *m*

raindrop [ˈreɪndrɔp] N Regentropfen *m*

rainfall [ˈreɪnfɔːl] N Niederschlag *m*

rainforest [ˈreɪnfɔrɪst] N Regenwald *m*

rainproof [ˈreɪnpruːf] ADJ wasserfest

rainstorm [ˈreɪnstɔːm] N schwere Regenfälle *pl*

rainwater [ˈreɪnwɔːtəʳ] N Regenwasser *nt*

★**rainy** [ˈreɪnɪ] ADJ (*day*) regnerisch, verregnet; (*area*) regenreich; **~ season** Regenzeit *f*; **to save sth for a ~ day** etw für schlechte Zeiten aufheben

★**raise** [reɪz] N (*pay rise*) Gehaltserhöhung *f* ▶ VT (*lift: hand*) hochheben; (: *window*) hochziehen; (*siege*) beenden; (*embargo*) aufheben; (*increase*) erhöhen; (*improve*) verbessern; (*question etc*) zur Sprache bringen; (*doubts etc*) vorbringen; (*child, cattle*) aufziehen; (*crop*) anbauen; (*army*) aufstellen; (*funds*) aufbringen; (*loan*) aufnehmen; **to ~ a glass to sb/sth** das Glas auf jdn/etw erheben; **to ~ one's voice** die Stimme erheben; **to ~ sb's hopes** jdm Hoffnungen machen; **to ~ a laugh/smile** Gelächter/ein Lächeln hervorrufen; **this raises the question ...** das wirft die Frage auf ...

raisin [ˈreɪzn] N Rosine *f*

Raj [rɑːdʒ] N: **the ~** *britische Regierung in Indien vor 1947*

rajah [ˈrɑːdʒə] N Radscha *m*

rake [reɪk] N Harke *f*; (*old: person*) Schwerenöter *m* ▸ VT harken; (*light, gun: area*) bestreichen; **he's raking it in** (*inf*) er scheffelt das Geld nur so

rake-off [ˈreɪkɔf] (*inf*) N Anteil *m*

rally [ˈrælɪ] N (*Pol etc*) Kundgebung *f*; (*Aut*) Rallye *f*; (*Tennis etc*) Ballwechsel *m* ▸ VT (*support*) sammeln ▸ VI (*sick person, Stock Exchange*) sich erholen

▸ **rally round** VI sich zusammentun ▸ VT FUS zu Hilfe kommen *+dat*

rallying point [ˈrælɪɪŋ-] N Sammelstelle *f*

RAM [ræm] N ABBR (*Comput: = random access memory*) RAM

ram [ræm] N Widder *m* ▸ VT rammen

ramble [ˈræmbl] N Wanderung *f* ▸ VI wandern; (*talk: also:* **ramble on**) schwafeln

rambler [ˈræmbləʳ] N Wanderer *m*, Wanderin *f*; (*Bot*) Kletterrose *f*

rambling [ˈræmblɪŋ] ADJ (*speech, letter*) weitschweifig; (*house*) weitläufig; (*Bot*) rankend, Kletter-

rambunctious [ræmˈbʌŋkʃəs] (*US*) ADJ = **rumbustious**

RAMC (*Brit*) N ABBR (= *Royal Army Medical Corps*) *Verband zur Versorgung der Armee mit Stabsärzten und Sanitätern*

ramifications [ræmɪfɪˈkeɪʃənz] NPL Auswirkungen *pl*

ramp [ræmp] N Rampe *f*; (*in garage*) Hebebühne *f*; **on ~** (*US Aut*) Auffahrt *f*; **off ~** (*US Aut*) Ausfahrt *f*

rampage [ræmˈpeɪdʒ] N: **to be/go on the ~** randalieren ▸ VI: **they went rampaging through the town** sie zogen randalierend durch die Stadt

rampant [ˈræmpənt] ADJ: **to be ~** (*crime, disease etc*) wild wuchern

rampart [ˈræmpɑːt] N Schutzwall *m*

ram raiding [-reɪdɪŋ] N *Einbruchdiebstahl, wobei die Diebe mit einem Wagen in die Schaufensterfront eines Ladens eindringen*

ramshackle [ˈræmʃækl] ADJ (*house*) baufällig; (*cart*) klapprig; (*table*) altersschwach

RAN N ABBR (= *Royal Australian Navy*) australische Marine *f*

ran [ræn] PT *of* **run**

ranch [rɑːntʃ] N Ranch *f*

rancher [ˈrɑːntʃəʳ] N Rancher(in) *m(f)*; (*worker*) Farmhelfer(in) *m(f)*

rancid [ˈrænsɪd] ADJ ranzig

rancour, (*US*) **rancor** [ˈræŋkəʳ] N Verbitterung *f*

R&B N ABBR (= *rhythm and blues*) R & B

R&D N ABBR = **research and development**

random [ˈrændəm] ADJ (*arrangement*) willkürlich; (*selection*) zufällig; (*Comput*) wahlfrei; (*Math*) Zufalls- ▸ N: **at ~** aufs Geratewohl

random access N (*Comput*) wahlfreier Zugriff *m*

random access memory N (*Comput*) Schreib-Lese-Speicher *m*

R&R (*US*) N ABBR (*Mil: = rest and recreation*) Urlaub *m*

randy [ˈrændɪ] (*Brit inf*) ADJ geil, scharf

rang [ræŋ] PT *of* **ring**

★**range** [reɪndʒ] N (*of mountains*) Kette *f*; (*of missile*) Reichweite *f*; (*of voice*) Umfang *m*; (*series*) Reihe *f*; (*of products*) Auswahl *f*; (*Mil: also:* **rifle range**) Schießstand *m*; (*also:* **kitchen range**) Herd *m* ▸ VT (*place in a line*) anordnen ▸ VI: **to ~ over** (*extend*) sich erstrecken über *+acc*; **price ~** Preisspanne *f*; **do you have anything else in this price ~?** haben Sie noch etwas anderes in dieser Preisklasse?; **within (firing) ~** in Schussweite; **at close ~** aus unmittelbarer Entfernung; **ranged left/right** (*text*) links-/rechtsbündig; **to ~ from … to …** sich zwischen … und … bewegen

ranger [ˈreɪndʒəʳ] N Förster(in) *m(f)*

Rangoon [ræŋˈguːn] N Rangun *nt*

rank [ræŋk] N (*row*) Reihe *f*; (*Mil*) Rang *m*; (*social class*) Schicht *f*; (*Brit: also:* **taxi rank**) Taxistand *m* ▸ VI: **to ~ as/among** zählen zu ▸ VT: **he is ranked third in the world** er steht weltweit an dritter Stelle ▸ ADJ (*stinking*) stinkend; (*sheer: hypocrisy etc*) rein ■ **the ranks** NPL (*Mil*) die Mannschaften *pl*; **the ~ and file** (*ordinary members*) die Basis *f*; **to close ranks** (*Mil, fig*) die Reihen schließen

rankle [ˈræŋkl] VI (*insult*) nachwirken; **to ~ with sb** jdn wurmen

rank outsider N totaler Außenseiter *m*, totale Außenseiterin *f*

ransack [ˈrænsæk] VT (*search*) durchwühlen; (*plunder*) plündern

ransom [ˈrænsəm] N (*money*) Lösegeld *nt*; **to hold sb to ~** (*hostage*) jdn als Geisel halten; (*fig*) jdn erpressen

rant [rænt] VI schimpfen, wettern; **to ~ and rave** herumwettern

ranting [ˈræntɪŋ] N Geschimpfe *nt*

rap [ræp] VI klopfen ▸ VT: **to ~ sb's knuckles** jdm auf die Finger klopfen ▸ N (*at door*) Klopfen *nt*; (*also:* **rap music**) Rap *m*

rape [reɪp] N Vergewaltigung *f*; (*Bot*) Raps *m* ▸ VT vergewaltigen

rape oil, rapeseed oil [ˈreɪpsiːd-] N Rapsöl *nt*

rapid [ˈræpɪd] ADJ schnell; (*growth, change*) schnell, rapide

rapidity [rəˈpɪdɪtɪ] N Schnelligkeit *f*

rapidly [ˈræpɪdlɪ] ADV schnell; (*grow, change*) schnell, rapide

rapids [ˈræpɪdz] NPL Stromschnellen *pl*

rapist [ˈreɪpɪst] N Vergewaltiger *m*

rapport [ræˈpɔːʳ] N enges Verhältnis *nt*

rapprochement [ræˈprɔʃmɔːŋ] N Annäherung *f*

rapt [ræpt] ADJ (*attention*) gespannt; **to be ~ in thought** in Gedanken versunken sein

rapture [ˈræptʃəʳ] N Entzücken *nt*; **to go into raptures over** ins Schwärmen geraten über *+acc*

rapturous [ˈræptʃərəs] ADJ (*applause, welcome*) stürmisch

★**rare** [rɛəʳ] ADJ selten; (*steak*) nur angebraten, englisch (gebraten); **it is ~ to find that …** es kommt nur selten vor, dass …

rarebit [ˈrɛəbɪt] N *see* **Welsh rarebit**

rarefied [ˈrɛərɪfaɪd] ADJ (*air, atmosphere*) dünn; (*fig*) exklusiv

rarely [ˈrɛəlɪ] ADV selten

raring [ˈrɛərɪŋ] ADJ: **~ to go** (*inf*) in den Startlöchern

rarity [ˈrɛərɪtɪ] N Seltenheit *f*

rascal [ˈrɑːskl] N (*child*) Frechdachs *m*; (*rogue*) Schurke *m*

rash [ræʃ] ADJ (*person*) unbesonnen; (*promise, act*) übereilt ▶ N (*Med*) Ausschlag *m*; (*of events etc*) Flut *f*; **to come out in a ~** einen Ausschlag bekommen

rasher [ˈræʃəʳ] N (*of bacon*) Scheibe *f*

rashly [ˈræʃlɪ] ADV (*promise etc*) voreilig

rasp [rɑːsp] N (*tool*) Raspel *f*; (*sound*) Kratzen *nt* ▶ VT, VI krächzen

★**raspberry** [ˈrɑːzbərɪ] N Himbeere *f*; **~ bush** Himbeerstrauch *m*; **to blow a ~** (*inf*) verächtlich schnauben

rasping [ˈrɑːspɪŋ] ADJ: **a ~ noise** ein kratzendes Geräusch

Rastafarian N Rastafarier *m*

rat [ræt] N Ratte *f*

ratable [ˈreɪtəbl] ADJ = **rateable**

ratchet [ˈrætʃɪt] N Sperrklinke *f*; **~ wheel** Sperrrad *nt*

★**rate** [reɪt] N (*speed: of change etc*) Tempo *nt*; (*of inflation, unemployment etc*) Rate *f*; (*of interest, taxation*) Satz *m*; (*price*) Preis *m* ▶ VT einschätzen ▪ **rates** NPL (BRIT: *property tax*) Kommunalabgaben *pl*; **at a ~ of 60 kph** mit einem Tempo von 60 km/h; **~ of growth** (*Econ*) Wachstumsrate *f*; **~ of return** (*Fin*) Rendite *f*; **pulse ~** Pulszahl *f*; **at this/that ~** wenn es so weitergeht; **at any ~** auf jeden Fall; **to ~ sb/sth as** jdn/etw einschätzen als; **to ~ sb/sth among** jdn/etw zählen zu; **to ~ sb/sth highly** jdn/etw hoch einschätzen

rateable [ˈreɪtəbl] ADJ: **~ value** (BRIT) steuerbarer Wert *m*

ratepayer [ˈreɪtpeɪəʳ] (BRIT) N Steuerzahler(in) *m(f)*

★**rather** [ˈrɑːðəʳ] ADV (*somewhat*) etwas; (*very*) ziemlich; **~ a lot** ziemlich *or* recht viel; **I would ~ go** ich würde lieber gehen; **~ than** (*instead of*) anstelle von; **or ~** (*more accurately*) oder vielmehr; **I'd ~ not say** das möchte ich lieber nicht sagen; **I ~ think he won't come** ich glaube eher, dass er nicht kommt

ratification [rætɪfɪˈkeɪʃən] N Ratifikation *f*

ratify [ˈrætɪfaɪ] VT (*treaty etc*) ratifizieren

rating [ˈreɪtɪŋ] N (*score*) Rate *f*; (*assessment*) Beurteilung *f*; (BRIT *Naut: sailor*) Matrose *m* ▪ **ratings** NPL (*Radio, TV*) Einschaltquote *f*; **ratings hit** Quotenhit *m*

ratio [ˈreɪʃɪəu] N Verhältnis *nt*; **a ~ of 5 to 1** ein Verhältnis von 5 zu 1

ration [ˈræʃən] N Ration *f* ▶ VT rationieren ▪ **rations** NPL (*Mil*) Rationen *pl*

rational [ˈræʃənl] ADJ rational, vernünftig

rationale [ræʃəˈnɑːl] N Grundlage *f*

rationalization [ræʃnəlaɪˈzeɪʃən] N (*justification*) Rechtfertigung *f*; (*of company, system*) Rationalisierung *f*

rationalize [ˈræʃnəlaɪz] VT rechtfertigen, rationalisieren

rationally [ˈræʃnəlɪ] ADV vernünftig, rational

rationing [ˈræʃnɪŋ] N Rationierung *f*

ratpack (BRIT *pej*) N (*reporters*) Pressemeute *f*

rat poison N Rattengift *nt*

rat race N: **the ~** der ständige *or* tägliche Konkurrenzkampf *m*

rattan [ræˈtæn] N Rattan *nt*, Peddigrohr *nt*

rattle [ˈrætl] N (*of door, window, snake*) Klappern *nt*; (*of train, car etc*) Rattern *nt*; (*of chain*) Rasseln *nt*; (*toy*) Rassel *f* ▶ VI (*chains*) rasseln; (*windows*) klappern; (*bottles*) klirren ▶ VT (*shake noisily*) rütteln an *+dat*; (*fig: unsettle*) nervös machen; **to ~ along** (*car, bus*) dahinrattern

rattlesnake [ˈrætlsneɪk] N Klapperschlange *f*

ratty [ˈrætɪ] (*inf*) ADJ gereizt

raucous [ˈrɔːkəs] ADJ (*voice etc*) rau

raucously [ˈrɔːkəslɪ] ADV rau

raunchy [ˈrɔːntʃɪ] ADJ (*voice, song*) lüstern, geil

ravage [ˈrævɪdʒ] VT verwüsten

ravages [ˈrævɪdʒɪz] NPL (*of war*) Verwüstungen *pl*; (*of weather*) zerstörende Auswirkungen *pl*; (*of time*) Spuren *pl*

rave [reɪv] VI (*in anger*) toben ▶ ADJ (*inf: review*) glänzend; (*scene, culture*) Rave- ▶ N (BRIT *inf: party*) Rave *m*, Fete *f*
▶ **rave about** VT schwärmen von

raven [ˈreɪvən] N Rabe *m*

ravenous [ˈrævənəs] ADJ (*person*) ausgehungert; (*appetite*) unersättlich

ravine [rəˈviːn] N Schlucht *f*

raving [ˈreɪvɪŋ] ADJ: **a ~ lunatic** ein total verrückter Typ

ravings [ˈreɪvɪŋz] NPL Fantastereien *pl*

ravioli [rævɪˈəulɪ] N Ravioli *pl*

ravishing [ˈrævɪʃɪŋ] ADJ hinreißend

★**raw** [rɔː] ADJ roh; (*sore*) wund; (*inexperienced*) unerfahren; (*weather, day*) rau; **to get a ~ deal** ungerecht behandelt werden

Rawalpindi [rɔːlˈpɪndɪ] N Rawalpindi *nt*

raw material N Rohmaterial *nt*

ray [reɪ] N Strahl *m*; **~ of hope** Hoffnungsschimmer *m*

rayon [ˈreɪɔn] N Reyon *nt*

raze [reɪz] VT (*also:* **to raze to the ground**) dem Erdboden gleichmachen

razor [ˈreɪzəʳ] N Rasierapparat *m*; (*open razor*) Rasiermesser *nt*

razor blade N Rasierklinge *f*
razzle ['ræzl] (BRIT *inf*) N: **to be/go on the ~** einen draufmachen
razzmatazz ['ræzmə'tæz] (*inf*) N Trubel *m*
RC ABBR (= *Roman Catholic*) r.-k.
RCAF N ABBR (= *Royal Canadian Air Force*) kanadische Luftwaffe *f*
RCMP N ABBR (= *Royal Canadian Mounted Police*) *kanadische berittene Polizei*
RCN N ABBR (= *Royal Canadian Navy*) kanadische Marine
RD (*US*) ABBR (*Post*: = *rural delivery*) Landpostzustellung *f*
Rd ABBR (= *road*) Str.
RE (BRIT) N ABBR (*Scol*) = **religious education**; (*Mil*: = *Royal Engineers*) *Königliches Pionierkorps*
re [riː] PREP (*with regard to*) bezüglich *+gen*
reach [riːtʃ] N (*range*) Reichweite *f* ▸ VT erreichen; (*conclusion, decision*) kommen zu; (*be able to touch*) kommen an *+acc* ▸ VI (*stretch out one's arm*) langen ▪ **reaches** NPL (*of river*) Gebiete *pl*; **within/out of ~** in/außer Reichweite; **within easy ~ of the supermarket/station** ganz in der Nähe des Supermarkts/Bahnhofs; **beyond the ~ of sb/sth** außerhalb der Reichweite von jdm/etw; **"keep out of the ~ of children"** „von Kindern fernhalten"; **can I ~ you at your hotel?** kann ich Sie in Ihrem Hotel erreichen?
▸ **reach for** VT greifen nach
▸ **reach out** VT (*hand*) ausstrecken ▸ VI die Hand ausstrecken; **to ~ out for sth** nach etw greifen
react [riː'ækt] VI: **to ~ (to)** (*also Med*) reagieren (auf *+acc*); (*Chem*): **to ~ (with)** reagieren (mit); **to ~ (against)** (*rebel*) sich wehren (gegen)
reaction [riː'ækʃən] N Reaktion *f* ▪ **reactions** NPL (*reflexes*) Reaktionen *pl*; **a ~ against sth** Widerstand gegen etw
reactionary [riː'ækʃənrɪ] ADJ reaktionär ▸ N Reaktionär(in) *m(f)*
reactor [riː'æktə^r] N (*also*: **nuclear reactor**) Kernreaktor *m*
read [riːd] (*pt, pp* ~ [rɛd]) VI lesen; (*piece of writing etc*) sich lesen ▸ VT lesen; (*meter, thermometer etc*) ablesen; (*understand*: *mood, thoughts*) sich versetzen in *+acc*; (*meter, thermometer etc*: *measurement*) anzeigen; (*study*) studieren; **to ~ sb's lips** jdm von den Lippen ablesen; **to ~ sb's mind** jds Gedanken lesen; **to ~ between the lines** zwischen den Zeilen lesen; **to take sth as ~** (*self-evident*) etw für selbstverständlich halten; **you can take it as ~ that ...** Sie können davon ausgehen, dass ...; **do you ~ me?** (*Tel*) verstehen Sie mich?; **to ~ sth into sb's remarks** etw in jds Bemerkungen hineininterpretieren
▸ **read out** VT vorlesen
▸ **read over** VT durchlesen
▸ **read through** VT durchlesen
▸ **read up on** VT FUS sich informieren über *+acc*
readable ['riːdəbl] ADJ (*legible*) lesbar; (*book, author etc*) lesenswert
reader ['riːdə^r] N (*person*) Leser(in) *m(f)*; (*book*) Lesebuch *nt*; (BRIT: *at university*) ≈ Dozent(in) *m(f)*; **to be an avid/slow ~** eifrig/langsam lesen
readership ['riːdəʃɪp] N (*of newspaper etc*) Leserschaft *f*
readily ['rɛdɪlɪ] ADV (*without hesitation*) bereitwillig; (*easily*) ohne Weiteres
readiness ['rɛdɪnɪs] N Bereitschaft *f*; **in ~ for** bereit für
★**reading** ['riːdɪŋ] N Lesen *nt*; (*understanding*) Verständnis *nt*; (*from bible, of poetry etc*) Lesung *f*; (*on meter, thermometer etc*) Anzeige *f*
reading glasses NPL Lesebrille *f*
reading lamp N Leselampe *f*
reading matter N Lesestoff *m*
reading room N Lesesaal *m*
readjust [riːə'dʒʌst] VT (*position, knob, instrument etc*) neu einstellen ▸ VI: **to ~ (to)** sich anpassen (an *+acc*)
readjustment [riːə'dʒʌstmənt] N (*fig*) Neuorientierung *f*
★**ready** ['rɛdɪ] ADJ (*prepared*) bereit, fertig; (*willing*) bereit; (*easy*) leicht; (*available*) fertig ▸ N: **at the ~** (*Mil*) einsatzbereit; (*fig*) griffbereit; **~ for use** gebrauchsfertig; **to be ~ to do sth** bereit sein, etw zu tun; **to get ~** sich fertig machen; **to get sth ~** etw bereitmachen
ready cash N Bargeld *nt*
ready-cooked ['rɛdɪkukt] ADJ vorgekocht
ready-made ['rɛdɪ'meɪd] ADJ (*clothes*) von der Stange, Konfektions-; **~ meal** Fertiggericht *nt*
ready-mix ['rɛdɪmɪks] N (*for cakes etc*) Backmischung *f*; (*concrete*) Fertigbeton *m*
ready money N = **ready cash**
ready reckoner [-'rɛkənə^r] (BRIT) N Rechentabelle *f*
ready-to-wear ['rɛdɪtə'wɛə^r] ADJ (*clothes*) von der Stange, Konfektions-
reaffirm [riːə'fəːm] VT bestätigen
reagent [riː'eɪdʒənt] N: **chemical ~** Reagens *nt*, Reagenz *nt*
★**real** [rɪəl] ADJ (*reason, result etc*) wirklich; (*leather, gold etc*) echt; (*life, feeling*) wahr; (*for emphasis*) echt ▸ ADV (*US inf*: *very*) echt; **in ~ life** im wahren *or* wirklichen Leben; **in ~ terms** effektiv
real ale N Real Ale *nt*
real estate N Immobilien *pl* ▸ CPD (*US*: *agent, business etc*) Immobilien-
realign VT neu ausrichten
realism ['rɪəlɪzəm] N (*also Art*) Realismus *m*
realist ['rɪəlɪst] N Realist(in) *m(f)*
realistic [rɪə'lɪstɪk] ADJ realistisch
★**reality** [riː'ælɪtɪ] N Wirklichkeit *f*, Realität *f*; **in ~** in Wirklichkeit
reality TV N Reality-TV *nt*
realization [rɪəlaɪ'zeɪʃən] N (*understanding*) Erkenntnis *f*; (*fulfilment*) Verwirklichung *f*, Realisierung *f*; (*Fin*: *of asset*) Realisation *f*
★**realize** ['rɪəlaɪz] VT (*understand*) verstehen; (*fulfil*) verwirklichen, realisieren; (*Fin*: *amount, profit*) realisieren; **I ~ that ...** es ist mir klar, dass ...

r

★**really** [ˈrɪəlɪ] ADV wirklich; **what ~ happened** was wirklich geschah; **~?** wirklich?; **~!** (*indicating annoyance*) also wirklich!

realm [rɛlm] N (*fig: field*) Bereich *m*; (*kingdom*) Reich *nt*

real-time [ˈri:ltaɪm] ADJ (*Comput: processing etc*) Echtzeit-

Realtor® [ˈrɪəltɔ:ʳ] (*US*) N Immobilienmakler(in) *m(f)*

ream [ri:m] N (*of paper*) Ries *nt* ▪ **reams** NPL (*inf: fig*) Bände *pl*

reap [ri:p] VT (*crop*) einbringen, ernten; (*fig: benefits*) ernten; (*: rewards*) bekommen

reaper [ˈri:pəʳ] N (*machine*) Mähdrescher *m*

reappear [ri:əˈpɪəʳ] VI wieder auftauchen

reappearance [ri:əˈpɪərəns] N Wiederauftauchen *nt*

reapply [ri:əˈplaɪ] VI: **to ~ for** sich erneut bewerben um

reappoint [ri:əˈpɔɪnt] VT (*to job*) wiedereinstellen

reappraisal [ri:əˈpreɪzl] N (*of idea etc*) Neubeurteilung *f*

rear [rɪəʳ] ADJ hintere(r, s); (*wheel etc*) Hinter- ▸ N Rückseite *f*; (*buttocks*) Hinterteil *nt* ▸ VT (*family, animals*) aufziehen ▸ VI (*horse: also:* **rear up**) sich aufbäumen

rear admiral N Konteradmiral *m*

rear-engined [ˈrɪərˈɛndʒɪnd] ADJ mit Heckmotor

rearguard [ˈrɪəgɑ:d] N (*Mil*) Nachhut *f*; **to fight a ~ action** (*fig*) sich erbittert wehren

rearm [ri:ˈɑ:m] VI (*country*) wiederaufrüsten ▸ VT wiederbewaffnen

rearmament [ri:ˈɑ:məmənt] N Wiederaufrüstung *f*

rearrange [ri:əˈreɪndʒ] VT (*furniture*) umstellen; (*meeting*) den Termin ändern *+gen*

rear-view mirror [ˈrɪəvju:-] N Rückspiegel *m*

★**reason** [ˈri:zn] N (*cause*) Grund *m*; (*rationality*) Verstand *m*; (*common sense*) Vernunft *f* ▸ VI: **to ~ with sb** vernünftig mit jdm reden; **the ~ for/why** der Grund für/, warum; **we have ~ to believe that ...** wir haben Grund zu der Annahme, dass ...; **it stands to ~ that ...** es ist zu erwarten, dass ...; **she claims with good ~ that ...** sie behauptet mit gutem Grund *or* mit Recht, dass ...; **all the more ~ why ...** ein Grund mehr, warum ...; **yes, but within ~** ja, solange es sich im Rahmen hält

★**reasonable** [ˈri:znəbl] ADJ vernünftig; (*number, amount*) angemessen; (*not bad*) ganz ordentlich; **be ~!** sei doch vernünftig!

reasonably [ˈri:znəblɪ] ADV (*fairly*) ziemlich; (*sensibly*) vernünftig; **one could ~ assume that ...** man könnte durchaus annehmen, dass ...

reasoned [ˈri:znd] ADJ (*argument*) durchdacht

reasoning [ˈri:znɪŋ] N Argumentation *f*

reassemble [ri:əˈsɛmbl] VT (*machine*) wieder zusammensetzen ▸ VI sich wieder versammeln

reassert [ri:əˈsə:t] VT: **to ~ oneself/one's authority** seine Autorität wieder geltend machen

reassurance [ri:əˈʃuərəns] N (*comfort*) Beruhigung *f*; (*guarantee*) Bestätigung *f*

reassure [ri:əˈʃuəʳ] VT beruhigen

reassuring [ri:əˈʃuərɪŋ] ADJ beruhigend

reawakening [ri:əˈweɪknɪŋ] N Wiedererwachen *nt*

rebate [ˈri:beɪt] N (*on tax etc*) Rückerstattung *f*; (*discount*) Ermäßigung *f*

rebel [ˈrɛbl] N Rebell(in) *m(f)* ▸ VI rebellieren

rebellion [rɪˈbɛljən] N Rebellion *f*

rebellious [rɪˈbɛljəs] ADJ rebellisch

rebirth [ri:ˈbə:θ] N Wiedergeburt *f*

reboot [ri:ˈbu:t] VT, VI (*Comput*) rebooten

rebound [rɪˈbaund] VI (*ball*) zurückprallen ▸ N: **on the ~** (*fig*) als Tröstung

rebrand [ri:ˈbrænd] VT (einer Marke) ein neues Image verschaffen

rebuff [rɪˈbʌf] N Abfuhr *f* ▸ VT zurückweisen

rebuild [ri:ˈbɪld] VT (*irreg: like* **build**) wiederaufbauen; (*confidence*) wiederherstellen

rebuke [rɪˈbju:k] VT zurechtweisen, tadeln ▸ N Zurechtweisung *f*, Tadel *m*

rebut [rɪˈbʌt] (*form*) VT widerlegen

rebuttal [rɪˈbʌtl] (*form*) N Widerlegung *f*

recalcitrant [rɪˈkælsɪtrənt] ADJ aufsässig

recall [rɪˈkɔ:l] VT (*remember*) sich erinnern an *+acc*; (*ambassador*) abberufen; (*product*) zurückrufen ▸ N (*of memories*) Erinnerung *f*; (*of ambassador*) Abberufung *f*; (*of product*) Rückruf *m*; **beyond ~** unwiederbringlich

recant [rɪˈkænt] VI widerrufen

recap [ˈri:kæp] VT, VI zusammenfassen ▸ N Zusammenfassung *f*

recapitulate [ri:kəˈpɪtjuleɪt] VT, VI = **recap**

recapture [ri:ˈkæptʃəʳ] VT (*town*) wiedereinnehmen; (*prisoner*) wiederergreifen; (*atmosphere etc*) heraufbeschwören

rec'd ABBR (*Comm: = received*) erh.

recede [rɪˈsi:d] VI (*tide*) zurückgehen; (*lights etc*) verschwinden; (*memory, hope*) schwinden; **his hair is beginning to ~** er bekommt eine Stirnglatze

receding [rɪˈsi:dɪŋ] ADJ (*hairline*) zurückweichend; (*chin*) fliehend

★**receipt** [rɪˈsi:t] N (*document*) Quittung *f*; (*act of receiving*) Erhalt *m* ▪ **receipts** NPL (*Comm*) Einnahmen *pl*; **on ~ of** bei Erhalt *+gen*; **to be in ~ of sth** etw erhalten

> Das englische Wort **receipt** bedeutet nicht *Rezept* auf Deutsch.

receivable [rɪˈsi:vəbl] ADJ (*Comm*) zulässig; (*owing*) ausstehend

★**receive** [rɪˈsi:v] VT erhalten, bekommen; (*injury*) erleiden; (*treatment*) erhalten; (*visitor, guest*) empfangen; **to be on the receiving end of sth** der/die Leidtragende von etw sein; **"received with thanks"** (*Comm*) „dankend erhalten"

Received Pronunciation N *siehe Info-Artikel*

Received Pronunciation oder *RP* ist die hochsprachliche Standardaussprache des britischen Englisch, die bis vor Kurzem in der Ober- und Mittelschicht vorherrschte und auch noch großes Ansehen unter höheren Beamten genießt.

receiver [rɪˈsiːvəʳ] N (*Tel*) Hörer *m*; (*Radio, TV*) Empfänger *m*; (*of stolen goods*) Hehler(in) *m(f)*; (*Comm*) Empfänger(in) *m(f)*

receivership [rɪˈsiːvəʃɪp] N: **to go into ~** in Konkurs gehen

recent [ˈriːsnt] ADJ (*event*) kürzlich; (*times*) letzte(r, s); **in ~ years** in den letzten Jahren

recently [ˈriːsntlɪ] ADV (*not long ago*) kürzlich; (*lately*) in letzter Zeit; **as ~ as** erst; **until ~** bis vor Kurzem

receptacle [rɪˈsɛptɪkl] N Behälter *m*

reception [rɪˈsɛpʃən] N (*in hotel, office etc*) Rezeption *f*; (*party, Radio, TV*) Empfang *m*; (*welcome*) Aufnahme *f*

reception centre (BRIT) N Aufnahmelager *nt*

reception desk N Rezeption *f*

receptionist [rɪˈsɛpʃənɪst] N (*in hotel*) Empfangschef *m*, Empfangsdame *f*; (*in doctor's surgery*) Sprechstundenhilfe *f*

receptive [rɪˈsɛptɪv] ADJ aufnahmebereit

recess [rɪˈsɛs] N (*in room*) Nische *f*; (*secret place*) Winkel *m*; (*Pol etc: holiday*) Ferien *pl*; (*US Law: short break*) Pause *f*; (*esp US Scol*) Pause

recession [rɪˈsɛʃən] N (*Econ*) Rezession *f*

recessionista [rɪsɛʃəˈnɪstə] N *modebewusste Person, die in Zeiten der Rezession auf die Kosten ihres Lebensstils achtet*

recharge [riːˈtʃɑːdʒ] VT (*battery*) aufladen

rechargeable [riːˈtʃɑːdʒəbl] ADJ (*battery*) aufladbar

recipe [ˈrɛsɪpɪ] N Rezept *nt*; **a ~ for success** ein Erfolgsrezept *nt*; **to be a ~ for disaster** in die Katastrophe führen

recipient [rɪˈsɪpɪənt] N Empfänger(in) *m(f)*

reciprocal [rɪˈsɪprəkl] ADJ gegenseitig

reciprocate [rɪˈsɪprəkeɪt] VT (*invitation, feeling*) erwidern ▸ VI sich revanchieren

recital [rɪˈsaɪtl] N (*concert*) Konzert *nt*

recitation [rɛsɪˈteɪʃən] N (*of poem etc*) Vortrag *m*

recite [rɪˈsaɪt] VT (*poem*) vortragen; (*complaints etc*) aufzählen

reckless [ˈrɛkləs] ADJ (*driving, driver*) rücksichtslos; (*spending*) leichtsinnig

recklessly [ˈrɛkləslɪ] ADV (*drive*) rücksichtslos; (*spend, gamble*) leichtsinnig

reckon [ˈrɛkən] VT (*consider*) halten für; (*calculate*) berechnen ▸ VI: **he is somebody to be reckoned with** mit ihm muss man rechnen; **I ~ that ...** (*think*) ich schätze, dass ...; **to ~ without sb/sth** nicht mit jdm/etw rechnen

▸ **reckon on** VT FUS rechnen mit

reckoning [ˈrɛknɪŋ] N (*calculation*) Berechnung *f*; **the day of ~** der Tag der Abrechnung

reclaim [rɪˈkleɪm] VT (*luggage*) abholen; (*tax etc*) zurückfordern; (*land*) gewinnen; (*waste materials*) zur Wiederverwertung sammeln

reclamation [rɛkləˈmeɪʃən] N (*of land*) Gewinnung *f*

recline [rɪˈklaɪn] VI (*sit or lie back*) zurückgelehnt sitzen

reclining [rɪˈklaɪnɪŋ] ADJ (*seat*) Liege-

recluse [rɪˈkluːs] N Einsiedler(in) *m(f)*

recognition [rɛkəgˈnɪʃən] N (*of person, place*) Erkennen *nt*; (*of problem, fact*) Erkenntnis *f*; (*of achievement*) Anerkennung *f*; **in ~ of** in Anerkennung *+gen*; **to gain ~** Anerkennung finden; **she had changed beyond ~** sie war nicht wieder zu erkennen

recognizable [ˈrɛkəgnaɪzəbl] ADJ erkennbar

★**recognize** [ˈrɛkəgnaɪz] VT (*person, place, voice*) wiedererkennen; (*sign, problem*) erkennen; (*qualifications, government, achievement*) anerkennen; **to ~ sb by/as** jdn erkennen an *+dat*/als

recoil [rɪˈkɔɪl] VI (*person*): **to ~ from** zurückweichen vor *+dat*; (*fig*) zurückschrecken vor *+dat* ▸ N (*of gun*) Rückstoß *m*

recollect [rɛkəˈlɛkt] VT (*remember*) sich erinnern an *+acc*

recollection [rɛkəˈlɛkʃən] N Erinnerung *f*; **to the best of my ~** soweit ich mich erinnern *or* entsinnen kann

★**recommend** [rɛkəˈmɛnd] VT empfehlen; **she has a lot to ~ her** es spricht sehr viel für sie

recommendation [rɛkəmɛnˈdeɪʃən] N Empfehlung *f*; **on the ~ of** auf Empfehlung *+gen*

recommended retail price (BRIT) N (*Comm*) unverbindlicher Richtpreis *m*

recompense [ˈrɛkəmpɛns] N (*reward*) Belohnung *f*; (*compensation*) Entschädigung *f*

reconcilable [ˈrɛkənsaɪləbl] ADJ (*ideas*) (miteinander) vereinbar

reconcile [ˈrɛkənsaɪl] VT (*people*) versöhnen; (*facts, beliefs*) (miteinander) vereinbaren, in Einklang bringen; **to ~ o.s. to sth** sich mit etw abfinden

reconciliation [rɛkənsɪlɪˈeɪʃən] N (*of people*) Versöhnung *f*; (*of facts, beliefs*) Vereinbarung *f*

recondite [rɪˈkɔndaɪt] ADJ obskur

recondition [riːkənˈdɪʃən] VT (*machine*) überholen

reconditioned [riːkənˈdɪʃənd] ADJ (*engine, TV*) generalüberholt

reconfigure [riːkənˈfɪgəʳ] VT neu konfigurieren

reconnaissance [rɪˈkɔnɪsns] N (*Mil*) Aufklärung *f*

reconnoitre, (US) **reconnoiter** [rɛkəˈnɔɪtəʳ] VT (*Mil*) erkunden

reconsider [riːkənˈsɪdəʳ] VT (noch einmal) überdenken ▸ VI es sich *dat* noch einmal überlegen

reconstitute [riːˈkɔnstɪtjuːt] VT (*organization*) neu bilden; (*food*) wiederherstellen

reconstruct [riːkənˈstrʌkt] VT *(building)* wiederaufbauen; *(policy, system)* neu organisieren; *(event, crime)* rekonstruieren

reconstruction [riːkənˈstrʌkʃən] N Wiederaufbau *m*; *(of crime)* Rekonstruktion *f*

reconvene [riːkənˈviːn] VI *(meet again)* wieder zusammenkommen ▶ VT *(meeting etc)* wiedereinberufen

★**record** N [ˈrɛkɔːd] *(written account)* Aufzeichnung *f*; *(of meeting)* Protokoll *nt*; *(of decision)* Beleg *m*; *(Comput)* Datensatz *m*; *(file)* Akte *f*; *(Mus: disc)* Schallplatte *f*; *(history)* Vorgeschichte *f*; *(also:* **criminal record***)* Vorstrafen *pl*; *(Sport)* Rekord *m* ▶ VT [rɪˈkɔːd] aufzeichnen; *(song etc)* aufnehmen; *(temperature, speed etc)* registrieren ▶ ADJ *(sales, profits)* Rekord-; **~ of attendance** Anwesenheitsliste *f*; **public records** Urkunden *pl* des Nationalarchivs; **to keep a ~ of sth** etw schriftlich festhalten; **to have a good/poor ~** gute/schlechte Leistungen vorzuweisen haben; **to have a (criminal) ~** vorbestraft sein; **to set** *or* **put the ~ straight** *(fig)* Klarheit schaffen; **he is on ~ as saying that …** er hat nachweislich gesagt, dass …; **off the ~** *(remark)* inoffiziell; **in ~ time** in Rekordzeit

recorded delivery [rɪˈkɔːdɪd-] (BRIT) N *(Post)* Einschreiben *nt*; **to send sth (by) ~** etw per Einschreiben senden

recorder [rɪˈkɔːdəʳ] N *(Mus)* Blockflöte *f*; *(Law)* *nebenamtlich als Richter tätiger Rechtsanwalt*

record holder N *(Sport)* Rekordinhaber(in) *m(f)*

★**recording** [rɪˈkɔːdɪŋ] N Aufnahme *f*

recording studio N Aufnahmestudio *nt*

record library N Schallplattenverleih *m*

record player N Plattenspieler *m*

recount [rɪˈkaunt] VT *(story etc)* erzählen

re-count [ˈriːkaunt] N *(of votes)* Nachzählung *f* ▶ VT *(votes)* nachzählen

recoup [rɪˈkuːp] VT: **to ~ one's losses** seine Verluste ausgleichen

recourse [rɪˈkɔːs] N: **to have ~ to sth** Zuflucht zu etw nehmen

★**recover** [rɪˈkʌvəʳ] VT *(get back)* zurückbekommen; *(stolen goods)* sicherstellen; *(wreck, body)* bergen; *(financial loss)* ausgleichen ▶ VI sich erholen

re-cover [riːˈkʌvəʳ] VT *(chair etc)* neu beziehen

★**recovery** [rɪˈkʌvərɪ] N *(from illness etc)* Erholung *f*; *(in economy)* Aufschwung *m*; *(of lost items)* Wiederfinden *nt*; *(of stolen goods)* Sicherstellung *f*; *(of wreck, body)* Bergung *f*; *(of financial loss)* Ausgleich *m*

re-create [riːkrɪˈeɪt] VT *(atmosphere, situation)* wiederherstellen

recreation [rɛkrɪˈeɪʃən] N *(leisure)* Erholung *f*, Entspannung *f*

recreational [rɛkrɪˈeɪʃənl] ADJ *(facilities etc)* Freizeit-

recreational drug N Freizeitdroge *f*

recreational vehicle (US) N Caravan *m*

recrimination [rɪkrɪmɪˈneɪʃən] N gegenseitige Anschuldigungen *pl*

recruit [rɪˈkruːt] N *(Mil)* Rekrut *m*; *(in company)* neuer Mitarbeiter *m*, neue Mitarbeiterin *f* ▶ VT *(Mil)* rekrutieren; *(staff, new members)* anwerben

recruiting office [rɪˈkruːtɪŋ-] N *(Mil)* Rekrutierungsbüro *nt*

recruitment [rɪˈkruːtmənt] N *(of staff)* Anwerbung *f*

recruitment agency [rɪˈkruːtmənt-] N Personalagentur *f*

rectangle [ˈrɛktæŋgl] N Rechteck *nt*

rectangular [rɛkˈtæŋgjuləʳ] ADJ *(shape)* rechteckig

rectify [ˈrɛktɪfaɪ] VT *(mistake etc)* korrigieren

rector [ˈrɛktəʳ] N *(Rel)* Pfarrer(in) *m(f)*

rectory [ˈrɛktərɪ] N Pfarrhaus *nt*

rectum [ˈrɛktəm] N Rektum *nt*, Mastdarm *m*

recuperate [rɪˈkjuːpəreɪt] VI *(recover)* sich erholen

recur [rɪˈkəːʳ] VI *(error, event)* sich wiederholen; *(pain etc)* wiederholt auftreten

recurrence [rɪˈkʌrns] N Wiederholung *f*; wiederholtes Auftreten *nt*

recurrent [rɪˈkʌrnt] ADJ sich wiederholend, wiederholt auftretend

recurring [rɪˈkəːrɪŋ] ADJ *(problem, dream)* sich wiederholend; *(Math)*: **six point five four ~** sechs Komma fünf Periode vier

recyclable [riːˈsaɪkləbl] ADJ recycelbar, wiederverwertbar

recycle [riːˈsaɪkl] VT *(waste, paper etc)* recyceln, wiederverwerten

recycled [riːˈsaɪkld] ADJ recycelt, wiederverwertet; **~ paper** Recyclingpapier *nt*

recycling [riːˈsaɪklɪŋ] N Recycling *nt*; **~ site** Recycling- *or* Wertstoffhof *m*

★**red** [rɛd] N Rot *nt*; *(pej, Pol)* Rote(r) *f(m)* ▶ ADJ rot; **to be in the ~** *(business etc)* in den roten Zahlen sein

red alert N: **to be on ~** in höchster Alarmbereitschaft sein

red-blooded [ˈrɛdˈblʌdɪd] ADJ heißblütig

redbrick university N *siehe Info-Artikel*

> Als **redbrick university** werden die jüngeren britischen Universitäten bezeichnet, die im späten 19. und Anfang des 20. Jh. in Städten wie Manchester, Liverpool und Bristol gegründet wurden. Der Name steht im Gegensatz zu Oxford und Cambridge und bezieht sich auf die roten Backsteinmauern der Universitätsgebäude.

red cabbage N Rotkohl *m*

red carpet treatment N: **to give sb the ~** den roten Teppich für jdn ausrollen

Red Cross N Rotes Kreuz *nt*

redcurrant [ˈrɛdkʌrənt] N Rote Johannisbeere *f*

redden [ˈrɛdn] VT röten ▶ VI *(blush)* erröten

reddish [ˈrɛdɪʃ] ADJ rötlich

redecorate [riːˈdɛkəreɪt] VT, VI renovieren

redecoration [ri:dɛkəˈreɪʃən] N Renovierung *f*
redeem [rɪˈdi:m] VT (*situation etc*) retten; (*voucher, sth in pawn*) einlösen; (*loan*) abzahlen; (*Rel*) erlösen; **to ~ oneself for sth** etw wiedergutmachen
redeemable [rɪˈdi:məbl] ADJ (*voucher etc*) einlösbar
redeeming [rɪˈdi:mɪŋ] ADJ (*feature, quality*) versöhnend
redefine [ri:dɪˈfaɪn] VT neu definieren
redemption [rɪˈdɛmʃən] N (*Rel*) Erlösung *f*; **past** *or* **beyond ~** nicht mehr zu retten
redeploy [ri:dɪˈplɔɪ] VT (*resources, staff*) umverteilen; (*Mil*) verlegen
redeployment [ri:dɪˈplɔɪmənt] N Umverteilung *f*; Verlegung *f*
redevelop [ri:dɪˈvɛləp] VT (*area*) sanieren
redevelopment [ri:dɪˈvɛləpmənt] N Sanierung *f*
red-handed [rɛdˈhændɪd] ADJ: **to be caught ~** auf frischer Tat ertappt werden
redhead [ˈrɛdhɛd] N Rotschopf *m*
red herring N (*fig*) falsche Spur *f*
red-hot [rɛdˈhɔt] ADJ (*metal*) rot glühend
redirect [ri:daɪˈrɛkt] VT (*mail*) nachsenden; (*traffic*) umleiten
rediscover [ri:dɪsˈkʌvəʳ] VT wiederentdecken
redistribute [ri:dɪsˈtrɪbju:t] VT umverteilen
red-letter day [ˈrɛdlɛtə-] N besonderer Tag *m*
red light N (*Aut*): **to go through a ~** eine Ampel bei Rot überfahren
red-light district [ˈrɛdlaɪt-] N Rotlichtviertel *nt*
red meat N *Rind- und Lammfleisch*
redness [ˈrɛdnɪs] N Röte *f*
redo [ri:ˈdu:] VT (*irreg: like* **do**) noch einmal machen
redolent [ˈrɛdələnt] ADJ: **to be ~ of sth** nach etw riechen; (*fig*) an etw erinnern
redouble [ri:ˈdʌbl] VT: **to ~ one's efforts** seine Anstrengungen verdoppeln
redraft [ri:ˈdrɑ:ft] VT (*agreement*) neu abfassen
redraw [ri:ˈdrɔ:] VT neu zeichnen
redress [rɪˈdrɛs] N (*compensation*) Wiedergutmachung *f* ▶ VT (*error etc*) wiedergutmachen; **to ~ the balance** das Gleichgewicht wiederherstellen
Red Sea N: **the ~** das Rote Meer
red tape N (*fig*) Bürokratie *f*
reduce [rɪˈdju:s] VT (*spending, numbers, risk etc*) vermindern, reduzieren; **to ~ sth by/to 5%** etw um/auf 5% *acc* reduzieren; **to ~ sb to tears/silence** jdn zum Weinen/Schweigen bringen; **to ~ sb to begging/stealing** jdn zur Bettelei/zum Diebstahl zwingen; **"~ speed now"** (*Aut*) „langsam fahren"
reduced [rɪˈdju:st] ADJ (*goods, ticket etc*) ermäßigt; **"greatly ~ prices"** „Preise stark reduziert"
★**reduction** [rɪˈdʌkʃən] N (*in price etc*) Ermäßigung *f*, Reduzierung *f*; (*in numbers*) Verminderung *f*
redundancy [rɪˈdʌndənsɪ] (BRIT) N (*dismissal*) Entlassung *f*; (*unemployment*) Arbeitslosigkeit *f*; **compulsory ~** Entlassung *f*; **voluntary ~** freiwilliger Verzicht *m* auf den Arbeitsplatz
redundancy payment (BRIT) N Abfindung *f*
redundant [rɪˈdʌndnt] ADJ (BRIT: *worker*) arbeitslos; (*word, object*) überflüssig; **to be made ~** (*worker*) den Arbeitsplatz verlieren
red wine [rɛdˈwaɪn] N Rotwein *m*
reed [ri:d] N (*Bot*) Schilf *nt*; (*Mus: of clarinet etc*) Rohrblatt *nt*
re-educate [ri:ˈɛdjukeɪt] VT umerziehen
reedy [ˈri:dɪ] ADJ (*voice*) Fistel-
reef [ri:f] N (*at sea*) Riff *nt*
reek [ri:k] VI: **to ~ (of)** (*lit, fig*) stinken (nach)
reel [ri:l] N (*of thread etc, on fishing-rod*) Rolle *f*; (*Cine: scene*) Szene *f*; (*of film, tape*) Spule *f*; (*dance*) Reel *m* ▶ VI (*sway*) taumeln; **my head is reeling** mir dreht sich der Kopf
▶ **reel in** VT (*fish, line*) einholen
▶ **reel off** VT (*say*) herunterrasseln
re-election [ri:ɪˈlɛkʃən] N Wiederwahl *f*
re-enter [ri:ˈɛntəʳ] VT (*country*) wieder einreisen in *+acc*; (*Space*) wieder eintreten in *+acc*
re-entry [ri:ˈɛntrɪ] N Wiedereinreise *f*; (*Space*) Wiedereintritt *m*
re-examine [ri:ɪgˈzæmɪn] VT (*proposal etc*) nochmals prüfen; (*witness*) nochmals vernehmen
re-export [ˈri:ɪksˈpɔ:t] VT wiederausführen ▶ N Wiederausfuhr *f*; (*commodity*) wiederausgeführte Ware *f*
ref [rɛf] (*inf*) N ABBR (*Sport*) = **referee**
ref. ABBR (*Comm: = with reference to*) betr.; **your ~** Ihr Zeichen:
refectory [rɪˈfɛktərɪ] N (*in university*) Mensa *f*
★**refer** [rɪˈfə:ʳ] VT: **to ~ sb to** (*book etc*) jdn verweisen auf *+acc*; (*doctor, hospital*) jdn überweisen zu; **to ~ sth to** (*task, problem*) etw übergeben an *+acc*; **he referred me to the manager** er verwies mich an den Geschäftsführer
▶ **refer to** VT FUS (*mention*) erwähnen; (*relate to*) sich beziehen auf *+acc*; (*consult*) hinzuziehen
referee [rɛfəˈri:] N (*Sport*) Schiedsrichter(in) *m(f)*; (BRIT: *for job application*) Referenz *f* ▶ VT als Schiedsrichter(in) leiten
★**reference** [ˈrɛfrəns] N (*mention*) Hinweis *m*; (*in book, article*) Quellenangabe *f*; (*for job application, person*) Referenz *f*; **with ~ to** mit Bezug auf *+acc*; **"please quote this ~"** (*Comm*) „bitte dieses Zeichen angeben"
reference book N Nachschlagewerk *nt*
reference library N Präsenzbibliothek *f*
reference number N Aktenzeichen *nt*
referenda [rɛfəˈrɛndə] NPL *of* **referendum**
referendum [rɛfəˈrɛndəm] (*pl* **referenda**) N Referendum *nt*, Volksentscheid *m*
referral [rɪˈfə:rəl] N (*of matter, problem*) Weiterleitung *f*; (*to doctor, specialist*) Überweisung *f*

refill [riːˈfɪl] VT nachfüllen ▶ N (*for pen etc*) Nachfüllmine *f*; (*drink*) Nachfüllung *f*

refine [rɪˈfaɪn] VT (*sugar, oil*) raffinieren; (*theory, idea*) verfeinern

refined [rɪˈfaɪnd] ADJ (*person*) kultiviert; (*taste*) fein, vornehm; (*sugar, oil*) raffiniert

refinement [rɪˈfaɪnmənt] N (*of person*) Kultiviertheit *f*; (*of system, ideas*) Verfeinerung *f*

refinery [rɪˈfaɪnərɪ] N (*for oil etc*) Raffinerie *f*

refit [riːˈfɪt] (*Naut*) N Überholung *f* ▶ VT (*ship*) überholen

reflate [riːˈfleɪt] VT (*economy*) ankurbeln

reflation [riːˈfleɪʃən] N (*Econ*) Reflation *f*

reflationary [riːˈfleɪʃənrɪ] ADJ (*Econ*) reflationär

reflect [rɪˈflɛkt] VT reflektieren; (*fig*) widerspiegeln ▶ VI (*think*) nachdenken
▸ **reflect on** VT FUS (*discredit*) ein schlechtes Licht werfen auf *+acc*

reflection [rɪˈflɛkʃən] N (*image*) Spiegelbild *nt*; (*of light, heat*) Reflexion *f*; (*fig*) Widerspiegelung *f*; (: *thought*) Gedanke *m*; **on ~** nach genauerer Überlegung; **this is a ~ on …** (*criticism*) das sagt einiges über …

reflector [rɪˈflɛktəʳ] N (*Aut etc*) Rückstrahler *m*; (*for light, heat*) Reflektor *m*

reflex [ˈriːflɛks] ADJ Reflex- ■ **reflexes** NPL (*Physiol, Psych*) Reflexe *pl*

reflexive [rɪˈflɛksɪv] ADJ (*Ling*) reflexiv

reform [rɪˈfɔːm] N Reform *f* ▶ VT reformieren ▶ VI (*criminal etc*) sich bessern

reformat [riːˈfɔːmæt] VT (*Comput*) neu formatieren

Reformation [rɛfəˈmeɪʃən] N: **the ~** die Reformation

reformatory [rɪˈfɔːmətərɪ] (*US*) N Besserungsanstalt *f*

reformed [rɪˈfɔːmd] ADJ (*character, alcoholic*) gewandelt

refrain [rɪˈfreɪn] VI: **to ~ from doing sth** etw unterlassen ▶ N (*of song*) Refrain *m*

refresh [rɪˈfrɛʃ] VT erfrischen; **to ~ one's memory** sein Gedächtnis auffrischen

refresher course [rɪˈfrɛʃə-] N Auffrischungskurs *m*

refreshing [rɪˈfrɛʃɪŋ] ADJ erfrischend; (*sleep*) wohltuend; (*idea etc*) angenehm

refreshment [rɪˈfrɛʃmənt] N Erfrischung *f*

refreshments [rɪˈfrɛʃmənts] NPL (*food and drink*) Erfrischungen *pl*

refrigeration [rɪfrɪdʒəˈreɪʃən] N Kühlung *f*

refrigerator [rɪˈfrɪdʒəreɪtəʳ] N Kühlschrank *m*

refuel [riːˈfjuəl] VT, VI auftanken

refuelling [riːˈfjuəlɪŋ] N Auftanken *nt*

refuge [ˈrɛfjuːdʒ] N Zuflucht *f*; **to seek/take ~ in** Zuflucht suchen/nehmen in *+dat*

★**refugee** [rɛfjuˈdʒiː] N Flüchtling *m*; **a political ~** ein politischer Flüchtling

refugee camp N Flüchtlingslager *nt*

refund [ˈriːfʌnd] N Rückerstattung *f* ▶ V (*money*) zurückerstatten

refurbish [riːˈfəːbɪʃ] VT (*shop etc*) renovieren

refurbishment [riːˈfəːbɪʃmənt] N (*of shop etc*) Renovierung *f*

refurnish [riːˈfəːnɪʃ] VT neu möblieren

refusal [rɪˈfjuːzəl] N Ablehnung *f*; **a ~ to do st** eine Weigerung, etw zu tun; **to give sb firs ~ on sth** jdm etw zuerst anbieten

★**refuse**[1] [rɪˈfjuːz] VT (*request, offer etc*) ablehnen (*gift*) zurückweisen; (*permission*) verweigern ▶ V ablehnen; (*horse*) verweigern; **to ~ to do st** sich weigern, etw zu tun

refuse[2] [ˈrɛfjuːs] N (*rubbish*) Abfall *m*, Müll *m*

refuse collection [ˈrɛfjuːs-] N Müllabfuhr *f*

refuse disposal [ˈrɛfjuːs-] N Müllbeseitigung

refusenik [rɪˈfjuːznɪk] N (*inf*) Verweigerer(in *m(f)*; (*in former USSR*) *sowjetischer Jude, dem di Emigration nach Israel verweigert wurde*

refute [rɪˈfjuːt] VT (*argument*) widerlegen

regain [rɪˈgeɪn] VT wiedererlangen

regal [ˈriːgl] ADJ königlich

regale [rɪˈgeɪl] VT: **to ~ sb with sth** jdn mit etw verwöhnen

regalia [rɪˈgeɪlɪə] N (*costume*) Amtstracht *f*

regard [rɪˈgɑːd] N (*esteem*) Achtung *f* ▶ VT (*consider*) ansehen, betrachten; (*view*) betrachten **to give one's regards to sb** jdm Grüße bestellen; **"with kindest regards"** „mit freundlichen Grüßen"; **as regards, with ~ to** bezüglich *+gen*

regarding [rɪˈgɑːdɪŋ] PREP bezüglich *+gen*

regardless [rɪˈgɑːdlɪs] ADV trotzdem ▶ ADJ: **~ o** ohne Rücksicht auf *+acc*

regatta [rɪˈgætə] N Regatta *f*

regency [ˈriːdʒənsɪ] N Regentschaft *f* ▶ ADJ: **R** (*furniture etc*) Regency-

regenerate [rɪˈdʒɛnəreɪt] VT (*inner cities, arts*) erneuern; (*person, feelings*) beleben ▶ VI (*Biol*) sich regenerieren

regent [ˈriːdʒənt] N Regent(in) *m(f)*

reggae [ˈrɛgeɪ] N Reggae *m*

regime [reɪˈʒiːm] N (*government*) Regime *nt*; (*die etc*) Kur *f*

regiment [ˈrɛdʒɪmənt] N (*Mil*) Regiment *nt* ▶ V reglementieren

regimental [rɛdʒɪˈmɛntl] ADJ Regiments-

regimentation [rɛdʒɪmɛnˈteɪʃən] N Reglementierung *f*

★**region** [ˈriːdʒən] N (*of land*) Gebiet *nt*; (*of body*) Bereich *m*; (*administrative division of country*) Region *f*; **in the ~ of** (*approximately*) im Bereich von

regional [ˈriːdʒənl] ADJ regional

regional development N regionale Entwicklung *f*

regionalize [ˈriːdʒənəlaɪz] VT regionalisieren

★**register** [ˈrɛdʒɪstəʳ] N (*list, Mus*) Register *nt* (*also:* **electoral register**) Wählerverzeichnis *nt* (*Scol*) Klassenbuch *nt* ▶ VT registrieren; (*car*) anmelden; (*letter*) als Einschreiben senden (*amount, measurement*) verzeichnen ▶ VI (*person*) sich anmelden; (: *at doctor's*) sich (als Patient) eintragen; (*amount etc*) registriert werden; (*make impression*) (einen) Eindruck machen; **to ~ a protest** Protest anmelden

registered [ˈrɛdʒɪstəd] ADJ (*letter, parcel*) eingeschrieben; (*drug addict, childminder etc*) (offiziell) eingetragen

registered company N eingetragene Gesellschaft *f*

registered nurse (US) N staatlich geprüfte Krankenschwester *f*, staatlich geprüfter Krankenpfleger *m*

registered trademark N eingetragenes Warenzeichen *nt*

register office N = **registry office**

registrar [ˈrɛdʒɪstrɑːʳ] N (*in registry office*) Standesbeamte(r) *m*, Standesbeamtin *f*; (*in college etc*) Kanzler *m*; (BRIT: *in hospital*) Krankenhausarzt *m*, Krankenhausärztin *f*

registration [rɛdʒɪsˈtreɪʃən] N Registrierung *f*; (*of students, unemployed etc*) Anmeldung *f*

registration number (BRIT) N (*Aut*) polizeiliches Kennzeichen *nt*

registry [ˈrɛdʒɪstrɪ] N Registratur *f*

registry office [ˈrɛdʒɪstrɪ-] (BRIT) N Standesamt *nt*; **to get married in a ~** standesamtlich heiraten

regret [rɪˈgrɛt] N Bedauern *nt* ▶ VT bedauern; **with ~** mit Bedauern; **to have no regrets** nichts bereuen; **we ~ to inform you that …** wir müssen Ihnen leider mitteilen, dass …

regretfully [rɪˈgrɛtfəlɪ] ADV mit Bedauern

regrettable [rɪˈgrɛtəbl] ADJ bedauerlich

regrettably [rɪˈgrɛtəblɪ] ADV bedauerlicherweise; **~, he said …** bedauerlicherweise sagte er …

Regt ABBR (*Mil*: = *regiment*) Rgt.

regular [ˈrɛgjuləʳ] ADJ (*also Ling*) regelmäßig; (*usual: time, doctor*) üblich; (: *customer*) Stamm-; (*soldier*) Berufs-; (*Comm: size*) normal ▶ N (*client*) Stammkunde *m*, Stammkundin *f*

regularity [rɛgjuˈlærɪtɪ] N Regelmäßigkeit *f*

regularly [ˈrɛgjuləlɪ] ADV regelmäßig; (*breathe, beat: evenly*) gleichmäßig

regulate [ˈrɛgjuleɪt] VT regulieren

regulation [rɛgjuˈleɪʃən] N Regulierung *f*; (*rule*) Vorschrift *f*

regulatory [rɛgjuˈleɪtrɪ] ADJ (*system*) Regulierungs-; (*body, agency*) Überwachungs-

rehabilitate [riːəˈbɪlɪteɪt] VT (*criminal, drug addict*) (in die Gesellschaft) wiedereingliedern; (*invalid*) rehabilitieren

rehabilitation [ˈriːəbɪlɪˈteɪʃən] N Wiedereingliederung *f* (in die Gesellschaft), Rehabilitation *f*

rehash [riːˈhæʃ] (*inf*) VT (*idea etc*) aufwärmen

rehearsal [rɪˈhəːsəl] N (*Theat*) Probe *f*; **dress ~** Generalprobe *f*

rehearse [rɪˈhəːs] VT (*play, speech etc*) proben

rehouse [riːˈhauz] VT neu unterbringen

reign [reɪn] N (*lit, fig*) Herrschaft *f* ▶ VI (*lit, fig*) herrschen

reigning [ˈreɪnɪŋ] ADJ regierend; (*champion*) amtierend

reimburse [riːɪmˈbəːs] VT die Kosten erstatten *+dat*

rein [reɪn] N Zügel *m*; **to give sb free ~** (*fig*) jdm freie Hand lassen; **to keep a tight ~ on sth** (*fig*) bei etw die Zügel kurz halten

reincarnation [riːɪnkɑːˈneɪʃən] N (*belief*) die Wiedergeburt *f*; (*person*) Reinkarnation *f*

★**reindeer** [ˈreɪndɪəʳ] N INV Ren(tier) *nt*

reinforce [riːɪnˈfɔːs] VT (*strengthen*) verstärken; (*support: idea etc*) stützen; (: *prejudice*) stärken

reinforced concrete N Stahlbeton *m*

reinforcement [riːɪnˈfɔːsmənt] N (*strengthening*) Verstärkung *f*; (*of attitude etc*) Stärkung *f* ▪ **reinforcements** NPL (*Mil*) Verstärkung *f*

reinstate [riːɪnˈsteɪt] VT (*employee*) wiedereinstellen; (*tax, law*) wiedereinführen; (*text*) wiedereinfügen

reinstatement [riːɪnˈsteɪtmənt] N (*of employee*) Wiedereinstellung *f*

reissue [riːˈɪʃjuː] VT neu herausgeben

reiterate [riːˈɪtəreɪt] VT wiederholen

reject [ˈriːdʒɛkt] N (*Comm*) Ausschuss *m inv* ▶ VT ablehnen; (*admirer*) abweisen; (*goods*) zurückweisen; (*machine: coin*) nicht annehmen; (*Med: heart, kidney*) abstoßen

rejection [rɪˈdʒɛkʃən] N Ablehnung *f*; (*of admirer*) Abweisung *f*; (*Med*) Abstoßung *f*

rejoice [rɪˈdʒɔɪs] VI: **to ~ at** *or* **over** jubeln über *+acc*

rejoinder [rɪˈdʒɔɪndəʳ] N Erwiderung *f*

rejuvenate [rɪˈdʒuːvəneɪt] VT (*person*) verjüngen; (*organization etc*) beleben

rekindle [riːˈkɪndl] VT (*interest, emotion etc*) wiedererwecken

relapse [rɪˈlæps] N (*Med*) Rückfall *m* ▶ VI: **to ~ into** zurückfallen in *+acc*

relate [rɪˈleɪt] VT (*tell*) berichten; (*connect*) in Verbindung bringen ▶ VI: **to ~ to** (*empathize with: person, subject*) eine Beziehung finden zu; (*connect with*) zusammenhängen mit

★**related** [rɪˈleɪtɪd] ADJ: **to be ~** (miteinander) verwandt sein; (*issues etc*) zusammenhängen

relating to [rɪˈleɪtɪŋ-] PREP bezüglich *+gen*, mit Bezug auf *+acc*

★**relation** [rɪˈleɪʃən] N (*member of family*) Verwandte(r) *f(m)*; (*connection*) Beziehung *f* ▪ **relations** NPL (*contact*) Beziehungen *pl*; **diplomatic/international relations** diplomatische/internationale Beziehungen; **in ~ to** im Verhältnis zu; **to bear no ~ to** in keinem Verhältnis stehen zu

★**relationship** [rɪˈleɪʃənʃɪp] N Beziehung *f*; (*between countries*) Beziehungen *pl*; (*affair*) Verhältnis *nt*; **they have a good ~** sie haben ein gutes Verhältnis zueinander

★**relative** [ˈrɛlətɪv] N Verwandte(r) *f(m)* ▶ ADJ relativ; **all her relatives** ihre ganze Verwandt-

r

schaft; **~ to** im Vergleich zu; **it's all ~** es ist alles relativ

★**relatively** [ˈrɛlətɪvlɪ] ADV relativ

relative pronoun N Relativpronomen *nt*

★**relax** [rɪˈlæks] VI (*person, muscle*) sich entspannen; (*calm down*) sich beruhigen ▶ VT (*one's grip*) lockern; (*mind, person*) entspannen; (*control etc*) lockern

relaxation [ri:lækˈseɪʃən] N Entspannung *f*; (*of control etc*) Lockern *nt*

relaxed [rɪˈlækst] ADJ (*person, atmosphere*) entspannt; (*discussion*) locker

relaxing [rɪˈlæksɪŋ] ADJ entspannend

relay [ˈri:leɪ] N (*race*) Staffel *f*, Staffellauf *m* ▶ VT (*message etc*) übermitteln; (*broadcast*) übertragen

★**release** [rɪˈli:s] N (*from prison*) Entlassung *f*; (*from obligation, situation*) Befreiung *f*; (*of documents, funds etc*) Freigabe *f*; (*of gas etc*) Freisetzung *f*; (*of film, book, record*) Herausgabe *f*; (*record, film*) Veröffentlichung *f*; (*Tech: device*) Auslöser *m* ▶ VT (*from prison*) entlassen; (*person: from obligation, from wreckage*) befreien; (*gas etc*) freisetzen; (*Tech, Aut: catch, brake etc*) lösen; (*record, film*) herausbringen; (*news, figures*) bekannt geben; **on general ~** (*film*) überall in den Kinos; *see also* **press release**

relegate [ˈrɛləgeɪt] VT (*downgrade*) herunterstufen; (BRIT *Sport*): **to be relegated** absteigen

relent [rɪˈlɛnt] VI (*give in*) nachgeben

relentless [rɪˈlɛntlɪs] ADJ (*heat, noise*) erbarmungslos; (*enemy etc*) unerbittlich

relevance [ˈrɛləvəns] N Relevanz *f*, Bedeutung *f*; **the ~ of religion to society** die Relevanz *or* Bedeutung der Religion für die Gesellschaft

relevant [ˈrɛləvənt] ADJ relevant; (*chapter, area*) entsprechend; **~ to** relevant für

reliability [rɪlaɪəˈbɪlɪtɪ] N Zuverlässigkeit *f*

★**reliable** [rɪˈlaɪəbl] ADJ zuverlässig

reliably [rɪˈlaɪəblɪ] ADV: **to be ~ informed that ...** zuverlässige Informationen darüber haben, dass ...

reliance [rɪˈlaɪəns] N: **~ (on)** (*person*) Angewiesenheit *f* (auf *+acc*); (*drugs, financial support*) Abhängigkeit *f* (von)

reliant [rɪˈlaɪənt] ADJ: **to be ~ on sth/sb** auf etw/jdn angewiesen sein

relic [ˈrɛlɪk] N (*Rel*) Reliquie *f*; (*of the past*) Relikt *nt*

★**relief** [rɪˈli:f] N (*from pain etc*) Erleichterung *f*; (*aid*) Hilfe *f*; (*Art, Geog*) Relief *nt* ▶ CPD (*bus*) Entlastungs-; (*driver*) zur Ablösung; **light ~** leichte Abwechslung *f*

relief map N Reliefkarte *f*

relief road (BRIT) N Entlastungsstraße *f*

relieve [rɪˈli:v] VT (*pain*) lindern; (*fear, worry*) mildern; (*take over from*) ablösen; **to ~ sb of sth** (*load*) jdm etw abnehmen; (*duties, post*) jdn einer Sache *gen* entheben; **to ~ o.s.** (*euphemism*) sich erleichtern

relieved [rɪˈli:vd] ADJ erleichtert; **I'm ~ to hear it** es erleichtert mich, das zu hören

★**religion** [rɪˈlɪdʒən] N Religion *f*

★**religious** [rɪˈlɪdʒəs] ADJ religiös

religious education N Religionsunterricht *m*

religiously [rɪˈlɪdʒəslɪ] ADV (*regularly, thoroughly*) gewissenhaft

relinquish [rɪˈlɪŋkwɪʃ] VT (*control etc*) aufgeben; (*claim*) verzichten auf *+acc*

relish [ˈrɛlɪʃ] N (*Culin*) würzige Soße *f*, Relish *nt*; (*enjoyment*) Genuss *m* ▶ VT (*enjoy*) genießen; **to ~ doing sth** etw mit Genuss tun

relive [ri:ˈlɪv] VT noch einmal durchleben

reload [ri:ˈləud] VT (*gun*) neu laden

relocate [ri:ləuˈkeɪt] VT verlegen ▶ VI den Standort wechseln; **to ~ in** seinen Standort verlegen nach

reluctance [rɪˈlʌktəns] N Widerwille *m*

★**reluctant** [rɪˈlʌktənt] ADJ unwillig, widerwillig; **I'm ~ to do that** es widerstrebt mir, das zu tun

reluctantly [rɪˈlʌktəntlɪ] ADV widerwillig, nur ungern

rely on [rɪˈlaɪ-] VT FUS (*be dependent on*) abhängen von; (*trust*) sich verlassen auf *+acc*

★**remain** [rɪˈmeɪn] VI bleiben; (*survive*) übrig bleiben; **to ~ silent** weiterhin schweigen; **to ~ in control** die Kontrolle behalten; **much remains to be done** es ist noch viel zu tun; **the fact remains that ...** Tatsache ist und bleibt, dass ...; **it remains to be seen whether ...** es bleibt abzuwarten, ob ...

remainder [rɪˈmeɪndəʳ] N Rest *m* ▶ VT (*Comm*) zu ermäßigtem Preis anbieten

remainer [rɪˈmeɪnəʳ] (BRIT) N (*in EU*) *Befürworter des Verbleibs in der Europäischen Union*

★**remaining** [rɪˈmeɪnɪŋ] ADJ übrig

remains [rɪˈmeɪnz] NPL (*of meal*) Überreste *pl*; (*of building etc*) Ruinen *pl*; (*of body*) sterbliche Überreste *pl*

remand [rɪˈmɑ:nd] N: **to be on ~** in Untersuchungshaft sein ▶ VT: **to be remanded in custody** in Untersuchungshaft bleiben müssen

remand home N (BRIT: *formerly*) Untersuchungsgefängnis *nt* für Jugendliche

★**remark** [rɪˈmɑ:k] N Bemerkung *f* ▶ VT bemerken ▶ VI: **to ~ on sth** Bemerkungen über etw *acc* machen; **to ~ that** die Bemerkung machen, dass

★**remarkable** [rɪˈmɑ:kəbl] ADJ bemerkenswert

remarry [ri:ˈmærɪ] VI wieder heiraten

remedial [rɪˈmi:dɪəl] ADJ (*tuition, classes*) Förder-; **~ exercise** Heilgymnastik *f*

remedy [ˈrɛmədɪ] N (*lit, fig*) (Heil)mittel *nt* ▶ VT (*mistake, situation*) abhelfen *+dat*

★**remember** [rɪˈmɛmbəʳ] VT (*call back to mind*) sich erinnern an *+acc*; (*bear in mind*) denken an *+acc*; **~ me to him** (*send greetings*) grüße ihn von mir; **I ~ seeing it, I ~ having seen it** ich erinnere mich (daran), es gesehen zu haben; **she remembered to do it** sie hat daran gedacht, es zu tun

In German, instead of telling people to remember something, you tend to tell them not to forget it.

Remember your passport! **Vergiss deinen Pass nicht!**

Remember to write your name on the form. **Vergiss nicht, deinen Namen auf das Formular zu schreiben**.

emembrance [rɪˈmɛmbrəns] N Erinnerung *f*; **in ~ of sb/sth** im Gedenken an *+acc*

Remembrance Sunday [rɪˈmɛmbrəns-] (BRIT) N ≈ Volkstrauertag *m*

Remembrance Sunday oder *Remembrance Day* ist der britische Gedenktag für die Gefallenen der beiden Weltkriege und anderer Konflikte. Er fällt auf einen Sonntag vor oder nach dem 11. November (am 11. November 1918 endete der Erste Weltkrieg) und wird mit zwei Schweigeminuten, Kranzniederlegungen an Kriegerdenkmälern und dem Tragen von Ansflecknadeln in Form einer Mohnblume begangen.

emind [rɪˈmaɪnd] VT: **to ~ sb to do sth** jdn daran erinnern, etw zu tun; **to ~ sb of sth** jdn an etw *acc* erinnern; **to ~ sb that ...** jdn daran erinnern, dass ...; **she reminds me of her mother** sie erinnert mich an ihre Mutter; **that reminds me!** dabei fällt mir etwas ein!

eminder [rɪˈmaɪndəʳ] N (*of person, place etc*) Erinnerung *f*; (*letter*) Mahnung *f*

eminisce [rɛmɪˈnɪs] VI: **to ~ (about)** sich in Erinnerungen ergehen (über *+acc*)

eminiscences [rɛmɪˈnɪsnsɪz] NPL Erinnerungen *pl*

eminiscent [rɛmɪˈnɪsnt] ADJ: **to be ~ of sth** an etw *acc* erinnern

emiss [rɪˈmɪs] ADJ nachlässig; **it was ~ of him** es war nachlässig von ihm

emission [rɪˈmɪʃən] N (*of sentence*) Straferlass *m*; (*Med*) Remission *f*; (*Rel*) Erlass *m*

emit [rɪˈmɪt] VT (*money*) überweisen ▸ N (*of official etc*) Aufgabenbereich *m*

emittance [rɪˈmɪtns] N Überweisung *f*

emnant [ˈrɛmnənt] N Überrest *m*; (*Comm*: *of cloth*) Rest *m*

emonstrate [ˈrɛmənstreɪt] VI: **to ~ (with sb about sth)** sich beschweren (bei jdm wegen etw)

emorse [rɪˈmɔːs] N Reue *f*

emorseful [rɪˈmɔːsful] ADJ reumütig

emorseless [rɪˈmɔːslɪs] ADJ (*noise, pain*) unbarmherzig

emortgage [riːˈmɔːgɪdʒ] VT: **to ~ one's house/home** die Hypothek seines Hauses neu festsetzen

emote [rɪˈməut] ADJ (*distant: place, time*) weit entfernt; (*aloof*) distanziert; (*slight: chance etc*) entfernt; **there is a ~ possibility that ...** es besteht eventuell die Möglichkeit, dass ...

remote control N Fernsteuerung *f*; (*TV etc*) Fernbedienung *f*

remote-controlled [rɪˈməutkənˈtrəuld] ADJ ferngesteuert

remotely [rɪˈməutlɪ] ADV (*slightly*) entfernt

remoteness [rɪˈməutnɪs] N (*of place*) Entlegenheit *f*; (*of person*) Distanziertheit *f*

remould [ˈriːməuld] (BRIT) N (*Aut*) runderneuerter Reifen *m*

removable [rɪˈmuːvəbl] ADJ (*detachable*) abnehmbar

removal [rɪˈmuːvəl] N (*of object etc*) Entfernung *f*; (*of threat etc*) Beseitigung *f*; (BRIT: *from house*) Umzug *m*; (*dismissal*) Entlassung *f*; (*Med*: *of kidney etc*) Entfernung *f*

removal man (BRIT) N (*irreg*) Möbelpacker *m*

removal van (BRIT) N Möbelwagen *m*

★**remove** [rɪˈmuːv] VT entfernen; (*clothing*) ausziehen; (*bandage etc*) abnehmen; (*employee*) entlassen; (*name: from list*) streichen; (*doubt, threat, obstacle*) beseitigen; **my first cousin once removed** mein Vetter ersten Grades

remover [rɪˈmuːvəʳ] N (*for paint, varnish*) Entferner *m*; **stain ~** Fleckentferner *m*; **make-up ~** Make-up-Entferner *m*

remunerate [rɪˈmjuːnəreɪt] VT vergüten

remuneration [rɪmjuːnəˈreɪʃən] N Vergütung *f*

Renaissance [rɪˈneɪsɔŋs] N: **the ~** die Renaissance

renal [ˈriːnl] ADJ (*Med*) Nieren-

renal failure N Nierenversagen *nt*

rename [riːˈneɪm] VT umbenennen

rend [rɛnd] (*pt, pp* **rent**) VT (*air, silence*) zerreißen

render [ˈrɛndəʳ] VT (*give: assistance, aid*) leisten; (*cause to become: unconscious, harmless, useless*) machen; (*submit*) vorlegen

rendering [ˈrɛndərɪŋ] (BRIT) N = **rendition**

rendezvous [ˈrɔndɪvuː] N (*meeting*) Rendezvous *nt*; (*place*) Treffpunkt *m* ▸ VI (*people*) sich treffen; (*spacecraft*) ein Rendezvousmanöver durchführen; **to ~ with sb** sich mit jdm treffen

rendition [rɛnˈdɪʃən] N (*of song etc*) Vortrag *m*

renegade [ˈrɛnɪgeɪd] N Renegat(in) *m(f)*, Überläufer(in) *m(f)*

★**renew** [rɪˈnjuː] VT erneuern; (*attack, negotiations*) wiederaufnehmen; (*loan, contract etc*) verlängern; (*relationship etc*) wiederaufleben lassen

renewable [rɪˈnjuːəbl] ADJ (*energy*) erneuerbar

renewables NPL erneuerbare Energien *pl*

renewal [rɪˈnjuːəl] N Erneuerung *f*; (*of conflict*) Wiederaufnahme *f*; (*of contract etc*) Verlängerung *f*

renounce [rɪˈnauns] VT verzichten auf *+acc*; (*belief*) aufgeben

renovate [ˈrɛnəveɪt] VT (*building*) restaurieren; (*machine*) überholen

renovation [rɛnəˈveɪʃən] N Restaurierung *f*; Überholung *f*

renown [rɪˈnaun] N Ruf *m*

renowned [rɪˈnaund] ADJ berühmt

r

★**rent** [rɛnt] PT, PP *of* **rend** ▶ N (*for house*) Miete *f* ▶ VT mieten; (*also:* **rent out**) vermieten

Das englische Wort **rent** bedeutet nicht *Rente* auf Deutsch.

rental [ˈrɛntl] N (*for television, car*) Mietgebühr *f*
rent boy (*inf*) N Strichjunge *m*
rent strike N Mietstreik *m*
renunciation [rɪnʌnsɪˈeɪʃən] N Verzicht *m*; (*of belief*) Aufgabe *f*; (*self-denial*) Selbstverleugnung *f*
reoffend [riːəˈfɛnd] VI erneut straffällig werden
reopen [riːˈəupən] VT (*shop etc*) wiedereröffnen; (*negotiations, legal case etc*) wiederaufnehmen
reopening [riːˈəupnɪŋ] N Wiedereröffnung *f*; Wiederaufnahme *f*
reorder [riːˈɔːdəʳ] VT (*rearrange*) umordnen
reorganization [ˈriːɔːgənaɪˈzeɪʃən] N Umorganisation *f*
reorganize [riːˈɔːgənaɪz] VT umorganisieren
rep [rɛp] N ABBR (*Comm*) = **representative**; (*Theat*) = **repertory**
Rep. (*US*) ABBR (*Pol*) = **representative**; **Republican**
★**repair** [rɪˈpɛəʳ] N Reparatur *f* ▶ VT reparieren; (*clothes, road*) ausbessern; **in good/bad ~** in gutem/schlechtem Zustand; **beyond ~** nicht mehr zu reparieren; **to be under ~** (*road*) ausgebessert werden
repair kit N (*for bicycle*) Flickzeug *nt*
repair man N (*irreg*) Handwerker *m*
repair shop N Reparaturwerkstatt *f*
repartee [rɛpɑːˈtiː] N (*exchange*) Schlagabtausch *m*; (*reply*) schlagfertige Bemerkung *f*
repast [rɪˈpɑːst] (*form*) N Mahl *nt*
repatriate [riːˈpætrɪeɪt] VT repatriieren
repay [riːˈpeɪ] VT (*irreg: like* **pay**) zurückzahlen; (*sb's efforts, attention*) belohnen; (*favour*) erwidern; **I'll ~ you next week** ich zahle es dir nächste Woche zurück
repayment [riːˈpeɪmənt] N Rückzahlung *f*
repeal [rɪˈpiːl] N (*of law*) Aufhebung *f* ▶ VT (*law*) aufheben
★**repeat** [rɪˈpiːt] N (*Radio, TV*) Wiederholung *f* ▶ VT, VI wiederholen ▶ CPD (*performance*) Wiederholungs-; (*order*) Nach-; **to ~ o.s./itself** sich wiederholen; **to ~ an order for sth** etw nachbestellen
repeatedly [rɪˈpiːtɪdlɪ] ADV wiederholt
repel [rɪˈpɛl] VT (*drive away*) zurückschlagen; (*disgust*) abstoßen
repellent [rɪˈpɛlənt] ADJ abstoßend ▶ N: **insect ~** Insekten(schutz)mittel *nt*
repent [rɪˈpɛnt] VI: **to ~ of sth** etw bereuen
repentance [rɪˈpɛntəns] N Reue *f*
repercussions [riːpəˈkʌʃənz] NPL Auswirkungen *pl*
repertoire [ˈrɛpətwɑːʳ] N (*Mus, Theat*) Repertoire *nt*; (*fig*) Spektrum *nt*
repertory [ˈrɛpətərɪ] N (*also:* **repertory theatre**) Repertoiretheater *nt*
repertory company N Repertoire-Ensemble *nt*
repetition [rɛpɪˈtɪʃən] N (*repeat*) Wiederholung *f*
repetitious [rɛpɪˈtɪʃəs] ADJ (*speech etc*) voller Wiederholungen
repetitive [rɪˈpɛtɪtɪv] ADJ eintönig, monoton
★**replace** [rɪˈpleɪs] VT (*put back: upright*) zurückstellen; (*: flat*) zurücklegen; (*take the place of*) ersetzen; **to ~ X with Y** X durch Y ersetzen; **"~ the receiver"** (*Tel*) „Hörer auflegen"
replacement [rɪˈpleɪsmənt] N Ersatz *m*
replacement part N Ersatzteil *nt*
replay [ˈriːpleɪ] N (*of match*) Wiederholungsspiel *nt* ▶ VT (*match*) wiederholen; (*track, song: on tape*) nochmals abspielen
replenish [rɪˈplɛnɪʃ] VT (*glass, stock etc*) auffüllen
replete [rɪˈpliːt] ADJ (*after meal*) gesättigt; **~ with** reichlich ausgestattet mit
replica [ˈrɛplɪkə] N (*of object*) Nachbildung *f*
★**reply** [rɪˈplaɪ] N Antwort *f* ▶ VI: **to ~ (to sb/sth)** (jdm/auf etw *acc*) antworten; **in ~ to** als Antwort auf *+acc*; **there's no ~** (*Tel*) es meldet sich niemand
reply coupon N Antwortschein *m*
★**report** [rɪˈpɔːt] N Bericht *m*; (BRIT: *also:* **school report**) Zeugnis *nt*; (*of gun*) Knall *m* ▶ VT berichten; (*casualties, damage, theft etc*) melden; (*person: to police*) anzeigen ▶ VI (*make a report*) Bericht erstatten; **to ~ to sb** (*present o.s. to*) sich bei jdm melden; (*be responsible to*) jdm unterstellt sein; **to ~ on sth** über etw *acc* Bericht erstatten; **to ~ sick** sich krankmelden; **it is reported that** es wird berichtet *or* gemeldet, dass …
report card (*US, Scot*) N Zeugnis *nt*
reportedly [rɪˈpɔːtɪdlɪ] ADV: **she is ~ living in Spain** sie lebt angeblich in Spanien
reported speech N (*Ling*) indirekte Rede *f*
★**reporter** [rɪˈpɔːtəʳ] N Reporter(in) *m(f)*
repose [rɪˈpəuz] N: **in ~** in Ruhestellung
repository [rɪˈpɔzɪtərɪ] N (*person: of knowledge*) Quelle *f*; (*place: of collection etc*) Lager *nt*
repossess [ˈriːpəˈzɛs] VT (wieder) in Besitz nehmen
repossession order [riːpəˈzɛʃən-] N Beschlagnahmungsverfügung *f*
reprehensible [rɛprɪˈhɛnsɪbl] ADJ verwerflich
★**represent** [rɛprɪˈzɛnt] VT (*person, nation*) vertreten; (*show: view, opinion*) darstellen; (*symbolize: idea*) symbolisieren, verkörpern; **to ~ sth as** (*describe*) etw darstellen als
representation [rɛprɪzɛnˈteɪʃən] N (*state of being represented*) Vertretung *f*; (*picture etc*) Darstellung *f* ■ **representations** NPL (*protest*) Proteste *pl*
★**representative** [rɛprɪˈzɛntətɪv] N (*also Comm*) Vertreter(in) *m(f)*; (*US Pol*) Abgeordnete(r) *f(m)* des Repräsentantenhauses ▶ ADJ repräsentativ; **~ of** repräsentativ für

repress [rɪ'prɛs] VT unterdrücken
repression [rɪ'prɛʃən] N Unterdrückung *f*
repressive [rɪ'prɛsɪv] ADJ repressiv
reprieve [rɪ'pri:v] N (*cancellation*) Begnadigung *f*; (*postponement*) Strafaufschub *m*; (*fig*) Gnadenfrist *f* ▸ VT: **he was reprieved** er wurde begnadigt; ihm wurde Strafaufschub gewährt
reprimand ['rɛprɪmɑ:nd] N Tadel *m* ▸ VT tadeln
reprint ['ri:prɪnt] N Nachdruck *m* ▸ VT nachdrucken
reprisal [rɪ'praɪzl] N Vergeltung *f* ■ **reprisals** NPL Repressalien *pl*; (*in war*) Vergeltungsaktionen *pl*; **to take reprisals** zu Repressalien greifen; (*in war*) Vergeltungsaktionen durchführen
reproach [rɪ'prəutʃ] N (*rebuke*) Vorwurf *m* ▸ VT: **to ~ sb for sth** jdm etw zum Vorwurf machen; **beyond ~** über jeden Vorwurf erhaben; **to ~ sb with sth** jdm etw vorwerfen
reproachful [rɪ'prəutʃful] ADJ vorwurfsvoll
reproduce [ri:prə'dju:s] VT reproduzieren ▸ VI (*Biol*) sich vermehren
reproduction [ri:prə'dʌkʃən] N Reproduktion *f*; (*Biol*) Fortpflanzung *f*
reproductive [ri:prə'dʌktɪv] ADJ (*system, organs*) Fortpflanzungs-
reproof [rɪ'pru:f] N (*rebuke*) Tadel *m*; **with ~** tadelnd
reprove [rɪ'pru:v] VT tadeln; **to ~ sb for sth** jdn wegen etw tadeln
reproving [rɪ'pru:vɪŋ] ADJ tadelnd
reptile ['rɛptaɪl] N Reptil *nt*
Repub. (US) ABBR (*Pol*) = **Republican**
republic [rɪ'pʌblɪk] N Republik *f*
republican [rɪ'pʌblɪkən] ADJ republikanisch ▸ N Republikaner(in) *m(f)*; **the Republicans** (*US Pol*) die Republikaner
repudiate [rɪ'pju:dɪeɪt] VT (*accusation*) zurückweisen; (*violence*) ablehnen; (*old: friend, wife etc*) verstoßen
repugnance [rɪ'pʌgnəns] N Abscheu *m*
repugnant [rɪ'pʌgnənt] ADJ abstoßend
repulse [rɪ'pʌls] VT (*attack etc*) zurückschlagen; (*sight, picture etc*) abstoßen
repulsion [rɪ'pʌlʃən] N Abscheu *m*
repulsive [rɪ'pʌlsɪv] ADJ widerwärtig, abstoßend
reputable ['rɛpjutəbl] ADJ (*make, company etc*) angesehen
reputation [rɛpju'teɪʃən] N Ruf *m*; **to have a ~ for** einen Ruf haben für; **he has a ~ for being awkward** er gilt als schwierig
repute [rɪ'pju:t] N: **of ~** angesehen; **to be held in high ~** in hohem Ansehen stehen
reputed [rɪ'pju:tɪd] ADJ angeblich; **he is ~ to be rich** er ist angeblich reich
reputedly [rɪ'pju:tɪdlɪ] ADV angeblich
request [rɪ'kwɛst] N (*polite*) Bitte *f*; (*formal*) Ersuchen *nt*; (*Radio*) Musikwunsch *m* ▸ VT (*politely*) bitten um; (*formally*) ersuchen; **at the ~ of** auf Wunsch von; **"you are requested not to smoke"** „bitte nicht rauchen"
request stop (BRIT) N Bedarfshaltestelle *f*
requiem ['rɛkwɪəm] N (*Rel: also:* **requiem mass**) Totenmesse *f*; (*Mus*) Requiem *nt*
★**require** [rɪ'kwaɪə^r] VT (*need*) benötigen; (*: situation*) erfordern; (*demand*) verlangen; **to ~ sb to do sth** von jdm verlangen, etw zu tun; **if required** falls nötig; **what qualifications are required?** welche Qualifikationen werden verlangt?; **required by law** gesetzlich vorgeschrieben
required [rɪ'kwaɪəd] ADJ erforderlich
★**requirement** [rɪ'kwaɪəmənt] N (*need*) Bedarf *m*; (*condition*) Anforderung *f*; **to meet sb's requirements** jds Anforderungen erfüllen
requisite ['rɛkwɪzɪt] ADJ erforderlich ■ **requisites** NPL: **toilet/travel requisites** Toiletten-/Reiseartikel *pl*
requisition [rɛkwɪ'zɪʃən] N: **~ (for)** (*demand*) Anforderung *f* (von) ▸ VT (*Mil*) beschlagnahmen
reroute [ri:'ru:t] VT (*train etc*) umleiten
resale [ri:'seɪl] N Weiterverkauf *m*; **"not for ~"** „nicht zum Weiterverkauf bestimmt"
resale price maintenance N Preisbindung *f*
rescind [rɪ'sɪnd] VT (*law, order*) aufheben; (*decision*) rückgängig machen; (*agreement*) widerrufen
★**rescue** ['rɛskju:] N Rettung *f* ▸ VT retten; **to come to sb's ~** jdm zu Hilfe kommen
rescue party N Rettungsmannschaft *f*
rescuer ['rɛskjuə^r] N Retter(in) *m(f)*
★**research** [rɪ'sə:tʃ] N Forschung *f* ▸ VT erforschen ▸ VI: **to ~ into sth** etw erforschen; **to do ~** Forschung betreiben; **a piece of ~** eine Forschungsarbeit; **~ and development** Forschung und Entwicklung
researcher [rɪ'sə:tʃə^r] N Forscher(in) *m(f)*
research work N Forschungsarbeit *f*
research worker N = **researcher**
resell [ri:'sɛl] VT (*irreg: like* **sell**) weiterverkaufen
resemblance [rɪ'zɛmbləns] N Ähnlichkeit *f*; **to bear a strong ~ to** starke Ähnlichkeit haben mit; **it bears no ~ to ...** es hat keine Ähnlichkeit mit ...
resemble [rɪ'zɛmbl] VT ähneln *+dat*, gleichen *+dat*
resent [rɪ'zɛnt] VT (*attitude, treatment*) missbilligen; (*person*) ablehnen
resentful [rɪ'zɛntful] ADJ (*person*) gekränkt; (*attitude*) missbilligend
resentment [rɪ'zɛntmənt] N Verbitterung *f*
reservation [rɛzə'veɪʃən] N (*booking*) Reservierung *f*; (*doubt*) Vorbehalt *m*; (*land*) Reservat *nt*; **to make a ~** (*in hotel etc*) eine Reservierung vornehmen; **with ~(s)** (*doubts*) unter Vorbehalt
reservation desk N Reservierungsschalter *m*
★**reserve** [rɪ'zə:v] N Reserve *f*, Vorrat *m*; (*fig: of talent etc*) Reserve *f*; (*Sport*) Reservespieler(in) *m(f)*; (*also:* **nature reserve**) Naturschutzgebiet *nt*; (*restraint*) Zurückhaltung *f* ▸ VT reservieren; (*table, ticket*) reservieren lassen ■ **reserves** NPL (*Mil*) Reserve *f*; **in ~** in Reserve

reserve currency N Reservewährung *f*

reserved [rɪ'zə:vd] ADJ (*restrained*) zurückhaltend; (*seat*) reserviert

reserve price (BRIT) N Mindestpreis *m*

reserve team (BRIT) N Reservemannschaft *f*

reservist [rɪ'zə:vɪst] N (*Mil*) Reservist *m*

reservoir ['rɛzəvwɑ:ʳ] N (*lit, fig*) Reservoir *nt*

reset [ri:'sɛt] VT (*irreg: like* **set**) (*watch*) neu stellen; (*broken bone*) wieder einrichten; (*Comput*) zurückstellen

reshape [ri:'ʃeɪp] VT (*policy, view*) umgestalten

reshuffle [ri:'ʃʌfl] N: **cabinet ~** Kabinettsumbildung *f*

reside [rɪ'zaɪd] VI (*live: person*) seinen/ihren Wohnsitz haben

▸ **reside in** VT FUS (*exist*) liegen in *+dat*

residence ['rɛzɪdəns] N (*form: home*) Wohnsitz *m*; (*length of stay*) Aufenthalt *m*; **to take up ~** sich niederlassen; **in ~** (*queen etc*) anwesend; **writer/artist in ~** *Schriftsteller/Künstler, der in einer Ausbildungsstätte bei freier Unterkunft lehrt und arbeitet*

residence permit [-'pə:mɪt] (BRIT) N Aufenthaltserlaubnis *f*

★**resident** ['rɛzɪdənt] N (*of country, town*) Einwohner(in) *m(f)*; (*in hotel*) Gast *m* ▸ ADJ (*in country, town*) wohnhaft; (*population*) ansässig; (*doctor*) hauseigen; (*landlord*) im Hause wohnend

residential [rɛzɪ'dɛnʃəl] ADJ (*area*) Wohn-; (*course*) mit Wohnung am Ort; (*staff*) im Hause wohnend

residue ['rɛzɪdju:] N (*Chem*) Rückstand *m*; (*fig*) Überrest *m*

★**resign** [rɪ'zaɪn] VT (*one's post*) zurücktreten von ▸ VI (*from post*) zurücktreten; **to ~ o.s. to** (*situation etc*) sich abfinden mit

resignation [rɛzɪg'neɪʃən] N (*from post*) Rücktritt *m*; (*state of mind*) Resignation *f*; **to tender one's ~** seine Kündigung einreichen

resigned [rɪ'zaɪnd] ADJ: **to be ~ to sth** sich mit etw abgefunden haben

resilience [rɪ'zɪlɪəns] N (*of material*) Widerstandsfähigkeit *f*; (*of person*) Unverwüstlichkeit *f*

resilient [rɪ'zɪlɪənt] ADJ widerstandsfähig; unverwüstlich

resin ['rɛzɪn] N Harz *nt*

resist [rɪ'zɪst] VT (*change, demand*) sich widersetzen *+dat*; (*attack etc*) Widerstand leisten *+dat*; (*urge etc*) widerstehen *+dat*; **I couldn't ~ (doing) it** ich konnte nicht widerstehen(, es zu tun)

resistance [rɪ'zɪstəns] N (*also Elec*) Widerstand *m*; (*to illness*) Widerstandsfähigkeit *f*

resistant [rɪ'zɪstənt] ADJ: **~ (to)** (*to change etc*) widerstandsfähig (gegenüber); (*to antibiotics etc*) resistent (gegen)

resit (BRIT) VT [ri:'sɪt] (*irreg: like* **sit**) wiederholen ▸ N ['ri:sɪt] Wiederholungsprüfung *f*

resolute ['rɛzəlu:t] ADJ (*person*) entschlossen, resolut; (*refusal*) entschieden

★**resolution** [rɛzə'lu:ʃən] N (*decision*) Beschluss *m*; (*determination*) Entschlossenheit *f*; (*of problem*) Lösung *f*; **to make a ~** einen Entschluss fassen

resolve [rɪ'zɔlv] N (*determination*) Entschlossenheit *f* ▸ VT (*problem*) lösen; (*difficulty*) beseitigen ▸ VI: **to ~ to do sth** beschließen, etw zu tun

resolved [rɪ'zɔlvd] ADJ (*determined*) entschlossen

resonance ['rɛzənəns] N Resonanz *f*

resonant ['rɛzənənt] ADJ (*sound, voice*) volltönend; (*place*) widerhallend

★**resort** [rɪ'zɔ:t] N (*town*) Urlaubsort *m*; (*recourse*) Zuflucht *f* ▸ VI: **to ~ to** Zuflucht nehmen zu; **seaside ~** Seebad *nt*; **winter sports ~** Wintersportort *m*; **as a last ~** als letzter Ausweg; **in the last ~** schlimmstenfalls

resound [rɪ'zaund] VI: **to ~ (with)** widerhallen (von)

resounding [rɪ'zaundɪŋ] ADJ (*noise*) widerhallend; (*voice*) schallend; (*fig: success*) durchschlagend; (*: victory*) überlegen

resource [rɪ'sɔ:s] N (*raw material*) Bodenschatz *m* ■ **resources** NPL (*coal, oil etc*) Energiequellen *pl*; (*money*) Mittel *pl*, Ressourcen *pl*; **natural resources** Naturschätze *pl*

resourceful [rɪ'sɔ:sful] ADJ einfallsreich

resourcefulness [rɪ'sɔ:sfulnɪs] N Einfallsreichtum *m*

★**respect** [rɪs'pɛkt] N (*consideration, esteem*) Respekt *m* ▸ VT respektieren ■ **respects** NPL (*greetings*) Grüße *pl*; **to have ~ for sb/sth** Respekt vor jdm/etw haben; **to show sb/sth ~** Respekt vor jdm/etw zeigen; **out of ~ for** aus Rücksicht auf *+acc*; **with ~ to, in ~ of** in Bezug auf *+acc*; **in this ~** in dieser Hinsicht; **in some/many respects** in gewisser/vielfacher Hinsicht; **with (all due) ~** bei allem Respekt

respectability [rɪspɛktə'bɪlɪtɪ] N Anständigkeit *f*

respectable [rɪs'pɛktəbl] ADJ anständig; (*amount, income*) ansehnlich; (*standard, mark etc*) ordentlich

respected [rɪs'pɛktɪd] ADJ angesehen

respectful [rɪs'pɛktful] ADJ respektvoll

respectfully [rɪs'pɛktfəlɪ] ADV (*behave*) respektvoll

respective [rɪs'pɛktɪv] ADJ jeweilig

respectively [rɪs'pɛktɪvlɪ] ADV beziehungsweise; **Germany and Britain were 3rd and 4th ~** Deutschland und Großbritannien belegten den 3. beziehungsweise 4. Platz

respiration [rɛspɪ'reɪʃən] N *see* **artificial**

respirator ['rɛspɪreɪtəʳ] N Respirator *m*, Beatmungsgerät *nt*

respiratory ['rɛspərətərɪ] ADJ (*system, failure*) Atmungs-

respite ['rɛspaɪt] N (*rest*) Ruhepause *f*

resplendent [rɪs'plɛndənt] ADJ (*clothes*) prächtig

respond [rɪs'pɔnd] VI (*answer*) antworten; (*react*) reagieren

respondent [rɪsˈpɔndənt] N (*Law*) Beklagte(r) *f*(*m*)

response [rɪsˈpɔns] N (*to question*) Antwort *f*; (*to event etc*) Reaktion *f*; **in ~ to** als Antwort/Reaktion auf *+acc*

responsibility [rɪspɔnsɪˈbɪlɪtɪ] N Verantwortung *f*; **to take ~ for sth/sb** die Verantwortung für etw/jdn übernehmen

responsible [rɪsˈpɔnsɪbl] ADJ verantwortlich; (*reliable, important*) verantwortungsvoll; **to be ~ for sth** für etw verantwortlich sein; **to be ~ for doing sth** dafür verantwortlich sein, etw zu tun; **to be ~ to sb** jdm gegenüber verantwortlich sein

responsibly [rɪsˈpɔnsɪblɪ] ADV verantwortungsvoll

responsive [rɪsˈpɔnsɪv] ADJ (*person*) ansprechbar

rest [rɛst] N (*relaxation*) Ruhe *f*; (*pause*) Ruhepause *f*; (*remainder*) Rest *m*; (*support*) Stütze *f*; (*Mus*) Pause *f* ▸ VI (*relax*) sich ausruhen ▸ VT (*eyes, legs etc*) ausruhen; **the ~ of them** die Übrigen; **to put** *or* **set sb's mind at ~** jdn beruhigen; **to come to ~** (*object*) zum Stillstand kommen; **to lay sb to ~** jdn zur letzten Ruhe betten; **to ~ on sth** (*lit, fig*) sich auf etw *acc* stützen; **to let the matter ~** die Sache auf sich beruhen lassen; **~ assured that ...** seien Sie versichert, dass ...; **I won't ~ until ...** ich werde nicht ruhen, bis ...; **may he/she ~ in peace** möge er/sie in Frieden ruhen; **to ~ sth on/against sth** (*lean*) etw an *acc*/gegen etw lehnen; **to ~ one's eyes** *or* **gaze on sth** den Blick auf etw heften; **I ~ my case** mehr brauche ich dazu wohl nicht zu sagen

restart [riːˈstɑːt] VT (*engine*) wieder anlassen; (*work*) wiederaufnehmen

restaurant [ˈrɛstərɔŋ] N Restaurant *nt*

restaurant car (BRIT) N (*Rail*) Speisewagen *m*

rest cure N Erholung *f*

restful [ˈrɛstful] ADJ (*music*) ruhig; (*lighting*) beruhigend; (*atmosphere*) friedlich

rest home N Pflegeheim *nt*

restitution [rɛstɪˈtjuːʃən] N: **to make ~ to sb of sth** jdm etw zurückerstatten; (*as compensation*) jdn für etw entschädigen

restive [ˈrɛstɪv] ADJ (*person, crew*) unruhig; (*horse*) störrisch

restless [ˈrɛstlɪs] ADJ rastlos; (*audience*) unruhig; **to get ~** unruhig werden

restlessly [ˈrɛstlɪslɪ] ADV (*walk around*) rastlos; (*turn over*) unruhig

restock [riːˈstɔk] VT (*shop, freezer*) wieder auffüllen; (*lake, river: with fish*) wieder besetzen

restoration [rɛstəˈreɪʃən] N (*of painting etc*) Restauration *f*; (*of law and order, health, sight etc*) Wiederherstellung *f*; (*of land, rights*) Rückgabe *f*; (*Hist*): **the R~** die Restauration

restorative [rɪˈstɔrətɪv] ADJ (*power, treatment*) stärkend ▸ N (*old: drink*) Stärkungsmittel *nt*

restore [rɪˈstɔːʳ] VT (*painting etc*) restaurieren; (*law and order, faith, health etc*) wiederherstellen; (*property*) zurückgeben; **to ~ sth to** (*to former state*) etw zurückverwandeln in *+acc*; **to ~ sb to power** jdn wieder an die Macht bringen

restorer [rɪˈstɔːrəʳ] N (*Art etc*) Restaurator(in) *m*(*f*)

restrain [rɪsˈtreɪn] VT (*person*) zurückhalten; (*feeling*) unterdrücken; (*growth, inflation*) dämpfen; **to ~ sb from doing sth** jdn davon abhalten, etw zu tun; **to ~ o.s. from doing sth** sich beherrschen, etw nicht zu tun

restrained [rɪsˈtreɪnd] ADJ (*person*) beherrscht; (*style etc*) zurückhaltend

restraint [rɪsˈtreɪnt] N (*restriction*) Einschränkung *f*; (*moderation*) Zurückhaltung *f*; **wage ~** Zurückhaltung *f* bei Lohnforderungen

restrict [rɪsˈtrɪkt] VT beschränken

restricted [rɪsˈtrɪktɪd] ADJ beschränkt

restricted area (BRIT) N (*Aut*) Bereich *m* mit Geschwindigkeitsbeschränkung

restriction [rɪsˈtrɪkʃən] N Beschränkung *f*

restrictive [rɪsˈtrɪktɪv] ADJ (*law, measure*) restriktiv; (*clothing*) beengend

restrictive practices (BRIT) NPL (*Industry*) wettbewerbshemmende Geschäftspraktiken *pl*

rest room (US) N Toilette *f*

restructure [riːˈstrʌktʃəʳ] VT umstrukturieren

★**result** [rɪˈzʌlt] N Resultat *nt*; (*of match, election, exam etc*) Ergebnis *nt* ▸ VI: **to ~ in** führen zu; **as a ~ of the accident** als Folge des Unfalls; **he missed the train as a ~ of sleeping in** er verpasste den Zug, weil er verschlafen hatte; **to ~ from** resultieren *or* sich ergeben aus; **as a ~ it is too expensive** folglich ist es zu teuer

resultant [rɪˈzʌltənt] ADJ resultierend, sich ergebend

resume [rɪˈzjuːm] VT (*work, journey*) wiederaufnehmen; (*seat*) wieder einnehmen ▸ VI (*start again*) von Neuem beginnen

résumé [ˈreɪzjuːmeɪ] N Zusammenfassung *f*; (*US: curriculum vitae*) Lebenslauf *m*

resumption [rɪˈzʌmpʃən] N (*of work etc*) Wiederaufnahme *f*

resurgence [rɪˈsəːdʒəns] N Wiederaufleben *nt*

resurrection [rɛzəˈrɛkʃən] N (*of hopes, fears*) Wiederaufleben *nt*; (*of custom etc*) Wiederbelebung *f*; (*Rel*): **the R~** die Auferstehung *f*

resuscitate [rɪˈsʌsɪteɪt] VT (*Med, fig*) wiederbeleben

resuscitation [rɪsʌsɪˈteɪʃən] N Wiederbelebung *f*

retail [ˈriːteɪl] ADJ (*trade, department*) Verkaufs-; (*shop, goods*) Einzelhandels- ▸ ADV im Einzelhandel ▸ VT (*sell*) (im Einzelhandel) verkaufen ▸ VI: **to ~ at** (im Einzelhandel) kosten; **this product retails at £25** dieses Produkt kostet im Laden £25

retailer [ˈriːteɪləʳ] N Einzelhändler(in) *m*(*f*)

retail outlet N Einzelhandelsverkaufsstelle *f*

retail price N Einzelhandelspreis *m*

retail price index N Einzelhandelspreisindex *m*

r

retain [rɪˈteɪn] VT (*keep*) behalten; (: *heat, moisture*) zurückhalten

retainer [rɪˈteɪnəʳ] N (*fee*) Vorauszahlung *f*

retaliate [rɪˈtælɪeɪt] VI Vergeltung üben

retaliation [rɪtælɪˈeɪʃən] N Vergeltung *f*; **in ~ for** als Vergeltung für

retaliatory [rɪˈtælɪətərɪ] ADJ (*move, attack*) Vergeltungs-

retarded [rɪˈtɑːdɪd] (!) ADJ zurückgeblieben; **mentally ~** geistig zurückgeblieben

retch [rɛtʃ] VI würgen

retention [rɪˈtɛnʃən] N (*of tradition etc*) Beibehaltung *f*; (*of land, memories*) Behalten *nt*; (*of heat, fluid etc*) Zurückhalten *nt*

retentive [rɪˈtɛntɪv] ADJ (*memory*) merkfähig

rethink [ˈriːˈθɪŋk] VT noch einmal überdenken

reticence [ˈrɛtɪsns] N Zurückhaltung *f*

reticent [ˈrɛtɪsnt] ADJ zurückhaltend

retina [ˈrɛtɪnə] N Netzhaut *f*

retinue [ˈrɛtɪnjuː] N Gefolge *nt*

★**retire** [rɪˈtaɪəʳ] VI (*give up work*) in den Ruhestand treten; (*withdraw, go to bed*) sich zurückziehen

retired [rɪˈtaɪəd] ADJ (*person*) im Ruhestand

★**retirement** [rɪˈtaɪəmənt] N (*state*) Ruhestand *m*; (*act*) Pensionierung *f*

retirement age N Rentenalter *nt*

retiring [rɪˈtaɪərɪŋ] ADJ (*leaving*) ausscheidend; (*shy*) zurückhaltend

retort [rɪˈtɔːt] VI erwidern ▸ N (*reply*) Erwiderung *f*

retrace [riːˈtreɪs] VT: **to ~ one's steps** (*lit, fig*) seine Schritte zurückverfolgen

retract [rɪˈtrækt] VT (*promise*) zurücknehmen; (*confession*) zurückziehen; (*claws, undercarriage*) einziehen

retractable [rɪˈtræktəbl] ADJ (*undercarriage, aerial*) einziehbar

retrain [riːˈtreɪn] VT umschulen ▸ VI umgeschult werden

retraining [riːˈtreɪnɪŋ] N Umschulung *f*

retread [ˈriːtrɛd] N (*tyre*) runderneuerter Reifen *m*

retreat [rɪˈtriːt] N (*place*) Zufluchtsort *m*; (*withdrawal, also Mil*) Rückzug *m* ▸ VI sich zurückziehen; **to beat a hasty ~** schleunigst den Rückzug antreten

retrial [riːˈtraɪəl] N erneute Verhandlung *f*

retribution [rɛtrɪˈbjuːʃən] N Strafe *f*

retrieval [rɪˈtriːvəl] N (*of object*) Zurückholen *nt*; (*Comput*) Abruf *m*

retrieve [rɪˈtriːv] VT (*object*) zurückholen; (*situation*) retten; (*error*) wiedergutmachen; (*dog*) apportieren; (*Comput*) abrufen

retriever [rɪˈtriːvəʳ] N (*dog*) Apportierhund *m*

retroactive [rɛtrəuˈæktɪv] ADJ rückwirkend

retrograde [ˈrɛtrəgreɪd] ADJ (*step*) Rück-

retrospect [ˈrɛtrəspɛkt] N: **in ~** rückblickend, im Rückblick

retrospective [rɛtrəˈspɛktɪv] ADJ (*opinion etc*) im Nachhinein; (*law, tax*) rückwirkend ▸ N (*Art*) Retrospektive *f*

★**return** [rɪˈtəːn] N (*going or coming back*) Rückkehr *f*; (*of sth stolen etc*) Rückgabe *f*; (BRIT: *also:* **return ticket**) Rückfahrkarte *f*; (*Fin: from investment etc*) Ertrag *m*; (*of merchandise*) Rücksendung *f*; (*officia report*) Erklärung *f* ▸ CPD (*journey*) Rück- ▸ V (*person etc: come or go back*) zurückkehren; (*feelings, symptoms etc*) wiederkehren ▸ VT (*favour greetings etc*) erwidern; (*sth stolen etc*) zurückgeben; (*Law: verdict*) fällen; (*Pol: candidate*) wählen (*ball*) zurückspielen ■ **returns** NPL (*Comm*) Gewinne *pl*; **in ~ (for)** als Gegenleistung (für) **by ~ of post** postwendend; **many happy returns (of the day)!** herzlichen Glückwunsch zum Geburtstag!; **~ match** Rückspiel *nt*
▸ **return to** VT FUS (*regain: consciousness, power*) wiedererlangen

returnable [rɪˈtəːnəbl] ADJ (*bottle etc*) Mehrweg-

returner N *jd, der nach längerer Abwesenheit wiede in die Arbeitswelt zurückkehrt*

returning officer [rɪˈtəːnɪŋ-] (BRIT) N Wahlleiter(in) *m(f)*

return key N (*Comput*) Return-Taste *f*

retweet [riːˈtwiːt] VT (*on Twitter*) weitertwittern, retweeten

reunification [riːjuːnɪfɪˈkeɪʃən] N Wiedervereinigung *f*

reunion [riːˈjuːnɪən] N Treffen *nt*; (*after long separation*) Wiedervereinigung *f*

reunite [riːjuːˈnaɪt] VT wiedervereinigen

reusable [riːˈjuːzəbl] ADJ wiederverwendbar

rev [rɛv] N ABBR (*Aut: = revolution*) Umdrehung ▸ VT (*engine: also:* **rev up**) aufheulen lassen

Rev. ABBR (*Rel*) = **Reverend**

revaluation [riːvæljuˈeɪʃən] N (*of property*) Neuschätzung *f*; (*of currency*) Aufwertung *f*; (*of attitudes*) Neubewertung *f*

revamp [riːˈvæmp] VT (*company, system*) auf Vordermann bringen

rev counter (BRIT) N (*Aut*) Drehzahlmesser *m*

Revd. ABBR (*Rel*) = **Reverend**

reveal [rɪˈviːl] VT (*make known*) enthüllen; (*make visible*) zum Vorschein bringen

revealing [rɪˈviːlɪŋ] ADJ (*comment, action*) aufschlussreich; (*dress*) tief ausgeschnitten

reveille [rɪˈvælɪ] N (*Mil*) Wecksignal *nt*

revel [ˈrɛvl] VI: **to ~ in sth** in etw schwelgen; **to ~ in doing sth** es genießen, etw zu tun

revelation [rɛvəˈleɪʃən] N (*disclosure*) Enthüllung *f*

reveller [ˈrɛvləʳ] N Zecher(in) *m(f)*

revelry [ˈrɛvlrɪ] N Gelage *nt*

revenge [rɪˈvɛndʒ] N (*for insult etc*) Rache *f* ▸ VT rächen; **to get one's ~ (for sth)** seine Rache (für etw) bekommen; **to ~ o.s.** *or* **take one's ~ (on sb)** sich (an jdm) rächen

revengeful [rɪˈvɛndʒful] ADJ rachsüchtig

revenue [ˈrɛvənjuː] N (*of person, company*) Einnahmen *pl*; (*of government*) Staatseinkünfte *pl*

reverberate [rɪˈvəːbəreɪt] VI (*sound etc*) widerhallen; (*fig: shock etc*) Nachwirkungen haben
reverberation [rɪvəːbəˈreɪʃən] N (*of sound*) Widerhall *m*; (*fig: of event etc*) Nachwirkungen *pl*
revere [rɪˈvɪəʳ] VT verehren
reverence [ˈrɛvərəns] N Ehrfurcht *f*
Reverend [ˈrɛvərənd] ADJ (*in titles*) Pfarrer; **the ~ John Smith** Pfarrer John Smith
reverent [ˈrɛvərənt] ADJ ehrfürchtig
reverie [ˈrɛvərɪ] N Träumerei *f*
reversal [rɪˈvəːsl] N (*of policy, trend*) Umkehr *f*; **a ~ of roles** ein Rollentausch *m*
reverse [rɪˈvəːs] N (*opposite*) Gegenteil *nt*; (*back: of cloth*) linke Seite *f*; (: *of coin, paper*) Rückseite *f*; (*Aut: also:* **reverse gear**) Rückwärtsgang *m*; (*setback*) Rückschlag *m* ▶ ADJ (*side*) Rück-; (*process*) umgekehrt ▶ VT (*position, trend etc*) umkehren; (*Law: verdict*) revidieren; (*roles*) vertauschen; (*car*) zurücksetzen ▶ VI (BRIT *Aut*) zurücksetzen; **in ~** umgekehrt; **to go into ~** den Rückwärtsgang einlegen; **in ~ order** in umgekehrter Reihenfolge; **to ~ direction** sich um 180 Grad drehen
reverse-charge call [rɪˈvəːstʃɑːdʒ-] (BRIT) N R-Gespräch *nt*
reverse video N (*Comput*) invertierte Darstellung *f*
reversible [rɪˈvəːsəbl] ADJ (*garment*) auf beiden Seiten tragbar; (*decision, operation*) umkehrbar
reversing lights [rɪˈvəːsɪŋ-] (BRIT) NPL Rückfahrscheinwerfer *m*
reversion [rɪˈvəːʃən] N: **~ to** Rückfall in *+acc*; (*Zool*) Rückentwicklung *f*
revert [rɪˈvəːt] VI: **to ~ to** (*former state*) zurückkehren zu, zurückfallen in *+acc*; (*Law: money, property*) zurückfallen an *+acc*
review [rɪˈvjuː] N (*magazine*) Zeitschrift *f*; (*Mil*) Inspektion *f*; (*of book, film etc*) Kritik *f*, Besprechung *f*, Rezension *f*; (*of policy etc*) Überprüfung *f* ▶ VT (*Mil: troops*) inspizieren; (*book, film etc*) besprechen, rezensieren; (*policy etc*) überprüfen; **to be/come under ~** überprüft werden
reviewer [rɪˈvjuːəʳ] N Kritiker(in) *m(f)*, Rezensent(in) *m(f)*
revile [rɪˈvaɪl] VT schmähen
revise [rɪˈvaɪz] VT (*manuscript*) überarbeiten, revidieren; (*opinion etc*) ändern; (*price, procedure*) revidieren ▶ VI (*study*) wiederholen; **revised edition** überarbeitete Ausgabe
revision [rɪˈvɪʒən] N (*of manuscript, law etc*) Überarbeitung *f*, Revision *f*; (*for exam*) Wiederholung *f*
revitalize [riːˈvaɪtəlaɪz] VT neu beleben
revival [rɪˈvaɪvəl] N (*recovery*) Aufschwung *m*; (*of interest, faith*) Wiederaufleben *nt*; (*Theat*) Wiederaufnahme *f*
revive [rɪˈvaɪv] VT (*person*) wiederbeleben; (*economy etc*) Auftrieb geben *+dat*; (*custom*) wiederaufleben lassen; (*hope, interest etc*) neu beleben; (*play*) wiederaufnehmen ▶ VI (*person*) wieder zu sich kommen; (*activity, economy etc*) wieder aufblühen; (*hope, interest etc*) wiedererweckt werden
revoke [rɪˈvəuk] VT (*law etc*) aufheben; (*title, licence*) entziehen *+dat*; (*promise, decision*) widerrufen
revolt [rɪˈvəult] N Revolte *f*, Aufstand *m* ▶ VI rebellieren ▶ VT abstoßen; **to ~ against sb/sth** gegen jdn/etw rebellieren
revolting [rɪˈvəultɪŋ] ADJ (*disgusting*) abscheulich, ekelhaft
★**revolution** [rɛvəˈluːʃən] N (*Pol etc*) Revolution *f*; (*rotation*) Umdrehung *f*
★**revolutionary** [rɛvəˈluːʃənrɪ] ADJ revolutionär; (*leader, army*) Revolutions- ▶ N Revolutionär(in) *m(f)*
revolutionize [rɛvəˈluːʃənaɪz] VT revolutionieren
revolve [rɪˈvɔlv] VI sich drehen; **to ~ (a)round** sich drehen um
revolver [rɪˈvɔlvəʳ] N Revolver *m*
revolving [rɪˈvɔlvɪŋ] ADJ (*chair*) Dreh-; (*sprinkler etc*) drehbar
revolving door [rɪˈvɔlvɪŋ-] N Drehtür *f*
revue [rɪˈvjuː] N (*Theat*) Revue *f*
revulsion [rɪˈvʌlʃən] N (*disgust*) Abscheu *m*, Ekel *m*
★**reward** [rɪˈwɔːd] N Belohnung *f*; (*satisfaction*) Befriedigung *f* ▶ VT belohnen
reward card N Kundenkarte *f*, Pay-back-Karte® *f*
rewarding [rɪˈwɔːdɪŋ] ADJ lohnend; **financially ~** einträglich
rewind [riːˈwaɪnd] VT (*irreg: like* **wind²**) (*tape etc*) zurückspulen
rewire [riːˈwaɪəʳ] VT neu verkabeln
reword [riːˈwəːd] VT (*message, note*) umformulieren
rework [riːˈwəːk] VT (*use again: theme etc*) wiederverarbeiten; (*revise*) neu fassen
rewritable [riːˈraɪtəbl] ADJ (*CD, DVD*) wiederbeschreibbar
rewrite [riːˈraɪt] VT (*irreg: like* **write**) neu schreiben
Reykjavik [ˈreɪkjəviːk] N Reykjavik *nt*
RGN (BRIT) N ABBR (= *Registered General Nurse*) staatlich geprüfte Krankenschwester *f*, staatlich geprüfter Krankenpfleger *m*
Rh ABBR (*Med:* = *rhesus*) Rh.
rhapsody [ˈræpsədɪ] N (*Mus*) Rhapsodie *f*
rhesus negative ADJ Rhesus negativ
rhesus positive ADJ Rhesus positiv
rhetoric [ˈrɛtərɪk] N Rhetorik *f*
rhetorical [rɪˈtɔrɪkl] ADJ rhetorisch
rheumatic [ruːˈmætɪk] ADJ rheumatisch
rheumatism [ˈruːmətɪzəm] N Rheuma *nt*, Rheumatismus *m*
rheumatoid arthritis [ˈruːmətɔɪd-] N Gelenkrheumatismus *m*
Rhine [raɪn] N: **the ~** der Rhein
rhinestone [ˈraɪnstəun] N Rheinkiesel *m*

rhinoceros [raɪˈnɔsərəs] N Rhinozeros *nt*
Rhodes [rəudz] N Rhodos *nt*
rhododendron [rəudəˈdɛndrən] N Rhododendron *m or nt*
Rhone [rəun] N: **the ~** die Rhone
rhubarb [ˈruːbɑːb] N Rhabarber *m*
rhyme [raɪm] N Reim *m*; (*verse*) Verse *pl* ▶ VI: **to ~ (with)** sich reimen (mit); **without ~ or reason** ohne Sinn und Verstand
★**rhythm** [ˈrɪðm] N Rhythmus *m*
rhythmic [ˈrɪðmɪk], **rhythmical** [ˈrɪðmɪkl] ADJ rhythmisch
rhythmically [ˈrɪðmɪklɪ] ADV (*move, beat*) rhythmisch, im Rhythmus
rhythm method N Knaus-Ogino-Methode *f*
RI N ABBR (BRIT *Scol*: = *religious instruction*) Religionsunterricht *m* ▶ ABBR (US *Post*) = **Rhode Island**
rib [rɪb] N Rippe *f* ▶ VT (*mock*) aufziehen
ribald [ˈrɪbəld] ADJ (*laughter, joke*) rüde; (*person*) anzüglich
ribbed [rɪbd] ADJ (*socks, sweater*) gerippt
ribbon [ˈrɪbən] N (*for hair, decoration*) Band *nt*; (*of typewriter*) Farbband *nt*; **in ribbons** (*torn*) in Fetzen
★**rice** [raɪs] N Reis *m*
ricefield [ˈraɪsfiːld] N Reisfeld *nt*
rice pudding N Milchreis *m*
★**rich** [rɪtʃ] ADJ reich; (*soil*) fruchtbar; (*food*) schwer; (*diet*) reichhaltig; (*colour*) satt; (*voice*) volltönend; (*tapestries, silks*) prächtig ▶ NPL: **the ~** die Reichen; **~ in** reich an *+dat*
riches [ˈrɪtʃɪz] NPL Reichtum *m*
richly [ˈrɪtʃlɪ] ADV (*decorated, carved*) reich; (*reward, benefit*) reichlich; **~ deserved/earned** wohlverdient
richness [ˈrɪtʃnɪs] N (*wealth*) Reichtum *m*; (*of life, culture, food*) Reichhaltigkeit *f*; (*of soil*) Fruchtbarkeit *f*; (*of costumes, furnishings*) Pracht *f*
rickets [ˈrɪkɪts] N Rachitis *f*
rickety [ˈrɪkɪtɪ] ADJ (*chair etc*) wackelig
rickshaw [ˈrɪkʃɔː] N Rikscha *f*
ricochet [ˈrɪkəʃeɪ] VI abprallen ▶ N Abpraller *m*
★**rid** [rɪd] (*pt, pp* ~) VT: **to ~ sb/sth of** jdn/etw befreien von; **to get ~ of** loswerden; (*inhibitions, illusions etc*) sich befreien von
riddance [ˈrɪdns] N: **good ~!** gut, dass wir den/die/das los sind!
ridden [ˈrɪdn] PP *of* **ride**
riddle [ˈrɪdl] N Rätsel *nt* ▶ VT: **to be riddled with** (*guilt, doubts*) geplagt sein von; (*holes, corruption*) durchsetzt sein von
★**ride** [raɪd] (*pt* **rode**, *pp* **ridden**) N (*in car, on bicycle*) Fahrt *f*; (*on horse*) Ritt *m*; (*path*) Reitweg *m* ▶ VI (*on horse*) reiten; (*on bicycle, bus etc*) fahren ▶ VT reiten; fahren; **car ~** Autofahrt *f*; **to go for a ~** eine Fahrt/einen Ausritt machen; **to take sb for a ~** (*fig*) jdn hereinlegen; **we rode all day/all the way** wir sind den ganzen Tag/den ganzen Weg geritten/gefahren; **to ~ at anchor** (*Naut*) vor Anker liegen; **can you ~ a bike?** kannst d[u] Fahrrad fahren?
▶ **ride out** VT: **to ~ out the storm** (*fig*) de[n] Sturm überstehen
★**rider** [ˈraɪdəʳ] N (*on horse*) Reiter(in) *m(f)*; (*on bicy[]cle etc*) Fahrer(in) *m(f)*; (*in document etc*) Zusatz *m*
ridge [rɪdʒ] N (*of hill*) Grat *m*; (*of roof*) First *m*; (*i[n] sand etc*) Rippelmarke *f*
ridicule [ˈrɪdɪkjuːl] N Spott *m* ▶ VT (*person*) ver[]spotten; (*proposal, system etc*) lächerlic[h] machen; **she was the object of ~** alle machte[n] sich über sie lustig
ridiculous [rɪˈdɪkjuləs] ADJ lächerlich
riding [ˈraɪdɪŋ] N Reiten *nt*
riding school N Reitschule *f*
rife [raɪf] ADJ: **to be ~** (*corruption, disease etc*) gras[]sieren; **to be ~ with** (*rumours etc*) durchsetz[t] sein von
riffraff [ˈrɪfræf] N Gesindel *nt*
rifle [ˈraɪfl] N (*gun*) Gewehr *nt* ▶ VT (*wallet etc*) plündern
▶ **rifle through** VT FUS (*papers etc*) durchwühle[n]
rifle range N Schießstand *m*
rift [rɪft] N Spalt *m*; (*fig*) Kluft *f*
rig [rɪg] N (*also*: **oil rig**: *at sea*) Bohrinsel *f*; (: *o[n] land*) Bohrturm *m* ▶ VT (*election, game etc*) mani[]pulieren
▶ **rig out** (BRIT) VT: **to ~ sb out as/in** jdn aus[]staffieren als/in *+dat*
▶ **rig up** VT (*device*) montieren
rigging [ˈrɪgɪŋ] N (*Naut*) Takelage *f*
★**right** [raɪt] ADJ (*correct*) richtig; (*not left*) rech[]te(r, s) ▶ N Recht *nt* ▶ ADV (*correctly, properly*) rich[]tig; (*directly, exactly*) genau; (*not on the left*) recht[s] ▶ VT (*ship, car etc*) aufrichten; (*fault, situation*) kor[]rigieren, berichtigen ▶ EXCL okay; **the ~ tim[e]** (*exact*) die genaue Zeit; (*most suitable*) die rich[]tige Zeit; **to be ~** (*person*) recht haben; (*answe[r], fact*) richtig sein; (*clock*) genau gehen; (*readin[g] etc*) korrekt sein; **to get sth ~** etw richti[g] machen; **let's get it ~ this time!** diesma[l] machen wir es richtig!; **you did the ~ thing** d[u] hast das Richtige getan; **to put sth ~** (*mistak[e] etc*) etw berichtigen; **on/to the ~** rechts; **th[e] R~** (*Pol*) die Rechte; **by rights** richtig genom[]men; **to be in the ~** im Recht sein; **you'r[e] within your rights (to do that)** es ist dei[n] gutes Recht(, das zu tun); **he is a well-know[n] author in his own ~** er ist selbst auch ei[n] bekannter Autor; **film rights** Filmrechte *p[l]*; **~ now** im Moment; **~ before/after the part[y]** gleich vor/nach der Party; **~ against the wa[ll]** unmittelbar an der Wand; **~ ahead** geradeaus; **~ away** (*immediately*) sofort; **~ in the middl[e]** genau in der Mitte; **he went ~ to the end of th[e] road** er ging bis ganz ans Ende der Straße
right angle N rechter Winkel *m*
right-click [ˈraɪtklɪk] (*Comput*) VI rechts klicke[n] ▶ VT rechts klicken auf *+acc*
righteous [ˈraɪtʃəs] ADJ (*person*) rechtschaffen; (*indignation*) gerecht
righteousness [ˈraɪtʃəsnɪs] N Rechtschaffen[]heit *f*

ightful [ˈraɪtful] ADJ rechtmäßig

ightfully [ˈraɪtfəlɪ] ADV von Rechts wegen

ight-hand drive [ˈraɪthænd-] ADJ (*vehicle*) mit Rechtssteuerung

ight-handed [raɪtˈhændɪd] ADJ rechtshändig

ight-hand man [ˈraɪthænd-] N (*irreg*) rechte Hand *f*

ight-hand side [ˈraɪthænd-] N rechte Seite *f*

ightly [ˈraɪtlɪ] ADV (*with reason*) zu Recht; **if I remember ~** (BRIT) wenn ich mich recht entsinne

ight-minded [raɪtˈmaɪndɪd] ADJ vernünftig

ight of way N (*on path etc*) Durchgangsrecht *f*; (*Aut*) Vorfahrt *f*

ights issue N (*Stock Exchange*) Bezugsrechtsemission *f*

ight wing N (*Pol, Sport*) rechter Flügel *m*

ight-wing [raɪtˈwɪŋ] ADJ (*Pol*) rechtsgerichtet, rechts; **they are quite ~** sie sind ziemlich rechts

ight-winger [raɪtˈwɪŋəʳ] N (*Pol*) Rechte(r) *f*(*m*); (*Sport*) Rechtsaußen *m*

igid [ˈrɪdʒɪd] ADJ (*structure, views*) starr; (*principle, control etc*) streng

igidity [rɪˈdʒɪdɪtɪ] N (*of structure etc*) Starrheit *f*; (*of attitude, views etc*) Strenge *f*

igidly [ˈrɪdʒɪdlɪ] ADV (*hold, fix etc*) starr; (*control, interpret*) streng

igmarole [ˈrɪgmərəul] N Gedöns *nt* (*inf*)

igor [ˈrɪgəʳ] (*US*) N = **rigour**

igor mortis [ˈrɪgəˈmɔːtɪs] N Totenstarre *f*

igorous [ˈrɪgərəs] ADJ (*control etc*) streng; (*training*) gründlich

igorously [ˈrɪgərəslɪ] ADV (*test, assess etc*) streng

igour, (*US*) **rigor** [ˈrɪgəʳ] N (*of argument, law*) Strenge *f*; (*of research*) Gründlichkeit *f*; **the rigours of life/winter** die Härten des Lebens/des Winters

ig-out [ˈrɪgaut] (BRIT *inf*) N Aufzug *m*

ile [raɪl] VT ärgern

im [rɪm] N (*of glass, spectacles*) Rand *m*; (*of wheel*) Felge *f*, Radkranz *m*

imless [ˈrɪmlɪs] ADJ (*spectacles*) randlos

immed [rɪmd] ADJ: **~ with** umrandet von; **gold-rimmed spectacles** Brille *f* mit Goldfassung *or* Goldrand

ind [raɪnd] N (*of bacon*) Schwarte *f*; (*of lemon, melon*) Schale *f*; (*of cheese*) Rinde *f*

ing [rɪŋ] (*pt* **rang**, *pp* **rung**) N Ring *m*; (*of people, objects*) Kreis *m*; (*of circus*) Manege *f*; (*bullring*) Arena *f*; (*sound of telephone*) Klingeln *nt*; (*sound of bell*) Läuten *nt*; (*on cooker*) Kochstelle *m* ▶ VI (*Tel: person*) anrufen; (*telephone, doorbell*) klingeln; (*bell*) läuten; (*also:* **ring out**) ertönen ▶ VT (BRIT *Tel*) anrufen; (*bell etc*) läuten; (*encircle*) einen Kreis machen um; **to give sb a ~** (BRIT *Tel*) jdn anrufen; **that has a ~ of truth about it** das könnte stimmen; **to run rings round sb** (*inf: fig*) jdn in die Tasche stecken; **to ~ true/false** wahr/falsch klingen; **my ears are ringing** mir klingen die Ohren; **to ~ the doorbell** klingeln; **the name doesn't ~ a bell (with me)** der Name sagt mir nichts

▶ **ring back** (BRIT) VT, VI (*Tel*) zurückrufen

▶ **ring off** (BRIT) VI (*Tel*) (den Hörer) auflegen

▶ **ring up** (BRIT) VT (*Tel*) anrufen

ring binder N Ringbuch *nt*

ring-fence [rɪŋˈfɛns] VT (*money, tax*) zweckbinden

ring finger N Ringfinger *m*

ringing [ˈrɪŋɪŋ] N (*of telephone*) Klingeln *nt*; (*of bell*) Läuten *nt*; (*in ears*) Klingen *nt*

ringing tone (BRIT) N (*Tel*) Rufzeichen *nt*

ringleader [ˈrɪŋliːdəʳ] N Rädelsführer(in) *m*(*f*)

ringlets [ˈrɪŋlɪts] NPL Ringellocken *pl*; **in ~** in Ringellocken

ring road (BRIT) N Ringstraße *f*

★**ringtone** [ˈrɪŋtəun] N (*of mobile phone*) Klingelton *m*

rink [rɪŋk] N (*also:* **ice rink**) Eisbahn *f*; (*also:* **roller skating rink**) Rollschuhbahn *f*

rinse [rɪns] N Spülen *nt*; (*of hands*) Abspülen *nt*; (*hair dye*) Tönung *f* ▶ VT spülen; (*hands*) abspülen; (*also:* **rinse out**: *clothes*) auswaschen; (*: mouth*) ausspülen; **to give sth a ~** etw spülen; (*dishes*) etw abspülen

Rio [ˈriːəu], **Rio de Janeiro** [ˈriːəudədʒəˈnɪərəu] N Rio (de Janeiro) *nt*

★**riot** [ˈraɪət] N (*disturbance*) Aufruhr *m* ▶ VI randalieren; **a ~ of colours** ein Farbenmeer *nt*; **to run ~** randalieren

rioter [ˈraɪətəʳ] N Randalierer *m*

riot gear N Schutzausrüstung *f*

riotous [ˈraɪətəs] ADJ (*crowd*) randalierend; (*nights, party*) ausschweifend; (*welcome etc*) tumultartig

riotously [ˈraɪətəslɪ] ADV: **~ funny** *or* **comic** urkomisch

riot police N Bereitschaftspolizei *f*; **hundreds of ~** Hunderte von Bereitschaftspolizisten

RIP ABBR (= *requiescat or requiescant in pace*) R.I.P.

rip [rɪp] N (*tear*) Riss *m* ▶ VT zerreißen ▶ VI reißen

▶ **rip off** VT (*clothes*) herunterreißen; (*inf: swindle*) übers Ohr hauen

▶ **rip up** VT zerreißen

ripcord [ˈrɪpkɔːd] N Reißleine *f*

ripe [raɪp] ADJ reif; **to be ~ for sth** (*fig*) reif für etw sein; **he lived to a ~ old age** er erreichte ein stolzes Alter

ripen [ˈraɪpn] VT reifen lassen ▶ VI reifen

ripeness [ˈraɪpnɪs] N Reife *f*

rip-off [ˈrɪpɔf] (*inf*) N: **it's a ~!** das ist Wucher!

riposte [rɪˈpɔst] N scharfe Entgegnung *f*

ripple [ˈrɪpl] N (*wave*) kleine Welle *f*; (*of laughter, applause*) Welle *f* ▶ VI (*water*) sich kräuseln; (*muscles*) spielen ▶ VT (*surface*) kräuseln

★**rise** [raɪz] (*pt* **rose**, *pp* **risen**) N (*incline*) Steigung *f*; (BRIT: *salary increase*) Gehaltserhöhung *f*; (*in prices, temperature etc*) Anstieg *m*; (*fig: to fame etc*) Aufstieg *m* ▶ VI (*prices, water*) steigen; (*sun, moon*) aufgehen; (*wind*) aufkommen; (*from bed, chair*) aufstehen; (*sound, voice*) ansteigen; (*tower,* *rebel: also:* **rise up**) sich erheben; (*in rank*) aufsteigen; **to give ~ to** Anlass geben zu; **to ~ to power** an die Macht kommen

risen [ˈrɪzn] PP *of* **rise**

rising [ˈraɪzɪŋ] ADJ (*increasing*) steigend; (*up-and-coming*) aufstrebend

rising damp N aufsteigende Feuchtigkeit *f*

rising star N (*fig: person*) Aufsteiger(in) *m(f)*

★**risk** [rɪsk] N (*danger, chance*) Gefahr *f*; (*deliberate*) Risiko *nt* ▶ VT riskieren; **to take a ~** ein Risiko eingehen; **to run the ~ of sth** etw zu fürchten haben; **to run the ~ of doing sth** Gefahr laufen, etw zu tun; **at ~** in Gefahr; **at one's own ~** auf eigene Gefahr; **at the ~ of sounding rude ...** auf die Gefahr hin, unhöflich zu klingen, ...; **it's a fire/health ~** es ist ein Feuer-/Gesundheitsrisiko; **I'll ~ it** ich riskiere es

risk capital N Risikokapital *nt*

risky [ˈrɪskɪ] ADJ riskant

risqué [ˈriːskeɪ] ADJ (*joke*) gewagt

rissole [ˈrɪsəul] N (*of meat, fish etc*) Frikadelle *f*

rite [raɪt] N Ritus *m*; **last rites** (*Rel*) Letzte Ölung *f*

ritual [ˈrɪtjuəl] ADJ (*law, murder*) Ritual-; (*dance*) rituell ▶ N Ritual *nt*

★**rival** [ˈraɪvl] N Rivale *m*, Rivalin *f* ▶ ADJ (*firm, newspaper etc*) Konkurrenz-; (*teams, groups etc*) rivalisierend ▶ VT (*match*) sich messen können mit; **to ~ sth/sb in sth** sich mit etw/jdm in Bezug auf etw messen können

rivalry [ˈraɪvlrɪ] N Rivalität *f*

★**river** [ˈrɪvəʳ] N Fluss *m*; (*fig: of blood etc*) Strom *m* ▶ CPD (*port, traffic*) Fluss-; **up/down ~** flussaufwärts/-abwärts

river bank N Flussufer *nt*

river bed N Flussbett *nt*

riverside [ˈrɪvəsaɪd] N = **river bank**

rivet [ˈrɪvɪt] N Niete *f* ▶ VT (*fig: attention*) fesseln; (*: eyes*) heften

riveting [ˈrɪvɪtɪŋ] ADJ (*fig*) fesselnd

Riviera [rɪvɪˈɛərə] N: **the (French) ~** die (französische) Riviera; **the Italian ~** die italienische Riviera

Riyadh [rɪˈjɑːd] N Riad *nt*

RMT N ABBR (= *National Union of Rail, Maritime and Transport Workers*) *Gewerkschaft der Eisenbahner, Seeleute und Transportarbeiter*

RN N ABBR (BRIT) = **Royal Navy**; (US) = **registered nurse**

RNA N ABBR (= *ribonucleic acid*) RNS *f*

RNLI (BRIT) N ABBR (= *Royal National Lifeboat Institution*) *durch Spenden finanzierter Seenot-Rettungsdienst*, ≈ DLRG *f*

RNZAF N ABBR (= *Royal New Zealand Air Force*) neuseeländische Luftwaffe *f*

RNZN N ABBR (= *Royal New Zealand Navy*) neuseeländische Marine *f*

★**road** [rəud] N Straße *f*; (*fig*) Weg *m* ▶ CPD (*accident, sense*) Verkehrs-; **main ~** Hauptstraße *f*; **it takes four hours by ~** man braucht vier Stunden mit dem Auto; **let's hit the ~** machen wir uns auf den Weg!; **to be on the ~** (*salesman et*… unterwegs sein; (*pop group etc*) auf Tournee sei… **on the ~ to success** auf dem Weg zum Erfol… **major/minor ~** Haupt-/Nebenstraße *f*

road accident N Verkehrsunfall *m*

roadblock [ˈrəudblɔk] N Straßensperre *f*

road haulage N Spedition *f*

roadhog [ˈrəudhɔg] N Verkehrsrowdy *m*

road map N Straßenkarte *f*

road rage N Aggressivität *f* im Straßenverke…

road safety N Verkehrssicherheit *f*

roadside [ˈrəudsaɪd] N Straßenrand *m* ▶ CP… (*building, sign etc*) am Straßenrand; **by the ~** a… Straßenrand

road sign N Verkehrszeichen *nt*

roadsweeper [ˈrəudswiːpəʳ] (BRIT) N (*perso*… Straßenkehrer(in) *m(f)*; (*vehicle*) Straßenkeh… maschine *f*

road tax (BRIT) N Kraftfahrzeugssteuer *f*

road user N Verkehrsteilnehmer(in) *m(f)*

roadway [ˈrəudweɪ] N Fahrbahn *f*

road works NPL Straßenbauarbeiten *pl*, Stra… ßenbau *sing*

roadworthy [ˈrəudwəːðɪ] ADJ verkehrstüchti…

roam [rəum] VI wandern, streifen ▶ VT (*street… countryside*) durchstreifen

roar [rɔːʳ] N (*of animal, crowd*) Brüllen *nt*; (*of veh… cle*) Getöse *nt*; (*of storm*) Heulen *nt* ▶ VI (*anima… person*) brüllen; (*engine, wind etc*) heulen; **roar… of laughter** brüllendes Gelächter; **to ~ wit… laughter** vor Lachen brüllen

roaring [ˈrɔːrɪŋ] ADJ: **a ~ fire** ein prasselnde… Feuer; **a ~ success** ein Bombenerfolg *m*; **to d… a ~ trade (in sth)** ein Riesengeschäft (mit etw… machen

roast [rəust] N Braten *m* ▶ VT (*meat, potatoe…*) braten; (*coffee*) rösten

roast beef N Roastbeef *nt*

roasting [ˈrəustɪŋ] (*inf*) ADJ (*hot*) knallheiß ▶ (*criticism*) Verriss *m*; (*telling-off*) Standpauke *f*; **t… give sb a ~** (*criticize*) jdn verreißen; (*scold*) jd… eine Standpauke halten

rob [rɔb] VT (*person*) bestehlen; (*house, bank*) aus… rauben; **to ~ sb of sth** jdm etw raube… (*fig: deprive*) jdm etw vorenthalten

robber [ˈrɔbəʳ] N Räuber(in) *m(f)*

robbery [ˈrɔbərɪ] N Raub *m*

robe [rəub] N (*for ceremony etc*) Gewand *nt*; (*als… bath robe*) Bademantel *m*; (US) Morgenrock … ▶ VT: **to be robed in** (*form*) (festlich) in etw a… gekleidet sein

robin [ˈrɔbɪn] N Rotkehlchen *nt*

robot [ˈrəubɔt] N Roboter *m*

robotics [rəˈbɔtɪks] N Robotik *f*

robust [rəuˈbʌst] ADJ robust; (*appetite*) gesund

★**rock** [rɔk] N (*substance*) Stein *m*; (*boulder*) Felse… *m*; (*US: small stone*) Stein *m*; (*BRIT: sweet*) ≈ Zucke… stange *f*; (*Mus: also:* **rock music**) Rock *m*, Roc… musik *f* ▶ VT (*swing gently: cradle*) schaukel… (*: child*) wiegen; (*shake, also fig*) erschüttern ▶ … (*object*) schwanken; (*person*) schaukeln; **on th…**

rocks (*drink*) mit Eis; (*ship*) (auf Felsen) aufgelaufen; (*marriage etc*) gescheitert; **to ~ the boat** (*fig*) Unruhe stiften

ock and roll N Rock and Roll *m*

ock bottom [ˈrɔkˈbɔtəm] ADJ (*prices*) Tiefst- ▸ N: **to reach** *or* **touch** *or* **hit ~** (*person, prices*) den Tiefpunkt erreichen

ock cake N ≈ Rosinenbrötchen *nt*

ock climber N Felsenkletterer(in) *m(f)*

ock climbing N Felsenklettern *nt*

ockery [ˈrɔkərɪ] N Steingarten *m*

ocket [ˈrɔkɪt] N Rakete *f* ▸ VI (*prices*) in die Höhe schießen

ocket launcher N Raketenwerfer *m*

ock face N Felswand *f*

ock fall N Steinschlag *m*

ocking chair [ˈrɔkɪŋ-] N Schaukelstuhl *m*

ocking horse N Schaukelpferd *nt*

ocky [ˈrɔkɪ] ADJ (*path, ground*) felsig; (*fig: business, marriage*) wackelig

ocky Mountains NPL: **the ~** die Rocky Mountains *pl*

od [rɔd] N (*also Tech*) Stange *f*; (*also:* **fishing rod**) Angelrute *f*

ode [rəud] PT *of* **ride**

odent [ˈrəudnt] N Nagetier *nt*

odeo [ˈrəudɪəu] (*US*) N Rodeo *nt*

oe [rəu] N (*Culin*): **hard ~** Rogen *m*; **soft ~** Milch *f*

oe deer N INV Reh *nt*

ogue [rəug] N Gauner *m*

oguish [ˈrəugɪʃ] ADJ schelmisch

ole [rəul] N Rolle *f*

ole model N Rollenmodell *nt*

ole play N Rollenspiel *nt*

oll [rəul] N (*of paper*) Rolle *f*; (*of cloth*) Ballen *m*; (*of banknotes*) Bündel *nt*; (*also:* **bread roll**) Brötchen *nt*; (*register, list*) Verzeichnis *nt*; (*of drums etc*) Wirbel *m* ▸ VT rollen; (*also:* **roll up**: *string*) aufrollen; (: *sleeves*) aufkrempeln; (*cigarette*) drehen; (*pastry: also:* **roll out**) ausrollen; (*flatten: lawn, road*) walzen ▸ VI rollen; (*drum*) wirbeln; (*thunder*) grollen; (*ship*) schlingern; (*tears, sweat*) fließen; (*camera, printing press*) laufen; **cheese/ham ~** Käse-/Schinkenbrötchen *nt*; **he's rolling in it** (*inf: rich*) er schwimmt im Geld

▸ **roll about** VI sich wälzen

▸ **roll around** VI = **roll about**

▸ **roll in** VI (*money, invitations*) hereinströmen

▸ **roll over** VI sich umdrehen

▸ **roll up** VI (*inf: arrive*) aufkreuzen ▸ VT (*carpet, umbrella etc*) aufrollen; **to ~ o.s. up into a ball** sich zusammenrollen

oll call N namentlicher Aufruf *m*

olled gold [rəuld-] N Doublégold *nt*

oller [ˈrəuləʳ] N Rolle *f*; (*for lawn, road*) Walze *f*; (*for hair*) Lockenwickler *m*

ollerblades® [ˈrəuləbleɪdz] NPL Rollerblades *pl*

ollerblading [ˈrəuləbleɪdɪŋ] N Inlineskaten *nt*

roller blind N Rollo *nt*

roller coaster N Achterbahn *f*

roller skates NPL Rollschuhe *pl*

roller-skating [ˈrəuləskeɪtɪŋ] N Rollschuhlaufen *nt*

rollicking [ˈrɔlɪkɪŋ] ADJ toll, Mords-; **to have a ~ time** sich ganz toll amüsieren

rolling [ˈrəulɪŋ] ADJ (*hills*) wellig

rolling mill N Walzwerk *nt*

rolling pin [ˈrəulɪŋ-] N Nudelholz *nt*

rolling stock N (*Rail*) Fahrzeuge *pl*

roll-on-roll-off [ˈrəulɔnˈrəulɔf] (BRIT) ADJ (*ferry*) Roll-on-roll-off-

roly-poly [ˈrəulɪˈpəulɪ] (BRIT) N ≈ Strudel *m*

ROM [rɔm] N ABBR (*Comput: = read only memory*) ROM

Roman [ˈrəumən] ADJ römisch ▸ N (*person*) Römer(in) *m(f)*

Roman Catholic ADJ römisch-katholisch ▸ N Katholik(in) *m(f)*

romance [rəˈmæns] N (*love affair*) Romanze *f*; (*romanticism*) Romantik *f*; (*novel*) fantastische Erzählung *f*

Romanesque [rəuməˈnɛsk] ADJ romanisch

Romania [rəuˈmeɪnɪə] N Rumänien *nt*

Romanian [rəuˈmeɪnɪən] ADJ rumänisch ▸ N (*person*) Rumäne *m*, Rumänin *f*; (*Ling*) Rumänisch *nt*

Roman numeral N römische Ziffer *f*

★**romantic** [rəˈmæntɪk] ADJ romantisch

romanticism [rəˈmæntɪsɪzəm] N (*also Art, Liter*) Romantik *f*

Romany [ˈrɔmənɪ] ADJ Roma- ▸ N (*person*) Roma *mf*; (*Ling*) Romani *nt*

Rome [rəum] N Rom *nt*

romp [rɔmp] N Klamauk *m* ▸ VI (*also:* **romp about**) herumtollen; **to ~ home** (*horse*) spielend gewinnen

rompers [ˈrɔmpəz] NPL (*clothing*) *einteiliger Spielanzug für Babys*

rondo [ˈrɔndəu] N (*Mus*) Rondo *nt*

★**roof** [ru:f] (*pl* **roofs**) N Dach *nt* ▸ VT (*house etc*) überdachen; **the ~ of the mouth** der Gaumen

roof garden N Dachgarten *m*

roofing [ˈru:fɪŋ] N Deckung *f*; **~ felt** Dachpappe *f*

roof rack N Dachgepäckträger *m*

rook [ruk] N (*bird*) Saatkrähe *f*; (*Chess*) Turm *m*

rookie [ˈruki:] (*inf*) N (*esp Mil*) Grünschnabel *m*

★**room** [ru:m] N (*in house, hotel*) Zimmer *nt*; (*space*) Raum *m*, Platz *m*; (*scope: for change etc*) Raum *m* ▸ VI: **to ~ with sb** (*esp US*) ein Zimmer mit jdm teilen ■ **rooms** NPL (*lodging*) Zimmer *pl*; **"rooms to let"**, **"rooms for rent"** (*US*) „Zimmer zu vermieten"; **single/double ~** Einzel-/Doppelzimmer *nt*; **is there ~ for this?** ist dafür Platz vorhanden?; **to make ~ for sb** für jdn Platz machen; **there is ~ for improvement** es gibt Möglichkeiten zur Verbesserung

rooming house [ˈru:mɪŋ-] (*US*) N Mietshaus *nt*

roommate [ˈruːmmeɪt] N Zimmergenosse *m*, Zimmergenossin *f*

room service N Zimmerservice *m*

room temperature N Zimmertemperatur *f*

roomy [ˈruːmɪ] ADJ (*building, car*) geräumig

roost [ruːst] VI (*birds*) sich niederlassen

rooster [ˈruːstəʳ] (*esp US*) N Hahn *m*

★**root** [ruːt] N (*also Math*) Wurzel *f* ▶ VI (*plant*) Wurzeln schlagen ▶ VT: **to be rooted in** verwurzelt sein in *+dat* ▩ **roots** NPL (*family origins*) Wurzeln *pl*; **to take ~** (*plant, idea*) Wurzeln schlagen; **the ~ cause of the problem** die Wurzel des Problems

▶ **root about** VI (*search*) herumwühlen

▶ **root for** VT FUS (*support*) anfeuern

▶ **root out** VT ausrotten

root beer (*US*) N *kohlensäurehaltiges Getränk aus Wurzel- und Kräuterextrakten*

rope [rəup] N Seil *nt*; (*Naut*) Tau *nt* ▶ VT (*tie*) festbinden; (*also:* **rope together**) zusammenbinden; **to know the ropes** (*fig*) sich auskennen

▶ **rope in** VT (*fig: person*) einspannen

▶ **rope off** VT (*area*) mit einem Seil absperren

rope ladder N Strickleiter *f*

ropey, ropy [ˈrəupɪ] (*inf*) ADJ (*ill, poor quality*) miserabel

rort [rɔːt] (*AUST, NZ inf*) N Betrugsschema *nt*, Abzocke *f* (*inf*) ▶ VT austricksen (*inf*); (*money*) abschöpfen

rosary [ˈrəuzərɪ] N Rosenkranz *m*

★**rose** [rəuz] PT *of* **rise** ▶ N (*flower*) Rose *f*; (*also:* **rosebush**) Rosenstrauch *m*; (*on watering can*) Brause *f* ▶ ADJ rosarot

★**rosé** [ˈrəuzeɪ] N (*wine*) Rosé *m*

rosebed [ˈrəuzbɛd] N Rosenbeet *nt*

rosebud [ˈrəuzbʌd] N Rosenknospe *f*

rosebush [ˈrəuzbuʃ] N Rosenstrauch *m*

rosemary [ˈrəuzmərɪ] N Rosmarin *m*

rosette [rəuˈzɛt] N Rosette *f*

ROSPA [ˈrɔspə] (*BRIT*) N ABBR (= *Royal Society for the Prevention of Accidents*) *Verband, der Maßnahmen zur Unfallverhütung propagiert*

roster [ˈrɔstəʳ] N: **duty ~** Dienstplan *m*

rostrum [ˈrɔstrəm] N Rednerpult *nt*

rosy [ˈrəuzɪ] ADJ (*colour*) rosarot; (*face, situation*) rosig; **a ~ future** eine rosige Zukunft

rot [rɔt] N (*decay*) Fäulnis *f*; (*fig: rubbish*) Quatsch *m* ▶ VT verfaulen lassen ▶ VI (*teeth, wood, fruit etc*) verfaulen; **to stop the ~** (*BRIT fig*) den Verfall stoppen; **dry ~** Holzschwamm *m*; **wet ~** Nassfäule *f*

rota [ˈrəutə] N Dienstplan *m*; **on a ~ basis** reihum nach Plan

rotary [ˈrəutərɪ] ADJ (*cutter*) rotierend; (*motion*) Dreh-

rotate [rəuˈteɪt] VT (*spin*) drehen, rotieren lassen; (*crops*) im Wechsel anbauen; (*jobs*) turnusmäßig wechseln ▶ VI (*revolve*) rotieren, sich drehen

rotating [rəuˈteɪtɪŋ] ADJ (*revolving*) rotieren(d); (*drum, mirror*) Dreh-

rotation [rəuˈteɪʃən] N (*of planet, drum etc*) Rotation *f*, Drehung *f*; (*of crops*) Wechsel *m*; (*of jobs*) turnusmäßiger Wechsel *m*; **in ~** der Reihe nach

rote [rəut] N: **by ~** auswendig

rotor [ˈrəutəʳ] N (*also:* **rotor blade**) Rotor *m*

rotten [ˈrɔtn] ADJ (*decayed*) faul, verfaul(t); (*inf: person, situation*) gemein; (*: film, weather, driv... etc*) mies; **to feel ~** sich elend fühlen

rotund [rəuˈtʌnd] ADJ (*person*) rundlich

rouble, (*US*) **ruble** [ˈruːbl] N Rubel *m*

rouge [ruːʒ] N Rouge *nt*

★**rough** [rʌf] ADJ rau; (*terrain, road*) uneben; (*perso... plan, drawing, guess*) grob; (*life, conditions, journe...*) hart; (*sea, crossing*) stürmisch ▶ N (*Golf*): **in the** ... im Rough ▶ VT: **to ~ it** primitiv *or* ohne Kom... fort leben; **the sea is ~ today** die See ist heut... stürmisch; **to have a ~ time** eine harte Ze... durchmachen; **can you give me a ~ idea of th... cost?** können Sie mir eine ungefähre Vorste... lung von den Kosten geben?; **to feel ~** (*BRI...*) sich elend fühlen; **to sleep ~** (*BRIT*) im Freie... übernachten; **to play ~** (*fig*) auf die grobe Tou... kommen

▶ **rough out** VT (*drawing, idea etc*) skizzieren

roughage [ˈrʌfɪdʒ] N Ballaststoffe *pl*

rough-and-ready [ˈrʌfənˈrɛdɪ] ADJ proviso... risch

rough-and-tumble [ˈrʌfənˈtʌmbl] N (*fightin...*) Balgerei *f*; (*fig*) Schlachtfeld *nt*

roughcast [ˈrʌfkɑːst] N Rauputz *m*

rough copy N Entwurf *m*

rough draft N = **rough copy**

rough justice N Justizwillkür *f*

roughly [ˈrʌflɪ] ADV grob; (*approximately*) unge... fähr; **~ speaking** grob gesagt

roughness [ˈrʌfnɪs] N Rauheit *f*; (*of manne...*) Grobheit *f*

roughshod [ˈrʌfʃɔd] ADV: **to ride ~ over** sic... rücksichtslos hinwegsetzen über *+acc*

roulette [ruːˈlɛt] N Roulette *nt*

Roumania *etc* [ruːˈmeɪnɪə] N = **Romania** *etc*

★**round** [raund] ADJ rund ▶ N Runde *f*; (*of ammun... tion*) Ladung *f* ▶ VT (*corner*) biegen um; (*cap...*) umrunden ▶ PREP um ▶ ADV: **all ~** rundherum...; **in ~ figures** rund gerechnet; **the daily ~** (*fig*) de... tägliche Trott; **a ~ of applause** Beifall *m*; **a ~ (o... drinks)** eine Runde; **a ~ of sandwiches** ein Bu... terbrot; **a ~ of toast** (*BRIT*) eine Scheibe Toas...; **it's just ~ the corner** (*fig*) es steht vor der Tür; **t... go ~ the back** hinten herum gehen; **to g... ~ (an obstacle)** (um ein Hindernis) herumge... hen; **~ the clock** rund um die Uhr; **~ his neck... the table** um seinen Hals/den Tisch; **to sa... ~ the world** die Welt umsegeln; **to walk ~ th... room/park** im Zimmer/Park herumgehen...; **~ about 300** (*approximately*) ungefähr 300; **th... long way ~** auf Umwegen; **all (the) year ~** da... ganze Jahr über; **the wrong way ~** falsc... herum; **to ask sb ~** jdn zu sich einladen; **I'll b...**

~ at 6 o'clock ich komme um 6 Uhr; **to go ~** (*rotate*) sich drehen; **to go ~ to sb's (house)** jdn (zu Hause) besuchen; **enough to go ~** genug für alle

▸ **round off** VT abrunden

▸ **round up** VT (*cattle etc*) zusammentreiben; (*people*) versammeln; (*figure*) aufrunden

oundabout ['raundəbaut] (BRIT) N (*Aut*) Kreisverkehr *m*; (*at fair*) Karussell *nt* ▸ ADJ: **by a ~ route** auf Umwegen; **in a ~ way** auf Umwegen

ounded ['raundɪd] ADJ (*hill, figure etc*) rundlich

ounders ['raundəz] N ≈ Schlagball *m*

oundly ['raundlɪ] ADV (*fig: criticize etc*) nachdrücklich

ound robin (*esp US*) N (*Sport*) *Wettkampf, bei dem jeder gegen jeden spielt*

ound-shouldered ['raund'ʃəuldəd] ADJ mit runden Schultern

ound trip N Rundreise *f*

ound-trip ticket ['raundtrɪp-] (*US*) N Rückfahrkarte *f*; (*for plane*) Rückflugticket *nt*

oundup ['raundʌp] N (*of news etc*) Zusammenfassung *f*; (*of animals*) Zusammentreiben *nt*; (*of criminals*) Aufgreifen *nt*; **a ~ of the latest news** ein Nachrichtenüberblick *m*

ouse [rauz] VT (*wake up*) aufwecken; (*stir up*) reizen

ousing ['rauzɪŋ] ADJ (*speech*) mitreißend; (*welcome*) stürmisch

out [raut] (*Mil*) N totale Niederlage *f* ▸ VT (*defeat*) vernichtend schlagen

oute [ru:t] N Strecke *f*; (*of bus, train, shipping*) Linie *f*; (*of procession, fig*) Weg *m*; **"all routes"** (*Aut*) „alle Richtungen"; **the best ~ to London** der beste Weg nach London

oute map (BRIT) N Streckenkarte *f*

outer ['ru:tə^r] N (*Comput*) Router *m*

outine [ru:'ti:n] ADJ (*work, check etc*) Routine- ▸ N (*habits*) Routine *f*; (*drudgery*) Stumpfsinn *m*; (*Theat*) Nummer *f*; **~ procedure** Routinesache *f*

ove [rəuv] VT (*area, streets*) ziehen durch

oving reporter ['rəuvɪŋ-] N Reporter(in) *m(f)* im Außendienst

ow¹ [rəu] N (*line*) Reihe *f* ▸ VI (*in boat*) rudern ▸ VT (*boat*) rudern; **three times in a ~** dreimal hintereinander

ow² [rau] N (*din*) Krach *m*, Lärm *m*; (*dispute*) Streit *m* ▸ VI (*argue*) sich streiten; **to have a ~** sich streiten

owboat ['rəubəut] (*US*) N = **rowing boat**

owdiness ['raudɪnɪs] N Rowdytum *nt*

owdy ['raudɪ] ADJ (*person*) rüpelhaft; (*party etc*) lärmend

owdyism ['raudɪɪzəm] N = **rowdiness**

owing ['rəuɪŋ] N (*sport*) Rudern *nt*

owing boat (BRIT) N Ruderboot *nt*

owlock ['rɔlək] (BRIT) N Dolle *f*

oyal ['rɔɪəl] ADJ königlich; **the ~ family** die königliche Familie

Royal Academy N *siehe Info-Artikel*

> Die **Royal Academy** oder *Royal Academy of Arts*, eine Akademie zur Förderung der Malerei, Bildhauerei und Architektur, wurde 1768 unter der Schirmherrschaft von George II. gegründet und befindet sich seit 1869 in Burlington House, Piccadilly, London. Jeden Sommer findet dort eine Ausstellung mit Werken zeitgenössischer Künstler statt. Die Royal Academy unterhält auch Schulen, an denen Malerei, Bildhauerei und Architektur unterrichtet wird.

Royal Air Force (BRIT) N: **the ~** die Königliche Luftwaffe

royal blue ADJ königsblau

royalist ['rɔɪəlɪst] N Royalist(in) *m(f)* ▸ ADJ royalistisch

Royal Navy (BRIT) N: **the ~** die Königliche Marine

royalty ['rɔɪəltɪ] N (*royal persons*) die königliche Familie ■ **royalties** NPL (*to author*) Tantiemen *pl*; (*to inventor*) Honorar *nt*

RP (BRIT) N ABBR (= *received pronunciation*) *Standardaussprache des Englischen*; *see also* **Received Pronunciation**

rpm ABBR (= *revolutions per minute*) U/min.

RR (*US*) ABBR = **railroad**

RRP (BRIT) N ABBR = **recommended retail price**

RSA (BRIT) N ABBR (= *Royal Society of Arts*) *akademischer Verband zur Vergabe von Diplomen*; (= *Royal Scottish Academy*) *Kunstakademie*

RSI N ABBR (*Med*: = *repetitive strain injury*) RSI *nt*, *Schmerzempfindung durch ständige Wiederholung bestimmter Bewegungen*

RSPB (BRIT) N ABBR (= *Royal Society for the Protection of Birds*) *Vogelschutzorganisation*

RSPCA (BRIT) N ABBR (= *Royal Society for the Prevention of Cruelty to Animals*) Tierschutzverein *m*

RSVP ABBR (= *répondez s'il vous plaît*) u. A. w. g.

RTA N ABBR (= *road traffic accident*) Verkehrsunfall *m*

Rt Hon. (BRIT) ABBR (= *Right Honourable*) *Titel für Abgeordnete des Unterhauses*

Rt Rev. ABBR (*Rel*: = *Right Reverend*) *Titel für Bischöfe*

rub [rʌb] VT reiben ▸ N: **to give sth a ~** (*polish*) etw polieren; **he rubbed his hands together** er rieb sich *dat* die Hände; **to ~ sb up the wrong way, to ~ sb the wrong way** (*US*) bei jdm anecken

▸ **rub down** VT (*body, horse*) abreiben

▸ **rub in** VT (*ointment*) einreiben; **don't ~ it in!** (*fig*) reite nicht so darauf herum!

▸ **rub off** VI (*paint*) abfärben

▸ **rub off on** VT FUS abfärben auf *+acc*

▸ **rub out** VT (*with eraser*) ausradieren

rubber ['rʌbə^r] N (*also inf: condom*) Gummi *m or nt*; (BRIT: *eraser*) Radiergummi *m*

rubber band N Gummiband *nt*

rubber bullet N Gummigeschoss *nt*

rubber plant N Gummibaum *m*

rubber ring N (*for swimming*) Schwimmreifen *m*

rubber stamp N Stempel *m*
rubber-stamp [rʌbəˈstæmp] VT (*fig: decision*) genehmigen
rubbery [ˈrʌbərɪ] ADJ (*material*) gummiartig; (*meat, food*) wie Gummi
★**rubbish** [ˈrʌbɪʃ] (BRIT) N (*waste*) Abfall *m*; (*fig: junk*) Schrott *m*; (*: pej: nonsense*) Quatsch *m* ▸ VT (*inf*) heruntermachen; **~!** Quatsch!
rubbish bin (BRIT) N Abfalleimer *m*
rubbish dump (BRIT) N Müllabladeplatz *m*
rubbishy [ˈrʌbɪʃɪ] (BRIT *inf*) ADJ miserabel, mies
rubble [ˈrʌbl] N (*debris*) Trümmer *pl*; (*Constr*) Schutt *m*
ruble [ˈru:bl] (US) N = **rouble**
ruby [ˈru:bɪ] N (*gem*) Rubin *m* ▸ ADJ (*red*) rubinrot
RUC (BRIT) N ABBR (= *Royal Ulster Constabulary*) *nordirische Polizeibehörde*
★**rucksack** [ˈrʌksæk] N Rucksack *m*
ructions [ˈrʌkʃənz] (*inf*) NPL Krach *m*, Ärger *m*
rudder [ˈrʌdəʳ] N (*of ship, plane*) Ruder *nt*
ruddy [ˈrʌdɪ] ADJ (*complexion etc*) rötlich; (BRIT *inf: damned*) verdammt
rude [ru:d] ADJ (*impolite*) unhöflich; (*naughty*) unanständig; (*unexpected: shock etc*) böse; (*crude: table, shelter etc*) primitiv; **to be ~ to sb** unhöflich zu jdm sein; **a ~ awakening** ein böses Erwachen
rudely [ˈru:dlɪ] ADV (*interrupt*) unhöflich; (*say, push*) grob
rudeness [ˈru:dnɪs] N (*impoliteness*) Unhöflichkeit *f*
rudimentary [ru:dɪˈmɛntərɪ] ADJ (*equipment*) primitiv; (*knowledge*) Grund-
rudiments [ˈru:dɪmənts] NPL Grundlagen *pl*
rue [ru:] VT bereuen
rueful [ˈru:ful] ADJ (*expression, person*) reuevoll
ruff [rʌf] N (*collar*) Halskrause *f*
ruffian [ˈrʌfɪən] N Rüpel *m*
ruffle [ˈrʌfl] VT (*hair, feathers*) zerzausen; (*water*) kräuseln; (*fig: person*) aus der Fassung bringen
rug [rʌg] N (*on floor*) Läufer *m*; (BRIT: *blanket*) Decke *f*
★**rugby** [ˈrʌgbɪ] N (*also:* **rugby football**) Rugby *nt*
rugged [ˈrʌgɪd] ADJ (*landscape*) rau; (*man*) robust; (*features, face*) markig; (*determination, independence*) wild
rugger [ˈrʌgəʳ] (BRIT *inf*) N Rugby *nt*
★**ruin** [ˈru:ɪn] N (*destruction, downfall*) Ruin *m*; (*remains*) Ruine *f* ▸ VT ruinieren; (*building*) zerstören; (*clothes, carpet etc*) verderben ■ **ruins** NPL (*of castle*) Ruinen *pl*; (*of building*) Trümmer *pl*; **in ruins** (*lit, fig*) in Trümmern
ruination [ru:ɪˈneɪʃən] N (*of building etc*) Zerstörung *f*; (*of person, life*) Ruinierung *f*
ruinous [ˈru:ɪnəs] ADJ (*expense, interest*) ruinös
★**rule** [ru:l] N (*norm*) Regel *f*; (*regulation*) Vorschrift *f*; (*government*) Herrschaft *f*; (*ruler*) Lineal *nt* ▸ VT (*country, people*) herrschen über +*acc* ▸ VI (*monarch etc*) herrschen; **it's against the rules** das ist nicht gestattet; **as a ~ of thumb** als Faustregel; **under British ~** unter britischer Herrschaft; **as a ~** in der Regel; **to ~ in favour of/against/on sth** (*Law*) für/gegen/über etw *acc* entscheiden; **to ~ that ...** (*umpire, judge etc*) entscheiden, dass ...
▸ **rule out** VT (*possibility etc*) ausschließen; **murder cannot be ruled out** Mord ist nicht auszuschließen
ruled [ru:ld] ADJ (*paper*) liniert
ruler [ˈru:ləʳ] N (*sovereign*) Herrscher(in) *m(f)*; (*for measuring*) Lineal *nt*
ruling [ˈru:lɪŋ] ADJ (*party*) Regierungs-; (*body*) maßgebend ▸ N (*Law*) Entscheidung *f*; **the ~ class** die herrschende Klasse
rum [rʌm] N Rum *m* ▸ ADJ (BRIT *inf: peculiar*) komisch
Rumania *etc* N = **Romania** *etc*
rumble [ˈrʌmbl] N (*of thunder*) Grollen *nt*; (*of traffic*) Rumpeln *nt*; (*of guns*) Donnern *nt*; (*of voices*) Gemurmel *nt* ▸ VI (*stomach*) knurren; (*thunder*) grollen; (*traffic*) rumpeln; (*guns*) donnern
rumbustious [rʌmˈbʌstʃəs] ADJ (*person*) ungebärdig
ruminate [ˈru:mɪneɪt] VI (*person*) grübeln; (*cow, sheep etc*) wiederkäuen
rummage [ˈrʌmɪdʒ] VI herumstöbern
rummage sale (US) N Trödelmarkt *m*
★**rumour**, (US) **rumor** [ˈru:məʳ] N Gerücht *nt* ▸ VT: **it is rumoured that ...** man sagt, dass ...
rump [rʌmp] N (*of animal*) Hinterteil *nt*; (*of group etc*) Rumpf *m*
rumple [ˈrʌmpl] VT (*clothes etc*) zerknittern; (*hair*) zerzausen
rump steak N Rumpsteak *nt*
rumpus [ˈrʌmpəs] N Krach *m*; **to kick up a ~** Krach schlagen
★**run** [rʌn] (*pt* **ran**, *pp* **~**) N (*as exercise, sport*) Lauf *m*; (*in car, train etc*) Fahrt *f*; (*series*) Serie *f*; (*Ski*) Abfahrt *f*; (*Cricket, Baseball*) Run *m*; (*Theat*) Spielzeit *f*; (*in tights etc*) Laufmasche *f* ▸ VT (*race, distance*) laufen, rennen; (*operate: business*) leiten; (*: hotel, shop*) führen; (*: competition, course*) durchführen; (*Comput: program*) laufen lassen; (*hand, fingers*) streichen mit; (*water, bath*) einlaufen lassen; (*Press: feature, article*) bringen ▸ VI laufen, rennen; (*flee*) weglaufen; (*bus, train*) fahren; (*river, tears*) fließen; (*colours*) auslaufen; (*jumper*) färben; (*in election*) antreten; (*road, railway etc*) verlaufen; **to go for a ~** (*as exercise*) einen Dauerlauf machen; **to break into a ~** zu laufen or rennen beginnen; **a ~ of good/bad luck** eine Glücks-/Pechsträhne; **to have the ~ of sb's house** jds Haus zur freien Verfügung haben; **there was a ~ on ...** (*meat, tickets*) es gab einen Ansturm auf +*acc*; **in the long ~** langfristig; **in the short ~** kurzfristig; **to make a ~ for it** die Beine in die Hand nehmen; **on the ~** (*fugitive*) auf der Flucht; **I'll ~ you to the station** ich fahre dich zum Bahnhof; **to ~ the risk of doing sth** Gefahr laufen, etw zu tun; **she ran her finger down the list** sie ging die Liste mit dem Finger durch; **it's very cheap to ~** (*car, machine*) es ist sehr billig im Verbrauch; **to ~ a bath** das Badewasser einlaufen lassen; **to be ~ off one**

feet (BRIT) ständig auf Trab sein; **the baby's nose was running** dem Baby lief die Nase; **the train runs between Gatwick and Victoria** der Zug verkehrt zwischen Gatwick und Victoria; **the bus runs every 20 minutes** der Bus fährt alle 20 Minuten; **to ~ on petrol/off batteries** mit Benzin/auf Batterie laufen; **to ~ for president** für das Amt des Präsidenten kandidieren; **to ~ dry** (*well etc*) austrocknen; **tempers were running high** alle waren sehr erregt; **unemployment is running at 20 per cent** die Arbeitslosigkeit beträgt 20 Prozent; **blonde hair runs in the family** blonde Haare liegen in der Familie

▸ **run about** VI herumlaufen

▸ **run across** VT FUS (*find*) stoßen auf *+acc*

▸ **run after** VT FUS nachlaufen *+dat*

▸ **run away** VI weglaufen

▸ **run down** VT (*production*) verringern; (*factory*) allmählich stilllegen; (*Aut: person*) überfahren; (*criticize*) schlechtmachen ▸ VI (*battery*) leer werden

▸ **run in** (BRIT) VT (*car*) einfahren

▸ **run into** VT FUS (*meet: person*) begegnen *+dat*; (*: trouble etc*) bekommen; (*collide with*) laufen/fahren gegen; **to ~ into debt** in Schulden geraten; **their losses ran into millions** ihre Schulden gingen in die Millionen

▸ **run off** VT (*liquid*) ablassen; (*copies*) machen ▸ VI weglaufen

▸ **run out** VI (*time, passport*) ablaufen; (*money*) ausgehen; (*luck*) zu Ende gehen

▸ **run out of** VT FUS: **we're running out of money/petrol** uns geht das Geld/das Benzin aus; **we're running out of time** wir haben keine Zeit mehr

▸ **run over** VT (*Aut*) überfahren ▸ VT FUS (*repeat*) durchgehen ▸ VI (*bath, water*) überlaufen

▸ **run through** VT FUS (*instructions, lines*) durchgehen

▸ **run up** VT (*debt*) anhäufen

▸ **run up against** VT FUS (*difficulties*) stoßen auf *+acc*

unabout [ˈrʌnəbaut] N (*Aut*) Flitzer *m*

unaround [ˈrʌnəraund] (*inf*) N: **to give sb the ~** jdn an der Nase herumführen

unaway [ˈrʌnəweɪ] ADJ (*horse*) ausgerissen; (*truck, train*) außer Kontrolle geraten; (*child, slave*) entlaufen; (*fig: inflation*) unkontrollierbar; (*: success*) überwältigend

un-down N [ˈrʌndaun] (*of industry etc*) allmähliche Stillegung *f* ▸ ADJ [rʌnˈdaun]: **to be ~** (*person*) total erschöpft sein; (*building, area*) heruntergekommen

ung [rʌŋ] PP *of* **ring** ▸ N (*also fig*) Sprosse *f*

un-in [ˈrʌnɪn] (*inf*) N Auseinandersetzung *f*

unner [ˈrʌnəʳ] N Läufer(in) *m(f)*; (*horse*) Rennpferd *nt*; (*on sledge, drawer etc*) Kufe *f*

unner bean (BRIT) N Stangenbohne *f*

unner-up [rʌnərˈʌp] N Zweitplatzierte(r) *f(m)*

unning [ˈrʌnɪŋ] N (*sport*) Laufen *nt*; (*of business etc*) Leitung *f*; (*of machine etc*) Betrieb *m* ▸ ADJ (*water, stream*) laufend; **to be in/out of the ~ for sth** bei etw im Rennen liegen/aus dem Rennen sein; **to make the ~** (*in race, fig*) das Rennen machen; **6 days ~** 6 Tage hintereinander; **to have a ~ battle with sb** ständig im Streit mit jdm liegen; **to give a ~ commentary on sth** etw fortlaufend kommentieren; **a ~ sore** eine nässende Wunde

running costs NPL (*of car, machine*) Unterhaltskosten *pl*

running head N (*Typ, Comput*) Kolumnentitel *m*

running mate (*US*) N (*Pol*) Vizepräsidentschaftskandidat *m*

runny [ˈrʌnɪ] ADJ (*egg, butter*) dünnflüssig; (*nose, eyes*) triefend

run-off [ˈrʌnɔf] N (*in contest, election*) Entscheidungsrunde *f*; (*extra race*) Entscheidungsrennen *nt*

run-of-the-mill [ˈrʌnəvðəˈmɪl] ADJ gewöhnlich

runt [rʌnt] N (*animal*) *kleinstes und schwächstes Tier eines Wurfs*; (*pej: person*) Zwerg *m*

run-through [ˈrʌnθruː] N (*rehearsal*) Probe *f*

run-up [ˈrʌnʌp] N: **the ~ to** (*election etc*) die Zeit vor *+dat*

runway [ˈrʌnweɪ] N (*Aviat*) Start- und Landebahn *f*

rupee [ruːˈpiː] N Rupie *f*

rupture [ˈrʌptʃəʳ] N (*Med*) Bruch *m*; (*conflict*) Spaltung *f* ▸ VT: **to ~ o.s.** (*Med*) sich *dat* einen Bruch zuziehen

★**rural** [ˈruərl] ADJ ländlich; (*crime*) auf dem Lande

ruse [ruːz] N List *f*

★**rush** [rʌʃ] N (*hurry*) Eile *f*, Hetze *f*; (*Comm: sudden demand*) starke Nachfrage *f*; (*of water, air*) Stoß *m*; (*of feeling*) Woge *f* ▸ VT (*lunch, job etc*) sich beeilen bei; (*person, supplies etc*) schnellstens bringen ▸ VI (*person*) sich beeilen; (*air, water*) strömen ■ **rushes** NPL (*Bot*) Schilf *nt*; (*for chair, basket etc*) Binsen *pl*; **is there any ~ for this?** eilt das?; **we've had a ~ of orders** wir hatten einen Zustrom von Bestellungen; **I'm in a ~ (to do sth)** ich habe es eilig (, etw zu tun); **gold ~** Goldrausch *m*; **don't ~ me!** drängen Sie mich nicht!; **to ~ sth off** (*send*) etw schnellstens abschicken; **to ~ sb into doing sth** jdn dazu drängen, etw zu tun

▸ **rush through** VT (*order, application*) schnellstens erledigen

rush hour N Hauptverkehrszeit *f*, Rushhour *f*

rush job N Eilauftrag *m*

rush matting N Binsenmatte *f*

rusk [rʌsk] N Zwieback *m*

★**Russia** [ˈrʌʃə] N Russland *nt*

Russian [ˈrʌʃən] ADJ russisch ▸ N (*person*) Russe *m*, Russin *f*; (*Ling*) Russisch *nt*

rust [rʌst] N Rost *m* ▸ VI rosten

rustic [ˈrʌstɪk] ADJ (*style, furniture*) rustikal ▸ N (*pej: person*) Bauer *m*

rustle [ˈrʌsl] VI (*paper, leaves*) rascheln ▸ VT (*paper*) rascheln mit; (*US: cattle*) stehlen

rustproof [ˈrʌstpruːf] ADJ nicht rostend

r

rustproofing [ˈrʌstpruːfɪŋ] N Rostschutz *m*

rusty [ˈrʌstɪ] ADJ (*car*) rostig; (*fig: skill etc*) eingerostet

rut [rʌt] N (*in path etc*) Furche *f*; (*Zool: season*) Brunft *f*, Brunst *f*; **to be in a ~** (*fig*) im Trott stecken

rutabaga [ruːtəˈbeɪgə] (*US*) N Steckrübe *f*

ruthless [ˈruːθlɪs] ADJ rücksichtslos

ruthlessness [ˈruːθlɪsnɪs] N Rücksichtslosigkeit *f*

RV ABBR (*Bible: = revised version*) *englische Bibelübersetzung von 1885* ▶ N ABBR (*US*) = **recreational vehicle**

Rwanda [ruˈændə] N Ruanda *nt*

Rwandan [ruˈændən] ADJ ruandisch

rye [raɪ] N (*cereal*) Roggen *m*

rye bread N Roggenbrot *nt*

Ss

S¹, s [ɛs] N (*letter*) S *nt*, s *nt*; (*US Scol: satisfactory*) ≈ 3; **S for sugar** ≈ S wie Samuel

S² [ɛs] ABBR (= *south*) S; (= *saint*) St.; (= *small*) kl.

SA ABBR = **South Africa**; **South America**; (= *South Australia*) Südaustralien *nt*

Sabbath [ˈsæbəθ] N (*Jewish*) Sabbat *m*; (*Christian*) Sonntag *m*

sabbatical [səˈbætɪkl] N (*also:* **sabbatical year**) Forschungsjahr *nt*

sabotage [ˈsæbətɑːʒ] VT (*plan, meeting*) sabotieren, einen Sabotageakt verüben auf *+acc* ▶ N Sabotage *f*

sabre [ˈseɪbəʳ] N Säbel *m*

sabre-rattling [ˈseɪbərætlɪŋ] N Säbelrasseln *nt*

saccharin, saccharine [ˈsækərɪn] N Sa(c)charin *nt* ▶ ADJ (*fig*) zuckersüß

sachet [ˈsæʃeɪ] N (*of shampoo*) Beutel *m*; (*of sugar etc*) Tütchen *nt*

sack [sæk] N Sack *m* ▶ VT (*dismiss*) entlassen; (*plunder*) plündern; **to get the ~** rausfliegen (*inf*); **to give sb the ~** jdn rausschmeißen (*inf*)

sackful [ˈsækful] N: **a ~ of** ein Sack

sacking [ˈsækɪŋ] N (*dismissal*) Entlassung *f*; (*material*) Sackleinen *nt*

sacrament [ˈsækrəmənt] N Sakrament *nt*

sacred [ˈseɪkrɪd] ADJ heilig; (*music, history*) geistlich; (*memory*) geheiligt; (*building*) sakral

sacred cow N (*lit, fig*) heilige Kuh *f*

sacrifice [ˈsækrɪfaɪs] N Opfer *nt* ▶ VT opfern; **to make sacrifices (for sb)** (für jdn) Opfer bringen

sacrilege [ˈsækrɪlɪdʒ] N Sakrileg *nt*; **that would be ~** das wäre ein Sakrileg

sacrosanct [ˈsækrəusæŋkt] ADJ (*lit, fig*) sakrosankt

sad [sæd] ADJ traurig; **he was ~ to see her go** er war traurig (darüber), dass sie wegging

sadden [ˈsædn] VT betrüben

saddle [ˈsædl] N Sattel *m* ▶ VT (*horse*) satteln; **to be saddled with sb/sth** (*inf*) jdn/etw am Hals haben

saddlebag [ˈsædlbæg] N Satteltasche *f*

sadism [ˈseɪdɪzəm] N Sadismus *m*

sadist [ˈseɪdɪst] N Sadist(in) *m(f)*

sadistic [səˈdɪstɪk] ADJ sadistisch

sadly [ˈsædlɪ] ADV (*unfortunately*) leider, bedauerlicherweise, traurig, betrübt; (*seriously*) schwer; **he is ~ lacking in humour** ihm fehlt leider jeglicher Humor

sadness [ˈsædnɪs] N Traurigkeit *f*

sadomasochism [seɪdəuˈmæsəkɪzəm] N Sadomasochismus *m*

s.a.e. (BRIT) ABBR (= *stamped addressed envelope*) *see* **stamp**

safari [səˈfɑːrɪ] N Safari *f*; **to go on ~** auf Safari gehen

safari park N Safaripark *m*

★**safe** [seɪf] ADJ sicher; (*out of danger*) in Sicherheit ▶ N Safe *m or nt*, Tresor *m*; **~ from** sicher vor *+dat*; **~ and sound** gesund und wohlbehalten; **(just) to be on the ~ side** (nur) um sicherzugehen; **to play ~** auf Nummer sicher gehen (*inf*); **it is ~ to say that ...** man kann wohl sagen, dass ...; **~ journey!** gute Fahrt *or* Reise!

safe bet N: **it's a ~ that ...** es ist sicher, dass ...

safe-breaker [ˈseɪfbreɪkəʳ] (BRIT) N Safeknacker *m* (*inf*)

safe-conduct [seɪfˈkɔndʌkt] N freies *or* sicheres Geleit *nt*

safe-cracker [ˈseɪfkrækəʳ] N = **safe-breaker**

safe-deposit [ˈseɪfdɪpɔzɪt] N (*vault*) Tresorraum *m*; (*also:* **safe-deposit box**) Banksafe *m*

safeguard [ˈseɪfgɑːd] N Schutz *m* ▶ VT schützen; (*interests*) wahren; (*future*) sichern; **as a ~ against** zum Schutz gegen

safe haven N Zufluchtsort *m*

safe house N geheimer Unterschlupf *m*

safekeeping [ˈseɪfˈkiːpɪŋ] N sichere Aufbewahrung *f*

safely [ˈseɪflɪ] ADV sicher; (*assume, say*) wohl, ruhig; (*arrive*) wohlbehalten; **I can ~ say ...** ich kann wohl sagen ...

safe passage N sichere Durchreise *f*

safe sex N Safer Sex *m*

★**safety** [ˈseɪftɪ] N Sicherheit *f*; **~ first!** Sicherheit geht vor!

safety belt N Sicherheitsgurt *m*

safety catch N (*on gun*) Sicherung *f*; (*on window, door*) Sperre *f*

safety net N Sprungnetz *nt*, Sicherheitsnetz *nt*; (*fig*) Sicherheitsvorkehrung *f*

safety pin N Sicherheitsnadel *f*

safety valve N Sicherheitsventil *nt*

saffron [ˈsæfrən] N Safran *m*

sag [sæg] VI durchhängen; (*breasts*) hängen; (*fig: spirits, demand*) sinken

saga [ˈsɑːgə] N Saga *f*; (*fig*) Geschichte *f*

sage [seɪdʒ] N (*herb*) Salbei *m*; (*wise man*) Weise(r) *m*

Sagittarius [sædʒɪˈtɛərɪəs] N Schütze *m*; **to be ~** Schütze sein

sago [ˈseɪgəu] N Sago *m*

Sahara [səˈhɑːrə] N: **the ~ (Desert)** die (Wüste) Sahara

Sahel [sæˈhɛl] N Sahel *m*, Sahelzone *f*

said [sɛd] PT, PP *of* **say**

Saigon [saɪˈgɔn] N Saigon *nt*

★**sail** [seɪl] N Segel *nt* ▸ VT segeln ▸ VI fahren; (*Sport*) segeln; (*begin voyage: ship*) auslaufen; (*: passenger*) abfahren; (*fig: ball etc*) fliegen, segeln; **to go for a ~** segeln gehen; **to set ~** losfahren, abfahren
▸ **sail through** VT FUS (*fig: exam etc*) spielend schaffen

sailboat [ˈseɪlbəut] (*US*) N = **sailing boat**

sailing [ˈseɪlɪŋ] N (*Sport*) Segeln *nt*; (*voyage*) Überfahrt *f*; **to go ~** segeln gehen

sailing boat N Segelboot *nt*

sailing ship N Segelschiff *nt*

sailor [ˈseɪləʳ] N Seemann *m*, Matrose *m*

★**saint** [seɪnt] N (*lit, fig*) Heilige(r) *f(m)*

saintly [ˈseɪntlɪ] ADJ heiligmäßig; (*expression*) fromm

★**sake** [seɪk] N: **for the ~ of sb/sth, for sb's/sth's ~** um jds/einer Sache *gen* willen; (*out of consideration for*) jdm/etw zuliebe; **he enjoys talking for talking's ~** er redet gerne, nur damit etwas gesagt wird; **for the ~ of argument** rein theoretisch; **art for art's ~** Kunst um der Kunst willen; **for heaven's ~!** um Gottes willen!

salad [ˈsæləd] N Salat *m*; **tomato ~** Tomatensalat *m*; **green ~** grüner Salat *m*

salad bowl N Salatschüssel *f*

salad cream (BRIT) N ≈ Mayonnaise *f*

salad dressing N Salatsoße *f*

salami [səˈlɑːmɪ] N Salami *f*

salaried [ˈsælərɪd] ADJ: **~ staff** Gehaltsempfänger *pl*

★**salary** [ˈsælərɪ] N Gehalt *nt*

salary scale N Gehaltsskala *f*

★**sale** [seɪl] N Verkauf *m*; (*at reduced prices*) Ausverkauf *m*; (*auction*) Auktion *f* ▪ **sales** NPL (*total amount sold*) Absatz *m* ▸ CPD (*campaign*) Verkaufs-; (*conference*) Vertreter-; (*figures*) Absatz-; **"for ~"** „zu verkaufen"; **on ~** im Handel; **on ~ or return** auf Kommissionsbasis; **closing-down ~**, **liquidation ~** (*US*) Räumungsverkauf *m*

sale and lease back N (*Comm*) Verkauf *m* mit Rückmiete

saleroom [ˈseɪlruːm] N Auktionsraum *m*

sales assistant, (*US*) **sales clerk** [seɪlz-] N Verkäufer(in) *m(f)*

sales force N Vertreterstab *m*

salesman [ˈseɪlzmən] N (*irreg*) Verkäufer *m*; (*representative*) Vertreter *m*

sales manager N Verkaufsleiter *m*

salesmanship [ˈseɪlzmənʃɪp] N Verkaufstechnik *f*

sales tax (*US*) N Verkaufssteuer *f*

saleswoman [ˈseɪlzwumən] N (*irreg*) Verkäuferin *f*; (*representative*) Vertreterin *f*

salient [ˈseɪlɪənt] ADJ (*features*) hervorstechend (*points*) Haupt-

saline [ˈseɪlaɪn] ADJ (*solution etc*) Salz-

saliva [səˈlaɪvə] N Speichel *m*

sallow [ˈsæləu] ADJ (*complexion*) fahl

sally forth [ˈsælɪ-] (*old*) VI sich aufmachen

sally out VI = **sally forth**

salmon [ˈsæmən] N INV Lachs *m*

salmon trout N Lachsforelle *f*

salon [ˈsælɔn] N Salon *m*

saloon [səˈluːn] N (*US: bar*) Saloon *m*; (BRIT *Aut*) Limousine *f*; (*ship's lounge*) Salon *m*

SALT [sɔːlt] N ABBR (= *Strategic Arms Limitation Talks/Treaty*) SALT

★**salt** [sɔːlt] N Salz *nt* ▸ VT (*put salt on*) salzen; (*road*) mit Salz streuen; (*preserve*) einsalzen ▸ CPD Salz-; (*pork, beef*) gepökelt; **the ~ of the earth** (*fig*) das Salz der Erde; **to take sth with a pinch** *or* **grain of ~** (*fig*) etw nicht ganz so ernst nehmen

salt cellar N Salzstreuer *m*

salt-free [ˈsɔːltˈfriː] ADJ salzlos

salt mine N Salzbergwerk *nt*

saltwater [ˈsɔːltˈwɔːtəʳ] ADJ (*fish, plant*) Meeres-

salty [ˈsɔːltɪ] ADJ salzig

salubrious [səˈluːbrɪəs] ADJ (*district etc*) fein; (*air, living conditions*) gesund

salutary [ˈsæljutərɪ] ADJ heilsam

salute [səˈluːt] N (*Mil, greeting*) Gruß *m*; (*Mil: with guns*) Salut *m* ▸ VT (*Mil*) grüßen, salutieren vor *+dat*; (*fig*) begrüßen

salvage [ˈsælvɪdʒ] VT bergen; (*fig*) retten ▸ N Bergung *f*; (*things saved*) Bergungsgut *nt*

salvage vessel N Bergungsschiff *nt*

salvation [sælˈveɪʃən] N (*Rel*) Heil *nt*; (*economic etc*) Rettung *f*

Salvation Army N Heilsarmee *f*

salver [ˈsælvəʳ] N Tablett *nt*

salvo [ˈsælvəu] (*pl* **salvoes**) N Salve *f*

Samaritan [səˈmærɪtən] N: **the Samaritan** ≈ die Telefonseelsorge

★**same** [seɪm] ADJ (*similar*) gleiche(r, s); (*identical*) selbe(r, s) ▸ PRON: **the ~** (*similar*) der/die/das Gleiche; (*identical*) derselbe/dieselbe/dasselbe; **the ~ book as** das gleiche Buch wie; **they are the ~ age** sie sind gleichaltrig; **they are exactly the ~** sie sind genau gleich; **on the ~ day** am gleichen *or* selben Tag; **at the ~ time** (*simultaneously*) gleichzeitig, zur gleichen Zeit; (*yet*) doch; **they're one and the ~** (*person*) das ist doch ein und derselbe/dieselbe; (*thing*) das ist doch dasselbe; **~ again** (*in bar etc*) das Gleiche noch mal; **all** *or* **just the ~** trotzdem; **to do the ~ (as sb)** das Gleiche (wie jd) tun; **the ~ to you!** (danke) gleichfalls!; **~ here!** ich/wir *etc* auch!; **thanks all the ~** trotzdem vielen Dank; **it's all the ~ to me** es ist mir egal

same-sex marriage [ˈseɪmsɛks-] N gleichgeschlechtliche Ehe *f*, Homoehe *f* (*inf*)

same-sex relationship N gleichgeschlechtliche Beziehung *f*

Samoa [səˈməuə] N Samoa *nt*

sample [ˈsɑ:mpl] N Probe *f*; (*of merchandise*) Muster *nt*, Probe *f* ▶ VT probieren; **to take a ~** eine Stichprobe machen; **free ~** kostenlose Probe

sanatorium [sænəˈtɔ:rɪəm] (*pl* **sanatoria**) N Sanatorium *nt*

sanctify [ˈsæŋktɪfaɪ] VT heiligen

sanctimonious [sæŋktɪˈməunɪəs] ADJ scheinheilig

sanction [ˈsæŋkʃən] N Zustimmung *f* ▶ VT sanktionieren ■ **sanctions** NPL (*Pol*) Sanktionen *pl*; **to impose economic sanctions on** *or* **against** Wirtschaftssanktionen verhängen gegen

sanctity [ˈsæŋktɪtɪ] N (*holiness*) Heiligkeit *f*; (*inviolability*) Unantastbarkeit *f*

sanctuary [ˈsæŋktjuərɪ] N (*for birds/animals*) Schutzgebiet *nt*; (*place of refuge*) Zuflucht *f*; (*Rel: in church*) Altarraum *m*

sand [sænd] N Sand *m* ▶ VT (*also:* **sand down**) abschmirgeln; *see also* **sands**

sandal [ˈsændl] N Sandale *f*

sandbag [ˈsændbæg] N Sandsack *m*

sandblast [ˈsændblɑ:st] VT sandstrahlen

sandbox [ˈsændbɔks] (US) N Sandkasten *m*; (*Comput: antivirus software*) Sandbox *f*

sandcastle [ˈsændkɑ:sl] N Sandburg *f*

sand dune N Sanddüne *f*

sander [ˈsændəʳ] N (*tool*) Schleifmaschine *f*

S & M (US) N ABBR (= *sadomasochism*) S/M

sandpaper [ˈsændpeɪpəʳ] N Schmirgelpapier *nt*

sandpit [ˈsændpɪt] N Sandkasten *m*; (*Comput: antivirus software*) Sandbox *f*

sands [sændz] NPL (*beach*) Sandstrand *m*

sandstone [ˈsændstəun] N Sandstein *m*

sandstorm [ˈsændstɔ:m] N Sandsturm *m*

sandwich [ˈsændwɪtʃ] N Sandwich *nt* ▶ VT: **sandwiched between** eingequetscht zwischen; **cheese/ham ~** Käse-/Schinkenbrot *nt*

sandwich board N Reklametafel *f*

sandwich course (BRIT) N *Ausbildungsgang, bei dem sich Theorie und Praxis abwechseln*

sandwich man N (*irreg*) Sandwichmann *m*, Plakatträger *m*

sandy [ˈsændɪ] ADJ sandig; (*beach*) Sand-; (*hair*) rotblond

sane [seɪn] ADJ geistig gesund; (*sensible*) vernünftig

sang [sæŋ] PT *of* **sing**

sanguine [ˈsæŋgwɪn] ADJ zuversichtlich

sanitarium [sænɪˈtɛərɪəm] (US) (*pl* **sanitaria**) N = **sanatorium**

sanitary [ˈsænɪtərɪ] ADJ hygienisch; (*facilities*) sanitär; (*inspector*) Gesundheits-

sanitary towel, (US) **sanitary napkin** N Damenbinde *f*

sanitation [sænɪˈteɪʃən] N Hygiene *f*; (*toilets etc*) sanitäre Anlagen *pl*; (*drainage*) Kanalisation *f*

sanitation department (US) N Stadtreinigung *f*

sanity [ˈsænɪtɪ] N geistige Gesundheit *f*; (*common sense*) Vernunft *f*

sank [sæŋk] PT *of* **sink**

Santa Claus [sæntəˈklɔ:z] N ≈ der Weihnachtsmann

Santiago [sæntɪˈɑ:gəu] N (*also:* **Santiago de Chile**) Santiago (de Chile) *nt*

sap [sæp] N Saft *m* ▶ VT (*strength*) zehren an *+dat*; (*confidence*) untergraben

sapling [ˈsæplɪŋ] N junger Baum *m*

sapphire [ˈsæfaɪəʳ] N Saphir *m*

sarcasm [ˈsɑ:kæzm] N Sarkasmus *m*

sarcastic [sɑ:ˈkæstɪk] ADJ sarkastisch

sarcophagus [sɑ:ˈkɔfəgəs] (*pl* **sarcophagi**) N Sarkophag *m*

sardine [sɑ:ˈdi:n] N Sardine *f*

Sardinia [sɑ:ˈdɪnɪə] N Sardinien *nt*

Sardinian [sɑ:ˈdɪnɪən] ADJ sardinisch, sardisch ▶ N (*person*) Sardinier(in) *m(f)*; (*Ling*) Sardinisch *nt*

sardonic [sɑ:ˈdɔnɪk] ADJ (*smile*) süffisant

sari [ˈsɑ:rɪ] N Sari *m*

SARS [sɑ:z] N ABBR (= *severe acute respiratory syndrome*) SARS *nt*

sartorial [sɑ:ˈtɔ:rɪəl] ADJ: **his ~ elegance** seine elegante Art, sich zu kleiden

SAS (BRIT) N ABBR (*Mil:* = *Special Air Service*) *Spezialeinheit der britischen Armee*

SASE (US) N ABBR (= *self-addressed stamped envelope*) frankierter Rückumschlag *m*

sash [sæʃ] N Schärpe *f*; (*of window*) Fensterrahmen *m*

sash window N Schiebefenster *nt*

SAT (US) N ABBR (= *Scholastic Aptitude Test*) *Hochschulaufnahmeprüfung*

> In den Vereinigten Staaten müssen Schüler, die nach Abgang weiterhin studieren wollen, ein Examen machen: entweder den **SAT** oder den *ACT*. Der *SAT*, der 1926 eingeführt wurde, besteht aus drei Prüfungen: Mathematik, kritisches Lesen und Essay. Den *ACT* (*American College Test*) gibt es seit 1959, mit vier Prüfungen: Englisch, Mathematik, Lesen und wissenschaftliche Argumentation, sowie das optionale Schreiben eines Essays. In England haben die Schüler mit 7 und später mit 11 Jahren eine Serie von Examen, die *SATs* (*Standard Assessment Tests*), welche die Fortschritte der einzelnen Schüler im Vergleich zu ihren Kommilitonen messen sollen.

S

sat [sæt] PT, PP *of* **sit**
Sat. ABBR (= *Saturday*) Sa.
Satan [ˈseɪtn] N Satan *m*
satanic [səˈtænɪk] ADJ satanisch
satanism [ˈseɪtnɪzəm] N Satanismus *m*
satchel [ˈsætʃl] N (*child's*) Schultasche *f*
sated [ˈseɪtɪd] ADJ gesättigt; **to be ~ with sth** (*fig*) von etw übersättigt sein
★**satellite** [ˈsætəlaɪt] N Satellit *m*; (*also*: **satellite state**) Satellitenstaat *m*
satellite dish N Satellitenantenne *f*, Parabolantenne *f*
satellite receiver N Satellitenempfänger *m*
satellite television N Satellitenfernsehen *nt*
satiate [ˈseɪʃɪeɪt] VT (*food*) sättigen; (*fig*: *pleasure etc*) übersättigen
satin [ˈsætɪn] N Satin *m* ▸ ADJ (*dress etc*) Satin-; **with a ~ finish** mit Seidenglanz
satire [ˈsætaɪəʳ] N Satire *f*
satirical [səˈtɪrɪkl] ADJ satirisch
satirist [ˈsætɪrɪst] N Satiriker(in) *m(f)*
satirize [ˈsætɪraɪz] VT satirisch darstellen
satisfaction [sætɪsˈfækʃən] N Befriedigung *f*; **to get ~ from sb** (*refund, apology etc*) Genugtuung von jdm erhalten; **has it been done to your ~?** sind Sie damit zufrieden?
satisfactorily [sætɪsˈfæktərɪlɪ] ADV zufriedenstellend
satisfactory [sætɪsˈfæktərɪ] ADJ zufriedenstellend
satisfied [ˈsætɪsfaɪd] ADJ zufrieden
satisfy [ˈsætɪsfaɪ] VT zufriedenstellen; (*needs, demand*) befriedigen; (*requirements, conditions*) erfüllen; **to ~ sb/o.s. that ...** jdn/sich davon überzeugen, dass ...
satisfying [ˈsætɪsfaɪɪŋ] ADJ befriedigend; (*meal*) sättigend
satsuma [sætˈsu:mə] N Satsuma *f*
saturate [ˈsætʃəreɪt] VT: **to ~ (with)** durchnässen (mit); (*Chem*: *market*) sättigen; (*fig*: *area etc*) überschwemmen
saturated fat [ˈsætʃəreɪtɪd-] N gesättigtes Fett *nt*
saturation [sætʃəˈreɪʃən] N (*Chem*) Sättigung *f*; **~ advertising** flächendeckende Werbung *f*; **~ bombing** Flächenbombardierung *f*
★**Saturday** [ˈsætədɪ] N Samstag *m*; *see also* **Tuesday**
★**sauce** [sɔ:s] N Soße *f*
saucepan [ˈsɔ:spən] N Kochtopf *m*
saucer [ˈsɔ:səʳ] N Untertasse *f*
saucy [ˈsɔ:sɪ] ADJ frech
Saudi, Saudi Arabian [ˈsaudɪ-] ADJ saudisch, saudi-arabisch
Saudi Arabia [ˈsaudɪ-] N Saudi-Arabien *nt*
sauna [ˈsɔ:nə] N Sauna *f*
saunter [ˈsɔ:ntəʳ] VI schlendern
★**sausage** [ˈsɔsɪdʒ] N Wurst *f*
sausage roll N Wurst *f* im Schlafrock
sauté [ˈsəuteɪ] VT kurz anbraten ▸ ADJ: **sautée potatoes** Bratkartoffeln *pl*
savage [ˈsævɪdʒ] ADJ (*attack etc*) brutal; (*dog*) gefährlich; (*criticism*) schonungslos ▸ N (*old*: *pe*[j]) Wilde(r) *f(m)* ▸ VT (*maul*) zerfleischen; (*fig*: *criticize*) verreißen
savagely [ˈsævɪdʒlɪ] ADV (*attack etc*) brutal; (*criticize*) schonungslos
savagery [ˈsævɪdʒrɪ] N (*of attack*) Brutalität *f*
★**save** [seɪv] VT (*rescue*) retten; (*money, time*) sparen; (*food etc*) aufheben; (*work, trouble*) (er)sparen; (*keep*: *receipts etc*) aufbewahren; (: *seat etc*) freihalten; (*Comput*: *file*) abspeichern; (*Sport*: *shot, ball*) halten ▸ VI (*also*: **save up**) sparen ▸ N (*Sport*) (Ball)abwehr *f* ▸ PREP (*form*) außer +*dat*; **it will ~ me an hour** dadurch spare ich eine Stunde; **to ~ face** das Gesicht wahren; **God ~ the Queen!** Gott schütze die Königin!
saving [ˈseɪvɪŋ] N (*on price etc*) Ersparnis *f* ▸ AD[J]: **the ~ grace of sth** das einzig Gute an etw *da*[t]
▪ **savings** NPL (*money*) Ersparnisse *pl*; **to make savings** sparen
savings account N Sparkonto *nt*
savings bank N Sparkasse *f*
saviour, (*US*) **savior** [ˈseɪvjəʳ] N Retter(in) *m(f)*; (*Rel*) Erlöser *m*
savoir-faire [sævwɑ:ˈfɛəʳ] N Gewandtheit *f*
savour, (*US*) **savor** [ˈseɪvəʳ] VT genießen ▸ N (*of food*) Geschmack *m*
savoury, (*US*) **savory** [ˈseɪvərɪ] ADJ pikant
savvy [ˈsævɪ] (*inf*) N Grips *m*; **he hasn't got much ~** er hat keine Ahnung
saw [sɔ:] (*pt* **sawed**, *pp* **sawed** *or* **sawn**) VT sägen ▸ N Säge *f* ▸ PT *of* **see**; **to ~ sth up** etw zersägen
sawdust [ˈsɔ:dʌst] N Sägemehl *nt*
sawmill [ˈsɔ:mɪl] N Sägewerk *nt*
sawn [sɔ:n] PP *of* **saw**
sawn-off [ˈsɔ:nɔf], (*US*) **sawed-off** [ˈsɔ:dɔf] ADJ: **~ shotgun** Gewehr *nt* mit abgesägtem Lau[f]
saxophone [ˈsæksəfəun] N Saxofon *nt*
★**say** [seɪ] (*pt, pp* **said**) VT sagen ▸ N: **to have one's ~** seine Meinung äußern; **could you ~ that again?** können Sie das wiederholen?; **my watch says 3 o'clock** auf meiner Uhr ist es 3 Uhr; **it says on the sign "No Smoking"** auf dem Schild steht „Rauchen verboten"; **shall we ~ Tuesday?** sagen wir Dienstag?; **come for dinner at, ~, 8 o'clock** kommt um, sagen wir mal 8 Uhr, zum Essen; **that doesn't ~ much for him** das spricht nicht gerade für ihn; **when all is said and done** letzten Endes; **there is something/a lot to be said for it** es spricht einiges/vieles dafür; **you can ~ that again!** das kann man wohl sagen!; **that is to ~** das heißt; **that goes without saying** das versteht sich von selbst; **to ~ nothing of ...** von ... ganz zu schweigen; **~ (that) ...** angenommen (dass) ...; **to have a** *or* **some ~ in sth** ein Mitspracherecht bei etw haben
saying [ˈseɪɪŋ] N Redensart *f*
say-so [ˈseɪsəu] N Zustimmung *f*; **to do sth on sb's ~** etw auf jds Anweisung *acc* hin tun

SBA (*US*) N ABBR (= *Small Business Administration*) *Regierungsstelle zur Unterstützung kleiner und mittelständischer Betriebe*

SC (*US*) N ABBR = **Supreme Court** ▸ ABBR (*Post*) = **South Carolina**

s/c ABBR = **self-contained**

scab [skæb] N (*on wound*) Schorf *m*; (*pej*) Streikbrecher(in) *m(f)*

scabby [ˈskæbɪ] (*pej*) ADJ (*hands, skin*) schorfig

scaffold [ˈskæfəld] N (*for execution*) Schafott *nt*

scaffolding [ˈskæfəldɪŋ] N Gerüst *nt*

scald [skɔ:ld] N Verbrühung *f* ▸ VT (*burn*) verbrühen

scalding [ˈskɔ:ldɪŋ] ADJ (*also:* **scalding hot**) siedend heiß

scale [skeɪl] N Skala *f*; (*of fish*) Schuppe *f*; (*Mus*) Tonleiter *f*; (*size, extent*) Ausmaß *nt*, Umfang *m*; (*of map, model*) Maßstab *m* ▸ VT (*cliff, tree*) erklettern ▪ **(pair of) scales** NPL (*for weighing*) Waage *f*; **pay ~** Lohnskala *f*; **to draw sth to ~** etw maßstabgetreu zeichnen; **a small-scale model** ein Modell in verkleinertem Maßstab; **on a large ~** im großen Rahmen; **~ of charges** Gebührenordnung *f*

▸ **scale down** VT verkleinern; (*fig*) verringern

scaled-down [skeɪldˈdaun] ADJ verkleinert; (*project, forecast*) eingeschränkt

scale drawing N maßstabgetreue Zeichnung *f*

scallion [ˈskæljən] N Frühlingszwiebel *f*; (*US: shallot*) Schalotte *f*; (*: leek*) Lauch *m*

scallop [ˈskɔləp] N (*Zool*) Kammmuschel *f*; (*Sewing*) Bogenkante *f*

scalp [skælp] N Kopfhaut *f* ▸ VT skalpieren

scalpel [ˈskælpl] N Skalpell *nt*

scalper [ˈskælpəʳ] (*US inf*) N (*ticket tout*) (Karten)-schwarzhändler(in) *m(f)*

scam [skæm] (*inf*) N Betrug *m*

scamp [skæmp] (*inf*) N Frechdachs *m*

scamper [ˈskæmpəʳ] VI: **to ~ away** *or* **off** verschwinden

scampi [ˈskæmpɪ] (*Brit*) NPL Scampi *pl*

scan [skæn] VT (*horizon*) absuchen; (*newspaper etc*) überfliegen; (*TV, Radar*) abtasten ▸ VI (*poetry*) das richtige Versmaß haben ▸ N (*Med*) Scan *m*

▸ **scan in** VT (*Comput*) einscannen

scandal [ˈskændl] N Skandal *m*; (*gossip*) Skandalgeschichten *pl*

scandalize [ˈskændəlaɪz] VT schockieren

scandalous [ˈskændələs] ADJ skandalös

Scandinavia [skændɪˈneɪvɪə] N Skandinavien *nt*

Scandinavian [skændɪˈneɪvɪən] ADJ skandinavisch ▸ N Skandinavier(in) *m(f)*

scanner [ˈskænəʳ] N (*Med*) Scanner *m*; (*Radar*) Richtantenne *f*

scant [skænt] ADJ wenig

scantily [ˈskæntɪlɪ] ADV: **~ clad** *or* **dressed** spärlich bekleidet

scanty [ˈskæntɪ] ADJ (*information*) dürftig; (*meal*) kärglich; (*bikini*) knapp

scapegoat [ˈskeɪpgəut] N Sündenbock *m*

scar [skɑ:] N Narbe *f*; (*fig*) Wunde *f* ▸ VT eine Narbe hinterlassen auf *+dat*; (*fig*) zeichnen

scarce [skɛəs] ADJ knapp; **to make o.s. ~** (*inf*) verschwinden

scarcely [ˈskɛəslɪ] ADV kaum; (*certainly not*) wohl kaum; **~ anybody** kaum jemand; **I can ~ believe it** ich kann es kaum glauben

scarcity [ˈskɛəsɪtɪ] N Knappheit *f*; **~ value** Seltenheitswert *m*

scare [skɛəʳ] N (*public fear*) Panik *f*; (*fright*) Schreck(en) *m* ▸ VT (*frighten*) erschrecken; (*worry*) Angst machen *+dat*; **to give sb a ~** jdm einen Schrecken einjagen; **bomb ~** Bombendrohung *f*

▸ **scare away** VT (*animal*) verscheuchen; (*investor, buyer*) abschrecken

▸ **scare off** VT = **scare away**

scarecrow [ˈskɛəkrəu] N Vogelscheuche *f*

scared [skɛəd] ADJ: **to be ~** Angst haben; **to be ~ stiff** fürchterliche Angst haben

scaremonger [ˈskɛəmʌŋgəʳ] N Panikmacher *m*

scarf [skɑ:f] (*pl* **scarfs** *or* **scarves**) N Schal *m*; (*headscarf*) Kopftuch *nt*

scarlet [ˈskɑ:lɪt] ADJ (scharlach)rot

scarlet fever N Scharlach *m*

scarper [ˈskɑ:pəʳ] (*Brit inf*) VI abhauen

scarred [skɑ:d] ADJ narbig; (*fig*) gezeichnet

SCART socket [ˈskɑ:tsɔkɪt] N (*Comput*) SCART-Büchse *f*

scarves [skɑ:vz] NPL *of* **scarf**

scary [ˈskɛərɪ] (*inf*) ADJ unheimlich; (*film*) gruselig

scathing [ˈskeɪðɪŋ] ADJ (*comments*) bissig; (*attack*) scharf; **to be ~ about sth** bissige Bemerkungen über etw *acc* machen

scatter [ˈskætəʳ] VT verstreuen; (*flock of birds*) aufscheuchen; (*crowd*) zerstreuen ▸ VI (*crowd*) sich zerstreuen

scatterbrained [ˈskætəbreɪnd] (*inf*) ADJ schusselig

scattered [ˈskætəd] ADJ verstreut; **~ showers** vereinzelte Regenschauer *pl*

scatty [ˈskætɪ] (*Brit inf*) ADJ schusselig

scavenge [ˈskævəndʒ] VI: **to ~ for sth** nach etw suchen

scavenger [ˈskævəndʒəʳ] N (*person*) Aasgeier *m* (*inf*); (*animal, bird*) Aasfresser *m*

scenario [sɪˈnɑ:rɪəu] N (*Theat, Cine*) Szenarium *nt*; (*fig*) Szenario *nt*

★**scene** [si:n] N (*lit, fig*) Szene *f*; (*of crime*) Schauplatz *m*; (*of accident*) Ort *m*; (*sight*) Anblick *m*; **behind the scenes** (*fig*) hinter den Kulissen; **to make a ~** (*inf: fuss*) eine Szene machen; **to appear on the ~** (*fig*) auftauchen, auf der Bildfläche erscheinen; **the political ~** die politische Landschaft

scenery [ˈsi:nərɪ] N (*Theat*) Bühnenbild *nt*; (*landscape*) Landschaft *f*

scenic [ˈsiːnɪk] ADJ malerisch, landschaftlich schön

scent [sɛnt] N (*fragrance*) Duft *m*; (*track*) Fährte *f*; (*fig*) Spur *f*; (*liquid perfume*) Parfüm *nt*; **to put** *or* **throw sb off the ~** (*fig*) jdn von der Spur abbringen

sceptic, (*US*) **skeptic** [ˈskɛptɪk] N Skeptiker(in) *m(f)*

sceptical, (*US*) **skeptical** [ˈskɛptɪkl] ADJ skeptisch

scepticism, (*US*) **skepticism** [ˈskɛptɪsɪzəm] N Skepsis *f*

sceptre, (*US*) **scepter** [ˈsɛptə^r] N Zepter *nt*

★**schedule** [ˈʃɛdjuːl, (*US*) ˈskɛdjuːl] N (*of trains, buses*) Fahrplan *m*; (*of events*) Programm *nt*; (*of prices, details etc*) Liste *f* ▶ VT planen; (*visit, meeting etc*) ansetzen; **on ~** wie geplant, pünktlich; **we are working to a very tight ~** wir arbeiten nach einem sehr knappen Zeitplan; **everything went according to ~** alles ist planmäßig verlaufen; **to be ahead of/behind ~** dem Zeitplan voraus sein/im Rückstand sein; **he was scheduled to leave yesterday** laut Zeitplan hätte er gestern abfahren sollen

scheduled [ˈʃɛdjuːld, (*US*) ˈskɛdjuːld] ADJ (*train, bus, stop*) planmäßig; (*date, time*) vorgesehen; (*visit, event*) geplant

scheduled flight N Linienflug *m*

schematic [skɪˈmætɪk] ADJ schematisch

★**scheme** [skiːm] N (*personal plan*) Plan *m*; (*plot*) raffinierter Plan *m*, Komplott *nt*; (*formal plan*) Programm *nt* ▶ VI Pläne schmieden, intrigieren; **colour ~** Farbzusammenstellung *f*; **pension ~** Rentenversicherung *f*

scheming [ˈskiːmɪŋ] ADJ intrigierend ▶ N Machenschaften *pl*

schism [ˈskɪzəm] N Spaltung *f*

schizophrenia [skɪtsəˈfriːnɪə] N Schizophrenie *f*

schizophrenic [skɪtsəˈfrɛnɪk] ADJ schizophren

scholar [ˈskɔlə^r] N Gelehrte(r) *f(m)*; (*pupil*) Student(in) *m(f)*, Schüler(in) *m(f)*; (*scholarship holder*) Stipendiat(in) *m(f)*

scholarly [ˈskɔləlɪ] ADJ gelehrt; (*text, approach*) wissenschaftlich

scholarship [ˈskɔləʃɪp] N Gelehrsamkeit *f*; (*grant*) Stipendium *nt*

★**school** [skuːl] N Schule *f*; (*US inf: university*) Universität *f*; (*of whales, porpoises etc*) Schule *f*, Schwarm *m* ▶ CPD Schul-

school age N Schulalter *nt*

school bag N Schultasche *f*

schoolbook [ˈskuːlbuk] N Schulbuch *nt*

★**schoolboy** [ˈskuːlbɔɪ] N Schüler *m*, Schuljunge *m*

school bus N Schulbus *m*

★**schoolchildren** [ˈskuːltʃɪldrən] NPL Schulkinder *pl*, Schüler *pl*

schooldays [ˈskuːldeɪz] NPL Schulzeit *f*

schooled [skuːld] ADJ geschult; **to be ~ in sth** über etw *acc* gut Bescheid wissen

★**schoolgirl** [ˈskuːlgəːl] N Schülerin *f*, Schulmädchen *nt*

schooling [ˈskuːlɪŋ] N Schulbildung *f*

school-leaver [skuːlˈliːvə^r] (BRIT) N Schulabgänger(in) *m(f)*

schoolmaster [ˈskuːlmɑːstə^r] N Lehrer *m*

schoolmistress [ˈskuːlmɪstrɪs] N Lehrerin *f*

school report (BRIT) N Zeugnis *nt*

schoolroom [ˈskuːlruːm] N Klassenzimmer *nt*

schoolteacher [ˈskuːltiːtʃə^r] N Lehrer(in) *m(f)*

schoolyard [ˈskuːljɑːd] N Schulhof *m*

schooner [ˈskuːnə^r] N (*ship*) Schoner *m*; (BRIT: *fo sherry*) großes Sherryglas *nt*; (*US etc: for bee* großes Bierglas *nt*

sciatica [saɪˈætɪkə] N Ischias *m or nt*

★**science** [ˈsaɪəns] N Naturwissenschaft *f*; (*branc of knowledge*) Wissenschaft *f*; **the science** Naturwissenschaften *pl*

science fiction N Science-Fiction *f*

scientific [saɪənˈtɪfɪk] ADJ wissenschaftlich

★**scientist** [ˈsaɪəntɪst] N Wissenschaftler(in) *m(*

sci-fi [ˈsaɪfaɪ] (*inf*) N ABBR (= *science fiction*) SF

Scillies [ˈsɪlɪz] NPL = **Scilly Isles**

Scilly Isles [ˈsɪlɪaɪlz] NPL: **the ~** die Scillyinsel *pl*

scintillating [ˈsɪntɪleɪtɪŋ] ADJ (*fig: conversatior* faszinierend; (*wit*) sprühend

★**scissors** [ˈsɪzəz] NPL Schere *f*; **a pair of ~** ein Schere

sclerosis [sklɪˈrəusɪs] N Sklerose *f*

scoff [skɔf] VT (BRIT *inf: eat*) futtern, verputze ▶ VI: **to ~ (at)** (*mock*) spotten (über *+acc*), sic lustig machen (über *+acc*)

scold [skəuld] VT ausschimpfen

scolding [ˈskəuldɪŋ] N Schelte *f*; **to get a ~** aus geschimpft werden

scone [skɔn] N *brötchenartiges Teegebäck*

scoop [skuːp] N (*amount*) Kugel *f*; (*Press*) Knülle *m*; (*for flour etc*) Schaufel *f*; (*for ice cream etc*) Porti onierer *m*

▶**scoop out** VT aushöhlen

▶**scoop up** VT aufschaufeln; (*liquid*) aufschöp fen

scooter [ˈskuːtə^r] N (*also:* **motor scoote** Motorroller *m*; (*toy*) (Tret)roller *m*

scope [skəup] N (*opportunity*) Möglichkeiten *p* (*range*) Umfang *m*, Ausmaß *nt*; (*freedom*) Freihe *f*; **within the ~ of** im Rahmen *+gen*; **there i plenty of ~ for improvement** (BRIT) es könnt noch viel verbessert werden

scorch [skɔːtʃ] VT versengen; (*earth, grass*) ve brennen

scorched earth policy N (*Mil*) Politik *f* de verbrannten Erde

scorcher [ˈskɔːtʃə^r] (*inf*) N heißer Tag *m*

scorching [ˈskɔːtʃɪŋ] ADJ (*day, weather*) brüten heiß

★**score** [skɔː^r] N (*number of points*) (Punkte)stand *n* (*of game*) Spielstand *m*; (*Mus*) Partitur *f*; (*twenty* zwanzig ▶ VT (*goal*) schießen; (*point, succes* erzielen; (*mark*) einkerben; (*cut*) einritzen ▸ VI (*keep score*) (Punkte) zählen; (*in game*) einen Punkt/Punkte erzielen; (*Football etc*) ein Tor schießen; **to settle an old ~ with sb** (*fig*) eine alte Rechnung mit jdm begleichen; **what's the ~?** (*Sport*) wie stehts?; **scores of** Hunderte von; **on that ~** in dieser Hinsicht; **to ~ well** gut abschneiden; **to ~ 6 out of 10** 6 von 10 Punkten erzielen; **to ~ (a point) over sb** (*fig*) jdn ausstechen

▸ **score out** VT ausstreichen

scoreboard [ˈskɔːbɔːd] N Anzeigetafel *f*

scorecard [ˈskɔːkɑːd] N (*Sport*) Spielprotokoll *nt*

score line N (*Sport*) Spielstand *m*; (: *final score*) Endergebnis *nt*

scorer [ˈskɔːrəʳ] N (*Football etc*) Torschütze *m*, Torschützin *f*; (*person keeping score*) Anschreiber(in) *m(f)*

scorn [skɔːn] N Verachtung *f* ▸ VT verachten; (*reject*) verschmähen

scornful [ˈskɔːnful] ADJ verächtlich, höhnisch

Scorpio [ˈskɔːpɪəu] N Skorpion *m*; **to be ~** Skorpion sein

scorpion [ˈskɔːpɪən] N Skorpion *m*

Scot [skɔt] N Schotte *m*, Schottin *f*

Scotch [skɔtʃ] N Scotch *m*

scotch [skɔtʃ] VT (*rumour*) aus der Welt schaffen; (*plan, idea*) unterbinden

Scotch tape® N ≈ Tesafilm® *m*

scot-free [ˈskɔtˈfriː] ADV: **to get off ~** ungeschoren davonkommen

Scotland [ˈskɔtlənd] N Schottland *nt*

Scots [skɔts] ADJ schottisch

Scotsman [ˈskɔtsmən] N (*irreg*) Schotte *m*

Scotswoman [ˈskɔtswumən] N (*irreg*) Schottin *f*

Scottish [ˈskɔtɪʃ] ADJ schottisch

Nach drei Jahrhunderten politischen Zusammenschlusses zwischen England und Schottland hat sich Schottland mit einem Referendum für ein eigenständiges Parlament entschieden, das seinen Sitz in Edinburgh hat. 1999 wurden 129 Abgeordnete gewählt und mit gesetzgebender Gewalt versehen, besonders in den Bereichen Schulwesen, Umwelt, Gesundheitswesen, Rechtswesen, Steuerwesen und Kommunalverwaltung. Der Regierungsleiter ist der *First Minister*, aber das Staatsoberhaupt ist nach wie vor Königin Elizabeth II. Mit einer neuen Volksabstimmung haben sich die Schotten im September 2014 gegen die vollständige Unabhängigkeit vom Rest des Vereinigten Königreiches entschieden.

Scottish National Party N *Partei, die für die Unabhängigkeit Schottlands eintritt*

scoundrel [ˈskaundrəl] N Schurke *m*

scour [ˈskauəʳ] VT (*search*) absuchen; (*clean*) scheuern

scourer [ˈskauərəʳ] N Topfkratzer *m*

scourge [skəːdʒ] N (*lit, fig*) Geißel *f*

scout [skaut] N (*also:* **boy scout**) Pfadfinder *m*; (*Mil*) Kundschafter *m*, Späher *m*; **girl ~** (*US*) Pfadfinderin *f*

▸ **scout around** VI sich umsehen

scowl [skaul] VI ein böses Gesicht machen ▸ N böses Gesicht *nt*; **to ~ at sb** jdn böse ansehen

Scrabble® [ˈskræbl] N Scrabble® *nt*

scrabble [ˈskræbl] VI (*also:* **scrabble around**) herumtasten; **to ~ at sth** nach etw krallen; **to ~ about** *or* **around for sth** nach etw herumsuchen

scraggy [ˈskrægɪ] ADJ (*animal*) mager; (*body, neck etc*) dürr

scram [skræm] (*inf*) VI abhauen, verschwinden

scramble [ˈskræmbl] N (*climb*) Kletterpartie *f*; (*rush*) Hetze *f*; (*struggle*) Gerangel *nt* ▸ VI: **to ~ up/over** klettern auf/über *+acc*; **to ~ for** sich drängeln um; **to go scrambling** (*Sport*) Querfeldeinrennen fahren

scrambled eggs [ˈskræmbld-] N Rührei *nt*

scrap [skræp] N (*bit*) Stückchen *nt*; (*fig: of truth, evidence*) Spur *f*; (*fight*) Balgerei *f*; (*also:* **scrap metal**) Schrott *m*, Altmetall *nt* ▸ VT (*machines etc*) verschrotten; (*fig: plans etc*) fallen lassen ▸ VI (*fight*) sich balgen ■ **scraps** NPL (*leftovers*) Reste *pl*; **to sell sth for ~** etw als Schrott *or* zum Verschrotten verkaufen

scrapbook [ˈskræpbuk] N Sammelalbum *nt*

scrap dealer N Schrotthändler(in) *m(f)*

scrape [skreɪp] VT abkratzen; (*hand etc*) abschürfen; (*car*) verschrammen ▸ N: **to get into a ~** (*difficult situation*) in Schwulitäten *pl* kommen (*inf*)

▸ **scrape through** VT (*exam etc*) durchrutschen durch (*inf*)

▸ **scrape together** VT (*money*) zusammenkratzen

scraper [ˈskreɪpəʳ] N Kratzer *m*

scrap heap N: **to be on the ~** (*fig*) zum alten Eisen gehören

scrap merchant (BRIT) N Schrotthändler(in) *m(f)*

scrap metal N Schrott *m*, Altmetall *nt*

scrap paper N Schmierpapier *nt*

scrappy [ˈskræpɪ] ADJ zusammengestoppelt (*inf*)

scrap yard N Schrottplatz *m*

scratch [skrætʃ] N Kratzer *m* ▸ VT kratzen; (*one's nose etc*) sich kratzen an *+dat*; (*paint, car, record*) verkratzen; (*Comput*) löschen ▸ VI sich kratzen ▸ CPD (*team, side*) zusammengewürfelt; **to start from ~** ganz von vorne anfangen; **to be up to ~** den Anforderungen entsprechen; **to ~ the surface** (*fig*) an der Oberfläche bleiben

scratch pad (*US*) N Notizblock *m*

scrawl [skrɔːl] N Gekritzel *nt*; (*handwriting*) Klaue *f* (*inf*) ▸ VT hinkritzeln

scrawny [ˈskrɔːnɪ] ADJ dürr

★**scream** [skriːm] N Schrei *m* ▸ VI schreien; **to be a ~** (*inf*) zum Schreien sein; **to ~ at sb (to do sth)** jdn anschreien(, etw zu tun)

scree [skriː] N Geröll *nt*

S

screech [skri:tʃ] VI kreischen; (*tyres, brakes*) quietschen ▶ N Kreischen *nt*; (*of tyres, brakes*) Quietschen *nt*

★**screen** [skri:n] N (*Cine*) Leinwand *f*; (TV, *Comput*) Bildschirm *m*; (*movable barrier*) Wandschirm *m*; (*fig: cover*) Tarnung *f*; (*also:* **windscreen**) Windschutzscheibe *f* ▶ VT (*protect*) abschirmen; (*from the wind etc*) schützen; (*conceal*) verdecken; (*film*) zeigen, vorführen; (*programme*) senden; (*candidates etc*) überprüfen; (*for illness*): **to ~ sb for sth** jdn auf etw *acc* (hin) untersuchen

screen editing N (*Comput*) Bildschirmaufbereitung *f*

screening ['skri:nɪŋ] N (*Med*) Untersuchung *f*; (*of film*) Vorführung *f*; (TV) Sendung *f*; (*for security*) Überprüfung *f*

screen memory N (*Comput*) Bildschirmspeicher *m*

screenplay ['skri:npleɪ] N Drehbuch *nt*

screen saver N (*Comput*) Bildschirmschoner *m*

screenshot ['skri:nʃɔt] N (*Comput*) Screenshot *m*, Bildschirmfoto *nt*

screen test N Probeaufnahmen *pl*

screw [skru:] N Schraube *f* ▶ VT schrauben; (*inf!*) bumsen (*inf!*); **to ~ sth in** etw einschrauben; **to ~ sth to the wall** etw an der Wand festschrauben; **to have one's head screwed on** (*fig*) ein vernünftiger Mensch sein
▶ **screw up** VT (*paper etc*) zusammenknüllen; (*inf: ruin*) vermasseln; **to ~ up one's eyes** die Augen zusammenkneifen

screwdriver ['skru:draɪvəʳ] N Schraubenzieher *m*

screwed-up ['skru:d'ʌp] (*inf*) ADJ: **to be/get ~ about sth** sich wegen etw ganz verrückt machen

screw top N Schraubverschluss *m*

screwy ['skru:ɪ] (*inf*) ADJ verrückt

scribble ['skrɪbl] N Gekritzel *nt* ▶ VT, VI kritzeln; **to ~ sth down** etw hinkritzeln

scribe [skraɪb] N Schreiber *m*

script [skrɪpt] N (*Cine*) Drehbuch *nt*; (*of speech, play etc*) Text *m*; (*alphabet*) Schrift *f*; (*in exam*) schriftliche Arbeit *f*

scripted ['skrɪptɪd] ADJ vorbereitet

scripture ['skrɪptʃəʳ] N, **scriptures** ['skrɪptʃəz] NPL (heilige) Schrift *f*; **the S~(s)** (*the Bible*) die Heilige Schrift *f*

scriptwriter ['skrɪptraɪtəʳ] N (*Radio, TV*) Autor(in) *m(f)*; (*Cine*) Drehbuchautor(in) *m(f)*

scroll [skrəul] N Schriftrolle *f* ▶ VI (*Comput*) scrollen
▶ **scroll down** VI (*Comput*) runterscrollen
▶ **scroll up** VI (*Comput*) raufscrollen

scroll bar N (*Comput*) Bildaufleiste *f*

scrotum ['skrəutəm] N Hodensack *m*

scrounge [skraundʒ] (*inf*) VT: **to ~ sth off sb** etw bei jdm schnorren ▶ VI schnorren ▶ N: **on the ~** am Schnorren

scrounger ['skraundʒəʳ] (*inf*) N Schnorrer(in) *m(f)*

scrub [skrʌb] N Gestrüpp *nt* ▶ VT (*floor etc*) schrubben; (*inf: idea, plan*) fallen lassen

scrubbing brush ['skrʌbɪŋ-] N Scheuerbürste

scruff [skrʌf] N: **by the ~ of the neck** am Genic

scruffy ['skrʌfɪ] ADJ gammelig, verwahrlost

scrum [skrʌm], **scrummage** ['skrʌmɪdʒ] (*Rugby*) Gedränge *nt*

scruple ['skru:pl] N (*gen pl*) Skrupel *m*, Bedenken *nt*; **to have no scruples about doing st** keine Skrupel *or* Bedenken haben, etw zu tun

scrupulous ['skru:pjuləs] ADJ gewissenhaf (*honesty*) unbedingt

scrupulously ['skru:pjuləslɪ] ADV gewissenhaft; (*honest, fair*) äußerst; (*clean*) peinlich

scrutinize ['skru:tɪnaɪz] VT prüfend ansehe (*data, records etc*) genau prüfen *or* untersuchen

scrutiny ['skru:tɪnɪ] N genaue Untersuchung **under the ~ of sb** unter jds prüfendem Blick

scuba ['sku:bə] N (Schwimm)tauchgerät *nt*

scuba diving ['sku:bə-] N Sporttauchen *nt*

scuff [skʌf] VT (*shoes, floor*) abwetzen

scuffle ['skʌfl] N Handgemenge *nt*

scull [skʌl] N Skull *nt*

scullery ['skʌlərɪ] N (*old*) Spülküche *f*

sculptor ['skʌlptəʳ] N Bildhauer(in) *m(f)*

sculpture ['skʌlptʃəʳ] N (*art*) Bildhauerei (*object*) Skulptur *f*

scum [skʌm] N (*on liquid*) Schmutzschicht *f*; (*pe* Abschaum *m*

scupper ['skʌpəʳ] (BRIT *inf*) VT (*plan, idea*) ze schlagen

scurrilous ['skʌrɪləs] ADJ verleumderisch

scurry ['skʌrɪ] VI huschen
▶ **scurry off** VI forthasten

scurvy ['skə:vɪ] N Skorbut *m*

scuttle ['skʌtl] N (*also:* **coal scuttle**) Kohlenei mer *m* ▶ VT (*ship*) versenken ▶ VI: **to ~ away** **off** verschwinden

scythe [saɪð] N Sense *f*

SD, (US) **S.Dak.** ABBR (*Post*) = **South Dakota**

SDLP (BRIT) N ABBR (*Pol:* = *Social Democratic an Labour Party*) *sozialdemokratische Partei in Nordi land*

SE ABBR (= *south-east*) SO

★**sea** [si:] N Meer *nt*, See *f*; (*fig*) Meer *nt* ▶ CPD See **by ~** (*travel*) mit dem Schiff; **beside** *or* **by the** (*holiday*) am Meer, an der See; (*village*) am Mee **on the ~** (*boat*) auf See; **at ~** auf See; **to be all a ~** (*fig*) nicht durchblicken (*inf*); **out to ~** au Meer (hinaus); **to look out to ~** aufs Meer hin ausblicken; **heavy/rough ~(s)** schwere/rau See *f*

sea anemone N Seeanemone *f*

sea bed N Meeresboden *m*

seaboard ['si:bɔ:d] N Küste *f*

seafarer ['si:fɛərəʳ] N Seefahrer *m*

seafaring ['si:fɛərɪŋ] ADJ (*life, nation*) Seefahrer

★**seafood** ['si:fu:d] N Meeresfrüchte *pl*

seafront ['si:frʌnt] N Strandpromenade *f*

seagoing ['si:gəuɪŋ] ADJ hochseetüchtig

seagull [ˈsiːgʌl] N Möwe *f*

seal [siːl] N (*animal*) Seehund *m*; (*official stamp*) Siegel *nt*; (*in machine etc*) Dichtung *f*; (*on bottle etc*) Verschluss *m* ▸ VT (*envelope*) zukleben; (*crack, opening*) abdichten; (*with seal*) versiegeln; (*agreement, sb's fate*) besiegeln; **to give sth one's ~ of approval** einer Sache *dat* seine offizielle Zustimmung geben
▸ **seal off** VT (*place*) abriegeln

sea level N Meeresspiegel *m*; **2,000 ft above/below ~** 2000 Fuß über/unter dem Meeresspiegel

sealing wax [ˈsiːlɪŋ-] N Siegelwachs *nt*

sea lion N Seelöwe *m*

sealskin [ˈsiːlskɪn] N Seehundfell *nt*

seam [siːm] N Naht *f*; (*lit, fig: where edges join*) Übergang *m*; (*of coal etc*) Flöz *nt*; **the hall was bursting at the seams** der Saal platzte aus allen Nähten

seaman [ˈsiːmən] N (*irreg*) Seemann *m*

seamanship [ˈsiːmənʃɪp] N Seemannschaft *f*

seamless [ˈsiːmlɪs] ADJ (*lit, fig*) nahtlos

seamy [ˈsiːmɪ] ADJ zwielichtig; **the ~ side of life** die Schattenseite des Lebens

séance [ˈseɪɔns] N spiritistische Sitzung *f*

seaplane [ˈsiːpleɪn] N Wasserflugzeug *nt*

seaport [ˈsiːpɔːt] N Seehafen *m*

search [səːtʃ] N Suche *f*; (*inspection*) Durchsuchung *f*; (*Comput*) Suchlauf *m* ▸ VT durchsuchen; (*mind, memory*) durchforschen ▸ VI: **to ~ for** suchen nach; **"~ and replace"** (*Comput*) „suchen und ersetzen"; **in ~ of** auf der Suche nach
▸ **search through** VT FUS durchsuchen

search engine N (*Comput*) Suchmaschine *f*

searcher [ˈsəːtʃəʳ] N Suchende(r) *f(m)*

searching [ˈsəːtʃɪŋ] ADJ (*question*) bohrend; (*look*) prüfend; (*examination*) eingehend

searchlight [ˈsəːtʃlaɪt] N Suchscheinwerfer *m*

search party N Suchtrupp *m*; **to send out a ~** einen Suchtrupp ausschicken

search warrant N Durchsuchungsbefehl *m*

searing [ˈsɪərɪŋ] ADJ (*heat*) glühend; (*pain*) scharf

seashell [ˈsiːʃel] N Muschel *f*

seashore [ˈsiːʃɔːʳ] N Strand *m*; **on the ~** am Strand

seasick [ˈsiːsɪk] ADJ seekrank

seasickness [ˈsiːsɪknɪs] N Seekrankheit *f*

seaside [ˈsiːsaɪd] N Meer *nt*, See *f*; **to go to the ~** ans Meer *or* an die See fahren; **at the ~** am Meer, an der See

seaside resort N Badeort *m*

season [ˈsiːzn] N Jahreszeit *f*; (*Agr*) Zeit *f*; (*Sport, of films etc*) Saison *f*; (*Theat*) Spielzeit *f* ▸ VT (*food*) würzen; **strawberries are in ~/out of ~** für Erdbeeren ist jetzt die richtige Zeit/nicht die richtige Zeit; **the busy ~** die Hochsaison *f*; **the open ~** (*Hunting*) die Jagdzeit *f*

seasonal [ˈsiːznl] ADJ (*work*) Saison-

seasoned [ˈsiːznd] ADJ (*fig: traveller*) erfahren; (*wood*) abgelagert; **she's a ~ campaigner** sie ist eine alte Kämpferin

seasoning [ˈsiːznɪŋ] N Gewürz *nt*

season ticket N (*Rail*) Zeitkarte *f*; (*Sport*) Dauerkarte *f*; (*Theat*) Abonnement *nt*

★**seat** [siːt] N (*chair, of government, Pol*) Sitz *m*; (*place*) Platz *m*; (*buttocks*) Gesäß *nt*; (*of trousers*) Hosenboden *m*; (*of learning*) Stätte *f* ▸ VT setzen; (*have room for*) Sitzplätze bieten für; **are there any seats left?** sind noch Plätze frei?; **to take one's ~** sich setzen; **please be seated** bitte nehmen Sie Platz; **to be seated** sitzen

seat belt N Sicherheitsgurt *m*

seating arrangements [ˈsiːtɪŋ-] NPL Sitzordnung *f*

seating capacity N Sitzplätze *pl*

SEATO [ˈsiːtəu] N ABBR (= *Southeast Asia Treaty Organization*) SEATO *f*

sea urchin N Seeigel *m*

sea view N Seeblick *m*

sea water N Meerwasser *nt*

seaweed [ˈsiːwiːd] N Seetang *m*

seaworthy [ˈsiːwəːðɪ] ADJ seetüchtig

SEC (US) N ABBR (= *Securities and Exchange Commission*) *amerikanische Börsenaufsichtsbehörde*

sec. ABBR (= *second*) Sek.

secateurs [sɛkəˈtəːz] NPL Gartenschere *f*

secede [sɪˈsiːd] VI (*Pol*): **to ~ (from)** sich abspalten (von)

secluded [sɪˈkluːdɪd] ADJ (*place*) abgelegen; (*life*) zurückgezogen

seclusion [sɪˈkluːʒən] N Abgeschiedenheit *f*; **in ~** zurückgezogen

★**second**[1] [sɪˈkɔnd] (BRIT) VT (*employee*) abordnen

second[2] [ˈsɛkənd] ADJ zweite(r, s) ▸ ADV (*come, be placed*) Zweite(r, s); (*when listing*) zweitens ▸ N (*time*) Sekunde *f*; (*Aut: also:* **second gear**) der zweite Gang; (*person*) Zweite(r) *f(m)*; (*Comm: imperfect*) zweite Wahl *f* ▸ VT (*motion*) unterstützen; **upper/lower ~** (BRIT *Univ*) ≈ Zwei plus/minus; **Charles the S~** Karl der Zweite; **just a ~!** einen Augenblick!; **~ floor** (BRIT) zweiter Stock *m*; (*US*) erster Stock *m*; **to ask for a ~ opinion** ein zweites Gutachten einholen

secondary [ˈsɛkəndərɪ] ADJ weniger wichtig

secondary education N höhere Schulbildung *f*

secondary picketing N *Aufstellung von Streikposten bei nur indirekt beteiligten Firmen*

★**secondary school** N höhere Schule *f*

> **Secondary school** ist in Großbritannien eine weiterführende Schule für Kinder von 11 bis 18 Jahren. Manche Schüler gehen schon mit 16 Jahren, wenn die allgemeine Schulpflicht endet, von der Schule ab. Die meisten *secondary schools* sind heute Gesamtschulen, obwohl es auch noch selektive Schulen gibt. Siehe auch *comprehensive school, primary school*.

S

second-best [sɛkənd'bɛst] ADJ zweitbeste(r, s) ▶ N: **as a ~** als Ausweichlösung; **don't settle for ~** gib dich nur mit dem Besten zufrieden

second-class ['sɛkənd'klɑ:s] ADJ zweitklassig; (*citizen*) zweiter Klasse; (*Rail, Post*) Zweite-Klasse- ▶ ADV (*Rail, Post*) zweiter Klasse; **to send sth ~** etw zweiter Klasse schicken; **to travel ~** zweiter Klasse reisen

second cousin N Cousin *m*/Cousine *f* zweiten Grades

seconder ['sɛkəndəʳ] N Befürworter(in) *m(f)*

second-guess ['sɛkənd'gɛs] VT vorhersagen; **to ~ sb** vorhersagen, was jd machen wird

second hand N (*on clock*) Sekundenzeiger *m*

second-hand ['sɛkənd'hænd] ADJ gebraucht; (*clothing*) getragen ▶ ADV (*buy*) gebraucht; **to hear sth ~** etw aus zweiter Hand haben; **~ car** Gebrauchtwagen *m*; **~ smoking** (*US*) Passivrauchen *nt*

second-in-command ['sɛkəndɪnkə'mɑ:nd] N (*Mil*) stellvertretender Kommandeur *m*; (*Admin*) stellvertretender Leiter *m*

secondly ['sɛkəndlɪ] ADV zweitens

secondment [sɪ'kɔndmənt] (BRIT) N Abordnung *f*; **to be on ~** abgeordnet sein

second-rate ['sɛkənd'reɪt] ADJ zweitklassig

second thoughts NPL: **on ~, on second thought** (*US*) wenn ich es mir (recht) überlege; **to have ~ (about doing sth)** es sich *dat* anders überlegen (und etw doch nicht tun)

Second World War N: **the ~** der Zweite Weltkrieg

secrecy ['si:krəsɪ] N Geheimhaltung *f*; (*of person*) Verschwiegenheit *f*; **in ~** heimlich

★**secret** ['si:krɪt] ADJ geheim; (*admirer*) heimlich ▶ N Geheimnis *nt*; **in ~** heimlich; **~ passage** Geheimgang *m*; **to keep sth ~ from sb** etw vor jdm geheim halten; **can you keep a ~?** kannst du schweigen?; **to make no ~ of sth** kein Geheimnis *or* keinen Hehl aus etw machen

secret agent N Geheimagent(in) *m(f)*

secretarial [sɛkrɪ'tɛərɪəl] ADJ (*work*) Büro-; (*course*) Sekretärinnen-; (*staff*) Sekretariats-

secretariat [sɛkrɪ'tɛərɪət] N (*Pol, Admin*) Sekretariat *nt*

secretary ['sɛkrətərɪ] N (*Comm*) Sekretär(in) *m(f)*; (*of club*) Schriftführer(in) *m(f)*; **S~ of State (for)** (BRIT *Pol*) Minister(in) *m(f)* (für); **S~ of State** (*US Pol*) Außenminister(in) *m(f)*

secretary-general ['sɛkrətərɪ'dʒɛnərəl] (*pl* **secretaries-general**) N Generalsekretär(in) *m(f)*

secrete [sɪ'kri:t] VT (*Anat, Biol, Med*) absondern; (*hide*) verbergen

secretion [sɪ'kri:ʃən] N (*substance*) Sekret *nt*

secretive ['si:krətɪv] ADJ verschlossen; (*pej*) geheimnistuerisch

secretly ['si:krɪtlɪ] ADV heimlich; (*hope*) insgeheim

secret police N Geheimpolizei *f*

secret service N Geheimdienst *m*

sect [sɛkt] N Sekte *f*

sectarian [sɛk'tɛərɪən] ADJ (*killing etc*) konfessionell motiviert; **~ violence** gewalttätige Konfessionsstreitigkeiten *pl*

★**section** ['sɛkʃən] N (*part*) Teil *m*; (*department*) Abteilung *f*; (*of document*) Absatz *m*; (*cross-section*) Schnitt *m* ▶ VT (*divide*) teilen; **the business/sport ~** (*Press*) der Wirtschafts-/Sportteil

sectional ['sɛkʃənl] ADJ: **~ drawing** Darstellung *f* im Schnitt

sector ['sɛktəʳ] N Sektor *m*

secular ['sɛkjuləʳ] ADJ weltlich

secure [sɪ'kjuəʳ] ADJ sicher; (*firmly fixed*) fest ▶ VT (*fix*) festmachen; (*votes etc*) erhalten; (*contract etc*) (sich *dat*) sichern; (*Comm: loan*) (ab)sichern; **to make sth ~** etw sichern; **to ~ sth for sb** jdm etw sichern

secured creditor [sɪ'kjuəd-] N (*Comm*) abgesicherter Gläubiger *m*

securely [sɪ'kjuəlɪ] ADV (*firmly*) fest; (*safely*) sicher

★**security** [sɪ'kjuərɪtɪ] N Sicherheit *f*; (*freedom from anxiety*) Geborgenheit *f* ▪ **securities** NPL (*Stock Exchange*) Effekten *pl*, Wertpapiere *pl*; **securities market** Wertpapiermarkt *m*; **to increase/tighten ~** die Sicherheitsvorkehrungen verschärfen; **~ of tenure** Kündigungsschutz *m*

Security Council N Sicherheitsrat *m*

security forces NPL Sicherheitskräfte *pl*

security guard N Sicherheitsbeamte(r) *m* (*transporting money*) Wachmann *m*

security risk N Sicherheitsrisiko *nt*

secy. ABBR = **secretary**

sedan [sə'dæn] (*US*) N (*Aut*) Limousine *f*

sedate [sɪ'deɪt] ADJ (*person*) ruhig, gesetzt; (*life*) geruhsam; (*pace*) gemächlich ▶ VT (*Med*) Beruhigungsmittel geben *+dat*

sedation [sɪ'deɪʃən] N (*Med*) Beruhigungsmittel *pl*; **to be under ~** unter dem Einfluss von Beruhigungsmitteln stehen

sedative ['sɛdɪtɪv] N (*Med*) Beruhigungsmittel *nt*

sedentary ['sɛdntərɪ] ADJ (*occupation, work*) sitzend

sediment ['sɛdɪmənt] N (*in bottle*) (Boden)satz *m*; (*in lake etc*) Ablagerung *f*

sedimentary [sɛdɪ'mɛntərɪ] ADJ (*Geog*) sedimentär; **~ rock** Sedimentgestein *nt*

sedition [sɪ'dɪʃən] N Aufwiegelung *f*

seduce [sɪ'dju:s] VT verführen; **to ~ sb into doing sth** jdn dazu verleiten, etw zu tun

seduction [sɪ'dʌkʃən] N (*attraction*) Verlockung *f*; (*act of seducing*) Verführung *f*

seductive [sɪ'dʌktɪv] ADJ verführerisch (*fig: offer*) verlockend

★**see** [si:] (*pt* **saw**, *pp* **seen**) VT sehen; (*look at*) sich *dat* ansehen; (*understand*) verstehen, (ein)sehen; (*doctor etc*) aufsuchen ▶ VI sehen ▶ N (*Rel*) Bistum *nt*; **to ~ that** (*ensure*) dafür sorgen, dass; **to ~ sb to the door** jdn zur Tür bringen; **there was nobody to be seen** es war niemand zu sehen; **to go and ~ sb** jdn besuchen (gehen); **to ~ a doctor** zum Arzt gehen; **~ you!** tschüss (*inf*); **~ you soon!** bis bald!; **let me ~** (*show me*) lass mich mal sehen; (*let me think*) lass mich mal überlegen; **I ~** ich verstehe, aha; (*annoyed*) ach so; **you ~** weißt du, siehst du; **~ for yourself** überzeug dich doch selbst; **I don't know what she sees in him** ich weiß nicht, was sie an ihm findet; **as far as I can ~** so wie ich das sehe

▸ **see about** VT FUS sich kümmern um *+acc*

▸ **see off** VT verabschieden

▸ **see out** VT (*show out*) zur Tür bringen

▸ **see through** VT FUS durchschauen ▸ VT: **to ~ sb through sth** jdm in etw *dat* beistehen; **to ~ sth through to the end** etw zu Ende bringen; **this should ~ you through** das müsste dir reichen

▸ **see to** VT FUS sich kümmern um *+acc*

seed [si:d] N Samen *m*; (*of fruit*) Kern *m*; (*fig: usu pl*) Keim *m*; (*Tennis*) gesetzter Spieler *m*, gesetzte Spielerin *f*; **to go to ~** (*plant*) Samen bilden; (*lettuce etc*) schießen; (*fig: person*) herunterkommen

seedless ['si:dlɪs] ADJ kernlos

seedling ['si:dlɪŋ] N (*Bot*) Sämling *m*

seedy ['si:dɪ] ADJ (*person, place*) zwielichtig, zweifelhaft

seeing ['si:ɪŋ] CONJ: **~ as** *or* **that** da

seek [si:k] (*pt, pp* **sought**) VT suchen; **to ~ advice from sb** jdn um Rat fragen; **to ~ help from sb** jdn um Hilfe bitten

▸ **seek out** VT ausfindig machen

seem [si:m] VI scheinen; **there seems to be a mistake** da scheint ein Fehler zu sein; **it seems (that)** es scheint(, dass); **it seems to me that ...** mir scheint, dass ...; **what seems to be the trouble?** worum geht es denn?; (*doctor*) was fehlt Ihnen denn?

seemingly ['si:mɪŋlɪ] ADV anscheinend

seemly ['si:mlɪ] ADJ schicklich

seen [si:n] PP *of* **see**

seep [si:p] VI sickern

seersucker ['sɪəsʌkə^r] N Krepp *m*, Seersucker *m*

seesaw ['si:sɔ:] N Wippe *f*

seethe [si:ð] VI: **to ~ with** (*place*) wimmeln von; **to ~ with anger** vor Wut kochen

see-through ['si:θru:] ADJ durchsichtig

segment ['sɛgmənt] N Teil *m*; (*of orange*) Stück *nt*

segregate ['sɛgrɪgeɪt] VT trennen, absondern

segregation [sɛgrɪ'geɪʃən] N Trennung *f*

Seine [seɪn] N: **the ~** die Seine *f*

seismic shock ['saɪzmɪk-] N Erdstoß *m*

seize [si:z] VT packen, ergreifen; (*fig: opportunity*) ergreifen; (*power, control*) an sich *acc* reißen; (*territory, airfield*) besetzen; (*hostage*) nehmen; (*Law*) beschlagnahmen

▸ **seize up** VI (*engine*) sich festfressen

▸ **seize (up)on** VT FUS sich stürzen auf *+acc*

seizure ['si:ʒə^r] N (*Med*) Anfall *m*; (*of power*) Ergreifung *f*; (*Law*) Beschlagnahmung *f*

seldom ['sɛldəm] ADV selten

★**select** [sɪ'lɛkt] ADJ exklusiv ▸ VT (aus)wählen; (*Sport*) aufstellen; **a ~ few** wenige Auserwählte *pl*

★**selection** [sɪ'lɛkʃən] N (*range*) Auswahl *f*; (*being chosen*) Wahl *f*

selection committee N Auswahlkomitee *nt*

selective [sɪ'lɛktɪv] ADJ wählerisch; (*not general*) selektiv

selector [sɪ'lɛktə^r] N (*Sport*) Mannschaftsaufsteller(in) *m(f)*; (*Tech*) Wählschalter *m*; (*: button*) Taste *f*

self [sɛlf] (*pl* **selves**) N Selbst *nt*, Ich *nt*; **she was her normal ~ again** sie war wieder ganz die Alte

self... [sɛlf] PREF selbst-, Selbst-

self-addressed [sɛlfə'drɛst] ADJ: **~ envelope** adressierter Rückumschlag *m*

self-adhesive [sɛlfəd'hi:zɪv] ADJ selbstklebend

self-appointed [sɛlfə'pɔɪntɪd] ADJ selbst ernannt

self-assertive [sɛlfə'sə:tɪv] ADJ selbstbewusst

self-assurance [sɛlfə'ʃuərəns] N Selbstsicherheit *f*

self-assured [sɛlfə'ʃuəd] ADJ selbstsicher

self-catering [sɛlf'keɪtərɪŋ] (BRIT) ADJ (*holiday, flat*) für Selbstversorger

self-centred, (US) **self-centered** [sɛlf'sɛntəd] ADJ egozentrisch, ichbezogen

self-cleaning [sɛlf'kli:nɪŋ] ADJ selbstreinigend

self-confessed [sɛlfkən'fɛst] ADJ erklärt

self-confidence [sɛlf'kɔnfɪdəns] N Selbstbewusstsein *nt*, Selbstvertrauen *nt*

self-confident [sɛlf'kɔnfɪdənt] ADJ selbstbewusst, selbstsicher

self-conscious [sɛlf'kɔnʃəs] ADJ befangen, gehemmt

self-contained [sɛlfkən'teɪnd] (BRIT) ADJ (*flat*) abgeschlossen; (*person*) selb(st)ständig

self-control [sɛlfkən'trəul] N Selbstbeherrschung *f*

self-defeating [sɛlfdɪ'fi:tɪŋ] ADJ unsinnig

self-defence, (US) **self-defense** [sɛlfdɪ'fɛns] N Selbstverteidigung *f*; (*Law*) Notwehr *f*; **in ~** zu seiner/ihrer *etc* Verteidigung; (*Law*) in Notwehr

self-discipline [sɛlf'dɪsɪplɪn] N Selbstdisziplin *f*

self-employed [sɛlfɪm'plɔɪd] ADJ selbstständig

self-esteem [sɛlfɪs'ti:m] N Selbstachtung *f*

self-evident [sɛlf'ɛvɪdnt] ADJ offensichtlich

self-explanatory [sɛlfɪks'plænətərɪ] ADJ unmittelbar verständlich

self-financing [sɛlffaɪ'nænsɪŋ] ADJ selbstfinanzierend

self-governing [sɛlf'gʌvənɪŋ] ADJ selbst verwaltet

self-harm [sɛlf'hɑ:m] N selbstverletzendes Verhalten *nt*

self-help [sɛlf'hɛlp] N Selbsthilfe *f*

S

selfie [ˈsɛlfɪ] N Selfie *nt*
self-importance [sɛlfɪmˈpɔːtns] N Aufgeblasenheit *f*
self-indulgent [sɛlfɪnˈdʌldʒənt] ADJ genießerisch; **to be ~** sich verwöhnen
self-inflicted [sɛlfɪnˈflɪktɪd] ADJ selbst zugefügt
self-interest [sɛlfˈɪntrɪst] N Eigennutz *m*
selfish [ˈsɛlfɪʃ] ADJ egoistisch, selbstsüchtig
selfishly [ˈsɛlfɪʃlɪ] ADV egoistisch, selbstsüchtig
selfishness [ˈsɛlfɪʃnɪs] N Egoismus *m*, Selbstsucht *f*
selfless [ˈsɛlflɪs] ADJ selbstlos
selflessly [ˈsɛlflɪslɪ] ADV selbstlos
selflessness [ˈsɛlflɪsnɪs] N Selbstlosigkeit *f*
self-made [ˈsɛlfmeɪd] ADJ: **~ man** Selfmademan *m*
self-pity [sɛlfˈpɪtɪ] N Selbstmitleid *nt*
self-portrait [sɛlfˈpɔːtreɪt] N Selbstporträt *nt*, Selbstbildnis *nt*
self-possessed [sɛlfpəˈzɛst] ADJ selbstbeherrscht
self-preservation [ˈsɛlfprɛzəˈveɪʃən] N Selbsterhaltung *f*
self-raising [sɛlfˈreɪzɪŋ], (US) **self-rising** [sɛlfˈraɪzɪŋ] ADJ: **~ flour** *Mehl mit bereits beigemischtem Backpulver*
self-reliant [sɛlfrɪˈlaɪənt] ADJ selb(st)ständig
self-respect [sɛlfrɪsˈpɛkt] N Selbstachtung *f*
self-respecting [sɛlfrɪsˈpɛktɪŋ] ADJ mit Selbstachtung; (*genuine*) der/die/das etwas auf sich hält
self-righteous [sɛlfˈraɪtʃəs] ADJ selbstgerecht
self-rising [sɛlfˈraɪzɪŋ] (US) ADJ = **self-raising**
self-sacrifice [sɛlfˈsækrɪfaɪs] N Selbstaufopferung *f*
self-same [ˈsɛlfseɪm] ADJ: **the ~** genau derselbe/dieselbe/dasselbe
self-satisfied [sɛlfˈsætɪsfaɪd] ADJ selbstzufrieden
self-sealing [sɛlfˈsiːlɪŋ] ADJ selbstklebend
self-service [sɛlfˈsəːvɪs] ADJ (*shop, restaurant etc*) Selbstbedienungs-
self-styled [ˈsɛlfstaɪld] ADJ selbst ernannt
self-sufficient [sɛlfsəˈfɪʃənt] ADJ (*country*) autark; (*person*) selb(st)ständig, unabhängig; **to be ~ in coal** seinen Kohlebedarf selbst decken können
self-supporting [sɛlfsəˈpɔːtɪŋ] ADJ (*business*) sich selbst tragend
self-taught [sɛlfˈtɔːt] ADJ: **to be ~** Autodidakt sein; **he is a ~ pianist** er hat sich das Klavierspielen selbst beigebracht
self-test [ˈsɛlftɛst] N (*Comput*) Selbsttest *m*
★**sell** [sɛl] (*pt, pp* **sold**) VT verkaufen; (*shop: goods*) haben (*inf*), führen; (*fig: idea*) schmackhaft machen *+dat*, verkaufen (*inf*) ▸ VI sich verkaufen (lassen); **to ~ at** *or* **for 10 pounds** für 10 Pfund verkauft werden; **to ~ sb sth** jdm etw verkaufen; **to ~ o.s.** sich verkaufen
▸ **sell off** VT verkaufen
▸ **sell out** VI: **we/the tickets are sold out** wir/die Karten sind ausverkauft; **we have sold out of ...** wir haben kein ... mehr, ... ist ausverkauft
▸ **sell up** VI sein Haus/seine Firma *etc* verkaufen
sell-by date [ˈsɛlbaɪ-] N ≈ Haltbarkeitsdatum *nt*
seller [ˈsɛləʳ] N Verkäufer(in) *m(f)*; **~'s market** Verkäufermarkt *m*
selling point [ˈsɛlɪŋ-] N Verkaufsanreiz *m or* -argument *nt*
selling price N Verkaufspreis *m*
Sellotape® [ˈsɛləteɪp] (BRIT) N ≈ Tesafilm® *m* Klebeband *nt*
sellout [ˈsɛlaut] N (*inf: betrayal*) Verrat *m*; **the match was a ~** das Spiel war ausverkauft
selves [sɛlvz] PL *of* **self**
semantic [sɪˈmæntɪk] ADJ semantisch
semantics [sɪˈmæntɪks] N (*Ling*) Semantik *f*
semaphore [ˈsɛməfɔːʳ] N Flaggenalphabet *nt*
semblance [ˈsɛmbləns] N Anschein *m*
semen [ˈsiːmən] N Samenflüssigkeit *f*, Sperma *nt*
semester [sɪˈmɛstəʳ] (*esp US*) N Semester *nt*
semi [ˈsɛmɪ] N = **semidetached**
semi... [ˈsɛmɪ] PREF halb-, Halb-
semibreve [ˈsɛmɪbriːv] (BRIT) N (*Mus*) ganze Note *f*
semicircle [ˈsɛmɪsəːkl] N Halbkreis *m*
semicircular [sɛmɪˈsəːkjuləʳ] ADJ halbkreisförmig
semicolon [sɛmɪˈkəulən] N Semikolon *nt*, Strichpunkt *m*
semiconductor [sɛmɪkənˈdʌktəʳ] N Halbleiter *m*
semiconscious [sɛmɪˈkɔnʃəs] ADJ halb bewusstlos
semidetached [sɛmɪdɪˈtætʃt], **semidetached house** (BRIT) N Doppelhaushälfte *f*
semifinal [sɛmɪˈfaɪnl] N Halbfinale *nt*
seminar [ˈsɛmɪnɑːʳ] N Seminar *nt*
seminary [ˈsɛmɪnərɪ] N (*Rel*) Priesterseminar *nt*
semi-precious stone N Halbedelstein *m*
semiquaver [ˈsɛmɪkweɪvəʳ] (BRIT) N (*Mus*) Sechzehntelnote *f*
semiskilled [sɛmɪˈskɪld] ADJ (*work*) Anlern-; (*worker*) angelernt
semi-skimmed [sɛmɪˈskɪmd] ADJ (*milk*) teilentrahmt, Halbfett-
semitone [ˈsɛmɪtəun] N (*Mus*) Halbton *m*
semolina [sɛməˈliːnə] N Grieß *m*
Sen., sen. ABBR (US) = **senator**; (*in names:* = *senior*) sen.
senate [ˈsɛnɪt] N Senat *m*

Senate ist das Oberhaus des amerikanischen Kongresses (das Unterhaus ist das *House of Representatives*. Der Senat besteht aus 100 Senatoren, zwei für jeden Bundesstaat, die für sechs Jahre gewählt werden, wobei ein Drittel alle zwei Jahre neu gewählt wird. Die Senatoren werden in direkter Wahl vom Volk gewählt. Siehe auch *congress*.

senator [ˈsɛnɪtəʳ] N Senator(in) *m(f)*

send [sɛnd] (*pt*, *pp* **sent**) VT schicken; (*transmit*) senden; **to ~ sth by post, to ~ sth by mail** (*US*) etw mit der Post schicken; **to ~ sb for sth** (*for check-up etc*) jdn zu etw schicken; **to ~ word that …** Nachricht geben, dass …; **she sends (you) her love** sie lässt dich grüßen; **to ~ sb to Coventry** (BRIT) jdn schneiden (*inf*); **to ~ sb to sleep** jdn einschläfern; **to ~ sth flying** etw umwerfen

▶ **send away** VT wegschicken

▶ **send away for** VT FUS (per Post) anfordern

▶ **send back** VT zurückschicken

▶ **send for** VT FUS (per Post) anfordern; (*doctor, police*) rufen

▶ **send in** VT einsenden, einschicken

▶ **send off** VT abschicken; (BRIT: *player*) vom Platz weisen

▶ **send on** VT (BRIT: *letter*) nachsenden; (*luggage etc*) vorausschicken

▶ **send out** VT verschicken; (*light, heat*) abgeben; (*signal*) aussenden

▶ **send round** VT schicken; (*circulate*) zirkulieren lassen

▶ **send up** VT (*astronaut*) hochschießen; (*price, blood pressure*) hochtreiben; (BRIT: *parody*) verulken (*inf*)

sender [ˈsɛndəʳ] N Absender(in) *m(f)*

sending-off [sɛndɪŋˈɔf] N (*Sport*) Platzverweis *m*

send-off [ˈsɛndɔf] N: **a good ~** eine große Verabschiedung

send-up [ˈsɛndʌp] N Verulkung *f* (*inf*)

Senegal [sɛnɪˈgɔːl] N Senegal *nt*

Senegalese [sɛnɪgəˈliːz] ADJ senegalesisch ▶ N INV Senegalese *m*, Senegalesin *f*

senile [ˈsiːnaɪl] ADJ senil

senility [sɪˈnɪlɪtɪ] N Senilität *f*

senior [ˈsiːnɪəʳ] ADJ (*staff, manager*) leitend; (*officer*) höher; (*post, position*) leitend ▶ N (*Scol*): **the seniors** die Oberstufenschüler *pl*; **to be ~ to sb** jdm übergeordnet sein; **she is 15 years his ~** sie ist 15 Jahre älter als er; **P. Jones ~** P. Jones senior

senior citizen N Senior(in) *m(f)*

senior high school (*US*) N Oberstufe *f*

seniority [siːnɪˈɔrɪtɪ] N (*in service*) (längere) Betriebszugehörigkeit *f*; (*in rank*) (höhere) Position *f*

sensation [sɛnˈseɪʃən] N (*feeling*) Gefühl *nt*; (*great success*) Sensation *f*; **to cause a ~** großes Aufsehen erregen

sensational [sɛnˈseɪʃənl] ADJ (*wonderful*) wunderbar; (*result*) sensationell; (*headlines etc*) reißerisch

sense [sɛns] N Sinn *m*; (*feeling*) Gefühl *nt*; (*good sense*) Verstand *m*, gesunder Menschenverstand *m*; (*meaning*) Bedeutung *f*, Sinn *m* ▶ VT spüren; **~ of smell** Geruchssinn *m*; **it makes ~** (*can be understood*) es ergibt einen Sinn; (*is sensible*) es ist vernünftig *or* sinnvoll; **there's no ~ in that** das hat keinen Sinn; **there is no ~ in doing that** es hat keinen Sinn, das zu tun; **to come to one's senses** Vernunft annehmen; **to take leave of one's senses** den Verstand verlieren

senseless [ˈsɛnslɪs] ADJ (*pointless*) sinnlos; (*unconscious*) besinnungslos, bewusstlos

sense of humour N Sinn *m* für Humor

sensibility [sɛnsɪˈbɪlɪtɪ] N Empfindsamkeit *f*; (*sensitivity*) Empfindlichkeit *f*; **to offend sb's sensibilities** jds Zartgefühl verletzen

★**sensible** [ˈsɛnsɪbl] ADJ vernünftig; (*shoes, clothes*) praktisch

★**sensitive** [ˈsɛnsɪtɪv] ADJ empfindlich; (*understanding*) einfühlsam; (*touchy*: *person*) sensibel; (: *issue*) heikel; **to be ~ to sth** in Bezug auf etw *acc* empfindlich sein; **he is very ~ about it/to criticism** er reagiert sehr empfindlich darauf/auf Kritik

sensitivity [sɛnsɪˈtɪvɪtɪ] N Empfindlichkeit *f*; (*understanding*) Einfühlungsvermögen *nt*; (*of issue etc*) heikle Natur *f*; **an issue of great ~** ein sehr heikles Thema

sensual [ˈsɛnsjuəl] ADJ sinnlich; (*person, life*) sinnenfroh

sensuous [ˈsɛnsjuəs] ADJ sinnlich

sent [sɛnt] PT, PP *of* **send**

★**sentence** [ˈsɛntəns] N (*Ling*) Satz *m*; (*Law*: *judgement*) Urteil *nt*; (: *punishment*) Strafe *f* ▶ VT: **to ~ sb to death/to 5 years in prison** jdn zum Tode/zu 5 Jahren Haft verurteilen; **to pass ~ on sb** das Urteil über jdn verkünden; (*fig*) jdn verurteilen; **to serve a life ~** eine lebenslängliche Freiheitsstrafe verbüßen

sentiment [ˈsɛntɪmənt] N Sentimentalität *f*; (*also pl*: *opinion*) Ansicht *f*

sentimental [sɛntɪˈmɛntl] ADJ sentimental

sentimentality [sɛntɪmɛnˈtælɪtɪ] N Sentimentalität *f*

sentry [ˈsɛntrɪ] N Wachtposten *m*

sentry duty N: **to be on ~** auf Wache sein

Seoul [səul] N Seoul *nt*

separable [ˈsɛprəbl] ADJ: **to be ~ from** trennbar sein von

★**separate** [ˈsɛprɪt] ADJ getrennt; (*occasions*) verschieden; (*rooms*) separat ▶ VT trennen ▶ VI sich trennen; **~ from** getrennt von; **to go ~ ways** getrennte Wege gehen; **under ~ cover** (*Comm*) mit getrennter Post; **to ~ into** aufteilen in *+acc*; *see also* **separates**

separately [ˈsɛprɪtlɪ] ADV getrennt

separates [ˈsɛprɪts] NPL (*clothes*) kombinierbare Einzelteile *pl*

separation [sɛpəˈreɪʃən] N Trennung *f*

sepia [ˈsiːpjə] ADJ sepiafarben

Sept. ABBR (= *September*) Sept.

★**September** [sɛpˈtɛmbəʳ] N September *m*; *see also* **July**

septic [ˈsɛptɪk] ADJ vereitert, septisch; **to go ~** eitern

septicaemia, (*US*) **septicemia** [sɛptɪˈsiːmɪə] N Blutvergiftung *f*

septic tank N Faulbehälter *m*

sequel [ˈsiːkwəl] N (*of film, story*) Fortsetzung *f*; (*follow-up*) Nachspiel *nt*

sequence [ˈsiːkwəns] N Folge *f*; (*dance/film sequence*) Sequenz *f*; **in ~** der Reihe nach

sequencing [ˈsiːkwənsɪŋ] N Sequenzierung *f*

sequential [sɪˈkwɛnʃəl] ADJ aufeinanderfolgend; **~ access** (*Comput*) sequenzieller Zugriff *m*

sequestrate [sɪˈkwɛstreɪt] VT (*Law, Comm*) sequestrieren, beschlagnahmen

sequin [ˈsiːkwɪn] N Paillette *f*

Serbia [ˈsəːbɪə] N Serbien *nt*

Serbian [ˈsəːbɪən] ADJ serbisch ▸ N Serbier(in) *m(f)*; (*Ling*) Serbisch *nt*

Serbo-Croat [ˈsəːbəuˈkrəuæt] N (*Ling*) Serbokroatisch *nt*

serenade [sɛrəˈneɪd] N Serenade *f* ▸ VT ein Ständchen *nt* bringen *+dat*

serene [sɪˈriːn] ADJ (*landscape etc*) friedlich; (*expression*) heiter; (*person*) gelassen

serenity [səˈrɛnɪtɪ] N (*of landscape*) Friedlichkeit *f*; (*of expression*) Gelassenheit *f*

sergeant [ˈsɑːdʒənt] N (*Mil etc*) Feldwebel *m*; (*Police*) Polizeimeister *m*

sergeant-major [ˈsɑːdʒəntˈmeɪdʒəʳ] N Oberfeldwebel *m*

serial [ˈsɪərɪəl] N (*TV*) Serie *f*; (*Radio*) Sendereihe *f*; (*in magazine*) Fortsetzungsroman *m* ▸ ADJ (*Comput*) seriell

serialize [ˈsɪərɪəlaɪz] VT in Fortsetzungen veröffentlichen; (*TV, Radio*) in Fortsetzungen senden

serial killer N Serienmörder(in) *m(f)*

serial number N Seriennummer *f*

★**series** [ˈsɪərɪz] N INV (*of books*) Reihe *f*; (*TV*) Serie *f*; (*group*) Serie *f*, Reihe *f*

★**serious** [ˈsɪərɪəs] ADJ ernst; (*important*) wichtig; (*: illness*) schwer; (*: condition*) bedenklich; **are you ~ (about it)?** meinst du das ernst?

★**seriously** [ˈsɪərɪəslɪ] ADV ernst; (*talk, interested*) ernsthaft; (*ill, hurt, damaged*) schwer; (*not jokingly*) im Ernst; **to take sb/sth ~** jdn/etw ernst nehmen; **do you ~ believe that …** glauben Sie ernsthaft *or* im Ernst, dass …

seriousness [ˈsɪərɪəsnɪs] N Ernst *m*, Ernsthaftigkeit *f*; (*of problem*) Bedenklichkeit *f*

sermon [ˈsəːmən] N Predigt *f*; (*fig*) Moralpredigt *f*

serrated [sɪˈreɪtɪd] ADJ gezackt; **~ knife** Sägemesser *nt*

serum [ˈsɪərəm] N Serum *nt*

servant [ˈsəːvənt] N (*lit, fig*) Diener(in) *m(f)*; (*domestic*) Hausangestellte(r) *f(m)*

★**serve** [səːv] VT dienen *+dat*; (*in shop, with food/drink*) bedienen; (*food, meal*) servieren; (*purpose*) haben; (*apprenticeship*) durchmachen; (*prison term*) verbüßen ▸ VI (*at table*) auftragen, servieren; (*Tennis*) aufschlagen; (*soldier*) dienen; (*be useful*): **to ~ as/for** dienen als ▸ N (*Tennis*) Aufschlag *m*; **are you being served?** werden Si[e] schon bedient?; **to ~ its purpose** seinen Zweck erfüllen; **to ~ sb's purpose** jds Zwecken dienen; **it serves him right** das geschieht ihm recht; **to ~ on a committee** einem Ausschus[s] angehören; **to ~ on a jury** Geschworene(r) *f(m)* sein; **it's my turn to ~** (*Tennis*) ich habe Aufschlag; **it serves to show/explain …** das zeigt erklärt …

▸ **serve out** VT (*food*) auftragen, servieren

▸ **serve up** VT = **serve out**

server N (*Comput*) Server *m*

★**service** [ˈsəːvɪs] N Dienst *m*; (*commercial*) Dienstleistung *f*; (*in hotel, restaurant*) Bedienung *f*, Service *m*; (*also:* **train service**) Bahnverbindung [*f*] (*: generally*) Zugverkehr *m*; (*Rel*) Gottesdienst *m* (*Aut*) Inspektion *f*; (*Tennis*) Aufschlag *m*; (*plate etc*) Service *nt* ▸ VT (*car, machine*) warten ■ **the Services** NPL (*army, navy etc*) die Streitkräfte *pl*; **military/national ~** Militärdienst *m*; **to be o[f] ~ to sb** jdm nützen; **to do sb a ~** jdm eine[n] Dienst erweisen; **to put one's car in for a ~** sein Auto zur Inspektion geben; **dinner ~** Ess[-] service *nt*

serviceable [ˈsəːvɪsəbl] ADJ zweckmäßig

service area N (*on motorway*) Raststätte *f*

service charge (BRIT) N Bedienungsgeld *nt*

service contract N Wartungsvertrag *m*

service industry N Dienstleistungsbranche

serviceman [ˈsəːvɪsmən] N (*irreg*) Militärangehörige(r) *m*

service provider N (*Comput*) Provider *m*

service station N Tankstelle *f*

serviette [səːvɪˈɛt] (BRIT) N Serviette *f*

servile [ˈsəːvaɪl] ADJ unterwürfig

session [ˈsɛʃən] N Sitzung *f*; (*US, SCOT: Scol*) Studienjahr *nt*; (*: term*) Semester *nt*; **recording ~** Aufnahme *f*; **to be in ~** tagen

session musician N Session-Musiker(in) *m(f)*

★**set** [sɛt] (*pt, pp* **~**) N (*of saucepans, books, keys etc*) Satz *m*; (*group*) Reihe *f*; (*of cutlery*) Garnitur [*f*] (*also:* **radio set**) Radio(gerät) *nt*; (*also:* **TV set**) Fernsehgerät *nt*; (*Tennis*) Satz *m*; (*group of people*) Kreis *m*; (*Math*) Menge *f*; (*Theat: stage*) Bühne [*f*] (*: scenery*) Bühnenbild *nt*; (*Cine*) Drehort *m*; (*Hairdressing*) (Ein)legen *nt* ▸ ADJ (*fixed*) fest; (*ready*) bereit, fertig ▸ VT (*table*) decken; (*place*) auflegen; (*time, price, rules etc*) festsetzen; (*record*) aufstellen; (*alarm, watch, task*) stellen; (*exam*) zusammenstellen; (*Typ*) setzen ▸ VI (*sun*) untergehen; (*jam, jelly, concrete*) fest werden; (*bone*) zusammenwachsen; **a ~ of false teeth** ein Gebiss *nt*; **a ~ of dining-room furniture** eine Esszimmergarnitur; **a chess ~** ein Schachspiel *nt*; **to be ~ on doing sth** etw unbedingt tun wollen; **to be all ~ to do sth** bereit sein, etw zu tun; **he's ~ in his ways** er ist in seinen Gewohnheiten festgefahren; **a ~ phrase** eine feste Redewendung; **a novel ~ in Rome** ein Roman der in Rom spielt; **to ~ to music** vertonen; **to ~ on fire** anstecken; **to ~ free** freilassen; **to ~ sail** losfahren

▸ **set about** VT FUS (*task*) anpacken; **to ~ about doing sth** sich daranmachen, etw zu tun
▸ **set aside** VT (*money etc*) beiseitelegen; (*time*) einplanen
▸ **set back** VT: **to ~ sb back 5 pounds** jdn 5 Pfund kosten; **to ~ sb back (by)** (*in time*) jdn zurückwerfen (um); **a house ~ back from the road** ein Haus, das etwas von der Straße abliegt
▸ **set in** VI (*bad weather*) einsetzen; (*infection*) sich einstellen; **the rain has ~ in for the day** es hat sich für heute eingeregnet
▸ **set off** VI (*depart*) aufbrechen ▸ VT (*alarm, chain of events*) auslösen; (*show up well*) hervorheben; (*bomb*) losgehen lassen
▸ **set out** VI (*depart*) aufbrechen ▸ VT (*chairs etc*) aufstellen; (*arguments*) darlegen; (*goods etc*) ausbreiten; **to ~ out to do sth** sich *dat* vornehmen, etw zu tun; **to ~ out from home** zu Hause aufbrechen
▸ **set up** VT (*organization*) gründen; (*monument*) errichten; **to ~ up shop** ein Geschäft eröffnen; (*fig*) sich selb(st)ständig machen

setback [ˈsɛtbæk] N Rückschlag *m*
set menu N Menü *nt*
set square N Zeichendreieck *nt*
settee [sɛˈtiː] N Sofa *nt*
setting [ˈsɛtɪŋ] N (*background*) Rahmen *m*; (*position*) Einstellung *f*; (*of jewel*) Fassung *f*
setting lotion N (Haar)festiger *m*
settle [ˈsɛtl] VT (*matter*) regeln; (*argument*) beilegen; (*accounts*) begleichen; (*affairs, business*) in Ordnung bringen; (*colonize: land*) besiedeln ▸ VI (*also:* **settle down**) sich niederlassen; (*sand, dust etc*) sich legen; (*sediment*) sich setzen; (*calm down*) sich beruhigen; **to ~ one's stomach** den Magen beruhigen; **that's settled then!** das ist also abgemacht!; **to ~ down to work** sich an die Arbeit setzen; **to ~ down to watch TV** es sich *dat* vor dem Fernseher gemütlich machen
▸ **settle for** VT FUS sich zufriedengeben mit
▸ **settle in** VI sich einleben; (*in job etc*) sich eingewöhnen
▸ **settle on** VT FUS sich entscheiden für
▸ **settle up** VI: **to ~ up with sb** mit jdm abrechnen

settlement [ˈsɛtlmənt] N (*payment*) Begleichung *f*; (*Law*) Vergleich *m*; (*agreement*) Übereinkunft *f*; (*of conflict*) Beilegung *f*; (*village etc*) Siedlung *f*, Niederlassung *f*; (*colonization*) Besiedelung *f*; **in ~ of our account** (*Comm*) zum Ausgleich unseres Kontos
settler [ˈsɛtlə^r] N Siedler(in) *m(f)*
setup, set-up [ˈsɛtʌp] N (*organization*) Organisation *f*; (*system*) System *nt*; (*Comput*) Setup *nt*
seven [ˈsɛvn] NUM sieben
seventeen [sɛvnˈtiːn] NUM siebzehn
seventeenth [sevnˈtiːnθ] ADJ siebzehnte(r, s); *see also* **eighth**
seventh [ˈsɛvnθ] NUM siebte(r, s)
seventieth [ˈsevntɪɪθ] ADJ siebzigste(r, s); *see also* **eighth**
seventy [ˈsɛvntɪ] NUM siebzig
sever [ˈsɛvə^r] VT durchtrennen; (*fig: relations*) abbrechen; (*: ties*) lösen
★**several** [ˈsɛvərəl] ADJ mehrere, einige ▸ PRON einige; **~ of us** einige von uns; **~ times** einige Male, mehrmals
severance [ˈsɛvərəns] N (*of relations*) Abbruch *m*
severance pay N Abfindung *f*
severe [sɪˈvɪə^r] ADJ (*damage, shortage*) schwer; (*pain*) stark; (*person, expression, dress, winter*) streng; (*punishment*) hart; (*climate*) rau
severely [sɪˈvɪəlɪ] ADV (*punish*) hart; (*wounded, ill*) schwer; (*damage*) stark
severity [sɪˈvɛrɪtɪ] N (*gravity: of punishment*) Härte *f*; (*: of manner, voice, winter*) Strenge *f*; (*: of weather*) Rauheit *f*; (*austerity*) Strenge *f*
sew [səu] (*pt* **sewed**, *pp* **sewn**) VT, VI nähen
▸ **sew up** VT (zusammen)nähen; **it is all sewn up** (*fig*) es ist unter Dach und Fach

sewage [ˈsuːɪdʒ] N Abwasser *nt*
sewage works N Kläranlage *f*
sewer [ˈsuːə^r] N Abwasserkanal *m*
sewing [ˈsəuɪŋ] N Nähen *nt*; (*items*) Näharbeit *f*
sewing machine N Nähmaschine *f*
sewn [səun] PP *of* **sew**
sex [sɛks] N (*gender*) Geschlecht *nt*; (*lovemaking*) Sex *m*; **to have ~ with sb** (Geschlechts)verkehr mit jdm haben
sex act N Geschlechtsakt *m*
sex appeal N Sex-Appeal *m*
sex education N Sexualerziehung *f*
sexism [ˈsɛksɪzəm] N Sexismus *m*
sexist [ˈsɛksɪst] ADJ sexistisch
sex life N Sexualleben *nt*
sex object N Sexualobjekt *nt*
sextet [sɛksˈtɛt] N Sextett *nt*
sexting [ˈsekstɪŋ] N (*inf*) Sexting *nt*, Verschicken *nt* von Sex-SMS
sexual [ˈsɛksjuəl] ADJ sexuell; (*reproduction*) geschlechtlich; (*equality*) der Geschlechter
sexual assault N Vergewaltigung *f*
sexual harassment N sexuelle Belästigung *f*
sexual intercourse N Geschlechtsverkehr *m*
sexuality [seksjuˈælɪtɪ] N Sexualität *f*
sexually [ˈsɛksjuəlɪ] ADV sexuell; (*segregate*) nach Geschlechtern; (*discriminate*) aufgrund des Geschlechts; (*reproduce*) geschlechtlich
sexual orientation N sexuelle Orientierung *f*
sexy [ˈsɛksɪ] ADJ sexy; (*pictures, underwear*) sexy, aufreizend
Seychelles [seɪˈʃɛlz] NPL: **the ~** die Seychellen *pl*
SF N ABBR (= *science fiction*) SF
SG (*US*) N ABBR (*Mil, Med*) = **Surgeon General**
Sgt ABBR (*Police, Mil*) = **sergeant**
shabbiness [ˈʃæbɪnɪs] N Schäbigkeit *f*
shabby [ˈʃæbɪ] ADJ schäbig
shack [ʃæk] N Hütte *f*
▸ **shack up** (*inf*) VI: **to ~ up (with sb)** (mit jdm) zusammenziehen

S

shackles [ˈʃæklz] NPL Ketten *pl*; (*fig*) Fesseln *pl*

★**shade** [ʃeɪd] N Schatten *m*; (*for lamp*) (Lampen)-schirm *m*; (*of colour*) (Farb)ton *m*; (*US: also:* **window shade**) Jalousie *f*, Rollo *nt* ▶ VT beschatten; (*eyes*) abschirmen ▩ **shades** NPL (*inf: sunglasses*) Sonnenbrille *f*; **in the ~** im Schatten; **a ~ of blue** ein Blauton; **a ~ (more/too large)** (*small quantity*) etwas *or* eine Spur (mehr/zu groß)

★**shadow** [ˈʃædəu] N Schatten *m* ▶ VT (*follow*) beschatten; **without** *or* **beyond a ~ of a doubt** ohne den geringsten Zweifel

shadow cabinet (BRIT) N Schattenkabinett *nt*

shadow economy N (*Econ*) Schattenwirtschaft *f*

shadowy [ˈʃædəuɪ] ADJ schattig; (*figure, shape*) schattenhaft

shady [ˈʃeɪdɪ] ADJ schattig; (*fig: dishonest*) zwielichtig; **~ deals** dunkle Geschäfte

shaft [ʃɑːft] N (*of arrow, spear*) Schaft *m*; (*Aut, Tech*) Welle *f*; (*of mine, lift*) Schacht *m*; (*of light*) Strahl *m*; **ventilation ~** Luftschacht *m*

shaggy [ˈʃægɪ] ADJ zottelig; (*dog, sheep*) struppig

★**shake** [ʃeɪk] (*pt* **shook**, *pp* **shaken**) VT schütteln; (*weaken, upset, surprise*) erschüttern; (*weaken: resolve*) ins Wanken bringen ▶ VI zittern, beben; (*building, table*) wackeln; (*earth*) beben ▶ N Schütteln *nt*; **to ~ one's head** den Kopf schütteln; **to ~ hands with sb** jdm die Hand schütteln; **to ~ one's fist (at sb)** (jdm) mit der Faust drohen; **give it a good ~** schütteln Sie es gut durch; **a ~ of the head** ein Kopfschütteln

▶ **shake off** VT (*lit, fig*) abschütteln

▶ **shake up** VT schütteln; (*fig: upset*) erschüttern

shake-out [ˈʃeɪkaut] N Freisetzung *f* von Arbeitskräften

shake-up [ˈʃeɪkʌp] N (radikale) Veränderung *f*

shakily [ˈʃeɪkɪlɪ] ADV (*reply*) mit zittriger Stimme; (*walk, stand*) unsicher, wackelig

shaky [ˈʃeɪkɪ] ADJ (*hand, voice*) zittrig; (*knowledge, prospects, future, start*) unsicher; (*memory*) schwach

shale [ʃeɪl] N Schiefer *m*

★**shall** [ʃæl] AUX VB: **I ~ go** ich werde gehen; **~ I open the door?** soll ich die Tür öffnen?; **I'll go, ~ I?** soll ich gehen?

shallot [ʃəˈlɔt] (BRIT) N Schalotte *f*

shallow [ˈʃæləu] ADJ flach; (*fig*) oberflächlich ▩ **the shallows** NPL die Untiefen *pl*

sham [ʃæm] N Heuchelei *f*; (*person*) Heuchler(in) *m(f)*; (*object*) Attrappe *f* ▶ ADJ unecht; (*fight*) Schein- ▶ VT vortäuschen

shambles [ˈʃæmblz] N heilloses Durcheinander *nt*; **the economy is (in) a complete ~** die Wirtschaft befindet sich in einem totalen Chaos

shambolic [ʃæmˈbɔlɪk] (*inf*) ADJ chaotisch

★**shame** [ʃeɪm] N Scham *f*; (*disgrace*) Schande *f* ▶ VT beschämen; **it is a ~ that ...** es ist eine Schande, dass ...; **what a ~!** wie schade!; **to bring ~ on** Schande bringen über *+acc*; **to put sb/sth to ~** jdn/etw in den Schatten stellen

shamefaced [ˈʃeɪmfeɪst] ADJ betreten

shameful [ˈʃeɪmful] ADJ schändlich

shameless [ˈʃeɪmlɪs] ADJ schamlos

★**shampoo** [ʃæmˈpuː] N Shampoo(n) *nt* ▶ VT waschen

shampoo and set N Waschen und Legen *nt*

shamrock [ˈʃæmrɔk] N (*plant*) Klee *m*; (*leaf*) Kleeblatt *nt*

shandy [ˈʃændɪ] N Bier *nt* mit Limonade, Radler *m*

shan't [ʃɑːnt] = **shall not**

shantytown [ˈʃæntɪtaun] N Elendsviertel *nt*

★**SHAPE** [ʃeɪp] N ABBR (*Mil: = Supreme Headquarters Allied Powers, Europe*) *Hauptquartier der alliierten Streitkräfte in Europa während des 2. Weltkriegs*

★**shape** [ʃeɪp] N Form *f* ▶ VT gestalten; (*form*) formen; (*sb's ideas*) prägen; (*sb's life*) bestimmen; **to take ~** Gestalt annehmen; **in the ~ of a heart** in Herzform; **I can't bear gardening in any ~ or form** ich kann Gartenarbeit absolut nicht ausstehen; **to get (o.s.) into ~** in Form kommen

▶ **shape up** VI sich entwickeln

-shaped [ʃeɪpt] SUFF: **heart-shaped** herzförmig

shapeless [ˈʃeɪplɪs] ADJ formlos

shapely [ˈʃeɪplɪ] ADJ (*woman*) wohlproportioniert; (*legs*) wohlgeformt

★**share** [ʃɛəʳ] N (*part*) Anteil *m*; (*contribution*) Teil *m*; (*Comm*) Aktie *f* ▶ VT teilen; (*room, bed, taxi*) sich *dat* teilen; (*have in common*) gemeinsam haben; **to ~ in** (*joy, sorrow*) teilen; (*profits*) beteiligt sein an *+dat*; (*work*) sich beteiligen an *+dat*

▶ **share out** VT aufteilen

share capital N Aktienkapital *nt*

share certificate N Aktienurkunde *f*

shareholder [ˈʃɛəhəuldəʳ] N Aktionär(in) *m(f)*

share index N Aktienindex *m*; **the 100 Share Index** *Aktienindex der Financial Times*

share issue N Aktienemission *f*

shark [ʃɑːk] N Hai(fisch) *m*

★**sharp** [ʃɑːp] ADJ scharf; (*point, nose, chin*) spitz; (*pain*) heftig; (*cold*) schneidend; (*Mus*) zu hoch; (*increase*) stark; (*person: quick-witted*) clever; (*: dishonest*) gerissen ▶ N (*Mus*) Kreuz *nt* ▶ ADV: **at 2 o'clock ~** um Punkt 2 Uhr; **turn ~ left** biegen Sie scharf nach links ab; **to be ~ with sb** schroff mit jdm sein; **~ practices** (*Comm*) unsaubere Geschäfte *pl*; **C ~** (*Mus*) Cis *nt*; **look ~!** (ein bisschen) dalli! (*inf*)

sharpen [ˈʃɑːpn] VT schärfen, schleifen; (*pencil, stick etc*) (an)spitzen; (*fig: appetite*) anregen

sharpener [ˈʃɑːpnəʳ] N (*also:* **pencil sharpener**) (Bleistift)spitzer *m*; (*also:* **knife sharpener**) Schleifgerät *nt*

sharp-eyed [ʃɑːpˈaɪd] ADJ scharfsichtig

sharpish [ˈʃɑːpɪʃ] (*inf*) ADJ (*instantly*) auf der Stelle

sharply [ˈʃɑ:plɪ] ADV scharf; (*stop*) plötzlich; (*retort*) schroff

sharp-tempered [ʃɑ:pˈtɛmpəd] ADJ jähzornig

sharp-witted [ʃɑ:pˈwɪtɪd] ADJ scharfsinnig

shatter [ˈʃætəʳ] VT zertrümmern; (*fig: hopes, dreams*) zunichtemachen; (: *confidence*) zerstören ▸ VI zerspringen, zerbrechen

shattered [ˈʃætəd] ADJ erschüttert; (*inf: exhausted*) fertig, kaputt

shattering [ˈʃætərɪŋ] ADJ erschütternd, niederschmetternd; (*exhausting*) äußerst anstrengend

shatterproof [ˈʃætəpru:f] ADJ splitterfest, splitterfrei

shave [ʃeɪv] VT rasieren ▸ VI sich rasieren ▸ N: **to have a ~** sich rasieren
▸ **shave off** VT: **to ~ one's beard off** sich den Bart abrasieren

shaven [ˈʃeɪvn] ADJ (*head*) kahl geschoren

shaver [ˈʃeɪvəʳ] N (*also:* **electric shaver**) Rasierapparat *m*

shaving [ˈʃeɪvɪŋ] N Rasieren *nt* ■ **shavings** NPL (*of wood etc*) Späne *pl*

shaving brush [ˈʃeɪvɪŋ-] N Rasierpinsel *m*

shaving cream N Rasiercreme *f*

shaving foam N Rasierschaum *m*

shaving point N Steckdose *f* für Rasierapparate

shaving soap N Rasierseife *f*

shawl [ʃɔ:l] N (Woll)tuch *nt*

she [ʃi:] PRON sie ▸ PREF weiblich; **she-bear** Bärin *f*; **there ~ is** da ist sie

sheaf [ʃi:f] (*pl* **sheaves**) N (*of corn*) Garbe *f*; (*of papers*) Bündel *nt*

shear [ʃɪəʳ] (*pt* **sheared**, *pp* **shorn**) VT scheren
▸ **shear off** VI abbrechen

shears [ʃɪəz] NPL (*for hedge*) Heckenschere *f*

sheath [ʃi:θ] N (*of knife*) Scheide *f*; (*contraceptive*) Kondom *nt*

sheathe [ʃi:ð] VT ummanteln; (*sword*) in die Scheide stecken

sheath knife N Fahrtenmesser *nt*

sheaves [ʃi:vz] NPL *of* **sheaf**

shed [ʃɛd] (*pt, pp* **~**) N Schuppen *m*; (*Industry, Rail*) Halle *f* ▸ VT (*tears, blood*) vergießen; (*load*) verlieren; (*workers*) entlassen; **to ~ its skin** sich häuten; **to ~ light on** (*problem*) erhellen

she'd [ʃi:d] = **she had; she would**

sheen [ʃi:n] N Glanz *m*

sheep [ʃi:p] N INV Schaf *nt*

sheepdog [ˈʃi:pdɔg] N Hütehund *m*

sheep farmer N Schaffarmer *m*

sheepish [ˈʃi:pɪʃ] ADJ verlegen

sheepskin [ˈʃi:pskɪn] N Schaffell *nt* ▸ CPD Schaffell-

sheer [ʃɪəʳ] ADJ (*utter*) rein; (*steep*) steil; (*almost transparent*) (hauch)dünn ▸ ADV (*straight up*) senkrecht; **by ~ chance** rein zufällig

sheet [ʃi:t] N (*on bed*) (Bett)laken *nt*; (*of paper*) Blatt *nt*; (*of glass, metal*) Platte *f*; (*of ice*) Fläche *f*

sheet feed N (*on printer*) Papiereinzug *m*

sheet lightning N Wetterleuchten *nt*

sheet metal N Walzblech *nt*

sheet music N Notenblätter *pl*

sheik, sheikh [ʃeɪk] N Scheich *m*

shelf [ʃɛlf] (*pl* **shelves**) N Brett *nt*, Bord *nt*; **set of shelves** Regal *nt*

shelf life N Lagerfähigkeit *f*

★**shell** [ʃɛl] N (*on beach*) Muschel *f*; (*of egg, nut etc*) Schale *f*; (*explosive*) Granate *f*; (*of building*) Mauern *pl* ▸ VT (*peas*) enthülsen; (*Mil: fire on*) (mit Granaten) beschießen
▸ **shell out** (*inf*) VT: **to ~ out (for)** blechen (für)

she'll [ʃi:l] = **she will; she shall**

shellfish [ˈʃɛlfɪʃ] N INV Schalentier *nt*; (*scallop etc*) Muschel *f*; (*as food*) Meeresfrüchte *pl*

★**shelter** [ˈʃɛltəʳ] N (*building*) Unterstand *m*; (*refuge*) Schutz *m*; (*also:* **bus shelter**) Wartehäuschen *nt*; (*also:* **night shelter**) Obdachlosenasyl *nt* ▸ VT (*protect*) schützen; (*homeless, refugees*) aufnehmen; (*wanted man*) Unterschlupf gewähren *+dat* ▸ VI sich unterstellen; (*from storm*) Schutz suchen; **to take ~ (from)** (*from danger*) sich in Sicherheit bringen (vor *+dat*); (*from storm etc*) Schutz suchen (vor *+dat*)

sheltered [ˈʃɛltəd] ADJ (*life*) behütet; (*spot*) geschützt; **~ housing** (*for old people*) Altenwohnungen *pl*; (*for handicapped people*) Behindertenwohnungen *pl*

shelve [ʃɛlv] VT (*fig: plan*) ad acta legen

shelves [ʃɛlvz] NPL *of* **shelf**

shelving [ˈʃɛlvɪŋ] N Regale *pl*

shepherd [ˈʃɛpəd] N Schäfer *m* ▸ VT (*guide*) führen

shepherdess [ˈʃɛpədɪs] N Schäferin *f*

shepherd's pie (BRIT) N *Auflauf aus Hackfleisch und Kartoffelbrei*

sherbet [ˈʃə:bət] N (BRIT: *powder*) Brausepulver *nt*; (US: *water ice*) Fruchteis *nt*

sheriff [ˈʃɛrɪf] (US) N Sheriff *m*

sherry [ˈʃɛrɪ] N Sherry *m*

she's [ʃi:z] = **she is; she has**

Shetland [ˈʃɛtlənd] N (*also:* **the Shetland Islands**) die Shetlandinseln *pl*

Shetland pony N Shetlandpony *nt*

shield [ʃi:ld] N (*Mil*) Schild *m*; (*trophy*) Trophäe *f*; (*fig: protection*) Schutz *m* ▸ VT: **to ~ (from)** schützen (vor *+dat*)

shift [ʃɪft] N (*change*) Änderung *f*; (*work-period, workers*) Schicht *f* ▸ VT (*furniture*) (ver)rücken; (*stain*) herausbekommen; (*move*) bewegen ▸ VI (*move*) sich bewegen; (*wind*) drehen; **a ~ in demand** (*Comm*) eine Nachfrageverschiebung

shift key N Umschalttaste *f*

shiftless [ˈʃɪftlɪs] ADJ träge

shift work N Schichtarbeit *f*; **to do ~** Schicht arbeiten

shifty [ˈʃɪftɪ] ADJ verschlagen

Shiite [ˈʃi:aɪt] ADJ schiitisch ▸ N Schiit(in) *m(f)*

shilling [ˈʃɪlɪŋ] (BRIT: *old*) N Shilling *m*

S

shilly-shally [ˈʃɪlɪʃælɪ] VI unschlüssig sein
shimmer [ˈʃɪməʳ] VI schimmern
shimmering [ˈʃɪmərɪŋ] ADJ schimmernd
shin [ʃɪn] N Schienbein *nt* ▸ VI: **to ~ up a tree** einen Baum hinaufklettern
shindig [ˈʃɪndɪg] (*inf*) N Remmidemmi *nt*
shine [ʃaɪn] N Glanz *m* ▸ VI (*pt, pp* **shone**) (*sun, light*) scheinen; (*eyes*) leuchten; (*hair, fig: person*) glänzen ▸ VT (*pt, pp* **shined**) (*polish*) polieren; **to ~ a torch on sth** etw mit einer Taschenlampe anleuchten
shingle [ˈʃɪŋgl] N (*on beach*) Kiesel(steine) *pl*; (*on roof*) Schindel *f*
shingles [ˈʃɪŋglz] NPL (*Med*) Gürtelrose *f*
shining [ˈʃaɪnɪŋ] ADJ glänzend; (*example*) leuchtend
shiny [ˈʃaɪnɪ] ADJ glänzend
★**ship** [ʃɪp] N Schiff *nt* ▸ VT verschiffen; (*send*) versenden; (*water*) übernehmen; **on board ~** an Bord
shipbuilder [ˈʃɪpbɪldəʳ] N Schiffbauer *m*
shipbuilding [ˈʃɪpbɪldɪŋ] N Schiffbau *m*
ship canal N Seekanal *m*
ship chandler [-ˈtʃɑːndləʳ] N Schiffsausrüster *m*
shipment [ˈʃɪpmənt] N (*of goods*) Versand *m*; (*amount*) Sendung *f*
shipowner [ˈʃɪpəunəʳ] N Schiffseigner *m*; (*of many ships*) Reeder *m*
shipper [ˈʃɪpəʳ] N (*person*) Spediteur *m*; (*company*) Spedition *f*
shipping [ˈʃɪpɪŋ] N (*transport*) Versand *m*; (*ships*) Schiffe *pl*
shipping agent N Reeder *m*
shipping company N Schifffahrtslinie *f*, Reederei *f*
shipping lane N Schifffahrtsstraße *f*
shipping line N = **shipping company**
shipshape [ˈʃɪpʃeɪp] ADJ tipptopp (*inf*)
shipwreck [ˈʃɪprɛk] N Schiffbruch *m*; (*ship*) Wrack *nt* ▸ VT: **to be shipwrecked** schiffbrüchig sein
shipyard [ˈʃɪpjɑːd] N Werft *f*
shire [ˈʃaɪəʳ] (BRIT) N Grafschaft *f*
shirk [ʃəːk] VT sich drücken vor *+dat*
★**shirt** [ʃəːt] N (Ober)hemd *nt*; (*woman's*) (Hemd)bluse *f*; **in (one's) ~ sleeves** in Hemdsärmeln
shirty [ˈʃəːtɪ] (BRIT *inf*) ADJ sauer (*inf*)
shit [ʃɪt] (*!*) EXCL Scheiße (*!*)
shitty [ˈʃɪtɪ] ADJ (*inf*) beschissen
shiver [ˈʃɪvəʳ] N Schauer *m* ▸ VI zittern; **to ~ with cold** vor Kälte zittern
shoal [ʃəul] N (*of fish*) Schwarm *m*; (*fig: also:* **shoals**) Scharen *pl*
★**shock** [ʃɔk] N Schock *m*; (*impact*) Erschütterung *f*; (*also:* **electric shock**) Schlag *m* ▸ VT (*offend*) schockieren; (*upset*) erschüttern; **to be suffering from ~** (*Med*) einen Schock haben; **to be in ~** unter Schock stehen; **it gave us a ~** es hat uns erschreckt; **it came as a ~ to hear that ...** wi hörten mit Bestürzung, dass ...
shock absorber N (*Aut*) Stoßdämpfer *m*
shocked [ʃɔkt] ADJ schockiert (by über *+acc*)
shocker [ˈʃɔkəʳ] (*inf*) N (*film etc*) Schocker *m* Reißer *m*; **that's a real ~** (*event etc*) das hau einen echt um
shocking [ˈʃɔkɪŋ] ADJ fürchterlich, schreck lich; (*outrageous*) schockierend
shockproof [ˈʃɔkpruːf] ADJ stoßfest
shock therapy N Schocktherapie *f*
shock treatment N = **shock therapy**
shock wave N (*lit*) Druckwelle *f*; (*fig*) Schock welle *f*
shod [ʃɔd] PT, PP *of* **shoe**
shoddy [ˈʃɔdɪ] ADJ minderwertig
★**shoe** [ʃuː] (*pt, pp* **shod**) N Schuh *m*; (*for horse*) Huf eisen *nt*; (*also:* **brake shoe**) Bremsbacke *f* ▸ V (*horse*) beschlagen
shoebrush [ˈʃuːbrʌʃ] N Schuhbürste *f*
shoelace [ˈʃuːleɪs] N Schnürsenkel *m*
shoemaker [ˈʃuːmeɪkəʳ] N Schuhmacher *m* Schuster *m*
shoe polish N Schuhcreme *f*
shoe shop N Schuhgeschäft *nt*
shoestring [ˈʃuːstrɪŋ] N (*fig*): **on a ~** mit gan wenig Geld
shoetree [ˈʃuːtriː] N Schuhspanner *m*
shone [ʃɔn] PT, PP *of* **shine**
shonky [ˈʃɔŋkɪ] ADJ (AUST, NZ *inf*) schäbig; (*work* stümperhaft
shoo [ʃuː] EXCL (*to dog etc*) pfui ▸ VT (*also:* **sho away, shoo off**) verscheuchen; (*somewhere* scheuchen
shook [ʃuk] PT *of* **shake**
★**shoot** [ʃuːt] (*pt, pp* **shot**) N (*on branch*) Trieb *m* (*seedling*) Sämling *m*; (*Sport*) Jagd *f* ▸ VT (*arrow goal*) schießen; (*kill, execute*) erschießen; (*wound* anschießen; (*gun*) abfeuern; (BRIT: *game birds* schießen; (*film*) drehen ▸ VI: **to ~ (at)** schieße (auf *+acc*); **to ~ past (sb/sth)** (an jdm/etw) vor beischießen
▸ **shoot down** VT abschießen
▸ **shoot in** VI hereingeschossen kommen
▸ **shoot out (of)** VI herausgeschosse kommen (aus *+dat*)
▸ **shoot up** VI (*fig: increase*) in die Höhe schnel len
shooting [ˈʃuːtɪŋ] N Schießen *nt*, Schüsse *p* (*attack*) Schießerei *f*; (*murder*) Erschießung (*Cine*) Drehen *nt*; (*Hunting*) Jagen *nt*
shooting range N Schießplatz *m*
shooting star N Sternschnuppe *f*
★**shop** [ʃɔp] N Geschäft *nt*, Laden *m*; (*workshop* Werkstatt *f* ▸ VI (*also:* **go shopping**) einkaufe (gehen); **repair ~** Reparaturwerkstatt *f*; **to tal ~** (*fig*) über die Arbeit reden
▸ **shop around** VI Preise vergleichen; (*fig*) sic umsehen
shopaholic [ʃɔpəˈhɔlɪk] (*inf*) N: **to be a ~** eine Einkaufsfimmel haben

shop assistant (BRIT) N Verkäufer(in) *m(f)*
shop floor (BRIT) N (*workers*) Arbeiter *pl*; **on the ~** bei *or* unter den Arbeitern
shopkeeper [ˈʃɔpkiːpəʳ] N Geschäftsinhaber(in) *m(f)*, Ladenbesitzer(in) *m(f)*
shoplifter [ˈʃɔplɪftəʳ] N Ladendieb(in) *m(f)*
shoplifting [ˈʃɔplɪftɪŋ] N Ladendiebstahl *m*
shopper [ˈʃɔpəʳ] N Käufer(in) *m(f)*
shopping [ˈʃɔpɪŋ] N (*goods*) Einkäufe *pl*
shopping bag N Einkaufstasche *f*
shopping cart N (*US*) Einkaufswagen *m*
shopping centre, (*US*) **shopping center** N Einkaufszentrum *nt*
shopping list N Einkaufszettel *m*
shopping mall N Shoppingcenter *nt*
shopping trolley N (BRIT) Einkaufswagen *m*
shop-soiled [ˈʃɔpsɔɪld] ADJ angeschmutzt
shop steward (BRIT) N gewerkschaftlicher Vertrauensmann *m*
shop window N Schaufenster *nt*
shore [ʃɔːʳ] N Ufer *nt*; (*beach*) Strand *m* ▸ VT: **to ~ (up)** abstützen; **on ~** an Land
shore leave N (*Naut*) Landurlaub *m*
shorn [ʃɔːn] PP *of* **shear**; **to be ~ of** (*power etc*) entkleidet sein *+gen*
short [ʃɔːt] ADJ kurz; (*person*) klein; (*curt*) schroff, kurz angebunden (*inf*); (*scarce*) knapp ▸ N (*also:* **short film**) Kurzfilm *m*; **to be ~ of ...** zu wenig ... haben; **I'm 3 ~** ich habe 3 zu wenig, mir fehlen 3; **in ~** kurz gesagt; **to be in ~ supply** knapp sein; **it is ~ for ...** es ist die Kurzform von ...; **a ~ time ago** vor Kurzem; **in the ~ term** auf kurze Sicht; **~ of doing sth** außer etw zu tun; **to cut ~** abbrechen; **everything ~ of ...** alles außer ... *+dat*; **to fall ~ of sth** etw nicht erreichen; (*expectations*) etw nicht erfüllen; **to run ~ of ...** nicht mehr viel ... haben; **to stop ~** plötzlich innehalten; **to stop ~ of** haltmachen vor *+dat*; *see also* **shorts**
shortage [ˈʃɔːtɪdʒ] N: **a ~ of** ein Mangel *m* an *+dat*
shortbread [ˈʃɔːtbrɛd] N Mürbegebäck *nt*
short-change [ʃɔːtˈtʃeɪndʒ] VT: **to ~ sb** jdm zu wenig Wechselgeld geben
short circuit N Kurzschluss *m*
shortcrust pastry [ˈʃɔːtkrʌst-], (*US*) **short pastry** N Mürbeteig *m*
short cut N Abkürzung *f*; (*fig*) Schnellverfahren *nt*
shorten [ˈʃɔːtn] VT verkürzen
shortening [ˈʃɔːtnɪŋ] N (Back)fett *nt*
shortfall [ˈʃɔːtfɔːl] N Defizit *nt*
shorthand [ˈʃɔːthænd] N Stenografie *f*, Kurzschrift *f*; (*fig*) Kurzform *f*; **to take sth down in ~** etw stenografieren
shorthand notebook (BRIT) N Stenoblock *m*
shorthand typist (BRIT) N Stenotypist(in) *m(f)*
short list (BRIT) N Auswahlliste *f*; **to be on the ~** in der engeren Wahl sein
short-list [ˈʃɔːtlɪst] (BRIT) VT in die engere Wahl ziehen; **to be short-listed** in die engere Wahl kommen
short-lived [ˈʃɔːtˈlɪvd] ADJ kurzlebig; **to be ~** nicht von Dauer sein
★**shortly** [ˈʃɔːtlɪ] ADV bald
shorts [ʃɔːts] NPL: **(a pair of) ~** Shorts *pl*
short-sighted [ʃɔːtˈsaɪtɪd] (BRIT) ADJ (*lit, fig*) kurzsichtig
short-sightedness [ʃɔːtˈsaɪtɪdnɪs] N Kurzsichtigkeit *f*
short-sleeved [ʃɔːtˈsliːvd] ADJ kurzärmelig
short-staffed [ʃɔːtˈstɑːft] ADJ: **to be ~** zu wenig Personal haben
short story N Kurzgeschichte *f*
short-tempered [ʃɔːtˈtɛmpəd] ADJ gereizt
short-term [ˈʃɔːttəːm] ADJ kurzfristig
short time N: **to work ~, to be on ~** kurzarbeiten, Kurzarbeit haben
short-wave [ˈʃɔːtweɪv] (*Radio*) N Kurzwelle *f* ▸ ADJ auf Kurzwelle
★**shot** [ʃɔt] PT, PP *of* **shoot** ▸ N Schuss *m*; (*shotgun pellets*) Schrot *m*; (*injection*) Spritze *f*; (*Phot*) Aufnahme *f*; **to fire a ~ at sb/sth** einen Schuss auf jdn/etw abgeben; **to have a ~ at (doing) sth** etw mal versuchen; **to get ~ of sb/sth** (*inf*) jdn/etw loswerden; **a big ~** (*inf*) ein hohes Tier; **a good/poor ~** (*person*) ein guter/schlechter Schütze; **like a ~** sofort
shotgun [ˈʃɔtgʌn] N Schrotflinte *f*
★**should** [ʃud] AUX VB: **I ~ go now** ich sollte jetzt gehen; **he ~ be there now** er müsste eigentlich schon da sein; **I ~ go if I were you** an deiner Stelle würde ich gehen; **I ~ like to** ich möchte gerne, ich würde gerne; **~ he phone ...** falls er anruft ...
★**shoulder** [ˈʃəuldəʳ] N Schulter *f* ▸ VT (*fig*) auf sich *acc* nehmen; **to rub shoulders with sb** (*fig*) mit jdm in Berührung kommen; **to give sb the cold ~** (*fig*) jdm die kalte Schulter zeigen
shoulder bag N Umhängetasche *f*
shoulder blade N Schulterblatt *nt*
shoulder strap N (*on clothing*) Träger *m*; (*on bag*) Schulterriemen *m*
shouldn't [ˈʃudnt] = **should not**
should've [ˈʃudəv] = **should have**
★**shout** [ʃaut] N Schrei *m*, Ruf *m* ▸ VT rufen, schreien ▸ VI (*also:* **shout out**) aufschreien; **to give sb a ~** jdn rufen
▸ **shout down** VT niederbrüllen
shouting [ˈʃautɪŋ] N Geschrei *nt*
shouting match (*inf*) N: **to have a ~** sich gegenseitig anschreien
shove [ʃʌv] VT schieben; (*with one push*) stoßen, schubsen (*inf*) ▸ N: **to give sb a ~** jdn stoßen *or* schubsen (*inf*); **to give sth a ~** etw verrücken; (*door*) gegen etw stoßen; **to ~ sth in sth** (*inf: put*) etw in etw *acc* stecken; **he shoved me out of the way** er stieß mich zur Seite
▸ **shove off** (*inf*) VI abschieben
shovel [ˈʃʌvl] N Schaufel *f*; (*mechanical*) Bagger *m* ▸ VT schaufeln

S

★**show** [ʃəu] (*pt* **showed**, *pp* **shown**) N (*exhibition*) Ausstellung *f*, Schau *f*; (*Theat*) Aufführung *f*; (*TV*) Show *f*; (*Cine*) Vorstellung *f* ▶ VT zeigen; (*exhibit*) ausstellen ▶ VI: **it shows** man sieht es; (*is evident*) man merkt es; **to ask for a ~ of hands** um Handzeichen bitten; **without any ~ of emotion** ohne jede Gefühlsregung; **it's just for ~** es ist nur zur Schau; **on ~** ausgestellt, zu sehen; **who's running the ~ here?** (*inf*) wer ist hier verantwortlich?; **to ~ sb to his seat/to the door** jdn an seinen Platz/zur Tür bringen; **to ~ a profit/loss** Gewinn/Verlust aufweisen; **it just goes to ~ that ...** da sieht man mal wieder, dass
▶ **show in** VT hereinführen
▶ **show off** (*pej*) VI angeben ▶ VT vorführen
▶ **show out** VT hinausbegleiten
▶ **show up** VI (*inf*: *turn up*) auftauchen; (*stand out*) sich abheben ▶ VT (*uncover*) deutlich erkennen lassen; (*shame*) blamieren

showbiz N = **show business**

show business N Showgeschäft *nt*

showcase [ˈʃəukeɪs] N Schaukasten *m*; (*fig*) Werbung *f*

showdown [ˈʃəudaun] N Kraftprobe *f*

★**shower** [ˈʃauəʳ] N (*of rain*) Schauer *m*; (*for bathing in*) Dusche *f*; (*of stones etc*) Hagel *m*; (*US*: *party*) *Party, bei der jeder ein Geschenk für den Ehrengast mitbringt* ▶ VI duschen ▶ VT: **to ~ sb with** (*gifts etc*) jdn überschütten mit; (*missiles, abuse etc*) auf jdn niederhageln lassen; **to have** *or* **take a ~** duschen; **a ~ of sparks** ein Funkenregen *m*

shower cap [ˈʃauəkæp] N Duschhaube *f*

shower gel N Duschgel *nt*

showerproof [ˈʃauəpru:f] ADJ regenfest

showery [ˈʃauərɪ] ADJ regnerisch

showground [ˈʃəugraund] N Ausstellungsgelände *nt*

showing [ˈʃəuɪŋ] N (*of film*) Vorführung *f*

show jumping N Springreiten *nt*

showman [ˈʃəumən] N (*irreg*) (*at fair*) Schausteller *m*; (*at circus*) Artist *m*; (*fig*) Schauspieler *m*

showmanship [ˈʃəumənʃɪp] N Talent *nt* für effektvolle Darbietung

shown [ʃəun] PP *of* **show**

show-off [ˈʃəuɔf] (*inf*) N Angeber(in) *m(f)*

showpiece [ˈʃəupi:s] N (*of exhibition etc*) Schaustück *nt*; (*best example*) Paradestück *nt*; (*prime example*) Musterbeispiel *nt*

showroom [ˈʃəuru:m] N Ausstellungsraum *m*

show trial N Schauprozess *m*

showy [ˈʃəuɪ] ADJ auffallend

shrank [ʃræŋk] PT *of* **shrink**

shrapnel [ˈʃræpnl] N Schrapnell *nt*

shred [ʃrɛd] N (*gen pl*) Fetzen *m*; (*fig*): **not a ~ of truth** kein Fünkchen Wahrheit; **not a ~ of evidence** keine Spur eines Beweises ▶ VT zerfetzen; (*Culin*) raspeln

shredder [ˈʃrɛdəʳ] N (*also*: **document shredder**) Reißwolf *m*; (*also*: **vegetable shredder**) Raspel *f*; (*also*: **garden shredder**) Häcksler *m*

shrew [ʃru:] N (*Zool*) Spitzmaus *f*; (*pej*: *woman*) Xanthippe *f*

shrewd [ʃru:d] ADJ klug

shrewdness [ˈʃru:dnɪs] N Klugheit *f*

shriek [ʃri:k] N schriller Schrei *m* ▶ VI schreien; **to ~ with laughter** vor Lachen quietschen

shrift [ʃrɪft] N: **to give sb short ~** jdn kurz abfertigen

shrill [ʃrɪl] ADJ schrill

shrimp [ʃrɪmp] N Garnele *f*

shrine [ʃraɪn] N Schrein *m*; (*fig*) Gedenkstätte *f*

shrink [ʃrɪŋk] (*pt* **shrank**, *pp* **shrunk**) VI (*cloth*) einlaufen; (*profits, audiences*) schrumpfen; (*forests*) schwinden; (*also*: **shrink away**) zurückweichen ▶ VT (*cloth*) einlaufen lassen ▶ N (*inf*: *pej*) Klapsdoktor *m*; **to ~ from sth** vor etw *dat* zurückschrecken; **to ~ from doing sth** davor zurückschrecken, etw zu tun

shrinkage [ˈʃrɪŋkɪdʒ] N (*of clothes*) Einlaufen *nt*

shrink-wrap [ˈʃrɪŋkræp] VT einschweißen

shrivel [ˈʃrɪvl], **shrivel up** VI austrocknen, verschrumpeln ▶ VT austrocknen

shroud [ʃraud] N Leichentuch *nt* ▶ VT: **shrouded in mystery** von einem Geheimnis umgeben

Shrove Tuesday [ˈʃrəuv-] N Fastnachtsdienstag *m*

shrub [ʃrʌb] N Strauch *m*, Busch *m*

shrubbery [ˈʃrʌbərɪ] N Gebüsch *nt*

shrug [ʃrʌg] N: **~ (of the shoulders)** Achselzucken *nt* ▶ VI, VT: **to ~ (one's shoulders)** mit den Achseln zucken
▶ **shrug off** VT (*criticism*) auf die leichte Schulter nehmen; (*illness*) abschütteln

shrunk [ʃrʌŋk] PP *of* **shrink**

shrunken [ˈʃrʌŋkn] ADJ (ein)geschrumpft

shudder [ˈʃʌdəʳ] VI schaudern ▶ N Schauder *m*; **I ~ to think of it** (*fig*) mir graut, wenn ich nur daran denke

shuffle [ˈʃʌfl] VT (*cards*) mischen ▶ VI schlurfen; **to ~ (one's feet)** mit den Füßen scharren

shun [ʃʌn] VT meiden; (*publicity*) scheuen

shunt [ʃʌnt] VT rangieren

shunting yard [ˈʃʌntɪŋ-] N Rangierbahnhof *m*

shush [ʃuʃ] EXCL pst!, sch!

★**shut** [ʃʌt] (*pt, pp* **~**) VT schließen, zumachen (*inf*) ▶ VI sich schließen, zugehen; (*shop*) schließen, zumachen (*inf*)
▶ **shut down** VT (*factory etc*) schließen; (*machine*) abschalten ▶ VI schließen, zumachen (*inf*)
▶ **shut in** VT einschließen
▶ **shut off** VT (*gas, electricity*) abstellen; (*oil supplies etc*) abschneiden
▶ **shut out** VT (*person*) aussperren; (*cold, noise*) nicht hereinlassen; (*view*) versperren; (*memory, thought*) verdrängen
▶ **shut up** VI (*inf*: *keep quiet*) den Mund halten ▶ VT (*silence*) zum Schweigen bringen

shutdown [ˈʃʌtdaun] N Schließung *f*

shutter [ˈʃʌtəʳ] N Fensterladen *m*; (*Phot*) Verschluss *m*

shutter speed N Belichtungszeit *f*

shuttle [ˈʃʌtl] N (*plane*) Pendelflugzeug *nt*; (*train*) Pendelzug *m*; (*also:* **space shuttle**) Raumtransporter *m*; (*also:* **shuttle service**) Pendelverkehr *m*; (*for weaving*) Schiffchen *nt* ▶ VI: **to ~ to and fro** pendeln; **to ~ between** pendeln zwischen ▶ VT (*passengers*) transportieren

shuttlecock [ˈʃʌtlkɔk] N Federball *m*

shuttle diplomacy N Reisediplomatie *f*

shy [ʃaɪ] ADJ schüchtern; (*animal*) scheu ▶ VI: **to ~ away from doing sth** (*fig*) davor zurückschrecken, etw zu tun; **to fight ~ of** aus dem Weg gehen *+dat*; **to be ~ of doing sth** Hemmungen haben, etw zu tun

shyly [ˈʃaɪlɪ] ADV schüchtern, scheu

shyness [ˈʃaɪnɪs] N Schüchternheit *f*, Scheu *f*

Siam [saɪˈæm] N Siam *nt*

Siamese [saɪəˈmi:z] ADJ: **~ cat** Siamkatze *f*; **~ twins** siamesische Zwillinge *pl*

Siberia [saɪˈbɪərɪə] N Sibirien *nt*

sibling [ˈsɪblɪŋ] N Geschwister *nt*

Sicilian [sɪˈsɪlɪən] ADJ sizilianisch ▶ N Sizilianer(in) *m(f)*

Sicily [ˈsɪsɪlɪ] N Sizilien *nt*

sick [sɪk] ADJ krank; (*humour, joke*) makaber; **to be ~** (*vomit*) sich übergeben, brechen; **I feel ~** mir ist schlecht; **to fall ~** krank werden; **to be (off) ~** wegen Krankheit fehlen; **a ~ person** ein Kranker, eine Kranke; **to be ~ of** (*fig*) satthaben *+acc*

sickbag [ˈsɪkbæg] N Spucktüte *f*

sickbay [ˈsɪkbeɪ] N Krankenrevier *nt*

sickbed [ˈsɪkbɛd] N Krankenbett *nt*

sick building syndrome N *Kopfschmerzen, Allergien etc, die in modernen, vollklimatisierten Bürogebäuden entstehen*

sicken [ˈsɪkn] VT (*disgust*) anwidern ▶ VI: **to be sickening for a cold/flu** eine Erkältung/Grippe bekommen

sickening [ˈsɪknɪŋ] ADJ (*fig*) widerlich, ekelhaft

sickle [ˈsɪkl] N Sichel *f*

sick leave N: **to be on ~** krankgeschrieben sein

sickle-cell anaemia N Sichelzellenanämie *f*

sick list N: **to be on the ~** auf der Krankenliste stehen

sickly [ˈsɪklɪ] ADJ kränklich; (*causing nausea*) widerlich, ekelhaft

sickness [ˈsɪknɪs] N Krankheit *f*; (*vomiting*) Erbrechen *nt*

sickness benefit N Krankengeld *nt*

sick note N Krankmeldung *f*

sick pay N Lohnfortzahlung *f* im Krankheitsfall; (*paid by insurance*) Krankengeld *nt*

sickroom [ˈsɪkru:m] N Krankenzimmer *nt*

side [saɪd] N Seite *f*; (*team*) Mannschaft *f*; (*in conflict etc*) Partei *f*, Seite *f*; (*of hill*) Hang *m* ▶ ADJ (*door, entrance*) Seiten-, Neben- ▶ VI: **to ~ with sb** jds Partei ergreifen; **by the ~ of** neben *+dat*; **~ by ~** Seite an Seite; **the right/wrong ~** (*of cloth*) die rechte/linke Seite; **they are on our ~** sie stehen auf unserer Seite; **she never left my ~** sie wich mir nicht von der Seite; **to put sth to one ~** etw beiseitelegen; **from ~ to ~** von einer Seite zur anderen; **to take sides (with)** Partei ergreifen (für); **a ~ of beef** ein halbes Rind; **a ~ of bacon** eine Speckseite

sidebar [ˈsaɪdbɑ:ʳ] N (*on web page*) Seitenleiste *f*

sideboard [ˈsaɪdbɔ:d] N Sideboard *nt* ■ **sideboards** NPL (BRIT) = **sideburns**

sideburns [ˈsaɪdbə:nz] NPL Koteletten *pl*

sidecar [ˈsaɪdkɑ:ʳ] N Beiwagen *m*

side dish N Beilage *f*

side drum N kleine Trommel *f*

side effect N (*Med, fig*) Nebenwirkung *f*

sidekick [ˈsaɪdkɪk] (*inf*) N Handlanger *m*

sidelight [ˈsaɪdlaɪt] N (*Aut*) Begrenzungsleuchte *f*

sideline [ˈsaɪdlaɪn] N (*Sport*) Seitenlinie *f*; (*fig: job*) Nebenerwerb *m*; **to stand on the sidelines** (*fig*) unbeteiligter Zuschauer sein; **to wait on the sidelines** (*fig*) in den Kulissen warten

sidelong [ˈsaɪdlɔŋ] ADJ (*glance*) Seiten-; (*: surreptitious*) verstohlen; **to give sb a ~ glance** jdn kurz aus den Augenwinkeln ansehen

side plate N kleiner Teller *m*

side road N Nebenstraße *f*

side-saddle [ˈsaɪdsædl] ADV (*ride*) im Damensitz

sideshow [ˈsaɪdʃəu] N Nebenattraktion *f*

sidestep [ˈsaɪdstɛp] VT (*problem*) umgehen; (*question*) ausweichen *+dat* ▶ VI (*Boxing etc*) seitwärts ausweichen

side street N Seitenstraße *f*

sidetrack [ˈsaɪdtræk] VT (*fig*) ablenken

sidewalk [ˈsaɪdwɔ:k] (*US*) N Bürgersteig *m*

sideways [ˈsaɪdweɪz] ADV seitwärts; (*lean, look*) zur Seite

siding [ˈsaɪdɪŋ] N Abstellgleis *nt*

sidle [ˈsaɪdl] VI: **to ~ up (to)** sich heranschleichen (an *+acc*)

SIDS N ABBR (*Med: = sudden infant death syndrome*) plötzlicher Kindstod *m*

siege [si:dʒ] N Belagerung *f*; **to be under ~** belagert sein; **to lay ~ to** belagern

siege economy N Belagerungswirtschaft *f*

siege mentality N Belagerungsmentalität *f*

Sierra Leone [sɪˈɛrəlɪˈəun] N Sierra Leone *f*

siesta [sɪˈɛstə] N Siesta *f*

sieve [sɪv] N Sieb *nt* ▶ VT sieben

sift [sɪft] VT sieben; (*also:* **sift through**) durchgehen

sigh [saɪ] VI seufzen ▶ N Seufzer *m*; **to breathe a ~ of relief** erleichtert aufseufzen

sight [saɪt] N (*faculty*) Sehvermögen *nt*, Augenlicht *nt*; (*spectacle*) Anblick *m*; (*on gun*) Visier *nt* ▶ VT sichten; **in ~** in Sicht; **on ~** (*shoot*) sofort; **out of ~** außer Sicht; **at ~** (*Comm*) bei Sicht; **at first ~** auf den ersten Blick; **I know her by ~** ich kenne sie vom Sehen; **to catch ~ of sb/sth** jdn/etw sehen; **to lose ~ of sth** (*fig*) etw aus den

Augen verlieren; **to set one's sights on sth** ein Auge auf etw werfen

sighted [ˈsaɪtɪd] ADJ sehend; **partially ~** sehbehindert

★**sightseeing** [ˈsaɪtsiːɪŋ] N Besichtigungen *pl*; **to go ~** auf Besichtigungstour gehen

sightseer [ˈsaɪtsiːəʳ] N Tourist(in) *m(f)*

★**sign** [saɪn] N Zeichen *nt*; (*notice*) Schild *nt*; (*evidence*) Anzeichen *nt*; (*also:* **road sign**) Verkehrsschild *nt* ▸ VT unterschreiben; (*player*) verpflichten; **a ~ of the times** ein Zeichen unserer Zeit; **it's a good/bad ~** es ist ein gutes/schlechtes Zeichen; **plus/minus ~** Plus-/Minuszeichen *nt*; **there's no ~ of her changing her mind** nichts deutet darauf hin, dass sie es sich anders überlegen wird; **he was showing signs of improvement** er ließ Anzeichen einer Verbesserung erkennen; **to ~ one's name** unterschreiben; **to ~ sth over to sb** jdm etw überschreiben

▸**sign away** VT (*rights etc*) verzichten auf *+acc*

▸**sign in** VI sich eintragen

▸**sign off** VI (*Radio, TV*) sich verabschieden; (*in letter*) Schluss machen

▸**sign on** VI (BRIT: *as unemployed*) sich arbeitslos melden; (*Mil*) sich verpflichten; (*for course*) sich einschreiben ▸ VT (*Mil*) verpflichten; (*employee*) anstellen

▸**sign out** VI (*from hotel etc*) sich (aus dem Hotelgästebuch *etc*) austragen

▸**sign up** VI (*Mil*) sich verpflichten; (*for course*) sich einschreiben ▸ VT (*player, recruit*) verpflichten

★**signal** [ˈsɪgnl] N Zeichen *nt*; (*Rail*) Signal *nt* ▸ VI (*Aut*) Zeichen/ein Zeichen geben ▸ VT ein Zeichen geben *+dat*; **to ~ a right/left turn** (*Aut*) rechts/links blinken

signal box N Stellwerk *nt*

signalman [ˈsɪgnlmən] N (*irreg*) Stellwerkswärter *m*

signatory [ˈsɪgnətərɪ] N Unterzeichner *m*; (*state*) Signatarstaat *m*

signature [ˈsɪgnətʃəʳ] N Unterschrift *f*; (*Zool, Biol*) Kennzeichen *nt*

signature tune N Erkennungsmelodie *f*

signet ring [ˈsɪgnət-] N Siegelring *m*

significance [sɪgˈnɪfɪkəns] N Bedeutung *f*; **that is of no ~** das ist belanglos *or* bedeutungslos

★**significant** [sɪgˈnɪfɪkənt] ADJ bedeutend, wichtig; (*look, smile*) bedeutsam, vielsagend; **it is ~ that ...** es ist bezeichnend, dass ...

significantly [sɪgˈnɪfɪkəntlɪ] ADV bedeutend; (*smile*) vielsagend, bedeutsam

signify [ˈsɪgnɪfaɪ] VT bedeuten; (*person*) zu erkennen geben

sign language N Zeichensprache *f*

signpost [ˈsaɪnpəust] N (*lit, fig*) Wegweiser *m*

Sikh [siːk] N Sikh *mf* ▸ ADJ (*province etc*) Sikh-

silage [ˈsaɪlɪdʒ] N Silage *f*, Silofutter *nt*

★**silence** [ˈsaɪləns] N Stille *f*; (*of person*) Schweigen *nt* ▸ VT zum Schweigen bringen; **in ~** still; (*not talking*) schweigend

silencer [ˈsaɪlənsəʳ] N (*on gun*) Schalldämpfer *m*; (BRIT *Aut*) Auspufftopf *m*

★**silent** [ˈsaɪlənt] ADJ still; (*machine*) ruhig; **~ film** Stummfilm *m*; **to remain ~** still bleiben; (*about sth*) sich nicht äußern

silently [ˈsaɪləntlɪ] ADV lautlos; (*not talking*) schweigend

silent partner N stiller Teilhaber *m*

silhouette [sɪluːˈɛt] N Sihouette *f*, Umriss *m* ▸ VT: **to be silhouetted against sth** sich als Silhouette gegen etw abheben

silicon [ˈsɪlɪkən] N Silizium *nt*

silicon chip N Silikonchip *m*

silicone [ˈsɪlɪkəun] N Silikon *nt*

silk [sɪlk] N Seide *f* ▸ ADJ (*dress etc*) Seiden-

silky [ˈsɪlkɪ] ADJ seidig

sill [sɪl] N (*also:* **window sill**) (Fenster)sims *m* or *nt*; (*of door*) Schwelle *f*; (*Aut*) Türleiste *f*

★**silly** [ˈsɪlɪ] ADJ (*person*) dumm; **to do something ~** etwas Dummes tun

silo [ˈsaɪləu] N Silo *nt*; (*for missile*) Raketensilo *nt*

silt [sɪlt] N Schlamm *m*, Schlick *m*

▸**silt up** VI verschlammen ▸ VT verschlämmen

★**silver** [ˈsɪlvəʳ] N Silber *nt*; (*coins*) Silbergeld *nt* ▸ ADJ silbern

silver foil (BRIT) N Alufolie *f*

silver paper (BRIT) N Silberpapier *nt*

silver-plated [sɪlvəˈpleɪtɪd] ADJ versilbert

silversmith [ˈsɪlvəsmɪθ] N Silberschmied(in) *m(f)*

silverware [ˈsɪlvəwɛəʳ] N Silber *nt*

silver wedding, silver wedding anniversary N Silberhochzeit *f*

silvery [ˈsɪlvərɪ] ADJ silbern; (*sound*) silberhell

SIM card [ˈsɪmkɑːd] N (*Tel:* = *Subscriber Identity Module card*) SIM-Karte *f*

★**similar** [ˈsɪmɪləʳ] ADJ: **~ (to)** ähnlich (wie *or +dat*)

similarity [sɪmɪˈlærɪtɪ] N Ähnlichkeit *f*

similarly [ˈsɪmɪləlɪ] ADV ähnlich; (*likewise*) genauso

simile [ˈsɪmɪlɪ] N (*Ling*) Vergleich *m*

simmer [ˈsɪməʳ] VI auf kleiner Flamme kochen

▸**simmer down** (*inf*) VI (*fig*) sich abregen

simper [ˈsɪmpəʳ] VI geziert lächeln

simpering [ˈsɪmpərɪŋ] ADJ geziert

★**simple** [ˈsɪmpl] ADJ einfach; (*dress*) schlicht, einfach; (*foolish*) einfältig; **the ~ truth is that ...** es ist einfach so, dass ...

simple interest N Kapitalzinsen *pl*

simple-minded [sɪmplˈmaɪndɪd] (*pej*) ADJ einfältig

simpleton [ˈsɪmpltən] (*pej*) N Einfaltspinsel *m*

simplicity [sɪmˈplɪsɪtɪ] N Einfachheit *f*; (*of dress*) Schlichtheit *f*

simplification [sɪmplɪfɪˈkeɪʃən] N Vereinfachung *f*

simplify [ˈsɪmplɪfaɪ] VT vereinfachen

★**simply** [ˈsɪmplɪ] ADV (*just, merely*) bloß, nur; (*in simple way*) einfach

simulate [ˈsɪmjuleɪt] VT vortäuschen, spielen; (*illness*) simulieren

simulated [ˈsɪmjuleɪtɪd] ADJ (*hair, fur*) imitiert; (*Tech*) simuliert

simulation [sɪmjuˈleɪʃən] N Vortäuschung *f*; (*simulated object*) Imitation *f*; (*Tech*) Simulation *f*

simultaneous [sɪməlˈteɪnɪəs] ADJ gleichzeitig; (*translation, interpreting*) Simultan-

simultaneously [sɪməlˈteɪnɪəslɪ] ADV gleichzeitig

sin [sɪn] N Sünde *f* ▸ VI sündigen

since [sɪns] ADV inzwischen, seitdem ▸ PREP seit ▸ CONJ (*time*) seit(dem); (*because*) da; **~ then, ever ~** seitdem

sincere [sɪnˈsɪəʳ] ADJ aufrichtig, offen; (*apology, belief*) aufrichtig

sincerely [sɪnˈsɪəlɪ] ADV aufrichtig, offen; **yours ~** (*in letter*) mit freundlichen Grüßen

sincerity [sɪnˈsɛrɪtɪ] N Aufrichtigkeit *f*

sine [saɪn] N Sinus *m*

sine qua non [sɪnɪkwɑːˈnɔn] N unerlässliche Voraussetzung *f*

sinew [ˈsɪnjuː] N Sehne *f*

sinful [ˈsɪnful] ADJ sündig, sündhaft

sing [sɪŋ] (*pt* **sang**, *pp* **sung**) VT, VI singen

Singapore [sɪŋgəˈpɔːʳ] N Singapur *nt*

singe [sɪndʒ] VT versengen; (*lightly*) ansengen

singer [ˈsɪŋəʳ] N Sänger(in) *m(f)*

Singhalese [sɪŋəˈliːz] ADJ = **Sinhalese**

singing [ˈsɪŋɪŋ] N Singen *nt*, Gesang *m*; **a ~ in the ears** ein Dröhnen in den Ohren

single [ˈsɪŋgl] ADJ (*solitary*) einzige(r, s); (*individual*) einzeln; (*unmarried*) ledig, unverheiratet; (*not double*) einfach ▸ N (BRIT: *also:* **single ticket**) Einzelfahrschein *m*; (*record*) Single *f*; **not a ~ one was left** es war kein Einziges mehr übrig; **every ~ day** jeden Tag; **~ spacing** einfacher Zeilenabstand *m*

▸ **single out** VT auswählen; **to ~ out for praise** lobend erwähnen

single bed N Einzelbett *nt*

single-breasted [ˈsɪŋglbrɛstɪd] ADJ einreihig

Single European Market N: **the ~** der Europäische Binnenmarkt

single file N: **in ~** im Gänsemarsch

single-handed [sɪŋglˈhændɪd] ADV ganz allein

single-minded [sɪŋglˈmaɪndɪd] ADJ zielstrebig

single parent N Alleinerziehende(r) *f(m)*

single parent family N Einelternfamilie *f*

single room N Einzelzimmer *nt*

singles [ˈsɪŋglz] NPL (*Tennis*) Einzel *nt*

singles bar N Singles-Bar *f*

single-sex school N reine Jungen-/Mädchenschule *f*; **education in ~s** nach Geschlechtern getrennte Schulerziehung

singly [ˈsɪŋglɪ] ADV einzeln

singsong [ˈsɪŋsɔŋ] ADJ (*tone*) singend ▸ N: **to have a ~** zusammen singen

singular [ˈsɪŋgjuləʳ] ADJ (*odd*) eigenartig; (*outstanding*) einzigartig; (*Ling: form etc*) Singular- ▸ N (*Ling*) Singular *m*, Einzahl *f*; **in the ~** im Singular

singularly [ˈsɪŋgjuləlɪ] ADV außerordentlich

Sinhalese [sɪnhəˈliːz] ADJ singhalesisch

sinister [ˈsɪnɪstəʳ] ADJ unheimlich

★**sink** [sɪŋk] (*pt* **sank**, *pp* **sunk**) N Spülbecken *nt* ▸ VT (*ship*) versenken; (*well*) bohren; (*foundations*) absenken ▸ VI (*ship*) sinken, untergehen; (*ground*) sich senken; (*person*) sinken; **to ~ one's teeth/claws into sth** die Zähne/seine Klauen in etw *acc* schlagen; **his heart/spirits sank at the thought** bei dem Gedanken verließ ihn der Mut; **he sank into the mud/a chair** er sank in den Schlamm ein/in einen Sessel

▸ **sink back** VI (zurück)sinken

▸ **sink down** VI (nieder)sinken

▸ **sink in** VI (*fig*) verstanden werden; **it's only just sunk in** ich begreife es erst jetzt

sinking [ˈsɪŋkɪŋ] N (*of ship*) Untergang *m*; (*: deliberate*) Versenkung *f* ▸ ADJ: **~ feeling** flaues Gefühl *nt* (im Magen)

sinking fund N Tilgungsfonds *m*

sink unit N Spüle *f*

sinner [ˈsɪnəʳ] N Sünder(in) *m(f)*

Sinn Féin [ʃɪnˈfeɪn] N *republikanisch-nationalistische irische Partei*

Sino- [ˈsaɪnəu] PREF chinesisch-

sinuous [ˈsɪnjuəs] ADJ (*snake*) gewunden; (*dance*) geschmeidig

sinus [ˈsaɪnəs] N (Nasen)nebenhöhle *f*

sip [sɪp] N Schlückchen *nt* ▸ VT nippen an +*dat*

siphon [ˈsaɪfən] N Heber *m*; (*also:* **soda siphon**) Siphon *m*

▸ **siphon off** VT absaugen; (*petrol*) abzapfen

SIPS N ABBR (= *side impact protection system*) Seitenaufprallschutz *m*

★**sir** [səʳ] N mein Herr, Herr X; **S~ John Smith** Sir John Smith; **yes, ~** ja(, Herr X); **Dear S~ (or Madam)** (*in letter*) Sehr geehrte (Damen und) Herren!

> In German no form of address is normally used apart from **Sie**.
>
> *Would you like to order, Sir?* **Möchten Sie bestellen?**

siren [ˈsaɪrən] N Sirene *f*

sirloin [ˈsəːlɔɪn] N (*also:* **sirloin steak**) Filetsteak *nt*

sirocco [sɪˈrɔkəu] N Schirokko *m*

sisal [ˈsaɪsəl] N Sisal *m*

sissy [ˈsɪsɪ] (*pej*) N Waschlappen *m* ▸ ADJ weichlich

★**sister** [ˈsɪstəʳ] N Schwester *f*; (*nun*) (Ordens)schwester *f*; (BRIT: *nurse*) Oberschwester *f* ▸ CPD: **~ organization** Schwesterorganisation *f*; **~ ship** Schwesterschiff *nt*

sister-in-law [ˈsɪstərɪnlɔː] N Schwägerin *f*

★**sit** [sɪt] (*pt, pp* **sat**) VI (*sit down*) sich setzen; (*be sitting*) sitzen; (*assembly*) tagen; (*for painter*) Modell sitzen ▸ VT (*exam*) machen; **to ~ on a commit-**

S

tee in einem Ausschuss sitzen; **to ~ tight** abwarten

▸ **sit about** VI herumsitzen

▸ **sit around** VI = **sit about**

▸ **sit back** VI sich zurücklehnen

▸ **sit down** VI sich (hin)setzen; **to be sitting down** sitzen

▸ **sit in on** VT FUS dabei sein bei

▸ **sit up** VI sich aufsetzen; (*straight*) sich gerade hinsetzen; (*not go to bed*) aufbleiben

sitcom [ˈsɪtkɔm] N ABBR (*TV*) = **situation comedy**

sit-down [ˈsɪtdaun] ADJ: **a ~ strike** ein Sitzstreik *m*; **a ~ meal** eine richtige Mahlzeit

site [saɪt] N (*place*) Platz *m*; (*of crime*) Ort *m*; (*also: **building site***) Baustelle *f*; (*Comput*) Site *f* ▸ VT (*factory*) legen; (*missiles*) stationieren

sit-in [ˈsɪtɪn] N Sit-in *nt*

siting [ˈsaɪtɪŋ] N (*location*) Lage *f*

sits vac [sɪtsˈvæk] ABBR (= *situations vacant*) Stellenangebote *pl*

sitter [ˈsɪtəʳ] N (*for painter*) Modell *nt*; (*also: **baby-sitter***) Babysitter *m*

sitting [ˈsɪtɪŋ] N Sitzung *f*; **we have two sittings for lunch** bei uns wird das Mittagessen in zwei Schüben serviert; **at a single ~** auf einmal

sitting member N (*Pol*) (derzeitiger) Abgeordnete(r) *m*, (derzeitige) Abgeordnete *f*

sitting room N Wohnzimmer *nt*

sitting tenant (BRIT) N (derzeitiger) Mieter *m*

situate [ˈsɪtjueɪt] VT legen

situated [ˈsɪtjueɪtɪd] ADJ gelegen; **to be ~** liegen

★**situation** [sɪtjuˈeɪʃən] N Situation *f*, Lage *f*; (*job*) Stelle *f*; (*location*) Lage *f*; **"situations vacant** *or* **wanted"** „Stellenangebote"

situation comedy N (*TV*) Situationskomödie *f*

★**six** [sɪks] NUM sechs

six-pack [ˈsɪkspæk] N Sechserpack *m*

★**sixteen** [sɪksˈtiːn] NUM sechzehn

★**sixteenth** [sɪksˈtiːnθ] ADJ sechzehnte(r, s); *see also* **eighth**

★**sixth** [sɪksθ] NUM sechste(r, s); **the upper/lower ~** (BRIT *Scol*) ≈ die Ober-/Unterprima

sixtieth [ˈsɪkstɪɪθ] ADJ sechzigste(r, s); *see also* **eighth**

★**sixty** [ˈsɪkstɪ] NUM sechzig

★**size** [saɪz] N Größe *f*; (*extent*) Ausmaß *nt*; **I take ~ 14** ich habe Größe 14; **the small/large ~** (*of soap powder etc*) die kleine/große Packung; **it's the ~ of ...** es ist so groß wie ...; **cut to ~** auf die richtige Größe zurechtgeschnitten

▸ **size up** VT einschätzen

sizeable [ˈsaɪzəbl] ADJ ziemlich groß; (*income etc*) ansehnlich

sizzle [ˈsɪzl] VI brutzeln

SK (CANADA) ABBR = **Saskatchewan**

skate [skeɪt] N (*also: **ice skate***) Schlittschuh *m*; (*also: **roller skate***) Rollschuh *m*; (*fish: pl inv*) Rochen *m* ▸ VI Schlittschuh laufen

▸ **skate around** VT FUS (*problem, issue*) einfac übergehen

▸ **skate over** VT FUS = **skate around**

skateboard [ˈskeɪtbɔːd] N Skateboard *nt*

skatepark [ˈskeɪtpɑːk] N Skatepark *m*

skater [ˈskeɪtəʳ] N Schlittschuhläufer(in) *m(f)*

skating [ˈskeɪtɪŋ] N Eislauf *m*

skating rink N Eisbahn *f*

skeleton [ˈskɛlɪtn] N Skelett *nt* ▸ CPD (*plan, out line*) skizzenhaft

skeleton key N Dietrich *m*; Nachschlüssel *m*

skeleton staff N Minimalbesetzung *f*

skeptic *etc* [ˈskɛptɪk] (*US*) = **sceptic** *etc*

sketch [skɛtʃ] N Skizze *f*; (*Theat, TV*) Sketch ▸ VT skizzieren; (*ideas: also: **sketch out***) umrei ßen

sketchbook [ˈskɛtʃbuk] N Skizzenbuch *nt*

sketchpad [ˈskɛtʃpæd] N Skizzenblock *m*

sketchy [ˈskɛtʃɪ] ADJ (*coverage*) oberflächlich (*notes etc*) bruchstückhaft

skew [skjuː] ADJ schief

skewed [skjuːd] ADJ (*distorted*) verzerrt

skewer [ˈskjuːəʳ] N Spieß *m*

★**ski** [skiː] N Ski *m* ▸ VI Ski laufen *or* fahren

ski boot N Skistiefel *m*

skid [skɪd] N (*Aut*) Schleudern *nt* ▸ VI rutscher (*Aut*) schleudern; **to go into a ~** ins Schleuder geraten *or* kommen

skid marks NPL Reifenspuren *pl*; (*from braking*) Bremsspuren *pl*

skier [ˈskiːəʳ] N Skiläufer(in) *m(f)*, Skifahrer(in) *m(f)*

★**skiing** [ˈskiːɪŋ] N Skilaufen *nt*, Skifahren *nt*; **t go ~** Ski laufen *or* Ski fahren gehen

ski instructor N Skilehrer(in) *m(f)*

ski jump N (*event*) Skispringen *nt*; (*ramp*) Sprungschanze *f*

skilful, (*US*) **skillful** [ˈskɪlful] ADJ geschickt

skilfully [ˈskɪlfəlɪ] ADV geschickt

ski lift N Skilift *m*

★**skill** [skɪl] N (*ability*) Können *nt*; (*dexterity*) Geschicklichkeit *f* ■ **skills** NPL (*acquired abilities*) Fähigkeiten *pl*; **computer/language skill** Computer-/Sprachkenntnisse *pl*; **to learn new ~** etwas Neues lernen

skilled [skɪld] ADJ (*skilful*) geschickt; (*trained*) ausgebildet; (*work*) qualifiziert

skillet [ˈskɪlɪt] N Bratpfanne *f*

skillful *etc* [ˈskɪlful] (*US*) = **skilful** *etc*

skim [skɪm] VT (*cream, fat: also: **skim of***) abschöpfen; (*glide over*) gleiten über +*acc* ▸ VI: **t ~ through** (*book etc*) überfliegen

skimmed milk [skɪmd-] N Magermilch *f*

skimp [skɪmp] VT (*on food etc*) sparen an +*da* (*work etc*) nachlässig machen

skimpy [ˈskɪmpɪ] ADJ (*meagre*) dürftig; (*too smal*) knapp

★**skin** [skɪn] N Haut *f*; (*fur*) Fell *nt*; (*of fruit*) Schale ▸ VT (*animal*) häuten; **wet** *or* **soaked to the** nass bis auf die Haut

skin cancer N Hautkrebs *m*
skin-deep [ˈskɪnˈdiːp] ADJ oberflächlich
skin diver N Sporttaucher(in) *m(f)*
skin diving N Sporttauchen *nt*
skinflint [ˈskɪnflɪnt] N Geizkragen *m*
skin graft N Hautverpflanzung *f*
skinhead [ˈskɪnhɛd] N Skinhead *m*
skinny [ˈskɪnɪ] ADJ dünn
skin test N Hauttest *m*
skintight [ˈskɪntaɪt] ADJ hauteng
skip [skɪp] N Sprung *m*, Hüpfer *m*; (*Brit*: *container*) (Müll)container *m* ▶ VI springen, hüpfen; (*with rope*) seilspringen ▶ VT überspringen; (*miss*: *lunch, lecture*) ausfallen lassen; **to ~ school** (*esp US*) die Schule schwänzen
ski pants NPL Skihose *f*
ski pass N Skipass *m*
ski pole N Skistock *m*
skipper [ˈskɪpəʳ] N (*Naut*) Kapitän *m*; (*inf*: *Sport*) Mannschaftskapitän *m* ▶ VT: **to ~ a boat/team** Kapitän eines Schiffes/einer Mannschaft sein
skipping rope [ˈskɪpɪŋ-] (*Brit*) N Sprungseil *nt*
ski resort N Wintersportort *m*
skirmish [ˈskəːmɪʃ] N (*Mil*) Geplänkel *nt*; (*political etc*) Zusammenstoß *m*
skirt [skəːt] N Rock *m* ▶ VT (*fig*) umgehen
skirting board [ˈskəːtɪŋ-] (*Brit*) N Fußleiste *f*
ski run N Skipiste *f*
ski slope N Skipiste *f*
ski suit N Skianzug *m*
skit [skɪt] N Parodie *f*
ski tow N Schlepplift *m*
skittle [ˈskɪtl] N Kegel *m*
skittles [ˈskɪtlz] N (*game*) Kegeln *nt*
skive [skaɪv] (*Brit inf*) VI blaumachen; (*from school*) schwänzen
skulk [skʌlk] VI sich herumdrücken
skull [skʌl] N Schädel *m*
skullcap [ˈskʌlkæp] N Scheitelkäppchen *nt*
skunk [skʌŋk] N Skunk *m*, Stinktier *nt*; (*fur*) Skunk *m*
sky [skaɪ] N Himmel *m*; **to praise sb to the skies** jdn in den Himmel heben
sky-blue [skaɪˈbluː] ADJ himmelblau
skydiving [ˈskaɪdaɪvɪŋ] N Fallschirmspringen *nt*
sky-high [skaɪˈhaɪ] ADJ (*prices, confidence*) himmelhoch ▶ ADV: **to blow a bridge ~** eine Brücke in die Luft sprengen
skylark [ˈskaɪlɑːk] N Feldlerche *f*
skylight [ˈskaɪlaɪt] N Dachfenster *nt*
skyline [ˈskaɪlaɪn] N (*horizon*) Horizont *m*; (*of city*) Skyline *f*, Silhouette *f*
Skype® [skaɪp] (*Internet, Tel*) N Skype® *nt* ▶ VT skypen
skyscraper [ˈskaɪskreɪpəʳ] N Wolkenkratzer *m*
slab [slæb] N (*stone*) Platte *f*; (*of wood*) Tafel *f*; (*of cake, cheese*) großes Stück *nt*
slack [slæk] ADJ (*loose*) locker; (*rope*) durchhängend; (*skin*) schlaff; (*careless*) nachlässig; (*Comm*: *market*) flau; (: *demand*) schwach; (*period*) ruhig ▶ N (*in rope etc*) durchhängendes Teil *nt* ■ **slacks** NPL (*trousers*) Hose *f*; **business is ~** das Geschäft geht schlecht
slacken [ˈslækn] VI (*also*: **slacken off**: *speed, rain*) nachlassen; (: *pace*) langsamer werden; (: *demand*) zurückgehen ▶ VT (*grip*) lockern; (*speed*) verringern; (*pace*) verlangsamen
slag heap [slæg-] N Schlackenhalde *f*
slag off (*Brit inf*) VT (*criticize*) (he)runtermachen
slain [sleɪn] PP *of* **slay**
slake [sleɪk] VT (*thirst*) stillen
slalom [ˈslɑːləm] N Slalom *m*
slam [slæm] VT (*door*) zuschlagen, zuknallen (*inf*); (*throw*) knallen (*inf*); (*criticize*) verreißen ▶ VI (*door*) zuschlagen, zuknallen (*inf*); **to ~ on the brakes** (*Aut*) auf die Bremse steigen (*inf*)
slammer [ˈslæməʳ] (*inf*) N (*prison*) Knast *m*
slander [ˈslɑːndəʳ] N (*Law*) Verleumdung *f*; (*insult*) Beleidigung *f* ▶ VT verleumden
slanderous [ˈslɑːndrəs] ADJ verleumderisch
slang [slæŋ] N Slang *m*; (*jargon*) Jargon *m*
slanging match [ˈslæŋɪŋ-] N gegenseitige Beschimpfungen *pl*
slant [slɑːnt] N Neigung *f*, Schräge *f*; (*fig*: *approach*) Perspektive *f* ▶ VI (*floor*) sich neigen; (*ceiling*) schräg sein
slanted [ˈslɑːntɪd] ADJ (*roof*) schräg; (*eyes*) schräg gestellt
slanting [ˈslɑːntɪŋ] ADJ = **slanted**
slap [slæp] N Klaps *m*, Schlag *m* ▶ VT schlagen ▶ ADV (*inf*: *directly*) direkt; **to ~ sth on sth** etw auf etw *acc* klatschen; **it fell ~(-bang) in the middle** es fiel genau in die Mitte
slapdash [ˈslæpdæʃ] ADJ nachlässig, schludrig (*inf*)
slapstick [ˈslæpstɪk] N Klamauk *m*
slap-up [ˈslæpʌp] ADJ: **a ~ meal** (*Brit*) ein Essen mit allem Drum und Dran
slash [slæʃ] VT aufschlitzen; (*fig*: *prices*) radikal senken; **to ~ one's wrists** sich *dat* die Pulsadern aufschneiden
slat [slæt] N Leiste *f*, Latte *f*
slate [sleɪt] N Schiefer *m*; (*piece*) Schieferplatte *f* ▶ VT (*criticize*) verreißen
slaughter [ˈslɔːtəʳ] N (*of animals*) Schlachten *nt*; (*of people*) Gemetzel *nt* ▶ VT (*animals*) schlachten; (*people*) abschlachten
slaughterhouse [ˈslɔːtəhaus] N Schlachthof *m*
Slav [slɑːv] ADJ slawisch ▶ N Slawe *m*, Slawin *f*
slave [sleɪv] N Sklave *m*, Sklavin *f* ▶ VI (*also*: **slave away**) schuften (*inf*), sich abplagen; **to ~ (away) at sth** sich mit etw herumschlagen
slave-driver [ˈsleɪvdraɪvəʳ] N Sklaventreiber(in) *m(f)*
slave labour N Sklavenarbeit *f*; **it's just ~** (*fig*) es ist die reinste Sklavenarbeit
slaver [ˈslævəʳ] VI (*dribble*) geifern

S

slavery [ˈsleɪvərɪ] N Sklaverei *f*
Slavic [ˈslævɪk] ADJ slawisch
slavish [ˈsleɪvɪʃ] ADJ sklavisch
slavishly [ˈsleɪvɪʃlɪ] ADV sklavisch
Slavonic [sləˈvɔnɪk] ADJ slawisch
slay [sleɪ] (*pt* **slew**, *pp* **slain**) VT (*liter*) erschlagen
sleaze [sli:z] N (*corruption*) Korruption *f*
sleazy [ˈsli:zɪ] ADJ schäbig
sledge [slɛdʒ] N Schlitten *m*
sledgehammer [ˈslɛdʒhæməʳ] N Vorschlaghammer *m*
sleek [sli:k] ADJ glatt, glänzend; (*car, boat etc*) schnittig
★**sleep** [sli:p] (*pt, pp* **slept**) N Schlaf *m* ▶ VI schlafen ▶ VT: **we can ~ 4** bei uns können 4 Leute schlafen; **to go to ~** einschlafen; **to have a good night's ~** sich richtig ausschlafen; **to put to ~** (*euph: kill*) einschläfern; **to ~ lightly** einen leichten Schlaf haben; **to ~ with sb** (*euph: have sex*) mit jdm schlafen
▶ **sleep around** VI mit jedem/jeder schlafen
▶ **sleep in** VI (*oversleep*) verschlafen; (*rise late*) lange schlafen
sleeper [ˈsli:pəʳ] N (*train*) Schlafwagenzug *m*; (*berth*) Platz *m* im Schlafwagen; (BRIT: *on track*) Schwelle *f*; (*person*) Schläfer(in) *m(f)*
sleepily [ˈsli:pɪlɪ] ADV müde, schläfrig
sleeping accommodation N (*beds etc*) Schlafgelegenheiten *pl*
sleeping arrangements NPL Bettenverteilung *f*
★**sleeping bag** N Schlafsack *m*
sleeping car N Schlafwagen *m*
sleeping partner (BRIT) = **silent partner**
sleeping pill N Schlaftablette *f*
sleeping sickness N Schlafkrankheit *f*
sleepless [ˈsli:plɪs] ADJ (*night*) schlaflos
sleeplessness [ˈsli:plɪsnɪs] N Schlaflosigkeit *f*
sleepover [ˈsli:pəuvəʳ] N Übernachtung *f* (*bei Freunden etc*)
sleepwalk [ˈsli:pwɔ:k] VI schlafwandeln
sleepwalker [ˈsli:pwɔ:kəʳ] N Schlafwandler(in) *m(f)*
sleepy [ˈsli:pɪ] ADJ müde, schläfrig; (*fig: village etc*) verschlafen; **to be** *or* **feel ~** müde sein
sleet [sli:t] N Schneeregen *m*
sleeve [sli:v] N Ärmel *m*; (*of record*) Hülle *f*; **to have sth up one's ~** (*fig*) etw in petto haben
sleeveless [ˈsli:vlɪs] ADJ (*garment*) ärmellos
sleigh [sleɪ] N (Pferde)schlitten *m*
sleight [slaɪt] N: **~ of hand** Fingerfertigkeit *f*
slender [ˈslɛndəʳ] ADJ schlank, schmal; (*small*) knapp
slept [slɛpt] PT, PP *of* **sleep**
sleuth [slu:θ] N Detektiv *m*
slew [slu:] VI (BRIT: *also*: **slew round**) herumschwenken ▶ PT *of* **slay**; **the bus slewed across the road** der Bus rutschte über die Straße
★**slice** [slaɪs] N Scheibe *f*; (*utensil*) Wender *m* ▶ VT (in Scheiben) schneiden; **sliced bread** aufgeschnittenes Brot *nt*; **the best thing since sliced bread** der/die/das Allerbeste
slick [slɪk] ADJ professionell; (*pej*) glatt ▶ N (*also* **oil slick**) Ölteppich *m*
slid [slɪd] PT, PP *of* **slide**
★**slide** [slaɪd] (*pt, pp* **slid**) N (*in playground*) Rutschbahn *f*; (*Phot*) Dia *nt*; (BRIT: *also*: **hair slide**) Spange *f*; (*on ice etc*) Rutschen *nt*; (*fig: to ruin etc*) Abgleiten *nt*; (*microscope slide*) Objektträger *m*; (*in prices*) Preisrutsch *m* ▶ VT schieben ▶ VI (*slip*) rutschen; (*glide*) gleiten; **to let things ~** (*fig*) die Dinge schleifen lassen
slide projector N Diaprojektor *m*
slide rule N Rechenschieber *m*
slide show N Diavortrag *m*; (*Comput*) Bildschirmpräsentation *f*
sliding [ˈslaɪdɪŋ] ADJ (*door, window etc*) Schiebe-
sliding roof N (*Aut*) Schiebedach *nt*
sliding scale N gleitende Skala *f*
★**slight** [slaɪt] ADJ zierlich; (*small*) gering; (*error, accent, pain etc*) leicht; (*trivial*) leicht ▶ N: **a ~ (on sb/sth)** ein Affront *m* (gegen jdn/etw); **the slightest noise** der geringste Lärm; **the slightest problem** das kleinste Problem; **I haven't the slightest idea** ich habe nicht die geringste Ahnung; **not in the slightest** nicht im Geringsten
★**slightly** [ˈslaɪtlɪ] ADV etwas, ein bisschen; **~ built** zierlich
★**slim** [slɪm] ADJ schlank; (*chance*) gering ▶ VI eine Schlankheitskur machen, abnehmen
slime [slaɪm] N Schleim *m*
slimming [ˈslɪmɪŋ] N Abnehmen *nt*
slimy [ˈslaɪmɪ] ADJ (*lit, fig*) schleimig
sling [slɪŋ] (*pt, pp* **slung**) N Schlinge *f*; (*for baby*) Tragetuch *nt*; (*weapon*) Schleuder *f* ▶ VT schleudern; **to have one's arm in a ~** den Arm in der Schlinge tragen
slingshot [ˈslɪŋʃɔt] N Steinschleuder *f*
slink [slɪŋk] (*pt, pp* **slunk**) VI: **to ~ away** *or* **off** sich davonschleichen
slinky [ˈslɪŋkɪ] ADJ (*dress*) eng anliegend
★**slip** [slɪp] N (*fall*) Ausrutschen *nt*; (*mistake*) Fehler *m*, Schnitzer *m*; (*underskirt*) Unterrock *m*; (*also* **slip of paper**) Zettel *m* ▶ VT (*slide*) stecken ▶ VI ausrutschen; (*decline*) fallen; **he had a nasty fall** er ist ausgerutscht und böse gefallen; **to give sb the ~** jdm entwischen; **a ~ of the tongue** ein Versprecher *m*; **to ~ into/out of sth, to ~ sth on/off** in etw *acc*/aus etw schlüpfen; **to let a chance ~ by** eine Gelegenheit ungenutzt lassen; **it slipped from her hand** es rutschte ihr aus der Hand
▶ **slip away** VI sich davonschleichen
▶ **slip in** VT stecken in *+acc*
▶ **slip out** VI kurz weggehen
▶ **slip up** VI sich vertun (*inf*)
slip-on [ˈslɪpɔn] ADJ zum Überziehen; **~ shoes** Slipper *pl*
slipped disc [slɪpt-] N Bandscheibenschaden *m*
slipper [ˈslɪpəʳ] N Hausschuh *m*, Pantoffel *m*

lippery [ˈslɪpərɪ] ADJ (*lit, fig*) glatt; (*fish etc*) schlüpfrig

lippy [ˈslɪpɪ] ADJ (*slippery*) glatt

lip road (BRIT) N (*to motorway etc*) Auffahrt *f*; (*from motorway etc*) Ausfahrt *f*

lipshod [ˈslɪpʃɔd] ADJ schludrig (*inf*)

lipstream [ˈslɪpstriːm] N (*Tech*) Sog *m*; (*Aut*) Windschatten *m*

lip-up [ˈslɪpʌp] N Fehler *m*, Schnitzer *m*

lipway [ˈslɪpweɪ] N (*Naut*) Ablaufbahn *f*

lit [slɪt] (*pt, pp* **~**) N Schlitz *m*; (*tear*) Riss *m* ▶ VT aufschlitzen; **to ~ sb's throat** jdm die Kehle aufschlitzen

lither [ˈslɪðəʳ] VI rutschen; (*snake etc*) gleiten

liver [ˈslɪvəʳ] N (*of glass, wood*) Splitter *m*; (*of cheese etc*) Scheibchen *nt*

lob [slɔb] (*pej*) N Drecksau *f* (*!*)

log [slɔg] (BRIT) VI (*work hard*) schuften ▶ N: **it was a hard ~** es war eine ganz schöne Schufterei; **to ~ away at sth** sich mit etw abrackern

logan [ˈsləugən] N Slogan *m*

lop [slɔp] VI schwappen ▶ VT verschütten
▶ **slop out** VI (*in prison etc*) den Toiletteneimer ausleeren

lope [sləup] N Hügel *m*; (*side of mountain*) Hang *m*; (*ski slope*) Piste *f*; (*slant*) Neigung *f* ▶ VI: **to ~ down** abfallen; **to ~ up** ansteigen

loping [ˈsləupɪŋ] ADJ (*roof, handwriting*) schräg; (*upwards*) ansteigend; (*downwards*) abfallend

loppy [ˈslɔpɪ] ADJ (*appearance*) schlampig; (*sentimental*) rührselig; (*work*) nachlässig

lops [slɔps] NPL Abfallbrühe *f*

losh [slɔʃ] (*inf*) VI: **to ~ around** *or* **about** (*person*) herumplan(t)schen; (*liquid*) herumschwappen

loshed [slɔʃt] (*inf*) ADJ (*drunk*) blau

lot [slɔt] N Schlitz *m*; (*fig: in timetable*) Termin *m*; (: *Radio, TV*) Sendezeit *f* ▶ VT: **to ~ sth in** etw hineinstecken ▶ VI: **to ~ into** sich einfügen lassen in *+acc*

loth [sləuθ] N (*laziness*) Trägheit *f*, Faulheit *f*; (*Zool*) Faultier *nt*

lot machine N (BRIT) Münzautomat *m*; (*for gambling*) Spielautomat *m*

lot meter (BRIT) N Münzzähler *m*

louch [slautʃ] VI eine krumme Haltung haben; (*when walking*) krumm gehen ▶ N: **he's no ~** er hat etwas los (*inf*); **she was slouched in a chair** sie hing auf einem Stuhl

lovak [ˈsləuvæk] ADJ slowakisch ▶ N Slowake *m*, Slowakin *f*; (*Ling*) Slowakisch *nt*; **the ~ Republic** die Slowakische Republik

lovakia [sləuˈvækɪə] N die Slowakei

lovakian [sləuˈvækɪən] ADJ, N = **Slovak**

lovene [ˈsləuviːn] N Slowene *m*, Slowenin *f*; (*Ling*) Slowenisch *nt* ▶ ADJ slowenisch

lovenia [sləuˈviːnɪə] N Slowenien *nt*

lovenian [sləuˈviːnɪən] ADJ, N = **Slovene**

lovenly [ˈslʌvənlɪ] ADJ schlampig; (*careless*) nachlässig, schludrig (*inf*)

★**slow** [sləu] ADJ langsam; (*not clever*) langsam, begriffsstutzig ▶ ADV langsam ▶ VT (*also:* **slow down, slow up**) verlangsamen; (*business*) verschlechtern ▶ VI (*also:* **slow down, slow up**) sich verlangsamen; (*business*) schlechter gehen; **to be ~** (*watch, clock*) nachgehen; **"~"** „langsam fahren"; **at a ~ speed** langsam; **to be ~ to act** sich *dat* Zeit lassen; **to be ~ to decide** lange brauchen, um sich zu entscheiden; **my watch is 20 minutes ~** meine Uhr geht 20 Minuten nach; **business is ~** das Geschäft geht schlecht; **to go ~** (*driver*) langsam fahren; (BRIT: *in industrial dispute*) einen Bummelstreik machen

slow-acting [sləuˈæktɪŋ] ADJ mit Langzeitwirkung

slow food N Slow Food *nt*

★**slowly** [ˈsləulɪ] ADV langsam

slow motion N: **in ~** in Zeitlupe

slow-moving [sləuˈmuːvɪŋ] ADJ langsam; (*traffic*) kriechend

slowness [ˈsləunɪs] N Langsamkeit *f*

sludge [slʌdʒ] N Schlamm *m*

slue [sluː] (US) VI = **slew**

slug [slʌg] N Nacktschnecke *f*; (*US inf: bullet*) Kugel *f*

sluggish [ˈslʌgɪʃ] ADJ träge; (*engine*) lahm; (*Comm*) flau

sluice [sluːs] N Schleuse *f*; (*channel*) (Wasch)-rinne *f* ▶ VT: **to ~ down** *or* **out** abspritzen

slum [slʌm] N Slum *m*, Elendsviertel *nt*

slumber [ˈslʌmbəʳ] N Schlaf *m*

slump [slʌmp] N Rezession *f* ▶ VI fallen; **~ in sales** Absatzflaute *f*; **~ in prices** Preissturz *m*; **he was slumped over the wheel** er war über dem Steuer zusammengesackt

slung [slʌŋ] PT, PP *of* **sling**

slunk [slʌŋk] PT, PP *of* **slink**

slur [sləːʳ] N (*fig*): **~ (on)** Beleidigung *f* (für) ▶ VT (*words*) undeutlich aussprechen; **to cast a ~ on** verunglimpfen

slurp [sləːp] (*inf*) VT, VI schlürfen

slurred [sləːd] ADJ (*speech, voice*) undeutlich

slush [slʌʃ] N (*melted snow*) Schneematsch *m*

slush fund N Schmiergelder *pl*, Schmiergeldfonds *m*

slushy [ˈslʌʃɪ] ADJ matschig; (BRIT *fig*) schmalzig

slut [slʌt] (*!*) N Schlampe *f*

sly [slaɪ] ADJ (*smile, expression*) wissend; (*remark*) vielsagend; (*person*) schlau, gerissen; **on the ~** heimlich

S/M N ABBR (= *sadomasochism*) S/M

smack [smæk] N Klaps *m*; (*on face*) Ohrfeige *f* ▶ VT (*hit*) schlagen; (: *child*) einen Klaps geben *+dat*; (: *on face*) ohrfeigen ▶ VI: **to ~ of** riechen nach ▶ ADV: **it fell ~ in the middle** (*inf*) es fiel genau in die Mitte; **to ~ one's lips** schmatzen

smacker [ˈsmækəʳ] (*inf*) N (*kiss*) Schmatzer *m*

★**small** [smɔːl] ADJ klein ▶ N: **the ~ of the back** das Kreuz; **to get** *or* **grow smaller** (*thing*) kleiner werden; (*numbers*) zurückgehen; **to make**

S

smaller (*amount, income*) kürzen; (*object, garment*) kleiner machen; **a ~ shopkeeper** der Inhaber eines kleinen Geschäfts; **a ~ business** ein Kleinunternehmen *nt*

small ads (BRIT) NPL Kleinanzeigen *pl*

small arms N Handfeuerwaffen *pl*

small business N Kleinunternehmen *nt*

small change N Kleingeld *nt*

small fry NPL (*unimportant people*) kleine Fische *pl*

smallholder [ˈsmɔːlhəuldəʳ] (BRIT) N Kleinbauer *m*

smallholding [ˈsmɔːlhəuldɪŋ] (BRIT) N kleiner Landbesitz *m*

small hours NPL: **in the ~** in den frühen Morgenstunden

smallish [ˈsmɔːlɪʃ] ADJ ziemlich klein

small-minded [smɔːlˈmaɪndɪd] ADJ engstirnig

smallpox [ˈsmɔːlpɔks] N Pocken *pl*

small print N: **the ~** das Kleingedruckte

small-scale [ˈsmɔːlskeɪl] ADJ (*map, model*) in verkleinertem Maßstab; (*business, farming*) klein angelegt

small talk N (oberflächliche) Konversation *f*

small-time [ˈsmɔːltaɪm] ADJ (*farmer etc*) klein; **a ~ thief** ein kleiner Ganove

small-town [ˈsmɔːltaun] ADJ kleinstädtisch

smarmy [ˈsmɑːmɪ] (BRIT *pej*) ADJ schmierig

★**smart** [smɑːt] ADJ (*neat*) ordentlich, gepflegt; (*fashionable*) chic *inv*, elegant; (*clever*) intelligent, clever (*inf*); (*quick*) schnell ▶ VI (*sting*) brennen; (*suffer*) leiden; **the ~ set** die Schickeria (*inf*); **and look ~ (about it)!** und zwar ein bisschen plötzlich! (*inf*)

smart card N Chipkarte *f*

smarten up [ˈsmɑːtn-] VI sich fein machen ▶ VT verschönern

smartphone [ˈsmɑːtfəun] N (*Tel*) Smartphone *nt*

smartwatch [ˈsmɑːtwɔtʃ] N Smartwatch *f*

★**smash** [smæʃ] N (*also:* **smash-up**) Unfall *m*; (*sound*) Krachen *nt*; (*song, play, film*) Superhit *m*; (*Tennis*) Schmetterball *m* ▶ VT (*break*) zerbrechen; (*car etc*) kaputt fahren; (*hopes*) zerschlagen; (*Sport: record*) haushoch schlagen ▶ VI (*break*) zerbrechen; (*against wall, into sth etc*) krachen

▶**smash up** VT (*car*) kaputt fahren; (*room*) kurz und klein schlagen (*inf*)

smash hit N Superhit *m*

smashing [ˈsmæʃɪŋ] (*inf*) ADJ super, toll

smattering [ˈsmætərɪŋ] N: **a ~ of Greek** *etc* ein paar Brocken Griechisch *etc*

smear [smɪəʳ] N (*trace*) verschmierter Fleck *m*; (*insult*) Verleumdung *f*; (*Med*) Abstrich *m* ▶ VT (*spread*) verschmieren; (*make dirty*) beschmieren; **his hands were smeared with oil/ink** seine Hände waren mit Öl/Tinte beschmiert

smear campaign N Verleumdungskampagne *f*

smear test N Abstrich *m*

★**smell** [smɛl] (*pt, pp* **smelt** *or* **smelled**) N Geruc *m*; (*sense*) Geruchssinn *m* ▶ VT riechen ▶ VI rie chen; (*pej*) stinken; (*pleasantly*) duften; **to ~ o** riechen nach

smelly [ˈsmɛlɪ] (*pej*) ADJ stinkend

smelt [smɛlt] PT, PP *of* **smell** ▶ VT schmelzen

★**smile** [smaɪl] N Lächeln *nt* ▶ VI lächeln

smiling [ˈsmaɪlɪŋ] ADJ lächelnd

smirk [sməːk] (*pej*) N Grinsen *nt*

smithy [ˈsmɪðɪ] N Schmiede *f*

smitten [ˈsmɪtn] ADJ: **~ with** vernarrt in +*acc*

smock [smɔk] N Kittel *m*; (*US: overall*) Overall *m*

smog [smɔg] N Smog *m*

★**smoke** [sməuk] N Rauch *m* ▶ VI, VT rauchen; **t have a ~** eine rauchen; **to go up in ~** in Rauc (und Flammen) aufgehen; (*fig*) sich in Rauc auflösen; **do you ~?** rauchen Sie?

smoke alarm N Rauchmelder *m*

smoked [sməukt] ADJ geräuchert, Räucher **~ glass** Rauchglas *nt*

smokeless fuel [ˈsməuklɪs-] N rauchlos Kohle *f*

smokeless zone (BRIT) N rauchfreie Zone *f*

smoker [ˈsməukəʳ] N Raucher(in) *m(f)*; (*Rai* Raucherabteil *nt*

smoke screen N Rauchvorhang *m*; (*fig*) Deck mantel *m*

smoke shop (US) N Tabakladen *m*

★**smoking** [ˈsməukɪŋ] N Rauchen *nt*; **"no ~** „Rauchen verboten"

smoking room N Raucherzimmer *nt*

smoky [ˈsməukɪ] ADJ verraucht; (*taste*) rauchig

smolder [ˈsməuldəʳ] (US) VI = **smoulder**

smoochy [ˈsmuːtʃɪ] ADJ (*music, tape*) zur Schmusen

★**smooth** [smuːð] ADJ (*lit, fig: pej*) glatt; (*flavou whisky*) weich; (*movement*) geschmeidig; (*fligh* ruhig

▶**smooth out** VT glätten; (*fig: difficulties*) au dem Weg räumen

▶**smooth over** VT: **to ~ things over** (*fig*) di Sache bereinigen

smoothly [ˈsmuːðlɪ] ADV reibungslos, glat **everything went ~** alles ging glatt über di Bühne

smoothness [ˈsmuːðnɪs] N Glätte *f*; (*of fligh* Ruhe *f*

smother [ˈsmʌðəʳ] VT (*fire, person*) ersticke (*repress*) unterdrücken

smoulder, (US) **smolder** [ˈsməuldəʳ] VI (*lit, fig* glimmen, schwelen

SMS N ABBR (= *Short Message Service*) SMS *m*

smudge [smʌdʒ] N Schmutzfleck *m* ▶ VT verw schen

smug [smʌg] (*pej*) ADJ selbstgefällig

smuggle [ˈsmʌgl] VT schmuggeln; **to ~ in/ou** einschmuggeln/herausschmuggeln

smuggler [ˈsmʌgləʳ] N Schmuggler(in) *m(f)*

smuggling [ˈsmʌglɪŋ] N Schmuggel *m*

smut [smʌt] N (*grain of soot*) Rußflocke *f*; (*in conversation etc*) Schmutz *m*
smutty [ˈsmʌtɪ] ADJ (*fig: joke, book*) schmutzig
snack [snæk] N Kleinigkeit *f* (zu essen); **to have a ~** eine Kleinigkeit essen
snack bar N Imbissstube *f*
snag [snæg] N Haken *m*, Schwierigkeit *f*
snail [sneɪl] N Schnecke *f*
snake [sneɪk] N Schlange *f*
snap [snæp] N Knacken *nt*; (*photograph*) Schnappschuss *m*; (*card game*) ≈ Schnippschnapp *nt* ▸ ADJ (*decision*) spontan, plötzlich ▸ VT (*break*) (zer)brechen ▸ VI (*break*) (zer)brechen; (*rope, thread etc*) reißen; **a cold ~** ein Kälteeinbruch *m*; **his patience snapped** ihm riss der Geduldsfaden; **his temper snapped** er verlor die Beherrschung; **to ~ one's fingers** mit den Fingern schnipsen *or* schnalzen; **to ~ open/shut** auf-/zuschnappen
▸ **snap at** VT FUS (*dog*) schnappen nach; (*fig: person*) anschnauzen (*inf*)
▸ **snap off** VT (*break*) abbrechen
▸ **snap up** VT (*bargains*) wegschnappen
snap fastener N Druckknopf *m*
snappy [ˈsnæpɪ] (*inf*) ADJ (*answer*) kurz und treffend; (*slogan*) zündend; **make it ~** ein bisschen dalli!; **he is a ~ dresser** er zieht sich flott an
snapshot [ˈsnæpʃɔt] N Schnappschuss *m*
snare [snɛəʳ] N Falle *f* ▸ VT (*lit, fig*) fangen
snarl [snɑːl] VI knurren ▸ VT: **to get snarled up** (*plans*) durcheinanderkommen; (*traffic*) stocken
snarl-up [ˈsnɑːlʌp] N Verkehrschaos *nt*
snatch [snætʃ] N (*of conversation*) Fetzen *m*; (*of song*) paar Takte *pl* ▸ VT (*grab*) greifen; (*steal*) stehlen, klauen (*inf*); (*child*) entführen; (*fig: opportunity*) ergreifen; (*: look*) werfen ▸ VI: **don't ~!** nicht grapschen!; **to ~ a sandwich** schnell ein Butterbrot essen; **to ~ some sleep** etwas Schlaf ergattern
▸ **snatch up** VT schnappen
snazzy [ˈsnæzɪ] (*inf*) ADJ flott
sneak [sniːk] (*US pt* **snuck**) VI: **to ~ in/out** sich einschleichen/sich hinausschleichen ▸ VT: **to ~ a look at sth** heimlich auf etw *acc* schielen ▸ N (*inf, pej*) Petze *f*
▸ **sneak up** VI: **to ~ up on sb** sich an jdn heranschleichen
sneakers [ˈsniːkəz] NPL Freizeitschuhe *pl*
sneaking [ˈsniːkɪŋ] ADJ: **to have a ~ feeling/suspicion that ...** das ungute Gefühl/den leisen Verdacht haben, dass ...
sneaky [ˈsniːkɪ] (*pej*) ADJ raffiniert
sneer [snɪəʳ] VI (*smile nastily*) spöttisch lächeln; (*mock*): **to ~ at** verspotten ▸ N (*smile*) spöttisches Lächeln *nt*; (*remark*) spöttische Bemerkung *f*
sneeze [sniːz] N Niesen *nt* ▸ VI niesen
▸ **sneeze at** VT FUS: **it's not to be sneezed at** es ist nicht zu verachten
snicker [ˈsnɪkəʳ] VI *see* **snigger**
snide [snaɪd] (*pej*) ADJ abfällig
sniff [snɪf] VI schniefen ▸ VT schnuppern an *+dat*, riechen; (*glue*) schnüffeln ▸ N Schniefen *nt*; (*smell*) Schnüffeln *nt*
sniffer dog [ˈsnɪfə-] N Spürhund *m*
snigger [ˈsnɪgəʳ] VI kichern
snip [snɪp] N Schnitt *m*; (BRIT *inf: bargain*) Schnäppchen *nt* ▸ VT schnippeln; **to ~ sth off/through sth** etw abschnippeln/durchschnippeln
sniper [ˈsnaɪpəʳ] N Heckenschütze *m*
snippet [ˈsnɪpɪt] N (*of information*) Bruchstück *nt*; (*of conversation*) Fetzen *m*
snivelling, (*US*) **sniveling** [ˈsnɪvlɪŋ] ADJ heulend
snob [snɔb] N Snob *m*
snobbery [ˈsnɔbərɪ] N Snobismus *m*
snobbish [ˈsnɔbɪʃ] ADJ versnobt (*inf*), snobistisch
snog [snɔg] (BRIT *inf*) VI (rum)knutschen ▸ N Knutscherei *f*; **to have a ~ with sb** mit jdm (rum)knutschen
snooker [ˈsnuːkəʳ] N Snooker *nt* ▸ VT (BRIT *inf*): **to be snookered** festsitzen
snoop [snuːp] VI: **to ~ about** herumschnüffeln; **to ~ on sb** jdm nachschnüffeln
snooper [ˈsnuːpəʳ] N Schnüffler(in) *m(f)*
snooty [ˈsnuːtɪ] ADJ hochnäsig
snooze [snuːz] N Schläfchen *nt* ▸ VI ein Schläfchen machen
snore [snɔːʳ] VI schnarchen ▸ N Schnarchen *nt*
snoring [ˈsnɔːrɪŋ] N Schnarchen *nt*
snorkel [ˈsnɔːkl] N Schnorchel *m*
snort [snɔːt] N Schnauben *nt* ▸ VI (*animal*) schnauben; (*person*) prusten ▸ VT (*inf: cocaine*) schnüffeln
snotty [ˈsnɔtɪ] (*inf*) ADJ (*handkerchief, nose*) Rotz-; (*pej: snobbish*) hochnäsig
snout [snaut] N Schnauze *f*
★**snow** [snəu] N Schnee *m* ▸ VI schneien ▸ VT: **to be snowed under with work** mit Arbeit reichlich eingedeckt sein; **it's snowing** es schneit
snowball [ˈsnəubɔːl] N Schneeball *m* ▸ VI (*fig: problem*) eskalieren; (*: campaign*) ins Rollen kommen
snowboard [ˈsnəubɔːd] N Snowboard *nt*
snowboarding [ˈsnəubɔːdɪŋ] N Snowboarding *nt*
snowbound [ˈsnəubaund] ADJ eingeschneit
snow-capped [ˈsnəukæpt] ADJ schneebedeckt
snowdrift [ˈsnəudrɪft] N Schneewehe *f*
snowdrop [ˈsnəudrɔp] N Schneeglöckchen *nt*
snowfall [ˈsnəufɔːl] N Schneefall *m*
snowflake [ˈsnəufleɪk] N Schneeflocke *f*
snowline [ˈsnəulaɪn] N Schneegrenze *f*
snowman [ˈsnəumæn] N (*irreg*) Schneemann *m*
snowplough, (*US*) **snowplow** [ˈsnəuplau] N Schneepflug *m*
snowshoe [ˈsnəuʃuː] N Schneeschuh *m*
snowstorm [ˈsnəustɔːm] N Schneesturm *m*

S

snowy [ˈsnəuɪ] ADJ schneeweiß; (*covered with snow*) verschneit

SNP (BRIT) N ABBR (*Pol*) = **Scottish National Party**

snub [snʌb] VT (*person*) vor den Kopf stoßen ▸ N Abfuhr *f*

snub-nosed [snʌbˈnəuzd] ADJ stupsnasig

snuff [snʌf] N Schnupftabak *m* ▸ VT (*candle: also:* **snuff out**) auslöschen

snuff movie N *Pornofilm, in dem jemand tatsächlich stirbt*

snug [snʌg] ADJ gemütlich, behaglich; (*well-fitting*) gut sitzend; **it's a ~ fit** es passt genau

snuggle [ˈsnʌgl] VI: **to ~ up to sb** sich an jdn kuscheln; **to ~ down in bed** sich ins Bett kuscheln

snugly [ˈsnʌglɪ] ADV behaglich; **it fits ~** (*object in pocket etc*) es passt genau hinein; (*garment*) es passt wie angegossen

SO N ABBR (*Banking*) = **standing order**

so [səu]

ADV **1** (*thus, likewise*) so; **so saying he walked away** mit diesen Worten ging er weg; **if so** falls ja; **I didn't do it — you did so!** ich hab es nicht getan — hast du wohl!; **so do I, so am I** *etc* ich auch; **it's 5 o'clock — so it is!** es ist 5 Uhr — tatsächlich!; **I hope/think so** ich hoffe/glaube ja; **so far** bis jetzt
2 (*in comparisons etc: to such a degree*) so; **so big/quickly (that)** so groß/schnell(, dass); **I'm so glad to see you** ich bin ja so froh, dich zu sehen
3: **so much** so viel; **I've got so much work** ich habe so viel Arbeit; **I love you so much** ich liebe dich so sehr; **so many** so viele
4 (*phrases*): **10 or so** 10 oder so; **so long!** (*inf: goodbye*) tschüss!
▸ CONJ **1** (*expressing purpose*): **so as to do sth** um etw zu tun; **so (that)** damit
2 (*expressing result*) also; **so I was right after all** ich hatte also doch Recht; **so you see, I could have gone** wie Sie sehen, hätte ich gehen können; **so (what)?** na und?

soak [səuk] VT (*drench*) durchnässen; (*steep*) einweichen ▸ VI einweichen; **to be soaked through** völlig durchnässt sein
▸ **soak in** VI einziehen
▸ **soak up** VT aufsaugen

soaking [ˈsəukɪŋ] ADJ (*also:* **soaking wet**) patschnass

so-and-so [ˈsəuənsəu] N (*somebody*) Soundso *no art*; **Mr/Mrs ~** Herr/Frau Soundso; **the little ~!** (*pej*) das Biest!

★**soap** [səup] N Seife *f*; (TV: *also:* **soap opera**) Fernsehserie *f*, Seifenoper *f* (*inf*)

soapbox [ˈsəupbɔks] N (*lit*) Seifenkiste *f*; (*fig: platform*) Apfelsinenkiste *f*

soapflakes [ˈsəupfleɪks] NPL Seifenflocken *pl*

soap opera N (TV) Fernsehserie *f*, Seifenoper *f* (*inf*)

soap powder N Seifenpulver *nt*

soapsuds [ˈsəupsʌds] NPL Seifenschaum *m*

soapy [ˈsəupɪ] ADJ seifig; **~ water** Seifenwasser *nt*

soar [sɔːʳ] VI aufsteigen; (*price, temperature*) hochschnellen; (*building etc*) aufragen

soaring [ˈsɔːrɪŋ] ADJ (*prices*) in die Höhe schnellend; (*inflation*) unaufhaltsam

sob [sɔb] N Schluchzer *m* ▸ VI schluchzen

s.o.b. (US !) N ABBR (= *son of a bitch*) Scheißkerl *m*

sober [ˈsəubəʳ] ADJ nüchtern; (*serious*) ernst (*colour*) gedeckt; (*style*) schlicht
▸ **sober up** VI nüchtern werden ▸ VT nüchtern machen

sobriety [səˈbraɪətɪ] N Nüchternheit *f*; (*seriousness*) Ernst *m*

sobriquet [ˈsəubrɪkeɪ] N Spitzname *m*

sob story N rührselige Geschichte *f*

Soc. ABBR (= *society*) Ges.

so-called [ˈsəuˈkɔːld] ADJ sogenannt

★**soccer** [ˈsɔkəʳ] N Fußball *m*

soccer pitch N Fußballplatz *m*

soccer player N Fußballspieler(in) *m(f)*

sociable [ˈsəuʃəbl] ADJ gesellig

★**social** [ˈsəuʃl] ADJ sozial; (*history*) Sozial-; (*structure*) Gesellschafts-; (*event, contact*) gesellschaftlich; (*person*) gesellig; (*animal*) gesellig lebend ▸ N (*party*) geselliger Abend *m*; **~ life** gesellschaftliches Leben *nt*; **to have no ~ life** nicht mit anderen Leuten zusammenkommen

social class N Gesellschaftsklasse *f*

social climber (*pej*) N Emporkömmling *m* sozialer Aufsteiger *m*

social club N Klub *m* für geselliges Beisammensein

Social Democrat N Sozialdemokrat(in) *m(f)*

social insurance (US) N Sozialversicherung *f*

socialism [ˈsəuʃəlɪzəm] N Sozialismus *m*

socialist [ˈsəuʃəlɪst] ADJ sozialistisch ▸ N Sozialist(in) *m(f)*

socialite [ˈsəuʃəlaɪt] N Angehörige(r) *f(m)* der Schickeria

socialize [ˈsəuʃəlaɪz] VI unter die Leute kommen; **to ~ with** (*meet socially*) gesellschaftlich verkehren mit; (*chat to*) sich unterhalten mit

socially [ˈsəuʃəlɪ] ADV (*visit*) privat; (*acceptable*) in Gesellschaft

social media N Social Media *pl*, soziale Medien *fpl*

social networking [-ˈnɛtwəːkɪŋ] N Netzwerken *nt*

social networking site N soziales Netzwerk *nt*

social science N Sozialwissenschaft *f*

social security (BRIT) N Sozialhilfe *f*; **Department of Social Security** Ministerium *nt* für Soziales

social services NPL soziale Einrichtungen *pl*

social welfare N soziales Wohl *nt*

social work N Sozialarbeit *f*
social worker N Sozialarbeiter(in) *m(f)*
society [sə'saɪətɪ] N Gesellschaft *f*; (*people, their lifestyle*) die Gesellschaft; (*club*) Verein *m*; (*also:* **high society**) High Society *f* ▸ CPD (*party, lady*) Gesellschafts-
socioeconomic ['səusɪəui:kə'nɔmɪk] ADJ sozioökonomisch
sociological [səusɪə'lɔdʒɪkl] ADJ soziologisch
sociologist [səusɪ'ɔlədʒɪst] N Soziologe *m*, Soziologin *f*
sociology [səusɪ'ɔlədʒɪ] N Soziologie *f*
sock [sɔk] N Socke *f* ▸ VT (*inf: hit*) hauen; **to pull one's socks up** (*fig*) sich am Riemen reißen
socket ['sɔkɪt] N (BRIT *Elec: also:* **wall socket**) Steckdose *f*; (*of eye*) Augenhöhle *f*; (*of joint*) Gelenkpfanne *f*; (: *for light bulb*) Fassung *f*
sod [sɔd] N (*earth*) Sode *f*; (BRIT *pej*) Sau *f* (*!*); **the poor ~** das arme Schwein
▸ **sod off** (BRIT *pej*) VI: **~ off!** verpiss dich!
soda ['səudə] N Soda *nt*; (*also:* **soda water**) Soda(wasser) *nt*; (*US: also:* **soda pop**) Brause *f*
sodden ['sɔdn] ADJ durchnässt
sodium ['səudɪəm] N Natrium *nt*
sodium chloride N Natriumchlorid *nt*, Kochsalz *nt*
sofa ['səufə] N Sofa *nt*
sofa bed N Schlafcouch *f*
Sofia ['səufɪə] N Sofia *nt*
soft [sɔft] ADJ weich; (*not rough*) zart; (*voice, music, light, colour*) gedämpft; (*lenient*) nachsichtig; **~ in the head** (*inf*) nicht ganz richtig im Kopf
soft benefits NPL (*Econ*) nicht monetäre (betriebliche) Leistungen *pl*
soft-boiled ['sɔftbɔɪld] ADJ (*egg*) weich (gekocht)
soft drink N alkoholfreies Getränk *nt*
soft drugs NPL weiche Drogen *pl*
soften ['sɔfn] VT weich machen; (*effect, blow*) mildern ▸ VI weich werden; (*voice, expression*) sanfter werden
softener ['sɔfnəʳ] N (*also:* **water softener**) Enthärtungsmittel *nt*; (*also:* **fabric softener**) Weichspüler *m*
soft fruit (BRIT) N Beerenobst *nt*
soft furnishings NPL Raumtextilien *pl*
soft-hearted [sɔft'hɑ:tɪd] ADJ weichherzig
softly ['sɔftlɪ] ADV (*gently*) sanft; (*quietly*) leise
softness ['sɔftnɪs] N Weichheit *f*; (*gentleness*) Sanftheit *f*
soft option N Weg *m* des geringsten Widerstandes
soft sell N weiche Verkaufstaktik *f*
soft spot N: **to have a ~ for sb** eine Schwäche für jdn haben
soft target N leicht verwundbares Ziel *nt*
soft toy N Stofftier *nt*
software ['sɔftwɛəʳ] N (*Comput*) Software *f*
software package N (*Comput*) Softwarepaket *nt*
soft water N weiches Wasser *nt*
soggy ['sɔgɪ] ADJ (*ground*) durchweicht; (*sandwiches etc*) matschig
★**soil** [sɔɪl] N Erde *f*, Boden *m* ▸ VT beschmutzen
soiled [sɔɪld] ADJ schmutzig
sojourn ['sɔdʒə:n] (*form*) N Aufenthalt *m*
solace ['sɔlɪs] N Trost *m*
solar ['səuləʳ] ADJ (*eclipse, power station etc*) Sonnen-
solarium [sə'lɛərɪəm] (*pl* **solaria**) N Solarium *nt*
solar panel N Sonnenkollektor *m*
solar plexus [-'plɛksəs] N (*Anat*) Solarplexus *m*, Magengrube *f*
solar power N Sonnenenergie *f*
solar system N Sonnensystem *nt*
solar wind N Sonnenwind *m*
sold [səuld] PT, PP *of* **sell**
solder ['səuldəʳ] VT löten ▸ N Lötmittel *nt*
★**soldier** ['səuldʒəʳ] N Soldat *m* ▸ VI: **to ~ on** unermüdlich weitermachen; **toy ~** Spielzeugsoldat *m*
sold out ADJ ausverkauft
sole [səul] N Sohle *f*; (*fish: pl inv*) Seezunge *f* ▸ ADJ einzig, Allein-; (*exclusive*) alleinig; **the ~ reason** der einzige Grund
solely ['səullɪ] ADV nur, ausschließlich; **I will hold you ~ responsible** ich mache Sie allein dafür verantwortlich
solemn ['sɔləm] ADJ feierlich; (*person*) ernst
sole trader N (*Comm*) Einzelunternehmer *m*
solicit [sə'lɪsɪt] VT (*request*) erbitten, bitten um ▸ VI (*prostitute*) Kunden anwerben
★**solicitor** [sə'lɪsɪtəʳ] (BRIT) N Rechtsanwalt *m*, Rechtsanwältin *f*
★**solid** ['sɔlɪd] ADJ (*not hollow, pure*) massiv; (*not liquid*) fest; (*reliable*) zuverlässig; (*strong: structure*) stabil; (: *foundations*) solide; (*substantial: advice*) gut; (: *experience*) solide; (*unbroken*) ununterbrochen ▸ N (*solid object*) Festkörper *m* ■ **solids** NPL (*food*) feste Nahrung *f*; **to be on ~ ground** (*fig*) sich auf festem Boden befinden; **I read for 2 ~ hours** ich habe 2 Stunden ununterbrochen gelesen
solidarity [sɔlɪ'dærɪtɪ] N Solidarität *f*
solid fuel N fester Brennstoff *m*
solidify [sə'lɪdɪfaɪ] VI fest werden ▸ VT fest werden lassen
solidity [sə'lɪdɪtɪ] N (*of structure*) Stabilität *f*; (*of foundations*) Solidität *f*
solidly ['sɔlɪdlɪ] ADV (*built*) solide; (*in favour*) geschlossen, einmütig; **a ~ respectable family** eine durch und durch respektable Familie
solid-state ['sɔlɪdsteɪt] ADJ (*Elec: equipment*) Halbleiter-
soliloquy [sə'lɪləkwɪ] N Monolog *m*
solitaire [sɔlɪ'tɛəʳ] N (*gem*) Solitär *m*; (*game*) Patience *f*
solitary ['sɔlɪtərɪ] ADJ einsam; (*single*) einzeln
solitary confinement N Einzelhaft *f*

S

solitude [ˈsɔlɪtjuːd] N Einsamkeit *f*; **to live in ~** einsam leben
solo [ˈsəuləu] N Solo *nt* ▶ ADV (*fly*) allein; (*play, perform*) solo; **~ flight** Alleinflug *m*
soloist [ˈsəuləuɪst] N Solist(in) *m(f)*
Solomon Islands [ˈsɔləmən-] NPL: **the ~** die Salomoninseln *pl*
solstice [ˈsɔlstɪs] N Sonnenwende *f*
soluble [ˈsɔljubl] ADJ löslich
★**solution** [səˈluːʃən] N (*answer, liquid*) Lösung *f*; (*to crossword*) Auflösung *f*
★**solve** [sɔlv] VT lösen; (*mystery*) enträtseln
solvency [ˈsɔlvənsɪ] N (*Comm*) Zahlungsfähigkeit *f*
solvent [ˈsɔlvənt] ADJ (*Comm*) zahlungsfähig ▶ N (*Chem*) Lösungsmittel *nt*
solvent abuse N Lösungsmittelmissbrauch *m*
Somali [səˈmɑːlɪ] ADJ somalisch ▶ N Somalier(in) *m(f)*
Somalia [səˈmɑːlɪə] N Somalia *nt*
Somaliland [səˈmɑːlɪlænd] N (*formerly*) Somaliland *nt*
sombre, (*US*) **somber** [ˈsɔmbəʳ] ADJ (*dark*) düster, dunkel; (*serious*) finster

some [sʌm]

ADJ **1** (*a certain amount or number of*) einige; **some tea/water/money** etwas Tee/Wasser/Geld; **some biscuits** ein paar Plätzchen; **some children came** einige Kinder kamen; **he asked me some questions** er stellte mir ein paar Fragen
2 (*certain: in contrasts*) manche(r, s); **some people say that …** manche Leute sagen, dass …; **some films were excellent** einige *or* manche Filme waren ausgezeichnet
3 (*unspecified*) irgendein(e); **some woman was asking for you** eine Frau hat nach Ihnen gefragt; **some day** eines Tages; **some day next week** irgendwann nächste Woche; **that's some house!** das ist vielleicht ein Haus!
▶ PRON **1** (*a certain number*) einige; **I've got some** (*books etc*) ich habe welche
2 (*a certain amount*) etwas; **I've got some** (*money, milk*) ich habe welche(s); **I've read some of the book** ich habe das Buch teilweise gelesen
▶ ADV: **some 10 people** etwa 10 Leute

The word *some* is frequently not translated.

Would you like some bread? **Möchtest du Brot?**

Have you got some mineral water? **Haben Sie Mineralwasser?**

★**somebody** [ˈsʌmbədɪ] PRON = **someone**
someday [ˈsʌmdeɪ] ADV irgendwann
★**somehow** [ˈsʌmhau] ADV irgendwie
★**someone** [ˈsʌmwʌn] PRON (irgend)jemand; **there's ~ coming** es kommt jemand; **I saw ~ in the garden** ich habe jemanden im Garten gesehen
someplace [ˈsʌmpleɪs] (*US*) ADV = **somewhere**
somersault [ˈsʌməsɔːlt] N Salto *m* ▶ VI einen Salto machen; (*vehicle*) sich überschlagen
★**something** [ˈsʌmθɪŋ] PRON etwas; **~ nice** etwas Schönes; **there's ~ wrong** da stimmt etwas nicht; **would you like ~ to eat/drink?** möchten Sie etwas zu essen/trinken?
sometime [ˈsʌmtaɪm] ADV irgendwann; **~ last month** irgendwann letzten Monat; **I'll finish it ~** ich werde es irgendwann fertig machen
★**sometimes** [ˈsʌmtaɪmz] ADV manchmal
somewhat [ˈsʌmwɔt] ADV ein wenig, etwas **~ to my surprise** ziemlich zu meiner Überraschung
★**somewhere** [ˈsʌmwɛəʳ] ADV (*be*) irgendwo; (*go*) irgendwohin; **~ (or other) in Scotland** irgendwo in Schottland; **~ else** (*be*) woanders (*go*) woandershin
★**son** [sʌn] N Sohn *m*
sonar [ˈsəunɑːʳ] N Sonar(gerät) *nt*, Echolot *nt*
sonata [səˈnɑːtə] N Sonate *f*
★**song** [sɔŋ] N Lied *nt*; (*of bird*) Gesang *m*
songbook [ˈsɔŋbuk] N Liederbuch *nt*
songwriter [ˈsɔŋraɪtəʳ] N Liedermacher *m*
sonic [ˈsɔnɪk] ADJ (*speed*) Schall-; **~ boom** Überschallknall *m*
son-in-law [ˈsʌnɪnlɔː] N Schwiegersohn *m*
sonnet [ˈsɔnɪt] N Sonett *nt*
sonny [ˈsʌnɪ] (*inf*) N Junge *m*
★**soon** [suːn] ADV bald; (*a short time after*) bald schnell; (*early*) früh; **~ afterwards** kurz *or* bald danach; **quite ~** ziemlich bald; **how ~ can you finish it?** bis wann haben Sie es fertig?; **how ~ can you come back?** wann können Sie frühestens wiederkommen?; **see you ~!** bis bald! *see also* **as**
sooner [ˈsuːnəʳ] ADV (*time*) früher, eher; (*preference*) lieber; **I would ~ do that** das würde ich lieber tun; **~ or later** früher oder später; **the ~ the better** je eher, desto besser; **no ~ said than done** gesagt, getan; **no ~ had we left than …** wir waren gerade gegangen, da …
soot [sut] N Ruß *m*
soothe [suːð] VT beruhigen; (*pain*) lindern
soothing [ˈsuːðɪŋ] ADJ beruhigend; (*ointment etc*) schmerzlindernd; (*drink*) wohltuend; (*bath*) entspannend
SOP N ABBR (= *standard operating procedure*) normale Vorgehensweise *f*
sop [sɔp] N: **that's only a ~** das soll nur zur Beschwichtigung dienen
sophisticated [səˈfɪstɪkeɪtɪd] ADJ (*woman, lifestyle*) kultiviert; (*audience*) anspruchsvoll (*machinery*) hoch entwickelt; (*arguments*) differenziert
sophistication [səfɪstɪˈkeɪʃən] N (*of person*) Kultiviertheit *f*; (*of machine*) hoher Entwicklungsstand *m*; (*of argument etc*) Differenziertheit *f*

sophomore [ˈsɔfəmɔːʳ] (*US*) N *Student(in) im 2. Studienjahr*
soporific [sɔpəˈrɪfɪk] ADJ einschläfernd ▶ N Schlafmittel *nt*
sopping [ˈsɔpɪŋ] ADJ: **~ (wet)** völlig durchnässt
soppy [ˈsɔpɪ] (*inf*) ADJ (*person*) sentimental; (*film*) schmalzig
soprano [səˈprɑːnəu] N Sopranist(in) *m(f)*
sorbet [ˈsɔːbeɪ] N Sorbet *m or nt*, Fruchteis *nt*
sorcerer [ˈsɔːsərəʳ] N Hexenmeister *m*
sordid [ˈsɔːdɪd] ADJ (*dirty*) verkommen; (*wretched*) elend
sore [sɔːʳ] ADJ wund; (*esp US: offended*) verärgert, sauer (*inf*) ▶ N wunde Stelle *f*; **to have a ~ throat** Halsschmerzen haben; **it's a ~ point** (*fig*) es ist ein wunder Punkt
sorely [ˈsɔːlɪ] ADV: **I am ~ tempted (to)** ich bin sehr in Versuchung(, zu)
soreness [ˈsɔːnɪs] N (*pain*) Schmerz *m*
sorrel [ˈsɔrəl] N (*Bot*) (großer) Sauerampfer *m*
sorrow [ˈsɔrəu] N Trauer *f* ▪ **sorrows** NPL (*troubles*) Sorgen und Nöte *pl*
sorrowful [ˈsɔrəuful] ADJ traurig
sorry [ˈsɔrɪ] ADJ traurig; (*excuse*) faul; (*sight*) jämmerlich; **~!** Entschuldigung!, Verzeihung!; **~?** wie bitte?; **I feel ~ for him** er tut mir leid; **I'm ~ to hear that …** es tut mir leid, dass …; **I'm ~ about …** es tut mir leid wegen …
sort [sɔːt] N Sorte *f*; (*make: of car etc*) Marke *f* ▶ VT (*also:* **sort out**) sortieren; (*: problems*) ins Reine bringen; (*Comput*) sortieren; **all sorts of reasons** alle möglichen Gründe; **what ~ do you want?** welche Sorte möchten Sie?; **what ~ of car?** was für ein Auto?; **I'll do nothing of the ~!** das kommt überhaupt nicht infrage!; **it's ~ of awkward** (*inf*) es ist irgendwie schwierig; **to ~ sth out** etw in Ordnung bringen
sort code N Bankleitzahl *f*
sortie [ˈsɔːtɪ] N (*Mil*) Ausfall *m*; (*fig*) Ausflug *m*
sorting office [ˈsɔːtɪŋ-] N Postverteilstelle *f*
SOS N ABBR (= *save our souls*) SOS *nt*
so-so [ˈsəusəu] ADV, ADJ so lala
soufflé [ˈsuːfleɪ] N Soufflé *nt*
sought [sɔːt] PT, PP *of* **seek**
sought-after [ˈsɔːtɑːftəʳ] ADJ begehrt, gesucht; **a much ~ item** ein viel begehrtes Stück
soul [səul] N Seele *f*; (*Mus*) Soul *m*; **the poor ~ had nowhere to sleep** der Ärmste hatte keine Unterkunft; **I didn't see a ~** ich habe keine Menschenseele gesehen
soul-destroying [ˈsəuldɪstrɔɪɪŋ] ADJ geisttötend
soulful [ˈsəulful] ADJ (*eyes*) seelenvoll; (*music*) gefühlvoll
soulless [ˈsəullɪs] ADJ (*place*) seelenlos; (*job*) eintönig
soul mate N Seelenfreund(in) *m(f)*
soul-searching [ˈsəulsəːtʃɪŋ] N: **after much ~** nach reiflicher Überlegung
sound [saund] ADJ (*healthy*) gesund; (*safe, secure*) sicher; (*not damaged*) einwandfrei; (*reliable*) solide; (*thorough*) gründlich; (*sensible, valid*) vernünftig ▶ ADV: **to be ~ asleep** tief und fest schlafen ▶ N Geräusch *nt*; (*Mus*) Klang *m*; (*on TV etc*) Ton *m*; (*Geog*) Meerenge *f*, Sund *m* ▶ VT: **to ~ the alarm** Alarm schlagen ▶ VI (*fig: seem*) klingen, sich anhören; (*alarm, horn*) ertönen; **to be of ~ mind** bei klarem Verstand sein; **I don't like the ~ of it** das klingt gar nicht gut; **to ~ one's horn** (*Aut*) hupen; **to ~ like** sich anhören wie; **that sounds like them arriving** das hört sich so an, als ob sie ankommen; **it sounds as if …** es klingt *or* es hört sich so an, als ob …
▶ **sound off** (*inf*) VI: **to ~ off (about)** sich auslassen (über +*acc*)
▶ **sound out** VT (*person*) aushorchen; (*opinion*) herausbekommen
sound barrier N Schallmauer *f*
sound bite N prägnantes Zitat *nt*
soundcard [ˈsaundkɑːd] N (*Comput*) Soundkarte *f*
sound effects NPL Toneffekte *pl*
sound engineer N Toningenieur(in) *m(f)*
sounding [ˈsaundɪŋ] N (*Naut*) Loten *nt*, Peilung *f*
sounding board N (*Mus*) Resonanzboden *m*; (*fig*): **to use sb as a ~ for one's ideas** seine Ideen an jdm testen
soundly [ˈsaundlɪ] ADV (*sleep*) tief und fest; (*beat*) tüchtig
soundproof [ˈsaundpruːf] ADJ schalldicht ▶ VT schalldicht machen
sound system N Verstärkersystem *nt*
soundtrack [ˈsaundtræk] N Filmmusik *f*
sound wave N Schallwelle *f*
★**soup** [suːp] N Suppe *f*; **to be in the ~** (*fig*) in der Tinte sitzen
soup kitchen N Suppenküche *f*
soup plate N Suppenteller *m*
soupspoon [ˈsuːpspuːn] N Suppenlöffel *m*
sour [ˈsauəʳ] ADJ sauer; (*fig: bad-tempered*) säuerlich; **to go** *or* **turn ~** (*milk, wine*) sauer werden; (*fig: relationship*) sich trüben; **it's ~ grapes** (*fig*) die Trauben hängen zu hoch
source [sɔːs] N Quelle *f*; (*fig: of problem, anxiety*) Ursache *f*; **I have it from a reliable ~ that …** ich habe es aus sicherer Quelle, dass …
★**south** [sauθ] N Süden *m* ▶ ADJ Süd-, südlich ▶ ADV nach Süden; **(to the) ~ of** im Süden *or* südlich von; **to travel ~** nach Süden fahren; **the S~ of France** Südfrankreich *nt*
South Africa N Südafrika *nt*
South African ADJ südafrikanisch ▶ N Südafrikaner(in) *m(f)*
South America N Südamerika *nt*
South American ADJ südamerikanisch ▶ N Südamerikaner(in) *m(f)*
southbound [ˈsauθbaund] ADJ in Richtung Süden; (*carriageway*) Richtung Süden
south-east [sauθˈiːst] N Südosten *m*
South-East Asia N Südostasien *nt*

S

southerly [ˈsʌðəlɪ] ADJ südlich; (*wind*) aus südlicher Richtung

★**southern** [ˈsʌðən] ADJ südlich, Süd-; **the ~ hemisphere** die südliche Halbkugel *or* Hemisphäre

South Korea N Südkorea *nt*

South Pole N Südpol *m*

South Sea Islands NPL Südseeinseln *pl*

South Seas NPL Südsee *f*

South Sudan N Südsudan *m*

southward [ˈsauθwəd], **southwards** [ˈsauθwədz] ADV nach Süden, in Richtung Süden

south-west [sauθˈwɛst] N Südwesten *m*

souvenir [su:vəˈnɪəʳ] N Andenken *nt*, Souvenir *nt*

sovereign [ˈsɔvrɪn] N Herrscher(in) *m(f)*

sovereignty [ˈsɔvrɪntɪ] N Oberhoheit *f*, Souveränität *f*

soviet [ˈsəuvɪət] (*formerly*) ADJ sowjetisch ▶ N Sowjetbürger(in) *m(f)*; **the S~ Union** die Sowjetunion *f*

sow[1] [sau] N Sau *f*

sow[2] [səu] (*pt* **sowed**, *pp* **sown**) VT (*lit*, *fig*) säen

soya [ˈsɔɪə], **soy** [sɔɪ] (*US*) N: **~ bean** Sojabohne *f*; **~ sauce** Sojasoße *f*

sozzled [ˈsɔzld] (*BRIT inf*) ADJ besoffen

spa [spɑ:] N (*town*) Heilbad *nt*; (*US*: *also*: **health spa**) Fitnesszentrum *nt*

★**space** [speɪs] N Platz *m*, Raum *m*; (*gap*) Lücke *f*; (*beyond Earth*) der Weltraum; (*interval, period*) Zeitraum *m* ▶ CPD Raum- ▶ VT (*also*: **space out**) verteilen; **to clear a ~ for sth** für etw Platz schaffen; **in a confined ~** auf engem Raum; **in a short ~ of time** in kurzer Zeit; **(with)in the ~ of an hour** innerhalb einer Stunde

space bar N (*on keyboard*) Leertaste *f*

spacecraft [ˈspeɪskrɑ:ft] N Raumfahrzeug *nt*

spaceman [ˈspeɪsmæn] N (*irreg*) Raumfahrer *m*

spaceship [ˈspeɪsʃɪp] N Raumschiff *nt*

space shuttle N Raumtransporter *m*

spacesuit [ˈspeɪssu:t] N Raumanzug *m*

spacewoman [ˈspeɪswumən] N (*irreg*) Raumfahrerin *f*

spacing [ˈspeɪsɪŋ] N Abstand *m*; **single/double ~** einfacher/doppelter Zeilenabstand

spacious [ˈspeɪʃəs] ADJ geräumig

spade [speɪd] N Spaten *m*; (*child's*) Schaufel *f* ▪ **spades** NPL (*Cards*) Pik *nt*

spadework [ˈspeɪdwə:k] N (*fig*) Vorarbeit *f*

spaghetti [spəˈgɛtɪ] N Spag(h)etti *pl*

★**Spain** [speɪn] N Spanien *nt*

spam [spæm] (*Comput*) N Spam *m* ▶ VT mit Werbung bombardieren

spamming [ˈspæmɪŋ] N (*Comput*) Spammen *nt*, Spamming *nt*

span [spæn] N (*of bird, plane, arch*) Spannweite *f*; (*in time*) Zeitspanne *f* ▶ VT überspannen; (*fig*: *time*) sich erstrecken über +*acc*

★**Spaniard** [ˈspænjəd] N Spanier(in) *m(f)*

spaniel [ˈspænjəl] N Spaniel *m*

★**Spanish** [ˈspænɪʃ] ADJ spanisch ▶ N (*Ling*) Spanisch *nt* ▪ **the Spanish** NPL die Spanier *pl* **~ omelette** *Omelett mit Paprikaschoten, Zwiebeln Tomaten etc*

spank [spæŋk] VT: **to ~ sb's bottom** jdm den Hintern versohlen (*inf*)

spanner [ˈspænəʳ] (*BRIT*) N Schraubenschlüssel *m*

spar [spɑ:ʳ] N (*Naut*) Sparren *m* ▶ VI (*Boxing*) ein Sparring *nt* machen

★**spare** [spɛəʳ] ADJ (*free*) frei; (*extra*: *part, fuse etc*) Ersatz- ▶ N = **spare part** ▶ VT (*save*: *trouble etc*) (er)sparen; (*make available*) erübrigen; (*afford to give*) (übrig) haben; (*refrain from hurting*) verschonen; **these 2 are going ~** diese beiden sind noch übrig; **to ~** (*surplus*) übrig; **to ~ no expense** keine Kosten scheuen, an nichts sparen; **can you ~ the time?** haben Sie Zeit?; **I've a few minutes to ~** ich habe ein paar Minuten Zeit **there is no time to ~** es ist keine Zeit; **~ me the details** verschone mich mit den Einzelheiten

spare part N Ersatzteil *nt*

spare room N Gästezimmer *nt*

spare time N Freizeit *f*

spare tyre N Reservereifen *m*

spare wheel N Reserverad *nt*

sparing [ˈspɛərɪŋ] ADJ: **to be ~ with** sparsam umgehen mit

sparingly [ˈspɛərɪŋlɪ] ADV sparsam

spark [spɑ:k] N (*lit*, *fig*) Funke *m*

sparking plug [ˈspɑ:kɪŋ-] N = **spark plug**

sparkle [ˈspɑ:kl] VI funkeln, glitzern ▶ N Funkeln *nt*, Glitzern *nt*

sparkler [ˈspɑ:kləʳ] N (*firework*) Wunderkerze *f*

sparkling [ˈspɑ:klɪŋ] ADJ (*water*) mit Kohlensäure; (*conversation*) vor Geist sprühend; (*performance*) glänzend; **~ wine** Schaumwein *m*

spark plug N Zündkerze *f*

sparring partner [ˈspɑ:rɪŋ-] N (*also fig*) Sparringspartner *m*

sparrow [ˈspærəu] N Spatz *m*

sparse [spɑ:s] ADJ spärlich; (*population*) dünn

spartan [ˈspɑ:tən] ADJ (*fig*) spartanisch

spasm [ˈspæzəm] N (*Med*) Krampf *m*; (*fig*: *of anger etc*) Anfall *m*

spasmodic [spæzˈmɔdɪk] ADJ (*fig*) sporadisch

spastic [ˈspæstɪk] (*!*) ADJ spastisch

spat [spæt] PT, PP *of* **spit** ▶ N (*US*: *quarrel*) Krach *m*

spate [speɪt] N (*fig*): **a ~ of** eine Flut von; **to be in full ~** (*river*) Hochwasser führen

spatial [ˈspeɪʃl] ADJ räumlich

spatter [ˈspætəʳ] VT (*liquid*) verspritzen; (*surface*) bespritzen ▶ VI spritzen

spatula [ˈspætjulə] N (*Culin*) Spachtel *m*; (*Med*) Spatel *m*

spawn [spɔ:n] VI laichen ▶ VT hervorbringen, erzeugen ▶ N Laich *m*

SPCA (*US*) N ABBR (= *Society for the Prevention of Cruelty to Animals*) Tierschutzverein *m*

SPCC (*US*) N ABBR (= *Society for the Prevention of Cruelty to Children*) Kinderschutzbund *m*

speak [spi:k] (*pt* **spoke**, *pp* **spoken**) VT (*language*) sprechen; (*say*) sagen ▶ VI sprechen, reden; (*make a speech*) sprechen; **to ~ one's mind** seine Meinung sagen; **to ~ to sb/of** *or* **about sth** mit jdm/über etw *acc* sprechen *or* reden; **~ up!** sprich lauter!; **to ~ at a conference** bei einer Tagung einen Vortrag halten; **to ~ in a debate** in einer Debatte sprechen; **he has no money to ~ of** er hat so gut wie kein Geld; **so to ~** sozusagen
▶ **speak for** VT FUS: **to ~ for sb** (*on behalf of*) in jds Namen *dat or* für jdn sprechen; **that picture is already spoken for** (*in shop*) das Bild ist schon verkauft *or* vergeben; **~ for yourself!** das meinst auch nur du!

speaker ['spi:kə^r] N (*in public*) Redner(in) *m(f)*; (*also:* **loudspeaker**) Lautsprecher *m*; (*Pol*): **the S~** (BRIT, *US*) der Sprecher, die Sprecherin; **are you a Welsh ~?** sprechen Sie Walisisch?

speaking ['spi:kɪŋ] ADJ sprechend; **Italian-speaking people** Italienischsprechende *pl*; **to be on ~ terms** miteinander reden *or* sprechen; **~ clock** telefonische Zeitansage

spear [spɪə^r] N Speer *m* ▶ VT aufspießen

spearhead ['spɪəhɛd] VT (*Mil, fig*) anführen

spearmint ['spɪəmɪnt] N Grüne Minze *f*

spec [spɛk] (*inf*) N: **on ~** auf Verdacht, auf gut Glück; **to buy/go on ~** auf gut Glück kaufen/hingehen

spec. N ABBR (*Tech*) = **specification**

special ['spɛʃl] ADJ besondere(r, s); (*service, performance, adviser, permission, school*) Sonder- ▶ N (*train*) Sonderzug *m*; **take ~ care** pass besonders gut auf; **nothing ~** nichts Besonderes; **today's ~** (*at restaurant*) Tagesgericht *nt*

special agent N Agent(in) *m(f)*

special correspondent N Sonderberichterstatter(in) *m(f)*

special delivery N (*Post*): **by ~** durch Eilzustellung

special effects NPL Spezialeffekte *pl*

specialist ['spɛʃəlɪst] N Spezialist(in) *m(f)*; (*Med*) Facharzt *m*, Fachärztin *f*; **heart ~** Facharzt *m*/Fachärztin *f* für Herzkrankheiten

speciality [spɛʃɪ'ælɪtɪ] N Spezialität *f*; (*study*) Spezialgebiet *nt*

specialize ['spɛʃəlaɪz] VI: **to ~ (in)** sich spezialisieren (auf *+acc*)

specially ['spɛʃəlɪ] ADV besonders, extra

special offer N Sonderangebot *nt*

specialty ['spɛʃəltɪ] (*esp US*) = **speciality**

species ['spi:ʃi:z] N INV Art *f*

specific [spə'sɪfɪk] ADJ (*fixed*) bestimmt; (*exact*) genau; **to be ~ to** eigentümlich sein für

specifically [spə'sɪfɪkəlɪ] ADV (*specially*) speziell; (*exactly*) genau; **more ~** und zwar

specification [spɛsɪfɪ'keɪʃən] N genaue Angabe *f*; (*requirement*) Bedingung *f* ■ **specifications** NPL (*Tech*) technische Daten *pl*

specify ['spɛsɪfaɪ] VT angeben; **unless otherwise specified** wenn nicht anders angegeben

specimen ['spɛsɪmən] N Exemplar *nt*; (*Med*) Probe *f*

specimen copy N Belegexemplar *nt*, Probeexemplar *nt*

specimen signature N Unterschriftsprobe *f*

speck [spɛk] N Fleckchen *nt*; (*of dust*) Körnchen *nt*

speckled ['spɛkld] ADJ gesprenkelt

specs [spɛks] (*inf*) NPL Brille *f*

spectacle ['spɛktəkl] N (*scene*) Schauspiel *nt*; (*sight*) Anblick *m*; (*grand event*) Spektakel *nt* ■ **spectacles** NPL (*glasses*) Brille *f*

spectacle case (BRIT) N Brillenetui *nt*

★**spectacular** [spɛk'tækjulə^r] ADJ sensationell; (*success*) spektakulär ▶ N (*Theat etc*) Show *f*

spectator [spɛk'teɪtə^r] N Zuschauer(in) *m(f)*; **~ sport** Publikumssport *m*

spectra ['spɛktrə] NPL *of* **spectrum**

spectre, (*US*) **specter** ['spɛktə^r] N Gespenst *nt*; (*fig*) (Schreck)gespenst *nt*

spectrum ['spɛktrəm] (*pl* **spectra**) N (*lit, fig*) Spektrum *nt*

speculate ['spɛkjuleɪt] VI (*Fin*) spekulieren; **to ~ about** spekulieren *or* Vermutungen anstellen über *+acc*

speculation [spɛkju'leɪʃən] N Spekulation *f*

speculative ['spɛkjulətɪv] ADJ spekulativ

speculator ['spɛkjuleɪtə^r] N Spekulant(in) *m(f)*

sped [spɛd] PT, PP *of* **speed**

★**speech** [spi:tʃ] N Sprache *f*; (*manner of speaking*) Sprechweise *f*; (*enunciation*) (Aus)sprache *f*; (*formal talk, Theat*) Rede *f*

speech day (BRIT) N (*Scol*) ≈ Schulfeier *f*

speech impediment N Sprachfehler *m*

speechless ['spi:tʃlɪs] ADJ sprachlos

speech recognition software N (*Comput*) Spracherkennungssoftware *f*

speech therapist N Logopäde *m*, Logopädin *f*, Sprachtherapeut(in) *m(f)*

speech therapy N Logopädie *f*, Sprachtherapie *f*

★**speed** [spi:d] (*pt, pp* **sped**) N Geschwindigkeit *f*, Schnelligkeit *f* ▶ VI (*exceed speed limit*) zu schnell fahren; **to ~ along** dahinsausen; **to ~ by** (*car etc*) vorbeischießen; (*years*) verfliegen; **at ~** (BRIT) mit hoher Geschwindigkeit; **at full** *or* **top ~** mit Höchstgeschwindigkeit; **at a ~ of 70km/h** mit (einer Geschwindigkeit *or* einem Tempo von) 70 km/h; **shorthand/typing speeds** Silben/Anschläge pro Minute; **a five-speed gearbox** ein Fünfganggetriebe *nt*
▶ **speed up** (*pt, pp* **speeded up**) VI beschleunigen; (*fig*) sich beschleunigen ▶ VT beschleunigen

speedboat ['spi:dbəut] N Rennboot *nt*

speed bump N Bodenschwelle *f*

speed camera N Blitzgerät *nt*

speed dial (*Tel*) N Kurzwahl *f* ▶ ADJ Kurzwahl-; **~ button** Kurzwahltaste *f*

S

speedily [ˈspi:dɪlɪ] ADV schnell
speeding [ˈspi:dɪŋ] N Geschwindigkeitsüberschreitung *f*
speed limit N Geschwindigkeitsbegrenzung *f*, Tempolimit *nt*
speedometer [spɪˈdɔmɪtəʳ] N Tachometer *m*
speed trap N Radarfalle *f*
speedway [ˈspi:dweɪ] N (*also:* **speedway racing**) Speedway-Rennen *nt*
speedy [ˈspi:dɪ] ADJ schnell; (*reply, settlement*) prompt
speleologist [spɛlɪˈɔlədʒɪst] N Höhlenkundler(in) *m(f)*
★**spell** [spɛl] (*pt, pp* **spelt** *or* **spelled**) N (*also:* **magic spell**) Zauber *m*; (*incantation*) Zauberspruch *m*; (*period of time*) Weile *f*, Zeit *f* ▸ VT schreiben; (*aloud: also:* **spell out**) buchstabieren; (*signify*) bedeuten; **to cast a ~ on sb** jdn verzaubern; **cold ~** Kältewelle *f*; **how do you ~ your name?** wie schreibt sich Ihr Name?; **can you ~ it for me?** können Sie das bitte buchstabieren?; **he can't ~** er kann keine Rechtschreibung
spellbound [ˈspɛlbaund] ADJ gebannt
spellchecker [ˈspɛltʃekəʳ] N (*Comput*) Rechtschreibprüfung *f*
spelling [ˈspɛlɪŋ] N Schreibweise *f*; (*ability*) Rechtschreibung *f*; **~ mistake** Rechtschreibfehler *m*
spelt [spɛlt] PT, PP *of* **spell**
★**spend** [spɛnd] (*pt, pp* **spent**) VT (*money*) ausgeben; (*time, life*) verbringen; **to ~ time/money/effort on sth** Zeit/Geld/Mühe für etw aufbringen

Das englische Wort **to spend** bedeutet nicht *spenden* auf Deutsch.

spending [ˈspɛndɪŋ] N Ausgaben *pl*; **government ~** öffentliche Ausgaben *pl*
spending money [ˈspɛndɪŋ-] N Taschengeld *nt*
spending power N Kaufkraft *f*
spendthrift [ˈspɛndθrɪft] N Verschwender(in) *m(f)*
spent [spɛnt] PT, PP *of* **spend** ▸ ADJ (*patience*) erschöpft; (*cartridge, bullets*) verbraucht; (*match*) abgebrannt
sperm [spə:m] N Samenzelle *f*, Spermium *nt*
sperm bank N Samenbank *f*
sperm whale N Pottwal *m*
spew [spju:] VT (*also:* **spew up**) erbrechen; (*fig*) ausspucken
sphere [sfɪəʳ] N Kugel *f*; (*area*) Gebiet *nt*, Bereich *m*
spherical [ˈsfɛrɪkl] ADJ kugelförmig
sphinx [sfɪŋks] N Sphinx *f*
spice [spaɪs] N Gewürz *nt* ▸ VT würzen
spick-and-span [ˈspɪkənˈspæn] ADJ blitzsauber
spicy [ˈspaɪsɪ] ADJ stark gewürzt
★**spider** [ˈspaɪdəʳ] N Spinne *f*; **~'s web** Spinnengewebe *nt*, Spinnennetz *nt*
spidery [ˈspaɪdərɪ] ADJ (*handwriting*) krakelig
spiel [spi:l] (*inf*) N Sermon *m*
spike [spaɪk] N (*point*) Spitze *f*; (*Bot*) Ähre *f*; (*Elec*) Spannungsspitze *f* ■ **spikes** NPL (*Sport*) Spikes *pl*
spike heel (*US*) N Pfennigabsatz *m*
spiky [ˈspaɪkɪ] ADJ stachelig; (*branch*) dornig
spill [spɪl] (*pt, pp* **spilt** *or* **spilled**) VT verschütten ▸ VI verschüttet werden; **to ~ the beans** (*inf: fig*) alles ausplaudern
▸ **spill out** VI (*people*) herausströmen
▸ **spill over** VI überlaufen; (*fig: spread*) sich ausbreiten; **to ~ over into** sich auswirken auf *+acc*
spillage [ˈspɪlɪdʒ] N (*act*) Verschütten *nt*; (*quantity*) verschüttete Menge *f*
spin [spɪn] (*pt* **spun** *or* **span**, *pp* **spun**) N (*revolution*) Drehung *f*; (*trip*) Spritztour *f*; (*Aviat*) Trudeln *nt*; (*on ball*) Drall *m* ▸ VT (*wheel*) drehen; (*ball, coin*) (hoch)werfen; (*wool etc*) spinnen; (*BRIT: also:* **spin-dry**) schleudern ▸ VI (*person*) sich drehen; (*make thread*) spinnen; (*car etc*) schleudern; **to ~ a yarn** Seemannsgarn spinnen; **to ~ a coin** (*BRIT*) eine Münze werfen; **my head is spinning** mir dreht sich alles
▸ **spin out** VT (*talk*) ausspinnen; (*job, holiday*) in die Länge ziehen; (*money*) strecken
spina bifida [ˈspaɪnəˈbɪfɪdə] N offene Wirbelsäule *f*, Spina bifida *f*
spinach [ˈspɪnɪtʃ] N Spinat *m*
spinal [ˈspaɪnl] ADJ (*injury etc*) Rückgrat-
spinal column N Wirbelsäule *f*
spinal cord N Rückenmark *nt*
spindly [ˈspɪndlɪ] ADJ spindeldürr
spin doctor N (*inf*) PR-Fachmann *m*, PR-Fachfrau *f*
spin-dry [spɪnˈdraɪ] VT schleudern
spin-dryer [spɪnˈdraɪəʳ] (*BRIT*) N (Wäsche)schleuder *f*
spine [spaɪn] N (*Anat*) Rückgrat *nt*; (*thorn*) Stachel *m*
spine-chilling [ˈspaɪntʃɪlɪŋ] ADJ schaurig, gruselig
spineless [ˈspaɪnlɪs] ADJ (*fig*) rückgratlos
spinner [ˈspɪnəʳ] N (*of thread*) Spinner(in) *m(f)*
spinning [ˈspɪnɪŋ] N (*art*) Spinnen *nt*
spinning top N Kreisel *m*
spinning wheel N Spinnrad *nt*
spin-off [ˈspɪnɔf] N (*fig*) Nebenprodukt *nt*
spinster [ˈspɪnstəʳ] N unverheiratete Frau; (*pej*) alte Jungfer
spiral [ˈspaɪərəl] N Spirale *f* ▸ VI (*fig: prices etc*) in die Höhe klettern; **the inflationary ~** die Inflationsspirale
spiral staircase N Wendeltreppe *f*
spire [ˈspaɪəʳ] N Turmspitze *f*
★**spirit** [ˈspɪrɪt] N Geist *m*; (*soul*) Seele *f*; (*energy*) Elan *m*, Schwung *m*; (*courage*) Mut *m*; (*sense*) Geist *m*, Sinn *m*; (*frame of mind*) Stimmung *f* ■ **spirits** NPL (*drink*) Spirituosen *pl*; **in good spirits** guter Laune; **community ~** Gemeinschaftssinn *m*

spirited [ˈspɪrɪtɪd] ADJ (*resistance, defence*) mutig; (*performance*) lebendig
spirit level N Wasserwaage *f*
spiritual [ˈspɪrɪtjuəl] ADJ geistig, seelisch; (*religious*) geistlich ▶ N (*also:* **Negro spiritual**) Spiritual *nt*
spiritualism [ˈspɪrɪtjuəlɪzəm] N Spiritismus *m*
spit [spɪt] (*pt, pp* **spat**) N (*for roasting*) Spieß *m*; (*saliva*) Spucke *f* ▶ VI spucken; (*fire*) Funken sprühen; (*cooking*) spritzen; (*inf: rain*) tröpfeln
▶ **spit out** VT ausspucken
spite [spaɪt] N Boshaftigkeit *f* ▶ VT ärgern; **in ~ of** trotz *+gen*
spiteful [ˈspaɪtful] ADJ boshaft, gemein
spitroast [ˈspɪtrəust] N Spießbraten *m*
spitting [ˈspɪtɪŋ] ADJ: **to be the ~ image of sb** jdm wie aus dem Gesicht geschnitten sein ▶ N: **"~ prohibited"** „Spucken verboten"
spittle [ˈspɪtl] N Speichel *m*, Spucke *f*
spiv [spɪv] (BRIT *inf, pej*) N schmieriger Typ *m*
splash [splæʃ] N (*sound*) Platschen *nt*; (*of colour*) Tupfer *m* ▶ EXCL platsch! ▶ VT bespritzen ▶ VI (*also:* **splash about**) herumplan(t)schen; (*water, rain*) spritzen; **to ~ paint on the floor** den Fußboden mit Farbe bespritzen
splashdown [ˈsplæʃdaun] N (*Space*) Wasserung *f*
splayfooted [ˈspleɪfutɪd] ADJ mit nach außen gestellten Füßen
spleen [spli:n] N Milz *f*
splendid [ˈsplɛndɪd] ADJ hervorragend, ausgezeichnet; (*impressive*) prächtig
splendour, (US) **splendor** [ˈsplɛndəʳ] N Pracht *f* ■ **splendours** NPL Pracht *f*
splice [splaɪs] VT spleißen, kleben
splint [splɪnt] N Schiene *f*
splinter [ˈsplɪntəʳ] N Splitter *m* ▶ VI (zer)splittern
splinter group N Splittergruppe *f*
split [splɪt] (*pt, pp* **~**) N (*tear*) Riss *m*; (*fig: division*) Aufteilung *f*; (*: difference*) Kluft *f*; (*Pol*) Spaltung *f* ▶ VT (*party*) spalten; (*share equally*) teilen; (*divide*) aufteilen ▶ VI (*divide*) sich aufteilen; (*tear*) reißen; **to do the splits** (einen) Spagat machen; **let's ~ the difference** teilen wir uns die Differenz
▶ **split up** VI sich trennen; (*meeting*) sich auflösen
split-level [ˈsplɪtlɛvl] ADJ mit versetzten Geschossen
split peas NPL getrocknete (halbe) Erbsen *pl*
split personality N gespaltene Persönlichkeit *f*
split second N Bruchteil *m* einer Sekunde
splitting [ˈsplɪtɪŋ] ADJ: **a ~ headache** rasende Kopfschmerzen *pl*
splutter [ˈsplʌtəʳ] VI (*engine etc*) stottern; (*person*) prusten
spoil [spɔɪl] (*pt, pp* **spoilt** *or* **spoiled**) VT verderben; (*child*) verwöhnen; (*ballot paper, vote*) ungültig machen ▶ VI: **to be spoiling for a fight** Streit suchen
spoils [spɔɪlz] NPL Beute *f*; (*fig*) Gewinn *m*
spoilsport [ˈspɔɪlspɔ:t] (*pej*) N Spielverderber *m*
spoilt [spɔɪlt] PT, PP *of* **spoil** ▶ ADJ (*child*) verwöhnt; (*ballot paper*) ungültig
spoke [spəuk] PT *of* **speak** ▶ N Speiche *f*
spoken [ˈspəukn] PP *of* **speak**
★**spokesman** [ˈspəuksmən] N (*irreg*) Sprecher *m*
spokesperson [ˈspəukspə:sn] N Sprecher(in) *m(f)*
★**spokeswoman** [ˈspəukswumən] N (*irreg*) Sprecherin *f*
sponge [spʌndʒ] N Schwamm *m*; (*also:* **sponge cake**) Biskuit(kuchen) *m* ▶ VT mit einem Schwamm waschen ▶ VI: **to ~ off** *or* **on sb** jdm auf der Tasche liegen
sponge bag (BRIT) N Kulturbeutel *m*, Waschbeutel *m*
sponge cake N Biskuitkuchen *m*
sponger [ˈspʌndʒəʳ] (*pej*) N Schmarotzer *m*
spongy [ˈspʌndʒɪ] ADJ schwammig
★**sponsor** [ˈspɔnsəʳ] N Sponsor(in) *m(f)*, Geldgeber(in) *m(f)*; (BRIT: *for charitable event*) Sponsor(in) *m(f)*; (*for application, bill etc*) Befürworter(in) *m(f)* ▶ VT sponsern, finanziell unterstützen; (*fund-raiser*) sponsern; (*applicant*) unterstützen; (*proposal, bill etc*) befürworten; **I sponsored him at 3p a mile** (*in fund-raising race*) ich habe mich verpflichtet, ihm 3 Pence pro Meile zu geben
sponsorship [ˈspɔnsəʃɪp] N finanzielle Unterstützung *f*
spontaneity [spɔntəˈneɪɪtɪ] N Spontaneität *f*
spontaneous [spɔnˈteɪnɪəs] ADJ spontan; **~ combustion** Selbstentzündung *f*
spoof [spu:f] N (*parody*) Parodie *f*; (*hoax*) Ulk *m*
spooky [ˈspu:kɪ] (*inf*) ADJ gruselig
spool [spu:l] N Spule *f*
★**spoon** [spu:n] N Löffel *m*
spoon-feed [ˈspu:nfi:d] VT (mit dem Löffel) füttern; (*fig*) gängeln
spoonful [ˈspu:nful] N Löffel *m*
sporadic [spəˈrædɪk] ADJ sporadisch, vereinzelt
★**sport** [spɔ:t] N Sport *m*; (*type*) Sportart *f*; (*person: also:* **good sport**) feiner Kerl *m* ▶ VT (*wear*) tragen; **indoor sports** Hallensport *m*; **outdoor sports** Sport *m* im Freien
sporting [ˈspɔ:tɪŋ] ADJ (*event etc*) Sport-; (*generous*) großzügig; **to give sb a ~ chance** jdm eine faire Chance geben
sport jacket (US) N = **sports jacket**
sports car [spɔ:ts-] N Sportwagen *m*
sports centre N Sportzentrum *nt*
sports drink N Sportgetränk *nt*
sports ground N Sportplatz *m*
sports jacket (BRIT) N Sakko *m*
sportsman [ˈspɔ:tsmən] N (*irreg*) Sportler *m*
sportsmanship [ˈspɔ:tsmənʃɪp] N Sportlichkeit *f*

S

sports page N Sportseite *f*

sportswear [ˈspɔːtswɛəʳ] N Sportkleidung *f*

sportswoman [ˈspɔːtswumən] N (*irreg*) Sportlerin *f*

sporty [ˈspɔːtɪ] ADJ sportlich

★**spot** [spɔt] N (*mark*) Fleck *m*; (*dot*) Punkt *m*; (*on skin*) Pickel *m*; (*place*) Stelle *f*, Platz *m*; (*Radio, TV*) Nummer *f*, Auftritt *m*; (*also:* **spot advertisement**) Werbespot *m*; (*small amount*): **a ~ of** ein bisschen ▶ VT entdecken; **on the ~** (*in that place*) an Ort und Stelle; (*immediately*) auf der Stelle; **to be in a ~** in der Klemme sitzen; **to put sb on the ~** jdn in Verlegenheit bringen; **to come out in spots** Pickel bekommen

spot check N Stichprobe *f*

spotless [ˈspɔtlɪs] ADJ makellos sauber

spotlight [ˈspɔtlaɪt] N Scheinwerfer *m*; (*in room*) Strahler *m*

spot-on [spɔtˈɔn] (BRIT *inf*) ADJ genau richtig

spot price N Kassapreis *m*

spotted [ˈspɔtɪd] ADJ gepunktet

spotty [ˈspɔtɪ] ADJ pickelig

spouse [spaus] N (*male*) Gatte *m*; (*female*) Gattin *f*

spout [spaut] N (*of jug, teapot*) Tülle *f*; (*of pipe*) Ausfluss *m*; (*of liquid*) Strahl *m* ▶ VI spritzen; (*flames*) sprühen

sprain [spreɪn] N Verstauchung *f* ▶ VT: **to ~ one's ankle/wrist** sich *dat* den Knöchel/das Handgelenk verstauchen

sprang [spræŋ] PT *of* **spring**

sprawl [sprɔːl] VI (*person*) sich ausstrecken; (*place*) wild wuchern ▶ N: **urban ~** wild wuchernde Ausbreitung des Stadtgebietes; **to send sb sprawling** jdn zu Boden werfen

★**spray** [spreɪ] N (*small drops*) Sprühnebel *m*; (*sea spray*) Gischt *m or f*; (*container*) Sprühdose *f*; (*garden spray*) Sprühgerät *nt*; (*of flowers*) Strauß *m* ▶ VT sprühen, spritzen; (*crops*) spritzen ▶ CPD (*deodorant*) Sprüh-; **~ can** Sprühdose *f*

★**spread** [sprɛd] (*pt, pp* **~**) N (*distribution*) Verteilung *f*; (*for bread*) (Brot)aufstrich *m*; (*range*) Spektrum *nt*; (*selection*) Auswahl *f*; (*inf: food*) Festessen *nt*; (*Press, Typ: two pages*) Doppelseite *f* ▶ VT ausbreiten; (*butter*) streichen; (*workload, wealth, repayments etc*) verteilen; (*scatter*) verstreuen; (*rumour, disease*) verbreiten ▶ VI (*disease, news*) sich verbreiten; (*stain: also:* **spread out**) sich ausbreiten; **to get a middle-age ~** in den mittleren Jahren Speck ansetzen
▶ **spread out** VI (*move apart*) sich verteilen

spread-eagled [ˈsprɛdiːgld] ADJ mit ausgestreckten Armen und Beinen; **to be** *or* **lie ~** mit ausgestreckten Armen und Beinen daliegen

spreadsheet [ˈsprɛdʃiːt] N (*Comput*) Tabellenkalkulation *f*

spree [spriː] N: **to go on a ~** (*drinking*) eine Zechtour machen; (*spending*) groß einkaufen gehen

sprig [sprɪg] N Zweig *m*

sprightly [ˈspraɪtlɪ] ADJ rüstig

★**spring** [sprɪŋ] (*pt* **sprang**, *pp* **sprung**) N (*coiled metal*) Sprungfeder *f*; (*season*) Frühling *m*, Frühjahr *nt*; (*of water*) Quelle *f* ▶ VI (*leap*) springen ▶ VT: **to ~ a leak** (*pipe etc*) undicht werden; **in ~** im Frühling *or* Frühjahr; **to walk with a ~ in one's step** mit federnden Schritten gehen; **to ~ from** (*result*) herrühren von; **to ~ into action** aktiv werden; **he sprang the news on me** er hat mich mit der Nachricht überrascht
▶ **spring up** VI (*building, plant*) aus dem Boden schießen

springboard [ˈsprɪŋbɔːd] N (*Sport, fig*) Sprungbrett *nt*

spring-clean [sprɪŋˈkliːn], **spring-cleaning** [sprɪŋˈkliːnɪŋ] N Frühjahrsputz *m*

spring onion (BRIT) N Frühlingszwiebel *f*

spring roll N Frühlingsrolle *f*

springtime [ˈsprɪŋtaɪm] N Frühling *m*

springy [ˈsprɪŋɪ] ADJ federnd; (*mattress*) weich gefedert

sprinkle [ˈsprɪŋkl] VT (*liquid*) sprenkeln; (*salt, sugar*) streuen; **to ~ water on, ~ with water** mit Wasser besprengen; **to ~ sugar** *etc* **on, ~ with sugar** *etc* mit Zucker *etc* bestreuen

sprinkler [ˈsprɪŋkləʳ] N (*for lawn*) Rasensprenger *m*; (*to put out fire*) Sprinkler *m*

sprinkling [ˈsprɪŋklɪŋ] N: **a ~ of** (*water*) ein paar Tropfen; (*salt, sugar*) eine Prise; (*fig*) ein paar …

sprint [sprɪnt] VI rennen; (*Sport*) sprinten ▶ N Sprint *m*; **the 200 metres ~** der 200-Meter-Lauf

sprinter [ˈsprɪntəʳ] N Sprinter(in) *m(f)*

sprite [spraɪt] N Kobold *m*

spritzer [ˈsprɪtsəʳ] N Schorle *f*

sprocket [ˈsprɔkɪt] N Kettenzahnrad *nt*

sprout [spraut] VI sprießen; (*vegetable*) keimen

sprouts [sprauts] NPL (*also:* **Brussels sprouts**) Rosenkohl *m*

spruce [spruːs] N INV Fichte *f* ▶ ADJ gepflegt, adrett
▶ **spruce up** VT auf Vordermann bringen (*inf*); **to ~ o.s. up** sein Äußeres pflegen

sprung [sprʌŋ] PP *of* **spring**

spry [spraɪ] ADJ rüstig

SPUC N ABBR (= *Society for the Protection of the Unborn Child*) *Gesellschaft zum Schutz des ungeborenen Lebens*

spud [spʌd] (*inf*) N Kartoffel *f*

spun [spʌn] PT, PP *of* **spin**

spur [spəːʳ] N Sporn *m*; (*fig*) Ansporn *m* ▶ VT (*fig: also:* **spur on**) anspornen; **on the ~ of the moment** ganz spontan

spurious [ˈspjuərɪəs] ADJ falsch

spurn [spəːn] VT verschmähen

spurt [spəːt] N (*of blood etc*) Strahl *m*; (*of energy*) Anwandlung *f* ▶ VI (*blood*) (heraus)spritzen; **to put on a ~** (*lit, fig*) einen Spurt einlegen

sputter [ˈspʌtəʳ] VI = **splutter**

spy [spaɪ] N Spion(in) *m(f)* ▶ VI: **to ~ on** nachspionieren *+dat* ▶ VT sehen ▶ CPD (*film, story*) Spionage-

spycam [ˈspaɪkæm] N Überwachungskamera *f*

pying [ˈspaɪɪŋ] N Spionage *f*

spyware [ˈspaɪwɛəʳ] N (*Comput*) Spyware *f*, Spionagesoftware *f*

Sq. ABBR (*in address: = square*) ≈ Pl.

q. ABBR = **square**

quabble [ˈskwɔbl] VI (sich) zanken ▸ N Streit *m*

quad [skwɔd] N (*Police*) Kommando *nt*; (: *drug/fraud squad*) Dezernat *nt*; (*Sport*) Mannschaft *f*; (*Mil*) Trupp *m*; **flying ~** (*Police*) Überfallkommando *nt*

quad car (BRIT) N (*Police*) Streifenwagen *m*

quaddie [ˈskwɔdɪ] (BRIT) N (*inf: private soldier*) Gefreite(r) *m*

squadron [ˈskwɔdrən] N (*Mil*) Schwadron *f*; (*Aviat*) Staffel *f*; (*Naut*) Geschwader *nt*

qualid [ˈskwɔlɪd] ADJ verkommen; (*conditions*) elend; (*sordid*) erbärmlich

quall [skwɔːl] N Bö(e) *f*

qualor [ˈskwɔləʳ] N Elend *nt*

quander [ˈskwɔndəʳ] VT verschwenden; (*chances*) vertun

quare [skwɛəʳ] N Quadrat *nt*; (*in town*) Platz *m*; (*US: block of houses*) Block *m*; (*also:* **set square**) Zeichendreieck *nt*; (*inf: person*) Spießer *m* ▸ ADJ quadratisch; (*inf: ideas, person*) spießig ▸ VT (*arrange*) ausrichten; (*Math*) quadrieren; (*reconcile*) in Einklang bringen ▸ VI (*accord*) übereinstimmen; **we're back to ~ one** jetzt sind wir wieder da, wo wir angefangen haben; **all ~** (*Sport*) unentschieden; (*fig*) quitt; **a ~ meal** eine ordentliche Mahlzeit; **2 metres ~** 2 Meter im Quadrat; **2 ~ metres** 2 Quadratmeter; **I'll ~ it with him** (*inf*) ich mache das mit ihm ab; **can you ~ it with your conscience?** können Sie das mit Ihrem Gewissen vereinbaren?

▸ **square up** (BRIT) VI abrechnen

quare bracket N eckige Klammer *f*

quarely [ˈskwɛəlɪ] ADV (*directly*) direkt, genau; (*firmly*) fest; (*honestly*) ehrlich; (*fairly*) gerecht, fair

quare root N Quadratwurzel *f*

quash [skwɔʃ] N (BRIT): **lemon/orange ~** Zitronen-/Orangensaftgetränk *nt*; (*US: marrow etc*) Kürbis *m*; (*Sport*) Squash *nt* ▸ VT zerquetschen

quat [skwɔt] VI (*also:* **squat down**) sich (hin)hocken ▸ ADJ gedrungen; (*on property*): **to ~ (in a house)** ein Haus besetzen

quatter [ˈskwɔtəʳ] N Hausbesetzer(in) *m(f)*

quawk [skwɔːk] VI kreischen

queak [skwiːk] VI quietschen; (*mouse etc*) piepsen ▸ N Quietschen *nt*; (*of mouse etc*) Piepsen *nt*

queaky-clean [skwiːkɪˈkliːn] (*inf*) ADJ blitzsauber

queal [skwiːl] VI quietschen

queamish [ˈskwiːmɪʃ] ADJ empfindlich

queeze [skwiːz] N Drücken *nt*; (*Econ*) Beschränkung *f*; (*also:* **credit squeeze**) Kreditbeschränkung *f* ▸ VT drücken; (*lemon etc*) auspressen ▸ VI: **to ~ under sth** sich unter etw *dat* durchzwängen; **to ~ past sth** sich an etw *dat* vorbeidrücken; **to give sth a ~** etw drücken; **a ~ of lemon** ein Spritzer *m* Zitronensaft

▸ **squeeze out** VT (*juice etc*) (her)auspressen; (*fig: exclude*) hinausdrängen

squelch [skwɛltʃ] VI (*mud etc*) quatschen

squib [skwɪb] N Knallfrosch *m*

squid [skwɪd] N Tintenfisch *m*

squiggle [ˈskwɪgl] N Schnörkel *m*

squint [skwɪnt] VI (*in the sunlight*) blinzeln ▸ N (*Med*) Schielen *nt*; **he has a ~** er schielt

squire [ˈskwaɪəʳ] (BRIT) N Gutsherr *m*; (*inf*) Chef *m*

squirm [skwəːm] VI (*lit, fig*) sich winden

★**squirrel** [ˈskwɪrəl] N Eichhörnchen *nt*

squirt [skwəːt] VI, VT spritzen

Sr ABBR (*in names: = senior*) sen.; (*Rel*) = **sister**

SRC (BRIT) N ABBR (= *Students' Representative Council*) *studentische Vertretung*

Sri Lanka [srɪˈlæŋkə] N Sri Lanka *nt*

SRO (*US*) ABBR (= *standing room only*) nur Stehplätze

SS ABBR = **steamship**

SSA (*US*) N ABBR (= *Social Security Administration*) *Sozialversicherungsbehörde*

SST (*US*) N ABBR (= *supersonic transport*) Überschallverkehr *m*

ST (*US*) ABBR = **standard time**

St ABBR (= *saint*) St.; (= *street*) Str.

stab [stæb] VT (*body*) einstechen auf +*acc*; (*person*) niederstechen ▸ N Stich *m*, Stoß *m*; (*inf: try*): **to have a ~ at sth** etw probieren; **a ~ of pain** ein stechender Schmerz; **to ~ sb to death** jdn erstechen

stabbing [ˈstæbɪŋ] ADJ (*pain*) stechend ▸ N Messerstecherei *f*

stability [stəˈbɪlɪtɪ] N Stabilität *f*

stabilization [steɪbəlaɪˈzeɪʃən] N Stabilisierung *f*

stabilize [ˈsteɪbəlaɪz] VT stabilisieren ▸ VI sich stabilisieren

stabilizer [ˈsteɪbəlaɪzəʳ] N (*Aviat*) Stabilisierungsfläche *f*; (*Naut, food additive*) Stabilisator *m*

★**stable** [ˈsteɪbl] ADJ stabil; (*marriage*) dauerhaft ▸ N Stall *m*; **riding stables** Reitstall *m*

staccato [stəˈkɑːtəu] ADV (*Mus*) stakkato ▸ ADJ abgehackt

stack [stæk] N Stapel *m*; (*of books etc*) Stoß *m* ▸ VT (*also:* **stack up**) aufstapeln; **stacks of time** (BRIT *inf*) jede Menge Zeit; **to ~ with** vollstapeln mit

stadia [ˈsteɪdɪə] NPL *of* **stadium**

★**stadium** [ˈsteɪdɪəm] (*pl* **stadia** *or* **stadiums**) N Stadion *nt*

Das englische Wort **stadium** bedeutet nicht *Stadium* auf Deutsch.

★**staff** [stɑːf] N (*workforce, servants*) Personal *nt*; (BRIT: *also:* **teaching staff**) (Lehrer)kollegium *nt*; (*stick: Mil*) Stab *m* ▸ VT (mit Personal) besetzen; **one of his ~** einer seiner Mitarbeiter; **a member of ~** ein(e) Mitarbeiter(in) *m(f)*; (*Scol*) ein(e) Lehrer(in) *m(f)*

S

staffroom [ˈstɑːfruːm] N (*Scol*) Lehrerzimmer *nt*

stag [stæg] N Hirsch *m*; (BRIT *Stock Exchange*) Spekulant *m* (*der junge Aktien aufkauft*); **~ market** (BRIT *Stock Exchange*) Spekulantenmarkt *m*

★**stage** [steɪdʒ] N Bühne *f*; (*platform*) Podium *nt*; (*point, period*) Stadium *nt* ▸ VT (*play*) aufführen; (*demonstration*) organisieren; (*perform: recovery etc*) schaffen; **the ~** das Theater, die Bühne; **in stages** etappenweise; **to go through a difficult ~** eine schwierige Phase durchmachen; **in the early/final stages** im Anfangs-/Endstadium

stagecoach [ˈsteɪdʒkəutʃ] N Postkutsche *f*

stage door N Bühneneingang *m*

stage fright N Lampenfieber *nt*

stagehand [ˈsteɪdʒhænd] N Bühnenarbeiter(in) *m(f)*

stage-manage [ˈsteɪdʒmænɪdʒ] VT (*fig*) inszenieren

stage manager N Inspizient(in) *m(f)*

stagger [ˈstægəʳ] VI schwanken, taumeln ▸ VT (*amaze*) die Sprache verschlagen *+dat*; (*hours, holidays*) staffeln

staggering [ˈstægərɪŋ] ADJ (*amazing*) atemberaubend

staging post [ˈsteɪdʒɪŋ-] N Zwischenstation *f*

stagnant [ˈstægnənt] ADJ (*water*) stehend; (*economy etc*) stagnierend

stagnate [stægˈneɪt] VI (*economy etc*) stagnieren; (*person*) verdummen

stagnation [stægˈneɪʃən] N Stagnation *f*

stag night, stag party N Herrenabend *m*

staid [steɪd] ADJ gesetzt

stain [steɪn] N Fleck *m*; (*colouring*) Beize *f* ▸ VT beflecken; (*wood*) beizen

stained glass window [steɪnd-] N buntes Glasfenster *nt*

stainless steel [ˈsteɪnlɪs-] N (rostfreier) Edelstahl *m*

stain remover N Fleckentferner *m*

stair [stɛəʳ] N (*step*) Stufe *f* ▪ **stairs** NPL (*flight of steps*) Treppe *f*; **on the stairs** auf der Treppe

staircase [ˈstɛəkeɪs] N Treppe *f*

stairway [ˈstɛəweɪ] N = **staircase**

stairwell [ˈstɛəwɛl] N Treppenhaus *nt*

stake [steɪk] N (*post*) Pfahl *m*, Pfosten *m*; (*Comm*) Anteil *m*; (*Betting: gen pl*) Einsatz *m* ▸ VT (*money*) setzen; (*area: also:* **stake out**) abstecken; **to be at ~** auf dem Spiel stehen; **to have a ~ in sth** einen Anteil an etw *dat* haben; **to ~ a claim (to sth)** sich *dat* ein Anrecht (auf etw *acc*) sichern; **to ~ one's life on sth** seinen Kopf auf etw *acc* wetten; **to ~ one's reputation on sth** sich für etw verbürgen

stakeout [ˈsteɪkaut] N (*surveillance*) Überwachung *f*

stalactite [ˈstæləktaɪt] N Stalaktit *m*

stalagmite [ˈstæləgmaɪt] N Stalagmit *m*

stale [steɪl] ADJ (*bread*) altbacken; (*food*) alt; (*smell*) muffig; (*air*) verbraucht; (*beer*) schal

stalemate [ˈsteɪlmeɪt] N (*Chess*) Patt *nt*; (*fig*) Sackgasse *f*

stalk [stɔːk] N Stiel *m* ▸ VT sich heranpirschen an *+acc* ▸ VI: **to ~ out/off** hinaus-/davonstolzieren

stall [stɔːl] N (BRIT: *in market etc*) Stand *m*; (*in stable*) Box *f* ▸ VT (*engine, car*) abwürgen; (*fig: person*) hinhalten; (*: decision etc*) hinauszögern ▸ VI (*engine*) absterben; (*car*) stehen bleiben; (*fig: person*) ausweichen ▪ **stalls** NPL (BRIT: *in cinema, theatre*) Parkett *nt*; **a seat in the stalls** ein Platz im Parkett; **a clothes/flower ~** ein Kleidungs-/Blumenstand; **to ~ for time** versuchen, Zeit zu gewinnen

stallholder [ˈstɔːlhəuldəʳ] (BRIT) N Standbesitzer(in) *m(f)*

stallion [ˈstæljən] N Hengst *m*

stalwart [ˈstɔːlwət] ADJ treu

stamen [ˈsteɪmɛn] N Staubgefäß *nt*

stamina [ˈstæmɪnə] N Ausdauer *f*

stammer [ˈstæməʳ] N Stottern *nt* ▸ VI stottern; **to have a ~** stottern

★**stamp** [stæmp] N (*lit, fig*) Stempel *m*; (*also:* **postage stamp**) Briefmarke *f* ▸ VI stampfen; (*also:* **stamp one's foot**) (mit dem Fuß) aufstampfen ▸ VT stempeln; (*with postage stamp*) frankieren; **stamped addressed envelope** frankierter Rückumschlag

▸ **stamp out** VT (*fire*) austreten; (*fig: crime*) ausrotten; (*: opposition*) unterdrücken

stamp album N Briefmarkenalbum *nt*

stamp collecting N Briefmarkensammeln *nt*

stamp duty (BRIT) N (Stempel)gebühr *f*

stampede [stæmˈpiːd] N (*of animals*) wilde Flucht *f*; (*fig*) Massenandrang *m*

stamp machine N Briefmarkenautomat *m*

stance [stæns] N Haltung *f*; (*fig*) Einstellung *f*

★**stand** [stænd] (*pt, pp* **stood**) N (*Comm*) Stand *m*; (*Sport*) Tribüne *f*; (*piece of furniture*) Ständer *m* ▸ VI stehen; (*rise*) aufstehen; (*remain*) bestehen bleiben; (*in election etc*) kandidieren ▸ VT stellen; (*tolerate, withstand*) ertragen; **to make a ~ against sth** Widerstand gegen etw leisten; **to take a ~ on sth** einen Standpunkt zu etw vertreten; **to take the ~** (*US Law*) in den Zeugenstand treten; **to ~ at** (*value, score etc*) betragen; (*level*) liegen bei; **to ~ for parliament** (BRIT) in den Parlamentswahlen kandidieren; **to ~ to gain/lose sth** etw gewinnen/verlieren können; **it stands to reason** es ist einleuchtend; **as things ~** nach Lage der Dinge; **to ~ sb a drink/meal** jdm einen Drink/ein Essen spendieren; **I can't ~ him** ich kann ihn nicht leiden *or* ausstehen; **we don't ~ a chance** wir haben keine Chance; **to ~ trial** vor Gericht stehen

▸ **stand around** VI herumstehen

▸ **stand by** VI (*be ready*) sich bereithalten; (*fail to help*) (unbeteiligt) danebenstehen ▸ VT FUS (*opinion, decision*) stehen zu; (*person*) halten zu

▸ **stand down** VI zurücktreten

▸ **stand for** VT FUS (*represent*) stehen für; (*tolerate*) sich *dat* gefallen lassen; (*signify*) bedeuten

▸ **stand in for** VT FUS vertreten

▶ **stand out** VI hervorstechen
▶ **stand up** VI aufstehen
▶ **stand up for** VT FUS eintreten für
▶ **stand up to** VT FUS standhalten *+dat*; (*person*) sich behaupten gegenüber *+dat*

stand-alone [ˈstændələun] ADJ (*Comput*) selb(st)ständig

standard [ˈstændəd] N (*norm*) Norm *f*; (*criterion*) Maßstab *m*; (*level*) Niveau *nt*; (*flag*) Standarte *f* ▶ ADJ (*size, model, value etc*) Standard-; (*normal*) normal ▪ **standards** NPL (*morals*) (sittliche) Maßstäbe *pl*; **to be** *or* **to come up to ~** den Anforderungen genügen; **to apply a double ~** mit zweierlei Maß messen

Standard Grade (SCOT) N (*Scol*) *Schulabschlusszeugnis*, ≈ mittlere Reife *f*

standardization [stændədaɪˈzeɪʃən] N Vereinheitlichung *f*

standardize [ˈstændədaɪz] VT vereinheitlichen

standard lamp (BRIT) N Stehlampe *f*

standard of living N Lebensstandard *m*

standard time N Normalzeit *f*

standby, stand-by [ˈstændbaɪ] N Reserve *f* ▶ ADJ (*generator*) Reserve-, Ersatz-; **to be on stand-by** (*crew, firemen etc*) in Bereitschaft sein, einsatzbereit sein; (*doctor*) Bereitschaftsdienst haben

standby ticket N Stand-by-Ticket *nt*

stand-in [ˈstændɪn] N Ersatz *m*

standing [ˈstændɪŋ] ADJ (*permanent*) ständig; (*army*) stehend ▶ N (*status*) Rang *m*, Stellung *f*; **a ~ ovation** stürmischer Beifall; **of many years' ~** von langjähriger Dauer; **a relationship of 6 months' ~** eine seit 6 Monaten bestehende Beziehung; **a man of some ~** ein angesehener Mann

standing joke N Standardwitz *m*

standing order (BRIT) N (*at bank*) Dauerauftrag *m*

standing room N Stehplätze *pl*

standoff [ˈstændɔf] N (*situation*) ausweglose *or* verfahrene Situation *f*

stand-offish [stændˈɔfɪʃ] ADJ distanziert

standpat [ˈstændpæt] (US) ADJ konservativ

standpipe [ˈstændpaɪp] N Steigrohr *nt*

standpoint [ˈstændpɔɪnt] N Standpunkt *m*

standstill [ˈstændstɪl] N: **to be at a ~** stillstehen; (*fig: negotiations*) in eine Sackgasse geraten sein; **to come to a ~** (*traffic*) zum Stillstand kommen

stank [stæŋk] PT *of* **stink**

stanza [ˈstænzə] N Strophe *f*

staple [ˈsteɪpl] N (*for papers*) Heftklammer *f*; (*chief product*) Hauptartikel *m* ▶ ADJ (*food, diet*) Grund-, Haupt- ▶ VT heften

stapler [ˈsteɪpləʳ] N Hefter *m*

star [stɑːʳ] N Stern *m*; (*celebrity*) Star *m* ▶ VT (*Theat, Cine*) in der Hauptrolle zeigen ▶ VI: **to ~ in** die Hauptrolle haben in ▪ **the stars** NPL (*horoscope*) das Horoskop; **4-star hotel** 4-Sterne-Hotel *nt*; **2-star petrol** (BRIT) Normal(benzin) *nt*; **4-star petrol** (BRIT) Super(benzin) *nt*

star attraction N Hauptattraktion *f*

starboard [ˈstɑːbɔːd] ADJ (*side*) Steuerbord-; **to ~** (nach) Steuerbord

starch [stɑːtʃ] N Stärke *f*

starched [stɑːtʃt] ADJ gestärkt

starchy [ˈstɑːtʃɪ] ADJ (*food*) stärkehaltig; (*pej: person*) steif

stardom [ˈstɑːdəm] N Berühmtheit *f*

★**stare** [stɛəʳ] VI: **to ~ at** anstarren ▶ N starrer Blick *m*

starfish [ˈstɑːfɪʃ] N Seestern *m*

stark [stɑːk] ADJ (*bleak*) kahl; (*simplicity*) schlicht; (*colour*) eintönig; (*reality, poverty*) nackt ▶ ADV: **~ naked** splitternackt

starkers [ˈstɑːkəz] (*inf*) ADJ splitter(faser)nackt

starlet [ˈstɑːlɪt] N (Film)sternchen *nt*, Starlet *nt*

starlight [ˈstɑːlaɪt] N Sternenlicht *nt*

starling [ˈstɑːlɪŋ] N Star *m*

starlit [ˈstɑːlɪt] ADJ sternklar

starry [ˈstɑːrɪ] ADJ sternklar; **~ sky** Sternenhimmel *m*

starry-eyed [stɑːrɪˈaɪd] ADJ (*innocent*) arglos, blauäugig; (*from wonder*) verzückt

Stars and Stripes [stɑːz-] N SING Sternenbanner *nt*

star sign N Sternzeichen *nt*

star-studded [ˈstɑːstʌdɪd] ADJ: **a ~ cast** eine Starbesetzung *f*

★**start** [stɑːt] N Beginn *m*, Anfang *m*; (*departure*) Aufbruch *m*; (*advantage*) Vorsprung *m* ▶ VT anfangen mit; (*panic*) auslösen; (*fire*) anzünden; (*found*) gründen; (*: restaurant etc*) eröffnen; (*engine*) anlassen; (*car*) starten ▶ VI anfangen; (*with fright*) zusammenfahren; (*engine etc*) anspringen; **at the ~** am Anfang, zu Beginn; **for a ~** erstens; **to make an early ~** frühzeitig aufbrechen; **to give a ~** zusammenfahren; **to wake up with a ~** aus dem Schlaf hochschrecken; **to ~ doing** *or* **to do sth** anfangen, etw zu tun; **to ~ (off) with ...** (*firstly*) erstens; (*at the beginning*) zunächst
▶ **start off** VI (*begin*) anfangen; (*begin moving*) losgehen/-fahren
▶ **start out** VI (*leave*) sich aufmachen
▶ **start over** (US) VI noch einmal von vorn anfangen
▶ **start up** VT (*business*) gründen; (*restaurant etc*) eröffnen; (*car*) starten; (*engine*) anlassen

starter [ˈstɑːtəʳ] N (*Aut*) Anlasser *m*; (*Sport: official, runner, horse*) Starter *m*; (BRIT *Culin*) Vorspeise *f*; **for starters** (*inf*) für den Anfang

starting point [ˈstɑːtɪŋ-] N (*lit, fig*) Ausgangspunkt *m*

starting price N (*at auction*) Ausgangsangebot *nt*

startle [ˈstɑːtl] VT erschrecken

startling [ˈstɑːtlɪŋ] ADJ (*news etc*) überraschend

star turn (BRIT) N Sensation *f*, Hauptattraktion *f*

S

starvation [stɑːˈveɪʃən] N Hunger *m*; **to die of/ from ~** verhungern

starve [stɑːv] VI hungern; (*to death*) verhungern ▸ VT hungern lassen; (*fig: deprive*): **to ~ sb of sth** jdm etw vorenthalten; **I'm starving** ich sterbe vor Hunger

Star Wars N Krieg *m* der Sterne

stash [stæʃ] VI (*also:* **stash away**) beiseiteschaffen ▸ N (*secret store*) geheimes Lager *nt*

★**state** [steɪt] N (*condition*) Zustand *m*; (*Pol*) Staat *m* ▸ VT (*say*) feststellen; (*declare*) erklären ▪ **the States** NPL (*Geog*) die (Vereinigten) Staaten *pl*; **to be in a ~** aufgeregt sein; (*on edge*) nervös sein; (*in a mess*) in einem schrecklichen Zustand sein; **to get into a ~** durchdrehen (*inf*); **in ~** feierlich; **to lie in ~** (feierlich) aufgebahrt sein; **~ of emergency** Notstand *m*; **~ of mind** Verfassung *f*

state control N staatliche Kontrolle *f*

stated [ˈsteɪtɪd] ADJ erklärt

State Department (US) N Außenministerium *nt*

state education (BRIT) N staatliche Erziehung *f*; (*system*) staatliches Bildungswesen *nt*

stateless [ˈsteɪtlɪs] ADJ staatenlos

stately [ˈsteɪtlɪ] ADJ würdevoll; (*walk*) gemessen; **~ home** Schloss *nt*

★**statement** [ˈsteɪtmənt] N (*declaration*) Erklärung *f*; (*Fin*) (Konto)auszug *m*; **official ~** (amtliche) Erklärung *f*; **bank ~** Kontoauszug *m*; (*thing said*) Feststellung *f*

state of the art N: **the ~** der neueste Stand der Technik ▸ ADJ: **state-of-the-art** auf dem neuesten Stand der Technik; (*technology*) Spitzen-

state-owned [ˈsteɪtəund] ADJ staatseigen

state school N öffentliche Schule *f*

state secret N Staatsgeheimnis *nt*

statesman [ˈsteɪtsmən] N (*irreg*) Staatsmann *m*

statesmanship [ˈsteɪtsmənʃɪp] N Staatskunst *f*

static [ˈstætɪk] ADJ (*not moving*) konstant ▸ N (*Radio, TV*) atmosphärische Störungen *pl*

static electricity N Reibungselektrizität *f*

★**station** [ˈsteɪʃən] N (*Rail*) Bahnhof *m*; (*also:* **bus station**) Busbahnhof *m*; (*also:* **police station**) (Polizei)wache *f*; (*Radio*) Sender *m* ▸ VT (*soldiers etc*) stationieren; (*guards etc*) postieren; **action stations** (*Mil*) Stellung *f*; **above one's ~** über seinem Stand

stationary [ˈsteɪʃnərɪ] ADJ (*vehicle*) haltend; **to be ~** stehen

stationer [ˈsteɪʃənəʳ] N Schreibwarenhändler(in) *m(f)*

stationer's [ˈsteɪʃənəz], **stationer's shop** N Schreibwarenhandlung *f*

stationery [ˈsteɪʃnərɪ] N Schreibwaren *pl*; (*writing paper*) Briefpapier *nt*

stationmaster [ˈsteɪʃənmɑːstəʳ] N Bahnhofsvorsteher *m*

station wagon (US) N Kombi(wagen) *m*

statistic [stəˈtɪstɪk] N Statistik *f*

statistical [stəˈtɪstɪkl] ADJ statistisch

statistics [stəˈtɪstɪks] N (*science*) Statistik *f*

statue [ˈstætjuː] N Statue *f*

statuesque [stætjuˈɛsk] ADJ stattlich

statuette [stætjuˈɛt] N Statuette *f*

stature [ˈstætʃəʳ] N Wuchs *m*, Statur *f*; (*fig: reputation*) Format *nt*

status [ˈsteɪtəs] N Status *m*; (*position*) Stellung *f*; **the ~ quo** der Status quo

status bar, status line N (*Comput*) Statuszeile *f*

status symbol N Statussymbol *nt*

statute [ˈstætjuːt] N Gesetz *nt* ▪ **statutes** NPL (*of club etc*) Satzung *f*

statute book N: **to be on the ~** geltendes Recht sein

statutory [ˈstætjutərɪ] ADJ gesetzlich; **~ declaration** eidesstattliche Erklärung *f*

staunch [stɔːntʃ] ADJ treu ▸ VT (*flow*) stauen; (*blood*) stillen

stave [steɪv] N (*Mus*) Notensystem *nt*

▸ **stave off** VT (*attack*) abwehren; (*threat*) abwenden

★**stay** [steɪ] N Aufenthalt *m* ▸ VI bleiben; (*with sb as guest*) wohnen; (*in hotel*) übernachten; **~ of execution** (*Law*) Aussetzung *f*; **to ~ put** bleiben; **to ~ with friends** bei Freunden untergebracht sein; **to ~ the night** übernachten

▸ **stay away** VI wegbleiben; **to ~ away from sb** sich von jdm fernhalten

▸ **stay behind** VI zurückbleiben

▸ **stay in** VI (*at home*) zu Hause bleiben

▸ **stay on** VI bleiben

▸ **stay out** VI (*of house*) wegbleiben; (*remain on strike*) weiterstreiken

▸ **stay up** VI (*at night*) aufbleiben

staying power [ˈsteɪɪŋ-] N Stehvermögen *nt*, Durchhaltevermögen *nt*

STD N ABBR (BRIT *Tel: = subscriber trunk dialling*) Selbstwählferndienst *m*; (*Med: = sexually transmitted disease*) durch Geschlechtsverkehr übertragene Krankheit *f*

stead [stɛd] N: **in sb's ~** an jds Stelle; **to stand sb in good ~** jdm zugute- *or* zustattenkommen

steadfast [ˈstɛdfɑːst] ADJ standhaft

steadily [ˈstɛdɪlɪ] ADV (*regularly*) regelmäßig; (*constantly*) stetig; (*fixedly*) fest, unverwandt

★**steady** [ˈstɛdɪ] ADJ (*job, boyfriend, girlfriend, look*) fest; (*income*) regelmäßig; (*speed*) gleichmäßig; (*rise*) stetig; (*person, character*) zuverlässig, solide; (*voice, hand etc*) ruhig ▸ VT (*nerves*) beruhigen; (*stabilize*) ruhig halten; **to ~ o.s. on sth** sich auf etw *acc* stützen; **to ~ o.s. against sth** sich an etw *dat* abstützen

steak [steɪk] N Steak *nt*; (*fish*) Filet *nt*

steakhouse [ˈsteɪkhaus] N Steakrestaurant *nt*

★**steal** [stiːl] (*pt* **stole**, *pp* **stolen**) VT stehlen ▸ VI stehlen; (*move secretly*) sich stehlen, schleichen

▸ **steal away** VI sich davonschleichen

stealth [stɛlθ] N: **by ~** heimlich

stealthy [ˈstɛlθɪ] ADJ heimlich, verstohlen

steam [sti:m] N Dampf *m* ▶ VT (*Culin*) dämpfen, dünsten ▶ VI dampfen; **covered with ~** (*window etc*) beschlagen; **under one's own ~** (*fig*) allein, ohne Hilfe; **to run out of ~** (*fig*) den Schwung verlieren; **to let off ~** (*inf: fig*) Dampf ablassen
▶ **steam up** VI (*window*) beschlagen; **to get steamed up about sth** (*inf: fig*) sich über etw *acc* aufregen

steam engine N (*Rail*) Dampflok(omotive) *f*

steamer [ˈsti:məʳ] N Dampfer *m*; (*Culin*) Dämpfer *m*

steam iron N Dampfbügeleisen *nt*

steamroller [ˈsti:mrəuləʳ] N Dampfwalze *f*

steamship [ˈsti:mʃɪp] N = **steamer**

steamy [ˈsti:mɪ] ADJ (*room*) dampfig; (*window*) beschlagen; (*book, film*) heiß

steed [sti:d] (*liter*) N Ross *nt*

steel [sti:l] N Stahl *m* ▶ ADJ (*girder, wool etc*) Stahl-

steel band N (*Mus*) Steelband *f*

steel industry N Stahlindustrie *f*

steel mill N Stahlwalzwerk *nt*

steelworks [ˈsti:lwə:ks] N Stahlwerk *nt*

steely [ˈsti:lɪ] ADJ (*determination*) eisern; (*eyes, gaze*) hart, stählern

steep [sti:p] ADJ steil; (*increase, rise*) stark; (*price, fees*) gepfeffert ▶ VT einweichen; **to be steeped in history** geschichtsträchtig sein

steeple [ˈsti:pl] N Kirchturm *m*

steeplechase [ˈsti:pltʃeɪs] N (*for horses*) Hindernisrennen *nt*; (*for runners*) Hindernislauf *m*

steeplejack [ˈsti:pldʒæk] N Turmarbeiter *m*

steeply [ˈsti:plɪ] ADV steil

steer [stɪəʳ] VT steuern; (*car etc*) lenken; (*person*) lotsen ▶ VI steuern; (*in car etc*) lenken; **to ~ for** zusteuern auf *+acc*; **to ~ clear of sb** (*fig*) jdm aus dem Weg gehen; **to ~ clear of sth** (*fig*) etw meiden

steering [ˈstɪərɪŋ] N (*Aut*) Lenkung *f*

steering column N (*Aut*) Lenksäule *f*

steering committee N Lenkungsausschuss *m*

steering wheel N (*Aut*) Lenkrad *nt*, Steuer *nt*

stellar [ˈstɛləʳ] ADJ stellar

stem [stɛm] N Stiel *m*; (*of pipe*) Hals *m* ▶ VT aufhalten; (*flow*) eindämmen; (*bleeding*) zum Stillstand bringen
▶ **stem from** VT FUS zurückgehen auf *+acc*

stench [stɛntʃ] (*pej*) N Gestank *m*

stencil [ˈstɛnsl] N Schablone *f* ▶ VT mit Schablone zeichnen

stenographer [stɛˈnɔgrəfəʳ] (*US*) N Stenograf(in) *m(f)*

stenography [stɛˈnɔgrəfɪ] (*US*) N Stenografie *f*

step [stɛp] N (*lit, fig*) Schritt *m*; (*of stairs*) Stufe *f* ▶ VI: **to ~ forward/back** vor-/zurücktreten
■ **steps** NPL (BRIT) = **stepladder**; **~ by ~** (*fig*) Schritt für Schritt; **in/out of ~ (with)** im/nicht im Tritt (mit); (*fig*) im/nicht im Gleichklang (mit)
▶ **step down** VI (*fig: resign*) zurücktreten
▶ **step in** VI (*fig*) eingreifen
▶ **step off** VT FUS aussteigen aus *+dat*
▶ **step on** VT FUS treten auf *+acc*
▶ **step over** VT FUS steigen über *+acc*
▶ **step up** VT (*efforts*) steigern; (*pace etc*) beschleunigen

★**stepbrother** [ˈstɛpbrʌðəʳ] N Stiefbruder *m*

stepchild [ˈstɛptʃaɪld] N (*irreg*) Stiefkind *nt*

stepdad [ˈstɛpdæd] N Stiefvater *m*

★**stepdaughter** [ˈstɛpdɔ:təʳ] N Stieftochter *f*

★**stepfather** [ˈstɛpfɑ:ðəʳ] N Stiefvater *m*

stepladder [ˈstɛplædəʳ] (BRIT) N Trittleiter *f*

★**stepmother** [ˈstɛpmʌðəʳ] N Stiefmutter *f*

stepmum [ˈstɛpmʌm] N Stiefmutter *f*

stepping stone [ˈstɛpɪŋ-] N Trittstein *m*; (*fig*) Sprungbrett *nt*

★**stepsister** [ˈstɛpsɪstəʳ] N Stiefschwester *f*

★**stepson** [ˈstɛpsʌn] N Stiefsohn *m*

stereo [ˈstɛrɪəu] N (*system*) Stereoanlage *f* ▶ ADJ (*sound etc*) Stereo-; **in ~** in Stereo

stereotype [ˈstɪərɪətaɪp] N Klischee *nt*, Klischeevorstellung *f* ▶ VT in ein Klischee zwängen; **stereotyped** stereotyp

sterile [ˈstɛraɪl] ADJ steril, keimfrei; (*barren*) unfruchtbar; (*fig: debate*) fruchtlos

sterility [stɛˈrɪlɪtɪ] N Unfruchtbarkeit *f*

sterilization [stɛrɪlaɪˈzeɪʃən] N Sterilisation *f*, Sterilisierung *f*

sterilize [ˈstɛrɪlaɪz] VT sterilisieren

★**sterling** [ˈstə:lɪŋ] N (*Econ*) das Pfund Sterling, das englische Pfund ▶ ADJ (*silver*) Sterling-; (*fig*) gediegen; **one pound ~** ein Pfund Sterling

sterling area N (*Econ*) Sterlingländer *pl*

stern [stə:n] ADJ streng ▶ N Heck *nt*

sternum [ˈstə:nəm] N Brustbein *nt*

steroid [ˈstɪərɔɪd] N Steroid *nt*

stethoscope [ˈstɛθəskəup] N Stethoskop *nt*

stevedore [ˈsti:vədɔ:ʳ] N Stauer *m*, Schauermann *m*

stew [stju:] N Eintopf *m* ▶ VT schmoren; (*fruit, vegetables*) dünsten ▶ VI schmoren; **stewed tea** bitterer Tee *m*; **stewed fruit** (Obst)kompott *nt*

★**steward** [ˈstju:əd] N Steward *m*; (*at public event*) Ordner(in) *m(f)*; (*also:* **shop steward**) gewerkschaftliche Vertrauensperson *f*

★**stewardess** [ˈstjuədɛs] N Stewardess *f*

stewardship [ˈstjuədʃɪp] N Verwaltung *f*

stewing steak [ˈstju:ɪŋ-], (US) **stew meat** N (Rinder)schmorfleisch *nt*

St. Ex. ABBR = **stock exchange**

stg ABBR = **sterling**

★**stick** [stɪk] (*pt, pp* **stuck**) N Zweig *m*; (*of dynamite, celery*) Stange *f*; (*of chalk etc*) Stück *nt*; (*as weapon*) Stock *m*; (*also:* **walking stick**) (Spazier)stock *m* ▶ VT (*with glue etc*) kleben; (*inf: put*) tun, stecken; (*: tolerate*) aushalten; (*thrust*) stoßen ▶ VI: **to ~ (to)** kleben (an *+dat*); (*remain*) (hängen) bleiben; (*door etc*) klemmen; (*lift*) stecken bleiben; **to get hold of the wrong end of the ~** (BRIT *fig*) es falsch verstehen; **to ~ in sb's mind** jdm im Gedächtnis (haften) bleiben

▸ **stick around** (*inf*) VI hier-/dableiben
▸ **stick out** VI (*ears etc*) abstehen ▸ VT: **to ~ it out** (*inf*) durchhalten
▸ **stick to** VT FUS (*agreement, rules*) sich halten an *+acc*; (*one's word, promise*) halten; (*the truth, facts*) bleiben bei
▸ **stick up** VI hochstehen
▸ **stick up for** VT FUS eintreten für

sticker [ˈstɪkəʳ] N Aufkleber *m*

sticking plaster [ˈstɪkɪŋ-] N Heftpflaster *nt*

sticking point N Hindernis *nt*; (*in discussion etc*) strittiger Punkt *m*

stickleback [ˈstɪklbæk] N Stichling *m*

stickler [ˈstɪkləʳ] N: **to be a ~ for sth** es mit etw peinlich genau nehmen

stick shift (*US*) N Schaltknüppel *m*; (*car*) Wagen *m* mit Handschaltung

stick-up [ˈstɪkʌp] (*inf*) N Überfall *m*

sticky [ˈstɪkɪ] ADJ klebrig; (*label, tape*) Klebe-; (*weather, day*) schwül

stiff [stɪf] ADJ steif; (*hard, firm*) hart; (*paste, egg-white*) fest; (*door, zip etc*) schwer gehend; (*competition*) hart; (*sentence*) schwer; (*drink*) stark ▸ ADV (*bored, worried, scared*) zu Tode; **to be** *or* **feel ~** steif sein; **to have a ~ neck** einen steifen Hals haben; **to keep a ~ upper lip** (BRIT *fig*) die Haltung bewahren

stiffen [ˈstɪfn] VI steif werden; (*body*) erstarren

stiffness [ˈstɪfnɪs] N Steifheit *f*

stifle [ˈstaɪfl] VT unterdrücken; (*heat*) erdrücken

stifling [ˈstaɪflɪŋ] ADJ (*heat*) drückend

stigma [ˈstɪgmə] N Stigma *nt*; (*Bot*) Narbe *f*, Stigma *nt* ■ **stigmata** NPL (*Med*) Wundmal *nt*

stile [staɪl] N Zaunübertritt *m*

stiletto [stɪˈlɛtəu] (BRIT) N (*also:* **stiletto heel**) Bleistiftabsatz *m*

★**still** [stɪl] ADJ (*air, water*) still; (BRIT: *drink*) ohne Kohlensäure; (*motionless*) bewegungslos; (*tranquil*) ruhig ▸ ADV (immer) noch; (*yet, even*) noch; (*nonetheless*) trotzdem ▸ N (*Cine*) Standfoto *nt*; **to stand ~** (*machine, motor*) stillstehen; (*motionless*) still stehen; **keep ~!** halte still!; **he ~ hasn't arrived** er ist immer noch nicht angekommen

stillborn [ˈstɪlbɔːn] ADJ tot geboren

still life N Stillleben *nt*

stilt [stɪlt] N (*pile*) Pfahl *m*; (*for walking on*) Stelze *f*

stilted [ˈstɪltɪd] ADJ gestelzt

stimulant [ˈstɪmjulənt] N Anregungsmittel *nt*

stimulate [ˈstɪmjuleɪt] VT anregen, stimulieren; (*demand*) ankurbeln

stimulating [ˈstɪmjuleɪtɪŋ] ADJ anregend, stimulierend

stimulation [stɪmjuˈleɪʃən] N Anregung *f*, Stimulation *f*

stimuli [ˈstɪmjulaɪ] NPL *of* **stimulus**

stimulus [ˈstɪmjuləs] (*pl* **stimuli**) N (*incentive*) Anreiz *m*; (*Biol*) Reiz *m*; (*Psych*) Stimulus *m*

sting [stɪŋ] (*pt, pp* **stung**) N Stich *m*; (*pain*) Stechen *nt*; (*organ: of insect*) Stachel *m*; (*inf: confidence trick*) Ding *nt* ▸ VT stechen; (*fig*) treffen, verletzen ▸ VI stechen; (*eyes, ointment, plant etc*) brennen; **my eyes are stinging** mir brennen die Augen

stingy [ˈstɪndʒɪ] (*pej*) ADJ geizig, knauserig

stink [stɪŋk] (*pt* **stank**, *pp* **stunk**) N Gestank *m* ▸ VI stinken

stinker [ˈstɪŋkəʳ] (*inf*) N (*problem*) harter Brocken *m*; (*person*) Ekel *nt*

stinking [ˈstɪŋkɪŋ] (*inf*) ADJ (*fig*) beschissen (*!*); **a ~ cold** eine scheußliche Erkältung; **~ rich** stinkreich

stint [stɪnt] N (*period*) Zeit *f*; (*batch of work*) Pensum *nt*; (*share*) Teil *m* ▸ VI: **to ~ on** sparen mit

stipend [ˈstaɪpɛnd] N Gehalt *nt*

stipendiary [staɪˈpɛndɪərɪ] ADJ: **~ magistrate** bezahlter Friedensrichter *m*

stipulate [ˈstɪpjuleɪt] VT festsetzen; (*condition*) stellen

stipulation [stɪpjuˈleɪʃən] N Bedingung *f*, Auflage *f*

★**stir** [stəːʳ] VT umrühren; (*fig: emotions*) aufwühlen; (*: person*) bewegen ▸ VI sich bewegen ▸ N (*fig*) Aufsehen *nt*; **to give sth a ~** etw umrühren; **to cause a ~** Aufsehen erregen
▸ **stir up** VT: **to ~ up trouble** Unruhe stiften; **to ~ things up** stänkern

stir-fry [ˈstəːfraɪ] VT unter Rühren kurz anbraten ▸ N Pfannengericht *nt* (*das unter Rühren kurz angebraten wurde*)

stirring [ˈstəːrɪŋ] ADJ bewegend

stirrup [ˈstɪrəp] N Steigbügel *m*

stitch [stɪtʃ] N (*Sewing*) Stich *m*; (*Knitting*) Masche *f*; (*Med*) Faden *m*; (*pain*) Seitenstiche *pl* ▸ VT nähen; **he had to have stitches** er musste genäht werden

St Kitts and Nevis [seɪnt kɪts ənd ˈniːvɪs] N St. Kitts und Nevis *nt*

St Lucia [seɪnt ˈluːʃə] N St. Lucia *nt*

stoat [stəut] N Wiesel *nt*

stock [stɔk] N Vorrat *m*; (*Comm*) Bestand *m*; (*Agr*) Vieh *nt*; (*Culin*) Brühe *f*; (*descent, origin*) Abstammung *f*, Herkunft *f*; (*Fin*) Wertpapiere *pl*; (*Rail: also:* **rolling stock**) rollendes Material *nt* ▸ ADJ (*reply, excuse etc*) Standard- ▸ VT (*in shop*) führen; **in/out of ~** vorrätig/nicht vorrätig; **stocks and shares** (Aktien und) Wertpapiere *pl*; **government ~** Staatsanleihe *f*; **to take ~ of** (*fig*) Bilanz ziehen über *+acc*; **well-stocked** (*shop*) mit gutem Sortiment
▸ **stock up** VI: **to ~ up (with)** sich eindecken (mit)

stockade [stɔˈkeɪd] N Palisade *f*

stockbroker [ˈstɔkbrəukəʳ] N Börsenmakler *m*

stock control N Bestandsüberwachung *f*

stock cube (BRIT) N Brühwürfel *m*

stock exchange N Börse *f*

stockholder [ˈstɔkhəuldəʳ] (*esp US*) N Aktionär(in) *m(f)*

Stockholm [ˈstɔkhəum] N Stockholm *nt*

stocking [ˈstɔkɪŋ] N Strumpf *m*

stock-in-trade [ˈstɔkɪnˈtreɪd] N (*fig*): **it's his ~** es gehört zu seinem festen Repertoire

stockist [ˈstɔkɪst] (BRIT) N Händler *m*

stock market (BRIT) N Börse *f*

stock phrase N Standardsatz *m*

stockpile [ˈstɔkpaɪl] N Vorrat *m*; (*of weapons*) Lager *nt* ▸ VT horten

stockroom [ˈstɔkru:m] N Lager *nt*, Lagerraum *m*

stocktaking [ˈstɔkteɪkɪŋ] (BRIT) N Inventur *f*

stocky [ˈstɔkɪ] ADJ stämmig

stodgy [ˈstɔdʒɪ] ADJ (*food*) pampig (*inf*), schwer

stoic [ˈstəuɪk] N Stoiker(in) *m(f)* ▸ ADJ stoisch

stoical [ˈstəuɪkl] ADJ stoisch

stoke [stəuk] VT (*fire*) schüren; (*furnace, boiler*) heizen

stoker [ˈstəukəʳ] N Heizer *m*

stole [stəul] PT *of* **steal** ▸ N Stola *f*

stolen [ˈstəulən] PP *of* **steal**

stolid [ˈstɔlɪd] ADJ phlegmatisch, stur (*inf*)

stomach [ˈstʌmək] N Magen *m*; (*belly*) Bauch *m* ▸ VT (*fig*) vertragen

stomach ache N Magenschmerzen *pl*

stomach pump N Magenpumpe *f*

stomach ulcer N Magengeschwür *nt*

stomp [stɔmp] VI stapfen

stone [stəun] N Stein *m*; (BRIT: *weight*) *Gewichtseinheit (= 6,35 kg)* ▸ ADJ (*wall, jar etc*) Stein-, steinern ▸ VT (*person*) mit Steinen bewerfen; (*fruit*) entkernen, entsteinen; **within a ~'s throw of the station** nur einen Katzensprung vom Bahnhof entfernt

Stone Age N Steinzeit *f*

stone-cold [ˈstəunˈkəuld] ADJ eiskalt

stoned [stəund] (*inf*) ADJ (*on drugs*) stoned; (*drunk*) total zu

stone-deaf [ˈstəunˈdɛf] ADJ stocktaub

stonemason [ˈstəunmeɪsn] N Steinmetz *m*

stonewall [stəunˈwɔ:l] VI mauern; (*in answering questions*) ausweichen

stonework [ˈstəunwə:k] N Mauerwerk *nt*

stonking [ˈstɔŋkɪŋ] (BRIT *inf*) ADJ, ADV irre, super; **a ~ prize** ein Super-Preis; **a ~ good idea** eine geniale Idee

stony [ˈstəunɪ] ADJ steinig; (*fig: silence etc*) steinern

stood [stud] PT, PP *of* **stand**

stooge [stu:dʒ] N (*inf*) Handlanger(in) *m(f)*; (*Theat*) Stichwortgeber(in) *m(f)*

stool [stu:l] N Hocker *m*

stoop [stu:p] VI (*also:* **stoop down**) sich bücken; (*walk*) gebeugt gehen; **to ~ to sth** (*fig*) sich zu etw herablassen; **to ~ to doing sth** sich dazu herablassen, etw zu tun

stop [stɔp] N Halt *m*; (*short stay*) Aufenthalt *m*; (*in punctuation: also:* **full stop**) Punkt *m*; (*bus stop etc*) Haltestelle *f* ▸ VT stoppen; (*car etc*) anhalten; (*block*) sperren; (*prevent*) verhindern ▸ VI (*car etc*) anhalten; (*train*) halten; (*pedestrian, watch, clock*) stehen bleiben; (*end*) aufhören; **to come to a ~** anhalten; **to put a ~ to** einen Riegel vorschieben *+dat*; **to ~ doing sth** aufhören, etw zu tun; **to ~ sb (from) doing sth** jdn davon abhalten, etw zu tun; **~ it!** lass das!, hör auf!

▸ **stop by** VI kurz vorbeikommen

▸ **stop off** VI kurz haltmachen, Zwischenstation machen

▸ **stop over** VI Halt machen; (*overnight*) übernachten

▸ **stop up** VT (*hole*) zustopfen

stopcock [ˈstɔpkɔk] N Absperrhahn *m*

stopgap [ˈstɔpgæp] N (*person*) Lückenbüßer *m*; (*thing*) Notbehelf *m*; **~ measure** Überbrückungsmaßnahme *f*

stop-go [stɔpˈgəu] ADJ (*economic cycle etc*) mit ständigem Auf und Ab

stoplights [ˈstɔplaɪts] NPL (*Aut*) Bremslichter *pl*

stopover [ˈstɔpəuvəʳ] N Zwischenaufenthalt *m*; (*Aviat*) Zwischenlandung *f*

stoppage [ˈstɔpɪdʒ] N (*strike*) Streik *m*; (*blockage*) Unterbrechung *f*; (*of pay, cheque*) Sperrung *f*; (*deduction*) Abzug *m*

stopper [ˈstɔpəʳ] N Stöpsel *m*

stop press N letzte Meldungen *pl*

stop sign N Stoppschild *nt*

stopwatch [ˈstɔpwɔtʃ] N Stoppuhr *f*

storage [ˈstɔ:rɪdʒ] N Lagerung *f*; (*also:* **storage space**) Stauraum *m*; (*Comput*) Speicherung *f*

storage capacity N (*Comput*) Speicherkapazität *f*

storage heater (BRIT) N (Nacht)speicherofen *m*

store [stɔ:ʳ] N Vorrat *m*; (*depot*) Lager *nt*; (BRIT: *large shop*) Geschäft *nt*, Kaufhaus *nt*; (*US: shop*) Laden *m*; (*fig*): **a ~ of** eine Fülle an *+dat* ▸ VT lagern; (*information etc, Comput*) speichern; (*food, medicines etc*) aufbewahren; (*in filing system*) ablegen ■ **stores** NPL (*provisions*) Vorräte *pl*; **in ~** eingelagert; **who knows what's in ~ for us?** wer weiß, was uns bevorsteht?; **to set great/little ~ by sth** viel/wenig von etw halten

▸ **store up** VT einen Vorrat anlegen von; (*memories*) im Gedächtnis bewahren

storehouse [ˈstɔ:haus] N (*US Comm*) Lager(haus) *nt*; (*fig*) Fundgrube *f*

storekeeper [ˈstɔ:ki:pəʳ] (US) N Ladenbesitzer(in) *m(f)*

storeroom [ˈstɔ:ru:m] N Lagerraum *m*

storey, (US) **story** [ˈstɔ:rɪ] N Stock *m*, Stockwerk *nt*

stork [stɔ:k] N Storch *m*

★**storm** [stɔ:m] N (*lit, fig*) Sturm *m*; (*bad weather*) Unwetter *nt*; (*also:* **electrical storm**) Gewitter *nt* ▸ VI (*fig*) toben ▸ VT (*attack*) stürmen

storm cloud N Gewitterwolke *f*

storm door N äußere Windfangtür *f*

stormy [ˈstɔ:mɪ] ADJ (*lit, fig*) stürmisch

★**story** [ˈstɔ:rɪ] N Geschichte *f*; (*Press*) Artikel *m*; (*lie*) Märchen *nt*; (*US*) = **storey**

storybook [ˈstɔ:rɪbuk] N Geschichtenbuch *nt*

storyteller [ˈstɔ:rɪtɛləʳ] N Geschichtenerzähler(in) *m(f)*

S

stout [staut] ADJ (*fat*) untersetzt; (*strong*) stark; (*resolute*) energisch ▶ N Starkbier *nt*

stove [stəuv] N Herd *m*; (*small*) Kocher *m*; (*for heating*) (Heiz)ofen *m*; **gas ~** Gasherd *m*

stow [stəu] VT (*also:* **stow away**) verstauen

stowaway [ˈstəuəweɪ] N blinder Passagier *m*

straddle [ˈstrædl] VT (*sitting*) rittlings sitzen auf *+dat*; (*standing*) breitbeinig stehen über *+dat*; (*jumping*) grätschen über *+acc*; (*fig*) überspannen

strafe [strɑːf] VT beschießen

straggle [ˈstrægl] VI (*houses etc*) verstreut liegen; (*people etc*) zurückbleiben

straggler [ˈstrægləʳ] N Nachzügler *m*

straggly [ˈstræglɪ] ADJ (*hair*) unordentlich

★**straight** [streɪt] ADJ gerade; (*hair*) glatt; (*honest*) offen, direkt; (*simple*) einfach; (: *fight*) direkt; (*Theat*) ernst; (*inf: heterosexual*) hetero; (*whisky etc*) pur ▶ ADV (*in time*) sofort; (*in direction*) direkt; (*drink*) pur ▶ N (*Sport*) Gerade *f*; **to put** *or* **get sth ~** (*make clear*) etw klären; (*make tidy*) etw in Ordnung bringen; **let's get this ~** das wollen wir mal klarstellen; **10 ~ wins** 10 Siege hintereinander; **to win in ~ sets** (*Tennis*) ohne Satzverlust gewinnen; **to go ~ home** direkt nach Hause gehen; **~ out** rundheraus; **~ away, ~ off** sofort, gleich

straighten [ˈstreɪtn] VT (*skirt, sheet etc*) gerade ziehen
▶ **straighten out** VT (*fig*) klären

straighteners [ˈstreɪtnəz] NPL (*for hair*) Haarglätter *m*

straight-faced [streɪtˈfeɪst] ADJ: **to be/remain ~** ernst bleiben ▶ ADV ohne zu lachen

straightforward [streɪtˈfɔːwəd] ADJ (*simple*) einfach; (*honest*) offen

straight sets NPL (*Tennis*): **to win in ~** ohne Satzverlust gewinnen

strain [streɪn] N Belastung *f*; (*Med: also:* **back strain**) überanstrengter Rücken *m*; (*tension*) Überlastung *f*; (*of virus*) Art *f*; (*breed*) Sorte *f* ▶ VT (*back etc*) überanstrengen; (*resources*) belasten; (*Culin*) abgießen ▶ VI: **to ~ to do sth** sich anstrengen, etw zu tun ■ **strains** NPL (*Mus*) Klänge *pl*; **he's been under a lot of ~** er hat unter großem Stress gestanden

strained [streɪnd] ADJ (*muscle*) gezerrt; (*forced*) gezwungen; (*relations*) gespannt; (*back*) überanstrengt

strainer [ˈstreɪnəʳ] N Sieb *nt*

strait [streɪt] N Meerenge *f*, Straße *f* ■ **straits** NPL (*fig*): **to be in dire straits** in großen Nöten sein

straitjacket [ˈstreɪtdʒækɪt] N Zwangsjacke *f*

strait-laced [streɪtˈleɪst] ADJ prüde, puritanisch

strand [strænd] N (*lit, fig*) Faden *m*; (*of wire*) Litze *f*; (*of hair*) Strähne *f*

stranded [ˈstrændɪd] ADJ: **to be ~** (*traveller*) festsitzen; (*ship, sea creature*) gestrandet

★**strange** [streɪndʒ] ADJ fremd; (*odd*) seltsam, merkwürdig

strangely [ˈstreɪndʒlɪ] ADV seltsam, merkwürdig

stranger [ˈstreɪndʒəʳ] N Fremde(r) *f*(*m*); **I'm a ~ here** ich bin hier fremd

strangle [ˈstræŋgl] VT erdrosseln, erwürgen; (*fig: economy etc*) ersticken

stranglehold [ˈstræŋglhəuld] N (*fig*) absolut Machtposition *f*

strangulation [stræŋgjuˈleɪʃən] N Erwürgen *nt*, Erdrosseln *nt*

strap [stræp] N Riemen *m*; (*of dress etc*) Träger r ▶ VT (*also:* **strap in**) anschnallen; (*also:* **strap on**) umschnallen

straphanging [ˈstræphæŋɪŋ] N Pendeln *nt* (al stehender Fahrgast)

strapless [ˈstræplɪs] ADJ trägerlos, schulterfre

strapped [stræpt] (*inf*) ADJ: **~ (for cash)** pleite

strapping [ˈstræpɪŋ] ADJ stramm

Strasbourg [ˈstræzbəːg] N Straßburg *nt*

strata [ˈstrɑːtə] NPL *of* **stratum**

stratagem [ˈstrætədʒəm] N List *f*

strategic [strəˈtiːdʒɪk] ADJ strategisch; (*erro* taktisch

strategist [ˈstrætədʒɪst] N Stratege *m*, Strategin *f*

strategy [ˈstrætədʒɪ] N Strategie *f*

stratosphere [ˈstrætəsfɪəʳ] N Stratosphäre *f*

stratum [ˈstrɑːtəm] (*pl* **strata**) N Schicht *f*

straw [strɔː] N Stroh *nt*; (*also:* **drinking straw**) Strohhalm *m*; **that's the last ~!** das ist de Gipfel!

★**strawberry** [ˈstrɔːbərɪ] N Erdbeere *f*

stray [streɪ] ADJ (*animal*) streunend; (*bullet*) ver irrt; (*scattered*) einzeln, vereinzelt ▶ VI (*animals*) streunen; (*children*) sich verirren; (*thoughts*) abschweifen

streak [striːk] N Streifen *m*; (*in hair*) Strähne *f*; (*fig: of madness etc*) Zug *m* ▶ VT streifen ▶ VI: **to ~ past** vorbeiflitzen; **a winning/losing ~** ein Glücks-/Pechsträhne

streaker [ˈstriːkəʳ] (*inf*) N Blitzer(in) *m*(*f*)

streaky [ˈstriːkɪ] ADJ (*bacon*) durchwachsen

★**stream** [striːm] N (*small river*) Bach *m*; (*current*) Strömung *f*; (*of people, vehicles*) Strom *m*; (*of questions, insults etc*) Flut *f*, Schwall *m*; (*of smoke*) Schwaden *m*; (*Scol*) Leistungsgruppe *f* ▶ VT (*Scol*) in Leistungsgruppen einteilen ▶ VI strömen; **against the ~** gegen den Strom; **to come on ~** (*new power plant etc*) in Betrieb genommen werden

streamer [ˈstriːməʳ] N Luftschlange *f*

stream feed N automatischer Papiereinzug *m*

streamline [ˈstriːmlaɪn] VT Stromlinienform geben *+dat*; (*fig*) rationalisieren

streamlined [ˈstriːmlaɪnd] ADJ stromlinienförmig; (*Aviat, Aut*) windschlüpfrig; (*fig*) rationalisiert

★**street** [striːt] N Straße *f*; **the back streets** die Seitensträßchen *pl*; **to be on the streets** (*homeless*) obdachlos sein; (*as prostitute*) auf den Strich gehen

streetcar [ˈstri:kɑ:ʳ] (*US*) N Straßenbahn *f*

street cred [-krɛd] (*inf*) N Glaubwürdigkeit *f*

street lamp N Straßenlaterne *f*

street lighting N Straßenbeleuchtung *f*

street map N Stadtplan *m*

street market N Straßenmarkt *m*

street plan N Stadtplan *m*

streetwise [ˈstri:twaɪz] (*inf*) ADJ: **to be ~** wissen, wos langgeht

strength [strɛŋθ] N (*lit, fig*) Stärke *f*; (*physical*) Kraft *f*, Stärke *f*; (*of girder etc*) Stabilität *f*; (*of knot etc*) Festigkeit *f*; (*of chemical solution*) Konzentration *f*; (*of wine*) Schwere *f*; **on the ~ of** aufgrund *+gen*; **at full ~** vollzählig; **to be below ~** nicht die volle Stärke haben

strengthen [ˈstrɛŋθn] VT (*lit, fig*) verstärken; (*muscle*) kräftigen; (*economy, currency, relationship*) festigen

strenuous [ˈstrɛnjuəs] ADJ anstrengend; (*determined*) unermüdlich

strenuously [ˈstrɛnjuəslɪ] ADV energisch; **she ~ denied the rumour** sie leugnete das Gerücht hartnäckig

stress [strɛs] N Druck *m*; (*mental*) Stress *m*, Belastung *f*; (*Ling*) Betonung *f*; (*emphasis*) Akzent *m*, Gewicht *nt* ▸ VT betonen; **to lay great ~ on sth** großen Wert auf etw *acc* legen; **to be under ~** unter Stress stehen, großen Belastungen ausgesetzt sein

stressed [strɛst] ADJ: **~ out** gestresst

stressful [ˈstrɛsful] ADJ anstrengend, stressig; (*situation*) angespannt

tretch [strɛtʃ] N (*of sand, water etc*) Stück *nt*; (*of time*) Zeit *f* ▸ VI (*person, animal*) sich strecken; (*land, area*) sich erstrecken ▸ VT (*pull*) spannen; (*fig: job, task*) fordern; **at a ~** an einem Stück, ohne Unterbrechung; **by no ~ of the imagination** beim besten Willen nicht; **to ~ to** *or* **as far as the frontier** (*extend*) sich bis zur Grenze erstrecken; **to ~ one's legs** sich *dat* die Beine vertreten

▸ **stretch out** VI sich ausstrecken ▸ VT ausstrecken

▸ **stretch to** VT FUS (*be enough*) reichen für

stretcher [ˈstrɛtʃəʳ] N (Trag)bahre *f*

tretcher-bearer [ˈstrɛtʃəbɛərəʳ] N Krankenträger *m*

stretch marks NPL Dehnungsstreifen *pl*; (*through pregnancy*) Schwangerschaftsstreifen *pl*

strewn [stru:n] ADJ: **~ with** übersät mit

tricken [ˈstrɪkən] ADJ (*person*) leidend; (*city, industry etc*) Not leidend; **~ with** (*disease*) geschlagen mit; (*fear etc*) erfüllt von

trict [strɪkt] ADJ streng; (*precise*) genau; **in the strictest confidence** streng vertraulich; **in the ~ sense of the word** streng genommen

trictly [ˈstrɪktlɪ] ADV streng; (*exactly*) genau; (*solely*) ausschließlich; **~ confidential** streng vertraulich; **~ speaking** genau genommen; **not ~ true** nicht ganz richtig; **~ between ourselves** ganz unter uns

strictness [ˈstrɪktnɪs] N Strenge *f*

stridden [ˈstrɪdn] PP *of* **stride**

stride [straɪd] (*pt* **strode**, *pp* **stridden**) N Schritt *m* ▸ VI schreiten; **to take sth in one's ~** (*fig*) mit etw spielend fertig werden

strident [ˈstraɪdnt] ADJ schrill, durchdringend; (*demands*) lautstark

strife [straɪf] N Streit *m*, Zwietracht *f*

★**strike** [straɪk] (*pt, pp* **struck**) N Streik *m*, Ausstand *m*; (*Mil*) Angriff *m* ▸ VT (*hit*) schlagen; (*fig: idea, thought*) in den Sinn kommen *+dat*; (*oil etc*) finden, stoßen auf *+acc*; (*bargain, deal*) aushandeln; (*coin, medal*) prägen ▸ VI streiken; (*illness, killer*) zuschlagen; (*disaster*) hereinbrechen; (*clock*) schlagen; **on ~** streikend; **to be on ~** streiken; **to ~ a balance** einen Mittelweg finden; **to be struck by lightning** vom Blitz getroffen werden; **to ~ a match** ein Streichholz anzünden

▸ **strike back** VI (*Mil*) zurückschlagen; (*fig*) sich wehren

▸ **strike down** VT niederschlagen

▸ **strike off** VT (*from list*) (aus)streichen; (*doctor etc*) die Zulassung entziehen *+dat*

▸ **strike out** VI losziehen, sich aufmachen ▸ VT (*word, sentence*) (aus)streichen

▸ **strike up** VT (*conversation*) anknüpfen; (*friendship*) schließen; (*Mus*) anstimmen

strikebreaker [ˈstraɪkbreɪkəʳ] N Streikbrecher *m*

strike pay N Streikgeld *nt*

striker [ˈstraɪkəʳ] N Streikende(r) *f(m)*; (*Sport*) Stürmer *m*

striking [ˈstraɪkɪŋ] ADJ auffallend; (*attractive*) attraktiv

strimmer [ˈstrɪməʳ] N Rasentrimmer *m*

★**string** [strɪŋ] (*pt, pp* **strung**) N Schnur *f*; (*of islands*) Kette *f*; (*of people, cars*) Schlange *f*; (*series*) Serie *f*; (*Comput*) Zeichenfolge *f*; (*Mus*) Saite *f* ▸ VT: **to ~ together** aneinanderreihen ■ **the strings** NPL (*Mus*) die Streichinstrumente *pl*; **to pull strings** (*fig*) Beziehungen spielen lassen; **with no strings attached** (*fig*) ohne Bedingungen; **to ~ sth out** etw verteilen

string bean N grüne Bohne *f*

stringed instrument [ˈstrɪŋd-] N Saiteninstrument *nt*

stringent [ˈstrɪndʒənt] ADJ streng; (*measures*) drastisch

string quartet N Streichquartett *nt*

strip [strɪp] N Streifen *m*; (*of metal*) Band *nt*; (*Sport*) Trikot *nt*, Dress *m* ▸ VT (*undress*) ausziehen; (*paint*) abbeizen; (*machine etc*: *also*: **strip down**) auseinandernehmen ▸ VI (*undress*) sich ausziehen

strip cartoon N Comic(strip) *m*

stripe [straɪp] N Streifen *m* ■ **stripes** NPL (*Mil, Police*) (Ärmel)streifen *pl*

striped [straɪpt] ADJ gestreift

strip lighting (BRIT) N Neonlicht *nt*

strip mall N Einkaufsmeile *nt*

stripper [ˈstrɪpəʳ] N Stripper(in) *m(f)*, Stripteasetänzer(in) *m(f)*

S

strip-search [ˈstrɪpsəːtʃ] N Leibesvisitation *f* (*bei der man sich ausziehen muss*) ▶ VT: **to be strip-searched** sich ausziehen müssen und durchsucht werden

striptease [ˈstrɪptiːz] N Striptease *m or nt*

strive [straɪv] (*pt* **strove**, *pp* **striven**) VI: **to ~ for sth** nach etw streben; **to ~ to do sth** danach streben, etw zu tun

striven [ˈstrɪvn] PP *of* **strive**

strobe [strəub] N (*also:* **strobe lights**) Stroboskoplicht *nt*

strode [strəud] PT *of* **stride**

stroke [strəuk] N Schlag *m*, Hieb *m*; (*Swimming: style*) Stil *m*; (*Med*) Schlaganfall *m*; (*of clock*) Schlag *m*; (*of paintbrush*) Strich *m* ▶ VT (*caress*) streicheln; **at a ~** mit einem Schlag; **on the ~ of 5** Punkt 5 (Uhr); **a ~ of luck** ein Glücksfall *m*; **a 2-stroke engine** ein Zweitaktmotor *m*

stroll [strəul] N Spaziergang *m* ▶ VI spazieren; **to go for a ~, have** *or* **take a ~** einen Spaziergang machen

stroller [ˈstrəuləʳ] (US) N (*pushchair*) Sportwagen *m*

★**strong** [strɔŋ] ADJ stark; (*person, arms, grip*) stark, kräftig; (*healthy*) kräftig; (*object, material*) stabil, solide; (*letter*) geharnischt; (*measure*) drastisch; (*language*) derb; (*nerves*) gut; (*taste, smell*) streng ▶ ADV: **to be going ~** (*company*) sehr erfolgreich sein; (*person*) gut in Schuss sein; **I have no ~ feelings about it** es ist mir ziemlich egal; **they are 50 ~** sie sind insgesamt 50

strong-arm [ˈstrɔŋɑːm] ADJ brutal

strongbox [ˈstrɔŋbɔks] N (Geld)kassette *f*

stronghold [ˈstrɔŋhəuld] N Festung *f*; (*fig*) Hochburg *f*

strongly [ˈstrɔŋlɪ] ADV (*solidly*) stabil; (*forcefully*) entschieden; (*deeply*) fest; **to feel ~ that ...** fest davon überzeugt sein, dass ...; **I feel ~ about it** mir liegt sehr viel daran; (*negatively*) ich bin sehr dagegen

strongman [ˈstrɔŋmæn] N (*irreg*) (*lit, fig*) starker Mann *m*

strongroom [ˈstrɔŋruːm] N Tresorraum *m*

stroppy [ˈstrɔpɪ] (BRIT *inf*) ADJ pampig; (*obstinate*) stur

strove [strəuv] PT *of* **strive**

struck [strʌk] PT, PP *of* **strike**

structural [ˈstrʌktʃrəl] ADJ strukturell; (*damage*) baulich; (*defect*) Konstruktions-

structurally [ˈstrʌktʃrəlɪ] ADV: **~ sound** mit guter Bausubstanz

structure [ˈstrʌktʃəʳ] N Struktur *f*, Aufbau *m*; (*building*) Gebäude *nt*

struggle [ˈstrʌgl] N Kampf *m*; (*difficulty*) Anstrengung *f* ▶ VI (*try hard*) sich abmühen; (*fight*) kämpfen; (*in self-defence*) sich wehren; **to have a ~ to do sth** Mühe haben, etw zu tun; **to be a ~ for sb** jdm große Schwierigkeiten bereiten

strum [strʌm] VT (*guitar*) klimpern auf *+dat*

strung [strʌŋ] PT, PP *of* **string**

strut [strʌt] N Strebe *f*, Stütze *f* ▶ VI stolzieren

strychnine [ˈstrɪkniːn] N Strychnin *nt*

stub [stʌb] N (*of cheque, ticket etc*) Abschnitt *m*; (*c* *cigarette*) Kippe *f* ▶ VT: **to ~ one's toe** sich *dat* de Zeh stoßen
▶ **stub out** VT (*cigarette*) ausdrücken

stubble [ˈstʌbl] N Stoppeln *pl*

stubborn [ˈstʌbən] ADJ hartnäckig; (*child*) stö risch

stubby [ˈstʌbɪ] ADJ kurz und dick

stucco [ˈstʌkəu] N Stuck *m*

stuck [stʌk] PT, PP *of* **stick** ▶ ADJ: **to be ~** (*jamme* klemmen; (*unable to answer*) nicht klarkom men; **to get ~** stecken bleiben; (*fig*) nicht wei terkommen

stuck-up [stʌkˈʌp] (*inf*) ADJ hochnäsig

stud [stʌd] N (*on clothing etc*) Niete *f*; (*on colla* Kragenknopf *m*; (*earring*) Ohrstecker *m*; (*on boo* Stollen *m*; (*also:* **stud farm**) Gestüt *nt*; (*also:* **stu** **horse**) Zuchthengst *m* ▶ VT (*fig*): **studded wit** übersät mit; (*with jewels*) dicht besetzt mit

★**student** [ˈstjuːdənt] N Student(in) *m(f)*; (*c* *school*) Schüler(in) *m(f)* ▶ CPD Studenten-; **law** **medical ~** Jura-/Medizinstudent(in) *m(f* **~ nurse** Krankenpflegeschüler(in) *m(f* **~ teacher** Referendar(in) *m(f)*

student driver (US) N Fahrschüler(in) *m(f)*

students' union [ˈstjuːdənts-] (BRIT) N Studen tenvereinigung *f*, ≈ AStA *m*; (*building*) Gebäud *nt* der Studentenvereinigung

studied [ˈstʌdɪd] ADJ (*expression*) einstudier (*attitude*) berechnet

studio [ˈstjuːdɪəu] N Studio *nt*; (*sculptor's etc*) Ate lier *nt*

studio flat, (US) **studio apartment** N Ein zimmerwohnung *f*

studious [ˈstjuːdɪəs] ADJ lernbegierig

studiously [ˈstjuːdɪəslɪ] ADV (*carefully*) sorgsam

★**study** [ˈstʌdɪ] N Studium *nt*, Lernen *nt*; (*room* Arbeitszimmer *nt* ▶ VT studieren; (*face*) prü fend ansehen; (*evidence*) prüfen ▶ VI studieren lernen ■ **studies** NPL (*studying*) Studien *pl*; **t** **make a ~ of sth** etw untersuchen; (*academi* etw studieren; **to ~ for an exam** sich auf ein Prüfung vorbereiten

★**stuff** [stʌf] N Zeug *nt* ▶ VT ausstopfen; (*Culi* füllen; (*inf: push*) stopfen; **my nose is stuffed u** ich habe eine verstopfte Nase; **get stuffed!** (du kannst mich mal!

stuffed toy [stʌft-] N Stofftier *nt*

stuffing [ˈstʌfɪŋ] N Füllung *f*; (*in sofa etc*) Polster material *nt*

stuffy [ˈstʌfɪ] ADJ (*room*) stickig; (*person, idea* spießig

stumble [ˈstʌmbl] VI stolpern; **to ~ across** *or* **o** (*fig*) (zufällig) stoßen auf *+acc*

stumbling block [ˈstʌmblɪŋ-] N Hürde *f*, Hin dernis *nt*

stump [stʌmp] N Stumpf *m* ▶ VT: **to be stumpe** überfragt sein

stun [stʌn] VT betäuben; (*news*) fassungslo machen

stung [stʌŋ] PT, PP *of* **sting**

stunk [stʌŋk] PP *of* **stink**
stunning ['stʌnɪŋ] ADJ (*news, event*) sensationell; (*girl, dress*) hinreißend
stunt [stʌnt] N (*in film*) Stunt *m*; (*publicity stunt*) (Werbe)gag *m*
stunted ['stʌntɪd] ADJ verkümmert
stuntman ['stʌntmæn] N (*irreg*) Stuntman *m*
stupefaction [stju:pɪ'fækʃən] N Verblüffung *f*
stupefy ['stju:pɪfaɪ] VT benommen machen; (*fig*) verblüffen
stupendous [stju:'pɛndəs] ADJ enorm
stupid ['stju:pɪd] ADJ dumm
stupidity [stju:'pɪdɪtɪ] N Dummheit *f*
stupidly ['stju:pɪdlɪ] ADV dumm
stupor ['stju:pə^r] N Benommenheit *f*; **in a ~** benommen
sturdily ['stə:dɪlɪ] ADV: **~ built** (*person*) kräftig gebaut; (*thing*) stabil gebaut
sturdy ['stə:dɪ] ADJ (*person*) kräftig; (*thing*) stabil
sturgeon ['stə:dʒən] N Stör *m*
stutter ['stʌtə^r] N Stottern *nt* ▶ VI stottern; **to have a ~** stottern
Stuttgart ['stutgɑ:t] N Stuttgart *nt*
St Vincent and the Grenadines [seɪnt'vɪnsəntændðə'grɛnədi:nz] N St. Vincent und die Grenadinen *nt*
sty [staɪ] N Schweinestall *m*
stye [staɪ] N Gerstenkorn *nt*
style [staɪl] N Stil *m*; (*design*) Modell *nt*; **in the latest ~** nach der neuesten Mode; **hair ~** Frisur *f*
styli ['staɪlaɪ] NPL *of* **stylus**
stylish ['staɪlɪʃ] ADJ elegant
stylist ['staɪlɪst] N (*hair stylist*) Friseur *m*, Friseuse *f*; (*literary stylist*) Stilist(in) *m(f)*
stylized ['staɪlaɪzd] ADJ stilisiert
stylus ['staɪləs] (*pl* **styli** *or* **styluses**) N Nadel *f*
Styrofoam® ['staɪrəfəum] N ≈ Styropor® *nt*
suave [swɑ:v] ADJ zuvorkommend
sub [sʌb] N ABBR (*Naut*) = **submarine**; (*Admin*) = **subscription**; (BRIT *Press*) = **subeditor**
sub... [sʌb] PREF Unter-, unter-
subcommittee ['sʌbkəmɪtɪ] N Unterausschuss *m*
subconscious [sʌb'kɔnʃəs] ADJ unterbewusst
subcontinent [sʌb'kɔntɪnənt] N: **the (Indian) ~** der (indische) Subkontinent
subcontract VT [sʌbkən'trækt] (verträglich) weitervergeben ▶ N [sʌb'kɔntrækt] Nebenvertrag *m*
subcontractor [sʌbkən'træktə^r] N Subunternehmer *m*
subdivide [sʌbdɪ'vaɪd] VT unterteilen
subdivision ['sʌbdɪvɪʒən] N Unterteilung *f*
subdue [səb'dju:] VT unterwerfen; (*emotions*) dämpfen
subdued [səb'dju:d] ADJ (*light*) gedämpft; (*person*) bedrückt
subeditor [sʌb'ɛdɪtə^r] (BRIT) N Redakteur(in) *m(f)*
★**subject** N ['sʌbdʒɪkt] (*matter*) Thema *nt*; (*Scol*) Fach *nt*; (*of country*) Staatsbürger(in) *m(f)*; (*Gram*) Subjekt *nt* ▶ VT [səb'dʒɛkt]: **to ~ sb to sth** jdn einer Sache *dat* unterziehen; (*expose*) jdn einer Sache *dat* aussetzen; **to change the ~** das Thema wechseln; **to be ~ to** (*law, tax*) unterworfen sein *+dat*; (*heart attacks etc*) anfällig sein für; **~ to confirmation in writing** vorausgesetzt, es wird schriftlich bestätigt
subjection [səb'dʒɛkʃən] N Unterwerfung *f*
subjective [səb'dʒɛktɪv] ADJ subjektiv
subject matter N Stoff *m*; (*content*) Inhalt *m*
sub judice [sʌb'dju:dɪsɪ] ADJ (*Law*): **to be ~** verhandelt werden
subjugate ['sʌbdʒugeɪt] VT unterwerfen
subjunctive [səb'dʒʌŋktɪv] N Konjunktiv *m*; **in the ~** im Konjunktiv
sublet [sʌb'lɛt] VT (*irreg: like* **let**) untervermieten
sublime [sə'blaɪm] ADJ erhaben, vollendet; **that's going from the ~ to the ridiculous** das ist ein Abstieg ins Profane
subliminal [sʌb'lɪmɪnl] ADJ unterschwellig
submachine gun [sʌbmə'ʃi:n-] N Maschinenpistole *f*
submarine [sʌbmə'ri:n] N U-Boot *nt*, Unterseeboot *nt*
submerge [səb'mə:dʒ] VT untertauchen; (*flood*) überschwemmen ▶ VI tauchen; **submerged** unter Wasser
submersion [səb'mə:ʃən] N Untertauchen *nt*; (*of submarine*) Tauchen *nt*; (*by flood*) Überschwemmung *f*
submission [səb'mɪʃən] N (*subjection*) Unterwerfung *f*; (*of plan, application etc*) Einreichung *f*; (*proposal*) Vorlage *f*
submissive [səb'mɪsɪv] ADJ gehorsam; (*gesture*) demütig
submit [səb'mɪt] VT (*application etc*) einreichen; (*proposal*) vorlegen ▶ VI: **to ~ to sth** sich einer Sache *dat* unterwerfen
subnormal [sʌb'nɔ:ml] ADJ (*below average*) unterdurchschnittlich; (*old: child etc*) minderbegabt; **educationally ~** lernbehindert
subordinate [sə'bɔ:dɪnət] N Untergebene(r) *f(m)*; (*Ling*): **~ clause** Nebensatz *m* ▶ ADJ untergeordnet; **to be ~ to sb** jdm untergeordnet sein
subpoena [səb'pi:nə] N (*Law*) Vorladung *f* ▶ VT vorladen
subprime ['sʌbpraɪm] ADJ (*borrower, loan*) risikoreich ; **~ mortgage** Subprime-Hypothek *f*
subroutine [sʌbru:'ti:n] N (*Comput*) Unterprogramm *nt*
subscribe [səb'skraɪb] VI spenden; **to ~ to** (*magazine etc*) abonnieren; (*opinion, theory*) sich anschließen *+dat*; (*fund, charity*) regelmäßig spenden an *+acc*
subscriber [səb'skraɪbə^r] N (*to magazine*) Abonnent(in) *m(f)*; (*Tel*) Teilnehmer(in) *m(f)*
subscript ['sʌbskrɪpt] N tiefgestelltes Zeichen *nt*

S

subscription [səbˈskrɪpʃən] N (*to magazine etc*) Abonnement *nt*; (*membership dues*) (Mitglieds)-beitrag *m*; **to take out a ~ to** (*magazine etc*) abonnieren

subsequent [ˈsʌbsɪkwənt] ADJ nachfolgend, später; (*further*) weiter; **~ to** im Anschluss an *+acc*

subsequently [ˈsʌbsɪkwəntlɪ] ADV später

subservient [səbˈsəːvɪənt] ADJ unterwürfig; (*less important*) untergeordnet; **to be ~ to** untergeordnet sein *+dat*

subside [səbˈsaɪd] VI (*flood*) sinken; (*earth*) sich senken; (*feeling, pain*) nachlassen

subsidence [səbˈsaɪdns] N Senkung *f*

subsidiarity [səbsɪdɪˈærɪtɪ] N Subsidiarität *f*

subsidiary [səbˈsɪdɪərɪ] ADJ (*question, role, Brit: Scol: subject*) Neben- ▶ N (*also:* **subsidiary company**) Tochtergesellschaft *f*

subsidize [ˈsʌbsɪdaɪz] VT subventionieren

★**subsidy** [ˈsʌbsɪdɪ] N Subvention *f*

subsist [səbˈsɪst] VI: **to ~ on sth** sich von etw ernähren

subsistence [səbˈsɪstəns] N Existenz *f*; **enough for ~** genug zum (Über)leben

subsistence allowance N Unterhaltszuschuss *m*

subsistence level N Existenzminimum *nt*

★**substance** [ˈsʌbstəns] N Substanz *f*, Stoff *m*; (*fig: essence*) Kern *m*; **a man of ~** ein vermögender Mann; **to lack ~** (*book*) keine Substanz haben; (*argument*) keine Durchschlagskraft haben

substance abuse N *Missbrauch von Alkohol, Drogen, Arzneimitteln etc*

substandard [sʌbˈstændəd] ADJ minderwertig; (*housing*) unzulänglich

substantial [səbˈstænʃl] ADJ (*solid*) solide; (*considerable*) beträchtlich, größere(r, s); (*meal*) kräftig

substantially [səbˈstænʃəlɪ] ADV erheblich; (*in essence*) im Wesentlichen

substantiate [səbˈstænʃɪeɪt] VT erhärten, untermauern

★**substitute** [ˈsʌbstɪtjuːt] N Ersatz *m* ▶ VT: **to ~ A for B** B durch A ersetzen

substitute teacher (*US*) N Vertretung *f*

substitution [sʌbstɪˈtjuːʃən] N Ersetzen *nt*; (*Football*) Auswechseln *nt*

subterfuge [ˈsʌbtəfjuːdʒ] N Tricks *pl*; (*trickery*) Täuschung *f*

subterranean [sʌbtəˈreɪnɪən] ADJ unterirdisch

subtitle [ˈsʌbtaɪtl] N Untertitel *m*

subtle [ˈsʌtl] ADJ fein; (*indirect*) raffiniert

subtlety [ˈsʌtltɪ] N Feinheit *f*; (*art of being subtle*) Finesse *f*

subtly [ˈsʌtlɪ] ADV (*change, vary*) leicht; (*different*) auf subtile Weise; (*persuade*) raffiniert

subtotal [sʌbˈtəutl] N Zwischensumme *f*

subtract [səbˈtrækt] VT abziehen, subtrahieren

subtraction [səbˈtrækʃən] N Abziehen *nt*, Subtraktion *f*

subtropical [sʌbˈtrɔpɪkl] ADJ subtropisch

suburb [ˈsʌbəːb] N Vorort *m*

suburban [səˈbəːbən] ADJ (*train etc*) Vorort-; (*lifestyle etc*) spießig, kleinbürgerlich

suburbia [səˈbəːbɪə] N die Vororte *pl*

subvention [səbˈvɛnʃən] N Subvention *f*

subversion [səbˈvəːʃən] N Subversion *f*

subversive [səbˈvəːsɪv] ADJ subversiv

subway [ˈsʌbweɪ] N (*US*) U-Bahn *f*, Untergrundbahn *f*; (*Brit: underpass*) Unterführung *f*

sub-zero [sʌbˈzɪərəu] ADJ: **~ temperatures** Temperaturen unter null

★**succeed** [səkˈsiːd] VI (*person*) erfolgreich sein, Erfolg haben; (*plan etc*) gelingen, erfolgreich sein ▶ VT (*in job*) Nachfolger werden *+gen*; (*in order*) folgen *+dat*; **he succeeded in doing it** es gelang ihm(, es zu tun)

succeeding [səkˈsiːdɪŋ] ADJ folgend; **~ generations** spätere *or* nachfolgende Generationen *pl*

★**success** [səkˈsɛs] N Erfolg *m*; **without ~** ohne Erfolg, erfolglos

★**successful** [səkˈsɛsful] ADJ erfolgreich; **to be ~** erfolgreich sein, Erfolg haben; **sb is ~ in doing sth** es gelingt jdm, etw zu tun

successfully [səkˈsɛsfəlɪ] ADV erfolgreich, mit Erfolg

succession [səkˈsɛʃən] N Folge *f*, Serie *f*; (*to throne etc*) Nachfolge *f*; **3 years in ~** 3 Jahre nacheinander *or* hintereinander

successive [səkˈsɛsɪv] ADJ aufeinanderfolgend; **on 3 ~ days** 3 Tage nacheinander *or* hintereinander

successor [səkˈsɛsər] N Nachfolger(in) *m(f)*

succinct [səkˈsɪŋkt] ADJ knapp, prägnant

succulent [ˈsʌkjulənt] ADJ saftig ▶ N Fettpflanze *f*, Sukkulente *f*

succumb [səˈkʌm] VI: **to ~ to** (*temptation*) erliegen *+dat*; (*illness: become affected by*) bekommen; (*: die of*) erliegen *+dat*

★**such** [sʌtʃ] ADJ (*of that kind*): **~ a book** so ein Buch; (*so much*): **~ courage** so viel Mut; (*emphasizing similarity*): **or some ~ place/name** *etc* oder so ähnlich ▶ ADV so; **~ books** solche Bücher; **~ a lot of** so viel; **she made ~ a noise that …** sie machte so einen Lärm, dass …; **~ books as I have** was ich an Büchern habe; **I said no ~ thing** das habe ich nie gesagt; **~ a long trip** so eine lange Reise; **~ as** wie (zum Beispiel); **as ~** an sich

such-and-such [ˈsʌtʃənsʌtʃ] ADJ die und die, der und der, das und das

suchlike [ˈsʌtʃlaɪk] (*inf*) PRON: **and ~** und dergleichen

suck [sʌk] VT (*sweet etc*) lutschen; (*pump, machine*) saugen; (*ice-lolly*) lutschen an *+dat*; (*baby*) saugen an *+dat*

sucker [ˈsʌkər] N (*Zool*) Saugnapf *m*; (*Tech*) Saugfuß *m*; (*Bot*) unterirdischer Ausläufer *m*; (*inf*) Dummkopf *m*

suckle [ˈsʌkl] VT (*baby*) stillen; (*animal*) säugen

sucrose [ˈsuːkrəuz] N (pflanzlicher) Zucker *m*

suction [ˈsʌkʃən] N Saugwirkung *f*

suction pump N Saugpumpe *f*

Sudan [suˈdɑːn] N der Sudan

Sudanese [suːdəˈniːz] ADJ sudanesisch ▸ N Sudanese *m*, Sudanesin *f*

sudden [ˈsʌdn] ADJ plötzlich; **all of a ~** ganz plötzlich

sudden death N (*also:* **sudden-death play-off**) Stichkampf *m*

suddenly [ˈsʌdnlɪ] ADV plötzlich

sudoku [suˈdəukuː] N Sudoku *nt*

suds [sʌdz] NPL Seifenschaum *m*

sue [suː] VT verklagen ▸ VI klagen, vor Gericht gehen; **to ~ sb for damages** jdn auf Schadenersatz verklagen; **to ~ for divorce** die Scheidung einreichen

suede [sweɪd] N Wildleder *nt* ▸ CPD Wildleder-

suet [ˈsuːɪt] N Nierenfett *nt*

Suez [ˈsuːɪz] N: **the ~ Canal** der Suezkanal

suffer [ˈsʌfəʳ] VT erleiden; (*rudeness etc*) ertragen ▸ VI leiden; **to ~ from** leiden an *+dat*; **to ~ the effects of sth** an den Folgen von etw leiden

sufferance [ˈsʌfərəns] N: **he was only there on ~** er wurde dort nur geduldet

sufferer [ˈsʌfərəʳ] N Leidende(r) *f(m)*

suffering [ˈsʌfərɪŋ] N Leid *nt*

suffice [səˈfaɪs] VI genügen

sufficient [səˈfɪʃənt] ADJ ausreichend; **~ money** genug Geld

sufficiently [səˈfɪʃəntlɪ] ADV ausreichend, genug; **~ powerful/enthusiastic** mächtig/begeistert genug

suffix [ˈsʌfɪks] N Suffix *nt*, Nachsilbe *f*

suffocate [ˈsʌfəkeɪt] VI (*lit, fig*) ersticken

suffocation [sʌfəˈkeɪʃən] N Ersticken *nt*

suffrage [ˈsʌfrɪdʒ] N Wahlrecht *nt*

suffragette [sʌfrəˈdʒɛt] N Suffragette *f*

suffused [səˈfjuːzd] ADJ: **~ with** erfüllt von; **~ with light** lichtdurchflutet

sugar [ˈʃugəʳ] N Zucker *m* ▸ VT zuckern

sugar beet N Zuckerrübe *f*

sugar bowl N Zuckerdose *f*

sugar cane N Zuckerrohr *nt*

sugar-coated [ˈʃugəˈkəutɪd] ADJ mit Zucker überzogen

sugar lump N Zuckerstück *nt*

sugar refinery N Zuckerraffinerie *f*

sugary [ˈʃugərɪ] ADJ süß; (*fig: smile, phrase*) süßlich

suggest [səˈdʒɛst] VT vorschlagen; (*indicate*) andeuten, hindeuten auf *+acc*; **what do you ~ I do?** was schlagen Sie vor?

suggestion [səˈdʒɛstʃən] N Vorschlag *m*; (*indication*) Anflug *m*; (*trace*) Spur *f*

suggestive [səˈdʒɛstɪv] (*pej*) ADJ anzüglich

suicidal [suɪˈsaɪdl] ADJ selbstmörderisch; (*person*) selbstmordgefährdet; **to be** *or* **feel ~** Selbstmordgedanken haben

★**suicide** [ˈsuɪsaɪd] N (*lit, fig*) Selbstmord *m*; (*person*) Selbstmörder(in) *m(f)*; *see also* **commit**

suicide attack N Selbstmordanschlag *m*

suicide attacker N Selbstmordattentäter(in) *m(f)*

suicide attempt, suicide bid N Selbstmordversuch *m*

suicide bomber N Selbstmordattentäter(in) *m(f)*

★**suit** [suːt] N (*man's*) Anzug *m*; (*woman's*) Kostüm *nt*; (*Cards*) Farbe *f*; (*Law*) Prozess *m*, Verfahren *nt* ▸ VT passen *+dat*; (*colour, clothes*) stehen *+dat*; **to bring a ~ against sb** (*Law*) gegen jdn Klage erheben *or* einen Prozess anstrengen; **to follow ~** (*fig*) das Gleiche tun; **to ~ sth to** etw anpassen an *+acc*; **to be suited to do sth** sich dafür eignen, etw zu tun; **~ yourself!** wie du willst!; **well suited** (*couple*) gut zusammenpassend

suitability [suːtəˈbɪlɪtɪ] N Eignung *f*

★**suitable** [ˈsuːtəbl] ADJ (*appropriate*) geeignet; (*convenient*) passend; **would tomorrow be ~?** würde Ihnen morgen passen?; **Monday isn't ~** Montag passt nicht; **we found somebody ~** wir haben jemand Passenden gefunden

suitably [ˈsuːtəblɪ] ADV passend; (*impressed*) gebührend

suitcase [ˈsuːtkeɪs] N Koffer *m*

suite [swiːt] N (*of rooms*) Suite *f*, Zimmerflucht *f*; (*Mus*) Suite *f*; **bedroom/dining room ~** Schlafzimmer-/Esszimmereinrichtung *f*; **a three-piece ~** eine dreiteilige Polstergarnitur

suitor [ˈsuːtəʳ] N Kläger(in) *m(f)*

sulfate [ˈsʌlfeɪt] (*US*) N = **sulphate**

sulfur [ˈsʌlfəʳ] (*US*) N = **sulphur**

sulfuric [sʌlˈfjuərɪk] (*US*) ADJ = **sulphuric**

sulk [sʌlk] VI schmollen

sulky [ˈsʌlkɪ] ADJ schmollend

sullen [ˈsʌlən] ADJ mürrisch, verdrossen

sulphate, (*US*) **sulfate** [ˈsʌlfeɪt] N Sulfat *nt*, schwefelsaures Salz *nt*

sulphur, (*US*) **sulfur** [ˈsʌlfəʳ] N Schwefel *m*

sulphur dioxide N Schwefeldioxid *nt*

sulphuric, (*US*) **sulfuric** [sʌlˈfjuərɪk] ADJ: **~ acid** Schwefelsäure *f*

sultan [ˈsʌltən] N Sultan *m*

sultana [sʌlˈtɑːnə] N Sultanine *f*

sultry [ˈsʌltrɪ] ADJ schwül

★**sum** [sʌm] N (*calculation*) Rechenaufgabe *f*; (*amount*) Summe *f*, Betrag *m*

▸ **sum up** VT zusammenfassen; (*evaluate rapidly*) einschätzen ▸ VI zusammenfassen

Sumatra [suˈmɑːtrə] N Sumatra *nt*

summarize [ˈsʌməraɪz] VT zusammenfassen

summary [ˈsʌmərɪ] N Zusammenfassung *f* ▸ ADJ (*justice, executions*) im Schnellverfahren

★**summer** [ˈsʌməʳ] N Sommer *m* ▸ CPD Sommer-; **in ~** im Sommer

summer camp (*US*) N Ferienlager *nt*

summer holidays NPL Sommerferien *pl*

summerhouse [ˈsʌməhaus] N (*in garden*) Gartenhaus *nt*, Gartenlaube *f*
summertime [ˈsʌmətaɪm] N Sommer *m*, Sommerszeit *f*
summery [ˈsʌmərɪ] ADJ sommerlich
summing-up [sʌmɪŋˈʌp] N (*Law*) Resümee *nt*
★**summit** [ˈsʌmɪt] N Gipfel *m*; (*also:* **summit conference/meeting**) Gipfelkonferenz *f*/-treffen *nt*
summon [ˈsʌmən] VT rufen, kommen lassen; (*help*) holen; (*meeting*) einberufen; (*Law: witness*) vorladen
▸ **summon up** VT aufbringen
summons [ˈsʌmənz] N (*Law*) Vorladung *f*; (*fig*) Aufruf *m* ▸ VT (*Law*) vorladen; **to serve a ~ on sb** jdn vor Gericht laden
sumo [ˈsuːməu], **sumo wrestling** N Sumo(-Ringen) *nt*
sump [sʌmp] (BRIT) N Ölwanne *f*
sumptuous [ˈsʌmptjuəs] ADJ (*meal*) üppig; (*costume*) aufwendig
★**sun** [sʌn] N Sonne *f*; **to catch the ~** einen Sonnenbrand bekommen; **everything under the ~** alles Mögliche
Sun. ABBR (= *Sunday*) So.
sunbathe [ˈsʌnbeɪð] VI sich sonnen
sunbeam [ˈsʌnbiːm] N Sonnenstrahl *m*
sunbed [ˈsʌnbɛd] N (*with sun lamp*) Sonnenbank *f*
sunblock [ˈsʌnblɔk] N Sonnenschutzcreme *f*
sunburn [ˈsʌnbəːn] N Sonnenbrand *m*
sunburned [ˈsʌnbəːnd] ADJ = **sunburnt**
sunburnt [ˈsʌnbəːnt] ADJ sonnenverbrannt, sonnengebräunt; **to be ~** (*painfully*) einen Sonnenbrand haben
sun-cream [ˈsʌnkriːm] N Sonnencreme *f*
sundae [ˈsʌndeɪ] N Eisbecher *m*
★**Sunday** [ˈsʌndɪ] N Sonntag *m*; *see also* **Tuesday**
Sunday paper N Sonntagszeitung *f*

Die **Sunday papers** umfassen sowohl Massenblätter als auch seriöse Zeitungen. *The Observer* ist die älteste überregionale Sonntagszeitung der Welt. Die Sonntagszeitungen sind alle sehr umfangreich mit vielen Farb- und Sonderbeilagen. Zu den meisten Tageszeitungen gibt es parallele Sonntagsblätter, die aber separate Redaktionen haben.

Sunday school N Sonntagsschule *f*
sundial [ˈsʌndaɪəl] N Sonnenuhr *f*
sundown [ˈsʌndaun] (*esp US*) N Sonnenuntergang *m*
sundries [ˈsʌndrɪz] NPL Verschiedenes *nt*
sundry [ˈsʌndrɪ] ADJ verschiedene; **all and ~** jedermann
sunflower [ˈsʌnflauəʳ] N Sonnenblume *f*
sunflower oil N Sonnenblumenöl *nt*
sung [sʌŋ] PP *of* **sing**
sunglasses [ˈsʌnglɑːsɪz] NPL Sonnenbrille *f*
sunk [sʌŋk] PP *of* **sink**
sunken [ˈsʌŋkn] ADJ versunken; (*eyes*) tief liegend; (*cheeks*) eingefallen; (*bath*) eingelassen
sunlamp [ˈsʌnlæmp] N Höhensonne *f*
sunlight [ˈsʌnlaɪt] N Sonnenlicht *nt*
sunlit [ˈsʌnlɪt] ADJ sonnig, sonnenbeschienen
sunny [ˈsʌnɪ] ADJ sonnig; (*fig*) heiter
sunrise [ˈsʌnraɪz] N Sonnenaufgang *m*
sun roof N (*Aut*) Schiebedach *nt*; (*on building*) Sonnenterrasse *f*
sun screen N Sonnenschutzmittel *nt*
sunset [ˈsʌnsɛt] N Sonnenuntergang *m*
sunshade [ˈsʌnʃeɪd] N Sonnenschirm *m*
sunshine [ˈsʌnʃaɪn] N Sonnenschein *m*
sunspot [ˈsʌnspɔt] N Sonnenfleck *m*
sunstroke [ˈsʌnstrəuk] N Sonnenstich *m*
suntan [ˈsʌntæn] N (Sonnen)bräune *f*; **to get ~** braun werden
suntan lotion N Sonnenmilch *f*
suntanned [ˈsʌntænd] ADJ braun (gebrannt)
suntan oil N Sonnenöl *nt*
suntrap [ˈsʌntræp] N sonniges Eckchen *nt*
★**super** [ˈsuːpəʳ] (*inf*) ADJ toll, fantastisch
superannuation [suːpərænjuˈeɪʃən] N Beitrag *m* zur Rentenversicherung
★**superb** [suːˈpəːb] ADJ ausgezeichnet, großartig; (*meal*) vorzüglich
Super Bowl N Superbowl *m*, Super Bowl *m* *American-Football-Turnier zwischen den Spitzenreitern der Nationalligen*

Der **Super Bowl** ist das jährliche Meisterschafts-Finale der *National Football League* (*NFL*), die Profi-Liga des Footballs, und wird in der Regel am ersten Februar-Sonntag gespielt. 40 Jahre nach der ersten Austragung 1967 ist der *Super Bowl Sunday Tradition* geworden, auch berühmt für die Mengen Essen, die von den Millionen Fans verschlungen werden, wenn sich diese vor dem Fernseher versammeln, um dem Finale und den anschließenden Festlichkeiten zu folgen. Die Übertragung des *Super Bowl* ist die meistgesehene Sendung der Vereinigten Staaten.

supercilious [suːpəˈsɪlɪəs] ADJ herablassend
superconductor [suːpəkənˈdʌktəʳ] N (*Phys*) Superleiter *m*
superficial [suːpəˈfɪʃəl] ADJ oberflächlich
superficially [suːpəˈfɪʃəlɪ] ADV oberflächlich; (*from a superficial point of view*) oberflächlich gesehen
superfluous [suˈpəːfluəs] ADJ überflüssig
superfood [ˈsuːpəfuːd] N Superfood *nt*
superglue [ˈsuːpəgluː] N Sekundenkleber *m*
superhighway (*US*) [suːpəˈhaɪweɪ] N ≈ Autobahn *f*; **information ~** Datenautobahn *f*
superhuman [suːpəˈhjuːmən] ADJ übermenschlich
superimpose [suːpərɪmˈpəuz] VT (*two things*) übereinanderlegen; **to ~ on** legen auf +*acc*; **to ~ with** überlagern mit

uperintend [su:pərɪnˈtɛnd] VT beaufsichtigen, überwachen

uperintendent [su:pərɪnˈtɛndənt] N Aufseher(in) *m(f)*; *(Police)* Kommissar(in) *m(f)*

uperior [suˈpɪərɪəʳ] ADJ besser, überlegen *+dat*; *(more senior)* höhergestellt; *(smug)* überheblich; *(: smile)* überlegen ▶ N Vorgesetzte(r) *f(m)*; **Mother S~** *(Rel)* Mutter Oberin

uperiority [supɪərɪˈɔrɪtɪ] N Überlegenheit *f*

uperlative [suˈpə:lətɪv] N Superlativ *m* ▶ ADJ überragend

uperman [ˈsu:pəmæn] N *(irreg)* Übermensch *m*

upermarket [ˈsu:pəmɑ:kɪt] N Supermarkt *m*

upermodel [ˈsu:pəmɔdl] N Supermodell *nt*

upernatural [su:pəˈnætʃərəl] ADJ übernatürlich ▶ N: **the ~** das Übernatürliche

upernova [su:pəˈnəuvə] N Supernova *f*

uperpower [ˈsu:pəpauəʳ] N Supermacht *f*

uperscript [ˈsu:pəskrɪpt] N hochgestelltes Zeichen *nt*

upersede [su:pəˈsi:d] VT ablösen, ersetzen

upersonic [su:pəˈsɔnɪk] ADJ *(aircraft etc)* Überschall-

uperstar [ˈsu:pəstɑ:ʳ] N Superstar *m*

uperstition [su:pəˈstɪʃən] N Aberglaube *m*

uperstitious [su:pəˈstɪʃəs] ADJ abergläubisch

uperstore [ˈsu:pəstɔ:ʳ] *(Brit)* N Großmarkt *m*

upertanker [ˈsu:pətæŋkəʳ] N Supertanker *m*

upertax [ˈsu:pətæks] N Höchststeuer *f*

upervise [ˈsu:pəvaɪz] VT beaufsichtigen

upervision [su:pəˈvɪʒən] N Beaufsichtigung *f*; **under medical ~** unter ärztlicher Aufsicht

upervisor [ˈsu:pəvaɪzəʳ] N Aufseher(in) *m(f)*; *(of students)* Tutor(in) *m(f)*

upervisory [ˈsu:pəvaɪzərɪ] ADJ beaufsichtigend, Aufsichts-

upine [ˈsu:paɪn] ADJ: **to be ~** auf dem Rücken liegen ▶ ADV auf dem Rücken

upper [ˈsʌpəʳ] N Abendessen *nt*; **to have ~** zu Abend essen

upplant [səˈplɑ:nt] VT ablösen, ersetzen

upple [ˈsʌpl] ADJ geschmeidig; *(person)* gelenkig

upplement N [ˈsʌplɪmənt] Zusatz *m*; *(of newspaper etc)* Beilage *f*; *(of book)* Ergänzungsband *m* ▶ VT [ˈsʌplɪmɛnt] ergänzen

upplementary [sʌplɪˈmɛntərɪ] ADJ zusätzlich, ergänzend

upplementary budget N *(Pol)* ≈ Nachtragshaushalt *m or* -etat *m*

upplier [səˈplaɪəʳ] N Lieferant(in) *m(f)*

upply [səˈplaɪ] VT liefern; *(provide)* sorgen für; *(a need)* befriedigen ▶ N Vorrat *m*; *(supplying)* Lieferung *f* ■ **supplies** NPL *(food)* Vorräte *pl*; *(Mil)* Nachschub *m*; **to ~ sth to sb** jdm etw liefern; **to ~ sth with sth** etw mit etw versorgen; **it comes supplied with an adaptor** es wird mit einem Adapter geliefert; **office supplies** Bürobedarf *m*; **to be in short ~** knapp sein; **the electricity/water/gas ~** die Strom-/Wasser-/Gasversorgung *f*; **~ and demand** Angebot *nt* und Nachfrage

supply teacher *(Brit)* N Vertretung *f*

★**support** [səˈpɔ:t] N Unterstützung *f*; *(Tech)* Stütze *f* ▶ VT unterstützen, eintreten für; *(financially: family etc)* unterhalten; *(: party etc)* finanziell unterstützen; *(Tech)* (ab)stützen; *(theory etc)* untermauern; **they stopped work in ~ of …** sie sind in den Streik getreten, um für … einzutreten; **to ~ o.s.** *(financially)* finanziell unabhängig sein; **to ~ Arsenal** Arsenal-Fan sein

★**supporter** [səˈpɔ:təʳ] N *(Pol etc)* Anhänger(in) *m(f)*; *(Sport)* Fan *m*

supporting [səˈpɔ:tɪŋ] ADJ: **~ role** Nebenrolle *f*; **~ actor** Schauspieler *m* in einer Nebenrolle; **~ film** Vorfilm *m*

supportive [səˈpɔ:tɪv] ADJ hilfreich; **to be ~ of sb/sth** jdn/etw unterstützen

★**suppose** [səˈpəuz] VT annehmen, glauben; *(imagine)* sich *dat* vorstellen; **to be supposed to do sth** etw tun sollen; **it was worse than she'd supposed** es war schlimmer, als sie es sich vorgestellt hatte; **I don't ~ she'll come** ich glaube kaum, dass sie kommt; **he's about sixty, I ~** er muss wohl so um die Sechzig sein; **he's supposed to be an expert** er ist angeblich ein Experte; **I ~ so/not** ich glaube schon/nicht

supposedly [səˈpəuzɪdlɪ] ADV angeblich

supposing [səˈpəuzɪŋ] CONJ angenommen

supposition [sʌpəˈzɪʃən] N Annahme *f*

suppository [səˈpɔzɪtrɪ] N Zäpfchen *nt*

suppress [səˈprɛs] VT unterdrücken; *(publication)* verbieten

suppression [səˈprɛʃən] N Unterdrückung *f*

suppressor [səˈprɛsəʳ] N *(Elec etc)* Entstörungselement *nt*

supremacy [suˈprɛməsɪ] N Vormachtstellung *f*

supreme [suˈpri:m] ADJ Ober-, oberste(r, s); *(effort)* äußerste(r, s); *(achievement)* höchste(r, s)

Supreme Court (US) N Oberster Gerichtshof *m*

> Der **Supreme Court**, der oberste Gerichtshof und höchste Instanz der Vereinigten Staaten, wurde 1789 gegründet. Er setzt sich aus einem *chief justice* (Vorsitzender) und acht *associate justices* (Richtern) zusammen. Diese werden vom amerikanischen Präsidenten nominiert und vom Senat anerkannt. Die *justices* üben ihr Amt in der Regel auf Lebenszeit aus, außer sie treten zurück, gehen in Ruhestand oder werden vom Kongress abgesetzt. Jeder Bundesstaat verfügt noch über einen eigenen Obergerichtshof, der Entscheidungen in Sachen Gesetzgebung und Verwaltung der Judikative des betroffenen Staates trifft.

supremo [suˈpri:məu] *(Brit inf)* N Boss *m*

Supt ABBR *(Police)* = **superintendent**

surcharge [ˈsə:tʃɑ:dʒ] N Zuschlag *m*

★**sure** [ʃuəʳ] ADJ sicher; *(reliable)* zuverlässig, sicher ▶ ADV *(inf: esp US)*: **that ~ is pretty, that's ~ pretty** das ist aber schön; **to make ~ of sth** sich einer Sache *gen* vergewissern; **to make ~ that** sich vergewissern, dass; **I'm ~ of it** ich bin mir da sicher; **I'm not ~ how/why/when** ich bin mir nicht sicher *or* ich weiß nicht genau, wie/warum/wann; **to be ~ of o.s.** selbstsicher sein; **~!** klar!; **~ enough** tatsächlich

sure-fire [ˈʃuəfaɪəʳ] (*inf*) ADJ todsicher

sure-footed [ʃuəˈfutɪd] ADJ trittsicher

★**surely** [ˈʃuəlɪ] ADV sicherlich, bestimmt; **~ you don't mean that!** das meinen Sie doch bestimmt *or* sicher nicht (so)!

surety [ˈʃuərətɪ] N Bürgschaft *f*, Sicherheit *f*; **to go** *or* **stand ~ for sb** für jdn bürgen

surf [səːf] N Brandung *f*

★**surface** [ˈsəːfɪs] N Oberfläche *f* ▸ VT (*road*) mit einem Belag versehen ▸ VI (*lit, fig*) auftauchen; (*feeling*) hochkommen; (*rise from bed*) hochkommen; **on the ~** (*fig*) oberflächlich betrachtet

surface area N Fläche *f*

surface mail N Post *f* auf dem Land-/Seeweg

surface-to-surface [ˈsəːfɪstəˈsəːfɪs] ADJ (*missile*) Boden-Boden-

surfboard [ˈsəːfbɔːd] N Surfbrett *nt*

surfeit [ˈsəːfɪt] N: **a ~ of** ein Übermaß an *+dat*

surfer [ˈsəːfəʳ] N Surfer(in) *m(f)*

surfing [ˈsəːfɪŋ] N Surfen *nt*; **to go ~** surfen gehen

surge [səːdʒ] N Anstieg *m*; (*fig: of emotion*) Woge *f*; (*Elec*) Spannungsstoß *m* ▸ VI (*water*) branden; (*people*) sich drängen; (*vehicles*) sich wälzen; (*emotion*) aufwallen; (*Elec: power*) ansteigen; **to ~ forward** nach vorne drängen

surgeon [ˈsəːdʒən] N Chirurg(in) *m(f)*

Surgeon General (*US*) N (*Med*) ≈ Gesundheitsminister(in) *m(f)*; (*Mil*) Sanitätsinspekteur(in) *m(f)*

★**surgery** [ˈsəːdʒərɪ] N Chirurgie *f*; (BRIT: *room*) Sprechzimmer *nt*; (: *building*) Praxis *f*; (*of doctor, MP etc: also:* **surgery hours**) Sprechstunde *f*; **to have ~** operiert werden; **to need ~** operiert werden müssen

surgical [ˈsəːdʒɪkl] ADJ chirurgisch; (*treatment*) operativ

surgical spirit (BRIT) N Wundbenzin *nt*

Suriname [suərɪˈnæm] N Surinam(e) *nt*

surly [ˈsəːlɪ] ADJ verdrießlich, mürrisch

surmise [səːˈmaɪz] VT vermuten, mutmaßen

surmount [səːˈmaunt] VT (*fig*) überwinden

surname [ˈsəːneɪm] N Nachname *m*

surpass [səːˈpɑːs] VT übertreffen

surplus [ˈsəːpləs] N Überschuss *m* ▸ ADJ überschüssig; **it is ~ to our requirements** das benötigen wir nicht

★**surprise** [səˈpraɪz] N Überraschung *f* ▸ VT überraschen; (*astonish*) erstaunen; (*army*) überrumpeln; (*thief*) ertappen; **to take sb by ~** jdn überraschen

★**surprising** [səˈpraɪzɪŋ] ADJ überraschend; (*situation*) erstaunlich; **it is ~ how/that** es ist erstaunlich, wie/dass

surprisingly [səˈpraɪzɪŋlɪ] ADV (*quickly*) überraschend, erstaunlich; **(somewhat) ~, he agreed** erstaunlicherweise war er damit einverstanden

surrealism [səˈrɪəlɪzəm] N Surrealismus *m*

surrealist [səˈrɪəlɪst] ADJ surrealistisch

★**surrender** [səˈrɛndəʳ] VI sich ergeben ▸ VT aufgeben ▸ N Kapitulation *f*

surrender value N Rückkaufswert *m*

surreptitious [sʌrəpˈtɪʃəs] ADJ heimlich, verstohlen

surrogate [ˈsʌrəgɪt] N Ersatz *m* ▸ ADJ (*parent*) Ersatz-

surrogate mother N Leihmutter *f*

★**surround** [səˈraund] VT umgeben; (*Mil, Police etc*) umstellen

surrounding [səˈraundɪŋ] ADJ umliegend; **the ~ area** die Umgebung

surroundings [səˈraundɪŋz] NPL Umgebung *f*

surtax [ˈsəːtæks] N Steuerzuschlag *m*

surveillance [səˈveɪləns] N Überwachung *f*; **to be under ~** überwacht werden

★**survey** N [ˈsəːveɪ] (*of land*) Vermessung *f*; (*of house*) Begutachtung *f*; (*investigation*) Untersuchung *f*; (*report*) Gutachten *nt*; (*comprehensive view*) Überblick *m* ▸ VT [səˈveɪ] (*land*) vermessen; (*house*) inspizieren; (*look at*) betrachten

surveying [səˈveɪɪŋ] N (*of land*) Vermessung *f*

surveyor [səˈveɪəʳ] N (*of land*) Landvermesser(in) *m(f)*; (*of house*) Baugutachter(in) *m(f)*

survival [səˈvaɪvl] N Überleben *nt*; (*relic*) Überbleibsel *nt*; **~ course/kit** Überlebenstraining *nt*/-ausrüstung *f*; **~ bag** Expeditionsschlafsack *m*

survive [səˈvaɪv] VI überleben; (*custom etc*) weiter bestehen ▸ VT überleben

survivor [səˈvaɪvəʳ] N Überlebende(r) *f(m)*

susceptible [səˈsɛptəbl] ADJ: **~ (to)** anfällig (für); (*influenced by*) empfänglich (für)

sushi [ˈsuːʃɪ] N Sushi *nt*

★**suspect** ADJ [ˈsʌspɛkt] verdächtig ▸ N [ˈsʌspɛkt] Verdächtige(r) *f(m)* ▸ VT [səsˈpɛkt]: **to ~ sb of** jdn verdächtigen *+gen*; (*think*) vermuten; (*doubt*) bezweifeln

suspected [səsˈpɛktɪd] ADJ (*terrorist etc*) mutmaßlich; **he is a ~ member of this organization** er steht im Verdacht, Mitglied dieser Organisation zu sein

★**suspend** [səsˈpɛnd] VT (*hang*) (auf)hängen; (*delay, stop*) einstellen; (*from employment*) suspendieren; **to be suspended (from)** (*hang*) hängen (an *+dat*)

suspended animation [səsˈpɛndɪd-] N vorübergehender Stillstand aller Körperfunktionen

suspended sentence N (*Law*) zur Bewährung ausgesetzte Strafe *f*

suspender belt [səsˈpɛndə-] N Strumpfhaltergürtel *m*

suspenders [səsˈpɛndəz] NPL (BRIT) Strumpfhalter *pl*; (*US*) Hosenträger *pl*

uspense [səsˈpɛns] N Spannung *f*; (*uncertainty*) Ungewissheit *f*; **to keep sb in ~** jdn auf die Folter spannen

uspension [səsˈpɛnʃən] N (*from job*) Suspendierung *f*; (*from team*) Sperrung *f*; (*Aut*) Federung *f*; (*of driving licence*) zeitweiliger Entzug *m*; (*of payment*) zeitweilige Einstellung *f*

uspension bridge N Hängebrücke *f*

uspicion [səsˈpɪʃən] N Verdacht *m*; (*distrust*) Misstrauen *nt*; (*trace*) Spur *f*; **to be under ~** unter Verdacht stehen; **arrested on ~ of murder** wegen Mordverdacht(s) festgenommen

uspicious [səsˈpɪʃəs] ADJ (*suspecting*) misstrauisch; (*causing suspicion*) verdächtig; **to be ~ of** *or* **about sb/sth** jdn/etw mit Misstrauen betrachten

uss out [sʌs-] (BRIT *inf*) VT (*discover*) rauskriegen; (*understand*) durchschauen

ustain [səsˈteɪn] VT (*continue*) aufrechterhalten; (*food, drink*) bei Kräften halten; (*suffer: injury*) erleiden

ustainable [səsˈteɪnəbl] ADJ: **to be ~** aufrechtzuerhalten sein; **~ growth** stetiges Wachstum *nt*

ustained [səsˈteɪnd] ADJ (*effort*) ausdauernd; (*attack*) anhaltend

ustenance [ˈsʌstɪnəns] N Nahrung *f*

uture [ˈsuːtʃəʳ] N Naht *f*

UV ABBR (= *sport utility vehicle*) SUV *m*, Geländewagen *m*

VQ N ABBR (= *Scottish Vocational Qualification*) *Qualifikation für berufsbegleitende Ausbildungsinhalte in Schottland*

W ABBR (= *south-west*) SW; (*Radio*: = *short-wave*) KW

wab [swɔb] N (*Med*) Tupfer *m* ▸ VT (*Naut*: *also*: **swab down**) wischen

wagger [ˈswægəʳ] VI stolzieren

wallow [ˈswɔləu] N (*bird*) Schwalbe *f*; (*of food, drink etc*) Schluck *m* ▸ VT (herunter)schlucken; (*fig*: *story, insult, one's pride*) schlucken; **to ~ one's words** (*speak indistinctly*) seine Worte verschlucken; (*retract*) alles zurücknehmen
▸ **swallow up** VT verschlingen

wam [swæm] PT *of* **swim**

wamp [swɔmp] N Sumpf *m* ▸ VT (*lit, fig*) überschwemmen

wampy [ˈswɔmpɪ] ADJ sumpfig

wan [swɔn] N Schwan *m*

wank [swæŋk] (*inf*) VI angeben

wan song N (*fig*) Schwanengesang *m*

wap [swɔp] VT: **to ~ (for)** (ein)tauschen (gegen) ▸ N Tausch *m*

WAPO [ˈswɑːpəu] N ABBR (= *South-West Africa People's Organization*) SWAPO *f*

warm [swɔːm] N Schwarm *m*; (*of people*) Schar *f* ▸ VI (*bees, people*) schwärmen; **to be swarming with** wimmeln von

warthy [ˈswɔːðɪ] ADJ (*person, face*) dunkelhäutig; (*complexion*) dunkel

swastika [ˈswɔstɪkə] N Hakenkreuz *nt*

SWAT [swɔt] (*US*) N ABBR (= *Special Weapons and Tactics*): **~ team** ≈ schnelle Eingreiftruppe *f*

swat [swɔt] VT totschlagen ▸ N (BRIT: *also*: **fly swat**) Fliegenklatsche *f*

swathe [sweɪð] VT: **to ~ in** wickeln in +*acc*

swatter [ˈswɔtəʳ] N (*also*: **fly swatter**) Fliegenklatsche *f*

sway [sweɪ] VI schwanken ▸ VT (*influence*) beeinflussen ▸ N: **to hold ~** herrschen; **to hold ~ over sb** jdn beherrschen *or* in seiner Macht haben

swear [swɛəʳ] (*pt* **swore**, *pp* **sworn**) VI (*curse*) fluchen ▸ VT (*promise*) schwören; **to ~ an oath** einen Eid ablegen
▸ **swear by** VT (*have faith in*) schwören auf +*acc*
▸ **swear in** VT vereidigen

swearword [ˈswɛəwəːd] N Fluch *m*, Kraftausdruck *m*

sweat [swɛt] N Schweiß *m* ▸ VI schwitzen; **to be in a ~** schwitzen

sweatband [ˈswɛtbænd] N Schweißband *nt*

sweater [ˈswɛtəʳ] N Pullover *m*

sweatshirt [ˈswɛtʃəːt] N Sweatshirt *nt*

sweatshop [ˈswɛtʃɔp] (*pej*) N Ausbeuterbetrieb *m*

sweaty [ˈswɛtɪ] ADJ verschwitzt; (*hands*) schweißig

★**Swede** [swiːd] N Schwede *m*, Schwedin *f*

swede [swiːd] (BRIT) N Steckrübe *f*

★**Sweden** [ˈswiːdn] N Schweden *nt*

★**Swedish** [ˈswiːdɪʃ] ADJ schwedisch ▸ N Schwedisch *nt*

★**sweep** [swiːp] (*pt, pp* **swept**) VT fegen, kehren; (*current*) reißen ▸ VI (*wind*) fegen; (*through air*) gleiten ▸ N (*curve*) Bogen *m*; (*range*) Bereich *m*; (*also*: **chimney sweep**) Kaminkehrer *m*, Schornsteinfeger *m*; **to give sth a ~** etw fegen *or* kehren
▸ **sweep away** VT hinwegfegen
▸ **sweep past** VI vorbeirauschen
▸ **sweep up** VI zusammenfegen, zusammenkehren

sweeper [ˈswiːpəʳ] N (*Football*) Ausputzer *m*

sweeping [ˈswiːpɪŋ] ADJ (*gesture*) weit ausholend; (*changes, reforms*) weitreichend; (*statement*) verallgemeinernd

sweepstake [ˈswiːpsteɪk] N *Pferdewette, bei der der Preis aus der Summe der Einsätze besteht*

★**sweet** [swiːt] N (*candy*) Bonbon *m or nt*; (BRIT *Culin*) Nachtisch *m* ▸ ADJ süß; (*kind*) lieb; (*air, water*) frisch ▸ ADV: **to smell/taste ~** süß duften/schmecken; **~ and sour** süß-sauer

sweetbread [ˈswiːtbrɛd] N Bries *nt*

sweetcorn [ˈswiːtkɔːn] N Mais *m*

sweeten [ˈswiːtn] VT süßen; (*temper*) bessern; (*person*) gnädig stimmen

sweetener [ˈswiːtnəʳ] N Süßstoff *m*; (*fig*) Anreiz *m*

sweetheart [ˈswiːthɑːt] N Freund(in) *m*(*f*); (*in speech, writing*) Schatz *m*, Liebling *m*

S

sweetness [ˈswi:tnɪs] N Süße *f*; (*kindness*) Liebenswürdigkeit *f*
sweet pea N (Garten)wicke *f*
sweet potato N Süßkartoffel *f*, Batate *f*
sweet shop (BRIT) N Süßwarengeschäft *nt*
sweet tooth N: **to have a ~** gern Süßes essen
swell [swɛl] (*pt* **swelled**, *pp* **swollen** *or* **swelled**) ADJ (*US inf*) toll, prima ▶ VI (*also:* **swell up**) anschwellen; (*increase*) anwachsen; (*sound*) anschwellen; (*feeling*) stärker werden ▶ N Seegang *m*
swelling [ˈswɛlɪŋ] N Schwellung *f*
sweltering [ˈswɛltərɪŋ] ADJ (*heat*) glühend; (*weather, day*) glühend heiß
swept [swɛpt] PT, PP *of* **sweep**
swerve [swə:v] VI (*animal*) ausbrechen; (*driver, vehicle*) ausschwenken; **to ~ off the road** ausschwenken und von der Straße abkommen
swift [swɪft] ADJ schnell ▶ N Mauersegler *m*
swiftly [ˈswɪftlɪ] ADV schnell
swiftness [ˈswɪftnɪs] N Schnelligkeit *f*
swig [swɪg] (*inf*) N Schluck *m* ▶ VT herunterkippen
swill [swɪl] VT (*also:* **swill out**) ausspülen; (*also:* **swill down**) abspülen ▶ N (*for pigs*) Schweinefutter *nt*
★**swim** [swɪm] (*pt* **swam**, *pp* **swum**) VI schwimmen; (*before one's eyes*) verschwimmen ▶ VT (*the Channel etc*) durchschwimmen; (*a length*) schwimmen ▶ N: **to go for a ~** schwimmen gehen; **to go swimming** schwimmen gehen; **my head is swimming** mir dreht sich der Kopf
swimmer [ˈswɪməʳ] N Schwimmer(in) *m(f)*
★**swimming** [ˈswɪmɪŋ] N Schwimmen *nt*
swimming baths (BRIT) NPL Schwimmbad *nt*
swimming cap N Badekappe *f*, Bademütze *f*
swimming costume (BRIT) N Badeanzug *m*
swimmingly [ˈswɪmɪŋlɪ] (*inf*) ADV glänzend
swimming pool N Schwimmbad *nt*
swimming trunks NPL Badehose *f*
swimsuit [ˈswɪmsu:t] N Badeanzug *m*
swindle [ˈswɪndl] VT: **to ~ sb (out of sth)** jdn (um etw) betrügen *or* beschwindeln ▶ N Schwindel *m*, Betrug *m*
swindler [ˈswɪndləʳ] N Schwindler(in) *m(f)*
swine [swaɪn] (*also !*) N Schwein *nt*
swine flu N Schweinegrippe *f*
★**swing** [swɪŋ] (*pt, pp* **swung**) N (*in playground*) Schaukel *f*; (*movement*) Schwung *m*; (*change*) Umschwung *m*; (*Mus*) Swing *m* ▶ VT (*arms, legs*) schwingen (mit); (*also:* **swing round**) herumschwenken ▶ VI schwingen; (*also:* **swing round**) sich umdrehen; (*vehicle*) herumschwenken; **a ~ to the left** (*Pol*) ein Linksruck *m*; **to get into the ~ of things** richtig reinkommen; **to be in full ~** (*party etc*) in vollem Gang sein
swing bridge N Drehbrücke *f*
swing door, (*US*) **swinging door** N Pendeltür *f*

swingeing [ˈswɪndʒɪŋ] (BRIT) ADJ (*blow*) hai (*attack*) scharf; (*cuts, increases*) extrem
swinging [ˈswɪŋɪŋ] ADJ (*music*) schwungvol (*movement*) schaukelnd
swipe [swaɪp] VT (*inf: steal*) klauen; (*also:* **swip at**) schlagen nach ▶ N Schlag *m*
swirl [swə:l] VI wirbeln ▶ N Wirbeln *nt*
swish [swɪʃ] VI rauschen; (*tail*) schlagen ▶ Rauschen *nt*; (*of tail*) Schlagen *nt* ▶ ADJ (*inf*) ch *inv*, schick
★**Swiss** [swɪs] ADJ schweizerisch, Schweizer ▶ INV Schweizer(in) *m(f)*
Swiss French ADJ französischschweizerisch
Swiss German ADJ deutsch-schweizerisch
Swiss roll N Biskuitrolle *f*
★**switch** [swɪtʃ] N Schalter *m*; (*change*) Änderung ▶ VT (*change*) ändern; (*exchange*) tausche wechseln; **to ~ (round** *or* **over)** vertauschen
▶ **switch off** VT abschalten; (*light*) ausschalte ▶ VI (*fig*) abschalten
▶ **switch on** VT einschalten; (*radio*) anstelle (*engine*) anlassen
switchback [ˈswɪtʃbæk] (BRIT) N (*road*) auf un ab führende Straße *f*; (*roller-coaster*) Achte bahn *f*
switchblade [ˈswɪtʃbleɪd] N Schnappmesser
switchboard [ˈswɪtʃbɔ:d] N Vermittlung Zentrale *f*
switchboard operator N Telefonist(in) *m(f)*
★**Switzerland** [ˈswɪtsələnd] N die Schweiz *f*
swivel [ˈswɪvl] VI (*also:* **swivel round**) sic (herum)drehen
swollen [ˈswəulən] PP *of* **swell** ▶ ADJ geschwo len; (*lake etc*) angeschwollen
swoon [swu:n] VI beinahe ohnmächtig werde ▶ N Ohnmacht *f*
swoop [swu:p] N (*by police etc*) Razzia *f*; (*of bird et* Sturzflug *m* ▶ VI (*bird: also:* **swoop down**) hera stoßen; (*plane*) einen Sturzflug machen
swop [swɔp] = **swap**
sword [sɔ:d] N Schwert *nt*
swordfish [ˈsɔ:dfɪʃ] N Schwertfisch *m*
swore [swɔ:ʳ] PT *of* **swear**
sworn [swɔ:n] PP *of* **swear** ▶ ADJ (*statement*) ei lich; (*evidence*) unter Eid; (*enemy*) geschworen
swot [swɔt] VI pauken ▶ N (*pej*) Streber(in) *m(f*
▶ **swot up** VT: **to ~ up (on)** pauken (*+acc*)
swum [swʌm] PP *of* **swim**
swung [swʌŋ] PT, PP *of* **swing**
sycamore [ˈsɪkəmɔ:ʳ] N Bergahorn *m*
sycophant [ˈsɪkəfænt] N Kriecher *m*, Speiche lecker *m*
sycophantic [sɪkəˈfæntɪk] ADJ kriecherisch
Sydney [ˈsɪdnɪ] N Sydney *nt*
syllable [ˈsɪləbl] N Silbe *f*
syllabus [ˈsɪləbəs] N Lehrplan *m*; **on the ~** i Lehrplan
★**symbol** [ˈsɪmbl] N Symbol *nt*

symbolic [sɪmˈbɒlɪk], **symbolical** [sɪmˈbɒlɪkl] ADJ symbolisch; **to be ~(al) of sth** etw symbolisieren, ein Symbol für etw sein

symbolism [ˈsɪmbəlɪzəm] N Symbolismus *m*

symbolize [ˈsɪmbəlaɪz] VT symbolisieren

symmetrical [sɪˈmɛtrɪkl] ADJ symmetrisch

symmetry [ˈsɪmɪtrɪ] N Symmetrie *f*

sympathetic [sɪmpəˈθɛtɪk] ADJ (*understanding*) verständnisvoll; (*showing pity*) mitfühlend; (*likeable*) sympathisch; (*supportive*) wohlwollend; **to be ~ to a cause** (*well-disposed*) einer Sache wohlwollend gegenüberstehen

sympathetically [sɪmpəˈθɛtɪklɪ] ADV (*showing understanding*) verständnisvoll; (*showing support*) wohlwollend

sympathize [ˈsɪmpəθaɪz] VI: **to ~ with** (*person*) Mitleid haben mit; (*feelings*) Verständnis haben für; (*cause*) sympathisieren mit

sympathizer [ˈsɪmpəθaɪzə[r]] N (*Pol*) Sympathisant(in) *m(f)*

sympathy [ˈsɪmpəθɪ] N Mitgefühl *nt* ■ **sympathies** NPL (*support, tendencies*) Sympathien *pl*; **with our deepest ~** mit aufrichtigem *or* herzlichem Beileid; **to come out in ~** (*workers*) in einen Sympathiestreik treten

symphonic [sɪmˈfɒnɪk] ADJ sinfonisch

symphony [ˈsɪmfənɪ] N Sinfonie *f*

symphony orchestra N Sinfonieorchester *nt*

symposia [sɪmˈpəuzɪə] NPL *of* **symposium**

symposium [sɪmˈpəuzɪəm] (*pl* **symposiums** *or* **symposia**) N Symposium *nt*

symptom [ˈsɪmptəm] N (*Med, fig*) Symptom *nt*, Anzeichen *nt*

symptomatic [sɪmptəˈmætɪk] ADJ: **~ of** symptomatisch für

synagogue [ˈsɪnəgɒg] N Synagoge *f*

sync [sɪŋk] N ABBR (= *synchronization*): **in ~** synchron; **out of ~** nicht synchron

synchromesh [sɪŋkrəuˈmɛʃ] N Synchrongetriebe *nt*

synchronize [ˈsɪŋkrənaɪz] VT (*watches*) gleichstellen; (*movements*) aufeinander abstimmen; (*sound*) synchronisieren ▸ VI: **to ~ with** (*sound*) synchron sein mit

synchronized swimming [ˈsɪŋkrənaɪzd-] N Synchronschwimmen *nt*

syncopated [ˈsɪŋkəpeɪtɪd] ADJ synkopiert

syndicate [ˈsɪndɪkɪt] N Interessengemeinschaft *f*; (*of businesses*) Verband *m*; (*of newspapers*) Pressezentrale *f*

syndrome [ˈsɪndrəum] N Syndrom *nt*; (*fig*) Phänomen *nt*

synonym [ˈsɪnənɪm] N Synonym *nt*

synonymous [sɪˈnɒnɪməs] ADJ (*fig*): **~ (with)** gleichbedeutend (mit)

synopses [sɪˈnɒpsi:z] NPL *of* **synopsis**

synopsis [sɪˈnɒpsɪs] (*pl* **synopses**) N Abriss *m*, Zusammenfassung *f*

syntactic [sɪnˈtæktɪk] ADJ syntaktisch

syntax [ˈsɪntæks] N Syntax *f*

syntax error N (*Comput*) Syntaxfehler *m*

syntheses [ˈsɪnθəsi:z] NPL *of* **synthesis**

synthesis [ˈsɪnθəsɪs] (*pl* **syntheses**) N Synthese *f*

synthesizer [ˈsɪnθəsaɪzə[r]] N Synthesizer *m*

synthetic [sɪnˈθɛtɪk] ADJ synthetisch; (*speech*) künstlich ■ **synthetics** NPL (*man-made fabrics*) Synthetik *f*

syphilis [ˈsɪfɪlɪs] N Syphilis *f*

syphon [ˈsaɪfən] = **siphon**

Syria [ˈsɪrɪə] N Syrien *nt*

Syrian [ˈsɪrɪən] ADJ syrisch ▸ N Syrer(in) *m(f)*

syringe [sɪˈrɪndʒ] N Spritze *f*

syrup [ˈsɪrəp] N Sirup *m*; (*also:* **golden syrup**) (gelber) Sirup *m*

syrupy [ˈsɪrəpɪ] ADJ sirupartig; (*pej: fig: sentimental*) schmalzig

★**system** [ˈsɪstəm] N System *nt*; (*body*) Körper *m*; (*Anat*) Apparat *m*, System *nt*; **it was a shock to his ~** er hatte schwer damit zu schaffen

systematic [sɪstəˈmætɪk] ADJ systematisch

system disk N (*Comput*) Systemdiskette *f*

systems administrator [ˈsɪstəmz-] N (*Comput*) Systembetreuer(in) *m(f)*

systems analyst [ˈsɪstəmz-] N (*Comput*) Systemanalytiker(in) *m(f)*

systems engineer [ˈsɪstəmz-] N (*Comput*) Systemtechniker(in) *m(f)*

S

Tt

T, t [tiː] N (*letter*) T *nt*, t *nt*; **T for Tommy** ≈ T wie Theodor

TA (BRIT) N ABBR = **Territorial Army**

ta [tɑː] (BRIT *inf*) EXCL danke

tab [tæb] N ABBR = **tabulator** ▶ N (*on garment*) Etikett *nt*; (*on drinks can*) Ring *m*; **to keep tabs on sb/sth** (*fig*) jdn/etw im Auge behalten

tabby [ˈtæbɪ] N (*also:* **tabby cat**) getigerte Katze *f*

tabernacle [ˈtæbənækl] N Tabernakel *nt*

★**table** [ˈteɪbl] N Tisch *m*; (*Math, Chem etc*) Tabelle *f* ▶ VT (BRIT *Parl: motion etc*) einbringen; **to lay** *or* **set the ~** den Tisch decken; **to clear the ~** den Tisch abräumen; **league ~** (BRIT *Sport*) Tabelle *f*

tablecloth [ˈteɪblklɔθ] N Tischdecke *f*

table d'hôte [tɑːblˈdəut] ADJ (*menu, meal*) Tagesmenü *nt*

table lamp N Tischlampe *f*

tablemat [ˈteɪblmæt] N (*of cloth*) Set *m or nt*; (*for hot dish*) Untersatz *m*

table of contents N Inhaltsverzeichnis *nt*

table salt N Tafelsalz *nt*

tablespoon [ˈteɪblspuːn] N Esslöffel *m*; (*also:* **tablespoonful**) Esslöffel(voll) *m*

tablet [ˈtæblɪt] N (*Med*) Tablette *f*; (*Comput*) Tablet *nt*; (*Hist: for writing*) Tafel *f*; (*plaque*) Plakette *f*; **~ of soap** (BRIT) Stück *nt* Seife

table tennis N Tischtennis *nt*

table wine N Tafelwein *m*

tabloid [ˈtæblɔɪd] N (*newspaper*) Boulevardzeitung *f*; **the tabloids** die Boulevardpresse

taboo [təˈbuː] N Tabu *nt* ▶ ADJ tabu; **a ~ subject/word** ein Tabuthema/Tabuwort

tabulate [ˈtæbjuleɪt] VT tabellarisieren

tabulator [ˈtæbjuleɪtəʳ] N (*on typewriter*) Tabulator *m*

tachograph [ˈtækəgrɑːf] N Fahrtenschreiber *m*

tachometer [tæˈkɔmɪtəʳ] N Tachometer *m*

tacit [ˈtæsɪt] ADJ stillschweigend

taciturn [ˈtæsɪtəːn] ADJ schweigsam

tack [tæk] N (*nail*) Stift *m* ▶ VT (*nail*) anheften; (*stitch*) heften ▶ VI (*Naut*) kreuzen; **to change ~** (*fig*) den Kurs ändern; **to ~ sth on to (the end of) sth** etw (hinten) an etw *acc* anheften

★**tackle** [ˈtækl] N (*for fishing*) Ausrüstung *f*; (*Football, Rugby*) Angriff *m*; (*for lifting*) Flaschenzug *m* ▶ VT (*deal with: difficulty*) in Angriff nehmen; (*challenge: person*) zur Rede stellen; (*physically, also Sport*) angreifen

tacky [ˈtækɪ] ADJ (*sticky*) klebrig; (*pej: cheap-looking*) schäbig

tact [tækt] N Takt *m*

tactful [ˈtæktful] ADJ taktvoll; **to be ~** taktvoll sein

tactfully [ˈtæktfəlɪ] ADV taktvoll

tactical [ˈtæktɪkl] ADJ taktisch; **~ error** taktischer Fehler; **~ voting** taktische Stimmabgabe

tactician [tækˈtɪʃən] N Taktiker(in) *m(f)*

tactics [ˈtæktɪks] NPL Taktik *f*

tactless [ˈtæktlɪs] ADJ taktlos

tactlessly [ˈtæktlɪslɪ] ADV taktlos

tadpole [ˈtædpəul] N Kaulquappe *f*

taffy [ˈtæfɪ] (*US*) N (*toffee*) Toffee *nt*, Sahnebonbon *nt*

tag [tæg] N (*label*) Anhänger *m*; **price/name ~** Preis-/Namensschild *nt*; **(electronic) ~** (elektronische) Fußfessel *f*

▶ **tag along** VI sich anschließen

Tahiti [tɑːˈhiːtɪ] N Tahiti *nt*

★**tail** [teɪl] N (*of animal*) Schwanz *m*; (*of plane*) Heck *nt*; (*of shirt, coat*) Schoß *m* ▶ VT (*follow*) folgen +*dat* ■ **tails** NPL (*formal suit*) Frack *m*; **to turn ~** die Flucht ergreifen; *see also* **head**

▶ **tail off** VI (*in size etc*) abnehmen; (*voice*) schwächer werden

tailback [ˈteɪlbæk] (BRIT) N (*Aut*) Stau *m*

tail coat N = **tails**

tail end N Ende *nt*

tailgate [ˈteɪlgeɪt] N (*Aut*) Heckklappe *f*

taillight [ˈteɪllaɪt] N (*Aut*) Rücklicht *nt*

tailor [ˈteɪləʳ] N Schneider(in) *m(f)* ▶ VT: **to ~ sth (to)** etw abstimmen (auf +*acc*); **~'s shop** Schneiderei *f*

tailoring [ˈteɪlərɪŋ] N (*craft*) Schneiderei *f*; (*cut*) Verarbeitung *f*

tailor-made [ˈteɪləˈmeɪd] ADJ (*also fig*) maßgeschneidert

tailwind [ˈteɪlwɪnd] N Rückenwind *m*

taint [teɪnt] VT (*meat, food*) verderben; (*fig: reputation etc*) beschmutzen

tainted [ˈteɪntɪd] ADJ (*food, water, air*) verdorben; (*fig: profits, reputation etc*): **~ with** behaftet mit

Taiwan [ˈtaɪˈwɑːn] N Taiwan *nt*

ajikistan [tɑːdʒɪkɪˈstɑːn] N Tadschikistan *nt*

ake [teɪk] (*pt* **took**, *pp* **taken**) VT nehmen; (*photo, notes*) machen; (*decision*) fällen; (*require: courage, time*) erfordern; (*tolerate: pain etc*) ertragen; (*hold: passengers etc*) fassen; (*accompany: person*) begleiten; (*carry, bring*) mitnehmen; (*exam, test*) machen; (*conduct: meeting*) leiten; (*: class*) unterrichten ▶ VI (*have effect: drug*) wirken; (*: dye*) angenommen werden ▶ N (*Cine*) Aufnahme *f*; **to ~ sth from** (*drawer etc*) etw nehmen aus *+dat*; **I ~ it (that)** ich nehme an(, dass); **I took him for a doctor** (*mistake*) ich hielt ihn für einen Arzt; **to ~ sb's hand** jds Hand nehmen; **to ~ sb for a walk** mit jdm spazieren gehen; **to be taken ill** krank werden; **to ~ it upon o.s. to do sth** es auf sich nehmen, etw zu tun; **~ the first (street) on the left** nehmen Sie die erste Straße links; **to ~ Russian at university** Russisch studieren; **it won't ~ long** es dauert nicht lange; **I was quite taken with her/it** (*attracted to*) ich war von ihr/davon recht angetan

▶ **take after** VT FUS (*resemble*) ähneln *+dat*, ähnlich sein *+dat*

▶ **take along** VT mitnehmen

▶ **take apart** VT auseinandernehmen

▶ **take away** VT wegnehmen; (*carry off*) wegbringen; (*Math*) abziehen ▶ VI: **to ~ away from** (*detract from*) schmälern, beeinträchtigen

▶ **take back** VT (*return*) zurückbringen; (*one's words*) zurücknehmen

▶ **take down** VT (*write down*) aufschreiben; (*dismantle*) abreißen

▶ **take in** VT (*deceive: person*) hereinlegen, täuschen; (*understand*) begreifen; (*include*) einschließen; (*lodger*) aufnehmen; (*orphan, stray dog*) zu sich nehmen; (*dress, waistband*) enger machen

▶ **take off** VI (*Aviat*) starten; (*go away*) sich absetzen ▶ VT (*clothes*) ausziehen; (*glasses*) abnehmen; (*make-up*) entfernen; (*time*) freinehmen; (*imitate: person*) nachmachen

▶ **take on** VT (*work, responsibility*) übernehmen; (*employee*) einstellen; (*compete against*) antreten gegen

▶ **take out** VT (*invite*) ausgehen mit; (*remove: tooth*) herausnehmen; (*licence*) erwerben; **to ~ sth out of sth** (*drawer, pocket etc*) etw aus etw nehmen; **don't ~ it out on me!** lass es nicht an mir aus!

▶ **take over** VT (*business*) übernehmen; (*country*) Besitz ergreifen von ▶ VI (*replace*): **to ~ over from sb** jdn ablösen

▶ **take to** VT FUS (*person, thing*) mögen; (*activity*) Gefallen finden an *+dat*; (*form habit of*): **to ~ to doing sth** sich *dat* angewöhnen, etw zu tun

▶ **take up** VT (*hobby, sport*) anfangen mit; (*job*) antreten; (*idea etc*) annehmen; (*time, space*) beanspruchen; (*continue: task, story*) fortfahren mit; (*shorten: hem, garment*) kürzer machen ▶ VI (*befriend*): **to ~ up with sb** sich mit jdm anfreunden; **to ~ sb up on an offer/a suggestion** auf jds Angebot/Vorschlag eingehen

akeaway [ˈteɪkəweɪ] (BRIT) N (*shop, restaurant*) ≈ Schnellimbiss *m*; (*food*) Imbiss *m* (*zum Mitnehmen*)

take-home pay [ˈteɪkhəum-] N Nettolohn *m*

taken [ˈteɪkən] PP *of* **take**

takeoff [ˈteɪkɔf] N (*Aviat*) Start *m*

takeout [ˈteɪkaut] (US) N = **takeaway**

takeover [ˈteɪkəuvəʳ] N (*Comm*) Übernahme *f*; (*of country*) Inbesitznahme *f*

takeover bid N Übernahmeangebot *nt*

takings [ˈteɪkɪŋz] NPL Einnahmen *pl*

talc [tælk] N (*also:* **talcum powder**) Talkumpuder *nt*

★**tale** [teɪl] N Geschichte *f*; **to tell tales (to sb)** (*child*) (jdm) Geschichten erzählen

★**talent** [ˈtælənt] N Talent *nt*

talented [ˈtæləntɪd] ADJ talentiert, begabt

talent scout N Talentsucher(in) *m(f)*

talisman [ˈtælɪzmən] N Talisman *m*

★**talk** [tɔːk] N (*speech*) Vortrag *m*; (*conversation, discussion*) Gespräch *nt*; (*gossip*) Gerede *nt* ▶ VI (*speak*) sprechen; (*chat*) reden; (*gossip*) klatschen ■ **talks** NPL (*Pol etc*) Gespräche *pl*; **to give a ~** einen Vortrag halten; **to ~ about** (*discuss*) sprechen *or* reden über; **talking of films, have you seen ...?** da wir gerade von Filmen sprechen: hast du ... gesehen?; **to ~ sb into doing sth** jdn zu etw überreden; **to ~ sb out of doing sth** jdm etw ausreden

▶ **talk over** VT (*problem etc*) besprechen, bereden

talkative [ˈtɔːkətɪv] ADJ gesprächig

talker [ˈtɔːkəʳ] N: **to be a good/entertaining/fast** *etc* **~** gut/amüsant/schnell *etc* reden können

talking point [ˈtɔːkɪŋ-] N Gesprächsthema *nt*

talking-to [ˈtɔːkɪŋtu] N: **to give sb a (good) ~** jdm eine (ordentliche) Standpauke halten (*inf*)

talk show N Talkshow *f*

★**tall** [tɔːl] ADJ (*person*) groß; (*glass, bookcase, tree, building*) hoch; (*ladder*) lang; **to be 6 feet ~** (*person*) ≈ 1,80m groß sein; **how ~ are you?** wie groß bist du?

tallboy [ˈtɔːlbɔɪ] (BRIT) N Kommode *f*

tallness [ˈtɔːlnɪs] N (*of person*) Größe *f*; (*of tree, building etc*) Höhe *f*

tall story N unglaubliche Geschichte *f*

tally [ˈtælɪ] N (*of marks, amounts etc*) aktueller Stand *m* ▶ VI: **to ~ (with)** (*figures, stories etc*) übereinstimmen mit; **to keep a ~ of sth** über etw *acc* Buch führen

talon [ˈtælən] N Kralle *f*

tambourine [tæmbəˈriːn] N Tamburin *nt*

tame [teɪm] ADJ (*animal, bird*) zahm; (*fig: story, party, performance*) lustlos, lahm (*inf*)

Tamil [ˈtæmɪl] ADJ tamilisch ▶ N Tamile *m*, Tamilin *f*; (*Ling*) Tamil *nt*

tamper [ˈtæmpəʳ] VI: **to ~ with sth** an etw *dat* herumpfuschen (*inf*)

tampon [ˈtæmpɔn] N Tampon *m*

tan [tæn] N (*also:* **suntan**) (Sonnen)bräune *f* ▶ VI (*person, skin*) braun werden ▶ VT (*hide*) gerben; (*skin*) bräunen ▶ ADJ (*colour*) hellbraun; **to get a ~** braun werden

t

tandem [ˈtændəm] N Tandem *nt*; (*together*): **in ~** (*fig*) zusammen

tandoori [tænˈduərɪ] N: **~ oven** Tandoori-Ofen *m*; **~ chicken** *im Tandoori-Ofen gebratenes Huhn*

tang [tæŋ] N (*smell*) Geruch *m*; (*taste*) Geschmack *m*

tangent [ˈtændʒənt] N (*Math*) Tangente *f*; **to go off at a ~** (*fig*) vom Thema abschweifen

tangerine [tændʒəˈriːn] N (*fruit*) Mandarine *f*; (*colour*) Orangerot *nt*

tangible [ˈtændʒəbl] ADJ greifbar; **~ assets** (*Comm*) Sachanlagevermögen *nt*

Tangier [tænˈdʒɪəʳ] N Tanger *nt*

tangle [ˈtæŋgl] N (*of branches, wire etc*) Gewirr *nt*; **to be in a ~** verheddert sein; (*fig*) durcheinander sein; **to get in a ~** sich verheddern; (*fig*) durcheinandergeraten

tango [ˈtæŋgəu] N Tango *m*

tank [tæŋk] N Tank *m*; (*for photographic processing*) Wanne *f*; (*also:* **fish tank**) Aquarium *nt*; (*Mil*) Panzer *m*

tankard [ˈtæŋkəd] N Bierkrug *m*

tanker [ˈtæŋkəʳ] N (*ship*) Tanker *m*; (*truck*) Tankwagen *m*

tankini [tæŋˈkiːnɪ] N Tankini *m*

tanned [tænd] ADJ (*person*) braun gebrannt; (*hide*) gegerbt

tannin [ˈtænɪn] N Tannin *nt*

tanning [ˈtænɪŋ] N (*of leather*) Gerben *nt*

Tannoy® [ˈtænɔɪ] (BRIT) N Lautsprechersystem *nt*; **over the ~** über Lautsprecher

tantalizing [ˈtæntəlaɪzɪŋ] ADJ (*smell*) verführerisch; (*possibility*) verlockend

tantamount [ˈtæntəmaunt] ADJ: **~ to** gleichbedeutend mit

tantrum [ˈtæntrəm] N Wutanfall *m*; **to throw a ~** einen Wutanfall bekommen

Tanzania [tænzəˈnɪə] N Tansania *nt*

Tanzanian [tænzəˈnɪən] ADJ tansanisch ▸ N (*person*) Tansanier(in) *m(f)*

★**tap** [tæp] N (*on sink, gas tap*) Hahn *m*; (*gentle blow*) leichter Schlag *m*, Klaps *m* ▸ VT (*hit gently*) klopfen; (*exploit: resources, energy*) nutzen; (*telephone*) abhören, anzapfen; **on ~** (*fig: resources, information*) zur Verfügung; (*beer*) vom Fass

tap-dancing [ˈtæpdɑːnsɪŋ] N Stepptanz *m*

★**tape** [teɪp] N (*also:* **magnetic tape**) Tonband *nt*; (*cassette*) Kassette *f*; (*also:* **sticky tape**) Klebeband *nt*; (*for tying*) Band *nt* ▸ VT (*record, conversation*) aufnehmen, aufzeichnen; (*stick with tape*) mit Klebeband befestigen; **on ~** (*song etc*) auf Band

tape deck N Tapedeck *nt*

tape measure N Bandmaß *nt*

taper [ˈteɪpəʳ] N (*candle*) lange, dünne Kerze ▸ VI sich verjüngen

tape recorder N Tonband(gerät) *nt*

tape recording N Tonbandaufnahme *f*

tapered [ˈteɪpəd] ADJ (*skirt, jacket*) nach unten enger werdend

tapering [ˈteɪpərɪŋ] ADJ spitz zulaufend

tapestry [ˈtæpɪstrɪ] N (*on wall*) Wandteppich r (*fig*) Kaleidoskop *nt*

tapeworm [ˈteɪpwəːm] N Bandwurm *m*

tapioca [tæpɪˈəukə] N Tapioka *f*

tappet [ˈtæpɪt] N (*Aut*) Stößel *m*

tap water [ˈtæpwɔːtəʳ] N Leitungswasser *nt*

tar [tɑː] N Teer *m*; **low/middle ~ cigarett** Zigaretten mit niedrigem/mittlerem Teerg halt

tarantula [təˈræntjulə] N Tarantel *f*

tardy [ˈtɑːdɪ] ADJ (*reply, letter*) verspätet; (*progres* langsam

★**target** [ˈtɑːgɪt] N Ziel *nt*; (*fig: of joke, criticism et* Zielscheibe *f*; **to be on ~** (*project, work*) nach Pla verlaufen

target practice N Zielschießen *nt*

tariff [ˈtærɪf] N (*tax on goods*) Zoll *m*; (BRIT: *in hot etc*) Preisliste *f*

tariff barrier N Zollschranke *f*

tarmac® [ˈtɑːmæk] N (*Aviat*): **on the ~** auf de Rollfeld; (BRIT: *on road*) Asphalt *m* ▸ VT (BRIT: *ro etc*) asphaltieren

tarn [tɑːn] N Bergsee *m*

tarnish [ˈtɑːnɪʃ] VT (*silver, brass etc*) stum werden lassen; (*fig: reputation etc*) beflecken, Mitleidenschaft ziehen

tarot [ˈtærəu] N Tarot *m or nt*

tarpaulin [tɑːˈpɔːlɪn] N Plane *f*

tarragon [ˈtærəgən] N Estragon *m*

tart [tɑːt] N (*Culin*) Torte *f*; (: *small*) Törtchen r (BRIT *pej: prostitute*) Nutte *f* ▸ ADJ (*apple, grapefr etc*) säuerlich

▸ **tart up** (BRIT *inf*) VT (*room, building*) aufmotze **to ~ o.s. up** sich fein machen; (*pej*) sich auft keln

tartan [ˈtɑːtn] N Schottenstoff *m*, Tartan ▸ ADJ (*scarf etc*) mit Schottenmuster

tartar [ˈtɑːtəʳ] N (*on teeth*) Zahnstein (*pej: person*) Tyrann(in) *m(f)*

tartar sauce, tartare sauce [ˈtɑːtə-] Remouladensoße *f*

★**task** [tɑːsk] N Aufgabe *f*; **to take sb to ~** jdn i Gebet nehmen

taskbar [ˈtɑːskbɑːʳ] N (*Comput*) Taskbar *f*

task force N (*Mil*) Sonderkommando *nt*; (*Poli* Spezialeinheit *f*

taskmaster [ˈtɑːskmɑːstəʳ] N: **a hard ~** e strenger Lehrmeister

Tasmania [tæzˈmeɪnɪə] N Tasmanien *nt*

tassel [ˈtæsl] N Quaste *f*

★**taste** [teɪst] N Geschmack *m*; (*sample*) Kostpro *f*; (*fig: of suffering, freedom etc*) Vorgeschmack ▸ VT (*get flavour of*) schmecken; (*test*) probiere versuchen ▸ VI: **to ~ of/like sth** nach/wie et schmecken; **sense of ~** Geschmackssinn *m*; **have a ~ of sth** (*sample*) etw probieren; **acquire a ~ for sth** (*liking*) Geschmack an et *dat* finden; **to be in good/bad ~** (*joke e* geschmackvoll/geschmacklos sein; **you ca ~ the garlic (in it)** (*detect*) man schmeckt d

Knoblauch durch; **what does it ~ like?** wie schmeckt es?

aste buds NPL Geschmacksknospen *pl*

:asteful [ˈteɪstful] ADJ geschmackvoll

:astefully [ˈteɪstfəlɪ] ADV geschmackvoll

:asteless [ˈteɪstlɪs] ADJ geschmacklos

:asty [ˈteɪstɪ] ADJ schmackhaft

:attered [ˈtætəd] ADJ (*clothes, paper etc*) zerrissen; (*fig: hopes etc*) angeschlagen

:atters [ˈtætəz] NPL: **to be in ~** (*clothes*) in Fetzen sein

attoo [təˈtu:] N (*on skin*) Tätowierung *f*; (*spectacle*) Zapfenstreich *m* ▶ VT: **to ~ sth on sth** etw auf etw *acc* tätowieren

atty [ˈtætɪ] (BRIT *inf*) ADJ schäbig

aught [tɔ:t] PT, PP *of* **teach**

aunt [tɔ:nt] N höhnische Bemerkung *f* ▶ VT (*person*) verhöhnen

'aurus [ˈtɔ:rəs] N Stier *m*; **to be ~** (ein) Stier sein

aut [tɔ:t] ADJ (*skin, thread etc*) straff

avern [ˈtævən] N Taverne *f*

awdry [ˈtɔ:drɪ] ADJ billig

awny [ˈtɔ:nɪ] ADJ gelbbraun

awny owl N Waldkauz *m*

ax [tæks] N Steuer *f* ▶ VT (*earnings, goods etc*) besteuern; (*fig: memory, knowledge*) strapazieren; (*: patience etc*) auf die Probe stellen; **before/after ~** vor/nach Abzug der Steuern; **free of ~** steuerfrei

axable [ˈtæksəbl] ADJ steuerpflichtig; (*income*) steuerbar

ax allowance N Steuerfreibetrag *m*

axation [tækˈseɪʃən] N (*system*) Besteuerung *f*; (*money paid*) Steuern *pl*

ax avoidance N Steuerumgehung *f*

ax collector N Steuerbeamte(r) *m*, Steuerbeamtin *f*

ax disc (BRIT) N (*Aut*) Steuerplakette *f*

ax evasion N Steuerhinterziehung *f*

ax exemption N Steuerbefreiung *f*

ax exile (*person*) N Steuerflüchtling *m*

ax-free [ˈtæksfri:] ADJ steuerfrei

ax haven N Steuerparadies *nt*

axi [ˈtæksɪ] N Taxi *nt* ▶ VI (*Aviat: plane*) rollen

axidermist [ˈtæksɪdə:mɪst] N Taxidermist(in) *m(f)*, Tierpräparator(in) *m(f)*

axi driver N Taxifahrer(in) *m(f)*

ax inspector (BRIT) N Steuerinspektor(in) *m(f)*

axi rank (BRIT) N Taxistand *m*

axi stand N = **taxi rank**

axpayer [ˈtækspeɪəʳ] N Steuerzahler(in) *m(f)*

ax rebate N Steuerrückvergütung *f*

ax relief N Steuernachlass *m*

ax return N Steuererklärung *f*

ax shelter N (*Comm*) *System zur Verhinderung von Steuerbelastung*

ax year N Steuerjahr *nt*

B N ABBR (= *tuberculosis*) Tb *f*, Tbc *f*

tbc ABBR (= *to be confirmed*) noch zu bestätigen

TD (*US*) N ABBR = **Treasury Department**; (*Football*) = **touchdown**

★**tea** [ti:] N (*drink*) Tee *m*; (BRIT: *evening meal*) Abendessen *nt*; **afternoon ~** (BRIT) Nachmittagstee *m*

tea bag N Teebeutel *m*

tea break (BRIT) N Teepause *f*

teacake [ˈti:keɪk] (BRIT) N Rosinenbrötchen *nt*

★**teach** [ti:tʃ] (*pt, pp* **taught**) VT: **to ~ sb sth, ~ sth to sb** (*instruct*) jdm etw beibringen; (*in school*) jdn in etw *dat* unterrichten ▶ VI unterrichten; **it taught him a lesson** (*fig*) er hat seine Lektion gelernt

★**teacher** [ˈti:tʃəʳ] N Lehrer(in) *m(f)*; **German ~** Deutschlehrer(in) *m(f)*

teacher training college N (*for primary schools*) ≈ pädagogische Hochschule *f*; (*for secondary schools*) ≈ Studienseminar *nt*

teaching [ˈti:tʃɪŋ] N (*work of teacher*) Unterricht *m*

teaching aids NPL Lehrmittel *pl*

teaching hospital (BRIT) N Ausbildungskrankenhaus *nt*

teaching staff (BRIT) N Lehrerkollegium *nt*

tea cosy N Teewärmer *m*

teacup [ˈti:kʌp] N Teetasse *f*

teak [ti:k] N Teak *nt*

tea leaves NPL Teeblätter *pl*

★**team** [ti:m] N (*Sport*) Mannschaft *f*, Team *nt*; (*of experts etc*) Team *nt*; (*of horses, oxen*) Gespann *nt*
▶ **team up** VI: **to ~ up (with)** sich zusammentun (mit)

team game N Mannschaftsspiel *nt*

team spirit N Teamgeist *m*

teamwork [ˈti:mwə:k] N Teamarbeit *f*, Teamwork *nt*

tea party N Teegesellschaft *f*

teapot [ˈti:pɔt] N Teekanne *f*

★**tear**[1] [tɛəʳ] (*pt* **tore**, *pp* **torn**) N (*hole*) Riss *m* ▶ VT (*rip*) zerreißen ▶ VI (*become torn*) reißen; **to ~ sth to pieces** *or* **bits** *or* **shreds** (*lit, fig*) etw in Stücke reißen; **to ~ sb to pieces** jdn fertigmachen
▶ **tear along** VI (*rush: driver, car*) entlangrasen
▶ **tear apart** VT (*book, clothes, people*) auseinanderreißen; (*upset: person*) hin- und herreißen
▶ **tear away** VT: **to ~ o.s. away (from sth)** (*fig*) sich (von etw) losreißen
▶ **tear out** VT (*sheet of paper etc*) herausreißen
▶ **tear up** VT (*sheet of paper etc*) zerreißen

tear[2] [tɪəʳ] N (*in eye*) Träne *f*; **in tears** in Tränen; **to burst into tears** in Tränen ausbrechen

tearaway [ˈtɛərəweɪ] (BRIT *inf*) N Rabauke *m*

teardrop [ˈtɪədrɔp] N Träne *f*

tearful [ˈtɪəful] ADJ (*person*) weinend; (*face*) tränenüberströmt

tear gas [tɪə-] N Tränengas *nt*

tearing [ˈtɛərɪŋ] ADJ: **to be in a ~ hurry** es unheimlich eilig haben

tearoom [ˈti:ru:m] N = **teashop**

tease [ti:z] VT necken; (*unkindly*) aufziehen ▶ N: **she's a real ~** sie zieht einen ständig auf

t

tea set N Teeservice *nt*
teashop [ˈti:ʃɔp] (BRIT) N Teestube *f*
teaspoon [ˈti:spu:n] N Teelöffel *m*; (*measure: also:* **teaspoonful**) Teelöffel(voll) *m*
tea strainer N Teesieb *nt*
teat [ti:t] N (*on bottle*) Sauger *m*
teatime [ˈti:taɪm] N Teestunde *f*
tea towel (BRIT) N Geschirrtuch *nt*
tea urn N Teespender *m*
tech [tɛk] (*inf*) N ABBR = **technical college; technology**
★**technical** [ˈtɛknɪkl] ADJ technisch; (*terms, language*) Fach-
technical college (BRIT) N technische Fachschule *f*
technicality [tɛknɪˈkælɪtɪ] N (*point of law*) Formalität *f*; (*detail*) technische Einzelheit *f*; **on a (legal) ~** aufgrund einer (juristischen) Formalität
technically [ˈtɛknɪklɪ] ADV (*regarding technique*) technisch (gesehen); (*strictly speaking*) genau genommen
technician [tɛkˈnɪʃən] N Techniker(in) *m(f)*
★**technique** [tɛkˈni:k] N Technik *f*
techno [ˈtɛknəu] N (*Mus*) Techno *nt*
technocrat [ˈtɛknəkræt] N Technokrat(in) *m(f)*
technological [tɛknəˈlɔdʒɪkl] ADJ technologisch
technologist [tɛkˈnɔlədʒɪst] N Technologe *m*, Technologin *f*
★**technology** [tɛkˈnɔlədʒɪ] N Technologie *f*
technology college N *Oberstufenkolleg mit technischem Schwerpunkt*
teddy [ˈtɛdɪ], **teddy bear** N Teddy(bär) *m*
tedious [ˈti:dɪəs] ADJ langweilig
tedium [ˈti:dɪəm] N Langeweile *f*
tee [ti:] N (*Golf*) Tee *nt*
▸ **tee off** VI (vom Tee) abschlagen
teem [ti:m] VI: **to ~ with** (*tourists etc*) wimmeln von; **it is teeming down** es gießt in Strömen
teenage [ˈti:neɪdʒ] ADJ (*fashions etc*) Jugend-; (*children*) im Teenageralter
★**teenager** [ˈti:neɪdʒə^r] N Teenager *m*, Jugendliche(r) *f(m)*
teens [ti:nz] NPL: **to be in one's ~** im Teenageralter sein
tee shirt N = **T-shirt**
teeter [ˈti:tə^r] VI (*also fig*) schwanken, taumeln
teeth [ti:θ] NPL *of* **tooth**
teethe [ti:ð] VI Zähne bekommen, zahnen
teething ring [ˈti:ðɪŋ-] N Beißring *m*
teething troubles NPL (*fig*) Kinderkrankheiten *pl*
teetotal [ˈti:ˈtəutl] ADJ (*person*) abstinent
teetotaller, (US) **teetotaler** [ˈti:ˈtəutlə^r] N Abstinenzler(in) *m(f)*, Antialkoholiker(in) *m(f)*
TEFL [ˈtɛfl] N ABBR (= *Teaching of English as a Foreign Language*) *Unterricht in Englisch als Fremdsprache*
Teflon® [ˈtɛflɔn] N Teflon® *nt*

Teheran [tɛəˈrɑ:n] N Teheran *nt*
tel. ABBR (= *telephone*) Tel.
Tel Aviv [ˈtɛləˈvi:v] N Tel Aviv *nt*
telecast [ˈtɛlɪkɑ:st] N Fernsehsendung *f*
telecommunications [ˈtɛlɪkəmju:nɪˈkeɪʃənz] N Nachrichtentechnik *f*
teleconferencing [ˈtɛlɪkɔnfərənsɪŋ] N Telekonferenzen *pl*
telegram [ˈtɛlɪgræm] N Telegramm *nt*
telegraph [ˈtɛlɪgrɑ:f] N (*system*) Telegraf *m*
telegraphic [tɛlɪˈgræfɪk] ADJ (*equipment*) telegrafisch
telegraph pole [ˈtɛlɪgrɑ:f-] N Telegrafenmast *m*
telegraph wire N Telegrafenleitung *f*
telepathic [tɛlɪˈpæθɪk] ADJ telepathisch
telepathy [təˈlɛpəθɪ] N Telepathie *f*
★**telephone** [ˈtɛlɪfəun] N Telefon *nt* ▸ VT (*person*) anrufen ▸ VI telefonieren, anrufen; **to be on the ~** (*talking*) telefonieren; (*possessing phone*) ein Telefon haben
telephone box, (US) **telephone booth** N Telefonzelle *f*
telephone call N Anruf *m*
telephone directory N Telefonbuch *nt*
telephone exchange N Telefonzentrale *f*
telephone number N Telefonnummer *f*
telephone operator N Telefonist(in) *m(f)*
telephone tapping N Abhören *nt* von Telefonleitungen
telephonist [təˈlɛfənɪst] (BRIT) N Telefonist(in) *m(f)*
telephoto [ˈtɛlɪˈfəutəu] ADJ: **~ lens** Teleobjektiv *nt*
teleprinter [ˈtɛlɪprɪntə^r] N Fernschreiber *m*
Teleprompter® [ˈtɛlɪprɔmptə^r] (US) N Teleprompter *m*
telesales [ˈtɛlɪseɪlz] N Verkauf *m* per Telefon
telescope [ˈtɛlɪskəup] N Teleskop *nt* ▸ VI (*fig: bus, lorry*) sich ineinanderschieben ▸ VT (*make shorter*) zusammenschieben
telescopic [tɛlɪˈskɔpɪk] ADJ (*legs, aerial*) ausziehbar; **~ lens** Fernrohrlinse *f*
Teletext® [ˈtɛlɪtɛkst] N Videotext *m*
telethon [ˈtɛlɪθɔn] N *Spendenaktion für wohltätige Zwecke in Form einer vielstündigen Fernsehsendung*
televise [ˈtɛlɪvaɪz] VT (im Fernsehen) übertragen
★**television** [ˈtɛlɪvɪʒən] N Fernsehen *nt*; (*set*) Fernseher *m*, Fernsehapparat *m*; **to be on ~** im Fernsehen sein
television licence (BRIT) N Fernsehgenehmigung *f*
television programme N Fernsehprogramm *nt*
television set N Fernseher *m*, Fernsehapparat *m*
teleworking [ˈtɛlɪwə:kɪŋ] N Telearbeit *f*

telex ['tɛlɛks] N *(system, machine, message)* Telex *nt* ▸ VT *(message)* telexen; *(person)* ein Telex schicken *+dat* ▸ VI telexen

tell [tɛl] (*pt, pp* **told**) VT *(say)* sagen; *(relate: story)* erzählen; *(distinguish)*: **to ~ sth from** etw unterscheiden von; *(be sure)* wissen ▸ VI *(have an effect)* sich auswirken; **to ~ sb to do sth** jdm sagen, etw zu tun; **to ~ sb of** *or* **about sth** jdm von etw erzählen; **to be able to ~ the time** *(know how to)* die Uhr kennen; **can you ~ me the time?** können Sie mir sagen, wie spät es ist?; **(I) ~ you what, let's go to the cinema** weißt du was? Lass uns ins Kino gehen!; **I can't ~ them apart** ich kann sie nicht unterscheiden
▸ **tell off** VT: **to ~ sb off** jdn ausschimpfen
▸ **tell on** VT FUS *(inform against)* verpetzen

teller ['tɛlə^r] N *(in bank)* Kassierer(in) *m(f)*

telling ['tɛlɪŋ] ADJ *(remark etc)* verräterisch

telltale ['tɛlteɪl] ADJ verräterisch ▸ N *(pej)* Petzer *m*, Petze *f*

telly ['tɛlɪ] (BRIT *inf*) N ABBR = **television**

temerity [tə'mɛrɪtɪ] N Unverschämtheit *f*

temp [tɛmp] (BRIT *inf*) N ABBR (= *temporary office worker*) Zeitarbeitskraft *f* ▸ VI als Zeitarbeitskraft arbeiten

temper ['tɛmpə^r] N *(mood)* Laune *f*; *(nature)* Naturell *nt* ▸ VT *(moderate)* mildern; **a (fit of) ~** ein Wutanfall *m*; **to be in a ~** gereizt sein; **to lose one's ~** die Beherrschung verlieren

temperament ['tɛmprəmənt] N Temperament *nt*

temperamental [tɛmprə'mɛntl] ADJ *(person, car)* launisch

temperate ['tɛmprət] ADJ gemäßigt

temperature ['tɛmprətʃə^r] N Temperatur *f*; **to have** *or* **run a ~** Fieber haben; **to take sb's ~** bei jdm Fieber messen

emperature chart N *(Med)* Fiebertabelle *f*

empered ['tɛmpəd] ADJ *(steel)* gehärtet

tempest ['tɛmpɪst] N Sturm *m*

mpestuous [tɛm'pɛstjuəs] ADJ *(also fig)* stürmisch; *(person)* leidenschaftlich

empi ['tɛmpi:] NPL *of* **tempo**

template ['tɛmplɪt] N Schablone *f*

emple ['tɛmpl] N *(building)* Tempel *m*; *(Anat)* Schläfe *f*

empo ['tɛmpəu] (*pl* **tempos** *or* **tempi**) N *(Mus, fig)* Tempo *nt*

temporal ['tɛmpərəl] ADJ *(non-religious)* weltlich; *(relating to time)* zeitlich

emporarily ['tɛmpərərɪlɪ] ADV vorübergehend; *(unavailable, alone etc)* zeitweilig

emporary ['tɛmpərərɪ] ADJ *(arrangement)* provisorisch; *(worker, job)* Aushilfs-; **~ refugee** Flüchtling *m* mit zeitlich begrenzter Aufenthaltserlaubnis; **~ secretary** Sekretärin zur Aushilfe; **~ teacher** Aushilfslehrer(in) *m(f)*

emporize ['tɛmpəraɪz] VI ausweichen

empt [tɛmpt] VT in Versuchung führen; **to ~ sb into doing sth** jdn dazu verleiten, etw zu tun; **to be tempted to do sth** versucht sein, etw zu tun

temptation [tɛmp'teɪʃən] N Versuchung *f*

tempting ['tɛmptɪŋ] ADJ *(offer)* verlockend; *(food)* verführerisch

★**ten** [tɛn] NUM zehn ▸ N: **tens of thousands** Zehntausende *pl*

tenable ['tɛnəbl] ADJ *(argument, position)* haltbar

tenacious [tə'neɪʃəs] ADJ zäh, hartnäckig

tenacity [tə'næsɪtɪ] N Zähigkeit *f*, Hartnäckigkeit *f*

tenancy ['tɛnənsɪ] N *(of room)* Mietverhältnis *nt*; *(of land)* Pachtverhältnis *nt*

tenant ['tɛnənt] N *(of room)* Mieter(in) *m(f)*; *(of land)* Pächter(in) *m(f)*

tend [tɛnd] VT *(crops, sick person)* sich kümmern um ▸ VI: **to ~ to do sth** dazu neigen *or* tendieren, etw zu tun

tendency ['tɛndənsɪ] N *(of person)* Neigung *f*; *(of thing)* Tendenz *f*

tender ['tɛndə^r] ADJ *(person, care)* zärtlich; *(heart)* gut; *(sore)* empfindlich; *(meat, age)* zart ▸ N *(Comm)* Angebot *nt*; *(money)*: **legal ~** gesetzliches Zahlungsmittel *nt* ▸ VT *(offer)* vorlegen; *(resignation)* einreichen; *(apology)* anbieten; **to put in a ~ (for)** ein Angebot vorlegen (für); **to put work out to ~** (BRIT) Arbeiten ausschreiben

tenderize ['tɛndəraɪz] VT *(meat)* zart machen

tenderly ['tɛndəlɪ] ADV zärtlich, liebevoll

tenderness ['tɛndənɪs] N *(affection)* Zärtlichkeit *f*; *(of meat)* Zartheit *f*

tendon ['tɛndən] N Sehne *f*

tendonitis, tendinitis [tɛndə'naɪtɪs] N Sehnenentzündung *f*; *(form)* Tendinitis *f*

tendril ['tɛndrɪl] N *(Bot)* Ranke *f*; *(of hair etc)* Strähne *f*

tenement ['tɛnəmənt] N Mietshaus *nt*

Tenerife [tɛnə'ri:f] N Teneriffa *nt*

tenet ['tɛnət] N Prinzip *nt*

tenner ['tɛnə^r] (BRIT *inf*) N Zehner *m*

★**tennis** ['tɛnɪs] N Tennis *nt*

tennis ball N Tennisball *m*

tennis club N Tennisklub *m*

tennis court N Tennisplatz *m*

tennis elbow N *(Med)* Tennisell(en)bogen *m*

tennis match N Tennismatch *nt*

tennis player N Tennisspieler(in) *m(f)*

tennis racket N Tennisschläger *m*

tennis shoes NPL Tennisschuhe *pl*

tenor ['tɛnə^r] N *(Mus)* Tenor *m*; *(of speech etc)* wesentlicher Gehalt *m*

tenpin bowling ['tɛnpɪn-] (BRIT) N Bowling *nt*

tense [tɛns] ADJ *(person, muscle)* angespannt; *(smile)* verkrampft; *(period, situation)* gespannt ▸ N *(Ling)* Zeit *f*, Tempus *nt* ▸ VT *(muscles)* anspannen

tenseness ['tɛnsnɪs] N Gespanntheit *f*

tension ['tɛnʃən] N *(nervousness)* Angespanntheit *f*; *(between ropes etc)* Spannung *f*

tent [tɛnt] N Zelt *nt*

tentacle ['tɛntəkl] N *(Zool)* Fangarm *m*; *(fig)* Klaue *f*

t

tentative [ˈtɛntətɪv] ADJ (*person, smile*) zögernd; (*step*) unsicher; (*conclusion, plans*) vorläufig
tentatively [ˈtɛntətɪvlɪ] ADV (*suggest*) versuchsweise; (*wave etc*) zögernd
tenterhooks [ˈtɛntəhuks] NPL: **to be on ~** wie auf glühenden Kohlen sitzen
★**tenth** [tɛnθ] NUM zehnte(r, s) ▶ N Zehntel *nt*
tent peg N Hering *m*
tent pole N Zeltstange *f*
tenuous [ˈtɛnjuəs] ADJ (*hold, links etc*) schwach
tenure [ˈtɛnjuəʳ] N (*of land etc*) Nutzungsrecht *nt*; (*of office*) Amtszeit *f*; (*Univ*): **to have ~** eine Dauerstellung haben
tepid [ˈtɛpɪd] ADJ (*also fig*) lauwarm
Ter. ABBR (*in street names: = terrace*) ≈ Str.
★**term** [tə:m] N (*word*) Ausdruck *m*; (*period in power etc*) Amtszeit *f*; (*Scol: three per year*) Trimester *nt* ▶ VT (*call*) nennen ▪ **terms** NPL (*also Comm*) Bedingungen *pl*; **in economic/political terms** wirtschaftlich/politisch gesehen; **in terms of business** was das Geschäft angeht *or* betrifft; **~ of imprisonment** Gefängnisstrafe *f*; **"easy terms"** (*Comm*) „günstige Bedingungen"; **in the short/long ~** auf kurze/lange Sicht; **to be on good terms with sb** sich mit jdm gut verstehen; **to come to terms with** (*problem*) sich abfinden mit
terminal [ˈtə:mɪnl] ADJ (*disease, patient*) unheilbar ▶ N (*Aviat, Comm, Comput*) Terminal *nt*; (*Elec*) Anschluss *m*; (BRIT: *also:* **bus terminal**) Endstation *f*
terminally [ˈtə:mɪnlɪ] ADV (*ill*) unheilbar
terminate [ˈtə:mɪneɪt] VT beenden ▶ VI: **to ~ in** enden in *+dat*
termination [tə:mɪˈneɪʃən] N Beendigung *f*; (*expiry: of contract*) Ablauf *m*; (*Med: of pregnancy*) Abbruch *m*
termini [ˈtə:mɪnaɪ] NPL *of* **terminus**
terminology [tə:mɪˈnɔlədʒɪ] N Terminologie *f*
terminus [ˈtə:mɪnəs] (*pl* **termini**) N (*for buses, trains*) Endstation *f*
termite [ˈtə:maɪt] N Termite *f*
term paper (US) N (*Univ*) ≈ Semesterarbeit *f*
Terr. ABBR (*in street names: = terrace*) ≈ Str.
terrace [ˈtɛrəs] N (BRIT: *row of houses*) Häuserreihe *f*; (*Agr, patio*) Terrasse *f* ▪ **the terraces** NPL (BRIT *Sport*) die Ränge *pl*
terraced [ˈtɛrəst] ADJ (*garden*) terrassenförmig angelegt; (*house*) Reihen-
terracotta [ˈtɛrəˈkɔtə] N (*clay*) Terrakotta *f*; (*colour*) Braunrot *nt* ▶ ADJ (*pot, roof etc*) Terrakotta-
terrain [tɛˈreɪn] N Gelände *nt*, Terrain *nt*
★**terrible** [ˈtɛrɪbl] ADJ schrecklich, furchtbar
terribly [ˈtɛrɪblɪ] ADV (*very*) furchtbar; (*very badly*) entsetzlich
terrier [ˈtɛrɪəʳ] N Terrier *m*
terrific [təˈrɪfɪk] ADJ (*time, party*) sagenhaft; (*very great: thunderstorm, speed*) unheimlich
terrify [ˈtɛrɪfaɪ] VT erschrecken; **to be terrified** schreckliche Angst haben
terrifying [ˈtɛrɪfaɪɪŋ] ADJ entsetzlich, grauenvoll
territorial [tɛrɪˈtɔ:rɪəl] ADJ (*boundaries, dispute*) territorial, Gebiets-; (*waters*) Hoheits- ▶ N (*Mil*) Soldat *m* der Territorialarmee
Territorial Army (BRIT) N (*Mil*): **the ~** die Territorialarmee
territorial waters NPL Hoheitsgewässer *pl*
territory [ˈtɛrɪtərɪ] N (*also fig*) Gebiet *nt*
terror [ˈtɛrəʳ] N (*great fear*) panische Angst *f*
terrorism [ˈtɛrərɪzəm] N Terrorismus *m*
★**terrorist** [ˈtɛrərɪst] N Terrorist(in) *m(f)*
terrorize [ˈtɛrəraɪz] VT terrorisieren
terse [tə:s] ADJ knapp
tertiary [ˈtə:ʃərɪ] ADJ tertiär; **~ education** (BRIT) Universitätsausbildung *f*
Terylene® [ˈtɛrɪli:n] N Terylen® *nt* ▶ ADJ Terylen-
TESL [ˈtɛsl] N ABBR (= *Teaching of English as a Second Language*) *Unterricht in Englisch als Zweitsprache*
★**test** [tɛst] N Test *m*; (*of courage etc*) Probe *f*; (*Scol*) Prüfung *f*; (*also:* **driving test**) Fahrprüfung *f* ▶ VT testen; (*check, Scol*) prüfen; **to put sth to the ~** etw auf die Probe stellen; **to ~ sth for sth** etw auf etw *acc* prüfen
testament [ˈtɛstəmənt] N Zeugnis *nt*; **the Old/New T~** das Alte/Neue Testament; **last will and ~** Testament *nt*
test ban N (*also:* **nuclear test ban**) Teststopp *m*
test card N (*TV*) Testbild *nt*
test case N (*Law*) Musterfall *m*; (*fig*) Musterbeispiel *nt*
testes [ˈtɛsti:z] NPL Testikel *pl*, Hoden *pl*
test flight N Testflug *m*
testicle [ˈtɛstɪkl] N Hoden *m*
testify [ˈtɛstɪfaɪ] VI (*Law*) aussagen; **to ~ to sth** (*Law, fig*) etw bezeugen
testimonial [tɛstɪˈməunɪəl] N (BRIT: *reference*) Referenz *f*; (*Sport: also:* **testimonial match**) *Benefizspiel, dessen Erlös einem verdienten Spieler zugutekommt*
testimony [ˈtɛstɪmənɪ] N (*statement*) Aussage *f*; (*clear proof*): **to be (a) ~ to** ein Zeugnis *nt* sein für
testing [ˈtɛstɪŋ] ADJ schwierig
test match N (*Cricket, Rugby*) Testmatch *nt*, Test-Match *nt*, Länderspiel *nt*
testosterone [tɛsˈtɔstərəun] N Testosteron *nt*
test paper N (*Scol*) Klassenarbeit *f*
test pilot N Testpilot(in) *m(f)*
test tube N Reagenzglas *nt*
test-tube baby [ˈtɛsttju:b-] N Retortenbaby *nt*
testy [ˈtɛstɪ] ADJ gereizt
tetanus [ˈtɛtənəs] N Tetanus *m*
tetchy [ˈtɛtʃɪ] ADJ gereizt
tether [ˈtɛðəʳ] VT (*animal*) festbinden ▶ N: **to be at the end of one's ~** völlig am Ende sein
★**text** [tɛkst] N Text *m*; (*sent by mobile phone*) SMS *f* ▶ VT (*on mobile phone*): **to ~ sb** jdm eine SMS schicken
textbook [ˈtɛkstbuk] N Lehrbuch *nt*

extiles [ˈtɛkstaɪlz] NPL Textilien *pl*
exting [ˈtekstɪŋ] N (*Tel*) Versenden *nt* von SMS(-Nachrichten)
ext message N (*Tel*) SMS *f*
ext messaging N (*Tel*) = **texting**
extual [ˈtɛkstjuəl] ADJ (*analysis etc*) Text-
exture [ˈtɛkstʃəʳ] N Beschaffenheit *f*, Struktur *f*
hai [taɪ] ADJ thailändisch ▶ N Thailänder(in) *m(f)*
hailand [ˈtaɪlænd] N Thailand *nt*
halidomide® [θəˈlɪdəmaɪd] N Contergan® *nt*
hames [tɛmz] N: **the ~** die Themse
han [ðæn] CONJ (*in comparisons*) als; **more ~ 10** mehr als 10; **she is older ~ you think** sie ist älter, als Sie denken; **more ~ once** mehr als einmal
hank [θæŋk] VT danken *+dat*; **~ you** danke; **~ you very much** vielen Dank; **~ God!** Gott sei Dank!
hankful [ˈθæŋkful] ADJ: **~ (for/that)** dankbar (für/, dass)
hankfully [ˈθæŋkfəlɪ] ADV dankbar; **~ there were few victims** zum Glück gab es nur wenige Opfer
hankless [ˈθæŋklɪs] ADJ undankbar
hanks [θæŋks] NPL Dank *m* ▶ EXCL (*also:* **many thanks, thanks a lot**) danke, vielen Dank; **~ to** dank *+gen*
hanksgiving [ˈθæŋksgɪvɪŋ], (*US*) **Thanksgiving Day** N *siehe Info-Artikel*

Thanksgiving (Day) ist ein Feiertag in den USA, der auf den vierten Donnerstag im November fällt. Er soll daran erinnern, wie die Pilgerväter die gute Ernte im Jahre 1621 feierten. In Kanada gibt es einen ähnlichen Erntedanktag (der aber nichts mit den Pilgervätern zu tun hat) am zweiten Montag im Oktober.

that [ðæt, ðət]

(*pl* **those**) ADJ (*demonstrative*) der/die/das; **that man** der Mann; **that woman** die Frau; **that book** das Buch; **that one** der/die/das da; **I want this one, not that one** ich will dieses (hier), nicht das (da)
▶ PRON **1** (*demonstrative*) das; **who's/what's that?** wer/was ist das?; **is that you?** bist du das?; **will you eat all that?** isst du das alles?; **that's what he said** das hat er gesagt; **what happened after that?** was geschah danach?; **that is (to say)** das heißt; **and that's that!** und damit Schluss!
2 (*relative: subject*) der/die/das; (*: pl*) die; (*: direct object*) den/die/das; (*: pl*) die; (*: indirect object*) dem/der/dem; (*: pl*) denen; **the man that I saw** der Mann, den ich gesehen habe; **all that I have** alles was ich habe; **the people that I spoke to** die Leute, mit denen ich geredet habe
3 (*relative: of time*): **the day that he came** der Tag, an dem er kam; **the winter that he came to see us** der Winter, in dem er uns besuchte
▶ CONJ dass; **he thought that I was ill** er dachte, dass ich krank sei, er dachte, ich sei krank
▶ ADV (*demonstrative*) so; **I can't work that much** ich kann nicht so viel arbeiten; **that high** so hoch

thatched [θætʃt] ADJ strohgedeckt
Thatcherism [ˈθætʃərɪzəm] N Thatcherismus *m*
Thatcherite [ˈθætʃəraɪt] ADJ thatcheristisch ▶ N Thatcher-Anhänger(in) *m(f)*
thaw [θɔː] N Tauwetter *nt* ▶ VI (*ice*) tauen; (*food*) auftauen ▶ VT (*also:* **thaw out**) auftauen; **it's thawing** es taut

the [ðiː, ðə]

DEF ART **1** (*before masculine noun*) der; (*before feminine noun*) die; (*before neuter noun*) das; (*before plural noun*) die; **to play the piano/violin** Klavier/Geige spielen; **I'm going to the butcher's/the cinema** ich gehe zum Metzger/ins Kino
2 (*+ adj to form noun*): **the rich and the poor** die Reichen und die Armen; **to attempt the impossible** das Unmögliche versuchen
3 (*in titles*): **Elizabeth the First** Elisabeth die Erste; **Peter the Great** Peter der Große
4 (*in comparisons*): **the more he works the more he earns** je mehr er arbeitet, desto mehr verdient er; **the sooner the better** je eher, desto besser

In the nominative, use **der** with a masculine noun, **die** with a feminine noun, and **das** with a neuter noun. For plural nouns always use **die**.

t

★**theatre**, (*US*) **theater** [ˈθɪətəʳ] N Theater *nt*; (*also:* **lecture theatre**) Hörsaal *m*; (*also:* **operating theatre**) Operationssaal *m*
theatre-goer [ˈθɪətəgəuəʳ] N Theaterbesucher(in) *m(f)*
theatrical [θɪˈætrɪkl] ADJ (*event, production*) Theater-; (*gestures etc*) theatralisch
theft [θɛft] N Diebstahl *m*
★**their** [ðɛəʳ] ADJ ihr
theirs [ðɛəz] PRON ihre(r, s); **it is ~** es gehört ihnen; **a friend of ~** ein Freund/eine Freundin von ihnen; *see also* **my**; **mine²**
★**them** [ðɛm] PRON (*direct*) sie; (*indirect*) ihnen; **I see ~** ich sehe sie; **give ~ the book** gib ihnen das Buch; **give me a few of ~** geben Sie mir ein paar davon; **with ~** mit ihnen; **without ~** ohne sie; *see also* **me**
★**theme** [θiːm] N (*also Mus*) Thema *nt*
theme park N Themenpark *m*
theme song N Titelmusik *f*
theme tune N Titelmelodie *f*

★**themselves** [ðəm'sɛlvz] PL PRON (*reflexive, after prep*) sich; (*emphatic, alone*) selbst; **between ~** unter sich

★**then** [ðɛn] ADV (*at that time*) damals; (*next, later*) dann ▶ CONJ (*therefore*) also ▶ ADJ: **the ~ president** der damalige Präsident; **by ~** (*past*) bis dahin; (*future*) bis dann; **from ~ on** von da an; **before ~** davor; **until ~** bis dann; **and ~ what?** und was dann?; **what do you want me to do ~?** was soll ich dann machen?; **... but ~ (again) he's the boss** ... aber er ist ja der Chef

theologian [θɪə'ləudʒən] N Theologe *m*, Theologin *f*

theological [θɪə'lɔdʒɪkl] ADJ theologisch

theology [θɪ'ɔlədʒɪ] N Theologie *f*

theorem ['θɪərəm] N Lehrsatz *m*

theoretical [θɪə'rɛtɪkl] ADJ theoretisch

theorize ['θɪəraɪz] VI theoretisieren

theory ['θɪərɪ] N Theorie *f*; **in ~** theoretisch

therapeutic [θɛrə'pju:tɪk] ADJ therapeutisch

therapist ['θɛrəpɪst] N Therapeut(in) *m(f)*

★**therapy** ['θɛrəpɪ] N Therapie *f*

there [ðɛəʳ]

ADV **1: there is/are** da ist/sind; (*there exist(s)*) es gibt; **there are 3 of them** es gibt 3 davon; **there has been an accident** da war ein Unfall; **there will be a meeting tomorrow** morgen findet ein Treffen statt

2 (*referring to place*) da, dort; **down/over there** da unten/drüben; **put it in/on there** leg es dorthinein/-hinauf; **I want that book there** ich möchte das Buch da; **there he is!** da ist er ja!

3: there, there (*esp to child*) ist ja gut

Use **dort** when something is in a fixed position, **dorthin** when there is movement involved.

thereabouts [ðɛərə'bauts] ADV: **or ~** (*amount, time*) oder so; (*place*) oder dortherum

thereafter [ðɛər'ɑ:ftəʳ] ADV danach

thereby [ðɛə'baɪ] ADV dadurch

★**therefore** ['ðɛəfɔ:ʳ] ADV daher, deshalb

there's [ðɛəz] = **there is; there has**

thereupon [ðɛərə'pɔn] ADV (*at that point*) darauf(hin)

thermal ['θə:ml] ADJ (*springs*) Thermal-; (*underwear, paper, printer*) Thermo-

thermodynamics ['θə:məudaɪ'næmɪks] N Thermodynamik *f*

thermometer [θə'mɔmɪtəʳ] N Thermometer *nt*

thermonuclear ['θə:məu'nju:klɪəʳ] ADJ thermonuklear

Thermos® ['θə:məs] N (*also:* **Thermos flask**) Thermosflasche® *f*

thermostat ['θə:məustæt] N Thermostat *m*

thesaurus [θɪ'sɔ:rəs] N Synonymwörterbuch *nt*

★**these** [ði:z] PL ADJ, PL PRON diese

theses ['θi:si:z] NPL *of* **thesis**

thesis ['θi:sɪs] (*pl* **theses**) N These *f*; (*for doctorate etc*) Doktorarbeit *f*, Dissertation *f*

★**they** [ðeɪ] PL PRON sie; **~ say that ...** (*it is said that*) man sagt, dass ...

they'd [ðeɪd] = **they had; they would**

they'll [ðeɪl] = **they shall; they will**

they're [ðɛəʳ] = **they are**

they've [ðeɪv] = **they have**

★**thick** [θɪk] ADJ dick; (*sauce etc*) dickflüssig; (*fog, forest, hair etc*) dicht; (*inf: stupid*) blöd ▶ N: **in the ~ of the battle** mitten im Gefecht; **it's 20 cm ~** es ist 20 cm dick

thicken ['θɪkn] VI (*fog etc*) sich verdichten ▶ VT (*sauce etc*) eindicken; **the plot thickens** die Sache wird immer verwickelter

thicket ['θɪkɪt] N Dickicht *nt*

thickly ['θɪklɪ] ADV (*spread, cut*) dick; **~ populated** dicht bevölkert

thickness ['θɪknɪs] N (*of rope, wire*) Dicke *f*; (*layer*) Lage *f*

thickset [θɪk'sɛt] ADJ (*person, body*) gedrungen

thick-skinned [θɪk'skɪnd] ADJ (*also fig*) dickhäutig

★**thief** [θi:f] (*pl* **thieves**) N Dieb(in) *m(f)*

thieves [θi:vz] NPL *of* **thief**

thieving ['θi:vɪŋ] N Stehlen *nt*

thigh [θaɪ] N Oberschenkel *m*

thighbone ['θaɪbəun] N Oberschenkelknochen *m*

thimble ['θɪmbl] N Fingerhut *m*

★**thin** [θɪn] ADJ dünn; (*fog*) leicht; (*hair, crowd*) spärlich ▶ VT: **to ~ (down)** (*sauce, paint*) verdünnen ▶ VI (*fog, crowd*) sich lichten; **his hair is thinning** sein Haar lichtet sich

★**thing** [θɪŋ] N Ding *nt*; (*matter*) Sache *f*; (*inf*): **to have a ~ about sth** (*be fascinated by*) wie besessen sein von etw; (*hate*) etw nicht ausstehen können ■ **things** NPL (*belongings*) Sachen *pl*; **to do sth first ~ (every morning/tomorrow morning)** etw (morgens/morgen früh) als Erstes tun; **I look awful first ~ in the morning** ich sehe frühmorgens immer furchtbar aus; **to do sth last ~ (at night)** etw als Letztes (am Abend) tun; **the ~ is ...** die Sache ist die: ...; **for one ~** zunächst mal; **don't worry about a ~** du brauchst dir überhaupt keine Sorgen zu machen; **you'll do no such ~!** das lässt du schön bleiben!; **poor ~** armes Ding; **the best ~ would be to ...** das Beste wäre, zu ...; **how are things?** wie gehts?

★**think** [θɪŋk] (*pt, pp* **thought**) VI (*reason*) denken; (*reflect*) nachdenken ▶ VT (*be of the opinion*) denken; (*believe*) glauben; **to ~ of** denken an *+acc*; (*recall*) sich erinnern an *+acc*; **what did you ~ of them?** was hielten Sie von ihnen?; **to ~ about sth/sb** (*ponder*) über etw/jdn nachdenken; **I'll ~ about it** ich werde es mir überlegen; **to ~ of doing sth** daran denken, etw zu tun; **to ~ highly of sb** viel von jdm halten; **to ~ alou** laut nachdenken; **~ again!** denk noch mal nach!; **I ~ so/not** ich glaube ja/nein

▸**think over** VT (*offer, suggestion*) überdenken; **I'd like to ~ things over** ich möchte mir die Sache noch einmal überlegen

▸**think through** VT durchdenken

▸**think up** VT sich *dat* ausdenken

hinking ['θɪŋkɪŋ] N Denken *nt*; **to my (way of) ~** meiner Meinung *or* Ansicht nach

hink-tank ['θɪŋktæŋk] N Expertengremium *nt*

hinly ['θɪnlɪ] ADV dünn; (*disguised, veiled*) kaum

hinness ['θɪnnɪs] N Dünne *f*

hird [θə:d] NUM dritte(r, s) ▸N (*fraction*) Drittel *nt*; (*Aut: also:* **third gear**) dritter Gang *m*; (BRIT *Scol: degree*) ≈ Ausreichend *nt*; **a ~ of** ein Drittel *+gen*

hird-degree burns ['θə:ddɪgri:-] NPL Verbrennungen *pl* dritten Grades

hirdly ['θə:dlɪ] ADV drittens

hird party insurance (BRIT) N ≈ Haftpflichtversicherung *f*

hird-rate ['θə:d'reɪt] (*pej*) ADJ drittklassig

hird World N: **the ~** die Dritte Welt ▸ADJ der Dritten Welt

hirst [θə:st] N Durst *m*

hirsty ['θə:stɪ] ADJ durstig; **to be ~** Durst haben; **gardening is ~ work** Gartenarbeit macht durstig

hirteen [θə:'ti:n] NUM dreizehn

hirteenth [θə:'ti:nθ] NUM dreizehnte(r, s)

hirtieth ['θə:tɪɪθ] NUM dreißigste(r, s)

hirty ['θə:tɪ] NUM dreißig

this [ðɪs]

(*pl* **these**) ADJ (*demonstrative*) diese(r, s); **this man** dieser Mann; **this woman** diese Frau; **this book** dieses Buch; **this one** diese(r, s) (hier)

▸PRON (*demonstrative*) dies, das; **who/what is this?** wer/was ist das?; **this is where I live** hier wohne ich; **this is what he said** das hat er gesagt; **this is Mr Brown** (*in introductions, photo*) das ist Herr Brown; (*on telephone*) hier ist Herr Brown

▸ADV (*demonstrative*): **this high/long** *etc* so hoch/lang *etc*

histle ['θɪsl] N Distel *f*

hong [θɔŋ] N Riemen *m*

horn [θɔ:n] N Dorn *m*

horny ['θɔ:nɪ] ADJ dornig; (*fig: problem*) heikel

horough ['θʌrə] ADJ gründlich

horoughbred ['θʌrəbrɛd] N (*horse*) Vollblüter *m*

horoughfare ['θʌrəfɛə^r] N (*road*) Durchgangsstraße *f*; **"no ~"** (BRIT) „Durchfahrt verboten"

horoughgoing ['θʌrəgəuɪŋ] ADJ (*changes, reform*) grundlegend; (*investigation*) gründlich

horoughly ['θʌrəlɪ] ADV gründlich; (*very*) äußerst; **I ~ agree** ich stimme vollkommen zu

thoroughness ['θʌrənɪs] N Gründlichkeit *f*

★**those** [ðəuz] PL ADJ, PL PRON die (da); **~ (of you) who ...** diejenigen (von Ihnen), die ...

★**though** [ðəu] CONJ obwohl ▸ADV aber; **even ~** obwohl; **it's not easy, ~** es ist aber nicht einfach

★**thought** [θɔ:t] PT, PP *of* **think** ▸N Gedanke *m* ■**thoughts** NPL (*opinion*) Gedanken *pl*; **after much ~** nach langer Überlegung; **I've just had a ~** mir ist gerade etwas eingefallen; **to give sth some ~** sich *dat* Gedanken über etw *acc* machen

thoughtful ['θɔ:tful] ADJ (*deep in thought*) nachdenklich; (*considerate*) aufmerksam

thoughtfully ['θɔ:tfəlɪ] ADV (*look etc*) nachdenklich; (*behave etc*) rücksichtsvoll; (*provide*) rücksichtsvollerweise

thoughtless ['θɔ:tlɪs] ADJ gedankenlos

thoughtlessly ['θɔ:tlɪslɪ] ADV gedankenlos

thoughtlessness ['θɔ:tlɪsnɪs] N Gedankenlosigkeit *f*

thought-out [θɔ:t'aut] ADJ durchdacht

thought-provoking ['θɔ:tprəvəukɪŋ] ADJ: **to be ~** Denkanstöße geben

★**thousand** ['θauzənd] NUM (ein)tausend; **two ~** zweitausend; **thousands of** Tausende von

thousandth ['θauzəntθ] NUM tausendste(r, s)

thrash [θræʃ] VT (*beat*) verprügeln; (*defeat*) (vernichtend) schlagen

▸**thrash about** VI um sich schlagen

▸**thrash around** VI = **thrash about**

▸**thrash out** VT (*problem*) ausdiskutieren

thrashing ['θræʃɪŋ] N: **to give sb a ~** jdn verprügeln

thread [θrɛd] N (*yarn*) Faden *m*; (*of screw*) Gewinde *nt* ▸VT (*needle*) einfädeln; **to ~ one's way between** sich hindurchschlängeln zwischen

threadbare ['θrɛdbɛə^r] ADJ (*clothes*) abgetragen; (*carpet*) abgelaufen

★**threat** [θrɛt] N Drohung *f*; (*fig*): **~ (to)** Gefahr *f* (für); **to be under ~ of** (*closure etc*) bedroht sein von

★**threaten** ['θrɛtn] VI bedrohen ▸VT: **to ~ sb with sth** jdm mit etw drohen; **to ~ to do sth** (damit) drohen, etw zu tun

threatening ['θrɛtnɪŋ] ADJ bedrohlich, drohend

★**three** [θri:] NUM drei

three-dimensional [θri:dɪ'mɛnʃənl] ADJ dreidimensional

threefold ['θri:fəuld] ADV: **to increase ~** dreifach *or* um das Dreifache ansteigen

three-piece suit ['θri:pi:s-] N dreiteiliger Anzug *m*

three-piece suite N dreiteilige Polstergarnitur *f*

three-ply [θri:'plaɪ] ADJ (*wool*) dreifädig; (*wood*) dreilagig

three-quarters [θri:'kwɔ:təz] NPL drei Viertel *pl*; **~ full** drei viertel voll

t

three-wheeler [ˈθri:ˈwi:ləʳ] N (*car*) Dreiradwagen *m*
thresh [θrɛʃ] VT dreschen
threshing machine [ˈθrɛʃɪŋ-] N Dreschmaschine *f*
threshold [ˈθrɛʃhəuld] N Schwelle *f*; **to be on the ~ of sth** (*fig*) an der Schwelle zu etw sein *or* stehen
threshold agreement N (*Econ*) *Tarifvereinbarung über der Inflationsrate angeglichene Lohnerhöhungen*
threw [θru:] PT *of* **throw**
thrift [θrɪft] N Sparsamkeit *f*
thrifty [ˈθrɪftɪ] ADJ sparsam
thrill [θrɪl] N (*excitement*) Aufregung *f*; (*shudder*) Erregung *f* ▸ VI zittern ▸ VT (*person, audience*) erregen; **to be thrilled** (*with gift etc*) sich riesig freuen
thriller [ˈθrɪləʳ] N Thriller *m*
thrilling [ˈθrɪlɪŋ] ADJ (*news*) aufregend; (*ride, performance etc*) erregend
thrive [θraɪv] (*pt* **thrived** *or* **throve**, *pp* **thrived**) VI gedeihen; **to ~ on sth** von etw leben
thriving [ˈθraɪvɪŋ] ADJ (*business, community*) blühend, florierend
★**throat** [θrəut] N Kehle *f*; **to have a sore ~** Halsschmerzen haben
throb [θrɔb] N (*of heart*) Klopfen *nt*; (*pain*) Pochen *nt*; (*of engine*) Dröhnen *nt* ▸ VI (*heart*) klopfen; (*pain*) pochen; (*machine*) dröhnen; **my head is throbbing** ich habe rasende Kopfschmerzen
throes [θrəuz] NPL: **in the ~ of** (*war, moving house etc*) mitten in *+dat*; **death ~** Todeskampf *m*
thrombosis [θrɔmˈbəusɪs] N Thrombose *f*
throne [θrəun] N Thron *m*; **on the ~** auf dem Thron
throng [θrɔŋ] N Masse *f* ▸ VT (*streets etc*) sich drängen in *+dat* ▸ VI: **to ~ to** strömen zu; **a ~ of people** eine Menschenmenge; **to be thronged with** wimmeln von
throttle [ˈθrɔtl] N (*in car*) Gaspedal *nt*; (*on motorcycle*) Gashebel *m* ▸ VT (*strangle*) erdrosseln
★**through** [θru:] PREP durch; (*time*) während; (*owing to*) infolge *+gen* ▸ ADJ (*ticket, train*) durchgehend ▸ ADV durch; **(from) Monday ~ Friday** (*US*) von Montag bis Freitag; **to be ~** (*Tel*) verbunden sein; **to be ~ with sb/sth** mit jdm/etw fertig sein; **we're ~!** es ist aus zwischen uns!; **"no ~ road", "no ~ traffic"** (*US*) „keine Durchfahrt“; **to let sb ~** jdn durchlassen; **to put sb ~ to sb** (*Tel*) jdn mit jdm verbinden
★**throughout** [θru:ˈaut] ADV (*everywhere*) überall; (*the whole time*) die ganze Zeit über ▸ PREP (*place*) überall in *+dat*; (*time*): **~ the morning/afternoon** während des ganzen Morgens/Nachmittags; **~ her life** ihr ganzes Leben lang
throughput [ˈθru:put] N (*also Comput*) Durchsatz *m*
throve [θrəuv] PT *of* **thrive**
★**throw** [θrəu] (*pt* **threw**, *pp* **thrown**) N Wurf *m* ▸ VT werfen; (*rider*) abwerfen; (*fig: confuse*) aus der Fassung bringen; (*pottery*) töpfern; **to ~ a party** eine Party geben; **to ~ open** (*doors, windows*) aufreißen; (*debate*) öffnen
▸ **throw about** VT (*money*) herumwerfen mit
▸ **throw around** VT = **throw about**
▸ **throw away** VT wegwerfen; (*waste*) verschwenden
▸ **throw off** VT (*get rid of: burden*) abwerfen
▸ **throw out** VT (*rubbish*) wegwerfen; (*idea*) verwerfen; (*person*) hinauswerfen
▸ **throw together** VT (*meal*) hinhauen; (*clothes*) zusammenpacken
▸ **throw up** VI (*vomit*) sich übergeben
throwaway [ˈθrəuəweɪ] ADJ (*cutlery etc*) Einweg-; (*line, remark*) beiläufig
throwback [ˈθrəubæk] N: **it's a ~ to** (*reminder*) es erinnert an *+acc*
throw-in [ˈθrəuɪn] N (*Football*) Einwurf *m*
thrown [θrəun] PP *of* **throw**
thru [θru:] (*US*) PREP, ADJ, ADV = **through**
thrush [θrʌʃ] N (*bird*) Drossel *f*; (*Med: esp in children*) Soor *m*; (: BRIT: *in women*) vaginale Pilzerkrankung *f*
thrust [θrʌst] (*pt, pp* **~**) VT stoßen ▸ N (*Tech*) Schubkraft *f*; (*push*) Stoß *m*; (*fig: impetus*) Stoßkraft *f*
thud [θʌd] N dumpfes Geräusch *nt*
thug [θʌg] N Schlägertyp *m*
thumb [θʌm] N Daumen *m* ▸ VT: **to ~ a lift** per Anhalter fahren; **to give sb/sth the thumbs up** (*approve*) jdm/etw *dat* grünes Licht geben; **to give sb/sth the thumbs down** (*disapprove*) jdn/etw ablehnen
▸ **thumb through** VT FUS (*book*) durchblättern
thumb index N Daumenregister *nt*
thumbnail [ˈθʌmneɪl] N Daumennagel *m*
thumbnail sketch N kurze Darstellung *f*
thumbtack [ˈθʌmtæk] (*US*) N Heftzwecke *f*
thump [θʌmp] N (*blow*) Schlag *m*; (*sound*) dumpfer Schlag *m* ▸ VT schlagen auf *+acc* ▸ VI (*heart etc*) heftig pochen
thumping [ˈθʌmpɪŋ] ADJ (*majority, victory etc*) Riesen-; (*headache, cold*) fürchterlich
thunder [ˈθʌndəʳ] N Donner *m* ▸ VI donnern; (*shout angrily*) brüllen; **to ~ past** (*train etc*) vorbeidonnern
thunderbolt [ˈθʌndəbəult] N Blitzschlag *m*
thunderclap [ˈθʌndəklæp] N Donnerschlag *m*
thunderous [ˈθʌndrəs] ADJ donnernd
thunderstorm [ˈθʌndəstɔ:m] N Gewitter *nt*
thunderstruck [ˈθʌndəstrʌk] ADJ: **to be** (*shocked*) wie von Donner gerührt sein
thundery [ˈθʌndərɪ] ADJ (*weather*) gewitterig
Thur., Thurs. ABBR (= *Thursday*) Do.
★**Thursday** [ˈθə:zdɪ] N Donnerstag *m*; *see also* **Tuesday**
thus [ðʌs] ADV (*in this way*) so; (*consequently*) somit
thwart [θwɔ:t] VT (*person*) einen Strich durch die Rechnung machen *+dat*; (*plans*) vereiteln
thyme [taɪm] N Thymian *m*
thyroid [ˈθaɪrɔɪd] N (*also:* **thyroid gland**) Schilddrüse *f*

iara [tɪˈɑːrə] N Diadem *nt*

iber [ˈtaɪbəʳ] N: **the ~** der Tiber

ibet [tɪˈbɛt] N Tibet *nt*

ibetan [tɪˈbɛtən] ADJ tibetanisch ▸ N (*person*) Tibetaner(in) *m(f)*; (*Ling*) Tibetisch *nt*

ibia [ˈtɪbɪə] N Schienbein *nt*

ic [tɪk] N nervöse Zuckung *f*, Tic *m*, Tick *m*

ick [tɪk] N (*mark*) Häkchen *nt*; (*sound*) Ticken *nt*; (*Zool*) Zecke *f*; (BRIT *inf*: *moment*) Augenblick *m*; (: *credit*): **to buy sth on ~** etw auf Pump kaufen ▸ VI (*clock, watch*) ticken ▸ VT (*item on list*) abhaken; **to put a ~ against sth** etw abhaken; **what makes him ~?** was ist er für ein Mensch?
▸ **tick off** VT (*item on list*) abhaken; (*person*) rüffeln
▸ **tick over** VI (*engine*) im Leerlauf sein; (*fig*: *business etc*) sich über Wasser halten

icker tape [ˈtɪkəteɪp] N Lochstreifen *m*; (*US*: *in celebrations*) ≈ Luftschlangen *pl*

icket [ˈtɪkɪt] N (*for public transport*) Fahrkarte *f*; (*for theatre etc*) Eintrittskarte *f*; (*in shop*: *on goods*) Preisschild *nt*; (: *from cash register*) Kassenbon *m*; (*for raffle*) Los *nt*; (*for library*) Ausweis *m*; (*fine*: *also*: **parking ticket**) Strafzettel *m*; (*US Pol*) Wahlliste *f*; **to get a (parking) ~** (*Aut*) einen Strafzettel bekommen

icket agency N (*Theat*) Vorverkaufsstelle *f*

icket collector N (*Rail*: *at station*) Fahrkartenkontrolleur(in) *m(f)*; (*on train*) Schaffner(in) *m(f)*

icket holder N Karteninhaber(in) *m(f)*

icket inspector N Fahrkartenkontrolleur(in) *m(f)*

icket machine N (*for public transport*) Fahrscheinautomat *m*; (*in car park*) Parkscheinautomat *m*

icket office N (*Rail*) Fahrkartenschalter *m*; (*Theat*) Theaterkasse *f*

ickle [ˈtɪkl] VT kitzeln; (*fig*: *amuse*) amüsieren ▸ VI kitzeln; **it tickles!** das kitzelt!

icklish [ˈtɪklɪʃ] ADJ (*person, situation*) kitzlig

idal [ˈtaɪdl] ADJ (*force*) Gezeiten-, der Gezeiten; (*river*) Tide-

idal wave N Flutwelle *f*

idbit [ˈtɪdbɪt] (*US*) N = **titbit**

iddlywinks [ˈtɪdlɪwɪŋks] N Flohhüpfen *nt*

ide [taɪd] N (*in sea*) Gezeiten *pl*; (*fig*: *of events, opinion etc*) Trend *m*; **high ~** Flut *f*; **low ~** Ebbe *f*; **the ~ is in/out** es ist Flut/Ebbe; **the ~ is coming in** die Flut kommt
▸ **tide over** VT über die Runden helfen *+dat*

idily [ˈtaɪdɪlɪ] ADV ordentlich

idiness [ˈtaɪdɪnɪs] N Ordentlichkeit *f*

idy [ˈtaɪdɪ] ADJ (*room, desk*) ordentlich, aufgeräumt; (*person*) ordnungsliebend; (*sum, income*) ordentlich ▸ VT (*also*: **tidy up**) aufräumen

ie [taɪ] N (BRIT: *also*: **necktie**) Krawatte *f*; (*string etc*) Band *nt*; (*fig*: *link*) Verbindung *f*; (*Sport*: *match*) Spiel *nt*; (*in competition*: *draw*) Unentschieden *nt* ▸ VT (*ribbon*) binden; (*parcel*) verschnüren; (*shoelaces*) zubinden ▸ VI (*Sport etc*): **to ~ with sb for first place** sich mit jdm den ersten Platz teilen; **"black ~"** „Abendanzug"; **"white ~"** „Frackzwang"; **family ties** familiäre Bindungen; **to ~ sth in a bow** etw zu einer Schleife binden; **to ~ a knot in sth** einen Knoten in etw *acc* machen
▸ **tie down** VT (*fig*: *restrict*) binden; (: *to date, price etc*) festlegen
▸ **tie in** VI: **to ~ in with** zusammenpassen mit
▸ **tie on** VT (BRIT) anbinden
▸ **tie up** VT (*parcel*) verschnüren; (*dog*) anbinden; (*boat*) festmachen; (*person*) fesseln; (*arrangements*) unter Dach und Fach bringen; **to be tied up** (*busy*) zu tun haben, beschäftigt sein

tie-break [ˈtaɪbreɪk], **tie-breaker** [ˈtaɪbreɪkəʳ] N (*Tennis*) Tiebreak *m*; (*in quiz*) Entscheidungsfrage *f*

tie-on [ˈtaɪɔn] (BRIT) ADJ (*label*) Anhänge-

tiepin [ˈtaɪpɪn] (BRIT) N Krawattennadel *f*

tier [tɪəʳ] N (*of stadium etc*) Rang *m*; (*of cake*) Lage *f*

tie-tack [ˈtaɪtæk] (*US*) N = **tiepin**

tiff [tɪf] N Krach *m*

tiger [ˈtaɪgəʳ] N Tiger *m*

tiger economy N (*Econ*) Tigerstaat *m*

★**tight** [taɪt] ADJ (*screw, knot, grip*) fest; (*shoes, clothes, bend*) eng; (*security*) streng; (*budget, money*) knapp; (*schedule*) gedrängt; (*inf*: *drunk*) voll; (: *stingy*) knickerig ▸ ADV fest; **to be packed ~** (*suitcase*) prallvoll sein; (*room*) gerammelt voll sein; **everybody hold ~!** alle festhalten!

tighten [ˈtaɪtn] VT (*rope, strap*) straffen; (*screw, bolt*) anziehen; (*grip*) festigen; (*security*) verschärfen ▸ VI (*grip*) sich festigen; (*rope etc*) sich spannen

tightfisted [taɪtˈfɪstɪd] ADJ knickerig (*inf*)

tight-lipped [taɪtˈlɪpt] ADJ (*fig*: *silence*) eisern; **to be ~ about sth** über etw *acc* schweigen

tightly [ˈtaɪtlɪ] ADV fest

tightrope [ˈtaɪtrəup] N Seil *nt*; **to be on** *or* **walking a ~** (*fig*) einen Balanceakt vollführen

tightrope walker N Seiltänzer(in) *m(f)*

tights [taɪts] (BRIT) NPL Strumpfhose *f*

tigress [ˈtaɪgrɪs] N Tigerin *f*

tilde [ˈtɪldə] N Tilde *f*

tile [taɪl] N (*on roof*) Ziegel *m*; (*on floor*) Fliese *f*; (*on wall*) Kachel *f* ▸ VT (*floor*) mit Fliesen auslegen; (*bathroom*) kacheln

tiled [taɪld] ADJ (*floor*) mit Fliesen ausgelegt; (*wall*) gekachelt

★**till** [tɪl] N (*in shop etc*) Kasse *f* ▸ VT (*land*) bestellen ▸ PREP, CONJ = **until**

tiller [ˈtɪləʳ] N (*Naut*) Ruderpinne *f*

tilt [tɪlt] VT neigen ▸ VI sich neigen ▸ N (*slope*) Neigung *f*; **to wear one's hat at a ~** den Hut schief aufhaben; **(at) full ~** mit Volldampf

timber [ˈtɪmbəʳ] N (*material*) Holz *nt*; (*trees*) Nutzholz *nt*

★**time** [taɪm] N Zeit *f*; (*occasion*) Mal *nt*, Gelegenheit *f*; (*Mus*) Takt *m* ▸ VT (*measure time of*) die Zeit messen bei; (*runner*) stoppen; (*fix moment for*: *visit etc*) den Zeitpunkt festlegen für; **a long ~** eine lange Zeit; **for the ~ being** vorläufig; **4 at a ~** 4 auf einmal; **from ~ to ~** von Zeit zu Zeit; **~ after ~, ~ and again** immer (und immer) wieder; **at times** manchmal, zuweilen; **in ~** (*soon enough*)

t

rechtzeitig; (*eventually*) mit der Zeit; (*Mus*) im Takt; **in a week's ~** in einer Woche; **in no ~** im Handumdrehen; **any ~** jederzeit; **on ~** rechtzeitig; **to be 30 minutes behind/ahead of ~** 30 Minuten zurück/voraus sein; **by the ~ he arrived** als er ankam; **5 times 5** 5 mal 5; **what ~ is it?** wie spät ist es?; **to have a good ~** sich amüsieren; **we/they** *etc* **had a hard ~** wir/sie *etc* hatten es schwer; **~'s up!** die Zeit ist um!; **I've no ~ for it** (*fig*) dafür habe ich nichts übrig; **he'll do it in his own (good) ~** (*without being hurried*) er macht es, ohne sich hetzen zu lassen; **he'll do it in his own ~**, (*US*) **he'll do it on his own ~** (*out of working hours*) er macht es in seiner Freizeit; **to be behind the times** rückständig sein; **to ~ sth well/badly** den richtigen/falschen Zeitpunkt für etw wählen; **the bomb was timed to go off 5 minutes later** die Bombe war so eingestellt, dass sie 5 Minuten später explodieren sollte

time-and-motion study [ˈtaɪmәndˈmәuʃәn-] N Arbeitsstudie *f*

time bomb N (*also fig*) Zeitbombe *f*

time card N Stechkarte *f*

time clock N (*in factory etc*) Stechuhr *f*

time-consuming [ˈtaɪmkәnsju:mɪŋ] ADJ zeitraubend

time difference N Zeitunterschied *m*

time frame N zeitlicher Rahmen *m*

time-honoured, (*US*) **time-honored** [ˈtaɪmɔnәd] ADJ althergebracht

timekeeper [ˈtaɪmki:pәʳ] N: **she's a good ~** sie erfüllt ihr Zeitsoll

time-lag [ˈtaɪmlæg] N Verzögerung *f*

time-lapse (photography) [ˈtaɪmlæps-] N Zeitraffer-Fotografie *f*

timeless [ˈtaɪmlɪs] ADJ zeitlos

time limit N zeitliche Grenze *f*

timely [ˈtaɪmlɪ] ADJ (*arrival*) rechtzeitig; (*reminder*) zur rechten Zeit

time management N Zeitmanagement *nt*

time off N: **to take ~** sich *dat* freinehmen

timer [ˈtaɪmәʳ] N (*time switch*) Schaltuhr *f*; (*on cooker*) Zeitmesser *m*; (*on video*) Timer *m*

time-saving [ˈtaɪmseɪvɪŋ] ADJ zeitsparend

timescale [ˈtaɪmskeɪl] (BRIT) N Zeitspanne *f*

time-share [ˈtaɪmʃɛәʳ] N Ferienwohnung *f* auf Timesharingbasis

time-sharing [ˈtaɪmʃɛәrɪŋ] N (*of property, Comput*) Timesharing *nt*

time sheet N = **time card**

time signal N (*Radio*) Zeitzeichen *nt*

time switch N Zeitschalter *m*

★**timetable** [ˈtaɪmteɪbl] N (*Rail etc*) Fahrplan *m*; (*Scol*) Stundenplan *m*; (*programme of events*) Programm *nt*

time zone N Zeitzone *f*

timid [ˈtɪmɪd] ADJ (*person*) schüchtern; (*animal*) scheu

timidity [tɪˈmɪdɪtɪ] N (*shyness*) Schüchternheit *f*

timing [ˈtaɪmɪŋ] N (*Sport*) Timing *nt*; **the ~ of hi**[s] **resignation** der Zeitpunkt seines Rücktritts

timing device N (*on bomb*) Zeitzünder *m*

timpani [ˈtɪmpәnɪ] NPL Kesselpauken *pl*

★**tin** [tɪn] N (*metal*) Blech *nt*; (*container*) Dose *f*; (: *fo*[r] *baking*) Form *f*; (: BRIT: *can*) Dose *f*, Büchse *f*; **tw**[o] **tins of paint** zwei Dosen Farbe

tinfoil [ˈtɪnfɔɪl] N Alufolie *f*

tinge [tɪndʒ] N (*of colour*) Färbung *f*; (*fig: of emotio*[n] *etc*) Anflug *m*, Anstrich *m* ▸ VT: **tinged wit**[h] **blue/red** leicht blau/rot gefärbt; **to be tinge**[d] **with sth** (*fig: emotion etc*) einen Anstrich vo[n] etw haben

tingle [ˈtɪŋgl] VI prickeln; (*from cold*) kribbeln; [I] **was tingling with excitement** ich zitterte vo[r] Aufregung

tinker [ˈtɪŋkәʳ] N (BRIT *pej: gipsy*) Kesselflicker *m*
▸ **tinker with** VT FUS herumbasteln an *+dat*

tinkle [ˈtɪŋkl] VI klingeln ▸ N (*inf*): **to give sb a ~** (*Tel*) bei jdm anklingeln

tin mine N Zinnbergwerk *nt*

tinned [tɪnd] (BRIT) ADJ (*food, peas*) Dosen-, i[n] Dosen

tinnitus [ˈtɪnɪtәs] N Tinnitus *m*, Ohrensum[-] men *nt*

tinny [ˈtɪnɪ] (*pej*) ADJ (*sound*) blechern; (*car etc*) Schrott-

tin-opener [ˈtɪnәupnәʳ] (BRIT) N Dosenöffner *m*

tinsel [ˈtɪnsl] N Rauschgoldgirlanden *pl*

tint [tɪnt] N (*colour*) Ton *m*; (*for hair*) Tönung *f* ▸ V[T] (*hair*) tönen

tinted [ˈtɪntɪd] ADJ getönt

★**tiny** [ˈtaɪnɪ] ADJ winzig

★**tip** [tɪp] N (*end*) Spitze *f*; (*gratuity*) Trinkgeld *nt*; (BRIT: *for rubbish*) Müllkippe *f*; (: *for coal*) Halde *f*; (*advice*) Tipp *m*, Hinweis *m* ▸ VT (*waiter*) ei[n] Trinkgeld geben *+dat*; (*tilt*) kippen; (*over*[-] *turn: also:* **tip over**) umkippen; (*empty: also:* **ti**[p] **out**) leeren; (*predict: winner etc*) tippen *or* setze[n] auf *+acc*; **he tipped out the contents of the bo**[x] er kippte den Inhalt der Kiste aus
▸ **tip off** VT einen Tipp *or* Hinweis geben *+dat*

tip-off [ˈtɪpɔf] N Hinweis *m*

tipped [tɪpt] ADJ (BRIT: *cigarette*) Filter[-] **steel-tipped** mit Stahlspitze

Tipp-Ex® [ˈtɪpɛks] N Tipp-Ex® *nt*

tipple [ˈtɪpl] (BRIT) VI picheln ▸ N: **to have a** [~] einen trinken

tipster [ˈtɪpstәʳ] N *jd, der bei Pferderennen, Börsen*[-] *geschäften etc Tipps gegen Bezahlung weitergibt*

tipsy [ˈtɪpsɪ] (*inf*) ADJ beschwipst

tiptoe [ˈtɪptәu] N: **on ~** auf Zehenspitzen

tip-top [ˈtɪpˈtɔp] ADJ: **in ~ condition** tipptopp

tirade [taɪˈreɪd] N Tirade *f*

tire [ˈtaɪәʳ] N (*US*) = **tyre** ▸ VT müde mache[n], ermüden ▸ VI (*become tired*) müde werden; **t**[o] **~ of sth** genug von etw haben
▸ **tire out** VT erschöpfen

★**tired** [ˈtaɪәd] ADJ müde; **to be/look ~** müd[e] sein/aussehen; **to feel ~** sich müde fühlen; **t** be ~ of sth etw satthaben; **to be ~ of doing sth** es satthaben, etw zu tun

tiredness [ˈtaɪədnɪs] N Müdigkeit *f*

tireless [ˈtaɪəlɪs] ADJ unermüdlich

tiresome [ˈtaɪəsəm] ADJ lästig

tiring [ˈtaɪərɪŋ] ADJ ermüdend, anstrengend

tissue [ˈtɪʃuː] N (*Anat, Biol*) Gewebe *nt*; (*paper handkerchief*) Papiertaschentuch *nt*

tissue paper N Seidenpapier *nt*

tit [tɪt] N (*bird*) Meise *f*; (*inf: breast*) Titte *f*; **~ for tat** wie du mir, so ich dir

titanium [tɪˈteɪnɪəm] N Titan *nt*

titbit, (*US*) **tidbit** [ˈtɪtbɪt] N (*food, news*) Leckerbissen *m*

titillate [ˈtɪtɪleɪt] VT erregen, reizen

titivate [ˈtɪtɪveɪt] VT fein machen

title [ˈtaɪtl] N Titel *m*; (*Law*): **~ to** Anspruch auf *+acc*

title deed N Eigentumsurkunde *f*

title page N Titelseite *f*

title role N Titelrolle *f*

title track N Titelstück *nt*

titter [ˈtɪtəʳ] VI kichern

tittle-tattle [ˈtɪtltætl] (*inf*) N Klatsch *m*, Gerede *nt*

tizzy [ˈtɪzɪ] N: **to be in a ~** aufgeregt sein; **to get in a ~** sich aufregen

T-junction [ˈtiːdʒʌŋkʃən] N T-Kreuzung *f*

TM ABBR (= *trademark*) Wz; = **transcendental meditation**

TN (*US*) ABBR (*Post*) = **Tennessee**

TNT N ABBR (= *trinitrotoluene*) TNT *nt*

to [tuː]

PREP **1** (*direction*) nach *+dat*, zu *+dat*; **to go to France/London/school/the station** nach Frankreich/nach London/zur Schule/zum Bahnhof gehen; **to the left/right** nach links/rechts; **I have never been to Germany** ich war noch nie in Deutschland

2 (*as far as*) bis; **to count to 10** bis 10 zählen

3 (*with expressions of time*) vor *+dat*; **a quarter to 5** (BRIT) Viertel vor 5

4 (*for, of*): **the key to the front door** der Schlüssel für die Haustür; **a letter to his wife** ein Brief an seine Frau

5 (*expressing indirect object*): **to give sth to sb** jdm etw geben; **to talk to sb** mit jdm sprechen; **I sold it to a friend** ich habe es an einen Freund verkauft; **you've done something to your hair** du hast etwas mit deinem Haar gemacht

6 (*in relation to*) zu; **A is to B as C is to D** A verhält sich zu B wie C zu D; **3 goals to 2** 3 zu 2 Tore; **40 miles to the gallon** 40 Meilen pro Gallone

7 (*purpose, result*) zu; **to sentence sb to death** jdn zum Tode verurteilen; **to my surprise** zu meiner Überraschung

▸ PREP (*with vb*) **1** (*simple infinitive*): **to go** gehen; **to eat** essen

2 (*following another vb*): **to want to do sth** etw tun wollen; **to try/start to do sth** versuchen/anfangen, etw zu tun

3 (*with vb omitted*): **I don't want to** ich will nicht; **you ought to** du solltest es tun

4 (*purpose, result*) (um ...) zu; **I did it to help you** ich habe es getan, um dir zu helfen

5 (*equivalent to relative clause*) zu; **he has a lot to lose** er hat viel zu verlieren; **the main thing is to try** die Hauptsache ist, es zu versuchen

6 (*after adjective etc*): **ready to use** gebrauchsfertig; **too old/young to ...** zu alt/jung, um zu ...; **it's too heavy to lift** es ist zu schwer zu heben

▸ ADV: **to push/pull the door to** die Tür zudrücken/zuziehen; **to and fro** hin und her

toad [təud] N Kröte *f*

toadstool [ˈtəudstuːl] N Giftpilz *m*

toady [ˈtəudɪ] (*pej*) VI: **to ~ to sb** vor jdm kriechen

★**toast** [təust] N (*bread, drink*) Toast *m* ▸ VT (*bread etc*) toasten; (*drink to*) einen Toast *or* Trinkspruch ausbringen auf *+acc*; **a piece** *or* **slice of ~** eine Scheibe Toast

toaster [ˈtəustəʳ] N Toaster *m*

toastmaster [ˈtəustmɑːstəʳ] N Zeremonienmeister *m*

toast rack N Toastständer *m*

tobacco [təˈbækəu] N Tabak *m*; **pipe ~** Pfeifentabak *m*

tobacconist [təˈbækənɪst] N Tabakhändler(in) *m(f)*

tobacconist's [təˈbækənɪsts], **tobacconist's shop** N Tabakwarenladen *m*

Tobago [təˈbeɪgəu] N *see* **Trinidad and Tobago**

toboggan [təˈbɔgən] N Schlitten *m*

★**today** [təˈdeɪ] ADV, N heute; **what day is it ~?** welcher Tag ist heute?; **what date is it ~?** der Wievielte ist heute?; **~ is the 4th of March** heute ist der 4. März; **a week ago ~** heute vor einer Woche; **~'s paper** die Zeitung von heute

toddle [ˈtɔdl] (*inf*) VI: **to ~ in/off/along** herein-/davon-/entlangwatscheln

toddler [ˈtɔdləʳ] N Kleinkind *nt*

to-do [təˈduː] N Aufregung *f*, Theater *nt*

★**toe** [təu] N Zehe *f*, Zeh *m*; (*of shoe, sock*) Spitze *f*; **big/little ~** großer/kleiner Zeh ▸ VT: **to ~ the line** (*fig*) auf Linie bleiben

toehold [ˈtəuhəuld] N (*in climbing*) Halt *m* für die Fußspitzen; (*fig*): **to get/gain a ~ (in)** einen Einstieg bekommen/sich *dat* einen Einstieg verschaffen (in *+dat*)

toenail [ˈtəuneɪl] N Zehennagel *m*

toffee [ˈtɔfɪ] N Toffee *m*

toffee apple (BRIT) N ≈ kandierter Apfel *m*

tofu [ˈtəufuː] N Tofu *m*

toga [ˈtəugə] N Toga *f*

★**together** [təˈgɛðəʳ] ADV zusammen; (*at the same time*) gleichzeitig; **~ with** gemeinsam mit

togetherness [təˈgɛðənɪs] N Beisammensein *nt*

toggle switch [ˈtɔgl-] N (*Comput*) Toggle-Schalter *m*

Togo [ˈtəugəu] N Togo *nt*

togs [tɔgz] (*inf*) NPL Klamotten *pl*

toil [tɔɪl] N Mühe *f* ▸ VI sich abmühen

★**toilet** [ˈtɔɪlət] N Toilette *f* ▸ CPD (*kit, accessories etc*) Toiletten-; **to go to the ~** auf die Toilette gehen

toilet bag (BRIT) N Kulturbeutel *m*

toilet bowl N Toilettenbecken *nt*

toilet paper N Toilettenpapier *nt*

toiletries [ˈtɔɪlətrɪz] NPL Toilettenartikel *pl*

toilet roll N Rolle *f* Toilettenpapier

toilet soap N Toilettenseife *f*

toilet water N Toilettenwasser *nt*

to-ing and fro-ing [ˈtu:ɪŋənˈfrəuɪŋ] (BRIT) N Hin und Her *nt*

token [ˈtəukən] N (*sign, souvenir*) Zeichen *nt*; (*substitute coin*) Wertmarke *f* ▸ ADJ (*strike, payment etc*) symbolisch; **by the same ~** (*fig*) in gleicher Weise; **book/record/gift ~** (BRIT) Bücher-/Platten-/Geschenkgutschein *m*

tokenism [ˈtəukənɪzəm] N: **to be (pure) ~** (nur) eine Alibifunktion haben

Tokyo [ˈtəukɪəu] N Tokio *nt*

told [təuld] PT, PP *of* **tell**

tolerable [ˈtɔlərəbl] ADJ (*bearable*) erträglich; (*fairly good*) passabel

tolerably [ˈtɔlərəblɪ] ADV: **~ good** ganz annehmbar *or* passabel

tolerance [ˈtɔlərəns] N Toleranz *f*

tolerant [ˈtɔlərənt] ADJ tolerant; **to be ~ of sth** tolerant gegenüber etw sein

tolerate [ˈtɔləreɪt] VT (*pain, noise*) erdulden, ertragen; (*injustice*) tolerieren

toleration [tɔləˈreɪʃən] N (*of person, pain etc*) Duldung *f*; (*Rel, Pol*) Toleranz *f*

toll [təul] N (*of casualties, deaths*) (Gesamt)zahl *f*; (*tax, charge*) Gebühr *f* ▸ VI (*bell*) läuten; **the work took its ~ on us** die Arbeit blieb nicht ohne Auswirkungen auf uns

tollbridge [ˈtəulbrɪdʒ] N gebührenpflichtige Brücke *f*, Mautbrücke *f*

toll call (US) N Ferngespräch *nt*

toll-free [təulˈfri:] (US) ADJ gebührenfrei

toll road N gebührenpflichtige Straße *f*, Mautstraße *f*

★**tomato** [təˈmɑ:təu] (*pl* **tomatoes**) N Tomate *f*

tomato ketchup N Tomatenketchup *m or nt*

tomato purée N Tomatenmark *nt*

tomato sauce N Tomatensoße *f*; (BRIT: *ketchup*) Tomatenketchup *m or nt*

tomb [tu:m] N Grab *nt*

tombola [tɔmˈbəulə] N Tombola *f*

tomboy [ˈtɔmbɔɪ] N Wildfang *m*

tombstone [ˈtu:mstəun] N Grabstein *m*

tombstoning [ˈtu:mstəunɪŋ] N (BRIT) *Sprung oder Kopfsprung aus großer Höhe, z.B. von einer Klippe, einer Brücke oder einem Kran, ins Wasser*

tomcat [ˈtɔmkæt] N Kater *m*

tome [təum] (*form*) N Band *m*

★**tomorrow** [təˈmɔrəu] ADV morgen ▸ N morgen (*future*) Zukunft *f*; **the day after ~** übermorgen **a week ~** morgen in einer Woche; **~ morning** morgen früh

★**ton** [tʌn] N (BRIT) (britische) Tonne *f*; (*US: also* **short ton**) (US-)Tonne *f* (*ca. 907 kg*); (*also* **metric ton**) (metrische) Tonne *f*; **tons of** (*inf*) Unmengen von

tonal [ˈtəunl] ADJ (*Mus*) klanglich, tonal

tone [təun] N Ton *m* ▸ VI (*colours: also:* **tone in**) (farblich) passen

▸ **tone down** VT (*also fig*) abschwächen

▸ **tone up** VT (*muscles*) kräftigen

tone-deaf [təunˈdɛf] ADJ ohne Gefühl für Tonhöhen

toner [ˈtəunə[r]] N (*for photocopier*) Toner *m*

toner cartridge N Tonerpatrone *f*

Tonga [ˈtɔŋə] N Tonga *nt*

tongs [tɔŋz] NPL Zange *f*; (*also:* **curling tongs**) Lockenstab *m*

★**tongue** [tʌŋ] N Zunge *f*; (*form: language*) Sprache *f*; **tongue-in-cheek** (*speak, say*) ironisch

tongue-tied [ˈtʌŋtaɪd] ADJ (*fig*) sprachlos

tongue-twister [ˈtʌŋtwɪstə[r]] N Zungenbrecher *m*

tonic [ˈtɔnɪk] N (*Med*) Tonikum *nt*; (*fig*) Wohltat *f*; (*also:* **tonic water**) Tonic *nt*; (*Mus*) Tonika *f*, Grundton *m*

★**tonight** [təˈnaɪt] ADV (*this evening*) heute Abend (*this night*) heute Nacht ▸ N (*this evening*) der heutige Abend; (*this night*) die kommende Nacht **(I'll) see you ~!** bis heute Abend!

tonnage [ˈtʌnɪdʒ] N Tonnage *f*

tonne [tʌn] (BRIT) N (*metric ton*) Tonne *f*

tonsil [ˈtɔnsl] N Mandel *f*; **to have one's tonsils out** sich *dat* die Mandeln herausnehmen lassen

tonsillitis [tɔnsɪˈlaɪtɪs] N Mandelentzündung *f*

★**too** [tu:] ADV (*excessively*) zu; (*also*) auch; **it's ~ sweet** es ist zu süß; **I went ~** ich bin auch mitgegangen; **~ much** (*adj*) zu viel; (*adv*) zu sehr; **~ many** zu viele; **~ bad!** das ist eben Pech

took [tuk] PT *of* **take**

★**tool** [tu:l] N (*also fig*) Werkzeug *nt*

toolbar [ˈtu:lbɑ:[r]] N (*Comput*) Symbolleiste *f*

tool box N Werkzeugkasten *m*

tool kit N Werkzeugsatz *m*

toot [tu:t] N (*of horn*) Hupton *m*; (*of whistle*) Pfeifton *m* ▸ VI (*with car-horn*) hupen

★**tooth** [tu:θ] (*pl* **teeth**) N (*also Tech*) Zahn *m*; **to have a ~ out, to have a ~ pulled** (US) sich *dat* einen Zahn ziehen lassen; **to brush one's teeth** sich *dat* die Zähne putzen; **by the skin of one's teeth** (*fig*) mit knapper Not

★**toothache** [ˈtu:θeɪk] N Zahnschmerzen *pl*; **to have ~** Zahnschmerzen haben

★**toothbrush** [ˈtu:θbrʌʃ] N Zahnbürste *f*

★**toothpaste** [ˈtu:θpeɪst] N Zahnpasta *f*

toothpick [ˈtu:θpɪk] N Zahnstocher *m*

tooth powder N Zahnpulver *nt*

top [tɔp] N (*of mountain, tree, ladder*) Spitze *f*; (*of cupboard, table, box*) Oberseite *f*; (*of street*) Ende *nt*; (*lid*) Verschluss *m*; (*Aut: also:* **top gear**) höchster Gang *m*; (*toy: also:* **spinning top**) Kreisel *m*; (*blouse etc*) Oberteil *nt*; (*of pyjamas*) Jacke *f* ▶ ADJ höchste(r, s); (*highest in rank*) oberste(r, s); (*: golfer etc*) Top- ▶ VT (*poll, vote, list*) anführen; (*estimate etc*) übersteigen; **at the ~ of the stairs/page** oben auf der Treppe/Seite; **at the ~ of the street** am Ende der Straße; **on ~ of** (*above*) auf *+dat*; (*in addition to*) zusätzlich zu; **from ~ to bottom** von oben bis unten; **from ~ to toe** (BRIT) von Kopf bis Fuß; **at the ~ of the list** oben auf der Liste; **at the ~ of his voice** so laut er konnte; **over the ~** (*inf: behaviour etc*) übertrieben; **to go over the ~** (*inf*) übertreiben; **at ~ speed** bei Höchstgeschwindigkeit
▶ **top up**, (*US*) **top off** VT (*drink*) nachfüllen; (*salary*) aufbessern

topaz ['təupæz] N Topas *m*

top-class ['tɔp'klɑːs] ADJ erstklassig; (*hotel, player etc*) Spitzen-

topcoat ['tɔpkəut] N (*overcoat*) Mantel *m*; (*of paint*) Deckanstrich *m*

top floor N oberster Stock *m*

top hat N Zylinder *m*

top-heavy [tɔp'hɛvɪ] ADJ (*also fig*) kopflastig

topic ['tɔpɪk] N Thema *nt*

topical ['tɔpɪkl] ADJ (*issue etc*) aktuell

topless ['tɔplɪs] ADJ (*waitress*) Oben-ohne-; (*bather*) barbusig ▶ ADV oben ohne

top-level ['tɔplɛvl] ADJ auf höchster Ebene

topmost ['tɔpməust] ADJ oberste(r, s)

top-notch ['tɔp'nɔtʃ] ADJ erstklassig

topography [tə'pɔgrəfɪ] N Topografie *f*

topping ['tɔpɪŋ] N (*Culin*) Überzug *m*

topple ['tɔpl] VT (*government etc*) stürzen ▶ VI (*person*) stürzen; (*object*) fallen

top-ranking ['tɔpræŋkɪŋ] ADJ (*official*) hochgestellt

top-secret ['tɔp'siːkrɪt] ADJ streng geheim

top-security ['tɔpsɪ'kjuərɪtɪ] (BRIT) ADJ (*prison, wing*) Hochsicherheits-

topsy-turvy ['tɔpsɪ'təːvɪ] ADJ auf den Kopf gestellt ▶ ADV durcheinander; (*fall, land*) verkehrt herum

top-up ['tɔpʌp] N: **would you like a ~?** darf ich Ihnen nachschenken?

top-up loan N Ergänzungsdarlehen *nt*

torch [tɔːtʃ] N Fackel *f*; (BRIT: *electric*) Taschenlampe *f*

tore [tɔːʳ] PT *of* **tear¹**

torment N ['tɔːmɛnt] Qual *f* ▶ VT [tɔː'mɛnt] quälen; (*annoy*) ärgern

torn [tɔːn] PP *of* **tear¹** ▶ ADJ: **~ between** (*fig*) hin- und hergerissen zwischen

tornado [tɔː'neɪdəu] (*pl* **tornadoes**) N (*storm*) Tornado *m*

torpedo [tɔː'piːdəu] (*pl* **torpedoes**) N Torpedo *m*

torpedo boat N Torpedoboot *nt*

torpor ['tɔːpəʳ] N Trägheit *f*

torrent ['tɔrənt] N (*flood*) Strom *m*; (*fig*) Flut *f*

torrential [tɔ'rɛnʃl] ADJ (*rain*) wolkenbruchartig

torrid ['tɔrɪd] ADJ (*weather, love affair*) heiß

torso ['tɔːsəu] N Torso *m*

tortoise ['tɔːtəs] N Schildkröte *f*

tortoiseshell ['tɔːtəʃɛl] ADJ (*jewellery, ornaments*) aus Schildpatt; (*cat*) braungelbschwarz, braun-gelb-schwarz

tortuous ['tɔːtjuəs] ADJ (*path*) gewunden; (*argument, mind*) umständlich

★**torture** ['tɔːtʃəʳ] N Folter *f*; (*fig*) Qual *f* ▶ VT foltern; (*fig: torment*) quälen; **it was ~** (*fig*) es war eine Qual

torturer ['tɔːtʃərəʳ] N Folterer *m*

Tory ['tɔːrɪ] (BRIT *Pol*) ADJ konservativ ▶ N Tory *m*, Konservative(r) *f*(*m*)

toss [tɔs] VT (*throw*) werfen; (*one's head*) zurückwerfen; (*salad*) anmachen; (*pancake*) wenden ▶ N: **with a ~ of her head** mit einer Kopfbewegung; **to ~ a coin** eine Münze werfen; **to win/lose the ~** die Entscheidung per Münzwurf gewinnen/verlieren; **to ~ up for sth** etw per Münzwurf entscheiden; **to ~ and turn** (*in bed*) sich hin und her wälzen

tot [tɔt] N (BRIT: *drink*) Schluck *m*; (*child*) Knirps *m*
▶ **tot up** (BRIT) VT (*figures*) zusammenzählen

★**total** ['təutl] ADJ (*number etc*) gesamt; (*failure, wreck etc*) völlig, total ▶ N Gesamtzahl *f* ▶ VT (*add up to*) sich belaufen auf; (*add up*) zusammenzählen; **in ~** insgesamt

totalitarian [təutælɪ'tɛərɪən] ADJ totalitär

totality [təu'tælɪtɪ] N Gesamtheit *f*

totally ['təutəlɪ] ADV völlig

totem pole ['təutəm-] N Totempfahl *m*

totter ['tɔtəʳ] VI (*person*) wanken, taumeln; (*fig: government*) im Wanken sein

★**touch** [tʌtʃ] N (*sense of touch*) Gefühl *nt*; (*contact*) Berührung *f*; (*skill: of pianist etc*) Hand *f* ▶ VT berühren; (*tamper with*) anrühren; (*emotionally*) rühren ▶ VI (*make contact*) sich berühren; **the personal ~** die persönliche Note; **to put the finishing touches to sth** letzte Hand an etw *acc* legen; **a ~ of** (*fig: frost etc*) etwas, ein Hauch von; **in ~ with** (*person, group*) in Verbindung mit; **to get in ~ with sb** mit jdm in Verbindung treten; **I'll be in ~** ich melde mich; **to lose ~** (*friends*) den Kontakt verlieren; **to be out of ~ with sb** keine Verbindung mehr zu jdm haben; **to be out of ~ with events** nicht auf dem Laufenden sein; **~ wood!** hoffen wir das Beste!
▶ **touch on** VT FUS (*topic*) berühren
▶ **touch up** VT (*car etc*) ausbessern

touch-and-go ['tʌtʃən'gəu] ADJ (*situation*) auf der Kippe; **it was ~ whether we'd succeed** es war völlig offen, ob wir Erfolg haben würden

touchdown ['tʌtʃdaun] N (*of rocket, plane*) Landung *f*; (*US Football*) Touchdown *m*

touched [tʌtʃt] ADJ (*moved*) gerührt; (*inf: mad*) plemplem

touching ['tʌtʃɪŋ] ADJ rührend

touchline ['tʌtʃlaɪn] N (*Sport*) Seitenlinie *f*

t

touch screen N (*Tech*) Berührungsbildschirm *m*, Touchscreen *m*
touch screen mobile N Touchscreen-Handy *nt*
touch screen technology N Touchscreen-Technologie *f*
touch-sensitive [ˈtʌtʃˈsɛnsɪtɪv] ADJ berührungsempfindlich; (*switch*) Kontakt-
touch-type [ˈtʌtʃtaɪp] VI blindschreiben
touchy [ˈtʌtʃɪ] ADJ (*person, subject*) empfindlich
★**tough** [tʌf] ADJ (*strong, firm, difficult*) hart; (*resistant*) widerstandsfähig; (*meat, animal, person*) zäh; (*rough*) rau; **~ luck!** Pech!
toughen [ˈtʌfn] VT (*sb's character*) hart machen; (*glass etc*) härten
toughness [ˈtʌfnɪs] N Härte *f*
toupee [ˈtuːpeɪ] N Toupet *nt*
★**tour** [tuəʳ] N (*journey*) Tour *f*, Reise *f*; (*of factory, museum etc*) Rundgang *m*; (: *also:* **guided tour**) Führung *f*; (*by pop group etc*) Tournee *f* ▶ VT (*country, factory etc: on foot*) ziehen durch; (: *in car*) fahren durch; **to go on a ~ of a museum/castle** an einer Museums-/Schlossführung teilnehmen; **to go on a ~ of the Highlands** die Highlands bereisen; **to go/be on ~** (*pop group, theatre company etc*) auf Tournee gehen/sein
tour guide N Reiseleiter(in) *m(f)*
touring [ˈtuərɪŋ] N Umherreisen *nt*
tourism [ˈtuərɪzm] N Tourismus *m*
★**tourist** [ˈtuərɪst] N Tourist(in) *m(f)* ▶ CPD (*attractions, season*) Touristen-; **the ~ trade** die Tourismusbranche
tourist class N Touristenklasse *f*
tourist guide N (*book*) Reiseführer *m*; (*person*) Fremdenführer(in) *m(f)*
tourist information centre (BRIT) N Touristen-Informationszentrum *nt*
tourist office N Verkehrsamt *nt*
★**tournament** [ˈtuənəmənt] N Turnier *nt*
tourniquet [ˈtuənɪkeɪ] N Aderpresse *f*
tour operator (BRIT) N Reiseveranstalter *m*
tousled [ˈtauzld] ADJ (*hair*) zerzaust
tout [taut] VI: **to ~ for business** die Reklametrommel schlagen; **to ~ for custom** auf Kundenfang gehen ▶ N (*also:* **ticket tout**) *Schwarzhändler, der Eintrittskarten zu überhöhten Preisen verkauft*
tow [təu] VT (*vehicle*) abschleppen; (*caravan, trailer*) ziehen ▶ N: **to give sb a ~** (*Aut*) jdn abschleppen; **"on ~", "in ~"** (*US*) „Fahrzeug wird abgeschleppt"
▶ **tow away** VT (*vehicle*) abschleppen
toward [təˈwɔːd], **towards** [təˈwɔːdz] PREP (*direction*) zu; (*attitude*) gegenüber *+dat*; (*purpose*) für; (*in time*) gegen; **~ noon/the end of the year** gegen Mittag/Ende des Jahres; **to feel friendly ~ sb** jdm freundlich gesinnt sein
★**towel** [ˈtauəl] N Handtuch *nt*; **to throw in the ~** (*fig*) das Handtuch werfen
towelling [ˈtauəlɪŋ] N Frottee *m or nt*
towel rail, (*US*) **towel rack** N Handtuchstange *f*
★**tower** [ˈtauəʳ] N Turm *m* ▶ VI aufragen; **to ~ above** *or* **over sb/sth** über jdm/etw aufragen
tower block (BRIT) N Hochhaus *nt*
towering [ˈtauərɪŋ] ADJ hoch aufragend
towline [ˈtəulaɪn] N Abschleppseil *nt*
★**town** [taun] N Stadt *f*; **to go (in)to ~** in die Stadt gehen; **to go to ~ on sth** (*fig*) sich bei etw in Zeug legen; **in ~** in der Stadt; **to be out of ~** (*person*) nicht in der Stadt sein
town centre N Stadtzentrum *nt*
town clerk N Stadtdirektor(in) *m(f)*
town council N Stadtrat *m*
town crier [-ˈkraɪəʳ] N Ausrufer *m*
town hall N Rathaus *nt*
town house N (städtisches) Wohnhaus *nt*; (*US: in a complex*) Reihenhaus *nt*
townie [ˈtaunɪ] (*inf*) N (*town-dweller*) Städter(in) *m(f)*
town plan N Stadtplan *m*
town planner N Stadtplaner(in) *m(f)*
town planning N Stadtplanung *f*
township [ˈtaunʃɪp] N Stadt(gemeinde) *f*; (*formerly: in South Africa*) Township *f*
townspeople [ˈtaunzpiːpl] NPL Stadtbewohner *pl*
towpath [ˈtəupɑːθ] N Leinpfad *m*
towrope [ˈtəurəup] N Abschleppseil *nt*
tow truck (*US*) N Abschleppwagen *m*
toxic [ˈtɔksɪk] ADJ giftig, toxisch
toxic asset N (*Econ*) faule Wertpapiere *pl*
toxic bank N (*Econ*) Bad Bank *f*
toxin [ˈtɔksɪn] N Gift *nt*, Giftstoff *m*
★**toy** [tɔɪ] N Spielzeug *nt*
▶ **toy with** VT FUS (*object, idea*) spielen mit
toyshop [ˈtɔɪʃɔp] N Spielzeugladen *m*
trace [treɪs] N (*sign, small amount*) Spur *f* ▶ VT (*draw*) nachzeichnen; (*follow*) verfolgen; (*locate*) aufspüren; **without ~** (*disappear*) spurlos; **there was no ~ of it** es war spurlos verschwunden
traceability [treɪsəˈbɪlɪtɪ] N Rückverfolgbarkeit *f*
trace element N Spurenelement *nt*
tracer [ˈtreɪsəʳ] N (*Mil: also:* **tracer bullet**) Leuchtspurgeschoss *nt*; (*Med*) Indikator *m*
trachea [trəˈkɪə] N Luftröhre *f*
tracing paper [ˈtreɪsɪŋ-] N Pauspapier *nt*
track [træk] N Weg *m*; (*of comet, Sport*) Bahn *f*; (*of suspect, animal*) Spur *f*; (*Rail*) Gleis *nt*; (*on tape, record*) Stück *nt*, Track *m* ▶ VT (*follow*) verfolgen; **to keep ~ of sb/sth** (*fig*) jdn/etw im Auge behalten; **to be on the right ~** (*fig*) auf der richtigen Spur sein
▶ **track down** VT aufspüren
tracker dog [ˈtrækə-] (BRIT) N Spürhund *m*
track events NPL Laufwettbewerbe *f*
tracking station [ˈtrækɪŋ-] N Bodenstation *f*

track meet (*US*) N (*Sport*) Leichtathletikwettkampf *m*

track record N: **to have a good ~** (*fig*) gute Leistungen vorzuweisen haben

tracksuit ['træksu:t] N Trainingsanzug *m*

tract [trækt] N (*Geog*) Gebiet *nt*; (*pamphlet*) Traktat *m or nt*; **respiratory ~** Atemwege *pl*

traction ['trækʃən] N (*power*) Zugkraft *f*; (*Aut: grip*) Bodenhaftung *f*; (*Med*): **in ~** im Streckverband

traction engine N Zugmaschine *f*

tractor ['træktəʳ] N Traktor *m*

trade [treɪd] N (*activity*) Handel *m*; (*skill, job*) Handwerk *nt* ▸ VI (*do business*) handeln ▸ VT: **to ~ sth (for sth)** etw (gegen etw) eintauschen; **foreign ~** Außenhandel *m*; **Department of T~ and Industry** (BRIT) ≈ Wirtschaftsministerium *nt*; **to ~ with** Handel treiben mit; **to ~ in** (*merchandise*) handeln in *+dat*
▸ **trade in** VT in Zahlung geben

trade barrier N Handelsschranke *f*

trade deficit N Handelsdefizit *nt*

Trade Descriptions Act (BRIT) N *Gesetz über korrekte Warenbeschreibungen*

trade discount N Händlerrabatt *m*

trade fair N Handelsmesse *f*

trade figures NPL Handelsziffern *pl*

trade-in ['treɪdɪn] N: **to take sth as a ~** etw in Zahlung nehmen

trade-in value N Gebrauchtwert *m*

trademark ['treɪdmɑ:k] N Warenzeichen *nt*

trade mission N Handelsmission *f*

trade name N Handelsname *m*

trade-off ['treɪdɔf] N Handel *m*; **there's bound to be a ~ between speed and quality** es gibt entweder Einbußen bei der Schnelligkeit oder bei der Qualität

trader ['treɪdəʳ] N Händler(in) *m(f)*

trade secret N (*also fig*) Betriebsgeheimnis *nt*

tradesman ['treɪdzmən] N (*irreg*) (*shopkeeper*) Händler *m*

trade union N Gewerkschaft *f*

trade unionist [-'ju:njənɪst] N Gewerkschaftler(in) *m(f)*

trade wind N Passat *m*

trading ['treɪdɪŋ] N Handel *m*

trading estate (BRIT) N Industriegelände *nt*

trading stamp N Rabattmarke *f*

tradition [trə'dɪʃən] N Tradition *f*

traditional [trə'dɪʃənl] ADJ traditionell

traditionally [trə'dɪʃnəlɪ] ADV traditionell

traffic ['træfɪk] N Verkehr *m*; (*in drugs etc*) Handel *m* ▸ VI: **to ~ in** handeln mit

traffic calming N Verkehrsberuhigung *f*

traffic circle (*US*) N Kreisverkehr *m*

traffic island N Verkehrsinsel *f*

traffic jam N Stau *m*, Verkehrsstauung *f*

trafficker ['træfɪkəʳ] N Händler(in) *m(f)*

traffic lights NPL Ampel *f*

traffic offence (BRIT) N Verkehrsdelikt *nt*

traffic sign N Verkehrszeichen *nt*

traffic violation (*US*) N = **traffic offence**

traffic warden N *Verkehrspolizist für Parkvergehen*; (*woman*) ≈ Politesse *f*

★**tragedy** ['trædʒədɪ] N Tragödie *f*

tragic ['trædʒɪk] ADJ tragisch

tragically ['trædʒɪkəlɪ] ADV tragisch

trail [treɪl] N (*path*) Weg *m*; (*track*) Spur *f*; (*of smoke, dust*) Wolke *f* ▸ VT (*drag*) schleifen; (*follow*) folgen *+dat* ▸ VI (*hang loosely*) schleifen; (*in game, contest*) zurückliegen; **to be on sb's ~** jdm auf der Spur sein
▸ **trail away** VI (*sound, voice*) sich verlieren
▸ **trail behind** VI hinterhertrotten
▸ **trail off** VI = **trail away**

trailer ['treɪləʳ] N (*Aut*) Anhänger *m*; (*US: caravan*) Wohnwagen *m*, Caravan *m*; (*Cine, TV*) Trailer *m*

trailer truck (*US*) N Sattelschlepper *m*

★**train** [treɪn] N (*Rail*) Zug *m*; (*of dress*) Schleppe *f* ▸ VT (*apprentice etc*) ausbilden; (*dog*) abrichten; (*athlete*) trainieren; (*mind*) schulen; (*plant*) ziehen; (*point: camera, gun etc*): **to ~ on** richten auf *+acc* ▸ VI (*Sport*) trainieren; (*learn a skill*) ausgebildet werden; **~ of thought** Gedankengang *m*; **to go by ~** mit dem Zug fahren; **~ of events** Ereignisfolge *f*; **to ~ sb to do sth** jdn dazu ausbilden, etw zu tun

train attendant (*US*) N Schlafwagenschaffner *m*

trained [treɪnd] ADJ (*teacher*) ausgebildet; (*worker*) gelernt; (*animal*) dressiert; (*eye*) geschult

trainee [treɪ'ni:] N Auszubildende(r) *f(m)*

traineeship [treɪ'ni:ʃɪp] N Praktikum *nt*

trainer ['treɪnəʳ] N (*Sport: coach*) Trainer(in) *m(f)*; (*: shoe*) Trainingsschuh *m*; (*of animals*) Dresseur(in) *m(f)*

★**training** ['treɪnɪŋ] N (*for occupation*) Ausbildung *f*; (*Sport*) Training *nt*; **in ~** (*Sport*) im Training

training college N (*for teachers*) ≈ pädagogische Hochschule *f*

training course N Ausbildungskurs *m*

train station N Bahnhof *m*

train wreck N (*fig*) unabwendbare Katastrophe; **he's a complete ~** er ist ein Wrack

traipse [treɪps] VI: **to ~ in/out** hinein-/herauslatschen

trait [treɪt] N Zug *m*, Eigenschaft *f*

traitor ['treɪtəʳ] N Verräter(in) *m(f)*

trajectory [trə'dʒɛktərɪ] N Flugbahn *f*

tram [træm] (BRIT) N (*also:* **tramcar**) Straßenbahn *f*

tramline ['træmlaɪn] N Straßenbahnschiene *f*

tramp [træmp] N Landstreicher *m*; (*pej: woman*) Flittchen *nt* ▸ VI stapfen ▸ VT (*walk through: town, streets*) latschen durch

trample ['træmpl] VT: **to ~ (underfoot)** niedertrampeln ▸ VI (*also fig*): **to ~ on** herumtrampeln auf *+dat*

trampoline [ˈtræmpəliːn] N Trampolin *nt*
trance [trɑːns] N Trance *f*; **to go into a ~** in Trance verfallen
tranquil [ˈtræŋkwɪl] ADJ ruhig, friedlich
tranquillity, (*US*) **tranquility** [træŋˈkwɪlɪtɪ] N Ruhe *f*
tranquillizer, (*US*) **tranquilizer** [ˈtræŋkwɪlaɪzəʳ] N Beruhigungsmittel *nt*
transact [trænˈzækt] VT (*business*) abwickeln
transaction [trænˈzækʃən] N Geschäft *nt*; **cash ~** Bargeldtransaktion *f*
transatlantic [ˈtrænzətˈlæntɪk] ADJ transatlantisch; (*phone-call*) über den Atlantik
transcend [trænˈsɛnd] VT überschreiten
transcendental [trænsɛnˈdɛntl] ADJ: **~ meditation** transzendentale Meditation *f*
transcribe [trænˈskraɪb] VT transkribieren
transcript [ˈtrænskrɪpt] N Niederschrift *f*, Transkription *f*
transcription [trænˈskrɪpʃən] N Transkription *f*
transept [ˈtrænsɛpt] N Querschiff *nt*
transfer [ˈtrænsfəʳ] N (*of money*) Überweisung *f*; (*of employees*) Versetzung *f*; (*of power*) Übertragung *f*; (*Sport*) Transfer *m*; (*picture, design*) Abziehbild *nt* ▸ VT (*employees*) versetzen; (*money*) überweisen; (*power, ownership*) übertragen; **by bank ~** per Banküberweisung; **to ~ the charges** (BRIT *Tel*) ein R-Gespräch führen
transferable [trænsˈfəːrəbl] ADJ übertragbar; **"not ~"** „nicht übertragbar"
transfix [trænsˈfɪks] VT aufspießen; **transfixed with fear** (*fig*) starr vor Angst
transform [trænsˈfɔːm] VT umwandeln
transformation [trænsfəˈmeɪʃən] N Umwandlung *f*
transformer [trænsˈfɔːməʳ] N (*Elec*) Transformator *m*
transfusion [trænsˈfjuːʒən] N (*also:* **blood transfusion**) Bluttransfusion *f*
transgress [trænsˈgrɛs] VT (*go beyond*) überschreiten; (*violate: rules, law*) verletzen
transient [ˈtrænzɪənt] ADJ vorübergehend
transistor [trænˈzɪstəʳ] N (*Elec*) Transistor *m*; (*also:* **transistor radio**) Transistorradio *nt*
transit [ˈtrænzɪt] N: **in ~** unterwegs
transit camp N Durchgangslager *nt*
transition [trænˈzɪʃən] N Übergang *m*
transitional [trænˈzɪʃənl] ADJ (*period, stage*) Übergangs-
transitive [ˈtrænzɪtɪv] ADJ (*verb*) transitiv
transit lounge [ˈtrænzɪt-] N Transithalle *f*
transitory [ˈtrænzɪtərɪ] ADJ (*emotion, arrangement etc*) vorübergehend
transit visa N Transitvisum *nt*
translate [trænzˈleɪt] VT übersetzen; **to ~ (from/into)** übersetzen (aus/in +*acc*)
translation [trænzˈleɪʃən] N Übersetzung *f*; **in ~** als Übersetzung
translator [trænzˈleɪtəʳ] N Übersetzer(in) *m(f)*
translucent [trænzˈluːsnt] ADJ (*object*) licht durchlässig
transmission [trænzˈmɪʃən] N (*Aut*) Getriebe *nt*; (*also TV*) Übertragung *f*; (*of information*) Übermittlung *f*
transmission rate N (*Tel, Comput*) Übertragungsrate *f*
transmit [trænzˈmɪt] VT (*also TV*) übertragen; (*message, signal*) übermitteln
transmitter [trænzˈmɪtəʳ] N (*TV, Radio*) Sender *m*
transparency [trænsˈpærənsɪ] N (*of glass etc*) Durchsichtigkeit *f*; (BRIT *Phot*) Dia *nt*
transparent [trænsˈpærənt] ADJ durchsichtig; (*fig: obvious*) offensichtlich
transpire [trænsˈpaɪəʳ] VI (*turn out*) bekannt werden; (*happen*) passieren; **it finally transpired that ...** schließlich sickerte durch, dass ...
transplant VT [trænsˈplɑːnt] (*organ, seedlings*) verpflanzen ▸ N [ˈtrænsplɑːnt] (*Med*) Transplantation *f*; **to have a heart ~** sich einer Herztransplantation unterziehen
★**transport** [ˈtrænspɔːt] N [ˈtrænspɔːt] Beförderung *f*, Transport *m* ▸ VT [trænsˈpɔːt] transportieren; **do you have your own ~?** haben Sie ein Auto?; **public ~** öffentliche Verkehrsmittel *pl*; **Department of T~** (BRIT) Verkehrsministerium *nt*
transportation [ˈtrænspɔːˈteɪʃən] N Transport *m*, Beförderung *f*; (*means of transport*) Beförderungsmittel *nt*; **Department of T~** (*US*) Verkehrsministerium *nt*
transport café (BRIT) N Fernfahrerlokal *nt*
transpose [trænsˈpəuz] VT versetzen
transsexual [trænzˈsɛksuəl] ADJ transsexuell ▸ N Transsexuelle(r) *f(m)*
transverse [ˈtrænzvəːs] ADJ (*beam etc*) Quer-
transvestite [trænzˈvɛstaɪt] N Transvestit *m*
trap [træp] N (*also fig*) Falle *f*; (*carriage*) zweirädriger Pferdewagen *m* ▸ VT (*animal*) (mit einer Falle) fangen; (*person: trick*) in die Falle locken; (*: confine*) gefangen halten; (*immobilize*) festsetzen; (*capture: energy*) stauen; **to set** *or* **lay a ~ (for sb)** (jdm) eine Falle stellen; **to shut one's ~** (*inf*) die Klappe halten; **to ~ one's finger in the door** sich *dat* den Finger in der Tür einklemmen
trap door N Falltür *f*
trapeze [trəˈpiːz] N Trapez *nt*
trapper [ˈtræpəʳ] N Fallensteller *m*, Trapper *m*
trappings [ˈtræpɪŋz] NPL äußere Zeichen *pl*; (*of power*) Insignien *pl*
trash [træʃ] N (*rubbish*) Abfall *m*, Müll *m*; (*pej: nonsense*) Schund *m*, Mist *m*
trash can (*US*) N Mülleimer *m*
trashy [ˈtræʃɪ] ADJ (*goods*) minderwertig, wertlos; (*novel etc*) Schund-
trauma [ˈtrɔːmə] N Trauma *nt*
traumatic [trɔːˈmætɪk] ADJ traumatisch
traumatize [ˈtrɔːmətaɪz] VT traumatisieren

travel ['trævl] N (*travelling*) Reisen *nt* ▶ VI reisen; (*short distance*) fahren; (*move*: *car, aeroplane*) sich bewegen; (*sound etc*) sich fortpflanzen; (*news*) sich verbreiten ▶ VT (*distance*) zurücklegen ■ **travels** NPL (*journeys*) Reisen *pl*; **this wine doesn't ~ well** dieser Wein verträgt den Transport nicht

travel agency N Reisebüro *nt*

travel agent N Reisebürokaufmann *m*, Reisebürokauffrau *f*

travel brochure N Reiseprospekt *m*

traveling *etc* (*US*) = **travelling** *etc*

travel insurance N Reiseversicherung *f*

traveller, (*US*) **traveler** ['trævlə^r] N Reisende(r) *f*(*m*); (*Comm*) Vertreter(in) *m*(*f*)

traveller's cheque, (*US*) **traveler's check** N Reisescheck *m*

travelling, (*US*) **traveling** ['trævlɪŋ] N Reisen *nt* ▶ CPD (*circus, exhibition*) Wander-; (*bag, clock*) Reise-; **~ expenses** Reisespesen *pl*

travelling salesman N (*irreg*) Vertreter *m*

travelogue ['trævəlɔg] N Reisebericht *m*

travel sickness N Reisekrankheit *f*

traverse [trə'vəːs] VT durchqueren

travesty ['trævəstɪ] N Travestie *f*

trawler ['trɔːlə^r] N Fischdampfer *m*

tray [treɪ] N (*for carrying*) Tablett *nt*; (*on desk*: *also*: **in-tray/out-tray**) Ablage *f* für Eingänge/Ausgänge

treacherous ['trɛtʃərəs] ADJ (*person, look*) verräterisch; (*ground, tide*) tückisch; **road conditions are ~** die Straßen sind in gefährlichem Zustand

treachery ['trɛtʃərɪ] N Verrat *m*

treacle ['triːkl] N Sirup *m*

tread [trɛd] (*pt* **trod**, *pp* **trodden**) N (*of tyre*) Profil *nt*; (*footstep*) Schritt *m*; (*of stair*) Stufe *f* ▶ VI gehen ▶ **tread on** VT FUS treten auf *+acc*

treadle ['trɛdl] N Pedal *nt*

treas. ABBR = **treasurer**

treason ['triːzn] N Verrat *m*

treasure ['trɛʒə^r] N (*also fig*) Schatz *m* ▶ VT schätzen ■ **treasures** NPL (*art treasures etc*) Schätze *pl*, Kostbarkeiten *pl*

treasure hunt N Schatzsuche *f*

treasurer ['trɛʒərə^r] N Schatzmeister(in) *m*(*f*)

treasury ['trɛʒərɪ] N: **the T~, the T~ Department** (*US*) das Finanzministerium

treasury bill N kurzfristiger Schatzwechsel *m*

treat [triːt] N (*present*) (besonderes) Vergnügen *nt* ▶ VT (*also Med, Tech*) behandeln; **it came as a ~** es war eine besondere Freude; **to ~ sth as a joke** etw als Witz ansehen; **to ~ sb to sth** jdm etw spendieren

treatment ['triːtmənt] N Behandlung *f*; **to have ~ for sth** wegen etw in Behandlung sein

treaty ['triːtɪ] N Vertrag *m*

treble ['trɛbl] ADJ (*triple*) dreifach; (*Mus*: *voice, part*) (Knaben)sopran-; (*instrument*) Diskant- ▶ N (*singer*) (Knaben)sopran *m*; (*on hi-fi, radio etc*) Höhen *pl* ▶ VT verdreifachen ▶ VI sich verdreifachen; **to be ~ the amount/size of sth** dreimal so viel/so groß wie etw sein

treble clef N Violinschlüssel *m*

★**tree** [triː] N Baum *m*

tree-lined ['triːlaɪnd] ADJ baumbestanden

treetop ['triːtɔp] N Baumkrone *f*

tree trunk N Baumstamm *m*

trek [trɛk] N Treck *m*; (*tiring walk*) Marsch *m* ▶ VI trecken

trellis ['trɛlɪs] N Gitter *nt*

tremble ['trɛmbl] VI (*voice, body, trees*) zittern; (*ground*) beben

trembling ['trɛmblɪŋ] N (*of ground*) Beben *nt*, Erschütterung *f*; (*of trees*) Zittern *nt* ▶ ADJ (*hand, voice etc*) zitternd

tremendous [trɪ'mɛndəs] ADJ (*amount, success etc*) gewaltig, enorm; (*holiday, view etc*) fantastisch

tremendously [trɪ'mɛndəslɪ] ADV (*difficult, exciting*) ungeheuer; **he enjoyed it ~** es hat ihm ausgezeichnet gefallen

tremor ['trɛmə^r] N Zittern *nt*; (*also*: **earth tremor**) Beben *nt*, Erschütterung *f*

trench [trɛntʃ] N Graben *m*

trench coat N Trenchcoat *m*

trench warfare N Stellungskrieg *m*

★**trend** [trɛnd] N Tendenz *f*; (*fashion*) Trend *m*; **a ~ towards/away from sth** eine Tendenz zu/weg von etw; **to set a/the ~** richtungsweisend sein

trendy ['trɛndɪ] ADJ modisch

trepidation [trɛpɪ'deɪʃən] N (*apprehension*) Beklommenheit *f*; **in ~** beklommen

trespass ['trɛspəs] VI: **to ~ on** (*private property*) unbefugt betreten; **"no trespassing"** „Betreten verboten"

trespasser ['trɛspəsə^r] N Unbefugte(r) *f*(*m*); **"trespassers will be prosecuted"** „widerrechtliches Betreten wird strafrechtlich verfolgt"

tress [trɛs] N (*of hair*) Locke *f*

trestle ['trɛsl] N Bock *m*

trestle table N Klapptisch *m*

★**trial** ['traɪəl] N (*Law*) Prozess *m*; (*test, of machine, drug etc*) Versuch *m*; (*worry*) Plage *f* ■ **trials** NPL (*unpleasant experiences*) Schwierigkeiten *pl*; **~ by jury** Schwurgerichtsverfahren *nt*; **to be sent for ~** vor Gericht gestellt werden; **to be/go on ~** (*Law*) angeklagt sein/werden; **by ~ and error** durch Ausprobieren

trial balance N Probebilanz *f*

trial basis N: **on a ~** probeweise

trial period N Probezeit *f*

trial run N Versuch *m*

triangle ['traɪæŋgl] N Dreieck *nt*; (*US*: *set square*) (Zeichen)dreieck *nt*; (*Mus*) Triangel *f*

triangular [traɪ'æŋgjulə^r] ADJ dreieckig

triathlon [traɪ'æθlən] N Triathlon *nt*

tribal ['traɪbl] ADJ (*warrior, warfare, dance*) Stammes-

tribe [traɪb] N Stamm *m*

t

tribesman [ˈtraɪbzmən] N (*irreg*) Stammesangehörige(r) *m*

tribulations [trɪbjuˈleɪʃənz] NPL Kümmernisse *pl*

tribunal [traɪˈbju:nl] N Gericht *nt*

tributary [ˈtrɪbjutərɪ] N (*of river*) Nebenfluss *m*

tribute [ˈtrɪbju:t] N Tribut *m*; **to pay ~ to** Tribut zollen *+dat*

trice [traɪs] N: **in a ~** im Handumdrehen

★**trick** [trɪk] N Trick *m*; (*Cards*) Stich *m* ▶ VT hereinlegen; **to play a ~ on sb** jdm einen Streich spielen; **it's a ~ of the light** das Licht täuscht; **that should do the ~** das müsste hinhauen; **to ~ sb into doing sth** jdn (mit einem Trick) dazu bringen, etw zu tun; **to ~ sb out of sth** jdn um etw prellen

trickery [ˈtrɪkərɪ] N Tricks *pl*, Betrügerei *f*

trickle [ˈtrɪkl] N (*of water etc*) Rinnsal *nt* ▶ VI (*water, rain etc*) rinnen; (*people*) sich langsam bewegen

trick photography N Trickfotografie *f*

trick question N Fangfrage *f*

trickster [ˈtrɪkstəʳ] N Betrüger(in) *m(f)*

tricky [ˈtrɪkɪ] ADJ (*job, problem*) schwierig

tricycle [ˈtraɪsɪkl] N Dreirad *nt*

trifle [ˈtraɪfl] N (*detail*) Kleinigkeit *f*; (*Culin*) Trifle *nt* ▶ ADV: **a ~ long** ein bisschen lang ▶ VI: **to ~ with sb/sth** jdn/etw nicht ernst nehmen; **he is not (someone) to be trifled with** mit ihm ist nicht zu spaßen

trifling [ˈtraɪflɪŋ] ADJ (*detail*) unbedeutend

trigger [ˈtrɪgəʳ] N Abzug *m*
▶ **trigger off** VT FUS auslösen

trigonometry [trɪgəˈnɔmətrɪ] N Trigonometrie *f*

trilby [ˈtrɪlbɪ] (BRIT) N (*also:* **trilby hat**) Filzhut *m*

trill [trɪl] N (*Mus*) Triller *m*; (*of birds*) Trillern *nt*

trilogy [ˈtrɪlədʒɪ] N Trilogie *f*

trim [trɪm] ADJ (*house, garden*) gepflegt; (*figure, person*) schlank ▶ N (*haircut etc*): **to have a ~** sich *dat* die Haare nachschneiden lassen; (*on clothes, car*) Besatz *m* ▶ VT (*hair, beard*) nachschneiden; (*decorate*): **to ~ (with)** besetzen (mit); (*Naut: a sail*) trimmen mit; **to keep o.s. in (good) ~** (gut) in Form bleiben

trimmings [ˈtrɪmɪŋz] NPL (*Culin*): **with all the ~** mit allem Drum und Dran; (*cuttings, of pastry etc*) Reste *pl*

Trinidad and Tobago [ˈtrɪnɪdæd-] N Trinidad und Tobago *nt*

trinity [ˈtrɪnɪtɪ] N (*Rel*) Dreieinigkeit *f*

trinket [ˈtrɪŋkɪt] N (*ornament*) Schmuckgegenstand *m*; (*piece of jewellery*) Schmuckstück *nt*

trio [ˈtri:əu] N Trio *nt*

★**trip** [trɪp] N (*journey*) Reise *f*; (*outing*) Ausflug *m* ▶ VI (*stumble*) stolpern; (*go lightly*) trippeln; **on a ~** auf Reisen
▶ **trip over** VT FUS stolpern über *+acc*
▶ **trip up** VI stolpern ▶ VT (*person*) zu Fall bringen

tripartite [traɪˈpɑ:taɪt] ADJ (*agreement, talks*) dreiseitig

tripe [traɪp] N (*Culin*) Kaldaunen *pl*; (*pej: rubbish*) Stuss *m*

triple [ˈtrɪpl] ADJ dreifach ▶ ADV: **~ the distance/the speed** dreimal so weit/schnell; **~ the amount** dreimal so viel

triple jump N Dreisprung *m*

triplets [ˈtrɪplɪts] NPL Drillinge *pl*

triplicate [ˈtrɪplɪkət] N: **in ~** in dreifacher Ausfertigung

tripod [ˈtraɪpɔd] N (*Phot*) Stativ *nt*

Tripoli [ˈtrɪpəlɪ] N Tripolis *nt*

tripper [ˈtrɪpəʳ] (BRIT) N Ausflügler(in) *m(f)*

tripwire [ˈtrɪpwaɪəʳ] N Stolperdraht *m*

trite [traɪt] (*pej*) ADJ (*comment, idea etc*) banal

triumph [ˈtraɪʌmf] N Triumph *m* ▶ VI: **to ~ (over)** triumphieren (über *+acc*)

triumphal [traɪˈʌmfl] ADJ (*return*) triumphal

triumphant [traɪˈʌmfənt] ADJ triumphal; (*victorious*) siegreich

triumphantly [traɪˈʌmfəntlɪ] ADV triumphierend

trivia [ˈtrɪvɪə] (*pej*) NPL Trivialitäten *pl*

trivial [ˈtrɪvɪəl] ADJ trivial

triviality [trɪvɪˈælɪtɪ] N Trivialität *f*

trivialize [ˈtrɪvɪəlaɪz] VT trivialisieren

trod [trɔd] PT *of* **tread**

trodden [ˈtrɔdn] PP *of* **tread**

troll [trəul] N (*also Internet*) Troll *m*

trolley [ˈtrɔlɪ] N (*for luggage*) Kofferkuli *m*; (*for shopping*) Einkaufswagen *m*; (*table on wheels*) Teewagen *m*; (*also:* **trolley bus**) Oberleitungsomnibus *m*, Obus *m*

trolling [ˈtrəulɪŋ] N (*Internet*) Trollen *nt*

trollop [ˈtrɔləp] (*pej*) N (*woman*) Schlampe *f*

trombone [trɔmˈbəun] N Posaune *f*

troop [tru:p] N (*of people, monkeys etc*) Gruppe *f* ▶ VI: **to ~ in/out** hinein-/hinausströmen
■ **troops** NPL (*Mil*) Truppen *pl*

troop carrier N Truppentransporter *m* (*Naut: also:* **troopship**) Truppentransportschiff *nt*

trooper [ˈtru:pəʳ] N (*Mil*) Kavallerist *m* (*US: police officer*) Polizist *m*

trooping the colour [ˈtru:pɪŋ-] (BRIT) N (*ceremony*) Fahnenparade *f*

troopship [ˈtru:pʃɪp] N Truppentransportschiff *nt*

trophy [ˈtrəufɪ] N Trophäe *f*

tropic [ˈtrɔpɪk] N Wendekreis *m* ■ **the tropics** NPL die Tropen *pl*; **T~ of Cancer/Capricorn** Wendekreis des Krebses/Steinbocks

tropical [ˈtrɔpɪkl] ADJ tropisch

trot [trɔt] N (*fast pace*) Trott *m*; (*of horse*) Trab *m* ▶ VI (*horse*) traben; (*person*) trotten; **on the ~** (BRIT *fig*) hintereinander
▶ **trot out** VT (*facts, excuse etc*) vorbringen

★**trouble** [ˈtrʌbl] N Schwierigkeiten *pl*; (*bother, effort*) Umstände *pl*; (*unrest*) Unruhen *pl* ▶ VT (*worry*) beunruhigen; (*disturb*: *person*) belästigen ▸ VI: **to ~ to do sth** sich *dat* die Mühe machen, etw zu tun ▪ **troubles** NPL (*personal*) Probleme *pl*; (*Pol etc*) Unruhen *pl*; **to be in ~** in Schwierigkeiten sein; **to have ~ doing sth** Schwierigkeiten *or* Probleme haben, etw zu tun; **to go to the ~ of doing sth** sich *dat* die Mühe machen, etw zu tun; **it's no ~!** das macht mir nichts aus!; **the ~ is ...** das Problem ist ...; **what's the ~?** wo fehlts?; **stomach** *etc* **~** Probleme mit dem Magen *etc*; **please don't ~ yourself** bitte bemühen Sie sich nicht

troubled [ˈtrʌbld] ADJ (*person*) besorgt; (*country, life, era*) von Problemen geschüttelt

trouble-free [ˈtrʌblfri:] ADJ problemlos

troublemaker [ˈtrʌblmeɪkəʳ] N Unruhestifter(in) *m(f)*

troubleshooter [ˈtrʌblʃu:təʳ] N Vermittler(in) *m(f)*

troublesome [ˈtrʌblsəm] ADJ (*cough etc*) lästig; (*child*) schwierig

trouble spot N (*Mil*) Unruheherd *m*

troubling [ˈtrʌblɪŋ] ADJ (*question etc*) beunruhigend

trough [trɔf] N (*also:* **drinking trough**) Wassertrog *m*; (*also:* **feeding trough**) Futtertrog *m*; (*channel*) Rinne *f*; (*low point*) Tief *nt*; **a ~ of low pressure** ein Tiefdruckkeil *m*

trounce [trauns] VT (*defeat*) vernichtend schlagen

troupe [tru:p] N Truppe *f*

trouser press [ˈtrauzə-] N Hosenpresse *f*

trousers [ˈtrauzəz] NPL Hose *f*; **short ~** kurze Hose; **a pair of ~** eine Hose

trousseau [ˈtru:səu] (*pl* **trousseaux** *or* **trousseaus**) N Aussteuer *f*

trout [traut] N INV Forelle *f*

trowel [ˈtrauəl] N (*garden tool*) Pflanzkelle *f*; (*builder's tool*) (Maurer)kelle *f*

truant [ˈtruənt] (BRIT) N: **to play ~** die Schule schwänzen

truce [tru:s] N Waffenstillstand *m*

truck [trʌk] N (*lorry*) Lastwagen *m*; (*Rail*) Güterwagen *m*; (*for luggage*) Gepäckwagen *m*; **to have no ~ with sb** nichts mit jdm zu tun haben

truck driver N Lkw-Fahrer(in) *m(f)*

trucker [ˈtrʌkəʳ] (US) N Lkw-Fahrer(in) *m(f)*

truck farm (US) N Gemüsefarm *f*

trucking [ˈtrʌkɪŋ] (US) N Transport *m*

trucking company (US) N Spedition *f*

truculent [ˈtrʌkjulənt] ADJ aufsässig

trudge [trʌdʒ] VI (*also:* **trudge along**) sich dahinschleppen

true [tru:] ADJ wahr; (*accurate*) genau; (*genuine*) echt; (*faithful*: *friend*) treu; (*wall, beam*) gerade; (*circle*) rund; **to come ~** wahr werden; **~ to life** lebensecht

truffle [ˈtrʌfl] N (*fungus, sweet*) Trüffel *f*

truly [ˈtru:lɪ] ADV wirklich, wahrhaft; (*truthfully*) wirklich; **yours ~** (*in letter*) mit freundlichen Grüßen

trump [trʌmp] N (*fig*: *also:* **trump card**) Trumpf *m*; **to turn up trumps** (*fig*) sich als Retter in der Not erweisen

trumped-up ADJ: **a ~ charge** eine erfundene Anschuldigung

trumpet [ˈtrʌmpɪt] N Trompete *f*

truncated [trʌŋˈkeɪtɪd] ADJ (*message, object*) verstümmelt

truncheon [ˈtrʌntʃən] (BRIT) N Gummiknüppel *m*

trundle [ˈtrʌndl] VT (*trolley etc*) rollen ▸ VI: **to ~ along** (*person*) dahinschlendern; (*vehicle*) dahinrollen

trunk [trʌŋk] N (*of tree*) Stamm *m*; (*of person*) Rumpf *m*; (*of elephant*) Rüssel *m*; (*case*) Schrankkoffer *m*; (*US Aut*) Kofferraum *m* ▪ **trunks** NPL (*also:* **swimming trunks**) Badehose *f*

trunk call (BRIT) N Ferngespräch *nt*

trunk road (BRIT) N Fernstraße *f*

truss [trʌs] N (*Med*) Bruchband *nt*
▸ **truss (up)** VT (*Culin*) dressieren; (*person*) fesseln

★**trust** [trʌst] N Vertrauen *nt*; (*Comm*: *for charity etc*) Stiftung *f* ▸ VT vertrauen *+dat*; **to take sth on ~** (*advice etc*) etw einfach glauben; **to be in ~** (*Law*) treuhänderisch verwaltet werden; **to ~ (that)** (*hope*) hoffen(, dass)

trust company N Trust *m*

trusted [ˈtrʌstɪd] ADJ (*friend, servant*) treu

trustee [trʌsˈti:] N (*Law*) Treuhänder(in) *m(f)*; (*of school etc*) Aufsichtsratsmitglied *nt*

trustful [ˈtrʌstful] ADJ vertrauensvoll

trust fund N Treuhandvermögen *nt*

trusting [ˈtrʌstɪŋ] ADJ vertrauensvoll

trustworthy [ˈtrʌstwə:ðɪ] ADJ (*person*) vertrauenswürdig

trusty [ˈtrʌstɪ] ADJ getreu

★**truth** [tru:θ] (*pl* **truths**) N: **the ~** die Wahrheit *f*

truthful [ˈtru:θful] ADJ (*person*) ehrlich; (*answer etc*) wahrheitsgemäß

truthfully [ˈtru:θfəlɪ] ADV (*answer*) wahrheitsgemäß

truthfulness [ˈtru:θfulnɪs] N Ehrlichkeit *f*

★**try** [traɪ] N (*also Rugby*) Versuch *m* ▸ VT (*attempt*) versuchen; (*test*) probieren; (*Law*) vor Gericht stellen; (*strain*: *patience*) auf die Probe stellen ▸ VI es versuchen; **to have a ~** es versuchen, einen Versuch machen; **to ~ to do sth** versuchen, etw zu tun; **to ~ one's (very) best** *or* **hardest** sein Bestes versuchen *or* tun
▸ **try on** VT (*clothes*) anprobieren; **she's trying it on** (*fig*) sie probiert, wie weit sie gehen kann
▸ **try out** VT ausprobieren

trying [ˈtraɪɪŋ] ADJ (*person*) schwierig; (*experience*) schwer

tsar [zɑ:ʳ] N Zar *m*

T-shirt [ˈti:ʃə:t] N T-Shirt *nt*

T-square [ˈti:skwɛəʳ] N (*Tech*) Reißschiene *f*

TT ADJ ABBR (BRIT *inf*) = **teetotal** ▸ ABBR (*US Post*: = *Trust Territories*) *der US-Verwaltungshoheit unterstellte Gebiete*

t

tub [tʌb] N *(container)* Kübel *m*; *(bath)* Wanne *f*
tuba [ˈtju:bə] N Tuba *f*
tubby [ˈtʌbɪ] ADJ rundlich
★**tube** [tju:b] N *(pipe)* Rohr *nt*; *(container)* Tube *f*; (BRIT: *underground*) U-Bahn *f*; (US *inf*): **the ~** *(television)* die Röhre
tubeless [ˈtju:blɪs] ADJ *(tyre)* schlauchlos
tuber [ˈtju:bə^r] N *(Bot)* Knolle *f*
tuberculosis [tjubə:kjuˈləusɪs] N Tuberkulose *f*
tube station (BRIT) N U-Bahn-Station *f*
tubing [ˈtju:bɪŋ] N Schlauch *m*; **a piece of ~** ein Schlauch
tubular [ˈtju:bjulə^r] ADJ röhrenförmig
TUC (BRIT) N ABBR (= *Trades Union Congress*) *britischer Gewerkschafts-Dachverband*
tuck [tʌk] VT *(put)* stecken ▸ N *(Sewing)* Biese *f*
▸**tuck away** VT *(money)* wegstecken; **to be tucked away** *(building)* versteckt liegen
▸**tuck in** VT *(clothing)* feststecken; *(child)* zudecken ▸ VI *(eat)* zulangen
▸**tuck up** VT *(invalid, child)* zudecken
tucker [ˈtʌkə^r] N (AUST, NZ *inf*) Essen *nt*, Fressalien *pl (inf)*
tuck shop N Süßwarenladen *m*
Tue., Tues. ABBR (= *Tuesday*) Di.
★**Tuesday** [ˈtju:zdɪ] N Dienstag *m*; **it is ~ 23rd March** heute ist Dienstag, der 23. März; **on ~** am Dienstag; **on Tuesdays** dienstags; **every ~** jeden Dienstag; **every other ~** jeden zweiten Dienstag; **last/next ~** letzten/nächsten Dienstag; **the following ~** am Dienstag darauf; **~'s newspaper** die Zeitung von Dienstag; **a week/fortnight on ~** Dienstag in einer Woche/in vierzehn Tagen; **the ~ before last** der vorletzte Dienstag; **the ~ after next** der übernächste Dienstag; **~ morning/lunchtime/afternoon/evening** Dienstag Morgen/Mittag/Nachmittag/Abend; **~ night** *(overnight)* Dienstag Nacht
tuft [tʌft] N Büschel *nt*
tug [tʌg] N *(ship)* Schlepper *m* ▸ VT zerren
tug of love N Tauziehen *nt (um das Sorgerecht für Kinder)*
tug-of-war [tʌgəvˈwɔ:^r] N *(also fig)* Tauziehen *nt*
tuition [tju:ˈɪʃən] N (BRIT) Unterricht *m*; (US: *school fees*) Schulgeld *nt*
tulip [ˈtju:lɪp] N Tulpe *f*
tumble [ˈtʌmbl] VI *(fall)* stürzen ▸ N *(fall)* Sturz *m*
▸**tumble to** *(inf)* VT FUS kapieren
tumbledown [ˈtʌmbldaun] ADJ *(building)* baufällig
tumble dryer (BRIT) N Wäschetrockner *m*
tumbler [ˈtʌmblə^r] N *(glass)* Trinkglas *nt*
tummy [ˈtʌmɪ] *(inf)* N Bauch *m*
tumour, (US) **tumor** [ˈtju:mə^r] N *(Med)* Tumor *m*, Geschwulst *f*
tumult [ˈtju:mʌlt] N Tumult *m*
tumultuous [tju:ˈmʌltjuəs] ADJ *(welcome, applause etc)* stürmisch

tuna [ˈtju:nə] N INV *(also:* **tuna fish***)* T(h)unfisc[h] *m*
★**tune** [tju:n] N *(melody)* Melodie *f* ▸ VT *(Mus)* stimmen; *(Radio, TV, Aut)* einstellen; **to be in/out o[f] ~** *(instrument)* richtig gestimmt/verstimm[t] sein; *(singer)* richtig/falsch singen; **to be in/out of ~ with** *(fig)* in Einklang/nicht in Einklang stehen mit; **she was robbed to the ~ o[f] 10,000 pounds** sie wurde um einen Betrag i[n] Höhe von 10.000 Pfund beraubt
▸**tune in** VI *(Radio, TV)* einschalten; **to ~ in t[o] BBC1** BBC1 einschalten
▸**tune up** VI *(Mus)* (das Instrument/die Instrumente) stimmen
tuneful [ˈtju:nful] ADJ melodisch
tuner [ˈtju:nə^r] N *(radio set)* Tuner *m*; **piano ~** Kla[vier]stimmer(in) *m(f)*
tuner amplifier N Steuergerät *nt*
tungsten [ˈtʌŋstən] N Wolfram *nt*
tunic [ˈtju:nɪk] N Hemdbluse *f*
tuning fork [ˈtju:nɪŋ-] N Stimmgabel *f*
Tunis [ˈtju:nɪs] N Tunis *nt*
Tunisia [tju:ˈnɪzɪə] N Tunesien *nt*
Tunisian [tju:ˈnɪzɪən] ADJ tunesisch ▸ N *(person)* Tunesier(in) *m(f)*
★**tunnel** [ˈtʌnl] N Tunnel *m*; *(in mine)* Stollen *m* ▸ VI einen Tunnel bauen
tunnel vision N *(Med)* Gesichtsfeldeinengun[g] *f*; *(fig)* Engstirnigkeit *f*
tunny [ˈtʌnɪ] N T(h)unfisch *m*
turban [ˈtə:bən] N Turban *m*
turbid [ˈtə:bɪd] ADJ *(water)* trüb; *(air)* schmutzig
turbine [ˈtə:baɪn] N Turbine *f*
turbo [ˈtə:bəu] N Turbo *m*; **~ engine** Turbomotor *m*
turbojet [tə:bəuˈdʒɛt] N Düsenflugzeug *nt*
turboprop [tə:bəuˈprɔp] N *(engine)* Turbo-Prop-Turbine *f*
turbot [ˈtə:bət] N INV Steinbutt *m*
turbulence [ˈtə:bjuləns] N *(Aviat)* Turbulenz *f*
turbulent [ˈtə:bjulənt] ADJ *(water, seas)* stürmisch; *(fig: career, period)* turbulent
tureen [təˈri:n] N Terrine *f*
turf [tə:f] N *(grass)* Rasen *m*; *(clod)* Sode *f* ▸ V[T] *(area)* mit Grassoden bedecken; **the T[urf]** *(horse-racing)* der Pferderennsport
▸**turf out** *(inf)* VT *(person)* rausschmeißen
turf accountant (BRIT) N Buchmacher *m*
turgid [ˈtə:dʒɪd] ADJ geschwollen
Turin [ˈtjuəˈrɪn] N Turin *nt*
Turk [tə:k] N Türke *m*, Türkin *f*
★**Turkey** [ˈtə:kɪ] N die Türkei *f*
★**turkey** [ˈtə:kɪ] N *(bird)* Truthahn *m*, Truthenne [*f*]; *(meat)* Puter *m*
★**Turkish** [ˈtə:kɪʃ] ADJ türkisch ▸ N *(Ling)* Türkisc[h] *nt*
Turkish bath N türkisches Bad *nt*
Turkish delight N *geleeartige Süßigkeit, m[it] Puderzucker oder Schokolade überzogen*

Turkmenistan [tə:kmɛnɪ'stɑ:n] N Turkmenistan *nt*

turmeric ['tə:mərɪk] N Kurkuma *f*

turmoil ['tə:mɔɪl] N Aufruhr *m*; **in ~** in Aufruhr

turn [tə:n] N (*rotation*) Drehung *f*; (*performance*) Nummer *f*; (*change*) Wende *f*; (*in road*) Kurve *f*; (*inf: Med*) Anfall *m* ▶ VT (*handle, key*) drehen; (*page*) umblättern; (*collar, steak*) wenden; (*shape: wood*) drechseln; (*: metal*) drehen ▶ VI (*object*) sich drehen; (*person*) sich umdrehen; (*change direction*) abbiegen; (*milk*) sauer werden; **to do sb a good ~** jdm einen guten Dienst erweisen; **a ~ of events** eine Wendung der Dinge; **it gave me quite a ~** (*inf*) das hat mir einen schönen Schrecken eingejagt; **"no left ~"** (*Aut*) „Linksabbiegen verboten"; **it's your ~** du bist dran; **in ~** der Reihe nach; **to take turns (at)** sich abwechseln (bei); **at the ~ of the century/year** zur Jahrhundertwende/Jahreswende; **to take a ~ for the worse** (*events*) sich zum Schlechten wenden; **his health** *or* **he has taken a ~ for the worse** sein Befinden hat sich verschlechtert; **to ~ nasty/forty/grey** unangenehm/vierzig/grau werden

▶ **turn against** VT FUS sich wenden gegen

▶ **turn around** VI sich umdrehen; (*in car*) wenden

▶ **turn away** VT (*applicants*) abweisen; (*business*) zurückweisen ▶ VI sich abwenden

▶ **turn back** VI umkehren ▶ VT (*person, vehicle*) zurückweisen

▶ **turn down** VT (*request*) ablehnen; (*heating*) kleiner stellen; (*radio etc*) leiser stellen; (*bedclothes*) aufschlagen

▶ **turn in** VI (*inf: go to bed*) sich hinhauen ▶ VT (*to police*) anzeigen; **to ~ o.s. in** sich stellen

▶ **turn into** VT FUS (*change*) sich verwandeln in *+acc* ▶ VT machen zu

▶ **turn off** VI (*from road*) abbiegen ▶ VT (*light, radio etc*) ausmachen; (*tap*) zudrehen; (*engine*) abstellen

▶ **turn on** VT (*light, radio etc*) anmachen; (*tap*) aufdrehen; (*engine*) anstellen

▶ **turn out** VT (*light*) ausmachen; (*gas*) abstellen ▶ VI (*appear, attend*) erscheinen; **to ~ out to be** (*prove to be*) sich erweisen als; **to ~ out well/badly** (*situation*) gut/schlecht enden

▶ **turn over** VI (*person*) sich umdrehen ▶ VT (*object*) umdrehen, wenden; (*page*) umblättern; **to ~ sth over to** (*to sb*) etw übertragen *+dat*; (*to sth*) etw verlagern zu

▶ **turn round** VI sich umdrehen; (*vehicle*) wenden

▶ **turn up** VI (*person*) erscheinen; (*lost object*) wieder auftauchen ▶ VT (*heater*) höher stellen; (*radio etc*) lauter stellen; (*collar*) hochklappen

turnabout ['tə:nəbaut] N (*fig*) Kehrtwendung *f*

turnaround ['tə:nəraund] N = **turnabout**

turncoat ['tə:nkəut] N Überläufer(in) *m(f)*

turned-up ['tə:ndʌp] ADJ: **~ nose** Stupsnase *f*

turning ['tə:nɪŋ] N (*in road*) Abzweigung *f*; **the first ~ on the right** die erste Straße rechts

turning circle (BRIT) N (*Aut*) Wendekreis *m*

turning point N (*fig*) Wendepunkt *m*

turning radius (US) N = **turning circle**

turnip ['tə:nɪp] N Rübe *f*

turnout ['tə:naut] N (*of voters etc*) Beteiligung *f*

turnover ['tə:nəuvə^r] N (*Comm: amount of money*) Umsatz *m*; (*: of staff*) Fluktuation *f*; (*Culin*): **apple ~** Apfeltasche *f*; **there is a rapid ~ in staff** der Personalbestand wechselt ständig

turnpike ['tə:npaɪk] (US) N gebührenpflichtige Autobahn *f*

turnstile ['tə:nstaɪl] N Drehkreuz *nt*

turntable ['tə:nteɪbl] N (*on record player*) Plattenteller *m*

turn-up ['tə:nʌp] (BRIT) N (*on trousers*) Aufschlag *m*; **that's a ~ for the books!** (*inf*) das ist eine echte Überraschung!

turpentine ['tə:pəntaɪn] N (*also:* **turps**) Terpentin *nt*

turquoise ['tə:kwɔɪz] ADJ (*colour*) türkis ▶ N (*stone*) Türkis *m*

turret ['tʌrɪt] N Turm *m*

turtle ['tə:tl] N Schildkröte *f*

turtleneck ['tə:tlnɛk], **turtleneck sweater** N Pullover *m* mit rundem Kragen

Tuscan ['tʌskən] ADJ toskanisch ▶ N (*person*) Toskaner(in) *m(f)*

Tuscany ['tʌskənɪ] N die Toskana

tusk [tʌsk] N (*of elephant*) Stoßzahn *m*

tussle ['tʌsl] N Gerangel *nt*

tutor ['tju:tə^r] N Tutor(in) *m(f)*; (*private tutor*) Privatlehrer(in) *m(f)*

tutorial [tju:'tɔ:rɪəl] N Kolloquium *nt*

Tuvalu [tu:və'lu:] N Tuvalu *nt*

tuxedo [tʌk'si:dəu], (US) **tux** N Smoking *m*

★**TV** [ti:'vi:] N ABBR (= *television*) TV *nt*

TV dinner N Fertiggericht *nt*

twaddle ['twɔdl] (*inf*) N dummes Zeug *nt*

twang [twæŋ] N (*of instrument*) singender Ton *m*; (*of voice*) näselnder Ton *m* ▶ VI einen singenden Ton von sich geben ▶ VT (*guitar*) zupfen

tweak [twi:k] VT kneifen

tweed [twi:d] N Tweed *m* ▶ ADJ (*jacket, skirt*) Tweed-

tweet [twi:t] VI (*on Twitter*) twittern

tweetable ['twi:təbl] ADJ (*on Twitter*) das man twittern kann

tweezers ['twi:zəz] NPL Pinzette *f*

★**twelfth** [twɛlfθ] NUM zwölfte(r, s) ▶ N Zwölftel *nt*

Twelfth Night N ≈ Dreikönige *nt*

★**twelve** [twɛlv] NUM zwölf; **at ~ (o'clock)** (*midday*) um zwölf Uhr (mittags); (*midnight*) um zwölf Uhr nachts

★**twentieth** ['twɛntɪɪθ] NUM zwanzigste(r, s)

★**twenty** ['twɛntɪ] NUM zwanzig

twenty-four seven ['twɛntɪfɔ:'sɛvn] N (*store*) Geschäft, das an sieben Tagen die Woche und 24 Stunden am Tag geöffnet hat ▶ ADJ rund um die Uhr; **~ service** Service, der rund um die Uhr zur Verfügung steht

twerking ['twə:kɪŋ] N Twerking *nt*

t

twerp [twəːp] (*inf*) N Schwachkopf *m*

★**twice** [twaɪs] ADV zweimal; **~ as much** zweimal so viel; **~ a week** zweimal die Woche; **she is ~ your age** sie ist doppelt so alt wie du

twiddle [ˈtwɪdl] VT drehen an *+dat* ▶ VI: **to ~ (with)** herumdrehen (an *+dat*); **to ~ one's thumbs** (*fig*) Däumchen drehen

twig [twɪg] N Zweig *m* ▶ VI, VT (BRIT *inf: realize*) kapieren

twilight [ˈtwaɪlaɪt] N Dämmerung *f*; **in the ~** in der Dämmerung

twill [twɪl] N (*cloth*) Köper *m*

★**twin** [twɪn] ADJ (*sister, brother*) Zwillings-; (*towers*) Doppel- ▶ N Zwilling *m*; (*room in hotel etc*) Zweibettzimmer *nt* ▶ VT (*towns etc*): **to be twinned with ...** ... als Partnerstadt haben

twin-bedded room [ˈtwɪnˈbɛdɪd-] N Zweibettzimmer *nt*

twin beds NPL zwei (gleiche) Einzelbetten *pl*

twin-carburettor [ˈtwɪnkɑːbjuˈrɛtəʳ] ADJ Doppelvergaser-

twine [twaɪn] N Bindfaden *m* ▶ VI sich winden

twin-engined [twɪnˈɛndʒɪnd] ADJ zweimotorig

twinge [twɪndʒ] N (*of pain*) Stechen *nt*; **a ~ of conscience** Gewissensbisse *pl*; **a ~ of fear/guilt** ein Angst-/Schuldgefühl *nt*

twinkle [ˈtwɪŋkl] VI funkeln ▶ N Funkeln *nt*

twin room [ˈtwɪnˈruːm] N Zweibettzimmer *nt*

twin town N Partnerstadt *f*

twirl [twəːl] VT herumwirbeln ▶ VI wirbeln ▶ N Wirbel *m*

★**twist** [twɪst] N (*action*) Drehung *f*; (*in road*) Kurve; (*in coil, flex*) Biegung *f*; (*in story*) Wendung *f* ▶ VT (*turn*) drehen; (*injure, ankle etc*) verrenken; (*twine*) wickeln; (*fig: meaning etc*) verdrehen ▶ VI (*road, river*) sich winden; **~ my arm!** (*inf*) überreden Sie mich einfach!

twisted [ˈtwɪstɪd] ADJ (*wire, rope*) gedreht; (*ankle*) verrenkt; (*fig: logic, mind*) verdreht

twit [twɪt] (*inf*) N Trottel *m*

twitch [twɪtʃ] N (*jerky movement*) Zucken *nt* ▶ VI zucken

Twitter® [ˈtwɪtəʳ] N Twitter® *nt* ▶ VI twittern

Twitterati [twɪtəˈrɑːtɪ] NPL (*inf*) *die meist anwesenden und meist gefolgten Nutzer von Twitter*

Twittersphere [ˈtwɪtəsfɪəʳ] N (*inf*): **the ~** die Twittersphäre *f*

★**two** [tuː] NUM zwei; **~ by ~**, **in twos** zu zweit; **to put ~ and ~ together** (*fig*) zwei und zwei zusammenzählen

two-bit [tuːˈbɪt] (*inf*) ADJ (*worthless*) mies

two-dimensional [tuːdɪˈmɛnʃənl] ADJ zweidimensional; (*fig*) oberflächlich

two-door [tuːˈdɔːʳ] ADJ zweitürig

two-faced [tuːˈfeɪst] (*pej*) ADJ scheinheilig

twofold [ˈtuːfəuld] ADV: **to increase ~** um das Doppelte ansteigen ▶ ADJ (*increase*) um das Doppelte; (*aim, value etc*) zweifach

two-piece [ˈtuːpiːs] N (*also:* **two-piece suit**) Zweiteiler *m*; (*also:* **two-piece swimsuit**) zweiteiliger Badeanzug *m*

two-ply [ˈtuːplaɪ] ADJ (*wool*) zweifädig; (*tissues*) zweilagig

two-seater [ˈtuːˈsiːtəʳ] N (*car*) Zweisitzer *m*

twosome [ˈtuːsəm] N (*people*) Paar *nt*

two-stroke [ˈtuːstrəuk] N (*also:* **two-stroke engine**) Zweitakter *m* ▶ ADJ (*engine*) Zweitakt-

two-tone [ˈtuːˈtəun] ADJ (*in colour*) zweifarbig

two-way [ˈtuːweɪ] ADJ: **~ traffic** Verkehr *m* in beiden Richtungen; **~ radio** Funksprechgerät *nt*

TX (*US*) ABBR (*Post*) = **Texas**

tycoon [taɪˈkuːn] N Magnat *m*

★**type** [taɪp] N (*category, model, example*) Typ *m*; (*Typ*) Schrift *f* ▶ VT (*letter etc*) tippen, (mit der Maschine schreiben; **a ~ of** eine Art von; **what ~ do you want?** welche Sorte möchten Sie?; **in bold/italic ~** in Fett-/Kursivdruck

typecast [ˈtaɪpkɑːst] VT (*irreg: like* **cast**) (*actor*) (auf eine Rolle) festlegen

typeface [ˈtaɪpfeɪs] N Schrift *f*, Schriftbild *nt*

typescript [ˈtaɪpskrɪpt] N (maschinengeschriebenes) Manuskript *nt*

typeset [ˈtaɪpsɛt] VT (*irreg: like* **set**) setzen

typesetter [ˈtaɪpsɛtəʳ] N Setzer(in) *m(f)*

typewriter [ˈtaɪpraɪtəʳ] N Schreibmaschine *f*

typewritten [ˈtaɪprɪtn] ADJ maschine(n)geschrieben

typhoid [ˈtaɪfɔɪd] N Typhus *m*

typhoon [taɪˈfuːn] N Taifun *m*

typhus [ˈtaɪfəs] N Fleckfieber *nt*

★**typical** [ˈtɪpɪkl] ADJ typisch; **~ (of)** typisch (für); **that's ~!** das ist typisch!

typify [ˈtɪpɪfaɪ] VT typisch sein für

typing [ˈtaɪpɪŋ] N Maschine(n)schreiben *nt*

typing error [ˈtaɪpɪŋ-] N Tippfehler *m*

typing pool N Schreibzentrale *f*

typist [ˈtaɪpɪst] N Schreibkraft *f*

typo [ˈtaɪpəu] (*inf*) N ABBR (= *typographical error*) Druckfehler *m*

typography [tɪˈpɔgrəfɪ] N Typografie *f*

tyranny [ˈtɪrənɪ] N Tyrannei *f*

tyrant [ˈtaɪərənt] N Tyrann(in) *m(f)*

tyre, (*US*) **tire** [ˈtaɪəʳ] N Reifen *m*

tyre pressure N Reifendruck *m*

Tyrol [tɪˈrəul] N Tirol *nt*

Tyrolean [tɪrəˈliːən] ADJ Tiroler ▶ N (*person*) Tiroler(in) *m(f)*

Tyrolese [tɪrəˈliːz] = **Tyrolean**

Tyrrhenian Sea [tɪˈriːnɪən-] N: **the ~** das Tyrrhenische Meer

tzar [zɑːʳ] N = **tsar**

Uu

U¹, u [juː] N (*letter*) U *nt*, u *nt*; **U for Uncle** ≈ U wie Ulrich

U² [juː] (Brit) N ABBR (*Cine*: = *universal*) *Klassifikation für jugendfreie Filme*

UAW (US) N ABBR (= *United Automobile Workers*) *Automobilarbeitergewerkschaft*

U-bend [ˈjuːbɛnd] N (*in pipe*) U-Krümmung *f*

ubiquitous [juːˈbɪkwɪtəs] ADJ allgegenwärtig

UCAS [ˈjuːkæs] (Brit) N ABBR (= *Universities and Colleges Admissions Service*) *akademische Zulassungsstelle*, ≈ ZVS *f*

UDA (Brit) N ABBR (= *Ulster Defence Association*) *paramilitärische protestantische Organisation in Nordirland*

udder [ˈʌdəʳ] N Euter *nt*

UDR (Brit) N ABBR (= *Ulster Defence Regiment*) *Regiment aus Teilzeitsoldaten zur Unterstützung der britischen Armee und Polizei in Nordirland*

UEFA [juːˈeɪfə] N ABBR (= *Union of European Football Associations*) UEFA *f*

UFO [ˈjuːfəu] N ABBR (= *unidentified flying object*) UFO *nt*

Uganda [juːˈgændə] N Uganda *nt*

Ugandan [juːˈgændən] ADJ ugandisch ▸ N Ugander(in) *m(f)*

ugh [əːh] EXCL igitt

ugliness [ˈʌglɪnɪs] N Hässlichkeit *f*

ugly [ˈʌglɪ] ADJ hässlich; (*nasty*) schlimm

UHF ABBR (= *ultrahigh frequency*) UHF

UHT ABBR (= *ultra heat treated*): **~ milk** H-Milch *f*

UK N ABBR = **United Kingdom**

Ukraine [juːˈkreɪn] N Ukraine *f*

Ukrainian [juːˈkreɪnɪən] ADJ ukrainisch ▸ N Ukrainer(in) *m(f)*; (*Ling*) Ukrainisch *nt*

ulcer [ˈʌlsəʳ] N (*stomach ulcer etc*) Geschwür *nt*; (*also*: **mouth ulcer**) Abszess *m* im Mund

Ulster [ˈʌlstəʳ] N Ulster *nt*

ulterior [ʌlˈtɪərɪəʳ] ADJ: **~ motive** Hintergedanke *m*

ultimata [ʌltɪˈmeɪtə] NPL *of* **ultimatum**

ultimate [ˈʌltɪmət] ADJ (*final*) letztendlich; (*greatest*) größte(r, s); (: *deterrent*) äußerste(r, s); (: *authority*) höchste(r, s) ▸ N: **the ~ in luxury** das Äußerste *or* Höchste an Luxus

ultimately [ˈʌltɪmətlɪ] ADV (*in the end*) schließlich, letzten Endes; (*basically*) im Grunde (genommen)

ultimatum [ʌltɪˈmeɪtəm] (*pl* **ultimatums** *or* **ultimata**) N Ultimatum *nt*

ultrasonic [ʌltrəˈsɔnɪk] ADJ (*sound*) Ultraschall-

ultrasound [ˈʌltrəsaund] N Ultraschall *m*

ultraviolet [ʌltrəˈvaɪəlɪt] ADJ ultraviolett

umbilical cord [ʌmˈbɪlɪkl-] N Nabelschnur *f*

umbrage [ˈʌmbrɪdʒ] N: **to take ~ at** Anstoß nehmen an *+dat*

★**umbrella** [ʌmˈbrɛlə] N (*for rain*) (Regen)schirm *m*; (*for sun*) Sonnenschirm *m*; (*fig*): **under the ~ of** unter der Leitung von

umlaut [ˈumlaut] N Umlaut *m*; (*mark*) Umlautzeichen *nt*

umpire [ˈʌmpaɪəʳ] N Schiedsrichter(in) *m(f)* ▸ VT (*game*) als Schiedsrichter leiten

umpteen [ʌmpˈtiːn] ADJ zig

umpteenth [ʌmpˈtiːnθ] ADJ: **for the ~ time** zum x-ten Mal

UN N ABBR (= *United Nations*) UNO *f*

unabashed [ʌnəˈbæʃt] ADJ: **to be/seem ~** unbeeindruckt sein/scheinen

unabated [ʌnəˈbeɪtɪd] ADJ unvermindert ▸ ADV: **to continue ~** nicht nachlassen

★**unable** [ʌnˈeɪbl] ADJ: **to be ~ to do sth** etw nicht tun können

unabridged [ʌnəˈbrɪdʒd] ADJ ungekürzt

unacceptable [ʌnəkˈsɛptəbl] ADJ unannehmbar, nicht akzeptabel

unaccompanied [ʌnəˈkʌmpənɪd] ADJ (*child, song*) ohne Begleitung; (*luggage*) unbegleitet

unaccountably [ʌnəˈkauntəblɪ] ADV unerklärlich

unaccounted [ʌnəˈkauntɪd] ADJ: **to be ~ for** (*passengers, money etc*) (noch) fehlen

unaccustomed [ʌnəˈkʌstəmd] ADJ: **to be ~ to** nicht gewöhnt sein an *+acc*

unacquainted [ʌnəˈkweɪntɪd] ADJ: **to be ~ with** nicht vertraut sein mit

unadulterated [ʌnəˈdʌltəreɪtɪd] ADJ rein

unaffected [ʌnəˈfɛktɪd] ADJ (*person, behaviour*) natürlich, ungekünstelt; **to be ~ by sth** von etw nicht berührt werden

unafraid [ʌnəˈfreɪd] ADJ: **to be ~** keine Angst haben

unaided [ʌnˈeɪdɪd] ADV ohne fremde Hilfe

unanimity [juːnəˈnɪmɪtɪ] N Einstimmigkeit *f*

unanimous [juːˈnænɪməs] ADJ einstimmig

unanimously [ju:ˈnænɪməslɪ] ADV einstimmig
unanswered [ʌnˈɑ:nsəd] ADJ unbeantwortet
unappetizing [ʌnˈæpɪtaɪzɪŋ] ADJ (*food*) unappetitlich
unappreciative [ʌnəˈpri:ʃɪətɪv] ADJ (*person*) undankbar; (*audience*) verständnislos
unarmed [ʌnˈɑ:md] ADJ unbewaffnet; **~ combat** Nahkampf *m* ohne Waffen
unashamed [ʌnəˈʃeɪmd] ADJ (*pleasure, greed etc*) unverhohlen
unassisted [ʌnəˈsɪstɪd] ADV ohne fremde Hilfe
unassuming [ʌnəˈsju:mɪŋ] ADJ bescheiden
unattached [ʌnəˈtætʃt] ADJ (*single: person*) ungebunden; (*unconnected*) ohne Verbindung
unattended [ʌnəˈtɛndɪd] ADJ (*car, luggage, child*) unbeaufsichtigt
unattractive [ʌnəˈtræktɪv] ADJ unattraktiv
unauthorized [ʌnˈɔ:θəraɪzd] ADJ (*visit, use*) unbefugt; (*version*) nicht unautorisiert
unavailable [ʌnəˈveɪləbl] ADJ (*article, room*) nicht verfügbar; (*person*) nicht zu erreichen; **~ for comment** nicht zu sprechen
unavoidable [ʌnəˈvɔɪdəbl] ADJ unvermeidlich
unavoidably [ʌnəˈvɔɪdəblɪ] ADV (*delayed etc*) auf unvermeidliche Weise
unaware [ʌnəˈwɛəʳ] ADJ: **he was ~ of it** er war sich *dat* dessen nicht bewusst
unawares [ʌnəˈwɛəz] ADV (*catch, take*) unerwartet
unbalanced [ʌnˈbælənst] ADJ (*report*) unausgewogen; **(mentally) ~** geistig gestört
unbearable [ʌnˈbɛərəbl] ADJ unerträglich
unbeatable [ʌnˈbi:təbl] ADJ unschlagbar
unbeaten [ʌnˈbi:tn] ADJ ungeschlagen
unbecoming [ʌnbɪˈkʌmɪŋ] ADJ (*language, behaviour*) unpassend; (*garment*) unvorteilhaft
unbeknown [ʌnbɪˈnəun], **unbeknownst** [ʌnbɪˈnəunst] ADV: **~ to me/Peter** ohne mein/Peters Wissen
unbelief [ʌnbɪˈli:f] N Ungläubigkeit *f*
unbelievable [ʌnbɪˈli:vəbl] ADJ unglaublich
unbelievably [ʌnbɪˈli:vəblɪ] ADV unglaublich
unbend [ʌnˈbɛnd] VI (*irreg: like* **bend**) (*relax*) aus sich herausgehen ▶ VT (*wire etc*) gerade biegen
unbending [ʌnˈbɛndɪŋ] ADJ (*person, attitude*) unnachgiebig
unbiased, unbiassed [ʌnˈbaɪəst] ADJ unvoreingenommen
unblemished [ʌnˈblɛmɪʃt] ADJ (*also fig*) makellos
unblock [ʌnˈblɔk] VT (*pipe*) frei machen
unborn [ʌnˈbɔ:n] ADJ ungeboren
unbounded [ʌnˈbaundɪd] ADJ grenzenlos
unbreakable [ʌnˈbreɪkəbl] ADJ (*object*) unzerbrechlich
unbridled [ʌnˈbraɪdld] ADJ ungezügelt
unbroken [ʌnˈbrəukən] ADJ (*seal*) unversehrt; (*silence*) ununterbrochen; (*record, series*) ungebrochen
unbuckle [ʌnˈbʌkl] VT aufschnallen
unburden [ʌnˈbə:dn] VT: **to ~ o.s. (to sb)** (jdm) sein Herz ausschütten
unbusinesslike [ʌnˈbɪznɪslaɪk] ADJ ungeschäftsmäßig
unbutton [ʌnˈbʌtn] VT aufknöpfen
uncalled-for [ʌnˈkɔ:ldfɔ:ʳ] ADJ (*remark etc*) unnötig
uncanny [ʌnˈkænɪ] ADJ unheimlich
unceasing [ʌnˈsi:sɪŋ] ADJ (*search, flow etc*) unaufhörlich; (*loyalty*) unermüdlich
unceremonious [ʌnsɛrɪˈməunɪəs] ADJ (*abrupt, rude*) brüsk, barsch
uncertain [ʌnˈsə:tn] ADJ (*person*) unsicher; (*future, outcome*) ungewiss; **to be ~ about sth** unsicher über etw *acc* sein; **in no ~ terms** unzweideutig
uncertainty [ʌnˈsə:tntɪ] N Ungewissheit ■ **uncertainties** NPL (*doubts*) Unsicherheiten *pl*
unchallenged [ʌnˈtʃælɪndʒd] ADJ unbestritten ▶ ADV (*walk, enter*) ungehindert; **to go ~** unangefochten bleiben
unchanged [ʌnˈtʃeɪndʒd] ADJ unverändert
uncharitable [ʌnˈtʃærɪtəbl] ADJ (*remark, behaviour etc*) unfreundlich
uncharted [ʌnˈtʃɑ:tɪd] ADJ (*land, sea*) unverzeichnet
unchecked [ʌnˈtʃɛkt] ADV (*grow, continue*) ungehindert
uncivil [ʌnˈsɪvɪl] ADJ (*person*) grob
uncivilized [ʌnˈsɪvɪlaɪzd] ADJ unzivilisiert
★**uncle** [ˈʌŋkl] N Onkel *m*
unclear [ʌnˈklɪəʳ] ADJ unklar; **I'm still ~ about what I'm supposed to do** mir ist immer noch nicht klar, was ich tun soll
uncoil [ʌnˈkɔɪl] VT (*rope, wire*) abwickeln ▶ VI (*snake*) sich strecken
★**uncomfortable** [ʌnˈkʌmfətəbl] ADJ (*person, chair*) unbequem; (*room*) ungemütlich; (*nervous*) unbehaglich; (*unpleasant: situation, fact*) unerfreulich
uncomfortably [ʌnˈkʌmfətəblɪ] ADV (*sit*) unbequem; (*smile*) unbehaglich
uncommitted [ʌnkəˈmɪtɪd] ADJ nicht engagiert; **~ to** nicht festgelegt auf *+acc*
uncommon [ʌnˈkɔmən] ADJ ungewöhnlich
uncommunicative [ʌnkəˈmju:nɪkətɪv] ADJ (*person*) schweigsam
uncomplicated [ʌnˈkɔmplɪkeɪtɪd] ADJ unkompliziert
uncompromising [ʌnˈkɔmprəmaɪzɪŋ] ADJ (*person, belief*) kompromisslos
unconcerned [ʌnkənˈsə:nd] ADJ (*person*) unbekümmert; **to be ~ about sth** sich nicht um etw kümmern
unconditional [ʌnkənˈdɪʃənl] ADJ bedingungslos; (*acceptance*) vorbehaltlos
uncongenial [ʌnkənˈdʒi:nɪəl] ADJ (*surroundings*) unangenehm
unconnected [ʌnkəˈnɛktɪd] ADJ (*unrelated*) ohne Verbindung; **to be ~ with sth** nicht mit etw in Beziehung stehen

unconscious [ʌnˈkɔnʃəs] ADJ (*in faint*) bewusstlos; (*unaware*): **~ of** nicht bewusst *+gen* ▶ N: **the ~** das Unbewusste; **to knock sb ~** jdn bewusstlos schlagen

unconsciously [ʌnˈkɔnʃəslɪ] ADV unbewusst

unconsciousness [ʌnˈkɔnʃəsnɪs] N Bewusstlosigkeit *f*

unconstitutional [ˈʌnkɔnstɪˈtjuːʃənl] ADJ verfassungswidrig

uncontested [ʌnkənˈtɛstɪd] ADJ (*Pol: seat, election*) ohne Gegenkandidat; (*divorce*) ohne Einwände der Gegenseite

uncontrollable [ʌnkənˈtrəuləbl] ADJ unkontrollierbar; (*laughter*) unbändig

uncontrolled [ʌnkənˈtrəuld] ADJ (*behaviour*) ungezähmt; (*price rises etc*) ungehindert

unconventional [ʌnkənˈvɛnʃənl] ADJ unkonventionell

unconvinced [ʌnkənˈvɪnst] ADJ: **to be/remain ~** nicht überzeugt sein/bleiben

unconvincing [ʌnkənˈvɪnsɪŋ] ADJ nicht überzeugend

uncork [ʌnˈkɔːk] VT (*bottle*) entkorken

uncorroborated [ʌnkəˈrɔbəreɪtɪd] ADJ (*evidence*) unbestätigt

uncouth [ʌnˈkuːθ] ADJ (*person, behaviour*) ungehobelt

uncover [ʌnˈkʌvəʳ] VT aufdecken

unctuous [ˈʌŋktjuəs] (*form*) ADJ (*person, behaviour*) salbungsvoll

undamaged [ʌnˈdæmɪdʒd] ADJ unbeschädigt

undaunted [ʌnˈdɔːntɪd] ADJ (*person*) unverzagt; **~, she struggled on** sie kämpfte unverzagt weiter

undecided [ʌndɪˈsaɪdɪd] ADJ (*person*) unentschlossen; (*question*) unentschieden

undelivered [ʌndɪˈlɪvəd] ADJ (*goods*) nicht geliefert; (*letters*) nicht zugestellt; **if ~ return to sender** (*on envelope*) falls unzustellbar, zurück an Absender

undeniable [ʌndɪˈnaɪəbl] ADJ unbestreitbar

undeniably [ʌndɪˈnaɪəblɪ] ADV (*true*) zweifellos; (*handsome*) unbestreitbar

under [ˈʌndəʳ] PREP (*position*) unter *+dat*; (*motion*) unter *+acc*; (*according to: law etc*) nach, gemäß *+dat* ▶ ADV (*go, fly etc*) darunter; **to come from ~ sth** unter etw *dat* hervorkommen; **~ there** darunter; **in ~ 2 hours** in weniger als 2 Stunden; **~ anaesthetic** unter Narkose; **to be ~ discussion** diskutiert werden; **~ repair** in Reparatur; **~ the circumstances** unter den Umständen

under... [ˈʌndəʳ] PREF Unter-, unter-

underage [ʌndərˈeɪdʒ] ADJ (*person*) minderjährig; **~ drinking** Alkoholgenuss *m* von Minderjährigen

underarm [ˈʌndərɑːm] ADV (*bowl, throw*) von unten ▶ ADJ (*throw, shot*) von unten; (*deodorant*) Achselhöhlen-

undercapitalized [ˈʌndəˈkæpɪtəlaɪzd] ADJ unterkapitalisiert

undercarriage [ˈʌndəkærɪdʒ] N (*Aviat*) Fahrgestell *nt*

undercharge [ʌndəˈtʃɑːdʒ] VT zu wenig berechnen *+dat*

underclass [ˈʌndəklɑːs] N Unterklasse *f*

underclothes [ˈʌndəkləuðz] NPL Unterwäsche *f*

undercoat [ˈʌndəkəut] N (*paint*) Grundierung *f*

undercover [ʌndəˈkʌvəʳ] ADJ (*duty, agent*) Geheim- ▶ ADV (*work*) insgeheim

undercurrent [ˈʌndəkʌrənt] N (*also fig*) Unterströmung *f*

undercut [ʌndəˈkʌt] VT (*irreg: like* **cut**) (*person, prices*) unterbieten

underdeveloped [ˈʌndədɪˈvɛləpt] ADJ unterentwickelt

underdog [ˈʌndədɔg] N: **the ~** der/die Benachteiligte

underdone [ʌndəˈdʌn] ADJ (*food*) nicht gar; (*: meat*) nicht durchgebraten

underemployment [ˈʌndərɪmˈplɔɪmənt] N Unterbeschäftigung *f*

underestimate [ˈʌndərˈɛstɪmeɪt] VT unterschätzen

underexposed [ˈʌndərɪksˈpəuzd] ADJ (*Phot*) unterbelichtet

underfed [ʌndəˈfɛd] ADJ unterernährt

underfoot [ʌndəˈfut] ADV: **to crush sth ~** etw am Boden zerdrücken; **to trample sth ~** auf etw *dat* herumtrampeln

underfunded [ˈʌndəˈfʌndɪd] ADJ unterfinanziert

undergo [ʌndəˈgəu] VT (*irreg: like* **go**) (*change*) durchmachen; (*test, operation*) sich unterziehen; **the car is undergoing repairs** das Auto wird gerade repariert

undergraduate [ʌndəˈgrædjuɪt] N Student(in) *m(f)* ▶ CPD: **~ courses** Kurse *pl* für nicht graduierte Studenten

★**underground** [ˈʌndəgraund] ADJ unterirdisch; (*Pol: newspaper, activities*) Untergrund- ▶ ADV (*work*) unterirdisch; (*: miners*) unter Tage; (*Pol*): **to go ~** untertauchen ▶ N: **the ~** (BRIT) die U-Bahn; (*Pol*) die Untergrundbewegung; **~ car park** Tiefgarage *f*

underground station N U-Bahn-Station *f*

undergrowth [ˈʌndəgrəuθ] N Unterholz *nt*

underhand [ʌndəˈhænd], **underhanded** [ʌndəˈhændɪd] ADJ (*fig: behaviour, person*) hinterhältig

underinsured [ˈʌndərɪnˈʃuəd] ADJ unterversichert

underlay [ˈʌndəleɪ] N Unterlage *f*

underlie [ʌndəˈlaɪ] VT (*irreg: like* **lie²**) (*fig: be basis of*) zugrunde liegen *+dat*; **the underlying cause** der eigentliche Grund

underline [ʌndəˈlaɪn] VT unterstreichen; (*fig: emphasize*) betonen

underling [ˈʌndəlɪŋ] (*pej*) N Befehlsempfänger(in) *m(f)*

underlying [ʌndəˈlaɪɪŋ] ADJ zugrunde liegend

U

undermanning [ʌndəˈmænɪŋ] N Personalmangel *m*
undermentioned [ʌndəˈmɛnʃənd] ADJ unten genannt
undermine [ʌndəˈmaɪn] VT unterminieren, unterhöhlen
underneath [ʌndəˈni:θ] ADV darunter ▶ PREP (*position*) unter *+dat*; (*motion*) unter *+acc*
undernourished [ʌndəˈnʌrɪʃt] ADJ unterernährt
underpaid [ʌndəˈpeɪd] ADJ unterbezahlt
underpants [ˈʌndəpænts] NPL Unterhose *f*
underpass [ˈʌndəpɑ:s] (BRIT) N Unterführung *f*
underpin [ʌndəˈpɪn] VT (*argument*) untermauern
underplay [ʌndəˈpleɪ] (BRIT) VT herunterspielen
underpopulated [ʌndəˈpɔpjuleɪtɪd] ADJ unterbevölkert
underprice [ʌndəˈpraɪs] VT (*goods*) zu billig anbieten
underprivileged [ʌndəˈprɪvɪlɪdʒd] ADJ unterprivilegiert
underrate [ʌndəˈreɪt] VT unterschätzen
underscore [ʌndəˈskɔ:ʳ] VT unterstreichen
underseal (BRIT) VT [ʌndəˈsi:l] (*car*) mit Unterbodenschutz versehen ▶ N [ˈʌndəsi:l] (*of car*) Unterbodenschutz *m*
undersecretary [ˈʌndəˈsɛkrətərɪ] N (*Pol*) Staatssekretär(in) *m(f)*
undersell [ʌndəˈsɛl] VT (*irreg: like* **sell**) (*competitors*) unterbieten
undershirt [ˈʌndəʃə:t] (US) N Unterhemd *nt*
undershorts [ˈʌndəʃɔ:ts] (US) NPL Unterhose *f*
underside [ˈʌndəsaɪd] N Unterseite *f*
undersigned [ˈʌndəˈsaɪnd] ADJ unterzeichnet ▶ N: **the ~** der/die Unterzeichnete; **we the ~ agree that ...** wir, die Unterzeichneten, kommen überein, dass ...
underskirt [ˈʌndəskə:t] (BRIT) N Unterrock *m*
understaffed [ʌndəˈstɑ:ft] ADJ unterbesetzt
understaffing [ʌndəˈstɑ:fɪŋ] N Unterbesetzung *f*
★**understand** [ʌndəˈstænd] VT, VI (*irreg: like* **stand**) verstehen; **I ~ (that) you have ...** (*believe*) soweit ich weiß, haben Sie ...; **to make o.s. understood** sich verständlich machen
understandable [ʌndəˈstændəbl] ADJ verständlich
★**understanding** [ʌndəˈstændɪŋ] ADJ verständnisvoll ▶ N Verständnis *nt*; **to come to an ~ with sb** mit jdm übereinkommen; **on the ~ that ...** unter der Voraussetzung, dass ...
understate [ʌndəˈsteɪt] VT herunterspielen
understatement [ˈʌndəsteɪtmənt] N Understatement *nt*, Untertreibung *f*; **that's an ~!** das ist untertrieben!
understood [ʌndəˈstud] PT, PP *of* **understand** ▶ ADJ (*agreed*) abgemacht; (*implied*) impliziert
understudy [ˈʌndəstʌdɪ] N zweite Besetzung *f*
undertake [ʌndəˈteɪk] VT (*irreg: like* **take**) (*task*) übernehmen ▶ VI: **to ~ to do sth** es übernehmen, etw zu tun
undertaker [ˈʌndəteɪkəʳ] N (Leichen)bestatter *m*
undertaking [ˈʌndəteɪkɪŋ] N (*job*) Unternehmen *nt*; (*promise*) Zusicherung *f*
undertone [ˈʌndətəun] N (*of criticism etc*) Unterton *m*; **in an ~** mit gedämpfter Stimme
undervalue [ʌndəˈvælju:] VT (*person, work etc*) unterbewerten
underwater [ˈʌndəˈwɔ:təʳ] ADV (*swim etc*) unter Wasser ▶ ADJ (*exploration, camera etc*) Unterwasser-
★**underwear** [ˈʌndəwɛəʳ] N Unterwäsche *f*
underweight [ʌndəˈweɪt] ADJ: **to be ~** Untergewicht haben
underworld [ˈʌndəwə:ld] N Unterwelt *f*
underwrite [ʌndəˈraɪt] VT (*irreg: like* **write**) (*Fin*) garantieren; (*Insurance*) versichern
underwriter [ˈʌndəraɪtəʳ] N (*Insurance*) Versicherer(in) *m(f)*
undeserved [ʌndɪˈzə:vd] ADJ unverdient
undesirable [ʌndɪˈzaɪərəbl] ADJ unerwünscht
undeveloped [ʌndɪˈvɛləpt] ADJ (*land*) unentwickelt; (*resources*) ungenutzt
undies [ˈʌndɪz] (*inf*) NPL Unterwäsche *f*
undiluted [ˈʌndaɪˈlu:tɪd] ADJ (*substance*) unverdünnt; (*emotion*) unverfälscht
undiplomatic [ˈʌndɪpləˈmætɪk] ADJ undiplomatisch
undischarged [ˈʌndɪsˈtʃɑ:dʒd] ADJ: **~ bankrupt** nicht entlasteter Konkursschuldner *m*, nicht entlastete Konkursschuldnerin *f*
undisciplined [ʌnˈdɪsɪplɪnd] ADJ undiszipliniert
undiscovered [ˈʌndɪsˈkʌvəd] ADJ unentdeckt
undisguised [ˈʌndɪsˈgaɪzd] ADJ (*dislike, amusement etc*) unverhohlen
undisputed [ˈʌndɪsˈpju:tɪd] ADJ unbestritten
undistinguished [ˈʌndɪsˈtɪŋgwɪʃt] ADJ (*career, person*) mittelmäßig; (*appearance*) durchschnittlich
undisturbed [ʌndɪsˈtə:bd] ADJ ungestört; **to leave sth ~** etw unberührt lassen
undivided [ʌndɪˈvaɪdɪd] ADJ: **you have my ~ attention** Sie haben meine ungeteilte Aufmerksamkeit
undo [ʌnˈdu:] VT (*irreg: like* **do**) (*unfasten*) aufmachen; (*spoil*) zunichtemachen
undoing [ʌnˈdu:ɪŋ] N Verderben *nt*
undone [ʌnˈdʌn] PP *of* **undo** ▶ ADJ: **to come ~** (*shoelaces etc*) aufgehen
undoubted [ʌnˈdautɪd] ADJ unzweifelhaft
undoubtedly [ʌnˈdautɪdlɪ] ADV zweifellos
undress [ʌnˈdrɛs] VI sich ausziehen ▶ VT ausziehen
undrinkable [ʌnˈdrɪŋkəbl] ADJ (*unpalatable*) ungenießbar; (*poisonous*) nicht trinkbar
undue [ʌnˈdju:] ADJ (*excessive*) übertrieben

undulating [ˈʌndjuleɪtɪŋ] ADJ (*movement*) Wellen-; (*hills*) sanft

unduly [ʌnˈdjuːlɪ] ADV (*excessively*) übermäßig

undying [ʌnˈdaɪɪŋ] ADJ (*love, loyalty etc*) ewig

unearned [ʌnˈəːnd] ADJ (*praise*) unverdient; **~ income** Kapitaleinkommen *nt*

unearth [ʌnˈəːθ] VT (*skeleton etc*) ausgraben; (*fig: secrets etc*) ausfindig machen

unearthly [ʌnˈəːθlɪ] ADJ (*eerie*) unheimlich; **at some ~ hour** zu nachtschlafender Zeit

unease [ʌnˈiːz] N Unbehagen *nt*

uneasy [ʌnˈiːzɪ] ADJ (*person*) unruhig; (*feeling*) unbehaglich; (*peace, truce*) unsicher; **to feel ~ about doing sth** ein ungutes Gefühl dabei haben, etw zu tun

uneconomic [ˈʌniːkəˈnɔmɪk] ADJ unwirtschaftlich

uneconomical [ˈʌniːkəˈnɔmɪkl] ADJ unwirtschaftlich

uneducated [ʌnˈɛdjukeɪtɪd] ADJ ungebildet

unemployed [ʌnɪmˈplɔɪd] ADJ arbeitslos ▶ NPL: **the ~** die Arbeitslosen *pl*

unemployment [ʌnɪmˈplɔɪmənt] N Arbeitslosigkeit *f*

unemployment compensation (*US*) N Arbeitslosenunterstützung *f*

unending [ʌnˈɛndɪŋ] ADJ endlos

unenviable [ʌnˈɛnvɪəbl] ADJ (*task, conditions etc*) wenig beneidenswert

unequal [ʌnˈiːkwəl] ADJ ungleich; **to feel ~ to** sich nicht gewachsen fühlen *+dat*

unequalled, (*US*) **unequaled** [ʌnˈiːkwəld] ADJ unübertroffen

unequivocal [ʌnɪˈkwɪvəkl] ADJ (*answer*) unzweideutig; **to be ~ about sth** eine klare Haltung zu etw haben

unerring [ʌnˈəːrɪŋ] ADJ unfehlbar

UNESCO [juːˈnɛskəu] N ABBR (= *United Nations Educational, Scientific and Cultural Organization*) UNESCO *f*

unethical [ʌnˈɛθɪkl] ADJ (*methods*) unlauter; (*doctor's behaviour*) unethisch

uneven [ʌnˈiːvn] ADJ (*teeth, road etc*) uneben; (*performance*) ungleichmäßig

uneventful [ʌnɪˈvɛntful] ADJ ereignislos

unexceptional [ʌnɪkˈsɛpʃənl] ADJ durchschnittlich

unexciting [ʌnɪkˈsaɪtɪŋ] ADJ (*film, news*) wenig aufregend

unexpected [ʌnɪksˈpɛktɪd] ADJ unerwartet

unexpectedly [ʌnɪksˈpɛktɪdlɪ] ADV unerwartet

unexplained [ʌnɪksˈpleɪnd] ADJ (*mystery, failure*) ungeklärt

unexploded [ʌnɪksˈpləudɪd] ADJ nicht explodiert

unfailing [ʌnˈfeɪlɪŋ] ADJ (*support, energy*) unerschöpflich

unfair [ʌnˈfɛəʳ] ADJ unfair, ungerecht; (*advantage*) ungerechtfertigt; **~ to** unfair *or* ungerecht zu

unfair dismissal N ungerechtfertigte Entlassung *f*

unfairly [ʌnˈfɛəlɪ] ADV (*treat*) unfair, ungerecht; (*dismiss*) ungerechtfertigt

unfaithful [ʌnˈfeɪθful] ADJ (*lover, spouse*) untreu

unfamiliar [ʌnfəˈmɪlɪəʳ] ADJ ungewohnt; (*person*) fremd; **to be ~ with sth** mit etw nicht vertraut sein

unfashionable [ʌnˈfæʃnəbl] ADJ (*clothes, ideas*) unmodern; (*place*) unbeliebt

unfasten [ʌnˈfɑːsn] VT (*seat belt, strap*) lösen

unfathomable [ʌnˈfæðəməbl] ADJ unergründlich

unfavourable, (*US*) **unfavorable** [ʌnˈfeɪvrəbl] ADJ (*circumstances, weather*) ungünstig; (*opinion, report*) negativ

unfavourably, (*US*) **unfavorably** [ʌnˈfeɪvrəblɪ] ADV: **to compare ~ (with sth)** im Vergleich (mit etw) ungünstig sein; **to compare ~ (with sb)** im Vergleich (mit jdm) schlechter abschneiden; **to look ~ on** (*suggestion etc*) ablehnend gegenüberstehen *+dat*

unfeeling [ʌnˈfiːlɪŋ] ADJ gefühllos

unfinished [ʌnˈfɪnɪʃt] ADJ unvollendet

unfit [ʌnˈfɪt] ADJ (*physically*) nicht fit; (*incompetent*) unfähig; **~ for work** arbeitsunfähig; **~ for human consumption** zum Verzehr ungeeignet

unflagging [ʌnˈflægɪŋ] ADJ (*attention, energy*) unermüdlich

unflappable [ʌnˈflæpəbl] ADJ unerschütterlich

unflattering [ʌnˈflætərɪŋ] ADJ (*dress, hairstyle*) unvorteilhaft; (*remark*) wenig schmeichelhaft

unflinching [ʌnˈflɪntʃɪŋ] ADJ unerschrocken

unfold [ʌnˈfəuld] VT (*sheets, map*) auseinanderfalten ▶ VI (*situation, story*) sich entfalten

unforeseeable [ʌnfɔːˈsiːəbl] ADJ unvorhersehbar

unforeseen [ʌnfɔːˈsiːn] ADJ unvorhergesehen

unforgettable [ʌnfəˈgɛtəbl] ADJ unvergesslich

unforgivable [ʌnfəˈgɪvəbl] ADJ unverzeihlich

unformatted [ʌnˈfɔːmætɪd] ADJ (*disk, text*) unformatiert

unfortunate [ʌnˈfɔːtʃənət] ADJ (*unlucky*) unglücklich; (*regrettable*) bedauerlich; **it is ~ that …** es ist bedauerlich, dass …

★**unfortunately** [ʌnˈfɔːtʃənətlɪ] ADV leider

unfounded [ʌnˈfaundɪd] ADJ (*allegations, fears*) unbegründet

unfriend [ʌnˈfrɛnd] VT (*on social network*) entfreunden

unfriendly [ʌnˈfrɛndlɪ] ADJ unfreundlich

unfulfilled [ʌnfulˈfɪld] ADJ (*ambition, prophecy*) unerfüllt; (*person*) unausgefüllt

unfurl [ʌnˈfəːl] VT (*flag etc*) entrollen

unfurnished [ʌnˈfəːnɪʃt] ADJ unmöbliert

ungainly [ʌnˈgeɪnlɪ] ADJ (*person*) unbeholfen

ungodly [ʌnˈgɔdlɪ] ADJ (*annoying*) heillos; **at some ~ hour** zu nachtschlafender Zeit

ungrateful [ʌnˈgreɪtful] ADJ undankbar
unguarded [ʌnˈgɑːdɪd] ADJ: **in an ~ moment** in einem unbedachten Augenblick
unhappily [ʌnˈhæpɪlɪ] ADV (*miserably*) unglücklich; (*unfortunately*) leider
unhappiness [ʌnˈhæpɪnɪs] N Traurigkeit *f*
★**unhappy** [ʌnˈhæpɪ] ADJ unglücklich; **~ about/with** (*dissatisfied*) unzufrieden über +*acc*/mit
unharmed [ʌnˈhɑːmd] ADJ (*person, animal*) unversehrt
UNHCR N ABBR (= *United Nations High Commission for Refugees*) *Flüchtlingskommission der Vereinten Nationen*
unhealthy [ʌnˈhɛlθɪ] ADJ (*person*) nicht gesund; (*place*) ungesund; (*fig: interest*) krankhaft
unheard-of [ʌnˈhəːdɔv] ADJ (*unknown*) unbekannt; (*outrageous*) unerhört
unhelpful [ʌnˈhɛlpful] ADJ (*person*) nicht hilfreich; (*advice*) nutzlos
unhesitating [ʌnˈhɛzɪteɪtɪŋ] ADJ (*loyalty*) bereitwillig; (*reply, offer*) prompt
unholy [ʌnˈhəulɪ] (*inf*) ADJ (*fig: alliance*) übel; (*: mess*) heillos; (*: row*) furchtbar
unhook [ʌnˈhuk] VT (*unfasten*) losmachen
unhurt [ʌnˈhəːt] ADJ unverletzt
unhygienic [ʌnhaɪˈdʒiːnɪk] ADJ unhygienisch
UNICEF [ˈjuːnɪsɛf] N ABBR (= *United Nations International Children's Emergency Fund*) UNICEF *f*
unicorn [ˈjuːnɪkɔːn] N Einhorn *nt*
unidentified [ʌnaɪˈdɛntɪfaɪd] ADJ (*unknown*) unbekannt; (*unnamed*) ungenannt; *see also* **UFO**
unification [juːnɪfɪˈkeɪʃən] N Vereinigung *f*
unification process N Einigungsprozess *m*
★**uniform** [ˈjuːnɪfɔːm] N Uniform *f* ▸ ADJ (*length, width etc*) einheitlich
uniformity [juːnɪˈfɔːmɪtɪ] N Einheitlichkeit *f*
unify [ˈjuːnɪfaɪ] VT vereinigen
unilateral [juːnɪˈlætərəl] ADJ einseitig
unimaginable [ʌnɪˈmædʒɪnəbl] ADJ unvorstellbar
unimaginative [ʌnɪˈmædʒɪnətɪv] ADJ fantasielos
unimpaired [ʌnɪmˈpɛəd] ADJ unbeeinträchtigt
unimportant [ʌnɪmˈpɔːtənt] ADJ unwichtig
unimpressed [ʌnɪmˈprɛst] ADJ unbeeindruckt
uninhabited [ʌnɪnˈhæbɪtɪd] ADJ unbewohnt
uninhibited [ʌnɪnˈhɪbɪtɪd] ADJ (*person*) ohne Hemmungen; (*behaviour*) hemmungslos
uninjured [ʌnˈɪndʒəd] ADJ unverletzt
uninspiring [ʌnɪnˈspaɪərɪŋ] ADJ wenig aufregend; (*person*) trocken, nüchtern
uninstall [ʌnɪnˈstɔːl] VT (*Comput*) deinstallieren
unintelligent [ʌnɪnˈtɛlɪdʒənt] ADJ unintelligent
unintentional [ʌnɪnˈtɛnʃənəl] ADJ unbeabsichtigt
unintentionally [ʌnɪnˈtɛnʃnəlɪ] ADV unabsichtlich
uninvited [ʌnɪnˈvaɪtɪd] ADJ (*guest*) ungeladen
uninviting [ʌnɪnˈvaɪtɪŋ] ADJ (*food*) unappetitlich; (*place*) wenig einladend
union [ˈjuːnjən] N (*unification*) Vereinigung *f*; (*also: trade union*) Gewerkschaft *f* ▸ CPD (*activities, leader etc*) Gewerkschafts-; **the U~** (*US*) die Vereinigten Staaten
unionize [ˈjuːnjənaɪz] VT (*employees*) gewerkschaftlich organisieren
Union Jack N Union Jack *m*
union shop N gewerkschaftspflichtiger Betrieb *m*
unique [juːˈniːk] ADJ (*object etc*) einmalig; (*ability, skill*) einzigartig; **to be ~ to** charakteristisch sein für
unisex [ˈjuːnɪsɛks] ADJ (*clothes*) Unisex-; (*hairdresser*) für Damen und Herren
UNISON [ˈjuːnɪsn] N *Gewerkschaft der Angestellten im öffentlichen Dienst*
unison [ˈjuːnɪsn] N: **in ~** (*say, sing*) einstimmig; (*act*) in Übereinstimmung
unit [ˈjuːnɪt] N Einheit *f*; **production ~** Produktionsabteilung *f*; **kitchen ~** Küchen-Einbauelement *nt*
unitary [ˈjuːnɪtrɪ] ADJ (*state, system etc*) einheitlich
unit cost N (*Comm*) Stückkosten *pl*
unite [juːˈnaɪt] VT vereinigen ▸ VI sich zusammenschließen
united [juːˈnaɪtɪd] ADJ (*agreed*) einig; (*country, party*) vereinigt
United Arab Emirates [-ˈɛmərəts] NPL: **the ~** die Vereinigten Arabischen Emirate *pl*
★**United Kingdom** N: **the ~** das Vereinigte Königreich
United Nations NPL: **the ~** die Vereinten Nationen *pl*
★**United States, United States of America** N: **the ~ (of America)** die Vereinigten Staaten *pl* (von Amerika)
unit price N (*Comm*) Einzelpreis *m*
unit trust (BRIT) N (*Comm*) Investmenttrust *m*
unity [ˈjuːnɪtɪ] N Einheit *f*
Univ. ABBR = **university**
universal [juːnɪˈvəːsl] ADJ allgemein
★**universe** [ˈjuːnɪvəːs] N Universum *nt*
★**university** [juːnɪˈvəːsɪtɪ] N Universität *f* ▸ CPD (*student, professor*) Universitäts-; (*education, year*) akademisch
university degree N Universitätsabschluss *m*
unjust [ʌnˈdʒʌst] ADJ ungerecht; (*society*) unfair
unjustifiable [ˈʌndʒʌstɪˈfaɪəbl] ADJ nicht zu rechtfertigen
unjustified [ʌnˈdʒʌstɪfaɪd] ADJ (*belief, action*) ungerechtfertigt; (*text*) nicht bündig
unkempt [ʌnˈkɛmpt] ADJ ungepflegt
unkind [ʌnˈkaɪnd] ADJ (*person, comment etc*) unfreundlich
unkindly [ʌnˈkaɪndlɪ] ADV unfreundlich

unknown [ʌnˈnəun] ADJ unbekannt; **~ to me, …** ohne dass ich es wusste, …; **~ quantity** (*fig*) unbekannte Größe

unladen [ʌnˈleɪdn] ADJ (*ship*) ohne Ladung; (*weight*) Leer-

unlawful [ʌnˈlɔːful] ADJ gesetzwidrig

unleaded [ʌnˈlɛdɪd] ADJ (*petrol*) bleifrei, unverbleit; **I use ~** ich fahre bleifrei

unleash [ʌnˈliːʃ] VT (*fig: feeling, forces etc*) entfesseln

unleavened [ʌnˈlɛvnd] ADJ (*bread*) ungesäuert

unless [ʌnˈlɛs] CONJ es sei denn; **~ he comes** wenn er nicht kommt; **~ otherwise stated** wenn nicht anders angegeben; **~ I am mistaken** wenn ich mich nicht irre; **there will be a strike ~ …** es wird zum Streik kommen, es sei denn, …

unlicensed [ʌnˈlaɪsnst] (BRIT) ADJ (*restaurant*) ohne Schankkonzession

unlike [ʌnˈlaɪk] ADJ (*not alike*) unähnlich ▶ PREP (*different from*) verschieden von; **~ me, she is very tidy** im Gegensatz zu mir ist sie sehr ordentlich

unlikelihood [ʌnˈlaɪklɪhud] N Unwahrscheinlichkeit *f*

unlikely [ʌnˈlaɪklɪ] ADJ unwahrscheinlich; (*combination etc*) merkwürdig; **in the ~ event of/that …** im unwahrscheinlichen Fall *+gen*/dass …

unlimited [ʌnˈlɪmɪtɪd] ADJ unbeschränkt

unlisted [ˈʌnˈlɪstɪd] ADJ (*Stock Exchange*) nicht notiert; (*US Tel*): **to be ~** nicht im Telefonbuch stehen

unlit [ʌnˈlɪt] ADJ (*room etc*) unbeleuchtet

unload [ʌnˈləud] VT (*box etc*) ausladen; (*car etc*) entladen

unlock [ʌnˈlɔk] VT aufschließen

unlucky [ʌnˈlʌkɪ] ADJ (*object*) Unglück bringend; (*number*) Unglücks-; **to be ~** (*person*) Pech haben

unmanageable [ʌnˈmænɪdʒəbl] ADJ (*tool, vehicle*) kaum zu handhaben; (*person, hair*) widerspenstig; (*situation*) unkontrollierbar

unmanned [ʌnˈmænd] ADJ (*station, spacecraft etc*) unbemannt

unmarked [ʌnˈmɑːkt] ADJ (*unstained*) fleckenlos; (*unscarred*) nicht gezeichnet; (*unblemished*) makellos; **~ police car** nicht gekennzeichneter Streifenwagen *m*

unmarried [ʌnˈmærɪd] ADJ unverheiratet

unmarried mother N ledige Mutter *f*

unmask [ʌnˈmɑːsk] VT (*reveal*) enthüllen

unmatched [ʌnˈmætʃt] ADJ unübertroffen

unmentionable [ʌnˈmɛnʃnəbl] ADJ (*topic, word*) Tabu-; **to be ~** tabu sein

unmerciful [ʌnˈməːsɪful] ADJ erbarmungslos

unmistakable, unmistakeable [ʌnmɪsˈteɪkəbl] ADJ unverkennbar

unmistakably, unmistakeably [ʌnmɪsˈteɪkəblɪ] ADV unverkennbar

unmitigated [ʌnˈmɪtɪgeɪtɪd] ADJ (*disaster etc*) total

unnamed [ʌnˈneɪmd] ADJ (*nameless*) namenlos; (*anonymous*) ungenannt

unnatural [ʌnˈnætʃrəl] ADJ unnatürlich; (*against nature: habit*) widernatürlich

unnecessarily [ʌnˈnɛsəsərɪlɪ] ADV (*worry etc*) unnötigerweise; (*severe etc*) übertrieben

unnecessary [ʌnˈnɛsəsərɪ] ADJ unnötig

unnerve [ʌnˈnəːv] VT entnerven

unnoticed [ʌnˈnəutɪst] ADJ: **to go** *or* **pass ~** unbemerkt bleiben

UNO [ˈjuːnəu] N ABBR (= *United Nations Organization*) UNO *f*

unobservant [ʌnəbˈzəːvənt] ADJ unaufmerksam

unobtainable [ʌnəbˈteɪnəbl] ADJ (*item*) nicht erhältlich; **this number is ~** (*Tel*) kein Anschluss unter dieser Nummer

unobtrusive [ʌnəbˈtruːsɪv] ADJ unauffällig

unoccupied [ʌnˈɔkjupaɪd] ADJ (*seat*) frei; (*house*) leer (stehend)

unofficial [ʌnəˈfɪʃl] ADJ inoffiziell

unopened [ʌnˈəupənd] ADJ ungeöffnet

unopposed [ʌnəˈpəuzd] ADJ: **to be ~** (*suggestion*) nicht auf Widerstand treffen; (*motion, bill*) ohne Gegenstimmen angenommen werden

unorthodox [ʌnˈɔːθədɔks] ADJ (*also Rel*) unorthodox

unpack [ʌnˈpæk] VT, VI auspacken

unpaid [ʌnˈpeɪd] ADJ unbezahlt

unpalatable [ʌnˈpælətəbl] ADJ (*meal*) ungenießbar; (*truth*) bitter

unparalleled [ʌnˈpærəlɛld] ADJ beispiellos

unpatriotic [ˈʌnpætrɪˈɔtɪk] ADJ unpatriotisch

unplanned [ʌnˈplænd] ADJ ungeplant

unpleasant [ʌnˈplɛznt] ADJ unangenehm; (*person, manner*) unfreundlich

unplug [ʌnˈplʌg] VT (*iron, record player etc*) den Stecker herausziehen *+gen*

unpolluted [ʌnpəˈluːtɪd] ADJ unverschmutzt

unpopular [ʌnˈpɔpjulə^r] ADJ unpopulär; **to make o.s. ~ (with)** sich unbeliebt machen (bei)

unprecedented [ʌnˈprɛsɪdɛntɪd] ADJ noch nie da gewesen; (*decision*) einmalig

unpredictable [ʌnprɪˈdɪktəbl] ADJ (*person, weather*) unberechenbar; (*reaction*) unvorhersehbar

unprejudiced [ʌnˈprɛdʒudɪst] ADJ unvoreingenommen

unprepared [ʌnprɪˈpɛəd] ADJ unvorbereitet

unprepossessing [ˈʌnpriːpəˈzɛsɪŋ] ADJ (*person, place*) unattraktiv

unpretentious [ʌnprɪˈtɛnʃəs] ADJ (*building, person*) schlicht

unprincipled [ʌnˈprɪnsɪpld] ADJ (*person*) charakterlos

unproductive [ʌnprəˈdʌktɪv] ADJ (*land*) unfruchtbar, ertragsarm; (*discussion*) unproduktiv

U

unprofessional [ʌnprəˈfɛʃənl] ADJ unprofessionell
unprofitable [ʌnˈprɔfɪtəbl] ADJ nicht profitabel, unrentabel
unprotected [ʌnprəˈtɛktɪd] ADJ ungeschützt
unprovoked [ʌnprəˈvəukt] ADJ (*attack*) grundlos
unpunished [ʌnˈpʌnɪʃt] ADJ: **to go ~** straflos bleiben
unqualified [ʌnˈkwɔlɪfaɪd] ADJ unqualifiziert; (*disaster, success*) vollkommen
unquestionably [ʌnˈkwɛstʃənəblɪ] ADV fraglos
unquestioning [ʌnˈkwɛstʃənɪŋ] ADJ bedingungslos
unravel [ʌnˈrævl] VT (*also fig*) entwirren
unreal [ʌnˈrɪəl] ADJ (*artificial*) unecht; (*peculiar*) unwirklich
unrealistic [ˈʌnrɪəˈlɪstɪk] ADJ unrealistisch
unreasonable [ʌnˈri:znəbl] ADJ (*person, attitude*) unvernünftig; (*demand, length of time*) unzumutbar
unrecognizable [ʌnˈrɛkəgnaɪzəbl] ADJ nicht zu erkennen
unrecognized [ʌnˈrɛkəgnaɪzd] ADJ (*talent etc*) unerkannt; (*Pol: regime*) nicht anerkannt
unreconstructed [ˈʌnri:kənˈstrʌktɪd] (*esp US*) ADJ (*unwilling to accept change*) unverbesserlich
unrecorded [ʌnrɪˈkɔ:dɪd] ADJ (*piece of music etc*) nicht aufgenommen; (*incident, statement*) nicht schriftlich festgehalten
unrefined [ʌnrɪˈfaɪnd] ADJ (*sugar, petroleum*) nicht raffiniert
unrehearsed [ʌnrɪˈhə:st] ADJ (*Theat etc*) nicht geprobt; (*spontaneous*) spontan
unrelated [ʌnrɪˈleɪtɪd] ADJ (*incidents*) ohne Beziehung; (*people*) nicht verwandt
unrelenting [ʌnrɪˈlɛntɪŋ] ADJ (*person, behaviour etc*) unnachgiebig
unreliable [ʌnrɪˈlaɪəbl] ADJ unzuverlässig
unrelieved [ʌnrɪˈli:vd] ADJ ungemindert
unremitting [ʌnrɪˈmɪtɪŋ] ADJ (*efforts, attempts*) unermüdlich
unrepeatable [ʌnrɪˈpi:təbl] ADJ (*offer*) einmalig; (*comment*) nicht wiederholbar
unrepentant [ʌnrɪˈpɛntənt] ADJ: **to be ~ about sth** etw nicht bereuen; **he's an ~ Marxist** er bereut es nicht, nach wie vor Marxist zu sein
unrepresentative [ˈʌnrɛprɪˈzɛntətɪv] ADJ: **~ (of)** nicht repräsentativ (für)
unrepresented [ˈʌnrɛprɪˈzɛntɪd] ADJ nicht vertreten
unreserved [ʌnrɪˈzə:vd] ADJ (*seat*) unreserviert; (*approval etc*) uneingeschränkt, vorbehaltlos
unreservedly [ʌnrɪˈzə:vɪdlɪ] ADV ohne Vorbehalt
unresponsive [ʌnrɪsˈpɔnsɪv] ADJ unempfänglich
unrest [ʌnˈrɛst] N Unruhen *pl*
unrestricted [ʌnrɪˈstrɪktɪd] ADJ unbeschränkt; **to have ~ access to** ungehinderten Zugang haben zu
unrewarded [ʌnrɪˈwɔ:dɪd] ADJ unbelohnt
unripe [ʌnˈraɪp] ADJ unreif
unrivalled, (*US*) **unrivaled** [ʌnˈraɪvld] ADJ unübertroffen
unroll [ʌnˈrəul] VT entrollen ▸ VI sich entrollen
unruffled [ʌnˈrʌfld] ADJ unbewegt; (*hair*) unzerzaust
unruly [ʌnˈru:lɪ] ADJ (*child, behaviour*) ungebärdig; (*hair*) widerspenstig
unsafe [ʌnˈseɪf] ADJ unsicher; (*machine, bridge, car etc*) gefährlich; **~ to eat/drink** ungenießbar
unsaid [ʌnˈsɛd] ADJ: **to leave sth ~** etw ungesagt lassen
unsaleable, (*US*) **unsalable** [ʌnˈseɪləbl] ADJ unverkäuflich
unsatisfactory [ˈʌnsætɪsˈfæktərɪ] ADJ unbefriedigend
unsatisfied [ʌnˈsætɪsfaɪd] ADJ unzufrieden
unsavoury, (*US*) **unsavory** [ʌnˈseɪvərɪ] ADJ (*fig: person, place*) widerwärtig
unscathed [ʌnˈskeɪðd] ADJ unversehrt
unscientific [ˈʌnsaɪənˈtɪfɪk] ADJ unwissenschaftlich
unscrew [ʌnˈskru:] VT losschrauben
unscrupulous [ʌnˈskru:pjuləs] ADJ skrupellos
unseat [ʌnˈsi:t] VT (*rider*) abwerfen; (*from office*) aus dem Amt drängen
unsecured [ʌnsɪˈkjuəd] ADJ: **~ creditor** nicht gesicherter Gläubiger *m*; **~ loan** Blankokredit *m*
unseeded [ʌnˈsi:dɪd] ADJ (*player*) nicht gesetzt
unseemly [ʌnˈsi:mlɪ] ADJ unschicklich
unseen [ʌnˈsi:n] ADJ (*person, danger*) unsichtbar
unselfish [ʌnˈsɛlfɪʃ] ADJ selbstlos
unsettled [ʌnˈsetld] ADJ (*person*) unruhig; (*future*) unsicher; (*question*) ungeklärt; (*weather*) unbeständig
unsettling [ʌnˈsɛtlɪŋ] ADJ beunruhigend
unshakable, unshakeable [ʌnˈʃeɪkəbl] ADJ unerschütterlich
unshaven [ʌnˈʃeɪvn] ADJ unrasiert
unsightly [ʌnˈsaɪtlɪ] ADJ unansehnlich
unskilled [ʌnˈskɪld] ADJ (*work, worker*) ungelernt
unsociable [ʌnˈsəuʃəbl] ADJ ungesellig
unsocial [ʌnˈsəuʃl] ADJ: **to work ~ hours** außerhalb der normalen Arbeitszeit arbeiten
unsold [ʌnˈsəuld] ADJ unverkauft
unsolicited [ʌnsəˈlɪsɪtɪd] ADJ unerbeten
unsophisticated [ʌnsəˈfɪstɪkeɪtɪd] ADJ (*person*) anspruchslos; (*method, device*) simpel
unsound [ʌnˈsaund] ADJ (*floor, foundations*) unsicher; (*policy, advice*) unklug; **of ~ mind** unzurechnungsfähig
unspeakable [ʌnˈspi:kəbl] ADJ (*indescribable*) unsagbar; (*awful*) abscheulich
unspoken [ʌnˈspəukn] ADJ (*word*) unausgesprochen; (*agreement etc*) stillschweigend

unstable [ʌnˈsteɪbl] ADJ (*piece of furniture*) nicht stabil; (*government*) instabil; (*person: mentally*) labil

unsteady [ʌnˈstɛdɪ] ADJ (*step, voice, legs*) unsicher; (*ladder*) wack(e)lig

unstinting [ʌnˈstɪntɪŋ] ADJ (*support*) vorbehaltlos; (*generosity*) unbegrenzt

unstuck [ʌnˈstʌk] ADJ: **to come ~** (*label etc*) sich lösen; (*fig: plan, idea etc*) versagen

unsubstantiated [ˈʌnsəbˈstænʃɪeɪtɪd] ADJ (*rumour*) unbestätigt; (*accusation*) unbegründet

unsuccessful [ʌnsəkˈsɛsful] ADJ erfolglos; (*marriage*) gescheitert; **to be ~** keinen Erfolg haben

unsuccessfully [ʌnsəkˈsɛsfəlɪ] ADV ohne Erfolg, vergeblich

unsuitable [ʌnˈsuːtəbl] ADJ (*time*) unpassend; (*clothes, person*) ungeeignet

unsuited [ʌnˈsuːtɪd] ADJ: **to be ~ for** *or* **to sth** für etw ungeeignet sein

unsung [ˈʌnsʌŋ] ADJ: **an ~ hero** ein unbesungener Held

unsure [ʌnˈʃuəʳ] ADJ unsicher; **to be ~ of o.s.** unsicher sein

unsuspecting [ʌnsəsˈpɛktɪŋ] ADJ ahnungslos

unsweetened [ʌnˈswiːtnd] ADJ ungesüßt

unswerving [ʌnˈswəːvɪŋ] ADJ unerschütterlich

unsympathetic [ˈʌnsɪmpəˈθɛtɪk] ADJ (*showing little understanding*) abweisend; (*unlikeable*) unsympathisch; **to be ~ to(wards) sth** einer Sache *dat* ablehnend gegenüberstehen

untangle [ʌnˈtæŋgl] VT entwirren

untapped [ʌnˈtæpt] ADJ (*resources*) ungenutzt

untaxed [ʌnˈtækst] ADJ (*goods, income*) steuerfrei

unthinkable [ʌnˈθɪŋkəbl] ADJ undenkbar

unthinking [ʌnˈθɪŋkɪŋ] ADJ (*uncritical*) bedenkenlos; (*thoughtless*) gedankenlos

untidy [ʌnˈtaɪdɪ] ADJ unordentlich

untie [ʌnˈtaɪ] VT (*knot, parcel*) aufschnüren; (*prisoner, dog*) losbinden

until [ənˈtɪl] PREP bis *+acc*; (*after negative*) vor *+dat* ▶ CONJ bis; (*after negative*) bevor; **not ~** erst; **~ now** bis jetzt; **~ then** bis dann; **from morning ~ night** von morgens bis abends; **~ he comes** bis er kommt

> Use **vor** if the sentence you want to translate contains a negative such as *not* or *never*.

untimely [ʌnˈtaɪmlɪ] ADJ (*moment*) unpassend; (*arrival*) ungelegen; (*death*) vorzeitig

untold [ʌnˈtəuld] ADJ (*joy, suffering, wealth*) unermesslich; **the ~ story** die Hintergründe

untouched [ʌnˈtʌtʃt] ADJ unberührt; (*undamaged*) unversehrt; **~ by** (*unaffected*) unberührt von

untoward [ʌntəˈwɔːd] ADJ (*events, effects etc*) ungünstig

untrained [ʌnˈtreɪnd] ADJ unausgebildet; (*eye, hands*) ungeschult

untrammelled [ʌnˈtræmld] ADJ (*person*) ungebunden; (*behaviour*) unbeschränkt

untranslatable [ʌntrænzˈleɪtəbl] ADJ unübersetzbar

untried [ʌnˈtraɪd] ADJ (*policy, remedy*) unerprobt; (*prisoner*) noch nicht vor Gericht gestellt

untrue [ʌnˈtruː] ADJ unwahr

untrustworthy [ʌnˈtrʌstwəːðɪ] ADJ unzuverlässig

unusable [ʌnˈjuːzəbl] ADJ (*object*) unbrauchbar; (*room*) nicht benutzbar

unused¹ [ʌnˈjuːzd] ADJ (*new*) unbenutzt

unused² [ʌnˈjuːst] ADJ: **to be ~ to sth** an etw *acc* nicht gewöhnt sein; **to be ~ to doing sth** nicht daran gewöhnt sein, etw zu tun

★**unusual** [ʌnˈjuːʒuəl] ADJ ungewöhnlich; (*exceptional*) außergewöhnlich

unusually [ʌnˈjuːʒuəlɪ] ADV (*large, high etc*) ungewöhnlich

unveil [ʌnˈveɪl] VT (*also fig*) enthüllen

unwanted [ʌnˈwɔntɪd] ADJ unerwünscht

unwarranted [ʌnˈwɔrəntɪd] ADJ ungerechtfertigt

unwary [ʌnˈwɛərɪ] ADJ unachtsam

unwavering [ʌnˈweɪvərɪŋ] ADJ (*faith, support*) unerschütterlich; (*gaze*) fest

unwelcome [ʌnˈwɛlkəm] ADJ (*guest*) unwillkommen; (*news*) unerfreulich; **to feel ~** sich nicht willkommen fühlen

unwell [ʌnˈwɛl] ADJ: **to be ~, to feel ~** sich nicht wohlfühlen

unwieldy [ʌnˈwiːldɪ] ADJ (*object*) unhandlich; (*system*) schwerfällig

unwilling [ʌnˈwɪlɪŋ] ADJ: **to be ~ to do sth** etw nicht tun wollen

unwillingly [ʌnˈwɪlɪŋlɪ] ADV widerwillig

unwind [ʌnˈwaɪnd] VT (*irreg: like* **wind²**) abwickeln ▶ VI sich abwickeln; (*relax*) sich entspannen

unwise [ʌnˈwaɪz] ADJ unklug

unwitting [ʌnˈwɪtɪŋ] ADJ (*accomplice*) unwissentlich; (*victim*) ahnungslos

unworkable [ʌnˈwəːkəbl] ADJ (*plan*) undurchführbar

unworthy [ʌnˈwəːðɪ] ADJ unwürdig; **to be ~ of sth** einer Sache *gen* nicht wert *or* würdig sein; **to be ~ to do sth** es nicht wert sein, etw zu tun; **that remark is ~ of you** diese Bemerkung ist unter deiner Würde

unwrap [ʌnˈræp] VT auspacken

unwritten [ʌnˈrɪtn] ADJ (*law*) ungeschrieben; (*agreement*) stillschweigend

unzip [ʌnˈzɪp] VT aufmachen

up [ʌp]

PREP: **to be up sth** (oben) auf etw *dat* sein; **to go up sth** (auf) etw *acc* hinaufgehen; **go up that road and turn left** gehen Sie die Straße hinauf und biegen Sie links ab

▶ ADV **1** (*upwards, higher*) oben; **put it a bit higher up** stelle es etwas höher; **up there** dort oben; **up above** hoch oben
2: **to be up** (*out of bed*) auf sein; (*prices, level*) gestiegen sein; (*building, tent*) stehen; **time's up** die Zeit ist um *or* vorbei
3: **up to** (*as far as*) bis; **up to now** bis jetzt
4: **to be up to** (*depending on*) abhängen von; **it's up to you** das hängt von dir ab; **it's not up to me to decide** es liegt nicht bei mir, das zu entscheiden
5: **to be up to** (*equal to*) gewachsen sein *+dat*; **he's not up to it** (*job, task etc*) er ist dem nicht gewachsen; **his work is not up to the required standard** seine Arbeit entspricht nicht dem gewünschten Niveau
6: **to be up to** (*inf: be doing*) vorhaben; **what is he up to?** (*showing disapproval, suspicion*) was führt er im Schilde?
▶ N: **ups and downs** (*in life, career*) Höhen und Tiefen *pl*
▶ VI (*inf*): **she upped and left** sie sprang auf und rannte davon
▶ VT (*inf: price*) heraufsetzen

up-and-coming [ʌpənd'kʌmɪŋ] ADJ (*actor, company etc*) kommend
upbeat ['ʌpbi:t] N (*Mus*) Auftakt *m*; (*in economy etc*) Aufschwung *m* ▶ ADJ (*optimistic*) optimistisch
upbraid [ʌp'breɪd] VT tadeln
upbringing ['ʌpbrɪŋɪŋ] N Erziehung *f*
upcoming ['ʌpkʌmɪŋ] (*esp US*) ADJ kommend
upcycle ['ʌpsaɪkl] VT upcyceln
update [ʌp'deɪt] VT aktualisieren
upend [ʌp'ɛnd] VT auf den Kopf stellen
upfront [ʌp'frʌnt] ADJ (*person*) offen ▶ ADV: **20% ~** 20% (als) Vorschuss, 20% im Voraus
upgrade [ʌp'greɪd] VT (*house*) Verbesserungen durchführen in *+dat*; (*job*) verbessern; (*employee*) befördern; (*Comput*) nachrüsten
upheaval [ʌp'hi:vl] N Unruhe *f*
uphill ['ʌp'hɪl] ADJ bergaufwärts (führend); (*fig: task*) mühsam ▶ ADV (*push, move*) bergaufwärts; (*go*) bergauf
uphold [ʌp'həuld] VT (*irreg: like* **hold**) (*law, principle*) wahren; (*decision*) unterstützen
upholstery [ʌp'həulstərɪ] N Polsterung *f*
upkeep ['ʌpki:p] N (*maintenance*) Instandhaltung *f*
upload [ʌp'ləud] VT hochladen
up-market [ʌp'mɑ:kɪt] ADJ anspruchsvoll
upon [ə'pɔn] PREP (*position*) auf *+dat*; (*motion*) auf *+acc*
upper ['ʌpə^r] ADJ obere(r, s) ▶ N (*of shoe*) Oberleder *nt*
upper class N: **the ~** die Oberschicht
upper-class ['ʌpə'klɑ:s] ADJ vornehm
uppercut ['ʌpəkʌt] N Uppercut *m*
upper hand N: **to have the ~** die Oberhand haben
Upper House N (*Pol*) Oberhaus *nt*
uppermost ['ʌpəməust] ADJ oberste(r, s); **what was ~ in my mind** woran ich in erster Linie dachte
Upper Volta [-'vɔltə] N (*formerly*) Obervolta *nt*
upright ['ʌpraɪt] ADJ (*vertical*) vertikal (*fig: honest*) rechtschaffen ▶ ADV (*sit, stand*) aufrecht ▶ N (*Constr*) Pfosten *m*
uprising ['ʌpraɪzɪŋ] N Aufstand *m*
uproar ['ʌprɔ:^r] N Aufruhr *m*
uproarious [ʌp'rɔ:rɪəs] ADJ (*laughter*) brüllend (*joke*) brüllend komisch; (*mirth*) überwältigend
uproot [ʌp'ru:t] VT (*tree*) entwurzeln; (*fig: people*) aus der gewohnten Umgebung reißen; (: *in war etc*) entwurzeln
★**upset** VT [ʌp'sɛt] (*irreg: like* **set**) (*knock over*) umstoßen; (*person: offend, make unhappy*) verletzen; (*routine, plan*) durcheinanderbringen ▶ ADJ (*unhappy*) aufgebracht; (*stomach*) verstimmt ▶ N ['ʌpsɛt]: **to have/get a stomach ~** (*Brit*) eine Magenverstimmung haben/bekommen; **to get ~** sich aufregen
upset price ['ʌpsɛt-] (*US, Scot*) N Mindestpreis *m*
upsetting [ʌp'sɛtɪŋ] ADJ (*distressing*) erschütternd
upshot ['ʌpʃɔt] N Ergebnis *nt*; **the ~ of it all was that ...** es lief schließlich darauf hinaus dass ...
upside down ['ʌpsaɪd-] ADV verkehrt herum **to turn a room ~** (*fig*) ein Zimmer auf den Kopf stellen
upstage [ʌp'steɪdʒ] ADV (*Theat*) im Bühnenhintergrund ▶ VT: **to ~ sb** (*fig*) jdn ausstechen jdm die Schau stehlen (*inf*)
upstairs [ʌp'stɛəz] ADV (*be*) oben; (*go*) nach oben ▶ ADJ (*room*) obere(r, s); (*window*) im oberen Stock ▶ N oberes Stockwerk *nt*; **there's no ~** das Haus hat kein Obergeschoss
upstart ['ʌpstɑ:t] (*pej*) N Emporkömmling *m*
upstream [ʌp'stri:m] ADV, ADJ flussaufwärts
upsurge ['ʌpsə:dʒ] N (*of enthusiasm etc*) Schwall *m*
uptake ['ʌpteɪk] N: **to be quick on the ~** schnell kapieren; **to be slow on the ~** schwer von Begriff sein
uptight [ʌp'taɪt] (*inf*) ADJ nervös
★**up-to-date** ['ʌptə'deɪt] ADJ (*modern*) modern (*person*) up to date
upturn ['ʌptə:n] N (*in economy*) Aufschwung *m*
upturned ['ʌptə:nd] ADJ: **~ nose** Stupsnase *f*
upward ['ʌpwəd] ADJ (*movement*) Aufwärts- (*glance*) nach oben gerichtet
upwardly mobile ['ʌpwədlɪ-] ADJ: **to be ~** ein Aufsteigertyp *m* sein
upwards ['ʌpwədz] ADV (*move*) aufwärts (*glance*) nach oben; **upward(s) of** (*more than*) über *+acc*
Ural Mountains ['juərəl-] NPL: **the ~** (*also:* **the Urals**) der Ural
uranium [juə'reɪnɪəm] N Uran *nt*
Uranus [juə'reɪnəs] N Uranus *m*

urban [ˈəːbən] ADJ städtisch; (*unemployment*) in den Städten
urbane [əːˈbeɪn] ADJ weltgewandt
urbanization [əːbənaɪˈzeɪʃən] N Urbanisierung *f*, Verstädterung *f*
urchin [ˈəːtʃɪn] (*pej*) N Gassenkind *nt*
Urdu [ˈuədu:] N Urdu *nt*
urge [əːdʒ] N (*need, desire*) Verlangen *nt* ▶ VT: **to ~ sb to do sth** jdn eindringlich bitten, etw zu tun; **to ~ caution** zur Vorsicht mahnen
▶ **urge on** VT antreiben
urgency [ˈəːdʒənsɪ] N Dringlichkeit *f*
urgent [ˈəːdʒənt] ADJ dringend; (*voice*) eindringend
urgently [ˈəːdʒəntlɪ] ADV dringend
urinal [ˈjuərɪnl] N (*building*) Pissoir *nt*; (*vessel*) Urinal *nt*
urinate [ˈjuərɪneɪt] VI urinieren
urine [ˈjuərɪn] N Urin *m*
URL ABBR = **uniform resource locator**; (*Comput*) URL-Adresse *f*, Internetadresse *f*
urn [əːn] N Urne *f*; (*also:* **tea urn**) Teekessel *m*
Uruguay [ˈjuərəgwaɪ] N Uruguay *nt*
Uruguayan [juərəˈgwaɪən] ADJ uruguayisch ▶ N (*person*) Uruguayer(in) *m(f)*
US N ABBR (= *United States*) USA *pl*
us [ʌs] PL PRON uns; (*emphatic*) wir; *see also* **me**
USA N ABBR (= *United States of America*) USA *f*; (*Mil:* = *United States Army*) US-Armee *f*
usable [ˈju:zəbl] ADJ brauchbar
USAF N ABBR (= *United States Air Force*) US-Luftwaffe *f*
usage [ˈju:zɪdʒ] N (*Ling*) (Sprach)gebrauch *m*
USB ABBR (= *universal serial bus*) USB
USB stick [ju:esˈbi:stɪk] N USB-Stick *m*
USCG N ABBR (= *United States Coast Guard*) *Küstenwache der USA*
USDA N ABBR (= *United States Department of Agriculture*) *US-Landwirtschaftsministerium*
USDAW [ˈʌzdɔ:] (BRIT) N ABBR (= *Union of Shop, Distributive, and Allied Workers*) *Einzelhandelsgewerkschaft*
USDI N ABBR (= *United States Department of the Interior*) *US-Innenministerium*
use N [ju:s] (*using*) Gebrauch *m*, Verwendung *f*; (*usefulness, purpose*) Nutzen *m* ▶ VT [ju:z] benutzen, gebrauchen; (*phrase*) verwenden; **in ~** in Gebrauch; **out of ~** außer Gebrauch; **to be of ~** nützlich *or* von Nutzen sein; **to make ~ of sth** Gebrauch von etw machen; **it's no ~** es hat keinen Zweck; **to have the ~ of sth** über etw *acc* verfügen können; **what's this used for?** wofür wird das gebraucht?; **to be used to sth** etw gewohnt sein; **to get used to sth** sich an etw *acc* gewöhnen; **she used to do it** sie hat es früher gemacht
▶ **use up** VT (*food, leftovers*) aufbrauchen; (*money*) verbrauchen
used [ju:zd] ADJ gebraucht; (*car*) Gebraucht-
★**useful** [ˈju:sful] ADJ nützlich; **to come in ~** sich als nützlich erweisen
usefulness [ˈju:sfulnɪs] N Nützlichkeit *f*
★**useless** [ˈju:slɪs] ADJ nutzlos; (*person: hopeless*) hoffnungslos
★**user** [ˈju:zəʳ] N Benutzer(in) *m(f)*; (*of petrol, gas etc*) Verbraucher(in) *m(f)*
user-friendly [ˈju:zəˈfrɛndlɪ] ADJ benutzerfreundlich
username [ˈju:zəneɪm] N Benutzername *m*
usher [ˈʌʃəʳ] N (*at wedding*) Platzanweiser *m* ▶ VT: **to ~ sb in** jdn hineinführen
usherette [ʌʃəˈrɛt] N Platzanweiserin *f*
USM N ABBR (= *United States Mint*) *US-Münzanstalt*; (= *United States Mail*) *US-Postbehörde*
USN N ABBR (= *United States Navy*) US-Marine *f*
USPHS N ABBR (= *United States Public Health Service*) *US-Gesundheitsbehörde*
USPO N ABBR (= *United States Post Office*) *US-Postbehörde*
USS ABBR (= *United States Ship*) *Namensteil von Schiffen der Kriegsmarine*
USSR N ABBR (*formerly:* = *Union of Soviet Socialist Republics*) UdSSR *f*
usu. ABBR = **usually**
★**usual** [ˈju:ʒuəl] ADJ üblich, gewöhnlich; **as ~** wie gewöhnlich
★**usually** [ˈju:ʒuəlɪ] ADV gewöhnlich
usurer [ˈju:ʒərəʳ] N Wucherer *m*
usurp [ju:ˈzəːp] VT (*title, position*) an sich *acc* reißen
usury [ˈju:ʒurɪ] N Wucher *m*
UT (US) ABBR (*Post*) = **Utah**
ute [ju:t] N (AUST, NZ *inf*) Kleintransporter *m*
utensil [ju:ˈtɛnsl] N Gerät *nt*; **kitchen utensils** Küchengeräte *pl*
uterus [ˈju:tərəs] N Gebärmutter *f*, Uterus *m*
utilitarian [ju:tɪlɪˈtɛərɪən] ADJ (*building, object*) praktisch; (*Philosophy*) utilitaristisch
utility [ju:ˈtɪlɪtɪ] N (*usefulness*) Nützlichkeit *f*; (*public utility*) Versorgungsbetrieb *m*
utility room N ≈ Hauswirtschaftsraum *m*
utilization [ju:tɪlaɪˈzeɪʃən] N Verwendung *f*
utilize [ˈju:tɪlaɪz] VT verwenden
utmost [ˈʌtməust] ADJ äußerste(r, s) ▶ N: **to do one's ~** sein Möglichstes tun; **of the ~ importance** von äußerster Wichtigkeit
utter [ˈʌtəʳ] ADJ (*amazement*) äußerste(r, s); (*rubbish, fool*) total ▶ VT (*sounds, words*) äußern
utterance [ˈʌtərəns] N Äußerung *f*
utterly [ˈʌtəlɪ] ADV (*totally*) vollkommen
U-turn [ˈju:təːn] N (*also fig*) Kehrtwendung *f*
Uzbekistan [ʌzbɛkɪˈstɑ:n] N Usbekistan *nt*

U

V¹, v [vi:] N (*letter*) V *nt*, v *nt*; **V for Victor** ≈ V wie Viktor

V² ABBR (= *volt*) V

v. ABBR = **verse**; (= *versus*) vs.; (= *vide*) s.

VA (*US*) ABBR (*Post*) = **Virginia**

vac [væk] (BRIT *inf*) N = **vacation**

vacancy [ˈveɪkənsɪ] N (BRIT: *job*) freie Stelle *f*; (*room in hotel etc*) freies Zimmer *nt*; **"no vacancies"** „belegt"; **have you any vacancies?** (*hotel*) haben Sie Zimmer frei?; (*office*) haben Sie freie Stellen?

vacant [ˈveɪkənt] ADJ (*room, seat, job*) frei; (*look*) leer

vacant lot (*US*) N unbebautes Grundstück *nt*

vacate [vəˈkeɪt] VT (*house*) räumen; (*one's seat*) frei machen; (*job*) aufgeben

vacation [vəˈkeɪʃən] (*esp US*) N (*holiday*) Urlaub *m*; (*Scol*) Ferien *pl*; **to take a ~** Urlaub machen; **on ~** im Urlaub

vacation course N Ferienkurs *m*

vaccinate [ˈvæksɪneɪt] VT: **to ~ sb (against sth)** jdn (gegen etw) impfen

vaccination [væksɪˈneɪʃən] N Impfung *f*

vaccine [ˈvæksi:n] N Impfstoff *m*

vacuum [ˈvækjum] N (*empty space*) Vakuum *nt*

vacuum cleaner N Staubsauger *m*

vacuum flask (BRIT) N Thermosflasche® *f*

vacuum-packed [ˈvækjumˈpækt] ADJ vakuumverpackt

vagabond [ˈvægəbɔnd] N Vagabund *m*

vagary [ˈveɪgərɪ] N: **the vagaries of** die Launen *+gen*

vagina [vəˈdʒaɪnə] N Scheide *f*, Vagina *f*

vagrancy [ˈveɪgrənsɪ] N Landstreicherei *f*; (*in towns, cities*) Stadtstreicherei *f*

vagrant [ˈveɪgrənt] N Landstreicher(in) *m(f)*; (*in town, city*) Stadtstreicher(in) *m(f)*

vague [veɪg] ADJ (*memory*) vage; (*outline*) undeutlich; (*look, idea, instructions*) unbestimmt; (*person: not precise*) unsicher; (: *evasive*) unbestimmt; **to look ~** (*absent-minded*) zerstreut aussehen; **I haven't the vaguest idea** ich habe nicht die leiseste Ahnung

vaguely [ˈveɪglɪ] ADV (*unclearly*) vage, unbestimmt; (*slightly*) in etwa

vagueness [ˈveɪgnɪs] N Unbestimmtheit *f*

vain [veɪn] ADJ (*person*) eitel; (*attempt, action*) ver geblich; **in ~** vergebens; **to die in ~** umsons sterben

vainly [ˈveɪnlɪ] ADV vergebens

valance [ˈvæləns] N (*of bed*) Volant *m*

valedictorian [vælɪdɪkˈtɔ:rɪən] (*US*) N (*Scol*) *Abschiedsredner(in) bei der Schulentlassungsfeier*

valedictory [vælɪˈdɪktərɪ] ADJ (*speech*) Abschieds-; (*remarks*) zum Abschied

valentine [ˈvæləntaɪn] N (*also:* **valentine card**) Valentinsgruß *m*; (*person*) *Freund/Freundin, dem der man am Valentinstag einen Gruß schickt*

Valentine's Day N Valentinstag *m*

valet [ˈvælɪt] N Kammerdiener *m*

valet parking N Einparken *nt* (*durch Hotelange stellte etc*)

valet service N Reinigungsdienst *m*

valiant [ˈvælɪənt] ADJ (*effort*) tapfer

valid [ˈvælɪd] ADJ (*ticket, document*) gültig; (*argu ment, reason*) stichhaltig

validate [ˈvælɪdeɪt] VT (*contract, document*) fü gültig erklären; (*argument, claim*) bestätigen

validity [vəˈlɪdɪtɪ] N (*soundness*) Gültigkeit *f*

valise [vəˈli:z] N kleiner Koffer *m*

★**valley** [ˈvælɪ] N Tal *nt*

valour, (*US*) **valor** [ˈvæləʳ] N Tapferkeit *f*

★**valuable** [ˈvæljuəbl] ADJ wertvoll; (*time*) kostba

valuables [ˈvæljuəblz] NPL Wertsachen *pl*

valuation [væljuˈeɪʃən] N (*of house etc*) Schät zung *f*; (*judgement of quality*) Einschätzung *f*

★**value** [ˈvælju:] N Wert *m*; (*usefulness*) Nutzen ▶ VT schätzen ■ **values** NPL (*principles, beliefs*) Werte *pl*; **you get good ~ (for money) in tha shop** in dem Laden bekommt man etwas fü sein Geld; **to lose (in) ~** an Wert verlieren; **t gain (in) ~** im Wert steigen; **to be of great ~ (t sb)** (*fig*) von großem Wert (für jdn) sein

value-added tax [væljuːˈædɪd-] (BRIT) Mehrwertsteuer *f*

valued [ˈvælju:d] ADJ (*customer, advice*) geschätz

valuer [ˈvæljuəʳ] N Schätzer(in) *m(f)*

valve [vælv] N Ventil *nt*; (*Med*) Klappe *f*

vampire [ˈvæmpaɪəʳ] N Vampir *m*

★**van** [væn] N (*Aut*) Lieferwagen *m*; (BRIT *Rai* Wa(g)gon *m*

V and A (BRIT) N ABBR (= *Victoria and Albe Museum*) *Londoner Museum*

vandal [ˈvændl] N Rowdy *m*

vandalism [ˈvændəlɪzəm] N Vandalismus *m*

vandalize [ˈvændəlaɪz] VT mutwillig zerstören

vanguard [ˈvæŋgɑːd] N (*fig*): **in the ~ of** an der Spitze *+gen*

vanilla [vəˈnɪlə] N Vanille *f*

vanilla ice cream N Vanilleeis *nt*

vanish [ˈvænɪʃ] VI verschwinden

vanity [ˈvænɪtɪ] N (*of person*) Eitelkeit *f*

vanity case N Kosmetikkoffer *m*

vantage point [ˈvɑːntɪdʒ-] N Aussichtspunkt *m*; (*fig*): **from our ~** aus unserer Sicht

Vanuatu [vænuːˈætuː] N Vanuatu *nt*

vape [veɪp] VT, VI dampfen

vaper [ˈveɪpəʳ] N Dampfer(in) *m(f)*

vaping [ˈveɪpɪŋ] N Dampfen *nt*

vaporize [ˈveɪpəraɪz] VT verdampfen ▶ VI verdunsten

vapour, (*US*) **vapor** [ˈveɪpəʳ] N (*gas, steam*) Dampf *m*; (*mist*) Dunst *m*

vapour trail N (*Aviat*) Kondensstreifen *m*

variable [ˈvɛərɪəbl] ADJ (*likely to change: mood, quality, weather*) veränderlich, wechselhaft; (*able to be changed: temperature, height, speed*) variabel ▶ N veränderlicher Faktor *m*; (*Math*) Variable *f*

variance [ˈvɛərɪəns] N: **to be at ~ (with)** nicht übereinstimmen (mit)

variant [ˈvɛərɪənt] N Variante *f*

variation [vɛərɪˈeɪʃən] N (*change*) Veränderung *f*; (*different form: of plot, theme etc*) Variation *f*

varicose [ˈværɪkəus] ADJ: **~ veins** Krampfadern *pl*

varied [ˈvɛərɪd] ADJ (*diverse*) unterschiedlich; (*full of changes*) abwechslungsreich

variety [vəˈraɪətɪ] N (*diversity*) Vielfalt *f*; (*varied collection*) Auswahl *f*; (*type*) Sorte *f*; **a wide ~ of ...** eine Vielfalt an *+acc* ...; **for a ~ of reasons** aus verschiedenen Gründen

variety show N Varietévorführung *f*

various [ˈvɛərɪəs] ADJ (*reasons, people*) verschiedene; **at ~ times** (*different*) zu verschiedenen Zeiten; (*several*) mehrmals, mehrfach

varnish [ˈvɑːnɪʃ] N Lack *m* ▶ VT (*wood, one's nails*) lackieren

vary [ˈvɛərɪ] VT verändern ▶ VI (*be different*) variieren; **to ~ with** (*weather, season etc*) sich ändern mit

varying [ˈvɛərɪɪŋ] ADJ unterschiedlich

vase [vɑːz] N Vase *f*

vasectomy [vəˈsɛktəmɪ] N Vasektomie *f*

Vaseline® [ˈvæsɪliːn] N Vaseline *f*

vast [vɑːst] ADJ (*knowledge*) enorm; (*expense, area*) riesig

vastly [ˈvɑːstlɪ] ADV (*superior, improved*) erheblich

vastness [ˈvɑːstnɪs] N ungeheure Größe *f*

VAT [væt] (BRIT) N ABBR (= *value-added tax*) MwSt *f*

vat [væt] N Fass *nt*

Vatican [ˈvætɪkən] N: **the ~** der Vatikan

vatman [ˈvætmæn] (*inf*) N (*irreg*) ≈ Fiskus *m* (*bezüglich Einbehaltung der Mehrwertsteuer*)

vaudeville [ˈvəudəvɪl] N Varieté *nt*

vault [vɔːlt] N (*of roof*) Gewölbe *nt*; (*tomb*) Gruft *f*; (*in bank*) Tresorraum *m*; (*jump*) Sprung *m* ▶ VT (*also:* **vault over**) überspringen

vaunted [ˈvɔːntɪd] ADJ: **much-vaunted** viel gepriesen

VC N ABBR = **vice-chairman**; (BRIT: = *Victoria Cross*) Viktoriakreuz *nt*, *höchste britische Tapferkeitsauszeichnung*

VCR N ABBR = **video cassette recorder**

VD N ABBR = **venereal disease**

VDU N ABBR (*Comput*) = **visual display unit**

veal [viːl] N Kalbfleisch *nt*

veer [vɪəʳ] VI (*wind*) sich drehen; (*vehicle*) ausscheren

veg. (BRIT *inf*) N ABBR = **vegetable**; **vegetables**

vegan [ˈviːgən] N Veganer(in) *m(f)* ▶ ADJ radikal vegetarisch

vegeburger [ˈvɛdʒɪbəːgəʳ] N vegetarischer Hamburger *m*

★**vegetable** [ˈvɛdʒtəbl] N (*plant*) Gemüse *nt*; (*plant life*) Pflanzen *pl* ▶ CPD (*oil etc*) Pflanzen-; (*garden, plot*) Gemüse-

★**vegetarian** [vɛdʒɪˈtɛərɪən] N Vegetarier(in) *m(f)* ▶ ADJ vegetarisch

vegetate [ˈvɛdʒɪteɪt] VI (*fig: person*) dahinvegetieren

vegetation [vɛdʒɪˈteɪʃən] N (*plants*) Vegetation *f*

vegetative [ˈvɛdʒɪtətɪv] ADJ vegetativ

veggieburger [ˈvɛdʒɪbəːgəʳ] N = **vegeburger**

vehemence [ˈviːɪməns] N Vehemenz *f*, Heftigkeit *f*

vehement [ˈviːɪmənt] ADJ heftig

★**vehicle** [ˈviːɪkl] N (*machine*) Fahrzeug *nt*; (*fig: means*) Mittel *nt*

vehicular [vɪˈhɪkjuləʳ] ADJ: **"no ~ traffic"** „kein Fahrzeugverkehr"

veil [veɪl] N Schleier *m* ▶ VT (*also fig*) verschleiern; **under a ~ of secrecy** unter einem Schleier von Geheimnissen

veiled [veɪld] ADJ (*also fig: threat*) verschleiert

vein [veɪn] N Ader *f*; (*fig: mood, style*) Stimmung *f*

Velcro® [ˈvɛlkrəu] N (*also:* **Velcro fastener** *or* **fastening**) Klettverschluss *m*

vellum [ˈvɛləm] N (*writing paper*) Pergament *nt*

velocity [vɪˈlɔsɪtɪ] N Geschwindigkeit *f*

velours [vəˈluəʳ] N Velours *m*

velvet [ˈvɛlvɪt] N Samt *m* ▶ ADJ (*skirt, jacket*) Samt-

vendetta [vɛnˈdɛtə] N Vendetta *f*; (*between families*) Blutrache *f*

vending machine [ˈvɛndɪŋ-] N Automat *m*

vendor [ˈvɛndəʳ] N Verkäufer(in) *m(f)*; **street ~** Straßenhändler(in) *m(f)*

veneer [vəˈnɪəʳ] N (*on furniture*) Furnier *nt*; (*fig*) Anstrich *m*

venerable [ˈvɛnərəbl] ADJ ehrwürdig; (*Rel*) hochwürdig

venereal [vɪˈnɪərɪəl] ADJ: **~ disease** Geschlechtskrankheit *f*

Venetian [vɪˈniːʃən] ADJ (*Geog*) venezianisch ▸ N (*person*) Venezianer(in) *m(f)*

Venetian blind [vɪˈniːʃən-] N Jalousie *f*

Venezuela [vɛnɛˈzweɪlə] N Venezuela *nt*

Venezuelan [vɛnɛˈzweɪlən] ADJ venezolanisch ▸ N (*person*) Venezolaner(in) *m(f)*

vengeance [ˈvɛndʒəns] N Rache *f*; **with a ~** (*fig: fiercely*) gewaltig; **he broke the rules with a ~** er verstieß die Regeln – und nicht zu knapp

vengeful [ˈvɛndʒful] ADJ rachsüchtig

Venice [ˈvɛnɪs] N Venedig *nt*

venison [ˈvɛnɪsn] N Rehfleisch *nt*

venom [ˈvɛnəm] N (*poison*) Gift *nt*; (*bitterness, anger*) Gehässigkeit *f*

venomous [ˈvɛnəməs] ADJ (*snake, insect*) giftig; (*look*) gehässig

vent [vɛnt] N (*also:* **air vent**) Abzug *m*; (*in jacket*) Schlitz *m* ▸ VT (*fig: feelings*) abreagieren

ventilate [ˈvɛntɪleɪt] VT (*building*) belüften; (*room*) lüften

ventilation [vɛntɪˈleɪʃən] N Belüftung *f*

ventilation shaft N Luftschacht *m*

ventilator [ˈvɛntɪleɪtəʳ] N (*Tech*) Ventilator *m*; (*Med*) Beatmungsgerät *nt*

ventriloquist [vɛnˈtrɪləkwɪst] N Bauchredner(in) *m(f)*

venture [ˈvɛntʃəʳ] N Unternehmung *f* ▸ VT (*opinion*) zu äußern wagen ▸ VI (*dare to go*) sich wagen; **a business ~** ein geschäftliches Unternehmen; **to ~ to do sth** es wagen, etw zu tun

venture capital N Risikokapital *nt*

venue [ˈvɛnjuː] N (*for meeting*) Treffpunkt *m*; (*for big events*) Austragungsort *m*

Venus [ˈviːnəs] N Venus *f*

veracity [vəˈræsɪtɪ] N (*of person*) Aufrichtigkeit *f*; (*of evidence etc*) Richtigkeit *f*

veranda, verandah [vəˈrændə] N Veranda *f*

verb [vəːb] N Verb *nt*

verbal [ˈvəːbl] ADJ verbal; (*skills*) sprachlich; (*translation*) wörtlich

verbally [ˈvəːbəlɪ] ADV (*communicate etc*) mündlich, verbal

verbatim [vəːˈbeɪtɪm] ADJ wörtlich ▸ ADV Wort für Wort

verbose [vəːˈbəus] ADJ (*person*) wortreich; (*writing*) weitschweifig

★**verdict** [ˈvəːdɪkt] N (*Law, fig*) Urteil *nt*; **~ of guilty/not guilty** Schuld-/Freispruch *m*

verge [vəːdʒ] (BRIT) N (*of road*) Rand *m*, Bankett *nt*; **"soft verges"** (BRIT *Aut*) „Seitenstreifen nicht befahrbar"; **to be on the ~ of doing sth** im Begriff sein, etw zu tun
▸ **verge on** VT FUS grenzen an +*acc*

verger [ˈvəːdʒəʳ] N (*Rel*) Küster *m*

verification [vɛrɪfɪˈkeɪʃən] N Bestätigung *f*; Überprüfung *f*

verify [ˈvɛrɪfaɪ] VT (*confirm*) bestätigen; (*check*) überprüfen

veritable [ˈvɛrɪtəbl] ADJ (*real*) wahr

vermin [ˈvəːmɪn] NPL Ungeziefer *nt*

vermouth [ˈvəːməθ] N Wermut *m*

vernacular [vəˈnækjuləʳ] N (*of country*) Landessprache *f*; (*of region*) Dialekt *m*

verruca [vəˈruːkə] N Warze *f*

versatile [ˈvəːsətaɪl] ADJ vielseitig

versatility [vəːsəˈtɪlɪtɪ] N Vielseitigkeit *f*

verse [vəːs] N (*poetry*) Poesie *f*; (*stanza*) Strophe *f*; (*in bible*) Vers *m*; **in ~** in Versform

versed [vəːst] ADJ: **(well-)versed in** (gut) bewandert in +*dat*

version [ˈvəːʃən] N Version *f*

versus [ˈvəːsəs] PREP gegen

vertebra [ˈvəːtɪbrə] (*pl* **vertebrae**) N Rückenwirbel *m*

vertebrae [ˈvəːtɪbriː] NPL *of* **vertebra**

vertebrate [ˈvəːtɪbrɪt] N Wirbeltier *nt*

vertical [ˈvəːtɪkl] ADJ vertikal, senkrecht ▸ N Vertikale *f*

vertically [ˈvəːtɪklɪ] ADV vertikal

vertigo [ˈvəːtɪgəu] N Schwindelgefühle *pl*; **to suffer from ~** leicht schwindlig werden

verve [vəːv] N Schwung *m*

★**very** [ˈvɛrɪ] ADV sehr ▸ ADJ: **the ~ book which ...** genau das Buch, das ...; **the ~ last** der/die/das Allerletzte; **at the ~ least** allerwenigstens; **~ well/little** sehr gut/wenig; **~ much** sehr viel; (*like, hope*) sehr; **the ~ thought (of it) alarms me** der bloße Gedanke (daran) beunruhigt mich; **at the ~ end** ganz am Ende

vespers [ˈvɛspəz] NPL (*Rel*) Vesper *f*

vessel [ˈvɛsl] N Gefäß *nt*; (*Naut*) Schiff *nt*; *see* **blood**

vest [vɛst] N (BRIT: *underwear*) Unterhemd *nt*; (US: *waistcoat*) Weste *f* ▸ VT: **to ~ sb with sth, ~ sth in sb** jdm etw verleihen

vested interest [ˈvɛstɪd-] N (*Comm*) finanzielles Interesse *nt*; **to have a ~ in doing sth** ein besonderes Interesse daran haben, etw zu tun

vestibule [ˈvɛstɪbjuːl] N Vorhalle *f*

vestige [ˈvɛstɪdʒ] N Spur *f*

vestment [ˈvɛstmənt] N (*Rel*) Ornat *nt*

vestry [ˈvɛstrɪ] N Sakristei *f*

Vesuvius [vɪˈsuːvɪəs] N Vesuv *m*

vet [vɛt] (BRIT) N = **veterinary surgeon**; (US) = **veteran** ▸ VT (*examine*) überprüfen

veteran [ˈvɛtərn] N Veteran(in) *m(f)* ▸ ADJ: **she's a ~ campaigner for ...** sie ist eine altgediente Kämpferin für ...

veteran car N Oldtimer *m* (*vor 1919 gebaut*)

veterinarian [vɛtrɪˈnɛərɪən] (US) N = **veterinary surgeon**

veterinary [ˈvɛtrɪnərɪ] ADJ (*practice, medicine*) Veterinär-; (*care, training*) tierärztlich

veterinary surgeon [ˈvɛtrɪnərɪ-] (BRIT) N Tierarzt *m*, Tierärztin *f*

veto [ˈvi:təu] (*pl* **vetoes**) N Veto *nt* ▶ VT ein Veto einlegen gegen; **to put a ~ on sth** gegen etw ein Veto einlegen

vetting [ˈvetɪŋ] N Überprüfung *f*

vex [vɛks] VT (*irritate, upset*) ärgern

vexed [vɛkst] ADJ (*upset*) verärgert; (*question*) umstritten

VFD (*US*) N ABBR (= *volunteer fire department*) ≈ freiwillige Feuerwehr *f*

VG (BRIT) N ABBR (*Scol etc*: = *very good*) ≈ „sehr gut"

VHF ABBR (*Radio*: = *very high frequency*) VHF

VI (*US*) ABBR (*Post*) = **Virgin Islands**

via [ˈvaɪə] PREP über *+acc*

viability [vaɪəˈbɪlɪtɪ] N Durchführbarkeit *f*; Rentabilität *f*

viable [ˈvaɪəbl] ADJ (*project*) durchführbar; (*company*) rentabel

viaduct [ˈvaɪədʌkt] N Viadukt *m*

vial [ˈvaɪəl] N Fläschchen *nt*

vibes [vaɪbz] NPL (*Mus*) *see* **vibraphone**; (*inf*: *vibrations*): **I get good/bad ~ from it/him** das/er macht mich an/nicht an

vibrant [ˈvaɪbrənt] ADJ (*lively*) dynamisch; (*bright*) lebendig; (*full of emotion*: *voice*) volltönend

vibraphone [ˈvaɪbrəfəun] N Vibrafon *nt*

vibrate [vaɪˈbreɪt] VI (*house*) zittern, beben; (*machine, sound etc*) vibrieren

vibration [vaɪˈbreɪʃən] N (*act of vibrating*) Vibrieren *nt*; (*instance*) Vibration *f*

vibrator [vaɪˈbreɪtəʳ] N Vibrator *m*

vicar [ˈvɪkəʳ] N Pfarrer(in) *m(f)*

vicarage [ˈvɪkərɪdʒ] N Pfarrhaus *nt*

vicarious [vɪˈkɛərɪəs] ADJ (*pleasure, experience*) indirekt

vice [vaɪs] N (*moral fault*) Laster *nt*; (*Tech*) Schraubstock *m*

vice- [vaɪs] PREF Vize-

vice-chairman [vaɪsˈtʃɛəmən] N (*irreg*) stellvertretender Vorsitzender *m*

vice chancellor (BRIT) N (*of university*) ≈ Rektor *m*

vice president N Vizepräsident(in) *m(f)*

viceroy [ˈvaɪsrɔɪ] N Vizekönig *m*

vice squad N (*Police*) Sittendezernat *nt*

vice versa [ˈvaɪsɪˈvə:sə] ADV umgekehrt

vicinity [vɪˈsɪnɪtɪ] N: **in the ~ (of)** in der Nähe *or* Umgebung (*+gen*)

vicious [ˈvɪʃəs] ADJ (*attack, blow*) brutal; (*words, look*) gemein; (*horse, dog*) bösartig

vicious circle N Teufelskreis *m*

viciousness [ˈvɪʃəsnɪs] N Bösartigkeit *f*, Gemeinheit *f*

vicissitudes [vɪˈsɪsɪtju:dz] NPL Wechselfälle *pl*

victim [ˈvɪktɪm] N Opfer *nt*; **to be the ~ of an attack** einem Angriff zum Opfer fallen

victimization [vɪktɪmaɪˈzeɪʃən] N Schikanierung *f*

victimize [ˈvɪktɪmaɪz] VT schikanieren

victor [ˈvɪktəʳ] N Sieger(in) *m(f)*

Victorian [vɪkˈtɔ:rɪən] ADJ viktorianisch

victorious [vɪkˈtɔ:rɪəs] ADJ (*team*) siegreich; (*shout*) triumphierend

★**victory** [ˈvɪktərɪ] N Sieg *m*; **to win a ~ over sb** einen Sieg über jdn erringen

★**video** [ˈvɪdɪəu] N (*film, cassette, recorder*) Video *nt* ▶ VT auf Video aufnehmen ▶ CPD Video-

videocam [ˈvɪdɪəukæm] N Videokamera *f*

video camera N Videokamera *f*

videodisc, videodisk [ˈvɪdɪəudɪsk] N Bildplatte *f*

video game N Videospiel *nt*, Telespiel *nt*

video nasty N *Video mit übertriebenen Gewaltszenen und/oder pornografischem Inhalt*

videophone [ˈvɪdɪəufəun] N Bildtelefon *nt*

video recorder N Videorekorder *m*

video recording N Videoaufnahme *f*

video tape N Videoband *nt*

vie [vaɪ] VI: **to ~ with sb/for sth** mit jdm/um etw wetteifern

Vienna [vɪˈɛnə] N Wien *nt*

Viennese [vɪəˈni:z] ADJ Wiener

Vietnam [ˈvjɛtˈnæm] N Vietnam *nt*

Viet Nam [ˈvjɛtˈnæm] N = **Vietnam**

Vietnamese [vjɛtnəˈmi:z] ADJ vietnamesisch ▶ N INV (*person*) Vietnamese *m*, Vietnamesin *f*; (*Ling*) Vietnamesisch *nt*

★**view** [vju:] N (*from window etc*) Aussicht *f*; (*sight*) Blick *m*; (*outlook*) Sicht *f*; (*opinion*) Ansicht *f* ▶ VT betrachten; (*house*) besichtigen; **to be on ~** (*in museum etc*) ausgestellt sein; **in full ~ of** vor den Augen *+gen*; **to take the ~ that ...** der Ansicht sein, dass ...; **in ~ of the weather/the fact that** in Anbetracht des Wetters/der Tatsache, dass ...; **in my ~** meiner Ansicht nach; **an overall ~ of the situation** ein allgemeiner Überblick über die Lage; **with a ~ to doing sth** mit der Absicht, etw zu tun

viewdata® [ˈvju:deɪtə] (BRIT) N Bildschirmtext *m*

★**viewer** [ˈvju:əʳ] N (*person*) Zuschauer(in) *m(f)*; (*viewfinder*) Sucher *m*

viewfinder [ˈvju:faɪndəʳ] N Sucher *m*

viewpoint [ˈvju:pɔɪnt] N (*attitude*) Standpunkt *m*; (*place*) Aussichtspunkt *m*

vigil [ˈvɪdʒɪl] N Wache *f*; **to keep ~** Wache halten

vigilance [ˈvɪdʒɪləns] N Wachsamkeit *f*

vigilance committee (US) N Bürgerwehr *f*

vigilant [ˈvɪdʒɪlənt] ADJ wachsam

vigilante [vɪdʒɪˈlæntɪ] N *Mitglied einer Selbstschutzorganisation oder Bürgerwehr* ▶ ADJ (*group, patrol*) Bürgerwehr-, Selbstschutz-

vigorous [ˈvɪgərəs] ADJ (*action, campaign*) energisch, dynamisch; (*plant*) kräftig

vigour, (US) **vigor** [ˈvɪgəʳ] N (*of person, campaign*) Energie *f*, Dynamik *f*

vile [vaɪl] ADJ abscheulich

vilify [ˈvɪlɪfaɪ] VT diffamieren

villa [ˈvɪlə] N Villa *f*
★**village** [ˈvɪlɪdʒ] N Dorf *nt*
villager [ˈvɪlɪdʒəʳ] N Dorfbewohner(in) *m(f)*
villain [ˈvɪlən] N (*scoundrel*) Schurke *m*; (*in novel etc*) Bösewicht *m*; (BRIT: *criminal*) Verbrecher(in) *m(f)*
VIN (US) N ABBR (= *vehicle identification number*) amtliches Kennzeichen *nt*
vinaigrette [vɪneɪˈgrɛt] N Vinaigrette *f*
vindicate [ˈvɪndɪkeɪt] VT (*person*) rehabilitieren; (*action*) rechtfertigen
vindication [vɪndɪˈkeɪʃən] N Rechtfertigung *f*
vindictive [vɪnˈdɪktɪv] ADJ (*person*) nachtragend; (*action*) aus Rache
vine [vaɪn] N (*Bot: producing grapes*) Weinrebe *f*; (*: in jungle*) Rebengewächs *nt*
★**vinegar** [ˈvɪnɪgəʳ] N Essig *m*
vine grower N Weinbauer *m*
vine-growing [ˈvaɪngrəuɪŋ] ADJ (*region*) Weinbau- ▶ N Weinbau *m*
vineyard [ˈvɪnjɑːd] N Weinberg *m*
vintage [ˈvɪntɪdʒ] N (*of wine*) Jahrgang *m* ▶ CPD (*classic*) klassisch; **the 1980 ~** (*of wine*) der Jahrgang 1980
vintage car N Oldtimer *m* (*zwischen 1919 und 1930 gebaut*)
vintage wine N erlesener Wein *m*
vinyl [ˈvaɪnl] N Vinyl *nt*; (*records*) Schallplatten *pl*
viola [vɪˈəulə] N Bratsche *f*
violate [ˈvaɪəleɪt] VT (*agreement*) verletzen; (*peace*) stören; (*graveyard*) schänden
violation [vaɪəˈleɪʃən] N (*of agreement etc*) Verletzung *f*; **in ~ of** (*rule, law*) unter Verletzung *+gen*
★**violence** [ˈvaɪələns] N Gewalt *f*; (*strength*) Heftigkeit *f*
★**violent** [ˈvaɪələnt] ADJ (*behaviour*) gewalttätig; (*death*) gewaltsam; (*explosion, criticism, emotion*) heftig; **a ~ dislike of sb/sth** eine heftige Abneigung gegen jdn/etw
violently [ˈvaɪələntlɪ] ADV heftig; (*ill*) schwer; (*angry*) äußerst
violet [ˈvaɪələt] ADJ violett ▶ N (*colour*) Violett *nt*; (*plant*) Veilchen *nt*
★**violin** [vaɪəˈlɪn] N Geige *f*, Violine *f*
violinist [vaɪəˈlɪnɪst] N Violinist(in) *m(f)*, Geiger(in) *m(f)*
VIP N ABBR (= *very important person*) VIP *m*
viper [ˈvaɪpəʳ] N Viper *f*
viral [ˈvaɪərəl] ADJ (*disease, infection*) Virus-; (*Comput*) viral
virgin [ˈvəːdʒɪn] N Jungfrau *f* ▶ ADJ (*snow, forest etc*) unberührt; **she is a ~** sie ist Jungfrau; **the Blessed V~** die Heilige Jungfrau
virgin birth N unbefleckte Empfängnis *f*; (*Biol*) Jungfernzeugung *f*
virginity [vəːˈdʒɪnɪtɪ] N (*of person*) Jungfräulichkeit *f*
Virgo [ˈvəːgəu] N (*sign*) Jungfrau *f*; **to be ~** Jungfrau sein
virile [ˈvɪraɪl] ADJ (*person*) männlich
virility [vɪˈrɪlɪtɪ] N (*masculine qualities*) Männlichkeit *f*
virtual [ˈvəːtjuəl] ADJ (*Comput, Phys*) virtuell; **it's a ~ impossibility** es ist so gut wie unmöglich; **to be the ~ leader** eigentlich *or* praktisch der Führer sein
virtually [ˈvəːtjuəlɪ] ADV praktisch, nahezu; **it is ~ impossible** es ist so gut wie unmöglich
virtual reality N virtuelle Realität *f*
virtue [ˈvəːtjuː] N Tugend *f*; (*advantage*) Vorzug *m*; **by ~ of** aufgrund *+gen*
virtuosi [vəːtjuˈəuzɪ] NPL *of* **virtuoso**
virtuosity [vəːtjuˈɔsɪtɪ] N Virtuosität *f*
virtuoso [vəːtjuˈəuzəu] (*pl* **virtuosos** *or* **virtuosi**) N Virtuose *m*
virtuous [ˈvəːtjuəs] ADJ tugendhaft
virulence [ˈvɪruləns] N (*of disease*) Bösartigkeit *f*; (*hatred*) Feindseligkeit *f*
virulent [ˈvɪrulənt] ADJ (*disease*) bösartig; (*actions, feelings*) feindselig
★**virus** [ˈvaɪərəs] N (*Med, Comput*) Virus *m or nt*
visa [ˈviːzə] N Visum *nt*
vis-à-vis [viːzəˈviː] PREP gegenüber
viscose [ˈvɪskəus] N (*also Chem*) Viskose *f*
viscount [ˈvaɪkaunt] N Viscount *m*
viscous [ˈvɪskəs] ADJ zähflüssig
vise [vaɪs] (US) N (*Tech*) = **vice**
visibility [vɪzɪˈbɪlɪtɪ] N (*range of vision*) Sicht(weite) *f*
visible [ˈvɪzəbl] ADJ sichtbar; **~ exports/imports** sichtbare Ausfuhren/Einfuhren
visibly [ˈvɪzəblɪ] ADV sichtlich
vision [ˈvɪʒən] N (*sight*) Sicht *f*; (*foresight*) Weitblick *m*; (*in dream*) Vision *f*
visionary [ˈvɪʒənrɪ] ADJ (*with foresight*) vorausblickend
★**visit** [ˈvɪzɪt] N Besuch *m* ▶ VT besuchen; **a private/official ~** ein privater/offizieller Besuch
visiting [ˈvɪzɪtɪŋ] ADJ (*speaker, team*) Gast-
visiting card N Visitenkarte *f*
visiting hours NPL Besuchszeiten *pl*
visiting professor N Gastprofessor(in) *m(f)*
★**visitor** [ˈvɪzɪtəʳ] N Besucher(in) *m(f)*
visitor centre N Informationszentrum *nt*
visitors' book [ˈvɪzɪtəz-] N Gästebuch *nt*
visor [ˈvaɪzəʳ] N (*of helmet etc*) Visier *nt*
vista [ˈvɪstə] N Aussicht *f*
visual [ˈvɪzjuəl] ADJ (*image etc*) visuell; **the ~ arts** die darstellenden Künste
visual aid N Anschauungsmaterial *nt*
visual display unit N (Daten)sichtgerät *nt*
visualize [ˈvɪzjuəlaɪz] VT sich *dat* vorstellen
visually [ˈvɪzjuəlɪ] ADV visuell; **~ appealing** optisch ansprechend; **~ handicapped** sehbehindert
★**vital** [ˈvaɪtl] ADJ (*essential*) unerlässlich; (*organ*) lebenswichtig; (*full of life*) vital; **of ~ importance (to sb/sth)** von größter Wichtigkeit (für jdn/etw)

vitality [vaɪˈtælɪtɪ] N (*liveliness*) Vitalität *f*
vitally [ˈvaɪtəlɪ] ADV: **~ important** äußerst wichtig
vital statistics NPL (*fig: of woman*) Körpermaße *pl*; (*of population*) Bevölkerungsstatistik *f*
vitamin [ˈvɪtəmɪn] N Vitamin *nt* ▶ CPD (*pill, deficiencies*) Vitamin-
vitiate [ˈvɪʃɪeɪt] VT (*spoil*) verunreinigen
vitreous [ˈvɪtrɪəs] ADJ: **~ china** Porzellanemail *nt*; **~ enamel** Glasemail *nt*
vitriolic [vɪtrɪˈɔlɪk] ADJ (*fig: language, behaviour*) hasserfüllt
viva [ˈvaɪvə] N (*Scol: also:* **viva voce**) mündliche Prüfung *f*
vivacious [vɪˈveɪʃəs] ADJ lebhaft
vivacity [vɪˈvæsɪtɪ] N Lebendigkeit *f*
vivid [ˈvɪvɪd] ADJ (*description*) lebendig; (*memory, imagination*) lebhaft; (*colour*) leuchtend; (*light*) hell
vividly [ˈvɪvɪdlɪ] ADV (*describe*) lebendig; (*remember*) lebhaft
vivisection [vɪvɪˈsɛkʃən] N Vivisektion *f*
vixen [ˈvɪksn] N (*Zool*) Füchsin *f*; (*pej: woman*) Drachen *m*
viz [vɪz] ABBR (= *videlicet*) nämlich
VLF ABBR (*Radio*: = *very low frequency*) VLF
vlog [vlɔg] N Vlog *m*
vlogger [ˈvlɔgəʳ] N Vlogger(in) *m(f)*
vlogging [ˈvlɔgɪŋ] N Vloggen *nt*, Vlogging *nt*
V-neck [ˈviːnɛk] N (*also:* **V-neck jumper** *or* **pullover**) Pullover *m* mit V-Ausschnitt
VOA N ABBR (= *Voice of America*) Stimme *f* Amerikas
vocabulary [vəuˈkæbjulərɪ] N (*words known*) Vokabular *nt*, Wortschatz *m*
vocal [ˈvəukl] ADJ (*of the voice*) stimmlich; (*articulate*) lautstark
vocal cords NPL Stimmbänder *pl*
vocalist [ˈvəukəlɪst] N Sänger(in) *m(f)*
vocals [ˈvəuklz] NPL (*Mus*) Gesang *m*
vocation [vəuˈkeɪʃən] N (*calling*) Berufung *f*; (*profession*) Beruf *m*
vocational [vəuˈkeɪʃənl] ADJ (*training, guidance etc*) Berufs-
vociferous [vəˈsɪfərəs] ADJ (*protesters, demands*) lautstark
vodka [ˈvɔdkə] N Wodka *m*
vogue [vəug] N (*fashion*) Mode *f*; (*popularity*) Popularität *f*; **in ~** in Mode
voice [vɔɪs] N (*also fig*) Stimme *f* ▶ VT (*opinion*) zum Ausdruck bringen; **in a loud/soft ~** mit lauter/leiser Stimme; **to give ~ to** Ausdruck verleihen *+dat*
voice mail N (*Comput*) Voicemail *f*
voice-over [ˈvɔɪsəuvəʳ] N (Film)kommentar *m*
void [vɔɪd] N (*hole*) Loch *nt*; (*fig: emptiness*) Leere *f* ▶ ADJ (*invalid*) ungültig; **~ of** (*empty*) ohne
voile [vɔɪl] N Voile *m*
vol. ABBR (= *volume*) Bd.
volatile [ˈvɔlətaɪl] ADJ (*person*) impulsiv; (*situation*) unsicher; (*liquid etc*) flüchtig
volcanic [vɔlˈkænɪk] ADJ (*rock, eruption*) vulkanisch, Vulkan-
volcano [vɔlˈkeɪnəu] (*pl* **volcanoes**) N Vulkan *m*
volition [vəˈlɪʃən] N: **of one's own ~** aus freiem Willen
volley [ˈvɔlɪ] N (*of gunfire*) Salve *f*; (*of stones, questions*) Hagel *m*; (*Tennis etc*) Volley *m*
volleyball [ˈvɔlɪbɔːl] N Volleyball *m*
volt [vəult] N Volt *nt*
voltage [ˈvəultɪdʒ] N Spannung *f*; **high/low ~** Hoch-/Niederspannung *f*
volte-face [ˈvɔltˈfɑːs] N Kehrtwendung *f*
voluble [ˈvɔljubl] ADJ (*person*) redselig; (*speech*) wortreich
volume [ˈvɔljuːm] N (*space*) Volumen *nt*; (*amount*) Umfang *m*, Ausmaß *nt*; (*book*) Band *m*; (*sound level*) Lautstärke *f*; **~ one/two** (*of book*) Band eins/zwei; **his expression spoke volumes** sein Gesichtsausdruck sprach Bände
volume control N (*Radio, TV*) Lautstärkeregler *m*
volume discount N (*Comm*) Mengenrabatt *m*
voluminous [vəˈluːmɪnəs] ADJ (*clothes*) sehr weit; (*correspondence, notes*) umfangreich
voluntarily [ˈvɔləntrɪlɪ] ADV freiwillig
★**voluntary** [ˈvɔləntərɪ] ADJ freiwillig
voluntary liquidation N freiwillige Liquidation *f*
★**volunteer** [vɔlənˈtɪəʳ] N Freiwillige(r) *f(m)* ▶ VT (*information*) vorbringen ▶ VI (*for army etc*) sich freiwillig melden; **to ~ to do sth** sich anbieten, etw zu tun
voluptuous [vəˈlʌptjuəs] ADJ sinnlich, wollüstig
vomit [ˈvɔmɪt] N Erbrochene(s) *nt* ▶ VT erbrechen ▶ VI sich übergeben
voracious [vəˈreɪʃəs] ADJ (*person*) gefräßig; **~ appetite** Riesenappetit *m*
vortal [ˈvɔːtl] N (*Comput*) Vortal *nt*
★**vote** [vəut] N Stimme *f*; (*votes cast*) Stimmen *pl*; (*right to vote*) Wahlrecht *nt*; (*ballot*) Abstimmung *f* ▶ VT (*elect*): **to be voted chairman** *etc* zum Vorsitzenden *etc* gewählt werden; (*propose*): **to ~ that** vorschlagen, dass ▶ VI (*in election etc*) wählen; **to put sth to the ~, (take a) ~ on sth** über etw *acc* abstimmen; **~ of censure** Tadelsantrag *m*; **to pass a ~ of confidence/no confidence** ein Vertrauens-/Misstrauensvotum annehmen; **to ~ to do sth** dafür stimmen, etw zu tun; **to ~ yes/no** mit Ja/Nein stimmen; **to ~ Labour/Green** *etc* Labour/die Grünen *etc* wählen; **to ~ for** *or* **in favour of sth/against sth** für/gegen etw stimmen
vote of thanks N Danksagung *f*
voter [ˈvəutəʳ] N Wähler(in) *m(f)*
voting [ˈvəutɪŋ] N Wahl *f*
voting paper (BRIT) N Stimmzettel *m*
voting right N Stimmrecht *nt*
vouch [vautʃ] VI: **~ for** bürgen für

V

voucher [ˈvautʃəʳ] N Gutschein *m*; (*receipt*) Beleg *m*; **gift ~** Geschenkgutschein *m*; **luncheon ~** Essensmarke *f*; **travel ~** Reisegutschein *m*

vow [vau] N Versprechen *nt* ▶ VT: **to ~ to do sth/that** geloben, etw zu tun/dass; **to take** *or* **make a ~ to do sth** geloben, etw zu tun

vowel [ˈvauəl] N Vokal *m*

voyage [ˈvɔɪɪdʒ] N Reise *f*

voyeur [vwɑːˈjəːʳ] N Voyeur(in) *m(f)*

voyeurism [vwɑːˈjəːrɪzəm] N Voyeurismus *m*

VP N ABBR = **vice president**

vs ABBR (= *versus*) vs.

V-sign [ˈviːsaɪn] (BRIT) N: **to give sb the ~** ≈ jdm den Vogel zeigen

VSO (BRIT) N ABBR (= *Voluntary Service Overseas*) britischer Entwicklungsdienst

VT (*US*) ABBR (*Post*) = **Vermont**

vulgar [ˈvʌlgəʳ] ADJ (*remarks, gestures*) vulgär (*decor, ostentation*) geschmacklos

vulgarity [vʌlˈgærɪtɪ] N Vulgarität *f*; Geschmacklosigkeit *f*

vulnerability [vʌlnərəˈbɪlɪtɪ] N Verletzlichkeit *f*

vulnerable [ˈvʌlnərəbl] ADJ (*person, position*) verletzlich

vulture [ˈvʌltʃəʳ] N (*also fig*) Geier *m*

vulva [ˈvʌlvə] N Vulva *f*

W¹, w [ˈdʌblju:] N (*letter*) W *nt*, w *nt*; **W for William** ≈ W wie Wilhelm

W² [ˈdʌblju:] ABBR (*Elec*: = *watt*) W; (= *west*) W

WA ABBR (*US Post*) = **Washington**; (AUST) = **Western Australia**

wad [wɔd] N (*of cotton wool*) Bausch *m*; (*of paper, banknotes*) Bündel *nt*

wadding [ˈwɔdɪŋ] N Füllmaterial *nt*

waddle [ˈwɔdl] VI watscheln

wade [weɪd] VI: **to ~ across** (*a river, stream*) waten durch; **to ~ through** (*fig*: *a book*) sich durchkämpfen durch

wafer [ˈweɪfəʳ] N (*biscuit*) Waffel *f*

wafer-thin [weɪfəˈθɪn] ADJ hauchdünn

waffle [ˈwɔfl] N (*Culin*) Waffel *f*; (*inf*: *empty talk*) Geschwafel *nt* ▸ VI (*in speech etc*) schwafeln

waffle iron N Waffeleisen *nt*

waft [wɔft] VT, VI wehen

wag [wæg] VT (*tail*) wedeln mit; (*finger*) drohen mit ▸ VI (*tail*) wedeln; **the dog wagged its tail** der Hund wedelte mit dem Schwanz

wage [weɪdʒ] N (*also*: **wages**) Lohn *m* ▸ VT: **to ~ war** Krieg führen; **a day's wages** ein Tageslohn

wage claim N Lohnforderung *f*

wage differential N Lohnunterschied *m*

wage earner [-ə:nəʳ] N Lohnempfänger(in) *m(f)*

wage freeze N Lohnstopp *m*

wage packet N Lohntüte *f*

wager [ˈweɪdʒəʳ] N Wette *f* ▸ VT wetten

waggle [ˈwægl] VT (*ears etc*) wackeln mit ▸ VI wackeln

wagon, waggon [ˈwægən] N (*horse-drawn*) Fuhrwerk *nt*; (BRIT *Rail*) Wa(g)gon *m*

wail [weɪl] N (*of person*) Jammern *nt*; (*of siren*) Heulen *nt* ▸ VI (*person*) jammern; (*siren*) heulen

waist [weɪst] N (*Anat, of clothing*) Taille *f*

waistcoat [ˈweɪstkəut] (BRIT) N Weste *f*

waistline [ˈweɪstlaɪn] N Taille *f*

wait [weɪt] N Wartezeit *f* ▸ VI warten; **to lie in ~ for sb** jdm auflauern; **to keep sb waiting** jdn warten lassen; **I can't ~ to ...** (*fig*) ich kann es kaum erwarten, zu ...; **to ~ for sb/sth** auf jdn/etw warten; **~ a minute!** Moment mal!; **"repairs while you ~"** „Reparaturen sofort"
▸ **wait behind** VI zurückbleiben
▸ **wait on** VT FUS (*serve*) bedienen
▸ **wait up** VI aufbleiben; **don't ~ up for me** warte nicht auf mich

★**waiter** [ˈweɪtəʳ] N Kellner *m*

waiting [ˈweɪtɪŋ] N: **"no ~"** (BRIT *Aut*) „Halten verboten"

waiting list N Warteliste *f*

waiting room N (*in surgery*) Wartezimmer *nt*; (*in railway station*) Wartesaal *m*

★**waitress** [ˈweɪtrɪs] N Kellnerin *f*

waive [weɪv] VT (*rule*) verzichten auf +*acc*

waiver [ˈweɪvəʳ] N Verzicht *m*

wake [weɪk] (*pt* **woke** *or* **waked**, *pp* **woken** *or* **waked**) VT (*also*: **wake up**) wecken ▸ VI (*also*: **wake up**) aufwachen ▸ N (*for dead person*) Totenwache *f*; (*Naut*) Kielwasser *nt*; **to ~ up to** (*fig*) sich *dat* bewusst werden +*gen*; **in the ~ of** (*fig*) unmittelbar nach, im Gefolge +*gen*; **to follow in sb's ~** (*fig*) hinter jdm herziehen

wakeboard [ˈweɪkbɔ:d] N Wakeboard *nt* ▸ VI wakeboarden

waken [ˈweɪkn] VT = **wake**

wake-up call [ˈweɪkʌp-] N (*Tel*) Weckruf *m*

★**Wales** [weɪlz] N Wales *nt*; **the Prince of ~** der Prinz von Wales

> Die **National Assembly for Wales** wurde 1998 gegründet, nachdem sich die walisischen Wähler mehrheitlich bei einer im Vorjahr gehaltenen Volksabstimmung für die Dezentralisierung entschieden. Sie unterscheidet sich vom schottischen Parlament, welches in den Bereichen, die unter seiner Verantwortung stehen, sowie im Finanzwesen gesetzgebende Gewalt besitzt. Die walisiche Nationalversammlung dagegen darf diese Gewalt nur beschränkt ausüben und hat keine Autorität, Steuern zu erheben. Sie besteht aus 60 Abgeordneten, die *AMs* (*Assembly Members*), die für vier Jahre gewählt werden, und wird von einem *Presiding Officer* geleitet. Sie steht unter der Kontrolle des *First Minister*.

★**walk** [wɔ:k] N (*hike*) Wanderung *f*; (*shorter*) Spaziergang *m*; (*gait*) Gang *m*; (*path*) Weg *m*; (*in park, along coast etc*) (Spazier)weg *m* ▸ VI gehen; (*instead of driving*) zu Fuß gehen; (*for pleasure, exercise*) spazieren gehen ▸ VT (*distance*) gehen, laufen; (*dog*) ausführen; **it's 10 minutes' ~ from here** es ist 10 Minuten zu Fuß von hier;

to go for a ~ spazieren gehen; **to slow to a ~** im Schritttempo weitergehen; **people from all walks of life** Leute aus allen Gesellschaftsschichten; **to ~ in one's sleep** schlafwandeln; **I'd rather ~ than take the bus** ich gehe lieber zu Fuß als mit dem Bus zu fahren; **I'll ~ you home** ich bringe dich nach Hause
▸ **walk out** VI (*audience*) den Saal verlassen; (*workers*) in Streik treten
▸ **walk out on** (*inf*) VT FUS (*family etc*) verlassen

walkabout [ˈwɔːkəbaut] N: **the Queen/president went on a ~** die Königin/der Präsident mischte sich unters Volk *or* nahm ein Bad in der Menge

walker [ˈwɔːkəʳ] N (*person*) Spaziergänger(in) *m(f)*

walkie-talkie [ˈwɔːkɪˈtɔːkɪ] N Walkie-Talkie *nt*

walking [ˈwɔːkɪŋ] N Wandern *nt*; **it's within ~ distance** es ist zu Fuß erreichbar

walking holiday N Wanderurlaub *m*

walking shoes NPL Wanderschuhe *pl*

walking stick N Spazierstock *m*

walk-on [ˈwɔːkɔn] ADJ (*Theat*): **~ part** Statistenrolle *f*

walkout [ˈwɔːkaut] N (*of workers*) Streik *m*

walkover [ˈwɔːkəuvəʳ] (*inf*) N (*competition, exam etc*) Kinderspiel *nt*

walkway [ˈwɔːkweɪ] N Fußweg *m*

★**wall** [wɔːl] N Wand *f*; (*exterior, city wall etc*) Mauer *f*; **to go to the ~** (*fig: firm etc*) kaputtgehen
▸ **wall in** VT (*enclose*) ummauern

wall cupboard N Wandschrank *m*

walled [wɔːld] ADJ von Mauern umgeben

wallet [ˈwɔlɪt] N Brieftasche *f*

wallflower [ˈwɔːlflauəʳ] N (*Bot*) Goldlack *m*; **to be a ~** (*fig*) ein Mauerblümchen sein

wall hanging N Wandbehang *m*

wallop [ˈwɔləp] (BRIT *inf*) VT verprügeln

wallow [ˈwɔləu] VI (*in mud, water*) sich wälzen; (*in guilt, grief*) schwelgen

wallpaper [ˈwɔːlpeɪpəʳ] N Tapete *f* ▸ VT tapezieren

wall-to-wall [ˈwɔːltəˈwɔːl] ADJ: **~ carpeting** Teppichboden *m*

wally [ˈwɔlɪ] (*inf*) N Trottel *m*

walnut [ˈwɔːlnʌt] N (*nut*) Walnuss *f*; (*tree*) Walnussbaum *m*; (*wood*) Nussbaumholz *nt*

walrus [ˈwɔːlrəs] (*pl* ~ *or* **walruses**) N Walross *nt*

waltz [wɔːlts] N Walzer *m* ▸ VI Walzer tanzen

wan [wɔn] ADJ bleich; (*smile*) matt

wand [wɔnd] N (*also:* **magic wand**) Zauberstab *m*

wander [ˈwɔndəʳ] VI (*person*) herumlaufen; (*mind, thoughts*) wandern ▸ VT (*the streets, the hills etc*) durchstreifen

wanderer [ˈwɔndərəʳ] N Wandervogel *m*

wandering [ˈwɔndərɪŋ] ADJ (*tribe*) umherziehend; (*minstrel, actor*) fahrend

wane [weɪn] VI (*moon*) abnehmen; (*influence etc*) schwinden

wangle [ˈwæŋgl] (BRIT *inf*) VT sich *dat* verschaf fen

wanker [ˈwæŋkəʳ] (!) N Wichser *m*

wannabe, wannabee [ˈwɔnəbiː] (*inf*) N Möchtegern *m*; **James Bond ~** Möchtegern-James-Bond *m*

★**want** [wɔnt] VT (*wish for*) wollen; (*need*) brauchen ▸ N (*lack*): **for ~ of** aus Mangel an +*da*
▪ **wants** NPL (*needs*) Bedürfnisse *pl*; **to ~ to do sth** etw tun wollen; **to ~ sb to do sth** wollen, dass jd etw tut; **to ~ in/out** herein-/hinaus wollen; **you're wanted on the phone** Sie werden am Telefon verlangt; **he is wanted by the police** er wird von der Polizei gesucht; **a ~ of foresight** ein Mangel *m* an Voraussicht

want ads (US) NPL Kaufgesuche *pl*

wanted [ˈwɔntɪd] ADJ (*criminal etc*) gesucht; **"cook ~"** „Koch/Köchin gesucht"

wanting [ˈwɔntɪŋ] ADJ: **to be found ~** sich al unzulänglich erweisen

wanton [ˈwɔntn] ADJ (*violence*) mutwillig; (*pro miscuous: woman*) schamlos

WAP [wæp] N ABBR (*Comput:* = *wireless applicatio protocol*) WAP *nt*

★**war** [wɔːʳ] N Krieg *m*; **to go to ~** (*start*) einen Krieg anfangen; **to be at ~ (with)** sich im Kriegszustand befinden (mit); **to make ~ (on** Krieg führen (gegen); **a ~ on drugs/crime** ein Feldzug gegen Drogen/das Verbrechen

warble [ˈwɔːbl] N Trällern *nt* ▸ VI trällern

war cry N Kriegsruf *m*; (*fig: slogan*) Schlachtru *m*

ward [wɔːd] N (*in hospital*) Station *f*; (*Pol*) Wahlbezirk *m*; (*Law: also:* **ward of court**) Mündel *n* unter Amtsvormundschaft
▸ **ward off** VT (*attack, enemy, illness*) abwehren

warden [ˈwɔːdn] N (*of park etc*) Aufseher(in) *m(f)*; (*of jail*) Wärter(in) *m(f)*; (BRIT: *of youth hostel*) Herbergsvater *m*, Herbergsmutter *f*; (: *in university*) Wohnheimleiter(in) *m(f)*; (: *also:* **traffic warden**) Verkehrspolizist(in) *m(f)*

warder [ˈwɔːdəʳ] (BRIT) N Gefängniswärter(in) *m(f)*

wardrobe [ˈwɔːdrəub] N (*for clothes*) Kleiderschrank *m*; (*collection of clothes*) Garderobe *f*; (*Cine, Theat*) Kostüme *pl*

warehouse [ˈwɛəhaus] N Lager *nt*

wares [wɛəz] NPL Waren *pl*

warfare [ˈwɔːfɛəʳ] N Krieg *m*

war game N Kriegsspiel *nt*

warhead [ˈwɔːhɛd] N Sprengkopf *m*

warily [ˈwɛərɪlɪ] ADV vorsichtig

warlike [ˈwɔːlaɪk] ADJ kriegerisch

★**warm** [wɔːm] ADJ warm; (*thanks, applause, wel come, person*) herzlich; **it's ~** es ist warm; **I'm ~** mir ist warm; **to keep sth ~** etw warm halten; **with my warmest thanks/congratulation** mit meinem herzlichsten Dank/meinen herzlichsten Glückwünschen
▸ **warm up** VI warm werden; (*athlete*) sich aufwärmen ▸ VT aufwärmen

warm-blooded [wɔːmˈblʌdɪd] ADJ warmblütig

war memorial N Kriegerdenkmal *nt*

warm-hearted [wɔːmˈhɑːtɪd] ADJ warmherzig

warmly [ˈwɔːmlɪ] ADV (*applaud, welcome*) herzlich; (*dress*) warm

warmonger [ˈwɔːmʌŋgəʳ] (*pej*) N Kriegshetzer *m*

warmongering [ˈwɔːmʌŋgrɪŋ] (*pej*) N Kriegshetze *f*

warmth [wɔːmθ] N Wärme *f*; (*friendliness*) Herzlichkeit *f*

warm-up [ˈwɔːmʌp] N Aufwärmen *nt*; **~ exercise** Aufwärmübung *f*

warn [wɔːn] VT: **to ~ sb that ...** jdn warnen, dass ...; **to ~ sb of sth** jdn vor etw *dat* warnen; **to ~ sb not to do sth** *or* **against doing sth** jdn davor warnen, etw zu tun

warning [ˈwɔːnɪŋ] N Warnung *f*; **without (any) ~** (*suddenly*) unerwartet; (*without notifying*) ohne Vorwarnung; **gale ~** Sturmwarnung *f*

warning light N Warnlicht *nt*

warning triangle N (*Aut*) Warndreieck *nt*

warp [wɔːp] VI (*wood etc*) sich verziehen ▸ VT (*fig: character*) entstellen ▸ N (*Textiles*) Kette *f*

warpath [ˈwɔːpɑːθ] N: **to be on the ~** auf dem Kriegspfad sein

warped [wɔːpt] ADJ (*wood*) verzogen; (*fig: character, sense of humour etc*) abartig

warrant [ˈwɔrənt] N (*Law: for arrest*) Haftbefehl *m*; (: *also:* **search warrant**) Durchsuchungsbefehl *m* ▸ VT (*justify, merit*) rechtfertigen

warrant officer N (*Mil*) *Dienstgrad zwischen Offizier und Unteroffizier*

warranty [ˈwɔrəntɪ] N Garantie *f*; **under ~** (*Comm*) unter Garantie

warren [ˈwɔrən] N (*of rabbits*) Bau *m*; (*fig: of passages, streets*) Labyrinth *nt*

warring [ˈwɔːrɪŋ] ADJ (*nations*) Krieg führend; (*interests*) gegensätzlich; (*factions*) verfeindet

warrior [ˈwɔrɪəʳ] N Krieger *m*

Warsaw [ˈwɔːsɔː] N Warschau *nt*

warship [ˈwɔːʃɪp] N Kriegsschiff *nt*

wart [wɔːt] N Warze *f*

wartime [ˈwɔːtaɪm] N: **in ~** im Krieg

wary [ˈwɛərɪ] ADJ (*person*) vorsichtig; **to be ~ about** *or* **of doing sth** Bedenken haben, etw zu tun

was [wɔz] PT *of* **be**

wash [wɔʃ] VT waschen; (*dishes*) spülen, abwaschen; (*remove grease, paint etc*) ausspülen ▸ VI (*person*) sich waschen ▸ N (*clothes etc*) Wäsche *f*; (*washing programme*) Waschgang *m*; (*of ship*) Kielwasser *nt*; **he was washed overboard** er wurde über Bord gespült; **to ~ over/against sth** (*sea etc*) über/gegen etw *acc* spülen; **to have a ~** sich waschen; **to give sth a ~** etw waschen
▸ **wash away** VT wegspülen
▸ **wash down** VT (*wall, car*) abwaschen; (*food: with wine etc*) hinunterspülen
▸ **wash off** VI sich herauswaschen ▸ VT abwaschen
▸ **wash out** VT (*stain*) herauswaschen
▸ **wash up** VI (*BRIT: wash dishes*) spülen, abwaschen; (*US: have a wash*) sich waschen

washable [ˈwɔʃəbl] ADJ (*fabric*) waschbar; (*wallpaper*) abwaschbar

washbasin [ˈwɔʃbeɪsn], (*US*) **washbowl** [ˈwɔʃbəul] N Waschbecken *nt*

washcloth [ˈwɔʃklɔθ] (*US*) N Waschlappen *m*

washer [ˈwɔʃəʳ] N (*on tap etc*) Dichtungsring *m*

washing [ˈwɔʃɪŋ] N Wäsche *f*

washing line (BRIT) N Wäscheleine *f*

washing machine N Waschmaschine *f*

washing powder (BRIT) N Waschpulver *nt*

Washington [ˈwɔʃɪŋtən] N Washington *nt*

★**washing-up** [wɔʃɪŋˈʌp] N Abwasch *m*; **to do the ~** spülen, abwaschen

washing-up liquid (BRIT) N (Geschirr)spülmittel *nt*

wash-out [ˈwɔʃaut] (*inf*) N (*failed event*) Reinfall *m*

washroom [ˈwɔʃrum] (*US*) N Waschraum *m*

wasn't [ˈwɔznt] = **was not**

WASP, Wasp [wɔsp] (*US inf*) N ABBR (= *White Anglo-Saxon Protestant*) weißer angelsächsischer Protestant *m*

wasp [wɔsp] N Wespe *f*

waspish [ˈwɔspɪʃ] ADJ giftig

wastage [ˈweɪstɪdʒ] N Verlust *m*; **natural ~** natürliche Personalreduzierung

★**waste** [weɪst] N Verschwendung *f*; (*rubbish*) Abfall *m* ▸ ADJ (*material*) Abfall-; (*left over: paper etc*) ungenutzt ▸ VT verschwenden; (*opportunity*) vertun ■ **wastes** NPL (*area of land*) Wildnis *f*; **it's a ~ of money** das ist Geldverschwendung; **to go to ~** umkommen; **to lay ~** (*area, town*) verwüsten
▸ **waste away** VI verkümmern

wastebasket [ˈweɪstbɑːskɪt] (*US*) N = **wastepaper basket**

waste disposal unit (BRIT) N Müllschlucker *m*

wasteful [ˈweɪstful] ADJ (*person*) verschwenderisch; (*process*) aufwendig

waste ground (BRIT) N unbebautes Grundstück *nt*

wasteland [ˈweɪstlənd] N Ödland *nt*; (*in town*) ödes Gebiet *nt*; (*fig*) Einöde *f*

wastepaper basket [ˈweɪstpeɪpə-] (BRIT) N Papierkorb *m*

waste pipe N Abflussrohr *nt*

waste products NPL Abfallprodukte *pl*

waster [ˈweɪstəʳ] N Verschwender(in) *m(f)*; (*good-for-nothing*) Taugenichts *m*

★**watch** [wɔtʃ] N (*also:* **wristwatch**) (Armband)uhr *f*; (*surveillance*) Bewachung *f*; (*Mil, Naut: group of guards*) Wachmannschaft *f*; (*Naut: spell of duty*) Wache *f* ▸ VT (*look at*) betrachten; (: *match, programme*) sich *dat* ansehen; (*spy on, guard*) beobachten; (*be careful of*) aufpassen auf *+acc* ▸ VI (*look*) zusehen; **to be on ~** Wache halten; **to**

W

keep a close ~ on sb/sth jdn/etw genau im Auge behalten; **to ~ TV** fernsehen; **~ what you're doing!** pass auf!; **~ how you drive!** fahr vorsichtig!

▸ **watch out** VI aufpassen; **~ out!** Vorsicht!

watchband [ˈwɔtʃbænd] (*US*) N = **watchstrap**

watchdog [ˈwɔtʃdɔg] N (*dog*) Wachhund *m*; (*fig*) Aufpasser(in) *m(f)*

watchful [ˈwɔtʃful] ADJ wachsam

watchmaker [ˈwɔtʃmeɪkəʳ] N Uhrmacher(in) *m(f)*

watchman [ˈwɔtʃmən] N (*irreg*) *see* **night watchman**

watch stem (*US*) N (*winder*) Krone *f*, Aufziehrädchen *nt*

watchstrap [ˈwɔtʃstræp] N Uhrarmband *nt*

watchword [ˈwɔtʃwəːd] N Parole *f*

★**water** [ˈwɔːtəʳ] N Wasser *nt* ▸ VT (*plant*) gießen; (*garden*) bewässern ▸ VI (*eyes*) tränen; **a drink of ~** ein Schluck Wasser; **in British waters** in britischen (Hoheits)gewässern; **to pass ~** (*urinate*) Wasser lassen; **my mouth is watering** mir läuft das Wasser im Mund zusammen; **to make sb's mouth ~** jdm den Mund wässrig machen

▸ **water down** VT (*also fig*) verwässern

water biscuit N Cracker *m*

waterboarding [ˈwɔːtəbɔːdɪŋ] N Waterboarding *nt*, *Foltermethode durch simuliertes Ertränken*

water cannon N Wasserwerfer *m*

water closet (BRIT: *old*) N Wasserklosett *nt*

watercolour, (*US*) **watercolor** [ˈwɔːtəkʌləʳ] N (*picture*) Aquarell *nt* ▪ **watercolours** NPL (*paints*) Wasserfarben *pl*

water-cooled [ˈwɔːtəkuːld] ADJ wassergekühlt

water-cooler [ˈwɔːtəkuːləʳ] N Wasserkühler *m*; **~ talks** (*inf*) Flurfunk *m*

watercress [ˈwɔːtəkrɛs] N Brunnenkresse *f*

waterfall [ˈwɔːtəfɔːl] N Wasserfall *m*

waterfront [ˈwɔːtəfrʌnt] N (*at seaside*) Ufer *nt*; (*at docks*) Hafengegend *f*

water heater N Heißwassergerät *nt*

water hole N Wasserloch *nt*

water ice N Fruchteis *nt* (*auf Wasserbasis*)

watering can [ˈwɔːtərɪŋ-] N Gießkanne *f*

water level N Wasserstand *m*; (*of flood*) Pegelstand *m*

water lily N Seerose *f*

water line N Wasserlinie *f*

waterlogged [ˈwɔːtəlɔgd] ADJ (*ground*) unter Wasser

water main N Hauptwasserleitung *f*

watermark [ˈwɔːtəmɑːk] N (*on paper*) Wasserzeichen *nt*

watermelon [ˈwɔːtəmɛlən] N Wassermelone *f*

waterproof [ˈwɔːtəpruːf] ADJ (*trousers, jacket etc*) wasserdicht

water-repellent [ˈwɔːtərɪpɛlnt] ADJ Wasser abstoßend

watershed [ˈwɔːtəʃɛd] N (*Geog*) Wasserscheide *f*; (*fig*) Wendepunkt *m*

water-skiing [ˈwɔːtəskiːɪŋ] N Wasserski *nt*

water softener N Wasserenthärter *m*

water sports NPL Wassersport *m*

water tank N Wassertank *m*

watertight [ˈwɔːtətaɪt] ADJ wasserdicht; (*fig: excuse, case, agreement etc*) hieb- und stichfest

water vapour N Wasserdampf *m*

waterway [ˈwɔːtəweɪ] N Wasserstraße *f*

waterworks [ˈwɔːtəwəːks] N Wasserwerk *nt*; (*inf: fig: bladder*) Blase *f*

watery [ˈwɔːtərɪ] ADJ (*coffee, soup etc*) wässrig; (*eyes*) tränend

watt [wɔt] N Watt *nt*

wattage [ˈwɔtɪdʒ] N Wattleistung *f*

wattle [ˈwɔtl] N Flechtwerk *nt*

wattle and daub N Lehmgeflecht *nt*

★**wave** [weɪv] N (*also fig*) Welle *f*; (*of hand*) Winken *nt* ▸ VI (*signal*) winken; (*branches*) sich hin und her bewegen; (*grass*) wogen; (*flag*) wehen ▸ VT (*hand, flag etc*) winken mit; (*gun, stick*) schwenken; (*hair*) wellen; **short/medium/long ~** (*Radio*) Kurz-/Mittel-/Langwelle *f*; **the new ~** (*Cine, Mus*) die neue Welle *f*; **he waved us over to his table** er winkte uns zu seinem Tisch hinüber; **to ~ goodbye to sb** jdm zum Abschied winken

▸ **wave aside** VT (*fig: suggestion etc*) zurückweisen

waveband [ˈweɪvbænd] N (*Radio*) Wellenbereich *m*

wavelength [ˈweɪvlɛŋθ] N (*Radio*) Wellenlänge *f*; **on the same ~** (*fig*) auf derselben Wellenlänge

waver [ˈweɪvəʳ] VI (*voice*) schwanken; (*eyes*) zucken; (*love, person*) wanken

wavy [ˈweɪvɪ] ADJ (*line*) wellenförmig; (*hair*) wellig

wax [wæks] N Wachs *nt*; (*for sealing*) Siegellack *m*; (*in ear*) Ohrenschmalz *nt* ▸ VT (*floor*) bohnern; (*car, skis*) wachsen ▸ VI (*moon*) zunehmen

waxed [wækst] ADJ (*jacket*) gewachst

waxen [ˈwæksn] ADJ (*face*) wachsbleich

waxworks [ˈwækswəːks] NPL (*models*) Wachsfiguren *pl* ▸ N (*place*) Wachsfigurenkabinett *nt*

★**way** [weɪ] N Weg *m*; (*distance*) Strecke *f*; (*direction*) Richtung *f*; (*manner*) Art *f*; (*method*) Art und Weise *f*; (*habit*) Gewohnheit *f*; **which ~ to ...?** wo geht es zu ...?; **this ~, please** hier entlang bitte; **on the ~** (*en route*) auf dem Weg, unterwegs; **to be on one's ~** auf dem Weg sein; **to fight one's ~ through a crowd** sich *acc* durch die Menge kämpfen; **to lie one's ~ out of sth** sich aus etw herauslügen; **to keep out of sb's ~** jdm aus dem Weg gehen; **it's a long ~ away** es ist weit entfernt; (*event*) das ist noch lange hin; **the village is rather out of the ~** das Dorf ist recht abgelegen; **to go out of one's ~ to do sth** sich sehr bemühen, etw zu tun; **to be in the ~** im Weg sein; **to lose one's ~** sich verirren

ren; **under ~** (*project etc*) im Gang; **the ~ back** der Rückweg; **to make ~ (for sb/sth)** (für jdn/etw) Platz machen; **to get one's own ~** seinen Willen bekommen; **put it the right ~ up** (BRIT) stell es richtig herum hin; **to be the wrong ~ round** verkehrt herum sein; **he's in a bad ~** ihm geht es schlecht; **in a ~** in gewisser Weise; **in some ways** in mancher Hinsicht; **no ~!** (*inf*) kommt nicht infrage!; **by the ~ ...** übrigens ...; **"~ in"** (BRIT) „Eingang"; **"~ out"** (BRIT) „Ausgang"; **"give ~"** (BRIT *Aut*) „Vorfahrt beachten"; **~ of life** Lebensstil *m*

waybill [ˈweɪbɪl] N Frachtbrief *m*

waylay [weɪˈleɪ] VT (*irreg: like* **lay**) auflauern *+dat*; **to get waylaid** (*fig*) abgefangen werden

wayside [ˈweɪsaɪd] ADJ am Straßenrand ▸ N Straßenrand *m*; **to fall by the ~** (*fig*) auf der Strecke bleiben

way station (*US*) N (*Rail*) kleiner Bahnhof *m*; (*fig*) Zwischenstation *f*

wayward [ˈweɪwəd] ADJ (*behaviour*) eigenwillig; (*child*) eigensinnig

WC (BRIT) N ABBR (= *water closet*) WC *nt*

WCC N ABBR (= *World Council of Churches*) Weltkirchenrat *m*

we [wi:] PL PRON wir; **here we are** (*arriving*) da sind wir; (*finding sth*) na bitte

weak [wi:k] ADJ schwach; (*tea, coffee*) dünn; **to grow ~(er)** schwächer werden

weaken [ˈwi:kn] VI (*resolve, person*) schwächer werden; (*influence, power*) nachlassen ▸ VT schwächen

weak-kneed [ˈwi:kˈni:d] ADJ (*fig*) schwächlich

weakling [ˈwi:klɪŋ] N Schwächling *m*

weakly [ˈwi:klɪ] ADV schwach

weakness [ˈwi:knɪs] N Schwäche *f*; **to have a ~ for** eine Schwäche haben für

wealth [wɛlθ] N Reichtum *m*; (*of details, knowledge etc*) Fülle *f*

wealth tax N Vermögenssteuer *f*

wealthy [ˈwɛlθɪ] ADJ wohlhabend, reich

wean [wi:n] VT (*also fig*) entwöhnen

weapon [ˈwɛpən] N Waffe *f*; **weapons of mass destruction** Massenvernichtungswaffen *pl*

wear [wɛəʳ] (*pt* **wore**, *pp* **worn**) VT (*clothes, shoes, beard*) tragen; (*put on*) anziehen ▸ VI (*last*) halten; (*become old: carpet, jeans*) sich abnutzen ▸ N (*damage*) Verschleiß *m*; (*use*): **I got a lot of/very little ~ out of the coat** der Mantel hat lange/nicht sehr lange gehalten; **babywear** Babykleidung *f*; **sportswear** Sportkleidung *f*; **evening ~** Kleidung für den Abend; **to ~ a hole in sth** (*coat etc*) etw durchwetzen

▸ **wear away** VT verschleißen ▸ VI (*inscription etc*) verwittern

▸ **wear down** VT (*heels*) abnutzen; (*person, strength*) zermürben

▸ **wear off** VI (*pain etc*) nachlassen

▸ **wear on** VI sich hinziehen

▸ **wear out** VT (*shoes, clothing*) verschleißen; (*person, strength*) erschöpfen

wearable [ˈwɛərəbl] ADJ tragbar

wear and tear [-ˈtɛəʳ] N Verschleiß *m*

wearer [ˈwɛərəʳ] N Träger(in) *m(f)*

wearily [ˈwɪərɪlɪ] ADV (*say, sit*) lustlos, müde

weariness [ˈwɪərɪnɪs] N (*tiredness*) Müdigkeit *f*

wearisome [ˈwɪərɪsəm] ADJ (*boring*) langweilig; (*tiring*) ermüdend

weary [ˈwɪərɪ] ADJ (*tired*) müde; (*dispirited*) lustlos ▸ VI: **to ~ of sb/sth** jds/etw *gen* überdrüssig werden

weasel [ˈwi:zl] N Wiesel *nt*

★**weather** [ˈwɛðəʳ] N Wetter *nt* ▸ VT (*storm, crisis*) überstehen; (*rock, wood*) verwittern; **what's the ~ like?** wie ist das Wetter?; **under the ~** (*fig: ill*) angeschlagen

weather-beaten [ˈwɛðəbi:tn] ADJ (*face*) vom Wetter gegerbt; (*building, stone*) verwittert

weathercock [ˈwɛðəkɔk] N Wetterhahn *m*

★**weather forecast** N Wettervorhersage *f*

weatherman [ˈwɛðəmæn] N (*irreg*) Mann *m* vom Wetteramt, Wetterfrosch *m* (*inf, hum*)

weatherproof [ˈwɛðəpru:f] ADJ wetterfest

weather report N Wetterbericht *m*

weather vane [-veɪn] N = **weathercock**

weave [wi:v] (*pt* **wove**, *pp* **woven**) VT (*cloth*) weben; (*basket*) flechten ▸ VI (*pt, pp* **weaved** [wi:vd]) (*fig: move in and out*) sich schlängeln

weaver [ˈwi:vəʳ] N Weber(in) *m(f)*

weaving [ˈwi:vɪŋ] N Weberei *f*

web [wɛb] N (*also fig*) Netz *nt*; (*Comput*): **the W~** das Web, das Internet; (*on duck's foot*) Schwimmhaut *f*

webbed [wɛbd] ADJ (*foot*) Schwimm-

webbing [ˈwɛbɪŋ] N (*on chair*) Gewebe *nt*

★**webcam** [ˈwebkæm] N Webcam *f*

webinar [ˈwɛbɪnɑ:ʳ] N (*Comput*) Webinar *nt*, Web-Seminar *nt*

webmail [ˈwɛbmeɪl] N (*Comput*) Webmail *nt*

web page N Webseite *f*

★**website** [ˈwɛbsaɪt] N (*Comput*) Website *f*, Webseite *f*

wed [wɛd] (*pt, pp* **wedded**) VT, VI heiraten ▸ N: **the newly-weds** die Jungvermählten *pl*

Wed. ABBR (= *Wednesday*) Mi.

we'd [wi:d] = **we had; we would**

wedded [ˈwɛdɪd] PT, PP *of* **wed** ▸ ADJ: **to be ~ to sth** (*idea etc*) mit etw eng verbunden sein

★**wedding** [ˈwɛdɪŋ] N Hochzeit *f*; **silver/golden ~** silberne/goldene Hochzeit

wedding day N Hochzeitstag *m*

wedding dress N Hochzeitskleid *nt*

wedding present N Hochzeitsgeschenk *nt*

wedding ring N Trauring *m*

wedge [wɛdʒ] N Keil *m*; (*of cake*) Stück *nt* ▸ VT (*fasten*) festklemmen; (*pack tightly*) einkeilen

wedge-heeled shoes [ˈwɛdʒhi:ld-] NPL Schuhe *pl* mit Keilabsätzen

wedlock [ˈwɛdlɔk] N Ehe *f*

★**Wednesday** [ˈwɛdnzdɪ] N Mittwoch *m*; *see also* **Tuesday**

W

wee [wiː] (SCOT) ADJ klein
weed [wiːd] N (*Bot*) Unkraut *nt*; (*pej: person*) Schwächling *m* ▸ VT (*garden*) jäten
▸ **weed out** VT (*fig*) aussondern
weedkiller [ˈwiːdkɪləʳ] N Unkrautvertilger *m*
weedy [ˈwiːdɪ] ADJ (*person*) schwächlich
★**week** [wiːk] N Woche *f*; **once/twice a ~** einmal/zweimal die Woche; **in two weeks' time** in zwei Wochen; **a ~ today/on Friday** heute/Freitag in einer Woche
weekday [ˈwiːkdeɪ] N Wochentag *m*; (*Comm: Monday to Saturday*) Werktag *m*; **on weekdays** an Wochentagen/Werktagen
★**weekend** [wiːkˈɛnd] N Wochenende *nt*; **this/next/last ~** an diesem/am nächsten/am letzten Wochenende; **what are you doing at the ~?** was machen Sie am Wochenende?; **open at weekends** an Wochenenden geöffnet
weekly [ˈwiːklɪ] ADV wöchentlich ▸ ADJ (*newspaper*) Wochen- ▸ N (*newspaper*) Wochenzeitung *f*; (*magazine*) Wochenzeitschrift *f*
weep [wiːp] (*pt, pp* **wept**) VI (*person*) weinen; (*wound*) nässen
weeping willow [ˈwiːpɪŋ-] N (*tree*) Trauerweide *f*
weepy [ˈwiːpɪ] ADJ (*person*) weinerlich; (*film*) rührselig ▸ N (*film etc*) Schmachtfetzen *m*
★**weigh** [weɪ] VT wiegen; (*fig: evidence, risks*) abwägen ▸ VI wiegen; **to ~ anchor** den Anker lichten
▸ **weigh down** VT niederdrücken
▸ **weigh out** VT (*goods*) auswiegen
▸ **weigh up** VT (*person, offer, risk*) abschätzen
weighbridge [ˈweɪbrɪdʒ] N Brückenwaage *f*
weighing machine [ˈweɪɪŋ-] N Waage *f*
★**weight** [weɪt] N Gewicht *nt* ▸ VT (*fig*): **to be weighted in favour of sb/sth** jdn/etw begünstigen; **to be sold by ~** nach Gewicht verkauft werden; **to lose ~** abnehmen; **to put on ~** zunehmen; **weights and measures** Maße und Gewichte
weighting [ˈweɪtɪŋ] N (*allowance*) Zulage *f*
weightlessness [ˈweɪtlɪsnɪs] N Schwerelosigkeit *f*
weightlifter [ˈweɪtlɪftəʳ] N Gewichtheber *m*
weightlifting [ˈweɪtlɪftɪŋ] N Gewichtheben *nt*
weight limit N Gewichtsbeschränkung *f*
weight training N Krafttraining *nt*
weighty [ˈweɪtɪ] ADJ schwer; (*fig: important*) gewichtig
weir [wɪəʳ] N (*in river*) Wehr *nt*
weird [wɪəd] ADJ (*object, situation, effect*) komisch; (*person*) seltsam
weirdo [ˈwɪədəu] (*inf*) N verrückter Typ *m*
★**welcome** [ˈwɛlkəm] ADJ willkommen ▸ N Willkommen *nt* ▸ VT begrüßen, willkommen heißen; **~ to London!** willkommen in London!; **to make sb ~** jdn freundlich aufnehmen; **you're ~ to try** du kannst es gern versuchen; **thank you — you're ~!** danke — nichts zu danken!
welcoming [ˈwɛlkəmɪŋ] ADJ (*smile, room*) einladend; (*person*) freundlich
weld [wɛld] N Schweißnaht *f* ▸ VT schweißen
welder [ˈwɛldəʳ] N (*person*) Schweißer(in) *m(f)*
welding [ˈwɛldɪŋ] N Schweißen *nt*
welfare [ˈwɛlfɛəʳ] N (*well-being*) Wohl *nt*; (*social aid*) Sozialhilfe *f*
welfare state N Wohlfahrtsstaat *m*
welfare work N Fürsorgearbeit *f*
★**well** [wɛl] N (*for water*) Brunnen *m*; (*oil well*) Quelle *f* ▸ ADV gut; (*for emphasis with adj*) durchaus ▸ ADJ: **to be ~** (*person*) gesund sein ▸ EXCL nun!, na!; **as ~** (*in addition*) ebenfalls; **you might as ~ tell me** sag es mir ruhig; **he did as ~ as he could** er machte es so gut er konnte; **pretty as ~ as rich** sowohl hübsch als auch reich; **~ done!** gut gemacht!; **to do ~** (*person*) gut vorankommen; (*business*) gut gehen; **~ before dawn** lange vor Tagesanbruch; **~ over 40** weit über 40; **I don't feel ~** ich fühle mich nicht gut *or* wohl; **get ~ soon!** gute Besserung!; **~, as I was saying ...** also, wie ich bereits sagte, ...
▸ **well up** VI (*tears, emotions*) aufsteigen
we'll [wiːl] = **we will; we shall**
well-behaved [ˈwɛlbɪˈheɪvd] ADJ wohlerzogen
well-being [ˈwɛlˈbiːɪŋ] N Wohl(ergehen) *nt*
well-bred [ˈwɛlˈbrɛd] ADJ (*person*) gut erzogen
well-built [ˈwɛlˈbɪlt] ADJ gut gebaut
well-chosen [ˈwɛlˈtʃəuzn] ADJ gut gewählt
well-deserved [ˈwɛldɪˈzəːvd] ADJ wohlverdient
well-developed [ˈwɛldɪˈvɛləpt] ADJ gut entwickelt
well-disposed [ˈwɛldɪsˈpəuzd] ADJ: **~ to(wards)** freundlich gesonnen *+dat*
well-done [ˈwelˈdʌn] ADJ (*steak*) durchgebraten
well-dressed [ˈwɛlˈdrɛst] ADJ gut gekleidet
well-earned [ˈwɛlˈəːnd] ADJ (*rest*) wohlverdient
well-groomed [ˈwɛlˈgruːmd] ADJ gepflegt
well-heeled [ˈwɛlˈhiːld] (*inf*) ADJ betucht
well-informed [ˈwɛlɪnˈfɔːmd] ADJ gut informiert
Wellington [ˈwɛlɪŋtən] N (*Geog*) Wellington *nt*
wellingtons [ˈwɛlɪŋtənz] NPL (*also:* **wellington boots**) Gummistiefel *pl*
well-kept [ˈwɛlˈkɛpt] ADJ (*house, grounds*) gepflegt; (*secret*) gut gehütet
★**well-known** [ˈwɛlˈnəun] ADJ wohlbekannt
well-mannered [ˈwɛlˈmænəd] ADJ wohlerzogen
well-meaning [ˈwɛlˈmiːnɪŋ] ADJ (*person*) wohlmeinend; (*offer etc*) gut gemeint
well-nigh [ˈwɛlˈnaɪ] ADV: **~ impossible** geradezu unmöglich
well-off [ˈwɛlˈɔf] ADJ (*rich*) begütert
well-paid [ˈwelˈpeɪd] ADJ gut bezahlt
well-read [ˈwɛlˈrɛd] ADJ belesen
well-spoken [ˈwɛlˈspəukn] ADJ: **to be ~** sich gut *or* gewandt ausdrücken

well-stocked [ˈwɛlˈstɔkt] ADJ gut bestückt
well-timed [ˈwɛlˈtaɪmd] ADJ gut abgepasst
well-to-do [ˈwɛltəˈduː] ADJ wohlhabend
well-wisher [ˈwɛlwɪʃəʳ] N *(friend, admirer)* wohlmeinender Mensch *m*; **scores of well-wishers had gathered** eine große Gefolgschaft hatte sich versammelt; **letters from well-wishers** Briefe von Leuten, die es gut meinen
well-woman clinic [ˈwɛlwumən-] N ≈ Frauensprechstunde *f*
Welsh [wɛlʃ] ADJ walisisch ▸ N *(Ling)* Walisisch *nt* ■ **the Welsh** NPL die Waliser *pl*
Welshman [ˈwɛlʃmən] N *(irreg)* Waliser *m*
Welsh rarebit N überbackenes Käsebrot *nt*
Welshwoman [ˈwɛlʃwumən] N *(irreg)* Waliserin *f*
welter [ˈwɛltəʳ] N: **a ~ of** eine Flut von
went [wɛnt] PT *of* **go**
wept [wɛpt] PT, PP *of* **weep**
were [wəːʳ] PT *of* **be**
we're [wɪəʳ] = **we are**
weren't [wəːnt] = **were not**
werewolf [ˈwɪəwulf] *(pl* **werewolves***)* N Werwolf *m*
werewolves [ˈwɪəwulvz] NPL *of* **werewolf**
west [wɛst] N Westen *m* ▸ ADJ *(wind, side, coast)* West-, westlich ▸ ADV *(to or towards the west)* westwärts; **the W~** *(Pol)* der Westen
westbound [ˈwɛstbaund] ADJ *(traffic, carriageway)* in Richtung Westen
West Country *(BRIT)* N: **the ~** Südwestengland *nt*
westerly [ˈwɛstəlɪ] ADJ westlich
western [ˈwɛstən] ADJ westlich ▸ N *(Cine)* Western *m*
westerner [ˈwɛstənəʳ] N Abendländer(in) *m(f)*
westernized [ˈwɛstənaɪzd] ADJ *(society etc)* verwestlicht
West German ADJ westdeutsch ▸ N *(person)* Westdeutsche(r) *f(m)*
West Germany N *(formerly)* Bundesrepublik *f* Deutschland
West Indian ADJ westindisch ▸ N *(person)* Westinder(in) *m(f)*
West Indies [-ˈɪndɪz] NPL: **the ~** Westindien *nt*
Westminster [ˈwɛstmɪnstəʳ] N Westminster *nt*; *(parliament)* das britische Parlament
westward [ˈwɛstwəd], **westwards** [ˈwɛstwədz] ADV westwärts
wet [wɛt] ADJ nass ▸ N *(BRIT Pol)* Gemäßigte(r) *f(m)*, Waschlappen *m (pej)*; **to get ~** nass werden; **"~ paint"** „frisch gestrichen"; **to be a ~ blanket** *(fig: pej: person)* ein(e) Spielverderber(in) *m(f)* sein; **to ~ one's pants/o.s.** sich *dat* in die Hosen machen
wetness [ˈwɛtnɪs] N Nässe *f*; *(of climate)* Feuchtigkeit *f*
wet suit N Taucheranzug *m*
we've [wiːv] = **we have**
whack [wæk] VT schlagen
whacked [wækt] *(BRIT inf)* ADJ *(exhausted)* erschlagen
whale [weɪl] N Wal *m*
whaler [ˈweɪləʳ] N Walfänger *m*
whaling [ˈweɪlɪŋ] N Walfang *m*
wharf [wɔːf] *(pl* **wharves***)* N Kai *m*
wharves [wɔːvz] NPL *of* **wharf**

what [wɔt]

ADJ **1** *(in direct/indirect questions)* welche(r, s); **what colour/shape is it?** welche Farbe/Form hat es?; **for what reason?** aus welchem Grund?
2 *(in exclamations)* was für ein(e); **what a mess!** was für ein Durcheinander!; **what a fool I am!** was bin ich doch (für) ein Idiot!
▸ PRON *(interrogative, relative)* was; **what are you doing?** was machst du?; **what are you talking about?** wovon redest du?; **what is it called?** wie heißt das?; **what about me?** und ich?; **what about a cup of tea?** wie wärs mit einer Tasse Tee?; **what about going to the cinema?** sollen wir ins Kino gehen?; **I saw what you did/what was on the table** ich habe gesehen, was du getan hast/was auf dem Tisch war; **tell me what you're thinking about** sag mir, woran du denkst
▸ EXCL *(disbelieving)* was, wie; **what, no coffee!** was *or* wie, kein Kaffee?

whatever [wɔtˈɛvəʳ] ADJ: **~ book** welches Buch auch immer ▸ PRON: **do ~ is necessary/you want** tun Sie, was nötig ist/was immer Sie wollen; **~ happens** was auch passiert; **no reason ~** *or* **whatsoever** überhaupt kein Grund; **nothing ~** *or* **whatsoever** überhaupt nichts
whatsoever [wɔtsəuˈɛvəʳ] ADJ = **whatever**
wheat [wiːt] N Weizen *m*
wheatgerm [ˈwiːtdʒəːm] N Weizenkeim *m*
wheatmeal [ˈwiːtmiːl] N Weizenmehl *nt*
wheedle [ˈwiːdl] VT: **to ~ sb into doing sth** jdn beschwatzen, etw zu tun; **to ~ sth out of sb** jdm etw abluchsen
★**wheel** [wiːl] N Rad *nt*; *(also:* **steering wheel***)* Lenkrad *nt*; *(Naut)* Steuer *nt* ▸ VT *(pram etc)* schieben ▸ VI *(birds)* kreisen; *(person: also:* **wheel round***)* sich herumdrehen
wheelbarrow [ˈwiːlbærəu] N Schubkarre *f*
wheelbase [ˈwiːlbeɪs] N Radstand *m*
wheelchair [ˈwiːltʃɛəʳ] N Rollstuhl *m*
wheel clamp N Parkkralle *f*
wheeler-dealer [ˈwiːləˈdiːləʳ] *(pej)* N Geschäftemacher(in) *m(f)*
wheelie-bin [ˈwiːlɪbɪn] N Mülltonne *f* auf Rädern
wheeling [ˈwiːlɪŋ] N: **~ and dealing** *(pej)* Geschäftemacherei *f*
wheeze [wiːz] VI *(person)* keuchen ▸ N *(idea, joke etc)* Scherz *m*

wheezy [ˈwiːzɪ] ADJ (*person*) mit pfeifendem Atem; (*cough*) keuchend; (*breath*) pfeifend; (*laugh*) asthmatisch

when [wɛn]

ADV wann
▸ CONJ **1** (*at, during, after the time that*) wenn; **she was reading when I came in** als ich hereinkam, las sie gerade; **be careful when you cross the road** sei vorsichtig, wenn du die Straße überquerst
2 (*on, at which*) als; **on the day when I met him** am Tag, als ich ihn traf
3 (*whereas*) wo ... doch, obwohl; **why did you buy that when you can't afford it?** warum hast du das gekauft, obwohl du es dir nicht leisten kannst?

Use **als** to refer to the past, **wann** in questions and **wenn** in all other situations.

whenever [wɛnˈɛvəʳ] ADV, CONJ (*any time that*) wann immer; (*every time that*) (jedes Mal,) wenn; **I go ~ I can** ich gehe, wann immer ich kann

★**where** [wɛəʳ] ADV, CONJ wo; **this is ~ ...** hier ...; **~ possible** so weit möglich; **~ are you from?** woher kommen Sie?

whereabouts ADV [wɛərəˈbauts] wo ▸ N [ˈwɛərəbauts]: **nobody knows his ~** keiner weiß, wo er ist

whereas [wɛərˈæz] CONJ während

whereby [wɛəˈbaɪ] (*form*) ADV wonach

whereupon [wɛərəˈpɔn] CONJ worauf

wherever [wɛərˈɛvəʳ] CONJ (*position*) wo (auch) immer; (*motion*) wohin (auch) immer ▸ ADV (*surprise*) wo (um alles in der Welt); **sit ~ you like** nehmen Sie Platz, wo immer Sie wollen

wherewithal [ˈwɛəwɪðɔːl] N: **the ~ (to do sth)** (*money*) das nötige Kleingeld(, um etw zu tun)

whet [wɛt] VT (*appetite*) anregen; (*tool*) schleifen

★**whether** [ˈwɛðəʳ] CONJ ob; **I don't know ~ to accept or not** ich weiß nicht, ob ich annehmen soll oder nicht; **~ you go or not** ob du gehst oder nicht; **it's doubtful ~ ...** es ist zweifelhaft, ob ...

whey [weɪ] N Molke *f*

which [wɪtʃ]

ADJ **1** (*interrogative: direct, indirect*) welche(r, s); **which picture?** welches Bild?; **which books?** welche Bücher?; **which one?** welche(r, s)?
2: in which case in diesem Fall; **by which time** zu dieser Zeit
▸ PRON **1** (*interrogative*) welche(r, s); **which of you are coming?** wer von Ihnen kommt?; **I don't mind which** mir ist gleich, welche(r, s)
2 (*relative*) der/die/das; **the apple which you ate/which is on the table** der Apfel, den du gegessen hast/der auf dem Tisch liegt; **the chair on which you are sitting** der Stuhl, auf dem Sie sitzen; **the book of which you spoke** das Buch, wovon *or* von dem Sie sprachen; **he said he saw her, which is true** er sagte, er habe sie gesehen, was auch stimmt; **after which** wonach

whichever [wɪtʃˈɛvəʳ] ADJ: **take ~ book you want** nehmen Sie irgendein *or* ein beliebiges Buch; **~ book you take** welches Buch Sie auch nehmen

whiff [wɪf] N (*of perfume*) Hauch *m*; (*of petrol, smoke*) Geruch *m*; **to catch a ~ of sth** den Geruch von etw wahrnehmen

★**while** [waɪl] N Weile *f* ▸ CONJ während; **for a ~** eine Weile (lang); **in a ~** gleich; **all the ~** die ganze Zeit (über); **I'll/we'll** *etc* **make it worth your ~** es wird sich für Sie lohnen
▸ **while away** VT (*time*) sich *dat* vertreiben

whilst [waɪlst] CONJ = **while**

whim [wɪm] N Laune *f*

whimper [ˈwɪmpəʳ] N (*cry, moan*) Wimmern *nt* ▸ VI wimmern

whimsical [ˈwɪmzɪkl] ADJ wunderlich, seltsam; (*story*) kurios

whine [waɪn] N (*of pain*) Jammern *nt*; (*of engine, siren*) Heulen *nt* ▸ VI (*person*) jammern; (*dog*) jaulen; (*engine, siren*) heulen

★**whip** [wɪp] N Peitsche *f*; (*Pol*) ≈ Fraktionsführer *m* ▸ VT (*person, animal*) peitschen; (*cream, eggs*) schlagen; (*move quickly*): **to ~ sth out/off** etw blitzschnell hervorholen/wegbringen
▸ **whip up** VT (*cream*) schlagen; (*inf: meal*) hinzaubern; (*arouse: support*) anheizen; (*: people*) mitreißen

whiplash [ˈwɪplæʃ] N Peitschenhieb *m* (*Med: also:* **whiplash injury**) Schleudertrauma *nt*

whipped cream [wɪpt-] N Schlagsahne *f*

whipping boy [ˈwɪpɪŋ-] N (*fig*) Prügelknabe *m*

whip-round [ˈwɪpraund] (BRIT *inf*) N (Geld)sammlung *f*

whirl [wəːl] VT (*arms, sword etc*) herumwirbeln ▸ VI wirbeln ▸ N (*of activity, pleasure*) Wirbel *m*; **to be in a ~** (*mind, person*) völlig verwirrt sein

whirlpool [ˈwəːlpuːl] N (*lit*) Strudel *m*

whirlwind [ˈwəːlwɪnd] N (*lit*) Wirbelwind *m*

whirr [wəːʳ] VI (*motor etc*) surren

whisk [wɪsk] N (*Culin*) Schneebesen *m* ▸ VT (*cream, eggs*) schlagen; **to ~ sb away** *or* **off** jdn in Windeseile wegbringen

whiskers [ˈwɪskəz] NPL (*of animal*) Barthaare *pl* (*of man*) Backenbart *m*

whisky, (*US*, IRISH) **whiskey** [ˈwɪskɪ] N Whisky *m*

★**whisper** [ˈwɪspəʳ] N Flüstern *nt*; (*fig: of wind*) Wispern *nt* ▸ VT, VI flüstern; **to ~ sth to sb** jdm etw zuflüstern

whispering [ˈwɪspərɪŋ] N Geflüster *nt*

whist [wɪst] (BRIT) N Whist *nt*

whistle [ˈwɪsl] N (*sound*) Pfiff *m*; (*object*) Pfeife ▸ VI pfeifen ▸ VT: **to ~ a tune** eine Melodie pfeifen

whistleblower [ˈwɪslbləuəʳ] N Whistleblower(in) *m*(*f*), Enthüller(in) *m*(*f*)

whistleblowing [ˈwɪslbləuɪŋ] N Whistleblowing *nt*, Enthüllen *nt*

whistle-stop [ˈwɪslstɔp] ADJ: **to make a ~ tour of** (*fig*) eine Rundreise machen durch; (*Pol*) eine Wahlkampfreise machen durch

Whit [wɪt] N = **Whitsun**

white [waɪt] ADJ weiß ▸ N (*colour*) Weiß *nt*; (*person*) Weiße(r) *f*(*m*); (*of egg, eye*) Weiße(s) *nt*; **to turn** *or* **go ~** (*person: with fear*) weiß *or* bleich werden; (: *with age*) weiße Haare bekommen; (*hair*) weiß werden; **the whites** (*washing*) die Weißwäsche *f*; **tennis/cricket whites** weiße Tennis-/Krickettrikots

whitebait [ˈwaɪtbeɪt] N *essbare Jungfische (Heringe, Sprotten etc)*

whiteboard [ˈwaɪtbɔːd] N Weißwandtafel *f*; **interactive ~** interaktive Weißwandtafel

white coffee (BRIT) N Kaffee *m* mit Milch

white-collar worker [ˈwaɪtkɔlə-] N Schreibtischarbeiter(in) *m*(*f*)

white elephant N (*fig: venture*) Fehlinvestition *f*

white food N weiße Lebensmittel *pl*, weißes Essen *nt*

white goods NPL (*appliances*) große Haushaltsgeräte *pl*; (*linen etc*) Weißwaren *pl*

white-hot [waɪtˈhɔt] ADJ (*metal*) weiß glühend

white lie N Notlüge *f*

whiteness [ˈwaɪtnɪs] N Weiß *nt*

white noise N weißes Rauschen *nt*

whiteout [ˈwaɪtaut] N starkes Schneegestöber *nt*

white paper N (*Pol*) Weißbuch *nt*

whitewash [ˈwaɪtwɔʃ] N (*paint*) Tünche *f*; (*inf: Sport*) totale Niederlage *f* ▸ VT (*building*) tünchen; (*fig: incident, reputation*) reinwaschen

white water N: **white-water rafting** Wildwasserflößen *nt*

white wine N Weißwein *m*

whiting [ˈwaɪtɪŋ] N INV (*fish*) Weißling *m*

Whit Monday N Pfingstmontag *m*

Whitsun [ˈwɪtsn] N Pfingsten *nt*

whittle [ˈwɪtl] VT: **to ~ away** *or* **down** (*costs etc*) verringern

whizz [wɪz] VI: **to ~ past** *or* **by** vorbeisausen

whizz kid (*inf*) N Senkrechtstarter(in) *m*(*f*)

WHO N ABBR (= *World Health Organization*) Weltgesundheitsorganisation *f*, WHO *f*

who [huː]

PRON **1** (*interrogative*) wer; (: *acc*) wen; (: *dat*) wem; **who is it?, who's there?** wer ist da?; **who did you give it to?** wem hast du es gegeben?

2 (*relative*) der/die/das; **the man/woman who spoke to me** der Mann, der/die Frau, die mit mir gesprochen hat

whodunit, whodunnit [huːˈdʌnɪt] (*inf*) N Krimi *m*

whoever [huːˈɛvəʳ] PRON: **~ finds it** wer (auch immer) es findet; **ask ~ you like** fragen Sie, wen Sie wollen; **~ he marries** ganz gleich *or* egal, wen er heiratet; **~ told you that?** wer um alles in der Welt hat dir das erzählt?

★**whole** [həul] ADJ (*entire*) ganz; (*not broken*) heil ▸ N Ganze(s) *nt*; **the ~ lot (of it)** alles; **the ~ lot (of them)** alle; **the ~ (of the) time** die ganze Zeit; **~ villages were destroyed** ganze Dörfer wurden zerstört; **the ~ of** der/die/das ganze; **the ~ of Glasgow/Europe** ganz Glasgow/Europa; **the ~ of the town** die ganze Stadt; **on the ~** im Ganzen (gesehen)

wholefood [ˈhəulfuːd] N, **wholefoods** [ˈhəulfuːdz] NPL Vollwertkost *f*

wholefood shop N ≈ Reformhaus *nt*

wholehearted [həulˈhɑːtɪd] ADJ (*agreement etc*) rückhaltlos

wholeheartedly [həulˈhɑːtɪdlɪ] ADV (*agree etc*) rückhaltlos

wholemeal [ˈhəulmiːl] (BRIT) ADJ (*bread, flour*) Vollkorn-

whole note (US) N ganze Note *f*

wholesale [ˈhəulseɪl] N (*business*) Großhandel *m* ▸ ADJ (*price*) Großhandels-; (*destruction etc*) umfassend ▸ ADV (*buy, sell*) im Großhandel

wholesaler [ˈhəulseɪləʳ] N Großhändler *m*

wholesome [ˈhəulsəm] ADJ (*food*) gesund; (*effect*) zuträglich; (*attitude*) positiv

wholewheat [ˈhəulwiːt] ADJ = **wholemeal**

wholly [ˈhəulɪ] ADV ganz und gar

whom [huːm]

PRON **1** (*interrogative: acc*) wen; (: *dat*) wem; **whom did you see?** wen hast du gesehen?; **to whom did you give it?** wem hast du es gegeben?

2 (*relative: acc*) den/die/das; (: *dat*) dem/der/dem; **the man whom I saw/to whom I spoke** der Mann, den ich gesehen habe/mit dem ich gesprochen habe

whooping cough [ˈhuːpɪŋ-] N Keuchhusten *m*

whoosh [wuʃ] VI: **to ~ along/past/down** entlang-/vorbei-/hinuntersausen ▸ N Sausen *nt*; **the skiers whooshed past, skiers came by with a ~** die Skifahrer sausten vorbei

whopper [ˈwɔpəʳ] (*inf*) N (*lie*) faustdicke Lüge *f*; (*large thing*) Mordsding *nt*

whopping [ˈwɔpɪŋ] (*inf*) ADJ Riesen-, riesig

whore [hɔːʳ] (!) N Hure *f*

whose [huːz]

ADJ **1** (*possessive: interrogative*) wessen; **whose book is this?, whose is this book?** wessen Buch ist das?, wem gehört das Buch?; **I don't know whose it is** ich weiß nicht, wem es gehört

2 (*possessive: relative*) dessen/deren/dessen; **the man whose son you rescued** der Mann, dessen Sohn du gerettet hast; **the woman**

W

whose car was stolen die Frau, deren Auto gestohlen worden war
▸ PRON: **whose is this?** wem gehört das?; **I know whose it is** ich weiß, wem es gehört

Who's Who [ˈhu:zˈhu:] N (*book*) Who's who *nt*

why [waɪ]

ADV warum; **why not?** warum nicht?
▸ CONJ warum; **I wonder why he said that** ich frage mich, warum er das gesagt hat; **that's not why I'm here** ich bin nicht deswegen hier; **the reason why** der Grund, warum *or* weshalb
▸ EXCL **1** (*expressing surprise, shock*) na so was
2 (*expressing annoyance*) ach; **why, yes (of course)** aber ja doch; **why, it's you!** na so was, du bists!

WI N ABBR (BRIT: = *Women's Institute*) *britischer Frauenverband* ▸ ABBR = **West Indies**; (*US Post*) = **Wisconsin**

wick [wɪk] N Docht *m*; **he gets on my ~** (BRIT *inf*) er geht mir auf den Geist

★**wicked** [ˈwɪkɪd] ADJ (*crime, person*) böse; (*smile, wit*) frech; (*inf: prices*) unverschämt; (*: weather*) schrecklich

wicker [ˈwɪkəʳ] ADJ (*chair etc*) Korb-; (*basket*) Weiden-

wickerwork [ˈwɪkəwəːk] ADJ (*chair etc*) Korb-; (*basket*) Weiden- ▸ N (*objects*) Korbwaren *pl*

wicket [ˈwɪkɪt] N (*Cricket: stumps*) Tor *nt*, Wicket *nt*; (*: grass area*) Spielbahn *f*

wicket-keeper [ˈwɪkɪtki:pəʳ] N Torwächter *m*

★**wide** [waɪd] ADJ breit; (*area*) weit; (*publicity*) umfassend ▸ ADV: **to open sth ~** etw weit öffnen; **it is 3 metres ~** es ist 3 Meter breit; **to go ~** vorbeigehen

wide-angle lens [ˈwaɪdæŋgl-] N Weitwinkelobjektiv *nt*

wide-awake [waɪdəˈweɪk] ADJ hellwach

wide-eyed [waɪdˈaɪd] ADJ mit großen Augen; (*fig*) unschuldig, naiv

widely [ˈwaɪdlɪ] ADV (*differ, vary*) erheblich; (*travel*) ausgiebig, viel; (*spaced*) weit; (*believed, known*) allgemein; **to be ~ read** (*reader*) sehr belesen sein

widen [ˈwaɪdn] VT (*road, river*) verbreitern; (*one's experience*) erweitern ▸ VI sich verbreitern

wideness [ˈwaɪdnɪs] N (*of road, river, gap*) Breite *f*

wide open ADJ (*window, eyes, mouth*) weit geöffnet

wide-ranging [waɪdˈreɪndʒɪŋ] ADJ (*effects*) weitreichend; (*interview, survey*) umfassend

widescreen TV [ˈwaɪdskri:n-] N Breitbildfernseher *m*

widespread [ˈwaɪdsprɛd] ADJ weitverbreitet

widget [ˈwɪdʒɪt] N (*Comput*) Minianwendung *f*, Widget *nt*

widow [ˈwɪdəu] N Witwe *f*

widowed [ˈwɪdəud] ADJ verwitwet

widower [ˈwɪdəuəʳ] N Witwer *m*

width [wɪdθ] N Breite *f*; (*in swimming pool*) (Quer)bahn *f*; **it's 7 metres in ~** es ist 7 Meter breit

widthways [ˈwɪdθweɪz] ADV der Breite nach

wield [wi:ld] VT (*sword*) schwingen; (*power*) ausüben

★**wife** [waɪf] (*pl* **wives**) N Frau *f*

Wi-Fi [ˈwaɪfaɪ] N Wi-Fi *nt*

wig [wɪg] N Perücke *f*

wigging [ˈwɪgɪŋ] (BRIT *inf*) N Standpauke *f*

wiggle [ˈwɪgl] VT wackeln mit

wiggly [ˈwɪglɪ] ADJ: **~ line** Schlangenlinie *f*

wigwam [ˈwɪgwæm] N Wigwam *m*

wiki [ˈwɪkɪ] N (*Internet*) Wiki *nt*

★**wild** [waɪld] ADJ wild; (*weather*) rau, stürmisch; (*person, behaviour*) ungestüm; (*idea*) weit hergeholt; (*applause*) stürmisch ▸ N: **the ~** (*natural surroundings*) die freie Natur *f* ■ **the wilds** NPL die Wildnis; **I'm not ~ about it** ich bin nicht versessen *or* scharf darauf

wild card N (*Comput*) Wildcard *f*, Ersatzzeichen *nt*

wildcat [ˈwaɪldkæt] N Wildkatze *f*

wildcat strike N wilder Streik *m*

wilderness [ˈwɪldənɪs] N Wildnis *f*

wildfire [ˈwaɪldfaɪəʳ] N: **to spread like ~** sich wie ein Lauffeuer ausbreiten

wild-goose chase [waɪldˈgu:s-] N aussichtslose Suche *f*

wildlife [ˈwaɪldlaɪf] N (*animals*) die Tierwelt *f*

wildly [ˈwaɪldlɪ] ADV wild; (*very: romantic*) wild; (*: inefficient*) furchtbar

wiles [waɪlz] NPL List *f*

wilful, (US) **willful** [ˈwɪlful] ADJ (*obstinate*) eigensinnig; (*deliberate*) vorsätzlich

will [wɪl]

AUX VB **1** (*forming future tense*): **I will finish it tomorrow** ich werde es morgen fertig machen, ich mache es morgen fertig; **will you do it? — yes I will/no I won't** machst du es? — ja/nein
2 (*in conjectures, predictions*): **that will be the postman** das ist bestimmt der Briefträger
3 (*in commands, requests, offers*): **will you sit down** (*politely*) bitte nehmen Sie Platz; (*angrily*) nun setz dich doch; **will you be quiet!** seid jetzt still!; **will you help me?** hilfst du mir?; **will you have a cup of tea?** möchten Sie eine Tasse Tee?; **I won't put up with it!** das lasse ich mir nicht gefallen!
▸ VT (*pt, pp* **willed**): **to will sb to do sth** jdn durch Willenskraft dazu bewegen, etw zu tun; **he willed himself to go on** er zwang sich dazu, weiterzumachen
▸ N **1** (*volition*) Wille *m*; **he did it against his will** er tat es gegen seinen Willen
2 (*testament*) Testament *nt*

In German the present tense is often used to express somebody's intention to do something.

I'll show you your room. **Ich zeige Ihnen Ihr Zimmer**.

Use the future tense when referring to the more distant future.

I will come back one day. **Ich werde eines Tages zurückkommen**.

willful [ˈwɪlful] (*US*) ADJ = **wilful**

willing [ˈwɪlɪŋ] ADJ (*having no objection*) gewillt; (*enthusiastic*) bereitwillig; **he's ~ to do it** er ist bereit, es zu tun; **to show ~** guten Willen zeigen

willingly [ˈwɪlɪŋlɪ] ADV bereitwillig

willingness [ˈwɪlɪŋnɪs] N (*readiness*) Bereitschaft *f*; (*enthusiasm*) Bereitwilligkeit *f*

will-o'-the-wisp [ˈwɪləðəˈwɪsp] N Irrlicht *nt*; (*fig*) Trugbild *nt*

willow [ˈwɪləu] N (*tree*) Weide *f*; (*wood*) Weidenholz *nt*

willpower [ˈwɪlpauəʳ] N Willenskraft *f*

willy-nilly [ˈwɪlɪˈnɪlɪ] ADV (*willingly or not*) wohl oder übel

wilt [wɪlt] VI (*plant*) welken

wily [ˈwaɪlɪ] ADJ listig, raffiniert

wimp [wɪmp] (*inf, pej*) N Waschlappen *m*

wimpish [ˈwɪmpɪʃ] (*inf*) ADJ weichlich

win [wɪn] (*pt, pp* **won**) N Sieg *m* ▸ VT gewinnen ▸ VI siegen, gewinnen

▸ **win over** VT (*persuade*) gewinnen

▸ **win round** (BRIT) VT = **win over**

wince [wɪns] VI zusammenzucken

winch [wɪntʃ] N Winde *f*

Winchester disk [ˈwɪntʃɪstə-] N Winchesterplatte *f*

wind¹ [wɪnd] N (*air*) Wind *m*; (*Med*) Blähungen *pl*; (*breath*) Atem *m* ▸ VT (*take breath away from*) den Atem nehmen *+dat* ■ **the winds** NPL (*Mus*) die Bläser *pl*; **into** *or* **against the ~** gegen den Wind; **to get ~ of sth** (*fig*) von etw Wind bekommen; **to break ~** Darmwind entweichen lassen

wind² [waɪnd] (*pt, pp* **wound**) VT (*thread, rope, bandage*) wickeln; (*clock, toy*) aufziehen ▸ VI (*road, river*) sich winden

▸ **wind down** VT (*car window*) herunterdrehen; (*fig: production*) zurückschrauben

▸ **wind up** VT (*clock, toy*) aufziehen; (*debate*) abschließen

windbreak [ˈwɪndbreɪk] N Windschutz *m*

windbreaker [ˈwɪndbreɪkəʳ] (*US*) N = **windcheater**

windcheater [ˈwɪndtʃiːtəʳ] N Windjacke *f*

winder [ˈwaɪndəʳ] (BRIT) N (*on watch*) Krone *f*, Aufziehrädchen *nt*

windfall [ˈwɪndfɔːl] N (*money*) unverhoffter Glücksfall *m*; (*apple*) Fallobst *nt*

wind farm [ˈwɪnd-] N Windpark *m*

winding [ˈwaɪndɪŋ] ADJ gewunden

wind instrument [ˈwɪnd-] N Blasinstrument *nt*

windmill [ˈwɪndmɪl] N Windmühle *f*

★**window** [ˈwɪndəu] N (*also Comput*) Fenster *nt*; (*in shop*) Schaufenster *nt*

window box N Blumenkasten *m*

window cleaner N Fensterputzer(in) *m(f)*

window dresser N Schaufensterdekorateur(in) *m(f)*

window envelope N Fensterumschlag *m*

window frame N Fensterrahmen *m*

window ledge N Fenstersims *m*

window pane N Fensterscheibe *f*

window-shopping [ˈwɪndəuʃɔpɪŋ] N Schaufensterbummel *m*; **to go ~** einen Schaufensterbummel machen

windowsill [ˈwɪndəusɪl] N Fensterbank *f*

windpipe [ˈwɪndpaɪp] N Luftröhre *f*

wind power [ˈwɪnd-] N Windkraft *f*, Windenergie *f*

windscreen [ˈwɪndskriːn] N Windschutzscheibe *f*

windscreen washer N Scheibenwaschanlage *f*

windscreen wiper [-waɪpəʳ] N Scheibenwischer *m*

windshield [ˈwɪndʃiːld] (*US*) N = **windscreen**

windsurfing [ˈwɪndsəːfɪŋ] N Windsurfen *nt*

windswept [ˈwɪndswɛpt] ADJ (*place*) vom Wind gepeitscht; (*person*) vom Wind zerzaust

wind tunnel [ˈwɪnd-] N Windkanal *m*

wind turbine [ˈwɪnd-] N Windturbine *f*

windy [ˈwɪndɪ] ADJ windig; **it's ~** es ist windig

★**wine** [waɪn] N Wein *m* ▸ VT: **to ~ and dine sb** jdm zu einem guten Essen ausführen

wine bar N Weinlokal *nt*

wine cellar N Weinkeller *m*

wine glass N Weinglas *nt*

wine list N Weinkarte *f*

wine merchant N Weinhändler(in) *m(f)*

wine tasting [-teɪstɪŋ] N Weinprobe *f*

wine waiter N Weinkellner *m*

★**wing** [wɪŋ] N (*of bird, insect, plane*) Flügel *m*; (*of building*) Trakt *m*; (*of car*) Kotflügel *m* ■ **the wings** NPL (*Theat*) die Kulissen *pl*

winger [ˈwɪŋəʳ] N (*Sport*) Flügelspieler(in) *m(f)*

wing mirror (BRIT) N Seitenspiegel *m*

wing nut N Flügelmutter *f*

wingspan [ˈwɪŋspæn] N Flügelspannweite *f*

wingspread [ˈwɪŋsprɛd] N = **wingspan**

wink [wɪŋk] N (*of eye*) Zwinkern *m* ▸ VI (*with eye*) zwinkern; (*light etc*) blinken

winkle [ˈwɪŋkl] N Strandschnecke *f*

★**winner** [ˈwɪnəʳ] N (*of race, competition*) Sieger(in) *m(f)*; (*of prize*) Gewinner(in) *m(f)*

★**winning** [ˈwɪnɪŋ] ADJ (*team, entry*) siegreich; (*shot, goal*) entscheidend; (*smile*) einnehmend; *see also* **winnings**

winning post N (*lit*) Zielpfosten *m*; (*fig*) Ziel *nt*

winnings [ˈwɪnɪŋz] NPL Gewinn *m*

W

winsome [ˈwɪnsəm] ADJ (*expression*) gewinnend; (*person*) reizend

★**winter** [ˈwɪntəʳ] N Winter *m* ▶ VI (*birds*) überwintern; **in ~** im Winter

winter sports NPL Wintersport *m*

wintry [ˈwɪntrɪ] ADJ (*weather, day*) winterlich, Winter-

★**wipe** [waɪp] VT wischen; (*dry*) abtrocknen; (*clean*) abwischen; (*erase: tape*) löschen ▶ N: **to give sth a ~** etw abwischen; **to ~ one's nose** sich *dat* die Nase putzen

▶ **wipe off** VT abwischen

▶ **wipe out** VT (*destroy: city etc*) auslöschen

▶ **wipe up** VT (*mess*) aufwischen

★**wire** [ˈwaɪəʳ] N Draht *m*; (*US: telegram*) Telegramm *nt* ▶ VT (*US*): **to ~ sb** jdm telegrafieren; (*electrical fitting: also:* **wire up**) anschließen

wire brush N Drahtbürste *f*

wire cutters NPL Drahtschere *f*

wireless [ˈwaɪəlɪs] (BRIT: *old*) N Funk *m*; (*set*) Rundfunkgerät *nt*

wireless phone N schnurloses Telefon *nt*

wire netting N Maschendraht *m*

wire service (*US*) N Nachrichtenagentur *f*

wire-tapping [ˈwaɪətæpɪŋ] N Anzapfen *nt* von Leitungen

wiring [ˈwaɪərɪŋ] N elektrische Leitungen *pl*

wiry [ˈwaɪərɪ] ADJ (*person*) drahtig; (*hair*) borstig

wisdom [ˈwɪzdəm] N (*of person*) Weisheit *f*; (*of action, remark*) Klugheit *f*

wisdom tooth N Weisheitszahn *m*

★**wise** [waɪz] ADJ (*person*) weise; (*action, remark*) klug; **I'm none the wiser** ich bin genauso klug wie vorher

▶ **wise up** (*inf*) VI: **to ~ up to sth** hinter etw *acc* kommen

★**...wise** [waɪz] SUFF: **timewise/moneywise** *etc* zeitmäßig/geldmäßig *etc*

wisecrack [ˈwaɪzkræk] N Witzelei *f*

wisely [ˈwaɪzlɪ] ADV klug, weise

★**wish** [wɪʃ] N Wunsch *m* ▶ VT wünschen; **best wishes** (*for birthday etc*) herzliche Grüße, alle guten Wünsche; **with best wishes** (*in letter*) mit den besten Wünschen *or* Grüßen; **give her my best wishes** grüßen Sie sie herzlich von mir; **to make a ~** sich *dat* etw wünschen; **to ~ sb goodbye** jdm Auf Wiedersehen sagen; **he wished me well** er wünschte mir alles Gute; **to ~ to do sth** etw tun wollen; **to ~ sth on sb** jdm etw wünschen; **to ~ for sth** sich *dat* etw wünschen

wishbone [ˈwɪʃbəun] N Gabelbein *nt*

wishful [ˈwɪʃful] ADJ: **it's ~ thinking** das ist reines Wunschdenken

wishy-washy [ˈwɪʃɪˈwɔʃɪ] (*inf*) ADJ (*colour*) verwaschen; (*person*) farblos; (*ideas*) nichtssagend

wisp [wɪsp] N (*of grass*) Büschel *nt*; (*of hair*) Strähne *f*; (*of smoke*) Fahne *f*

wistful [ˈwɪstful] ADJ wehmütig

wit [wɪt] N (*wittiness*) geistreiche Art *f*; (*person*) geistreicher Mensch *m*; (*presence of mind*) Verstand *m* ■ **wits** NPL (*intelligence*) Verstand *m*; **t[o] be at one's wits' end** mit seinem Latein a[m] Ende sein; **to have one's wits about one** eine[n] klaren Kopf haben; **to ~** (*namely*) und zwar

witch [wɪtʃ] N Hexe *f*

witchcraft [ˈwɪtʃkrɑːft] N Hexerei *f*

witch doctor N Medizinmann *m*

witch-hunt [ˈwɪtʃhʌnt] N (*fig*) Hexenjagd *f*

with [wɪð]

PREP **1** (*accompanying, in the company of*) mit; **we stayed with friends** wir wohnten bei Freunden; **I'll be with you in a minute** einen Augenblick, ich bin sofort da; **I'm with you** (*I understand*) ich verstehe; **to be with it** (*inf: up-to-date*) auf dem Laufenden sein; (*: alert*) da sein

2 (*descriptive, indicating manner*) mit; **the man with the grey hat/blue eyes** der Mann mit dem grauen Hut/den blauen Augen; **with tears in her eyes** mit Tränen in den Augen; **red with anger** rot vor Wut

withdraw [wɪθˈdrɔː] VT (*irreg: like* **draw**) (*objec[t], offer*) zurückziehen; (*remark*) zurücknehme[n] ▶ VI (*troops*) abziehen; (*person*) sich zurückzie[hen]; **to ~ money** (*from bank*) Geld abheben; **t[o] ~ into o.s.** sich in sich *acc* selbst zurückziehe[n]

withdrawal [wɪθˈdrɔːəl] N (*of offer, remar[k]*) Zurücknahme *f*; (*of troops*) Abzug *m*; (*of particip[a]tion*) Ausstieg *m*; (*of services*) Streichung *f*; (*[of] money*) Abhebung *f*

withdrawal symptoms NPL Entzugserscheinungen *pl*

withdrawn [wɪθˈdrɔːn] PP *of* **withdraw** ▶ A[DJ] (*person*) verschlossen

wither [ˈwɪðəʳ] VI (*plant*) verwelken

withered [ˈwɪðəd] ADJ (*plant*) verwelkt; (*lim[b]*) verkümmert

withhold [wɪθˈhəuld] VT (*irreg: like* **hold**) vorenthalten

★**within** [wɪðˈɪn] PREP (*place*) innerhalb *+ge[n]*; (*time, distance*) innerhalb von ▶ ADV inne[n]; **~ reach** in Reichweite; **~ sight (of)** in Sichtweite (*+gen*); **~ the week** vor Ende der Woch[e]; **~ a mile of** weniger als eine Meile entfernt vo[n]; **~ an hour** innerhalb einer Stunde; **~ the la[w]** im Rahmen des Gesetzes

★**without** [wɪðˈaut] PREP ohne; **~ a coat** ohn[e] Mantel; **~ speaking** ohne zu sprechen; **it goe[s] ~ saying** das versteht sich von selbst; **~ anyon[e] knowing** ohne dass jemand davon wusste

withstand [wɪθˈstænd] VT (*irreg: like* **stand**) widerstehen *+dat*

★**witness** [ˈwɪtnɪs] N Zeuge *m*, Zeugin *f* ▶ V[T] (*event*) sehen, Zeuge/Zeugin sein *+gen*; (*fig*) mi[t]erleben; **to bear ~ to sth** Zeugnis für etw ablegen; **~ for the prosecution/defence** Zeuge/Zeugin der Anklage/Verteidigung; **to ~ to st[h]** etw bezeugen; **to ~ having seen sth** bezeuge[n], etw gesehen zu haben

witness box N Zeugenstand *m*

witness stand (*US*) N = **witness box**

vitticism [ˈwɪtɪsɪzəm] N geistreiche Bemerkung *f*

vitty [ˈwɪtɪ] ADJ geistreich

vives [waɪvz] NPL *of* **wife**

vizard [ˈwɪzəd] N Zauberer *m*

vizened [ˈwɪznd] ADJ (*person*) verhutzelt; (*fruit, vegetable*) verschrumpelt

vk ABBR = **week**

VO N ABBR (*Mil*) = **warrant officer**

vobble [ˈwɔbl] VI wackeln; (*legs*) zittern

vobbly [ˈwɔblɪ] ADJ (*hand, voice*) zitt(e)rig; (*table, chair*) wack(e)lig; **to feel ~** sich wack(e)lig fühlen

voe [wəu] N (*sorrow*) Jammer *m*; (*misfortune*) Kummer *m*

voeful [ˈwəuful] ADJ traurig

vok [wɔk] N Wok *m*

voke [wəuk] PT *of* **wake**

voken [ˈwəukn] PP *of* **wake**

volf [wulf] (*pl* **wolves**) N Wolf *m*

volves [wulvz] NPL *of* **wolf**

voman [ˈwumən] (*pl* **women**) N Frau *f*; **~ friend** Freundin *f*; **~ teacher** Lehrerin *f*; **young ~** junge Frau; **women's page** Frauenseite *f*

voman doctor N Ärztin *f*

vomanize [ˈwumənaɪz] (*pej*) VI hinter Frauen her sein

vomanly [ˈwumənlɪ] ADJ (*virtues etc*) weiblich

vomb [wu:m] N Mutterleib *m*; (*Med*) Gebärmutter *f*

vomen [ˈwɪmɪn] NPL *of* **woman**

vomen's lib [ˈwɪmɪnz-] (*inf*) N Frauenbefreiung *f*

Vomen's Liberation Movement, Women's Movement N Frauenbewegung *f*

von [wʌn] PT, PP *of* **win**

vonder [ˈwʌndəʳ] N (*miracle*) Wunder *nt*; (*awe*) Verwunderung *f* ▸ VI: **to ~ whether/why** *etc* sich fragen, ob/warum *etc*; **it's no ~ (that)** es ist kein Wunder(, dass); **to ~ at** (*marvel at*) staunen über *+acc*; **to ~ about** sich *dat* Gedanken machen über *+acc*; **I ~ if you could help me** könnten Sie mir vielleicht helfen

vonderful [ˈwʌndəful] ADJ wunderbar

vonderfully [ˈwʌndəfəlɪ] ADV wunderbar

'onky [ˈwɔŋkɪ] (BRIT *inf*) ADJ wack(e)lig

vont [wəunt] N: **as is his ~** wie er zu tun pflegt

'on't [wəunt] = **will not**

voo [wu:] VT (*woman, audience*) umwerben

vood [wud] N (*timber*) Holz *nt*; (*forest*) Wald *m* ▸ CPD Holz-

voodcarving [ˈwudkɑ:vɪŋ] N (*act, object*) Holzschnitzerei *f*

vooded [ˈwudɪd] ADJ bewaldet

vooden [ˈwudn] ADJ (*also fig*) hölzern

voodland [ˈwudlənd] N Waldland *nt*

voodpecker [ˈwudpɛkəʳ] N Specht *m*

vood pigeon N Ringeltaube *f*

woodwind [ˈwudwɪnd] ADJ (*instrument*) Holzblasinstrument *nt*; **the ~** die Holzbläser *pl*

woodwork [ˈwudwə:k] N (*skill*) Holzarbeiten *pl*

woodworm [ˈwudwə:m] N Holzwurm *m*

woof [wuf] N (*of dog*) Wau *nt* ▸ VI kläffen; **~, ~!** wau, wau!

wool [wul] N Wolle *f*; **to pull the ~ over sb's eyes** (*fig*) jdn hinters Licht führen

woollen, (*US*) **woolen** [ˈwulən] ADJ (*hat*) Woll-, wollen

woollens [ˈwulənz] NPL Wollsachen *pl*

woolly, (*US*) **wooly** [ˈwulɪ] ADJ (*socks, hat etc*) Woll-; (*fig: ideas*) schwammig; (*person*) verworren ▸ N (*pullover*) Wollpullover *m*

woozy [ˈwu:zɪ] (*inf*) ADJ duselig

★**word** [wə:d] N Wort *nt*; (*news*) Nachricht *f* ▸ VT (*letter, message*) formulieren; **~ for ~** Wort für Wort, (wort)wörtlich; **what's the ~ for "pen" in German?** was heißt „pen" auf Deutsch?; **to put sth into words** etw in Worte fassen; **in other words** mit anderen Worten; **to break/keep one's ~** sein Wort brechen/halten; **to have words with sb** eine Auseinandersetzung mit jdm haben; **to have a ~ with sb** mit jdm sprechen; **I'll take your ~ for it** ich verlasse mich auf Sie; **to send ~ of sth** etw verlauten lassen; **to leave ~ (with sb/for sb) that ...** (bei jdm/für jdn) die Nachricht hinterlassen, dass ...; **by ~ of mouth** durch mündliche Überlieferung

wording [ˈwə:dɪŋ] N (*of message, contract etc*) Wortlaut *m*, Formulierung *f*

word-perfect [ˈwə:dˈpə:fɪkt] ADJ: **to be ~** den Text perfekt beherrschen

word processing N Textverarbeitung *f*

word processor [-ˈprəusɛsəʳ] N Textverarbeitungssystem *nt*

wordwrap [ˈwə:dræp] N (*Comput*) (automatischer) Zeilenumbruch *m*

wordy [ˈwə:dɪ] ADJ (*book*) langatmig; (*person*) wortreich

wore [wɔ:ʳ] PT *of* **wear**

★**work** [wə:k] N Arbeit *f*; (*Art, Liter*) Werk *nt* ▸ VI arbeiten; (*mechanism*) funktionieren; (*be successful: medicine etc*) wirken ▸ VT (*clay, wood, land*) bearbeiten; (*mine*) arbeiten in; (*machine*) bedienen; (*create: effect, miracle*) bewirken; **to go to ~** zur Arbeit gehen; **to set to ~, to start ~** sich an die Arbeit machen; **to be at ~ (on sth)** (an etw *dat*) arbeiten; **to be out of ~** arbeitslos sein; **to be in ~** eine Stelle haben; **to ~ hard** hart arbeiten; **to ~ loose** (*part, knot*) sich lösen; **to ~ on the assumption that ...** von der Annahme ausgehen, dass ...

▸ **work on** VT FUS (*task*) arbeiten an *+dat*; (*person: influence*) bearbeiten; **he's working on his car** er arbeitet an seinem Auto

▸ **work out** VI (*plans etc*) klappen; (*Sport*) trainieren ▸ VT (*problem*) lösen; (*plan*) ausarbeiten; **it works out at 100 pounds** es ergibt 100 Pfund

▸ **work up** VT: **to get worked up** sich aufregen

W

workable [ˈwəːkəbl] ADJ (*system*) durchführbar; (*solution*) brauchbar

workaholic [wəːkəˈhɔlɪk] N Arbeitstier *nt*

workbench [ˈwəːkbɛntʃ] N Werkbank *f*

★**worker** [ˈwəːkəʳ] N Arbeiter(in) *m(f)*; **office ~** Büroarbeiter(in) *m(f)*

workforce [ˈwəːkfɔːs] N Arbeiterschaft *f*

work-in [ˈwəːkɪn] (BRIT) N Fabrikbesetzung *f*

working [ˈwəːkɪŋ] ADJ (*day, conditions*) Arbeits-; (*population*) arbeitend; (*mother*) berufstätig; **a ~ knowledge of English** (*adequate*) Grundkenntnisse in Englisch

working capital N Betriebskapital *nt*

working class [ˈwəːkɪŋ-] N Arbeiterklasse *f*

working-class [ˈwəːkɪŋˈklɑːs] ADJ (*family, town*) Arbeiter-

working man N (*irreg*) Arbeiter *m*

working order N: **in ~** in betriebsfähigem Zustand

working party (BRIT) N Ausschuss *m*

working relationship N Arbeitsbeziehung *f*

working week N Arbeitswoche *f*

work-in-progress [ˈwəːkɪnˈprəugrɛs] N laufende Arbeiten *pl*

workload [ˈwəːkləud] N Arbeitsbelastung *f*

workman [ˈwəːkmən] N (*irreg*) Arbeiter *m*

workmanship [ˈwəːkmənʃɪp] N Arbeitsqualität *f*

workmate [ˈwəːkmeɪt] N Arbeitskollege *m*, Arbeitskollegin *f*

workout [ˈwəːkaut] N Fitnesstraining *nt*

work permit [-ˈpəːmɪt] N Arbeitserlaubnis *f*

works [wəːks] (BRIT) N (*factory*) Fabrik *f*, Werk *nt* ▸ NPL (*of clock*) Uhrwerk *nt*; (*of machine*) Getriebe *nt*

work sheet N Arbeitsblatt *nt*

workshop [ˈwəːkʃɔp] N (*building*) Werkstatt *f*; (*practical session*) Workshop *nt*

work station N Arbeitsplatz *m*; (*Comput*) Workstation *f*

work-study [ˈwəːkstʌdɪ] N Arbeitsstudie *f*

worktop [ˈwəːktɔp] N Arbeitsfläche *f*

work-to-rule [ˈwəːktəˈruːl] (BRIT) N Dienst *m* nach Vorschrift

★**world** [wəːld] N Welt *f* ▸ CPD (*champion, power, war*) Welt-; **all over the ~** auf der ganzen Welt; **to think the ~ of sb** große Stücke auf jdn halten; **what in the ~ is he doing?** was um alles in der Welt macht er?; **to do sb a** *or* **the ~ of good** jdm unwahrscheinlich guttun; **W~ War One/Two** der Erste/Zweite Weltkrieg; **out of this ~** fantastisch

World Cup N: **the ~** (*Football*) die Fußballweltmeisterschaft *f*

world-famous [wəːldˈfeɪməs] ADJ weltberühmt

worldly [ˈwəːldlɪ] ADJ weltlich; (*knowledgeable*) weltgewandt

world music N World Music *f*, *Richtung der Po musik, die musikalische Stilelemente der Dritten We verwendet*

World Series (US) N *Endrunde d Baseball-Weltmeisterschaft zwischen den Tabelle führern der Spitzenligen*

World War N: **~ I/II, the First/Second ~** d Erste/Zweite Weltkrieg

worldwide [ˈwəːldˈwaɪd] ADJ, ADV weltweit

World Wide Web N World Wide Web *nt*

worm [wəːm] N Wurm *m*

▸ **worm out** VT: **to ~ sth out of sb** jdm etw en locken

worn [wɔːn] PP *of* **wear** ▸ ADJ (*carpet*) abgenutz (*shoe*) abgetragen

worn-out [ˈwɔːnaut] ADJ (*object*) abgenutz (*person*) erschöpft

★**worried** [ˈwʌrɪd] ADJ besorgt; **to be ~ about st** sich wegen etw Sorgen machen

worrier [ˈwʌrɪəʳ] N: **to be a ~** sich ständi Sorgen machen

worrisome [ˈwʌrɪsəm] ADJ besorgniserregen

★**worry** [ˈwʌrɪ] N Sorge *f* ▸ VT beunruhigen ▸ sich *dat* Sorgen machen; **to ~ about** *or* **ove sth/sb** sich um etw/jdn Sorgen machen

worrying [ˈwʌrɪɪŋ] ADJ beunruhigend

★**worse** [wəːs] ADJ schlechter, schlimmer ▸ AD schlechter ▸ N Schlechtere(s) *nt*, Schlimme re(s) *nt*; **to get ~** (*situation etc*) sich verschlech tern *or* verschlimmern; **he is none the ~ for** er hat keinen Schaden dabei erlitten; **so muc the ~ for you!** um so schlimmer für dich!; **change for the ~** eine Wendung zum Schlec ten

worsen [ˈwəːsn] VT verschlimmern ▸ VI sic verschlechtern

worse off ADJ (*also fig*) schlechter dran; **he now ~ than before** er ist jetzt schlechter dra als zuvor

worship [ˈwəːʃɪp] N (*act*) Verehrung *f* ▸ VT (*go* anbeten; (*person, thing*) verehren; **Your W** (BRIT: *to mayor*) verehrter Herr Bürgermeiste (*: to judge*) Euer Ehren

worshipper [ˈwəːʃɪpəʳ] N (*in church etc*) Kirch gänger(in) *m(f)*; (*fig*) Anbeter(in) *m(f)*, Vere rer(in) *m(f)*

★**worst** [wəːst] ADJ schlechteste(r, s schlimmste(r, s) ▸ ADV am schlimmsten ▸ Schlimmste(s) *nt*; **at ~** schlimmstenfalls; **the ~ comes to the ~** wenn alle Stricke reißer

worst-case scenario [ˈwəːstkeɪs-] Schlimmstfallszenario *nt*

worsted [ˈwustɪd] N Kammgarn *nt*

★**worth** [wəːθ] N Wert *m* ▸ ADJ: **to be ~** wert sei **£2 ~ of apples** Äpfel für £ 2; **how much is it ·** was *or* wie viel ist es wert?; **it's ~ it** (*effort, tim* es lohnt sich; **it's ~ every penny** es ist sei Geld wert

worthless [ˈwəːθlɪs] ADJ wertlos

worthwhile [ˈwəːθˈwaɪl] ADJ lohnend

vorthy [ˈwəːðɪ] ADJ (*person*) würdig; (*motive*) ehrenwert; **~ of** wert +*gen*

would [wud]

AUX VB **1** (*conditional tense*): **if you asked him he would do it** wenn du ihn fragtest, würde er es tun; **if you had asked him he would have done it** wenn du ihn gefragt hättest, hätte er es getan
2 (*in offers, invitations, requests*): **would you like a biscuit?** möchten Sie ein Plätzchen?; **would you ask him to come in?** würden Sie ihn bitten hereinzukommen?
3 (*in indirect speech*): **I said I would do it** ich sagte, ich würde es tun
4 (*emphatic*): **it WOULD have to snow today!** ausgerechnet heute musste es schneien!
5 (*insistence*): **she wouldn't behave** sie wollte sich partout nicht benehmen
6 (*conjecture*): **it would have been midnight** es mochte etwa Mitternacht gewesen sein; **it would seem so** so scheint es wohl
7 (*indicating habit*): **he would go there on Mondays** er ging montags immer dorthin; **he would spend every day on the beach** er verbrachte jeden Tag am Strand

vould-be [ˈwudbiː] ADJ (*singer, writer*) Möchtegern-

vouldn't [ˈwudnt] = **would not**

vound[1] [waund] PT, PP *of* **wind**[2]

vound[2] [wuːnd] N Wunde *f* ▸ VT verwunden; **wounded in the leg** am Bein verletzt

vove [wəuv] PT *of* **weave**

voven [ˈwəuvn] PP *of* **weave**

VP N ABBR = **word processing; word processor** ▸ ABBR (BRIT *inf*: = *weather permitting*) bei günstiger Witterung

vpm ABBR (= *words per minute*) Worte pro Minute (*beim Maschineschreiben*)

vrangle [ˈræŋgl] N Gerangel *nt* ▸ VI: **to ~ with sb over sth** sich mit jdm um etw zanken

vrap [ræp] N (*shawl*) Umhang *m*; (*cape*) Cape *nt* ▸ VT einwickeln; (*pack*: *also*: **wrap up**) einpacken; (*wind*: *tape etc*) wickeln; **under wraps** (*fig*: *plan*) geheim

vrapper [ˈræpəʳ] N (*on chocolate*) Papier *nt*; (BRIT: *of book*) Umschlag *m*

vrapping paper [ˈræpɪŋ-] N (*brown*) Packpapier *nt*; (*fancy*) Geschenkpapier *nt*

vrath [rɔθ] N Zorn *m*

vreak [riːk] VT: **to ~ havoc (on)** verheerenden Schaden anrichten (bei); **to ~ vengeance** *or* **revenge on sb** Rache an jdm üben

vreath [riːθ] (*pl* **wreaths**) N Kranz *m*

vreck [rɛk] N Wrack *nt*; (*vehicle*) Schrotthaufen *m* ▸ VT kaputt machen; (*car*) zu Schrott fahren; (*chances*) zerstören

vreckage [ˈrɛkɪdʒ] N (*of car, plane, building*) Trümmer *pl*; (*of ship*) Wrackteile *pl*

vrecker [ˈrɛkəʳ] (US) N (*breakdown van*) Abschleppwagen *m*

Wren [rɛn] (BRIT) N ABBR *weibliches Mitglied der britischen Marine*

wren [rɛn] N (*Zool*) Zaunkönig *m*

wrench [rɛntʃ] N (*Tech*) Schraubenschlüssel *m*; (*tug*) Ruck *m*; (*fig*) schmerzhaftes Erlebnis *nt* ▸ VT (*pull*) reißen; (*injure, arm, back*) verrenken; **to ~ sth from sb** jdm etw entreißen

wrest [rɛst] VT: **to ~ sth from sb** jdm etw abringen

wrestle [ˈrɛsl] VI: **to ~ (with sb)** (mit jdm) ringen; **to ~ with a problem** mit einem Problem kämpfen

wrestler [ˈrɛsləʳ] N Ringer(in) *m(f)*

wrestling [ˈrɛslɪŋ] N Ringen *nt*; (*also*: **all-in wrestling**) Freistilringen *nt*

wrestling match N Ringkampf *m*

wretch [rɛtʃ] N: **poor ~** (*man*) armer Schlucker *m*; (*woman*) armes Ding *nt*; **little ~!** (*often humorous*) kleiner Schlingel!

wretched [ˈrɛtʃɪd] ADJ (*poor*) erbärmlich; (*unhappy*) unglücklich; (*inf*: *damned*) elend

wriggle [ˈrɪgl] VI (*person*: *also*: **wriggle about**) zappeln; (*fish*) sich winden; (*snake etc*) sich schlängeln ▸ N Zappeln *nt*

wring [rɪŋ] (*pt, pp* **wrung**) VT (*wet clothes*) auswringen; (*hands*) wringen; (*neck*) umdrehen; **to ~ sth out of sth/sb** (*fig*) etw/jdm etw abringen

wringer [ˈrɪŋəʳ] N Mangel *f*

wringing [ˈrɪŋɪŋ] ADJ (*also*: **wringing wet**) tropfnass

wrinkle [ˈrɪŋkl] N Falte *f* ▸ VT (*nose, forehead etc*) runzeln ▸ VI (*skin, paint etc*) sich runzeln

wrinkled [ˈrɪŋkld] ADJ (*fabric, paper*) zerknittert; (*surface*) gekräuselt; (*skin*) runzlig

wrinkly [ˈrɪŋklɪ] ADJ = **wrinkled**

wrist [rɪst] N Handgelenk *nt*

wristband [ˈrɪstbænd] (BRIT) N (*of shirt*) Manschette *f*; (*of watch*) Armband *nt*

wristwatch [ˈrɪstwɔtʃ] N Armbanduhr *f*

writ [rɪt] N (*Law*) (gerichtliche) Verfügung *f*; **to issue a ~ against sb, serve a ~ on sb** eine Verfügung gegen jdn erlassen

★**write** [raɪt] (*pt* **wrote**, *pp* **written**) VT schreiben; (*cheque*) ausstellen ▸ VI schreiben; **to ~ to sb** jdm schreiben
▸ **write away** VI: **to ~ away for sth** etw anfordern
▸ **write down** VT aufschreiben
▸ **write off** VT (*debt, project*) abschreiben; (*wreck*: *car etc*) zu Schrott fahren ▸ VI = **write away**
▸ **write out** VT (*put in writing*) schreiben; (*cheque, receipt etc*) ausstellen
▸ **write up** VT (*report etc*) schreiben

write-off [ˈraɪtɔf] N (*Aut*) Totalschaden *m*

write-protected [ˈraɪtprəˈtɛktɪd] ADJ (*Comput*) schreibgeschützt

★**writer** [ˈraɪtəʳ] N (*author*) Schriftsteller(in) *m(f)*; (*of report, document etc*) Verfasser(in) *m(f)*

write-up [ˈraɪtʌp] N (*review*) Kritik *f*

writhe [raɪð] VI sich krümmen

W

★**writing** [ˈraɪtɪŋ] N Schrift *f*; (*of author*) Arbeiten *pl*; (*activity*) Schreiben *nt*; **in ~** schriftlich; **in my own ~** in meiner eigenen Handschrift

writing case N Schreibmappe *f*

writing desk N Schreibtisch *m*

writing paper N Schreibpapier *nt*

★**written** [ˈrɪtn] PP *of* **write**

★**wrong** [rɔŋ] ADJ falsch; (*morally bad*) unrecht; (*unfair*) ungerecht ▶ ADV falsch ▶ N (*injustice*) Unrecht *nt*; (*evil*): **right and ~** Gut und Böse ▶ VT (*treat unfairly*) unrecht *or* ein Unrecht tun *+dat*; **to be ~** (*answer*) falsch sein; (*in doing, saying sth*) unrecht haben; **you are ~ to do it** es ist ein Fehler von dir, das zu tun; **it's ~ to steal, stealing is ~** Stehlen ist unrecht; **you are ~ about that, you've got it ~** da hast du unrecht; **what's ~?** wo fehlts?; **there's nothing ~** es ist alles in Ordnung; **to go ~** (*person*) einen Fehler machen; (*plan*) schiefgehen; (*machine*) versagen; **to be in the ~** im Unrecht sein

wrongdoer [ˈrɔŋdu:əʳ] N Übeltäter(in) *m(f)*

wrong-foot [rɔŋˈfut] VT: **to ~ sb** (*Sport*) jdn au dem falschen Fuß erwischen; (*fig*) jdn im fa schen Moment erwischen

wrongful [ˈrɔŋful] ADJ unrechtmäßig

wrongly [ˈrɔŋlɪ] ADV falsch; (*unjustly*) z Unrecht

wrong number N (*Tel*): **you've got the ~** Si sind falsch verbunden

wrong side N: **the ~** (*of material*) die linke Seite

wrote [rəut] PT *of* **write**

wrought [rɔ:t] ADJ: **~ iron** Schmiedeeisen *nt*

wrung [rʌŋ] PT, PP *of* **wring**

WRVS (BRIT) N ABBR (= *Women's Royal Volunta Service*) *karitativer Frauenverband*

wry [raɪ] ADJ (*smile, humour*) trocken

wt. ABBR = **weight**

WV (*US*) ABBR (*Post*) = **West Virginia**

WWW N ABBR (= *World Wide Web*) WWW *nt*

WY, (*US*) **Wyo.** ABBR (*Post*) = **Wyoming**

WYSIWYG [ˈwɪzɪwɪg] ABBR (*Comput*: = *what yo see is what you get*) WYSIWYG *nt*

X, x [ɛks] N (*letter*) X *nt*, x *nt*; (BRIT *Cine*: *formerly*) *Klassifikation für nicht jugendfreie Filme*; **X for Xmas** ≈ X wie Xanthippe

xenophobia [zenəˈfəubɪə] N Ausländerfeindlichkeit *f*

Xerox® [ˈzɪərɔks] N (*also*: **Xerox machine**) Xerokopierer *m*; (*photocopy*) Xerokopie *f* ▸ VT xerokopieren

XL ABBR (= *extra large*) XL

Xmas [ˈɛksməs] N ABBR = **Christmas**

XML ABBR (*Comput*: = *extensible markup language*) XML

X-rated [ˈɛksreɪtɪd] (*US*) ADJ (*film*) nicht jugendfrei

X-ray [ˈɛksreɪ] N Röntgenstrahl *m*; (*photo*) Röntgenbild *nt* ▸ VT röntgen; **to have an ~** sich röntgen lassen

xylophone [ˈzaɪləfəun] N Xylofon *nt*

X

Y, y [waɪ] N (*letter*) Y *nt*, y *nt*; **Y for Yellow, Y for Yoke** (*US*) ≈ Y wie Ypsilon

★**yacht** [jɔt] N Jacht *f*

yachting [ˈjɔtɪŋ] N Segeln *nt*

yachtsman [ˈjɔtsmən] N (*irreg*) Segler *m*

yam [jæm] N Jamswurzel *f*, Yamswurzel *f*

Yank [jæŋk] (*pej*) N Ami *m*

yank [jæŋk] VT reißen ▸ N Ruck *m*; **to give sth a ~** mit einem Ruck an etw *dat* ziehen

Yankee [ˈjæŋkɪ] (*pej*) N = **Yank**

yap [jæp] VI (*dog*) kläffen

★**yard** [jɑːd] N (*of house etc*) Hof *m*; (*US: garden*) Garten *m*; (*measure*) Yard *nt* (= 0,91 *m*); **builder's ~** Bauhof *m*

yardstick [ˈjɑːdstɪk] N (*fig*) Maßstab *m*

yarn [jɑːn] N (*thread*) Garn *nt*; (*tale*) Geschichte *f*

yawn [jɔːn] VI gähnen ▸ N Gähnen *nt*

yawning [ˈjɔːnɪŋ] ADJ (*gap*) gähnend

yd ABBR = **yard**

yeah [jɛə] (*inf*) ADV ja

★**year** [jɪəʳ] N Jahr *nt*; (*referring to wine*) Jahrgang *m*; **every ~** jedes Jahr; **this ~** dieses Jahr; **a** *or* **per ~** pro Jahr; **~ in, ~ out** jahrein, jahraus; **to be 8 years old** 8 Jahre alt sein; **an eight-year-old child** ein achtjähriges Kind

yearbook [ˈjɪəbuk] N Jahrbuch *nt*

yearling [ˈjɪəlɪŋ] N (*horse*) Jährling *m*

yearly [ˈjɪəlɪ] ADJ, ADV (*once a year*) jährlich; **twice ~** zweimal jährlich *or* im Jahr

yearn [jəːn] VI: **to ~ for sth** sich nach etwas sehnen; **to ~ to do sth** sich danach sehnen, etw zu tun

yearning [ˈjəːnɪŋ] N: **to have a ~ for sth** ein Verlangen nach etw haben; **to have a ~ to do sth** ein Verlangen danach haben, etw zu tun

yeast [jiːst] N Hefe *f*

yell [jɛl] N Schrei *m* ▸ VI schreien

★**yellow** [ˈjɛləu] ADJ gelb ▸ N Gelb *nt*

yellow fever N Gelbfieber *nt*

yellowish [ˈjɛləuɪʃ] ADJ gelblich

Yellow Pages® NPL: **the ~** die gelben Seiten *pl*, das Branchenverzeichnis

Yellow Sea N: **the ~** das Gelbe Meer

yelp [jɛlp] N Jaulen *nt* ▸ VI jaulen

Yemen [ˈjɛmən] N: **(the) ~** (der) Jemen

Yemeni [ˈjɛmənɪ] ADJ jemenitisch ▸ Jemenit(in) *m(f)*

yen [jɛn] N (*currency*) Yen *m*; (*craving*): **to have ~ for** Lust auf etw haben; **to have a ~ to do st** Lust darauf haben, etw zu tun

yeoman [ˈjəumən] N (*irreg*): **Y~ of the Guar** (königlicher) Leibgardist *m*

★**yes** [jɛs] ADV ja; (*in reply to negative*) doch ▸ N Ja *n* **to say ~** Ja sagen; **to answer ~** mit Ja antwo ten

> Use **ja** to agree, **doch** to contradict a negative statement or question.

yes-man [ˈjɛsmæn] (*pej*) N (*irreg*) Jasager *m*

★**yesterday** [ˈjɛstədɪ] ADV gestern ▸ N Gestern *n* **~ morning/evening** gestern Morgen/Aben **~'s paper** die Zeitung von gestern; **the da before ~** vorgestern; **all day ~** gestern de ganzen Tag (lang)

★**yet** [jɛt] ADV noch ▸ CONJ jedoch; **it is not fi ished ~** es ist noch nicht fertig; **must you g just ~?** musst du schon gehen?; **the best ~** de die/das bisher Beste; **as ~** bisher; **it'll b a few days ~** es wird noch ein paar Tag dauern; **not for a few days ~** nicht in de nächsten paar Tagen; **~ again** wiederum

yew [juː] N (*tree*) Eibe *f*; (*wood*) Eibenholz *nt*

Y-fronts® [ˈwaɪfrʌnts] NPL (Herren-)Slip *m* (*m y-förmiger Vorderseite*)

YHA (BRIT) N ABBR (= *Youth Hostels Association*) *br tischer Jugendherbergsverband*

Yiddish [ˈjɪdɪʃ] N Jiddisch *nt*

yield [jiːld] N (*Agr*) Ertrag *m*; (*Comm*) Gewinn ▸ VT (*produce: results, profit*) hervorbringen; (*su render: control etc*) abtreten ▸ VI (*surrender, give wa* nachgeben; (*US Aut*) die Vorfahrt achten; **a ~ 5%** ein Ertrag *or* Gewinn von 5%

yikes [jaiks] EXCL (*inf: esp hum*) ich glaub nicht!, Wahnsinn!

YMCA N ABBR (*organization: = Young Men's Christic Association*) CVJM *m*

yob [jɔb], **yobbo** [ˈjɔbəu] (BRIT *inf, pej*) N Rowd *m*

yodel [ˈjəudl] VI jodeln

yoga [ˈjəugə] N Yoga *m or nt*

yoghourt [ˈjəugət] N = **yoghurt**

★**yoghurt, yogurt** [ˈjəugət] N Joghurt *m or nt*

oke [jəuk] N (*also fig*) Joch *nt* ▶ VT (*oxen*: *also*: **yoke together**) einspannen

olk [jəuk] N (*of egg*) Eigelb *nt*, Dotter *m*

onder [ˈjɔndəʳ] ADV: **(over) ~** dort drüben ▶ ADJ: **from ~ house** von dem Haus dort drüben

onks [jɔŋks] (*inf*) N: **for ~** seit einer Ewigkeit

you [juː]

PRON **1** (*subject*: *familiar*: *singular*) du; (: *plural*) ihr; (: *polite*) Sie; **you Germans enjoy your food** ihr Deutschen esst gern gut
2 (*object*: *direct*: *familiar*: *singular*) dich; (: *plural*) euch; (: *polite*) Sie; (: *indirect*: *familiar*: *singular*) dir; (: *plural*) euch; (: *polite*) Ihnen; **I know you** ich kenne dich/euch/Sie; **I gave it to you** ich habe es dir/euch/Ihnen gegeben; **if I were you I would ...** an deiner/eurer/Ihrer Stelle würde ich ...
3 (*after prep, in comparisons*): **it's for you** es ist für dich/euch/Sie; **she's younger than you** sie ist jünger als du/ihr/Sie
4 (*impersonal*: *one*) man; **you never know** man weiß nie

> Only use **du** when speaking to one person, and when you know the person well. Use **ihr** for several people you know well. If in doubt use the polite form **Sie**.

ou'd [juːd] = **you had; you would**

ou'll [juːl] = **you will; you shall**

oung [jʌŋ] ADJ jung ■ **the young** NPL (*of animal*) die Jungen *pl*; (*people*) die jungen Leute *pl*; **a ~ man** ein junger Mann; **a ~ lady** eine junge Dame

ounger [ˈjʌŋgəʳ] ADJ jünger; **the ~ generation** die jüngere Generation

oungish [ˈjʌŋɪʃ] ADJ recht jung

oungster [ˈjʌŋstəʳ] N Kind *nt*

our [jɔːʳ] ADJ (*familiar*: *sing*) dein/deine/dein; (: *pl*) euer/eure/euer; (*polite*) Ihr/Ihre/Ihr; (*one's*) sein; **you mustn't eat with ~ fingers** man darf nicht mit den Fingern essen; *see also* **my**

> Only use **dein** when speaking to one person, and when you know the person well. For several people you know well use **euer**. If in doubt use the polite form **Ihr**.

ou're [juəʳ] = **you are**

ours [jɔːz] PRON (*familiar*: *sing*) deiner/deine/dein(e)s; (: *pl*) eurer/eure/eures; (*polite*) Ihrer/Ihre/Ihres; **a friend of ~** ein Freund von dir/Ihnen; **is it ~?** gehört es dir/Ihnen?; **~ sincerely/faithfully** mit freundlichen Grüßen; *see also* **mine²**

> Only use **deiner/deine/deines** when talking to one person you know well. Use **euer/eure/eures** when talking to several people you know well. If in doubt use the polite form **Ihrer/Ihre/Ihres**.

★**yourself** [jɔːˈsɛlf] PRON (*reflexive*: *familiar*: *sing*: *acc*) dich; (: *dat*) dir; (: *pl*) euch; (: *polite*) sich; (*emphatic*) selbst; **you ~ told me** das haben Sie mir selbst gesagt

> Only use **dich/dir** when talking to one person you know well. If in doubt use the polite form **sich**.

yourselves [jɔːˈsɛlvz] PL PRON (*reflexive*: *familiar*) euch; (: *polite*) sich; (*emphatic*) selbst; *see also* **oneself**

> Only use **euch** when talking to people you know well. If in doubt use the polite form **sich**.

youth [juːθ] N Jugend *f*; (*young man*: *pl* **youths** [juːðz]) Jugendliche(r) *m*; **in my ~** in meiner Jugend

youth club N Jugendklub *m*

youthful [ˈjuːθful] ADJ jugendlich

youthfulness [ˈjuːθfulnɪs] N Jugendlichkeit *f*

youth hostel N Jugendherberge *f*

youth movement N Jugendbewegung *f*

you've [juːv] = **you have**

yowl [jaul] N (*of animal*) Jaulen *nt*; (*of person*) Heulen *nt*

yr ABBR (= *year*) J.

YT (CANADA) ABBR = **Yukon Territory**

yuck factor [ˈjʌk-] N (*inf*) Igitt-Faktor *m*

yucky [ˈjʌkɪ] ADJ (*inf*) eklig

Yugoslav [ˈjuːgəuslɑːv] (*Hist*) ADJ jugoslawisch ▶ N Jugoslawe *m*, Jugoslawin *f*

Yugoslavia [juːgəuˈslɑːvɪə] (*Hist*) N Jugoslawien *nt*

Yugoslavian [juːgəuˈslɑːvɪən] (*Hist*) ADJ jugoslawisch

Yule log [ˈjuːl-] N *Biskuitrolle mit Überzug, die zu Weihnachten gegessen wird*

yummy [ˈjʌmɪ] ADJ (*inf*) lecker

yuppie [ˈjʌpɪ] (*inf*) N Yuppie *m* ▶ ADJ yuppiehaft; (*job, car*) Yuppie-

YWCA N ABBR (*organization*: = *Young Women's Christian Association*) CVJF *m*

Zz

Z, z [zɛd, (*US*) ziː] N (*letter*) Z *nt*, z *nt*; **Z for Zebra** ≈ Z wie Zacharias
Zaire [zɑːˈiːəʳ] N Zaire *nt*
Zambia [ˈzæmbɪə] N Sambia *nt*
Zambian [ˈzæmbɪən] ADJ sambisch ▸ N Sambier(in) *m(f)*
zany [ˈzeɪnɪ] ADJ verrückt
zap [zæp] VT (*Comput: delete*) löschen
zapping [ˈzæpɪŋ] N (*TV*) ständiges Umschalten, Zapping *nt*
zeal [ziːl] N Eifer *m*
zealot [ˈzɛlət] N Fanatiker(in) *m(f)*
zealous [ˈzɛləs] ADJ eifrig
zebra [ˈziːbrə] N Zebra *nt*
zebra crossing (BRIT) N Zebrastreifen *m*
zenith [ˈzɛnɪθ] N (*also fig*) Zenit *m*
★**zero** [ˈzɪərəu] N (*number*) Null *f* ▸ VI: **to ~ in on sth** (*target*) etw einkreisen; **5 degrees below ~** 5 Grad unter null
zero hour N die Stunde X
zero option N (*esp Pol*) Nulllösung *f*
zero-rated [ˈziːrəureɪtɪd] (BRIT) ADJ (*Tax*) mehrwertsteuerfrei
zest [zɛst] N (*for life*) Begeisterung *f*; (*of orange*) Orangenschale *f*
zigzag [ˈzɪgzæg] N Zickzack *m* ▸ VI sich im Zickzack bewegen
Zimbabwe [zɪmˈbɑːbwɪ] N Zimbabwe *nt*
Zimbabwean [zɪmˈbɑːbwɪən] ADJ zimbabwisch
zimmer® [ˈzɪməʳ] N (*also:* **zimmer frame**) Laufgestell *nt*
zinc [zɪŋk] N Zink *nt*
Zionism [ˈzaɪənɪzəm] N Zionismus *m*
Zionist [ˈzaɪənɪst] ADJ zionistisch ▸ N Zionist(in) *m(f)*
zip [zɪp] N (*also:* **zip fastener**) Reißverschluss *m* ▸ VT (*dress etc: also:* **zip up**) den Reißverschluss zumachen an *+dat*
zip code (*US*) N Postleitzahl *f*
Zip file® N (*Comput*) ZIP-Datei® *f*
zipper [ˈzɪpəʳ] (*US*) N = **zip**
zit [zɪt] N (*inf*) Pickel *m*
zither [ˈzɪðəʳ] N Zither *f*
zodiac [ˈzəudɪæk] N Tierkreis *m*
zombie [ˈzɔmbɪ] N (*fig*) Schwachkopf *m*
★**zone** [zəun] N (*also Mil*) Zone *f*, Gebiet *nt*; (*in town*) Bezirk *m*
zonked [zɔŋkt] (*inf*) ADJ (*tired*) total geschafft; (*high on drugs*) high; (*drunk*) voll
★**zoo** [zuː] N Zoo *m*
zoological [zuəˈlɔdʒɪkl] ADJ zoologisch
zoologist [zuˈɔlədʒɪst] N Zoologe *m*, Zoologin *f*
zoology [zuːˈɔlədʒɪ] N Zoologie *f*
zoom [zuːm] VI: **to ~ past** vorbeisausen; **to ~ in (on sth/sb)** (*Phot, Cine*) (etw/jdn) näher heranholen
zoom lens N Zoomobjektiv *nt*
zucchini [zuːˈkiːnɪ] (*US*) N Zucchini *pl*
Zulu [ˈzuːluː] ADJ (*tribe, culture*) Zulu- ▸ N (*person*) Zulu *mf*; (*Ling*) Zulu *nt*
Zumba® [ˈzumbə] N Zumba *nt*
Zürich [ˈzjuərɪk] N Zürich *nt*

Grammar
Grammatik

Using the Grammar

The Grammar section deals systematically and comprehensively with all the information you will need in order to communicate accurately in German. The user-friendly layout explains the grammar point on a left-hand page, leaving the facing page free for illustrative examples. The numbers → ❶ *etc* direct you to the relevant example in every case.

The Grammar section also provides invaluable guidance on the danger of translating English structures with identical structures in German. Use of Numbers and Punctuation are important areas covered towards the end of the section. Finally, the index lists the main words and grammatical terms in both English and German.

Abbreviations

acc	*accusative*
dat	*dative*
fem	*feminine*
gen	*genitive*
intr	*intransitive*
masc	*masculine*
neut	*neuter*
nom	*nominative*
pl	*plural*
sing	*singular*
tr	*transitive*

Contents

Verbs

Formation of Tenses

Tenses are either simple or compound. Once you know how to form the past participle, compound tenses are similar for all verbs (see pages 22–29). To form simple tenses you need to know whether a verb is weak, strong or mixed.

Simple Tenses

In German these are:

Present indicative → ❶
Imperfect indicative → ❷
Present subjunctive → ❸
Imperfect subjunctive → ❹

Subjunctive forms are widely used in German, especially for indirect or reported speech (see pages 66–67).

The simple tenses are formed by adding endings to a verb stem. The endings show the number, person and tense of the subject of the verb → ❺

The types of verb you need to know to form simple tenses are:

Strong verbs (pages 12–15), those whose vowel usually changes in forming the imperfect indicative → ❻

Weak verbs (pages 8–11), which are usually completely regular and have no vowel changes. Their endings differ from those of strong verbs → ❼

Mixed verbs (pages 16–17), which have a vowel change like strong verbs, but the endings of weak verbs → ❽

Examples

❶ **ich hole**	I fetch I am fetching I do fetch
❷ **ich holte**	I fetched I was fetching I used to fetch
❸ **(dass) ich hole**	(that) I fetch/I fetched
❹ **(dass) ich holte**	(that) I fetched
❺ **ich hole** **wir holen** **du holtest**	I fetch we fetch you fetched
❻ **singen** **er singt** **er sang**	to sing he sings he sang
❼ **holen** **er holt** **er holte**	to fetch he fetches he fetched
❽ **bringen** **er bringt** **er brachte**	to bring he brings he brought

Verbs

Weak verbs

Weak verbs are usually regular in conjugation. Their simple tenses are formed as follows:

Present and imperfect tenses are formed by adding the endings shown below to the verb stem. This stem is formed by removing the **-en** ending of the infinitive (the form found in the dictionary) → ❶

Where the infinitive of a weak verb ends in **-eln** or **-ern**, only the **-n** is removed to form the verb stem → ❷

The endings are as follows:

	PRESENT INDICATIVE	PRESENT SUBJUNCTIVE	
1st singular	**-e**	**-e**	
2nd	**-st**	**-est**	
3rd	**-t**	**-e**	→ ❸
1st plural	**-en**	**-en**	
2nd	**-t**	**-et**	
3rd	**-en**	**-en**	

	IMPERFECT INDICATIVE	IMPERFECT SUBJUNCTIVE	
1st singular	**-te**	**-te**	
2nd	**-test**	**-test**	
3rd	**-te**	**-te**	→ ❸
1st plural	**-ten**	**-ten**	
2nd	**-tet**	**-tet**	
3rd	**-ten**	**-ten**	

Examples

❶

INFINITIVE		STEM
holen	to fetch	**hol-**
machen	to make	**mach-**
kauen	to chew	**kau-**

❷

INFINITIVE		STEM
wandern	to roam	**wander-**
handeln	to trade, to act	**handel-**

❸ **holen** to fetch

PRESENT INDICATIVE	PRESENT SUBJUNCTIVE	
ich hol**e**	ich hol**e**	I fetch
du hol**st**	du hol**est**	you fetch
er/sie/es hol**t**	er/sie/es hol**e**	he/she/it fetches
wir hol**en**	wir hol**en**	we fetch
ihr hol**t**	ihr hol**et**	you (*plural*) fetch
sie/Sie hol**en**	sie/Sie hol**en**	they/you (*polite*) fetch

IMPERFECT INDICATIVE AND IMPERFECT SUBJUNCTIVE
(*These tenses are identical for weak verbs*)

ich hol**te**	I fetched
du hol**test**	you fetched
er/sie/es hol**te**	he/she/it fetched
wir hol**ten**	we fetched
ihr hol**tet**	you (*plural*) fetched
sie/Sie hol**ten**	they/you (*polite*) fetched

Verbs

Weak verbs *continued*

Where the stem of a weak verb ends in **-d** or **-t**, an extra **-e-** is inserted before those endings where this will ease pronunciation → ❶

Weak verbs whose stems end in **-m** or **-n** may take this extra **-e-** or not, depending on whether its addition is necessary for pronunciation. If the **-m** or **-n** is preceded by a consonant other than **l**, **r** or **h**, the **-e-** is inserted → ❷

Weak (and strong) verbs whose stem ends in a sibilant sound (**-s**, **-z**, **-ss**, **-ß**) normally lose the **-s-** of the second person singular ending (the **du** form) in the present indicative → ❸

NOTE: When this sibilant is **-sch**, the **-s-** of the ending remains → ❹

Examples

❶ **reden** to speak | **arbeiten** to work

PRESENT	IMPERFECT	PRESENT	IMPERFECT
ich rede	ich red**e**te	ich arbeite	ich arbeit**e**te
du red**e**st	du red**e**test	du arbeit**e**st	du arbeit**e**test
er red**e**t	er red**e**te	er arbeit**e**t	er arbeit**e**te
wir reden	wir red**e**ten	wir arbeiten	wir arbeit**e**ten
ihr red**e**t	ihr red**e**tet	ihr arbeit**e**t	ihr arbeit**e**tet
sie reden	sie red**e**ten	sie arbeiten	sie arbeit**e**ten

❷ **atmen** to breathe | **segnen** to bless

PRESENT	IMPERFECT	PRESENT	IMPERFECT
ich atme	ich atm**e**te	ich segne	ich segn**e**te
du atm**e**st	du atm**e**test	du segn**e**st	du segn**e**test
er atm**e**t	er atm**e**te	er segn**e**t	er segn**e**te
wir atmen	wir atm**e**ten	wir segnen	wir segn**e**ten
ihr atm**e**t	ihr atm**e**tet	ihr segn**e**t	ihr segn**e**tet
sie atmen	sie atm**e**ten	sie segnen	sie segn**e**ten

BUT:

umarmen to embrace | **lernen** to learn

PRESENT	IMPERFECT	PRESENT	IMPERFECT
ich umarme	ich umarmte	ich lerne	ich lernte
du umarmst	du umarmtest	du lernst	du lerntest
er umarmt	er umarmte	er lernt	er lernte
wir umarmen	wir umarmten	wir lernen	wir lernten
ihr umarmt	ihr umarmtet	ihr lernt	ihr lerntet
sie umarmen	sie umarmten	sie lernen	sie lernten

❸ **grüßen** to greet | ❹ **löschen** to extinguish

PRESENT	PRESENT
ich grüße	ich lösche
du **grüßt**	du lösch**s**t
er grüßt	er löscht
wir grüßen	wir löschen
ihr grüßt	ihr löscht
sie grüßen	sie löschen

Verbs

Strong verbs

A table of the most useful strong verbs is given on pages 86–97.

What differentiates strong verbs from weak ones is that when forming their imperfect indicative tense, strong verbs undergo a vowel change and have a different set of endings → ❶

Their past participles are also formed differently (see page 24).

To form the imperfect subjunctive of strong verbs, the endings from the appropriate table below are added to the stem of the imperfect indicative, but the vowel is modified by an umlaut where this is possible, i.e. **a ä**, **o ö**, **u ü**. Exceptions to this are clearly shown in the table of strong verbs → ❷

The endings for the simple tenses of strong verbs are as follows:

	PRESENT INDICATIVE	PRESENT SUBJUNCTIVE	
1st singular	**-e**	**-e**	
2nd	**-st**	**-est**	
3rd	**-t**	**-e**	→ ❸
1st plural	**-en**	**-en**	
2nd	**-t**	**-et**	
3rd	**-en**	**-en**	

	IMPERFECT INDICATIVE	IMPERFECT SUBJUNCTIVE	
1st singular	—	**-e**	
2nd	**-st**	**-(e)st**	
3rd	—	**-e**	→ ❸
1st plural	**-en**	**-en**	
2nd	**-t**	**-(e)t**	
3rd	**-en**	**-en**	

Examples

❶ Compare:

	INFINITIVE	PRESENT	IMPERFECT
WEAK	**sagen** to say	er sagt	er sagte
STRONG	**rufen** to shout	er ruft	er rief

❷

	IMPERFECT INDICATIVE	IMPERFECT SUBJUNCTIVE
	er gab he gave	er gäbe (*umlaut added*)
BUT:	er rief he shouted	er riefe (*no umlaut possible*)

❸ **singen** to sing

PRESENT INDICATIVE	PRESENT SUBJUNCTIVE
ich sing**e**	ich sing**e**
du sing**st**	du sing**est**
er sing**t**	er sing**e**
wir sing**en**	wir sing**en**
ihr sing**t**	ihr sing**et**
sie sing**en**	sie sing**en**

IMPERFECT INDICATIVE	IMPERFECT SUBJUNCTIVE
ich sang	ich säng**e**
du sang**st**	du säng**(e)st**
er sang	er säng**e**
wir sang**en**	wir säng**en**
ihr sang**t**	ihr säng**(e)t**
sie sang**en**	sie säng**en**

Verbs

Strong verbs *continued*

In the present tense of strong verbs, the vowel also often changes for the second and third persons singular (the **du** and **er/sie/es** forms). The pattern of possible changes is as follows:

long **e**	→	**ie**
short **e**	→	**i**
a	→	**ä**
au	→	**äu**
o	→	**ö**

Verbs which undergo these changes are clearly shown in the table beginning on page 86 → ❶

Strong (and weak) verbs whose stem ends with a sibilant sound (**-s**, **-z**, **-ss**, **-ß**) normally lose the **-s-** of the second person singular ending (the **du** form) in the *present indicative*, unless the sibilant is **-sch**, when it remains → ❷

In the second person singular of the *imperfect* tense of strong verbs whose stem ends in a sibilant sound (including **-sch**) the sibilant remains, and an **-e-** is inserted between it and the appropriate ending → ❸

Examples

❶ **sehen** to see	**helfen** to help	**fahren** to drive
ich sehe	ich helfe	ich fahre
du s**ie**hst	du h**i**lfst	du f**ä**hrst
er/sie/es s**ie**ht	er/sie/es h**i**lft	er f**ä**hrt
wir sehen	wir helfen	wir fahren
ihr seht	ihr helft	ihr fahrt
sie sehen	sie helfen	sie fahren

saufen to booze	**stoßen** to push
ich saufe	ich stoße
du s**äu**fst	du st**ö**ßt
er s**äu**ft	er st**ö**ßt
wir saufen	wir stoßen
ihr sauft	ihr stoßt
sie saufen	sie stoßen

❷ **wachsen** to grow	**waschen** to wash
ich wachse	ich wasche
du wächst	du wäsch**s**t
er wächst	er wäscht
wir wachsen	wir waschen
ihr wachst	ihr wascht
sie wachsen	sie waschen

❸ **lesen** to read	**schließen** to close	**waschen** to wash
ich las	ich schloss	ich wusch
du las**e**st	du schloss**e**st	du wusch**e**st
er las	er schloss	er wusch
wir lasen	wir schlossen	wir wuschen
ihr last	ihr schlosst	ihr wuscht
sie lasen	sie schlossen	sie wuschen

Mixed verbs

There are nine mixed verbs in German, and, as their name implies, they are formed according to a mixture of the rules already outlined for weak and strong verbs.

The mixed verbs are:

brennen to burn	**kennen** to know	**senden** to send
bringen to bring	**nennen** to name	**wenden** to turn
denken to think	**rennen** to run	**wissen** to know

Full details of their principal parts are given in the verb table beginning on page 86.

Mixed verbs form their imperfect tense by adding the weak verb endings to a stem whose vowel has been changed as for a strong verb → ❶

NOTE: **Bringen** and **denken** have a consonant change too in their imperfect forms → ❷

The imperfect subjunctive forms of mixed verbs are unusual and should be noted → ❸

Other tenses of mixed verbs are formed as for strong verbs.

The past participle of mixed verbs has characteristics of both weak and strong verbs, as shown on page 24.

Examples

1 IMPERFECT INDICATIVE

kennen to know	**senden** to send	**wissen** to know
ich k**a**nn**te**	ich s**a**nd**te**	ich w**u**ss**te**
du k**a**nn**test**	du s**a**nd**test**	du w**u**ss**test**
er k**a**nn**te**	er s**a**nd**te**	er w**u**ss**te**
wir k**a**nn**ten**	wir s**a**nd**ten**	wir w**u**ss**ten**
ihr k**a**nn**tet**	ihr s**a**nd**tet**	ihr w**u**ss**tet**
sie k**a**nn**ten**	sie s**a**nd**ten**	sie w**u**ss**ten**

2 IMPERFECT INDICATIVE

bringen to bring	**denken** to think
ich **brachte**	ich **dachte**
du **brachtest**	du **dachtest**
er **brachte**	er **dachte**
wir **brachten**	wir **dachten**
ihr **brachtet**	ihr **dachtet**
sie **brachten**	sie **dachten**

3 IMPERFECT SUBJUNCTIVE

brennen	**kennen**	**senden**
ich brennte	ich kennte	ich sendete
du brenntest	du kenntest	du sendetest
er brennte *etc*	er kennte *etc*	er sendete *etc*
bringen	**nennen**	**wenden**
ich brächte	ich nennte	ich wendete
du brächtest	du nenntest	du wendetest
er brächte *etc*	er nennte *etc*	er wendete *etc*
denken	**rennen**	**wissen**
ich dächte	ich rennte	ich wüsste
du dächtest	du renntest	du wüsstest
er dächte *etc*	er rennte *etc*	er wüsste *etc*

Verbs

The Imperative

This is the form of a verb used to give an order or a command, or to make a request:

Come here/Stand up/Please bring me a beer → ❶

German has three main imperative forms. These correspond to the three ways of addressing people – **Sie**, **du** and **ihr** (see page 160).

	FORMATION	EXAMPLES	
INFORMAL SING	stem (+ **e**)	**hol(e)!**	fetch!
INFORMAL PL	stem + **t**	**holt**	fetch!
POLITE (SING AND PL)	stem + **en Sie**	**holen Sie!**	fetch!

The **-e** of the informal singular form is often dropped, but not where the verb stem ends in **-chn**, **-ckn**, **-dn**, **-fn**, **-gn** or **-tm** → ❷

Weak verbs ending in **-eln** or **-ern** take the **-e** ending in the informal singular form, but the additional **-e-** within the stem may be dropped → ❸

Any vowel change in the present tense of a strong verb (see page 14) occurs also in its informal singular imperative form and no **-e** is added → ❹

BUT: If the vowel modification in the present tense of a strong verb is the addition of an umlaut, this is not added in the informal singular form of the imperative → ❺

In the imperative form of a reflexive verb (see page 30) the pronoun is placed immediately after the verb → ❻

Separable prefixes (see page 72) are placed at the end of an imperative statement → ❼

Examples

❶ INFORMAL SING **Komm mal her!** Come here!
INFORMAL PL **Steht auf!** Stand up!
POLITE **Kommen Sie herein!** Do come in!

❷ **Hör zu!** Listen!
Hol es! Fetch it!

BUT:
Öffne die Tür! Open the door!

❸ **wandern** to walk
wand(e)re! walk!

handeln to act
hand(e)le! act!

❹ **nehmen** to take
du nimmst you take
nimm! take!

helfen to help
du hilfst you help
hilf! help!

BUT:
sehen to see
sieh(e)! see!

❺ **laufen** to run
du läufst you run
lauf(e)! run!

stoßen to push
du stößt you push
stoß(e)! push!

❻ **sich setzen** to sit down
Setz dich! Sit down!
Setzt euch! Sit down!
Setzen Sie sich! Do sit down!

❼ **zumachen** to close
Mach die Tür zu!
Close the door!

aufhören to stop
Hör aber endlich auf!
Stop it!

The Imperative *continued*

Imperatives are followed in German by an exclamation mark, unless the imperative is not intended as a command → ❶

Du and **ihr**, though not normally present in imperative forms, may be included for emphasis → ❷

An imperative form also exists for the **wir** form of the verb. It consists of the normal present tense form, but with the pronoun **wir** following the verb. It is used for making suggestions → ❸

The imperative forms of **sein** (to be) are irregular → ❹

The particles **auch**, **nur**, **mal**, **doch** are frequently used with imperatives. They heighten or soften the imperative effect, or add a note of encouragement to a request or command. Often they have no direct equivalent in English and are therefore not always translated → ❺

Some alternatives to the imperative in German

Infinitives are often used instead of the imperative in written instructions or public announcements → ❻

The impersonal passive (see page 34) may be used → ❼

Nouns, adjectives or adverbs can also be used with imperative effect → ❽

Some of these have become set expressions → ❾

Examples

1. **Lass ihn in Ruhe!**
   Leave him alone!
   Sagen Sie mir bitte, wie spät es ist.
   What's the time, please?

2. **Geht ihr voran!** You go on ahead.
   Sag du ihm, was los ist. You tell him what's wrong.

3. **Nehmen wir an, dass ...**
   Let's assume that ...
   Sagen wir mal, es habe 2.000 Euro gekostet.
   Let's just say it cost 2,000 euros.

4. **sein** to be
   sei!
   seid!
   seien wir!
   seien Sie!

5. **Geh doch!** Go on!/Get going!
   Sag mal, ... Tell me ...
   Versuchen Sie es mal! Do give it a try!
   Komm schon! Do come/Please come!
   Mach es auch richtig! Be sure to do it properly.

6. **Einsteigen!**
   All aboard!
   Zwiebeln abziehen und in Ringe schneiden.
   Peel the onions and slice them.

7. **Jetzt wird aufgeräumt!**
   You're going to clear up now!

8. **Ruhe!** Be quiet!/Silence!
   Vorsicht! Careful!/Look out!

9. **Achtung!** Listen!/Attention!
   Rauchen verboten! No smoking.

Verbs

Compound Tenses

The present and imperfect tenses in German are simple tenses, as described on pages 6–17.

All other tenses, called compound tenses, are formed for all types of verb by using the appropriate tense of an auxiliary verb plus a part of the main verb.

There are three auxiliary verbs:

haben	for past tenses
sein	also for past tenses
werden	for future and conditional tenses

The compound past tenses in German are:

- Perfect indicative → ➊
- Perfect subjunctive → ➋
- Pluperfect indicative → ➌
- Pluperfect subjunctive → ➍

These are dealt with on pages 24–27.

The future and conditional tenses in German are all compound tenses.

They are:

- Future indicative → ➎
- Future subjunctive → ➏
- Future perfect → ➐
- Conditional → ➑
- Conditional perfect → ➒

These are dealt with on pages 28–29.

Examples

WITH **haben**	WITH **sein**
❶ **er hat geholt** he (has) fetched	**er ist gereist** he (has) travelled
❷ **er habe geholt** he (has) fetched	**er sei gereist** he (has) travelled
❸ **er hatte geholt** he had fetched	**er war gereist** he had travelled
❹ **er hätte geholt** he had fetched	**er wäre gereist** he had travelled
❺ **er wird holen** he will fetch	**er wird reisen** he will travel
❻ **er werde holen** he will fetch	**er werde reisen** he will travel
❼ **er wird geholt haben** he will have fetched	**er wird gereist sein** he will have travelled
❽ **er würde holen** he would fetch	**er würde reisen** he would travel
❾ **er würde geholt haben** he would have fetched	**er würde gereist sein** he would have travelled

Verbs

Compound past tenses: formation

Compound past tenses are normally formed by using the auxiliary verb **haben**, plus the past participle of the main verb (see below) → ❶

Certain types of verb take **sein** instead of **haben**, and this is clearly indicated in the verb table starting on page 86. They fall into three main types:

- intransitive verbs (those that take no direct object, often showing a change of state or place) → ❷
- certain verbs meaning "to happen" → ❸
- miscellaneous others, including:
  begegnen to meet, **bleiben** to remain, **gelingen** to succeed, **sein** to be, **werden** to become → ❹

In some cases the verb can be conjugated with either **haben** or **sein**, depending on whether it is used transitively (with a direct object) or intransitively (where no direct object is possible) → ❺

The past participle: formation (see also page 50)

Weak verbs add the prefix **ge-** and suffix **-t** to the verb stem → ❻

Verbs ending in **-ieren** or **-eien** omit the **ge-** → ❼

Strong verbs add the prefix **ge-** and the suffix **-en** to the verb stem → ❽

The vowel of the stem may be modified (see verb table, page 86) → ❾

Mixed verbs add the prefix **ge-** and the "weak" suffix **-t** to the stem. The stem vowel is modified as for many strong verbs → ❿

Examples

1 **Haben Sie gut geschlafen?**
Did you sleep well?
Die Kinder hatten fleißig gearbeitet.
The children had worked hard.

2 **Wir sind nach Bonn gefahren.**
We went to Bonn.
Er ist schnell eingeschlafen.
He quickly fell asleep.

3 **Was ist geschehen?**
What happened?

4 **Er ist zu Hause geblieben.**
He stayed at home.
Es ist uns nicht gelungen.
We did not succeed.
Er ist einem Freund begegnet.
He met a friend.
Er ist krank gewesen.
He has been ill.
Sie ist krank geworden.
She became ill.

5 **Er hat den Wagen nach Köln gefahren.**
He drove the car to Cologne.
Er ist nach Köln gefahren.
He went to Cologne.

6 **holen** to fetch
geholt fetched

7 **studieren** to study
studiert studied
prophezeien to prophesy
prophezeit prophesied

8 **laufen** to run
gelaufen run

9 **singen** to sing
gesungen sung

10 **senden** to send
gesandt sent
bringen to bring
gebracht brought

For a full list of strong and mixed verbs see page 86.

Verbs

The past participle: formation *continued*

The formation of past participles for weak, strong and mixed verbs is described on page 24, and a comprehensive list of the principal parts of the most commonly used strong and mixed verbs is provided for reference on pages 86–97.

How to form the compound past tenses:

Perfect indicative	the present tense of **haben** or **sein** plus the past participle of the verb → ❶
Perfect subjunctive	(used in indirect or reported speech) the present subjunctive of **haben** or **sein** plus the past participle → ❷
Pluperfect indicative	imperfect indicative of **haben** or **sein** plus the past participle → ❸
Pluperfect subjunctive	(for indirect or reported speech) imperfect subjunctive of **haben** or **sein** plus the past participle → ❹
	NOTE: The pluperfect subjunctive is a frequently used tense in German, since it can replace the much clumsier conditional perfect tense shown on page 28.

Examples

WITH **haben**	WITH **sein**

❶ PERFECT INDICATIVE

ich habe geholt	**ich bin gereist**
du hast geholt	**du bist gereist**
er hat geholt	**er ist gereist**
wir haben geholt	**wir sind gereist**
ihr habt geholt	**ihr seid gereist**
sie haben geholt	**sie sind gereist**

❷ PERFECT SUBJUNCTIVE

ich habe geholt	**ich sei gereist**
du habest geholt	**du sei(e)st gereist**
er habe geholt	**er sei gereist**
wir haben geholt	**wir seien gereist**
ihr habet geholt	**ihr seiet gereist**
sie haben geholt	**sie seien gereist**

❸ PLUPERFECT INDICATIVE

ich hatte geholt	**ich war gereist**
du hattest geholt	**du warst gereist**
er hatte geholt	**er war gereist**
wir hatten geholt	**wir waren gereist**
ihr hattet geholt	**ihr wart gereist**
sie hatten geholt	**sie waren gereist**

❹ PLUPERFECT SUBJUNCTIVE

ich hätte geholt	**ich wäre gereist**
du hättest geholt	**du wär(e)st gereist**
er hätte geholt	**er wäre gereist**
wir hätten geholt	**wir wären gereist**
ihr hättet geholt	**ihr wär(e)t gereist**
sie hätten geholt	**sie wären gereist**

Future and conditional tenses: formation

The future and conditional tenses are formed in the same way for all verbs, whether weak, strong or mixed.

The auxiliary **werden** is used for all verbs together with the infinitive of the main verb.

The infinitive is usually placed at the end of the clause (see page 224).

How to form the future and conditional tenses:

Future indicative	present tense of **werden** plus the infinitive of the verb → ❶
Future subjunctive	present subjunctive of **werden** plus the infinitive → ❷
Future perfect	present indicative of **werden** plus the perfect infinitive (see below) → ❸
Conditional imperfect	subjunctive of **werden** plus the infinitive → ❹
Conditional perfect	imperfect subjunctive of **werden** plus the perfect infinitive (see below) → ❺

NOTE: The conditional perfect is often replaced by the pluperfect subjunctive.

The perfect infinitive consists of the infinitive of **haben/sein** plus the past participle of the verb.

Examples

❶ FUTURE INDICATIVE

ich werde holen	**wir werden holen**
du wirst holen	**ihr werdet holen**
er wird holen	**sie werden holen**

❷ FUTURE SUBJUNCTIVE

ich werde holen	**wir werden holen**
du werdest holen	**ihr werdet holen**
er werde holen	**sie werden holen**

❸ FUTURE PERFECT

ich werde geholt haben	**wir werden geholt haben**
du wirst geholt haben	**ihr werdet geholt haben**
er wird geholt haben	**sie werden geholt haben**

❹ CONDITIONAL IMPERFECT

ich würde holen	**wir würden holen**
du würdest holen	**ihr würdet holen**
er würde holen	**sie würden holen**

❺ CONDITIONAL PERFECT

ich würde geholt haben	**wir würden geholt haben**
du würdest geholt haben	**ihr würdet geholt haben**
er würde geholt haben	**sie würden geholt haben**

NOTE: The conditional perfect is often replaced by the pluperfect subjunctive (see page 26).

Verbs

Reflexive Verbs

A verb whose action is reflected back to its subject may be termed reflexive:

she washes *herself*

Reflexive verbs in German are recognized in the infinitive by the preceding reflexive pronoun **sich** → ➊

German has many reflexive verbs, a great number of which are not reflexive in English → ➊

Reflexive verbs are composed of the verb and a reflexive pronoun (see page 170). This pronoun may be either the direct object (and therefore in the accusative case) or the indirect object (and therefore in the dative case) → ➋

Many verbs in German which are not essentially reflexive may become reflexive by the addition of a reflexive pronoun → ➌
When a verb with an indirect object is made reflexive (see page 170) the pronoun is usually dative → ➍

A direct object reflexive pronoun changes to the dative if another direct object is present → ➎

In a main clause the reflexive pronoun follows the verb → ➏
After inversion (see page 226), or in a subordinate clause, the reflexive pronoun must come after the subject if the subject is a personal pronoun → ➐
It may precede or follow a noun subject → ➑

Reflexive verbs are always conjugated with **haben** *except* where the pronoun is used to mean *each other*. Then the verb is normally conjugated with **sein**.

The imperative forms are shown on page 19.

Examples

❶ **sich beeilen**
to hurry

wir beeilen uns
we are hurrying

❷ **sich** (*accusative*) **erinnern** to remember

ich erinnere mich	**wir erinnern uns**
du erinnerst dich	**ihr erinnert euch**
er erinnert sich	**sie erinnern sich**

sich (*dative*) **erlauben** to allow oneself

ich erlaube mir	**wir erlauben uns**
du erlaubst dir	**ihr erlaubt euch**
er erlaubt sich	**sie erlauben sich**

❸ **etwas melden** to report something

sich melden
to report/to volunteer

Ich habe mich gemeldet.
I volunteered.

❹ **wehtun** to hurt

sich wehtun
to get hurt

Hast du dir wehgetan?
Have you hurt yourself?

kaufen to buy

Er kaufte ihr einen Mantel.
He bought her a coat.

Er kaufte sich (*dative*) **einen neuen Mantel.**
He bought himself a new coat.

❺ **Ich wasche mich.**
I am having a wash.

Ich wasche mir die Hände.
I am washing my hands.

❻ **Er wird sich darüber freuen.**
He'll be pleased about that.

❼ **Darüber wird er sich freuen.**
He'll be pleased about that.
Ich frage mich, ob er sich darüber freuen wird.
I wonder if he'll be pleased about that.

❽ **Langsam drehten sich die Kinder um.** OR:
Langsam drehten die Kinder sich um.
The children slowly turned round.

Reflexive Verbs *continued*

Some examples of verbs which can be used with a reflexive pronoun in the accusative case:

sich anziehen to get dressed → ➊
sich aufregen to get excited → ➋
sich beeilen to hurry → ➌
sich beschäftigen mit[1] to be occupied with → ➍
sich bewerben um[1] to apply for → ➎
sich erinnern an[1] to remember → ➏
sich freuen auf[1] to look forward to → ➐
sich interessieren für[1] to be interested in → ➑
sich irren to be wrong → ➒
sich melden to report (for duty *etc*)/to volunteer
sich rasieren to shave
sich (hin)setzen to sit down → ➓
sich trauen[2] to trust oneself
sich umsehen to look around → ⓫

Some examples of verbs which can be used with a reflexive pronoun in the dative case:

sich abgewöhnen to give up (something) → ⓬
sich aneignen to appropriate
sich ansehen to have a look at
sich einbilden to imagine (wrongly) → ⓭
sich erlauben to allow oneself → ⓮
sich leisten to treat oneself → ⓯
sich nähern to get close to
sich vornehmen to plan to do → ⓰
sich vorstellen to imagine → ⓱
sich wünschen to want → ⓲

[1] For verbs normally followed by a preposition, see pages 76–79.

[2] **trauen** when non-reflexive takes the dative case.

Examples

1 **Du sollst dich sofort anziehen.**
You are to get dressed immediately.

2 **Reg dich doch nicht so auf!**
Calm down!

3 **Wir müssen uns beeilen.**
We must hurry.

4 **Sie beschäftigen sich sehr mit den Kindern.**
They spend a lot of time with the children.

5 **Hast du dich um diese Stelle beworben?**
Have you applied for this post?

6 **Ich erinnere mich nicht daran.**
I can't remember it.

7 **Ich freue mich auf die Fahrt.**
I am looking forward to the journey.

8 **Interessierst du dich für Musik?**
Are you interested in music?

9 **Er hat sich geirrt.**
He was wrong.

10 **Bitte, setzt euch hin!**
Please sit down!

11 **Die Kinder sahen sich erstaunt um.**
The children looked around in amazement.

12 **Eigentlich müsste man sich das Rauchen abgewöhnen.**
One really ought to give up smoking.

13 **Bilde dir doch nichts ein!**
Don't kid yourself!

14 **Eins könntest du dir doch erlauben.**
You could surely allow yourself one.

15 **Wenn ich mir nur einen Mercedes leisten könnte!**
If only I could afford a Mercedes!

16 **Du hast dir wieder zu viel vorgenommen!**
You've taken on too much again!

17 **So hatte ich es mir oft vorgestellt.**
I had often imagined it like this.

18 **Was wünscht ihr euch zu Weihnachten?**
What do you want for Christmas?

The Passive

In active tenses, the subject of a verb carries out the action of the verb, but in passive tenses the subject of the verb has something done to it.

Compare the following:

> Peter kicked the cat (subject: Peter)
> The cat was kicked by Peter (subject: the cat)

English uses the verb "to be" to form its passive tenses. German uses **werden** → ➊

A sample verb is conjugated in the passive on pages 39–41.

In English, the word "by" usually introduces the agent through which the action of a passive tense is performed. In German this agent is introduced by:

> **von** for the performer of the action
> **durch** for an inanimate cause → ➋

The passive can be used to add impersonality or distance to an event → ➌

It may also be used where the identity of the cause of the deed is unknown or not important → ➍

In general, however, the passive is used less in German than in English. The following are common replacements for the passive:

- an active tense with the impersonal pronoun **man** as subject (meaning they/one). This resembles the use of *on* in French, and **man** is not always translated as one or they → ➎
- **sich lassen** plus a verb in the infinitive → ➏

Examples

❶ **Das Auto wurde gekauft.**
The car was bought.

❷ **Das ist von seinem Onkel geschickt worden.**
It was sent by his uncle.

Das Kind wurde von einem Hund gebissen.
The child was bitten by a dog.

Seine Bewerbung ist von der Firma abgelehnt worden.
(*the firm is viewed as a human agent*)
His application was turned down by the firm.

Die Tür wurde durch den Wind geöffnet.
The door was opened by the wind.

Das Getreide wurde durch den Sturm niedergeschlagen.
The crop was flattened by the storm.

❸ **Die Praxis ist von Dr. Disselkamp übernommen worden.**
The practice has been taken over by Dr Disselkamp.

Anfang 1993 wurde ein weiterer Anschlag auf sein Leben verübt.
Another attempt was made on his life early in 1993.

❹ **In letzter Zeit sind neue Gesetze eingeführt worden.**
New laws have recently been introduced.

❺ **Man hatte es schon verkauft.**
It had already been sold.

Man wird es verkauft haben.
It will have been sold.

❻ **Das lässt sich schnell herausfinden.**
We'll/You'll/One will be able to find that out quickly.

The Passive *continued*

In English the indirect object of an active tense can become the subject of a passive statement, e.g.

> Peter gave *him* a car (*him* = to him)
> *He* was given a car by Peter

This is not possible in German, where the indirect object (*him*) must remain in the dative case (see page 110). There are two ways of handling this in German:

1. with the direct object (*car*) as the subject of a passive verb → ❶
2. by means of an impersonal passive construction, with or without the impersonal subject **es** → ❶

These constructions would however normally be avoided in favour of an active tense, when the agent of the action is known → ❷

Verbs which are normally followed by the dative case in German and so have only an indirect object (see page 80) should therefore be especially noted, as they can only adopt the impersonal or **es** forms of the passive → ❸

Some passive tenses are avoided in German, as they are inelegant (and difficult to use!). For instance, the future perfect passives should be replaced by an active tense or a construction using **man** → ❹

The conditional perfect passives are also rarely used, past conditional being shown by the pluperfect subjunctives, either passive or active → ❺

English passive constructions such as

> he was heard whistling/they were thought to be dying

are not possible in German → ❻

Examples

1. **Ein Auto wurde ihm von Peter geschenkt.**
   OR:
   Es wurde ihm von Peter ein Auto geschenkt.
   OR:
   Ihm wurde von Peter ein Auto geschenkt.
   He was given a car by Peter.

2. **Peter schenkte ihm ein Auto.**
   Peter gave him a car.

3. **helfen** (+ *dative*) to help
   Sie half mir.
   She helped me.
   Mir wurde von ihr geholfen. OR:
   Es wurde mir von ihr geholfen.
   I was helped by her.

4. **Er meint, es werde schon gesehen worden sein.**
   He thinks that it will already have been seen.

   BETTER: **Er meint, man werde es schon gesehen haben.**

5. **Es würde geholt worden sein./Man würde es geholt haben.**
   It would have been fetched.

   BETTER: **Es wäre geholt worden./Man hätte es geholt.**

6. **Man hörte ihn singen.**
   He was heard singing.
   Man sah sie ankommen.
   She was seen arriving.
   Man glaubte, er sei betrunken.
   He was thought to be drunk.

Verbs

The passive: conjugation of simple tenses

Present passive indicative e.g. *it is seen*	present indicative of **werden** + past participle of the verb → ❶
Present passive subjunctive	present subjunctive of **werden** + past participle of the verb → ❷
Imperfect passive indicative e.g. *it was seen*	imperfect indicative of **werden** + past participle of the verb → ❸
Imperfect passive subjunctive	imperfect subjunctive of **werden** + past participle of the verb → ❹

The passive: conjugation of compound tenses

Perfect passive indicative e.g. *it has been seen*	present indicative of **sein** + past participle of the verb + **worden** → ❺
Perfect passive subjunctive	present subjunctive of **sein** + past participle of the verb + **worden** → ❻
Pluperfect passive indicative e.g. *it had been seen*	imperfect indicative of **sein** + past participle of the verb + **worden** → ❼

Examples

❶ PRESENT PASSIVE INDICATIVE

ich werde gesehen	**wir werden gesehen**
du wirst gesehen	**ihr werdet gesehen**
er wird gesehen	**sie werden gesehen**

OR: **man sieht mich/man sieht dich** *etc*

❷ PRESENT PASSIVE SUBJUNCTIVE

ich werde gesehen	**wir werden gesehen**
du werdest gesehen	**ihr werdet gesehen**
er werde gesehen	**sie werden gesehen**

OR: **man sehe mich/man sehe dich** *etc*

❸ IMPERFECT PASSIVE INDICATIVE

ich wurde gesehen/wir wurden gesehen *etc*
OR: **man sah mich/man sah uns** *etc*

❹ IMPERFECT PASSIVE SUBJUNCTIVE

ich würde gesehen/wir würden gesehen *etc*
OR: **man sähe mich/man sähe uns** *etc*

❺ PERFECT PASSIVE INDICATIVE

ich bin gesehen worden/wir sind gesehen worden *etc*
OR: **man hat mich/uns gesehen** *etc*

❻ PERFECT PASSIVE SUBJUNCTIVE

ich sei gesehen worden/wir seien gesehen worden *etc*
OR: **man habe mich/uns gesehen** *etc*

❼ PLUPERFECT PASSIVE INDICATIVE

ich war gesehen worden/wir waren gesehen worden *etc*
OR: **man hatte mich/uns gesehen** *etc*

Verbs

The passive: conjugation of compound tenses *continued*

Pluperfect passive subjunctive	imperfect subjunctive of **sein** + past participle of the verb **worden** → 1
Present passive infinitive e.g. *to be seen*	infinitive of **werden** + past participle of the verb → 2
Future passive indicative e.g. *it will be seen*	present indicative of **werden** + present passive infinitive of the verb → 3
Future passive subjunctive	present subjunctive of **werden** + present passive infinitive of the verb → 4
Perfect passive infinitive e.g. *to have been seen*	past participle of the verb + **worden sein** → 5
Future perfect passive e.g. *it will have been seen*	present indicative of **werden** + perfect passive infinitive of the verb → 6
Conditional passive e.g. *it would be seen*	imperfect subjunctive of **werden** + present passive infinitive of the verb → 7
Conditional perfect passive e.g. *it would have been seen*	imperfect subjunctive of **werden** + perfect passive infinitive of the verb → 8

Examples

❶ PLUPERFECT PASSIVE SUBJUNCTIVE

ich wäre gesehen worden/wir wären gesehen worden *etc*
OR: **man hätte mich/uns gesehen** *etc*

❷ PRESENT PASSIVE INFINITIVE

gesehen werden

❸ FUTURE PASSIVE INDICATIVE

ich werde gesehen werden/wir werden gesehen werden *etc*
OR: **man wird mich/uns sehen** *etc*

❹ FUTURE PASSIVE SUBJUNCTIVE

ich werde gesehen werden/wir werden gesehen werden *etc*
OR: **man werde mich/uns sehen** *etc*

❺ PERFECT PASSIVE INFINITIVE

gesehen worden sein

❻ FUTURE PERFECT PASSIVE

ich werde/wir werden gesehen worden sein *etc*
OR: **man wird mich/uns gesehen haben** *etc*

❼ CONDITIONAL PASSIVE

ich würde gesehen werden/wir würden gesehen werden
OR: **man würde mich/uns sehen** *etc*

❽ CONDITIONAL PERFECT PASSIVE

ich würde/wir würden gesehen worden sein *etc*
OR: **man würde mich/uns gesehen haben** *etc*
OR: pluperfect subjunctive: **man hätte mich/uns gesehen** *etc*

Verbs

Impersonal verbs

These verbs are used only in the third person singular, usually with the subject **es** meaning *it* → ❶

Intransitive verbs (verbs with no direct object) are often made impersonal in the passive to describe activity of a general nature → ❷

When the verb and subject are inverted (see page 226), the **es** is omitted → ❸

Impersonal verbs in the passive can also be used as an imperative form (see page 20) → ❹

In certain expressions in the active, the impersonal pronoun **es** can be omitted. In this case, a personal pronoun object begins the clause → ❺

In the following lists * indicates that **es** may be omitted in this way:

Some impersonal verbs and expressions

es donnert	it's thundering
es fällt mir ein, dass/zu*	it occurs to me that/to → ❻
es fragt sich, ob	one wonders whether → ❼
es freut mich, dass/zu	I am glad that/to → ❽
es friert	it is freezing → ❾
es gefällt mir	I like it → ❿
es geht mir gut/schlecht	I'm fine/not too good
es geht nicht	it's not possible
es geht um	it's about
es gelingt mir (zu)	I succeed (in) → ⓫
es geschieht	it happens → ⓬
es gießt	it's pouring
es handelt sich um	it's a question of

Examples

1. **Es regnet.**
It's raining.

2. **Es wurde viel gegessen und getrunken.**
There was a lot of eating and drinking.

3. **Auf der Hochzeit wurde viel gegessen und getrunken.**
There was a lot of eating and drinking at the wedding.

4. **Jetzt wird gearbeitet!**
Now you're/we're going to work!

5. **Mir ist warm.**
I'm warm.

6. **Nachher fiel (es) mir ein, dass der Mann ziemlich komisch angezogen war.**
Afterwards it occurred to me that the man was rather oddly dressed.

7. **Es fragt sich, ob es sich lohnt, das zu machen.**
One wonders if that's worth doing.

8. **Es freut mich sehr, dass du gekommen bist.**
I'm so pleased that you have come.

9. **Heute Nacht hat es gefroren.**
It was below freezing last night.

10. **Ihm hat es gar nicht gefallen.**
He didn't like it at all.

11. **Es war ihnen gelungen, die letzten Karten zu kriegen.**
They had succeeded in getting the last tickets.

12. **Und so geschah es, dass ...**
And so it came about that ...

Some common impersonal verbs and expressions *continued*

es hängt davon ab	it depends
es hat keinen Zweck (zu)	there's no point (in) → ❶
es interessiert mich, dass/zu*	I am interested that/to es ist mir
egal (ob)*	it's all the same to me (if) → ❷
es ist möglich(, dass)	it's possible (that) → ❸
es ist nötig	it's necessary → ❹
es ist mir, als ob*	I feel as if
es ist mir gut/schlecht *etc* **zumute**	I feel good/bad *etc* → ❺
es ist schade(, dass)	it's a pity (that)
es ist (mir) wichtig*	it's important (to me)
es ist mir warm/kalt*	I'm warm/cold
es ist warm/kalt	it's *or* the weather is warm/ cold
es ist zu hoffen/bedauern *etc**	it is to be hoped/regretted *etc*
es klingelt	someone's ringing the bell → ❻
es klopft	someone's knocking
es kommt darauf an(, ob)	it all depends (whether)
es kommt mir vor(, als ob)	it seems to me (as if)
es läutet	the bell is ringing → ❼
es liegt an	it is because of → ❽
es lohnt sich (nicht)	it's (not) worth it → ❾
es macht nichts	it doesn't matter
es macht nichts aus	it makes no difference → ❿
es macht mir (keinen) Spaß(, zu)	it's (no) fun (to) → ⓫
es passiert	it happens → ⓬
es regnet	it's raining → ⓭
es scheint mir, dass/als ob*	it seems to me that/as if
es schneit	it's snowing
es stellt sich heraus, dass	it turns out that
es stimmt (nicht), dass	it's (not) true that
es tut mir leid(, dass)	I'm sorry (that)
wie geht es (dir)?	how are you? → ⓮
mir wird schlecht	I feel sick

Examples

1 **Es hat keinen Zweck, weiter darüber zu diskutieren.**
There's no point in discussing this any further.

2 **Es ist mir egal, ob du kommst oder nicht.**
I don't care if you come or not.

3 **Es ist doch möglich, dass der Zug Verspätung hat.**
It's always possible the train has been delayed.

4 **Es wird nicht nötig sein, uns darüber zu informieren.**
It won't be necessary to inform us of it.

5 **Mir ist heute seltsam zumute.**
I feel strange today.

6 **Es hat gerade geklingelt.**
The bell just went/The phone just rang.

7 **Es hat schon geläutet.**
The bell has gone.

8 **Woranliegt es?**
Why is that?

9 **Ich weiß nicht, ob es sich lohnt oder nicht.**
I don't know if it's worth it or not.

10 **Mir macht es nichts aus.**
It makes no difference to me.
Macht es Ihnen etwas aus, wenn ... ?
Would you mind if ... ?

11 **Hauptsache, es macht Spaß.**
The main thing is to enjoy yourself.

12 **Ihm ist bestimmt etwas passiert.**
Something must have happened to him.

13 **Es hat den ganzen Tag geregnet.**
It rained the whole day.

14 **Wie gehts denn? – Danke, es geht.**
How are things? – All right, thank you.

Verbs

The Infinitive

Forms

There are four forms of the infinitive → ❶
These forms are used in certain compound tenses (see page 28). The present active infinitive is the most widely used and is the form found in dictionaries.

Uses

Preceded by **zu** (*to*)

- as in English, after other verbs ("I tried *to come*") → ❷
- as in English, after adjectives ("it was easy *to see*") → ❸
- where the English equivalent is not always an infinitive:
  - ▷ after nouns, where English may use an "-ing" form → ❹
  - ▷ after **sein**, where the English equivalent may be a passive tense → ❺

Without **zu**, the infinitive is used after the following:

modal verbs → ❻
lassen → ❼
heißen → ❽
bleiben → ❾
gehen → ❿
verbs of perception → ⓫

NOTE: Verbs of perception can also be followed by a subordinate clause beginning with **wie** or **dass**, especially if the sentence is long or involved → ⓬

Examples

❶ INFINITIVES:

PRESENT ACTIVE	PERFECT ACTIVE
holen	**geholt haben**
to fetch	to have fetched
PRESENT PASSIVE	PERFECT PASSIVE
geholt werden	**geholt worden sein**
to be fetched	to have been fetched

❷ **Ich versuchte zu kommen.** I tried to come.

❸ **Es war leicht zu sehen.** It was easy to see.

❹ **Ich liebe es, Musik zu hören.** I love listening to music.

❺ **Er ist zu bedauern.** He is to be pitied.

❻ **Er kann schwimmen.** He can swim.

❼ **Sie ließen uns warten.** They kept us waiting.

❽ **Er hieß ihn kommen.** He bade him come.

❾ **Er blieb sitzen.** He remained seated.

❿ **Sie ging einkaufen.** She went shopping.

⓫ **Ich sah ihn kommen.** I saw him coming.
Er hörte sie singen. He heard her singing.

⓬ **Er sah, wie sie langsam auf und ab schlenderte.**
He watched her strolling slowly up and down.

The Infinitive *continued*

Used as an imperative

The infinitive can be used as an imperative (see page 20) → ❶

Used as a noun

The infinitive can be made into a noun by giving it a capital letter. Its gender is always neuter → ❷

Used with modal verbs (see page 52)

An infinitive used with a modal verb is always placed at the end of a clause (see page 56) → ❸

If the modal verb is in a compound tense, its auxiliary will follow the subject in a main clause in the normal way, and the modal participle comes after the infinitive.

BUT: In a subordinate clause, the auxiliary immediately precedes the infinitive and the modal participle, instead of coming at the end → ❹

An infinitive expressing change of place may be omitted entirely after a modal verb (see page 56) → ❺

Used in infinitive phrases

Infinitive phrases can be formed with:

zu	**ohne ... zu**
um ... zu	**anstatt ... zu** → ❻

The infinitive comes at the end of its phrase → ❼

In separable verbs, **zu** is inserted *between* the verb and its prefix in the present infinitive → ❽

A reflexive pronoun comes first, immediately following an introductory word if there is one → ❾

Examples

1 **Einsteigen und Türen schließen!**
All aboard! Close the doors!

2 **rauchen** to smoke
Er hat das Rauchen aufgegeben.
He's given up smoking.

3 **Wir müssen morgen einkaufen gehen**
We have to go shopping tomorrow.

4 **Sie haben gestern aufräumen müssen.**
They had to tidy up yesterday.

BUT:

Da sie gestern haben aufräumen müssen, durften sie nicht kommen.
They couldn't come as they had to tidy up yesterday.

5 **Er will jetzt nach Hause.**
He wants to go home now.

6

es zu tun	to do it
es getan zu haben	to have done it
um es zu tun	in order to do it
um es getan zu haben	in order to have done it
ohne es zu tun	without doing it
ohne es getan zu haben	without having done it
anstatt es zu tun	instead of doing it
anstatt es getan zu haben	instead of having done it

7 **Ohne ein Wort zu sagen, verließ er das Haus.**
He left the house without saying a word.
Er ging nach Hause, ohne mit ihr gesprochen zu haben.
He went home without having spoken to her.

8

aufgeben	to give up
um es aufzugeben	in order to give it up

9 **Sie gingen weg, ohne sich zu verabschieden.**
They left without saying goodbye.

Verbs

Participles

The present participle

The present participle for all verbs is formed by adding **-d** to the infinitive form → ❶

The present participle may be used as an adjective. As with all adjectives, it is declined if used attributively (see page 140) → ❷

The present participle may also be used as an adjectival noun (see page 148) → ❸

The past participle

For weak verbs, the past participle is formed by adding the prefix **ge-** and the ending **-t** to the verb stem → ❹

For strong verbs, the past participle is formed by adding the prefix **ge-** and the ending **-en** to the verb stem → ❺
The vowel is often modified too → ❻
(See table of strong and mixed verbs beginning on page 86)

Mixed verbs form their past participle by adding the **ge-** and **-t** of weak verbs, but they change their vowel as for strong verbs. (See the table beginning on page 86) → ❼

The past participles of *separable* verbs are formed according to the above rules and are joined on to the separable prefix → ❽

For *inseparable* verbs, past participles are formed without the **ge-** prefix → ❾

Many past participles can also be used as adjectives and adjectival nouns → ❿

Examples

1	**lachen**	to laugh	**singen**	to sing
	lachend	laughing	**singend**	singing
2	**ein lachendes Kind**		a laughing child	
	mit klopfendem Herzen		with beating heart	
3	**der Vorsitzende/ein Vorsitzender**		the/a chairman	
4	**machen**	to do/make		
	gemacht	done/made		
5	**sehen**	to see		
	gesehen	seen		
6	**singen**	to sing		
	gesungen	sung		
7	**wissen**	to know		
	gewusst	known		
8	**aufstehen**	to get up	**nachmachen**	to copy/ imitate
	aufgestanden	got up	**nachgemacht**	copied/ imitated
9	**bestellen**	to order	**entscheiden**	to decide
	bestellt	ordered	**entschieden**	decided
10	**seine verlorene Brille**		his lost spectacles	
	Wir aßen Gebratenes.		We ate fried food.	

Verbs

Modal Verbs

Modal verbs, sometimes called modal auxiliaries, are used to modify other verbs (to show, for example, possibility, ability, willingness, permission, necessity) much as in English:

he *can* swim
may I come?
we *shouldn't* go

In German the modal auxiliary verbs are: **dürfen**, **können**, **mögen**, **müssen**, **sollen** and **wollen**.

Modal verbs have some important differences in their uses and in their conjugation from other verbs, and these are clearly shown in the verb tables on pages 86–97.

Modal verbs have the following meanings:

dürfen *to be allowed to/may* → ❶
used negatively: *must not/may not* → ❷
to show probability → ❸
also used in some polite expressions → ❹

können *to be able to/can* → ❺
in its subjunctive forms:
would be able to/could → ❻
as an informal alternative to **dürfen** with the meaning:
to be allowed to/can → ❼
to show possibility → ❽

mögen *to like/to like to* → ❾
most common in its imperfect subjunctive form which expresses polite inquiry or request: *should like to/ would like to* → ❿
to show possibility or probability → ⓫

Examples

1 **Darfst du mit ins Kino kommen?**
Are you allowed to/can you come with us to the cinema?
Darf ich bitte mitkommen?
May I come with you, please?
Ich dürfte schon, aber ich will nicht.
I could/would be allowed to, but I don't want to.

2 **Hier darf man nicht rauchen.**
Smoking is prohibited here.

3 **Das dürfte wohl das Beste sein.**
That's probably the best thing.

4 **Was darf es sein?**
Can I help you?/What would you like?

5 **Wir konnten es nicht schaffen.**
We couldn't/weren't able to do it.

6 **Er könnte noch früher kommen.**
He could/would be able to come even earlier.
Er meinte, er könne noch früher kommen.
He thought he could come earlier.
Wir könnten vielleicht morgen hinfahren?
Perhaps we could go there tomorrow?

7 **Kann ich/darf ich ein Eis haben?**
Can I/may I have an ice cream?

8 **Wer könnte es gewesen sein?**
Who could it have been?

Das kann sein.
That may be so.

BUT: **Das kann nicht sein.**
That cannot be so.

9 **Magst du Butter?**
Do you like butter?

10 **Wir möchten bitte etwas trinken.**
We should like something to drink.
Möchtest du sie besuchen?
Would you like to visit her?

11 **Wie alt mag sie sein?**
How old might she be?

Modal Verbs *continued*

müssen *to have to/must/need to* → ❶

certain idiomatic uses → ❷

NOTE: For *must have …*, use the relevant tense of **müssen** + past participle of main verb + the auxiliary **haben** or **sein** → ❸

For *don't have to/need not*, a negative form of **brauchen** (*to need*) may be used instead of **müssen** → ❹

sollen *ought to/should* → ❺

to be (supposed) to where the demand is not self-imposed → ❻

to be said to be → ❼

as a command, either direct or indirect → ❽

wollen *to want/want to* → ❾

used as a less formal version of **mögen** to mean: *to want/wish* → ❿

to be willing to → ⓫

to show previous intention → ⓬

to claim or pretend → ⓭

Examples

1 **Er hatte jeden Tag um sechs aufstehen müssen.**
He had to get up at six o'clock every day.
Man musste lachen.
One had to laugh/One couldn't help laughing.

2 **Muss das sein?** Is that really necessary?
Ein Millionär müsste man sein! Oh to be a millionaire!
Den Film muss man gesehen haben.
That film is worth seeing.

3 **Es muss geregnet haben.** It must have been raining.
Er meinte, es müsse am vorigen Abend passiert sein.
He thought it must have happened the previous evening.

4 **Das brauchtest du nicht zu sagen.**
You didn't have to say that.

5 **Man sollte immer die Wahrheit sagen.**
One should always tell the truth.
Er wusste nicht, was er tun sollte.
He didn't know what to do. (*what he should do*)

6 **Ich soll dir helfen.**
I am to help you. (*I have been told to help you*)
Du sollst sofort deine Frau anrufen.
You are to phone your wife at once. (*She has left a message asking you to call*)

7 **Er soll sehr reich sein.**
I've heard he's very rich/He is said to be very rich.

8 **Es soll niemand sagen, dass die Schotten geizig sind!**
Let no-one say the Scots are mean!
Sie sagte mir, ich solle damit aufhören.
She told me to stop it.

9 **Das Kind will Lkw-Fahrer werden.**
The child wants to become a lorry driver.

10 **Willst du eins?** Do you want one?
Willst du/möchtest du etwas trinken?
Do you want/Would you like something to drink?

11 **Er wollte nichts sagen.** He refused to say anything.

12 **Ich wollte gerade anrufen.** I was just about to phone.

13 **Keiner will es gewesen sein.** No-one admits to doing it.

Modal Verbs *continued*

Conjugation and use

Modal verbs have unusual present tenses → ❶

Their principal parts are given in the verb tables on pages 86–97.

Each modal verb has two past participles.

The first, which is the more common, is the same as the infinitive form and is used where the modal is modifying a verb → ❷

The second resembles a normal weak past participle and is used only where no verb is being modified (see the verb tables on page 86) → ❸

The verb modified by the modal is placed in its infinitive form at the end of a clause → ❹

Where the modal is used in a compound tense, its past participle in the form of the infinitive is also placed at the end of a clause, immediately after the modified verb → ❺

If the modal verb is modifying a verb, and if the modal is used in a compound tense in a subordinate clause, then the normal word order for subordinate clauses (see page 228) does not apply. The auxiliary used to form the compound tense of the modal is not placed right at the end of the subordinate clause, but instead comes before both infinitives → ❻

Such constructions are usually avoided in German, by using a simple tense in place of a compound. (For notes on the use of tenses in German, see pages 58–61) → ❼

A modified verb which expresses motion may be omitted entirely if an adverb or adverbial phrase is present to indicate the movement or destination → ❽

Examples

1 **dürfen**
ich/er/sie/es darf
du darfst
wir/sie/Sie dürfen
ihr dürft

können
ich/er/sie/es kann
du kannst
wir/sie/Sie können
ihr könnt

mögen
ich/er/sie/es mag
du magst
wir/sie/Sie mögen
ihr mögt

müssen
ich/er/sie/es muss
du musst
wir/sie/Sie müssen
ihr müsst

sollen
ich/er/sie/es soll
du sollst
wir/sie/Sie sollen
ihr sollt

wollen
ich/er/sie/es will
du willst
wir/sie/Sie wollen
ihr wollt

2 **wollen**: past participle **wollen**
Er hat kommen wollen. — He wanted to come.

3 **wollen**: past participle **gewollt**
Hast du es gewollt? — Did you want it?

4 **Er kann gut schwimmen.** — He can swim well.

5 **Wir haben das Haus nicht kaufen wollen.**
We didn't want to buy the house.
Sie wird dich bald sehen wollen. — She will want to see you soon.

6 COMPARE:
Obwohl wir das Haus gekauft haben, ...
Although we bought the house ...
Obwohl wir das Haus haben kaufen wollen, ...
Although we wanted to buy the house ...

7 **Obwohl wir das Haus kaufen wollten ...**
Although we wanted to buy the house ...

8 **Ich muss nach Hause.** — I must go home.
Die Kinder sollen jetzt ins Bett. — The children have to go to bed now.

Verbs

Use of Tenses

Continuous forms

Unlike English, the German verb does not distinguish between its simple and continuous forms → ❶
To emphasize continuity, the following may be used:

simple tense plus an adverb or adverbial phrase → ❷
am or **beim** plus an infinitive used as a noun → ❸
eben/gerade dabei sein zu plus an infinitive → ❹

The present

The present tense is used in German with **seit** or **seitdem** where English uses a past tense to show an action which began in the past and is still continuing → ❺
If the action is finished, or does not continue, a past tense is used → ❻
The present is commonly used with future meaning → ❼

The future

The present is often used as a future tense → ❼
The future tense is used however to:

emphasize the future → ❽
express doubt or supposition about the future → ❾
express future intention → ❿

The future perfect

The future perfect is used as in English to mean *shall/will have done* → ⓫
It is used in German to express a supposition → ⓬
In conversation it is replaced by the perfect → ⓭

The conditional

The conditional may be used in place of the imperfect subjunctive to express an improbable condition (see page 62) → ⓮
It is used in indirect statements or questions to replace the future subjunctive in conversation or where the subjunctive form is not distinctive → ⓯

Examples

1 **ich tue** I do (*simple form*) OR: I am doing (*continuous*)
er rauchte he smoked OR: he was smoking
sie hat gelesen she has read OR: she has been reading
es wird geschickt it is sent OR: it is being sent

2 **Er kochte gerade das Abendessen.**
He was cooking dinner.
Nun spricht sie mit ihm.
Now she's talking to him.

3 **Ich bin am Bügeln.**
I am ironing.

4 **Wir waren eben dabei, einige E-Mails zu schreiben.**
We were just writing a few emails.

5 **Ich wohne seit drei Jahren hier.**
I have been living here for three years.

6 **Seit er krank ist, hat er uns nicht besucht.**
He hasn't visited us since he's been ill.
Seit seiner Verlobung habe ich ihn nicht geehen.
I haven't seen him since his engagement.

7 **Wir fahren nächstes Jahr nach Griechenland.**
We're going to Greece next year.

8 **Das werde ich erst nächstes Jahr machen können.**
I won't be able to do that until next year.

9 **Wenn er zurückkommt, wird er mir bestimmt helfen.**
He's sure to help me when he returns.

10 **Ich werde ihm helfen.**
I'm going to help him.

11 **Bis Sonntag wird er es gelesen haben.**
He will have read it by Sunday.

12 **Das wird Herr Keute gewesen sein.**
That must have been Herr Keute.

13 **Bis du zurückkommst, haben wir alles aufgeräumt.**
We'll have tidied up by the time you get back.

14 **Wenn ich eins hätte, würde ich es dir geben.**
If I had one I would give it to you.
Wenn er jetzt bloß kommen würde!
If only he would get here!

15 **Er fragte, ob wir fahren würden.**
He asked if we were going to go.

Use of Tenses *continued*

The conditional perfect

May be used in place of the pluperfect subjunctive in a sentence containing a **wenn**-clause → ❶
But the pluperfect subjunctive is preferred → ❷

The imperfect

Is used in German with **seit** or **seitdem** where the pluperfect is used in English to show an action which began in the remote past and continued to a point in the more recent past → ❸
For discontinued actions the pluperfect is used → ❹
Is used to describe past actions which have no link with the present as far as the speaker is concerned → ❺
Is used for narrative purposes → ❻
Is used for repeated, habitual or prolonged past action → ❼
See also the NOTE on The perfect (below).

The perfect

Is used to translate the English perfect tense, eg:
I have spoken, *he has been reading* → ❽
Describes past actions or events which still have a link with the present or the speaker → ❾
Is used in conversation and similar communication → ❿

NOTE: In practice however the perfect and imperfect are often interchangeable in German usage, and in spoken German a mixture of both is common.

The pluperfect

Is used to translate *had done/had been doing*, except in conjunction with **seit/seitdem** (see The imperfect above) → ⓫

The subjunctive

For uses of the subjunctive tenses, see pages 62–67.

Examples

1 **Wenn du es gesehen hättest, würdest dus geglaubt haben.**
You would have believed it if you'd seen it.

2 **Hättest du es gesehen, so hättest du es geglaubt.**
If you had seen it, you'd have believed it.
Wenn ich das nur nicht gemacht hätte!
If only I hadn't done it!
Wäre ich nur da gewesen!
If I'd only been there!

3 **Sie war seit ihrer Heirat als Lehrerin beschäftigt.**
She had been working as a teacher since her marriage.

4 **Ihren Sohn hatten sie seit zwölf Jahren nicht gesehen.**
They hadn't seen their son for twelve years.

5 **Er kam zu spät, um teilnehmen zu können.**
He arrived too late to take part.

6 **Das Mädchen stand auf, wusch sich das Gesicht und verließ das Haus.**
The girl got up, washed her face and went out.

7 **Wir machten jeden Tag einen kleinen Spaziergang.**
We went/We used to go for a little walk every day.

8 **Ich habe ihn heute nicht gesehen.**
I haven't seen him today.

9 **Ich habe ihr nichts davon erzählt.**
I didn't tell her anything about it.
Gestern sind wir in die Stadt gefahren und haben uns ein paar Sachen gekauft.
Yesterday we went into town and bought ourselves a few things.

10 **Hast du den Krimi gestern Abend im Fernsehen gesehen?**
Did you see the thriller on television last night?

11 **Sie waren schon weggefahren.**
They had already left.
Diese Bücher hatten sie schon gelesen.
They had already read these books.

Verbs

The Subjunctive

The subjunctive form in English has almost died out, leaving only a few examples such as:

> if I *were* rich
> if only he *were* to come
> so *be* it

German however makes much wider use of subjunctive forms, especially in formal, educated or literary contexts. Although there is a growing tendency to use indicatives in spoken German, subjunctives are still very common.

The indicative tenses in German display fact or certainty. The subjunctives show unreality, uncertainty, speculation about a situation or any doubt in the speaker's mind → ❶

Subjunctives are also used in indirect speech, as shown on pages 66–67.

For how to form all tenses of the subjunctive, the reader is referred to the relevant sections on Simple Tenses (pages 6–17) and Compound Tenses (pages 22–29). See also the Subjunctive in Reported indirect speech (page 66).

The imperfect subjunctive is very common. It is important to note that the imperfect subjunctive form does not always represent actions performed in the past → ❷

Uses of the subjunctive

To show an improbable condition (e.g. if he *came*, he would ...).

The **wenn**-clause has a verb in the imperfect subjunctive and the main clause can have either an imperfect subjunctive or a conditional → ❸

Examples

❶ INDICATIVE

Das stimmt.
That's true.

Es ist eine Unverschämtheit.
It's a scandal.

SUBJUNCTIVE

Es könnte doch war sein.
It could well be true.
Sie meint, es sei eine Unverschämtheit.
She thinks it's a scandal.
(*speaker not necessarily in agreement with her*)

❷ *imperfect subjunctive expressing the future:*
Wenn ich morgen nur da sein könnte!
If only I could be there tomorrow!

expressing the present/immediate future:
Wenn er jetzt nur käme!
If only he would come now!

speaker's opinion, referring to present or future:
Sie wäre die Beste.
She's the best.

❸ **Wenn du kämest, wäre ich froh.**
OR:
Wenn du kämest, würde ich froh sein.
I should be happy if you came.

Wenn es mir nicht gefiele, würde ich es nicht bezahlen.
OR:
Wenn es mir nicht gefiele, bezahlte ich es nicht.
If I wasn't happy with it, I wouldn't pay for it.

(*The second form is less likely, as the imperfect subjunctive and imperfect indicative forms of* **bezahlen** *are identical*)

Verbs

Uses of the subjunctive *continued*

The imperfect of **sollen** or **wollen**, or a conditional tense, might be used in the **wenn**-clause to replace an uncommon imperfect subjunctive, or a subjunctive which is not distinct from the same tense of the indicative → ❶

To show unfulfilled condition (if he *had come*, he would have ...)

The **wenn**-clause requires a pluperfect subjunctive, the main clause a pluperfect subjunctive or conditional perfect → ❷

NOTE: The indicative is used to express a *probable* condition, as in English → ❸

Wenn can be omitted from conditional clauses. The verb must then follow the subject and **dann** or **so** usually begins the main clause → ❹

With **selbst wenn** (*even if/even though*) → ❺

With **wenn ... nur** (*if only ...*) → ❻

To speculate or make assumptions → ❼

After **als** (*as if/as though*) → ❽

Where there is uncertainty or doubt → ❾

To make a polite enquiry → ❿

To indicate theoretical possibility or unreality → ⓫

As an alternative to the conditional perfect → ⓬

Examples

1 **Wenn er mich so sehen würde, würde er mich für verrückt halten!**
OR:
Wenn er mich so sehen würde, hielte er mich für verrückt!
OR:
Wenn er mich so sehen sollte, würde er mich für verrückt halten!
If he saw me like this, he would think I was mad!
(**Wenn er mich so sähe** *would sound rather stilted*)

2 **Wenn du pünktlich gekommen wärest, hättest du ihn gesehen.**
OR:

3 **Wenn du pünktlich gekommen wärest, würdest du ihn gesehen haben.**
If you had been on time, you would have seen him.
Wenn ich ihn sehe, gebe ich es ihm.
If I see him I'll give him it.

4 **Hättest du mich nicht gesehen, so wäre ich schon weg.**
If you hadn't seen me, I would have been gone by now.

5 **Selbst wenn er etwas wüsste, würde er nichts sagen.**
Even if he knew about it, he wouldn't say anything.

6 **Wenn wir nur erfolgreich wären!**
If only we were successful!

7 **Und wenn er recht hätte?**
What if he were right?
Eine Frau, die das sagen würde (OR: **die das sagte**), **müsste Feministin sein!**
Any woman who would say that must be a feminist!

8 **Er sah aus, als sei er krank.**
He looked as if he were ill.

9 **Er wusste nicht, wie es ihr jetzt ginge.**
He didn't know how she was.

10 **Wäre da sonst noch etwas?**
Will there be anything else?

11 **Er stellte sich vor, wie gut er in dem Anzug aussähe.**
He imagined how good he would look in the suit.

12 **Ich hätte ihn gesehen.**
OR:
Ich würde ihn gesehen haben.
I would have seen him.

The subjunctive in indirect speech: use

What a person asks or thinks can be reported in one of two ways, either directly:

Tom said, "I have been on holiday"

OR indirectly:

Tom said (that) he had been on holiday

In English, indirect (or reported) speech can be indicated by a change in tense of what has been reported:

He said, "*I know* your sister"
He said (that) *he knew* my sister

In German the change is not in tense, but from indicative to subjunctive → ❶

There are two ways of introducing indirect speech in German, similar to the parallel English constructions:

- The clause which reports what is said may be introduced by **dass** (*that*). The finite verb or auxiliary comes at the end of the clause → ❷
- **dass** may be omitted. The verb in this case must stand in second position in the clause, instead of being placed at the end → ❸

The subjunctive in indirect speech: forms

For conjugation of verbs in the subjunctive, see pages 8–15 and 26–31. In indirect (or reported) speech, wherever the present subjunctive is identical to the present indicative form, the imperfect subjunctive is used instead → ❹

Examples

❶ **Er sagte: „Sie kennt deine Schwester."**
He said, "She knows your sister."

Er sagte, sie kenne meine Schwester.
He said she knew my sister.

„Habe ich zu viel gesagt?", fragte er.
"Have I said too much?" he asked.

Er fragte, ob er zu viel gesagt habe.
He asked if he had said too much.

❷ **Er hat uns gesagt, dass er Italienisch spreche.**
He told us that he spoke Italian.

❸ **Er hat uns gesagt, er spreche Italienisch.**
He told us he spoke Italian.

❹ PRESENT SUBJUNCTIVE IN INDIRECT SPEECH

WEAK VERBS

holen to fetch

ich holte	**wir holten**
du holest	ihr holet
er hole	**sie holten**

STRONG VERBS

singen to sing

ich sänge	**wir sängen**
du singest	ihr singet
er singe	**sie sängen**

Verbs with Prefixes

Many verbs in German begin with a prefix. A prefix is a word or part of a word which precedes the verb stem → ❶

Often the addition of a prefix changes the meaning of the basic verb → ❷

Prefixes may be found in strong, weak or mixed verbs. Adding a prefix may occasionally change the verb conjugation → ❸

There are four kinds of prefix and each behaves in a slightly different way, as shown on the following pages. Prefixes may be inseparable, separable, double or variable (i.e. either separable or inseparable depending on the verb).

Inseparable prefixes

The eight inseparable prefixes are:

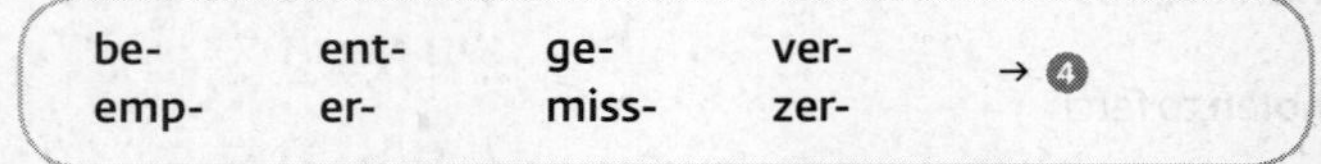

be-	**ent-**	**ge-**	**ver-**	→ ❹
emp-	**er-**	**miss-**	**zer-**	

These exist only as prefixes, and cannot be words in their own right.

They are never separated from the verb stem, whatever tense of the verb is used → ❺

Inseparable prefixes are always unstressed → ❻

Examples

1. **zu + geben** = **zugeben**
   an + ziehen = **anziehen**

2.

nehmen	to take
zunehmen	to put on weight/to increase
sich benehmen	to behave

3.

WEAK		STRONG	
suchen	to look for	**stehen**	to stand
versuchen	to try	**verstehen**	to understand
besuchen	to visit	**aufstehen**	to get up

WEAK		STRONG	
löschen	to extinguish	**erlöschen**	to go out

WEAK		STRONG	
fehlen	to be missing	**empfehlen**	to recommend

4.

beschreiben	to describe
empfangen	to receive
enttäuschen	to disappoint
erhalten	to contain
gehören	to belong
misstrauen	to mistrust
verlieren	to lose
zerlegen	to dismantle

5. **besuchen** to visit

Er besucht uns regelmäßig.	He visits us regularly.
Er besuchte uns jeden Tag.	He used to visit us every day.
Er hat uns jeden Tag besucht.	He visited us every day.
Er wird uns morgen besuchen.	He will visit us tomorrow.
Besuche sofort deine Tante!	Visit your aunt at once!

6. er**lau**ben, ver**steh**en, emp**fang**en, ver**gess**en

Verbs

Verbs with Prefixes *continued*

Separable prefixes

Some common examples are:

ab	**fest**	**herunter**	**mit**
an	**frei**	**hervor**	**nach**
auf	**her**	**hin**	**nieder**
aus	**herab**	**hinab**	**vor**
bei	**heran**	**hinauf**	**vorbei**
da(r)	**herauf**	**hinaus**	**vorüber**
davon	**heraus**	**hindurch**	**weg**
dazu	**herbei**	**hinein**	**zu**
ein	**herein**	**hinüber**	**zurecht**
empor	**herüber**	**hinunter**	**zurück**
entgegen	**herum**	**los**	**zusammen**

Unlike inseparable prefixes, separable prefixes may be words in their own right. Indeed, nouns, adjectives and adverbs are often used as separable prefixes → ❶

The past participle of a verb with a separable prefix is formed with **ge-**. It comes between the verb and the prefix → ❷

In main clauses, the prefix is placed at the end of the clause if the verb is in a simple tense (i.e. present, imperfect or imperative form) → ❸

In subordinate clauses, whatever the tense of the verb, the prefix is attached to the verb and the resulting whole placed at the end of the clause → ❹

Where an infinitive construction requiring **zu** is used (see page 48), the **zu** is placed between the infinitive and prefix to form one word → ❺

Examples

❶ *noun + verb*: **teilnehmen** to take part
adjective + verb: **loswerden** to get free of
adverb + verb: **niederlegen** to lay down

❷ **Er hat nicht teilgenommen.**
He did not participate.
Wir sind an der Grenze zurückgewiesen worden.
We were turned back at the border.

❸ **wegbringen** to take for repair/to take away
PRESENT
Wir bringen das Auto weg
IMPERFECT
Wir brachten das Auto weg
IMPERATIVE
Bringt das Auto weg!
FUTURE
Wir werden das Auto wegbringen
CONDITIONAL
Wir würden das Auto wegbringen
PERFECT
Wir haben das Auto weggebracht
PERFECT PASSIVE
Das Auto ist weggebracht worden
PLUPERFECT SUBJUNCTIVE
Wir hätten das Auto weggebracht

❹ PRESENT
Weil wir das Auto wegbringen, ...
IMPERFECT
Dass wir das Auto wegbrachten, ...
PERFECT
Nachdem wir das Auto weggebracht haben, ...
PLUPERFECT SUBJUNCTIVE
Wenn wir das Auto weggebracht hätten, ...
FUTURE
Obwohl wir das Auto wegbringen werden, ...

❺ **Um das Auto rechtzeitig wegzubringen, müssen wir morgen früh aufstehen.**
In order to take the car in on time we shall have to get up early tomorrow.

Verbs with Prefixes *continued*

Variable prefixes

These are:

durch	**über**	**unter**	**wider**
hinter	**um**	**voll**	**wieder**

These can be separable or inseparable → ❶

Often they are used separably and inseparably with the same verb. In such cases the verb and prefix will tend to retain their basic meanings if the prefix is used separably, but adopt figurative meanings when the prefix is used inseparably → ❷

Variable prefixes behave as separable prefixes when used separably, and as inseparable prefixes when used inseparably → ❸

Double prefixes

These occur where a verb with an inseparable prefix is preceded by a separable prefix → ❹

The separable prefix behaves as described on page 70, the verb plus inseparable prefix representing the basic verb to which the separable prefix is attached → ❺

Unlike other separable verbs, however, verbs with double prefixes have no **ge-** in their past participles → ❻

Examples

❶ **unternehmen** (*inseparable*) to undertake, take on
Wir haben in den Ferien vieles unternommen.
We did a great deal in the holidays.
Du unternimmst zu viel.
You take on too much.

untergehen (*separable*) to sink, go down
Die Sonne geht unter.
The sun is going down/is setting.
Die Sonne ist untergangen.
The sun has gone down/has set.

❷ **etwas wiederholen** (*separable*) to retrieve something
etwas wiederholen (*inseparable*) to repeat something

❸ **Er holte ihr die Tasche wieder.**
He brought her back her bag.
Er wiederholte den Satz.
He repeated the sentence.

❹ **ausverkaufen** to sell off

❺ **Er verkauft alles aus.**
He's selling everything off.
Um alles auszuverkaufen ...
In order to sell everything off ...
Er wird alles ausverkaufen.
He'll be selling everything off.

❻ **Aber er hat doch alles ausverkauft.**
But he's sold everything off.

Verbs

Verb Combinations

Noun + verb combinations are normally written separately → ❶

BUT: Compound verbs if they are written as one word are almost exclusively used in the infinitive or as participles → ❷

OR: if the noun element has lost its distinctive meaning → ❸

Infinitive + verb combinations are normally written separately but many may also be written as one word → ❹

Participle + verb combinations are normally written separately → ❺

Adjective/adverb + verb combinations are written as one word if the first component of the compound is not a word in its own right → ❻

Adjective + verb combinations are normally written separately but writing them as one word is also acceptable → ❼

BUT: In figurative usage, such combinations are always written as one word → ❽

Verb combinations with **-ander** are written as one word → ❾

Verb combinations with **-seits** and **-wärts** are written as one word → ❿

Verb combinations with **sein** are written separately → ⓫

Examples

1. **Ski fahren, Schlange stehen, Klavier spielen**
2. **bergsteigen, brustschwimmen, kopfrechnen, sonnenbaden**
3. **eislaufen, kopfstehen, teilhaben**
4. **baden gehen, sitzen bleiben** *or* **sitzenbleiben, spazieren gehen** *or* **spazierengehen**
5. **gefangen nehmen, getrennt schreiben**
6. **abhandenkommen, fehlschlagen, kundgeben**
7. **bekannt machen** *or* **bekanntmachen, blau färben** *or* **blaufärben, klein schneiden** *or* **kleinschneiden**
8. **freihalten, leichtfallen, nahebringen, satthaben**
9. **aneinanderlegen, auseinanderlaufen, durcheinanderreden**
10. **abseitsstehen, abwärtsgehen**
11. **auf sein, zu sein**

Verbs followed by Prepositions

Some verbs in English usage require a preposition (for/with/by *etc*) to complete them.

This also happens in German, though the prepositions used with German verbs may not be those expected from their English counterparts → ❶

The preposition used may significantly alter the meaning of a verb in German → ❷

Occasionally German verbs use a preposition where their English equivalents do not → ❸

Prepositions used with verbs behave as normal prepositions and affect the case of the following noun (see page 198).

A verb plus preposition may be followed by a clause containing another verb rather than by a noun or pronoun. This often corresponds to an *-ing* construction in English:

> Thank you for *coming*

In German, this is dealt with in two ways:

- Where the "verb-plus-preposition" construction has the same subject as the following verb, the preposition is preceded by **da-** or **dar-** and the following verb becomes an infinitive used with **zu** → ❹

- Where the subject of the "verb-plus-preposition" is not the same as for the following verb, a **dass** clause is used → ❺

Following clauses may also be introduced by interrogatives (**ob**, **wie** etc) if the meaning demands them → ❻

Examples

1 COMPARE:

sich sehnen **nach**	to long *for*
warten **auf**	to wait *for*
bitten **um**	to ask *for*

2

bestehen	to pass (an examination/ a test *etc*)
bestehen aus	to consist of
bestehen auf	to insist on
sich freuen auf	to look forward to
sich freuen über	to be pleased about

3 **diskutieren über** — to discuss

4 **Ich freue mich sehr darauf, mal wieder mit ihm zu arbeiten.**
I am looking forward to working with him again.

5 **Ich freue mich sehr darauf, dass du morgen kommst.**
I am looking forward to your coming tomorrow.

Er sorgte dafür, dass die Kinder immer gut gepflegt waren.
He saw to it that the children were always well cared for.

6 **Er dachte lange darüber nach, ob er es wirklich kaufen wollte.**
He thought for ages about whether he really wanted to buy it.

Sie freut sich darüber, wie schnell ihre Schüler gelernt haben.
She is pleased at how quickly her students have learned.

Verbs followed by Prepositions *continued*

COMMON VERBS FOLLOWED BY PREPOSITION PLUS **ACCUSATIVE CASE**:

achten auf	to pay attention to, keep an eye on → 1
sich amüsieren über	to laugh at, smile about
sich ärgern über	to get annoyed about/with
sich bewerben um	to apply for → 2
bitten um	to ask for → 3
denken an	to be thinking of → 4
denken über	to hold an opinion of, think about → 5
sich erinnern an	to remember
sich freuen auf	to look forward to
sich freuen über	to be pleased about → 6
sich gewöhnen an	to get used to → 7
sich interessieren für	to be interested in → 8
kämpfen um	to fight for
sich kümmern um	to take care of, see to
nachdenken über	to ponder, reflect on → 9
sich unterhalten über	to talk about
sich verlassen auf	to rely on, depend on → 10
warten auf	to wait for

COMMON VERBS FOLLOWED BY PREPOSITION PLUS **DATIVE CASE**:

abhängen von	to be dependent on → 11
sich beschäftigen mit	to occupy oneself with → 12
bestehen aus	to consist of → 13
leiden an/unter	to suffer from → 14
neigen zu	to be inclined to
riechen nach	to smell of → 15
schmecken nach	to taste of
sich sehnen nach	to long for
sterben an	to die of
teilnehmen an	to take part in → 16
träumen von	to dream of → 17
sich verabschieden von	to say goodbye to
sich verstehen mit	to get along with, get on with
zittern vor	to tremble with → 18

Examples

1 **Er musste auf die Kinder achten.**
He had to keep an eye on the children.

2 **Sie hat sich um die Stelle als Direktorin beworben.**
She applied for the post of director.

3 **Die Kinder baten ihre Mutter um Plätzchen.**
The children asked their mother for some biscuits.

4 **Woran denkst du?**
What are you thinking about?
Daran habe ich gar nicht mehr gedacht.
I'd forgotten about that.

5 **Wie denkt ihr darüber?**
What do you think about it?

6 **Ich freute mich sehr darüber, Johannes besucht zu haben.**
I was very glad I had visited Johannes.

7 **Man gewöhnt sich an alles.**
One gets used to anything.

8 **Sie interessiert sich sehr für Politik.**
She is very interested in politics.

9 **Er hatte schon lange darüber nachgedacht.**
He had been thinking about it for a long time.

10 **Er verlässt sich darauf, dass seine Frau alles tut.**
He relies on his wife to do everything.

11 **Das hängt davon ab.**
It all depends.

12 **Sie sind im Moment sehr damit beschäftigt, ihr neues Haus in Ordnung zu bringen.**
They are very busy sorting out their new house at the moment.

13 **Dieser Kuchen besteht aus Eiern, Mehl und Zucker.**
This cake is made from eggs, flour and sugar.

14 **Sie hat lange an dieser Krankheit gelitten.**
She suffered from this illness for a long time.
Alte Leute können sehr unter der Einsamkeit leiden.
Old people can suffer from dreadful loneliness.

15 **Der Kuchen roch nach Zimt.**
The cake smelled of cinnamon.

16 **Sie hat an der Bonner Tagung teilnehmen müssen.**
She had to attend the Bonn conference.

17 **Er hat von seinem Urlaub geträumt.**
He dreamt of his holiday.

18 **Er zitterte vor Freude.**
He was trembling with joy.

Verbs followed by the Dative

Some verbs have a direct object and an indirect object. In the English sentence "He gave me a book", *a book* is the direct object of *gave* and would be in the accusative and *me* (= *to me*) is the indirect object and would appear in the dative case in German → ❶

In German, as in English, this type of verb is usually concerned with giving or telling something to someone, or with performing an action for someone → ❷

The normal word order after such verbs is for the direct object to follow the indirect, *except* where the direct object is a personal pronoun (see page 224) → ❷

This order may be reversed for emphasis → ❸

Some examples of verbs followed by the dative in this way:

anbieten	**gönnen**	**schicken**
beweisen	**kaufen**	**schreiben**
bringen	**leihen**	**schulden** → ❹
erzählen	**mitteilen**	**verkaufen**
geben	**schenken**	**zeigen**

Certain verbs in German however can be followed *only* by an indirect object in the dative case. Particular attention should be paid to these, since most of them are quite different from their English equivalents:

begegnen	**gratulieren**	**schmeicheln**
danken	**helfen**	**trauen**
fehlen	**imponieren**	**trotzen**
gefallen	**misstrauen**	**vorangehen** → ❺
gehören	**nachgehen**	**wehtun**
gelingen	**schaden**	**widersprechen**
gleichen	**schmecken**	**widerstehen**

For how to form the passive of such verbs, see page 36.

Examples

1 **Er gab mir ein Buch.** He gave me a book.

2 **Er wusch dem Kind** (*indirect*) **das Gesicht** (*direct*).
He washed the child's face.
Er erzählte ihm (*indirect*) **eine Geschichte** (*direct*).
He told him a story.
BUT:
Er hat sie (*direct*) **meiner Mutter** (*indirect*) **gezeigt.**
He showed it to my mother.
Kaufst du es (*direct*) **mir** (*indirect*)**?**
Will you buy it for me?

3 **Er wollte das Buch** (*direct*) **seiner Mutter** (*indirect*) **geben.**
(*This emphasises* **seiner Mutter**)
He wanted to give the book to his mother.

4 **Er bot ihr die Arbeitsstelle an.** He offered her the job.
Bringst du mir eins? Will you bring me one?
Ich gönne dir das neue Kleid.
I want you to have the new dress.
Er hat ihr mitgeteilt, dass ... He told her that ...
Ich schenke meiner Mutter Parfüm zum Geburtstag.
I am giving my mother perfume for her birthday.
Das schulde ich ihm. I owe him that.
Zeig es mir! Show me it!

5 **Er ist seinem Freund in der Stadt begegnet.**
He bumped into his friend in town.
Mir fehlt der Mut dazu. I don't have the courage.
Es ist ihnen gelungen. They succeeded.
Wem gehört dieses Buch? Whose book is this?
Er wollte ihr nicht helfen. He refused to help her.
Ich gratuliere dir! Congratulations!
Rauchen schadet der Gesundheit.
Smoking is bad for your health.
Das Essen hat ihnen gut geschmeckt.
They enjoyed the meal.

Verbs

There is/There are

There are three ways of expressing this in German:

Es gibt

This is always used in the singular form, and is followed by an accusative object which may be either singular or plural → ❶

Es gibt is used to refer to things of a general nature or location → ❷

It also has some idiomatic usages → ❸

Es ist/es sind

The **es** here merely introduces the real subject. The verb therefore becomes plural where the real subject is plural. The real subject is in the nominative case → ❹

The **es** is not required and is therefore omitted when the verb and real subject come together. This happens when inversion of subject and verb occurs (see page 226) and in subordinate clauses → ❺

Es ist or **es sind** are used to refer to:

- subjects with a specific and confined location.
  This location must always be mentioned either by name or by **da**, **darauf**, **darin** *etc* → ❻
- temporary existence → ❼
- as a beginning to a story → ❽

The passive voice

Often *there is/there are* in English will be rendered by a verb in the passive voice in German → ❾

Examples

1. **Es gibt zu viele Probleme dabei.**
There are too many problems with it.
Es gibt kein besseres Bier.
There's no better beer.

2. **Es gibt bestimmt Regen.**
It's definitely going to rain.
Ruhe hat es bei uns nie gegeben.
There has never been any peace here.

3. **Was gibts (= gibt es) zum Essen?** What is there to eat?
Was gibts? What's wrong?, What's up?
So was gibts doch nicht! That's impossible!

4. **Es waren zwei ältere Leute unten im Hof.**
There were two elderly people down in the yard.
Es sind so viele Touristen da.
There are so many tourists there.

5. **Unten im Hof waren zwei ältere Leute.**
Down in the yard were two elderly people.
Wenn so viele Touristen da sind, ...
If there are so many tourists there, ...

6. **Es waren viele Flaschen Sekt im Keller.**
There were a lot of bottles of champagne in the cellar.
Ein Brief lag auf dem Tisch. Es waren auch zwei Bücher darauf.
A letter lay on the table. There were also two books on it.

7. **Es war niemand da.**
There was no-one there.

8. **Es war einmal ein König ...**
Once upon a time there was a king ...

9. **Es wurde auf der Party viel getrunken.**
There was a lot of drinking at the party.

Verbs

Impersonal "es"

Many verbs can have as their object a **dass** clause or an infinitive with **zu** → ❶

With some verbs **es** is used as an object to anticipate this clause or infinitive phrase → ❷

When the clause or infinitive phrase begins the sentence, **es** is not used in the main clause but its place may be taken by an optional **das** → ❸

Common verbs which *usually* have the "es" object:

es ablehnen, zu	to refuse to
es aushalten, zu tun/dass	to stand doing → ❹
es ertragen, zu tun/dass	to endure doing
es leicht haben, zu	to find it easy to → ❺
es nötig haben, zu	to need to → ❻
es satt haben, zu	to have had enough of doing
es verstehen, zu	to know how to → ❼

Common verbs which *often* have the "es" object:

es jemandem anhören/ansehen, dass	to tell by listening to/looking at someone that → ❽
es begreifen, dass/warum/wie	to understand that/why/how
es bereuen, zu tun/dass	to regret having done/that
es leugnen, dass	to deny that → ❾
es unternehmen, zu	to undertake to
es jemandem verbieten, zu	to forbid someone to
es jemandem vergeben, dass	to forgive someone for (doing)
es jemandem verschweigen, dass	not to tell someone that
es jemandem verzeihen, dass	to forgive someone for (doing)
es wagen zu	to dare to

Examples

❶ **Er wusste, dass wir pünktlich kommen würden.**
He knew that we would come on time.
Sie fing an zu lachen.
She began to laugh.

❷ **Er hatte es abgelehnt mitzufahren.**
He had refused to come.

❸ **Dass es Wolfgang war, das haben wir ihr verschwiegen.**
OR:
Dass es Wolfgang war, haben wir ihr verschwiegen.
We didn't tell her that it was Wolfgang.

❹ **Ich halte es nicht mehr aus, bei ihnen zu arbeiten.**
I can't stand working for them any longer.

❺ **Er hatte es nicht leicht, sie zu überreden.**
He didn't have an easy job persuading them.

❻ **Ich habe es nicht nötig, mit dir darüber zu reden.**
I don't have to talk to you about it.

❼ **Er versteht es, Autos zu reparieren.**
He knows about repairing cars.

❽ **Man hörte es ihm sofort an, dass er kein Deutscher war.**
OR:
Dass er kein Deutscher war, (das) hörte man ihm sofort an.
One could tell immediately (from the way he spoke) that he wasn't German.

Man sieht es ihm sofort an, dass er dein Bruder ist.
OR:
Dass er dein Bruder ist, (das) sieht man ihm sofort an.
One can see right away that he's your brother.

❾ **Er hat es nie geleugnet, das Geld genommen zu haben.**
He has never denied taking the money.

Verb Table

List of Strong and Mixed Verbs

INFINITIVE	TRANSLATION	3RD PERSON PRESENT
backen	to bake	**er bäckt**
befehlen	to command	**er befiehlt**
beginnen	to begin	**er beginnt**
beißen	to bite	**er beißt**
bergen	to rescue	**er birgt**
bersten	to burst *intr*	**er birst**
betrügen	to deceive	**er betrügt**
biegen	to bend *tr*/to turn *intr*	**er biegt**
bieten	to offer	**er bietet**
binden	to tie	**er bindet**
bitten	to ask for	**er bittet**
blasen	to blow	**er bläst**
bleiben	to remain	**er bleibt**
braten	to fry	**er brät**
brechen	to break	**er bricht**
brennen	to burn	**er brennt**
bringen	to bring	**er bringt**
denken	to think	**er denkt**
dreschen	to thresh	**er drischt**
dringen	to penetrate	**er dringt**
dürfen	to be allowed to	**er darf**
empfehlen	to recommend	**er empfiehlt**
erlöschen	to go out (*fire, light*)	**er erlischt**
erschallen	to resound	**er erschallt**
erschrecken[1]	to be startled	**er erschrickt**
erwägen	to weigh up	**er erwägt**
essen	to eat	**er isst**
fahren	to travel	**er fährt**

[1] **erschrecken** meaning "to frighten" is weak:
erschrecken, **erschreckt**, **erschreckte**, **hat erschreckt**

Verb Table

3RD PERSON IMPERFECT	PERFECT	IMPERFECT SUBJUNCTIVE
er backte	**er hat gebacken**	**er backte**
er befahl	**er hat befohlen**	**er befähle**
er begann	**er hat begonnen**	**er begänne**
er biss	**er hat gebissen**	**er bisse**
er barg	**er hat geborgen**	**er bärge**
er barst	**er ist geborsten**	**er bärste**
er betrog	**er hat betrogen**	**er betröge**
er bog	**er hat/ist gebogen**	**er böge**
er bot	**er hat geboten**	**er böte**
er band	**er hat gebunden**	**er bände**
er bat	**er hat gebeten**	**er bäte**
er blies	**er hat geblasen**	**er bliese**
er blieb	**er ist geblieben**	**er bliebe**
er briet	**er hat gebraten**	**er briete**
er brach	**er hat/ist gebrochen**	**er bräche**
er brannte	**er hat gebrannt**	**er brennte**
er brachte	**er hat gebracht**	**er brächte**
er dachte	**er hat gedacht**	**er dächte**
er drosch	**er hat gedroschen**	**er drösche**
er drang	**er ist gedrungen**	**er dränge**
er durfte	**er hat gedurft/dürfen**[1]	**er dürfte**
er empfahl	**er hat empfohlen**	**er empfähle**
er erlosch	**er ist erloschen**	**er erlösche**
er erschallte	**er ist erschollen**	**er erschölle**
er erschrak	**er ist erschrocken**	**er erschräke**
er erwog	**er hat erwogen**	**er erwöge**
er aß	**er hat gegessen**	**er äße**
er fuhr	**er ist gefahren**	**er führe**

[1] The second (infinitive) form is used when combined with an infinitive construction (see page 56).

Verb Table

List of Strong and Mixed Verbs *continued*

INFINITIVE	TRANSLATION	3RD PERSON PRESENT
fallen	to fall	**er fällt**
fangen	to catch	**er fängt**
fechten	to fight	**er ficht**
finden	to find	**er findet**
fliegen	to fly	**er fliegt**
fliehen	to flee *tr/intr*	**er flieht**
fließen	to flow	**er fließt**
fressen	to eat (*of animals*)	**er frisst**
frieren	to be cold/to freeze over	**er friert**
gebären	to give birth to	**sie gebärt**
geben	to give	**er gibt**
gedeihen	to thrive	**er gedeiht**
gehen	to go	**er geht**
gelingen	to succeed	**es gelingt**
gelten	to be valid	**er gilt**
genesen	to get well	**er genest**
genießen	to enjoy	**er genießt**
geraten	to get into (*a state etc*)	**er gerät**
geschehen	to happen	**es geschieht**
gewinnen	to win	**er gewinnt**
gießen	to pour	**er gießt**
gleichen	to resemble/to equal	**er gleicht**
gleiten	to glide	**er gleitet**
glimmen	to glimmer	**er glimmt**
graben	to dig	**er gräbt**
greifen	to grip	**er greift**
haben	to have	**er hat**
halten	to hold/to stop	**er hält**
hängen[1]	to hang *intr*	**er hängt**
heben	to lift	**er hebt**
heißen	to be called	**er heißt**

[1] **hängen** is weak when used transitively:
hängen, **hängt**, **hängte**, **hat gehängt**

Verb Table

3RD PERSON IMPERFECT	PERFECT	IMPERFECT SUBJUNCTIVE
er fiel	er ist gefallen	er fiele
er fing	er hat gefangen	er finge
er focht	er hat gefochten	er föchte
er fand	er hat gefunden	er fände
er flog	er hat/ist geflogen	er flöge
er floh	er hat/ist geflohen	er flöhe
er floss	er ist geflossen	er flösse
er fraß	er hat gefressen	er fräße
er fror	er hat/ist gefroren	er fröre
sie gebar	sie hat geboren	sie gebäre
er gab	er hat gegeben	er gäbe
er gedieh	er ist gediehen	er gediehe
er ging	er ist gegangen	er ginge
es gelang	es ist gelungen	es gelänge
er galt	er hat gegolten	er gälte
er genas	er ist genesen	er genäse
er genoss	er hat genossen	er genösse
er geriet	er ist geraten	er geriete
es geschah	es ist geschehen	es geschähe
er gewann	er hat gewonnen	er gewönne
er goss	er hat gegossen	er gösse
er glich	er hat geglichen	er gliche
er glitt	er ist geglitten	er glitte
er glomm	er hat geglommen	er glömme
er grub	er hat gegraben	er grübe
er griff	er hat gegriffen	er griffe
er hatte	er hat gehabt	er hätte
er hielt	er hat gehalten	er hielte
er hing	er hat gehangen	er hinge
er hob	er hat gehoben	er höbe
er hieß	er hat geheißen	er hieße

List of Strong and Mixed Verbs *continued*

INFINITIVE	TRANSLATION	3RD PERSON PRESENT
helfen	to help	**er hilft**
kennen	to know (*someone etc*)	**er kennt**
klingen	to sound	**er klingt**
kneifen	to pinch	**er kneift**
kommen	to come	**er kommt**
können	to be able to	**er kann**
kriechen	to crawl	**er kriecht**
laden	to load	**er lädt**
lassen	to allow	**er lässt**
laufen	to walk/to run	**er läuft**
leiden	to suffer	**er leidet**
leihen	to lend	**er leiht**
lesen	to read	**er liest**
liegen	to lie	**er liegt**
lügen	to tell a lie	**er lügt**
mahlen	to grind	**er mahlt**
messen	to measure	**er misst**
misslingen	to fail	**es misslingt**
mögen	to like to	**er mag**
müssen	to have to	**er muss**
nehmen	to take	**er nimmt**
nennen	to call	**er nennt**
pfeifen	to whistle	**er pfeift**
preisen	to praise	**er preist**
quellen	to gush	**er quillt**
raten	to advise/to guess	**er rät**
reiben	to rub	**er reibt**
reißen	to tear *tr/intr*	**er reißt**
reiten	to ride *tr/intr*	**er reitet**

Verb Table

3RD PERSON IMPERFECT	PERFECT	IMPERFECT SUBJUNCTIVE
er half	**er hat geholfen**	**er hülfe**
er kannte	**er hat gekannt**	**er kennte**
er klang	**er hat geklungen**	**er klänge**
er kniff	**er hat gekniffen**	**er kniffe**
er kam	**er ist gekommen**	**er käme**
er konnte	**er hat gekonnt/können**[1]	**er könnte**
er kroch	**er ist gekrochen**	**er kröche**
er lud	**er hat geladen**	**er lüde**
er ließ	**er hat gelassen**	**er ließe**
er lief	**er ist gelaufen**	**er liefe**
er litt	**er hat gelitten**	**er litte**
er lieh	**er hat geliehen**	**er liehe**
er las	**er hat gelesen**	**er läse**
er lag	**er hat gelegen**	**er läge**
er log	**er hat gelogen**	**er löge**
er mahlte	**er hat gemahlen**	**er mahlte**
er maß	**er hat gemessen**	**er mäße**
es misslang	**es ist misslungen**	**es misslänge**
er mochte	**er hat gemocht/mögen**[1]	**er möchte**
er musste	**er hat gemusst/müssen**[1]	**er müsste**
er nahm	**er hat genommen**	**er nähme**
er nannte	**er hat genannt**	**er nennte**
er pfiff	**er hat gepfiffen**	**er pfiffe**
er pries	**er hat gepriesen**	**er priese**
er quoll	**er ist gequollen**	**er quölle**
er riet	**er hat geraten**	**er riete**
er rieb	**er hat gerieben**	**er riebe**
er riss	**er hat/ist gerissen**	**er risse**
er ritt	**er hat/ist geritten**	**er ritte**

[1] The second (infinitive) form is used when combined with an infinitive construction (see page 56).

List of Strong and Mixed Verbs *continued*

INFINITIVE	TRANSLATION	3RD PERSON PRESENT
rennen	to run	**er rennt**
riechen	to smell	**er riecht**
ringen	to wrestle	**er ringt**
rinnen	to flow	**er rinnt**
rufen	to shout	**er ruft**
salzen	to salt	**er salzt**
saufen	to booze/to drink	**er säuft**
saugen	to suck	**er saugt**
schaffen[1]	to create	**er schafft**
scheiden	to separate *tr/intr*	**er scheidet**
scheinen	to seem/to shine	**er scheint**
schelten	to scold	**er schilt**
scheren	to shear	**er schert**
schieben	to shove	**er schiebt**
schießen	to shoot	**er schießt**
schlafen	to sleep	**er schläft**
schlagen	to hit	**er schlägt**
schleichen	to creep	**er schleicht**
schleifen	to grind	**er schleift**
schließen	to close	**er schließt**
schlingen	to wind	**er schlingt**
schmeißen	to fling	**er schmeißt**
schmelzen	to melt *tr/intr*	**er schmilzt**
schneiden	to cut	**er schneidet**
schreiben	to write	**er schreibt**
schreien	to shout	**er schreit**
schreiten	to stride	**er schreitet**
schweigen	to be silent	**er schweigt**

[1] **schaffen** meaning "to work hard/to manage" is weak: **schaffen**, **schafft**, **schaffte**, **hat geschafft**

3RD PERSON IMPERFECT	PERFECT	IMPERFECT SUBJUNCTIVE
er rannte	er ist gerannt	er rennte
er roch	er hat gerochen	er röche
er rang	er hat gerungen	er ränge
er rann	er ist geronnen	er ränne
er rief	er hat gerufen	er riefe
er salzte	er hat gesalzen	er salzte
er soff	er hat gesoffen	er söffe
er sog	er hat gesogen	er söge
er schuf	er hat geschaffen	er schüfe
er schied	er hat/ist geschieden	er schiede
er schien	er hat geschienen	er schiene
er schalt	er hat gescholten	er schölte
er schor	er hat geschoren	er schöre
er schob	er hat geschoben	er schöbe
er schoss	er hat geschossen	er schösse
er schlief	er hat geschlafen	er schliefe
er schlug	er hat geschlagen	er schlüge
er schlich	er ist geschlichen	er schliche
er schliff	er hat geschliffen	er schliffe
er schloss	er hat geschlossen	er schlösse
er schlang	er hat geschlungen	er schlänge
er schmiss	er hat geschmissen	er schmisse
er schmolz	er hat/ist geschmolzen	er schmölze
er schnitt	er hat geschnitten	er schnitte
er schrieb	er hat geschrieben	er schriebe
er schrie	er hat geschrien	er schrie
er schritt	er ist geschritten	er schritte
er schwieg	er hat geschwiegen	er schwiege

Verb Table

List of Strong and Mixed Verbs *continued*

INFINITIVE	TRANSLATION	3RD PERSON PRESENT
schwellen[1]	to swell *intr*	**er schwillt**
schwimmen	to swim	**er schwimmt**
schwingen	to swing	**er schwingt**
schwören	to vow	**er schwört**
sehen	to see	**er sieht**
sein	to be	**er ist**
senden[2]	to send	**er sendet**
singen	to sing	**er singt**
sinken	to sink	**er sinkt**
sinnen	to ponder	**er sinnt**
sitzen	to sit	**er sitzt**
sollen	to be supposed to be	**er soll**
spalten	to split *tr/intr*	**er spaltet**
speien	to spew	**er speit**
spinnen	to spin	**er spinnt**
sprechen	to speak	**er spricht**
sprießen	to sprout	**er sprießt**
springen	to jump	**er springt**
stechen	to sting/to prick	**er sticht**
stehen	to stand	**er steht**
stehlen	to steal	**er stiehlt**
steigen	to climb	**er steigt**
sterben	to die	**er stirbt**
stinken	to stink	**er stinkt**
stoßen	to push	**er stößt**
streichen	to stroke/to wander	**er streicht**
streiten	to quarrel	**er streitet**

[1] **schwellen** is weak when used transitively:
schwellen, **schwellt**, **schwellte**, **hat geschwellt**

[2] **senden** meaning "to broadcast" is weak:
senden, **sendet**, **sendete**, **hat gesendet**

Verb Table

3RD PERSON IMPERFECT	PERFECT	IMPERFECT SUBJUNCTIVE
er schwoll	**er ist geschwollen**	**er schwölle**
er schwamm	**er ist geschwommen**	**er schwömme**
er schwang	**er hat geschwungen**	**er schwänge**
er schwor	**er hat geschworen**	**er schwüre**
er sah	**er hat gesehen**	**er sähe**
er war	**er ist gewesen**	**er wäre**
er sandte	**er hat gesandt**	**er sendete**
er sang	**er hat gesungen**	**er sänge**
er sank	**er ist gesunken**	**er sänke**
er sann	**er hat gesonnen**	**er sänne**
er saß	**er hat gesessen**	**er säße**
er sollte	**er hat gesollt/sollen**[1]	**er sollte**
er spaltete	**er hat/ist gespalten**	**er spaltete**
er spie	**er hat gespien**	**er spie**
er spann	**er hat gesponnen**	**er spönne**
er sprach	**er hat gesprochen**	**er spräche**
er spross	**er ist gesprossen**	**er sprösse**
er sprang	**er ist gesprungen**	**er spränge**
er stach	**er hat gestochen**	**er stäche**
er stand	**er hat gestanden**	**er stünde**
er stahl	**er hat gestohlen**	**er stähle**
er stieg	**er ist gestiegen**	**er stiege**
er starb	**er ist gestorben**	**er stürbe**
er stank	**er hat gestunken**	**er stänke**
er stieß	**er hat/ist gestoßen**	**er stieße**
er strich	**er hat/ist gestrichen**	**er striche**
er stritt	**er hat gestritten**	**er stritte**

[1] The second (infinitive) form is used when combined with an infinitive construction (see page 56).

List of Strong and Mixed Verbs *continued*

INFINITIVE	TRANSLATION	3RD PERSON PRESENT
tragen	to carry/to wear	**er trägt**
treffen	to meet	**er trifft**
treiben	to drive/to engage in	**er treibt**
treten	to kick/step	**er tritt**
trinken	to drink	**er trinkt**
tun	to do	**er tut**
verderben	to spoil/to go bad	**er verdirbt**
verdrießen	to irritate	**er verdrießt**
vergessen	to forget	**er vergisst**
verlieren	to lose	**er verliert**
vermeiden	to avoid	**er vermeidet**
verschwinden	to disappear	**er verschwindet**
verzeihen	to pardon	**er verzeiht**
wachsen	to grow	**er wächst**
waschen	to wash	**er wäscht**
weichen	to yield	**er weicht**
weisen	to point	**er weist**
wenden	to turn	**er wendet**
werben	to recruit	**er wirbt**
werden	to become	**er wird**
werfen	to throw	**er wirft**
wiegen[1]	to weigh	**er wiegt**
winden	to wind	**er windet**
wissen	to know	**er weiß**
wollen	to want to	**er will**
ziehen	to pull	**er zieht**
zwingen	to force	**er zwingt**

[1] **wiegen** meaning "to rock" is weak: **wiegen**, **wiegt**, **wiegte**, **hat gewiegt**

Verb Table

3RD PERSON IMPERFECT	PERFECT	IMPERFECT SUBJUNCTIVE
er trug	**er hat getragen**	**er trüge**
er traf	**er hat getroffen**	**er träfe**
er trieb	**er hat getrieben**	**er triebe**
er trat	**er hat/ist getreten**	**er träte**
er trank	**er hat getrunken**	**er tränke**
er tat	**er hat getan**	**er täte**
er verdarb	**er hat/ist verdorben**	**er verdürbe**
er verdross	**er hat verdrossen**	**er verdrösse**
er vergaß	**er hat vergessen**	**er vergäße**
er verlor	**er hat verloren**	**er verlöre**
er vermied	**er hat vermieden**	**er vermiede**
er verschwand	**er ist verschwunden**	**er verschwände**
er verzieh	**er hat verziehen**	**er verziehe**
er wuchs	**er ist gewachsen**	**er wüchse**
er wusch	**er hat gewaschen**	**er wüsche**
er wich	**er ist gewichen**	**er wiche**
er wies	**er hat gewiesen**	**er wiese**
er wandte	**er hat gewandt**	**er wendete**
er warb	**er hat geworben**	**er würbe**
er wurde	**er ist geworden**	**er würde**
er warf	**er hat geworfen**	**er würfe**
er wog	**er hat gewogen**	**er wöge**
er wand	**er hat gewunden**	**er wände**
er wusste	**er hat gewusst**	**er wüsste**
er wollte	**er hat gewollt/wollen**[1]	**er wollte**
er zog	**er hat gezogen**	**er zöge**
er zwang	**er hat gezwungen**	**er zwänge**

[1] The second (infinitive) form is used when combined with an infinitive construction (see page 56).

Nouns

The Declension of Nouns

In German, all nouns may be declined. This means that they may change their form according to their:

gender (i.e. masculine, feminine or neuter) → ❶

case (i.e. their function in the sentence) → ❷

number (i.e. singular or plural) → ❸

Nearly all *feminine* nouns change in the *plural* form by adding **-n** or **-en**. Many *masculine* and *neuter* nouns also change → ❹

Masculine and *neuter* nouns, with a few exceptions, add **-s** (**-s** or **-es** for nouns of one syllable) in the *genitive singular* (but see page 110) → ❺

All nouns end in **-n** or **-en** in the *dative plural*. This is added to the nominative plural form, where this does not already end in **-n** → ❻

A good dictionary will provide guidance on how to decline a noun:

The nominative singular form is given in full, followed by the gender of the noun, then the genitive singular and nominative plural endings are shown where appropriate → ❼

Adjectives used as nouns are declined as adjectives rather than nouns. Their declension endings are therefore dictated by the preceding article, as well as by number, case and gender (see page 140) → ❽

Examples

➊ **der Tisch** (*masculine*) the table
die Gabel (*feminine*) the fork
das Mädchen (*neuter*) the girl

➋ **des Tisches** of the table
auf den Tischen on the tables

➌ **die Tische** the tables
die Gabeln the forks
die Mädchen the girls

➍

	NOM SING	NOM PL
MASC	**der Apfel**	**die Äpfel**
FEM	**die Schule**	**die Schulen**
NEUT	**das Kind**	**die Kinder**

➎

	NOM SING	GEN SING
MASC	**der Apfel**	**des Apfels**
FEM	**die Schule**	**der Schule**
NEUT	**das Kind**	**des Kind(e)s**

➏

	DAT PL
MASC	**den Äpfeln**
FEM	**den Schulen**
NEUT	**den Kindern**

➐ Tiger *m* **-s**, **-**

NOM SING	**der Tiger**	the tiger
GEN SING	**des Tigers**	of the tiger, the tiger's
NOM PL	**die Tiger**	the tigers

➑ **der Angestellte** the employee
ein Angestellter an employee
(die) Angestellten (the) employees

Nouns

The Gender of Nouns

In German a noun may be masculine, feminine or neuter. Gender is relatively unpredictable and has to be learned for each noun. This is best done by learning each noun with its definite article, i.e.

der Teppich
die Zeit
das Bild

The following are intended therefore only as guidelines in helping decide the gender of a word:

Nouns denoting male people and animals are masculine → ❶

Nouns denoting the female of the species, as shown on page 104, are feminine → ❷

But nouns denoting an entire species can be of any gender → ❸

Makes of car identify with **der Wagen** and so are usually masculine → ❹

Makes of aeroplane identify with **die Maschine** and so are usually feminine → ❺

Seasons, months, days of the week, weather features and points of the compass are masculine → ❻

Names of objects that perform an action are usually masculine → ❼

Foreign nouns ending in **-ant**, **-ast**, **-ismus**, **-or** are masculine → ❽

Nouns ending in **-ich**, **-ig**, **-ing**, **-ling** are masculine → ❾

Examples

❶ **der Hörer**	(male) listener
der Löwe	(male) lion
der Onkel	uncle
der Vetter	(male) cousin
❷ **die Hörerin**	(female) listener
die Löwin	lioness
die Tante	aunt
die Kusine	(female) cousin
❸ **der Hund**	dog
die Schlange	snake
das Vieh	cattle
❹ **der Mercedes**	Mercedes
der VW	VW, Volkswagen
❺ **die Boeing**	Boeing
die Concorde	Concorde
❻ **der Sommer**	summer
der Winter	winter
der August	August
der Freitag	Friday
der Wind	wind
der Schnee	snow
der Norden	north
der Osten	east
❼ **der Wecker**	alarm clock
der Computer	computer
❽ **der Ballast**	ballast
der Chauvinismus	chauvinism
❾ **der Essig**	vinegar
der Schmetterling	butterfly

The Gender of Nouns *continued*

Cardinal numbers are mostly feminine, but fractions are neuter → ❶

Most nouns ending in **-e** are feminine → ❷

BUT: Male people or animals are masculine → ❸
Nouns beginning with **Ge–** are normally neuter (*see below*)

Nouns ending in **-heit**, **-keit**, **-schaft**, **-ung**, **-ei** are feminine → ❹

Foreign nouns ending in **-anz**, **-enz**, **-ie**, **-ik**, **-ion**, **-tät**, **-ur** are generally feminine → ❺

Nouns denoting the young of a species are neuter → ❻

Infinitives used as nouns are neuter → ❼

Most nouns beginning with **Ge–** are neuter → ❽

-chen or **-lein** may be added to many words to give a diminutive form. These words are then neuter → ❾

NOTE: The vowel adds an umlaut where possible (i.e. on **a**, **o**, **u** or **au**) and a final **-e** is dropped before these endings → ❿

Nouns ending in **-nis** or **-tum** are neuter → ⓫

Foreign nouns ending in **-at**, **-ett**, **-fon**, **-ma**, **-ment**, **-um**, **-ium** are mainly neuter → ⓬

Adjectives and participles may be used as masculine, feminine or neuter nouns (see page 148) → ⓭

Examples

❶ **Er hat eine Drei gekriegt.**	He got a three (*mark*).
ein Drittel davon	a third of it
❷ **die Falte**	crease, wrinkle
die Brücke	bridge
❸ **der Löwe**	lion
der Matrose	sailor
❹ **die Eitelkeit**	vanity
die Gewerkschaft	trade union
die Scheidung	divorce
die Druckerei	printing works
❺ **die Distanz**	distance
die Konkurrenz	rivalry
die Theorie	theory
die Panik	panic
die Union	union
die Elektrizität	electricity
die Partitur	score (*musical*)
❻ **das Baby**	baby
das Kind	child
❼ **das Schwimmen**	swimming
❽ **das Geschirr**	crockery, dishes
das Geschöpf	creature
❾ **das Getreide**	crop
das Kindlein	child
❿ **das Bächlein** (*from* **der Bach**)	(small) stream
das Kätzchen (*from* **die Katze**)	kitten
⓫ **das Ereignis**	event
das Altertum	antiquity
⓬ **das Tablett**	tray
das Telefon	telephone
das Testament	will
das Podium	platform, podium
⓭ **der Verwandte**	(male) relative
die Verwandte	(female) relative
das Gehackte	minced meat

The Gender of Nouns *continued*

The following are some common exceptions to the gender guidelines shown on pages 100–103:

das Weib	woman, wife
die Person	person
die Waise	orphan
das Mitglied	member
das Genie	genius
die Wache	sentry, guard
das Restaurant	restaurant

The formation of feminine nouns

As in English, male and female forms are sometimes shown by two completely different words e.g.

mother/father
→ ❶
uncle/aunt etc

Where such separate forms do not exist, however, German often differentiates between male and female forms in one of two ways:

- The masculine form may sometimes be made feminine by the addition of **-in** in the singular and **-innen** in the plural → ❷
- An adjective may be used as a feminine noun (see page 148). It has feminine adjective endings which change according to the article which precedes it (see page 140) → ❸

Examples

❶ **der Vater** father | **die Mutter** mother

der Bulle bull | **die Kuh** cow

der Mann man | **die Frau** woman

❷ **der Lehrer** (male) teacher | **die Lehrerin** (female) teacher

der König king | **die Königin** queen

der Hörer (male) listener | **die Hörerin** (female) listener

Liebe Hörer und Hörerinnen!
Dear listeners!

unsere Leser und Leserinnen
our readers

❸ **eine Deutsche**
a German woman
Er ist mit einer Deutschen verheiratet.
He is married to a German.

die Abgeordnete
the female MP
Nur Abgeordnete durften dabei sein.
Only MPs were allowed in.

Nouns

The Gender of Nouns *continued*

Compound nouns

Compound nouns, i.e. nouns composed of two or more nouns put together, are a regular feature of German.

They normally take their gender and declension from the last noun of the compound word → ❶

Exceptions to this are compounds ending in **-mut**, **-scheu** and **-wort**, which do not always have the same gender as the last word when it stands alone → ❷

Nouns with more than one gender

A few nouns have two genders, one of which may only be used in certain regions → ❸

Other nouns have two genders, each of which gives the noun a different meaning → ❹

Abbreviations

These take the gender of their principal noun → ❺

Examples

1 **die Armbanduhr** (*from* **die Uhr**)	wristwatch
der Tomatensalat (*from* **der Salat**)	tomato salad
der Fußballspieler (*from* **der Spieler**)	footballer
2 **der Mut**	courage
die Armut	poverty
die Demut	humility
die Scheu	fear, shyness, timidity
der Abscheu	repugnance, abhorrence
das Wort	word
die Antwort	reply
3 **das/der Marzipan**	marzipan
das/der Keks	biscuit
4 **der Band**	volume, book
das Band	ribbon, band, tape, bond
der See	lake
die See	sea
der Leiter	leader, manager
die Leiter	ladder
der Tau	dew
das Tau	rope

5 **der DGB** (*from* der **Deutsche Gewerkschaftsbund**)	the Federation of German Trade Unions
die EU (*from* **die Europäische Gemeinschaft**)	the EU
das AKW (*from* **das Atomkraftwerk**)	nuclear power station

Nouns

The Cases

There are four grammatical cases – nominative, accusative, genitive and dative – which are generally shown by the form of the article used before the noun (see page 118).

The nominative case

The nominative singular is the form shown in full in dictionary entries. The nominative plural is formed as described on page 98. The nominative case is used for:

- the subject of a verb → ❶
- the complement of **sein** or **werden** → ❷

The accusative case

The noun in the accusative case usually has the same form as in the nominative → ❸

Exceptions to this are "weak" masculine nouns (see page 115) and adjectives used as nouns (see page 148).

It is used:

- for the direct object of the verb → ❹
- after those prepositions which always take the accusative case (see pages 206–209) → ❺
- to show change of location after prepositions of place (see page 210) → ❻
- in many expressions of time and place which do not contain a preposition → ❼
- in certain fixed expressions → ❽

Examples

❶ **Das Mädchen singt.** — The girl is singing.

❷ **Er ist ein guter Lehrer.** — He's a good teacher.
Das wird ein Pullover. — It's going to be a jumper.

❸ **das Lied** — the song (*nominative*)
das Lied — the song (*accusative*)

der Wagen — the car (*nominative*)
den Wagen — the car (*accusative*)

die Dose — the tin (*nominative*)
die Dose — the tin (*accusative*)

❹ **Er hat ein Lied gesungen.** — He sang a song.

❺ **für seine Freundin** — for his girlfriend
ohne diesen Wagen — without this car
durch das Rauchen — through smoking

❻ **in die Stadt** (*accusative*) — into town
BUT:
in der Stadt (*dative*) — in town

❼ **Das macht sie jeden Donnerstag.**
She does that every Thursday.
Die Schule ist einen Kilometer entfernt.
The school is a kilometre away.

❽ **Guten Abend!** — Good evening!
Vielen Dank! — Thank you very much!

Nouns

The Cases *continued*

The genitive case

In the genitive singular, *masculine* and *neuter* nouns take endings as follows:

- **-s** is added to nouns ending in **-en**, **-el**, **-er** → ❶
- **-es** is added to nouns ending in **-tz**, **-sch**, **-st**, **-ss** or **-ß** → ❷
- for nouns of one syllable, either **-s** or **-es** may be added → ❸

Feminine singular and all *plural* nouns have the same form as their nominative.

The genitive is used:

- to show possession → ❸
- after prepositions taking the genitive (see page 212) → ❹
- in expressions of time when the exact occasion is not specified → ❺

The dative case

Singular nouns in the dative have the same form as in the nominative → ❻
-e may be added to the dative singular of *masculine* and *neuter* nouns if the sentence rhythm needs it → ❼
This **-e** is always used in certain set phrases → ❽
Dative plural forms for all genders end in **-n** → ❾
The only exceptions to this are some nouns of foreign origin that end in **-s** in all plural forms, including the dative plural (see page 114) → ❿

The dative is used:

- as the indirect object → ⓫
- after verbs taking the dative (see page 80) → ⓬
- after prepositions taking the dative (see page 202) → ⓭
- in certain idiomatic expressions → ⓮
- instead of the possessive adjective to refer to parts of the body and items of clothing (see page 122) → ⓯

Examples

1	**der Wagen** car	▶	**des Wagens** of the car
	das Rauchen smoking	▶	**des Rauchens** of smoking
	der Computer computer	▶	**des Computers** of the computer
	der Reiter rider	▶	**des Reiters** of the rider
2	**der Sitz** seat; residence	▶	**des Sitzes** of the seat/residence
	der Arzt doctor	▶	**des Arztes** of the doctor
	das Schloss castle	▶	**des Schlosses** of the castle

3 **Die Zähne des Kindes waren faul geworden.**
The child's teeth had decayed.
Der Name des Kinds war ihm unbekannt.
The child's name was not known to him.

4	**wegen seiner Krankheit**	because of his illness
	trotz ihrer Bemühungen	despite her efforts
5	**eines Tages**	one day
6	**dem Wagen**	to the car
	der Frau	to the woman
	dem Mädchen	to the girl
7	**zu welchem Zwecke?**	to what purpose?
8	**nach Hause**	home
	sich zu Tode trinken/arbeiten	to drink/work oneself to death
9	**mit den Anwälten**	with the lawyers
	nach den Kindern	after the children
10	SINGULAR	PLURAL
	das Auto	**die Autos**
	das Auto	**die Autos**
	des Autos	**der Autos**
	dem Auto	**den Autos**
11	**Er gab dem Mann das Buch.**	He gave the man the book.
12	**Sie half ihrer Mutter.**	She helped her mother.
13	**Nach dem Essen ...**	After eating ...
14	**Mir ist kalt.**	I'm cold.

15 **Ich habe mir die Hände gewaschen.**
I've washed my hands.

Nouns

Formation of Plurals

The following pages show full noun declensions in all their singular and plural forms.
Those nouns shown represent the most common types of plural.

Most feminine nouns add **-n**, **-en** or **-nen** to form their plurals:

	SINGULAR	PLURAL
NOM	**die Frau**	**die Frauen**
ACC	**die Frau**	**die Frauen**
GEN	**der Frau**	**der Frauen**
DAT	**der Frau**	**den Frauen**

Many nouns have no plural ending.
These are mainly masculine or neuter nouns ending in **-en**, **-er**, **-el**:

	SINGULAR	PLURAL
NOM	**der Onkel**	**die Onkel**
ACC	**den Onkel**	**die Onkel**
GEN	**des Onkels**	**der Onkel**
DAT	**dem Onkel**	**den Onkeln**

An umlaut is sometimes added to the vowel in the plural forms:

	SINGULAR	PLURAL
NOM	**der Apfel**	**die Äpfel**
ACC	**den Apfel**	**die Äpfel**
GEN	**des Apfels**	**der Äpfel**
DAT	**dem Apfel**	**den Äpfeln**

Formation of Plurals *continued*

Many nouns form their plurals by adding **¨-e**:

	SINGULAR	PLURAL
NOM	**der Stuhl**	**die Stühle**
ACC	**den Stuhl**	**die Stühle**
GEN	**des Stuhl(e)s**	**der Stühle**
DAT	**dem Stuhl**	**den Stühlen**

	SINGULAR	PLURAL
NOM	**die Angst**	**die Ängste**
ACC	**die Angst**	**die Ängste**
GEN	**der Angst**	**der Ängste**
DAT	**der Angst**	**den Ängsten**

Masculine and neuter nouns often add **-e** in the plural:

	SINGULAR	PLURAL
NOM	**das Schicksal**	**die Schicksale**
ACC	**das Schicksal**	**die Schicksale**
GEN	**des Schicksals**	**der Schicksale**
DAT	**dem Schicksal**	**den Schicksalen**

Masculine and neuter nouns sometimes add **¨-er** or **-er**:

	SINGULAR	PLURAL
NOM	**das Dach**	**die Dächer**
ACC	**das Dach**	**die Dächer**
GEN	**des Dach(e)s**	**der Dächer**
DAT	**dem Dach**	**den Dächern**

Formation of Plurals *continued*

Some unusual plurals

SINGULAR	TRANSLATION	PLURAL
das Ministerium	department	**die Ministerien**
das Prinzip	principle	**die Prinzipien**
das Thema	theme, topic, subject	**die Themen**
das Drama	drama	**die Dramen**
der Firma	firm	**die Firmen**
das Konto	bank account	**die Konten**
das Risiko	risk	**die Risiken**
das Komma	comma/decimal point	**die Kommas** *or* **Kommata**
das Baby	baby	**die Babys**
der Klub	club	**die Klubs**
der Streik	strike	**die Streiks**
der Park	park	**die Parks**
der Chef	boss, chief, head	**die Chefs**
der Israeli	Israeli	**die Israelis**
das Restaurant	restaurant	**die Restaurants**
das Bonbon	sweet	**die Bonbons**
das Hotel	hotel	**die Hotels**
das Niveau	standard, level	**die Niveaus**

German singular/English plural nouns

Some nouns are always plural in English, but singular in German.

Some of the most common examples are:

eine Brille	glasses, spectacles
eine Schere	scissors
eine Hose	trousers

They are only used in the plural in German to mean more than one pair, e.g. **zwei Hosen** *two pairs of trousers*

Nouns

"Weak" Masculine Nouns

Some masculine nouns have a weak declension, which means that in all cases apart from the nominative singular, they end in **-en** or, if the word ends in a vowel, in **-n**.

The dictionary will often show such nouns as:

Junge *m* **-n**, **-n** boy
Held *m* **-en**, **-en** hero

Weak masculine nouns are declined as follows:

	SINGULAR	PLURAL
NOM	**der Junge**	**die Jungen**
ACC	**den Jungen**	**die Jungen**
GEN	**des Jungen**	**der Jungen**
DAT	**dem Jungen**	**den Jungen**

Masculine nouns falling into this category include:

– those ending in **-og**(**e**) referring to males:
der Psychologe, **der Geologe**, **der Astrologe**
– those ending in **-aph** (*in many cases now spelt* **-af**) or **-oph**:
der Graph, **der Paragraf**, **der Philosoph**
– those ending in **-nom** referring to males:
der Astronom, **der Gastronom**
– those ending in **-ant**:
der Elefant, **der Diamant**
– those ending in **-t** referring to males:
der Astronaut, **der Komponist**, **der Architekt**
– miscellaneous others:
der Bauer, **der Chirurg**, **der Franzose**, **der Katholik**, **der Kollege**, **der Mensch**, **der Ochse**, **der Spatz**

der Name (*name*) has a different ending in the genitive singular, **-ns**: **des Namens**. Otherwise it is the same as **der Junge** shown above. Others in this category are: **der Buchstabe**, **der Funke**, **der Gedanke**, **der Glaube**.

Nouns

Proper Nouns

Names of people and places add **-s** in the genitive singular unless they are preceded by the definite article or a demonstrative → ❶

Where proper names end in a sibilant (**-s**, **-sch**, **-ss**, **-ß**, **-x**, **-z**, **-tz**) and this makes the genitive form with **-s** almost impossible to pronounce, they are best avoided altogether by using **von** followed by the dative case → ❷

Personal names can be given diminutive forms if desired. These may be used as a sign of affection as well as with diminutive meaning → ❸

Herr (*Mr*) is always declined where it occurs as part of a proper name → ❹

When articles or adjectives form part of a proper name (e.g. in the names of books, plays, hotels, restaurants etc), these are declined in the normal way (see pages 118 and 140) → ❺

Surnames usually form their plurals by adding **-s**, unless they end in a sibilant, in which case they sometimes add **-ens**. They are often preceded by the definite article → ❻

Nouns of Measurement and Quantity

These usually remain singular, even if preceded by a plural number → ❼

The substance which they measure follows in the same case as the noun of quantity, and not in the genitive case as in English → ❽

Examples

1 **Annas Buch** Anna's book
Klaras Mantel Klara's coat
die Werke Goethes Goethe's works
BUT:
die Versenkung der Bismarck
the sinking of the Bismarck

2 **das Buch von Hans** Hans's book
die Werke von Marx the works of Marx
die Freundin von Klaus Klaus's girlfriend

3 **von deinem Sabinchen** from your Sabine
Das kleine Kläuschen hat uns dann ein Lied gesungen.
Then little Klaus sang us a song.

4 **an Herrn Schmidt** to Mr Schmidt
Sehr geehrte Herren Dear Sirs

5 **im Weißen Schwan** in the White Swan
Er hat den „Zauberberg" schon gelesen.
He has already read "The Magic Mountain".
nach Karl dem Großen after Charlemagne

6 **Die Schmidts haben uns eingeladen.**
The Schmidts have invited us.
Die Zeißens haben uns eingeladen.
Mr and Mrs Zeiß have invited us.

7 **Möchten Sie zwei Stück?**
Would you like two?

8 **Er wollte zwei Kilo Kartoffeln.**
He wanted two kilos of potatoes.
Sie hat drei Tassen Kaffee getrunken.
She drank three cups of coffee.
Drei Glas Weißwein, bitte!
Three glasses of white wine, please.

Articles

The Definite Article

In English the definite article *the* always keeps the same form:

the book
the books
with *the* books

In German, however, the definite article has many forms:

In its singular form it changes for masculine, feminine and neuter nouns → ❶

In its plural forms it is the same for all genders → ❷

The definite article is also used to show the function of the noun in the sentence by showing which case it is.

There are four cases, as explained more fully on page 108:

1 *nominative* for the subject of the verb → ❸
2 *accusative* for the object of the verb and after some prepositions → ❹
3 *genitive* to show possession and after some prepositions → ❺
4 *dative* for an indirect object (*to* or *for*) and after some prepositions and certain verbs → ❻

The forms of the definite article are as follows:

	SINGULAR			PLURAL
	MASC	FEM	NEUT	ALL GENDERS
NOM	**der**	**die**	**das**	**die**
ACC	**den**	**die**	**das**	**die**
GEN	**des**	**der**	**des**	**der**
DAT	**dem**	**der**	**dem**	**den**

→ ❼

Examples

❶ MASCULINE: **der Mann** the man
der Wagen the car
FEMININE: **die Frau** the wife/woman
die Blume the flower
NEUTER: **das Ding** the thing
das Mädchen the girl

❷ **die Männer** the men
die Frauen the women
die Dinge the things

❸ **Der Mann ist jung.** The man is young.
Die Frau/das Kind ist jung. The woman/the child is young.

❹ **Ich kenne den Mann/die Frau/das Kind.**
I know the man/the woman/the child.

❺ **der Kopf des Mannes/der Frau/des Kindes**
the man's/woman's/child's head
wegen des Mannes/der Frau/des Kindes
because of the man/the woman/the child

❻ **Ich gab es dem Mann/der Frau/dem Kind.**
I gave it to the man/to the woman/to the child.

❼

	SINGULAR		
	MASC	FEM	NEUT
NOM	**der Mann**	**die Frau**	**das Kind**
ACC	**den Mann**	**die Frau**	**das Kind**
GEN	**des Mann(e)s**	**der Frau**	**des Kind(e)s**
DAT	**dem Mann**	**der Frau**	**dem Kind**

	PLURAL		
	MASC	FEM	NEUT
NOM	**die Männer**	**die Frauen**	**die Kinder**
ACC	**die Männer**	**die Frauen**	**die Kinder**
GEN	**der Männer**	**der Frauen**	**der Kinder**
DAT	**den Männern**	**den Frauen**	**den Kindern**

Articles

Uses of the definite article

When to use and when not to use the definite article in German is one of the most difficult areas for the learner. The following guidelines show where German practice varies from English.

The definite article is used with:

abstract and other nouns where something is being referred to as a whole or as a general idea → ❶

Where these nouns are quantified or modified, the article is not used → ❷

the genitive, unless the noun is a proper name or is acting as a proper name → ❸

occasionally with proper names to make the sex or case clearer → ❹

always with proper names preceded by an adjective → ❺

sometimes with proper names in familiar contexts or for slight emphasis → ❻

with masculine and feminine countries and districts → ❼

with geographical names preceded by an adjective → ❽

with names of seasons → ❾

often with meals → ❿

with the names of roads → ⓫

Examples

❶ **Das Leben ist schön.** Life is wonderful.

❷ **Es braucht Mut.** It needs (some) courage.
Gibt es dort Leben? Is there (any) life there?

❸ **das Auto des Lehrers** the teacher's car
Günters Auto Günter's car
Muttis Auto Mummy's car

❹ **Er hat es Frau Lehmann gegeben.**
Er hat es der Frau Lehmann gegeben.
He gave it to Frau Lehmann.

❺ **Der alte Herr Brockhaus ist gestorben.**
Old Mr Brockhaus has died.

❻ **Ich habe heute den Christoph gesehen.**
I saw Christoph today.
Du hast es aber nicht der Petra geschenkt!
You haven't given it to *Petra*!

❼ **Deutschland is sehr schön.** Germany is very beautiful.
Die Schweiz ist auch schön. Switzerland is also lovely.

❽ **im (= in dem) heutigen Deutschland**
in today's Germany

❾ **Im (= in dem) Sommer gehen wir schwimmen.**
We go swimming in summer.
Der Winter kommt bald.
Soon it will be winter.

❿ **Das Abendessen wird ab acht Uhr serviert.**
Dinner is served from eight o'clock.
Was gibts zum (= zu dem) Mittagessen?
What's for lunch?
BUT:
Um acht Uhr ist Frühstück.
Breakfast is at eight o'clock.

⓫ **Sie wohnt jetzt in der Geisener Straße.**
She lives in Geisener Road now.

Articles

Uses of the definite article *continued*

with months of the year except after seit/nach/vor → ❶

instead of the possessive adjective to refer to parts of the body and items of clothing → ❷

A reflexive pronoun or noun in the dative case is used if it is necessary to clarify to whom the parts of the body belong → ❸

in expressions of price, to mean *each/per/a* → ❹

with certain common expressions → ❺

Other uses

The definite article can be used with demonstrative meaning → ❻

After certain prepositions, forms of the definite article can be shortened (see pages 198–201).
Some of these forms are best used in informal situations → ❼
Others are commonly and correctly used in formal contexts → ❶ → ❺ → ❽

Omitting the definite article

The definite article may be omitted in German:

in certain set expressions → ❾

in *preposition + adjective + noun* combinations → ❿

For the declension of adjectives without the article see page 142.

Examples

1 **Wir fahren im (= in dem) September weg.**
We are going away in September.
Wir sind seit September hier.
We have been here since September.

2 **Er legte den Hut auf den Tisch.**
He laid his hat on the table.
Ich drücke Ihnen die Daumen.
I'm keeping my fingers crossed for you.

3 **Er hat sich die Hände schon gewaschen.**
He has already washed his hands.
Er hat dem Kind schon die Hände gewaschen.
He has already washed the child's hands.

4 **Die kosten ...** — They cost ...
... fünf Euro das Pfund — ... five euros a pound
... sechs Euro das Stück — ... six euros each

5 **in die Stadt fahren** — to go into town
zur (= zu der) Schule gehen — to go to school
mit der Post — by post
mit dem Zug/Bus/Auto — by train/bus/car
im (= in dem) Gefängnis — in prison

6 **Du willst *das* Buch lesen!**
You want to read *that* book!

7 **für das** ▸ **fürs** **vor dem** ▸ **vorm** **um das** ▸ **ums** *etc*

8 **an dem** ▸ **am** **zu dem** ▸ **zum** **zu der** ▸ **zur** *etc*

9 **von Beruf** — by profession
nach Wunsch — as desired
Nachrichten hören — to listen to the news

10 **Mit gebeugtem Rücken ...** — Bending his back, ...

Articles

The Indefinite Article

Like the definite article, the form of the indefinite article varies depending on the gender and case of the noun → ❶

It has no plural forms → ❷

The indefinite article is declined as follows:

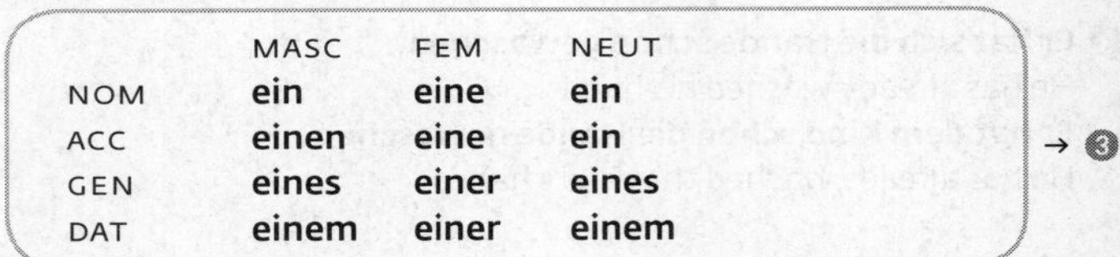

	MASC	FEM	NEUT
NOM	**ein**	**eine**	**ein**
ACC	**einen**	**eine**	**ein**
GEN	**eines**	**einer**	**eines**
DAT	**einem**	**einer**	**einem**

→ ❸

The indefinite article is omitted in the following:

- descriptions of people by profession, religion, nationality etc → ❹

BUT: Note that the article is included when an adjective precedes the noun → ❺

- in certain fixed expressions → ❻

- after **als** (*as a*) → ❼

Examples

1 **Da ist ein Auto.** There's a car.
Er hat eine Wohnung. He has a flat.
Sie gab es einem Kind. She gave it to a child.

2 **Autos sind in letzter Zeit teurer geworden.**
Cars have become more expensive recently.

3

	SINGULAR		
	MASC	FEM	NEUT
NOM	**ein Mann**	**eine Frau**	**ein Kind**
ACC	**einen Mann**	**eine Frau**	**ein Kind**
GEN	**eines Mann(e)s**	**einer Frau**	**eines Kind(e)s**
DAT	**einem Mann**	**einer Frau**	**einem Kind**

4 **Sie ist Kinderärztin.** She's a paediatrician.
Sie ist Deutsche. She's (a) German.

5 **Sie ist eine sehr geschickte Kinderärztin.**
She's a very clever paediatrician.

6 **Es ist Geschmacksache.** It's a question of taste.
Tatsache ist ... It's a fact ...

7 **Als Ausländer ist er hier nicht wahlberechtigt.**
As a foreigner he doesn't have the vote here.

... und ich rede nun als Vater von vier Kindern
... and I'm talking now as a father of four

The Indefinite Article *continued*

In German, a separate negative form of the indefinite article exists. It is declined exactly like **ein** in the singular, and also has plural forms:

	SINGULAR			PLURAL	
	MASC	FEM	NEUT	ALL GENDERS	
NOM	**kein**	**keine**	**kein**	**keine**	
ACC	**keinen**	**keine**	**kein**	**keine**	→ ❶
GEN	**keines**	**keiner**	**keines**	**keiner**	
DAT	**keinem**	**keiner**	**keinem**	**keinen**	

It has the meaning *no/not a/not one/not any* → ❷

It is used even where the equivalent *positive* phrase has no article → ❸

It is also used in many idiomatic expressions → ❹

Nicht ein may be used instead of **kein** where the **ein** is to be emphasized → ❺

Examples

1

SINGULAR

	MASC	FEM	NEUT
NOM	**kein Mann**	**keine Frau**	**kein Kind**
ACC	**keinen Mann**	**keine Frau**	**kein Kind**
GEN	**keines Mann(e)s**	**keiner Frau**	**keines Kind(e)s**
DAT	**keinem Mann**	**keiner Frau**	**keinem Kind**

PLURAL

	MASC	FEM	NEUT
NOM	**keine Männer**	**keine Frauen**	**keine Kinder**
ACC	**keine Männer**	**keine Frauen**	**keine Kinder**
GEN	**keiner Männer**	**keiner Frauen**	**keiner Kinder**
DAT	**keinen Männern**	**keinen Frauen**	**keinen Kindern**

2 **Er hatte keine Geschwister.** He had no brothers or sisters.
Ich sehe keinen Unterschied. I don't see any difference.
Das ist keine richtige Antwort. That's no answer.
Kein Mensch hat es gesehen. Not one person has seen it.

3 **Er hatte Angst davor.** He was frightened.
Er hatte keine Angst davor. He wasn't frightened.

4 **Er hatte kein Geld mehr.** All his money was gone.
Es waren keine drei Monate vergangen, als ...
It was less than three months later that ...
Es hat mich keine zehn Euro gekostet.
It cost me less than ten euros.

5 **Nicht ein Kind hat es singen können.**
Not *one* child could sing it.

Articles

Words Declined Like the Definite Article

The following have endings similar to those of the definite article shown on page 118:

aller, **alle**, **alles**	all, all of them
beide	both (*plural only*)
dieser, **diese**, **dieses**	this, this one, these
einiger, **einige**, **einiges**	some, a few, a little
irgendwelcher, **-e**, **-es**	some or other
jeder, **jede**, **jedes**	each, each one, every
jener, **jene**, **jenes**	that, that one, those
mancher, **manche**, **manches**	many a/some
sämtliche	all, entire (*usually plural*)
solcher, **solche**, **solches**	such/such a
welcher, **welche**, **welches**	which, which one

These words can be used as:

- articles → ❶
- pronouns → ❷

They have the following endings:

	SINGULAR			PLURAL
	MASC	FEM	NEUT	ALL GENDERS
NOM	**-er**	**-e**	**-es**	**-e**
ACC	**-en**	**-e**	**-es**	**-e**
GEN	**-es/-en**	**-er**	**-es/-en**	**-er**
DAT	**-em**	**-er**	**-em**	**-en**

Example declensions are shown on pages 134–135.

einiger and **irgendwelcher** use the **-en** genitive ending before masculine or neuter nouns ending in **-s** → ❸

jeder, **welcher**, **mancher** and **solcher** may also do so → ❹

Examples

1 **Dieser Mann kommt aus Südamerika.**
This man comes from South America.

Er geht jeden Tag ins Büro.
He goes to the office every day.

Manche Leute können das nicht.
A good many people can't do it.

2 **Willst du diesen?**
Do you want this one?

In manchem hat er recht.
He's right about some things.

Man kann ja nicht alles wissen.
You can't know everything.

Es gibt manche, die keinen Alkohol mögen.
There are some people who don't like alcohol.

3 **wegen irgendwelchen Geredes**
on account of some gossip

4 **der Besitz solchen Reichtums**
the possession of such wealth

trotz jeden Versuchs
despite all attempts

Words Declined Like the Definite Article *continued*

Adjectives following these words have the weak declension (see page 140) → ➊

Exceptions are the plural forms of **einige**, which are followed by the strong declension (see page 142) → ➋

Further points

Solcher, **beide**, **sämtliche** may be used after another article or possessive adjective. They then take weak (see page 140) or mixed (see page 142) adjectival endings, as appropriate → ➌

Although **beide** generally has plural forms only, one singular form does exist. This is in the neuter nominative and accusative: **beides** → ➍

Dies often replaces the nominative and accusative **dieses** and **diese** when used as a pronoun → ➎

A fixed form **all** exists which is used together with other articles or possessive pronouns → ➏

Ganz can also be used to replace both the inflected form **aller/alle/alles** and the uninflected **all das/dieses/sein** *etc*. It is declined as a normal adjective (see page 140) → ➐

It must be used with collective nouns, in time phrases and geographical references → ➑

Examples

❶ **dieses alte Auto**
this old car
aus irgendwelchem dummen Grund
for some stupid reason or other
Welche neuen Waren?
Which new goods?

❷ **Dies sind einige gute Freunde von mir.**
These are some good friends of mine.

❸ **Ein solches Kleid habe ich früher auch getragen.**
I used to wear a dress like that too.
Diese beiden Männer haben es gesehen.
Both of these men have seen it.

❹ **Beides ist richtig.**
Both are right.
Sie hat beides genommen.
She took both.

❺ **Hast du dies schon gelesen?**
Have you already read this?
Dies sind meine neuen Sachen.
These are my new things.

❻ **All sein Mut war verschwunden.**
All his courage had vanished.
mit all diesem Geld
with all this money

❼ **mit dem ganzen Geld**
with all the money

❽ **die ganze Gesellschaft**
the entire company
Es hat den ganzen Tag geschneit.
It snowed the whole day long.
Im ganzen Land gab es keinen besseren Wein.
There wasn't a better wine in the whole country.

Words Declined Like the Definite Article *continued*

derjenige/diejenige/dasjenige (*the one*, *those*) is declined exactly as the definite article plus an adjective in the weak declension (see page 140) → ➊

derselbe/dieselbe/dasselbe (*the same*, *the same one*) is declined in the same way as **derjenige** → ➋

After prepositions, however, the normal contracted forms of the definite article are used for the appropriate parts of **derselbe** → ➌

Examples

1 SINGULAR

MASC	FEM	NEUT
derjenig**e** Mann	**die**jenig**e** Frau	**das**jenig**e** Kind
denjenig**en** Mann	**die**jenig**e** Frau	**das**jenig**e** Kind
desjenig**en** Mann(e)s	**der**jenig**en** Frau	**des**jenig**en** Kind(e)s
demjenig**en** Mann	**der**jenig**en** Frau	**dem**jenig**en** Kind

PLURAL

MASC	FEM	NEUT
diejenig**en** Männer	**die**jenig**en** Frauen	**die**jenig**en** Kinder
diejenig**en** Männer	**die**jenig**en** Frauen	**die**jenig**en** Kinder
derjenig**en** Männer	**der**jenig**en** Frauen	**der**jenig**en** Kinder
denjenig**en** Männern	**den**jenig**en** Frauen	**den**jenig**en** Kindern

2 SINGULAR

MASC	FEM	NEUT
derselb**e** Mann	**die**selb**e** Frau	**das**selb**e** Kind
denselb**en** Mann	**die**selb**e** Frau	**das**selb**e** Kind
desselb**en** Mann(e)s	**der**selb**en** Frau	**des**selb**en** Kind(e)s
demselb**en** Mann	**der**selb**en** Frau	**dem**selb**en** Kind

PLURAL

MASC	FEM	NEUT
dieselb**en** Männer	**die**selb**en** Frauen	**die**selb**en** Kinder
dieselb**en** Männer	**die**selb**en** Frauen	**die**selb**en** Kinder
derselb**en** Männer	**der**selb**en** Frauen	**der**selb**en** Kinder
denselb**en** Männern	**den**selb**en** Frauen	**den**selb**en** Kindern

3 **zur selben (= zu derselben) Zeit** — at the same time
im selben (= in demselben) Zimmer — in the same room

Words Declined Like the Definite Article *continued*

Sample declensions in full

dieser, **diese**, **dieses** this, this one:

SINGULAR

	MASC	FEM	NEUT
NOM	dies**er** Mann	dies**e** Frau	dies**es** Kind
ACC	dies**en** Mann	dies**e** Frau	dies**es** Kind
GEN	dies**es** Mann(e)s	dies**er** Frau	dies**es** Kind(e)s
DAT	dies**em** Mann	dies**er** Frau	dies**em** Kind

PLURAL

	MASC	FEM	NEUT
NOM	dies**e** Männer	dies**e** Frauen	dies**e** Kinder
ACC	dies**e** Männer	dies**e** Frauen	dies**e** Kinder
GEN	dies**er** Männer	dies**er** Frauen	dies**er** Kinder
DAT	dies**en** Männern	dies**en** Frauen	dies**en** Kindern

jener, **jene**, **jenes** that, that one:

SINGULAR

	MASC	FEM	NEUT
NOM	jen**er** Mann	jen**e** Frau	jen**es** Kind
ACC	jen**en** Mann	jen**e** Frau	jen**es** Kind
GEN	jen**es** Mann(e)s	jen**er** Frau	jen**es** Kind(e)s
DAT	jen**em** Mann	jen**er** Frau	jen**em** Kind

PLURAL

	MASC	FEM	NEUT
NOM	jen**e** Männer	jen**e** Frauen	jen**e** Kinder
ACC	jen**e** Männer	jen**e** Frauen	jen**e** Kinder
GEN	jen**er** Männer	jen**er** Frauen	jen**er** Kinder
DAT	jen**en** Männern	jen**en** Frauen	jen**en** Kindern

Examples

jeder, **jede**, **jedes** each, every, everybody:

SINGULAR

	MASC	FEM	NEUT
NOM	jed**er** Wagen	jed**e** Minute	jed**es** Bild
ACC	jed**en** Wagen	jed**e** Minute	jed**es** Bild
GEN	jed**es** Wagens (jed**en** Wagens)	jed**er** Minute	jed**es** Bild(e)s (jed**en** Bild(e)s)
DAT	jed**em** Wagen	jed**er** Minute	jed**em** Bild

welcher, **welche**, **welches** which?, which:

SINGULAR

	MASC	FEM	NEUT
NOM	welch**er** Preis	welch**e** Sorte	welch**es** Mädchen
ACC	welch**en** Preis	welch**e** Sorte	welch**es** Mädchen
GEN	welch**es** Preises (welch**en** Preises)	welch**er** Sorte	welch**es** Mädchens (welch**en** Mädchens)
DAT	welch**em** Preis	welch**er** Sorte	welch**em** Mädchen

PLURAL

	MASC	FEM	NEUT
NOM	welch**e** Preise	welch**e** Sorten	welch**e** Mädchen
ACC	welch**e** Preise	welch**e** Sorten	welch**e** Mädchen
GEN	welch**er** Preise	welch**er** Sorten	welch**er** Mädchen
DAT	welch**en** Preisen	welch**en** Sorten	welch**en** Mädchen

Words Declined like the Indefinite Article

The following have the same declension pattern as the indefinite articles **ein** and **kein** (see pages 124 and 126):

The possessive adjectives

mein	my → ❶
dein	your (*singular familiar*)
sein	his/its
ihr	her/its → ❷
unser	our
euer	your (*plural familiar*)
ihr	their → ❷
Ihr	your (*polite singular and plural*)

These words are declined as follows:

	SINGULAR			PLURAL
	MASC	FEM	NEUT	ALL GENDERS
NOM	—	**-e**	—	**-e**
ACC	**-en**	**-e**	—	**-e**
GEN	**-es**	**-er**	**-es**	**-er**
DAT	**-em**	**-er**	**-em**	**-en**

Adjectives following these determiners have the mixed declension forms (see page 142), e.g.

sein altes Auto his old car

irgendein (*some ... or other*) also follows this declension pattern in the singular. Its plural form is **irgendwelche** (see page 128).

Examples

❶ **mein**, **meine**, **mein** my

SINGULAR

	MASC	FEM	NEUT
NOM	mein Bruder	mein**e** Schwester	mein Kind
ACC	mein**en** Bruder	mein**e** Schwester	mein Kind
GEN	mein**es** Bruders	mein**er** Schwester	mein**es** Kind(e)s
DAT	mein**em** Bruder	mein**er** Schwester	mein**em** Kind

PLURAL

	MASC	FEM	NEUT
NOM	mein**e** Brüder	mein**e** Schwestern	mein**e** Kinder
ACC	mein**e** Brüder	mein**e** Schwestern	mein**e** Kinder
GEN	mein**er** Brüder	mein**er** Schwestern	mein**er** Kinder
DAT	mein**en** Brüdern	mein**en** Schwestern	mein**en** Kindern

❷ **ihr**, **ihre**, **ihr** her/its/their

SINGULAR

	MASC	FEM	NEUT
NOM	ihr Bruder	ihr**e** Schwester	ihr Kind
ACC	ihr**en** Bruder	ihr**e** Schwester	ihr Kind
GEN	ihr**es** Bruders	ihr**er** Schwester	ihr**es** Kind(e)s
DAT	ihr**em** Bruder	ihr**er** Schwester	ihr**em** Kind

PLURAL

	MASC	FEM	NEUT
NOM	ihr**e** Brüder	ihr**e** Schwestern	ihr**e** Kinder
ACC	ihr**e** Brüder	ihr**e** Schwestern	ihr**e** Kinder
GEN	ihr**er** Brüder	ihr**er** Schwestern	ihr**er** Kinder
DAT	ihr**en** Brüdern	ihr**en** Schwestern	ihr**en** Kindern

Adjectives

Indefinite Adjectives

These are adjectives used in place of, or together with, an article:

ander	other, different
mehrere (*plural only*)	several
viel	much, a lot, many
wenig	little, a little, few

After the definite article and words declined like it (see page 128) these adjectives have weak declension endings → ➊

Adjectives following the indefinite adjectives are also weak → ➋

After **ein**, **kein**, **irgendein** or the possessive adjectives they have mixed declension endings → ➌

Adjectives following the indefinite adjectives are also mixed in declension → ➍

When used without a preceding article, **ander** and **mehrere** have strong declension endings → ➎

When used without a preceding article, **viel** and **wenig** may be declined as follows, though in the singular they are usually undeclined → ➏

	SINGULAR			PLURAL
	MASC	FEM	NEUT	ALL GENDERS
NOM	**viel**	**viel**	**viel**	**viele**
ACC	**viel**	**viel**	**viel**	**viele**
GEN	**vielen**	**vieler**	**vielen**	**vieler**
DAT	**viel(em)**	**vieler**	**viel(em)**	**vielen**

Any adjective following **viel** or **wenig** has strong endings → ➐

Examples

❶ **Die wenigen Kuchen, die übrig geblieben waren ...**
The few cakes which were left over ...

❷ **die vielen interessanten Ideen, die ans Licht kamen**
the many interesting ideas which came to light

❸ **Ihr anderes Auto ist in der Werkstatt.**
Their other car is in for repair.

❹ **Mehrere gute Freunde waren gekommen.**
Several good friends had come.

❺ **Mehrere prominente Gäste sind eingeladen.**
Various prominent guests are invited.

Er war anderer Meinung.
He was of a different opinion.

❻ **Es wurde viel Bier getrunken.**
They drank a lot of beer.

Sie essen nur wenig Obst.
They don't eat a lot of fruit.

❼ **Er kaufte viele billige Sachen.**
He bought a lot of cheap things.

Es wurde viel gutes Bier getrunken.
They drank a lot of good beer.

Sie essen wenig frisches Obst.
They don't eat a lot of fresh fruit.

Adjectives

The Declension of Adjectives

There are two ways of using adjectives:

- They can be used attributively, where the adjective comes before the noun: *the new book*
- They can be used non-attributively, where the adjective comes after the verb: *the book is new*

In English the adjective does not change its form no matter how it is used.

In German, however, adjectives remain unchanged only when used non-attributively → ❶

Used attributively, adjectives change to show the number, gender and case of the noun they precede → ❷

The endings also depend on the nature of the article which precedes them → ❸

There are three sets of endings:

1) The weak declension

These are the endings used after **der** and those words declined like it as shown on page 128 → ❹

	SINGULAR			PLURAL
	MASC	FEM	NEUT	ALL GENDERS
NOM	**-e**	**-e**	**-e**	**-en**
ACC	**-en**	**-e**	**-e**	**-en**
GEN	**-en**	**-en**	**-en**	**-en**
DAT	**-en**	**-en**	**-en**	**-en**

Examples

❶ **Das Buch ist neu.**
The book is new.
Der Vortrag war sehr langweilig.
The lecture was very boring.

❷ **Das neue Buch ist da.**
The new book has arrived.
Während des langweiligen Vortrags sind wir alle eingeschlafen.
We all fell asleep during the boring lecture.

❸ **der junge Rechtsanwalt**
the young lawyer
ein junger Rechtsanwalt
a young lawyer
manch junger Rechtsanwalt
many a young lawyer

❹

SINGULAR

	MASC	FEM	NEUT
NOM	der alt**e** Mann	die alt**e** Frau	das alt**e** Haus
ACC	den alt**en** Mann	die alt**e** Frau	das alt**e** Haus
GEN	des alt**en** Mann(e)s	der alt**en** Frau	des alt**en** Hauses
DAT	dem alt**en** Mann	der alt**en** Frau	dem alt**en** Haus

PLURAL

	MASC	FEM	NEUT
NOM	die alt**en** Männer	die alt**en** Frauen	die alt**en** Häuser
ACC	die alt**en** Männer	die alt**en** Frauen	die alt**en** Häuser
GEN	der alt**en** Männer	der alt**en** Frauen	der alt**en** Häuser
DAT	den alt**en** Männern	den alt**en** Frauen	den alt**en** Häusern

Adjectives

The Declension of Adjectives *continued*

2) The mixed declension

These are the endings used after **ein**, **kein**, **irgendein** and the possessive adjectives (see page 136) → ➊

	SINGULAR			PLURAL
	MASC	FEM	NEUT	ALL GENDERS
NOM	**-er**	**-e**	**-es**	**-en**
ACC	**-en**	**-e**	**-es**	**-en**
GEN	**-en**	**-en**	**-en**	**-en**
DAT	**-en**	**-en**	**-en**	**-en**

→ ➋

3) The strong declension

Strong declension endings:

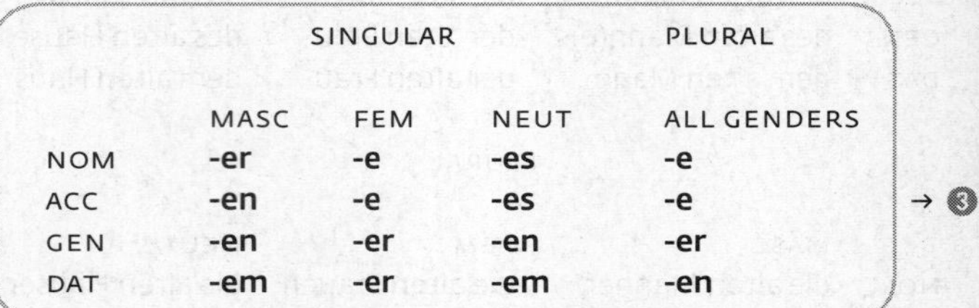

	SINGULAR			PLURAL
	MASC	FEM	NEUT	ALL GENDERS
NOM	**-er**	**-e**	**-es**	**-e**
ACC	**-en**	**-e**	**-es**	**-e**
GEN	**-en**	**-er**	**-en**	**-er**
DAT	**-em**	**-er**	**-em**	**-en**

→ ➌

These endings are used where there is no preceding article. The article is omitted more frequently in German than in English, especially in *preposition + adjective + noun* combinations (see page 122).

These endings enable the adjective to do the work of the missing article by showing case, number and gender → ➍

Examples

1. **Meine neue Stelle ist bei einer großen Druckerei.**
My new job is with a large printing works.
Ihre frühere Theorie ist jetzt bestätigt worden.
Her earlier theory has now been proved true.

2. SINGULAR

	MASC	FEM	NEUT
NOM	ein lang**er** Weg	eine lang**e** Reise	ein lang**es** Spiel
ACC	einen lang**en** Weg	eine lang**e** Reise	ein lang**es** Spiel
GEN	eines lang**en** Weg(e)s	einer lang**en** Reise	eines lang**en** Spiel(e)s
DAT	einem lang**en** Weg	einer lang**en** Reise	einem lang**en** Spiel

PLURAL

	ALL GENDERS
NOM	ihre lang**en** Wege/Reisen/Spiele
ACC	ihre lang**en** Wege/Reisen/Spiele
GEN	ihrer lang**en** Wege/Reisen/Spiele
DAT	ihren lang**en** Wegen/Reisen/Spielen

3. SINGULAR

	MASC	FEM	NEUT
NOM	gut**er** Käse	gut**e** Marmelade	gut**es** Bier
ACC	gut**en** Käse	gut**e** Marmelade	gut**es** Bier
GEN	gut**en** Käses	gut**er** Marmelade	gut**en** Biers
DAT	gut**em** Käse	gut**er** Marmelade	gut**em** Bier

PLURAL

	ALL GENDERS
NOM	gut**e** Käse/Marmeladen/Biere
ACC	gut**e** Käse/Marmeladen/Biere
GEN	gut**er** Käse/Marmeladen/Biere
DAT	gut**en** Käsen/Marmeladen/Bieren

4. **nach kurzer Fahrt** — after a short journey
mit gleichem Gehalt — with the same salary

The Declension of Adjectives *continued*

Strong declension endings are also used after any of the following where they are not preceded by an article or other determiner:

ein bisschen	a little, a bit of
ein wenig	a little
ein paar	a few, a couple → ❶
weniger	fewer, less
einige (*plural forms only*)	some
allerlei/allerhand	all kinds of, all sorts of
keinerlei	no ... whatsoever, no ... at all
mancherlei	various, a number of
etwas	some, any (*singular*) → ❷
mehr	more
lauter	nothing but, sheer, pure
solch	such
vielerlei	various, all sorts of, many different
mehrerlei	several kinds of
was für	what, what kind of
(NOTE: **Was für ein** takes the mixed declension)	
welcherlei	what kind of, what sort of
viel	much, many, a lot of
wievielerlei	how many kinds of
welch ...!	what ...! what a ...! → ❸
manch	many a
wenig	little, few, not much → ❹
zweierlei/dreierlei *etc*	two/three *etc* kinds of
zwei, **drei** *etc*	two, three *etc* → ❺
(NOTE: The mixed declension is used after **ein**)	

The strong declension is also required after possessives where no other word indicates the case, gender and number → ❻

Examples

1. **ein paar gute Tipps** (*strong declension*)
   a couple of good tips

2. **Etwas starken Pfeffer zugeben.** (*strong*)
   Add a little strong pepper.

3. **Welch herrliches Wetter!** (*strong*)
   What splendid weather!

4. **Es gab damals nur wenig frisches Obst.** (*strong*)
   At that time there was little fresh fruit.

   BUT:

   Das wenige frische Obst, das es damals gab ... (*weak*)
   The little fresh fruit that was then available ...

5. **Zwei große Jungen waren gekommen.** (*strong*)
   Two big boys had come along.

   BUT:

   die zwei großen Jungen, die gekommen waren (*weak*)
   the two big boys who had come along

   meine zwei großen Jungen (*mixed*)
   my two big sons

6. **Herberts altes Buch** (*strong*)
   Herbert's old book

   Muttis neues Auto (*strong*)
   Mum's new car

The Declension of Adjectives *continued*

Some spelling changes when adjectives are declined

When the adjective **hoch** (*high*) is declined, its stem changes to **hoh-** → ❶

Adjectives ending in **-el** lose the **-e-** when inflected, i.e. when endings are added → ❷

Adjectives with an **-er** ending often lose the **-e-** when inflected → ❸

The participles as adjectives

The present participle can be used as an adjective with normal adjectival endings (pages 140–143) → ❹

The present participles of **sein** and **haben** cannot be used in this way.

The past participle can also be used as an adjective → ❺

Adjectives followed by the dative case

The dative case is required after many adjectives, e.g.

ähnlich	similar to
bekannt	familiar to
dankbar	grateful to
fremd	alien to
gleich	all the same to/like → ❻
leicht	easy for
nah	close to
peinlich	painful for
unbekannt	unknown to

Examples

1. **Das Gebäude ist hoch.** BUT: **ein hohes Gebäude**
   The building is high. a high building

2. **Das Zimmer ist dunkel.** BUT: **in dem dunklen Zimmer**
   The room is dark. in the dark room

3. **Das Auto war teuer.** BUT: **Er kaufte ein teures Auto.**
   The car was expensive. He bought an expensive car.

4. **die werdende Mutter**
   the mother-to-be

   ein lachendes Kind
   a laughing child

5. **meine verlorene Sachen**
   my lost things

   die ausgebeuteten Arbeiter
   the exploited workers

6. **Ist dir das bekannt?**
   Do you know about it?

   Ich wäre Ihnen dankbar, wenn ...
   I should be grateful to you if ...

   Diese Sache ist mir etwas peinlich.
   This matter is somewhat embarrassing for me.

   Solche Gedanken waren ihm fremd.
   Such thoughts were alien to him.

Adjectives

Adjectives used as Nouns

All adjectives in German, and those participles used as adjectives, can also be used as nouns. These are often called adjectival nouns.

Adjectives and participles used as nouns have:

- a capital letter like other nouns → ❶
- declension endings like other adjectives, depending on the preceding article, if any (see below) → ❷

Declension endings for adjectives used as nouns

After **der**, **dieser** and words like it shown on page 128, the normal *weak* adjective endings apply (see page 140) → ❸
Der Junge (*the boy*) is an exception, and is declined like a weak masculine noun, as shown on page 115.

After **ein**, **kein**, **irgendein** and the possessive adjectives shown on page 136, the *mixed* adjective endings apply (see page 142) → ❹

Where no article is present, or after those words shown on page 144, the *strong* adjective endings are used (see page 142) → ❺

When another adjective precedes the adjectival noun, the *strong* endings become *weak* in two instances:

- in the *dative singular* → ❻
- in the *nominative* and *accusative plural* after a possessive, where the strong endings might cause confusion with the singular feminine form → ❼

Examples

1. **der Angestellte**
the employee

2. **die Angestellte**
the (female) employee
Das Neue daran ist ...
The new thing about it is ...
Es bleibt beim Alten.
Things remain as they were.
Er hat den ersten Besten genommen.
He took the first that came to hand.

3. **für den Angeklagten**
for the accused
mit dieser Bekannten
with this (*female*) friend

4. **Kein Angestellter darf hier rauchen.**
No employee may smoke here.
Sie machten einen Ausflug mit ihren Bekannten zusammen.
They went on a trip with their friends.

5. **Etwas Besonderes ist geschehen.**
Something special has happened.

6. **Ich hatte es Rudis jüngerem Verwandten versprochen.**
I had promised it to Rudi's young relative.

7. **Rudis jüngere Verwandten wollten es haben.**
Rudi's young relatives wanted to have it.

Adjectives

Miscellaneous Points

Adjectives of nationality

These are not spelt with a capital letter in German except in public or official names → ❶

However, when used as a noun to refer to the language, a capital letter is used → ❷

In German, for expressions like *he is English/he is German etc* a noun or adjectival noun is used instead of an adjective → ❸

Adjectives derived from place names

These are formed by adding **-er** to names of towns → ❹

They are never inflected → ❺

Adjectives from **die Schweiz** and from certain regions can also be formed in this way → ❻

Such adjectives may be used as nouns denoting the inhabitants of a town.
They are then declined as normal nouns (see pages 98–99) → ❼
The feminine form is made by adding **-in** in the singular and **-innen** in the plural → ❽

Certain names ending in **-en** drop the **-e-** or the **-en** of their ending before adding **-er** → ❾

A second type of adjective formed from place names exists, ending in **-isch** and spelt with a small letter. It is inflected as a normal adjective (see page 140).
It is used mainly where the speaker is referring to the mood of, or something typical of, that place → ❿

Examples

1 **die deutsche Sprache**
the German language

das französische Volk
the French people

BUT:

die Deutsche Bahn
the German railways

2 **Sie sprechen kein Englisch.**
They don't speak English.

3 **Er ist Deutscher.**
He is German.

Sie ist Deutsche.
She is German.

4 **Kölner**, **Frankfurter**, **Leipziger** *etc*

5 **der Kölner Dom**
Cologne cathedral

ein Frankfurter Würstchen
a frankfurter sausage

6 **Schweizer Käse**
Swiss cheese

7 **Die Sprache des Kölners heißt Kölsch.**
People from Cologne speak Kölsch.
von den Frankfurtern
of the people of Frankfurt

8 **die Kölnerin, die Kölnerinnen**
die Londonerin, die Londonerinnen

9 **München** ▸ **der Münchner**
Bremen ▸ **der Bremer**
Göttingen ▸ **der Göttinger**

10 **ein echt frankfurterischer Ausdruck**
a real Frankfurt expression
Er spricht etwas münchnerisch.
He has something of a Munich accent.

Adjectives

Comparative and Superlative

Adjectives have three basic forms of comparison:

1) The simple form is used to describe something or someone.

e.g. a *little* house
the house is *little*

This form is fully dealt with on pages 140–147.

Simple forms are used in *as ... as / not as ... as* comparisons → ❶

2) The comparative form is used to compare two things or persons.

e.g. he is *bigger* than his brother

In German, comparatives are formed by adding **-er** to the simple form → ❷

Than in comparative statements is translated by **als** → ❸

Unlike English, the vast majority of German adjectives, including those of several syllables, form their comparatives in this way → ❹

Many adjectives modify the stem vowel when forming their comparatives → ❺

Examples

1 **so ... wie** as ... as
Er ist so gut wie sein Bruder.
He is as good as his brother.

ebenso ... wie just as ... as
Er war ebenso glücklich wie ich.
He was just as happy as I was.

zwei-/dreimal *etc* **so ... wie**
twice/three times *etc* as ... as

Er war zweimal so groß wie sein Bruder.
He was twice as big as his brother.

nicht so ... wie not as ... as
Er ist nicht so alt wie du.
He is not as old as you.

2 **klein/kleiner**	small/smaller
schön/schöner	lovely/lovelier

3 **Er ist kleiner als seine Schwester.**
He is smaller than his sister.

4 **bequem/bequemer**	comfortable/more comfortable
gebildet/gebildeter	educated/more educated
effektiv/effektiver	effective/more effective

5 **alt/älter**	old/older
stark/stärker	strong/stronger
schwach/schwächer	weak/weaker
scharf/schärfer	sharp/sharper
lang/länger	long/longer
kurz/kürzer	short/shorter
warm/wärmer	warm/warmer
kalt/kälter	cold/colder
hart/härter	hard/harder
groß/größer	big/bigger

Comparative and Superlative *continued*

Adjectives whose simple form ends in **-el** lose the **-e-** before adding the comparative ending **-er** → ❶

Adjectives with a diphthong followed by **-er** in their simple forms also drop the **-e-** before adding **-er** → ❷

Adjectives whose simple form ends in **-en** or **-er** may drop the **-e-** of the simple form when adjectival endings are added to their comparative forms → ❸

With a few adjectives, comparative forms may be used not only for comparison, but also to render the idea of "-ish" or "rather ..." Some common examples are:

älter	elderly	**jünger**	youngish
dünner	thinnish	**kleiner**	smallish
dicker	fattish	**kürzer**	shortish
größer	largish	**neuer**	newish

→ ❹

When used attributively (before the noun), comparative forms are declined in exactly the same way as simple adjectives (see pages 140–147) → ❹ → ❺

3) The superlative form is used to compare three or more persons or things.

e.g. he is *the biggest/the best*

Superlatives are formed by adding **-st** to the simple adjective. The vowel is modified, as for comparative forms, where applicable.

Superlative forms are generally used with an article and take endings accordingly (see page 140) → ❻

Examples

1 **eitel/eitler** vain/vainer
dunkel/dunkler dark/darker

2 **sauer/saurer** sour/more sour
die saurere Zitrone
the sourer lemon
Der Wein ist saurer geworden.
The wine has become more sour.

teuer/teurer expensive/more expensive
Das ist eine teurere Sorte.
That is a more expensive kind.
Die Neuen sind teurer.
The new ones are more expensive.

3 **finster/finsterer** dark/darker
ein finstreres Gesicht
OR:
ein finstereres Gesicht
a grimmer face

4 **ein älterer Herr**
an elderly gentleman
eine größere Summe
a rather large sum
von jüngerem Aussehen
of youngish appearance

5 **Die jüngere Schwester ist größer als die ältere.**
The younger sister is bigger than the older one.
Mein kleinerer Bruder geht jetzt zur Schule.
My younger brother goes to school now.

6 **Er ist der Jüngste.**
He is the youngest.
Ihr erfolgreichster Versuch war im Herbst 2012.
Her most successful attempt was in the autumn of 2012.

Adjectives

Comparative and Superlative *continued*

Many adjectives form their superlative forms by adding **-est** instead of **-st** where pronunciation would otherwise be difficult or inelegant → ❶

The English superlative "*most*" meaning "*very*" can be shown in German by any of the following → ❷

äußerst

sehr

besonders

außerordentlich

höchst (*not with monosyllabic words*)

furchtbar (*conversational only*)

richtig (*conversational only*)

Some irregular comparative and superlative forms

SIMPLE FORM	COMPARATIVE	SUPERLATIVE
gut	**besser**	**der beste**
hoch	**höher**	**der höchste**
viel	**mehr**	**der meiste**
nah	**näher**	**der nächste**

Examples

❶ **der/die/das schlechteste**
the worst

der/die/das schmerzhafteste
the most painful

der/die/das süßeste
the sweetest

der/die/das neueste
the newest

der/die/das stolzeste
the proudest

der/die/das frischeste
the freshest

❷ **Er ist ein äußerst begabter Mensch.**
He is a most gifted person.

Das Essen war besonders schlecht.
The food was really/most dreadful.

Der Wein war furchtbar teuer!
The wine was dreadfully/most expensive!

Das sieht richtig komisch aus.
That looks really/most funny.

Pronouns

Personal Pronouns

As in English, personal pronouns change their form depending on their function in the sentence:

I saw *him*
He saw *me* → ❶
We saw *her*

The personal pronouns are declined as follows:

NOMINATIVE		ACCUSATIVE		DATIVE		
ich	I	**mich**	me	**mir**	to/for me	
du	you (*familiar sing*)	**dich**	you	**dir**	to/for you	
er	he/it	**ihn**	him/it	**ihm**	to/for him/it	
sie	she/it	**sie**	her/it	**ihr**	to/for her/it	
es	it/he/she	**es**	it/him/her	**ihm**	to/for it/him/her	→ ❷
wir	we	**uns**	us	**uns**	to/for us	
ihr	you (*familiar pl*)	**euch**	you	**euch**	to/for you	
sie	they	**sie**	them	**ihnen**	to/for them	
Sie	you (*polite*)	**Sie**	you	**Ihnen**	to/for you	
man	one	**einen**	one	**einem**	to/for one	

As can be seen from the above table, there are three ways of addressing people in German – **du**, **ihr** or **Sie**.

All three forms are illustrated on page 160.

Personal pronouns in the dative require no preposition when acting as indirect object, i.e. *to* me, *to* him *etc* → ❸

Examples

1 **Ich sah ihn.**
I saw him.

Er sah mich.
He saw me.

Wir sahen sie.
We saw her.

2 **Wir sind mit ihnen spazieren gegangen.**
We went for a walk with them.

Sie haben uns eine tolle Geschichte erzählt.
They told us a great story.

Soll ich Ihnen etwas mitbringen?
Shall I bring something back for you?

3 **Er hat es ihr gegeben.**
He gave it to her.

Ich habe ihm ein neues Buch gekauft.
I bought a new book for him.
OR:
I bought him a new book.

Personal Pronouns *continued*

Du is a singular form, used only when speaking to one person. It is used to talk to children, close friends and relatives, animals and objects of affection such as a toy, one's car etc.

When in doubt it is always best to use the more formal **Sie** form.

Ihr is simply the plural form of **du** and is used in exactly the same situations wherever more than one person is to be addressed → ➊

The familiar forms and their possessives are written with a small letter → ➋

Sie is the polite, or formal, way of addressing people. It is written in all its declined forms with a capital letter, including the possessive → ➌

Sie is used:

- by children talking to adults outside their immediate family.
- by adults talking to older children from mid-teens onwards. Teachers use it to their senior classes and bosses to their trainees etc.
- among adult strangers meeting for the first time.
- among colleagues, friends and acquaintances unless a suggestion has been formally made by one party and accepted by the other that the familiar forms should be used. Familiar forms must then continue to be used at all times, as a reversion to the formal might be considered insulting.

Examples

❶ **Kinder, was wollt ihr essen?**
Children, what do you want to eat?

❷ **Er hat mir gesagt, du sollst deine Frau mitbringen.**
He told me you were to bring your wife.

Gestern bin ich deinem Bruder begegnet.
I met your brother yesterday.

❸ **Was haben Sie gesagt?**
What did you say?

Ich habe es Ihnen schon gegeben.
I have already given it to you.

Ja, Ihre Sachen sind jetzt fertig.
Yes, your things are ready now.

Personal Pronouns *continued*

Er/sie/es

All German nouns are masculine, feminine or neuter → ❶

The personal pronoun must agree in number and in gender with the noun which it represents.

Es is used only for neuter nouns, and not for all inanimate objects → ❷

Inanimate objects which are masculine use the pronoun **er** → ❸

Feminine inanimate objects use the pronoun **sie** → ❹

Neuter nouns referring to people have the neuter pronoun **es** → ❺

NOTE: A common error for English speakers is to call all objects **es**.

Man

This is used in much the same way as the pronoun "*one*" in English, but it is much more commonly used in German → ❻

It is also used to make an alternative passive form (see page 34) → ❼

The genitive personal pronoun

Genitive forms of the personal pronouns do exist → ❽

In practice, however, these are rarely used. Wherever possible, alternative expressions are found which do not require the genitive personal pronoun.

Special genitive forms exist for use with the prepositions **wegen** and **willen** → ❾

Examples

1. **der Tisch** the table (*masculine*)
die Gardine the curtain (*feminine*)
das Baby the baby (*neuter*)

2. **Das Bild ist schön.** ▶ **Es ist schön.**
The picture is beautiful. ▶ It is beautiful.

3. **Der Tisch ist groß.** ▶ **Er ist groß.**
The table is large. ▶ It is large.

4. **Die Gardine ist weiß.** ▶ **Sie ist weiß.**
The curtain is white. ▶ It is white.

5. **Das Kind stand auf.** ▶ **Es stand auf.**
The child stood up. ▶ He/she stood up.

6. **Es tut einem gut.**
It does one good.

7. **Man holt mich um sieben ab.**
I am being picked up at seven.

8.

meiner	of me	**unser**	of us
deiner	of you (*familiar*)	**euer**	of you (*plural*)
seiner	of him/it	**ihrer**	of them
ihrer	of her/it	**Ihrer**	of you (*polite*)

9. **meinetwegen** because of me, on my account
deinetwegen because of you, on your account *etc*
seinetwegen
ihretwegen
unsertwegen
euretwegen
Ihretwegen

meinetwillen for my sake, for me *etc*
deinetwillen
ihretwillen *etc*

Personal Pronouns *continued*

The use of pronouns after prepositions

Personal pronouns used after prepositions and referring to a person are in the *case* required by the preposition in question (see pages 198–199) → ❶

When, however, a *thing* rather than a person is referred to, the construction

preposition + pronoun

becomes

da- + *preposition* → ❷

Before a preposition beginning with a vowel, the form **dar-** + *preposition* is used → ❸

This affects the following prepositions:

an	**bei**	**in**	**neben**	
auf	**durch**	**mit**	**über**	**zwischen**
aus	**für**	**nach**	**unter**	

These contracted forms are used after verbs followed by a preposition (see pages 76–79) → ❹

After prepositions used to express motion the form with **da(r)-** is not felt to be sufficiently strong. Forms with **hin-** and **her-** are used as follows:

aus: heraus/hinaus
auf: herauf/hinauf → ❺
in: herein/hinein

Examples

❶ **Ich bin mit ihm spazieren gegangen.**
I went for a walk with him.

❷ **Klaus hatte ein Messer geholt und wollte damit den Kuchen schneiden.**
Klaus had brought a knife and was about to cut the cake with it.

❸ **Lege es bitte darauf.**
Put it there, please.

❹ **Der Unterschied liegt darin, dass ...**
The difference is that ...

Ich erinnere mich nicht daran.
I don't remember (it).

❺ **Er sah eine Treppe und ging leise hinauf.**
He saw some stairs and went up them quietly.

Endlich fand er unser Zelt und kam herein.
He finally found our tent and came in.

Er öffnete den Koffer und legte das Hemd hinein.
He opened his suitcase and put in his shirt.

Pronouns

Possessive Pronouns

meiner	mine
deiner	yours (*familiar*)
seiner	his/its
ihrer	hers/its
uns(e)rer	ours
eu(e)rer	yours (*plural*)
ihrer	theirs
Ihrer	yours (*polite*)

These have the same endings as **dieser**. Their declension is therefore the same as for possessive adjectives (see page 136) except in the masculine nominative singular and the neuter nominative and accusative singular:

	SINGULAR			PLURAL
	MASC	FEM	NEUT	ALL GENDERS
NOM	**-er**	**-e**	**-(e)s**	**-e**
ACC	**-en**	**-e**	**-(e)s**	**-e**
GEN	**-es**	**-er**	**-es**	**-er**
DAT	**-em**	**-er**	**-em**	**-en**

The bracketed **(e)** is often omitted, especially in spoken German.

Possessive pronouns must agree in number, gender and case with the noun they replace → ❶

Note the translation of *of mine*, *of yours* etc → ❷

meiner is declined in full opposite → ❸
Deiner, **seiner** and **ihrer** are declined like **meiner**.

Unserer and **euerer** are shown in full, since they have slightly different forms with an optional **-e-** → ❹

Examples

1 **Der Wagen da drüben ist meiner. Er ist kleiner als deiner.**
The car over there is mine. It is smaller than yours.

2 **Er ist ein Bekannter von mir.**
He is an acquaintance of mine.

3 **meiner** mine

	SINGULAR			PLURAL
	MASC	FEM	NEUT	ALL GENDERS
NOM	**meiner**	**meine**	**mein(e)s**	**meine**
ACC	**meinen**	**meine**	**mein(e)s**	**meine**
GEN	**meines**	**meiner**	**meines**	**meiner**
DAT	**meinem**	**meiner**	**meinem**	**meinen**

4 **uns(e)rer** ours

	SINGULAR			PLURAL
	MASC	FEM	NEUT	ALL GENDERS
NOM	**uns(e)rer**	**uns(e)re**	**uns(e)res**	**uns(e)re**
ACC	**uns(e)ren**	**uns(e)re**	**uns(e)res**	**uns(e)re**
GEN	**uns(e)res**	**uns(e)rer**	**uns(e)res**	**uns(e)rer**
DAT	**uns(e)rem**	**uns(e)rer**	**uns(e)rem**	**uns(e)ren**

eu(e)rer yours (*plural*)

	SINGULAR			PLURAL
	MASC	FEM	NEUT	ALL GENDERS
NOM	**eu(e)rer**	**eu(e)re**	**eu(e)res**	**eu(e)re**
ACC	**eu(e)ren**	**eu(e)re**	**eu(e)res**	**eu(e)re**
GEN	**eu(e)res**	**eu(e)rer**	**eu(e)res**	**eu(e)rer**
DAT	**eu(e)rem**	**eu(e)rer**	**eu(e)rem**	**eu(e)ren**

Possessive Pronouns *continued*

Alternative forms

There are two alternatives to the **meiner/deiner** *etc* forms shown on page 167:

der, die, das meinige *or* **Meinige**	mine
der, die, das deinige *or* **Deinige**	yours (*familiar*)
der, die, das seinige *or* **Seinige**	his/its
der, die, das ihrige *or* **Ihrige**	hers/its
der, die, das uns(e)rige *or* **Uns(e)rige**	ours
der, die, das eu(e)rige *or* **Eu(e)rige**	yours (*plural*)
der, die, das ihrige *or* **Ihrige**	theirs
der, die, das Ihrige	yours (*polite*)

These are not as common as the **meiner/deiner** *etc* forms → ❶

These forms are declined as the definite article followed by a weak adjective (see page 140) → ❷

The bracketed **(e)** of the first and second person plural is often omitted in spoken German.

der, die, das meine *or* **Meine**	mine
der, die, das deine *or* **Deine**	yours (*familiar*)
der, die, das seine *or* **Seine**	his/its
der, die, das ihre *or* **Ihre**	hers/its
der, die, das uns(e)re *or* **Uns(e)re**	ours
der, die, das eu(e)re *or* **Eu(e)re**	yours (*plural*)
der, die, das ihre *or* **Ihre**	theirs
der, die, das Ihre	yours (*polite*)

These forms are also less common than the **meiner/deiner** *etc* forms. They are declined as the definite article followed by a weak adjective (see page 140) → ❸

Examples

1 **Ihr Auto ist aber neuer als das meinige** *or* **Meinige.**
Your car is newer than mine.
Paul hat seiner Freundin Blumen gekauft. Ich habe der meinigen *or* **Meinigen Parfüm geschenkt.**
Paul bought his girlfriend some flowers. I bought mine perfume.

2 SINGULAR

	MASC	FEM	NEUT
NOM	**der meinige**	**die meinige**	**das meinige**
ACC	**den meinigen**	**die meinige**	**das meinige**
GEN	**des meinigen**	**der meinigen**	**des meinigen**
DAT	**dem meinigen**	**der meinigen**	**dem meinigen**

PLURAL

	ALL GENDERS
NOM	**die meinigen**
ACC	**die meinigen**
GEN	**der meinigen**
DAT	**den meinigen**

3 SINGULAR

	MASC	FEM	NEUT
NOM	**der meine**	**den meinen**	**des meinen**
ACC	**dem meinen**	**die meine**	**die meine**
GEN	**der meinen**	**der meinen**	**das meine**
DAT	**das meine**	**des meinen**	**dem meinen**

PLURAL

	ALL GENDERS
NOM	**die meinen**
ACC	**die meinen**
GEN	**der meinen**
DAT	**den meinen**

NOTE: **Der/die/das meinige** *etc* can also be spelt **der/die/das Meinige** *etc* and **der/die/das meine** *etc* can also be spelt **der/die/das Meine** *etc*.

Pronouns

Reflexive Pronouns

Reflexive pronouns, used to form reflexive verbs, have two forms, accusative and dative, as follows → ❶

ACCUSATIVE	DATIVE	
mich	**mir**	myself
dich	**dir**	yourself (*familiar*)
sich	**sich**	himself/herself/itself/themselves
uns	**uns**	ourselves
euch	**euch**	yourselves (*plural*)
sich	**sich**	yourself/yourselves (*polite*)

Unlike personal pronouns and possessives, the polite forms have no capital letter → ❷

For the position of reflexive pronouns within a sentence see page 30 (reflexive verbs) and pages 224–235 (sentence structure).

Reflexive pronouns are also used after prepositions when the pronoun has the function of "reflecting back" to the subject of the sentence → ❸

A further use of reflexive pronouns in German is with transitive verbs where the action is performed for the benefit of the subject, as in the English phrase:

I bought *myself* a new hat

The pronoun is not always translated in English → ❹

Examples

❶ **Er hat sich rasiert.**
He had a shave.

Du hast dich gebadet.
You had a bath.

Ich will es mir zuerst überlegen.
I'll have to think about it first.

❷ **Setzen Sie sich bitte.**
Please take a seat.

❸ **Er hatte nicht genug Geld bei sich.** (NOT: **bei ihm**)
He didn't have enough money on him.

❹ **Ich hole mir ein Bier.**
I'm going to get (myself) a beer.

Er hat sich einen neuen Anzug gekauft.
He bought (himself) a new suit.

Pronouns

Reflexive Pronouns *continued*

Reflexive pronouns may be used for *reciprocal* actions, usually rendered by "each other" in English → ❶

Reciprocal actions may also be expressed by **einander**. This does not change in form → ❷

Einander is always used in place of the reflexive pronoun after prepositions. Note that the preposition and **einander** come together to form one word → ❸

Emphatic reflexive pronouns

In English, these have the same forms as the normal reflexive pronouns:

The queen *herself* had given the order

I haven't read it *myself*, but ...

In German, this idea is expressed not by the reflexive pronouns, but by **selbst** or (in colloquial speech) **selber** placed at some point in the sentence after the noun or pronoun to which they refer → ❹

selbst/selber do not change their form, regardless of number and gender of the noun to which they refer → ❹

They are always stressed, regardless of their position in the sentence.

Examples

1 **Wir sind uns letzte Woche begegnet.**
We met (each other) last week.

Sie hatten sich auf einer Tagung kennengelernt.
They had got to know each other at a conference.

2 **Wir kennen uns schon.**
OR:
Wir kennen einander schon.
We already know each other.

Sie kennen sich schon.
OR:
Sie kennen einander schon.
They already know each other.

3 **Sie redeten miteinander.**
They were talking to each other.

4 **Die Königin selbst hat es befohlen.**
The queen herself has given the order.

Ich selbst habe es nicht gelesen, aber ...
I haven't read it myself, but ...

Pronouns

Relative Pronouns

These have the same forms as the definite article, except in the dative plural and genitive cases.

They are declined as follows:

	SINGULAR			PLURAL
	MASC	FEM	NEUT	ALL GENDERS
NOM	**der**	**die**	**das**	**die**
ACC	**den**	**die**	**das**	**die**
GEN	**dessen**	**deren**	**dessen**	**deren**
DAT	**dem**	**der**	**dem**	**denen**

Relative pronouns must agree in gender and number with the noun to which they refer. They take their case however from the function they have in their own relative clause → ❶

The relative pronoun cannot be omitted in German as it sometimes is in English → ❷

The genitive forms are used in relative clauses in much the same way as in English → ❸

Note, however, the translation of certain phrases → ❹

When a preposition introduces the relative clause, the relative pronoun may be replaced by **wo-** or **wor-** if the noun or pronoun it stands for refers to an inanimate object or abstract concept → ❺

The full form of relative pronoun plus preposition is however stylistically better.

Relative clauses are always divided off by commas from the rest of the sentence → ❶ – ❺

Examples

❶ **Der Mann, den ich gestern gesehen habe, kommt aus Hamburg.**
The man whom I saw yesterday comes from Hamburg.

❷ **Die Frau, mit der ich gestern gesprochen habe, kennt deine Mutter.**
The woman I spoke to yesterday knows your mother.

❸ **Das Kind, dessen Fahrrad gestohlen worden war, ...**
The child whose bicycle had been stolen ...

❹ **Die Kinder, von denen einige schon lesen konnten, ...**
The children, some of whom could read, ...

Meine Freunde, von denen einer ...
My friends, one of whom ...

❺ **Das Buch, woraus ich vorgelesen habe, ...**
OR:
Das Buch, aus dem ich vorgelesen habe, ...
The book I read aloud from ...

Relative Pronouns *continued*

Welcher

A second relative pronoun exists. This has the same forms as the interrogative adjective **welcher** without the genitive forms:

	SINGULAR			PLURAL
	MASC	FEM	NEUT	ALL GENDERS
NOM	**welcher**	**welche**	**welches**	**welche**
ACC	**welchen**	**welche**	**welches**	**welche**
GEN	—	—	—	—
DAT	**welchem**	**welcher**	**welchem**	**welchen**

These forms are used only infrequently as relative pronouns, where sentence rhythm might benefit.

They are also used as articles or adjectives to connect a noun in the relative clause with the contents of the main clause → ❶

Wer, was

These are normally used as interrogative pronouns meaning *who?*, *what?* and are declined as such on page 178.

They may, however, also be used without the interrogative meaning to replace both subject and relative pronoun in English:

he who
a woman who → ❷
anyone who
those who etc

Was is the relative pronoun used in set expressions with certain neuter forms → ❸

Examples

❶ **Er glaubte, mit der Hausarbeit nicht helfen zu brauchen, mit welcher Idee seine Mutter nicht einverstanden war!**
He thought he didn't have to help in the house, an idea with which his mother was not in agreement!

❷ **Wer das glaubt, ist verrückt.**
Anyone who believes that is mad.

Was mich angeht, ...
For my part, ...

Was du gestern gekauft hast, steht dir ganz gut.
The things you bought yesterday suit you very well.

❸

alles, was ...	everything which
allerlei, was ...	all kinds of things that
das, was ...	that which
dasjenige, was ...	that which
dasselbe, was ...	the same one that
einiges, was ...	some that
Folgendes, was ...	the following which
manches, was ...	some which
nichts, was ...	nothing that
vieles, was ...	a lot that
wenig, was ...	little that

Nichts, was er sagte, hat gestimmt.
Nothing that he said was right.

Das, was du jetzt machst, ist reiner Unsinn!
What you are doing now is sheer nonsense!

Mit allem, was du gesagt hast, sind wir einverstanden.
We agree with everything you said.

Pronouns

Interrogative Pronouns

These are the pronouns used to ask questions.

As in English, they have few forms, singular and plural being the same. They are declined as follows:

	PERSONS	THINGS
NOM	**wer?**	**was?**
ACC	**wen?**	**was?**
GEN	**wessen?**	**wessen?**
DAT	**wem?**	—

They are used in direct questions → ❶

or in indirect questions → ❷

When used as the subject of a sentence, they are always followed by a singular verb → ❸

BUT: When followed by a verb and taking a noun complement, the verb may be plural if the sense demands it → ❹

The interrogative pronouns can be used in rhetorical questions or in exclamations → ❺

Examples

❶ **Wer hat es gemacht?**
Who did it?

Mit wem bist du gekommen?
Who did you come with?

❷ **Ich weiß nicht, wer es gemacht hat.**
I don't know who did it.

Er wollte wissen, mit wem er fahren sollte.
He wanted to know who he was to travel with.

❸ **Wer kommt heute?**
Who's coming today?

❹ **Wer sind diese Leute?**
Who are these people?

❺ **Was haben wir gelacht!**
How we laughed!

Interrogative Pronouns *continued*

When used with prepositions, **was** usually becomes **wo-** and is placed in front of the preposition to form one word → ❶

Where the preposition begins with a vowel, **wor-** is used instead → ❷

This construction is similar to **da(r)-** + *preposition* shown on page 164.

As with **da(r)-** + *preposition*, this construction is not used when the preposition is intended to convey movement.

Wohin (*where to*) and **woher** (*where from*) are used instead → ❸

Was für ein?, welcher?

These are used to mean *what kind of one*? and *which one*?

They are declined as shown on pages 124–128.

They are used to form either direct or indirect questions → ❹

They may refer either to persons or to things with the appropriate declension endings → ❺

Examples

❶ **Wonach sehnst du dich?**
What do you long for?

Wodurch ist es zerstört worden?
How was it destroyed?

❷ **Worauf kann man sich heutzutage noch verlassen?**
What is there left to rely on these days?

❸ **Wohin fährst du?**
Where are you going?

Woher kommt das?
Where has this come from?/How has this come about?

❹ **Was für eins hat er?**
What kind (of one) does he have?

Welches hast du gewollt?
Which one did you want?

❺ **Für welchen hat sie sich entschieden?**
Which one (*man/hat etc*) did she choose?

Pronouns

Indefinite Pronouns

(irgend)jemand someone, somebody

NOM	**(irgend)jemand**	
ACC	**(irgend)jemanden**, **(irgend)jemand**	→ 1
GEN	**(irgend)jemand(e)s**	
DAT	**(irgend)jemandem**, **(irgend)jemand**	

niemand no-one, nobody

NOM	**niemand**	
ACC	**niemanden, niemand**	→ 2
GEN	**niemand(e)s**	
DAT	**niemandem, niemand**	

The forms without endings are used in conversational German, but the inflected forms are preferred in literary and written styles.

When **niemand** and **(irgend)jemand** are used with a following adjective, they are usually not declined, but the adjective takes a capital letter and is declined as follows:

NOM	**(irgend)jemand/niemand Neues**	
ACC	**(irgend)jemand/niemand Neues**	→ 3
GEN	—	
DAT	**(irgend)jemand/niemand Neuem**	

When **(irgend)jemand** and **niemand** are followed by **ander(e)s**, this is written with a small letter, e.g. **(irgend)jemand/niemand ander(e)s**.

Examples

1. **Ich habe es (irgend)jemandem** (*dat*) **gegeben.**
   I gave it to someone.

   (Irgend)jemand (*nom*) **hat es genommen.**
   Someone has stolen it.

2. **Er hat niemanden** (*acc*) **gesehen.**
   He didn't see anyone.

   Er ist unterwegs niemandem (*dat*) **begegnet.**
   He encountered no-one on the way.

3. **Diese Aufgabe erfordert (irgend)jemand Intelligentes.**
   Someone intelligent is needed for this task.

Indefinite Pronouns *continued*

keiner none

	SINGULAR			PLURAL
	MASC	FEM	NEUT	ALL GENDERS
NOM	**keiner**	**keine**	**keins**	**keine**
ACC	**keinen**	**keine**	**keins**	**keine**
GEN	**keines**	**keiner**	**keines**	**keiner**
DAT	**keinem**	**keiner**	**keinem**	**keinen**

It is declined like the article **kein**, **keine**, **kein** (see page 126) except in the nominative masculine and nominative and accusative neuter forms → ➊

It may be used to refer to people or things → ➊

einer one

	SINGULAR		
	MASC	FEM	NEUT
NOM	**einer**	**eine**	**ein(e)s**
ACC	**einen**	**eine**	**ein(e)s**
GEN	**eines**	**einer**	**eines**
DAT	**einem**	**einer**	**einem**

This pronoun may be used to refer to either people or things → ➋

It exists only in the singular forms.

Examples

❶ **Keiner von ihnen hat es tun können.**
Not one of them was able to do it.

Gibst du mir eine Zigarette? — Tut mir leid, ich habe keine.
Will you give me a cigarette? — Sorry, I haven't got any.

❷ **Sie ist mit einem meiner Verwandten verlobt.**
She is engaged to one of my relatives.

Wo sind die anderen Kinder? Ich sehe hier nur eins.
Where are the rest of the children? I can only see one here.

Gibst du mir einen? (e.g. *einen Whisky, einen Zehner* etc) OR:
Gibst du mir eine? (e.g. *eine Zigarette, eine Blume* etc) OR:
Gibst du mir eins? (e.g. *ein Buch, ein Butterbrot* etc)
Will you give me one?

Indefinite Pronouns *continued*

Certain adjectives and articles can be used as pronouns.

The following are all declined to agree in gender and number with the noun or pronoun they represent → ❶

aller	all
ander	other
beide	both
derjenige	that one
derselbe	the same one
dieser	this one
einiger	some
irgendwelcher	someone or other/something or other
jeder	each (one), every one
jener	that one
mancher	some, quite a few
mehrere	several
sämtliche	all, the lot
solcher	such as that, such a one
welcher	which one

The following do not change whatever the gender or number of the noun or pronoun they represent → ❷

ein bisschen	a bit, a little
ein paar	a few
ein wenig	a little, a few
(irgend)etwas	some, something
mehr	more
nichts	nothing, none

When an adjective follows **etwas** or **nichts**, it takes a capital letter and declension endings, e.g. **etwas/nichts Gutes**

Examples

❶ **Andere machen es besser.** (e.g. *Leute, Waschmaschinen* etc)
Others do it better.

Mit einem solchen kommst du nicht bis nach Hause. (e.g. *Wagen* etc)
You won't make it home in one like that.

Alles, was er ihr schenkte, schickte sie sofort zurück.
Everything that he gave her she sent back at once.

Er war mit beiden zufrieden. (e.g. *Computern, Autos* etc)
He was satisfied with both.

❷ **Ich muss dir etwas sagen.**
I must tell you something.

(Irgend)etwas ist herausgefallen.
Something fell out.

Nichts ist geschehen.
Nothing happened.

Er ist mit nichts zufrieden.
Nothing ever satisfies him.

Gibst du mir bitte ein paar?
Will you give me a few?

Er hatte ein wenig bei sich.
He had a little with him.

Er braucht immer mehr um zu überleben.
He needs more and more to survive.

Adverbs

Use of Adverbs

Adverbs, or phrases which are used as adverbs, may:

- modify a verb → ❶
- modify an adjective → ❷
- modify another adverb → ❸
- modify a conjunction → ❹
- ask a question → ❺
- form verb prefixes (see page 72) → ❻

Adverbs are also used, in much the same way as in English, to make the meaning of certain tenses more precise e.g.

- with continuous tenses → ❼
- to show a future meaning where the tense used is not future → ❽

Examples

❶ **Er ging langsam über die Brücke.**
He walked slowly over the bridge.

❷ **Er ist ein ziemlich großer Kerl.**
He's quite a big chap.

❸ **Sie arbeitet heute besonders tüchtig.**
She's working exceptionally well today.

❹ **Wenn er es nur aufgeben wollte!**
If only he would give it up!

❺ **Wann kommt er an?**
When does he arrive?

❻ **falsch spielen**
to cheat (*at cards*)

hintragen
to carry (*to a place*)

❼ **Er liest gerade die Zeitung.**
He's just reading the paper.

❽ **Er wollte gerade aufstehen, als ...**
He was just about to get up when ...

Wir fahren morgen nach Köln.
We're driving to Cologne tomorrow.

Adverbs

Formation of Adverbs

Many German adverbs are simply adjectives used as adverbs. Used in this way, unlike adjectives, they are not declined → ❶

Some adverbs are formed by adding **-weise** or **-sweise** to a noun → ❷

Some adverbs are also formed by adding **-erweise** to an uninflected adjective.

Such adverbs are used mainly to show the speaker's opinion → ❸

There is also a class of adverbs which are not formed from other parts of speech e.g. **unten**, **oben**, **leider** → ❹

For the position of adverbs within a clause or sentence, see the section on sentence structure, pages 224–235.

The following are some common adverbs of time:

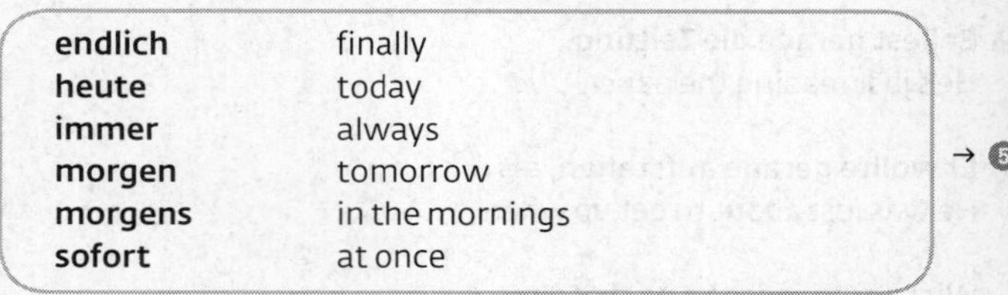

endlich	finally
heute	today
immer	always
morgen	tomorrow
morgens	in the mornings
sofort	at once

→ ❺

The following are some common adverbs of degree:

äußerst	extremely
besonders	especially
beträchtlich	considerably
ziemlich	fairly

→ ❻

Examples

❶ **Habe ich das richtig gehört?**
Is it true what I've heard?

Sie war modern angezogen.
She was fashionably dressed.

❷ **beispielsweise** for example
beziehungsweise or/or rather/that is to say
schrittweise step by step
zeitweise at times
zwangsweise compulsorily

❸ **erstaunlicherweise** astonishingly enough
glücklicherweise fortunately
komischerweise strangely enough

❹ **Unten wohnte Frau Schmidt.**
Mrs Schmidt lived downstairs.

Leider können wir nicht kommen.
Unfortunately we cannot come.

❺ **Ich kann erst morgen kommen.**
I can't come till tomorrow.

Das Kind hat immer Hunger.
The child is always hungry.

❻ **Das Paket war besonders schwer.**
The parcel was unusually heavy.

Diese Übung ist ziemlich leicht.
This exercise is quite easy.

Adverbs

Adverbs of Place

In certain respects German adverbs of place behave very differently from their English counterparts:

Where no movement, or merely a movement within the same place, is involved, the adverb is used in its simple dictionary form → ❶

Movement *away from the speaker* is shown by the presence of **hin** → ❷

The following compound adverbs are therefore often used when movement away from the original position is concerned, even though a simple adverb would be used in English:

dahin	(to) there	
dorthin	there	
hierhin	here	
irgendwohin	(to) somewhere or other	→ ❸
überallhin	everywhere	
wohin?	where (to)?	

Movement *towards the speaker* or central person is shown by the presence of **her**.

The following compound adverbs are therefore often used to show movement towards a person:

daher	from there	
hierher	here	
irgendwoher	from somewhere or other	→ ❹
überallher	from all over	
woher?	where from?	

Examples

❶ **Wo ist er?**
Where is he?

Er ist nicht da.
He isn't there.

Hier darf man nicht parken.
You can't park here.

❷ **Klaus und Ulli geben heute eine Party. Gehen wir hin?**
Klaus and Ulli are having a party today. Shall we go?

❸ **Wohin fährst du?**
Where are you going?

Sie liefen überallhin.
They ran everywhere.

❹ **Woher kommst du?**
Where do you come from?

Woher hast du das?
Where did you get that from?

Das habe ich irgendwoher gekriegt.
I got that from somewhere or other.

Adverbs

Comparative and Superlative

The comparative form of the adverb is obtained in exactly the same way as that of adjectives, i.e. by adding **-er** → ❶

The superlative form is produced as follows:

am + *adverb* + **-sten/-esten**

It is not declined → ❷

Note the use of the comparative adverb with **immer** to show progression → ❸

the more ... the more ... is expressed in German by:

je ... desto ... or **je ... umso ...** → ❹

Some adverbial superlatives are used to show the extent of a quality rather than a comparison with others. These are as follows:

bestens	very well/very warmly
höchstens	at the most/at best
meistens	mostly/most often
spätestens	at the latest
strengstens	strictly, absolutely
wenigstens	at least

→ ❺

Two irregular comparatives and superlatives:

gern	▶	**lieber**	▶	**am liebsten** (used with **haben**) → ❻
well	▶	better	▶	best
bald	▶	**eher**	▶	**am ehesten**
soon	▶	sooner	▶	soonest

Examples

❶ **Er läuft schneller als seine Schwester.**
He runs faster than his sister.

Ich sehe ihn seltener als früher.
I see him less often than before.

❷ **Wer von ihnen arbeitet am schnellsten?**
Which of them works fastest?

Er isst am meisten.
He eats most.

❸ **Die Mädchen sprachen immer lauter.**
The girls were talking more and more loudly.

Er fuhr immer langsamer.
He drove more and more slowly.

❹ **Je eher, desto besser.**
The sooner the better.

❺ **Er kommt meistens zu spät an.**
He usually arrives late.

Rauchen strengstens verboten!
Smoking strictly prohibited.

❻ **Welches hast du am liebsten?**
Which do you like best?

Emphasizers

These are words commonly used in German, as indeed in English, especially in the spoken language, to emphasize or modify in some way the meaning of the sentence. The following are some of the most common:

aber

Used to lend emphasis to a statement → ❶

denn

As well as its uses as a conjunction (see page 214), **denn** is widely used to emphasize the meaning. It often cannot be directly translated → ❷

doch

Used as a positive reply in order to correct negative assumptions or impressions → ❸
It can strengthen an imperative → ❹
It can make a question out of a statement → ❺

ja

Strengthens a statement → ❻
It also has several idiomatic uses → ❼

mal

May be used with imperatives → ❽
It also has several idiomatic uses → ❾

schon

Is used familiarly with an imperative → ❿
It is also used in various idiomatic ways → ⓫

Examples

1. **Das ist aber schön!**
Oh that's pretty!

Aber ja!
Yes indeed!

2. **Was ist denn hier los?**
What's going on here then?

Wo denn?
Where?

3. **Hat es dir nicht gefallen? — Doch!**
Didn't you like it? — Oh yes, I did!

4. **Lass ihn doch!**
Just leave him!

5. **Das schaffst du doch?**
You'll manage it, won't you?

6. **Er sieht ja wie seine Mutter aus.**
He looks like his mother.
Das kann ja sein.
That may well be.

7. **Ja und?**
So what?/What then?
Das ist es ja.
That's just it.

Das ist ja lächerlich.
That's ridiculous.

8. **Komm mal her!**
Come here!

Moment mal!
Just a minute!

9. **Mal sehen.**
We'll see.
Er soll es nur mal versuchen!
Just let him try it!

Hören Sie mal ...
Look here now ...

10. **Mach schon!**
Get on with it!

11. **schon wieder**
again

Schon gut!
OK/Very well!

Prepositions

Use of Prepositions

In English, a preposition does not affect the word or phrase which it introduces, e.g.

the women	a large meal	these events
with the women	*after* a large meal	*before* these events

In German, however, the noun following a preposition must be put in a certain *case*:

accusative → ❶

dative → ❷

genitive → ❸

It is therefore important to learn each preposition with the case, or cases, it governs.

The following guidelines will help you:

Prepositions which take the accusative or dative cases are much more common than those taking the genitive case.

Certain prepositions may take a dative or accusative case, depending on whether *movement* is involved or not. This is explained further on pages 202–211 → ❹

Prepositions are often used to complete the sense of certain verbs, as shown on pages 76–79 → ❺

After many prepositions, a shortened or *contracted* form of the definite article may be merged with the preposition to form one word, e.g.

auf + das	▶	**aufs**
bei + dem	▶	**beim**
zu + der	▶	**zur**

Examples

❶ **Es ist für dich.**
It's for you.

Wir sind durch die ganze Welt gereist.
We travelled all over the world.

❷ **Er ist mit seiner Frau gekommen.**
He came with his wife.

❸ **Es ist ihm trotz seiner Bemühungen nicht gelungen.**
Despite his efforts, he still didn't succeed.

❹ **Es liegt auf dem Tisch.**
It's on the table.
(*dative*: no movement implied)

Lege es bitte auf den Tisch.
Please put it on the table.
(*accusative*: movement *onto* the table)

❺ **Ich warte auf meinen Mann.**
I'm waiting for my husband.

Prepositions

Contracted Forms

Contractions are possible with the following prepositions:

PREPOSITION	+das	+den	+dem	+der
an	**ans**		**am**	
auf	**aufs***			
bei			**beim**	
durch	**durchs***			
für	**fürs***			
hinter	**hinters***	**hintern***	**hinterm***	
in	**ins**		**im**	
über	**übers***	**übern***	**überm***	
um	**ums***			
unter	**unters***	**untern***	**unterm***	
vor	**vors***		**vorm***	
von			**vom**	
zu			**zum**	**zur**

* NOTE: Those forms marked with an asterisk are suitable only for use in colloquial, spoken German.
All other forms (not marked with an asterisk) may be safely used in any context, formal or informal → ❶

Contracted forms are not used where the article is to be stressed → 

Other contracted forms involving prepositions, as shown on pages 164 and 174, occur:

- in the introduction to relative clauses → ❸
- with personal pronouns representing inanimate objects → ❹

Examples

❶ **Wir gehen heute Abend ins Theater.**
We are going to the theatre this evening.

Er geht zur Schule.
He goes to school.

Das kommt vom Trinken.
That comes from drinking.

❷ **In dem Anzug kann ich mich nicht sehen lassen!**
I can't go out in that suit!

❸ **Die Bank, worauf wir saßen, war etwas wackelig.**
The bench we were sitting on was rather wobbly.

❹ **Er war damit zufrieden.**
He was satisfied with that.

Er hat es darauf gesetzt.
He put it on it.

Prepositions

Prepositions that take the Dative

Some of the most common prepositions taking the dative case are:

aus	gegenüber	seit
außer	mit	von
bei	nach	zu

aus

as a preposition meaning: *out of/from* → ❶

as a separable verbal prefix (see page 72) → ❷

außer

as a preposition meaning: *out of* → ❸
except → ❹

bei

as a preposition meaning: *at the home/shop/work* etc *of* → ❺
near → ❻
in the course of/during → ❼

as a separable verbal prefix (see page 72) → ❽

gegenüber

as a preposition meaning: *opposite* → ❾
to(wards) → ❿

NOTE: When used as a preposition, **gegenüber** is placed *after a pronoun*, but may be placed *before or after a noun*.

as a separable verbal prefix → ⓫

Examples

❶ **Er trinkt aus der Flasche.**
He is drinking out of the bottle.
Er kommt aus Essen.
He comes from Essen.

❷ **aushalten** to endure
Ich halte es nicht mehr aus.
I can't stand it any longer.

❸ **außer Gefahr/Betrieb**
out of danger/order

❹ **alle außer mir**
all except me

❺ **bei uns in Schottland**
at home in Scotland
Er wohnt immer noch bei seinen Eltern.
He still lives with his parents.

❻ **Er saß bei mir.**
He was sitting next to me.

❼ **Ich singe immer beim Arbeiten.**
I always sing when I'm working.
Bei unserer Ankunft ...
On our arrival ...

❽ **beistehen** to stand by
Er stand seinem Freund bei.
He stood by his friend.

❾ **Er wohnt uns gegenüber.**
He lives opposite us.

❿ **Er ist mir gegenüber immer sehr freundlich gewesen.**
He has always been very friendly towards me.

⓫ **gegenüberstehen** to face/to have an attitude towards
Er steht ihnen kritisch gegenüber.
He takes a critical view of them.

Prepositions

Prepositions that take the Dative *continued*

mit

as a preposition meaning: *with* → ❶

as a separable verbal prefix (see page 72) → ❷

nach

as a preposition meaning:
after → ❸
to → ❹
according to (it can be placed after the noun with this meaning) → ❺

as a separable verbal prefix (see page 72) → ❻

seit

as a preposition meaning:
since → ❼
for (of time) → ❽
NOTE: Beware of the tense!

von

as a preposition meaning:
from → ❾
about → ❿

as an alternative, often preferred, to the genitive case → ⓫

as a preposition meaning: *by* (to introduce the agent of a passive action, see page 34) → ⓬

zu

as a preposition meaning:
to → ⓭
for → ⓮

as a separable verbal prefix (see page 72) → ⓯

Examples

1. **Er ging mit seinen Freunden spazieren.**
   He went walking with his friends.

2. **jemanden mitnehmen** to give someone a lift
   Nimmst du mich bitte mit?
   Will you give me a lift, please?

3. **Nach zwei Stunden kam er wieder.**
   He returned two hours later.

4. **Er ist nach London gereist.**
   He went to London.

5. **Ihrer Sprache nach ist sie Süddeutsche.**
   From the way she spoke I would say she is from southern Germany.

6. **nachmachen** to copy
   Sie macht mir alles nach.
   She copies everything I do.

7. **Seit der Zeit ...**
   Since then ...

8. **Ich wohne seit zwei Jahren in Frankfurt.**
   I've been living in Frankfurt for two years.

9. **Von Frankfurt sind wir weiter nach München gefahren.**
   From Frankfurt we went on to Munich.

10. **Ich weiß nichts von ihm.**
    I know nothing about him.

11. **Die Mutter von diesen Mädchen ...**
    The mother of these girls ...

    Sie ist eine Freundin von Horst.
    She is a friend of Horst's.

12. **Er ist von unseren Argumenten überzeugt worden.**
    He was convinced by our arguments.

13. **Er ging zum Arzt.**
    He went to the doctor's.

14. **Wir sind zum Essen eingeladen.**
    We're invited for dinner.

15. **zumachen** to shut
    Mach die Tür zu!
    Shut the door!

Prepositions

Prepositions that take the Accusative

The most common of these are:

durch	**für**	**ohne**	**wider**
entlang	**gegen**	**um**	

durch

as a preposition meaning: *through* → ❶

preceding the inanimate agent of a passive action (see page 34) → ❷

as a separable verbal prefix

entlang

as a preposition meaning: *along* (it follows the noun with this meaning) → ❸

as a separable verbal prefix → ❹

für

as a preposition meaning: *for* → ❺
to → ❻

in **was für/was für ein** *what kind of/what* (see pages 144 and 180) → ❼

gegen

as a preposition meaning: *against* → ❽
towards/getting on for → ❾

as a separable verbal prefix

Examples

❶ **durch das Fenster blicken**
to look through the window

❷ **Durch seine Bemühungen wurden alle gerettet.**
Everyone was saved through his efforts.

❸ **die Straße entlang**
along the street

❹ **entlanggehen** to go along
Wir gingen die Straße entlang.
We went along the street.

❺ **Ich habe es für dich getan.**
I did it for you.

❻ **Das ist für ihn sehr wichtig.**
That is very important to him.

❼ **Was für Äpfel sind das?**
What kind of apples are they?

❽ **Stelle es gegen die Mauer.**
Put it against the wall.

Haben Sie ein Mittel gegen Schnupfen?
Have you something for colds?

Ich habe nichts dagegen.
I've got nothing against it.

❾ **Wir sind gegen vier angekommen.**
We arrived at getting on for/around four o'clock.

Prepositions that take the Accusative *continued*

ohne

as a preposition meaning: *without* → ❶

um

as a preposition meaning: *(a)round/round about* → ❷

at (in time expressions) → ❸

for (after certain verbs) → ❹

about (after certain verbs) → ❺

by (in expressions of quantity) → ❻

as a variable verbal prefix (see page 74) → ❼

wider

as a preposition meaning: *contrary to/against* → ❽

as a variable verbal prefix (see page 74) → ❾

Examples

❶ **Ohne ihn gehts nicht.**
It won't work without him.

❷ **um die Ecke**
(a)round the corner

❸ **Es fängt um neun Uhr an.**
It begins at nine.

❹ **Sie baten ihre Mutter um Kekse.**
They asked their mother for some biscuits.

❺ **Es handelt sich um dein Benehmen.**
It's a question of your behaviour.

❻ **Es ist um zehn Euro billiger.**
It is ten euros cheaper.

❼ **umarmen** to embrace (*inseparable*)
Er hat sie umarmt.
He gave her a hug.

umfallen to fall over (*separable*)
Er ist umgefallen.
He fell over.

❽ **Das geht mir wider die Natur.**
That's against my nature.

❾ **widersprechen** to go against (*inseparable*)
Das hat meinen Wünschen widersprochen.
That went against my wishes.

(sich) widerspiegeln to reflect (*separable*)
Der Baum spiegelt sich im Wasser wider.
The tree is reflected in the water.

Prepositions

Prepositions that take the Accusative or the Dative

These prepositions are followed by:

- the accusative when *movement towards* a different place is involved.
- the dative when *position* is described as opposed to movement, or when the movement is *within* the same place.

The most common prepositions in this category are:

an	*on/at/to*
auf	*on/in/to/at*
hinter	*behind*
in	*in/into/to* → ❶
neben	*next to/beside*
über	*over/across/above*
unter	*under/among* → ❷
vor	*in front of/before*
zwischen	*between* → ❸

These prepositions may also be used with figurative meanings as part of a *verb + preposition* construction (see page 76).

The case following **auf** or **an** is then not the same after all verbs → 

It is therefore best to learn such constructions together with the case which follows them.

Many of these prepositions are also used as verbal prefixes in the same way as the prepositions described on pages 202–209 → ❺

Examples

1. **Er ging ins Zimmer** (*acc*).
He entered the room.

Im Zimmer (*dat*) **warteten viele Leute auf ihn.**
A lot of people were waiting for him in the room.

2. **Er stellte sich unter den Baum** (*acc*).
He (came and) stood under the tree.

Er lebte dort unter Freunden (*dat*).
There he lived among friends.

3. **Er legte es zwischen die beiden Teller** (*acc*).
He put it between the two plates.

Das Dorf liegt zwischen den Bergen (*dat*).
The village lies between the mountains.

4. **sich verlassen auf** (+*acc*) to depend on
bestehen auf (+*dat*) to insist on

glauben an (+*acc*) to believe in
leiden an (+*dat*) to suffer from

5. **anrechnen** to charge for (*separable*)
Das wird Ihnen später angerechnet.
You'll be charged for that later.

aufsetzen to put on (*separable*)
Sie setzte sich den Hut auf.
She put her hat on.

überqueren to cross (*inseparable*)
Sie hat die Straße überquert.
She crossed the street.

Prepositions

Prepositions that take the Genitive

The following are some of the more common prepositions that take the genitive case:

außerhalb	*outside*
beiderseits	*on both sides of*
diesseits	*on this side of*
... halber	*for ... sake/because of ...*
hinsichtlich	*with regard to*
infolge	*as a result of*
innerhalb	*within/inside* → 1
jenseits	*on the other side of* → 2
statt*	*instead of*
trotz*	*in spite of* → 3
um ... willen	*for ... sake/because of ...*
während*	*during* → 4
wegen*	*on account of* → 5

* NOTE: Those prepositions marked with an asterisk may also be followed by the dative case → 6

Special forms of the possessive and relative pronouns are used with **wegen**, **halber** and **willen** → 7

Examples

1 **innerhalb dieses Zeitraums**
within this period of time

2 **jenseits der Grenze**
on the other side of the frontier

3 **trotz seiner Befürchtungen**
despite his fears

4 **während der Vorstellung**
during the performance

5 **wegen der neuen Stelle**
because of the new job

6 **trotz allem**
in spite of everything

wegen mir
because of me

7 **meinetwegen**	on my account, because of me
deinetwegen	on your account, because of you (*familiar*)
seinetwegen	on his account, because of him
ihretwegen	on her/their account, because of her/them
unsertwegen	on our account, because of us
euertwegen	on your account, because of you (*plural*)
Ihretwegen	on your account, because of you (*polite*)
derentwegen	for whose sake, for her/their/its sake
dessentwegen	for whose sake, for his/its sake
meinethalben *etc*	on my *etc* account
derenthalben	on whose account, on her/their/its account
dessenthalben	on whose account, on his/its account
meinetwillen *etc*	for my *etc* sake
derentwillen	for whose sake, for her/its/their sake
dessentwillen	for whose sake, for his/its sake

Conjunctions

Co-ordinating Conjunctions

These are used to link words, phrases or clauses. These are the main co-ordinating conjunctions:

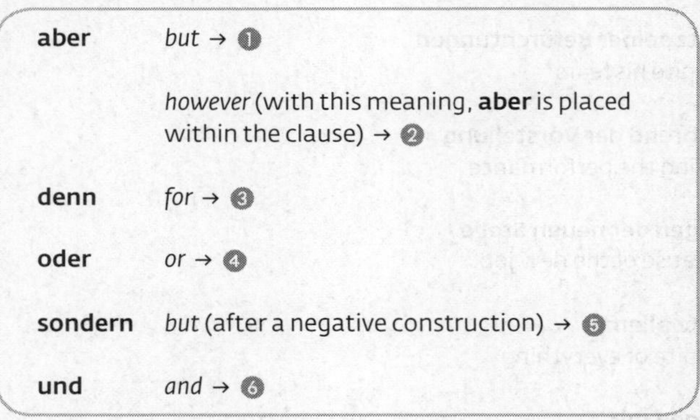

aber	*but* → ❶
	however (with this meaning, **aber** is placed within the clause) → ❷
denn	*for* → ❸
oder	*or* → ❹
sondern	*but* (after a negative construction) → ❺
und	*and* → ❻

These do not cause the inversion of subject and verb, i.e. the verb follows the subject in the normal way (see page 224) → ❶ – ❻

Inversion may however be caused by something other than the co-ordinating conjunction, e.g. **dann**, **trotzdem**, **montags** in the examples opposite → ❼

Examples

❶ **Wir wollten ins Kino, aber wir hatten kein Geld.**
We wanted to go to the cinema but we had no money.

❷ **Ich wollte ins Theater; er aber wollte nicht mit.**
I wanted to go to the theatre; however he wouldn't come.

❸ **Wir wollten heute fahren, denn montags ist weniger Verkehr.**
We wanted to travel today because the traffic is lighter on Mondays.

❹ **Er hatte noch nie Whisky oder Schnaps getrunken.**
He had never drunk whisky or schnapps.

Willst du eins oder hast du vielleicht keinen Hunger?
Do you want one or aren't you hungry?

❺ **Er ist nicht alt, sondern jung.**
He isn't old, but young.

❻ **Horst und Veronika**
Horst and Veronika

Er ging in die Stadt und kaufte sich ein neues Hemd.
He went into town and bought himself a new shirt.

❼ **Er hat sie besucht und dann ist er wieder nach Hause gegangen.**
He paid her a visit and then went home again.

Wir wollten doch ins Kino, aber trotzdem sind wir zu Hause geblieben.
We wanted to go to the cinema, but even so we stayed at home.

Wir wollten heute fahren, denn montags ist der Verkehr geringer.
We wanted to travel today because there is less traffic on Mondays.

Conjunctions

Double Co-ordinating Conjunctions

These conjunctions consist of two separate elements, like their English counterparts, e.g.

not only ... but also ...

The following are widely used:

sowohl ... als auch
both ... and

This may link words or phrases → ❶

The verb is usually plural, whether the subjects are singular or plural → ❶

weder ... noch
neither ... nor

This may link words or phrases → ❷

It may also link clauses, and inversion of subject and verb then takes place in both clauses → ❸

The verb is plural unless both subjects are singular → ❹

Examples

❶ **Sowohl sein Vater als auch seine Mutter haben sich darüber gefreut.**
Both his father and his mother were pleased about it.

Sowohl unser Lehrkörper als auch unsere Schüler haben teilgenommen.
Both our staff and our pupils took part.

❷ **Weder Georg noch sein Bruder kannte das Mädchen.**
Neither Georg nor his brother knew the girl.

❸ **Weder mag ich ihn noch respektiere ich ihn.**
I neither like nor respect him.

❹ **Weder die Befürworter noch die Gegner haben recht.**
Neither the supporters nor the opponents are right.

Weder du noch ich würde es schaffen.
Neither you nor I would be able to do it.

Double Co-ordinating Conjunctions *continued*

nicht nur ... sondern auch
not only ... but also

This is used to link clauses as well as words and phrases → ❶

The word order is: inversion of subject and verb in the first clause, and normal order in the second → ❷

However, if **nicht nur** does not begin the clause, normal order prevails → ❸

The verb agrees in number with the subject nearest to it → ❹

entweder ... oder
either ... or

The verb agrees with the subject nearest it → ❺

The normal word order is: inversion in the first clause, and normal order in the second → ❻

However, it is possible to use normal order in the first clause, and this may lend a more threatening tone to the statement → ❼

teils ... teils
partly ... partly

The verb is normally plural unless both subjects are singular → ❽

Inversion of subject and verb takes place in both clauses → ❾

Examples

❶ **Er ist nicht nur geschickt, sondern auch intelligent.** OR: **Nicht nur ist er geschickt, sondern er ist auch intelligent.**
He is not only skilful but also intelligent.

❷ **Nicht nur hat es die ganze Zeit geregnet, sondern ich habe mir auch noch das Bein gebrochen.**
Not only did it rain the whole time, but I also broke my leg.

❸ **Es hat nicht nur die ganze Zeit geregnet, sondern ich habe mir auch noch das Bein gebrochen.**
Not only did it rain the whole time, but I also broke my leg.

❹ **Nicht nur ich, sondern auch die Mädchen sind dafür verantwortlich.**
It's not just me but also the girls who are responsible.

Nicht nur sie, sondern auch ich habe es gehört.
They weren't the only ones to hear it – I heard it too.

❺ **Entweder du oder Georg muss es getan haben.**
It must have been either you or Georg who did it.

❻ **Entweder komme ich morgen vorbei, oder ich rufe dich an.**
I'll either drop in tomorrow or I'll give you a call.

❼ **Entweder du gibst das sofort auf, oder du kriegst kein Taschengeld mehr.**
Either you stop that immediately, or you get no more pocket money.

❽ **Die Studenten waren teils Deutsche, teils Ausländer.**
The students were partly German and partly from abroad.

❾ **Teils bin ich überzeugt, teils bleibe ich skeptisch.**
Part of me is convinced, and part remains sceptical.

Conjunctions

Subordinating Conjunctions

These are used to link clauses in such a way as to make one clause dependent on another for its meaning. The dependent clause is called a subordinate clause and the other a main clause.

The subordinate clause is always separated from the rest of the sentence by commas → ❶

The subordinate clause may precede the main clause. When this happens, the verb and subject of the main clause are inverted, i.e. they swap places, as shown on page 226 → ❷

The finite part of the verb (i.e. the conjugated part) is always at the end of a subordinate clause (see page 228) → ❸

For compound tenses in subordinate clauses, it is the *auxiliary* (the main part of the verb) which comes last, after the participle or infinitive used to form the compound tense (see pages 22–29) → ❹

Any modal verb (**mögen**, **können** etc, see pages 52–57) used in a subordinate clause is placed last in the clause → ❺

BUT: When the modal verb is in a compound tense, the order is as shown → ❻

Examples

❶ MAIN CLAUSE SUBORDINATE CLAUSE

Er ist zu Fuß gekommen, weil der Bus zu teuer ist.
He came on foot because the bus is too dear.

Ich trinke viel Bier, obwohl es nicht gesund ist.
I drink a lot of beer although it isn't good for me.

Wir haben weitergefeiert, nachdem sie gegangen waren.
We carried on with the party after they went.

❷ SUBORDINATE CLAUSE MAIN CLAUSE

Weil der Bus zu teuer ist, ist er zu Fuß gekommen.

Obwohl es nicht gesund ist, trinke ich viel Bier.

Nachdem sie gegangen waren, haben wir weitergefeiert.

❸ **Als er uns sah, ist er davongelaufen.** OR:
Er ist davongelaufen, als er uns sah.
He ran away when he saw us.

❹ **Nachdem er gegessen hatte, ging er hinaus.**
He went out after he had eaten.

❺ **Da er nicht mit uns sprechen wollte, ist er davongelaufen.**
Since he didn't want to speak to us he ran away.

❻ **Da er nicht mit uns hat sprechen wollen, ist er davongelaufen.**
Since he didn't want to speak to us he ran away.

Conjunctions

Subordinating Conjunctions *continued*

Here are some common examples of subordinating conjunctions and their uses:

als	when → ❶
als ob	as if, as though
bevor	before
bis	until → ❷
da	as, since → ❸
damit	so (that)
indem	while
inwiefern	to what extent
nachdem	after → ❹
ob	whether, if
obwohl	although
während	while → ❺
wann	when (*interrogative*) → ❻
weil	because → ❼
wenn	when, whenever/if → ❽
wie	as, like
wo	where
wohin	to where
worauf	whereupon/on which
worin	in which
seitdem	since
sobald	as soon as
so dass, sodass	such that, so that
soweit	as far as

Examples

❶ **Es regnete, als ich in Köln ankam.** OR:
Als ich in Köln ankam, regnete es.
It was raining when I arrived in Cologne.

❷ **Ich warte, bis du zurückkommst.**
I'll wait till you get back.

❸ **Da er nicht kommen wollte, ...**
Since he didn't want to come ...

❹ **Er wird uns Bescheid sagen können, nachdem er angerufen hat.** OR:
Nachdem er angerufen hat, wird er uns Bescheid sagen können.
He will be able to let us know for certain once he has phoned.

❺ **Während seine Frau die Koffer auspackte, machte er das Abendessen.** OR:
Er machte das Abendessen, während seine Frau die Koffer auspackte.
He made the supper while his wife unpacked the cases.

❻ **Er möchte wissen, wann der Zug ankommt.**
He would like to know when the train is due to arrive.

❼ **Wir haben den Hund nicht mitgenommen, weil im Auto nicht genug Platz war.** OR:
Weil im Auto nicht genug Platz war, haben wir den Hund nicht mitgenommen.
We didn't take the dog because there wasn't enough room in the car.

❽ **Wenn ich ins Kino gehe ...**
When(ever) I go to the cinema ...

Ich komme, wenn du willst.
I'll come if you like.

Sentence Structure

Main Clauses

In a main clause the subject comes first and is followed by the verb, as in English:

His mother (*subject*) drinks (*verb*) whisky → ❶

If the verb is in a compound or passive tense, the auxiliary follows the subject and the past participle or infinitive goes to the end of the clause → ❷

The verb is the second concept in a main clause. The first concept may be a word, phrase or clause (see page 226) → ❸

Any reflexive pronoun follows the main verb in simple tenses and the auxiliary in compound tenses → ❹

The order for articles, adjectives and nouns is as in English: *article + adjective(s) + noun* → ❺

A direct object usually follows an indirect object, except where the direct object is a personal pronoun.

BUT: The indirect object can be placed last for emphasis, providing it is not a pronoun → ❻

The position of adverbial expressions (see page 188) is not fixed. As a general rule they are placed close to the words to which they refer.

Adverbial items of *time* often come first in the clause, but this is flexible → ❼

Adverbial items of *place* can be placed at the beginning of a clause when emphasis is required → ❽

Adverbial items of *manner* are more likely to be within the clause, close to the word to which they refer → ❾

Where there is more than one adverb, a useful rule of thumb is: "time, manner, place" → ❿

Examples

1 **Seine Mutter trinkt Whisky.**
His mother drinks whisky.

2 **Sie wird dir etwas sagen.**
She will tell you something.

Sie hat mir nichts gesagt.
She told me nothing.

Es ist für ihn gekauft worden.
It was bought for him.

3

1ST CONCEPT	2ND CONCEPT	
Die neuen Waren	**kommen**	**morgen**
(The new goods are coming tomorrow)		
Was du gesagt hast,	**stimmt**	**nicht**
(What you said isn't true)		

4 **Er rasierte sich.**
He shaved.

Er hat sich rasiert.
He (has) shaved.

5 **ein alter Mann**
an old man

diese alten Sachen
these old things

6 **Ich gab dem Mann das Geld.**
I gave the man the money.

Ich gab ihm das Geld.
I gave him the money.

Ich gab es ihm.
I gave him it/I gave it to him.

Er gab das Geld seiner Schwester.
He gave the money to his sister. (*not his brother*)

7 **Gestern gingen wir ins Theater.** OR:
Wir gingen gestern ins Theater.
We went to the theatre yesterday.

8 **Dort haben sie Fußball gespielt.** OR:
Sie haben dort Fußball gespielt.
They played football there.

9 **Sie spielen gut Fußball.**
They play football well.
Das war furchtbar teuer.
It was terribly expensive.

10 **Wir haben gestern gut hierhin gefunden.**
We found our way here all right yesterday.

Sentence Structure

Main Clauses *continued*

A pronoun object precedes all adverbs → ❶

While the main verb must normally remain the second concept, the first concept need not always be the subject. Main clauses can begin with many things, including:

an adverb → ❷
a direct or indirect object → ❸
an infinitive phrase → ❹
a complement → ❺
a past participle → ❻
a prepositional phrase → ❼
a clause acting as the object of the verb → ❽
a subordinate clause → ❾

If the subject does not begin a main clause, the verb and subject must be turned around, or "inverted" → ❷ – ❾

Beginning a sentence with something other than the subject is frequent in German.
It may however also be used for special effect to:

- *highlight* whatever is placed first in the clause → ❿

- *emphasize* the subject of the clause by forcing it from its initial position to the end of the clause → ⓫

After inversion, any reflexive pronoun precedes the subject, unless the subject is a pronoun → ⓬

The following do not cause inversion when placed at the beginning of a main clause, although inversion may be caused by something else placed after them:

allein, **denn**, **oder**, **sondern**, **und** → ⓭
ja and **nein** → ⓮
certain exclamations: **ach**, **also**, **nun** *etc* → ⓯
words or phrases qualifying the subject: **auch**, **nur**, **sogar**, *etc* → ⓰

Examples

1 **Sie haben es gestern sehr billig gekauft.**
They bought it very cheaply yesterday.

2 **Gestern sind wir ins Theater gegangen.**
We went to the theatre yesterday.

3 **So ein Kind habe ich noch nie gesehen!**
I've never seen such a child!

Seinen Freunden wollte er es nicht zeigen.
He wouldn't show it to his friends.

4 **Seinen Freunden zu helfen, hat er nicht versucht.**
He didn't try to help his friends.

5 **Deine Schwester war es.** It was your sister.

6 **Geraucht hatte er nie.** He had never smoked.

7 **In diesem Haus ist Mozart auf die Welt gekommen.**
Mozart was born in this house.

8 **Was mit ihm los war, haben wir nicht herausgefunden.**
We never discovered what was wrong with him.

9 **Nachdem ich ihn gesehen hatte, ging ich nach Hause.**
I went home after seeing him.

10 **Dem würde ich nichts sagen!**
I wouldn't tell *him* anything!

11 **An der Ecke stand eine riesengroße Fabrik.**
A huge factory stood on the corner.

12 **Daran erinnerten sich die Zeugen nicht.**
The witnesses didn't remember that.

Daran erinnerten sie sich nicht.
They didn't remember that.

13 **Peter ging nach Hause und Elsa blieb auf der Party.**
Peter went home and Elsa stayed at the party.

BUT: **Peter ging nach Hause und unterwegs sah er Kurt.**
Peter went home and on the way he saw Kurt.

14 **Nein, ich will nicht.** No, I don't want to.

BUT: **Nein, das tue ich nicht.** No, I won't do that.

15 **Also, wir fahren nach Hamburg.**
So we'll go to Hamburg.

BUT: **Also, nach Hamburg wollt ihr fahren.**
So, you want to go to Hamburg.

16 **Sogar seine Mutter wollte es ihm nicht glauben.**
Even his mother wouldn't believe him.

BUT: **Sogar mit dem Zug ginge es nicht schneller.**
It would be no faster even by train.

Sentence Structure

Subordinate Clauses

A subordinate clause may be introduced by:

- a relative pronoun (see page 174) → ➊
- a subordinating conjunction (see page 222) → ➋ – ➌

The subject follows the opening conjunction or relative pronoun – see **wir** and **er** → ➊ – ➌

The main verb almost always goes to the end of a subordinate clause → ➊ – ➌

The exceptions to this are:

- in a **wenn** clause where **wenn** is omitted (see page 64) → ➍
- in an indirect statement without **dass** (see page 64) → ➎

The order for articles, nouns, adjectives, adverbs, direct and indirect objects is the same as for main clauses (see page 224), but they are all placed between the subject of the clause and the verb → ➏

If the subject of a reflexive verb in a subordinate clause is a pronoun, the order is *subject pronoun + reflexive pronoun* → ➐

If the subject is a noun, the reflexive pronoun may follow or precede it → ➑

Where one subordinate clause lies inside another, both still obey the order rule for subordinate clauses → ➒

Examples

1 **Die Kinder, die wir gesehen haben ...**
The children whom we saw ...

2 **Da er nicht schwimmen wollte, ist er nicht mitgekommen.**
As he didn't want to swim he didn't come.

3 **Ich weiß, dass er zur Zeit in London wohnt.**
I know he's living in London at the moment.
Ich weiß nicht, ob er kommt.
I don't know if he's coming.

4 **Findest du meine Uhr, so ruf mich bitte an.**
(= Wenn du meine Uhr findest, ruf mich bitte an.)
If you find my watch, please give me a call.

5 **Er meint, er werde es innerhalb einer Stunde schaffen.**
(= Er meint, dass er es innerhalb einer Stunde schaffen werde.)
He thinks (that) he will manage it within an hour.

6 MAIN CLAUSE
Er ist gestern mit seiner Mutter in die Stadt gefahren.
He went to town with his mother yesterday.

SUBORDINATE CLAUSES
Da er gestern mit seiner Mutter in die Stadt gefahren ist, ...
Since he went to town with his mother yesterday ...
Der Junge, der gestern mit seiner Mutter in die Stadt gefahren ist, ...
The boy who went to town with his mother yesterday ...
Ich weiß, dass er gestern mit seiner Mutter in die Stadt gefahren ist.
I know that he went to town with his mother yesterday.

7 **Weil er sich nicht setzen wollte, ...**
Because he wouldn't sit down ...

8 **Weil das Kind sich nicht setzen wollte, ...** OR:
Weil sich das Kind nicht setzen wollte, ...
Because the child wouldn't sit down ...

9 **Er wusste, dass der Mann, mit dem er gesprochen hatte, bei einer Baufirma arbeitete.**
He knew that the man he had been speaking to worked for a construction company.

Sentence Structure

Word Order

In the imperative

- normal order → ❶
- with reflexive verbs → ❷
- with separable verbs → ❸
- with separable reflexive verbs → ❹

In direct and indirect speech

The verb of saying ("he replied/he said") must be inverted if it is placed within a quotation → ❺

The position of the verb in indirect speech depends on whether or not **dass** (see page 66) is used → ❻

Verbs with separable prefixes (see pages 72–75)

In main clauses the verb and prefix are separated in simple tenses and imperative forms → ❼

For compound tenses of main clauses and all tenses of subordinate clauses, the verb and its prefix are united at the end of the clause → ❽

In a present infinitive phrase (see page 46), the verb and prefix are joined together by **zu** and placed at the end of the phrase → ❾

Examples

1. **Hol mir das Buch!** (*singular*)
Holt mir das Buch! (*plural*)
Holen Sie mir das Buch! (*polite*)
Fetch me that book!
2. **Wasch dich sofort!** (*singular*)
Wascht euch sofort! (*plural*)
Waschen Sie sich sofort! (*polite*)
Wash yourself/yourselves at once!
3. **Hör jetzt auf!** (*singular*)
Hört jetzt auf! (*plural*)
Hören Sie jetzt auf! (*polite*)
Stop it!
4. **Dreh dich um!** (*singular*)
Dreht euch um! (*plural*)
Drehen Sie sich um! (*polite*)
Turn round!
5. **„Meine Mutter", sagte er, „kommt erst morgen an."**
"My mother" he said, "won't arrive until tomorrow."
6. **Er sagte, dass sie erst am nächsten Tag ankomme.**
He said that she would not arrive until the next day.
Er sagte, sie komme erst am nächsten Tag an.
He said she would not arrive until the next day.
7. **Er machte die Tür zu.**
He closed the door.
Ich räume zuerst auf.
I'll clean up first.
Hol mich um 7 ab!
Pick me up at 7!
8. **Er hat die Tür zugemacht.**
He closed the door.
Ich werde zuerst aufräumen.
I'll clean up first.
Er wurde um 7 abgeholt.
He was picked up at 7.
Wenn du mich um 7 abholst, ...
If you pick me up at 7 ...
Nachdem du mich abgeholt hast, ...
After you've picked me up ...
9. **Um frühzeitig anzukommen, fuhren wir sofort ab.**
In order to arrive early we left immediately.

Sentence Structure

Question Forms

Direct questions

In German, a direct question is formed by simply inverting the verb and subject → ❶

In compound tenses (see pages 22–27) the past participle or infinitive goes to the end of the clause → ❷

A statement can be made into a question by the addition of **nicht**, **nicht wahr** or **doch**, as with "isn't it" in English → ❸

Questions formed in this way normally expect the answer to be "yes".

When a question is put in the negative, **doch** can be used to answer it more positively than **ja** → ❹

Questions formed using interrogative words

When questions are formed with interrogative adverbs, the subject and verb are inverted → ❺

When questions are formed with interrogative pronouns and adjectives (see pages 144 and 176–178), the word order is that of direct statements:

- as the subject of the verb at the beginning of the clause they do not cause inversion → ❻
- if *not* the subject of the verb *and* at the beginning of the clause they do cause inversion → ❼

Indirect questions

These are questions following verbs of asking and wondering etc. The verb comes at the end of an indirect question → ❽

Examples

❶ **Magst du ihn?**
Do you like him?

❷ **Gehst du ins Kino?**
Do you go to the cinema?
OR: Are you going to the cinema?

Hast du ihn gesehen?
Did you see him?
OR: Have you seen him?

Wird sie mit ihm kommen?
Will she come with him?

❸ **Das stimmt, nicht (wahr)?**
That's true, isn't it?

Das schaffst du doch?
You'll manage, won't you?

❹ **Glaubst du mir nicht? — Doch!**
Don't you believe me? — Yes I do!

❺ **Wann ist er gekommen?**
When did he come?

Wo willst du hin?
Where are you off to?

❻ **Wer hat das gemacht?**
Who did this?

❼ **Wem hast du es geschenkt?**
Who did you give it to?

❽ **Er fragte, ob du mitkommen wolltest.**
He asked if you wanted to come.

Er möchte wissen, warum du nicht gekommen bist.
He would like to know why you didn't come.

Sentence Structure

Negatives

A statement or question is made negative by adding:

nicht (*not*) or **nie** (*never*)

The negative may be placed next to the phrase or word to which it refers. The negative meaning can be shifted from one element of the sentence to another in this way → ➊

nie can be placed at the beginning of a sentence for added emphasis, in which case the subject and verb are inverted → ➋

nicht comes at the end of a negative imperative, except when the verb is separable, in which case **nicht** *precedes* the separable prefix → ➌

The combination **nicht ein** is usually replaced by forms of **kein** (see page 126) → ➍

doch (see page 196) is used in place of **ja** to contradict a negative statement → ➎

Negative comparison is made with **nicht … sondern** (*not … but*).

This construction is used to correct a previous false impression or idea → ➏

Examples

❶ **Mit ihr wollte er nicht sprechen.**
He didn't want to speak to *her*.
Er wollte nicht mit ihr sprechen.
He didn't *want* to speak to her.

Er will nicht morgen nach Hause.
OR: **Morgen will er nicht nach Hause.**
He doesn't want to go home *tomorrow*.
Er will morgen nicht nach Hause.
He doesn't want to go *home* tomorrow.

Wohnen Sie nicht in Dortmund?
Don't you live in Dortmund?
Warum ist er nicht mitgekommen?
Why didn't he come with you?
Waren Sie nie in Dortmund?
Have you never been to Dortmund?

❷ **Nie war sie glücklicher gewesen.**
She had never been happier.

❸ **Iss das nicht!**
Don't eat that!
Beeilen Sie sich nicht!
Don't hurry!
BUT: **Geh nicht weg!**
Don't go away!

❹ **Gibt es keine Plätzchen?**
Aren't there any biscuits?
Kein einziges Kind hatte die Arbeit geschrieben.
Not a single child had done the work.

❺ **Du kommst nicht mit. — Doch, ich komme mit.**
You're not coming. — Yes, I am.

❻ **Nicht Joachim, sondern sein Bruder war es.**
It wasn't Joachim, but his brother.

Numbers

Cardinal and Ordinal Numbers

Cardinal (*one, two etc*)		Ordinal (*first, second etc*)	
null	0		
eins	1	**der erste**[2]	1.
zwei[1]	2	**der zweite**[1]	2.
drei	3	**der dritte**	3.
vier	4	**der vierte**	4.
fünf	5	**der fünfte**	5.
sechs	6	**der sechste**	6.
sieben	7	**der siebte**	7.
acht	8	**der achte**	8.
neun	9	**der neunte**	9.
zehn	10	**der zehnte**	10.
elf	11	**der elfte**	11.
zwölf	12	**der zwölfte**	12.
dreizehn	13	**der dreizehnte**	13.
vierzehn	14	**der vierzehnte**	14.
fünfzehn	15	**der fünfzehnte**	15.
sechzehn	16	**der sechzehnte**	16.
siebzehn	17	**der siebzehnte**	17.
achtzehn	18	**der achtzehnte**	18.
neunzehn	19	**der neunzehnte**	19.
zwanzig	20	**der zwanzigste**	20.
einundzwanzig	21	**der einundzwanzigste**	21.
zweiundzwanzig[1]	22	**der zweiundzwanzigste**[1]	22.
dreißig	30	**der dreißigste**	30.
vierzig	40	**der vierzigste**	40.
fünfzig	50	**der fünfzigste**	50.
sechzig	60	**der sechzigste**	60.

[1] **zwo** often replaces **zwei** in speech, to distinguish it clearly from **drei**: **zwo**, **zwoundzwanzig** *etc*.

[2] The ordinal number and the preceding definite article (and adjective if there is one) are declined, e.g.:

bei seinem dritten Versuch	at his third attempt

Numbers

Cardinal and Ordinal Numbers *continued*

siebzig	70	**der siebzigste**	70.
achtzig	80	**der achtzigste**	80.
neunzig	90	**der neunzigste**	90.
hundert	a hundred	**der hundertste**	100.
einhundert	one hundred		
hunderteins	101	**der hunderterste**	101.
hundertzwei	102	**der hundertzweite**	102.
hunderteinundzwanzig	121	**der hunderteinundzwanzigste**	121.
zweihundert	200	**der zweihundertste**	200.
tausend	a thousand	**der tausendste**	1000.
eintausend	one thousand		
tausendeins	1001	**der tausenderste**	1001.
zweitausend	2000	**der zweitausendste**	2000.
hunderttausend	100 000	**der hunderttausendste**	100 000.
eine Million	1 000 000	**der millionste**	1 000 000.

With large numbers, spaces or full stops are used where English uses a comma, e.g.:

1.000.000 or 1 000 000 for 1,000,000 (*a million*)

Decimals are written with a comma instead of a full stop, e.g.:

7,5 (**sieben Komma fünf**) for 7.5 (*seven point five*)

When ordinal numbers are used as nouns, they are written with a capital letter, e.g.:

sie ist die Zehnte she's the tenth

Fractions

halb	**die Hälfte**	**eine halbe Stunde**
half (a)	half (the)	half an hour
das Drittel	**zwei Drittel**	**das Viertel**
third	two thirds	quarter
drei viertel	**anderthalb, eineinhalb**	**zweieinhalb**
three quarters	one and a half	two and a half

Numbers

The Time

Wie spät ist es? / Wie viel Uhr ist es?
What time is it?

Es ist …
It's …

00.00	**Mitternacht / null Uhr / vierundzwanzig Uhr / zwölf Uhr**
00.10	**zehn (Minuten) nach zwölf / null Uhr zehn**
00.15	**Viertel nach zwölf / null Uhr fünfzehn**
00.30	**halb eins / null Uhr dreißig**
00.40	**zwanzig (Minuten) vor eins / null Uhr vierzig**
00.45	**Viertel vor eins / drei viertel eins / null Uhr fünfundvierzig**
01.00	**ein Uhr**
01.10	**zehn (Minuten) nach eins / ein Uhr zehn**
01.15	**Viertel nach eins / ein Uhr fünfzehn**
01.30	**halb zwei /ein Uhr dreißig**
01.40	**zwanzig (Minuten) vor zwei / ein Uhr vierzig**
01.45	**Viertel vor zwei / drei viertel zwei / ein Uhr fünfundvierzig**
01.50	**zehn (Minuten) vor zwei / ein Uhr fünfzig**
12.00	**zwölf Uhr**
12.30	**halb eins / zwölf Uhr dreißig**
13.00	**ein Uhr / dreizehn Uhr**
16.30	**halb fünf / sechzehn Uhr dreißig**
22.00	**zehn Uhr / zweiundzwanzig Uhr / zwoundzwanzig Uhr**

morgen um halb drei
at half past two tomorrow

um drei Uhr (nachmittags)
at three (pm)

kurz vor zehn Uhr
just before ten o'clock

gegen vier Uhr (nachmittags)
towards four o'clock (in the afternoon)

erst um halb neun
not until half past eight

ab neun Uhr
from nine o'clock onwards

morgen früh/Abend
tomorrow morning/evening

Numbers

The Calendar

Dates

Der Wievielte ist heute? / Welches Datum haben wir heute?
What's the date today?

Heute ist ...	It's ...
der zwanzigste März	the twentieth of March
der Zwanzigste	the twentieth
Heute haben wir ...	It's ...
den zwanzigsten März	the twentieth of March
den Zwanzigsten	the twentieth
Am Wievielten findet es statt?	When does it take place?
Es findet am ersten April statt.	It takes place on the first of April.
Es findet am Ersten statt.	It takes place on the first.

Es findet (am) Montag, den ersten April statt.
OR:
Es findet Montag, den 1. April statt.
It takes place on Monday, the first of April/April 1st.

Years

Er wurde 1998 geboren.
He was born in 1998.

(im Jahre) 2013
in 2013

Other expressions

im Dezember/Januar *etc*
in December/January *etc*

im Winter/Sommer/Herbst/Frühling
in winter/summer/autumn/spring

nächstes Jahr
next year

Anfang September
at the beginning of September

Punctuation

General points

German punctuation differs from English in the following cases:

Commas

Decimal places are always shown by a comma → ❶

Large numbers are separated off by means of a space or a full stop → ❷

Subordinate clauses are always marked off from the rest of the sentence by a comma → ❸

This applies to all types of subordinate clause, e.g.:

- clauses with an adverbial function → ❸
- relative clauses → ❹
- clauses containing indirect speech → ❺

A comma is not required between two main clauses linked by **und** or **oder** → ❻

Exclamation marks

Exclamation marks are used after imperative forms unless these are not intended as commands → ❼

An exclamation mark is occasionally used after the name at the beginning of a letter, but this is now rather old-fashioned → ❽

Examples

❶ **3,4 (drei Komma vier)**
3.4 (three point four)

❷ **20 000**
OR: **20.000 (zwanzigtausend)**
20,000 (twenty thousand)

❸ **Als er nach Hause kam, war sie schon weg.**
She had already gone when he came home.

Er bleibt gesund, obwohl er zu viel trinkt.
He stays healthy, even though he drinks too much.

❹ **Der Mann, mit dem sie verheiratet ist, soll sehr reich sein.**
The man she is married to is said to be very rich.

❺ **Er sagt, es gefällt ihm nicht.**
He says he doesn't like it.

❻ **Wir gehen ins Kino oder wir bleiben zu Hause.**
We'll go to the cinema or stay at home.

❼ **Steh auf!**
Get up!

Bitte nehmen Sie doch Platz.
Do please sit down.

❽ **Liebe Elke! ...**
Dear Elke, ...

Sehr geehrter Herr Braun!...
Dear Mr Braun, ...

Index

The following index lists comprehensively both grammatical terms and *key words* in **German** and English contained in this book.

Index

Index

Index

Index

Index

Index

Index

Index

Index

Index